BÍBLIA SAGRADA

EDIÇÃO ESPECIAL SEGURANÇA PÚBLICA

Pão Diário
SEGURANÇA PÚBLICA

Apresentação

Existem muitos revezes que envolvem o exercício as atividades dos integrantes da Segurança Pública. A maioria desses profissionais é conhecida apenas em ocasiões de demandas da sociedade ou por aqueles que vivem as situações e desafios diários. Infelizmente, a função de proteger e servir não é valorizada por muitos que se beneficiam dela. Com todo esse cenário, é muito fácil desequilibrar-se física, mental e espiritualmente.

A Palavra de Deus é um baú de onde você pode retirar tesouros inestimáveis que o ajudam em sua jornada do dia a dia. Quando é lida com regularidade, ela traz paz mental pelo constante contato com o Criador, sabedoria para as decisões mais difíceis e vida que extrapola a simples existência.

Mas Deus tem mensagens que podem ser aplicadas aos operadores da Segurança Pública? Com certeza, sim! No intuito de cooperar com sua caminhada de fé por meio desta leitura, desenvolvemos a *Bíblia Sagrada — Edição Especial Segurança Pública* com seções que o ajudarão na compreensão da mensagem do Senhor para as suas necessidades específicas.

A leitura de devocionais nos ajuda a ver a Palavra de Deus aplicada de forma prática e nos desafia a nos beneficiarmos das experiências de outros irmãos em nosso próprio contexto e vida. Por isso, incluímos uma seção de abertura, intitulada *A missão de Deus para o policial*. Ela contém doze devocionais, um para cada mês do ano, acerca dos quais você poderá refletir, de modo que seu coração e sua mente sejam transformados.

Já pensou em ter a possibilidade de obter conselhos do homem considerado o mais sábio do mundo, mesmo depois de milênios? Na seção *Conselhos de um sábio aos policiais*, você verá versículos do livro de Provérbios, de autoria do rei Salomão, totalmente adequados ao exercício de sua vocação de integrante da Segurança Pública. Tudo muito prático e sem rodeios.

Acreditamos que cada operador da Segurança Pública, pela complexidade do trabalho que exerce, é um líder constantemente desafiado a apresentar respostas à sociedade. Por isso, preparamos a seção *Princípios de liderança*. Nela, você encontrará importantes tópicos que o ajudarão a identificar e discernir, em diversas situações, que atitudes tomar diante dos desafios do dia a dia. São princípios que podem guiar a sua vida como líder, no exercício da profissão, em sua casa, ou em situações diversas.

Especialmente preparada como uma bússola para a sua leitura bíblica, na seção *Conhecendo a Bíblia*, você terá excelentes esclarecimentos sobre o contexto geral das Escrituras, bem como preciosas informações sobre as suas duas grandes divisões: o Antigo e o Novo Testamento. Serão apresentadas as subseções dessas divisões, detalhando o enfoque de cada uma delas. Isso o ajudará a entender o panorama bíblico, o que influenciará em sua compreensão das Escrituras. Recomendamos que você leia essa parte com bastante atenção antes mesmo de mergulhar nas páginas da Bíblia em si.

Com isso, queremos possibilitar que sua jornada de vida e trabalho seja acompanhada pela melhor mensagem do mundo: existe um Deus, o Todo-Poderoso, que se importa pessoalmente com você e deseja caminhar ao seu lado. Você aceita este convite?

Seus amigos,
Os editores de *Pão Diário*

A MISSÃO DE DEUS PARA O POLICIAL[1]

1 O POLICIAL: UM SERVO DE DEUS

"...E o Pai honrará quem me servir."
(Jo 12:26)

Nabucodonosor, um pagão e rei da Babilônia, foi chamado de servo de Deus uma vez que cumpria um propósito divino: "Agora, entregarei suas nações a meu servo, Nabucodonosor, rei da Babilônia..." (Jeremias 27:6 – grifo do autor).

Assim como Nabucodonosor foi considerado por Deus como Seu servo por cumprir um propósito divino, o integrante da Segurança Pública também tem um propósito divino para cumprir. Na condição de servo de Deus, ele cumpre uma das missões mais difíceis: a de opor-se frente a frente às obras do diabo, que, conforme Jesus disse "vem para roubar, matar e destruir" (João 10:10).

Muitos policiais têm honrado o seu juramento, mas, infelizmente, muitos outros, por não conhecerem o mundo espiritual, ignoram que Deus um dia os julgará por todos os seus atos. Em seu desconhecimento de Deus, descumprem o juramento que fizeram perante a pátria, aliando-se às forças do mal, passando a ser mais um motivo de insegurança para a sociedade.

Por isso, frisamos que declarar que "o policial é um servo de Deus" não significa que se está afirmando que ele é salvo, no sentido de pertencer ao reino de Deus. Porém, se você, integrante da Segurança Pública, tem procurado servir a Deus e ser justo, o Senhor está lhe procurando e querendo salvar. Portanto, levante as suas mãos, renda-se a Deus e peça que Ele o encha da Sua salvação.

[1]Texto extraído e adaptado do livro *A missão de Deus para o policial* (Publicações Pão Diário, 2021), de Custódio Alves Barreto Neto, Coronel da PMESP.

2 A AUTORIDADE

"Todos devem sujeitar-se às autoridades, pois toda autoridade vem de Deus..." (Rm 13:1)

Deus criou a autoridade e entregou-a ao homem para que lhe fosse uma bênção. O apóstolo Paulo, em Romanos 13:1-3, diz: "Todos devem sujeitar-se às autoridades, pois toda autoridade vem de Deus, e aqueles que ocupam cargos de autoridade foram ali colocados por ele. Portanto, quem se rebela contra a autoridade se rebela contra o Deus que a instituiu e será punido. Pois as autoridades não causam temor naqueles que fazem o que é certo, mas sim nos que fazem o que é errado."

A autoridade é necessária em todos os segmentos da sociedade. Uma família só sobreviverá se os princípios da autoridade forem respeitados. Na escola, ela existe no relacionamento entre o professor e o aluno. No trabalho, entre o funcionário e seu líder. Para reger todos os relacionamentos foram criadas leis e delegada autoridade a determinadas pessoas, que devem policiar outras pessoas a fim de que elas não extrapolem os limites legais.

O diabo, consciente da importância da autoridade para a vida do ser humano, tem procurado desprezar e envilecer toda e qualquer pessoa em posição de poder. Uma vez que todos os integrantes da Segurança Pública são recrutados no seio da sociedade, quando eles erram, não é a instituição que errou, mas sim a sociedade. Muitas vezes a polícia terá de recuperar em apenas nove meses de treinamento aquilo que o meio social levou anos deformando e destruindo.

Caro integrante da Segurança Pública, sujeite-se à autoridade suprema de Deus para exercer, de forma justa, equilibrada e sensata, a autoridade que lhe foi delegada.

3 MANTENDO A AUTORIDADE

"Quem despreza a lei exalta os perversos; quem obedece à lei luta contra eles." (Pv 28:4)

Quando o integrante da Segurança Pública recebe autoridade, ele não somente a recebe no mundo material, físico. Ao mesmo tempo que ele recebe autoridade legal, também a recebe no mundo espiritual.

No momento em que Davi foi ungido rei de Israel (1Sm 16:13), a Bíblia registra que o Espírito de Deus, que estava em Saul, se retirou dele (v.14). Saul foi rejeitado por Deus por desobedecer às ordenanças divinas. A partir da unção de Davi, Saul continuava legalmente como o rei, porém, havia perdido a autoridade que lhe outorgava poder espiritual para ser rei e cumprir os propósitos de Deus.

Da mesma maneira que o rei Saul desobedeceu a Deus e perdeu a sua autoridade espiritual, muitos policiais também a têm perdido. Eles continuam reconhecidos como os homens da lei, mas já não são servos de Deus. É necessário que o integrante da Segurança Pública se mantenha fiel ao juramento que prestou, pois ele conhece os princípios legais e sabe onde se situa o limite da licitude. Cada vez que ele ultrapassa esse limite, ele passa à marginalidade e simultaneamente fere um princípio espiritual.

São inúmeras as pessoas que entram para as fileiras da polícia já comprometidas com o reino das trevas. Pessoas que não entram para servir, mas para se servirem e serem servidas. Se você convive com alguém assim, dou-lhe um conselho: ore por ele, ajude-o, mostre o caminho da verdade. Porém, não o tenha como amigo. Afaste-se dele, pois ele é uma laranja podre e poderá contaminá-lo, apodrecendo você também.

4 "NÃO MATE."

(Êx 20:13)

Talvez você já tenha se perguntado: "Será que um cristão pode ser um policial mesmo sabendo que, eventualmente, poderá ter de matar alguém?".

Muitas pessoas, por não conhecerem ou não entenderem a lei de Deus, acabam tendo um entendimento errôneo das Escrituras. Vejamos em Êxodo 22:2: "Se um ladrão for pego em flagrante arrombando uma casa e for ferido e morto no confronto, a pessoa que matou o ladrão não será culpada de homicídio". Ora, se o que matou não pode ser considerado culpado, embora tenha tirado a vida de alguém, vemos, então, que a lei de Deus criou uma excludente para determinado tipo de morte.

O policial não é recrutado para matar, porém, se em algum momento, a vida de alguém, ou a dele próprio, estiver em perigo, ele deverá usar os meios necessários para conter a injusta agressão. Se necessário for, matará o agressor, exercendo assim o juízo que por Deus lhe foi outorgado.

Se você é um policial, certamente saberá os limites da lei. Agindo fora desses limites, você estará sujeito às sanções das leis humanas; e se, porventura, escapar delas, certamente não escapará da justiça de Deus.

5 "DEIXEM QUE EU LHES ENSINE..."

"Tomem sobre vocês o meu jugo. Deixem que eu lhes ensine, pois sou manso e humilde de coração, e encontrarão descanso para a alma." (Mt 11:29)

O apóstolo Paulo, preocupado em passar para Timóteo seus últimos ensinamentos, escreve-lhe e recomenda: "Suporte comigo o sofrimento, como bom soldado de Cristo Jesus" (2Tm 2:3). Por meio desse conselho, percebemos que, para sermos participantes da obra e dos propósitos de Deus, necessitamos ser bons soldados de Cristo, moldados pelo Seu caráter e também vivendo o que Ele ensinou.

Jesus declarou: "Deixem que eu lhes ensine, pois sou manso e humilde de coração", e os soldados de Cristo têm que se moldar a essa forma humilde e mansa de ser. Talvez você afirme que nunca poderá ser um policial e ser um soldado de Cristo, pois há momentos em que é preciso deixar a mansidão de lado e usar a força para conter a injusta agressão ou para fazer prevalecer a ordem.

Baseado na Palavra de Deus saiba que, se você usou a força ou os meios necessários apenas para impor a ordem, em nenhum momento sua atitude ou comportamento foram violentos. Quando lemos João 2:13-16, vemos Jesus usando a força para conter a violência contra a lei de Deus, pois o Templo não era um lugar de negócios, e, sim, um local de oração.

Na nossa profissão passamos por momentos de extrema aflição e haverá situações em que você, para manter a ordem, terá que fazer uso da força. E, se você vacilar, sua vida ou de seu companheiro, ou de um inocente, estará em risco ou mesmo poderá ser ceifada. Porém, nunca se esqueça: a força é apenas uma ferramenta que deve ser bem usada. Agindo assim, você se manterá sempre manso e humilde.

6 É MELHOR DAR DO QUE RECEBER

"...Há bênção maior em dar que em receber." (At 20:35)

Na vida, acabamos descobrindo a alegria de dar. Quem poderá descrever a alegria de um pai, ao ver o sorriso de um filho que acaba de receber o presente que tanto queria, ou de um namorado, ao presentear sua amada e colher de seu rosto a expressão de felicidade?

Em nossa carreira como policiais, temos contemplado o olhar de felicidade de um pai ao devolvermos seu filho em segurança; ao devolvermos um carro a seu proprietário; ao devolvermos a segurança a alguém que estava sendo ameaçado. Muitas vezes, muitos policiais dão de si o que têm de mais precioso para oferecer segurança a alguém: sua própria vida.

Porém, na maioria das vezes, a sociedade injustamente nos cobra de coisas que nem ela mesma nos dá para que exerçamos nosso dever. No entanto, isso não é justificativa para trabalharmos mal. Pelo contrário, se queremos ser valorizados, devemos dar o melhor de nós, provando, assim, que não somos mercenários. Antes, que temos um compromisso com a sociedade e com Deus, e o honraremos independentemente das circunstâncias.

7 O CONSELHO DE JOÃO BATISTA

"Obtenha todo conselho e instrução que puder, e você será sábio para o resto da vida." (Pv 19:20)

João Batista foi um profeta escolhido por Deus para preparar o caminho para o Messias. Sua mensagem alertava sobre a situação pecaminosa que vivia o povo, avisando-os de que não escapariam do juízo final. Todo aquele que demonstrava sincero arrependimento era por João batizado nas águas do rio Jordão

Em sua missão de preparar o coração do povo para receber a mensagem de perdão do Messias, ele pregava duros sermões. Sua mensagem mostrava que um dia todos nós seremos julgados no tribunal de Deus, e tudo que fizermos de bom e de ruim será revelado e pesado por Deus. João clamava a todos que se arrependessem e procurassem viver uma nova vida.

Certa vez, ele acabara de pregar, e alguns soldados romanos se aproximaram e perguntaram: "'E nós? O que devemos fazer?' João respondeu: 'Não pratiquem extorsão nem façam acusações falsas. Contentem-se com seu salário'" (Lc 3:14).

Certamente, aqueles soldados estavam arrependidos da vida que estavam levando e conscientizaram-se da justiça de Deus e da necessidade de mudança de rumo. Ao se aconselharem com João Batista, talvez pensassem que ele lhes pediria para mudarem de profissão. Entretanto, ele os aconselhou a continuarem como soldados, pois seu trabalho era muito importante para a sociedade. Porém deveriam primar por uma vida honesta, justa, exercendo justiça com verdade e amor. Se seguirmos o conselho de João Batista, seremos uma bênção para a sociedade.

8 UM TRABALHO DE QUALIDADE

"O temor do Senhor é o princípio do conhecimento,
mas os tolos desprezam a sabedoria e a disciplina." (Pv 1:7)

Há algumas décadas, uma das metas prioritárias nas empresas é a qualidade total. Antes, havia custo muito elevado para a produção de um bem ou serviço, pois necessitava-se de grande efetivo para executar a fiscalização.

Hoje, procura-se implantar uma conscientização em todos os colaboradores na busca de um trabalho que prime pela qualidade. Por meio de programas do departamento de Recursos Humanos, procura-se conscientizar o funcionário de que ele deve ser o fiscal de si próprio. Ao se autofiscalizar, ele produzirá o melhor, sem necessidade de controle externo. Com isso, todo o grupo ganhará, e a empresa se fortalecerá no mercado.

Vemos que o princípio da fiscalização não foi abandonado, mas sim aprimorado, pois, a partir do momento em que o próprio funcionário se fiscaliza, cria-se nele a autodisciplina, e ela é indispensável ao ser humano. A Bíblia afirma que o temor do Senhor é o princípio do saber. Então concluímos que o temor do Senhor nos ensina a sermos disciplinados.

Os mandamentos de Jesus nos ensinam a viver em qualidade total. Se eu temo a Deus, faço tudo para agradá-lo e sei que devo amar o próximo como a mim mesmo, tudo o que eu fizer, farei como se fosse para mim mesmo.

Se eu trabalhasse numa sapataria e confeccionasse um sapato para eu usar, com certeza faria o calçado mais bonito e com o máximo de conforto e resistência. E é assim que Deus quer que eu trabalhe: fazendo para os outros como se fosse para mim mesmo, pois isto é amar ao próximo.

Se você quer ser uma bênção para si mesmo, para sua família e para toda a sociedade, peça a Deus que invada a sua vida com o Seu temor. Viver a Palavra de Deus é viver a qualidade Total!

9 DIVULGUE OS VALORES DA SUA INSTITUIÇÃO

"...Concentrem-se em tudo que é verdadeiro, tudo que é nobre, tudo que é correto, tudo que é puro, tudo que é amável e tudo que é admirável. Pensem no que é excelente e digno de louvor." (Fl 4:8)

Buscando ressaltar o compromisso com seus valores, a Polícia Militar do Estado de São Paulo adota nos rodapés de todos os documentos, a seguinte frase: "Nós, Policiais Militares, sob a proteção de Deus, estamos compromissados com a defesa da Vida, da Integridade Física e da Dignidade da Pessoa Humana".

Ao declarar cumprir nossa missão debaixo da proteção de Deus, invocamos as bênçãos do Criador para o cumprimento de nosso dever. Assim declaramos nosso compromisso com o primeiro mandamento — "Ame o Senhor, seu Deus, de todo o seu coração" (Mc 12:30) —, pois só busca proteção em Deus aquele que o teme e o ama.

Nossa declaração de compromisso com a Defesa da Vida, da Integridade Física e da Dignidade da Pessoa Humana é a clara expressão de nosso compromisso com o segundo mandamento ensinado por Jesus — "Ame o seu próximo como a si mesmo" (Mc 12:31).

Contudo, mesmo com esses excelentes valores, infelizmente, às vezes, surpreendemos policiais falando mal de sua instituição, de seu comandante ou superior hierárquico. Essas pessoas que só falam mal de sua empresa, da vida e de tudo mais são os "os sugadores de energia".

Como cristãos, temos que nos opor a esse comportamento maledicente. Somos portadores de boas-novas. E caso você não pense assim, relembro o conselho de Paulo aos filipenses: "Pensem no que é excelente e digno de louvor" (Fl 4:8). Se seguirmos essa recomendação, seremos hábeis multiplicadores dos valores de nossa instituição e, por conseguinte, propagadores dos valores espirituais do bom soldado de Cristo.

10 UM NOVO ASSENTAMENTO INDIVIDUAL

"Ele cancelou o registro de acusações contra nós, removendo-o e pregando-o na cruz." (Cl 2:14)

Cada policial militar possui um assentamento individual, onde estão registradas as informações que o acompanharão por toda a sua carreira, e seu comportamento influirá, positiva ou negativamente, de acordo com seu desempenho e atitudes pessoais.

Muitos policiais gostariam de ter a oportunidade de receber um novo assentamento individual. Certa vez, um ex-policial confessou-me estar arrependido de todos os seus erros e que gostaria de poder um dia ter a chance de começar tudo de novo para corrigir os erros do passado.

Espiritualmente, Deus nos dá esta chance. A Bíblia está repleta de exemplos de pessoas que levaram uma vida perversa para com Deus e para com a sociedade, mas que receberam das mãos de Jesus uma nova oportunidade. Zaqueu foi um deles. Ele era um alto funcionário a serviço do Império Romano e, como coletor de impostos, muitas vezes praticou a extorsão, fazendo assim sua fortuna.

Certa vez, Jesus passava por Jericó, cidade de Zaqueu, e decidiu jantar na casa dele, mesmo Ele sabendo que enfrentaria o preconceito do povo ao fazer isso. Zaqueu foi tocado pela atitude e palavras de Jesus e demonstrou profundo arrependimento e disposição para reparar seus erros. Jesus deu a Zaqueu a oportunidade de começar uma nova vida, um novo assentamento individual.

Se você também quer um novo assentamento, faça esta oração de todo o seu coração: "Senhor Jesus, sei que tenho te desagradado, mas desejo mudar a minha vida. Reconheço que não tenho forças para mudar, por isso peço que Teu Espírito inunde meu ser. Perdoa-me e faz-me uma nova pessoa em Cristo Jesus. Amém!"

11 UM PREPARO INDISPENSÁVEL

"Louvado seja o SENHOR, minha rocha; ele treina minhas mãos para a guerra e dá a meus dedos habilidade para a batalha." (Sl 144:1)

Algumas das decisões tomadas pelo policial terão de ser feitas em fração de segundos. Neste momento, é necessário algo mais do que todo o conhecimento adquirido nos treinamentos e na experiência.

O sábio rei Salomão declarou: "Se o SENHOR não protege a cidade, de nada adianta guardá-la com sentinelas" (Sl 127:1). Embora tenha tido um reinado de paz, Salomão ouvira de seu pai, o rei Davi, suas histórias como general de Israel, em que obteve vitórias não dependendo exclusivamente de suas estratégias militares, mas de sua confiança no Senhor dos Exércitos de Israel.

Há alguns anos, um canal de televisão veiculou uma entrevista com um policial que foi salvo de um tiro de um revólver calibre 38... por uma caneta Bic! É certo que uma caneta dessas não consegue suportar um tiro daquele calibre. E como explicar esse milagre? São inúmeras as histórias de policiais salvos milagrosamente. A única explicação é que o Senhor Deus, além de guardar a cidade, também tem guardado as sentinelas.

Se em nosso viver diário mantivermos uma comunhão com o Criador, teremos então maior facilidade e confiança para desempenhar nossa missão como sentinelas das cidades. Sendo assim, é mister acrescentar ao preparo profissional o preparo espiritual, para que o policial tenha mais confiança. "Os que confiam no SENHOR são como o monte Sião; não serão abalados, mas permanecerão para sempre" (Sl 125:1).

12 GRAÇA PARA O DESERTOR

"Vocês são salvos pela graça, por meio da fé. Isso não vem de vocês; é uma dádiva de Deus." (Ef 2:8)

No Código Penal Militar há a descrição do crime de deserção, e, por meio dele, podemos entender o que é a graça. Diz o Artigo 187 que incorre em deserção o militar que: "ausentar-se, sem licença, da unidade em que serve, ou do lugar em que deve permanecer, por mais de oito dias". Este período de oito dias para retornar para o quartel em que serve, sem responder pelo crime de deserção, dá-se o nome de "tempo de graça", uma indulgência para beneficiar o ausente que se arrepende dentro do prazo legal.

Espiritualmente, também foi isso que Deus nos fez. Todos estávamos ausentes da Casa do Pai, nossa caserna espiritual, mas Ele nos concedeu um tempo de graça para que pudéssemos retornar ao Seu Quartel sem sermos condenados. Isaías falou acerca dessa graça cerca de 600 anos antes de Cristo: "Todos nós nos desviamos como ovelhas [...] E, no entanto, o SENHOR fez cair sobre ele os pecados de todos nós" (53:6).

Para que fôssemos alcançados pelo "tempo de graça", toda a nossa culpa foi imputada a Jesus Cristo — o Cordeiro de Deus que tira o pecado do mundo. Mas por que, então, todos os homens não são alcançados por essa graça em Cristo?

Paulo nos esclarece a maneira de alcançá-la: "...se você declarar com sua boca que Jesus é Senhor e crer em seu coração que Deus o ressuscitou dos mortos, será salvo" (Rm 10:9). Portanto, cada indivíduo só será favorecido pala graça de Deus após confessar que crê no grande benefício que nos foi concedido gratuitamente por meio do sacrifício de Jesus na cruz.

Você quer ser alcançado pela graça divina ou ficará aguardando o dia do grande julgamento, quando não haverá esperança para aqueles que rejeitaram essa mensagem?

CONSELHOS DE UM SÁBIO AOS POLICIAIS[2]

O rei Salomão foi, e ainda é, considerado o homem mais sábio do mundo. Por meio de seus muitos acertos e erros, ele mesmo é um exemplo de como uma vida dedicada a Deus é a melhor que existe.

Acredita-se que Eclesiastes tenha sido escrito no final de sua carreira na Terra. Esse livro é quase um testemunho pessoal e fala acerca das conclusões a que Salomão chegou ao longo de sua jornada como rei. Primeiro, ele diz que resolveu experimentar tudo: "desde a sabedoria até a loucura e a insensatez" (1:17). E, ao longo do caminho de planos, construções e todo o tipo de prazeres a que se permitiu, ele foi descobrindo o quanto tudo nessa vida é inútil e vão. Por fim, ele diz: "Esta é minha conclusão: tema a Deus e obedeça a seus mandamentos, pois esse é o dever de todos. Deus nos julgará por todos os nossos atos, incluindo o que fazemos em segredo, seja o bem, seja o mal" (12:13). Demonstrando profundo arrependimento por todas as suas experimentações de diversos caminhos, Salomão diz que a melhor escolha dessa vida é temer a Deus, pois ela nos trará a verdadeira e melhor recompensa, nesta existência e no porvir.

A seguir você, integrante da Segurança Pública, verá os conselhos desse grande homem, escritos no livro de Provérbios, quando Salomão ainda era jovem. Se você os seguir, tornará a sua jornada pessoal e profissional bem-sucedida até para superar os desafios e dificuldades dessa vida.

Que o Espírito Santo de sabedoria abra e inspire o seu coração!

"O temor do Senhor é o princípio do conhecimento, mas **os tolos desprezam a sabedoria e a disciplina.***"* (Provérbios 1:7) — *Quem teme a Deus tem segurança, alegria e felicidade.*

*"...***se pecadores quiserem seduzi-lo***, não permita que isso aconteça."* (Provérbios 1:10) — *Tome sua posição ao lado da justiça, da honestidade e da retidão.*

---

[2]Texto extraído e adaptado do livro *101 Conselhos para militares* (Publicações Pão Diário, 2021), de Heber Gonçalves Cunha, Subtenente do CBMERJ, e Jonathas de Lima, 3o Sargento RNR da PMESP.

*"***Clame por inteligência e peça entendimento***. Busque-os como a prata, procure-os como a tesouros escondidos."* (Provérbios 2:3-4) — *Quem encontrar a sabedoria, terá encontrado a vida e o conhecimento de Deus.*

"Portanto, **siga os passos dos bons** *e permaneça nos caminhos dos justos."* (Provérbios 2:20) — *Os homens de bem têm a promessa de uma vida longa e abençoada, mas os maus serão eliminados da Terra.*

"Meu filho, não se esqueça de minhas instruções; guarde meus mandamentos em seu coração. Se assim fizer, **viverá muitos anos, e sua vida será cheia de paz**.*"* (Provérbios 3:1-2) — *Mesmo enfrentando grandes perigos, os servos de Deus têm a probabilidade de uma vida longa e tranquila na Terra, além da certeza das bênçãos celestiais.*

"Não permita que a bondade e a lealdade o abandonem; prenda-as ao redor do pescoço e escreva-as no fundo do coração. Então você conseguirá favor e **boa reputação, diante de Deus e das pessoas.***"* (Provérbios 3:3-4) — *Escolher sempre a bondade e a lealdade só é possível na dependência de Cristo.*

"Confie no Senhor de todo o coração; **não dependa de seu próprio entendimento**.*"* (Provérbios 3:5) — *Uma boa razão para colocarmos nossa confiança somente no Senhor: Deus não falha!*

"Não se impressione com sua própria sabedoria; tema o Senhor e afaste-se do mal. Então você terá **saúde para o corpo e força para os ossos**.*"* (Provérbios 3:7-8) — *Aqueles que se exercitam na busca pelo Senhor, evitam o mal e aumentam a chance de gozar uma boa saúde.*

"Meu filho, não rejeite a disciplina do Senhor; **não desanime quando ele o corrigir.** *Pois o Senhor corrige quem ele ama, assim como o pai corrige o filho a quem ele quer bem."* (Provérbios 3:11-12) — *A disciplina é uma grande aliada do bem.*

"Meu filho, **não perca de vista o bom senso e o discernimento***; apegue-se a eles, pois darão vigor à sua alma e serão como joias em seu pescoço."* (Provérbios 3:21-22) — *O bom senso e o equilíbrio podem fazer toda a diferença em situações adversas.*

*"***Não deixe de fazer o bem àqueles que precisarem***, sempre que isso estiver ao seu alcance. Se você pode ajudar seu próximo agora, não lhe diga: 'Volte amanhã, e lhe darei algo'."* (Provérbios 3:27-28) — *Quem abraça a vida militar não pode deixar de fazer o bem, seja na folga ou no serviço, em missões internas ou externas.*

"**Não tenha inveja dos violentos**, *nem imite sua conduta. Esses perversos são detestáveis para o Senhor, mas aos justos ele oferece sua amizade."* (Provérbios 3:31-32) — *Um militar violento atrai a violência para si e para os que estão com ele.*

"Apegue-se às minhas instruções e não as solte; guarde-as bem, pois são a **chave da vida**.*"* (Provérbios 4:13) — *Não negligencie o treinamento do seu espírito.*

"O caminho dos justos é como a primeira luz do amanhecer, que brilha cada vez mais até o dia pleno clarear. O caminho dos perversos é como a mais absoluta escuridão; nem **sequer sabem o que os faz tropeçar**.*"* (Provérbios 4:18-19) — *Enquanto o justo anda seguro na luz, o ímpio tropeça na escuridão.*

"**Evite toda conversa maldosa**; *afaste-se das palavras perversas."* (Provérbios 4:24) — *O que aconteceria se todas as nossas conversas fossem gravadas?*

"Seja abençoada a sua fonte! **Alegre-se com a mulher de sua juventude**! *Ela é gazela amorosa, corça graciosa; que os seios de sua esposa o satisfaçam sempre e você seja cativado por seu amor todo o tempo!"* (Provérbios 5:18-19) — *Marido e mulher podem se fartar de prazer vivendo o ideal divino para o sexo.*

"**Pois o Senhor vê com clareza o que o homem faz** *e examina todos os seus caminhos. O perverso é cativo dos próprios pecados; são cordas que o apanham e o prendem." — Não permita que a imoralidade destrua sua vida, casamento e reputação!*

"**Aprenda com a formiga, preguiçoso!** *Observe como ela age e seja sábio."* (Provérbios 6:6) — *No serviço tenha sempre zelo, diligência e dedicação.*

"**Há seis coisas que o Senhor odeia**, *ou melhor, sete coisas que ele considera detestáveis: olhos arrogantes, língua mentirosa, mãos que matam o inocente, coração que trama a maldade, pés que se apressam em fazer o mal, testemunha falsa que diz mentiras, e aquele que semeia desentendimento entre irmãos."* (Provérbios 6:16-19) — *Quem está livre de tudo isso? Sem Jesus, estaríamos perdidos.*

"Ame a sabedoria como se fosse sua irmã e faça do discernimento um membro da família. **Eles o guardarão da mulher imoral**, *das palavras sedutoras da promíscua."* (Provérbios 7:4-5) — *O insensato é como o pássaro que salta para dentro do alçapão.*

"Escutem, pois **a Sabedoria chama**! *Ouçam, porque o entendimento levanta a voz!"* (Provérbios 8:1) — *Tome uma atitude sábia: ouça a voz de Deus!*

"'Venham à minha casa todos os ingênuos', e aos que não têm juízo ela diz: 'Venham, comam de meu banquete e bebam do vinho que misturei. **Deixem sua ingenuidade para trás** *e vivam; andem pelo caminho do discernimento'".* (Provérbios 9:4-6) — *Enquanto o tolo sofre por ignorar o seu Criador, o sábio aceita o convite da sabedoria.*

"Instrua o sábio, e ele crescerá na sabedoria; **ensine o justo, e ele aprenderá ainda mais**.*"* (Provérbios 9:9) — *Há tolos que zombam dos instrutores e odeiam ser repreendidos. Não vale a pena perder tempo com eles.*

"Se você se tornar sábio, **o benefício será seu***; se desprezar a sabedoria, sofrerá as consequências."* (Provérbios 9:12) — *Encontramos muitas propostas para satisfazer desejos ou realizar nossos sonhos. Precisamos avaliar essas propostas para não sermos enganados.*

"A mulher chamada **Insensatez é atrevida***; é ignorante e nem se dá conta disso."* (Provérbios 9:13) — *Muitos são seduzidos por suas palavras e sacrificam a família, as amizades e o tempo com Deus correndo atrás de ilusões.*

"As **riquezas de origem desonesta** *não têm valor duradouro, mas uma vida justa livra da morte."* (Provérbios 10:2) — *A busca desenfreada por enriquecimento leva muitos aos caminhos ilícitos.*

"O sábio recebe os mandamentos de bom grado, mas **as palavras do insensato causam sua ruína**.*"* (Provérbios 10:8) — *Quando colocamos os mandamentos de Jesus no coração, nossas palavras são transformadas em fonte de vida, sabedoria e paz.*

"Quem anda em integridade anda em segurança; quem **segue caminhos tortuosos será exposto**.*"* (Provérbios 10:8) — *Devemos dar o bom exemplo e ensinar a população que sem integridade ninguém estará seguro.*

"Quem **aceita a disciplina está no caminho da vida***, mas o que despreza a repreensão se desvia dele."* (Provérbios 10:17) — *A disciplina aceita mostra o caminho da vida, e a repreensão desprezada desencaminha outros.*

*"***O tolo se diverte em fazer o mal***, mas o sensato tem prazer em viver com sabedoria."* (Provérbios 10:23) — *Devemos repudiar a má conduta e também as palavras perversas.*

"O temor do Senhor prolonga a vida, mas **os dias dos perversos são encurtados**.*"* (Provérbios 10:27) — *O ímpio, aquele que é hostil a Deus, que pratica o mal e rejeita a Cristo, pode ser ceifado bem antes do que imagina.*

"**O orgulho leva à desgraça**, *mas com a humildade vem a sabedoria."* (Provérbios 11:2) — *Quando o homem se orgulha de si mesmo, acaba sendo envergonhado.*

"É falta de bom senso desprezar o próximo; **a pessoa sensata permanece calada**. *O fofoqueiro espalha segredos, mas a pessoa confiável sabe guardar confidências."* (Provérbios 11:12-13) — *Não use sua língua para falar mal do seu próximo, ainda que ele esteja caluniando você.*

"**Quem dá com generosidade se torna mais rico**, *mas o mesquinho perde tudo. O generoso prospera; quem revigora outros será revigorado."* (Provérbios 11:24-25) — *O egoísmo, o consumismo e a corrupção têm menosprezado as boas ações em favor dos mais pobres.*

"O insensato se ira com facilidade, mas **o sábio ignora a ofensa**." (Provérbios 12:16) — *Ignore o insulto: isso pacificará seus relacionamentos, tornando a vida mais fácil, leve e tranquila.*

"**Os comentários de algumas pessoas ferem**, *mas as palavras dos sábios trazem cura."* (Provérbios 12:18) — *Se formos imprudentes, nossas palavras poderão causar muita dor às pessoas com quem nos relacionamos.*

"**O engano enche o coração dos que tramam o mal**; *a alegria enche o coração dos que promovem a paz."* (Provérbios 12:20) — *Os que planejam e promovem a maldade bebem do próprio veneno. Vivem enganados, insatisfeitos, frustrados e oprimidos.*

"**Os lábios mentirosos são detestáveis para o SENHOR**, *mas os que dizem a verdade lhe trazem alegria."* (Provérbios 12:22) — *A mentira é perversa, enganadora, maligna, assim como o seu pai: o diabo.*

"O dinheiro ganho por meios ilícitos logo acaba; **a riqueza conquistada com trabalho árduo cresce com o tempo**." (Provérbios 13:11) — *É melhor administrar o que temos com sabedoria: não desperdiçar, não fazer dívidas e ainda poupar um pouco.*

"**Há caminhos que a pessoa considera corretos**, *mas que acabam levando à estrada da morte."* (Provérbios 14:12) — *De fato, o caminho certo não está em nós mesmos, mas em Jesus Cristo.*

"Os ingênuos são revestidos de insensatez, enquanto **os prudentes são coroados de conhecimento**." (Provérbios 14:18) — *O conhecimento que o sábio exalta aqui não é o conhecimento científico, empírico ou humanista, mas o conhecimento de Deus.*

*"**Os pobres são desprezados** pelos vizinhos, enquanto os ricos têm muitos amigos. É pecado desprezar o próximo; feliz o que ajuda os pobres."* (Provérbios 14:20-21) — *No exercício da função, ou nas horas de folga, jamais despreze uma pessoa só por ela ser pobre.*

*"O contentamento dá saúde ao corpo; **a inveja é como câncer nos ossos**."* (Provérbios 14:30) — *Quem vive invejando os outros está doente de espírito.*

*"**A resposta gentil desvia o furor**, mas a palavra ríspida desperta a ira."* (Provérbios 15:1) — *Responda com calma. Para isso, terá de esperar o tempo certo, até que os ânimos se esfriem.*

*"**Os olhos do Senhor estão em todo lugar**; observam tanto os maus como os bons."* (Provérbios 15:3) — *Cabe a nós reconhecer que haveremos de prestar contas por todos os nossos atos.*

*"Planos fracassam onde não há conselho, mas **têm êxito quando há muitos conselheiros**. Todos se alegram quando dão a resposta apropriada; como é bom dizer a coisa certa na hora certa!"* (Provérbios 15:22-23) — *Tome cuidado quando você precisar de conselhos; procure por pessoas sensatas, experientes e bem-sucedidas.*

*"A cobiça traz aflição para toda a família, mas **quem odeia subornos viverá**."* (Provérbios 15:27) — *O amante do dinheiro é capaz de cometer loucuras por ele: despreza a ética, a justiça e a moral.*

*"**É melhor ter pouco com justiça** que ser rico com desonestidade."* (Provérbios 16:8) — *Em meio a tanta corrupção, o militar deve honrar sua instituição e zelar pelo seu próprio nome.*

*"É **da natureza humana fazer planos**, mas é o Senhor quem dirige nossos passos."* (Provérbios 16:9) — *Todos os nossos planos estão sujeitos à aprovação do Senhor. Para que eles prosperem, precisamos planejar junto com Deus.*

*"**O orgulho precede a destruição**; a arrogância precede a queda. É melhor viver humildemente com os pobres que repartir o despojo com os orgulhosos."* (Provérbios 16:18-19) — *O orgulhoso, de espírito altivo, não passará impune. Um dia ele será destronado, um dia ele, com toda a sua soberba, será destruído.*

*"**Quem ouve a instrução prospera**; quem confia no Senhor é feliz."* (Provérbios 16:20) — *O militar atencioso tende a ser bem-sucedido em suas missões, e aquele que confia em Deus encontra a felicidade.*

“**Começar uma briga é como abrir a comporta de uma represa**; *portanto, pare antes que irrompa a discussão.”* (Provérbios 17:14) — *Se agirmos por impulso e com ira, os prejuízos serão certos.*

“**Até o insensato passa por sábio quando fica calado**; *de boca fechada, até parece inteligente.”* (Provérbios 17:28) — *Falar somente o necessário, só quando for solicitado, pouco ou até mesmo ficar em silêncio, são conselhos válidos para todos que desejam evitar problemas, incluindo o militar.*

“**Quem vive isolado se preocupa apenas consigo e rejeita todo bom senso**.” (Provérbios 18:1) — *Em vez de ignorarmos quem procura o isolamento, devemos estender a mão e encorajar a mudança de atitude.*

“**Falar sem antes ouvir** *os fatos é vergonhoso e insensato.”* (Provérbios 18:13) — *A precipitação no falar, quando provém de respostas dadas antes mesmo de ouvir, demonstra impaciência, intolerância, falta de respeito e em alguns casos insubmissão.*

“**O homem que encontra uma esposa** *encontra um bem precioso e recebe o favor do Senhor.”* (Provérbios 18:22) — *A desintegração das famílias em nossos quartéis se reflete no rendimento profissional de muitos militares, fruto do impacto emocional que sofrem.*

“Alguns que se dizem amigos destroem uns aos outros, mas **o verdadeiro amigo é mais próximo que um irmão**.” (Provérbios 18:24) — *Amigos de verdade amam em todo o tempo, não só quando as coisas estão bem; são leais, companheiros, sinceros e sempre prontos a nos ajudar.*

“**A testemunha falsa não ficará sem castigo**; *o mentiroso será destruído.”* (Provérbios 19:9) — *Quem mente numa situação pequena é capaz de mentir em todas as outras.*

“O sensato não perde a calma, mas **conquista respeito ao ignorar as ofensas**.” (Provérbios 19:11) — *Guardar mágoa no coração, remoê-la, nutrir o desejo de vingança, é como tomar o veneno e esperar que quem nos ofendeu sofra os efeitos.*

“O vinho produz zombadores; o álcool leva a brigas; **quem é dominado pela bebida não é sábio**.” (Provérbios 20:1) — *Felizes os que abandonam o alcoolismo antes de perder tudo: dinheiro, saúde e família.*

“**O furor do rei é como o rugido do leão**; *quem provoca sua ira põe a vida em risco.”* (Provérbios 20:2) — *O sábio honra a Deus quando se submete, respeita e honra uma autoridade.*

*"***Evitar contendas é sinal de honra***; apenas o insensato insiste em brigar."* (Provérbios 20:3) — *Devemos pacificar as relações sem tomar partido. Precisamos encorajar o perdão mútuo e a reconciliação.*

"Os bons conselhos ficam no fundo do coração, mas **a pessoa sensata os traz à tona***."* (Provérbios 20:5) — *Precisamos agir sempre com sinceridade e transparência para que os propósitos do coração fiquem claros e o clima amigável seja preservado.*

"Com bons conselhos os planos são bem-sucedidos; **não saia para a guerra sem boas orientações***."* (Provérbios 20:18) — *Estamos em uma verdadeira guerra, lutamos para defender pessoas. Precisamos de conselhos para que nossos objetivos sejam alcançados.*

"O fofoqueiro vive espalhando segredos; portanto, **evite a companhia de quem fala demais***."* (Provérbios 20:19) — *Devemos ter critérios bem estabelecidos na hora de iniciar ou cultivar nossas amizades.*

*"***Não diga: 'Vou me vingar** *deste mal'; espere o Senhor resolver a questão."* (Provérbios 20:22) — *Caso a vingança seja praticada, um ciclo vicioso pode se instaurar e provocar grandes tragédias.*

*"***O Senhor se agrada mais ao fazermos o que é certo e justo** *do que ao lhe oferecermos sacrifícios."* (Provérbios 21:3) — *Como podemos agradar a Deus? A resposta é simples: faça o que é justo.*

*"***Quem planeja bem e trabalha com dedicação prospera***; quem se apressa e toma atalhos fica pobre."* (Provérbios 21:5) — *Os planos bem elaborados nos fazem enxergar os objetivos, os meios necessários e os possíveis resultados.*

*"***Quem ama os prazeres ficará pobre***; quem ama o vinho e o luxo nunca enriquecerá."* (Provérbios 21:17) — *O sábio entende que as coisas boas da vida devem ser gozadas com entendimento, sabedoria e temor do Senhor.*

"O sábio possui riqueza e luxo, mas **o tolo gasta tudo que tem***."* (Provérbios 21:20) — *O sábio faz economizas e tem sustento, provisão e paz. O tolo gasta tudo o que ganha e passa necessidades.*

*"***A boa reputação vale mais que grandes riquezas***; ser estimado é melhor que prata e ouro."* (Provérbios 22:1) — *Não podemos deixar que a corrupção destrua a boa estima e o respeito que conquistamos perante a sociedade. Precisamos preservar o bom nome e a boa reputação da vida militar.*

"Mande embora o zombador e cessarão as brigas; não haverá mais contendas nem insultos. Quem ama o coração puro e **fala de modo agradável terá o rei como amigo**.*"* (Provérbios 22:10-11) — *O oposto do zombador é o sincero de coração, que se expressa com elegância e respeito. Ele será reconhecido por todos e se tornará amigo dos seus superiores.*

"Não faça amizade com os briguentos, **nem ande com quem se ira facilmente**, *pois aprenderá a ser igual a eles e colocará a si mesmo em perigo."* (Provérbios 22:24-25) — *O respeito mútuo contribui para a harmonia entre os pares, superiores e subordinados.*

"**Você já viu alguém muito competente no que faz?** *Ele servirá reis em vez de trabalhar para gente comum."* (Provérbios 22:29) — *Uma guarnição ou uma equipe formada por militares habilidosos tem suas missões coroadas de êxitos.*

"**Quando se sentar para comer com uma autoridade, preste atenção a quem está diante de você**. *Se você costuma comer demais, controle o apetite; não deseje as iguarias que ele lhe oferece, pois talvez queira enganá-lo."* (Provérbios 23:1-3) — *Comportar-se diante de uma autoridade é, por vezes, muito constrangedor. A atenção precisa ser redobrada, a postura corrigida e as palavras bem pensadas.*

"**Dedique-se à instrução**; *ouça atentamente as palavras de conhecimento."* (Provérbios 23:12) — *A disciplina garante o nosso bem-estar e mantém a ordem em nossas instituições. Por isso, ela deve ser consciente, interna e dominar o coração.*

"**Não tenha inveja dos pecadores**, *mas tema sempre o Senhor. Você será recompensado por isso; sua esperança não será frustrada."* (Provérbios 23:17-18) — *Os que praticam o mal não têm nenhuma esperança quanto ao futuro. Sua alegria é fugaz, ilusória e dura só um instante.*

"**Não ande com os beberrões, nem se envolva com os comilões**, *pois eles caminham para a pobreza e, de tanto dormirem, terão apenas trapos para vestir."* (Provérbios 23:20-21) — *De tanto comer e beber, são vencidos pela preguiça, pela sonolência e pela ociosidade. Certamente acabarão na pobreza e na miséria.*

"Meu filho, dê-me seu coração; que seus olhos tenham prazer em seguir meus caminhos. A prostituta é uma cova profunda; a promíscua é perigosa como um poço estreito. Ela se esconde e espera, como ladrão, **ansiosa para conduzir mais homens à infidelidade**.*"* (Provérbios 23:26-28) — *A imoralidade perverte a alma, corrompe o coração e destrói o caráter. Por mais atraente que pareça, não vale o preço que pede: a sua alma.*

"Quem se sente angustiado e triste? Quem vive brigando e se queixando? Quem sofre ferimentos desnecessários? Quem tem os olhos sempre vermelhos? Aquele que passa horas tomando vinho **e experimentando bebidas fortes.**" (Provérbios 23:29-30) — *O mundo incentiva o uso da bebida alcoólica porque se importa mais com o lucro do que com o bem-estar das pessoas.*

"Portanto, não saia para guerrear sem boa orientação; **com muitos conselheiros se obtém a vitória.**" (Provérbios 24:6) — *Os mais experientes devem compartilhar seus conhecimentos com os mais novos. Porém, cabe a cada um buscar as orientações necessárias para desempenhar bem sua missão.*

"Quem planeja o mal se torna **conhecido como criador de problemas.**" (Provérbios 24:8) — *Nosso ambiente de trabalho deve ser livre de discórdias. O clima de confiança deve predominar em nossos quartéis.*

"Se você vacilar no momento de dificuldade, *sua força será pequena."* (Provérbios 24:10) — *Temos de lutar, enfrentar os problemas com força, bom ânimo e coragem provenientes da fé em Deus.*

"Não seja como o perverso, que fica de tocaia na frente da casa do justo, nem ataque a moradia dele. **Ainda que o justo tropece sete vezes, voltará a se levantar**, *mas uma só calamidade é suficiente para derrubar o perverso."* (Provérbios 24:15-16) — *Os justos são guardados pelo Senhor, mesmo quando estão dormindo. Ainda que o justo caia, Deus o levantará. Mas para o ímpio está reservada a destruição total.*

"Não chame atenção para si diante do rei, nem **exija um lugar entre as pessoas importantes.** *É melhor esperar até ser convidado perante os nobres que ser mandado embora e humilhado em público."* (Provérbios 25:6-7) — *O segredo para sermos honrados diante de uma autoridade é manter sempre a humildade e a discrição.*

"Não responda aos argumentos insensatos do tolo, *para que não se torne tolo como ele."* (Provérbios 26:4) — *Sempre que um tolo nos provocar, busquemos em Deus a força para não responder da mesma maneira.*

"Como o cão volta a seu vômito, assim **o tolo repete sua insensatez.**" (Provérbios 26:11) — *Não podemos ser tolos, porém temos de nos arrepender dos nossos pecados, confessá-los e abandoná-los.*

"Sem lenha, o fogo apaga; **sem intrigas, as brigas cessam.**" (Provérbios 26:20) — *Assim como uma pequena faísca pode dar início a um grande incêndio, uma pequena calúnia pode causar grandes prejuízos.*

"Palavras suaves podem esconder um coração perverso, como uma camada de esmalte cobre o vaso de barro. **As pessoas podem encobrir o ódio com palavras agradáveis***, mas isso não passa de engano. Ainda que pareçam amáveis, não acredite nelas; seu coração está cheio de maldade. Mesmo que escondam o ódio dissimuladamente, sua maldade será exposta em público."* (Provérbios 26:23-26) — *Na frente de suas vítimas, aqueles de "conversa mansa" são dóceis e cordatos, mas por trás destilam o ódio, a inveja e a falsidade.*

"A língua mentirosa odeia suas vítimas; **palavras bajuladoras causam ruína***."* (Provérbios 26:28) — *A boca lisonjeira pode provocar tanto mal quanto a mentirosa. Quando alguém recebe falsos elogios pode construir uma imagem errada de si mesmo e acabar na ruína.*

*"***Deixe que outro o elogie***, e não sua própria boca; alguém desconhecido, e não seus próprios lábios."* (Provérbios 27:2) — *Quando ouvimos terceiros elogiando uma determinada pessoa damos mais crédito. Afinal, a boa reputação e o bom nome não são fáceis de serem conquistados.*

*"***Quem anda distante de casa** *é como pássaro longe do ninho."* (Provérbios 27:8) — *As ocupações do serviço e as horas extras, que visam complementar a renda, têm levado muitos a sacrificarem o convívio com a família.*

*"***O prudente antevê o perigo e toma precauções***; o ingênuo avança às cegas e sofre as consequências."* (Provérbios 27:12) — *É nosso dever zelar por nossa própria segurança. Estando de serviço, ou não, a prudência será sempre bem-vinda.*

"Quem cuida da figueira comerá de seus frutos; quem **protege os interesses de seu senhor será recompensado***."* (Provérbios 27:18) — *Mesmo quando lidamos com superiores hierárquicos difíceis, de poucos amigos e antipáticos, devemos respeitar e honrar a autoridade que exercem.*

"A corrupção moral de uma nação faz cair seu governo, mas o **líder sábio e prudente traz estabilidade***."* (Provérbios 28:2) — *Na família, em uma unidade militar ou em uma pequena guarnição, precisamos de líderes capazes, sábios e sensatos.*

"Quem leva os justos para o mau caminho cairá na própria armadilha, mas **os íntegros herdarão o bem***."* (Provérbios 28:10) — *O armador cairá em sua própria cilada. Por outro lado, quem não se deixa corromper, escapará da armadilha e receberá uma boa recompensa.*

*"***O íntegro será salvo do perigo***, mas o perverso será destruído repentinamente."* (Provérbios 28:28) — *O íntegro vive seguro, firme, inabalável e confiante. Por outro lado, a falta de integridade leva à perversidade, à insegurança e à destruição repentina.*

*"***Nunca é bom agir com parcialidade***, mas há quem faça o mal até por um pedaço de pão."* (Provérbios 28:21) — *Agir com parcialidade é romper com a razão e comungar com a injustiça.*

*"***A ganância provoca brigas***; a confiança no Senhor conduz à prosperidade."* (Provérbios 28:25) — *O ganancioso é inconsequente, deseja sempre mais e confia nas riquezas. Mas quem confia em Deus ignora a ganância e a cobiça, e aprende a contentar-se com o que tem.*

"Quem sempre se **recusa a aceitar a repreensão será destruído de repente***, sem que possa se recuperar."* (Provérbios 29:1) — *Não se esqueça de que a correção de atitudes é uma manifestação essencial da disciplina. O perigo consiste na insistência no erro.*

*"***Fale em favor daqueles que não podem se defender***; garanta justiça para os que estão aflitos."* (Provérbios 31:8) — *Quando ajudamos àqueles que não têm como nos retribuir, revelamos um coração nobre, bondoso e altruísta.*

Princípios de liderança[3]

Todo integrante da Segurança Pública é um líder. Não apenas pela palavra de ordem que tem de dar em momentos de crise ou por sua vigilância constante para evitar o caos, mas, igualmente, pelo modelo que é para a sociedade como um todo. Por mais que essa vocação encontre alguns preconceitos em seu caminho, no geral, a população vê o profissional de segurança pública como alguém distinto e, confiável.

Esta seção de sua Bíblia lhe mostrará alguns princípios básicos — porém nem sempre fáceis de serem colocados em prática — sobre como exercer sua liderança de modo digno, honroso e eficaz. Alguns desses princípios podem surpreendê-lo, pois não são muito frequentemente referidos e relacionados à figura do líder. A verdade é que só pode liderar eficientemente os outros aquele que lidera bem, primeiramente, a si mesmo e cuida de si próprio.

Baseando-nos no livro *Liderança — 52 princípios para viver*, aprender e liderar (Publicações Pão Diário, 2022), de Steve Wingfield, selecionamos alguns princípios que se relacionam com o seu cuidado pessoal e com a sociedade. Sugerimos a leitura de apenas um deles por semana a fim de que haja tempo suficiente para sua mente internalizar os ensinamentos compartilhados.

E não se esqueça, caro integrante da Segurança Pública: Deus escolheu você em primeiro lugar para Ele mesmo, e depois para servi-lo exercendo seu papel crucial no mundo. Permita que Deus cuide de você e, então, cuide de seu próximo através de seu ofício.

---

[3]Texto extraído e adaptado do livro
Liderança — 52 princípios para viver, aprender e liderar
(Publicações Pão Diário, 2022), de Steve Wingfield.

PRINCÍPIO: PRESTAÇÃO DE CONTAS

> Prestação de contas é uma escolha.
> Homens corajosos prestam contas.[4]

É melhor serem dois que um, pois um ajuda o outro a alcançar o sucesso. Se um cair, o outro o ajuda a levantar-se. Mas quem cai sem ter quem o ajude está em sérios apuros. [...] Se houver três, melhor ainda, pois uma corda trançada com três fios não arrebenta facilmente. —ECLESIASTES 4:9-10,12

Prestar contas é ser voluntariamente imputável por seu comportamento. Há vários anos estou envolvido em um grupo de seis homens, um grupo de prestação de contas. Às vezes, eles me fazem perguntas difíceis ou eu lhes faço perguntas difíceis. Também devo prestar contas à minha esposa, à minha família e a um conselho de administrativo. Não quero ser um lobo solitário lá fora, porque ser imputável — estar disposto a prestar contas de nossos atos e assumir a responsabilidade por eles — nos ajuda a crescer e a ter relacionamentos saudáveis.

Deus nos fez para viver em relacionamentos com outras pessoas. No jardim do Éden, nos primórdios de nossa história, Deus não apenas criou uma companheira para Adão, mas também manteve um relacionamento com o primeiro casal. O ideal de Deus para um relacionamento tem por objetivo expandir nossa vida e nos ajudar. Especialmente ao longo de todo o Novo Testamento, Deus nos exorta a cuidar de nossos relacionamentos, cuidando uns dos outros e ajudando uns aos outros. Paulo diz que todos os que estão em Cristo são parte do mesmo corpo e "cada membro está ligado a todos os outros" (Romanos 12:5 NVI).

Os relacionamentos são cruciais para nossa vida profissional, nossa vida espiritual e nossa vida pessoal. Somente quando estamos dispostos a prestar contas de nosso comportamento e assumir a responsabilidade por ele, as ligações criadas por Deus para o nosso bem podem permanecer fortes e produtivas.

[4] As frases de reflexão, no início de cada semana desta seção, são de autoria de Paul Weaver.

• SEMANA 2 •

PRINCÍPIO: TOMADA DE DECISÃO

> Quanto mais praticamos a tomada de decisão, melhores ficamos.

Confie no SENHOR *de todo o coração; não dependa de seu próprio entendimento. Busque a vontade dele em tudo que fizer, e ele lhe mostrará o caminho que deve seguir.* —PROVÉRBIOS 3:5-6

Tomar uma decisão envolve assumir certo risco. O medo de tomar a decisão errada pode nos deter. Às vezes, não temos muito tempo para pensar em nossa decisão, muito menos tempo suficiente para processá-la. É então que a fé nas promessas de Deus nos ajudará a sermos resolutos e nos manterá avançando. Ele nos deu repetidas garantias de que, se o seguirmos e confiarmos nele em todos os aspectos de nossa vida, Ele nos indicará os caminhos. Quando não temos certeza, podemos seguir em frente crendo na verdade do que Deus disse. Ele nos conduzirá na direção certa.

Plante as promessas do Senhor em seu coração e sua mente. Elas lhe darão a coragem necessária para ser resoluto. Eis aqui algumas delas para você começar:

"Eu o guiarei pelo melhor caminho para sua vida, lhe darei conselhos e cuidarei de você" (Salmo 32:8).

"Eu lhe ensinarei o caminho da sabedoria e o conduzirei por uma estrada reta" (Provérbios 4:11).

"Tu me guias com teu conselho e me conduzes a um destino glorioso" (Salmo 73:24).

"Quando vier o Espírito da verdade, ele os conduzirá a toda a verdade" (João 16:13).

"Pois Deus está agindo em vocês, dando-lhes o desejo e o poder de realizarem aquilo que é do agrado dele" (Filipenses 2:13).

PRINCÍPIO: CONFIABILIDADE

> A confiabilidade é necessária para atingir a confiança e a influência que constituem a base da liderança eficaz.

Muitos se dizem amigos leais, mas quem pode encontrar alguém realmente confiável? —PROVÉRBIOS 20:6

Certa vez, o grande pregador Billy Sunday disse que "uma desculpa é uma pele de motivo recheada com uma mentira". Eu não tenho certeza se isso está sempre certo. Nem sempre as desculpas são cheias de mentiras, mas isso mostra, de fato, que quase nunca uma desculpa é uma boa resposta. Até mesmo o *Dicionário Webster* concorda. Ele diz que uma desculpa é uma tentativa de remover a culpa ou de obter uma isenção de responsabilidade.

As Escrituras não têm mandamentos contra dar desculpas. Todavia, nos diz outras coisas correlatas. Uma das primeiras que vem à mente é o alerta de Jesus sobre o nosso "não" ser "não" e o nosso "sim" ser "sim". Ele está falando sobre não jurar, mas entendemos que o que dizemos não precisa ser embelezado. Somos ensinados que devemos falar com honestidade e sinceridade e demonstrar respeito, mas, quando as desculpas saem de nossa boca, seu principal objetivo é a proteção de nosso ego.

Coragem e honestidade exigem a verdade. Sinceridade nos impulsiona a pedir perdão. Responsabilizar-se significa que reconheceremos a falta. Empatia compreende como a nossa inação afetou outras pessoas. Transparência gera uma conversa aberta. Você entendeu a ideia!

• SEMANA 4 •

PRINCÍPIO: DESENVOLVIMENTO

> Para desenvolvimento pessoal ou de nossa equipe, necessitamos ter uma visão precisa de nós mesmos e de onde carecemos, primeiramente, trabalhar os nossos pontos fortes e depois os nossos pontos fracos.

O Senhor cumprirá seus planos para minha vida, pois teu amor, ó Senhor, dura para sempre; não me abandones, pois tu me fizeste. —SALMO 138:8

Deus deseja que cresçamos. Ele quer que continuemos nos desenvolvendo como indivíduos. Nas Escrituras, encontramos declarações surpreendentes acerca dos planos de Deus para nós. Se reivindicássemos essas coisas como nossas, seríamos chamados de arrogantes, talvez até loucos, mas essas são as verdades de Deus. E qualquer sonho ou objetivo limitado ao reino terreno que as pessoas possam ter fica muito aquém do que Deus tem reservado para quem pertence a Jesus. Deixe o mundo me chamar de louco, pois eu estou empolgado com tudo que Deus planejou para mim.

Eis aqui duas verdades surpreendentes: Deus, "aquele que começou a boa obra em [nós] irá completá-la até o dia em que Jesus Cristo voltar" (Filipenses 1:6); e Ele "está agindo em [nós, dando-nos] o desejo e o poder de [realizar] aquilo que é do agrado dele" (Filipenses 2:13).

Isso não significa que podemos ser preguiçosos e nos contentarmos com o que quer que apareça. Há muitos versículos que nos dizem para lutar, fazer todos os esforços e trabalharmos arduamente. Porém, Deus é quem fornecerá os recursos dos quais você necessita, até mesmo o desejo que faz você querer crescer.

Ele ainda não terminou; por isso, quero continuar crescendo enquanto eu viver.

PRINCÍPIO: EQUIDADE

> Equidade não é tratar a todos exatamente da mesma maneira. É tratar todos os indivíduos com dignidade e respeito, e dar às pessoas o benefício da dúvida.

Em todas as coisas façam aos outros o que vocês desejam que eles lhes façam. Essa é a essência de tudo que ensinam a lei e os profetas. —MATEUS 7:12

Equidade diz respeito à maneira como tratamos os outros. Grande parte das Escrituras aborda as maneiras como nos portamos nos relacionamentos. O caminho mais simples e direto para a equidade é estabelecido por Jesus no que chamamos de a Regra de ouro: "Façam aos outros o que vocês desejam que eles lhes façam" (Lucas 6:31).

Queremos ser compreendidos. Queremos ser ouvidos. Queremos receber consideração, graça e respeito. Queremos ser perdoados e ter outra chance. A diretriz de Jesus diz que devemos conceder o mesmo aos outros: compreensão, ouvido, consideração, graça, respeito e perdão.

Leia as palavras de Paul Weaver, no topo desta página, acerca da equidade. Somos capazes de tratar os outros com dignidade e respeito quando olhamos profundamente por sob a superfície e vemos que, abaixo de todas as barreiras exteriores que podem surgir entre nós, todos somos muito semelhantes. Jesus fazia isso. Ele olhava além de rótulos como coletor de impostos, pescador, romano ou adúltera e enxergava o coração das pessoas. Ele se conectou às necessidades delas.

O mundo coloca nas pessoas todos os tipos de rótulos, os quais nos separam. Jesus Cristo vê uma única coisa: corações que Ele deseja chamar de volta para Deus ou corações que já estão a caminho de casa para Deus. Desejo ver os outros como Jesus os vê e ama e tratá-los com dignidade, respeito e equidade.

PRINCÍPIO: EMPATIA

> A empatia lubrifica as engrenagens da liderança.
> Tudo se torna mais fácil e os resultados o surpreenderão.

Amem-se com amor fraternal e tenham prazer em honrar uns aos outros.
—ROMANOS 12:10

Hoje, preste atenção em *como* você escuta os outros. Ser capaz de compreender correta e compassivamente os sentimentos dos outros requer que sejamos bons ouvintes. Nós escutamos atentamente, não para discutir ou debater, e sim para nos sintonizar em como a outra pessoa se sente. A empatia surge quando escutamos com um coração desejoso de compreender os sentimentos.

Ouvir com empatia significa tirar os nossos próprios sentimentos e ideias do "primeiro lugar" e focar nos sentimentos e ideias da outra pessoa. Frequentemente, "escutamos" mais os nossos próprios sentimentos e pensamentos, mesmo quando outra pessoa está falando; então, nossas próprias emoções conduzem as nossas ações e reações em relação aos outros. A empatia, porém, tira os nossos sentimentos do banco do motorista.

A empatia pavimenta o caminho para seguirmos a regra de vida que Jesus disse ser o segundo maior mandamento: amar ao próximo como a si mesmo. Seguir esse preceito torna os sentimentos de outra pessoa tão importantes quanto os meus. Meu relacionamento com essa pessoa e minha compaixão são guiados pela minha compreensão dos sentimentos dela; por isso, seria melhor aprendermos a escutar para entendermos uns aos outros. Esse "escutar" inclui prestar atenção aos sentimentos e pensamentos que estão por trás das palavras faladas.

Para manifestar o mandamento de Jesus, de amar aos outros e tratá-los da mesma maneira como queremos ser tratados, precisamos entendê-los e realmente nos importarmos com eles. Desceremos do primeiro lugar e colocaremos nossa atenção na outra pessoa.

PRINCÍPIO: GRATIDÃO

> A gratidão transforma as coisas comuns
> da vida em algo especial.

Palavras bondosas são como mel: doces para a alma e saudáveis para o corpo.
—PROVÉRBIOS 16:24

Viver com gratidão transforma a atmosfera. As pessoas que respiram tal atmosfera buscam o positivo. Elas não cederão à derrota. Elas se fortalecerão, se encorajarão mutuamente e enfrentarão os obstáculos que surgirem. Uma atmosfera de gratidão estimula produtividade, crescimento, bondade, compaixão e uma série de outras boas características em sua equipe.

Expressar sua gratidão também tem efeito sobre você. Estudos psicológicos de grupos revelam que a gratidão é boa para a sua mente e o seu corpo. Ela melhora a saúde física e psicológica e reduz o estresse. Certo estudo até concluiu que você dormirá melhor se praticar a gratidão. Ela também sustenta e aprimora outros traços de caráter desejáveis. As palavras que você fala reforçam tudo o que cresce em sua mente e em seu coração. A gratidão anda de mãos dadas com a humildade; prospera em uma atitude positiva; esta, por sua vez, é fortalecida pela gratidão; ela nos torna mais generosos; estimula o crescimento, a bondade e a empatia. Certamente, nos torna mais amáveis. Todos nós preferimos estar perto de uma pessoa positiva, em vez de alguém que usa uma sombria mortalha negativa.

Expresse sua gratidão. Nem sempre tem de ser uma palavra falada; pode ser uma palavra escrita. Mas a nossa gratidão precisa ser expressa.

• SEMANA 8 •

PRINCÍPIO: HONESTIDADE

> Seja corajoso e faça a coisa certa. Lembre-se de que, em 90% das vezes, a coisa certa não será a mais bem aceita pelas pessoas. Mesmo assim, faça-a.

Portanto, abandonem a mentira e digam a verdade a seu próximo, pois somos todos parte do mesmo corpo. —EFÉSIOS 4:25

Deus odeia mentiras e calúnias. Ele nos diz isso sem rodeios e repetidamente. Uma das dádivas da graça que Deus nos deu é a comunidade de cristãos, mas perdemos as bênçãos dessa comunidade se não vivemos aberta e honestamente uns com os outros. Mentir faz parte da velha natureza, que morreu para você.

Toda a humanidade está doente. Foi por isso que 1 João 1:9 foi escrito — a fim de que possamos voltar ao caminho certo. Foi também por isso que Deus nos deu essa conexão do Espírito com outros cristãos — para que possamos ajudar uns aos outros, encorajar uns aos outros e edificar uns aos outros. Precisamos ser honestos quanto ao que está acontecendo em nossa vida; caso contrário, nós nos excluímos dos benefícios da comunidade de Cristo.

Há quem diga a verdade, mas de uma maneira que fere. Meu pai me ensinou que você pega muito mais moscas com mel do que com vinagre. Aprenda a falar a verdade em amor. Seja compassivo com a sua honestidade. Seja amoroso. O amor não faz mal; não destrói, e sim edifica. Para encontrar a alegria de pertencer ao Corpo de Cristo, viva honesta e abertamente.

PRINCÍPIO: HUMILDADE

> A soberba é inimiga de tudo que é bom.

Permaneçam em mim, e eu permanecerei em vocês. Pois, assim como um ramo não pode produzir fruto se não estiver na videira, vocês também não poderão produzir frutos a menos que permaneçam em mim. —JOÃO 15:4

Qualquer coisa boa em mim é resultado do que o Senhor tem feito. Sem Ele, sou um galho inútil e morto. Nossa cultura quer nos ensinar a ter orgulho de quem somos e daquilo que podemos realizar. Porém, a verdade, o quadro exato, é que somos fracos, pecadores e estamos distantes do que Deus pretendia que a Sua criação fosse. Nós quisemos fazer as coisas do nosso jeito, em vez do modo de Deus, e fizemos uma bela bagunça. No entanto, Deus nos oferece redenção, nova vida e um novo coração. O Senhor cria algo novo em nós. Tudo depende dele, não do que eu mesmo posso fazer. Eu só estarei vivo nesse caminho se a vida dele fluir através de mim.

Jesus diz também que, se permanecermos vitalmente conectados a Ele, grandes coisas acontecerão! Daremos muito fruto. O ramo estará saudável, crescendo e produzindo. Também essa é uma visão acurada de nós mesmos. O mundo poderá rotular isso de arrogância ou fanatismo; não é nenhuma das duas coisas — é a verdade. A nossa fraqueza abre caminho para que o grande poder de Deus entre em ação.

• SEMANA 10 •

PRINCÍPIO: INICIATIVA

> Pessoas com iniciativa e caráter chegarão ao topo; elas levarão empresas, departamentos e sua própria vida pessoal do bom ao excelente.

Não deixe de fazer o bem àqueles que precisarem, sempre que isso estiver ao seu alcance. —PROVÉRBIOS 3:27

Nosso versículo de hoje é um provérbio escrito pelo sábio rei Salomão. Esse princípio não se limita a negócios, redes sociais ou qualquer área da vida. Trata-se de um princípio de vida sadia e correta no trabalho, no lar, na sua vizinhança. As pessoas estão observando e o notarão como alguém que reconhece o que precisa ser feito e o faz. Você não é alguém que tenta fazer o mínimo necessário para seguir em frente. Você está procurando maneiras de melhorar as coisas ou de resolver um problema e age. Mesmo que seja algo tão simples quanto esvaziar uma lata de lixo transbordante, seus atos são motivados pela necessidade de soluções, não pelos requisitos de uma descrição de função.

Quando você reconhecer o que precisa ser feito e tiver a capacidade de fazer algo a respeito, faça-o. Ultrapasse a sua descrição de função. Não dê a desculpa de que aquilo é responsabilidade de outra pessoa. É sua responsabilidade.

PRINCÍPIO: ALEGRIA

> Alegria é um estado do coração e da alma. Acrescentar liderança alegre ao seu plano de trabalho não tem custo, e dinheiro é um mau substituto da alegria.

Alegrem-se em nossa esperança. Sejam pacientes nas dificuldades e não parem de orar. —ROMANOS 12:12

As pessoas mais agradáveis de se ter por perto são as repletas de alegria. Elas entram em uma sala e transformam a atmosfera. As pessoas mais difíceis de se ter por perto são as mal-humoradas e as deprimidas. Também elas transformam a atmosfera de uma sala!

Todos nós temos dificuldades na vida. Frustrações e decepções podem surgir diariamente. O que faz a diferença entre as pessoas que têm esperança e as que parecem ser incapazes de encontrar alegria ou esperança em qualquer circunstância?

Eu quero viver em conformidade com Romanos 12:12 — ser alegre na esperança, paciente na tribulação, orando sempre. A primeira frase — "alegrem-se em nossa esperança" — é fundamental para a alegria. Nós não sabemos o que Deus planejou para nós, mas eu continuo a confiar nele, pois sei que o Seu plano jamais falhará. Sei que posso confiar que o Senhor cumprirá as Suas promessas. Sei que o tempo dele é perfeito. Eu construo a minha vida com base nessa esperança e isso me dá alegria.

Billy Graham afirmou: "A alegria não depende das circunstâncias, e sim triunfa sobre as circunstâncias". A alegria não é resultado das circunstâncias; ela faz parte da nossa armadura enquanto atravessamos as circunstâncias. Nós ficamos felizes por saber que Deus está presente e é fiel à Sua Palavra. Nossa alegria não depende de situações exteriores, e sim da fidelidade do nosso Deus. Viver dessa maneira produz uma alegria que não pode ser derrotada ou roubada por coisa alguma que o diabo e seus demônios lancem sobre você.

• SEMANA 12 •

PRINCÍPIO: BONDADE

> As pessoas prosperam sob uma liderança bondosa e se afastam de líderes rudes.

Cuidem que ninguém retribua o mal com o mal, mas procurem sempre fazer o bem uns aos outros e a todos. —1 TESSALONICENSES 5:15

Bondade é algo do coração, mas também é uma coisa da mente. Todos os dias, de muitas maneiras, somos confrontados com esta escolha: agimos em interesse próprio ou no interesse dos outros?

Certo dia, eu estava voltando do escritório para casa e, ao chegar ao ponto em que a rodovia se estreita de duas faixas para uma, verifiquei o espelho retrovisor. Havia um carro bastante afastado, então passei para a faixa única. De repente, aquele carro estava quase encostado na minha traseira e o motorista, buzinando e gesticulando de maneira raivosa e obscena.

Em um semáforo, ele parou ao meu lado. Eu abaixei a minha janela e ele, a dele. Eu disse: “Senhor, me desculpe. Não tenho certeza do que eu fiz, mas você pode me perdoar?”. Isso tirou o ímpeto da sua raiva. Minha atitude em relação a ele foi tão inesperada que ele não soube como reagir.

Naquele dia eu tive uma escolha. Poderia ter devolvido a ele na mesma moeda. Porém acredito que, como seguidores de Cristo, não temos opção. A nossa escolha deve ser sempre a bondade.

PRINCÍPIO: SIMPATIA

> Escreva sua honraria hoje, depois viva a vida em conformidade com ela. Dê risadas com frequência, divirta-se, não se leve muito a sério.

Vocês podem mostrar às pessoas como é admirável aquele que os chamou das trevas para sua maravilhosa luz. —1 PEDRO 2:9

Uma das primeiras coisas que precisamos nos perguntar é por que desejamos a característica de simpatia. Do mundo ouvimos coisas como: "Ser simpático o ajudará a avançar em sua carreira", "Vale a pena conhecer as pessoas certas" ou "Faça muito networking". O mundo rastreia "curtidas", "seguidores" e "amigos" nas redes sociais.

Se o nosso único desejo é popularidade, estamos em terreno perigoso. A aprovação mundana é inconstante e passageira. Mais sério ainda — Tiago escreveu que, se queremos ser amigos do mundo, estamos nos colocando como inimigos de Deus. Não podemos servir ao aplauso dos homens e ao Senhor Jesus Cristo, mas a simpatia em um discípulo de Cristo pode ser uma ferramenta usada por Deus.

Jesus alcançava e atraía pessoas, mas não dependia da popularidade para entregar a Sua mensagem. Ele tocou corações para que recebessem as boas-novas da graça de Deus e do reino do Céu. Ele nos tornou parceiros em Sua obra e Seu propósito. Eu quero ter certa atratividade, acessibilidade, "algo contagioso" que as pessoas percebam. Quero que elas vejam que a mensagem do evangelho de Jesus faz diferença em minha vida. Se eu for um sujeito simpático, é muito mais provável que as pessoas ouçam o que tenho a dizer quando aproveito todas as oportunidades para direcionar o olhar delas para Deus e Sua graça.

• SEMANA 14 •

PRINCÍPIO: MOTIVAÇÃO

> A motivação sempre começa com o líder. Não há equipes motivadas lideradas por pessoas não motivadas.

Em tudo que fizerem, trabalhem de bom ânimo, como se fosse para o Senhor, e não para os homens. Lembrem-se de que o Senhor lhes dará uma herança como recompensa e de que o Senhor a quem servem é Cristo. —COLOSSENSES 3:23-24

Motivação é o poder interior que impulsiona à ação, impelido por desejo, paixão e aspiração. O que motiva você? O que o estimula? Provérbios fala sobre preguiçosos cujo apetite nunca é satisfeito. O problema do preguiçoso é que "suas mãos se recusam a trabalhar" (Provérbios 21:25). Ele não tem motivação. Ele não é impulsionado à ação e não tem desejo, paixão ou aspiração. "Mas os que trabalham com dedicação prosperam" (Provérbios 13:4). A motivação nos mantém diligentes enquanto trabalhamos em direção aos nossos objetivos. Ela nos impele e nos ajuda a fazer as coisas de maneira completa. Ela gera vigor.

Motivação e diligência não são importantes somente no trabalho que realizamos, mas também na maneira como corremos a carreira da fé nesta Terra. Como filhos de Deus e cidadãos do reino do Céu, tudo que fazemos é para Deus e Sua glória. Essa é a nossa maior motivação. Nós não trabalhamos para sermos reconhecidos pelo nosso chefe, pela diretoria ou pelas pessoas a quem nos reportamos, e sim para a glória de Deus. Estamos servindo a Cristo em tudo que fazemos. Somos Seus representantes. Perceber esse fato nos impulsionará à ação e impelirá nossos desejos, paixões e aspirações. Eu quero ouvir as palavras "Muito bem".

PRINCÍPIO: PAZ

> Liderança tem a ver 80% com você
> e 20% com a sua equipe.

Busque justiça, fidelidade, amor e paz.
—2 TIMÓTEO 2:22

Como filhos do Deus de paz e seguidores de Jesus Cristo, nós somos chamados a viver em paz. Jesus disse que os pacificadores serão abençoados. Em quase todas as cartas do Novo Testamento, os apóstolos escreveram: "No que depender de vocês, vivam em paz com todos" (Romanos 12:18). A introdução incluía: "Que vocês tenham cada vez mais graça e paz" (2 Pedro 1:2).

Não devemos retribuir o mal com mal; em vez disso, retribuir o mal com bênçãos e bem. Em Romanos 14, Paulo exorta para não se criar divisões na igreja. Não permita que argumentos destruam o que Deus está realizando; em vez disso, trabalhe pela paz e pela edificação mútua. Mesmo no caso de um cônjuge deixar o outro, "Deus os chamou para viver em paz" (1 Coríntios 7:15).

Os discípulos ficavam, frequentemente, perturbados. Eles discutiam entre si. Queriam fazer guerra. Queriam incendiar uma aldeia. Quantas vezes a sua presença declara guerra? Recorde-se de seus dias. Você é um pacificador? Você está buscando a paz e edificando os outros em vez de guerrear contra eles?

Se você está indo guerrear contra o mundo exterior, é tempo de resolver a guerra interior. O que está se expressando no lado de fora é apenas o fruto; algo precisa ser feito quanto à raiz antes que o fruto possa ser transformado. A única coisa que transforma a raiz — o seu coração — é andar com o Senhor. Ele é o Príncipe da Paz.

• SEMANA 16 •

PRINCÍPIO: DESCANSO

> Não há futuro para líderes que se esgotam.
> Nós pagamos um alto preço, profissional e pessoal, por ter uma agenda totalmente cheia, todos os dias da semana.

Aquele que habita no abrigo do Altíssimo encontrará descanso à sombra do Todo-poderoso. —SALMO 91:1

Ao lermos as Escrituras, logo vemos que, para Deus, conceder descanso ao Seu povo é tão importante quanto dar paz, força, compaixão e misericórdia. Um dos primeiros convites que ouvimos Jesus emitir é "Venham a mim [...] e eu lhes darei descanso" (Mateus 11:28).

Ele concede descanso ao corpo e à alma. O sono é uma dádiva preciosa. Eu me agarrei à promessa de Salmo 4:8 durante os tempos perigosos na Romênia. Eu estava naquele país durante a Revolução. Foi caótico! Pessoas estavam sendo mortas, ouvíamos tiros à nossa volta, e houve momentos em que me perguntei se algum dia veria novamente minha esposa e meus filhos. Porém, em meio àquilo, confiei na promessa de que Deus me "guardaria em segurança" e consegui dormir à noite, mesmo com o som de tiros lá fora do hotel. Deus colocou paz em meu coração e me deu descanso, mesmo em meio à tempestade.

Quando habitamos no abrigo do Altíssimo, quando vivemos constantemente em Sua presença, encontramos paz e descanso que excedem a lógica ou o entendimento. Temos promessas maravilhosas em Cristo.

O que tem mantido você acordado à noite? O Senhor lhe dará a Sua garantia se você falar com Ele a esse respeito e abrir os seus ouvidos para ouvi-lo. Deus se importa com tudo que está acontecendo em sua vida. Ele é o Grande Pastor, atento a todas as suas necessidades e a tudo que afeta você.

PRINCÍPIO: AUTODISCIPLINA

> Ter autodisciplina é não só importante ao lidar com a nossa equipe, mas também benéfico à nossa própria saúde e bem-estar, como também a viver uma vida sem remorsos.

Quem não tem domínio próprio é como uma cidade sem muros.
—PROVÉRBIOS 25:28

Autodisciplina é a qualidade de autodomínio, gerenciar adequadamente suas emoções e seu comportamento. Ausência de autodisciplina pode arruinar relacionamentos, reputações, projetos e a produtividade — e, especialmente, nosso testemunho do nosso Senhor Jesus.

Provérbios diz que uma pessoa que "não tem domínio próprio" é como uma cidade cujos muros estão derrubados. Isso foi escrito na época em que as cidades eram muradas para impedir a entrada de inimigos. Sem esses muros, as pessoas estavam expostas a ataques e derrota. O muro era uma proteção. Quando os muros da sua cidade não são fortes, outras pessoas ou circunstâncias ao seu redor lhe afetam, e o que você guarda dentro de você transborda em raiva e frustração. Você fala e age sem restrição.

Espero que você deseje ser uma pessoa com muros de autodisciplina fortes, que controla o que diz e faz. Se optar por isso, eu lhe garanto que o beneficiado será você. Você rechaçará o ataque e vencerá.

Pedro permitiu que seus muros fossem rompidos ao negar sua amizade com Jesus. Ele deixou o medo controlar sua fala e seu comportamento. Muito mais tarde, Pedro escreveu uma advertência a todos nós: esteja alerta e atento, porque o seu inimigo, o diabo, está à espreita para devorá-lo (1 Pedro 5:8 parafraseado).

Mantenha fortes os muros da sua cidade. Esteja alerta e atento contra os ataques. Seja uma pessoa que tem autodisciplina.

• SEMANA 18 •

PRINCÍPIO: AUTOCONSCIÊNCIA

> Se você quiser saber o que o está impedindo de ser um grande líder, pergunte-se: "Eu consigo lidar com a verdade?".

Quando vier o Espírito da verdade, ele os conduzirá a toda a verdade.
—JOÃO 16:13

Você tem de conhecer a si mesmo para ser um bom líder. Esse princípio é inevitável. Para se conhecer, você tem de ser honesto sobre seus pontos fortes e fracos. Às vezes, isso pode ser ameaçador.

A autoconsciência requer humildade e coragem. A humildade pedirá *feedback* e estará disposta a aceitá-lo; a humildade demonstra disposição para admitir que estamos errados, fracos ou irritantes em alguma área, pois a humildade deseja transformação e crescimento. É preciso coragem para nos abrirmos a ser transparentes. Porém, com a autoconsciência, virão também outras características, como compaixão, empatia e capacidade para ser ensinável.

A autoconsciência é absolutamente necessária para viver com integridade. Nós temos um guia neste caminho para a autoconsciência. O Espírito Santo vive em nós para nos guiar à verdade a respeito de muitas coisas, incluindo a verdade acerca de nós mesmos. Ele nos dará também a humildade e a coragem necessárias para buscarmos a autoconsciência. Esta semana, peça a Ele para conduzi-lo ainda mais no caminho do autoconhecimento.

PRINCÍPIO: APRENDIZADO

> A nossa mente é como uma esponja. Continue enchendo a sua com informações boas e sadias e nunca pare de derramar isso nela. Pois o que quer que você derrame nela será, em última análise, quem você se tornará.

Mas quando o Pai enviar o Encorajador, o Espírito Santo, como meu representante, ele lhes ensinará todas as coisas e os fará lembrar tudo que eu lhes disse. —JOÃO 14:26

Apagar é uma palavra que soa estranha quando você a diz com frequência. Essa é a palavra usada em 1 Tessalonicenses 5:19 — "Não apaguem o Espírito". Apagar significa extinguir, como o que se faz com o fogo. Não apaguem o fogo do Espírito. O fogo do Espírito queima dentro de você, caro amigo. O Espírito Santo vive em você para ensiná-lo, guiá-lo e moldá-lo. Ele lhe ensinará todas as coisas se você estiver disposto a ser ensinável. E nós temos muito a aprender. Se fizéssemos uma lista somente de todas as passagens das cartas do Novo Testamento que nos instam a aprender e crescer, preencheríamos páginas. Eis aqui apenas uma amostra de coisas que precisamos aprender:

Vestir toda a armadura de Deus (Efésios 6);
Dedicar-nos às boas obras (Tito 3:14)*;*
Andar de modo digno do nosso chamado (Efésios 4:1)*;*
Discernir o que agrada ao Senhor (Efésios 5:10)*;*
Ser um filho obediente (1 Pedro 1:13-15);
Preservar a unidade do Espírito (Efésios 4:13)*;*
Depender de Deus e não se preocupar (Filipenses 4:6-7)*;*
Dar graças em todas as circunstâncias (1 Tessalonicenses 5:18);
Perseverar sob provações e passar no teste (Tiago 1:12).
Seja ensinável. Não apague o fogo do Espírito!

• SEMANA 20 •

PRINCÍPIO: TRANSPARÊNCIA

> Liderança é construir pontes de relacionamentos; sem elas, não conseguimos avançar.

...pois ele conhece os segredos de cada coração.
—SALMO 44:21

Transparência exige autoconsciência. Isso é óbvio. Para comunicar-se claramente de modo a ser conhecido e compreendido, você deverá ter autoconsciência. Você terá de, primeiramente, entender a si mesmo. Você precisa também de honestidade para ser transparente. Você precisará ser sincero. Transparência requer coragem. Frequentemente, é assustador permitir que as pessoas saibam exatamente como você se sente ou qual é o seu posicionamento. Sinceridade, prestação de contas e autocontrole — assim como muitas outras características — desempenham um papel na transparência.

Nenhuma dessas características é independente. Nenhuma delas funciona, em nível algum, sem o apoio de outras características. Lutar ou apagar o fogo do Espírito Santo em uma área afetará todas as outras. Talvez você sinta grande hesitação em ser transparente por não ter a coragem necessária para manter-se firme em sua identidade. Deus conhece todas as partes de você, todas as fibras, todos os ligamentos. Ele sabe onde você está lutando e diz: “Estou aqui para ajudá-lo”.

O Senhor vê tudo em seu coração; esteja aberto a Ele, peça a Ele para lhe mostrar, para lhe ensinar o que é necessário para mudar e, então, para fortalecer o seu interior a fim de ser obediente ao que Ele lhe mostrou.

PRINCÍPIO: LEALDADE

> Não podemos esperar receber lealdade de pessoas que lideramos se não somos leais a elas.

Não permita que a bondade e a lealdade o abandonem; prenda-as ao redor do pescoço e escreva-as no fundo do coração. Então você conseguirá favor e boa reputação, diante de Deus e das pessoas. —PROVÉRBIOS 3:3-4

Uma das coisas que quero em meu funeral são 12 amigos que assistirão o culto fúnebre sem olhar para o relógio, amigos que sei que me cercarão de apoio fiel enquanto eu viver, compromissados comigo, que investem em mim, me dizem a verdade e não me abandonam — mesmo quando erro. Isso é lealdade.

Eu quero pessoas leais em minha vida. Porém, para isso acontecer, tenho que depositar valores no banco da amizade. Nós mesmos temos de ser leais. Para ter um amigo, você tem de ser amigo. É uma medalha de honra. Eu sou compromissado com os meus amigos. Sou leal às pessoas ao meu redor e quero que elas saibam disso. Tento expressar essa lealdade de todas as maneiras que consigo. Não podemos apenas afirmar que somos leais: precisamos demonstrar a nossa lealdade.

Invista no banco da amizade. Expresse lealdade como estilo de vida.

PRINCÍPIO: COMPAIXÃO

> Quando nos interessamos genuinamente pelas pessoas, quase sempre elas nos permitirão ver as suas alegrias bem como as suas dificuldades.

Alegrem-se com os que se alegram e chorem com os que choram.
—ROMANOS 12:15

Compaixão é um estilo de vida. A compaixão é definida como uma disposição de suportar a dor dos outros e investir o que for necessário para curar as feridas deles. Para conhecer a dor de uma pessoa, você precisa coparticipar para descobrir o que está acontecendo na vida dela. Essa é uma escolha que todos nós precisamos fazer. Uma pessoa que não tem compaixão é vista como indiferente e egoísta. Frequentemente, uma pessoa tão egocêntrica desenvolve amargura. Madre Teresa de Calcutá disse que, "se não temos paz, é porque nos esquecemos de que pertencemos um ao outro". Fomos criados para estar em união uns com os outros e viver em relacionamentos.

Assim, compaixão como estilo de vida significa, antes de tudo, que fazemos escolhas que nos mantêm unidos aos outros. Nós nos abrimos para as pessoas e estamos dispostos não apenas a nos alegrar com quem se alegrar, mas também a compartilhar a dor de quem estiver sofrendo.

PRINCÍPIO: PERDÃO

> Quem recebe a maior recompensa pelo perdão é a pessoa que perdoa.

Seu Pai celestial os perdoará se perdoarem aqueles que pecam contra vocês. —MATEUS 6:14

O perdão limpa o registro dos males. Isso é o que Deus fez por nós e o que devemos fazer pelos outros. Assim como Deus continua nos perdoando quando tropeçamos, devemos continuar perdoando. Pedro perguntou a Jesus: "Senhor, quantas vezes devo perdoar alguém?" (Mateus 18:21). Você também já fez essa pergunta? A lei judaica exigia perdoar sete vezes. Até mesmo isso poderia soar excessivo. "Eu o perdoei uma vez, agora... mais seis vezes? Isso não me torna fraco, um saco de pancadas?" Essa seria a resposta do mundo, não é? A resposta de Jesus foi enfática: "Não sete vezes, mas setenta vezes sete" (v.22). Ou seja, apenas continue perdoando! Isso faz do perdão um estilo de vida.

Uma das maneiras de fazer isso é orar o Pai Nosso todos os dias. Eu faço essa oração com minha esposa todos os dias, antes de sair de casa. Muitas vezes, faço-a pela manhã, antes de levantar-me da cama. Ore reflexivamente, atentamente, pensando nas palavras que está proferindo.

Então, viva o perdão. Faça dele um estilo de vida.

• SEMANA 24 •

PRINCÍPIO: INTEGRIDADE

> A integridade do líder de uma organização é tão importante que toda a empresa pode ser arruinada por uma única decisão errada.

Cria em mim, ó Deus, um coração puro; renova dentro de mim um espírito firme. —SALMO 51:10

C. S. Lewis disse que integridade é fazer a coisa certa, mesmo quando ninguém está olhando. A integridade fará a coisa certa, mas devemos nos lembrar de que nunca há um momento em que ninguém está olhando. Deus vê tudo, o tempo todo, e Ele é quem mais importa. Nós devemos prestar contas a Ele por tudo que fazemos.

Deus nos criou para nos relacionarmos com Ele e, independentemente de a pessoa o conhecer ou não, algum dia todos nós teremos de prestar contas ao Deus vivo. Ele é Aquele que vê tudo que fazemos. Ele vai até o âmago e vê tudo.

Eu não digo isso para colocá-lo em cativeiro. Em vez disso, isso lhe traz grande liberdade. Deus nos criou para glorificarmos a Ele. Quando buscamos Jesus como Senhor, Ele cria dentro de nós uma nova vida e um novo coração; o velho se foi, o novo chegou. Quando eu entendo que fui criado para glorificar o Senhor, isso me ajuda a expressar o fato de que desejo ser uma pessoa íntegra.

Em resumo, eu quero ser uma pessoa íntegra porque sei que presto contas a Deus. Meu propósito aqui na Terra é representá-lo bem. E somente a vida vivida com integridade fará isso.

CONHECENDO A BÍBLIA[5]

1. SEU PROPÓSITO E MENSAGEM CENTRAL

A história de como surgiu a Bíblia é o fascinante relato de um milagre de Deus. Em 2Pe 1:21, o apóstolo Pedro nos diz que as Escrituras foram compostas por homens que foram tocados pelo Espírito Santo. A profecia não se originou da vontade de seres humanos. Em vez disso, os homens escreveram a mensagem de Deus enquanto eram dirigidos pelo Espírito Santo.

A Bíblia transcende a todos os documentos humanos. É muito maior do que qualquer documento que os seres humanos poderiam produzir. Apesar da enorme diversidade de autoria humana e do amplo período de tempo durante o qual foi ela escrita, a Bíblia tem uma mensagem, conta uma história, vai em direção a uma conclusão e dirige nossa atenção para uma Pessoa.

Como Paulo escreveu: “Toda a Escritura é inspirada por Deus e útil para nos ensinar o que é verdadeiro e para nos fazer perceber o que não está em ordem em nossa vida. Ela nos corrige quando erramos e nos ensina a fazer o que é certo. Deus a usa para preparar e capacitar seu povo para toda boa obra” (2Tm 3:16-17). Seria simplesmente impossível tomar aleatoriamente qualquer coleção de livros de literatura, colocá-los juntos dentro de uma capa e ter o desenvolvimento de qualquer tema consistente e coeso. Tal coleção só é possível se houver um Autor transcendente por trás de seus muitos autores humanos.

A Bíblia não é apenas a história de Deus e Seu Filho Jesus Cristo. É também a história da sua e da minha vida, bem como a história da raça humana. A Bíblia explica o que somos e como chegamos a ser assim. Ela ilumina a condição humana. Ela nos instrui, exorta, admoesta, corrige, fortalece e ensina. Neste livro, Deus incorporou todas as verdades que precisamos conhecer sobre nós mesmos.

---

[5]Texto extraído e adaptado de *Aventurando-se através da Bíblia — de Gênesis a Apocalipse* (Publicações Pão Diário, 2019, pp.19-45), de Ray C. Stedman.

Como os seres humanos comuns — alguns com as vocações mais comuns — capturaram os pensamentos e propósitos de Deus? Como o Espírito Santo os conduziu no registro da Palavra de Deus, em vez de meras opiniões humanas? É um milagre que vai além da nossa compreensão.

Porém, disto sabemos: Quanto mais estudamos a veracidade da Bíblia, mais emocionante e atraente ela se torna. Do mesmo modo que um cientista com uma paixão para descobrir os segredos do Universo, estou cativado por um intenso desejo para desvendar as maravilhas da Palavra de Deus.

Este livro sobreviveu a inúmeras tentativas de supressão e destruição. Foi preservado e defendido para nós ao longo dos séculos de maneiras que só podem ser chamadas de providenciais. Repetidamente, suas páginas foram manchadas pelo sangue, suor e lágrimas de mártires que investiram a sua própria vida a fim de preservar este livro para as gerações posteriores.

Esta "biblioteca divina" de um só volume é um livro de variedade maravilhosa. Suas belas histórias de amor refletem a mais terna das paixões humanas. Suas histórias de intrigas políticas superam qualquer coisa que venhamos a ler nas manchetes de hoje. Suas histórias de violência e batalha são cheias de heroísmo e horrores da guerra. Suas passagens poéticas vão às alturas da expressão artística. Ela contém narrativas de drama humano intenso. Suas passagens estranhas e enigmáticas são tão intrigantes de compreender como qualquer história de mistério.

No entanto, um assunto domina e permeia este livro: Jesus Cristo — Criador, Redentor e Senhor. Nós o conhecemos primeiramente como uma das vozes na criação que diz: "Façamos o ser humano à nossa imagem" (Gn 1:26). Sua vinda em forma humana é predita ao longo de todo o Antigo Testamento. Sua vida é detalhada de forma quadruplicada pelos evangelhos, e Seu caráter permeia as epístolas do Novo Testamento. Por fim, o Seu retorno e o Seu reino são descritos no livro do Apocalipse: "Vem, Senhor Jesus" (Ap 22:20).

De Gênesis a Apocalipse, a Bíblia é um livro sobre Jesus Cristo. Em símbolo, em contos, em visão profética, em relatos de simples narrativa, em história, em poesia, em cada aspecto e dimensão do livro, o foco é sempre no Filho de Deus. Ele é o fio condutor do livro. Ao aprendermos sobre Jesus, aprendemos o plano e padrão de Deus para nossa própria vida. Entendemos nossos problemas e encontramos as soluções refletidas nele. Entendemos nossas necessidades e encontramos a satisfação de nossas necessidades no Senhor.

2. O ANTIGO TESTAMENTO — DEUS FALOU EM TEMPOS PASSADOS

O Antigo Testamento é uma biblioteca incompleta — e essa foi a intenção de Deus. Ele nunca pretendeu que o Antigo Testamento fosse Sua última palavra para a raça humana.

O Dr. W. H. Griffith Thomas sugeriu que, se nos aproximássemos do Antigo Testamento como se nunca o tivéssemos lido antes, veríamos que é uma série de previsões sobre uma Pessoa. Essas previsões começam nos primeiros capítulos de Gênesis. À medida que o texto avança, as previsões sobre essa Pessoa tornam-se cada vez mais detalhadas. Um senso de antecipação cresce. Por fim, nos livros dos Profetas — de Isaías até Malaquias — elas irrompem em cores brilhantes, descrevendo, em termos de tirar o fôlego, Aquele que estava por vir.

No entanto, depois de completar o último livro do Antigo Testamento, ainda não saberíamos quem é essa Pessoa. Assim, o Antigo Testamento é um livro de profecias *não cumpridas*.

Mas o mistério do Antigo Testamento não termina aí. Leia esses primeiros 39 livros da Bíblia e você notará que um estranho e perturbador fluxo de sangue surge em Gênesis e flui em volume crescente por todo o restante desse Testamento. O sangue de milhares de sacrifícios de animais é derramado em uma maré de afluência em toda a história de Israel. Os sacrifícios enfatizam uma mensagem que sem eles, sem sangue, não há perdão, não há reconciliação. Os sacrifícios de animais parecem apontar para algo — mas o quê? O significado final dos sacrifícios é deixado sem explicação no final do Antigo Testamento.

E há uma terceira dimensão do Antigo Testamento: repetidas vezes, os grandes homens e mulheres de fé do Antigo Testamento parecem expressar um desejo por algo mais do que a vida lhes oferece, algo transcendente, algo eterno. Por exemplo, Abraão sai para encontrar a cidade cujo construtor e criador é Deus. O povo de Israel estava em uma peregrinação por todos os livros do Antigo Testamento. Em Jó, nos Salmos e nos livros de Salomão, há um contínuo clamor das almas sedentas desejando por algo que ainda não fora realizado. Assim, o Antigo Testamento não é apenas um livro de profecias não cumpridas e sacrifícios inexplicáveis, mas também de desejos insatisfeitos.

Porém, algo maravilhoso ocorre no momento em que se passa do Antigo para o Novo Testamento. À medida que você abre as páginas de Mateus, as primeiras palavras que lê são: "Este é o registro dos antepassados de Jesus Cristo". Essa é a Pessoa para a qual todo o Antigo Testamento estava apontando. Somente Jesus cumpre as profecias, explica os sacrifícios e satisfaz os desejos. O Novo Testamento cumpre a promessa do Antigo — e não podemos apreciar plenamente o significado profundo do Novo Testamento até que primeiramente tenhamos sido despertados pela mensagem do Antigo Testamento.

O Antigo Testamento foi planejado para nos preparar para algo. A carta neotestamentária aos Hebreus se une em estreita colaboração com os temas do Antigo Testamento, e os dois primeiros versículos de Hebreus capturam essa ideia:

> *Por muito tempo Deus falou várias vezes e de diversas maneiras a nossos antepassados por meio dos profetas. E agora, nestes últimos dias, ele nos falou por meio do Filho, o qual ele designou como herdeiro de todas as coisas e por meio de quem criou o universo.* (Hb 1:1-2)

Lá você tem os dois Testamentos lado a lado: "Por muito tempo Deus falou várias vezes e de diversas maneiras a nossos antepassados" (o Antigo Testamento), e "nestes últimos dias, ele nos falou por meio do Filho" (o Novo Testamento). O Novo Testamento completa o Antigo Testamento.

Basta pensar nas muitas vezes e nas várias maneiras em que Deus falou no Antigo Testamento. Começando com Gênesis, temos o relato simples e majestoso da criação, a queda da humanidade e o dilúvio — um relato nunca igualado em toda a literatura pelo poder e simplicidade de expressão. Em seguida, vem a narrativa direta da vida dos patriarcas: Abraão, Isaque e Jacó. Depois, nos deparamos com os trovões da lei em Levítico, Números e Deuteronômio; o verdadeiro drama dos livros históricos; os doces hinos e tristes lamentos dos Salmos; a sabedoria prática de Provérbios; a linguagem elevada dos profetas Isaías e Jeremias; a tocante ternura humana de Rute, de Ester e de Cântico dos Cânticos; os mistérios vívidos e visionários de Daniel e de Ezequiel; e assim por diante — muitos livros e diversas formas de expressar a verdade de Deus.

E ainda não está completo! Nada no Antigo Testamento pode estar completo em si mesmo. Tudo foi concebido como preparação.

Você pode perguntar: "Por que eu deveria gastar tempo com o material preparatório? Por que não pular o Antigo Testamento e ir direto para o Novo Testamento, a voz final do Filho?" Isso seria um grande erro! Você não pode apreciar a plenitude e a riqueza do Novo Testamento sem estar preparado pelo Antigo. Embora grande parte do Novo Testamento seja fácil de entender, há muito que é construído sobre o fundamento do Antigo Testamento. Nunca poderemos entender tudo o que Deus tem para nós no Novo Testamento, até que estejamos preparados por um entendimento do Antigo.

Por que um agricultor investe tempo e esforço para arar seu campo para o plantio? Por que ele não simplesmente pega a semente e a joga sobre o solo? Algumas dessas sementes são obrigadas a encontrar um lugar onde se enraizar e crescer. O agricultor realmente precisa gastar todo aquele tempo extra para preparar o solo? Sim! Todos os agricultores sabem que, embora a semente seja o item mais importante na produção de uma cultura, a maior parte delas nunca vai ter raiz, a menos que o solo tenha sido adequadamente preparado.

Por que os professores começam com o ABC em vez de começarem logo de cara ensinando Shakespeare? Não pouparíamos muito tempo, dinheiro e esforço se simplesmente enviássemos nossos filhos de cinco anos direto para a faculdade? Obviamente que não podemos ensinar aos alunos desta maneira. Por quê? Porque essa não é a forma como os seres humanos aprendem. Sem preparação adequada, todo o conhecimento do mundo, dispensado pelos maiores professores do mundo, seria inútil, não causando nenhuma mudança neles.

As divisões do Antigo Testamento

Há quatro divisões do Antigo Testamento e cada uma delas é especialmente concebida para nos preparar para um relacionamento com o Senhor Jesus Cristo. Da história das origens da humanidade à história de Israel à grande poesia do Antigo Testamento aos livros trovejantes de profecia, cada parte do Antigo Testamento estabelece o seu próprio fundamento da verdade. Cada divisão toca o nosso coração de uma forma ligeiramente diferente e apresenta o ministério vindouro e a pessoa de Jesus, o Messias, sob uma luz sutilmente diferente. Quando Ele é finalmente revelado no momento crucial na história, vemos o Senhor e dizemos: "Sim! Esse é Aquele sobre quem nós sempre ouvimos e lemos no Antigo Testamento!".

Divisões do Antigo Testamento	
• GÊNESIS – DEUTERONÔMIO	
Cinco passos para a maturidade	*Origem do Universo e da humanidade*
• JOSUÉ – ESTER	
A mensagem da história	*Perigos que confrontam a caminhada de fé*
• JÓ – CÂNTICO DOS CÂNTICOS	
A música que flui do coração	*Louvor e protesto do coração humano*
• ISAÍAS – MALAQUIAS	
As promessas de Deus	*Verdades para a vida*

CINCO PASSOS PARA A MATURIDADE: OS LIVROS DE MOISÉS. Estes cinco livros nos levam da origem do Universo e da humanidade, em direção à maturidade por meio da apresentação do pecado (e os primeiros raios do plano de salvação), o primeiro julgamento da humanidade, pelo Dilúvio, os heróis da fé (Abraão, Isaque, Jacó e José), o início da nação de Israel, o cativeiro no (e a saída do) Egito, a liderança de Moisés, a apresentação da lei, a perambulação no deserto, e até as fronteiras da Terra Prometida.

Gênesis significa "início", e esse livro se inicia com o maior mistério da nossa existência: nosso relacionamento com o Universo e com o seu Criador. Em Gênesis, vemos repetidas reflexões da nossa própria necessidade humana. Adão e Eva precisaram de uma cobertura para os seus pecados. Noé precisou de um barco para salvá-lo das águas do julgamento. Abraão continuamente precisava de Deus para intervir, livrá-lo e fornecer-lhe as coisas que ele não tinha. Isaque precisou de Deus para incitá-lo à ação. Jacó precisou de um Salvador para tirá-lo das enrascadas em que ele se meteu em sua vida. José precisou de um libertador para retirá-lo do poço, da prisão e da injustiça da vida. A mensagem de Gênesis é a mensagem da resposta de Deus à nossa necessidade humana.

Êxodo é a lição de Seu poder redentor em nossa vida — a história da primeira Páscoa, da divisão do mar Vermelho e da entrega da lei no Sinai. É a história de opressão humana na terra de Faraó e a história da redenção milagrosa e libertação da escravidão. Os israelitas não fizeram nada para causar sua própria salvação. Deus fez tudo. É assim que Ele ainda age em nossa vida hoje.

Levítico é um livro de instruções detalhadas. Ele foi desenvolvido para tornar Deus acessível a nós para que estejamos disponíveis para Deus. Ele começa com a história do Tabernáculo, a morada de Deus. O Tabernáculo é um símbolo de nossa vida, o lugar em que Deus elegeu para habitar.

Números é o livro do fracasso no deserto. O livro começa em Cades-Barneia, na fronteira da Terra Prometida. O povo de Israel saiu vagando daquele lugar, perdendo de vista a promessa de Deus por 40 anos. Depois de vagar em esterilidade, solidão e areias escaldantes, assombrados quilômetro após quilômetro pela derrota, eles finalmente chegam ao mesmo lugar onde Números começou — Cades-Barneia. Números é um registro de fracasso — e um alerta para nossa própria vida.

Deuteronômio significa "segunda lei". É a história da reentrega da lei — e do compromisso renovado das pessoas para segui-la. O livro termina com o anúncio das bênçãos que esperam por aqueles que moldam sua vida de acordo com a vontade revelada de Deus.

Assim, o fio condutor que une esses cinco livros, de Gênesis a Deuteronômio, é que estamos avançando, passo a passo, livro a livro, em direção à maturidade, em direção a um relacionamento com o Deus vivo do Universo.

A MENSAGEM DA HISTÓRIA: DE JOSUÉ A ESTER. Os livros históricos dão uma contribuição única para a obra preparatória do Antigo Testamento. Enquanto os cinco primeiros livros do Antigo Testamento nos deram o padrão de atuação de Deus na raça humana, os próximos 12 livros de história nos apresentam os perigos que enfrentamos em nossa caminhada diária de fé. Esses livros traçam a história de uma nação com um ministério específico: o de representar Deus ao mundo e perpetuar a linhagem daquele que nasceria, o Messias, o Filho de Deus. Nos perigos e fracassos de Israel, vemos os perigos e fracassos que nos afligem hoje como cristãos. E, na disciplina amorosa de Deus e na redenção de Israel, vemos Sua obra de nos santificar e salvar do nosso pecado e fracasso.

Os livros de história nos levam ao campo de batalha quando Josué obedientemente busca conquistar a Terra Prometida. Vemos as forças intimidadoras de Jericó seguidas pela vitória miraculosa de Deus. Vemos o fracasso da carne em Ai e o engano dos gibeonitas. Através de tudo isso, vemos Josué constantemente marchando adiante, lutando a batalha da fé, não se desviando da missão que Deus lhe confiara.

Em Juízes, vemos os ciclos de sucesso e derrota espiritual, e vemos Deus usar sete pessoas em especial, os juízes de Israel, para trazer libertação a Seu povo. Em Rute, temos uma história maravilhosa de fidelidade, contrapondo-se ao cenário dos fracassos dos juízes. Rute, uma mulher estrangeira em Israel, ouve a voz de Deus e se junta ao Seu povo, os israelitas. É uma bela história de romance e fé.

Os livros de Samuel, Reis e Crônicas contam os anos de glória de Israel como um reino poderoso e as tragédias que resultam quando os reis humanos desobedecem ao Rei dos reis. Esses livros nos contam as histórias do rei Saul, do rei Davi, do rei Salomão, e assim por diante — reis que eram fortes, reis que eram fracos, reis sábios e tolos, reis justos e maus, reis grandes e pequenos. E, sempre que um rei mau levava Israel à desgraça, o Senhor levantava um homem como Ezequias ou Josias para purificar o Templo, redescobrir o Livro da Lei e levar Israel de volta a Deus.

Os livros de Esdras, Neemias e Ester tratam do cativeiro e restauração de Israel. Deus está sempre agindo em nossa vida — mesmo quando em escravidão e dor. Ele nos tira da derrota e do desânimo e nos ajuda a reconstruir os muros de nossa vida, assim como Neemias liderou a reconstrução dos muros de Jerusalém. Deus nos permite gritar em triunfo, mesmo em meio a circunstâncias aparentemente sem esperança, assim como a rainha Ester foi capaz de triunfar sobre suas probabilidades impossíveis. Nesses 12 livros históricos, vemos como Deus prepara nosso coração para a chegada, há muito aguardada, do Messias.

A MÚSICA QUE FLUI DO CORAÇÃO: DE JÓ A CÂNTICO DOS CÂNTICOS. Esses são os livros poéticos que expressam tanto o louvor quanto o protesto do coração humano. Jó, Salmos, Provérbios, Eclesiastes e Cânticos dos Cânticos deixam nosso coração exposto a Deus, expressando honestamente nossa dor e desejo pelo Senhor. Não há uma única emoção que experimentemos na vida que não seja expressa nesses livros. Se você quiser entender sua própria experiência de vida e encontrar um reflexo de sua própria alma nas Escrituras, volte-se para essa bela parte do Antigo Testamento.

AS PROMESSAS DE DEUS: DE ISAÍAS A MALAQUIAS. Esses são os livros onde Deus diz o que Ele vai fazer. Há 17 desses livros, geralmente divididos entre profetas "maiores" e profetas "menores". Não são maiores ou menores em relevância — somente na extensão. Quer curtos ou longos, todos esses livros contêm grandes verdades para nossa vida.

Isaías é um livro de glória e majestade. Ele prediz em detalhes surpreendentes a vida, ministério e a morte sacrificial de nosso Senhor Jesus. É também um livro de graça. Ele conta a história de como nós nos autodestruímos por meio do pecado e como Deus interveio e nos deu a promessa de um novo começo. Jeremias e Lamentações, por outro lado, alertam sobre Deus se ausentar de nossa vida se dermos as costas para Ele. Ezequiel começa com uma visão transcendente e em cascata de Deus e nos conduz em uma jornada da história futura, revelando a promessa de intervenção do Senhor nos acontecimentos humanos em todo o mundo. Daniel nos mostra o poder de Deus em nos encorajar, mesmo em um mundo hostil e em rápida mudança; Daniel prossegue revelando o que Deus está planejando fazer por intermédio das nações do mundo, durante o curso da história, mesmo além de nossos próprios dias.

Oseias é um dos mais belos livros na Bíblia, uma imagem do amor incondicional de Deus por seres humanos falíveis e pecadores. É a promessa da busca persistente do Senhor para nos levar à redenção. Joel é a promessa de que Deus pode tecer nossas tragédias em Seu plano eterno. Amós é a promessa de que Deus nunca negligencia Seus padrões, mas sempre procura nos levar à perfeição nele. Obadias é a promessa de vitória espiritual, como visto no contraste entre Jacó e Esaú, o espírito e a carne. Jonas é a promessa da paciência de Deus e Sua segunda chance de graça, como revelado na vida de Jonas e no arrependimento dos ninivitas.

Miqueias é a promessa do perdão do Senhor, ecoando os temas de Isaías. Naum promete a destruição de Nínive; ela vem 100 anos depois da história de Jonas e do arrependimento dos ninivitas e demonstra que Deus não muda. Se nos arrependermos uma vez, e depois reincidimos em desobediência, podemos esperar o julgamento disciplinar de Deus. Habacuque promete que Deus finalmente responderá aos nossos clamores por justiça em um mundo injusto. Sofonias é um livro sombrio que promete julgamento no "Dia do Senhor".

Ageu promete restauração material se voltarmos nosso coração a Deus. Zacarias é "o Apocalipse do Antigo Testamento", prometendo o governo do Senhor sobre eventos futuros e a preservação de Seu povo em tempos de juízo. Malaquias promete que Deus responderá à nossa necessidade e nos enviará um Salvador; ele prediz a primeira vinda de Jesus (precedido por João Batista), depois pula para a segunda vinda de Jesus, o alvorecer do Sol da Justiça.

3. O NOVO TESTAMENTO — DEUS FALOU NESTES ÚLTIMOS DIAS

Você já se perguntou por que Jesus veio para os judeus? Por que Ele não veio para os astecas? Ou para os chineses? Ou para os esquimós? Não há uma resposta simples e de senso comum a essa pergunta: Ele veio para os judeus porque essa era a nação que tinha o Antigo Testamento. Os judeus, por esta razão, estavam, exclusivamente, preparados para receber o que Deus ofereceu em Cristo.

Certamente, nem todos os judeus o receberam. Mas, nos primórdios de sua existência, a Igreja Primitiva era predominantemente uma igreja judaica. A nação judaica estava qualificada para receber o Messias porque tinha sido preparada pelo Antigo Testamento para receber Jesus, que é o Caminho, a Verdade e a Vida.

É por isso que muitas pessoas hoje que leem somente o Novo Testamento só podem ir até um ponto na compreensão da plenitude de Jesus Cristo. Seus corações não estão adequadamente preparados. Nossa vida é sempre superficial e limitada se tentarmos compreender algo que não estamos prontos para receber. É por isso que precisamos do ministério do Antigo Testamento.

Se o Antigo Testamento prepara, então o Novo Testamento cumpre. Deus concebeu o Novo Testamento para atender às necessidades despertadas e expressas pelo Antigo Testamento. Como o Novo Testamento atende a essas necessidades? Ao nos revelar Aquele que é a resposta para todas as nossas necessidades. Jesus disse: "Quem tem sede, venha a mim e beba!" (Jo 7:37). "Quem comer deste pão [referindo-se a si mesmo] viverá para sempre" (Jo 6:51). "Venham a mim todos vocês que estão cansados e sobrecarregados, e eu lhes darei descanso" (Mt 11:28). "Se vocês me seguirem, não andarão no escuro, pois terão a luz da vida" (Jo 8:12). Todas as necessidades do coração humano são satisfeitas em Jesus.

O Novo Testamento é um canal pelo qual o Espírito Santo torna real ao nosso coração o Jesus Cristo vivo. Ele é a resposta ao anseio que o Antigo Testamento coloca dentro de nós.

Quando os líderes religiosos corruptos tentaram armar ciladas para pegar Jesus e destruí-lo, Ele respondeu: "Vocês estudam minuciosamente as Escrituras" — isto é, o Antigo Testamento — "porque creem que elas lhes dão vida eterna. Mas as Escrituras apontam para mim!" (Jo 5:39). É verdade. O Antigo Testamento testifica sobre o vindouro Messias, e o Novo Testamento testifica sobre o Messias que veio.

O Novo Testamento responde às perguntas do Antigo Testamento porque o Novo Testamento deixa claro o que o Antigo Testamento fala em símbolos, profecias e veladas referências. Uma vez que encontramos o Cristo do Novo Testamento, somos capazes de vê-lo claramente também em todo o Antigo Testamento.

Jesus se destaca em todas as páginas, tanto no Antigo quanto no Novo Testamento.

As divisões do Novo Testamento

Cada divisão do Novo Testamento é especialmente concebida para estabelecer o Senhor Jesus Cristo como a resposta às necessidades de nossa vida.

Divisões do Novo Testamento	
• EVANGELHOS	
Mateus a João	*A vida de Jesus*
• ATOS	
Livro de Atos	*A vida da Igreja*
• EPÍSTOLAS	
Romanos a Judas	*Cartas às Igrejas*
• APOCALIPSE	
Livro de Apocalipse	*Acontecimentos futuros*

OS EVANGELHOS são a seção biográfica do Novo Testamento. Lá, aprendemos sobre Jesus, quem Ele é e o que Ele fez. Quem é Jesus, segundo os evangelhos? Ele é o Filho de Deus nascido em forma humana por nós. O que Ele fez? Entregou-se para ser sacrificado na cruz. Ele irrompeu do túmulo no poder da ressurreição. Ele nos salvou da punição pelos nossos pecados.

A declaração mais radical e revolucionária jamais apresentada à mente humana é revelada nas palavras de Jesus Cristo e está registrada de várias maneiras nos evangelhos: "Eu vivo por causa do Pai, que vive e me enviou; da mesma forma, quem se alimenta de mim viverá por minha causa" (Jo 6:57). Essa declaração explica a vida de Cristo — os milagres que Ele realizou, os sermões que pregou, as parábolas que contou, a obra que realizou, e até mesmo Sua morte e ressurreição.

ATOS nos dá o relato do início da Igreja. E a Igreja não é nada mais, nada menos, do que o Corpo de Jesus Cristo hoje, por intermédio do qual Ele pretende continuar a ser quem Ele é e a fazer o que Ele fez. Ele derramou a Sua vida física, a fim de que pudesse derramá-la num corpo de pessoas que manifestam essa vida em todo o mundo. O livro de Atos é nada mais do que o relato simples e direto de como esse Corpo começou, como foi cheio do Espírito Santo, e como começou a lançar-se de Jerusalém para a Judeia e Samaria, e muito além até os confins da Terra.

O ministério que pertencia a Jesus durante Sua vida terrena agora pertence ao Seu Corpo, a Igreja. Nossa tarefa como Seus seguidores é abrir os olhos dos cegos, libertar os cativos, confortar aqueles que precisam de conforto, ser canal para o poder transformador de Deus na vida de homens e mulheres em todos os lugares.

AS EPÍSTOLAS são uma série de cartas escritas para indivíduos e igrejas em linguagem direta e simples, transmitindo verdades práticas para a vida cristã. Essas cartas são reveladoras, porque nada é mais revelador do que uma carta pessoal. Se eu quisesse saber como é um grupo de pessoas (sem que seja assentando-me para conversar com elas face a face), leria sua correspondência eletrônica, ou mensagens de texto. As epístolas são cartas escritas por seres humanos, sob a inspiração direta de Deus. Nelas, encontramos a revelação da personalidade de seus escritores humanos e a personalidade de seu Autor divino.

As epístolas representam um variado leque de pontos de vista. Encontramos a verdade de Deus expressa por meio das personalidades dos escritores dessas cartas. Há Pedro, o pescador, sempre lançando sua rede para alcançar a alma humana. Há Paulo, o fazedor de tendas e edificador de Igreja, sempre lançando fundamentos e edificando. Há João, o restaurador de redes (é isso o que ele estava fazendo quando Cristo o encontrou pela primeira vez), e seu ministério é de reparação, restauração, levando-nos de volta ao padrão original de Deus.

Nas cartas do Novo Testamento, descobrimos o conteúdo básico da vida cristã e aprendemos como permitir que Jesus Cristo manifeste Sua vida por meio de nós. Essas cartas são quase todas compostas no mesmo padrão simples. A primeira parte é doutrinária, a segunda, prática. A primeira parte apresenta a verdade, a segunda, aplica essa verdade à vida real.

A verdade deve ser aplicada. Como o Senhor Jesus disse: "...Vocês são verdadeiramente meus discípulos se permanecerem fiéis a meus ensinamentos. Então conhecerão a verdade, e a verdade os libertará" (Jo 8:31-32). Até que comecemos a aprender quem Ele é e o que Ele faz e, depois, o apliquemos nas atividades específicas de nossa própria vida e ao coração, podemos ler nossas Bíblias durante anos e ainda permaneceremos totalmente intocados por Sua magnífica verdade.

À medida que nos aventuramos juntos através das epístolas, oro para que você abra seu coração para as verdades simples apresentadas nelas. Rogo para que você se aproprie de tudo o que Deus lhe deu, e que você tome essas verdades e as aplique em sua vida cotidiana.

Por fim, **O LIVRO DO APOCALIPSE**. Esse é o único livro do Novo Testamento que trata completamente de profecia. Aqui, sob a forma de uma visão, Deus nos revela não só uma lista de eventos futuros, mas a realidade de quem Ele é agora e por todas as gerações por vir. Aqui lemos a história de como os reinos deste mundo se tornarão os reinos de nosso Senhor e do Seu Cristo, como Ele reinará para todo o sempre e como o povo de Deus se tornará Sua habitação, de modo que uma multidão de toda tribo e nação triunfará sobre o pecado, a morte e o inferno.

A MENSAGEM DO NOVO TESTAMENTO é fundamentalmente simples. É a mesma mensagem que Paulo afirma tão eloquentemente: "Cristo está em vocês, o que lhes dá a confiante esperança de participar de sua glória!" (Cl 1:27). Não temos qualquer esperança se Cristo não estiver em nós. Se Cristo não está ativo em sua vida, e você ainda não começou a experimentar o mistério da Sua habitação em seu coração, então você não é cristão e não tem esperança — esperança de glória, esperança de cumprimento, esperança de vida eterna e amor eterno.

Porém, se você colocou sua confiança nele, então tem todos os motivos para ter esperança. Graças a Deus e a Seu Filho Jesus Cristo, você tem a maior esperança que se possa imaginar!

O propósito da Bíblia é nos direcionar para a pessoa viva de Cristo. Ele é o único cuja imagem está inserida em cada página da Bíblia. O Novo Testamento foi escrito a fim de que possamos vê-lo — "Cristo está em vocês, o que lhes dá a confiante esperança de participar de sua glória!". Nas páginas do Novo Testamento, vemos Jesus.

LINHA DO TEMPO

3000–2100 a.C.
O dilúvio e a construção da torre de Babel (Gn 6–11).
Acontecimentos mundiais: A ascensão das dinastias egípcias e das civilizações mesopotâmicas da Suméria, Elão, Acádia, os amorreus, a Assíria, os hititas, e a Caldeia (Babilônia).

2100 a.C.
Deus chama Abraão de Ur, na Caldeia (atual Iraque), e o conduz a Canaã (atual Israel/Palestina). Deus faz um pacto com Abraão, chamado de Pacto Abraâmico, prometendo que ele será o pai de uma grande e duradoura nação (Gn 12–25).
Acontecimentos mundiais: Idade do Bronze e do Antigo Império no Egito.

2000 a.C.
O filho de Abraão, Isaque, nasce (Gn 21–35). O filho de Isaque, Jacó, o pai das doze tribos de Israel, nasce (Gn 26–49).
Acontecimentos mundiais: A Era dos Faraós, no Egito, e da civilização minoica em Creta. O Épico de Gilgamesh na Mesopotâmia é escrito.

1800 a.C.
Período da vida de José, filho de Jacó. Os irmãos de José o vendem como escravo. No Egito, ele, mais tarde, alcança proeminência como primeiro ministro. O pai e os irmãos de José mudam-se de Canaã para o Egito e são salvos da fome pelas mãos de José (Gn 37–50).

3000 2500 1900 1700

1010 a.C.
Davi torna-se rei de Israel e amplia o território da nação. Ele reina por cerca de 40 anos (1Sm 16–31; livros de 2 Samuel e 2 Crônicas).
Acontecimentos mundiais: A Idade do Ferro começa. O arroz é cultivado no Japão. Desenvolvimento da cultura Chavin nos Andes da América do Sul. A população mundial é estimada em torno de 50 milhões.

998 a.C.
O rei Davi estabelece Jerusalém como capital de Israel.

970 a.C.
Salomão torna-se rei de Israel e reina por 40 anos. Ele constrói o primeiro Templo e expande dramaticamente o poder, esplendor e influência global de Israel como nação (1Rs 1–11; 2Cr 1–9).
Acontecimentos mundiais: A ascensão das dinastias maias na América Central.

940 a.C.
Conclusão do primeiro Templo por Salomão.

931 a.C.
Salomão morre em Jerusalém e seu filho Roboão é incapaz de manter a nação unida. Israel divide-se em Reino do Norte (Israel) e Reino do Sul (Judá, que inclui a cidade de Jerusalém). Os dois reinos existem em perpétuo estado de guerra um contra o outro (1Rs 12–22; 2Rs; 2Cr 10–36).

850 a.C.
Acontecimentos mundiais: Homero escreve *A Ilíada* e *A Odisseia*.

1000 900 800

1600 a.C.

O início da história dos israelitas, descendentes de Jacó, que foram escravizados no Egito após a morte de José (Êx 1).

1450–1400 a.C.

Moisés conduz os israelitas em seu êxodo do Egito para o monte Sinai, onde Deus dá ao Seu povo a Lei, o tabernáculo e a arca da aliança. Moisés, em seguida, conduz a nação à fronteira de Canaã, mas, por causa de desobediência, eles são forçados a voltar ao deserto e a vagar durante 40 anos. Este período termina com a morte de Moisés. (Êxodo a Deuteronômio).

Acontecimentos mundiais: O estabelecimento da dinastia Shang na China.

1400 a.C.

Josué lidera Israel na invasão e conquista de Canaã, a Terra Prometida, assim, estabelecendo Israel como uma nação soberana (livro de Josué).

1375–1050 a.C.

Israel é governado por uma série de juízes que Deus envia para libertar Seu povo da opressão das nações vizinhas (livros de Juízes e Rute).

Acontecimentos mundiais: Surgimento da civilização na Índia e a Guerra de Tróia começa (1194 a.C.).

1050 a.C.

Fim da era dos juízes; Saul se torna o primeiro rei de Israel e reina por cerca de 40 anos (1Sm 8–15).

Acontecimentos mundiais: Destruição de Tróia em 1020 a.C.

1500 — 1400 — 1300 — 1200

750 a.C.

O livro de Amós, provavelmente o primeiro livro profético do Antigo Testamento, é escrito durante o reinado de Jeroboão II. Os eventos no livro de Jonas acontecem durante este tempo, e os livros de Isaías, Oseias e Miqueias são escritos em meados dos anos 700 a.C.

Acontecimentos mundiais: A Cidade de Roma (e o Império Romano) é fundada em 753 a.C.

722 a.C.

Os assírios atacam o Reino do Norte (Israel) brutalmente, torturando, estuprando e matando muitos israelitas. A maioria dos sobreviventes é enviada para viver em outras nações (2Rs 18).

Acontecimentos mundiais: Esparta conquista Messênia em 725 a.C. Os Upanishads (filosofia hindu) são escritos na Índia por volta de 700 a.C.

Anos 600 a.C.

Profecias de Jeremias, Obadias, Habacuque e Sofonias são registradas.

Acontecimentos mundiais: Leis de Sólon e Fábulas de Esopo escritas na Grécia.

612 a.C.

A Babilônia conquista Nínive, capital do Império Assírio, cumprindo uma profecia do profeta Naum.

597 a.C.

A Babilônia, sob a liderança do rei Nabucodonosor, ataca Judá, saqueia Jerusalém e o Templo e dispersa cerca de 10 mil judeus em todo o império babilônico. Um dos cativos é o profeta Ezequiel, que declara que Deus permitiu que a Babilônia punisse Judá por causa da infidelidade da nação a Ele (2Rs 24; Ez).

700 — 600

LINHA DO TEMPO

Anos 500 a.C.

Profecias de Daniel, Ezequiel e Joel são escritas.

Acontecimentos mundiais: Pitágoras, o filósofo grego jônico e matemático, (autor do teorema de Pitágoras) viaja para o Egito, Arábia, Índia e Babilônia em busca de conhecimento. Alguns historiadores acreditam que Pitágoras estudou sob a orientação do profeta Ezequiel no exílio, enquanto os dois estavam na Babilônia.

587 a.C.

Segundo ataque da Babilônia contra a nação de Judá. A cidade e o que resta do Templo de Salomão são destruídos, e mais judeus são deportados para a Babilônia (2Rs 25).

583 a.C.

Gedalias, o governador da Judeia nomeado pelos babilônicos, é assassinado. Terceira possível deportação de judeus para a Babilônia. Muitos judeus fogem para o Egito (2Rs 25).

539 a.C.

Acontecimentos mundiais: Ciro, o Grande, e os persas conquistam Nabonido e o Império Neobabilônico; assim estabelecem o Império Medo-Persa.

538 a.C.

Ciro decreta que os judeus na Babilônia podem voltar a Jerusalém para reconstruir seu lar. Embora Judá seja agora uma província do Império Medo-Persa, Ciro permite mais liberdade (incluindo liberdade religiosa) do que os babilônios permitiram (2Cr 36, livros de Esdras, Neemias e Ester).

Acontecimentos mundiais: Confúcio viveu na China de 551–479 a.C.

600

250 a.C.

A tradução da Septuaginta (edição em língua grega das escrituras do Antigo Testamento) começa em Alexandria, Egito. O trabalho de tradução é realizado entre o terceiro e o primeiro séculos a.C.

Acontecimentos mundiais: A ascensão da República Romana.

200–100 a.C.

Os primeiros livros apócrifos do Antigo Testamento são escritos.

Acontecimentos mundiais: Estabelecimento da dinastia Han na China enquanto Roma conquista a Grécia, Cartago e Ásia Menor.

167–160 a.C.

Acontecimentos mundiais: A revolta dos Macabeus que resulta em um período de independência judaica e o estabelecimento da dinastia hasmoneana (164–63 a.C.). Esse período eleva a religião judaica, expande a terra de Israel e reduz a influência grega sobre a nação.

63 a.C.

Acontecimentos mundiais: O exército romano, sob o comando de Pompeu, o Grande (Gnaeus Pompeius Magnus), estabelece cerco a Jerusalém por três meses. Doze mil judeus morrem e Jerusalém cai. A República Romana toma o controle de Israel e o Reino Hasmoneano é desfeito. Os remanescentes da dinastia continuam a governar como sumos sacerdotes da Judeia.

3–5 a.C.

Jesus, o Messias, nasce em Belém, conforme predito pelos profetas. Ele começa Seu ministério público com mais ou menos 30 anos, quando começa a pregar, profetizar e realizar milagres. Após três anos de ministério, Jesus se apresenta em Jerusalém no Domingo de Ramos como o Messias, o Rei dos judeus. Uma semana mais tarde, é falsamente acusado por Seus inimigos, julgado e crucificado fora de Jerusalém. No terceiro dia após Sua morte, Ele ressuscita dentre os mortos e é visto por muitas testemunhas. Em resposta, Seus seguidores começam a espalhar as *boas-novas* a respeito da ressurreição em todo Israel e no mundo romano.

28-33 d.C.

Período de tempo histórico da crucificação de Jesus.

200 100 30 d.C.

536 a.C.

A construção do segundo Templo começa. São escritas as profecias de Zacarias e Ageu.

Acontecimentos mundiais: Gautama Buddha funda a religião budista na Índia em 528 a.C.

520–515 a.C.

Muitos judeus retornam a Judá sob o comando de Zorobabel e do sumo sacerdote Josué. Sob a liderança deles, são lançadas as fundações do segundo Templo.

516 a.C.

O segundo Templo é dedicado e consagrado à adoração 70 anos depois de ter sido destruído pelos babilônios.

500–400 a.C.

Acontecimentos mundiais: O advento das Guerras Persas, a Guerra do Peloponeso e a influência do orador Péricles, em Atenas. Construção do Partenon (447–438 a.C.), e Sócrates, Platão e Eurípides todos vivendo durante o século 5 a.C.

420 a.C.

A profecia de Malaquias é escrita.

333 a.C.

Acontecimentos mundiais: A Grécia, sob o comando de Alexandre, o Grande, derrota o Império Medo-Persa, trazendo Israel sob o controle grego, o que leva à helenização (influência grega) da cultura judaica.

500 — 400 — 300

36–70 d.C.

A história e a mensagem de Jesus são transmitidas oralmente na Igreja Primitiva. O grande incêndio de Roma (64 d.C.) dá ao imperador Nero a oportunidade de intensificar a perseguição aos cristãos no Império Romano. Pedro é martirizado em aproximadamente 67 d.C.

48-64 d.C.

Paulo escreve suas cartas (epístolas) para as igrejas.

70 d.C.

O exército romano, sob a liderança de Tito, destrói Jerusalém e arrasa o templo construído por Herodes para garantir que não haverá um levante dos judeus. O historiador judeu Josefo registra que mais de um milhão de judeus foram mortos na batalha, e muitos mais foram levados cativos.

80 d.C.

O evangelho de Mateus é escrito.

90-95 d.C.

Os evangelhos de Lucas e João, as três epístolas de João e o Apocalipse são escritos.

A escrita da Bíblia, que começou durante o tempo de Moisés, está agora completa. Dos capítulos iniciais de Gênesis até as palavras finais de Apocalipse, este grande livro tem um único assunto: Jesus, o Messias, o Filho de Deus, nosso Senhor e Salvador.

50 d.C. — 100 d.C.

NOTAS E ORAÇÕES

NVT®

A BÍBLIA SAGRADA

Nova Versão Transformadora

NVT®

2ª Edição
Santo André - SP
2022
[NVT2B 1777]

Impressão e acabamento

Geográfica editora

B582 A Bíblia sagrada: nova versão transformadora.
São Paulo: Geográfica; Mundo Cristão, 2022.

768p.
ISBN 978-65-5655-255-2

1. Bíblia sagrada. I. Mundo Cristão.

CDU 22

Catalogação na publicação:
Leandro Augusto dos Santos Lima – CRB 10/1273

A BÍBLIA SAGRADA

ANTIGO TESTAMENTO

NOVO TESTAMENTO

Apresentação

A Bíblia Sagrada só existe hoje por causa da dedicação constante e cuidadosa de arqueólogos, bibliotecários, especialistas em línguas antigas, tradutores, escribas, editores e gráficos em todo o mundo. A Bíblia atravessou milênios para tornar-se o maior *best-seller* de todos os tempos; é o alicerce da fé cristã e a palavra de Deus para a humanidade. Hoje é impossível estimar a importância desta obra como coluna central da civilização.

Há diversas edições da Bíblia em português. Algumas preservam o vocabulário e a sintaxe de séculos passados. Outras são atualizações de edições brasileiras e portuguesas de outrora. Há ainda versões mais recentes e paráfrases que facilitam a leitura com expressões idiomáticas comuns e vocabulário simples.

A Editora Mundo Cristão, fundada em 1965, sempre publicou Bíblias. Editou a *Bíblia Viva* em 1981 e a *Nova Bíblia Viva* em 2010. Além dessas paráfrases, editou também dezenas de Bíblias devocionais e de estudo, dirigidas aos mais variados segmentos e usando textos licenciados de sociedades bíblicas. Ao longo dos anos, fomos percebendo a necessidade de uma versão que combinasse rigor acadêmico na tradução das línguas originais (hebraico, grego e aramaico) e linguagem fluente e comunicativa para quem já conhece a Bíblia e também para uma nova geração de leitores.

Concluímos que havia espaço para uma nova versão que trouxesse ao leitor o que de melhor existe em erudição bíblica e os critérios mais recentes de seleção de fontes textuais, tudo isso com linguagem de fácil compreensão para quem fala português hoje. Juntamente com os professores Carlos Osvaldo Cardoso Pinto (1950-2014), doutor pelo Dallas Theological Seminary, e Estevan F. Kirschner, doutor pela London School of Theology, constituímos uma equipe de tradutores e revisores cristãos, especializados nas disciplinas essenciais para a execução do projeto.

A *Nova Versão Transformadora* (NVT) foi projetada para atender às exigências de diversos perfis de leitores: o especialista em exegese bíblica, o pastor que busca um texto confiável para fundamentar seus sermões, o leigo que procura uma palavra de inspiração bíblica que fale diretamente à alma e o jovem que espera compreender o que está lendo. A NVT é própria para leitura individual, devocional e até congregacional, em voz alta.

Cremos que esta edição da Bíblia Sagrada apresenta a Palavra de Deus com clareza e fidelidade. Publicamos a NVT orando para que Deus a use para comunicar sua verdade eterna à Igreja e ao mundo, de forma marcante e transformadora.

Os Editores

Introdução à Nova Versão Transformadora

A *Nova Versão Transformadora* (NVT) é o resultado de um projeto iniciado em 2010 pela Mundo Cristão, juntamente com um comitê de tradutores especializados nas línguas originais em que o texto bíblico foi redigido. O objetivo, desde o princípio, foi produzir uma versão fiel e acessível, que comunicasse sua mensagem aos leitores de hoje de modo tão claro e relevante quanto os textos originais comunicaram aos leitores e ouvintes do mundo antigo.

Filosofia e metodologia de tradução

Os tradutores da NVT se propuseram a transpor com clareza a mensagem dos textos originais das Escrituras para o português contemporâneo. Ao fazê-lo, levaram em consideração tanto aspectos da equivalência formal como da equivalência dinâmica. Isto é, traduziram o original do modo mais simples e literal possível quando essa abordagem resultou num texto acessível e preciso. Em contrapartida, buscaram uma abordagem mais dinâmica à mensagem quando a tradução literal era de difícil compreensão, ambígua ou exigia o uso de termos arcaicos ou incomuns. Primeiro os tradutores procuraram identificar o significado das palavras e das expressões no contexto antigo; depois, traduziram a mensagem para o português com clareza e naturalidade. O resultado, acreditamos, é uma tradução exegeticamente precisa e idiomaticamente eficaz.

Processo e equipe de tradução

O projeto tomou como ponto de partida os métodos de tradução da edição mais recente da *New Living Translation* (NLT), tradução em língua inglesa publicada pela Tyndale House Publishers e conhecida por sua comunicabilidade e acessibilidade. Para o projeto NVT, a Mundo Cristão estabeleceu um Comitê de Tradução, composto por alguns dos principais eruditos em línguas originais da comunidade evangélica brasileira. Valendo-se das melhores ferramentas exegéticas e do que há de mais recente em estudos acadêmicos da Bíblia, esses especialistas buscaram apresentar uma tradução inteligível e dinâmica, sem sacrificar a precisão e a fidelidade aos textos originais. Aliada à erudição, uma equipe editorial se ocupou especialmente da adequação da linguagem do texto, procurando torná-la amplamente compreensível, a fim de produzir uma tradução adequada tanto para o estudo individual como para a leitura em voz alta.

Os textos por trás da NVT

Na tradução do Antigo Testamento, empregou-se o Texto Massorético da Bíblia hebraica, representado na *Biblia Hebraica Stuttgartensia* (1977), com seu amplo sistema de notas textuais e que constitui uma atualização da *Biblia Hebraica* de Rudolf Kittel (Stuttgart, 1937). Também houve comparações com os Manuscritos do Mar Morto, a Septuaginta e outros manuscritos gregos, o Pentateuco Samaritano, a Peshita Siríaca, a Vulgata Latina e outras versões ou manuscritos que esclarecem o significado de passagens difíceis.

Os tradutores do Novo Testamento usaram as duas edições clássicas do Novo Testamento em grego: o *Greek New Testament*, publicado pela United Bible Societies (UBS, 4ª edição revisada, 1993), e o *Novum Testamentum Graece*, editado por Nestle e Aland (NA, 27ª edição, 1993). No entanto, os tradutores escolheram diferir dos textos gregos da UBS e de NA nos casos em que fortes evidências textuais ou outras evidências acadêmicas corroboravam sua decisão, seguindo variações encontradas em outras testemunhas textuais antigas.

Questões de tradução

No trabalho de tradução, buscou-se deliberadamente oferecer um texto que pudesse ser entendido com facilidade por um leitor típico da língua portuguesa contemporânea. Assim, procuramos usar apenas vocabulário e estruturas gramaticais de uso comum nos dias de hoje. Nossa preocupação com a facilidade de leitura, no entanto, foi além das questões de vocabulário e estrutura gramatical. Também levamos em conta barreiras históricas e culturais para a compreensão da Bíblia e procuramos traduzir termos fortemente associados à história e à cultura de forma que pudessem ser entendidos sem dificuldade. Para isso:

- Convertemos pesos e medidas antigos (p. ex., "efa" [unidade de medida de secos] ou "côvado" [unidade de comprimento]) para equivalentes contemporâneos em nossa língua. O mesmo se dá com referências às horas do dia.
- Em vez de traduzir literalmente valores monetários antigos, procuramos expressá-los em termos que transmitissem o sentido mais amplo. Por exemplo, no Antigo Testamento, "dez siclos de prata" foi traduzido como "dez moedas de prata", a fim de comunicar a ideia pretendida.
- Visto que o calendário lunar hebraico varia de um ano para outro em relação ao calendário solar usado hoje, procuramos maneiras claras de comunicar a época do ano correspondente ao mês hebraico. Nos casos em que é possível definir uma data antiga conforme nosso calendário, usamos as datas modernas no texto.
- A linguagem metafórica por vezes é de difícil compreensão para o leitor atual, de modo que, em certas ocasiões, optamos por traduzir ou esclarecer o significado de determinada metáfora. Por exemplo, o poeta escreve: "Seu pescoço *é como* a torre de Davi" (Ct 4.4). Traduzimos: "Seu pescoço *é belo, como* a torre de Davi", para esclarecer o sentido positivo pretendido pela símile.
- Quando o conteúdo da linguagem original é de caráter poético, traduzimos para o português de forma poética. Procuramos quebrar as linhas visando esclarecer e destacar a relação entre as frases do texto.
- Um dos desafios enfrentados foi como traduzir o texto bíblico escrito originalmente num contexto em que termos masculinos eram usados para se referir à humanidade em geral. Assim, respeitando a natureza do contexto antigo e, ao mesmo tempo, procurando tornar a tradução mais clara para o público atual, muitas vezes onde a tradução tradicional traz "homem" como sinônimo de espécie humana, optamos por "seres humanos" ou "humanidade", dentre outras escolhas. Por sua vez, as distinções de gênero entre homem e mulher nos textos originais foram rigidamente preservadas.

Coerência léxica na terminologia

Por uma questão de clareza, traduzimos certos termos das línguas originais sempre da mesma forma, especialmente nas passagens sinópticas e em expressões retóricas repetidas com frequência. Nas ocorrências de termos teológicos, deixamos espaço para um âmbito semântico mais amplo de palavras ou expressões aceitáveis em português como tradução para uma palavra hebraica ou grega. Evitamos alguns termos teológicos que muitos leitores teriam dificuldade de compreender. Por exemplo, evitamos palavras como "justificação" e "santificação", que são empréstimos de traduções para o latim. No lugar dessas palavras, oferecemos traduções como "declarar justo" e "tornar santos".

Nossa expectativa, por fim, é que a NVT tenha superado algumas barreiras históricas, culturais e linguísticas que podem dificultar a leitura e a compreensão da palavra de Deus. Esperamos que, para os leitores que não conhecem a Bíblia, o texto seja claro e fácil de entender, e desejamos que os leitores versados nas Escrituras possam vê-las com um novo olhar. É nosso desejo, também, que os leitores adquiram instrução e sabedoria para viver, mas, acima de tudo, que encontrem o Deus da Bíblia, venham a conhecê-lo e, com isso, sejam transformados para sempre.

Comitê de Tradução da Bíblia
Outubro de 2016

Antigo Testamento

GÊNESIS

A criação

1 No princípio, Deus criou os céus e a terra. 2A terra era sem
forma e vazia, a escuridão cobria as águas profundas, e o
Espírito de Deus se movia sobre a superfície das águas.
3Então Deus disse: "Haja luz", e houve luz. 4E Deus viu que a luz
era boa, e separou a luz da escuridão. 5Deus chamou a luz de
"dia" e a escuridão de "noite". A noite passou e veio a manhã,
encerrando o primeiro dia.
6Então Deus disse: "Haja um espaço entre as águas, para se-
parar as águas dos céus das águas da terra". 7E assim acon-
teceu. Deus criou um espaço para separar as águas da terra
das águas dos céus. 8Deus chamou o espaço de "céu". A noite
passou e veio a manhã, encerrando o segundo dia.
9Então Deus disse: "Juntem-se as águas que estão debaixo do
céu num só lugar, para que apareça uma parte seca". E assim
aconteceu. 10Deus chamou a parte seca de "terra" e as águas
de "mares". E Deus viu que isso era bom. 11Então Deus disse:
"Produza a terra vegetação: toda espécie de plantas com se-
mentes e árvores que dão frutos com sementes. As sementes
produzirão plantas e árvores, cada uma conforme a sua es-
pécie". E assim aconteceu. 12A terra produziu vegetação: toda
espécie de plantas com sementes e árvores que dão frutos com
sementes. As sementes produziram plantas e árvores, cada
uma conforme a sua espécie. E Deus viu que isso era bom.
13A noite passou e veio a manhã, encerrando o terceiro dia.
14Então Deus disse: "Haja luzes no céu para separar o dia da
noite e marcar as estações, os dias e os anos. 15Que essas
luzes brilhem no céu para iluminar a terra". E assim aconteceu.
16Deus criou duas grandes luzes: a maior para governar o dia
e a menor para governar a noite, e criou também as estrelas.
17Deus colocou essas luzes no céu para iluminar a terra, 18para
governar o dia e a noite e para separar a luz da escuridão. E
Deus viu que isso era bom.
19A noite passou e veio a manhã, encerrando o quarto dia.
20Então Deus disse: "Encham-se as águas de seres vivos, e
voem as aves no céu acima da terra". 21Assim, Deus criou os
grandes animais marinhos e todos os seres vivos que se movem
em grande número pelas águas, bem como uma grande va-
riedade de aves, cada um conforme a sua espécie. E Deus viu
que isso era bom. 22Então Deus os abençoou: "Sejam férteis e
multipliquem-se. Que os seres encham os mares e as aves se
multipliquem na terra".
23A noite passou e veio a manhã, encerrando o quinto dia.
24Então Deus disse: "Produza a terra grande variedade de ani-
mais, cada um conforme a sua espécie: animais domésticos,
animais que rastejam pelo chão e animais selvagens". E assim
aconteceu. 25Deus criou grande variedade de animais selva-
gens, animais domésticos e animais que rastejam pelo chão,
cada um conforme a sua espécie. E Deus viu que isso era bom.
26Então Deus disse: "Façamos o ser humano à nossa imagem;
ele será semelhante a nós. Dominará sobre os peixes do mar,
sobre as aves do céu, sobre os animais domésticos, sobre
todos os animais selvagens da terra e sobre os animais que
rastejam pelo chão".
27Assim, Deus criou os seres humanos à sua própria imagem, à
imagem de Deus os criou; homem e mulher os criou.
28Então Deus os abençoou e disse: "Sejam férteis e multi-
pliquem-se. Encham e governem a terra. Dominem sobre os
peixes do mar, sobre as aves do céu e sobre todos os animais
que rastejam pelo chão".
29Então Deus disse: "Vejam! Eu lhes dou todas as plantas com
sementes em toda a terra e todas as árvores frutíferas, para
que lhes sirvam de alimento. 30E dou todas as plantas verdes
como alimento a todos os seres vivos: aos animais selvagens,
às aves do céu e aos animais que rastejam pelo chão". E assim
aconteceu.
31Então Deus olhou para tudo que havia feito e viu que era
muito bom. A noite passou e veio a manhã, encerrando o sexto
dia.

2 Desse modo, completou-se a criação dos céus e da terra e
de tudo que neles há. 2No sétimo dia, Deus havia terminado
sua obra de criação e descansou de todo o seu trabalho. 3Deus
abençoou o sétimo dia e o declarou santo, pois foi o dia em
que ele descansou de toda a sua obra de criação.
4Esse é o relato da criação dos céus e da terra.

O homem e a mulher no jardim

Quando o Senhor Deus criou a terra e os céus, 5nenhuma
planta silvestre nem grãos haviam brotado na terra, pois o Se-
nhor Deus ainda não tinha mandado chuva para regar a terra,
e não havia quem a cultivasse. 6Mas do solo brotava água, que
regava toda a terra. 7Então o Senhor Deus formou o homem
do pó da terra. Soprou o fôlego da vida em suas narinas, e o
homem se tornou ser vivo.
8O Senhor Deus plantou um jardim no Éden, para os lados do
leste, e ali colocou o homem que havia criado. 9O Senhor Deus
fez brotar do solo árvores de todas as espécies, árvores lindas
que produziam frutos deliciosos. No meio do jardim, colocou
a árvore da vida e a árvore do conhecimento do bem e do mal.
10Da terra do Éden nascia um rio que regava o jardim e de-
pois se dividia em quatro braços. 11O primeiro braço, chamado
Pisom, rodeava toda a terra de Havilá, onde existe ouro. 12O
ouro dessa terra é de grande pureza; lá também há resina
aromática e pedra de ônix. 13O segundo braço, chamado Giom,
rodeava toda a terra de Cuxe. 14O terceiro braço, chamado
Tigre, corria para o leste da terra da Assíria. O quarto braço
era chamado de Eufrates.

15 O SENHOR Deus colocou o homem no jardim do Éden para cul-
tivá-lo e tomar conta dele, 16 mas o SENHOR Deus lhe ordenou:
"Coma à vontade dos frutos de todas as árvores do jardim,
17 exceto da árvore do conhecimento do bem e do mal. Se você
comer desse fruto, com certeza morrerá".
18 O SENHOR Deus disse: "Não é bom que o homem esteja so-
zinho. Farei alguém que o ajude e o complete". 19 O SENHOR
Deus formou da terra todos os animais selvagens e todas as
aves do céu. Trouxe-os ao homem para ver como os chamaria,
e o homem escolheu um nome para cada um deles. 20 Deu
nome a todos os animais domésticos, a todas as aves do céu
e a todos os animais selvagens. O homem, porém, continuava
sem alguém que o ajudasse e o completasse.
21 Então o SENHOR Deus o fez cair num sono profundo. Enquanto
o homem dormia, tirou dele uma das costelas e fechou o es-
paço que ela ocupava. 22 Dessa costela o SENHOR Deus fez uma
mulher e a trouxe ao homem.
23 "Finalmente!", exclamou o homem. "Esta é osso dos meus
ossos, e carne da minha carne! Será chamada 'mulher', porque
foi tirada do 'homem'".
24 Por isso o homem deixa pai e mãe e se une à sua mulher, e
os dois se tornam um só.
25 O homem e a mulher estavam nus, mas não sentiam ver-
gonha.

O pecado do homem e da mulher

3 A serpente era o mais astuto de todos os animais selvagens
que o SENHOR Deus havia criado. Certa vez, ela perguntou
à mulher: "Deus realmente disse que vocês não devem comer
do fruto de nenhuma das árvores do jardim?".
2 "Podemos comer do fruto das árvores do jardim", respondeu
a mulher. 3 "É só do fruto da árvore que está no meio do jardim
que não podemos comer. Deus disse: 'Não comam e nem
sequer toquem no fruto daquela árvore; se o fizerem, mor-
rerão'."
4 "É claro que vocês não morrerão!", a serpente respondeu
à mulher. 5 "Deus sabe que, no momento em que comerem
do fruto, seus olhos se abrirão e, como Deus, conhecerão o
bem e o mal."
6 A mulher viu que a árvore era linda e que seu fruto parecia de-
licioso, e desejou a sabedoria que ele lhe daria. Assim, tomou
do fruto e o comeu. Depois, deu ao marido, que estava com
ela, e ele também comeu. 7 Naquele momento, seus olhos se
abriram, e eles perceberam que estavam nus. Por isso, cos-
turaram folhas de figueira umas às outras para se cobrirem.
8 Quando soprava a brisa do entardecer, o homem e sua mulher
ouviram o SENHOR Deus caminhando pelo jardim e se escon-
deram dele entre as árvores. 9 Então o SENHOR Deus chamou o
homem e perguntou: "Onde você está?".
10 Ele respondeu: "Ouvi que estavas andando pelo jardim e me
escondi. Tive medo, pois eu estava nu".
11 "Quem lhe disse que você estava nu?", perguntou Deus.
"Você comeu do fruto da árvore que eu lhe ordenei que não
comesse?"
12 O homem respondeu: "Foi a mulher que me deste! Ela me
ofereceu do fruto, e eu comi".
13 Então o SENHOR Deus perguntou à mulher: "O que foi que você
fez?". "A serpente me enganou", respondeu a mulher. "Foi por
isso que comi do fruto."
14 Então o SENHOR Deus disse à serpente: "Uma vez que fez
isso, maldita é você entre todos os animais, domésticos e sel-
vagens. Você se arrastará sobre o próprio ventre, rastejará no
pó enquanto viver.
15 Farei que haja inimizade entre você e a mulher, e entre a sua
descendência e o descendente dela. Ele lhe ferirá a cabeça, e
você lhe ferirá o calcanhar".
16 À mulher ele disse: "Farei mais intensas as dores de sua gra-
videz, e com dor você dará à luz. Seu desejo será para seu
marido, e ele a dominará".
17 E ao homem ele disse: "Uma vez que você deu ouvidos à sua
mulher e comeu da árvore cujo fruto ordenei que não comesse,
maldita é a terra por sua causa; por toda a vida, terá muito
trabalho para tirar da terra seu sustento.
18 Ela produzirá espinhos e ervas daninhas, mas você comerá
de seus frutos e grãos.
19 Com o suor do rosto você obterá alimento, até que volte à
terra da qual foi formado. Pois você foi feito do pó, e ao pó
voltará".

Paraíso perdido

20 O homem, Adão, deu à sua mulher o nome de Eva, pois ela
seria a mãe de toda a humanidade. 21 E o SENHOR Deus fez
roupas de peles de animais para Adão e sua mulher.
22 Então o SENHOR Deus disse: "Vejam, agora os seres humanos
se tornaram semelhantes a nós, pois conhecem o bem e o mal.
Se eles tomarem do fruto da árvore da vida e dele comerem,
viverão para sempre". 23 Para impedir que isso acontecesse,
o SENHOR Deus os expulsou do jardim do Éden, e Adão passou
a cultivar a terra da qual tinha sido formado. 24 Depois de ex-
pulsá-los, colocou querubins a leste do jardim do Éden e uma
espada flamejante que se movia de um lado para o outro, a
fim de guardar o caminho até a árvore da vida.

Caim e Abel

4 Adão teve relações com Eva, sua mulher, que engravidou.
Quando deu à luz Caim, ela disse: "Com a ajuda do SENHOR,
tive um filho!". 2 Tempos depois, deu à luz o irmão de Caim e o
chamou de Abel. Quando os meninos cresceram, Abel se tornou
pastor de ovelhas, e Caim cultivava o solo. 3 No tempo da co-
lheita, Caim apresentou parte de sua produção como oferta ao
SENHOR. 4 Abel, por sua vez, ofertou as melhores porções dos
cordeiros dentre as primeiras crias de seu rebanho. O SENHOR
aceitou Abel e sua oferta, 5 mas não aceitou Caim e sua oferta.
Caim se enfureceu e ficou transtornado.
6 "Por que você está tão furioso?", o SENHOR perguntou a Caim.
"Por que está tão transtornado? 7 Se você fizer o que é certo,
será aceito. Mas, se não o fizer, tome cuidado! O pecado está
à porta, à sua espera, e deseja controlá-lo, mas é você quem
deve dominá-lo."

8Caim sugeriu a seu irmão: "Vamos ao campo". E, enquanto
estavam lá, Caim atacou seu irmão Abel e o matou.
9Então o SENHOR perguntou a Caim: "Onde está seu irmão?
Onde está Abel?". "Não sei", respondeu Caim. "Por acaso sou
responsável por meu irmão?"
10Então Deus disse: "O que você fez? Ouça! O sangue de seu
irmão clama a mim da terra! 11O próprio solo, que bebeu o
sangue de seu irmão, sangue que você derramou, amaldiçoa
você. 12O solo não lhe dará boas colheitas, por mais que você
se esforce! E, de agora em diante, você não terá um lar e
andará sem rumo pela terra".
13Caim disse ao SENHOR: "Meu castigo é pesado demais. Não
posso aguentá-lo! 14Tu me expulsaste da terra e de tua pre-
sença e me transformaste num andarilho sem lar. Qualquer
um que me encontrar me matará!".
15O SENHOR respondeu: "Eu castigarei sete vezes mais quem
matar você". Então o SENHOR pôs em Caim um sinal para alertar
qualquer um que tentasse matá-lo. 16Caim saiu da presença do
SENHOR e se estabeleceu na terra de Node, a leste do Éden.

Os descendentes de Caim

17Caim teve relações com sua mulher, que engravidou e deu à
luz Enoque. Então Caim fundou uma cidade, à qual deu o nome
de Enoque, como seu filho. 18Enoque teve um filho chamado
Irade. Irade gerou Meujael; Meujael gerou Metusael; Metusael
gerou Lameque.
19Lameque se casou com duas mulheres. A primeira se cha-
mava Ada, e a segunda, Zilá. 20Ada deu à luz Jabal; ele foi o
precursor dos que criam rebanhos e moram em tendas. 21Seu
irmão se chamava Jubal, o precursor dos que tocam harpa e
flauta. 22Zilá, a outra mulher de Lameque, deu à luz um filho
chamado Tubalcaim, que se tornou mestre em criar ferra-
mentas de bronze e ferro. Tubalcaim teve uma irmã chamada
Naamá. 23Certo dia, Lameque disse a suas mulheres: "Ada e
Zilá, ouçam minha voz; escutem o que vou dizer, mulheres de
Lameque. Matei um homem que me atacou, um rapaz que
me feriu.
24Se aquele que matar Caim será castigado sete vezes, quem
me matar será castigado setenta e sete vezes!".

O nascimento de Sete

25Adão teve relações com sua mulher novamente, e ela deu
à luz outro filho. Chamou-o de Sete, pois disse: "Deus me
concedeu outro filho no lugar de Abel, a quem Caim matou".
26Quando Sete chegou à idade adulta, teve um filho e o
chamou de Enos. Nessa época, as pessoas começaram a in-
vocar o nome do SENHOR.

Os descendentes de Adão

5 Este é o relato dos descendentes de Adão. Quando Deus
criou os seres humanos, formou-os semelhantes a ele.
2Criou-os homem e mulher; quando foram criados, Deus os
abençoou e os chamou de "humanidade".
3Aos 130 anos, Adão teve um filho chamado Sete, que era se-
melhante a ele, à sua imagem. 4Depois do nascimento de Sete,
Adão viveu mais 800 anos e teve outros filhos e filhas. 5Adão
viveu 930 anos e morreu.
6Aos 105 anos, Sete gerou Enos. 7Depois do nascimento de
Enos, Sete viveu mais 807 anos e teve outros filhos e filhas.
8Sete viveu 912 anos e morreu.
9Aos 90 anos, Enos gerou Cainã. 10Depois do nascimento de
Cainã, Enos viveu mais 815 anos e teve outros filhos e filhas.
11Enos viveu 905 anos e morreu.
12Aos 70 anos, Cainã gerou Maalaleel. 13Depois do nascimento
de Maalaleel, Cainã viveu mais 840 anos e teve outros filhos e
filhas. 14Cainã viveu 910 anos e morreu.
15Aos 65 anos, Maalaleel gerou Jarede. 16Depois do nasci-
mento de Jarede, Maalaleel viveu mais 830 anos e teve outros
filhos e filhas. 17Maalaleel viveu 895 anos e morreu.
18Aos 162 anos, Jarede gerou Enoque. 19Depois do nascimento
de Enoque, Jarede viveu mais 800 anos e teve outros filhos e
filhas. 20Jarede viveu 962 anos e morreu.
21Aos 65 anos, Enoque gerou Matusalém. 22Depois do nasci-
mento de Matusalém, Enoque viveu em comunhão com Deus
por mais 300 anos e teve outros filhos e filhas. 23Enoque viveu
365 anos, 24andando em comunhão com Deus até que, um dia,
desapareceu, porque Deus o levou para junto de si.
25Aos 187 anos, Matusalém gerou Lameque. 26Depois do nas-
cimento de Lameque, Matusalém viveu mais 782 anos e teve
outros filhos e filhas. 27Matusalém viveu 969 anos e morreu.
28Aos 182 anos, Lameque gerou um filho. 29Chamou-o de Noé,
pois disse: "Que ele nos traga alívio de nossas tarefas e do
trabalho doloroso de cultivar esta terra que o SENHOR amaldi-
çoou". 30Depois do nascimento de Noé, Lameque viveu mais
595 anos e teve outros filhos e filhas. 31Lameque viveu 777
anos e morreu.
32Depois que completou 500 anos, Noé gerou três filhos: Sem,
Cam e Jafé.

Corrupção da raça humana

6 Os seres humanos começaram a se multiplicar na terra e
tiveram filhas. 2Os filhos de Deus perceberam que as filhas
dos homens eram belas, tomaram para si as que os agradaram
e se casaram com elas. 3Então o SENHOR disse: "Meu Espírito
não tolerará os humanos por muito tempo, pois são apenas
carne mortal. Seus dias serão limitados a 120 anos".
4Naqueles dias, e por algum tempo depois, havia na terra gi-
gantes, pois quando os filhos de Deus tiveram relações com as
filhas dos homens, elas deram à luz filhos que se tornaram os
guerreiros famosos da antiguidade.
5O SENHOR observou quanto havia aumentado a perversidade
dos seres humanos na terra e viu que todos os seus pensa-
mentos e seus propósitos eram sempre inteiramente maus.
6E o SENHOR se arrependeu de tê-los criado e colocado na
terra. Isso lhe causou imensa tristeza. 7O SENHOR disse: "Eli-
minarei da face da terra esta raça humana que criei. Sim, e
também destruirei todos os seres vivos: as pessoas, os grandes

animais, os animais que rastejam pelo chão e até as aves do
céu. Arrependo-me de tê-los criado". 8Noé, porém, encontrou
favor diante do SENHOR.

A história de Noé

9Este é o relato de Noé e sua família. Noé era um homem justo,
a única pessoa íntegra naquele tempo, e andava em comunhão
com Deus. 10Noé gerou três filhos: Sem, Cam e Jafé.
11Deus viu que a terra tinha se corrompido e estava cheia de
violência. 12Deus observou a grande maldade no mundo, pois
todos na terra haviam se corrompido. 13Assim, Deus disse a
Noé: "Decidi acabar com todos os seres vivos, pois encheram a
terra de violência. Sim, destruirei todos eles e também a terra!
14"Construa uma grande embarcação, uma arca de madeira de
cipreste, e cubra-a com betume por dentro e por fora, para que
não entre água. Divida toda a parte interna em pisos e com-
partimentos. 15A arca deve ter 135 metros de comprimento,
22,5 metros de largura e 13,5 metros de altura. 16Deixe uma
abertura de 45 centímetros debaixo do teto ao redor de toda a
arca. Coloque uma porta lateral e construa três pisos na parte
interna: inferior, médio e superior.
17"Preste atenção! Em breve, cobrirei a terra com um dilúvio
que destruirá todos os seres vivos que respiram. Tudo que há
na terra morrerá. 18Com você, porém, firmarei minha aliança.
Portanto, entre na arca com sua mulher, seus filhos e as
mulheres deles. 19Leve na arca com você um casal de cada
espécie de animal selvagem e doméstico, um macho e uma
fêmea, para mantê-los com vida. 20Um casal de cada espécie
de ave, de cada espécie de animal e de cada espécie de animal
que rasteja pelo chão virá até você, para que os mantenha com
vida. 21Cuide bem para que haja alimento suficiente para sua
família e para todos os animais".
22Noé fez tudo exatamente como Deus lhe havia ordenado.

O dilúvio

7 O SENHOR disse a Noé: "Entre na arca com toda a sua família,
pois vejo que, de todas as pessoas na terra, apenas você é
justo. 2Leve com você sete casais, macho e fêmea, de cada
espécie de animal puro, e um casal, macho e fêmea, de cada
espécie de animal impuro. 3Leve também sete casais de cada
espécie de ave. Cada casal deve ter um macho e uma fêmea
para garantir que todas as espécies sobreviverão na terra de-
pois do dilúvio. 4Daqui a sete dias, farei chover sobre a terra.
Choverá por quarenta dias e quarenta noites, até que eu tenha
eliminado da terra todos os seres vivos que criei".
5Noé fez tudo exatamente como o SENHOR lhe havia ordenado.
6Noé tinha 600 anos quando o dilúvio cobriu a terra. 7Entrou
na arca, junto com a mulher, os filhos e as mulheres deles,
para escapar do dilúvio. 8Entraram com eles animais de todas
as espécies: os puros e os impuros, as aves e todos os animais
que rastejam pelo chão. 9Entraram na arca em pares, macho
e fêmea, como Deus tinha ordenado a Noé. 10Depois de sete
dias, vieram as águas do dilúvio e cobriram a terra.
11Quando Noé tinha 600 anos, no décimo sétimo dia do se-
gundo mês, todas as fontes subterrâneas de água jorraram da
terra, e a chuva caiu do céu em grandes temporais 12e conti-
nuou sem parar por quarenta dias e quarenta noites.
13Naquele mesmo dia, Noé tinha entrado na arca com a es-
posa, os filhos, Sem, Cam e Jafé, e as mulheres deles. 14En-
traram com eles na arca casais de todas as espécies de ani-
mais: animais domésticos e selvagens, grandes e pequenos,
e aves de toda espécie. 15Entraram de dois em dois na arca,
representando todos os seres vivos que respiram. 16Um macho
e uma fêmea de cada espécie entraram, como Deus tinha or-
denado a Noé. Então o SENHOR fechou a porta.
17Durante quarenta dias, as águas do dilúvio se tornaram cada
vez mais profundas, cobriram o solo e elevaram a arca bem
acima da terra. 18Enquanto as águas subiam cada vez mais
acima do solo, a arca flutuava em segurança em sua superfície.
19Por fim, as águas cobriram até as montanhas mais altas da
terra 20e se elevaram quase sete metros acima dos picos mais
altos. 21Todos os seres vivos que havia na terra morreram: as
aves, os animais domésticos, os animais selvagens, os animais
que rastejavam pelo chão e todos os seres humanos. 22Tudo
que respirava e vivia em terra firme morreu. 23Deus exterminou
todos os seres vivos que havia na terra: os seres humanos, os
animais domésticos, os animais que rastejavam pelo chão e
as aves do céu. Todos foram destruídos. Apenas Noé e os que
estavam com ele na arca sobreviveram. 24E as águas do dilúvio
cobriram a terra por 150 dias.

As águas do dilúvio baixam

8 Então Deus se lembrou de Noé e de todos os animais sel-
vagens e domésticos que estavam com ele na arca. Deus
fez soprar um vento sobre a terra, e as águas do dilúvio come-
çaram a baixar. 2As fontes subterrâneas pararam de jorrar, e
as chuvas torrenciais cessaram. 3As águas do dilúvio foram
baixando aos poucos. Depois de 150 dias, 4exatamente cinco
meses depois do início do dilúvio, a arca repousou sobre as
montanhas de Ararate. 5Dois meses e meio depois, à medida
que as águas continuaram a baixar, apareceram os picos de
outras montanhas.
6Passados mais quarenta dias, Noé abriu a janela que havia
feito na arca 7e soltou um corvo, que ia e voltava até as águas
do dilúvio secarem sobre a terra. 8Noé também soltou uma
pomba para ver se as águas tinham baixado e se ela encon-
traria terra seca, 9mas a pomba não encontrou lugar para
pousar, pois a água ainda cobria todo o solo. Então a pomba
retornou à arca, e Noé estendeu a mão e a trouxe de volta
para dentro. 10Depois de esperar mais sete dias, Noé soltou
a pomba mais uma vez. 11Quando ela voltou ao entardecer,
trouxe no bico uma folha nova de oliveira. Noé concluiu que
restava pouca água do dilúvio. 12Esperou outros sete dias e
soltou a pomba novamente. Dessa vez, ela não voltou.
13Noé tinha completado 601 anos. No primeiro dia do novo ano,
dez meses e meio depois do início do dilúvio, quase não havia
mais água sobre a terra. Noé levantou a cobertura da arca e
viu que o solo estava praticamente seco. 14Mais dois meses

se passaram e, por fim, a terra estava completamente seca.
15Então Deus disse a Noé: 16"Saiam da arca, você, sua mulher,
seus filhos e as mulheres deles. 17Solte todos os animais, as
aves, os animais domésticos e os animais que rastejam pelo
chão, para que sejam férteis e se multipliquem na terra".
18Noé, sua mulher, seus filhos e as mulheres deles desembarcaram.
19Todos os animais, grandes e pequenos, e as aves
saíram da arca, um casal de cada vez.
20Em seguida, Noé construiu um altar ao SENHOR e ali ofereceu
como holocaustos alguns animais e aves puros. 21O aroma do
sacrifício agradou ao SENHOR, que disse consigo: "Nunca mais
amaldiçoarei a terra por causa do ser humano, embora todos
os seus pensamentos e seus propósitos se inclinem para o mal
desde a infância. Nunca mais destruirei todos os seres vivos.
22Enquanto durar a terra, haverá plantio e colheita, frio e calor,
verão e inverno, dia e noite".

Deus confirma sua aliança

9 Então Deus abençoou Noé e seus filhos e lhes disse: "Sejam
férteis e multipliquem-se. Encham a terra. 2Todos os animais
da terra, todas as aves do céu, todos os animais que
rastejam pelo chão e todos os peixes do mar terão medo e
pavor de vocês. Eu os coloquei sob o seu domínio. 3Assim como
dei a vocês os cereais e os vegetais por alimento, também lhes
dou os animais. 4Mas nunca comam carne com sangue, pois
sangue é vida.
5"Exigirei o sangue de todo aquele que tirar a vida de alguém.
Se um animal selvagem matar alguém, deverá ser morto;
quem cometer assassinato, também deverá morrer. 6Quem
tirar a vida humana, por mãos humanas perderá a vida. Pois
eu criei o ser humano à minha imagem. 7Agora, sejam férteis
e multipliquem-se, povoem a terra outra vez".
8Então Deus disse a Noé e seus filhos: 9"Confirmo aqui a minha
aliança com vocês, seus descendentes 10e todos os animais
que estavam com vocês na embarcação: as aves, os animais
domésticos e os animais selvagens, todos os seres vivos da
terra. 11Sim, confirmo a minha aliança com vocês. Nunca mais
os seres vivos serão exterminados pelas águas; nunca mais a
terra será destruída por um dilúvio".
12Então Deus disse: "Eu lhes dou um sinal da minha aliança
com vocês e com todos os seres vivos, para todas as gerações
futuras. 13Coloquei o arco-íris nas nuvens. Ele é o sinal
da minha aliança com toda a terra. 14Quando eu enviar nuvens
sobre a terra, nelas aparecerá o arco-íris, 15e eu me lembrarei
da minha aliança com vocês e com todos os seres vivos. Nunca
mais as águas de um dilúvio destruirão toda a vida. 16Ao olhar
para o arco-íris nas nuvens, eu me lembrarei da aliança eterna
entre Deus e todos os seres vivos da terra". 17Então Deus disse
a Noé: "Este arco-íris é o sinal da aliança que confirmo com
todas as criaturas da terra".

Os filhos de Noé

18Os filhos de Noé que saíram da arca com o pai foram Sem,
Cam e Jafé. (Cam é o pai de Canaã.) 19Desses três filhos de Noé
vêm todas as pessoas que agora povoam a terra.
20Depois do dilúvio, Noé começou a cultivar o solo e plantou
uma videira. 21Certo dia, bebeu do vinho que ele próprio havia
produzido, ficou embriagado e foi deitar-se nu em sua tenda.
22Cam, pai de Canaã, viu que seu pai estava nu e saiu para
contar aos irmãos. 23Então Sem e Jafé pegaram um manto e o
colocaram sobre os ombros. Em seguida, entraram na tenda
de costas e, olhando para o outro lado a fim de não ver a nudez
do pai, cobriram-no com o manto.
24Quando Noé se recuperou da bebedeira e descobriu o que
Cam, seu filho mais novo, havia feito, 25exclamou: "Maldito
seja Canaã! Que ele seja o servo mais insignificante de seus
parentes!".
26E disse ainda: "Bendito seja o SENHOR, o Deus de Sem, e que
Canaã seja servo de seu irmão!
27Que Deus amplie o território de Jafé! Que Jafé compartilhe
da prosperidade de Sem e Canaã seja seu servo".
28Depois do dilúvio, Noé viveu mais 350 anos. 29Viveu, ao todo,
950 anos e morreu.

10 Este é o relato das famílias de Sem, Cam e Jafé, os três filhos
de Noé, que geraram muitos filhos depois do dilúvio.

Os descendentes de Jafé

2Os descendentes de Jafé foram: Gômer, Magogue, Madai,
Javã, Tubal, Meseque e Tirás.
3Os descendentes de Gômer foram: Asquenaz, Rifate e Togarma.
4Os descendentes de Javã foram: Elisá, Társis, Quitim e Rodanim.
5Seus descendentes se espalharam por vários territórios
junto ao mar, formando nações de acordo com suas
línguas, seus clãs e seus povos.

Os descendentes de Cam

6Os descendentes de Cam foram: Cuxe, Mizraim, Pute e Canaã.
7Os descendentes de Cuxe foram: Sebá, Havilá, Sabtá, Raamá
e Sabtecá. Os descendentes de Raamá foram: Sabá e Dedã.
8Cuxe também foi o antepassado de Ninrode, o primeiro
guerreiro valente da terra. 9Porque era o mais corajoso dos
caçadores, seu nome deu origem ao provérbio: "Este homem
é como Ninrode, o mais corajoso dos caçadores". 10Ninrode
construiu seu reino na terra da Babilônia, fundando as cidades
de Babel, Ereque, Acade e Calné. 11Expandiu seu território até
a Assíria, onde construiu as cidades de Nínive, Reobote-Ir, Calá
12e Resém, a grande cidade situada entre Nínive e Calá.
13Mizraim foi o antepassado dos luditas, anamitas, leabitas,
naftuítas, 14patrusitas, casluítas e dos caftoritas, dos quais
descendem os filisteus.
15O filho mais velho de Canaã foi Sidom, antepassado dos
sidônios. Canaã foi o antepassado dos hititas, 16jebuseus,
amorreus, girgaseus, 17heveus, arqueus, sineus, 18arvadeus,
zemareus e hamateus. Com o tempo, os clãs cananeus se espalharam.
19O território de Canaã se estendia desde Sidom,
ao norte, até Gerar e Gaza, ao sul, e, a leste, até Sodoma,
Gomorra, Admá e Zeboim, próximo a Lasa.

20Esses foram os descendentes de Cam, de acordo com seus
clãs, línguas, territórios e povos.

Os descendentes de Sem

21Sem, irmão mais velho de Jafé, também teve filhos. Sem foi o
antepassado de todos os descendentes de Héber.
22Os descendentes de Sem foram: Elão, Assur, Arfaxade, Lude
e Arã.
23Os descendentes de Arã foram: Uz, Hul, Géter e Más.
24Arfaxade gerou Salá, e Salá gerou Héber.
25Héber teve dois filhos. O primeiro recebeu o nome de Pe-
legue, pois em sua época a terra foi dividida. O irmão de Pe-
legue recebeu o nome de Joctã.
26Joctã foi o antepassado de Almodá, Salefe, Hazarmavé, Jerá,
27Adorão, Uzal, Dicla, 28Obal, Abimael, Sabá, 29Ofir, Havilá e
Jobabe. Todos eles foram descendentes de Joctã. 30O terri-
tório que ocupavam se estendia desde Messa até Sefar, nas
montanhas ao leste.
31Esses foram os descendentes de Sem, de acordo com seus
clãs, línguas, territórios e povos.

Conclusão

32Esses foram os clãs descendentes dos filhos de Noé, de
acordo com suas linhagens. Todas as nações da terra vieram
desses clãs depois do dilúvio.

A torre de Babel

11 Houve um tempo em que todos os habitantes do mundo
falavam a mesma língua e usavam as mesmas palavras.
2Ao migrarem do leste, encontraram uma planície na terra da
Babilônia, onde se estabeleceram.
3Começaram a dizer uns aos outros: "Venham, vamos fazer
tijolos e endurecê-los no fogo". (Naquela região, era costume
usar tijolos em vez de pedras, e betume em vez de argamassa.)
4Depois, disseram: "Venham, vamos construir uma cidade com
uma torre que chegue até o céu. Assim, ficaremos famosos e
não seremos espalhados pelo mundo".
5O SENHOR, porém, desceu para ver a cidade e a torre que
estavam construindo. 6"Vejam!", disse o SENHOR. "Todos se
uniram e falam a mesma língua. Se isto é o começo do que
fazem, nada do que se propuserem a fazer daqui em diante
lhes será impossível. 7Venham, vamos descer e confundi-los
com línguas diferentes, para que não consigam mais entender
uns aos outros."
8Assim, o SENHOR os espalhou pelo mundo inteiro, e eles pa-
raram de construir a cidade. 9Ela recebeu o nome de Babel,
pois ali o SENHOR confundiu as pessoas com línguas diferentes
e as espalhou pelo mundo.

A descendência de Sem até Abrão

10Este é o relato da família de Sem. Dois anos depois do dilúvio,
aos 100 anos, Sem gerou Arfaxade. 11Depois do nascimento de
Arfaxade, Sem viveu mais 500 anos e teve outros filhos e filhas.
12Aos 35 anos, Arfaxade gerou Salá. 13Depois do nascimento de
Salá, Arfaxade viveu mais 403 anos e teve outros filhos e filhas.
14Aos 30 anos, Salá gerou Héber. 15Depois do nascimento de
Héber, Salá viveu mais 403 anos e teve outros filhos e filhas.
16Aos 34 anos, Héber gerou Pelegue. 17Depois do nascimento
de Pelegue, Héber viveu mais 430 anos e teve outros filhos
e filhas.
18Aos 30 anos, Pelegue gerou Reú. 19Depois do nascimento de
Reú, Pelegue viveu mais 209 anos e teve outros filhos e filhas.
20Aos 32 anos, Reú gerou Serugue. 21Depois do nascimento de
Serugue, Reú viveu mais 207 anos e teve outros filhos e filhas.
22Aos 30 anos, Serugue gerou Naor. 23Depois do nascimento de
Naor, Serugue viveu mais 200 anos e teve outros filhos e filhas.
24Aos 29 anos, Naor gerou Terá. 25Depois do nascimento de
Terá, Naor viveu mais 119 anos e teve outros filhos e filhas.
26Depois que completou 70 anos, Terá gerou Abrão, Naor e
Harã.

A família de Terá

27Este é o relato da família de Terá, pai de Abrão, Naor e Harã.
Harã, que foi o pai de Ló, 28morreu em Ur dos caldeus, sua
terra natal, enquanto seu pai, Terá, ainda vivia. 29Tanto Abrão
como Naor se casaram. A mulher de Abrão se chamava Sarai,
e a mulher de Naor, Milca. (Milca e sua irmã, Iscá, eram filhas
de Harã, irmão de Naor.) 30Sarai, porém, não conseguia en-
gravidar e não tinha filhos.
31Certo dia, Terá tomou seu filho Abrão, sua nora Sarai (mulher
de seu filho Abrão) e seu neto Ló (filho de seu filho Harã) e
se mudou de Ur dos caldeus. Partiram em direção à terra de
Canaã, mas pararam em Harã e se estabeleceram ali. 32Terá
viveu 205 anos e morreu enquanto ainda estava em Harã.

O chamado de Abrão

12 O SENHOR tinha dito a Abrão: "Deixe sua terra natal, seus
parentes e a família de seu pai e vá à terra que eu lhe
mostrarei. 2Farei de você uma grande nação, o abençoarei
e o tornarei famoso, e você será uma bênção para outros.
3Abençoarei os que o abençoarem e amaldiçoarei os que o
amaldiçoarem. Por meio de você, todas as famílias da terra
serão abençoadas".
4Então Abrão partiu, como o SENHOR havia instruído, e Ló foi
com ele. Abrão tinha 75 anos quando saiu de Harã. 5Tomou
sua mulher, Sarai, seu sobrinho Ló e todos os seus bens, os
rebanhos e os servos que havia agregado à sua casa em Harã,
e seguiu para a terra de Canaã. Quando chegaram a Canaã,
6Abrão atravessou a terra até Siquém, onde acampou junto ao
carvalho de Moré. Naquele tempo, os cananeus habitavam
a região.
7Então o SENHOR apareceu a Abrão e disse: "Darei esta terra a
seus descendentes". Abrão construiu um altar ali e o dedicou
ao SENHOR, que lhe havia aparecido. 8Dali, Abrão viajou para
o sul e acampou na região montanhosa, entre Betel, a oeste,
e Ai, a leste. Construiu ali mais um altar dedicado ao SENHOR e
invocou o nome do SENHOR. 9Abrão prosseguiu em sua jornada

para o sul, acampando ao longo do caminho em direção ao
Neguebe.

Abrão e Sarai no Egito

10Naquele tempo, uma fome terrível atingiu a terra de Canaã, e
Abrão foi obrigado a descer ao Egito, onde viveu como estran-
geiro. 11Aproximando-se da fronteira do Egito, Abrão disse a
Sarai, sua mulher: "Você é muito bonita. 12Quando os egípcios
a virem, dirão: 'É mulher dele. Vamos matá-lo para ficarmos
com ela'. 13Diga, portanto, que é minha irmã. Eles pouparão
minha vida e, por sua causa, me tratarão bem".
14De fato, chegando Abrão ao Egito, todos notaram a grande
beleza de sua mulher. 15Quando os oficiais do palácio a viram,
falaram maravilhas dela ao faraó e a levaram para o palácio.
16Por causa de Sarai, o faraó deu muitos presentes a Abrão:
ovelhas, bois, jumentos e jumentas, servos e servas, e ca-
melos.
17Mas, por causa de Sarai, mulher de Abrão, o SENHOR enviou
pragas terríveis sobre o faraó e sobre os membros de sua
casa. 18Por isso, o faraó mandou chamar Abrão e disse: "O
que você fez comigo? Por que não me disse que ela era sua
mulher? 19Por que disse que era sua irmã e permitiu que eu
a tomasse como esposa? Aqui está sua mulher. Tome-a e vá
embora daqui!". 20O faraó ordenou que alguns de seus homens
escoltassem Abrão, com sua mulher e todos os seus bens, para
fora de sua terra.

A separação de Abrão e Ló

13 Abrão saiu do Egito e subiu para o Neguebe, junto com
sua mulher, com Ló e com tudo que possuíam. 2(Abrão
era muito rico e tinha muitos rebanhos, prata e ouro.) 3Do Ne-
guebe, prosseguiram em sua jornada, acampando ao longo do
caminho em direção a Betel. Por fim, armaram as tendas entre
Betel e Ai, onde haviam acampado anteriormente, 4e onde
Abrão havia construído um altar. Ali, Abrão invocou o nome do
SENHOR outra vez.
5Ló, que viajava com Abrão, também havia enriquecido e pos-
suía rebanhos de ovelhas, gado e muitas tendas. 6Os recursos
da terra, porém, não eram suficientes para sustentar Abrão e
Ló, com todos os seus rebanhos, vivendo tão próximos um do
outro. 7Logo, surgiram desentendimentos entre os pastores de
Abrão e os de Ló. (Naquele tempo, os cananeus e os ferezeus
também viviam na terra.)
8Então Abrão disse a Ló: "Não haja conflito entre nós, ou entre
nossos pastores. Afinal, somos parentes próximos! 9A região
inteira está à sua disposição. Escolha a parte da terra que
desejar e nos separaremos. Se você escolher as terras à es-
querda, ficarei com as terras à direita. Se preferir as terras à
direita, ficarei com as terras à esquerda".
10Ló olhou demoradamente para as planícies férteis do vale
do Jordão, na direção de Zoar. A região toda era bem irrigada,
como o jardim do SENHOR, ou como a terra do Egito. (Isso foi
antes de o SENHOR destruir Sodoma e Gomorra.) 11Ló escolheu
para si todo o vale do Jordão a leste de onde estavam. Partiu
para lá e se separou de seu tio Abrão. 12Assim, Abrão continuou
na terra de Canaã, e Ló mudou suas tendas para um lugar pró-
ximo de Sodoma e se estabeleceu entre as cidades da planície.
13O povo dessa região, porém, era extremamente perverso e
vivia pecando contra o SENHOR.
14Depois que Ló partiu, o SENHOR disse a Abrão: "Olhe até onde
sua vista alcançar, em todas as direções: norte e sul, leste e
oeste. 15Toda esta terra que você está vendo, até onde sua vista
alcança, eu dou a você e a seus descendentes como proprie-
dade para sempre. 16Eu lhe darei tantos descendentes quanto
o pó da terra, de modo que, se fosse possível contar o pó da
terra, seria possível contar seus descendentes! 17Vá e percorra
a terra em todas as direções, porque eu a dou a você".
18Então Abrão mudou seu acampamento para Hebrom e se
estabeleceu junto ao bosque de carvalhos que pertencia a
Manre. Ali, construiu mais um altar ao SENHOR.

Abrão resgata Ló

14 Por esse tempo, houve guerra na região. Anrafel, rei da
Babilônia, Arioque, rei de Elasar, Quedorlaomer, rei de
Elão, e Tidal, rei de Goim, 2lutaram contra Bera, rei de Sodoma,
Birsa, rei de Gomorra, Sinabe, rei de Admá, Semeber, rei de
Zeboim, e contra o rei de Belá (também chamada Zoar).
3Esse segundo grupo de reis reuniu suas tropas no vale de
Sidim (ou seja, no vale do mar Morto). 4Por doze anos, esti-
veram sob o domínio do rei Quedorlaomer, mas no décimo
terceiro ano se rebelaram contra ele.
5Um ano depois, Quedorlaomer e seus aliados vieram e der-
rotaram os refains em Asterote-Carnaim, os zuzins em Hã, os
emins em Savé-Quiriatim, 6e os horeus no monte Seir, até El-
-Parã, à beira do deserto. 7Em seguida, voltaram e foram a En-
-Mispate (hoje chamada Cades) e conquistaram o território dos
amalequitas e dos amorreus que viviam em Hazazom-Tamar.
8Então os reis de Sodoma, Gomorra, Admá, Zeboim e Belá
(também chamada Zoar) se prepararam para a batalha no vale
do mar Morto. 9Lutaram contra Quedorlaomer, rei de Elão,
Tidal, rei de Goim, Anrafel, rei da Babilônia, e Arioque, rei de
Elasar, quatro reis contra cinco. 10Acontece que o vale do mar
Morto era cheio de poços de betume. Quando o exército dos
reis de Sodoma e Gomorra fugiu, alguns dos soldados caíram
nos poços de betume, enquanto o restante escapou para as
montanhas. 11Os invasores vitoriosos saquearam Sodoma
e Gomorra e partiram para casa, levando consigo todos os
espólios da guerra e os mantimentos. 12Também capturaram
Ló, o sobrinho de Abrão que morava em Sodoma, e tudo que
ele possuía.
13Um dos homens de Ló, porém, conseguiu escapar e contou
tudo a Abrão, o hebreu, que morava junto ao bosque de carva-
lhos pertencente a Manre, o amorreu. Manre e seus parentes,
Escol e Aner, eram aliados de Abrão.
14Quando Abrão soube que seu sobrinho Ló havia sido captu-
rado, mobilizou os 318 homens treinados que tinham nascido
em sua casa. Perseguiu o exército de Quedorlaomer até alcan-

çá-los em Dã, 15onde dividiu os homens em grupos e atacou
durante a noite. O exército de Quedorlaomer fugiu, mas Abrão
o perseguiu até Hobá, ao norte de Damasco. 16Abrão recuperou
todos os bens saqueados e trouxe de volta Ló, seu sobrinho,
com todos os seus bens, as mulheres e os outros prisioneiros.

Melquisedeque abençoa Abrão

17Depois que Abrão regressou vitorioso do conflito com Que-
dorlaomer e todos os seus aliados, o rei de Sodoma saiu ao
seu encontro no vale de Savé (conhecido como vale do Rei).
18Melquisedeque, rei de Salém e sacerdote do Deus Altíssimo,
trouxe pão e vinho 19e abençoou Abrão, dizendo: "Bendito seja
Abrão pelo Deus Altíssimo, Criador dos céus e da terra.
20E bendito seja o Deus Altíssimo, que derrotou seus inimigos
por você". Então Abrão entregou a Melquisedeque um décimo
de todos os bens que havia recuperado.
21O rei de Sodoma disse a Abrão: "Devolva-me apenas as
pessoas que foram capturadas. Fique com os bens que você
recuperou".
22Abrão respondeu ao rei de Sodoma: "Juro solenemente
diante do SENHOR, o Deus Altíssimo, Criador dos céus e da terra,
23que não ficarei com coisa alguma do que é seu, nem sequer
um fio ou uma correia de sandália. Do contrário, o rei poderia
dizer: 'Fui eu que enriqueci Abrão'. 24Aceito apenas aquilo que
meus jovens guerreiros comeram e peço que dê uma parte
justa dos bens a Aner, Escol e Manre, meus aliados".

A promessa da aliança entre o SENHOR e Abrão

15 Algum tempo depois, o SENHOR falou a Abrão em uma
visão e lhe disse: "Não tenha medo, Abrão, pois eu serei
seu escudo, e sua recompensa será muito grande".
2Abrão, porém, respondeu: "Ó SENHOR Soberano, de que me
adiantam todas as tuas bênçãos se eu nem mesmo tenho um
filho? Uma vez que não me deste filhos, Eliézer de Damasco,
servo em minha casa, herdará toda a minha riqueza. 3Não me
deste nenhum descendente próprio e, por isso, um dos meus
servos será meu herdeiro".
4O SENHOR lhe disse: "Não, não será esse o seu herdeiro; você
terá seu próprio filho, e ele será seu herdeiro". 5Em seguida,
levou Abrão para fora e lhe disse: "Olhe para o céu e conte
as estrelas, se for capaz. Este é o número de descendentes
que você terá".
6Abrão creu no SENHOR, e assim foi considerado justo.
7Então o SENHOR lhe disse: "Eu sou o SENHOR, que o tirei de Ur
dos caldeus para lhe dar esta terra como posse".
8Abrão perguntou: "Ó SENHOR Soberano, como posso ter cer-
teza de que a possuirei de fato?".
9O SENHOR respondeu: "Traga-me uma novilha, uma cabra
e um carneiro, todos com três anos, mais uma rolinha e um
pombinho". 10Abrão lhe apresentou todos esses animais e os
matou. Em seguida, cortou cada um deles ao meio e colocou
as metades lado a lado; as aves, porém, não cortou ao meio.
11Aves de rapina mergulharam para comer as carcaças, mas
Abrão as afugentou.
12Enquanto o sol se punha, Abrão caiu em sono profundo, e
uma escuridão apavorante desceu sobre ele. 13Então o SENHOR
disse a Abrão: "Esteja certo de que seus descendentes serão
forasteiros em terra alheia, onde sofrerão opressão como
escravos por quatrocentos anos. 14Mas eu castigarei a nação
que os escravizar e, por fim, eles sairão de lá com grande ri-
queza. 15(Você, por sua vez, morrerá em paz e será sepultado
em idade avançada.) 16Depois de quatro gerações, seus des-
cendentes voltarão a esta terra, pois a maldade dos amorreus
ainda não chegou ao ponto de provocar meu castigo".
17Quando o sol se pôs e veio a escuridão, Abrão viu um fo-
gareiro fumegante e uma tocha ardente passarem por entre
as metades das carcaças. 18Então o SENHOR fez uma aliança
com Abrão naquele dia e disse: "Dei esta terra a seus des-
cendentes, desde a fronteira com o Egito até o grande rio
Eufrates, 19a terra hoje ocupada pelos queneus, quenezeus,
cadmoneus, 20hititas, ferezeus, refains, 21amorreus, cananeus,
girgaseus e jebuseus".

O nascimento de Ismael

16 Sarai, mulher de Abrão, não havia conseguido lhe dar
filhos. Tinha, porém, uma serva egípcia chamada Hagar.
2Sarai disse a Abrão: "O SENHOR me impediu de ter filhos. Vá e
deite-se com minha serva. Talvez, por meio dela, eu consiga
ter uma família". Abrão aceitou a proposta de Sarai. 3Então
Sarai, mulher de Abrão, tomou Hagar, a serva egípcia, e a en-
tregou a Abrão como mulher. (Isso aconteceu dez anos depois
que Abrão havia se estabelecido na terra de Canaã.)
4Abrão teve relações com Hagar, e ela engravidou. Quando
Hagar soube que estava grávida, começou a tratar Sarai, sua
senhora, com desprezo. 5Então Sarai disse a Abrão: "Você é
o culpado da vergonha que estou passando! Entreguei minha
serva a você, mas, agora que engravidou, ela me trata com
desprezo. O SENHOR mostrará quem está errado: você ou eu!".
6Abrão respondeu: "Hagar é sua serva. Faça com ela o que
lhe parecer melhor". Então Sarai a tratou tão mal que, por
fim, Hagar fugiu.
7O anjo do SENHOR encontrou Hagar no deserto, perto de uma
fonte de água junto à estrada para Sur, 8e perguntou: "Hagar,
serva de Sarai, de onde você vem e para onde vai?". "Estou
fugindo de minha senhora, Sarai", respondeu ela.
9Então o anjo do SENHOR disse: "Volte para sua senhora e sujei-
te-se à autoridade dela". 10E acrescentou: "Eu lhe darei tantos
descendentes que será impossível contá-los".
11O anjo do SENHOR também disse: "Você está grávida e dará
à luz um filho. Dê a ele o nome de Ismael, pois o SENHOR ouviu
seu clamor angustiado. 12Seu filho será um homem solitário e
indomável, como um jumento selvagem. Levantará o punho
contra todos, e todos serão contra ele. Sim, ele viverá em
franca oposição a todos os seus parentes".
13Então Hagar passou a usar outro nome para se referir ao
SENHOR, que havia falado com ela. Chamou-o de "Tu és o Deus
que me vê", pois tinha dito: "Aqui eu vi aquele que me vê!".
14Por isso, aquela fonte que fica entre Cades e Berede recebeu
o nome de Beer-Laai-Roi.

15Assim, Hagar deu um filho a Abrão, e Abrão o chamou de
Ismael. 16Quando Ismael nasceu, Abrão tinha 86 anos.

Abrão recebe o nome de Abraão

17 Quando Abrão estava com 99 anos, o SENHOR lhe apareceu
e disse: "Eu sou o Deus Todo-poderoso. Seja fiel a mim
e tenha uma vida íntegra. 2Farei uma aliança com você e lhe
darei uma descendência incontável".
3Ao ouvir essas palavras, Abrão se prostrou com o rosto no
chão, e Deus lhe disse: 4"Esta é a minha aliança com você:
farei de você o pai de numerosas nações! 5Além disso, mudarei
seu nome. Você já não será chamado Abrão, mas sim Abraão,
pois será o pai de muitas nações. 6Eu o tornarei extremamente
fértil. Seus descendentes formarão muitas nações, e haverá
reis entre eles.
7"Confirmarei a minha aliança com você e seus descendentes,
de geração em geração. Esta é a aliança sem fim: serei sempre
o seu Deus e o Deus de seus descendentes. 8Darei a você e a
seus descendentes toda a terra de Canaã, onde hoje você vive
como estrangeiro. Será propriedade deles para sempre, e eu
serei o seu Deus".

O sinal da aliança

9Então Deus disse a Abraão: "É sua responsabilidade per-
manente, e de seus descendentes, obedecer aos termos da
aliança. 10Este é o sinal da aliança que você e seus descen-
dentes devem guardar: todo indivíduo do sexo masculino entre
vocês deve ser circuncidado. 11Cortem a carne do prepúcio
como sinal da aliança entre mim e vocês. 12Todo menino deve
ser circuncidado no oitavo dia depois do nascimento, de ge-
ração em geração. Isso se aplica não apenas aos membros
de sua família, mas também aos servos nascidos em sua casa
e aos servos estrangeiros que você comprou. 13Quer sejam
nascidos em sua casa, quer os tenha comprado, todos devem
ser circuncidados. Terão no corpo o sinal da minha aliança sem
fim. 14O indivíduo do sexo masculino que não for circuncidado
será excluído do seu povo, pois quebrou a minha aliança".

Sarai recebe o nome de Sara

15Deus também disse a Abraão: "Quanto à sua mulher, não
se chamará mais Sarai. De agora em diante ela se chamará
Sara. 16Eu a abençoarei e por meio dela darei a você um filho!
Sim, eu a abençoarei, e ela se tornará mãe de muitas nações.
Haverá reis de nações entre seus descendentes".
17Abraão se prostrou com o rosto no chão e riu consigo.
Pensou: "Como eu, aos 100 anos, poderia ser pai? E como
Sara, aos 90 anos, teria um filho?". 18Então Abraão disse a
Deus: "Que Ismael viva sob a tua bênção!".
19Mas Deus respondeu: "Na verdade, Sara, sua mulher, lhe
dará um filho. Você o chamará Isaque, e eu confirmarei com
ele e com seus descendentes, para sempre, a minha aliança.
20Quanto a Ismael, também o abençoarei, como você pediu.
Eu o tornarei extremamente fértil e multiplicarei seus des-
cendentes. Ele será pai de doze príncipes, e farei dele uma
grande nação. 21Minha aliança, porém, será confirmada com
Isaque, filho que Sara lhe dará por esta época, no ano que
vem". 22Quando Deus terminou de falar, retirou-se da presença
de Abraão.
23Naquele mesmo dia, Abraão tomou Ismael, seu filho, e todos
os indivíduos do sexo masculino em sua casa, tanto os nas-
cidos ali como os comprados, e os circuncidou, removendo o
prepúcio, como Deus havia ordenado. 24Abraão tinha 99 anos
quando foi circuncidado, 25e Ismael, seu filho, tinha 13 anos.
26Ambos foram circuncidados naquele mesmo dia, 27junto
com todos os outros homens e meninos da casa, tanto os
nascidos ali como os comprados. Todos foram circuncidados
com Abraão.

A promessa de um filho para Sara

18 O SENHOR apareceu novamente a Abraão junto ao bosque
de carvalhos que pertencia a Manre. Abraão estava
sentado à entrada de sua tenda na hora mais quente do dia.
2Olhando para fora, viu três homens em pé, próximos à tenda.
Quando os viu, correu até onde estavam e lhes deu as boas-
-vindas, curvando-se até o chão.
3Abraão disse: "Meu senhor, se assim desejar, pare aqui um
pouco. 4Descanse à sombra desta árvore enquanto mando
trazer água para lavarem os pés. 5E, uma vez que honraram
seu servo com esta visita, prepararei uma refeição para res-
taurar suas forças antes de seguirem viagem". "Está bem",
responderam eles. "Faça como você disse."
6Abraão voltou correndo para a tenda e disse a Sara: "Rápido!
Pegue três medidas da melhor farinha, amasse-a e faça alguns
pães". 7Em seguida, Abraão correu ao rebanho, escolheu um
novilho tenro e o entregou a seu servo, que o preparou ra-
pidamente. 8Quando a comida estava pronta, Abraão pegou
coalhada, leite e a carne assada e os serviu aos visitantes.
Enquanto comiam, Abraão permaneceu à disposição deles, à
sombra das árvores.
9"Onde está Sara, sua mulher?", perguntaram os visitantes.
"Está dentro da tenda", respondeu Abraão.
10Então um deles disse: "Voltarei a visitar você por esta época,
no ano que vem, e sua mulher, Sara, terá um filho". Sara es-
tava ouvindo a conversa de dentro da tenda. 11Abraão e Sara
já eram bem velhos, e Sara tinha passado, havia muito tempo,
da idade de ter filhos. 12Por isso, riu consigo e disse: "Como
poderia uma mulher da minha idade ter esse prazer, ainda
mais quando meu senhor, meu marido, também é idoso?".
13Então o SENHOR disse a Abraão: "Por que Sara riu? Por que
disse: 'Pode uma mulher da minha idade ter um filho'? 14Existe
alguma coisa difícil demais para o SENHOR? Voltarei por esta
época, no ano que vem, e Sara terá um filho".
15Sara teve medo e, por isso, mentiu: "Eu não ri". Mas ele
disse: "Não é verdade. Você riu".

Abraão intercede por Sodoma

16Depois da refeição, os visitantes se levantaram e olharam em
direção a Sodoma. Quando partiram, Abraão os acompanhou
para despedir-se deles.

17Então o SENHOR disse: "Devo esconder meu plano de Abraão?
18Afinal, Abraão certamente se tornará uma grande e poderosa
nação, e todas as nações da terra serão abençoadas por meio
dele. 19Eu o escolhi para que ordene a seus filhos e às famílias
deles que guardem o caminho do SENHOR, praticando o que é
certo e justo. Então farei por Abraão tudo que prometi".
20Portanto, o SENHOR disse a Abraão: "Ouvi um grande clamor
vindo de Sodoma e Gomorra, porque o pecado dessas duas
cidades é extremamente grave. 21Descerei para investigar se
seus atos são, de fato, tão perversos quanto tenho ouvido. Se
não forem, quero saber".
22Os outros visitantes partiram para Sodoma, mas Abraão per-
maneceu diante do SENHOR. 23Aproximou-se dele e disse: "Ex-
terminarás tanto os justos como os perversos? 24Suponhamos
que haja cinquenta justos na cidade. Mesmo assim os exter-
minarás e não a pouparás por causa deles? 25Claro que não
farias tal coisa: destruir o justo com o perverso. Afinal, estarias
tratando o justo e o perverso da mesma maneira! Certamente
não farias isso! Acaso o Juiz de toda a terra não faria o que
é certo?".
26O SENHOR respondeu: "Se eu encontrar cinquenta justos em
Sodoma, pouparei a cidade toda por causa deles".
27Abraão voltou a falar: "Embora eu seja apenas pó e cinza,
permita-me dizer mais uma coisa ao meu Senhor. 28Supo-
nhamos que haja apenas quarenta e cinco justos, e não cin-
quenta. Destruirás a cidade toda por falta de cinco justos?".
O SENHOR disse: "Se encontrar ali quarenta e cinco justos, não
a destruirei".
29Abraão levou seu pedido ainda mais longe: "Suponhamos
que haja apenas quarenta". O SENHOR respondeu: "Por causa
dos quarenta, não a destruirei".
30"Por favor, não fiques irado comigo, meu Senhor", suplicou
Abraão. "Permita-me falar. Suponhamos que haja apenas
trinta justos." O SENHOR disse: "Se encontrar ali trinta justos,
não a destruirei".
31Abraão prosseguiu: "Uma vez que tive a ousadia de falar ao
Senhor, permita-me continuar. Suponhamos que haja apenas
vinte". O SENHOR respondeu: "Por causa dos vinte, não a des-
truirei".
32Por fim, Abraão disse: "Senhor, não fiques irado comigo por
eu falar mais uma vez. Suponhamos que haja apenas dez".
O SENHOR respondeu: "Por causa dos dez, não a destruirei".
33Quando terminou a conversa com Abraão, o SENHOR partiu, e
Abraão voltou para sua tenda.

A destruição de Sodoma e Gomorra

19 Ao anoitecer, os dois anjos chegaram à entrada da cidade
de Sodoma. Ló estava sentado ali. Ao avistá-los, levan-
tou-se para recebê-los. Deu-lhes boas-vindas, curvou-se com o
rosto no chão 2e disse: "Meus senhores, venham à minha casa
para lavar os pés e sejam meus hóspedes esta noite. Amanhã,
poderão levantar-se cedo e seguir viagem". "Não", respon-
deram eles. "Passaremos a noite aqui, na praça da cidade."
3Mas Ló insistiu muito e, por fim, eles o acompanharam até
sua casa. Ló lhes preparou um banquete completo, com pão
fresco sem fermento, e eles comeram. 4Ainda não tinham ido
se deitar quando todos os homens de Sodoma, jovens e ve-
lhos, chegaram de toda parte da cidade e cercaram a casa.
5Gritaram para Ló: "Onde estão os homens que vieram passar
a noite em sua casa? Traga-os aqui fora para nós, para que
tenhamos relações com eles!".
6Ló saiu para conversar com os homens e fechou a porta atrás
de si. 7"Por favor, meus irmãos, não cometam tamanha mal-
dade", suplicou. 8"Escutem, tenho duas filhas virgens. Dei-
xem-me trazê-las para fora, e vocês poderão fazer com elas
o que desejarem. Mas, por favor, deixem os homens em paz,
pois são meus hóspedes e estão sob minha proteção."
9"Saia da frente!", gritaram eles. "Esse sujeito é um estran-
geiro que se mudou para a cidade e, agora, age como se
fosse nosso juiz! Faremos a você coisas bem piores do que
a seus hóspedes!" Então partiram para cima de Ló, tentando
arrombar a porta.
10Os dois anjos, porém, estenderam a mão, puxaram Ló para
dentro da casa e trancaram a porta. 11Depois, cegaram todos
os homens, jovens e velhos, que estavam à porta, de modo que
eles se cansaram e desistiram de invadir a casa.
12Os anjos perguntaram a Ló: "Você tem outros parentes na
cidade? Tire-os todos daqui: genros, filhos, filhas ou qualquer
outro parente, 13pois estamos prestes a destruir toda a cidade.
O clamor contra ela é tão grande que chegou ao SENHOR, e ele
nos enviou para destruí-la".
14Então Ló correu para avisar os noivos de suas filhas: "Saiam
depressa da cidade! O SENHOR está prestes a destruí-la". Os
rapazes, porém, pensaram que ele estava brincando.
15No dia seguinte, ao amanhecer, os anjos insistiram: "Rápido!
Tome sua mulher e suas duas filhas que estão aqui! Saia agora
mesmo, ou também morrerá quando a cidade for castigada!".
16Visto que Ló ainda hesitava, os anjos o tomaram pela mão,
e também sua mulher e as duas filhas, e correram com eles
para um lugar seguro, fora da cidade, pois o SENHOR foi mise-
ricordioso. 17Quando estavam em segurança, fora da cidade,
um dos anjos ordenou: "Corram e salvem-se! Não olhem para
trás nem parem no vale! Fujam para as montanhas, ou serão
destruídos!".
18Mas Ló suplicou: "Não, meu senhor! 19Os senhores foram
muito bondosos comigo, salvaram minha vida e mostraram
grande compaixão. Não posso, contudo, ir para as montanhas.
A calamidade também me alcançaria ali, e bem depressa eu
morreria. 20Vejam, aqui perto há um vilarejo. É um lugar bem
pequeno. Por favor, deixem-me ir para lá, e minha vida será
salva".
21"Está bem", disse o anjo. "Atenderei a seu pedido. Não des-
truirei o vilarejo. 22Mas vá logo! Fuja para ele, pois não posso
fazer nada enquanto você não chegar lá." (Isso explica por que
a vila era conhecida como Zoar.)
23Ló chegou a Zoar quando o sol aparecia no horizonte. 24Então
o SENHOR fez chover do céu fogo e enxofre sobre Sodoma e Go-
morra. 25Destruiu-as completamente, além de outras cidades

e vilas da planície, e exterminou todos os habitantes e toda a
vegetação. 26A mulher de Ló, porém, olhou para trás enquanto
o seguia e se transformou numa coluna de sal.
27Naquela manhã, Abraão se levantou cedo e correu para o
lugar onde tinha estado na presença do SENHOR. 28Olhou para
a planície, em direção a Sodoma e Gomorra, e viu colunas de
fumaça subindo do lugar onde antes ficavam as cidades, como
fumaça de uma fornalha.
29Contudo, Deus atendeu ao pedido de Abraão e salvou Ló,
tirando-o do meio da destruição que engoliu as cidades da
planície.

Ló e suas filhas

30Algum tempo depois, Ló deixou Zoar, pois tinha medo do
povo de lá, e foi morar numa caverna nas montanhas com suas
duas filhas. 31Certo dia, a filha mais velha disse à irmã: "Nesta
região não resta homem algum com quem possamos ter re-
lações, como fazem todas as pessoas. E logo nosso pai será
velho demais para ter filhos. 32Vamos embebedá-lo com vinho
e então nos deitaremos com ele. Com isso, preservaremos
nossa descendência por meio de nosso pai".
33Naquela noite, portanto, embebedaram o pai com vinho, e
a filha mais velha teve relações com ele. E ele não percebeu
quando ela se deitou nem quando se levantou.
34Na manhã seguinte, a filha mais velha disse à irmã mais nova:
"Ontem à noite, tive relações com nosso pai. Vamos embebe-
dá-lo com vinho outra vez hoje à noite, e você terá relações
com ele. Com isso, preservaremos nossa descendência por
meio de nosso pai".
35Naquela noite, portanto, voltaram a embebedar o pai com
vinho, e a filha mais nova teve relações com ele. Mais uma
vez, ele não percebeu quando ela se deitou nem quando se
levantou.
36Como resultado, as duas filhas de Ló engravidaram do pró-
prio pai. 37Quando a filha mais velha deu à luz um menino,
chamou-o de Moabe. Ele se tornou o antepassado do povo
conhecido até hoje como moabitas. 38Quando a filha mais nova
deu à luz um menino, chamou-o de Ben-Ami. Ele se tornou
o antepassado do povo conhecido até hoje como amonitas.

Abraão mente para Abimeleque

20 Abraão se mudou para o Neguebe, ao sul. Permaneceu
por algum tempo entre Cades e Sur e depois seguiu até
Gerar. Enquanto morava ali como estrangeiro, 2Abraão apre-
sentava Sara, sua mulher, dizendo: "Ela é minha irmã". Por
isso, o rei Abimeleque, de Gerar, mandou buscar Sara para
seu palácio.
3Naquela noite, Deus apareceu a Abimeleque num sonho e lhe
disse: "Você vai morrer! A mulher que tomou já é casada!".
4Abimeleque, porém, ainda não havia dormido com ela.
Assim, disse: "Senhor, castigarás uma nação inocente? 5Não
foi Abraão quem me disse: 'Ela é minha irmã'? E ela própria
afirmou: 'Sim, ele é meu irmão'? Agi com total inocência. Mi-
nhas mãos estão limpas!".
6No sonho, Deus respondeu: "Sim, eu sei que você é inocente.
Por isso o impedi de pecar e não deixei que a tocasse. 7Agora,
devolva a mulher ao marido dela, e ele orará por você, pois é
profeta. Então você viverá. Mas, se não a devolver, esteja certo
de que você e todo o seu povo morrerão".
8Na manhã seguinte, Abimeleque se levantou cedo e, sem de-
mora, reuniu todos os seus servos. Quando contou o que havia
acontecido, seus homens se encheram de medo. 9Então Abi-
meleque mandou chamar Abraão. "O que você fez conosco?",
perguntou. "Que crime cometi para merecer este tratamento
que nos torna, a mim e ao meu reino, culpados deste grande
pecado? O que você me fez não se faz a ninguém! 10O que deu
em você para agir desse jeito?"
11Abraão respondeu: "Pensei comigo: 'Este é um lugar onde
ninguém teme a Deus, e vão me matar para ficarem com minha
mulher'. 12Além do mais, ela é, de fato, minha irmã por parte
de pai, mas não de mãe, e eu me casei com ela. 13Quando
Deus me chamou para deixar a casa de meu pai e viajar de um
lugar para outro, eu disse a ela: 'Faça-me este favor: por onde
formos, diga que eu sou seu irmão'".
14Então Abimeleque pegou ovelhas e bois, servos e servas,
e os deu de presente a Abraão. Também lhe devolveu Sara,
sua mulher. 15Abimeleque disse: "Veja, minha terra está à sua
disposição. More onde lhe parecer melhor". 16E disse a Sara:
"Estou dando a seu irmão mil peças de prata diante de todas
estas testemunhas para reparar qualquer dano que eu lhe
tenha causado. Assim, todos saberão que você é inocente".
17Então Abraão orou a Deus, e Deus curou Abimeleque, sua
mulher e suas servas, de modo que pudessem ter filhos, 18pois
o SENHOR havia tornado estéreis todas as mulheres do harém
de Abimeleque por causa do que tinha acontecido com Sara,
mulher de Abraão.

O nascimento de Isaque

21 O SENHOR agiu em favor de Sara e cumpriu o que lhe tinha
prometido. 2Ela engravidou e deu à luz um filho para
Abraão na velhice dele, exatamente no tempo indicado por
Deus. 3Abraão deu o nome Isaque ao filho que Sara lhe deu.
4No oitavo dia depois do nascimento de Isaque, Abraão o cir-
cuncidou, como Deus havia ordenado. 5Abraão tinha 100 anos
quando Isaque nasceu.
6Sara declarou: "Deus me fez sorrir. Todos que ficarem sa-
bendo do que aconteceu vão rir comigo!". 7E disse mais:
"Quem diria a Abraão que sua mulher amamentaria um bebê?
E, no entanto, em sua velhice, eu lhe dei um filho!".

Abraão expulsa Hagar e Ismael

8Quando Isaque cresceu e estava para ser desmamado, Abraão
preparou uma grande festa para comemorar a ocasião. 9Sara,
porém, viu Ismael, filho de Abraão e da serva egípcia Hagar,
caçoar de seu filho, Isaque, 10e disse a Abraão: "Livre-se da
escrava e do filho dela! Ele jamais será herdeiro junto com
meu filho, Isaque!".
11Abraão ficou muito perturbado com isso, pois Ismael era seu
filho. 12Deus, porém, lhe disse: "Não se perturbe por causa do

menino e da serva. Faça tudo que Sara lhe pedir, pois Isaque
é o filho de quem depende a sua descendência. 13Contudo,
também farei uma nação dos descendentes do filho de Hagar,
pois ele é seu filho".
14Na manhã seguinte, Abraão se levantou cedo, preparou man-
timentos e uma vasilha cheia de água e os pôs sobre os ombros
de Hagar. Então, mandou-a embora com seu filho, e ela andou
sem rumo pelo deserto de Berseba.
15Quando acabou a água, Hagar colocou o menino à sombra de
um arbusto 16e foi sentar-se sozinha, uns cem metros adiante.
"Não quero ver o menino morrer", disse ela, chorando sem
parar.
17Mas Deus ouviu o choro do menino e, do céu, o anjo de Deus
chamou Hagar: "Que foi, Hagar? Não tenha medo! Deus ouviu
o menino chorar, dali onde ele está. 18Levante-o e anime-o,
pois farei dos descendentes dele uma grande nação".
19Então Deus abriu os olhos de Hagar, e ela viu um poço cheio
de água. Sem demora, encheu a vasilha de água e deu para
o menino beber.
20Deus estava com o menino enquanto ele crescia no deserto.
Ismael se tornou flecheiro 21e se estabeleceu no deserto de
Parã, e sua mãe conseguiu para ele uma esposa egípcia.

A aliança de Abraão com Abimeleque

22Por esse tempo, Abimeleque, acompanhado de Ficol, co-
mandante do seu exército, foi visitar Abraão. "É evidente que
Deus está com você, ajudando-o em tudo que faz", disse Abi-
meleque. 23"Jure, em nome de Deus, que não enganará nem
a mim, nem a meus filhos, nem a nenhum de meus descen-
dentes. Tenho sido leal a você, por isso jure que será leal a mim
e a esta terra onde vive como estrangeiro."
24Abraão respondeu: "Eu juro!". 25Contudo, Abraão reclamou
com Abimeleque sobre um poço que os servos de Abimeleque
lhe haviam tomado à força.
26"Eu não sabia disso", respondeu Abimeleque. "Não faço
ideia de quem seja o responsável. Você nunca se queixou a
esse respeito."
27Então Abraão deu ovelhas e bois a Abimeleque, e os dois
fizeram um acordo. 28Quando Abraão também separou do re-
banho mais sete cordeirinhas, 29Abimeleque lhe perguntou:
"Por que você separou estas sete das demais?"
30Abraão respondeu: "Por favor, aceite estas sete cordeiri-
nhas como testemunho de que eu cavei este poço". 31Por isso
Abraão chamou o lugar de Berseba, porque ali os dois fizeram
o juramento.
32Depois de firmarem a aliança em Berseba, Abimeleque e
Ficol, comandante do seu exército, voltaram para a terra dos
filisteus. 33Abraão plantou uma tamargueira em Berseba e ali
invocou o nome do SENHOR, o Deus Eterno. 34E Abraão morou
na terra dos filisteus como estrangeiro por longo tempo.

Deus prova Abraão

22 Algum tempo depois, Deus pôs Abraão à prova. "Abraão!",
Deus chamou. "Sim", respondeu Abraão. "Aqui estou!"
2Deus disse: "Tome seu filho, seu único filho, Isaque, a quem
você tanto ama, e vá à terra de Moriá. Lá, em um dos montes
que eu lhe mostrarei, ofereça-o como holocausto".
3Na manhã seguinte, Abraão se levantou cedo e preparou seu
jumento. Levou consigo dois de seus servos e seu filho Isaque.
Cortou lenha para o fogo do holocausto e partiu para o lugar
que Deus tinha indicado. 4No terceiro dia da viagem, Abraão
levantou os olhos e viu o lugar de longe. 5"Fiquem aqui com
o jumento", disse ele aos servos. "O rapaz e eu iremos mais
adiante. Vamos adorar e depois voltaremos."
6Abraão pôs a lenha para o holocausto nos ombros de Isaque,
e ele próprio levou o fogo e a faca. Enquanto os dois cami-
nhavam juntos, 7Isaque se virou para Abraão e disse: "Pai?".
"Sim, meu filho", respondeu Abraão. "Temos fogo e lenha",
disse Isaque. "Mas onde está o cordeiro para o holocausto?"
8"Deus providenciará o cordeiro para o holocausto, meu filho",
respondeu Abraão. E continuaram a caminhar juntos.
9Quando chegaram ao lugar que Deus havia indicado, Abraão
construiu um altar e arrumou a lenha sobre ele. Em seguida,
amarrou seu filho Isaque e o colocou no altar, sobre a lenha.
10Então, pegou a faca para sacrificar o filho. 11Nesse momento,
o anjo do SENHOR o chamou do céu: "Abraão! Abraão!". "Aqui
estou!", respondeu Abraão.
12"Não toque no rapaz", disse o anjo. "Não lhe faça mal algum.
Agora sei que você teme a Deus de fato. Não me negou nem
mesmo seu filho, seu único filho!"
13Então Abraão levantou os olhos e viu um carneiro preso pelos
chifres num arbusto. Pegou o carneiro e o ofereceu como holo-
causto em lugar do filho. 14Abraão chamou aquele lugar de Ja-
vé-Jiré. Até hoje, as pessoas usam esse nome como provérbio:
"No monte do SENHOR se providenciará".
15Então o anjo do SENHOR chamou Abraão novamente do céu:
16"Assim diz o SENHOR: Uma vez que você me obedeceu e não
me negou nem mesmo seu filho, seu único filho, juro pelo meu
nome que 17certamente o abençoarei. Multiplicarei grande-
mente seus descendentes, e eles serão como as estrelas no céu
e a areia na beira do mar. Seus descendentes conquistarão as
cidades de seus inimigos 18e, por meio deles, todas as nações da
terra serão abençoadas. Tudo isso porque você me obedeceu".
19Então voltaram até onde estavam os servos e partiram para
Berseba, onde Abraão continuou a morar.
20Pouco tempo depois, Abraão ficou sabendo que Milca, mu-
lher de Naor, irmão dele, lhe tinha dado filhos. 21O mais velho
recebeu o nome de Uz, o segundo mais velho, Buz, seguido de
Quemuel (antepassado dos arameus), 22Quésede, Hazo, Pildás,
Jidlafe e Betuel 23(que foi o pai de Rebeca). Esses foram os oito
filhos que Milca deu a Naor, irmão de Abraão. 24Além desses,
Reumá, sua concubina, lhe deu quatro filhos: Tebá, Gaã, Taás
e Maaca.

O sepultamento de Sara

23 Quando Sara estava com 127 anos, 2morreu em Quiriate-
-Arba (hoje chamada Hebrom), na terra de Canaã. Abraão
lamentou a morte de Sara e chorou por ela.

3Depois, deixou ali o corpo de sua mulher e disse aos hititas:
4"Tenho vivido como forasteiro e estrangeiro entre vocês. Por
favor, vendam-me um pedaço de terra, para que eu possa dar
um sepultamento digno à minha mulher".
5Os hititas responderam a Abraão: 6"Ouça-nos; o senhor é um
príncipe honrado em nosso meio. Escolha o melhor dos nossos
túmulos e nele sepulte sua mulher. Nenhum de nós se recusará
a dar ao senhor o local para a sepultura".
7Abraão curvou-se diante dos hititas 8e disse: "Visto que estão
dispostos a me dar o local para a sepultura, façam a gentileza
de pedir a Efrom, filho de Zoar, 9que me permita comprar sua
caverna em Macpela, na fronteira do seu campo. Ele me ven-
derá a terra pelo preço que vocês considerarem justo, e assim
terei uma sepultura permanente para minha família".
10Efrom estava sentado no meio do seu povo e respondeu a
Abraão enquanto os demais ouviam, pronunciando-se publi-
camente diante dos hititas que se reuniam à porta da cidade.
11"Não, meu senhor", disse ele a Abraão. "Ouça-me; eu lhe dou
o campo e a caverna. Aqui, na presença do meu povo, eu lhe
dou a propriedade. Vá e sepulte a sua falecida."
12Abraão se curvou outra vez diante do povo daquela terra 13e
respondeu a Efrom, enquanto todos ouviam: "Ouça-me, por
favor; eu os comprarei de você. Deixe-me pagar o preço justo
pelo campo, para que possa sepultar ali a minha falecida".
14Efrom respondeu a Abraão: 15"Meu senhor, ouça-me; a pro-
priedade vale quatrocentas peças de prata, mas o que é isso
entre amigos? Vá e sepulte a sua falecida".
16Abraão concordou com o preço e pagou a quantia que Efrom
sugeriu: quatrocentas peças de prata, pesadas de acordo com
o padrão do mercado. E os hititas testemunharam a transação.
17Assim, Abraão comprou o pedaço de terra pertencente a
Efrom em Macpela, perto de Manre. A propriedade incluía o
campo, a caverna e todas as árvores ao redor. 18Foi transfe-
rida a Abraão como sua propriedade permanente, na presença
dos anciãos hititas à porta da cidade. 19Então Abraão sepultou
Sara, sua mulher, em Canaã, na caverna de Macpela, perto de
Manre (também chamado Hebrom). 20O campo e a caverna
foram transferidos dos hititas para Abraão como sepultura
permanente.

Uma mulher para Isaque

24 Abraão estava bem velho, e o SENHOR o havia abençoado
em tudo. 2Certo dia, Abraão disse a seu servo mais an-
tigo, o homem encarregado de sua casa: "Faça um juramento
colocando a mão debaixo da minha coxa. 3Jure pelo SENHOR,
o Deus dos céus e da terra, que não deixará meu filho se casar
com uma das mulheres cananitas que aqui vivem, 4mas irá à
minha terra natal, aos meus parentes, procurar uma mulher
para meu filho Isaque".
5O servo perguntou: "E se eu não encontrar uma moça disposta
a viajar para um lugar tão distante de sua terra? Devo levar
Isaque para morar entre seus parentes na terra de onde o
senhor veio?".
6"Não!", respondeu Abraão. "Cuidado! Não leve meu filho
para lá de jeito nenhum. 7O SENHOR, o Deus dos céus, que me
tirou da casa de meu pai e de minha terra natal, prometeu
solenemente dar esta terra a meus descendentes. Ele enviará
um anjo à sua frente e providenciará para que você encontre
ali uma mulher para meu filho. 8Se ela não estiver disposta a
acompanhá-lo de volta, você estará livre do seu juramento.
Mas não leve meu filho para lá, de maneira nenhuma."
9Então o servo colocou a mão debaixo da coxa de Abraão, seu
senhor, e jurou seguir suas instruções. 10Em seguida, pegou
dez camelos de Abraão, carregou-os com presentes valiosos
de todo tipo da parte de seu senhor e viajou para a terra dis-
tante de Arã-Naaraim. Chegando lá, dirigiu-se à cidade onde
Naor, irmão de Abraão, havia se estabelecido. 11Ao entardecer,
quando as mulheres saíam para tirar água, ele fez os camelos
se ajoelharem perto de um poço nos arredores da cidade.
12Então o servo orou: "Ó SENHOR, Deus do meu senhor Abraão,
por favor, dá-me sucesso hoje e sê bondoso com o meu se-
nhor Abraão. 13Como vês, estou aqui junto desta fonte, e as
moças da cidade estão vindo tirar água. 14Esta é minha sú-
plica. Pedirei a uma delas: 'Por favor, dê-me um pouco de
água do seu cântaro para eu beber'. Se ela disser: 'Sim, beba.
Também darei água a seus camelos', que seja ela a moça que
escolheste para ser mulher do teu servo Isaque. Desse modo,
saberei que foste bondoso com o meu senhor".
15Antes de terminar a oração, o servo viu aproximar-se uma
moça chamada Rebeca, que trazia um cântaro no ombro. Ela
era filha de Betuel, filho do irmão de Abraão, Naor, e de sua
mulher, Milca. 16Rebeca era muito bonita, tinha idade para
casar e era virgem. Ela desceu à fonte, encheu o cântaro e
voltou. 17O servo de Abraão correu até ela e lhe pediu: "Por
favor, dê-me um pouco de água do seu cântaro para eu
beber".
18"Sim, meu senhor, beba", respondeu ela e, prontamente,
baixou o cântaro do ombro e lhe deu de beber. 19Depois que
lhe deu de beber, disse: "Tirarei água para seus camelos
também, até que estejam satisfeitos". 20Esvaziou depressa o
cântaro no bebedouro e correu de volta ao poço a fim de tirar
água para todos os camelos.
21O homem a observou em silêncio, pensando se o SENHOR
lhe tinha dado sucesso em sua missão. 22Por fim, quando os
camelos terminaram de beber, o servo deu à moça uma ar-
gola de ouro para o nariz e duas pulseiras grandes de ouro
para os braços.
23"De quem você é filha?", perguntou ele. "Diga-me, por
favor, se seu pai tem lugar para nos hospedar esta noite."
24"Sou filha de Betuel, e meus avós são Naor e Milca", res-
pondeu ela. 25"Temos bastante palha e forragem para os ca-
melos e espaço para hóspedes."
26O homem se prostrou e adorou o SENHOR. 27"Louvado seja o
SENHOR, Deus do meu senhor Abraão!", disse ele. "O SENHOR
demonstrou bondade e fidelidade ao meu senhor, pois me
conduziu até seus parentes."
28A moça correu para casa e contou à família tudo que havia
acontecido. 29Rebeca tinha um irmão chamado Labão, que

foi prontamente à fonte para conhecer o homem. 30 Ele havia
visto a argola para o nariz e as pulseiras nos braços da irmã,
e tinha ouvido Rebeca contar o que o homem dissera. Assim,
apressou-se até a fonte, onde o homem ainda estava parado
perto dos camelos. 31 Labão lhe disse: "Venha e fique conosco,
abençoado do SENHOR! Por que ficar aí fora? Já mandei ar-
rumar acomodações para você e seus homens e lugar para
os camelos".

32 Então o homem foi com ele para casa. Labão mandou des-
carregar os camelos, dar palha para os animais se deitarem
e forragem para comerem, e água para o homem e seus aju-
dantes lavarem os pés. 33 Quando a refeição foi servida, porém,
o servo de Abraão disse: "Não comerei enquanto não explicar
o motivo da minha vinda". "Está bem", disse Labão. "Fale."

34 "Sou servo de Abraão", explicou ele. 35 "O SENHOR abençoou
grandemente o meu senhor, e ele se tornou um homem rico.
O SENHOR lhe deu rebanhos de ovelhas e bois, uma fortuna em
prata e ouro, e muitos servos e servas, camelos e jumentos.

36 "Quando Sara, mulher do meu senhor, era muito idosa, deu
à luz o filho dele. Meu senhor deu tudo que possui a esse filho
37 e me fez jurar, dizendo: 'Não permita que meu filho se case
com uma das mulheres cananitas que aqui vivem. 38 Vá à casa
de meu pai, aos meus parentes, procurar uma mulher para
meu filho'.

39 "Mas eu perguntei ao meu senhor: 'E se eu não encontrar
uma moça disposta a voltar comigo?'. 40 Ele respondeu: 'O SE-
NHOR, em cuja presença tenho vivido, enviará um anjo com
você e lhe dará sucesso em sua missão. Encontre uma mulher
para meu filho entre os meus parentes, da família de meu pai.
41 Então você terá cumprido sua obrigação. Se, porém, você for
aos meus parentes e eles não deixarem a moça acompanhá-lo,
estará livre do juramento'.

42 "Hoje, quando cheguei à fonte, fiz a seguinte oração: 'Ó
SENHOR, Deus do meu senhor Abraão, por favor, dá-me sucesso
em minha missão. 43 Como vês, estou aqui junto desta fonte.
Esta é minha súplica. Quando uma jovem vier tirar água, eu
lhe direi: 'Por favor, dê-me um pouco de água do seu cân-
taro'. 44 Se ela disser: 'Sim, beba. Também darei água a seus
camelos', que seja ela a moça que escolheste para ser mulher
do filho do meu senhor'.

45 "Antes de terminar de orar em meu coração, vi Rebeca vindo
com o cântaro no ombro. Ela desceu à fonte e tirou água. Eu
lhe disse: 'Por favor, dê-me um pouco de água do seu cântaro
para eu beber'. 46 Prontamente, ela baixou o cântaro do ombro
e disse: 'Sim, beba. Também darei água aos seus camelos'. Eu
bebi, e ela deu água aos camelos.

47 "Em seguida, perguntei-lhe: 'De quem você é filha?'. Ela res-
pondeu: 'Sou filha de Betuel, e meus avós são Naor e Milca'.
Então coloquei a argola em seu nariz e as pulseiras em seus
braços.

48 "Depois, prostrei-me e adorei o SENHOR. Louvei o SENHOR,
Deus do meu senhor Abraão, pois ele havia me conduzido até
a sobrinha-neta do meu senhor, para que ela seja mulher do
filho do meu senhor. 49 Agora, digam-me se mostrarão bon-
dade e fidelidade ao meu senhor. Por favor, respondam-me
'sim' ou 'não', para que eu saiba o que fazer em seguida."

50 Labão e Betuel responderam: "É evidente que o SENHOR
o trouxe até aqui. Sendo assim, não há nada que possamos
dizer. 51 Aqui está Rebeca; tome-a e leve-a com você. Que ela
seja mulher do filho do seu senhor, como disse o SENHOR".

52 Quando o servo de Abraão ouviu a resposta, prostrou-se
no chão e adorou o SENHOR. 53 Em seguida, entregou a Re-
beca joias de prata e ouro e vestidos. Também deu presentes
valiosos ao irmão e à mãe de Rebeca. 54 Então o servo e os
homens que o acompanhavam comeram e passaram a noite
ali. Logo cedo na manhã seguinte, o servo de Abraão disse:
"Enviem-me de volta ao meu senhor".

55 Mas o irmão e a mãe de Rebeca disseram: "Queremos que
Rebeca fique conosco pelo menos dez dias; depois, ela poderá
partir".

56 O servo, porém, disse: "Não me detenham. O SENHOR me
deu sucesso em minha missão; agora, enviem-me de volta
ao meu senhor".

57 "Pois bem", disseram eles. "Chamaremos Rebeca e pedi-
remos a opinião dela." 58 Chamaram Rebeca e lhe pergun-
taram: "Você está disposta a ir com este homem?". E ela
respondeu: "Sim, estou".

59 Com isso, eles se despediram de Rebeca e a enviaram com
o servo de Abraão e seus homens. A serva que havia ama-
mentado Rebeca a acompanhou. 60 Na hora da partida, aben-
çoaram Rebeca, dizendo: "Nossa irmã, que você se torne mãe
de muitos milhares! Que seus descendentes conquistem as
cidades de seus inimigos!".

61 Então Rebeca e suas servas montaram nos camelos e se-
guiram o homem. Assim, o servo de Abraão partiu levando
Rebeca.

62 Nesse meio-tempo, Isaque, que morava no Neguebe, havia
regressado de Beer-Laai-Roi. 63 Ao entardecer, enquanto ca-
minhava pelo campo e meditava, levantou os olhos e viu que
camelos se aproximavam. 64 Quando Rebeca levantou os olhos
e viu Isaque, desceu do camelo no mesmo instante 65 e per-
guntou ao servo: "Quem é aquele homem que vem pelo campo
ao nosso encontro?". Quando ele respondeu: "É meu senhor",
Rebeca cobriu o rosto com o véu. 66 Depois, o servo contou a
Isaque tudo que havia feito.

67 Isaque a levou para a tenda de Sara, sua mãe, e Rebeca se
tornou sua mulher. Ele a amava profundamente e nela encon-
trou consolação depois que sua mãe morreu.

A morte de Abraão

25 Abraão se casou outra vez, com uma mulher chamada
Quetura. 2 Ela deu à luz Zinrã, Jocsã, Medã, Midiã, Is-
baque e Suá. 3 Jocsã gerou Sabá e Dedã. Os descendentes de
Dedã foram os assuritas, os letusitas e os leumitas. 4 Os filhos
de Midiã foram Efá, Éfer, Enoque, Abida e Elda. Todos eles
foram descendentes de Abraão por meio de Quetura.

5Abraão deu tudo que possuía a seu filho Isaque. 6Antes de
morrer, porém, deu presentes aos filhos de suas concubinas
e os separou de Isaque, enviando-os para as terras do leste.
7Abraão viveu 175 anos 8e morreu em boa velhice, depois de
uma vida longa e feliz. Deu o último suspiro e, ao morrer, re-
uniu-se a seus antepassados. 9Seus filhos Isaque e Ismael o
sepultaram na caverna de Macpela, perto de Manre, no campo
de Efrom, filho de Zoar, o hitita. 10Esse era o campo que Abraão
havia comprado dos hititas e onde havia sepultado Sara, sua
mulher. 11Depois da morte de Abraão, Deus abençoou Isaque, e
ele se estabeleceu perto de Beer-Laai-Roi, no Neguebe.

Os descendentes de Ismael

12Este é o relato da família de Ismael, filho de Abraão com
Hagar, serva egípcia de Sara. 13São estes os descendentes de
Ismael por nome e clã: Nebaiote, o mais velho, seguido de
Quedar, Adbeel, Misbão, 14Misma, Dumá, Massá, 15Hadade,
Temá, Jetur, Nafis e Quedemá. 16Esses doze filhos de Ismael
deram origem a doze tribos, cada uma com o nome de seu
fundador, relacionadas de acordo com o lugar onde se es-
tabeleceram e acamparam. 17Ismael viveu 137 anos. Deu o
último suspiro e, ao morrer, reuniu-se a seus antepassados.
18Os descendentes de Ismael ocuparam a região que vai de
Havilá a Sur, a leste do Egito, na direção de Assur. Ali, viveram
em franca oposição a todos os seus parentes.

O nascimento de Esaú e Jacó

19Este é o relato da família de Isaque, filho de Abraão.
20Quando Isaque tinha 40 anos, casou-se com Rebeca, filha
de Betuel, o arameu de Padã-Arã, e irmã de Labão, o arameu.
21Isaque orou ao SENHOR em favor de sua mulher, pois ela não
podia ter filhos. O SENHOR ouviu a oração de Isaque, e Rebeca
ficou grávida de gêmeos. 22Os dois bebês lutavam um com o
outro no ventre da mãe, de modo que ela consultou o SENHOR
a esse respeito. "Por que isso está acontecendo comigo?",
perguntou ela.
23O SENHOR respondeu: "Os filhos em seu ventre se tornarão
duas nações. Desde o começo, elas serão rivais. Uma nação
será mais forte que a outra, e seu filho mais velho servirá a seu
filho mais novo".
24Quando chegou a hora de dar à luz, Rebeca descobriu que,
de fato, eram gêmeos. 25O primeiro a nascer era ruivo e co-
berto de pelos; por isso o chamaram de Esaú. 26Depois, nasceu
o outro gêmeo, com a mão agarrada ao calcanhar de Esaú;
por isso o chamaram de Jacó. Isaque tinha 60 anos quando
os gêmeos nasceram.

Esaú vende seu direito de filho mais velho

27Os meninos cresceram. Esaú se tornou um caçador habilidoso
que vivia ao ar livre, enquanto Jacó era mais pacato e preferia
ficar em casa. 28Isaque amava Esaú porque gostava de comer a
carne de caça que ele trazia, mas Rebeca amava Jacó.
29Certo dia, quando Jacó preparava um ensopado, Esaú chegou
do deserto, exausto e faminto. 30"Estou faminto!", disse ele a
Jacó. "Dê-me um pouco desse ensopado vermelho!" (Por isso
Esaú também ficou conhecido como Edom.)
31"Está bem", respondeu Jacó. "Mas, em troca, dê-me seus
direitos de filho mais velho."
32"Estou morrendo de fome!", disse Esaú. "De que me servem
meus direitos de filho mais velho?"
33Mas Jacó disse: "Primeiro, jure que seus direitos de filho
mais velho agora são meus". Esaú fez um juramento e, desse
modo, vendeu todos os seus direitos de filho mais velho a seu
irmão, Jacó.
34Então Jacó deu a Esaú um pedaço de pão e o ensopado de
lentilhas. Esaú comeu, levantou-se e foi embora. Assim, ele
desprezou seu direito de filho mais velho.

Isaque mente para Abimeleque

26 Uma fome terrível atingiu a região, como havia acon-
tecido antes no tempo de Abraão. Por isso, Isaque se
mudou para Gerar, onde vivia Abimeleque, rei dos filisteus.
2O SENHOR apareceu a Isaque e disse: "Não desça ao Egito.
Faça o que eu mandar. 3Habite aqui como estrangeiro, e eu
estarei com você e o abençoarei. Com isso, confirmo que darei
todas estas terras a você e a seus descendentes, conforme
prometi solenemente a Abraão, seu pai. 4Farei que seus des-
cendentes sejam tão numerosos quanto as estrelas do céu e
darei a eles todas estas terras. Por meio de sua descendência,
todas as nações da terra serão abençoadas. 5Farei isso porque
Abraão me deu ouvidos e obedeceu ao que lhe ordenei: meus
mandamentos, decretos e instruções". 6Portanto, Isaque ficou
em Gerar.
7Quando os homens que viviam na região perguntaram a
Isaque sobre Rebeca, sua mulher, ele disse: "É minha irmã".
Teve medo de dizer "É minha mulher", pois pensou: "Ela é tão
bonita que os homens vão me matar por causa dela". 8Algum
tempo depois, porém, Abimeleque, rei dos filisteus, olhou pela
janela e viu Isaque acariciar Rebeca.
9No mesmo instante, Abimeleque mandou chamar Isaque e
exclamou: "É evidente que ela é sua mulher! Por que você
disse que era sua irmã?". "Porque tive medo que alguém me
matasse por causa dela", respondeu Isaque.
10"Como você pôde fazer uma coisa dessas conosco?", ex-
clamou Abimeleque. "Um dos meus homens poderia ter to-
mado sua mulher e dormido com ela e, por sua causa, se-
ríamos culpados de grande pecado!"
11Então Abimeleque declarou a todo o povo: "Quem tocar neste
homem ou em sua mulher será executado!".

Conflito pelo uso da água

12Naquele ano, quando Isaque plantou lavouras, colheu cem
vezes mais cereais do que havia semeado, pois o SENHOR o
abençoou. 13Isaque prosperou e se tornou rico e influente.
14Adquiriu tantos rebanhos de ovelhas e bois e tantos servos
que os filisteus o invejaram. 15Por isso, os filisteus fecharam
com terra todos os poços de Isaque, que tinham sido cavados
pelos servos de seu pai, Abraão.

16Por fim, Abimeleque ordenou que Isaque deixasse aquela terra. "Vá para outro lugar", disse ele. "Você se tornou poderoso demais para nós."

17Então Isaque partiu de onde estava e se estabeleceu no vale de Gerar, onde armou suas tendas. 18Reabriu os poços que seu pai havia cavado e que os filisteus haviam fechado depois da morte de Abraão e lhes deu os mesmos nomes que Abraão tinha dado.

19Os servos de Isaque também cavaram no vale de Gerar e encontraram uma fonte de água corrente. 20Contudo, os pastores de Gerar entraram em conflito com os pastores de Isaque. "Esta água é nossa!", diziam eles. Por isso, Isaque chamou o poço de Eseque. 21Em seguida, os homens de Isaque cavaram outro poço, mas, novamente, houve conflito por causa dele. Por isso, Isaque o chamou de Sitna. 22Isaque abandonou esse poço e mandou cavar outro mais adiante. Dessa vez, ninguém discutiu por causa dele, de modo que Isaque o chamou de Reobote, pois disse: "Finalmente o SENHOR criou espaço suficiente para prosperarmos nesta terra!".

23Dali, Isaque se mudou para Berseba, 24onde o SENHOR lhe apareceu na noite de sua chegada e disse: "Eu sou o Deus de seu pai, Abraão. Não tenha medo, pois estou com você e o abençoarei. Multiplicarei seus descendentes, e eles se tornarão uma grande nação. Farei isso por causa da minha promessa ao meu servo, Abraão". 25Isaque construiu ali um altar e invocou o nome do SENHOR. Armou acampamento naquele local, e seus servos cavaram outro poço.

A aliança de Isaque com Abimeleque

26Certo dia, o rei Abimeleque veio de Gerar com Auzate, seu conselheiro, e com Ficol, comandante do seu exército. 27"Por que vocês vieram?", perguntou Isaque. "É evidente que me odeiam, já que me expulsaram de sua terra."

28Eles responderam: "Podemos ver claramente que o SENHOR está com você. Por isso, queremos fazer com você um acordo sob juramento, uma aliança. 29Jure que não nos fará mal, assim como nós nunca lhe fizemos mal. Sempre o tratamos bem e o despedimos em paz. E agora, veja como o SENHOR o abençoou!".

30Então Isaque lhes preparou um banquete, e eles comeram e beberam juntos. 31Logo cedo, na manhã seguinte, cada um fez o juramento solene de não interferir com o outro. Isaque se despediu deles, e partiram em paz.

32Naquele mesmo dia, os servos de Isaque vieram lhe falar de um novo poço que tinham cavado. "Encontramos água!", exclamaram. 33Por isso, Isaque chamou o poço de Seba. E, até hoje, a cidade que se formou ali é conhecida como Berseba.

34Quando Esaú tinha 40 anos, casou-se com duas mulheres hititas: Judite, filha de Beeri, e Basemate, filha de Elom. 35Essas duas mulheres causaram grande desgosto a Isaque e Rebeca.

Jacó rouba a bênção de Esaú

27 Certo dia, quando Isaque era velho e estava ficando cego, chamou Esaú, seu filho mais velho: "Meu filho!". Esaú respondeu: "Aqui estou!".

2Isaque disse: "Estou velho e não sei quando vou morrer. 3Pegue suas armas, o arco e as flechas, e vá ao campo caçar um animal para mim. 4Depois, prepare meu prato favorito e traga-o aqui para eu comer. Então pronunciarei a bênção que pertence a você, meu filho mais velho, antes de eu morrer".

5Rebeca, porém, ouviu o que Isaque tinha dito a seu filho Esaú. Quando Esaú saiu para caçar, 6ela disse a seu filho Jacó: "Ouvi seu pai dizer a Esaú: 7'Traga-me uma carne de caça e prepare-me uma refeição saborosa. Então abençoarei você na presença do SENHOR antes de eu morrer'. 8Agora, meu filho, preste atenção e faça exatamente o que lhe direi. 9Vá ao rebanho e traga-me dois dos melhores cabritos. Eu os usarei para preparar o prato favorito de seu pai. 10Depois, leve a comida para seu pai, para que ele a coma e o abençoe antes de morrer".

11Jacó respondeu a Rebeca: "Mas meu irmão Esaú é peludo, enquanto eu tenho pele lisa. 12E se meu pai me tocar? Perceberá que estou tentando enganá-lo e, em vez de me abençoar, me amaldiçoará!".

13Sua mãe, porém, respondeu: "Que caia sobre mim essa maldição, meu filho! Apenas faça o que lhe digo. Vá e traga-me os cabritos".

14Jacó foi e trouxe os cabritos para sua mãe. Rebeca os usou para preparar uma refeição saborosa, do jeito que Isaque gostava. 15Em seguida, pegou as roupas prediletas de Esaú que estavam na casa dela e as entregou a Jacó, seu filho mais novo. 16Com a pele dos cabritos, cobriu-lhe os braços e a parte lisa do pescoço. 17Depois, entregou-lhe a refeição saborosa, acompanhada do pão que havia acabado de assar.

18Jacó levou a comida para o pai e disse: "Meu pai?". "Sim, meu filho", respondeu Isaque. "Quem é você, Esaú ou Jacó?"

19Jacó disse: "Sou Esaú, seu filho mais velho. Fiz o que o senhor mandou. Aqui está a carne de caça. Sente-se e coma, para que me dê sua bênção".

20Isaque perguntou: "Como encontrou a caça tão depressa, meu filho?". Jacó respondeu: "O SENHOR, seu Deus, a colocou no meu caminho".

21Então Isaque disse a Jacó: "Chegue mais perto, para que eu possa tocá-lo e ter certeza de que você é mesmo Esaú".

22Jacó se aproximou do pai, e Isaque o tocou e disse: "A voz é de Jacó, mas as mãos são de Esaú". 23Não o reconheceu, porém, pois as mãos de Jacó estavam peludas, como as de Esaú. Assim, Isaque se preparou para abençoar Jacó. 24"Mas você é mesmo meu filho Esaú?", perguntou ele. "Sim, eu sou", respondeu Jacó.

25Então Isaque disse: "Agora, meu filho, traga-me a carne de caça. Depois que comer, eu lhe darei a minha bênção". Jacó trouxe a comida para o pai, e Isaque comeu. Também bebeu o vinho que Jacó lhe serviu. 26Por fim, Isaque disse a Jacó: "Aproxime-se, por favor, e dê-me um beijo, meu filho".

27Jacó se aproximou e o beijou. Quando Isaque sentiu o cheiro das roupas, finalmente abençoou o filho. Disse: "Ah! O cheiro de meu filho é como o cheiro do campo que o SENHOR abençoou!
28"Do orvalho do céu e da riqueza da terra, Deus lhe conceda fartas colheitas de cereais e vinho novo de sobra.

29Que muitas nações o sirvam e se curvem à sua frente. Que
você seja senhor de seus irmãos e os filhos de sua mãe se
curvem à sua frente. Todos que o amaldiçoarem serão amaldi-
çoados, e todos que o abençoarem serão abençoados".
30Assim que Isaque terminou de abençoar Jacó, e logo de-
pois de Jacó ter saído da presença de seu pai, Esaú voltou da
caçada. 31Preparou uma refeição saborosa, levou-a para seu
pai e disse: "Sente-se, meu pai, e coma da minha caça, para
me abençoar".
32Isaque lhe perguntou: "Quem é você?". Ele respondeu: "Sou
Esaú, seu filho mais velho".
33Isaque começou a tremer incontrolavelmente e disse: "Então
quem me serviu a carne de caça? Acabei de comê-la, pouco
antes de você chegar, e abençoei quem a trouxe. Essa bênção
deve permanecer!".
34Quando Esaú ouviu as palavras do pai, soltou um forte grito
amargurado e suplicou: "Ah, meu pai, e eu? Abençoe-me
também!".
35Mas Isaque disse: "Seu irmão esteve aqui e me enganou.
Levou embora a bênção que pertencia a você!".
36Esaú exclamou: "Não é de admirar que ele se chame Jacó,
pois é a segunda vez que me engana. Primeiro, tomou meus
direitos de filho mais velho e, agora, roubou minha bênção. O
senhor não guardou uma bênção sequer para mim?".
37Isaque disse a Esaú: "Fiz de Jacó o seu senhor e declarei que
todos os irmãos dele o servirão. Garanti a ele fartura de cereais
e vinho. O que me resta para dar a você, meu filho?".
38Esaú suplicou: "Por acaso o senhor tem apenas uma bênção?
Ah, meu pai, abençoe-me também!". Então Esaú chorou em
alta voz.
39Por fim, seu pai, Isaque, lhe disse: "Você viverá longe das
riquezas da terra e longe do orvalho do alto céu.
40Viverá por sua espada e servirá a seu irmão. Quando, porém,
conseguir se libertar, sacudirá do pescoço esse jugo".

Jacó foge para Padã-Arã

41Daquele momento em diante, Esaú passou a odiar Jacó
porque seu pai o havia abençoado. Começou a tramar: "Em
breve meu pai morrerá. Então, matarei meu irmão Jacó".
42Quando Rebeca soube das intenções de Esaú, mandou
chamar Jacó e lhe disse: "Ouça, Esaú se consola com planos
para matar você. 43Portanto, preste atenção, meu filho.
Apronte-se e fuja para a casa de meu irmão Labão, em Harã.
44Fique lá até que diminua a fúria de seu irmão. 45Quando ele
se acalmar e se esquecer do que você lhe fez, mandarei bus-
cá-lo. Por que eu perderia meus dois filhos no mesmo dia?".
46Depois, Rebeca disse a Isaque: "Estou cansada dessas mu-
lheres hititas que vivem aqui! Prefiro morrer a ver Jacó se casar
com uma delas!".

28 Então Isaque mandou chamar Jacó, o abençoou e disse:
"Não se case com uma mulher cananita. 2Em vez disso,
vá de imediato a Padã-Arã, à casa de seu avô Betuel, e case-se
com uma das filhas de seu tio Labão. 3Que o Deus Todo-pode-
roso o abençoe e lhe dê muitos filhos, e que eles se multipli-
quem e venham a ser muitas nações. 4Que Deus dê a você e
a seus descendentes as bênçãos que ele prometeu a Abraão.
Que você venha a possuir esta terra na qual vive agora como
estrangeiro, pois Deus entregou esta terra a Abraão".
5Assim, Isaque se despediu de Jacó, que foi a Padã-Arã
morar com seu tio Labão, irmão de Rebeca, filho de Betuel,
o arameu.
6Esaú soube que seu pai, Isaque, havia abençoado Jacó e o en-
viado a Padã-Arã para encontrar uma esposa e que, ao aben-
çoá-lo, tinha advertido a seu irmão: "Não se case com uma
mulher cananita". 7Também soube que Jacó havia obedecido
aos pais e ido a Padã-Arã. 8Quando ficou evidente que seu pai
não aprovava as mulheres cananitas, 9Esaú foi visitar a família
de seu tio Ismael e, além das duas mulheres cananitas com as
quais havia se casado, tomou para si uma das filhas de Ismael.
O nome de sua nova mulher era Maalate, irmã de Nebaiote e
filha de Ismael, filho de Abraão.

O sonho de Jacó em Betel

10Nesse meio-tempo, Jacó partiu de Berseba e rumou para
Harã. 11Quando o sol se pôs, chegou a um bom local para
acampar e ali passou a noite. Encontrou uma pedra para des-
cansar a cabeça e se deitou para dormir. 12Enquanto dormia,
sonhou com uma escada que ia da terra ao céu e viu os anjos
de Deus, que subiam e desciam pela escada.
13No topo da escada estava o SENHOR, que lhe disse: "Eu sou
o SENHOR, o Deus de seu avô, Abraão, e o Deus de seu pai,
Isaque. A terra na qual você está deitado lhe pertence. Eu a
darei a você e a seus descendentes. 14Seus descendentes serão
tão numerosos quanto o pó da terra! Eles se espalharão por
todas as direções: leste e oeste, norte e sul. E todas as famí-
lias da terra serão abençoadas por seu intermédio e de sua
descendência. 15Além disso, estarei com você e o protegerei
aonde quer que vá. Um dia, trarei você de volta a esta terra.
Não o deixarei enquanto não tiver terminado de lhe dar tudo
que prometi".
16Então Jacó acordou e disse: "Certamente o SENHOR está
neste lugar, e eu não havia percebido!". 17Contudo, também
teve medo e disse: "Como é temível este lugar! Não é outro,
senão a casa de Deus; é a porta para os céus!".
18Na manhã seguinte, Jacó se levantou bem cedo. Pegou a
pedra na qual havia descansado a cabeça, colocou-a em pé,
como coluna memorial, e derramou azeite de oliva sobre ela.
19Chamou o lugar de Betel, embora anteriormente se cha-
masse Luz.
20Então Jacó fez o seguinte voto: "Se, de fato, Deus for comigo
e me proteger nesta jornada, se ele me providenciar alimento
e roupa, 21e se eu voltar são e salvo à casa de meu pai, então
o SENHOR certamente será o meu Deus. 22E esta coluna memo-
rial que eu levantei será um lugar de adoração a Deus, e eu
entregarei a Deus a décima parte de tudo que ele me der".

Jacó chega a Padã-Arã

29 Jacó seguiu viagem e, por fim, chegou à terra do leste.
2Viu um poço ao longe e, junto ao poço, no campo, três
rebanhos de ovelhas, à espera de que lhes dessem água. Uma
pedra pesada cobria a boca do poço.
3Era costume naquele lugar esperar que todos os rebanhos
chegassem para, então, remover a pedra e dar água aos ani-
mais. Depois, a pedra era recolocada na boca do poço. 4Jacó
se aproximou dos pastores e perguntou: "De onde vocês são,
amigos?". "Somos de Harã", disseram eles.
5"Conhecem um homem chamado Labão, neto de Naor?", per-
guntou Jacó. "Sim, conhecemos", responderam eles.
6"Ele vai bem?", perguntou Jacó. "Sim, vai bem", disseram.
"Olhe, ali vem Raquel, filha dele, com o rebanho."
7Jacó disse: "Ainda é dia claro, cedo demais para recolher os
animais. Por que vocês não dão de beber às ovelhas, para que
elas possam voltar a pastar?".
8"Não podemos dar de beber aos animais enquanto não che-
garem todos os rebanhos", responderam. "Só então os pas-
tores removem a pedra da boca do poço e damos de beber a
todas as ovelhas."
9Jacó ainda conversava com eles quando Raquel chegou
com o rebanho de seu pai, pois era pastora. 10Uma vez que
Raquel era sua prima, filha de Labão, irmão de sua mãe, e
as ovelhas pertenciam a seu tio Labão, Jacó foi até o poço,
removeu a pedra que o cobria e deu de beber ao rebanho
de seu tio. 11Então Jacó beijou Raquel e chorou em alta voz.
12Explicou para Raquel que era seu primo por parte do pai
dela e filho de Rebeca, tia dela. Raquel foi correndo contar
a seu pai, Labão.
13Assim que Labão soube que seu sobrinho Jacó havia che-
gado, correu ao seu encontro. Ele o abraçou, o beijou e o levou
para casa. Depois que Jacó lhe contou sua história, 14Labão
exclamou: "Você é, de fato, sangue do meu sangue!".

Jacó se casa com Lia e Raquel

Quando Jacó estava na casa de Labão havia cerca de um mês,
15Labão lhe disse: "Você não deve trabalhar de graça para
mim só porque somos parentes. Diga-me qual deve ser o seu
salário".
16Labão tinha duas filhas. A mais velha se chamava Lia, e a mais
nova, Raquel. 17Os olhos de Lia eram sem brilho, mas Raquel
tinha bela aparência e rosto atraente. 18Visto que Jacó estava
apaixonado por Raquel, disse a Labão: "Trabalharei para o
senhor por sete anos se me der Raquel, sua filha mais nova,
para ser minha esposa".
19"Melhor entregá-la a você do que a qualquer outro", res-
pondeu Labão. "Fique aqui e trabalhe comigo." 20Então Jacó
trabalhou sete anos por Raquel. Ele a amava tanto que lhe
pareceram apenas alguns dias.
21Chegada a hora, Jacó disse a Labão: "Cumpri minha parte
do acordo. Agora, dê-me minha esposa, para que eu me deite
com ela."
22Labão convidou toda a vizinhança e preparou uma grande
festa de casamento. 23À noite, porém, quando estava escuro,
Labão tomou Lia e a entregou a Jacó, e Jacó se deitou com ela.
24(Labão deu sua serva Zilpa a Lia para servi-la.)
25Na manhã seguinte, quando Jacó acordou, viu que era
Lia. Então Jacó perguntou a Labão: "O que o senhor fez co-
migo? Trabalhei sete anos por Raquel! Por que o senhor me
enganou?".
26Labão respondeu: "Aqui não é costume casar a filha mais
nova antes da mais velha. 27Espere, contudo, até terminar a
semana de núpcias, e eu também lhe entregarei Raquel, desde
que você prometa trabalhar mais sete anos para mim".
28Jacó concordou em trabalhar mais sete anos. Uma semana
depois de Jacó ter se casado com Lia, Labão lhe entregou
Raquel. 29(Labão deu sua serva Bila a Raquel para servi-la.)
30Jacó se deitou também com Raquel, a quem ele amava muito
mais que a Lia. Então permaneceu ali e trabalhou mais sete
anos para Labão.

Os filhos de Jacó

31Quando o SENHOR viu que Lia não era amada, permitiu que ela
tivesse filhos; Raquel, porém, era estéril. 32Lia engravidou e
deu à luz um filho. Chamou-o de Rúben, pois disse: "O SENHOR
viu minha infelicidade, e agora meu marido me amará".
33Pouco tempo depois, Lia engravidou novamente e deu à luz
outro filho. Chamou-o de Simeão, pois disse: "O SENHOR ouviu
que eu não era amada e me deu outro filho".
34Lia engravidou pela terceira vez e deu à luz outro filho. Cha-
mou-o de Levi, pois disse: "Certamente, desta vez meu marido
terá afeição por mim, pois lhe dei três filhos!".
35Lia engravidou mais uma vez e deu à luz outro filho. Cha-
mou-o de Judá, pois disse: "Agora louvarei ao SENHOR!".
Então, parou de ter filhos.

30 Quando Raquel viu que não dava filhos a Jacó, teve
inveja da irmã e implorou a Jacó: "Dê-me filhos, ou
morrerei!".
2Jacó se enfureceu com Raquel. "Por acaso sou Deus?", per-
guntou ele. "Foi ele que não permitiu que você tivesse filhos!"
3Raquel lhe disse: "Tome minha serva Bila e deite-se com ela.
Ela dará à luz filhos em meu lugar e, por meio dela, também
terei uma família". 4Então Raquel entregou sua serva Bila a
Jacó por mulher, e Jacó se deitou com ela. 5Bila engravidou
e deu um filho a Jacó. 6Raquel o chamou de Dã, pois disse:
"Deus me fez justiça! Ouviu meu pedido e me deu um filho!".
7Bila engravidou novamente e deu a Jacó o segundo filho. 8Ra-
quel o chamou de Naftali, pois disse: "Tive uma luta intensa
com minha irmã e venci!".
9Quando Lia percebeu que tinha parado de engravidar, tomou
sua serva Zilpa e a entregou a Jacó por mulher. 10Pouco tempo
depois, Zilpa deu um filho a Jacó. 11Lia o chamou de Gade,
pois disse: "Como sou afortunada!". 12Então Zilpa deu a Jacó
o segundo filho. 13Lia o chamou de Aser, pois disse: "Como
estou alegre! Agora as outras mulheres celebrarão comigo".

14Certo dia, durante a colheita do trigo, Rúben encontrou al-
gumas mandrágoras que cresciam no campo e as trouxe para
Lia, sua mãe. Raquel suplicou a Lia: "Por favor, dê-me algumas
das mandrágoras de seu filho".
15Lia, porém, respondeu: "Não basta ter roubado meu marido?
Agora também quer roubar as mandrágoras de meu filho?".
Raquel propôs: "Em troca de algumas mandrágoras, deixarei
que Jacó se deite com você esta noite".
16Ao entardecer, quando Jacó estava voltando do campo, Lia
foi ao seu encontro e disse: "Esta noite você deve se deitar
comigo. Paguei por você com algumas mandrágoras que meu
filho encontrou". Assim, naquela noite Jacó se deitou com Lia.
17Deus respondeu às orações de Lia, que engravidou nova-
mente e deu a Jacó o quinto filho. 18Chamou-o de Issacar, pois
disse: "Deus me recompensou porque entreguei minha serva
por mulher a meu marido". 19Lia engravidou outra vez e deu a
Jacó o sexto filho. 20Chamou-o de Zebulom, pois disse: "Deus
me deu uma boa recompensa. Agora meu marido me tratará
com respeito, porque lhe dei seis filhos". 21Depois, Lia deu à
luz uma filha e a chamou de Diná.
22Então Deus se lembrou de Raquel e, em resposta a suas ora-
ções, permitiu que ela se tornasse fértil. 23Ela engravidou e
deu à luz um filho. "Deus tirou a minha humilhação", declarou,
24e o chamou de José, pois disse: "Que o SENHOR me acres-
cente ainda outro filho!".

As riquezas de Jacó aumentam

25Logo depois que Raquel deu à luz José, Jacó disse a Labão:
"Por favor, libere-me para que eu volte à minha terra natal.
26Permita-me levar minhas mulheres e meus filhos, pelos quais
o servi, e deixe-me partir. O senhor sabe muito bem como
trabalhei arduamente a seu serviço".
27Labão respondeu: "Se mereço seu favor, fique. Eu enriqueci,
pois o SENHOR me abençoou por sua causa. 28Diga-me qual
será seu salário e, qualquer que seja o valor, eu lhe pagarei".
29Jacó respondeu: "O senhor sabe como trabalhei arduamente
a seu serviço e como seus rebanhos cresceram sob meus cui-
dados. 30De fato, o senhor tinha pouco antes de eu chegar,
mas sua riqueza aumentou consideravelmente. O SENHOR o
abençoou por meio de tudo que eu fiz. Mas e quanto a mim?
Quando começarei a cuidar de minha própria família?".
31"Quanto quer receber de salário?", perguntou Labão mais
uma vez. Jacó respondeu: "Não me dê coisa alguma. Se o
senhor fizer o que lhe direi, continuarei a cuidar de seus reba-
nhos: 32deixe-me inspecionar seus rebanhos hoje e remover
todas as ovelhas e cabras salpicadas e malhadas, além de
todas as ovelhas pretas. Elas serão o meu salário. 33No futuro,
quando o senhor conferir os animais que me deu como salário,
verá que fui honesto. Se encontrar em meu rebanho alguma
cabra que não seja salpicada ou malhada, ou alguma ovelha
que não seja preta, saberá que as roubei do senhor".
34"Está bem", respondeu Labão. "Será como você diz." 35Na-
quele mesmo dia, porém, Labão saiu e tirou do rebanho todos
os bodes listrados e malhados, todas as cabras salpicadas e
malhadas ou com manchas brancas, e todas as ovelhas pretas.
Colocou os animais sob os cuidados de seus filhos, 36que os
levaram a um lugar a três dias de viagem de onde Jacó estava.
Assim, Jacó ficou e tomou conta do resto do rebanho de Labão.
37Então Jacó pegou alguns galhos verdes de álamo, amen-
doeira e plátano e removeu tiras das cascas, formando listras
brancas nos galhos. 38Em seguida, colocou os galhos des-
cascados junto aos bebedouros onde os rebanhos iam beber
água, pois era ali que se acasalavam. 39Quando se acasalavam
diante desses galhos descascados com listras brancas, davam
crias listradas, salpicadas e malhadas. 40Jacó separava esses
cordeiros do rebanho de Labão. Na época do cio, colocava o
rebanho de frente para os animais listrados e pretos de Labão.
Assim, Jacó foi formando seu próprio rebanho, que mantinha
separado do de Labão.
41Sempre que as fêmeas mais fortes estavam no cio, Jacó
colocava os galhos descascados nos bebedouros em frente
delas, para que se acasalassem diante dos galhos. 42Não fazia
o mesmo, porém, com as fêmeas mais fracas, de modo que
as crias mais fracas ficavam com Labão, e as mais fortes, com
Jacó. 43O resultado foi que Jacó se tornou muito rico, dono
de grandes rebanhos e também de servos e servas e muitos
camelos e jumentos.

Jacó foge de Labão

31 Logo, porém, Jacó percebeu que os filhos de Labão es-
tavam reclamando dele: "Jacó roubou tudo que era de
nosso pai! À custa de nosso pai, adquiriu toda a sua riqueza!".
2Jacó também começou a notar uma mudança na atitude de
Labão para com ele.
3Então o SENHOR disse a Jacó: "Volte para a terra de seu pai e
de seu avô, a terra de seus parentes, e eu estarei com você".
4Jacó mandou chamar Raquel e Lia ao campo onde ele cuidava
de seus rebanhos 5e disse a elas: "Notei que seu pai mudou
de atitude em relação a mim. O Deus de meu pai, porém, tem
estado comigo. 6Vocês sabem como tenho trabalhado ar-
duamente a serviço de seu pai. 7Contudo, ele me enganou
e mudou meu salário dez vezes. Mas Deus não permitiu que
ele me prejudicasse. 8Se ele dizia: 'Os salpicados serão o seu
salário', o rebanho começava a dar crias salpicadas. E, quando
mudava de ideia e dizia: 'Os listrados serão o seu salário',
então o rebanho inteiro dava crias listradas. 9Desse modo,
Deus tirou os animais de seu pai e os deu a mim.
10"Certa vez, na época do acasalamento, tive um sonho e vi
que os bodes que se acasalavam com as cabras eram listrados,
salpicados e malhados. 11Então, em meu sonho, o anjo de Deus
me disse: 'Jacó!'. E eu respondi: 'Aqui estou!'.
12"E o anjo disse: 'Levante os olhos e você verá que apenas os
machos listrados, salpicados e malhados estão se acasalando
com as fêmeas de seu rebanho, pois vejo como Labão tem
tratado você. 13Eu sou o Deus que lhe apareceu em Betel, o
lugar onde você ungiu a coluna de pedra e fez seu voto a mim.
Agora, apronte-se, saia desta terra e volte à sua terra natal'".

14Raquel e Lia responderam: "Da nossa parte, tudo bem!
Afinal, não herdaremos coisa alguma da riqueza de nosso pai.
15Ele reduziu nossos direitos aos mesmos que têm as mulheres
estrangeiras. Depois que nos vendeu, desperdiçou todo o di-
nheiro que você pagou por nós. 16Toda a riqueza que Deus tirou
de nosso pai e deu a você é, por direito, nossa e de nossos
filhos. Por isso, faça o que Deus ordenou".
17Então Jacó montou suas mulheres e seus filhos em camelos
18e conduziu adiante todos os seus rebanhos. Juntou todos os
bens que havia adquirido em Padã-Arã e partiu para a terra de
Canaã, onde vivia Isaque, seu pai. 19Quando partiram, Labão
estava num lugar afastado, tosquiando suas ovelhas. Raquel
roubou os ídolos da casa que pertenciam a seu pai e os levou
consigo. 20Assim, Jacó enganou Labão, o arameu, partindo
sem avisá-lo de que iam embora. 21Jacó levou todos os seus
bens e atravessou o rio Eufrates, rumo à região montanhosa
de Gileade.

Conflito entre Labão e Jacó

22Três dias depois, Labão foi informado de que Jacó havia fu-
gido. 23Reuniu um grupo de parentes e saiu em perseguição a
Jacó. Sete dias depois o alcançou, na região montanhosa de
Gileade. 24Na noite anterior, porém, Deus havia aparecido em
sonho a Labão, o arameu, e dito a ele: "Estou avisando: deixe
Jacó em paz!".
25Labão o alcançou enquanto Jacó estava acampado na re-
gião montanhosa de Gileade e armou seu acampamento ali
perto. 26"O que você fez?", perguntou Labão. "Como ousou
me enganar e levar minhas filhas embora, como se fossem
prisioneiras de guerra? 27Por que fugiu em segredo? Por que
me enganou? E por que não avisou que desejava partir? Eu lhe
teria dado uma festa de despedida, com canções e música, ao
som de tamborins e harpas. 28Por que não me deixou beijar
minhas filhas e meus netos e me despedir deles? Você agiu de
forma extremamente tola! 29Eu poderia destruí-lo, mas o Deus
de seu pai me apareceu ontem à noite e me advertiu: 'Deixe
Jacó em paz!'. 30Entendo sua vontade de partir e seu desejo
de voltar à casa de seu pai. Mas por que roubou meus deuses?"
31Jacó respondeu: "Fugi porque tive medo. Pensei que o se-
nhor tiraria suas filhas de mim à força. 32Quanto a seus deuses,
veja se consegue encontrá-los, e quem os tiver roubado deve
morrer! Se encontrar qualquer outra coisa que lhe pertença,
identifique-a diante de todos estes nossos parentes, e eu a
devolverei". Jacó, porém, não sabia que Raquel havia roubado
os ídolos da casa.
33Labão foi procurar primeiro na tenda de Jacó e, depois, nas
tendas de Lia e das duas servas, mas nada encontrou. Por
fim, entrou na tenda de Raquel. 34Acontece que Raquel havia
pego os ídolos da casa e os escondido na sela do seu camelo,
e estava sentada em cima deles. Quando Labão terminou de
vasculhar toda a sua tenda sem encontrar os ídolos, 35Raquel
disse ao pai: "Por favor, perdoe-me por não me levantar para
o senhor, mas estou em meu período menstrual". Labão con-
tinuou a busca, mas não encontrou os ídolos da casa.
36Jacó se enfureceu e discutiu com Labão. "Qual foi o meu
crime?", perguntou ele. "O que fiz de errado para o senhor
me perseguir como se eu fosse um criminoso? 37O senhor vas-
culhou todos os meus bens. Por acaso encontrou algum objeto
que lhe pertença? Coloque-o aqui, diante de nossos parentes,
para que todos vejam. Que eles julguem entre nós dois!
38"Estive vinte anos com o senhor, cuidando de seus rebanhos.
Ao longo de todo esse tempo, suas ovelhas e cabras nunca
abortaram. Não me servi de um carneiro sequer de seu re-
banho para alimento. 39Quando algum deles era despedaçado
por um animal selvagem, eu nunca lhe mostrava a carcaça.
Não, eu mesmo arcava com o prejuízo! O senhor me obrigava
a pagar por todo animal roubado, quer à plena luz do dia, quer
na escuridão da noite.
40"Trabalhei para o senhor em dias de calor escaldante e
também em noites frias e insones. 41Sim, por vinte anos tra-
balhei feito um escravo em sua casa! Trabalhei catorze anos
por suas duas filhas e, depois, mais seis anos para formar meu
rebanho. E dez vezes o senhor mudou meu salário. 42De fato,
se o Deus de meu pai não estivesse comigo, o Deus de Abraão e
o Deus temível de Isaque, o senhor teria me mandado embora
de mãos vazias. Mas Deus viu como fui maltratado, apesar
de meu árduo trabalho. Por isso ele lhe apareceu na noite
passada e o repreendeu!"

O acordo entre Labão e Jacó

43Labão respondeu a Jacó: "Essas mulheres são minhas filhas,
as crianças são meus netos, e os rebanhos são meus reba-
nhos. Na verdade, tudo que você vê é meu. Mas o que posso
fazer agora por minhas filhas e pelos filhos delas? 44Façamos,
portanto, você e eu, uma aliança que sirva de testemunho do
nosso compromisso".
45Então Jacó pegou uma pedra e a colocou em pé como mo-
numento. 46Em seguida, disse aos membros de sua família:
"Juntem algumas pedras". Eles pegaram as pedras e as amon-
toaram. Jacó e Labão se sentaram perto do monte de pedras
e fizeram uma refeição para selar a aliança. 47A fim de come-
morar a ocasião, Labão chamou o lugar de Jegar-Saaduta, e
Jacó o chamou de Galeede.
48Labão declarou: "Este monte de pedras servirá de teste-
munha para nos lembrar da aliança que fizemos hoje". Isso
explica por que o lugar foi chamado de Galeede. 49Também foi
chamado de Mispá, pois Labão disse: "Vigie o SENHOR a você e
a mim para garantir que guardaremos esta aliança quando es-
tivermos longe um do outro. 50Se você maltratar minhas filhas
ou se casar com outras mulheres, mesmo que ninguém mais
veja, Deus verá. Ele é testemunha desta aliança entre nós."
51"Veja este monte de pedras", prosseguiu Labão. "Veja
também este monumento que levantei entre nós dois. 52Estão
entre mim e você como testemunhas dos nossos votos. Nunca
atravessarei para o lado de lá do monte de pedras a fim de pre-
judicá-lo, e você jamais deve atravessar para o lado de cá a fim
de prejudicar-me. 53Invoco o Deus de nossos antepassados, o
Deus de seu avô Abraão e o Deus de meu avô Naor, para que

sirva de juiz entre nós." Assim, diante do Deus temível de seu
pai Isaque, Jacó jurou respeitar a linha divisória. 54Então Jacó
ofereceu sacrifício a Deus na montanha e convidou todos para
a refeição comemorativa. Depois de comerem, passaram a
noite ali.
55Na manhã seguinte, Labão se levantou cedo, beijou seus
netos e suas filhas e os abençoou. Depois, partiu e voltou para
casa.

32 Quando Jacó seguiu viagem, anjos de Deus vieram en-
contrar-se com ele. 2Ao vê-los, Jacó exclamou: "Este
é o acampamento de Deus!". Por isso, chamou o lugar de
Maanaim.

Jacó envia presentes a Esaú

3Então Jacó enviou adiante dele mensageiros a seu irmão
Esaú, que vivia na região de Seir, na terra de Edom. 4Disse-
-lhes: "Deem a seguinte mensagem ao meu senhor Esaú:
'Assim diz seu servo Jacó: Até o momento, estava morando
com nosso tio Labão 5e, agora, tenho bois, jumentos, reba-
nhos de ovelhas e cabras, além de muitos servos e servas.
Enviei estes mensageiros para informar meu senhor da minha
chegada, na esperança de que me receba amistosamente'".
6Depois de transmitirem a mensagem, voltaram a Jacó e lhe
disseram: "Estivemos com seu irmão Esaú, e ele está vindo
ao seu encontro com um bando de quatrocentos homens!".
7Quando ouviu a notícia, Jacó ficou apavorado. Dividiu em dois
grupos sua família e seus servos, e também os rebanhos, os
bois e os camelos, 8pois pensou: "Se Esaú encontrar um dos
grupos e atacá-lo, talvez o outro consiga escapar".
9Então Jacó orou: "Ó Deus de meu avô, Abraão, e Deus de
meu pai, Isaque; ó SENHOR, tu me disseste: 'Volte para sua
terra natal, para seus parentes'. E prometeste: 'Tratarei bem
de você'. 10Não sou digno de toda a bondade e fidelidade
que tens mostrado a mim, teu servo. Quando saí de casa e
atravessei o rio Jordão, não possuía nada além de um cajado.
Agora, minha família e meus servos formam duas caravanas!
11Por favor, salva-me de meu irmão, Esaú. Estou com medo de
que ele venha atacar tanto a mim quanto a minhas mulheres
e meus filhos. 12Mas tu prometeste: 'Certamente tratarei bem
de você e multiplicarei seus descendentes até que se tornem
tão numerosos quanto a areia à beira do mar, que não se pode
contar'".
13Jacó passou a noite ali. Depois, escolheu entre seus bens os
seguintes presentes para seu irmão, Esaú: 14duzentas cabras,
vinte bodes, duzentas ovelhas, vinte carneiros, 15trinta fêmeas
de camelo com seus filhotes, quarenta vacas, dez touros, vinte
jumentas e dez jumentos. 16Dividiu esses animais em reba-
nhos, entregou cada rebanho a um servo e lhes disse: "Vão à
minha frente com os animais, mas mantenham certa distância
entre os rebanhos".
17Aos homens encarregados do primeiro grupo, deu as se-
guintes instruções: "Quando meu irmão, Esaú, se encontrar
com vocês, ele perguntará: 'De quem são servos? Para onde
vão? Quem é o dono destes animais?'. 18Respondam: 'Eles
pertencem ao seu servo Jacó, mas são um presente para Esaú,
o senhor dele. Veja, ele está vindo atrás de nós'".
19Jacó deu a mesma instrução aos encarregados do segundo e
do terceiro grupo e a todos que seguiam os rebanhos: "Digam
a mesma coisa a Esaú quando o encontrarem, 20e não se
esqueçam de acrescentar: 'Veja, seu servo Jacó está vindo
atrás de nós'". Jacó pensou: "Tentarei apaziguá-lo com os
presentes que estou enviando à minha frente. Quando o vir,
quem sabe ele me receberá amistosamente". 21Assim, os pre-
sentes foram enviados à frente, enquanto Jacó passou aquela
noite no acampamento.

Jacó luta com Deus

22Durante a noite, Jacó se levantou, tomou suas duas mu-
lheres, suas duas servas e seus onze filhos e atravessou com
eles o rio Jaboque. 23Depois de levá-los para a outra margem,
fez passar todos os seus bens.
24Com isso, Jacó ficou sozinho no acampamento. Veio então
um homem, que lutou com ele até o amanhecer. 25Quando o
homem viu que não poderia vencer, tocou a articulação do
quadril de Jacó e a deslocou. 26O homem disse: "Deixe-me ir,
pois está amanhecendo!". Jacó, porém, respondeu: "Não o
deixarei ir enquanto não me abençoar".
27"Qual é seu nome?", perguntou o homem. "Jacó", res-
pondeu ele.
28O homem disse: "Seu nome não será mais Jacó. De agora
em diante, você se chamará Israel, pois lutou com Deus e com
os homens e venceu".
29"Por favor, diga-me qual é seu nome", disse Jacó. "Por que
quer saber meu nome?", replicou o homem. E abençoou Jacó
ali.
30Jacó chamou aquele lugar de Peniel, pois disse: "Vi Deus
face a face e, no entanto, minha vida foi poupada". 31O sol
estava nascendo quando Jacó partiu de Peniel, mancando por
causa do quadril deslocado. 32(Até hoje, o povo de Israel não
come o tendão perto da articulação do quadril, por causa do
que aconteceu naquela noite em que o homem feriu o tendão
do quadril de Jacó.)

A reconciliação de Jacó e Esaú

33 Jacó levantou os olhos e viu Esaú aproximando-se com
seus quatrocentos homens. Assim, dividiu os filhos entre
Lia, Raquel e as duas servas. 2Colocou as servas e os filhos
delas à frente, Lia e seus filhos em seguida, e Raquel e José
por último. 3Jacó passou à frente e, ao aproximar-se de seu
irmão, curvou-se até o chão sete vezes. 4Esaú correu ao en-
contro de Jacó e o abraçou; pôs os braços em volta do pescoço
do irmão e o beijou. E os dois choraram.
5Então Esaú viu as mulheres e as crianças e perguntou: "Quem
são estas pessoas que estão com você?". Jacó respondeu:
"São os filhos que Deus, em sua bondade, concedeu a seu
servo". 6As servas e seus filhos se aproximaram e se curvaram
diante de Esaú. 7Em seguida, Lia e seus filhos vieram e se

curvaram diante dele. Por fim, José e Raquel se aproximaram
e se curvaram diante dele.
8"E o que eram todos aqueles rebanhos que encontrei no ca-
minho?", perguntou Esaú. Jacó respondeu: "São presentes,
meu senhor, para garantir sua amizade".
9"Meu irmão, eu já tenho muitos bens", disse Esaú. "Guarde
para você o que é seu."
10Mas Jacó insistiu: "Não! Se obtive seu favor, peço que aceite
meu presente. E que alívio é ver seu sorriso amigável! É como
ver a face de Deus! 11Por favor, aceite o presente que eu lhe
trouxe, pois Deus tem sido muito bondoso comigo. Tenho mais
que suficiente". Diante da insistência de Jacó, Esaú acabou
aceitando o presente.
12Então Esaú disse: "Vamos andando. Eu o acompanharei".
13Jacó, porém, respondeu: "Como meu senhor pode ver, al-
gumas das crianças são bem pequenas, e os rebanhos também
têm crias. Se os forçarmos demais, mesmo que por um dia,
pode ser que os animais morram. 14Por favor, meu senhor, vá
adiante do seu servo. Seguiremos mais devagar, em um ritmo
que os rebanhos e as crianças possam acompanhar. Encon-
trarei com meu senhor em Seir".
15"Está bem", disse Esaú. "Mas, pelo menos, permita-me
deixar alguns dos meus homens para acompanhá-lo." Jacó
respondeu: "Não é necessário. Para mim, ter sido bem rece-
bido por meu senhor já é o bastante!".
16Esaú deu meia-volta e regressou a Seir naquele mesmo dia.
17Jacó, por sua vez, viajou até Sucote, onde construiu uma casa
para si e abrigos para seus rebanhos. Por isso, aquele lugar é
chamado de Sucote.
18Depois de percorrer todo o caminho desde Padã-Arã, Jacó
chegou em segurança à cidade de Siquém, na terra de Canaã,
e acampou em seus arredores. 19Jacó comprou da família de
Hamor, pai de Siquém, o terreno onde estava acampado, por
cem peças de prata. 20Ali, construiu um altar e o chamou de
El-Elohe-Israel.

Vingança contra Siquém

34 Certa vez, Diná, filha de Jacó e Lia, saiu para visitar al-
gumas moças que viviam na região. 2O príncipe daquela
terra era Siquém, filho de Hamor, o heveu. Quando ele viu
Diná, a agarrou e a violentou, 3mas depois apaixonou-se por
ela e tentou conquistar sua afeição com palavras carinhosas.
4Disse a seu pai, Hamor: "Consiga-me essa moça, pois quero
me casar com ela".
5Jacó logo soube que Siquém tinha violentado Diná, sua filha.
Mas, como seus filhos estavam no campo cuidando dos reba-
nhos, não disse nada até que eles voltassem. 6Hamor, pai de
Siquém, foi tratar da questão com Jacó. 7Nesse meio-tempo,
os filhos de Jacó voltaram do campo assim que souberam o
que havia acontecido. Ficaram abalados e furiosos porque
sua irmã havia sido violentada. Siquém tinha cometido um
ato vergonhoso contra a família de Jacó, algo que jamais se
deve fazer.
8Hamor fez um pedido a Jacó e seus filhos: "Meu filho Siquém
se apaixonou por sua filha. Por favor, permitam que ele se case
com ela. 9Aliás, podemos arranjar outros casamentos: vocês
entregam suas filhas para nossos filhos, e nós entregamos
nossas filhas para seus filhos. 10Vocês poderão viver em nosso
meio; a terra está à sua disposição! Estabeleçam-se aqui e
façam negócios conosco. Fiquem à vontade para comprar
propriedades na região".
11Então o próprio Siquém falou ao pai e aos irmãos de Diná:
"Por favor, sejam bondosos comigo e deixem que eu me case
com ela", implorou. "Eu lhes darei o que me pedirem. 12Seja
qual for o dote ou o presente que pedirem, eu o pagarei, por
maior que seja; só peço que me entreguem a moça para ser
minha mulher."
13Os filhos de Jacó responderam com falsidade a Siquém e a
seu pai, Hamor, uma vez que Siquém tinha violado Diná, a irmã
deles. 14Disseram: "Não podemos permitir uma coisa dessas,
pois você não é circuncidado. Seria uma vergonha para nossa
irmã casar-se com um homem como você. 15Porém, temos
uma solução. Se todos os homens do seu povo forem circunci-
dados, como nós somos, 16entregaremos nossas filhas e nos
casaremos com suas filhas. Viveremos entre vocês e nos torna-
remos um só povo. 17Mas, se não concordarem em ser circunci-
dados, tomaremos nossa irmã e iremos embora".
18Hamor e seu filho Siquém aceitaram a proposta. 19Sem de-
mora, Siquém fez o que tinham pedido, pois desejava arden-
temente a filha de Jacó. Siquém era o mais respeitado dos
membros de sua família 20e foi com seu pai, Hamor, apresentar
a proposta aos líderes que estavam à porta da cidade.
21"Esses homens são nossos amigos", disseram eles. "De-
vemos convidá-los para viver entre nós e negociar livremente
conosco. Há bastante espaço para eles nesta terra. Podemos
nos casar com as filhas deles, e eles, com as nossas. 22Mas
eles só aceitarão ficar aqui e tornar-se um só povo conosco se
todos os nossos homens forem circuncidados, como eles são.
23Se o fizermos, todos os seus rebanhos e bens passarão, com
o tempo, a ser nossos. Aceitemos a condição deles e deixemos
que se estabeleçam entre nós."
24Todos os membros do conselho da cidade concordaram com
Hamor e Siquém, e todos os homens da cidade foram circun-
cidados. 25Três dias depois, quando eles ainda sentiam dores,
dois filhos de Jacó, Simeão e Levi, irmãos de Diná por parte de
pai e mãe, tomaram suas espadas e entraram na cidade sem
encontrar resistência. Então, massacraram todos os homens
de lá 26e mataram Hamor e seu filho Siquém ao fio da espada.
Depois, tiraram Diná da casa de Siquém e voltaram para o
acampamento.
27Enquanto isso, os outros filhos de Jacó chegaram à cidade.
Vendo eles que todos os homens estavam mortos, saquearam
a cidade, pois sua irmã tinha sido violentada ali. 28Levaram as
ovelhas, os bois e os jumentos, tudo que conseguiram encon-
trar dentro da cidade e nos campos. 29Tomaram todas as ri-
quezas, saquearam as casas e levaram as crianças e mulheres
como prisioneiras.

30 Depois de tudo isso, Jacó disse a Simeão e a Levi: "Vocês
arruinaram minha vida! Serei odiado por todos os povos desta
terra, pelos cananeus e ferezeus. Somos tão poucos que eles
se unirão e nos esmagarão. Eles me atacarão, e toda a minha
família será exterminada!".
31 Mas eles responderam: "Por acaso deveríamos permitir que
nossa irmã fosse tratada como prostituta?".

O retorno de Jacó a Betel

35 Deus disse a Jacó: "Apronte-se, mude-se para Betel e
estabeleça-se ali. Ao chegar, construa um altar para o
Deus que lhe apareceu quando você estava fugindo de seu
irmão, Esaú".
2 Jacó disse à sua família e a todos que estavam com ele: "Jo-
guem fora todos os seus ídolos pagãos, purifiquem-se e vistam
roupas limpas. 3 Vamos a Betel, onde construirei um altar para
o Deus que respondeu às minhas orações quando eu estava
angustiado. Ele tem estado comigo por onde ando".
4 Então entregaram a Jacó todos os ídolos pagãos e as argolas
que usavam nas orelhas, e ele os enterrou ao pé da grande
árvore perto de Siquém. 5 Quando partiram, o terror de Deus
se espalhou de tal forma entre os moradores das cidades pró-
ximas que ninguém atacou a família de Jacó.
6 Por fim, Jacó e todos que estavam com ele chegaram a Luz
(também chamada Betel), em Canaã. 7 Jacó construiu um altar
ali e chamou o lugar de El-Betel, pois Deus lhe havia aparecido
em Betel quando ele estava fugindo de seu irmão.
8 Pouco tempo depois, Débora, a serva que havia amamentado
Rebeca, morreu e foi sepultada ao pé do carvalho no vale perto
de Betel. Desde então, a árvore é chamada de Alom-Bacute.
9 Agora que Jacó havia regressado de Padã-Arã, Deus lhe apa-
receu outra vez em Betel e o abençoou: 10 "Seu nome é Jacó,
mas você não se chamará mais Jacó. De agora em diante, seu
nome será Israel". Assim, Deus deu a ele o nome de Israel.
11 Deus também lhe disse: "Eu sou o Deus Todo-poderoso. Seja
fértil e multiplique-se. Você se tornará uma grande nação, até
mesmo muitas nações. Haverá reis entre seus descendentes.
12 Eu lhe darei a terra que dei a Abraão e Isaque. Sim, eu a darei
a você e a seus descendentes". 13 Em seguida, Deus se elevou
do lugar onde havia falado a Jacó.
14 Jacó levantou uma coluna de pedra para marcar o lugar onde
Deus lhe havia falado. Depois, derramou vinho sobre a coluna,
como oferta a Deus, e a ungiu com azeite de oliva. 15 Chamou
o lugar de Betel, pois ali Deus lhe havia falado.

A morte de Raquel e de Isaque

16 Depois que partiram de Betel, rumaram para Efrata. Ra-
quel, porém, sentiu fortes dores e entrou em trabalho de
parto quando ainda estavam a certa distância da cidade.
17 As dores de parto aumentaram, e a parteira lhe disse: "Não
tenha medo! Você terá outro menino!". 18 Raquel estava quase
morrendo, mas, com seu último suspiro, chamou o menino de
Benoni. O pai do bebê, no entanto, o chamou de Benjamim.
19 Assim, Raquel morreu e foi sepultada junto ao caminho para
Efrata (ou seja, Belém). 20 Sobre o túmulo de Raquel, Jacó le-
vantou um monumento de pedra, que está lá até hoje.
21 Então Jacó seguiu viagem e acampou além de Migdal-Éder.
22 Enquanto moravam ali, Rúben teve relações com Bila, con-
cubina de seu pai, e Jacó ficou sabendo disso. Estes são os
nomes dos doze filhos de Jacó:
23 Os filhos de Lia foram Rúben (o filho mais velho de Jacó),
Simeão, Levi, Judá, Issacar e Zebulom.
24 Os filhos de Raquel foram José e Benjamim.
25 Os filhos de Bila, serva de Raquel, foram Dã e Naftali.
26 Os filhos de Zilpa, serva de Lia, foram Gade e Aser. Esses são
os filhos que nasceram a Jacó em Padã-Arã.
27 Então Jacó voltou à casa de seu pai, Isaque, em Manre,
perto de Quiriate-Arba (hoje chamada Hebrom), onde Abraão
e Isaque viveram como estrangeiros. 28 Isaque viveu 180 anos.
29 Deu o último suspiro e, ao morrer em boa velhice, reuniu-se
a seus antepassados. Seus filhos, Esaú e Jacó, o sepultaram.

Os descendentes de Esaú

36 Este é o relato dos descendentes de Esaú (também cha-
mado Edom). 2 Esaú se casou com duas moças de Canaã:
Ada, filha de Elom, o hitita, e Oolibama, filha de Aná e neta de
Zibeão, o heveu. 3 Também se casou com sua prima Basemate,
que era filha de Ismael e irmã de Nebaiote. 4 Ada deu à luz um
filho chamado Elifaz. Basemate deu à luz um filho chamado
Reuel. 5 Oolibama deu à luz filhos chamados Jeús, Jalão e Corá.
Todos esses filhos nasceram a Esaú na terra de Canaã.
6 Esaú tomou suas mulheres, seus filhos e filhas e todos os de
sua casa, além de seus rebanhos e o gado, toda a riqueza que
havia adquirido na terra de Canaã, e se mudou para longe
de seu irmão, Jacó. 7 Seus rebanhos e bens eram tantos que
a terra onde moravam não era suficiente para sustentá-los.
8 Portanto, Esaú (também chamado Edom) se estabeleceu na
região montanhosa de Seir.
9 Este é o relato dos descendentes de Esaú, os edomitas, que
viviam na região montanhosa de Seir.
10 Estes são os nomes dos filhos de Esaú: Elifaz, filho de Ada,
mulher de Esaú; e Reuel, filho de Basemate, mulher de Esaú.
11 Os descendentes de Elifaz foram: Temã, Omar, Zefô, Gaetã e
Quenaz. 12 Timna, concubina de Elifaz, filho de Esaú, deu à luz
um filho chamado Amaleque. Esses são os descendentes de
Ada, mulher de Esaú.
13 Os descendentes de Reuel foram: Naate, Zerá, Samá e Mizá.
Esses são os descendentes de Basemate, mulher de Esaú.
14 Esaú também teve filhos com Oolibama, filha de Aná, neta de
Zibeão. Seus nomes eram: Jeús, Jalão e Corá.
15 Estes são os descendentes de Esaú que se tornaram chefes
de vários clãs: Os descendentes de Elifaz, filho mais velho
de Esaú, se tornaram chefes dos clãs de Temã, Omar, Zefô,
Quenaz, 16 Corá, Gaetã e Amaleque. Esses são os chefes de
clãs descendentes de Elifaz na terra de Edom. Todos eles foram
descendentes de Ada, mulher de Esaú.
17 Os descendentes de Reuel, filho de Esaú, se tornaram chefes
dos clãs de Naate, Zaerá, Samá e Mizá. Esses são os chefes

dos clãs descendentes de Reuel na terra de Edom. Todos eles
foram descendentes de Basemate, mulher de Esaú.
18 Os descendentes de Esaú e sua mulher Oolibama se tornaram
os chefes dos clãs de Jeús, Jalão e Corá. Esses são os chefes
dos clãs descendentes de Oolibama, mulher de Esaú, filha de
Aná.
19 Esses são os clãs que descenderam de Esaú (também cha-
mado de Edom), cada um identificado pelo nome de seu chefe.

Os habitantes originais de Edom

20 Estes são os nomes das tribos que descenderam de Seir, o
horeu, que habitavam na terra de Edom: Lotã, Sobal, Zibeão e
Aná, 21 Disom, Ézer e Disã. Estes são os chefes dos clãs horeus,
descendentes de Seir, que habitavam na terra de Edom.
22 Os descendentes de Lotã foram: Hori e Hemã. A irmã de Lotã
se chamava Timna.
23 Os descendentes de Sobal foram: Alvã, Manaate, Ebal, Sefô
e Onã.
24 Os descendentes de Zibeão foram: Aiá e Aná. (Foi este Aná
que descobriu as fontes de águas quentes no deserto enquanto
levava os jumentos de seu pai para pastar.)
25 Os descendentes de Aná foram: seu filho Disom e sua filha
Oolibama.
26 Os descendentes de Disom foram: Hendã, Esbã, Itrã e Querã.
27 Os descendentes de Ézer foram: Bilã, Zaavã e Acã.
28 Os descendentes de Disã foram Uz e Arã.
29 Estes, portanto, foram os chefes dos clãs horeus: Lotã,
Sobal, Zibeão, Aná, 30 Disom, Ézer e Disã. Os clãs horeus são
identificados pelo nome de seus chefes, que habitavam na
terra de Seir.

Reis de Edom

31 Estes são os reis que governaram na terra de Edom antes de
os israelitas terem rei:
32 Belá, filho de Beor, reinou em Edom, na cidade de Dinabá.
33 Quando Belá morreu, Jobabe, filho de Zerá, de Bozra, foi
seu sucessor.
34 Quando Jobabe morreu, Husã, da terra dos temanitas, foi
seu sucessor.
35 Quando Husã morreu, Hadade, filho de Bedade, foi seu
sucessor na cidade de Avite. Foi Hadade quem derrotou os
midianitas na terra de Moabe.
36 Quando Hadade morreu, Samlá, da cidade de Masreca, foi
seu sucessor.
37 Quando Samlá morreu, Saul, da cidade de Reobote, próxima
ao Eufrates, foi seu sucessor.
38 Quando Saul morreu, Baal-Hanã, filho de Acbor, foi seu su-
cessor.
39 Quando Baal-Hanã, filho de Acbor, morreu, Hadade foi seu
sucessor na cidade de Paú. Sua mulher era Meetabel, filha de
Matrede e neta de Mezaabe.
40 Estes são os nomes dos chefes dos clãs descendentes de
Esaú, que habitavam nos lugares que têm seus nomes: Timna,
Alvá, Jetete, 41 Oolibama, Elá, Pinom, 42 Quenaz, Temã, Mibzar,
43 Magdiel e Irã. Esses são os chefes dos clãs de Edom, re-
lacionados de acordo com seus assentamentos na terra que
ocupavam. Todos eles foram descendentes de Esaú, antepas-
sado dos edomitas.

Os sonhos de José

37 Jacó passou a morar na terra de Canaã, onde seu pai
tinha vivido como estrangeiro.
2 Este é o relato de Jacó e sua família. Quando José tinha 17
anos, cuidava dos rebanhos de seu pai. Trabalhava com seus
meios-irmãos, os filhos de Bila e Zilpa, mulheres de seu pai,
e contava para seu pai algumas das coisas erradas que seus
irmãos faziam.
3 Jacó amava José mais que a qualquer outro de seus filhos,
pois José havia nascido quando Jacó era idoso. Por isso, certo
dia Jacó encomendou um presente especial para José: uma
linda túnica. 4 Os irmãos de José, por sua vez, o odiavam, pois o
pai deles o amava mais que a todos os outros filhos. Não eram
capazes de lhe dizer uma única palavra amigável.
5 Certa noite, José teve um sonho e, quando o contou a seus
irmãos, eles o odiaram ainda mais. 6 "Ouçam este sonho que
tive", disse ele. 7 "Estávamos no campo, amarrando feixes de
trigo. De repente, meu feixe se levantou e ficou em pé, e seus
feixes se juntaram ao redor do meu e se curvaram diante dele!"
8 Seus irmãos responderam: "Você imagina que será nosso rei?
Pensa mesmo que nos governará?". E o odiaram ainda mais
por causa de seus sonhos e da maneira como os contava.
9 Pouco tempo depois, José teve outro sonho e, mais uma vez,
contou-o a seus irmãos. "Ouçam, tive outro sonho", disse ele.
"O sol, a lua e onze estrelas se curvavam diante de mim!"
10 Dessa vez, contou o sonho não apenas aos irmãos, mas
também ao pai, que o repreendeu, dizendo: "Que sonho é
esse? Por acaso eu, sua mãe e seus irmãos viremos e nos cur-
varemos até o chão diante de você?". 11 Os irmãos de José
ficaram com inveja dele, mas seu pai se perguntou qual seria
o significado dos sonhos.

José é vendido como escravo

12 Pouco depois, os irmãos de José levaram os rebanhos de
seu pai para pastar junto de Siquém. 13 Então Jacó disse a
José: "Seus irmãos estão cuidando das ovelhas em Siquém.
Apronte-se, e eu o enviarei até eles". "Estou pronto para ir",
respondeu José.
14 "Vá ver como estão seus irmãos e os rebanhos", disse Jacó.
"E traga-me notícias deles." Jacó o enviou, e José viajou de
sua casa no vale de Hebrom até Siquém.
15 Quando José chegou a Siquém, um homem da região notou
que ele andava perdido pelos campos. "O que você está pro-
curando?", perguntou o homem.
16 "Estou procurando meus irmãos", respondeu José. "O se-
nhor sabe onde eles estão cuidando dos rebanhos?"
17 O homem lhe disse: "Sim, eles foram embora daqui, mas eu
os ouvi dizer: 'Vamos a Dotã'". Então José foi atrás de seus
irmãos e os encontrou em Dotã.

18Quando os irmãos de José o viram, o reconheceram de
longe. Antes que ele se aproximasse, planejaram uma forma
de matá-lo. 19"Lá vem o sonhador!", disseram uns aos outros.
20"Vamos matá-lo e jogá-lo numa dessas cisternas. Diremos a
nosso pai: 'Um animal selvagem o devorou'. Então veremos o
que será dos seus sonhos!"
21Mas, quando Rúben ouviu o plano, tratou de livrar José.
"Não o matemos", disse ele. 22"Por que derramar sangue? Jo-
guem-no nesta cisterna vazia aqui no deserto e não toquemos
nele." Rúben planejava resgatar José e levá-lo de volta ao pai.
23Assim, quando José chegou, os irmãos lhe arrancaram a
linda túnica que ele estava usando, 24o agarraram e o jogaram
na cisterna vazia, ou seja, sem água. 25Mais tarde, quando
se sentaram para comer, viram ao longe uma caravana de
camelos vindo em sua direção. Era um grupo de negociantes
ismaelitas, que transportavam especiarias, bálsamo e mirra
de Gileade para o Egito.
26Judá disse a seus irmãos: "O que ganharemos se matarmos
nosso irmão e encobrirmos o crime? 27Em vez de matá-lo,
vamos vendê-lo aos negociantes ismaelitas. Afinal, ele é
nosso irmão, sangue do nosso sangue!". Seus irmãos concor-
daram. 28Então, quando os ismaelitas, que eram negociantes
midianitas, se aproximaram, os irmãos de José o tiraram da
cisterna e o venderam para eles por vinte peças de prata. E os
negociantes o levaram para o Egito.
29Algum tempo depois, Rúben voltou para tirar José da cis-
terna. Quando descobriu que seu irmão não estava lá, rasgou
as roupas. 30Voltou a seus irmãos e lamentou-se: "O menino
sumiu! E agora, o que farei?".
31Então os irmãos mataram um bode e mergulharam a túnica
de José no sangue do animal. 32Enviaram a linda túnica para
o pai, com a seguinte mensagem: "Veja o que encontramos.
Não é a túnica de seu filho?".
33O pai a reconheceu de imediato e disse: "Sim, é a túnica de
meu filho. Um animal selvagem o deve ter devorado. Com cer-
teza José morreu despedaçado!". 34Jacó rasgou suas roupas
e vestiu-se de pano de saco. Por longo tempo, lamentou pro-
fundamente a morte do filho. 35A família toda tentou conso-
lá-lo, mas ele se recusava. "Descerei à sepultura lamentando a
morte de meu filho", dizia, e continuou a lamentar-se.
36Enquanto isso, os negociantes midianitas chegaram ao Egito,
onde venderam José a Potifar, oficial e capitão da guarda do
faraó.

Judá e Tamar

38 Por essa época, Judá saiu de casa e se mudou para
Adulão, onde foi morar na casa de um homem chamado
Hira. 2Ali, Judá viu uma mulher cananita, filha de Suá, e se
casou com ela. Teve relações com a mulher, 3e ela engravidou
e deu à luz um filho, que ele chamou de Er. 4Ela engravidou no-
vamente e deu à luz outro filho, que chamou de Onã. 5Quando
estavam morando em Quezibe, ela deu à luz o terceiro filho e
o chamou de Selá.
6No devido tempo, Judá arranjou o casamento de Er, seu filho
mais velho, com uma moça chamada Tamar. 7Mas Er era um
homem perverso aos olhos do SENHOR, por isso o SENHOR lhe
tirou a vida. 8Então Judá disse a Onã, irmão de Er: "Case-se
com Tamar, como é exigido para com a viúva do irmão. Você
deve gerar um herdeiro para seu irmão".
9Onã, porém, não estava disposto a ter um filho que não seria
seu herdeiro. Por isso, cada vez que tinha relações com a mu-
lher de seu irmão, derramava o sêmen no chão. Desse modo,
evitava que Tamar tivesse um filho que pertenceria ao irmão
dele. 10O SENHOR, porém, considerou maldade a sua atitude e,
por isso, também tirou a vida de Onã.
11Então Judá disse à sua nora Tamar: "Volte para a casa de seus
pais e permaneça viúva até que meu filho Selá tenha idade
suficiente para se casar com você". (Na verdade, Judá disse
isso apenas porque temia que Selá também morresse, como
seus dois irmãos.) Assim, Tamar voltou para a casa do pai.
12Alguns anos depois, a mulher de Judá morreu. Quando ter-
minou o período de luto, Judá e seu amigo Hira, o adulamita,
subiram a Timna para supervisionar a tosquia das ovelhas de
Judá. 13Alguém disse a Tamar: "Seu sogro está subindo a Timna
para tosquiar as ovelhas".
14Tamar sabia que Selá já era adulto, mas nenhuma provi-
dência havia sido tomada para que ela se casasse com ele.
Por isso, trocou suas roupas de viúva e, para disfarçar-se, co-
briu-se com um véu. Depois, foi sentar-se junto à entrada da
vila de Enaim, no caminho para Timna. 15Judá a viu e pensou
que fosse uma prostituta, pois ela estava com o rosto coberto.
16Ele parou à beira da estrada e, sem saber que era sua própria
nora, disse: "Quero me deitar com você". "Quanto você me
pagará para deitar-se comigo?", perguntou Tamar.
17"Eu lhe mandarei um cabrito do meu rebanho", prometeu
Judá. "Mas o que me dá como garantia de que mandará o
cabrito?", perguntou ela.
18"Que tipo de garantia você quer?", replicou ele. Ela disse:
"Deixe comigo seu selo pessoal, junto com o cordão dele e o
cajado que você está segurando". Judá entregou os objetos.
Depois, teve relações com Tamar, e ela engravidou. 19Em se-
guida, Tamar voltou para casa, tirou o véu e tornou a vestir as
roupas de viúva, como de costume.
20Mais tarde, Judá pediu que seu amigo Hira, o adulamita, le-
vasse o cabrito para a mulher e pegasse de volta as coisas que
ele havia deixado como garantia. Hira, porém, não conseguiu
encontrá-la. 21Perguntou aos homens que moravam lá: "Onde
posso encontrar a prostituta do templo que estava sentada
junto à entrada de Enaim?". "Aqui nunca houve uma prostituta
do templo", responderam eles.
22Então Hira voltou para onde Judá estava e lhe disse: "Não
consegui encontrá-la em lugar algum, e os homens da vila
disseram que lá nunca houve uma prostituta do templo".
23"Que ela fique com as minhas coisas", disse Judá. "Mandei
o cabrito como tínhamos combinado, mas você não a encon-
trou. Se voltássemos para procurá-la, o povo da vila zombaria
de nós."

24Uns três meses depois, disseram a Judá: "Sua nora, Tamar,
se comportou como prostituta e, por isso, está grávida". Judá
ordenou: "Tragam-na para fora e queimem-na!".
25Quando a estavam tirando de casa para matá-la, ela enviou
a seguinte mensagem a seu sogro: "Estou grávida do homem
que é dono destes objetos. Olhe com atenção. De quem são
este selo, este cordão e este cajado?".
26Judá os reconheceu de imediato e disse: "Ela é mais justa
que eu, pois não tomei as providências para que ela se ca-
sasse com meu filho Selá". E Judá nunca mais teve relações
com Tamar.
27Quando chegou a época de Tamar dar à luz, descobriu que
teria gêmeos. 28Durante o trabalho de parto, um dos bebês pôs
a mão para fora. A parteira segurou a mão do bebê, amarrou
um fio vermelho no pulso e anunciou: "Este saiu primeiro".
29O bebê, porém, recolheu a mão, e seu irmão saiu. Então a
parteira disse: "Como você conseguiu sair primeiro?". Por isso,
ele recebeu o nome de Perez. 30Logo depois, o bebê com o fio
vermelho no pulso nasceu e recebeu o nome de Zerá.

José na casa de Potifar

39 Quando José foi levado para o Egito pelos negociantes
ismaelitas, eles o venderam a Potifar, um oficial egípcio.
Potifar era capitão da guarda do faraó, o rei do Egito.
2O SENHOR estava com José, por isso ele era bem-sucedido
em tudo que fazia no serviço da casa de seu senhor egípcio.
3Potifar percebeu que o SENHOR estava com José e lhe dava
sucesso em tudo que ele fazia. 4Satisfeito com isso, nomeou
José seu assistente pessoal e o encarregou de toda a sua casa
e de todos os seus bens. 5A partir do dia em que José foi encar-
regado de toda a casa e de todas as propriedades de Potifar,
o SENHOR começou a abençoar a casa do egípcio por causa de
José. Tudo corria bem na casa, e as plantações e os animais
prosperavam. 6Assim, Potifar entregou tudo que possuía aos
cuidados de José e, tendo-o como administrador, não se preo-
cupava com nada, exceto com o que iria comer. José era um
rapaz muito bonito, de bela aparência, 7e logo a esposa de Po-
tifar começou a olhar para ele com desejo. "Venha e deite-se
comigo", ordenou ela.
8José recusou e disse: "Meu senhor me confiou todos os bens
de sua casa e não precisa se preocupar com nada. 9Ninguém
aqui tem mais autoridade que eu. Ele não me negou coisa
alguma, exceto a senhora, pois é mulher dele. Como poderia
eu cometer tamanha maldade? Estaria pecando contra Deus!".
10A mulher continuava a assediar José diariamente, mas ele
se recusava a deitar-se com ela. 11Certo dia, porém, quando
José entrou para fazer seu trabalho, não havia mais ninguém
na casa. 12Ela se aproximou, agarrou-o pelo manto e exigiu:
"Venha, deite-se comigo!". José se desvencilhou e fugiu da
casa, mas o manto ficou na mão da mulher.
13Quando ela viu que José tinha fugido, mas que o manto havia
ficado na mão dela, 14chamou seus servos. "Vejam!", disse
ela. "Meu marido trouxe esse escravo hebreu para nos fazer
de bobos! Ele entrou no meu quarto para me violentar, mas eu
gritei. 15Quando ele me ouviu gritar, saiu correndo e escapou,
mas largou seu manto comigo."
16Ela guardou o manto até o marido voltar para casa. 17Então,
contou-lhe sua versão da história. "O escravo hebreu que você
trouxe para nossa casa tentou aproveitar-se de mim", disse
ela. 18"Mas, quando eu gritei, ele saiu correndo e largou seu
manto comigo!"

José é preso

19Ao ouvir a mulher contar como José a havia tratado, Potifar
se enfureceu. 20Pegou José e o lançou na prisão onde ficavam
os prisioneiros do rei, e ali José permaneceu. 21Mas o SENHOR
estava com ele na prisão e o tratou com bondade. Fez José
conquistar a simpatia do carcereiro, que, 22em pouco tempo,
encarregou José de todos os outros presos e de todas as ta-
refas da prisão. 23O carcereiro não precisava mais se preo-
cupar com nada, pois José cuidava de tudo. O SENHOR estava
com ele e lhe dava sucesso em tudo que ele fazia.

José interpreta o sonho de dois prisioneiros

40 Algum tempo depois, o chefe dos copeiros e o chefe dos
padeiros do faraó ofenderam seu senhor, o rei do Egito.
2O faraó se enfureceu com os dois oficiais 3e os mandou para
a prisão onde José estava, no palácio do capitão da guarda.
4Eles ficaram presos por um bom tempo, e o capitão da guarda
os colocou sob a responsabilidade de José, para que cuidasse
deles.
5Certa noite, enquanto estavam presos, o copeiro e o padeiro
tiveram, cada um, um sonho, e cada sonho tinha o seu sig-
nificado. 6Quando José os viu no dia seguinte, notou que os
dois estavam perturbados 7e perguntou: "Por que vocês estão
preocupados?".
8Eles responderam: "Esta noite, nós dois tivemos sonhos, mas
ninguém sabe nos dizer o que significam". "A interpretação
dos sonhos vem de Deus", disse José. "Contem-me o que
sonharam."
9O chefe dos copeiros foi o primeiro a relatar seu sonho a José.
"Em meu sonho, vi na minha frente uma videira", disse ele.
10"Havia três ramos que começaram a brotar e florescer e, em
pouco tempo, produziram cachos de uvas. 11Eu tinha na mão
o copo do faraó. Tomei um dos cachos de uva, espremi o suco
na taça e a coloquei na mão do faraó."
12José disse: "Este é o significado do sonho: os três ramos
representam três dias. 13Dentro de três dias, o faraó o ele-
vará de volta ao seu cargo de chefe dos copeiros. 14Quando a
situação estiver bem para você, peço que se lembre de mim.
Fale de mim ao faraó, para que ele me tire deste lugar, 15pois
fui trazido à força da minha terra natal, a terra dos hebreus, e
agora estou nesta prisão, onde fui lançado sem motivo justo".
16Ao ouvir a interpretação favorável de José para o primeiro
sonho, o chefe dos padeiros lhe disse: "Também tive um
sonho. Nele, havia três cestos de pães brancos empilhados
sobre a minha cabeça. 17No cesto de cima, havia pães e doces

de todo tipo para o faraó, mas as aves vieram e comeram do
cesto que estava sobre a minha cabeça".
18José lhe disse: "Este é o significado do sonho: os três cestos
também representam três dias. 19Dentro de três dias, o faraó
pendurará sua cabeça em um poste, e as aves comerão sua
carne".
20Três dias depois, era o aniversário do faraó, e ele preparou
um banquete para todos os seus oficiais e funcionários. Con-
vocou o chefe dos copeiros e o chefe dos padeiros para com-
parecerem à festa. 21Elevou o chefe dos copeiros de volta a seu
cargo, para que voltasse a entregar o copo ao faraó. 22Quanto
ao chefe dos padeiros, mandou enforcá-lo, como José havia
previsto ao interpretar o sonho dele. 23O chefe dos copeiros,
porém, se esqueceu completamente de José e não pensou
mais nele.

O sonho do faraó

41 Dois anos inteiros se passaram, e o faraó sonhou que
estava em pé na margem do rio Nilo. 2Em seu sonho, viu
sete vacas gordas e saudáveis saírem do rio e começarem a
pastar no meio dos juncos. 3Em seguida, viu outras sete vacas
saírem do Nilo. Eram feias e magras e pararam junto das vacas
gordas à beira do rio. 4Então as vacas feias e magras comeram
as sete vacas gordas e saudáveis. Nessa parte do sonho, o
faraó acordou.
5Depois, voltou a dormir e teve outro sonho. Dessa vez, viu sete
espigas de trigo, cheias e boas, que cresciam em um só talo.
6Em seguida, apareceram mais sete espigas, mas elas eram
murchas e ressequidas pelo vento do leste. 7Então as espigas
miúdas engoliram as sete espigas cheias e bem formadas.
O faraó acordou novamente e percebeu que era um sonho.
8Na manhã seguinte, perturbado com os sonhos, o faraó
chamou todos os magos e os sábios do Egito. Contou-lhes os
sonhos, mas ninguém conseguiu interpretá-los.
9Por fim, o chefe dos copeiros se pronunciou. "Hoje eu me
lembrei do meu erro", disse ao faraó. 10"Algum tempo atrás,
o senhor se irou com o chefe dos padeiros e comigo e mandou
prender-nos no palácio do capitão da guarda. 11Certa noite, o
chefe dos padeiros e eu tivemos, cada um, um sonho, e cada
sonho tinha o seu significado. 12Estava conosco na prisão um
rapaz hebreu que era escravo do capitão da guarda. Contamos
a ele nossos sonhos, e ele explicou o que cada um significava.
13E tudo aconteceu exatamente como ele havia previsto. Fui
restaurado ao meu cargo de chefe dos copeiros, e o chefe dos
padeiros foi enforcado em público."
14Na mesma hora, o faraó mandou chamar José, e ele foi
trazido depressa da prisão. Depois de barbear-se e trocar de
roupa, apresentou-se ao faraó. 15Disse o faraó a José: "Tive
um sonho esta noite e ninguém aqui conseguiu me dizer o que
ele significa. Soube, porém, que ao ouvir um sonho você é
capaz de interpretá-lo".
16José respondeu: "Essa capacidade não está em minhas
mãos, mas Deus pode revelar o significado ao faraó e acal-
má-lo".
17Então o faraó contou o sonho a José: "Em meu sonho, eu
estava em pé na margem do rio Nilo 18e vi sete vacas gordas
e saudáveis saírem do rio e começarem a pastar no meio dos
juncos. 19Em seguida, vi saírem do rio sete vacas feias e ma-
gras que pareciam doentes. Nunca vi animais tão horríveis em
toda a terra do Egito. 20Essas vacas feias e magras comeram
as sete vacas gordas. 21Contudo, não parecia que haviam aca-
bado de comer as outras vacas, pois continuavam tão magras
e feias quanto antes. Então, acordei.
22"Em meu sonho, também vi sete espigas de trigo, cheias e
boas, que cresciam em um só talo. 23Em seguida, apareceram
outras sete espigas, mas elas eram murchas, miúdas e res-
sequidas pelo vento do leste. 24As espigas miúdas engoliram
as sete espigas saudáveis. Contei os sonhos aos magos, mas
ninguém foi capaz de dizer o que significam".
25José respondeu: "Os dois sonhos do faraó significam a
mesma coisa. Deus está dizendo ao faraó de antemão o que
ele vai fazer. 26As sete vacas saudáveis e as sete espigas de
trigo cheias representam sete anos de prosperidade. 27As sete
vacas feias e magras e as sete espigas miúdas e ressequidas
pelo vento do leste representam sete anos de fome.
28"Acontecerá exatamente como eu descrevi, pois Deus re-
velou ao faraó de antemão o que ele vai fazer. 29Os próximos
sete anos serão um período de grande prosperidade em toda
a terra do Egito. 30Depois, haverá sete anos de fome tão
grande que toda essa prosperidade será esquecida no Egito,
pois a fome destruirá a terra. 31A escassez de alimento será
tão terrível que apagará até a lembrança dos anos de fartura.
32Quanto ao fato de terem sido dois sonhos parecidos, significa
que esses acontecimentos foram decretados por Deus, e ele os
fará ocorrer em breve.
33"Portanto, o faraó deve encontrar um homem inteligente e
sábio e encarregá-lo de administrar o Egito. 34O faraó também
deve nomear supervisores sobre a terra, para que recolham
um quinto de todas as colheitas durante os sete anos de far-
tura. 35Encarregue-os de juntar todo o alimento produzido
nos anos bons que virão e levá-lo para os armazéns do faraó.
Mande-os estocar e guardar os cereais, para que haja man-
timento nas cidades. 36Desse modo, quando os sete anos de
fome vierem sobre a terra do Egito, haverá comida suficiente.
Assim, a fome não destruirá a terra".

O faraó coloca José no poder

37O faraó e seus oficiais gostaram das sugestões de José. 38Por
isso, o faraó perguntou aos oficiais: "Será que encontraremos
alguém como este homem? Sem dúvida, há nele o espírito
de Deus!". 39Então o faraó disse a José: "Uma vez que Deus
lhe revelou o significado dos sonhos, é evidente que não há
ninguém tão inteligente ou sábio quanto você. 40Ficará en-
carregado de minha corte, e todo o meu povo obedecerá às
suas ordens. Apenas eu, que ocupo o trono, terei uma posição
superior à sua".
41O faraó acrescentou: "Eu o coloco oficialmente no comando
de toda a terra do Egito". 42Então o faraó tirou do dedo o seu

anel com o selo real e o pôs no dedo de José. Mandou vesti-lo
com roupas de linho fino e pôs uma corrente de ouro em seu
pescoço. 43Também o fez andar na carruagem reservada para
quem era o segundo no poder, e, por onde José passava, gri-
tava-se a ordem: "Ajoelhem-se!". Assim, o faraó colocou José
no comando de todo o Egito 44e lhe disse: "Eu sou o faraó, mas
ninguém levantará a mão ou o pé em toda a terra do Egito sem
a sua permissão".
45O faraó deu a José um nome egípcio: Zafenate-Paneia.
Também lhe deu uma mulher, que se chamava Azenate. Ela
era filha de Potífera, sacerdote de Om. Assim, José recebeu au-
toridade sobre todo o Egito. 46Tinha 30 anos quando começou
a servir na corte do faraó, o rei do Egito. Depois de sair da
presença do faraó, José foi inspecionar toda a terra do Egito.
47Como previsto, durante sete anos a terra produziu fartas co-
lheitas. 48Ao longo desse tempo, José juntou todas as colheitas
do Egito e armazenou nas cidades os cereais produzidos nos
campos ao redor. 49Armazenou uma quantidade imensa de ce-
reais, como a areia do mar. Por fim, parou de manter registros,
pois havia demais para medir.
50Durante esse tempo, antes do primeiro ano de fome, José
e sua mulher, Azenate, filha de Potífera, sacerdote de Om,
tiveram dois filhos. 51José chamou o filho mais velho de Ma-
nassés, pois disse: "Deus me fez esquecer todas as minhas
dificuldades e toda a família de meu pai". 52José chamou o
segundo filho de Efraim, pois disse: "Deus me fez prosperar
na terra da minha aflição".
53Por fim, terminaram os sete anos de colheitas fartas em toda
a terra do Egito, 54e começaram os sete anos de fome, como
José havia previsto. A fome também afetou as regiões vizinhas,
mas havia alimento de sobra em todo o Egito. 55Depois de
algum tempo, porém, a fome também se espalhou pelo Egito.
Quando o povo clamou ao faraó para que lhe desse alimento,
ele respondeu a todos os egípcios: "Dirijam-se a José e sigam
as instruções dele". 56Quando faltou alimento em toda parte,
José mandou abrir os armazéns e vendeu cereais aos egípcios,
pois a fome era terrível em toda a terra do Egito. 57Gente de
todos os lugares ia ao Egito comprar cereais de José, pois a
fome era terrível no mundo inteiro.

Os irmãos de José vão ao Egito

42Quando Jacó soube que no Egito havia cereais, disse a
seus filhos: "Por que vocês estão aí parados, olhando uns
para os outros? 2Ouvi dizer que há cereais no Egito. Desçam
até lá e comprem cereais em quantidade suficiente para nos
mantermos vivos. Do contrário, morreremos".
3Então os dez irmãos mais velhos de José desceram ao Egito
para comprar cereais. 4Mas Jacó não deixou Benjamim, o
irmão mais novo de José, ir com eles, pois tinha medo de que
algum mal lhe acontecesse. 5Os filhos de Jacó chegaram ao
Egito junto com outros para comprar mantimentos, porque
também havia fome em Canaã.
6Uma vez que José era governador do Egito e o encarregado de
vender cereais a todos, foi a ele que seus irmãos se dirigiram.
Quando chegaram, curvaram-se diante dele com o rosto no
chão. 7José reconheceu os irmãos de imediato, mas fingiu
não saber quem eram e lhes perguntou com aspereza: "De
onde vocês vêm?". "Da terra de Canaã", responderam eles.
"Viemos comprar mantimentos."
8Embora José tivesse reconhecido seus irmãos, eles não o
reconheceram. 9José se lembrou dos sonhos que tivera a res-
peito deles muitos anos antes e lhes disse: "Vocês são espiões!
Vieram para descobrir os pontos fracos de nossa terra".
10"Não, meu senhor!", responderam eles. "Seus servos vieram
apenas para comprar mantimentos. 11Somos todos irmãos,
membros da mesma família. Somos homens honestos, meu
senhor, e não espiões!"
12Mas José insistiu: "São espiões, sim! Vieram para descobrir
os pontos fracos de nossa terra".
13Eles disseram: "Senhor, na verdade, nós, seus servos,
éramos doze irmãos, todos filhos de um homem que vive na
terra de Canaã. Nosso irmão mais novo está em casa com o
pai, e um de nossos irmãos já não está conosco."
14José, porém, continuou a insistir: "Como eu disse, vocês são
espiões! 15Mas há uma forma de verificar sua história. Juro
pela vida do faraó que vocês só deixarão o Egito quando seu
irmão mais novo vier para cá. 16Um de vocês deve buscá-lo.
Os outros ficarão presos aqui. Então veremos se sua história é
verdadeira ou não. Pela vida do faraó, se não tiverem um irmão
mais novo, saberei com certeza que são espiões".
17Então José os colocou na prisão por três dias. 18No terceiro
dia, José lhes disse: "Sou um homem temente a Deus. Façam
o que direi e viverão. 19Se são mesmo homens honestos, es-
colham um de seus irmãos para continuar preso. Os demais
podem voltar para casa com cereais para seus parentes que
estão passando fome. 20Tragam-me, porém, seu irmão mais
novo. Com isso, provarão que estão dizendo a verdade e não
morrerão". Eles concordaram e, 21conversando entre si, dis-
seram: "É evidente que estamos sendo castigados por aquilo
que fizemos a José tanto tempo atrás. Vimos sua angústia
quando ele implorou por sua vida, mas nós o ignoramos. Por
isso estamos nesta situação difícil".
22Rúben disse: "Não lhes falei que não pecassem contra o
rapaz? Mas vocês não quiseram me ouvir. Agora, temos de
prestar contas pelo sangue dele!".
23Não sabiam, porém, que José os entendia, pois falava com
eles por meio de um intérprete. 24José se afastou dos irmãos
e começou a chorar. Quando se recompôs, voltou a falar com
eles. Escolheu Simeão e mandou amarrá-lo diante dos demais.
25Em seguida, José ordenou que seus servos enchessem de ce-
reais os sacos que os irmãos haviam trazido e, em segredo, de-
volvessem o pagamento, colocando o dinheiro na boca de cada
saco. Também mandou que lhes dessem mantimentos para
a viagem, e assim fizeram. 26Os irmãos colocaram os sacos
de cereal sobre seus jumentos e partiram de volta para casa.
27Contudo, quando um deles abriu a bagagem a fim de pegar
cereal para seu jumento, encontrou o dinheiro na boca do
saco. 28"Vejam só!", exclamou para seus irmãos. "Devolveram

meu dinheiro; está aqui no saco!" O coração deles desfaleceu e, tremendo, disseram uns aos outros: "O que Deus fez conosco?".

29 Quando os irmãos chegaram à casa de Jacó, seu pai, na terra de Canaã, relataram-lhe tudo que havia acontecido com eles. 30 Disseram: "O homem que governa o país falou conosco asperamente e nos acusou de sermos espiões em sua terra, 31 mas nós lhe garantimos: 'Somos homens honestos, e não espiões. 32 Somos doze irmãos, filhos do mesmo pai. Um de nossos irmãos já não está conosco, e o mais novo está em casa com nosso pai, na terra de Canaã'.

33 "Então o homem que governa o país disse: 'Saberei com certeza se vocês são homens honestos da seguinte forma: deixem um de seus irmãos comigo e voltem para casa levando cereais para seus parentes que estão passando fome. 34 Tragam-me, porém, seu irmão mais novo e saberei que são homens honestos, e não espiões. Então eu lhes devolverei seu irmão, e vocês poderão negociar livremente nesta terra'".

35 Ao esvaziarem os sacos, viram que dentro de cada um havia uma bolsa com o dinheiro do pagamento pelos cereais. Os irmãos e o pai ficaram apavorados quando viram as bolsas de dinheiro. 36 Jacó disse: "Vocês estão tirando meus filhos de mim! José se foi, Simeão não está aqui, e agora querem levar Benjamim também. Tudo está contra mim!".

37 Então Rúben disse ao pai: "Se eu não trouxer Benjamim de volta, o senhor pode matar meus dois filhos. Eu me responsabilizo por ele e prometo trazê-lo de volta".

38 Jacó, porém, respondeu: "Meu filho não descerá com vocês. Seu irmão José morreu, e Benjamim é tudo que me resta. Se alguma coisa acontecesse com ele na viagem, vocês me mandariam velho e infeliz para a sepultura".

Os irmãos voltam ao Egito

43 A fome se agravou na terra de Canaã. 2 Quando os cereais que eles haviam trazido do Egito estavam para acabar, Jacó disse a seus filhos: "Voltem e comprem um pouco mais de mantimento para nós".

3 Judá, porém, respondeu: "O homem estava falando sério quando nos advertiu: 'Vocês não me verão novamente se não trouxerem seu irmão'. 4 Se o senhor enviar Benjamim conosco, desceremos e compraremos mais mantimento, 5 mas, se não deixar Benjamim ir, nós também não iremos. Lembre-se de que o homem disse: 'Vocês não me verão novamente se não trouxerem seu irmão'".

6 "Por que vocês foram tão cruéis comigo?", lamentou-se Jacó. "Por que disseram ao homem que tinham outro irmão?"

7 "Ele fez uma porção de perguntas sobre nossa família", responderam. "Quis saber: 'Seu pai ainda está vivo? Vocês têm outro irmão?'. Nós apenas respondemos às perguntas dele. Como poderíamos imaginar que ele diria: 'Tragam seu irmão'?"

8 Judá disse a seu pai: "Deixe o rapaz ir comigo e partiremos. Do contrário, todos nós morreremos de fome, e não apenas nós, mas também nossos pequeninos. 9 Garanto pessoalmente a segurança dele. O senhor pode me responsabilizar se eu não o trouxer de volta. Carregarei a culpa para sempre. 10 Se não tivéssemos perdido todo esse tempo, poderíamos ter ido e voltado duas vezes".

11 Por fim, Jacó, seu pai, lhes disse: "Se não há outro jeito, pelo menos façam o seguinte. Coloquem na bagagem os melhores produtos desta terra: bálsamo, mel, especiarias e mirra, pistache e amêndoas, e levem de presente para o homem. 12 Levem também o dobro do dinheiro que foi devolvido, pois alguém deve tê-lo colocado nos sacos por engano. 13 Depois, peguem seu irmão e voltem àquele homem. 14 Que o Deus Todo-poderoso lhes conceda misericórdia quando estiverem diante daquele homem, para que ele liberte Simeão e deixe Benjamim voltar. Mas, se devo perder meus filhos, que assim seja".

15 Então os homens pegaram os presentes de Jacó e o dobro do dinheiro e partiram com Benjamim. Por fim, chegaram ao Egito e se apresentaram a José. 16 Quando José viu Benjamim com eles, disse ao administrador de sua casa: "Estes homens almoçarão comigo ao meio-dia. Leve-os ao palácio, mate um animal e prepare um grande banquete". 17 O homem fez conforme José ordenou e os levou ao palácio de José.

18 Quando os irmãos viram que estavam sendo levados à casa de José, ficaram apavorados. "É por causa do dinheiro que alguém colocou de volta nos sacos da outra vez que estivemos aqui", disseram uns aos outros. "Ele planeja nos acusar de roubo e, depois, nos prender, nos tornar escravos e tomar nossos jumentos."

O banquete no palácio de José

19 À entrada do palácio, os irmãos se dirigiram ao administrador de José e lhe disseram: 20 "Ouça, senhor. Viemos ao Egito anteriormente para comprar mantimentos. 21 No caminho de volta para casa, paramos para pernoitar e abrimos os sacos. Descobrimos que o dinheiro de cada um, a quantia exata que havíamos pago, estava na boca do saco. Trouxemos o dinheiro de volta. Aqui está. 22 Também trouxemos mais dinheiro para comprar mantimentos. Não fazemos ideia de quem colocou o dinheiro nos sacos".

23 "Fiquem tranquilos", disse o administrador. "Não tenham medo. Seu Deus, o Deus de seu pai, deve ter colocado esse tesouro nos sacos. Tenho certeza de que recebi seu pagamento." Depois disso, soltou Simeão e o levou até onde eles estavam.

24 Em seguida, o administrador os conduziu para dentro do palácio de José. Deu-lhes água para lavar os pés e providenciou ração para seus jumentos. 25 Quando foram avisados que almoçariam lá, os irmãos prepararam os presentes para a chegada de José ao meio-dia.

26 Assim que José chegou em casa, entregaram-lhe os presentes que haviam trazido e curvaram-se até o chão diante dele. 27 Depois de cumprimentá-los, José quis saber: "Como está seu pai, o senhor idoso do qual me falaram? Ainda está vivo?".

28"Sim", responderam eles. "Nosso pai, seu servo, ainda está
vivo e vai bem." E curvaram-se mais uma vez.
29Então José olhou para seu irmão Benjamim, o filho de sua
mãe, e perguntou: "Este é o irmão mais novo de que vocês
me falaram?". E disse a Benjamim: "Deus seja bondoso com
você, meu filho". 30Muito emocionado por causa do irmão,
José saiu depressa da sala. Foi para o quarto, onde chorou.
31Depois de lavar o rosto, voltou mais controlado e ordenou:
"Tragam a comida!".
32José foi servido em sua própria mesa, e seus irmãos, em
uma mesa separada. Os egípcios que comiam com José,
por sua vez, foram servidos em outra mesa, pois os egípcios
desprezavam os hebreus e se recusavam a comer com eles.
33José disse a cada um dos irmãos onde deviam sentar-se e,
para espanto deles, colocou-os ao redor da mesa em ordem
de idade, do mais velho para o mais novo. 34Mandou encher
os pratos deles com comida de sua própria mesa, e deram a
Benjamim uma porção cinco vezes maior que a dos outros. E
eles comeram e beberam à vontade com José.

O copo de prata de José

44 Então José deu a seguinte ordem ao administrador do
palácio: "Coloque nos sacos que eles trouxeram todo o
cereal que puderem carregar, e coloque o dinheiro de cada um
de volta no saco. 2Depois, coloque meu copo de prata na boca
do saco de mantimento do mais novo, junto com o dinheiro
dele". O administrador fez tudo conforme José ordenou.
3Assim que amanheceu, os irmãos se levantaram e partiram
com os jumentos carregados. 4Quando haviam percorrido
apenas uma distância curta e mal haviam saído da cidade,
José disse ao administrador do palácio: "Vá atrás deles e de-
tenha-os. Quando os alcançar, diga-lhes: 'Por que retribuíram
o bem com o mal? 5Por que roubaram o copo de prata do
meu senhor, que ele usa para prever o futuro? Vocês agiram
muito mal!'".
6Quando o administrador do palácio alcançou os homens, re-
petiu para eles as palavras de José.
7"Do que o senhor está falando?", disseram os irmãos. "Somos
seus servos e jamais faríamos uma coisa dessas! 8Por acaso
não devolvemos o dinheiro que encontramos nos sacos? Nós
o trouxemos de volta da terra de Canaã. Por que roubaríamos
ouro ou prata da casa do seu senhor? 9Se encontrar o copo de
prata com um de nós, que morra quem estiver com ele! E nós,
os restantes, seremos seus escravos."
10"Sua proposta é justa", respondeu ele. "Mas apenas aquele
que roubou o copo de prata se tornará meu escravo. Os outros
estarão livres."
11Sem demora, eles descarregaram os sacos e os abriram. 12O
administrador do palácio examinou a bagagem de cada um,
começando pelo mais velho até o mais novo. E o copo foi en-
contrado no saco de mantimento de Benjamim. 13Quando os
irmãos viram isso, rasgaram as roupas. Depois, colocaram a
carga de volta sobre os jumentos e retornaram à cidade.
14José ainda estava em seu palácio quando Judá e seus irmãos
chegaram, e eles se curvaram até o chão diante dele. 15"O que
vocês fizeram?", exigiu ele. "Não sabem que um homem como
eu é capaz de prever o que vai acontecer?"
16Judá respondeu: "Meu senhor, o que podemos dizer? Que
explicação podemos dar? Como podemos provar nossa ino-
cência? Deus está nos castigando por causa de nossa mal-
dade. Todos nós voltamos para ser seus escravos, todos nós,
e não apenas nosso irmão com quem foi encontrado o copo
de prata".
17José, no entanto, disse: "Eu jamais faria uma coisa dessas!
Apenas o homem que roubou o copo será meu escravo. Os
outros podem voltar em paz para a casa de seu pai".

Judá intercede por Benjamim

18Então Judá deu um passo à frente e disse: "Por favor, meu
senhor, permita que seu servo lhe diga apenas uma palavra.
Peço que não perca a paciência comigo, embora o senhor seja
tão poderoso quanto o próprio faraó.
19"Meu senhor perguntou a nós, seus servos: 'Vocês têm pai
ou irmão?'. 20E nós respondemos: 'Sim, meu senhor, nosso
pai é idoso e tem um filho mais novo, nascido em sua velhice.
O irmão desse filho, por parte de pai e mãe, morreu. Ele é o
único filho de sua mãe, e nosso pai o ama muito'.
21"O senhor nos disse: 'Tragam-no aqui para que eu possa
vê-lo com os próprios olhos'. 22E nós respondemos: 'Meu
senhor, o rapaz não pode deixar o pai, pois, se o fizesse, o
pai morreria'. 23Mas o senhor nos disse: 'Vocês não me verão
novamente se não trouxerem seu irmão'.
24"Assim, voltamos para seu servo, nosso pai, e contamos a
ele o que o senhor tinha dito. 25Passado algum tempo, quando
ele disse: 'Voltem e comprem mais mantimentos', 26nós res-
pondemos: 'Só poderemos voltar se nosso irmão mais novo
nos acompanhar. Não temos como ver o homem outra vez, a
menos que nosso irmão mais novo esteja conosco'.
27"Então meu pai nos disse: 'Como vocês sabem, minha mulher
teve dois filhos, 28e um deles foi embora e nunca mais voltou.
Sem dúvida, foi despedaçado por algum animal selvagem, e
eu nunca mais o vi. 29Se agora vocês levarem de mim o irmão
dele e lhe acontecer algum mal, vocês me mandarão velho e
infeliz para a sepultura'.
30"E agora, meu senhor, não posso voltar para a casa de meu
pai sem o rapaz. A vida de nosso pai está ligada à vida do
rapaz. 31Quando ele vir que o rapaz não está conosco, mor-
rerá. Nós, seus servos, seremos, de fato, responsáveis por
mandar para a sepultura seu servo, nosso pai, em profunda
tristeza. 32Meu senhor, garanti a meu pai que levaria o rapaz
de volta. Disse-lhe: 'Se não o trouxer de volta, carregarei a
culpa para sempre'.
33"Por isso, peço ao senhor que me permita ficar aqui como
escravo no lugar do rapaz e que o deixe voltar com os irmãos
dele. 34Pois, como poderei voltar a meu pai sem o rapaz? Não
suportaria ver a angústia que isso lhe causaria!".

José revela sua identidade

45 José não conseguiu mais se conter. Havia muita gente
na sala, e ele disse a seus assistentes: "Saiam todos
daqui!". Assim, ficou a sós com seus irmãos e lhes revelou sua
identidade. 2José se emocionou e começou a chorar. Chorou
tão alto que os egípcios o ouviram, e logo a notícia chegou ao
palácio do faraó.
3"Sou eu, José!", disse a seus irmãos. "Meu pai ainda está
vivo?" Mas seus irmãos ficaram espantados ao se dar conta de
que o homem diante deles era José e perderam a fala. 4"Che-
guem mais perto", disse José. Quando eles se aproximaram,
José continuou: "Eu sou José, o irmão que vocês venderam
como escravo ao Egito. 5Agora, não fiquem aflitos ou furiosos
uns com os outros por terem me vendido para cá. Foi Deus
quem me enviou adiante de vocês para lhes preservar a vida.
6A fome que assola a terra há dois anos continuará por mais
cinco anos, e não haverá plantio nem colheita. 7Deus me en-
viou adiante para salvar a vida de vocês e de suas famílias, e
para salvar muitas vidas. 8Portanto, foi Deus quem me mandou
para cá, e não vocês! E foi ele quem me fez conselheiro do
faraó, administrador de todo o seu palácio e governador de
todo o Egito.
9"Agora, voltem depressa a meu pai e digam-lhe: 'Assim diz
seu filho José: Deus me fez senhor de toda a terra do Egito.
Venha para cá sem demora! 10O senhor poderá viver na região
de Gósen, onde estará perto de mim com todos os seus filhos e
netos, rebanhos e gado, e todos os seus bens. 11Ali eu cuidarei
do senhor, pois ainda haverá cinco anos de escassez. Do con-
trário, o senhor e toda a sua família perderão tudo que têm'".
12José acrescentou: "Vejam! Vocês podem comprovar com
seus próprios olhos, e também meu irmão Benjamim, que sou
eu mesmo, José, que falo com vocês! 13Contem a meu pai a
posição de honra que ocupo aqui no Egito. Descrevam para ele
tudo que viram e tragam-no para cá o mais rápido possível".
14Chorando de alegria, ele abraçou Benjamim, e Benjamim
também o abraçou e chorou. 15Então José beijou cada um de
seus irmãos e chorou com eles; depois os irmãos conversaram
à vontade com ele.

O faraó convida Jacó para morar no Egito

16A notícia não demorou a chegar ao palácio do faraó: "Os ir-
mãos de José estão aqui!". O faraó e seus oficiais se alegraram
muito quando souberam disso.
17O faraó disse a José: "Diga a seus irmãos: 'Coloquem as
cargas em seus animais e voltem depressa à terra de Canaã.
18Tragam seu pai e todas as suas famílias para cá. Eu lhes darei
a melhor terra do Egito, e vocês comerão do que esta terra
produz de melhor'".
19O faraó prosseguiu: "Diga a seus irmãos: 'Levem carruagens
do Egito para transportar as crianças pequenas, as mulheres
e também seu pai. 20Não se preocupem com seus pertences,
pois o melhor de toda a terra do Egito será de vocês'".
21Os filhos de Jacó seguiram essas instruções. José providen-
ciou carruagens, conforme o faraó havia ordenado, e lhes
deu mantimentos para a viagem. 22Também presenteou cada
irmão com um traje novo, mas a Benjamim deu cinco roupas
novas e trezentas peças de prata. 23E, a seu pai, enviou dez
jumentos carregados com os melhores produtos do Egito e dez
jumentas carregadas com cereais, pães e outros mantimentos
para a viagem.
24Depois, José se despediu de seus irmãos e, enquanto par-
tiam, disse a eles: "Não briguem no caminho por causa do que
aconteceu". 25Eles saíram do Egito e voltaram a seu pai, Jacó,
na terra de Canaã.
26"José ainda está vivo!", eles disseram a seu pai. "É o go-
vernador de toda a terra do Egito!" Jacó ficou atônito com
a notícia. Não podia acreditar. 27Quando, porém, repetiram
para Jacó tudo que José lhes tinha dito, e quando ele viu as
carruagens que José havia mandado para levá-lo, encheu-se
de ânimo.
28Então Jacó exclamou: "Deve ser verdade! Meu filho José está
vivo! Preciso ir e vê-lo antes que eu morra!".

Jacó e sua família se mudam para o Egito

46 Jacó partiu para o Egito com todos os seus bens. Quando
chegou a Berseba, ofereceu sacrifícios ao Deus de
Isaque, seu pai. 2Durante a noite, Deus lhe falou numa visão.
"Jacó! Jacó!", chamou ele. "Aqui estou!", respondeu Jacó.
3"Eu sou Deus, o Deus de seu pai", disse a voz. "Não tenha
medo de descer ao Egito, pois lá farei de sua família uma
grande nação. 4Descerei com você ao Egito e certamente o
trarei de volta. E José estará ao seu lado quando você morrer."
5Então Jacó saiu de Berseba, e seus filhos o levaram para
o Egito. Transportaram o pai, as crianças e as mulheres nas
carruagens que o faraó lhes havia providenciado. 6Também
levaram todos os seus rebanhos e os bens que haviam ad-
quirido na terra de Canaã. Assim, Jacó e toda a sua família
foram para o Egito: 7filhos e netos, filhas e netas, todos os
seus descendentes.
8Estes são os nomes dos descendentes de Israel, os filhos de
Jacó, que foram ao Egito: Rúben foi o filho mais velho de Jacó.
9Os filhos de Rúben foram: Enoque, Palu, Hezrom e Carmi.
10Os filhos de Simeão foram: Jemuel, Jamim, Oade, Jaquim,
Zoar e Saul. (A mãe de Saul era cananita.)
11Os filhos de Levi foram: Gérson, Coate e Merari.
12Os filhos de Judá foram: Er, Onã, Selá, Perez e Zerá (embora
Er e Onã tivessem morrido na terra de Canaã). Os filhos de
Perez foram: Hezrom e Hamul.
13Os filhos de Issacar foram: Tolá, Puá, Jasube e Sinrom.
14Os filhos de Zebulom foram: Serede, Elom e Jaleel.
15Esses foram os filhos de Lia e Jacó nascidos em Padã-Arã,
além de sua filha Diná. Por meio de Lia, Jacó teve 33 descen-
dentes, tanto homens quanto mulheres.
16Os filhos de Gade foram: Zefom, Hagi, Suni, Esbom, Eri, Arodi
e Areli.
17Os filhos de Aser foram: Imná, Isvá, Isvi e Berias. A irmã deles
se chamava Sera. Os filhos de Berias foram: Héber e Malquiel.

18 Esses foram os filhos de Zilpa, serva dada a Lia por Labão,
seu pai. Por meio de Zilpa, Jacó teve dezesseis descendentes.
19 Os filhos de Raquel, mulher de Jacó, foram: José e Benjamim.
20 Os filhos de José, nascidos no Egito, foram: Manassés e
Efraim. Sua mãe foi Azenate, filha de Potífera, sacerdote de
Om.
21 Os filhos de Benjamim foram: Belá, Bequer, Asbel, Gera,
Naamã, Eí, Rôs, Mupim, Hupim e Arde.
22 Esses foram os filhos de Raquel e Jacó. Por meio de Raquel,
Jacó teve catorze descendentes.
23 O filho de Dã foi Husim.
24 Os filhos de Naftali foram: Jazeel, Guni, Jezer e Silém.
25 Esses foram os filhos de Bila, serva dada a Raquel por Labão,
seu pai. Por meio de Bila, Jacó teve sete descendentes.
26 No total, 66 descendentes diretos de Jacó foram com ele
para o Egito, sem contar as esposas de seus filhos. 27 Além
deles, José teve dois filhos que nasceram no Egito, totalizando
setenta membros da família de Jacó no Egito.

A família de Jacó chega a Gósen

28 Quando estavam quase chegando, Jacó enviou Judá adiante
para encontrar-se com José e pedir-lhe informações sobre o
caminho para Gósen. 29 José mandou preparar sua carruagem
e partiu para Gósen, a fim de encontrar-se com seu pai, Jacó.
Quando José chegou, abraçou fortemente seu pai e, sem sol-
tá-lo, chorou por longo tempo. 30 Por fim, Jacó disse a José:
"Agora estou pronto para morrer, pois vi seu rosto novamente
e sei que você está vivo".
31 José disse a seus irmãos e a toda a família de seu pai: "Irei
ao faraó e lhe direi: 'Meus irmãos e toda a família de meu pai
chegaram da terra de Canaã. 32 Eles são pastores e criadores
de gado. Trouxeram consigo seus rebanhos, seu gado e todos
os seus bens'".
33 Disse também: "Quando o faraó mandar chamá-los e per-
guntar-lhes em que vocês trabalham, 34 digam o seguinte:
'Durante toda a vida, nós, seus servos, criamos rebanhos e
gado, como sempre fizeram nossos antepassados'. Quando
lhe disserem isso, ele permitirá que vivam aqui na região de
Gósen, pois os egípcios desprezam os pastores".

Jacó abençoa o faraó

47 José foi ver o faraó e lhe disse: "Meu pai e meus irmãos
chegaram da terra de Canaã. Trouxeram seus rebanhos,
seu gado e todos os seus bens, e agora estão na região de
Gósen".
2 José levou consigo cinco de seus irmãos e os apresentou ao
faraó. 3 "Em que vocês trabalham?", o faraó perguntou aos
irmãos. Eles responderam: "Nós, seus servos, somos pas-
tores, como nossos antepassados. 4 Viemos morar no Egito por
algum tempo, pois não há pastagem para nossos rebanhos em
Canaã. A fome é terrível naquela região. Por isso, pedimos sua
permissão para morar na região de Gósen".
5 Então o faraó disse a José: "Agora que seu pai e seus irmãos
estão com você, 6 escolha qualquer lugar em todo o Egito para
morarem. Dê-lhes a melhor terra do Egito. Que vivam na re-
gião de Gósen. Se você descobrir entre eles homens capazes,
coloque-os para cuidar de meus rebanhos".
7 Em seguida, José trouxe seu pai, Jacó, e o apresentou ao
faraó. E Jacó abençoou o faraó.
8 "Quantos anos o senhor tem?", perguntou o faraó.
9 Jacó respondeu: "Tenho andado por este mundo há 130 ár-
duos anos. Comparada à vida de meus antepassados, minha
vida foi curta". 10 Então Jacó abençoou o faraó novamente
antes de deixar a corte.
11 José deu a seu pai e a seus irmãos a melhor terra do Egito,
a região de Ramessés, e os acomodou ali, conforme o faraó
havia ordenado. 12 José também providenciou mantimentos
para seu pai e seus irmãos, em quantidades proporcionais
ao número de seus dependentes, incluindo as crianças pe-
quenas.

A administração de José durante a fome

13 A essa altura, a escassez era tanta que se esgotaram todos
os mantimentos, e havia gente passando fome em toda a terra
do Egito e de Canaã. 14 Com o tempo, vendendo cereais para
o povo, José arrecadou todo o dinheiro do Egito e de Canaã e
o depositou no tesouro do faraó. 15 Quando acabou o dinheiro
do povo do Egito e de Canaã, todos os egípcios foram implorar
a José: "Não temos mais dinheiro! Mas, por favor, dê-nos ali-
mento, ou morreremos de fome diante dos seus olhos!".
16 José respondeu: "Visto que seu dinheiro acabou, tragam-me
seus animais. Eu lhes darei alimento em troca". 17 Então eles
entregaram seus animais a José em troca de alimento. José
lhes forneceu mantimentos para mais um ano em troca de seus
cavalos, rebanhos de ovelhas, bois e jumentos.
18 Mas aquele ano chegou ao fim e, no ano seguinte, o povo
voltou a José, dizendo: "Não podemos esconder a verdade.
Nosso dinheiro acabou, e nossos rebanhos e gado lhe per-
tencem. Não nos resta coisa alguma para oferecer além de
nosso corpo e nossas terras. 19 Por que morreríamos de fome
diante dos seus olhos? Compre nossas terras em troca de man-
timento; oferecemos nossas propriedades e a nós mesmos
como servos do faraó. Dê-nos cereais para que vivamos e não
morramos, e para que a terra não fique vazia e desolada".
20 Assim, José comprou toda a terra do Egito para o faraó.
Todos os egípcios venderam seus campos, pois a fome era
terrível, e em pouco tempo todas as terras passaram a ser
propriedade do faraó. 21 Quanto ao povo, José os tornou todos
escravos, de uma extremidade do Egito à outra. 22 As únicas
terras que ele não comprou foram as dos sacerdotes. Eles re-
cebiam do faraó uma porção regular de mantimentos, por isso
não precisaram vender suas terras.
23 Então José disse ao povo: "Hoje eu comprei vocês e suas
terras para o faraó. Em troca, fornecerei sementes para culti-
varem os campos. 24 Quando vocês os ceifarem, um quinto da
colheita será do faraó. Fiquem com os outros quatro quintos

e usem como alimento para vocês, para os membros de sua
casa e para suas crianças”.
25“O senhor salvou nossa vida!”, exclamaram. “Permita-nos
servir ao faraó.” 26Então José mandou publicar um decreto
que vale até hoje na terra do Egito, segundo o qual um quinto
de todas as colheitas pertence ao faraó. Apenas as terras dos
sacerdotes não foram entregues ao faraó.
27Enquanto isso, o povo de Israel se estabeleceu na região
de Gósen, no Egito. Ali, adquiriram propriedades e tiveram
muitos filhos, e sua população cresceu rapidamente. 28Depois
de chegar ao Egito, Jacó viveu mais dezessete anos; portanto,
viveu ao todo 147 anos.
29Quando se aproximava a hora de sua morte, Jacó chamou
seu filho José e lhe disse: “Peço que me faça um favor. Co-
loque sua mão debaixo da minha coxa e jure que mostrará sua
bondade e lealdade a mim atendendo a este último desejo:
não me sepulte no Egito. 30Quando eu morrer, leve meu corpo
para fora do Egito e sepulte-me com meus antepassados”.
José prometeu: “Farei como o senhor me pede”.
31“Jure que o fará”, insistiu. José fez o juramento, e Jacó se
curvou humildemente à cabeceira de sua cama.

Jacó abençoa Manassés e Efraim

48 Certo dia, não muito tempo depois, avisaram José: “Seu
pai está bastante doente”. José foi visitá-lo e levou con-
sigo seus dois filhos, Manassés e Efraim.
2Quando José chegou, anunciaram a Jacó: “Seu filho José está
aqui para vê-lo”. Com as forças que lhe restavam, Jacó se
sentou na cama.
3Jacó disse a José: “O Deus Todo-poderoso me apareceu em
Luz, na terra de Canaã, e me abençoou. 4Ele me disse: ‘Eu o
tornarei fértil e multiplicarei seus descendentes. Farei de você
muitas nações e darei esta terra de Canaã a seus descendentes
como propriedade permanente’.
5“Agora, tomo para mim, como meus próprios filhos, seus dois
rapazes, Efraim e Manassés, nascidos aqui na terra do Egito
antes de minha chegada. Eles serão meus filhos, como são
Rúben e Simeão. 6Os filhos que você tiver depois deles, porém,
serão seus e herdarão propriedades dentro do território dos
irmãos deles, Efraim e Manassés.
7“Muito tempo atrás, quando eu voltava de Padã-Arã, Raquel
morreu na terra de Canaã. Ainda estávamos viajando, a certa
distância de Efrata (ou seja, Belém). Com grande tristeza, se-
pultei-a ali mesmo, junto ao caminho para Efrata”.
8Em seguida, Jacó olhou para os dois rapazes e perguntou:
“Quem são estes?”.
9José respondeu: “Estes são os filhos que Deus me deu aqui
no Egito”. Jacó disse: “Traga-os mais perto, para que eu os
abençoe”.
10Os olhos de Jacó estavam enfraquecidos por causa da idade,
e ele quase não conseguia enxergar. José levou os rapazes
para perto dele, e Jacó os beijou e abraçou. 11Então Jacó disse
a José: “Nunca imaginei que voltaria a ver seu rosto, mas
agora Deus me permitiu ver também seus filhos!”.
12José tirou os rapazes de junto dos joelhos do avô e se curvou
com o rosto no chão. 13Em seguida, colocou os rapazes na
frente de Jacó. Com a mão direita, colocou Efraim diante da
mão esquerda de Jacó e, com a mão esquerda, colocou Ma-
nassés sob a mão direita de Jacó. 14Mas, ao estender as mãos
para colocá-las sobre a cabeça dos rapazes, Jacó cruzou os
braços. Pôs a mão direita sobre a cabeça de Efraim, embora
fosse o mais novo, e a mão esquerda sobre a cabeça de Ma-
nassés, embora fosse o mais velho. 15Em seguida, abençoou
José, dizendo: “Que o Deus diante do qual andaram meu avô,
Abraão, e meu pai, Isaque, o Deus que tem sido meu pastor
toda a minha vida, até o dia de hoje, 16o Anjo que me resgatou
de todo o mal, abençoe estes rapazes. Que eles preservem
meu nome e o nome de Abraão e Isaque, e seus descendentes
se multipliquem grandemente na terra”.
17José, porém, não se agradou quando viu o pai colocar a mão
direita sobre a cabeça de Efraim. Por isso, levantou-a para
passá-la da cabeça de Efraim para a cabeça de Manassés.
18“Não, meu pai”, disse ele. “Este é o mais velho; coloque a
mão direita sobre a cabeça dele.”
19Mas seu pai se recusou e disse: “Eu sei, meu filho; eu sei.
Manassés também se tornará um grande povo, mas seu irmão
mais novo será ainda maior. E seus descendentes se tornarão
muitas nações”.
20Assim, Jacó abençoou os rapazes naquele dia com a seguinte
bênção: “O povo de Israel usará seus nomes quando pronun-
ciarem uma bênção. Dirão: ‘Deus os faça prosperar como
Efraim e Manassés!’”. Desse modo, Jacó pôs Efraim adiante
de Manassés.
21Então Jacó disse a José: “Morrerei em breve, mas Deus es-
tará com vocês e os levará de volta a Canaã, a terra de seus
antepassados. 22Em razão de sua autoridade sobre seus ir-
mãos, eu lhe dou uma porção a mais da terra, que tomei dos
amorreus com a minha espada e o meu arco”.

Jacó abençoa seus filhos

49 Então Jacó mandou chamar todos os seus filhos e lhes
disse: “Reúnam-se ao meu redor, e eu direi o que acon-
tecerá a cada um de vocês nos dias que virão.
2“Venham e ouçam, filhos de Jacó, ouçam Israel, seu pai!
3“Rúben, você é meu filho mais velho, minha força, o filho da
minha juventude vigorosa; é o primeiro em importância e o
primeiro em poder.
4É, contudo, impetuoso como uma enchente, e não será mais
o primeiro. Pois deitou-se em minha cama, desonrou meu leito
conjugal.
5“Simeão e Levi são iguais em tudo; suas armas são instru-
mentos de violência.
6Que eu jamais esteja presente em suas reuniões e nunca par-
ticipe de seus planos. Pois, em sua ira, mataram homens e,
por diversão, aleijaram bois.
7Maldita seja sua ira, pois é feroz; maldita sua fúria, pois é
cruel. Eu os espalharei entre os descendentes de Jacó, eu os
dispersarei por todo o Israel.

8“Judá, seus irmãos o louvarão; você agarrará seus inimigos
pelo pescoço, e todos os seus parentes se curvarão à sua
frente.
9Judá, meu filho, é um leão novo que acabou de comer sua
presa. Como o leão, ele se agacha, e como a leoa, se deita;
quem tem coragem de acordá-lo?
10O cetro não se afastará de Judá, nem o bastão de autoridade
de seus descendentes, até que venha aquele a quem pertence,
aquele que todas as nações honrarão.
11Ele amarra seu potro a uma videira, seu jumentinho a uma
videira seleta. Lava suas roupas em vinho, suas vestes, no
sangue das uvas.
12Seus olhos são mais escuros que o vinho, seus dentes, mais
brancos que o leite.
13“Zebulom se estabelecerá à beira-mar e será um porto para
os navios; suas fronteiras se estenderão até Sidom.
14“Issacar é um jumento forte, que descansa entre dois sacos
de carga.
15Quando vir como o campo é bom e como a terra é agradável,
curvará seus ombros para a carga e se sujeitará a trabalhos
forçados.
16“Dã governará seu povo, como qualquer outra tribo de Israel.
17Dã será uma serpente à beira da estrada, uma víbora junto
ao caminho que morde o calcanhar do cavalo e faz o cavaleiro
cair.
18Ó SENHOR, espero pelo teu livramento!
19“Gade será atacado por bandos de saqueadores, mas os ata-
cará quando baterem em retirada.
20“Aser se alimentará de comidas deliciosas e produzirá igua-
rias dignas de reis.
21“Naftali é uma gazela solta que dá à luz lindos filhotes.
22“José é árvore frutífera, árvore frutífera junto à fonte; seus
ramos se estendem por cima do muro.
23Arqueiros o atacaram brutalmente; atiraram nele e o ator-
mentaram.
24Seu arco, porém, permaneceu esticado, e seus braços foram
fortalecidos pelas mãos do Poderoso de Jacó, pelo Pastor, a
Rocha de Israel.
25Que o Deus de seu pai o ajude; o Todo-poderoso o abençoe
com bênçãos dos altos céus, bênçãos das profundezas das
águas, bênçãos dos seios e do ventre.
26Que as bênçãos de seu pai ultrapassem as bênçãos de meus
antepassados e alcancem as alturas das antigas colinas. Que
essas bênçãos descansem sobre a cabeça de José, que é prín-
cipe entre seus irmãos.
27“Benjamim é um lobo voraz; pela manhã devora seus ini-
migos, ao entardecer divide o despojo”.
28Essas são as doze tribos de Israel, e foi isso que seu pai disse
ao despedir-se de seus filhos. Deu a cada um deles a bênção
que lhe era adequada.

A morte e o sepultamento de Jacó

29Em seguida, Jacó lhes deu a seguinte instrução: “Em breve
morrerei e me reunirei a meus antepassados. Sepultem-me
com meu pai e com meu avô na caverna no campo de Efrom, o
hitita. 30É a caverna de Macpela, perto de Manre, em Canaã,
que Abraão comprou do hitita como sepultura permanente.
31Ali estão sepultados Abraão e sua mulher, Sara. Ali também
estão sepultados Isaque e sua mulher, Rebeca. E ali sepultei
Lia. 32É o campo e a caverna que meu avô, Abraão, comprou
dos hititas”.
33Quando Jacó terminou de dar essa instrução a seus filhos,
deitou-se em sua cama, deu o último suspiro e, ao morrer,
reuniu-se a seus antepassados.

50 José atirou-se sobre seu pai, chorou sobre ele e o
beijou. 2Em seguida, deu ordens aos médicos que o
serviam para que embalsamassem o corpo de seu pai; e Jacó
foi embalsamado. 3O processo de embalsamamento levou os
quarenta dias habituais. E os egípcios lamentaram sua morte
durante setenta dias.
4Quando terminou o período de luto, José procurou os conse-
lheiros do faraó e lhes disse: “Por gentileza, peço que falem
com o faraó em meu favor. 5Digam-lhe que meu pai me fez
prestar um juramento. Disse: ‘Morrerei em breve. Leve meu
corpo de volta para a terra de Canaã e coloque-me na sepul-
tura que preparei para mim’. Portanto, peço que me deixe ir
sepultar meu pai; depois, voltarei sem demora”.
6O faraó atendeu ao pedido de José e disse: “Vá e sepulte seu
pai, como ele o fez prometer”. 7Então José partiu para sepultar
seu pai. Foi acompanhado de todos os oficiais do faraó, todos
os membros mais importantes da casa do faraó e todos os
oficiais de alto escalão do Egito. 8José também levou consigo
toda a sua família, seus irmãos e a família deles. As crianças
pequenas, os rebanhos e o gado, porém, deixaram na terra de
Gósen. 9Muitas carruagens e seus condutores acompanharam
José, formando um grande cortejo.
10Quando chegaram à eira de Atade, perto do rio Jordão, reali-
zaram uma grande cerimônia fúnebre, com um período de sete
dias de luto pelo pai de José. 11Os cananeus que moravam na
região os viram chorar na eira de Atade e mudaram o nome
do lugar (que fica próximo ao Jordão) para Abel-Mizraim, pois
disseram: “Este é um lugar de lamento profundo para esses
egípcios”.
12Assim, os filhos de Jacó fizeram o que ele lhes havia orde-
nado. 13Levaram seu corpo para a terra de Canaã e o sepul-
taram na caverna no campo de Macpela, perto de Manre. Essa
é a caverna que Abraão havia comprado de Efrom, o hitita,
como sepultura permanente.

José tranquiliza seus irmãos

14Depois de sepultar Jacó, José voltou para o Egito com seus
irmãos e com todos que o haviam acompanhado. 15Uma vez
que seu pai estava morto, porém, os irmãos de José ficaram
temerosos e disseram: “Agora José mostrará sua ira e se vin-
gará de todo o mal que lhe fizemos”.
16Por isso, enviaram a seguinte mensagem a José: “Antes de

morrer, nosso pai mandou 17que lhe disséssemos: 'Por favor,
perdoe seus irmãos pelo grande mal que eles lhe fizeram, pelo
pecado que cometeram ao tratá-lo com tanta crueldade'. Por
isso, nós, servos do Deus de seu pai, suplicamos que você
perdoe nosso pecado". Quando José recebeu a mensagem,
começou a chorar. 18Depois, seus irmãos chegaram e se cur-
varam com o rosto no chão diante de José. "Somos seus es-
cravos!", disseram eles.
19José, porém, respondeu: "Não tenham medo de mim. Por
acaso sou Deus para castigá-los? 20Vocês pretendiam me fazer
o mal, mas Deus planejou tudo para o bem. Colocou-me neste
cargo para que eu pudesse salvar a vida de muitos. 21Não te-
nham medo. Continuarei a cuidar de vocês e de seus filhos".
Desse modo, ele os tranquilizou ao tratá-los com bondade.

A morte de José

22José, seus irmãos e suas famílias continuaram a viver no
Egito. José viveu 110 anos. 23Chegou a ver três gerações de
descendentes de seu filho Efraim e o nascimento dos filhos de
Maquir, filho de Manassés, os quais ele tomou para si como
se fossem seus.
24José disse a seus irmãos: "Em breve morrerei, mas certa-
mente Deus os ajudará e os tirará desta terra. Ele os levará de
volta para a terra que prometeu solenemente dar a Abraão,
Isaque e Jacó".
25Então José fez os filhos de Israel prestarem um juramento e
disse: "Quando Deus vier ajudá-los e conduzi-los de volta, levem
meus ossos com vocês". 26José morreu com 110 anos. Os egíp-
cios o embalsamaram e o colocaram em um caixão no Egito.

ÊXODO

Os israelitas no Egito

1 Estes são os nomes dos filhos de Israel que se mudaram para
o Egito com Jacó, cada um com sua família: 2Rúben, Simeão,
Levi, Judá, 3Issacar, Zebulom, Benjamim, 4Dã, Naftali, Gade e
Aser. 5Ao todo, desceram ao Egito setenta descendentes de
Jacó, incluindo José, que já estava lá.
6Com o tempo, José e seus irmãos morreram, e toda aquela
geração chegou ao fim. 7Mas seus descendentes, os israelitas,
tiveram muitos filhos e netos. Multiplicaram-se tanto que se
fortaleceram e encheram a terra.
8Por fim, subiu ao poder no Egito um novo rei, que não sabia
coisa alguma sobre José. 9O rei disse a seu povo: "Vejam,
agora o povo de Israel é mais numeroso e mais forte que nós.
10Precisamos tramar um plano para evitar que se tornem ainda
mais numerosos. Se não o fizermos e houver guerra, eles se
unirão a nossos inimigos, lutarão contra nós e depois fugirão
desta terra". 11Assim, os egípcios nomearam capatazes para
dirigir o trabalho do povo. Sob opressão, os israelitas cons-
truíram Pitom e Ramessés, duas cidades que serviam de cen-
tros de armazenamento para o faraó. 12Porém, quanto mais
eram oprimidos, mais os israelitas se multiplicavam e se es-
palhavam, e mais preocupados os egípcios ficavam. 13Por isso,
os egípcios os forçavam com crueldade a trabalhar pesado.
14Tornaram a vida deles amarga, obrigando-os a preparar ar-
gamassa, produzir tijolos e fazer todo o trabalho nos campos.
Eram cruéis em todas as suas exigências.
15O faraó, rei do Egito, deu a seguinte ordem às parteiras he-
breias Sifrá e Puá: 16"Quando ajudarem as hebreias a dar à
luz, prestem atenção durante o parto. Se for menino, matem
o bebê; se for menina, deixem que viva". 17Mas as parteiras
temiam a Deus e se recusaram a obedecer à ordem do rei;
assim, deixaram os meninos viver.
18Então o rei do Egito mandou chamar as parteiras e lhes per-
guntou: "Por que fizeram isso? Por que deixaram os meninos
viver?".
19"As mulheres hebreias não são como as egípcias", respon-
deram as parteiras ao faraó. "São mais vigorosas e dão à luz
com tanta rapidez que não conseguimos chegar a tempo."
20Deus foi bondoso com as parteiras, e os israelitas conti-
nuaram a multiplicar-se e tornaram-se cada vez mais fortes.
21E, porque as parteiras temeram a Deus, ele deu a cada uma
delas a sua própria família.
22Então o faraó deu a seguinte ordem a todo o seu povo:
"Lancem no rio Nilo todos os meninos hebreus recém-nas-
cidos, mas deixem as meninas viver".

O nascimento de Moisés

2 Por essa época, um homem e uma mulher da tribo de Levi se
casaram. 2A mulher engravidou e deu à luz um menino. Viu
que era um lindo bebê e o escondeu por três meses. 3Quando
não conseguia mais escondê-lo, pegou um cesto feito de
juncos de papiro e o revestiu com betume e piche. Acomodou
o bebê no cesto e o colocou entre os juncos, à margem do rio
Nilo. 4A irmã do bebê ficou observando a certa distância, para
ver o que lhe aconteceria.
5Pouco depois, a filha do faraó desceu ao Nilo para tomar
banho, e suas servas foram caminhar pela margem do rio.
Quando a princesa viu o cesto entre os juncos, mandou sua
serva buscá-lo. 6Ao abrir o cesto, a princesa viu o bebê. O
menino chorava, e ela sentiu pena dele. "Deve ser um dos
meninos hebreus", disse ela.

7Então a irmã do menino se aproximou e perguntou à princesa:
"A senhora quer que eu chame uma mulher hebreia para ama-
mentar o bebê?".
8"Quero", respondeu a princesa. A moça foi e chamou a mãe
do bebê.
9A princesa disse à mãe do bebê: "Leve este menino e ama-
mente-o para mim. Eu pagarei por sua ajuda". A mulher levou
o bebê para casa e o amamentou.
10Quando o menino cresceu, ela o levou de volta à filha do
faraó, que o adotou como seu próprio filho. A princesa o
chamou de Moisés, pois disse: "Eu o tirei da água".

Moisés foge para Midiã

11Anos depois, já adulto, Moisés foi visitar seu povo e descobriu
que eles eram forçados a realizar trabalhos pesados. Durante sua
visita, viu um egípcio espancar um hebreu, um homem de seu
povo. 12Olhou para todos os lados e, não avistando ninguém por
perto, matou o egípcio. Em seguida, escondeu o corpo na areia.
13No dia seguinte, quando Moisés saiu novamente para visitar
seu povo, viu dois hebreus brigando. "Por que você está es-
pancando seu amigo?", perguntou Moisés ao que havia co-
meçado a briga.
14O homem respondeu: "Quem o nomeou nosso príncipe e juiz?
Vai me matar como matou o egípcio?". Moisés teve medo e
pensou: "Com certeza todos já sabem o que aconteceu!". 15E,
de fato, o faraó tomou conhecimento do que havia aconte-
cido e tentou matar Moisés, mas ele fugiu e foi morar na terra
de Midiã. Quando chegou a Midiã, estabeleceu-se junto a um
poço. 16O sacerdote de Midiã tinha sete filhas, que foram ao
poço tirar água e encher os bebedouros para o rebanho de
seu pai. 17Então alguns pastores chegaram e as expulsaram
de lá. Moisés, porém, defendeu as moças e tirou água para
o rebanho delas.
18Quando as moças voltaram para seu pai, Reuel, ele lhes per-
guntou: "Por que voltaram tão cedo hoje?".
19Elas responderam: "Um egípcio nos defendeu dos pastores;
depois, tirou água e deu de beber ao nosso rebanho".
20"E onde está ele?", perguntou o pai. "Por que o deixaram lá?
Convidem-no para comer conosco."
21Moisés aceitou o convite e foi morar com Reuel. Depois
de algum tempo, Reuel entregou sua filha Zípora em casa-
mento a Moisés. 22Mais tarde, ela deu à luz um menino, a
quem Moisés chamou de Gérson, pois disse: "Sou forasteiro
em terra alheia".
23Depois de muitos anos, o rei do Egito morreu. Os israelitas,
porém, continuavam a gemer sob o peso da escravidão. Cla-
maram por socorro, e seu clamor subiu até Deus. 24Ele ouviu os ge-
midos e se lembrou da aliança que havia feito com Abraão, Isaque
e Jacó. 25Olhou para os israelitas e percebeu sua necessidade.

Moisés e o arbusto em chamas

3 Certo dia, Moisés estava cuidando do rebanho de seu sogro,
Jetro, sacerdote de Midiã. Ele levou o rebanho para o de-
serto e chegou ao Sinai, o monte de Deus. 2Ali, o anjo do SE-
NHOR lhe apareceu no fogo que ardia no meio de um arbusto.
Moisés olhou admirado, pois embora o arbusto estivesse en-
volto em chamas, o fogo não o consumia. 3"Que coisa espan-
tosa!", pensou ele. "Por que o fogo não consome o arbusto?
Preciso ver isso de perto."
4Quando o SENHOR viu Moisés se aproximar para observar me-
lhor, Deus o chamou do meio do arbusto: "Moisés! Moisés!".
"Aqui estou!", respondeu ele.
5"Não se aproxime mais", o SENHOR advertiu. "Tire as sandá-
lias, pois você está pisando em terra santa. 6Eu sou o Deus de
seu pai, o Deus de Abraão, o Deus de Isaque e o Deus de Jacó."
Quando Moisés ouviu isso, cobriu o rosto, porque teve medo
de olhar para Deus.
7Então o SENHOR lhe disse: "Por certo, tenho visto a opressão
do meu povo no Egito. Tenho ouvido seu clamor por causa de
seus capatazes. Sei bem quanto eles têm sofrido. 8Por isso,
desci para libertá-los do poder dos egípcios e levá-los do Egito
a uma terra fértil e espaçosa. É uma terra que produz leite e
mel com fartura, onde hoje habitam os cananeus, os hititas, os
amorreus, os ferezeus, os heveus e os jebuseus. 9Sim, o clamor
do povo de Israel chegou até mim, e eu tenho visto como os
egípcios os tratam cruelmente. 10Agora vá, pois eu o envio ao
faraó. Você deve tirar meu povo, Israel, do Egito".
11Moisés, porém, disse a Deus: "Quem sou eu para me apre-
sentar ao faraó? Quem sou eu para tirar o povo de Israel do
Egito?"
12Deus respondeu: "Eu estarei com você. Este é o sinal de que
eu sou aquele que o envia: depois que você tirar o povo do
Egito, vocês adorarão a Deus neste monte".
13Moisés disse a Deus: "Se eu for aos israelitas e lhes disser: 'O
Deus de seus antepassados me enviou a vocês', eles pergun-
tarão: 'Qual é o nome dele?'. O que devo dizer?".
14Deus respondeu a Moisés: "EU SOU O QUE SOU. Diga ao povo
de Israel: EU SOU me enviou a vocês". 15Deus também instruiu
Moisés: "Diga ao povo de Israel: Javé, o Deus de seus antepas-
sados, o Deus de Abraão, o Deus de Isaque e o Deus de Jacó,
me enviou a vocês. Esse é meu nome para sempre, o nome
pelo qual serei lembrado de geração em geração.
16"Agora vá e reúna os líderes de Israel. Diga-lhes que Javé,
o Deus de seus antepassados, o Deus de Abraão, Isaque e
Jacó, lhe apareceu e disse: 'Tenho observado atentamente
e vejo como os egípcios os têm tratado. 17Prometi libertá-los
da opressão no Egito e levá-los a uma terra que produz leite e
mel com fartura, onde hoje habitam os cananeus, os hititas, os
amorreus, os ferezeus, os heveus e os jebuseus'.
18"Os líderes de Israel aceitarão sua mensagem. Em seguida,
você e eles se apresentarão ao rei do Egito e lhe dirão: 'O SE-
NHOR, o Deus dos hebreus, veio ao nosso encontro. Agora,
pedimos que nos permita fazer uma viagem de três dias ao
deserto para oferecermos sacrifícios ao SENHOR, nosso Deus'.
19"Eu sei que o rei do Egito não os deixará ir, a não ser que
uma mão poderosa o force. 20Por isso, levantarei minha mão

e ferirei os egípcios com todo tipo de milagres que farei no
meio deles. Então, por fim, o faraó os deixará ir. 21 Farei que
os egípcios sejam bondosos com os israelitas, e assim vocês
não sairão do Egito de mãos vazias. 22 Toda mulher israelita
pedirá de suas vizinhas egípcias e das mulheres que as visitam
artigos de ouro e prata e roupas caras, com as quais vestirão
seus filhos e suas filhas. Desse modo, vocês tomarão para si
as riquezas dos egípcios".

Sinais do poder do SENHOR

4 Moisés respondeu: "E se não acreditarem em mim ou não
quiserem me ouvir? E se disserem: 'O SENHOR nunca lhe
apareceu'?".
2 Então o SENHOR lhe perguntou: "O que você tem na mão?".
"Uma vara", respondeu Moisés.
3 "Jogue-a no chão", disse o SENHOR. Moisés jogou a vara
no chão, e ela se transformou numa serpente. Moisés fugia
dela, 4 mas o SENHOR lhe disse: "Estenda a mão e pegue-a pela
cauda". Moisés estendeu a mão e pegou a serpente, e ela
voltou a ser uma vara.
5 Então o SENHOR lhe disse: "Faça esse sinal e eles acreditarão
que o SENHOR, o Deus de seus antepassados, o Deus de Abraão,
o Deus de Isaque e o Deus de Jacó, de fato lhe apareceu".
6 O SENHOR também disse a Moisés: "Agora, coloque a mão
dentro do seu manto". Moisés colocou a mão dentro do manto
e, quando a tirou, ela estava com lepra, branca como neve.
7 "Coloque a mão dentro do manto outra vez", disse o SENHOR.
Moisés colocou a mão dentro do manto outra vez e, quando a
tirou, ela estava tão saudável quanto o resto do corpo.
8 Disse ainda: "Se eles não acreditarem em você e não se
deixarem convencer pelo primeiro sinal, serão convencidos
pelo segundo. 9 E, se não acreditarem em você nem o ouvirem
depois desses dois sinais, tire um pouco de água do rio Nilo e
derrame-a sobre a terra seca. Quando o fizer, a água do Nilo
se transformará em sangue na terra".
10 Moisés, porém, disse ao SENHOR: "Ó Senhor, não tenho fa-
cilidade para falar, nem antes, nem agora que falaste com
teu servo! Não consigo me expressar e me atrapalho com as
palavras".
11 O SENHOR perguntou a Moisés: "Quem forma a boca do ser
humano? Quem torna o homem mudo ou surdo? Quem o torna
cego ou o faz ver? Por acaso não sou eu, o SENHOR? 12 Agora vá!
Eu estarei com você quando falar e o instruirei a respeito do
que deve dizer".
13 "Por favor, Senhor!", suplicou Moisés. "Envia qualquer outra
pessoa!"
14 Então o SENHOR se irou com Moisés e lhe disse: "E quanto a
seu irmão Arão, o levita? Sei que ele fala bem. Veja, ele está
vindo ao seu encontro e se alegrará em vê-lo. 15 Fale com ele
e diga as palavras que ele deve transmitir. Estarei com vocês
dois quando falarem e os instruirei a respeito do que devem
fazer. 16 Arão falará por você diante do povo. Ele será seu por-
ta-voz, e você será como Deus para ele. 17 Leve com você a vara
e use-a para realizar os sinais que eu lhe mostrei".

Moisés volta ao Egito

18 Moisés voltou à casa de Jetro, seu sogro, e lhe disse: "Por
favor, permita-me voltar ao Egito para procurar meus pa-
rentes. Nem sei se ainda vivem". "Vá em paz", respondeu
Jetro.
19 Antes de Moisés partir de Midiã, o SENHOR lhe disse: "Volte ao
Egito, pois todos que queriam matá-lo já morreram".
20 Então Moisés tomou sua mulher e seus filhos, montou-os
num jumento e voltou para a terra do Egito. Levava na mão
a vara de Deus.
21 O SENHOR disse a Moisés: "Quando chegar ao Egito, apre-
sente-se ao faraó e faça todos os milagres para os quais eu o
capacitei. Contudo, endurecerei o coração dele, para que se
recuse a deixar o povo sair. 22 Você dirá ao faraó: 'Assim diz
o SENHOR: Israel é meu filho mais velho. 23 Ordenei que você
deixasse meu filho sair para me adorar. Mas, uma vez que você
se recusou, matarei seu filho mais velho'".
24 No caminho para o Egito, no lugar onde Moisés e sua família
haviam parado a fim de passar a noite, o SENHOR o confrontou
e estava prestes a matá-lo. 25 Mas Zípora pegou uma faca de
pedra e circuncidou seu filho. Com o prepúcio, tocou os pés
de Moisés e lhe disse: "Agora você é para mim um marido de
sangue". 26 (Quando disse "um marido de sangue", estava se
referindo à circuncisão.) Depois disso, o SENHOR deixou Moisés.
27 O SENHOR tinha dito a Arão: "Vá ao deserto, ao encontro de
Moisés". Arão foi, encontrou Moisés no monte de Deus e o
saudou com um beijo. 28 Moisés contou a Arão tudo que o SE-
NHOR havia ordenado que ele dissesse e falou também sobre
os sinais que deveria realizar.
29 Então Moisés e Arão voltaram ao Egito e convocaram uma
reunião com todos os líderes de Israel. 30 Arão lhes comunicou
tudo que o SENHOR tinha dito a Moisés, que realizou os sinais
diante deles. 31 O povo de Israel se convenceu de que o SENHOR
tinha enviado Moisés e Arão. Quando ouviram que o SENHOR
se preocupava com eles e tinha visto seu sofrimento, prostra-
ram-se e o adoraram.

Moisés e Arão falam com o faraó

5 Depois disso, Moisés e Arão foram ver o faraó e declararam:
"Assim diz o SENHOR, o Deus de Israel: 'Deixe meu povo sair
para celebrar uma festa em minha honra no deserto'".
2 "Quem é o SENHOR?", retrucou o faraó. "Por que devo dar
ouvidos a ele e deixar Israel sair? Não conheço o SENHOR e não
deixarei Israel sair."
3 Então Arão e Moisés disseram: "O Deus dos hebreus se en-
controu conosco. Portanto, deixe-nos fazer uma viagem de
três dias ao deserto para oferecermos sacrifícios ao SENHOR,
nosso Deus. Do contrário, ele nos castigará com alguma praga
ou pela espada".
4 O rei do Egito respondeu: "Moisés e Arão, por que distraem o
povo de suas tarefas? Voltem ao trabalho! 5 Olhem! Há muitos
do seu povo nesta terra, e vocês os estão impedindo de tra-
balhar!".

O faraó oprime Israel ainda mais

6Naquele mesmo dia, o faraó deu a seguinte ordem aos capa-
tazes egípcios e aos supervisores israelitas: 7"Não forneçam
mais palha para o povo fazer tijolos. De agora em diante, eles
mesmos devem juntá-la! 8No entanto, continuem a exigir que
produzam a mesma quantidade de tijolos que antes. Não re-
duzam a cota. Eles são preguiçosos e, por isso, clamam: 'Dei-
xe-nos sair para sacrificar ao nosso Deus'. 9Aumentem a carga
de trabalho deles e cobrem o cumprimento das tarefas. Isso
os ensinará a não dar ouvidos a mentiras!".
10Os capatazes e os supervisores saíram e informaram o povo:
"Assim diz o faraó: 'Vocês não receberão mais palha. 11Saiam
e juntem-na onde puderem encontrá-la. No entanto, conti-
nuarão a produzir a mesma quantidade de tijolos que antes'".
12Então o povo se espalhou por toda a terra do Egito para juntar
a palha que sobrava das colheitas.
13Enquanto isso, os capatazes egípcios continuavam a pres-
sioná-los: "Completem sua cota diária de tijolos, como faziam
quando nós lhes fornecíamos palha!". 14E açoitavam os super-
visores israelitas que haviam sido encarregados das equipes de
trabalhadores. "Por que não completaram as cotas nem ontem
nem hoje?", perguntavam.
15Então os supervisores israelitas foram suplicar ao faraó: "Por
favor, não trate seus servos desse modo. 16Não recebemos
palha, mas os capatazes continuam a exigir: 'Façam tijolos!'.
Somos açoitados constantemente, mas a culpa é do seu pró-
prio povo!".
17O faraó, porém, gritou: "Vocês são preguiçosos! Preguiçosos!
Por isso, andam dizendo: 'Deixe-nos sair para oferecer sacrifí-
cios ao SENHOR'. 18Voltem agora mesmo ao trabalho! Não rece-
berão palha, mas terão de produzir a mesma cota de tijolos".
19Quando os supervisores israelitas ouviram: "Vocês não po-
derão reduzir a quantidade de tijolos produzidos por dia", per-
ceberam que estavam em sérios apuros. 20Ao sair do palácio
do faraó, encontraram Moisés e Arão, que os esperavam do
lado de fora. 21Eles disseram aos dois irmãos: "O SENHOR os
julgue e os castigue por terem feito o faraó e seus oficiais nos
odiarem. Vocês colocaram uma espada na mão deles e lhes
deram uma desculpa para nos matar!".
22Moisés voltou ao SENHOR e disse: "Por que trouxeste toda
essa desgraça sobre este povo, Senhor? Por que me enviaste?
23Desde que me apresentei ao faraó como teu porta-voz, ele
passou a tratar teu povo com ainda mais crueldade. E tu não
fizeste coisa alguma para libertá-lo!".

Promessas de libertação

6 Então o SENHOR disse a Moisés: "Agora você verá o que vou
fazer ao faraó. Quando ele sentir o peso de minha mão
forte, deixará o povo sair. Sim, pelo peso de minha mão forte,
fará o povo ir embora de sua terra!".
2Deus também disse a Moisés: "Eu sou Javé, 'o SENHOR'. 3Apa-
reci a Abraão, Isaque e Jacó como El-Shaddai, 'o Deus Todo-
-poderoso', mas não lhes revelei meu nome, Javé. 4Estabeleci
com eles a minha aliança, mediante a qual prometi lhes dar a
terra de Canaã, onde viviam como estrangeiros. 5Esteja certo
de que ouvi os gemidos dos israelitas, que agora são escravos
dos egípcios, e me lembrei da aliança que fiz com eles.
6"Portanto, diga ao povo de Israel: 'Eu sou o SENHOR. Eu os
libertarei da opressão e os livrarei da escravidão no Egito. Eu
os resgatarei com meu braço poderoso e com grandes atos de
julgamento. 7Eu os tomarei como meu povo e serei o seu Deus.
Então vocês saberão que eu sou o SENHOR, seu Deus, que os
libertou da opressão no Egito. 8Eu os levarei à terra que jurei
dar a Abraão, Isaque e Jacó. Eu a darei a vocês como proprie-
dade. Eu sou o SENHOR!'".
9Moisés transmitiu ao povo essa mensagem do SENHOR, mas
eles já não quiseram lhe dar ouvidos. Estavam desanimados
demais por causa da escravidão brutal que sofriam.
10Então o SENHOR disse a Moisés: 11"Volte ao faraó, o rei do
Egito, e diga a ele que deixe o povo de Israel sair de sua terra".
12"Mas SENHOR!", retrucou Moisés. "Os israelitas já não
querem me dar ouvidos. Como posso esperar que o faraó me
escute? Tenho tanta dificuldade para falar!"
13O SENHOR, porém, falou com Moisés e Arão e lhes deu ordens,
sobre os israelitas e sobre o faraó, rei do Egito, para tirarem o
povo de Israel do Egito.

Os antepassados de Moisés e Arão

14Estes são os chefes de clãs dos antepassados de Israel: Os
filhos de Rúben, o filho mais velho de Israel, foram: Enoque,
Palu, Hezrom e Carmi. Seus descendentes formaram os clãs
de Rúben.
15Os filhos de Simeão foram: Jemuel, Jamim, Oade, Jaquim,
Zoar e Saul. (A mãe de Saul era cananeia.) Seus descendentes
se tornaram os clãs de Simeão.
16Estes são os descendentes de Levi, conforme relacionados
nos registros de família. Os filhos de Levi foram Gérson, Coate
e Merari. (Levi viveu 137 anos.)
17Os descendentes de Gérson foram: Libni e Simei; cada um
deles se tornou antepassado de um clã.
18Os descendentes de Coate foram: Anrão, Isar, Hebrom e
Uziel. (Coate viveu 133 anos.)
19Os descendentes de Merari foram: Mali e Musi. Estes são
os clãs dos levitas, conforme relacionados nos registros de
família.
20Anrão se casou com Joquebede, irmã de seu pai, e ela deu à
luz dois filhos: Arão e Moisés. (Anrão viveu 137 anos.)
21Os filhos de Isar foram: Corá, Nefegue e Zicri.
22Os filhos de Uziel foram: Misael, Elzafã e Sitri.
23Arão se casou com Eliseba, filha de Aminadabe e irmã de
Naassom. Ela deu à luz seus filhos Nadabe, Abiú, Eleazar e
Itamar.
24Os filhos de Corá foram: Assir, Elcana e Abiasafe.
25Eleazar, filho de Arão, se casou com uma das filhas de Putiel,
e ela deu à luz seu filho Fineias. Esses são os chefes dentre

os antepassados das famílias levitas, relacionados de acordo
com seus clãs.
26 Foi a estes dois, Arão e Moisés, que o SENHOR disse: "Tirem os
israelitas do Egito, organizados segundo seus clãs". 27 Foram
eles, Moisés e Arão, que se dirigiram ao faraó, rei do Egito,
para falar sobre a saída dos israelitas daquela terra.
28 Quando o SENHOR falou com Moisés na terra do Egito, 29 dis-
se-lhe: "Eu sou o SENHOR! Transmita ao faraó, rei do Egito, tudo
que eu lhe disser". 30 Contudo, Moisés questionou o SENHOR
e disse: "Não posso fazer isso! Tenho tanta dificuldade para
falar! Por que o faraó me daria ouvidos?".

A vara de Arão se transforma em serpente

7 Então o SENHOR disse a Moisés: "Preste atenção ao que
vou dizer. Eu o farei parecer Deus para o faraó, e Arão, seu
irmão, será seu profeta. 2 Diga a Arão tudo que eu lhe ordenar,
e Arão mandará o faraó deixar o povo de Israel sair de sua
terra. 3 Contudo, endurecerei o coração do faraó e depois mul-
tiplicarei meus sinais e maravilhas na terra do Egito. 4 Mesmo
assim, o faraó se recusará a ouvi-lo, de modo que farei minha
mão pesar sobre o Egito. Então resgatarei meu exército — meu
povo, os israelitas — da terra do Egito com grandes atos de
julgamento. 5 Quando eu levantar minha mão e tirar os israe-
litas do meio deles, os egípcios saberão que eu sou o SENHOR".
6 Moisés e Arão fizeram conforme o SENHOR lhes ordenou.
7 Quando falaram com o faraó, Moisés tinha 80 anos, e Arão,
83.
8 O SENHOR disse a Moisés e a Arão: 9 "O faraó exigirá: 'Mos-
tre-me um milagre'. Quando ele o fizer, diga a Arão: 'Tome
sua vara e jogue-a no chão, na frente do faraó, e ela se trans-
formará numa serpente'".
10 Então Moisés e Arão foram ver o faraó e fizeram conforme o
SENHOR havia ordenado. Arão jogou a vara no chão, diante do
faraó e de seus oficiais, e ela se transformou numa serpente.
11 O faraó mandou chamar seus sábios e feiticeiros e, por meio
de suas artes mágicas, esses magos egípcios fizeram a mesma
coisa: 12 jogaram suas varas no chão, e elas também se trans-
formaram em serpentes. Mas a vara de Arão engoliu as varas
dos magos. 13 O coração do faraó, porém, permaneceu endu-
recido. Ele continuou se recusando a ouvir, exatamente como
o SENHOR tinha dito.

A praga de sangue

14 O SENHOR disse a Moisés: "O coração do faraó é duro, e ele
continua se recusando a deixar o povo sair. 15 Portanto, vá ao
faraó pela manhã, quando ele estiver descendo até o rio. Pare
à margem do Nilo e encontre-se com ele ali. Não se esqueça
de levar a vara que se transformou em serpente. 16 Então di-
ga-lhe: 'O SENHOR, o Deus dos hebreus, me enviou para lhe
falar: 'Deixe meu povo sair para me adorar no deserto'. Até
agora, você se recusou a ouvi-lo, 17 por isso, assim diz o SENHOR:
'Eu lhe mostrarei que sou o SENHOR'. Veja! Com esta vara que
tenho na mão, baterei nas águas do Nilo, e elas se transfor-
marão em sangue. 18 Os peixes do rio morrerão, e o rio ficará
malcheiroso. Os egípcios não poderão beber de sua água'".
19 O SENHOR disse a Moisés: "Diga a Arão: 'Tome sua vara e es-
tenda a mão sobre as águas do Egito, sobre todos os seus rios,
canais, açudes e reservatórios. Toda a água se transformará
em sangue, até mesmo a água armazenada em vasilhas de
madeira e pedra'".
20 Moisés e Arão fizeram conforme o SENHOR ordenou. Diante
dos olhos do faraó e de todos os seus oficiais, Arão levantou a
vara e bateu nas águas do Nilo, e o rio inteiro se transformou
em sangue. 21 Os peixes do rio morreram, e a água ficou tão
malcheirosa que os egípcios não podiam bebê-la. Havia
sangue em toda a terra do Egito. 22 Mais uma vez, porém, os
magos do Egito usaram sua mágica e também transformaram
água em sangue, e o coração do faraó continuou endurecido.
Ele se recusou a ouvir Moisés e Arão, como o SENHOR tinha dito.
23 O faraó voltou para seu palácio e não pensou mais no as-
sunto. 24 Todos os egípcios cavaram às margens do rio para en-
contrar água potável, pois não podiam beber da água do Nilo.
25 Sete dias se passaram desde o momento em que o SENHOR
feriu o Nilo.

A praga das rãs

8 Então o SENHOR disse a Moisés: "Volte ao faraó e anuncie:
'Assim diz o SENHOR: Deixe meu povo sair para me adorar.
2 Se você se recusar a deixá-lo sair, enviarei uma praga de rãs
sobre todo o seu território. 3 O rio Nilo fervilhará de rãs. Elas
subirão do rio e invadirão seu palácio, e até mesmo seu quarto
e sua cama. Entrarão nas casas de seus oficiais e de seu povo.
Saltarão para dentro dos fornos e das tigelas de amassar pão.
4 As rãs avançarão sobre você, sobre seu povo e sobre todos
os seus oficiais'".
5 O SENHOR também disse a Moisés: "Diga a Arão: 'Estenda a
vara que traz em sua mão sobre todos os rios, canais e açudes
do Egito e faça subir rãs sobre toda a terra'". 6 Arão estendeu
a mão sobre as águas do Egito, e as rãs subiram e cobriram
toda a terra. 7 Os magos, porém, usaram suas artes mágicas
para imitar a praga e também fizeram aparecer rãs sobre a
terra do Egito.
8 Então o faraó convocou Moisés e Arão e disse: "Supliquem ao
SENHOR que afaste as rãs de mim e de meu povo. Deixarei seu
povo sair para oferecer sacrifícios ao SENHOR".
9 "Pois escolha a hora!", respondeu Moisés. "Diga-me quando
deseja que eu suplique pelo faraó, por seus oficiais e por seu
povo. Então o faraó e suas casas ficarão livres das rãs, e elas
permanecerão apenas no rio Nilo."
10 "Que seja amanhã", disse o faraó. "Será como o faraó
disse", respondeu Moisés. "Então saberá que não há nin-
guém como o SENHOR, nosso Deus. 11 As rãs deixarão o faraó e
suas casas, seus oficiais e seu povo e permanecerão apenas
no rio Nilo."
12 Moisés e Arão saíram do palácio do faraó, e Moisés clamou
ao SENHOR a respeito das rãs que ele havia mandado para

afligir o faraó. 13O SENHOR fez exatamente conforme Moisés
tinha dito. Todas as rãs nas casas, nos pátios e nos campos
morreram. 14Os egípcios as juntaram em montões, e um fedor
terrível encheu a terra. 15Mas, quando o faraó percebeu que a
situação havia melhorado, seu coração se endureceu, e ele se
recusou a dar ouvidos a Moisés e a Arão, como o SENHOR tinha
dito.

A praga dos piolhos

16Então o SENHOR disse a Moisés: "Diga a Arão: 'Estenda a vara
e bata no chão. O pó se transformará em enxames de piolhos
em toda a terra do Egito'". 17Moisés e Arão assim fizeram.
Quando Arão estendeu a mão e bateu no chão com a vara,
piolhos infestaram toda a terra e cobriram os egípcios e seus
animais. Todo o pó da terra do Egito se transformou em pio-
lhos. 18Os magos do faraó tentaram fazer o mesmo com suas
artes mágicas, mas não conseguiram. E os piolhos cobriram
tudo, tanto as pessoas como os animais.
19"Isso é o dedo de Deus!", exclamaram os magos ao faraó.
Mas o coração do faraó continuou endurecido. Recusou-se a
ouvi-los, como o SENHOR tinha dito.

A praga das moscas

20Em seguida, o SENHOR disse a Moisés: "Levante-se cedo
amanhã e coloque-se diante do faraó quando ele descer ao
rio. Diga-lhe: 'Assim diz o SENHOR: Deixe meu povo sair para
me adorar. 21Se você se recusar, enviarei enxames de moscas
sobre você, seus oficiais, seu povo e sobre todas as casas. Os
lares dos egípcios e todo o chão ficarão cheios de moscas.
22Desta vez, porém, pouparei a região de Gósen, onde meu
povo vive. Lá, não aparecerão moscas. Então você saberá que
eu sou o SENHOR e que estou presente até mesmo no meio de
sua terra. 23Farei clara distinção entre o meu povo e o seu.
Esse sinal acontecerá amanhã'".
24O SENHOR fez exatamente o que disse. Um denso enxame de
moscas encheu o palácio do faraó e as casas de seus oficiais.
Todo o Egito ficou em estado de calamidade por causa das
moscas.
25O faraó mandou chamar Moisés e Arão e disse: "Vão e ofe-
reçam sacrifícios ao seu Deus. Mas façam-no aqui mesmo,
nesta terra".
26"Não seria certo", respondeu Moisés. "Os sacrifícios que
oferecemos ao SENHOR, nosso Deus, são detestáveis aos egíp-
cios. Se apresentarmos aqui mesmo nossos sacrifícios, que os
egípcios consideram detestáveis, eles nos apedrejarão. 27Para
oferecer sacrifícios ao SENHOR, nosso Deus, precisamos fazer
uma viagem de três dias ao deserto, como ele ordenou."
28"Podem ir", respondeu o faraó. "Deixarei que viajem ao de-
serto para oferecer sacrifícios ao SENHOR, seu Deus, mas não
se afastem demais. E supliquem por mim."
29Moisés respondeu: "Assim que sairmos de sua presença,
suplicaremos ao SENHOR, e amanhã os enxames de moscas
deixarão o faraó, seus oficiais e todo o seu povo. Mas fique
avisado, ó faraó, de que não deve mentir novamente, recusan-
do-se a deixar o povo sair para sacrificar ao SENHOR".
30Moisés saiu do palácio do faraó e suplicou ao SENHOR que
removesse todas as moscas. 31O SENHOR atendeu Moisés e fez
os enxames de moscas deixarem o faraó, seus oficiais e seu
povo. Não restou uma só mosca. 32Mas o coração do faraó se
endureceu outra vez, e ele se recusou a deixar o povo sair.

A praga sobre os animais

9 O SENHOR ordenou a Moisés: "Volte ao faraó e diga-lhe:
'Assim diz o SENHOR, o Deus dos hebreus: Deixe meu povo
sair para me adorar. 2Se você continuar a detê-lo e a recu-
sar-se a deixá-lo sair, 3a mão do SENHOR ferirá com uma praga
mortal todos os seus animais: cavalos, jumentos, camelos,
bois e ovelhas. 4Mais uma vez, porém, o SENHOR fará distinção
entre os animais dos israelitas e os dos egípcios. Não morrerá
um só animal de Israel. 5O SENHOR já definiu quando a praga
começará: amanhã o SENHOR ferirá a terra'".
6O SENHOR fez como tinha dito. Na manhã seguinte, todos os
animais dos egípcios morreram, mas os israelitas não per-
deram um só animal. 7O faraó mandou investigar e confirmou
que o povo de Israel não havia perdido um só animal. Ainda
assim, o coração do faraó permaneceu endurecido, e ele con-
tinuou se recusando a deixar o povo sair.

A praga das feridas purulentas

8O SENHOR disse a Moisés e a Arão: "Peguem um punhado de
cinzas de um forno de olaria. Moisés deve lançá-las no ar,
diante dos olhos do faraó. 9As cinzas se espalharão sobre a
terra do Egito como poeira fina e provocarão feridas puru-
lentas nas pessoas e nos animais em todo o Egito".
10Então Moisés e Arão pegaram um punhado de cinzas de um
forno de olaria e se colocaram diante do faraó. Moisés lançou
as cinzas no ar, e surgiram feridas tanto nas pessoas como nos
animais. 11Nem mesmo os magos conseguiram permanecer
diante de Moisés, pois surgiram feridas neles, e também em
todos os egípcios. 12Mas o SENHOR endureceu o coração do
faraó e, como o SENHOR tinha dito a Moisés, o faraó se recusou
a ouvir.

A praga do granizo

13O SENHOR disse a Moisés: "Amanhã, levante-se cedo, vá até
o faraó e diga-lhe: 'Assim diz o SENHOR, o Deus dos hebreus:
Deixe meu povo sair para me adorar. 14Do contrário, enviarei
mais pragas sobre você, sobre seus oficiais e sobre seu povo.
Então você saberá que não há ninguém como eu em toda a
terra. 15A esta altura, eu poderia ter estendido minha mão e
ferido você e seu povo com uma praga que os apagaria da face
da terra. 16Mas eu o poupei a fim de lhe mostrar meu poder e
propagar meu nome por toda a terra. 17Ainda assim, você se
exalta sobre meu povo, recusando-se a deixá-lo sair. 18Por
isso, amanhã, a esta hora, enviarei a tempestade de granizo
mais devastadora de toda a história do Egito. 19Rápido! Mande

seus animais e servos deixarem os campos e procurarem
abrigo. Quando o granizo cair, todas as pessoas e animais que
estiverem ao ar livre morrerão'".
20Alguns dos oficiais do faraó se atemorizaram com o que o
SENHOR tinha dito. Sem demora, recolheram seus servos e ani-
mais dos campos. 21Mas aqueles que não deram atenção à
palavra do SENHOR deixaram seus rebanhos e servos no campo.
22Então o SENHOR disse a Moisés: "Estenda a mão em direção
ao céu para que caia granizo sobre toda a terra do Egito, sobre
as pessoas, sobre os animais e sobre todas as plantas em toda
a terra do Egito".
23Moisés estendeu a vara em direção ao céu, e o SENHOR
mandou trovões e granizo, além de raios que caíam sobre a
terra. O SENHOR enviou uma horrível tempestade de granizo
sobre todo o Egito. 24Nunca em toda a história do Egito houve
uma tempestade como aquela, com granizo tão devastador
e raios tão constantes. 25A chuva de granizo deixou toda a
terra do Egito em ruínas. Destruiu tudo que estava no campo,
tanto pessoas como animais e plantas, e até mesmo as árvores
foram despedaçadas. 26O único lugar em que não caiu granizo
foi a região de Gósen, onde vivia o povo de Israel.
27Então o faraó mandou chamar Moisés e Arão. "Desta vez eu
pequei", disse ele. "O SENHOR é justo, e eu e meu povo somos
culpados. 28Por favor, supliquem ao SENHOR que ele ponha fim
à tempestade horrível de trovões e granizo. Já chega! Eu os
deixarei ir. Não precisam mais ficar aqui."
29Moisés respondeu: "Assim que eu sair da cidade, estenderei
as mãos ao SENHOR. Os trovões e o granizo cessarão, e o faraó
saberá que a terra pertence ao SENHOR. 30Mas sei que o faraó
e seus oficiais ainda não temem o SENHOR Deus."
31(Todo o linho e a cevada foram destruídos pelo granizo, pois
a cevada estava na espiga, e o linho, em flor. 32O trigo comum
e o trigo candeal, porém, foram poupados, pois ainda não
tinham brotado do solo.)
33Moisés deixou a corte do faraó e saiu da cidade. Quando es-
tendeu as mãos ao SENHOR, os trovões e o granizo cessaram, e
a chuva torrencial parou. 34Ao perceber que a chuva, o granizo
e os trovões haviam cessado, o faraó voltou a pecar, e seu
coração mais uma vez se endureceu, assim como o de seus
oficiais. 35Uma vez que seu coração continuava endurecido,
o faraó se recusou a deixar o povo sair, como o SENHOR tinha
dito por meio de Moisés.

A praga dos gafanhotos

10 O SENHOR disse a Moisés: "Volte ao faraó, pois endureci o
coração dele e o de seus oficiais, para que eu demonstre
meus sinais entre eles, 2e também para que você conte a seus
filhos e netos como eu ridicularizei os egípcios e lhes fale dos
sinais que realizei no meio deles. Assim, vocês saberão que
eu sou o SENHOR".
3Moisés e Arão foram ver o faraó novamente e lhe disseram:
"Assim diz o SENHOR, o Deus dos hebreus: 'Até quando você
se recusará a submeter-se a mim? Deixe meu povo sair para
me adorar. 4Se você se recusar, tome cuidado! Amanhã trarei
sobre seu território uma nuvem de gafanhotos. 5Cobrirão toda
a terra, de modo que não se poderá ver o chão. Devorarão o
que restou de suas colheitas depois da tempestade de gra-
nizo, e também todas as árvores que estiverem crescendo nos
campos. 6Invadirão seus palácios, as casas de seus oficiais e
todas as casas do Egito. Nunca em toda a história do Egito
seus antepassados viram uma praga como esta!'". Quando
terminou de falar, Moisés deu as costas ao faraó e saiu.
7Os oficiais da corte se aproximaram do faraó e suplicaram: "Até
quando o faraó permitirá que esse Moisés seja uma ameaça
para nós? Deixe os homens saírem para adorar o SENHOR, o Deus
deles! O faraó não vê que o Egito está em ruínas?".
8Logo, Moisés e Arão foram trazidos de volta à presença do
faraó. "Está bem", disse ele. "Vão e adorem o SENHOR, seu
Deus. Mas quem exatamente irá?"
9Moisés respondeu: "Iremos todos: jovens e velhos, nossos
filhos e filhas, e todos os nossos rebanhos, pois celebraremos
uma festa em honra ao SENHOR".
10O faraó retrucou: "Sem dúvida precisarão que o SENHOR es-
teja com vocês se eu permitir que levem seus filhos pequenos!
Eu sei do seu plano mal-intencionado. 11De jeito nenhum! Só
os homens poderão sair para adorar o SENHOR, pois foi isso
que vocês pediram". E o faraó mandou expulsá-los do palácio.
12Então o SENHOR disse a Moisés: "Estenda a mão sobre a terra
do Egito para que venham os gafanhotos. Que eles cubram a
terra do Egito e devorem todas as plantas que sobreviveram à
tempestade de granizo".
13Assim, Moisés estendeu a vara sobre a terra do Egito, e o
SENHOR fez soprar um vento leste sobre a terra durante todo o
dia e toda a noite. Quando amanheceu, o vento leste havia tra-
zido os gafanhotos. 14Eles invadiram todo o Egito e desceram
em nuvens densas sobre seu território, de uma extremidade
à outra. Foi a pior praga de gafanhotos em toda a história do
Egito e jamais houve outra igual, 15pois os gafanhotos cobriram
toda a superfície e escureceram a terra. Devoraram todas as
plantas nos campos e todas as frutas nas árvores que tinham
sobrevivido à tempestade de granizo. Não restou uma só folha
nas árvores nem nas plantas em toda a terra do Egito.
16Sem demora, o faraó mandou chamar Moisés e Arão e lhes
disse: "Pequei contra o SENHOR, seu Deus, e contra vocês.
17Perdoem meu pecado apenas mais esta vez e supliquem ao
SENHOR, seu Deus, que ele me livre desta morte".
18Moisés deixou a corte do faraó e suplicou ao SENHOR. 19O
SENHOR respondeu e mudou a direção do vento. Fez soprar
um forte vento oeste que levou os gafanhotos para o mar Ver-
melho. Não sobrou um só gafanhoto em toda a terra do Egito.
20Mas o SENHOR endureceu o coração do faraó, e ele se recusou
a deixar o povo de Israel sair.

A praga da escuridão

21O SENHOR disse a Moisés: "Estenda a mão em direção ao céu,
e a terra do Egito ficará coberta de escuridão tão densa que

poderá ser apalpada". 22Moisés estendeu a mão em direção
ao céu, e uma escuridão profunda cobriu toda a terra do Egito
por três dias. 23Nesse período, as pessoas não conseguiam ver
umas às outras e ninguém saía do lugar. Mas, onde viviam os
israelitas, havia luz, como de costume.
24Por fim, o faraó mandou chamar Moisés. "Vão e adorem o
SENHOR", disse ele. "Podem até levar seus filhos pequenos,
mas deixem seus rebanhos aqui."
25"De jeito nenhum!", respondeu Moisés. "Por acaso o faraó
nos daria os animais necessários para as ofertas e os holo-
caustos ao SENHOR, nosso Deus? 26Todos os nossos animais
devem ir conosco; não podemos deixar nem um casco para
trás. Temos de escolher dentre esses animais para adorar o
SENHOR, nosso Deus, e só saberemos como adorar o SENHOR
quando chegarmos lá."
27Mais uma vez, porém, o SENHOR lhe endureceu o coração, e o
faraó se recusou a deixá-los sair. 28"Fora daqui!", gritou para
Moisés. "Estou avisando: nunca mais apareça diante de mim!
No dia em que vir meu rosto, você morrerá!"
29"Muito bem", respondeu Moisés. "Nunca mais verei seu
rosto novamente."

A morte dos filhos mais velhos dos egípcios

11 Então o SENHOR disse a Moisés: "Atingirei o faraó e a terra
do Egito com mais uma praga. Depois disso, o faraó os
deixará sair de seu território. Quando, por fim, ele permitir que
saiam, praticamente os expulsará. 2Diga a todos os homens e
mulheres israelitas que peçam objetos de prata e ouro a seus
vizinhos egípcios". 3(O SENHOR havia feito os egípcios verem o
povo com bons olhos. Moisés era tido em alta consideração na
terra do Egito e respeitado tanto pelos oficiais do faraó como
pelo povo egípcio.)
4Moisés disse: "Assim diz o SENHOR: À meia-noite de hoje, pas-
sarei pelo meio do Egito. 5Morrerão todos os filhos mais velhos
do sexo masculino, em todas as famílias do Egito, desde o
filho mais velho do faraó, sentado em seu trono, até o filho
mais velho da serva mais humilde que trabalha no moinho.
Até mesmo os primeiros machos dentre todos os animais mor-
rerão. 6Então se ouvirá um grande lamento na terra do Egito,
um lamento como nunca houve e nunca mais haverá. 7Quanto
aos israelitas, porém, nem um cão latirá contra eles ou seus
animais. Com isso vocês saberão que o SENHOR faz distinção
entre os egípcios e os israelitas. 8Todos os oficiais do Egito
virão até mim e se curvarão, suplicando: 'Por favor, vá em-
bora! Saia logo do Egito e leve com você todo este povo que o
segue!'. Só então eu sairei!". E, ardendo de ira, Moisés saiu
da presença do faraó.
9O SENHOR tinha avisado a Moisés: "O faraó não lhe dará ou-
vidos, por isso farei milagres ainda mais poderosos na terra
do Egito". 10Moisés e Arão fizeram todos esses milagres na
presença do faraó, mas o SENHOR lhe endureceu o coração,
e ele se recusou a deixar o povo de Israel sair de sua terra.

A primeira Páscoa

12 Então o SENHOR disse a Moisés e a Arão no Egito: 2"De
agora em diante, este mês será para vocês o primeiro
do ano. 3Anunciem a toda a comunidade de Israel que, no
décimo dia deste mês, cada família escolherá um cordeiro ou
um cabrito para fazer um sacrifício, um animal para cada casa.
4A família que for pequena demais para comer um animal in-
teiro deverá compartilhá-lo com outra família da vizinhança.
O animal será dividido de acordo com o número de pessoas e
a quantidade que cada um puder comer. 5O animal escolhido
deverá ser um cordeiro ou um cabrito de um ano, sem defeito
algum.
6"Guardem bem o animal escolhido até a tarde do décimo
quarto dia do primeiro mês. Nesse dia, toda a comunidade
de Israel sacrificará seu cordeiro ou cabrito ao anoitecer. 7Em
seguida, tomarão um pouco do sangue e o passarão nos ba-
tentes laterais e no alto das portas das casas onde comerem o
animal. 8Nessa mesma noite, assarão a carne no fogo e a co-
merão acompanhada de folhas verdes amargas e de pão sem
fermento. 9Não comerão a carne crua nem cozida. O animal
todo, incluindo a cabeça, as pernas e as vísceras, deverá ser
assado no fogo. 10Não deixem sobras para a manhã seguinte.
Queimem o que não for consumido antes do amanhecer.
11"Estas são as instruções para quando fizerem a refeição. Es-
tejam vestidos para a viagem, de sandálias nos pés e cajado
na mão. Façam a refeição apressadamente, pois é a Páscoa
do SENHOR. 12Nessa noite, passarei pela terra do Egito e ma-
tarei todos os filhos mais velhos e todos os primeiros machos
dentre os animais na terra do Egito. Executarei juízo sobre
todos os deuses do Egito, pois eu sou o SENHOR. 13Mas o sangue
nos batentes das portas servirá de sinal e marcará as casas
onde vocês estão. Quando eu vir o sangue, passarei por sobre
aquela casa. E, quando eu ferir a terra do Egito, a praga de
morte não os tocará.
14"Este será um dia a ser recordado. Todo ano, de geração
em geração, vocês o celebrarão como festa especial para o
SENHOR. Essa é uma lei permanente. 15Durante sete dias, co-
merão pão sem fermento. No primeiro dia da festa, removerão
das casas qualquer mínima quantidade de fermento. Quem
comer pão com fermento durante algum dos sete dias da festa
será eliminado do meio de Israel. 16No primeiro e no sétimo
dia da festa, todo o povo celebrará um dia oficial de reunião
sagrada. Não será permitido nenhum tipo de trabalho nessas
datas, exceto o preparo da comida.
17"Celebrem a Festa dos Pães sem Fermento, pois ela os lem-
brará de que eu tirei suas multidões da terra do Egito exata-
mente nesse dia. A festa será uma lei permanente para vocês;
celebrem-na nesse dia de geração em geração. 18O pão que
comerem será preparado sem fermento desde a tarde do
décimo quarto dia do primeiro mês até a tarde do vigésimo
primeiro dia do mesmo mês. 19Durante os sete dias, não de-
verá haver qualquer mínima quantidade de fermento em suas
casas. Quem comer algo preparado com fermento durante

a semana será eliminado do meio de Israel. Essas regras se
aplicam tanto aos estrangeiros que vivem entre vocês como
aos israelitas de nascimento. 20Durante esses dias, não comam
coisa alguma preparada com fermento. Onde quer que mo-
rarem, comam apenas pão sem fermento".
21Em seguida, Moisés mandou chamar todos os líderes de
Israel e lhes disse: "Vão, escolham um cordeiro ou um ca-
brito para cada família e sacrifiquem o animal para a Páscoa.
22Deixem o sangue escorrer para uma vasilha. Tomem um feixe
de ramos de hissopo e molhem-no com o sangue. Usando o
hissopo, passem o sangue nos batentes laterais e no alto da
porta das casas. Ninguém saia de casa até o amanhecer, 23pois
o SENHOR passará pela terra para ferir mortalmente os egíp-
cios. Mas, quando ele vir o sangue nas laterais e no alto da
porta, passará por sobre aquela casa. Não permitirá que o anjo
da morte entre em suas casas para matar vocês.
24"Lembrem-se de que estas instruções são uma lei que
vocês e seus descendentes deverão cumprir para sempre.
25Quando entrarem na terra que o SENHOR prometeu lhes dar,
continuarão a realizar essa cerimônia. 26Então seus filhos per-
guntarão: 'O que significa esta cerimônia?', 27e vocês respon-
derão: 'É o sacrifício da Páscoa para o SENHOR, pois ele passou
por sobre as casas dos israelitas no Egito. E, embora tenha
abatido os egípcios, poupou nossas famílias'". Então todos
que ali estavam se prostraram e adoraram.
28Assim, o povo de Israel fez conforme o SENHOR havia orde-
nado por meio de Moisés e Arão. 29À meia-noite, o SENHOR feriu
mortalmente todos os filhos mais velhos da terra do Egito,
desde o filho mais velho do faraó, sentado em seu trono, até
o filho mais velho do prisioneiro no calabouço. Até mesmo os
primeiros machos dentre os animais foram mortos. 30O faraó,
todos os seus oficiais e todo o povo egípcio acordaram durante
a noite, e ouviu-se um grande lamento em toda a terra do
Egito. Não houve uma só casa onde não morresse alguém.

O êxodo de Israel do Egito

31No meio da noite, o faraó mandou chamar Moisés e Arão.
"Saiam daqui!", ordenou ele. "Deixem meu povo e levem os
demais israelitas com vocês. Vão e adorem o SENHOR, como
pediram. 32Levem seus rebanhos, como disseram, e sumam
daqui! Vão embora, mas abençoem-me ao sair." 33Os egíp-
cios pressionavam o povo de Israel para que deixasse a terra
quanto antes, pois pensavam: "Vamos todos morrer!".
34Os israelitas levaram a massa de pão sem fermento, em-
brulharam as vasilhas em seus mantos e as colocaram sobre
os ombros. 35Seguindo as instruções de Moisés, pediram aos
egípcios que lhes dessem roupas e objetos de prata e ouro. 36O
SENHOR fez os egípcios serem bondosos com o povo, de modo
que lhes entregaram tudo que pediram. Assim, os israelitas
tomaram para si as riquezas dos egípcios.
37Naquela mesma noite, os israelitas partiram de Ramessés
rumo a Sucote. Havia cerca de seiscentos mil homens, além
das mulheres e crianças. 38Saiu com eles uma mistura de gente
que não era israelita, além de imensos rebanhos de ovelhas,
bois e outros animais. 39Com a massa sem fermento que ha-
viam levado do Egito, assaram pães achatados. A massa era
sem fermento, pois foram expulsos do Egito com tanta pressa
que não tiveram tempo de preparar alimento para a viagem.
40O povo de Israel tinha vivido 430 anos no Egito. 41Na verdade,
essa grande multidão do SENHOR deixou a terra exatamente no
dia em que se completaram os 430 anos. 42O SENHOR passou
a noite toda em vigília para tirar seu povo do Egito. Essa, por-
tanto, é a noite do SENHOR e deverá ser celebrada por todos os
israelitas, de geração em geração.

Mais instruções para a Páscoa

43Então o SENHOR disse a Moisés e a Arão: "Estas são as ins-
truções para a festa da Páscoa. Nenhum estrangeiro poderá
comer a ceia de Páscoa. 44O escravo comprado poderá parti-
cipar se for circuncidado. 45Os residentes temporários e os em-
pregados não poderão participar. 46Cada cordeiro de Páscoa
será comido em uma só casa. Nenhum pedaço de carne será
levado para fora, e nenhum osso do cordeiro será quebrado.
47Toda a comunidade de Israel celebrará a festa da Páscoa.
48"Se os estrangeiros que vivem entre vocês quiserem cele-
brar a Páscoa do SENHOR, todos os homens dentre eles devem
ser circuncidados. Só então poderão celebrar a Páscoa com
vocês, como qualquer israelita de nascimento. Os homens que
não forem circuncidados, porém, jamais poderão participar
da ceia de Páscoa. 49Essa instrução se aplica a todos, tanto
aos israelitas de nascimento como aos estrangeiros que vivem
entre vocês".
50Todo o povo de Israel seguiu as ordens que o SENHOR deu
a Moisés e a Arão. 51Naquele mesmo dia, o SENHOR tirou os
israelitas da terra do Egito como um exército.

A consagração do primeiro filho

13 O SENHOR disse a Moisés: 2"Consagre a mim todos os pri-
meiros filhos homens dos israelitas. O primeiro filho de
cada família e a primeira cria dos animais me pertencem".
3Então Moisés disse ao povo: "Este é um dia a ser lembrado:
é o dia em que vocês deixaram o Egito, onde eram escravos.
Hoje o SENHOR os tirou de lá pela força de sua mão poderosa.
(Lembrem-se de não comer coisa alguma com fermento.)
4Neste dia, no mês de abibe, vocês foram libertos. 5Depois
que o SENHOR os fizer entrar na terra dos cananeus, dos hi-
titas, dos amorreus, dos heveus e dos jebuseus, celebrem esta
cerimônia neste mesmo mês, a cada ano. (Ele jurou a seus
antepassados que lhes daria essa terra, uma terra que produz
leite e mel com fartura.) 6Durante sete dias, vocês deverão
comer pão sem fermento. No sétimo dia, façam uma festa
ao SENHOR. 7Comam pão sem fermento nos sete dias. Nesse
período, não deverá haver nenhuma comida fermentada nem
a mínima quantidade de fermento dentro do seu território.
8"No sétimo dia, cada um explique a seus filhos: 'Hoje celebro
aquilo que o SENHOR fez por mim quando saí do Egito'. 9Essa

festa anual será um sinal visível para vocês, como uma marca
gravada na mão ou um símbolo colocado na testa. Ela servirá
para lembrá-los sempre de manter as instruções do SENHOR
em seus lábios, pois o SENHOR os resgatou do Egito com mão
poderosa. 10 Portanto, cumpram a ordem de realizar a festa a
cada ano na data estabelecida.
11 "É isto que farão quando o SENHOR cumprir o juramento dele
a seus antepassados. Quando ele lhes der a terra onde hoje
vivem os cananeus, 12 apresentem ao SENHOR todos os pri-
meiros filhos homens e todos os machos das primeiras crias,
pois pertencem ao SENHOR. 13 Para resgatar a primeira cria dos
jumentos, entreguem ao SENHOR, como substituto, um cordeiro
ou um cabrito. Caso não resgatem o animal, terão de quebrar o
pescoço dele. Quanto aos primeiros filhos homens, será obri-
gatório resgatá-los.
14 "No futuro, seus filhos lhes perguntarão: 'O que significa
tudo isso?', e vocês responderão: 'Com a força de sua mão
poderosa, o SENHOR nos tirou do Egito, onde éramos escravos.
15 O faraó se recusou teimosamente a nos deixar sair, por isso
o SENHOR matou todos os primeiros filhos homens da terra do
Egito, e também os machos das primeiras crias dos animais. É
por isso que hoje sacrificamos todos os machos das primeiras
crias ao SENHOR, mas sempre resgatamos os primeiros filhos
homens'. 16 Essa cerimônia será como uma marca gravada na
mão ou um símbolo colocado na testa. É uma lembrança de
que a força da mão poderosa do SENHOR nos tirou do Egito".

O desvio pelo deserto

17 Quando, por fim, o faraó deixou o povo sair, Deus não os
conduziu pela estrada principal que corta o território dos fi-
listeus, embora fosse o caminho mais curto. Deus disse: "Se
eles tiverem de enfrentar uma batalha, pode ser que mudem
de ideia e voltem ao Egito". 18 Por isso, Deus fez o povo dar a
volta pelo deserto, rumo ao mar Vermelho. Assim, os israelitas
saíram do Egito como um exército preparado para marchar.
19 Moisés levou consigo os ossos de José, pois José havia feito
os filhos de Israel jurarem, dizendo: "Deus certamente virá
ajudá-los. Quando isso acontecer, levem meus ossos daqui
com vocês".
20 O povo saiu de Sucote e acampou em Etã, à beira do deserto.
21 O SENHOR ia adiante deles. Durante o dia, guiava-os com uma
coluna de nuvem e, durante a noite, fornecia luz com uma
coluna de fogo. Isso permitia que caminhassem de dia e de
noite. 22 E a coluna de nuvem não se afastava do povo durante
o dia, nem a coluna de fogo durante a noite.

14 O SENHOR disse a Moisés: 2 "Ordene aos israelitas que
deem a volta e acampem em Pi-Hairote, entre Migdol e
o mar. Acampem ali, à beira do mar, em frente a Baal-Zefom.
3 O faraó pensará: 'Os israelitas estão vagando perdidos, pri-
sioneiros do deserto!'. 4 Mais uma vez, endurecerei o coração
do faraó, e ele os perseguirá. Planejei tudo isso para mostrar
minha glória por meio do faraó e de todo o seu exército. Então
os egípcios saberão que eu sou o SENHOR". E os israelitas assim
fizeram.

Os egípcios perseguem Israel

5 Quando o rei do Egito soube que o povo de Israel havia fugido,
ele e seus oficiais mudaram de ideia. "O que fizemos?", per-
guntavam. "Como pudemos deixar todos os escravos israelitas
escaparem?" 6 Então o faraó mandou preparar sua carruagem
e convocou suas tropas. 7 Levou consigo seiscentos dos me-
lhores carros de guerra, além das demais carruagens de ba-
talha do Egito, cada uma com seu comandante. 8 O SENHOR
endureceu o coração do faraó, rei do Egito, para que ele perse-
guisse os israelitas, que haviam partido triunfantemente. 9 Os
egípcios os perseguiram com todas as forças do exército do
faraó — todos os seus cavalos e carros de guerra, cavaleiros e
tropas — e os alcançaram no acampamento em Pi-Hairote, à
beira do mar, em frente a Baal-Zefom.
10 Quando o faraó se aproximava, os israelitas levantaram os
olhos e viram os egípcios marchando contra eles. Em pânico,
clamaram ao SENHOR 11 e disseram a Moisés: "Por que você nos
trouxe ao deserto para morrer? Não havia sepulturas no Egito?
O que você fez conosco? Por que nos forçou a sair do Egito?
12 Quando ainda estávamos no Egito, não lhe avisamos que isso
aconteceria? Dissemos: 'Deixe-nos em paz! Continuaremos a
servir os egípcios. Afinal, é melhor ser escravo no Egito que ser
um cadáver no deserto!'".
13 Moisés, porém, disse: "Não tenham medo. Apenas perma-
neçam firmes e vejam como o SENHOR os resgatará neste dia.
Vocês nunca mais verão os egípcios que estão vendo hoje. 14 O
próprio SENHOR lutará por vocês. Fiquem calmos!".

A fuga pelo mar Vermelho

15 Então o SENHOR disse a Moisés: "Por que você está clamando
a mim? Diga ao povo que marche! 16 Tome sua vara e estenda
a mão sobre o mar. Divida as águas para que os israelitas
atravessem pelo meio do mar, em terra seca. 17 Endurecerei
o coração dos egípcios, e eles virão atrás de vocês. Mostrarei
minha glória por meio do faraó e de suas tropas, seus carros de
guerra e seus cavaleiros. 18 Quando minha glória se manifestar
por meio do faraó e de seus carros de guerra e seus cavaleiros,
todo o Egito a verá e saberá que eu sou o SENHOR".
19 Então o anjo de Deus que ia adiante do acampamento de
Israel se posicionou atrás do povo. A coluna de nuvem também
mudou de lugar; foi para a retaguarda 20 e ficou entre o acam-
pamento egípcio e o acampamento de Israel. A nuvem escura
trouxe trevas para os egípcios, mas luz para os israelitas. Com
isso, os dois grupos não se aproximaram durante toda a noite.
21 Então Moisés estendeu a mão sobre o mar e, com um forte
vento leste, o SENHOR abriu caminho no meio das águas. O
vento soprou a noite toda, transformando o fundo do mar em
terra seca. 22 E o povo de Israel atravessou pelo meio do mar,
caminhando em terra seca, com uma parede de água de cada
lado.

23 Os egípcios, com todos os seus cavalos, carros de guerra
e cavaleiros, perseguiram o povo até o meio do mar. 24 Mas,
pouco antes de amanhecer, do alto da coluna de fogo e de
nuvem o SENHOR olhou para o exército dos egípcios e causou
grande confusão entre eles. 25 Ele travou as rodas dos carros,
dificultando sua condução. "Fujamos daqui, para longe do
povo de Israel!", gritaram os egípcios. "O SENHOR está lutando
por eles e contra o Egito!"
26 Então o SENHOR disse a Moisés: "Estenda a mão sobre o mar
outra vez, e as águas correrão fortemente de volta a seu lugar
e cobrirão os egípcios, seus carros de guerra e seus cava-
leiros". 27 Assim, ao amanhecer, Moisés estendeu a mão sobre
o mar, e as águas voltaram fortemente a seu lugar. Quando os
egípcios tentaram escapar, foram de encontro às águas, e o
SENHOR os arrastou para dentro do mar. 28 As águas voltaram e
cobriram todos os carros de guerra e cavaleiros, todo o exér-
cito do faraó. Nenhum dos egípcios que havia perseguido os
israelitas até o meio do mar sobreviveu.
29 O povo de Israel, por sua vez, atravessou pelo meio do mar,
em terra seca, enquanto as águas formavam uma parede de
cada lado. 30 Foi assim que o SENHOR libertou Israel das mãos
dos egípcios naquele dia, e os israelitas conseguiam ver os
cadáveres dos egípcios na praia. 31 Quando o povo de Israel
viu o grande poder do SENHOR contra os egípcios, encheu-se
de temor diante dele e passou a confiar no SENHOR e em seu
servo Moisés.

Cântico de libertação

15 Então Moisés e o povo de Israel entoaram este cântico ao
SENHOR: "Cantarei ao SENHOR, pois ele triunfou gloriosa-
mente; lançou no mar o cavalo e seu cavaleiro.
2 O SENHOR é minha força e minha canção; ele é meu salvador.
É o meu Deus e eu o louvarei; é o Deus de meu pai e eu o
exaltarei.
3 O SENHOR é guerreiro; Javé é seu nome!
4 Lançou no mar os carros de guerra e as tropas do faraó; os
melhores oficiais egípcios se afogaram no mar Vermelho.
5 Águas profundas os encobriram, e afundaram como pedra.
6 "Tua mão direita, ó SENHOR, é gloriosa em poder. Tua mão
direita, ó SENHOR, despedaça o adversário.
7 Na grandeza de tua majestade, derrubas os que se levantam
contra ti. Envias tua fúria ardente, que os consome como palha.
8 Com o forte sopro de tuas narinas, as águas se amontoaram;
como muralhas se levantaram e no coração do mar se endu-
receram.
9 "O inimigo dizia: 'Eu os perseguirei e os alcançarei; eu os
saquearei e deles me vingarei. Puxarei minha espada e com
forte mão os destruirei'.
10 Mas tu sopraste com teu fôlego, e o mar os encobriu. Afun-
daram como chumbo nas águas poderosas.
11 "Quem entre os deuses é semelhante a ti, ó SENHOR, glo-
rioso em santidade, temível em esplendor, autor de grandes
maravilhas?
12 Estendeste tua mão direita, e a terra engoliu nossos inimigos.
13 "Com o teu fiel amor, conduzes o povo que resgataste. Com
teu poder, o guias à tua santa habitação.
14 Os povos ouvem e estremecem, a angústia se apodera dos
que vivem na Filístia.
15 Aterrorizam-se os líderes de Edom, estremecem os nobres de
Moabe. Desfalecem os habitantes de Canaã; 16 espanto e terror
caem sobre eles. O poder do teu braço os deixa paralisados,
como pedra, até teu povo passar, ó SENHOR, até passar o povo
que compraste.
17 Tu os trarás e os plantarás em teu próprio monte, no lugar
reservado, ó SENHOR, para tua habitação: o santuário, ó Sobe-
rano, que tuas mãos estabeleceram.
18 O SENHOR reinará para todo o sempre!".
19 Quando os cavalos, os carros de guerra e os cavaleiros do
faraó entraram no mar, o SENHOR fez as águas do mar voltarem
sobre eles. Mas o povo de Israel atravessou pelo meio do mar
em terra seca.
20 Então a profetisa Miriã, irmã de Arão, pegou um tamborim
e todas as mulheres a seguiram, tocando tamborins e dan-
çando. 21 E Miriã entoava esta canção: "Cantem ao SENHOR,
pois ele triunfou gloriosamente; lançou no mar o cavalo e seu
cavaleiro".

Água amarga em Mara

22 Em seguida, Moisés conduziu o povo de Israel do mar Ver-
melho para o deserto de Sur. Caminharam pelo deserto por
três dias sem encontrar água. 23 Quando chegaram a Mara,
descobriram que a água era amarga demais para beber. Por
isso chamaram aquele lugar de Mara.
24 O povo começou a se queixar e se voltou contra Moisés.
"O que beberemos?", perguntavam. 25 Então Moisés clamou
ao SENHOR, e o SENHOR lhe mostrou um pedaço de madeira.
Moisés o jogou na água, e ela se tornou boa para beber. Foi em
Mara que o SENHOR instituiu o seguinte decreto como norma,
para provar a fidelidade do povo. 26 Ele disse: "Se ouvirem com
atenção a voz do SENHOR, seu Deus, e fizerem o que é certo
aos olhos dele, obedecendo a seus mandamentos e cum-
prindo todos os seus decretos, não os farei sofrer nenhuma
das doenças que enviei sobre o Egito, pois eu sou o SENHOR
que os cura".
27 Depois que saíram de Mara, os israelitas viajaram até Elim,
onde encontraram doze fontes de água e setenta palmeiras, e
acamparam ali, junto às águas.

Maná e codornas

16 A comunidade de Israel partiu de Elim e chegou ao
deserto de Sim, entre Elim e o monte Sinai, no décimo
quinto dia do segundo mês, após a saída do Egito. 2 Também
ali, toda a comunidade de Israel se queixou de Moisés e Arão.
3 "Se ao menos o SENHOR tivesse nos matado no Egito!", la-
mentavam-se. "Lá, nós nos sentávamos em volta de panelas
cheias de carne e comíamos pão à vontade. Mas agora vocês

nos trouxeram a este deserto para nos matar de fome!"
4Então o SENHOR disse a Moisés: "Vejam, farei chover comida
do céu para vocês. Diariamente o povo sairá e recolherá a
quantidade de alimento que precisar para aquele dia. Com
isso, eu os provarei para ver se seguirão ou não minhas instru-
ções. 5No sexto dia, quando recolherem o alimento e o prepa-
rarem, haverá o dobro do normal".
6Assim, Moisés e Arão disseram a todos os israelitas: "Ao en-
tardecer, vocês saberão que foi o SENHOR quem os tirou da
terra do Egito. 7Pela manhã, verão a glória do SENHOR, pois
ele ouviu suas queixas, que são contra ele, e não contra nós.
O que fizemos para vocês se queixarem de nós?". 8E Moisés
acrescentou: "O SENHOR lhes dará carne para comer à tarde e
os saciará com pão pela manhã, pois ouviu suas queixas contra
ele. O que fizemos? Sim, suas queixas são contra o SENHOR, e
não contra nós".
9Em seguida, Moisés disse a Arão: "Anuncie a toda a comu-
nidade de Israel: 'Apresentem-se diante do SENHOR, pois ele
ouviu suas queixas'". 10Enquanto Arão falava a toda a comu-
nidade de Israel, o povo olhou em direção ao deserto e viu a
glória do SENHOR na nuvem.
11O SENHOR disse a Moisés: 12"Ouvi as queixas dos israelitas.
Agora diga-lhes: 'Ao entardecer, vocês terão carne para comer
e, pela manhã, pão à vontade. Assim, saberão que eu sou o
SENHOR, seu Deus'".
13Ao entardecer, muitas codornas apareceram, cobrindo o
acampamento. Na manhã seguinte, os arredores do acampa-
mento estavam úmidos de orvalho. 14Quando o orvalho se eva-
porou, havia sobre o chão uma camada de flocos finos como
geada. 15Quando os israelitas viram aquilo, perguntaram uns
aos outros: "O que é isso?", pois não faziam ideia do que era.
Moisés lhes disse: "Este é o alimento que o SENHOR lhes deu
para comer. 16E estas são as instruções do SENHOR: 'Cada fa-
mília deve recolher a quantidade necessária, dois litros para
cada pessoa de sua tenda'".
17Os israelitas seguiram as instruções. Alguns recolheram mais,
outros menos. 18Contudo, quando mediram, cada um tinha o
suficiente. Não sobrou alimento para os que recolheram mais
nem faltou para os que recolheram menos. Cada família reco-
lheu exatamente a quantidade necessária.
19Moisés lhes disse: "Não guardem coisa alguma para o dia
seguinte". 20Alguns deles, porém, não deram ouvidos e guar-
daram um pouco de alimento até a manhã seguinte. A essa
altura, a comida estava cheia de vermes e cheirava muito mal.
Moisés ficou furioso com eles.
21Depois disso, as famílias passaram a recolher, a cada manhã,
a quantidade necessária de alimento. E, quando o sol esquen-
tava, os flocos que não tinham sido recolhidos derretiam e
desapareciam. 22No sexto dia, recolheram o dobro do habitual,
ou seja, quatro litros para cada pessoa. Então todos os líderes
da comunidade se dirigiram a Moisés e o informaram a esse
respeito. 23Moisés lhes disse: "Foi o que o SENHOR ordenou:
'Amanhã será um dia de descanso, o sábado consagrado para
o SENHOR. Portanto, assem ou cozinhem hoje a quantidade que
desejarem e guardem o restante para amanhã'".
24Eles separaram uma porção para o dia seguinte, como
Moisés havia ordenado. Pela manhã, a comida restante não
tinha mau cheiro nem vermes. 25Moisés disse: "Comam o ali-
mento hoje, pois é o sábado do SENHOR. Hoje não haverá ali-
mento no chão para recolher. 26Durante seis dias vocês podem
recolher alimento, mas o sétimo dia é o sábado, quando não
haverá alimento algum no chão".
27Ainda assim, algumas pessoas saíram para recolhê-lo no sé-
timo dia, mas não o encontraram. 28O SENHOR disse a Moisés:
"Até quando este povo se recusará a obedecer às minhas ordens
e instruções? 29Entendam que o sábado é um presente do SE-
NHOR para vocês. Por isso, no sexto dia, ele lhes dá uma porção
dobrada de alimento, suficiente para dois dias. No sábado, cada
um deve ficar onde está. Não saiam para recolher alimento no
sétimo dia". 30No sétimo dia, portanto, o povo descansou.
31Os israelitas chamaram aquela comida de maná. Era branco
como a semente de coentro e tinha gosto de massa folhada
de mel.
32Então Moisés disse: "É isto que o SENHOR ordenou: 'Encham
uma vasilha de dois litros com maná e preservem-no para seus
descendentes. Assim, as gerações futuras poderão ver o ali-
mento que eu lhes dei no deserto quando os libertei do Egito'".
33Moisés disse a Arão: "Pegue uma vasilha e encha-a com dois
litros de maná. Em seguida, coloque-a diante do SENHOR, a
fim de preservar o maná para as gerações futuras". 34Arão
fez conforme o SENHOR havia ordenado a Moisés e colocou a
vasilha de maná diante das tábuas da aliança, para guardá-la.
35Os israelitas comeram maná durante quarenta anos, até che-
garem à terra onde se estabeleceriam. Comeram maná até
chegarem à fronteira da terra de Canaã.
36(A vasilha usada para medir o maná continha um ômer, que
era a décima parte da medida padrão.)

Água da rocha

17 Por ordem do SENHOR, toda a comunidade de Israel partiu
do deserto de Sim e andou de um lugar para outro. Por
fim, acamparam em Refidim, mas ali não havia água para be-
berem. 2Mais uma vez, o povo se queixou de Moisés e exigiu:
"Dê-nos água para beber!". Moisés retrucou: "Por que brigam
comigo? Por que põem o SENHOR à prova?".
3Afligido pela sede, o povo continuou a se queixar de Moisés.
"Por que você nos tirou do Egito? Quer matar de sede a nós,
nossos filhos e nossos animais?".
4Então Moisés clamou ao SENHOR: "O que devo fazer com este
povo? Estão a ponto de me apedrejar!".
5O SENHOR disse a Moisés: "Passe à frente do povo. Leve sua
vara, aquela que você usou para bater nas águas do Nilo, e
chame alguns dos líderes de Israel para acompanhá-lo. 6Eu me
colocarei diante de você sobre a rocha no monte Sinai. Bata na
rocha e dela jorrará água que o povo poderá beber". Assim, na
presença dos líderes de Israel, Moisés fez conforme ordenado.

7 Moisés chamou aquele lugar de Massá e Meribá, pois o povo
de Israel discutiu com Moisés e pôs o SENHOR à prova, dizendo:
"O SENHOR está conosco ou não?".

Israel derrota os amalequitas

8 Quando os israelitas ainda estavam em Refidim, os guerreiros
de Amaleque os atacaram. 9 Moisés ordenou a Josué: "Escolha
homens para saírem e lutarem contra o exército de Amaleque.
Amanhã, ficarei no alto da colina, segurando em minha mão
a vara de Deus".
10 Josué fez o que Moisés lhe ordenou e lutou contra o exér-
cito de Amaleque. Moisés, Arão e Hur subiram até o topo de
uma colina que ficava perto dali. 11 Enquanto Moisés mantinha
os braços erguidos, os israelitas tinham a vantagem. Quando
abaixava os braços, a vantagem era dos amalequitas. 12 Os
braços de Moisés, porém, logo se cansaram. Então Arão e Hur
encontraram uma pedra para Moisés se sentar e, um de cada
lado, mantiveram as mãos dele erguidas. Assim, as mãos per-
maneceram firmes até o pôr do sol. 13 Como resultado, Josué
aniquilou o exército de Amaleque na batalha.
14 Então o SENHOR disse a Moisés: "Escreva isto em um rolo
como lembrança permanente e leia-o em voz alta para Josué:
'Apagarei toda e qualquer recordação de Amaleque de de-
baixo do céu'". 15 Moisés construiu um altar ali e o chamou de
Javé-Nissi. 16 E disse: "Uma mão foi erguida perante o trono do
SENHOR; de geração em geração, o SENHOR guerreará contra
os amalequitas".

Jetro visita Moisés

18 Jetro, sogro de Moisés e sacerdote de Midiã, soube de
tudo que Deus havia feito por Moisés e seu povo, os israe-
litas, e de como o SENHOR os havia tirado do Egito.
2 Moisés tinha mandado Zípora, sua mulher, e seus dois filhos
de volta para a casa de Jetro, que os acolheu. 3 (O primeiro
filho de Moisés se chamava Gérson, pois quando o menino
nasceu, Moisés disse: "Sou forasteiro em terra alheia". 4 O se-
gundo filho se chamava Eliézer, pois Moisés disse: "O Deus de
meus antepassados foi meu ajudador e me livrou da espada
do faraó".) 5 Jetro, sogro de Moisés, foi visitá-lo no deserto,
levando consigo a mulher e os dois filhos de Moisés. Quando
chegaram, Moisés e o povo estavam acampados perto do
monte de Deus. 6 Jetro havia mandado um recado a Moisés,
dizendo: "Eu, seu sogro Jetro, estou indo vê-lo com sua mulher
e seus dois filhos".
7 Então Moisés saiu ao encontro de seu sogro, curvou-se e o
beijou. Depois de perguntarem um ao outro se estavam bem,
entraram na tenda de Moisés. 8 Ele contou ao sogro tudo que o
SENHOR havia feito ao faraó e aos egípcios em favor de Israel.
Contou também dos apuros que tinham passado ao longo do
caminho e de como o SENHOR os tinha livrado de todas as di-
ficuldades. 9 Jetro se alegrou imensamente ao ouvir tudo de
bom que o SENHOR havia feito por Israel ao libertar o povo das
mãos dos egípcios.
10 "Louvado seja o SENHOR!", disse Jetro. "Ele os libertou da
mão dos egípcios e do faraó! 11 Agora sei que o SENHOR é maior
que todos os outros deuses, pois libertou seu povo da opressão
dos arrogantes egípcios."
12 Em seguida, Jetro, sogro de Moisés, ofereceu um holocausto
e outros sacrifícios a Deus. Arão e os líderes de Israel vieram
e, na presença de Deus, participaram com ele da refeição.

O sábio conselho de Jetro

13 No dia seguinte, Moisés sentou-se para resolver problemas
que surgiram entre os israelitas. O povo esperou diante dele,
em pé, desde a manhã até a tarde.
14 Quando o sogro de Moisés viu tudo que ele tentava fazer pelo
povo, perguntou: "O que você está fazendo com este povo? Por
que você se senta sozinho para julgar e os obriga a ficarem de
pé diante de você o dia inteiro?".
15 Moisés respondeu: "O povo me procura para conhecer as
decisões de Deus. 16 Quando surge algum problema, eles me
procuram e eu resolvo a questão entre as partes em conflito.
Informo o povo sobre os decretos de Deus e transmito suas
instruções".
17 "O que você está fazendo não é bom", disse o sogro de
Moisés. 18 "Você ficará esgotado e deixará o povo exausto. É um
trabalho pesado demais para uma pessoa só. 19 Agora ouça-me
e escute meu conselho, e Deus esteja com você. Continue a ser
o representante do povo diante de Deus, apresentando-lhe
as questões trazidas pelo povo. 20 Ensine a eles os decretos
e as instruções de Deus. Mostre aos israelitas como devem
viver e o que devem fazer. 21 No entanto, escolha dentre todo o
povo homens capazes e honestos que temam a Deus e odeiem
suborno. Nomeie-os líderes de grupos de mil, cem, cinquenta
e dez pessoas. 22 Eles deverão estar sempre disponíveis para
resolver os problemas cotidianos do povo e só lhe trarão os
casos mais difíceis. Deixe que os líderes decidam as questões
mais simples por conta própria. Eles dividirão com você o peso
da responsabilidade e facilitarão seu trabalho. 23 Se você seguir
esse conselho, e se Deus assim lhe ordenar, poderá suportar as
pressões, e todo este povo voltará para casa em paz."
24 Moisés aceitou o conselho do sogro e seguiu todas as suas
recomendações. 25 Escolheu homens capazes dentre todo o
povo de Israel e os nomeou líderes de grupos de mil, cem,
cinquenta e dez pessoas. 26 Os homens ficavam à disposição
para resolver os problemas cotidianos do povo. Traziam para
Moisés os casos mais difíceis, mas cuidavam, eles mesmos,
das questões mais simples.
27 Pouco tempo depois, Moisés se despediu de seu sogro, que
voltou para sua terra.

O SENHOR se revela no Sinai

19 Exatamente dois meses depois de saírem do Egito, che-
garam ao deserto do Sinai. 2 Depois de levantar acam-
pamento em Refidim, chegaram ao deserto do Sinai e acam-
param ao pé do monte.

3Então Moisés subiu ao monte para apresentar-se diante de
Deus. Lá de cima, o SENHOR o chamou e disse: "Transmita esta
mensagem à família de Jacó; anuncie-a aos descendentes
de Israel: 4'Vocês viram o que fiz aos egípcios. Sabem como
carreguei vocês sobre asas de águias e os trouxe para mim.
5Agora, se me obedecerem e cumprirem minha aliança, serão
meu tesouro especial dentre todos os povos da terra, pois toda
a terra me pertence. 6Serão meu reino de sacerdotes, minha
nação santa'. Essa é a mensagem que você deve transmitir ao
povo de Israel".
7Moisés voltou do monte, convocou os líderes do povo e lhes
comunicou tudo que o SENHOR havia ordenado. 8Todo o povo
respondeu a uma só voz: "Faremos tudo que o SENHOR or-
denou!". E Moisés comunicou ao SENHOR a resposta do povo.
9O SENHOR disse a Moisés: "Virei até você numa nuvem densa,
para que o povo me ouça quando eu lhe falar e, assim, confie
sempre em você". Moisés relatou ao SENHOR o que o povo
tinha declarado. 10Então o SENHOR disse a Moisés: "Desça e
consagre o povo, hoje e amanhã. Providencie que eles lavem
suas roupas 11e estejam prontos no terceiro dia, pois nesse
dia o SENHOR descerá sobre o monte Sinai à vista de todos.
12Marque um limite ao redor de todo o monte e avise o povo:
'Tenham cuidado! Não subam ao monte, nem mesmo toquem o
limite. Quem tocar o monte certamente será morto. 13Ninguém
ponha a mão na pessoa ou no animal que ultrapassar o limite;
antes, apedreje-o ou atravesse-o com flechas. Quem cruzar o
limite não poderá continuar a viver'. Mas, quando soar o toque
longo da trombeta, o povo poderá subir ao monte".
14Moisés desceu do monte e foi até onde o povo estava. Ele
os consagrou, providenciou que lavassem suas roupas 15e lhes
disse: "Preparem-se para o terceiro dia e, até lá, não tenham
relações sexuais".
16Na manhã do terceiro dia, houve estrondo de trovões e
clarão de raios, e uma nuvem densa envolveu o monte. Um
toque longo de trombeta ressoou, e todo o povo que estava
no acampamento tremeu. 17Moisés conduziu o povo para fora
do acampamento, ao encontro de Deus, e todos pararam ao pé
do monte. 18O monte Sinai estava todo coberto de fumaça, pois
o SENHOR havia descido em forma de fogo. Nuvens de fumaça
subiam ao céu, como de uma imensa fornalha, e todo o monte
tremia violentamente. 19Enquanto o barulho da trombeta au-
mentava, Moisés falava e Deus respondia com voz de trovão.
20O SENHOR desceu sobre o topo do Sinai e chamou Moisés para
o alto do monte, e ele subiu.
21Então o SENHOR disse a Moisés: "Desça e alerte o povo que
não ultrapasse o limite para ver o SENHOR. Do contrário, muitos
morrerão. 22Até mesmo os sacerdotes, que se aproximam do
SENHOR, deverão purificar-se para que o SENHOR não os des-
trua".
23Moisés respondeu ao SENHOR: "Mas o povo não pode subir
ao monte Sinai. Tu já nos advertiste: 'Marque um limite ao
redor de todo o monte para separá-lo como lugar sagrado'".
24O SENHOR, porém, disse: "Desça do monte e depois suba de
novo, acompanhado de Arão. Enquanto isso, não permita que
os sacerdotes nem o povo ultrapassem o limite para se apro-
ximar do SENHOR. Do contrário, ele os destruirá".
25Moisés desceu até onde o povo estava e lhes comunicou o
que tinha sido dito.

Os dez mandamentos

20 Então o SENHOR deu ao povo todas estas palavras:
2"Eu sou o SENHOR, seu Deus, que o libertou da terra do
Egito, onde você era escravo.
3"Não tenha outros deuses além de mim.
4"Não faça para si espécie alguma de ídolo ou imagem de
qualquer coisa no céu, na terra ou no mar. 5Não se curve diante
deles nem os adore, pois eu, o SENHOR, seu Deus, sou um Deus
zeloso. Trago as consequências do pecado dos pais sobre os
filhos até a terceira e quarta geração dos que me rejeitam,
6mas demonstro amor por até mil gerações dos que me amam
e obedecem a meus mandamentos.
7"Não use o nome do SENHOR, seu Deus, de forma indevida. O
SENHOR não deixará impune quem usar o nome dele de forma
indevida.
8"Lembre-se de guardar o sábado, fazendo dele um dia santo.
9Você tem seis dias na semana para fazer os trabalhos habi-
tuais, 10mas o sétimo dia é o sábado do SENHOR, seu Deus.
Nesse dia, ninguém em sua casa fará trabalho algum: nem
você, nem seus filhos e filhas, nem seus servos e servas, nem
seus animais, nem os estrangeiros que vivem entre vocês. 11O
SENHOR fez os céus, a terra, o mar e tudo que neles há em
seis dias; no sétimo dia, porém, descansou. Por isso o SENHOR
abençoou o sábado e fez dele um dia santo.
12"Honre seu pai e sua mãe. Assim você terá vida longa e plena
na terra que o SENHOR, seu Deus, lhe dá.
13"Não mate.
14"Não cometa adultério.
15"Não roube.
16"Não dê falso testemunho contra o seu próximo.
17"Não cobice a casa do seu próximo. Não cobice a mulher
dele, nem seus servos ou servas, nem seu boi ou jumento, nem
qualquer outra coisa que lhe pertença".
18Quando o povo ouviu os trovões e o som forte da trombeta, e
quando viu o clarão dos raios e a fumaça que subia do monte,
ficou a distância, tremendo de medo.
19Disseram a Moisés: "Fale você conosco e ouviremos; mas
não deixe que Deus nos fale diretamente, pois morreríamos!".
20Moisés respondeu: "Não tenham medo, pois Deus veio desse
modo para prová-los e para que o temor a ele os impeça de
pecar".
21Enquanto o povo continuava a distância, Moisés se apro-
ximou da nuvem escura onde Deus estava.

O uso apropriado dos altares

22O SENHOR disse a Moisés: "Diga ao povo de Israel: Vocês
viram com os próprios olhos que eu lhes falei do céu. 23Lem-

brem-se de que não devem fazer ídolos de prata ou ouro que
tomem o meu lugar.
24“Construam para mim um altar feito de terra e nele ofereçam
holocaustos e ofertas de paz, sacrifícios de ovelhas e bois. Em
todo lugar onde eu exaltar meu nome, construam um altar.
Eu virei até vocês e os abençoarei. 25Se usarem pedras para
construir meu altar, que sejam apenas pedras inteiras, em sua
forma natural. Não alterem a forma das pedras com alguma
ferramenta, pois isso tornaria o altar impróprio para o uso
sagrado. 26E não usem degraus para chegarem diante do meu
altar, para que sua nudez não seja exposta.”

O justo tratamento dos escravos

21 “Estes são os decretos que você apresentará a Israel:
2“Se você comprar um escravo hebreu, ele não poderá
servi-lo por mais de seis anos. Liberte-o no sétimo ano, e ele
nada lhe deverá pela liberdade. 3Se ele era solteiro quando se
tornou seu escravo, partirá solteiro. Mas, se era casado antes
de se tornar seu escravo, a esposa deverá ser liberta com ele.
4“Se seu senhor lhe deu uma mulher em casamento enquanto
ele era escravo, e se o casal teve filhos e filhas, somente o
homem será liberto no sétimo ano. A mulher e os filhos con-
tinuarão a pertencer ao senhor. 5O escravo, contudo, poderá
declarar: ‘Amo meu senhor, minha esposa e meus filhos. Não
desejo ser liberto’. 6Nesse caso, seu senhor o apresentará aos
juízes. Em seguida, o levará até a porta ou até o batente da
porta e furará a orelha dele com um furador. Depois disso, o
escravo servirá a seu senhor pelo resto da vida.
7“Quando um homem vender a filha como escrava, ela não
será liberta como os homens. 8Se ela não agradar seu senhor,
ele permitirá que alguém lhe pague o resgate, mas não po-
derá vendê-la a estrangeiros, pois rompeu o contrato com ela.
9Mas, se o senhor da escrava a entregar como mulher ao filho
dele, não a tratará mais como escrava, mas sim como filha.
10“Se um homem que se casou com uma escrava tomar para
si outra esposa, não deverá descuidar dos direitos da primeira
mulher com respeito a alimentação, vestuário e intimidade
sexual. 11Se ele não cumprir alguma dessas obrigações, ela
poderá sair livre, sem pagar coisa alguma.”

Casos de danos pessoais

12“Quem agredir e matar outra pessoa será executado, 13mas
se for apenas um acidente permitido por Deus, definirei um
lugar de refúgio para onde o responsável pela morte possa
fugir. 14Se, contudo, alguém matar outra pessoa intencional-
mente, o assassino será preso e executado, mesmo que tenha
buscado refúgio em meu altar.
15“Quem agredir seu pai ou sua mãe será executado.
16“Quem sequestrar alguém será executado, quer a vítima
seja encontrada em seu poder, quer ele a tenha vendido como
escrava.
17“Quem ofender a honra de seu pai ou de sua mãe será exe-
cutado.
18“Se dois homens brigarem e um deles acertar o outro com
uma pedra ou com o punho e o outro não morrer, mas ficar de
cama, 19o agressor não será castigado se, posteriormente, o
que foi ferido conseguir voltar a andar fora de casa, mesmo
que precise de muletas; o agressor indenizará a vítima pelos
salários que ela perder e se responsabilizará por sua total re-
cuperação.
20“Se um senhor espancar seu escravo ou sua escrava com
uma vara e, como resultado, o escravo morrer, o senhor será
castigado. 21Mas, se o escravo se recuperar em um ou dois
dias, o senhor não receberá castigo algum, pois o escravo é
sua propriedade.
22“Se dois homens brigarem e um deles atingir, por acidente,
uma mulher grávida e ela der à luz prematuramente, sem que
haja outros danos, o homem que atingiu a mulher pagará a
indenização que o marido dela exigir e os juízes aprovarem.
23Mas, se houver outros danos, o castigo deverá corresponder
à gravidade do dano causado: vida por vida, 24olho por olho,
dente por dente, mão por mão, pé por pé, 25queimadura por
queimadura, ferida por ferida, contusão por contusão.
26“Se um senhor ferir seu escravo ou sua escrava no olho e o
cegar, libertará o escravo como compensação pelo olho. 27Se
quebrar o dente de seu escravo ou de sua escrava, libertará o
escravo como compensação pelo dente.
28“Se um boi matar a chifradas um homem ou uma mulher, o
boi será apedrejado, e não será permitido comer sua carne.
Nesse caso, porém, o dono do boi não será responsabilizado.
29Mas, se o boi costumava chifrar pessoas e o dono havia sido
informado, porém não manteve o animal sob controle, se o boi
matar alguém, será apedrejado, e o dono também será exe-
cutado. 30Os parentes do morto, no entanto, poderão aceitar
uma indenização pela vida perdida. O dono do boi poderá res-
gatar a própria vida ao pagar o que for exigido.
31“A mesma lei se aplica se o boi chifrar um menino ou uma
menina. 32Mas, se o boi chifrar um escravo ou uma escrava,
o dono do boi pagará trinta moedas de prata ao senhor do
escravo, e o boi será apedrejado.
33“Se alguém cavar ou destampar um poço e um boi ou ju-
mento cair dentro dele, 34o proprietário do poço indenizará
totalmente o dono do animal, mas poderá ficar com o animal
morto.
35“Se o boi de alguém ferir o boi do vizinho e o animal ferido
morrer, os dois donos venderão o animal vivo e dividirão o
dinheiro entre si em partes iguais; também dividirão entre si
o animal morto. 36Mas, se o boi costumava chifrar e o dono
não manteve o animal sob controle, o dono entregará um boi
vivo como indenização pelo boi morto e poderá ficar com o
animal morto.”

Proteção da propriedade

22 “Se alguém roubar um boi ou uma ovelha e matar o
animal ou vendê-lo, o ladrão pagará cinco bois para
cada boi roubado e quatro ovelhas para cada ovelha roubada.

2“Se um ladrão for pego em flagrante arrombando uma casa
e for ferido e morto no confronto, a pessoa que matou o la-
drão não será culpada de homicídio. 3Mas, se isso acontecer
durante o dia, a pessoa que matou o ladrão será culpada de
homicídio. “O ladrão que for pego restituirá o valor total da-
quilo que roubou. Se não puder restituir o valor, será vendido
como escravo para pagar pelos bens roubados. 4Se alguém
roubar um boi, um jumento ou uma ovelha e o animal for en-
contrado vivo, em poder do ladrão, ele pagará o dobro do valor
do animal roubado.

5“Se um animal estiver pastando no campo ou na videira e o
dono o soltar para pastar no campo de outra pessoa, o dono do
animal entregará como indenização o melhor de seus cereais
ou de suas uvas.

6“Se alguém estiver queimando espinheiros e o fogo se es-
palhar para o campo de outra pessoa e destruir o cereal já
colhido, ou a plantação pronta para a colheita, ou a lavoura
inteira, aquele que começou o fogo pagará por todo o prejuízo.

7“Se alguém entregar valores ou bens a um vizinho para que
este os guarde e eles forem roubados da casa do vizinho, o
ladrão, se for pego, restituirá o dobro do valor dos itens rou-
bados. 8Mas, se o ladrão não for pego, o dono da casa com-
parecerá diante dos juízes para que se determine se foi ele
quem roubou os bens.

9“Em qualquer caso de disputa entre vizinhos em que ambos
afirmem ser donos de determinado boi, jumento, ovelha, peça
de roupa ou objeto perdido, as duas partes comparecerão
diante dos juízes, e a pessoa que eles considerarem culpada
pagará o dobro à outra.

10“Se alguém deixar um jumento, um boi, uma ovelha ou outro
animal sob os cuidados de outra pessoa e o animal morrer, for
ferido ou levado embora, e ninguém vir o que aconteceu, 11a
pessoa que estava cuidando do animal fará diante do SENHOR
um juramento de que não roubou o animal; o dono aceitará
o juramento e não será exigido pagamento algum. 12Mas, se
o animal for roubado do vizinho, ele indenizará o dono. 13Se
tiver sido despedaçado por um animal selvagem, o que restou
da carcaça será apresentado como prova, e não será exigido
pagamento algum.

14“Se alguém pedir um animal emprestado ao vizinho e o
animal for ferido ou morrer na ausência do dono, a pessoa
que pediu o animal emprestado indenizará o dono totalmente.
15Mas, se o dono estiver presente, não será exigido pagamento
algum. Também não será exigida indenização alguma se o
animal tiver sido alugado, pois o valor do aluguel cobrirá a
perda.”

Responsabilidades gerais

16“Se um homem seduzir uma moça virgem que não esteja
comprometida e tiver relações sexuais com ela, pagará à fa-
mília dela o preço costumeiro do dote e se casará com ela.
17Mas, se o pai da moça não permitir o casamento, o homem
lhe pagará o equivalente ao dote de uma virgem.

18“Não deixe que a feiticeira viva.

19“Quem tiver relações sexuais com um animal certamente
será executado.

20“Quem sacrificar a qualquer outro deus além do SENHOR será
destruído.

21“Não maltrate nem oprima os estrangeiros. Lembre-se de
que vocês também foram estrangeiros na terra do Egito.

22“Não explore a viúva nem o órfão. 23Se você os explorar e
eles clamarem a mim, certamente ouvirei seu clamor. 24Minha
ira se acenderá contra você e o matarei pela espada. Então sua
esposa ficará viúva e seus filhos ficarão órfãos.

25“Se você emprestar dinheiro a alguém do meu povo que es-
teja necessitado, não cobre juros visando lucro, como fazem
os credores. 26Se tomar a capa do seu próximo como garantia
para um empréstimo, devolva-a antes do pôr do sol. 27Talvez
a capa seja a única coberta que ele tem para se aquecer.
Como ele poderá dormir sem ela? Se não a devolver e se o
seu próximo pedir socorro a mim, eu o ouvirei, pois sou mi-
sericordioso.

28“Não blasfeme contra Deus nem amaldiçoe as autoridades
do seu povo.

29“Quando entregar as ofertas das colheitas, do vinho e do
azeite, não retenha coisa alguma. “Consagre a mim seu pri-
meiro filho.

30“Também entregue a mim os machos das primeiras crias das
vacas, das ovelhas e das cabras. Deixe o animal com a mãe por
sete dias e, no oitavo, entregue-o a mim.

31“Vocês serão meu povo santo. Por isso, não comam a carne
de animais despedaçados e mortos por feras no campo; jo-
guem a carne para os cães.”

Um chamado à prática da justiça

23 “Não espalhe boatos falsos. Não coopere com pessoas
perversas sendo falsa testemunha.

2“Não se deixe levar pela maioria na prática do mal. Quando
o chamarem para testemunhar em um processo legal, não
permita que a multidão o influencie a perverter a justiça. 3E
não incline seu testemunho em favor de uma pessoa só porque
ela é pobre.

4“Se você deparar com o boi ou o jumento perdido de seu
inimigo, leve-o de volta ao dono. 5Se vir o jumento de alguém
que o odeia cair sob o peso de sua carga, não faça de conta
que não viu. Pare e ajude o dono a levantá-lo.

6“Não negue a justiça ao pobre em um processo legal.

7“Jamais acuse alguém falsamente. Jamais condene à morte
uma pessoa inocente ou íntegra, pois eu nunca declaro ino-
cente aquele que é culpado.

8“Não aceite subornos, pois eles o levam a fazer vista grossa
para algo que se pode ver claramente. O suborno faz até o
justo distorcer a verdade.

9“Não explore os estrangeiros. Vocês sabem o que significa
viver em terra estranha, pois foram estrangeiros no Egito.

10“Plantem e colham os produtos da terra por seis anos, 11mas,
no sétimo ano, deixem que ela se renove e descanse sem cul-
tivo. Permitam que os pobres do povo colham o que crescer es-
pontaneamente durante esse ano. Deixem o resto para servir
de alimento aos animais selvagens. Façam o mesmo com os
vinhedos e os olivais.
12“Vocês têm seis dias da semana para realizar suas tarefas ha-
bituais, mas não devem trabalhar no sétimo. Desse modo, seu
boi e seu jumento descansarão, e os escravos e estrangeiros
que vivem entre vocês recuperarão as forças.
13“Prestem muita atenção a todas as minhas instruções. Não
invoquem o nome de outros deuses; nem mesmo mencionem
o nome deles.”

Três festas anuais

14“A cada ano, celebrem três festas em minha honra. 15Pri-
meiro, celebrem a Festa dos Pães sem Fermento. Durante sete
dias, o pão que vocês comerem será preparado sem fermento,
conforme eu lhes ordenei. Celebrem essa festa anualmente no
tempo determinado, no mês de abibe, pois é o aniversário de
sua partida do Egito. Ninguém deve se apresentar diante de
mim de mãos vazias.
16“Celebrem também a Festa da Colheita, quando me trarão os
primeiros frutos de suas colheitas. “Por fim, celebrem a Festa
da Última Colheita no final da safra, quando tiverem colhido
todos os produtos de seus campos. 17A cada ano, nessas três
ocasiões, todos os homens de Israel devem comparecer diante
do Soberano, o SENHOR.
18“Não ofereçam o sangue de meus sacrifícios com pão que
contenha fermento. E não guardem até a manhã seguinte a
gordura das ofertas da festa.
19“Quando fizerem a colheita, levem à casa do SENHOR, seu
Deus, o melhor de seus primeiros frutos. “Não cozinhem o
cabrito no leite da mãe dele.”

Promessa da presença do SENHOR

20“Vejam, eu enviarei um anjo à sua frente para protegê-los ao
longo da jornada e conduzi-los em segurança ao lugar que lhes
preparei. 21Prestem muita atenção nele e obedeçam a suas
instruções. Não se rebelem contra ele, pois é meu represen-
tante e não perdoará sua rebeldia. 22Mas, se tiverem o cuidado
de lhe obedecer e de seguir todas as minhas instruções, serei
inimigo de seus inimigos e farei oposição aos que se opuserem
a vocês. 23Meu anjo irá à sua frente e os conduzirá à terra dos
amorreus, hititas, ferezeus, cananeus, heveus e jebuseus, e
eu destruirei todas essas nações. 24Não adorem seus deuses,
nem os sirvam de maneira alguma, e nem sequer imitem suas
práticas. Antes, destruam-nas completamente e despedacem
suas colunas sagradas.
25“Sirvam somente ao SENHOR, seu Deus, e eu os abençoarei
com alimento e água e os protegerei de doenças. 26Em sua
terra, nenhuma grávida sofrerá aborto e nenhuma mulher será
estéril. Eu lhes darei vida longa e plena.
27“Enviarei pavor à sua frente e criarei pânico entre os povos
cujas terras vocês invadirem. Farei todos os seus inimigos
darem meia-volta e fugirem. 28Sim, enviarei terror adiante de
vocês para expulsar os heveus, os cananeus e os hititas, 29mas
não os expulsarei num só ano, pois a terra ficaria deserta e os
animais se multiplicariam e se tornariam uma ameaça para
vocês. 30Eu os expulsarei aos poucos, até que sua população
tenha aumentado o suficiente para tomar posse da terra. 31Es-
tabelecerei os limites de seu território desde o mar Vermelho
até o mar Mediterrâneo, e do deserto do leste até o rio Eu-
frates. Entregarei em suas mãos os povos que hoje vivem na
terra e os expulsarei de diante de vocês.
32“Não façam tratados com eles nem com seus deuses. 33Esses
povos não devem habitar em sua terra, pois os fariam pecar
contra mim. Se vocês servirem aos deuses deles, cairão na
armadilha da idolatria”.

Israel aceita a aliança do SENHOR

24 Então o SENHOR disse a Moisés: “Suba ao monte para
encontrar-se comigo e traga Arão, Nadabe, Abiú e se-
tenta líderes de Israel. Todos devem adorar de longe. 2So-
mente Moisés está autorizado a se aproximar do SENHOR. Os
outros não devem chegar perto, e ninguém mais do povo tem
permissão de subir ao monte com ele”.
3Moisés desceu e transmitiu ao povo todas as instruções e
ordens do SENHOR, e todo o povo respondeu em uma só voz:
“Faremos tudo que o SENHOR ordenou!”.
4Moisés anotou com exatidão todas as instruções do SENHOR.
Logo cedo na manhã seguinte, levantou-se e construiu um
altar ao pé do monte. Também ergueu doze colunas, uma
para cada tribo de Israel. 5Em seguida, enviou alguns rapazes
israelitas para apresentarem ao SENHOR holocaustos e touros
sacrificados como ofertas de paz. 6Moisés colocou em vasilhas
metade do sangue desses animais e aspergiu a outra metade
sobre o altar.
7Depois, pegou o Livro da Aliança e o leu em voz alta para o
povo. Mais uma vez, todos responderam: “Obedeceremos ao
SENHOR! Faremos tudo que ele ordenou!”.
8Moisés pegou o sangue das vasilhas, aspergiu-o sobre o povo
e declarou: “Este sangue confirma a aliança que o SENHOR fez
com vocês quando lhes deu estas instruções”.
9Depois, Moisés, Arão, Nadabe, Abiú e os setenta líderes de
Israel subiram ao monte, 10onde viram o Deus de Israel, e sob
os pés dele havia uma superfície azulada como a safira e clara
como o céu. 11E, embora esses nobres de Israel tenham visto
Deus, ele não os destruiu, e eles participaram de uma refeição
na presença dele.
12Então o SENHOR disse a Moisés: “Suba ao monte para encon-
trar-se comigo. Fique lá e eu lhe darei tábuas de pedra nas
quais gravei a lei e os mandamentos para ensinar ao povo”.
13Moisés e seu auxiliar, Josué, partiram e subiram ao monte
de Deus.
14“Esperem aqui até voltarmos”, disse Moisés aos líderes.

"Arão e Hur ficarão com vocês. Quem tiver algum problema para resolver durante minha ausência poderá consultá-los." 15Então Moisés subiu ao monte, e a nuvem cobriu o monte. 16A glória do SENHOR pousou sobre o monte Sinai, e a nuvem o cobriu por seis dias. No sétimo dia, o SENHOR chamou Moisés de dentro da nuvem. 17Para os israelitas que estavam ao pé do monte, a glória do SENHOR no alto do Sinai parecia um fogo consumidor. 18Moisés desapareceu na nuvem ao subir ao monte e ali permaneceu quarenta dias e quarenta noites.

Ofertas para o tabernáculo

25 O SENHOR disse a Moisés: 2"Diga ao povo de Israel que me traga suas ofertas. Aceite as contribuições de todos cujo coração os dispuser a doar. 3Aqui está uma lista das ofertas que você aceitará deles: ouro, prata e bronze; 4fios de tecido azul, roxo e vermelho; linho fino e pelos de cabra para confeccionar tecido; 5peles de carneiro tingidas de vermelho e couro fino; madeira de acácia; 6óleo de oliva para as lâmpadas; especiarias para o óleo da unção e para o incenso perfumado; 7pedras de ônix e outras pedras preciosas para serem fixadas no colete e no peitoral do sacerdote.

8"Instrua os israelitas a construírem para mim um santuário, para que eu viva no meio deles. 9Devem fazer esse tabernáculo e sua mobília de acordo com o modelo que eu lhe mostrarei."

Instruções sobre a arca da aliança

10"Faça para mim uma arca de madeira de acácia, com 1,15 metro de comprimento, 67,5 centímetros de largura e 67,5 centímetros de altura. 11Revista-a com ouro puro por dentro e por fora e coloque uma moldura de ouro ao seu redor. 12Mande fundir quatro argolas de ouro e prenda-as aos quatro pés da arca, duas argolas de cada lado. 13Faça varas de madeira de acácia e revista-as com ouro. 14Passe-as por dentro das argolas dos lados da arca para transportá-la. 15Essas varas ficarão dentro das argolas; nunca as remova. 16Coloque dentro da arca as tábuas da aliança que eu lhe darei.

17"Faça a tampa da arca, que é o lugar de expiação, de ouro puro. Deve medir 1,15 metro de comprimento e 67,5 centímetros de largura. 18Em seguida, faça dois querubins de ouro batido e coloque um em cada extremidade da tampa. 19Modele um querubim em cada extremidade da tampa, para formar uma só peça de ouro com a tampa. 20Os querubins ficarão de frente um para o outro, com o rosto voltado para a tampa da arca. Estenderão as asas sobre a tampa para protegê-la. 21Coloque dentro da arca as tábuas da aliança que eu lhe darei. Ponha a tampa sobre a arca. 22Ali, sobre a tampa, que é o lugar de expiação, entre os querubins de ouro que estão sobre a arca da aliança, virei ao seu encontro e falarei com você. Dali eu lhe darei meus mandamentos para o povo de Israel."

Instruções sobre a mesa

23"Faça também uma mesa de madeira de acácia com 90 centímetros de comprimento, 45 centímetros de largura e 67,5 centímetros de altura. 24Revista-a com ouro puro e coloque uma moldura de ouro ao seu redor. 25Enfeite-a com uma borda de 8 centímetros de largura e com uma moldura de ouro ao redor da borda. 26Faça quatro argolas de ouro para a mesa e prenda-as aos quatro cantos, junto aos quatro pés. 27Prenda as argolas junto à borda para sustentar as varas que serão usadas para transportar a mesa. 28Faça essas varas de madeira de acácia e revista-as com ouro; com elas a mesa será carregada. 29Faça recipientes especiais de ouro puro para a mesa: tigelas, colheres, vasilhas e jarras, que serão usados para as ofertas derramadas. 30Coloque sobre a mesa os pães da presença, de modo que fiquem diante de mim o tempo todo."

Instruções sobre o candelabro

31"Faça um candelabro de ouro puro batido. Todo o candelabro e seus enfeites formarão uma só peça: a base, a haste central, as lâmpadas, os botões e as flores. 32Da haste central sairão seis ramos, três de cada lado. 33Cada um dos seis ramos terá três lâmpadas em forma de flor de amendoeira, com botões e pétalas. 34A haste central do candelabro terá quatro lâmpadas em forma de flor de amendoeira, cada uma com botões e flores. 35Também haverá um botão de amendoeira debaixo de cada par dos seis ramos que saem da haste central. 36Os botões de amendoeira e os ramos formarão uma só peça com a haste central e serão feitos de ouro puro batido. 37Em seguida, faça sete lâmpadas para o candelabro e posicione-as de modo que reflitam a luz para a frente. 38Os cortadores de pavio e os apagadores também serão de ouro puro. 39Serão necessários 35 quilos de ouro puro para o candelabro e seus acessórios.

40"Cuide para que tudo seja feito de acordo com o modelo que eu lhe mostrei aqui no monte."

Instruções sobre o tabernáculo

26 "Faça o tabernáculo com dez cortinas de linho finamente tecido. Enfeite as cortinas com fios de tecido azul, roxo e vermelho e com querubins bordados com habilidade. 2Essas dez cortinas devem ser todas exatamente do mesmo tamanho, com 12,6 metros de comprimento e 1,8 metro de largura. 3Junte cinco cortinas para formar uma cortina longa e depois junte as cinco restantes para formar outra cortina longa. 4Faça laços de tecido azul na borda da última cortina de cada conjunto. 5Os cinquenta laços ao longo da borda da cortina do primeiro conjunto devem coincidir com os cinquenta laços da cortina do outro conjunto. 6Em seguida, faça cinquenta colchetes de ouro e use-os para prender as cortinas longas uma à outra. Desse modo, o tabernáculo será formado de uma só peça contínua.

7"Faça onze cortinas de tecido de pelo de cabra para cobrir o tabernáculo. 8Essas onze cortinas devem ser todas exatamente do mesmo tamanho, com 13,5 metros de comprimento e 1,8 metro de largura. 9Junte cinco cortinas para formar uma cortina longa e depois junte as seis restantes para formar outra cortina longa. No segundo conjunto de cortinas, deixe uma

sobra de 90 centímetros de tecido pendurada sobre a parte
da frente da tenda. 10Faça cinquenta laços para a borda de
cada cortina longa. 11Em seguida, faça cinquenta colchetes de
bronze e prenda com eles os laços das cortinas longas. Assim,
a cobertura da tenda será formada de uma só peça contínua.
12Os 90 centímetros restantes do tecido da cobertura ficarão
pendurados na parte de trás do tabernáculo. 13Deixe pendu-
rados de cada lado os 45 centímetros restantes de tecido, para
que o tabernáculo fique inteiramente coberto. 14Complete a
cobertura da tenda com uma camada protetora feita de peles
de carneiro tingidas de vermelho e uma camada de couro fino.
15"Para a estrutura do tabernáculo, construa armações de ma-
deira de acácia. 16Cada armação deve ter 4,5 metros de altura
e 67,5 centímetros de largura, 17com duas hastes na parte infe-
rior de cada armação. Todas as armações devem ser idênticas.
18Construa vinte armações para sustentar as cortinas do lado
sul do tabernáculo. 19Faça também quarenta bases de prata,
duas para cada armação, para que as hastes se encaixem fir-
memente nas bases. 20Para o lado norte do tabernáculo, cons-
trua outras vinte armações, 21com quarenta bases de prata,
duas bases para cada armação. 22Construa seis armações para
a parte de trás, o lado oeste do tabernáculo, 23junto com mais
duas armações para reforçar os cantos das duas extremidades
do tabernáculo. 24As armações dos cantos serão emparelhadas
na parte inferior e firmemente ligadas uma à outra na parte
superior com uma argola, formando um só suporte de canto.
Siga o mesmo procedimento para ambos os suportes de canto.
25O tabernáculo, portanto, terá oito armações na parte de trás,
encaixadas sobre dezesseis bases de prata, duas bases para
cada armação.
26"Faça travessões de madeira de acácia para ligar as arma-
ções, cinco travessões para o lado norte do tabernáculo 27e
cinco travessões para o lado sul. Faça também cinco traves-
sões para a parte de trás do tabernáculo, que ficará virada
para o oeste. 28O travessão central, ligado a meia altura às
armações, se estenderá de uma ponta à outra do taberná-
culo. 29Revista as armações com ouro e faça argolas de ouro
para sustentar os travessões. Também revista com ouro os
travessões.
30"Arme o tabernáculo de acordo com o modelo que lhe foi
mostrado no monte.
31"Para o interior do tabernáculo, confeccione uma cortina
especial de linho finamente tecido. Enfeite-a com fios de te-
cido azul, roxo e vermelho e com querubins bordados com
habilidade. 32Pendure a cortina em ganchos de ouro presos
em quatro colunas de madeira de acácia revestidas de ouro
e apoiadas sobre quatro bases de prata. 33Pendure a cortina
interna com colchetes e coloque a arca da aliança atrás da cor-
tina. Essa cortina separará o lugar santo do lugar santíssimo.
34"Coloque a tampa, o lugar de expiação, sobre a arca da
aliança, dentro do lugar santíssimo. 35Coloque a mesa do lado
de fora da cortina interna, no lado norte do tabernáculo, e
posicione o candelabro em frente à mesa, ou seja, no lado sul.
36"Confeccione outra cortina para a entrada da tenda. Ela deve
ser de linho finamente tecido e artisticamente bordada com
fios de tecido azul, roxo e vermelho. 37Faça cinco colunas de
madeira de acácia, revista-as com ouro e pendure nelas a cor-
tina com ganchos de ouro. Mande fundir cinco bases de bronze
para as colunas."

Instruções sobre o altar dos holocaustos

27 "Usando madeira de acácia, construa um altar quadrado
com 2,25 metros de largura e comprimento e 1,35 metro
de altura. 2Faça uma ponta em forma de chifre para cada um
dos quatro cantos, de modo que as pontas e o altar formem
uma só peça. Revista o altar com bronze. 3Faça baldes para re-
colher as cinzas, e também pás, bacias, garfos para a carne e
braseiros, todos de bronze. 4Faça ainda uma grelha de bronze
e quatro argolas de bronze, uma para cada canto da grelha.
5Coloque-a a meia altura do altar, debaixo da borda. 6Para
transportar o altar, faça varas de madeira de acácia e revis-
ta-as com bronze. 7Passe as varas por dentro das argolas dos
dois lados do altar quando ele for transportado. 8O altar deve
ser oco e feito de tábuas. Faça-o de acordo com o que lhe foi
mostrado no monte."

Instruções para o pátio

9"Em seguida, faça um pátio para o tabernáculo, fechado com
cortinas de linho finamente tecido. As cortinas do lado sul terão
45 metros de comprimento 10e serão penduradas em vinte co-
lunas apoiadas firmemente em vinte bases de bronze. Pendure
as cortinas com ganchos e argolas de prata. 11Coloque do lado
norte cortinas idênticas a essas, com 45 metros de compri-
mento, penduradas em vinte colunas apoiadas firmemente
em vinte bases de bronze. Pendure as cortinas com ganchos
e argolas de prata. 12As cortinas do lado oeste do pátio terão
22,5 metros de comprimento e serão penduradas em dez co-
lunas apoiadas em dez bases. 13No lado leste do pátio, ou seja,
na parte da frente, as cortinas também terão 22,5 metros de
comprimento. 14A entrada do pátio ficará do lado leste, situada
entre duas cortinas. A cortina do lado direito terá 6,75 metros
de comprimento e será pendurada em três colunas apoiadas
em três bases. 15A cortina do lado esquerdo também terá 6,75
metros de comprimento e será pendurada em três colunas
apoiadas em três bases.
16Para a entrada do pátio, confeccione uma cortina com 9
metros de comprimento. Faça-a de linho finamente tecido e
enfeite-a com lindos bordados de fio azul, roxo e vermelho.
Pendure-a em quatro colunas, cada uma firmemente apoiada
em sua própria base. 17Todas as colunas ao redor do pátio
devem ter argolas e ganchos de prata e bases de bronze. 18No
total, o pátio terá 45 metros de comprimento e 22,5 metros de
largura, com divisórias feitas de cortinas de linho finamente
tecido com 2,25 metros de altura. As bases das colunas serão
de bronze.

19“Serão de bronze todos os utensílios para as cerimônias do
tabernáculo, além das estacas usadas para sustentar o san-
tuário e as cortinas do pátio.”

A iluminação do tabernáculo

20“Ordene aos israelitas que lhe tragam óleo puro de oliva para
a iluminação, a fim de manter as lâmpadas sempre acesas.
21O candelabro ficará na tenda do encontro, do lado de fora
da cortina interna que protege a arca da aliança. Arão e seus
filhos manterão as lâmpadas acesas na presença do SENHOR a
noite toda. Essa é uma lei permanente para o povo de Israel e
deve ser cumprida de geração em geração.”

As roupas dos sacerdotes

28 “Mande chamar seu irmão Arão e os filhos dele, Nadabe,
Abiú, Eleazar e Itamar. Separe-os dos demais israelitas
para que me sirvam e sejam meus sacerdotes. 2Faça para Arão
roupas sagradas, trajes de grande beleza e esplendor. 3Ins-
trua todos os artesãos habilidosos que eu enchi de espírito de
sabedoria a fim de que confeccionem para Arão roupas que o
consagrarão como sacerdote para o meu serviço. 4Estas são
as roupas que devem confeccionar: um peitoral, um colete,
um manto, uma túnica bordada, um turbante e um cinturão.
Devem fazer essas roupas sagradas para seu irmão Arão e para
os filhos deles vestirem quando me servirem como sacerdotes.
5Dê a eles, portanto, linho finamente tecido com fios de ouro e
de tecido azul, roxo e vermelho.”

O modelo do colete sacerdotal

6“Os artesãos devem fazer o colete sacerdotal de linho fina-
mente tecido e artisticamente bordado, usando fios de ouro e
fios de tecido azul, roxo e vermelho. 7O colete terá duas peças,
unidas nos ombros por duas ombreiras. 8O cinturão decorativo
será feito dos mesmos materiais: linho finamente tecido bor-
dado com fios de ouro e fios de tecido azul, roxo e vermelho.
9“Grave em duas pedras de ônix os nomes das tribos de Israel,
10seis nomes em cada pedra, organizados de acordo com a
ordem de nascimento dos filhos de Israel. 11Grave esses nomes
nas duas pedras da mesma forma que o ourives grava um selo.
Em seguida, encrave-as em suportes de filigranas de ouro.
12Prenda-as às ombreiras do colete sacerdotal como recor-
dação de que Arão representa os israelitas. Arão levará esses
nomes sobre seus ombros como lembrança contínua sempre
que se apresentar diante do SENHOR. 13Faça suportes para as
pedras com filigranas de ouro, 14trance duas correntes de ouro
puro e prenda-as aos suportes de filigrana sobre as ombreiras
do colete.”

O modelo do peitoral

15“Em seguida, faça com grande habilidade o peitoral para
decisões. Confeccione-o de modo que combine com o colete
sacerdotal, usando linho finamente tecido com fios de ouro e
fios de tecido azul, roxo e vermelho. 16Faça o peitoral de uma
só peça dobrada de tecido, formando um bolso quadrado com
22,5 centímetros de lado. 17Fixe no peitoral quatro fileiras de
pedras preciosas. A primeira fileira terá um rubi, um topázio e
um berilo. 18A segunda fileira será composta de uma turquesa,
uma safira e uma esmeralda. 19A terceira fileira será composta
de um jacinto, uma ágata e uma ametista. 20A quarta fileira
terá um crisólito, um ônix e um jaspe. Todas essas pedras
serão presas a suportes de filigranas de ouro. 21Cada pedra
representará um dos doze filhos de Israel, e o nome da tribo
correspondente será gravado na pedra como um selo.
22“Para prender o peitoral ao colete sacerdotal, faça cor-
rentes de fios trançados de ouro puro. 23Faça também duas
argolas de ouro e prenda-as aos cantos superiores do pei-
toral. 24Amarre as duas correntes de ouro nas duas argolas dos
cantos superiores do peitoral. 25Amarre as outras pontas das
correntes às filigranas de ouro sobre as ombreiras do colete.
26Em seguida, faça mais duas argolas de ouro e prenda-as às
bordas interiores do peitoral, junto ao colete. 27Faça outras
duas argolas de ouro e prenda-as à parte da frente do colete,
abaixo das ombreiras e logo acima do nó com o qual o cinturão
decorativo é amarrado ao colete. 28Depois, prenda as argolas
inferiores do peitoral às argolas do colete com cordões azuis,
para que o peitoral fique firmemente preso ao colete acima
do cinturão decorativo.
29“Com isso, Arão levará os nomes das tribos de Israel sobre
seu coração no peitoral para decisões quando entrar no lugar
santo. Essa será uma lembrança contínua de que ele repre-
senta o povo diante do SENHOR. 30Dentro do peitoral para de-
cisões, coloque o Urim e o Tumim para que Arão os leve sobre
o coração quando se apresentar diante do SENHOR. Assim,
sempre que se apresentar diante do SENHOR, Arão levará sobre
o coração os objetos usados para determinar as decisões a
respeito do povo de Israel.”

Outras peças de roupa para os sacerdotes

31“De uma só peça de tecido azul, confeccione o manto que
é usado com o colete sacerdotal. 32Faça uma abertura para a
cabeça de Arão no meio da peça e reforce a abertura com uma
gola, para que não se rasgue. 33Faça romãs de fios de tecido
azul, roxo e vermelho e prenda-as à borda do manto, com sinos
de ouro entre elas. 34Os sinos de ouro e as romãs serão inter-
calados por toda a volta da borda. 35Arão vestirá esse manto
sempre que servir diante do SENHOR, e os sinos tocarão quando
ele entrar na presença do SENHOR no lugar santo e também
quando sair. Se ele usar o manto, não morrerá.
36“Em seguida, faça uma tiara de ouro puro e grave nela, como
em um selo, as palavras SANTO PARA O SENHOR. 37Prenda a tiara
com um cordão azul à parte da frente do turbante de Arão.
38Arão a usará na testa, para que tome sobre si toda a culpa
dos israelitas quando consagrarem suas ofertas sagradas. Terá
de usá-la sempre na testa para que o SENHOR aceite seu povo.
39“Teça a túnica bordada de Arão com linho fino. Com o mesmo

linho; faça o turbante. Confeccione também um cinturão e en-
feite-o com bordados coloridos.
40“Para os filhos de Arão, confeccione túnicas, cinturões e tur-
bantes especiais, trajes de grande beleza e esplendor. 41Vista
seu irmão Arão e os filhos dele com essas roupas e, em se-
guida, unja-os e consagre-os. Santifique-os para que sirvam
como meus sacerdotes. 42Faça também roupas de baixo de
linho para serem usadas diretamente sobre a pele, indo da
cintura até as coxas. 43Arão e seus filhos deverão usar esses
calções sempre que entrarem na tenda do encontro ou se
aproximarem do altar para servir no lugar santo. Desse modo,
não levarão culpa alguma sobre si e não morrerão. Essa é
uma lei permanente para Arão e todos os seus descendentes.”

A consagração dos sacerdotes

29 “Quando consagrar Arão e seus filhos para me servirem
como sacerdotes, realize a seguinte cerimônia: tome
um novilho e dois carneiros sem defeito. 2Em seguida, usando
farinha de trigo da melhor qualidade e sem fermento, faça
pães, bolos misturados com azeite e pães finos untados com
azeite. 3Coloque-os em um só cesto e apresente-os, junto com
o novilho e os dois carneiros.
4“Apresente Arão e seus filhos à entrada da tenda do encontro
e lave-os com água. 5Vista Arão com as roupas sacerdotais:
a túnica, o manto usado com o colete sacerdotal, o colete
propriamente dito e o peitoral. Amarre o cinturão do colete na
cintura. 6Ponha-lhe o turbante na cabeça e prenda no devido
lugar a tiara sagrada do turbante. 7Unja Arão derramando o
óleo da unção sobre a cabeça dele. 8Em seguida, apresente os
filhos de Arão e vista-os com as respectivas túnicas. 9Amarre o
cinturão em volta da cintura de Arão e de seus filhos e coloque
o turbante especial na cabeça de cada um. Assim, o direito de
sacerdócio lhes pertencerá por lei para sempre. Desse modo,
você consagrará Arão e seus filhos.
10“Leve o novilho até a entrada da tenda do encontro, onde
Arão e seus filhos colocarão as mãos sobre a cabeça do animal.
11Sacrifique o novilho na presença do Senhor, à entrada da
tenda do encontro. 12Com o dedo, coloque um pouco do
sangue do animal nas pontas do altar e derrame o restante na
base do altar. 13Tome toda a gordura que envolve os órgãos
internos, o lóbulo do fígado, os dois rins e a gordura ao redor
deles e queime tudo no altar. 14Depois, tome o restante do
novilho, incluindo o couro, a carne e o excremento, e queime-o
fora do acampamento como oferta pelo pecado.
15“Em seguida, Arão e seus filhos colocarão as mãos sobre a
cabeça de um dos carneiros. 16Sacrifique o carneiro e derrame
o sangue dele em todos os lados do altar. 17Corte o carneiro
em pedaços e lave os órgãos internos e as pernas. Coloque-os
junto à cabeça e aos demais pedaços do corpo 18e queime o
animal inteiro no altar. Esse é um holocausto ao Senhor, é
aroma agradável, uma oferta especial apresentada ao Senhor.
19“Tome o outro carneiro e peça a Arão e seus filhos que co-
loquem as mãos sobre a cabeça do animal. 20Sacrifique-o e
coloque um pouco do sangue na ponta da orelha direita de
Arão e seus filhos. Coloque também um pouco do sangue no
polegar da mão direita e do pé direito de cada um deles. Der-
rame o sangue restante em todos os lados do altar. 21Recolha
um pouco do sangue do altar e um pouco do óleo da unção e
aspirja sobre Arão e seus filhos e sobre as roupas deles. Desse
modo, tanto eles como as roupas serão consagrados.
22“Uma vez que esse é o carneiro da consagração de Arão
e seus filhos, pegue a gordura do animal, incluindo a parte
gorda da cauda, a gordura que envolve os órgãos internos, o
lóbulo do fígado, os dois rins, a gordura em volta deles e a coxa
direita. 23Pegue também um pão redondo, um bolo misturado
com azeite e um pão fino de dentro do cesto de pães sem
fermento colocado na presença do Senhor. 24Coloque todo o
alimento nas mãos de Arão e seus filhos para que seja movido
para o alto como oferta especial para o Senhor. 25Depois, tome
os pães das mãos deles e queime-os no altar junto com o holo-
causto. É aroma agradável, uma oferta especial apresentada
ao Senhor. 26Separe o peito do carneiro da consagração de
Arão e mova-o para o alto na presença do Senhor como oferta
especial para ele. Depois, tome-o para si como sua porção.
27“Divida as porções do carneiro da consagração pertencentes
a Arão e seus filhos, incluindo o peito e a coxa que foram mo-
vidos para o alto diante do Senhor como oferta especial. 28No
futuro, sempre que os israelitas moverem para o alto uma
oferta de paz, uma parte dela deverá ser separada para Arão
e seus descendentes. Será direito permanente deles e oferta
sagrada dos israelitas para o Senhor.
29“As roupas sagradas de Arão deverão ser preservadas para
seus descendentes, que as vestirão quando forem ungidos e
consagrados. 30O descendente que o suceder como sumo sa-
cerdote vestirá essas roupas por sete dias quando entrar na
tenda do encontro para servir no lugar santo.
31“Tome o carneiro usado na cerimônia de consagração e co-
zinhe a carne dele em um lugar sagrado. 32Arão e seus filhos
comerão a carne, junto com os pães do cesto, à entrada da
tenda do encontro. 33Somente eles poderão comer a carne e o
pão usados para sua expiação na cerimônia de consagração.
Ninguém mais poderá consumir esses alimentos, pois são sa-
grados. 34Se sobrar alguma carne ou pão da consagração até
a manhã seguinte, essa sobra deverá ser queimada. Não se
deve comer desse alimento, pois é sagrado.
35“É desse modo que você realizará a consagração de Arão
e seus filhos, de acordo com todas as minhas instruções. A
cerimônia de consagração durará sete dias. 36A cada dia,
sacrifique um novilho como oferta pelo pecado, para fazer
expiação. Depois, purifique o altar, fazendo expiação por ele,
e unja-o com óleo, para consagrá-lo. 37Faça expiação pelo
altar e consagre-o diariamente por sete dias. No final desse
período, o altar será absolutamente santo, e tudo que o tocar
se tornará santo.
38“Estes são os sacrifícios que você deve oferecer regular-
mente sobre o altar: a cada dia, ofereça dois cordeiros de um

ano, 39um pela manhã e outro ao entardecer. 40Junto com um
deles, ofereça duas medidas de farinha da melhor qualidade
misturada com um litro de azeite puro de azeitonas prensadas;
ofereça também um litro de vinho como oferta derramada.
41Ofereça o outro cordeiro ao entardecer, junto com ofertas
de farinha e vinho iguais às da manhã. Será aroma agradável,
uma oferta especial apresentada ao SENHOR.
42"Esses holocaustos devem ser oferecidos todos os dias, de
geração em geração. Ofereça-os à entrada da tenda do en-
contro, na presença do SENHOR; ali eu virei ao encontro do povo
e falarei com você. 43Eu me reunirei ali com os israelitas, no
lugar santificado por minha presença gloriosa. 44Sim, consa-
grarei a tenda do encontro e o altar e consagrarei Arão e seus
filhos para me servirem como sacerdotes. 45Então viverei no
meio dos israelitas e serei seu Deus, 46e eles saberão que eu
sou o SENHOR, seu Deus. Eu os tirei da terra do Egito a fim de
viver no meio deles. Eu sou o SENHOR, seu Deus."

Instruções sobre o altar de incenso

30 "Construa um altar de madeira de acácia para queimar
incenso. 2Faça-o quadrado, com 45 centímetros de lado
e 90 centímetros de altura, com pontas em forma de chifre
nos cantos entalhados da mesma peça de madeira que o altar.
3Revista o topo, os lados e as pontas do altar com ouro puro e
coloque uma moldura de ouro ao seu redor. 4Faça duas argolas
de ouro e prenda-as nos lados opostos do altar, debaixo da
moldura de ouro, para sustentar as varas usadas para trans-
portá-lo. 5Faça as varas de madeira de acácia e revista-as
com ouro. 6Coloque o altar de incenso diante da cortina que
protege a arca da aliança, em frente à tampa da arca, o lugar
de expiação, que cobre as tábuas da aliança. Ali eu me encon-
trarei com você.
7"Todas as manhãs, quando cuidar das lâmpadas, Arão quei-
mará incenso perfumado no altar. 8E todas as noites, quando
acender as lâmpadas, ele queimará incenso novamente na
presença do SENHOR. Esse ato deverá ser repetido de geração
em geração. 9Não ofereçam sobre o altar incenso algum que
não seja sagrado e não o usem para holocaustos, ofertas de
cereal ou ofertas derramadas.
10"Uma vez por ano, Arão fará expiação pelo altar, aplicando
em suas pontas o sangue da oferta realizada para a expiação
pelo pecado do povo. Essa cerimônia será realizada todos os
anos de geração em geração, pois esse é o altar santíssimo
do SENHOR".

Recursos para o tabernáculo

11Então o SENHOR disse a Moisés: 12"Toda vez que você fizer o
censo dos israelitas, cada homem que for contado pagará ao
SENHOR um resgate por si mesmo. Com isso, nenhuma praga
ferirá o povo quando você o contar. 13Cada pessoa contada
entregará uma pequena quantidade de prata como oferta sa-
grada ao SENHOR. (O pagamento corresponderá a meio siclo,
com base no siclo padrão do santuário, equivalente a doze
gramas.) 14Todos os homens de 20 anos para cima entregarão
ao SENHOR essa oferta sagrada. 15Quando entregarem ao SE-
NHOR a oferta para fazer expiação pela vida deles, os ricos
não darão mais que a quantia especificada, e os pobres não
darão menos. 16Receba o dinheiro de resgate dos israelitas e
use-o para cuidar da tenda do encontro. Será uma lembrança
diante do SENHOR em favor dos israelitas e fará expiação pela
vida deles".

Instruções sobre a bacia de bronze

17O SENHOR também disse a Moisés: 18"Faça uma bacia de
bronze com um suporte de bronze para a lavagem cerimonial.
Coloque-a entre a tenda do encontro e o altar e encha-a de
água. 19Ali, Arão e seus filhos lavarão as mãos e os pés. 20Cada
vez que entrarem na tenda do encontro, deverão se lavar com
água; do contrário, morrerão. Cada vez que se aproximarem
do altar para servir ao SENHOR e queimar ofertas especiais para
ele, 21deverão lavar as mãos e os pés; do contrário, morrerão.
Essa é uma lei permanente para Arão e seus descendentes e
deve ser cumprida de geração em geração".

O óleo da unção

22O SENHOR disse ainda a Moisés: 23"Junte as seguintes es-
peciarias da melhor qualidade: seis quilos de mirra líquida,
três quilos de canela perfumada, três quilos de cálamo per-
fumado, 24e seis quilos de cássia, medidos de acordo com
o siclo do santuário. Junte também quatro litros de azeite.
25Usando as técnicas de um perfumista habilidoso, misture
esses ingredientes para fazer o óleo sagrado para a unção.
26Use esse óleo sagrado para ungir a tenda do encontro, a
arca da aliança, 27a mesa e todos os seus utensílios, o can-
delabro e todos os seus acessórios, o altar de incenso, 28o
altar do holocausto e todos os seus utensílios, e a bacia com
o seu suporte. 29Consagre-os para que sejam absolutamente
santos. Depois disso, tudo que tiver contato com eles também
se tornará santo.
30"Unja também Arão e seus filhos e consagre-os para que
me sirvam como sacerdotes. 31E diga ao povo de Israel: 'Este
óleo sagrado é reservado para mim de geração em geração.
32Jamais usem o óleo para ungir qualquer outra pessoa e
nunca preparem uma mistura igual a essa para si mesmos.
Ele é sagrado e deve ser tratado como tal. 33Quem preparar
uma mistura igual a essa ou ungir com ela alguém que não seja
sacerdote será eliminado do meio do povo'".

O incenso

34Em seguida, o SENHOR disse a Moisés: "Junte especiarias
perfumadas: gotas de resina, conchas de moluscos e gálbano.
Misture-as com incenso puro, tudo em quantidades iguais.
35Usando as técnicas de um perfumista, misture as especiarias
e acrescente um pouco de sal, a fim de produzir um incenso
puro e santo. 36Moa uma parte da mistura até formar um pó
bem fino e coloque-o diante da arca da aliança, na tenda do

encontro, onde me encontrarei com você. Considerem o in-
censo algo santíssimo. 37Jamais usem essa fórmula para pre-
parar incenso para si mesmos. Ele é reservado para o SENHOR e
deve ser considerado santo. 38Quem fizer incenso igual a esse
para uso pessoal será eliminado do meio do povo".

Os artesãos: Bezalel e Aoliabe

31 O SENHOR disse a Moisés: 2"Veja, escolhi especificamente
Bezalel, filho de Uri e neto de Hur, da tribo de Judá. 3En-
chi-o do Espírito de Deus e lhe dei grande sabedoria, habili-
dade e perícia para trabalhos artísticos de todo tipo. 4Ele é
exímio artesão, perito no trabalho com ouro, prata e bronze.
5Tem aptidão para gravar e encravar pedras preciosas e enta-
lhar madeira. É mestre em todo trabalho artístico.
6"Para ajudá-lo, designei pessoalmente Aoliabe, filho de Aisa-
maque, da tribo de Dã. Além disso, conferi habilidade especial
a todos os artesãos de talento para que façam tudo que lhe
ordenei: 7a tenda do encontro; a arca da aliança; a tampa
da arca, que é o lugar de expiação; todos os objetos do ta-
bernáculo; 8a mesa e seus utensílios; o candelabro de ouro
puro e todos os seus acessórios; o altar de incenso; 9o altar
do holocausto e todos os seus utensílios; a bacia de bronze e
seu suporte; 10o vestuário finamente confeccionado: as roupas
sagradas para o sacerdote Arão e as roupas para seus filhos
usarem em seu serviço como sacerdotes; 11o óleo da unção;
o incenso perfumado para o lugar santo. Os artesãos deverão
fazer tudo conforme eu lhe ordenei".

Instruções sobre o sábado

12Em seguida, o SENHOR disse a Moisés: 13"Diga ao povo de
Israel: 'Guardem o meu sábado, pois ele é um sinal entre mim
e vocês de geração em geração, para que saibam que eu sou o
SENHOR, que os santifica. 14Guardem o sábado, pois é dia santo
para vocês. Quem o profanar será executado; quem trabalhar
nesse dia será eliminado do meio do povo. 15Vocês têm seis
dias na semana para fazer os trabalhos habituais, mas o sétimo
dia será um sábado de descanso total, um dia consagrado
ao SENHOR. Quem trabalhar no sábado será executado. 16Os
israelitas guardarão o sábado, celebrando-o de geração em
geração, como uma aliança para sempre. 17É um sinal per-
manente entre mim e o povo de Israel, pois em seis dias o
SENHOR fez os céus e a terra, mas no sétimo dia descansou
e se revigorou'".
18Quando o SENHOR terminou de falar com Moisés no monte
Sinai, entregou-lhe as duas tábuas de pedra gravadas com os
termos da aliança, escritas pelo dedo de Deus.

O bezerro de ouro

32 Quando o povo viu que Moisés demorava a descer do
monte, reuniu-se ao redor de Arão e disse: "Tome uma
providência! Faça para nós deuses que nos guiem. Não sa-
bemos o que aconteceu com esse Moisés, que nos trouxe da
terra do Egito para cá".
2Arão respondeu: "Tirem as argolas de ouro das orelhas de
suas mulheres e de seus filhos e filhas e tragam-nas para
mim".
3Todos tiraram as argolas de ouro e as levaram a Arão. 4Ele
recebeu o ouro, derreteu-o e trabalhou nele, dando-lhe a
forma de um bezerro. Quando o povo viu o bezerro, começou
a exclamar: "Ó Israel, estes são os seus deuses que o tiraram
da terra do Egito!".
5Percebendo o entusiasmo do povo, Arão construiu um altar
diante do bezerro e anunciou: "Amanhã haverá uma festa para
o SENHOR!".
6Na manhã seguinte, o povo se levantou cedo para apresentar
holocaustos e ofertas de paz. Depois, todos comeram e be-
beram e se entregaram à farra.
7O SENHOR disse a Moisés: "Rápido! Desça do monte! Seu povo,
que você tirou da terra do Egito, se corrompeu. 8Como se des-
viaram depressa do caminho que eu lhes havia ordenado! Der-
reteram ouro e fizeram um bezerro, curvaram-se diante dele e
lhe ofereceram sacrifícios. Dizem: 'Ó Israel, estes são os seus
deuses que o tiraram da terra do Egito!'".
9Então o SENHOR declarou: "Vi como este povo é teimoso e
rebelde. 10Agora fique de lado, e eu lançarei contra eles minha
ira ardente e os destruirei. Depois, farei de você, Moisés, uma
grande nação".
11Moisés, porém, tentou apaziguar o SENHOR, seu Deus. "Ó
SENHOR!", exclamou ele. "Por que estás tão irado com teu
próprio povo, que tiraste do Egito com tão grande poder e
mão forte? 12Por que deixar os egípcios dizerem: 'O Deus
deles os resgatou com a má intenção de exterminá-los nos
montes e apagá-los da face da terra'? Deixa de lado tua ira
ardente! Arrepende-te quanto a esta calamidade terrível que
ameaçaste enviar sobre teu povo! 13Lembra-te dos teus servos
Abraão, Isaque e Jacó. Assumiste um compromisso com eles
por meio de juramento, dizendo: 'Tornarei seus descendentes
tão numerosos quanto as estrelas do céu. Eu lhes darei toda
esta terra que lhes prometi, e eles a possuirão para sempre'."
14Então o SENHOR se arrependeu da calamidade terrível que
havia ameaçado enviar sobre seu povo.
15Em seguida, Moisés se virou e desceu o monte. Trazia nas
mãos as duas tábuas da aliança, que estavam escritas dos
dois lados, frente e verso. 16As tábuas eram obra de Deus; cada
palavra tinha sido gravada pelo próprio Deus.
17Quando Josué ouviu o alvoroço do povo que gritava lá em-
baixo, disse a Moisés: "Parece que há guerra no acampa-
mento!".
18Moisés respondeu: "Não são gritos de vitória nem lamentos
de derrota. Ouço barulho de festa".
19Quando se aproximaram do acampamento, Moisés viu o be-
zerro e as danças e ficou furioso. Jogou as tábuas de pedra
no chão e as despedaçou ao pé do monte. 20Tomou o bezerro
que haviam feito e o queimou. Moeu-o até virar pó, jogou-o
na água e obrigou os israelitas a bebê-la.
21Por fim, dirigiu-se a Arão e perguntou: "O que este povo lhe

fez para que você os levasse a cometer tamanho pecado?".

22"Não fique tão furioso comigo, meu senhor", respondeu Arão. "Você sabe como este povo é mau. 23Eles me disseram: 'Faça para nós deuses que nos guiem. Não sabemos o que aconteceu com esse Moisés, que nos trouxe da terra do Egito para cá'. 24Então eu lhes disse: 'Quem tiver joias de ouro, tire-as'. Quando eles as trouxeram para mim, simplesmente as joguei no fogo e saiu este bezerro!"

25Moisés viu que Arão havia permitido que o povo se descontrolasse completamente, dando motivo de zombaria a seus inimigos. 26Portanto, colocou-se à entrada do acampamento e gritou: "Todos que estiverem do lado do SENHOR, venham até aqui e juntem-se a mim!". E todos os levitas se reuniram ao redor dele.

27Moisés lhes disse: "Assim diz o SENHOR, o Deus de Israel: 'Cada um de vocês pegue sua espada e vão e voltem de uma extremidade à outra do acampamento. Matem todos, até mesmo seus irmãos, amigos e vizinhos'". 28Os levitas obedeceram à ordem de Moisés, e cerca de três mil pessoas morreram naquele dia.

29Então Moisés disse aos levitas: "Hoje vocês se consagraram para o serviço do SENHOR, pois lhe obedeceram mesmo quando tiveram de matar seus próprios filhos e irmãos. Hoje vocês receberam dele uma bênção".

Moisés intercede por Israel

30No dia seguinte, Moisés disse ao povo: "Vocês cometeram um pecado terrível, mas eu subirei ao monte e me encontrarei com o SENHOR outra vez. Talvez eu consiga fazer expiação por este pecado!".

31Moisés voltou ao SENHOR e disse: "Que pecado terrível este povo cometeu! Fizeram para si deuses de ouro. 32Agora, porém, eu te suplico que lhes perdoes o pecado; do contrário, apaga meu nome do registro que escreveste!".

33O SENHOR, porém, respondeu a Moisés: "Apagarei o nome de todos que pecaram contra mim. 34Agora vá e leve o povo ao lugar do qual eu lhe falei. Veja, meu anjo irá à sua frente. E, no dia do acerto de contas, certamente eu castigarei este povo pelo pecado que cometeram".

35Então o SENHOR castigou severamente o povo, por causa do que fizeram com o bezerro que Arão lhes tinha construído.

33 O SENHOR disse a Moisés: "Ponha-se a caminho, junto com o povo que você tirou da terra do Egito. Subam à terra que eu jurei dar a Abraão, Isaque e Jacó, dizendo: 'Darei esta terra a seus descendentes'. 2Enviarei um anjo à sua frente para expulsar os cananeus, os amorreus, os hititas, os ferezeus, os heveus e os jebuseus. 3Subam à terra que produz leite e mel com fartura. Mas eu não viajarei no meio de vocês, pois são um povo teimoso e rebelde. Se eu os acompanhasse, certamente os destruiria ao longo do caminho".

4Quando o povo ouviu essas palavras severas, chorou e deixou de usar seus ornamentos. 5Pois o SENHOR havia ordenado a Moisés: "Diga ao povo de Israel: 'Vocês são um povo teimoso e rebelde. Se eu os acompanhasse, mesmo que só por um momento, eu os destruiria. Deixem de usar seus ornamentos enquanto decido o que fazer com vocês'". 6Assim, desde quando partiram do monte Sinai, os israelitas deixaram de usar ornamentos.

7Moisés costumava montar uma tenda fora do acampamento, a certa distância dele, e a chamava de tenda da reunião. Quem quisesse fazer uma petição ao SENHOR ia até essa tenda, fora do acampamento.

8Sempre que Moisés se dirigia a essa tenda, todo o povo se levantava e permanecia em pé, cada um junto à entrada de sua própria tenda. Observavam Moisés até ele entrar na tenda. 9Logo que Moisés entrava, uma coluna de nuvem descia e ficava suspensa no ar, à entrada da tenda, enquanto o SENHOR falava com ele. 10Quando o povo via a nuvem à entrada da tenda, cada um permanecia em frente à própria tenda e se curvava. 11Ali o SENHOR falava com Moisés face a face, como quem fala com um amigo. Depois Moisés voltava ao acampamento, mas seu jovem auxiliar Josué, filho de Num, ficava na tenda.

Moisés vê a glória do SENHOR

12Então Moisés disse ao SENHOR: "Tu me ordenaste: 'Leve este povo', mas não disseste quem enviarias comigo. Declaraste: 'Eu o conheço pelo nome e me agrado de você'. 13Se é verdade que te agradas de mim, permita-me conhecer teus caminhos para que eu te conheça melhor e continue a contar com teu favor. E lembra-te de que esta nação é teu povo".

14O SENHOR respondeu: "Acompanharei você pessoalmente e lhe darei descanso".

15Então Moisés disse: "Se não nos acompanhares pessoalmente, não nos faças sair deste lugar. 16Se não nos acompanhares, como os outros saberão que teu povo e eu contamos com teu favor? Pois é tua presença em nosso meio que nos distingue, teu povo e eu, de todos os outros povos da terra".

17O SENHOR respondeu a Moisés: "Certamente farei o que me pede, pois me agrado de você e o conheço pelo nome".

18Moisés disse: "Então peço que me mostres tua presença gloriosa".

19O SENHOR respondeu: "Farei passar diante de você toda a minha bondade e anunciarei diante de você o meu nome, Javé. Pois terei misericórdia de quem eu quiser, e mostrarei compaixão a quem eu quiser. 20Mas você não poderá olhar diretamente para minha face, pois ninguém pode me ver e continuar vivo". 21O SENHOR disse ainda: "Fique nesta rocha, perto de mim. 22Quando minha presença gloriosa passar, eu o colocarei numa abertura da rocha e o cobrirei com minha mão até que eu tenha passado. 23Depois, tirarei minha mão e você me verá pelas costas. Meu rosto, porém, ninguém poderá ver".

O SENHOR renova a aliança

34 O SENHOR disse a Moisés: "Corte duas tábuas de pedra como as primeiras. Nelas escreverei as mesmas palavras

que estavam nas tábuas que você despedaçou. 2Esteja pronto
amanhã cedo para subir ao Sinai e apresentar-se diante de
mim no topo do monte. 3Ninguém deve acompanhá-lo. Aliás,
ninguém deve aparecer em parte alguma do monte. Não per-
mita sequer que os rebanhos pastem próximo ao monte".
4Moisés cortou as duas tábuas de pedra como as primeiras.
Logo de manhã, subiu ao monte Sinai conforme o SENHOR havia
ordenado, levando nas mãos as duas tábuas de pedra.
5Então o SENHOR desceu em uma nuvem, ficou ali com Moisés e
anunciou seu nome, Javé. 6O SENHOR passou diante de Moisés,
proclamando: "Javé! O SENHOR! O Deus de compaixão e mise-
ricórdia! Sou lento para me irar e cheio de amor e fidelidade.
7Cubro de amor mil gerações e perdoo o mal, a rebeldia e
o pecado. Contudo, não absolvo o culpado; trago as conse-
quências do pecado dos pais sobre os filhos até a terceira e
quarta geração".
8No mesmo instante, Moisés se prostrou com o rosto no chão
e adorou. 9Em seguida, disse: "Senhor, se é verdade que te
agradas de mim, peço que nos acompanhes na jornada. É ver-
dade que o povo é teimoso e rebelde, mas eu te peço que
perdoes nossa maldade e nosso pecado. Toma-nos como tua
propriedade especial".
10O SENHOR respondeu: "Faço hoje uma aliança com você na
presença de todo o seu povo. Realizarei maravilhas jamais
vistas em nação alguma ou lugar algum da terra. E todos
ao seu redor verão o poder do SENHOR, o poder temível que
demonstrarei em seu favor. 11Observe com atenção, porém,
tudo que eu lhe ordeno hoje. Irei à sua frente e expulsarei
os amorreus, os cananeus, os hititas, os ferezeus, os heveus
e os jebuseus.
12"Tenha muito cuidado para não assinar tratados com os
povos que vivem na terra para a qual você está indo. Se o fizer,
seguirá pelos maus caminhos deles e cairá numa armadilha.
13Em vez disso, destrua os altares idólatras, despedace as co-
lunas sagradas e derrube os postes dedicados à deusa Aserá.
14Não adore outros deuses, pois o SENHOR, cujo nome é Zeloso,
é Deus zeloso de seu relacionamento com vocês.
15"Não faça tratado algum com os povos que vivem na terra.
No culto a seus deuses, eles se prostituem e oferecem sacri-
fícios. Eles o convidarão para comer dessas ofertas, e você
aceitará o convite. 16Depois, aceitará que as filhas deles, as
quais sacrificam a outros deuses, se casem com seus filhos.
Elas seduzirão seus filhos para que se prostituam adorando
outros deuses. 17Não faça para si deuses de metal fundido.
18"Celebre a Festa dos Pães sem Fermento. Durante sete dias,
coma seu pão sem fermento, conforme eu lhe ordenei. Ce-
lebre essa festa anualmente no tempo determinado, no mês
de abibe, pois é o aniversário de sua partida do Egito.
19"As primeiras crias de todos os animais me pertencem, in-
cluindo os machos das primeiras crias de seus rebanhos de
bois e ovelhas. 20Para resgatar a primeira cria de uma ju-
menta, entregue ao SENHOR, como substituto, um cordeiro ou
um cabrito. Caso você não resgate o animal, terá de quebrar o
pescoço dele. Quanto aos primeiros filhos homens, será obri-
gatório resgatá-los. "Ninguém deve se apresentar diante de
mim de mãos vazias.
21"Você tem seis dias na semana para fazer os trabalhos ha-
bituais, mas no sétimo dia não deve trabalhar, mesmo nas
épocas de arar e colher.
22"Celebre a Festa da Colheita com os primeiros frutos da co-
lheita do trigo. Celebre também a Festa da Última Colheita no
final da safra. 23Três vezes por ano, todos os homens de Israel
comparecerão diante do Soberano, o SENHOR, o Deus de Israel.
24Expulsarei as outras nações de diante de você e aumentarei
seu território, para que ninguém cobice sua terra enquanto você
comparece diante do SENHOR, seu Deus, três vezes por ano.
25"Não ofereça o sangue de meus sacrifícios com pão que
contenha fermento. Não guarde até a manhã seguinte carne
alguma do sacrifício de Páscoa.
26"Quando fizer a colheita, leve à casa do SENHOR, seu Deus,
o melhor de seus primeiros frutos. "Não cozinhe o cabrito no
leite da mãe dele".
27O SENHOR também disse a Moisés: "Escreva todas essas pala-
vras, pois elas representam os termos da aliança que eu faço
com você e com Israel".
28Moisés permaneceu no monte com o SENHOR quarenta dias
e quarenta noites. Durante todo esse tempo, não comeu pão
nem bebeu água. E escreveu os termos da aliança, os dez
mandamentos, nas tábuas de pedra.
29Quando Moisés desceu do monte Sinai carregando as duas
tábuas da aliança, não percebeu que seu rosto brilhava, pois ele
havia falado com o SENHOR. 30Quando Arão e os israelitas viram
o brilho do rosto de Moisés, tiveram medo de se aproximar dele.
31Moisés, porém, chamou Arão e os líderes da comunidade,
que se aproximaram, e Moisés falou com eles. 32Em seguida,
todo o povo se aproximou, e Moisés lhes transmitiu todas
as instruções que o SENHOR lhe tinha dado no monte Sinai.
33Quando Moisés terminou de falar com eles, cobriu o rosto
com um véu. 34No entanto, sempre que entrava na tenda da
reunião para falar com o SENHOR, tirava o véu até sair. Depois,
transmitia ao povo as instruções que o SENHOR lhe dava, 35e os
israelitas viam o brilho de seu rosto. Então Moisés cobria no-
vamente o rosto com o véu até voltar para falar com o SENHOR.

Instruções sobre o sábado

35 Moisés reuniu toda a comunidade de Israel e disse:
"Estas são as instruções que o SENHOR mandou que se-
guissem. 2Vocês têm seis dias na semana para fazer o trabalho
habitual, mas o sétimo dia será um sábado de descanso total,
um dia consagrado ao SENHOR. Quem trabalhar no sábado
será executado. 3Nem sequer acendam fogo em suas casas
no sábado".

Ofertas para o tabernáculo

4Então Moisés disse a toda a comunidade de Israel: "Foi isto
que o SENHOR ordenou: 5entreguem uma oferta ao SENHOR.

Todas as pessoas de coração generoso apresentem as se-
guintes ofertas ao SENHOR: ouro, prata e bronze; 6fios de tecido
azul, roxo e vermelho; linho fino e pelos de cabra para confec-
cionar tecidos; 7peles de carneiro tingidas de vermelho e couro
fino; madeira de acácia; 8óleo de oliva para as lâmpadas; es-
peciarias para o óleo da unção e para o incenso perfumado;
9pedras de ônix e outras pedras preciosas para serem fixadas
no colete e no peitoral do sacerdote.
10“Todos que são artesãos talentosos, venham e façam tudo
que o SENHOR ordenou: 11o tabernáculo, tanto a tenda como
a cobertura, os colchetes, as armações, os travessões, as
colunas e as bases; 12a arca e as varas para transportá-la; a
tampa da arca, que é o lugar de expiação; a cortina interna que
protege a arca; 13a mesa, as varas para transportá-la e todos
os seus utensílios; os pães da presença; 14o candelabro, seus
acessórios, as lâmpadas e o óleo de oliva para a iluminação;
15o altar de incenso e as varas para transportá-lo; o óleo da
unção e o incenso perfumado; a cortina para a entrada do ta-
bernáculo; 16o altar do holocausto; a grelha de bronze do altar,
as varas para transportá-lo e seus utensílios; a bacia de bronze
e seu suporte; 17a cortina para as divisórias do pátio; as colunas
e suas bases; a cortina para a entrada do pátio; 18as estacas do
tabernáculo e do pátio e suas cordas; 19as roupas finamente
confeccionadas para os sacerdotes vestirem durante o serviço
no lugar santo, as roupas sagradas do sacerdote Arão e de seus
filhos que também são sacerdotes”.
20Então toda a comunidade de Israel se despediu de Moisés.
21Todos aqueles cujo coração foi movido e cujo espírito foi to-
cado voltaram com ofertas para o SENHOR. Trouxeram todos
os materiais necessários para a construção da tenda do en-
contro, para a realização das cerimônias e para a confecção
das roupas sagradas. 22Todos os que tinham o coração dis-
posto, tanto homens como mulheres, vieram e trouxeram para
o SENHOR suas ofertas de ouro na forma de argolas, brincos,
anéis e colares. Apresentaram todo tipo de objeto de ouro
como oferta especial para o SENHOR. 23Todos os que tinham
fios de tecido azul, roxo e vermelho, linho fino e pelo de cabra
para fazer tecidos, peles de carneiro tingidas de vermelho e
couro fino os trouxeram. 24Todos os que tinham objetos de
prata e bronze os entregaram como oferta para o SENHOR. E
todos os que tinham madeira de acácia a trouxeram para ser
usada na obra.
25Todas as mulheres com habilidade para costurar e fiar prepa-
raram fios de tecido azul, roxo e vermelho e tecido de linho fino.
26Todas as mulheres que se dispuseram usaram sua habilidade
para fiar o pelo de cabra. 27Os líderes trouxeram pedras de ônix
e as outras pedras preciosas para serem colocadas no colete
sacerdotal e no peitoral das decisões. 28Trouxeram também
especiarias e óleo de oliva para a iluminação, para o óleo da
unção e para o incenso perfumado. 29Assim, todos os israelitas,
todos os homens e mulheres dispostos a ajudar no trabalho que
o SENHOR havia ordenado por meio de Moisés, trouxeram suas
ofertas e as entregaram de bom grado ao SENHOR.
30Então Moisés disse ao povo de Israel: “O SENHOR escolheu
especificamente Bezalel, filho de Uri e neto de Hur, da tribo
de Judá. 31O SENHOR encheu Bezalel com o Espírito de Deus e
lhe deu grande sabedoria, habilidade e perícia para trabalhos
artísticos de todo tipo. 32Ele é exímio artesão, perito no tra-
balho com ouro, prata e bronze. 33Tem aptidão para gravar e
encravar pedras preciosas e entalhar madeira. É mestre em
todo trabalho artístico. 34O SENHOR capacitou tanto Bezalel
como Aoliabe, filho de Aisamaque, da tribo de Dã, para ensi-
narem suas aptidões a outros. 35O SENHOR lhes deu habilidade
especial para gravar, projetar, tecer e bordar linho fino com
fios de tecido azul, roxo e vermelho. São excelentes artesãos
e projetistas.”

36“O SENHOR deu sabedoria a Bezalel, a Aoliabe e aos de-
mais artesãos talentosos e os capacitou com habilidade
e entendimento para realizarem todas as tarefas relacionadas
à construção do tabernáculo. Eles o construirão conforme o
SENHOR ordenou”.
2Moisés chamou Bezalel, Aoliabe e os demais artesãos espe-
cialmente capacitados pelo SENHOR e que estavam dispostos
a realizar a obra. 3Moisés lhes deu os materiais doados pelos
israelitas como ofertas para a construção do santuário. O povo,
porém, continuava a trazer voluntariamente mais ofertas todas
as manhãs. 4Por fim, os artesãos que estavam trabalhando
no santuário interromperam a obra 5e informaram a Moisés:
“O povo trouxe mais que o suficiente para completarmos o
trabalho que o SENHOR nos ordenou!”.
6Então Moisés deu a seguinte ordem, que foi transmitida a
todo o acampamento: “Homens e mulheres, não preparem
mais ofertas para o santuário. Temos o suficiente!”. Assim, o
povo parou de trazer suas ofertas. 7Suas contribuições foram
mais que suficientes para completar todo o projeto.

A construção do tabernáculo

8Os artesãos habilidosos fizeram para o tabernáculo dez cor-
tinas de linho finamente tecido. Bezalel enfeitou as cortinas
com fios de tecido azul, roxo e vermelho e com querubins
bordados com habilidade. 9As dez cortinas eram exatamente
do mesmo tamanho, com 12,6 metros de comprimento e 1,8
metro de largura. 10Juntaram cinco das cortinas para formar
uma cortina longa e depois juntaram as cinco restantes para
formar outra cortina longa. 11Bezalel fez cinquenta laços de te-
cido azul e prendeu-os ao longo da borda da última cortina de
cada conjunto. 12Os cinquenta laços ao longo da borda de uma
cortina coincidiam com os cinquenta laços ao longo da borda
da outra cortina. 13Em seguida, fez cinquenta colchetes de
ouro e prendeu as cortinas longas uma à outra. Desse modo, o
tabernáculo foi formado de uma só peça contínua.
14Fez também onze cortinas de tecido de pelo de cabra para
cobrir o tabernáculo. 15Essas onze cortinas eram todas exata-
mente do mesmo tamanho, com 13,5 metros de comprimento
e 1,8 metro de largura. 16Bezalel juntou cinco das cortinas para

formar uma cortina longa e depois juntou as seis restantes
para formar outra cortina longa. 17Fez cinquenta laços para a
borda de cada cortina longa. 18Fez ainda cinquenta colchetes
de bronze para prender as cortinas longas uma à outra. Desse
modo, a cobertura da tenda foi formada de uma só peça con-
tínua. 19Por fim, completou a cobertura da tenda com uma ca-
mada protetora feita de peles de carneiro tingidas de vermelho
e uma camada de couro fino.

20Para a estrutura do tabernáculo, Bezalel construiu armações
de madeira de acácia. 21Cada armação tinha 4,5 metros de
altura e 67,5 centímetros de largura, 22com duas hastes na
parte inferior de cada armação. Todas as armações eram idên-
ticas. 23Construiu vinte armações para sustentar as cortinas
do lado sul do tabernáculo. 24Fez também quarenta bases de
prata, duas para cada armação, de modo que as hastes se
encaixavam firmemente nas bases. 25Para o lado norte do ta-
bernáculo, construiu outras vinte armações, 26com quarenta
bases de prata, duas bases para cada armação. 27Fez seis ar-
mações para a parte de trás, o lado oeste do tabernáculo,
28junto com mais duas armações para reforçar os cantos das
duas extremidades do tabernáculo. 29As armações dos cantos
foram emparelhadas na parte inferior e firmemente ligadas
uma à outra na parte superior com uma argola, formando um
só suporte de canto. Ambos os suportes de canto foram feitos
dessa maneira. 30Havia, portanto, oito armações na parte de
trás do tabernáculo, encaixadas sobre dezesseis bases de
prata, duas bases debaixo de cada armação.

31Em seguida, fez travessões de madeira de acácia para ligar
as armações, cinco travessões para o lado norte do taberná-
culo 32e cinco travessões para o lado sul. Fez também cinco
travessões para a parte de trás do tabernáculo, que ficava
virada para o oeste. 33Fez o travessão central ligado a meia
altura às armações, estendendo-se de uma ponta à outra do
tabernáculo. 34Revestiu as armações com ouro e fez argolas
de ouro para sustentar os travessões. Depois, revestiu com
ouro os travessões.

35Para o interior do tabernáculo, Bezalel confeccionou uma
cortina especial de linho fino, trançado com fios de tecido azul,
roxo e vermelho e com querubins bordados com habilidade.
36Fez para a cortina quatro colunas de madeira de acácia
e quatro ganchos de ouro. Revestiu as colunas com ouro e
apoiou-as sobre quatro bases de prata.

37Em seguida, fez outra cortina para a entrada da tenda. Con-
feccionou-a com linho finamente tecido e bordou-a artistica-
mente, usando fios de tecido azul, roxo e vermelho. 38Pen-
durou a cortina em ganchos de ouro presos a cinco colunas.
Revestiu com ouro as colunas, seus capitéis e seus ganchos e
mandou fundir para elas cinco bases de bronze.

A arca da aliança

37 Em seguida, Bezalel fez uma arca de madeira de acácia,
com 1,15 metro de comprimento, 67,5 centímetros de
largura e 67,5 centímetros de altura. 2Revestiu-a com ouro
puro por dentro e por fora e fez uma moldura de ouro ao seu
redor. 3Mandou fundir quatro argolas de ouro e prendeu-as
aos quatro pés da arca, duas argolas de cada lado. 4Fez varas
de madeira de acácia e revestiu-as com ouro. 5Passou-as por
dentro das argolas dos lados da arca para transportá-la.
6Fez ainda a tampa da arca, o lugar de expiação, de ouro puro.
Media 1,15 metro de comprimento e 67,5 centímetros de lar-
gura. 7Fez dois querubins de ouro batido e colocou um em
cada extremidade da tampa. 8Modelou o querubim em cada
extremidade da tampa de modo a formar uma só peça de ouro
com a tampa. 9Os querubins ficavam de frente um para o outro,
com o rosto voltado para a tampa da arca. Estendiam suas asas
sobre a tampa para cobri-la.

A mesa

10Bezalel fez a mesa de madeira de acácia com 90 centíme-
tros de comprimento, 45 centímetros de largura e 67,5 centí-
metros de altura. 11Revestiu-a com ouro puro e colocou uma
moldura de ouro ao seu redor. 12Enfeitou-a com uma borda
de 8 centímetros de largura e com uma moldura de ouro ao
redor da borda. 13Fez quatro argolas de ouro para a mesa e
prendeu-as aos quatro cantos, junto aos quatro pés. 14Prendeu
as argolas junto da borda para sustentar as varas usadas para
transportar a mesa. 15Fez essas varas de madeira de acácia e
revestiu-as com ouro. 16Fez ainda recipientes especiais de ouro
puro para a mesa: tigelas, colheres, vasilhas e jarras para as
ofertas derramadas.

O candelabro

17Bezalel fez um candelabro de ouro puro batido. Todo o can-
delabro e seus enfeites formavam uma só peça: a base, a haste
central, as lâmpadas, os botões e as flores. 18Da haste central
saíam seis ramos, três de cada lado. 19Cada um dos seis ramos
tinha três lâmpadas em forma de flor de amendoeira, com
botões e flores. 20A haste central do candelabro tinha quatro
lâmpadas em forma de flor de amendoeira, cada uma com bo-
tões e flores. 21Havia um botão de amendoeira debaixo de cada
par dos seis ramos que saíam da haste central. 22Os botões de
amendoeira e os ramos formavam uma só peça com a haste
central e eram feitos de ouro puro batido.

23Fez também sete lâmpadas para o candelabro, cortadores de
pavio e apagadores, todos de ouro puro. 24Foram necessários
35 quilos de ouro puro para o candelabro e seus acessórios.

O altar de incenso

25Depois, Bezalel usou madeira de acácia para construir
o altar de incenso. Ele o fez quadrado, com 45 centímetros
de lado e 90 centímetros de altura, com pontas em forma de
chifre nos cantos entalhados da mesma peça de madeira que
o altar. 26Revestiu o topo, os lados e as pontas do altar com
ouro puro e fez uma moldura de ouro ao seu redor. 27Fez duas
argolas de ouro e prendeu-as nos lados opostos do altar, de-
baixo da moldura de ouro, para sustentar as varas usadas para

transportá-lo. 28Fez as varas de madeira de acácia e reves-
tiu-as com ouro.
29Em seguida, preparou o óleo sagrado da unção e o incenso
perfumado usando as técnicas de um perfumista.

O altar dos holocaustos

38 Usando madeira de acácia, Bezalel construiu um altar
quadrado para o holocausto, com 2,25 metros de lar-
gura e comprimento e 1,35 metro de altura. 2Fez uma ponta
em forma de chifre para cada um dos quatro cantos, de modo
que as pontas e o altar formavam uma só peça. Revestiu o
altar com bronze. 3Depois, fez os utensílios do altar: baldes
para recolher as cinzas, pás, bacias, garfos para a carne e bra-
seiros, todos de bronze. 4Fez também uma grelha de bronze
e a colocou a meia altura do altar, debaixo da borda. 5Fez
quatro argolas de bronze e prendeu-as aos cantos da grelha de
bronze, para sustentar as varas usadas para carregar o altar.
6Fez as varas de madeira de acácia e as revestiu com bronze.
7Por dentro das argolas dos dois lados do altar, passou as varas
usadas para transportá-lo. O altar era oco e feito de tábuas.

A bacia de bronze

8Bezalel fez a bacia de bronze e seu suporte de bronze com
espelhos doados pelas mulheres que serviam à entrada da
tenda do encontro.

O pátio

9Bezalel fez ainda o pátio, que era fechado com cortinas de
linho finamente tecido. As cortinas do lado sul tinham 45 me-
tros de comprimento 10e eram penduradas em vinte colunas
apoiadas firmemente em vinte bases de bronze. Pendurou as
cortinas com ganchos e argolas de prata. 11Colocou do lado
norte cortinas idênticas a essas, com 45 metros de compri-
mento, penduradas em vinte colunas apoiadas firmemente em
bases de bronze. Pendurou as cortinas com ganchos e argolas
de prata. 12As cortinas do lado oeste do pátio tinham 22,5 me-
tros de comprimento e eram penduradas com ganchos e ar-
golas de prata em dez colunas apoiadas em dez bases. 13O lado
leste do pátio também tinha 22,5 metros de comprimento.
14A entrada do pátio ficava do lado leste, situada entre duas
cortinas. A cortina do lado sul tinha 6,75 metros de compri-
mento e era pendurada em três colunas apoiadas em três
bases. 15A cortina do lado norte também tinha 6,75 metros
de comprimento e era pendurada em três colunas apoiadas
em três bases. 16Todas as cortinas ao redor do pátio eram
de linho finamente tecido. 17Cada uma das colunas tinha uma
base de bronze, e todos os ganchos e argolas eram de prata.
Os capitéis das colunas do pátio eram revestidos de prata, e
as argolas usadas para pendurar as cortinas eram de prata.
18Para a entrada do pátio, confeccionou uma cortina de linho
finamente tecido e a enfeitou com lindos bordados de fios
de tecido azul, roxo e vermelho. A cortina tinha 9 metros de
comprimento e 2,25 metros de altura, como as cortinas das
divisórias do pátio. 19Era pendurada em quatro colunas, cada
uma apoiada firmemente em sua própria base de bronze. Os
capitéis das colunas eram revestidos de prata, e os ganchos e
argolas também eram de prata.
20Todas as estacas usadas para sustentar o tabernáculo e o
pátio eram de bronze.

Relação dos materiais

21Esta é uma relação dos materiais usados na construção do
tabernáculo, o santuário da aliança. Os levitas registraram os
valores totais conforme Moisés os havia instruído, e Itamar,
filho do sacerdote Arão, supervisionou esse trabalho. 22Be-
zalel, filho de Uri e neto de Hur, da tribo de Judá, fez tudo
exatamente conforme o SENHOR havia ordenado a Moisés.
23Recebeu a ajuda de Aoliabe, filho de Aisamaque, da tribo de
Dã, artesão perito em gravar, projetar e bordar em linho fino
com fios de tecido azul, roxo e vermelho.
24O povo contribuiu com ofertas especiais de ouro que totali-
zaram 1.024 quilos, calculados de acordo com o siclo do san-
tuário. Esse ouro foi usado em toda a construção do santuário.
25A comunidade toda de Israel contribuiu com 3.520 quilos de
prata, calculados de acordo com o siclo do santuário. 26Essa
prata veio do imposto recolhido de cada homem registrado no
censo (o imposto era de uma beca, isto é, meio siclo, conforme
o siclo do santuário). O imposto foi arrecadado de 603.550
homens de 20 anos para cima. 27Para fazer as cem bases para
as armações das paredes do santuário e das colunas que sus-
tentavam a cortina interna foram necessários 3.500 quilos de
prata, cerca de 35 quilos para cada base. 28Os 20 quilos de
prata restantes foram usados para fazer os ganchos e argolas
e para revestir os capitéis das colunas.
29O povo também contribuiu com uma oferta especial de 2.480
quilos de bronze, 30usados para fundir as bases das colunas
à entrada da tenda do encontro e para o altar de bronze com
sua grelha de bronze e todos os utensílios do altar. 31O bronze
também foi usado para fazer as bases das colunas nas quais
era pendurada a cortina da entrada do pátio e para todas as
estacas ao redor do tabernáculo e o pátio.

As roupas dos sacerdotes

39 Os artesãos confeccionaram belas roupas sagradas de
tecido azul, roxo e vermelho para Arão vestir ao servir
no lugar santo, conforme o SENHOR havia ordenado a Moisés.

A confecção do colete sacerdotal

2Bezalel fez o colete sacerdotal de linho finamente tecido e
bordou-o usando fios de ouro e fios de tecido azul, roxo e ver-
melho. 3Para fazer os fios de ouro, bateu o metal até formar
lâminas finas e as cortou em fios. Com grande habilidade e
cuidado, bordou os fios de ouro no linho fino, com fios de
tecido azul, roxo e vermelho.
4O colete sacerdotal tinha duas peças, unidas nos ombros por
duas ombreiras. 5O cinturão decorativo era feito dos mesmos

materiais: linho finamente tecido bordado com fios de ouro e
fios de tecido azul, roxo e vermelho, conforme o SENHOR havia
ordenado a Moisés. 6Duas pedras de ônix foram presas em su-
portes de filigranas de ouro. Nas pedras tinham sido gravados
os nomes das tribos de Israel, da mesma forma que se grava
um selo. 7Bezalel prendeu as pedras às ombreiras do colete
como recordação de que o sacerdote representa os israelitas.
Tudo isso foi feito conforme o SENHOR havia ordenado a Moisés.

A confecção do peitoral

8Bezalel fez o peitoral com grande habilidade e cuidado. Con-
feccionou-o de modo que combinasse com o colete sacerdotal,
usando linho finamente tecido, bordado com ouro e com fios
de tecido azul, roxo e vermelho. 9Fez o peitoral de uma só
peça dobrada de tecido, formando um bolso quadrado com
22,5 centímetros de lado. 10Fixou no peitoral quatro fileiras de
pedras preciosas. A primeira fileira tinha um rubi, um topázio
e um berilo. 11A segunda fileira era composta de uma turquesa,
uma safira e uma esmeralda. 12A terceira fileira era composta
de um jacinto, uma ágata e uma ametista. 13A quarta fileira
tinha um crisólito, um ônix e um jaspe. Todas essas pedras
eram presas a suportes de filigranas de ouro. 14Cada pedra
representava um dos doze filhos de Israel e trazia gravado o
nome da tribo correspondente, como em um selo.
15Para prender o peitoral ao colete sacerdotal, fizeram cor-
rentes de fios trançados de ouro puro. 16Fizeram também
dois suportes de filigranas de ouro e duas argolas de ouro,
que foram presas aos cantos superiores do peitoral. 17Amar-
raram as duas correntes de ouro nas duas argolas do peitoral.
18Amarraram as outras pontas das correntes aos suportes de
filigrana de ouro sobre as ombreiras do colete. 19Em seguida,
fizeram mais duas argolas de ouro e as prenderam às bordas
interiores do peitoral, junto ao colete. 20Fizeram outras duas
argolas de ouro e as prenderam à parte da frente do colete,
abaixo das ombreiras e logo acima do nó que amarrava o cin-
turão decorativo ao colete. 21Prenderam as argolas inferiores
do peitoral às argolas do colete com cordões azuis, para que o
peitoral ficasse firmemente preso ao colete acima do cinturão.
Tudo isso foi feito conforme o SENHOR havia ordenado a Moisés.

Outras peças de roupa para os sacerdotes

22Bezalel fez de uma só peça de tecido azul o manto que é
usado com o colete sacerdotal, 23com uma abertura no meio
da peça para a cabeça de Arão. A abertura foi reforçada com
uma gola, para que não se rasgasse. 24Fizeram romãs de fios
de tecido azul, roxo e vermelho e as prenderam à borda do
manto. 25Fizeram também sinos de ouro puro e os prenderam
entre as romãs à borda do manto, 26intercalando sinos e
romãs por toda a volta da borda. Esse manto deveria ser usado
sempre que o sacerdote realizasse seu serviço, conforme o
SENHOR havia ordenado a Moisés.
27Confeccionaram para Arão e seus filhos túnicas de linho fino.
28O turbante especial e os outros turbantes também foram
confeccionados de linho fino, e as roupas de baixo foram feitas
de linho finamente tecido. 29Os cinturões foram feitos de linho
finamente tecido e bordados com fios de tecido azul, roxo e
vermelho, conforme o SENHOR havia ordenado a Moisés.
30Fizeram de ouro puro a tiara sagrada, o emblema de san-
tidade. Gravaram nela, como em um selo, as palavras SANTO
PARA O SENHOR. 31Prenderam a tiara com um cordão azul à parte
da frente do turbante de Arão, conforme o SENHOR havia orde-
nado a Moisés.

Moisés inspeciona o trabalho

32Assim, a construção do tabernáculo, a tenda do encontro, foi
concluída. Os israelitas fizeram tudo conforme o SENHOR havia
ordenado a Moisés. 33Então apresentaram a Moisés o taberná-
culo completo: a tenda com toda a sua mobília, os colchetes,
as armações, os travessões, as colunas e as bases; 34as co-
berturas da tenda, feitas de peles de carneiro tingidas de ver-
melho e couro fino; a cortina interna que protegia a arca; 35a
arca da aliança e as varas para transportá-la; a tampa da arca,
que é o lugar de expiação; 36a mesa e todos os seus utensílios;
os pães da presença; 37o candelabro de ouro puro, com suas
lâmpadas simétricas, todos os seus acessórios e o óleo de oliva
para a iluminação; 38o altar de ouro; o óleo da unção e o in-
censo perfumado; a cortina para a entrada da tenda; 39o altar
de bronze com a grelha de bronze, as varas para transportá-lo
e seus utensílios; a bacia de bronze e seu suporte; 40a cortina
para as divisórias do pátio; as colunas e suas bases; a cortina
para a entrada do pátio; as cordas e as estacas; todos os uten-
sílios a serem usados durante as cerimônias no tabernáculo, a
tenda do encontro; 41as roupas finamente confeccionadas para
os sacerdotes vestirem enquanto estiverem servindo no lugar
santo, as roupas sacerdotais sagradas de Arão e as roupas que
seus filhos vestiriam durante o serviço.
42Os israelitas seguiram todas as instruções que o SENHOR tinha
dado a Moisés acerca da obra. 43Então Moisés inspecionou
todo o trabalho. Quando verificou que tinha sido feito con-
forme o SENHOR havia ordenado, abençoou o povo.

O tabernáculo é armado

40 O SENHOR disse a Moisés: 2"Arme o tabernáculo, a tenda
do encontro, no primeiro dia do primeiro mês. 3Coloque
a arca da aliança dentro dele e pendure a cortina interna para
proteger a arca. 4Depois, traga a mesa para dentro e coloque
sobre ela os utensílios. Traga também o candelabro e instale
suas lâmpadas.
5"Ponha o altar de ouro para o incenso diante da arca da
aliança e pendure a cortina à entrada do tabernáculo. 6Co-
loque o altar do holocausto diante da entrada do tabernáculo,
a tenda do encontro. 7Ponha a bacia entre a tenda do encontro
e o altar e encha-a de água. 8Em seguida, arme o pátio ao
redor da tenda e pendure a cortina da entrada do pátio.
9"Pegue o óleo da unção e unja o tabernáculo e toda a sua
mobília, para consagrá-los; assim, ele será santo. 10Unja o

altar do holocausto e seus utensílios para consagrá-los; assim,
ele será santíssimo. 11 Depois, unja a bacia e seu suporte para
consagrá-los.
12 "Traga Arão e seus filhos até a entrada da tenda do encontro
e lave-os com água. 13 Vista Arão com as roupas sagradas, un-
ja-o e consagre-o, para que me sirva como sacerdote. 14 Traga
os filhos de Arão e vista-os com as túnicas. 15 Unja-os como
ungiu o pai deles, para que também me sirvam como sacer-
dotes. Com a unção, os descendentes de Arão são separados
para o sacerdócio para sempre, de geração em geração".
16 Moisés fez tudo que o SENHOR lhe havia ordenado. 17 O taber-
náculo foi armado no primeiro dia do primeiro mês do segundo
ano. 18 Para armar o tabernáculo, Moisés colocou as bases em
seus lugares, encaixou as armações, prendeu os travessões
e levantou as colunas. 19 Em seguida, estendeu a tenda sobre
a estrutura do tabernáculo e, por cima, colocou a cobertura,
conforme o SENHOR havia ordenado.
20 Pegou as tábuas da aliança e as colocou dentro da arca.
Prendeu à arca as varas para transportá-la e a cobriu com a
tampa, o lugar de expiação. 21 Depois, trouxe a arca da aliança
para dentro da tenda do encontro e pendurou a cortina interna
que a protegia, conforme o SENHOR havia ordenado.
22 Em seguida, Moisés colocou a mesa da tenda do encontro do
lado norte do lugar santo, do lado de fora da cortina interna.
23 Arrumou sobre a mesa os pães da presença diante do SE-
NHOR, conforme o SENHOR havia ordenado.
24 Pôs o candelabro dentro da tenda do encontro, em frente
à mesa, do lado sul do lugar santo. 25 Acendeu as lâmpadas
na presença do SENHOR, conforme o SENHOR havia ordenado.
26 Colocou também o altar de ouro para o incenso na tenda
do encontro diante da cortina interna 27 e queimou sobre ele
incenso perfumado, conforme o SENHOR havia ordenado.
28 Pendurou a cortina à entrada do tabernáculo 29 e colocou o
altar do holocausto perto da entrada do tabernáculo, a tenda
do encontro. Apresentou sobre o altar um holocausto e uma
oferta de cereal, conforme o SENHOR havia ordenado.
30 Em seguida, Moisés colocou a bacia entre a tenda do en-
contro e o altar e encheu-a de água para que os sacerdotes
pudessem se lavar. 31 Moisés, Arão e os filhos de Arão usavam
a água da bacia para lavar as mãos e os pés. 32 Lavavam-se
cada vez que se aproximavam do altar e entravam na tenda do
encontro, conforme o SENHOR havia ordenado.
33 Moisés pendurou as cortinas que cercavam o pátio ao redor
do tabernáculo e do altar e colocou a cortina à entrada do
pátio. Assim, Moisés finalmente terminou o trabalho.

A glória do SENHOR enche o tabernáculo

34 Então a nuvem cobriu a tenda do encontro, e a glória do
SENHOR encheu o tabernáculo. 35 Moisés não podia mais entrar
na tenda do encontro, pois a nuvem estava sobre ela, e a glória
do SENHOR a enchia.
36 Sempre que a nuvem se levantava de cima do tabernáculo,
os israelitas seguiam viagem. 37 Mas, se a nuvem não se le-
vantava, permaneciam onde estavam até a nuvem se elevar.
38 Durante o dia, a nuvem do SENHOR pairava no ar acima do
tabernáculo e, à noite, fogo ardia dentro da nuvem, de modo
que todo o povo de Israel podia vê-la. E isso ocorreu ao longo
de todas as jornadas dos israelitas.

LEVÍTICO

Procedimentos para o holocausto

1 Da tenda do encontro, o SENHOR chamou Moisés e lhe disse:
2 "Dê as seguintes instruções ao povo de Israel. Quando você
apresentar um animal como oferta para o SENHOR, escolha-o
dos rebanhos de gado, ovelhas ou cabras.
3 "Se o animal que apresentar como holocausto for do rebanho
de gado, deverá ser um macho sem defeito. Leve-o até a en-
trada da tenda do encontro, para que seja aceito pelo SENHOR.
4 Coloque a mão sobre a cabeça do animal, para que seja aceito
em seu lugar como expiação. 5 Mate o novilho na presença
do SENHOR, e os filhos de Arão, os sacerdotes, oferecerão o
sangue do animal, derramando-o em todos os lados do altar
que está à entrada da tenda do encontro. 6 Depois, tire a pele
do animal e corte-o em pedaços. 7 Os filhos do sacerdote Arão
acenderão o fogo no altar e ali arrumarão a lenha. 8 Arrumarão
também os pedaços da oferta, incluindo a cabeça e a gordura,
sobre a lenha acesa no altar, 9 mas os órgãos internos e as
pernas serão lavados primeiro com água. Então o sacerdote
queimará tudo no altar como holocausto. É uma oferta espe-
cial, um aroma agradável ao SENHOR.
10 "Se o animal que apresentar como holocausto for um car-
neiro ou um cabrito, deverá ser um macho sem defeito. 11 Mate
o animal junto ao lado norte do altar, na presença do SENHOR,
e os filhos de Arão, os sacerdotes, derramarão o sangue do
animal em todos os lados do altar. 12 Depois, corte o animal em
pedaços, incluindo a cabeça e a gordura. Os sacerdotes arru-
marão os pedaços da oferta sobre a lenha acesa no altar, 13 mas
os órgãos internos e as pernas serão lavados primeiro com
água. Então o sacerdote queimará tudo no altar como holo-
causto. É uma oferta especial, um aroma agradável ao SENHOR.

14"Se apresentar ao SENHOR uma ave como holocausto, de-
verá ser uma rolinha ou um pombinho. 15O sacerdote levará a
ave até o altar, destroncará a cabeça dela e deixará o sangue
escorrer na lateral do altar. Em seguida, queimará a ave. 16O
sacerdote removerá o papo e as penas da cauda da ave e
os lançará do lado leste do altar, sobre as cinzas. 17Depois,
segurando a ave pelas asas, o sacerdote a partirá, mas sem
despedaçá-la, e a apresentará como holocausto sobre a lenha
acesa no altar. É uma oferta especial, um aroma agradável
ao SENHOR."

Procedimentos para a oferta de cereal

2 "Quando apresentar ao SENHOR uma oferta de cereal, de-
verá ser de farinha da melhor qualidade. Derrame azeite
sobre a farinha, acrescente um pouco de incenso 2e leve-a
aos filhos de Arão, os sacerdotes. O sacerdote pegará um pu-
nhado da farinha umedecida com azeite, junto com todo o
incenso, e queimará essa porção memorial no altar. É uma
oferta especial, um aroma agradável ao SENHOR. 3O restante
da oferta de cereal será entregue a Arão e a seus filhos. Essa
oferta será considerada parte santíssima das ofertas especiais
apresentadas ao SENHOR.
4"Se a oferta for de cereal assado no forno, deverá ser de
farinha da melhor qualidade, mas sem fermento: bolos mis-
turados com azeite ou pães finos untados com azeite. 5Se a
oferta de cereal for preparada numa assadeira, deverá ser de
farinha da melhor qualidade misturada com azeite, mas sem
fermento. 6Divida-a em pedaços e derrame azeite sobre ela.
É oferta de cereal. 7Se a oferta de cereal for preparada numa
panela, deverá ser de farinha da melhor qualidade misturada
com azeite.
8"Quando trouxer a oferta de cereal que foi preparada para o
SENHOR, entregue-a ao sacerdote, que a apresentará no altar.
9O sacerdote tomará uma porção memorial da oferta de ce-
real e a queimará no altar. É uma oferta especial, um aroma
agradável ao SENHOR. 10O restante da oferta de cereal será
entregue a Arão e a seus filhos como alimento. Essa oferta
será considerada parte santíssima das ofertas especiais apre-
sentadas ao SENHOR.
11"Não use fermento ao preparar qualquer das ofertas de ce-
real a ser apresentada ao SENHOR, pois nem fermento nem mel
devem ser queimados como oferta especial apresentada ao
SENHOR. 12É permitido acrescentar fermento e mel às ofertas
dos primeiros frutos da colheita, mas nunca devem ser ofere-
cidos no altar como aroma agradável ao SENHOR. 13Tempere
com sal todas as suas ofertas de cereal. Não deixe de usar o
sal da aliança do seu Deus em todas as suas ofertas de cereal.
Todas as ofertas que trouxerem deverão ter sal.
14"Se apresentar ao SENHOR uma oferta de cereal dos primeiros
frutos de sua colheita, apresente grãos frescos moídos gros-
seiramente e tostados no fogo. 15Derrame azeite sobre essa
oferta de cereal e acrescente um pouco de incenso. 16O sa-
cerdote tomará uma porção memorial dos grãos umedecidos
com azeite, junto com todo o incenso, e queimará como oferta
especial apresentada ao SENHOR."

Procedimentos para a oferta de paz

3 "Se apresentar ao SENHOR um animal do rebanho de gado
como oferta de paz, poderá ser macho ou fêmea, desde que
seja sem defeito. 2Coloque a mão sobre a cabeça do animal e
mate-o à entrada da tenda do encontro. Os filhos de Arão, os
sacerdotes, derramarão o sangue do animal em todos os lados
do altar. 3Dessa oferta de paz, uma parte será apresentada
como oferta especial para o SENHOR. Incluirá toda a gordura
que envolve os órgãos internos, 4os dois rins, a gordura ao
redor deles perto dos lombos e o lóbulo do fígado. Todas essas
partes serão removidas junto com os rins, 5e os filhos de Arão
queimarão tudo sobre a lenha acesa no altar. É uma oferta
especial, um aroma agradável ao SENHOR.
6"Se apresentar ao SENHOR um animal dos rebanhos de ovelhas
ou de cabras como oferta de paz, poderá ser macho ou fêmea,
desde que seja sem defeito. 7Se apresentar como oferta um
cordeiro, traga-o perante o SENHOR, 8coloque a mão sobre a
cabeça do animal e mate-o à entrada da tenda do encontro.
Os filhos de Arão derramarão o sangue do cordeiro em todos
os lados do altar. 9Dessa oferta de paz, a gordura será apre-
sentada como oferta especial para o SENHOR. Incluirá a gordura
da parte gorda da cauda, cortada rente à espinha, toda a gor-
dura que envolve os órgãos internos, 10os dois rins, a gordura
ao redor deles perto dos lombos e o lóbulo do fígado. Todas
essas partes serão removidas junto com os rins, 11e o sacerdote
queimará tudo no altar. É uma oferta especial de alimento
apresentado ao SENHOR.
12"Se apresentar um cabrito como oferta, traga-o perante o
SENHOR, 13coloque a mão sobre a cabeça do animal e mate-o à
entrada da tenda do encontro. Os filhos de Arão derramarão o
sangue do cabrito em todos os lados do altar. 14Dessa oferta,
uma parte será apresentada como oferta especial para o SE-
NHOR. Incluirá toda a gordura que envolve os órgãos internos,
15os dois rins, a gordura ao redor deles perto dos lombos e o
lóbulo do fígado. Todas essas partes serão removidas junto
com os rins, 16e o sacerdote queimará tudo no altar. É uma
oferta especial de alimento, um aroma agradável ao SENHOR.
Toda a gordura pertence ao SENHOR.
17"Jamais coma a gordura ou o sangue. Essa é uma lei perma-
nente para você e deve ser cumprida de geração em geração,
onde quer que morarem".

Procedimentos para a oferta pelo pecado

4 Então o SENHOR disse a Moisés: 2"Dê as seguintes instru-
ções ao povo de Israel. É isto que devem fazer aqueles que
pecam sem intenção, quebrando algum dos mandamentos do
SENHOR.
3"Se o sacerdote ungido pecar, trazendo culpa sobre todo o
povo, apresentará ao SENHOR um novilho sem defeito como
oferta pelo pecado que cometeu. 4Trará o novilho perante o

SENHOR à entrada da tenda do encontro, colocará a mão sobre
a cabeça do animal e o matará diante do SENHOR. 5O sacerdote
ungido levará um pouco do sangue do novilho para dentro
da tenda do encontro, 6molhará o dedo no sangue e com ele
aspergirá sete vezes diante do SENHOR, em frente à cortina
interna do santuário. 7Em seguida, o sacerdote colocará um
pouco do sangue nas pontas do altar de incenso perfumado
que está na presença do SENHOR, dentro da tenda do encontro.
O restante do sangue do novilho ele derramará na base do
altar do holocausto, à entrada da tenda do encontro. 8Depois,
removerá toda a gordura do novilho a ser apresentado como
oferta pelo pecado, incluindo a gordura que envolve os órgãos
internos, 9os dois rins, a gordura ao redor deles perto dos
lombos e o lóbulo do fígado. Removerá todas essas partes
junto com os rins, 10como se faz com os animais apresentados
como oferta de paz, e queimará tudo no altar do holocausto.
11Mas o que restar do novilho — o couro, a carne, a cabeça, as
pernas, os órgãos internos e os excrementos — 12ele tomará
e levará para um lugar cerimonialmente puro, fora do acam-
pamento, onde são jogadas as cinzas. Ali, sobre o monte de
cinzas, queimará os restos num fogo feito com lenha.
13"Se toda a comunidade de Israel pecar, quebrando algum
dos mandamentos do SENHOR, mas não se der conta disso,
ainda assim será culpada. 14Quando perceber seu pecado,
o povo trará um novilho como oferta pelo pecado e o apre-
sentará à entrada da tenda do encontro. 15As autoridades da
comunidade colocarão as mãos sobre a cabeça do novilho e
o matarão diante do SENHOR. 16O sacerdote ungido levará um
pouco do sangue do novilho para dentro da tenda do encontro,
17molhará o dedo no sangue e com ele aspergirá sete vezes
diante do SENHOR, em frente à cortina interna. 18Em seguida,
colocará um pouco do sangue nas pontas do altar que está na
presença do SENHOR, dentro da tenda do encontro. O restante
do sangue do novilho ele derramará na base do altar do holo-
causto, à entrada da tenda do encontro. 19Depois, removerá
toda a gordura do novilho e a queimará no altar, 20como se faz
com o novilho apresentado como oferta pelo pecado. Desse
modo, o sacerdote fará expiação pelo povo, e eles serão per-
doados. 21Então o sacerdote tomará o que restar do novilho,
levará para fora do acampamento e o queimará ali, como se
faz com a oferta pelo pecado. Essa oferta é pelo pecado de
toda a comunidade de Israel.
22"Se um dos líderes do povo pecar, quebrando algum dos
mandamentos do SENHOR, seu Deus, mas não se der conta
disso, ainda assim será culpado. 23Quando perceber seu pe-
cado, o líder apresentará como oferta um bode sem defeito.
24Colocará a mão sobre a cabeça do bode e o matará diante
do SENHOR, no mesmo lugar onde são mortos os animais para
os holocaustos. É uma oferta pelo pecado. 25O sacerdote mo-
lhará o dedo no sangue da oferta pelo pecado e o colocará
nas pontas do altar do holocausto. O restante do sangue ele
derramará na base do altar. 26Em seguida, queimará no altar
toda a gordura do bode, como se faz com a oferta de paz.
Desse modo, o sacerdote fará expiação pelo líder, e ele será
perdoado.
27"Se outra pessoa do povo pecar, quebrando algum dos man-
damentos do SENHOR, mas não se der conta disso, ainda assim
será culpada. 28Quando perceber seu pecado, ela apresentará
como oferta pelo pecado uma cabra sem defeito. 29Colocará
a mão sobre a cabeça do animal da oferta pelo pecado e o
matará no mesmo lugar onde são mortos os animais para os
holocaustos. 30O sacerdote molhará o dedo no sangue e o co-
locará nas pontas do altar do holocausto. O restante do sangue
ele derramará na base do altar. 31Em seguida, removerá toda
a gordura da cabra, como se faz com a oferta de paz, e a
queimará sobre o altar como um aroma agradável ao SENHOR.
Desse modo, o sacerdote fará expiação pela pessoa, e ela
será perdoada.
32"Se alguém trouxer uma ovelha como oferta pelo pecado,
deverá ser sem defeito. 33A pessoa colocará a mão sobre a
cabeça do animal da oferta pelo pecado e o matará no mesmo
lugar onde são mortos os animais para os holocaustos. 34O
sacerdote molhará o dedo no sangue da oferta pelo pecado
e o colocará nas pontas do altar do holocausto. O restante do
sangue ele derramará na base do altar. 35Em seguida, remo-
verá toda a gordura da ovelha, como se faz com a gordura
do cordeiro apresentado como oferta de paz, e a queimará
no altar como oferta especial apresentada ao SENHOR. Desse
modo, o sacerdote fará expiação pela pessoa, e ela será per-
doada."

Pecados que exigem uma oferta pelo pecado

5 "Se alguém for chamado para testemunhar a respeito de
algo que tenha visto ou que seja de seu conhecimento, mas
se recusar a fazê-lo, comete pecado e deverá ser castigado
por causa de seu pecado.
2"Se alguém, mesmo sem saber, tocar em algo cerimonial-
mente impuro, como o cadáver de um animal impuro, seja
um animal selvagem, um animal doméstico ou um animal que
rasteja pelo chão, quando perceber o que aconteceu, deverá
reconhecer sua contaminação e culpa.
3"Se alguém, mesmo sem saber, tocar em algo que o torne
impuro, quando perceber o que aconteceu, deverá reconhecer
sua culpa.
4"Se alguém, mesmo sem saber, fizer um voto impensado de
qualquer tipo, para o bem ou para o mal, quando perceber a
imprudência do voto, deverá reconhecer sua culpa.
5"Quando alguém perceber sua culpa, em qualquer um desses
casos, deverá confessar seu pecado. 6Como castigo pelo pe-
cado, trará ao SENHOR uma ovelha ou uma cabra do rebanho. É
uma oferta pelo pecado, com a qual o sacerdote fará expiação
pelo pecado da pessoa.
7"Se a pessoa não tiver recursos para oferecer uma ovelha,
trará ao SENHOR duas rolinhas ou dois pombinhos como castigo
pelo pecado. Uma das aves será para a oferta pelo pecado,
e a outra, para o holocausto. 8Ela as entregará ao sacerdote,

que apresentará a primeira ave como oferta pelo pecado. Ele
torcerá o pescoço da ave, mas não arrancará a cabeça. 9Em
seguida, aspergirá os lados do altar com um pouco do sangue
da oferta pelo pecado e deixará o sangue restante escorrer
para a base do altar. É uma oferta pelo pecado. 10Depois disso,
o sacerdote preparará a segunda ave como holocausto, de
acordo com a forma prescrita. Desse modo, o sacerdote fará
expiação pelo pecado da pessoa, e ela será perdoada.
11"Se a pessoa não tiver condições de oferecer sequer duas ro-
linhas ou dois pombinhos, trará dois litros de farinha da melhor
qualidade como oferta pelo pecado. Uma vez que é uma oferta
pelo pecado, não misturará azeite com a farinha nem acres-
centará incenso. 12Trará a farinha ao sacerdote, que pegará um
punhado como porção memorial e queimará a porção no altar,
sobre as ofertas especiais apresentadas ao SENHOR. É uma
oferta pelo pecado. 13Desse modo, o sacerdote fará expiação
por aqueles que forem culpados de algum desses pecados, e
eles serão perdoados. O restante da farinha será do sacerdote,
como se faz com a oferta de cereal".

Procedimentos para a oferta pela culpa

14O SENHOR disse a Moisés: 15"Se alguém cometer um delito
religioso, violando, mesmo sem intenção, algum mandamento
sobre as coisas consagradas do SENHOR, deverá trazer ao SE-
NHOR uma oferta pela culpa. A oferta será um carneiro sem
defeito do seu próprio rebanho, calculado em prata de acordo
com o siclo do santuário. 16A pessoa pagará uma indenização
referente ao delito religioso que cometeu, com um acréscimo
de um quinto do valor. Quando entregar o pagamento ao sa-
cerdote, ele fará expiação pela pessoa com o carneiro sacrifi-
cado como oferta pela culpa, e ela será perdoada.
17"Se alguém pecar, quebrando algum dos mandamentos
do SENHOR, mesmo que não tenha consciência do que fez, é
culpado e será castigado por causa de seu pecado. 18Como
oferta pela culpa, trará ao sacerdote um carneiro sem defeito
do próprio rebanho, devidamente avaliado. Desse modo, o
sacerdote fará expiação pelo pecado não intencional que a
pessoa cometeu, e ela será perdoada. 19Essa é uma oferta
pela culpa, pois a pessoa certamente se tornou culpada diante
do SENHOR".

Pecados que exigem uma oferta pela culpa

6 Então o SENHOR disse a Moisés: 2"Quando alguém pecar,
enganando seu próximo, também estará cometendo um
delito contra o SENHOR. Se esse alguém for desonesto num
negócio que envolve depósito como garantia, ou roubar, ou
praticar extorsão, 3ou encontrar um objeto e negar que o en-
controu, ou mentir depois de jurar dizer a verdade a respeito
desse pecado, ou alguma prática semelhante, 4será culpado
pelo pecado que cometeu. Devolverá o que roubou, ou o valor
que extorquiu, ou o depósito feito como garantia, ou o objeto
perdido que encontrou, 5ou qualquer coisa que tenha obtido
com juramento falso. Fará restituição pagando à pessoa pre-
judicada o total, com um acréscimo de um quinto do valor. No
mesmo dia, apresentará uma oferta pela culpa. 6Como oferta
pela culpa para o SENHOR, trará ao sacerdote um carneiro sem
defeito do próprio rebanho, devidamente avaliado. 7Desse
modo, o sacerdote fará expiação pela pessoa diante do SE-
NHOR, e ela será perdoada de qualquer desses pecados que
tenha cometido".

Instruções adicionais para os holocaustos

8Então o SENHOR disse a Moisés: 9"Dê a Arão e a seus filhos
as seguintes instruções para os holocaustos. Os holocaustos
serão deixados sobre o altar até a manhã seguinte, e o fogo
sobre o altar será mantido aceso a noite toda. 10Pela manhã,
depois que o sacerdote de serviço tiver vestido suas roupas
oficiais de linho e as roupas de baixo, também de linho, lim-
pará as cinzas do holocausto e as colocará ao lado do altar.
11Em seguida, removerá as roupas de linho, vestirá suas roupas
habituais e levará as cinzas para fora do acampamento, até um
lugar cerimonialmente puro. 12Enquanto isso, o fogo do altar
será mantido aceso; nunca deverá se apagar. A cada manhã,
o sacerdote acrescentará mais lenha ao fogo, arrumará sobre
ele o holocausto e queimará nele a gordura das ofertas de paz.
13Lembrem-se de que o fogo deverá ser mantido aceso no altar
o tempo todo; nunca deverá se apagar."

Instruções adicionais para as ofertas de cereal

14"Estas são as instruções para as ofertas de cereal. Os filhos
de Arão apresentarão esta oferta ao SENHOR diante do altar. 15O
sacerdote de serviço pegará da oferta de cereal um punhado
de farinha da melhor qualidade, umedecida com azeite, junto
com todo o incenso, e queimará essa porção memorial no altar
como aroma agradável ao SENHOR. 16Arão e seus filhos poderão
comer o restante da farinha, mas deverão assá-la sem fer-
mento e comê-la num lugar sagrado dentro do pátio da tenda
do encontro. 17Lembrem-se de que essa oferta nunca deverá
ser preparada com fermento. Eu a dei aos sacerdotes como
porção das ofertas especiais apresentadas a mim. É santís-
sima, como a oferta pelo pecado e a oferta pela culpa. 18Todos
os homens descendentes de Arão poderão comer das ofertas
especiais apresentadas ao SENHOR. É seu direito permanente,
de geração em geração. Qualquer pessoa ou objeto que tocar
nessas ofertas se tornará santo".

Procedimentos para a oferta de consagração

19Então o SENHOR disse a Moisés: 20"No dia em que Arão e
seus filhos forem ungidos, apresentarão ao SENHOR a oferta
padrão de cereal de dois litros de farinha da melhor qualidade;
metade pela manhã e metade à tarde. 21Misture-a cuidadosa-
mente com azeite e cozinhe-a numa assadeira. Corte em fatias
a oferta de cereal e apresente-a como aroma agradável ao SE-
NHOR. 22A cada geração, o sacerdote ungido que suceder a Arão
preparará essa mesma oferta. Ela pertence ao SENHOR e será
totalmente queimada. Essa é uma lei permanente. 23Todas as

ofertas de cereal do sacerdote serão totalmente queimadas. Nenhuma parte poderá ser consumida como alimento".

Instruções adicionais para a oferta pelo pecado

24 O SENHOR também disse a Moisés: 25 "Dê a Arão e a seus filhos as seguintes instruções para a oferta pelo pecado. O animal apresentado como oferta pelo pecado é oferta santíssima e será morto diante do SENHOR, onde são mortos os animais para os holocaustos. 26 O sacerdote que apresentar o sacrifício como oferta pelo pecado comerá sua porção num lugar sagrado dentro do pátio da tenda do encontro. 27 Qualquer pessoa ou objeto que tocar a carne do sacrifício se tornará santo. Se o sangue do sacrifício respingar na roupa de alguém, a peça manchada será lavada num lugar sagrado. 28 Se for usada uma panela de barro para cozinhar a carne do sacrifício, terá de ser quebrada em seguida. Se for usada uma panela de bronze, terá de ser esfregada e bem enxaguada com água. 29 Qualquer homem da família dos sacerdotes poderá comer dessa oferta. É oferta santíssima. 30 Mas a oferta pelo pecado não poderá ser comida se o sangue for levado à tenda do encontro como oferta para fazer expiação no lugar santo. Nesse caso, será totalmente queimada no fogo."

Instruções adicionais para a oferta pela culpa

7 "Estas são as instruções para a oferta pela culpa. É oferta santíssima. 2 O animal sacrificado como oferta pela culpa será morto onde são mortos os animais para os holocaustos, e seu sangue será derramado em todos os lados do altar. 3 Em seguida, o sacerdote oferecerá toda a gordura sobre o altar, incluindo a gordura da parte gorda da cauda, a gordura que envolve os órgãos internos, 4 os dois rins, a gordura ao redor deles perto dos lombos e o lóbulo do fígado. Ele removerá todas essas partes junto com os rins 5 e queimará tudo no altar como oferta especial apresentada ao SENHOR. É a oferta pela culpa. 6 Qualquer homem da família dos sacerdotes poderá comer a carne. Deverá comê-la num lugar sagrado, pois é santíssima.

7 "As mesmas instruções se aplicam tanto à oferta pela culpa como à oferta pelo pecado. Ambas pertencem ao sacerdote que as utiliza para fazer expiação. 8 No caso dos holocaustos, o sacerdote poderá ficar com o couro do animal sacrificado. 9 Toda oferta de cereal assada no forno, preparada numa panela ou cozida numa assadeira, pertence ao sacerdote que a apresenta. 10 Todas as outras ofertas de cereal, preparadas com farinha seca ou farinha umedecida com azeite, deverão ser divididas em partes iguais entre todos os sacerdotes, os descendentes de Arão."

Instruções adicionais para a oferta de paz

11 "Estas são as instruções sobre os diferentes tipos de oferta de paz que podem ser apresentados ao SENHOR. 12 Se alguém apresentar sua oferta de paz para expressar gratidão, o animal que normalmente é oferecido será acompanhado de bolos sem fermento misturados com azeite, pães finos sem fermento untados com azeite e bolos feitos de farinha da melhor qualidade misturada com azeite. 13 Essa oferta de paz para expressar gratidão também será acompanhada de pães preparados com fermento. 14 Um pão de cada tipo será apresentado como oferta para o SENHOR. Os pães serão do sacerdote que derramar o sangue da oferta de paz no altar. 15 A carne da oferta de paz para expressar gratidão será comida no mesmo dia em que for oferecida. Nada poderá ser guardado até a manhã seguinte.

16 "Se alguém apresentar uma oferta como cumprimento de um voto ou como oferta voluntária, a carne será comida no mesmo dia em que o sacrifício for oferecido, mas o que restar poderá ser comido no dia seguinte. 17 A carne que restar até o terceiro dia deverá ser totalmente queimada. 18 Se alguma porção da carne da oferta de paz for comida no terceiro dia, a pessoa que a trouxe não será aceita pelo SENHOR e a oferta não terá valor. A essa altura, a carne estará contaminada, e quem a comer será castigado por causa de seu pecado.

19 "A carne que tocar qualquer coisa cerimonialmente impura não poderá ser comida; deverá ser totalmente queimada. Mas a carne do sacrifício poderá ser comida por quem estiver cerimonialmente puro. 20 Se alguém estiver cerimonialmente impuro e comer a carne da oferta de paz apresentada ao SENHOR, será eliminado do meio do povo. 21 Se tocar em algo impuro, seja contaminação humana, de um animal impuro ou de qualquer outra coisa impura e detestável, e depois comer a carne de uma oferta de paz apresentada ao SENHOR, será eliminado do meio do povo".

O sangue e a gordura são proibidos

22 Então o SENHOR disse a Moisés: 23 "Dê as seguintes instruções ao povo de Israel. Jamais comam gordura, seja de boi, carneiro ou cabrito. 24 A gordura de um animal encontrado morto ou despedaçado por animais selvagens jamais deverá ser comida, embora possa ser usada para outros fins. 25 Quem comer a gordura de um animal apresentado como oferta especial para o SENHOR será eliminado do meio do povo. 26 Onde quer que morarem, jamais consumam o sangue de qualquer ave ou animal. 27 Quem consumir sangue será eliminado do meio do povo".

A porção dos sacerdotes

28 O SENHOR disse a Moisés: 29 "Dê as seguintes instruções ao povo de Israel. Quando apresentarem uma oferta de paz ao SENHOR, levem uma parte dela como oferta para o SENHOR. 30 Apresentem-na com suas próprias mãos como oferta especial para o SENHOR. Levem a gordura do animal junto com o peito e movam o peito para o alto como oferta especial para o SENHOR. 31 Em seguida, o sacerdote queimará a gordura no altar, mas o peito será de Arão e seus descendentes. 32 Entreguem como oferta ao sacerdote a coxa direita da oferta de paz. 33 A coxa direita será sempre a porção entregue ao sacer-

dote que apresentar o sangue e a gordura da oferta de paz.
34Pois reservei para os sacerdotes o peito da oferta especial
e a coxa direita da oferta sagrada. Arão e seus descendentes
têm o direito permanente de participar das ofertas de paz que
os israelitas apresentarem. 35Essa é sua porção por direito
das ofertas especiais apresentadas ao SENHOR, reservada
para Arão e seus descendentes desde o dia em que eles foram
separados para servir ao SENHOR como sacerdotes. 36No dia
em que foram ungidos, o SENHOR ordenou que os israelitas
entregassem essas partes aos sacerdotes como sua porção
permanente, de geração em geração".
37Essas são as instruções para o holocausto, a oferta de cereal,
a oferta pelo pecado e a oferta pela culpa e também para
a oferta de consagração e a oferta de paz. 38O SENHOR deu
essas instruções a Moisés no monte Sinai, quando ordenou
que os israelitas apresentassem suas ofertas ao SENHOR no
deserto do Sinai.

A consagração dos sacerdotes

8 Então o SENHOR disse a Moisés: 2"Traga Arão e seus filhos,
as roupas sagradas, o óleo da unção, o novilho para a oferta
pelo pecado, os dois carneiros e o cesto de pães sem fer-
mento, 3e reúna toda a comunidade à entrada da tenda do
encontro".
4Moisés seguiu as instruções do SENHOR, e toda a comunidade
se reuniu à entrada da tenda do encontro. 5"É isto que o SE-
NHOR ordenou que façamos!", anunciou Moisés. 6Em seguida,
apresentou Arão e seus filhos e os lavou com água. 7Colocou
a túnica oficial em Arão e amarrou o cinturão ao redor de sua
cintura. Vestiu-o com o manto, sobre o qual colocou o colete
sacerdotal, que prendeu firmemente com o cinturão deco-
rativo. 8Colocou em Arão o peitoral e, dentro dele, o Urim e
o Tumim. 9Pôs na cabeça de Arão o turbante e, na parte da
frente do turbante, prendeu a tiara sagrada, o emblema de
santidade, conforme o SENHOR havia ordenado.
10Depois, Moisés pegou o óleo da unção e ungiu o tabernáculo
e tudo que nele havia, a fim de consagrá-los. 11Aspergiu o altar
com óleo sete vezes para ungi-lo, bem como todos os seus
utensílios, a bacia e seu suporte, para também consagrá-los.
12Derramou um pouco do óleo sobre a cabeça de Arão, para
ungi-lo e consagrá-lo. 13Em seguida, Moisés apresentou os
filhos de Arão. Vestiu-os com as túnicas, amarrou neles o cin-
turão e pôs-lhes na cabeça o turbante especial, conforme o
SENHOR tinha ordenado.
14Então Moisés apresentou o novilho para a oferta pelo pe-
cado. Arão e seus filhos colocaram as mãos sobre a cabeça
do novilho, 15e Moisés o matou. Pegou um pouco do sangue e,
com o dedo, colocou-o nas quatro pontas do altar, a fim de pu-
rificá-lo. O restante do sangue ele derramou na base do altar.
Desse modo, consagrou o altar e fez expiação por ele. 16De-
pois, pegou toda a gordura que envolvia os órgãos internos, o
lóbulo do fígado, os dois rins e a gordura ao redor deles e os
queimou no altar. 17Pegou o restante do novilho, incluindo o
couro, a carne e os excrementos, e o queimou num fogo fora
do acampamento, conforme o SENHOR tinha ordenado.
18Então Moisés apresentou o carneiro para o holocausto. Arão
e seus filhos colocaram as mãos sobre a cabeça do animal, 19e
Moisés o matou. Pegou o sangue do carneiro e o derramou em
todos os lados do altar. 20Cortou o carneiro em pedaços e o
queimou no altar, junto com a cabeça e a gordura. 21Depois de
lavar os órgãos internos e as pernas com água, queimou todo
o carneiro sobre o altar como holocausto. Foi um aroma agra-
dável, uma oferta especial apresentada ao SENHOR, conforme
o SENHOR tinha ordenado.
22Então Moisés apresentou o outro carneiro, o carneiro da
consagração. Arão e seus filhos colocaram as mãos sobre a
cabeça do animal, 23e Moisés o matou. Pegou um pouco do
sangue e o colocou na ponta da orelha direita, no polegar
da mão direita e no polegar do pé direito de Arão. 24Depois,
apresentou os filhos de Arão e colocou um pouco do sangue na
ponta da orelha direita, no polegar da mão direita e no polegar
do pé direito deles. O restante do sangue ele derramou em
todos os lados do altar.
25Em seguida, pegou a gordura, incluindo a gordura da parte
gorda da cauda, a gordura que envolve os órgãos internos,
o lóbulo do fígado, os dois rins e a gordura ao redor deles,
bem como a coxa direita. 26Sobre essas partes colocou um pão
sem fermento, um pão de massa misturada com azeite e um
pão fino untado com azeite, que tirou do cesto de pães sem
fermento que estava na presença do SENHOR. 27Colocou tudo
nas mãos de Arão e seus filhos e moveu os alimentos para o
alto como oferta especial para o SENHOR. 28Pegou as ofertas
de volta das mãos deles e as queimou no altar, sobre o holo-
causto. Essa foi a oferta de consagração. Foi um aroma agra-
dável, uma oferta especial apresentada ao SENHOR. 29Moisés
pegou o peito e o moveu para o alto como oferta especial para
o SENHOR. Era a porção de Moisés do carneiro da consagração,
conforme o SENHOR tinha ordenado.
30Então Moisés pegou um pouco do óleo da unção e um pouco
do sangue que estava sobre o altar e aspergiu sobre Arão e
suas roupas e sobre seus filhos e suas roupas. Desse modo,
consagrou Arão, seus filhos e suas roupas.
31Por fim, Moisés disse a Arão e a seus filhos: "Cozinhem o
restante da carne das ofertas à entrada da tenda do encontro e
comam-na ali, junto com os pães que estão no cesto de ofertas
para a consagração, conforme ordenei quando disse: 'Arão e
seus filhos os comerão'. 32Queimem qualquer carne ou pão
que sobrar. 33Não saiam da entrada da tenda do encontro por
sete dias, pois só então estará concluída a cerimônia de con-
sagração. 34Tudo que fizemos hoje foi ordenado pelo SENHOR a
fim de fazer expiação por vocês. 35Agora, permaneçam à en-
trada da tenda do encontro dia e noite por sete dias e cumpram
todas as exigências do SENHOR. Se não o fizerem, morrerão,
pois foi isso que o SENHOR me ordenou". 36Arão e seus filhos
fizeram tudo que o SENHOR tinha ordenado por meio de Moisés.

Os sacerdotes iniciam seu serviço

9 No oitavo dia, depois da cerimônia de consagração, Moisés
reuniu Arão, seus filhos e os líderes de Israel 2e disse a Arão:
"Escolha um bezerro para a oferta pelo pecado e um carneiro
para o holocausto, ambos sem defeito, e apresente-os ao SE-
NHOR. 3Depois, diga aos israelitas: 'Escolham um bode para
a oferta pelo pecado e um bezerro e um cordeiro, ambos de
um ano e sem defeito, para o holocausto. 4Escolham também
um boi e um carneiro para a oferta de paz, além de farinha
misturada com azeite para a oferta de cereal. Apresentem
todas essas ofertas ao SENHOR, pois hoje o SENHOR aparecerá
a vocês'".
5O povo trouxe todas essas coisas à entrada da tenda do en-
contro, conforme Moisés tinha ordenado. Assim, toda a comu-
nidade se aproximou e permaneceu em pé diante do SENHOR.
6Então Moisés disse: "É isto que o SENHOR ordenou que façam
para que a glória do SENHOR lhes apareça".
7Em seguida, Moisés disse a Arão: "Venha até o altar e apre-
sente sua oferta pelo pecado e seu holocausto para fazer ex-
piação por si mesmo e pelo povo. Apresente as ofertas do povo
para fazer expiação por eles, conforme o SENHOR ordenou".
8Arão foi até o altar e matou o bezerro como oferta pelo pe-
cado por si mesmo. 9Seus filhos lhe trouxeram o sangue, e Arão
molhou o dedo nele e o colocou nas pontas do altar. O restante
do sangue ele derramou na base do altar. 10Queimou no altar
a gordura, os rins e o lóbulo do fígado da oferta pelo pecado,
conforme o SENHOR havia ordenado a Moisés. 11A carne e o
couro, porém, queimou fora do acampamento.
12Então Arão matou o animal para o holocausto. Seus filhos lhe
trouxeram o sangue, e ele o derramou em todos os lados do
altar. 13Entregaram-lhe cada um dos pedaços do holocausto,
incluindo a cabeça, e ele os queimou no altar. 14Lavou os ór-
gãos internos e as pernas e os queimou no altar junto com o
restante do holocausto.
15Em seguida, Arão apresentou as ofertas do povo. Matou o
bode do povo e o apresentou como oferta pelo pecado deles,
como havia feito com a oferta por seu próprio pecado. 16De-
pois, apresentou o holocausto e o ofereceu de acordo com a
forma prescrita. 17Apresentou também a oferta de cereal e
queimou no altar um punhado dela, além do holocausto da
manhã.
18Arão matou o boi e o carneiro para a oferta de paz do povo.
Seus filhos lhe trouxeram o sangue, e ele o derramou em todos
os lados do altar. 19Depois, pegou a gordura do boi e do car-
neiro, incluindo a gordura da parte gorda da cauda e a gordura
que envolve os órgãos internos, bem como os rins e o lóbulo
do fígado de cada animal, 20colocou as porções de gordura
sobre o peito dos animais e as queimou no altar. 21Arão moveu
o peito e a coxa direita dos animais para o alto como oferta
especial para o SENHOR, conforme Moisés havia ordenado.
22Por fim, Arão ergueu as mãos na direção do povo e o aben-
çoou. Depois de apresentar a oferta pelo pecado, o holocausto
e a oferta de paz, desceu do altar. 23Então Moisés e Arão en-
traram na tenda do encontro e, quando voltaram, abençoaram
o povo novamente, e a glória do SENHOR apareceu a todo o
povo. 24Fogo saiu da presença do SENHOR e consumiu o holo-
causto e a gordura no altar. Quando eles viram isso, gritaram
de alegria e se prostraram com o rosto no chão.

O pecado de Nadabe e Abiú

10 Nadabe e Abiú, filhos de Arão, colocaram brasas em seus
incensários e as salpicaram com incenso. Com isso, trou-
xeram fogo estranho diante do SENHOR, diferente do que ele
havia ordenado. 2Por isso, fogo saiu da presença do SENHOR e
os devorou, e eles morreram diante do SENHOR.
3Então Moisés disse a Arão: "Foi isto que o SENHOR declarou: '
Mostrarei minha santidade entre aqueles que se aproximarem
de mim. Mostrarei minha glória diante de todo o povo'". E Arão
ficou em silêncio.
4Moisés chamou Misael e Elzafã, primos de Arão e filhos de
Uziel, tio de Arão, e lhes disse: "Venham cá e levem o corpo
de seus parentes da frente do santuário para um lugar fora
do acampamento". 5Eles se aproximaram e os puxaram pelas
roupas para fora do acampamento, conforme Moisés havia
ordenado.
6Então Moisés disse a Arão e a seus filhos Eleazar e Itamar:
"Não deixem o cabelo despenteado nem rasguem suas roupas
em sinal de luto. Se o fizerem, morrerão, e a ira do SENHOR
ferirá toda a comunidade de Israel. Mas outros israelitas, seus
parentes, poderão ficar de luto porque o SENHOR destruiu Na-
dabe e Abiú com fogo. 7Não saiam da entrada da tenda do en-
contro, ou morrerão, pois foram ungidos com o óleo da unção
do SENHOR". E fizeram conforme Moisés ordenou.

Instruções para a conduta sacerdotal

8Então o SENHOR disse a Arão: 9"Você e seus descendentes
jamais deverão beber vinho ou qualquer outra bebida fer-
mentada antes de entrar na tenda do encontro. Se o fizerem,
morrerão. Essa é uma lei permanente para vocês e deve ser
cumprida de geração em geração. 10Façam distinção entre o
que é santo e o que é comum, entre o que é impuro e o que é
puro, 11e ensinem aos israelitas todos os decretos que o SENHOR
lhes deu por meio de Moisés".
12Moisés disse a Arão e aos filhos que lhe restaram, Eleazar
e Itamar: "Peguem o que sobrar da oferta de cereal depois
que uma porção tiver sido apresentada como oferta especial
para o SENHOR e comam-na junto do altar. Não deverá conter
fermento, pois é santíssima. 13Comam-na num lugar sagrado,
pois foi dada a vocês e a seus descendentes como sua porção
das ofertas especiais apresentadas ao SENHOR. Foram essas as
ordens que recebi. 14Quanto ao peito e à coxa que foram mo-
vidos para o alto como oferta especial, poderão comê-los em
qualquer lugar cerimonialmente puro. Essas são as partes que
foram dadas a você e a seus descendentes como sua porção
das ofertas de paz apresentadas pelos israelitas. 15Movam
para o alto o peito e a coxa como oferta especial para o

SENHOR, junto com a gordura das ofertas especiais. Essas partes pertencerão a vocês e a seus descendentes como direito permanente, conforme o SENHOR ordenou".

16Depois, Moisés procurou cuidadosamente pelo bode da oferta pelo pecado. Quando descobriu que tinha sido queimado, ficou furioso com Eleazar e Itamar, os filhos que restaram a Arão, e lhes disse: 17"Por que não comeram a oferta pelo pecado no lugar sagrado? É uma oferta santíssima! O SENHOR a deu a vocês para remover a culpa da comunidade e fazer expiação por ela. 18Uma vez que o sangue do animal não foi levado ao lugar santo, vocês tinham a obrigação de comer a carne no lugar sagrado, conforme eu ordenei!".

19Arão respondeu a Moisés: "Hoje meus filhos apresentaram ao SENHOR sua oferta pelo pecado e seu holocausto. E, no entanto, esta tragédia aconteceu comigo. Será que o SENHOR teria se agradado se eu tivesse comido a oferta pelo pecado do povo num dia como este?". 20Quando Moisés ouviu isso, deu-se por satisfeito.

Animais cerimonialmente puros e impuros

11 O SENHOR disse a Moisés e a Arão: 2"Deem as seguintes instruções ao povo de Israel. "De todos os animais que vivem em terra, estes são os que vocês poderão consumir como alimento: 3qualquer animal que tenha os cascos divididos em duas partes e que rumine. 4Mas, se o animal não apresentar essas duas características, não pode ser consumido. O camelo rumina, mas não tem os cascos divididos, de modo que é impuro para vocês. 5O coelho silvestre rumina, mas não tem cascos divididos, por isso é impuro. 6A lebre rumina, mas não tem cascos divididos, de modo que é impura. 7O porco, embora tenha os cascos divididos, não rumina e, portanto, também é impuro. 8Não comerão a carne desses animais nem tocarão em seu cadáver. São cerimonialmente impuros para vocês.

9"De todos os animais que vivem nas águas, estes são os que vocês poderão consumir como alimento: qualquer animal aquático que tenha barbatanas e escamas, seja de água salgada ou de rios. 10Contudo, jamais comerão animais de mar ou de rio que não tenham barbatanas e escamas. São detestáveis para vocês. Isso se aplica tanto às criaturas pequenas que vivem em águas rasas como a todas as criaturas que vivem em águas profundas. 11Serão sempre detestáveis para vocês. Não comerão a carne delas nem tocarão em seu cadáver. 12Qualquer animal aquático que não tem barbatanas e escamas é detestável para vocês.

13"Estes são os animais voadores que vocês considerarão detestáveis e não comerão: o abutre-fouveiro, o abutre-barbudo, o abutre-fusco, 14o milhafre e todas as espécies de falcão, 15todas as espécies de corvos, 16a coruja-de-chifres, a coruja-do-campo, a gaivota, todas as espécies de gaviões, 17o mocho-galego, o cormorão, o corujão, 18a coruja-das-torres, a coruja-do-deserto, o abutre-do-egito, 19a cegonha, todas as espécies de garças, a poupa e o morcego.

20"Não comerão insetos alados que rastejam pelo chão, pois são detestáveis para vocês. 21Contudo, poderão comer insetos alados que andam pelo chão e têm pernas articuladas para saltar. 22Os insetos que vocês poderão comer incluem todas as espécies de gafanhotos, gafanhotos migradores, grilos e gafanhotos devoradores. 23Todos os outros insetos alados que andam pelo chão são detestáveis para vocês.

24"Por causa dessas criaturas vocês se tornarão cerimonialmente impuros. Quem tocar em seus cadáveres ficará contaminado até o entardecer. 25Quem carregar o cadáver delas deverá lavar as roupas e ficará contaminado até o entardecer.

26"Todo animal com cascos divididos de forma desigual ou que não rumina é impuro para vocês. Quem tocar em algum desses animais ficará contaminado. 27Dentre os quadrúpedes, aqueles que andam sobre a planta dos pés são impuros. Se alguém tocar no cadáver de algum desses animais, ficará impuro até o entardecer. 28Se carregar o cadáver deles, deverá lavar as roupas e ficará contaminado até o entardecer. Esses animais são impuros para vocês.

29"Dos animais pequenos que rastejam pelo chão, estes são impuros para vocês: a doninha, o rato, todas as espécies de lagartos grandes, 30a lagartixa, o lagarto pintado, o lagarto comum, o lagarto da areia e o camaleão. 31Todos esses animais pequenos são impuros para vocês. Se alguém tocar no cadáver de um deles, ficará contaminado até o entardecer. 32Se um deles morrer e cair sobre algo, tornará impuro esse objeto, seja de madeira, tecido, couro ou pano de saco. Qualquer que seja seu uso, deverá ser colocado de molho em água e ficará impuro até o entardecer. Depois disso, estará cerimonialmente puro e poderá ser usado novamente.

33"Se um desses animais cair numa vasilha de barro, tudo que estiver dentro da vasilha ficará contaminado, e a vasilha deverá ser despedaçada. 34Se a água dessa vasilha cair sobre algum alimento, ele ficará contaminado. Qualquer bebida que estiver dentro da vasilha ficará contaminada. 35Qualquer objeto no qual o cadáver de um desses animais cair ficará contaminado. Se o objeto for um fogão ou um forno de barro, deverá ser destruído, pois está contaminado e deverá ser tratado como tal.

36"Se o cadáver de um desses animais cair numa fonte ou cisterna, a água continuará pura. Quem tocar no cadáver, porém, ficará cerimonialmente impuro. 37Se o cadáver cair sobre sementes a serem plantadas no campo, ainda assim as sementes serão consideradas puras. 38Mas, se já tiverem sido regadas quando o cadáver cair sobre elas, as sementes serão impuras.

39"Se morrer um animal que vocês têm permissão de comer e alguém tocar no cadáver, ficará impuro até o entardecer. 40Se alguém comer da carne do animal ou carregar o cadáver, deverá lavar as roupas e ficará impuro até o entardecer.

41"Todos os animais pequenos que rastejam pelo chão são detestáveis, e vocês jamais devem comê-los. 42Isso inclui todos os animais que se arrastam sobre o ventre, bem como os que têm quatro pernas e os que têm muitas patas. Todos esses

animais que rastejam pelo chão são detestáveis, e vocês ja-
mais devem comê-los. 43Não se contaminem com eles. Não se
tornem cerimonialmente impuros por causa deles, 44pois eu
sou o SENHOR, seu Deus. Consagrem-se e sejam santos, pois
eu sou santo. Não se contaminem com nenhum desses animais
pequenos que rastejam pelo chão. 45Eu, o SENHOR, sou aquele
que os tirou da terra do Egito para ser o seu Deus. Por isso,
sejam santos, pois eu sou santo.
46"Essas são as instruções acerca dos animais que vivem em
terra, dos animais voadores, das criaturas aquáticas e dos ani-
mais que rastejam pelo chão. 47Com essas instruções, vocês
saberão o que é impuro e o que é puro, os animais que vocês
podem comer e os que não podem".

A purificação depois do parto

12 O SENHOR disse a Moisés: 2"Dê as seguintes instruções ao
povo de Israel. Se uma mulher engravidar e der à luz um
filho, ficará cerimonialmente impura por sete dias, como acon-
tece durante a menstruação. 3No oitavo dia, circuncidem o me-
nino. 4Depois de esperar 33 dias, a mulher estará purificada do
sangramento do parto. Durante o período de purificação, não
deverá tocar em coisa alguma que seja consagrada. Também
não poderá entrar no santuário enquanto não terminar o pe-
ríodo de purificação. 5Se a mulher der à luz uma filha, ficará
cerimonialmente impura por duas semanas, como acontece
durante a menstruação. Depois de esperar 66 dias, estará pu-
rificada do sangramento do parto.
6"Quando se completar o tempo de purificação pelo nasci-
mento de um filho ou de uma filha, a mulher levará um cor-
deiro de um ano como holocausto e um pombinho ou rolinha
para a oferta pelo pecado. Levará as ofertas ao sacerdote à
entrada da tenda do encontro. 7O sacerdote as apresentará
ao SENHOR para fazer expiação pela mulher. Ela voltará a ficar
cerimonialmente pura depois do sangramento do parto. Essas
são as instruções para a mulher depois do nascimento de um
filho ou de uma filha.
8"Se a mulher não tiver condições de levar um cordeiro, levará
duas rolinhas ou dois pombinhos. Um será para o holocausto,
e o outro, para a oferta pelo pecado. O sacerdote os sacrificará
para fazer expiação pela mulher, e ela ficará cerimonialmente
pura".

Doenças graves de pele

13 O SENHOR disse a Moisés e a Arão: 2"Se alguém tiver um
inchaço, uma erupção ou uma descoloração que possa
ser sinal de lepra, essa pessoa será levada ao sacerdote Arão
ou a um de seus filhos. 3O sacerdote examinará a região afe-
tada da pele. Se houver ali pelos que ficaram brancos e parecer
que o problema é mais profundo que a pele, é lepra, e o sa-
cerdote que examinar a pessoa a declarará cerimonialmente
impura.
4"Se, contudo, a região afetada da pele apresentar apenas
uma descoloração branca e a mancha não for mais profunda
que a pele, e se os pelos da região não se tornaram brancos,
o sacerdote isolará a pessoa por sete dias. 5No sétimo dia, ele
a examinará novamente. Se constatar que a região afetada
não mudou e o problema não se espalhou pela pele, isolará
a pessoa por mais sete dias. 6No sétimo dia, voltará a exa-
miná-la. Se constatar que a área afetada diminuiu e não se
espalhou, o sacerdote declarará a pessoa cerimonialmente
pura; era apenas uma erupção. A pessoa lavará suas roupas
e ficará pura. 7Mas, se a erupção vier a se espalhar depois de
o sacerdote examinar a pessoa e a declarar pura, ela voltará
para ser examinada. 8Se o sacerdote constatar que a erupção
se espalhou, declarará a pessoa cerimonialmente impura, pois
é, de fato, lepra.
9"Quem apresentar algum sinal de lepra irá ao sacerdote
para ser examinado. 10Se o sacerdote encontrar um inchaço
branco na pele, se alguns pelos sobre a mancha tiverem ficado
brancos e se houver uma ferida aberta na região afetada, 11é
um caso crônico de lepra, e o sacerdote declarará a pessoa
cerimonialmente impura. Nesses casos, não será necessário
isolar a pessoa para avaliá-la, pois é evidente que a pele está
contaminada pela doença.
12"Se a lepra se espalhar por toda a pele da pessoa e cobrir
seu corpo da cabeça aos pés, o sacerdote examinará a pessoa
infectada. 13Se constatar que a doença cobre todo o corpo,
declarará a pessoa cerimonialmente pura. Uma vez que a pele
se tornou completamente branca, a pessoa está pura. 14Mas,
se aparecerem feridas abertas, a pessoa infectada será decla-
rada cerimonialmente impura. 15O sacerdote fará essa decla-
ração assim que vir uma ferida aberta, pois esse tipo de ferida
indica a presença de lepra. 16Se, contudo, as feridas sararem
e se tornarem brancas como o resto da pele, a pessoa voltará
ao sacerdote 17para ser examinada. Se as regiões afetadas
tiverem, de fato, se tornado brancas, o sacerdote declarará a
pessoa cerimonialmente pura, e assim ela estará.
18"Se alguém tiver na pele uma ferida purulenta e ela sarar,
19mas surgir em seu lugar um inchaço branco ou uma mancha
branca avermelhada, a pessoa irá ao sacerdote para ser exa-
minada. 20Se o sacerdote a examinar e constatar que a mancha
é mais profunda que a pele, e se os pelos da região afetada
tiverem ficado brancos, o sacerdote declarará a pessoa ceri-
monialmente impura. A ferida purulenta indica lepra. 21Mas,
se o sacerdote não encontrar pelos brancos na região afetada
e parecer que a mancha não é mais profunda que a pele, e
até diminuiu, o sacerdote isolará a pessoa por sete dias. 22Se,
nesse período, a mancha ou o inchaço se espalharem na pele,
o sacerdote declarará a pessoa cerimonialmente impura, pois
é sinal de lepra. 23Se, contudo, a região afetada não aumentar
nem se espalhar, é apenas a cicatriz da ferida, e o sacerdote
declarará a pessoa cerimonialmente pura.
24"Se alguém sofrer uma queimadura na pele e aparecerem
na região feridas abertas de cor branca avermelhada ou com-
pletamente branca, 25o sacerdote a examinará. Se constatar
que os pelos na região afetada ficaram brancos, e se parecer

que a mancha é mais profunda que a pele, surgiu lepra na
queimadura. O sacerdote declarará a pessoa cerimonialmente
impura, pois, sem dúvida, é lepra. 26Mas, se não encontrar
pelos brancos na região afetada, e se parecer que a ferida
não é mais profunda que a pele e tiver diminuído, o sacerdote
isolará a pessoa por sete dias. 27No sétimo dia, examinará a
pessoa novamente. Se o problema tiver se espalhado na pele,
o sacerdote declarará a pessoa cerimonialmente impura, pois,
sem dúvida, é lepra. 28Se, contudo, a região afetada não tiver
mudado ou se o problema não tiver se espalhado na pele, mas
tiver diminuído, é apenas o inchaço da queimadura. O sacer-
dote declarará a pessoa cerimonialmente pura, pois é apenas
a cicatriz da queimadura.
29"Se um homem ou uma mulher tiver uma ferida na cabeça
ou no queixo, 30o sacerdote a examinará. Se constatar que a
mancha é mais profunda que a pele e tem pelos amarelados
e finos, o sacerdote declarará a pessoa cerimonialmente im-
pura. É uma ferida causada por sarna na cabeça ou no queixo.
31Se o sacerdote examinar a ferida e constatar que não é mais
profunda que a pele, mas não tem pelos escuros, isolará a
pessoa por sete dias. 32No sétimo dia, o sacerdote examinará
a ferida novamente. Se constatar que ela não se espalhou,
que não há pelos amarelados e que não parece mais profunda
que a pele, 33a pessoa raspará todos os pelos, exceto na re-
gião afetada. Em seguida, o sacerdote isolará a pessoa infec-
tada por mais sete dias. 34No sétimo dia, examinará a ferida
novamente. Se ela não tiver se espalhado, e se não parecer
mais profunda que a pele, o sacerdote declarará a pessoa
cerimonialmente pura. A pessoa lavará suas roupas e ficará
pura. 35Mas, se a ferida de sarna começar a se espalhar de-
pois de a pessoa ter sido declarada cerimonialmente pura, 36o
sacerdote a examinará novamente. Se constatar que a ferida
se espalhou, não é necessário procurar pelos amarelados; a
pessoa infectada está cerimonialmente impura. 37Se, contudo,
a cor da ferida de sarna não mudar e pelos pretos voltarem a
crescer na região afetada, a sarna está curada, e o sacerdote
declarará a pessoa cerimonialmente pura.
38"Se um homem ou uma mulher tiver manchas brancas na
pele, 39o sacerdote examinará a região afetada. Se constatar
que as manchas brancas são opacas, é uma simples erupção
de pele, e a pessoa está cerimonialmente pura.
40"Se os cabelos de um homem caírem e ele ficar calvo, con-
tinua cerimonialmente puro. 41Se caírem os cabelos da parte da
frente da cabeça, ele simplesmente ficou calvo na frente e con-
tinua puro. 42Mas, se uma ferida branca avermelhada aparecer
na região calva no alto ou na parte de trás da cabeça, é lepra.
43O sacerdote o examinará e, se constatar que há inchaço ao
redor da ferida branca avermelhada em qualquer parte da
calva do homem com aparência de lepra, 44o homem está, de
fato, infectado com lepra e está impuro. O sacerdote o decla-
rará cerimonialmente impuro por causa da ferida na cabeça.
45"Quem sofrer de lepra rasgará as roupas e deixará o cabelo
despenteado. Cobrirá a boca e gritará: 'Impuro! Impuro!'.
46Enquanto durar a lepra, ficará cerimonialmente impuro e
viverá isolado, fora do acampamento."

O procedimento para roupas contaminadas

47"Quando o mofo contaminar uma peça de roupa de lã ou de
linho, 48um tecido de lã ou de linho, a pele de um animal ou
qualquer objeto de couro, 49e quando a região contaminada
da roupa, da pele do animal, do tecido liso ou trançado, ou do
artigo de couro se tornar esverdeada ou avermelhada, está
contaminada com mofo e deverá ser mostrada ao sacerdote.
50Depois de examinar a região afetada, o sacerdote isolará
o objeto afetado por sete dias. 51No sétimo dia, examinará o
objeto novamente. Se a região afetada tiver se espalhado, a
peça de roupa, o tecido liso ou trançado ou o artigo de couro
foi, sem dúvida, contaminado por mofo corrosivo e está ce-
rimonialmente impuro. 52O sacerdote queimará a peça de
roupa, o tecido de lã ou de linho ou o artigo de couro, pois
foi contaminado por mofo corrosivo. Deve ser completamente
destruído com fogo.
53"Se, contudo, o sacerdote examinar o objeto e constatar que
a região contaminada não se espalhou pela peça de roupa,
pelo tecido liso ou trançado, ou pelo artigo de couro, 54orde-
nará que o objeto seja lavado e, depois, isolado por mais sete
dias. 55O sacerdote examinará novamente o objeto depois de
lavado. Se constatar que a região contaminada não mudou de
cor depois de ser lavada, mesmo que a mancha não tenha se
espalhado, o objeto está contaminado. Deve ser completa-
mente queimado, quer o mofo esteja do lado de dentro ou de
fora. 56Mas, se o sacerdote examinar o objeto e constatar que
a região contaminada diminuiu depois de ser lavada, cortará
a mancha da peça de roupa, do tecido liso ou trançado, ou
do couro. 57Se a mancha reaparecer na peça de roupa, no
tecido liso ou trançado, ou no artigo de couro, é evidente que
o mofo está se espalhando, e o objeto contaminado deverá
ser queimado. 58Se, contudo, a mancha desaparecer da peça
de roupa, do tecido, ou do artigo de couro depois de ter sido
lavado, o objeto será lavado novamente e, por fim, estará ce-
rimonialmente puro.
59"Essas são as instruções referentes ao mofo que contamina
roupas de lã ou linho, tecidos lisos ou trançados ou qualquer
objeto de couro. É dessa forma que o sacerdote determinará
se os objetos estão cerimonialmente puros ou impuros".

A purificação das doenças de pele

14 O Senhor disse a Moisés: 2"Estas são as instruções a
respeito da purificação da pessoa com lepra. Ela deverá
comparecer perante o sacerdote, 3que a levará para fora do
acampamento e examinará a infecção. Se o sacerdote cons-
tatar que a lepra foi curada, 4realizará uma cerimônia de pu-
rificação usando duas aves vivas cerimonialmente puras, um
pedaço de madeira de cedro, um pano vermelho e um ramo de
hissopo. 5O sacerdote mandará matar uma das aves sobre uma
vasilha de barro cheia de água limpa. 6Em seguida, pegará a

ave viva, o pedaço de madeira de cedro, o pano vermelho e o
ramo de hissopo e os molhará no sangue da ave que foi morta
sobre a água limpa. 7Depois disso, o sacerdote aspergirá sete
vezes o sangue da ave morta sobre a pessoa que está sendo
purificada da lepra. Quando o sacerdote tiver purificado a
pessoa, soltará a ave viva em campo aberto.
8"A pessoa que está sendo purificada lavará suas roupas, ras-
pará todos os pelos e se banhará com água. Estará cerimo-
nialmente pura e poderá voltar ao acampamento. Contudo,
ficará fora de sua tenda por sete dias. 9No sétimo dia, raspará
novamente todos os pelos, cabelos, pelos faciais e sobran-
celhas. Lavará também suas roupas e se banhará com água.
Desse modo, estará cerimonialmente pura.
10"No oitavo dia, a pessoa que está sendo purificada trará dois
cordeiros sem defeito e uma cordeira de um ano e sem de-
feito, junto com uma oferta de cereal de seis litros de farinha
da melhor qualidade umedecida com azeite e uma caneca de
azeite. 11O sacerdote encarregado da cerimônia apresentará
a pessoa a ser purificada, junto com as ofertas, diante do SE-
NHOR, à entrada da tenda do encontro. 12O sacerdote pegará
um dos cordeiros e o azeite e os apresentará como oferta pela
culpa, movendo-os para o alto como oferta especial para o
SENHOR. 13Em seguida, matará o cordeiro no lugar sagrado
onde são mortos os animais para as ofertas pelo pecado e
para os holocaustos. Assim como a oferta pelo pecado, a oferta
pela culpa pertence ao sacerdote. É uma oferta santíssima.
14Depois disso, o sacerdote pegará um pouco do sangue da
oferta pela culpa e o colocará na ponta da orelha direita, no
polegar da mão direita e no polegar do pé direito da pessoa
que está sendo purificada.
15"O sacerdote também colocará um pouco do azeite na palma
de sua mão esquerda. 16Molhará o dedo direito no azeite na
palma da mão esquerda e com ele aspergirá sete vezes diante
do SENHOR. 17Parte do azeite que está em sua mão ele colocará
na ponta da orelha direita, no polegar da mão direita e no
polegar do pé direito da pessoa que está sendo purificada, em
cima do sangue da oferta pela culpa. 18O sacerdote colocará
o azeite restante em sua mão na cabeça da pessoa que está
sendo purificada. Desse modo, o sacerdote fará expiação pela
pessoa diante do SENHOR.
19"Então o sacerdote apresentará a oferta pelo pecado para
fazer expiação pela pessoa que foi curada da lepra. Em se-
guida, o sacerdote matará o animal para o holocausto 20e o
apresentará sobre o altar junto com a oferta de cereal. Desse
modo, o sacerdote fará expiação pela pessoa que foi curada,
e ela ficará cerimonialmente pura.
21"Quem for muito pobre e não tiver recursos para apresentar
essas ofertas poderá levar um cordeiro para a oferta pela
culpa, que será movido para o alto como oferta especial para
a purificação. Levará também dois litros de farinha da melhor
qualidade umedecida com azeite para a oferta de cereal e
uma caneca de azeite. 22A oferta incluirá ainda duas rolinhas
ou dois pombinhos, de acordo com os recursos da pessoa. Uma
das aves será usada para a oferta pelo pecado, e a outra, para
o holocausto. 23No oitavo dia da cerimônia de purificação, a
pessoa que está sendo purificada levará as ofertas ao sacer-
dote na presença do SENHOR, à entrada da tenda do encontro.
24O sacerdote pegará o cordeiro para a oferta pela culpa, junto
com o azeite, e os moverá para o alto como oferta especial
para o SENHOR. 25Depois disso, o sacerdote matará o cordeiro
para a oferta pela culpa. Pegará um pouco do sangue e o co-
locará na ponta da orelha direita, no polegar da mão direita e
no polegar do pé direito da pessoa que está sendo purificada.
26"O sacerdote também derramará um pouco do azeite na
palma de sua mão esquerda. 27Molhará o dedo direito no
azeite na palma de sua mão esquerda e com ele aspergirá
sete vezes diante do SENHOR. 28Parte do azeite que está em
sua mão ele colocará na ponta da orelha direita, no polegar
da mão direita e no polegar do pé direito da pessoa que está
sendo purificada, em cima do sangue da oferta pela culpa. 29O
sacerdote colocará o azeite restante em sua mão na cabeça
da pessoa que está sendo purificada. Desse modo, o sacerdote
fará expiação pela pessoa diante do SENHOR.
30"Então o sacerdote oferecerá as duas rolinhas ou os dois
pombinhos, de acordo com os recursos da pessoa. 31Uma das
aves é uma oferta pelo pecado, e a outra é um holocausto;
serão apresentadas junto com a oferta de cereal. Desse
modo, o sacerdote fará expiação pela pessoa diante do SE-
NHOR. 32Essas são as instruções para a purificação daqueles
que se recuperaram da lepra, mas que não têm recursos para
levar as ofertas requeridas para a cerimônia de purificação".

O procedimento para casas contaminadas

33Então o SENHOR disse a Moisés e a Arão: 34"Quando che-
garem a Canaã, a terra que eu lhes dou como propriedade,
e eu contaminar com manchas de mofo algumas das casas
de sua terra, 35o dono de uma dessas casas irá ao sacerdote
e dirá: 'Minha casa parece ter manchas de mofo'. 36Antes de
entrar para examinar a casa, o sacerdote mandará esvaziá-la,
a fim de que nada dentro dela seja declarado cerimonialmente
impuro. Em seguida, entrará na casa 37e examinará o mofo nas
paredes. Se encontrar manchas esverdeadas ou avermelhadas
e a contaminação parecer mais profunda que a superfície da
parede, 38o sacerdote sairá pela porta e isolará a casa por sete
dias. 39No sétimo dia, o sacerdote voltará para examiná-la. Se
constatar que as manchas se espalharam nas paredes, 40o
sacerdote ordenará que as pedras das áreas afetadas sejam
removidas e levadas para fora da cidade, até um lugar ceri-
monialmente impuro. 41Depois disso, as paredes internas da
casa serão inteiramente raspadas, e o material raspado será
jogado num lugar impuro fora da cidade. 42Outras pedras serão
trazidas para substituir as que foram removidas, e as paredes
serão rebocadas com barro novo.
43"Se, contudo, o mofo reaparecer depois de todas as pedras
terem sido substituídas e de a casa ter sido raspada e rebo-
cada de novo, 44o sacerdote voltará e examinará a casa. Se

constatar que as manchas de mofo se espalharam, é evidente
que as paredes foram contaminadas por mofo corrosivo, e a
casa está impura. 45Será demolida e suas pedras, madeiras e
todo o seu reboco serão levados para fora da cidade, até um
lugar cerimonialmente impuro. 46Quem entrar na casa durante
o período de isolamento ficará cerimonialmente impuro até
o entardecer. 47Quem dormir ou comer na casa deverá lavar
suas roupas.

48"Se, contudo, o sacerdote voltar para examinar a casa e
constatar que as manchas de mofo não reapareceram depois
de colocado o reboco novo, ele a declarará pura, pois é evi-
dente que o mofo desapareceu. 49A fim de purificar a casa, o
sacerdote pegará duas aves, um pedaço de madeira de cedro,
um pano vermelho e um ramo de hissopo. 50Matará uma das
aves sobre uma vasilha de barro cheia de água limpa. 51Pegará
o pedaço de madeira de cedro, o ramo de hissopo, o pano
vermelho e a ave viva e os molhará no sangue da ave morta e
na água limpa. Em seguida, aspergirá a mistura sobre a casa
sete vezes. 52Quando o sacerdote tiver purificado a casa exa-
tamente dessa forma, 53soltará a ave viva em campo aberto
fora da cidade. Desse modo, o sacerdote fará expiação pela
casa, e ela ficará cerimonialmente pura.

54"Essas são as instruções para lidar com a lepra, incluindo fe-
ridas de sarna, 55com manchas de mofo sobre peças de roupa
ou numa casa, 56e com inchaços, erupções ou descolorações
da pele. 57Esse procedimento determinará se a pessoa ou
objeto está cerimonialmente puro ou impuro. "Essas são as
instruções a respeito da lepra e do mofo".

Secreções corporais

15 O SENHOR disse a Moisés e a Arão: 2"Deem as seguintes
instruções ao povo de Israel. "Qualquer homem que tiver
fluxo corporal estará cerimonialmente impuro. 3A contami-
nação é causada pelo fluxo, prosseguindo ou não. De qual-
quer modo, o homem está impuro. 4A cama onde o homem
com o fluxo se deitar e qualquer coisa sobre a qual ele se
sentar ficará cerimonialmente impura. 5Se alguém tocar na
cama dele, terá de lavar as roupas e banhar-se com água,
e ficará impuro até o entardecer. 6Se alguém se sentar onde
ele se sentou, terá de lavar as roupas e banhar-se com água,
e ficará impuro até o entardecer. 7Se alguém tocar nesse
homem que tiver fluxo, terá de lavar as roupas e banhar-se
com água, e ficará impuro até o entardecer. 8Se o homem
cuspir em alguém cerimonialmente puro, essa pessoa terá de
lavar as roupas e banhar-se com água, e ficará impura até o
entardecer. 9Qualquer manta de sela sobre a qual o homem se
sentar quando cavalgar ficará cerimonialmente impura. 10Se
alguém tocar em qualquer coisa que tenha estado debaixo
dele, ficará impuro até o entardecer; terá de lavar as roupas e
banhar-se com água, e ficará impuro até o entardecer. 11Se o
homem tocar em alguém sem antes lavar as mãos, essa pessoa
terá de lavar as roupas e banhar-se com água, e ficará impura
até o entardecer. 12Qualquer vasilha de barro em que o homem
tocar terá de ser quebrada, e qualquer utensílio de madeira em
que o homem tocar terá de ser lavado com água.

13"Quando o fluxo do homem cessar, ele contará sete dias para
o período de purificação. Em seguida, lavará suas roupas e se
banhará em água limpa, e ficará cerimonialmente puro. 14No
oitavo dia, pegará duas rolinhas ou dois pombinhos, se apre-
sentará diante do SENHOR à entrada da tenda do encontro e en-
tregará suas ofertas ao sacerdote. 15O sacerdote apresentará
uma ave como oferta pelo pecado, e a outra, como holocausto.
Desse modo, o sacerdote fará expiação pelo homem diante do
SENHOR por causa do fluxo.

16"Quando um homem expelir sêmen, lavará o corpo todo
com água e ficará cerimonialmente impuro até o entardecer.
17Qualquer peça de roupa ou de couro que tiver sêmen será
lavada com água, e ficará impura até o entardecer. 18Depois
que um homem e uma mulher tiverem relações sexuais, ambos
terão de banhar-se com água, e ficarão impuros até o entar-
decer.

19"Quando uma mulher tiver sua menstruação, ficará cerimo-
nialmente impura por sete dias. Quem tocar nela durante esse
período ficará impuro até o entardecer. 20Qualquer coisa sobre
a qual a mulher se deitar ou se sentar durante a menstruação
ficará cerimonialmente impura. 21Se alguém tocar na cama
dela, terá de lavar as roupas e banhar-se com água, e ficará
impuro até o entardecer. 22Se alguém tocar em alguma coisa
sobre a qual ela se sentou, terá de lavar as roupas e banhar-se
com água, e ficará impuro até o entardecer. 23Isso inclui a
cama e qualquer outro objeto sobre o qual ela tenha se sen-
tado; se alguém os tocar, ficará impuro até o entardecer. 24Se
um homem tiver relações sexuais com ela e o sangue dela o
tocar, a impureza menstrual será transmitida para ele; ficará
impuro por sete dias, e qualquer cama onde ele se deitar fi-
cará impura.

25"Se uma mulher tiver por muitos dias um fluxo de sangue
que não seja sua menstruação normal, ou se ela continuar
a sangrar depois da menstruação normal, ficará cerimonial-
mente impura. Enquanto durar o sangramento, a mulher ficará
impura, como acontece durante a menstruação. 26Qualquer
cama onde ela se deitar e qualquer objeto sobre o qual ela
se sentar durante esse período ficará impuro, como em sua
menstruação normal. 27Se alguém tocar nessas coisas ficará
cerimonialmente impuro. Terá de lavar as roupas e banhar-se
com água, e ficará impuro até o entardecer.

28"Quando o sangramento da mulher parar, ela contará sete
dias e depois estará cerimonialmente pura. 29No oitavo dia,
tomará duas rolinhas ou dois pombinhos e os entregará ao
sacerdote à entrada da tenda do encontro. 30O sacerdote apre-
sentará uma das aves como oferta pelo pecado, e a outra,
como holocausto. Desse modo, o sacerdote fará expiação por
ela diante do SENHOR por causa da impureza cerimonial cau-
sada pelo sangramento.

31"Agindo assim, você manterá os israelitas separados da
impureza cerimonial. Do contrário, eles morreriam, pois sua

impureza contaminaria meu tabernáculo que está no meio
deles. 32Essas são as instruções referentes a qualquer pessoa
que tenha um fluxo que sai do corpo, seja um homem que
está impuro por expelir sêmen 33ou uma mulher durante sua
menstruação. Aplicam-se a qualquer homem ou mulher que
tiver fluxo e ao homem que tiver relações sexuais com uma
mulher cerimonialmente impura".

O Dia da Expiação

16 O Senhor falou com Moisés depois que os dois filhos de
Arão morreram ao entrar na presença do Senhor. 2Disse o
Senhor a Moisés: "Avise seu irmão Arão que não entre quando
bem entender no lugar santíssimo, atrás da cortina interna; se
o fizer, morrerá. Ali fica a tampa da arca, o lugar de expiação,
e eu mesmo estou presente na nuvem sobre a tampa da arca.
3"Quando Arão entrar no santuário, seguirá todas estas ins-
truções. Levará um novilho para oferta pelo pecado e um car-
neiro para holocausto. 4Vestirá a túnica sagrada de linho e a
roupa de baixo de linho, diretamente sobre a pele. Amarrará
na cintura o cinturão de linho e colocará na cabeça o turbante
de linho. As roupas são sagradas, de modo que ele deverá se
banhar com água antes de vesti-las. 5Arão receberá da comu-
nidade de Israel dois bodes para uma oferta pelo pecado e um
carneiro para um holocausto.
6"Arão apresentará seu próprio novilho como oferta pelo pe-
cado para fazer expiação por si mesmo e por sua família. 7Em
seguida, pegará os dois bodes e os apresentará ao Senhor
à entrada da tenda do encontro. 8Depois, fará um sorteio
para determinar qual bode será separado como oferta para
o Senhor e qual levará os pecados do povo para o deserto de
Azazel. 9Então Arão apresentará ao Senhor o bode escolhido
por sorteio e o sacrificará como oferta pelo pecado. 10O outro
animal, o bode escolhido por sorteio para ser enviado para
o deserto, será apresentado vivo diante do Senhor. Ao ser
enviado para Azazel no deserto, servirá para fazer expiação
pelo povo.
11"Arão apresentará seu próprio novilho como oferta pelo
pecado para fazer expiação por si mesmo e por sua família.
Depois de matar o novilho como oferta pelo pecado, 12pegará
um incensário e o encherá com brasas ardentes do altar que
está diante do Senhor. Pegará também dois punhados do in-
censo perfumado em pó e levará o incensário e o incenso para
trás da cortina interna. 13Ali, na presença do Senhor, colocará
o incenso sobre as brasas ardentes, para que uma nuvem de
incenso se eleve sobre a tampa da arca, o lugar de expiação,
que está sobre a arca da aliança. Se seguir essas instruções,
não morrerá. 14Depois, pegará um pouco do sangue do no-
vilho, molhará nele o dedo e aspergirá o lado leste da tampa.
Então, com o dedo, aspergirá com o sangue sete vezes diante
da tampa.
15"Arão matará o primeiro bode como oferta pelo pecado
em favor do povo e levará o sangue para trás da cortina in-
terna. Ali, aspergirá o sangue do bode sobre a tampa e diante
dela, como fez com o sangue do novilho. 16Desse modo, fará
expiação pelo lugar santíssimo e fará o mesmo com toda a
tenda do encontro por causa da contaminação pelo pecado
e da rebeldia do povo. 17Ninguém mais poderá ficar na tenda
do encontro quando Arão entrar para realizar a cerimônia de
expiação no lugar santíssimo. Ninguém entrará até que ele
saia depois de fazer expiação por si mesmo, por sua família e
por toda a comunidade de Israel.
18"Em seguida, Arão sairá para fazer expiação pelo altar que
está diante do Senhor. Para isso, pegará um pouco do sangue
do novilho e do bode e o colocará em cada ponta do altar.
19Então, com o dedo, aspergirá o sangue sete vezes sobre o
altar. Desse modo, ele o purificará da contaminação dos israe-
litas e o tornará santo.
20"Quando Arão terminar de fazer expiação pelo lugar san-
tíssimo, pela tenda do encontro e pelo altar, apresentará o
bode vivo. 21Colocará as duas mãos sobre a cabeça do bode e
confessará sobre ele toda a maldade, a rebeldia e os pecados
dos israelitas. Assim, transferirá os pecados do povo para a
cabeça do bode. Depois, um homem escolhido especialmente
para essa tarefa levará o bode para o deserto. 22Ao sair para o
deserto, o bode levará sobre si todos os pecados do povo para
um lugar distante.
23"Quando Arão voltar para dentro da tenda do encontro, tirará
as roupas de linho que vestia ao entrar no lugar santíssimo e
as deixará ali. 24Ele se banhará com água num lugar sagrado,
vestirá suas roupas habituais e sairá para apresentar um ho-
locausto para si mesmo e um holocausto para o povo. Desse
modo, fará expiação por si mesmo e pelo povo. 25Por fim,
queimará no altar toda a gordura da oferta pelo pecado.
26"O homem escolhido para levar o bode expiatório para o
deserto de Azazel lavará suas roupas e se banhará com água
antes de voltar ao acampamento.
27"O novilho e o bode apresentados como ofertas pelo pe-
cado, cujo sangue Arão trouxer ao lugar santíssimo para a
cerimônia de expiação, serão levados para fora do acampa-
mento. O couro, a carne e os excrementos dos animais serão
queimados. 28O homem que os queimar lavará suas roupas e
se banhará com água antes de voltar ao acampamento.
29"No décimo dia do sétimo mês, vocês se humilharão. Nem os
israelitas de nascimento nem os estrangeiros que vivem entre
vocês farão qualquer tipo de trabalho. Essa é uma lei perma-
nente para vocês. 30Nesse dia, serão apresentadas ofertas de
expiação por vocês, a fim de purificá-los, e vocês serão purifi-
cados de todos os seus pecados na presença do Senhor. 31Será
um sábado de descanso absoluto, no qual se humilharão. Essa
é uma lei permanente para vocês. 32Nas gerações futuras, a
cerimônia de expiação será realizada pelo sacerdote ungido
e consagrado para servir como sacerdote no lugar de seu an-
tepassado Arão. Ele vestirá as roupas sagradas de linho 33e
fará expiação pelo lugar santíssimo, pela tenda do encontro,
pelo altar, pelos sacerdotes e por toda a comunidade. 34Essa
é uma lei permanente para vocês, para que se faça expiação

pelos pecados dos israelitas uma vez por ano". Moisés seguiu todas essas instruções exatamente conforme o SENHOR havia ordenado.

Normas sobre o sangue

17 Então o SENHOR disse a Moisés: 2"Dê as seguintes instruções a Arão, a seus filhos e a todo o povo de Israel. Isto é o que o SENHOR ordenou.

3"Se algum israelita de nascimento sacrificar um boi, um cordeiro ou um cabrito em qualquer lugar dentro ou fora do acampamento 4em vez de levá-lo à entrada da tenda do encontro e apresentá-lo como oferta ao SENHOR, será tão culpado quanto um assassino. Derramou sangue e será eliminado do meio do povo. 5A finalidade é evitar que os israelitas sacrifiquem animais em campo aberto. Isso garantirá que levem os sacrifícios ao sacerdote à entrada da tenda do encontro, para que ele os apresente ao SENHOR como ofertas de paz. 6Então o sacerdote derramará o sangue no altar do SENHOR à entrada da tenda do encontro e queimará a gordura como aroma agradável ao SENHOR. 7Não deverão mais oferecer sacrifícios a ídolos em forma de bode, cometendo prostituição. Essa é uma lei permanente para eles e deverá ser cumprida de geração em geração.

8"Dê-lhes também a seguinte ordem. Se um israelita de nascimento ou um estrangeiro que vive entre vocês apresentar um holocausto ou outro sacrifício, 9mas não o trouxer à entrada da tenda do encontro para oferecê-lo ao SENHOR, será eliminado do meio do povo.

10"Se algum israelita de nascimento ou um estrangeiro que vive entre vocês comer sangue, sob qualquer circunstância, eu me voltarei contra ele e o eliminarei do meio do povo, 11pois a vida do corpo está no sangue. Eu lhes dei o sangue no altar para fazer expiação por vocês. É o sangue oferecido que faz a expiação em lugar de uma vida. 12Por isso eu disse aos israelitas: 'Jamais comam sangue, nem vocês, nem os estrangeiros que vivem entre vocês'.

13"Se um israelita de nascimento ou um estrangeiro que vive entre vocês sair para caçar e matar um animal ou uma ave que lhes é permitido comer, deixará o sangue do animal escorrer e o cobrirá com terra. 14A vida de toda criatura está no sangue. Por isso eu disse aos israelitas: 'Jamais comam sangue, pois a vida de toda criatura está no sangue'. Quem consumir sangue será eliminado.

15"E, se um israelita de nascimento ou um estrangeiro comer a carne de um animal que morreu de forma natural ou foi despedaçado por animais selvagens, lavará as roupas e se banhará com água. Ficará cerimonialmente impuro até o entardecer, mas depois disso estará puro. 16Se, contudo, não lavar as roupas e não se banhar, será castigado por causa de seu pecado".

Práticas sexuais proibidas

18 Então o SENHOR disse a Moisés: 2"Dê as seguintes instruções ao povo de Israel. Eu sou o SENHOR, seu Deus. 3Portanto, não se comportem como o povo do Egito, onde vocês viviam, nem como o povo de Canaã, para onde os estou levando. Não imitem o estilo de vida deles. 4Obedeçam aos meus estatutos e cumpram os meus decretos, pois eu sou o SENHOR, seu Deus. 5Sim, obedeçam aos meus decretos e aos meus estatutos; quem os praticar viverá por eles. Eu sou o SENHOR.

6"Jamais tenha relações sexuais com uma parenta próxima, pois eu sou o SENHOR.

7"Não desonre seu pai, tendo relações sexuais com sua mãe. Ela é sua mãe; não tenha relações sexuais com ela.

8"Não tenha relações sexuais com nenhuma das esposas de seu pai, pois isso desonraria seu pai.

9"Não tenha relações sexuais com sua irmã ou meia-irmã, filha de seu pai ou de sua mãe, nascida em sua casa ou em outra casa.

10"Não tenha relações sexuais com sua neta, filha de seu filho ou de sua filha, pois com isso você desonraria a si mesmo.

11"Não tenha relações sexuais com a filha de nenhuma das esposas de seu pai, pois ela é sua irmã.

12"Não tenha relações sexuais com sua tia, irmã de seu pai, pois ela é parenta próxima de seu pai.

13"Não tenha relações sexuais com sua tia, irmã de sua mãe, pois ela é parenta próxima de sua mãe.

14"Não desonre seu tio, irmão de seu pai, tendo relações sexuais com a mulher dele, pois ela é sua tia.

15"Não tenha relações sexuais com sua nora; ela é mulher de seu filho, de modo que você não deve ter relações sexuais com ela.

16"Não tenha relações sexuais com a mulher de seu irmão, pois desonraria seu irmão.

17"Não tenha relações sexuais com uma mulher e a filha dela. E não tome a neta dela, filha do filho ou da filha dela, e tenha relações sexuais com ela, pois são parentas próximas. Isso é perversão.

18"Enquanto sua esposa estiver viva, não se case nem tenha relações sexuais com a irmã dela, pois elas se tornariam rivais.

19"Não tenha relações sexuais com uma mulher durante o período de impureza menstrual dela.

20"Não tenha relações sexuais com a mulher do seu próximo, contaminando-se com ela.

21"Não permita que nenhum de seus filhos seja oferecido como sacrifício a Moloque. Não desonre o nome do seu Deus. Eu sou o SENHOR.

22"Não pratique a homossexualidade, tendo relações sexuais com outro homem como se fosse com uma mulher. Isso é detestável.

23"Homem nenhum deve se contaminar tendo relações sexuais com um animal. E mulher nenhuma deve se oferecer para um animal macho para ter relações com ele. Isso é depravação.

24"Não se contaminem de nenhuma dessas formas, pois os povos que expulsarei da presença de vocês se contaminaram com todas essas práticas. 25Uma vez que a terra toda foi contaminada, castigarei seus habitantes. Farei a terra vomitá-los.

26Obedeçam aos meus decretos e aos meus estatutos. Não
cometam nenhum desses atos detestáveis. Isso se aplica tanto
aos israelitas de nascimento como aos estrangeiros que vivem
entre vocês.
27"Todos esses atos detestáveis são praticados pelos povos da
terra para onde eu os estou levando, e foi assim que a terra
ficou contaminada. 28Por isso, não contaminem a terra e não
lhe deem motivo para vomitá-los, como fará com os povos que
agora vivem ali. 29Quem cometer algum desses pecados detes-
táveis será eliminado do meio do povo. 30Portanto, obedeçam
às minhas instruções e não se contaminem por adotar alguma
dessas práticas detestáveis dos povos que viveram na terra
antes de vocês. Eu sou o SENHOR, seu Deus".

Santidade na conduta pessoal

19 O SENHOR também disse a Moisés: 2"Dê as seguintes ins-
truções a toda a comunidade de Israel. Sejam santos,
pois eu, o SENHOR, seu Deus, sou santo.
3"Mostrem respeito, cada um de vocês, por sua mãe e por
seu pai; guardem também meus sábados. Eu sou o SENHOR,
seu Deus.
4"Não depositem sua confiança em ídolos nem façam para si
imagens de metal representando deuses. Eu sou o SENHOR,
seu Deus.
5"Quando sacrificarem uma oferta de paz ao SENHOR, apresen-
tem-na de forma apropriada, para que sejam aceitos. 6Comam
o sacrifício no mesmo dia em que o oferecerem, ou no dia
seguinte. O que restar até o terceiro dia será completamente
queimado. 7Se algo do sacrifício for comido no terceiro dia,
estará contaminado e não será aceito. 8Quem o comer no ter-
ceiro dia será castigado, pois contaminou aquilo que é santo
ao SENHOR, e será eliminado do meio do povo.
9"Quando fizerem a colheita de sua terra, não colham as es-
pigas nos cantos dos campos nem apanhem aquilo que os cei-
feiros deixarem cair. 10O mesmo se aplica à colheita da uva.
Não cortem até o último cacho de cada videira nem apanhem
as uvas que caírem no chão. Deixem-nas para os pobres e es-
trangeiros que vivem entre vocês. Eu sou o SENHOR, seu Deus.
11"Não roubem. "Não mintam nem enganem uns aos outros.
12"Não desonrem o nome do seu Deus, usando-o para jurar
falsamente. Eu sou o SENHOR.
13"Não explorem nem roubem o seu próximo. "Não fiquem até
o dia seguinte com o pagamento de seus empregados.
14"Não insultem o surdo nem façam o cego tropeçar. Temam o
seu Deus. Eu sou o SENHOR.
15"Não distorçam a justiça em questões legais, favorecendo
os pobres ou tomando partido dos ricos e poderosos. Julguem
sempre com imparcialidade.
16"Não vivam como difamadores no meio do povo. "Não fiquem
de braços cruzados quando a vida do seu próximo correr pe-
rigo. Eu sou o SENHOR.
17"Não alimentem ódio no coração contra algum de seus pa-
rentes. Confrontem sem rodeios aqueles que errarem, para
não serem responsabilizados pelo pecado deles.
18"Não procurem se vingar nem guardem rancor de alguém do
seu povo, mas cada um ame o seu próximo como a si mesmo.
Eu sou o SENHOR.
19"Obedeçam a todos os meus decretos. "Não cruzem dois
animais de espécies diferentes. Não plantem em seu campo
duas espécies de sementes. Não usem roupas tecidas com
dois tipos de pano.
20"Se um homem tiver relações sexuais com uma escrava cuja
liberdade não foi comprada, mas que está prometida para ser
mulher de outro, indenizará totalmente o senhor da escrava.
Uma vez que ela não é livre, nem o homem nem a mulher serão
mortos. 21O homem levará um carneiro como oferta pela culpa
e o apresentará ao SENHOR à entrada da tenda do encontro.
22O sacerdote fará expiação por ele com o carneiro da oferta
pela culpa, e seu pecado será perdoado.
23"Quando entrarem na terra e plantarem árvores frutíferas
de todo tipo, não colham os frutos nos três primeiros anos.
Considerem esses frutos proibidos e não os comam. 24No
quarto ano, consagrem toda a colheita ao SENHOR como uma
celebração de louvor. 25Por fim, no quinto ano, vocês poderão
comer os frutos. Se procederem desse modo, sua colheita au-
mentará. Eu sou o SENHOR, seu Deus.
26"Não comam carne em que ainda houver sangue. "Não pra-
tiquem adivinhação nem feitiçaria.
27"Não cortem o cabelo dos lados da cabeça nem raspem a
barba rente à pele.
28"Quando lamentarem a morte de alguém, não façam cortes
no corpo nem marcas na pele. Eu sou o SENHOR.
29"Ninguém contamine sua filha tornando-a uma prostituta,
pois a terra ficaria cheia de prostituição e perversão.
30"Guardem meus sábados e tratem meu santuário com reve-
rência. Eu sou o SENHOR.
31"Não se contaminem procurando médiuns e os que con-
sultam os espíritos dos mortos. Eu sou o SENHOR, seu Deus.
32"Levantem-se na presença dos idosos e honrem os anciãos.
Temam o seu Deus. Eu sou o SENHOR.
33"Não se aproveitem dos estrangeiros que vivem entre vocês
na terra. 34Tratem-nos como se fossem israelitas de nasci-
mento e amem-nos como a si mesmos. Lembrem-se de que
vocês eram estrangeiros quando moravam na terra do Egito.
Eu sou o SENHOR, seu Deus.
35"Não usem medidas desonestas ao medirem comprimento,
peso ou volume. 36Suas balanças e seus pesos devem ser
exatos, assim como suas vasilhas para medir produtos secos
ou líquidos. Eu sou o SENHOR, seu Deus, que os tirou da terra
do Egito.
37"Obedeçam a todos os meus decretos e a todos os meus
estatutos pondo-os em prática. Eu sou o SENHOR".

Castigos pela desobediência

20 O SENHOR disse a Moisés: 2"Dê as seguintes instruções
ao povo de Israel. Elas se aplicam tanto aos israelitas de
nascimento como aos estrangeiros que vivem em Israel. "Se

algum deles oferecer seus filhos como sacrifício a Moloque,
será executado. Os membros da comunidade o apedrejarão
até que ele morra. 3Eu mesmo me voltarei contra ele e o elimi-
narei do meio do povo, pois contaminou meu santuário e de-
sonrou meu nome santo ao oferecer seus filhos a Moloque. 4E,
se os membros da comunidade fizerem vista grossa àquele que
ofereceu seus filhos a Moloque e se recusarem a executá-lo,
5eu mesmo me voltarei contra ele e sua família. Eu eliminarei
do meio do povo tanto aquele homem como os que o seguiram
em sua prostituição, no culto a Moloque.
6"Também me voltarei contra aqueles que procuram médiuns
ou que consultam os espíritos dos mortos, cometendo pros-
tituição. Eu os eliminarei do meio do povo. 7Portanto, con-
sagrem-se e sejam santos, pois eu sou o SENHOR, seu Deus.
8Guardem meus decretos pondo-os em prática, pois eu sou o
SENHOR, que os santifica.
9"Quem ofender a honra de seu pai ou sua mãe será execu-
tado; decretou a própria morte quando amaldiçoou seus pais.
10"Se um homem cometer adultério com a mulher do seu pró-
ximo, o homem e a mulher que cometeram adultério serão
executados.
11"Se um homem desonrar seu pai tendo relações sexuais com
qualquer das esposas de seu pai, o homem e a mulher serão
executados; decretaram a própria morte.
12"Se um homem tiver relações sexuais com sua nora, ambos
serão executados, pois cometeram uma depravação; decre-
taram a própria morte.
13"Se um homem adotar práticas homossexuais e tiver relações
sexuais com outro homem como se fosse com uma mulher, os
dois cometem um ato detestável e serão executados; decre-
taram a própria morte.
14"Se um homem se casar com uma mulher e com a mãe dela,
comete uma perversão; o homem e as duas mulheres serão
queimados vivos para acabar com a perversidade entre vocês.
15"Se um homem tiver relações sexuais com um animal, ele
deverá ser executado, e o animal será morto.
16"Se uma mulher se entregar a um animal macho para ter
relações sexuais com ele, tanto ela como o animal serão exe-
cutados. Matem ambos; decretaram a própria morte.
17"Se um homem se casar com sua irmã, filha de seu pai ou
de sua mãe, e se tiverem relações sexuais, cometeram uma
infâmia. Ambos serão eliminados do meio do povo, à vista de
todos. Uma vez que o homem desonrou sua irmã, será casti-
gado por causa de seu pecado.
18"Se um homem tiver relações sexuais com uma mulher du-
rante a menstruação, ambos serão eliminados do meio do
povo, pois, juntos, expuseram a fonte do fluxo de sangue da
mulher.
19"Não tenha relações sexuais com sua tia, irmã de sua mãe
ou de seu pai, pois causaria desonra a uma parenta próxima.
As duas partes são culpadas e serão castigadas por causa de
seu pecado.
20"Se um homem tiver relações sexuais com a mulher de seu
tio, desonrou seu tio. O homem e a mulher serão castigados
por causa de seu pecado e morrerão sem filhos.
21"Se um homem se casar com a mulher de seu irmão, comete
um ato de impureza. Desonrou seu irmão, e o casal culpado
ficará sem filhos.
22"Guardem todos os meus decretos e todos os meus estatutos
pondo-os em prática; do contrário, a terra para onde os estou
levando para ser seu novo lar os vomitará. 23Não vivam de
acordo com os costumes dos povos que expulsarei de diante
de vocês. Eu os detesto porque praticam essas coisas vergo-
nhosas. 24A vocês, porém, prometi: 'Possuirão a terra deles,
pois a darei a vocês como sua propriedade, uma terra que
produz leite e mel com fartura'. Eu sou o SENHOR, seu Deus,
que os separou de todos os outros povos.
25"Portanto, façam distinção entre animais puros e impuros e
entre aves puras e impuras. Não se contaminem com nenhum
animal, ave ou criatura que rasteja pelo chão; eu determinei
o que é impuro para vocês. 26Sejam santos, pois eu, o SENHOR,
sou santo. Separei-os de todos os outros povos para serem
meus.
27"Os homens e mulheres entre vocês que forem médiuns ou
que consultam espíritos dos mortos serão apedrejados até
morrer; decretaram a própria morte".

Instruções para os sacerdotes

21 O SENHOR disse a Moisés: "Dê as seguintes instruções aos
sacerdotes, os filhos de Arão. "Nenhum sacerdote deverá
se tornar cerimonialmente impuro por causa da morte de al-
guém do povo. 2As únicas exceções são seus parentes mais
próximos: mãe ou pai, filho ou filha, irmão 3ou irmã virgem
que dependa dele, uma vez que não tem marido. Nesse caso,
poderá contaminar-se. 4O sacerdote não deverá contaminar-se
e tornar-se cerimonialmente impuro por causa de algum pa-
rente de sua esposa.
5"Os sacerdotes não rasparão a cabeça, não rasparão a barba
rente à pele, nem farão cortes no corpo. 6Serão consagrados
ao seu Deus e jamais desonrarão o nome de Deus, pois são
eles que apresentam as ofertas especiais para o SENHOR,
ofertas de alimento para o seu Deus.
7"Os sacerdotes não se casarão com uma mulher contaminada
pela prostituição, nem se casarão com uma mulher divorciada
do marido, pois o sacerdote é consagrado ao seu Deus. 8Tra-
tem-no como santo, pois ele traz as ofertas de alimento pe-
rante o seu Deus. Considerem-no santo, pois eu, o SENHOR, sou
santo e santifico vocês.
9"Se a filha de um sacerdote se tornar prostituta e, desse
modo, se contaminar, também contamina a santidade de seu
pai e deverá morrer queimada.
10"O sumo sacerdote ocupa a posição mais elevada entre todos
os sacerdotes. O óleo da unção foi derramado sobre sua ca-
beça, e ele foi consagrado para vestir as roupas sacerdotais.

Nunca deixará o cabelo despenteado nem rasgará suas roupas
em sinal de luto. 11Não se contaminará por aproximar-se de um
cadáver. Não se tornará cerimonialmente impuro nem mesmo
por causa de seu pai ou de sua mãe. 12Não deixará o santuário,
nem contaminará o santuário do seu Deus, pois foi consagrado
pelo óleo da unção de seu Deus. Eu sou o SENHOR.
13"O sumo sacerdote somente se casará com uma virgem.
14Não se casará com uma viúva, nem com uma mulher divor-
ciada, nem com uma mulher contaminada pela prostituição.
Sua esposa deverá ser uma virgem de seu próprio clã, 15para
que ele não desonre seus descendentes entre o povo, pois eu
sou o SENHOR, que o santifico".
16Então o SENHOR disse a Moisés: 17"Dê as seguintes instruções
a Arão. Nas gerações futuras, nenhum de seus descendentes
portador de algum defeito físico estará qualificado para trazer
ofertas de alimento ao seu Deus. 18Nenhum homem que tenha
algum defeito estará qualificado, seja ele cego, aleijado,
mutilado ou deformado, 19ou tenha o pé ou braço quebrado,
20ou seja corcunda, ou anão, ou tenha um olho defeituoso, ou
feridas na pele ou sarna, ou testículos defeituosos. 21Nenhum
descendente de Arão que tenha algum defeito se aproximará
do altar para apresentar ofertas especiais para o SENHOR. Uma
vez que tem defeito, não poderá se aproximar do altar para
trazer ofertas de alimento ao seu Deus. 22No entanto, poderá
comer do alimento oferecido a Deus, das ofertas santas e das
ofertas santíssimas. 23Mas, por causa de seu defeito físico, não
passará adiante da cortina interna nem se aproximará do altar,
pois contaminaria meus lugares santos. Eu sou o SENHOR, que
santifico esses lugares".
24Moisés deu essas instruções a Arão, a seus filhos e a todos
os israelitas.

22 O SENHOR disse a Moisés: 2"Diga a Arão e a seus filhos
que tenham muito respeito pelas ofertas sagradas que
os israelitas consagrarem a mim, a fim de não desonrarem
meu santo nome. Eu sou o SENHOR. 3Dê a eles as seguintes
instruções. "Nas gerações futuras, se algum de seus descen-
dentes estiver cerimonialmente impuro ao se aproximar das
ofertas sagradas que os israelitas consagrarem ao SENHOR, ele
será eliminado de minha presença. Eu sou o SENHOR.
4"Se algum dos descendentes de Arão tiver lepra ou qualquer
tipo de fluxo que o torne cerimonialmente impuro, não co-
merá das ofertas sagradas enquanto não for declarado puro.
Também se tornará impuro se tocar num cadáver, expelir
sêmen, 5tocar num animal que rasteja pelo chão e seja im-
puro ou tocar em alguém que, por qualquer motivo, esteja
cerimonialmente impuro. 6Quem se contaminar de alguma
dessas formas ficará impuro até o entardecer. Não comerá das
ofertas sagradas enquanto não tiver se banhado com água.
7Depois do pôr do sol, estará cerimonialmente puro outra vez
e poderá comer das ofertas sagradas, pois são seu alimento.
8Não comerá um animal que morreu de forma natural ou que
foi despedaçado por animais selvagens, pois se contaminaria.
Eu sou o SENHOR.
9"Os sacerdotes obedecerão fielmente às minhas ordens. Do
contrário, serão culpados de pecado e morrerão, pois me-
nosprezaram o que lhes ordenei. Eu sou o SENHOR, que os
santifica.
10"Ninguém de fora da família do sacerdote comerá das
ofertas sagradas. Nem mesmo hóspedes e empregados da
casa do sacerdote poderão comê-las. 11Mas, se o sacerdote
comprar um escravo, esse escravo poderá comer das ofertas
sagradas. E, se o escravo tiver filhos, eles também poderão
comer de seu alimento. 12Se a filha do sacerdote se casar com
alguém de fora da família sacerdotal, não poderá mais comer
das ofertas sagradas. 13Se, contudo, ficar viúva ou divorciar-se,
sem ter filhos para sustentá-la, e voltar a morar na casa do
pai, como quando era jovem, poderá comer novamente do
alimento do pai. Com exceção desses casos, ninguém de fora
da família do sacerdote comerá das ofertas sagradas.
14"Se alguém não autorizado comer das ofertas sagradas por
engano, pagará ao sacerdote aquilo que comeu, mais um
quinto do valor. 15Os sacerdotes não contaminarão as ofertas
sagradas apresentadas pelos israelitas ao SENHOR, 16permi-
tindo que sejam consumidas por pessoas não autorizadas. Elas
se tornariam culpadas e teriam de fazer reparação. Eu sou o
SENHOR, que os santifica".

Ofertas dignas e indignas

17O SENHOR também disse a Moisés: 18"Dê as seguintes ins-
truções a Arão, a seus filhos e a todo o povo de Israel. Elas
se aplicam tanto aos israelitas de nascimento como aos es-
trangeiros que vivem entre vocês. "Se alguém apresentar ao
SENHOR um holocausto, seja como cumprimento de um voto ou
como oferta voluntária, 19só será aceito se o animal oferecido
for um macho sem defeito. Poderá ser um boi, um carneiro
ou um bode. 20Não apresentem um animal defeituoso, pois o
SENHOR não o aceitará em favor de vocês.
21"Se alguém apresentar ao SENHOR uma oferta de paz, seja
como cumprimento de um voto ou como oferta voluntária, es-
colha do gado ou do rebanho um animal perfeito, sem defeito
algum. 22Não ofereçam um animal cego, aleijado, ferido, ou
que tenha um quisto, um ferimento na pele, ou sarna. Nunca
ofereçam nenhum desses animais no altar como ofertas es-
peciais para o SENHOR. 23Se um boi ou um cordeiro tiver uma
perna mais comprida ou mais curta que as outras, poderá ser
apresentado como oferta voluntária, mas não como cumpri-
mento de um voto. 24Se um animal tiver testículos danificados
ou for castrado, não poderá ser oferecido ao SENHOR. Nunca
façam isso em sua própria terra 25e não recebam de estran-
geiros animais como esses em pagamento, para depois ofere-
cê-los como sacrifício a Deus. Não serão aceitos em seu favor,
pois são mutilados ou defeituosos".
26E o SENHOR disse a Moisés: 27"Quando nascer um bezerro,

cordeiro ou cabrito, ficará sete dias com a mãe. Do oitavo dia
em diante, será aceitável como oferta especial para o SENHOR.
28Não matem a mãe e sua cria no mesmo dia, seja uma vaca,
uma ovelha ou uma cabra. 29Quando levarem uma oferta de
gratidão ao SENHOR, sacrifiquem-na corretamente para que
sejam aceitos. 30Comam todo o animal sacrificado no dia em
que for apresentado. Não deixem parte alguma do animal até
a manhã seguinte. Eu sou o SENHOR.
31"Guardem fielmente meus mandamentos pondo-os em prá-
tica, pois eu sou o SENHOR. 32Não desonrem meu santo nome,
pois demonstrarei minha santidade no meio dos israelitas. Eu
sou o SENHOR, que os santifica. 33Eu os libertei da terra do Egito
para ser o seu Deus. Eu sou o SENHOR".

As festas de Israel

23 O SENHOR disse a Moisés: 2"Dê as seguintes instruções
ao povo de Israel. Estas são as festas que o SENHOR es-
tabeleceu e que vocês proclamarão como reuniões sagradas.
3"Vocês têm seis dias na semana para fazer os trabalhos habi-
tuais, mas o sétimo dia é o sábado, o dia de descanso absoluto
e de reunião sagrada. Não façam trabalho algum, pois é o sá-
bado do SENHOR e deve ser guardado onde quer que morarem.
4"Além do sábado, estas são as festas que o SENHOR estabe-
leceu, as reuniões sagradas que serão celebradas anualmente
no devido tempo."

A Páscoa e a Festa dos Pães sem Fermento

5"A Páscoa do SENHOR começa ao entardecer do décimo quarto
dia do primeiro mês. 6No dia seguinte, o décimo quinto dia,
comecem a celebrar a Festa dos Pães sem Fermento. Essa ce-
lebração em homenagem ao SENHOR continuará por sete dias
e, durante esse tempo, o pão que comerem será preparado
sem fermento. 7No primeiro dia da festa, todos suspenderão
seus trabalhos habituais e realizarão uma reunião sagrada.
8Durante sete dias, apresentarão ofertas especiais para o SE-
NHOR. No sétimo dia, suspenderão novamente seus trabalhos
habituais para realizar uma reunião sagrada".

A Celebração do Início da Colheita

9O SENHOR disse a Moisés: 10"Dê as seguintes instruções ao
povo de Israel. Quando entrarem na terra que eu lhes dou e
começarem a primeira colheita, levem ao sacerdote um feixe
dos primeiros cereais que colherem. 11No dia depois do sá-
bado, o sacerdote moverá o feixe para o alto diante do SENHOR,
para que seja aceito em favor de vocês. 12Nesse mesmo dia,
ofereçam um cordeiro de um ano, sem defeito, como holo-
causto para o SENHOR. 13Junto com o sacrifício, apresentem
uma oferta de cereal de quatro litros de farinha da melhor
qualidade umedecida com azeite. Será uma oferta especial,
um aroma agradável ao SENHOR. Ofereçam também um litro
de vinho como oferta derramada. 14Nesse dia, não comam pão
algum, nem cereal torrado ou fresco, enquanto não apresen-
tarem a oferta ao seu Deus. Essa é uma lei permanente para
vocês e deve ser cumprida de geração em geração, onde quer
que morarem."

A Festa da Colheita

15"A partir do dia seguinte ao sábado, o dia em que levarem
o feixe de cereal a fim de ser movido para o alto como oferta
especial, contem sete semanas completas. 16Continuem con-
tando até o dia depois do sétimo sábado, isto é, cinquenta dias
depois. Então apresentem uma oferta de cereal novo para o
SENHOR. 17Onde quer que morarem, levem dois pães que serão
movidos para o alto como oferta especial diante do SENHOR.
Preparem os pães com quatro quilos de farinha da melhor
qualidade e assem-nos com fermento. Serão uma oferta para
o SENHOR dos primeiros frutos de sua colheita. 18Junto com
o pão, apresentem sete cordeiros de um ano e sem defeito,
um novilho e dois carneiros como holocaustos para o SENHOR.
Esses holocaustos, junto com as ofertas de cereal e ofertas
derramadas, serão uma oferta especial, um aroma agradável
ao SENHOR. 19Em seguida, ofereçam um bode como oferta pelo
pecado e dois cordeiros de um ano como ofertas de paz.
20"O sacerdote levantará os dois cordeiros como oferta espe-
cial para o SENHOR, junto com os pães que representam os pri-
meiros frutos de suas colheitas. Essas ofertas, que são santas
para o SENHOR, pertencem aos sacerdotes. 21Esse mesmo dia
será declarado dia de reunião sagrada, um dia em que não
farão nenhum trabalho habitual. Essa é uma lei permanente
para vocês e deve ser cumprida de geração em geração, onde
quer que morarem.
22"Quando fizerem a colheita da sua terra, não colham as es-
pigas nos cantos dos campos e não apanhem aquilo que cair
das mãos dos ceifeiros. Deixem esses grãos para os pobres
e estrangeiros que vivem entre vocês. Eu sou o SENHOR, seu
Deus".

A Festa das Trombetas

23O SENHOR disse a Moisés: 24"Dê as seguintes instruções ao
povo de Israel. No primeiro dia do sétimo mês, tenham um dia
de descanso absoluto. Será uma reunião sagrada, uma cele-
bração memorial comemorada com toques de trombeta. 25Não
façam nenhum trabalho habitual nesse dia, mas apresentem
ofertas especiais para o SENHOR".

O Dia da Expiação

26O SENHOR disse a Moisés: 27"Comemorem o Dia da Expiação
no décimo dia do mesmo sétimo mês. Celebrem-no como uma
reunião sagrada, um dia para se humilharem e apresentarem
ofertas especiais para o SENHOR. 28Não façam trabalho algum
durante todo esse dia, pois é o Dia da Expiação, no qual se fará
expiação em seu favor diante do SENHOR, seu Deus. 29Todos
aqueles que não se humilharem nesse dia serão eliminados
do meio do povo. 30Destruirei aqueles que, dentre vocês,
trabalharem em algo nesse dia. 31Não façam trabalho algum.
Essa é uma lei permanente para vocês e deve ser cumprida de

geração em geração, onde quer que morarem. 32 Será um sá-
bado de descanso absoluto para vocês e, nesse dia, deverão se
humilhar. O dia de descanso começará ao entardecer do nono
dia do mês e se estenderá até o entardecer do décimo dia".

A Festa das Cabanas

33 O SENHOR também disse a Moisés: 34 "Dê as seguintes ins-
truções ao povo de Israel. Comecem a celebrar a Festa das
Cabanas no décimo quinto dia do sétimo mês. Essa festa em
homenagem ao SENHOR durará sete dias. 35 O primeiro dia da
festa será declarado reunião sagrada, na qual não farão ne-
nhum trabalho habitual. 36 Durante sete dias, vocês apresen-
tarão ofertas especiais para o SENHOR. No oitavo dia, haverá
outra reunião sagrada, na qual apresentarão ofertas especiais
para o SENHOR. Será uma ocasião solene, e ninguém fará ne-
nhum trabalho habitual.
37 ("Essas são as festas que o SENHOR estabeleceu. Celebrem-
-nas a cada ano como reuniões sagradas, apresentando para
o SENHOR, no dia apropriado, as ofertas especiais de sacrifí-
cios queimados, ofertas de cereal, sacrifícios e ofertas derra-
madas. 38 Celebrem-nas além dos sábados habituais do SENHOR
e apresentem as ofertas além das ofertas pessoais que vocês
trazem no cumprimento de votos e das ofertas voluntárias para
o SENHOR.)
39 "Lembrem-se de que essa festa de sete dias em homenagem
ao SENHOR, a Festa das Cabanas, começa no décimo quinto dia
do sétimo mês, depois de terem colhido tudo que a terra pro-
duziu. Celebrem a festa do SENHOR por sete dias. O primeiro e o
oitavo dia da festa serão de descanso absoluto. 40 No primeiro
dia, recolham galhos das mais belas árvores, folhagens de
palmeiras, ramos de árvores verdejantes e de salgueiros que
crescem junto dos riachos. Celebrem com alegria diante do
SENHOR, seu Deus, por sete dias. 41 Comemorem essa festa em
homenagem ao SENHOR por sete dias a cada ano. Essa é uma
lei permanente para vocês e deve ser cumprida no sétimo mês,
de geração em geração. 42 Durante sete dias, morarão ao ar
livre em pequenas cabanas. Todos os israelitas de nascimento
morarão em cabanas. 43 Desse modo, lembrarão cada nova
geração de israelitas que eu fiz seus antepassados morarem
em cabanas quando os libertei da terra do Egito. Eu sou o
SENHOR, seu Deus".
44 Assim, Moisés transmitiu aos israelitas essas instruções sobre
as festas anuais do SENHOR.

Óleo puro e pães sagrados

24 O SENHOR disse a Moisés: 2 "Ordene aos israelitas que
tragam óleo puro de azeitonas prensadas para a ilumi-
nação do candelabro, a fim de manter as lâmpadas sempre
acesas. 3 É o candelabro que fica na tenda do encontro, em
frente à cortina interna que protege a arca da aliança. Arão
manterá as lâmpadas acesas na presença do SENHOR a noite
toda. Essa é uma lei permanente para vocês e deve ser cum-
prida de geração em geração. 4 Arão e os sacerdotes manterão
sempre em ordem, na presença do SENHOR, as lâmpadas do
candelabro de ouro puro.
5 "Asse doze pães de farinha da melhor qualidade usando
quatro litros de farinha para cada pão. 6 Coloque os pães diante
do SENHOR sobre a mesa de ouro puro e arrume-os em duas
fileiras, com seis pães em cada fileira. 7 Coloque um pouco de
incenso sobre cada fileira como oferta memorial, uma oferta
especial apresentada ao SENHOR. 8 A cada sábado, coloque re-
gularmente diante do SENHOR esses pães como oferta da parte
dos israelitas; é uma expressão contínua da aliança sem fim.
9 Os pães pertencerão a Arão e seus descendentes, que os co-
merão num lugar sagrado, pois são santíssimos. Os sacerdotes
terão direito permanente a essa porção das ofertas especiais
apresentadas ao SENHOR".

A pena para quem blasfemar

10 Certo dia, um homem, filho de uma israelita e de um egípcio,
saiu de sua tenda e se envolveu numa briga com um dos israe-
litas. 11 Durante a briga, o filho da israelita blasfemou o Nome
com uma maldição. Por isso, foi levado a Moisés para ser jul-
gado. A mãe dele se chamava Selomite, filha de Dibri, da tribo
de Dã. 12 O homem foi mantido preso até ficar clara a vontade
do SENHOR a respeito de sua situação.
13 Então o SENHOR disse a Moisés: 14 "Leve o blasfemador para
fora do acampamento e diga a todos que ouviram a maldição
que coloquem as mãos sobre a cabeça dele. Depois, a comu-
nidade toda o executará por apedrejamento. 15 Diga ao povo
de Israel: Quem amaldiçoar o seu Deus será castigado por
causa do seu pecado. 16 Quem blasfemar o nome do SENHOR
será morto por apedrejamento por toda a comunidade de Is-
rael. Qualquer israelita de nascimento ou estrangeiro entre
vocês que blasfemar o Nome será morto.
17 "Quem tirar a vida de outra pessoa será morto.
18 "Quem matar um animal pertencente a outra pessoa a inde-
nizará com um animal vivo.
19 "Quem ferir outra pessoa será tratado de acordo com o
ferimento que causou: 20 fratura por fratura, olho por olho,
dente por dente. O dano que alguém fizer a outra pessoa,
será feito a ele.
21 "Quem matar um animal indenizará seu dono totalmente,
mas quem matar uma pessoa será morto.
22 "A mesma lei se aplica tanto aos israelitas de nascimento
como aos estrangeiros que vivem entre vocês. Eu sou o SE-
NHOR, seu Deus".
23 Depois que Moisés transmitiu todas essas instruções aos
israelitas, eles levaram o blasfemador para fora do acam-
pamento e o executaram por apedrejamento. Os israelitas
fizeram exatamente conforme o SENHOR havia ordenado a
Moisés.

O ano sabático

25 Quando Moisés estava no monte Sinai, o SENHOR lhe
disse: 2 "Dê as seguintes instruções ao povo de Israel.

Quando entrarem na terra que eu lhes dou, a terra deverá
observar um sábado para o SENHOR a cada sete anos. 3Durante
seis anos, vocês semearão os campos, podarão os vinhedos
e farão a colheita, 4mas no sétimo ano a terra terá um ano
sabático de descanso absoluto. É o sábado do SENHOR. Durante
esse ano, não semeiem os campos nem façam a poda dos
vinhedos. 5Não ceifem o que crescer espontaneamente nem
colham as uvas dos vinhedos não podados. A terra terá um ano
de descanso absoluto. 6Comam o que a terra produzir esponta-
neamente durante seu descanso. Isso se aplica a vocês, a seus
filhos, a seus servos e servas, e também aos trabalhadores
contratados e aos residentes temporários que vivem em seu
meio. 7Seus rebanhos e todos os animais selvagens de sua
terra também poderão comer o que a terra produzir."

O Ano do Jubileu

8"Contem sete anos sabáticos, sete vezes sete anos, no total
de 49 anos. 9Então, no Dia da Expiação do ano seguinte, façam
soar por toda a terra um toque longo e alto de trombeta. 10Con-
sagrem esse ano, o quinquagésimo ano, como um tempo de
proclamar a liberdade por toda a terra para todos os seus ha-
bitantes. Será um ano de jubileu para vocês, no qual cada um
poderá voltar à terra que pertencia a seus antepassados e
regressar a seu próprio clã. 11O quinquagésimo ano será um
jubileu para vocês. Nesse ano, não semearão os campos, nem
ceifarão o que crescer espontaneamente, nem colherão as
uvas dos vinhedos não podados. 12Será um ano de jubileu para
vocês e deverão mantê-lo santo. Comam o que a terra produzir
espontaneamente. 13No Ano do Jubileu, cada um poderá re-
tornar à terra que pertencia a seus antepassados.
14"Quando alguém fizer um acordo com o seu próximo para
comprar ou vender uma propriedade, não deverá tirar van-
tagem do outro. 15Ao comprar um terreno do seu próximo, o
preço a ser pago será baseado no número de anos desde o
último jubileu. O vendedor estipulará o preço levando em conta
os anos que ainda restam de colheitas. 16Quanto mais colheitas
faltarem para o próximo jubileu, mais alto será o preço; quanto
menos anos faltarem, mais baixo será o preço. Afinal, o que
ele está vendendo é certo número de colheitas. 17Mostrem
seu temor a Deus não tirando vantagem um do outro. Eu sou
o SENHOR, seu Deus.
18"Se quiserem viver seguros na terra, sigam os meus decretos
e obedeçam aos meus estatutos. 19Então a terra produzirá co-
lheitas fartas, vocês comerão até se saciarem e viverão em
segurança. 20Talvez vocês perguntem: 'O que comeremos no
sétimo ano, uma vez que não temos permissão de semear
nem de colher nesse ano?'. 21Podem ter certeza de que no
sexto ano eu lhes enviarei a minha bênção, de modo que a
terra produzirá o suficiente para três anos. 22No oitavo ano,
quando semearem seus campos, ainda estarão comendo da
colheita farta do sexto ano. De fato, ainda estarão comendo
dessa colheita quando fizerem a nova colheita no nono ano."

O resgate de propriedades

23"A terra jamais será vendida em caráter definitivo, pois ela
me pertence. Vocês são apenas estrangeiros e arrendatários
que trabalham para mim.
24"Sempre que uma propriedade for negociada, o vendedor
deverá ter o direito de comprá-la de volta. 25Se alguém do seu
povo empobrecer e for obrigado a vender parte das terras da
família, um parente próximo deverá comprar a propriedade
de volta para ele. 26Se não houver qualquer parente próximo
para comprar a propriedade, mas a pessoa que a vendeu con-
seguir dinheiro suficiente para comprá-la de volta, 27terá o
direito de resgatá-la de quem a comprou. Do preço da terra
será descontado um valor proporcional ao número de anos
até o próximo Ano do Jubileu. Desse modo, o primeiro dono
da propriedade terá condições de retornar à sua terra. 28Se,
contudo, o primeiro dono não tiver condições de comprar de
volta a propriedade, ela ficará com o novo dono até o Ano do
Jubileu seguinte. Nesse ano, a propriedade será devolvida aos
primeiros donos, a fim de que voltem à terra de sua família.
29"Quem vender uma casa dentro de uma cidade murada terá,
por um ano completo, o direito de comprá-la de volta. Durante
esse ano, o vendedor poderá resgatar a casa. 30Mas, se não
a comprar de volta durante esse ano, a venda da casa dentro
da cidade murada não poderá ser revertida. A casa se tornará
propriedade permanente do comprador. Não será devolvida ao
primeiro dono no Ano do Jubileu. 31Já uma casa num povoado,
num assentamento sem muros ao redor, será considerada uma
propriedade rural. Poderá ser comprada de volta a qualquer
momento e será devolvida ao primeiro proprietário no Ano
do Jubileu.
32"Os levitas sempre terão o direito de comprar de volta uma
casa que tiverem vendido dentro das cidades reservadas para
eles. 33Qualquer propriedade vendida pelos levitas, ou seja,
todas as casas dentro das cidades deles, será devolvida no Ano
do Jubileu. Afinal, essas casas são suas únicas propriedades
em todo o Israel. 34As pastagens em volta das cidades dos le-
vitas não serão vendidas. São propriedade permanente deles."

O resgate dos pobres e dos escravos

35"Se alguém do seu povo empobrecer e não puder se sus-
tentar, ajudem-no como ajudariam um estrangeiro ou resi-
dente temporário e permitam que ele more com vocês. 36Não
cobrem juros nem tenham lucro à custa dele. Em vez disso,
mostrem seu temor a Deus permitindo que ele viva como pa-
rente com vocês. 37Lembrem-se de não cobrar juros sobre o
dinheiro que lhe emprestarem nem de ter lucro com o alimento
que lhe venderem. 38Eu sou o SENHOR, seu Deus, que os tirou da
terra do Egito para lhes dar a terra de Canaã e ser o seu Deus.
39"Se alguém do seu povo empobrecer e for obrigado a se
vender para vocês, não o tratem como escravo. 40Tratem-no
como empregado ou residente temporário que mora com
vocês e os servirá apenas até o Ano do Jubileu. 41Então ele
e seus filhos estarão livres e voltarão aos clãs e à proprie-

dade que pertencia a seus antepassados. 42Os israelitas são
os meus servos que eu tirei da terra do Egito, de modo que
jamais devem ser vendidos como escravos. 43Mostrem seu
temor a Deus tratando-os sem violência.
44"Vocês poderão comprar escravos e escravas de nações vizi-
nhas. 45Também poderão comprar os filhos de residentes tem-
porários que moram com vocês, incluindo os que nasceram em
sua terra. Poderão considerá-los sua propriedade 46e deixá-los
para seus filhos como herança permanente. Poderão tratá-los
como escravos, mas jamais oprimirão alguém do seu povo.
47"Se algum estrangeiro ou residente temporário enriquecer
enquanto vive entre vocês, e se algum do seu povo empobrecer
e for obrigado a se vender para esse estrangeiro ou para um
membro da família dele, 48continuará a ter o direito de ser
resgatado, mesmo depois de comprado. Poderá ser comprado
de volta por um irmão, 49tio ou primo. Aliás, qualquer parente
próximo poderá resgatá-lo. Se prosperar, também poderá res-
gatar a si mesmo. 50Negociará o preço de sua liberdade com
a pessoa que o comprou. O preço será baseado no número de
anos transcorridos desde que foi vendido até o próximo Ano
do Jubileu, ou seja, o equivalente ao custo de um trabalhador
contratado para esse período. 51Se ainda faltarem muitos
anos para o jubileu, pagará na devida proporção aquilo que
recebeu quando vendeu a si mesmo. 52Se faltarem apenas
poucos anos até o Ano do Jubileu, pagará proporcionalmente
aos anos que faltarem. 53O estrangeiro o tratará como um
empregado com contrato anual. Não permitam que um es-
trangeiro trate israelitas com violência. 54Se algum israelita
não tiver sido comprado de volta, será liberto quando chegar
o Ano do Jubileu, ele e seus filhos, 55pois os israelitas me per-
tencem. São meus servos que eu tirei da terra do Egito. Eu sou
o SENHOR, seu Deus."

Bênçãos pela obediência

26 "Não façam ídolos nem imagens para si, nem levantem
em sua terra colunas sagradas ou pedras esculpidas
para adorá-las. Eu sou o SENHOR, seu Deus. 2Guardem os meus
sábados e tenham reverência pelo meu santuário. Eu sou o
SENHOR.
3"Se seguirem os meus decretos e obedecerem diligente-
mente aos meus mandamentos, 4enviarei as chuvas nas es-
tações próprias. A terra dará suas colheitas, e as árvores do
campo produzirão seus frutos. 5A época de debulhar cereais
se estenderá até o início da colheita das uvas, e a colheita das
uvas, até o início do plantio dos cereais. Vocês comerão até se
saciarem e viverão em segurança em sua terra.
6"Eu lhes darei paz na terra, e vocês poderão dormir sem
medo. Tirarei da terra os animais ferozes e manterei os ini-
migos afastados de seu território. 7De fato, vocês perseguirão
seus inimigos e os matarão à espada. 8Cinco de vocês perse-
guirão cem, e cem de vocês perseguirão dez mil. Todos os seus
inimigos cairão pela sua espada.
9"Olharei para vocês com favor, os tornarei férteis e multipli-
carei seu povo. Cumprirei minha aliança com vocês. 10Suas
colheitas serão tão fartas que vocês terão de se desfazer dos
cereais velhos a fim de dar espaço à nova safra. 11Habitarei no
meio de vocês e não os desprezarei. 12Andarei em seu meio;
serei o seu Deus, e vocês serão o meu povo. 13Eu sou o SENHOR,
seu Deus, que os tirou da terra do Egito para que não fossem
mais escravos. Quebrei o jugo de servidão que vocês carre-
gavam sobre o pescoço e os fiz andar de cabeça erguida."

Castigos pela desobediência

14"Mas, se vocês não me derem ouvidos e não obedecerem
a todos esses mandamentos, 15e se quebrarem a minha
aliança rejeitando meus decretos, desprezando meus esta-
tutos e recusando-se a cumprir meus mandamentos, 16eu os
castigarei. Trarei sobre vocês terrores repentinos, doenças
debilitantes e febres ardentes que farão seus olhos escure-
cerem e sua vida definhar. Semearão em vão, pois seus ini-
migos comerão suas colheitas. 17Eu me voltarei contra vocês,
e seus inimigos os derrotarão. Aqueles que odeiam vocês os
dominarão, e vocês fugirão mesmo quando ninguém os estiver
perseguindo.
18"E se, apesar disso tudo, vocês continuarem a me desobe-
decer, eu os castigarei sete vezes mais por seus pecados.
19Quebrarei seu forte orgulho ao tornar o céu tão duro quanto
o ferro e a terra tão impenetrável quanto o bronze. 20Todo o
seu trabalho será inútil, pois a terra não dará colheitas, e as
árvores não produzirão frutos.
21"Se, ainda assim, continuarem se opondo a mim e se recu-
sarem a me obedecer, causarei desastres sete vezes piores
por causa de seus pecados. 22Enviarei animais selvagens que
tomarão seus filhos de vocês e destruirão seus rebanhos. Sua
população se tornará cada vez menor, e seus caminhos ficarão
desertos.
23"E, se vocês não aprenderem a lição e insistirem em se opor
a mim, 24eu mesmo me oporei a vocês e trarei calamidades
sete vezes piores por causa de seus pecados. 25Trarei contra
vocês a guerra como maldição da aliança que vocês que-
braram. Quando correrem para as cidades em busca de segu-
rança, enviarei uma praga que os destruirá ali, e vocês serão
entregues nas mãos de seus inimigos. 26Destruirei seus man-
timentos, de modo que dez mulheres precisarão de apenas um
forno para assar pão para suas famílias. Racionarão o alimento
por peso e, mesmo tendo o que comer, não se saciarão.
27"Se, apesar disso tudo, ainda se recusarem a me obedecer
e continuarem se opondo a mim, 28eu me oporei a vocês fu-
riosamente. Eu mesmo os castigarei sete vezes mais por seus
pecados. 29Então vocês comerão a carne de seus próprios fi-
lhos e filhas. 30Destruirei seus altares idólatras e derrubarei
seus lugares de culto. Amontoarei seus cadáveres por sobre
seus ídolos mortos e os desprezarei por completo. 31Farei suas
cidades ficarem desoladas e destruirei seus santuários. Não
terei prazer em suas ofertas, que deveriam ser um aroma agra-

dável para mim. 32Sim, eu mesmo devastarei sua terra, e os ini-
migos que virão ocupá-la ficarão horrorizados com aquilo que
virem. 33Eu os espalharei entre as nações e empunharei minha
espada contra vocês. A terra ficará desolada, e as cidades, em
ruínas. 34Então, enquanto ela estiver desolada e vocês esti-
verem exilados na terra de seus inimigos, a terra desfrutará
os anos sabáticos que lhe foram negados. Finalmente ela des-
cansará e desfrutará os sábados que perdeu. 35Durante todo
o tempo em que a terra permanecer em ruínas, desfrutará o
descanso que vocês não permitiram que ela tivesse a cada sete
anos quando moravam nela.

36"Quanto àqueles que sobreviverem, eu lhes causarei de-
sespero na terra de seus inimigos. Viverão com tanto medo
que até o som de uma folha levada pelo vento os fará fugir.
Correrão como se fugissem de uma espada e cairão mesmo
quando ninguém os estiver perseguindo. 37Ainda que não haja
ninguém atrás deles, tropeçarão uns nos outros como quem
foge de uma espada. Não terão forças para resistir a seus ini-
migos. 38Morrerão em nações estrangeiras, e a terra de seus
inimigos os devorará. 39Aqueles que sobreviverem definharão
nas terras de seus inimigos por causa de seus pecados e dos
pecados de seus antepassados.

40"Enfim, porém, meu povo confessará seus pecados e os pe-
cados de seus antepassados por serem infiéis e se oporem a
mim. 41Quando eu me opuser a eles e os levar à terra de seus
inimigos, seu coração obstinado se humilhará e receberão
o castigo de seus pecados. 42Então me lembrarei de minha
aliança com Jacó, de minha aliança com Isaque e de minha
aliança com Abraão, e certamente me lembrarei da terra.
43Pois a terra precisará ser abandonada para desfrutar os anos
sabáticos de descanso enquanto permanecer deserta. Por fim,
o povo receberá o castigo de seus pecados, pois rejeitaram
continuamente meus estatutos e desprezaram meus decretos.
44"Apesar disso tudo, não os rejeitarei completamente nem
os desprezarei enquanto estiverem exilados na terra de seus
inimigos. Não cancelarei minha aliança com eles exterminan-
do-os, pois eu sou o SENHOR, seu Deus. 45Em favor deles, eu
me lembrarei da antiga aliança que fiz com seus antepassados,
os quais tirei da terra do Egito diante dos olhos de todas as
nações, para ser o Deus deles. Eu sou o SENHOR".

46Esses são os decretos, os estatutos e as instruções que o
SENHOR estabeleceu entre ele próprio e os israelitas por meio
de Moisés no monte Sinai.

Normas acerca de votos e dízimos

27 O SENHOR disse a Moisés: 2"Dê as seguintes instruções
ao povo de Israel. Se alguém fizer um voto especial de
dedicar uma pessoa ao SENHOR mediante o pagamento do valor
dessa pessoa, 3deve usar a seguinte escala de valores. Um
homem de 20 a 60 anos vale 600 gramas de prata, de acordo
com o siclo do santuário; 4uma mulher da mesma idade vale
360 gramas de prata. 5Um menino ou rapaz de 5 a 20 anos
vale 240 gramas de prata; uma menina ou moça da mesma
idade vale 120 gramas de prata. 6Um menino de 1 mês a 5
anos vale 60 gramas de prata; uma menina da mesma idade
vale 36 gramas de prata. 7Um homem de mais de 60 anos vale
180 gramas de prata; uma mulher da mesma idade vale 120
gramas de prata. 8Quem desejar fazer o voto, mas não puder
pagar a quantia exigida, levará a pessoa ao sacerdote, e ele
determinará a quantia a ser paga com base nos recursos de
quem fez o voto.

9"Se alguém fizer o voto de entregar um animal como oferta
para o SENHOR, toda oferta ao SENHOR será considerada santa.
10Não trocará nem substituirá o animal por outro, seja um
animal bom por um ruim ou um animal ruim por um bom. Mas,
se trocar um animal por outro, tanto o primeiro como o se-
gundo serão considerados santos. 11Se o voto for a entrega
de um animal impuro que não é aceitável como oferta para o
SENHOR, levará o animal até o sacerdote, 12e ele determinará
o valor, e sua avaliação, alta ou baixa, será definitiva. 13Quem
desejar comprar de volta o animal pagará o valor estipulado
pelo sacerdote, mais um quinto do valor.

14"Se alguém dedicar uma casa ao SENHOR, o sacerdote a ava-
liará. Sua avaliação, seja alta ou baixa, será definitiva. 15Se a
pessoa que dedicou a casa quiser comprá-la de volta, pagará
o valor estipulado pelo sacerdote, mais um quinto do valor.
Desse modo, a casa voltará a ser sua.

16"Se alguém dedicar ao SENHOR uma parte de sua propriedade
familiar, o valor será determinado de acordo com a quantidade
de sementes necessária para semeá-la: 600 gramas de prata
por um campo semeado com 220 litros de sementes de ce-
vada. 17Se o campo for dedicado ao SENHOR no Ano do Jubileu,
será aplicado o valor total. 18Mas, se o campo for dedicado
depois do Ano do Jubileu, o sacerdote calculará o valor da terra
de modo proporcional ao número de colheitas restantes até o
próximo Ano do Jubileu. O valor calculado será reduzido a cada
ano que passar. 19Se a pessoa que dedicou o campo desejar
comprá-lo de volta, pagará o valor estipulado pelo sacerdote,
mais um quinto do valor. O campo voltará a ser legalmente
seu. 20Se, contudo, não quiser reavê-lo e ele for vendido a
outra pessoa, o campo não poderá mais ser comprado de
volta. 21Quando o campo for liberado no Ano do Jubileu, será
santo, totalmente dedicado ao SENHOR, e se tornará proprie-
dade dos sacerdotes.

22"Se alguém dedicar ao SENHOR um campo que comprou,
mas que não faz parte de sua propriedade familiar, 23o sa-
cerdote determinará o valor com base no número de colheitas
restantes até o próximo Ano do Jubileu. Nesse mesmo dia, a
pessoa entregará o valor do campo como doação sagrada para
o SENHOR. 24No Ano do Jubileu, o campo será devolvido a quem
o herdou como propriedade familiar. 25(Todos os pagamentos
serão calculados de acordo com o peso do siclo do santuário,
equivalente a doze gramas.)

26"O macho da primeira cria de um animal não poderá ser
dedicado ao SENHOR, pois a primeira cria de seu gado, de suas
ovelhas e de suas cabras já pertence a ele. 27É possível, porém,

comprar de volta a primeira cria de um animal impuro me-
diante o pagamento do valor estipulado pelo sacerdote, mais
um quinto do valor. Se o animal não for comprado de volta, o
sacerdote o venderá pelo valor estipulado.
28“Contudo, qualquer coisa totalmente dedicada ao SENHOR,
seja uma pessoa, um animal ou uma propriedade familiar,
jamais será vendida ou comprada de volta. Tudo que é assim
consagrado é santíssimo e pertence ao SENHOR. 29Nenhuma
pessoa que tenha sido definitivamente marcada para des-
truição poderá ser comprada de volta; deverá ser executada.
30“A décima parte dos produtos da terra, sejam os cereais dos
campos ou os frutos das árvores, pertence ao SENHOR e deve
ser consagrada a ele. 31Se você desejar comprar de volta a
décima parte dos cereais ou frutos pertencente ao SENHOR,
pagará o seu valor, mais um quinto do valor. 32Conte um de
cada dez animais do seu gado e dos seus rebanhos e separe-os
para o SENHOR, considerando-os santos. 33Não faça distinção
entre animais bons e ruins nem substitua um pelo outro. Mas,
se trocar um animal por outro, tanto o primeiro como o seu
substituto serão considerados santos e não poderão ser com-
prados de volta”.
34Esses são os mandamentos que o SENHOR deu aos israelitas
por meio de Moisés no monte Sinai.

NÚMEROS

Censo dos soldados de Israel

1 No primeiro dia do segundo mês, no segundo ano desde
a saída dos israelitas do Egito, o SENHOR falou a Moisés na
tenda do encontro, no deserto do Sinai, e disse: 2“Realize um
censo de toda a comunidade de Israel, de acordo com seus clãs
e famílias. Faça uma lista de todos os homens 3de 20 anos para
cima, aptos para irem à guerra. Você e Arão registrarão os sol-
dados 4com a ajuda do chefe dos clãs de cada uma das tribos.
5“Estes são os chefes dos clãs que os ajudarão, conforme suas
tribos: da tribo de Rúben, Elizur, filho de Sedeur; 6da tribo
de Simeão, Selumiel, filho de Zurisadai; 7da tribo de Judá,
Naassom, filho de Aminadabe; 8da tribo de Issacar, Natanael,
filho de Zuar; 9da tribo de Zebulom, Eliabe, filho de Helom;
10da tribo de Efraim, filho de José, Elisama, filho de Amiúde;
da tribo de Manassés, filho de José, Gamaliel, filho de Pedazur;
11da tribo de Benjamim, Abidã, filho de Gideoni; 12da tribo de
Dã, Aieser, filho de Amisadai; 13da tribo de Aser, Pagiel, filho
de Ocrã; 14da tribo de Gade, Eliasafe, filho de Deuel; 15da tribo
de Naftali, Aira, filho de Enã.
16Esses são os representantes escolhidos da comunidade,
líderes das tribos de seus antepassados, chefes dos clãs de
Israel”.
17Assim, Moisés e Arão convocaram os líderes nomeados 18e,
naquele mesmo dia, reuniram toda a comunidade. Todos
foram registrados conforme sua linhagem, de acordo com seus
clãs e famílias. Os homens de 20 anos para cima foram regis-
trados um a um, 19como o SENHOR tinha ordenado a Moisés.
Desse modo, Moisés registrou seus nomes enquanto estavam
no deserto do Sinai, na seguinte ordem:
20Da tribo de Rúben, o filho mais velho de Jacó, os homens
de 20 anos para cima, aptos para irem à guerra, conforme os
nomes anotados nos registros de seus clãs e famílias, 21totali-
zaram 46.500. Esse é o número da tribo de Rúben.
22Da tribo de Simeão, os homens de 20 anos para cima, aptos
para irem à guerra, conforme os nomes anotados nos registros
de seus clãs e famílias, 23totalizaram 59.300. Esse é o número
da tribo de Simeão.
24Da tribo de Gade, os homens de 20 anos para cima, aptos
para irem à guerra, conforme os nomes anotados nos registros
de seus clãs e famílias, 25totalizaram 45.650. Esse é o número
da tribo de Gade.
26Da tribo de Judá, os homens de 20 anos para cima, aptos
para irem à guerra, conforme os nomes anotados nos registros
de seus clãs e famílias, 27totalizaram 74.600. Esse é o número
da tribo de Judá.
28Da tribo de Issacar, os homens de 20 anos para cima, aptos
para irem à guerra, conforme os nomes anotados nos registros
de seus clãs e famílias, 29totalizaram 54.400. Esse é o número
da tribo de Issacar.
30Da tribo de Zebulom, os homens de 20 anos para cima, aptos
para irem à guerra, conforme os nomes anotados nos registros
de seus clãs e famílias, 31totalizaram 57.400. Esse é o número
da tribo de Zebulom.
32Da tribo de Efraim, filho de José, os homens de 20 anos para
cima, aptos para irem à guerra, conforme os nomes anotados
nos registros de seus clãs e famílias, 33totalizaram 40.500.
Esse é o número da tribo de Efraim.
34Da tribo de Manassés, filho de José, os homens de 20 anos
para cima, aptos para irem à guerra, conforme os nomes
anotados nos registros de seus clãs e famílias, 35totalizaram
32.200. Esse é o número da tribo de Manassés.
36Da tribo de Benjamim, os homens de 20 anos para cima,

aptos para irem à guerra, conforme os nomes anotados nos
registros de seus clãs e famílias, 37 totalizaram 35.400. Esse é
o número da tribo de Benjamim.
38 Da tribo de Dã, os homens de 20 anos para cima, aptos para
irem à guerra, conforme os nomes anotados nos registros de
seus clãs e famílias, 39 totalizaram 62.700. Esse é o número
da tribo de Dã.
40 Da tribo de Aser, os homens de 20 anos para cima, aptos
para irem à guerra, conforme os nomes anotados nos registros
de seus clãs e famílias, 41 totalizaram 41.500. Esse é o número
da tribo de Aser.
42 Da tribo de Naftali, os homens de 20 anos para cima, aptos
para irem à guerra, conforme os nomes anotados nos registros
de seus clãs e famílias, 43 totalizaram 53.400. Esse é o número
da tribo de Naftali.
44 Moisés, Arão e os doze líderes de Israel registraram esses
homens, todos incluídos na lista de acordo com suas famílias.
45 Todos os homens de Israel de 20 anos para cima, aptos para
irem à guerra, foram registrados de acordo com suas famílias.
46 No total, 603.550 homens.
47 Esse total, porém, não incluía os clãs dos levitas, 48 pois o
SENHOR tinha dito a Moisés: 49 "Não inclua a tribo de Levi no
censo e não conte seus membros com o restante dos israelitas.
50 Encarregue os levitas de cuidarem do tabernáculo da aliança
e de toda a sua mobília e todos os seus utensílios. Eles trans-
portarão o tabernáculo e todos os seus utensílios, cuidarão
dele e acamparão ao seu redor. 51 Sempre que o tabernáculo
tiver de ser transportado, os levitas o desmontarão. Na hora
de acampar, eles o armarão novamente. Qualquer pessoa não
autorizada que se aproximar do tabernáculo será executada.
52 Os israelitas acamparão de acordo com suas divisões numa
área designada por sua bandeira. 53 Os levitas, por sua vez,
acamparão ao redor do tabernáculo da aliança para proteger a
comunidade de Israel da ira do SENHOR. É responsabilidade dos
levitas montar guarda ao redor do tabernáculo da aliança".
54 Os israelitas fizeram exatamente conforme o SENHOR havia
ordenado a Moisés.

A organização de Israel no acampamento

2 Então o SENHOR deu as seguintes instruções a Moisés e Arão:
2 "Quando os israelitas acamparem, cada tribo terá sua pró-
pria área designada. As divisões das tribos acamparão ao redor
de sua bandeira nos quatro lados da tenda do encontro, a
certa distância.
3 As divisões da tribo de Judá acamparão na direção do nascer
do sol, do lado leste, ao redor de sua bandeira. Naassom,
filho de Aminadabe, será seu líder. 4 Seu número de soldados
registrados é de 74.600.
5 A tribo de Issacar acampará ao lado da tribo de Judá. Nata-
nael, filho de Zuar, será seu líder. 6 Seu número de soldados
registrados é de 54.400.
7 A tribo de Zebulom acampará logo em seguida. Eliabe, filho
de Helom, será seu líder. 8 Seu número de soldados registrados
é de 57.400.
9 O total de soldados no acampamento do lado de Judá é de
186.400. Essas tribos marcharão sempre à frente.
10 As divisões da tribo de Rúben acamparão no lado sul da tenda
do encontro, ao redor de sua bandeira. Elizur, filho de Se-
deur, será seu líder. 11 Seu número de soldados registrados
é de 46.500.
12 A tribo de Simeão acampará ao lado da tribo de Rúben. Selu-
miel, filho de Zurisadai, será seu líder. 13 Seu número de sol-
dados registrados é de 59.300.
14 A tribo de Gade acampará logo em seguida. Eliasafe, filho de
Deuel, será seu líder. 15 Seu número de soldados registrados
é de 45.650.
16 O total de soldados no acampamento do lado de Rúben é de
151.450. Essas tribos marcharão sempre em segundo lugar.
17 "Em seguida, os levitas sairão do meio do acampamento
transportando a tenda do encontro. Todas as tribos marcharão
na mesma ordem em que acamparem, cada uma em sua po-
sição, ao redor de sua bandeira.
18 As divisões da tribo de Efraim acamparão no lado oeste da
tenda do encontro, ao redor de sua bandeira. Elisama, filho de
Amiúde, será seu líder. 19 Seu número de soldados registrados
é de 40.500.
20 A tribo de Manassés acampará ao lado da tribo de Efraim.
Gamaliel, filho de Pedazur, será seu líder. 21 Seu número de
soldados registrados é de 32.200.
22 A tribo de Benjamim acampará logo em seguida. Abidã, filho
de Gideoni, será seu líder. 23 Seu número de soldados regis-
trados é de 35.400.
24 O total de soldados no acampamento do lado de Efraim é de
108.100. Essas tribos marcharão sempre em terceiro lugar.
25 As divisões da tribo de Dã acamparão no lado norte da tenda
do encontro, ao redor de sua bandeira. Aieser, filho de Ami-
sadai, será seu líder. 26 Seu número de soldados registrados
é de 62.700.
27 A tribo de Aser acampará ao lado da tribo de Dã. Pagiel, filho
de Ocrã, será seu líder. 28 Seu número de soldados registrados
é de 41.500.
29 A tribo de Naftali acampará logo em seguida. Aira, filho de
Enã, será seu líder. 30 Seu número de soldados registrados é
de 53.400.
31 O total de soldados no acampamento no lado de Dã é de
157.600. Essas tribos sempre marcharão por último e mar-
charão ao redor de sua respectiva bandeira".
32 Esses são os soldados registrados de acordo com suas fa-
mílias. O número de israelitas contados nos acampamentos,
segundo suas divisões, totalizou 603.550. 33 Por ordem do SE-
NHOR a Moisés, os levitas não foram incluídos no registro. 34 Os
israelitas fizeram tudo conforme o SENHOR havia ordenado a
Moisés. Cada clã e cada família acampavam e marchavam ao
redor de sua bandeira.

A nomeação dos levitas para o serviço

3 Esta é a descendência de Arão e de Moisés, registrada quando o SENHOR falou a Moisés no monte Sinai. [2]Os nomes dos filhos de Arão eram Nadabe, o mais velho, Abiú, Eleazar e Itamar. [3]Esses filhos de Arão foram ungidos e consagrados para o serviço sacerdotal. [4]Nadabe e Abiú, porém, morreram na presença do SENHOR, no deserto do Sinai, quando trouxeram fogo estranho diante do SENHOR. Como não tinham filhos, restaram somente Eleazar e Itamar para servir como sacerdotes junto com seu pai, Arão.

[5]Então o SENHOR disse a Moisés: [6]"Chame à frente os membros da tribo de Levi e apresente-os ao sacerdote Arão para serem seus assistentes. [7]Eles servirão a Arão e a todo o povo no desempenho das funções na tenda do encontro e no serviço do tabernáculo. [8]Cuidarão de todos os utensílios da tenda do encontro e servirão no tabernáculo como representantes dos israelitas. [9]Nomeie os levitas como assistentes de Arão e de seus filhos, pois, dentre todos os israelitas, eles foram designados para esse propósito. [10]Encarregue Arão e seus filhos de realizarem as funções do serviço sacerdotal. Qualquer pessoa não autorizada que se aproximar do santuário será executada".

[11]O SENHOR também disse a Moisés: [12]"Veja, escolhi os levitas dentre os israelitas como substitutos de todos os filhos mais velhos de Israel. Os levitas me pertencem, [13]pois todos os filhos mais velhos são meus. No dia em que feri mortalmente todos os filhos mais velhos dos egípcios, consagrei para mim todos os filhos mais velhos de Israel e todos os machos das primeiras crias dos animais. Eles são meus. Eu sou o SENHOR".

O registro dos levitas

[14]O SENHOR falou ainda a Moisés no deserto do Sinai: [15]"Registre os nomes dos membros da tribo de Levi por famílias e clãs. Faça uma lista de todos os indivíduos do sexo masculino de um mês de idade para cima". [16]Moisés fez a lista, conforme o SENHOR havia ordenado.

[17]Levi teve três filhos: Gérson, Coate e Merari.

[18]Os clãs de Gérson receberam os nomes de seus descendentes: Libni e Simei.

[19]Os clãs de Coate receberam os nomes de seus descendentes: Anrão, Isar, Hebrom e Uziel.

[20]Os clãs de Merari receberam os nomes de seus descendentes: Mali e Musi. Esses foram os clãs levitas, registrados de acordo com os grupos de suas famílias.

[21]Os descendentes de Gérson eram constituídos dos clãs de Libni e Simei. [22]Nos clãs gersonitas havia 7.500 indivíduos do sexo masculino de um mês de idade para cima. [23]A área designada para seu acampamento ficava no lado oeste, atrás do tabernáculo. [24]O líder dos clãs gersonitas era Eliasafe, filho de Lael. [25]Os dois clãs eram encarregados de cuidar das seguintes partes da tenda do encontro: a tenda com sua cobertura, a cortina da entrada da tenda, [26]as cortinas do pátio ao redor do tabernáculo e do altar, a cortina da entrada do pátio, as cordas e todos os objetos relacionados ao seu uso.

[27]Os descendentes de Coate eram constituídos dos clãs de Anrão, Isar, Hebrom e Uziel. [28]Nos clãs coatitas havia 8.600 indivíduos do sexo masculino de um mês de idade para cima. Eram encarregados de cuidar do santuário, [29]e a área designada para seu acampamento ficava no lado sul do tabernáculo. [30]O líder dos clãs coatitas era Elisafã, filho de Uziel. [31]Eram encarregados de cuidar da arca, da mesa, do candelabro, dos dois altares, dos diversos utensílios do santuário, da cortina interna e de todos os objetos relacionados ao seu uso. [32]Eleazar, filho do sacerdote Arão, era o líder principal de todos os levitas e responsável pela supervisão do santuário.

[33]Os descendentes de Merari eram constituídos dos clãs de Mali e Musi. [34]Nos clãs meraritas havia 6.200 indivíduos do sexo masculino de um mês de idade para cima. [35]A área designada para seu acampamento ficava no lado norte do tabernáculo. O líder dos clãs meraritas era Zuriel, filho de Abiail. [36]Os meraritas eram encarregados de cuidar das armações que sustentavam o tabernáculo, além dos travessões, das colunas, das bases e de todos os objetos relacionados ao seu uso. [37]Também eram responsáveis pelas colunas do pátio e por todas as suas bases, estacas e cordas.

[38]A área na frente do tabernáculo, na direção do nascer do sol, do lado leste da tenda do encontro, era reservada para Moisés, Arão e seus filhos, os responsáveis finais pelo santuário em favor do povo de Israel. Qualquer um que não fosse sacerdote ou levita e se aproximasse do santuário seria executado.

[39]Quando Moisés e Arão contaram os clãs levitas, conforme a ordem do SENHOR, chegaram ao total de 22.000 indivíduos do sexo masculino de um mês de idade para cima.

O resgate dos filhos mais velhos

[40]Então o SENHOR disse a Moisés: "Conte todos os filhos mais velhos que há em Israel de um mês de idade para cima e registre os nomes numa lista. [41]Os levitas serão reservados para mim como substitutos dos filhos mais velhos dos israelitas. Eu sou o SENHOR. Os animais dos levitas serão reservados para mim como substitutos dos machos das primeiras crias dos animais de todo o povo de Israel".

[42]Moisés contou os filhos mais velhos dos israelitas, exatamente conforme o SENHOR havia ordenado. [43]O número de filhos mais velhos de um mês de idade para cima foi de 22.273.

[44]O SENHOR também disse a Moisés: [45]"Tome os levitas como substitutos dos filhos mais velhos dos israelitas e tome os animais dos levitas como substitutos dos machos das primeiras crias dos animais de todos os israelitas. Os levitas me pertencem. Eu sou o SENHOR. [46]O número de filhos mais velhos de Israel excede em 273 o número de levitas. Para resgatar o excedente de filhos mais velhos, [47]recolha cinco peças de prata para cada um deles, com base no siclo do santuário, equivalente a doze gramas cada peça. [48]Entregue a prata a

Arão e a seus filhos como resgate pelo número excedente de
filhos mais velhos".
49Moisés recolheu a prata para o resgate dos filhos mais ve-
lhos de Israel que excediam o número de levitas. 50Arrecadou
1.365 peças de prata, com base no siclo do santuário, em
lugar dos filhos mais velhos de Israel. 51Moisés entregou a
prata do resgate a Arão e a seus filhos, conforme o SENHOR
havia ordenado.

Deveres dos clãs coatitas

4 Então o SENHOR disse a Moisés e a Arão: 2"Realizem um
censo dos membros dos clãs e das famílias da divisão coa-
tita da tribo de Levi. 3Façam uma lista de todos os homens de
30 a 50 anos qualificados para servir na tenda do encontro.
4"Os deveres dos coatitas na tenda do encontro serão relacio-
nados aos objetos mais sagrados. 5Quando o acampamento se
deslocar de um lugar para outro, Arão e seus filhos entrarão
primeiro na tenda do encontro para remover a cortina interna e
usá-la para cobrir a arca da aliança. 6Depois, cobrirão a cortina
interna com couro fino e, por cima do couro, estenderão uma
peça única de pano azul. Por fim, colocarão no devido lugar as
varas usadas para transportar a arca.
7"Em seguida, estenderão um pano azul sobre a mesa onde
ficam expostos os pães da presença, e sobre o pano azul co-
locarão as tigelas, as colheres, as jarras e as vasilhas para as
ofertas derramadas e o pão da presença. 8Sobre tudo isso
estenderão um pano vermelho e, por cima dele, uma cober-
tura de couro fino. Por fim, colocarão no devido lugar as varas
usadas para transportar a mesa.
9"Depois, cobrirão com um pano azul o candelabro, suas lâm-
padas, os cortadores de pavio, os apagadores e as vasilhas
especiais para o óleo. 10Cobrirão o candelabro e seus aces-
sórios com couro fino e os colocarão sobre o suporte usado
para transportá-los.
11"Em seguida, estenderão um pano azul sobre o altar de ouro
e cobrirão o pano com couro fino. Por fim, colocarão no devido
lugar as varas usadas para transportar o altar. 12Os demais
utensílios usados no serviço do santuário serão embrulhados
em pano azul, cobertos com couro fino e colocados sobre o
suporte usado para transportá-los.
13"Removerão as cinzas do altar de sacrifícios e o cobrirão
com um pano roxo. 14Colocarão todos os utensílios do altar
— os braseiros, os garfos para a carne, as pás, as bacias e
todos os recipientes — sobre o pano e os cobrirão com couro
fino. Por fim, colocarão no devido lugar as varas usadas para
transportar o altar. 15O acampamento estará pronto para se
deslocar quando Arão e seus filhos tiverem terminado de co-
brir o santuário e todos os objetos sagrados. Os coatitas virão
e transportarão tudo até o lugar de destino. Contudo, não
tocarão nos objetos sagrados, pois, se o fizerem, morrerão.
Esses são os utensílios da tenda do encontro que os coatitas
transportarão.
16"Eleazar, filho do sacerdote Arão, será responsável pelo óleo
usado no candelabro, pelo incenso perfumado, pelas ofertas
diárias de cereal e pelo óleo da unção. De fato, será respon-
sável por todo o tabernáculo e tudo que nele há, incluindo o
santuário e seus objetos".
17Então o SENHOR disse a Moisés e a Arão: 18"Não permitam que
os clãs coatitas sejam eliminados do meio dos levitas. 19Para
que eles vivam e não morram quando se aproximarem dos
objetos mais sagrados, vocês devem fazer o seguinte: Arão e
seus filhos sempre entrarão com os coatitas e dirão a cada um
o que deve fazer ou carregar. 20Os coatitas jamais entrarão
para ver os objetos sagrados, nem mesmo por um momento,
pois, se o fizerem, morrerão".

Deveres dos clãs gersonitas

21O SENHOR disse a Moisés: 22"Realize um censo dos membros
dos clãs e das famílias da divisão gersonita da tribo de Levi.
23Faça uma lista de todos os homens de 30 a 50 anos qualifi-
cados para servir na tenda do encontro.
24"Os clãs gersonitas serão responsáveis pelo serviço geral
e pelo transporte de cargas. 25Levarão as cortinas do taber-
náculo, a tenda do encontro com suas coberturas, a cober-
tura externa de couro fino e a cortina da entrada da tenda do
encontro. 26Levarão também as cortinas divisórias do pátio
ao redor do tabernáculo e do altar, a cortina da entrada do
pátio, as cordas e todos os objetos relacionados ao seu uso.
Os gersonitas são responsáveis por todos esses itens. 27Arão
e seus filhos orientarão os gersonitas a respeito de suas fun-
ções, seja o transporte dos objetos ou a execução de outras
tarefas. Encarregarão os gersonitas daquilo que devem trans-
portar. 28Essas são as funções dos clãs gersonitas na tenda do
encontro. Prestarão contas de suas responsabilidades direta-
mente a Itamar, filho do sacerdote Arão."

Deveres dos clãs meraritas

29"Registre agora os nomes dos membros dos clãs e das famí-
lias da divisão merarita da tribo de Levi. 30Faça uma lista de
todos os homens de 30 a 50 anos qualificados para servir na
tenda do encontro.
31"Sua única função na tenda do encontro será transportar
cargas. Levarão as armações do tabernáculo, os travessões,
as colunas e as bases, 32as colunas das divisórias do pátio
com suas bases, estacas e cordas, e todos os utensílios e
objetos relacionados ao seu uso. Encarregue cada um, por
nome, daquilo que deve transportar. 33Essa é a função dos clãs
meraritas na tenda do encontro. Prestarão contas de sua res-
ponsabilidade diretamente a Itamar, filho do sacerdote Arão".

Resumo do registro

34Moisés, Arão e os líderes da comunidade fizeram uma lista
com os nomes dos membros da divisão coatita de acordo com
seus clãs e famílias. 35A lista incluía todos os homens de 30 a

50 anos qualificados para servir na tenda do encontro, 36totalizando 2.750, de acordo com seus clãs. 37Esse foi, portanto, o total dos membros dos clãs coatitas qualificados para servir na tenda do encontro. Moisés e Arão os registraram conforme o SENHOR havia ordenado por meio de Moisés.

38Fizeram uma lista da divisão gersonita de acordo com seus clãs e famílias. 39A lista incluía todos os homens de 30 a 50 anos qualificados para servir na tenda do encontro, 40totalizando 2.630, de acordo com seus clãs e famílias. 41Esse foi, portanto, o total dos membros dos clãs gersonitas qualificados para servir na tenda do encontro. Moisés e Arão os registraram conforme o SENHOR havia ordenado.

42Fizeram uma lista da divisão merarita de acordo com seus clãs e famílias. 43A lista incluía todos os homens de 30 a 50 anos qualificados para servir na tenda do encontro, 44totalizando 3.200. 45Esse foi, portanto, o total dos membros dos clãs meraritas. Moisés e Arão os registraram conforme o SENHOR havia ordenado por meio de Moisés.

46Assim, Moisés, Arão e os líderes de Israel fizeram uma lista de todos os levitas de acordo com seus clãs e famílias. 47O total de homens de 30 a 50 anos qualificados para servir na tenda do encontro e para transportá-la 48foi de 8.580. 49Quando registraram os nomes, conforme o SENHOR havia ordenado, encarregaram cada homem de sua tarefa e lhe disseram o que devia transportar. Desse modo, o registro foi completado, conforme o SENHOR havia ordenado a Moisés.

Pureza no acampamento de Israel

5 O SENHOR disse a Moisés: 2"Ordene aos israelitas que removam do acampamento todo aquele que sofrer de lepra ou fluxos corporais ou que tiver se tornado cerimonialmente impuro ao tocar num cadáver. 3Isso se aplica tanto a homens como a mulheres, para que não contaminem seu próprio acampamento, onde eu habito no meio deles". 4Os israelitas fizeram conforme o SENHOR havia ordenado a Moisés e removeram essas pessoas do acampamento.

5Então o SENHOR disse a Moisés: 6"Dê as seguintes instruções ao povo de Israel. Se alguém do povo, homem ou mulher, ofender ao SENHOR prejudicando outra pessoa, será culpado. 7Confessará seu pecado e pagará indenização completa pelo dano causado, com um acréscimo de um quinto do valor, e entregará o total à pessoa prejudicada. 8Mas, se a pessoa prejudicada não tiver parentes próximos para receber a indenização, o valor pertencerá ao SENHOR e será entregue ao sacerdote. O culpado também levará um carneiro como sacrifício para fazer expiação por ele. 9Todas as ofertas sagradas que os israelitas levarem ao sacerdote serão dele. 10O sacerdote ficará com todas as dádivas sagradas que receber".

Proteção para a fidelidade conjugal

11O SENHOR também disse a Moisés: 12"Dê as seguintes instruções ao povo de Israel. "Se a esposa de alguém se desviar, for infiel ao marido 13e tiver relações sexuais com outro homem, sem que o marido ou qualquer outra pessoa fique sabendo, ainda que não haja testemunhas e a esposa não tenha sido pega em flagrante, ela ficará contaminada. 14Se o marido tiver ciúmes, suspeitar da esposa e precisar saber se ela se contaminou ou não, 15levará a esposa ao sacerdote. Apresentará em favor dela uma oferta de dois litros de farinha de cevada. Não a misturará com azeite nem incenso, pois é uma oferta pelo ciúme, isto é, uma oferta de testemunho da suspeita, para provar se a mulher é culpada ou não.

16"O sacerdote a apresentará para ser julgada diante do SENHOR. 17Numa vasilha de barro, colocará um pouco de água sagrada e a misturará com pó do chão do tabernáculo. 18Uma vez que o sacerdote tiver apresentado a mulher diante do SENHOR, soltará o cabelo dela e colocará em suas mãos a oferta pelo ciúme como testemunho da suspeita. O sacerdote se colocará diante dela, segurando a vasilha de água amarga que traz maldição sobre os culpados. 19Em seguida, o sacerdote fará a mulher jurar e lhe dirá: 'Se nenhum outro homem teve relações sexuais com você, e se você não se desviou nem se contaminou enquanto estava debaixo da autoridade de seu marido, que você permaneça imune aos efeitos desta água amarga que traz a maldição. 20Mas, se você se desviou sendo infiel a seu marido, e contaminou a si mesma tendo relações sexuais com outro homem...'

21"Nesse momento, o sacerdote fará a mulher jurar: 'Que o povo saiba que a maldição do SENHOR está sobre você quando ele a tornar estéril, fizer seu útero encolher e seu abdômen inchar. 22Que esta água que traz a maldição entre no seu corpo e faça seu abdômen inchar e seu útero encolher'. E a mulher responderá: 'Amém. Que assim seja'. 23O sacerdote escreverá essas maldições num pedaço de couro, as raspará de modo que caiam na água amarga, 24e fará a mulher beber a água amarga que traz a maldição. Se a mulher for culpada, quando a água entrar em seu corpo lhe causará amargo sofrimento.

25"Em seguida, o sacerdote tirará a oferta pelo ciúme da mão da mulher e a moverá para o alto diante do SENHOR. Depois, levará a oferta até o altar. 26Tomará um punhado da farinha como oferta simbólica, queimando-a no altar, e exigirá que a mulher beba a água. 27Se a mulher tiver se contaminado sendo infiel a seu marido, a água que traz a maldição lhe causará amargo sofrimento. Seu abdômen inchará e seu útero encolherá, e ela se tornará maldição entre seu povo. 28Mas, se ela não tiver se contaminado e estiver pura, não sofrerá castigo e poderá ter filhos.

29"Essa é a lei ritual para lidar com a suspeita do marido. Se uma esposa se desviar e se contaminar enquanto estiver debaixo da autoridade do marido, 30ou o marido tiver ciúme e suspeitar que sua esposa foi infiel, ele a apresentará diante do SENHOR, e o sacerdote aplicará em sua totalidade essa lei ritual. 31O marido será isento de toda a culpa nesse caso, mas a esposa será punida por seu pecado".

Leis acerca do voto nazireu

6 Então o SENHOR disse a Moisés: 2“Dê as seguintes instruções
ao povo de Israel. “Se alguém do povo, homem ou mulher,
fizer o voto especial de nazireu e se consagrar ao SENHOR, 3dei-
xará de beber vinho e outras bebidas fermentadas. Não usará
vinagre feito de vinho nem de outras bebidas fermentadas,
e não beberá suco de uva nem comerá uvas ou passas. 4En-
quanto estiver sob o voto de nazireu, não beberá nem comerá
coisa alguma que venha da videira, nem mesmo sementes ou
cascas de uvas.
5“Enquanto durar o voto, o nazireu será consagrado ao SE-
NHOR e não cortará o cabelo. Deixará o cabelo crescer até con-
cluir o voto. 6Não se aproximará de cadáver enquanto estiver
consagrado ao SENHOR. 7Mesmo que o falecido seja seu pai,
mãe, irmão ou irmã, o nazireu não se contaminará, pois o ca-
belo em sua cabeça simboliza sua consagração a Deus. 8Essa
exigência é válida enquanto ele estiver consagrado ao SENHOR.
9“Se alguém cair morto ao lado do nazireu, o cabelo que ele
consagrou ficará contaminado. Esperará sete dias e depois
rapará a cabeça. Então, estará purificado de sua contami-
nação. 10No oitavo dia, levará duas rolinhas ou dois pombi-
nhos para o sacerdote à entrada da tenda do encontro. 11O
sacerdote oferecerá uma das aves como oferta pelo pecado,
e a outra, como holocausto. Desse modo, fará expiação pela
culpa resultante do contato com o cadáver. O nazireu reafir-
mará seu compromisso e deixará o cabelo crescer outra vez.
12Os dias de voto cumpridos antes da contaminação não serão
contados. Ele se consagrará novamente ao SENHOR por todo o
período do voto e apresentará um cordeiro de um ano como
oferta pela culpa.
13“Essa é a lei ritual para o nazireu. Quando chegar ao fim
do período de consagração, irá até a entrada da tenda do
encontro 14e trará suas ofertas ao SENHOR: um cordeiro de um
ano e sem defeito como holocausto, uma cordeira de um ano
e sem defeito como oferta pelo pecado, um carneiro sem de-
feito como oferta de paz, 15um cesto de pães sem fermento,
bolos de farinha da melhor qualidade misturada com azeite e
pães finos untados com azeite, junto com as ofertas de cereal
e ofertas derramadas. 16O sacerdote apresentará as ofertas
diante do SENHOR: primeiro a oferta pelo pecado e o holo-
causto, 17depois o carneiro para a oferta de paz, junto com o
cesto de pães sem fermento. O sacerdote também apresentará
ao SENHOR as ofertas de cereal e ofertas derramadas.
18“Em seguida, o nazireu rapará a cabeça à entrada da tenda
do encontro. Pegará o cabelo que consagrou e o colocará no
fogo embaixo do sacrifício da oferta de paz. 19Depois que o
nazireu tiver raspado a cabeça, o sacerdote pegará um ombro
cozido de carneiro e, de dentro do cesto, pegará um bolo e um
pão fino sem fermento e colocará tudo nas mãos do nazireu.
20Por fim, o sacerdote os moverá para o alto como oferta es-
pecial diante do SENHOR. Essas são as porções santas para o
sacerdote, junto com o peito da oferta movida e a coxa da
oferta sagrada movidos diante do SENHOR. Depois dessa ceri-
mônia, o nazireu poderá voltar a beber vinho.
21“Essa é a lei ritual dos nazireus que fazem o voto de apre-
sentar essas ofertas para o SENHOR. Se tiverem recursos mate-
riais, apresentarão outras ofertas além dessas. Devem cumprir
o voto que fizeram quando se consagraram como nazireus”.

A bênção sacerdotal

22Então o SENHOR disse a Moisés: 23“Diga a Arão e a seus filhos
que abençoem o povo de Israel com esta bênção especial:
24‘Que o SENHOR o abençoe e o proteja.
25Que o SENHOR olhe para você com favor e lhe mostre bon-
dade.
26Que o SENHOR se agrade de você e lhe dê paz’.
27Assim, Arão e seus filhos colocarão meu nome sobre os israe-
litas, e eu mesmo os abençoarei”.

Ofertas para a consagração

7 No dia em que Moisés terminou de armar o tabernáculo, ele
o ungiu e o consagrou, junto com toda a sua mobília, o altar
e seus utensílios. 2Então os líderes de Israel, os chefes das
tribos que haviam realizado o censo dos soldados, chegaram
com suas ofertas. 3Trouxeram seis carroças cobertas e doze
bois, uma carroça para cada dois líderes e um boi para cada
líder, e apresentaram essas ofertas ao SENHOR na frente do
tabernáculo.
4O SENHOR disse a Moisés: 5“Receba as ofertas deles para
usar no serviço na tenda do encontro. Distribua-as entre os
levitas conforme o trabalho de cada um”. 6Então Moisés re-
cebeu as carroças e os bois e os entregou aos levitas. 7Deu
duas carroças e quatro bois à divisão gersonita para seu tra-
balho 8e quatro carroças e oito bois à divisão merarita para
seu trabalho. Todos realizavam suas tarefas sob a supervisão
de Itamar, filho do sacerdote Arão. 9À divisão dos coatitas,
porém, não deu carros nem bois, pois era seu dever carregar
nos ombros os objetos sagrados.
10Quando o altar foi ungido, os líderes das tribos apresentaram
ofertas para a consagração do altar. Cada um colocou sua
oferta diante do altar. 11O SENHOR disse a Moisés: “Cada dia um
líder trará sua oferta para a consagração do altar”.
12No primeiro dia, Naassom, filho de Aminadabe e líder da tribo
de Judá, apresentou sua oferta.
13Ela consistia em uma bandeja de prata que pesava 1.560
gramas e uma bacia de prata que pesava 840 gramas, com
base no peso do siclo do santuário, ambas cheias de ofertas de
cereal de farinha da melhor qualidade umedecida com azeite.
14Trouxe também uma vasilha de ouro que pesava 120 gramas,
cheia de incenso. 15Apresentou ainda um novilho, um carneiro
e um cordeiro de um ano como holocausto, 16e um bode como
oferta pelo pecado. 17Para a oferta de paz, trouxe dois bois,
cinco carneiros, cinco bodes e cinco cordeiros de um ano. Essa
foi a oferta apresentada por Naassom, filho de Aminadabe.

18No segundo dia, Natanael, filho de Zuar e líder da tribo de
Issacar, apresentou sua oferta.
19Ela consistia em uma bandeja de prata que pesava 1.560
gramas e uma bacia de prata que pesava 840 gramas, com
base no peso do siclo do santuário, ambas cheias de ofertas de
cereal de farinha da melhor qualidade umedecida com azeite.
20Trouxe também uma vasilha de ouro que pesava 120 gramas,
cheia de incenso. 21Apresentou ainda um novilho, um carneiro
e um cordeiro de um ano como holocausto, 22e um bode como
oferta pelo pecado. 23Para a oferta de paz, trouxe dois bois,
cinco carneiros, cinco bodes e cinco cordeiros de um ano. Essa
foi a oferta apresentada por Natanael, filho de Zuar.
24No terceiro dia, Eliabe, filho de Helom e líder da tribo de
Zebulom, apresentou sua oferta.
25Ela consistia em uma bandeja de prata que pesava 1.560
gramas e uma bacia de prata que pesava 840 gramas, com
base no peso do siclo do santuário, ambas cheias de ofertas de
cereal de farinha da melhor qualidade umedecida com azeite.
26Trouxe também uma vasilha de ouro que pesava 120 gramas,
cheia de incenso. 27Apresentou ainda um novilho, um carneiro
e um cordeiro de um ano como holocausto, 28e um bode como
oferta pelo pecado. 29Para a oferta de paz, trouxe dois bois,
cinco carneiros, cinco bodes e cinco cordeiros de um ano. Essa
foi a oferta apresentada por Eliabe, filho de Helom.
30No quarto dia, Elizur, filho de Sedeur e líder da tribo de
Rúben, apresentou sua oferta.
31Ela consistia em uma bandeja de prata que pesava 1.560
gramas e uma bacia de prata que pesava 840 gramas, com
base no peso do siclo do santuário, ambas cheias de ofertas de
cereal de farinha da melhor qualidade umedecida com azeite.
32Trouxe também uma vasilha de ouro que pesava 120 gramas,
cheia de incenso. 33Apresentou ainda um novilho, um carneiro
e um cordeiro de um ano como holocausto, 34e um bode como
oferta pelo pecado. 35Para a oferta de paz, trouxe dois bois,
cinco carneiros, cinco bodes e cinco cordeiros de um ano. Essa
foi a oferta apresentada por Elizur, filho de Sedeur.
36No quinto dia, Selumiel, filho de Zurisadai e líder da tribo de
Simeão, apresentou sua oferta.
37Ela consistia em uma bandeja de prata que pesava 1.560
gramas e uma bacia de prata que pesava 840 gramas, com
base no peso do siclo do santuário, ambas cheias de ofertas de
cereal de farinha da melhor qualidade umedecida com azeite.
38Trouxe também uma vasilha de ouro que pesava 120 gramas,
cheia de incenso. 39Apresentou ainda um novilho, um carneiro
e um cordeiro de um ano como holocausto, 40e um bode como
oferta pelo pecado. 41Para a oferta de paz, trouxe dois bois,
cinco carneiros, cinco bodes e cinco cordeiros de um ano. Essa
foi a oferta apresentada por Selumiel, filho de Zurisadai.
42No sexto dia, Eliasafe, filho de Deuel e líder da tribo de Gade,
apresentou sua oferta.
43Ela consistia em uma bandeja de prata que pesava 1.560
gramas e uma bacia de prata que pesava 840 gramas, com
base no peso do siclo do santuário, ambas cheias de ofertas de
cereal de farinha da melhor qualidade umedecida com azeite.
44Trouxe também uma vasilha de ouro que pesava 120 gramas,
cheia de incenso. 45Apresentou ainda um novilho, um carneiro
e um cordeiro de um ano como holocausto, 46e um bode como
oferta pelo pecado. 47Para a oferta de paz, trouxe dois bois,
cinco carneiros, cinco bodes e cinco cordeiros de um ano. Essa
foi a oferta apresentada por Eliasafe, filho de Deuel.
48No sétimo dia, Elisama, filho de Amiúde e líder da tribo de
Efraim, apresentou sua oferta.
49Ela consistia em uma bandeja de prata que pesava 1.560
gramas e uma bacia de prata que pesava 840 gramas, com
base no peso do siclo do santuário, ambas cheias de ofertas de
cereal de farinha da melhor qualidade umedecida com azeite.
50Trouxe também uma vasilha de ouro que pesava 120 gramas,
cheia de incenso. 51Apresentou ainda um novilho, um carneiro
e um cordeiro de um ano como holocausto, 52e um bode como
oferta pelo pecado. 53Para a oferta de paz, trouxe dois bois,
cinco carneiros, cinco bodes e cinco cordeiros de um ano. Essa
foi a oferta apresentada por Elisama, filho de Amiúde.
54No oitavo dia, Gamaliel, filho de Pedazur e líder da tribo de
Manassés, apresentou sua oferta.
55Ela consistia em uma bandeja de prata que pesava 1.560
gramas e uma bacia de prata que pesava 840 gramas, com
base no peso do siclo do santuário, ambas cheias de ofertas de
cereal de farinha da melhor qualidade umedecida com azeite.
56Trouxe também uma vasilha de ouro que pesava 120 gramas,
cheia de incenso. 57Apresentou ainda um novilho, um carneiro
e um cordeiro de um ano como holocausto, 58e um bode como
oferta pelo pecado. 59Para a oferta de paz, trouxe dois bois,
cinco carneiros, cinco bodes e cinco cordeiros de um ano. Essa
foi a oferta apresentada por Gamaliel, filho de Pedazur.
60No nono dia, Abidã, filho de Gideoni e líder da tribo de Ben-
jamim, apresentou sua oferta.
61Ela consistia em uma bandeja de prata que pesava 1.560
gramas e uma bacia de prata que pesava 840 gramas, com
base no peso do siclo do santuário, ambas cheias de ofertas de
cereal de farinha da melhor qualidade umedecida com azeite.
62Trouxe também uma vasilha de ouro que pesava 120 gramas,
cheia de incenso. 63Apresentou ainda um novilho, um carneiro
e um cordeiro de um ano como holocausto, 64e um bode como
oferta pelo pecado. 65Para a oferta de paz, trouxe dois bois,
cinco carneiros, cinco bodes e cinco cordeiros de um ano. Essa
foi a oferta apresentada por Abidã, filho de Gideoni.
66No décimo dia, Aieser, filho de Amisadai e líder da tribo de
Dã, apresentou sua oferta.
67Ela consistia em uma bandeja de prata que pesava 1.560
gramas e uma bacia de prata que pesava 840 gramas, com
base no peso do siclo do santuário, ambas cheias de ofertas de
cereal de farinha da melhor qualidade umedecida com azeite.
68Trouxe também uma vasilha de ouro que pesava 120 gramas,
cheia de incenso. 69Apresentou ainda um novilho, um carneiro

e um cordeiro de um ano como holocausto, 70e um bode como
oferta pelo pecado. 71Para a oferta de paz, trouxe dois bois,
cinco carneiros, cinco bodes e cinco cordeiros de um ano. Essa
foi a oferta apresentada por Aieser, filho de Amisadai.
72No décimo primeiro dia, Pagiel, filho de Ocrã e líder da tribo
de Aser, apresentou sua oferta.
73Ela consistia em uma bandeja de prata que pesava 1.560
gramas e uma bacia de prata que pesava 840 gramas, com
base no peso do siclo do santuário, ambas cheias de ofertas de
cereal de farinha da melhor qualidade umedecida com azeite.
74Trouxe também uma vasilha de ouro que pesava 120 gramas,
cheia de incenso. 75Apresentou ainda um novilho, um carneiro
e um cordeiro de um ano como holocausto, 76e um bode como
oferta pelo pecado. 77Para a oferta de paz, trouxe dois bois,
cinco carneiros, cinco bodes e cinco cordeiros de um ano. Essa
foi a oferta apresentada por Pagiel, filho de Ocrã.
78No décimo segundo dia, Aira, filho de Enã e líder da tribo de
Naftali, apresentou sua oferta.
79Ela consistia em uma bandeja de prata que pesava 1.560
gramas e uma bacia de prata que pesava 840 gramas, com
base no peso do siclo do santuário, ambas cheias de ofertas de
cereal de farinha da melhor qualidade umedecida com azeite.
80Trouxe também uma vasilha de ouro que pesava 120 gramas,
cheia de incenso. 81Apresentou ainda um novilho, um carneiro
e um cordeiro de um ano como holocausto, 82e um bode como
oferta pelo pecado. 83Para a oferta de paz, trouxe dois bois,
cinco carneiros, cinco bodes e cinco cordeiros de um ano. Essa
foi a oferta apresentada por Aira, filho de Enã.
84Estas foram as ofertas de consagração apresentadas pelos
líderes de Israel quando o altar foi ungido: 12 bandejas de
prata, 12 bacias de prata e 12 vasilhas de ouro com incenso.
85Cada bandeja de prata pesava 1.560 gramas e cada bacia
de prata pesava 840 gramas. Ao todo, os objetos de prata
pesavam 28,8 quilos, com base no peso do siclo do santuário.
86Cada uma das vasilhas de ouro cheias de incenso pesava 120
gramas, com base no peso do siclo do santuário. Ao todo, as
vasilhas de ouro pesavam 1.440 gramas. 87Para os holocaustos
foram apresentados 12 novilhos, 12 carneiros e 12 cordeiros de
um ano, junto com as ofertas obrigatórias de cereal. Para as
ofertas pelo pecado, foram apresentados 12 bodes. 88Para as
ofertas de paz, foram apresentados 24 bois, 60 carneiros, 60
bodes e 60 cordeiros de um ano. Essas foram as ofertas para a
consagração do altar depois que este foi ungido.
89Cada vez que Moisés entrava na tenda do encontro para
falar com o SENHOR, ouvia uma voz que falava com ele por
entre os dois querubins em cima da tampa da arca, o lugar
de expiação, que fica sobre a arca da aliança. De lá o SENHOR
falava com Moisés.

A preparação das lâmpadas

8 O SENHOR disse a Moisés: 2"Dê as seguintes instruções a
Arão. Quando você colocar as sete lâmpadas, posicione-as
de modo que iluminem o espaço à frente do candelabro".
3Arão seguiu essa instrução. Posicionou as sete lâmpadas
de modo que iluminassem o espaço à frente do candelabro,
conforme o SENHOR havia ordenado a Moisés. 4O candelabro
todo, desde a base até as flores, era de ouro batido. Foi feito
exatamente de acordo com o modelo que o SENHOR havia mos-
trado a Moisés.

A consagração dos levitas

5O SENHOR disse a Moisés: 6"Agora, separe os levitas do res-
tante dos israelitas e torne-os cerimonialmente puros. 7Para
isso, você aspergirá sobre eles a água da purificação e os fará
raspar todo o corpo e lavar as roupas. Assim, estarão ceri-
monialmente puros. 8Instrua-os a trazerem um novilho e uma
oferta de cereal de farinha da melhor qualidade umedecida
com azeite, junto com outro novilho como oferta pelo pecado.
9Reúna toda a comunidade de Israel e apresente os levitas
à entrada da tenda do encontro. 10Quando você trouxer os
levitas diante do SENHOR, os israelitas colocarão as mãos sobre
eles. 11Com as mãos levantadas, Arão apresentará os levitas ao
SENHOR como oferta especial dos israelitas e, desse modo, os
consagrará ao serviço do SENHOR.
12"Em seguida, os levitas colocarão as mãos sobre a cabeça
dos novilhos. Você sacrificará um novilho ao SENHOR como
oferta pelo pecado, e o outro, como holocausto, a fim de fazer
expiação pelos levitas. 13Coloque os levitas em pé diante de
Arão e de seus filhos e, com as mãos levantadas, apresente-os
como oferta especial para o SENHOR. 14Assim, você separará
os levitas do restante dos israelitas, e os levitas serão meus.
15Depois disso, eles entrarão na tenda do encontro para rea-
lizar o trabalho deles, pois você os purificou e os apresentou
como oferta especial.
16"Dentre todos os israelitas, os levitas são reservados para
mim. Tomei-os para mim em lugar de todos os filhos mais
velhos dos israelitas; tomei os levitas como seus substitutos.
17Pois todos os filhos mais velhos e todos os machos das pri-
meiras crias dos animais em Israel são meus. Eu os separei
para mim no dia em que feri mortalmente todos os filhos mais
velhos dos egípcios e os machos das primeiras crias de seus
animais. 18Sim, tomei para mim os levitas em lugar de todos os
filhos mais velhos de Israel. 19E, dentre todos os israelitas, de-
signei os levitas para Arão e seus filhos. Eles servirão na tenda
do encontro em favor dos israelitas e oferecerão sacrifícios
para fazer expiação pelo povo, de modo que nenhuma praga
os atinja quando se aproximarem do santuário".
20Assim, Moisés, Arão e toda a comunidade de Israel con-
sagraram os levitas, seguindo todas as instruções que o SE-
NHOR deu a Moisés. 21Os levitas se purificaram e lavaram as
roupas, e Arão os apresentou ao SENHOR como oferta especial.
Em seguida, ofereceu um sacrifício e fez expiação por eles,
a fim de purificá-los. 22Depois disso, os levitas entraram na
tenda do encontro para realizar suas tarefas como assistentes

de Arão e seus filhos. Assim, fizeram tudo que o SENHOR havia
ordenado a Moisés a respeito dos levitas.
23O SENHOR também disse a Moisés: 24"Dê a seguinte instrução
aos levitas. Começarão a servir na tenda do encontro aos 25
anos 25e deixarão o serviço aos 50 anos. 26Depois que dei-
xarem o serviço, ajudarão seus colegas levitas no trabalho de
cuidar da tenda do encontro, mas não realizarão mais as ceri-
mônias. Assim você designará as funções dos levitas".

A segunda Páscoa

9 No primeiro mês do segundo ano desde a saída de Israel
do Egito, o SENHOR falou com Moisés no deserto do Sinai e
disse: 2"Instrua os israelitas a celebrarem a Páscoa no tempo
determinado, 3ao entardecer do décimo quarto dia do primeiro
mês. Siga todos os meus decretos e estatutos a respeito dessa
celebração".
4Então Moisés instruiu o povo a celebrar a Páscoa 5no deserto
do Sinai, ao entardecer do décimo quarto dia do primeiro mês.
Eles celebraram a festa ali, conforme o SENHOR havia ordenado
a Moisés. 6Alguns dos homens, porém, estavam cerimonial-
mente impuros por terem tocado num cadáver, e não puderam
celebrar a Páscoa naquele dia. Eles se dirigiram a Moisés e
Arão no mesmo dia 7e disseram: "Ficamos cerimonialmente
impuros, pois tocamos num cadáver. Mas por que estamos
impedidos de apresentar a oferta do SENHOR no devido tempo
como os demais israelitas?".
8Moisés respondeu: "Esperem aqui até eu receber instruções
do SENHOR para vocês".
9Então o SENHOR disse a Moisés: 10"Dê as seguintes instruções
ao povo de Israel. Se alguém do povo, agora ou nas gerações
futuras, estiver cerimonialmente impuro no tempo da Páscoa
por haver tocado num cadáver, ou se estiver viajando e não
puder comparecer à cerimônia, ainda assim celebrará a Páscoa
do SENHOR. 11Oferecerá um sacrifício de Páscoa um mês depois,
ao entardecer do décimo quarto dia do segundo mês. Nessa
ocasião, comerá o cordeiro de Páscoa, acompanhado de folhas
verdes amargas e pão sem fermento. 12Não deixará sobrar coisa
alguma do cordeiro até a manhã seguinte, e não quebrará osso
algum do animal. Seguirá todos os decretos acerca da Páscoa.
13"Aquele que estiver cerimonialmente puro e não estiver via-
jando, mas ainda assim não celebrar a Páscoa, será eliminado
do meio do povo. Se não apresentar a oferta do SENHOR no
devido tempo, sofrerá as consequências de sua culpa. 14E,
se algum estrangeiro que vive entre vocês desejar celebrar a
Páscoa do SENHOR, deverá seguir os mesmos decretos. Esses
decretos se aplicam tanto aos israelitas de nascimento como
aos estrangeiros que vivem entre vocês".

A nuvem de fogo

15No dia em que foi armado o tabernáculo, a tenda da aliança,
a nuvem o cobriu. Desde o entardecer até o amanhecer, a
nuvem sobre o tabernáculo parecia uma coluna de fogo. 16Era
assim que sempre acontecia: à noite, a nuvem que cobria o
tabernáculo tinha a aparência de fogo. 17Cada vez que a nuvem
se elevava da tenda, o povo de Israel levantava acampamento
e a seguia. No lugar onde a nuvem parava, eles acampavam.
18Assim, viajavam e acampavam por ordem do SENHOR, para
onde ele os conduzia. Enquanto a nuvem estava sobre o taber-
náculo, permaneciam acampados. 19Se a nuvem ficava sobre
o tabernáculo por muito tempo, os israelitas permaneciam ali
e cumpriam suas obrigações para com o SENHOR. 20Às vezes a
nuvem permanecia apenas alguns dias sobre o tabernáculo, de
modo que o povo também ficava apenas alguns dias, conforme
o SENHOR ordenava. Então, por ordem do SENHOR, levantavam
acampamento e seguiam viagem. 21Às vezes a nuvem parava
apenas durante a noite e se elevava na manhã seguinte. Dia
ou noite, porém, quando a nuvem se elevava, os israelitas
levantavam acampamento e seguiam viagem. 22Se a nuvem
permanecia sobre o tabernáculo por dois dias, um mês ou
um ano, ficavam acampados e não seguiam viagem. Mas,
assim que a nuvem se elevava, levantavam acampamento e
seguiam viagem. 23Com isso, acampavam por ordem do SE-
NHOR e viajavam por ordem do SENHOR, e cumpriam tudo que o
SENHOR lhes ordenava por meio de Moisés.

As trombetas de prata

10 O SENHOR também disse a Moisés: 2"Faça duas trombetas
de prata batida. Com elas você chamará a comunidade
para se reunir e dará o sinal para levantar acampamento.
3Quando as duas trombetas soarem, todos se reunirão diante
de você à entrada da tenda do encontro. 4Se apenas uma trom-
beta soar, somente os líderes, os chefes dos clãs de Israel, se
apresentarão a você.
5"Quando o sinal para seguir viagem soar, as tribos acampadas
do lado leste levantarão acampamento e avançarão. 6Quando
o sinal soar pela segunda vez, as tribos acampadas do lado sul
virão em seguida. Mande soar dois toques curtos para indicar
que devem partir. 7Mas, quando convocar o povo para uma
reunião sagrada, mande soar um toque diferente. 8Apenas os
sacerdotes, os descendentes de Arão, tocarão as trombetas.
Essa é uma lei permanente para vocês, a ser cumprida de ge-
ração em geração.
9"Quando chegarem à sua própria terra e guerrearem contra
os inimigos que os atacarem, usem as trombetas para soar o
alarme. Então o SENHOR, seu Deus, se lembrará de vocês e os
livrará de seus inimigos. 10Façam soar as trombetas também
em ocasiões alegres, nas festas anuais e no começo de cada
mês, e toquem as trombetas ao apresentarem holocaustos
e ofertas de paz. As trombetas lhes servirão de recordação
diante de seu Deus. Eu sou o SENHOR, seu Deus".

Os israelitas deixam o Sinai

11No segundo ano desde a saída de Israel do Egito, no vigésimo
dia do segundo mês, a nuvem se elevou acima do tabernáculo

da aliança. 12Então os israelitas saíram do deserto do Sinai e viajaram de um lugar para outro até a nuvem pousar no deserto de Parã.

13Da primeira vez que o povo partiu, seguindo as instruções do SENHOR a Moisés, 14o exército da tribo de Judá foi à frente. Marchava atrás de sua bandeira e seu comandante era Naassom, filho de Aminadabe. 15Em seguida, vieram o exército da tribo de Issacar, comandado por Natanael, filho de Zuar, 16e o exército da tribo de Zebulom, comandado por Eliabe, filho de Helom.

17O tabernáculo foi desmontado, e os levitas das divisões gersonita e merarita vieram na sequência, carregando o tabernáculo. 18O exército de Rúben veio depois, marchando atrás de sua bandeira. Seu comandante era Elizur, filho de Sedeur. 19Em seguida, vieram o exército da tribo de Simeão, comandado por Selumiel, filho de Zurisadai, 20e o exército da tribo de Gade, comandado por Eliasafe, filho de Deuel.

21Então vieram os levitas da divisão coatita carregando os objetos sagrados. Antes que o povo chegasse ao próximo acampamento, o tabernáculo deveria estar armado em seu novo local. 22O exército de Efraim veio depois, marchando atrás de sua bandeira, comandado por Elisama, filho de Amiúde. 23Em seguida, vieram o exército da tribo de Manassés, comandado por Gamaliel, filho de Pedazur, 24e o exército da tribo de Benjamim, comandado por Abidã, filho de Gideoni.

25O exército de Dã veio por último, marchando atrás de sua bandeira e formando a retaguarda de todos os acampamentos das tribos. Seu comandante era Aieser, filho de Amisadai. 26Em seguida, vieram o exército da tribo de Aser, comandado por Pagiel, filho de Ocrã, 27e o exército da tribo de Naftali, comandado por Aira, filho de Enã.

28Era nessa sequência que os israelitas marchavam, exército após exército.

29Moisés disse a seu cunhado Hobabe, filho do midianita Reuel: "Estamos a caminho do lugar que o SENHOR nos prometeu, pois ele disse: 'Eu o darei a vocês'. Venha conosco e o trataremos bem, pois o SENHOR prometeu boas coisas a Israel!".

30"Não irei", respondeu Hobabe. "Preciso voltar para minha própria terra e para minha família."

31"Por favor, não nos deixe", pediu Moisés. "Você conhece os lugares do deserto onde poderemos acampar. Venha e seja nosso guia. 32Se nos acompanhar, compartilharemos com você todas as boas coisas que o SENHOR nos der."

33Depois de partirem do monte do SENHOR, marcharam por três dias. A arca da aliança do SENHOR ia à frente deles para lhes mostrar onde parar e descansar. 34A cada dia, enquanto seguiam viagem, a nuvem do SENHOR permanecia sobre eles.

35Sempre que a arca partia, Moisés exclamava: "Levanta-te, ó SENHOR! Que teus inimigos se dispersem e teus adversários fujam de diante de ti!". 36E, quando a arca parava, ele dizia: "Volta, ó SENHOR, aos muitos milhares de Israel!".

O povo se queixa a Moisés

11 O povo começou a reclamar de sua situação ao SENHOR, que ouviu tudo que diziam. Então a ira do SENHOR se acendeu, e ele enviou fogo que ardeu entre o povo, devorando alguns que viviam nas extremidades do acampamento. 2O povo gritou, pedindo ajuda a Moisés, e quando ele orou ao SENHOR, o fogo se apagou. 3Depois disso, aquele lugar foi chamado de Taberá, pois o fogo do SENHOR ardeu ali entre eles.

4Então o bando de estrangeiros que viajava com os israelitas começou a desejar intensamente a comida do Egito. E o povo de Israel também começou a se queixar: "Ah, se tivéssemos carne para comer! 5Que saudade dos peixes que comíamos de graça no Egito! Também tínhamos pepinos, melões, alhos-porós, cebolas e alhos à vontade. 6Mas, agora, perdemos o apetite. Não vemos outra coisa além desse maná!".

7O maná era como semente de coentro e tinha aparência de resina. 8O povo saía e o recolhia do chão. Usava-o para fazer farinha, triturando-o em moinhos manuais ou socando-o em pilões. Depois, cozinhava o maná numa panela e fazia bolos achatados, que tinham gosto de massa folheada assada com azeite. 9O maná caía sobre o acampamento durante a noite, com o orvalho.

10Moisés ouviu todas as famílias reclamando à entrada de suas tendas, e a ira do SENHOR se acendeu. Com isso, Moisés se revoltou 11e disse ao SENHOR: "Por que tratas a mim, teu servo, com tanta crueldade? Tem misericórdia de mim! O que fiz para merecer o peso de todo este povo? 12Por acaso gerei ou dei à luz este povo? Por que me pedes para carregá-lo nos braços como a mãe carrega o bebê que mama? Como o levarei à terra que juraste dar a seus antepassados? 13Onde conseguirei carne para todo este povo? Eles vêm a mim reclamar, dizendo: 'Dê-nos carne para comer!'. 14Sozinho, não sou capaz de carregar todo este povo! O peso é grande demais! 15Se é assim que pretendes me tratar, mata-me de uma vez; para mim seria um favor, pois eu não veria esta calamidade!".

Moisés escolhe setenta líderes

16Então o SENHOR disse a Moisés: "Reúna diante de mim setenta homens reconhecidos como autoridades e líderes de Israel. Leve-os à tenda do encontro, para que permaneçam ali com você. 17Eu descerei e falarei com você. Tomarei um pouco do Espírito que está sobre você e o colocarei sobre eles. Assim, dividirão com você o peso do povo, para que não precise carregá-lo sozinho.

18"Diga ao povo: 'Consagrem-se, pois amanhã terão carne para comer. Vocês reclamaram e o SENHOR os ouviu quando disseram: 'Ah, se tivéssemos carne para comer! Estávamos melhor no Egito!'. Agora o SENHOR lhes dará carne, e vocês terão de comê-la. 19E não será apenas um dia, ou dois, ou cinco, ou dez ou mesmo vinte. 20Comerão carne por um mês inteiro, até lhes sair pelo nariz e vocês enjoarem dela, pois

rejeitaram o SENHOR que está aqui entre vocês e reclamaram
contra ele, dizendo: 'Por que saímos do Egito?'".
21Moisés, porém, respondeu ao SENHOR: "Tenho comigo um
exército de seiscentos mil soldados e, no entanto, dizes: 'Eu
lhes darei carne durante um mês inteiro!'. 22Mesmo que aba-
têssemos todos os nossos rebanhos, bastaria para satisfazê-
-los? Mesmo que pegássemos todos os peixes do mar, seria
suficiente?".
23Então o SENHOR disse a Moisés: "Você duvida do meu poder?
Agora você verá se minha palavra se cumprirá ou não!".
24Moisés saiu e transmitiu as palavras do SENHOR ao povo.
Reuniu os setenta líderes e os colocou ao redor da tenda da
reunião. 25O SENHOR desceu na nuvem e falou com ele. Depois,
deu aos setenta líderes o mesmo Espírito que estava sobre
Moisés. E, quando o Espírito pousou sobre eles, os líderes
profetizaram, algo que nunca mais aconteceu.
26Dois homens, Eldade e Medade, haviam permanecido no
acampamento. Faziam parte da lista de autoridades, mas
não tinham ido à tenda da reunião. E, no entanto, o Espírito
também pousou sobre eles, de modo que profetizaram ali no
acampamento. 27Um rapaz correu e contou a Moisés: "Eldade
e Medade estão profetizando no acampamento!".
28Josué, filho de Num, que desde jovem era auxiliar de Moisés,
protestou: "Moisés, meu senhor, faça-os parar!".
29Moisés, porém, respondeu: "Você está com ciúmes por mim?
Que bom seria se todos do povo do SENHOR fossem profetas e
se o SENHOR colocasse seu Espírito sobre todos eles!". 30Então
Moisés voltou ao acampamento com as autoridades de Israel.

O SENHOR envia codornas

31O SENHOR mandou um vento que trouxe codornas do lado
do mar e as fez voar baixo por todo o acampamento. Numa
área de vários quilômetros em todas as direções, voavam a
uma altura de quase um metro do chão. 32O povo saiu e pegou
codornas durante todo aquele dia, toda aquela noite e todo o
dia seguinte. Ninguém recolheu menos de dez cestos grandes.
Em seguida, espalharam as codornas por todo o acampamento
para secá-las. 33Mas, enquanto ainda se empanturravam, com
a boca cheia de carne, a ira do SENHOR se acendeu contra o
povo, e ele os feriu com uma praga terrível. 34Por isso, aquele
lugar foi chamado de Quibrote-Hataavá, pois ali sepultaram o
povo que cobiçou a carne do Egito. 35De Quibrote-Hataavá o
povo viajou para Hazerote, onde ficou algum tempo.

As queixas de Miriã e Arão

12 Miriã e Arão criticaram Moisés porque ele havia se casado
com uma mulher cuxita. 2Disseram: "Acaso o SENHOR fala
apenas por meio de Moisés? Também não falou por meio de
nós?". E o SENHOR ouviu isso. 3(Ora, Moisés era muito humilde,
mais que qualquer outra pessoa na terra.)
4No mesmo instante, o SENHOR chamou Moisés, Arão e Miriã
e disse: "Vão à tenda do encontro, vocês três!", e eles foram
para lá. 5Então o SENHOR desceu na coluna de nuvem e parou
à entrada da tenda de encontro. "Arão e Miriã!", chamou ele.
Os dois se aproximaram, 6e o SENHOR lhes disse: "Ouçam o que
vou dizer: "Se houver profeta entre vocês, eu, o SENHOR, me
revelarei em visões; falarei com ele em sonhos.
7Não é assim, porém, com meu servo Moisés; ele tem sido fiel
em toda a minha casa.
8Falo com ele face a face, claramente, e não por meio de
enigmas; ele vê a forma do SENHOR. Como vocês ousaram cri-
ticar meu servo Moisés?".
9A ira do SENHOR se acendeu contra eles, e ele se retirou.
10Enquanto a nuvem se afastava da tenda, Miriã ficou ali, com
a pele branca como a neve, leprosa. Quando Arão viu o que
havia acontecido com ela, 11clamou a Moisés: "Ó meu senhor!
Por favor, não nos castigue pelo pecado que insensatamente
cometemos. 12Não permita que ela fique como um bebê que
nasce morto, já em decomposição".
13Então Moisés clamou ao SENHOR: "Ó Deus, eu suplico que
a cures!".
14O SENHOR respondeu a Moisés: "Se o pai de Miriã tivesse
apenas cuspido no rosto dela, não ficaria contaminada por
sete dias? Portanto, mantenham-na fora do acampamento
por sete dias. Depois disso, ela poderá ser aceita de volta".
15Miriã foi mantida fora do acampamento por sete dias, e o
povo esperou até ela ser trazida de volta para seguir viagem.
16Então saíram de Hazerote e acamparam no deserto de Parã.

Doze espiões fazem o reconhecimento de Canaã

13 O SENHOR disse a Moisés: 2"Envie homens para fazer o
reconhecimento da terra de Canaã, a terra que eu dou
aos israelitas. Mande um líder de cada tribo de seus antepas-
sados". 3Moisés fez conforme o SENHOR ordenou. Do acam-
pamento no deserto de Parã, enviou doze homens, todos
eles chefes das tribos de Israel. 4Estas eram as tribos e os
nomes de seus líderes: da tribo de Rúben, Samua, filho de
Zacur; 5da tribo de Simeão, Safate, filho de Hori; 6da tribo de
Judá, Calebe, filho de Jefoné; 7da tribo de Issacar, Igal, filho
de José; 8da tribo de Efraim, Oseias, filho de Num; 9da tribo de
Benjamim, Palti, filho de Rafu; 10da tribo de Zebulom, Gadiel,
filho de Sodi; 11da tribo de Manassés, filho de José, Gadi, filho
de Susi; 12da tribo de Dã, Amiel, filho de Gemali; 13da tribo de
Aser, Setur, filho de Micael; 14da tribo de Naftali, Nabi, filho de
Vofsi; 15da tribo de Gade, Geuel, filho de Maqui.
16Esses são os nomes dos homens que Moisés enviou para
explorar a terra. (Moisés deu a Oseias, filho de Num, o nome
de Josué.)
17Quando Moisés os enviou para fazer o reconhecimento da
terra, deu-lhes as seguintes instruções: "Subam pelo Neguebe
até a região montanhosa. 18Vejam como é a terra e descubram
se seus habitantes são fortes ou fracos, poucos ou muitos.
19Observem em que tipo de terra vivem, se é boa ou ruim.
As cidades têm muralhas ou são desprotegidas como campos

abertos? 20O solo é fértil ou pobre? A região tem muitas árvores? Façam todo o possível para trazer de volta amostras das colheitas que encontrarem". (Era a época da colheita das primeiras uvas maduras.)

21Eles subiram e fizeram o reconhecimento da terra, desde o deserto de Zim até Reobe, perto de Lebo-Hamate. 22Subiram pelo Neguebe e chegaram a Hebrom, onde viviam Aimã, Sesai e Talmai, todos descendentes de Enaque. (A antiga cidade de Hebrom foi fundada sete anos antes da cidade egípcia de Zoã.) 23Quando chegaram ao vale de Escol, cortaram um ramo com um só cacho de uvas tão grande que dois deles precisaram carregá-lo numa vara. Levaram também amostras de romãs e figos. 24Aquele lugar recebeu o nome de vale de Escol, por causa do cacho de uvas que os israelitas cortaram ali.

O relatório da missão de reconhecimento

25Depois de passarem quarenta dias explorando a terra, os homens retornaram 26a Moisés, a Arão e a toda a comunidade de Israel em Cades, no deserto de Parã. Relataram o que tinham visto a toda a comunidade e mostraram os frutos que trouxeram da terra. 27Este foi o relatório que deram a Moisés: "Entramos na terra à qual você nos enviou e, de fato, é uma terra que produz leite e mel com fartura. Aqui está o tipo de fruto que nela há. 28Contudo, o povo que vive ali é poderoso, e suas cidades são grandes e fortificadas. Vimos até os descendentes de Enaque! 29Os amalequitas vivem no Neguebe, e os hititas, jebuseus e amorreus vivem na região montanhosa. Os cananeus vivem perto do litoral do mar Mediterrâneo e no vale do Jordão".

30Calebe tentou acalmar o povo que estava diante de Moisés. "Vamos partir agora mesmo para tomar a terra!", disse ele. "Com certeza podemos conquistá-la!"

31Mas os outros homens que tinham feito com ele o reconhecimento da terra discordaram: "Não podemos enfrentá-los! São mais fortes que nós!". 32Então espalharam entre os israelitas um relatório negativo sobre a terra, dizendo: "A terra que atravessamos ao fazer o reconhecimento devorará quem for morar ali! Todas as pessoas que vimos são enormes. 33Vimos até gigantes, os descendentes de Enaque! Perto deles, nos sentimos como gafanhotos, e também era assim que parecíamos para eles".

O povo se rebela

14 Então toda a comunidade começou a chorar em voz alta e continuou em prantos a noite toda. 2Suas vozes se elevaram em grande protesto contra Moisés e Arão. "Ah, se ao menos tivéssemos morrido no Egito, ou mesmo aqui no deserto!", diziam. 3"Por que o SENHOR está nos levando para essa terra só para morrermos em combate? Nossas esposas e crianças serão capturadas como prisioneiros de guerra! Não seria melhor voltarmos para o Egito?" 4E disseram uns aos outros: "Vamos escolher um novo líder e voltar para o Egito!".

5Moisés e Arão se curvaram com o rosto em terra diante de toda a comunidade de Israel. 6Dois dos homens que tinham feito o reconhecimento da terra, Josué, filho de Num, e Calebe, filho de Jefoné, rasgaram suas roupas 7e disseram a toda a comunidade de Israel: "A terra da qual fizemos o reconhecimento é muito boa! 8E, se o SENHOR se agradar de nós, ele nos levará em segurança até ela e a dará a nós. É uma terra que produz leite e mel com fartura. 9Não se rebelem contra o SENHOR e não tenham medo dos povos da terra. Diante de nós, eles estão indefesos! Não têm quem os proteja, mas o SENHOR está conosco! Não tenham medo deles!".

10Ainda assim, toda a comunidade começou a falar em apedrejar Josué e Calebe. Então a presença gloriosa do SENHOR apareceu na tenda do encontro a todos os israelitas, 11e o SENHOR disse a Moisés: "Até quando este povo me tratará com desprezo? Será que nunca confiarão em mim, mesmo depois de todos os sinais que realizei entre eles? 12Eu os deserdarei e os destruirei com uma praga. Então, farei de você um povo ainda maior e mais poderoso que eles!".

Moisés intercede pelo povo

13Moisés, porém, respondeu ao SENHOR: "O que os egípcios pensarão? Eles sabem muito bem do poder que mostraste ao resgatar o teu povo do meio deles. 14Os egípcios informarão isso aos habitantes dessa terra, que já ouviram falar que vives entre o teu povo. Sabem, SENHOR, que apareces ao teu povo face a face e que a tua nuvem permanece sobre ele e que vais adiante dele na coluna de nuvem de dia e na coluna de fogo à noite. 15Se exterminares todo este povo com um só golpe, as nações que ouviram falar de tua fama dirão: 16'O SENHOR não foi capaz de levá-los à terra que jurou lhes dar, por isso os matou no deserto'.

17"Por favor, Senhor, mostra que o teu poder é tão grande quanto declaraste. Pois disseste: 18'O SENHOR é lento para se irar, é cheio de amor e perdoa todo tipo de pecado e rebeldia. Contudo, não absolve o culpado; traz as consequências do pecado dos pais sobre os filhos até a terceira e quarta geração'. 19De acordo com o teu grande amor, peço que perdoes os pecados deste povo, como os tens perdoado desde que saíram do Egito".

20Então o SENHOR disse: "Eu os perdoarei, como você me pediu. 21Mas, tão certo quanto eu vivo e tão certo quanto a terra está cheia da glória do SENHOR, 22nenhuma dessas pessoas entrará na terra. Todas elas viram a minha presença gloriosa e os sinais que realizei no Egito e no deserto. Repetidamente, porém, me puseram à prova, recusando-se a ouvir a minha voz. 23Jamais verão a terra que jurei dar a seus antepassados. Nenhum daqueles que me trataram com desprezo a verá. 24Meu servo Calebe, no entanto, teve uma atitude diferente dos demais. Permaneceu fiel a mim, por isso eu o farei entrar na terra da qual fez o reconhecimento, e seus descendentes tomarão posse dela. 25Agora, deem meia-volta e não sigam rumo à

terra onde habitam os amalequitas e cananeus. Amanhã par-
tirão para o deserto, em direção ao mar Vermelho".

O SENHOR castiga os israelitas

26Então o SENHOR disse a Moisés e a Arão: 27"Até quando preci-
sarei tolerar esta comunidade perversa e suas queixas contra
mim? Sim, ouvi as queixas dos israelitas contra mim. 28Agora,
digam-lhes o seguinte: 'Tão certo quanto eu vivo, declara o
SENHOR, farei com vocês exatamente aquilo que os ouvi di-
zerem. 29Todos vocês cairão mortos neste deserto! Uma vez
que se queixaram contra mim, todos com mais de 20 anos
que foram contados no censo morrerão. 30Não entrarão nem
tomarão posse da terra que eu jurei lhes dar, para que nela
morassem. As únicas exceções serão Calebe, filho de Jefoné,
e Josué, filho de Num.

31"'Vocês disseram que seus filhos seriam tomados como
prisioneiros de guerra. Pois bem, eu os farei entrar na terra
em segurança, e eles desfrutarão daquilo que vocês despre-
zaram. 32Mas, quanto a vocês, cairão mortos neste deserto.
33Seus filhos serão como pastores, andando sem rumo pelo
deserto durante quarenta anos. Desse modo, sofrerão a
consequência de sua infidelidade, até que o último de vocês
morra no deserto.

34"'Uma vez que seus espiões passaram quarenta dias fazendo
o reconhecimento da terra, vocês andarão sem rumo pelo de-
serto durante quarenta anos, um ano para cada dia, como
punição por sua culpa. Assim, saberão o resultado de se opor
a mim'. 35Eu, o SENHOR, falei! Certamente farei essas coisas
a todos os membros da comunidade que conspiraram contra
mim. Serão destruídos neste deserto, e aqui morrerão!".

36Os homens que Moisés tinha enviado para fazer o reconhe-
cimento da terra, aqueles que instigaram a rebelião contra
ele com seu relatório negativo, 37morreram repentinamente
de uma praga diante do SENHOR. 38Dos homens que haviam
feito o reconhecimento da terra, apenas Josué e Calebe so-
breviveram.

39Quando Moisés transmitiu essas palavras aos israelitas, eles
se encheram de tristeza. 40No dia seguinte, levantaram-se
cedo e subiram em direção ao alto dos montes. "Vamos!",
disseram. "Reconhecemos que pecamos, mas agora estamos
prontos para entrar na terra que o SENHOR nos prometeu."

41Moisés, porém, disse: "Por que desobedecem à ordem do
SENHOR? Isso não dará certo! 42Não subam para a terra agora,
pois o SENHOR não estará com vocês. Seus inimigos os aniqui-
larão! 43Quando enfrentarem os amalequitas e cananeus na
batalha, serão massacrados. Porque vocês abandonaram o
SENHOR, ele os abandonará".

44Arrogantemente, os israelitas avançaram até o alto dos
montes, apesar de Moisés e a arca da aliança do SENHOR terem
ficado no acampamento. 45Então os amalequitas e cananeus
que viviam naqueles montes desceram, derrotaram os israe-
litas e os perseguiram até Hormá.

Leis acerca das ofertas

15 Então o SENHOR disse a Moisés: 2"Dê as seguintes ins-
truções ao povo de Israel. "Quando vocês se estabele-
cerem na terra que eu lhes dou, 3apresentarão ofertas espe-
ciais como aroma agradável ao SENHOR. Essas ofertas poderão
ser apresentadas de diferentes formas: um holocausto, um
sacrifício para cumprir um voto, uma oferta voluntária ou uma
oferta em alguma das festas anuais, e serão de seus rebanhos
de bois ou ovelhas. 4Quando apresentarem essas ofertas,
também entregarão ao SENHOR uma oferta de cereal de dois
litros de farinha da melhor qualidade misturada com um litro
de azeite. 5Para cada cordeiro apresentado como holocausto
ou sacrifício, vocês entregarão também um litro de vinho como
oferta derramada.

6"Se o sacrifício for um carneiro, apresentem uma oferta de
cereal de quatro litros de farinha da melhor qualidade mistu-
rada com um litro e um terço de azeite 7e um litro e um terço
de vinho como oferta derramada. Será um aroma agradável
ao SENHOR.

8"Quando apresentarem um novilho como holocausto, como
sacrifício para cumprir um voto, ou como oferta de paz ao SE-
NHOR, 9também entregarão uma oferta de cereal de seis litros
de farinha da melhor qualidade misturada com dois litros de
azeite 10e dois litros de vinho como oferta derramada. Será
uma oferta especial, um aroma agradável ao SENHOR.

11"Cada sacrifício de novilho, carneiro, cordeiro ou cabrito de-
verá ser preparado dessa maneira. 12Sigam essas instruções
para cada sacrifício que apresentarem. 13Todos os israelitas de
nascimento seguirão essas instruções quando apresentarem
uma oferta especial como aroma agradável ao SENHOR. 14E,
se algum estrangeiro que os visita ou que vive entre vocês
ou entre seus descendentes quiser apresentar uma oferta
especial como aroma agradável ao SENHOR, deverá seguir
os mesmos procedimentos. 15Os israelitas de nascimento e
os estrangeiros são iguais diante do SENHOR e estão sujeitos
aos mesmos decretos da comunidade. Essa é uma lei perma-
nente para vocês, a ser cumprida de geração em geração. 16As
mesmas instruções e ordens se aplicam tanto a vocês como
aos estrangeiros que vivem em seu meio".

17Então o SENHOR disse a Moisés: 18"Dê as seguintes instruções
ao povo de Israel. "Quando chegarem à terra para onde os
levo 19e comerem das colheitas que ela produz, separarão uma
parte como oferta para o SENHOR. 20Apresentem um bolo feito
da primeira farinha que moerem e separem-no como oferta,
como fazem com os primeiros cereais da eira. 21Todas as ge-
rações futuras apresentarão ao SENHOR uma oferta da primeira
farinha que moerem.

22"Se vocês, sem intenção, deixarem de cumprir todos esses
mandamentos que o SENHOR ordenou a Moisés, 23sim, tudo que
o SENHOR lhes ordenou por meio de Moisés, desde o dia em que
ele o ordenou, para vocês e para as gerações futuras, 24e a
comunidade não se der conta de seu erro, toda a comunidade

apresentará um novilho como holocausto de aroma agradável
ao SENHOR. O sacrifício será apresentado junto com a oferta de
cereal e a oferta derramada, conforme prescrito, e também
com um bode como oferta pelo pecado. 25Com essa oferta, o
sacerdote fará expiação por toda a comunidade de Israel, e ela
será perdoada. O pecado não foi intencional e foi expiado com
as ofertas apresentadas ao SENHOR, a oferta especial e a oferta
pelo pecado. 26Toda a comunidade de Israel será perdoada,
incluindo os estrangeiros que vivem entre vocês, pois o pecado
envolveu todo o povo.

27"Se um único indivíduo cometer um pecado não inten-
cional, apresentará uma cabra de um ano como oferta pelo
pecado. 28O sacerdote a sacrificará a fim de fazer expiação
pelo culpado diante do SENHOR, e ele será perdoado. 29Essas
instruções sobre o pecado involuntário se aplicam tanto aos
israelitas de nascimento como aos estrangeiros que vivem em
seu meio.

30"Mas aquele que arrogantemente fizer algo contrário à
vontade de Deus, seja israelita de nascimento ou estrangeiro,
blasfema contra o SENHOR e deverá ser eliminado do meio do
povo. 31Uma vez que tratou a palavra do SENHOR com desprezo
e desobedeceu à sua ordem de propósito, deverá ser elimi-
nado e sofrer o castigo por sua culpa".

O castigo por não guardar o sábado

32Certo dia, enquanto o povo de Israel estava no deserto,
encontraram um homem recolhendo lenha no sábado. 33As
pessoas que o encontraram recolhendo lenha o levaram pe-
rante Moisés, Arão e o restante da comunidade. 34Como ainda
não estava determinado o que fariam com ele, mantiveram o
homem preso. 35Então o SENHOR disse a Moisés: "O homem
deve ser executado! Toda a comunidade o apedrejará fora do
acampamento". 36Assim, toda a comunidade levou o homem
para fora do acampamento e o apedrejou até a morte, con-
forme o SENHOR havia ordenado a Moisés.

Franjas nas roupas

37O SENHOR disse a Moisés: 38"Dê as seguintes instruções ao
povo de Israel. Vocês e as gerações futuras farão franjas na
bainha da roupa e as prenderão com um fio azul. 39Quando
virem as franjas, recordarão todos os mandamentos do SENHOR
e os cumprirão. Assim, não serão infiéis, seguindo os desejos
de seu coração e de seus olhos. 40As franjas os ajudarão a
lembrar que devem obedecer a todos os meus mandamentos
e ser santos para o seu Deus. 41Eu sou o SENHOR, seu Deus,
que os tirou da terra do Egito para ser o seu Deus. Eu sou o
SENHOR, seu Deus".

A rebelião de Corá

16 Corá, filho de Isar, descendente de Coate, filho de Levi,
armou uma conspiração com Datã e Abirão, filhos de
Eliabe, e Om, filho de Pelete, da tribo de Rúben. 2Com outros
250 líderes israelitas, todos membros importantes da comu-
nidade, os três instigaram uma rebelião contra Moisés. 3Jun-
taram-se contra Moisés e Arão e disseram: "Vocês foram longe
demais! A comunidade foi consagrada pelo SENHOR, e ele está
em nosso meio. Que direito vocês têm de agir como se fossem
superiores à comunidade do SENHOR?".

4Quando Moisés ouviu o que disseram, curvou-se com o rosto
em terra. 5Em seguida, disse a Corá e a seus seguidores:
"Amanhã cedo o SENHOR nos mostrará quem pertence a ele
e quem é consagrado. Só trará à sua presença aqueles que
ele escolher. 6Você, Corá, e todos os seus seguidores, pre-
parem incensários. 7Amanhã, acendam fogo neles e queimem
incenso diante do SENHOR. Então veremos quem o SENHOR es-
colherá como consagrado a ele. Vocês, levitas, foram longe
demais!".

8Moisés falou novamente a Corá: "Agora ouçam, levitas!
9Acaso lhes parece de pouca importância que o Deus de Israel
os tenha escolhido dentre toda a comunidade de Israel para
estar perto dele a fim de trabalharem no tabernáculo do SE-
NHOR e estarem perante a comunidade para servi-la? 10Ele já
deu a você, Corá, e a seus companheiros levitas essa função,
e agora exigem também o serviço sacerdotal? 11Na verdade,
é contra o SENHOR que você e seus seguidores estão se rebe-
lando! Afinal, quem é Arão para se queixarem dele?".

12Então Moisés mandou chamar Datã e Abirão, filhos de Eliabe,
mas eles responderam: "Não iremos! 13Não basta você nos ter
tirado do Egito, uma terra que produz leite e mel com fartura,
para nos matar aqui no deserto? Agora quer nos tratar como se
fosse autoridade sobre nós? 14Além disso, você não nos levou
a outra terra que produz leite e mel com fartura, e não nos deu
uma nova propriedade com campos e vinhedos. Está tentando
enganar estes homens? Não iremos!".

15Moisés ficou furioso e disse ao SENHOR: "Não aceites as
ofertas de cereais deles! Não tomei deles nem sequer um ju-
mento, e jamais lhes fiz algum mal". 16E Moisés disse a Corá:
"Você e seus seguidores venham aqui amanhã e apresen-
tem-se diante do SENHOR. Arão também virá. 17Você e cada um
de seus 250 seguidores prepararão um incensário e colocarão
incenso nele, a fim de apresentá-lo diante do SENHOR. Arão
também trará seu incensário".

18Cada um deles preparou um incensário, acendeu o fogo e
colocou incenso nele. Depois, todos se apresentaram à en-
trada da tenda do encontro com Moisés e Arão. 19Corá havia
instigado toda a comunidade contra Moisés e Arão, e todos se
reuniram à entrada da tenda do encontro. Então a presença
gloriosa do SENHOR apareceu a toda a comunidade, 20e o SE-
NHOR disse a Moisés e a Arão: 21"Afastem-se dessa comuni-
dade, para que eu a destrua agora mesmo!".

22Moisés e Arão, porém, se prostraram com o rosto em terra
e suplicaram. "Ó Deus, tu és aquele que dá fôlego a todas as
criaturas. É necessário que fiques irado com toda a comuni-
dade quando somente um homem pecou?".

23O SENHOR disse a Moisés: 24"Então diga a toda a comunidade
que se afaste das tendas de Corá, Datã e Abirão".
25Moisés se levantou e foi até as tendas de Datã e Abirão, e
as autoridades de Israel o seguiram. 26"Vamos!", disse ele ao
povo. "Afastem-se das tendas destes homens perversos e não
toquem em coisa alguma que seja deles. Do contrário, vocês
serão destruídos por causa dos pecados deles." 27Todo o povo
se afastou das tendas de Corá, Datã e Abirão, e Datã e Abirão
saíram e ficaram em pé à entrada das tendas, junto com suas
esposas, seus filhos e suas crianças pequenas.
28Então Moisés disse: "Assim vocês saberão que o SENHOR me
enviou para fazer todas estas coisas que tenho feito, pois não
as realizei por minha própria conta. 29Se estes homens mor-
rerem de causas naturais, ou se nada fora do comum acon-
tecer, então o SENHOR não me enviou. 30Mas, se o SENHOR fizer
algo completamente novo e o chão abrir sua boca e os engolir
junto com todos os seus pertences, e eles descerem vivos à
sepultura, vocês saberão que estes homens mostraram des-
prezo pelo SENHOR".
31Mal ele havia acabado de dizer essas palavras, e o chão
debaixo deles rachou. 32A terra abriu a boca e engoliu os ho-
mens, todas as suas famílias, todos os seus seguidores e tudo
que possuíam. 33Desceram vivos à sepultura, junto com todos
os seus pertences. A terra se fechou sobre eles, e desapare-
ceram do meio da comunidade. 34Todo o povo que estava ao
redor fugiu quando ouviu os gritos deles. "A terra nos engolirá
também!", exclamaram. 35Em seguida, um fogo ardente saiu
do SENHOR e queimou os 250 homens que ofereciam incenso.
36O SENHOR disse a Moisés: 37"Ordene a Eleazar, filho do sacer-
dote Arão, que tire todos os incensários do meio do fogo, pois
são santos. Diga-lhe também que espalhe as brasas. 38Pegue
os incensários dos homens que pecaram e pagaram por isso
com a própria vida e bata o metal com um martelo, até formar
uma lâmina para revestir o altar. Uma vez que esses incensá-
rios foram usados na presença do SENHOR, eles se tornaram
santos. Que sirvam de advertência para o povo de Israel".
39O sacerdote Eleazar recolheu os incensários de bronze
usados pelos homens que morreram queimados e bateu o
metal com um martelo, até formar uma lâmina para revestir
o altar. 40Essa lâmina serviria como recordação aos israelitas;
ninguém que não fosse descendente de Arão poderia entrar
na presença do SENHOR para queimar incenso. Se alguém o
fizesse, aconteceria a ele o mesmo que havia acontecido a
Corá e seus seguidores, conforme o SENHOR tinha dito por meio
de Moisés.
41Logo na manhã seguinte, porém, toda a comunidade de Is-
rael começou a se queixar de Moisés e Arão outra vez. "Vocês
mataram o povo do SENHOR!", diziam eles. 42Mas, enquanto se
reuniam para protestar contra Moisés e Arão, voltaram-se para
a tenda do encontro e viram a nuvem cobri-la, e a presença
gloriosa do SENHOR apareceu.
43Moisés e Arão foram para a frente da tenda do encontro,
44e o SENHOR disse a Moisés: 45"Afaste-se desta comunidade,
para que eu a destrua agora mesmo!", e Moisés e Arão se
prostraram com o rosto em terra.
46Então Moisés disse a Arão: "Rápido! Pegue um incensário e
coloque nele brasas do altar. Acrescente incenso e leve-o para
o meio da comunidade, a fim de fazer expiação por ela, pois a
ira do SENHOR está acesa, e a praga já começou!".
47Arão seguiu a ordem de Moisés e correu para o meio da co-
munidade. A praga já havia começado a matá-los, mas Arão
queimou o incenso e fez expiação por eles. 48Colocou-se entre
os mortos e os vivos, e a praga cessou. 49Ainda assim, 14.700
pessoas morreram da praga, além daqueles que tinham mor-
rido por causa da rebelião de Corá. 50Uma vez que a praga
cessou, Arão voltou a Moisés, que estava à entrada da tenda
do encontro.

A vara de Arão floresce

17 O SENHOR disse a Moisés: 2"Diga aos israelitas que tragam
doze varas de madeira, uma para cada líder das tribos
de seus antepassados. Escreva o nome de cada líder em sua
vara. 3Na vara da tribo de Levi, escreva o nome de Arão, pois
é necessário que haja uma vara para cada chefe das tribos de
seus antepassados. 4Coloque as varas na tenda do encontro,
diante da arca que contém as tábuas da aliança, onde eu me
encontro com você. 5A vara daquele que eu escolher flores-
cerá, e eu acabarei de vez com a murmuração e as queixas
dos israelitas contra vocês".
6Moisés transmitiu as instruções ao povo de Israel, e cada um
dos doze líderes das tribos, incluindo Arão, levou uma vara
para Moisés. 7Então Moisés colocou as varas na presença do
SENHOR na tenda da aliança. 8No dia seguinte, quando Moisés
entrou na tenda da aliança, viu que a vara de Arão, que repre-
sentava a tribo de Levi, tinha florescido, produzindo brotos,
botões, flores e amêndoas maduras.
9Depois que retirou as varas da presença do SENHOR, Moisés
as mostrou para o povo, e cada líder tomou de volta sua vara.
10O SENHOR disse a Moisés: "Ponha a vara de Arão permanente-
mente diante da arca da aliança, para que sirva de advertência
aos rebeldes. Isso acabará com as queixas deles contra mim
e evitará mais mortes". 11Moisés fez conforme o SENHOR lhe
ordenou.
12Então os israelitas disseram a Moisés: "Estamos condenados!
Vamos morrer, vamos todos morrer! 13Quem se aproximar do
tabernáculo do SENHOR morrerá. Será que estamos todos con-
denados a morrer?".

Deveres dos sacerdotes e levitas

18 O SENHOR disse a Arão: "Você, seus filhos e seus parentes
da tribo de Levi serão responsabilizados por quaisquer
ofensas relacionadas ao santuário. Mas somente você e seus
filhos serão responsabilizados por ofensas relacionadas ao
serviço sacerdotal.

2“Traga seus parentes da tribo de Levi, a tribo de seus antepassados, para ajudarem você e seus filhos a cumprir o serviço diante da tenda da aliança. 3Quando os levitas realizarem as tarefas que lhes foram designadas na tenda, deverão cuidar para que não se aproximem de qualquer dos objetos sagrados nem do altar. Se o fizerem, tanto eles como vocês morrerão. 4Junto com vocês, os levitas cumprirão as responsabilidades de cuidar da tenda do encontro e trabalhar nela, mas ninguém que não seja autorizado poderá se aproximar.

5“Vocês se encarregarão pessoalmente do serviço no santuário e no altar, para que minha ira não volte a se acender contra o povo de Israel. 6Eu mesmo escolhi, dentre todos os israelitas, seus parentes, os levitas, como presente para vocês, consagrados ao SENHOR para o serviço na tenda do encontro. 7Mas você e seus filhos, os sacerdotes, devem se encarregar pessoalmente de todo o serviço sacerdotal relacionado ao altar e ao que está por trás da cortina interna. Eu lhes dou o serviço sacerdotal como um presente. Qualquer pessoa não autorizada que se aproximar do santuário será morta”.

O sustento dos sacerdotes e levitas

8O SENHOR disse ainda a Arão: “Eu mesmo o encarreguei de todas as ofertas sagradas que os israelitas trazem a mim. Dou todas essas ofertas consagradas a você e a seus filhos como sua porção permanente. 9A parte das ofertas santíssimas que não é queimada no fogo é reservada para vocês. Essa porção dê todas as ofertas santíssimas trazidas a mim, tanto das ofertas de cereal como das ofertas pelo pecado e das ofertas pela culpa, é santíssima e pertence a você e a seus filhos. 10Comam-na como oferta santíssima. Todos os sacerdotes a comerão e a considerarão santíssima.

11“Todas as ofertas sagradas e ofertas movidas que os israelitas apresentarem a mim, movendo-as para o alto diante do altar, também pertencerão a vocês. Eu as dou a você e a seus filhos e filhas como sua porção permanente. Qualquer membro de sua família que estiver cerimonialmente puro comerá dessas ofertas.

12“Também dou a vocês as primeiras ofertas das colheitas que o povo apresentar ao SENHOR: o melhor do azeite, do vinho novo e dos cereais. 13Todas as primeiras colheitas da terra que o povo apresentar ao SENHOR pertencem a vocês. Qualquer membro de sua família que estiver cerimonialmente puro comerá desses alimentos.

14“Tudo que em Israel for consagrado para o SENHOR também pertence a vocês.

15“O primeiro filho de cada família e a primeira cria de cada animal, oferecidos ao SENHOR, serão seus. Mas o primeiro filho e a primeira cria de animais cerimonialmente impuros serão sempre resgatados. 16Vocês deverão resgatá-los quando eles tiverem um mês de idade. (O preço do resgate é de cinco peças de prata, com base no siclo do santuário, equivalente a doze gramas cada peça.)

17“Não deverão resgatar, porém, as primeiras crias das vacas, ovelhas e cabras; elas foram separadas. Aspirja seu sangue sobre o altar e queime a gordura como oferta especial, um aroma agradável ao SENHOR. 18A carne desses animais pertencerá a vocês, como o peito e a coxa direita que são movidas para o alto como oferta especial diante do altar. 19Sim, eu dou a você todas essas ofertas sagradas que os israelitas apresentam ao SENHOR. São para você e para seus filhos e filhas, para serem consumidos como sua porção permanente. Essa é uma aliança sem fim e irrevogável entre o SENHOR e você, e também se aplica a seus descendentes”.

20O SENHOR disse mais a Arão: “Vocês, sacerdotes, não receberão herança nem propriedade alguma na terra do povo. Eu sou sua propriedade e sua herança entre os israelitas. 21Darei aos levitas os dízimos de todo o povo de Israel como herança por seus serviços na tenda do encontro.

22“De agora em diante, nenhum israelita se aproximará da tenda do encontro. Se alguém se aproximar, será declarado culpado e morrerá. 23Somente os levitas servirão na tenda do encontro, e serão responsabilizados por quaisquer ofensas contra ela. Essa é uma lei permanente para vocês, a ser cumprida de geração em geração. Os levitas não herdarão porção alguma de terra entre os israelitas, 24pois eu lhes dou os dízimos dos israelitas, apresentados como ofertas para o SENHOR. Essa será a herança dos levitas. Por isso eu disse que eles não herdariam terra alguma entre os israelitas”.

25O SENHOR disse ainda a Moisés: 26“Dê as seguintes instruções aos levitas. Quando receberem dos israelitas os dízimos que eu dou a vocês como sua herança, entreguem a décima parte deles — um dízimo dos dízimos — ao SENHOR como oferta. 27Essa será considerada sua oferta das colheitas, como se fosse o primeiro cereal de sua eira ou do vinho de sua prensa de uvas. 28Apresentem a décima parte do dízimo recebido dos israelitas como oferta para o SENHOR. Essa é a porção sagrada do SENHOR, e vocês devem apresentá-la ao sacerdote Arão. 29Entreguem ao SENHOR as melhores porções de todas as ofertas sagradas que receberem.

30“Dê também as seguintes instruções aos levitas. Quando apresentarem a melhor parte como sua oferta, ela será considerada como se tivesse vindo de sua própria eira ou de sua prensa de uvas. 31Vocês e suas famílias comerão desse alimento onde quiserem, pois é a recompensa por seu serviço na tenda do encontro. 32Não serão considerados culpados por aceitarem os dízimos, desde que entreguem a melhor porção aos sacerdotes. Mas tomem cuidado para não tratar as ofertas sagradas dos israelitas como se fosse algo qualquer. Se o fizerem, morrerão”.

A água da purificação

19 O SENHOR disse a Moisés e a Arão: 2“Esta é uma prescrição da lei que o SENHOR ordenou: Diga aos israelitas que tragam até vocês uma novilha vermelha, um animal perfeito,

sem defeito, sobre o qual nunca tenha sido colocada a canga de um arado. 3Entreguem a novilha ao sacerdote Eleazar. Ele a levará para fora do acampamento e, na presença dele, a novilha será morta. 4Eleazar pegará com o dedo um pouco do sangue e dele aspergirá sete vezes na direção da entrada da tenda do encontro. 5A novilha inteira — couro, carne, sangue e excrementos — será queimada na presença de Eleazar. 6Então ele pegará um pedaço de madeira de cedro, um ramo de hissopo e um pouco de fio vermelho e os lançará no fogo onde a novilha estiver sendo queimada.

7"Em seguida, o sacerdote lavará suas roupas e se banhará com água. Depois disso, voltará ao acampamento, mas ficará cerimonialmente impuro até o entardecer. 8O homem que queimar a novilha também lavará suas roupas e se banhará com água, e também ficará impuro até o entardecer. 9Então uma pessoa cerimonialmente pura juntará as cinzas da novilha e as colocará num lugar cerimonialmente puro fora do acampamento. Elas ficarão guardadas ali para que a comunidade de Israel as use na cerimônia da água de purificação, para a remoção de pecados. 10O homem que recolher as cinzas da novilha lavará suas roupas e ficará impuro até o entardecer. Essa é uma lei permanente para os israelitas e para os estrangeiros que vivem entre eles.

11"Quem tocar num cadáver humano ficará cerimonialmente impuro por sete dias. 12No terceiro e no sétimo dia, ele se purificará com a água da purificação; então, estará puro. Mas, se não seguir esse procedimento no terceiro e no sétimo dia, continuará impuro mesmo depois do sétimo dia. 13Quem toca num cadáver e não se purifica corretamente contamina o tabernáculo do SENHOR e será eliminado do povo de Israel. Permanecerá impuro, uma vez que a água da purificação não foi aspergida sobre ele.

14"A seguinte lei se aplica quando alguém morre numa tenda. Quem entrar nessa tenda e quem estiver dentro dela quando a morte ocorrer ficarão cerimonialmente impuros por sete dias. 15Qualquer vasilha que não tiver sido tampada também ficará contaminada. 16Se, ao andar pelo campo, alguém tocar no cadáver de uma pessoa morta à espada ou que tenha morrido de causas naturais, ou tocar num osso humano ou num túmulo, ficará impuro por sete dias.

17"Para remover a contaminação, coloquem parte das cinzas do holocausto de purificação num jarro e derramem água corrente por cima. 18Então uma pessoa cerimonialmente pura pegará um ramo de hissopo e o molhará na água. Em seguida, aspergirá a água sobre a tenda, sobre todos os seus utensílios e sobre as pessoas que estavam na tenda; fará o mesmo com a pessoa que tocou num osso humano, ou num morto, ou em alguém que morreu de causas naturais, ou que tocou num túmulo. 19No terceiro e no sétimo dia, a pessoa cerimonialmente pura aspergirá água sobre quem estiver contaminado. No sétimo dia, aquele que está sendo purificado lavará suas roupas e se banhará e, ao entardecer, estará puro de sua contaminação.

20"Contudo, aquele que se contaminar e não se purificar será eliminado da comunidade, pois contaminou o santuário do SENHOR. Permanecerá impuro, uma vez que a água da purificação não foi aspergida sobre ele. 21Essa é uma lei permanente para o povo. Quem aspergir a água da purificação lavará, depois, suas roupas, e quem tocar na água usada para a purificação ficará impuro até o entardecer. 22Qualquer coisa ou pessoa em que o indivíduo contaminado tocar ficará impura até o entardecer".

A desobediência de Moisés

20 No primeiro mês do ano, toda a comunidade chegou ao deserto de Zim e acampou em Cades. Enquanto estavam lá, Miriã morreu e foi sepultada.

2Como não havia água naquele lugar, o povo se rebelou contra Moisés e Arão. 3Discutiram com Moisés e disseram: "Se ao menos tivéssemos morrido com nossos irmãos diante do SENHOR! 4Por que vocês trouxeram a comunidade do SENHOR até este deserto? Foi para morrermos, junto com todos os nossos animais? 5Por que nos obrigaram a sair do Egito e nos trouxeram para este lugar terrível? Esta terra não tem cereais, nem figos, nem uvas, nem romãs, nem água para beber!".

6Moisés e Arão se afastaram do povo e foram até a frente da tenda do encontro, onde se prostraram com o rosto em terra. Então a presença gloriosa do SENHOR lhes apareceu, 7e o SENHOR disse a Moisés: 8"Você e Arão, peguem a vara e reúnam todo o povo. Enquanto eles observam, falem àquela rocha ali, e dela jorrará água. Vocês tirarão água suficiente da rocha para matar a sede de toda a comunidade e de seus animais".

9Moisés fez conforme o SENHOR havia ordenado. Pegou a vara que ficava guardada diante do SENHOR e, 10em seguida, ele e Arão mandaram chamar o povo para se reunir em frente da rocha. "Ouçam, seus rebeldes!", gritou Moisés. "Será que é desta rocha que teremos de tirar água para vocês?" 11Então Moisés levantou a mão e bateu na rocha duas vezes com a vara, e jorrou muita água. Assim, toda a comunidade e todos os seus animais beberam até matar a sede.

12O SENHOR, porém, disse a Moisés e a Arão: "Uma vez que vocês não confiaram em mim para mostrar minha santidade aos israelitas, não os conduzirão à terra que eu lhes dou!".

13Por isso aquele lugar ficou conhecido como Meribá, pois ali os israelitas discutiram com o SENHOR, e ali ele mostrou sua santidade entre eles.

Edom não deixa Israel passar

14Enquanto estava em Cades, Moisés enviou representantes ao rei de Edom com a seguinte mensagem: "É isto que dizem seus parentes, o povo de Israel: É de seu conhecimento todas as dificuldades que tivemos. 15Nossos antepassados desceram ao Egito, onde vivemos por muito tempo. Ali, nós e nossos antepassados fomos maltratados pelos egípcios, 16mas, quando clamamos ao SENHOR, ele nos ouviu e enviou um anjo que nos tirou do Egito. Agora estamos acampados em Cades, cidade na fronteira de seu território. 17Pedimos que nos deixe atravessar sua terra. Tomaremos cuidado para não passar por seus campos e vinhedos, e não beberemos água de seus poços. Seguiremos pela estrada real e só a deixaremos quando tivermos atravessado seu território".

18O rei de Edom, porém, disse: "Fiquem fora do meu território ou irei ao seu encontro com meu exército!".

19Os israelitas responderam: "Ficaremos na estrada principal. Se nós ou nossos animais bebermos de sua água, pagaremos por ela. Apenas deixe-nos passar por seu território; é só o que pedimos".

20O rei de Edom retrucou: "Vocês não têm permissão de passar por nossa terra!". Em seguida, mobilizou suas tropas e marchou contra o povo de Israel com um exército poderoso. 21Uma vez que o povo de Edom se recusou a deixá-los passar por seu território, os israelitas foram obrigados a desviar-se dele.

A morte de Arão

22Então toda a comunidade de Israel partiu de Cades e chegou ao monte Hor. 23Ali, na fronteira com a terra de Edom, o SENHOR disse a Moisés e a Arão: 24"É chegado o momento de Arão reunir-se a seus antepassados. Não entrará na terra que dou aos israelitas, pois vocês se rebelaram contra minhas instruções a respeito da água em Meribá. 25Agora, leve Arão e seu filho Eleazar ao monte Hor. 26Em seguida, tire as roupas sacerdotais de Arão e coloque-as em Eleazar, seu filho. Arão morrerá ali e se reunirá a seus antepassados".

27Moisés fez conforme o SENHOR lhe ordenou. Os três subiram juntos ao monte Hor, enquanto toda a comunidade observava. 28No topo, Moisés tirou as roupas sacerdotais de Arão e as colocou em Eleazar, filho de Arão. Então Arão morreu no alto do monte, e Moisés e Eleazar desceram. 29Quando a comunidade percebeu que Arão havia morrido, todo o povo de Israel lamentou sua morte por trinta dias.

Vitória sobre os cananeus

21 Quando o rei cananeu de Arade, que vivia no Neguebe, soube que o povo de Israel se aproximava pelo caminho que atravessava Atarim, ele os atacou e capturou alguns deles. 2Então o povo de Israel fez o seguinte voto ao SENHOR: "Se entregares este povo em nossas mãos, destruiremos completamente todas as suas cidades". 3O SENHOR ouviu o pedido do povo de Israel e lhes deu vitória sobre os cananeus. Os israelitas os destruíram completamente e também suas cidades; desde então, aquele lugar passou a ser chamado de Hormá.

A serpente de bronze

4Em seguida, partiram do monte Hor e tomaram o caminho para o mar Vermelho, a fim de contornar a terra de Edom. Mas o povo ficou impaciente 5e começou a se queixar contra Deus e contra Moisés: "Por que você nos tirou do Egito para morrermos aqui no deserto? Aqui não há o que comer nem o que beber. E detestamos este maná horrível!".

6Então o SENHOR enviou serpentes venenosas que morderam o povo, e muitos morreram. 7O povo clamou a Moisés: "Pecamos ao falar contra o SENHOR e contra você. Ore para que o SENHOR tire as serpentes de nosso meio". E Moisés orou pelo povo.

8O SENHOR lhe disse: "Faça a réplica de uma serpente venenosa e coloque-a no alto de um poste. Todos que forem mordidos viverão se olharem para ela". 9Moisés fez uma serpente de bronze e a colocou no alto de um poste. Quem era mordido por uma serpente e olhava para a réplica de bronze era curado.

A viagem de Israel para Moabe

10Os israelitas viajaram para Obote e acamparam ali. 11Depois, seguiram para Ijé-Abarim, no deserto, na fronteira leste de Moabe. 12De lá, viajaram para o vale do ribeiro de Zerede, onde acamparam. 13Em seguida, partiram e acamparam do outro lado do rio Arnom, na região deserta junto ao território dos amorreus. O rio Arnom é a fronteira que separa os moabitas dos amorreus. 14Por isso, o *Livro das Guerras do SENHOR* fala sobre "... Vaebe, na região de Sufá, e os riachos do rio Arnom, 15e os riachos que se estendem até o povoado de Ar na fronteira de Moabe".

16De lá os israelitas viajaram até Beer, o poço onde o SENHOR disse a Moisés: "Reúna o povo, e eu lhe darei água". 17Ali os israelitas entoaram esta canção: "Jorre, ó poço! Sim, cantem seus louvores!

18Cantem a respeito deste poço, que príncipes cavaram, que líderes abriram com seus cetros e cajados". Então saíram do deserto e passaram por Matanã, 19Naaliel e Bamote. 20Depois, seguiram para o vale em Moabe, onde fica o monte Pisga. Do pico desse monte se vê o deserto.

Vitória sobre Seom e Ogue

21O povo de Israel enviou representantes a Seom, rei dos amorreus, com a seguinte mensagem:

22"Permita-nos atravessar sua terra. Teremos cuidado de não passar por seus campos e vinhedos, e não beberemos água de seus poços. Seguiremos pela estrada real e só a deixaremos quando tivermos atravessado seu território".

23O rei Seom, porém, não os deixou atravessar seu território. Em vez disso, mobilizou todo o seu exército e atacou o povo de Israel no deserto. A guerra ocorreu em Jaza, 24e o povo de Israel massacrou pela espada os amorreus e ocupou seu território desde o rio Arnom até o rio Jaboque. Avançaram apenas até a fronteira com os amonitas, pois a divisa era fortificada.

25O povo de Israel capturou todas as cidades dos amorreus e se estabeleceu nelas, incluindo Hesbom e os vilarejos ao redor. 26Hesbom era a capital de Seom, rei dos amorreus. Ele havia derrotado o rei moabita anterior e tomado todas as suas

terras até o rio Arnom. 27Por isso os poetas dizem a seu res-
peito: "Venham a Hesbom! Que ela seja reconstruída! Que seja
restaurada a cidade de Seom!
28Fogo saiu de Hesbom, uma chama da cidade de Seom. Con-
sumiu a cidade de Ar em Moabe, destruiu os governantes dos
altos do Arnom.
29Que aflição os espera, povo de Moabe! Estão arruinados,
adoradores de Camos! Camos entregou seus filhos como refu-
giados, suas filhas como prisioneiras a Seom, o rei amorreu.
30Nós os aniquilamos, desde Hesbom até Dibom. Nós os exter-
minamos até lugares distantes como Nofá e Medeba".
31Assim, o povo de Israel ocupou o território dos amorreus.
32Depois que Moisés enviou homens para fazer o reconheci-
mento de Jazar, os israelitas tomaram todas as cidades da
região e expulsaram os amorreus que viviam ali. 33Em seguida,
voltaram e marcharam pelo caminho até Basã, mas o rei Ogue,
de Basã, e todo o seu povo os atacaram em Edrei. 34O SENHOR
disse a Moisés: "Não tenha medo dele, pois eu o entreguei
a você, junto com todo o seu povo e sua terra. Faça com ele
o mesmo que fez com Seom, rei dos amorreus, que vivia em
Hesbom". 35Desse modo, mataram o rei Ogue, seus filhos e
todo o seu povo; não restou sobrevivente algum. Então ocu-
param seu território.

Balaque manda buscar Balaão

22 Então os israelitas viajaram para as campinas de Moabe
e acamparam a leste do rio Jordão, do lado oposto de
Jericó. 2Balaque, filho de Zipor, viu tudo que o povo de Israel
havia feito aos amorreus. 3Quando os moabitas viram como
os israelitas eram numerosos, ficaram apavorados. 4Disseram
aos líderes de Midiã: "Essa multidão devorará tudo que es-
tiver à vista, como um boi devora o capim no pasto!". Então
Balaque, que era rei de Moabe, 5enviou mensageiros para
chamar Balaão, filho de Beor, que vivia em Petor, sua terra
natal, perto do rio Eufrates. Sua mensagem dizia: "Um povo
enorme saiu do Egito e cobre a terra, e agora está acampado
perto de mim. 6Venha e amaldiçoe esse povo, pois é pode-
roso demais para mim. Então, quem sabe, poderei derrotá-lo
e expulsá-lo da terra. Sei que bênçãos vêm sobre aqueles
que você abençoa e maldições caem sobre aqueles que você
amaldiçoa".
7Os mensageiros de Balaque, líderes de Moabe e Midiã, par-
tiram levando o valor necessário para pagar Balaão a fim de
que ele amaldiçoasse Israel. Chegaram aonde Balaão estava
e lhe transmitiram a mensagem de Balaque. 8"Passem a noite
aqui", disse Balaão. "Pela manhã eu lhes direi que orientação
recebi do SENHOR." E os oficiais de Moabe permaneceram com
Balaão.
9Naquela noite, Deus veio a Balaão e lhe perguntou: "Quem
são seus visitantes?".
10Balaão respondeu a Deus: "Balaque, filho de Zipor, rei de
Moabe, me enviou a seguinte mensagem: 11'Um povo enorme
saiu do Egito e cobre a terra. Venha e amaldiçoe esse povo.
Então, quem sabe, poderei enfrentá-lo e expulsá-lo da terra'".
12Mas Deus disse a Balaão: "Não vá com eles nem amaldiçoe
esse povo, pois é povo abençoado!".
13Na manhã seguinte, Balaão se levantou e disse aos oficiais
de Balaque: "Voltem para casa! O SENHOR não me permitiu ir
com vocês".
14Os oficiais moabitas voltaram ao rei Balaque e lhe infor-
maram: "Balaão se recusou a vir conosco". 15Então Balaque
fez outra tentativa. Dessa vez, enviou um número maior de
oficiais ainda mais importantes que os homens que tinha en-
viado inicialmente. 16Eles foram até Balaão e lhe transmitiram
a seguinte mensagem: "É isto que diz Balaque, filho de Zipor:
Por favor, não se recuse a vir me ajudar. 17Pagarei muito bem
e farei tudo que me pedir. Por favor, venha e amaldiçoe esse
povo para mim".
18Balaão, porém, respondeu aos oficiais de Balaque: "Mesmo
que Balaque me desse seu palácio cheio de prata e ouro, eu
não poderia fazer coisa alguma, grande ou pequena, contra
a vontade do SENHOR, meu Deus. 19Fiquem, porém, mais esta
noite, e eu verei se o SENHOR tem algo mais a me dizer".
20Naquela noite, Deus veio a Balaão e lhe disse: "Uma vez
que estes homens vieram chamá-lo, levante-se e vá com eles.
Contudo, faça apenas o que eu mandar".

Balaão e sua jumenta

21Na manhã seguinte, Balaão se levantou, pôs a sela sobre
sua jumenta e partiu com os oficiais moabitas. 22A ira de Deus
se acendeu porque Balaão foi com eles, de modo que enviou
o anjo do SENHOR para se pôr no caminho e impedir sua pas-
sagem. Enquanto Balaão ia montado na jumenta, acompa-
nhado por dois servos, 23a jumenta de Balaão viu o anjo do
SENHOR em pé no caminho, segurando uma espada. A jumenta
se desviou do caminho e saiu para um campo, mas Balaão
bateu nela e a fez voltar para o caminho. 24Então o anjo do
SENHOR se pôs num lugar onde o caminho se estreitava, entre
os muros de dois vinhedos. 25Quando a jumenta viu o anjo do
SENHOR, tentou passar pelo espaço apertado e espremeu o pé
de Balaão contra o muro. Por isso, Balaão bateu nela outra vez.
26Então o anjo do SENHOR foi mais adiante no caminho e se pôs
num lugar estreito demais para a jumenta passar, seja pela
direita ou pela esquerda. 27Quando a jumenta viu o anjo, ela
se deitou, apesar de Balaão ainda estar montado. Num ataque
de raiva, Balaão a espancou com uma vara.
28Então o SENHOR fez a jumenta falar. "O que eu lhe fiz para
você me bater três vezes?", perguntou ela a Balaão.
29"Você me fez de tolo!", gritou Balaão. "Se eu tivesse uma
espada, mataria você!"
30"Mas eu sou a mesma jumenta que você montou a vida
toda", disse ela. "Alguma vez eu fiz algo parecido?"
"Não", respondeu Balaão.
31Então o SENHOR abriu os olhos de Balaão, e ele viu o anjo do

SENHOR em pé no caminho, segurando a espada. Balaão curvou
a cabeça e se prostrou diante dele com o rosto em terra.
32“Por que você bateu três vezes na jumenta?”, perguntou
o anjo do SENHOR. “Eu vim para impedir sua passagem, pois
você insiste em seguir por um caminho que me desagrada.
33Três vezes a jumenta me viu e se afastou; se ela não tivesse
se desviado, certamente eu teria matado você e poupado a
vida da jumenta.”
34“Pequei”, disse Balaão ao anjo do SENHOR. “Não percebi que
estavas no caminho impedindo minha passagem. Se te opões
à minha viagem, voltarei para casa.”
35O anjo do SENHOR disse a Balaão: “Vá com os homens, mas
fale apenas o que eu lhe disser”. Balaão seguiu viagem com os
oficiais de Balaque. 36Quando o rei Balaque soube que Balaão
estava a caminho, saiu para se encontrar com ele numa cidade
moabita junto ao rio Arnom, na fronteira de seu território.
37Balaque perguntou a Balaão: “Não mandei chamá-lo com
urgência? Por que não veio de imediato? Não acreditou em
mim quando eu disse que lhe daria uma grande recompensa?”.
38Balaão respondeu: “Agora estou aqui, mas não posso falar o
que bem entender. Transmitirei apenas a mensagem que Deus
puser em minha boca”. 39Então Balaão acompanhou Balaque
até Quiriate-Huzote. 40Ali, Balaque sacrificou bois e ovelhas e
mandou entregar porções da carne a Balaão e aos oficiais que
estavam com ele. 41Na manhã seguinte, Balaque subiu com
Balaão até Bamote-Baal. De lá, podiam ver uma parte do povo.

A primeira mensagem de Balaão

23 Balaão disse a Balaque: “Construa aqui sete altares e
prepare sete novilhos e sete carneiros”. 2Balaque seguiu
as instruções de Balaão, e os dois ofereceram um novilho e um
carneiro em cada altar.
3Então Balaão disse a Balaque: “Fique aqui junto aos holo-
caustos enquanto eu vejo se o SENHOR virá ao meu encontro.
Depois lhe direi o que ele me revelar”. Em seguida, subiu so-
zinho até o topo de um monte sem vegetação, 4e Deus veio ao
encontro dele. Balaão disse: “Preparei sete altares e ofereci
um novilho e um carneiro em cada altar”.
5O SENHOR deu a Balaão uma mensagem para o rei Balaque
e disse: “Volte até onde Balaque está e transmita-lhe essa
mensagem”.
6Balaão voltou e encontrou o rei junto aos holocaustos e, com
ele, todos os líderes de Moabe. 7Esta foi a mensagem que
Balaão transmitiu: “Balaque me trouxe desde Arã; o rei de
Moabe me trouxe dos montes do leste.
‘Venha’, disse ele, ‘amaldiçoe Jacó para mim! Venha e anuncie
a condenação de Israel!’
8Mas como posso amaldiçoar aqueles que Deus não amaldi-
çoou? Como posso condenar aqueles que o SENHOR não con-
denou?
9Do alto dos rochedos eu os vejo, dos montes os observo. Vejo
um povo que vive só, separado das outras nações.
10Quem pode contar os descendentes de Jacó, tão numerosos
quanto o pó? Quem pode contar ao menos um quarto de Is-
rael? Que eu morra como os justos! Que meu fim seja como
o deles!”.
11Então o rei Balaque disse a Balaão: “O que você me fez? Eu
o trouxe aqui para amaldiçoar meus inimigos; em vez disso,
você os abençoou!”.
12Balaão respondeu: “Como eu poderia transmitir algo dife-
rente daquilo que o SENHOR pôs em minha boca?”.

A segunda mensagem de Balaão

13Então Balaque lhe disse: “Venha comigo a outro lugar. Dali,
você verá outra parte do povo, mas não ele todo. Amaldiçoe
dali o povo!”. 14Então Balaque levou Balaão ao campo de
Zofim, no alto do monte Pisga. Construiu ali sete altares e
ofereceu um novilho e um carneiro em cada altar.
15Balaão disse ao rei: “Fique aqui junto aos holocaustos en-
quanto eu vou ao encontro do SENHOR”.
16Então o SENHOR veio ao encontro de Balaão e lhe transmitiu
uma mensagem, e depois disse: “Volte até onde Balaque está
e transmita-lhe essa mensagem”.
17Balaão voltou e encontrou o rei junto aos holocaustos e, com
ele, todos os oficiais de Moabe. “O que o SENHOR disse?”, per-
guntou Balaque.
18Esta foi a mensagem que Balaão transmitiu: “Levante-se,
Balaque, e preste atenção! Ouça-me, filho de Zipor!
19Deus não é homem para mentir, nem ser humano para mudar
de ideia. Alguma vez ele falou e não agiu? Alguma vez pro-
meteu e não cumpriu?
20Ouça, recebi ordem de abençoar; Deus abençoou, e não
posso anular sua bênção!
21Quando ele olha para Jacó, não vê maldade alguma; não vê
calamidade à espera de Israel. Pois o SENHOR, seu Deus, está
com eles; foi aclamado como seu rei.
22Deus os tirou do Egito; ele é forte como o boi selvagem.
23Encantamento algum pode tocar Jacó, magia alguma tem
poder contra Israel. Agora se dirá a respeito de Jacó: ‘Vejam
o que Deus fez por Israel!’.
24Este povo se levanta como leoa, como leão majestoso que
desperta. Não descansa enquanto não devora a presa e bebe
o sangue dos que foram mortos!”.
25Então Balaque disse a Balaão: “Pois bem! Se não os amaldi-
çoar, pelo menos não os abençoe!”.
26Mas Balaão respondeu: “Não lhe avisei que faria apenas o
que o SENHOR me ordenasse?”.

A terceira mensagem de Balaão

27O rei Balaque disse a Balaão: “Venha, eu o levarei a mais um
lugar. Quem sabe Deus se agrade de que você os amaldiçoe
dali!”.
28Balaque levou Balaão até o topo do monte Peor, de onde se
vê o deserto. 29Mais uma vez, Balaão disse a Balaque: “Cons-

trua sete altares e prepare sete novilhos e sete carneiros".
30Balaque seguiu as instruções de Balaão e ofereceu um no-
vilho e um carneiro em cada altar.

24Quando Balaão percebeu que o SENHOR se agradava
de abençoar Israel, não recorreu à adivinhação como
antes. Em vez disso, voltou-se em direção ao deserto, 2onde
viu o povo de Israel acampado de acordo com suas tribos.
Então o Espírito de Deus veio sobre Balaão, 3e ele transmitiu a
seguinte mensagem: "Esta é a mensagem de Balaão, filho de
Beor, a mensagem do homem cujos olhos veem com clareza,
4a mensagem daquele que ouve as palavras de Deus, que tem
uma visão concedida pelo Todo-poderoso, que se curva com
os olhos bem abertos:
5Como são belas suas tendas, ó Jacó! Como são lindas suas
moradas, ó Israel!
6Estendem-se diante de mim como palmeiras, como jardins
à beira do rio. São como aloés plantados pelo SENHOR, como
cedros junto às águas.
7Águas jorrarão de seus baldes, e suas sementes serão bem
regadas. Seu rei será maior que Agague, e seu reino será exal-
tado.
8Deus os tirou do Egito; ele é forte como o boi selvagem. De-
vora todas as nações que se opõem a ele; despedaça seus
ossos e com flechas as atravessa.
9Como leão, Israel se agacha e se deita; como a leoa, quem
tem coragem de acordá-lo? Sejam abençoados os que o aben-
çoarem e amaldiçoados os que o amaldiçoarem".
10O rei Balaque se enfureceu contra Balaão e, batendo as
palmas das mãos, gritou: "Eu o chamei para amaldiçoar meus
inimigos; em vez disso, você os abençoou três vezes! 11Vá em-
bora! Volte para casa! Eu lhe prometi uma grande recompensa,
mas o SENHOR o impediu de recebê-la!".
12Balaão disse a Balaque: "Você não se lembra do que expli-
quei a seus mensageiros? Eu lhes avisei: 13'Mesmo que Ba-
laque me desse seu palácio cheio de prata e ouro, eu não
poderia fazer coisa alguma, boa ou má, contra a vontade do
SENHOR'! Avisei que só poderia falar aquilo que o SENHOR dis-
sesse! 14Agora, volto para meu povo, mas primeiro lhe direi o
que esse povo fará ao seu povo no futuro".

A última mensagem de Balaão

15Balaão transmitiu a seguinte mensagem: "Esta é a men-
sagem de Balaão, filho de Beor, a mensagem do homem cujos
olhos veem com clareza, 16a mensagem daquele que ouve as
palavras de Deus, que possui conhecimento dado pelo Altís-
simo, que tem uma visão concedida pelo Todo-poderoso, que
se curva com os olhos bem abertos:
17Eu o vejo, mas não agora; eu o avisto, mas não de perto.
Uma estrela surgirá de Jacó, um cetro se levantará de Israel.
Esmagará a cabeça do povo de Moabe e rachará o crânio dos
descendentes de Sete.
18Tomará posse de Edom e conquistará seu inimigo, Seir, en-
quanto Israel marcha adiante em triunfo.
19De Jacó surgirá um governante que destruirá os sobrevi-
ventes de Ar".
20Então Balaão olhou na direção do povo de Amaleque e
transmitiu a seguinte mensagem: "Amaleque era a primeira
de todas as nações, mas seu destino é a destruição!".
21Em seguida, Balaão olhou na direção dos queneus e trans-
mitiu a seguinte mensagem: "Sua habitação é segura; seu
ninho está apoiado nas rochas.
22Os queneus, porém, serão destruídos quando Assur os levar
prisioneiros".
23Balaão concluiu sua mensagem com estas palavras: "Ai!
Quem pode sobreviver quando Deus fizer essas coisas?
24Navios virão do litoral de Chipre, oprimirão Assur e afligirão
Héber, mas eles também serão destruídos".
25Então Balaão se levantou e voltou para sua terra, e Balaque
também seguiu seu caminho.

Moabe corrompe Israel

25Enquanto estava acampado em Sitim, os homens de
Israel começaram a manter relações sexuais com mu-
lheres moabitas da região. 2Essas mulheres os convidaram
para os sacrifícios a seus deuses, e o povo participou da festa
e adorou os deuses de Moabe. 3Assim, os israelitas prestaram
culto a Baal em Peor, e a ira do SENHOR se acendeu contra o
povo.
4O SENHOR disse a Moisés: "Prenda todos os chefes do povo e
execute-os diante do SENHOR em plena luz do dia, para que sua
ira ardente se afaste de Israel".
5Então Moisés ordenou aos juízes de Israel: "Cada um de vocês
executará os homens sob sua autoridade que participaram do
culto a Baal em Peor".
6Nesse momento, enquanto todos choravam à entrada da
tenda do encontro, um israelita levou para dentro de sua tenda
uma mulher midianita, diante dos olhos de Moisés e de toda
a comunidade de Israel. 7Quando Fineias, filho de Eleazar e
neto do sacerdote Arão, viu isso, levantou-se e saiu do meio do
povo. Pegou uma lança, 8correu atrás do homem até o interior
de sua tenda e atravessou o corpo do homem e da mulher, na
altura do estômago, com um só golpe. Então a praga contra
os israelitas cessou. 9A essa altura, porém, 24 mil pessoas já
haviam morrido.
10Então o SENHOR disse a Moisés: 11"Fineias, filho de Eleazar e
neto do sacerdote Arão, afastou minha ira dos israelitas ao de-
monstrar tamanho zelo por mim no meio deles, evitando que
eu destruísse os israelitas na ira do meu zelo. 12Agora, diga-lhe
que faço com ele minha aliança especial de paz. 13Por meio
dessa aliança, dou a Fineias e a seus descendentes direito
permanente ao serviço sacerdotal, pois em seu zelo por mim,
seu Deus, ele fez expiação pelo povo de Israel".
14O homem israelita morto com a mulher midianita se chamava

Zinri, filho de Salu, chefe de uma das famílias da tribo de Si-
meão. 15 A mulher se chamava Cosbi e era filha de Zur, chefe
de um clã midianita.
16 O SENHOR disse a Moisés: 17 "Ataque os midianitas e des-
trua-os, 18 porque eles atacaram vocês, enganando-os no
incidente em Peor, e também por causa de Cosbi, filha do
chefe midianita, que foi morta durante a praga causada no
incidente em Peor".

O segundo censo dos soldados de Israel

26 Depois que a praga cessou, o SENHOR disse a Moisés e a
Eleazar, filho do sacerdote Arão: 2 "Realizem um censo
de toda a comunidade de Israel, de acordo com suas famílias.
Façam uma lista de todos os homens de 20 anos para cima,
aptos para irem à guerra".
3 Portanto, ali nas campinas de Moabe, junto ao rio Jordão e do
lado oposto de Jericó, Moisés e o sacerdote Eleazar deram as
seguintes instruções aos líderes de Israel: 4 "Façam uma lista
de todos os homens de Israel de 20 anos para cima, conforme
o SENHOR ordenou a Moisés". Este é o registro dos israelitas
que saíram do Egito.

A tribo de Rúben

5 Estes foram os clãs descendentes dos filhos de Rúben, o filho
mais velho de Jacó: O clã enoquita, assim chamado por causa
de seu antepassado Enoque. O clã paluíta, assim chamado por
causa de seu antepassado Palu.
6 O clã hezronita, assim chamado por causa de seu antepas-
sado Hezrom. O clã carmita, assim chamado por causa de seu
antepassado Carmi.
7 Esses foram os clãs de Rúben, que totalizaram 43.730 homens
registrados.
8 Palu foi antepassado de Eliabe, 9 e Eliabe foi o pai de Nemuel,
Datã e Abirão. Datã e Abirão foram os mesmos líderes da co-
munidade que conspiraram contra Moisés e Arão e, com os
seguidores de Corá, se rebelaram contra o SENHOR. 10 Contudo,
a terra abriu sua boca e os engoliu juntamente com Corá, e o
fogo devorou 250 de seus seguidores. Isso serviu de adver-
tência a todo o povo. 11 A descendência de Corá, porém, não
desapareceu por completo.

A tribo de Simeão

12 Estes foram os clãs descendentes dos filhos de Simeão: O
clã jemuelita, assim chamado por causa de seu antepassado
Jemuel. O clã jaminita, assim chamado por causa de seu ante-
passado Jamim. O clã jaquinita, assim chamado por causa de
seu antepassado Jaquim.
13 O clã zoarita, assim chamado por causa de seu antepassado
Zoar. O clã saulita, assim chamado por causa de seu ante-
passado Saul.
14 Esses foram os clãs de Simeão, que totalizaram 22.200 ho-
mens registrados.

A tribo de Gade

15 Estes foram os clãs descendentes dos filhos de Gade: O clã
zefonita, assim chamado por causa de seu antepassado Zefom.
O clã hagita, assim chamado por causa de seu antepassado
Hagi. O clã sunita, assim chamado por causa de seu antepas-
sado Suni.
16 O clã oznita, assim chamado por causa de seu antepassado
Ozni. O clã erita, assim chamado por causa de seu antepas-
sado Eri.
17 O clã arodita, assim chamado por causa de seu antepassado
Arodi. O clã arelita, assim chamado por causa de seu ante-
passado Areli.
18 Esses foram os clãs de Gade, que totalizaram 40.500 homens
registrados.

A tribo de Judá

19 Judá teve dois filhos, Er e Onã, que morreram na terra de
Canaã. 20 Estes foram os clãs descendentes dos filhos sobre-
viventes de Judá: O clã selanita, assim chamado por causa
de seu antepassado Selá. O clã perezita, assim chamado por
causa de seu antepassado Perez. O clã zeraíta, assim chamado
por causa de seu antepassado Zerá.
21 Estas foram as subdivisões dos descendentes dos perezitas:
O clã hezronita, assim chamado por causa de seu antepassado
Hezrom. O clã hamulita, assim chamado por causa de seu an-
tepassado Hamul.
22 Esses foram os clãs de Judá, que totalizaram 76.500 homens
registrados.

A tribo de Issacar

23 Estes foram os clãs descendentes dos filhos de Issacar: O clã
tolaíta, assim chamado por causa de seu antepassado Tolá. O
clã puíta, assim chamado por causa de seu antepassado Puá.
24 O clã jasubita, assim chamado por causa de seu antepassado
Jasube. O clã sinromita, assim chamado por causa de seu an-
tepassado Sinrom.
25 Esses foram os clãs de Issacar, que totalizaram 64.300 ho-
mens registrados.

A tribo de Zebulom

26 Estes foram os clãs descendentes dos filhos de Zebulom: O
clã seredita, assim chamado por causa de seu antepassado
Serede. O clã elonita, assim chamado por causa de seu an-
tepassado Elom. O clã jaleelita, assim chamado por causa de
seu antepassado Jaleel.
27 Esses foram os clãs de Zebulom, que totalizaram 60.500
homens registrados.

A tribo de Manassés

28 Os clãs de José descenderam de seus dois filhos, Manassés
e Efraim.

29 Estes foram os clãs descendentes de Manassés: O clã maquirita, assim chamado por causa de seu antepassado Maquir. O clã gileadita, assim chamado por causa de seu antepassado Gileade, filho de Maquir.

30 Estas foram as subdivisões de descendentes dos gileaditas: O clã jezerita, assim chamado por causa de seu antepassado Jezer. O clã helequita, assim chamado por causa de seu antepassado Heleque.

31 O clã asrielita, assim chamado por causa de seu antepassado Asriel. O clã siquemita, assim chamado por causa de seu antepassado Siquém.

32 O clã semidaíta, assim chamado por causa de seu antepassado Semida. O clã heferita, assim chamado por causa de seu antepassado Héfer.

33 (Zelofeade, um dos descendentes de Héfer, não teve filhos, mas suas filhas se chamavam Maala, Noa, Hogla, Milca e Tirza.)

34 Esses foram os clãs de Manassés, que totalizaram 52.700 homens registrados.

A tribo de Efraim

35 Estes foram os clãs descendentes dos filhos de Efraim: O clã sutelaíta, assim chamado por causa de seu antepassado Sutela. O clã bequerita, assim chamado por causa de seu antepassado Bequer. O clã taanita, assim chamado por causa de seu antepassado Taã.

36 Esta foi a subdivisão de descendentes dos sutelaítas: O clã eranita, assim chamado por causa de seu antepassado Erã.

37 Esses foram os clãs de Efraim, que totalizaram 32.500 homens registrados. Esses foram os descendentes de José, segundo seus clãs.

A tribo de Benjamim

38 Estes foram os clãs descendentes dos filhos de Benjamim: O clã belaíta, assim chamado por causa de seu antepassado Belá. O clã asbelita, assim chamado por causa de seu antepassado Asbel. O clã airamita, assim chamado por causa de seu antepassado Airã.

39 O clã sufamita, assim chamado por causa de seu antepassado Sufã. O clã hufamita, assim chamado por causa de seu antepassado Hufã.

40 Estas foram as subdivisões de descendentes dos belaítas: O clã ardita, assim chamado por causa de seu antepassado Arde. O clã naamanita, assim chamado por causa de seu antepassado Naamã.

41 Esses foram os clãs de Benjamim, que totalizaram 45.600 homens registrados.

A tribo de Dã

42 Estes foram os clãs descendentes dos filhos de Dã: O clã suamita, assim chamado por causa de seu antepassado Suã.

43 Esses foram os clãs suamitas de Dã, que totalizaram 64.400 homens registrados.

A tribo de Aser

44 Estes foram os clãs descendentes dos filhos de Aser: O clã imnaíta, assim chamado por causa de seu antepassado Imna. O clã isvita, assim chamado por causa de seu antepassado Isvi. O clã beriaíta, assim chamado por causa de seu antepassado Berias.

45 Estas foram as subdivisões de descendentes dos beriaítas: O clã heberita, assim chamado por causa de seu antepassado Héber. O clã malquielita, assim chamado por causa de seu antepassado Malquiel.

46 Aser teve uma filha chamada Sera.

47 Esses foram os clãs de Aser, que totalizaram 53.400 homens registrados.

A tribo de Naftali

48 Estes foram os clãs descendentes dos filhos de Naftali: O clã jazeelita, assim chamado por causa de seu antepassado Jazeel. O clã gunita, assim chamado por causa de seu antepassado Guni.

49 O clã jezerita, assim chamado por causa de seu antepassado Jezer. O clã silemita, assim chamado por causa de seu antepassado Silém.

50 Esses foram os clãs de Naftali, que totalizaram 45.400 homens registrados.

Resultados do censo

51 Os homens registrados em Israel totalizaram 601.730.

52 Então o SENHOR disse a Moisés: 53 "Divida a terra entre as
tribos e distribua as porções de terra de acordo com o nú-
mero de nomes registrados na lista. 54 Dê mais terras às tribos
maiores e menos terras às tribos menores, para que cada
grupo receba uma herança proporcional ao tamanho de sua
população. 55 Distribua a terra por sorteio e dê a cada tribo de
seus antepassados a sua porção de acordo com o número de
nomes registrados na lista. 56 Cada porção de terra será distri-
buída por sorteio entre as famílias tribais maiores e menores".

A tribo de Levi

57 Este é o registro dos levitas que foram contados de acordo com seus clãs: O clã gersonita, assim chamado por causa de seu antepassado Gérson. O clã coatita, assim chamado por causa de seu antepassado Coate. O clã merarita, assim chamado por causa de seu antepassado Merari.

58 Os clãs libnita, hebronita, malita, musita e coraíta eram sub-
divisões de descendentes dos levitas. Coate foi antepassado
de Anrão, 59 e a esposa de Anrão se chamava Joquebede. Ela
também era descendente de Levi, nascida entre os levitas na
terra do Egito. Anrão e Joquebede eram pais de Arão, Moisés e
sua irmã Miriã. 60 Os filhos de Arão foram Nadabe, Abiú, Eleazar
e Itamar. 61 Nadabe e Abiú morreram quando trouxeram fogo
estranho diante do SENHOR.

62Os homens dos clãs levitas de um mês de idade ou mais
totalizaram 23.000. Os levitas, porém, não foram incluídos no
registro do restante dos israelitas, pois não receberam pro-
priedades quando a terra foi dividida.
63Esses foram os resultados do censo dos israelitas realizado
por Moisés e pelo sacerdote Eleazar nas campinas de Moabe,
junto ao rio Jordão, do lado oposto de Jericó. 64Ninguém dessa
lista estava registrado no censo anterior dos israelitas feito
por Moisés e Arão no deserto do Sinai, 65pois o SENHOR tinha
dito a respeito deles: "Todos morrerão no deserto". Nenhum
deles sobreviveu, com exceção de Calebe, filho de Jefoné, e
de Josué, filho de Num.

As filhas de Zelofeade

27 Certo dia, Maala, Noa, Hogla, Milca e Tirza, as filhas de
Zelofeade, fizeram uma petição. Seu pai pertencia a um
dos clãs de Manassés, pois era descendente de Héfer, filho
de Gileade, filho de Maquir, filho de Manassés, filho de José.
2Essas mulheres se apresentaram diante de Moisés, do sacer-
dote Eleazar, dos líderes das tribos e de toda a comunidade à
entrada da tenda do encontro e disseram: 3"Nosso pai morreu
no deserto. Não era um dos seguidores de Corá, que se rebe-
laram contra o SENHOR, mas morreu por causa do seu próprio
pecado e não teve filhos. 4Por que o nome de nosso pai deveria
desaparecer de seu clã só porque ele não teve filhos? Dê-nos
uma propriedade entre o restante de nossos parentes".
5Moisés levou o caso ao SENHOR, 6e o SENHOR respondeu a
Moisés: 7"A reivindicação das filhas de Zelofeade é justa. Dê
a elas uma porção de terra entre os parentes de seu pai, a
herança que teria sido entregue a seu pai.
8"Dê as seguintes instruções ao povo de Israel. Se um homem
morrer e não deixar filhos, passem a herança às filhas. 9Se ele
também não tiver filhas, transfiram a herança aos irmãos dele.
10Se ele não tiver irmãos, deem a herança aos irmãos do pai
dele. 11Se seu pai não tiver irmãos, deem a herança ao parente
mais próximo de seu clã. Essa é uma prescrição definitiva para
os israelitas, conforme o SENHOR ordenou a Moisés".

Josué é escolhido para liderar Israel

12Então o SENHOR disse a Moisés: "Suba a um dos montes de
Abarim e olhe para a terra que dou ao povo de Israel. 13De-
pois de vê-la, você será reunido a seu povo, como seu irmão
Arão, 14pois vocês desobedeceram às minhas instruções no
deserto de Zim. Quando a comunidade se rebelou, vocês não
demonstraram minha santidade para eles junto às águas".
(Essas águas são as de Meribá, em Cades, no deserto de Zim.)
15Então Moisés disse ao SENHOR: 16"SENHOR, tu és o Deus que dá
fôlego a todas as criaturas. Por favor, indica um homem para
ser o novo líder da comunidade. 17Dá a eles alguém que os guie
aonde quer que forem e os conduza nas batalhas, para que a
comunidade do SENHOR não seja como ovelhas sem pastor".
18O SENHOR respondeu: "Convoque Josué, filho de Num, em
quem está o Espírito, e coloque as mãos sobre ele. 19Apre-
sente-o ao sacerdote Eleazar diante de toda a comunidade e
encarregue-o publicamente de liderar. 20Transfira a ele parte
de sua autoridade, para que toda a comunidade de Israel lhe
obedeça. 21Quando for necessário receber orientação do SE-
NHOR, Josué se apresentará diante do sacerdote Eleazar, que
usará o Urim perante o SENHOR para determinar sua vontade.
É pela palavra de Eleazar que Josué e toda a comunidade de
Israel decidirão tudo que devem fazer".
22Moisés fez o que o SENHOR ordenou. Apresentou Josué ao
sacerdote Eleazar e a toda a comunidade, 23colocou as mãos
sobre ele e o encarregou de liderar o povo, exatamente como
o SENHOR havia ordenado por meio de Moisés.

As ofertas diárias

28 O SENHOR disse a Moisés: 2"Dê as seguintes instruções
ao povo de Israel. Não deixem de trazer o alimento para
as ofertas especiais que vocês apresentam a mim. São aroma
agradável, que deverão ser oferecidas na ocasião certa.
3"Diga-lhes: Esta é sua oferta especial, que vocês apresen-
tarão ao SENHOR como holocausto diário: dois cordeiros de
um ano e sem defeito. 4Sacrifiquem um cordeiro pela manhã
e outro ao entardecer. 5Apresentem também uma oferta de
cereal de dois quilos de farinha da melhor qualidade misturada
com um litro de azeite puro de olivas prensadas. 6Esse é o
holocausto habitual instituído no monte Sinai como oferta es-
pecial, um aroma agradável ao SENHOR. 7Junto com cada cor-
deiro, apresentem no santuário um litro de bebida fermentada
como oferta para o SENHOR. 8Apresentem o segundo cordeiro
ao entardecer com a mesma oferta de cereal e a oferta derra-
mada. É uma oferta especial, um aroma agradável ao SENHOR."

As ofertas do sábado

9"No sábado, sacrifiquem dois cordeiros de um ano e sem de-
feito. Serão acompanhados de uma oferta de cereal de quatro
quilos de farinha da melhor qualidade umedecida com azeite
e de uma oferta derramada. 10Esse é o holocausto que será
apresentado a cada sábado além do holocausto habitual e da
oferta derramada que o acompanha."

As ofertas mensais

11"No primeiro dia de cada mês, apresentem ao SENHOR um
holocausto adicional de dois novilhos, um carneiro e sete
cordeiros de um ano, todos sem defeito. 12Serão acompa-
nhados de ofertas de cereal de farinha da melhor qualidade
umedecida com azeite: seis quilos para cada novilho, quatro
quilos para o carneiro 13e dois quilos para cada cordeiro. Esse
holocausto será uma oferta especial, um aroma agradável ao
SENHOR. 14Apresentem também uma oferta derramada com
cada sacrifício: dois litros de vinho para cada novilho, um litro
e um terço para cada carneiro e um litro para cada cordeiro.

Apresentem esse holocausto no primeiro dia de cada mês ao longo de todo o ano.

15“No primeiro dia de cada mês, apresentem também ao Senhor um bode como oferta pelo pecado. Esse é um acréscimo ao holocausto habitual e à oferta derramada que o acompanha.”

As ofertas da Páscoa

16“No décimo quarto dia do primeiro mês, celebrem a Páscoa do Senhor. 17No dia seguinte, o décimo quinto do mês, terá início uma festa de sete dias durante os quais ninguém comerá pão feito com fermento. 18O primeiro dia da festa será um dia oficial de reunião sagrada, no qual não farão nenhum trabalho habitual. 19Apresentarão ao Senhor como oferta especial um holocausto de dois novilhos, um carneiro e sete cordeiros de um ano, todos sem defeito. 20Os sacrifícios serão acompanhados de uma oferta de cereal de farinha da melhor qualidade umedecida com azeite: seis quilos para cada novilho, quatro quilos para o carneiro 21e dois quilos para cada um dos sete cordeiros. 22Apresentem também um bode como oferta pelo pecado para fazer expiação por vocês. 23Apresentem essas ofertas além dos holocaustos habituais da manhã. 24Essa é a forma como devem preparar, em cada um dos sete dias de festa, a oferta de alimento apresentada como oferta especial, um aroma agradável ao Senhor. Será apresentada além do holocausto habitual e das ofertas derramadas. 25O sétimo dia da festa será outro dia oficial de reunião sagrada, um dia em que não farão nenhum trabalho habitual.”

As ofertas para a Festa da Colheita

26“Durante a Festa da Colheita, quando apresentarem ao Senhor seus primeiros cereais novos, convoquem um dia oficial para reunião sagrada, no qual não farão nenhum trabalho habitual. 27Nesse dia, apresentem um holocausto adicional como aroma agradável ao Senhor. O sacrifício será constituído de dois novilhos, um carneiro e sete cordeiros de um ano. 28Será acompanhado de ofertas de cereal de farinha da melhor qualidade umedecida com azeite: seis quilos para cada novilho, quatro quilos para o carneiro 29e dois quilos para cada um dos sete cordeiros. 30Apresentem também um bode para fazer expiação por vocês. 31Preparem esses holocaustos adicionais, junto com suas ofertas derramadas, além do holocausto habitual e da oferta de cereal que o acompanha. Cuidem para que todos os animais sejam sem defeito.”

As ofertas para a Festa das Trombetas

29 “No primeiro dia do sétimo mês, celebrem a Festa das Trombetas. Convoquem um dia oficial de reunião sagrada, no qual não farão nenhum trabalho habitual. 2Nesse dia, apresentem um holocausto como aroma agradável ao Senhor. O sacrifício será constituído de um novilho, um carneiro e sete cordeiros de um ano, todos sem defeito. 3Será acompanhado de ofertas de cereal de farinha da melhor qualidade umedecida com azeite: seis quilos para o novilho, quatro quilos para o carneiro 4e dois quilos para cada um dos sete cordeiros. 5Apresentem também um bode como oferta pelo pecado para fazer expiação por vocês. 6Esses sacrifícios especiais são um acréscimo aos holocaustos mensais e habituais e serão apresentados com as ofertas de cereal e as ofertas derramadas prescritas que os acompanham. São uma oferta especial, um aroma agradável ao Senhor.”

As ofertas para o Dia da Expiação

7“No décimo dia do sétimo mês, convoquem outra reunião sagrada. Nesse dia, o Dia da Expiação, vocês se humilharão e não farão nenhum trabalho habitual. 8Apresentem um holocausto como aroma agradável ao Senhor. Será constituído de um novilho, um carneiro e sete cordeiros de um ano, todos sem defeito. 9Os sacrifícios serão acompanhados de ofertas de cereal de farinha da melhor qualidade umedecida com azeite: seis quilos de farinha da melhor qualidade para o novilho, quatro quilos de farinha da melhor qualidade para o carneiro 10e dois quilos de farinha da melhor qualidade para cada um dos sete cordeiros. 11Apresentem também um bode como oferta pelo pecado. Essa oferta é um acréscimo à oferta pelo pecado apresentada para fazer expiação e ao holocausto habitual com a oferta de cereal e as ofertas derramadas que o acompanham.”

Ofertas para a Festa das Cabanas

12“No décimo quinto dia do sétimo mês, convoquem outra reunião sagrada. Nesse dia, não façam nenhum trabalho habitual. É o início da Festa das Cabanas, uma festa de sete dias em homenagem ao Senhor. 13No primeiro dia da festa, apresentem um holocausto como oferta especial, um aroma agradável ao Senhor. Será constituído de treze novilhos, dois carneiros e catorze cordeiros de um ano, todos sem defeito. 14Cada um desses sacrifícios será acompanhado de uma oferta de cereal de farinha da melhor qualidade umedecida com azeite: seis quilos para cada um dos treze novilhos, quatro quilos para cada um dos dois carneiros 15e dois quilos para cada um dos catorze cordeiros. 16Apresentem também um bode como oferta pelo pecado, além do holocausto habitual com a oferta de cereal e a oferta derramada que o acompanham.

17“No segundo dia da festa, sacrifiquem doze novilhos, dois carneiros e catorze cordeiros de um ano, todos sem defeito. 18Cada um desses sacrifícios de novilhos, carneiros e cordeiros será acompanhado de sua oferta de cereal e de sua oferta derramada, conforme o número prescrito. 19Apresentem também um bode como oferta pelo pecado, além do holocausto habitual com a oferta de cereal e a oferta derramada que o acompanham.

20“No terceiro dia da festa, sacrifiquem onze novilhos, dois carneiros e catorze cordeiros de um ano, todos sem defeito. 21Cada um desses sacrifícios de novilhos, carneiros e cordeiros

será acompanhado de sua oferta de cereal e de sua oferta
derramada, conforme o número prescrito. 22Apresentem
também um bode como oferta pelo pecado, além do holo-
causto habitual com a oferta de cereal e a oferta derramada
que o acompanham.
23"No quarto dia da festa, sacrifiquem dez novilhos, dois
carneiros e catorze cordeiros de um ano, todos sem defeito.
24Cada um desses sacrifícios de novilhos, carneiros e cordeiros
será acompanhado de sua oferta de cereal e de sua oferta
derramada, conforme o número prescrito. 25Apresentem
também um bode como oferta pelo pecado, além do holo-
causto habitual com a oferta de cereal e a oferta derramada
que o acompanham.
26"No quinto dia da festa, sacrifiquem nove novilhos, dois
carneiros e catorze cordeiros de um ano, todos sem defeito.
27Cada um desses sacrifícios de novilhos, carneiros e cordeiros
será acompanhado de sua oferta de cereal e de sua oferta
derramada, conforme o número prescrito. 28Apresentem
também um bode como oferta pelo pecado, além do sacrifício
habitual com a oferta de cereal e a oferta derramada que o
acompanham.
29"No sexto dia da festa, sacrifiquem oito novilhos, dois car-
neiros e catorze cordeiros de um ano, todos sem defeito.
30Cada um desses sacrifícios de novilhos, carneiros e cor-
deiros será acompanhado de sua oferta de cereal e de sua
oferta derramada, conforme o número prescrito. 31Apresentem
também um bode como oferta pelo pecado, além do holo-
causto habitual com a oferta de cereal e a oferta derramada
que o acompanham.
32"No sétimo dia da festa, sacrifiquem sete novilhos, dois
carneiros e catorze cordeiros de um ano, todos sem defeito.
33Cada um desses sacrifícios de novilhos, carneiros e cordeiros
será acompanhado de sua oferta de cereal e de sua oferta
derramada, conforme o número prescrito. 34Apresentem
também um bode como oferta pelo pecado, além do holo-
causto habitual com a oferta de cereal e a oferta derramada
que o acompanham.
35"No oitavo dia da festa, declarem uma reunião solene. Não
façam nenhum trabalho habitual nesse dia. 36Apresentem um
holocausto como oferta especial, um aroma agradável ao SE-
NHOR. O sacrifício consistirá em um novilho, um carneiro e sete
cordeiros de um ano, todos sem defeito. 37Cada um desses
sacrifícios será acompanhado de sua oferta de cereal e de
sua oferta derramada, conforme o número prescrito. 38Apre-
sentem também um bode como oferta pelo pecado, além do
holocausto habitual com a oferta de cereal e a oferta derra-
mada que o acompanham.
39"Apresentem essas ofertas ao SENHOR em suas festas anuais.
São um acréscimo aos sacrifícios e ofertas que vocês apre-
sentam ao cumprirem votos ou ao realizarem ofertas volun-
tárias, holocaustos, ofertas de cereal, ofertas derramadas e
ofertas de paz".
40Moisés transmitiu todas essas instruções aos israelitas, con-
forme o SENHOR lhe havia ordenado.

Leis acerca de votos e juramentos

30 Moisés mandou chamar os chefes das tribos de Israel
e lhes disse: "Foi isto que o SENHOR ordenou: 2Se um
homem fizer um voto ao SENHOR ou uma promessa sob jura-
mento, jamais deverá voltar atrás em sua palavra. Fará exata-
mente o que prometeu.
3"Se uma moça fizer um voto ao SENHOR ou uma promessa sob
juramento enquanto ainda estiver morando na casa de seu pai,
4e se seu pai ficar sabendo do voto e não levantar objeções,
todos os seus votos e promessas continuarão a valer. 5Mas, se
no dia em que ficar sabendo seu pai se recusar a deixá-la cum-
prir o voto ou a promessa, todos os seus votos ou promessas
serão anulados. O SENHOR a perdoará, pois o pai não permitiu
que ela os cumprisse.
6"Se uma moça fizer um voto ou assumir um compromisso por
meio de uma promessa precipitada e depois se casar, 7e, no
dia em que ficar sabendo do voto ou da promessa, o marido
não levantar objeções, os votos e as promessas que ela fez
continuarão a valer. 8Mas, se no dia em que ficar sabendo seu
marido se recusar a deixá-la cumprir o voto ou a promessa
precipitada, os compromissos dela serão anulados, e o SENHOR
a perdoará. 9A mulher viúva ou divorciada, porém, deverá cum-
prir todos os seus votos e promessas.
10"Se uma mulher já for casada e morar na casa do marido
quando fizer o voto ou se comprometer por meio de uma pro-
messa, 11e o marido ficar sabendo e não levantar objeções, os
votos ou as promessas que ela fez continuarão a valer. 12Mas,
se no dia em que ficar sabendo o marido se recusar a aceitá-
-los, o voto ou a promessa dela será anulada, e o SENHOR a
perdoará. 13Portanto, qualquer voto ou promessa que a es-
posa tenha feito de humilhar-se, o marido poderá confirmar
ou anular. 14Mas, se ele não levantar objeção alguma no dia
em que ficar sabendo, indicará desse modo que está de acordo
com todos os seus votos ou promessas. 15Se ele esperar mais
de um dia e anular um voto ou uma promessa, sofrerá o castigo
que caberia à esposa".
16Essas são as ordens que o SENHOR deu a Moisés a respeito do
relacionamento entre um homem e sua esposa e entre um pai
e sua filha moça que ainda mora na casa dele.

Israel conquista Midiã

31 O SENHOR disse a Moisés: 2"Vingue-se dos midianitas pelo
que fizeram aos israelitas. Depois disso, você morrerá e
será reunido a seus antepassados".
3Então Moisés disse ao povo: "Escolham e armem alguns
homens para lutarem na vingança do SENHOR contra Midiã.
4De cada tribo de Israel, enviem mil homens para a batalha".
5Assim, escolheram mil homens de cada tribo de Israel, no
total de doze mil homens armados para guerrear. 6Moisés

enviou mil homens de cada tribo, sob o comando de Fineias, filho do sacerdote Eleazar. Fineias levou consigo os objetos sagrados e as trombetas para dar a ordem de ataque. 7 Atacaram Midiã, como o SENHOR havia ordenado a Moisés, e mataram todos os homens. 8 Os cinco reis midianitas morreram na batalha: Evi, Requém, Zur, Hur e Reba. Também mataram à espada Balaão, filho de Beor.

9 Os israelitas capturaram as mulheres e as crianças midianitas e tomaram como despojo o gado, os rebanhos e toda a riqueza deles. 10 Queimaram todas as cidades e acampamentos onde os midianitas moravam. 11 Depois de juntarem todos os despojos, tanto os prisioneiros como os animais, 12 trouxeram tudo a Moisés, ao sacerdote Eleazar e a toda a comunidade de Israel, que estava acampada nas campinas de Moabe, junto ao rio Jordão, do lado oposto de Jericó. 13 Moisés, o sacerdote Eleazar e todos os líderes da comunidade saíram ao encontro deles fora do acampamento. 14 Moisés, porém, se enfureceu com os generais e os capitães que voltaram da batalha.

15 "Por que deixaram viver todas as mulheres?", perguntou ele. 16 "Foram justamente elas que seguiram o conselho de Balaão e fizeram os israelitas se rebelarem contra o SENHOR no incidente em Peor. Foi por causa delas que uma praga feriu o povo do SENHOR. 17 Agora, matem todos os meninos e todas as mulheres que tiveram relações sexuais com algum homem. 18 Deixem viver somente as meninas virgens; tragam-nas para viver entre vocês. 19 E todos que tiverem matado alguém ou tocado em algum cadáver ficarão fora do acampamento por sete dias. Purifiquem a si mesmos e às prisioneiras no terceiro e no sétimo dia. 20 Purifiquem também todas as roupas e todos os objetos de couro, pelo de cabra ou madeira."

21 Então o sacerdote Eleazar disse aos homens que participaram da batalha: "O SENHOR deu a Moisés as seguintes prescrições legais: 22 Tudo que for feito de ouro, prata, bronze, ferro, estanho e chumbo, 23 ou seja, tudo que resiste ao fogo, será passado pelo fogo para se tornar cerimonialmente puro. Em seguida, esses objetos de metal serão purificados com a água da purificação. Mas tudo que não resistir ao fogo será purificado somente com água. 24 No sétimo dia, lavem as roupas e vocês estarão purificados. Então poderão voltar ao acampamento".

A divisão dos despojos

25 O SENHOR também disse a Moisés: 26 "Você, o sacerdote Eleazar e os chefes das famílias de cada tribo farão uma lista de todos os despojos tomados na batalha, tanto das pessoas como dos animais. 27 Dividirão o despojo em duas partes e entregarão metade para os homens que lutaram na batalha e metade para o restante do povo. 28 Da metade que pertence ao exército, entreguem primeiro um tributo que cabe ao SENHOR, um de cada quinhentos, tanto das pessoas como do gado, dos jumentos e das ovelhas. 29 Entreguem essa porção tirada da parte do exército ao sacerdote Eleazar como oferta ao SENHOR. 30 Da metade que pertence aos israelitas, separem um de cada cinquenta, tanto das pessoas como do gado, dos jumentos, das ovelhas e dos outros animais. Entreguem essa porção aos levitas, que estão encarregados de cuidar do tabernáculo do SENHOR". 31 Moisés e o sacerdote Eleazar fizeram conforme o SENHOR ordenou a Moisés.

32 O despojo restante de tudo que os soldados haviam tomado totalizou 675.000 ovelhas, 33 72.000 cabeças de gado, 34 61.000 jumentos 35 e 32.000 virgens.

36 Metade do despojo foi entregue aos homens que participaram da batalha. Essa parte totalizou 337.500 ovelhas, 37 das quais 675 eram o tributo ao SENHOR; 38 36.000 cabeças de gado, das quais 72 eram o tributo ao SENHOR; 39 30.500 jumentos, dos quais 61 eram o tributo ao SENHOR; 40 e 16.000 virgens, das quais 32 eram o tributo ao SENHOR. 41 Moisés entregou ao sacerdote Eleazar o tributo que cabia ao SENHOR como oferta movida, conforme o SENHOR havia ordenado.

42 Metade do despojo pertencia aos israelitas, e Moisés a separou da metade que pertencia aos homens que lutaram. 43 A parte dos israelitas totalizou 337.500 ovelhas, 44 36.000 cabeças de gado, 45 30.500 jumentos 46 e 16.000 virgens. 47 Da metade entregue ao povo, Moisés separou um de cada cinquenta, tanto das pessoas como dos animais, e entregou aos levitas encarregados de cuidar do tabernáculo do SENHOR. Tudo foi feito conforme o SENHOR havia ordenado a Moisés.

48 Então os generais e os capitães foram a Moisés 49 e disseram: "Nós, seus servos, contamos todos os homens que saíram para a batalha sob o nosso comando; nenhum de nós está faltando! 50 Por isso, de nossa parte do despojo, apresentamos os objetos de ouro como oferta ao SENHOR: braceletes, pulseiras, anéis, brincos e colares. A oferta fará expiação por nós diante do SENHOR".

51 Moisés e o sacerdote Eleazar receberam deles as joias e os objetos artesanais de ouro. 52 Ao todo, o ouro que os generais e os capitães apresentaram como oferta ao SENHOR pesava por volta de duzentos quilos. 53 Todos os homens que participaram da batalha tomaram para si uma parte do despojo. 54 Moisés e o sacerdote Eleazar aceitaram as ofertas dos generais e dos capitães e levaram o ouro para a tenda do encontro como recordação para que o SENHOR se lembrasse dos israelitas.

As tribos a leste do Jordão

32 As tribos de Rúben e Gade possuíam rebanhos enormes. Por isso, quando viram que as terras de Jazar e Gileade eram adequadas para os rebanhos, 2 foram a Moisés, ao sacerdote Eleazar e aos outros líderes da comunidade e disseram: 3 "Vejam as cidades de Atarote, Dibom, Jazar, Ninra, Hesbom, Eleale, Sibma, Nebo e Beom. 4 O SENHOR conquistou toda esta região para a comunidade de Israel, e ela é adequada para criar rebanhos e para nós, seus servos, que possuímos rebanhos. 5 Se contamos com o seu favor, pedimos que nos deixem

ocupar esta terra como nossa propriedade em vez de nos dar
a terra do outro lado do Jordão".
6 Moisés perguntou aos homens de Gade e Rúben: "Então vocês
querem que seus irmãos vão à guerra enquanto vocês ficam
aqui? 7 Por que querem desanimar o restante dos israelitas
de atravessar o rio para a terra que o SENHOR lhes deu? 8 Seus
antepassados fizeram a mesma coisa quando eu os enviei de
Cades-Barneia para fazer o reconhecimento da terra. 9 Depois
que subiram até o vale de Escol e fizeram o reconhecimento da
região, desanimaram os israelitas de entrarem na terra que o
SENHOR lhes dava. 10 Por isso a ira do SENHOR se acendeu contra
eles, e ele jurou: 11 'De todos aqueles que eu resgatei do Egito,
ninguém com 20 anos para cima verá a terra que eu jurei dar
a Abraão, Isaque e Jacó, pois não me obedeceram de todo o
coração. 12 As únicas exceções são Calebe, filho do quenezeu
Jefoné, e Josué, filho de Num, pois eles seguiram o SENHOR
de todo o coração'.
13 "A ira do SENHOR se acendeu contra os israelitas, e ele os
fez andar sem rumo pelo deserto durante quarenta anos, até
que toda a geração que havia pecado contra o SENHOR tivesse
morrido. 14 Mas aqui estão vocês, uma raça de pecadores, fa-
zendo exatamente a mesma coisa, acendendo ainda mais a
ira do SENHOR contra Israel. 15 Se vocês se afastarem dele e
se ele abandonar o povo no deserto outra vez, vocês serão
responsáveis pela destruição de todo este povo!".
16 Eles se aproximaram de Moisés e disseram: "Queremos
construir currais para nossos animais e cidades para nossos
filhos. 17 Então nos armaremos e sairemos prontamente com
os israelitas para a batalha até que os tenhamos levado em
segurança para sua terra. Enquanto isso, nossos filhos ficarão
nas cidades fortificadas que construirmos aqui e estarão pro-
tegidos de ataques dos povos da região. 18 Só voltaremos a
nossos lares quando todos os israelitas tiverem recebido suas
porções de terra. 19 Não exigimos, porém, terra alguma do
outro lado do Jordão. Preferimos viver aqui do lado leste do
Jordão e aceitamos esta região como nossa herança na terra".
20 Então Moisés lhes disse: "Se fizerem como prometeram e
se, armadas para as batalhas do SENHOR, 21 suas tropas atra-
vessarem o Jordão e continuarem a lutar até que o SENHOR
tenha expulsado seus inimigos, 22 então poderão voltar quando
o SENHOR tiver conquistado a terra. Assim vocês terão cumprido
seu dever para com o SENHOR e para com o povo de Israel. A
terra do lado leste do Jordão será sua propriedade da parte
do SENHOR. 23 Mas, se não fizerem como prometeram, terão
pecado contra o SENHOR e não escaparão das consequências.
24 Vão, construam cidades para suas famílias e currais para
seus rebanhos, mas façam tudo que prometeram".
25 Os homens de Gade e Rúben responderam: "Nós, seus
servos, seguiremos suas instruções. 26 Nossos filhos, esposas,
rebanhos e gado ficarão aqui nas cidades de Gileade. 27 Mas
nós, seus servos, todos armados para a guerra, atravessa-
remos o rio e lutaremos pelo SENHOR, conforme nos ordenou".
28 Moisés deu ordens ao sacerdote Eleazar, a Josué, filho de
Num, e aos chefes das famílias das tribos de Israel. 29 Disse ele:
"Os homens de Gade e Rúben estão armados para a batalha
e atravessarão o Jordão com vocês e lutarão pelo SENHOR. Se
o fizerem, depois que a terra for conquistada entreguem-lhes
o território de Gileade como sua propriedade. 30 Mas, se eles
se recusarem a armar-se e atravessar o rio com vocês, serão
obrigados a aceitar uma porção de terra com o restante de
vocês em Canaã".
31 As tribos de Gade e Rúben disseram outra vez: "Somos seus
servos e faremos o que o SENHOR ordenou! 32 Atravessaremos
bem armados o Jordão até Canaã e lutaremos para o SENHOR,
mas nossa porção de terra estará aqui deste lado do Jordão".
33 Então Moisés distribuiu terras entre as tribos de Gade e
Rúben e a meia tribo de Manassés, filho de José. Deu-lhes
o território de Seom, rei dos amorreus, o território de Ogue,
rei de Basã, toda a terra com suas cidades e o território ao
redor delas.
34 Os descendentes de Gade construíram as cidades de Dibom,
Atarote, Aroer, 35 Atarote-Sofã, Jazar, Jogbeá, 36 Bete-Ninra e
Bete-Harã, e todas eram cidades fortificadas e com currais
para os rebanhos.
37 Os descendentes de Rúben construíram as cidades de
Hesbom, Eleale, Quiriataim, 38 Nebo, Baal-Meom e Sibma, e
mudaram o nome de algumas das cidades que conquistaram
e reconstruíram.
39 Os descendentes de Maquir, da tribo de Manassés, foram até
Gileade, tomaram posse dela e expulsaram os amorreus que
ali viviam. 40 Moisés deu Gileade aos maquiritas, descendentes
de Manassés, e eles se estabeleceram ali. 41 O povo de Jair,
outro clã da tribo de Manassés, capturou muitos dos povoados
de Gileade e mudou o nome da região para Cidades de Jair.
42 Enquanto isso, um homem chamado Noba conquistou a ci-
dade de Quenate e as vilas ao redor e deu seu próprio nome à
região, chamando-a de Noba.

Recapitulação da jornada de Israel

33 Este é o percurso que os israelitas fizeram quando
saíram do Egito, organizados segundo suas divisões, sob
a liderança de Moisés e Arão. 2 Por ordem do SENHOR, Moisés
guardou um registro escrito de seu progresso. Estas são as
etapas da jornada, identificadas pelos lugares onde pararam
ao longo do caminho.
3 Os israelitas partiram da cidade de Ramessés no décimo
quinto dia do primeiro mês, na manhã seguinte à primeira
celebração da Páscoa. Partiram triunfantemente, à vista de
todos os egípcios. 4 Enquanto isso, os egípcios sepultavam o
filho mais velho de suas famílias que o SENHOR havia ferido
mortalmente na noite anterior. Naquela noite, o SENHOR der-
rotou os deuses do Egito com grandes atos de julgamento.
5 Depois de partirem de Ramessés, os israelitas acamparam
em Sucote.

6 Saíram de Sucote e acamparam em Etã, à beira do deserto.
7 Saíram de Etã e voltaram para Pi-Hairote, de frente para Baal-
-Zefom, e acamparam perto de Migdol.
8 Saíram de Pi-Hairote, atravessaram o mar Vermelho e che-
garam ao deserto. Viajaram três dias pelo deserto de Etã e
acamparam em Mara.
9 Saíram de Mara e acamparam em Elim, onde havia doze
fontes de água e setenta palmeiras.
10 Saíram de Elim e acamparam junto ao mar Vermelho.
11 Saíram do mar Vermelho e acamparam no deserto de Sim.
12 Saíram do deserto de Sim e acamparam em Dofca.
13 Saíram de Dofca e acamparam em Alus.
14 Saíram de Alus e acamparam em Refidim, onde não havia
água para o povo beber.
15 Saíram de Refidim e acamparam no deserto do Sinai.
16 Saíram do deserto do Sinai e acamparam em Quibrote--Ha-
taavá.
17 Saíram de Quibrote-Hataavá e acamparam em Hazerote.
18 Saíram de Hazerote e acamparam em Ritmá.
19 Saíram de Ritmá e acamparam em Rimom-Perez.
20 Saíram de Rimom-Perez e acamparam em Libna.
21 Saíram de Libna e acamparam em Rissa.
22 Saíram de Rissa e acamparam em Queelata.
23 Saíram de Queelata e acamparam no monte Séfer.
24 Saíram do monte Séfer e acamparam em Harada.
25 Saíram de Harada e acamparam em Maquelote.
26 Saíram de Maquelote e acamparam em Taate.
27 Saíram de Taate e acamparam em Terá.
28 Saíram de Terá e acamparam em Mitca.
29 Saíram de Mitca e acamparam em Hasmona.
30 Saíram de Hasmona e acamparam em Moserote.
31 Saíram de Moserote e acamparam em Bene-Jaacã.
32 Saíram de Bene-Jaacã e acamparam em Hor-Gidgade.
33 Saíram de Hor-Gidgade e acamparam em Jotbatá.
34 Saíram de Jotbatá e acamparam em Abrona.
35 Saíram de Abrona e acamparam em Eziom-Geber.
36 Saíram de Eziom-Geber e acamparam em Cades, no deserto
de Zim.
37 Saíram de Cades e acamparam no monte Hor, na fronteira
de Edom. 38 Enquanto estavam ao pé do monte Hor, por ordem
do SENHOR o sacerdote Arão subiu ao monte e morreu ali. Isso
aconteceu no primeiro dia do quinto mês, quarenta anos de-
pois que Israel saiu do Egito. 39 Arão tinha 123 anos quando
morreu no monte Hor.
40 O rei cananeu de Arade, que vivia no Neguebe, na terra de
Canaã, soube que os israelitas se aproximavam de sua terra.
41 Saíram do monte Hor e acamparam em Zalmona.
42 Saíram de Zalmona e acamparam em Punom.
43 Saíram de Punom e acamparam em Obote.
44 Saíram de Obote e acamparam em Ijé-Abarim, na fronteira
de Moabe.
45 Saíram de Ijé-Abarim e acamparam em Dibom-Gade.
46 Saíram de Dibom-Gade e acamparam em Almom-Diblataim.
47 Saíram de Almom-Diblataim e acamparam nos montes de
Abarim, perto do monte Nebo.
48 Saíram dos montes de Abarim e acamparam nas campinas de
Moabe, junto ao rio Jordão, do lado oposto de Jericó.
49 Junto ao rio Jordão, acamparam desde Bete-Jesimote até
Abel-Sitim nas campinas de Moabe.
50 Enquanto estavam acampados perto do rio Jordão, nas cam-
pinas de Moabe, do lado oposto de Jericó, o SENHOR disse
a Moisés: 51 "Dê as seguintes instruções ao povo de Israel.
Quando atravessarem o rio Jordão para entrar na terra de
Canaã, 52 expulsem todos os povos que vivem ali. Destruam
todas as imagens esculpidas ou fundidas e derrubem todos
os santuários idólatras. 53 Tomem posse da terra e estabele-
çam-se nela, pois eu lhes dei a terra para a ocuparem. 54 Dis-
tribuam a terra entre os clãs por sorteio e de forma propor-
cional ao tamanho de cada clã. Os clãs maiores receberão uma
porção maior, e os clãs menores, uma porção menor. A de-
cisão por sorteio é definitiva. Assim, as porções de terra serão
distribuídas entre as tribos de seus antepassados. 55 Mas, se
vocês não expulsarem os povos que vivem na terra, aqueles
que restarem serão como farpas em seus olhos e espinhos
em suas costas. Serão um tormento para vocês na terra em
que habitarem. 56 E eu farei a vocês aquilo que planejava fazer
a eles".

As fronteiras da terra

34 Então o SENHOR disse a Moisés: 2 "Dê as seguintes ins-
truções ao povo de Israel. Quando entrarem na terra de
Canaã, que eu lhes dou como sua propriedade especial, estas
serão as fronteiras. 3 A região sul se estenderá desde o deserto
de Zim, ao longo da divisa com Edom. A fronteira sul começará
no leste, na extremidade do mar Morto. 4 Ela se estenderá pelo
sul, passando pela ladeira do Escorpião, em direção a Zim.
Seu extremo ao sul será Cades-Barneia, de onde seguirá até
Hazar-Adar e, de lá, até Azmom. 5 De Azmom, a fronteira fará
uma curva em direção ao ribeiro do Egito e terminará no mar
Mediterrâneo.
6 "A fronteira oeste será o litoral do mar Mediterrâneo.
7 "A fronteira norte começará no mar Mediterrâneo e se esten-
derá para o leste até o monte Hor 8 e, de lá, até Lebo-Hamate,
seguindo em direção a Zedade, 9 e continuando até Zifrom e,
daí, até Hazar-Enã. Essa será a fronteira norte.
10 "A fronteira leste começará em Hazar-Enã, se estenderá para
o sul até Sefã 11 e descerá até Ribla, do lado leste de Aim. De lá,
descerá beirando o lado leste do mar da Galileia 12 e, depois,
acompanhando o rio Jordão até o mar Morto. Essas são as
fronteiras de sua terra".
13 Então Moisés disse aos israelitas: "Este território é a herança
que vocês repartirão entre si por sorteio. O SENHOR ordenou
que a terra seja dividida entre as nove tribos e meia restantes.
14 As famílias das tribos de Rúben e Gade e da metade da tribo

de Manassés já receberam suas porções de terra 15do lado leste do Jordão, do lado oposto de Jericó, na direção do nascer do sol".

Líderes para repartir a terra

16O Senhor disse a Moisés: 17"O sacerdote Eleazar e Josué, filho de Num, são os homens escolhidos para repartir a terra entre o povo. 18Nomeiem um líder de cada tribo para ajudá-los com a tarefa. 19Estas são as tribos e os nomes dos líderes: da tribo de Judá, Calebe, filho de Jefoné; 20da tribo de Simeão, Samuel, filho de Amiúde; 21da tribo de Benjamim, Elidade, filho de Quislom; 22da tribo de Dã, Buqui, filho de Jogli; 23da tribo de Manassés, filho de José, Haniel, filho de Éfode; 24da tribo de Efraim, filho de José, Quemuel, filho de Siftã; 25da tribo de Zebulom, Elisafã, filho de Parnaque; 26da tribo de Issacar, Paltiel, filho de Azã; 27da tribo de Aser, Aiúde, filho de Selomi; 28da tribo de Naftali, Pedael, filho de Amiúde.

29Esses são os homens que o Senhor nomeou para repartir as porções da terra de Canaã entre os israelitas".

Cidades para os levitas

35 O Senhor disse a Moisés junto ao rio Jordão, nas campinas de Moabe, do lado oposto de Jericó: 2"Ordene aos israelitas que, das propriedades que receberem por herança, deem algumas cidades para os levitas morarem. Entreguem também as pastagens ao redor delas. 3As cidades serão para moradia dos levitas, e as terras ao redor servirão de pasto para seu gado, suas ovelhas e todos os seus animais. 4As pastagens reservadas para os levitas ao redor dessas cidades se estenderão em todas as direções por 450 metros a partir dos muros da cidade. 5Meçam 900 metros fora dos muros da cidade em todas as direções — leste, sul, oeste e norte —, com a cidade no centro. Essa será a área de pastagem das cidades.

6"Seis das cidades que vocês derem aos levitas serão cidades de refúgio, para onde uma pessoa que tiver matado alguém acidentalmente poderá fugir e ficar a salvo. Além disso, deem a eles 42 cidades. 7No total, vocês darão aos levitas 48 cidades, com as pastagens ao redor. 8As cidades virão da herança dos israelitas. As tribos maiores darão mais cidades aos levitas, enquanto as tribos menores darão menos cidades. Cada tribo entregará propriedades de forma proporcional ao tamanho do território que receber".

As cidades de refúgio

9O Senhor disse a Moisés: 10"Dê as seguintes instruções ao povo de Israel. "Quando atravessarem o Jordão para entrar na terra de Canaã, 11escolham cidades de refúgio para onde uma pessoa que tiver matado alguém acidentalmente poderá fugir. 12Essas cidades serão lugares de proteção contra os parentes da vítima que quiserem vingar sua morte. A pessoa que tirou a vida de alguém não será executada antes de ser julgada pela comunidade. 13Escolham para si seis cidades de refúgio: 14três do lado leste do rio Jordão e três do lado oeste, na terra de Canaã. 15Essas cidades servirão para proteger os israelitas, os estrangeiros que vivem entre vocês e os que estiverem de passagem. Qualquer um que matar alguém acidentalmente poderá fugir para lá.

16"Se, contudo, alguém atacar uma pessoa e matá-la com um pedaço de ferro, é assassinato e o assassino deverá ser executado. 17Ou, se alguém com uma pedra na mão atacar e matar outra pessoa, é assassinato e o assassino deverá ser executado. 18Ou ainda, se alguém atacar outra pessoa e matá-la com um pedaço de madeira, é assassinato e o assassino deverá ser executado. 19O parente mais próximo da vítima é responsável pela execução do assassino. Quando o encontrar, o vingador deverá executar o assassino. 20Portanto, se alguém odeia outra pessoa e fica à espreita dela, e a empurra ou joga contra ela um objeto perigoso e ela morre, 21ou se alguém odeia outra pessoa e a fere com as mãos e ela morre, é assassinato. Nesses casos, o vingador deverá executar o assassino quando o encontrar.

22"Se, contudo, alguém empurrar outra pessoa sem ter demonstrado anteriormente nenhuma hostilidade, ou jogar algo que acerte a pessoa acidentalmente, 23ou, sem intenção, deixar cair sobre ela uma pedra grande, embora não fossem inimigos, e a outra pessoa morrer, 24a comunidade usará as seguintes normas para julgar entre o acusado e o vingador, o parente mais próximo da vítima: 25a comunidade protegerá o acusado do vingador e cuidará para que ele chegue à cidade de refúgio para onde fugiu. Ali ele ficará até a morte do sumo sacerdote, que foi ungido com o óleo sagrado.

26"Se, contudo, o acusado sair alguma vez dos limites da cidade de refúgio 27e o vingador o encontrar fora da cidade e o executar, essa morte não será considerada assassinato. 28O acusado deveria ter ficado dentro da cidade de refúgio até a morte do sumo sacerdote. Depois da morte do sumo sacerdote, porém, o acusado poderá voltar à sua propriedade. 29Essas são as prescrições legais a serem cumpridas de geração em geração, onde quer que morarem.

30"Todos os assassinos deverão ser executados, mas apenas se mais de uma testemunha apresentar provas. Ninguém será executado com base no depoimento de apenas uma testemunha. 31Jamais aceitem resgate pela vida de alguém que foi declarado culpado de assassinato e condenado à morte. Os assassinos deverão sempre ser executados. 32E jamais aceitem resgate de alguém que fugiu para uma cidade de refúgio, permitindo, com isso, que o acusado volte à sua propriedade antes da morte do sumo sacerdote. 33Essa medida garantirá que a terra em que vivem não seja contaminada, pois o assassinato contamina a terra. O único sacrifício que fará expiação pela terra em caso de assassinato é a execução do assassino. 34Não contaminem a terra onde habitam, pois eu mesmo habito ali. Eu sou o Senhor e habito entre o povo de Israel".

Mulheres que herdam propriedades

36 Os chefes das famílias do clã de Gileade, descendentes de Maquir, filho de Manassés, filho de José, apresentaram uma petição a Moisés e aos líderes de Israel, os chefes das famílias. 2Disseram eles: "O SENHOR o instruiu a repartir a terra por sorteio entre os israelitas. O SENHOR também o instruiu a entregar a herança que pertencia a nosso irmão Zelofeade às filhas dele. 3Mas, se elas se casarem com homens de outra tribo de Israel, levarão consigo suas propriedades para a tribo dos homens com quem se casarem. Com isso, a área total do território de nossa tribo será reduzida. 4Quando chegar o Ano do Jubileu, a porção de terra que elas receberam será anexada à porção dessa nova tribo, e essa propriedade será tirada da tribo de nossos antepassados para sempre".

5Então Moisés deu aos israelitas a seguinte ordem do SENHOR: "A preocupação dos homens da tribo de José é justa. 6É isto que o SENHOR ordenou acerca das filhas de Zelofeade: Elas poderão se casar com quem quiserem, desde que seja alguém da tribo de seus antepassados. 7Nenhuma terra poderá ser transferida de uma tribo para outra, pois a porção entregue a cada tribo deve permanecer com a tribo para a qual foi inicialmente designada. 8As filhas de todas as tribos de Israel que têm direito a herdar propriedades deverão se casar com homens de um dos clãs de sua própria tribo, para que todos os israelitas mantenham a propriedade de seus antepassados. 9Nenhuma porção de terra poderá ser transferida de uma tribo para outra; cada tribo de Israel manterá a porção de terra que recebeu como herança".

10As filhas de Zelofeade fizeram conforme o SENHOR ordenou a Moisés. 11Maala, Tirza, Hogla, Milca e Noa se casaram com primos da família de seu pai, 12membros dos clãs de Manassés, filho de José. Assim, sua herança permaneceu no clã e na tribo de seus antepassados.

13Esses são os mandamentos e os estatutos que o SENHOR deu aos israelitas por meio de Moisés enquanto estavam acampados nas campinas de Moabe junto ao rio Jordão, do lado oposto de Jericó.

DEUTERONÔMIO

Introdução ao primeiro discurso de Moisés

1 Estas são as palavras que Moisés disse a todo o povo de Israel quando estavam no deserto, a leste do rio Jordão, acampados no vale do Jordão, perto de Sufe, entre Parã, de um lado, e Tofel, Labã, Hazerote e Di-Zaabe, do outro.

2Normalmente, são necessários apenas onze dias para viajar do monte Sinai até Cades-Barneia pelo caminho do monte Seir. 3No entanto, quarenta anos depois da saída do Egito, no primeiro dia do décimo primeiro mês, Moisés se dirigiu aos israelitas e lhes transmitiu tudo que o SENHOR lhe havia ordenado. 4Isso aconteceu depois que ele derrotou Seom, rei dos amorreus que vivia em Hesbom, e, em Edrei, derrotou Ogue, o rei de Basã que vivia em Astarote.

5Enquanto estavam na terra de Moabe, a leste do Jordão, Moisés começou a lhes explicar as seguintes instruções.

A ordem para deixar Horebe

6"Quando estávamos no monte Sinai, o SENHOR, nosso Deus, nos disse: 'Vocês já ficaram muito tempo neste monte. 7É hora de levantar acampamento e seguir viagem. Vão à região montanhosa dos amorreus e a todas as regiões vizinhas: o vale do Jordão, a região montanhosa, as colinas do oeste, o Neguebe e a planície costeira. Vão à terra dos cananeus e ao Líbano, e avancem até o grande rio Eufrates. 8Vejam, eu lhes dou toda esta terra! Entrem e tomem posse dela, pois é a terra que o SENHOR jurou dar a seus antepassados Abraão, Isaque e Jacó, e a todos os seus descendentes'."

Moisés nomeia líderes de cada tribo

9Moisés continuou: "Naquela ocasião, eu lhes disse: 'Vocês são um peso grande demais para eu carregar sozinho. 10O SENHOR, seu Deus, aumentou sua população e os tornou tão numerosos quanto as estrelas do céu. 11Que o SENHOR, o Deus de seus antepassados, os multiplique mil vezes mais e os abençoe como ele prometeu. 12Mas vocês são um peso grande demais para mim! Como poderei lidar com todos os seus problemas e conflitos? 13Escolham alguns homens respeitados de cada tribo, conhecidos por sua sabedoria e entendimento, e eu os designarei para serem seus líderes'.

14"Então vocês responderam: 'Seu plano é bom!'. 15Assim, convoquei os homens respeitados que vocês selecionaram de suas tribos e os nomeei para serem juízes e oficiais sobre vocês. Alguns ficaram responsáveis por mil pessoas, outros por cem, outros por cinquenta, e outros por dez.

16"Naquela ocasião, ordenei aos juízes: 'Deem atenção aos casos de seus irmãos israelitas e também dos estrangeiros que vivem entre vocês. Sejam completamente justos em todas as suas decisões 17e imparciais em seus julgamentos. Cuidem tanto dos casos dos pobres como dos ricos. Não deixem que ninguém os intimide, pois Deus dará a decisão por seu inter-

médio. Tragam-me os casos que forem difíceis demais para
vocês, e eu cuidarei deles’.
18“Naquela ocasião, eu lhes ordenei tudo que deveriam fazer.”

Espiões fazem o reconhecimento da terra

19“Em seguida, conforme o SENHOR, nosso Deus, ordenou, par-
timos do monte Sinai e atravessamos o deserto imenso e as-
sustador, como vocês lembram, e nos dirigimos à região mon-
tanhosa dos amorreus. Quando chegamos a Cades-Barneia,
20eu lhes disse: ‘Vocês chegaram à região montanhosa dos
amorreus, que o SENHOR, nosso Deus, nos dá. 21Vejam, o SE-
NHOR, seu Deus, colocou a terra diante de vocês! Vão e tomem
posse dela, conforme o SENHOR, o Deus de seus antepassados,
lhes prometeu. Não tenham medo nem desanimem!’.
22“Então todos vocês vieram e me disseram: ‘Primeiro, en-
viemos espiões para que façam o reconhecimento da terra
para nós. Eles recomendarão o melhor caminho e indicarão
em quais cidades devemos entrar’.
23“A ideia me pareceu boa, por isso escolhi doze espiões, um
de cada tribo. 24Eles foram à região montanhosa, chegaram
ao vale de Escol e fizeram o reconhecimento. 25Pegaram al-
guns dos frutos da região e os trouxeram para nós. Então,
relataram: ‘A terra que o SENHOR, nosso Deus, nos dá é, de
fato, uma terra boa’.”

A rebelião de Israel contra o SENHOR

26“Contudo, vocês se rebelaram contra a ordem do SENHOR,
seu Deus, e se recusaram a entrar. 27Queixaram-se dentro de
suas tendas e disseram: ‘Com certeza o SENHOR nos odeia. Por
isso nos trouxe do Egito, a fim de nos entregar nas mãos dos
amorreus para sermos exterminados. 28Para onde podemos
ir? Nossos irmãos nos desanimaram com seu relatório. Eles
disseram: ‘Os habitantes da terra são mais altos e poderosos
que nós, e suas cidades são grandes, com muros que sobem
até o céu! Vimos até os descendentes de Enaque!’.
29“Eu lhes disse: ‘Não entrem em pânico nem tenham medo
deles! 30O SENHOR, seu Deus, irá adiante de vocês. Ele lutará
em seu favor, conforme tudo que vocês o viram fazer no Egito.
31Também viram como o SENHOR, seu Deus, cuidou de vocês
ao longo do caminho, enquanto viajavam pelo deserto, como
um pai cuida de seu filho. Agora ele os trouxe a este lugar’.
32“No entanto, mesmo depois de tudo que ele fez, vocês se
recusaram a confiar no SENHOR, seu Deus, 33que vai adiante de
vocês buscando lugares para acamparem e guiando-os com
uma coluna de fogo durante a noite e uma coluna de nuvem
durante o dia.
34“Quando o SENHOR ouviu vocês se queixarem, ficou irado e,
por isso, fez um juramento: 35‘Nenhum de vocês desta geração
perversa viverá para ver a boa terra que eu jurei dar a seus
antepassados. 36A única exceção será Calebe, filho de Jefoné.
Ele verá a terra, pois seguiu o SENHOR em tudo. Darei a ele e
a seus descendentes parte da terra que ele explorou durante
sua missão de reconhecimento’.
37“Foi por causa de vocês que o SENHOR se irou contra mim. Ele
me disse: ‘Você também não entrará na terra! 38Seu auxiliar,
Josué, filho de Num, entrará na terra. Encoraje-o, pois ele
conduzirá o povo quando Israel tomar posse dela. 39Darei a
terra a seus filhos pequenos, às crianças que não sabem a
diferença entre certo e errado. Vocês temiam que seus peque-
ninos fossem capturados, mas serão eles que tomarão posse
da terra. 40Quanto a vocês, deem meia-volta e retornem ao
deserto, em direção ao mar Vermelho’.
41“Então vocês admitiram: ‘Pecamos contra o SENHOR! Agora,
subiremos e lutaremos pela terra, como o SENHOR, nosso Deus,
ordenou’. Seus homens se armaram para a guerra, pensando
que seria fácil atacar a região montanhosa.
42“Mas o SENHOR me encarregou de lhes dizer: ‘Não ataquem,
pois não estou com vocês. Se forem por conta própria, serão
derrotados por seus inimigos’.
43“Foi o que eu lhes disse, mas vocês não deram ouvidos.
Em vez disso, rebelaram-se mais uma vez contra a ordem do
SENHOR e, arrogantemente, foram à região montanhosa para
lutar. 44Os amorreus que viviam ali saíram e os atacaram como
um enxame de abelhas. Eles os perseguiram e os massacraram
ao longo de todo o caminho, desde Seir até Hormá. 45Então
vocês voltaram e choraram diante do SENHOR, mas o SENHOR
se recusou a ouvi-los. 46Por isso, ficaram em Cades por um
longo tempo.”

Recapitulação das andanças de Israel

2 “Depois disso, demos meia-volta e regressamos pelo de-
serto, em direção ao mar Vermelho, conforme a instrução
que o SENHOR me deu. Por um longo tempo, vagamos de um
lugar para outro na região do monte Seir.
2“Finalmente, o SENHOR me disse: 3‘Vocês andaram por esta
região montanhosa tempo suficiente; agora, sigam para o
norte. 4Dê as seguintes ordens ao povo: Vocês passarão pelo
território de seus parentes edomitas, os descendentes de
Esaú, que habitam em Seir. Tenham muito cuidado, pois os
edomitas se sentirão ameaçados. 5Não os perturbem, pois eu
dei a eles como propriedade toda a região montanhosa ao
redor do monte Seir, e não darei a vocês um metro sequer da
terra deles. 6Paguem por todo alimento que comerem e pela
água que beberem. 7Pois o SENHOR, seu Deus, tem abençoado
vocês em tudo que têm feito. Ele tem cuidado de cada um de
seus passos por este grande deserto. Durante estes quarenta
anos, o SENHOR, seu Deus, tem estado com vocês, e nada lhes
tem faltado’.
8“Assim, contornamos o território de nossos parentes, os
descendentes de Esaú, que habitam em Seir. Evitamos o
caminho que passa pelo vale de Arabá, que sobe de Elate
e Eziom-Geber. “Então, quando nos dirigimos para o norte
pelo caminho do deserto de Moabe, 9o SENHOR nos ad-
vertiu: ‘Não perturbem os moabitas, os descendentes de Ló,
nem comecem uma guerra contra eles. Eu dei a eles como

propriedade a região de Ar, e não darei a vocês parte alguma
do território deles'.
10(Antigamente, um povo chamado emins havia habitado na
região de Ar. Eram tão fortes, numerosos e altos quanto os
enaquins. 11Os emins e os enaquins também eram conhecidos
como refains, embora os moabitas os chamassem de emins.
12Em outros tempos, os horeus haviam habitado em Seir, mas
os edomitas os expulsaram e ocuparam sua terra, da mesma
forma que Israel expulsou os habitantes de Canaã quando o
SENHOR lhe deu a terra deles.)
13"Então o SENHOR nos disse: 'Mexam-se! Atravessem o ribeiro
de Zerede'. Assim, atravessamos o ribeiro.
14"Trinta e oito anos se passaram desde que partimos pela
primeira vez de Cades-Barneia até atravessarmos, por fim, o
ribeiro de Zerede. Àquela altura, todos os homens com idade
suficiente para ir à guerra tinham morrido no deserto, como
o SENHOR havia jurado que aconteceria. 15A mão do SENHOR
pesou sobre eles e os eliminou, e eles morreram no meio do
acampamento.
16"Quando todos os homens com idade suficiente para ir à
guerra haviam morrido, 17o SENHOR me disse: 18'Hoje vocês
atravessarão a fronteira com Moabe pela região de Ar 19e se
aproximarão da terra dos amonitas, os descendentes de Ló.
Não os perturbem nem comecem uma guerra contra eles. Eu
dei a eles como propriedade a terra de Amom, e não darei a
vocês parte alguma do território deles'.
20(Antigamente, aquela região era considerada terra dos re-
fains que haviam habitado ali, embora os amonitas os cha-
massem de zanzumins. 21Também eram tão fortes, numerosos
e altos quanto os enaquins. Mas o SENHOR os destruiu para
que os amonitas tomassem posse de sua terra. 22Ele fez o
mesmo pelos descendentes de Esaú que habitavam em Seir,
pois destruiu os horeus para que os descendentes de Esaú se
estabelecessem no lugar deles. Os descendentes de Esaú ha-
bitam nessa terra até hoje. 23Algo parecido aconteceu quando
os caftoritas de Creta invadiram e destruíram os aveus, que
habitavam em povoados na região de Gaza.)
24"Então o SENHOR disse: 'Mexam-se! Atravessem o vale de
Arnom. Vejam, eu lhes entregarei o amorreu Seom, rei de
Hesbom, e lhes darei a terra dele. Ataquem-no e comecem
a tomar posse daquele território. 25A partir de hoje, farei os
povos de toda a terra se encherem de medo por sua causa.
Quando ouvirem relatos a seu respeito, tremerão de angústia
e pavor'."

Vitória sobre Seom de Hesbom

26"Do deserto de Quedemote, enviei embaixadores ao rei
Seom de Hesbom com a seguinte proposta de paz:
27'Deixe-nos atravessar seu território. Ficaremos na estrada
principal e não nos desviaremos nem para um lado nem para o
outro. 28Venda-nos alimentos para comermos e água para be-
bermos, e pagaremos por tudo. Queremos apenas permissão
para passar por seu território. 29Os descendentes de Esaú, que
habitam em Seir, nos permitiram passar pelo território deles,
como também fizeram os moabitas, que habitam na região de
Ar. Deixe-nos passar até atravessarmos o Jordão e entrarmos
na terra que o SENHOR, nosso Deus, nos dá'.
30"Mas Seom, rei de Hesbom, não nos permitiu passar, pois o
SENHOR, seu Deus, endureceu-lhe o coração e o tornou hostil,
a fim de entregá-lo em nossas mãos, como de fato aconteceu.
31"Então o SENHOR me disse: 'Veja, eu lhes entrego o rei Seom
e seu território. Agora, comecem a conquistar sua terra e a
tomar posse dela'.
32"Então o rei Seom declarou guerra contra nós e mobilizou
todas as suas tropas em Jaza. 33Mas o SENHOR, nosso Deus, o
entregou a nós, e matamos a ele, seus filhos e todo o seu povo.
34Conquistamos todas as suas cidades e as destruímos com-
pletamente. Matamos homens, mulheres e crianças. Não pou-
pamos ninguém. 35Tomamos como despojo todos os animais
e todos os objetos de valor das cidades que conquistamos.
36"Também conquistamos Aroer, à beira do vale de Arnom,
além da cidade no vale e toda a região até Gileade. Nenhuma
cidade tinha muralhas fortes o suficiente para nos deter, pois
o SENHOR, nosso Deus, nos entregou tudo. 37Evitamos, porém,
a terra dos amonitas, ao longo do rio Jaboque, e as cidades da
região montanhosa, ou seja, todos os lugares que o SENHOR,
nosso Deus, havia ordenado que deixássemos em paz."

Vitória sobre Ogue de Basã

3 "Em seguida, voltamos e nos dirigimos à terra de Basã,
onde o rei Ogue e todo o seu exército nos atacaram em
Edrei. 2Mas o SENHOR me disse: 'Não tenha medo, pois eu lhe
dei vitória sobre Ogue e todo o seu exército, e lhe darei toda a
terra dele. Trate-o como você tratou Seom, rei dos amorreus,
que vivia em Hesbom'.
3"Então o SENHOR, nosso Deus, entregou em nossas mãos o
rei Ogue e todo o seu povo. Nós os aniquilamos, de modo que
não restaram sobreviventes. 4Conquistamos todas as sessenta
cidades deles, a região inteira de Argobe, no reino de Basã.
Não deixamos de tomar uma cidade sequer. 5Eram todas for-
tificadas com muralhas altas e portões com trancas. Na mesma
ocasião, também conquistamos muitos outros povoados sem
muros. 6Destruímos completamente o reino de Ogue, como
havíamos destruído Seom, rei de Hesbom. Exterminamos todo
o povo das cidades que conquistamos, tanto homens como
mulheres e crianças. 7Ficamos, porém, com todos os animais
e levamos os despojos das cidades.
8"Assim, tomamos o território dos dois reis amorreus a leste
do rio Jordão, desde o vale de Arnom até o monte Hermom.
9(Os sidônios chamam o monte Hermom de Siriom, enquanto
os amorreus o chamam de Senir.) 10A essa altura, havíamos
conquistado todas as cidades do planalto e todo o território
de Gileade e Basã, até as cidades de Salcá e Edrei, que faziam
parte do reino de Ogue, em Basã." 11(O rei Ogue de Basã foi o
último sobrevivente dos refains. Sua cama era feita de ferro
e media mais de quatro metros de comprimento e quase dois

filhos até a terceira e quarta geração dos que me rejeitam,
10mas demonstro amor por até mil gerações dos que me amam
e obedecem a meus mandamentos.
11“Não use o nome do SENHOR, seu Deus, de forma indevida. O
SENHOR não deixará impune quem usar o nome dele de forma
indevida.
12“Lembre-se de guardar o sábado, fazendo dele um dia con-
sagrado, conforme o SENHOR, seu Deus, lhe ordenou. 13Você
tem seis dias na semana para fazer os trabalhos habituais,
14mas o sétimo dia é o sábado do SENHOR, seu Deus. Nesse dia,
ninguém em sua casa fará trabalho algum: nem você, nem
seus filhos e filhas, nem seus servos e servas, nem seus bois,
jumentos e outros animais, nem os estrangeiros que vivem
entre vocês. Todos os seus servos e servas devem descansar
como você. 15Lembre-se de que você era escravo no Egito,
e o SENHOR, seu Deus, o tirou de lá com mão forte e braço
poderoso. Por isso, o SENHOR, seu Deus, ordenou que você
guarde o sábado.
16“Honre seu pai e sua mãe, como o SENHOR, seu Deus, lhe
ordenou. Assim você terá vida longa e plena na terra que o
SENHOR, seu Deus, lhe dá.
17“Não mate.
18“Não cometa adultério.
19“Não roube.
20“Não dê falso testemunho contra o seu próximo.
21“Não cobice a mulher do seu próximo, nem sua casa, nem
sua terra, nem seus servos ou servas, nem seu boi ou jumento,
nem qualquer outra coisa que lhe pertença.
22“O SENHOR dirigiu essas palavras a toda a comunidade re-
unida ao pé do monte. Falou em alta voz, do meio do fogo,
cercado de nuvens e densa escuridão. Foi tudo que ele disse
naquela ocasião. Escreveu suas palavras em duas tábuas de
pedra e as entregou a mim.
23“Quando vocês ouviram a voz que vinha do meio da escu-
ridão, enquanto o monte ardia em chamas, todos os líderes
e autoridades de suas tribos se aproximaram de mim 24e
disseram: ‘O SENHOR, nosso Deus, nos mostrou sua glória e
grandeza, e ouvimos sua voz do meio do fogo. Hoje vimos que
Deus fala com os seres humanos e, no entanto, ainda estamos
vivos! 25Mas por que colocaríamos a vida em risco outra vez?
Se o SENHOR, nosso Deus, falar conosco novamente, sem dú-
vida morreremos e seremos devorados por seu fogo temível.
26Pode alguém ouvir a voz do Deus vivo falando do meio do
fogo, como nós ouvimos, e sobreviver? 27Aproxime-se você,
Moisés, e ouça o que diz o SENHOR, nosso Deus. Depois, volte
e diga-nos tudo que o SENHOR, nosso Deus, lhe disser. Nós
ouviremos e obedeceremos’.
28“O SENHOR atendeu ao pedido que vocês me fizeram e disse:
‘Ouvi o que os israelitas lhe disseram, e eles estão certos.
29Como seria bom se o coração deles fosse sempre assim,
se estivessem dispostos a me temer e a obedecer a todos os
meus mandamentos! Tudo iria bem com eles e seus descen-
dentes para sempre. 30Agora, vá e diga a eles: ‘Voltem às suas
tendas’. 31Você, porém, ficará aqui comigo, para que eu lhe
dê todos os meus mandamentos, decretos e estatutos. Você
os ensinará aos israelitas para que os cumpram na terra que
eu lhes dou para conquistarem”.
32Então Moisés disse ao povo: “Tenham o cuidado de obe-
decer a todos os mandamentos do SENHOR, seu Deus, não se
desviando deles em nada. 33Permaneçam no caminho que o
SENHOR, seu Deus, ordenou que seguissem. Assim, terão vida
longa e plena na terra que em breve vocês possuirão”.

Chamado para compromisso total

6 “Estes são os mandamentos, os decretos e os estatutos que
o SENHOR, seu Deus, me encarregou de lhes ensinar. Não
deixem de cumpri-los na terra que em breve vocês possuirão.
2Vocês, seus filhos e netos temerão o SENHOR, seu Deus, en-
quanto viverem. Se obedecerem a todos os seus decretos e
mandamentos, desfrutarão de vida longa. 3Ouça com atenção,
Israel, e tenha o cuidado de obedecer. Então tudo irá bem com
vocês e terão muitos filhos na terra que produz leite e mel com
fartura, exatamente como lhes prometeu o SENHOR, o Deus de
seus antepassados.
4“Ouça, ó Israel! O SENHOR, nosso Deus, o SENHOR é único! 5Ame
o SENHOR, seu Deus, de todo o seu coração, de toda a sua
alma e de toda a sua força. 6Guarde sempre no coração as
palavras que hoje eu lhe dou. 7Repita-as com frequência a
seus filhos. Converse a respeito delas quando estiver em casa
e quando estiver caminhando, quando se deitar e quando se
levantar. 8Amarre-as às mãos e prenda-as à testa como lem-
brança. 9Escreva-as nos batentes das portas de sua casa e
em seus portões.
10“Em breve, o SENHOR, seu Deus, os conduzirá à terra que
ele jurou dar a seus antepassados Abraão, Isaque e Jacó. É
uma terra com cidades grandes e prósperas que vocês não
construíram. 11As casas estarão cheias de bens que vocês não
produziram. Vocês tirarão água de cisternas que não cavaram,
e comerão os frutos de vinhedos e oliveiras que não plantaram.
Quando tiverem comido até se fartarem nessa terra, 12cuidem
para não se esquecerem do SENHOR, que os libertou da es-
cravidão na terra do Egito. 13Temam o SENHOR, seu Deus, e
sirvam a ele. Quando fizerem um juramento, jurem somente
pelo nome dele.
14“Não sigam nenhum dos deuses das nações vizinhas, 15pois
o SENHOR, seu Deus, que vive entre vocês, é Deus zeloso. Se o
fizerem, a ira do SENHOR, seu Deus, se acenderá contra vocês,
e ele os eliminará da face da terra. 16Não ponham à prova
o SENHOR, seu Deus, como fizeram quando se queixaram em
Massá. 17Obedeçam cuidadosamente aos mandamentos do
SENHOR, seu Deus, bem como a todos os preceitos e decretos
que ele lhes ordenou. 18Façam o que é certo e bom aos olhos
do SENHOR, para que tudo vá bem com vocês e tomem posse
da boa terra em que vão entrar, a terra que o SENHOR prometeu
sob juramento a seus antepassados. 19Vocês expulsarão todos
os inimigos que vivem nela, como o SENHOR disse que fariam.

20“No futuro, seus filhos lhes perguntarão: ‘O que significam
estes preceitos, decretos e estatutos que o SENHOR, nosso
Deus, lhes deu?’.
21“Então vocês lhes dirão: ‘Éramos escravos do faraó no Egito,
mas o SENHOR nos tirou de lá com sua mão forte. 22O SENHOR
realizou sinais e maravilhas diante de nossos olhos e enviou
castigos terríveis sobre o Egito, o faraó e todo o seu povo.
23Ele nos tirou do Egito para nos dar esta terra que ele havia
prometido sob juramento a nossos antepassados. 24E o SENHOR
ordenou que cumpramos todos estes decretos e temamos o
SENHOR, nosso Deus, para que ele sempre nos abençoe e
preserve nossa vida, como tem feito até hoje. 25Pois a nossa
justiça estará em obedecermos cuidadosamente aos manda-
mentos que o SENHOR, nosso Deus, nos ordenou’.”

O privilégio da santidade

7 “Quando o SENHOR, seu Deus, os fizer entrar na terra que
vocês em breve possuirão, ele removerá de diante de vocês
muitas nações: os hititas, os girgaseus, os amorreus, os cana-
neus, os ferezeus, os heveus e os jebuseus. Essas sete nações
são mais numerosas e mais poderosas que vocês. 2Quando o
SENHOR, seu Deus, entregá-las em suas mãos e vocês as con-
quistarem, destruam-nas completamente. Não façam tratados
nem tenham pena delas. 3Não se unam a elas por meio de
casamentos. Não deem suas filhas em casamento aos filhos
delas, nem tomem as filhas delas como esposas para seus
filhos, 4pois farão seus filhos se afastarem de mim para adorar
outros deuses. Então a ira do SENHOR arderá contra vocês e os
destruirá rapidamente. 5Portanto, façam o seguinte: quebrem
seus altares idólatras e despedacem suas colunas sagradas.
Cortem os postes de Aserá e queimem seus ídolos. 6Vocês são
um povo santo que pertence ao SENHOR, seu Deus. Dentre
todos os povos da terra, o SENHOR, seu Deus, os escolheu para
serem sua propriedade especial.
7“O SENHOR não se afeiçoou a vocês nem os escolheu por serem
mais numerosos que outras nações, pois vocês eram a menor
de todas as nações! 8Antes, foi simplesmente porque o SENHOR
os amou e foi fiel ao juramento que fez a seus antepassados.
Por isso o SENHOR os libertou com mão forte da escravidão e
da opressão do faraó, rei do Egito. 9Reconheçam, portanto,
que o SENHOR, seu Deus, é, de fato, Deus. Ele é o Deus fiel
que cumpre por mil gerações sua aliança de amor com todos
que o amam e obedecem a seus mandamentos. 10Não hesita,
porém, em castigar e destruir aqueles que o rejeitam. 11Assim,
obedeçam a todos estes mandamentos, decretos e estatutos
que hoje lhes dou.
12“Se vocês guardarem estes estatutos e os cumprirem com
cuidado, o SENHOR, seu Deus, cumprirá sua aliança de amor
com vocês, como prometeu sob juramento a seus antepas-
sados. 13Ele os amará, os abençoará e os fará crescer, tor-
nando férteis seus filhos, sua terra e seus animais. Quando
chegarem à terra que ele jurou dar a seus antepassados,
vocês terão produção farta de cereais, vinho novo e azeite,
e também grandes rebanhos de bois e ovelhas. 14Vocês serão
mais abençoados que todas as nações da terra. Nenhum de
seus homens ou mulheres será estéril, e todos os seus animais
darão cria. 15O SENHOR os protegerá de toda enfermidade. Não
permitirá que sofram as doenças terríveis que conheceram
no Egito; em vez disso, ele as enviará sobre todos os seus
inimigos!
16“Destruam todas as nações que o SENHOR, seu Deus, lhes en-
tregar. Não tenham pena delas nem adorem seus deuses, pois
isso seria uma armadilha para vocês. 17Talvez vocês se per-
guntem: ‘Como poderemos conquistar essas nações que são
muito mais numerosas que nós?’. 18Não tenham medo delas!
Lembrem-se apenas daquilo que o SENHOR, seu Deus, fez ao
faraó e a toda a terra do Egito. 19Lembrem-se das grandes de-
monstrações de poder que o SENHOR, seu Deus, enviou contra
eles. Vocês viram com os próprios olhos! E lembrem-se dos
sinais e maravilhas, da mão forte e do braço poderoso com
os quais ele os tirou do Egito. O SENHOR, seu Deus, usará esse
mesmo poder contra todos os povos que vocês temem. 20Sim,
o SENHOR, seu Deus, enviará terror para expulsar os poucos
sobreviventes que ainda estiverem escondidos de vocês!
21“Não tenham medo dessas nações, pois o SENHOR, seu Deus,
está entre vocês, e é Deus grande e temível. 22O SENHOR, seu
Deus, expulsará essas nações de diante de vocês, pouco a
pouco. Vocês não as eliminarão de uma vez, pois, se assim
fosse, os animais selvagens se multiplicariam rápido demais
e os ameaçariam. 23Mas o SENHOR, seu Deus, as entregará a
vocês. Ele as lançará em total confusão, até que sejam des-
truídas. 24Entregará os reis dessas nações em suas mãos, e
vocês apagarão o nome deles da face da terra. Ninguém po-
derá lhes resistir, e vocês destruirão a todos.
25“Queimem os ídolos das nações no fogo e não cobicem a
prata nem o ouro que os revestem. Não tomem nenhum desses
metais para si, pois isso seria uma armadilha para vocês; é
algo detestável para o SENHOR, seu Deus. 26Não levem para
dentro de suas casas objeto algum que seja detestável, pois,
como eles, vocês serão destruídos. Considerem essas coisas
absolutamente detestáveis, pois estão separadas para a des-
truição.”

Chamado para lembrar e obedecer

8 “Obedeçam cuidadosamente a todos os mandamentos que
hoje lhes dou. Assim, vocês viverão e se multiplicarão, e en-
trarão e tomarão posse da terra que o SENHOR jurou dar a seus
antepassados. 2Lembrem-se de como o SENHOR, seu Deus,
os guiou pelo deserto estes quarenta anos, humilhando-os e
pondo à prova seu caráter, para ver se vocês obedeceriam ou
não a seus mandamentos. 3Sim, ele os humilhou, permitindo
que tivessem fome. Em seguida, ele os sustentou com maná,
um alimento que nem vocês nem seus antepassados conhe-
ciam, a fim de lhes ensinar que as pessoas não vivem só de
pão, mas de toda palavra que vem da boca do SENHOR. 4Ao
longo de todos estes quarenta anos, suas roupas não se gas-

taram e seus pés não incharam nem criaram bolhas. 5Pensem
nisto: assim como o pai disciplina o filho, também o Senhor,
seu Deus, disciplina vocês para o seu próprio bem.
6"Portanto, obedeçam aos mandamentos do Senhor, seu
Deus, andando em seus caminhos e temendo a ele. 7Pois o
Senhor, seu Deus, está levando vocês para uma terra boa,
com riachos e tanques de água, com fontes que jorram nos
vales e colinas. 8É uma terra de trigo e cevada, com vinhedos,
figueiras e romãzeiras, com azeite e mel. 9É uma terra onde há
muito alimento e não falta coisa alguma. É uma terra onde há
ferro nas rochas e cobre em grande quantidade nos montes.
10Quando tiverem comido até se saciarem, lembrem-se de
louvar o Senhor, seu Deus, pela boa terra que ele lhes deu.
11"Tenham cuidado para que, em meio à fartura, não se es-
queçam do Senhor, seu Deus, e desobedeçam aos manda-
mentos, estatutos e decretos que hoje lhes dou. 12Quando
ficarem satisfeitos e forem prósperos, quando tiverem cons-
truído belas casas onde morar, 13e quando seus rebanhos ti-
verem se tornado numerosos e sua prata e seu ouro tiverem se
multiplicado junto com todos os seus bens, tenham cuidado!
14Não se tornem orgulhosos e não se esqueçam do Senhor, seu
Deus, que os libertou da escravidão na terra do Egito. 15Ele os
guiou pelo deserto imenso e assustador, cheio de serpentes
venenosas e escorpiões, uma terra quente e seca. Ele lhes deu
água da rocha. 16Sustentou-os no deserto com maná, alimento
que seus antepassados não conheciam, para humilhá-los e
prová-los para o seu próprio bem. 17Fez tudo isso para que
vocês jamais viessem a pensar: 'Conquistei toda esta riqueza
com minha própria força e capacidade'. 18Lembrem-se do Se-
nhor, seu Deus. É ele que lhes dá força para serem bem-su-
cedidos, a fim de confirmar a aliança solene que fez com seus
antepassados, como hoje se vê.
19"Uma coisa, porém, eu lhes garanto: se vocês se esquecerem
do Senhor, seu Deus, e seguirem outros deuses, adorando-os
e curvando-se diante deles, certamente serão destruídos.
20Assim como o Senhor destruiu outras nações em seu ca-
minho, vocês também serão destruídos caso se recusem a
obedecer ao Senhor, seu Deus."

Vitória pela graça de Deus

9 "Ouça, ó Israel! Hoje você atravessará o rio Jordão para
ocupar a terra que pertence a nações muito maiores e
mais poderosas que você, povos que vivem em cidades com
muralhas que chegam até o céu! 2Seus habitantes são fortes
e altos, descendentes dos famosos enaquins. Você já ouviu
o ditado: 'Quem é capaz de resistir aos enaquins?'. 3Esteja
certo, porém, que hoje o Senhor, seu Deus, vai adiante de você
como fogo devorador. Ele os derrotará e os humilhará diante
de você, para que você os expulse e os destrua rapidamente,
como o Senhor prometeu.
4"Depois que o Senhor, seu Deus, tiver feito isso por você, não
diga em seu coração: 'O Senhor me deu esta terra porque sou
justo'. Não! É por causa da perversidade das outras nações
que ele as expulsa de diante de você. 5Você não está prestes
a tomar posse da terra deles porque é justo ou íntegro. O Se-
nhor, seu Deus, expulsará essas nações de diante de você
somente por causa da perversidade delas, e para cumprir o
juramento que fez a seus antepassados Abraão, Isaque e Jacó.
6Reconheça, portanto, que o Senhor, seu Deus, não lhe dá
essa boa terra como propriedade porque você é justo, pois
não é. Na verdade, você é um povo teimoso."

Recapitulação do bezerro de ouro

7"Lembrem-se, e jamais se esqueçam, de como vocês provo-
caram a ira do Senhor, seu Deus, no deserto. Desde o dia em
que saíram do Egito até agora, vocês têm se rebelado contra
o Senhor constantemente. 8Até mesmo no monte Sinai, tanto
provocaram a ira do Senhor que ele esteve a ponto de destruí-
-los. 9Isso aconteceu quando eu estava no monte, recebendo
as tábuas de pedra gravadas com os termos da aliança que
o Senhor tinha feito com vocês. Passei quarenta dias e qua-
renta noites ali e, durante todo esse tempo, não comi nem
bebi coisa alguma. 10O Senhor me deu as duas tábuas nas
quais gravou com seu próprio dedo todas as palavras que lhes
tinha proclamado do meio do fogo quando estavam reunidos
ao pé do monte.
11"Passados os quarenta dias e quarenta noites, o Senhor me
entregou as duas tábuas de pedra gravadas com os termos da
aliança. 12Então o Senhor me disse: 'Levante-se! Desça agora
mesmo, pois o povo que você tirou do Egito se corrompeu.
Como se desviaram depressa do caminho que eu lhes havia
ordenado! Derreteram metal e fizeram um ídolo para si!'.
13"O Senhor também me disse: 'Vi como este povo é teimoso
e rebelde. 14Fique de lado, e eu os destruirei e apagarei o
nome deles de debaixo do céu. Depois, farei de você e de
seus descendentes uma nação mais poderosa e mais nume-
rosa que eles'.
15"Então, enquanto o monte ardia em chamas, virei-me e co-
mecei a descer, levando nas mãos as duas tábuas de pedra
gravadas com os termos da aliança. 16Quando olhei para baixo,
vi que vocês haviam pecado contra o Senhor, seu Deus. Tinham
derretido metal e feito para si um ídolo em forma de bezerro.
Como se desviaram depressa do caminho que o Senhor lhes
havia ordenado! 17Então peguei as duas tábuas de pedra e as
joguei no chão, despedaçando-as diante de vocês.
18"Em seguida, como havia feito antes, prostrei-me diante do
Senhor durante quarenta dias e quarenta noites. Não comi
nem bebi coisa alguma por causa do grande pecado que vocês
haviam cometido ao fazer o que era mau aos olhos do Se-
nhor, provocando sua ira. 19Tive muito medo por causa da ira
ardente do Senhor, que ameaçava destruir vocês. Mais uma
vez, porém, o Senhor me ouviu. 20O Senhor estava tão irado
com Arão que também queria destruí-lo, mas eu também orei
em favor de Arão. 21Tomei o pecado de vocês, o bezerro que
haviam feito, o derreti no fogo e o moí até virar pó fino. Em
seguida, joguei o pó no riacho que desce do monte.

22"Vocês também provocaram a ira do SENHOR em Taberá, em
Massá e em Quibrote-Hataavá. 23E, em Cades-Barneia, o SE-
NHOR deu a seguinte ordem: 'Subam e tomem posse da terra
que eu lhes dei'. Mas vocês se rebelaram contra a ordem do
SENHOR, seu Deus, e não confiaram nele nem lhe obedeceram.
24Sim, vocês têm se rebelado contra o SENHOR desde que os
conheço.

25"Prostrei-me diante do SENHOR durante quarenta dias e qua-
renta noites, porque o SENHOR tinha dito que os destruiria.
26Orei ao SENHOR e disse: 'Ó Soberano SENHOR, não os des-
truas! Eles são o teu povo, a tua propriedade especial, a quem
resgataste do Egito com teu grande poder e tua forte mão.
27Peço que te lembres dos teus servos Abraão, Isaque e Jacó,
e não leves em conta a teimosia, a perversidade e o pecado
deste povo. 28Se o destruíres, os egípcios dirão: 'Eles mor-
reram porque o SENHOR não foi capaz de levá-los à terra que
tinha prometido lhes dar'. Ou talvez digam: 'Ele os destruiu
porque os odiava; levou-os ao deserto de propósito para ma-
tá-los'. 29No entanto, eles são o teu povo e a tua propriedade
especial, que tiraste do Egito com tua grande força e teu braço
poderoso'."

Uma nova cópia da aliança

10 "Naquela ocasião, o SENHOR me disse: 'Corte duas tábuas
de pedra, como as anteriores. Faça também uma arca
de madeira e suba ao monte para encontrar-se comigo, 2e
eu escreverei nas tábuas as mesmas palavras que estavam
nas anteriores, aquelas que você despedaçou. Em seguida,
coloque as tábuas na arca'.

3"Fiz, portanto, a arca de madeira de acácia e cortei duas tá-
buas de pedra, como as anteriores. Subi ao monte levando as
tábuas na mão. 4Mais uma vez, o SENHOR escreveu os dez man-
damentos nas tábuas e as entregou a mim. Eram as mesmas
palavras que o SENHOR lhes tinha proclamado do meio do fogo
no dia em que vocês se reuniram ao pé do monte. 5Então vi-
rei-me, desci o monte e coloquei as tábuas na arca da aliança
que eu tinha feito. As tábuas ainda estão dentro da arca, con-
forme o SENHOR me ordenou.

6(Os israelitas saíram dos poços do povo de Jacã e viajaram
para Moserá, onde Arão morreu e foi sepultado. Eleazar, seu
filho, serviu como sacerdote em seu lugar. 7Em seguida, via-
jaram para Gudgodá e, de lá, para Jotbatá, terra com muitos
ribeiros. 8Naquela ocasião, o SENHOR separou a tribo de Levi
para carregar a arca da aliança do SENHOR e para estar diante
do SENHOR, a fim de servi-lo e de pronunciar bênçãos em seu
nome. Essas são suas responsabilidades até hoje. 9Por isso os
levitas não têm porção alguma de terra como herança entre
seus irmãos israelitas. O próprio SENHOR é sua herança, con-
forme o SENHOR, seu Deus, lhes prometeu.)

10"Quanto a mim, fiquei no monte, na presença do SENHOR,
quarenta dias e quarenta noites, como da primeira vez. E,
também dessa vez, o SENHOR ouviu minhas súplicas e con-
cordou em não destruí-los. 11Então o SENHOR me disse: 'Levan-
te-se, siga viagem e guie o povo, para que entrem e tomem
posse da terra que jurei dar a seus antepassados'."

Chamado para amar e obedecer

12"Agora, Israel, o que o SENHOR, seu Deus, requer de você?
Somente que você tema o SENHOR, seu Deus, que viva de ma-
neira agradável a ele e que ame e sirva o SENHOR, seu Deus,
de todo o coração e de toda a alma. 13Obedeça sempre aos
mandamentos e decretos do SENHOR que hoje lhe dou para o
seu próprio bem.

14"Veja, os mais altos céus e a terra, e tudo que nela há, per-
tencem ao SENHOR, seu Deus. 15E, no entanto, o SENHOR es-
colheu seus antepassados para amá-los, e escolheu vocês,
descendentes deles, dentre todas as nações, como hoje se
vê. 16Portanto, submetam-se a ele de coração e deixem de
ser teimosos.

17"Pois o SENHOR, seu Deus, é Deus dos deuses e Senhor dos se-
nhores. É o grande Deus, o Deus poderoso e temível, que não
mostra parcialidade e não aceita subornos. 18Ele faz justiça aos
órfãos e às viúvas. Ama os estrangeiros que vivem entre vocês
e lhes dá alimento e roupas. 19Portanto, amem também os es-
trangeiros, pois, em outros tempos, vocês foram estrangeiros
na terra do Egito. 20Temam o SENHOR, seu Deus, sirvam-no
e apeguem-se a ele. Quando fizerem juramentos, jurem so-
mente pelo nome dele. 21Somente ele é seu Deus, o único
digno de seu louvor, aquele que, por vocês, fez os milagres
poderosos que vocês viram com os próprios olhos. 22Quando
seus antepassados desceram até o Egito, eram apenas setenta
pessoas. Agora, porém, o SENHOR, seu Deus, os tornou tão
numerosos quanto as estrelas do céu!"

11 "Amem o SENHOR, seu Deus, e obedeçam sempre ao que
ele exige: seus estatutos, decretos e mandamentos.
2Lembrem-se de que hoje não falo a seus filhos, que nunca
experimentaram a disciplina do SENHOR, seu Deus, nem viram a
grandeza, a mão forte e o seu braço poderoso. 3Eles não viram
os sinais e os atos poderosos que ele realizou no Egito contra o
faraó e toda a sua terra. 4Não viram o que ele fez aos exércitos
dos egípcios e a seus cavalos e carros de guerra, como ele os
afogou no mar Vermelho enquanto perseguiam vocês. Ele os
destruiu e até hoje não se recuperaram.

5"Seus filhos não viram como o SENHOR cuidou de vocês no
deserto até chegarem aqui. 6Não viram o que ele fez a Datã e
Abirão (filhos de Eliabe, descendente de Rúben) quando a terra
abriu a boca no acampamento israelita e os engoliu, junto com
suas famílias, tendas e todos os seres vivos que pertenciam a
eles. 7Vocês, porém, viram com os próprios olhos que o SENHOR
realizou todos esses atos poderosos!"

Bênçãos pela obediência

8"Portanto, obedeçam a todos os mandamentos que hoje lhes
dou, para que tenham forças para avançar e conquistar a terra
da qual estão prestes a tomar posse. 9Se obedecerem, terão

vida longa na terra que o SENHOR jurou dar a seus antepassados
e a vocês, os descendentes deles, uma terra que produz leite
e mel com fartura! 10Pois a terra em que vocês estão prestes a
entrar para tomar posse não é como a terra do Egito, de onde
vocês vieram e onde plantavam as sementes e faziam valas
de irrigação com o pé, como numa horta. 11A terra da qual
em breve tomarão posse é uma terra de montes e vales, com
chuva em grande quantidade, 12terra da qual o SENHOR, seu
Deus, cuida continuamente, todo o ano!

13“Se obedecerem fielmente aos mandamentos que hoje lhes
dou, e se amarem o SENHOR, seu Deus, e servirem a ele de todo
o seu coração e de toda a sua alma, 14ele mandará as chuvas
na estação apropriada, as chuvas de outono e de primavera,
para que vocês juntem suas colheitas de cereais e produzam
vinho novo e azeite. 15Ele dará bons pastos para seus animais,
e vocês terão alimento com fartura.

16“Mas tenham cuidado! Não deixem seu coração ser enga-
nado, levando-os a afastar-se do SENHOR e a adorar outros
deuses. 17Se o fizerem, a ira do SENHOR se acenderá contra
vocês. Ele fechará o céu e reterá a chuva, e a terra não produ-
zirá suas colheitas. Em pouco tempo, vocês serão removidos
da boa terra que o SENHOR lhes dá.

18“Gravem estas minhas palavras no coração e na mente.
Amarrem-nas às mãos e prendam-nas à testa como lembrança.
19Ensinem-nas a seus filhos. Conversem a respeito delas
quando estiverem em casa e quando estiverem caminhando,
quando se deitarem e quando se levantarem. 20Escrevam-nas
nos batentes das portas de suas casas e em seus portões,
21para que, enquanto o céu permanecer acima da terra, vocês
e seus filhos prosperem neste chão que o SENHOR jurou dar a
seus antepassados.

22“Obedeçam cuidadosamente a todos os mandamentos que
lhes dou. Amem o SENHOR, seu Deus, andando em seus cami-
nhos e apegando-se firmemente a ele. 23Então o SENHOR expul-
sará todas as nações de diante de vocês e, embora elas sejam
muito maiores e mais fortes, vocês tomarão posse de suas
terras. 24Todo lugar em que puserem os pés será de vocês.
Suas fronteiras se estenderão do deserto, ao sul, até o Líbano,
ao norte, e do rio Eufrates, a leste, até o mar Mediterrâneo, a
oeste. 25Aonde quer que forem em toda a terra, ninguém será
capaz de lhes resistir, pois o SENHOR, seu Deus, fará os povos se
apavorarem e temerem vocês, como lhes prometeu.

26“Vejam, hoje lhes dou a escolha entre bênção e maldição!
27Vocês serão abençoados se obedecerem aos mandamentos
do SENHOR, seu Deus, que hoje lhes dou, 28mas serão amaldi-
çoados se rejeitarem os mandamentos do SENHOR, seu Deus,
afastando-se de seus caminhos e adorando deuses que vocês
não conheciam.

29“Quando o SENHOR, seu Deus, os fizer entrar na terra da
qual em breve vocês tomarão posse, pronunciem a bênção
no monte Gerizim e a maldição no monte Ebal. 30(Esses dois
montes ficam a oeste do rio Jordão, na terra dos cananeus
que vivem no vale do Jordão, perto da cidade de Gilgal, junto
aos carvalhos de Moré.) 31Vocês estão prestes a atravessar o
rio Jordão para tomar posse da terra que o SENHOR, seu Deus,
lhes dá. Quando a conquistarem e estiverem vivendo nela,
32tenham o cuidado de cumprir todos os decretos e estatutos
que hoje lhes dou.”

O lugar de adoração escolhido pelo SENHOR

12 “Estes são os decretos e estatutos que vocês devem ter
o cuidado de cumprir todos os dias em que viverem na
terra que o SENHOR, o Deus de seus antepassados, lhes dá para
tomarem posse.

2“Quando expulsarem as nações que vivem ali, destruam
todos os lugares em que elas adoram seus deuses: no alto
dos montes, nas colinas e debaixo de toda árvore verdejante.
3Derrubem os altares idólatras e despedacem as colunas sa-
gradas. Queimem os postes de Aserá e quebrem suas imagens
esculpidas. Apaguem completamente o nome dos seus deuses!
4“Não adorem o SENHOR, seu Deus, da forma como esses povos
pagãos adoram os deuses deles. 5Em vez disso, busquem o
SENHOR, seu Deus, no lugar que ele escolher dentre todas as
tribos para habitar e estabelecer seu nome. 6Ali vocês apre-
sentarão os holocaustos, os sacrifícios, os dízimos, as ofertas
sagradas, as ofertas para cumprir votos, as ofertas voluntárias
e as ofertas da primeira cria do gado e dos rebanhos. 7Ali vocês
e seus familiares comerão na presença do SENHOR, seu Deus, e
se alegrarão com tudo que realizaram, porque o SENHOR, seu
Deus, os abençoou.

8“Vocês mudarão sua forma de adorar. Hoje, cada um faz
o que bem entende, 9pois ainda não chegaram ao lugar de
descanso, à terra que o SENHOR, seu Deus, lhes dá como he-
rança. 10Em breve, porém, vocês atravessarão o rio Jordão e
se estabelecerão na terra que o SENHOR, seu Deus, lhes dá.
Quando ele lhes der descanso de todos os inimigos à sua volta
e vocês estiverem vivendo em segurança na terra, 11levem ao
lugar que o SENHOR, seu Deus, escolher para habitação do seu
nome tudo que eu lhes ordeno: os holocaustos, os sacrifícios,
os dízimos, as ofertas sagradas e as ofertas para cumprir um
voto que fizeram ao SENHOR.

12“Alegrem-se ali, na presença do SENHOR, seu Deus, com
seus filhos e filhas e com seus servos e servas. Lembrem-se
de incluir os levitas que vivem em suas cidades, pois eles não
receberão porção alguma de terra como herança entre vocês.
13Tenham o cuidado de não sacrificar seus holocaustos onde
bem entenderem, 14mas apresentem-nos apenas no lugar que
o SENHOR escolher no território de uma das tribos. Ali vocês
oferecerão seus holocaustos e farão tudo que lhes ordenei.

15“Contudo, vocês poderão abater animais e comer a carne
em qualquer cidade sempre que desejarem. Comam à vontade
os animais com os quais o SENHOR, seu Deus, os abençoar.
Qualquer pessoa poderá comê-lo, esteja ela cerimonialmente
pura ou impura, assim como qualquer um pode comer carne
de gazela ou de veado. 16Não comam, porém, o sangue; der-
ramem-no no chão, como se fosse água.

17"Não comam em suas cidades o dízimo dos cereais, do vinho
novo e do azeite, nem a oferta da primeira cria do gado e
dos rebanhos, nem oferta alguma para cumprir votos, nem as
ofertas voluntárias, nem as ofertas sagradas. 18Comam essas
ofertas na presença do SENHOR, seu Deus, no lugar que ele
escolher. Comam com seus filhos e filhas, com seus servos e
servas e com os levitas que vivem em suas cidades. Alegrem-se
na presença do SENHOR, seu Deus, em tudo que fizerem. 19E
tenham muito cuidado para não deixar de fora os levitas enquanto vocês viverem em sua terra.
20"Quando o SENHOR, seu Deus, expandir seu território como
lhes prometeu, e vocês desejarem comer carne, poderão
comer à vontade. 21Se o lugar que o SENHOR, seu Deus, escolher para estabelecer seu nome ficar distante de onde moram,
vocês poderão abater qualquer um dos animais que o SENHOR
lhes deu, do gado ou dos rebanhos de ovelhas, e comer a carne
em suas próprias cidades, conforme lhes ordenei. 22Qualquer
pessoa poderá comê-lo, esteja cerimonialmente pura ou impura, assim como qualquer um pode comer carne de gazela
ou de veado. 23Mas nunca comam o sangue, pois o sangue é
a própria vida, e vocês não podem comer carne com o sangue
que lhe dá vida. 24Não comam o sangue; derramem-no no
chão, como se fosse água. 25Não comam o sangue, para que
tudo vá bem com vocês e com seus filhos, pois farão o que é
certo aos olhos do SENHOR.
26"Levem ao lugar que o SENHOR escolher as ofertas sagradas
e as ofertas apresentadas para cumprir um voto. 27Apresentem
a carne e o sangue dos holocaustos no altar do SENHOR, seu
Deus. O sangue dos outros sacrifícios será derramado no altar
do SENHOR, seu Deus, mas vocês poderão comer a carne. 28Tenham o cuidado de obedecer a todas as instruções que lhes
dou, para que tudo vá bem com vocês e com seus descendentes, pois farão o que é bom e certo aos olhos do SENHOR,
seu Deus.
29"Quando o SENHOR, seu Deus, for adiante de vocês e destruir
as nações, e vocês as expulsarem e se estabelecerem na terra
delas, 30não caiam na armadilha de seguir os costumes das
nações e adorar seus deuses. Não fiquem curiosos a respeito
de seus deuses, nem perguntem: 'Como essas nações adoram
seus deuses? Queremos seguir seu exemplo'. 31Não adorem o
SENHOR, seu Deus, da forma como outras nações adoram os
deuses delas, pois realizam para eles todo tipo de atos detestáveis que o SENHOR odeia. Chegam até a queimar seus filhos
e filhas como sacrifícios a seus deuses.
32"Portanto, tenham o cuidado de cumprir todas as ordens que
lhes dou. Não acrescentem nem tirem coisa alguma."

Advertência acerca da idolatria

13 "Surgirão entre vocês profetas ou pessoas que têm sonhos sobre o futuro, e eles prometerão sinais ou milagres. 2Se os sinais ou milagres preditos acontecerem, e essas
pessoas disserem: 'Venham, vamos adorar outros deuses!',
deuses que até então vocês não conheciam, 3não deem ouvidos às palavras deles. É um teste do SENHOR, seu Deus, para
ver se vocês o amam de todo o seu coração e de toda a sua
alma. 4Sigam somente o SENHOR, seu Deus, e temam a ele
somente. Obedeçam a seus mandamentos, ouçam sua voz,
sirvam-no e apeguem-se a ele. 5Os falsos profetas e sonhadores que tentarem desviá-los devem ser executados, pois
incentivaram a rebelião contra o SENHOR, seu Deus, que os
libertou da escravidão e os tirou da terra do Egito. Uma vez que
eles tentaram desviá-los do caminho que o SENHOR, seu Deus,
ordenou que seguissem, vocês terão de executá-los. Desse
modo, vocês eliminarão o mal do seu meio.
6"Se alguém o instigar secretamente, seja seu irmão, seu filho
ou filha, sua esposa querida ou seu amigo mais chegado, e
disser: 'Vamos adorar outros deuses!', deuses que nem você
nem seus antepassados conheceram, 7deuses dos povos vizinhos ou de povos dos confins da terra, 8não ceda nem dê
ouvidos. Não tenha pena dele, não o poupe nem o proteja.
9Execute-o! Dê o primeiro golpe e, em seguida, todo o povo
participará da execução. 10Apedrejem os culpados até a morte,
pois eles tentaram afastá-lo do SENHOR, seu Deus, que os libertou da terra do Egito, do lugar de escravidão. 11Então todo
o Israel ouvirá e temerá, e ninguém voltará a agir tão perversamente no meio de vocês.
12"Quando começarem a viver nas cidades que o SENHOR, seu
Deus, lhes dá, e ouvirem dizer 13que homens perversos fizeram
os habitantes da cidade se desviarem, dizendo: 'Venham,
vamos adorar outros deuses', deuses que até então vocês não
conheciam, 14examinem os fatos com cuidado. Se descobrirem
que a informação for verdadeira e esse ato detestável foi
mesmo cometido entre vocês, 15ataquem a cidade e matem à
espada todos os habitantes e todos os animais, destruindo-os
completamente. 16Amontoem os despojos no meio da praça
pública e queimem toda a cidade como oferta ao SENHOR, seu
Deus. A cidade permanecerá em ruínas para sempre; jamais
será reconstruída. 17Não guardem coisa alguma do despojo
que foi separado para destruição. Então o SENHOR afastará sua
ira ardente e os tratará com misericórdia. Terá compaixão de
vocês e os transformará numa nação numerosa, como prometeu sob juramento a seus antepassados.
18"O SENHOR, seu Deus, só será misericordioso se vocês ouvirem sua voz e obedecerem a todos os seus mandamentos
que hoje lhes dou, para que façam o que é certo aos olhos
do SENHOR."

Animais cerimonialmente puros e impuros

14 "Uma vez que vocês são filhos do SENHOR, seu Deus, não
se cortem, nem raspem o cabelo acima da testa em sinal
de luto. 2Vocês são um povo consagrado ao SENHOR, seu Deus,
e ele os escolheu dentre todas as nações da terra para serem
sua propriedade especial.
3"Não comam animais detestáveis, cerimonialmente impuros.
4São estes os animais que vocês podem comer: o boi, a ovelha,

o bode, [5]o veado, a gazela, a corça, a cabra-selvagem, o íbex,
o antílope e a ovelha montês.
[6]"Vocês podem comer qualquer animal que tenha os cascos
divididos em duas partes e que rumine, [7]mas, se o animal não
apresentar essas duas características, não pode ser consu-
mido. Não comam, portanto, o camelo, nem a lebre, nem o
coelho silvestre. Eles ruminam, mas não têm os cascos divi-
didos, de modo que são impuros para vocês. [8]Também não
comam o porco, pois, embora tenha os cascos divididos, não
rumina e, portanto, é impuro para vocês. Não comam a carne
desses animais nem toquem em seu cadáver.
[9]"De todos os animais que vivem nas águas, vocês podem
comer qualquer um que tenha barbatanas e escamas. [10]Não
comam, porém, animais que vivem nas águas, mas não têm
barbatanas e escamas. Eles são impuros para vocês.
[11]"Vocês podem comer qualquer criatura voadora que seja
cerimonialmente pura. [12]Estas são as criaturas voadoras que
vocês não podem comer: o abutre-fouveiro, o abutre-barbudo,
o abutre-fusco, [13]o milhafre, o falcão e todas as espécies de
condores, [14]todas as espécies de corvos, [15]a coruja-de-chifres,
a coruja-do-campo, a gaivota, todas as espécies de gaviões,
[16]o mocho-galego, o corujão, a coruja-das-torres, [17]a coru-
ja-do-deserto, o abutre-do-egito, o cormorão, [18]a cegonha,
todas as espécies de garças, a poupa e o morcego.
[19]"Todos os insetos alados que rastejam pelo chão são impuros
para vocês, de modo que não podem comê-los. [20]Contudo,
podem comer qualquer criatura voadora que seja cerimonial-
mente pura.
[21]"Não comam animal algum que tenha morrido de causas
naturais. Podem dá-lo a um estrangeiro que vive em sua cidade
ou vendê-lo a outros estrangeiros. Vocês mesmos, porém, não
o comerão, pois são um povo consagrado ao SENHOR, seu Deus.
"Não cozinhem o cabrito no leite da mãe dele."

A entrega dos dízimos

[22]"Separem o dízimo de suas colheitas, um décimo de toda a
sua safra anual. [23]Levem o dízimo ao lugar que o SENHOR, seu
Deus, escolher para estabelecer seu nome e comam o dízimo
ali, na presença do SENHOR. Isso se aplica aos dízimos de ce-
reais, do vinho novo, do azeite e dos machos das primeiras
crias do gado e dos rebanhos. Com isso, aprenderão a sempre
temer o SENHOR, seu Deus.
[24]"Se o SENHOR, seu Deus, os abençoar com uma boa colheita,
mas o lugar que ele escolher para habitação do seu nome for
distante demais para vocês levarem o dízimo, [25]vendam a dé-
cima parte de suas colheitas e rebanhos, coloquem o dinheiro
numa bolsa e levem-no ao lugar que o SENHOR, seu Deus, es-
colheu. [26]Quando chegarem, usem o dinheiro para comprar o
tipo de alimento que desejarem: bois, ovelhas, vinho ou qual-
quer outra bebida fermentada. Então, na presença do SENHOR,
seu Deus, comam e alegrem-se com toda a sua família. [27]E não
se esqueçam de cuidar dos levitas de sua cidade, pois eles não
receberão porção alguma de terra como herança entre vocês.
[28]"Ao final de cada três anos, levem todo o dízimo da colheita
daquele ano à cidade mais próxima e armazenem-no ali.
[29]Entreguem o dízimo aos levitas, que não receberão porção
alguma de terra como herança entre vocês, e também aos
estrangeiros que vivem entre vocês, e aos órfãos e às viúvas
de suas cidades, para que eles comam até se saciarem. Então
o SENHOR, seu Deus, os abençoará em todo o seu trabalho."

O cancelamento das dívidas

15 "Ao final de cada sete anos, cancelem as dívidas de todos
a quem vocês tiverem feito um empréstimo. [2]O cancela-
mento será efetuado da seguinte forma: todos cancelarão os
empréstimos que fizeram a irmãos israelitas. Ninguém exigirá
pagamento do seu próximo ou de seus parentes, pois chegou
o tempo do SENHOR para liberá-los das dívidas. [3]Essa liberação
se aplica somente aos irmãos israelitas, e não aos estrangeiros
que vivem entre vocês.
[4]"Não deverá haver pobres entre vocês, pois o SENHOR, seu
Deus, os abençoará grandemente na terra que lhes dá como
herança. [5]Receberão essa bênção se tiverem o cuidado de
obedecer ao SENHOR, seu Deus, e cumprir todos estes manda-
mentos que hoje lhes dou. [6]O SENHOR, seu Deus, os abençoará
conforme prometeu. Vocês emprestarão dinheiro a muitas na-
ções, mas jamais precisarão tomar emprestado. Governarão
muitas nações, mas não serão governados por nação alguma.
[7]"Se, contudo, houver algum israelita pobre em suas cidades
quando chegarem à terra que o SENHOR, seu Deus, lhes dá, não
endureçam o coração e não fechem a mão para ele. [8]Ao con-
trário, sejam generosos e emprestem-lhe o que for necessário.
[9]Não sejam mesquinhos nem se recusem a emprestar a alguém
só porque o ano de cancelamento das dívidas está próximo. Se
vocês se recusarem a fornecer o empréstimo e a pessoa neces-
sitada clamar ao SENHOR, vocês serão considerados culpados
de pecado. [10]Deem aos pobres com generosidade, e não com
má vontade, pois o SENHOR, seu Deus, os abençoará em tudo
que fizerem. [11]Sempre haverá pobres na terra. Por isso, ordeno
que compartilhem seus bens generosamente com os pobres e
com outros necessitados de sua terra."

A libertação de escravos hebreus

[12]"Se um irmão hebreu, homem ou mulher, vender-se a você
como escravo, ele lhe servirá por seis anos. Depois disso, li-
berte-o no sétimo ano.
[13]"Quando libertar um escravo, não o mande embora de mãos
vazias. [14]Seja generoso e dê-lhe de despedida um presente dos
animais de seu rebanho, dos cereais de sua eira e do vinho de
sua prensa de uvas. Compartilhe com ele um pouco da fartura
com a qual o SENHOR, seu Deus, o abençoou. [15]Lembre-se de
que, um dia, você foi escravo na terra do Egito e o SENHOR, seu
Deus, o libertou. Por isso lhe dou essa ordem.
[16]"Mas, se por estar bem com você e amar você e sua família, o
servo disser: 'Não quero ir embora', [17]você pegará um furador
e furará a ponta da orelha dele contra a porta. Depois disso,

ele será seu escravo para o resto da vida. Faça o mesmo com as escravas.

18“Quando libertar seus escravos, não considere isso uma grande perda. Lembre-se de que, por seis anos, eles lhe prestaram serviços equivalentes a duas vezes o salário de empregados contratados, e o SENHOR, seu Deus, o abençoará em tudo que você fizer.”

O sacrifício dos machos das primeiras crias

19“Separem para o SENHOR, seu Deus, os machos das primeiras crias do gado e dos rebanhos. Não usem a primeira cria do gado para trabalhar no campo, e não tosquiem a primeira cria das ovelhas. 20Em vez disso, a cada ano, comam esses animais com sua família na presença do SENHOR, seu Deus, no lugar que ele escolher. 21Mas, se essa primeira cria tiver algum defeito, se o animal for manco, cego ou tiver algum outro problema, não o sacrifiquem ao SENHOR, seu Deus. 22Comam o animal na cidade em que morarem. Qualquer pessoa poderá comê-lo, esteja cerimonialmente pura ou impura, assim como qualquer um pode comer uma gazela ou um veado. 23Não comam, porém, o sangue do animal; derramem-no no chão, como se fosse água.”

A Páscoa e a Festa dos Pães sem Fermento

16 “A cada ano, no mês de abibe, celebrem a Páscoa em homenagem ao SENHOR, seu Deus, pois foi nesse mês, durante a noite, que o SENHOR, seu Deus, os libertou do Egito. 2O sacrifício de Páscoa será um animal do gado ou do rebanho, oferecido ao SENHOR, seu Deus, no lugar que ele escolher para habitação do seu nome. 3Comam o sacrifício com pães sem fermento. Durante sete dias, comam pão sem fermento, como fizeram quando fugiram às pressas do Egito. Comam esse pão, o pão do sofrimento, para se lembrarem, por toda a vida, do dia em que saíram do Egito. 4Durante esses sete dias, não deve haver a mínima quantidade de fermento nas casas em toda a sua terra. E, quando sacrificarem o cordeiro de Páscoa ao entardecer do primeiro dia, não deixem sobras para a manhã seguinte.

5“Não ofereçam o sacrifício de Páscoa em nenhuma das cidades que o SENHOR, seu Deus, lhes dá. 6Ofereçam-no apenas no lugar que o SENHOR, seu Deus, escolher para habitação do seu nome. Sacrifiquem-no ali ao entardecer, enquanto o sol se põe, no mesmo período do dia em que saíram do Egito. 7Assem e comam o cordeiro no lugar que o SENHOR, seu Deus, escolher. Na manhã seguinte, voltem às suas tendas. 8Durante os seis dias seguintes, comam pão sem fermento. No sétimo dia, declarem outra reunião sagrada em homenagem ao SENHOR, seu Deus, e não façam trabalho algum.”

A Festa da Colheita

9“Contem sete semanas a partir do dia em que começarem a colheita de cereais. 10Então celebrem a Festa da Colheita em homenagem ao SENHOR, seu Deus. Levem uma oferta voluntária proporcional às bênçãos que receberam dele. 11Será um tempo de celebração diante do SENHOR, seu Deus, no lugar que ele escolher para habitação do seu nome. Celebrem com seus filhos e filhas, com seus servos e servas, com os levitas das suas cidades e com os estrangeiros, órfãos e viúvas que vivem entre vocês. 12Lembrem-se de que, um dia, vocês foram escravos no Egito e, portanto, tenham o cuidado de cumprir todos estes decretos.”

A Festa das Cabanas

13“Celebrem a Festa das Cabanas durante sete dias, no final da época da colheita, depois que ajuntarem os cereais e prensarem as uvas. 14Essa festa será um tempo de alegria e comemoração com seus filhos e filhas, seus servos e servas, com os levitas, estrangeiros, órfãos e viúvas de suas cidades. 15Durante sete dias, celebrem essa festa em homenagem ao SENHOR, seu Deus, no lugar que ele escolher, pois ele é quem os abençoa em todas as suas colheitas e lhes dá sucesso em todo o seu trabalho. Essa festa será um tempo de grande alegria para vocês.

16“A cada ano, todos os homens de Israel devem celebrar estas três festas: a Festa dos Pães sem Fermento, a Festa da Colheita e a Festa das Cabanas. Em cada uma dessas ocasiões, todos os homens devem comparecer diante do SENHOR, seu Deus, no lugar que ele escolher. Não devem, porém, apresentar-se diante do SENHOR de mãos vazias. 17Todos devem ofertar de acordo com as bênçãos que receberam do SENHOR, seu Deus.”

Justiça para o povo

18“Nomeiem juízes e oficiais de cada uma de suas tribos em todas as cidades que o SENHOR, seu Deus, lhes dá. Eles julgarão o povo com justiça. 19Nunca distorçam a justiça nem mostrem parcialidade. Nunca aceitem subornos, pois eles cegam os olhos dos sábios e corrompem as decisões dos íntegros. 20Que a justiça verdadeira prevaleça sempre, para que vocês vivam e tomem posse da terra que o SENHOR, seu Deus, lhes dá.

21“Jamais levantem um poste de madeira para Aserá junto ao altar que edificarem para o SENHOR, seu Deus. 22Jamais levantem colunas sagradas para adoração, pois isso é detestável para o SENHOR, seu Deus.”

17 “Nunca sacrifiquem ao SENHOR, seu Deus, bois ou ovelhas doentes ou defeituosos, pois esse tipo de oferta é detestável para ele.

2“Quando vocês começarem a viver nas cidades que o SENHOR, seu Deus, lhes dá, poderá acontecer de um homem ou uma mulher do povo fazer algo mau aos olhos do SENHOR, seu Deus, e quebrar a aliança. 3Pode ser que essa pessoa sirva outros deuses ou adore o sol, a lua ou qualquer das estrelas, o exército do céu, algo que eu proibi expressamente. 4Quando ficarem sabendo disso, façam uma investigação cuidadosa. Se for verdade que se fez tal coisa detestável em Israel, 5levem

o homem ou a mulher que cometeu esse ato perverso até as
portas da cidade e executem essa pessoa por apedrejamento.
6Jamais executem alguém com base no depoimento de apenas
uma testemunha. Deve sempre haver duas ou três testemu-
nhas. 7As testemunhas jogarão as primeiras pedras e, em
seguida, todo o povo participará da execução. Desse modo,
vocês eliminarão o mal do seu meio.
8“Se um caso muito difícil de resolver chegar a um tribunal
local, como, por exemplo, uma decisão sobre que tipo de
homicídio aconteceu, ou entre diferentes ações judiciais,
ou entre tipos diferentes de agressão, levem esse caso ao
lugar que o SENHOR, seu Deus, escolher. 9Apresentem o caso
aos sacerdotes levitas ou aos juízes que estiverem de serviço
na ocasião, e eles ouvirão o caso e declararão o veredicto.
10Executem o veredicto que eles declararem no lugar que o
SENHOR escolher. Façam exatamente o que eles mandarem.
11Depois que eles tiverem interpretado a lei e declarado o
veredicto, executem em sua totalidade a sentença que eles
pronunciarem; não façam modificação alguma. 12Quem for
arrogante a ponto de rejeitar o veredicto do sacerdote ou do
juiz que representa o SENHOR, seu Deus, naquele lugar deverá
ser morto. Desse modo, vocês eliminarão o mal do meio de
Israel. 13Então todo o povo ficará sabendo o que aconteceu
e terá medo de agir novamente com tamanha arrogância.”

Diretrizes para o rei

14“Vocês estão prestes a entrar na terra que o SENHOR, seu
Deus, lhes dá. Quando a conquistarem, se estabelecerem nela
e pensarem: ‘Devemos escolher um rei para nos governar,
como as outras nações ao nosso redor’, 15tenham cuidado de
nomear como rei o homem que o SENHOR, seu Deus, escolher.
Deverá ser um irmão israelita; não pode ser estrangeiro.
16“O rei não terá muitos cavalos, nem enviará seu povo ao Egito
para comprar cavalos, pois o SENHOR lhes disse: ‘Jamais voltem
ao Egito’. 17O rei não tomará para si muitas esposas, pois elas
afastarão seu coração do SENHOR. Também não acumulará
para si grandes quantidades de prata e de ouro.
18“Quando sentar-se no trono para reinar, copiará esta lei para
si num rolo, na presença dos sacerdotes levitas. 19Trará essa
cópia sempre consigo e a lerá todos os dias enquanto viver.
Assim, aprenderá a temer o SENHOR, seu Deus, cumprindo
todos os termos desta lei e destes decretos. 20Isso o impedirá
de tornar-se orgulhoso e agir como se estivesse acima de seus
irmãos israelitas. Evitará também que ele se desvie, por menos
que seja, destes mandamentos, e garantirá que ele e seus
descendentes tenham longos reinados em Israel.”

Ofertas para os sacerdotes e levitas

18 “Lembrem-se de que os sacerdotes levitas e todos os
outros membros da tribo de Levi não receberão porção
alguma de terra como herança entre as outras tribos de Israel.
Em vez disso, os sacerdotes e levitas comerão das ofertas es-
peciais apresentadas ao SENHOR, pois essa é a parte que lhes
cabe. 2Não terão herança entre os israelitas. O SENHOR é sua
herança, conforme lhes prometeu.
3“Estas são as partes que os sacerdotes receberão como
sua porção dos bois e das ovelhas que o povo entregar como
ofertas: a espádua, as queixadas e o estômago. 4Deem
também aos sacerdotes a primeira porção dos cereais, do
vinho novo, do azeite e da lã na época da tosquia, 5pois o
SENHOR, seu Deus, escolheu a tribo de Levi dentre todas as suas
tribos para servir em nome do SENHOR para sempre.
6“Se um levita decidir sair de sua cidade em Israel, seja ela
qual for, e mudar-se para o lugar que o SENHOR escolher, 7ele
servirá ali em nome do SENHOR, seu Deus, da mesma forma que
todos os seus companheiros levitas que servem o SENHOR na-
quele lugar. 8Comerá sua porção dos sacrifícios e ofertas,
mesmo que também receba sustento de sua família.”

Chamado para viver em santidade

9“Quando vocês entrarem na terra que o SENHOR, seu Deus,
lhes dá, tenham muito cuidado para não imitarem os cos-
tumes detestáveis das nações que vivem ali. 10Jamais deverá
haver entre vocês alguém que queime seu filho ou sua filha
como sacrifício. Não permitam que alguém do povo pratique
adivinhação, use encantamentos, interprete agouros, envol-
va-se com bruxaria, 11lance feitiços, atue como médium ou
praticante do ocultismo, ou consulte os espíritos dos mortos.
12Quem pratica tais coisas é detestável ao SENHOR. É justa-
mente porque as outras nações praticam essas coisas detestá-
veis que o SENHOR, seu Deus, as expulsará de diante de vocês.
13Sejam inculpáveis perante o SENHOR, seu Deus. 14As nações
cujas terras vocês estão prestes a conquistar consultam fei-
ticeiros e adivinhos, mas o SENHOR, seu Deus, os proíbe de
fazerem essas coisas.”

Verdadeiros e falsos profetas

15“O SENHOR, seu Deus, levantará um profeta como eu do meio
de seus irmãos israelitas. Deem ouvidos a ele, 16pois foi isso
que vocês pediram ao SENHOR, seu Deus, quando estavam re-
unidos ao pé do monte Sinai. Disseram: ‘Não iremos mais ouvir
a voz do SENHOR, nosso Deus, nem ver este fogo ardente, pois
morreríamos’.
17“Então o SENHOR me disse: ‘Eles estão certos. 18Levantarei
um profeta como você do meio de seus irmãos israelitas e
porei minhas palavras em sua boca, e ele dirá ao povo tudo
que eu lhe ordenar. 19Eu mesmo pedirei contas de qualquer
um que não ouvir as mensagens que o profeta proclamar em
meu nome. 20Mas o profeta que tiver a presunção de falar em
meu nome algo que não lhe ordenei, ou que falar em nome de
outros deuses, será morto’.
21“Talvez vocês se perguntem: ‘Como saberemos se uma pro-
fecia vem do SENHOR ou não?’. 22Se o profeta falar em nome
do SENHOR, mas suas previsões não acontecerem nem se
cumprirem, vocês saberão que a mensagem dele não vem do

SENHOR. Esse profeta presumiu arrogantemente que falava em meu nome, e vocês não precisam temê-lo."

As cidades de refúgio

19 "Quando o SENHOR, seu Deus, destruir as nações cujo território ele lhes dá, vocês tomarão posse da terra e se estabelecerão nas cidades e casas que elas construíram. 2Em seguida, separarão três cidades de refúgio na terra que o SENHOR, seu Deus, lhes dá. 3Preparem estradas e dividam em três regiões a terra que o SENHOR, seu Deus, lhes dá como propriedade, com uma dessas cidades em cada região. Quem tiver matado alguém poderá fugir para uma dessas cidades de refúgio e ficar a salvo.

4"Isso se aplica a alguém que, sem intenção e sem mostrar hostilidade anterior, matar outra pessoa: ele poderá fugir para uma dessas cidades de refúgio e viver em segurança. 5Se acontecer, por exemplo, de alguém ir com um vizinho cortar lenha num bosque e, quando um deles levantar o machado para cortar uma árvore, o ferro do machado escapar do cabo, atingir a outra pessoa e causar sua morte, o homicida poderá fugir para uma das cidades de refúgio a fim de salvar a vida.

6"Se, contudo, a distância até a cidade de refúgio for muito grande e acontecer que, irado, o parente encarregado de vingar a morte da vítima alcance e mate o homicida, o castigo não seria merecido, pois o fugitivo não mostrou hostilidade anterior à vítima. 7Por isso, ordeno que separem três cidades de refúgio.

8"Se o SENHOR, seu Deus, ampliar seu território conforme jurou a seus antepassados e lhes der toda a terra que lhes prometeu, 9separem mais três cidades de refúgio. (Ele lhes dará a terra se vocês cumprirem cuidadosamente todos os mandamentos que hoje lhes dou, se sempre amarem o SENHOR, seu Deus, e andarem em seus caminhos.) 10Com isso, vocês evitarão a morte de inocentes na terra que o SENHOR, seu Deus, lhes dá como herança. Do contrário, seriam culpados pelo sangue de inocentes.

11"Se, contudo, alguém demonstrar hostilidade a seu vizinho, ficar à espreita dele e o atacar e matar, fugindo depois para uma das cidades de refúgio, 12as autoridades da cidade do homicida enviarão representantes à cidade de refúgio para trazê-lo de volta e entregá-lo ao vingador da vítima, para que ele execute o homicida. 13Não tenham pena dele. Eliminem de Israel a culpa de matar inocentes. Assim, tudo irá bem com vocês."

O interesse pela justiça

14"Quando tomarem posse da terra que o SENHOR, seu Deus, lhes dá como herança, jamais roubem terras de outros, mudando de lugar os marcos de divisa que seus antepassados colocaram.

15"Não condenem alguém por um crime ou delito com base no depoimento de apenas uma testemunha. Os fatos a respeito do caso devem ser confirmados pelo depoimento de duas ou três testemunhas.

16"Se uma testemunha mal-intencionada se apresentar e acusar alguém de ter cometido um crime, 17tanto o acusador como o acusado comparecerão diante do SENHOR, apresentando-se aos sacerdotes e juízes que estiverem de serviço na ocasião. 18Os juízes farão uma investigação cuidadosa do caso. Se a testemunha fez acusações falsas contra seu irmão israelita, 19apliquem-lhe a sentença que ela planejava para a outra pessoa. Desse modo, vocês eliminarão o mal do seu meio. 20O restante do povo ficará sabendo disso e terá medo de cometer tamanha maldade. 21Não tenham pena do culpado. Sua regra deve ser: vida por vida, olho por olho, dente por dente, mão por mão, pé por pé."

Normas acerca da guerra

20 "Quando saírem para lutar contra seus inimigos e enfrentarem cavalos e carros e um exército maior que o seu, não tenham medo. O SENHOR, seu Deus, que os tirou da terra do Egito, está com vocês! 2Quando se prepararem para a batalha, o sacerdote virá à frente e falará aos soldados. 3Dirá: 'Ouçam, homens de Israel! Ao saírem hoje para lutar contra seus inimigos, sejam corajosos. Não tenham medo, nem se apavorem, nem tremam diante deles, 4pois o SENHOR, seu Deus, vai com vocês. Ele lutará contra seus inimigos em seu favor e lhes dará vitória'.

5"Então os oficiais do exército se dirigirão aos soldados e dirão: 'Alguém aqui acabou de construir uma casa, mas ainda não a dedicou? Se houver alguém nessa situação, vá para casa! Se você morresse na batalha, outra pessoa dedicaria sua casa. 6Alguém aqui acabou de plantar uma videira, mas ainda não comeu de seus frutos? Se houver alguém nessa situação, vá para casa! Se você morresse na batalha, outra pessoa comeria dos primeiros frutos. 7Alguém aqui acabou de ficar noivo de uma mulher, mas ainda não se casou? Vá para casa e tome a mulher como esposa! Se você morresse na batalha, outra pessoa a tomaria como esposa'.

8"Os oficiais também dirão: 'Alguém aqui está com medo ou angustiado? Se estiver, vá para casa antes que amedronte mais alguém'. 9Quando os oficiais terminarem de falar aos soldados, nomearão comandantes para as tropas.

10"Quando vocês se aproximarem de uma cidade para atacá-la, primeiro proponham paz a seus habitantes. 11Se eles aceitarem suas condições e abrirem as portas, todo o povo dentro da cidade os servirá com trabalhos forçados. 12Se eles recusarem a proposta de paz e se prepararem para lutar, cerquem a cidade. 13Quando o SENHOR, seu Deus, lhes entregar a cidade, matem à espada todos os homens. 14Contudo, poderão tomar para si as mulheres, as crianças, os animais e tudo que acharem na cidade. Poderão aproveitar todos os despojos dos inimigos que o SENHOR, seu Deus, entregou em suas mãos.

15"Essas instruções se aplicam somente às cidades muito distantes, e não às cidades dos povos que vivem na terra em que vocês entrarão. 16Nessas cidades que o SENHOR lhes dá como herança, destruam todo ser vivo. 17Destruam completamente

os hititas, os amorreus, os cananeus, os ferezeus, os heveus
e os jebuseus, conforme o SENHOR, seu Deus, lhes ordenou.
18Isso evitará que os povos da terra os ensinem a imitar os atos
detestáveis que eles praticam quando adoram seus deuses,
coisas que fariam vocês pecarem contra o SENHOR, seu Deus.
19"Quando cercarem uma cidade e a guerra se prolongar, não
cortem as árvores com machados. Comam dos frutos, mas
não cortem as árvores. Acaso as árvores são inimigos para
que vocês as ataquem? 20Cortem apenas as árvores que vocês
sabem que não dão frutos e usem-nas para fazer o equipa-
mento necessário no cerco à cidade inimiga até que ela caia."

Casos de homicídio não resolvido

21 "Quando estiverem na terra que o SENHOR, seu Deus,
lhes dá, e alguém for encontrado morto no campo e não
se saiba quem o matou, 2as autoridades e os juízes medirão
a distância do local onde está o cadáver até as cidades vizi-
nhas. 3Quando se determinar qual é a cidade mais próxima,
as autoridades da cidade escolherão do rebanho uma novilha
que nunca tenha sido usada para trabalhar no campo e nunca
tenha puxado um arado. 4Levarão a novilha a um vale que não
tenha sido lavrado nem semeado e pelo qual passe um ribeiro.
Ali, no vale, quebrarão o pescoço da novilha. 5Os sacerdotes
levitas se aproximarão, pois o SENHOR, seu Deus, os escolheu
para servirem diante dele e pronunciarem bênçãos em seu
nome. Cabe a eles decidir todos os casos legais e criminais.
6"As autoridades daquela cidade lavarão as mãos sobre a no-
vilha cujo pescoço foi quebrado 7e dirão: 'Nossas mãos não
derramaram o sangue dessa pessoa, nem vimos o crime acon-
tecer. 8Ó SENHOR, perdoa o teu povo, Israel, o qual libertaste.
Não culpes o teu povo pela morte de um inocente'. Assim,
serão absolvidos da culpa pelo sangue da pessoa. 9Desse
modo, vocês removerão do seu meio a culpa pela morte da
vítima e farão o que é certo aos olhos do SENHOR."

O casamento com uma prisioneira

10"Quando vocês saírem para guerrear contra seus inimigos
e o SENHOR, seu Deus, entregá-los em suas mãos e vocês os
fizerem prisioneiros, 11pode acontecer de algum de vocês vir
uma mulher bonita entre os cativos, sentir-se atraído por ela e
desejar casar-se com ela. 12Nesse caso, leve-a para casa, onde
ela raspará a cabeça, cortará as unhas 13e trocará as roupas
que estava usando quando foi capturada. Ela ficará em sua
casa, mas você deixará que ela fique de luto pelo pai e pela
mãe por um mês inteiro. Depois disso, você se casará com ela.
Passará a ser seu marido, e ela será sua esposa. 14Se depois
do casamento ela não o agradar, liberte-a. Não a venda nem
a trate como escrava, pois você a humilhou."

Direitos do filho mais velho

15"Se um homem tiver duas esposas e amar apenas uma delas,
mas ambas lhe derem filhos homens, e o filho mais velho for
da esposa que ele não ama, 16quando dividir sua herança o
homem não poderá dar a porção maior ao filho da esposa
amada, como se este fosse o filho mais velho. 17Terá de reco-
nhecer os direitos do filho mais velho, da esposa não amada,
dando-lhe porção dobrada. Ele é o primeiro filho do vigor de
seu pai, e os direitos do filho mais velho lhe pertencem."

Como lidar com um filho rebelde

18"Se um homem tiver um filho teimoso e rebelde, que não
obedece ao pai nem à mãe, apesar de eles o disciplinarem, 19o
pai e a mãe levarão o filho até a porta da cidade e dirão às au-
toridades ali reunidas: 20'Este nosso filho é teimoso e rebelde
e se recusa a obedecer. É mau-caráter e vive bêbado'. 21Então
todos os homens da cidade o executarão por apedrejamento.
Desse modo, vocês eliminarão o mal do seu meio, e todo o
Israel ficará sabendo disso e temerá."

Outras normas

22"Se alguém cometeu um crime que merece a pena de morte
e, por isso, foi executado e pendurado numa árvore, 23não
deverá permanecer pendurado ali durante a noite. Enterrem
o corpo no mesmo dia, pois todo aquele que é pendurado
é maldito aos olhos de Deus. Desse modo, vocês evitarão a
contaminação da terra que o SENHOR, seu Deus, lhes dá como
herança."

22 "Se você vir solto por aí o boi ou a ovelha de um israe-
lita, não fuja de sua responsabilidade. Devolva o animal
ao dono. 2Se o dono não morar por perto ou se você não o
conhecer, leve o animal para sua casa e fique com ele até o
dono vir procurá-lo. Então, devolva o animal. 3Faça o mesmo
se encontrar um jumento, uma peça de roupa ou qualquer
outra coisa que alguém tenha perdido. Não fuja de sua res-
ponsabilidade.
4"Se você vir o jumento ou o boi de um israelita caído no ca-
minho, não o ignore. Vá e ajude o dono a levantar o animal.
5"A mulher não deve usar roupas de homem, e o homem não
deve usar roupas de mulher. Quem age desse modo é detes-
tável aos olhos do SENHOR, seu Deus.
6"Se acontecer de você encontrar o ninho de um pássaro numa
árvore ou no chão, e houver nele filhotes ou ovos que a mãe
esteja chocando, não leve a mãe junto com os filhotes. 7Leve
os filhotes, mas deixe a mãe, para que você prospere e tenha
vida longa.
8"Quando você construir uma casa nova, coloque um parapeito
em torno do terraço. Desse modo, se alguém cair do terraço,
você e sua família não serão culpados pela morte da vítima.
9"Não plantem nenhuma outra semente entre as videiras em
seu vinhedo. Se o fizerem, estarão proibidos de usar tanto
as uvas desse vinhedo como o fruto da outra plantação que
semearam.
10"Não arem a terra com um boi e um jumento presos ao mesmo
jugo.

11“Não usem roupas feitas de fios de lã e linho entrelaçados.
12“Coloquem franjas nas quatro pontas do manto com o qual vocês se cobrem.”

Normas acerca da pureza sexual

13“Se um homem se casar com uma mulher e, depois de ter relações com ela, rejeitá-la 14e acusá-la publicamente de conduta vergonhosa, dizendo: ‘Quando me casei com esta mulher, descobri que ela não era virgem’, 15então o pai e a mãe da mulher levarão a prova da virgindade da filha até a porta da cidade, onde as autoridades estarão reunidas. 16O pai lhes dirá: ‘Dei minha filha em casamento a este homem, e agora ele a rejeitou. 17Acusou-a de conduta vergonhosa, dizendo: ‘Descobri que sua filha não era virgem’. Aqui está, porém, a prova da virgindade de minha filha’. Então os pais estenderão o lençol da filha diante das autoridades, 18e eles pegarão o homem e o castigarão. 19Também lhe aplicarão uma multa de cem peças de prata que ele pagará ao pai da mulher, uma vez que acusou publicamente de conduta vergonhosa uma virgem de Israel. Ela continuará a ser esposa do homem, e ele jamais poderá se divorciar dela.

20“Mas, se as acusações do homem forem verdadeiras e ele puder provar que a mulher não era virgem, 21então ela será levada até a porta da casa de seu pai e ali será executada por apedrejamento pelos homens da cidade. Ela cometeu um crime vergonhoso em Israel, praticando imoralidade sexual enquanto vivia na casa de seus pais. Desse modo, vocês eliminarão o mal do seu meio.

22“Se um homem for flagrado cometendo adultério, ele e a mulher terão de morrer. Desse modo, vocês eliminarão o mal do meio de Israel.

23“Se um homem encontrar uma moça virgem, prometida em casamento, e tiver relações sexuais com ela dentro da cidade, 24levem os dois para a porta da cidade e executem-nos por apedrejamento. A mulher é culpada porque não gritou por socorro, e o homem deverá morrer porque humilhou a esposa de outro homem. Desse modo, vocês eliminarão o mal do seu meio.

25“Mas, se o homem encontrar a moça prometida em casamento no campo e a violentar, somente o homem deverá ser morto. 26Não façam nada à moça; não cometeu crime algum que mereça a pena de morte. É tão inocente quanto uma vítima de homicídio. 27Uma vez que o homem a violentou no campo, deve-se presumir que ela gritou, mas não houve quem a socorresse.

28“Se um homem tiver relações com uma moça virgem, mas que não esteja prometida em casamento, e eles forem descobertos, 29o homem pagará ao pai da moça cinquenta peças de prata. Uma vez que ele humilhou a moça, se casará com ela e jamais poderá se divorciar.

30“Nenhum homem tomará por mulher alguém que foi esposa de seu pai, pois isso desonraria seu pai.”

Normas acerca da adoração

23 “Se um homem tiver os testículos esmagados ou o membro amputado, não terá permissão de entrar nas reuniões sagradas do SENHOR.

2“Se alguém for filho ilegítimo, nem ele nem seus descendentes, até a décima geração, terão permissão de entrar nas reuniões sagradas do SENHOR.

3“Nenhum amonita ou moabita, e nenhum de seus descendentes, até a décima geração, terá permissão de participar das reuniões sagradas do SENHOR. 4Essas nações não os receberam com alimento e água quando vocês saíram do Egito. Em vez disso, contrataram Balaão, filho de Beor, nascido em Petor, na Mesopotâmia, para amaldiçoá-los. 5Mas o SENHOR, seu Deus, se recusou a ouvir Balaão e transformou a maldição em bênção, pois o SENHOR, seu Deus, os ama. 6Enquanto viverem, jamais promovam o bem-estar e a prosperidade dos amonitas ou moabitas.

7“Não mostrem ódio aos edomitas, pois são seus parentes, nem aos egípcios, pois vocês viveram como estrangeiros entre eles. 8A terceira geração de edomitas e egípcios poderá entrar nas reuniões sagradas do SENHOR.”

Normas diversas

9“Quando saírem para guerrear contra seus inimigos, mantenham-se afastados de tudo que é impuro.

10“O homem que ficar cerimonialmente impuro por causa de uma polução noturna sairá do acampamento e ficará fora o dia todo. 11Ao entardecer, ele se banhará e, ao pôr do sol, poderá voltar ao acampamento.

12“Determinem uma área fora do acampamento onde possam fazer as necessidades. 13Cada um deve ter uma pá como parte de seu equipamento. Quando forem evacuar, cavem um buraco com a pá e cubram as fezes. 14O acampamento deverá ser santo, pois o SENHOR, seu Deus, anda no meio dele para proteger vocês e derrotar seus inimigos. Cuidem para que ele não veja em seu meio qualquer coisa vergonhosa e se afaste de vocês.

15“Se escravos fugirem e se refugiarem com vocês, não os devolvam a seus senhores. 16Permitam que eles vivam em seu meio em qualquer cidade que escolherem, e não os oprimam.

17“Nenhum israelita, homem ou mulher, se dedicará à prostituição em templos idólatras.

18“Quando apresentarem uma oferta para cumprir um voto, não tragam à casa do SENHOR, seu Deus, nenhuma oferta proveniente dos lucros de uma prostituta ou de um prostituto, pois ambos são detestáveis ao SENHOR, seu Deus.

19“Não cobrem juros sobre os empréstimos que fizerem a um irmão israelita, seja de dinheiro, de alimento ou de qualquer outra coisa. 20Poderão cobrar juros dos estrangeiros, mas não cobrarão juros de israelitas, para que o SENHOR, seu Deus, os abençoe em tudo que fizerem na terra da qual estão prestes a tomar posse.

21“Quando fizerem um voto ao SENHOR, seu Deus, cumpram-no

prontamente. O SENHOR, seu Deus, cobrará de vocês o cum-
primento dos votos, ou serão culpados de pecado. 22Não é
pecado deixar de fazer voto. 23Mas, se fizerem um voto volun-
tário, cumpram cuidadosamente a promessa feita ao SENHOR,
seu Deus.
24“Quando entrarem no vinhedo de seu vizinho, poderão
comer uvas até se saciarem, mas não as levem num cesto.
25E, quando entrarem no campo de um vizinho, poderão apa-
nhar as espigas de cereal com a mão, mas não usem a foice
para cortá-las.”

24 “Se um homem se casar e a esposa não for do seu agrado
porque ele descobriu alguma coisa vergonhosa da parte
dela, ele escreverá um certificado de divórcio e o dará a ela,
mandando-a embora de sua casa. 2Depois de partir, ela po-
derá casar-se com outro homem. 3E, se este também a rejeitar
e escrever um certificado de divórcio e o der a ela, mandan-
do-a embora de sua casa, ou até mesmo se ele morrer, 4o pri-
meiro homem que a mandou embora não poderá casar-se de
novo com ela, pois ela foi contaminada. Isso seria detestável
para o SENHOR. Não tragam culpa sobre a terra que o SENHOR,
seu Deus, lhes dá como herança.
5“O homem recém-casado não será recrutado para o serviço
militar nem receberá nenhuma outra responsabilidade oficial.
Estará livre para passar um ano em casa, proporcionando ale-
gria à mulher com quem se casou.
6“Não tomem um conjunto de pedras de moinho, nem mesmo
só a pedra de cima, como garantia de uma dívida, pois o dono
precisa das pedras para obter seu sustento.
7“Se alguém sequestrar um irmão israelita e o tratar como
escravo ou o vender, o sequestrador terá de morrer. Desse
modo, vocês eliminarão o mal do seu meio.
8“Em todos os casos de lepra, cumpram com extremo cuidado
as instruções dos sacerdotes levitas; obedeçam a todos os
mandamentos que eu dei a eles. 9Lembrem-se daquilo que
o SENHOR, seu Deus, fez com Miriã durante sua jornada no
deserto, depois que vocês saíram do Egito.
10“Se um de vocês emprestar algo a seu próximo, não entre
na casa dele para pegar o objeto que ele lhe oferecer como
garantia. 11Espere do lado de fora enquanto ele pega o objeto
e o traz para você. 12Se ele for pobre e lhe der o manto como
garantia, não o guarde consigo durante a noite. 13Devolva-lhe
o manto ao pôr do sol, para que ele se aqueça durante a noite
e abençoe você. O SENHOR, seu Deus, considerará isso um ato
de justiça.
14“Nunca se aproveitem de trabalhadores pobres e necessi-
tados, sejam irmãos israelitas ou estrangeiros que vivem em
suas cidades. 15Paguem o salário deles todos os dias, antes do
pôr do sol, pois eles são pobres e contam com isso para viver.
Do contrário, quando clamarem contra vocês ao SENHOR, vocês
serão culpados de pecado diante dele.
16“Os pais não serão executados por causa do pecado dos fi-
lhos, nem os filhos por causa do pecado dos pais. Aqueles que
merecem morrer deverão ser executados por causa de seus
próprios crimes.
17“Sejam justos com os estrangeiros e os órfãos que vivem
entre vocês, e jamais aceitem a roupa de uma viúva como
garantia por sua dívida. 18Lembrem-se sempre de que vocês
foram escravos no Egito e de que o SENHOR, seu Deus, os li-
bertou da escravidão. Por isso eu lhes dou estas ordens.
19“Quando estiverem fazendo a colheita de suas lavouras e
esquecerem um feixe de cereais no campo, não voltem para
buscá-lo. Deixem-no para os estrangeiros, para os órfãos
e para as viúvas. Então o SENHOR, seu Deus, os abençoará
em tudo que fizerem. 20Quando sacudirem as azeitonas de
suas oliveiras, não passem pelos mesmos ramos duas vezes.
Deixem as azeitonas restantes para os estrangeiros, os órfãos
e as viúvas. 21Quando colherem uvas em seus vinhedos, não
passem novamente pelas videiras. Deixem as uvas restantes
para os estrangeiros, os órfãos e as viúvas. 22Lembrem-se de
que vocês foram escravos na terra do Egito. Por isso eu lhes
dou estas ordens.”

25 “Quando duas pessoas brigarem e o caso chegar a um
tribunal, os juízes declararão que uma pessoa tem razão
e a outra está errada. 2Se a pessoa que está errada for sen-
tenciada a receber açoites, o juiz ordenará que ela se deite e
seja açoitada na presença dele, com um número de açoites
proporcional ao crime. 3Jamais ultrapassem, porém, quarenta
açoites; mais que quarenta açoites seria uma humilhação pú-
blica para seu irmão israelita.
4“Não amordacem o boi para impedir que ele coma enquanto
debulha os cereais.
5“Se dois irmãos estiverem morando juntos na mesma pro-
priedade e um deles morrer sem deixar filhos, a viúva não se
casará com alguém de fora da família. O irmão de seu marido
se casará com ela, e eles terão relações sexuais. Desse modo,
ele cumprirá os deveres de cunhado. 6O primeiro filho que ela
tiver com ele será considerado filho do irmão falecido, para
que seu nome não seja esquecido em Israel.
7“Se, contudo, o homem se recusar a casar-se com a viúva de
seu irmão, ela irá até a porta da cidade e dirá às autoridades
ali reunidas: ‘O irmão de meu falecido esposo se recusa a pre-
servar o nome do irmão em Israel. Não quer cumprir os deveres
de cunhado, casando-se comigo’. 8As autoridades da cidade o
convocarão e conversarão com ele. Se, ainda assim, ele insistir
e disser: ‘Não quero me casar com ela’, 9a viúva se aproximará
do homem na presença das autoridades, tirará a sandália do
pé dele e cuspirá em seu rosto. Em seguida, ela declarará: ‘É
isso que acontece com o homem que se recusa a dar filhos
para seu irmão’. 10Desse dia em diante, a família dele será
chamada em Israel de ‘família do descalçado’.
11“Se dois israelitas brigarem e a esposa de um deles, na ten-
tativa de livrar o marido de quem o agride, agarrar os órgãos
genitais do outro homem, 12cortem a mão da mulher. Não te-
nham pena dela.

13“Quando pesarem mercadorias, usem balanças precisas. 14Usem também medidas completas e justas. 15Sim, usem sempre pesos e medidas exatos e justos, para que tenham vida longa na terra que o SENHOR, seu Deus, lhes dá. 16Quem engana com pesos e medidas desonestos é detestável ao SENHOR, seu Deus.

17“Nunca se esqueçam daquilo que os amalequitas lhes fizeram quando vocês saíram do Egito. 18Eles os atacaram quando vocês estavam cansados e esgotados e feriram mortalmente os mais fracos que ficaram para trás. Não temeram a Deus. 19Portanto, quando o SENHOR, seu Deus, lhes proporcionar descanso de todos os seus inimigos na terra que ele lhes dá como herança, destruam os amalequitas e apaguem a memória deles de debaixo do céu. Jamais se esqueçam disso!”

Dízimos e ofertas das colheitas

26 “Quando tiverem entrado na terra que o SENHOR, seu Deus, lhes dá como herança e a tiverem conquistado e se estabelecido nela, 2coloquem num cesto alguns dos primeiros frutos de cada colheita que produziram e levem-no ao lugar que o SENHOR, seu Deus, escolher para habitação do seu nome. 3Dirijam-se ao sacerdote que estiver de serviço naquela ocasião e digam-lhe: ‘Com esta oferta reconheço diante do SENHOR, seu Deus, ter entrado na terra que o SENHOR jurou a nossos antepassados que nos daria’. 4O sacerdote pegará o cesto de suas mãos e o colocará diante do altar do SENHOR, seu Deus.

5“Então vocês declararão na presença do SENHOR, seu Deus: ‘Meu antepassado Jacó era um nômade arameu que foi viver no Egito como estrangeiro. Quando chegou, sua família não era numerosa, mas no Egito ela se tornou uma grande e poderosa nação. 6Quando os egípcios nos oprimiram e nos humilharam, sujeitando-nos à escravidão, 7clamamos ao SENHOR, o Deus de nossos antepassados. O SENHOR ouviu nossos clamores e viu nossas dificuldades, nosso trabalho árduo e a opressão que sofríamos. 8Por isso, o SENHOR nos libertou do Egito com mão forte e braço poderoso, com atos temíveis, sinais e maravilhas. 9Trouxe-nos para este lugar e nos deu esta terra que produz leite e mel com fartura! 10E agora, SENHOR, trago os primeiros frutos da colheita que, do solo, me deste’. Em seguida, coloquem o cesto diante do SENHOR, seu Deus, e prostrem-se diante dele em adoração. 11Depois disso, alegrem-se por todas as coisas boas que o SENHOR, seu Deus, tem dado a vocês e a suas famílias. Lembrem-se de incluir na celebração os levitas e os estrangeiros que vivem entre vocês.

12“A cada três anos, separem um dízimo especial de suas colheitas. Nesse ano, entreguem seus dízimos aos levitas, aos estrangeiros, aos órfãos e às viúvas, para que eles comam até se saciarem em suas cidades. 13Então declarem na presença do SENHOR, seu Deus: ‘Dediquei, da minha casa, a oferta sagrada e a entreguei aos levitas, aos estrangeiros, aos órfãos e às viúvas, conforme ordenaste. Não quebrei nenhum dos teus mandamentos nem me esqueci de nenhum deles. 14Não comi coisa alguma desta oferta enquanto estava de luto, nem a toquei enquanto estava cerimonialmente impuro, e não ofereci coisa alguma dela aos mortos. Obedeci ao SENHOR, meu Deus, e fiz tudo que me ordenaste. 15Agora, olha desde a tua santa habitação no céu e abençoa o teu povo, Israel, e a terra que juraste a nossos antepassados que nos darias, uma terra que produz leite e mel com fartura’.”

Chamado à obediência

16“Hoje o SENHOR, seu Deus, ordenou que obedeçam a todos estes decretos e estatutos. Cumpram-nos cuidadosamente, de todo o seu coração e de toda a sua alma. 17Hoje vocês declararam que o SENHOR é o seu Deus e que andarão em seus caminhos, obedecerão a seus decretos, mandamentos e estatutos e farão tudo que ele mandar. 18O SENHOR declarou hoje que vocês são seu povo, sua propriedade especial, conforme ele havia prometido, e que devem obedecer a todos os seus mandamentos. 19Se o fizerem, ele os colocará muito acima de todas as outras nações que ele fez, e vocês receberão louvores, honra e fama. Serão uma nação santa ao SENHOR, seu Deus, exatamente como ele prometeu.”

O altar no monte Ebal

27 Então Moisés, acompanhado dos líderes de Israel, deu a seguinte ordem ao povo: “Obedeçam a todos estes mandamentos que hoje lhes dou. 2Quando atravessarem o rio Jordão e entrarem na terra que o SENHOR, seu Deus, lhes dá, levantem pedras grandes e pintem-nas com cal. 3Escrevam nelas todos os termos desta lei quando atravessarem o rio para entrar na terra que o SENHOR, seu Deus, lhes dá, uma terra que produz leite e mel com fartura, conforme lhes prometeu o SENHOR, o Deus de seus antepassados. 4Depois de atravessarem o Jordão, levantem essas pedras pintadas de cal no monte Ebal, como hoje lhes ordeno.

5“Construam ali um altar para o SENHOR, seu Deus, usando pedras inteiras, em sua forma natural. Não alterem a forma das pedras com ferramenta de ferro. 6Construam o altar com pedras que não foram cortadas e usem-no para oferecer holocaustos ao SENHOR, seu Deus. 7Apresentem também sacrifícios de ofertas de paz e celebrem, comendo e alegrando-se na presença do SENHOR, seu Deus. 8Escrevam de forma bem visível todos os termos desta lei nas pedras pintadas de cal”.

9Em seguida, Moisés e os sacerdotes levitas disseram a todo o Israel: “Faça silêncio e ouça, ó Israel! Hoje você se tornou o povo do SENHOR, seu Deus. 10Obedeça, portanto, ao SENHOR, seu Deus, cumprindo todos estes mandamentos e decretos que hoje lhe dou”.

Maldições pronunciadas no monte Ebal

11No mesmo dia, Moisés deu ao povo a seguinte ordem: 12“Quando atravessarem o rio Jordão, as tribos de Simeão, Levi, Judá, Issacar, José e Benjamim ficarão no monte Gerizim, de onde proclamarão uma bênção sobre o povo. 13As tribos de

Rúben, Gade, Aser, Zebulom, Dã e Naftali ficarão no monte
Ebal, de onde proclamarão uma maldição.
14"Então os levitas dirão em alta voz a todo o povo de Israel:
15'Maldito quem esculpir ou fundir um ídolo e o levantar em
segredo. Os ídolos, trabalhos de artesãos, são detestáveis ao
SENHOR'. E todo o povo responderá: 'Amém!'.
16'Maldito quem desonrar pai ou mãe'. E todo o povo respon-
derá: 'Amém!'.
17'Maldito quem roubar a propriedade do próximo, movendo
um marco de divisa'. E todo o povo responderá: 'Amém!'.
18'Maldito quem fizer o cego se desviar de seu caminho'. E todo
o povo responderá: 'Amém!'.
19'Maldito quem negar justiça aos estrangeiros, aos órfãos ou
às viúvas'. E todo o povo responderá: 'Amém!'.
20'Maldito quem tiver relações sexuais com a esposa de
seu pai, pois desonrou seu pai'. E todo o povo responderá:
'Amém!'.
21'Maldito quem tiver relações sexuais com um animal'. E todo
o povo responderá: 'Amém!'.
22'Maldito quem tiver relações sexuais com sua irmã, seja filha
de seu pai ou de sua mãe'. E todo o povo responderá: 'Amém!'.
23'Maldito quem tiver relações sexuais com sua sogra'. E todo
o povo responderá: 'Amém!'.
24'Maldito quem matar o seu próximo em segredo'. E todo o
povo responderá: 'Amém!'.
25'Maldito quem aceitar pagamento para matar um inocente'.
E todo o povo responderá: 'Amém!'.
26'Maldito quem não confirmar e cumprir os termos desta lei'.
E todo o povo responderá: 'Amém!'."

Bênçãos resultantes da obediência

28 "Se vocês obedecerem em tudo ao SENHOR, seu Deus,
e cumprirem fielmente todos estes mandamentos que
hoje lhes dou, o SENHOR, seu Deus, os colocará muito acima
de todas as nações da terra. 2Se obedecerem ao SENHOR, seu
Deus, vocês receberão as seguintes bênçãos:
3Suas cidades e seus campos serão abençoados.
4Seus filhos e suas colheitas serão abençoados. As crias de seu
gado e de seus rebanhos serão abençoadas.
5Seus cestos de frutos e tigelas de amassar pão serão aben-
çoados.
6A todo lugar que forem e em tudo que fizerem, serão aben-
çoados.
7"O SENHOR derrotará seus inimigos quando eles os atacarem.
Eles virão contra vocês de uma direção, mas serão dispersados
em sete direções.
8"O SENHOR lhes garantirá bênção em tudo que fizerem e en-
cherá seus celeiros de cereais. O SENHOR, seu Deus, os aben-
çoará na terra que ele lhes dá.
9"Se obedecerem aos mandamentos do SENHOR, seu Deus, e
andarem em seus caminhos, o SENHOR os constituirá como seu
povo santo, conforme prometeu sob juramento. 10Assim, todas
as nações da terra verão que vocês são um povo que o SENHOR
tomou para si e os temerão.
11"O SENHOR lhes dará prosperidade na terra que ele jurou a
seus antepassados que daria a vocês, e os abençoará com
muitos filhos, rebanhos numerosos e colheitas fartas. 12No
tempo certo, o SENHOR enviará chuvas de seu rico tesouro
no céu e abençoará todo o trabalho que realizarem. Vocês
emprestarão a muitas nações, mas jamais precisarão tomar
emprestado delas. 13Se derem ouvidos a estes mandamentos
que hoje lhes dou e se os cumprirem fielmente, o SENHOR os
fará cabeça, e não cauda, e vocês estarão sempre por cima,
e nunca por baixo. 14Não se desviem, por menos que seja, de
nenhum dos mandamentos que hoje lhes dou, e não sigam
outros deuses nem os adorem."

Maldições resultantes da desobediência

15"Mas, se vocês se recusarem a dar ouvidos ao SENHOR, seu
Deus, e não cumprirem todos os mandamentos e decretos que
hoje lhes dou, as seguintes maldições cairão sobre vocês e
os atingirão:
16Suas cidades e seus campos serão amaldiçoados.
17Seus cestos de frutos e suas tigelas de amassar pão serão
amaldiçoados.
18Seus filhos e suas colheitas serão amaldiçoados. As crias de
seu gado e de seus rebanhos serão amaldiçoadas.
19A todo lugar que forem e em tudo que fizerem, serão amal-
diçoados.
20"O próprio SENHOR enviará maldições, confusão e frustração
em tudo que fizerem, até que, por fim, vocês sejam comple-
tamente destruídos por terem praticado o mal e me abando-
nado. 21O SENHOR os afligirá com pragas, até fazê-los desapa-
recer da terra em que estão prestes a entrar para tomar posse.
22O SENHOR os ferirá com doenças debilitantes, com febres e
inflamações, com calor ardente e secas, com ferrugem e mofo.
Essas calamidades os perseguirão até que vocês morram. 23O
céu sobre sua cabeça será tão duro quanto o bronze, e a terra
debaixo de vocês será tão impenetrável quanto o ferro. 24O SE-
NHOR transformará em pó a chuva que rega sua terra, e cinzas
cairão do céu até que vocês sejam destruídos.
25"O SENHOR fará seus inimigos os derrotarem. Vocês os ata-
carão de uma direção, mas serão dispersados em sete dire-
ções. Serão motivo de horror para todos os reinos da terra.
26Seus cadáveres serão alimento para as aves do céu e para
os animais selvagens, e não haverá ninguém para enxotá-los.
27"O SENHOR os afligirá com as feridas purulentas do Egito e
com tumores, sarna e coceira incuráveis. 28O SENHOR os casti-
gará com loucura, cegueira e pânico. 29Andarão tateando em
plena luz do dia, como cegos na escuridão, mas não encon-
trarão o caminho. Serão oprimidos e roubados continuamente,
e ninguém virá para socorrê-los.
30"Você ficará noivo de uma mulher, mas outro homem dor-
mirá com ela. Construirá uma casa, mas outra pessoa morará
nela. Plantará um vinhedo, mas não aproveitará seus frutos.

31Seu boi será abatido diante de seus olhos, mas você não
provará um pedaço sequer da carne. Seu jumento lhe será
tomado e não será devolvido. Suas ovelhas serão entregues
a seus inimigos, e não haverá quem o ajude. 32Você verá seus
filhos e filhas serem levados embora como escravos. Sen-
tirá intensa saudade deles, mas nada poderá fazer. 33Uma
nação estrangeira desconhecida consumirá as colheitas que
vocês trabalharam arduamente para produzir. Vocês sofrerão
opressão constante e serão tratados com crueldade. 34Quando
virem as tragédias ao seu redor, acabarão enlouquecendo.
35O SENHOR lhes cobrirá os joelhos e as pernas com feridas
incuráveis. Terão feridas da cabeça aos pés.

36"O SENHOR enviará vocês e seu rei para o exílio numa nação
que vocês e seus antepassados não conheceram. Ali, adorarão
deuses de madeira e de pedra! 37Serão motivo de horror, de
ridículo e de zombaria entre as nações para as quais o SENHOR
os enviar.

38"Semearão muito, mas colherão pouco, pois os gafanhotos
devorarão suas plantações. 39Plantarão vinhedos e cuidarão
deles, mas não beberão o vinho nem comerão as uvas, pois
vermes devorarão as videiras. 40Cultivarão oliveiras em todo o
seu território, mas nunca usarão azeite, pois os frutos cairão
antes de amadurecer. 41Terão filhos e filhas, mas os perderão,
pois eles serão levados para o cativeiro. 42Enxames de insetos
destruirão suas árvores e suas plantações.

43"Os estrangeiros que vivem entre vocês se tornarão cada vez
mais fortes, enquanto vocês se tornarão cada vez mais fracos.
44Eles lhes emprestarão dinheiro, mas vocês não emprestarão
a eles. Eles serão a cabeça, e vocês serão a cauda!

45"Se vocês se recusarem a dar ouvidos ao SENHOR, seu Deus,
e a obedecer aos mandamentos e decretos que ele lhes deu,
todas estas maldições os perseguirão e os alcançarão até que
sejam destruídos. 46Estes horrores servirão de sinal e adver-
tência para vocês e seus descendentes para sempre. 47Se não
servirem ao SENHOR, seu Deus, com alegria e entusiasmo pelos
muitos benefícios que receberam, 48servirão aos inimigos que
o SENHOR enviará contra vocês. Ficarão famintos, sedentos,
despidos e desprovidos de tudo. O SENHOR porá um jugo de
ferro sobre seu pescoço e os oprimirá severamente até que
os tenha destruído.

49"Dos confins da terra, o SENHOR trará contra vocês uma nação
distante que se lançará sobre vocês como um abutre. Será
uma nação cuja língua vocês não compreendem, 50povo feroz
e cruel, que não tem respeito pelos idosos nem pena dos jo-
vens. 51Os exércitos deles devorarão seus animais e colheitas,
e vocês serão destruídos. Não deixarão coisa alguma dos seus
cereais, nem vinho novo, azeite, bezerros ou cordeiros, e vocês
morrerão de fome. 52Atacarão suas cidades até derrubarem
todos os muros fortificados de sua terra, as muralhas nas quais
vocês confiavam como proteção. Atacarão todas as cidades da
terra que o SENHOR, seu Deus, lhes dá.

53"O cerco e a grande aflição que o ataque inimigo causará
serão tão terríveis que vocês comerão a carne de seus pró-
prios filhos e filhas, que o SENHOR, seu Deus, lhes deu. 54Até
o homem de coração mais gentil em seu meio não terá pena
do próprio irmão, da esposa amada e dos filhos que sobrevi-
verem. 55Ele se recusará a dividir com eles a carne que estiver
devorando, a carne de um dos próprios filhos, pois não sobrará
outra coisa para ele comer durante o cerco e a grande aflição
que o inimigo trará sobre todas as suas cidades. 56A mulher
de coração mais gentil entre vocês, tão delicada que nem se-
quer tocaria o chão com o pé, será mesquinha com o marido
a quem ama e com o próprio filho ou filha. 57Esconderá deles
a placenta e o bebê recém-nascido que ela deu à luz para
comê-los sozinha em segredo. Não terá outra coisa para comer
durante o cerco e a grande aflição que o inimigo trará sobre
todas as suas cidades.

58"Se vocês se recusarem a obedecer a todos os termos desta
lei escritos neste livro e se não temerem o nome glorioso e
terrível do SENHOR, seu Deus, 59o SENHOR oprimirá vocês e seus
filhos com pragas indescritíveis. Serão pragas intensas e sem
alívio, doenças agonizantes e insuportáveis. 60Ele os afligirá
com todas as doenças do Egito, que vocês temiam tanto, e não
terão alívio. 61O SENHOR os afligirá com todas as enfermidades
e pragas que existem, mesmo aquelas que não são mencio-
nadas neste Livro da Lei, até que sejam destruídos. 62Ainda que
se tornem tão numerosos quanto as estrelas do céu, poucos
restarão, pois não deram ouvidos ao SENHOR, seu Deus.

63"Assim como o SENHOR teve grande prazer em fazê-los pros-
perar e se multiplicar, também terá prazer em destruí-los.
Vocês serão arrancados da terra em que estão prestes a en-
trar para tomar posse. 64O SENHOR os espalhará entre todas as
nações, de uma extremidade à outra do mundo. Ali, adorarão
deuses estrangeiros que nem vocês nem seus antepassados
conheceram, deuses de madeira e pedra. 65Não encontrarão
paz nem lugar de descanso entre essas nações. O SENHOR fará
seu coração estremecer, sua vista falhar e sua alma desa-
nimar. 66Sua vida estará sempre por um fio. Passarão os dias
e as noites com medo, sem ter certeza se sobreviverão. 67Pela
manhã dirão: 'Quem nos dera já fosse noite!', e à noite: 'Quem
nos dera já fosse dia!'. Pois se encherão de pavor com os hor-
rores que verão ao seu redor. 68Então o SENHOR os mandará em
navios de volta para o Egito, o lugar que eu prometi que nunca
mais veriam. Lá, tentarão vender a si mesmos como escravos
para seus inimigos, mas ninguém os comprará".

29 Estes são os termos da aliança que o SENHOR ordenou
que Moisés fizesse com os israelitas enquanto estavam
na terra de Moabe, além da aliança que havia feito com eles
no monte Sinai.

Moisés faz uma recapitulação da aliança

2Moisés convocou todo o povo de Israel e lhe disse: "Vocês
viram com os próprios olhos tudo que o SENHOR fez na terra
do Egito ao faraó, a todos os seus servos e a toda a sua terra.
3Presenciaram todas as grandes demonstrações de poder, os

sinais e as espantosas maravilhas. 4Até hoje, porém, o SENHOR
não lhes deu mente para entender, nem olhos para ver, nem
ouvidos para ouvir! 5Durante quarenta anos eu os conduzi
pelo deserto e, no entanto, suas roupas e sandálias não se
gastaram. 6Vocês não comeram pão nem beberam vinho ou
outra bebida fermentada, mas receberam alimento para que
soubessem que ele é o SENHOR, seu Deus.
7"Quando chegamos aqui, Seom, rei de Hesbom, e Ogue, rei de
Basã, nos atacaram, mas nós os derrotamos. 8Conquistamos
seu território e o entregamos às tribos de Rúben, Gade e à
meia tribo de Manassés, como sua herança.
9"Portanto, obedeçam aos termos desta aliança, para prospe-
rarem em tudo que fizerem. 10Todos vocês — chefes de tribos,
autoridades, oficiais, e todos os homens de Israel — estão hoje
na presença do SENHOR, seu Deus. 11Estão acompanhados de
suas crianças e esposas, bem como dos estrangeiros que vivem
em seu meio, que cortam lenha e carregam água para vocês.
12Estão aqui hoje para entrar na aliança solene que o SENHOR,
seu Deus, faz com vocês, aliança que inclui maldições. 13Ao
entrarem na aliança hoje, ele os confirmará como seu povo
e reafirmará que é o seu Deus, conforme prometeu sob jura-
mento a vocês e a seus antepassados Abraão, Isaque e Jacó.
14"Não é só com vocês que faço esta aliança, incluindo suas
maldições. 15Faço a aliança com vocês que estão hoje na pre-
sença do SENHOR, nosso Deus, e também com as gerações
futuras que não estão aqui.
16"Vocês se lembram de como vivemos na terra do Egito e pas-
samos pelo território de nações inimigas quando saímos de lá.
17Viram as práticas detestáveis delas e seus ídolos de madeira,
pedra, prata e ouro. 18Faço esta aliança com vocês para que
ninguém, nenhum homem, mulher, clã ou tribo em seu meio,
se afaste do SENHOR, nosso Deus, para adorar os deuses das
outras nações, e para que nenhuma raiz em seu meio produza
frutos amargos e venenosos.
19"Aqueles que ouvirem as advertências desta maldição não
devem se parabenizar e pensar: 'Estou seguro, embora siga os
desejos do meu coração obstinado'. Isso levaria à ruína total!
20O SENHOR não os perdoará. Ao contrário, sua ira e seu zelo
arderão contra eles. Todas as maldições escritas neste livro
cairão sobre eles, e o SENHOR apagará seus nomes de debaixo
do céu. 21O SENHOR os separará de todas as tribos de Israel
a fim de derramar sobre eles todas as maldições da aliança
registradas neste Livro da Lei.
22"Então as gerações futuras, tanto seus descendentes como
os estrangeiros que vêm de terras distantes, verão a devas-
tação da terra e as doenças com as quais o SENHOR a aflige.
23Dirão: 'A terra inteira foi devastada por enxofre e sal. É uma
terra estéril, onde não há nada plantado e nada cresce, nem
uma folha de grama. É como as cidades de Sodoma e Gomorra,
Admá e Zeboim, que o SENHOR destruiu com sua furiosa ira'.
24"Todas as nações vizinhas perguntarão: 'Por que o SENHOR
fez isso com esta terra? Por que se irou tanto?'.
25"E a resposta será: 'Foi porque o povo desta terra aban-
donou a aliança que o SENHOR, o Deus de seus antepassados,
fez com eles quando os tirou da terra do Egito. 26Afastaram-se
dele para servir e adorar outros deuses que não conheciam,
deuses que não lhes era permitido adorar. 27Por isso a ira do
SENHOR ardeu contra esta terra e trouxe sobre ela todas as
maldições registradas neste livro. 28Com grande ira e fúria, o
SENHOR arrancou seu povo da terra e o baniu para outra terra,
onde vivem até hoje!'.
29"O SENHOR, nosso Deus, tem segredos que ninguém conhece.
Não seremos responsabilizados por eles, mas nós e nossos
filhos somos responsáveis para sempre por tudo que ele nos
revelou, para que obedeçamos a todos os termos desta lei."

Chamado para voltar ao SENHOR

30 "No futuro, quando vocês experimentarem todas as
bênçãos e maldições que lhes relatei, e quando esti-
verem vivendo entre as nações onde o SENHOR, seu Deus, os
exilou, levem todas estas instruções a sério. 2Se, nessa oca-
sião, vocês e seus filhos voltarem para o SENHOR, seu Deus, e
se obedecerem de todo o coração e de toda a alma a todos os
mandamentos que hoje lhes dou, 3então o SENHOR, seu Deus,
restaurará sua situação. Ele terá misericórdia de vocês e os
reunirá de todas as nações por onde os espalhou. 4Embora
tenham sido banidos até os confins da terra, o SENHOR, seu
Deus, os juntará e de lá os trará de volta. 5O SENHOR, seu Deus,
os trará à terra que pertencia a seus antepassados, e ela será
sua outra vez. Então ele os tornará ainda mais prósperos e
numerosos que seus antepassados!
6"O SENHOR, seu Deus, transformará o coração de vocês e de
todos os seus descendentes, para que o amem de todo o co-
ração e de toda a alma, e para que vivam! 7O SENHOR, seu Deus,
enviará todas essas maldições sobre seus inimigos e sobre
aqueles que os odeiam e os perseguem. 8Então vocês voltarão
a obedecer ao SENHOR e a cumprir todos os mandamentos que
hoje lhes dou.
9"O SENHOR, seu Deus, lhes dará sucesso em tudo que fizerem.
Também lhes dará muitos filhos e rebanhos numerosos e fará
seus campos produzirem colheitas fartas, pois o SENHOR vol-
tará a ter prazer em ser bondoso com vocês, como aconteceu
com seus antepassados. 10O SENHOR, seu Deus, se alegrará em
vocês se lhe obedecerem e cumprirem os mandamentos e de-
cretos escritos neste Livro da Lei, e se voltarem para o SENHOR,
seu Deus, de todo o coração e de toda a alma."

A escolha entre a vida e a morte

11"Este mandamento que hoje lhes dou não é difícil demais
para vocês, nem está fora de seu alcance. 12Não está guardado
no céu, tão longe que vocês tenham de perguntar: 'Quem su-
birá ao céu a fim de trazê-lo até nós aqui embaixo, para que
possamos ouvir e obedecer?'. 13Não está guardado além do
mar, tão distante que vocês tenham de perguntar: 'Quem atra-
vessará o mar a fim de trazê-lo até nós, para que possamos
ouvir e obedecer?'. 14Não, a mensagem está bem perto; está

em seus lábios e em seu coração, para que possam obedecer.
15“Agora ouçam! Hoje lhes dou a escolha entre a vida e a morte, entre a prosperidade e a calamidade. 16Pois hoje ordeno que amem o SENHOR, seu Deus, e guardem seus mandamentos, decretos e estatutos, andando em seus caminhos. Se o fizerem, viverão e se multiplicarão, e o SENHOR, seu Deus, abençoará vocês e a terra em que estão prestes a entrar para tomar posse dela.

17“Se, contudo, seu coração se desviar e vocês se recusarem a ouvir, se forem levados a seguir e adorar outros deuses, 18eu os advirto hoje de que certamente serão destruídos. Não terão uma vida longa e boa na terra que estão atravessando o Jordão para ocupar.

19“Hoje lhes dei a escolha entre a vida e a morte, entre bênçãos e maldições. Agora, chamo os céus e a terra como testemunhas da escolha que fizerem. Escolham a vida, para que vocês e seus filhos vivam! 20Façam isso amando, obedecendo e apegando-se fielmente ao SENHOR, pois ele é a sua vida! Se vocês o amarem e lhe obedecerem, ele lhes dará vida longa na terra que o SENHOR jurou dar a seus antepassados Abraão, Isaque e Jacó”.

Josué se torna o líder de Israel

31 Quando Moisés havia terminado de dar estas instruções a todo o povo de Israel, 2ele disse: “Estou com 120 anos e já não sou capaz de conduzi-los. O SENHOR me disse: ‘Você não atravessará o rio Jordão’. 3Mas o próprio SENHOR, seu Deus, atravessará adiante de vocês. Ele destruirá as nações que vivem ali, e vocês tomarão posse da terra. Josué os conduzirá até o outro lado do rio, conforme o SENHOR prometeu.

4“O SENHOR destruirá as nações que vivem na terra, como destruiu Seom e Ogue, os reis dos amorreus. 5O SENHOR lhes entregará os povos que vivem ali, e vocês farão com eles o que eu lhes ordenei. 6Portanto, sejam fortes e corajosos! Não tenham medo e não se apavorem diante deles. O SENHOR, seu Deus, irá adiante de vocês. Ele não os deixará nem os abandonará”.

7Então, enquanto todo o Israel observava, Moisés mandou chamar Josué e lhe disse: “Seja forte e corajoso, pois você conduzirá este povo à terra que o SENHOR jurou a seus antepassados que lhes daria. Você a dividirá entre eles e a entregará como herança. 8Não tenha medo nem desanime, pois o próprio SENHOR irá adiante de vocês. Ele estará com vocês; não os deixará nem os abandonará”.

Leitura pública do Livro da Lei

9Moisés escreveu toda esta lei num livro e o entregou aos sacerdotes que transportavam a arca da aliança do SENHOR e às autoridades de Israel. 10Depois, Moisés lhes deu a seguinte ordem: “Ao final de cada sete anos, no ano do cancelamento das dívidas, durante a Festa das Cabanas, 11leiam este Livro da Lei para todo o povo de Israel, quando estiverem reunidos diante do SENHOR, seu Deus, no lugar que ele escolher. 12Convoquem todos: homens, mulheres, crianças e os estrangeiros que vivem em suas cidades, para que ouçam este Livro da Lei e aprendam a temer o SENHOR, seu Deus, e a obedecer fielmente a todos os termos desta lei. 13Façam isso para que seus filhos, que não conhecem estas instruções, as ouçam e aprendam a temer o SENHOR, seu Deus. Façam isso enquanto viverem na terra da qual tomarão posse ao atravessar o Jordão”.

Predição da desobediência de Israel

14Então o SENHOR disse a Moisés: “É chegada a hora de você morrer. Chame Josué e apresentem-se na tenda do encontro, onde darei minhas ordens a ele”. Moisés e Josué foram e se apresentaram na tenda do encontro. 15O SENHOR lhes apareceu numa coluna de nuvem, que parou à entrada da tenda sagrada.

16O SENHOR disse a Moisés: “Você está prestes a morrer e a se reunir a seus antepassados. Quando não estiver mais aqui, este povo começará a se prostituir, adorando deuses estrangeiros, os deuses da terra para onde se dirigem. Eles me abandonarão e quebrarão a aliança que fiz com eles. 17Então minha ira arderá contra eles. Eu os abandonarei, esconderei deles minha face, e eles serão devorados. Aflições terríveis os atingirão e, naquele dia, dirão: ‘Estas calamidades nos atingiram porque o SENHOR não está mais entre nós!’. 18Naquele dia, esconderei deles minha face por causa de todo o mal que praticaram, adorando outros deuses.

19“Escrevam, portanto, as palavras desta canção e ensinem-na aos israelitas. Ajudem o povo a aprendê-la, para que ela sirva de testemunha a meu favor e contra eles. 20Pois eu os farei entrar na terra que jurei dar a seus antepassados, uma terra que produz leite e mel com fartura. Lá, eles se tornarão prósperos, comerão à vontade e engordarão. Contudo, começarão a adorar outros deuses; eles me desprezarão e quebrarão a minha aliança. 21E, quando grandes calamidades lhes ocorrerem, esta canção servirá de prova contra eles, pois seus descendentes jamais se esquecerão dela. Eu conheço as intenções deles, mesmo antes de entrarem na terra que jurei lhes dar”.

22Assim, naquele mesmo dia, Moisés escreveu as palavras da canção e a ensinou aos israelitas.

23Então o SENHOR deu ordens a Josué, filho de Num, com as seguintes palavras: “Seja forte e corajoso, pois você conduzirá o povo de Israel à terra que jurei lhes dar. Eu estarei com você”.

24Quando Moisés terminou de escrever os termos desta lei num livro, 25deu a seguinte ordem aos levitas que transportavam a arca da aliança do SENHOR: 26“Peguem este Livro da Lei e coloquem-no ao lado da arca da aliança do SENHOR, seu Deus, para que ele fique ali como testemunha contra vocês. 27Pois eu sei como são rebeldes e teimosos. Se, mesmo agora, enquanto ainda estou vivo e em seu meio, vocês se rebelaram, quanto mais rebeldes serão depois da minha morte!

28“Convoquem agora todas as autoridades e os oficiais de suas tribos para que eu lhes fale diretamente e chame os céus e a terra para testemunharem contra eles. 29Sei que depois de minha morte vocês se tornarão inteiramente corruptos e se

afastarão do caminho que lhes ordenei que seguissem. Nos dias
futuros, a calamidade cairá sobre vocês, pois farão o que é mau
aos olhos do SENHOR e provocarão a ira dele contra seus atos".

A canção de Moisés

30 Então Moisés recitou a canção inteira diante de toda a co-
munidade de Israel:

32 "Escutem, ó céus, e falarei! Ouça, ó terra, aquilo que
digo!
2 Que meu ensino desça sobre vocês como chuva, que minhas
palavras se derramem como orvalho. Caiam como chuva sobre
a grama, como garoa suave sobre o capim novo.
3 Proclamarei o nome do SENHOR; exaltemos o nosso Deus!
4 Ele é a Rocha, e suas obras são perfeitas; tudo que ele faz
é certo. É um Deus fiel, que nunca erra, é justo e verdadeiro!
5 "Seu povo o tratou de maneira desleal, agiu maldosamente, e
não como seus filhos; são uma geração perversa e corrompida.
6 É assim que retribuem ao SENHOR, povo tolo e sem juízo? Não
é ele o Pai de vocês, que os criou? Não foi ele que os fez e os
estabeleceu?
7 Lembrem-se dos dias de muito tempo atrás, pensem nas ge-
rações passadas. Perguntem a seus pais, e eles os informarão;
consultem os líderes, e eles lhes contarão.
8 Quando o Altíssimo distribuiu a terra entre as nações, quando
dividiu a humanidade, fixou os limites dos povos, de acordo
com o número dos filhos de Israel.
9 "Pois o povo de Israel pertence ao SENHOR; Jacó é sua pro-
priedade especial.
10 Encontrou-os numa terra deserta, numa região desolada e de
ventos uivantes. Cercou-os e cuidou deles, protegeu-os como
a pupila de seus olhos.
11 Como a águia que incentiva seus filhotes e paira sobre a
ninhada, ele estendeu as asas para tomá-los e levá-los em
segurança sobre suas penas.
12 O SENHOR, e mais ninguém, os guiou; nenhum deus estran-
geiro os conduziu.
13 Ele os fez cavalgar sobre os lugares altos da terra e alimen-
tar-se dos frutos dos campos. Nutriu-os com mel da rocha e
azeite dos altos rochedos.
14 Alimentou-os com coalhada do gado e leite do rebanho, com
a gordura de cordeiros, de carneiros e de bodes de Basã. Co-
meram o melhor do trigo e beberam do vinho mais fino que
as uvas podem dar.
15 "Mas Jesurum não demorou a engordar e se rebelar; o povo
se tornou pesado, corpulento e empanturrado! Então aban-
donaram o Deus que os criou, fizeram pouco caso da Rocha
de sua salvação.
16 Provocaram seu zelo, adorando deuses estrangeiros; desper-
taram sua fúria com ídolos detestáveis.
17 Ofereceram sacrifícios a demônios que não são Deus, a
deuses que não conheciam, deuses novos, sem história,
deuses que seus antepassados jamais temeram.
18 Abandonaram a Rocha que os gerou, esqueceram-se do Deus
que os fez nascer.
19 "O SENHOR viu isso e se afastou, provocado à ira por seus
filhos e filhas.
20 Disse: 'Eu os abandonarei; veremos o que será deles! Pois
são uma geração perversa, filhos infiéis.
21 Provocaram meu ciúme adorando coisas que não são Deus;
despertaram minha ira com seus ídolos inúteis. Agora, pro-
vocarei seu ciúme com uma gente que nem sequer é povo;
despertarei sua ira por meio de uma nação insensata.
22 Pois minha ira arde como o fogo e queima até as profundezas
da sepultura. Devora a terra e todas as suas colheitas e incen-
deia os alicerces dos montes.
23 Amontoarei calamidades sobre eles e os derrubarei com
minhas flechas.
24 Eu os enfraquecerei com fome, febre alta e enfermidade
mortal. Enviarei as presas de animais selvagens, e o veneno
das serpentes que se arrastam no pó.
25 Fora de casa, a espada trará morte; dentro dela, o pavor
atingirá rapazes e moças, crianças e idosos.
26 Meu desejo era aniquilá-los, apagar até sua lembrança
dentre os povos.
27 Mas temi a reação dos inimigos de Israel, que entenderiam
mal e diriam: 'Foi o nosso poder que triunfou! O SENHOR nada
teve a ver com isso!'".
28 "Israel, porém, é uma nação sem juízo; seu povo é tolo, sem
entendimento.
29 Ah, se fossem sábios e compreendessem estas coisas! Ah, se
soubessem o fim que os espera!
30 Como poderia uma só pessoa perseguir mil deles, e duas
pessoas fazer dez mil fugirem, a não ser que sua Rocha os
tivesse vendido, a não ser que o SENHOR os tivesse entregado?
31 Mas a rocha de nossos inimigos não é como nossa Rocha,
como até eles mesmos reconhecem.
32 A videira deles vem da videira de Sodoma, dos campos de Go-
morra. As uvas deles são veneno, e seus cachos são amargos.
33 O vinho deles é veneno de cobras, peçonha mortal de ser-
pentes.
34 "O SENHOR diz: 'Acaso não selei estas coisas e as guardei em
meus tesouros?
35 A vingança cabe a mim, eu lhes darei o troco; no devido
tempo, seus pés escorregarão. O dia da calamidade chegará,
e seu destino os alcançará'.
36 "Por certo o SENHOR julgará seu povo, e mudará seus planos
para seus servos, quando vir que a força deles se esgotou e
que ninguém sobrou, nem escravo nem livre.
37 Então ele perguntará: 'Onde estão seus deuses, as rochas
em que se refugiaram?
38 Onde estão os deuses que comeram a gordura de seus sacri-
fícios e beberam o vinho de suas ofertas? Que esses deuses se
levantem e os socorram! Que eles lhes deem abrigo!
39 Vejam agora que eu sou o único; não há outro deus além de
mim! Causo a morte e dou a vida, causo a ferida e faço sarar;
ninguém pode escapar de minha mão poderosa!

40 Agora, levanto minha mão para o céu e declaro: 'Tão certo
quanto eu vivo, 41 quando eu afiar minha espada reluzente, e
começar a fazer justiça, eu me vingarei de meus inimigos e
darei o troco aos que me rejeitaram.
42 Farei minhas flechas se embebedarem de sangue, e minha
espada devorará carne: o sangue dos massacrados e dos pri-
sioneiros, e as cabeças dos líderes inimigos'.
43 "Alegrem-se com ele, ó céus, e todos os anjos de Deus o
adorem. Alegrem-se com seu povo, ó nações, e todos os anjos
se fortaleçam nele; Pois ele retribuirá o sangue de seus filhos e
se vingará de seus inimigos. Ele dará o troco aos que o odeiam
e purificará a terra de seu povo".
44 Então Moisés foi com Josué, filho de Num, e recitou todas as
palavras dessa canção para o povo.
45 Quando Moisés terminou de recitar todas essas palavras ao
povo de Israel, 46 acrescentou: "Levem a sério todas as ad-
vertências que hoje lhes dei. Transmitam-nas como ordens a
seus filhos, para que eles cumpram fielmente todos os termos
desta lei. 47 Não são palavras vazias; são a vida de vocês! Se
obedecerem a elas, terão vida longa na terra da qual tomarão
posse quando atravessarem o rio Jordão".

A morte iminente de Moisés

48 Naquele mesmo dia, o SENHOR disse a Moisés: 49 "Vá a
Moabe, às montanhas a leste do rio, e suba o monte Nebo, do
lado oposto de Jericó. Veja a terra de Canaã, a terra que dou
aos israelitas como sua propriedade. 50 Você morrerá ali no
monte e será reunido a seus antepassados, como Arão morreu
no monte Hor e foi reunido a seus antepassados. 51 Será assim
porque vocês dois quebraram minha confiança diante dos is-
raelitas nas águas de Meribá, em Cades, no deserto de Zim.
Não honraram minha santidade para os israelitas. 52 Por isso
você verá a terra de longe, mas não entrará na terra que dou
ao povo de Israel".

Moisés abençoa o povo

33 Esta é a bênção que Moisés, homem de Deus, deu aos
israelitas antes de sua morte:
2 "O SENHOR veio do monte Sinai e alvoreceu sobre nós desde o
monte Seir; resplandeceu desde o monte Parã e veio de Meri-
bá-Cades com fogo ardente em sua mão direita.
3 Por certo ele ama seu povo; todos os seus santos estão em
suas mãos. Seguem seus passos e recebem seus ensina-
mentos.
4 Moisés nos deu a lei, a propriedade especial do povo de Is-
rael.
5 O SENHOR era rei em Jesurum, quando os líderes do povo se
reuniram, quando as tribos de Israel se juntaram como uma
só".
6 "Que a tribo de Rúben viva e não desapareça, embora não
seja numerosa".
7 Foi isto que Moisés disse a respeito da tribo de Judá: "Ó SE-
NHOR, ouve o clamor de Judá e reúne-os como um só povo.
Dá-lhes forças para defender sua causa; ajuda-os contra seus
inimigos".
8 A respeito da tribo de Levi, disse: "Ó SENHOR, deste o Tumim e
o Urim, as sortes sagradas, a teus servos fiéis. Tu os provaste
em Massá e lutaste com eles junto às águas de Meribá.
9 Os levitas obedeceram à tua palavra e guardaram a tua
aliança. Foram mais leais a ti que aos próprios pais. Ignoraram
os parentes e não reconheceram os próprios filhos.
10 Ensinaram teus estatutos a Jacó, deram tuas instruções a Is-
rael. Oferecem incenso diante de ti e apresentam holocaustos
inteiros no teu altar.
11 Abençoa o serviço dos levitas, ó SENHOR, e aceita todo o tra-
balho de suas mãos. Quebra os quadris de seus inimigos; der-
ruba seus adversários, para que nunca voltem a se levantar".
12 A respeito da tribo de Benjamim, disse: "Benjamim é amado
pelo SENHOR e vive em segurança ao seu lado. Ele o protege
continuamente e o faz descansar sobre seus ombros".
13 A respeito da tribo de José, disse: "O SENHOR abençoe suas
terras com a dádiva preciosa do orvalho do céu e água das
profundezas da terra; 14 com os ricos frutos que amadurecem
ao sol e as colheitas fartas de cada mês; 15 com as mais exce-
lentes safras dos montes antigos, e os ricos frutos das colinas
eternas; 16 com as melhores dádivas da terra e sua fartura, e o
favor daquele que apareceu no arbusto em chamas. Que essas
bênçãos repousem sobre a cabeça de José e coroem a fronte
do príncipe entre seus irmãos.
17 José é majestoso como um touro jovem; tem a força de um
boi selvagem. Com seus chifres expulsará as nações distantes
até os confins da terra. Essa é a minha bênção para as multi-
dões de Efraim e para os milhares de Manassés".
18 A respeito da tribo de Zebulom, disse: "Que o povo de Ze-
bulom prospere em suas viagens, que o povo de Issacar pros-
pere em suas tendas.
19 Convocam o povo ao monte para ali oferecer os sacrifícios
apropriados. Fartam-se das riquezas do mar e dos tesouros
escondidos na areia".
20 A respeito da tribo de Gade, disse: "Abençoado é aquele que
expande o território de Gade! Gade fica à espreita como leão,
para arrancar um braço ou uma cabeça.
21 O povo de Gade tomou para si a melhor parte da terra; a
ele foi entregue a porção do líder. Quando os líderes do povo
estavam reunidos, executou a justiça do SENHOR e obedeceu a
seus estatutos para Israel".
22 A respeito da tribo de Dã, disse: "Dã é filhote de leão, que
salta de Basã".
23 A respeito da tribo de Naftali, disse: "Ó Naftali, você é rico
em favor e repleto das bênçãos do SENHOR; herdará as terras
do oeste e do sul".
24 E, a respeito da tribo de Aser, disse: "Que Aser seja mais
abençoado que os outros filhos; seja ele estimado por seus
irmãos e banhe os pés em óleo de oliva.
25 Que as trancas de suas portas sejam de ferro e bronze e sua
força dure por todos os seus dias".

26“Não há ninguém como o Deus de Jesurum! Ele cavalga pelos céus para ajudá-los e monta as nuvens com majestoso esplendor.
27O Deus eterno é seu refúgio, e seus braços eternos os sustentam. Expulsa os inimigos de diante de vocês e grita: ‘Destruam esses povos!’.
28Israel viverá em paz, a fonte de Jacó estará segura numa terra de cereais e vinho novo, onde os céus gotejam orvalho.
29Como você é feliz, ó Israel! Quem é como você, povo salvo pelo SENHOR? Ele é seu escudo protetor e sua espada triunfante! Seus inimigos se encolherão de medo diante de você, e você lhes pisoteará as costas!”.

A morte de Moisés

34 Então Moisés subiu das campinas de Moabe ao monte Nebo, até o topo do Pisga, do lado oposto de Jericó. Ali o SENHOR lhe mostrou toda a terra, de Gileade a Dã; 2toda a terra de Naftali; a terra de Efraim e Manassés; a terra de Judá, que se estende até o mar Mediterrâneo; 3o Neguebe; o vale do Jordão, com Jericó, a cidade das palmeiras, até Zoar. 4O SENHOR disse a Moisés: “Esta é a terra que prometi sob juramento a Abraão, Isaque e Jacó, quando disse: ‘Eu a darei a seus descendentes’. Sim, permiti que você a visse com seus próprios olhos, mas você não atravessará o rio para entrar nela”.
5Assim, Moisés, servo do SENHOR, morreu ali na terra de Moabe, conforme o SENHOR tinha dito. 6Ele o sepultou num vale junto a Bete-Peor, em Moabe, mas até hoje ninguém sabe o lugar exato. 7Moisés tinha 120 anos quando morreu e, no entanto, ainda enxergava bem e tinha todas as suas forças. 8Os israelitas prantearam a morte de Moisés por trinta dias nas campinas de Moabe, até se cumprir o período do ritual de luto.
9Josué, filho de Num, estava cheio do espírito de sabedoria, pois Moisés havia imposto as mãos sobre ele. Por isso, os israelitas lhe obedeceram e fizeram o que o SENHOR havia ordenado a Moisés.
10Nunca houve em Israel outro profeta como Moisés, a quem o SENHOR conhecia face a face. 11O SENHOR o enviou ao Egito para realizar todos os sinais e maravilhas contra o faraó, contra todos os seus servos e contra toda a sua terra. 12Com grande poder, Moisés realizou atos temíveis diante dos olhos de todo o Israel.

JOSUÉ

A ordem de Deus a Josué

1 Depois que Moisés, servo do SENHOR, morreu, o SENHOR disse a Josué, filho de Num, auxiliar de Moisés: 2“Meu servo Moisés está morto; chegou a hora de você conduzir todo este povo, os israelitas, para atravessar o rio Jordão e entrar na terra que eu lhes dou. 3Eu darei a vocês todo o lugar em que pisarem, conforme prometi a Moisés, 4desde o deserto do Neguebe, ao sul, até os montes do Líbano, ao norte; desde o rio Eufrates, a leste, até o mar Mediterrâneo, a oeste, incluindo toda a terra dos hititas. 5Enquanto você viver, ninguém será capaz de lhe resistir, pois eu estarei com você, assim como estive com Moisés. Não o deixarei nem o abandonarei.
6“Seja forte e corajoso, pois você conduzirá este povo para tomar posse da terra que jurei dar a seus antepassados. 7Seja somente forte e muito corajoso. Tenha o cuidado de cumprir toda a lei que meu servo Moisés lhe ordenou. Não se desvie dela nem para um lado nem para o outro. Assim você será bem-sucedido em tudo que fizer. 8Relembre continuamente os termos deste Livro da Lei. Medite nele dia e noite, para ter certeza de cumprir tudo que nele está escrito. Então você prosperará e terá sucesso em tudo que fizer. 9Esta é minha ordem: Seja forte e corajoso! Não tenha medo nem desanime, pois o SENHOR, seu Deus, estará com você por onde você andar”.

A ordem de Josué a Israel

10Então Josué ordenou aos oficiais do povo: 11“Percorram o acampamento e digam ao povo que prepare os suprimentos, pois daqui a três dias vocês atravessarão o rio Jordão e tomarão posse da terra que o SENHOR, seu Deus, lhes dá”.
12Em seguida, Josué convocou as tribos de Rúben e Gade e a meia tribo de Manassés e disse: 13“Lembrem-se do que Moisés, servo do SENHOR, lhes ordenou: ‘O SENHOR, seu Deus, lhes concede um lugar de descanso e lhes dá esta terra’. 14Suas esposas, seus filhos e seus animais ficarão na terra que Moisés designou para vocês a leste do Jordão. Mas seus guerreiros valentes, completamente armados, atravessarão o Jordão à frente das outras tribos e as ajudarão. 15Permaneçam com seus irmãos até que o SENHOR conceda descanso a eles como concedeu a vocês, e até que eles também tomem posse da terra que o SENHOR, seu Deus, lhes dá. Só então vocês voltarão e se estabelecerão na terra a leste do Jordão, o lugar que Moisés, servo do SENHOR, designou para que vocês tomassem posse”.
16Eles responderam a Josué: “Faremos tudo que você ordenar e iremos aonde nos enviar. 17Obedeceremos a você como obedecemos em tudo a Moisés. Que o SENHOR, seu Deus, esteja sempre com você, como esteve com Moisés. 18Quem se rebelar contra as suas ordens e não obedecer às suas palavras será morto. Seja somente forte e corajoso!”.

Raabe ajuda os espiões israelitas

2 Então, do acampamento em Sitim, Josué, filho de Num, en-
viou secretamente dois espiões, com a seguinte instrução:
"Façam o reconhecimento da terra, especialmente dos arre-
dores de Jericó". Os dois homens partiram e chegaram à casa
de uma prostituta chamada Raabe, e ali passaram a noite.
2A notícia chegou ao rei de Jericó: "Alguns israelitas vieram
aqui esta noite para espionar a terra". 3Então o rei de Jericó
enviou a seguinte ordem a Raabe: "Traga para fora os homens
que entraram em sua casa, pois vieram espionar toda a terra".
4Raabe havia escondido os dois homens, mas respondeu:
"Sim, os homens estiveram aqui, mas eu não sabia de onde
eram. 5Foram embora da cidade ao anoitecer, quase na hora
de fechar os portões. Não sei para onde foram. Se vocês os
perseguirem, é provável que os alcancem". 6Na verdade, ela
havia levado os homens para o terraço e os escondido debaixo
dos feixes de linho que tinha posto ali. 7Os homens do rei pro-
curaram os espiões pelo caminho que ia até a parte rasa do
Jordão, onde se podia atravessar. Assim que eles saíram, os
portões de Jericó foram fechados.
8Antes que os espiões fossem dormir, Raabe foi ao terraço
falar com eles. 9"Sei que o SENHOR lhes deu esta terra", disse
ela. "Estamos todos apavorados por sua causa. Todos os ha-
bitantes desta terra estão desesperados, 10pois ouvimos que
o SENHOR secou as águas do mar Vermelho para que vocês
passassem, quando saíram do Egito. E sabemos o que fizeram
a leste do Jordão aos dois reis amorreus Ogue e Seom, cujos
povos vocês destruíram completamente. 11Não é à toa que es-
tamos dominados pelo medo! Ninguém tem ânimo para lutar
depois de ouvir coisas como essas, pois o SENHOR, seu Deus, é
Deus supremo em cima no céu e embaixo na terra.
12"Agora, portanto, jurem-me pelo SENHOR que, assim como
os tratei com bondade, vocês serão bondosos comigo e com
minha família. Deem-me alguma garantia de que, 13quando
Jericó for conquistada, vocês pouparão a minha vida e a vida
de meu pai e minha mãe, e também a de meus irmãos e irmãs
e de suas famílias."
14Os homens responderam: "Oferecemos a própria vida como
garantia de sua segurança. Se você não nos entregar, cum-
priremos nossa promessa e trataremos vocês com bondade
quando o SENHOR nos der a terra".
15Então Raabe os ajudou a descer pela janela por uma corda,
pois sua casa fazia parte do muro da cidade. 16"Fujam para a
região montanhosa", disse ela. "Escondam-se ali por três dias.
Quando os homens que estão à sua procura tiverem voltado,
vocês poderão seguir seu caminho."
17Antes de partir, os homens disseram a Raabe: "Só estaremos
obrigados pelo juramento que fizemos se você seguir nossas
instruções. 18Quando entrarmos na terra, deixe este cordão
vermelho pendurado na janela por onde você nos ajudou a
descer. Todos os membros de sua família — pai, mãe, irmãos
e todos os seus parentes — devem estar dentro desta casa.
19Se saírem na rua e forem mortos, não teremos culpa. Mas,
se alguém fizer mal aos que estiverem dentro desta casa, as-
sumiremos a responsabilidade por sua morte. 20E, se você falar
a outros sobre nossa missão, estaremos livres do juramento
que fizemos".
21"Eu aceito suas condições", respondeu ela, e despediu-se
deles, deixando o cordão vermelho pendurado na janela.
22Os espiões subiram até a região montanhosa e ali ficaram
por três dias. Seus perseguidores os procuraram por todo o
caminho, mas não os encontraram e voltaram.
23Então os dois espiões desceram da região montanhosa, atra-
vessaram o Jordão e relataram a Josué, filho de Num, tudo
que lhes havia acontecido. 24"Certamente o SENHOR nos deu
toda a terra", disseram eles. "Todos os seus habitantes estão
desesperados por nossa causa."

Israel atravessa o Jordão

3 No dia seguinte, logo cedo, Josué e todos os israelitas par-
tiram de Sitim e chegaram às margens do Jordão, onde
acamparam antes de atravessar o rio. 2Três dias depois, os
oficiais percorreram o acampamento 3e deram a seguinte
ordem ao povo: "Quando virem a arca da aliança do SENHOR,
seu Deus, sendo carregada pelos sacerdotes levitas, saiam
de suas posições e sigam a arca. 4Tenham o cuidado de ficar
cerca de um quilômetro atrás dela. Não se aproximem demais!
Assim vocês saberão por onde ir, pois nunca passaram por
este caminho".
5Então Josué disse ao povo: "Purifiquem-se, pois amanhã o
SENHOR fará grandes maravilhas entre vocês!".
6Pela manhã, Josué disse aos sacerdotes: "Levantem a arca
da aliança e conduzam o povo para o outro lado do rio". Eles
levantaram a arca da aliança e foram à frente do povo.
7O SENHOR disse a Josué: "Hoje começarei a fazer de você
um grande líder aos olhos de todo o Israel. Eles saberão que
estou com você, assim como estive com Moisés. 8Dê a se-
guinte ordem aos sacerdotes que carregam a arca da aliança:
'Quando chegarem junto às margens do Jordão, parem exa-
tamente ali'".
9Então Josué disse aos israelitas: "Aproximem-se e ouçam o
que diz o SENHOR, seu Deus. 10Hoje vocês saberão que o Deus
vivo está entre vocês. Ele certamente expulsará os cananeus,
os hititas, os heveus, os ferezeus, os girgaseus, os amorreus
e os jebuseus de diante de vocês. 11Vejam, a arca da aliança,
que pertence ao Soberano de toda a terra, os conduzirá para
o outro lado do Jordão! 12Escolham agora doze homens das
tribos de Israel, um de cada tribo. 13Os sacerdotes levarão a
arca do SENHOR, o Soberano de toda a terra. Assim que seus
pés tocarem as águas do Jordão, a correnteza será interrom-
pida rio acima, e as águas se levantarão como um muro".
14O povo deixou o acampamento para atravessar o Jordão, e
os sacerdotes que levavam a arca da aliança foram à frente
deles. 15Era a estação da colheita, e o Jordão transbordava
sobre as margens. Assim que os sacerdotes que levavam a
arca puseram os pés na água junto às margens do rio, 16a

correnteza acima daquele ponto foi interrompida e começou
a se acumular a uma grande distância de lá, perto da cidade
chamada Adam, nos arredores de Zaretã. E a água abaixo da-
quele ponto correu para o mar Morto, até o leito do rio secar.
Então todo o povo atravessou em frente da cidade de Jericó.
17 Os sacerdotes que levavam a arca da aliança do SENHOR fi-
caram parados no meio do leito do rio, em terra seca, en-
quanto o povo passava. Esperaram ali até que todo o Israel
tivesse atravessado o Jordão em terra seca.

Os monumentos da travessia do Jordão

4 Quando todo o povo havia atravessado o Jordão, o SE-
NHOR disse a Josué: 2 "Escolha doze homens, um de cada
tribo, 3 e dê a eles as seguintes ordens: 'Peguem doze pedras
do local onde os sacerdotes estão parados no meio do rio.
Levem as pedras com vocês e amontoem-nas no lugar onde
vão acampar esta noite'".
4 Então Josué convocou os doze homens que havia escolhido,
um de cada tribo de Israel, 5 e lhes disse: 'Vão até o meio do
Jordão, à frente da arca do SENHOR, seu Deus. Cada um de
vocês pegue uma pedra e carregue-a sobre o ombro; serão
doze pedras no total, uma para cada tribo de Israel. 6 Elas serão
um monumento entre vocês. No futuro, seus filhos pergun-
tarão: 'O que significam estas pedras?', 7 e vocês dirão: 'Elas
servem para nos lembrar que o rio Jordão parou de correr
quando a arca da aliança do SENHOR passou por ele'. Essas
pedras serão uma recordação no meio dos israelitas para
sempre".
8 Assim, os israelitas fizeram como Josué havia ordenado. Pe-
garam doze pedras do meio do Jordão, uma para cada tribo,
exatamente como o SENHOR tinha dito a Josué. Levaram as pe-
dras ao lugar onde acamparam aquela noite e as deixaram ali.
9 Josué também ergueu um monumento com doze pedras no
meio do Jordão, no lugar onde haviam parado os sacerdotes
que levavam a arca da aliança. Essas pedras estão lá até hoje.
10 Os sacerdotes que levavam a arca ficaram parados no meio
do rio até que fossem cumpridas todas as ordens do SE-
NHOR transmitidas a Josué por Moisés. E o povo se apressou
em atravessar o leito do rio. 11 Quando todos chegaram ao outro
lado, os sacerdotes atravessaram com a arca do SENHOR, en-
quanto o povo observava.
12 Os guerreiros das tribos de Rúben e Gade e da meia tribo
de Manassés atravessaram à frente dos israelitas, armados
conforme Moisés havia instruído. 13 Esses homens, cerca de
quarenta mil, estavam armados para a guerra, e o SENHOR
ia com eles enquanto avançavam para a planície de Jericó.
14 Naquele dia, o SENHOR fez de Josué um grande líder aos olhos
de todo o Israel, e eles o respeitaram enquanto ele viveu, como
haviam respeitado Moisés.
15 O SENHOR disse a Josué: 16 "Ordene aos sacerdotes que levam
a arca da aliança que saiam do meio do rio". 17 Então Josué
ordenou: "Saiam do meio do rio!". 18 Assim que os sacerdotes
que levavam a arca da aliança do SENHOR saíram do leito do
rio e pisaram em terra seca, a água do Jordão voltou a fluir e
transbordou sobre as margens como antes.
19 O povo atravessou o Jordão no décimo dia do primeiro mês
e acampou em Gilgal, a leste de Jericó. 20 Foi ali, em Gilgal,
que Josué ergueu o monumento com as doze pedras tiradas
do Jordão.
21 Então Josué disse aos israelitas: "No futuro, seus filhos per-
guntarão: 'O que significam estas pedras?', 22 e vocês dirão:
'Aqui o povo de Israel atravessou o Jordão a pés enxutos'.
23 Pois o SENHOR, seu Deus, secou o rio diante de seus olhos e
o manteve seco até todos vocês atravessarem, como fez com
o mar Vermelho quando o secou até que todos nós tivéssemos
atravessado. 24 Fez isso para que todas as nações da terra
saibam que a mão do SENHOR é poderosa e para que vocês
temam o SENHOR, seu Deus, para sempre".

5 Quando todos os reis amorreus a oeste do Jordão e todos
os reis cananeus que viviam junto ao mar souberam como
o SENHOR havia secado o Jordão para que os israelitas atra-
vessassem, perderam o ânimo e se encheram de medo por
causa deles.

Israel restabelece cerimônias da aliança

2 Naquela ocasião, o SENHOR disse a Josué: "Prepare facas de
pedra e circuncide esta segunda geração de israelitas". 3 Então
Josué preparou facas de pedra e circuncidou toda a população
masculina de Israel em Gibeate-Aralote.
4 Josué teve de circuncidá-los porque todos os homens com
idade suficiente para ir à guerra quando saíram do Egito ha-
viam morrido no deserto. 5 Todos os que saíram haviam sido
circuncidados, mas isso não aconteceu com os homens que
nasceram depois da saída do Egito, durante o tempo no de-
serto. 6 Os israelitas andaram quarenta anos pelo deserto, até
que tivessem morrido todos os homens com idade suficiente
para ir à guerra quando saíram do Egito. O povo havia desobe-
decido ao SENHOR, e o SENHOR jurou que não os deixaria entrar
na terra que ele tinha prometido solenemente nos dar, uma
terra que produz leite e mel com fartura.
7 Assim, Josué circuncidou os filhos dos israelitas que haviam
crescido e tomado o lugar de seus pais, pois não tinham sido
circuncidados no caminho. 8 Depois que toda a população mas-
culina foi circuncidada, o povo permaneceu no acampamento
até os homens se recuperarem.
9 Então o SENHOR disse a Josué: "Hoje lancei fora a vergonha
de sua escravidão no Egito". Por isso, até hoje aquele lugar
se chama Gilgal.
10 Enquanto estavam acampados em Gilgal, na planície de
Jericó, os israelitas celebraram a Páscoa ao entardecer do
décimo quarto dia do primeiro mês. 11 No dia seguinte, come-
çaram a comer pão sem fermento e grãos tostados produzidos
na terra. 12 No dia em que começaram a comer das colheitas da
terra, o maná deixou de cair e nunca mais apareceu. Daquele

momento em diante, os israelitas passaram a se alimentar do
que a terra de Canaã produzia.

O comandante do SENHOR confronta Josué

13Quando Josué estava perto da cidade de Jericó, olhou para
cima e viu um homem em pé diante dele, com uma espada
na mão. Josué se aproximou e lhe perguntou: "Você é amigo
ou inimigo?".
14O homem respondeu: "Na verdade, cheguei agora e sou co-
mandante do exército do SENHOR". Então Josué se prostrou
com o rosto no chão em sinal de reverência e disse: "Que or-
dens meu senhor tem para mim?".
15O comandante do exército do SENHOR respondeu: "Tire as
sandálias, pois o lugar em que você está é santo". E Josué
obedeceu.

A queda de Jericó

6 Os portões de Jericó estavam muito bem fechados, pois
seus habitantes tinham medo dos israelitas. Ninguém podia
sair nem entrar. 2Mas o SENHOR disse a Josué: "Eu lhe entre-
guei Jericó, seu rei e todos os seus fortes guerreiros. 3Você e
seus homens de guerra marcharão ao redor da cidade uma vez
por dia, durante seis dias. 4Sete sacerdotes irão à frente da
arca, e cada um levará uma trombeta de chifre de carneiro. No
sétimo dia, marchem ao redor da cidade sete vezes, enquanto
os sacerdotes tocam as trombetas. 5Quando os sacerdotes fi-
zerem soar um toque longo, todo o povo dará um forte grito de
guerra. Então cairá o muro da cidade e o povo atacará, cada
um do ponto onde estiver".
6Josué, filho de Num, reuniu os sacerdotes e disse: "Levem a
arca da aliança do SENHOR e escolham sete sacerdotes para
irem à frente dela, cada sacerdote com uma trombeta de chifre
de carneiro". 7Em seguida, ordenou ao povo: "Marchem ao
redor da cidade. Os homens armados irão à frente da arca
do SENHOR".
8Depois que Josué falou ao povo, os sete sacerdotes que le-
vavam as trombetas diante do SENHOR começaram a marchar,
avançando e tocando os instrumentos. A arca da aliança do
SENHOR ia atrás deles. 9Alguns dos homens armados iam à
frente dos sacerdotes que tocavam as trombetas e outros iam
atrás da arca, enquanto os sacerdotes tocavam sem parar.
10Josué ordenou: "Não soltem o grito de guerra! Não digam
palavra alguma até que eu lhes dê a ordem. Então, gritem!".
11Assim, a arca do SENHOR foi levada ao redor da cidade apenas
uma vez naquele dia; depois, voltaram ao acampamento e ali
passaram a noite.
12Na manhã seguinte, Josué se levantou cedo e, mais uma
vez, os sacerdotes levaram a arca do SENHOR. 13Os sete sa-
cerdotes com as trombetas de chifre de carneiro marcharam
à frente da arca do SENHOR, tocando seus instrumentos. Os
homens armados marcharam à frente dos sacerdotes com as
trombetas e atrás da arca do SENHOR, enquanto os sacerdotes
tocavam sem parar. 14No segundo dia, marcharam ao redor da
cidade uma vez e depois voltaram ao acampamento. Fizeram
o mesmo por seis dias.
15No sétimo dia, os israelitas se levantaram ao amanhecer
e marcharam ao redor da cidade, como haviam feito antes.
Dessa vez, porém, rodearam a cidade sete vezes. 16Na sétima
vez, enquanto os sacerdotes faziam soar um toque longo das
trombetas, Josué ordenou ao povo: "Gritem! O SENHOR lhes
entregou a cidade! 17Jericó e tudo que há dentro dela serão
completamente destruídos como oferta ao SENHOR. Somente a
prostituta Raabe e os outros que estiverem em sua casa serão
poupados, pois ela protegeu nossos espiões.
18"Não levem coisa alguma daquilo que foi separado para des-
truição, ou vocês mesmos serão completamente destruídos e
trarão desgraça ao acampamento de Israel. 19Toda a prata,
todo o ouro e todos os objetos de bronze e de ferro serão
separados para o SENHOR e deverão ser levados para o seu
tesouro".
20Quando o povo ouviu o som das trombetas, gritou com toda
a força. De repente, o muro de Jericó veio abaixo. O povo
atacou a cidade, cada um do ponto onde estava, e a tomou.
21Com suas espadas, destruíram completamente tudo que
havia dentro dela: homens e mulheres, jovens e velhos, bois,
ovelhas e jumentos.
22Josué disse aos dois espiões: "Cumpram sua promessa! Vão
à casa da prostituta e tirem-na de lá com toda a sua família".
23Então os homens que haviam espionado a terra entraram na
cidade e tiraram de lá Raabe, seu pai, sua mãe, seus irmãos
e todos os outros parentes que estavam com ela. Levaram
a família toda para um lugar seguro fora do acampamento
de Israel.
24Os israelitas incendiaram a cidade e tudo que havia dentro
dela. Guardaram somente a prata, o ouro e todos os objetos de
bronze e de ferro para o tesouro da casa do SENHOR. 25Josué,
no entanto, poupou a vida da prostituta Raabe e dos parentes
que estavam em sua casa, pois ela escondeu os espiões que
Josué tinha enviado a Jericó. E até hoje ela vive no meio de
Israel.
26Naquela ocasião, Josué pronunciou esta maldição: "Que a
maldição do SENHOR caia sobre qualquer um que tentar re-
construir a cidade de Jericó. À custa de seu filho mais velho,
lançará o alicerce. À custa de seu filho mais novo, colocará
seus portões".
27Assim, o SENHOR estava com Josué, e sua fama se espalhou
por toda a terra.

Ai derrota os israelitas

7 Mas os israelitas violaram as instruções a respeito das coisas
separadas para o SENHOR. Um homem chamado Acã roubou
algumas delas, e a ira do SENHOR se acendeu contra os israe-
litas. Acã era filho de Carmi, filho de Zimri, filho de Zerá, da
tribo de Judá.
2Josué enviou de Jericó alguns de seus homens para espionar
a cidade de Ai, a leste de Betel, perto de Bete-Áven. "Subam

e espionem a terra", disse ele. 3Quando voltaram, disseram a Josué: "Não é necessário que todo o povo suba até lá; basta mandar dois ou três mil homens para atacarem Ai. Uma vez que eles são tão poucos, não canse todo o povo".

4Portanto, subiram apenas cerca de três mil guerreiros, mas eles fugiram diante dos homens de Ai, 5que os perseguiram desde o portão da cidade até as pedreiras e mataram 36 soldados que recuavam pela encosta. Com isso, o povo se encheu de medo e perdeu completamente o ânimo.

6Josué e as autoridades de Israel rasgaram as roupas, jogaram terra sobre a cabeça e se prostraram com o rosto no chão diante da arca do SENHOR até o entardecer. 7Então Josué clamou: "Ó Soberano SENHOR, por que nos fizeste atravessar o Jordão para nos entregar aos amorreus? Antes tivéssemos nos contentado em ficar do outro lado do rio! 8Senhor, o que posso dizer agora que Israel fugiu de seus inimigos? 9Quando os cananeus e todos os outros povos que vivem na região souberem do que aconteceu, nos cercarão e apagarão o nosso nome da face da terra. E então, o que será da honra do teu grande nome?".

10Mas o SENHOR disse a Josué: "Levante-se! Por que você está prostrado com o rosto no chão? 11Israel pecou e quebrou a minha aliança! Roubou alguns dos objetos que eu ordenei que fossem separados para mim. E não apenas os roubou, mas também mentiu a respeito e os escondeu no meio de seus pertences. 12Por isso os israelitas foram derrotados e fugiram de seus inimigos. Agora Israel foi separado para a destruição. Não permanecerei mais com vocês, a menos que eliminem do seu meio aquilo que foi separado para a destruição.

13"Levante-se! Ordene ao povo que se purifique a fim de se preparar para amanhã. Pois isto é o que o SENHOR, o Deus de Israel, diz: Ó Israel, há coisas separadas para o SENHOR escondidas em seu meio! Vocês não serão capazes de vencer seus inimigos enquanto não removerem de seu meio esses objetos.

14"Apresentem-se amanhã cedo, uma tribo por vez, e o SENHOR mostrará de qual tribo é o culpado. Essa tribo virá à frente com seus clãs, e o SENHOR mostrará o clã culpado. Esse clã virá à frente, e o SENHOR mostrará a família culpada. Por fim, cada homem da família culpada virá à frente. 15Aquele que roubou o que foi separado para a destruição será queimado com tudo que lhe pertencer, pois quebrou a aliança do SENHOR e fez algo terrível em Israel".

O pecado de Acã

16Logo cedo no dia seguinte, Josué reuniu Israel de acordo com suas tribos, e a tribo de Judá foi escolhida. 17Os clãs de Judá vieram à frente, e o clã de Zerá foi escolhido. As famílias de Zerá vieram à frente, e a família de Zimri foi escolhida. 18Cada homem da família de Zimri foi trazido à frente, e Acã, filho de Carmi, filho de Zimri, filho de Zerá, da tribo de Judá, foi escolhido.

19Então Josué disse a Acã: "Meu filho, dê glória e louvor ao SENHOR, o Deus de Israel. Confesse e conte-me o que você fez. Não o esconda de mim".

20Acã respondeu: "De fato, pequei contra o SENHOR, o Deus de Israel. Foi isto o que fiz: 21entre os despojos, vi uma bela capa da Babilônia, cerca de dois quilos e meio de prata e uma barra de ouro com pouco mais de meio quilo. Eu os desejei tanto que os tomei para mim. Estão escondidos no chão, debaixo de minha tenda, com a prata por baixo".

22Josué mandou alguns homens fazerem uma busca. Eles correram até a tenda e encontraram escondidos ali os bens roubados como Acã tinha dito, com a prata por baixo. 23Tiraram os objetos da tenda e os levaram a Josué e a todos os israelitas, e depois os colocaram no chão, na presença do SENHOR.

24Então Josué e todos os israelitas tomaram Acã, filho de Zerá, a prata, a capa e a barra de ouro, e também os filhos, as filhas, os bois, os jumentos, as ovelhas, a tenda e tudo que pertencia a Acã, e levaram ao vale de Acor.

25Josué disse a Acã: "Por que você trouxe desgraça sobre nós? Agora o SENHOR trará desgraça sobre você!". Então todo o povo apedrejou Acã e sua família e queimou os corpos. 26Ergueram sobre Acã um grande monte de pedras que continua lá até hoje. Por isso, desde então, aquele lugar é chamado de vale de Acor. Com isso, a ira ardente do SENHOR se apagou.

Os israelitas derrotam Ai

8 O SENHOR disse a Josué: "Não tenha medo nem desanime! Pegue todos os seus homens de guerra e avance contra Ai, pois eu lhe entreguei o rei de Ai, seu povo e sua terra. 2Você os destruirá como destruiu Jericó e seu rei. Desta vez, porém, poderão ficar com os despojos e os animais. Prepare uma emboscada atrás da cidade".

3Então Josué e todos os seus homens de guerra partiram para atacar Ai. Josué escolheu trinta mil de seus melhores guerreiros e, de noite, os enviou 4com as seguintes ordens: "Armem uma emboscada atrás da cidade, perto dela, e preparem-se para entrar em ação. 5Quando nosso exército principal atacar, os homens de Ai sairão para a luta, como fizeram antes, e nós fugiremos deles. 6Eles nos perseguirão até que os tenhamos atraído para longe da cidade, pois dirão: 'Os israelitas estão fugindo de nós como fizeram antes'. Então, enquanto corremos deles, 7vocês sairão da emboscada e tomarão a cidade, pois o SENHOR, seu Deus, a entregará em suas mãos. 8Ponham fogo na cidade, conforme o SENHOR ordenou. Essas são as minhas ordens".

9Josué os enviou, e eles foram ao lugar da emboscada, entre Betel e o lado oeste de Ai. Josué, porém, passou a noite com o povo no acampamento. 10No dia seguinte, logo cedo, Josué passou em revista a tropa e partiu para Ai acompanhado dos líderes de Israel. 11Todos os homens de guerra que estavam com Josué se aproximaram da cidade e acamparam do lado norte de Ai, onde um vale os separava da cidade. 12Naquela noite, Josué enviou cerca de cinco mil homens para esperarem escondidos entre Betel e Ai, do lado oeste da cidade. 13O exército principal se posicionou ao norte da cidade, e o grupo da emboscada, a oeste. Josué, por sua vez, passou a noite no meio do vale.

14Quando o rei de Ai viu os israelitas do outro lado do vale, ele
e seu exército se apressaram e saíram bem cedo para os ata-
carem no local de onde se avista o vale do Jordão. Não sabiam,
porém, que havia uma emboscada atrás da cidade. 15Josué e
o exército de Israel fugiram em direção ao deserto, como se
estivessem derrotados. 16Todos os homens da cidade foram
chamados para persegui-los e, com isso, acabaram atraídos
para longe da cidade. 17Não restou um só homem em Ai e em
Betel que não perseguisse Israel, e as cidades ficaram total-
mente desprotegidas.
18Então o SENHOR disse a Josué: "Aponte para Ai a lança que
você tem na mão, pois eu lhe entregarei a cidade". Josué
fez conforme ordenado 19e, assim que deu esse sinal, todos
os homens da emboscada saíram correndo de sua posição e
invadiram a cidade. Em pouco tempo, eles a capturaram e a
incendiaram.
20Quando os homens de Ai olharam para trás, a fumaça da
cidade subia ao céu e eles não tinham para onde ir, pois os
israelitas que fugiam em direção ao deserto se voltaram contra
seus perseguidores. 21Ao perceberem que a emboscada havia
sido bem-sucedida e fumaça subia da cidade, Josué e todo o
exército de Israel deram meia-volta e atacaram os homens de
Ai. 22Enquanto isso, os israelitas que estavam dentro da cidade
saíram e atacaram o inimigo pela retaguarda. Os homens de
Ai ficaram presos no meio, com guerreiros israelitas de ambos
os lados. Israel os atacou, e nenhum deles sobreviveu nem
escapou. 23Somente o rei de Ai foi capturado vivo e levado
a Josué.
24Quando o exército israelita terminou de perseguir e matar
todos os homens de Ai nos campos abertos, voltou e acabou
com quem tinha ficado dentro da cidade. 25Toda a população
de Ai, no total de doze mil homens e mulheres, foi exterminada
naquele dia, 26pois Josué manteve sua lança estendida até
que todos os moradores de Ai tivessem sido completamente
destruídos. 27Somente os animais e os tesouros da cidade não
foram destruídos, pois Israel os tomou como despojo, con-
forme o SENHOR havia ordenado a Josué. 28Então Josué pôs
fogo na cidade de Ai, e ela se tornou, para sempre, uma pilha
de ruínas, um lugar desolado até hoje.
29Josué enforcou o rei de Ai numa árvore e ali o deixou até a
tarde. Ao pôr do sol, os israelitas retiraram o corpo da árvore e,
por ordem de Josué, o lançaram em frente à porta da cidade.
Sobre ele levantaram uma pilha de pedras, que permanece
lá até hoje.

A renovação da aliança do SENHOR

30Então Josué construiu no monte Ebal um altar ao SENHOR,
o Deus de Israel. 31Seguiu as ordens que Moisés, servo do SE-
NHOR, havia escrito no Livro da Lei: "Façam um altar de pedras
inteiras, em sua forma natural, que não tenham sido traba-
lhadas com ferramentas de ferro". Sobre o altar, apresen-
taram ao SENHOR holocaustos e ofertas de paz. 32E, enquanto
os israelitas observavam, Josué copiou nas pedras a lei que
Moisés lhes tinha escrito.
33Todo o Israel, tanto os estrangeiros como os israelitas de
nascimento, junto com os líderes, oficiais e juízes, se dividiu
em dois grupos. Um grupo ficou em frente ao monte Gerizim,
e o outro, em frente ao monte Ebal. Entre os dois grupos,
que estavam voltados um para o outro, ficaram os sacerdotes
levitas que levavam a arca da aliança do SENHOR. Tudo foi feito
de acordo com as ordens transmitidas de antemão por Moisés,
servo do SENHOR, para que o povo de Israel fosse abençoado.
34Em seguida, Josué leu todas as bênçãos e maldições que
Moisés havia escrito no Livro da Lei. 35Cada palavra de cada
ordem de Moisés foi lida para toda a comunidade de Israel,
incluindo as mulheres, as crianças e os estrangeiros que vi-
viam entre eles.

Os gibeonitas enganam Israel

9 Todos os reis a oeste do rio Jordão souberam do que havia
acontecido. Eram os reis dos hititas, dos amorreus, dos ca-
naneus, dos ferezeus, dos heveus e dos jebuseus que viviam
nas montanhas, nas colinas do oeste, ao longo do litoral do
mar Mediterrâneo, até as montanhas do Líbano, ao norte.
2Esses reis juntaram suas tropas para lutar como um só exér-
cito contra Josué e os israelitas.
3Contudo, quando os habitantes de Gibeom souberam do que
Josué tinha feito com Jericó e Ai, 4usaram de astúcia para
se salvar. Enviaram mensageiros a Josué e carregaram seus
jumentos com sacos gastos e vasilhas de couro velhas e ra-
chadas. 5Os mensageiros calçavam sandálias gastas e remen-
dadas e vestiam roupas esfarrapadas, e também levavam pães
secos e esfarelados. 6Quando chegaram ao acampamento em
Gilgal, disseram a Josué e aos líderes de Israel: "Viemos de
uma terra distante para pedir que vocês façam um tratado
de paz conosco".
7Os israelitas disseram a esses heveus: "Como podemos ter
certeza de que não vivem aqui por perto? Pois, se for o caso,
não podemos fazer tratado algum com vocês".
8Eles responderam: "Somos seus servos". "Mas quem são
vocês?", insistiu Josué. "De onde vieram?"
9Eles disseram: "Seus servos vieram de uma terra muito dis-
tante. Ouvimos falar do poder do SENHOR, seu Deus, e de tudo
que ele fez no Egito. 10Também soubemos do que ele fez aos
dois reis amorreus a leste do Jordão: Seom, rei de Hesbom,
e Ogue, rei de Basã, que vivia em Astarote. 11Por isso, nossos
líderes e todo o nosso povo nos instruíram: 'Levem provisões
para uma viagem longa. Vão encontrar-se com os israelitas e
digam-lhes: Somos seus servos; por favor, façam um tratado
conosco'.
12"Estes pães haviam acabado de sair do forno quando par-
timos. Agora, como podem ver, estão secos e esfarelados.
13Estas vasilhas de couro estavam novas quando as enchemos,
mas agora estão rachadas. E nossas roupas e sandálias estão
gastas da viagem extremamente longa".

14Os israelitas examinaram as provisões deles, mas não con-
sultaram o SENHOR a respeito. 15Josué fez um tratado de paz
com aqueles homens e garantiu que pouparia a vida deles,
e os líderes da comunidade confirmaram o acordo com um
juramento.
16Três dias depois de fazerem esse tratado, os israelitas desco-
briram que, na verdade, os gibeonitas viviam ali perto. 17Par-
tiram de imediato naquela direção e, em três dias, chegaram
às cidades dos gibeonitas, chamadas Gibeom, Quefira, Bee-
rote e Quiriate-Jearim. 18Contudo, não atacaram as cidades,
pois os líderes da comunidade haviam feito um juramento
em nome do SENHOR, o Deus de Israel. Toda a comunidade se
queixou contra seus líderes por causa do tratado, 19mas eles
responderam: "Uma vez que fizemos um juramento na pre-
sença do SENHOR, o Deus de Israel, não podemos tocar neles.
20Temos de deixá-los viver, pois se quebrássemos o juramento
a ira divina cairia sobre nós. 21Que eles vivam!". Assim, os is-
raelitas os colocaram para cortar lenha e carregar água para
toda a comunidade, de acordo com a decisão dos líderes.
22Josué reuniu os gibeonitas e lhes disse: "Por que vocês
mentiram para nós? Por que disseram que viviam numa terra
distante da nossa quando, na verdade, vivem aqui perto?
23Sejam amaldiçoados! De agora em diante, vocês serão
sempre servos, encarregados de cortar lenha e carregar água
para a casa do meu Deus".
24Eles responderam: "Agimos desse modo porque foi anun-
ciado a nós, seus servos, que o SENHOR, seu Deus, havia or-
denado a seu servo Moisés que desse a vocês toda esta terra
e que destruísse todos os seus habitantes. Tememos muito
por nossa vida por causa de vocês. 25Agora, estamos em suas
mãos. Façam conosco o que lhes parecer correto".
26Assim, Josué livrou os gibeonitas e não permitiu que os is-
raelitas os matassem. 27Naquele dia, porém, encarregou-os de
cortar lenha e carregar água para toda a comunidade de Israel
e para o altar do SENHOR, no lugar que o SENHOR escolhesse
construí-lo. Isso é o que fazem até hoje.

Israel derrota os exércitos do sul

10 Adoni-Zedeque, rei de Jerusalém, soube que Josué havia
capturado e destruído completamente a cidade de Ai e
matado seu rei, assim como tinha destruído a cidade de Jericó
e matado seu rei. Também soube que os gibeonitas haviam
feito um tratado de paz com Israel e agora viviam no meio
deles. 2Ele e seu povo tiveram muito medo, pois Gibeom era
uma cidade grande como as cidades reais, ainda maior que a
cidade de Ai, e os gibeonitas eram guerreiros valentes.
3Por isso, Adoni-Zedeque, rei de Jerusalém, enviou mensa-
geiros a vários outros reis: a Hoão, rei de Hebrom, a Piram,
rei de Jarmute, a Jafia, rei de Laquis, e a Debir, rei de Eglom.
4"Venham e ajudem-me a destruir Gibeom, pois seu povo
fez um tratado de paz com Josué e os israelitas", pediu ele.
5Então os cinco reis amorreus uniram seus exércitos para
atacar juntos. Posicionaram suas tropas perto de Gibeom e
avançaram contra ela.
6Os homens de Gibeom enviaram mensageiros a Josué em seu
acampamento em Gilgal. "Não abandone seus servos!", supli-
caram. "Venha depressa e salve-nos! Ajude-nos, pois todos os
reis amorreus que vivem na região montanhosa uniram forças
para nos atacar!"
7Josué e todo o seu exército, incluindo seus melhores guer-
reiros, partiram de Gilgal para Gibeom. 8"Não tenha medo
desses reis", disse o SENHOR a Josué. "Eu os entreguei em
suas mãos. Nenhum deles será capaz de resistir a você."
9Josué marchou a noite toda desde Gilgal e pegou os exér-
citos amorreus de surpresa. 10O SENHOR trouxe pânico sobre
os amorreus, e o exército de Israel massacrou muitos deles
em Gibeom. Perseguiram o inimigo ao longo da subida para
Bete-Horom, matando os amorreus até Azeca e Maquedá. 11En-
quanto os amorreus recuavam pelo caminho de Bete-Horom,
o SENHOR os destruiu com uma terrível chuva de pedras de
granizo que ele enviou do céu e que continuou até chegarem a
Azeca. As pedras eliminaram mais inimigos do que os israelitas
mataram à espada.
12No dia em que o SENHOR deu aos israelitas vitória sobre os
amorreus, Josué orou ao SENHOR diante do povo e disse: "Que
o sol pare sobre Gibeom, e a lua, sobre o vale de Aijalom!".
13O sol parou e a lua ficou onde estava, até que o povo tivesse
derrotado seus inimigos. Acaso esse acontecimento não está
registrado no *Livro de Jasar*? O sol parou no meio do céu e
não se pôs por cerca de um dia inteiro. 14Nunca antes nem
depois houve um dia semelhante, quando o SENHOR respondeu
a uma oração como essa. Certamente o SENHOR lutou por Israel
naquele dia!
15Então Josué e todo o exército de Israel voltaram ao acam-
pamento em Gilgal.

Josué executa os cinco reis do sul

16Durante a batalha, os cinco reis fugiram e se esconderam
numa caverna em Maquedá. 17Quando Josué soube que eles
haviam sido encontrados, 18deu a seguinte ordem: "Fechem
a entrada da caverna com pedras grandes e ponham guardas
ali, para que os reis não saiam. 19Quanto aos demais soldados,
continuem a perseguir os inimigos e matem os da retaguarda.
Não deixem que voltem às suas cidades, pois o SENHOR, seu
Deus, lhes deu vitória sobre eles".
20Assim, Josué e o exército israelita continuaram a aniquilar
o inimigo. Exterminaram os cinco exércitos, com exceção de
uns poucos sobreviventes que conseguiram chegar às cidades
fortificadas. 21As tropas voltaram em segurança para Josué, no
acampamento de Maquedá. Depois disso, ninguém se atreveu
a dizer uma palavra contra o povo de Israel.
22Então Josué ordenou: "Removam as pedras que estão na
entrada da caverna e tragam os cinco reis para cá". 23Eles
tiraram da caverna os cinco reis das cidades de Jerusalém,
Hebrom, Jarmute, Laquis e Eglom. 24Os reis foram trazidos

para fora, diante de Josué, e ele ordenou aos comandantes de seu exército: "Venham e coloquem o pé sobre o pescoço dos reis". E eles obedeceram.

25"Não tenham medo nem desanimem", disse Josué. "Sejam fortes e corajosos, pois é isso que o SENHOR fará com todos os inimigos que vocês enfrentarem." 26Então Josué matou os cinco reis e os pendurou em cinco árvores, onde ficaram até a tarde.

27Ao entardecer, Josué ordenou que os corpos fossem tirados das árvores e lançados na caverna onde os reis haviam se escondido. A entrada da caverna foi fechada com pedras grandes, que estão lá até hoje.

Israel destrói as cidades do sul

28Naquele mesmo dia, Josué tomou a cidade de Maquedá e a destruiu. Matou todos os seus habitantes, incluindo o rei, sem deixar sobreviventes. Destruiu todos eles e matou o rei de Maquedá, como havia feito com o rei de Jericó. 29Então Josué e todo o exército de Israel avançaram para Libna e a atacaram. 30O SENHOR entregou a cidade e seu rei nas mãos dos israelitas, que mataram todos os seus habitantes, sem deixar sobreviventes. Depois Josué matou o rei de Libna, como havia feito com o rei de Jericó.

31De Libna, Josué e todo o exército israelita avançaram para Laquis e a atacaram. 32O SENHOR também entregou Laquis nas mãos de Israel. Josué a tomou no segundo dia e matou todos os seus habitantes, como havia feito com Libna. 33Durante o ataque a Laquis, Horão, rei de Gezer, chegou com seu exército para ajudar a defender a cidade, mas os homens de Josué mataram o rei e seu exército, sem deixar sobreviventes.

34Em seguida, Josué e todo o exército israelita avançaram para Eglom e a atacaram. 35Tomaram a cidade naquele dia e mataram todos os seus habitantes. Destruíram todos, como haviam feito com Laquis. 36De Eglom, Josué e todo o exército de Israel subiram para Hebrom e a atacaram. 37Tomaram a cidade e mataram todos os seus habitantes, incluindo o rei, sem deixar sobreviventes. Fizeram o mesmo com todos os povoados vizinhos. Destruíram toda a população, como haviam feito com Eglom.

38Então Josué e todo o exército israelita voltaram e atacaram Debir. 39Tomaram a cidade, o rei e todos os povoados vizinhos. Destruíram todos, sem deixar sobreviventes. Fizeram com Debir e seu rei o mesmo que haviam feito com Hebrom, Libna e seus reis.

40Assim, Josué conquistou toda a região: a região montanhosa, o Neguebe, as colinas do oeste e as encostas dos montes, derrotando todos os seus reis. Destruiu todos na terra, sem deixar sobreviventes, conforme o SENHOR, o Deus de Israel, havia ordenado. 41Josué os massacrou de Cades-Barneia a Gaza, e da região ao redor de Gósen até Gibeom. 42Conquistou todos esses reis e suas terras numa só campanha, pois o SENHOR, o Deus de Israel, lutou por Israel.

43Então Josué e todo o exército israelita voltaram ao acampamento em Gilgal.

Israel derrota os exércitos do norte

11 Quando Jabim, rei de Hazor, soube do que havia acontecido, enviou mensagens aos seguintes reis: a Jobabe, rei de Madom; ao rei de Sinrom; ao rei de Acsafe; 2a todos os reis da região montanhosa ao norte; aos reis do vale do Jordão, ao sul da Galileia; aos reis das colinas do oeste; aos reis de Nafote-Dor, a oeste; 3aos reis de Canaã, a leste e a oeste; aos reis dos amorreus, dos hititas, dos ferezeus, dos jebuseus da região montanhosa, e dos heveus das cidades nas encostas do Hermom, na região de Mispá.

4Todos esses reis saíram para lutar. Juntos, seus exércitos formavam uma grande multidão, como a areia na beira do mar, equipados com muitos cavalos e carros de guerra. 5Os reis se uniram e acamparam ao redor das águas perto de Merom, para guerrearem contra Israel.

6Então o SENHOR disse a Josué: "Não tenha medo deles. Amanhã a esta hora eu os entregarei todos mortos a Israel. Vocês deverão cortar os tendões de seus cavalos e queimar seus carros de guerra".

7Josué e todo o exército foram às águas perto de Merom e atacaram de surpresa, 8e o SENHOR deu a Israel vitória sobre seus inimigos. Os israelitas os perseguiram até a grande Sidom, até Misrefote-Maim e até o vale de Mispá, a leste, e não sobrou nenhum guerreiro inimigo com vida. 9Então Josué cortou os tendões dos cavalos e queimou todos os carros de guerra, conforme o SENHOR havia ordenado.

10Depois, Josué voltou, tomou Hazor e matou seu rei. Em outros tempos, Hazor havia sido a capital de todos esses reinos. 11Os israelitas mataram e destruíram completamente todos que viviam na cidade, sem deixar sobreviventes. Ninguém foi poupado. Por fim, Josué queimou a cidade.

12Josué matou todos os outros reis e seus povos e os destruiu completamente, conforme Moisés, servo do SENHOR, havia ordenado. 13Mas Israel não incendiou nenhuma das cidades construídas nas colinas, exceto Hazor, que Josué queimou. 14Os israelitas tomaram todos os despojos e os animais das cidades destruídas, mas mataram todos os seus habitantes, sem deixar sobreviventes. 15Conforme o SENHOR havia ordenado a seu servo Moisés, também Moisés ordenou a Josué, e ele obedeceu fielmente a todas as ordens que o SENHOR tinha dado a Moisés.

16Assim, Josué conquistou toda aquela terra: a região montanhosa, todo o Neguebe, toda a região ao redor da cidade de Gósen, as colinas do oeste, o vale do Jordão, os montes de Israel e as colinas próximas. 17O território israelita se estendia agora desde o monte Halaque, que sobe em direção a Seir, até Baal-Gade, no vale do Líbano, ao pé do monte Hermom. Josué capturou e matou todos os reis desses territórios, 18depois de guerrear contra eles por muito tempo. 19Ninguém na região fez tratados de paz com os israelitas, exceto os heveus de Gibeom. Todos os outros foram derrotados na guerra, 20pois o SENHOR lhes endureceu o coração para que lutassem contra Israel. Por isso, foram completamente destruídos, sem misericórdia, conforme o SENHOR havia ordenado a Moisés.

21Nesse período, Josué destruiu todos os descendentes de Enaque da região montanhosa de Hebrom, Debir, Anabe, e de toda a região montanhosa de Judá e Israel. Matou todos eles e destruiu completamente suas cidades. 22Não sobreviveu nenhum descendente de Enaque em todo o território dos israelitas, embora restassem alguns em Gaza, Gate e Asdode.

23Assim, Josué assumiu o controle de toda a terra, conforme o SENHOR havia instruído Moisés. Josué a entregou ao povo de Israel como herança e a repartiu entre as tribos. E, por fim, a terra descansou da guerra.

Reis derrotados a leste do Jordão

12 Estes são os reis a leste do Jordão que os israelitas mataram e de cujas terras se apossaram. Seu território se estendia desde o vale do Arnom até o monte Hermom, e incluía toda a terra no lado leste do vale do Jordão.

2Derrotaram Seom, rei dos amorreus, que vivia em Hesbom. Seu reino abrangia Aroer, à beira do vale do Arnom, e se estendia desde a cidade no meio do vale até o rio Jaboque, que é a divisa com os amonitas. Esse território incluía toda a metade sul de Gileade. 3Seom também controlava o vale do Jordão e algumas regiões a leste, desde o mar da Galileia, ao norte, até o mar Morto, ao sul, incluindo o caminho para Bete-Jesimote e, mais ao sul, as encostas do monte Pisga.

4Derrotaram Ogue, rei de Basã e o último dos refains, que vivia em Astarote e em Edrei. 5Ele governava o território que se estendia desde o monte Hermom até Salcá, ao norte; toda a região de Basã, a leste, até a divisa com os reinos de Gesur e Maaca, a oeste. Esse território abrangia a metade norte de Gileade, até a divisa com Seom, rei de Hesbom.

6Moisés, servo do SENHOR, e os israelitas haviam destruído o povo do rei Seom e o povo do rei Ogue. Moisés havia entregado a terra deles como propriedade às tribos de Rúben e Gade e à meia tribo de Manassés.

Reis derrotados a oeste do Jordão

7Esta é a lista dos reis que Josué e os israelitas derrotaram a oeste do rio Jordão, desde Baal-Gade, no vale do Líbano, até o monte Halaque, que sobe em direção a Seir. Josué deu essa terra como propriedade às tribos de Israel e a repartiu entre elas. 8A terra abrangia a região montanhosa, as colinas do oeste, o vale do Jordão, as encostas dos montes, o deserto e o Neguebe. Nessa região viviam os hititas, os amorreus, os cananeus, os ferezeus, os heveus e os jebuseus. Estes são os reis que Israel derrotou:

9O rei de Jericó, o rei de Ai, próxima a Betel, 10o rei de Jerusalém, o rei de Hebrom, 11o rei de Jarmute, o rei de Laquis, 12o rei de Eglom, o rei de Gezer, 13o rei de Debir, o rei de Geder, 14o rei de Hormá, o rei de Arade, 15o rei de Libna, o rei de Adulão, 16o rei de Maquedá, o rei de Betel, 17o rei de Tapua, o rei de Héfer, 18o rei de Afeque, o rei de Lasarom, 19o rei de Madom, o rei de Hazor, 20o rei de Sinrom-Merom, o rei de Acsafe, 21o rei de Taanaque, o rei de Megido, 22o rei de Quedes, o rei de Jocneão, no Carmelo, 23o rei de Dor, na cidade de Nafote-Dor, o rei de Goim, em Gilgal, 24e o rei de Tirza. Ao todo, os israelitas derrotaram 31 reis.

A terra ainda por conquistar

13 Josué já era idoso, e o SENHOR lhe disse: "Você está envelhecendo, e ainda há muita terra a ser conquistada. 2Este é o território que resta: todas as regiões dos filisteus e dos gesuritas; 3o território mais amplo dos cananeus, desde o ribeiro de Sior, na divisa com o Egito, até a divisa de Ecrom, ao norte. Abrange o território de cinco governantes filisteus: de Gaza, de Asdode, de Ascalom, de Gate e de Ecrom. 4Também falta conquistar a terra dos aveus, ao sul. Ao norte, a seguinte região ainda não foi conquistada: toda a terra dos cananeus, incluindo Meara, pertencente aos sidônios, até Afeca, na divisa com os amorreus; 5a terra dos gibleus e toda a região montanhosa do Líbano, a leste, desde Baal-Gade, ao pé do monte Hermom, até Lebo-Hamate; 6e toda a região montanhosa, a oeste, desde o Líbano até Misrefote-Maim, incluindo toda a terra dos sidônios. "Eu mesmo expulsarei esses povos da terra de diante dos israelitas. Não deixem, portanto, de dar esta terra a Israel como herança, conforme eu lhes ordenei. 7Dividam todo este território como herança entre as nove tribos e a meia tribo de Manassés".

A terra dividida a leste do Jordão

8A outra metade da tribo de Manassés e as tribos de Rúben e Gade já haviam recebido sua porção de terra como herança a leste do Jordão, designada para eles por Moisés, servo do SENHOR.

9Seu território se estendia desde Aroer, na beira do vale do Arnom, incluindo a cidade no meio do vale, passando pelo planalto além de Medeba, até Dibom. 10Também abrangia todas as cidades de Seom, rei dos amorreus, que havia reinado em Hesbom, e se estendia até a divisa de Amom. 11Incluía Gileade, o território dos reinos de Gesur e Maaca, todo o monte Hermom e toda a região de Basã, até Salcá, 12e também todo o reino de Ogue, rei de Basã, que havia reinado em Astarote e Edrei. O rei Ogue era o último dos refains, pois Moisés os havia atacado e expulsado. 13Mas os israelitas não expulsaram os habitantes de Gesur e Maaca, de modo que vivem no meio de Israel até hoje.

Uma herança para a tribo de Levi

14Moisés não havia designado porção alguma de terra como herança para a tribo de Levi. Em vez disso, conforme o SENHOR lhes havia prometido, sua herança vinha das ofertas especiais para o SENHOR, o Deus de Israel.

A terra entregue à tribo de Rúben

15 Moisés havia designado a seguinte área aos clãs da tribo de Rúben:

16 Seu território se estendia desde Aroer, na beira do vale do Arnom, incluindo a cidade no meio do vale, até o planalto além de Medeba. 17 Abrangia Hesbom e as outras cidades do planalto: Dibom, Bamote-Baal, Bete-Baal-Meom, 18 Jaza, Quedemote, Mefaate, 19 Quiriataim, Sibma, Zerete-Saar, na colina acima do vale, 20 Bete-Peor, as encostas do Pisga e Bete-Jesimote.

21 O território de Rúben também incluía todas as cidades do planalto e todo o reino de Seom, o rei amorreu que havia reinado em Hesbom. Seom havia sido morto por Moisés junto com os líderes de Midiã: Evi, Requém, Zur, Hur e Reba, príncipes que habitavam naquela região e eram aliados de Seom. 22 Os israelitas também mataram Balaão, filho de Beor, que usava mágica para prever o futuro. 23 O rio Jordão marcava a divisa oeste da tribo de Rúben. As cidades e seus povoados ao redor nessa região foram entregues aos clãs da tribo de Rúben como sua herança.

A terra entregue à tribo de Gade

24 Moisés havia designado a seguinte área aos clãs da tribo de Gade:

25 Seu território abrangia Jazar, todas as cidades de Gileade e metade da terra de Amom, até a cidade de Aroer, logo a oeste de Rabá. 26 Estendia-se desde Hesbom até Ramate-Mispá e Betonim, e desde Maanaim até o território de Lo-Debar. 27 No vale, incluía Bete-Arã, Bete-Ninra, Sucote, Zafom, e o restante das terras de Seom, rei de Hesbom. A divisa ocidental acompanhava o rio Jordão e se estendia ao norte até a ponta do mar da Galileia, e depois fazia uma curva para o leste. 28 As cidades com os povoados ao redor foram entregues aos clãs da tribo de Gade como sua herança.

A terra entregue à meia tribo de Manassés

29 Moisés havia designado a seguinte área aos clãs da meia tribo de Manassés:

30 Seu território se estendia desde Maanaim e abrangia toda a região de Basã, todo o antigo território do rei Ogue, e as sessenta cidades de Jair, em Basã. 31 Também incluía metade de Gileade, bem como Astarote e Edrei, cidades do reino de Ogue em Basã. Tudo isso foi entregue à metade dos descendentes de Maquir, filho de Manassés, segundo seus clãs.

32 Essa foi a divisão de terras como herança que Moisés designou enquanto estava nas campinas de Moabe, do outro lado do rio Jordão, a leste de Jericó. 33 À tribo de Levi, porém, Moisés não deu porção alguma de terra como herança, pois o SENHOR, o Deus de Israel, havia prometido que ele próprio seria sua herança.

A terra dividida a oeste do Jordão

14 As demais tribos de Israel receberam como herança as terras em Canaã designadas pelo sacerdote Eleazar, por Josué, filho de Num, e pelos chefes das tribos. 2 Essas nove tribos e meia receberam as terras de sua herança por sorteio, como o SENHOR havia ordenado por meio de Moisés. 3 Ele já havia designado as terras de herança para as duas tribos e meia do lado leste do rio Jordão, mas não tinha dado uma porção de terra como herança para os levitas. 4 Os descendentes de José haviam se tornado duas tribos separadas: Manassés e Efraim. Os levitas não receberam porção alguma de terra, mas apenas cidades para morarem, com pastagens ao redor para seus animais e todos os seus bens. 5 Assim, os israelitas distribuíram a terra exatamente de acordo com as ordens do SENHOR a Moisés.

Calebe pede sua terra

6 Uma delegação da tribo de Judá, liderada por Calebe, filho do quenezeu Jefoné, foi a Josué em Gilgal. Calebe disse a Josué: "Lembre-se do que o SENHOR disse a Moisés, o homem de Deus, a respeito de você e de mim quando estávamos em Cades-Barneia. 7 Eu tinha 40 anos quando Moisés, servo do SENHOR, me enviou de Cades-Barneia para fazer o reconhecimento da terra de Canaã. Eu voltei e lhe dei um relatório verdadeiro, 8 mas meus irmãos israelitas que foram comigo assustaram o povo de tal maneira que eles se encheram de medo. De minha parte, segui o SENHOR, meu Deus, de todo o coração. 9 Por isso, naquele dia Moisés me prometeu solenemente: 'A terra de Canaã na qual você caminhou será herança permanente para você e seus descendentes, pois você seguiu o SENHOR, meu Deus, de todo o coração'.

10 "Agora, como você vê, em todos estes 45 anos, desde que Moisés disse essas palavras, o SENHOR me preservou como havia prometido, mesmo quando Israel vagava pelo deserto. Hoje estou com 85 anos. 11 Continuo forte como no dia em que Moisés me enviou, e ainda posso viajar e lutar tão bem quanto naquela época. 12 Portanto, dê-me a região montanhosa que o SENHOR me prometeu. Você certamente se lembra de que, enquanto fazíamos o reconhecimento da terra, descobrimos que os descendentes de Enaque viviam ali em grandes cidades fortificadas. Mas, se o SENHOR estiver comigo, eu os expulsarei da terra, como o SENHOR prometeu".

13 Então Josué abençoou Calebe, filho de Jefoné, e lhe deu Hebrom como sua porção de terra. 14 Até hoje Hebrom pertence aos descendentes de Calebe, filho do quenezeu Jefoné, pois ele seguiu fielmente o SENHOR, o Deus de Israel. 15 Antes disso, Hebrom era chamada Quiriate-Arba, em homenagem a Arba, um grande herói dos descendentes de Enaque. E a terra descansou da guerra.

A terra entregue à tribo de Judá

15 As terras distribuídas por sorteio aos clãs da tribo de Judá se estendiam para o sul, até a divisa com Edom, e chegavam ao deserto de Zim, no extremo sul:

2 A divisa ao sul começava na extremidade sul do mar Morto, 3 seguia para o sul pela ladeira do Escorpião, passando pelo

deserto de Zim e prosseguindo até Hezrom, ao sul de Cades-
-Barneia. Então subia até Adar e fazia uma curva em direção
a Carca. 4Dali passava por Azmom, continuava até o ribeiro
do Egito e seguia até o mar Mediterrâneo. Essa era a divisa
ao sul deles.
5A divisa a leste se estendia ao longo do mar Morto até a foz do
rio Jordão. A divisa ao norte começava na extremidade onde
o Jordão deságua no mar Morto, 6subia dali para Bete-Hogla
e continuava ao norte de Bete-Arabá, até a Pedra de Boã (Boã
era filho de Rúben). 7A partir desse ponto, passava pelo vale
de Acor até Debir, fazendo uma curva para o norte, em direção
a Gilgal, que ficava de frente ao desfiladeiro de Adumim, do
lado sul do vale. Dali a divisa se estendia para as águas de
En-Semes, até En-Rogel. 8Depois passava pelo vale de Ben-
-Hinom, pela encosta sul dos jebuseus, onde fica a cidade de
Jerusalém. Em seguida estendia-se para o oeste, até o alto
do monte acima do vale de Hinom, e continuava até a extre-
midade norte do vale de Refaim. 9A divisa prosseguia do alto
do monte para a fonte nas águas de Neftoa, até as cidades do
monte Efrom. Então fazia uma curva em direção a Baalá (isto
é, Quiriate-Jearim). 10Rodeava Baalá em direção ao oeste, até
o monte Seir, passava pela cidade de Quesalom, na encosta
norte do monte Jearim, descia a Bete-Semes e passava por
Timna. 11Depois a divisa continuava até a encosta do monte
ao norte de Ecrom, onde fazia uma curva em direção a Sicrom
e o monte Baalá. Passava por Jabneel e terminava no mar
Mediterrâneo.
12A divisa ocidental era o litoral do mar Mediterrâneo. Essas
são as divisas dos clãs da tribo de Judá.

A terra entregue a Calebe

13Por ordem do Senhor, Josué designou uma porção no meio
do território de Judá para Calebe, filho de Jefoné. Calebe re-
cebeu a cidade de Quiriate-Arba (isto é, Hebrom), assim cha-
mada por causa de Arba, um antepassado de Enaque. 14Calebe
expulsou três grupos de enaquins: os descendentes de Sesai,
de Aimã e de Talmai, filhos de Enaque.
15Dali ele partiu para lutar contra os habitantes da cidade
de Debir (antes chamada de Quiriate-Sefer). 16Calebe disse:
"Darei minha filha Acsa em casamento a quem atacar e tomar
Quiriate-Sefer". 17Otoniel, filho de Quenaz, irmão de Calebe,
tomou a cidade, e Calebe lhe deu Acsa como esposa.
18Quando Acsa se casou com Otoniel, ela insistiu para que ele
pedisse um campo ao pai dela. Assim que ela desceu do ju-
mento, Calebe lhe perguntou: "O que você quer?".
19Ela respondeu: "Quero mais um presente. O senhor me deu
terras no deserto do Neguebe; agora, peço que também me
dê fontes de água". Então Calebe lhe deu as fontes superiores
e as fontes inferiores.

As cidades separadas para Judá

20Esta foi a herança designada aos clãs da tribo de Judá:
21As cidades de Judá situadas ao longo da divisa com Edom,
no extremo sul, eram: Cabzeel, Éder, Jagur, 22Quiná, Dimona,
Adada, 23Quedes, Hazor, Itnã, 24Zife, Telém, Bealote, 25Ha-
zor-Hadata, Queriote-Hezrom (isto é, Hazor), 26Amã, Sema,
Moladá, 27Hazar-Gada, Hesmom, Bete-Pelete, 28Hazar-Sual,
Berseba, Biziotiá, 29Baalá, Iim, Azém, 30Eltolade, Quesil,
Hormá, 31Ziclague, Madmana, Sansana, 32Lebaote, Silim, Aim
e Rimom; ao todo, 29 cidades com os povoados ao redor.
33As seguintes cidades situadas nas colinas do oeste também
foram entregues a Judá: Estaol, Zorá, Asná, 34Zanoa, En-
-Ganim, Tapua, Enã, 35Jarmute, Adulão, Socó, Azeca, 36Saa-
raim, Aditaim, Gederá e Gederotaim; catorze cidades com os
povoados ao redor.
37Também foram incluídas: Zenã, Hadasa, Migdal-Gade,
38Dileã, Mispá, Jocteel, 39Laquis, Bozcate, Eglom, 40Cabom,
Laamás, Quitlis, 41Gederote, Bete-Dagom, Naamá e Maquedá;
dezesseis cidades com os povoados ao redor.
42Além dessas, também foram entregues: Libna, Eter, Asã,
43Iftá, Asná, Nezibe, 44Queila, Aczibe e Maressa; nove cidades
com os povoados ao redor.
45O território da tribo de Judá abrangia, ainda, Ecrom com os
assentamentos e povoados ao redor. 46De Ecrom, a divisa se
estendia para o oeste, e incluía as cidades perto de Asdode,
com os povoados ao redor. 47Também incluía Asdode, com os
assentamentos e povoados ao redor, e Gaza, com os assenta-
mentos e povoados ao redor, até o ribeiro do Egito, e ao longo
do litoral do mar Mediterrâneo.
48Judá também recebeu estas cidades na região montanhosa:
Samir, Jatir, Socó, 49Daná, Quiriate-Sana (isto é, Debir),
50Anabe, Estemo, Anim, 51Gósen, Holom e Gilo; onze cidades
com os povoados ao redor.
52Foram incluídas ainda: Arabe, Dumá, Esã, 53Janim, Bete-
-Tapua, Afeca, 54Hunta, Quiriate-Arba (isto é, Hebrom), e Zior;
nove cidades com os povoados ao seu redor.
55Além destas, também foram entregues: Maom, Carmelo,
Zife, Jutá, 56Jezreel, Jocdeão, Zanoa, 57Caim, Gibeá e Timna;
dez cidades com os povoados ao redor.
58E ainda: Halul, Bete-Zur, Gedor, 59Maarate, Bete-Anote e
Eltecom; seis cidades com os povoados ao redor.
60Também: Quiriate-Baal (isto é, Quiriate-Jearim), e Rabá;
duas cidades com os povoados ao redor.
61No deserto ficavam: Bete-Arabá, Midim, Secacá, 62Nibsã, a Ci-
dade do Sal e En-Gedi; seis cidades com os povoados ao redor.
63Contudo, a tribo de Judá não conseguiu expulsar os jebu-
seus, que habitavam em Jerusalém, de modo que os jebuseus
vivem até hoje no meio de Judá.

A terra entregue a Efraim e a Manassés ocidental

16 As terras distribuídas por sorteio aos descendentes de
José se estendiam desde o rio Jordão, perto de Jericó, a
leste das águas de Jericó, passando pelo deserto, até a região
montanhosa de Betel. 2De Betel (isto é, Luz), seguiam para
Atarote, no território dos arquitas. 3Depois desciam em direção

ao oeste, para o território dos jafletitas, até Bete-Horom Baixa
e dali para Gezer, até o mar Mediterrâneo.
4Essa foi a herança designada às famílias de Manassés e
Efraim, filhos de José.

A terra entregue a Efraim

5A seguinte herança foi designada aos clãs da tribo de Efraim:
Sua divisa começava em Atarote-Adar, a leste. Dali se estendia
para Bete-Horom Alta, 6e depois para o mar Mediterrâneo. De
Micmetá, ao norte, fazia uma curva para o leste e passava por
Taanate-Siló, a leste de Janoa. 7De Janoa fazia uma curva para
o sul, até Atarote e Naarate, chegava até Jericó e terminava
no rio Jordão. 8De Tapua, a divisa se estendia para o oeste,
em direção ao vale de Caná, e dali chegava até o mar Medi-
terrâneo. Essa foi a porção de terra designada como herança
para os clãs da tribo de Efraim.
9Além disso, algumas cidades, com os povoados ao redor, no
território designado como herança à meia tribo de Manassés,
foram separadas para a tribo de Efraim. 10Eles não expulsaram
os cananeus de Gezer, de modo que os habitantes de Gezer
vivem até hoje no meio de Efraim, submetidos a trabalhos
forçados.

A terra entregue a Manassés ocidental

17 A porção seguinte de terra foi entregue por sorteio à meia
tribo de Manassés, os descendentes do filho mais velho
de José. Maquir, filho mais velho de Manassés, era pai de
Gileade. Guerreiros valentes, ele e seus descendentes rece-
beram as regiões de Gileade e Basã, a leste do rio Jordão.
2Assim, a porção de terra a oeste do Jordão foi para as de-
mais famílias dos clãs da tribo de Manassés: Abiezer, Heleque,
Asriel, Siquém, Héfer e Semida. Esses descendentes do sexo
masculino representavam os clãs de Manassés, filho de José.
3Contudo, Zelofeade, filho de Héfer, filho de Gileade, filho
de Maquir, filho de Manassés, não teve filhos, mas somente
filhas. Seus nomes eram: Maala, Noa, Hogla, Milca e Tirza.
4Essas mulheres foram ao sacerdote Eleazar, a Josué, filho de
Num, e aos líderes israelitas e disseram: "O SENHOR ordenou
a Moisés que nos entregasse uma porção de terra como he-
rança junto a nossos parentes". Então Josué lhes deu uma
herança entre os irmãos de seu pai, conforme o SENHOR havia
ordenado. 5Assim, a tribo de Manassés recebeu, no total, dez
porções de terra, além de Gileade e Basã, do outro lado do
Jordão, 6pois as descendentes de Manassés receberam uma
herança entre os descendentes dele. (A terra de Gileade foi
entregue aos demais descendentes de Manassés.)
7A divisa da tribo de Manassés se estendia desde Aser até Mi-
cmetá, perto de Siquém. Dali prosseguia para o sul, de Mi-
cmetá até o assentamento junto à fonte de Tapua. 8As terras
ao redor de Tapua pertenciam a Manassés, mas a cidade de
Tapua propriamente dita, na divisa do território de Manassés,
pertencia à tribo de Efraim. 9Da fonte de Tapua a divisa de
Manassés seguia pelo vale de Caná e dali chegava até o mar
Mediterrâneo. Várias cidades ao sul do vale ficavam dentro do
território de Manassés, mas, na verdade, pertenciam à tribo
de Efraim. 10Em geral, porém, a terra ao sul do vale pertencia
a Efraim, e a terra ao norte do vale pertencia a Manassés. A
divisa de Manassés acompanhava o lado norte do ribeiro e
terminava no mar Mediterrâneo. Ao norte de Manassés ficava
o território de Aser e, a leste, o território de Issacar.
11As seguintes cidades dentro do território de Issacar e Aser
foram entregues a Manassés: Bete-Sã, Ibleã, Dor (isto é,
Nafote-Dor), En-Dor, Taanaque e Megido, cada uma com os
assentamentos ao redor.
12Contudo, os descendentes de Manassés não conseguiram
ocupar essas cidades, pois os cananeus estavam determinados
a permanecer naquela região. 13Mais tarde, quando os israe-
litas se tornaram fortes o suficiente, submeteram os cananeus
a trabalhos forçados, mas não os expulsaram completamente.
14Os descendentes de José foram a Josué e perguntaram: "Por
que você nos deu apenas uma porção de terra como herança,
uma vez que o SENHOR nos tornou um povo tão numeroso?".
15Josué respondeu: "Se vocês são tão numerosos, e se a re-
gião montanhosa de Efraim não é grande o suficiente para
vocês, abram espaço nos bosques onde habitam os ferezeus
e os refains".
16Os descendentes de José disseram: "É verdade que a região
montanhosa não é grande o suficiente para nós. Mas todos os
cananeus do vale, tanto os de Bete-Sã e dos povoados ao redor
como os do vale de Jezreel, têm carros de guerra com rodas de
ferro; são fortes demais para nós".
17Então Josué disse às tribos de Efraim e Manassés, os des-
cendentes de José: "Uma vez que vocês são tão numerosos e
fortes, receberão mais de uma porção. 18Os bosques na região
montanhosa também serão seus. Abram todo o espaço que
desejarem e tomem posse de seus limites mais distantes. E,
embora os cananeus dos vales sejam fortes e tenham carros
de guerra com rodas de ferro, vocês conseguirão expulsá-los".

Distribuição do restante da terra

18 Agora que a terra estava sob o controle dos israelitas,
toda a comunidade se reuniu em Siló e ali armou a tenda
do encontro. 2Mas ainda restavam sete tribos de Israel que não
haviam recebido porções de terra como herança.
3Então Josué disse aos israelitas: "Até quando vocês vão es-
perar para tomar posse do restante da terra que o SENHOR, o
Deus de seus antepassados, lhes deu? 4Escolham três homens
de cada tribo, e eu os enviarei para fazer o reconhecimento
da terra e mapeá-la. Eles voltarão a mim com um relatório
escrito das divisões propostas de sua herança. 5Dividirão a
terra em sete partes, sem incluir o território de Judá, ao sul, e
o território de José, ao norte. 6Depois que traçarem um mapa
da divisão da terra em sete partes, tragam-no para mim, e eu
farei um sorteio na presença do SENHOR, nosso Deus.
7"Os levitas, porém, não receberão porção alguma de terra
entre vocês, pois seu serviço como sacerdotes do SENHOR será

a sua herança. E as tribos de Gade e Rúben e a meia tribo de Manassés não receberão mais terras, pois já receberam como herança a porção de terra que Moisés, servo do SENHOR, lhes deu a leste do Jordão".

8Quando os homens estavam de partida para mapear a terra, Josué lhes ordenou: "Vão, façam o reconhecimento da terra e tragam uma descrição dela por escrito. Depois, voltem e eu distribuirei a terra entre as tribos por sorteio na presença do SENHOR, aqui em Siló". 9Os homens partiram, atravessaram a terra e traçaram um mapa de todo o território, dividindo-o em sete partes e relacionando as cidades em cada parte. Registraram tudo por escrito e voltaram a Josué, no acampamento em Siló. 10E, ali em Siló, Josué fez o sorteio na presença do SENHOR, determinando qual tribo receberia cada parte.

A terra entregue a Benjamim

11A primeira porção de terra foi entregue por sorteio à tribo de Benjamim. Ficava entre os territórios designados para as tribos de Judá e José:

12A divisa norte da terra de Benjamim começava no rio Jordão, passava pela encosta norte de Jericó e continuava para o oeste, atravessando a região montanhosa e terminando no deserto de Bete-Áven. 13Dali a divisa prosseguia para o sul, até a cidade de Luz (isto é, Betel), e descia para Atarote-Adar, no monte ao sul de Bete-Horom Baixa.

14Nesse ponto a divisa fazia uma curva para o sul, pelo lado oeste do monte em frente de Bete-Horom, e terminava em Quiriate-Baal (isto é, Quiriate-Jearim), cidade pertencente à tribo de Judá. Essa era sua divisa ocidental.

15A divisa ao sul começava nos arredores de Quiriate-Jearim. Desse ponto a oeste se estendia até a fonte nas águas de Neftoa 16e descia até o pé do monte que fica junto ao vale de Ben-Hinom, ao norte do vale de Refaim. Descia pelo vale de Hinom, atravessando a encosta sul da cidade onde habitavam os jebuseus, e continuava até En-Rogel. 17De En-Rogel a divisa prosseguia para o norte, chegava a En-Semes e continuava até Gelilote, que fica em frente do desfiladeiro de Adumim. Depois descia até a Pedra de Boã (Boã era filho de Rúben). 18Dali passava pela encosta norte, de onde se avista o vale do Jordão, e descia para o vale. 19Continuava pela encosta norte de Bete-Hogla e terminava na extremidade norte do mar Morto, que é o extremo sul do rio Jordão. Essa era a divisa ao sul.

20A divisa ao leste era o rio Jordão. Essas eram as divisas da herança designada aos clãs da tribo de Benjamim.

As cidades entregues a Benjamim

21Estas foram as cidades entregues aos clãs da tribo de Benjamim: Jericó, Bete-Hogla, Emeque-Queziz, 22Bete-Arabá, Zemaraim, Betel, 23Avim, Pará, Ofra, 24Quefar-Amonai, Ofni e Geba; doze cidades com os povoados ao redor. 25Também: Gibeom, Ramá, Beerote, 26Mispá, Quefira, Mosa, 27Requém, Irpeel, Tarala, 28Zela, Elefe, a cidade dos jebuseus (isto é, Jerusalém), Gibeá e Quiriate-Jearim; catorze cidades com os povoados ao redor. Essa foi a herança designada aos clãs da tribo de Benjamim.

A terra entregue a Simeão

19 A segunda porção de terra foi entregue por sorteio aos clãs da tribo de Simeão. Sua herança ficava dentro do território de Judá:

2A herança de Simeão incluía: Berseba, Seba, Moladá, 3Hazar-Sual, Balá, Azém, 4Eltolade, Betul, Hormá, 5Ziclague, Bete-Marcabote, Hazar-Susa, 6Bete-Lebaote e Saruém; treze cidades com os povoados ao redor. 7Também incluía: Aim, Rimom, Eter e Asã; quatro cidades com os povoados ao redor, 8e também os povoados vizinhos até Baalate-Beer (também conhecida como Ramá do Neguebe). Essa foi a herança designada aos clãs da tribo de Simeão. 9Sua porção de terra foi tirada de uma parte da herança de Judá, pois o território de Judá era grande demais para eles. Assim, a tribo de Simeão recebeu sua herança dentro do território de Judá.

A terra entregue a Zebulom

10A terceira porção de terra foi entregue por sorteio aos clãs da tribo de Zebulom: A divisa da herança de Zebulom chegava até Saride. 11Dali prosseguia para o oeste, passando por Maralá, chegando até Dabesete e seguindo para o ribeiro junto a Jocneão. 12Na direção oposta, a divisa se estendia para o leste desde Saride até o limite de Quislote-Tabor e, dali, para Daberate, subindo até Jafia. 13Depois continuava para o leste, até Gate-Héfer, Ete-Cazim e Rimom, e fazia uma curva na direção de Neá. 14A divisa norte de Zebulom passava por Hanatom e terminava no vale de Iftá-El. 15Além das cidades mencionadas, ali estavam: Catate, Naalal, Sinrom, Idala e Belém; doze cidades com os povoados ao redor.

16A herança designada aos clãs da tribo de Zebulom incluía essas cidades com os povoados ao redor.

A terra entregue a Issacar

17A quarta porção de terra foi entregue por sorteio aos clãs da tribo de Issacar:

18Seu território abrangia as seguintes cidades: Jezreel, Quesulote, Suném, 19Hafaraim, Siom, Anaarate, 20Rabite, Quisiom, Ebes, 21Remete, En-Ganim, En-Hadá e Bete-Pazes. 22A divisa também chegava a Tabor, Saazima e Bete-Semes, e terminava no Jordão; dezesseis cidades com os povoados ao redor.

23A herança designada aos clãs de Issacar incluía essas cidades com os povoados ao redor.

A terra entregue a Aser

24A quinta porção de terra foi entregue por sorteio aos clãs da tribo de Aser:

25Seu território abrangia as seguintes cidades: Helcate, Hali, Béten, Acsafe, 26Alameleque, Amade e Misal. A divisa a oeste chegava até o Carmelo e Sior-Libnate, 27depois fazia uma curva para o leste, em direção a Bete-Dagom, se estendia até

Zebulom, no vale de Iftá-El, ia para o norte, até Bete-Emeque e Neiel. Dali prosseguia para Cabul, ao norte, 28Abdom, Reobe, Hamom e Caná, até a grande Sidom. 29Depois a divisa fazia uma curva em direção a Ramá e à cidade fortificada de Tiro, de onde virava em direção a Hosa e terminava no mar Mediterrâneo. O território também incluía Meebel, Aczibe, 30Umá, Afeque e Reobe; 22 cidades com os povoados ao redor.

31A herança designada aos clãs da tribo de Aser incluía essas cidades com os povoados ao redor.

A terra entregue a Naftali

32A sexta porção de terra foi entregue por sorteio aos clãs da tribo de Naftali:

33Sua divisa começava em Helefe, no carvalho de Zaanim, passava por Adami-Neguebe e Jabneel, até Lacum, e terminava no rio Jordão. 34A divisa oeste passava por Aznote-Tabor e ia para Hucoque. Chegava à divisa de Zebulom, ao sul, à divisa de Aser, a oeste, e ao rio Jordão, a leste. 35Suas cidades fortificadas eram: Zidim, Zer, Hamate, Racate, Quinerete, 36Adamá, Ramá, Hazor, 37Quedes, Edrei, En-Hazor, 38Irom, Migdal-El, Horém, Bete-Anate e Bete-Semes; dezenove cidades com os povoados ao redor.

39A herança designada aos clãs da tribo de Naftali incluía essas cidades com os povoados ao redor.

A terra entregue a Dã

40A sétima porção de terra foi entregue por sorteio aos clãs da tribo de Dã:

41O território designado como sua herança abrangia estas cidades: Zorá, Estaol, Ir-Semes, 42Saalabim, Aijalom, Itla, 43Elom, Timna, Ecrom, 44Elteque, Gibetom, Baalate, 45Jeúde, Bene-Beraque, Gate-Rimom, 46Me-Jarcom e Racom, e o território em frente de Jope.

47Os membros da tribo de Dã tiveram dificuldade em tomar posse de sua terra, por isso atacaram a cidade de Lesém. Eles a tomaram, massacraram seu povo e se estabeleceram nela. Mudaram o nome da cidade para Dã, em homenagem a seu antepassado.

48A herança designada aos clãs da tribo de Dã incluía essas cidades com os povoados ao redor.

A terra entregue a Josué

49Depois que todo o território havia sido repartido entre as tribos, os israelitas deram a Josué uma porção de terra como herança no meio deles, 50pois o SENHOR tinha dito que ele poderia receber qualquer cidade que quisesse. Ele escolheu Timnate-Sera, na região montanhosa de Efraim. Ali reconstruiu a cidade e habitou nela.

51Foram esses os territórios que o sacerdote Eleazar, Josué, filho de Num, e os chefes das tribos designaram como herança para as tribos de Israel, por sorteio na presença do SENHOR, à entrada da tenda do encontro em Siló. Assim, concluíram a distribuição da terra.

As cidades de refúgio

20 O SENHOR disse a Josué: 2"Diga aos israelitas que designem as cidades de refúgio, de acordo com as instruções que dei a Moisés. 3Qualquer um que matar alguém acidentalmente e sem intenção poderá fugir para uma dessas cidades; serão lugares de proteção contra os parentes da vítima que quiserem vingar sua morte.

4"Ao chegar a uma dessas cidades, a pessoa que tirou a vida de alguém comparecerá diante das autoridades à porta da cidade e apresentará seu caso. Eles permitirão que essa pessoa entre na cidade e lhe darão um lugar para habitar no meio deles. 5Se os parentes da vítima forem até lá para vingar sua morte, as autoridades não entregarão o acusado, pois ele matou alguém sem intenção e sem hostilidade anterior. 6O acusado, porém, deve permanecer na cidade e ser julgado pela comunidade, que dará o veredicto. Continuará a viver na cidade até a morte daquele que era o sumo sacerdote na época do acidente. Depois disso, terá liberdade de voltar para sua casa na cidade de onde fugiu".

7Estas foram as cidades designadas como cidades de refúgio: Quedes, na Galileia, na região montanhosa de Naftali; Siquém, na região montanhosa de Efraim; e Quiriate-Arba (isto é, Hebrom), na região montanhosa de Judá. 8Estas foram as cidades designadas no lado leste do rio Jordão, em frente de Jericó: Bezer, no planalto desértico da tribo de Rúben; Ramote, em Gileade, no território da tribo de Gade; e Golã, em Basã, no território da tribo de Manassés. 9Essas cidades foram separadas para todos os israelitas, e também para os estrangeiros que viviam entre eles. Qualquer um que matasse alguém acidentalmente poderia se refugiar numa dessas cidades. Assim, não seria morto por vingança antes de comparecer a julgamento perante a comunidade.

As cidades entregues aos levitas

21 Os líderes da tribo de Levi foram falar com o sacerdote Eleazar, com Josué, filho de Num, e com os líderes das outras tribos de Israel. 2Encontraram-se com eles em Siló, na terra de Canaã, e disseram: "O SENHOR ordenou por meio de Moisés que nos fossem dadas cidades para morarmos, além de pastagens para nossos animais". 3Então, por ordem do SENHOR, os israelitas deram aos levitas, de sua própria herança, as seguintes cidades com suas pastagens:

4Os descendentes de Arão, membros do clã coatita da tribo de Levi, receberam por sorteio treze cidades que antes haviam sido designadas às tribos de Judá, Simeão e Benjamim. 5As outras famílias do clã coatita receberam por sorteio dez cidades das tribos de Efraim, Dã e da meia tribo de Manassés.

6O clã de Gérson recebeu por sorteio treze cidades das tribos de Issacar, Aser, Naftali e da meia tribo de Manassés estabelecida em Basã.

7O clã de Merari recebeu por sorteio doze cidades das tribos de Rúben, Gade e Zebulom.

8 Assim, os israelitas obedeceram à ordem do SENHOR a Moisés
e, por sorteio, designaram aos levitas essas cidades com suas
pastagens.
9 Estas foram as cidades das tribos de Judá e Simeão que os
israelitas entregaram 10 aos descendentes de Arão, membros
do clã coatita da tribo de Levi, os primeiros a serem sorteados:
11 Quiriate-Arba (isto é, Hebrom), na região montanhosa de
Judá, com as pastagens ao redor. (Arba era antepassado de
Enaque.) 12 Mas os campos com os povoados ao redor foram
entregues a Calebe, filho de Jefoné, como sua propriedade.
13 Estas foram as cidades com suas pastagens que os descen-
dentes do sacerdote Arão receberam: Hebrom (a cidade de
refúgio para o homicida involuntário), Libna, 14 Jatir, Estemoa,
15 Holom, Debir, 16 Aim, Jutá e Bete-Semes; foram nove cidades
dessas duas tribos.
17 Da tribo de Benjamim os sacerdotes receberam estas cidades
com suas pastagens: Gibeom, Geba, 18 Anatote e Almom; foram
quatro cidades. 19 Ao todo, portanto, os sacerdotes, descen-
dentes de Arão, receberam treze cidades com suas pastagens.
20 Os outros levitas do clã coatita receberam por sorteio da
tribo de Efraim estas cidades com suas pastagens: 21 Siquém,
na região montanhosa de Efraim (uma cidade de refúgio para
o homicida involuntário), Gezer, 22 Quibzaim e Bete-Horom;
foram quatro cidades.
23 Estas foram as cidades com suas pastagens, entregues aos
sacerdotes pela tribo de Dã: Elteque, Gibetom, 24 Aijalom e Ga-
te-Rimom; foram quatro cidades.
25 Da meia tribo de Manassés os sacerdotes receberam estas
cidades com suas pastagens: Taanaque e Gate-Rimom; foram
duas cidades. 26 Ao todo, portanto, foram entregues aos outros
clãs coatitas dez cidades com suas pastagens.
27 Os descendentes de Gérson, outro clã da tribo de Levi, rece-
beram da meia tribo de Manassés estas cidades com suas pas-
tagens: Golã, em Basã (uma cidade de refúgio para o homicida
involuntário), e Beesterá; foram duas cidades.
28 Da tribo de Issacar receberam estas cidades com suas pasta-
gens: Quisiom, Daberate, 29 Jarmute e En-Ganim; foram quatro
cidades.
30 Da tribo de Aser receberam estas cidades, com suas pasta-
gens: Misal, Abdom, 31 Helcate e Reobe; foram quatro cidades.
32 Da tribo de Naftali receberam estas cidades, com suas pasta-
gens: Quedes, na Galileia (a cidade de refúgio para o homicida
involuntário), Hamote-Dor e Cartã; foram três cidades. 33 Ao
todo, portanto, o clã de Gérson recebeu treze cidades, com
suas pastagens.
34 Os levitas restantes, o clã de Merari, receberam da tribo de
Zebulom estas cidades, com suas pastagens: Jocneão, Cartá,
35 Dimna e Naalal; foram quatro cidades.
36 Da tribo de Rúben receberam estas cidades com suas pas-
tagens: Bezer, Jaza, 37 Quedemote e Mefaate; foram quatro
cidades.
38 Da tribo de Gade receberam estas cidades com suas pas-
tagens: Ramote, em Gileade (a cidade de refúgio para o ho-
micida involuntário), Maanaim, 39 Hesbom e Jazar. 40 Ao todo,
portanto, o clã de Merari recebeu doze cidades.
41 No total, foram entregues aos levitas dentro do território
israelita 48 cidades com suas pastagens. 42 Cada uma dessas
cidades tinha pastagens ao seu redor.
43 Assim, o SENHOR deu a Israel toda a terra que havia jurado dar
a seus antepassados, e eles tomaram posse dela e nela se es-
tabeleceram. 44 O SENHOR lhes deu descanso de todos os lados,
como havia prometido solenemente a seus antepassados. Ne-
nhum de seus inimigos resistiu a eles, pois o SENHOR os ajudou
a conquistar todos os seus adversários. 45 Nenhuma das boas
promessas que o SENHOR fez à família de Israel ficou sem se
cumprir; tudo que ele tinha dito se realizou.

As tribos do leste voltam para casa

22 Então Josué convocou as tribos de Rúben e Gade e a
meia tribo de Manassés 2 e lhes disse: "Vocês fizeram
tudo que Moisés, servo do SENHOR, mandou e obedeceram a
todas as minhas ordens. 3 Durante todo esse tempo e até hoje,
não abandonaram seus irmãos das outras tribos e tiveram
o cuidado de obedecer a tudo que o SENHOR, seu Deus, or-
denou. 4 Agora o SENHOR, seu Deus, concedeu descanso a seus
irmãos, como prometeu a eles. Portanto, voltem para casa,
para a terra que Moisés, servo do SENHOR, lhes deu como sua
propriedade do outro lado do rio Jordão. 5 Mas tenham muito
cuidado de cumprir todos os mandamentos e a lei que Moisés,
servo do SENHOR, lhes deu. Amem o SENHOR, seu Deus, andem
em todos os seus caminhos, obedeçam a seus mandamentos,
apeguem-se a ele firmemente e sirvam-no de todo o coração
e de toda a alma". 6 Então Josué os abençoou e se despediu
deles, e eles foram para casa.
7 Moisés tinha dado o território de Basã, a leste do rio Jordão,
à meia tribo de Manassés. À outra metade da tribo, Josué deu
terras a oeste do Jordão. Quando Josué se despediu deles e
os abençoou, 8 disse: "Voltem para casa com toda a riqueza
que tomaram de seus inimigos: grandes rebanhos, prata,
ouro, bronze, ferro e muitas roupas. Repartam os despojos
com seus parentes".
9 Assim, os homens de Rúben, de Gade e da meia tribo de
Manassés deixaram os outros israelitas em Siló, na terra de
Canaã, e partiram para sua própria terra em Gileade, da qual
haviam tomado posse de acordo com a ordem do SENHOR, por
meio de Moisés.

As tribos do leste constroem um altar

10 Enquanto ainda estavam em Canaã, chegaram a um lugar
chamado Gelilote, perto do rio Jordão. Ali os homens de Rúben
e Gade e da meia tribo de Manassés pararam e construíram um
altar grande e imponente.
11 Os outros israelitas souberam que os membros das tribos de
Rúben e Gade e da meia tribo de Manassés haviam construído
um altar em Gelilote, nos limites da terra de Canaã, do lado
oeste do Jordão. 12 Por isso, toda a comunidade de Israel se re-

uniu em Siló e se preparou para guerrear contra eles. 13Antes,
porém, enviaram à terra de Gileade uma delegação liderada
por Fineias, filho do sacerdote Eleazar, para conversar com
as tribos de Rúben e Gade e a meia tribo de Manassés. 14A
delegação era formada por dez líderes de Israel, um de cada
uma das dez tribos, e todos eles eram chefes de suas famílias
dentro dos clãs de Israel.
15Quando chegaram à terra de Gileade, disseram às tribos de
Rúben e Gade e à meia tribo de Manassés: 16"Toda a comu-
nidade do SENHOR quer saber por que vocês foram tão infiéis
ao Deus de Israel! Como puderam se afastar tanto do SENHOR?
Vocês construíram para si um altar, rebelando-se contra ele!
17Não bastou o pecado do incidente em Peor? Até hoje, não
estamos completamente purificados dele, mesmo depois que
a praga feriu toda a comunidade do SENHOR. 18E, ainda assim,
vocês abandonam o SENHOR. Se hoje vocês se rebelarem contra
o SENHOR, amanhã ele voltará sua ira contra toda a comuni-
dade de Israel!
19"Se a porção de terra que receberam como herança está im-
pura, passem para o nosso lado, para a terra do SENHOR, onde
está o tabernáculo do SENHOR, e tomem posse de um território
entre nós. Mas não se rebelem contra o SENHOR nem contra
nós, construindo para si um altar que não seja o verdadeiro
altar do SENHOR, nosso Deus. 20Quando Acã, descendente de
Zerá, foi infiel ao SENHOR, roubando as coisas separadas para
o SENHOR, a ira divina não caiu sobre toda a comunidade de
Israel? E Acã não foi o único que morreu por causa do seu
pecado!".
21Então os membros das tribos de Rúben e Gade e da meia tribo
de Manassés responderam aos chefes dos clãs de Israel: 22"O
SENHOR, o Poderoso, é Deus! O SENHOR, o Poderoso, é Deus!
Ele sabe a verdade, e que Israel a saiba também! Não cons-
truímos o altar por rebeldia nem por infidelidade ao SENHOR.
Se o fizemos, não poupem nossa vida hoje. 23Se construímos
o altar para nos afastarmos do SENHOR ou para apresentarmos
holocaustos, ofertas de cereal ou ofertas de paz, que o próprio
SENHOR nos castigue.
24"A verdade é que construímos este altar por medo de que,
no futuro, seus descendentes digam aos nossos: 'Que direito
vocês têm de adorar o SENHOR, o Deus de Israel? 25O SENHOR
pôs o rio Jordão como barreira entre o nosso povo e o povo
de Rúben e Gade. Vocês não têm parte com o SENHOR'. Então
seus descendentes poderão impedir os nossos de adorarem
o SENHOR.
26"Por isso, resolvemos construir o altar, não para oferecer ho-
locaustos ou sacrifícios, 27mas como testemunho. Ele lembrará
os nossos e os seus descendentes de que nós também temos o
direito de servir ao SENHOR em seu santuário com holocaustos,
sacrifícios e ofertas de paz. Então seus descendentes não po-
derão dizer aos nossos: 'Vocês não têm parte com o SENHOR'.
28"Se disserem isso, nossos descendentes responderão:
'Vejam esta réplica do altar do SENHOR que nossos antepas-
sados fizeram. Não é para holocaustos nem sacrifícios; é uma
lembrança do relacionamento que vocês e nós temos com o
SENHOR'. 29Longe de nós nos rebelarmos contra o SENHOR, ou
nos afastarmos dele, construindo nosso próprio altar para ho-
locaustos, ofertas de cereal ou sacrifícios. Somente o altar do
SENHOR, nosso Deus, que está diante do seu tabernáculo pode
ser usado para esse fim".
30Quando o sacerdote Fineias e os líderes da comunidade,
os chefes dos clãs de Israel, ouviram o que os membros das
tribos de Rúben e Gade e da meia tribo de Manassés disseram,
ficaram satisfeitos. 31Fineias, filho do sacerdote Eleazar, lhes
respondeu: "Hoje sabemos que o SENHOR está no meio de nós,
pois vocês não foram infiéis ao SENHOR, como havíamos imagi-
nado. Ao contrário, livraram Israel de ser destruído pela mão
do SENHOR".
32Então Fineias, filho do sacerdote Eleazar, e os outros líderes
deixaram as tribos de Rúben e Gade em Gileade e voltaram à
terra de Canaã para relatar aos israelitas o que havia aconte-
cido. 33Todos os israelitas ficaram satisfeitos, louvaram a Deus
e não falaram mais em guerrear contra Rúben e Gade.
34Os membros das tribos de Rúben e Gade chamaram o altar de
"Testemunho", pois disseram: "É um testemunho entre nós e
eles de que o SENHOR é, também, o nosso Deus".

As palavras finais de Josué a Israel

23 Muito tempo se passou depois de o SENHOR ter conce-
dido a Israel descanso de todos os seus inimigos. Josué,
agora bastante idoso, 2convocou todo o Israel, com seus lí-
deres, chefes, juízes e oficiais, e disse: "Já estou bem idoso.
3Vocês viram tudo que o SENHOR, seu Deus, fez por vocês. O
SENHOR, seu Deus, lutou em seu favor contra seus inimigos. 4Eu
reparti entre vocês como herança toda a terra das nações que
ainda não foram conquistadas, bem como a terra das nações
que já derrotamos desde o rio Jordão até o mar Mediterrâneo,
a oeste. 5Essa terra será de vocês, pois o SENHOR, seu Deus,
expulsará de diante de vocês os povos que habitam ali. Vocês
tomarão posse da terra deles, conforme o SENHOR, seu Deus,
lhes prometeu.
6"Por isso, esforcem-se ao máximo para cumprir cuidado-
samente tudo que Moisés escreveu no Livro da Lei. Não se
desviem dele, nem para um lado nem para o outro. 7Não se
misturem com os povos que ainda restam na terra. Nem sequer
mencionem o nome dos deuses deles e muito menos jurem por
eles. Não sirvam nem adorem esses deuses, 8mas apeguem-se
firmemente ao SENHOR, seu Deus, como fizeram até hoje.
9"Pois o SENHOR expulsou de diante de vocês grandes e po-
derosas nações e, até hoje, ninguém conseguiu lhes resistir.
10Cada um de vocês fará fugir mil homens do inimigo, porque
o SENHOR, seu Deus, luta por vocês, conforme prometeu. 11Por-
tanto, dediquem-se com empenho a amar o SENHOR, seu Deus.
12"Mas, se vocês se desviarem dele e se apegarem aos cos-
tumes dos sobreviventes das nações que ainda restam no meio
de vocês, e se casarem com eles, e eles com vocês, 13saibam,

com certeza, que o SENHOR, seu Deus, não expulsará essas
nações de diante de vocês. Ao contrário, elas serão isca e ar-
madilha para vocês, chicote em suas costas e espinhos em
seus olhos. E vocês desaparecerão para sempre desta boa
terra que o SENHOR, seu Deus, lhes deu.
14“Em breve morrerei e irei pelo caminho de toda a terra. Vocês
sabem, de todo o coração, que todas as boas promessas do SE-
NHOR, seu Deus, se cumpriram. Nenhuma delas falhou! 15Mas,
assim como o SENHOR, seu Deus, lhes deu as coisas boas que
ele prometeu, também fará vir calamidades sobre vocês se lhe
desobedecerem. O SENHOR, seu Deus, os eliminará completa-
mente desta boa terra que lhes deu. 16Se vocês quebrarem
a aliança do SENHOR, seu Deus, servindo ou adorando outros
deuses, a ira do SENHOR arderá contra vocês, e desaparecerão
rapidamente da boa terra que ele lhes deu”.

A renovação da aliança do SENHOR

24 Então Josué reuniu todas as tribos de Israel em Siquém.
Convocou também os líderes, os chefes, os juízes e os
oficiais de Israel, e todos vieram e se apresentaram diante
de Deus.
2Josué disse a todo o povo: “Assim diz o SENHOR, o Deus de
Israel: ‘Muito tempo atrás, seus antepassados, incluindo Terá,
pai de Abraão e de Naor, viviam além do rio Eufrates e serviam
outros deuses. 3Mas eu tirei seu antepassado Abraão da terra
além do Eufrates e o conduzi à terra de Canaã. Dei-lhe muitos
descendentes por meio de seu filho Isaque. 4A Isaque dei Jacó
e Esaú. A Esaú dei os montes de Seir como propriedade, mas
Jacó e seus filhos desceram para o Egito.
5“‘Então enviei Moisés e Arão e lancei pragas terríveis sobre
o Egito; depois, tirei vocês de lá. 6Quando tirei seus antepas-
sados do Egito e eles chegaram ao mar Vermelho, os egípcios
os perseguiram com carros de guerra e cavaleiros. 7Seus ante-
passados clamaram ao SENHOR, e eu coloquei escuridão entre
os israelitas e os egípcios. Fiz o mar desabar sobre eles e os
afoguei. Vocês viram com os próprios olhos o que eu fiz contra
os egípcios. Depois, vocês viveram muitos anos no deserto.
8“‘Por fim, eu os trouxe à terra dos amorreus, a leste do
Jordão. Os amorreus lutaram contra vocês, mas eu os destruí
diante de vocês. Eu os entreguei em suas mãos, e vocês to-
maram posse da terra deles. 9Então Balaque, rei de Moabe e
filho de Zipor, declarou guerra contra Israel. Mandou chamar
Balaão, filho de Beor, para amaldiçoá-los, 10mas eu não dei
ouvidos a Balaão. Em vez disso, fiz que ele os abençoasse e,
desse modo, os livrei de Balaque.
11“‘Quando vocês atravessaram o Jordão e chegaram a Jericó,
os habitantes de Jericó lutaram contra vocês, como fizeram os
amorreus, os ferezeus, os cananeus, os hititas, os girgaseus,
os heveus e os jebuseus. Mas eu os entreguei nas mãos de
vocês. 12Enviei terror adiante de vocês para expulsar os dois
reis dos amorreus. Não foram espadas nem arcos que lhes
deram a vitória. 13Eu lhes dei uma terra que vocês não culti-
varam, e cidades que não construíram, as cidades onde agora
habitam. Eu lhes dei vinhedos e olivais para alimentá-los, em-
bora vocês não os tenham plantado’.
14“Portanto, temam o SENHOR e sirvam-no de todo o coração.
Lancem fora os ídolos que seus antepassados serviam quando
viviam além do Eufrates e no Egito. Sirvam somente ao SENHOR.
15Mas, se vocês se recusarem a servir ao SENHOR, escolham
hoje a quem servirão. Escolherão servir os deuses aos quais
seus antepassados serviam além do Eufrates? Ou os deuses
dos amorreus, em cuja terra vocês habitam? Quanto a mim,
eu e minha família serviremos ao SENHOR”.
16O povo respondeu: “Jamais abandonaríamos o SENHOR para
servir outros deuses! 17Pois foi o SENHOR, nosso Deus, que nos
libertou e a nossos antepassados da escravidão na terra do
Egito. Ele realizou grandes milagres diante de nossos olhos.
Enquanto andávamos pelo deserto, cercados de inimigos, ele
nos protegeu. 18O SENHOR expulsou de diante de nós os amor-
reus e todas as nações que viviam nesta terra. Portanto, nós
também serviremos ao SENHOR, pois só ele é o nosso Deus”.
19Então Josué advertiu o povo: “Vocês não são capazes de
servir ao SENHOR, pois ele é Deus santo e zeloso. Não perdoará
sua rebeldia e seus pecados. 20Se abandonarem o SENHOR e
servirem outros deuses, ele se voltará contra vocês e os exter-
minará, apesar de todo o bem que ele lhes fez”.
21Mas o povo respondeu a Josué: “Não! Nós serviremos ao
SENHOR!”.
22“Vocês são testemunhas de sua própria decisão”, disse
Josué. “Escolheram servir ao SENHOR.”
“Sim”, responderam eles. “Somos testemunhas daquilo que
dissemos.”
23“Pois bem”, disse Josué. “Então lancem fora os falsos
deuses que estão em seu meio e voltem o coração para o SE-
NHOR, o Deus de Israel.”
24O povo disse a Josué: “Serviremos ao SENHOR, nosso Deus, e
obedeceremos somente a ele!”.
25Naquele dia, Josué fez uma aliança com o povo em Siquém
e lhes deu decretos e estatutos para obedecerem. 26Josué
registrou todas essas coisas no Livro da Lei de Deus. Como
lembrança do pacto, pegou uma grande pedra e a ergueu de-
baixo do carvalho junto ao santuário do SENHOR.
27Josué disse a todo o povo: “Esta pedra ouviu tudo que o
SENHOR nos disse. Ela será testemunha contra vocês se não
cumprirem o que prometeram a Deus”.
28Então Josué se despediu de todo o povo, e cada um voltou
para a terra que havia recebido como herança.

Líderes sepultados na terra prometida

29Depois de algum tempo, Josué, filho de Num, servo do SE-
NHOR, morreu aos 110 anos. 30Sepultaram-no na terra que ele
havia recebido como herança, em Timnate-Sera, na região
montanhosa de Efraim, ao norte do monte Gaás.
31O povo de Israel serviu ao SENHOR durante toda a vida de

Josué e das autoridades que morreram depois dele e que sa-
biam pessoalmente tudo que o SENHOR tinha feito por Israel.
32 Os ossos de José, que os israelitas haviam trazido consigo
quando saíram do Egito, foram sepultados em Siquém, no ter-
reno que Jacó havia comprado dos filhos de Hamor por cem
peças de prata. Esse terreno ficava dentro do território da he-
rança dos descendentes de José.
33 Eleazar, filho de Arão, também morreu. Foi sepultado na
região montanhosa de Efraim, na cidade de Gibeá, que havia
sido entregue a seu filho, Fineias.

JUÍZES

Judá e Simeão conquistam a terra

1 Depois da morte de Josué, os israelitas perguntaram ao
SENHOR: "Qual das tribos deve ser a primeira a atacar os
cananeus?".
2 O SENHOR respondeu: "Judá, pois eu entreguei a terra em
suas mãos".
3 Os homens de Judá disseram a seus parentes da tribo de
Simeão: "Venham conosco lutar contra os cananeus que vivem
no território que nos foi designado como herança. Depois aju-
daremos vocês a conquistar o seu território". Os homens de
Simeão foram com Judá.
4 Quando os homens de Judá atacaram, o SENHOR entregou os
cananeus e os ferezeus em suas mãos, e eles mataram dez
mil guerreiros inimigos em Bezeque. 5 Naquela cidade, encon-
traram o rei Adoni-Bezeque, lutaram contra ele e derrotaram
os cananeus e os ferezeus. 6 Adoni-Bezeque fugiu, mas os is-
raelitas o capturaram e cortaram os polegares de suas mãos
e de seus pés.
7 Adoni-Bezeque disse: "Setenta reis com os polegares das
mãos e dos pés cortados comiam migalhas debaixo de minha
mesa. Agora Deus me retribuiu aquilo que fiz com eles". E o
levaram a Jerusalém, onde ele morreu.
8 Os homens de Judá atacaram Jerusalém e a conquistaram.
Mataram todos os seus habitantes e puseram fogo na cidade.
9 Depois disso, desceram para lutar contra os cananeus que
viviam na região montanhosa do Neguebe e nas colinas do
oeste. 10 Judá marchou contra os cananeus que habitavam em
Hebrom (antes chamada de Quiriate-Arba), e derrotou os exér-
citos de Sesai, Aimã e Talmai.
11 Dali avançaram contra os habitantes de Debir (antes chamada
de Quiriate-Sefer). 12 Calebe disse: "Darei minha filha Acsa em
casamento a quem atacar e tomar Quiriate-Sefer". 13 Otoniel,
filho de Quenaz, irmão mais novo de Calebe, tomou a cidade,
e Calebe lhe deu Acsa como esposa.
14 Quando Acsa se casou com Otoniel, ela insistiu para que ele
pedisse um campo ao pai dela. Assim que ela desceu do ju-
mento, Calebe lhe perguntou: "O que você quer?".
15 Ela respondeu: "Quero mais um presente. O senhor me deu
terras no deserto do Neguebe; agora, peço que também me
dê fontes de água". Então Calebe lhe deu as fontes superiores
e as fontes inferiores.
16 Quando a tribo de Judá deixou Jericó, a cidade das pal-
meiras, os queneus, descendentes do sogro de Moisés, os
acompanharam até o deserto de Judá. Eles se estabeleceram
no meio do povo dali, perto da cidade de Arade, no Neguebe.
17 Então a tribo de Judá se uniu com seus parentes da tribo
de Simeão para lutar contra os cananeus que habitavam em
Zefate, e destruíram completamente a cidade. Por isso, agora
ela se chama Hormá. 18 A tribo de Judá também conquistou as
cidades de Gaza, Ascalom e Ecrom e os territórios ao redor.

Israel não conquista toda a terra

19 O SENHOR estava com a tribo de Judá. Ela tomou posse da
região montanhosa, mas não conseguiu expulsar os habitantes
da planície, pois eles tinham carros de guerra com rodas de
ferro. 20 A cidade de Hebrom foi entregue a Calebe, conforme
Moisés havia prometido, e ele expulsou seus habitantes, des-
cendentes dos três filhos de Enaque.
21 A tribo de Benjamim, porém, não conseguiu expulsar os
jebuseus que moravam em Jerusalém. Por isso, até hoje os
jebuseus vivem no meio do povo de Benjamim.
22 Os descendentes de José atacaram a cidade de Betel, e o
SENHOR estava com eles. 23 Enviaram espiões a Betel (antes
conhecida como Luz), 24 e eles abordaram um homem que saía
da cidade e lhe disseram: "Mostre-nos como entrar na cidade
e teremos misericórdia de você". 25 Ele mostrou a entrada,
e eles mataram todos os habitantes de Betel, exceto aquele
homem e sua família. 26 Mais tarde, o homem se mudou para
a terra dos hititas, onde construiu uma cidade e a chamou de
Luz, que é seu nome até hoje.
27 A tribo de Manassés, porém, não expulsou os habitantes de
Bete-Sã, Taanaque, Dor, Ibleã e Megido, nem dos povoados ao
seu redor, pois os cananeus estavam decididos a permanecer
naquela região. 28 Quando Israel se fortaleceu, submeteu os
cananeus a trabalhos forçados, mas não os expulsou comple-
tamente da terra.
29 A tribo de Efraim também não expulsou os habitantes de Gezer,
de modo que os cananeus continuaram a viver no meio deles.

30 A tribo de Zebulom não expulsou os habitantes de Quitrom
e de Naalol, de modo que os cananeus continuaram a viver
no meio deles, mas foram submetidos a trabalhos forçados.
31 A tribo de Aser não expulsou os habitantes de Aco, Sidom,
Alabe, Aczibe, Helba, Afeque e Reobe. 32 Estabeleceu-se no
meio dos cananeus que habitavam a terra, pois não conseguiu
expulsá-los.
33 Da mesma forma, a tribo de Naftali não expulsou os habi-
tantes de Bete-Semes e de Bete-Anate. Estabeleceu-se no meio
dos cananeus que habitavam a terra, mas submeteu os habi-
tantes de Bete-Semes e de Bete-Anate a trabalhos forçados.
34 Quanto à tribo de Dã, os amorreus a obrigaram a voltar
para a região montanhosa e não permitiram que descesse à
planície. 35 Os amorreus estavam decididos a ficar no monte
Heres, em Aijalom e em Saalbim, mas quando os descendentes
de José se fortaleceram, submeteram os amorreus a trabalhos
forçados. 36 A divisa dos amorreus se estendia da ladeira do
Escorpião até Selá, continuando dali para cima.

O anjo do SENHOR aparece em Boquim

2 O anjo do SENHOR subiu de Gilgal a Boquim e disse aos is-
raelitas: "Tirei vocês do Egito e os trouxe a esta terra que
jurei dar a seus antepassados, e afirmei que jamais quebraria
a minha aliança com vocês. 2 De sua parte, vocês não deviam
fazer aliança alguma com os habitantes desta terra, mas sim
destruir seus altares. Por que vocês desobedeceram à minha
ordem? 3 Agora, portanto, declaro que não expulsarei mais os
povos que habitam em sua terra. Eles serão como espinhos
em suas costas, e os deuses deles serão uma armadilha para
vocês".
4 Quando o anjo do SENHOR acabou de falar a todos os israelitas,
o povo chorou em alta voz. 5 Por isso, chamaram aquele lugar
de Boquim, e ali ofereceram sacrifícios ao SENHOR.

A morte de Josué

6 Depois que Josué se despediu do povo, cada tribo de Israel
partiu para tomar posse do território que havia recebido como
herança. 7 O povo serviu ao SENHOR durante toda a vida de
Josué, e também dos líderes que sobreviveram depois dele
e que tinham visto as grandes coisas que o SENHOR havia feito
por Israel.
8 Josué, filho de Num, servo do SENHOR, morreu aos 110 anos.
9 Foi sepultado na terra que havia recebido como herança, em
Timnate-Sera, na região montanhosa de Efraim, ao norte do
monte Gaás.

Israel desobedece ao SENHOR

10 Depois que aquela geração morreu e se reuniu a seus an-
tepassados, surgiu uma nova geração que não conhecia o
SENHOR nem tinha visto as grandes coisas que ele havia feito
por Israel.
11 Os israelitas fizeram o que era mau aos olhos do SENHOR
e serviram às imagens de Baal. 12 Abandonaram o SENHOR,
o Deus de seus antepassados, que os havia tirado do Egito.
Seguiram e adoraram os deuses dos povos ao redor e, com
isso, provocaram a ira do SENHOR. 13 Abandonaram o SENHOR
para servir a Baal e às imagens de Astarote. 14 Com isso, a ira
do SENHOR ardeu contra Israel, e ele os entregou nas mãos
de saqueadores que tomaram seus bens. Entregou-os aos
inimigos ao seu redor, aos quais já não conseguiam resistir.
15 Toda vez que saíam para a batalha, o SENHOR lutava contra
eles e provocava sua derrota, conforme lhes havia advertido
com juramento. Por isso, o povo vivia em grande angústia.

O SENHOR livra seu povo

16 Então o SENHOR levantou juízes para livrar o povo de seus
agressores. 17 Contudo, não quiseram ouvir os juízes, mas se
prostituíram, adorando outros deuses. Como se desviaram de-
pressa do caminho de seus antepassados, que haviam andado
em obediência aos mandamentos do SENHOR!
18 Sempre que o SENHOR levantava um juiz sobre os israelitas,
o SENHOR estava com ele e livrava o povo de seus inimigos
enquanto o juiz vivia; pois o SENHOR tinha compaixão de seu
povo, que sofria sob o peso da aflição provocada por seus
opressores. 19 Quando o juiz morria, porém, eles voltavam a
seus caminhos corruptos e se comportavam ainda pior que
seus antepassados. Seguiam outros deuses, servindo-os e
adorando-os. Não abandonavam suas práticas perversas e
seus caminhos teimosos.
20 Por isso, a ira do SENHOR ardeu contra Israel. Disse ele:
"Uma vez que este povo violou a minha aliança, que fiz com
seus antepassados, e não me deu ouvidos, 21 não expulsarei
mais as nações que Josué deixou por conquistar quando
morreu. 22 Fiz isso para pôr Israel à prova, para ver se seguiria
os caminhos do SENHOR, como fizeram seus antepassados".
23 Assim, o SENHOR deixou aquelas nações na terra. Não as
expulsou de imediato nem permitiu que Josué conquistasse
todas elas.

As nações que ficaram em Canaã

3 Estas são as nações que o SENHOR deixou na terra para
pôr à prova os israelitas que não haviam participado das
guerras em Canaã. 2 Ele assim fez apenas para dar treinamento
de combate às gerações de israelitas que não tinham expe-
riência no campo de batalha. 3 Estas são as nações: os filisteus
com seus cinco governantes, todos os cananeus, os sidônios
e os heveus que habitavam nos montes do Líbano, desde o
monte Baal-Hermom até Lebo-Hamate. 4 Esses povos foram
deixados para pôr Israel à prova, para ver se obedeceriam aos
mandamentos que o SENHOR tinha dado a seus antepassados
por meio de Moisés.
5 Assim, os israelitas viveram entre os cananeus, os hititas, os
amorreus, os ferezeus, os heveus e os jebuseus. 6 Casaram-se
com as filhas deles e deram suas filhas em casamento aos
filhos deles. E serviram aos deuses deles.

Otoniel se torna juiz de Israel

7Os israelitas fizeram o que era mau aos olhos do SENHOR. Es-
queceram-se do SENHOR, seu Deus, e serviram às imagens de
Baal e aos postes de Aserá. 8Então a ira do SENHOR se acendeu
contra Israel, e ele os entregou a Cusã-Risataim, rei de Arã-
-Naaraim. E os israelitas serviram a Cusã-Risataim durante
oito anos.
9Mas, quando os israelitas pediram socorro ao SENHOR, ele
levantou um libertador para salvá-los. Chamava-se Otoniel,
filho de Quenaz, irmão mais novo de Calebe. 10O Espírito do
SENHOR veio sobre Otoniel, e ele se tornou juiz de Israel. Otoniel
guerreou contra Cusã-Risataim, rei de Arã, e o derrotou, pois o
SENHOR o entregou em suas mãos. 11Houve paz na terra durante
quarenta anos, até a morte de Otoniel, filho de Quenaz.

Eúde se torna juiz de Israel

12Mais uma vez, os israelitas fizeram o que era mau aos olhos
do SENHOR. Por isso, o SENHOR deu a Eglom, rei de Moabe,
poder sobre Israel. 13Eglom se aliou com os amonitas e os
amalequitas, atacou e derrotou Israel e conquistou Jericó, a
cidade das palmeiras. 14Os israelitas serviram a Eglom, rei de
Moabe, durante dezoito anos.
15Mas, quando os israelitas pediram socorro ao SENHOR, ele
levantou um libertador para salvá-los. Chamava-se Eúde,
homem canhoto, filho de Gera, da tribo de Benjamim. Os is-
raelitas encarregaram Eúde de entregar o tributo a Eglom, rei
de Moabe. 16Eúde fez um punhal de dois gumes, com cerca de
quarenta centímetros de comprimento, e prendeu a arma à
coxa direita, onde ficou escondida debaixo da roupa. 17Levou
o tributo a Eglom, rei de Moabe, que era muito gordo.
18Depois de entregar o pagamento, Eúde partiu com os ho-
mens que haviam ajudado a carregar o tributo. 19Quando Eúde
chegou aos ídolos de pedra perto de Gilgal, deu meia-volta,
apresentou-se diante de Eglom e disse: "Tenho uma men-
sagem secreta para o senhor, ó rei!". Eglom ordenou: "Não
fale ainda!", e mandou todos os seus servos saírem.
20Eúde se aproximou de Eglom, que estava sentado sozinho
na sala do andar superior, um ambiente mais fresco, e disse:
"Tenho uma mensagem de Deus para o senhor!". O rei Eglom
se levantou, 21e Eúde, com a mão esquerda, puxou o punhal
de sua coxa direita e o cravou na barriga de Eglom. 22O punhal
foi tão fundo que seu cabo desapareceu sob a gordura do rei.
Por isso, Eúde não tirou o punhal, e as fezes do rei vazaram.
23Então Eúde fechou e trancou as portas da sala e saiu pelo
pórtico.
24Depois que Eúde saiu, os servos do rei voltaram e encon-
traram trancadas as portas da sala no andar superior. Pen-
saram que ele estivesse usando o banheiro privativo, 25por isso
esperaram. Mas, como depois de muita demora o rei não saiu,
ficaram preocupados e pegaram a chave. Quando abriram as
portas, encontraram seu senhor caído no chão, morto.
26Enquanto os servos esperavam, Eúde escapou e passou pelos
ídolos de pedra a caminho de Seirá. 27Quando chegou à região
montanhosa de Efraim, tocou a trombeta, chamando o povo
para guerrear. Os israelitas desceram os montes, com Eúde
à frente.
28Ele disse: "Sigam-me, pois o SENHOR entregou Moabe, seu
inimigo, em suas mãos". Os israelitas o seguiram e assumiram
o controle dos pontos mais rasos do Jordão, onde se atraves-
sava para Moabe, e não deixaram ninguém passar.
29Eles atacaram os moabitas e mataram cerca de dez mil de
seus guerreiros mais fortes e valentes. Nenhum deles escapou.
30Naquele dia, Israel derrotou Moabe, e houve paz na terra
durante oitenta anos.

Sangar se torna juiz de Israel

31Depois de Eúde, Sangar, filho de Anate, libertou Israel. Certa
vez, ele matou seiscentos filisteus com um ferrão de conduzir
bois.

Débora se torna juíza de Israel

4 Depois da morte de Eúde, os israelitas voltaram a fazer o
que era mau aos olhos do SENHOR. 2Por isso, o SENHOR os
entregou nas mãos de Jabim, rei cananeu de Hazor. O coman-
dante de seu exército era Sísera, que habitava em Harosete-
-Hagoim. 3Sísera, que tinha novecentos carros de guerra com
rodas de ferro, oprimiu cruelmente os israelitas durante vinte
anos. Então o povo pediu socorro ao SENHOR.
4Quem julgava Israel nessa época era Débora, uma profetisa,
mulher de Lapidote. 5Ela costumava sentar-se debaixo da Pal-
meira de Débora, entre Ramá e Betel, na região montanhosa
de Efraim, e os israelitas a procuravam para que ela julgasse
suas questões. 6Certo dia, mandou chamar Baraque, filho de
Abinoão, que morava em Quedes, no território de Naftali, e lhe
disse: "O SENHOR, o Deus de Israel, lhe dá a seguinte ordem:
'Convoque dez mil guerreiros das tribos de Naftali e Zebulom
para irem ao monte Tabor. 7Eu farei Sísera, comandante do
exército de Jabim, ir com seus carros de guerra e guerreiros
até o rio Quisom. Ali eu os entregarei em suas mãos'".
8Baraque disse a Débora: "Só irei se você for comigo; senão,
não irei".
9Débora respondeu: "Está bem, eu irei, mas você não rece-
berá a honra nesta missão, pois o SENHOR entregará Sísera
nas mãos de uma mulher". Então Débora foi com Baraque a
Quedes. 10Ali, Baraque convocou as tribos de Zebulom e Naf-
tali, e dez mil guerreiros subiram com ele. Débora também o
acompanhou.
11Héber, queneu descendente de Hobabe, cunhado de Moisés,
havia se separado dos outros membros de sua tribo e armado
suas tendas junto ao carvalho de Zaanim, perto de Quedes.
12Quando disseram a Sísera que Baraque, filho de Abinoão,
havia subido ao monte Tabor, 13ele mandou trazer seus no-
vecentos carros de guerra com rodas de ferro e todos os seus
guerreiros, e eles marcharam de Harosete-Hagoim até o rio
Quisom.
14Então Débora disse a Baraque: "Prepare-se! Este é o dia em

que o SENHOR entregará Sísera em suas mãos, pois o SENHOR
marcha adiante de você”. Baraque desceu a encosta do monte
Tabor à frente de seus dez mil guerreiros para combater.
15Quando Baraque atacou, o SENHOR trouxe pânico sobre os
carros de guerra e sobre os soldados de Sísera, que abandonou
sua carruagem e fugiu a pé. 16Baraque perseguiu os carros
de guerra e o exército inimigo até Harosete-Hagoim e matou
todos os guerreiros de Sísera. Nenhum deles escapou.
17Enquanto isso, Sísera correu para a tenda de Jael, esposa
de Héber, o queneu, pois havia paz entre a família de Héber e
Jabim, rei de Hazor. 18Jael saiu ao encontro de Sísera e disse:
“Venha para minha tenda, senhor. Entre; não tenha medo”.
Ele entrou na tenda de Jael, e ela o cobriu com uma manta.
19“Por favor, dê-me um pouco de água”, disse ele. “Estou com
sede.” Ela lhe deu leite de uma vasilha de couro e o cobriu
novamente.
20Sísera disse a ela: “Fique à porta da tenda. Se alguém chegar
e perguntar se há alguém aqui, diga que não”.
21Mas, quando Sísera, exausto, dormia um sono profundo,
Jael, a esposa de Heber, se aproximou silenciosamente com
um martelo e uma estaca de tenda na mão e atravessou o
crânio dele com a estaca, que ficou presa ao chão. Foi assim
que Sísera morreu.
22Quando Baraque passou por lá à procura de Sísera, Jael saiu
ao seu encontro e disse: “Venha! Eu lhe mostrarei o homem
que o senhor está procurando”. Ele a seguiu até a tenda, onde
encontrou o cadáver de Sísera, com o crânio atravessado pela
estaca.
23Naquele dia, o povo de Israel viu Deus derrotar Jabim, o
rei cananeu. 24Dali em diante, os israelitas se fortaleceram
cada vez mais contra o rei Jabim, até que o eliminaram por
completo.

O cântico de Débora

5 Naquele dia, Débora e Baraque, filho de Abinoão, entoaram
este cântico:
2“Os líderes de Israel assumiram o comando, e o povo os se-
guiu de boa vontade. Louvem o SENHOR!
3“Ouçam, reis! Prestem atenção, governantes! Pois eu cantarei
ao SENHOR; sim, tocarei música para o SENHOR, o Deus de Israel!
4“SENHOR, quando saíste de Seir e marchaste desde os campos
de Edom, a terra tremeu, e as nuvens do céu despejaram
chuva.
5Os montes estremeceram na presença do SENHOR, o Deus do
monte Sinai, na presença do SENHOR, o Deus de Israel.
6“Nos dias de Sangar, filho de Anate, e nos dias de Jael, nin-
guém passava pelas estradas, e os viajantes tomavam cami-
nhos tortuosos.
7Restavam poucos nos povoados de Israel, até que Débora se
levantou como mãe para Israel.
8Quando Israel escolheu novos deuses, a guerra chegou às
portas das cidades. Mas não se via um só escudo ou lança,
entre quarenta mil guerreiros de Israel.
9Meu coração está com os comandantes de Israel, com
aqueles que se ofereceram para lutar. Louvem o SENHOR!
10“Considerem estas coisas, vocês que montam em jumentas
brancas, que se sentam em finas mantas, vocês que caminham
pela estrada.
11Ouçam os músicos dos povoados, reunidos junto aos bebe-
douros. Ali relatam as justas vitórias do SENHOR, as justas vitó-
rias de seus camponeses em Israel. Então o povo do SENHOR
desceu às portas da cidade.
12“Desperte, Débora, desperte! Desperte, desperte e entoe
um cântico! Levante-se, Baraque! Leve embora seus cativos,
filho de Abinoão!
13“Então os sobreviventes desceram contra os poderosos; o
povo do SENHOR marchou por mim contra os guerreiros.
14Desceram de Efraim, terra que antes pertencia aos amale-
quitas; seguiram você, Benjamim, com seus soldados. De Ma-
quir, desceram os comandantes; de Zebulom, os que levam a
vara de comando.
15Os príncipes de Issacar estavam com Débora e Baraque; sob
suas ordens, desceram ao vale. Mas, na tribo de Rúben, houve
grande indecisão.
16Por que ficaram entre os currais, ouvindo os pastores as-
sobiarem para seus rebanhos? Sim, na tribo de Rúben houve
grande indecisão.
17Gileade continuou a leste do Jordão, e por que Dã ficou junto
aos navios? Aser sentou-se inerte na praia e permaneceu em
seus portos.
18Mas Zebulom arriscou a vida, assim como fez Naftali, nas
regiões altas do campo.
19“Os reis de Canaã vieram e lutaram em Taanaque, perto das
águas de Megido, mas não levaram despojos de prata.
20Desde o céu as estrelas lutaram; as estrelas, em suas órbitas,
lutaram contra Sísera.
21O rio Quisom os arrastou, o antigo ribeiro, o Quisom; que eu
marche adiante com coragem!
22Os cascos dos cavalos martelavam o chão; galopavam, galo-
pavam seus poderosos cavalos de guerra.
23‘Amaldiçoem os habitantes de Meroz’, disse o anjo do SENHOR.
‘Amaldiçoem duramente, pois não vieram ajudar o SENHOR,
ajudar o SENHOR contra fortes guerreiros.’
24“Jael, esposa de Héber, o queneu, é a mais abençoada entre
as mulheres. Que ela seja a mais abençoada das mulheres que
vivem em tendas!
25Sísera lhe pediu água, e ela lhe deu leite. Numa vasilha digna
dos nobres, trouxe-lhe coalhada.
26Com a mão esquerda, pegou uma estaca de tenda; com a
direita, o martelo de trabalhador. Com eles atacou Sísera e
esmagou sua cabeça; de um só golpe, rachou e atravessou
seu crânio.
27Ele se curvou, caiu e ali ficou, estirado aos pés de Jael. E, no
lugar onde se curvou, ali caiu e morreu.
28“Da janela, a mãe de Sísera olhava para fora; atrás da tre-
liça da janela, clamava: ‘Por que seu carro de guerra demora
tanto? Por que não se ouve o som de suas carruagens?’.

29“Suas acompanhantes mais sábias respondiam, e ela repetia
estas palavras a si mesma:
30‘Devem estar repartindo os despojos que tomaram; uma ou
duas moças para cada homem. Haverá túnicas coloridas para
Sísera, túnicas coloridas e bordadas. Sem dúvida, no despojo
haverá túnicas coloridas e bordadas dos dois lados’.
31“SENHOR, que todos os teus inimigos assim sejam destruídos!
Mas, aqueles que te amam, que se levantem como o sol com
toda a sua força!”. Então houve paz na terra durante quarenta
anos.

Gideão se torna juiz de Israel

6 Os israelitas fizeram o que era mau aos olhos do SENHOR. Por
isso, o SENHOR os entregou nas mãos dos midianitas durante
sete anos. 2Os midianitas eram tão cruéis que os israelitas fi-
zeram para si esconderijos nas montanhas, nas cavernas e nas
fortalezas. 3Sempre que os israelitas faziam o plantio, saquea-
dores de Midiã, de Amaleque e de outros povos do leste ata-
cavam Israel, 4acampavam na terra e destruíam as plantações
até Gaza. Levavam ovelhas, bois e jumentos, e não deixavam
coisa alguma para Israel comer. 5Esses bandos inimigos, que
vinham com seus rebanhos e tendas, eram como uma praga
de gafanhotos. Chegavam em camelos, tão numerosos que
era impossível contá-los, e só partiam quando a terra estava
devastada. 6Os midianitas reduziram Israel à mais absoluta
pobreza, e o povo pediu socorro ao SENHOR.
7Quando os israelitas clamaram ao SENHOR por causa de Midiã,
8o SENHOR lhes enviou um profeta, que disse: “Assim diz o SE-
NHOR, Deus de Israel: Eu os tirei da escravidão no Egito. 9Eu os
livrei dos egípcios e de todos que os oprimiam. Expulsei seus
inimigos e dei a vocês a terra deles. 10Disse a vocês: ‘Eu sou o
SENHOR, seu Deus. Não adorem os deuses dos amorreus, em
cujas terras agora vivem’. Mas vocês não me deram ouvidos”.
11Então o anjo do SENHOR veio e sentou-se debaixo do grande
carvalho em Ofra que pertencia a Joás, do clã de Abiezer. Gi-
deão, filho de Joás, estava debulhando trigo no fundo de uma
prensa de uvas, a fim de não ser descoberto pelos midianitas.
12O anjo do SENHOR apareceu a Gideão e disse: “O SENHOR está
com você, guerreiro corajoso!”.
13Gideão respondeu: “Meu senhor, se o SENHOR está conosco,
por que nos aconteceu tudo isso? E onde estão os milagres de
que nossos antepassados nos falaram? Acaso não disseram:
‘O SENHOR nos tirou do Egito’? Agora, porém, o SENHOR nos
abandonou e nos entregou nas mãos dos midianitas!”.
14Então o SENHOR se voltou para ele e disse: “Vá com a força
que você tem e liberte Israel dos midianitas. Sou eu quem o
envia!”.
15“Mas, Senhor, como posso libertar Israel?”, perguntou Gi-
deão. “Meu clã é o mais fraco de toda a tribo de Manassés, e
eu sou o menos importante de minha família!”
16“Certamente estarei com você”, disse o SENHOR. “E você
destruirá os midianitas como se estivesse lutando contra um
só homem.”
17Gideão respondeu: “Se, de fato, posso contar com tua ajuda,
dá-me um sinal de que é mesmo o SENHOR quem fala comigo.
18Por favor, não vás embora até que eu te traga a minha
oferta”. Ele respondeu: “Ficarei aqui até você voltar”.
19Gideão foi depressa para casa. Cozinhou um cabrito e, com
cerca de vinte litros de farinha, preparou pães sem fermento.
Depois, colocou a carne num cesto e o caldo numa panela, os
levou para fora e os ofereceu ao anjo que estava debaixo da
grande árvore.
20O anjo de Deus lhe disse: “Coloque a carne e os pães sem
fermento sobre esta pedra e derrame neles o caldo”. Gideão
obedeceu. 21Então o anjo do SENHOR tocou na carne e nos pães
com a ponta da vara que estava em sua mão, e fogo subiu da
pedra e consumiu tudo que Gideão havia trazido. E o anjo do
SENHOR desapareceu.
22Quando Gideão percebeu que era o anjo do SENHOR, exclamou:
“Ó Soberano SENHOR, estou perdido! Vi o anjo do SENHOR face
a face!”.
23“Fique em paz”, respondeu o SENHOR. “Não tenha medo;
você não morrerá.” 24Então Gideão construiu um altar para o
SENHOR naquele local e o chamou de Javé-Shalom. Até hoje o
altar está em Ofra, no território do clã de Abiezer.
25Naquela noite, o SENHOR disse a Gideão: “Tome o segundo
touro do rebanho de seu pai, aquele de sete anos. Derrube o
altar que seu pai fez para Baal e corte o poste de Aserá que fica
ao lado do altar. 26Depois, construa um altar para o SENHOR,
seu Deus, no alto desta colina, arrumando as pedras com cui-
dado. Sacrifique o touro sobre o altar como holocausto e use
como lenha a madeira do poste de Aserá que você cortará”.
27Gideão levou dez de seus servos e fez o que o SENHOR
mandou. Porém, fez tudo de noite, com medo de sua família
e do povo da cidade.
28Logo cedo no dia seguinte, quando os habitantes da cidade
começaram a despertar, alguém descobriu que o altar de Baal
havia sido derrubado e que o poste de Aserá ao lado dele tinha
sido cortado. Em seu lugar, havia um novo altar, sobre o qual
estavam os restos do touro sacrificado. 29Os habitantes per-
guntaram uns aos outros: “Quem fez isso?”. Depois de uma
investigação cuidadosa, descobriram que tinha sido Gideão,
filho de Joás.
30“Traga seu filho para fora”, os homens da cidade exigiram de
Joás. “Ele deve morrer, pois derrubou o altar de Baal e cortou
o poste de Aserá!”
31Joás, porém, gritou para a multidão que o confrontava: “Por
que vocês defendem Baal? Acaso pretendem salvá-lo? Quem
lutar pela causa dele será morto pela manhã! Se Baal é real-
mente um deus, que ele próprio se defenda e destrua quem
derrubou seu altar!”. 32Dali em diante, Gideão foi chamado
de Jerubaal (isto é, “Que Baal lute com ele”), pois derrubou
o altar de Baal.

Gideão pede um sinal

33Pouco tempo depois, os exércitos de Midiã, de Amaleque
e de outros povos do leste se uniram. Eles atravessaram o

Jordão e acamparam no vale de Jezreel. 34Então o Espírito do SENHOR veio sobre Gideão, que tocou a trombeta de chifre de carneiro, convocando para a batalha, e os homens do clã de Abiezer o seguiram. 35Também enviou mensageiros às tribos de Manassés, Aser, Zebulom e Naftali, convocando seus guerreiros, e todos atenderam ao chamado.

36Então Gideão disse a Deus: "Se de fato vais me usar para salvar Israel, como prometeste, 37dá-me uma prova da seguinte forma. Hoje à noite, deixarei um pouco de lã na eira, onde se peneiram os grãos. Se pela manhã a lã estiver molhada de orvalho, mas o chão estiver seco, saberei que vais me ajudar a salvar Israel, como prometeste". 38E foi exatamente o que aconteceu. Na manhã seguinte, bem cedo, Gideão se levantou, espremeu a lã e recolheu uma tigela cheia de água. 39Então Gideão disse a Deus: "Peço que não fiques irado comigo, mas que me permitas fazer mais um pedido. Deixa-me usar esta lã para mais uma prova. Desta vez, que a lã fique seca e o chão ao redor dela fique coberto de orvalho". 40Naquela noite, Deus fez o que Gideão havia pedido. Pela manhã, a lã estava seca, mas o chão estava coberto de orvalho.

Gideão derrota os midianitas

7 Jerubaal (isto é, Gideão) e todo o seu exército se levantaram de madrugada e acamparam junto à fonte de Harode. Os exércitos de Midiã estavam acampados ao norte deles, no vale perto da colina de Moré. 2O SENHOR disse a Gideão: "Você tem guerreiros demais. Se eu deixar todos vocês lutarem contra os midianitas, Israel se vangloriará diante de mim, dizendo que se libertou por sua própria força. 3Portanto, diga ao povo: 'Quem estiver com medo e assustado pode deixar este monte e voltar para casa'". Vinte e dois mil homens voltaram para casa, restando apenas dez mil.

4O SENHOR, porém, disse a Gideão: "Seu exército ainda está grande demais. Desça com eles até a fonte, e eu os provarei para determinar quem irá com você e quem não irá". 5Quando Gideão desceu com os guerreiros até a fonte, o SENHOR lhe disse: "Separe os homens em dois grupos. Num grupo, coloque todos que bebem água das mãos, lambendo-a como fazem os cães. No outro grupo, coloque todos que se ajoelham e põem a boca na água para beber". 6Apenas trezentos homens beberam água das mãos; os demais se ajoelharam e puseram a boca na água.

7O SENHOR disse a Gideão: "Com estes trezentos homens eu livrarei Israel e entregarei os midianitas em suas mãos. Mande para casa os demais". 8Gideão ordenou que recolhessem as provisões e as trombetas de chifre de carneiro dos outros guerreiros e os mandou para casa, mas manteve consigo os trezentos homens. O acampamento midianita ficava à frente de Gideão, descendo o vale. 9Naquela noite, o SENHOR lhe disse: "Levante-se! Desça ao acampamento dos midianitas, pois eu os entreguei em suas mãos! 10Mas, se você tem medo de atacá-los, desça até o acampamento com seu servo Purá. 11Ouça o que os midianitas estão dizendo e você se encherá de coragem e terá ânimo para atacar". Então Gideão e seu servo Purá desceram até os limites do acampamento inimigo. 12Os exércitos de Midiã, de Amaleque e dos povos do leste cobriam o vale como uma nuvem de gafanhotos. Seus camelos eram tão numerosos como os grãos de areia da praia, impossíveis de contar. 13Gideão se aproximou no exato momento em que um homem contava um sonho a seu amigo. O homem disse: "Tive um sonho, no qual um pão de cevada veio rolando para dentro do acampamento midianita; então, bateu numa tenda e ela virou, desmontando-se!".

14O amigo respondeu: "O sonho só pode significar uma coisa: a espada de Gideão, filho de Joás, o israelita. Deus entregou todo o exército midianita nas mãos dele!".

15Quando Gideão ouviu o sonho e sua interpretação, prostrou-se em adoração. Voltou para o acampamento de Israel e gritou: "Levantem-se! O SENHOR entregou o exército midianita em suas mãos!". 16Em seguida, dividiu os trezentos homens em três grupos e deu a cada homem uma trombeta e um vaso de barro com uma tocha dentro.

17"Olhem para mim", disse ele. "Quando chegarmos à beira do acampamento, façam o que eu fizer. 18Assim que eu e todos os que estiverem comigo tocarmos nossas trombetas, toquem as suas também ao redor de todo o acampamento e gritem: 'Pelo SENHOR e por Gideão!'"

19Pouco depois da meia-noite e da troca da guarda inimiga, Gideão e seus cem homens chegaram aos limites do acampamento midianita. De repente, tocaram as trombetas e quebraram os vasos de barro. 20Então os três grupos tocaram as trombetas e quebraram os vasos. Segurando a tocha na mão esquerda e a trombeta na direita, todos gritaram: "À espada, pelo SENHOR e por Gideão!".

21Cada homem manteve sua posição ao redor do acampamento e viu todos os midianitas correrem de um lado para o outro, gritando apavorados enquanto fugiam. 22Quando os trezentos israelitas tocaram as trombetas, o SENHOR fez os guerreiros que estavam no acampamento lutarem uns contra os outros com suas espadas. Os que sobreviveram fugiram para lugares distantes como Bete-Sita, perto de Zererá, e para a divisa de Abel-Meolá, perto de Tabate.

23Então Gideão convocou os guerreiros de Naftali, Aser e Manassés, que se juntaram aos demais para perseguir o exército midianita. 24Gideão também enviou mensageiros a toda a região montanhosa de Efraim, dizendo: "Desçam e ataquem os midianitas! Não permitam que eles cheguem aos pontos mais rasos de travessia do Jordão em Bete-Bara". Todos os homens de Efraim obedeceram. 25Capturaram Orebe e Zeebe, os dois comandantes midianitas, e mataram Orebe na rocha de Orebe e Zeebe na prensa de uvas de Zeebe. Depois, continuaram a perseguir os midianitas. Por fim, levaram a cabeça de Orebe e a de Zeebe para Gideão, que estava do outro lado do Jordão.

Gideão mata Zeba e Zalmuna

8 Então os homens da tribo de Efraim perguntaram a Gideão:
"Por que você nos tratou dessa forma? Por que não nos
chamou quando foi lutar com os midianitas?". E o repreen-
deram duramente.
2Gideão, porém, respondeu: "O que eu fiz em comparação
com vocês? A sobra das uvas da colheita de Efraim não são
melhores que toda a colheita do pequeno clã de Abiezer? 3Deus
entregou em suas mãos Orebe e Zeebe, os comandantes do
exército midianita. O que eu fiz em comparação com isso?".
Quando ouviram a resposta de Gideão, a indignação dos ho-
mens de Efraim diminuiu.
4Então Gideão atravessou o rio Jordão com os trezentos ho-
mens e, embora estivessem exaustos, continuaram a perseguir
o inimigo. 5Quando chegaram a Sucote, Gideão pediu ao povo
da cidade: "Por favor, deem um pouco de comida aos meus
guerreiros. Eles estão muito cansados. Estou perseguindo
Zeba e Zalmuna, reis de Midiã".
6Mas os líderes de Sucote responderam: "Primeiro capture
Zeba e Zalmuna, e então daremos comida ao seu exército".
7"Muito bem", disse Gideão. "Depois que o SENHOR entregar
Zeba e Zalmuna em minhas mãos, voltarei e rasgarei a carne
de vocês com espinhos e com espinheiros do deserto."
8Dali Gideão subiu a Peniel, onde também pediu comida e
recebeu a mesma resposta. 9Disse ele ao povo de Peniel:
"Quando eu voltar vitorioso, derrubarei esta torre".
10A essa altura, Zeba e Zalmuna estavam em Carcor com cerca
de quinze mil guerreiros. Era tudo que restava dos exércitos
aliados do leste, pois 120 mil já haviam sido mortos. 11Gideão
subiu pela rota das caravanas, a leste de Noba e Jogbeá, e
atacou de surpresa o exército midianita. 12Zeba e Zalmuna,
os dois reis midianitas, fugiram, mas Gideão os perseguiu e os
capturou, derrotando seu exército.
13Gideão, filho de Joás, voltou da batalha pelo desfiladeiro
de Heres. 14Ali, capturou um jovem de Sucote e exigiu que ele
escrevesse o nome dos 77 oficiais e autoridades da cidade.
15Então Gideão retornou a Sucote e disse ao povo: "Aqui estão
Zeba e Zalmuna. Quando estivemos aqui antes, vocês zom-
baram de mim e disseram: 'Primeiro capture Zeba e Zalmuna,
e então daremos comida aos seus guerreiros exaustos'". 16Gi-
deão prendeu as autoridades da cidade e os castigou com
espinhos e espinheiros do deserto. 17Também derrubou a torre
de Peniel e matou os homens da cidade.
18Depois disso, Gideão perguntou a Zeba e a Zalmuna: "Como
eram os homens que vocês mataram em Tabor?". "Como
você", responderam eles. "Todos pareciam filhos de rei."
19"Eram meus irmãos, filhos de minha mãe!", exclamou Gi-
deão. "Tão certo como vive o SENHOR, eu não mataria vocês se
tivessem poupado a vida deles!"
20Gideão se voltou para Jéter, seu filho mais velho, e disse:
"Mate-os!". Mas Jéter não tirou sua espada, pois ainda era
jovem e teve medo.
21Então Zeba e Zalmuna disseram a Gideão: "Seja homem! Ma-
te-nos você mesmo!". Gideão os matou e tirou os enfeites que
estavam no pescoço dos camelos deles.

O colete sacerdotal de Gideão

22Então os israelitas disseram a Gideão: "Seja nosso gover-
nante! Você, seu filho e seu neto nos governarão, pois nos
libertou de Midiã".
23Gideão, porém, respondeu: "Nem eu nem meu filho governa-
remos vocês. O SENHOR os governará! 24Mas tenho um pedido a
fazer. Cada um de vocês me dê uma argola de ouro que tomou
de seus inimigos como despojo". (Uma vez que os inimigos
eram ismaelitas, todos usavam argolas de ouro.)
25"Com todo o prazer!", responderam eles. Estenderam uma
capa, e cada um jogou ali uma argola de ouro que havia to-
mado como despojo. 26O peso das argolas de ouro totalizou
pouco mais de vinte quilos, sem contar os enfeites, os pen-
dentes e as roupas de púrpura que os reis de Midiã usavam,
além das correntes que estavam no pescoço de seus camelos.
27Com esse ouro, Gideão fez um colete sacerdotal e o colocou
em Ofra, sua cidade. Todo o Israel, porém, se prostituiu, fa-
zendo do colete objeto de adoração, e ele se tornou uma ar-
madilha para Gideão e sua família.
28Esse é o relato de como os israelitas derrotaram Midiã, que
nunca se recuperou. Durante quarenta anos do restante da
vida de Gideão, houve paz na terra.
29Então Gideão, filho de Joás, voltou para casa. 30Gerou se-
tenta filhos do sexo masculino, pois teve muitas esposas.
31Também teve uma concubina em Siquém que deu à luz um
filho seu, a quem ele chamou Abimeleque. 32Gideão, filho de
Joás, morreu quando era muito idoso e foi sepultado no tú-
mulo de seu pai, Joás, em Ofra, no território do clã de Abiezer.
33Logo depois da morte de Gideão, os israelitas se prosti-
tuíram, adorando imagens de Baal e fazendo de Baal-Berite
seu deus. 34Os israelitas se esqueceram do SENHOR, seu Deus,
que os havia livrado de todos os inimigos em redor. 35Também
não demonstraram lealdade alguma para com a família de
Jerubaal (isto é, Gideão), apesar de todo o bem que ele havia
feito a Israel.

Abimeleque governa sobre Siquém

9 Certo dia, Abimeleque, filho de Gideão, foi a Siquém visitar
os irmãos de sua mãe e disse a eles e aos demais membros
do seu clã materno: 2"Perguntem aos líderes de Siquém se
preferem ser governados por todos os setenta filhos de Gideão
ou por um só homem. E lembrem-se de que eu sou da mesma
carne e do mesmo sangue de vocês!".
3Então os tios de Abimeleque transmitiram sua mensagem a
todos os líderes de Siquém, que, depois de ouvirem a pro-
posta, decidiram em favor de Abimeleque, pois era parente
deles. 4Deram-lhe setenta moedas de prata do templo de Baal-
-Berite, que ele usou para contratar indivíduos desocupados e
desordeiros que concordaram em segui-lo. 5Ele foi à casa de
seu pai em Ofra e ali, sobre uma pedra, matou todos os seus

setenta meios-irmãos, os filhos de Gideão, exceto Jotão, o
filho mais novo, que fugiu e se escondeu. 6Então os líderes
de Siquém e Bete-Milo convocaram uma reunião debaixo do
carvalho perto da coluna em Siquém e proclamaram Abime-
leque rei.

A parábola de Jotão

7Quando Jotão soube disso, subiu ao topo do monte Gerizim
e gritou: "Ouçam-me, cidadãos de Siquém! Ouçam-me se
querem que Deus os ouça!
8Certa vez as árvores resolveram ungir um rei. Primeiro dis-
seram à oliveira: 'Seja nosso rei!'.
9Mas a oliveira se recusou e disse: 'Devo deixar de produzir o
óleo que agrada a Deus e às pessoas, só para ser a mais alta
das árvores que o vento agita?'.
10"Então disseram à figueira: 'Seja nosso rei!'.
11Mas a figueira também se recusou e disse: 'Devo deixar de
produzir meus frutos doces e deliciosos, só para ser a mais alta
das árvores que o vento agita?'.
12"Então disseram à videira: 'Seja nosso rei!'.
13Mas a videira também se recusou e disse: 'Devo deixar de
produzir o vinho que alegra a Deus e às pessoas, só para ser a
mais alta das árvores que o vento agita?'.
14"Por fim, todas as árvores se voltaram para o espinheiro e
disseram: 'Seja nosso rei!'.
15E o espinheiro respondeu às árvores: 'Se querem mesmo
ungir-me seu rei, venham abrigar-se à minha sombra. Se não,
que saia fogo de mim e queime os cedros do Líbano'".
16Jotão prosseguiu: "Será que vocês de fato agiram de forma
honrada e íntegra ao proclamar Abimeleque seu rei? Será que
foram justos com Gideão e seus descendentes? Vocês o tra-
taram como ele merece, tendo em vista tudo que realizou?
17Meu pai lutou por vocês e arriscou a vida para libertá-los dos
midianitas. 18Mas hoje vocês se rebelaram contra ele e seus
descendentes e mataram seus setenta filhos sobre uma pedra.
Escolheram Abimeleque, filho da escrava dele, para ser rei só
porque ele é seu parente.
19"Se hoje agiram de forma honrada e íntegra com Gideão e
seus descendentes, então que sejam felizes com Abimeleque,
e ele seja feliz com vocês. 20Mas, se não o fizeram, então
que saia fogo de Abimeleque e queime os líderes de Siquém
e Bete-Milo, e saia fogo dos líderes de Siquém e Bete-Milo e
queime Abimeleque!".
21Então Jotão fugiu e foi morar em Beer, pois tinha medo de
seu irmão Abimeleque.

Siquém se rebela contra Abimeleque

22Depois que Abimeleque havia governado Israel por três anos,
23Deus enviou um espírito que gerou discórdia entre Abime-
leque e os líderes de Siquém, que se rebelaram. 24Foi um
castigo para Abimeleque por ele ter assassinado os setenta
filhos de Gideão e para os líderes de Siquém por terem apoiado
Abimeleque no assassinato de seus irmãos. 25Os líderes de
Siquém prepararam uma emboscada para Abimeleque no
alto dos montes e assaltavam todos os que passavam por ali.
Contudo, alguém alertou Abimeleque sobre essa conspiração.
26Nessa época, Gaal, filho de Ebede, se mudou para Siquém
com seus irmãos e ganhou a confiança dos líderes da cidade.
27Depois de irem ao campo, colherem as uvas e pisarem nelas,
realizaram uma festa da colheita, no templo do deus local.
Foi servido vinho à vontade, e todos começaram a amaldiçoar
Abimeleque. 28"Quem é Abimeleque?", disse em alta voz Gaal,
filho de Ebede. "Se não é um verdadeiro filho de Siquém, por
que devemos servi-lo? É apenas filho de Gideão, e esse Zebul é
apenas seu ajudante. Sirvam aos verdadeiros filhos de Hamor,
o fundador de Siquém! Por que devemos servir a Abimeleque?
29Se eu estivesse no comando, me livraria de Abimeleque. Diria
a ele: 'Convoque seus soldados e venha lutar!'."
30Mas, quando Zebul, que governava a cidade, tomou conhe-
cimento das palavras de Gaal, ficou furioso. 31Enviou mensa-
geiros a Abimeleque em Arumá para lhe dizer: "Gaal, filho de
Ebede, e seus irmãos se mudaram para Siquém e estão insti-
gando a cidade a se rebelar contra você. 32Venha de noite com
seu exército e esconda-se nos campos. 33Pela manhã, assim
que o sol nascer, ataque a cidade. Quando Gaal e aqueles que
o acompanham saírem para lutar contra você, faça com eles
o que desejar".
34Então Abimeleque e todos os seus homens saíram de noite,
dividiram-se em quatro grupos e armaram uma emboscada
ao redor de Siquém. 35Gaal, filho de Ebede, estava à porta da
cidade quando Abimeleque e seu exército saíram de seus es-
conderijos. 36Quando Gaal os viu, disse a Zebul: "Olhe, há pes-
soas descendo do alto das colinas!". Zebul respondeu: "São
apenas as sombras dos montes que se parecem com homens".
37Mas Gaal insistiu: "Não! São pessoas descendo das colinas.
E outro grupo vem pela estrada que passa pelo Carvalho dos
Adivinhos".
38Zebul se voltou para ele e perguntou: "Onde foi parar toda
a sua conversa? Não foi você que disse: 'Quem é Abimeleque
e por que deveríamos servi-lo?'. Os homens dos quais você
zombou estão logo ali do lado de fora da cidade! Saia e lute
contra eles!".
39Então Gaal marchou à frente dos líderes de Siquém para a
batalha contra Abimeleque. 40Abimeleque perseguiu Gaal, e
muitos homens de Siquém foram feridos e caíram pelo ca-
minho enquanto recuavam até o portão da cidade. 41Abime-
leque voltou a Arumá, e Zebul expulsou Gaal e seus irmãos
de Siquém.
42No dia seguinte, o povo de Siquém saiu para guerrear nos
campos. Abimeleque soube disso, 43dividiu seus homens em
três grupos e armou emboscadas nos campos. Quando Abi-
meleque viu o povo sair da cidade, ele e seus homens saíram
de seus esconderijos e atacaram. 44Abimeleque e seu grupo
tomaram de assalto o portão da cidade para impedir que os
homens de Siquém voltassem para dentro. Enquanto isso, os
outros dois grupos atacaram e mataram aqueles que estavam

nos campos. 45A batalha durou o dia inteiro. Por fim, Abime-
leque tomou Siquém e matou seus habitantes. Depois, destruiu
a cidade e espalhou sal em todo o solo.
46Ao tomarem conhecimento do que havia acontecido, os
líderes que viviam na torre de Siquém correram e se escon-
deram na fortaleza do templo de Baal-Berite. 47Quando al-
guém informou Abimeleque de que esses habitantes estavam
reunidos ali, 48ele levou seu exército ao monte Zalmom. Pegou
um machado, cortou alguns galhos de uma árvore e os pôs
sobre os ombros. "Rápido! Façam como eu!", disse a seus
homens. 49Assim, cada um cortou alguns galhos e fez como
Abimeleque. Então amontoaram os galhos junto às paredes do
templo e puseram fogo. Todos que viviam na torre de Siquém
morreram, cerca de mil homens e mulheres.
50Em seguida, Abimeleque atacou a cidade de Tebes e a con-
quistou. 51No meio da cidade, porém, havia uma torre forte, e
toda a população, homens e mulheres, fugiu para lá. Tranca-
ram-se por dentro e subiram até o terraço. 52Abimeleque foi
até a torre e a atacou. Mas, quando se preparava para incen-
diar a entrada da torre, 53uma mulher que estava no terraço
jogou na cabeça de Abimeleque uma pedra de moinho, que
rachou seu crânio.
54Sem demora, ele disse a seu jovem escudeiro: "Tire a espada
e mate-me! Assim ninguém dirá que uma mulher matou Abime-
leque!". O jovem o atravessou com sua espada, e ele morreu.
55Quando os israelitas viram que Abimeleque estava morto,
debandaram e voltaram para casa.
56Desse modo, Deus castigou Abimeleque pelo mal que ele
havia feito a seu pai, matando os setenta irmãos. 57Deus
também castigou os homens de Siquém por toda a sua mal-
dade. Assim cumpriu-se a maldição de Jotão, filho de Gideão.

Tolá se torna juiz de Israel

10 Depois da morte de Abimeleque, Tolá, filho de Puá, filho
de Dodô, foi o próximo libertador de Israel. Era da tribo
de Issacar, mas morava na cidade de Samir, na região monta-
nhosa de Efraim. 2Julgou Israel por 23 anos. Quando morreu,
foi sepultado em Samir.

Jair se torna juiz de Israel

3Depois que Tolá morreu, Jair, de Gileade, julgou Israel por 22
anos. 4Seus trinta filhos montavam trinta jumentos e possuíam
na terra de Gileade trinta cidades que até hoje são chamadas
de Cidades de Jair. 5Quando morreu, foi sepultado em Camom.

Os amonitas oprimem Israel

6Mais uma vez, os israelitas fizeram o que era mau aos
olhos do SENHOR. Serviram às imagens de Baal e Astarote e
aos deuses da Síria, de Sidom, Moabe, Amom e da Filístia.
Abandonaram o SENHOR e deixaram de servi-lo. 7Então a ira do
SENHOR se acendeu contra Israel, e ele os entregou nas mãos
dos filisteus e dos amonitas, 8que começaram a oprimi-los
cruelmente naquele mesmo ano. Durante dezoito anos, opri-
miram todos os israelitas a leste do Jordão na terra dos amor-
reus (isto é, em Gileade). 9Os amonitas também atravessaram
para o lado oeste do Jordão e atacaram as tribos de Judá,
Benjamim e Efraim. Os israelitas ficaram muito angustiados
10e, por fim, pediram socorro ao SENHOR. "Pecamos contra
ti", disseram, "pois abandonamos nosso Deus e servimos às
imagens de Baal!"
11O SENHOR respondeu: "Acaso não os livrei dos egípcios, dos
amorreus, dos amonitas, dos filisteus, 12dos sidônios, dos ama-
lequitas e dos maonitas? Quando eles os oprimiram, vocês me
pediram socorro, e eu os livrei. 13E, no entanto, vocês me aban-
donaram e serviram a outros deuses. Por isso, não os livrarei
mais. 14Vão e clamem aos deuses que vocês escolheram! Que
eles os livrem neste momento de angústia!".
15Mas os israelitas suplicaram ao SENHOR: "Sim, pecamos! Cas-
tiga-nos como te parecer melhor, mas livra-nos hoje de nossos
inimigos". 16Então eles se desfizeram dos deuses estrangeiros
e serviram ao SENHOR. E ele teve compaixão deles por causa
de seu sofrimento.
17Quando os exércitos de Amom foram convocados para guer-
rear e acamparam em Gileade, os israelitas se reuniram e
acamparam em Mispá. 18Os líderes de Gileade disseram uns
aos outros: "O primeiro que atacar os amonitas governará todo
o povo de Gileade".

Jefté se torna juiz de Israel

11 Jefté era um guerreiro corajoso. Era filho de Gileade, mas
sua mãe era uma prostituta. 2A esposa de Gileade teve
muitos filhos, e quando esses meios-irmãos cresceram, ex-
pulsaram Jefté, dizendo: "Você não receberá parte alguma
da herança de nosso pai, pois é filho de outra mulher". 3Então
Jefté fugiu de seus irmãos e foi viver na terra de Tobe. Em
pouco tempo, passou a chefiar um bando de desocupados que
se uniram a ele.
4Por essa época, os amonitas começaram a guerrear contra
Israel. 5Quando os amonitas atacaram, os líderes de Gileade
mandaram buscar Jefté na terra de Tobe. 6"Venha e seja nosso
comandante!", disseram. "Ajude-nos a lutar contra os amo-
nitas!"
7Mas Jefté lhes disse: "Não são vocês os mesmos que me
odiavam e que me expulsaram da casa de meu pai? Por que
me chamam agora que estão em apuros?".
8"Porque precisamos de você", responderam os líderes. "Se
você nos comandar na batalha contra os amonitas, nós o pro-
clamaremos governante de todo o povo de Gileade."
9Jefté lhes disse: "Quer dizer que se eu for com vocês e o
SENHOR me der a vitória sobre os amonitas, governarei todo
o povo?".
10Os líderes de Gileade responderam: "O SENHOR é nossa teste-
munha de que faremos exatamente como você disse".
11Então Jefté foi com os líderes de Gileade, e o povo o fez go-
vernante e comandante do exército. Em Mispá, na presença do
SENHOR, Jefté repetiu o que tinha dito aos líderes.

12Jefté enviou mensageiros ao rei de Amom para perguntar:
"Por que você saiu para guerrear contra minha terra?".
13O rei de Amom respondeu aos mensageiros de Jefté:
"Quando saíram do Egito, os israelitas roubaram minhas terras
desde o rio Arnom até o rio Jaboque, e até o Jordão. Agora,
devolva-nos pacificamente esse território".
14Jefté enviou a seguinte mensagem em resposta ao rei amo-
nita:
15"Assim diz Jefté: Israel não roubou terra alguma de Moabe
nem de Amom. 16Quando o povo de Israel veio do Egito e
chegou a Cades, depois de atravessar o mar Vermelho, 17en-
viou mensageiros ao rei de Edom e pediu: 'Deixe-nos passar
por sua terra'. Contudo, seu pedido foi negado. Então fizeram
o mesmo pedido ao rei de Moabe, mas ele também não os
deixou passar. Por isso, o povo de Israel ficou em Cades.
18"Depois, passaram pelo deserto, contornando Edom e
Moabe. Acompanharam a divisa de Moabe a leste e acam-
param do outro lado do rio Arnom. Em momento algum atra-
vessaram o Arnom para entrar em Moabe, pois o Arnom era a
divisa de Moabe.
19"Então Israel enviou mensageiros a Seom, rei dos amorreus,
que governava em Hesbom, e pediu: 'Deixe-nos passar por sua
terra, para chegarmos ao nosso destino'. 20O rei Seom, porém,
não confiava em Israel o suficiente para deixar o povo passar
por seu território. Em vez disso, mobilizou seu exército em Jaza
e atacou Israel. 21Mas o SENHOR, o Deus de Israel, entregou o
rei Seom nas mãos de seu povo, que derrotou os amorreus.
Israel tomou posse de toda a terra dos amorreus que viviam
naquela região, 22desde o Arnom até o Jaboque, e desde o
deserto até o Jordão.
23"Como você vê, foi o SENHOR, o Deus de Israel, que tirou
a terra dos amorreus e a entregou a Israel. Por que, então,
haveríamos de devolvê-la? 24Fique com o que seu deus Camos
lhe der, e nós ficaremos com o que o SENHOR, nosso Deus, nos
der. 25Acaso você é melhor que Balaque, filho de Zipor, rei de
Moabe? Ele tentou disputar esses territórios com Israel? Entrou
em guerra contra os israelitas?
26"Israel vive aqui há trezentos anos. Habita em Hesbom e
nos povoados ao redor, até Aroer e seus povoados, e todas as
cidades às margens do rio Arnom. Por que, até agora, vocês
não fizeram esforço algum para reaver esse território? 27Por-
tanto, não pequei contra você. Pelo contrário, você fez mal ao
me atacar. Que o SENHOR, o Juiz, decida hoje qual de nós está
certo: Israel ou Amom".
28Mas o rei de Amom não deu atenção à mensagem de Jefté.

O voto de Jefté

29Então o Espírito do SENHOR veio sobre Jefté. Ele atravessou o
território de Gileade e Manassés, incluindo Mispá em Gileade,
e dali avançou contra os amonitas. 30Jefté fez um voto ao SE-
NHOR: "Se entregares os amonitas em minhas mãos, 31darei ao
SENHOR o que sair primeiro de minha casa quando eu regressar
vitorioso. Eu o oferecerei como holocausto".
32Jefté saiu com seu exército para combater os amonitas, e
o SENHOR os entregou em suas mãos. 33Ele aniquilou os amo-
nitas e destruiu vinte cidades, desde Aroer até os arredores
de Minite, chegando até Abel-Queramim. Assim, os israelitas
derrotaram os amonitas.
34Quando Jefté voltou para casa em Mispá, sua filha saiu ao
seu encontro, tocando tamborim e dançando. Era sua única
filha; ele não tinha nenhum outro filho nem filha. 35Quando
Jefté a viu, rasgou as próprias roupas e gritou. "Ah, minha
filha! Você acabou comigo! Trouxe desgraça sobre mim! Fiz
um voto ao SENHOR e não posso voltar atrás!".
36Ela disse: "Pai, se fez um voto ao SENHOR, faça comigo o que
prometeu, pois o SENHOR lhe deu grande vitória sobre seus
inimigos, os amonitas. 37Mas, primeiro, permita que eu ande
pelos montes e chore com minhas amigas por dois meses, pois
morrerei virgem".
38"Pode ir", disse Jefté, e deixou que ela se ausentasse por
dois meses. Ela e suas amigas foram para os montes e lamen-
taram, pois ela jamais teria filhos. 39Quando ela voltou para
casa, seu pai cumpriu o voto que havia feito, e ela morreu
sem ter tido relações com homem algum. Por isso, tornou-se
costume em Israel 40as moças israelitas saírem por quatro dias
todos os anos para lamentar o destino da filha de Jefté, de
Gileade.

Efraim luta contra Jefté

12 Então os homens de Efraim mobilizaram um exército e
atravessaram o Jordão para Zafom. Enviaram a seguinte
mensagem a Jefté: "Por que você não pediu nossa ajuda para
lutar contra os amonitas? Vamos queimar sua casa, com você
dentro!".
2Jefté respondeu: "Eu os convoquei no início do conflito, mas
vocês se recusaram a vir! Não nos ajudaram na luta contra
Amom. 3Por isso, quando vi que vocês não viriam, arrisquei
a vida e saí para a batalha sem vocês, e o SENHOR entregou
os amonitas em minhas mãos. Por que agora vocês vêm lutar
contra mim?".
4Os homens de Efraim responderam: "Vocês, de Gileade, não
passam de fugitivos de Efraim e Manassés". Então Jefté reuniu
todos os guerreiros de Gileade, atacou os homens de Efraim
e os derrotou.
5Os homens de Gileade tomaram os pontos mais rasos de tra-
vessia do Jordão, e sempre que um fugitivo de Efraim tentava
voltar para a outra margem, eles o confrontavam. "Você per-
tence à tribo de Efraim?", perguntavam. Se o homem negasse,
6eles o mandavam dizer "Chibolete". Se ele era de Efraim,
dizia "Sibolete", pois o povo de Efraim não consegue pronun-
ciar essa palavra corretamente. Então eles o capturavam e
o matavam no lugar de travessia do Jordão. Ao todo, foram
mortos 42 mil homens de Efraim naquela ocasião.
7Jefté julgou Israel durante seis anos. Quando morreu, foi se-
pultado numa das cidades de Gileade.

Ibsã se torna juiz de Israel

8Depois que Jefté morreu, Ibsã, de Belém, julgou Israel. 9Ele
teve trinta filhos e trinta filhas. Deu suas filhas em casamento
a homens de fora de seu clã, e trouxe trinta moças de fora de
seu clã para se casarem com seus filhos. Ibsã julgou Israel
durante sete anos. 10Quando morreu, foi sepultado em Belém.

Elom se torna juiz de Israel

11Depois que Ibsã morreu, Elom, da tribo de Zebulom, julgou
Israel durante dez anos. 12Quando morreu, foi sepultado em
Aijalom, no território de Zebulom.

Abdom se torna juiz de Israel

13Depois que Elom morreu, Abdom, filho de Hilel, de Piratom,
julgou Israel. 14Ele teve quarenta filhos e trinta netos que
montavam setenta jumentos. Abdom julgou Israel durante
oito anos. 15Quando morreu, foi sepultado em Piratom, no
território de Efraim, na região montanhosa dos amalequitas.

O nascimento de Sansão

13 Mais uma vez, os israelitas fizeram o que era mau aos
olhos do SENHOR. Por isso, o SENHOR os entregou nas mãos
dos filisteus, que os oprimiram durante quarenta anos.
2Naqueles dias, um homem chamado Manoá, da tribo de Dã,
vivia na cidade de Zorá. Sua esposa era estéril, e eles não
tinham filhos. 3O anjo do SENHOR apareceu à esposa de Manoá
e disse: "Embora você não tenha conseguido ter filhos até
agora, ficará grávida e dará à luz um filho. 4Portanto, tenha
cuidado; não beba vinho e nenhuma outra bebida fermentada,
nem coma nenhum alimento que seja impuro. 5Você ficará
grávida e dará à luz um filho, do qual jamais cortará o cabelo,
porque ele será consagrado a Deus como nazireu desde o nas-
cimento. Ele começará a libertar Israel das mãos dos filisteus".
6A mulher foi correndo contar ao marido: "Um homem de Deus
apareceu para mim! Era como um dos anjos de Deus, e sua
aparência era assustadora. Não perguntei de onde era, e ele
não me disse seu nome. 7Mas ele me disse: 'Você ficará grá-
vida e dará à luz um filho. Não beba vinho e nenhuma outra
bebida fermentada, nem coma nenhum alimento que seja im-
puro. Seu filho será consagrado a Deus como nazireu desde o
nascimento até o dia de sua morte'".
8Então Manoá orou ao SENHOR: "Senhor, eu peço que o homem
de Deus que enviaste volte e nos dê mais instruções a respeito
desse filho que vai nascer".
9Deus atendeu à oração de Manoá, e o anjo de Deus apareceu
outra vez à esposa quando ela estava sentada no campo. Seu
marido, Manoá, não estava com ela. 10Então ela foi correndo
contar ao marido: "O homem que apareceu outro dia está aqui
de novo!".
11Manoá voltou depressa com sua esposa e perguntou: "O se-
nhor é o homem que falou com minha esposa outro dia?".
"Sim, sou eu", respondeu ele.
12Então Manoá perguntou: "Quando suas palavras se cum-
prirem, como devemos criar o menino? Qual será o trabalho
dele?".
13O anjo do SENHOR respondeu: "Sua esposa deverá seguir as
instruções que lhe dei. 14Ela não deve comer uvas nem passas,
não deve beber vinho e nenhuma outra bebida fermentada,
nem deve comer nenhum alimento que seja impuro. Ela deverá
fazer tudo que ordenei".
15Manoá disse ao anjo do SENHOR: "Por favor, fique aqui até
prepararmos um cabrito para o senhor".
16"Está bem, só que não comerei nada", respondeu o anjo do
SENHOR. "Mas você pode preparar um holocausto como sacri-
fício ao SENHOR." Manoá ainda não havia percebido que era o
anjo do SENHOR.
17Manoá perguntou ao anjo do SENHOR: "Qual é seu nome?
Queremos lhe prestar homenagem quando isso tudo se cum-
prir".
18"Por que quer saber meu nome?", disse o anjo do SENHOR.
"Ele é tão maravilhoso que você não conseguiria entender!"
19Então Manoá tomou um cabrito e uma oferta de cereal e
os apresentou sobre uma rocha como sacrifício ao SENHOR.
Enquanto Manoá e sua esposa observavam, o SENHOR fez algo
extraordinário. 20Quando as chamas do altar subiram ao céu,
o anjo do SENHOR subiu nas chamas. Ao verem isso, Manoá e
sua esposa se curvaram com o rosto no chão.
21O anjo do SENHOR não voltou a aparecer a Manoá e sua es-
posa. Então Manoá finalmente percebeu que era o anjo do
SENHOR 22e disse à sua esposa: "Com certeza vamos morrer,
pois vimos a Deus!".
23Sua esposa, porém, disse: "Se o SENHOR quisesse nos matar,
não teria aceitado o holocausto e a oferta de cereal. Não teria
aparecido a nós, nem nos teria revelado essas coisas mara-
vilhosas!".
24Quando o menino nasceu, ela o chamou de Sansão. O SENHOR
o abençoou enquanto ele crescia, 25e o Espírito do SENHOR
começou a agir nele quando ele morava em Maané-Dã, entre
Zorá e Estaol.

O enigma de Sansão

14 Certo dia, Sansão estava em Timna e viu uma moça do
povo filisteu. 2Quando voltou para casa, disse a seu pai e
a sua mãe: "Vi uma moça filisteia em Timna. Quero me casar
com ela. Consigam aquela moça para mim".
3Seu pai e sua mãe se opuseram: "Não há uma moça sequer
em nossa tribo ou entre todo o nosso povo com quem você
possa se casar? Por que tem de procurar uma esposa entre
os filisteus pagãos?". Mas Sansão disse a seu pai: "Consiga a
moça para mim. É ela que eu quero". 4Seus pais não sabiam
que o SENHOR estava agindo no meio disso tudo, para criar
uma oportunidade de agir contra os filisteus que, na época,
dominavam Israel.
5Quando Sansão e seus pais estavam descendo a Timna, de
repente um jovem leão atacou Sansão perto dos vinhedos de
Timna. 6Naquele momento, o Espírito do SENHOR veio sobre

Sansão com tamanho poder que ele rasgou o animal pelas
mandíbulas usando as próprias mãos, com a mesma facilidade
que se despedaça um cabrito. Contudo, não contou a seus pais
o que havia acontecido. 7Quando chegou a Timna, conversou
com a moça e se agradou muito dela.
8Algum tempo depois, quando voltou a Timna para o casa-
mento, saiu do caminho para ver o cadáver do leão. Descobriu
que um enxame de abelhas havia feito mel dentro da carcaça.
9Pegou um pouco de mel com as mãos e foi comendo pelo
caminho. Também deu um pouco a seu pai e a sua mãe, e eles
comeram. Mas Sansão não lhes contou que havia tirado o mel
da carcaça do leão.
10Enquanto seu pai estava em Timna para o casamento, Sansão
ofereceu uma festa ali, como era costume entre os noivos.
11Quando os pais da noiva o viram, escolheram trinta rapazes
da cidade para o acompanharem na festa.
12Sansão lhes disse: "Vou lhes propor um enigma. Se conse-
guirem decifrá-lo durante estes sete dias de celebração, darei
a vocês trinta camisas de linho fino e trinta conjuntos de roupa.
13Mas, se não conseguirem decifrá-lo, vocês me darão trinta
camisas de linho fino e trinta conjuntos de roupa". "Está bem",
concordaram eles. "Proponha seu enigma."
14Ele disse: "Do que come veio algo para comer, do que é forte
veio algo doce". Três dias depois, eles ainda tentavam encon-
trar a resposta. 15No quarto dia, disseram à esposa de Sansão:
"Convença seu marido a explicar o enigma; caso contrário,
queimaremos vivos você e sua família! Você nos convidou à
festa só para nos deixar pobres?".
16Então a esposa de Sansão lhe disse, aos prantos: "Você não
me ama! Você me odeia! Propôs um enigma ao meu povo, mas
não me contou a resposta!". Ele respondeu: "Não revelei o
enigma nem a meu pai e minha mãe. Por que deveria contá-lo
a você?". 17Ela chorava cada vez que estava com ele, e assim
continuou até o último dia da festa. Por fim, de tanto impor-
tunar Sansão, no sétimo dia ele lhe contou a resposta. Então
ela explicou o enigma aos rapazes.
18Antes do pôr do sol do sétimo dia, os homens da cidade
vieram dar a resposta a Sansão: "O que é mais doce que o
mel? O que é mais forte que o leão?". Sansão respondeu: "Se
vocês não tivessem arado com minha novilha, não teriam re-
solvido meu enigma!".
19Então o Espírito do SENHOR veio com poder sobre Sansão.
Ele desceu à cidade de Ascalom, matou trinta homens, tomou
seus pertences e deu as roupas deles aos homens que haviam
resolvido o enigma. Contudo, ficou furioso com o que tinha
acontecido e voltou a morar na casa de seus pais. 20A noiva de
Sansão foi dada como esposa ao rapaz que o havia acompa-
nhado na cerimônia.

Sansão se vinga dos filisteus

15 Algum tempo depois, durante a colheita do trigo, Sansão
levou um cabrito de presente para sua esposa. "Vou ao
quarto de minha esposa para dormir com ela", disse ele. Mas
o pai dela não o deixou entrar.
2"Eu tinha certeza de que você a odiava", explicou ele. "Por
isso eu a dei como esposa a seu acompanhante de casamento.
Mas veja, a irmã mais nova dela é ainda mais bonita. Case-se
com ela."
3Sansão disse: "Desta vez ninguém poderá me culpar de tudo
que eu fizer a vocês, filisteus". 4Então saiu e capturou tre-
zentas raposas. Amarrou-as em pares pela cauda e prendeu
uma tocha em cada par de caudas. 5Depois, acendeu as to-
chas e soltou as raposas no meio das plantações de cereais
dos filisteus. Assim, queimou tudo, tanto os feixes já ceifados
como o cereal que ainda seria colhido. Também destruiu os
vinhedos e os olivais.
6"Quem fez isto?", perguntaram os filisteus. E responderam:
"Foi Sansão, pois seu sogro, de Timna, deu a esposa de Sansão
a seu acompanhante de casamento". Então os filisteus quei-
maram vivos a mulher e seu pai.
7Sansão disse aos filisteus: "Não descansarei enquanto não
me vingar de vocês pelo que fizeram!". 8Ele os atacou com
grande violência e matou muitos deles. Depois, foi morar numa
caverna na rocha de Etã.
9Então os filisteus acamparam em Judá e se espalharam pelos
arredores da cidade de Leí. 10Os homens de Judá perguntaram
aos filisteus: "Por que vieram nos atacar?". Os filisteus respon-
deram: "Viemos capturar Sansão e nos vingar dele".
11Então três mil homens de Judá desceram para buscar Sansão
na caverna da rocha de Etã. "Você não sabe que os filisteus
nos dominam?", disseram a Sansão. "O que você está fazendo
conosco?" Sansão respondeu: "Só fiz a eles o que fizeram a
mim".
12Mas os homens de Judá lhe disseram: "Viemos amarrá-lo
e entregá-lo aos filisteus". "Está bem", disse Sansão. "Mas
prometam que vocês mesmos não me farão mal."
13"Vamos apenas amarrá-lo e entregá-lo aos filisteus", res-
ponderam eles. "Não vamos matá-lo." Então o amarraram
com duas cordas novas e o fizeram sair da rocha.
14Quando Sansão chegou a Leí, os filisteus vieram ao seu en-
contro, dando gritos de vitória. Mas o Espírito do SENHOR veio
com poder sobre Sansão, e ele rompeu as cordas em seus
braços como se fossem barbantes de linho queimados, e as
amarras caíram de suas mãos. 15Sansão encontrou a queixada
de um jumento que tinha sido morto havia pouco tempo. Ele
a pegou e a usou para matar mil filisteus. 16Então disse: "Com
uma queixada de jumento, fiz deles montões! Com uma quei-
xada de jumento, matei mil homens!".
17Quando acabou de celebrar sua vitória, jogou fora a quei-
xada; e aquele lugar foi chamado de Ramate-Leí.
18Sansão sentiu muita sede e clamou ao SENHOR: "Por meio da
força de teu servo, concedeste este grande livramento. Acaso
devo morrer de sede e cair nas mãos desses incircuncisos?".
19Então Deus fez jorrar água de um buraco no chão em Leí.

Sansão bebeu e se reanimou. Chamou aquele lugar de En-Hacoré, que existe em Leí até hoje.
20Sansão julgou Israel durante vinte anos, no período em que
os filisteus dominavam a terra.

Sansão leva embora os portões de Gaza

16 Certo dia, Sansão foi à cidade filisteia de Gaza e conheceu
uma prostituta, com quem passou a noite. 2Logo correu
a notícia de que Sansão estava lá, e os homens de Gaza se reuniram e esperaram a noite toda junto aos portões da cidade. Ficaram em silêncio a noite inteira, pois pensavam: "Quando o dia clarear, vamos matá-lo".
3Mas Sansão ficou deitado só até a meia-noite. Então levantou-se, agarrou os portões da cidade, com os dois batentes, e os ergueu, junto com a tranca. Colocou-os sobre os ombros e os levou para o alto da colina que fica em frente de Hebrom.

Sansão e Dalila

4Algum tempo depois, Sansão se apaixonou por uma mulher
chamada Dalila, que morava no vale de Soreque. 5Os gover-
nantes dos filisteus foram vê-la e disseram: "Seduza Sansão para que ele lhe diga o que o torna tão forte e como podemos dominá-lo e amarrá-lo sem que consiga se soltar. Então cada um de nós dará a você 1.100 peças de prata".
6Assim, Dalila disse a Sansão: "Conte-me, por favor, o que o torna tão forte e como poderia ser amarrado sem conseguir se soltar".
7Sansão respondeu: "Se eu fosse amarrado com sete cordas de arco novas, ainda não secas, ficaria tão fraco como qualquer outro homem".
8Então os governantes filisteus levaram para Dalila sete cordas
de arco novas, e ela amarrou Sansão. 9Ela havia escondido
alguns homens num dos quartos interiores da casa e gritou: "Sansão! Os filisteus vieram atacá-lo!". Mas Sansão arrebentou as cordas de arco de uma vez, como se rompe um pedaço de barbante queimado. E não descobriram o segredo de sua força.
10Mais tarde, Dalila disse a Sansão: "Você zombou de mim e mentiu! Agora conte-me, por favor, como poderia ser amarrado".
11Sansão respondeu: "Se eu fosse amarrado firmemente com cordas novas em folha, que nunca foram usadas, ficaria tão fraco como qualquer outro homem".
12Assim, Dalila pegou cordas novas e o amarrou com elas. Os homens estavam escondidos no quarto interior como antes e, de novo, Dalila gritou: "Sansão! Os filisteus vieram atacá-lo!". Mais uma vez, porém, Sansão arrebentou as cordas em seus braços como se fossem fios.
13Então Dalila disse: "Você zombou de mim e mentiu! Agora conte-me, por favor, como poderia ser amarrado". Sansão respondeu: "Se você tecesse as sete tranças de meu cabelo no pano de seu tear e o prendesse com o pino do tear, eu ficaria tão fraco como qualquer outro homem". Enquanto Sansão
dormia, Dalila teceu as sete tranças do cabelo dele no pano.
14Depois, prendeu-o com o pino do tear. De novo, ela gritou: "Sansão! Os filisteus vieram atacá-lo!". Mas Sansão acordou e soltou, de uma vez, o cabelo do tear e do pano.
15Então Dalila disse: "Como você pode dizer que me ama, se não me conta seus segredos? Zombou de mim três vezes e ainda não me disse o que o torna tão forte!". 16Todos os dias
ela o atormentava com sua importunação, até ele não suportar mais.
17Por fim, contou-lhe seu segredo: "Meu cabelo nunca foi cortado, pois fui consagrado a Deus como nazireu desde o nascimento. Se minha cabeça fosse raspada, eu perderia as forças e ficaria tão fraco como qualquer outro homem".
18Dalila percebeu que, finalmente, Sansão havia lhe contado a verdade e mandou chamar os governantes filisteus. "Venham mais uma vez!", disse ela. "Sansão finalmente me contou seu segredo." Os governantes foram ao encontro dela e lhe deram
o dinheiro. 19Dalila fez Sansão dormir com a cabeça em seu
colo e então chamou um homem para cortar as sete tranças do cabelo dele. Desse modo, começou a enfraquecê-lo, e suas forças o deixaram.
20Então ela gritou: "Sansão! Os filisteus vieram atacá-lo!". Ao acordar, ele pensou: "Farei como das outras vezes e me livrarei deles". Não sabia, porém, que o SENHOR o havia deixado.
21Os filisteus o capturaram e furaram seus olhos. Levaram-no para Gaza, onde o prenderam com duas correntes de bronze, obrigando-o a moer cereais na prisão.
22Não demorou muito, porém, e seu cabelo começou a crescer de novo.

A vitória final de Sansão

23Os governantes filisteus realizaram uma grande festa, na qual ofereceram sacrifícios e louvaram seu deus, Dagom. "Nosso deus nos deu a vitória sobre nosso inimigo Sansão!", diziam eles.
24Ao ver Sansão, o povo louvou o seu deus. "Nosso deus nos entregou nosso inimigo!", diziam. "Aquele que destruía a nossa terra e matou muitos de nós agora está em nosso poder!"
25A essa altura, já estavam muito bêbados e começaram a gritar: "Tragam Sansão para que nos divirta!". Assim, trouxeram Sansão da prisão para diverti-los e o fizeram ficar em pé entre as duas colunas que sustentavam o teto.
26Sansão disse ao jovem servo que o guiava pela mão: "Ponha minhas mãos nas duas colunas que sustentam o templo. Quero
me apoiar nelas". 27O templo estava lotado. Todos os gover-
nantes filisteus estavam presentes, e havia cerca de três mil homens e mulheres na cobertura vendo Sansão e se divertindo às custas dele.
28Então Sansão orou ao SENHOR: "Soberano SENHOR, lembra-te de mim novamente. Por favor, ó Deus, fortalece-me só mais esta vez. Permite que, com um só golpe, eu me vingue dos
filisteus pela perda de meus dois olhos". 29Então Sansão se
apoiou nas colunas centrais que sustentavam o templo, empur-

rou-as com as duas mãos 30e exclamou: "Que eu morra com os
filisteus!". E o templo desabou sobre os governantes filisteus e
sobre todo o povo. Assim, Sansão matou mais pessoas quando
morreu do que em toda a sua vida.
31Mais tarde, seus irmãos e outros parentes desceram para
buscar o corpo. Eles o levaram de volta para casa e o sepul-
taram entre Zorá e Estaol, onde seu pai, Manoá, estava enter-
rado. Sansão julgou Israel durante vinte anos.

Os ídolos de Mica

17 Havia um homem chamado Mica, que vivia na região mon-
tanhosa de Efraim. 2Certo dia, disse à sua mãe: "Eu a ouvi
amaldiçoar a pessoa que roubou suas 1.100 peças de prata.
Na verdade, fui eu quem roubou essa prata; ela está comigo".
"O SENHOR o abençoe, meu filho", respondeu a mãe. 3Ele de-
volveu a prata, e ela disse: "Dedico solenemente estas peças
de prata ao SENHOR. Em favor de meu filho, mandarei fazer
uma imagem esculpida e um ídolo de metal".
4Assim, quando ele devolveu a prata à mãe, ela separou du-
zentas peças e as entregou a um ourives. Delas ele fez uma
imagem esculpida e um ídolo de metal, que foram colocados
na casa de Mica. 5Esse homem, Mica, construiu um santuário
para o ídolo e também fez um colete sacerdotal e alguns ídolos
do lar. Então nomeou um de seus filhos como seu sacerdote
pessoal.
6Naqueles dias, Israel não tinha rei; cada um fazia o que pa-
recia certo a seus próprios olhos.
7Certo dia, um jovem levita que vivia em Belém de Judá chegou
àquela região. 8Havia saído de Belém à procura de outro lugar
para morar. Em sua viagem, chegou à região montanhosa de
Efraim e aconteceu de parar na casa de Mica. 9"De onde você
vem?", perguntou Mica. Ele respondeu: "Sou levita, de Belém
de Judá, e estou à procura de um lugar para morar".
10"Fique aqui comigo e seja pai e sacerdote para mim", disse
Mica. "Eu lhe darei dez peças de prata por ano, além de roupa
e comida." 11O jovem levita concordou e se tornou como um
dos filhos de Mica.
12Então Mica nomeou o levita seu sacerdote pessoal, e o jovem
ficou morando em sua casa. 13Mica disse: "Agora sei que o
SENHOR será bondoso comigo, pois tenho um levita como meu
sacerdote!".

Idolatria na tribo de Dã

18 Naqueles dias, Israel não tinha rei. A tribo de Dã procu-
rava um lugar onde se estabelecer, pois ainda não tinha
tomado posse do território que havia recebido como herança
quando a terra foi dividida entre as tribos de Israel. 2Então os
homens de Dã escolheram dentre seus clãs cinco guerreiros co-
rajosos das cidades de Zorá e Estaol para explorar um território
onde a tribo pudesse se estabelecer. Quando esses guerreiros
chegaram à região montanhosa de Efraim, pararam na casa
de Mica e passaram a noite ali. 3Enquanto estavam na casa de
Mica, reconheceram o sotaque do jovem levita, de modo que
se aproximaram dele e perguntaram: "Quem o trouxe para cá
e o que você está fazendo neste lugar? Por que está aqui?".
4O jovem respondeu: "Fiz um acordo com Mica, e ele me con-
tratou como seu sacerdote pessoal".
5Então eles disseram: "Pergunte a Deus se nossa viagem será
bem-sucedida".
6"Vão em paz", respondeu o sacerdote. "O SENHOR está cui-
dando de sua viagem."
7Os cinco homens prosseguiram até a cidade de Laís, onde no-
taram que os habitantes levavam uma vida tranquila, como os
sidônios. Eram pacíficos e viviam em segurança, pois não havia
quem os oprimisse em sua terra. Estavam longe de Sidom e
não tinham nenhum aliado por perto.
8Quando os homens voltaram a Zorá e a Estaol, seus parentes
lhes perguntaram: "O que vocês descobriram?".
9Eles responderam: "Vamos atacá-los! Vimos a terra, e ela é
muito boa. O que vocês estão esperando? Não hesitem em
avançar e tomar posse dela. 10Quando chegarem lá, verão que
o povo leva uma vida tranquila. Deus nos deu uma terra espa-
çosa e fértil, onde não falta nada!".
11Então seiscentos homens da tribo de Dã armados para a
guerra partiram de Zorá e de Estaol. 12Acamparam num lugar
a oeste de Quiriate-Jearim, em Judá, conhecido hoje como
Maané-Dã. 13Dali prosseguiram para a região montanhosa de
Efraim e chegaram à casa de Mica.
14Os cinco homens que haviam explorado a terra nos arredores
de Laís explicaram aos outros: "Numa destas casas há um co-
lete sacerdotal, e também alguns ídolos do lar, uma imagem
esculpida e um ídolo de metal. O que vocês acham que devem
fazer?". 15Os cinco homens saíram da estrada principal e foram
à casa de Mica, onde morava o jovem levita, e o saudaram.
16Os seiscentos guerreiros armados da tribo de Dã ficaram à
entrada da porta, 17e os cinco espiões entraram no santuário e
removeram a imagem esculpida, o colete sacerdotal, os ídolos
do lar e o ídolo de metal. Enquanto isso, o sacerdote ficou
junto à porta, com os seiscentos guerreiros armados.
18Quando o sacerdote viu que os homens estavam levando
todos os objetos sagrados do santuário de Mica, perguntou:
"O que vocês estão fazendo?".
19"Fique quieto e venha conosco", responderam. "Seja nosso
pai e sacerdote. Não é melhor ser sacerdote de uma tribo in-
teira e de um clã de Israel do que da casa de um só homem?"
20O jovem sacerdote aceitou de bom grado acompanhá-los.
Pegou o colete sacerdotal, os ídolos do lar e a imagem es-
culpida e se uniu a eles. 21Então deram a volta, colocaram
as crianças, o gado e os bens na frente do grupo e partiram.
22Quando os membros da tribo de Dã estavam longe da casa
de Mica, ele e seus vizinhos foram atrás deles. 23Gritavam para
os homens de Dã, que se voltaram e disseram a Mica: "Qual
é o problema? Por que você convocou esses homens para nos
perseguir?".
24Mica respondeu: "Como é que vocês me perguntam qual é
o problema? Tomaram todos os deuses que fiz e levaram meu
sacerdote! Não me restou nada!".

25 Os homens de Dã disseram: "Cuidado com o que você diz! Temos em nosso meio alguns homens agressivos que poderiam ficar com raiva e matar você e sua família". 26 Assim, os homens de Dã seguiram seu caminho. Quando Mica viu que eram numerosos demais para atacá-los, deu meia-volta e foi para casa.

27 Então os homens de Dã, levando os ídolos de Mica e seu sacerdote, chegaram à cidade de Laís, cujo povo era pacífico e vivia em segurança. Mataram à espada os habitantes e queimaram a cidade. 28 Não havia ninguém que livrasse os habitantes da cidade, pois estavam longe de Sidom e não tinham nenhum aliado por perto. Isso aconteceu no vale de Bete-Reobe. Então o povo da tribo de Dã reconstruiu a cidade e passou a habitar nela. 29 Mudaram seu nome para Dã, em homenagem ao antepassado deles, o filho de Jacó. Antes disso, a cidade se chamava Laís.

30 Levantaram ali a imagem esculpida e nomearam Jônatas, filho de Gérson, filho de Moisés, como seu sacerdote. Os descendentes de Jônatas serviram como sacerdotes da tribo de Dã até a época do exílio. 31 Assim, a tribo de Dã adorou a imagem esculpida de Mica durante todo o tempo em que a casa de Deus permaneceu em Siló.

O levita e sua concubina

19 Naqueles dias, Israel não tinha rei. Havia um homem da tribo de Levi que morava num lugar afastado, na região montanhosa de Efraim. Certo dia, ele trouxe para casa uma mulher de Belém de Judá para ser sua concubina. 2 Mas ela se irou com ele e voltou para a casa de seu pai, em Belém. Cerca de quatro meses depois, 3 seu marido foi a Belém para reconquistá-la e convencê-la a voltar com ele. Levou consigo um servo e dois jumentos. Quando ele chegou, a mulher o levou até seu pai, que o recebeu com alegria. 4 O sogro insistiu para que ficasse algum tempo, e ele permaneceu ali três dias, comendo, bebendo e dormindo.

5 No quarto dia, levantaram-se cedo e ele estava pronto para partir, mas o pai da mulher disse a seu genro: "Coma alguma coisa antes de sair". 6 Os dois se sentaram, comeram e beberam. Então o pai da mulher disse: "Por favor, fique mais uma noite e alegre seu coração". 7 O homem se levantou para partir, mas o sogro continuou a insistir para que ele ficasse. Por fim, ele cedeu e passou mais uma noite ali.

8 Na manhã do quinto dia, ele se levantou cedo e estava pronto para partir, e outra vez o pai da mulher disse: "Coma alguma coisa; deixe para sair à tarde". Assim, fizeram mais uma refeição juntos. 9 Mais tarde, quando o homem, a concubina e o servo se preparavam para partir, o sogro disse: "Já está escurecendo. Passe a noite aqui e alegre seu coração. Amanhã você pode levantar cedo e partir".

10 Dessa vez, porém, o homem estava decidido a partir. Rumou para Jebus (isto é, Jerusalém), levando consigo os jumentos com suas selas e a concubina. 11 Chegaram perto de Jebus quase no final do dia, e o servo disse ao homem: "Vamos parar nesta cidade dos jebuseus e passar a noite aqui".

12 Seu senhor respondeu: "Não podemos ficar numa cidade estrangeira, que não pertence aos israelitas. Vamos prosseguir até Gibeá. 13 Venha, vamos tentar chegar a Gibeá ou a Ramá e passaremos a noite numa dessas cidades".

14 Então prosseguiram. O sol estava se pondo quando chegaram a Gibeá, uma cidade no território de Benjamim 15 e pararam ali para passar a noite. Sentaram-se na praça da cidade, mas ninguém se ofereceu para hospedá-los.

16 Ao anoitecer, um homem idoso voltava para casa do trabalho no campo. Era da região montanhosa de Efraim, mas morava em Gibeá, onde os habitantes eram da tribo de Benjamim. 17 Quando viu os viajantes sentados na praça da cidade, perguntou de onde vinham e para onde iam.

18 O homem respondeu: "Estamos viajando de Belém de Judá para um lugar afastado na região montanhosa de Efraim, onde eu moro. Fui a Belém e agora estou voltando para casa. Ninguém quis nos hospedar, 19 embora tenhamos tudo de que precisamos. Temos palha e forragem para os jumentos e bastante pão e vinho para nós".

20 "Vocês são bem-vindos em minha casa", disse o homem idoso. "Eu lhes darei o que precisarem. Não passem a noite na praça, de jeito nenhum!" 21 Ele os levou para casa e alimentou os jumentos. Depois que lavaram os pés, comeram e beberam juntos.

22 Enquanto eles se alegravam, um grupo de homens perversos da cidade cercou a casa. Começaram a bater na porta e gritar para o velho, o dono da casa: "Traga para fora o homem que está hospedado com você, para que tenhamos relações com ele!".

23 O dono da casa saiu e falou com eles: "Não, meus irmãos, não façam tamanha maldade. O homem é hóspede em minha casa, e uma coisa dessas seria uma vergonha. 24 Tomem minha filha virgem e a concubina do homem. Eu as trarei para fora, e vocês poderão violentá-las e fazer o que desejarem. Mas não façam uma coisa vergonhosa dessas com meu hóspede".

25 Eles, porém, não deram ouvidos. Então o levita pegou sua concubina e a empurrou para fora. Os homens da cidade abusaram dela e a estupraram a noite toda. Por fim, quando o sol começou a nascer, eles a largaram. 26 Ao amanhecer, a mulher voltou para casa onde o marido estava hospedado. Caiu junto à porta da casa e ali ficou até o dia clarear.

27 Quando o marido se levantou e abriu a porta para sair e seguir viagem, lá estava a concubina, caída à porta, com as mãos na soleira. 28 Ele disse: "Levante-se! Vamos embora!". Mas não houve resposta. Então ele pôs o corpo da mulher sobre o jumento e a levou para casa.

29 Quando chegou em casa, pegou uma faca, desmembrou o corpo da concubina em doze partes e enviou uma parte para cada tribo em todo o território de Israel.

30 Todos que viram isso disseram: "Desde que os israelitas saíram do Egito, nunca se cometeu um crime tão horrível. Pensem bem! O que vamos fazer? Quem vai se pronunciar?".

Guerra entre Israel e Benjamim

20 Então todos os israelitas se uniram como um só homem,
desde Dã, ao norte, até Berseba, ao sul, incluindo os que
moravam na terra de Gileade. A comunidade toda se reuniu na
presença do SENHOR, em Mispá. 2Os líderes de todo o povo e
todas as tribos de Israel, quatrocentos mil guerreiros armados
com espadas, tomaram seus lugares na reunião sagrada do
povo de Deus. 3Logo chegou à terra de Benjamim a notícia de
que as outras tribos haviam subido a Mispá. E os israelitas se
perguntaram: "Como esse crime horrível pôde acontecer?".
4O levita, marido da mulher assassinada, disse: "Minha con-
cubina e eu chegamos para passar a noite em Gibeá, cidade
da tribo de Benjamim. 5Naquela noite, alguns dos líderes da
cidade cercaram a casa com a intenção de me matar, e violen-
taram minha concubina até ela morrer. 6Então desmembrei o
corpo dela em doze partes e as enviei por todos os territórios
da herança de Israel, pois esses homens cometeram um crime
terrível e vergonhoso. 7Portanto, todos vocês, israelitas, de-
cidam agora o que se deve fazer a esse respeito!".
8Todos se levantaram ao mesmo tempo e declararam: "Ne-
nhum de nós voltará para casa! Nem um só homem! 9Mas é isto
que faremos a Gibeá: realizaremos um sorteio para resolver
quem a atacará. 10A décima parte dos homens de cada tribo
ficará responsável por providenciar a alimentação dos guer-
reiros, e o restante se vingará de Gibeá de Benjamim por esse
ato vergonhoso cometido em Israel". 11Todos os israelitas es-
tavam plenamente de acordo e se uniram para atacar a cidade.
12As tribos de Israel enviaram mensageiros à tribo de Benjamim
para lhes dizer: "Que crime terrível foi cometido em seu meio!
13Entreguem os homens perversos de Gibeá, para que os exe-
cutemos e eliminemos esse mal de Israel". Mas o povo da tribo
de Benjamim não deu ouvidos. 14Em vez disso, vieram de suas
cidades e se reuniram em Gibeá para lutar contra os israelitas.
15Ao todo, 26 mil guerreiros armados com espadas chegaram
a Gibeá para se juntar à tropa especial de setecentos homens
que viviam ali. 16Dentre todos esses guerreiros, havia um grupo
de setecentos canhotos, e cada um deles conseguia atirar uma
pedra com uma funda e acertar um fio de cabelo com precisão.
17Sem os guerreiros de Benjamim, Israel tinha quatrocentos mil
soldados hábeis no uso da espada.
18Antes da batalha, os israelitas foram a Betel e perguntaram
a Deus: "Qual das tribos deve ir primeiro e atacar o povo de
Benjamim?". O SENHOR respondeu: "Judá irá primeiro".
19Na manhã seguinte, os israelitas partiram bem cedo e acam-
param perto de Gibeá. 20Então avançaram em direção a Gibeá
para atacar os homens de Benjamim. 21Os guerreiros de Ben-
jamim que estavam defendendo a cidade saíram e mataram 22
mil israelitas no campo de batalha naquele dia.
22Mas os israelitas animaram uns aos outros e, mais uma vez,
assumiram suas posições no mesmo lugar do dia anterior.
23Eles tinham subido a Betel e chorado na presença do SENHOR
até a tarde. Haviam perguntado ao SENHOR: "Devemos lutar
novamente contra nossos parentes de Benjamim?". E o SENHOR
tinha dito: "Saiam e lutem contra eles".
24Saíram no dia seguinte para lutar novamente contra os ho-
mens de Benjamim, 25mas os homens de Benjamim que haviam
partido de Gibeá mataram mais dezoito mil israelitas, todos
hábeis no uso da espada.
26Então todos os israelitas subiram a Betel, choraram na pre-
sença do SENHOR e jejuaram até a tarde. Também apresen-
taram ao SENHOR holocaustos e ofertas de paz. 27Os israelitas
subiram para buscar a direção do SENHOR. (Naqueles dias, a
arca da aliança de Deus estava em Betel, 28e Fineias, filho de
Eleazar e neto de Arão, era o sacerdote.) Eles perguntaram ao
SENHOR: "Devemos lutar novamente contra nossos parentes de
Benjamim, ou devemos parar?". O SENHOR disse: "Vão! Amanhã
eu os entregarei em suas mãos".
29Então os israelitas armaram emboscadas ao redor de Gibeá.
30Avançaram contra os guerreiros de Benjamim no terceiro
dia e tomaram suas posições nos mesmos lugares de antes.
31Quando os homens de Benjamim saíram para atacar, foram
atraídos para longe da cidade. Como antes, começaram a
matar os israelitas. Cerca de trinta israelitas morreram nos
campos abertos, ao longo da estrada que vai para Betel e da
estrada que leva de volta a Gibeá.
32Os guerreiros de Benjamim gritaram: "Derrotamos vocês,
como antes!". Mas os israelitas já haviam planejado fugir para
que os homens de Benjamim os perseguissem pelas estradas e
fossem atraídos para longe da cidade.
33Quando os guerreiros israelitas chegaram a Baal-Tamar, vol-
taram-se e assumiram suas posições. Enquanto isso, os israe-
litas que estavam escondidos na emboscada a oeste de Gibeá
entraram em combate. 34Dez mil soldados da tropa especial
de Israel avançaram contra Gibeá. A luta foi tão intensa que
Benjamim não percebeu a calamidade que estava por vir. 35O
SENHOR ajudou Israel a derrotar Benjamim e, naquele dia, os
israelitas mataram 25.100 guerreiros de Benjamim, todos há-
beis no uso da espada. 36Então os homens de Benjamim viram
que estavam derrotados. Os israelitas bateram em retirada
diante dos guerreiros de Benjamim a fim de dar aos homens
que estavam escondidos na emboscada mais espaço para
atacar Gibeá. 37Aqueles que estavam escondidos avançaram de
todos os lados e mataram todos os habitantes. 38Tinham com-
binado de mandar como sinal de dentro da cidade uma grande
nuvem de fumaça. 39Quando os israelitas viram a fumaça, vol-
taram e atacaram os guerreiros de Benjamim. Àquela altura,
os guerreiros de Benjamim haviam matado cerca de trinta is-
raelitas e gritaram: "Derrotamos vocês, como antes!". 40Mas,
quando os guerreiros de Benjamim olharam para trás e viram
que, em todas as partes da cidade, a fumaça subia ao céu,
41os guerreiros de Israel se voltaram e atacaram. Os homens
de Benjamim ficaram apavorados, pois perceberam a calami-
dade que estava prestes a vir sobre eles. 42Deram meia-volta
e fugiram diante dos israelitas em direção ao deserto, mas não
conseguiram escapar da batalha, pois soldados que saíram das
cidades vizinhas também os atacaram. 43Os israelitas cercaram

os homens de Benjamim e os perseguiram até os alcançarem
no local de descanso, a leste de Gibeá. 44Naquele dia, dezoito
mil dos guerreiros mais corajosos de Benjamim morreram na
batalha. 45Os sobreviventes fugiram para o deserto, em di-
reção à rocha de Rimom, mas os israelitas mataram cinco mil
deles ao longo da estrada. Eles continuaram a perseguição e
mataram mais dois mil homens perto de Gidom.
46Naquele dia, portanto, a tribo de Benjamim perdeu 25 mil
guerreiros valentes e hábeis no uso da espada, 47e restaram
apenas seiscentos homens que fugiram para a rocha de
Rimom, onde viveram durante quatro meses. 48Os israelitas
voltaram e mataram todo ser vivo que restou nas cidades, pes-
soas, animais e tudo que encontraram. Também queimaram
todas as cidades por onde passaram.

Esposas para os homens de Benjamim

21 Os israelitas haviam jurado em Mispá: "Jamais entrega-
remos nossas filhas em casamento a homens da tribo
de Benjamim". 2Então o povo foi a Betel e permaneceu na
presença de Deus até a tarde, chorando sem parar em alta
voz: 3"Ó SENHOR, Deus de Israel, por que aconteceu isso com
Israel?", diziam. "Agora está faltando uma de nossas tribos!"
4Na manhã seguinte, bem cedo, construíram um altar e ali
apresentaram holocaustos e ofertas de paz. 5Então os israe-
litas disseram: "Quem dentre as tribos de Israel não participou
da reunião sagrada que realizamos em Mispá, na presença do
SENHOR?". Naquela ocasião, haviam feito um juramento solene
na presença do SENHOR de que matariam quem se recusasse
a comparecer.
6Os israelitas tiveram pena de seu irmão Benjamim e disseram:
"Hoje foi eliminada uma das tribos de Israel. 7Como consegui-
remos esposas para os poucos que restam, se juramos pelo
SENHOR que não lhes daríamos nossas filhas em casamento?".
8Então perguntaram: "Quem dentre as tribos de Israel não com-
pareceu conosco a Mispá quando nos reunimos na presença
do SENHOR?". E descobriram que ninguém de Jabes-Gileade
havia participado da reunião sagrada. 9Ao contarem o povo,
verificaram que ninguém de Jabes-Gileade estava presente.
10Então a comunidade enviou doze mil de seus melhores
guerreiros a Jabes-Gileade com ordens para matar seus ha-
bitantes, incluindo mulheres e crianças. 11"É isto que vocês
devem fazer", disseram. "Destruam completamente todos os
homens e também todas as mulheres que não forem virgens."
12Entre os habitantes de Jabes-Gileade, encontraram quatro-
centas moças que nunca haviam se deitado com um homem e
as levaram para o acampamento em Siló, na terra de Canaã.
13Toda a comunidade enviou uma delegação de paz aos ho-
mens restantes de Benjamim que estavam na rocha de Rimom.
14Os homens de Benjamim voltaram e receberam como es-
posas as quatrocentas mulheres de Jabes-Gileade que tinham
sido poupadas. Mas não havia mulheres em número suficiente
para todos eles.
15O povo teve pena de Benjamim, pois o SENHOR havia aberto
uma lacuna entre as tribos de Israel. 16Então os líderes da co-
munidade perguntaram: "Como conseguiremos esposas para
os poucos homens que restam, uma vez que as mulheres da
tribo de Benjamim foram mortas? 17Os sobreviventes precisam
ter herdeiros, para que não seja eliminada uma tribo inteira
de Israel. 18Contudo, não podemos lhes dar nossas filhas em
casamento, pois juramos solenemente que quem o fizer ficará
sob a maldição de Deus".
19Então eles se lembraram da festa anual do SENHOR, em Siló,
ao sul de Lebona e ao norte de Betel, do lado leste da es-
trada que vai de Betel a Siquém. 20Disseram aos homens de
Benjamim que ainda precisavam de esposas: "Vão e escon-
dam-se nos vinhedos. 21Quando virem as moças de Siló irem
para as danças, saiam correndo dos esconderijos e cada um
leve uma delas para a terra de Benjamim, para ser sua esposa.
22E quando os pais e os irmãos delas vierem se queixar a nós,
diremos: 'Por favor, tenham compaixão. Deixem que fiquem
com suas filhas, pois não encontramos esposas para todos eles
quando destruímos Jabes-Gileade. E vocês não são culpados
de quebrarem seu juramento, pois, na verdade, não deram
suas filhas para eles em casamento'".
23Os homens de Benjamim seguiram essas instruções. Cada
um pegou uma das moças que dançavam na comemoração e
a levou para ser sua esposa. Voltaram para sua terra, recons-
truíram suas cidades e habitaram nelas.
24Então os israelitas partiram, por tribos e famílias, e cada um
voltou para sua terra.
25Naqueles dias, Israel não tinha rei; cada um fazia o que pa-
recia certo a seus próprios olhos.

RUTE

A família de Elimeleque se muda para Moabe

1 Nos dias em que os juízes governavam Israel, houve grande
fome na terra. Por isso, um homem deixou seu lar, em
Belém de Judá, e foi morar na terra de Moabe, levando con-
sigo esposa e dois filhos. 2O homem se chamava Elimeleque,
e a esposa, Noemi. Os filhos se chamavam Malom e Quiliom.

Eram efrateus de Belém de Judá. Quando chegaram a Moabe,
estabeleceram-se ali.
3 Elimeleque morreu, e Noemi ficou com os dois filhos. 4 Eles
se casaram com mulheres moabitas, que se chamavam Rute
e Orfa. Cerca de dez anos depois, 5 Malom e Quiliom também
morreram. Noemi ficou sozinha, sem os dois filhos e sem o
marido.

Noemi e Rute se mudam para Belém

6 Noemi soube em Moabe que o SENHOR havia abençoado seu
povo, dando-lhe boas colheitas. Então Noemi e suas noras se
prepararam para deixar Moabe. 7 Ela partiu com suas noras
do lugar onde havia morado e seguiram para a terra de Judá.
8 A certa altura, porém, Noemi disse às noras: "Voltem para a
casa de suas mães! Que o SENHOR as recompense pelo amor
que demonstraram por seus maridos e por mim. 9 Que o SE-
NHOR as abençoe com a segurança de um novo casamento".
Então deu-lhes um beijo de despedida, e as três começaram
a chorar em alta voz.
10 "Não!", disseram elas. "Queremos ir com você para o seu
povo!"
11 Noemi, porém, respondeu: "Voltem, minhas filhas. Por que
vocês viriam comigo? Acaso eu ainda poderia dar à luz outros
filhos que cresceriam e se tornariam seus maridos? 12 Não,
minhas filhas, voltem, pois sou velha demais para me casar
outra vez. E, mesmo que fosse possível eu me casar esta noite
e ter filhos, o que aconteceria então? 13 Vocês esperariam que
eles crescessem, deixando assim de se casarem com outro
homem? Claro que não, minhas filhas! Esta situação é muito
mais amarga para mim do que para vocês, pois o próprio SE-
NHOR está contra mim".
14 Então choraram juntas mais uma vez. Orfa se despediu de sua
sogra com um beijo, mas Rute se apegou firmemente a Noemi.
15 "Olhe, sua cunhada voltou para o povo e para os deuses
dela", disse Noemi a Rute. "Você deveria fazer o mesmo!"
16 Rute respondeu: "Não insista comigo para deixá-la e voltar.
Aonde você for, irei; onde você viver, lá viverei. Seu povo será
o meu povo, e seu Deus, o meu Deus. 17 Onde você morrer, ali
morrerei e serei sepultada. Que o SENHOR me castigue severa-
mente se eu permitir que qualquer coisa, a não ser a morte,
nos separe!". 18 Quando Noemi viu que Rute estava decidida a
ir com ela, não insistiu mais.
19 Então as duas seguiram viagem. Quando chegaram a Belém,
toda a cidade se agitou por causa delas. "Será que é mesmo
Noemi?", perguntavam as mulheres.
20 "Não me chamem de Noemi", respondeu ela. "Chamem-me
de Mara, pois o Todo-poderoso tornou minha vida muito
amarga. 21 Cheia eu parti, mas o SENHOR me trouxe de volta
vazia. Por que me chamar de Noemi se o SENHOR me fez sofrer
e se o Todo-poderoso trouxe calamidade sobre mim?"
22 Assim, Noemi voltou de Moabe acompanhada de sua nora
Rute, a jovem moabita. Elas chegaram a Belém quando come-
çava a colheita da cevada.

Rute trabalha no campo de Boaz

2 Havia em Belém um homem rico e respeitado chamado
Boaz. Ele era parente de Elimeleque, o marido de Noemi.
2 Certo dia, Rute, a moabita, disse a Noemi: "Deixe-me ir ao
campo ver se alguém, em sua bondade, me permite recolher
as espigas de cereal que sobrarem". Noemi respondeu: "Está
bem, minha filha, pode ir". 3 Rute saiu para colher espigas após
os ceifeiros. Aconteceu de ela ir trabalhar num campo que per-
tencia a Boaz, parente de seu sogro, Elimeleque.
4 Enquanto Rute estava ali, Boaz chegou de Belém e saudou
os ceifeiros: "O SENHOR esteja com vocês!". "O SENHOR o
abençoe!", responderam os ceifeiros.
5 Então Boaz perguntou a seu capataz: "Quem é aquela moça?
A quem ela pertence?".
6 O capataz respondeu: "É a moça que veio de Moabe com
Noemi. 7 Hoje de manhã ela me pediu permissão para colher
espigas após os ceifeiros. Desde que chegou, não parou de
trabalhar um instante sequer, a não ser por alguns minutos de
descanso no abrigo".
8 Boaz foi até Rute e disse: "Ouça, minha filha. Quando for
colher espigas, fique conosco; não vá a nenhum outro campo.
Acompanhe as moças que trabalham para mim. 9 Observe em
que parte do campo estão colhendo e vá atrás delas. Avisei
os homens para não a tratarem mal. E, quando tiver sede,
sirva-se da água que os servos tiram do poço".
10 Rute se curvou diante dele, com o rosto no chão, e disse:
"O que fiz para merecer tanta bondade? Sou apenas uma es-
trangeira!".
11 "Eu sei", respondeu Boaz. "Mas também sei de tudo que você
fez por sua sogra desde a morte de seu marido. Ouvi falar de
como você deixou seu pai, sua mãe e sua própria terra para
viver aqui no meio de desconhecidos. 12 Que o SENHOR, o Deus
de Israel, sob cujas asas você veio se refugiar, a recompense
ricamente pelo que você fez."
13 Ela respondeu: "Espero que eu continue a receber sua bon-
dade, meu senhor, pois me animou com suas palavras gentis,
embora eu nem seja uma de suas servas".
14 Na hora da refeição, Boaz lhe disse: "Venha cá e sirva-se de
comida; também pode molhar o pão no vinagre". Rute sen-
tou-se junto aos ceifeiros, e Boaz lhe deu grãos tostados. Ela
comeu até ficar satisfeita, e ainda sobrou alimento.
15 Quando Rute voltou ao trabalho, Boaz ordenou a seus servos:
"Permitam que ela colha espigas entre os feixes e não a in-
comodem. 16 Tirem dos feixes algumas espigas de cevada e
deixem-nas cair para que ela as recolha. Não a atrapalhem!".
17 Assim, Rute colheu cevada o dia todo e, à tarde, quando de-
bulhou o cereal, encheu quase um cesto inteiro. 18 Carregou
tudo para a cidade e mostrou à sua sogra. Também lhe deu o
que havia sobrado da refeição.
19 "Onde você colheu todo esse cereal?", perguntou Noemi.
"Onde você trabalhou hoje? Que seja abençoado quem a
ajudou!" Então Rute contou à sogra com quem havia traba-
lhado: "O homem com quem trabalhei hoje se chama Boaz".
20 "O SENHOR o abençoe!", disse Noemi à nora. "O SENHOR não

deixou de lado sua bondade tanto pelos vivos como pelos
mortos. Esse homem é um de nossos parentes mais próximos,
o resgatador de nossa família."
21 Rute, a moabita, acrescentou: "Boaz disse que devo voltar e
trabalhar com seus ceifeiros até que terminem toda a colheita".
22 "Muito bom!", exclamou Noemi. "Faça o que ele disse,
minha filha. Fique com as servas dele até o final da colheita.
Em outros campos, poderiam maltratá-la."
23 Assim, Rute trabalhou com as servas nos campos de Boaz e
recolheu espigas com elas até o final das colheitas da cevada e
do trigo. Nesse tempo, ficou morando com sua sogra.

O encontro na eira

3 Certo dia, Noemi disse a Rute: "Minha filha, é hora de eu
encontrar para você um lar seguro e feliz. 2 Esse Boaz, se-
nhor das moças com quem você trabalhou, é nosso parente
próximo. Hoje à noite, ele estará na eira, onde se debulha a
cevada. 3 Faça o que lhe direi: tome banho, perfume-se e vista
sua melhor roupa. Depois vá até lá, mas não deixe que Boaz
a veja enquanto ele não tiver terminado de comer e beber.
4 Repare bem no lugar onde ele se deitar. Então vá, descubra
os pés dele e deite-se ali. Ele lhe dirá o que fazer".
5 "Farei tudo que você disse", respondeu Rute. 6 Assim, naquela
noite, ela desceu até a eira e seguiu as instruções de sua sogra.
7 Quando Boaz terminou de comer e beber e estava alegre, foi
deitar-se perto de um monte de grãos e pegou no sono. Rute
se aproximou em silêncio, descobriu os pés dele e se deitou.
8 Por volta da meia-noite, Boaz acordou de repente. Ele se virou
e ficou admirado de encontrar uma mulher deitada a seus pés.
9 "Quem é você?", perguntou ele. "Sou sua serva Rute", res-
pondeu ela. "Estenda as abas de sua capa sobre mim, pois o
senhor é o resgatador de minha família."
10 Então Boaz exclamou: "O SENHOR a abençoe, minha filha!
Você demonstra agora ainda mais lealdade por sua família que
antes, pois não foi atrás de um homem mais jovem, seja rico
ou pobre. 11 Não se preocupe com nada, minha filha. Farei o
que me pediu, pois toda a cidade sabe que você é uma mulher
virtuosa. 12 Mas, embora eu seja de fato um dos resgatadores
de sua família, há outro homem que é parente mais próximo
que eu. 13 Fique aqui esta noite e pela manhã conversarei com
ele. Se ele estiver disposto a resgatá-la, muito bem; que ele
se case com você. Se não quiser, tão certo como vive o SENHOR,
eu mesmo a resgatarei".
14 Rute ficou deitada aos pés de Boaz até de manhã, mas le-
vantou-se antes de raiar o dia, pois Boaz tinha dito: "Ninguém
deve saber que uma mulher esteve na eira". 15 Então Boaz lhe
disse: "Traga-me sua capa e estenda-a aqui". Ele despejou
sobre a capa seis medidas de cevada e a pôs sobre as costas
de Rute. Depois ele retornou à cidade.
16 Quando Rute voltou à sua sogra, ela lhe perguntou: "Como
foi, minha filha?". Rute contou a Noemi tudo que Boaz havia
feito 17 e acrescentou: "Ele me deu estas seis medidas de ce-
vada e disse: 'Não volte para sua sogra de mãos vazias'".
18 Então Noemi disse: "Tenha paciência, minha filha, até sa-
bermos o que vai acontecer. Boaz não descansará enquanto
não resolver esta questão ainda hoje".

Boaz se casa com Rute

4 Boaz foi à porta da cidade e sentou-se ali. Nesse momento,
ia passando o parente resgatador que ele havia mencionado.
Boaz o chamou: "Venha cá e sente-se, amigo. Quero conversar
com você". O homem foi e se sentou. 2 Então Boaz chamou dez
autoridades da cidade e pediu que se sentassem com eles.
3 Em seguida, disse ao resgatador da família: "Você conhece
Noemi, que voltou de Moabe. Ela está vendendo a propriedade
de nosso parente Elimeleque. 4 Pensei que devia falar com você
a esse respeito, para que você a resgate, caso tenha interesse.
Se quer a propriedade, compre-a na presença das autoridades
do meu povo. Se não tiver interesse por ela, diga-me logo,
porque, depois de você, sou o resgatador mais próximo". O
homem respondeu: "Está certo; eu resgatarei a propriedade".
5 Então Boaz lhe disse: "É claro que, ao comprar a propriedade
de Noemi, você também deve se casar com Rute, a viúva moa-
bita. Desse modo, ela poderá ter filhos que levem o nome de
seu marido e mantenham a herança na família dele".
6 "Se é assim, não posso resgatá-la", respondeu o parente res-
gatador. "Isso poria em risco minha própria herança. Resgate
você a propriedade. Eu não posso fazê-lo."
7 Naqueles dias, havia o seguinte costume em Israel: quando
alguém queria transferir o direito de resgate e troca, tirava a
sandália e a entregava à outra pessoa para validar publica-
mente a transação. 8 Assim, o outro parente resgatador tirou a
sandália e disse a Boaz: "Compre você a propriedade".
9 Então Boaz disse às autoridades da cidade e ao povo ao redor:
"Vocês são testemunhas de que hoje comprei de Noemi toda
a propriedade de Elimeleque, Quiliom e Malom. 10 E, junto com
a propriedade, tomei como esposa Rute, a viúva moabita de
Malom. Assim, ela poderá ter um filho que leve o nome da fa-
mília de seu falecido marido e herde a propriedade da família
aqui na cidade natal dele. Vocês hoje são testemunhas disso".
11 As autoridades da cidade e todo o povo que estava na porta
responderam: "Somos testemunhas! Que o SENHOR faça a esta
mulher que chega à sua família o que ele fez a Raquel e Lia,
das quais descendeu toda a nação de Israel! Que você seja
próspero em Efrata e famoso em Belém! 12 Que o SENHOR lhe dê
com esta jovem uma descendência numerosa como a de nosso
antepassado Perez, filho de Tamar e Judá!".

Os descendentes de Boaz

13 Boaz levou Rute para a casa dele, e ela se tornou sua esposa.
Quando Boaz teve relações com ela, o SENHOR permitiu que ela
engravidasse, e ela deu à luz um filho. 14 Então as mulheres da
cidade disseram a Noemi: "Louvado seja o SENHOR, que hoje
proveu um resgatador para sua família! Que este menino seja
famoso em Israel! 15 Que ele restaure seu vigor e cuide de você
em sua velhice, pois ele é filho de sua nora, que a ama e que
tem sido melhor para você do que sete filhos!".
16 Noemi pegou o bebê, aninhou-o junto ao peito e passou

a cuidar dele como se fosse seu filho. 17As mulheres da vi-
zinhança disseram: "Noemi tem um filho outra vez!", e lhe
deram o nome de Obede. Ele é o pai de Jessé, pai de Davi.
18Esta é a genealogia de Perez: Perez gerou Hezrom.
19Hezrom gerou Rão. Rão gerou Aminadabe.
20Aminadabe gerou Naassom. Naassom gerou Salmom.
21Salmom gerou Boaz. Boaz gerou Obede.
22Obede gerou Jessé. Jessé gerou Davi.

1SAMUEL

Elcana e sua família

1 Havia um homem chamado Elcana, que vivia em Ramá, na
região de Zufe, na região montanhosa de Efraim. Era filho
de Jeroão, filho de Eliú, filho de Toú, filho de Zufe, de Efraim.
2Elcana tinha duas esposas: a primeira se chamava Ana, e a
segunda, Penina. Penina tinha filhos; Ana, porém, não os tinha.
3Todos os anos, Elcana subia de sua cidade até Siló para adorar
o SENHOR dos Exércitos e oferecer sacrifícios a ele. Nesse
tempo, os sacerdotes do SENHOR eram Hofni e Fineias, os dois
filhos de Eli. 4Quando Elcana apresentava seu sacrifício, dava
porções de carne à sua esposa Penina e a cada um dos filhos e
filhas dela. 5A Ana, porém, dava uma porção especial, porque
a amava, apesar de o SENHOR não lhe ter dado filhos. 6E sua
rival a provocava e zombava dela, porque o SENHOR não lhe
tinha dado filhos. 7Todos os anos era a mesma coisa: Penina
provocava Ana quando iam à casa do SENHOR e, a cada vez, Ana
chorava muito e ficava sem comer.
8"Ana, por que você chora?", perguntava Elcana, seu marido.
"Por que não come? Por que está tão triste? Será que não sou
melhor para você do que dez filhos?"

Ana ora pedindo um filho

9Certa vez, depois que comeram e beberam em Siló, Ana se
levantou. O sacerdote Eli estava sentado ao lado da entrada
do templo do SENHOR. 10Ana estava muito angustiada e chorava
sem parar enquanto orava ao SENHOR. 11Então fez o seguinte
voto: "Ó SENHOR dos Exércitos, se olhares com atenção para
o sofrimento de tua serva, se responderes à minha oração e
me deres um filho, eu o dedicarei para sempre ao SENHOR, e o
cabelo dele nunca será cortado".
12Enquanto ela fazia sua oração ao SENHOR, Eli a observava.
13Viu que os lábios dela se moviam, mas, como não ouvia som
algum, pensou que ela estivesse bêbada. 14"Até quando vai se
embriagar?", disse ele. "Largue esse vinho!"
15Ana respondeu: "Meu senhor, não bebi vinho, nem outra
coisa mais forte. Eu estava derramando meu coração diante
do SENHOR, pois sou uma mulher profundamente triste. 16Não
pense que sou uma mulher sem caráter! Estava apenas orando
por causa de minha grande angústia e aflição".
17"Nesse caso, vá em paz", disse Eli. "Que o Deus de Israel lhe
conceda o que você pediu."
18"Muito obrigada!", exclamou ela. Então Ana voltou e começou
a se alimentar novamente, e seu rosto já não estava triste.

Nascimento e dedicação de Samuel

19Na manhã seguinte, a família toda se levantou bem cedo e foi
adorar o SENHOR novamente. Depois, voltaram para casa, em
Ramá. Elcana teve relações com Ana, e o SENHOR se lembrou
dela. 20No devido tempo, Ana engravidou e teve um filho. Ela
lhe deu o nome de Samuel, e disse: "Eu o pedi ao SENHOR".
21No ano seguinte, Elcana e sua família fizeram a viagem anual
para oferecer sacrifícios ao SENHOR e cumprir seu voto. 22Ana,
porém, não foi. "Vamos esperar até o menino ser desmamado",
disse ela ao marido. "Então o levarei ao SENHOR e o deixarei lá
para sempre."
23"Faça como lhe parecer melhor", respondeu Elcana. "Fique
aqui até ele desmamar, e que o SENHOR a ajude a cumprir sua
promessa." Então ela ficou em casa e cuidou de seu filho até
desmamá-lo.
24Quando o menino foi desmamado, Ana o levou à casa do SE-
NHOR em Siló, embora ele ainda fosse pequeno. Também levou
um novilho de três anos para o sacrifício, um cesto de farinha e
uma vasilha de couro cheia de vinho. 25Depois que sacrificaram
o novilho, levaram o menino a Eli, 26e Ana lhe disse: "Com
certeza o senhor se lembra de mim. Sou a mulher que esteve
aqui anos atrás, orando ao SENHOR. 27Pedi ao SENHOR que me
desse este menino, e o SENHOR atendeu a meu pedido. 28Agora,
eu o dedico ao SENHOR. Por toda a sua vida ele pertencerá ao
SENHOR". E ali adoraram o SENHOR.

Oração de louvor de Ana

2 Então Ana orou: "Meu coração se alegra no SENHOR; o SENHOR
me fortaleceu! Agora dou risada de meus inimigos; sim, eu
me alegro porque me libertaste!
2Ninguém é santo como o SENHOR; não há outro além de ti, não
há Rocha como o nosso Deus!
3"Deixem de ser tão orgulhosos e soberbos! Não falem com
tamanha arrogância! Pois o SENHOR é um Deus que tudo sabe;
ele julgará as ações de todos.
4O arco dos poderosos foi quebrado, e os que tropeçavam
agora estão firmes.

5 Os que tinham fartura de comida agora passam fome, e os
que passavam fome estão saciados. A mulher que não tinha
filhos agora tem sete, e a que tinha muitos desfalece.
6 O SENHOR tira a vida e dá a vida, faz descer à sepultura e de
lá faz subir.
7 O SENHOR empobrece alguns e enriquece outros, humilha e
também exalta.
8 Levanta o pobre do pó e do monte de cinzas tira o necessi-
tado. Coloca-os entre príncipes e os faz sentar em lugares de
honra. Ao SENHOR pertencem os alicerces da terra, e sobre
eles firmou o mundo.
9 "Ele protegerá os fiéis, mas os perversos desaparecerão nas
trevas, pois ninguém vencerá só pela força.
10 Os que lutam contra o SENHOR serão despedaçados. Do céu
ele troveja contra eles; o SENHOR julga em toda a terra. Ele dá
poder a seu rei, concede força a seu ungido".
11 Então Elcana voltou para casa em Ramá. E o menino servia ao
SENHOR ajudando o sacerdote Eli.

Os filhos perversos de Eli

12 Os filhos de Eli eram homens perversos, que não tinham
nenhuma consideração pelo SENHOR, 13 nem por seus deveres
de sacerdotes. Cada vez que alguém oferecia um sacrifício,
vinha um servo do sacerdote com um garfo grande, de três
dentes. Enquanto a carne do animal sacrificado ainda estava
cozinhando, 14 o servo colocava o garfo na panela, no tacho ou
no caldeirão, e exigia que tudo que viesse com o garfo fosse
entregue aos filhos de Eli. Assim eles tratavam todos os israe-
litas que iam adorar em Siló. 15 Às vezes, o servo chegava antes
mesmo que a gordura do animal fosse queimada no altar, exi-
gindo: "Não dê a carne cozida, mas sim a carne crua, para que
o sacerdote a asse".
16 Se o homem que oferecia o sacrifício dizia: "Leve quanto
quiser, mas antes é preciso queimar a gordura", o servo re-
trucava: "Não! Entregue a carne agora, ou eu a tomarei à
força". 17 O pecado desses homens era muito sério aos olhos
do SENHOR, pois eles tratavam com desprezo as ofertas para
o SENHOR.
18 Samuel, porém, embora ainda fosse apenas um menino,
servia ao SENHOR. Ele usava uma veste de linho semelhante
à do sacerdote. 19 Cada ano, sua mãe lhe fazia uma pequena
túnica e a levava quando ia com o marido oferecer o sacrifício
anual. 20 Antes de Elcana e sua esposa voltarem para casa,
Eli os abençoava e dizia: "Que o SENHOR lhes dê outros filhos
em lugar deste que foi dedicado ao SENHOR". 21 E o SENHOR
abençoou Ana, e ela engravidou e deu à luz três filhos e duas
filhas. Enquanto isso, Samuel crescia na presença do SENHOR.
22 Eli já estava muito idoso, mas sabia o que seus filhos fa-
ziam ao povo de Israel, e que eles seduziam as moças que
serviam junto à entrada da tenda do encontro. 23 Por isso lhes
disse: "Ouvi de todo o povo o mal que vocês praticam. Por que
continuam a agir assim? 24 Parem com isso, meus filhos! Não
são bons os comentários que escuto entre o povo do SENHOR.
25 Se alguém peca contra outra pessoa, Deus poderá intervir
em favor do culpado. Mas, se alguém peca contra o SENHOR,
quem poderá interceder?". Contudo, os filhos de Eli não deram
atenção ao pai, pois o SENHOR já havia decidido matá-los.
26 Enquanto isso, o menino Samuel crescia e era cada vez mais
estimado pelo SENHOR e pelo povo.

Uma advertência para a família de Eli

27 Certo dia, veio a Eli um homem de Deus e lhe transmitiu
a seguinte mensagem: "Assim diz o SENHOR: Eu me revelei a
seus antepassados quando eles eram escravos do faraó, no
Egito. 28 Escolhi seus antepassados dentre todas as tribos de
Israel para serem meus sacerdotes, oferecerem sacrifícios
sobre meu altar, queimarem incenso e usarem o colete sa-
cerdotal em minha presença. Além disso, designei as ofertas
queimadas dos israelitas a vocês, sacerdotes. 29 Então por que
você despreza meus sacrifícios e ofertas? Por que honra seus
filhos mais que a mim? Pois você e eles engordaram com as
melhores partes das ofertas de meu povo, Israel!
30 "Portanto, assim declara o SENHOR, Deus de Israel: Prometi
que membros de sua família, da tribo de Levi, sempre seriam
meus sacerdotes. Agora, porém, declara o SENHOR: Isso não
acontecerá! Honrarei aqueles que me honram, e desprezarei
aqueles que me desprezam. 31 Está chegando o tempo em que
acabarei com a força de sua família, e nenhum de seus descen-
dentes chegará à velhice. 32 Você verá a aflição de minha casa,
e, quando eu trouxer todo o bem sobre Israel, ninguém em sua
família chegará à velhice para testemunhar! 33 Sobreviverão
os poucos que eu não eliminar do serviço em meu altar, mas
seus olhos ficarão cegos e seu coração se partirá, e seus filhos
morrerão pela espada. 34 E, para provar que minhas palavras se
cumprirão, farei que seus dois filhos, Hofni e Fineias, morram
no mesmo dia!
35 "Então levantarei um sacerdote fiel que me servirá e fará
tudo que desejo. Estabelecerei a família dele, e eles serão
sacerdotes diante do meu ungido para sempre. 36 Então todos
que restarem de sua família se curvarão diante dele, men-
digando dinheiro e alimento e pedindo: 'Por favor, consiga
para nós algum trabalho entre os sacerdotes, para termos o
que comer'".

O SENHOR fala com Samuel

3 Enquanto isso, o menino Samuel servia ao SENHOR ajudando
Eli. Naqueles dias, as mensagens do SENHOR eram muito
raras, e visões não eram comuns.
2 Certa noite, Eli, que estava quase cego, tinha ido se deitar.
3 A lâmpada de Deus ainda não havia se apagado, e Samuel
dormia na casa do SENHOR, onde estava a arca de Deus. 4 De
repente, o SENHOR chamou: "Samuel!". O menino respondeu:
"Estou aqui!". 5 Ele se levantou e correu até onde estava Eli.
"Estou aqui! O senhor me chamou?"
"Não o chamei", respondeu Eli. "Volte para a cama." E Samuel
voltou a se deitar.

6Então o SENHOR o chamou novamente: "Samuel!". Mais uma vez, Samuel se levantou e foi até Eli. "Estou aqui! O senhor me chamou?" Mas Eli respondeu: "Meu filho, não o chamei. Volte para a cama".

7Samuel ainda não conhecia o SENHOR, porque nunca havia recebido uma mensagem dele. 8O SENHOR o chamou pela terceira vez, e novamente Samuel se levantou e foi até Eli. "Estou aqui! O senhor me chamou?" Então Eli entendeu que era o SENHOR que chamava o menino. 9Por isso, disse a Samuel: "Vá e deite-se novamente. Se alguém o chamar, diga: 'Fala, SENHOR, pois teu servo está ouvindo'". E Samuel voltou para a cama.

10Então o SENHOR veio e o chamou, como antes: "Samuel! Samuel!". Samuel respondeu: "Fala, pois teu servo está ouvindo".

11Então o SENHOR disse a Samuel: "Estou prestes a realizar algo em Israel que fará tinir os ouvidos daqueles que ouvirem a respeito. 12Cumprirei do começo ao fim todas as ameaças que fiz contra Eli e sua família. 13Eu o adverti de que castigaria sua família para sempre, pois seus filhos blasfemaram contra Deus, e ele não os repreendeu por seus pecados. 14Por isso, jurei que os pecados de Eli e de seus filhos jamais serão perdoados por meio de sacrifícios nem de ofertas".

Samuel fala em nome do SENHOR

15Samuel ficou deitado até de manhã, e então se levantou e abriu as portas da casa do SENHOR. Estava com medo de contar para Eli a visão que tivera. 16Mas Eli o chamou: "Samuel, meu filho". "Estou aqui", respondeu Samuel.

17"O que o SENHOR lhe disse?", perguntou Eli. "Conte-me tudo. E que o SENHOR o castigue severamente se você esconder de mim alguma coisa do que ele disse!" 18Então Samuel contou tudo a Eli e não escondeu nada. Eli respondeu: "É a vontade do SENHOR. Que ele faça o que lhe parecer melhor".

19À medida que Samuel crescia, o SENHOR estava com ele, e todas as suas palavras se cumpriam. 20E todo o Israel, desde Dã, ao norte, até Berseba, ao sul, sabia que Samuel havia sido confirmado como profeta do SENHOR. 21O SENHOR continuou a aparecer em Siló e a transmitir mensagens a Samuel ali.

4 E as palavras de Samuel chegavam a todo o povo de Israel.

Os filisteus tomam a arca

Naquele tempo, Israel estava em guerra com os filisteus. O exército israelita tinha acampado perto de Ebenézer, e os filisteus acamparam em Afeque. 2Os filisteus atacaram e derrotaram o exército de Israel, matando cerca de quatro mil homens. 3Terminada a batalha, os soldados voltaram para o acampamento, e as autoridades de Israel se perguntaram: "Por que o SENHOR causou nossa derrota diante dos filisteus? Vamos trazer a arca da aliança do SENHOR desde Siló, para que esteja conosco e nos livre do poder do inimigo!".

4Então enviaram homens a Siló para trazer a arca da aliança do SENHOR dos Exércitos, que está entronizado entre os querubins. Hofni e Fineias, os dois filhos de Eli, acompanharam a arca da aliança de Deus. 5Quando todos os israelitas viram a arca da aliança do SENHOR entrando no acampamento, soltaram gritos de alegria tão altos que fizeram o chão tremer.

6"O que está acontecendo?", perguntaram os filisteus. "Que significam esses gritos no acampamento dos hebreus?" Quando souberam que era porque a arca do SENHOR havia chegado, 7entraram em pânico. "Os deuses vieram ao acampamento deles!", disseram. "Estamos perdidos! Nunca enfrentamos uma coisa assim antes! 8Estamos perdidos! Quem nos salvará desses deuses poderosos? São os mesmos deuses que destruíram os egípcios com pragas, quando Israel estava no deserto. 9Tenham coragem, filisteus! Sejam homens! Do contrário, acabaremos como escravos dos hebreus, assim como eles se tornaram nossos escravos. Sejam homens e lutem!"

10Então os filisteus saíram para a batalha, e Israel foi derrotado. A matança foi grande: trinta mil soldados israelitas morreram naquele dia. Os sobreviventes deram meia-volta e fugiram para suas tendas. 11A arca de Deus foi tomada, e Hofni e Fineias, os dois filhos de Eli, foram mortos.

A morte de Eli

12Um homem da tribo de Benjamim correu do campo de batalha e chegou a Siló ainda naquele dia. Tinha rasgado suas roupas e colocado pó sobre a cabeça. 13Eli estava sentado numa cadeira, ao lado da estrada, esperando para ouvir as notícias da batalha, pois seu coração tremia pela segurança da arca de Deus. Quando o mensageiro chegou e contou o que havia acontecido, gritos ressoaram por toda a cidade.

14Eli ouviu os gritos e perguntou: "O que é esse barulho todo?". O mensageiro correu até Eli e contou-lhe a notícia. 15Eli estava com 98 anos e já não conseguia enxergar. 16"Acabo de chegar do campo de batalha", disse o mensageiro. "Fugi de lá hoje mesmo." Eli perguntou: "O que aconteceu, meu filho?".

17O mensageiro respondeu: "Israel foi derrotado pelos filisteus, e o povo foi massacrado. Seus dois filhos, Hofni e Fineias, também morreram, e a arca de Deus foi tomada".

18Quando ele mencionou o que havia acontecido com a arca de Deus, Eli caiu da cadeira para trás, ao lado do portão. Quebrou o pescoço e morreu, pois era velho e pesado. Havia sido juiz em Israel durante quarenta anos.

19A nora de Eli, esposa de Fineias, estava grávida e perto de dar à luz. Quando soube que a arca de Deus havia sido tomada e que o sogro e o marido estavam mortos, teve contrações violentas e deu à luz. 20Ela morreu no parto, mas antes de falecer as parteiras tentaram animá-la. "Não tenha medo!", disseram. "Você teve um menino!" Mas ela não respondeu nem se importou.

21Deu ao menino o nome de Icabode, e disse: "Foi-se embora a glória de Israel", pois a arca de Deus havia sido tomada, e seu sogro e seu marido estavam mortos. 22Disse ainda: "Foi-se embora a glória de Israel, pois a arca de Deus foi tomada!".

A arca em território filisteu

5 Depois que tomaram a arca de Deus, os filisteus a levaram do campo de batalha em Ebenézer para a cidade de Asdode. 2Levaram a arca de Deus para o templo de Dagom e a colocaram ao lado de uma estátua de Dagom. 3Contudo, na manhã seguinte, quando os moradores de Asdode se levantaram, viram que Dagom estava caído com o rosto em terra diante da arca do SENHOR. Então levantaram Dagom e o puseram de volta em seu lugar. 4Na manhã do outro dia, porém, viram que tinha acontecido a mesma coisa: Dagom estava caído novamente com o rosto em terra diante da arca do SENHOR. Dessa vez, a cabeça e as mãos de Dagom tinham se quebrado e estavam junto à porta de entrada. Somente o corpo permaneceu intacto. 5Por isso, até hoje os sacerdotes de Dagom e aqueles que entram em seu templo, em Asdode, não pisam na soleira da porta.

6Então a mão do SENHOR pesou sobre os moradores de Asdode e dos povoados vizinhos e os feriu com uma praga de tumores. 7Quando o povo de Asdode viu o que estava acontecendo, exclamou: "Não podemos mais ficar com a arca do Deus de Israel! A mão dele pesou sobre nós e sobre Dagom, nosso deus!". 8Então reuniram os governantes das cidades dos filisteus e lhes perguntaram: "O que devemos fazer com a arca do Deus de Israel?". Os governantes responderam: "Levem a arca para a cidade de Gate". Então levaram a arca do Deus de Israel para Gate. 9Mas, quando a arca chegou a Gate, a mão do SENHOR pesou sobre a cidade, ferindo com uma praga de tumores os homens de lá, tanto os jovens como os velhos, e houve grande pânico.

10Por isso, enviaram a arca de Deus para a cidade de Ecrom, mas quando os habitantes dali viram que ela entrava na cidade, exclamaram: "Por que estão trazendo a arca do Deus de Israel para cá? Querem matar todo o nosso povo?". 11Reuniram mais uma vez os governantes filisteus e suplicaram: "Mandem a arca do Deus de Israel de volta para sua própria terra, para que não mate todo o nosso povo!". Pois a mão de Deus já pesava sobre a cidade, e um pavor mortal se espalhava por todo o lugar. 12Os que não morreram foram afligidos com tumores, e o clamor da cidade subiu até o céu.

Os filisteus devolvem a arca

6 Ao todo, a arca do SENHOR permaneceu sete meses em território filisteu. 2Então os filisteus chamaram seus sacerdotes e adivinhos e lhes perguntaram: "O que faremos com a arca do SENHOR? Digam-nos como devemos mandá-la de volta para sua própria terra".

3Eles responderam: "Se vocês vão mandar a arca do Deus de Israel de volta, enviem com ela uma oferta pela culpa, para que cesse a praga. Então, se forem curados, saberão que foi a mão dele que causou a praga".

4"Que tipo de oferta pela culpa devemos enviar?", perguntaram os filisteus. Eles responderam: "Uma vez que a mesma praga atingiu vocês e seus cinco governantes, façam cinco tumores de ouro e cinco ratos de ouro, como os que devastaram sua terra. 5Façam essas imagens de tumores e de ratos para demonstrar honra ao Deus de Israel. Quem sabe ele pare de afligir vocês, seus deuses e sua terra! 6Não endureçam o coração como fizeram o faraó e os egípcios, que só deixaram Israel partir quando Deus os castigou severamente.

7"Agora, construam uma carroça nova e escolham duas vacas que tenham acabado de dar cria e sobre as quais nunca tenha sido colocada a canga de um arado. Atrelem as vacas à carroça, mas prendam num curral os bezerros recém-nascidos. 8Coloquem a arca do SENHOR sobre a carroça e, ao lado dela, ponham uma caixa com os objetos de ouro que vocês enviarão como oferta pela culpa. Então deixem as vacas irem para onde quiserem. 9Se elas atravessarem a fronteira de nossa terra e se dirigirem a Bete-Semes, saberemos que foi o SENHOR que trouxe sobre nós essa grande calamidade. Do contrário, saberemos que não foi a mão dele que pesou sobre nós, mas que isso aconteceu por acaso".

10Os filisteus seguiram as instruções. Atrelaram duas vacas à carroça e prenderam num curral os bezerros recém-nascidos. 11Colocaram sobre a carroça a arca do SENHOR e a caixa com os ratos de ouro e os tumores de ouro. 12E, de fato, as vacas não se desviaram nem para um lado nem para o outro, mas seguiram direto pela estrada para Bete-Semes, mugindo por todo o caminho. Os governantes filisteus as acompanharam até a fronteira de Bete-Semes.

13Os moradores de Bete-Semes estavam colhendo trigo no vale e, quando viram a arca, se encheram de alegria. 14A carroça entrou no campo de um homem chamado Josué e parou ao lado de uma grande pedra. Então o povo quebrou a madeira da carroça para fazer fogo, matou as vacas e as ofereceu ao SENHOR como holocausto. 15Os homens da tribo de Levi retiraram da carroça a arca do SENHOR e a caixa com os objetos de ouro e os colocaram sobre a grande pedra. Naquele dia, o povo de Bete-Semes ofereceu ao SENHOR sacrifícios e holocaustos. 16Os cinco governantes filisteus viram tudo isso e, no mesmo dia, voltaram para Ecrom.

17Os cinco tumores de ouro enviados pelos filisteus ao SENHOR como oferta pela culpa eram presentes dos governantes de Asdode, Gaza, Ascalom, Gate e Ecrom. 18Os cinco ratos de ouro representavam as cinco cidades filisteias e os povoados ao redor, controlados pelos cinco governantes. A grande pedra sobre a qual a arca do SENHOR foi colocada se encontra até hoje no campo de Josué, de Bete-Semes, como testemunha do que aconteceu ali.

A arca é levada para Quiriate-Jearim

19O SENHOR matou setenta homens de Bete-Semes, porque olharam para dentro da arca do SENHOR. E o povo chorou muito por causa da grande matança. 20"Quem pode estar na presença do SENHOR, este Deus santo?", clamaram. "Para onde mandaremos a arca daqui?"

21Então enviaram mensageiros ao povo de Quiriate-Jearim e
disseram: "Os filisteus devolveram a arca do SENHOR. Venham
buscá-la!".

7 Então os homens de Quiriate-Jearim foram buscar a arca
do SENHOR. Eles a levaram até a casa de Abinadabe, numa
colina, e consagraram seu filho Eleazar para tomar conta da
arca do SENHOR. 2A arca permaneceu em Quiriate-Jearim por
muito tempo: vinte anos no total. Durante esse período, todo o
Israel lamentava à espera de alguma ação do SENHOR.

Samuel conduz Israel à vitória

3Então Samuel disse a todo o povo de Israel: "Se, de fato,
vocês desejam de todo o coração voltar ao SENHOR, livrem-se
de seus deuses estrangeiros e de suas imagens de Astarote.
Voltem o coração para o SENHOR e obedeçam somente a ele;
então ele os livrará das mãos dos filisteus". 4Assim, os israe-
litas se desfizeram de suas imagens de Baal e de Astarote e
serviram somente ao SENHOR.
5Então Samuel lhes disse: "Reúnam todo o Israel em Mispá, e
eu orarei ao SENHOR por vocês". 6Eles se reuniram em Mispá
e tiraram água do poço e a derramaram diante do SENHOR.
Também jejuaram o dia todo e confessaram que haviam pe-
cado contra o SENHOR. (Foi em Mispá que Samuel se tornou
juiz em Israel.)
7Quando os governantes filisteus ouviram que os israelitas ha-
viam se reunido em Mispá, mobilizaram seu exército e avan-
çaram. Ao saber que os filisteus se aproximavam, os israelitas
ficaram muito assustados. 8"Não pare de clamar ao SENHOR,
nosso Deus, para que ele nos salve dos filisteus!", imploraram
a Samuel. 9Então Samuel escolheu um cordeiro que ainda ma-
mava e o ofereceu ao SENHOR como holocausto. Suplicou ao
SENHOR em favor de Israel, e o SENHOR o atendeu.
10Enquanto Samuel oferecia o holocausto, os filisteus che-
garam para atacar Israel. Naquele dia, porém, o SENHOR falou
do céu com voz poderosa de trovão, provocando pânico entre
os filisteus, e eles foram derrotados diante dos israelitas. 11Os
soldados de Israel os perseguiram desde Mispá até um lugar
abaixo de Bete-Car, matando-os ao longo do caminho.
12Então Samuel pegou uma pedra grande e a colocou entre as
cidades de Mispá e Jesana. Deu à pedra o nome de Ebenézer,
pois disse: "Até aqui o SENHOR nos ajudou!".
13Assim, os filisteus foram derrotados e não voltaram a invadir
Israel por algum tempo. Durante toda a vida de Samuel, a mão
do SENHOR esteve contra os filisteus. 14As cidades israelitas
que os filisteus tinham conquistado entre Ecrom e Gate foram
devolvidas a Israel, junto com o restante do território que os
filisteus haviam tomado. E houve paz entre Israel e os amor-
reus naqueles dias.
15Samuel continuou como juiz em Israel pelo resto de sua vida.
16A cada ano, viajava pelo território e julgava o povo de Is-
rael em três locais: primeiro em Betel, depois em Gilgal e, por
fim, em Mispá. 17Então voltava para sua casa em Ramá, de
onde liderava Israel como juiz. Ali Samuel construiu um altar
ao SENHOR.

Israel pede um rei

8 Quando Samuel ficou idoso, nomeou seus filhos para serem
juízes sobre Israel. 2Joel, seu filho mais velho, e Abias, o
segundo mais velho, julgavam em Berseba, 3mas não eram
como seu pai. Eram gananciosos, aceitavam subornos e per-
vertiam a justiça.
4Por fim, as autoridades de Israel se reuniram em Ramá para
discutir essa questão com Samuel. 5Eles disseram: "Olhe, o
senhor está idoso e seus filhos não seguem seu exemplo. Es-
colha um rei para nos julgar, como ocorre com todas as outras
nações".
6Samuel não gostou de que lhe tivessem pedido um rei e
buscou a orientação do SENHOR. 7O SENHOR lhe respondeu:
"Faça tudo que eles pedem, pois é a mim que rejeitam, e não
a você. Eles me rejeitaram como seu rei. 8Desde que os tirei
do Egito até hoje, eles têm me abandonado e seguido outros
deuses. Agora, tratam você da mesma forma. 9Faça o que eles
pedem, mas advirta-os solenemente a respeito de como o rei
os governará".

Samuel adverte o povo sobre o rei

10Então Samuel transmitiu a advertência do SENHOR ao povo
que lhe pedia um rei. 11Disse ele: "Este é o modo como o rei go-
vernará sobre vocês. Ele convocará seus filhos para servi-lo em
seus carros de guerra e como seus cavaleiros e os fará correr
à frente dos carros dele. 12Colocará alguns como generais e
capitães de seu exército, obrigará outros a arar seus campos
e a fazer as colheitas e forçará outros mais a fabricar armas e
equipamentos para os carros de guerra. 13Tomará suas filhas
e as obrigará a cozinhar, assar pães e fazer perfumes para
ele. 14Tomará de vocês o melhor de seus campos, vinhedos e
olivais e os dará aos servos dele. 15Tomará um décimo de sua
colheita de cereais e uvas para distribuir entre seus oficiais e
servos. 16Tomará seus escravos e escravas e o melhor do gado
e dos jumentos para uso próprio. 17Exigirá um décimo de seus
rebanhos, e vocês se tornarão escravos dele. 18Quando esse
dia chegar, lamentarão por causa desse rei que agora pedem,
mas o SENHOR não lhes dará ouvidos".
19Mas o povo se recusou a ouvir a advertência de Samuel.
"Mesmo assim, queremos um rei", disseram. 20"Queremos
ser como todas as nações ao nosso redor. Nosso rei nos julgará
e nos conduzirá nas batalhas."
21Samuel repetiu para o SENHOR aquilo que o povo tinha dito,
22e o SENHOR lhe respondeu: "Faça o que eles pedem e dê-lhes
um rei". Então Samuel ordenou aos israelitas que voltassem
cada um para sua cidade.

Saul e Samuel se encontram

9 Havia um homem de alta posição chamado Quis, da tribo de
Benjamim. Era filho de Abiel, filho de Zeror, filho de Beco-

rate, filho de Afia, da tribo de Benjamim. 2Seu filho Saul era o
jovem mais atraente de todo o Israel; era tão alto que os outros
chegavam apenas a seus ombros.
3Certo dia, as jumentas de Quis se perderam, e ele disse a
Saul: "Leve um servo com você e vá procurar as jumentas".
4Então Saul e o servo percorreram toda a região montanhosa
de Efraim, a terra de Salisa, a região de Saalim e toda a terra
de Benjamim, mas não encontraram as jumentas em parte
alguma.
5Por fim, chegaram à região de Zufe, e Saul disse ao servo:
"Vamos voltar para casa. Não quero que meu pai fique mais
preocupado comigo do que com as jumentas".
6O servo, porém, disse: "Tenho uma ideia! Nesta cidade mora
um homem de Deus. O povo daqui o respeita muito, pois tudo
que ele diz acontece. Vamos procurá-lo. Talvez ele possa nos
dizer para onde devemos ir".
7Saul respondeu: "Está bem, vamos! Mas não temos nada a
oferecer ao homem de Deus. Até nossa comida acabou, e não
temos nada para lhe dar em troca".
8O servo disse: "Tenho comigo uma pequena quantidade de
prata. Pelo menos poderemos oferecer isso ao homem de Deus
e ver o que acontece". 9(Naquele tempo, em Israel, quando
alguém queria receber uma mensagem de Deus, dizia: "Vamos
perguntar ao vidente", pois os profetas de hoje eram cha-
mados de videntes.)
10Saul concordou: "Está bem, vamos!". Então foram para a
cidade onde morava o homem de Deus.
11Quando subiam a colina para chegar à cidade, encontraram
algumas jovens descendo para buscar água. Então Saul e o
servo lhes perguntaram: "O vidente está aqui hoje?".
12Elas responderam: "Sim, basta seguir em frente! Mas é pre-
ciso correr, porque ele acabou de chegar à cidade para realizar
um sacrifício no lugar de adoração. 13Quando entrarem na ci-
dade, tentem encontrá-lo antes que ele suba para a refeição
no alto da colina. O povo não começará a comer até que ele
chegue para abençoar o sacrifício. Subam logo, pois é agora
que poderão encontrá-lo!".
14Então chegaram à cidade e, quando entravam pelos portões,
Samuel vinha na direção deles, subindo para o lugar de ado-
ração.
15No dia anterior à chegada de Saul, o SENHOR tinha dito a
Samuel: 16"Amanhã, por volta desta hora, enviarei a você um
homem da terra de Benjamim. Você o ungirá para ser líder do
meu povo, Israel. Ele os livrará dos filisteus, pois olhei para
meu povo com misericórdia e ouvi seu clamor".
17Quando Samuel viu Saul, o SENHOR disse: "Este é o homem de
quem lhe falei! Ele governará meu povo".
18Saul se aproximou de Samuel na entrada da cidade e per-
guntou: "O senhor pode me dizer onde fica a casa do vidente?".
19"Eu sou o vidente", respondeu Samuel. "Suba adiante de
mim até o lugar de adoração. Ali comeremos juntos e, pela
manhã, eu lhe direi o que você quer saber, e depois poderá
seguir viagem. 20E não se preocupe com as jumentas que se
perderam há três dias, pois foram encontradas. Eu lhe digo
que as esperanças de Israel estão centradas em você e sua
família!"
21Saul respondeu: "Mas sou apenas da tribo de Benjamim, a
menor das tribos de Israel, e minha família é a mais insignifi-
cante de todas as famílias dessa tribo! Por que o senhor fala
comigo dessa maneira?".
22Então Samuel levou Saul e seu servo para uma sala de jantar
e lhes deu o lugar de honra entre os convidados, cerca de trinta
pessoas. 23Em seguida, Samuel pediu ao cozinheiro: "Traga o
pedaço de carne separado para o convidado de honra!". 24O
cozinheiro trouxe a coxa do sacrifício e a colocou diante de
Saul. "Coma", disse Samuel. "Reservei este pedaço para você
desde que decidi convidar estes homens para a refeição." E
Saul comeu com Samuel naquele dia.
25Quando desceram do lugar de adoração e voltaram para
a cidade, Samuel levou Saul ao terraço da casa e preparou
uma cama para ele. 26Ao amanhecer do dia seguinte, Samuel
chamou Saul novamente: "Levante-se!", disse ele. "É hora
de seguir viagem." Saul se aprontou, e ele e Samuel saíram
juntos. 27Quando chegaram à saída da cidade, Samuel disse a
Saul que enviasse seu servo adiante. Depois que o servo partiu,
Samuel disse: "Fique aqui, pois recebi de Deus uma mensagem
para você".

Samuel unge Saul rei

10 Samuel pegou uma vasilha de óleo e o derramou sobre
a cabeça de Saul. Depois, beijou Saul e disse: "Faço isto
porque o SENHOR o nomeou como líder de Israel, sua proprie-
dade especial. 2Hoje, quando você partir, verá dois homens ao
lado do túmulo de Raquel, em Zelza, na divisa de Benjamim.
Eles lhe dirão que as jumentas foram encontradas e que seu
pai deixou de se preocupar com elas e agora está preocu-
pado com vocês, perguntando: 'Que farei para encontrar meu
filho?'.
3"Quando você chegar ao carvalho de Tabor, encontrará três
homens vindo em sua direção; estão a caminho de Betel, onde
vão adorar a Deus. Um deles estará levando três cabritos,
outro, três pães, e o terceiro, uma vasilha de couro cheia de
vinho. 4Eles o cumprimentarão e lhe oferecerão dois pães, que
você deve aceitar.
5"Quando chegar a Gibeá-Eloim, onde fica o destacamento
dos filisteus, encontrará um grupo de profetas descendo do
lugar de adoração. Virão tocando harpa, tamborim, flauta e
lira, e estarão profetizando. 6Nesse momento, o Espírito do
SENHOR virá poderosamente sobre você, e você profetizará
com eles. Será transformado numa pessoa diferente. 7Depois
que esses sinais se cumprirem, faça o que tiver de fazer, pois
Deus está com você. 8Em seguida, vá a Gilgal adiante de mim.
Eu o encontrarei ali para sacrificar holocaustos e ofertas de
paz. Espere lá durante sete dias, até eu chegar e lhe dar mais
instruções".

Os sinais mencionados se cumprem

9Assim que Saul se virou para partir, Deus lhe deu um novo co-
ração, e todos os sinais anunciados por Samuel se cumpriram
naquele dia. 10Ao chegarem a Gibeá, Saul e o servo viram um
grupo de profetas vindo em sua direção. Então o Espírito de
Deus veio poderosamente sobre Saul, e ele começou a profe-
tizar com eles. 11Quando aqueles que o conheciam souberam
disso, perguntaram uns aos outros: "O que aconteceu com o
filho de Quis? Acaso Saul também é profeta?".
12Um dos que estavam ali perguntou: "Qualquer um pode se
tornar profeta, seja quem for seu pai?". Essa é a origem do
ditado: "Acaso Saul também é profeta?".
13Depois que Saul terminou de profetizar, subiu ao lugar de
adoração. 14O tio de Saul perguntou a ele e ao servo: "Onde
vocês estavam?". Saul respondeu: "Saímos para procurar as
jumentas, mas não conseguimos encontrá-las. Então fomos a
Samuel para lhe perguntar onde elas estavam".
15"E o que foi que Samuel lhe disse?", perguntou o tio.
16"Disse que as jumentas já haviam sido encontradas", res-
pondeu Saul. Contudo, não contou ao tio o que Samuel tinha
dito sobre o reino.

Saul é proclamado rei

17Algum tempo depois, Samuel convocou todo o povo para se
reunir diante do SENHOR em Mispá. 18Disse ele aos israelitas:
"Assim diz o SENHOR, o Deus de Israel: Eu os tirei do Egito e
os livrei dos egípcios e de todas as nações que os oprimiam.
19Mas, apesar de eu ter resgatado vocês de suas angústias e
aflições, hoje vocês rejeitaram seu Deus e disseram: 'Que-
remos um rei!'. Agora, portanto, apresentem-se diante do
SENHOR, de acordo com suas tribos e seus clãs".
20Então Samuel reuniu todas as tribos de Israel, e a tribo de
Benjamim foi escolhida por sorteio. 21Em seguida, Samuel re-
uniu cada família da tribo de Benjamim, e a família de Matri
foi sorteada. Por fim, Saul, filho de Quis foi escolhido dentre
eles. Quando o procuraram, porém, não o encontraram. 22Por
isso, perguntaram ao SENHOR: "Ele já chegou?". O SENHOR
respondeu: "Está escondido no meio da bagagem". 23Eles
correram até lá e o trouxeram. Era tão alto que os outros che-
gavam apenas a seus ombros.
24Samuel disse ao povo: "Este é o homem que o SENHOR esco-
lheu para ser seu rei. Não há ninguém semelhante a ele em
todo o Israel". E todo o povo gritou: "Viva o rei!".
25Então Samuel explicou ao povo os direitos e deveres do rei.
Escreveu-os num rolo e o colocou diante do SENHOR. Depois,
mandou todo o povo para casa.
26Saul também voltou para sua casa, em Gibeá, acompanhado
por um grupo de homens cujo coração Deus tinha tocado.
27Havia, no entanto, alguns desocupados que debochavam:
"Esse sujeito nunca nos salvará!". Desprezaram Saul e se
recusaram a lhe trazer presentes. Mas Saul não lhes deu
atenção.

Saul derrota os amonitas

11 Cerca de um mês depois, Naás, rei de Amom, avançou
com seu exército contra a cidade de Jabes-Gileade. Mas
os habitantes de Jabes clamaram: "Faça um tratado conosco,
e o serviremos!".
2Então Naás disse: "Está bem, mas só com uma condição. Ar-
rancarei o olho direito de cada um de vocês como humilhação
para todo o Israel!".
3As autoridades de Jabes pediram: "Dê-nos sete dias para que
enviemos mensageiros a todo o Israel. Se ninguém vier nos
salvar, nós nos entregaremos ao rei".
4Os mensageiros chegaram a Gibeá, cidade onde Saul morava,
e relataram ao povo a difícil situação em Jabes-Gileade. Todos
choraram em alta voz. 5Quando Saul voltou à cidade, trazendo
seus bois do campo, perguntou: "O que está acontecendo?
Por que todos estão chorando?". Então contaram-lhe sobre
a mensagem de Jabes.
6O Espírito de Deus veio poderosamente sobre Saul, e ele se
enfureceu. 7Pegou dois bois, cortou-os em pedaços e enviou
mensageiros para levá-los a todo o Israel com o seguinte aviso:
"Isto é o que acontecerá aos bois de quem se recusar a seguir
Saul e Samuel na batalha!". E o terror do SENHOR caiu sobre o
povo, de modo que todos saíram para guerrear como um só
homem. 8Quando Saul os reuniu em Bezeque, viu que havia
trezentos mil homens de Israel e trinta mil homens de Judá.
9Então Saul enviou os mensageiros de volta a Jabes-Gileade
com o seguinte aviso: "Salvaremos vocês amanhã, antes do
meio-dia". Quando os habitantes de Jabes receberam a men-
sagem, houve grande alegria em toda a cidade.
10Então os homens de Jabes disseram a seus inimigos:
"Amanhã nos entregaremos a vocês, e poderão fazer co-
nosco o que desejarem". 11No dia seguinte, porém, antes do
amanhecer, Saul chegou com seu exército dividido em três
destacamentos. Atacou os amonitas de surpresa e, na hora
mais quente do dia, já os tinha derrotado completamente. O
restante do exército amonita se dispersou de tal modo que não
ficaram dois soldados juntos.
12Então o povo disse a Samuel: "Onde estão aqueles que per-
guntaram: 'Por que Saul deveria nos governar?' Tragam esses
homens aqui, e os mataremos".
13Saul, porém, respondeu: "Ninguém será morto hoje, pois
neste dia o SENHOR livrou Israel".
14Então Samuel disse ao povo: "Venham, vamos todos a Gilgal
renovar o compromisso do reino". 15Então todos foram a Gilgal
e, numa cerimônia solene diante do SENHOR, proclamaram Saul
como rei. Depois, trouxeram ao SENHOR ofertas de paz, e Saul
e todos os israelitas muito se alegraram.

O discurso de despedida de Samuel

12 Então Samuel falou a todo o Israel: "Fiz o que pediram
e lhes dei um rei. 2Agora ele é seu líder. Quanto a mim,
estou aqui diante de vocês, um homem velho e de cabelos
brancos, e meus filhos estão com vocês. Estive a seu serviço

como seu líder desde minha juventude até hoje. 3Aqui estou: testemunhem contra mim diante do SENHOR e diante do rei que ele ungiu. De quem roubei um boi ou um jumento? Acaso enganei ou oprimi alguém? De quem aceitei suborno para perverter a justiça? Digam-me, e farei restituição se cometi alguma injustiça".

4Eles responderam: "O senhor nunca nos enganou nem nos oprimiu, e nunca aceitou suborno".

5Então Samuel declarou: "Hoje o SENHOR e o rei que ele ungiu são testemunhas de que minhas mãos estão limpas". Eles responderam: "Sim, eles são testemunhas".

6E Samuel continuou: "Foi o SENHOR que escolheu Moisés e Arão e tirou seus antepassados da terra do Egito. 7Agora, fiquem aqui diante do SENHOR enquanto eu os confronto com todos os atos de justiça que o SENHOR fez por vocês e por seus antepassados.

8"Quando Israel estava no Egito e seus antepassados clamaram ao SENHOR, ele enviou Moisés e Arão para tirá-los de lá e trazê-los a esta terra. 9Mas o povo logo se esqueceu do ENHOR, seu Deus, por isso ele os entregou a Sísera, comanante do exército de Hazor, e também aos filisteus e ao rei de abe, que lutaram contra eles.

Então clamaram novamente ao SENHOR e disseram: 'Pemos quando abandonamos o SENHOR e servimos às imagens e Baal e de Astarote. Agora, se nos livrares de nossos inimigos, serviremos somente a ti'. 11O SENHOR enviou Gideão, Bedã, Jefté e Samuel para livrá-los, e vocês viveram em segurança.

12"No entanto, quando ficaram com medo de Naás, rei de Amom, vieram a mim e disseram que queriam um rei para governá-los, embora o SENHOR, seu Deus, já fosse seu rei. 13Pois bem, aqui está o rei que vocês escolheram. Vocês o pediram e o SENHOR os atendeu.

14"Agora, se temerem e servirem ao SENHOR, derem ouvidos à sua voz e não se rebelarem contra os seus mandamentos, tanto vocês como seu rei mostrarão que reconhecem que o SENHOR é seu Deus. 15Mas, se vocês se rebelarem contra os mandamentos do SENHOR e se recusarem a ouvir a sua voz, a mão do SENHOR pesará sobre vocês, como fez a seus antepassados.

16"Agora, fiquem aqui e vejam o maravilhoso feito que o SENHOR está prestes a realizar. 17Vocês sabem que não chove nesta época do ano, durante a colheita do trigo. Pedirei ao SENHOR que envie trovões e chuva forte hoje. Assim, vocês reconhecerão quão grande foi sua maldade ao pedir que o SENHOR lhes desse um rei!".

18Então Samuel clamou ao SENHOR, e o SENHOR enviou trovões e chuva forte naquele mesmo dia. E todo o povo ficou com muito medo do SENHOR e de Samuel. 19Disseram a Samuel: "Ore ao SENHOR, seu Deus, em favor de seus servos, ou morreremos! Pois, a todas as nossas faltas, acrescentamos o pecado de pedir um rei".

20"Não tenham medo", disse Samuel. "Certamente agiram mal, mas, agora, sirvam ao SENHOR de todo o coração e não se afastem dele. 21Não se desviem dele para adorar deuses sem valor que não podem ajudar ou livrar vocês; eles são completamente inúteis! 22O SENHOR não abandonará seu povo, pois isso traria desonra para seu grande nome. Pois agradou ao SENHOR fazer de vocês seu próprio povo.

23"Quanto a mim, certamente não pecarei contra o SENHOR, deixando de orar por vocês. Continuarei a lhes ensinar o que é bom e correto. 24Temam o SENHOR e sirvam a ele fielmente, de todo o coração. Pensem em todas as coisas maravilhosas que ele fez por vocês. 25Mas, se continuarem a pecar, vocês e seu rei serão destruídos."

Guerra constante contra os filisteus

13 Saul tinha 30 anos quando se tornou rei, e reinou por 42 anos.

2Saul escolheu três mil soldados do exército de Israel e mandou o restante dos homens para casa. Levou consigo dois mil desses homens a Micmás e à região montanhosa de Betel. Os outros mil foram com Jônatas, filho de Saul, para Gibeá, na terra de Benjamim.

3Logo depois disso, Jônatas atacou e derrotou o destacamento dos filisteus em Geba. A notícia se espalhou entre os filisteus. Então Saul tocou a trombeta por toda a terra, anunciando: "Ouçam bem, hebreus!". 4E todo o Israel ouviu que Saul tinha destruído o destacamento dos filisteus e que agora eles odiavam os israelitas mais que nunca. Então os soldados israelitas foram convocados para se unir a Saul em Gilgal.

5Os filisteus reuniram um exército de três mil carros de guerra, seis mil cavaleiros e tantos guerreiros como os grãos de areia na praia. Acamparam em Micmás, a leste de Bete-Áven. 6Os homens de Israel se viram em apuros e, como estavam sendo fortemente pressionados pelo inimigo, tentaram se esconder em cavernas, em matagais, entre rochas, em buracos e em cisternas. 7Alguns dos hebreus atravessaram o rio Jordão e fugiram para a terra de Gade e de Gileade.

Samuel repreende Saul

Enquanto isso, Saul permaneceu em Gilgal, e os homens que estavam com ele tremiam de medo. 8Saul esperou ali por Samuel durante sete dias, conforme Samuel o havia instruído, mas ele não chegou. Vendo que os soldados debandavam rapidamente, 9Saul ordenou: "Tragam-me o holocausto e as ofertas de paz!". E ele próprio ofereceu o holocausto.

10No exato instante em que Saul terminava de oferecer o holocausto, Samuel chegou. Saul foi ao seu encontro para cumprimentá-lo, 11mas Samuel disse: "O que você fez?". Saul respondeu: "Vi que meus homens estavam debandando, e que o senhor não chegou no prazo que havia prometido. Além disso, os filisteus estavam em Micmás, prontos para a batalha. 12Assim, pensei: 'Os filisteus estão prontos para lutar contra nós em Gilgal, e eu não pedi ajuda ao SENHOR'. Por isso me senti na obrigação de oferecer o holocausto".

13"Você agiu como um tolo!", exclamou Samuel. "Não guardou o mandamento que o SENHOR, seu Deus, lhe deu. Se tivesse

obedecido, o SENHOR teria estabelecido para sempre seu rei-
nado sobre Israel. 14Agora, porém, seu reinado não permane-
cerá, pois o SENHOR escolheu um homem segundo o coração
dele. O SENHOR já designou esse homem para ser líder de seu
povo, pois você não obedeceu ao mandamento do SENHOR."

A desvantagem militar de Israel

15Então Samuel partiu de Gilgal e subiu para Gibeá, na terra de
Benjamim. Quando Saul contou os soldados que ainda estavam
com ele, viu que havia cerca de seiscentos homens. 16Saul,
Jônatas e os soldados que estavam com eles ficaram em Geba,
na terra de Benjamim. Os filisteus acamparam em Micmás.
17Três grupos de ataque deixaram o acampamento filisteu: um
foi para o norte, em direção a Ofra, na região de Sual, 18outro
foi para oeste, a Bete-Horom, e o terceiro rumou para a fron-
teira acima do vale de Zeboim, na direção do deserto.
19Naqueles dias, não havia ferreiros na terra de Israel, pois os
filisteus não permitiam que os hebreus fizessem espadas ou
lanças. 20Assim, sempre que o povo de Israel precisava afiar
seus arados, enxadas, machados e foices, tinha de levá-los
a um ferreiro filisteu. 21O custo para afiar um arado ou uma
enxada era de oito gramas de prata, e, para afiar um ma-
chado, uma foice ou a ponta de ferro de uma vara de tocar
bois, quatro gramas. 22Por isso, no dia da batalha, ninguém em
Israel tinha espada ou lança, exceto Saul e Jônatas.
23Nesse meio-tempo, os filisteus mandaram um destacamento
para o desfiladeiro de Micmás.

O plano audacioso de Jônatas

14 Certo dia, Jônatas, filho de Saul, disse a seu escudeiro:
"Venha, vamos ao lugar onde fica o destacamento dos
filisteus". Mas Jônatas não contou a seu pai o que pretendia
fazer.
2Enquanto isso, Saul estava acampado nos arredores de Gibeá,
em volta da árvore de romãs em Migrom, junto com cerca de
seiscentos homens. 3Entre eles estava Aías, o sacerdote, que
levava o colete sacerdotal. Aías era filho de Aitube, irmão de
Icabode, filho de Fineias, filho de Eli, que tinha servido como
sacerdote do SENHOR em Siló. Ninguém percebeu que Jônatas
havia saído do acampamento. 4Para chegar ao destacamento
dos filisteus, teve de passar por entre dois penhascos; um se
chamava Bozez, e o outro, Sené. 5Um ficava ao norte, de frente
para Micmás, e o outro, ao sul, de frente para Geba. 6Jônatas
disse a seu escudeiro: "Vamos atravessar até o destacamento
daqueles incircuncisos! Quem sabe o SENHOR nos ajudará, pois
nada pode deter o SENHOR. Ele pode vencer com muitos guer-
reiros e, também, com apenas uns poucos!".
7"Faça o que lhe parecer melhor", respondeu o escudeiro. "Eu
o seguirei para onde o senhor for!"
8"Pois bem", disse Jônatas. "Vamos atravessar e deixar que
nos vejam. 9Se disserem: 'Fiquem onde estão, ou mataremos
vocês', ficaremos parados e não iremos até eles. 10Mas, se
disserem: 'Subam até aqui e lutem', então subiremos. Será
sinal de que o SENHOR os entregará em nossas mãos."
11Quando os filisteus os viram chegando, gritaram: "Vejam!
Os hebreus estão saindo dos buracos onde estavam escon-
didos!". 12Então os homens do destacamento gritaram para
Jônatas e seu escudeiro: "Subam até aqui, e nós lhes daremos
uma lição!". "Venha, suba logo atrás de mim", disse Jônatas
a seu escudeiro. "O SENHOR entregou os filisteus nas mãos
de Israel!"
13Então subiram usando os pés e as mãos. Jônatas derrubava
os filisteus e, atrás dele, seu escudeiro os matava. 14Mataram,
no total, cerca de vinte homens, numa pequena porção de
terra.
15De repente, o pânico tomou conta do exército filisteu, tanto
no acampamento como no campo, e também nos destaca-
mentos e nos grupos de ataque. Naquele instante, houve um
terremoto, e todos se encheram de terror.

Israel derrota os filisteus

16As sentinelas de Saul em Gibeá de Benjamim viram que o
imenso exército dos filisteus começou a debandar em todas
as direções. 17Saul ordenou ao povo: "Façam a chamada e
verifiquem quem está faltando!". Quando fizeram a chamada,
descobriram que Jônatas e seu escudeiro não estavam ali.
18Então Saul gritou para Aías: "Traga o colete sacerdotal!",
pois, naquele tempo, Aías usava o colete sacerdotal diante dos
israelitas. 19Enquanto Saul falava com o sacerdote, o tumulto
e a gritaria no acampamento dos filisteus aumentaram. Então
Saul disse ao sacerdote: "Não precisa mais usar o colete!".
20Então Saul e todos os soldados correram para a batalha e
encontraram os filisteus matando uns aos outros. Havia grande
confusão por toda parte. 21Até os hebreus que antes haviam
desertado para o lado dos filisteus se rebelaram e se uniram
a Saul, a Jônatas e ao restante dos israelitas. 22Quando os
homens de Israel que haviam se escondido na região monta-
nhosa de Efraim ouviram que os filisteus fugiam, também os
perseguiram. 23Assim, o SENHOR livrou Israel naquele dia, e a
batalha continuou até além de Bete-Áven.

O juramento insensato de Saul

24Os homens de Israel estavam exaustos naquele dia, pois Saul
lhes havia imposto este juramento: "Maldito seja aquele que
comer antes do anoitecer, antes de eu ter me vingado intei-
ramente de meus inimigos". Por isso, ninguém comeu nada o
dia todo, 25embora tivessem encontrado favos de mel no chão
do bosque. 26Não se atreveram a provar o mel, pois temiam o
juramento exigido por Saul.
27Jônatas, porém, não sabendo do juramento de seu pai, en-
fiou a ponta de uma vara num favo e comeu o mel. Depois de
comer, recuperou as forças. 28Vendo isso, um dos soldados
lhe disse: "Seu pai obrigou o exército a fazer um juramento
severo, pelo qual quem comer alguma coisa hoje será maldito.
Por isso todos estão exaustos".

29“Meu pai trouxe desgraça sobre o povo!”, exclamou Jônatas.
“Vejam como recuperei as forças depois de provar um pouco
de mel. 30Se os homens tivessem recebido permissão para
comer à vontade do alimento que encontraram entre os ini-
migos, imaginem quantos filisteus mais teríamos matado!”
31Os israelitas perseguiram e mataram filisteus o dia todo,
desde Micmás até Aijalom, e ficaram cada vez mais enfraque-
cidos. 32Naquela noite, tomaram apressadamente os despojos
da batalha; mataram ovelhas, bois e bezerros e comeram a
carne com sangue. 33Alguém foi dizer a Saul: “Veja, os sol-
dados estão pecando contra o SENHOR, comendo carne com
sangue”. “Vocês cometeram um grande pecado!”, disse Saul.
“Procurem uma pedra grande e tragam-na para cá. 34Depois,
saiam entre os soldados e digam-lhes: ‘Tragam os bois e as
ovelhas até aqui! Abatam os animais e deixem o sangue es-
correr antes de comer. Não pequem contra o SENHOR, comendo
carne ainda com sangue’.” Naquela noite, portanto, todos os
soldados levaram os animais e os abateram ali. 35Então Saul
construiu um altar para o SENHOR; foi o primeiro altar que ele
construiu para o SENHOR.
36Depois Saul disse: “Vamos perseguir os filisteus a noite toda,
saqueá-los até o amanhecer e destruir até o último deles”.
Seus homens responderam: “Faremos o que o rei achar me-
lhor”. O sacerdote, porém, disse: “Primeiro vamos consultar
Deus”.
37Então Saul perguntou a Deus: “Devemos ir atrás dos filisteus?
Tu os entregarás nas mãos de Israel?”. Mas Deus não lhe res-
pondeu naquele dia.
38Então Saul ordenou: “Todos os comandantes do exército,
apresentem-se a mim! Descubram como e por que aconteceu
esse pecado! 39Tão certo como vive o SENHOR, aquele que res-
gatou Israel, o culpado morrerá, mesmo que seja meu filho
Jônatas!”. Contudo, ninguém lhe disse nada.
40Saul disse a todo o Israel: “Jônatas e eu ficaremos aqui, e
todos vocês ficarão ali”. E os homens responderam: “Faça o
que o rei achar melhor”.
41Em seguida, Saul orou: “Ó SENHOR, o Deus de Israel, mostra-
-nos quem é culpado e quem é inocente”. Por sorteio, Jônatas
e Saul foram escolhidos como sendo os culpados, e o povo foi
declarado inocente.
42Saul disse: “Façam outro sorteio entre mim e Jônatas”. E
Jônatas foi escolhido como o culpado.
43“Diga-me o que você fez”, ordenou Saul. “Provei um pouco
de mel”, confessou Jônatas. “Foi apenas uma pequena
porção, na ponta de minha vara. Estou pronto para morrer!”
44Então Saul disse: “Sim, Jônatas, você deve morrer. Que Deus
me castigue severamente se você não for morto por isso”.
45Os soldados, porém, disseram a Saul: “Jônatas conquistou
esta grande vitória para Israel. Acaso ele deve morrer? De ma-
neira nenhuma! Tão certo como o SENHOR vive, ninguém tocará
num fio de cabelo da cabeça dele, pois hoje Deus o ajudou a
realizar um grande feito”. E assim o povo salvou Jônatas da
morte.
46Então Saul deixou de perseguir os filisteus, e eles voltaram
para sua terra.

As vitórias militares de Saul

47Depois que Saul havia se firmado como rei de Israel, lutou
contra seus inimigos ao redor: contra Moabe, Amom e Edom,
contra os reis de Zobá e contra os filisteus. E, para qualquer
lado que se voltava, era vitorioso. 48Realizou grandes feitos e
derrotou os amalequitas, livrando Israel de todos que o haviam
saqueado.
49Os filhos de Saul eram Jônatas, Isbosete e Malquisua.
Também tinha duas filhas: Merabe, a mais velha, e Mical, a
mais nova. 50A esposa de Saul se chamava Ainoã, filha de Ai-
maás. O comandante do exército de Saul era Abner, filho de
Ner, tio de Saul. 51Quis, pai de Saul, e Ner, pai de Abner, eram
filhos de Abiel.
52Os israelitas lutaram ferrenhamente contra os filisteus du-
rante toda a vida de Saul. Por isso, sempre que Saul via um
jovem forte e valente, logo o convocava para seu exército.

Saul derrota os amalequitas

15 Certo dia, Samuel disse a Saul: “Foi o SENHOR que me
enviou para ungi-lo rei de seu povo, Israel. Agora ouça
esta mensagem do SENHOR! 2Assim diz o SENHOR dos Exércitos:
Resolvi acertar as contas com a nação de Amaleque por ter se
colocado contra Israel quando o povo saía do Egito. 3Agora
vá e destrua completamente a nação amalequita: homens,
mulheres, crianças, recém-nascidos, gado, ovelhas, camelos
e jumentos”.
4Então Saul reuniu seu exército em Telaim. Havia duzentos mil
soldados de Israel e dez mil homens de Judá. 5Em seguida,
Saul e o exército foram à cidade dos amalequitas e armaram
uma emboscada no vale. 6Saul mandou este aviso aos que-
neus: “Afastem-se de onde vivem os amalequitas, para que
não morram com eles, pois vocês demonstraram bondade a
todos os israelitas quando eles saíram do Egito”. Então os
queneus saíram do meio dos amalequitas.
7Saul atacou e derrotou os amalequitas desde Havilá até Sur, a
leste do Egito. 8Capturou Agague, o rei amalequita, e destruiu
completamente todo o povo. 9Saul e seus homens pouparam
a vida de Agague, bem como o melhor das ovelhas, do gado,
dos bezerros gordos e dos cordeiros. Destruíram apenas o que
não tinha valor ou que era de qualidade inferior.

O SENHOR rejeita Saul

10Então o SENHOR disse a Samuel: 11“Arrependo-me de ter co-
locado Saul como rei, pois ele se afastou de mim e se recusou
a obedecer às minhas ordens”. Samuel ficou tão frustrado ao
ouvir essas palavras que clamou ao SENHOR a noite toda.
12Na manhã seguinte, bem cedo, Samuel foi procurar Saul.
Alguém lhe disse: “Saul foi para a região do Carmelo, onde
levantou um monumento para si próprio; depois, seguiu para
Gilgal”.

13Quando Samuel finalmente o encontrou, Saul o cumprimentou com alegria: "Que o SENHOR o abençoe!", disse Saul. "Cumpri a ordem do SENHOR!"

14Samuel perguntou: "Então o que é esse balido de ovelhas e esse mugido de bois que estou ouvindo?"

15Saul respondeu: "É verdade que os soldados pouparam o melhor das ovelhas e dos bois que pertenciam aos amalequitas. Mas eles vão sacrificá-los ao SENHOR, seu Deus. Quanto ao resto, destruímos tudo".

16Então Samuel disse a Saul: "Basta! Ouça o que o SENHOR me disse na noite passada". "O que foi?", perguntou Saul.

17Samuel respondeu: "Embora a seus próprios olhos você se considerasse insignificante, não se tornou o líder das tribos de Israel? Sim, o SENHOR o ungiu rei sobre o povo! 18Então o SENHOR o enviou numa missão e disse: 'Vá e destrua completamente aqueles pecadores, os amalequitas. Lute contra eles até exterminá-los'. 19Por que você não obedeceu ao SENHOR? Por que tomou apressadamente os despojos e fez o que era mau aos olhos do SENHOR?".

20"Mas eu obedeci ao SENHOR!", insistiu Saul. "Cumpri a missão de que ele me encarregou. Trouxe o rei Agague, mas destruí todos os outros amalequitas. 21Então meus soldados trouxeram o melhor das ovelhas e dos bois, bem como o melhor dos despojos, a fim de sacrificá-los ao SENHOR, seu Deus, em Gilgal."

22Samuel respondeu: "O que agrada mais ao SENHOR: holocaustos e sacrifícios ou obediência à voz dele? Ouça! A obediência é melhor que o sacrifício, e a submissão é melhor que ofertas de gordura de carneiros.

23A rebeldia é um pecado tão grave quanto a feitiçaria, e persistir no erro é um mal tão grave quanto adorar ídolos. Assim como você rejeitou a ordem do SENHOR, ele o rejeitou como rei".

Saul suplica por perdão

24Então Saul confessou: "Sim, pequei! Desobedeci às suas instruções e à ordem do SENHOR, pois tive medo do povo e fiz o que eles exigiram. 25Agora, imploro que perdoe meu pecado e volte comigo, para que eu possa adorar o SENHOR!".

26Samuel, porém, respondeu: "Não voltarei com você! Uma vez que você rejeitou a ordem do SENHOR, ele o rejeitou como rei de Israel".

27Quando Samuel se virou para ir embora, Saul tentou detê-lo segurando a barra de seu manto, que se rasgou. 28Então Samuel lhe disse: "Hoje o SENHOR rasgou de você o reino de Israel e o entregou a outro, alguém melhor que você. 29E aquele que é a Glória de Israel não mente nem se arrepende, pois não é ser humano para se arrepender!".

30Saul implorou novamente: "Sei que pequei! Mas, por favor, pelo menos honre-me diante das autoridades de meu povo e diante de Israel ao voltar comigo, para que eu possa adorar o SENHOR, seu Deus!". 31Por fim, Samuel concordou e voltou com ele, e Saul adorou o SENHOR.

Samuel executa o rei Agague

32Então Samuel disse: "Traga-me Agague, rei dos amalequitas". Agague veio cheio de esperança, pois pensou: "Com certeza a ira deles já passou, e eu fui poupado!". 33Mas Samuel disse: "Assim como sua espada matou os filhos de muitas mães, agora sua mãe ficará sem o filho". E Samuel cortou Agague em pedaços diante do SENHOR em Gilgal.

34Depois, Samuel foi para Ramá, e Saul voltou para casa em Gibeá, sua cidade. 35Até o dia em que morreu, Samuel não voltou a ver Saul, embora sempre lamentasse o que aconteceu com ele. E o SENHOR se arrependeu de ter estabelecido Saul como rei de Israel.

Samuel unge Davi rei

16 O SENHOR disse a Samuel: "Você já lamentou o suficiente por Saul. Eu o rejeitei como rei de Israel. Agora, encha uma vasilha com óleo e vá a Belém. Procure um homem chamado Jessé, que vive ali, pois escolhi um dos filhos dele para ser rei".

2"Como posso fazer isso?", perguntou Samuel. "Se Saul ficar sabendo, me matará." O SENHOR respondeu: "Leve um novilho com você e diga: 'Vim oferecer um sacrifício ao SENHOR'. 3Convide Jessé para o sacrifício, e eu lhe mostrarei o que você deve fazer e qual dos filhos dele deve ungir para mim".

4Samuel fez o que o SENHOR disse. Quando chegou a Belém, as autoridades da cidade foram encontrá-lo, tremendo de medo. "O senhor vem em paz?", perguntaram.

5"Sim", respondeu Samuel. "Vim oferecer um sacrifício ao SENHOR. Purifiquem-se e venham comigo para o sacrifício." Então Samuel realizou a cerimônia para purificar Jessé e seus filhos e também os convidou para o sacrifício.

6Quando chegaram, Samuel olhou para Eliabe e pensou: "Com certeza este é o homem que o SENHOR ungirá!".

7O SENHOR, porém, disse a Samuel: "Não o julgue pela aparência nem pela altura, pois eu o rejeitei. O SENHOR não vê as coisas como o ser humano as vê. As pessoas julgam pela aparência exterior, mas o SENHOR olha para o coração".

8Então Jessé chamou seu filho Abinadabe e o levou até Samuel. Ele, porém, disse: "Não foi este que o SENHOR escolheu". 9Em seguida, Jessé chamou Simeia, mas Samuel disse: "Também não foi este que o SENHOR escolheu". 10Da mesma forma, todos os sete filhos de Jessé foram apresentados a Samuel. Mas Samuel disse a Jessé: "O SENHOR não escolheu nenhum deles". 11Então Samuel perguntou: "São estes todos os seus filhos?". Jessé respondeu: "Ainda tenho o mais novo, mas ele está no campo, tomando conta do rebanho". "Mande chamá-lo", disse Samuel. "Não nos sentaremos para comer enquanto ele não chegar."

12Jessé mandou chamá-lo. Era um jovem ruivo, de boa aparência e olhos bonitos. E o SENHOR disse: "É este; levante-se e unja-o com óleo".

13Enquanto Davi estava entre seus irmãos, Samuel pegou a

vasilha com óleo que havia trazido e o ungiu. A partir daquele
dia, o Espírito do SENHOR veio poderosamente sobre Davi. De-
pois disso, Samuel voltou a Ramá.

Davi serve na corte de Saul

14 O Espírito do SENHOR se retirou de Saul, e o SENHOR enviou um
espírito maligno, que o atormentava.
15 Os servos de Saul lhe disseram: "Um espírito maligno en-
viado por Deus está atormentando o senhor. 16 Permita que
procuremos um bom músico para tocar harpa sempre que o
espírito o afligir. Ele tocará música para acalmar o senhor e o
fará sentir-se melhor".
17 "Está bem", respondeu Saul. "Encontrem alguém que saiba
tocar bem e tragam-no para cá."
18 Um dos servos disse a Saul: "Um dos filhos de Jessé, de
Belém, sabe tocar harpa. Além disso, é um rapaz corajoso,
apto para ir à guerra, e tem bom senso. Também é moço de
boa aparência, e o SENHOR está com ele".
19 Então Saul enviou mensageiros a Jessé para lhe dizer: "En-
vie-me seu filho Davi, o pastor de ovelhas". 20 Jessé enviou Davi
a Saul e, com ele, mandou um jumento carregado de pão, um
cabrito e uma vasilha de couro cheia de vinho.
21 Davi se apresentou a Saul e começou a servi-lo. Saul gostou
muito de Davi e o tornou seu escudeiro.
22 Então Saul enviou uma mensagem a Jessé, pedindo: "Deixe
que Davi continue a meu serviço, pois estou muito satisfeito
com ele".
23 Assim, sempre que o espírito maligno enviado por Deus
afligia Saul, Davi tocava a harpa. Saul se sentia melhor, e o
espírito se retirava dele.

Golias desafia os israelitas

17 Os filisteus reuniram seu exército para a batalha e acam-
param em Efes-Damim, entre Socó, em Judá, e Azeca.
2 Em resposta, Saul reuniu as tropas israelitas perto do vale de
Elá. 3 Assim, os filisteus e os israelitas ficaram frente a frente,
em colinas opostas, com o vale entre eles.
4 Então Golias, um guerreiro filisteu de Gate, saiu das fileiras
do exército filisteu. Ele tinha 2,90 metros de altura, 5 usava
um capacete de bronze e vestia uma couraça de escamas de
bronze que pesava sessenta quilos. 6 Também usava caneleiras
de bronze e carregava no ombro um dardo de bronze. 7 A haste
de sua lança era pesada e grossa, como o eixo de um tear, e
a ponta de ferro da lança pesava cerca de sete quilos. Seu
escudeiro caminhava à frente dele.
8 Golias parou e gritou para as tropas israelitas: "Por que
saíram todos para lutar? Eu sou filisteu, e vocês são servos de
Saul. Escolham um homem para vir aqui e lutar comigo! 9 Se
ele me matar, seremos seus escravos. Mas, se eu o matar,
vocês serão nossos escravos! 10 Desafio hoje os exércitos de
Israel. Mandem um homem para lutar comigo!". 11 Quando
Saul e os israelitas ouviram isso, ficaram aterrorizados e
muito abalados.

Jessé envia Davi ao acampamento de Saul

12 Davi era filho de Jessé, efrateu de Belém, na terra de Judá.
Na época do rei Saul, Jessé já era idoso e tinha oito filhos. 13 Os
três filhos mais velhos de Jessé — Eliabe, Abinadabe e Simeia
— haviam se alistado no exército de Saul para lutar contra os
filisteus. 14 Davi era o mais novo. Seus três irmãos mais velhos
seguiam o exército de Saul, 15 enquanto Davi ia e voltava para
ajudar seu pai a cuidar das ovelhas em Belém.
16 Durante quarenta dias, pela manhã e à tarde, o guerreiro fi-
listeu se apresentava diante do exército israelita e o desafiava.
17 Um dia, Jessé disse a Davi: "Leve depressa para seus irmãos
que estão no acampamento este cesto com grãos tostados
e estes dez pães. 18 Leve também estes dez queijos para o
capitão deles. Veja como estão seus irmãos e traga notícias
deles". 19 Os irmãos de Davi estavam com Saul e o exército
israelita no vale de Elá, lutando contra os filisteus.
20 Davi deixou as ovelhas com outro pastor e, na manhã se-
guinte, partiu bem cedo com os presentes, como Jessé havia
ordenado. Chegou ao acampamento quando o exército israe-
lita saía para o campo de batalha com gritos de guerra. 21 Logo,
filisteus e israelitas estavam frente a frente, exército contra
exército. 22 Davi deixou suas coisas com o responsável pelos
suprimentos e correu até a frente de batalha para saudar seus
irmãos. 23 Enquanto falava com eles, Golias, o guerreiro filisteu
de Gate, saiu das fileiras do exército filisteu. Davi o ouviu gritar
seu desafio habitual.
24 Quando os israelitas viram Golias, começaram a fugir, apa-
vorados. 25 "Vocês viram aquele homem?", perguntavam uns
aos outros. "Ele sai todos os dias para desafiar Israel. O rei
ofereceu uma grande recompensa para quem o matar. Dará
uma de suas filhas como esposa e isentará toda a família dele
de pagar impostos!"
26 Então Davi perguntou aos soldados que estavam por perto:
"O que receberá o homem que matar esse filisteu e acabar
com suas provocações contra Israel? Afinal de contas, quem
é esse filisteu incircunciso para desafiar os exércitos do Deus
vivo?".
27 Os soldados repetiram o que tinham dito e confirmaram:
"Sim, essa será a recompensa para quem o matar".
28 Quando Eliabe, irmão mais velho de Davi, o ouviu falando
com os soldados, ficou furioso e perguntou: "O que você está
fazendo aqui? Não devia estar tomando conta daquelas poucas
ovelhas? Conheço sua arrogância e suas más intenções. Você
quer apenas ver a batalha!".
29 "O que eu fiz agora?", disse Davi. "Só fiz uma pergunta!"
30 Então foi até outros soldados, fez a mesma pergunta e re-
cebeu a mesma resposta. 31 Alguém contou ao rei Saul o que
Davi tinha dito, e o rei mandou chamá-lo.

Davi mata Golias

32 Davi disse a Saul: "Ninguém se preocupe por causa desse
filisteu. Seu servo vai lutar contra ele".

33Saul respondeu: "Você não conseguirá lutar contra esse fi-
listeu e vencer! É apenas um rapaz, e ele é guerreiro desde a
juventude".
34Davi, porém insistiu: "Tomo conta das ovelhas de meu pai e,
quando um leão ou um urso aparece para levar um cordeiro do
rebanho, 35vou atrás dele com meu cajado e tiro o cordeiro de
sua boca. Se o animal me ataca, eu o seguro pela mandíbula
e dou golpes nele com o cajado até ele morrer. 36Fiz isso com
o leão e o urso, e farei o mesmo com esse filisteu incircunciso,
pois ele desafiou os exércitos do Deus vivo!". 37E disse ainda:
"O SENHOR que me livrou das garras do leão e do urso também
me livrará desse filisteu!". Por fim, Saul consentiu. "Está bem,
então vá", disse. "E que o SENHOR esteja com você!"
38Então Saul deu a Davi sua própria armadura, incluindo uma
couraça e um capacete de bronze. 39Davi prendeu a espada
sobre a armadura e tentou dar alguns passos, pois nunca tinha
usado essas coisas. "Não consigo andar com tudo isso, pois
não estou acostumado", disse a Saul, e tirou a armadura.
40Pegou cinco pedras lisas de um riacho e as colocou em sua
bolsa de pastor. Armado apenas com seu cajado e sua funda,
foi enfrentar o filisteu.
41Golias, com seu escudeiro à frente, caminhava em direção a
Davi, 42rindo com desprezo do belo jovem ruivo. 43Gritou para
Davi: "Por acaso sou um cão para que você venha a mim com
um pedaço de pau?". E amaldiçoou Davi em nome de seus
deuses. 44"Venha cá, e darei sua carne às aves e aos animais
selvagens!", berrou Golias.
45Davi respondeu ao filisteu: "Você vem a mim com uma es-
pada, uma lança e um dardo, mas eu vou enfrentá-lo em nome
do SENHOR dos Exércitos, o Deus dos exércitos de Israel, que
você desafiou. 46Hoje o SENHOR entregará você em minhas
mãos, e eu o matarei e cortarei sua cabeça. Então darei os
cadáveres de seus homens às aves e aos animais selvagens,
e o mundo todo saberá que há Deus em Israel! 47E todos que
estão aqui reunidos saberão que o SENHOR salva seu povo, mas
não com espada nem com lança. A batalha é do SENHOR, e ele
entregará vocês em nossas mãos!".
48Quando o filisteu se aproximou para atacar, Davi foi correndo
enfrentá-lo. 49Enfiou a mão na bolsa, pegou uma pedra e ati-
rou-a com sua funda. A pedra acertou o filisteu na testa e ficou
encravada ali. E Golias caiu com o rosto em terra.
50Assim, Davi venceu o filisteu e o matou com apenas uma
funda e uma pedra, pois não tinha espada. 51Em seguida,
correu até o filisteu, puxou da bainha a espada dele e a usou
para matá-lo e cortar-lhe a cabeça.

Israel derrota os filisteus

Quando os filisteus viram que seu melhor guerreiro estava
morto, deram meia-volta e fugiram. 52Os soldados de Israel
e de Judá soltaram um forte grito de vitória e perseguiram os
filisteus até Gate e até os portões de Ecrom. E os corpos dos
filisteus mortos e feridos ficaram espalhados pelo caminho de
Saarim até Gate e Ecrom. 53Então o exército israelita voltou
e saqueou o acampamento abandonado dos filisteus. 54(Davi
levou a cabeça do filisteu para Jerusalém, mas guardou as
armas dele em sua própria tenda.)
55Quando Saul viu Davi sair para lutar contra os filisteus, per-
guntou a Abner, o comandante de seu exército: "Abner, quem
é o pai desse rapaz?". "Não faço ideia, ó rei!", disse Abner.
56"Então descubra quem é o pai dele!", ordenou.
57Assim que Davi voltou, depois de matar Golias, Abner o levou
a Saul. Ele ainda carregava a cabeça do filisteu em suas mãos.
58Saul perguntou: "Quem é seu pai, meu rapaz?". E Davi res-
pondeu: "Sou filho de Jessé, que vive em Belém".

Saul tem inveja de Davi

18 Depois que Davi terminou de falar com Saul, formou-se de
imediato um forte laço de amizade entre ele e Jônatas,
filho do rei, por causa do amor que Jônatas tinha por Davi.
2A partir daquele dia, Saul manteve Davi consigo e não o deixou
voltar para a casa de seu pai. 3Jônatas assumiu um compro-
misso solene com Davi, pois o amava como a si mesmo. 4Para
selar essa aliança, Jônatas tirou seu manto e o entregou a
Davi, junto com sua armadura, sua espada, seu arco e seu
cinturão.
5Davi cumpria com êxito todas as missões de que Saul o encar-
regava. Então Saul lhe deu uma posição de comando no exér-
cito, o que agradou tanto ao povo como aos oficiais de Saul.
6Quando o exército israelita regressou vitorioso, depois que
Davi matou o gigante filisteu, mulheres de todas as cidades
saíram ao encontro do rei Saul. Cantavam e dançavam de
alegria, com tamborins e címbalos. 7Esta era a canção: "Saul
matou milhares, e Davi, dezenas de milhares!".
8Saul ficou indignado com essas palavras. "O que é isso?",
disse ele. "Atribuem a Davi dezenas de milhares, e a mim,
apenas milhares? Só falta o declararem rei!" 9Daquele mo-
mento em diante, Saul começou a olhar para Davi com sus-
peita.
10No dia seguinte, um espírito maligno enviado por Deus se
apoderou de Saul, e ele começou a delirar em sua casa, como
se fosse louco. Davi tocava a harpa, como fazia todos os dias.
Mas Saul tinha uma lança na mão 11e, de repente, atirou-a
contra Davi, com a intenção de encravá-lo na parede. Davi,
porém, escapou duas vezes.
12Saul tinha medo de Davi, pois o SENHOR o havia abandonado
e agora estava com Davi. 13Por fim, Saul o afastou de sua pre-
sença e o nomeou comandante de mil soldados, e Davi con-
duzia as tropas vitoriosamente nas batalhas.
14Davi continuou a ter êxito em tudo que fazia, pois o SENHOR
estava com ele. 15Quando Saul viu isso, teve ainda mais medo.
16Mas todo o Israel e todo o Judá amavam Davi, porque ele
conduzia as tropas vitoriosamente nas batalhas.

Davi se casa com a filha de Saul

17Certo dia, Saul disse a Davi: "Estou pronto a lhe dar minha
filha mais velha, Merabe, por esposa. Antes, porém, sirva-me

como um guerreiro valente, lutando nas batalhas do SENHOR".
Pois Saul pensou: "Em vez de matá-lo eu mesmo, vou enviá-lo
aos filisteus, e eles o matarão".
18Davi, porém, respondeu a Saul: "Quem sou eu, e quem é
minha família em Israel para que eu me torne genro do rei?".
19Assim, quando chegou o tempo de Saul dar sua filha Merabe
em casamento a Davi, ele a deu a Adriel, um homem de Meolá.
20Contudo, a outra filha de Saul, Mical, amava Davi, e Saul
ficou contente quando soube disso. 21"É mais uma oportuni-
dade de os filisteus matarem Davi!", pensou ele. Para Davi,
porém, ele disse: "Você tem mais uma oportunidade de se
tornar meu genro".
22Então Saul instruiu seus servos a dizerem a Davi, em parti-
cular: "O rei gosta muito de você, e nós também. Por que não
aceita a oferta do rei e se torna genro dele?".
23Quando disseram isso a Davi, ele respondeu: "Como um
homem pobre e de família humilde terá condições de pagar o
dote da filha de um rei?".
24Então os homens de Saul contaram-lhe o que Davi disse, 25e
Saul respondeu: "Digam a Davi que o único dote que quero são
cem prepúcios de filisteus! Desejo apenas me vingar de meus
inimigos". Mas Saul planejava que Davi fosse morto na luta.
26Quando os servos de Saul trouxeram essa notícia a Davi, ele
aceitou a oferta de bom grado. Antes do prazo estipulado,
27ele e seus homens saíram e mataram duzentos filisteus.
Davi cumpriu a exigência para tornar-se genro do rei, tra-
zendo-lhe os prepúcios. Então Saul deu sua filha Mical por
esposa a Davi.
28Quando Saul percebeu que o SENHOR estava com Davi, e viu
como sua filha Mical o amava, 29temeu Davi ainda mais e con-
tinuou a ser inimigo dele pelo resto de sua vida.
30Sempre que os comandantes dos filisteus atacavam, Davi era
mais bem-sucedido contra eles que todos os outros oficiais de
Saul. Assim, o nome de Davi se tornou muito famoso.

Saul tenta matar Davi

19 Saul instigou seus servos e seu filho Jônatas a matarem
Davi. Mas Jônatas, por causa de seu grande afeto por
Davi, 2contou-lhe os planos de Saul. "Meu pai busca uma opor-
tunidade para matá-lo", disse ele. "Amanhã cedo você precisa
encontrar um lugar para se esconder. 3Pedirei a meu pai que
saia comigo até o campo e falarei com ele a seu respeito.
Então lhe contarei tudo que conseguir descobrir."
4Na manhã seguinte, Jônatas falou com seu pai sobre Davi e
disse muitas coisas boas a respeito dele. "O rei não deve pecar
contra seu servo Davi", disse Jônatas. "Ele nunca fez nada
para prejudicá-lo. Sempre o ajudou como pôde. 5O senhor se
esqueceu da ocasião em que ele arriscou a vida para matar o
guerreiro filisteu e, assim, o SENHOR deu grande vitória a Is-
rael? Certamente o senhor se alegrou naquela ocasião. Então
por que pecar matando um homem inocente como Davi? Não
há motivo algum para isso!"
6Saul atendeu Jônatas e jurou: "Tão certo como o SENHOR vive,
Davi não será morto".
7Depois Jônatas chamou Davi e contou-lhe o que havia aconte-
cido. Em seguida, levou Davi até Saul, e Davi voltou a servi-lo,
como antes.
8Houve guerra novamente, e Davi conduziu as tropas contra os
filisteus. Ele os atacou e os derrotou com tamanha fúria que
eles bateram em retirada.
9Um dia, porém, quando Saul estava sentado em casa, com
uma lança na mão, outra vez o espírito maligno enviado pelo
SENHOR se apoderou dele. Enquanto Davi tocava sua harpa,
10Saul atirou a lança em sua direção, mas Davi se desviou e a
lança encravou na parede. Naquela mesma noite, Davi fugiu
e conseguiu escapar.

Mical salva a vida de Davi

11Saul enviou soldados para vigiar a casa de Davi e matá-lo
quando ele saísse na manhã seguinte. Mical, porém, esposa
de Davi, o alertou: "Se você não fugir esta noite, pela manhã
estará morto!". 12Então ela o ajudou a descer por uma janela,
e ele correu e escapou. 13Em seguida, Mical pegou um ídolo do
lar, colocou-o na cama, cobriu-o com um cobertor e pôs uma
almofada de pelos de cabra na cabeceira.
14Quando os oficiais de Saul vieram prender Davi, Mical lhes
disse que ele estava doente e não podia sair da cama.
15Saul, porém, enviou os oficiais de volta para prenderem Davi.
"Tragam-no aqui com cama e tudo, para que eu o mate!", or-
denou. 16Mas, quando chegaram para levar Davi, descobriram
que na cama havia apenas um ídolo do lar, com uma almofada
de pelos de cabra na cabeceira.
17Saul perguntou a Mical: "Por que você me traiu e deixou meu
inimigo escapar?". "Fui obrigada a deixá-lo fugir", respondeu
Mical. "Ele ameaçou me matar se eu não o ajudasse."
18Assim, Davi escapou e foi a Ramá para encontrar-se com
Samuel e contou-lhe tudo que Saul havia feito. Então Davi foi
morar com Samuel em Naiote. 19Quando Saul foi informado de
que Davi estava em Naiote, em Ramá, 20enviou oficiais para o
prenderem. Chegando lá, viram Samuel à frente de um grupo
de profetas que profetizavam. Então o Espírito de Deus se
apoderou dos oficiais de Saul, e eles também começaram a
profetizar. 21Quando Saul ouviu o que havia acontecido, en-
viou outros oficiais, mas eles também profetizaram. A mesma
coisa aconteceu com um terceiro grupo. 22Por fim, o próprio
Saul foi a Ramá e chegou ao grande poço no lugar chamado
Seco. "Onde estão Samuel e Davi?", perguntou ele. Alguém
informou: "Estão em Naiote, em Ramá".
23Mas, no caminho para Naiote, em Ramá, o Espírito de
Deus veio até mesmo sobre Saul, e ele também profetizou
até chegar a Naiote. 24Saul rasgou suas roupas e, despido,
deitou-se no chão o dia todo e a noite toda, profetizando na
presença de Samuel. Por isso surgiu o ditado popular: "Acaso
Saul também é profeta?".

Jônatas ajuda Davi

20 Davi fugiu de Naiote, em Ramá, e se encontrou com Jô-
natas. “O que eu fiz?”, disse Davi. “Qual é meu crime?
Que pecado cometi contra seu pai para que ele esteja tão de-
cidido a me matar?”
2“Isso não vai acontecer!”, respondeu Jônatas. “Você não
será morto. Ele sempre me conta tudo que pretende fazer,
até mesmo as coisas de pouca importância. Sei que meu pai
não esconderia de mim algo dessa natureza. Não é assim!”
3Então Davi fez um juramento diante de Jônatas: “Seu pai,
sabendo muito bem de nossa amizade, disse a si mesmo: ‘Não
contarei a Jônatas. Ele ficaria magoado’. Mas, tão certo como
vive o SENHOR e como você mesmo vive, eu estou a apenas um
passo da morte!”.
4Jônatas perguntou: “O que posso fazer para ajudá-lo?”.
5Davi respondeu: “Amanhã celebraremos a festa da lua nova.
Sempre me sentei com o rei para comer nessa ocasião, mas
amanhã me esconderei no campo e ficarei ali até o entardecer
do terceiro dia. 6Se seu pai perguntar onde estou, diga a ele:
‘Davi insistiu que eu o deixasse ir para casa, em Belém, parti-
cipar do sacrifício que toda a família dele oferece a cada ano’.
7Se ele disser: ‘Está bem’, então você saberá que não corro
perigo. Mas, se ele se enfurecer, você saberá que ele está de-
cidido a me fazer mal. 8Mostre-me sua lealdade como amigo,
pois assumimos um compromisso solene diante do SENHOR.
Se, por acaso, você acha que cometi alguma ofensa contra seu
pai, mate-me você mesmo, aqui e agora! Não é necessário me
entregar a seu pai”.
9“Nunca!”, exclamou Jônatas. “Você sabe que, se eu tivesse
qualquer suspeita de que meu pai planeja matá-lo, avisaria
você no mesmo instante.”
10Então Davi perguntou: “Como saberei se seu pai ficou
irado?”.
11Jônatas respondeu: “Venha ao campo comigo”, e os dois
foram juntos para lá. 12Então Jônatas disse a Davi: “Prometo
diante do SENHOR, o Deus de Israel, que amanhã ou, no má-
ximo, depois de amanhã, a esta hora, conversarei com meu
pai e avisarei você logo em seguida do que ele pensa a seu
respeito. Se ele falar a seu respeito de modo favorável, infor-
marei você. 13Mas, se ele estiver irado e quiser matá-lo, que o
SENHOR me castigue severamente se eu não avisar você, para
que possa escapar em segurança. Que o SENHOR esteja com
você como esteve com meu pai. 14E que você me trate com
o amor leal do SENHOR enquanto eu viver. Mas, se eu morrer,
15trate minha família com esse amor leal, mesmo quando o
SENHOR eliminar da face da terra todos os seus inimigos”.
16Então Jônatas assumiu um compromisso solene com Davi e
sua descendência e disse: “Que o SENHOR destrua todos os ini-
migos de Davi!”. 17E Jônatas fez Davi reafirmar seu juramento
de amizade, pois Jônatas o amava como a si mesmo.
18Então Jônatas disse: “Amanhã celebraremos a festa da lua
nova. Darão por sua falta quando virem que seu lugar à mesa
está vazio. 19Depois de amanhã, ao entardecer, vá ao lugar
onde você se escondeu antes e espere ali, junto à pedra de
Ezel. 20Eu sairei e atirarei três flechas para o lado da pedra,
como se atirasse num alvo. 21Então mandarei um ajudante
trazer de volta as flechas. Se você me ouvir dizer a ele: ‘As fle-
chas estão deste lado’, saberá, tão certo como vive o SENHOR,
que tudo está bem e que não há perigo algum. 22Mas, se eu
disser a ele: ‘Vá mais para frente; as flechas estão adiante’,
significará que você deve partir de imediato, pois o SENHOR o
manda ir embora. 23E que o SENHOR nos ajude a preservar para
sempre o forte laço de amizade que existe entre nós”.
24Então Davi se escondeu no campo e, quando começou a festa
da lua nova, o rei sentou-se para comer. 25Ocupou seu lugar
de costume, encostado à parede, com Jônatas sentado diante
dele e Abner ao seu lado. O lugar de Davi, porém, ficou vazio.
26Saul não disse nada sobre isso naquele dia, pois pensou:
“Deve ter acontecido algo que deixou Davi cerimonialmente
impuro”. 27Mas, quando o lugar de Davi também ficou vazio
no dia seguinte, Saul perguntou a Jônatas: “Por que o filho de
Jessé não veio para a refeição nem ontem nem hoje?”.
28Jônatas respondeu: “Davi me pediu, com insistência, para
ir a Belém. 29Disse: ‘Por favor, deixe-me ir, pois nossa família
oferecerá um sacrifício na cidade. Meu irmão exigiu que eu
estivesse presente. Portanto, peço que me deixe ir ver meus
irmãos’. Por isso ele não está aqui, à mesa do rei”.
30Saul se enfureceu com Jônatas e disse: “Seu traidor, filho de
uma prostituta! Pensa que não sei que você quer que ele seja
rei, para sua própria vergonha e de sua mãe? 31Enquanto esse
filho de Jessé viver, você jamais será rei. Agora vá buscá-lo
para que eu o mate!”.
32“Por que ele deve morrer?”, perguntou Jônatas a seu pai. “O
que ele fez?” 33Então Saul atirou sua lança contra Jônatas, com
a intenção de matá-lo. Assim, Jônatas viu que seu pai estava
mesmo decidido a matar Davi.
34Enfurecido, Jônatas levantou-se da mesa e, durante o se-
gundo dia da festa, recusou-se a comer, frustrado pelo modo
como seu pai havia desonrado Davi publicamente.
35Na manhã seguinte, como combinado, Jônatas foi ao campo
e levou consigo um ajudante para apanhar as flechas. 36Disse
ao ajudante: “Comece a correr, para que possa encontrar as
flechas quando eu as atirar”. O ajudante correu, e Jônatas
atirou uma flecha para além dele. 37Quando o ajudante estava
quase chegando ao lugar onde a flecha havia caído, Jônatas
gritou: “A flecha está mais à frente! 38Rápido! Não fique aí
parado!”. Então o ajudante apanhou a flecha e correu de volta
para seu senhor. 39O ajudante não suspeitava de nada; apenas
Jônatas e Davi entenderam o sinal. 40Então Jônatas entregou
o arco e as flechas ao ajudante e ordenou que os levasse de
volta à cidade.
41Assim que o ajudante foi embora, Davi saiu de seu escon-
derijo no lado sul da pedra de Ezel. Davi se curvou diante de
Jônatas três vezes, com o rosto em terra. E, quando se bei-
jaram e se despediram, ambos choravam, especialmente Davi.
42Por fim, Jônatas disse a Davi: “Vá em paz, pois juramos leal-

dade um ao outro em nome do SENHOR. Que o SENHOR nos ajude
a preservar para sempre o forte laço de amizade entre nós
e entre nossos descendentes". Então Davi partiu, e Jônatas
voltou à cidade.

Davi foge de Saul

21 Davi foi à cidade de Nobe para encontrar-se com o sa-
cerdote Aimeleque. Ao vê-lo, Aimeleque tremeu. "Por
que você está sozinho?", perguntou. "Por que ninguém o
acompanhou?"
2"O rei me enviou para tratar de um assunto secreto", res-
pondeu Davi. "Pediu que eu não contasse a ninguém por que
estou aqui. Eu disse a meus homens onde podem me encontrar
depois. 3Agora, o que tem para comer? Dê-me cinco pães, ou
qualquer outra coisa que tiver."
4"Não temos pão comum", respondeu o sacerdote. "Mas há o
pão sagrado, que vocês podem comer, desde que seus homens
não tenham se deitado com mulheres recentemente."
5Davi respondeu: "Nunca permito que meus homens toquem
em mulheres quando saímos numa campanha. E, se eles
permanecem puros em viagens comuns, quanto mais nesta
missão!".
6Uma vez que não havia outro alimento disponível, o sacerdote
lhe deu os pães sagrados, chamados de pães da presença, que
eram colocados diante do SENHOR no santuário. Naquele dia,
tinham sido substituídos por pães frescos.
7Doegue, o edomita, chefe dos pastores de Saul, estava lá
naquela ocasião, pois estava cumprindo um ritual diante do
SENHOR.
8Davi perguntou a Aimeleque: "Você tem uma lança ou es-
pada? O assunto do rei era tão urgente que não tive tempo
nem de pegar uma espada ou outra arma!".
9O sacerdote respondeu: "Tenho apenas a espada de Golias, o
gigante filisteu que você matou no vale de Elá. Está enrolada
num pano atrás do colete sacerdotal. Pode levá-la, pois não há
nenhuma outra arma aqui". "Dê-me essa espada", respondeu
Davi. "Não há outra melhor que ela."
10Então Davi fugiu de Saul e foi até Aquis, rei de Gate. 11Os
oficiais de Aquis, porém, disseram: "Não é este Davi, o rei da
terra de Israel? Não é a ele que o povo honra com danças e
cânticos, dizendo: 'Saul matou milhares, e Davi, dezenas de
milhares'?".
12Davi ouviu esses comentários e teve muito medo do que
Aquis, rei de Gate, poderia fazer com ele. 13Por isso, agiu de
modo estranho, fingindo estar louco, arranhando as portas e
deixando saliva escorrer pela barba.
14Por fim, Aquis disse a seus homens: "Precisavam me trazer
um doido? 15Temos doidos suficientes aqui! Por que trouxeram
alguém assim ao meu palácio?".

Davi na caverna de Adulão

22 Davi fugiu de Gate e se escondeu na caverna de Adulão.
Quando souberam disso, seus irmãos e parentes foram
encontrá-lo ali. 2Logo, outros começaram a chegar, pessoas
aflitas, endividadas e descontentes. Davi acabou se tornando
o líder de cerca de quatrocentos homens.
3Mais tarde, Davi foi a Mispá, em Moabe, e pediu ao rei: "Por
favor, permita que meu pai e minha mãe morem aqui até que
eu saiba o que Deus fará comigo". 4Assim, os pais de Davi
permaneceram com o rei de Moabe por todo o tempo que Davi
ficou na fortaleza.
5Certo dia, o profeta Gade disse a Davi: "Deixe a fortaleza e
volte à terra de Judá". Então Davi foi para o bosque de Herete.
6Saul logo soube da chegada de Davi e dos homens que o
acompanhavam. Nessa ocasião, o rei estava sentado com a
lança na mão, cercado por seus oficiais, sob uma tamargueira
na colina em Gibeá.
7Quando ouviu a notícia, Saul gritou a seus oficiais: "Escutem,
homens de Benjamim! Por acaso aquele filho de Jessé pro-
meteu campos e videiras a todos vocês? Prometeu torná-los
generais e capitães de seu exército? 8Foi por isso que conspi-
raram contra mim? Pois nenhum de vocês me informou quando
meu filho assumiu um compromisso solene com o filho de
Jessé. Não tiveram pena de mim. Sim, meu próprio filho, insti-
gando Davi a me matar, como ele procura fazer hoje mesmo!".
9Então Doegue, o edomita, que estava ali com os oficiais de
Saul, disse: "Quando estava em Nobe, vi o filho de Jessé falar
com o sacerdote Aimeleque, filho de Aitube. 10Aimeleque con-
sultou o SENHOR em favor dele. Depois, deu-lhe alimento e a
espada de Golias, o filisteu".

O massacre dos sacerdotes

11Então o rei Saul mandou chamar Aimeleque e toda a sua fa-
mília, que serviam como sacerdotes em Nobe, e todos vieram
até o rei. 12Quando chegaram, Saul gritou: "Escute, filho de
Aitube!". "Sim, meu senhor", respondeu Aimeleque.
13"Por que você e o filho de Jessé conspiraram contra mim?",
perguntou Saul. "Por que você lhe deu alimento e uma es-
pada? Por que consultou Deus em favor dele? Por que o ins-
tigou a me matar, como ele procura fazer hoje mesmo?"
14Aimeleque respondeu: "Ó rei, não existe entre todos os seus
servos alguém tão fiel quanto Davi, seu genro. Ele é capitão
de sua guarda pessoal e membro muito honrado de sua casa.
15Com certeza essa não foi a primeira vez que consultei a Deus
em favor dele. Que o rei não me acuse nesta questão, nem à
minha família, pois eu não sabia de conspiração alguma contra
o senhor!".
16O rei, porém, disse: "Certamente você será morto, junto
com toda a família de seu pai!". 17Então ordenou à sua guarda
pessoal: "Matem estes sacerdotes do SENHOR, pois eles são
aliados de Davi e conspiraram com ele! Sabiam que ele estava
fugindo de mim, mas não me avisaram!". Contudo, os homens
de Saul se recusaram a matar os sacerdotes do SENHOR.
18Então o rei disse a Doegue: "Mate-os você". E, naquele dia,
Doegue, o edomita, os atacou e, ao todo, matou 85 sacer-
dotes, ainda vestidos com suas túnicas sacerdotais de linho.

19Depois foi a Nobe, a cidade dos sacerdotes, e matou as famílias deles: homens, mulheres, crianças e recém-nascidos, além de todo o gado, jumentos e ovelhas.

20Somente Abiatar, um dos filhos de Aimeleque, filho de Aitube, escapou e fugiu para juntar-se a Davi. 21Quando contou a Davi que Saul havia matado os sacerdotes do SENHOR, 22Davi exclamou: "Eu sabia! Quando vi Doegue, o edomita, naquele dia, sabia que ele contaria a Saul. Agora sou responsável pela morte de toda a família de seu pai. 23Fique aqui comigo, e não tenha medo. Eu o protegerei, pois a mesma pessoa quer matar nós dois. Comigo você estará seguro".

Davi protege a cidade de Queila

23 Um dia, Davi recebeu a notícia de que os filisteus estavam atacando a cidade de Queila e roubando cereais das eiras. 2Davi perguntou ao SENHOR: "Devo ir e atacá-los?". E o SENHOR lhe respondeu: "Sim, vá, lute contra os filisteus e liberte Queila".

3Contudo, os homens de Davi disseram: "Estamos com medo mesmo aqui, em Judá. Imagine como seria em Queila para lutar contra os exércitos filisteus!".

4Davi consultou o SENHOR novamente e, mais uma vez, o SENHOR respondeu: "Vá a Queila, pois eu entregarei os filisteus em suas mãos".

5Então Davi e seus homens foram a Queila. Massacraram os filisteus, tomaram todos os seus rebanhos e libertaram o povo daquela cidade. 6Quando Abiatar, filho de Aimeleque, fugiu para juntar-se a Davi em Queila, trouxe consigo o colete sacerdotal.

7Saul soube que Davi estava em Queila. "Agora ele não tem como escapar de nós!", exclamou. "Deus o entregou em minhas mãos, pois ele se enfiou numa cidade com portões e trancas!" 8Saul reuniu todo o seu exército para marchar até Queila e cercar Davi e seus homens.

9Contudo, Davi soube do plano de Saul e pediu a Abiatar, o sacerdote: "Traga o colete sacerdotal!". 10Então Davi orou: "Ó SENHOR, Deus de Israel, ouvi que Saul planeja vir e destruir Queila porque estou aqui. 11Será que os líderes de Queila vão me trair e me entregar a ele? E Saul virá, de fato, conforme ouvi? Ó SENHOR, Deus de Israel, por favor, responde-me!". E o SENHOR respondeu: "Ele virá".

12Mais uma vez, Davi perguntou: "Os líderes de Queila entregarão a mim e a meus homens a Saul?". E o SENHOR respondeu: "Sim, entregarão".

Davi se esconde no deserto

13Então Davi e seus homens, que agora eram cerca de seiscentos, partiram de Queila e começaram a andar sem rumo por aquela região. Quando Saul foi informado de que Davi tinha escapado, desistiu de ir a Queila. 14Davi permaneceu nas fortalezas do deserto e na região montanhosa de Zife. Saul o perseguia continuamente, mas Deus não permitiu que o encontrasse.

15Então, perto de Horesa, Davi recebeu a notícia de que Saul estava a caminho do deserto de Zife para procurá-lo e matá-lo. 16Jônatas, o filho de Saul, foi encontrar Davi e o animou a permanecer firme em Deus. 17"Não tenha medo!", disse Jônatas. "Meu pai jamais o encontrará! Você será o rei de Israel, e eu serei o segundo no comando, como meu pai, Saul, sabe muito bem." 18Então os dois renovaram seu compromisso solene diante do SENHOR. Depois Jônatas voltou para casa, enquanto Davi ficou em Horesa.

19Os habitantes de Zife, porém, foram até Saul em Gibeá e disseram: "Sabemos onde Davi está escondido. Está nas fortalezas de Horesa, na colina de Haquilá, no sul de Jesimom. 20Desça quando estiver preparado, ó rei, e nós apanharemos Davi e o entregaremos em suas mãos!".

21"Que o SENHOR os abençoe!", disse Saul. "Finalmente alguém se preocupou comigo. 22Vão e verifiquem onde ele está e quem o viu ali, pois dizem que ele é muito astuto. 23Descubram o esconderijo dele e voltem quando tiverem certeza. Então irei com vocês. E, se ele estiver naquela região, eu o encontrarei, mesmo que precise procurar por todo canto de Judá!" 24Os homens de Zife voltaram para casa à frente de Saul. Enquanto isso, Davi e seus homens foram para o deserto de Maom, no vale de Arabá, ao sul de Jesimom. 25Quando Davi soube que Saul e seus homens o procuravam, foi ainda mais para o interior do deserto, até a grande rocha, e permaneceu no deserto de Maom. Saul, porém, continuou a persegui-lo naquela região.

26Saul e Davi agora estavam em lados opostos de uma montanha, e Davi fugia apressadamente de Saul. No mesmo instante que Saul e seus homens cercaram Davi e seus homens para prendê-los, 27chegou uma mensagem urgente para o rei, informando que os filisteus estavam atacando Israel outra vez. 28Então Saul deixou de perseguir Davi e voltou para lutar contra os filisteus. A partir dessa ocasião, o lugar onde Davi estava acampado passou a ser chamado de Selá-Hamalecote. 29Depois, Davi saiu dali e foi viver nas fortalezas da região de En-Gedi.

Davi poupa a vida de Saul

24 Depois que Saul voltou da luta contra os filisteus, foi informado de que Davi tinha ido para o deserto de En-Gedi. 2Então Saul escolheu três mil dos melhores soldados de todo o Israel e foi à procura de Davi e seus homens perto das rochas onde viviam cabras selvagens.

3No lugar onde a estrada passava por alguns currais, Saul entrou numa caverna para fazer suas necessidades. Aconteceu, porém, que Davi e seus homens estavam escondidos no fundo daquela mesma caverna.

4"É sua oportunidade!", disseram os homens de Davi para ele. "Hoje o SENHOR lhe diz: 'Certamente entregarei o inimigo em suas mãos, para que faça com ele o que quiser'." Então, com todo cuidado, Davi se aproximou e cortou um pedaço da borda do manto de Saul.

5Sua consciência, porém, começou a perturbá-lo por ter cortado
a borda do manto de Saul. 6Por isso, disse a seus homens: "Que
o SENHOR me livre de fazer tal coisa a meu senhor, o ungido do
SENHOR, e atacar aquele que o SENHOR ungiu como rei". 7Assim,
Davi conteve seus homens e não deixou que matassem Saul. De-
pois que Saul deixou a caverna para seguir seu caminho, 8Davi
saiu e gritou para ele: "Ó meu senhor, o rei!". E, quando Saul
olhou para trás, Davi se curvou com o rosto em terra.
9Então ele gritou para Saul: "Por que o senhor dá ouvidos
àqueles que dizem que eu procuro lhe fazer mal? 10Hoje
mesmo o rei pode ver com os próprios olhos que isso não é
verdade. O SENHOR o entregou em minhas mãos na caverna.
Alguns de meus homens me disseram que o matasse, mas eu o
poupei, pois disse: 'Jamais farei mal ao rei, pois ele é o ungido
do SENHOR'. 11Veja, meu pai, o que tenho em minha mão. É um
pedaço da borda do seu manto! Cortei seu manto, mas não
matei o rei. Isso prova que não procuro lhe fazer mal e que
não me rebelei nem pequei contra o rei, embora esteja me
perseguindo para me matar.
12"Que o SENHOR julgue entre nós dois. Talvez o SENHOR cas-
tigue o rei por aquilo que procura fazer contra mim, mas eu
jamais lhe farei mal. 13Como diz o antigo provérbio: 'De pes-
soas perversas vêm atos perversos', por isso o rei pode estar
certo de que eu jamais lhe farei mal. 14Afinal de contas, a quem
o rei de Israel procura capturar? A quem persegue? A um cão
morto? A uma pulga? 15Que o SENHOR julgue entre nós dois e
mostre quem está certo! Que ele seja meu defensor e me livre
de suas mãos!".
16Quando Davi terminou de falar, Saul respondeu: "É você
mesmo, meu filho Davi?". Então começou a chorar 17e disse
a Davi: "Você é mais justo que eu, pois me pagou o mal com
o bem. 18Sim, você foi extremamente bondoso comigo, pois o
SENHOR me entregou em suas mãos, mas você não me matou.
19Quem mais deixaria seu inimigo escapar quando o tinha
em suas mãos? Que o SENHOR o recompense com o bem pela
bondade que mostrou por mim hoje. 20Agora vejo que certa-
mente você será rei, e que o reino de Israel prosperará sob
seu governo. 21Jure-me pelo SENHOR que, quando isso acon-
tecer, você não eliminará minha família nem destruirá meus
descendentes!".
22Então Davi fez a Saul esse juramento. Saul voltou para casa,
mas Davi e seus homens foram para sua fortaleza.

A morte de Samuel

25 Samuel morreu, e todo o Israel se reuniu para lamentar
sua morte. Foi sepultado em Ramá, onde tinha vivido.

Davi se enfurece contra Nabal

Então Davi desceu para o deserto de Maom. 2Havia um homem
rico em Maom, que tinha propriedades perto da região do
Carmelo. Possuía três mil ovelhas e mil cabras, e era época
da tosquia das ovelhas. 3O homem se chamava Nabal; sua es-
posa, Abigail, era uma mulher inteligente e bonita. Mas Nabal,
descendente de Calebe, era um homem rude e perverso em
tudo que fazia.
4Quando Davi soube que Nabal estava tosquiando as ovelhas,
5chamou dez rapazes e lhes disse: "Subam ao Carmelo e vão a
Nabal; enviem saudações em meu nome. 6E digam a ele: 'Paz
e prosperidade ao senhor e à sua família, e a tudo que é seu.
7Disseram-me que é época da tosquia. Enquanto seus pastores
estiveram entre nós perto do Carmelo, nunca lhes fizemos mal,
e nada foi roubado deles. 8Pergunte a seus homens, e eles lhe
dirão que isso é verdade. Diante disso, pedimos que o senhor
seja bondoso conosco, pois chegamos numa época de cele-
bração. Por favor, reparta conosco e com seu amigo Davi o que
puder dos seus mantimentos'". 9Os rapazes transmitiram essa
mensagem a Nabal em nome de Davi e esperaram pela resposta.
10"Quem é esse tal de Davi?", perguntou-lhes Nabal. "Quem
esse filho de Jessé pensa que é? Hoje em dia, há muitos servos
que fogem de seus senhores. 11Devo pegar meu pão, minha
água e a carne dos animais que abati para meus tosquiadores
e entregar a um bando que vem não se sabe de onde?"
12Então os rapazes enviados por Davi voltaram e lhe contaram
tudo que Nabal tinha dito. 13"Peguem suas espadas!", disse
Davi, e pôs sua espada à cintura, e seus homens fizeram a
mesma coisa. Quatrocentos deles partiram com Davi, en-
quanto duzentos ficaram para guardar a bagagem.
14Enquanto isso, um dos servos de Nabal foi até Abigail e lhe
disse: "Davi enviou mensageiros do deserto para saudar nosso
senhor, mas ele lhes respondeu com insultos. 15Os homens
de Davi foram muito bons conosco e nunca nos fizeram mal.
Nada foi roubado de nós durante o tempo em que estiveram
conosco no campo. 16Na verdade, dia e noite eles foram como
um muro de proteção para nós e para as ovelhas. 17É bom que
a senhora leve esses fatos em consideração e resolva o que
fazer, pois haverá problemas para nosso senhor e para toda
a sua família. Nabal é um homem tão cruel que ninguém con-
segue conversar com ele!".
18Sem perder tempo, Abigail providenciou duzentos pães, duas
vasilhas de couro cheias de vinho, cinco ovelhas preparadas,
cinco cestos de grãos tostados, cem bolos de passas e du-
zentos bolos de figo. Colocou tudo em jumentos 19e disse aos
servos: "Vão adiante, e logo os seguirei". Mas não contou a
seu marido, Nabal, o que estava fazendo.
20Quando Abigail entrava num desfiladeiro montada em seu
jumento, avistou Davi e seus homens vindo em sua direção.
21Davi tinha acabado de dizer: "De nada adiantou ajudarmos
esse sujeito. Protegemos seus rebanhos no deserto, e nenhum
de seus bens se perdeu ou foi roubado. Mas ele me pagou o
bem com o mal. 22Que Deus me castigue severamente se eu
deixar um homem ou menino vivo na casa de Nabal até amanhã
de manhã!".

Abigail intercede por Nabal

23Quando Abigail viu Davi, desceu depressa do jumento e se
curvou diante de Davi com o rosto em terra. 24Caiu a seus pés

e disse: "A culpa é toda minha, meu senhor! Por favor, ouça
o que sua serva tem a dizer. 25 Nabal é um homem perverso;
não dê atenção ao que ele disse. Ele é um insensato, como
seu nome indica. Mas eu nem sequer vi os rapazes que o se-
nhor enviou.
26 "Agora, meu senhor, tenha certeza de que, tão certo como
vive o SENHOR, e tão certo como a sua própria vida, foi o SENHOR
que o impediu de matar e se vingar com as próprias mãos! Que
todos os seus inimigos e os que procuram matá-lo acabem
como Nabal! 27 Aqui está um presente que sua serva trouxe
para o senhor e seus companheiros. 28 Por favor, perdoe-me
se o ofendi de algum modo. Que o SENHOR lhe conceda uma
dinastia duradoura, pois está lutando as batalhas do SENHOR.
Que ele o livre de fazer o mal durante toda a sua vida!
29 "Mesmo quando for perseguido por aqueles que procuram
matá-lo, sua vida estará segura sob o cuidado do SENHOR, seu
Deus, protegida como um tesouro. Mas a vida de seus inimigos
desaparecerá como pedras atiradas de uma funda! 30 Quando o
SENHOR tiver feito tudo que prometeu e o tiver colocado como
líder de Israel, 31 não haverá em sua consciência a tristeza e o
peso de ter derramado sangue e se vingado sem necessidade.
E, quando o SENHOR tiver feito grandes coisas em seu favor,
lembre-se de sua serva!".
32 Davi respondeu a Abigail: "Louvado seja o SENHOR, Deus de
Israel, que hoje a enviou ao meu encontro! 33 Graças a Deus
por seu bom senso! Que você seja abençoada por me impedir
de matar e me vingar com minhas próprias mãos. 34 Pois, tão
certo como vive o SENHOR, o Deus de Israel, que me impediu
de lhe fazer mal, se você não tivesse vindo depressa ao meu
encontro, amanhã pela manhã não haveria nenhum homem
ou menino vivo na casa de Nabal". 35 Então Davi aceitou o pre-
sente de Abigail e lhe disse: "Volte para casa em paz. Ouvi o
que você disse e farei o que me pediu".
36 Quando Abigail chegou em casa, viu que Nabal estava ofe-
recendo um banquete digno de rei. Ele se divertia e já estava
muito bêbado, de modo que ela só lhe contou sobre o encontro
com Davi na manhã seguinte.
37 Pela manhã, quando Nabal estava sóbrio, sua esposa lhe
contou o que havia acontecido. Como consequência, ele teve
um mal súbito e ficou completamente paralisado. 38 Passados
cerca de dez dias, o SENHOR o feriu, e ele morreu.

Davi se casa com Abigail

39 Quando Davi soube que Nabal estava morto, disse: "Louvado
seja o SENHOR, que vingou o insulto que recebi de Nabal e me
impediu de fazer o mal. O SENHOR retribuiu a Nabal o castigo
por seu pecado". Então Davi enviou mensageiros a Abigail para
pedir que se tornasse sua esposa.
40 Quando os mensageiros chegaram ao Carmelo, disseram a
Abigail: "Davi mandou buscá-la para que se case com ele".
41 Ela se curvou com o rosto em terra e respondeu: "Eu, sua
serva, ficarei contente em me casar com Davi e, como uma
serva, lavar os pés de seus servos!". 42 Sem demora, Abigail
montou num jumento e, levando consigo cinco moças que a
serviam, voltou com os mensageiros de Davi. E assim se tornou
esposa dele. 43 Davi também se casou com Ainoã, de Jezreel,
e ambas foram suas esposas. 44 Nesse meio-tempo, Saul tinha
dado sua filha Mical, esposa de Davi, a um homem de Galim
chamado Palti, filho de Laís.

Davi poupa a vida de Saul novamente

26 Alguns homens de Zife foram até Saul, em Gibeá, para
lhe dizer: "Davi está escondido na colina de Haquilá, em
frente ao deserto de Jesimom".
2 Então Saul escolheu três mil dos melhores soldados de Israel
e saiu para perseguir Davi no deserto de Zife. 3 Acampou à beira
da estrada, ao lado da colina de Haquilá, junto ao deserto de
Jesimom, onde Davi estava escondido. Quando Davi soube que
Saul tinha vindo atrás dele no deserto, 4 enviou espiões para
confirmar a notícia de que Saul havia chegado.
5 Então Davi foi ao acampamento de Saul para ver o que se
passava por lá. Saul e Abner, filho de Ner, comandante do
seu exército, dormiam dentro de um círculo formado por seus
guerreiros. 6 "Quem se oferece para ir até lá comigo?", per-
guntou Davi ao hitita Aimeleque e a Abisai, filho de Zeruia,
irmão de Joabe. "Eu irei com o senhor", respondeu Abisai.
7 Então Davi e Abisai entraram no acampamento de Saul à noite
e o encontraram dormindo, com a lança fincada no chão, perto
da cabeça. Abner e os soldados dormiam à sua volta.
8 Abisai disse a Davi: "Certamente desta vez Deus entregou o
inimigo em suas mãos! Agora, deixe-me cravá-lo na terra com
um só golpe da lança. Não precisarei de outro!".
9 "Não o mate!", disse Davi. "Ninguém será considerado ino-
cente se atacar o ungido do SENHOR! 10 Por certo o SENHOR ferirá
Saul algum dia, ou ele morrerá de velhice, ou na batalha. 11 Que
o SENHOR me livre de matar o homem que ele ungiu! Mas vamos
pegar a lança e o jarro de água que estão perto de sua cabeça,
e depois vamos embora."
12 Davi pegou a lança e o jarro de água que estavam perto da
cabeça de Saul. Depois, ele e Abisai saíram sem que ninguém
os visse nem acordasse, pois o SENHOR os tinha feito cair num
sono profundo.
13 Davi subiu a colina e passou para o outro lado, até estar a
uma distância segura. 14 Então gritou para os soldados e para
Abner, filho de Ner: "Acorde, Abner!". Abner perguntou de
volta: "Quem é você? E como ousa acordar o rei aos gritos?".
15 "Você é um grande homem, não é mesmo, Abner?", disse
Davi. "Quem, em todo o Israel, pode se comparar a você? Por
que então não protegeu seu senhor, o rei, quando alguém
chegou tão perto dele que poderia matá-lo? 16 Isso não é nada
bom! Tão certo como o SENHOR vive, você e seus homens me-
recem morrer, pois não protegeram seu rei, o ungido do SE-
NHOR. Olhe em volta! Onde estão a lança e o jarro de água do
rei, que estavam perto da cabeça dele?"
17 Saul reconheceu a voz de Davi e disse: "É você, meu filho
Davi?". Davi respondeu: "Sim, meu senhor, o rei. 18 Por que

meu senhor persegue seu servo? O que eu fiz? Qual é meu
crime? 19Agora, porém, peço que o rei ouça seu servo. Se o
Senhor incitou o rei contra mim, então que ele aceite minha
oferta. Mas, se isso tudo não passa de um plano de homens,
que o Senhor os amaldiçoe! Pois eles me expulsaram de meu
lar, de modo que não posso mais viver entre o povo do Senhor,
e disseram: ‘Vá servir outros deuses!’. 20Devo morrer em terra
estrangeira, longe da presença do Senhor? Por que o rei de
Israel sai à procura de uma pulga? Por que me persegue como
uma perdiz nos montes?”.
21Então Saul disse: “Pequei. Volte para casa, Davi, meu filho,
e não procurarei mais lhe fazer mal, pois hoje você considerou
minha vida preciosa. Tenho sido insensato e cometi erros
muito graves”.
22“Aqui está sua lança, ó rei!”, respondeu Davi. “Mande um
dos seus servos vir pegá-la. 23O Senhor recompensa quem age
com justiça e lealdade, e eu me recusei a matar o rei, mesmo
quando o Senhor o entregou em minhas mãos, pois é o ungido
do Senhor. 24Agora, que o Senhor considere minha vida pre-
ciosa, como hoje considerei preciosa a vida do rei. Que ele me
livre de todos os meus sofrimentos.”
25E Saul disse a Davi: “Seja abençoado, Davi, meu filho. Você
realizará muitos feitos heroicos e certamente será bem-suce-
dido”. Então Davi foi embora, e Saul voltou para casa.

Davi entre os filisteus

27 Davi, porém, pensou: “Um dia, Saul me apanhará. O me-
lhor que tenho a fazer é fugir para a terra dos filisteus.
Então Saul deixará de me perseguir em todo o território de
Israel e, por fim, estarei seguro”.
2Assim, Davi levou os seiscentos homens e foi até Aquis, filho
de Maoque, rei de Gate. 3Davi, seus soldados e suas famílias
se estabeleceram ali com Aquis, em Gate. Davi levou suas duas
esposas, Ainoã, de Jezreel, e Abigail, viúva de Nabal, do Car-
melo. 4Quando Saul soube que Davi tinha fugido para Gate,
deixou de persegui-lo.
5Certo dia, Davi disse a Aquis: “Se parecer bem ao meu senhor,
preferimos viver em uma das cidades no campo. Seu servo não
precisa morar na cidade real”.
6Então Aquis lhe deu a cidade de Ziclague, que pertence aos
reis de Judá até hoje, 7e Davi viveu um ano e quatro meses
entre os filisteus.
8Partindo de Ziclague, Davi e seus homens atacavam os ge-
suritas, os gersitas e os amalequitas, povos que desde tempos
muito antigos viviam perto de Sur, até a terra do Egito. 9Davi
não deixava nenhum sobrevivente, homem ou mulher, nos
povoados que atacava. Antes de comparecer à presença do
rei Aquis, tomava ovelhas, gado, jumentos, camelos e roupas.
10“Que lugar você atacou hoje?”, perguntava Aquis. E Davi
respondia: “O sul de Judá, a região dos jerameelitas e dos
queneus”.
11Davi não deixava nenhum sobrevivente, homem ou mulher,
para ir a Gate e contar onde ele havia estado de fato. Isso
acontecia repetidamente, enquanto ele vivia entre os filisteus.
12Aquis acreditava em Davi e pensava: “A esta altura, o povo
de Israel deve odiá-lo muito. Agora ele ficará aqui e me servirá
para sempre!”.

Saul consulta uma médium

28 Naqueles dias, os filisteus reuniram suas tropas para
outra guerra contra Israel. O rei Aquis disse a Davi:
“Saiba que você e seus homens sairão à batalha comigo”.
2“Está bem”, disse Davi. “Agora o senhor verá por si mesmo o
que somos capazes de fazer.” Então Aquis disse a Davi: “Co-
locarei você como meu guarda pessoal enquanto eu viver”.
3Nesse tempo, Samuel já havia morrido, e todo o Israel tinha
chorado sua morte. Estava sepultado em Ramá, sua cidade
natal. Saul havia expulsado da nação todos os médiuns e todos
os que consultam os espíritos dos mortos.
4Os filisteus acamparam em Suném, e Saul reuniu todo o
exército israelita e acampou em Gilboa. 5Quando Saul viu o
imenso exército dos filisteus, entrou em pânico. 6Consultou
o Senhor a respeito do que deveria fazer, mas o Senhor não
lhe respondeu, nem por sonhos, nem pelo Urim, nem por pro-
fetas. 7Então Saul disse a seus conselheiros: “Procurem uma
mulher que seja médium, para que eu pergunte a ela o que
fazer”. Seus conselheiros responderam: “Há uma médium em
En-Dor”.
8Então Saul se disfarçou com roupas comuns e, acompanhado
de dois de seus homens, foi à noite à casa da mulher. “Preciso
falar com um homem que está morto”, disse ele à mulher.
“Você pode invocar o espírito dele para mim?”
9“Quer que me matem?”, respondeu ela. “Você sabe que Saul
expulsou todos os médiuns e todos os que consultam os es-
píritos dos mortos. Por que prepara uma armadilha contra a
minha vida?”
10Saul, porém, jurou em nome do Senhor e prometeu: “Tão
certo como vive o Senhor, nenhum mal lhe acontecerá por
isso”.
11Por fim, a mulher disse: “De quem é o espírito que devo in-
vocar?”. “De Samuel”, respondeu Saul.
12Quando a mulher viu Samuel, gritou: “Você me enganou!
Você é Saul!”.
13“Não tenha medo”, disse o rei. “O que você vê?”
“Vejo um deus subindo da terra”, disse a mulher.
14“Qual é a aparência dele?”, perguntou Saul. “É um ancião
envolto num manto”, respondeu ela. Saul entendeu que era
Samuel e se curvou diante dele com o rosto em terra.
15Então Samuel perguntou a Saul: “Por que me perturba,
chamando-me de volta?”. “Porque estou muito angustiado”,
respondeu Saul. “Os filisteus estão em guerra contra mim!
Deus me abandonou e não me responde por meio de profetas
nem por sonhos. Por isso chamei o senhor, para que me diga
o que fazer.”
16Samuel, porém, disse: “Por que me consultar, se o Senhor
o abandonou e se tornou seu inimigo? 17O Senhor fez exata-

mente conforme tinha dito por meu intermédio. Rasgou de
suas mãos o reino e o entregou a outro, Davi. 18O SENHOR lhe
fez isso hoje porque você se recusou a executar a ira ardente
dele contra os amalequitas. 19Além disso, o SENHOR entregará
você e o exército de Israel nas mãos dos filisteus e, amanhã,
você e seus filhos estarão aqui comigo. O SENHOR entregará o
exército de Israel nas mãos dos filisteus".
20No mesmo instante, Saul caiu estendido no chão, paralisado
de terror com as palavras de Samuel. Estava fraco de fome,
pois não havia comido nada durante todo aquele dia e toda
aquela noite.
21Quando a mulher viu quanto ele estava perturbado, disse:
"Meu senhor, obedeci à sua ordem e arrisquei minha vida.
22Agora, faça o que digo e deixe que eu lhe dê alguma coisa
para comer, a fim de que recupere as forças para a viagem
de volta".
23Mas Saul se recusou a comer. Seus servos também insistiram
para que ele se alimentasse, até que, por fim, ele concordou.
Então ele se levantou do chão e foi sentar-se na cama.
24A mulher estava engordando um bezerro, de modo que saiu
depressa e o matou. Pegou um punhado de farinha, preparou
a massa e assou um pão sem fermento. 25Trouxe a refeição
para Saul e seus conselheiros, e eles comeram. Depois, saíram
naquela mesma noite.

Os filisteus rejeitam Davi

29 As tropas dos filisteus estavam reunidas em Afeca, e
os israelitas acamparam junto à fonte de Jezreel. 2En-
quanto os governantes filisteus iam à frente de suas tropas de
centenas e de milhares, Davi e seus homens marchavam na
retaguarda com o rei Aquis. 3Então os comandantes filisteus
perguntaram: "O que estes hebreus fazem aqui?". Aquis res-
pondeu: "Este é Davi, servo do rei Saul, de Israel. Já faz tempo
que está comigo e, desde o dia em que chegou até hoje, não
encontrei nele nenhuma falta".
4Mas os comandantes filisteus se iraram. "Mande-o de volta
para a cidade que o senhor deu para ele!", exigiram. "Não
pode ir à guerra conosco. E se ele se voltar contra nós na ba-
talha e se tornar nosso adversário? Existe maneira melhor de
ele se reconciliar com seu senhor do que entregando-lhe nossa
cabeça? 5Não é este o mesmo Davi a respeito de quem as
mulheres de Israel cantavam em suas danças: 'Saul matou
milhares, e Davi, dezenas de milhares'?"
6Então Aquis chamou Davi e lhe disse: "Tão certo como vive
o SENHOR, você foi um aliado fiel. A meu ver, deveria acom-
panhar-me na batalha, pois, desde o dia em que chegou até
hoje, nunca encontrei nenhuma falha em você. Mas os outros
governantes filisteus não o aprovam. 7Por favor, não os desa-
grade; volte para casa em paz".
8"O que fiz para merecer esse tratamento?", perguntou Davi.
"O que o senhor viu de errado em mim desde que comecei a
servi-lo? Por que não posso lutar contra os inimigos do meu
senhor, o rei?"
9Aquis, porém, insistiu: "Para mim, você é tão leal quanto um
anjo de Deus, mas os comandantes filisteus não querem que
você os acompanhe na batalha. 10Agora, levante-se bem cedo
e vá embora com seus homens assim que o dia clarear".
11Então Davi e seus soldados voltaram bem cedo para a terra dos
filisteus, enquanto o exército filisteu prosseguiu para Jezreel.

Davi extermina os amalequitas

30 Três dias depois, quando Davi e seus homens chegaram
à cidade de Ziclague, viram que os amalequitas haviam
invadido o Neguebe e atacado Ziclague; tinham destruído e
queimado a cidade. 2Não mataram ninguém, mas tomaram
como prisioneiros as mulheres, as crianças e os demais e
foram embora.
3Quando Davi e seus homens viram a cidade queimada e se
deram conta do que havia acontecido com suas mulheres, seus
filhos e suas filhas, 4lamentaram e choraram em alta voz até
não aguentar mais. 5As duas esposas de Davi, Ainoã, de Je-
zreel, e Abigail, viúva de Nabal, do Carmelo, estavam entre os
que foram capturados. 6Davi ficou muito aflito, pois os homens
estavam amargurados por terem perdido seus filhos e suas
filhas e começaram a falar em apedrejá-lo. Mas Davi encontrou
forças no SENHOR, seu Deus.
7Então disse ao sacerdote Abiatar: "Traga o colete sacer-
dotal!", e Abiatar, filho de Aimeleque, o trouxe. 8Davi per-
guntou ao SENHOR: "Devo perseguir esse bando de saquea-
dores? Conseguirei apanhá-los?". E o SENHOR lhe respondeu:
"Sim, vá atrás deles. Certamente conseguirá recuperar tudo
que foi tomado de vocês".
9Davi e os seiscentos homens partiram e chegaram ao ribeiro
de Besor, onde ficaram alguns deles. 10Duzentos dos homens
estavam exaustos demais para atravessar o ribeiro, e Davi con-
tinuou a perseguição com quatrocentos homens.
11No caminho, encontraram um rapaz egípcio num campo e o
levaram até Davi. Deram-lhe um pouco de pão para comer e
água para beber. 12Também lhe deram um pedaço de bolo de
figo e dois bolos de passas, pois fazia três dias e três noites
que não comia nem bebia nada. Em pouco tempo, recuperou
as forças.
13Davi lhe perguntou: "A quem você pertence e de onde
veio?". "Sou egípcio, escravo de um amalequita", respondeu
ele. "Meu senhor me abandonou três dias atrás porque fiquei
doente. 14Estávamos voltando de um ataque aos queretitas, no
Neguebe, ao território de Judá e à terra de Calebe, e tínhamos
queimado Ziclague."
15"Você pode me levar até esse bando de saqueadores?", per-
guntou Davi. O rapaz respondeu: "Se o senhor jurar por Deus
que não me matará nem me entregará ao meu senhor, eu o
levarei até eles".
16O rapaz o levou até os amalequitas. Estavam espalhados
pelos campos, comendo, bebendo e festejando por causa da
grande quantidade de bens que haviam tomado da terra dos
filisteus e da terra de Judá. 17Davi e seus homens massacraram

os amalequitas, atacando-os durante toda a noite e todo o dia seguinte, até o entardecer. Nenhum deles escapou, exceto quatrocentos rapazes que fugiram montados em camelos. 18Davi recuperou tudo que os amalequitas haviam tomado e resgatou suas duas esposas. 19Não faltava coisa alguma: nem pequena nem grande, nem filho nem filha, nem qualquer outra coisa que havia sido tomada. Davi trouxe tudo de volta. 20Também recuperou todos os rebanhos, e seus companheiros os levaram à frente dos outros animais. "Este despojo pertence a Davi!", disseram.

21Então Davi voltou ao ribeiro de Besor, onde estavam os duzentos homens que tinham sido deixados para trás porque estavam exaustos demais para acompanhá-los. Saíram ao encontro de Davi e seus companheiros, e ele os cumprimentou com alegria. 22Contudo, entre os que tinham acompanhado Davi havia alguns homens perversos que disseram: "Como eles não foram conosco, não devem receber nada dos despojos que recuperamos. Devolvam as esposas e os filhos deles e mandem todos embora".

23Davi, porém, disse: "Não, meus irmãos! Não sejam egoístas com aquilo que o SENHOR nos deu. Ele nos guardou e nos ajudou a derrotar o bando de saqueadores que nos atacou. 24Quem lhes dará ouvidos quando falam desse modo? Dividiremos igualmente entre os que foram à batalha e os que guardaram a bagagem". 25A partir daquele dia, Davi fez disso decreto e estatuto em Israel, e assim é até hoje.

26Quando Davi chegou a Ziclague, enviou parte dos despojos aos líderes de Judá, que eram seus amigos. Disse: "Eis um presente para vocês, tirado dos inimigos do SENHOR!".

27Os presentes foram enviados ao povo das seguintes cidades: Betel, Ramote do Neguebe, Jatir, 28Aroer, Sifmote, Estemoa, 29Racal, as cidades dos jerameelitas e as cidades dos queneus, 30Hormá, Borasã, Atace, 31Hebrom e todos os outros lugares por onde Davi e seus homens haviam passado.

A morte de Saul

31 Enquanto isso, os filisteus atacaram Israel, e os israelitas fugiram deles. Muitos foram mortos nas encostas do monte Gilboa. 2Os filisteus cercaram Saul e seus filhos e mataram três deles: Jônatas, Abinadabe e Malquisua. 3O combate se tornou cada vez mais intenso em volta de Saul, e os arqueiros filisteus o alcançaram e o feriram gravemente.

4Saul disse a seu escudeiro: "Pegue sua espada e mate-me antes que esses filisteus incircuncisos venham, me torturem e zombem de mim". Mas o escudeiro teve medo e não quis matá-lo. Então Saul pegou sua própria espada e se lançou sobre ela. 5Quando viu que Saul estava morto, o escudeiro se lançou sobre sua espada e morreu ao lado do rei. 6Foi assim que Saul e seus três filhos, seu escudeiro e seus soldados morreram juntos naquele mesmo dia.

7Quando os israelitas do outro lado do vale de Jezreel e além do Jordão souberam que o exército israelita havia fugido e que Saul e seus filhos estavam mortos, abandonaram suas cidades e fugiram. Então os filisteus vieram e ocuparam essas cidades.

8No dia seguinte, quando os filisteus foram saquear os mortos, encontraram os corpos de Saul e seus três filhos no monte Gilboa. 9Cortaram a cabeça de Saul e removeram sua armadura. Então anunciaram o ocorrido no templo de seus ídolos e ao povo de toda a terra da Filístia. 10Colocaram a armadura de Saul no templo de Astarote e penduraram o corpo no muro da cidade de Bete-Sã.

11Quando os habitantes de Jabes-Gileade souberam o que os filisteus haviam feito a Saul, 12todos os seus guerreiros mais valentes viajaram a noite toda para Bete-Sã e baixaram do muro os corpos de Saul e seus filhos. Levaram os corpos para Jabes, onde os queimaram. 13Depois, enterraram os ossos debaixo de uma tamargueira em Jabes e jejuaram durante sete dias.

2SAMUEL

Davi é informado da morte de Saul

1 Depois da morte de Saul, Davi retornou de sua vitória sobre os amalequitas e passou dois dias em Ziclague. 2No terceiro dia, apareceu um homem do exército de Saul. Ele havia rasgado as roupas e colocado terra sobre a cabeça. Ao chegar, curvou-se diante de Davi com o rosto no chão.

3"De onde você vem?", perguntou Davi. O homem respondeu: "Escapei do acampamento israelita".

4"O que aconteceu?", disse Davi. "Conte-me como foi a batalha."

"Todo o nosso exército fugiu do conflito", disse o homem. "Muitos morreram, e Saul e seu filho Jônatas também estão mortos."

5"Como você sabe que Saul e Jônatas estão mortos?", perguntou Davi.

6O homem respondeu: "Aconteceu de eu chegar ao monte Gilboa e ver Saul apoiado em sua lança, enquanto carros de guerra e cavaleiros inimigos se aproximavam dele. 7Quando ele se virou e me viu, gritou para que eu me aproximasse dele. 'Aqui estou, senhor', eu lhe disse. 8Ele perguntou: 'Quem é

você?'. E eu respondi: 'Sou amalequita'. 9Então ele me su-
plicou: 'Venha cá e mate-me, pois a dor é terrível e quero
morrer'. 10Então o matei, pois sabia que ele não sobreviveria.
Em seguida, tomei sua coroa e seu bracelete e os trouxe para
cá, para o meu senhor".
11Quando ouviram a notícia, Davi e seus homens rasgaram as
vestes. 12Lamentaram, choraram e jejuaram o dia todo por Saul
e seu filho Jônatas, pelo exército do SENHOR e pela nação de
Israel, pois naquele dia muitos haviam morrido pela espada.
13Depois, Davi disse ao jovem que havia trazido a notícia: "De
onde você é?". Ele respondeu: "Sou filho de um estrangeiro,
um amalequita que vive em sua terra".
14Davi perguntou: "Como você não teve medo de matar o un-
gido do SENHOR?".
15Então Davi chamou um de seus soldados e lhe ordenou:
"Mate-o!". O soldado feriu o amalequita com sua espada e o
matou. 16Davi disse: "Você condenou a si mesmo ao confessar
que matou o ungido do SENHOR".

O cântico de Davi para Saul e Jônatas

17Davi entoou uma canção fúnebre para Saul e Jônatas 18e or-
denou que fosse ensinada ao povo de Judá. Ela é conhecida
como Cântico do Arco e está registrada no *Livro de Jasar*.
19Seu esplendor, ó Israel, está morto sobre os montes! Como
caíram os valentes!
20Não contem essa notícia em Gate, não a proclamem nas ruas
de Ascalom, para que não se alegrem as filhas dos filisteus,
para que as filhas dos incircuncisos não festejem em triunfo.
21Ó montes de Gilboa, que não haja orvalho nem chuva sobre
vocês, nem campos férteis que produzam ofertas de cereais.
Pois ali foram profanados os escudos de valentes; o escudo de
Saul não será mais ungido com óleo.
22O arco de Jônatas não recuava, e a espada de Saul era inven-
cível. Derramaram o sangue de seus inimigos e atravessaram
o corpo de guerreiros.
23Quão amados e estimados eram Saul e Jônatas! Estiveram
juntos na vida e na morte. Eram mais velozes que as águias,
mais fortes que os leões.
24Ó filhas de Israel, chorem por Saul, pois ele as vestia com
finos trajes vermelhos, com roupas adornadas de ouro.
25Como caíram os valentes na batalha! Jônatas está morto
sobre os montes.
26Como choro por você, meu irmão Jônatas, quanto eu o es-
timava! Seu amor por mim era precioso, mais que o amor das
mulheres.
27Como caíram os valentes! Estão mortos, despojados de suas
armas.

Davi é ungido rei de Judá

2 Depois disso, Davi perguntou ao SENHOR: "Devo voltar para
alguma das cidades de Judá?". "Sim", respondeu o SENHOR.
Então Davi perguntou: "Para que cidade devo ir?". "Para He-
brom", disse o SENHOR.
2Então Davi partiu com suas duas esposas, Ainoã, de Jezreel,
e Abigail, a viúva de Nabal, do Carmelo, 3e também com os
homens que o acompanhavam e suas famílias. Eles se esta-
beleceram nos povoados vizinhos a Hebrom. 4Então vieram os
homens de Judá e ungiram Davi rei do povo de Judá. Quando
Davi soube que os moradores de Jabes-Gileade haviam sepul-
tado Saul, 5enviou-lhes a seguinte mensagem: "Que o SENHOR
os abençoe por terem sido tão fiéis a Saul, seu senhor, e lhe
terem dado um sepultamento digno. 6Que, em troca, o SE-
NHOR seja fiel a vocês e os recompense com sua bondade. E eu
também os recompensarei pelo que fizeram. 7Agora que Saul
está morto, peço que continuem a ser fortes e corajosos. E
saibam que o povo de Judá me ungiu para ser seu novo rei".

Isbosete é proclamado rei de Israel

8Contudo, Abner, filho de Ner, comandante do exército de Saul,
já havia levado Isbosete, filho de Saul, para Maanaim. 9Ali, pro-
clamou Isbosete rei sobre Gileade, Jezreel, Efraim, Benjamim e
sobre a terra dos assuritas e todo o restante de Israel.
10Isbosete, filho de Saul, tinha 40 anos quando começou a
reinar sobre Israel, e reinou por dois anos. Enquanto isso, o
povo de Judá permaneceu leal a Davi, 11que fez de Hebrom sua
capital e reinou sobre Judá por sete anos e meio.

Guerra entre Israel e Judá

12Certo dia, Abner, filho de Ner, conduziu as tropas de Isbosete,
filho de Saul, de Maanaim para Gibeom. 13Ao mesmo tempo,
Joabe, filho de Zeruia, saiu com as tropas de Davi e foi ao
encontro deles na represa de Gibeom, onde os dois exércitos
ficaram frente a frente, posicionando-se em lados opostos da
represa.
14Então Abner disse a Joabe: "Proponho que alguns de nossos
guerreiros lutem em confronto direto diante de nós". "Está
bem", respondeu Joabe. 15Então foram escolhidos doze sol-
dados de Benjamim para representar Isbosete, filho de Saul, e
doze soldados para representar Davi. 16Cada um agarrou seu
adversário pela cabeça e cravou a espada um no lado do outro,
e todos morreram juntos. Por isso, desde então, esse lugar em
Gibeom é conhecido como Helcate-Hazurim.
17Seguiu-se nesse dia uma violenta batalha, na qual Abner e
os homens de Israel foram derrotados pelos soldados de Davi.

A morte de Asael

18Joabe, Abisai e Asael, os três filhos de Zeruia, participaram
da batalha nesse dia. Asael, que era rápido como uma gazela,
19começou a perseguir Abner. Continuou decididamente em
seu encalço, sem perdê-lo de vista. 20Quando Abner olhou para
trás e viu que ele se aproximava, perguntou: "É você, Asael?".
"Sou eu mesmo", respondeu ele.
21"Saia do meu encalço!", disse Abner. "Enfrente um dos sol-
dados mais jovens e tome suas armas." Mas Asael continuou
a persegui-lo.
22Mais uma vez, Abner o advertiu: "Pare de me perseguir! Não
quero matá-lo. Como poderia encarar seu irmão Joabe?".
23Asael, porém, se recusou a dar meia-volta, e Abner lhe cravou
no estômago a parte de trás da lança, que saiu pelas costas.

Asael caiu morto no chão. E todos que passavam por ali pa-
ravam ao ver Asael caído e morto.
24Então Joabe e Abisai saíram em perseguição a Abner. O sol
estava se pondo quando chegaram ao monte Amá, perto de
Gia, no caminho para o deserto de Gibeom. 25Os soldados de
Abner, da tribo de Benjamim, se reuniram no alto do monte
para resistir ao ataque.
26Então Abner gritou para Joabe: "Será que não há como evitar
matarmos uns aos outros? Não vê que isso só resultará em
amargura? Quando você vai ordenar que seus homens parem
de perseguir seus irmãos israelitas?".
27Joabe respondeu: "Só Deus sabe o que teria acontecido se
você não tivesse falado, pois, se fosse preciso, nós os teríamos
perseguido a noite toda". 28Então Joabe tocou a trombeta e
seus homens pararam de perseguir os soldados de Israel, e a
batalha cessou.
29Durante toda aquela noite, Abner e seus homens recuaram
pelo vale do Jordão. Atravessaram o rio, marcharam a manhã
inteira e só pararam quando chegaram a Maanaim.
30Enquanto isso, Joabe e seus homens também voltaram da
perseguição a Abner. Quando Joabe fez a contagem, viu que
faltavam apenas dezenove homens, além de Asael. 31Os sol-
dados de Davi, por sua vez, haviam matado 360 homens da
tribo de Benjamim e dos demais soldados de Abner. 32Joabe e
seus homens levaram o corpo de Asael para Belém e o sepul-
taram no túmulo de seu pai. Então caminharam a noite toda e
chegaram a Hebrom ao amanhecer.

3 Assim começou uma longa guerra entre a família de Saul e
a família de Davi. Com o tempo, Davi se fortaleceu cada vez
mais, e a família de Saul foi se enfraquecendo.

Os filhos de Davi nascidos em Hebrom

2Estes são os filhos de Davi que nasceram em Hebrom: O mais
velho era Amnom, filho de Ainoã, de Jezreel.
3O segundo era Daniel, filho de Abigail, a viúva de Nabal,
do Carmelo. O terceiro era Absalão, filho de Maaca, filha de
Talmai, rei de Gesur.
4O quarto era Adonias, filho de Hagite. O quinto era Sefatias,
filho de Abital.
5O sexto era Itreão, filho de Eglá, esposa de Davi. Todos esses
filhos de Davi nasceram em Hebrom.

Abner une forças com Davi

6Enquanto continuava a guerra entre as famílias de Saul e de
Davi, Abner se tornou um líder cada vez mais influente entre a
família de Saul. 7Um dia, Isbosete, filho de Saul, acusou Abner
de ter relações com uma das concubinas de Saul, uma mulher
chamada Rispa, filha de Aiá.
8Abner ficou furioso com as palavras de Isbosete. "Por acaso
sou um cão de Judá para ser tratado dessa maneira?", gritou
ele. "Depois de tudo que fiz por seu pai, Saul, e pela família
e os amigos dele ao não entregar você a Davi, minha recom-
pensa é ser acusado por causa dessa mulher? 9Que Deus me
castigue severamente se eu não fizer por Davi tudo que o SE-
NHOR prometeu a ele! 10Tomarei o reino da família de Saul e o
entregarei a Davi. Estabelecerei o trono de Davi tanto sobre
Israel como sobre Judá, desde Dã, ao norte, até Berseba, ao
sul!" 11Isbosete não se atreveu a dizer nem mais uma palavra,
pois teve medo do que Abner poderia fazer.
12Então Abner enviou mensageiros para dizer a Davi: "Afinal,
a quem pertence esta terra? Faça um acordo comigo, e eu o
ajudarei a conseguir o apoio de todo o Israel".
13"Está bem", respondeu Davi. "Mas só farei acordo com você
se, quando vier para cá, trouxer de volta minha esposa Mical,
filha de Saul."
14Davi enviou a seguinte mensagem a Isbosete, filho de Saul:
"Devolva minha esposa Mical, pois eu conquistei o direito de
me casar com ela com os prepúcios de cem filisteus".
15Então Isbosete mandou tirar Mical de seu marido, Palti, filho
de Laís. 16Palti a seguiu até Baurim, chorando ao longo de
todo o caminho, até que Abner lhe disse: "Volte para casa!",
e ele voltou.
17Abner reuniu as autoridades de Israel e lhes disse: "Faz algum
tempo que vocês querem declarar Davi seu rei. 18Chegou a
hora de agir! Pois o SENHOR disse: 'Escolhi meu servo Davi para
livrar meu povo, Israel, das mãos dos filisteus e de todos os
seus inimigos'". 19Abner também falou com os homens de
Benjamim. Depois, foi a Hebrom para dizer a Davi que todo o
povo de Israel e de Benjamim tinha concordado em apoiá-lo.
20Quando Abner, acompanhado de vinte homens, chegou a
Hebrom, Davi os recebeu com um grande banquete. 21Então
Abner disse a Davi: "Deixe que eu vá e convoque uma reunião
de todo o Israel para apoiar meu senhor, o rei. Farão uma
aliança com o senhor para que reine sobre eles, e o senhor
governará sobre tudo que seu coração desejar". Davi se des-
pediu dele, e Abner partiu em paz.

Abner é assassinado por Joabe

22Contudo, logo depois que Davi despediu Abner em paz, Joabe
e alguns dos soldados de Davi retornaram de um ataque, tra-
zendo muitos despojos. 23Quando Joabe chegou, foi informado
de que Abner, filho de Ner, tinha acabado de visitar o rei, que o
havia despedido em paz.
24Joabe foi até o rei e perguntou: "O que foi que o senhor fez?
Por que deixou Abner escapar? 25O senhor conhece muito bem
Abner, filho de Ner! Sabe que ele veio espioná-lo e descobrir
tudo que o senhor anda fazendo!".
26Então Joabe saiu da presença de Davi e enviou mensageiros
para alcançar Abner. Eles o encontraram perto do poço de
Sirá e o trouxeram de volta, sem que Davi soubesse. 27Quando
Abner chegou a Hebrom, Joabe o chamou para um lado, junto
ao portão da cidade, como se fosse falar com ele em parti-
cular. Então, apunhalou-o no estômago e o matou para vingar
a morte de Asael, seu irmão.
28Quando Davi soube o que havia acontecido, declarou: "Juro
pelo SENHOR que eu e meu reino somos para sempre inocentes
desse crime contra Abner, filho de Ner. 29Que essa culpa per-

maneça sobre Joabe e sua família! Que em todas as gerações
da família de Joabe nunca falte um homem que tenha fluxo ou
lepra, que use muletas, que morra pela espada, ou que tenha
de mendigar o alimento!".
30Assim, Joabe e seu irmão Abisai assassinaram Abner, pois
ele havia matado Asael, irmão deles, na batalha em Gibeom.

Davi lamenta a morte de Abner

31Então Davi disse a Joabe e a todos que estavam com ele:
"Rasguem suas roupas e vistam pano de saco. Lamentem a
morte de Abner", e o próprio rei seguiu o cortejo fúnebre.
32Sepultaram Abner em Hebrom, e o rei chorou em alta voz
junto ao túmulo, e todo o povo lamentou com ele. 33Então o
rei entoou esta canção fúnebre: "Acaso Abner devia morrer
como um vilão?
34Suas mãos não estavam atadas, nem seus pés acorrentados.
Não, você foi assassinado, vítima de uma trama perversa".
Todo o povo lamentou uma vez mais por Abner. 35Davi tinha se
recusado a comer no dia do funeral, e todos insistiram para
que ele se alimentasse. Mas ele havia feito um voto: "Que Deus
me castigue severamente se eu comer alguma coisa antes do
pôr do sol".
36Seu voto agradou muito o povo. De fato, aprovavam tudo que
o rei fazia. 37Assim, todos em Judá e em Israel entenderam
que Davi não era responsável pelo assassinato de Abner, filho
de Ner.
38Então o rei disse a seus oficiais: "Não percebem que um
grande comandante caiu hoje em Israel? 39E, embora eu seja
o rei ungido, esses dois filhos de Zeruia, Joabe e Abisai, são
fortes demais para que eu os controle. Que o SENHOR retribua
a esses homens maus por sua maldade".

O assassinato de Isbosete

4 Quando Isbosete, filho de Saul, soube da morte de Abner em
Hebrom, perdeu completamente o ânimo, e todo o Israel
ficou sem reação. 2Dois de seus irmãos, Baaná e Recabe, eram
capitães dos grupos de ataque de Isbosete. Eram filhos de
Rimom, membro da tribo de Benjamim, que vivia em Beerote. A
cidade de Beerote fazia parte do território de Benjamim, 3pois
seus habitantes originais fugiram para Gitaim, onde ainda
vivem como estrangeiros.
4(Jônatas, filho de Saul, tinha um filho chamado Mefibosete,
que ficou aleijado quando era criança. Mefibosete tinha 5 anos
quando chegou de Jezreel a notícia de que Saul e Jônatas ha-
viam sido mortos na batalha. Ao ouvir isso, a ama do menino
o tomou nos braços e fugiu. Na pressa, porém, deixou-o cair,
e ele ficou aleijado.)
5Certo dia, Recabe e Baaná, filhos de Rimom, de Beerote,
foram à casa de Isbosete por volta do meio-dia, quando ele
estava descansando. 6A mulher que ficava à porta estava pe-
neirando trigo, mas ficou sonolenta e cochilou. Então Recabe
e Baaná passaram por ela sem serem notados 7e entraram na
casa, onde encontraram Isbosete dormindo em sua cama. Eles
o feriram e o mataram, e depois cortaram sua cabeça. Então,
levando a cabeça, fugiram durante a noite pelo vale do Jordão.
8Chegando a Hebrom, entregaram a cabeça de Isbosete a Davi.
"Veja!", disseram ao rei. "Aqui está a cabeça de Isbosete, filho
de seu inimigo, Saul, que tentou matá-lo. Hoje o SENHOR con-
cedeu ao rei vingança sobre Saul e toda a sua família!"
9Davi, porém, disse a Recabe e Baaná, filhos de Rimom, de
Beerote: "O SENHOR, que me tem livrado de todos os meus
sofrimentos, é minha testemunha. 10Quando alguém me in-
formou que Saul estava morto, pensando que trazia uma boa
notícia, eu o agarrei e o matei em Ziclague. Foi essa a recom-
pensa que recebeu pela notícia! 11Quanto mais devo recom-
pensar os perversos que mataram um homem inocente em
sua própria casa e em sua própria cama? Não devo respon-
sabilizá-los pela morte dele e eliminá-los da face da terra?".
12Então Davi ordenou a seus soldados que os matassem, e
assim eles fizeram. Cortaram as mãos e os pés deles e pendu-
raram os corpos junto à represa em Hebrom. Depois, pegaram
a cabeça de Isbosete e a sepultaram no túmulo de Abner, em
Hebrom.

Davi se torna rei de todo o Israel

5 Então todas as tribos de Israel vieram a Hebrom para en-
contrar-se com Davi. "Somos do mesmo povo e raça", dis-
seram. 2"No passado, quando Saul era nosso rei, era você que
liderava o exército de Israel. E o SENHOR lhe disse: 'Você será o
pastor do meu povo, Israel. Será o líder de Israel'."
3Então, ali em Hebrom, o rei Davi fez um acordo diante do
SENHOR com todas as autoridades de Israel, e elas o ungiram
rei de Israel.
4Davi tinha 30 anos quando começou a reinar e, ao todo,
reinou por quarenta anos. 5Havia reinado sobre Judá sete
anos e seis meses e, em Jerusalém, reinou sobre todo o Israel
e Judá por 33 anos.

Davi conquista Jerusalém

6Então o rei partiu com seus soldados para Jerusalém, a fim de
lutar contra os jebuseus, que viviam naquele lugar. Os jebuseus
zombavam de Davi: "Você jamais entrará aqui! Até os cegos
e aleijados são capazes de impedi-lo!". Diziam isso porque
imaginavam estar seguros, 7mas Davi tomou a fortaleza de
Sião, que hoje é chamada de Cidade de Davi.
8No dia do ataque, Davi disse a seus soldados: "Odeio esses
jebuseus 'cegos' e 'aleijados'. Quem os atacar deve entrar na
cidade pelo túnel de água". Essa é a origem do ditado: "Os
cegos e os aleijados não entrarão na casa".
9Então Davi foi morar na fortaleza de Sião e a chamou de Ci-
dade de Davi. Ampliou a cidade, desde o aterro até a parte
interna. 10Davi foi se tornando cada vez mais poderoso, pois o
SENHOR, o Deus dos Exércitos, estava com ele.
11Hirão, rei de Tiro, enviou a Davi mensageiros com madeira de
cedro, carpinteiros e pedreiros, que construíram um palácio
para Davi. 12E Davi compreendeu que o SENHOR o havia confir-
mado como rei sobre Israel e exaltado seu reino por causa de
seu povo, Israel.

13Depois de mudar-se de Hebrom para Jerusalém, Davi tomou
mais concubinas e esposas e teve mais filhos e filhas. 14Estes
são os nomes dos filhos de Davi que nasceram em Jerusalém:
Samua, Sobabe, Natã, Salomão, 15Ibar, Elisua, Nefegue, Jafia,
16Elisama, Eliada e Elifelete.

Davi derrota os filisteus

17Quando os filisteus souberam que Davi tinha sido ungido
rei de Israel, mobilizaram suas tropas para capturá-lo. Davi,
porém, foi informado disso e desceu para a fortaleza. 18Os
filisteus chegaram e se espalharam pelo vale de Refaim.
19Então Davi perguntou ao SENHOR: "Devo sair e lutar contra
os filisteus? Tu os entregarás em minhas mãos?". O SENHOR
respondeu a Davi: "Sim, vá, pois eu certamente os entregarei
em suas mãos".
20Então Davi foi a Baal-Perazim e ali derrotou os filisteus, e ex-
clamou: "O SENHOR irrompeu no meio de meus inimigos como
uma violenta inundação!". Por isso, chamou aquele lugar de
Baal-Perazim. 21Davi e seus homens levaram os ídolos que os
filisteus haviam abandonado ali.
22Pouco tempo depois, os filisteus voltaram a se espalhar pelo
vale de Refaim. 23Mais uma vez, Davi consultou o SENHOR. "Não
os ataque pela frente", respondeu o SENHOR. "Em vez disso, dê
a volta por trás deles e ataque-os perto dos álamos. 24Quando
ouvir um som como de pés marchando por cima dos álamos,
ataque! É o sinal de que o SENHOR vai à sua frente para derrotar
o exército filisteu." 25Davi fez como o SENHOR ordenou e der-
rotou os filisteus por todo o caminho, desde Gibeom até Gezer.

A arca é levada para Jerusalém

6Davi reuniu novamente todos os melhores guerreiros de
Israel, trinta mil ao todo. 2Partiu com eles para Baalá de
Judá a fim de buscar a arca de Deus, junto à qual era invocado
o nome do SENHOR dos Exércitos, que está entronizado entre
os querubins. 3Puseram a arca de Deus num carro novo e a le-
varam da casa de Abinadabe, que ficava num monte. Saindo da
casa, Uzá e Aiô, filhos de Abinadabe, guiavam a carroça nova
4que transportava a arca de Deus. Aiô estava à frente da arca.
5Davi e todo o povo de Israel celebravam diante do SENHOR, en-
toando cânticos e tocando todo tipo de instrumentos musicais:
liras, harpas, tamborins, chocalhos e címbalos.
6Quando chegaram à eira de Nacom, os bois tropeçaram, e Uzá
estendeu a mão e segurou a arca. 7A ira do SENHOR se acendeu
contra Uzá, e Deus o feriu por causa disso. E ele morreu ali
mesmo, ao lado da arca de Deus.
8Davi ficou indignado porque a ira do SENHOR irrompeu contra
Uzá e chamou aquele lugar de Perez-Uzá, como é conhecido
até hoje.
9Davi teve medo do SENHOR e perguntou: "Como poderei levar
a arca do SENHOR?". 10Então resolveu não transferir mais a arca
do SENHOR para a Cidade de Davi. Em vez disso, levou-a para
a casa de Obede-Edom, na cidade de Gate. 11A arca do SENHOR
ficou na casa de Obede-Edom, em Gate, por três meses, e o
SENHOR abençoou Obede-Edom e toda a sua família.
12Disseram ao rei Davi: "O SENHOR tem abençoado a família de
Obede-Edom e tudo que ele possui por causa da arca de Deus".
Então Davi foi até lá e, com grande festa, levou a arca de Deus
da casa de Obede-Edom para a Cidade de Davi. 13Quando os
homens que carregavam a arca do SENHOR davam seis passos,
Davi sacrificava um boi e um novilho gordo. 14Davi usava um co-
lete sacerdotal de linho e dançava diante do SENHOR com todas
as suas forças. 15Assim, Davi e todo o povo de Israel levaram a
arca do SENHOR com gritos de alegria e ao som de trombetas.

Mical trata Davi com desprezo

16Enquanto a arca do SENHOR entrava na Cidade de Davi, Mical,
filha de Saul, olhava pela janela. Quando viu o rei Davi saltando
e dançando diante do SENHOR, encheu-se de desprezo por ele.
17Trouxeram a arca do SENHOR e a colocaram em seu lugar,
dentro de uma tenda especial que Davi tinha preparado para
ela. E Davi ofereceu ao SENHOR holocaustos e ofertas de paz.
18Depois que terminou de oferecer os sacrifícios, abençoou o
povo em nome do SENHOR dos Exércitos. 19Para cada homem
e mulher israelita na multidão, ele deu um pão, um bolo de
tâmaras e um bolo de passas. Então todos voltaram para casa.
20Quando Davi voltou para casa a fim de abençoar sua família,
Mical, filha de Saul, saiu ao encontro dele e disse: "Como o rei
de Israel se mostrou digno de honra hoje, exibindo-se sem qual-
quer vergonha diante das servas, como um homem vulgar!".
21Davi respondeu a Mical: "Eu dançava diante do SENHOR, que
me escolheu em lugar de seu pai e de toda a sua família! Ele
me nomeou líder de Israel, o povo do SENHOR, por isso con-
tinuarei a celebrar diante do SENHOR. 22Estou disposto a me
tornar ainda mais desprezível e até mesmo a ser humilhado
aos meus próprios olhos! Mas as servas que você mencionou
certamente me considerarão digno de honra". 23E Mical, filha
de Saul, não teve filhos até o final de sua vida.

A aliança do SENHOR com Davi

7Quando o rei Davi já havia se estabelecido em seu palácio
e o SENHOR lhe tinha dado descanso de todos os inimigos
ao redor, 2mandou chamar o profeta Natã. O rei disse: "Veja,
moro num palácio, uma casa de cedro, enquanto a arca de
Deus está lá fora, numa simples tenda".
3Natã respondeu ao rei: "Faça o que tem em mente, pois o
SENHOR está com o rei".
4Naquela mesma noite, porém, o SENHOR disse a Natã:
5"Vá e diga a meu servo Davi que assim diz o SENHOR: 'Acaso
cabe a você construir uma casa para eu habitar? 6Desde o dia
em que tirei os israelitas do Egito até hoje, nunca morei numa
casa. Sempre acompanhei o povo de um lugar para o outro
numa tenda, num tabernáculo. 7E, no entanto, onde quer que
eu tenha ido com os israelitas, nunca me queixei às tribos de Is-
rael e aos pastores de meu povo. Nunca lhes perguntei: Por que
não construíram para mim um palácio, uma casa de cedro?'.
8"Agora vá e diga a meu servo Davi que assim diz o SENHOR
dos Exércitos: 'Eu o tirei das pastagens onde você cuidava
das ovelhas e o escolhi para ser o líder de meu povo, Israel.

9Estive com você por onde andou e destruí todos os seus ini-
migos diante de seus olhos. Agora, tornarei seu nome tão
conhecido quanto o dos homens mais importantes da terra!
10Providenciarei uma terra para meu povo, Israel, e os plan-
tarei num lugar seguro, onde jamais serão perturbados. Na-
ções perversas não os oprimirão como fizeram no passado,
11desde o tempo em que nomeei juízes para governar meu
povo, Israel. Eu lhes darei descanso de todos os seus inimigos'.
"'Além disso, o SENHOR declara que fará uma casa para você,
uma dinastia real! 12Pois, quando você morrer e for sepultado
com seus antepassados, escolherei um de seus filhos, de sua
própria descendência, e estabelecerei seu reino. 13Ele é que
construirá uma casa para meu nome, e estabelecerei seu trono
para sempre. 14Eu serei seu pai, e ele será meu filho. Se ele
pecar, eu o corrigirei e disciplinarei com a vara, como qualquer
outro pai faria. 15Contudo, não retirarei dele meu favor, como o
retirei de Saul, quando o removi do seu caminho. 16Sua casa e
seu reino continuarão para sempre diante de mim, e seu trono
será estabelecido para sempre'".
17Natã voltou até Davi e contou ao rei tudo que o SENHOR lhe
tinha revelado.

Oração de gratidão de Davi

18Então o rei Davi entrou no santuário, pôs-se diante do SENHOR
e orou: "Quem sou eu, ó Soberano SENHOR, e o que é minha
família, para que me trouxesses até aqui? 19E agora, Sobe-
rano SENHOR, como se isso não bastasse, dizes que dará a teu
servo uma dinastia duradoura! Tratas a todos dessa forma, ó
Soberano SENHOR?
20"Que mais posso dizer-te? Tu sabes como teu servo é de
fato, ó Soberano SENHOR. 21Por causa de tua promessa e de
acordo com tua vontade, fizeste todas estas grandes coisas e
as tornaste conhecidas a teu servo.
22"Quão grande és, ó Soberano SENHOR! Não há ninguém igual
a ti! Jamais ouvimos falar de outro Deus como tu! 23Engran-
deceste teu nome ao livrar teu povo do Egito. Realizaste mila-
gres impressionantes e removeste as nações e os deuses do
caminho de teu povo. 24Fizeste de Israel teu próprio povo para
sempre, e tu, ó SENHOR, te tornaste seu Deus.
25"E agora, ó SENHOR Deus, sou teu servo; faze o que prome-
teste a meu respeito e de minha família. Confirma-o como
uma promessa que durará para sempre. 26Que o teu nome seja
honrado para sempre, a fim de que todos digam: 'O SENHOR dos
Exércitos é o Deus de Israel!'. E que a dinastia de teu servo Davi
permaneça diante de ti para sempre.
27"Ó SENHOR dos Exércitos, o Deus de Israel, tive a coragem de
fazer-te esta oração porque revelaste tudo isso a teu servo ao
dizer: 'Farei uma casa para você, uma dinastia real!'. 28Pois tu
és Deus, ó Soberano SENHOR. Tuas palavras são verdadeiras,
e tu prometeste estas coisas boas a teu servo. 29E agora, que
seja do teu agrado abençoar a casa de teu servo, para que ela
permaneça para sempre diante de ti. Pois tu falaste, ó Sobe-
rano SENHOR, e quando concedes uma bênção a teu servo, é
uma bênção para sempre!".

Vitórias militares de Davi

8Depois disso, Davi derrotou e sujeitou os filisteus, conquis-
tando Gate, sua maior cidade. 2Também conquistou a terra
de Moabe. Fez os moabitas se deitarem no chão numa fileira e
os mediu com uma corda, formando grupos. Para cada grupo
que poupou, executou dois grupos. Assim Davi sujeitou os moa-
bitas, e eles lhe pagaram tributo.
3Davi também derrotou Hadadezer, filho de Reobe, rei de
Zobá, quando Hadadezer tentou recuperar o controle da re-
gião do rio Eufrates. 4Davi tomou mil carros de guerra, sete
mil cavaleiros e vinte mil soldados da infantaria. Levou cavalos
suficientes para cem carros de guerra e aleijou o restante.
5Quando os sírios de Damasco chegaram para ajudar o rei
Hadadezer, Davi matou 22 mil deles. 6Então colocou desta-
camentos de seu exército em Damasco, a capital dos sírios.
Assim Davi sujeitou os sírios, e eles lhe pagaram tributo. O
SENHOR concedia vitórias a Davi por onde quer que ele fosse.
7Davi levou para Jerusalém os escudos de ouro dos oficiais de
Hadadezer, 8além de grande quantidade de bronze de Tebá e
de Berotai, cidades que pertenciam a Hadadezer.
9Quando Toí, rei de Hamate, soube que Davi tinha destruído
todo o exército de Hadadezer, 10enviou seu filho Jorão para
parabenizar Davi por sua campanha bem-sucedida. Hadadezer
e Toí eram inimigos e sempre estavam em guerra. Jorão pre-
senteou Davi com objetos de prata, ouro e bronze.
11O rei Davi dedicou todos esses presentes ao SENHOR, como fez
com a prata e o ouro das outras nações que havia derrotado:
12de Edom, Moabe, Amom, da Filístia e de Amaleque, além de
Hadadezer, filho de Reobe, rei de Zobá.
13Davi se tornou ainda mais conhecido ao voltar da batalha em
que matou dezoito mil edomitas no vale do Sal. 14Davi colocou
destacamentos de seu exército em todo o território de Edom,
e assim sujeitou todos os edomitas. O SENHOR concedia vitórias
a Davi por onde quer que ele fosse.
15Davi reinou sobre todo o Israel e fazia o que era justo e cor-
reto para seu povo. 16Joabe, filho de Zeruia, era comandante
de seu exército. Josafá, filho de Ailude, era o historiador do
reino. 17Zadoque, filho de Aitube, e Aimeleque, filho de Abiatar,
eram os sacerdotes. Seraías era o secretário da corte. 18Be-
naia, filho de Joiada, era comandante da guarda pessoal do
rei. E os filhos de Davi serviam como líderes sacerdotais.

Davi trata Mefibosete com bondade

9Certo dia, Davi perguntou: "Resta alguém da família de
Saul, a quem eu possa mostrar bondade por causa de Jô-
natas?". 2Havia um servo da família de Saul, cujo nome era
Ziba, e o trouxeram a Davi. "Você é Ziba?", perguntou o rei.
"Sim, seu servo, meu senhor!", respondeu Ziba.
3Então o rei lhe perguntou: "Resta alguém da família de Saul?
Se resta, gostaria de mostrar a bondade de Deus para com
ele". "Um dos filhos de Jônatas ainda está vivo", respondeu
Ziba. "Ele é aleijado dos dois pés."
4"Onde ele está?", perguntou o rei. Ziba respondeu: "Em Lo-
-Debar, na casa de Maquir, filho de Amiel".

5 Então Davi mandou buscá-lo na casa de Maquir. 6 Seu nome
era Mefibosete, filho de Jônatas, filho de Saul. Quando com-
pareceu diante de Davi, curvou-se com o rosto no chão. Davi
disse: "Saudações, Mefibosete". Mefibosete respondeu: "Aqui
está seu servo, meu senhor!".
7 "Não tenha medo", disse Davi. "Quero mostrar bondade a
você por causa de Jônatas, seu pai. Vou lhe dar todas as terras
que pertenciam a seu avô Saul, e você comerá sempre aqui
comigo, à mesa do rei."
8 Mefibosete se prostrou e disse: "Quem é seu servo, para que
o senhor mostre bondade a alguém como eu, que não vale
mais que um cão morto?".
9 Então o rei mandou chamar Ziba, servo de Saul, e disse: "Dei
ao neto de seu senhor tudo que pertencia a Saul e sua família.
10 Você, seus filhos e servos cultivarão a terra para ele, a fim
de produzir alimento para a casa de seu senhor. Mefibosete,
neto de seu senhor, comerá sempre à minha mesa". Ziba tinha
quinze filhos e vinte servos.
11 "Sou seu servo", respondeu Ziba. "Farei tudo que meu senhor,
o rei, mandou." E, daquele momento em diante, Mefibosete
passou a comer à mesa de Davi, como se fosse um de seus
filhos.
12 Mefibosete tinha um filho ainda jovem chamado Mica. Da-
quele momento em diante, todos os membros da casa de Ziba
se tornaram servos de Mefibosete. 13 E Mefibosete, que era
aleijado dos dois pés, morava em Jerusalém e comia sempre
à mesa do rei.

Davi derrota os amonitas

10 Algum tempo depois, morreu Naás, rei dos amonitas,
e seu filho Hanum subiu ao trono. 2 Davi disse: "Vou
demonstrar lealdade a Hanum, assim como seu pai, Naás,
sempre foi leal a mim". Então Davi enviou representantes
para expressar seu pesar a Hanum pela morte do pai dele.
Mas, quando os representantes de Davi chegaram à terra de
Amom, 3 os líderes amonitas disseram a Hanum, seu senhor: "O
rei acredita mesmo que esses homens estão aqui para honrar
seu pai? Não! Davi os enviou com o objetivo de espionar a
cidade para vir e conquistá-la!". 4 Então Hanum prendeu os
representantes de Davi e raspou metade da barba de cada um,
cortou metade de suas roupas até as nádegas e os expulsou
de sua terra.
5 Quando Davi soube o que havia acontecido, enviou mensa-
geiros ao encontro dos homens, para que lhes dissessem: "Fi-
quem em Jericó até que sua barba tenha crescido e voltem em
seguida", pois estavam muito envergonhados.
6 Quando os amonitas perceberam quanto haviam enfurecido
Davi, contrataram vinte mil soldados de infantaria dos sírios
das terras de Bete-Reobe e Zobá, mil homens do rei de Maaca
e doze mil da terra de Tobe. 7 Davi foi informado disso e enviou
Joabe e todos os seus guerreiros para lutarem contra eles. 8 As
tropas amonitas avançaram e formaram sua frente de batalha
à entrada da cidade, enquanto os sírios de Zobá e Reobe e
os homens de Tobe e Maaca se posicionaram para lutar nos
campos abertos.
9 Joabe viu que teria de lutar em duas frentes ao mesmo
tempo, por isso escolheu alguns dos melhores guerreiros de Is-
rael e os pôs sob seu comando pessoal para enfrentar os sírios.
10 Deixou o restante do exército sob o comando de seu irmão
Abisai, que atacou os amonitas. 11 Joabe disse a seu irmão: "Se
os sírios forem fortes demais para mim, venha me ajudar. E, se
os amonitas forem fortes demais para você, eu irei ajudá-lo.
12 Coragem! Lutemos bravamente por nosso povo e pelas ci-
dades de nosso Deus. E que seja feita a vontade do SENHOR!".
13 Joabe e suas tropas atacaram, e os sírios começaram a fugir.
14 Quando os amonitas viram que os sírios batiam em retirada,
também fugiram de Abisai e recuaram para dentro da cidade.
Terminada a batalha, Joabe voltou para Jerusalém.
15 Os sírios viram que não tinham como enfrentar Israel. Assim,
ao se reagrupar, 16 receberam o reforço de soldados sírios con-
vocados por Hadadezer do outro lado do rio Eufrates. Essas
tropas chegaram a Helã conduzidas por Sobaque, comandante
das forças de Hadadezer.
17 Quando Davi foi informado do que estava acontecendo, re-
uniu todo o Israel, atravessou o Jordão e levou o exército até
Helã. Os sírios se posicionaram para a batalha e lutaram contra
Davi. 18 Mais uma vez, porém, os sírios fugiram dos israelitas. O
exército de Davi matou setecentos homens em carros de guerra
e quarenta mil soldados de infantaria, incluindo Sobaque, co-
mandante de seu exército. 19 Quando todos os reis aliados a
Hadadezer viram que ele havia sido derrotado pelos israelitas,
renderam-se a Israel e se tornaram súditos de Davi. Depois
disso, os sírios tiveram medo de voltar a ajudar os amonitas.

Davi e Bate-Seba

11 No começo do ano, época em que os reis costumavam
ir à guerra, Davi enviou Joabe e as tropas israelitas para
lutarem contra os amonitas. Eles destruíram o exército inimigo
e cercaram a cidade de Rabá. Mas Davi ficou em Jerusalém.
2 Certa tarde, Davi se levantou da cama depois de seu des-
canso e foi caminhar pelo terraço do palácio. Enquanto olhava
do terraço, reparou numa mulher muito bonita que tomava
banho. 3 Davi mandou alguém para descobrir quem era a mu-
lher. Disseram-lhe: "É Bate-Seba, filha de Eliã e esposa de
Urias, o hitita". 4 Então Davi enviou mensageiros para que a
trouxessem, e teve relações com ela. Bate-Seba havia acabado
de completar o ritual de purificação depois da menstruação.
E ela voltou para casa. 5 Passado algum tempo, quando Bate-
-Seba descobriu que estava grávida, enviou um mensageiro a
Davi para lhe dizer: "Estou grávida".
6 Então Davi mandou uma mensagem para Joabe: "Envie-me
Urias, o hitita", e Joabe o enviou a Davi. 7 Quando Urias chegou,
Davi perguntou como estavam Joabe e o exército e como ia a
guerra. 8 Então disse a Urias: "Vá para casa e descanse". De-
pois que Urias deixou o palácio, Davi lhe enviou um presente.
9 Urias, porém, não foi para casa. Passou a noite na entrada do
palácio com os guardas do rei.
10 Quando Davi soube que Urias não tinha ido para casa,
mandou chamá-lo e perguntou: "O que aconteceu? Depois de

ter ficado tanto tempo fora, por que você não foi para casa ontem à noite?".

11Urias respondeu: "A arca e os exércitos de Israel e de Judá estão em tendas, e Joabe, meu comandante, e seus soldados estão acampados ao ar livre. Como eu poderia ir para casa para beber, comer e dormir com minha mulher? Juro diante do rei que jamais faria uma coisa dessas".

12Então Davi lhe disse: "Pois bem. Fique aqui hoje, e amanhã poderá retornar". Urias ficou em Jerusalém aquele dia e o dia seguinte. 13Davi o convidou para jantar e o embriagou. Outra vez, porém, ele dormiu numa esteira, com os guardas do rei, e não foi para sua casa.

Davi trama a morte de Urias

14Na manhã seguinte, Davi escreveu uma carta para Joabe e mandou Urias entregá-la. 15A carta continha a seguinte instrução: "Coloque Urias na linha de frente, onde o combate estiver mais intenso. Depois, recue para que ele seja morto".

16Então Joabe colocou Urias numa posição próxima do muro da cidade, onde sabia que estavam os principais guerreiros do inimigo. 17Quando os soldados inimigos saíram da cidade para lutar, Urias, o hitita, foi morto junto com muitos outros soldados israelitas.

18Joabe enviou a Davi um relatório da batalha. 19Disse a seu mensageiro: "Conte ao rei tudo que aconteceu na batalha. 20Pode ser que ele fique irado e pergunte: 'Por que as tropas se aproximaram tanto da cidade? Não sabiam que atirariam contra eles dos muros? 21Acaso Abimeleque, filho de Gideão, não foi morto em Tebes por uma mulher que atirou uma pedra de moinho do alto da muralha? Por que chegaram tão perto dos muros?'. Então diga-lhe: 'Seu soldado Urias, o hitita, também foi morto'".

22O mensageiro foi a Jerusalém e deu um relatório completo a Davi. 23"O inimigo saiu contra nós em campo aberto", disse o mensageiro. "Quando os perseguíamos de volta até o portão da cidade, 24os arqueiros no alto do muro atiraram flechas contra nós. Alguns dos homens do rei foram mortos; entre eles estava Urias, o hitita."

25Davi respondeu: "Diga a Joabe que não desanime. A espada devora este hoje e aquele amanhã. Lutem bravamente e conquistem a cidade!".

26Quando a esposa de Urias soube que seu marido havia morrido, chorou por ele. 27Terminado o período de luto, Davi mandou trazê-la para o palácio. Ela se tornou uma de suas esposas e deu à luz um filho. Mas o que Davi fez desagradou o SENHOR.

Natã repreende Davi

12 Então o SENHOR enviou o profeta Natã a Davi. Ele foi até o rei e lhe disse: "Havia dois homens em certa cidade. Um era rico, e o outro, pobre. 2O rico era dono de muitas ovelhas e muito gado. 3O pobre não tinha nada, exceto uma cordeirinha que ele havia comprado. Ele criou a cordeirinha, e ela cresceu com os filhos dele. Comia de seu prato, bebia de seu copo e até dormia em seus braços; ela era como sua filha. 4Certo dia, um visitante chegou à casa do rico. Em vez de matar um dos animais de seu próprio rebanho, o rico tomou a cordeirinha do pobre, a matou e a preparou para seu visitante".

5Davi ficou furioso com esse homem rico e jurou: "Tão certo como vive o SENHOR, o homem que faz uma coisa dessas merece morrer! 6Deve restituir quatro ovelhas ao pobre por ter roubado a cordeirinha e não ter mostrado compaixão".

7Então Natã disse a Davi: "Você é esse homem! Assim diz o SENHOR, o Deus de Israel: 'Eu o ungi rei de Israel e o livrei das mãos de Saul. 8Dei-lhe a casa e as mulheres de seu senhor e os reinos de Israel e Judá. E, se isso não bastasse, teria lhe dado muito mais. 9Por que, então, você desprezou a palavra do SENHOR e fez algo tão horrível? Você assassinou Urias, o hitita, com a espada dos amonitas e roubou a esposa dele! 10De agora em diante, a espada não se afastará de sua família, pois você me desprezou ao tomar para si a mulher de Urias'.

11"Assim diz o SENHOR: 'De sua própria família farei surgir seu castigo. Tomarei suas mulheres diante de seus olhos e as darei a outro homem; ele se deitará com elas à vista de todos. 12O que você fez em segredo, eu farei acontecer abertamente, diante de todo o Israel'".

Davi confessa sua culpa

13Então Davi confessou a Natã: "Pequei contra o SENHOR". Natã respondeu: "Sim, mas o SENHOR o perdoou, e você não morrerá por causa do seu pecado. 14Contudo, uma vez que você demonstrou o mais absoluto desprezo pela palavra do SENHOR ao agir desse modo, seu filho morrerá".

15Depois que Natã voltou para casa, o SENHOR fez adoecer gravemente o filho de Davi com a mulher de Urias. 16Davi suplicou ao SENHOR que poupasse a criança. Jejuou e passou a noite prostrado no chão. 17Os oficiais do palácio insistiram para que ele se levantasse e comesse com eles, mas Davi se recusou.

18No sétimo dia, a criança morreu. Os servos de Davi ficaram com medo de contar para ele. "Não ouviu nossos conselhos quando a criança estava doente", disseram. "Se lhe contarmos que a criança morreu, poderá cometer uma insanidade."

19Davi percebeu que estavam cochichando e compreendeu o que havia acontecido. "A criança morreu?", perguntou. "Sim", responderam eles. "Está morta."

20Então Davi levantou-se do chão, lavou-se, perfumou-se e trocou de roupa. Foi ao santuário e adorou o SENHOR. Depois, voltou ao palácio, pediu que lhe trouxessem alimento e comeu.

21Seus servos ficaram perplexos. "Não o entendemos", disseram. "Enquanto a criança estava viva, o senhor chorou e jejuou. Agora que a criança morreu, o senhor parou de lamentar e voltou a comer."

22Davi respondeu: "Enquanto a criança estava viva, jejuei e chorei, pois pensava: 'Quem sabe o SENHOR terá compaixão de mim e deixará a criança viver'. 23Mas por que jejuar agora que ela morreu? Poderia eu fazê-la voltar? Um dia irei até ela, mas ela não voltará a mim".

24Então Davi consolou Bate-Seba, sua mulher, e teve relações

com ela. Bate-Seba engravidou e deu à luz um filho, a quem
Davi chamou Salomão. O SENHOR amou a criança 25e enviou
uma mensagem por meio do profeta Natã, dizendo que o
menino devia se chamar Jedidias, conforme o SENHOR havia
ordenado.

Davi conquista Rabá

26Enquanto isso, Joabe continuou a lutar contra Rabá, a ca-
pital de Amom, e tomou a cidade real. 27Joabe enviou mensa-
geiros a Davi para lhe dizer: "Lutei contra Rabá e capturei seus
reservatórios de água. 28Traga o restante do exército aqui e
conquiste a cidade. De outro modo, eu a tomarei e levarei o
crédito pela vitória".
29Então Davi reuniu o restante do exército e foi a Rabá. Eles
atacaram a cidade e a conquistaram. 30Davi removeu a coroa
da cabeça do rei, e ela foi colocada sobre sua cabeça. A coroa
era feita de ouro, enfeitada com pedras preciosas, e pesava
cerca de 35 quilos. Davi tomou grande quantidade de des-
pojos da cidade. 31Também tornou os habitantes de Rabá seus
escravos e os obrigou a trabalhar com serras, picaretas e ma-
chados de ferro, e também nos fornos de tijolos. Foi assim que
Davi tratou o povo de todas as cidades amonitas. Então ele e
todo o exército voltaram para Jerusalém.

Tamar é violentada

13 Absalão, filho de Davi, tinha uma irmã muito bonita cha-
mada Tamar. Amnom, outro filho de Davi, apaixonou-se
por ela. 2Amnom ficou tão obcecado por Tamar que adoeceu.
Ela era virgem, e Amnom imaginou que seria impossível pos-
suí-la.
3Contudo, Amnom tinha um amigo muito astuto, seu primo Jo-
nadabe. Ele era filho de Simeia, irmão de Davi. 4Certo dia, Jo-
nadabe disse a Amnom: "Qual é o problema? Por que o filho do
rei parece tão abatido todos os dias?". Amnom lhe respondeu:
"Estou apaixonado por Tamar, irmã de meu irmão Absalão".
5"Faça o seguinte", disse Jonadabe. "Deite-se e finja que está
doente. Quando seu pai o visitar, peça-lhe que deixe Tamar
vir e preparar algo para você comer. Peça que ela prepare
o alimento aqui mesmo, para que você a veja e ela o sirva."
6Então Amnom se deitou e fingiu que estava doente. Quando o
rei foi vê-lo, Amnom lhe pediu: "Por favor, permita que minha
irmã Tamar venha e prepare dois bolos aqui mesmo, para que
eu a veja e ela os sirva para mim". 7Davi concordou e mandou
Tamar ir à casa de Amnom preparar algo para ele comer.
8Quando Tamar chegou à casa de Amnom, foi até o lugar onde
ele estava deitado, para que ele pudesse vê-la preparar a
massa. Então ela assou os bolos, conforme ele tinha pedido.
9Contudo, quando ela colocou a bandeja diante de Amnom,
ele se recusou a comer. "Saiam todos daqui", disse ele a seus
servos. E todos saíram.
10Então Amnom disse a Tamar: "Agora traga os bolos ao meu
quarto e dê-me de comer". Tamar fez conforme ele pediu.
11Quando, porém, ela lhe ofereceu a comida, ele a agarrou e
exigiu: "Venha para a cama comigo, minha irmã!".
12"Não, meu irmão! Não me violente!", exclamou Tamar. "Isso
não se faz em Israel! Não faça essa loucura! 13Como eu poderia
viver com tamanha vergonha? E você cairia em desgraça em
Israel! Por favor, fale com o rei, e ele permitirá que você se
case comigo!"
14Mas Amnom não quis ouvi-la e, como era mais forte que ela,
violentou-a. 15Então a paixão de Amnom se transformou em
profundo desprezo, e seu desprezo por ela foi mais intenso
que a paixão que havia sentido. "Saia daqui!", gritou para ela.
16"Não, não!", respondeu Tamar. "Mandar-me embora agora
seria pior do que o mal que você me fez." Amnom, porém,
não quis ouvi-la. 17Chamou seu servo e ordenou: "Ponha esta
mulher para fora daqui e tranque a porta!".
18O servo a pôs para fora e trancou a porta. Tamar vestia uma
túnica longa, como era costume naqueles dias entre as filhas
virgens do rei. 19Então rasgou sua túnica, jogou cinzas sobre a
cabeça e, cobrindo o rosto com as mãos, foi embora chorando.
20Seu irmão Absalão a viu e perguntou: "É verdade que Amnom
esteve com você? Bem, minha irmã, é melhor ficar quieta, pois
Amnom é seu irmão. Não se aflija com isso". Então Tamar,
como uma mulher desolada, foi morar na casa de seu irmão
Absalão.
21Quando o rei Davi soube o que havia acontecido, ficou fu-
rioso. 22E, embora Absalão não tivesse dito nada a Amnom
a esse respeito, odiou Amnom profundamente pelo que ele
havia feito à sua irmã.

Absalão se vinga de Amnom

23Dois anos depois, quando as ovelhas de Absalão estavam
sendo tosquiadas em Baal-Hazor, perto de Efraim, Absalão
convidou todos os filhos do rei para uma festa. 24Foi até o rei e
disse: "Meus tosquiadores estão trabalhando. Gostaria que o
rei e seus servos celebrassem essa ocasião comigo".
25Mas o rei respondeu: "Não, meu filho. Se todos nós fôs-
semos, seria um peso para você". Embora Absalão insistisse,
o rei se recusou a ir, mas abençoou Absalão.
26"Está bem", disse Absalão. "Se o senhor não pode vir, per-
mita que meu irmão Amnom vá conosco."
"Por que Amnom?", perguntou o rei. 27Mas Absalão continuou
a insistir até que, finalmente, o rei concordou em deixar seus
filhos, incluindo Amnom, irem à festa.
28Absalão disse a seus homens: "Esperem até Amnom estar
bêbado; então, quando eu ordenar, matem-no. Não tenham
medo. A responsabilidade é minha. Sejam corajosos e va-
lentes!". 29Assim, quando Absalão deu o sinal, eles mataram
Amnom. Os outros filhos do rei montaram em suas mulas e
fugiram.
30Quando ainda estavam a caminho de Jerusalém, a notícia
chegou a Davi: "Absalão matou todos os filhos do rei; não
restou um sequer com vida!". 31O rei se levantou, rasgou suas
roupas e lançou-se no chão. Seus conselheiros também ras-
garam suas roupas.
32Nesse momento, Jonadabe, filho de Simeia, irmão de Davi,
chegou e disse: "Não pense, meu senhor, que todos os filhos

do rei foram mortos! Foi apenas Amnom! Absalão tramava isso
desde que Amnom violentou sua irmã Tamar. 33O meu senhor,
o rei, não deve acreditar que todos os seus filhos estão mortos!
Apenas Amnom morreu". 34Enquanto isso, Absalão fugiu. Então
a sentinela sobre o muro de Jerusalém viu muita gente descendo o monte pela estrada que vinha do oeste.
35E Jonadabe disse ao rei: "Veja! Lá estão eles! São os filhos
do rei voltando, como eu tinha dito".
36Logo eles chegaram, chorando e soluçando, e o rei e todos
os seus servos choraram amargamente com eles. 37Davi chorou
muitos dias por seu filho Amnom. Absalão fugiu para a terra de
Talmai, filho de Amiúde, rei de Gesur, 38onde permaneceu por
três anos. 39E o rei Davi, conformado com a morte de Amnom,
abandonou a ideia de perseguir Absalão.

Joabe providencia o retorno de Absalão

14 Joabe, filho de Zeruia, percebeu que o rei agora desejava
ver Absalão. 2Por isso, mandou trazer de Tecoa uma mulher conhecida por sua sabedoria. Disse-lhe: "Finja que está de luto; vista roupas de luto e não se perfume. Aja como uma mulher que está lamentando a morte de alguém há muito tempo.
3Depois, vá até o rei e apresente a história que vou lhe contar".
Então Joabe disse o que ela deveria falar.
4Quando a mulher de Tecoa se aproximou do rei, curvou-se com o rosto no chão e disse: "Ó rei! Ajude-me!".
5"Qual é o problema?", perguntou o rei. "Pobre de mim, sou
viúva!", respondeu ela. "Meu marido morreu. 6Meus dois filhos brigaram no campo. Como não havia ninguém por perto
para separá-los, um deles acabou matando o outro. 7Agora,
o resto da família está exigindo de sua serva: 'Entregue-nos seu filho. Vamos executá-lo por ter matado o irmão. Ele não merece herdar a propriedade da família'. Querem apagar a última brasa que me restou; se o fizerem, o nome e a família de meu marido desaparecerão da face da terra."
8"Eu cuidarei disso", disse o rei. "Vá para casa."
9A mulher de Tecoa respondeu: "Ó meu senhor, o rei, que a culpa caia sobre mim e sobre a família de meu pai, e que o rei e seu trono sejam inocentes!".
10"Se alguém criar problemas, traga-o a mim", disse o rei. "Eu
lhe garanto que ele nunca mais a incomodará."
11Então ela disse: "Por favor, prometa pelo SENHOR, seu Deus, que não deixará o vingador da vítima matar meu filho. Não quero mais derramamento de sangue". Ele respondeu: "Tão certo como vive o SENHOR, ninguém tocará num fio de cabelo da cabeça de seu filho!".
12"Permita-me pedir mais uma coisa ao meu senhor, o rei",
disse a mulher. "Fale", respondeu ele.
13Então ela disse: "Por que o senhor não faz pelo povo de Deus
o mesmo que prometeu fazer por mim? Ao tomar essa decisão, o senhor condenou a si mesmo, pois se recusou a trazer para casa seu filho banido. 14Um dia, todos nós morreremos.
Nossa vida é como água que, depois de derramada na terra, não pode mais ser recolhida. Mas Deus não apaga a vida; ao contrário, ele cria meios de trazer de volta aqueles que foram banidos de sua presença.
15"Vim suplicar ao meu senhor, o rei, porque outros me ameaçaram. Pensei: 'Talvez o rei me escute 16e nos livre daqueles
que desejam nos eliminar da herança que Deus nos deu. 17Sim,
o meu senhor, o rei, restaurará nossa paz de espírito'. Sei que o senhor é como um anjo de Deus, capaz de discernir entre o bem e o mal. Que o SENHOR, seu Deus, esteja com o rei".
18"Preciso saber uma coisa", disse o rei. "Diga-me a verdade."
"Sim, ó meu senhor, o rei", disse a mulher.
19"Foi Joabe quem a mandou aqui?", perguntou o rei. A mulher
respondeu: "Ó meu senhor, o rei, como posso negar? Ninguém é capaz de esconder coisa alguma do senhor. Sim, foi Joabe, servo do rei, que me enviou e me disse o que falar. 20Agiu
desse modo para que o senhor pudesse ver a questão com outros olhos. Mas o senhor é sábio como um anjo de Deus e entende tudo que acontece em nosso meio!".
21Então o rei mandou chamar Joabe e lhe disse: "Muito bem,
vá e traga de volta o jovem Absalão".
22Joabe se curvou com o rosto no chão e disse: "Finalmente
sei que obtive o favor do meu senhor, o rei, pois atendeu a meu pedido!".
23Joabe foi a Gesur e trouxe Absalão de volta a Jerusalém.
24O rei, porém, deu a seguinte ordem: "Absalão pode ir para
casa, mas não deve vir à minha presença". Portanto, Absalão não viu o rei.

A reconciliação de Absalão e Davi

25Não havia nenhum homem em todo o Israel tão elogiado
por sua beleza como Absalão; era perfeito da cabeça aos pés.
26Cortava o cabelo uma vez por ano por causa de seu peso: 2,4
quilos, segundo o peso real. 27Tinha três filhos e uma filha. Sua
filha se chamava Tamar e era muito bonita.
28Absalão morou dois anos em Jerusalém sem ver o rei.
29Então mandou chamar Joabe para pedir que intercedesse
por ele, mas Joabe não quis vir. Mandou chamá-lo de novo e,
mais uma vez, ele se recusou a vir. 30Então Absalão disse a seus
servos: "Vão e ponham fogo no campo de cevada de Joabe que fica junto de minha propriedade". Os servos foram e puseram fogo no campo, como Absalão havia ordenado.
31Então Joabe foi à casa de Absalão e lhe perguntou: "Por que
seus servos puseram fogo em meu campo?".
32Absalão respondeu: "Eu quero que você pergunte ao rei por
que ele me trouxe de Gesur se não pretendia me receber. Teria sido melhor eu ficar onde estava. Quero ver o rei; se ele me considera culpado de algo, então que mande me matar".
33Joabe contou ao rei o que Absalão tinha dito. Por fim, Davi
mandou chamar Absalão. Ele veio, curvou-se com o rosto no chão diante do rei, e o rei o beijou.

A rebelião de Absalão

15 Algum tempo depois, Absalão providenciou para si uma
carruagem com cavalos e contratou cinquenta guardas
para servirem como sua guarda de honra. 2Todas as manhãs,
ele se levantava cedo e ia até o portão da cidade. Quando alguém trazia uma causa para ser julgada pelo rei, Absalão

perguntava de que cidade a pessoa era, e ela lhe respondia a
qual tribo de Israel pertencia. 3Então Absalão dizia: "Sua causa
é justa e legítima. É pena que o rei não tenha ninguém para ou-
vi-la". 4E dizia ainda: "Quem me dera ser juiz. Então todos me
apresentariam suas questões legais, e eu lhes faria justiça!".
5Quando alguém ia se prostrar diante dele, Absalão não o per-
mitia. Ao contrário, tomava-o pela mão e o beijava. 6Fazia isso
com todos que vinham ao rei pedir justiça e, desse modo, ia
conquistando o coração de todos em Israel.
7Passados quatro anos, Absalão disse ao rei: "Deixe-me ir a
Hebrom para cumprir o voto que fiz ao SENHOR. 8Enquanto eu
estava em Gesur, na Síria, prometi oferecer sacrifícios ao SE-
NHOR em Hebrom caso ele me trouxesse de volta a Jerusalém".
9"Está bem", disse o rei. "Vá e cumpra seu voto." Então Ab-
salão foi a Hebrom. 10Enquanto estava lá, porém, enviou em
segredo mensageiros para todas as tribos de Israel. Eles di-
ziam às pessoas: "Assim que ouvirem as trombetas, digam:
'Absalão foi coroado rei em Hebrom!'". 11Absalão levou consigo
duzentos homens de Jerusalém como seus convidados, mas
eles não faziam ideia de suas intenções. 12Enquanto Absalão
oferecia os sacrifícios, mandou chamar Aitofel, um dos conse-
lheiros de Davi que vivia na cidade de Gilo. Em pouco tempo,
muitos outros se uniram a Absalão, e a conspiração ganhou
força.

Davi foge de Jerusalém

13Logo, um mensageiro chegou a Jerusalém para informar
Davi: "Todo o Israel se uniu a Absalão!".
14"Então devemos fugir de imediato, ou será tarde demais!",
disse Davi a seus conselheiros. "Rápido! Se sairmos de Jeru-
salém antes que Absalão chegue, escaparemos e impediremos
que ele mate todos os moradores da cidade."
15"O senhor tem o nosso apoio", responderam seus conse-
lheiros. "Faça o que lhe parecer melhor."
16Então o rei e toda a sua família partiram de imediato. Ele
deixou para trás apenas dez concubinas para cuidarem do
palácio. 17O rei e todos que o acompanhavam foram a pé e pa-
raram na última casa da cidade, 18a fim de deixar os soldados
do rei passarem e tomarem a dianteira. Também iam com Davi
sua guarda pessoal e seiscentos homens de Gate.
19Então o rei se voltou para Itai, comandante dos homens de
Gate, e disse: "Por que você está vindo conosco? Volte para
o novo rei, pois Israel não é sua pátria; você é um estran-
geiro no exílio. 20Chegou faz pouco tempo, e não seria certo
eu obrigá-lo a vir conosco. Nem sei para onde vamos. Volte e
leve consigo seus parentes, e que a bondade e a fidelidade o
acompanhem!".
21Itai, porém, disse ao rei: "Tão certo como vive o SENHOR e
como vive o rei, eu juro que, não importa o que aconteça,
irei aonde for o meu senhor, o rei, seja para viver ou para
morrer!".
22Davi respondeu: "Muito bem, venha conosco". E Itai, todos
os seus homens e suas famílias acompanharam Davi.
23Por onde passavam o rei e os que o seguiam, todo o povo
chorava em alta voz. Atravessaram o vale de Cedrom e foram
em direção ao deserto.
24Zadoque e todos os levitas também os acompanharam, car-
regando a arca da aliança de Deus. Puseram a arca no chão,
e Abiatar ofereceu sacrifícios até que todos tivessem saído
da cidade.
25Então Davi ordenou a Zadoque: "Leve a arca de Deus de
volta para a cidade. Se for da vontade do SENHOR, ele me trará
de volta para ver novamente a arca e o santuário. 26Mas, se
ele não se agradar mais de mim, que faça comigo o que lhe
parecer melhor".
27O rei também disse ao sacerdote Zadoque: "Preste atenção.
Você deve voltar à cidade, com seu filho Aimaás e com Jô-
natas, filho de Abiatar. 28Farei uma parada em um dos pontos
de travessia do Jordão e ficarei ali esperando notícias suas".
29Então Zadoque e Abiatar levaram a arca de Deus de volta
para Jerusalém e ali permaneceram.
30Davi prosseguiu pelo caminho para o monte das Oliveiras,
chorando enquanto andava. Estava com a cabeça coberta e os
pés descalços. Os que iam com ele também tinham a cabeça
coberta e choravam enquanto subiam ao monte. 31Quando
alguém informou a Davi que Aitofel, seu conselheiro, agora
apoiava Absalão, Davi orou: "Ó SENHOR, faze que Aitofel dê
conselhos errados a Absalão!".
32Quando Davi chegou ao alto do monte, onde o povo costu-
mava adorar a Deus, Husai, o arquita, o esperava ali. Husai
havia rasgado suas roupas e colocado terra sobre a cabeça.
33Mas Davi lhe disse: "Se você vier comigo, será apenas um
peso. 34Volte à cidade e diga a Absalão: 'Agora serei seu con-
selheiro, ó rei, como no passado fui conselheiro de seu pai'.
Assim, você poderá frustrar os conselhos de Aitofel. 35Os sa-
cerdotes Zadoque e Abiatar estarão lá. Informe-os dos planos
feitos no palácio, 36e eles enviarão seus filhos Aimaás e Jô-
natas para me contar o que se passa".
37Assim, Husai, amigo de Davi, voltou para Jerusalém e ali
chegou na mesma hora em que Absalão entrava na cidade.

Davi e Ziba

16 Quando Davi tinha acabado de passar pelo alto do monte,
Ziba, servo de Mefibosete, estava à sua espera. Tinha
dois jumentos carregados com duzentos pães, cem bolos de
passas, cem frutas de verão e uma vasilha de couro cheia de
vinho.
2"Para que tudo isso?", perguntou o rei. Ziba respondeu: "Os
jumentos são para a família do rei montar, e o pão e as frutas
de verão são para os servos comerem. O vinho é para os que
ficarem exaustos no deserto".
3"E onde está Mefibosete, neto de seu senhor Saul?", per-
guntou o rei. Ziba respondeu: "Ficou em Jerusalém, pois disse:
'Hoje o povo de Israel me devolverá o reino de meu avô Saul'".
4Então o rei disse a Ziba: "Nesse caso, dou a você tudo que per-
tence a Mefibosete". "Humildemente me prostro", respondeu
Ziba. "Que o meu senhor, o rei, sempre se agrade de mim."

Simei amaldiçoa Davi

5Quando o rei Davi chegou a Baurim, um homem do povoado
saiu ao seu encontro e começou a amaldiçoá-lo. Era Simei,
filho de Gera, do mesmo clã da família de Saul. 6Atirava pe-
dras contra o rei, seus oficiais e os guerreiros que o cercavam.
7"Saia daqui, assassino, bandido!", gritava para Davi. 8"O SE-
NHOR lhe está retribuindo por todo o sangue derramado no clã
de Saul. Você roubou o trono, e agora o SENHOR o entregou a
seu filho Absalão. Finalmente está provando de seu próprio
remédio, pois é assassino!"
9Então Abisai, filho de Zeruia, disse: "Por que este cão morto
amaldiçoa meu senhor, o rei? Dê a ordem, e eu cortarei a
cabeça dele!".
10O rei, porém, disse: "Quem pediu a opinião de vocês, filhos
de Zeruia? Se o SENHOR mandou este homem me amaldiçoar,
quem são vocês para questioná-lo?".
11Então Davi disse a Abisai e a todos os seus servos: "Meu
próprio filho procura me matar. Não teria este parente de
Saul ainda mais motivos para fazer o mesmo? Deixem-no em
paz. Que ele me amaldiçoe, pois foi o SENHOR que o mandou.
12Talvez o SENHOR veja que tenho sido injustiçado e me abençoe
por causa dessas maldições de hoje". 13Assim, Davi e seus ho-
mens prosseguiram em seu caminho. Simei os seguia pela
encosta de um monte próximo, amaldiçoando Davi e atirando
pedras e terra contra ele.
14O rei e todos que o acompanhavam chegaram exaustos ao rio
Jordão e, por isso, descansaram ali.

Aitofel aconselha Absalão

15Nesse meio-tempo, Absalão e uma multidão de israelitas en-
traram em Jerusalém, acompanhados por Aitofel. 16Quando
Husai, o arquita, amigo de Davi, chegou à cidade, foi logo ao
encontro de Absalão. "Viva o rei!", exclamou. "Viva o rei!"
17"É assim que você mostra lealdade a seu amigo Davi?", per-
guntou-lhe Absalão. "Por que não está com ele?"
18Husai respondeu: "Estou aqui porque pertenço àquele que é
escolhido pelo SENHOR e por todos os homens de Israel. 19Além
do mais, é natural que eu sirva ao filho de Davi. Assim como fui
conselheiro de seu pai, agora serei seu conselheiro".
20Então Absalão se voltou para Aitofel e perguntou: "O que
devo fazer agora?".
21Aitofel respondeu: "Tenha relações com as concubinas que
seu pai deixou aqui para tomar conta do palácio. Então todo o
Israel saberá que você insultou seu pai de tal modo que será
impossível haver reconciliação; isso encorajará os que estão
do seu lado". 22Então armaram uma tenda no terraço do pa-
lácio, e ali Absalão teve relações com as concubinas de seu pai
à vista de todo o Israel.
23Absalão seguiu os conselhos de Aitofel, como Davi tinha feito,
pois as palavras de Aitofel pareciam sábias, como se fossem
um conselho dado pelo próprio Deus.

17 Aitofel disse a Absalão: "Permita-me escolher doze mil
homens para sair em perseguição a Davi ainda esta noite.
2Eu o alcançarei enquanto está exausto e desanimado. Farei
que ele entre em pânico, e assim todos os seus soldados fu-
girão. Então matarei apenas o rei 3e trarei todo o exército para
o senhor. A morte do homem a quem o senhor busca lhe trará
de volta os demais. Assim, ficará em paz com todo o povo".
4O plano pareceu bom a Absalão e a todas as autoridades de
Israel.

Husai contesta o conselho de Aitofel

5Depois, porém, Absalão disse: "Tragam Husai, o arquita. Ve-
jamos qual é a opinião dele". 6Quando Husai chegou, Absalão
lhe contou o que Aitofel tinha dito. Então perguntou: "Qual é
sua opinião? Devemos seguir o conselho de Aitofel? Se não, o
que você sugere?".
7Husai respondeu a Absalão: "Desta vez o conselho de Aitofel
está equivocado. 8O senhor conhece seu pai e os homens
dele; são guerreiros valentes. No momento, estão tão furiosos
quanto uma ursa da qual roubaram os filhotes. E lembre-se
de que seu pai é um soldado experiente; ele não passará a
noite com o povo. 9É provável que já esteja escondido em al-
guma cova ou caverna. Quando ele sair e atacar, e alguns de
nossos soldados forem mortos, a notícia de que os homens
de Absalão foram massacrados se espalhará. 10Então, até os
soldados mais destemidos, embora sejam corajosos como um
leão, serão tomados de pavor. Afinal, todo o Israel sabe como
seu pai é um guerreiro poderoso e como são valentes os ho-
mens que o acompanham.
11"Recomendo que o senhor reúna todo o exército de Israel e
convoque soldados desde Dã, ao norte, até Berseba, ao sul,
tão numerosos quanto a areia da praia. Aconselho, também,
que o senhor mesmo vá à frente das tropas. 12Quando encon-
trarmos Davi, cairemos sobre ele como o orvalho cai sobre a
terra. Nem ele nem nenhum de seus homens sobreviverão. 13E,
caso Davi consiga escapar para alguma cidade, o senhor terá
todo o Israel sob seu comando. Levaremos cordas e arrasta-
remos os muros da cidade para o vale mais próximo, até que
não reste uma pedrinha sequer".
14Então Absalão e todos os homens de Israel disseram: "O con-
selho de Husai é melhor que o de Aitofel", pois o SENHOR havia
decidido frustrar o sensato conselho de Aitofel a fim de trazer
desgraça sobre Absalão.

Husai avisa Davi

15Husai contou aos sacerdotes Zadoque e Abiatar o que Aitofel
tinha dito a Absalão e às autoridades de Israel e o que ele pró-
prio havia aconselhado. 16"Rápido!", disse ele aos sacerdotes.
"Encontrem Davi e insistam para que ele não passe esta noite
nos pontos de travessia do Jordão, mas que atravesse o rio e
vá para o deserto. Do contrário, ele e todos que o acompa-
nham morrerão."
17Jônatas e Aimaás haviam ficado em En-Rogel, para não
serem vistos entrando e saindo da cidade. Tinham pedido que
uma serva lhes trouxesse a mensagem que deviam transmitir
ao rei Davi. 18Contudo, um rapaz os viu em En-Rogel e avisou

Absalão. Por isso, fugiram depressa para Baurim, onde um
homem os escondeu dentro de um poço em seu quintal. 19 A
esposa desse homem estendeu um grande pedaço de pano
sobre o poço e em cima espalhou grãos de cereal para secar ao
sol, para que ninguém suspeitasse que estivessem ali.
20 Os homens de Absalão chegaram e perguntaram à mulher:
"Você viu Aimaás e Jônatas?". A mulher respondeu: "Estiveram
aqui, mas atravessaram o riacho". Os homens de Absalão os
procuraram sem sucesso e voltaram para Jerusalém.
21 Jônatas e Aimaás saíram do poço e correram para onde o
rei Davi estava. "Depressa!", disseram ao rei. "Atravessem
o Jordão ainda esta noite!" E lhe contaram que Aitofel havia
aconselhado que ele fosse capturado e morto. 22 Então Davi e
todos que o acompanhavam atravessaram o rio durante a noite
e chegaram à outra margem antes do amanhecer.
23 Quando Aitofel viu que Absalão não havia seguido seu con-
selho, selou seu jumento, foi para sua cidade natal, pôs seus
negócios em ordem e se enforcou. Assim morreu, e foi sepul-
tado no túmulo da família.
24 Davi chegou logo a Maanaim. A essa altura, Absalão havia
reunido todo o exército de Israel e conduzia as tropas até o
outro lado do Jordão. 25 Absalão havia nomeado Amasa para
comandar seu exército em lugar de Joabe. (Amasa era primo
de Joabe. Seu pai era Jéter, um ismaelita, e sua mãe, Abigail,
era filha de Naás, irmã de Zeruia, mãe de Joabe.) 26 Absalão e
o exército israelita acamparam na terra de Gileade.
27 Quando Davi chegou a Maanaim, foi recebido por Sobi, filho
de Naás, de Rabá dos amonitas, e por Maquir, filho de Amiel,
de Lo-Debar, e por Barzilai, de Rogelim, em Gileade. 28 Trou-
xeram camas, vasilhas, tigelas, trigo e cevada, farinha e grãos
tostados, feijão e lentilha, 29 mel, coalhada, ovelhas e queijo
para Davi e os que o acompanhavam, pois disseram: "Vocês
devem estar muito famintos, cansados e sedentos depois da
longa caminhada pelo deserto".

A derrota e a morte de Absalão

18 Davi passou em revista os soldados que estavam com
ele e nomeou generais e capitães para liderá-los. 2 Em
seguida, enviou-os em três grupos: um sob o comando de
Joabe; outro sob o comando de Abisai, irmão de Joabe, filho
de Zeruia; e o outro sob o comando de Itai, de Gate. O rei disse
a seus soldados: "Também vou com vocês".
3 Os homens, porém, se opuseram. "O senhor não deve ir", dis-
seram. "Se tivermos de recuar ou fugir, ou mesmo se metade
de nós morrer, para eles não fará diferença. O senhor vale por
dez mil de nós; por isso, é melhor que fique na cidade e nos
envie ajuda, se for necessário."
4 "Farei o que acharem melhor", disse o rei. Assim, ficou junto
ao portão da cidade, enquanto os soldados saíam marchando
em grupos de cem e de mil.
5 O rei deu a seguinte ordem a Joabe, Abisai e Itai: "Por minha
causa, tratem o jovem Absalão com bondade". Todas as tropas
ouviram o rei dar essa ordem a seus comandantes.
6 Então saíram para o campo, e a batalha começou no bosque
de Efraim. 7 Os soldados israelitas foram derrotados pelos ho-
mens de Davi. Houve grande matança naquele dia, e vinte mil
homens perderam a vida. 8 A batalha se espalhou por toda a
região, e morreram mais homens no bosque do que os que
foram mortos pela espada.
9 Durante a batalha, Absalão deparou com alguns homens
de Davi. Tentou fugir montado numa mula, mas, ao passar
debaixo dos galhos espessos de uma grande árvore, ficou
enroscado neles pela cabeça. A mula continuou a correr e o
deixou ali, pendurado na árvore. 10 Um dos soldados de Davi
presenciou a cena e disse a Joabe: "Vi Absalão pendurado
numa árvore".
11 "Você o viu?", perguntou Joabe. "E por que não o matou ali
mesmo? Eu o teria recompensado com dez peças de prata e
um cinturão de guerreiro!"
12 Mas o soldado respondeu a Joabe: "Eu não mataria o filho do
rei nem por mil peças de prata! Todos nós ouvimos o rei dizer
ao senhor, a Abisai e a Itai: 'Por minha causa, poupem o jovem
Absalão'. 13 E, se eu tivesse traído o rei e matado seu filho,
certamente ele ficaria sabendo, e o senhor seria o primeiro
a ficar contra mim".
14 "Não vou perder mais tempo discutindo com você!", disse
Joabe. Então pegou três dardos e atravessou com eles o peito
de Absalão quando ele ainda estava vivo, pendurado na ár-
vore. 15 Em seguida, dez jovens escudeiros de Joabe cercaram
Absalão e o mataram.
16 Então Joabe tocou a trombeta, e seus homens pararam de
perseguir o exército de Israel. 17 Atiraram o corpo de Absalão
numa cova profunda no bosque e sobre ela colocaram um
monte de pedras. E todos os israelitas fugiram para suas casas.
18 Quando ainda estava vivo, Absalão havia construído para si
um monumento no vale do Rei, pois disse: "Não tenho filho
para dar continuidade a meu nome". Chamou-o de Monu-
mento de Absalão, como é conhecido até hoje.

Davi lamenta a morte de Absalão

19 Então Aimaás, filho de Zadoque, disse: "Deixe-me ir correndo
dar ao rei a boa notícia de que o Senhor o livrou de seus ini-
migos!".
20 "Não", disse Joabe. "Não será uma boa notícia para o rei
saber que o filho dele morreu. Você pode servir de mensageiro
em outra ocasião, mas não hoje."
21 Então Joabe disse a um etíope: "Vá e conte ao rei o que você
viu". O homem se curvou diante de Joabe e partiu correndo.
22 Contudo, Aimaás, filho de Zadoque, insistiu com Joabe: "Não
importa o que aconteça, deixe-me ir também". "Por que você
quer ir, meu filho?", disse Joabe. "Não haverá recompensa
alguma pela notícia."
23 "Eu sei, mas deixe-me ir mesmo assim", implorou. Por fim,
Joabe disse: "Está bem, pode ir". Então Aimaás pegou o ca-
minho mais fácil, pela planície, e correu até Maanaim à frente
do etíope.
24 Enquanto Davi estava entre os portões interno e externo da
cidade, o guarda subiu até o terraço sobre a porta, junto ao

muro. Ao olhar dali, viu um homem correndo na direção deles.
25Gritou para avisar Davi, e o rei respondeu: "Se está sozinho,
traz boas notícias". Quando o mensageiro se aproximou, 26o
guarda viu outro homem correndo na direção deles e avisou:
"Outro homem se aproxima!". E disse o rei: "Também traz
boas notícias".
27"O primeiro homem corre como Aimaás, filho de Zadoque",
disse o guarda. "Ele é um homem bom e traz boas notícias",
respondeu o rei.
28Então Aimaás gritou para o rei: "Tudo está bem!". Curvou-se
diante do rei com o rosto no chão e disse: "Louvado seja o
SENHOR, seu Deus, que entregou os rebeldes que ousaram se
levantar contra o meu senhor, o rei!".
29"E quanto a Absalão?", perguntou o rei. "Ele está bem?"
Aimaás respondeu: "Quando Joabe me enviou, havia grande
confusão, mas não sei o que aconteceu".
30"Espere aqui", disse o rei. E Aimaás ficou esperando ao lado.
31Então chegou o etíope e disse: "Tenho boas notícias para
o meu senhor, o rei. Hoje o SENHOR o livrou de todos que se
rebelaram contra o rei".
32"E quanto ao jovem Absalão?", perguntou o rei. "Ele está
bem?" O etíope respondeu: "Que todos os inimigos do meu
senhor, o rei, e todos os que se levantam para lhe fazer mal
tenham o mesmo destino daquele jovem!".
33O rei ficou muito abalado. Foi para o quarto que ficava sobre
o portão da cidade e começou a chorar. Andando de um lado
para o outro, clamava: "Ah, meu filho Absalão! Meu filho, meu
filho Absalão! Quem me dera eu tivesse morrido em seu lugar!
Ah, Absalão, meu filho, meu filho!".

Joabe repreende o rei

19 Logo chegou a Joabe a notícia de que o rei chorava e
lamentava a morte de Absalão. 2Quando o povo soube
da grande tristeza do rei pela morte de seu filho, a alegria da
vitória daquele dia se transformou em profundo pesar. 3Os
soldados entraram na cidade sem chamar a atenção, como se
estivessem envergonhados e houvessem fugido da batalha. 4O
rei cobriu o rosto com as mãos e continuou a chorar: "Ah, meu
filho Absalão! Ah, Absalão, meu filho, meu filho!".
5Então Joabe foi até o quarto do rei e disse: "Hoje salvamos
sua vida e a vida de seus filhos e filhas e de suas esposas e
concubinas. E, no entanto, o senhor age desse modo e nos faz
sentir envergonhados. 6Parece amar os que o odeiam e odiar
os que o amam. Hoje deixou claro que todos os seus comandantes
e soldados não significam nada para o senhor. Pelo
visto, se Absalão tivesse sobrevivido e todos nós tivéssemos
morrido, o senhor estaria satisfeito. 7Agora saia e vá parabenizar
seus soldados, pois juro pelo SENHOR que, se o rei não for,
nem um só deles permanecerá aqui esta noite. Isso seria pior
que todo o mal que já lhe aconteceu na vida".
8Assim, o rei saiu e se sentou à entrada da cidade, e quando se
espalhou a notícia de que o rei estava ali, todos foram vê-lo.
Enquanto isso, os israelitas haviam fugido para suas casas, 9e
em todas as tribos de Israel houve muita discussão. O povo
dizia: "O rei nos livrou de nossos inimigos e nos libertou dos
filisteus, mas teve de fugir por causa de Absalão. 10Agora Absalão,
a quem ungimos para reinar sobre nós, está morto. Não
devemos demorar para trazer o rei Davi de volta!".
11Então Davi enviou uma mensagem aos sacerdotes Zadoque
e Abiatar: "Perguntem às autoridades de Judá: 'Por que vocês
demoram tanto para receber o rei de volta? Até eu já sei que
todo o Israel deseja a minha volta. 12Vocês são meus parentes,
minha própria tribo, meu povo e minha raça! Então por que
são os últimos a receber o rei de volta?'". 13E Davi pediu que
dissessem a Amasa: "Você é meu parente, meu povo e minha
raça. Que Deus me castigue severamente se, de hoje em
diante, você não se tornar comandante de meu exército em
lugar de Joabe".
14A mensagem de Davi convenceu todas as autoridades de
Judá, e eles deram uma resposta unânime. Mandaram dizer
ao rei: "Volte para nós e traga todos que estão com o senhor!".

Davi volta para Jerusalém

15Então o rei começou a viagem de volta para Jerusalém.
Quando chegou ao rio Jordão, o povo de Judá foi a Gilgal para
encontrar-se com ele e acompanhá-lo até o outro lado do rio.
16Simei, filho de Gera, de Baurim, na terra de Benjamim, atravessou
com os homens de Judá para dar as boas-vindas ao rei
Davi. 17Estavam com ele mil homens da tribo de Benjamim,
incluindo Ziba, servo da casa de Saul, e os quinze filhos e vinte
servos de Ziba. Desceram apressadamente ao Jordão para receber
o rei. 18Atravessaram o rio, para ajudar a família do rei a
chegar à outra margem e para fazer o que ele lhes solicitasse.

Davi tem misericórdia de Simei

Quando o rei estava prestes a atravessar o rio, Simei, filho de
Gera, curvou-se diante dele e suplicou: 19"Ó meu senhor, o
rei, por favor, perdoe-me. Esqueça as coisas terríveis que seu
servo disse quando o senhor saiu de Jerusalém. 20Sei quanto
pequei. Por isso vim aqui hoje, a primeira pessoa em todo o
Israel a receber o meu senhor, o rei".
21Então Abisai, filho de Zeruia, disse: "Simei deve ser morto,
pois amaldiçoou o rei ungido do SENHOR!".
22"Quem pediu a opinião de vocês, filhos de Zeruia?", disse
Davi. "Por que agem como se fossem meus inimigos? Hoje
não é um dia de execuções, pois hoje voltei a ser rei em Israel!"
23Então, virando-se para Simei, Davi prometeu: "Sua
vida será poupada".

O reencontro de Davi e Mefibosete

24Mefibosete, neto de Saul, veio para encontrar-se com o rei.
Desde que Davi havia saído de Jerusalém até o dia em que
voltou em segurança, Mefibosete não tinha lavado os pés, nem
feito a barba, nem lavado as roupas. 25Quando ele chegou a
Jerusalém, o rei lhe perguntou: "Por que você não veio comigo,
Mefibosete?".
26Ele respondeu: "Ó meu senhor, o rei, meu servo Ziba me enganou.
Pedi que ele selasse meu jumento para que eu pudesse

acompanhar o rei, pois, como o senhor sabe, sou aleijado.
27Ele, no entanto, falou mal de mim e disse que eu havia me
recusado a vir. Mas sei que meu senhor, o rei, é como um
anjo de Deus. Portanto, faça o que lhe parecer melhor. 28Meus
parentes e eu só poderíamos esperar que o senhor mandasse
nos matar. Contudo, o senhor me honrou ao permitir que eu
comesse à sua mesa. Que mais eu poderia pedir?".
29"Não precisa continuar se explicando", respondeu Davi. "Resolvi que você e Ziba dividirão sua terra igualmente entre si."
30"Dê tudo a ele", disse Mefibosete. "Para mim, basta saber
que meu senhor, o rei, voltou para casa em segurança."

Davi trata Barzilai com bondade

31Barzilai, de Gileade, havia descido de Rogelim para acompanhar o rei na travessia do Jordão.
32Era bastante idoso — tinha 80 anos — e era muito rico. Foi ele quem providenciou
alimento para o rei durante sua estada em Maanaim.
33O rei disse a Barzilai: "Venha comigo para Jerusalém, e eu cuidarei
de você".
34Barzilai, porém, respondeu: "Sou idoso demais para ir com o
rei a Jerusalém.
35Tenho 80 anos e não consigo mais apreciar
coisa alguma. A comida e a bebida já não têm sabor, e já não
consigo ouvir a voz dos cantores. Seria apenas um peso para
meu senhor, o rei.
36Atravessar o Jordão com o rei é honra suficiente para mim!
37Depois, permita que eu volte para morrer
em minha cidade, onde meu pai e minha mãe foram sepultados. Mas aqui está seu servo, Quimã; permita que ele vá com
meu senhor, o rei, e receba o que o senhor quiser lhe dar".
38"Está bem", concordou o rei. "Quimã virá comigo, e eu o
ajudarei da maneira como você achar melhor. E farei por você
qualquer coisa que me pedir."
39Assim, todo o povo atravessou
o Jordão com o rei. Depois que Davi abençoou Barzilai e o
beijou, Barzilai voltou para casa.
40O rei atravessou para Gilgal, levando Quimã consigo. Todo
o povo de Judá e metade do povo de Israel o acompanharam.

Discussão sobre o rei

41Contudo, os homens de Israel vieram queixar-se ao rei: "Os
homens de Judá se apropriaram do rei e não nos deram a
honra de ajudar a levar o senhor, sua família e todos os seus
acompanhantes até o outro lado do Jordão".
42Os homens de Judá argumentaram: "O rei é nosso parente
próximo. Por que vocês estão irados? Não comemos à custa
do rei nem recebemos favor especial algum!".
43"Mas há dez tribos em Israel", responderam os outros. "Portanto, temos dez vezes mais direito ao rei do que vocês. Que
direito vocês têm de nos tratar com desprezo? Não fomos nós
os primeiros a propor trazer nosso rei de volta?" A discussão
continuou, e os homens de Judá falaram com ainda mais rispidez que os de Israel.

A rebelião de Seba

20 Estava ali por acaso um homem perverso chamado Seba,
filho de Bicri, da tribo de Benjamim. Seba tocou a trombeta e começou a gritar: "Abaixo a dinastia de Davi! O filho
de Jessé nada tem a nos oferecer! Vamos, homens de Israel,
todos de volta para casa!".
2Então todo o povo de Israel que estava ali abandonou Davi
e seguiu Seba, filho de Bicri. O povo de Judá, porém, permaneceu com o rei e o acompanhou do rio Jordão até Jerusalém.
3Quando Davi chegou a seu palácio em Jerusalém, mandou
confinar as dez concubinas que haviam ficado ali. O rei lhes
providenciou sustento, mas não teve mais relações com elas.
Permaneceram como viúvas até o fim da vida.
4O rei disse a Amasa: "Reúna o exército de Judá e apresente-se
aqui em três dias".
5Amasa saiu para convocar os soldados de
Judá, mas levou mais tempo que o prazo definido pelo rei.
6Então Davi disse a Abisai: "Seba, filho de Bicri, vai nos prejudicar mais que Absalão. Leve minhas tropas e persiga-o antes
que ele entre numa cidade fortificada, onde não possamos
alcançá-lo".
7Os soldados de Joabe, junto com a guarda pessoal do rei e
os guerreiros valentes, saíram de Jerusalém para perseguir
Seba.
8Quando chegaram à grande rocha em Gibeom, Amasa
foi ao encontro deles. Joabe vestia seu traje militar e levava
um punhal preso ao cinto. Quando deu um passo à frente para
saudar Amasa, tirou o punhal da bainha.
9"Como vai, meu primo?", disse Joabe, e o pegou pela barba
com a mão direita, como se fosse beijá-lo.
10Amasa não percebeu o punhal na mão esquerda dele, e Joabe o feriu no
estômago, de modo que suas entranhas se derramaram no
chão. Joabe não precisou feri-lo outra vez, pois Amasa morreu
rapidamente. Joabe e seu irmão Abisai deixaram o corpo ali e
continuaram a perseguir Seba.
11Um dos soldados de Joabe gritou: "Se estiverem do lado de
Joabe e Davi, venham e sigam Joabe!".
12Amasa, porém, estava estendido numa poça de sangue no meio do caminho, e
os soldados de Joabe viram que todos paravam para olhar.
Então um dos soldados o arrastou para fora do caminho, até
um campo, e o cobriu com um manto.
13Com o corpo de Amasa
fora do caminho, todos seguiram Joabe em perseguição a
Seba, filho de Bicri.
14Enquanto isso, Seba passou por todas as tribos de Israel e,
por fim, chegou à cidade de Abel-Bete-Maaca. Todos os membros de seu clã, os bicritas, se reuniram para lutar e o seguiram
até a cidade.
15Quando os soldados de Joabe chegaram, cercaram Abel-Bete-Maaca. Construíram uma rampa junto às fortificações da cidade e começaram a derrubar o muro.
16Então
uma mulher sábia da cidade gritou: "Ouçam! Digam a Joabe
que se aproxime, pois desejo falar com ele!".
17Quando ele se
aproximou, a mulher perguntou: "O senhor é Joabe?". "Sim,
sou eu", respondeu ele. Então ela disse: "Ouça sua serva com
atenção". "Estou ouvindo", disse ele.
18A mulher continuou: "Antigamente era costume dizer: 'Se
precisar resolver um desentendimento, peça conselho na cidade de Abel'.
19Somos pacíficos e fiéis em Israel, mas o senhor
está prestes a destruir uma cidade importante de nossa terra.
Por que deseja destruir aquilo que pertence ao SENHOR?".

20“De maneira nenhuma!”, respondeu Joabe. “Não quero
arruinar nem destruir sua cidade. 21Não é essa a minha in-
tenção. Quero apenas capturar um homem chamado Seba,
filho de Bicri, da região montanhosa de Efraim, que se rebelou
contra o rei Davi. Se vocês o entregarem para mim, deixarei
a cidade em paz.”
“Está bem”, respondeu a mulher. “Jogaremos a cabeça dele
para você por cima do muro.” 22Então a mulher levou o seu
bom conselho até o povo. Eles cortaram a cabeça de Seba e a
jogaram para Joabe. Ele tocou a trombeta, e seus soldados se
retiraram da cidade. Todos voltaram para suas casas, e Joabe
voltou para o rei, em Jerusalém.
23Joabe era o comandante de todo o exército de Israel. Be-
naia, filho de Joiada, era o comandante da guarda pessoal
do rei. 24Adonirão era encarregado daqueles que realizavam
trabalhos forçados. Josafá, filho de Ailude, era o historiador
do reino. 25Seva era o secretário da corte. Zadoque e Abiatar
eram os sacerdotes. 26E Ira, descendente de Jair, servia Davi
como sacerdote.

Davi vinga os gibeonitas

21 Durante o reinado de Davi, houve uma terrível fome que
durou três anos, e o rei consultou o Senhor a esse res-
peito. O Senhor disse: “A fome veio porque Saul e sua família
são culpados de terem matado os gibeonitas”.
2Então o rei mandou chamar os gibeonitas. Eles não faziam
parte do povo de Israel, mas eram tudo que restava dos amor-
reus. Os israelitas tinham jurado que não os matariam, mas
Saul, em seu zelo por Israel e Judá, havia tentado extermi-
ná-los. 3Davi lhes perguntou: “O que posso fazer por vocês?
Como posso reparar o mal que lhes foi feito, para que vocês
abençoem o povo do Senhor?”.
4Os gibeonitas responderam: “Prata e ouro não resolverão a
questão entre nós e a família de Saul. Também não temos o
direito de exigir a vida de ninguém em Israel”. “Que farei por
vocês, então?”, perguntou Davi.
5Eles responderam: “Saul planejava nos destruir; queria nos
impedir de ter um lugar no território de Israel. 6Portanto, en-
tregue-nos sete dos filhos de Saul, para que os executemos
diante do Senhor em Gibeá, no monte do Senhor”. “Está
bem”, disse o rei. “Farei o que me pedem.” 7O rei poupou a
vida de Mefibosete, filho de Jônatas, filho de Saul, por causa
do juramento que Davi e Jônatas haviam feito diante do Se-
nhor. 8Contudo, entregou-lhes Armoni e Mefibosete, os dois
filhos de Saul com Rispa, filha de Aiá. Também entregou-lhes
os cinco filhos de Merabe, filha de Saul, esposa de Adriel, filho
de Barzilai, de Meolá. 9Os homens de Gibeom os executaram
no monte, diante do Senhor. Os sete foram mortos ao mesmo
tempo, no início da colheita da cevada.
10Então Rispa, filha de Aiá, estendeu um pano de saco sobre
uma rocha e ficou ali todo o período da colheita. Não deixou
que as aves de rapina despedaçassem os corpos deles durante
o dia e impediu os animais selvagens de os devorarem du-
rante a noite. 11Quando Davi soube o que Rispa, concubina de
Saul, havia feito, 12foi até o povo de Jabes-Gileade para reaver
os ossos de Saul e de seu filho Jônatas. (Quando os filisteus
mataram Saul e Jônatas no monte Gilboa, o povo de Jabes-
-Gileade tinha roubado os corpos deles da praça de Bete-Sã,
onde os filisteus os haviam pendurado.) 13Davi trouxe os ossos
de Saul e de Jônatas, e também os ossos dos homens que os
gibeonitas haviam executado.
14O rei ordenou que os ossos de Saul e de Jônatas fossem en-
terrados na sepultura de Quis, pai de Saul, na cidade de Zela,
na terra de Benjamim. Depois disso, Deus atendeu às orações
em favor do povo.

Batalhas contra gigantes filisteus

15Mais uma vez, houve guerra entre os filisteus e Israel.
Quando Davi e seus soldados estavam no meio de uma ba-
talha, Davi perdeu as forças e ficou exausto. 16Isbibenobe era
descendente de gigantes, e a ponta de sua lança de bronze pe-
sava cerca de 3,5 quilos. Ele estava armado com uma espada
nova e jurou que ia matar Davi. 17Mas Abisai, filho de Zeruia,
veio socorrer Davi e matou o filisteu. Então os homens de Davi
exigiram: “O senhor não vai mais sair conosco para lutar! Por
que correr o risco de apagar a lâmpada de Israel?”.
18Depois disso, houve outra batalha contra os filisteus, em
Gobe. Enquanto lutavam, Sibecai, de Husate, matou Safe,
outro descendente de gigantes.
19Durante uma batalha em Gobe, Elanã, filho de Jair, de Belém,
matou o irmão de Golias, de Gate. O cabo de sua lança era da
grossura de um eixo de tecelão.
20Em outra batalha com os filisteus em Gate, havia um homem
de grande estatura com seis dedos em cada mão e seis dedos
em cada pé, 24 dedos ao todo, que também era descendente
de gigantes. 21Mas, quando ele desafiou os israelitas e zombou
deles, foi morto por Jônatas, filho de Simeia, irmão de Davi.
22Esses quatro filisteus eram descendentes dos gigantes de
Gate, mas Davi e seus guerreiros os mataram.

Cântico de louvor de Davi

22 Davi entoou esta canção ao Senhor no dia em que o
Senhor o livrou de todos os seus inimigos e de Saul.
2Assim cantou: “O Senhor é minha rocha, minha fortaleza e
meu libertador; 3meu Deus é minha rocha, em quem encontro
proteção. Ele é meu escudo, o poder que me salva e meu lugar
seguro. Ele é meu refúgio, meu salvador, aquele que me livra
da violência.
4Clamei ao Senhor, que é digno de louvor, e ele me livrou de
meus inimigos.
5“As ondas da morte me cercaram, torrentes de destruição
caíram sobre mim.
6A sepultura me envolveu em seus laços, a morte pôs uma
armadilha em meu caminho.
7Em minha aflição, clamei ao Senhor; sim, clamei a Deus por
socorro. Do seu santuário ele me ouviu; meu clamor chegou
a seus ouvidos.

8“A terra se abalou e estremeceu; tremeram os alicerces dos céus, agitaram-se por causa de sua ira.

9De suas narinas saiu fumaça, de sua boca, fogo consumidor; brasas vivas saíram dele.

10Ele abriu os céus e desceu, com nuvens escuras de tempestade sob os pés.

11Montado num querubim, pairava sobre as asas do vento.

12Envolveu-se num manto de escuridão, em densas nuvens de chuva.

13Um clarão resplandeceu ao seu redor, e dele saíram brasas vivas.

14O SENHOR trovejou dos céus; a voz do Altíssimo ressoou.

15Atirou flechas e dispersou seus inimigos, lançou raios e os fez fugir em confusão.

16Então, por ordem do SENHOR, com o forte sopro de suas narinas, o fundo do mar apareceu e os alicerces da terra ficaram expostos.

17“Dos céus estendeu a mão e me resgatou; tirou-me de águas profundas.

18Livrou-me de inimigos poderosos, dos que me odiavam e eram fortes demais para mim.

19Quando eu estava angustiado, eles me atacaram, mas o SENHOR me sustentou.

20Ele me levou a um lugar seguro, e me livrou porque se agrada de mim.

21O SENHOR me recompensou por minha justiça; por causa de minha inocência, me restaurou.

22Pois guardei os caminhos do SENHOR, não me afastei de Deus para seguir o mal.

23Cumpri todos os seus estatutos e nunca abandonei seus decretos.

24Sou inculpável diante de Deus; do pecado me guardei.

25O SENHOR me recompensou por minha justiça; ele viu minha inocência.

26“Aos fiéis te mostras fiel, e, aos íntegros, mostras integridade.

27Aos puros te mostras puro, mas, aos perversos, te mostras astuto.

28Livras os humildes, mas teus olhos observam os orgulhosos, e tu os humilhas.

29Ó SENHOR, tu és minha lâmpada! O SENHOR ilumina minha escuridão.

30Com tua força, posso atacar qualquer exército; com meu Deus, posso saltar qualquer muralha.

31“O caminho de Deus é perfeito: as promessas do SENHOR sempre se cumprem; ele é escudo para todos que nele se refugiam.

32Pois quem é Deus, senão o SENHOR? Quem é rocha firme, senão o nosso Deus?

33Deus é minha fortaleza inabalável e remove os obstáculos de meu caminho.

34Torna meus pés ágeis como os da corça e me sustenta quando ando pelos montes.

35Treina minhas mãos para a batalha e fortalece meus braços para vergar o arco de bronze.

36Tu me deste teu escudo de vitória; teu socorro me engrandece.

37Abriste um caminho largo para meus pés, de modo que não vacilem.

38“Persegui meus inimigos e os destruí; não retornei enquanto não foram derrotados.

39Acabei com eles e os feri até que não pudessem se levantar; tombaram diante de meus pés.

40Tu me armaste fortemente para a batalha, ajoelhaste meus inimigos diante de mim.

41Puseste o pescoço deles sob meus pés; destruí todos que me odiavam.

42Procuraram ajuda, mas ninguém os socorreu; clamaram ao SENHOR, mas ele não respondeu.

43Eu os moí tão fino como o pó da terra; eu os esmaguei e os pisoteei como a lama das ruas.

44“Tu me livraste de meus acusadores e me preservaste como governante de nações; povos que eu não conhecia agora me servem.

45Nações estrangeiras se encolhem diante de mim; rendem-se assim que ouvem sobre os meus feitos.

46Todos eles perdem a coragem e, tremendo, saem de suas fortalezas.

47“O SENHOR vive! Louvada seja minha Rocha! Exaltado seja Deus, a Rocha da minha salvação!

48Ele é o Deus que se vinga dos que me fazem o mal; sujeita as nações ao meu poder

49e me livra de meus adversários. Tu me manténs em segurança, fora do alcance de meus inimigos; de homens violentos me livras.

50Por isso, ó SENHOR, te louvarei entre as nações; sim, cantarei louvores ao teu nome.

51Concedes grandes vitórias a teu rei e mostras amor por teu ungido, por Davi e todos os seus descendentes, para sempre!”.

Palavras finais de Davi

23Estas são as últimas palavras de Davi: “Isto é o que diz
Davi, filho de Jessé; Davi, que foi tão exaltado, Davi, o
homem ungido pelo Deus de Jacó, Davi, o amável salmista
de Israel.
2“O Espírito do SENHOR fala por meu intermédio; suas palavras
estão em minha língua.
3O Deus de Israel falou, a Rocha de Israel me disse: ‘Aquele
que governa com justiça, que governa no temor de Deus, 4é
como a luz da manhã ao nascer do sol, como a manhã sem
nuvens, como o brilho do sol que faz crescer a grama nova
depois da chuva’.
5“Acaso não foi minha família que Deus escolheu? Sim, ele fez
comigo uma aliança sem fim, bem definida e garantida nos
mínimos detalhes; ele me dará segurança e êxito.
6Os perversos, porém, são como espinhos lançados fora, pois
ferem a mão de quem os toca.
7É preciso usar ferramentas de ferro para cortá-los; serão inteiramente consumidos pelo fogo”.

Os guerreiros mais valentes de Davi

8Estes são os nomes dos guerreiros mais valentes de Davi.
O primeiro era Jabesão, o hacmonita, líder dos Três, isto é,
dos três guerreiros mais valentes dentre os soldados de Davi.
Certa ocasião, usou sua lança para matar oitocentos soldados
inimigos numa só batalha.
9O segundo era Eleazar, filho de Dodô, descendente de Aoí.
Ele era um dos três guerreiros que estavam com Davi quando
enfrentaram os filisteus depois que todo o exército israelita
havia recuado. 10Eleazar matou filisteus até que sua mão ficou
cansada demais para levantar a espada, e o SENHOR lhe deu
grande vitória naquele dia. Quando o exército voltou, os sol-
dados só tiveram de recolher os despojos.
11Depois dele vinha Samá, filho de Agé, de Harar. Certa oca-
sião, os filisteus se reuniram em Leí e atacaram os israelitas
numa plantação de lentilhas. O exército israelita fugiu, 12mas
Samá permaneceu em sua posição no meio do campo e der-
rotou os filisteus. Desse modo, o SENHOR lhe deu grande vi-
tória.
13Durante a colheita, quando Davi estava na caverna de Adulão,
o exército filisteu acampou no vale de Refaim. Os Três — que
faziam parte dos Trinta, um grupo de elite entre os valentes
de Davi — desceram para encontrá-lo em Adulão. 14Nessa
ocasião, Davi estava na fortaleza, e um destacamento filisteu
havia ocupado a cidade de Belém.
15Davi comentou: "Ah, como seria bom beber a água pura
do poço que fica junto ao portão de Belém!". 16Então os Três
atravessaram as fileiras dos filisteus, tiraram água do poço e
a trouxeram a Davi. Ele, porém, se recusou a bebê-la. Em vez
disso, derramou-a no chão como oferta ao SENHOR. 17"Que o
SENHOR não permita que eu beba desta água!", exclamou. "Ela
é tão preciosa quanto o sangue destes homens que arriscaram
a vida para trazê-la." E Davi não a bebeu. Esses são exemplos
dos feitos desses três guerreiros.

Os trinta valentes de Davi

18Abisai, filho de Zeruia, irmão de Joabe, era líder dos Trinta.
Certa ocasião, usou sua lança para matar trezentos soldados
inimigos numa só batalha. Foi por causa de feitos como esse
que ele se tornou tão famoso quanto os Três. 19Abisai era o
mais conhecido dos Trinta e era seu comandante, embora não
fosse um dos Três.
20Também havia Benaia, filho de Joiada, soldado valente de
Cabzeel. Realizou muitos feitos heroicos, como matar dois
grandes guerreiros de Moabe. Em outra ocasião, num dia
de neve, perseguiu um leão até uma cova e o matou. 21Uma
vez, com apenas um cajado, matou um imponente guerreiro
egípcio armado com uma lança. Benaia arrancou a lança da
mão do egípcio e com ela o matou. 22Feitos como esses tor-
naram Benaia tão famoso quanto os três guerreiros mais va-
lentes. 23Foi mais honrado que qualquer outro membro dos
Trinta, embora não fosse um dos Três. Davi o nomeou coman-
dante de sua guarda pessoal.
24Entre os Trinta estavam: Asael, irmão de Joabe; Elanã, filho
de Dodô, de Belém; 25Samá, de Harode; Elica, de Harode;
26Helez, de Pelom; Ira, filho de Iques, de Tecoa; 27Abiezer,
de Anatote; Sibecai, de Husate; 28Zalmom, de Aoí; Maarai, de
Netofate; 29Helede, filho de Baaná, de Netofate; Itai, filho de
Ribai, de Gibeá, na terra de Benjamim; 30Benaia, de Piratom;
Hurai, de Naal-Gaás; 31Abi-Albom, de Arbate; Azmavete, de
Baurim; 32Eliaba, de Saalbom; os filhos de Jasém; Jônatas,
33filho de Sage, de Harar; Aião, filho de Sarar, de Harar; 34Eli-
felete, filho de Aasbai, de Maaca; Eliã, filho de Aitofel, de Gilo;
35Hezro, do Carmelo; Paarai, de Arba; 36Igal, filho de Natã, de
Zobá; Bani, de Gade; 37Zeleque, de Amom; Naarai, de Beerote,
escudeiro de Joabe, filho de Zeruia; 38Ira, de Jatir; Garebe, de
Jatir; 39Urias, o hitita. Ao todo, eram 37.

Davi realiza um censo

24 Mais uma vez, a ira do SENHOR ardeu contra Israel e in-
citou Davi contra eles. "Vá e conte o povo de Israel e de
Judá", disse-lhe o SENHOR.
2Então o rei disse a Joabe, comandante de seu exército: "Faça
uma contagem de todas as tribos de Israel, desde Dã, ao norte,
até Berseba, ao sul, para que eu saiba o número exato do
povo".
3Joabe, porém, respondeu ao rei: "Que o SENHOR, seu Deus,
dê ao rei vida longa para ver a população cem vezes mais nu-
merosa do que é hoje! Mas por que meu senhor, o rei, deseja
fazer essa contagem?".
4Apesar da objeção de Joabe, o rei insistiu que fizessem o
censo. Então Joabe e os comandantes do exército saíram
para contar o povo de Israel. 5Primeiro atravessaram o Jordão
e acamparam em Aroer, ao sul da cidade, no meio do vale
de Gade. Em seguida, foram a Jazer, 6depois, a Gileade, na
terra de Tatim-Hodsi e a Dã-Jaã, e deram a volta para Sidom.
7Então chegaram à fortaleza de Tiro, e a todas as cidades dos
heveus e dos cananeus. Por fim, dirigiram-se ao sul de Judá,
até Berseba.
8Tendo percorrido toda a terra em nove meses e vinte dias,
voltaram para Jerusalém. 9Joabe informou ao rei o total da
contagem. Havia em Israel oitocentos mil homens aptos para
irem à guerra que sabiam manejar a espada e, em Judá, havia
quinhentos mil.

Julgamento por causa do pecado de Davi

10Depois que Davi fez o censo, sua consciência começou a inco-
modá-lo. Ele disse ao SENHOR: "Pequei grandemente ao fazer
essa contagem. Perdoe meu pecado, ó SENHOR, pois cometi
uma insensatez".
11Na manhã seguinte, a palavra do SENHOR veio ao profeta
Gade, vidente de Davi. Esta foi a mensagem: 12"Vá e diga a
Davi que assim diz o SENHOR: 'Darei a você três opções. Escolha
um destes castigos, e eu o aplicarei a você'".
13Gade foi a Davi e lhe perguntou: "Qual destas opções você
escolhe: três anos de fome por toda a terra, três meses fugindo
de seus inimigos, ou três dias de praga intensa por toda a
terra? Pense bem e decida o que devo responder àquele que

me enviou”.
14“Não tenho para onde correr nesta situação!”, respondeu
Davi a Gade. “Mas é melhor cair nas mãos do SENHOR, pois sua
misericórdia é grande. Que eu não caia nas mãos de homens.”
15Então, naquela manhã, o SENHOR enviou sobre Israel uma
praga que durou o tempo determinado. Morreram setenta mil
pessoas em todo o Israel, desde Dã, ao norte, até Berseba,
ao sul. 16Mas, quando o anjo estava pronto para destruir Je-
rusalém, o SENHOR teve compaixão e disse ao anjo da morte:
“Pare! Já basta!”. Naquele momento, o anjo do SENHOR estava
perto da eira de Araúna, o jebuseu.
17Quando Davi viu o anjo, disse ao SENHOR: “Fui eu que pequei
e fiz o que era mau! O povo é inocente. O que fizeram? Que tua
ira caia sobre mim e minha família”.

Davi constrói um altar

18Naquele dia, Gade foi a Davi e disse: “Vá e construa um altar
para o SENHOR na eira de Araúna, o jebuseu”.
19Então Davi subiu até lá para cumprir a ordem do SENHOR.
20Quando Araúna viu o rei e seus servos se aproximando, saiu
e curvou-se diante do rei com o rosto no chão. 21“Por que meu
senhor, o rei, veio aqui?”, perguntou Araúna. Davi respondeu:
“Vim comprar sua eira e construir nela um altar para o SENHOR,
a fim de que ele faça cessar a praga”.
22“Pode ficar com a eira, meu senhor, o rei”, disse Araúna.
“Use-a como lhe parecer melhor. Aqui estão os bois para o
holocausto, e o senhor pode usar as tábuas de trilhar e as
cangas dos bois como lenha para o fogo do altar. 23Eu lhe darei
tudo, ó rei. E que o SENHOR, seu Deus, aceite seu sacrifício.”
24O rei, porém, respondeu a Araúna: “Não! Faço questão de
pagar por tudo. Não apresentarei ao SENHOR, meu Deus, holo-
caustos que nada me custaram”. Então Davi pagou cinquenta
peças de prata pela eira e pelos bois.
25Davi construiu ali um altar ao SENHOR e ofereceu holocaustos
e ofertas de paz. O SENHOR respondeu à sua oração em favor
da terra, e a praga sobre Israel cessou.

1REIS

A velhice de Davi

1 O rei Davi já estava muito idoso e, por mais cobertores que
pusessem sobre ele, não se aquecia. 2Então seus conse-
lheiros lhe disseram: “Vamos procurar uma jovem virgem para
servi-lo e cuidar do senhor, o rei. Ela se deitará em seus braços
e o manterá aquecido”.
3Então procuraram em toda a terra de Israel uma jovem bonita
e encontraram Abisague, de Suném, e a levaram ao rei. 4A
jovem, muito bela, passou a cuidar do rei e a servi-lo. O rei,
porém, não teve relações sexuais com ela.

Adonias reivindica o trono

5Por essa época, Adonias, filho de Davi e Hagite, começou a
se gabar: “Eu assumirei o trono”. Providenciou carruagens e
cavaleiros, e também cinquenta homens que serviam como
sua guarda de honra. 6Seu pai nunca o havia disciplinado, nem
sequer lhe perguntava: “Por que está fazendo isso?”. Adonias
havia nascido depois de Absalão e também era muito bonito.
7Adonias buscou conselho com Joabe, filho de Zeruia, e com
o sacerdote Abiatar, e eles o apoiaram em seu plano. 8Mas o
sacerdote Zadoque, Benaia, filho de Joiada, o profeta Natã,
Simei, Reí e a guarda pessoal de Davi se recusaram a apoiar
Adonias.
9Adonias foi à pedra de Zoelete, perto de En-Rogel, onde ofe-
receu sacrifícios de ovelhas, bois e novilhos gordos. Convidou
todos os seus irmãos, os outros filhos do rei Davi, e todos os
homens de Judá, oficiais do rei. 10Mas não convidou o profeta
Natã, nem Benaia, nem a guarda pessoal do rei, nem seu irmão
Salomão.
11Então Natã foi falar com Bate-Seba, mãe de Salomão, e lhe
perguntou: “Você está sabendo que Adonias, filho de Hagite,
se proclamou rei, e nosso senhor Davi nem sabe? 12Se deseja
salvar a sua vida e a de seu filho Salomão, siga meu conselho.
13Vá depressa ao rei Davi e diga-lhe: ‘Meu senhor, o rei, não
jurou a mim que meu filho Salomão certamente seria o pró-
ximo rei e se sentaria em seu trono? Então por que Adonias se
proclamou rei?’. 14E, enquanto você ainda estiver falando com
ele, eu virei e confirmarei tudo que disse”.
15O rei Davi, já bastante idoso, estava em seu quarto, onde Abi-
sague cuidava dele. Bate-Seba foi até lá 16e curvou-se diante
do rei. “O que você quer?”, perguntou ele.
17Ela respondeu: “Meu senhor jurou diante do SENHOR, seu
Deus, que Salomão, o filho de sua serva, certamente seria o
próximo rei e se sentaria em seu trono. 18Mas, agora, Adonias
se proclamou rei, e meu senhor, o rei, nem sabe. 19Ele ofe-
receu muitos sacrifícios de bois, novilhos gordos e ovelhas,
e convidou todos os filhos do rei para a celebração. Também
convidou o sacerdote Abiatar e Joabe, o comandante do exér-
cito. Mas não convidou seu servo Salomão. 20Agora, ó meu
senhor, o rei, todo o Israel espera que o senhor anuncie quem
o sucederá no trono. 21Se o senhor não tomar uma providência,
meu filho Salomão e eu seremos tratados como criminosos
quando meu senhor, o rei, morrer”.
22Enquanto ela ainda falava com o rei, chegou o profeta Natã.

23Os servos do rei lhe disseram: "O profeta Natã deseja vê-lo".
Natã entrou, curvou-se com o rosto no chão diante do rei 24e
perguntou: "Meu senhor, o rei, decidiu que Adonias será o
próximo rei e se sentará em seu trono? 25Hoje ele ofereceu
muitos sacrifícios de bois, novilhos gordos e ovelhas, e con-
vidou todos os filhos do rei para a celebração. Também con-
vidou os comandantes do exército e o sacerdote Abiatar. Estão
comendo e bebendo com ele e gritando: 'Viva o rei Adonias!'.
26Mas ele não convidou a mim, seu servo, nem ao sacerdote
Zadoque, nem a Benaia, filho de Joiada, nem a seu servo Sa-
lomão. 27Meu senhor, o rei, fez isso sem informar nenhum de
seus conselheiros quem será o próximo rei?".

Salomão é proclamado rei

28O rei Davi respondeu: "Chamem Bate-Seba!". Então ela
voltou e ficou em pé diante dele. 29O rei repetiu seu juramento:
"Tão certo como vive o SENHOR, que me livrou de todos os pe-
rigos, 30seu filho Salomão será o próximo rei e se sentará em
meu trono hoje mesmo, como jurei a você diante do SENHOR,
o Deus de Israel!".
31Então Bate-Seba se curvou diante do rei com o rosto no chão
e exclamou: "Que o rei Davi, meu senhor, viva para sempre!".
32O rei Davi ordenou: "Chamem o sacerdote Zadoque, o pro-
feta Natã e Benaia, filho de Joiada". Quando eles chegaram
à presença do rei, 33ele lhes disse: "Levem Salomão e meus
conselheiros à fonte de Giom. Salomão deve ir montado em
minha mula. 34Ali o sacerdote Zadoque e o profeta Natã o un-
girão rei sobre Israel. Toquem a trombeta e gritem: 'Viva o rei
Salomão!'. 35Em seguida, acompanhem Salomão de volta para
cá, e ele se sentará em meu trono. Será meu sucessor, pois eu
decretei que ele reinará sobre Israel e Judá".
36"Amém!", respondeu Benaia, filho de Joiada. "Que o SE-
NHOR, o Deus de meu senhor, o rei, confirme suas palavras.
37E que o SENHOR esteja com Salomão como esteve com meu
senhor, o rei, e que torne o reinado de Salomão ainda maior
que o seu!"
38Então o sacerdote Zadoque, o profeta Natã, Benaia, filho
de Joiada, e a guarda pessoal do rei levaram Salomão à fonte
de Giom, e Salomão foi montado na mula que pertencia ao rei
Davi. 39Ali o sacerdote Zadoque pegou uma vasilha de óleo da
tenda sagrada e ungiu Salomão. Em seguida, tocaram a trom-
beta, e todo o povo gritou: "Viva o rei Salomão!". 40E todos
acompanharam Salomão, tocando flautas e soltando gritos
de alegria. A celebração era tão animada e barulhenta que
fazia o chão tremer.
41Adonias e seus convidados ouviram a celebração bem na hora
em que terminavam o banquete. Quando Joabe ouviu o som
da trombeta, perguntou: "O que está acontecendo? Por que a
cidade está nesse alvoroço?".
42Enquanto ele ainda falava, chegou Jônatas, filho do sacer-
dote Abiatar. "Entre", disse-lhe Adonias. "Você é um homem
de bem. Com certeza traz boas notícias."
43"Pelo contrário!", respondeu Jônatas. "O rei Davi, nosso
senhor, proclamou Salomão o novo rei! 44Enviou-o à fonte de
Giom acompanhado do sacerdote Zadoque, do profeta Natã e
de Benaia, filho de Joiada, sob a proteção da guarda pessoal
do rei. Salomão ia montado na mula que pertence ao rei, 45e
Zadoque e Natã o ungiram rei na fonte de Giom. Acabam de
voltar, e a cidade inteira está festejando com grande alegria.
Esse é o motivo de todo esse alvoroço. 46Além disso, agora
mesmo Salomão está sentado no trono real, 47e todos os ofi-
ciais do rei foram cumprimentar Davi e lhe disseram: 'Que o
seu Deus torne a fama de Salomão ainda maior que a sua, e
que o reinado de Salomão seja ainda maior que o seu!'. E, dei-
tado na cama, o rei curvou-se em adoração 48e disse: 'Louvado
seja o SENHOR, o Deus de Israel, que hoje escolheu um sucessor
para sentar-se em meu trono enquanto ainda estou vivo para
ver isso acontecer'."
49Então, em pânico, os convidados de Adonias se levantaram
da mesa do banquete e se dispersaram. 50Adonias, com medo
de Salomão, correu para a tenda sagrada e se agarrou às
pontas do altar. 51Salomão soube que Adonias, por medo, es-
tava agarrado às pontas do altar e dizia: "Que o rei Salomão
jure hoje que não matará a mim, seu servo!".
52Salomão respondeu: "Se ele for leal, não se tocará num
só fio de cabelo de sua cabeça. Mas, se ele demonstrar más
intenções, morrerá". 53Então o rei Salomão mandou chamar
Adonias, e eles o retiraram de junto do altar. Ele veio e se
curvou diante do rei Salomão, que lhe disse: "Vá para casa".

Instruções finais de Davi a Salomão

2Quando se aproximava o momento de sua morte, Davi deu
as seguintes instruções a seu filho Salomão:
2"Vou para onde todos na terra irão algum dia. Seja corajoso e
seja homem. 3Obedeça às ordens do SENHOR, seu Deus, e siga
os caminhos dele. Guarde os decretos, mandamentos, esta-
tutos e preceitos escritos na lei de Moisés, para que seja bem-
-sucedido em tudo que fizer e por onde quer que for. 4Desse
modo, o SENHOR manterá a promessa que me fez: 'Se seus
descendentes viverem como devem e me seguirem fielmente
de todo o coração e de toda a alma, sempre haverá um deles
no trono de Israel'.
5"Além disso, você sabe o mal que Joabe, filho de Zeruia, me
fez quando assassinou os dois comandantes do exército de Is-
rael, Abner, filho de Ner, e Amasa, filho de Jéter. Ele os matou
como se fossem inimigos de guerra, mas era tempo de paz.
Assim, manchou seu cinto e sua sandália com sangue inocente.
6Faça com ele o que lhe parecer melhor, mas não deixe que
envelheça e desça à sepultura em paz.
7"Seja bondoso com os filhos de Barzilai, de Gileade. Faça
deles convidados permanentes à sua mesa, pois cuidaram de
mim quando eu fugia de seu irmão Absalão.
8"E lembre-se de Simei, filho de Gera, de Baurim, da tribo de
Benjamim. Ele lançou contra mim uma terrível maldição quando
fui a Maanaim. Quando ele desceu ao meu encontro no rio
Jordão, jurei pelo SENHOR que não o mataria. 9Contudo, esse ju-
ramento não o torna inocente. Você é um homem sábio e saberá
providenciar para ele uma morte sangrenta em sua velhice".

10Então Davi morreu e foi sepultado na Cidade de Davi com seus antepassados. 11Reinou por quarenta anos sobre Israel: sete em Hebrom e 33 em Jerusalém. 12Salomão se sentou no trono de seu pai, Davi, e seu reinado foi firmemente estabelecido.

Salomão estabelece seu governo

13Certo dia, Adonias, filho de Hagite, foi falar com Bate-Seba, mãe de Salomão. Ela lhe perguntou: "Você vem em paz?". "Sim, venho em paz", disse ele. 14"Na verdade, tenho um favor a lhe pedir."

"O que é?", perguntou ela.

15Ele respondeu: "Como você sabe, o reino era meu por direito; todo o Israel esperava que eu fosse o próximo rei. Mas a situação mudou e o reino foi para meu irmão, pois o SENHOR quis assim. 16Agora, tenho apenas uma coisa a lhe pedir. Por favor, não deixe de me atender". "O que você quer?", perguntou ela.

17Ele disse: "Fale em meu favor ao rei Salomão, pois sei que ele a atenderá. Peça que ele permita que eu me case com Abisague, a jovem de Suném".

18"Está bem", respondeu Bate-Seba. "Vou falar com o rei por você."

19Então Bate-Seba foi até o rei Salomão para falar com ele sobre o pedido de Adonias. O rei se levantou do trono para recebê-la e se curvou diante dela. Depois que o rei voltou a sentar-se, ordenou que trouxessem um trono para sua mãe, e ela se sentou à sua direita.

20"Tenho um pequeno pedido a lhe fazer", disse ela. "Espero que não deixe de me atender."

"O que é, minha mãe?", perguntou ele. "Eu não recusaria um pedido seu."

21Ela respondeu: "Permita que seu irmão Adonias se case com Abisague, a jovem de Suném".

22"Como pode me pedir que entregue Abisague a Adonias?", disse o rei Salomão. "Peça de uma vez que eu dê o reino para ele! Sabe bem que ele é meu irmão mais velho e que conta com o apoio do sacerdote Abiatar e de Joabe, filho de Zeruia."

23Então o rei Salomão fez um juramento diante do SENHOR: "Que Deus me castigue severamente se Adonias não tiver selado seu destino com esse pedido. 24O SENHOR me confirmou e me colocou no trono de meu pai, Davi, e estabeleceu minha dinastia como prometeu. Portanto, tão certo como vive o SENHOR, Adonias morrerá ainda hoje!". 25E o rei Salomão ordenou a Benaia, filho de Joiada, que atacasse Adonias, e ele foi morto.

26Depois, o rei disse ao sacerdote Abiatar: "Volte para sua casa em Anatote. Você merece morrer, mas não o matarei hoje, pois você carregou a arca do SENHOR Soberano para meu pai, Davi, e o acompanhou em todas as dificuldades dele". 27Então Salomão depôs Abiatar de seu cargo de sacerdote do SENHOR e, desse modo, cumpriu a profecia do SENHOR em Siló a respeito dos descendentes de Eli.

28Essas notícias chegaram até Joabe. Embora não houvesse apoiado a revolta de Absalão, ele tinha dado seu apoio a Adonias. Por isso, fugiu para a tenda sagrada do SENHOR e se agarrou às pontas do altar. 29Salomão soube disso e enviou Benaia, filho de Joiada, para executá-lo.

30Benaia foi à tenda sagrada do SENHOR e disse a Joabe: "O rei ordena que você saia!". "Não", respondeu Joabe. "Vou morrer aqui." Então Benaia voltou ao rei e lhe contou o que Joabe tinha dito.

31"Faça o que ele diz", respondeu o rei. "Mate-o ali, junto ao altar, e sepulte-o. Assim, removerá de mim e da família de meu pai a culpa pelos crimes injustificados que Joabe cometeu. 32O SENHOR o punirá por sua culpa no assassinato de dois homens mais justos e melhores que ele. Sem que meu pai soubesse, Joabe matou Abner, filho de Ner, comandante do exército de Israel, e Amasa, filho de Jéter, comandante do exército de Judá. 33Que o sangue deles recaia sobre Joabe e seus descendentes para sempre, e que o SENHOR conceda paz a Davi, seus descendentes, sua dinastia e seu trono para sempre!"

34Benaia, filho de Joiada, voltou à tenda sagrada e matou Joabe, que foi sepultado em sua casa no deserto. 35Então o rei nomeou Benaia, filho de Joiada, comandante do exército em lugar de Joabe, e o sacerdote Zadoque em lugar de Abiatar.

36Depois, o rei mandou chamar Simei e lhe disse: "Construa uma casa em Jerusalém e more aqui. Não dê um passo fora da cidade para ir a qualquer outro lugar. 37No dia em que sair e atravessar o vale de Cedrom, certamente morrerá e será responsável por sua própria morte".

38Simei respondeu: "Sua sentença é justa; farei o que meu senhor, o rei, ordena". E Simei morou em Jerusalém durante muito tempo.

39Três anos mais tarde, porém, dois escravos de Simei fugiram para a casa de Aquis, filho de Maaca, rei de Gate. Quando alguém disse a Simei onde eles estavam, 40ele selou um jumento e foi até Gate procurá-los. Ao encontrá-los, levou-os de volta a Jerusalém.

41Salomão soube que Simei tinha saído de Jerusalém, ido a Gate e voltado. 42O rei mandou chamá-lo e perguntou: "Não o fiz jurar pelo SENHOR e não o adverti de que não fosse a lugar algum, pois do contrário certamente morreria? E você respondeu: 'Sua sentença é justa; farei o que ordena'. 43Então por que não manteve o juramento ao SENHOR e não obedeceu à minha ordem?".

44O rei também disse a Simei: "Certamente você se lembra de todas as maldades que fez a meu pai, Davi. Que o SENHOR faça esse mal recair sobre sua cabeça. 45Mas que eu, o rei Salomão, receba as bênçãos do SENHOR e que sempre haja um descendente de Davi neste trono na presença do SENHOR". 46Então, por ordem do rei, Benaia, filho de Joiada, levou Simei para fora e o matou. Assim, o reino de Salomão foi firmemente estabelecido.

Salomão pede sabedoria

3 Salomão fez um acordo com o faraó, rei do Egito, e se casou com uma das filhas dele. Trouxe-a para morar na Cidade de Davi até terminar a construção do palácio real, do templo do SENHOR e do muro ao redor de Jerusalém. 2Nessa época,

o povo de Israel oferecia sacrifícios nos altares das colinas de
suas regiões, pois ainda não havia sido construído um templo
em honra ao nome do SENHOR.
3Salomão amava o SENHOR, seguindo os decretos de seu pai,
Davi, exceto pelo fato de oferecer sacrifícios e queimar incenso
nos altares das colinas. 4O lugar de adoração mais importante
ficava em Gibeom, por isso o rei Salomão foi para lá e ofereceu
mil holocaustos. 5Naquela noite, o SENHOR apareceu a Salomão
num sonho e lhe disse: "Peça o que quiser, e eu lhe darei".
6Salomão respondeu: "Tu mostraste grande amor leal ao teu
servo, meu pai, Davi, pois ele foi fiel, justo e verdadeiro diante
de ti. Agora, continuaste a mostrar teu grande amor leal dan-
do-lhe um filho para sentar-se em seu trono.
7"Agora, ó SENHOR, meu Deus, tu me fizeste reinar em lugar de
meu pai, Davi, mas sou como uma criança pequena que não
sabe o que fazer. 8Aqui estou, no meio do teu povo escolhido,
uma nação tão grande e numerosa que nem se pode contar!
9Dá a teu servo um coração compreensivo, para que eu possa
governar bem o teu povo e saber a diferença entre o certo e
o errado. Pois quem é capaz de governar sozinho este teu
grande povo?".
10O Senhor se agradou do pedido de Salomão. 11Por isso, Deus
respondeu: "Uma vez que você pediu sabedoria para governar
meu povo com justiça, e não vida longa, nem riqueza, nem a
morte de seus inimigos, 12atenderei a seu pedido. Eu lhe darei
um coração sábio e compassivo, como ninguém teve nem ja-
mais terá. 13Também lhe darei o que não pediu: riquezas e
fama. Nenhum outro rei em todo o mundo se comparará a
você pelo resto de sua vida. 14E, se você me seguir e obedecer
a meus decretos e mandamentos, como fez seu pai, Davi, eu
lhe darei vida longa".
15Então Salomão acordou e percebeu que tinha sido um sonho.
Voltou a Jerusalém e se colocou diante da arca da aliança
do SENHOR, onde apresentou holocaustos e ofertas de paz.
Depois, ofereceu um grande banquete a todos os seus oficiais.

Salomão julga com sabedoria

16Algum tempo depois, duas prostitutas compareceram
diante do rei para resolver uma questão. 17Disse uma delas:
"Por favor, meu senhor, esta mulher e eu moramos na mesma
casa. Eu dei à luz um filho quando ela estava comigo na casa.
18Três dias depois, esta mulher também deu à luz um filho.
Estávamos só nós duas na casa; não havia mais ninguém ali.
19"O bebê dela morreu durante a noite, porque ela rolou sobre
ele enquanto dormia. 20Então ela se levantou de noite, tirou
meu filho do meu lado enquanto eu dormia e o pôs para dormir
ao lado dela. Depois, colocou o filho dela, que estava morto,
em meus braços. 21De manhã, bem cedo, quando fui ama-
mentar meu filho, ele estava morto! Quando o observei mais
de perto, na claridade do dia, vi que não era meu".
22"Não!", interrompeu a outra mulher. "O filho morto era seu,
e o vivo é meu!"
"Não!", disse a primeira mulher. "O filho vivo é meu, e o morto
era seu!" E assim elas discutiram diante do rei.
23Então o rei disse: "Vamos esclarecer as coisas. As duas
afirmam que o filho vivo é seu, e cada uma diz que o morto é
da outra. 24Pois bem, tragam-me uma espada". E trouxeram
uma espada para o rei.
25Ele disse: "Cortem a criança viva ao meio e deem metade a
uma mulher e metade à outra!".
26Então, por causa de seu amor pelo menino, a verdadeira mãe
gritou: "Não, meu senhor! Dê o menino a ela. Por favor, não
o mate!". A outra mulher, porém, disse: "Muito bem, ele não
será nem meu nem seu. Dividam a criança ao meio!".
27Então o rei disse: "Não matem o bebê. Deem o menino à
mulher que deseja que ele viva, pois ela é a mãe".
28Quando todo o Israel soube da decisão do rei, teve grande
respeito por ele, pois viu a sabedoria que Deus lhe tinha dado
para fazer justiça.

Oficiais e governadores de Salomão

4 O rei Salomão governou sobre todo o Israel, 2e estes foram
seus oficiais mais importantes: Azarias, filho de Zadoque,
era o sacerdote.
3Eliorefe e Aías, filhos de Sisa, eram os secretários da corte.
Josafá, filho de Ailude, era o historiador do reino.
4Benaia, filho de Joiada, era o comandante do exército. Za-
doque e Abiatar eram os sacerdotes.
5Azarias, filho de Natã, era supervisor dos governadores dis-
tritais. Zabude, filho de Natã, era sacerdote e conselheiro
pessoal do rei.
6Aisar era administrador do palácio. Adonirão, filho de Abda,
era encarregado dos trabalhos forçados.
7Salomão tinha também em todo o Israel doze governadores
distritais responsáveis por fornecer alimento para a casa do
rei. Cada um deles fornecia provisões durante um mês do ano.
8Estes são os nomes dos doze governadores: Ben-Hur, da re-
gião montanhosa de Efraim.
9Ben-Dequer, em Macaz, Saalbim, Bete-Semes e Elom-Bete-
-Hanã.
10Ben-Hesede, em Arubote, Socó e toda a região de Héfer.
11Ben-Abinadabe, em toda a Nafote-Dor. (Ele era casado com
Tafate, uma das filhas de Salomão.)
12Baaná, filho de Ailude, em Taanaque e em Megido, e em toda
a Bete-Sã, próxima de Zaretã, abaixo de Jezreel, e todo o terri-
tório desde Bete-Sã até Abel-Meolá e para além de Jocmeão.
13Ben-Geber, em Ramote-Gileade, incluindo as Cidades de Jair
(assim chamadas por causa de Jair, da tribo de Manassés),
em Gileade, e na região de Argobe, em Basã, incluindo ses-
senta grandes cidades fortificadas com trancas de bronze nos
portões.
14Ainadabe, filho de Ido, em Maanaim.
15Aimaás, em Naftali. (Ele era casado com Basemate, outra
filha de Salomão.)
16Baaná, filho de Husai, em Aser e em Bealote.
17Josafá, filho de Parua, em Issacar.
18Simei, filho de Elá, em Benjamim.
19Geber, filho de Uri, na terra de Gileade, incluindo os territó-

rios de Seom, rei dos amorreus, e de Ogue, rei de Basã. Ele era
o único governador dessa região.

A prosperidade e a sabedoria de Salomão

20 O povo de Judá e Israel era tão numeroso quanto a areia
na beira do mar. Todos estavam muito contentes, e tinham
comida e bebida com fartura. 21 Salomão governava sobre
todos os reinos, desde o rio Eufrates, ao norte, até a terra dos
filisteus e a fronteira do Egito, ao sul. Os povos conquistados
enviavam tributos a Salomão e continuaram a servi-lo durante
toda a vida.
22 Para a provisão diária do palácio de Salomão, eram neces-
sários trinta cestos grandes de farinha da melhor qualidade,
sessenta cestos grandes de farinha comum, 23 dez bois dos cur-
rais de engorda, vinte bois do pasto, cem ovelhas, e também
veados, gazelas, corças e aves seletas.
24 Salomão dominava sobre todos os reinos a oeste do rio Eu-
frates, desde Tifsa até Gaza, e havia paz em todas as fron-
teiras. 25 Durante a vida de Salomão, Judá e Israel viveram em
paz e segurança. E, desde Dã, ao norte, até Berseba, ao sul,
cada família possuía sua própria videira e sua própria figueira.
26 Salomão possuía quatro mil estábulos para os cavalos de
seus carros de guerra e doze mil cavalos.
27 Os governadores distritais forneciam, com regularidade,
o alimento para o rei Salomão e sua corte: cada um provi-
denciava para que nada faltasse no mês que lhe havia sido
designado. 28 Também providenciavam a cevada e a palha ne-
cessárias para os cavalos de guerra e os cavalos de carga nos
estábulos do rei.
29 Deus concedeu a Salomão grande sabedoria e entendi-
mento, e conhecimento tão vasto quanto a areia na beira do
mar. 30 Sua sabedoria era maior que a de todos os sábios do
Oriente e de todos os sábios do Egito. 31 Ele era mais sábio que
qualquer outra pessoa, incluindo Etã, o ezraíta, e Hemã, Calcol
e Darda, filhos de Maol. Sua fama se espalhou por todas as
nações vizinhas. 32 Compôs 3.000 provérbios e escreveu 1.005
canções. 33 Podia falar com entendimento sobre plantas de
toda espécie, desde o grande cedro do Líbano até o pequeno
hissopo que cresce nas fendas dos muros. Também tinha co-
nhecimento de animais, aves, répteis e peixes. 34 Reis de todas
as nações enviavam seus representantes para ouvirem a sa-
bedoria de Salomão.

Preparativos para a construção do templo

5 Hirão, rei de Tiro, sempre havia sido um fiel aliado de Davi.
Quando soube que Salomão, filho de Davi, tinha sido ungido
como o novo rei de Israel, Hirão mandou representantes para
cumprimentá-lo.
2 Salomão enviou esta mensagem a Hirão:
3 "Você sabe que meu pai, Davi, não pôde construir um templo
em honra ao nome do SENHOR, seu Deus, por causa das muitas
guerras que as nações vizinhas travaram contra ele. Não podia
construir enquanto o SENHOR não lhe desse vitória sobre todos
os seus inimigos. 4 Agora, porém, o SENHOR, meu Deus, me deu
paz em todas as fronteiras; não tenho inimigos, e tudo vai
bem. 5 Por isso, planejo construir um templo em honra ao nome
do SENHOR, meu Deus, exatamente como ele instruiu meu pai,
Davi. Pois o SENHOR lhe disse: 'Seu filho, a quem eu colocarei
em seu trono, construirá o templo em honra ao meu nome'.
6 "Portanto, peço-lhe que ordene que cortem para mim ce-
dros do Líbano. Meus servos trabalharão ao lado dos seus, e
pagarei aos seus servos o salário que você pedir. Como bem
sabe, ninguém aqui corta madeira como vocês, sidônios".
7 Hirão ficou muito contente quando recebeu a mensagem de
Salomão e disse: "Louvado seja o SENHOR neste dia, pois deu a
Davi um filho sábio para ser rei dessa grande nação!". 8 Então
enviou esta resposta a Salomão: "Recebi sua mensagem e
fornecerei toda a madeira de cedro e de cipreste que precisar.
9 Meus servos levarão as toras das montanhas do Líbano para
o mar Mediterrâneo; ali, colocarão as toras em balsas e as
farão flutuar ao longo da costa até o lugar que você escolher.
Ao chegar, desembarcaremos as toras, e seus servos as le-
varão. O pagamento poderá ser feito com alimentos para o
meu palácio".
10 Assim, Hirão forneceu toda a madeira de cedro e de cipreste
que Salomão desejava. 11 Em troca, Salomão lhe enviava um
pagamento anual de vinte mil cestos grandes de trigo para o
consumo de sua corte e vinte mil tonéis de azeite puro de oliva.
12 O SENHOR deu sabedoria a Salomão, como lhe havia prome-
tido. E Hirão e Salomão fizeram um acordo de paz.
13 Então Salomão convocou trinta mil trabalhadores de todo o
Israel. 14 Enviou-os ao Líbano em grupos de dez mil por mês,
de modo que cada homem passava um mês no Líbano e dois
meses em casa. Adonirão era encarregado desses trabalha-
dores. 15 Salomão também tinha 70.000 carregadores, 80.000
cortadores de pedra na região montanhosa 16 e 3.600 chefes
que supervisionavam as obras. 17 Por ordem do rei, eles ex-
traíram grandes blocos de pedra de alta qualidade e os mode-
laram para o alicerce do templo. 18 Homens da cidade de Gebal
ajudaram os construtores de Salomão e Hirão a prepararem a
madeira e as pedras para o templo.

Salomão constrói o templo

6 No mês de zive, o segundo mês, durante o quarto ano de
seu reinado, Salomão começou a construir o templo do SE-
NHOR. Isso ocorreu 480 anos depois que o povo de Israel foi
liberto da escravidão na terra do Egito.
2 O templo que o rei Salomão construiu para o SENHOR media 27
metros de comprimento, 9 metros de largura e 13,5 metros de
altura. 3 A sala de entrada na frente do templo media 9 metros
de largura, a mesma largura do templo, e se projetava 4,5
metros à frente do templo. 4 Salomão também fez janelas com
grades e molduras por todo o templo.
5 Junto às paredes externas do edifício, nas laterais e nos
fundos, ele construiu um anexo com salas. 6 Esse anexo tinha
três andares; o andar de baixo media 2,25 metros de largura, o
segundo andar media 2,7 metros de largura, e o terceiro, 3,15
metros de largura. As salas eram ligadas às paredes do templo

por vigas apoiadas em saliências nas paredes, por isso as vigas
não eram inseridas nas paredes em si.
7O acabamento das pedras usadas na construção do templo
era feito na própria pedreira, de modo que não havia barulho
algum de martelo, machado ou qualquer outra ferramenta de
ferro no local da construção.
8A entrada para o andar de baixo ficava no lado sul do templo.
Havia uma escada em caracol que subia para o segundo andar,
e outro lance de escadas que ia do segundo para o terceiro
andar. 9Uma vez concluída a estrutura do templo, Salomão
colocou um forro de vigas e tábuas de cedro. 10Além disso,
construiu um anexo com salas junto aos lados do edifício, li-
gado às paredes do templo por vigas de cedro. Cada andar do
anexo media 2,25 metros de altura.
11Então esta mensagem do SENHOR veio a Salomão: 12"Quanto
a este templo que você está construindo, se seguir todos
os meus decretos e estatutos e obedecer a todos os meus
mandamentos, cumprirei a promessa que fiz a seu pai, Davi.
13Habitarei no meio dos israelitas e jamais abandonarei meu
povo, Israel".

O interior do templo

14Assim, Salomão terminou a construção do templo. 15Todo o
interior, desde o piso até o teto, foi revestido com madeira.
Revestiu as paredes e o teto com tábuas de cedro e, para o
piso, usou tábuas de cipreste. 16Na parte de trás do templo, se-
parou um santuário interno, o lugar santíssimo. Esse santuário
interno media 9 metros de profundidade e era revestido com
cedro do piso ao teto. 17O salão principal do templo, fora do
lugar santíssimo, media 18 metros de comprimento. 18Em todo
o interior do templo, tábuas de cedro cobriam completamente
as paredes de pedra, e as tábuas eram enfeitadas com enta-
lhes de frutos e flores abertas.
19Ele preparou o santuário interno na parte de trás do templo,
onde seria colocada a arca da aliança do SENHOR. 20Esse san-
tuário interno media 9 metros de comprimento, 9 metros de
largura e 9 metros de altura. Revestiu com ouro puro o interior
do santuário e também o altar de cedro. 21Depois, Salomão
revestiu com ouro puro o interior do restante do templo e fez
correntes de ouro para a entrada do lugar santíssimo. 22Assim,
terminou de revestir com ouro o interior de todo o templo,
incluindo o altar do lugar santíssimo.
23Fez dois querubins de madeira de oliveira, cada um medindo
4,5 metros de altura, e os colocou no santuário interno. 24As
asas abertas de cada querubim mediam de uma ponta à outra
4,5 metros, e cada asa media 2,25 metros de comprimento.
25Os dois querubins tinham a mesma forma e o mesmo ta-
manho; 26cada um media 4,5 metros de altura. 27Ele os colocou
lado a lado no santuário interno do templo. Suas asas abertas
iam de uma parede à outra, enquanto as asas internas se to-
cavam no meio da sala. 28Revestiu os dois querubins com ouro.
29Enfeitou todas as paredes do santuário interno e do salão
principal com entalhes de querubins, palmeiras e flores
abertas. 30Revestiu o piso do santuário e do salão com ouro.
31Para a entrada do santuário interno, fez portas de duas fo-
lhas de madeira de oliveira e batentes de cinco lados. 32Essas
portas de duas folhas eram enfeitadas com entalhes de que-
rubins, palmeiras e flores abertas. As portas, incluindo os en-
feites de querubins e palmeiras, foram revestidas com ouro.
33Depois, para a entrada do templo, fez batentes de quatro
lados de madeira de oliveira. 34Fez também duas portas arti-
culadas de cipreste, cada uma com dobradiças que permitiam
dobrar uma folha sobre a outra. 35Essas portas eram enfei-
tadas com entalhes de querubins, palmeiras e flores abertas e
eram completamente revestidas com ouro.
36As paredes do pátio interno foram construídas com uma ca-
mada de vigas de cedro entre cada três camadas de pedras
cortadas.
37O alicerce do templo do SENHOR foi lançado no mês de zive,
durante o quarto ano do reinado de Salomão. 38A construção
toda foi completada no oitavo mês, no mês de bul, durante o
décimo primeiro ano de seu reinado. Portanto, a construção
do templo levou sete anos.

Salomão constrói seu palácio

7 Salomão também construiu para si um palácio e levou treze
anos para terminá-lo.
2Um dos edifícios que Salomão construiu se chamava Palácio
da Floresta do Líbano. Media 45 metros de comprimento, 22,5
metros de largura e 13,5 metros de altura. Nele havia quatro fi-
leiras de colunas de cedro, com grandes vigas de cedro assen-
tadas sobre as colunas. 3O teto do salão era de cedro e ficava
acima das vigas, que eram sustentadas por colunas. Havia 45
vigas, dispostas em três fileiras com 15 vigas em cada uma.
4Em cada lado do longo salão havia três fileiras de janelas, uma
de frente para a outra. 5Todas as portas e suas vergas tinham
batentes retangulares e eram dispostas de três em três, uma
de frente para a outra.
6Salomão também construiu o Salão das Colunas, que media
22,5 metros de comprimento e 13,5 metros de largura. Tinha
na frente uma varanda com colunas e uma cobertura acima
delas.
7Salomão construiu ainda a sala do trono, conhecida como
Salão do Julgamento, onde se sentava para ouvir as questões
a serem julgadas. A sala era revestida de madeira de cedro
desde o piso até o teto. 8A residência onde ele morava ficava
em torno de um pátio atrás do Salão do Julgamento e era cons-
truída da mesma forma. Ele também construiu uma residência
semelhante para a filha do faraó, com quem havia se casado.
9Todos esses edifícios foram construídos com grandes blocos
de pedra de alta qualidade, cortados na medida exata de todos
os lados, do alicerce até o beiral do telhado, desde o lado
externo até o grande pátio. 10Algumas das grandes pedras
do alicerce mediam 4,5 metros por 3,6 metros. 11Por cima
dos alicerces foram colocados blocos de pedra de alta qua-
lidade, cortados sob medida, e vigas de cedro. 12As paredes
do grande pátio foram construídas com uma camada de vigas
de cedro entre cada três camadas de pedras cortadas, como

as paredes do pátio interno do templo do SENHOR, com sua
sala de entrada.

Os utensílios do templo

13O rei Salomão mandou que viesse de Tiro um homem cha-
mado Hirão. 14Ele era israelita por parte de mãe, uma viúva
da tribo de Naftali, e seu pai, originário de Tiro, havia sido
artífice em bronze. Hirão era extremamente hábil e talentoso
em qualquer obra em bronze e veio realizar todo o trabalho
com metais para o rei Salomão.
15Hirão fundiu duas colunas de bronze, cada uma com 8,1 me-
tros de altura e 5,4 metros de circunferência. 16Para o alto das
colunas, fundiu capitéis de bronze, com 2,25 metros de altura
cada um. 17Cada capitel era enfeitado com sete conjuntos de
correntes entrelaçadas. 18Para enfeitar os capitéis no alto das
colunas, fez duas fileiras de romãs ao redor desses conjuntos
de correntes. 19Os capitéis no alto das colunas da sala de en-
trada tinham forma de lírios e mediam 1,8 metro de altura.
20Nos capitéis das duas colunas havia duzentas romãs dis-
postas em duas fileiras, perto da superfície arredondada e do
conjunto de correntes entrelaçadas. 21Hirão colocou as colunas
na entrada do templo, uma à direita e outra à esquerda. À que
estava à direita deu o nome de Jaquim; e à outra, à esquerda,
deu o nome de Boaz. 22Os capitéis no alto das colunas tinham
a forma de lírios. E assim foi terminada a obra das colunas.
23Depois, Hirão fundiu um grande tanque redondo, que cha-
maram de Mar. O tanque media 4,5 metros de uma borda à
outra, 2,25 metros de profundidade e 13,5 metros de circunfe-
rência. 24Logo abaixo da borda, tinha ao seu redor duas fileiras
de frutos decorativos. Havia cerca de vinte frutos por metro em
toda a circunferência, formando uma única peça de fundição
com o tanque.
25O tanque ficava apoiado sobre doze touros, todos voltados
para fora: três voltados para o norte, três para o oeste, três
para o sul e três para o leste. 26As paredes do tanque tinham 8
centímetros de espessura, e sua borda se projetava para fora
como uma taça, semelhante a um lírio. Tinha capacidade para
cerca de 42 mil litros de água.
27Hirão também fez dez bases móveis de bronze para levar
água. Cada uma media 1,8 metro de comprimento, 1,8 metro
de largura e 1,35 metro de altura. 28Foram construídos com
painéis laterais presos com travessões. 29Tanto os painéis
como os travessões eram enfeitados com entalhes de leões,
bois e querubins. Acima e abaixo dos leões e bois havia guir-
landas decorativas. 30Cada uma das bases tinha quatro rodas
de bronze e eixos de bronze. Nos cantos das bases, havia su-
portes para as pias de bronze; os suportes eram decorados,
de cada lado, com entalhes de guirlandas. 31Na parte superior
de cada base havia um encaixe redondo para a bacia. Projeta-
va-se 45 centímetros acima da parte superior da base, como
um pedestal redondo, e sua abertura tinha 67,5 centímetros de
um lado ao outro; do lado de fora, era enfeitada com entalhes
de guirlandas. Os painéis das bases eram quadrados, e não
redondos. 32Sob os painéis ficavam as quatro rodas ligadas aos
eixos que haviam sido fundidos como parte da base. As rodas
tinham 67,5 centímetros de diâmetro 33e eram semelhantes a
rodas de carros de guerra. Os eixos, raios, aros e cubos das
rodas eram todos de bronze fundido.
34Em cada um dos quatro cantos da base havia alças, que
também eram fundidas como parte da estrutura. 35Em volta
da parte superior de cada base havia uma borda com 22,5
centímetros de largura. Os suportes nos cantos e os painéis
laterais eram fundidos com a base, como se fossem uma só
peça. 36Entalhes de querubins, leões e palmeiras enfeitavam
os painéis e os suportes nos cantos em todos os espaços dis-
poníveis, e havia guirlandas ao redor de tudo. 37As dez bases
tinham todas o mesmo tamanho e foram feitas iguais, cada
uma fundida no mesmo molde.
38Hirão também fez dez pias menores de bronze, uma para
cada base móvel. Cada pia media 1,8 metro de diâmetro
e tinha capacidade para cerca de 840 litros de água. 39Ele
colocou cinco bases do lado sul do templo e cinco do lado
norte. O grande tanque de bronze chamado Mar foi colocado
perto do canto sudeste do templo. 40Também fez as bacias,
pás e tigelas necessárias. Assim, Hirão terminou tudo que o
rei Salomão havia ordenado que ele fizesse para o templo do
SENHOR:
41as duas colunas; os dois capitéis em forma de taça no alto das
colunas; os dois conjuntos de correntes entrelaçadas que en-
feitavam os capitéis; 42as quatrocentas romãs penduradas nas
correntes nos capitéis (duas fileiras de romãs para cada con-
junto de correntes que enfeitavam os capitéis no alto das co-
lunas); 43as dez bases móveis para levar água com as dez pias;
44o Mar e os doze bois debaixo dele; 45os baldes das cinzas,
as pás e as tigelas. Hirão fez todos esses objetos de bronze
polido para o templo do SENHOR, conforme as instruções do
rei Salomão. 46O rei ordenou que fossem fundidos em moldes
de barro no vale do Jordão, entre Sucote e Zaretã. 47Salomão
não pesou todos esses objetos, porque eram muitos; o peso
do bronze não pôde ser medido.
48Salomão também fez toda a mobília do templo do SENHOR: o
altar de ouro; a mesa de ouro para os pães da presença; 49os
candelabros de ouro maciço, cinco do lado direito e cinco do
lado esquerdo, em frente ao lugar santíssimo; os enfeites de
flores, as lâmpadas e as tenazes, todos de ouro; 50os baldes
pequenos, os cortadores de pavio, as tigelas, as colheres e os
incensários, todos de ouro maciço; as dobradiças das portas
de entrada para o lugar santíssimo e do salão principal do
templo, revestidas com ouro.
51Assim, o rei Salomão concluiu toda a sua obra no templo do
SENHOR. Então trouxe todos os presentes que seu pai, Davi,
havia consagrado — a prata, o ouro e os diversos objetos — e
os guardou na tesouraria do templo do SENHOR.

O transporte da arca para o templo

8Em seguida, Salomão mandou chamar a Jerusalém todas
as autoridades de Israel e todos os líderes das tribos, os
chefes das famílias israelitas. Eles levariam a arca da aliança

do SENHOR do lugar onde estava, na Cidade de Davi, também conhecida como Sião, para o templo. 2Todos os homens de Israel se reuniram diante do rei Salomão durante a Festa das Cabanas, celebrada no mês de etanim, o sétimo mês.

3Quando todos os líderes de Israel chegaram, os sacerdotes ergueram a arca. 4Os sacerdotes e os levitas levaram a arca do SENHOR, junto com a tenda do encontro e todos os seus utensílios sagrados. 5Ali, diante da arca, o rei Salomão e toda a comunidade de Israel ofereceram tantos sacrifícios de ovelhas e bois que não puderam ser contados.

6Então os sacerdotes levaram a arca da aliança do SENHOR para o santuário interno do templo, o lugar santíssimo, e a colocaram sob as asas dos querubins. 7Os querubins tinham as asas abertas sobre a arca, e elas cobriam a arca e as varas usadas para transportá-la. 8Essas varas eram tão compridas que suas pontas podiam ser vistas do lugar santo, diante do lugar santíssimo, mas não de fora; e estão ali até hoje. 9Na arca havia só as duas tábuas de pedra que Moisés tinha colocado dentro dela no monte Sinai, onde o SENHOR fez uma aliança com os israelitas depois que eles saíram da terra do Egito.

10Quando os sacerdotes saíram do lugar santo, uma densa nuvem encheu o templo do SENHOR. 11Com isso, os sacerdotes não puderam dar continuidade a seus serviços, pois a presença gloriosa do SENHOR encheu o templo do SENHOR.

Salomão louva o SENHOR

12Então Salomão orou: "Ó SENHOR, tu disseste que habitarias numa densa nuvem. 13Agora, construí para ti um templo majestoso, um lugar para habitares para sempre!".

14Então o rei se voltou para toda a comunidade de Israel que estava em pé diante dele e abençoou o povo. 15Em seguida, orou: "Louvado seja o SENHOR, o Deus de Israel, que cumpriu o que prometeu a meu pai, Davi, pois lhe disse: 16'Desde o dia em que tirei Israel, meu povo, do Egito, não escolhi nenhuma cidade das tribos de Israel como lugar onde deveria ser construído um templo em honra ao meu nome. Contudo, escolhi Davi para reinar sobre meu povo, Israel'".

17Salomão disse: "Meu pai, Davi, queria construir este templo em honra ao nome do SENHOR, o Deus de Israel. 18Mas o SENHOR lhe disse: 'Sua intenção de construir um templo em honra ao meu nome é boa, 19mas essa tarefa não caberá a você. Um de seus filhos construirá o templo em honra ao meu nome'.

20"O SENHOR cumpriu sua promessa, pois eu sou o sucessor de meu pai, Davi, e agora ocupo o trono de Israel, como o SENHOR havia prometido. Construí este templo em honra ao nome do SENHOR, o Deus de Israel, 21e preparei nele um lugar para a arca que contém a aliança que o SENHOR fez com nossos antepassados quando os tirou do Egito".

Oração de dedicação do templo

22Então Salomão se pôs diante do altar do SENHOR, na presença de toda a comunidade de Israel. Levantou as mãos para o céu 23e orou: "Ó SENHOR, o Deus de Israel, não há Deus como tu em cima, nos céus, nem embaixo, na terra. Tu guardas a tua aliança e mostras amor leal àqueles que andam diante de ti de todo o coração. 24Cumpriste tua promessa a teu servo Davi, meu pai. Fizeste essa promessa com a tua própria boca, e hoje a cumpriste com as tuas próprias mãos.

25"Agora, ó SENHOR, o Deus de Israel, cumpre a outra promessa que fizeste a teu servo Davi, meu pai, quando lhe disseste: 'Se seus descendentes viverem como devem e me seguirem fielmente como você fez, sempre haverá um deles no trono de Israel'. 26Agora, ó Deus de Israel, cumpre a promessa que fizeste a teu servo Davi, meu pai.

27"Contudo, será possível que Deus habite na terra? Nem mesmo os mais altos céus podem contê-lo, muito menos este templo que construí! 28Ainda assim, ouve minha oração e minha súplica, ó SENHOR, meu Deus. Ouve o clamor e a oração que teu servo te faz hoje. 29Guarda noite e dia este templo, o lugar do qual disseste: 'Meu nome estará ali'. Ouve sempre as orações que teu servo fizer voltado para este lugar. 30Ouve as súplicas de teu servo e de Israel, teu povo, quando orarmos voltados para este lugar. Sim, ouve-nos dos céus onde habitas e, quando ouvires, perdoa-nos.

31"Se alguém pecar contra outra pessoa e se for exigido que faça um juramento de inocência diante do teu altar neste templo, 32ouve dos céus e julga entre teus servos, entre o acusador e o acusado. Castiga o culpado e declara justo o inocente, cada um conforme merece.

33"Se o teu povo, Israel, for derrotado por seus inimigos porque pecou contra ti, e se voltar para ti, invocar o teu nome e orar a ti neste templo, 34ouve dos céus, perdoa o pecado de teu povo, Israel, e traze-o de volta a esta terra que deste a seus antepassados.

35"Se o céu se fechar e não houver chuva porque o povo pecou contra ti, e se eles orarem voltados para este templo, invocarem o teu nome e se afastarem de seus pecados porque tu os castigaste, 36ouve dos céus e perdoa os pecados de teus servos, o teu povo, Israel. Ensina-os a seguir o caminho certo e envia chuva à terra que deste por herança a teu povo.

37"Se houver fome na terra, ou peste, ou praga nas lavouras, ou se elas forem atacadas por gafanhotos ou lagartas, ou se os inimigos do teu povo invadirem a terra e sitiarem suas cidades, seja qual for o desastre ou epidemia que ocorrer, 38e se alguém do teu povo, ou toda a nação de Israel, orar a respeito de suas aflições com as mãos levantadas para este templo, 39ouve dos céus onde habitas e perdoa. Trata o teu povo como ele merece, pois somente tu conheces o coração de cada um. 40Assim eles te temerão enquanto viverem na terra que deste a nossos antepassados.

41"No futuro, estrangeiros que não pertencem a teu povo, Israel, ouvirão falar de ti. Virão de terras distantes por causa do teu nome, 42porque ouvirão falar do teu grande nome, da tua mão forte e do teu braço poderoso. E, quando orarem voltados para este templo, 43ouve dos céus onde habitas e concede o que pedem. Assim, todos os povos da terra conhecerão teu nome e te temerão, como faz teu povo, Israel. Também saberão que neste templo que construí teu nome é honrado.

44"Se o teu povo sair para onde o enviares a fim de lutar contra seus inimigos, e se orarem ao SENHOR voltados para esta cidade que escolheste e para este templo que construí em honra ao teu nome, 45ouve dos céus suas orações e defende sua causa.

46"Quando pecarem contra ti, pois não há quem não peque, tua ira cairá sobre eles e tu permitirás que seus inimigos os conquistem e os levem como escravos para outras terras, próximas ou distantes. 47Se caírem em si nessa terra de exílio e se arrependerem, suplicando-te: 'Pecamos, praticamos o mal e agimos perversamente', 48e se voltarem para ti de todo o coração e de toda a alma na terra de seus inimigos e orarem voltados para a terra que deste a seus antepassados, para esta cidade que escolheste e para este templo que construí em honra ao teu nome, 49ouve dos céus onde habitas suas orações e súplicas e defende sua causa. 50Perdoa teu povo que pecou contra ti. Perdoa todas as ofensas que cometeram contra ti. Faze que seus conquistadores os tratem com misericórdia, 51pois são o teu povo, a tua propriedade especial, que libertaste do Egito, uma fornalha de fundir ferro.

52"Olha atentamente para as súplicas do teu servo e para as súplicas do teu povo, Israel. Ouve e responde sempre que clamarmos a ti. 53Pois, quando tiraste nossos antepassados do Egito, ó Soberano SENHOR, disseste a teu servo Moisés que separarias Israel de todas as nações da terra para ser tua propriedade especial".

A dedicação do templo

54Quando Salomão terminou de fazer essas orações e súplicas ao SENHOR, levantou-se de diante do altar do SENHOR, onde havia se ajoelhado com as mãos estendidas para o céu. 55Ficou em pé e, em alta voz, abençoou toda a comunidade de Israel:

56"Louvado seja o SENHOR, que deu descanso ao seu povo, Israel, como prometeu. Nenhuma só palavra falhou das maravilhosas promessas que ele fez por meio de seu servo Moisés. 57Que o SENHOR, nosso Deus, seja conosco assim como foi com nossos antepassados; que ele jamais nos deixe nem nos abandone. 58Que ele nos dê a disposição de fazer sua vontade e obedecer a todos os seus mandamentos, decretos e estatutos que ele deu a nossos antepassados. 59E que as palavras dessa minha oração na presença do SENHOR estejam sempre diante dele, dia e noite, para que o SENHOR, nosso Deus, defenda a causa de seu servo e de seu povo, Israel, conforme as necessidades de cada dia. 60Então os povos de toda a terra saberão que somente o SENHOR é Deus, e que não há nenhum outro. 61Quanto a vocês, sejam inteiramente fiéis ao SENHOR, nosso Deus, e obedeçam sempre a seus decretos e mandamentos, como fazem hoje".

62Então o rei e todo o Israel ofereceram sacrifícios ao SENHOR. 63Salomão apresentou ao SENHOR uma oferta de paz de 22 mil bois e 120 mil ovelhas. Assim, o rei e todo o povo de Israel fizeram a dedicação do templo do SENHOR.

64Naquele mesmo dia, o rei consagrou a parte central do pátio em frente ao templo do SENHOR. Ali apresentou holocaustos, ofertas de cereal e a gordura das ofertas de paz, pois o altar de bronze, na presença do SENHOR, era pequeno demais para tantos holocaustos, ofertas de cereal e gordura das ofertas de paz.

65Então Salomão e todo o Israel celebraram a Festa das Cabanas na presença do SENHOR, nosso Deus. Uma grande multidão havia se reunido, de lugares distantes como Lebo-Hamate, ao norte, e o ribeiro do Egito, ao sul. A celebração durou, no total, catorze dias: sete dias para a dedicação do altar e sete dias para a Festa das Cabanas. 66Terminada a festa, Salomão mandou o povo para casa. Eles abençoaram o rei e foram embora alegres e exultantes, pois o SENHOR tinha mostrado sua bondade a seu servo Davi e a seu povo, Israel.

A resposta do SENHOR a Salomão

9 Salomão terminou de construir o templo do SENHOR e o palácio real. Concluiu tudo que havia planejado fazer. 2Então o SENHOR apareceu a Salomão pela segunda vez, como havia aparecido em Gibeom. 3O SENHOR lhe disse: "Ouvi sua oração e sua súplica. Consagrei este templo que você construiu, onde meu nome será honrado para sempre. Olharei continuamente para ele, com todo o meu coração.

4"Quanto a você, se me seguir com integridade e retidão, como fez seu pai, Davi, obedecendo a todos os meus mandamentos, decretos e estatutos, 5estabelecerei o trono de sua dinastia sobre Israel para sempre. Pois fiz esta promessa a seu pai, Davi: 'Um de seus descendentes sempre se sentará no trono de Israel'.

6"Mas, se você ou seus descendentes me abandonarem e desobedecerem a meus mandamentos e decretos, seguindo e adorando outros deuses, 7arrancarei Israel desta terra que lhe dei. Rejeitarei este templo que consagrei em honra ao meu nome, e farei de Israel objeto de zombaria e desprezo entre as nações. 8E, embora este templo seja agora imponente, todos que passarem perto dele ficarão chocados e horrorizados. Perguntarão: 'Por que o SENHOR fez coisas tão terríveis com esta terra e com este templo?'.

9"E a resposta será: 'Porque os israelitas abandonaram o SENHOR, seu Deus, que tirou seus antepassados da terra do Egito e, em lugar dele, adoraram outros deuses e se prostraram diante deles. Por isso o SENHOR trouxe sobre eles essas calamidades'".

O acordo de Salomão com Hirão

10Salomão levou vinte anos para construir o templo do SENHOR e o palácio real. Depois desse tempo, 11Salomão deu a Hirão, rei de Tiro, vinte cidades da Galileia. Hirão havia fornecido toda a madeira de cedro e de cipreste e todo o ouro que Salomão havia pedido. 12Contudo, quando Hirão veio de Tiro para ver as cidades que Salomão lhe tinha dado, não ficou nada satisfeito com elas. 13"Que espécie de cidades são essas, meu irmão?", perguntou ele. Então Hirão chamou aquela região de Cabul, como é conhecida até hoje. 14Hirão tinha enviado a Salomão 4.200 quilos de ouro.

As muitas realizações de Salomão

15 Este é o relato do trabalho forçado que o rei Salomão impôs para a construção do templo do Senhor, do palácio real, do aterro e do muro de Jerusalém, além das cidades de Hazor, Megido e Gezer. 16 (O faraó, rei do Egito, havia atacado e conquistado Gezer. Matou seus habitantes cananeus, incendiou a cidade e a deu como presente à sua filha quando ela se casou com Salomão. 17 Assim, Salomão reconstruiu a cidade de Gezer.) Também construiu Bete-Horom Baixa, 18 Baalate e Tamar, no deserto daquela região. 19 Construiu cidades para servirem como centros de armazenamento e também cidades para seus carros de guerra e cavalos. Construiu tudo que desejou em Jerusalém, no Líbano e em todo o reino.

20 Ainda havia na terra habitantes que não eram israelitas: amorreus, hititas, ferezeus, heveus e jebuseus. 21 Eram descendentes das nações que os israelitas não haviam destruído completamente. Salomão os recrutou para trabalhos forçados, e é nessa condição que trabalham até hoje. 22 Mas Salomão não recrutou nenhum israelita para trabalhos forçados; eles o serviram como soldados, funcionários do governo, oficiais e capitães de seu exército, comandantes de carros de guerra e cavaleiros. 23 Nomeou 550 israelitas para supervisionarem os trabalhadores de seus vários projetos.

24 Salomão transferiu a residência de sua esposa, a filha do faraó, da Cidade de Davi para o novo palácio que ele havia construído para ela. Depois, construiu o aterro.

25 Três vezes por ano, Salomão apresentava holocaustos e ofertas de paz sobre o altar que havia construído para o Senhor e também queimava incenso perante o Senhor. Assim, ele terminou o trabalho de construção do templo.

26 O rei Salomão também construiu navios em Eziom-Geber, um porto próximo a Elate, na terra de Edom, às margens do mar Vermelho. 27 Hirão enviou uma frota com marinheiros experientes para servirem nas tripulações dos navios, junto com os marinheiros de Salomão. 28 Navegaram a Ofir e trouxeram para Salomão 14.700 quilos de ouro.

A visita da rainha de Sabá

10 Quando a rainha de Sabá ouviu falar da fama de Salomão, que honrava o nome do Senhor, foi até ele para pô-lo à prova com perguntas difíceis. 2 Chegou a Jerusalém com uma comitiva numerosa e uma imensa caravana de camelos carregados de especiarias, grande quantidade de ouro e pedras preciosas. Quando se encontrou com Salomão, conversou com ele a respeito de tudo que tinha em mente. 3 Salomão respondeu a todas as suas perguntas; nada era difícil demais para o rei explicar. 4 Quando a rainha de Sabá percebeu quanto Salomão era sábio e viu o palácio que ele havia construído, 5 a comida que era servida às mesas do rei, os alojamentos e a organização de seus oficiais e servos, os trajes esplêndidos que vestiam, os copeiros da corte e os holocaustos que Salomão oferecia no templo do Senhor, ficou muito admirada.

6 Disse ela ao rei: "É verdade tudo que ouvi em meu país a respeito de suas realizações e de sua sabedoria! 7 Não acreditava no que diziam até que cheguei aqui e vi com os próprios olhos. Aliás, não tinham me contado nem a metade! Sua sabedoria e prosperidade vão muito além do que ouvi. 8 Como deve ser feliz o seu povo! Que privilégio para seus oficiais estarem em sua presença todos os dias, ouvindo sua sabedoria! 9 Louvado seja o Senhor, seu Deus, que se agradou de você e o colocou no trono de Israel. Por causa do amor eterno do Senhor por Israel, ele o fez rei para governar com justiça e retidão".

10 Então ela presenteou o rei com 4.200 quilos de ouro, especiarias em grande quantidade e pedras preciosas. Nunca mais foram recebidas tantas especiarias quanto as que a rainha de Sabá deu ao rei Salomão.

11 (Além disso, os navios de Hirão trouxeram ouro de Ofir e grandes carregamentos de madeira de sândalo e pedras preciosas. 12 O rei usou a madeira de sândalo para fazer corrimões para o templo e para o palácio real, e também liras e harpas para os músicos. Nunca antes nem depois se viu tamanho suprimento de madeira de sândalo.)

13 O rei Salomão deu à rainha de Sabá tudo que ela pediu, além dos presentes costumeiros que ele já havia entregado com generosidade. Então ela e sua comitiva regressaram para sua terra.

A riqueza e o esplendor de Salomão

14 A cada ano, Salomão recebia cerca de 23.300 quilos de ouro, 15 sem contar a renda adicional proveniente dos mercadores e comerciantes, de todos os reis da Arábia e dos governadores do país.

16 O rei Salomão fez duzentos escudos grandes de ouro batido, cada um pesando 7,2 quilos. 17 Também fez trezentos escudos menores de ouro batido, cada um pesando 1,8 quilo. O rei colocou esses escudos no Palácio da Floresta do Líbano.

18 Então o rei fez um grande trono de marfim revestido de ouro puro. 19 O trono tinha seis degraus e um encosto arredondado. De cada lado do assento havia um apoio para o braço e, junto de cada apoio, a escultura de um leão. 20 Também havia outros doze leões, um de cada lado dos seis degraus. Nenhum outro trono em todo o mundo se comparava ao de Salomão.

21 Todas as taças do rei Salomão eram de ouro, e todos os utensílios do Palácio da Floresta do Líbano eram de ouro puro. Não eram de prata, pois nos dias de Salomão a prata era considerada um metal sem valor.

22 O rei tinha uma frota de navios mercantes que navegavam com os navios de Hirão. Uma vez a cada três anos, as embarcações voltavam trazendo ouro, prata, marfim, macacos e pavões.

23 Salomão se tornou o mais rico e sábio de todos os reis da terra. 24 Gente de todas as nações vinha consultá-lo e ouvir a sabedoria que Deus lhe tinha dado. 25 A cada ano, os visitantes traziam presentes de prata e ouro, roupas, armas, especiarias, cavalos e mulas.

26 Salomão ajuntou muitos carros de guerra e cavalos. Possuía 1.400 carros de guerra e 12.000 cavalos. Mantinha alguns deles nas cidades designadas para guardar esses carros

de guerra e outros perto dele, em Jerusalém. 27O rei tornou
a prata tão comum em Jerusalém como as pedras. E havia
tanta madeira valiosa de cedro como as figueiras-bravas que
crescem nas colinas de Judá. 28Os cavalos de Salomão eram
importados do Egito e da Cilícia; os comerciantes do rei os
adquiriam da Cilícia pelo preço de mercado. 29Naquela época,
um carro de guerra do Egito custava 600 peças de prata, e um
cavalo, 150 peças de prata. Depois, eram exportados aos reis
dos hititas e aos reis da Síria.

As muitas esposas de Salomão

11 O rei Salomão amou muitas mulheres estrangeiras. Além
da filha do faraó, ele se casou com mulheres de Moabe, de
Amom, de Edom, de Sidom e dos hititas. 2O Senhor havia ins-
truído os israelitas claramente: "Não se casem com mulheres
dessas nações, pois desviarão seu coração para os deuses
delas". E, no entanto, Salomão amou essas mulheres. 3No
total, casou-se com setecentas princesas e teve trezentas con-
cubinas. E elas desviaram seu coração do Senhor.
4Quando Salomão era idoso, elas o induziram a adorar outros
deuses em vez de ser inteiramente fiel ao Senhor, seu Deus,
como seu pai, Davi, tinha sido. 5Salomão adorou Astarote, a
deusa dos sidônios, e Moloque, o repulsivo deus dos amonitas.
6Com isso, Salomão fez o que era mau aos olhos do Senhor;
recusou-se a seguir inteiramente o Senhor, como seu pai, Davi,
tinha feito.
7No monte que fica a leste de Jerusalém, chegou a construir
um lugar de culto para Camos, o repulsivo deus de Moabe,
e outro para Moloque, o repulsivo deus dos amonitas. 8Sa-
lomão construiu esses lugares de culto para que suas esposas
estrangeiras queimassem incenso e oferecessem sacrifícios
aos deuses delas.
9O Senhor se irou com Salomão, porque o coração dele tinha se
desviado do Senhor, o Deus de Israel, que lhe havia aparecido
duas vezes. 10Ele tinha advertido Salomão especificamente de
que não adorasse outros deuses, mas Salomão não obedeceu
à ordem do Senhor. 11Por isso, o Senhor lhe disse: "Uma vez
que você não cumpriu minha aliança e desobedeceu a meus
decretos, certamente tirarei de você o reino e o entregarei a
um de seus servos. 12Mas, por causa de seu pai, Davi, não farei
isso enquanto você estiver vivo. Tirarei o reino de seu filho
13e, ainda assim, não tirarei dele o reino inteiro; deixarei que
governe sobre uma tribo, por causa do meu servo Davi e de
Jerusalém, a cidade que escolhi".

Os adversários de Salomão

14Então o Senhor levantou o edomita Hadade, da família real
de Edom, para ser adversário de Salomão. 15Anos antes, Davi
tinha derrotado Edom. Joabe, comandante do exército de
Davi, tinha ficado para trás a fim de enterrar alguns soldados
israelitas mortos na batalha. Enquanto estavam ali, mataram
todos os homens de Edom. 16Joabe e o exército de Israel
tinham permanecido ali seis meses, até matarem todos os
edomitas.
17Contudo, Hadade e alguns dos oficiais de seu pai conse-
guiram fugir e seguiram para o Egito. Na época, Hadade
ainda era bem jovem. 18Partiram de Midiã e foram a Parã,
onde outros se juntaram a eles. Em seguida, foram ao Egito
e se apresentaram ao faraó, o rei do Egito, que lhes ofereceu
casas, sustento e terras. 19O faraó se agradou de Hadade e lhe
deu em casamento sua cunhada, a irmã da rainha Tafnes. 20A
esposa de Hadade deu à luz um filho chamado Genubate. Ta-
fnes o criou na casa do faraó, entre os próprios filhos do faraó.
21Quando chegou a Hadade no Egito a notícia de que Davi e
seu comandante Joabe estavam mortos, ele disse ao faraó:
"Deixe-me voltar para minha terra".
22"Por quê?", perguntou o faraó. "O que lhe falta aqui para
que você queira voltar para sua terra?"
"Não me falta nada", respondeu ele. "Ainda assim, peço que
me deixe voltar."
23Deus também levantou Rezom, filho de Eliada, para ser
adversário de Salomão. Rezom havia fugido de seu senhor
Hadadezer, rei de Zobá, 24e se tornado líder de um bando de
rebeldes. Depois que Davi derrotou Hadadezer, Rezom e seus
homens fugiram para Damasco, onde Rezom se tornou rei.
25Ele foi inimigo ferrenho de Israel durante o resto do reinado
de Salomão e, assim como Hadade, causou muitos problemas.
Rezom continuou a reinar na Síria e odiava Israel profunda-
mente.

Jeroboão se rebela contra Salomão

26Outro líder rebelde foi Jeroboão, filho de Nebate, um dos
próprios oficiais de Salomão. Veio da cidade de Zeredá, em
Efraim; sua mãe era viúva e se chamava Zerua.
27Esta é a história por trás de sua rebelião. Salomão estava
construindo o aterro e reparando os muros da Cidade de Davi,
seu pai. 28Jeroboão era um jovem muito capaz e, quando Sa-
lomão viu como era diligente, encarregou-o dos trabalhadores
das tribos de Efraim e Manassés, os descendentes de José.
29Certo dia, quando Jeroboão saía de Jerusalém, Aías, pro-
feta de Siló, encontrou-se com ele no caminho. Aías vestia
uma capa nova. Enquanto os dois estavam sozinhos no campo,
30Aías pegou sua capa nova e a rasgou em doze partes. 31Disse
a Jeroboão: "Fique com dez pedaços, pois assim diz o Senhor,
o Deus de Israel: 'Estou prestes a tirar o reino das mãos de
Salomão e entregar dez tribos a você. 32Contudo, deixarei uma
tribo para ele, por causa do meu servo Davi e de Jerusalém, a
cidade que escolhi dentre todas as tribos de Israel. 33Pois Sa-
lomão me abandonou e adorou Astarote, a deusa dos sidônios,
Camos, o deus de Moabe, e Moloque, o deus dos amonitas.
Não seguiu meus caminhos nem fez o que me agrada. Não
obedeceu a meus decretos e estatutos, como fez seu pai, Davi.
34"'Contudo, não tirarei o reino inteiro de Salomão agora. Por
causa do meu servo Davi, a quem escolhi e que obedeceu a
meus mandamentos e decretos, manterei Salomão no governo
enquanto ele viver. 35Mas tirarei o reino do filho dele e darei
dez tribos a você. 36O filho de Salomão terá uma tribo, para
que os descendentes de meu servo Davi continuem a brilhar

como uma lâmpada em Jerusalém, a cidade que escolhi como
lugar para o meu nome. 37Eu o colocarei no trono de Israel,
e você governará sobre tudo que seu coração desejar. 38Se
der ouvidos ao que digo, seguir meus caminhos e fizer o que
me agrada, e se obedecer a meus estatutos e mandamentos,
como fez meu servo Davi, sempre estarei com você. Estabe-
lecerei para você uma dinastia, como fiz com Davi, e lhe darei
Israel. 39Por causa do pecado de Salomão, castigarei os des-
cendentes de Davi, mas não para sempre'".
40Salomão tentou matar Jeroboão, mas ele fugiu para junto
de Sisaque, rei do Egito, e ficou ali até a morte de Salomão.

Resumo do reinado de Salomão

41Os demais acontecimentos do reinado de Salomão, incluindo
todos os seus feitos e sua sabedoria, estão registrados no
Livro dos Atos de Salomão. 42Salomão reinou por quarenta
anos sobre todo o Israel, em Jerusalém. 43Quando morreu e se
reuniu a seus antepassados, foi sepultado na Cidade de Davi,
seu pai. Seu filho Roboão foi seu sucessor.

As tribos do norte se rebelam

12 Roboão foi a Siquém, onde todo o Israel havia se reunido
para proclamá-lo rei. 2Quando Jeroboão, filho de Nebate,
soube disso, voltou do Egito, para onde havia fugido do rei
Salomão. 3Os líderes de Israel convocaram Jeroboão, e ele e
toda a comunidade de Israel foram falar com Roboão. 4"Seu
pai foi muito duro conosco", disseram. "Alivie a carga pesada
de trabalho e de impostos altos que seu pai nos obrigou a
carregar. Então seremos seus súditos leais."
5Roboão respondeu: "Deem-me três dias para pensar. Depois,
voltem para saber minha resposta". E o povo foi embora.
6O rei Roboão discutiu o assunto com os homens mais velhos
que haviam sido conselheiros de seu pai, Salomão. "O que
vocês aconselham?", perguntou ele. "Como devo responder
a este povo?"
7Eles disseram: "Se o senhor estiver disposto a servir este povo
hoje e lhe der uma resposta favorável, eles serão seus súditos
leais para sempre".
8Mas Roboão rejeitou o conselho dos homens mais velhos e
pediu a opinião dos jovens que haviam crescido com ele e
agora o acompanhavam. 9"O que vocês aconselham?", per-
guntou ele. "Como devo responder a este povo que deseja que
eu alivie as cargas impostas por meu pai?"
10Os jovens responderam: "Você deve dizer o seguinte a essa
gente que diz que seu pai foi muito duro com eles e que pede
alívio: 'Meu dedo mínimo é mais grosso que a cintura de meu
pai! 11Sim, meu pai lhes impôs cargas pesadas, mas eu as
tornarei ainda mais pesadas! Meu pai os castigou com chi-
cotes comuns, mas eu os castigarei com chicotes de pontas
de metal!'".
12Três dias depois, Jeroboão e todo o povo voltaram para saber
a decisão do rei, como ele havia ordenado. 13Roboão lhes res-
pondeu com aspereza, pois rejeitou o conselho dos homens
mais velhos 14e seguiu o conselho dos mais jovens. Disse ao
povo: "Meu pai lhes impôs cargas pesadas, mas eu as tornarei
ainda mais pesadas! Meu pai os castigou com chicotes co-
muns, mas eu os castigarei com chicotes de pontas de metal!".
15Assim, o rei não atendeu o povo. Essa mudança nos aconte-
cimentos foi da vontade do SENHOR, pois cumpriu a mensagem
do SENHOR a Jeroboão, filho de Nebate, por meio do profeta
Aías, de Siló.
16Quando todo o Israel viu que o rei não iria atender a seu pe-
dido, respondeu: "Abaixo a dinastia de Davi! O filho de Jessé
nada tem a nos oferecer! Volte para casa, Israel! E você, Davi,
cuide de sua própria casa!". Então o povo de Israel voltou para
casa. 17Roboão, porém, continuou a governar sobre os israe-
litas que moravam nas cidades de Judá.
18O rei Roboão enviou Adonirão, encarregado dos trabalhos
forçados, para restaurar a ordem, mas o povo de Israel o ape-
drejou até a morte. Quando essa notícia chegou ao rei Roboão,
ele subiu rapidamente em sua carruagem e fugiu para Jeru-
salém. 19E até hoje as tribos do norte de Israel se recusam a
ser governadas por um descendente de Davi.
20Quando o povo de Israel soube que Jeroboão tinha voltado
do Egito, convocou uma assembleia e o proclamou rei sobre
todo o Israel. Apenas a tribo de Judá permaneceu leal à família
de Davi.

A profecia de Semaías

21Quando Roboão chegou a Jerusalém, mobilizou os homens
das tribos de Judá e Benjamim, 180 mil dos melhores soldados,
para guerrearem contra Israel e recuperarem o reino.
22Deus, porém, falou a Semaías, homem de Deus: 23"Diga a
Roboão, filho de Salomão, rei de Judá, e a todo o povo de Judá
e Benjamim, e ao restante do povo: 24'Assim diz o SENHOR:
Não lutem contra seus compatriotas, os israelitas. Voltem para
casa, pois eu mesmo fiz isso acontecer!'". Eles obedeceram à
palavra do SENHOR e voltaram para casa, conforme o SENHOR
havia ordenado.

Jeroboão faz bezerros de ouro

25Então Jeroboão fortificou a cidade de Siquém, na região
montanhosa de Efraim, e se estabeleceu ali. Mais tarde, for-
tificou Peniel.
26Jeroboão pensou: "Se eu não tiver cuidado, o reino voltará
à dinastia de Davi. 27Quando o povo for a Jerusalém para
oferecer sacrifícios no templo do SENHOR, voltará a ser leal
a Roboão, rei de Judá. Eles me matarão e o proclamarão rei
deles".
28Então, seguindo a recomendação de seus conselheiros, o
rei fez dois bezerros de ouro. Disse ao povo: "É complicado
demais ir a Jerusalém para adorar. Veja, Israel, estes são os
deuses que tiraram vocês do Egito!".
29Colocou um dos bezerros em Betel e o outro em Dã, nos dois
extremos de seu reino. 30Isso se tornou um grande pecado,
pois o povo viajava até Dã, ao norte, para adorar o ídolo que
ficava ali.
31Jeroboão também construiu santuários idólatras e designou

para serem sacerdotes homens do povo, que não eram da
tribo sacerdotal de Levi. 32Instituiu uma festa religiosa em
Betel, no décimo quinto dia do oitavo mês, uma imitação da
festa celebrada todos os anos em Judá. Ali em Betel, Jeroboão
ofereceu sacrifícios aos bezerros que havia feito e designou
sacerdotes para os santuários idólatras que havia construído.
33No décimo quinto dia do oitavo mês, data que ele mesmo
tinha definido, ofereceu sacrifícios no altar em Betel. Instituiu,
desse modo, uma festa religiosa para Israel e subiu ao altar
para queimar incenso.

Um profeta condena Jeroboão

13 Por ordem do SENHOR, um homem de Deus, vindo de Judá,
foi até Betel e chegou ali quando Jeroboão se aproximava
do altar para queimar incenso. 2Então, por ordem do SENHOR,
ele gritou: "Altar, altar! Assim diz o SENHOR: 'Um menino cha-
mado Josias nascerá na dinastia de Davi. Sobre você ele sacri-
ficará os sacerdotes dos santuários idólatras que queimam in-
censo aqui, e sobre você serão queimados ossos humanos!'".
3Naquele mesmo dia, o homem de Deus deu um sinal. Disse
ele: "O SENHOR anunciou este sinal: O altar se rachará, e suas
cinzas se derramarão pelo chão".
4Quando o rei Jeroboão ouviu o homem de Deus falar contra
o altar em Betel, apontou para o homem e ordenou: "Pren-
dam-no!". No mesmo instante, porém, a mão do rei ficou pa-
ralisada nessa posição, e ele não conseguia fazê-la voltar à
posição normal. 5Ao mesmo tempo, uma grande rachadura
apareceu no altar e as cinzas se derramaram, exatamente
como o homem de Deus tinha dito na mensagem recebida
do SENHOR.
6O rei disse ao homem de Deus: "Por favor, peça ao SENHOR,
seu Deus, que restaure a minha mão!". O homem de Deus orou
ao SENHOR e a mão do rei foi restaurada, e ele pôde movimen-
tá-la novamente.
7Então o rei disse ao homem de Deus: "Venha ao palácio co-
migo e coma alguma coisa, e eu lhe darei um presente".
8Mas o homem de Deus respondeu a Jeroboão: "Mesmo que
o rei me desse metade de tudo que possui, eu não o acompa-
nharia. Não comeria nem beberia coisa alguma neste lugar,
9pois o SENHOR me ordenou: 'Não coma nem beba coisa al-
guma enquanto estiver lá e não volte pelo mesmo caminho
por onde foi'". 10Então ele partiu de Betel e voltou para casa
por outro caminho.
11Acontece que morava em Betel um profeta idoso. Seus fi-
lhos foram até ele e lhe contaram o que o homem de Deus
havia feito em Betel naquele dia. Também contaram ao pai
o que o homem de Deus tinha dito ao rei. 12O profeta idoso
lhes perguntou: "Por onde ele foi?". Eles mostraram ao pai
o caminho por onde o homem de Deus tinha ido. 13"Selem o
jumento", disse o profeta idoso. Eles selaram o jumento para
o pai, e ele montou.
14Foi atrás do homem de Deus e o encontrou sentado debaixo
de uma grande árvore. Perguntou-lhe: "Você é o homem de
Deus que veio de Judá?". "Sim, sou eu", respondeu ele.
15Então o profeta disse ao homem de Deus: "Venha para casa
comigo e coma alguma coisa".
16"Não posso ir com você", respondeu ele. "Não tenho per-
missão para comer nem beber coisa alguma neste lugar, 17pois
o SENHOR me ordenou: 'Não coma nem beba coisa alguma
enquanto estiver lá e não volte pelo mesmo caminho por onde
foi'."
18O profeta idoso, porém, respondeu: "Também sou profeta
como você. E um anjo me deu esta ordem da parte do SENHOR:
'Traga-o para casa com você, para que ele coma pão e beba
água'". No entanto, estava mentindo. 19Eles voltaram juntos, e
o homem de Deus comeu e bebeu na casa do profeta.
20Então, enquanto estavam sentados à mesa, veio uma ordem
do SENHOR ao profeta idoso. 21Ele falou ao homem de Deus que
tinha vindo de Judá: "Assim diz o SENHOR: 'Você desafiou a
palavra do SENHOR e desobedeceu à ordem que o SENHOR, seu
Deus, lhe deu. 22Voltou a este lugar e comeu e bebeu onde ele
lhe disse que não comesse nem bebesse. Por isso seu corpo
não será sepultado no túmulo de seus antepassados'".
23Quando o homem de Deus terminou de comer e beber, o
profeta idoso selou seu próprio jumento para ele, 24e o homem
de Deus partiu. Enquanto estava a caminho, apareceu um leão
e o matou. Seu corpo ficou na estrada, com o jumento e o leão
parados ao lado dele. 25Algumas pessoas que passaram viram
o corpo estendido ali, com o leão parado ao lado dele, e deram
a notícia em Betel, onde morava o profeta idoso.
26Quando o profeta que o trouxe de volta soube do que havia
acontecido, disse: "É o homem de Deus que desafiou a palavra
do SENHOR. O SENHOR cumpriu sua palavra ao fazer que o leão
o atacasse e matasse".
27Então o profeta disse a seus filhos: "Selem o jumento para
mim". Eles selaram o jumento, 28e o profeta foi e encontrou o
corpo estendido na estrada. O jumento e o leão ainda estavam
parados ao lado dele; o leão não havia comido o corpo nem
atacado o jumento. 29O profeta colocou o corpo do homem de
Deus sobre o jumento e o levou de volta à cidade para lamentar
por ele e sepultá-lo. 30Pôs o corpo em sua própria sepultura e
lamentou por ele, exclamando: "Ah, meu irmão!".
31Depois de sepultá-lo, o profeta disse a seus filhos: "Quando
eu morrer, enterrem-me no túmulo onde está sepultado o
homem de Deus. Ponham meus ossos ao lado dos ossos dele,
32pois a mensagem que o SENHOR ordenou que ele proclamasse
contra o altar em Betel e contra os santuários idólatras nas
cidades de Samaria certamente se cumprirá".
33Mesmo depois disso, Jeroboão não se arrependeu de seus
maus caminhos. Continuou a nomear sacerdotes dentre o povo
comum; qualquer um que desejasse podia se tornar sacerdote
dos santuários idólatras. 34Com isso, por causa desse pecado,
a dinastia de Jeroboão foi eliminada da face da terra.

A profecia de Aías contra Jeroboão

14 Por esse tempo, Abias, filho de Jeroboão, ficou doente.
2Jeroboão disse à sua esposa: "Ponha um disfarce para
que ninguém reconheça que você é minha esposa e vá a Siló

falar com o profeta Aías, o homem que me disse que eu seria
rei sobre este povo. 3Leve para ele um presente de dez pães,
alguns bolos e uma vasilha de mel. Ele lhe dirá o que acontecerá com o menino".
4A esposa de Jeroboão foi à casa de Aías, em Siló. Ele já estava velho e não podia mais enxergar. 5O SENHOR, porém, tinha
dito a Aías: "A esposa de Jeroboão virá aqui, fingindo que é
outra pessoa. Perguntará a respeito do filho dela, pois ele
está doente. Transmita-lhe a resposta que eu darei a você".
6Quando Aías ouviu os passos dela junto à porta, disse: "Entre,
esposa de Jeroboão! Por que finge ser outra pessoa? Tenho
más notícias para você. 7Leve a seu marido, Jeroboão, esta
mensagem: 'Assim diz o SENHOR, o Deus de Israel: Eu o exaltei
dentre o povo e o fiz líder de Israel, meu povo. 8Arranquei o
reino da família de Davi e o entreguei a você. Mas você não
tem sido como meu servo Davi, que obedeceu a meus mandamentos e me seguiu de todo o coração, e sempre fez o que me
agrada. 9Você pecou mais que todos os que vieram antes. Fez
para si outros deuses e me enfureceu com seus bezerros de
ouro. Sim, você me deu as costas! 10Por isso, trarei desgraça
sobre sua família e destruirei todos os seus descendentes do
sexo masculino em Israel, tanto escravos como livres. Queimarei sua dinastia como se queima lixo, até que tenha desaparecido. 11Os membros da família de Jeroboão que morrerem
na cidade serão comidos pelos cães, e os que morrerem no
campo serão comidos pelos abutres. Eu, o SENHOR, falei!'".
12Então Aías disse à esposa de Jeroboão: "Volte para casa;
quando você puser os pés na cidade, o menino morrerá. 13Todo
o Israel lamentará a morte dele e o sepultará. Ele será o único
membro de sua família que terá um sepultamento digno, pois
esse menino é o único de toda a família de Jeroboão do qual o
SENHOR, o Deus de Israel, se agradou.
14"Além disso, o SENHOR levantará um rei sobre Israel que
destruirá a família de Jeroboão. Isso acontecerá hoje, agora
mesmo! 15O SENHOR sacudirá Israel como a corrente de água
agita as canas de junco. Arrancará os israelitas desta boa
terra que deu a seus antepassados e os dispersará além do
rio Eufrates, pois enfureceram o SENHOR com os postes que levantaram para adorar a deusa Aserá. 16Ele abandonará Israel,
porque Jeroboão pecou e fez Israel pecar com ele".
17Então a esposa de Jeroboão voltou a Tirza, e o menino
morreu no instante em que ela entrou em casa. 18E todo o
Israel o sepultou e lamentou por ele, conforme o SENHOR havia
anunciado por meio do profeta Aías.
19Os demais acontecimentos do reinado de Jeroboão, as
guerras e o modo como governou, estão registrados no *Livro
da História dos Reis de Israel*. 20Jeroboão reinou em Israel por
22 anos. Quando morreu e se reuniu a seus antepassados, seu
filho Nadabe foi seu sucessor.

Roboão reina em Judá

21Enquanto isso, Roboão, filho de Salomão, reinava em Judá.
Tinha 41 anos quando começou a reinar, e reinou por dezessete
anos em Jerusalém, a cidade que o SENHOR havia escolhido
dentre todas as tribos de Israel como lugar para o seu nome.
A mãe de Roboão era uma mulher amonita chamada Naamá.
22O povo de Judá fez o que era mau aos olhos do SENHOR e provocou sua ira com os pecados que cometeu, pois foram ainda
piores que os de seus antepassados. 23Construíram santuários
idólatras e levantaram colunas sagradas e postes de Aserá em
todos os montes e debaixo de toda árvore verdejante. 24Havia
até mesmo prostitutos cultuais por toda a terra. O povo imitava
as práticas detestáveis das nações que o SENHOR havia expulsado de diante dos israelitas.
25No quinto ano do reinado de Roboão, Sisaque, rei do Egito,
subiu e atacou Jerusalém. 26Saqueou os tesouros do templo
do SENHOR e do palácio real; roubou tudo, incluindo os escudos
de ouro que Salomão havia feito. 27Mais tarde, o rei Roboão fez
escudos de bronze para substituí-los e os confiou aos oficiais
da guarda que protegiam a entrada do palácio real. 28Sempre
que o rei ia ao templo do SENHOR, os guardas levavam os escudos e, em seguida, os devolviam à sala da guarda.
29Os demais acontecimentos do reinado de Roboão e tudo que
ele fez estão registrados no *Livro da História dos Reis de Judá*.
30Houve guerra constante entre Roboão e Jeroboão. 31Quando
Roboão morreu, foi sepultado com seus antepassados na Cidade de Davi. Sua mãe era uma mulher amonita chamada
Naamá. Seu filho Abias foi seu sucessor.

Abias reina em Judá

15 No décimo oitavo ano do reinado de Jeroboão, filho de
Nebate, Abias começou a reinar em Judá. 2Reinou por três
anos em Jerusalém. Sua mãe se chamava Maaca e era neta
de Absalão.
3Cometeu os mesmos pecados que seu pai e não foi inteiramente fiel ao SENHOR, seu Deus, como seu antepassado Davi.
4Mas, por causa de Davi, o SENHOR, seu Deus, permitiu que
seus descendentes continuassem a brilhar como uma lâmpada
em Jerusalém e deu a Abias um filho para reinar depois dele.
5Pois Davi tinha feito o que era certo aos olhos do SENHOR e
obedecido a seus mandamentos durante toda a vida, exceto
no caso de Urias, o hitita.
6Durante todo o reinado de Abias, houve guerra entre Abias
e Jeroboão. 7Os demais acontecimentos do reinado de Abias
e tudo que ele fez estão registrados no *Livro da História dos
Reis de Judá*. Houve guerra constante entre Abias e Jeroboão.
8Quando Abias morreu e se reuniu a seus antepassados, foi
sepultado na Cidade de Davi. Seu filho Asa foi seu sucessor.

Asa reina em Judá

9No vigésimo ano do reinado de Jeroboão em Israel, Asa começou a reinar em Judá. 10Reinou em Jerusalém por 41 anos.
Sua avó se chamava Maaca e era neta de Absalão.
11Asa fez o que era certo aos olhos do SENHOR, como seu antepassado Davi. 12Expulsou da terra os prostitutos cultuais e
removeu todos os ídolos que seus antepassados haviam feito.
13Chegou a depor sua avó Maaca da posição de rainha-mãe,
pois ela havia feito um poste obsceno para a deusa Aserá.

Derrubou esse poste obsceno e o queimou no vale de Cedrom.
14Embora os santuários idólatras não tivessem sido removidos,
o coração de Asa permaneceu inteiramente fiel ao SENHOR durante toda a sua vida. 15Ele trouxe para o templo do SENHOR a
prata, o ouro e os diversos utensílios que ele e seu pai haviam consagrado.
16Houve guerra constante entre Asa e Baasa, rei de Israel.
17Baasa, rei de Israel, invadiu Judá e fortificou Ramá, a fim de impedir que qualquer um entrasse ou saísse do território de Asa, rei de Judá.
18Em resposta, Asa juntou toda a prata e todo o ouro que restavam na tesouraria do templo do SENHOR e no palácio real. Enviou alguns de seus oficiais a Ben-Hadade, rei da Síria, que governava em Damasco, filho de Tabrimom e neto de Heziom, com a prata e o ouro e a seguinte mensagem:
19"Façamos um acordo, você e eu, como aquele que houve entre seu pai e o meu. Envio um presente de prata e ouro. Rompa seu acordo com Baasa, rei de Israel, para que ele me deixe em paz".
20Ben-Hadade aceitou a proposta do rei Asa e enviou os comandantes de seu exército para atacarem as cidades de Israel. Eles conquistaram Ijom, Dã, Abel-Bete-Maaca e todo
o Quinerete, bem como a terra de Naftali.
21Quando Baasa, rei de Israel, soube do que havia acontecido, abandonou seu projeto de fortificar Ramá e permaneceu em Tirza.
22Então o rei Asa decretou que todos os homens de Judá, sem exceção, ajudassem a levar embora as pedras e a madeira usadas por Baasa para fortificar Ramá. Asa empregou esses materiais para fortificar a cidade de Geba, em Benjamim, e a cidade de Mispá.
23Os demais acontecimentos do reinado de Asa, a extensão de seu poder, tudo que ele fez e o nome das cidades que ele construiu, estão registrados no *Livro da História dos Reis de Judá*. Em sua velhice, sofreu de uma doença nos pés.
24Quando Asa morreu, foi sepultado com seus antepassados na Cidade de Davi. Seu filho Josafá foi seu sucessor.

Nadabe reina em Israel

25Nadabe, filho de Jeroboão, começou a reinar em Israel no segundo ano do reinado de Asa, rei de Judá. Reinou em Israel
por dois anos.
26Fez o que era mau aos olhos do SENHOR; seguiu o exemplo de seu pai, Jeroboão, e persistiu nos pecados que ele havia levado Israel a cometer.
27Baasa, filho de Aías, da tribo de Issacar, conspirou contra Nadabe e o assassinou enquanto ele e o exército israelita sitiavam
a cidade filisteia de Gibetom.
28Baasa matou Nadabe no terceiro ano do reinado de Asa, rei de Judá, e se tornou seu sucessor.
29Assim que Baasa subiu ao poder, matou todos os descendentes de Jeroboão. Não restou ninguém de sua família, exatamente como o SENHOR havia anunciado por meio do profeta
Aías, de Siló.
30Isso aconteceu porque Jeroboão havia provocado a ira do SENHOR com os pecados que tinha cometido e levado Israel a cometer.
31Os demais acontecimentos do reinado de Nadabe e tudo que ele fez estão registrados no *Livro da História dos Reis de Israel*.

Baasa reina em Israel

32Houve guerra constante entre Asa, rei de Judá, e Baasa, rei
de Israel.
33Baasa, filho de Aías, começou a reinar sobre todo o Israel no terceiro ano do reinado de Asa, rei de Judá. Reinou
em Tirza por 24 anos.
34Fez o que era mau aos olhos do SENHOR; seguiu o exemplo de Jeroboão e persistiu nos pecados que Jeroboão havia levado Israel a cometer.

16 Esta mensagem do SENHOR foi transmitida ao rei Baasa
pelo profeta Jeú, filho de Hanani:
2"Eu o levantei do pó a fim de torná-lo líder do meu povo, Israel, mas você seguiu o exemplo de Jeroboão. Provocou minha ira ao fazer meu povo,
Israel, pecar.
3Por isso, destruirei você e sua família, assim como destruí os descendentes de Jeroboão, filho de Nebate.
4Os membros da família de Baasa que morrerem na cidade serão comidos pelos cães, e os que morrerem no campo serão comidos pelos abutres".
5Os demais acontecimentos do reinado de Baasa, o que ele fez e a extensão de seu poder estão registrados no *Livro da História dos Reis de Israel*.
6Quando Baasa morreu e se reuniu a seus antepassados, foi sepultado em Tirza. Seu filho Elá foi seu sucessor.
7A mensagem do SENHOR contra Baasa e sua família veio por meio do profeta Jeú, filho de Hanani. Foi transmitida porque Baasa havia feito o que era mau aos olhos do SENHOR, como a família de Jeroboão, e também porque Baasa havia destruído a família de Jeroboão. Os pecados de Baasa provocaram a ira do SENHOR.

Elá reina em Israel

8Elá, filho de Baasa, começou a reinar em Israel no vigésimo sexto ano do reinado de Asa, rei de Judá. Reinou em Tirza por dois anos.
9Então Zinri, comandante de metade dos carros de guerra do rei, conspirou contra ele. Certo dia, em Tirza, Elá estava se embebedando na casa de Arza, supervisor do palácio.
10Zinri entrou, feriu Elá e o matou. Isso aconteceu no vigésimo sétimo ano do reinado de Asa, rei de Judá. Zinri se tornou o sucessor de Elá.
11Logo que Zinri subiu ao poder, matou toda a família de Baasa. Não deixou vivo nenhum filho do sexo masculino. Exterminou até mesmo parentes e amigos.
12Desse modo, Zinri destruiu a dinastia de Baasa, como o SENHOR havia anunciado por meio do profeta Jeú.
13Isso aconteceu por causa de todos os pecados que Baasa e seu filho Elá haviam cometido e levado Israel a cometer. Com seus ídolos inúteis, provocaram a ira do SENHOR, Deus de Israel.
14Os demais acontecimentos do reinado de Elá e tudo que ele fez estão registrados no *Livro da História dos Reis de Israel*.

Zinri reina em Israel

15Zinri começou a reinar em Israel no vigésimo sétimo ano do reinado de Asa, rei de Judá. Reinou em Tirza por apenas sete dias. Nessa ocasião, o exército de Israel estava acampado

próximo à cidade filisteia de Gibetom. 16Quando souberam
que Zinri havia traído e assassinado o rei, naquele mesmo dia
proclamaram Onri, comandante do exército, o novo rei de Is-
rael. 17Onri levou todo o exército de Israel de Gibetom a Tirza
e cercou a cidade. 18Quando Zinri viu que a cidade havia sido
conquistada, foi para a parte mais protegida do palácio real,
ateou fogo ao edifício e morreu no meio das chamas. 19Ele
também havia feito o que era mau aos olhos do SENHOR. Seguiu
o exemplo de Jeroboão nos pecados que tinha cometido e
levado Israel a cometer.
20Os demais acontecimentos do reinado de Zinri e sua conspi-
ração estão registrados no *Livro da História dos Reis de Israel*.

Onri reina em Israel

21O povo de Israel se dividiu em dois partidos. Metade queria
proclamar rei Tibni, filho de Ginate, e a outra metade apoiava
Onri. 22Os partidários de Onri derrotaram os de Tibni, filho de
Ginate. Tibni morreu, e Onri se tornou rei.
23Onri começou seu reinado no trigésimo primeiro ano do rei-
nado de Asa, rei de Judá. Ao todo, reinou por doze anos, seis
deles em Tirza. 24Então Onri comprou de Sêmer o monte de
Samaria por setenta quilos de prata. Construiu ali uma cidade
que chamou de Samaria, em homenagem a Sêmer, o antigo
proprietário do monte.
25Onri fez o que era mau aos olhos do SENHOR, pior que todos
os reis antes dele. 26Seguiu o exemplo de Jeroboão, filho de
Nebate, em todos os pecados que tinha cometido e levado
Israel a cometer. Com seus ídolos inúteis, o povo provocou a
ira do SENHOR, Deus de Israel.
27Os demais acontecimentos do reinado de Onri, o que ele
fez e a extensão de seu poder estão registrados no *Livro da
História dos Reis de Israel*. 28Quando Onri morreu e se reuniu a
seus antepassados, foi sepultado em Samaria. Seu filho Acabe
foi seu sucessor.

Acabe reina em Israel

29Acabe, filho de Onri, começou a reinar em Israel no trigésimo
oitavo ano do reinado de Asa, rei de Judá. Reinou em Samaria
por 22 anos. 30Acabe, filho de Onri, fez o que era mau aos olhos
do SENHOR, pior que todos os reis antes dele. 31E, como se não
bastasse seguir o exemplo pecaminoso de Jeroboão, casou-se
com Jezabel, filha de Etbaal, rei dos sidônios, e começou a se
prostrar diante de Baal e adorá-lo. 32Primeiro, Acabe cons-
truiu um templo e um altar para Baal em Samaria. 33Depois,
levantou um poste para a deusa Aserá. Fez mais coisas para
provocar a ira do SENHOR, Deus de Israel, que todos os reis de
Israel antes dele.
34Durante o reinado de Acabe, Hiel, um homem de Betel, re-
construiu Jericó. Quando lançou os alicerces, morreu seu filho
mais velho, Abirão. E, quando terminou a reconstrução e co-
locou as portas, morreu seu filho mais novo, Segube. Tudo isso
aconteceu de acordo com a mensagem do SENHOR a respeito
de Jericó, transmitida por meio de Josué, filho de Num.

Elias é alimentado por corvos

17 Elias, que era de Tisbe, em Gileade, disse ao rei Acabe:
"Tão certo como vive o SENHOR, o Deus de Israel, a quem
sirvo, não haverá orvalho nem chuva durante os próximos
anos, até que eu ordene!".
2Então o SENHOR disse a Elias: 3"Vá para o leste e esconda-se
junto ao riacho de Querite, que fica a leste do rio Jordão. 4Beba
água do riacho e coma o que os corvos lhe trouxerem, pois eu
dei ordem para levarem alimento até você".
5Elias fez o que o SENHOR ordenou e acampou junto ao riacho
de Querite, a leste do Jordão. 6Os corvos lhe traziam pão e
carne de manhã e à tarde, e ele bebia água do riacho. 7Depois
de algum tempo, porém, o riacho secou, pois não caía chuva
em parte alguma da terra.

A viúva de Sarepta

8Então o SENHOR disse a Elias: 9"Vá morar em Sarepta, perto
da cidade de Sidom. Dei ordem a uma viúva que mora ali para
lhe dar alimento".
10Elias foi a Sarepta. Quando chegou ao portão da cidade, viu
uma viúva apanhando gravetos e lhe perguntou: "Pode me dar
um pouco de água para beber, por favor?". 11Enquanto ela ia
buscar a água, ele disse: "Traga também um pedaço de pão".
12Mas ela respondeu: "Tão certo como vive o SENHOR, seu Deus,
não tenho um pedaço sequer de pão em casa. Tenho apenas
um punhado de farinha que restou numa vasilha e um pouco
de azeite no fundo do jarro. Estava apanhando alguns gravetos
para preparar esta última refeição, e depois meu filho e eu
morreremos".
13Elias, porém, disse: "Não tenha medo! Faça o que acabou
de dizer, mas primeiro faça um pouco de pão para mim. De-
pois, use o resto para preparar uma refeição para você e seu
filho. 14Pois assim diz o SENHOR, Deus de Israel: 'Sempre ha-
verá farinha na vasilha e azeite no jarro, até o dia em que o
SENHOR enviar chuva'".
15Ela fez conforme Elias disse. Assim, Elias, a mulher e a família
dela tiveram alimento para muitos dias. 16Sempre havia farinha
na vasilha e azeite no jarro, exatamente como o SENHOR tinha
prometido por meio de Elias.
17Algum tempo depois, o filho da mulher ficou doente. Foi pio-
rando e, por fim, morreu. 18Disse ela a Elias: "Homem de Deus,
o que você me fez? Veio para lembrar-me de meus pecados e
matar meu filho?".
19Elias, porém, respondeu: "Dê-me seu filho". Tomou o corpo
do menino dos braços dela, carregou-o para o andar de cima,
onde estava hospedado, e o pôs na cama. 20Então Elias clamou
ao SENHOR: "Ó SENHOR, meu Deus, por que trouxeste desgraça
a esta viúva que me recebeu em seu lar e fizeste o filho dela
morrer?".
21Em seguida, Elias se deitou sobre o menino três vezes e
clamou ao SENHOR: "Ó SENHOR, meu Deus, por favor, permite
que a vida volte a este menino!". 22O SENHOR ouviu a oração de
Elias, e o menino voltou a viver. 23Elias o levou para baixo e o
entregou à mãe. "Veja, seu filho está vivo", disse ele.

24Então a mulher disse a Elias: "Agora tenho certeza de que
você é um homem de Deus, e de que o SENHOR verdadeira-
mente fala por seu intermédio!".

Confronto no monte Carmelo

18Algum tempo depois, no terceiro ano da seca, o SENHOR
disse a Elias: "Vá apresentar-se ao rei Acabe. Diga-lhe
que enviarei chuva". 2Elias foi apresentar-se a Acabe. A fome
era severa em Samaria. 3Acabe mandou chamar Obadias, o
administrador do palácio. (Obadias temia profundamente o
SENHOR. 4Certa vez, quando Jezabel havia tentado matar todos
os profetas do SENHOR, Obadias escondeu cem deles em duas
cavernas. Colocou cinquenta em cada caverna e forneceu ali-
mento e água para eles.) 5Acabe disse a Obadias: "Precisamos
ir a todas as fontes e vales na terra. Quem sabe encontraremos
pasto suficiente para salvar pelo menos alguns de meus ca-
valos e mulas!". 6Então dividiram o território entre si. Acabe
foi para um lado, e Obadias, para o outro.
7Enquanto Obadias caminhava, viu de repente Elias vindo em
sua direção. Ao reconhecê-lo, Obadias curvou-se diante dele
com o rosto no chão. "É o senhor mesmo, meu senhor Elias?",
perguntou.
8"Sim, sou eu", respondeu Elias. "Agora vá e diga ao rei: 'Elias
está aqui'."
9Obadias, porém, protestou: "Que mal lhe fiz para que me
envie para morrer nas mãos de Acabe? 10Pois, tão certo como
vive o SENHOR, seu Deus, o rei o procurou em todas as nações
e reinos da terra, de uma extremidade à outra. E cada vez que
lhe diziam: 'Elias não está aqui', o rei Acabe fazia o rei daquela
nação jurar que tinha falado a verdade. 11E agora o senhor diz:
'Vá e diga ao rei: Elias está aqui'. 12Mas, assim que eu o deixar,
o Espírito do SENHOR o levará embora, sabe-se lá para onde,
e quando Acabe chegar e não o encontrar, ele me matará. E,
no entanto, tenho servido fielmente ao SENHOR toda a minha
vida. 13Ninguém lhe falou da ocasião em que Jezabel tentou
matar os profetas do SENHOR? Escondi cem deles em duas ca-
vernas e lhes forneci alimento e água. 14E agora o senhor diz:
'Vá e diga ao rei: Elias está aqui'. Se eu fizer isso, certamente
Acabe me matará!".
15Mas Elias disse: "Tão certo como vive o SENHOR dos Exércitos,
em cuja presença estou, hoje mesmo me apresentarei ao rei
Acabe".
16Então Obadias foi dizer a Acabe que Elias tinha vindo, e Acabe
saiu para encontrar-se com Elias. 17Quando Acabe o viu, disse:
"É você mesmo, perturbador de Israel?".
18"Não causei problema algum a Israel", respondeu Elias. "O
senhor e sua família é que são os perturbadores, pois se re-
cusaram a obedecer aos mandamentos do SENHOR e, em vez
disso, adoraram imagens de Baal. 19Agora, convoque todo o
Israel para encontrar-se comigo no monte Carmelo, além dos
450 profetas de Baal e os 400 profetas de Aserá que comem
à mesa de Jezabel".
20Acabe convocou todo o povo de Israel e os profetas para
se reunirem no monte Carmelo. 21Elias se colocou diante do
povo e disse: "Até quando ficarão oscilando de um lado para
o outro? Se o SENHOR é Deus, sigam-no! Mas, se Baal é Deus,
então sigam Baal!". O povo, contudo, ficou em silêncio.
22Então Elias lhes disse: "Sou o único que resta dos profetas
do SENHOR, mas Baal tem 450 profetas. 23Agora, tragam para
cá dois novilhos. Que os profetas de Baal escolham um deles,
cortem o animal em pedaços e o coloquem sobre a lenha do
altar, mas não ponham fogo na lenha. Eu prepararei o outro
novilho e o colocarei sobre a lenha no altar, mas não porei fogo
na lenha. 24Então invoquem o nome de seu deus, e eu invocarei
o nome do SENHOR. O deus que responder com fogo, esse é o
Deus verdadeiro!". E todo o povo concordou.
25Então Elias disse aos profetas de Baal: "Comecem vocês,
pois são muitos. Escolham um dos novilhos, preparem-no e in-
voquem o nome de seu deus. Mas não ponham fogo na lenha".
26Eles prepararam um dos novilhos e o colocaram sobre o
altar. Invocaram o nome de Baal desde a manhã até o meio-dia
e gritavam: "Ó Baal, responde-nos!", mas não houve resposta
alguma. E dançavam em volta do altar que haviam feito.
27Por volta do meio-dia, Elias começou a zombar deles: "Vocês
precisam gritar mais alto", dizia ele. "Sem dúvida ele é um
deus! Talvez esteja meditando ou ocupado em outro lugar. Ou
talvez esteja viajando, ou dormindo, e precise ser acordado!"
28Então gritaram mais alto e, como era seu costume, corta-
ram-se com facas e espadas, até sangrarem. 29Agitaram-se em
transe desde o meio-dia até a hora do sacrifício da tarde, mas
não houve sequer um som, nem resposta ou reação alguma.
30Então Elias disse ao povo: "Venham aqui!". Todos se reu-
niram em volta dele enquanto ele consertava o altar do SE-
NHOR que havia sido derrubado. 31Pegou doze pedras, uma
para cada tribo dos filhos de Jacó, a quem o SENHOR disse: "Teu
nome será Israel", 32e com elas reconstruiu o altar em nome
do SENHOR. Depois, cavou ao redor do altar uma valeta com
capacidade suficiente para doze litros de água. 33Empilhou
lenha sobre o altar, cortou o novilho em pedaços e colocou
os pedaços sobre a lenha. Em seguida, ordenou: "Encham
quatro jarras grandes com água e derramem a água sobre o
holocausto e a lenha".
34Depois que fizeram isso, disse: "Façam a mesma coisa no-
vamente". Quando terminaram, ele disse: "Agora façam o
mesmo pela terceira vez". Eles seguiram sua instrução, 35e a
água corria ao redor do altar e encheu a valeta.
36Na hora costumeira de oferecer o sacrifício da tarde, o pro-
feta Elias se aproximou do altar e orou: "Ó SENHOR, Deus de
Abraão, Isaque e Jacó, prova hoje que és Deus em Israel e que
sou teu servo. Prova que fiz tudo isso por ordem tua. 37Ó SE-
NHOR, responde-me! Que este povo saiba que tu, ó SENHOR, és
o verdadeiro Deus e estás buscando o povo de volta para ti!".
38No mesmo instante, fogo do SENHOR desceu do céu e
queimou o novilho, a madeira, as pedras e o chão, e secou
até a água da valeta. 39Quando o povo viu isso, todos se pros-
traram com o rosto no chão e gritaram: "O SENHOR é Deus! Sim,
o SENHOR é Deus!".

40Então Elias ordenou: "Prendam todos os profetas de Baal.
Não deixem nenhum escapar!". O povo os prendeu, e Elias os
levou para o riacho de Quisom e ali os matou.

Elias ora pedindo chuva

41Em seguida, Elias disse a Acabe: "Vá comer e beber, pois
ouço uma forte tempestade chegando".
42Acabe foi comer e beber. Elias, porém, subiu ao topo do
monte Carmelo, prostrou-se até o chão com o rosto entre os
joelhos e orou.
43Depois, disse a seu servo: "Vá e olhe na direção do mar". O
servo foi e olhou, depois voltou e disse: "Não vi nada". Sete
vezes Elias mandou que ele fosse e olhasse. 44Por fim, na sé-
tima vez, o servo lhe disse: "Vi subir do mar uma pequena
nuvem, do tamanho da mão de um homem". Então Elias lhe
disse: "Vá depressa dizer a Acabe: 'Apronte seu carro e volte
para casa. Se não se apressar, a chuva o impedirá!'".
45Em pouco tempo, o céu ficou escuro com nuvens. Um vento
forte trouxe uma grande tempestade, e Acabe partiu em sua
carruagem a toda velocidade para Jezreel. 46Então o SENHOR
concedeu força extraordinária a Elias. Ele prendeu a capa no
cinto e correu à frente do carro de Acabe até a entrada de
Jezreel.

Elias foge para o Sinai

19Acabe contou a Jezabel tudo que Elias havia feito, in-
cluindo o modo como havia matado todos os profetas de
Baal. 2Por isso, Jezabel enviou esta mensagem a Elias: "Que
os deuses me castiguem severamente se, até amanhã nesta
hora, eu não fizer a você o que você fez aos profetas de Baal!".
3Elias teve medo e fugiu para salvar a vida. Foi para Berseba,
uma cidade em Judá, e ali deixou seu servo. 4Depois, foi so-
zinho para o deserto, caminhando o dia todo. Sentou-se de-
baixo de um pé de giesta e orou, pedindo para morrer. "Já
basta, SENHOR", disse ele. "Tira minha vida, pois não sou me-
lhor que meus antepassados que já morreram."
5Então ele se deitou debaixo do pé de giesta e dormiu. En-
quanto dormia, um anjo o tocou e disse: "Levante-se e
coma!". 6Elias olhou em redor e viu, perto de sua cabeça,
um pão assado sobre pedras quentes e um jarro de água. Ele
comeu, bebeu e se deitou novamente.
7O anjo do SENHOR voltou, tocou-o mais uma vez e disse: "Le-
vante-se e coma um pouco mais, do contrário não aguentará
a viagem que tem pela frente".
8Elias se levantou, comeu e bebeu, e o alimento lhe deu forças
para uma jornada de quarenta dias e quarenta noites até o
monte Sinai, o monte de Deus. 9Ali encontrou uma caverna
onde passou a noite.

O SENHOR fala com Elias

Então o SENHOR lhe disse: "O que você faz aqui, Elias?".
10Ele respondeu: "Tenho servido com zelo ao SENHOR, o Deus
dos Exércitos. Contudo, os israelitas quebraram a aliança
contigo, derrubaram teus altares e mataram todos os teus
profetas. Sou o único que restou, e agora também procuram
me matar".
11"Saia e ponha-se diante de mim no monte", disse o SENHOR. E,
enquanto Elias estava ali, o SENHOR passou, e um forte vendaval
atingiu o monte. Era tão intenso que as pedras se soltavam do
monte diante do SENHOR, mas o SENHOR não estava no vento.
Depois do vento houve um terremoto, mas o SENHOR não estava
no terremoto. 12Depois do terremoto houve fogo, mas o SENHOR
não estava no fogo. E, depois do fogo, veio um suave sussurro.
13Quando Elias o ouviu, cobriu o rosto com a capa, saiu e ficou
na entrada da caverna. E uma voz disse: "O que você faz aqui,
Elias?".
14Ele respondeu outra vez: "Tenho servido com zelo ao SE-
NHOR, o Deus dos Exércitos. Contudo, os israelitas quebraram
a aliança contigo, derrubaram teus altares e mataram todos
os teus profetas. Sou o único que restou, e agora também
procuram me matar".
15Então o SENHOR lhe disse: "Volte pelo caminho por onde veio
e vá para o deserto de Damasco. Quando chegar lá, unja Ha-
zael para ser rei da Síria. 16Depois, unja também Jeú, neto de
Ninsi, para ser rei de Israel, e unja Eliseu, filho de Safate, da
cidade de Abel-Meolá, para substituir você como meu profeta.
17Quem escapar da espada de Hazael será morto por Jeú, e
quem escapar da espada de Jeú será morto por Eliseu. 18No en-
tanto, preservarei sete mil de Israel que nunca se prostraram
diante de Baal nem o beijaram!".

O chamado de Eliseu

19Elias partiu e encontrou Eliseu, filho de Safate, arando um
campo. Havia doze parelhas de bois no campo, e Eliseu arava
com a última parelha. Elias se aproximou de Eliseu, lançou sua
capa sobre os ombros dele e continuou a caminhar. 20Eliseu
deixou os bois ali, correu atrás de Elias e disse: "Primeiro dei-
xe-me dar um beijo de despedida em meu pai e em minha
mãe; então o seguirei!". Elias respondeu: "Pode voltar, mas
pense no que lhe fiz".
21Eliseu voltou para sua parelha de bois e os matou. Usou a
madeira do arado para fazer fogo e assar a carne. Distribuiu
a carne para o povo da cidade, e todos eles comeram. Então
partiu com Elias, como seu ajudante.

Ben-Hadade ataca Samaria

20Por esse tempo, Ben-Hadade, rei da Síria, mobilizou seu
exército com o apoio de 32 reis aliados e seus carros de
guerra e cavalos. Eles cercaram Samaria e a atacaram. 2Ben-
-Hadade enviou mensageiros à cidade para dizer a Acabe, rei
de Israel: "Assim diz Ben-Hadade: 3'Sua prata e seu ouro são
meus, bem como suas esposas e os melhores de seus filhos'".
4"Está bem, ó meu senhor, o rei", respondeu o rei de Israel.
"Tudo que tenho é seu."
5Pouco depois, os mensageiros voltaram e disseram: "Assim
diz Ben-Hadade: 'Já exigi que entregasse sua prata, seu ouro,
suas esposas e seus filhos. 6Mas amanhã, a esta hora, enviarei

meus oficiais para vasculharem seu palácio e as casas de seus
oficiais e tomarem tudo que considerarem de valor'".
7 Então Acabe convocou todas as autoridades de Israel e lhes
disse: "Vejam como esse homem quer nossa desgraça! Já con-
cordei em lhe entregar minhas esposas, meus filhos, minha
prata e meu ouro!".
8 "Não ceda a nenhuma outra exigência!", aconselharam as
autoridades e o povo.
9 Portanto, Acabe respondeu aos mensageiros de Ben-Hadade:
"Digam ao meu senhor, o rei: 'Eu lhe darei tudo que pediu da
primeira vez, mas não posso aceitar sua última exigência'".
Os mensageiros voltaram a Ben-Hadade com essa resposta.
10 Então Ben-Hadade enviou a seguinte mensagem a Acabe:
"Que os deuses me castiguem severamente se restar pó sufi-
ciente de Samaria para dar um punhado a cada um de meus
soldados!".
11 O rei de Israel respondeu: "O guerreiro que se arma com sua
espada para lutar não deve se vangloriar como o guerreiro
que já venceu".
12 A resposta de Acabe chegou a Ben-Hadade e aos outros reis
quando bebiam em suas tendas. "Preparem-se para atacar!",
ordenou Ben-Hadade a seus oficiais. E eles se prepararam para
atacar a cidade.

A vitória de Acabe sobre Ben-Hadade

13 Enquanto isso, um profeta foi a Acabe, rei de Israel, e lhe
disse: "Assim diz o SENHOR: 'Está vendo esse enorme exército
inimigo? Hoje eu o entregarei em suas mãos. Com isso, você
saberá que eu sou o SENHOR'".
14 Acabe perguntou: "Por meio de quem ele fará isso acon-
tecer?". O profeta respondeu: "Assim diz o SENHOR: 'Os sol-
dados dos comandantes das províncias o farão'". "Devemos
atacar primeiro?", perguntou Acabe. "Sim", respondeu o
profeta.
15 Então Acabe convocou os 232 soldados dos comandantes
das províncias. Em seguida, reuniu o restante do exército de
Israel, cerca de sete mil homens. 16 Por volta do meio-dia,
quando Ben-Hadade e os 32 reis aliados ainda estavam em
suas tendas, bebendo até ficarem bêbados, 17 o primeiro
contingente, formado pelos soldados dos comandantes das
províncias, saiu da cidade. Quando eles se aproximavam, os
espiões de Ben-Hadade o avisaram: "Há alguns soldados vindo
de Samaria".
18 Ele ordenou: "Quer tenham vindo em paz, quer para guer-
rear, tragam esses soldados com vida!".
19 Os soldados dos comandantes das províncias de Acabe e todo
o exército haviam saído para lutar. 20 Cada soldado israelita
matou seu adversário sírio e, de repente, todo o exército sírio
fugiu. Os israelitas os perseguiram, mas o rei Ben-Hadade e al-
guns dos cavaleiros fugiram a cavalo. 21 O rei de Israel destruiu
os outros cavalos e carros de guerra e massacrou os sírios.
22 Depois disso, o profeta disse ao rei Acabe: "Prepare-se para
outro ataque. Comece a planejar desde já, pois o rei da Síria
voltará na virada do ano".

O segundo ataque de Ben-Hadade

23 Depois da derrota, os oficiais de Ben-Hadade lhe disseram:
"Os deuses israelitas são deuses dos montes; por isso ven-
ceram. Mas podemos derrotá-los com facilidade nas planícies.
24 Desta vez, porém, substitua os reis por outros comandantes.
25 Reúna outro exército como o que o senhor perdeu. Dê-nos
o mesmo número de cavalos e carros de guerra, e lutaremos
contra os israelitas nas planícies. Certamente os derrota-
remos!". O rei Ben-Hadade fez conforme aconselharam.
26 Na virada do ano, convocou o exército sírio e marchou no-
vamente contra Israel, dessa vez em Afeque. 27 Israel reuniu
seu exército, organizou linhas de abastecimento e saiu para
lutar. Mas, em comparação com o enorme exército sírio que
cobria todo o campo, os israelitas pareciam dois pequenos
rebanhos de cabras.
28 O homem de Deus foi ao rei de Israel e lhe disse: "Assim diz o
SENHOR: 'Os sírios pensam que o SENHOR é um deus dos montes,
e não das planícies. Por isso, entregarei todo o enorme exér-
cito sírio em suas mãos. Então vocês saberão que eu sou o
SENHOR'".
29 Os dois exércitos acamparam um de frente para o outro du-
rante sete dias e, no sétimo dia, a batalha começou. Os israe-
litas mataram cem mil soldados de infantaria dos sírios em um
só dia. 30 O restante fugiu para a cidade de Afeque, mas o muro
caiu sobre eles e matou mais 27 mil. Ben-Hadade fugiu para a
cidade e se escondeu num quarto secreto.
31 Os oficiais de Ben-Hadade lhe disseram: "Senhor, ouvimos
que os reis de Israel são misericordiosos. Vamos nos humilhar,
usar panos de saco na cintura e cordas na cabeça e nos render
ao rei de Israel. Talvez ele deixe o senhor viver".
32 Então vestiram panos de saco e cordas, foram ao rei de Israel
e suplicaram: "Seu servo Ben-Hadade diz: 'Peço que me deixe
viver!'". O rei de Israel respondeu: "Ele ainda está vivo? Ele é
meu irmão!".
33 Os homens interpretaram isso como um bom sinal e, apro-
veitando essas palavras, responderam: "Sim, seu irmão Ben-
-Hadade!". "Vão buscá-lo", disse o rei de Israel. E, quando
Ben-Hadade chegou, Acabe o convidou para subir em sua
carruagem.
34 Ben-Hadade lhe disse: "Devolverei as cidades que meu pai
tomou de seu pai, e você poderá estabelecer centros de co-
mércio em Damasco, como meu pai fez em Samaria". Acabe
disse: "Sob essas condições, eu o libertarei". Então os dois
fizeram um acordo, e Ben-Hadade foi liberto.

Um profeta condena Acabe

35 Enquanto isso, o SENHOR instruiu um dos membros de um
grupo de profetas a dizer a outro: "Dê um soco em mim!",
mas o homem se recusou a fazê-lo. 36 Então o profeta lhe disse:
"Como você não obedeceu à voz do SENHOR, um leão o matará
assim que você sair daqui". E, quando ele partiu, um leão o
atacou e o matou.
37 Em seguida, o profeta se dirigiu a outro homem e disse: "Dê
um soco em mim!". O homem deu um soco no profeta e o feriu.

38O profeta colocou uma faixa de pano sobre os olhos para se
disfarçar e esperou pelo rei junto à estrada. 39Quando o rei ia
passando, o profeta gritou: "Eu, seu servo, estava no meio
da batalha acirrada quando, de repente, alguém me trouxe
um prisioneiro e disse: 'Vigie este homem. Se ele escapar,
você morrerá ou pagará uma multa de 35 quilos de prata!'.
40Contudo, enquanto eu estava ocupado fazendo outra coisa,
o prisioneiro desapareceu". "A culpa é sua", respondeu o rei.
"Você mesmo pronunciou sua condenação."
41Então, sem demora, o profeta tirou a faixa dos olhos, e o
rei de Israel reconheceu que era um dos profetas. 42O profeta
lhe disse: "Assim diz o Senhor: 'Uma vez que você poupou o
homem que eu havia ordenado que fosse destruído, você deve
morrer em lugar dele, e seu povo, em lugar do povo dele'".
43O rei de Israel foi para casa, em Samaria, indignado e abor-
recido.

A videira de Nabote

21 Naquela época, um homem chamado Nabote, de Je-
zreel, possuía um vinhedo que ficava ao lado do palácio
de Acabe, rei de Samaria. 2Certo dia, Acabe disse a Nabote:
"Como sua videira fica tão próxima do meu palácio, quero
comprá-la para fazer uma horta. Em troca, darei a você uma
videira melhor, ou, se preferir, pagarei o valor em dinheiro".
3Nabote, porém, respondeu: "O Senhor me livre de lhe en-
tregar a herança que recebi de meus antepassados!".
4Então Acabe foi para casa indignado e aborrecido por causa
da resposta de Nabote. O rei foi deitar-se, virou o rosto e não
quis comer.
5"Qual é o problema?", perguntou sua esposa Jezabel. "Por
que você está tão aborrecido que nem quer comer?"
6Acabe respondeu: "Pedi a Nabote, de Jezreel, que me ven-
desse sua videira ou que a trocasse por outra, mas ele não
quis".
7"Afinal, você é o rei de Israel ou não é?", disse Jezabel. "Le-
vante-se e coma alguma coisa, e não se preocupe com isso.
Conseguirei para você a videira de Nabote."
8Então ela escreveu cartas em nome de Acabe, selou-as com
o selo do rei e as enviou para as autoridades e outros líderes
da cidade onde Nabote morava. 9Nas cartas, ela ordenava:
"Reúnam os habitantes da cidade para jejuar e coloquem Na-
bote num lugar onde todos possam vê-lo. 10Mandem sentar-se
em frente dele dois homens de mau caráter que o acusem
de amaldiçoar a Deus e o rei. Depois, levem-no para fora e
matem-no por apedrejamento".
11As autoridades e os outros líderes da cidade seguiram as ins-
truções dadas por Jezabel em suas cartas. 12Convocaram os
habitantes da cidade para um jejum e colocaram Nabote num
lugar onde todos podiam vê-lo. 13Então dois homens de mau
caráter vieram, sentaram-se de frente para ele e o acusaram
diante de todo o povo, dizendo: "Ele amaldiçoou a Deus e o
rei!". Em seguida, foi arrastado para fora da cidade e morto
por apedrejamento. 14Os líderes da cidade mandaram avisar
Jezabel: "Nabote foi apedrejado e está morto".
15Quando Jezabel ouviu a notícia, disse a Acabe: "Lembra-se
da videira que Nabote se recusou a vender? Agora você pode
ficar com ela. Nabote está morto". 16Acabe desceu de imediato
à videira de Nabote para tomar posse dela.
17Contudo, o Senhor disse a Elias, de Tisbe: 18"Vá encontrar-se
com Acabe, rei de Israel, que governa em Samaria. Ele estará
na videira de Nabote, para tomar posse dela. 19Transmita-lhe
esta mensagem: 'Assim diz o Senhor: Não foi suficiente para
você matar Nabote? Era preciso que também roubasse a pro-
priedade dele? Por causa do que você fez, os cães lamberão
seu sangue no mesmo lugar onde lamberam o sangue de Na-
bote'".
20"Quer dizer que você me encontrou, meu inimigo!", disse
Acabe a Elias. "Sim", respondeu Elias. "Vim porque você se
vendeu para fazer o que é mau aos olhos do Senhor. 21Agora
o Senhor diz: 'Trarei desgraça sobre você e o exterminarei, e
destruirei todos os seus descendentes do sexo masculino em
Israel, tanto escravos como livres. 22Acabarei com sua família
como fiz com a família de Jeroboão, filho de Nebate, e com a
família de Baasa, filho de Aías, pois você provocou minha ira
e levou Israel a pecar'.
23"E quanto a Jezabel, o Senhor diz: 'Cães devorarão o corpo
de Jezabel no campo em Jezreel'.
24"Os membros da família de Acabe que morrerem na cidade
serão comidos pelos cães, e os que morrerem no campo serão
comidos pelos abutres."
25Não houve ninguém que tenha se vendido tão comple-
tamente para fazer o que é mau aos olhos do Senhor como
Acabe, influenciado por sua esposa Jezabel. 26Sua prática mais
repugnante foi adorar ídolos como haviam feito os amorreus,
povo que o Senhor tinha expulsado de diante dos israelitas.
27Quando Acabe ouviu essa mensagem, rasgou suas roupas,
vestiu-se de pano de saco e jejuou. Passou a dormir em cima
de panos de saco e a andar cabisbaixo.
28Então Elias, de Tisbe, recebeu outra mensagem do Senhor:
29"Vê como Acabe se humilhou diante de mim? Por isso, não
trarei calamidade durante sua vida. Farei cair a calamidade
sobre os filhos dele; destruirei sua dinastia".

Josafá e Acabe

22 Durante três anos, não houve guerra entre a Síria e Is-
rael. 2No terceiro ano, porém, Josafá, rei de Judá, foi
visitar o rei de Israel. 3Durante a visita, o rei de Israel disse
a seus oficiais: "Não sabem que a cidade de Ramote-Gileade
nos pertence? E, no entanto, não fizemos coisa alguma para
retomá-la do rei da Síria!".
4Então se voltou para Josafá e perguntou: "Você se juntará a
mim na batalha para reconquistar Ramote-Gileade?". Josafá
respondeu ao rei de Israel: "Claro que sim! Você e eu somos
como um só. Meus soldados são seus soldados, e meus cavalos
são seus cavalos". 5E acrescentou: "Antes, porém, consulte
o Senhor".
6Então o rei de Israel convocou os profetas, cerca de quatro-
centos no total, e lhes perguntou: "Devo ir à guerra contra

Ramote-Gileade ou não?". Todos eles responderam: "Sim,
deve! O Senhor entregará o inimigo nas mãos do rei".
7Josafá, porém, perguntou: "Acaso não há aqui um profeta do
SENHOR? Devemos consultá-lo também".
8O rei de Israel respondeu a Josafá: "Há mais um homem que
pode consultar o SENHOR para nós, mas eu o odeio, pois nunca
profetiza nada de bom a meu respeito, só coisas ruins! Cha-
ma-se Micaías, filho de Inlá". "O rei não devia falar assim",
respondeu Josafá.
9Então o rei de Israel chamou um de seus oficiais e disse:
"Traga Micaías, filho de Inlá. Rápido!".

Micaías profetiza contra Acabe

10Vestidos com seus trajes reais, o rei de Israel e Josafá, rei de
Judá, estavam sentados cada um em seu trono na eira, junto
à porta de Samaria. Todos os profetas estavam profetizando
diante deles. 11Um dos profetas, Zedequias, filho de Quenaaná,
fez chifres de ferro e declarou: "Assim diz o SENHOR: 'Com estes
chifres o rei ferirá os sírios até a morte!'".
12Todos os outros profetas concordaram, dizendo: "Sim, suba
a Ramote-Gileade e seja vitorioso, pois o SENHOR a entregará
nas mãos do rei!".
13Enquanto isso, o mensageiro que foi buscar Micaías lhe disse:
"Veja, todos os profetas prometem vitória para o rei. Concorde
com eles e também prometa sucesso".
14Micaías, porém, respondeu: "Tão certo como vive o SENHOR,
direi apenas o que o SENHOR ordenar".
15Quando Micaías chegou, o rei lhe perguntou: "Micaías, de-
vemos ir à guerra contra Ramote-Gileade ou não?". Micaías
respondeu: "Sim, suba e será vitorioso, pois o SENHOR a entre-
gará nas mãos do rei!".
16Mas o rei disse: "Quantas vezes preciso exigir que diga so-
mente a verdade quando falar em nome do SENHOR?".
17Então Micaías respondeu: "Vi todo o Israel espalhado pelos
montes, como ovelhas sem pastor. E o SENHOR disse: 'Seu líder
foi morto. Mande-os para casa em paz'".
18O rei de Israel disse a Josafá: "Não falei? Ele nunca profetiza
nada de bom a meu respeito, mas somente coisas ruins".
19Micaías prosseguiu: "Ouça o que o SENHOR diz! Vi o SENHOR
sentado em seu trono, com todo o exército do céu ao redor, à
sua direita e à sua esquerda. 20E o SENHOR perguntou: 'Quem
enganará Acabe para que vá à guerra contra Ramote-Gileade e
seja morto ali?'. "Houve muitas sugestões, 21até que, por fim,
um espírito se aproximou do SENHOR e disse: 'Eu o enganarei!'.
22"'De que maneira?', perguntou o SENHOR. "E o espírito res-
pondeu: 'Sairei e porei um espírito mentiroso na boca de todos os
seus profetas'. "O SENHOR disse: 'Você conseguirá enganá-lo!'.
23"Como vê, o SENHOR pôs um espírito mentiroso na boca de
todos os seus profetas, pois o SENHOR decretou sua desgraça".
24Então Zedequias, filho de Quenaaná, se aproximou de Mi-
caías e lhe deu uma bofetada. "Como foi que o Espírito do
SENHOR me deixou para falar com você?", perguntou ele.
25Micaías respondeu: "Você descobrirá em breve, quando
tentar se esconder em algum quarto secreto!".
26Então o rei de Israel ordenou: "Prendam Micaías e levem-no de
volta a Amom, governador da cidade, e a meu filho Joás, 27com
a seguinte ordem: 'Ponham este homem na prisão e deem-lhe
apenas pão e água até que eu volte da batalha em segurança!'".
28Micaías, porém, respondeu: "Se voltar em segurança,
significará que o SENHOR não falou por meu intermédio!". E
acrescentou aos que estavam ao redor: "Todos vocês, prestem
atenção às minhas palavras!".

A morte de Acabe

29Então o rei de Israel e Josafá, rei de Judá, levaram seus
exércitos para atacar Ramote-Gileade. 30O rei de Israel disse
a Josafá: "Quando entrarmos no combate, usarei um disfarce
para que ninguém me reconheça, mas você vestirá seus trajes
reais". O rei de Israel se disfarçou, e os dois foram à batalha.
31Enquanto isso, o rei da Síria tinha dado as seguintes ordens
aos 32 comandantes dos carros de guerra: "Ataquem somente
o rei de Israel. Não lutem contra ninguém mais!". 32Quando os
comandantes dos carros de guerra sírios viram Josafá em seus
trajes reais, foram atrás dele. "É o rei de Israel!", disseram. Con-
tudo, quando Josafá gritou, 33os comandantes dos carros per-
ceberam que não era o rei de Israel e pararam de persegui-lo.
34Então um soldado sírio disparou uma flecha ao acaso e
acertou o rei de Israel entre as juntas de sua armadura. "Dê a
volta e tire-me daqui!", exclamou Acabe para o condutor de
seu carro. "Estou gravemente ferido!"
35A batalha, cada vez mais violenta, prosseguiu durante todo
o dia, e o rei permaneceu em pé, apoiado em seu carro, de
frente para os sírios. O sangue de seu ferimento escorria para
o piso do carro e, ao entardecer, ele morreu. 36Quando o sol se
punha, um clamor se espalhou entre seus soldados: "Estamos
perdidos! Voltem para suas casas!".
37Assim, o rei morreu, e seu corpo foi levado para Samaria e
sepultado ali. 38Seu carro de guerra foi lavado junto ao tanque
de Samaria, e os cães vieram e lamberam seu sangue no lugar
onde as prostitutas se banhavam, exatamente como o SE-
NHOR havia prometido.
39Os demais acontecimentos do reinado de Acabe, e tudo que
ele fez, incluindo o palácio de marfim e as cidades que cons-
truiu, estão escritos no *Livro da História dos Reis de Israel*.
40Acabe morreu e se reuniu a seus antepassados, e seu filho
Acazias foi seu sucessor.

O reinado de Josafá em Judá

41Josafá, filho de Asa, começou a reinar em Judá no quarto
ano do reinado de Acabe, rei de Israel. 42Josafá tinha 35 anos
quando começou a reinar e reinou em Jerusalém por 25 anos.
Sua mãe se chamava Azuba e era filha de Sili.
43Josafá foi um bom rei, que seguiu o exemplo de seu pai,
Asa, e fez o que era certo aos olhos do SENHOR. Contudo, não
removeu todos os santuários idólatras, e o povo continuou a
oferecer sacrifícios e queimar incenso neles. 44Josafá manteve
paz com o rei de Israel.
45Os demais acontecimentos do reinado de Josafá, a extensão
de seu poder e suas guerras estão registrados no *Livro da His-*

tória dos Reis de Judá. 46Ele expulsou da terra os prostitutos
cultuais dos santuários idólatras que restaram do tempo de
seu pai, Asa.
47(Naquela época, não havia rei em Edom, mas apenas um
governador.)
48Josafá construiu uma frota de navios mercantes para buscar
ouro em Ofir. As embarcações, porém, nunca chegaram a na-
vegar, pois naufragaram no porto de Eziom-Geber. 49Certa vez,
Acazias, filho de Acabe, propôs a Josafá: "Deixe que meus
homens naveguem com os seus", mas Josafá não aceitou a
proposta.
50Quando Josafá morreu, foi sepultado com seus antepassados
na Cidade de Davi. Seu filho Jeorão foi seu sucessor.

O reinado de Acazias em Israel

51Acazias, filho de Acabe, começou a reinar em Israel no dé-
cimo sétimo ano do reinado de Josafá em Judá. Reinou em
Samaria por dois anos. 52Contudo, fez o que era mau aos olhos
do SENHOR, pois seguiu o exemplo de seu pai e sua mãe e
o exemplo de Jeroboão, filho de Nebate, que levou Israel a
pecar. 53Serviu a Baal e o adorou, provocando a ira do SENHOR,
Deus de Israel, como seu pai havia feito.

2REIS

Elias confronta o rei Acazias

1 Depois da morte do rei Acabe, a terra de Moabe se rebelou
contra Israel.
2Certo dia, Acazias caiu pela grade de um cômodo no terraço
de seu palácio em Samaria e ficou gravemente ferido. Ele en-
viou mensageiros ao templo de Baal-Zebube, deus de Ecrom,
para saber se iria se recuperar.
3O anjo do SENHOR, porém, disse a Elias, de Tisbe: "Vá ao en-
contro dos mensageiros do rei de Samaria e diga-lhes: 'Acaso
não há Deus em Israel? Por que vão consultar Baal-Zebube,
o deus de Ecrom? 4Por isso, assim diz o SENHOR: Você nunca
mais se levantará da cama onde está; certamente morrerá!'".
Então Elias partiu.
5Quando os mensageiros voltaram ao rei, ele lhes perguntou:
"Por que voltaram tão depressa?".
6Eles responderam: "Um homem veio ao nosso encontro e
nos instruiu a voltarmos ao rei e lhe darmos esta mensagem:
'Assim diz o SENHOR: Acaso não há Deus em Israel? Por que
enviou seus homens para consultar Baal-Zebube, o deus de
Ecrom? Por isso, nunca mais se levantará da cama onde está;
certamente morrerá'".
7"Como era o homem que lhes anunciou essa mensagem?",
perguntou o rei.
8Eles responderam: "Vestia roupas feitas de pelos e usava um
cinto de couro". "Era Elias, de Tisbe!", exclamou o rei.
9Em seguida, enviou um capitão de seu exército com cinquenta
soldados para prender Elias. Eles o encontraram sentado no
alto de um monte. O capitão lhe disse: "Homem de Deus, o rei
ordena que você desça conosco".
10Elias respondeu ao capitão: "Se sou homem de Deus, que
desça fogo do céu e destrua você e seus cinquenta soldados!".
Então desceu fogo do céu e matou todos eles.
11O rei enviou outro capitão com cinquenta soldados. O capitão
disse a Elias: "Homem de Deus, o rei ordena que você desça
imediatamente".
12Elias, porém, respondeu: "Se sou homem de Deus, que desça
fogo do céu e destrua você e seus cinquenta soldados!". Nova-
mente desceu fogo do céu e matou todos eles.
13Pela terceira vez, o rei enviou um capitão com cinquenta
soldados. Esse capitão, porém, subiu o monte todo, ajoe-
lhou-se diante de Elias e implorou: "Ó homem de Deus, por
favor, poupe minha vida e a vida destes seus cinquenta servos.
14Sabemos que desceu fogo do céu e destruiu os outros dois
capitães e seus grupos de soldados. Mas, agora, peço que
poupe minha vida!".
15Então o anjo do SENHOR disse a Elias: "Desça com ele e não
tenha medo". Assim, Elias se levantou, desceu e foi falar com
o rei.
16Elias disse ao rei: "Assim diz o SENHOR: Por que enviou men-
sageiros para consultar Baal-Zebube, o deus de Ecrom? Acaso
não há Deus em Israel? Por isso, você nunca mais se levantará
da cama onde está; certamente morrerá".
17Então Acazias morreu, conforme o SENHOR havia anunciado
por meio de Elias. Acazias não tinha nenhum filho para reinar
em seu lugar, de modo que seu irmão Jorão foi seu sucessor.
Isso aconteceu no segundo ano do reinado de Jeorão, filho de
Josafá, rei de Judá.
18Os demais acontecimentos do reinado de Acazias e tudo que
ele fez estão registrados no *Livro da História dos Reis de Israel*.

Elias é levado ao céu

2 Quando o SENHOR estava para levar Elias ao céu num re-
demoinho, Elias e Eliseu partiram de Gilgal. 2No caminho,
Elias disse a Eliseu: "Fique aqui, pois o SENHOR me mandou ir
a Betel". Eliseu, porém, respondeu: "Tão certo como vive o
SENHOR, e tão certo como a sua própria vida, não o deixarei!".
E desceram juntos a Betel.
3O grupo de profetas de Betel foi ao encontro de Eliseu e lhe
perguntou: "Você sabe que o SENHOR levará seu mestre hoje?".

"Sim, eu sei", respondeu Eliseu. "Mas não falem sobre isso."
4Então Elias disse a Eliseu: "Fique aqui, pois o SENHOR me
mandou ir a Jericó". Mas Eliseu respondeu novamente: "Tão
certo como vive o SENHOR, e tão certo como a sua própria vida,
não o deixarei". E foram juntos a Jericó.
5O grupo de profetas de Jericó foi ao encontro de Eliseu e lhe
perguntou: "Você sabe que o SENHOR levará seu mestre hoje?".
"Sim, eu sei", respondeu Eliseu. "Mas não falem sobre isso."
6Então Elias disse a Eliseu: "Fique aqui, pois o SENHOR me
mandou ir ao rio Jordão". Mais uma vez, porém, Eliseu res-
pondeu: "Tão certo como vive o SENHOR, e tão certo como a sua
própria vida, não o deixarei". E seguiram juntos pelo caminho.
7Cinquenta homens do grupo de profetas também foram e ob-
servaram de longe quando Elias e Eliseu pararam junto ao rio
Jordão. 8Elias dobrou seu manto e bateu com ele nas águas. O
rio se abriu, e os dois atravessaram em terra seca.
9Quando chegaram à outra margem, Elias disse a Eliseu:
"Diga-me, o que posso fazer por você antes de ser levado
embora?". Eliseu respondeu: "Peço-lhe que eu receba uma
porção dobrada do seu espírito e me torne seu sucessor".
10Elias respondeu: "O que você pediu é uma tarefa difícil, mas,
se me vir quando eu for separado de você, receberá o que
pediu; caso contrário, não será atendido".
11De repente, enquanto caminhavam e conversavam, surgiu
uma carruagem de fogo, puxada por cavalos de fogo. Passou
entre os dois e os separou, e Elias foi levado para o céu num
redemoinho. 12Eliseu viu isso e gritou: "Meu pai, meu pai! Você
era como os carros de guerra de Israel e seus cavaleiros!". E,
quando ele sumiu de vista, Eliseu rasgou as roupas ao meio.
13Em seguida, pegou o manto de Elias, que tinha caído, e
voltou à margem do Jordão. 14Bateu nas águas com o manto e
gritou: "Onde está o SENHOR, o Deus de Elias?". Então o rio se
dividiu, e Eliseu o atravessou.
15Quando os membros do grupo de profetas de Jericó viram
o que havia acontecido, exclamaram: "O espírito de Elias re-
pousa sobre Eliseu!". Então foram encontrar-se com Eliseu e se
curvaram com o rosto no chão diante dele. 16Disseram: "Nós,
seus servos, temos cinquenta homens corajosos que podem
procurar seu mestre no deserto. Talvez o Espírito do SENHOR
o tenha deixado em algum monte ou em algum vale". "Não
enviem ninguém", disse Eliseu. 17Mas insistiram tanto que,
por fim, constrangido, ele consentiu: "Está bem, enviem os
homens". Os cinquenta homens procuraram por três dias, mas
não encontraram Elias. 18Eliseu ainda estava em Jericó quando
eles voltaram, e disse: "Não lhes falei que não fossem?".

Os primeiros milagres de Eliseu

19Certo dia, alguns moradores de Jericó disseram a Eliseu:
"Temos um problema, meu senhor. A cidade está situada numa
boa região, como o senhor pode ver. Contudo, a água não é
boa, e a terra é improdutiva".
20Eliseu disse: "Tragam-me uma tigela nova cheia de sal", e
fizeram o que ele pediu. 21Eliseu foi à nascente que abastecia
a cidade com água e jogou ali o sal. Disse ele: "Assim diz o
SENHOR: 'Purifiquei esta água. Ela não causará mais morte nem
tornará a terra improdutiva'". 22E, desde então, a água perma-
nece pura, conforme a palavra de Eliseu.
23Eliseu saiu dali e foi a Betel. Enquanto subia pelo caminho,
um grupo de adolescentes da cidade começou a zombar dele.
"Vá embora, careca! Vá embora, careca!", gritavam. 24Eliseu
se voltou para trás, olhou para eles e os amaldiçoou em nome
do SENHOR. Então duas ursas saíram do bosque e despeda-
çaram 42 adolescentes. 25Dali Eliseu foi para o monte Carmelo
e, por fim, voltou a Samaria.

Guerra entre Israel e Moabe

3 Jorão, filho de Acabe, começou a reinar em Israel no dé-
cimo oitavo ano do reinado de Josafá, rei de Judá. Reinou
em Samaria por doze anos. 2Fez o que era mau aos olhos do
SENHOR, mas não tanto quanto seu pai e sua mãe. Pelo menos
derrubou a coluna sagrada de Baal que seu pai havia levan-
tado. 3Contudo, persistiu nos pecados que Jeroboão, filho de
Nebate, havia cometido e levado o povo de Israel a cometer.
4Messa, rei de Moabe, era criador de ovelhas. Costumava
pagar ao rei de Israel um tributo anual de cem mil cordeiros e
a lã de cem mil carneiros. 5Depois da morte de Acabe, porém,
o rei de Moabe se rebelou contra o rei de Israel. 6Então, sem
demora, o rei Jorão partiu de Samaria e reuniu o exército de
Israel. 7No caminho, enviou esta mensagem a Josafá, rei de
Judá: "O rei de Moabe se rebelou contra mim. Você sairá co-
migo para batalhar contra ele?". Josafá respondeu: "Claro
que sim! Meus soldados são seus soldados, e meus cavalos são
seus cavalos". 8E perguntou: "Que caminho vamos tomar?".
"Vamos atacar pelo deserto de Edom", respondeu o rei de
Israel.
9O rei de Edom e seus soldados se uniram ao rei de Israel e ao
rei de Judá, e os três exércitos seguiram pelo caminho. Depois
que andaram sete dias pelo deserto, já não havia água para os
homens nem para os animais.
10"O que vamos fazer?", exclamou o rei de Israel. "Será que o
SENHOR trouxe os três reis até aqui só para permitir que o rei
de Moabe nos derrote?"
11Então Josafá perguntou: "Não há aqui um profeta do SENHOR?
Se houver, podemos consultar o SENHOR por meio dele". Um
dos oficiais do rei de Israel respondeu: "Eliseu, filho de Safate,
está aqui. Ele era o ajudante de Elias".
12"Sim, o SENHOR fala por meio dele", disse Josafá. Então o
rei de Israel, Josafá, o rei de Judá, e o rei de Edom foram
consultar Eliseu.
13"Por que veio me procurar?", perguntou Eliseu ao rei de Is-
rael. "Vá consultar os profetas idólatras de seu pai e de sua
mãe!" O rei de Israel, porém, disse: "Vim procurá-lo porque
foi o SENHOR que chamou esses três reis só para entregá-los
nas mãos do rei de Moabe!".
14Eliseu respondeu: "Tão certo como vive o SENHOR dos Exér-
citos, a quem sirvo, eu não lhe daria atenção alguma se não
fosse por respeito a Josafá, rei de Judá. 15Agora, tragam-me
alguém que saiba tocar harpa". Enquanto o músico tocava, a

mão do SENHOR veio sobre Eliseu, 16e ele disse: "Assim diz o
SENHOR: 'Este vale seco se encherá de poços de água!'. 17Pois
assim diz o SENHOR: 'Vocês não verão vento nem chuva, mas o
vale se encherá de água. Terão o suficiente para vocês, seus
rebanhos e outros animais'. 18E, como se isso não bastasse, o
SENHOR ainda entregará o exército de Moabe em suas mãos!
19Vocês conquistarão as melhores cidades deles, até mesmo
as fortificadas. Cortarão as árvores frutíferas, taparão todas as
fontes e entulharão com pedras as terras de plantio".
20No dia seguinte, por volta da hora em que se oferecia o sa-
crifício da manhã, começou a aparecer água, descendo desde
Edom, e, em pouco tempo, havia água por toda parte.
21Enquanto isso, o povo de Moabe soube que os três exércitos
marchavam contra eles, e todos os homens com idade sufi-
ciente para lutar foram convocados e se posicionaram ao longo
da fronteira. 22Quando se levantaram na manhã seguinte, o
sol brilhava sobre a água. Para os moabitas, ela parecia ver-
melha como sangue. 23"É sangue!", exclamaram. "Os três
exércitos atacaram uns aos outros e se mataram! Venha, povo
de Moabe, vamos tomar os despojos!"
24Mas, quando os moabitas chegaram ao acampamento de
Israel, o exército israelita se levantou e os atacou até que
deram meia-volta e fugiram. Os israelitas os perseguiram até
Moabe, avançando pelo território e derrotando Moabe defini-
tivamente. 25Arrasaram as cidades, entulharam com pedras
as terras de plantio, taparam as fontes de água e cortaram as
árvores frutíferas. Por fim, só restou Quir-Haresete com suas
muralhas de pedra, mas atiradores com fundas a cercaram e
a atacaram.
26Quando o rei de Moabe percebeu que estava perdendo a
batalha, liderou setecentos homens com espadas, numa tenta-
tiva de romper as linhas inimigas próximas do rei de Edom, mas
fracassou. 27Então o rei de Moabe pegou seu filho mais velho,
que devia sucedê-lo, e o ofereceu como holocausto sobre o
muro da cidade. Por isso, houve grande ira contra Israel, e os
israelitas se retiraram e voltaram para sua terra.

Eliseu ajuda uma viúva pobre

4 Certo dia, a viúva de um dos membros do grupo de profetas
foi pedir ajuda a Eliseu: "Meu marido, que o servia, morreu,
e o senhor sabe como ele temia o SENHOR. Agora, veio um
credor que ameaça levar meus dois filhos como escravos".
2"O que posso fazer para ajudá-la?", perguntou Eliseu. "Di-
ga-me, o que você tem em casa?"
"Não tenho nada, exceto uma vasilha de azeite", respondeu
ela.
3Então Eliseu disse: "Tome emprestadas muitas vasilhas de
seus amigos e vizinhos, quantas conseguir. 4Depois, entre em
casa com seus filhos e feche a porta. Derrame nas vasilhas o
azeite que você tem e separe-as quando estiverem cheias".
5A viúva seguiu as instruções de Eliseu. Seus filhos traziam vasi-
lhas, e ela as enchia. 6Logo, todas estavam cheias até a borda.
"Traga mais uma vasilha", disse ela a um dos filhos. "Aca-
baram as vasilhas!", respondeu ele. E o azeite parou de correr.
7Quando ela contou ao homem de Deus o que havia aconte-
cido, ele lhe disse: "Agora venda o azeite e pague suas dívidas.
Você e seus filhos poderão viver do que sobrar".

Eliseu e a mulher de Suném

8Certo dia, Eliseu foi à cidade de Suném. Uma mulher rica que
morava na cidade o convidou para fazer uma refeição em sua
casa. Depois disso, sempre que ele passava por lá, parava na
casa dela para comer.
9A mulher disse ao marido: "Sem dúvida esse homem que
sempre passa por aqui é um santo homem de Deus. 10Vamos
construir um quartinho para ele no terraço e mobiliá-lo com
uma cama, uma mesa, uma cadeira e uma lâmpada. Assim,
quando ele passar por aqui, terá um lugar para ficar".
11Um dia, Eliseu voltou a Suném e subiu ao quarto para des-
cansar. 12Disse a seu servo, Geazi: "Chame a sunamita".
Quando ela veio, 13Eliseu disse a Geazi: "Diga-lhe: 'Somos
gratos por sua bondade e seu cuidado conosco. O que po-
demos fazer por você? Podemos falar em seu favor ao rei ou
ao comandante do exército?'". "Não", respondeu ela. "Minha
família cuida bem de mim."
14Mais tarde, Eliseu perguntou a Geazi: "O que podemos fazer
por ela?". Geazi respondeu: "Ela não tem filhos, e o marido
é idoso".
15"Chame-a de novo", disse Eliseu. A mulher voltou e, en-
quanto ela estava à porta do quarto, 16Eliseu lhe disse: "Ano
que vem, por esta época, você estará com um filho nos
braços!". "Não, meu senhor!", exclamou ela. "Por favor,
homem de Deus, não me dê falsas esperanças."
17Mas, de fato, a mulher ficou grávida. No ano seguinte, na-
quela mesma época, teve um filho, como Eliseu tinha dito.
18Certo dia, quando o menino estava mais crescido, saiu para
acompanhar o pai, que estava no campo com os ceifeiros. 19De
repente, o menino gritou: "Ai! Que dor de cabeça!". Seu pai
disse a um dos servos: "Leve-o para casa, para a mãe dele".
20O servo levou o menino para casa, e a mãe o segurou no colo.
Mas, por volta do meio-dia, ele morreu. 21Ela o carregou para
cima e o deitou na cama do homem de Deus; fechou a porta e
o deixou ali. 22Então enviou um recado para o marido: "Mande
um dos servos e uma jumenta, para que eu vá depressa falar
com o homem de Deus e volte em seguida".
23"Por que hoje?", perguntou ele. "Não é a festa da lua nova
nem sábado." Ela, porém, respondeu: "Não se preocupe".
24Então ela mandou selar a jumenta e disse ao servo: "Rápido!
Só diminua o passo quando eu mandar". 25E partiu para en-
contrar-se com o homem de Deus no monte Carmelo. Quando
ele a viu a distância, disse a Geazi: "Olhe! Lá vem a sunamita!
26Corra ao seu encontro e pergunte: 'Está tudo bem com a
senhora, com seu marido e com seu filho?'". A mulher res-
pondeu: "Sim, está tudo bem".
27Mas, quando ela chegou ao homem de Deus no monte,
abraçou os pés dele. Geazi quis afastá-la, mas o homem de
Deus disse: "Deixe-a em paz. Ela está profundamente angus-
tiada, mas o SENHOR não me revelou o motivo".

28Então a mulher disse: "Acaso eu lhe pedi um filho, meu se-
nhor? Não lhe disse que não me desse falsas esperanças?".
29Eliseu disse a Geazi: "Prepare-se para viajar; pegue meu
cajado e vá! Não cumprimente ninguém pelo caminho. Quando
chegar, coloque o cajado sobre o rosto do menino".
30Mas a mãe do menino disse: "Tão certo como vive o SENHOR,
e tão certo como a sua própria vida, não voltarei para casa se o
senhor não for comigo". Então Eliseu voltou com ela.
31Geazi foi à frente e pôs o cajado sobre o rosto do menino,
mas não aconteceu nada. Não havia sinal de vida. Geazi voltou
para encontrar-se com Eliseu e lhe disse: "O menino ainda
não despertou".
32De fato, quando Eliseu chegou, o menino estava morto, dei-
tado em sua cama. 33Eliseu entrou sozinho no quarto, fechou
a porta e orou ao SENHOR. 34Depois, deitou-se sobre o corpo
do menino e colocou sua boca sobre a dele, seus olhos sobre
os dele e suas mãos sobre as dele. E, enquanto se estendia
sobre ele, o corpo do menino começou a se aquecer. 35Eliseu
se levantou, andou de um lado para o outro no quarto e, em
seguida, se estendeu novamente sobre ele. Dessa vez, o me-
nino espirrou sete vezes e abriu os olhos.
36Eliseu chamou Geazi e lhe disse: "Chame a sunamita!".
Quando ela entrou, Eliseu disse: "Aqui está seu filho". 37Ela
caiu aos pés do profeta e se curvou diante dele. Então pegou
o filho e saiu.

Milagres durante o período de fome

38Eliseu voltou a Gilgal, onde havia fome na terra. Certo dia,
quando o grupo de profetas estava sentado diante dele, or-
denou a seu servo: "Ponha no fogo uma panela grande e faça
um ensopado para o resto do grupo".
39Um dos profetas foi ao campo apanhar ervas. Encontrou uma
trepadeira do campo e voltou trazendo frutos silvestres em sua
capa. Cortou os frutos em pedaços e os colocou na panela,
sem saber exatamente o que eram. 40O ensopado foi servido
aos homens, mas, assim que provaram alguns bocados, gri-
taram: "Homem de Deus, há veneno neste ensopado!". E não
puderam comê-lo.
41Eliseu disse: "Tragam-me um pouco de farinha". Jogou a fa-
rinha na panela e disse: "Agora podem comer". E o ensopado
não lhes fez mal.
42Outro dia, um homem de Baal-Salisa trouxe comida para o
homem de Deus, vinte pães de cevada feitos dos primeiros
grãos da colheita e também grãos frescos. Eliseu disse: "Dis-
tribua entre o povo para que comam".
43"Como vamos alimentar cem pessoas só com isso?", per-
guntou seu servo. Mas Eliseu repetiu: "Distribua entre o povo
para que comam, pois assim diz o SENHOR: 'Todos comerão e
ainda sobrará!'". 44E, quando distribuíram o alimento, houve
suficiente para todos e ainda sobrou, como o SENHOR tinha dito.

A cura de Naamã

5 O rei da Síria tinha grande respeito por Naamã, comandante
do seu exército, pois, por meio dele, o SENHOR tinha dado
grandes vitórias à Síria. Mas, embora Naamã fosse um guer-
reiro valente, sofria de lepra.
2Naquela época, saqueadores sírios tinham invadido o terri-
tório de Israel, e entre os cativos havia uma menina que se
tornou serva da esposa de Naamã. 3Certo dia, a menina disse
à sua senhora: "Como seria bom se meu senhor fosse ver o
profeta em Samaria! Ele o curaria da lepra!".
4Naamã contou ao rei o que a menina israelita tinha dito.
5Então o rei da Síria lhe respondeu: "Vá visitar o profeta. Eu
lhe darei uma carta de apresentação ao rei de Israel". Naamã
partiu levando 350 quilos de prata, 72 quilos de ouro e dez
roupas de festa. 6A carta para o rei de Israel dizia: "Com esta
carta apresento meu servo Naamã. Quero que o rei o cure
da lepra".
7Quando o rei de Israel leu a carta, rasgou as roupas e disse:
"Acaso sou Deus, capaz de dar ou de tirar a vida? Por que esse
homem me pede que cure um leproso? Como vocês podem ver,
ele procura um pretexto para nos atacar!".
8Mas, quando Eliseu, o homem de Deus, soube que o rei de
Israel havia rasgado as roupas, mandou-lhe esta mensagem:
"Por que o rei ficou tão aflito? Envie Naamã a mim, e ele saberá
que há um profeta verdadeiro em Israel".
9Então Naamã foi com seus cavalos e carruagens e parou à
porta da casa de Eliseu. 10Ele mandou um mensageiro dizer a
Naamã: "Vá e lave-se sete vezes no rio Jordão. Sua pele será
restaurada, e você ficará curado da lepra".
11Naamã ficou indignado e disse: "Imaginei que ele sairia para
me receber! Esperava que movesse as mãos sobre a lepra, in-
vocasse o nome do SENHOR, seu Deus, e me curasse! 12Não são
os rios Abana e Farfar, em Damasco, melhores que qualquer rio
de Israel? Será que eu não poderia me lavar em um deles e ser
curado?". Naamã deu meia-volta e partiu furioso.
13Mas seus oficiais tentaram convencê-lo, dizendo: "Meu se-
nhor, se o profeta lhe tivesse pedido para fazer algo muito
difícil, o senhor não teria feito? Por certo o senhor deve obe-
decer à instrução dele, pois disse apenas: 'Vá, lave-se e será
curado'". 14Assim, Naamã desceu ao Jordão e mergulhou sete
vezes, conforme a instrução do homem de Deus. Sua pele ficou
saudável como a de uma criança, e ele foi curado.
15Então Naamã e toda a sua comitiva voltaram para onde mo-
rava o homem de Deus. Ao chegar diante dele, Naamã disse:
"Agora sei que no mundo inteiro não há Deus, senão em Israel.
Por favor, aceite um presente de seu servo".
16Eliseu, porém, respondeu: "Tão certo como vive o SENHOR,
a quem sirvo, não aceitarei presente algum". Embora Naamã
insistisse, Eliseu recusou.
17Então Naamã disse: "Está bem, mas peço que permita que
este seu servo leve para casa duas mulas carregadas com a
terra deste lugar. De agora em diante, nunca mais oferecerei
holocaustos ou sacrifícios a qualquer outro deus, senão ao
SENHOR. 18Mas que o SENHOR me perdoe por uma coisa: quando
meu senhor, o rei, for ao templo do deus Rimom para adorar
ali e se apoiar em meu braço, que o SENHOR me perdoe quando
eu também me curvar".
19"Vá em paz", disse Eliseu. Então Naamã partiu para casa.

A ganância de Geazi

20 Mas Geazi, servo de Eliseu, o homem de Deus, pensou: "Meu
senhor não deveria ter deixado esse sírio, Naamã, partir sem
aceitar os presentes. Tão certo como vive o SENHOR, vou correr
atrás dele para ver se consigo alguma coisa". 21 E Geazi correu
atrás de Naamã. Quando Naamã viu que Geazi corria atrás
dele, desceu de sua carruagem e foi ao encontro dele. "Está
tudo bem?", perguntou Naamã.
22 "Sim, está tudo bem", respondeu Geazi. "Meu senhor me
enviou para dizer que acabaram de chegar dois jovens profetas
da região montanhosa de Efraim. Meu senhor pediu 35 quilos
de prata e duas roupas de festa para eles."
23 "Claro, leve setenta quilos de prata", insistiu Naamã. Ele lhe
deu duas roupas de festa, colocou a prata em duas sacolas e
enviou dois servos para carregarem os presentes para Geazi.
24 Ao chegarem à colina, Geazi pegou as sacolas, enviou os
servos de volta e escondeu os presentes dentro de casa.
25 Quando entrou para ver seu senhor, Eliseu, este lhe per-
guntou: "Onde você esteve, Geazi?". "Não estive em lugar
algum", respondeu Geazi.
26 Mas Eliseu lhe disse: "Você não percebe que eu estava pre-
sente em espírito quando Naamã desceu da carruagem para
encontrar-se com você? Esta definitivamente não era ocasião
de receber dinheiro e roupas, oliveiras e videiras, ovelhas,
gado e servos. 27 Por isso, você e seus descendentes sofrerão
da lepra de Naamã para sempre". Quando Geazi saiu dali, seu
corpo estava coberto de lepra; sua pele estava branca como
a neve.

O ferro do machado

6 Certo dia, os membros do grupo de profetas disseram a
Eliseu: "Como vê, este lugar onde nos reunimos é pequeno
demais. 2 Vamos descer ao rio Jordão, onde há muitos troncos,
e construir ali um lugar para nos reunirmos". "Está bem", disse
Eliseu. "Podem ir."
3 "Venha conosco", sugeriu um deles. "Eu irei", disse ele. 4 E foi
com eles. Quando chegaram ao Jordão, começaram a derrubar
árvores. 5 Enquanto um deles cortava um tronco, a parte de
ferro do machado caiu no rio. "Ai, meu senhor!", gritou. "O
machado era emprestado!"
6 "Onde caiu?", perguntou o homem de Deus. Quando mos-
traram o lugar para Eliseu, ele cortou um galho e o jogou na
água, e fez o ferro do machado flutuar. 7 "Pegue-o", disse
Eliseu. E o homem estendeu a mão e o pegou.

Eliseu frustra o exército da Síria

8 Quando o rei da Síria estava em guerra contra Israel, con-
sultava seus oficiais e dizia: "Posicionaremos nossas tropas
em tal lugar".
9 De imediato, o homem de Deus advertia o rei de Israel: "Não
se aproxime de tal lugar, pois os sírios planejam posicionar
suas tropas ali". 10 E o rei de Israel mandava um aviso para o
lugar indicado pelo homem de Deus. Várias vezes ele advertiu
o rei de que ficasse alerta naqueles lugares.
11 Furioso com essa situação, o rei sírio reuniu seus oficiais e
perguntou: "Qual de vocês anda informando o rei de Israel
sobre meus planos?".
12 "Ó meu senhor, o rei, não somos nós", respondeu um dos
oficiais. "Eliseu, o profeta de Israel, revela ao rei de Israel até
as palavras que o senhor diz em seus aposentos!"
13 O rei ordenou: "Vão e descubram onde ele está, para que eu
mande capturá-lo!" Então lhe informaram: "Eliseu está em
Dotã". 14 Assim, certa noite, o rei da Síria mandou um grande
exército com muitos carros de guerra e cavalos para cercar
a cidade.
15 Na manhã seguinte, o servo do homem de Deus se levantou
bem cedo. Ao sair, viu que havia soldados, cavalos e carros
de guerra por toda parte. "Ai, meu senhor, o que faremos
agora?", exclamou o servo.
16 "Não tenha medo!", disse Eliseu. "Pois do nosso lado há
muitos mais que do lado deles!" 17 Então Eliseu orou: "Ó SE-
NHOR, abre os olhos dele, para que veja". O SENHOR abriu os
olhos do servo, e ele viu as colinas ao redor de Eliseu cheias de
cavalos e carruagens de fogo.
18 Quando os sírios avançaram na direção de Eliseu, ele orou:
"Ó SENHOR, faze que fiquem cegos". E o SENHOR fez que fi-
cassem cegos, conforme Eliseu havia pedido.
19 Então Eliseu saiu e lhes disse: "Vocês tomaram o caminho er-
rado! Esta não é a cidade certa! Sigam-me, e eu os levarei até o
homem que procuram". Então ele os guiou à cidade de Samaria.
20 Assim que entraram em Samaria, Eliseu orou: "Ó SENHOR,
agora abre os olhos deles, para que vejam". O SENHOR abriu os
olhos deles, e descobriram que estavam no meio de Samaria.
21 Quando o rei de Israel os viu, perguntou a Eliseu: "Devo ma-
tá-los, meu senhor? Devo matá-los?".
22 "Claro que não!", respondeu Eliseu. "Eles não são prisio-
neiros que você capturou na batalha. Dê-lhes comida e bebida
e mande-os de volta para casa, para o senhor deles."
23 Então o rei lhes ofereceu um grande banquete e os mandou
de volta para casa, para o senhor deles. Depois disso, os inva-
sores sírios não invadiram mais a terra de Israel.

Ben-Hadade cerca Samaria

24 Algum tempo depois, porém, Ben-Hadade, rei da Síria, reuniu
todo o seu exército e cercou Samaria. 25 Como resultado, houve
grande fome na cidade. O cerco durou tanto tempo que uma
cabeça de jumento era vendida por 960 gramas de prata, e um
terço de litro de esterco de pombo, por 60 gramas de prata.
26 Um dia, quando o rei de Israel caminhava pelos muros da
cidade, uma mulher gritou para ele: "Ó meu senhor, o rei! Por
favor, ajude-me!".
27 Ele respondeu: "Se o SENHOR não a ajudar, o que poderei
fazer? Não tenho alimento na eira, nem vinho na prensa de
uvas". 28 Mas depois o rei perguntou: "Qual é o problema?".
Ela respondeu: "Esta mulher me disse: 'Vamos comer o seu
filho hoje, e amanhã comeremos o meu'. 29 Então cozinhamos
meu filho e o comemos. No dia seguinte, eu disse a ela: 'Mate
seu filho para que o comamos', mas ela o havia escondido".

30Quando o rei ouviu isso, rasgou as roupas. E, enquanto ele
caminhava pelos muros, o povo viu que, por baixo do manto,
ele usava pano de saco junto à pele. 31Então o rei jurou: "Que
Deus me castigue severamente se eu não separar a cabeça de
Eliseu de seus ombros ainda hoje!".
32Eliseu estava sentado em sua casa com as autoridades de
Israel quando o rei mandou um mensageiro até ele. Antes,
porém, que o mensageiro chegasse, Eliseu disse às autori-
dades: "O filho do assassino enviou um homem para cortar
minha cabeça. Quando o mensageiro chegar, fechem a porta
e não o deixem entrar. Logo ouviremos os passos de seu se-
nhor atrás dele".
33Enquanto Eliseu ainda falava, o mensageiro chegou e co-
municou a mensagem do rei: "Toda essa desgraça vem do
SENHOR! Por que devo continuar a esperar no SENHOR?".

7 Eliseu respondeu: "Ouçam esta mensagem do SENHOR! Assim
diz o SENHOR: 'Amanhã a esta hora, na porta de Samaria,
seis litros de farinha fina custarão apenas doze gramas de
prata, e doze litros de cevada também custarão apenas doze
gramas de prata'".
2O oficial que auxiliava o rei disse ao homem de Deus: "Ainda
que o SENHOR abrisse as janelas do céu, isso não poderia acon-
tecer!". Eliseu, porém, respondeu: "Você verá com os próprios
olhos, mas não comerá coisa alguma!".

Leprosos vão ao acampamento inimigo

3Havia quatro homens com lepra sentados junto à porta da ci-
dade. "Por que ficarmos sentados aqui, esperando a morte?",
perguntaram uns aos outros. 4"Morreremos de fome se fi-
carmos aqui, mas também morreremos de fome se entrarmos
na cidade, pois não há alimento lá. Vamos sair e nos render ao
exército sírio. Se eles nos deixarem viver, melhor. Mas, se nos
matarem, de qualquer maneira teríamos morrido."
5Ao anoitecer, partiram para o acampamento dos sírios.
Quando chegaram às extremidades do acampamento, viram
que não havia ninguém ali. 6Pois o Senhor havia feito o exército
sírio ouvir o ruído de carros de guerra e o galope de cavalos e
os sons de um grande exército que se aproximava. Disseram
uns aos outros: "O rei de Israel contratou mercenários hititas e
egípcios para nos atacarem!". 7Por isso, fugiram ao anoitecer,
abandonando tendas, cavalos, jumentos e tudo mais, e cor-
reram para salvar a vida.
8Quando os leprosos chegaram às extremidades do acampa-
mento, foram de uma tenda à outra, comendo e bebendo.
Pegaram a prata, o ouro e as roupas que encontraram e es-
conderam tudo. 9Por fim, disseram uns aos outros: "Isto não
está certo. Este é um dia de boas notícias e não contamos
a ninguém! Se esperarmos até o amanhecer, seremos cas-
tigados. Venham! Vamos voltar e dar as notícias no palácio".
10Então voltaram à cidade e relataram aos guardas do portão
o que havia acontecido. "Fomos ao acampamento sírio e não
havia ninguém!", disseram eles. "Os cavalos e os jumentos
estavam amarrados, e as tendas, todas armadas, mas não
havia ninguém por ali." 11Os guardas gritaram, anunciando a
notícia no palácio.

Israel saqueia o acampamento

12O rei se levantou no meio da noite e disse a seus oficiais:
"Vou explicar o que aconteceu. Os sírios sabem que estamos
morrendo de fome, por isso deixaram o acampamento e se es-
conderam nos campos. Estão à nossa espera para nos capturar
com vida e conquistar a cidade quando sairmos".
13Um de seus oficiais disse: "Seria melhor que enviássemos
espiões para ver. Eles podem usar cinco dos cavalos que so-
braram. Se acontecer alguma coisa com eles, não será pior
que se ficarem aqui e morrerem com o restante de nós".
14Assim, prepararam dois carros de guerra com cavalos, e o
rei enviou espiões para ver o que havia acontecido ao acam-
pamento sírio. 15Foram até o rio Jordão, seguindo o rastro
de roupas e equipamentos que os sírios tinham abandonado
em sua fuga desesperada. Os espiões voltaram e contaram
tudo ao rei. 16Então o povo correu e saqueou o acampamento
sírio. E, de fato, naquele dia seis litros de farinha fina foram
vendidos por apenas doze gramas de prata, e doze litros de
cevada também foram vendidos por apenas doze gramas de
prata, como o SENHOR tinha dito. 17O rei colocou o oficial que o
auxiliava para controlar o movimento à porta da cidade, mas
ele foi derrubado, pisoteado e morto quando a multidão correu
para fora. Tudo aconteceu, portanto, conforme o homem de
Deus tinha dito quando o rei foi à sua casa. 18O homem de Deus
tinha dito ao rei: "Amanhã a esta hora, na porta de Samaria,
seis litros de farinha fina custarão apenas doze gramas de
prata, e doze litros de cevada também custarão apenas doze
gramas de prata".
19O oficial do rei havia respondido: "Ainda que o SENHOR abrisse
as janelas do céu, isso não poderia acontecer!". E o homem
de Deus tinha dito: "Você verá com os próprios olhos, mas
não comerá coisa alguma!". 20E assim aconteceu, pois ele foi
pisoteado pelo povo à porta da cidade e morreu.

A mulher de Suném volta para casa

8 Eliseu tinha dito à mulher cujo filho ele havia ressuscitado:
"Reúna sua família e mude-se para outro lugar, pois o SE-
NHOR proclamou sobre a terra de Israel uma fome que durará
sete anos". 2A mulher seguiu a instrução do homem de Deus.
Reuniu sua família e mudou-se para a terra dos filisteus, onde
ficou sete anos.
3Ao final dos sete anos, a mulher voltou da terra dos filisteus
e foi ao rei para reaver sua casa e suas terras. 4Quando ela
chegou, o rei falava com Geazi, o servo do homem de Deus.
O rei havia acabado de dizer: "Conte-me alguns dos grandes
feitos de Eliseu", 5e Geazi lhe falava sobre a ocasião em que
Eliseu havia ressuscitado um menino. Naquele exato momento,
a mãe do menino entrou e apresentou ao rei sua petição para
reaver a casa e as terras. "Veja, ó meu senhor, o rei!", ex-
clamou Geazi. "Esta é a mulher, e este é o filho dela, que
Eliseu ressuscitou!"

6“É verdade?”, perguntou o rei à mulher. E ela lhe contou o
que havia acontecido. Então o rei ordenou a um de seus ofi-
ciais: “Providencie que tudo seja devolvido a ela, incluindo o
valor das colheitas realizadas durante o tempo em que esteve
ausente”.

Hazael mata Ben-Hadade

7Eliseu foi a Damasco, capital da Síria, onde o rei Ben-Hadade
estava doente. Quando alguém disse ao rei que o homem de
Deus tinha chegado, 8o rei disse a Hazael: “Leve um presente
para o homem de Deus. Depois, peça que ele pergunte ao
SENHOR se vou me recuperar desta doença”.
9Hazael levou consigo o presente, quarenta camelos carre-
gados com os melhores produtos de Damasco. Foi vê-lo e
disse: “Seu servo Ben-Hadade, rei da Síria, me enviou para
perguntar se ele vai se recuperar de sua doença”.
10Eliseu respondeu: “Vá e diga-lhe: ‘Certamente se recupe-
rará’. Na verdade, porém, o SENHOR me mostrou que ele certa-
mente morrerá”. 11Eliseu olhou fixamente para Hazael até dei-
xá-lo constrangido. Então o homem de Deus começou a chorar.
12“Por que o senhor está chorando?”, perguntou Hazael. Eliseu
respondeu: “Sei das coisas terríveis que você fará com os is-
raelitas. Queimará as cidades fortificadas, matará os jovens
à espada, esmagará as criancinhas e rasgará o ventre das
mulheres grávidas!”.
13Hazael disse: “Como é que alguém tão sem importância
como eu poderia fazer coisas tão grandes?”. Eliseu respondeu:
“O SENHOR me mostrou que você será rei da Síria”.
14Hazael se despediu de Eliseu e, quando voltou, o rei lhe per-
guntou: “O que Eliseu lhe disse?”. Hazael respondeu: “Disse
que o senhor certamente se recuperará”.
15Mas, no dia seguinte, Hazael pegou uma coberta, enchar-
cou-a em água e a segurou sobre o rosto do rei, até que mor-
resse. E Hazael foi seu sucessor na Síria.

Jeorão reina em Judá

16No quinto ano de Jorão, filho de Acabe, rei de Israel, en-
quanto Josafá ainda reinava em Judá, Jeorão, filho de Josafá,
começou a reinar em Judá. 17Jeorão tinha 32 anos quando
começou a reinar, e reinou em Jerusalém por oito anos. 18Se-
guiu o exemplo dos reis de Israel e foi tão perverso quanto
a família do rei Acabe, pois se casou com uma das filhas de
Acabe. Jeorão fez o que era mau aos olhos do SENHOR. 19Mas
o SENHOR não quis destruir Judá, pois havia prometido a seu
servo Davi que os descendentes dele continuariam a brilhar
como uma lâmpada para sempre.
20Durante o reinado de Jeorão, os edomitas se rebelaram
contra Judá e proclamaram seu próprio rei. 21Então Jeorão
saiu com todos os seus carros de guerra para atacar a cidade
de Zair. Os edomitas cercaram o rei e os comandantes de seus
carros, mas ele saiu à noite e os atacou. Contudo, o exército
de Jeorão desertou e voltou para casa. 22Até hoje, portanto,
Edom é independente de Judá. A cidade de Libna também se
rebelou nessa ocasião.
23Os demais acontecimentos do reinado de Jeorão e tudo que
ele fez estão registrados no *Livro da História dos Reis de Judá*.
24Quando Jeorão morreu, foi sepultado com seus antepas-
sados na Cidade de Davi. Seu filho Acazias foi seu sucessor.

Acazias reina em Judá

25Acazias, filho de Jeorão, começou a reinar em Judá no dé-
cimo segundo ano do reinado de Jorão, filho de Acabe, rei
de Israel.
26Acazias tinha 22 anos quando começou a reinar, e reinou em
Jerusalém por um ano. Sua mãe era Atalia, neta de Onri, rei de
Israel. 27Acazias seguiu o exemplo da família do rei Acabe. Fez
o que era mau aos olhos do SENHOR, como a família de Acabe,
pois se casou com uma mulher dessa família.
28Acazias se uniu a Jorão, filho de Acabe, na guerra contra Ha-
zael, rei da Síria, em Ramote-Gileade. Quando os sírios feriram
o rei Jorão na batalha, 29ele voltou a Jezreel para se recuperar
dos ferimentos sofridos em Ramote. Acazias, filho de Jeorão,
rei de Judá, foi visitar Jorão, filho de Acabe, em Jezreel, pois
ele ainda se recuperava de seus ferimentos.

Jeú é ungido rei de Israel

9 Enquanto isso, o profeta Eliseu chamou um membro do
grupo de profetas e lhe disse: “Prepare-se para viajar e leve
esta vasilha de óleo. Vá a Ramote-Gileade 2e procure Jeú, filho
de Josafá, filho de Ninsi. Chame-o a uma sala à parte, longe de
seus companheiros, 3e derrame o óleo sobre a cabeça dele.
Diga-lhe: ‘Assim diz o SENHOR: Eu o ungi rei de Israel’. Depois,
abra a porta e saia correndo”.
4O jovem profeta fez o que Eliseu ordenou e foi a Ramote-Gi-
leade. 5Quando chegou lá, encontrou Jeú sentado com outros
oficiais do exército. “Comandante, tenho uma mensagem para
o senhor”, disse o profeta. “Para qual de nós?”, perguntou
Jeú. “Para o senhor, comandante”, respondeu ele.
6Jeú se levantou e entrou na casa. O jovem profeta derramou
o óleo sobre a cabeça de Jeú e disse: “Assim diz o SENHOR,
o Deus de Israel: ‘Eu o ungi rei de Israel, o povo do SENHOR.
7Destrua a família de Acabe, seu senhor. Desse modo, vingarei
o assassinato de meus profetas e de todos os servos do SE-
NHOR mortos por Jezabel. 8Toda a família de Acabe deve ser
exterminada. Destruirei todos os seus descendentes do sexo
masculino em Israel, tanto escravos como livres. 9Destruirei a
família de Acabe como destruí as famílias de Jeroboão, filho
de Nebate, e de Baasa, filho de Aías. 10Cães comerão Jezabel
no campo em Jezreel, e ninguém a sepultará’”. Então o jovem
profeta abriu a porta e saiu correndo.
11Jeú voltou aos outros oficiais do rei, e um deles lhe per-
guntou: “O que esse louco queria? Está tudo bem?”. “Vocês
conhecem gente desse tipo e as coisas que eles dizem”, res-
pondeu Jeú.
12“Você está escondendo algo”, disseram. “Conte-nos o que
ele disse.” Então Jeú lhes contou: “Ele me disse: ‘Assim diz o
SENHOR: Eu o ungi rei de Israel’”.
13No mesmo instante, eles estenderam suas capas sobre os

degraus para Jeú passar, tocaram a trombeta e gritaram:
"Jeú é rei!".

Jeú mata Jorão e Acazias

[14]Assim, Jeú, filho de Josafá, filho de Ninsi, liderou uma cons-
piração contra o rei Jorão. (O rei Jorão havia estado com o
exército em Ramote-Gileade, onde defendeu Israel do exército
de Hazael, rei da Síria. [15]Contudo, o rei Jorão tinha sido ferido
na batalha e voltou a Jezreel para se recuperar dos ferimentos
causados pelos sírios.) Jeú disse aos homens que estavam com
ele: "Se querem que eu seja rei, não deixem que ninguém saia
da cidade e vá a Jezreel contar o que fizemos".
[16]Em seguida, Jeú subiu numa carruagem e foi a Jezreel, onde
o rei Jorão se recuperava de seus ferimentos. Acazias, rei de
Judá, também estava ali, pois tinha ido visitar Jorão. [17]Quando
a sentinela na torre de Jezreel viu Jeú e sua tropa se aproxi-
marem, gritou: "Uma tropa se aproxima!". O rei Jorão ordenou:
"Envie um cavaleiro para perguntar se eles vêm em paz".
[18]O cavaleiro foi ao encontro de Jeú e disse: "O rei quer saber
se vocês vêm em paz". Jeú respondeu: "O que lhe interessa a
paz? Junte-se a nós!". A sentinela informou: "O mensageiro se
encontrou com eles, mas não está voltando!".
[19]Então o rei enviou outro cavaleiro. Ele foi ao encontro deles e
disse: "O rei quer saber se vocês vêm em paz". Jeú respondeu
novamente: "O que lhe interessa a paz? Junte-se a nós!".
[20]A sentinela exclamou: "O mensageiro se encontrou com eles,
mas também não está voltando! Deve ser Jeú, filho de Ninsi,
pois conduz seu carro de guerra como um louco!".
[21]"Rápido! Prepare meu carro de guerra!", ordenou o rei
Jorão. Jorão, rei de Israel, e Acazias, rei de Judá, cada um em
seu carro, saíram ao encontro de Jeú e o acharam no campo
de Nabote, em Jezreel. [22]O rei Jorão perguntou: "Você vem
em paz, Jeú?". Jeú respondeu: "Como pode haver paz en-
quanto estamos cercados da idolatria e da feitiçaria de sua
mãe, Jezabel?".
[23]Então o rei Jorão deu meia-volta com seus cavalos e fugiu,
gritando para o rei Acazias: "Traição, Acazias!". [24]Jeú disparou
seu arco com toda a força e atingiu Jorão entre os ombros.
A flecha atravessou seu coração, e ele caiu morto dentro do
carro de guerra.
[25]Jeú disse a Bidcar, seu oficial: "Jogue-o no campo que per-
tencia a Nabote de Jezreel. Lembra-se de quando você e eu
acompanhávamos a cavalo o pai dele, Acabe? O SENHOR pro-
nunciou esta mensagem contra ele: [26]'Assim diz o SENHOR:
Ontem vi o assassinato de Nabote e seus filhos. Juro sole-
nemente que o farei pagar por ele neste campo'. Portanto,
jogue-o na propriedade de Nabote, como o SENHOR disse".
[27]Quando Acazias, rei de Judá, viu o que estava acontecendo,
fugiu pela estrada para Bete-Hagã. Jeú foi atrás dele, gri-
tando: "Atirem nele também!". E atingiram Acazias em seu
carro de guerra, na subida para Gur, perto de Ibleã. Ele con-
seguiu ir até Megido, mas morreu ali. [28]Os servos de Acazias
levaram seu corpo no carro de guerra para Jerusalém, onde o
sepultaram com seus antepassados na Cidade de Davi. [29]Aca-
zias havia começado a reinar em Judá no décimo primeiro ano
do reinado de Jorão, filho de Acabe.

A morte de Jezabel

[30]Quando Jezabel soube que Jeú tinha chegado a Jezreel,
pintou os olhos, arrumou os cabelos e sentou-se em frente
a uma janela. [31]Quando Jeú entrou pela porta do palácio, ela
gritou para ele: "Veio em paz, assassino? Você é como Zinri,
que matou seu senhor!".
[32]Jeú olhou para cima, viu Jezabel na janela e gritou: "Quem
está do meu lado?". Dois ou três eunucos olharam para ele.
[33]"Joguem-na para baixo!", ordenou Jeú. Eles a jogaram pela
janela, e o sangue espirrou na parede e nos cavalos. E Jeú
atropelou o corpo com as patas de seus cavalos.
[34]Em seguida, Jeú entrou no palácio, comeu e bebeu. Depois,
disse: "Alguém vá sepultar aquela maldita mulher, pois era
filha de rei". [35]Mas, quando foram sepultá-la, só encontraram
o crânio, os pés e as mãos.
[36]Quando voltaram e contaram a Jeú, ele disse: "Isso cumpre a
mensagem do SENHOR, anunciada por meio de seu servo Elias,
de Tisbe: 'Cães devorarão o corpo de Jezabel no campo em Je-
zreel. [37]Seus restos serão espalhados como esterco no campo,
de modo que ninguém será capaz de reconhecê-la'".

Jeú mata a família de Acabe

10 Acabe tinha setenta filhos que moravam na cidade de
Samaria. Jeú escreveu uma carta às autoridades e aos
oficiais da cidade e aos guardiões dos filhos do rei Acabe, em
que dizia: [2]"Os filhos do rei estão sob seus cuidados, e vocês
têm carros de guerra, cavalos, uma cidade fortificada e armas.
Assim que receberem esta carta, [3]escolham para ser rei o me-
lhor e mais capaz dos filhos de seu senhor e preparem-se para
lutar pela dinastia de Acabe".
[4]Eles ficaram apavorados e disseram: "Dois reis não foram
capazes de enfrentar esse homem! O que podemos fazer?".
[5]Então os administradores do palácio e da cidade, juntamente
com as autoridades e os guardiões dos filhos do rei, enviaram
esta mensagem a Jeú: "Somos seus servos e faremos o que o
senhor ordenar. Não proclamaremos nenhum rei; faça o que
lhe parecer melhor".
[6]Jeú respondeu com outra carta: "Se estão do meu lado e vão
me obedecer, tragam-me as cabeças dos filhos de seu senhor
a Jezreel, amanhã a esta hora". Os setenta filhos de Acabe
estavam sob os cuidados dos líderes de Samaria, onde haviam
sido criados desde a infância. [7]Quando a carta chegou, os lí-
deres mataram os setenta filhos do rei. Colocaram as cabeças
em cestos e as entregaram a Jeú, em Jezreel.
[8]Um mensageiro foi a Jeú e disse: "Eles trouxeram as cabeças
dos filhos do rei". Então Jeú ordenou: "Façam com elas dois
montões junto ao portão de entrada da cidade e deixem que
fiquem lá até amanhã cedo".
[9]Na manhã seguinte, ele saiu e se dirigiu à multidão que havia
se reunido ali. "Vocês não têm culpa", disse ele. "Eu conspirei
contra meu senhor e o matei. Mas quem matou todos estes?

10Podem ter certeza de que a mensagem do SENHOR a respeito
da família de Acabe se cumprirá. O SENHOR declarou por meio
de seu servo Elias que isso aconteceria." 11Então Jeú matou
todos os parentes de Acabe que restavam em Jezreel e todos
os seus oficiais mais importantes, seus amigos pessoais e seus
sacerdotes. Nenhum descendente de Acabe sobreviveu.
12Depois, Jeú partiu para Samaria. No caminho, em Bete-E-
quede dos Pastores, 13encontrou alguns parentes de Acazias,
rei de Judá. "Quem são vocês?", perguntou. Eles respon-
deram: "Somos parentes do rei Acazias. Vamos visitar a família
do rei Acabe e da rainha-mãe".
14"Prendam-nos vivos!", ordenou Jeú a seus homens. Eles os
capturaram, 42 pessoas ao todo, e os mataram junto ao poço
de Bete-Equede. Nenhum deles escapou.
15Quando Jeú partiu dali, encontrou Jonadabe, filho de Re-
cabe, que vinha falar com ele. Depois de cumprimentá-lo, Jeú
lhe disse: "Você é leal a mim como sou a você?". "Sim, eu
sou", respondeu Jonadabe. "Então dê-me sua mão", disse
Jeú. Jonadabe estendeu a mão, e Jeú o ajudou a subir à car-
ruagem. 16E lhe disse: "Venha comigo, e você verá a minha
dedicação ao SENHOR". Jonadabe foi com ele.
17Quando Jeú chegou a Samaria, matou todos que restavam
ali da família de Acabe, como o SENHOR havia anunciado por
meio de Elias.

Jeú mata os sacerdotes de Baal

18Jeú reuniu todo o povo da cidade e lhes disse: "A adoração
de Acabe a Baal não foi nada comparado ao modo como eu
o adorarei! 19Portanto, convoquem todos os profetas e ado-
radores de Baal e reúnam todos os seus sacerdotes. Todos
devem vir, pois vou oferecer um grande sacrifício a Baal. Quem
não comparecer será morto". O plano astuto de Jeú, porém,
era destruir todos os adoradores de Baal.
20Então Jeú ordenou: "Preparem uma reunião solene para
prestar culto a Baal!". A convocação foi feita, 21e ele enviou
mensageiros por todo o Israel. Todos os adoradores de Baal
vieram, e ninguém faltou. Encheram o templo de Baal de uma
extremidade à outra. 22Jeú instruiu o responsável pela sala de
vestimentas: "Todos os adoradores de Baal devem usar estas
roupas". E as roupas foram distribuídas.
23Em seguida, Jeú entrou no templo de Baal com Jonadabe,
filho de Recabe. Disse aos adoradores de Baal: "Certifi-
quem-se de que ninguém que adora o SENHOR esteja aqui,
mas somente aqueles que adoram Baal". 24Estavam todos
dentro do templo para oferecer sacrifícios e holocaustos. Jeú
havia colocado oitenta homens do lado de fora do edifício e
os avisado: "Se deixarem alguém escapar, pagarão com a
própria vida".
25Assim que Jeú terminou de oferecer o holocausto, deu ordem
a seus guardas e oficiais: "Entrem e matem todos. Não deixem
ninguém escapar!". Os guardas e os oficiais mataram todos e
arrastaram os corpos para fora. Então os homens de Jeú en-
traram na câmara mais interna do templo de Baal. 26Levaram
para fora a coluna sagrada usada no culto a Baal e a jogaram
no fogo. 27Despedaçaram a coluna sagrada, demoliram o
templo de Baal e o transformaram em banheiros públicos,
como é até hoje.
28Desse modo, Jeú destruiu todos os vestígios do culto a Baal
em Israel. 29Contudo, não destruiu os bezerros de ouro em
Betel e Dã com os quais Jeroboão, filho de Nebate, havia le-
vado Israel a pecar.
30Ainda assim, o SENHOR disse a Jeú: "Você fez bem em seguir
minhas instruções e destruir a família de Acabe. Por isso, seus
descendentes serão reis de Israel até a quarta geração". 31Mas
Jeú não obedeceu de todo o coração à lei do SENHOR, o Deus de
Israel. Não se afastou dos pecados que Jeroboão havia levado
Israel a cometer.

A morte de Jeú

32Naquele tempo, o SENHOR começou a reduzir o território de
Israel. O rei Hazael conquistou várias regiões do reino 33a leste
do rio Jordão, incluindo toda a terra de Gileade, de Gade, de
Rúben e de Manassés. Conquistou a região desde a cidade de
Aroer, perto do vale do Arnom, até Gileade e Basã, ao norte.
34Os demais acontecimentos do reinado de Jeú, tudo que ele
fez e a extensão de seu poder, estão registrados no *Livro da
História dos Reis de Israel*.
35Quando Jeú morreu e se reuniu a seus antepassados, foi
sepultado em Samaria. Seu filho Jeoacaz foi seu sucessor. 36Ao
todo, Jeú reinou por 28 anos sobre Israel em Samaria.

A rainha Atalia reina em Judá

11 Quando Atalia, mãe de Acazias, rei de Judá, soube que seu
filho estava morto, começou a exterminar o restante da
família real. 2Mas Jeoseba, filha do rei Jeorão e irmã de Aca-
zias, pegou Joás, o filho ainda pequeno de Acazias, dentre os
outros filhos do rei que estavam para ser mortos, e o colocou
com sua ama num quarto para escondê-los de Atalia. Assim,
a criança não foi morta. 3Joás ficou escondido no templo do
SENHOR durante seis anos, enquanto Atalia governava o país.

Rebelião contra Atalia

4No sétimo ano do reinado de Atalia, o sacerdote Joiada
mandou chamar ao templo do SENHOR os comandantes dos
mercenários cários e dos guardas do palácio. Firmou com eles
um pacto solene e os fez jurar lealdade ali, no templo do SE-
NHOR; então lhes mostrou o filho do rei.
5Disse-lhes: "Vocês devem fazer o seguinte: Uma terça parte
dos que entrarem em serviço no sábado ficará de guarda no
palácio real. 6Outra terça parte ficará de guarda na porta de
Sur. E a última terça parte ficará na porta atrás dos outros
guardas do palácio. Esses três grupos vigiarão o palácio. 7As
outras duas companhias, que não estiverem em serviço no
sábado, guardarão o rei no templo do SENHOR. 8Posicionem-se
em volta do rei, de armas na mão. Matem qualquer pessoa que
tentar romper a defesa. Permaneçam com o rei aonde ele for".
9Os comandantes fizeram tudo que o sacerdote Joiada or-
denou. Cada um levou seus oficiais ao sacerdote Joiada, tanto

os que iam entrar em serviço naquele sábado como os que iam
sair. 10O sacerdote lhes forneceu lanças e escudos que haviam
pertencido ao rei Davi e que estavam guardados no templo do
SENHOR. 11Os guardas do palácio se posicionaram em volta do
rei, de armas na mão. Formaram uma fileira desde o lado sul
do templo até o lado norte e ao redor do altar.
12Então Joiada trouxe Joás, o filho do rei, para fora, pôs a
coroa em sua cabeça e lhe entregou uma cópia da lei. Depois,
ungiram Joás e o proclamaram rei, e todos bateram palmas e
gritaram: "Viva o rei!".

A morte de Atalia

13Quando Atalia ouviu o barulho dos guardas e do povo, foi
para o templo do SENHOR, onde o povo estava reunido. 14Ao
chegar, viu o rei em pé, no lugar de honra junto à coluna,
como era costume durante as coroações. Estava rodeado pelos
comandantes e tocadores de trombeta, e gente de toda a terra
se alegrava e tocava trombetas. Quando Atalia viu tudo isso,
rasgou suas roupas e gritou: "Traição! Traição!".
15Então o sacerdote Joiada ordenou aos comandantes encarre-
gados das tropas: "Levem-na aos soldados que estão na frente
do templo e matem qualquer pessoa que a seguir". Pois o
sacerdote tinha dito: "Ela não deve ser morta dentro do templo
do SENHOR". 16Eles a prenderam e a levaram à porta por onde
os cavalos entram no palácio, e ela foi morta ali.

As reformas religiosas de Joiada

17Joiada fez uma aliança entre o SENHOR, o rei e o povo, esta-
belecendo que eles seriam o povo do SENHOR. Também firmou
uma aliança entre o rei e o povo. 18Todo o povo foi ao templo
de Baal e o derrubou. Demoliram os altares, despedaçaram
os ídolos e executaram Matã, sacerdote de Baal, em frente
aos altares. O sacerdote Joiada pôs guardas no templo do
SENHOR. 19Em seguida, os comandantes dos mercenários cá-
rios e todo o povo escoltaram o rei para fora do templo do
SENHOR. Passaram pela porta da guarda e entraram no palácio,
onde o rei se sentou no trono real. 20Todo o povo do reino se
alegrou e a cidade ficou em paz, pois Atalia tinha sido morta
no palácio real.
21Joás tinha 7 anos quando começou a reinar.

Joás faz reparos no templo

12 Joás começou a reinar em Judá no sétimo ano do reinado
de Jeú, rei de Israel. Reinou em Jerusalém por quarenta
anos. Sua mãe se chamava Zíbia e era de Berseba. 2Durante
toda a vida, Joás fez o que era certo aos olhos do SENHOR,
como o sacerdote Joiada o orientava. 3Mesmo assim, não des-
truiu os santuários idólatras, e o povo continuou a oferecer
sacrifícios e a queimar incenso nesses lugares.
4Certo dia, o rei Joás disse aos sacerdotes: "Juntem toda a
prata trazida como oferta sagrada ao templo do SENHOR, tanto o
imposto do censo e os pagamentos de votos como as ofertas vo-
luntárias. 5Cada sacerdote deve recolher a prata com um dos te-
soureiros e usá-la para fazer os reparos necessários no templo".
6Contudo, no vigésimo terceiro ano do reinado de Joás, os
sacerdotes ainda não haviam feito os reparos no templo.
7Então o rei Joás chamou Joiada e os outros sacerdotes e lhes
perguntou: "Por que ainda não fizeram os reparos no templo?
Não recebam mais a prata dos tesoureiros, exceto a que for
usada para reparar o templo". 8Os sacerdotes concordaram
em não aceitar mais a prata do povo e em deixar que outros
assumissem a responsabilidade de fazer os reparos no templo.
9O sacerdote Joiada fez uma abertura na tampa de uma caixa
grande e a colocou do lado direito do altar, na entrada do
templo do SENHOR. Os sacerdotes que guardavam a entrada
colocavam na caixa todas as contribuições do povo. 10Sempre
que a caixa ficava cheia, o secretário da corte e o sumo sacer-
dote pesavam a prata trazida ao templo do SENHOR e a colo-
cavam em sacolas. 11Entregavam a prata aos supervisores da
construção, que a usavam para pagar os homens que traba-
lhavam no templo do SENHOR: os carpinteiros, os construtores,
12os pedreiros e os cortadores de pedra. Também compravam
a madeira e as pedras lavradas necessárias para fazer os re-
paros no templo do SENHOR e pagavam outras despesas rela-
cionadas à reforma do templo.
13A contribuição trazida ao templo não era usada para fazer
taças de prata, nem cortadores de pavio, nem bacias, nem
trombetas, nem outros utensílios de ouro ou prata para o
templo do SENHOR. 14Era entregue aos trabalhadores, que a
usavam para fazer os reparos no templo. 15Não se pedia que
os supervisores da construção prestassem contas desse valor,
pois eram homens de confiança. 16Mas as contribuições das
ofertas pela culpa e das ofertas pelo pecado não eram trazidas
ao templo do SENHOR. Eram entregues aos sacerdotes para
seu uso pessoal.

O final do reino de Joás

17Nessa época, Hazael, rei da Síria, guerreou contra Gate e
a conquistou. Então resolveu atacar Jerusalém. 18O rei Joás
recolheu todos os objetos sagrados que Josafá, Jeorão e Aca-
zias, os reis anteriores de Judá, tinham consagrado e os que
ele mesmo consagrara. Enviou-os a Hazael, junto com todo o
ouro que havia na tesouraria do templo do SENHOR e no palácio
real. Com isso, Hazael suspendeu o ataque a Jerusalém.
19Os demais acontecimentos do reinado de Joás e tudo que
ele fez estão registrados no *Livro da História dos Reis de Judá*.
20Os oficiais de Joás conspiraram contra ele e o assassinaram
em Bete-Milo, na estrada para Sila. 21Os oficiais que o assassi-
naram foram Jozacar, filho de Simeate, e Jeozabade, filho de
Somer. Joás foi sepultado com seus antepassados na Cidade
de Davi. Seu filho Amazias foi seu sucessor.

Jeoacaz reina em Israel

13 Jeoacaz, filho de Jeú, começou a reinar em Israel no vi-
gésimo terceiro ano do reinado de Joás, filho de Acazias,
rei de Judá. Reinou em Samaria por dezessete anos. 2Fez o que
era mau aos olhos do SENHOR; seguiu o exemplo de Jeroboão,
filho de Nebate, e persistiu nos pecados que Jeroboão havia

levado Israel a cometer. 3O SENHOR se irou grandemente com
Israel e permitiu que Hazael, rei da Síria, e seu filho Ben-Ha-
dade, derrotassem os israelitas repetidas vezes.
4Então Jeoacaz orou ao SENHOR pedindo ajuda, e o SE-
NHOR atendeu à sua oração, pois viu como o rei da Síria oprimia
Israel cruelmente. 5O SENHOR providenciou um libertador para
salvar os israelitas da tirania dos sírios, e Israel voltou a viver
em segurança, como em outros tempos.
6Ainda assim, continuaram a seguir o mau exemplo de Jero-
boão. Também permitiram que o poste de Aserá permanecesse
em pé em Samaria. 7Por fim, o exército de Jeoacaz foi reduzido
a cinquenta cavaleiros, dez carros de guerra e dez mil soldados
de infantaria. O rei da Síria havia destruído o restante, como se
fosse pó debaixo de seus pés.
8Os demais acontecimentos do reinado de Jeoacaz, tudo que
ele fez e a extensão de seu poder, estão registrados no *Livro
da História dos Reis de Israel*. 9Quando Jeoacaz morreu e se
reuniu a seus antepassados, foi sepultado em Samaria. Seu
filho Jeoás foi seu sucessor.

Jeoás reina em Israel

10Jeoás, filho de Jeoacaz, começou a reinar em Israel no trigé-
simo sétimo ano do reinado de Joás, rei de Judá. Reinou em
Samaria por dezesseis anos. 11Fez o que era mau aos olhos do
SENHOR. Não se afastou dos pecados que Jeroboão, filho de
Nebate, havia levado Israel a cometer.
12Os demais acontecimentos do reinado de Jeoás e tudo que
ele fez, incluindo a extensão de seu poder e a guerra contra
Amazias, estão registrados no *Livro da História dos Reis de
Israel*. 13Quando Jeoás morreu e se reuniu a seus antepas-
sados, foi sepultado em Samaria, com os reis de Israel. Seu
filho Jeroboão II foi seu sucessor.

A profecia final de Eliseu

14Quando Eliseu estava sofrendo da doença da qual morreria,
Jeoás, rei de Israel, o visitou e chorou por ele, dizendo: "Meu
pai, meu pai! Você era como os carros de guerra de Israel e
seus cavaleiros!".
15Eliseu lhe disse: "Pegue um arco e algumas flechas", e o rei
fez o que ele pediu. 16Então Eliseu lhe disse: "Ponha a mão
sobre o arco", e pôs suas mãos sobre as mãos do rei.
17Em seguida, ordenou: "Abra a janela que dá para o leste", e
o rei a abriu. Depois, Eliseu disse: "Atire!", e o rei atirou uma
flecha. "Essa é a flecha do SENHOR", anunciou Eliseu. "É uma
flecha de vitória sobre a Síria, pois você conquistará comple-
tamente os sírios em Afeque."
18Depois, Eliseu disse: "Agora pegue as outras flechas e atire-as
contra o chão". O rei pegou as flechas e atirou-as contra o chão
três vezes. 19O homem de Deus se irou com ele. "Você deveria
ter atirado contra o chão cinco ou seis vezes!", exclamou.
"Assim, teria ferido os sírios até que fossem completamente
destruídos. Agora você será vitorioso apenas três vezes."
20Eliseu morreu e foi sepultado. Grupos de saqueadores moa-
bitas costumavam invadir a terra na virada do ano. 21Certa vez,
enquanto alguns israelitas sepultavam um homem, viram um
desses bandos. Rapidamente, jogaram o corpo no túmulo de
Eliseu e fugiram. Assim que o corpo tocou os ossos de Eliseu,
o homem voltou à vida e se pôs em pé.
22Hazael, rei da Síria, oprimiu Israel durante todo o reinado
de Jeoacaz. 23O SENHOR, porém, foi bondoso e misericordioso
com os israelitas, e eles não foram totalmente destruídos.
Teve compaixão deles por causa da aliança que havia feito
com Abraão, Isaque e Jacó. Naquela ocasião, como até hoje,
não quis destruí-los completamente nem expulsá-los de sua
presença.
24Hazael, rei da Síria, morreu, e seu filho Ben-Hadade foi seu
sucessor. 25Então Jeoás, filho de Jeoacaz, reconquistou as
cidades que Ben-Hadade havia tomado de seu pai, Jeoacaz.
Jeoás derrotou Ben-Hadade em três ocasiões e recuperou as
cidades israelitas.

Amazias reina em Judá

14 Amazias, filho de Joás, começou a reinar em Judá no
segundo ano do reinado de Jeoás, filho de Jeoacaz, rei
de Israel. 2Amazias tinha 25 anos quando começou a reinar,
e reinou em Jerusalém por 29 anos. Sua mãe se chamava
Jeoadã e era de Jerusalém. 3Amazias fez o que era certo aos
olhos do SENHOR, mas não como seu antepassado Davi. Seguiu
o exemplo de seu pai, Joás. 4Amazias não destruiu os santuá-
rios idólatras, e o povo continuou a oferecer sacrifícios e a
queimar incenso nesses lugares.
5Quando Amazias se firmou no poder, executou os oficiais que
haviam assassinado seu pai. 6Contudo, não matou os filhos
dos assassinos, em obediência ao mandamento do SENHOR re-
gistrado por Moisés no Livro da Lei: "Os pais não serão execu-
tados por causa do pecado dos filhos, nem os filhos por causa
do pecado dos pais. Aqueles que merecem morrer deverão ser
executados por causa de seus próprios crimes".
7Amazias também matou dez mil edomitas no vale do Sal.
Conquistou a cidade de Selá e mudou seu nome para Jocteel,
como se chama até hoje.
8Certo dia, ele enviou mensageiros a Jeoás, filho de Jeoacaz,
filho de Jeú, rei de Israel, com este desafio: "Venha enfren-
tar-me numa batalha!".
9Mas Jeoás, rei de Israel, respondeu a Amazias, rei de Judá,
com a seguinte história: "Nos montes do Líbano, o espinheiro
enviou esta mensagem ao poderoso cedro: 'Dê sua filha em
casamento a meu filho'. No entanto, um animal selvagem do
Líbano veio, pisoteou o espinheiro e o esmagou.
10"De fato, você derrotou Edom e está orgulhoso disso. Mas
contente-se com sua vitória e fique em casa! Por que trazer
desgraça sobre você e o povo de Judá?".
11Amazias, porém, se recusou a ouvir. Então Jeoás, rei de Is-
rael, mobilizou seu exército contra Amazias, rei de Judá. Os
dois exércitos se enfrentaram em Bete-Semes, em Judá. 12O
exército de Judá foi derrotado pelo exército de Israel, e os
soldados fugiram para casa. 13Jeoás, rei de Israel, capturou
Amazias, filho de Joás, filho de Acazias, rei de Judá, em Bete-

-Semes. Em seguida, marchou para Jerusalém, onde destruiu
180 metros do muro da cidade, desde a porta de Efraim até a
porta da Esquina. 14Levou embora todo o ouro, toda a prata
e todos os utensílios do templo do SENHOR. Também levou os
tesouros do palácio real e fez reféns; depois, voltou para Sa-
maria.
15Os demais acontecimentos do reinado de Jeoás e tudo que
ele fez, incluindo a extensão de seu poder e sua guerra contra
Amazias, rei de Judá, estão registrados no *Livro da História
dos Reis de Israel*. 16Quando Jeoás morreu e se reuniu a seus
antepassados, foi sepultado em Samaria, com os reis de Israel.
Seu filho Jeroboão II foi seu sucessor.
17Amazias, filho de Joás, rei de Judá, viveu ainda mais quinze
anos depois da morte de Jeoás, filho de Jeoacaz, rei de Israel.
18Os demais acontecimentos do reinado de Amazias estão re-
gistrados no *Livro da História dos Reis de Judá*.
19Houve uma conspiração contra Amazias em Jerusalém, e ele
fugiu para Laquis. Seus inimigos, porém, mandaram assas-
sinos atrás dele e o mataram ali. 20Seu corpo foi trazido de
volta para Jerusalém num cavalo, e ele foi sepultado com seus
antepassados na Cidade de Davi.
21Todo o povo de Judá proclamou rei seu filho Uzias, de 16
anos, como sucessor de seu pai, Amazias. 22Depois que seu
pai morreu e se reuniu a seus antepassados, Uzias reconstruiu
a cidade de Elate e a recuperou para Judá.

Jeroboão II reina em Israel

23Jeroboão II, filho de Jeoás, começou a reinar em Israel no
décimo quinto ano do reinado de Amazias, filho de Joás, rei de
Judá. Reinou em Samaria por 41 anos. 24Fez o que era mau aos
olhos do SENHOR. Não se afastou dos pecados que Jeroboão,
filho de Nebate, havia levado Israel a cometer. 25Jeroboão II
recuperou os territórios de Israel entre Lebo-Hamate e o mar
Morto, conforme o SENHOR, o Deus de Israel, havia anunciado
por meio de Jonas, filho de Amitai, profeta de Gate-Héfer.
26O SENHOR viu como era grande o sofrimento em Israel, tanto
para escravos como para livres, e não havia ninguém em Israel
que pudesse socorrê-los. 27E, porque o SENHOR não tinha dito
que apagaria completamente o nome de Israel, usou Jeroboão
II, filho de Jeoás, para socorrê-los.
28Os demais acontecimentos do reinado de Jeroboão II, tudo
que ele fez, a extensão de seu poder, as guerras que travou
e como ele recuperou para Israel as cidades de Damasco e
de Hamate, que haviam pertencido a Judá, estão registrados
no *Livro da História dos Reis de Israel*. 29Quando Jeroboão II
morreu e se reuniu a seus antepassados, foi sepultado em Sa-
maria, com os reis de Israel. Seu filho Zacarias foi seu sucessor.

Uzias reina em Judá

15 Uzias, filho de Amazias, começou a reinar em Judá no
vigésimo sétimo ano do reinado de Jeroboão II, rei de
Israel. 2Tinha 16 anos quando começou a reinar, e reinou em
Jerusalém por 52 anos. Sua mãe se chamava Jecolias e era
de Jerusalém.
3Fez o que era certo aos olhos do SENHOR, como seu pai, Ama-
zias. 4Contudo, não destruiu os santuários idólatras, e o povo
continuou a oferecer sacrifícios e a queimar incenso nesses lu-
gares. 5O SENHOR feriu o rei com lepra, enfermidade que durou
até o dia de sua morte. Vivia isolado, numa casa separada.
Jotão, filho do rei, tomava conta do palácio e governava o povo.
6Os demais acontecimentos do reinado de Uzias e tudo que
ele fez estão registrados no *Livro da História dos Reis de Judá*.
7Quando Uzias morreu, foi sepultado com seus antepassados
na Cidade de Davi. Seu filho Jotão foi seu sucessor.

Zacarias reina em Israel

8Zacarias, filho de Jeroboão II, começou a reinar em Israel no
trigésimo oitavo ano do reinado de Uzias, rei de Judá. Reinou
em Samaria por seis meses. 9Fez o que era mau aos olhos do
SENHOR, como seus antepassados. Não se afastou dos pecados
que Jeroboão, filho de Nebate, havia levado Israel a cometer.
10Então Salum, filho de Jabes, conspirou contra Zacarias, ma-
tou-o diante do povo e se tornou seu sucessor.
11Os demais acontecimentos do reinado de Zacarias estão re-
gistrados no *Livro da História dos Reis de Israel*. 12Assim se
cumpriu a mensagem do SENHOR a Jeú: "Seus descendentes
serão reis de Israel até a quarta geração".

Salum reina em Israel

13Salum, filho de Jabes, começou a reinar em Israel no trigé-
simo nono ano do reinado de Uzias, rei de Judá. Reinou em
Samaria por apenas um mês. 14Então Menaém, filho de Gadi,
veio de Tirza a Samaria, matou Salum, filho de Jabes, e se
tornou seu sucessor.
15Os demais acontecimentos do reinado de Salum, incluindo a
conspiração que liderou, estão registrados no *Livro da História
dos Reis de Israel*.

Menaém reina em Israel

16Nessa ocasião, Menaém destruiu a cidade de Tapua e seus
arredores, até Tirza, pois seus habitantes se recusaram a en-
tregar a cidade. Matou toda a população e rasgou o ventre das
mulheres grávidas.
17Menaém, filho de Gadi, começou a reinar em Israel no trigé-
simo nono ano do reinado de Uzias, rei de Judá. Reinou em
Samaria por dez anos. 18Fez o que era mau aos olhos do SE-
NHOR. Durante todo o seu reinado, não se afastou dos pecados
que Jeroboão, filho de Nebate, havia levado Israel a cometer.
19Então Tiglate-Pileser, rei da Assíria, invadiu a terra de Israel.
Contudo, Menaém lhe pagou 35 toneladas de prata a fim de
obter seu apoio e firmar-se no poder. 20Menaém extorquiu
esse valor dos ricos de Israel e exigiu que cada um contri-
buísse com seiscentos gramas de prata para o tributo pago
ao rei da Assíria. Assim, o rei da Assíria parou de atacar Israel
e foi embora.
21Os demais acontecimentos do reinado de Menaém e tudo que
ele fez estão registrados no *Livro da História dos Reis de Israel*.
22Quando Menaém morreu e se reuniu a seus antepassados,
seu filho Pecaías se tornou seu sucessor.

Pecaías reina em Israel

23Pecaías, filho de Menaém, começou a reinar em Israel no
quinquagésimo ano do reinado de Uzias, rei de Judá. Reinou
em Samaria por dois anos. 24Fez o que era mau aos olhos do
SENHOR. Não se afastou dos pecados que Jeroboão, filho de
Nebate, havia levado Israel a cometer.
25Então Peca, filho de Remalias e comandante do exército de
Pecaías, conspirou contra ele. Acompanhado de cinquenta
homens de Gileade, assassinou o rei, e também Argobe e
Arié, na fortaleza do palácio em Samaria. E Peca se tornou
seu sucessor.
26Os demais acontecimentos do reinado de Pecaías e tudo que
ele fez estão registrados no *Livro da História dos Reis de Israel*.

Peca reina em Israel

27Peca, filho de Remalias, começou a reinar em Israel no quin-
quagésimo segundo ano do reinado de Uzias, rei de Judá.
Reinou em Samaria por vinte anos. 28Fez o que era mau aos
olhos do SENHOR. Não se afastou dos pecados que Jeroboão,
filho de Nebate, havia levado Israel a cometer.
29Durante o reinado de Peca, Tiglate-Pileser, rei da Assíria,
atacou Israel novamente e conquistou as cidades de Ijom,
Abel-Bete-Maaca, Janoa, Quedes e Hazor. Também con-
quistou as regiões de Gileade e da Galileia, e todo o território
de Naftali, e levou os habitantes cativos para a Assíria. 30Então
Oseias, filho de Elá, conspirou contra Peca, filho de Remalias,
e o assassinou. Começou a reinar em Israel no vigésimo ano
do reinado de Jotão, filho de Uzias.
31Os demais acontecimentos do reinado de Peca e tudo que ele
fez estão registrados no *Livro da História dos Reis de Israel*.

Jotão reina em Judá

32Jotão, filho de Uzias, começou a reinar em Judá no segundo
ano do reinado de Peca, filho de Remalias, rei de Israel.
33Tinha 25 anos quando começou a reinar, e reinou em Jeru-
salém por dezesseis anos. Sua mãe se chamava Jerusa e era
filha de Zadoque.
34Jotão fez o que era certo aos olhos do SENHOR, como seu
pai, Uzias. 35Contudo, não destruiu os santuários idólatras,
e o povo continuou a oferecer sacrifícios e a queimar incenso
nesses lugares. Jotão reconstruiu a porta superior do templo
do SENHOR.
36Os demais acontecimentos do reinado de Jotão e tudo que
ele fez estão registrados no *Livro da História dos Reis de Judá*.
37Naqueles dias, o SENHOR começou a instigar Rezim, rei da
Síria, e Peca, filho de Remalias, a atacarem Judá. 38Quando
Jotão morreu, foi sepultado com seus antepassados na Cidade
de Davi. Seu filho Acaz foi seu sucessor.

Acaz reina em Judá

16 Acaz, filho de Jotão, começou a reinar em Judá no décimo
sétimo ano do reinado de Peca, filho de Remalias. 2Tinha
20 anos quando começou a reinar, e reinou em Jerusalém por
dezesseis anos. Ao contrário de seu antepassado Davi, não fez
o que era certo aos olhos do SENHOR, seu Deus. 3Em vez disso,
seguiu o exemplo dos reis de Israel e até sacrificou seu filho no
fogo. Desse modo, seguiu as práticas detestáveis das nações
que o SENHOR havia expulsado da terra diante dos israelitas.
4Ofereceu sacrifícios e queimou incenso nos santuários idóla-
tras, nos montes e debaixo de toda árvore verdejante.
5Então Rezim, rei da Síria, e Peca, filho de Remalias, rei de
Israel, subiram para atacar Jerusalém. Cercaram Acaz, mas
não conseguiram derrotá-lo. 6Nessa época, o rei de Edom re-
cuperou a cidade de Elate para os edomitas. Expulsou o povo
de Judá e colocou edomitas para morarem ali, onde estão
até hoje.
7O rei Acaz enviou mensageiros para dizer a Tiglate-Pileser,
rei da Assíria: "Sou seu servo e seu súdito. Venha salvar-me
dos exércitos da Síria e de Israel que estão me atacando".
8Então Acaz pegou a prata e o ouro do templo do SENHOR e
dos tesouros do palácio e os enviou como pagamento para
o rei da Assíria. 9O rei da Assíria atendeu ao pedido e atacou
Damasco, a capital da Síria, e deportou seus habitantes para
Quir. Também matou Rezim, rei da Síria.
10Então o rei Acaz foi a Damasco para encontrar-se com Tiglate-
-Pileser, rei da Assíria. Enquanto estava lá, viu o altar da cidade
e enviou ao sacerdote Urias um modelo e um desenho deta-
lhado do altar. 11O sacerdote Urias seguiu as instruções do rei
e construiu um altar exatamente igual, que ficou pronto antes
de o rei voltar de Damasco. 12Quando o rei voltou, viu o altar
e ofereceu sacrifícios sobre ele. 13Apresentou um holocausto,
uma oferta de cereal e uma oferta derramada e aspergiu o
altar com o sangue de uma oferta de paz.
14O rei Acaz removeu o antigo altar de bronze de seu lugar, na
frente do templo do SENHOR, entre o novo altar e a entrada,
e o colocou do lado norte do novo altar. 15Disse ao sacerdote
Urias: "Use o novo altar para o holocausto da manhã, para
a oferta de cereal da tarde, para o holocausto e a oferta de
cereal do rei, e para o holocausto, a oferta de cereal e a oferta
derramada de todo o povo. Com o sangue de todos os ho-
locaustos e sacrifícios, faça aspersão sobre o novo altar. O
altar de bronze será apenas para meu uso pessoal". 16Urias
fez como o rei Acaz ordenou.
17Depois, o rei Acaz tirou os painéis e as bacias das dez bases
móveis usadas para levar água. Também removeu o grande
tanque de bronze chamado Mar de cima dos touros e o colocou
sobre o pavimento de pedra. 18Por causa do rei da Assíria,
removeu a cobertura construída dentro do templo para ser
usada aos sábados, bem como a entrada externa do rei para
o templo do SENHOR.
19Os demais acontecimentos do reinado de Acaz e tudo que
ele fez estão registrados no *Livro da História dos Reis de Judá*.
20Quando Acaz morreu, foi sepultado com seus antepassados
na Cidade de Davi. Seu filho Ezequias foi seu sucessor.

Oseias reina em Israel

17 Oseias, filho de Elá, começou a reinar em Israel no décimo
segundo ano do reinado de Acaz, rei de Judá. Reinou em

Samaria por nove anos. 2Fez o que era mau aos olhos do SE-
NHOR, mas não tanto quanto os reis que governaram Israel
antes dele.
3Salmaneser, rei da Assíria, atacou o rei Oseias e o obrigou a
lhe pagar tributos. 4Oseias, porém, conspirou contra o rei da
Assíria. Deixou de pagar o tributo anual e pediu ajuda a Sô, rei
do Egito. Quando o rei da Assíria descobriu a traição de Oseias,
mandou colocá-lo na prisão.

Os assírios conquistam Samaria

5O rei da Assíria ocupou todo o território de Israel e, durante
três anos, cercou a cidade de Samaria. 6Por fim, no nono ano
do reinado de Oseias, o rei assírio conquistou Samaria e exilou
os israelitas na Assíria. Criou assentamentos para eles em
Hala, ao longo das margens do rio Habor, em Gozã, e nas
cidades da Média.
7Isso aconteceu porque os israelitas adoraram outros deuses.
Pecaram contra o SENHOR, seu Deus, que os havia tirado da
terra do Egito e os livrado do poder do faraó, o rei do Egito.
8Seguiram as práticas das nações que o SENHOR tinha expul-
sado de diante deles, bem como as práticas introduzidas pelos
reis de Israel. 9Os israelitas também fizeram, em segredo,
muitas coisas que não eram corretas diante do SENHOR, seu
Deus. Construíram santuários idólatras em todas as cidades,
desde o menor posto de vigilância até a maior cidade mu-
rada. 10Ergueram colunas sagradas e postes de Aserá no alto
de todo monte e debaixo de toda árvore verdejante. 11Quei-
maram incenso no topo dos montes, como faziam as nações
que o SENHOR havia expulsado de diante deles. Os israelitas
praticaram muitos atos perversos que provocaram a ira do
SENHOR. 12Adoraram ídolos, apesar das advertências claras do
SENHOR contra isso.
13Repetidamente, o SENHOR enviou profetas e videntes para
advertirem Israel e Judá, com esta mensagem: "Afastem-se
de seus maus caminhos. Obedeçam a meus mandamentos e
decretos, a toda a lei que ordenei a seus antepassados e que
lhes entreguei por meio de meus servos, os profetas".
14Mas os israelitas se recusaram a ouvir. Foram tão teimosos
quanto seus antepassados que não quiseram crer no SENHOR,
seu Deus. 15Rejeitaram seus decretos e a aliança que ele havia
feito com seus antepassados e desprezaram todas as suas
advertências. Adoraram ídolos inúteis, de modo que eles pró-
prios se tornaram inúteis. Seguiram o exemplo das nações ao
redor e desobedeceram à ordem do SENHOR para que não as
imitassem.
16Rejeitaram todos os mandamentos do SENHOR, seu Deus, e
fizeram dois bezerros de metal. Ergueram um poste de Aserá
e adoraram Baal e todos os astros do céu. 17Chegaram a sacri-
ficar os próprios filhos e filhas no fogo. Consultaram adivinhos,
praticaram feitiçaria, venderam-se para fazer o que é mau aos
olhos do SENHOR e provocaram sua ira.
18O SENHOR se indignou muito com Israel e o expulsou de sua
presença. Com isso, restou somente a tribo de Judá. 19Mesmo
o povo de Judá, porém, não obedeceu aos mandamentos do
SENHOR, seu Deus, pois seguiu as práticas perversas introdu-
zidas por Israel. 20O SENHOR rejeitou todos os descendentes
de Israel. Como castigo, entregou-os a seus inimigos, até que
expulsou Israel de sua presença.
21Pois quando o SENHOR arrancou Israel do reino de Davi, os is-
raelitas escolheram Jeroboão, filho de Nebate, como rei. Mas
Jeroboão afastou Israel do SENHOR e os levou a cometer grande
pecado. 22E os israelitas continuaram a seguir todos os cami-
nhos maus de Jeroboão. Não se afastaram desses pecados,
23até que, por fim, o SENHOR os expulsou de sua presença,
como todos os seus profetas haviam advertido. Assim, Israel
foi deportado de sua terra para a Assíria, onde permanece
até hoje.

Estrangeiros se estabelecem em Israel

24O rei da Assíria trouxe povos da Babilônia, de Cuta, de Ava,
de Hamate e de Sefarvaim e os estabeleceu nas cidades de
Samaria, em lugar dos israelitas. Eles tomaram posse de Sa-
maria e habitaram em suas cidades. 25Assim que chegaram,
esses estrangeiros não adoravam o SENHOR, de modo que o
SENHOR mandou leões, que mataram alguns deles.
26Por isso, enviaram uma mensagem ao rei da Assíria: "O povo
que o senhor deportou para as cidades de Samaria não co-
nhece os costumes do deus da terra. Ele mandou leões para
destruí-los, porque não conhecem suas exigências".
27Então o rei da Assíria deu esta ordem: "Enviem um dos sa-
cerdotes exilados de volta a Samaria. Ele viverá ali e ensinará
aos novos habitantes os costumes do deus da terra". 28Um dos
sacerdotes exilados de Samaria voltou a Betel e ensinava os
novos habitantes a adorarem corretamente o SENHOR.
29Contudo, cada um desses povos estrangeiros continuou a
fazer seus deuses e adorá-los. Em todas as cidades onde ha-
bitavam, colocaram seus ídolos nos santuários idólatras que o
povo de Samaria havia construído. 30Os da Babilônia adoravam
as imagens do deus Sucote-Benote. Os de Cuta adoravam o
deus Nergal. Os de Hamate adoravam o deus Asima. 31Os aveus
adoravam os deuses Nibaz e Tartaque. E o povo de Sefarvaim
até queimava os próprios filhos como sacrifício aos deuses
Adrameleque e Anameleque.
32Esses novos habitantes adoravam o SENHOR, mas também
nomeavam qualquer pessoa como sacerdote para oferecer
sacrifícios nos lugares de culto. 33E, embora adorassem o SE-
NHOR, continuavam a seguir seus próprios deuses, de acordo
com os costumes de suas nações de origem. 34Até hoje, con-
tinuam com suas antigas práticas em vez de adorar verdadei-
ramente o SENHOR e obedecer aos decretos, estatutos, leis e
mandamentos que o SENHOR deu aos descendentes de Jacó,
cujo nome ele mudou para Israel.
35Pois o SENHOR havia feito uma aliança com eles e ordenado:
"Não adorem outros deuses, nem se prostrem diante deles,
não os sirvam, nem lhes ofereçam sacrifícios. 36Adorem so-
mente o SENHOR, que os tirou do Egito com grande força e
com braço poderoso. Curvem-se somente diante dele e ofe-
reçam sacrifícios a ele somente. 37Tomem sempre o cuidado

de obedecer aos decretos, estatutos, leis e mandamentos
que ele lhes prescreveu. Não adorem outros deuses. 38Não se
esqueçam da aliança que fiz com vocês e não adorem outros
deuses. 39Adorem somente o SENHOR, seu Deus. Ele os livrará
de todos os seus inimigos".
40Mas o povo se recusou a ouvir e continuou com suas antigas
práticas. 41Assim, embora os novos habitantes adorassem o
SENHOR, também adoravam seus ídolos. E até hoje seus des-
cendentes fazem a mesma coisa.

Ezequias reina em Judá

18 Ezequias, filho de Acaz, começou a reinar em Judá no
terceiro ano do reinado de Oseias, filho de Elá, rei de
Israel. 2Tinha 25 anos quando começou a reinar, e reinou em
Jerusalém por 29 anos. Sua mãe se chamava Abi e era filha de
Zacarias. 3Ezequias fez o que era certo aos olhos do SENHOR,
como seu antepassado Davi. 4Removeu os santuários idólatras,
quebrou as colunas sagradas e derrubou os postes de Aserá.
Despedaçou a serpente de bronze que Moisés havia feito,
pois os israelitas queimavam incenso para ela. A serpente de
bronze se chamava Neustã.
5Ezequias confiava no SENHOR, o Deus de Israel. Não houve
ninguém como ele entre todos os reis de Judá, nem antes
nem depois. 6Ezequias se apegou ao SENHOR, não se afastou
dele e teve o cuidado de obedecer a todos os mandamentos
que o SENHOR tinha ordenado por meio de Moisés. 7Assim, o
SENHOR estava com Ezequias, e ele era bem-sucedido em tudo
que fazia. Rebelou-se contra o rei da Assíria e não lhe pagou
tributo. 8Derrotou os filisteus até Gaza e seu território, desde
o menor posto de vigilância até a maior cidade fortificada.
9No quarto ano do reinado de Ezequias, o sétimo ano do rei-
nado de Oseias, filho de Elá, rei de Israel, Salmaneser, rei da
Assíria, atacou a cidade de Samaria e a cercou. 10Três anos
depois, no sexto ano do reinado de Ezequias e no nono ano do
reinado de Oseias, rei de Israel, Samaria foi conquistada. 11O
rei assírio deportou os israelitas para a Assíria e os colocou em
assentamentos em Hala, ao longo das margens do rio Habor,
em Gozã, e nas cidades da Média. 12Isso aconteceu porque eles
não ouviram nem obedeceram ao SENHOR, seu Deus. Em vez
disso, violaram sua aliança, todas as leis às quais Moisés, servo
do SENHOR, havia ordenado que obedecessem.

A Assíria invade Judá

13No décimo quarto ano do reinado de Ezequias, Senaqueribe,
rei da Assíria, atacou as cidades fortificadas de Judá e as con-
quistou. 14Ezequias, rei de Judá, enviou esta mensagem ao rei
da Assíria, em Laquis: "Cometi um erro. Se você se retirar, eu
lhe pagarei qualquer tributo que exigir". O rei da Assíria exigiu
10.500 quilos de prata e 1.050 quilos de ouro. 15Para juntar
essa quantia, Ezequias usou toda a prata guardada no templo
do SENHOR e nos tesouros do palácio. 16Arrancou até o ouro
das portas e dos batentes do templo do SENHOR que ele havia
coberto com ouro e entregou tudo ao rei da Assíria.

Senaqueribe ameaça Jerusalém

17Apesar disso, o rei da Assíria enviou, de Laquis, seu coman-
dante em chefe, seu comandante de campo e seu porta-voz,
juntamente com um grande exército, para confrontarem o rei
Ezequias em Jerusalém. Os assírios se posicionaram ao lado
do aqueduto que abastece o tanque superior, perto do ca-
minho para o campo onde se lava roupa. 18Mandaram chamar
o rei Ezequias, mas ele enviou os seguintes oficiais ao en-
contro deles: Eliaquim, filho de Hilquias, o administrador do
palácio; Sebna, o secretário da corte; e Joá, filho de Asafe, o
historiador do reino.
19O porta-voz do rei assírio mandou que transmitissem esta
mensagem a Ezequias: "Assim diz o grande rei da Assíria: Em
que você confia, que lhe dá tanta segurança? 20Pensa que
meras palavras podem substituir experiência e força militar?
Com quem você conta para se rebelar contra mim? 21Com o
Egito? Se você se apoiar no Egito, ele será como um junco
que se quebra sob seu peso e perfura sua mão. O faraó, rei do
Egito, não é digno de nenhuma confiança!
22"Talvez vocês digam: 'Confiamos no SENHOR, nosso Deus!'.
Mas não foi a ele que Ezequias insultou? Ezequias não destruiu
os santuários e altares dele e obrigou todos em Judá e Jeru-
salém a adorarem somente no altar em Jerusalém?
23"Vou lhes dizer uma coisa: Façam um acordo com meu se-
nhor, o rei da Assíria. Eu lhes darei dois mil cavalos se forem
capazes de encontrar homens em número suficiente para
montá-los! 24Com seu exército minúsculo, como podem pensar
em desafiar até o contingente mais fraco do exército de meu
senhor, mesmo com a ajuda dos carros de guerra e dos cava-
leiros do Egito? 25Além disso, imaginam que invadimos sua
terra sem a direção do SENHOR? Foi o próprio SENHOR que nos
disse: 'Ataquem essa terra e destruam-na!'".
26Então Eliaquim, filho de Hilquias, Sebna e Joá disseram ao
porta-voz: "Por favor, fale conosco em aramaico, pois enten-
demos bem essa língua. Não fale em hebraico, pois o povo
sobre o muro o ouvirá".
27O porta-voz, no entanto, respondeu: "Vocês pensam que meu
senhor enviou essa mensagem apenas para vocês e para seu
senhor? Ele quer que todo o povo a ouça, pois, quando cer-
carmos esta cidade, eles sofrerão junto com vocês. Ficarão tão
famintos e sedentos que comerão as próprias fezes e beberão
a própria urina!".
28Então o porta-voz se levantou e gritou em hebraico: "Ouçam
esta mensagem do grande rei da Assíria! 29Assim diz o rei:
Não deixem que Ezequias os engane. Ele jamais será capaz de
livrá-los de meu poder. 30Não deixem que ele os convença a
confiar no SENHOR, dizendo: 'Certamente o SENHOR nos livrará;
esta cidade jamais cairá nas mãos do rei da Assíria!'.
31"Não deem ouvidos a Ezequias! Estas são as condições que o
rei da Assíria oferece: Façam as pazes comigo, abram as portas
e saiam. Então, cada um de vocês continuará a comer de sua
própria videira e de sua própria figueira e a beber de seu pró-
prio poço. 32Depois, providenciarei que sejam levados a outra
terra como esta, uma terra com cereais e vinho novo, com pão

e vinhedos, com olivais e mel. Escolham a vida, e não a morte!
"Não deem ouvidos a Ezequias quando ele tentar enganá-
-los, dizendo: 'O SENHOR nos livrará!'. 33Acaso os deuses de
alguma outra nação livraram seu povo do rei da Assíria? 34O
que aconteceu aos deuses de Hamate e de Arpade? E quanto
aos deuses de Sefarvaim, de Hena e de Iva? Acaso algum deus
livrou Samaria de meu poder? 35Qual dos deuses de qualquer
nação foi capaz de livrar seu povo de meu poder? O que os faz
pensar que o SENHOR pode livrar Jerusalém de minhas mãos?".
36Mas o povo permaneceu em silêncio e não disse uma palavra
sequer, pois Ezequias havia ordenado: "Não lhe respondam".
37Então Eliaquim, filho de Hilquias, administrador do palácio,
Sebna, secretário da corte, e Joá, filho de Asafe, historiador
do reino, voltaram a Ezequias. Rasgaram suas roupas e foram
contar ao rei o que o porta-voz tinha dito.

Ezequias busca a ajuda do SENHOR

19 Quando o rei Ezequias ouviu esse relato, rasgou as
roupas, vestiu-se com panos de saco e entrou no templo
do SENHOR. 2Enviou Eliaquim, o administrador do palácio,
Sebna, o secretário da corte, e os principais sacerdotes, todos
vestidos com panos de saco, ao profeta Isaías, filho de Amoz.
3Eles lhe disseram: "Assim diz o rei Ezequias: 'Hoje é um dia
de angústia, insulto e humilhação. É como quando a criança
está prestes a nascer, mas a mãe não tem forças para dar
à luz. 4Contudo, talvez o SENHOR, seu Deus, tenha ouvido o
porta-voz que o rei da Assíria enviou para desafiar o Deus vivo
e o castigue por suas palavras. Por favor, ore por nós que res-
tamos!'".
5Depois que os oficiais do rei Ezequias transmitiram a men-
sagem ao profeta Isaías, 6ele respondeu: "Digam ao rei que
assim diz o SENHOR: 'Não se assuste com os insultos que os
mensageiros do rei da Assíria lançaram contra mim. 7Ouça! Eu
mesmo agirei contra o rei da Assíria, e ele receberá notícias
que o farão voltar para sua terra. Ali eu providenciarei que ele
seja morto à espada'".
8Enquanto isso, o porta-voz partiu de Jerusalém e foi consultar
o rei da Assíria, pois tinha sido informado de que o rei havia
deixado Laquis e estava atacando Libna.
9Logo depois, o rei Senaqueribe recebeu a notícia de que Ti-
raca, rei da Etiópia, havia saído com seu exército para lutar
contra ele. Então enviou seus homens de volta a Ezequias em
Jerusalém com a seguinte mensagem:
10"Esta é uma mensagem para Ezequias, rei de Judá. Não
deixe que seu Deus, em quem você confia, o engane com
promessas de que Jerusalém não será conquistada pelo rei
da Assíria. 11Você sabe muito bem o que os reis da Assíria fi-
zeram por onde passaram. Destruíram completamente todos
que atravessaram seu caminho! Quem é você para escapar?
12Acaso os deuses de outras nações, como Gozã, Harã, Rezefe,
e o povo de Éden, que estava em Telassar, as livraram? Meus
antecessores destruíram todos eles! 13O que aconteceu ao rei
de Hamate e ao rei de Arpade? O que aconteceu aos reis de
Sefarvaim, de Hena e de Iva?".
14Depois que Ezequias recebeu a carta dos mensageiros e a
leu, subiu ao templo do SENHOR e a estendeu diante do SE-
NHOR. 15Então Ezequias fez esta oração na presença do SENHOR:
"Ó SENHOR, o Deus de Israel, que estás entronizado entre os
querubins! Só tu és Deus de todos os reinos da terra. Sim, tu
criaste os céus e a terra. 16Inclina teus ouvidos, ó SENHOR, e
ouve! Abre teus olhos, ó SENHOR, e vê! Ouve as palavras com as
quais Senaqueribe desafia o Deus vivo!
17"É verdade, SENHOR, que os reis da Assíria destruíram todas
essas nações. 18Lançaram os deuses dessas nações no fogo e
os queimaram. É claro que os assírios conseguiram destruí-los!
Não eram deuses de verdade, mas apenas ídolos de madeira
e pedra moldados por mãos humanas. 19Agora, SENHOR, nosso
Deus, salva-nos do poder desse rei; então todos os reinos da
terra saberão que somente tu, SENHOR, és Deus!".

Isaías prediz o livramento de Judá

20Então Isaías, filho de Amoz, enviou esta mensagem a Eze-
quias: "Assim diz o SENHOR, o Deus de Israel: Ouvi sua oração a
respeito de Senaqueribe, rei da Assíria. 21E o SENHOR proferiu
esta palavra contra ele: "A filha virgem de Sião o despreza e ri
de você. A filha de Jerusalém balança a cabeça com desdém
enquanto você foge.
22"A quem você desafiou e de quem zombou? Contra quem
levantou a voz? Para quem olhou com arrogância? Para o Santo
de Israel!
23Por meio de seus mensageiros, desafiou o Senhor. Disse:
'Com meus numerosos carros de guerra, conquistei os montes
mais elevados, sim, os picos mais remotos do Líbano. Cortei
seus cedros mais altos e seus melhores ciprestes. Cheguei
a suas regiões mais distantes e explorei suas florestas mais
densas.
24Cavei poços em muitas terras estrangeiras e me refresquei
com sua água. Com a sola de meu pé, sequei todos os rios
do Egito!'.
25"Mas você não sabe? Eu decidi tudo isso há muito tempo.
Planejei essas coisas no passado distante, e agora as rea-
lizo. Planejei que você transformaria cidades fortificadas em
montes de escombros.
26Por isso, seus habitantes perdem as forças e ficam assus-
tados e envergonhados. São frágeis como a relva, indefesos
como brotos verdes e tenros. São como capim que surge no
telhado, queimado antes mesmo de crescer.
27"Mas eu o conheço bem: sei onde está e sei de suas idas e
vindas; sei como se enfureceu contra mim.
28E, por causa de sua raiva contra mim e de sua arrogância,
que eu mesmo ouvi, porei minha argola em seu nariz e meu
freio em sua boca. Eu o farei voltar pelo mesmo caminho por
onde veio".
29Então Isaías disse a Ezequias: "Esta é a prova de que minhas
palavras são verdadeiras: "Neste ano vocês comerão somente
o que crescer por si, e, no ano seguinte, o que brotar disso.
Mas, no terceiro ano, semeiem e colham, cuidem de suas vi-
deiras e comam de seus frutos.

30 Vocês que restarem em Judá, os que escaparem da destruição,
lançarão raízes em seu próprio solo, crescerão e darão frutos.
31 Pois um remanescente de meu povo sairá de Jerusalém, um
grupo de sobreviventes partirá do monte Sião. O zelo do SE-
NHOR dos Exércitos fará que isso aconteça!
32 "E assim diz o SENHOR a respeito do rei da Assíria: "Seus
exércitos não entrarão em Jerusalém, nem dispararão contra
ela uma só flecha. Não marcharão com escudos fora de suas
portas, nem construirão rampas de terra contra seus muros.
33 O rei voltará à terra dele pelo mesmo caminho por onde veio.
Não entrará na cidade, diz o SENHOR.
34 Por minha própria honra e por causa de meu servo Davi,
defenderei esta cidade e a libertarei".
35 Naquela noite, o anjo do SENHOR foi ao acampamento assírio
e matou 185 mil soldados assírios. Quando os sobreviventes
acordaram na manhã seguinte, encontraram cadáveres por
toda parte. 36 Então Senaqueribe, rei da Assíria, levantou acam-
pamento e partiu para sua terra. Voltou para Nínive e ali ficou.
37 Certo dia, enquanto ele adorava no templo de seu deus Nis-
roque, seus filhos Adrameleque e Sarezer o mataram à espada.
Fugiram para a terra de Ararate, e outro filho, Esar-Hadom, se
tornou seu sucessor na Assíria.

A doença e a recuperação de Ezequias

20 Por esse tempo, Ezequias ficou doente e estava para
morrer. O profeta Isaías, filho de Amoz, foi visitá-lo e
transmitiu-lhe a seguinte mensagem: "Assim diz o SENHOR:
'Ponha suas coisas em ordem, pois você vai morrer. Não se
recuperará dessa doença'".
2 Quando Ezequias ouviu isso, virou o rosto para a parede e
orou ao SENHOR: 3 "Ó SENHOR, lembra-te de como sempre te
servi com fidelidade e devoção, e de como sempre fiz o que
é certo aos teus olhos". Depois, o rei chorou amargamente.
4 Então, antes que Isaías deixasse o pátio intermediário, re-
cebeu esta mensagem do SENHOR: 5 "Volte a Ezequias, líder
de meu povo, e diga-lhe: Assim diz o SENHOR, o Deus de seu
antepassado Davi: 'Ouvi sua oração e vi suas lágrimas. Vou
curá-lo e, daqui a três dias, você sairá da cama e irá ao templo
do SENHOR. 6 Acrescentarei quinze anos à sua vida e livrarei
você e esta cidade do rei da Assíria. Defenderei esta cidade
por causa de minha honra e por causa de meu servo Davi'".
7 Então Isaías disse: "Preparem uma pasta de figos". Os servos
de Ezequias fizeram a pasta e a espalharam sobre a ferida, e
Ezequias se recuperou.
8 Ezequias tinha perguntado a Isaías: "Que sinal o SENHOR dará
como prova de que ele vai me curar e de que irei ao templo do
SENHOR daqui a três dias?".
9 Isaías respondeu: "Este é o sinal do SENHOR de que cumprirá
o que prometeu. Você prefere que a sombra do relógio de sol
avance dez graus ou recue dez graus?".
10 "É natural que a sombra avance", disse Ezequias. "Isso
seria fácil. Faça-a voltar dez graus." 11 O profeta Isaías orou
ao SENHOR, e ele fez a sombra recuar dez graus no relógio
de sol de Acaz.

Mensageiros da Babilônia

12 Pouco tempo depois, Merodaque-Baladã, filho de Baladã,
rei da Babilônia, enviou cartas e um presente para Ezequias,
pois soube que o rei tinha estado muito doente. 13 Ezequias
recebeu os mensageiros babilônios e lhes mostrou tudo que
havia na casa do tesouro: a prata, o ouro, as especiarias e os
óleos aromáticos. Também os levou para conhecer seu arsenal
e lhes mostrou tudo que havia nos tesouros do rei. Não houve
nada em seu palácio nem em seu reino que Ezequias não lhes
mostrasse.
14 Então o profeta Isaías foi ver o rei Ezequias e lhe perguntou:
"O que esses homens queriam? De onde vieram?". Ezequias
respondeu: "Vieram da Babilônia, uma terra distante".
15 "O que viram em seu palácio?", perguntou Isaías. "Viram
tudo", Ezequias respondeu. "Eu lhes mostrei tudo que possuo,
todos os meus tesouros."
16 Então Isaías disse a Ezequias: "Ouça esta mensagem do SE-
NHOR: 17 'Está chegando o dia em que tudo em seu palácio,
todos os tesouros que seus antepassados acumularam até
agora, será levado para a Babilônia. Não ficará coisa alguma',
diz o SENHOR. 18 'Até mesmo alguns de seus descendentes serão
levados para o exílio. Eles se tornarão eunucos e servirão no
palácio do rei da Babilônia'".
19 Ezequias disse a Isaías: "A mensagem do SENHOR que você
transmitiu é boa". Pois o rei pensava: "Pelo menos haverá paz
e segurança durante minha vida".
20 Os demais acontecimentos do reinado de Ezequias, incluindo
a extensão de seu poder e como construiu uma represa e cavou
um túnel para abastecer a cidade com água, estão registrados
no *Livro da História dos Reis de Judá*. 21 Ezequias morreu e
se reuniu a seus antepassados, e seu filho Manassés foi seu
sucessor.

Manassés reina em Judá

21 Manassés tinha 12 anos quando começou a reinar, e
reinou em Jerusalém por 55 anos. Sua mãe se chamava
Hefzibá. 2 Manassés fez o que era mau aos olhos do SENHOR e
seguiu as práticas detestáveis das nações que o SENHOR havia
expulsado de diante dos israelitas. 3 Reconstruiu os santuários
idólatras que seu pai, Ezequias, havia destruído. Construiu al-
tares para Baal e ergueu um poste de Aserá, como Acabe, rei
de Israel, havia feito. Também se curvou diante de todos os
astros dos céus e lhes prestou culto.
4 Construiu altares idólatras no templo do SENHOR, sobre o qual
o SENHOR tinha dito: "Meu nome permanecerá em Jerusalém
para sempre". 5 Nos dois pátios do templo do SENHOR, construiu
altares para os astros do céu. 6 Manassés também sacrificou
seu filho no fogo. Praticou feitiçaria e adivinhação e consultou
médiuns e praticantes do ocultismo. Fez muitas coisas per-
versas aos olhos do SENHOR e, com isso, provocou sua ira.
7 Manassés chegou a fazer uma imagem esculpida da deusa
Aserá e colocá-la no templo, sobre o qual o SENHOR tinha dito
a Davi e a seu filho Salomão: "Meu nome será honrado para
sempre neste templo em Jerusalém, a cidade que escolhi

dentre todas as tribos de Israel. 8Se os israelitas tiverem o
cuidado de obedecer a meus mandamentos, todas as leis que
meu servo Moisés lhes deu, não os expulsarei desta terra que
dei a seus antepassados". 9Mas o povo se recusou a ouvir, e
Manassés os levou a fazer coisas piores do que as nações que o
SENHOR tinha destruído quando os israelitas entraram na terra.
10Então o SENHOR disse por meio de seus servos, os profetas:
11"Manassés, rei de Judá, fez muitas coisas detestáveis. É
ainda mais perverso que os amorreus que habitavam nesta
terra antes de Israel e fez o povo de Judá pecar com seus
ídolos. 12Portanto, assim diz o SENHOR, o Deus de Israel: Trarei
desgraça tão grande sobre Jerusalém e Judá que fará tinir os
ouvidos daqueles que ouvirem a respeito. 13Julgarei Jerusalém
de acordo com o mesmo critério que usei para julgar Samaria
e a família de Acabe. Limparei Jerusalém como quem limpa
um prato e depois o vira de cabeça para baixo. 14Rejeitarei até
mesmo o remanescente de meu povo e o entregarei a seus
inimigos como despojo. 15Pois eles fizeram o que era mau aos
meus olhos e provocaram minha ira desde que seus antepas-
sados saíram do Egito".
16Além de levar o povo de Judá a pecar e fazer o que era mau
aos olhos do SENHOR, Manassés assassinou muitos inocentes,
até encher Jerusalém do sangue deles, de uma extremidade
à outra.
17Os demais acontecimentos do reinado de Manassés e tudo
que ele fez, incluindo os pecados que cometeu, estão regis-
trados no *Livro da História dos Reis de Judá*. 18Quando Ma-
nassés morreu e se reuniu a seus antepassados, foi sepultado
no jardim de seu palácio, o jardim de Uzá. Seu filho Amom foi
seu sucessor.

Amom reina em Judá

19Amom tinha 22 anos quando começou a reinar, e reinou em
Jerusalém por dois anos. Sua mãe se chamava Mesulemete e
era filha de Haruz, de Jotbá. 20Fez o que era mau aos olhos
do SENHOR, como seu pai, Manassés, havia feito. 21Seguiu
o exemplo de seu pai e adorou os mesmos ídolos que ele.
22Abandonou o SENHOR, o Deus de seus antepassados, e não
andou nos caminhos do SENHOR.
23Os próprios oficiais de Amom conspiraram contra ele e o
assassinaram em seu palácio. 24Mas o povo da terra matou
todos que haviam conspirado contra o rei Amom e proclamou
rei seu filho Josias.
25Os demais acontecimentos do reinado de Amom e tudo que
ele fez estão registrados no *Livro da História dos Reis de Judá*.
26Ele foi sepultado em seu túmulo no jardim de Uzá. Seu filho
Josias foi seu sucessor.

Josias reina em Judá

22 Josias tinha 8 anos quando começou a reinar, e reinou
por 31 anos em Jerusalém. Sua mãe se chamava Jedida
e era filha de Adaías, de Bozcate. 2Josias fez o que era certo
aos olhos do SENHOR e seguiu o exemplo de seu antepassado
Davi, não se desviando nem para um lado nem para o outro.
3No décimo oitavo ano de seu reinado, o rei Josias enviou
Safã, secretário da corte, filho de Azalias, filho de Mesulão, ao
templo do SENHOR. Disse-lhe: 4"Vá ao sumo sacerdote Hilquias
e peça-lhe que pese a prata que os guardas das portas reco-
lheram do povo no templo do SENHOR. 5Entregue a prata aos
homens encarregados de supervisionar a reforma do templo.
Eles a usarão para pagar os trabalhadores que farão reparos
no templo do SENHOR. 6Precisarão de carpinteiros, construtores
e pedreiros. Também deverão comprar a madeira e as pedras
cortadas necessárias para os reparos no templo. 7Contudo,
não exija que os supervisores prestem contas do valor que
receberam, pois são homens de confiança".

Hilquias encontra a lei de Deus

8O sumo sacerdote Hilquias disse a Safã, secretário da corte:
"Encontrei o Livro da Lei no templo do SENHOR!". E Hilquias
entregou o livro a Safã, que o leu.
9Safã voltou ao rei e relatou: "Seus oficiais entregaram a prata
recolhida no templo do SENHOR aos trabalhadores e supervi-
sores no templo". 10Safã também disse ao rei: "O sacerdote
Hilquias me entregou um livro". E Safã leu o livro para o rei.
11Quando o rei ouviu o que estava escrito no Livro da Lei,
rasgou suas roupas. 12Em seguida, deu estas ordens ao sacer-
dote Hilquias, a Aicam, filho de Safã, a Acbor, filho de Micaías,
a Safã, o secretário da corte, e a Asaías, conselheiro pessoal
do rei: 13"Vão consultar o SENHOR por mim, pelo povo e por todo
o Judá. Perguntem a respeito das palavras escritas neste livro
que foi encontrado. A grande ira do SENHOR arde contra nós,
pois nossos antepassados não obedeceram às palavras deste
livro. Eles não fizeram tudo que ele diz que devemos fazer".
14Então o sacerdote Hilquias, Aicam, Acbor, Safã e Asaías foram
ao Bairro Novo de Jerusalém consultar a profetisa Hulda. Ela
era esposa de Salum, filho de Ticvá, filho de Harás, responsável
pelo guarda-roupa do templo.
15Ela lhes disse: "O SENHOR, o Deus de Israel, falou! Voltem
e digam ao homem que os enviou 16que assim diz o SENHOR:
'Trarei desgraça sobre esta cidade e sobre seus habitantes.
Todas as palavras escritas no livro que o rei de Judá leu se
cumprirão. 17Pois meu povo me abandonou e queimou incenso
a outros deuses, e estou grandemente irado com eles por tudo
que fizeram. Minha ira arderá contra este lugar e não será
apagada'.
18"Mas vão ao rei de Judá que os enviou para consultarem
o SENHOR e digam-lhe que assim diz o SENHOR a respeito da
mensagem que acabaram de ouvir: 19'Você se arrependeu e
se humilhou diante do SENHOR quando ouviu o que eu disse
contra esta cidade e contra seus habitantes, que esta terra
seria amaldiçoada e se tornaria desolada. Você rasgou as
roupas e chorou diante de mim. E eu certamente o ouvi, diz o
SENHOR. 20Portanto, só enviarei a calamidade anunciada de-
pois que você tiver se reunido a seus antepassados e tiver sido
sepultado em paz. Você não verá a desgraça que trarei sobre
esta cidade'". Então eles levaram a mensagem ao rei.

As reformas religiosas de Josias

23 Josias mandou chamar todas as autoridades de Judá e
de Jerusalém. 2Então o rei subiu ao templo do SENHOR
com os sacerdotes e os profetas e com todo o povo de Judá e
de Jerusalém, dos mais simples até os mais importantes. Leu
para eles todo o Livro da Aliança encontrado no templo do
SENHOR. 3O rei ficou em pé no lugar de honra junto à coluna e
renovou a aliança na presença do SENHOR. Comprometeu-se a
obedecer ao SENHOR e a cumprir seus mandamentos, preceitos
e decretos de todo o coração e de toda a alma. Confirmou,
desse modo, os termos da aliança escritos no livro, e todo o
povo se comprometeu com a aliança.
4Em seguida, o rei deu ordens ao sumo sacerdote Hilquias,
aos sacerdotes auxiliares e aos guardas das portas do templo
para que removessem do templo do SENHOR todos os utensílios
usados para o culto a Baal, a Aserá e a todos os astros do céu.
Mandou queimar tudo fora de Jerusalém, nos terraços do vale
de Cedrom, e levou as cinzas para Betel. 5Eliminou os sacer-
dotes idólatras nomeados por reis anteriores de Judá, pois
haviam oferecido sacrifícios nos santuários idólatras em todo
o território de Judá e nos arredores de Jerusalém. Também ha-
viam oferecido sacrifícios a Baal, ao sol, à lua, às constelações
e a todos os astros dos céus. 6Removeu do templo do SENHOR o
poste de Aserá e o levou para fora de Jerusalém, para o vale
de Cedrom, onde o queimou. Depois, moeu as cinzas do poste
e lançou o pó sobre os túmulos do povo. 7Também demoliu os
alojamentos dos prostitutos e das prostitutas cultuais dentro
do templo do SENHOR, onde as mulheres teciam enfeites para
o poste de Aserá.
8Josias trouxe para Jerusalém todos os sacerdotes que
moravam em outras cidades de Judá. Profanou os santuá-
rios idólatras, onde haviam queimado incenso, desde Geba
até Berseba. Destruiu os santuários na entrada da porta de
Josué, governador de Jerusalém, à esquerda de quem entra
pela porta da cidade. 9Os sacerdotes que haviam servido nos
santuários idólatras não tinham permissão de servir no altar
do SENHOR, em Jerusalém, mas podiam comer dos pães sem
fermento junto com os outros sacerdotes.
10O rei profanou o altar de Tofete, no vale de Ben-Hinom, a fim
de que ninguém mais pudesse usá-lo para sacrificar no fogo
um filho ou uma filha como oferta a Moloque. 11Removeu da
entrada do templo do SENHOR as estátuas de cavalos que os
reis anteriores de Judá haviam dedicado ao sol. Ficavam perto
do alojamento do eunuco Natã-Meleque, oficial do templo. O
rei também queimou os carros de guerra consagrados ao sol.
12Derrubou os altares que os reis de Judá haviam construído
no terraço do palácio, sobre a sala de Acaz. Destruiu os altares
que Manassés havia construído nos dois pátios do templo do
SENHOR. Despedaçou-os e espalhou o entulho no vale de Ce-
drom. 13O rei também profanou os santuários idólatras a leste
de Jerusalém, ao sul do monte da Corrupção, que Salomão,
rei de Israel, havia construído para Astarote, a repulsiva deusa
dos sidônios, e para Camos, o repulsivo deus dos moabitas, e
para Moloque, o repugnante deus dos amonitas. 14Fez em pe-
daços as colunas sagradas e cortou os postes de Aserá. Depois,
espalhou sobre eles ossos humanos.
15O rei também demoliu o altar em Betel, o santuário idólatra
que Jeroboão, filho de Nebate, havia construído quando levou
Israel a pecar. Queimou o santuário e o reduziu a pó e queimou
o poste de Aserá. 16Então Josias olhou ao redor e viu várias
sepulturas na encosta do monte. Mandou retirar os ossos das
sepulturas e os queimou no altar em Betel para profaná-lo.
Tudo isso aconteceu exatamente como o SENHOR havia anun-
ciado por meio do homem de Deus, quando Jeroboão estava
junto ao altar durante a festa. Depois, Josias se voltou e viu
o túmulo do homem de Deus que havia predito essas coisas.
17"Que monumento é aquele ali?", o rei perguntou. E o povo
da cidade lhe disse: "É o túmulo do homem de Deus que veio
de Judá e anunciou exatamente o que o senhor acaba de fazer
ao altar em Betel!".
18Josias respondeu: "Deixem-no em paz. Não mexam nos
ossos". Assim, não queimaram seus ossos, nem os ossos do
profeta de Samaria.
19Então Josias demoliu todos os santuários idólatras nas ci-
dades de Samaria, como havia feito em Betel. Tinham sido
construídos pelos reis de Israel e haviam provocado a ira do SE-
NHOR. 20Matou os sacerdotes dos santuários idólatras em seus
próprios altares e queimou ossos humanos sobre os altares
para profaná-los. Por fim, voltou para Jerusalém.

Josias celebra a Páscoa

21O rei Josias deu a seguinte ordem a todo o povo: "Celebrem
a Páscoa do SENHOR, seu Deus, como requer este Livro da
Aliança". 22A Páscoa não havia sido celebrada dessa forma
desde o tempo em que os juízes governavam Israel, nem nos
dias dos reis de Israel e de Judá. 23Mas, no décimo oitavo ano
do reinado de Josias, a Páscoa foi celebrada ao SENHOR em
Jerusalém.
24Josias também exterminou os médiuns e os praticantes de
ocultismo, os ídolos do lar, os ídolos em geral e toda espécie
de prática repulsiva tanto em Jerusalém como em todo o ter-
ritório de Judá. Fez isso em obediência às leis escritas no livro
que o sacerdote Hilquias havia encontrado no templo do SE-
NHOR. 25Nunca antes houve um rei como Josias, que se voltasse
para o SENHOR de todo o coração, de toda a alma e de todas
as forças, e obedecesse a toda a lei de Moisés. E nunca mais
houve um rei como ele.
26Ainda assim, o SENHOR continuou grandemente irado contra
Judá, por causa de todas as coisas que Manassés havia feito
para provocá-lo. 27Pois o SENHOR disse: "Também expulsarei
Judá de minha presença, como expulsei Israel. E rejeitarei
Jerusalém, a cidade que escolhi, e o templo onde meu nome
deveria ser honrado".
28Os demais acontecimentos do reinado de Josias e tudo que
ele fez estão registrados no *Livro da História dos Reis de Judá*.
29Durante o reinado de Josias, o faraó Neco, rei do Egito, foi ao

rio Eufrates dar apoio ao rei da Assíria. O rei Josias e seu exército saíram para lutar contra ele, mas o faraó o matou quando se enfrentaram em Megido. 30Os oficiais de Josias levaram seu corpo de volta num carro, de Megido para Jerusalém, e o sepultaram em seu próprio túmulo. Então o povo ungiu Jeoacaz, filho de Josias, e o proclamou rei.

Jeoacaz reina em Judá

31Jeoacaz tinha 23 anos quando começou a reinar, e reinou em Jerusalém por três meses. Sua mãe se chamava Hamutal e era filha de Jeremias, de Libna. 32Fez o que era mau aos olhos do SENHOR, como seus antepassados.

33O faraó Neco prendeu Jeoacaz em Ribla, na terra de Hamate, para impedir que reinasse em Jerusalém. Também exigiu que Judá pagasse um tributo de 3.500 quilos de prata e 35 quilos de ouro.

Jeoaquim reina em Judá

34Em seguida, o faraó Neco escolheu Eliaquim, outro filho de Josias, como sucessor de seu pai e mudou o nome dele para Jeoaquim. Jeoacaz foi levado como prisioneiro para o Egito, onde morreu.

35A fim de obter o ouro e a prata que o faraó Neco havia exigido como tributo, Jeoaquim cobrou dos habitantes de Judá um imposto proporcional às posses de cada um.

36Jeoaquim tinha 25 anos quando começou a reinar, e reinou em Jerusalém por onze anos. Sua mãe se chamava Zebida e era filha de Pedaías, de Ruma. 37Ele fez o que era mau aos olhos do SENHOR, como seus antepassados.

24 Durante o reinado de Jeoaquim, Nabucodonosor, rei da Babilônia, invadiu a terra de Judá. Jeoaquim se rendeu e lhe pagou tributo por três anos, mas depois se rebelou. 2Então o SENHOR enviou bandos de saqueadores babilônios, sírios, moabitas e amonitas contra o reino de Judá para destruí-lo, como tinha anunciado por meio de seus profetas. 3Essas desgraças aconteceram a Judá por ordem do SENHOR. Ele havia resolvido expulsar Judá de sua presença por causa dos muitos pecados de Manassés, 4que havia enchido Jerusalém de sangue inocente. O SENHOR não perdoou esse pecado.

5Os demais acontecimentos do reinado de Jeoaquim e tudo que ele fez estão registrados no *Livro da História dos Reis de Judá*. 6Quando Jeoaquim morreu e se reuniu a seus antepassados, seu filho Joaquim foi seu sucessor.

7Depois disso, o rei do Egito não se atreveu a sair de suas fronteiras, pois o rei da Babilônia conquistou toda a região que antes havia pertencido ao Egito, desde o ribeiro do Egito até o rio Eufrates.

Joaquim reina em Judá

8Joaquim tinha 18 anos quando começou a reinar, e reinou em Jerusalém por três meses. Sua mãe se chamava Neústa e era filha de Elnatã, de Jerusalém. 9Fez o que era mau aos olhos do SENHOR, como seus antepassados.

10Durante o reinado de Joaquim, os oficiais de Nabucodonosor, rei da Babilônia, subiram contra Jerusalém e a cercaram. 11O próprio Nabucodonosor chegou à cidade durante o cerco. 12Então Joaquim, rei de Judá, a rainha-mãe, os conselheiros, os comandantes e os oficiais se renderam aos babilônios. No oitavo ano de seu reinado, Nabucodonosor levou Joaquim como prisioneiro. 13Conforme o SENHOR havia declarado de antemão, Nabucodonosor levou embora todos os tesouros do templo do SENHOR e do palácio real. Removeu todos os utensílios de ouro que Salomão, rei de Israel, havia colocado no templo. 14O rei Nabucodonosor deportou gente de toda a cidade de Jerusalém, incluindo todos os comandantes e os melhores soldados, artífices e ferreiros, dez mil pessoas ao todo. Só ficaram na terra os mais pobres.

15Nabucodonosor levou cativos para a Babilônia o rei Joaquim, a rainha-mãe, as esposas e os oficiais do rei e todos os nobres de Jerusalém. 16Também deportou sete mil soldados, todos fortes e aptos para a guerra, além de mil artífices e ferreiros. 17Então o rei da Babilônia escolheu Matanias, tio de Joaquim, como rei de Judá e mudou o nome dele para Zedequias.

Zedequias reina em Judá

18Zedequias tinha 21 anos quando começou a reinar, e reinou em Jerusalém por onze anos. Sua mãe se chamava Hamutal e era filha de Jeremias, de Libna. 19Fez o que era mau aos olhos do SENHOR, como Jeoaquim antes dele. 20Estas coisas aconteceram por causa da ira do SENHOR contra o povo de Jerusalém e de Judá. Por fim, ele os expulsou de sua presença e os mandou para o exílio.

A queda de Jerusalém

Zedequias se rebelou contra o rei da Babilônia.

25 Assim, em 15 de janeiro, durante o nono ano do reinado de Zedequias, Nabucodonosor, rei da Babilônia, e todo o seu exército cercaram Jerusalém e construíram rampas de ataque contra os muros. 2Jerusalém permaneceu cercada até o décimo primeiro ano do reinado de Zedequias.

3Em 18 de julho, no décimo primeiro ano do reinado de Zedequias, a fome na cidade tinha se tornado tão severa que não havia mais nenhum alimento. 4Assim, abriram uma brecha no muro da cidade. Como a cidade estava cercada pelos babilônios, os soldados esperaram até o anoitecer e fugiram pelo portão entre os dois muros atrás do jardim do rei. Então seguiram em direção ao vale do Jordão.

5Contudo, o exército babilônio perseguiu o rei e o alcançou nas planícies de Jericó, pois todos os seus soldados o haviam abandonado e se dispersado. 6Capturaram Zedequias e o levaram ao rei da Babilônia, em Ribla, onde ele recebeu sua sentença. 7Mataram seus filhos diante dele, depois lhe arrancaram os olhos, o prenderam com correntes de bronze e o levaram para a Babilônia.

O templo é destruído

8Em 14 de agosto daquele ano, o décimo nono do reinado de
Nabucodonosor, Nebuzaradã, capitão da guarda e oficial do
rei da Babilônia, chegou a Jerusalém. 9Queimou o templo do
SENHOR, o palácio real e todas as casas de Jerusalém. Pôs fogo
em todos os edifícios importantes da cidade. 10Depois super-
visionou o exército babilônio na demolição de todos os muros
de Jerusalém. 11Em seguida, Nebuzaradã, capitão da guarda,
deportou o povo que havia ficado na cidade, os desertores que
se entregaram ao rei da Babilônia e o restante da população.
12Permitiu, no entanto, que alguns dos mais pobres ficassem
para cuidar das videiras e dos campos.
13Os babilônios despedaçaram as colunas de bronze na frente
do templo do SENHOR, as bases móveis de bronze e o grande
tanque de bronze chamado Mar, e levaram todo o bronze para
a Babilônia. 14Também levaram os baldes para cinzas, as pás,
os cortadores de pavios, as colheres e todos os outros utensí-
lios de bronze usados para o serviço no templo. 15O capitão da
guarda levou ainda os incensários e as bacias e todos os outros
utensílios de ouro puro ou prata.
16Era impossível calcular o peso do bronze das duas colunas,
do Mar e das bases móveis para levar água. Esses objetos
[illegible] templo do SENHOR nos dias de Sa-
lomão. 17Cada coluna media 8,1 metros de altura. O capitel de
bronze no alto de cada coluna media cerca de 2,25 metros de
altura e era enfeitado ao redor com correntes entrelaçadas de
romãs feitas de bronze.
18O capitão da guarda levou como prisioneiros o sumo sacer-
dote Seraías, o sacerdote auxiliar Sofonias e três dos principais
guardas das portas. 19Dentre o povo que ainda estava escon-
dido na cidade, levou um oficial responsável pelo exército de
Judá, cinco dos conselheiros pessoais do rei; o secretário do
comandante do exército, que era encarregado do alistamento
de soldados, e outros sessenta homens do povo. 20Nebuza-
radã, capitão da guarda, levou-os ao rei da Babilônia, em
Ribla. 21E ali em Ribla, na terra de Hamate, o rei da Babilônia
mandou executá-los. Assim, o povo de Judá foi enviado para o
exílio, para longe de sua terra.

Gedalias governa em Judá

22Nabucodonosor, rei da Babilônia, nomeou Gedalias, filho de
Aicam, filho de Safã, como governador do povo que ele havia
deixado em Judá. 23Quando os comandantes do exército e seus
homens souberam que o rei da Babilônia havia nomeado Ge-
dalias governador, foram vê-lo em Mispá. Entre eles estavam
Ismael, filho de Netanias, Joanã, filho de Careá, Seraías, filho
do netofatita Tanumete, Jezanias, filho do maacatita, e todos
os seus homens.
24Gedalias jurou a eles que os oficiais babilônios não tinham in-
tenção de lhes fazer nenhum mal. "Não tenham medo deles",
disse. "Vivam na terra e sirvam ao rei da Babilônia, e tudo
lhes irá bem."
25Mas, no sétimo mês desse mesmo ano, Ismael, filho de Ne-
tanias, filho de Elisama, que era da família real, foi com dez
homens a Mispá e matou Gedalias. Também matou todos os
judeus e babilônios que estavam com ele em Mispá.
26Então todo o povo de Judá, dos mais simples até os mais im-
portantes, bem como os comandantes do exército, fugiu para
o Egito, com medo do que os babilônios lhe fariam.

Esperança para a linhagem real de Israel

27No trigésimo sétimo ano do exílio de Joaquim, rei de Judá,
Evil-Merodaque começou a reinar na Babilônia. Foi bondoso
com Joaquim e o libertou da prisão em 2 de abril daquele
ano. 28Falou com ele gentilmente e o colocou num lugar mais
elevado que o de outros reis exilados na Babilônia. 29Provi-
denciou roupas novas para Joaquim, no lugar das roupas de
prisioneiro, e permitiu que ele comesse na presença do rei
enquanto vivesse. 30Assim o rei lhe deu uma provisão diária de
alimento pelo resto de sua vida.

1CRÔNICAS

De Adão aos filhos de Noé

1 Os descendentes de Adão foram: Sete, Enos, 2Cainã,
Maalalel, Jarede, 3Enoque, Matusalém, Lameque 4e Noé.
Os filhos de Noé foram: Sem, Cam e Jafé.

Descendentes de Jafé

5Os descendentes de Jafé foram: Gômer, Magogue, Madai,
Javã, Tubal, Meseque e Tirás.
6Os descendentes de Gômer foram: Asquenaz, Rifate e Togarma.
7Os descendentes de Javã foram: Elisá, Társis, Quitim e Rodanim.

Descendentes de Cam

8Os descendentes de Cam foram: Cuxe, Mizraim, Pute e Canaã.
9Os descendentes de Cuxe foram: Sebá, Havilá, Sabtá, Raamá
e Sabtecá. Os descendentes de Raamá foram: Sabá e Dedã.
10Cuxe também foi o antepassado de Ninrode, o primeiro guer-
reiro valente da terra.
11Mizraim foi o antepassado dos luditas, anamitas, leabitas,
naftuítas, 12patrusitas, casluítas e dos caftoritas, dos quais
descendem os filisteus.
13O filho mais velho de Canaã foi Sidom. Canaã também foi

o antepassado dos hititas, 14jebuseus, amorreus, girgaseus,
15heveus, arqueus, sineus, 16arvadeus, zemareus e hamateus.

Descendentes de Sem

17Os descendentes de Sem foram: Elão, Assur, Arfaxade, Lude
e Arã. Os descendentes de Arã foram: Uz, Hul, Géter e Más.
18Arfaxade gerou Salá, e Salá gerou Héber.
19Héber teve dois filhos. O primeiro recebeu o nome de Pe-
legue, pois em sua época a terra foi dividida. O irmão de Pe-
legue recebeu o nome de Joctã.
20Joctã foi o antepassado de Almodá, Salefe, Hazarmavé, Jerá,
21Adorão, Uzal, Dicla, 22Obal, Abimael, Sabá, 23Ofir, Havilá e
Jobabe. Todos eles foram descendentes de Joctã.
24Os descendentes de Sem foram: Arfaxade, Selá, 25Héber,
Pelegue, Reú, 26Serugue, Naor, Terá 27e Abrão, mais tarde
chamado de Abraão.

Descendentes de Abraão

28Os filhos de Abraão foram: Isaque e Ismael. 29Estes são seus re-
gistros genealógicos: Os filhos de Ismael foram: Nebaiote, o mais
velho, Quedar, Adbeel, Mibsão, 30Misma, Dumá, Massá, Hadade,
Temá, 31Jetur, Nafis e Quedemá. Esses foram os filhos de Ismael.
32Estes foram os filhos de Quetura, concubina de Abraão: Zinrã,
Jocsã, Medã, Midiã, Isbaque e Suá. Os filhos de Jocsã foram:
Sabá e Dedã.
33Os filhos de Midiã foram: Efá, Éfer, Enoque, Abida e Elda.
Todos esses foram descendentes de Abraão com sua concu-
bina Quetura.

Descendentes de Isaque

34Abraão gerou Isaque. Os filhos de Isaque foram: Esaú e Israel.

Descendentes de Esaú

35Os filhos de Esaú foram: Elifaz, Reuel, Jeús, Jalão e Corá.
36Os descendentes de Elifaz foram: Temã, Omar, Zefô, Gaetã,
Quenaz e Amaleque, que nasceu a Timna.
37Os descendentes de Reuel foram: Naate, Zerá, Samá e Mizá.

Povos de Edom

38Os descendentes de Seir foram: Lotã, Sobal, Zibeão, Aná,
Disom, Ézer e Disã.
39Os descendentes de Lotã foram: Hori e Hemã. A irmã de Lotã
se chamava Timna.
40Os descendentes de Sobal foram: Alvã, Maanate, Ebal, Sefô e
Onã. Os descendentes de Zibeão foram: Aiá e Aná.
41O filho de Aná foi Disom. Os descendentes de Disom foram:
Hendã, Esbã, Itrã e Querã.
42Os descendentes de Ézer foram: Bilã, Zaavã e Acã. Os descen-
dentes de Disã foram: Uz e Arã.

Reis de Edom

43Estes são os reis que governaram na terra de Edom antes de
os israelitas terem rei: Belá, filho de Beor, reinou na cidade
de Dinabá.
44Quando Belá morreu, Jobabe, filho de Zerá, de Bozra, foi
seu sucessor.
45Quando Jobabe morreu, Husã, da terra dos temanitas, foi
seu sucessor.
46Quando Husã morreu, Hadade, filho de Bedade, foi seu
sucessor na cidade de Avite. Foi Hadade quem derrotou os
midianitas na terra de Moabe.
47Quando Hadade morreu, Samlá, da cidade de Masreca, foi
seu sucessor.
48Quando Samlá morreu, Saul, da cidade de Reobote, próxima
ao Eufrates, foi seu sucessor.
49Quando Saul morreu, Baal-Hanã, filho de Acbor, foi seu sucessor.
50Quando Baal-Hanã morreu, Hadade foi seu sucessor na ci-
dade de Paú. Sua mulher era Meetabel, filha de Matrede e
neta de Mezaabe. 51Então Hadade morreu. Os chefes dos clãs
de Edom foram: Timna, Alvá, Jetete, 52Oolibama, Elá, Pinom,
53Quenaz, Temã, Mibzar, 54Magdiel e Irã. Esses foram os
chefes dos clãs de Edom.

Descendentes de Israel

2 Os filhos de Israel foram: Rúben, Simeão, Levi, Judá, Is-
sacar, Zebulom, 2Dã, José, Benjamim, Naftali, Gade e Aser.

3Judá teve três filhos com Bate-Suá, uma mulher cananeia:
Er, Onã e Selá. Mas o SENHOR viu que Er, o filho mais velho, era
perverso, e por isso o matou. 4Algum tempo depois, Judá teve
filhos gêmeos com sua nora, Tamar. Chamavam-se Perez e
Zerá. Ao todo, Judá teve cinco filhos.
5Os filhos de Perez foram: Hezrom e Hamul.
6Os filhos de Zerá foram: Zinri, Etã, Hemã, Calcol e Darda,
cinco ao todo.
7O filho de Carmi se chamava Acã e trouxe calamidade sobre
Israel ao tomar para si despojos consagrados para o SENHOR.
8O filho de Etã foi Azarias.

De Hezrom, neto de Judá, a Davi

9Os filhos de Hezrom foram: Jerameel, Rão e Calebe.
10Rão gerou Aminadabe. Aminadabe gerou Naassom, um dos
líderes de Judá.
11Naassom gerou Salmom. Salmom gerou Boaz.
12Boaz gerou Obede. Obede gerou Jessé.
13O primeiro filho de Jessé foi Eliabe; o segundo, Abinadabe;
o terceiro, Simeia; 14o quarto, Natanael; o quinto, Radai; 15o
sexto, Ozém; e o sétimo, Davi.
16As irmãs deles se chamavam Zeruia e Abigail. Os três filhos
de Zeruia foram: Abisai, Joabe e Asael. 17Abigail se casou com
Jéter, um ismaelita, e tiveram um filho chamado Amasa.

Outros descendentes de Hezrom

18Calebe, filho de Hezrom, teve filhos com sua esposa Azuba e
com Jeriote. Os filhos de Azuba foram: Jeser, Sobabe e Ardom.
19Quando Azuba morreu, Calebe se casou com Efrata, e teve com
ela um filho chamado Hur. 20Hur gerou Uri. Uri gerou Bezalel.

21 Quando Hezrom tinha 60 anos, casou-se com a irmã de Gi-
leade, filha de Maquir. Tiveram um filho chamado Segube.
22 Segube gerou Jair, que governou 23 cidades na terra de
Gileade. 23 (Contudo, Gesur e Arã tomaram as Cidades de Jair,
além de Quenate e os sessenta povoados ao redor.) Todos
esses foram descendentes de Maquir, pai de Gileade.
24 Logo depois que Hezrom morreu na cidade de Calebe-Efrata,
sua esposa Abia deu à luz um filho chamado Asur, pai de Tecoa.

Descendentes de Jerameel, filho de Hezrom

25 Os filhos de Jerameel, filho mais velho de Hezrom, foram:
Rão, o mais velho, Buna, Orém, Ozém e Aías. 26 Atara, segunda
esposa de Jerameel, teve um filho chamado Onã.
27 Os filhos de Rão, filho mais velho de Jerameel, foram: Maaz,
Jamim e Equer.
28 Os filhos de Onã foram: Samai e Jada. Os filhos de Samai
foram: Nadabe e Abisur.
29 Os filhos de Abisur com sua esposa Abiail foram: Abã e Molide.
30 Os filhos de Nadabe foram Selede e Apaim. Selede morreu
sem filhos, 31 mas Apaim teve um filho chamado Isi. O filho de
Isi se chamava Sesã, e o filho de Sesã, Alai.
32 Os filhos de Jada, irmão de Samai, foram: Jéter e Jônatas.
Jéter morreu sem filhos, 33 mas Jônatas teve dois filhos: Pelete
e Zaza. Todos esses foram descendentes de Jerameel.
34 Sesã não teve filhos, mas teve filhas. Tinha também um servo
egípcio chamado Jará. 35 Sesã deu uma de suas filhas em casa-
mento a Jará, e eles tiveram um filho chamado Atai.
36 Atai gerou Natã. Natã gerou Zabade.
37 Zabade gerou Eflal. Eflal gerou Obede.
38 Obede gerou Jeú. Jeú gerou Azarias.
39 Azarias gerou Helez. Helez gerou Eleasá.
40 Eleasá gerou Sismai. Sismai gerou Salum.
41 Salum gerou Jecamias. Jecamias gerou Elisama.

Descendentes de Calebe, filho de Hezrom

42 Um dos descendentes de Calebe, irmão de Jerameel, foi
Messa, o filho mais velho. Messa gerou Zife. Outros descen-
dentes de Calebe foram os filhos de Maressa, pai de Hebrom.
43 Os filhos de Hebrom foram: Corá, Tapua, Requém e Sema.
44 Sema gerou Raão. Raão gerou Jorqueão. Requém gerou
Samai. 45 O filho de Samai se chamava Maom. Maom foi o pai de
Bete-Zur.
46 Efá, concubina de Calebe, deu à luz Harã, Moza e Gazez.
Harã gerou Gazez.
47 Os filhos de Jadai foram: Regém, Jotão, Gesã, Pelete, Efá e
Saafe.
48 Maaca, outra concubina de Calebe, deu à luz Seber e Tiraná.
49 Também deu à luz Saafe, pai de Madmana, e Seva, pai de Ma-
cbena e de Gibeá. Calebe também teve uma filha chamada Acsa.
50 Todos esses foram descendentes de Calebe.

Descendentes de Hur, filho de Calebe

Os filhos de Hur, filho mais velho de Efrata, esposa de Calebe,
foram: Sobal, fundador de Quiriate-Jearim, 51 Salma, fundador
de Belém, e Harefe, fundador de Bete-Gader.
52 Os descendentes de Sobal, fundador de Quiriate-Jearim,
foram: o povo de Haroé, metade dos manaatitas, 53 e os clãs
de Quiriate-Jearim: os itritas, os fateus, os sumateus e os
misraeus, dos quais descenderam os povos de Zorá e Estaol.
54 Os descendentes de Salma foram: o povo de Belém, os ne-
tofatitas, o povo de Atarote-Bete-Joabe, a outra metade dos
manaatitas, os zoreus, 55 e as famílias dos escribas que viviam
em Jabez: os tiratitas, os simeatitas e os sucatitas. Todos esses
foram os queneus, descendentes de Hamate, pai do clã de
Recabe.

Descendentes de Davi

3 Estes são os filhos de Davi que nasceram em Hebrom: O
mais velho era Amnom, filho de Ainoã, de Jezreel. O se-
gundo era Daniel, filho de Abigail, do Carmelo.
2 O terceiro era Absalão, filho de Maaca, filha de Talmai, rei de
Gesur. O quarto era Adonias, filho de Hagite.
3 O quinto era Sefatias, filho de Abital. O sexto era Itreão, filho
de Eglá, esposa de Davi.
4 Esses foram os seis filhos de Davi nascidos em Hebrom, onde
ele reinou por sete anos e meio. Depois Davi reinou por 33
anos em Jerusalém. 5 Os filhos de Davi nascidos em Jerusalém
foram: Samua, Sobabe, Natã e Salomão; a mãe deles era Ba-
te-Seba, filha de Amiel. 6 Davi também teve outros nove filhos:
Ibar, Elisua, Elpalete, 7 Nogá, Nefegue, Jafia, 8 Elisama, Eliada
e Elifelete.
9 Todos esses foram filhos de Davi, além dos filhos que teve com
suas concubinas. Davi também teve uma filha chamada Tamar.

Descendentes de Salomão

10 Os descendentes de Salomão foram: Roboão, Abias, Asa, Jo-
safá, 11 Jeorão, Acazias, Joás, 12 Amazias, Uzias, Jotão, 13 Acaz,
Ezequias, Manassés, 14 Amom, Josias.
15 Os filhos de Josias foram: o mais velho, Joanã; o segundo,
Jeoaquim; o terceiro, Zedequias; e o quarto, Jeoacaz.
16 Os sucessores de Jeoaquim foram: seu filho Joaquim e seu
irmão Zedequias.

Descendentes de Joaquim

17 Os filhos de Joaquim, exilado pelos babilônios, foram: Sealtiel,
18 Malquirão, Pedaías, Senazar, Jecamias, Hosama e Nedabias.
19 Os filhos de Pedaías foram: Zorobabel e Simei. Os filhos de
Zorobabel foram: Mesulão e Hananias. A irmã deles se cha-
mava Selomite. 20 Seus outros cinco filhos foram: Hasubá, Oel,
Berequias, Hasadias e Jusabe-Hesede.
21 Os filhos de Hananias foram: Pelatias e Jesaías. O filho de
Jesaías foi Refaías. O filho de Refaías foi Arnã. O filho de Arnã
foi Obadias. O filho de Obadias foi Secanias.
22 Os descendentes de Secanias foram: Semaías e seus filhos
Hatus, Igal, Bariá, Nearias e Safate, seis ao todo.
23 Os filhos de Nearias foram: Elioenai, Ezequias e Azricão, três
ao todo.
24 Os filhos de Elioenai foram: Hodavias, Eliasibe, Pelaías,
Acube, Joanã, Delaías e Anani, sete ao todo.

Outros descendentes de Judá

4 Os descendentes de Judá foram: Perez, Hezrom, Carmi,
Hur e Sobal.
2Reaías, filho de Sobal, gerou Jaate. Jaate gerou Aumai e
Laade. Esses foram os clãs dos zoratitas.
3Os descendentes de Etã foram: Jezreel, Isma e Idbás, sua
irmã Hazelelponi, 4Penuel, pai de Gedor, e Ézer, pai de Husá.
Todos esses foram descendentes de Hur, o filho mais velho de
Efrata, antepassado de Belém.
5Asur, pai de Tecoa, teve duas esposas: Helá e Naará. 6Naará
deu à luz Auzã, Héfer, Temeni e Haastari. 7Helá deu à luz Ze-
rete, Izar, Etnã 8e Coz, antepassado de Anube, Zobeba e todos
os clãs de Aarel, filho de Harum.
9Havia um homem chamado Jabez, mais respeitado que qual-
quer um de seus irmãos. Sua mãe lhe deu o nome de Jabez,
porque disse: "Eu o dei à luz com muita dor". 10Jabez orou
ao Deus de Israel: "Ah, como seria bom se me abençoasses
e expandisses meu território! Sê comigo em tudo que eu fizer
e guarda-me de todo mal e aflição!". E Deus atendeu a seu
pedido.
11Quelube, irmão de Suá, gerou Meir. Meir gerou Estom.
12Estom gerou Bete-Rafa, Paseia e Teína. Teína gerou Ir-Naás.
Esses foram os habitantes de Reca.
13Os filhos de Quenaz foram: Otniel e Seraías. Os filhos de Ot-
niel foram: Hatate e Meonotai. 14Meonotai gerou Ofra. Seraías
gerou Joabe, fundador de Ge-Harasim, assim chamada porque
seus habitantes eram artesãos.
15Os filhos de Calebe, filho de Jefoné, foram: Iru, Elá e Naã. O
filho de Elá foi Quenaz.
16Os filhos de Jealelel foram: Zife, Zifa, Tiria e Asareel.
17Os filhos de Ezra foram: Jéter, Merede, Éfer e Jalom. Uma
das esposas de Merede deu à luz Miriã, Samai e Isbá, pai de
Estemoa. 18Ele se casou com uma mulher de Judá que deu à
luz Jerede, pai de Gedor, Héber, pai de Socó, e Jecutiel, pai
de Zanoa. Merede também se casou com Bitia, filha do faraó,
e ela lhe deu filhos.
19A esposa de Hodias era irmã de Naã. Um de seus filhos gerou
Queila, o garmita, e o outro gerou Estemoa, o maacatita.
20Os filhos de Simão foram: Amnom, Rina, Ben-Hanã e Tilom.
Os filhos de Isi foram: Zoete e Ben-Zoete.

Descendentes de Selá, filho de Judá

21Os descendentes de Selá, filho de Judá, foram: Er, pai de
Leca; Laada, pai de Maressa; os clãs dos que trabalham com
linho em Bete-Asbeia; 22Joquim; os homens de Cozeba; Joás e
Sarafe, que governaram Moabe e Jasubi-Leém. Esses nomes
vêm de registros antigos. 23Eram oleiros que habitavam em
Netaim e em Gederá e que trabalhavam para o rei.

Descendentes de Simeão

24Os filhos de Simeão foram: Jemuel, Jamim, Jaribe, Zoar e
Saul.
25Os descendentes de Saul foram: Salum, Mibsão e Misma.
26Os descendentes de Misma foram: Hamuel, Zacur e Simei.
27Simei teve dezesseis filhos e seis filhas, mas nenhum de seus
irmãos teve uma família grande. Por isso a tribo de Simeão
nunca chegou a ser tão numerosa quanto a tribo de Judá.
28Habitavam em Berseba, Moladá, Hazar-Sual, 29Bila, Azém, To-
lade, 30Betuel, Hormá, Ziclague, 31Bete-Marcabote, Hazar-Susim,
Bete-Biri e Saaraim. Essas cidades permaneceram sob seu con-
trole até o tempo do rei Davi. 32Seus descendentes também ha-
bitavam em Etã, Aim, Rimom, Toquém e Asã, cinco cidades 33com
os povoados ao seu redor, até Baalate. Esse era seu território,
e esses nomes estão listados em seus registros genealógicos.
34Outros descendentes de Simeão foram: Mesobabe, Jan-
leque, Josa, filho de Amazias; 35Joel, Jeú, filho de Josibias,
filho de Seraías, filho de Asiel; 36Elioenai, Jaacobá, Jesoaías,
Asaías, Adiel, Jesimiel, Benaia 37e Ziza, filho de Sifi, filho de
Alom, filho de Jedaías, filho de Sinri e filho de Semaías.
38Esses foram os nomes de alguns dos chefes dos clãs de Si-
meão. Suas famílias cresceram muito 39e mudaram-se para a
região de Gerar, na parte leste do vale, à procura de pastos
para seus rebanhos. 40Encontraram ali muitas pastagens boas,
e a terra era ampla, tranquila e pacífica. Alguns dos descen-
dentes de Cam tinham vivido naquela região. 41Mas, durante o
reinado de Ezequias, rei de Judá, esses líderes de Simeão inva-
diram a região e destruíram completamente as habitações dos
descendentes de Cam e dos meunitas. Hoje não resta vestígio
deles. Mataram todos que viviam ali e tomaram a terra para
si, pois queriam bons pastos para seus rebanhos. 42Quinhentos
homens da tribo de Simeão invadiram o monte Seir, liderados
por Pelatias, Nearias, Refaías e Uziel, filhos de Isi. 43Destruíram
os amalequitas que haviam sobrevivido, e habitam ali até hoje.

Descendentes de Rúben

5 O filho mais velho de Israel era Rúben, mas ele teve relações
com uma das concubinas de seu pai e o desonrou. Por isso
seus direitos de filho mais velho foram dados aos filhos de
seu irmão José. Desse modo, Rúben não aparece nos regis-
tros genealógicos como filho mais velho. 2Os descendentes
de Judá se tornaram a tribo mais poderosa e dela veio um
governante para a nação, mas os direitos de filho mais velho
pertenciam a José.
3Os filhos de Rúben, filho mais velho de Israel, foram: Enoque,
Palu, Hezrom e Carmi.
4Os descendentes de Joel foram: Semaías, Gogue, Simei,
5Mica, Reaías, Baal 6e Beera. Beera era o chefe dos rubenitas
quando foram levados ao cativeiro por Tiglate-Pileser, rei da
Assíria.
7Os parentes de Beera, listados em seus registros genealó-
gicos de acordo com seus clãs, foram: Jeiel, o chefe, Zacarias
8e Belá, filho de Azaz, filho de Sema, filho de Joel. Os rube-
nitas habitavam na região que se estende de Aroer até Nebo e
Baal-Meom. 9Uma vez que tinham tantos rebanhos na terra de
Gileade, espalharam-se para o leste, em direção ao limite do
deserto que se estende para o rio Eufrates.
10Durante o reinado de Saul, os rubenitas guerrearam contra
os hagarenos e os derrotaram. Então passaram a viver nos
acampamentos deles em toda a região a leste de Gileade.

Descendentes de Gade

11Ao lado dos rubenitas, ficaram os descendentes de Gade,
que habitavam na terra de Basã até Salcá. 12Joel foi o chefe
na terra de Basã, e Safã, o segundo no poder, seguido de
Janai e Safate.
13Seus parentes, chefes de outros sete clãs, foram: Micael,
Mesulão, Seba, Jorai, Jacã, Zia e Héber. 14Todos esses foram
descendentes de Abiail, filho de Huri, filho de Jaroa, filho de
Gileade, filho de Micael, filho de Jesisai, filho de Jado, filho de
Buz. 15Aí, filho de Abdiel, filho de Guni, foi o chefe de seus clãs.
16Os gaditas habitaram na terra de Gileade, em Basã e em seus
povoados, e em toda a região de pastagens de Sarom. 17Todos
foram listados nos registros genealógicos no tempo de Jotão,
rei de Judá, e de Jeroboão, rei de Israel.

As tribos a leste do Jordão

18Havia 44.760 homens aptos para a guerra nos exércitos de
Rúben e Gade e da meia tribo de Manassés. Eram todos há-
beis no combate e armados com escudos, espadas e arcos.
19Guerrearam contra os hagarenos e contra Jetur, Nafis e No-
dabe. 20Durante a batalha, clamaram a Deus e ele atendeu
às suas orações, pois confiaram nele. Assim, os hagarenos
e todos os seus aliados foram derrotados. 21Tomaram dos
hagarenos como despojo 50 mil camelos, 250 mil ovelhas e
2 mil jumentos, e fizeram 100 mil prisioneiros. 22Muitos dos
hagarenos foram mortos na batalha, pois Deus lutou contra
eles. As tribos se estabeleceram na terra deles, até que foram
levadas para o exílio.
23A meia tribo de Manassés era numerosa e se espalhou por
toda a terra, desde Basã até Baal-Hermom, Senir e o monte
Hermom. 24Os chefes de seus clãs foram: Éfer, Isi, Eliel, Azriel,
Jeremias, Hodavias e Jadiel. Esses homens foram guerreiros
valentes de grande reputação e chefes de seus clãs.
25Contudo, essas tribos foram infiéis ao Deus de seus antepas-
sados. Adoraram os deuses das nações que Deus havia des-
truído diante deles. 26Por isso, o Deus de Israel fez Pul, rei da
Assíria, também conhecido como Tiglate-Pileser, invadir a terra
e levar cativos os membros das tribos de Rúben e Gade e da
meia tribo de Manassés. Os assírios os deportaram para Hala,
Habor, Hara e para o rio Gozã, onde estão até hoje.

A linhagem sacerdotal

6 Os filhos de Levi foram: Gérson, Coate e Merari.
2Os descendentes de Coate foram: Anrão, Isar, Hebrom e
Uziel.
3Os filhos de Anrão foram: Arão, Moisés e Miriã. Os filhos de
Arão foram: Nadabe, Abiú, Eleazar e Itamar.
4Eleazar gerou Fineias. Fineias gerou Abisua.
5Abisua gerou Buqui. Buqui gerou Uzi.
6Uzi gerou Zeraías. Zeraías gerou Meraiote.
7Meraiote gerou Amarias. Amarias gerou Aitube.
8Aitube gerou Zadoque. Zadoque gerou Aimaás.
9Aimaás gerou Azarias. Azarias gerou Joanã.
10Joanã gerou Azarias, sumo sacerdote no templo que Salomão
construiu em Jerusalém.
11Azarias gerou Amarias. Amarias gerou Aitube.
12Aitube gerou Zadoque. Zadoque gerou Salum.
13Salum gerou Hilquias. Hilquias gerou Azarias.
14Azarias gerou Seraías. Seraías gerou Jeozadaque, 15que foi
deportado quando o SENHOR enviou o povo de Judá e de Jeru-
salém para o exílio por meio de Nabucodonosor.

Os clãs dos levitas

16Os filhos de Levi foram: Gérson, Coate e Merari.
17Os descendentes de Gérson foram: Libni e Simei.
18Os descendentes de Coate foram: Anrão, Isar, Hebrom e
Uziel.
19Os descendentes de Merari foram: Mali e Musi. Estes foram
os clãs dos levitas, listados de acordo com seus antepassados:
20Os descendentes de Gérson foram: Libni, Jaate, Zima, 21Joá,
Ido, Zerá e Jeaterai.
22Os descendentes de Coate foram: Aminadabe, Coré, Assir,
23Elcana, Abiasafe, Assir, 24Taate, Uriel, Uzias e Saul.
25Os descendentes de Elcana foram: Amasai, Aimote, 26Elcana,
Zofai, Naate, 27Eliabe, Jeroão, Elcana e Samuel.
28Os filhos de Samuel foram: Joel, o mais velho, e Abias, o
segundo.
29As gerações de descendentes de Merari foram: Mali, Libni,
Simei, Uzá, 30Simeia, Hagias e Asaías.

Os músicos do templo

31Estes foram os homens que Davi nomeou para dirigirem
a música na casa do SENHOR depois que a arca foi colocada
ali. 32Ministravam com música no tabernáculo, na tenda do
encontro, até que Salomão construiu o templo do SENHOR em
Jerusalém. Realizavam seu trabalho de acordo com as normas
que lhes haviam sido transmitidas. 33Estes são os homens que
serviram ali, junto com seus filhos. O músico Hemã era do clã
de Coate. Os antepassados de Hemã foram: Joel, Samuel,
34Elcana, Jeroão, Eliel, Toá, 35Zufe, Elcana, Maate, Amasai,
36Elcana, Joel, Azarias, Sofonias, 37Taate, Assir, Abiasafe, Coré,
38Isar, Coate, Levi e Israel.
39O primeiro ajudante de Hemã foi seu irmão Asafe. Os an-
tepassados de Asafe foram: Berequias, Simeia, 40Micael,
Baaseias, Malquias, 41Etni, Zerá, Adaías, 42Etã, Zima, Simei,
43Jaate, Gérson e Levi.
44O segundo ajudante de Hemã foi Etã, do clã de Merari. Os
antepassados de Etã foram: Quisi, Abdi, Maluque, 45Hasabias,
Amazias, Hilquias, 46Anzi, Bani, Sêmer, 47Mali, Musi, Merari
e Levi.
48Seus parentes levitas foram encarregados de muitas outras
tarefas no tabernáculo, a casa de Deus.

Descendentes de Arão

49Somente Arão e seus descendentes serviam na função de
sacerdotes. Apresentavam as ofertas no altar do holocausto e
no altar de incenso e realizavam todas as tarefas relacionadas

ao lugar santíssimo. Faziam expiação por Israel conforme tudo
que Moisés, servo de Deus, havia ordenado.
50Os descendentes de Arão foram: Eleazar, Fineias, Abisua,
51Buqui, Uzi, Zeraías, 52Meraiote, Amarias, Aitube, 53Zadoque
e Aimaás.

Território para os levitas

54Este é um registro das cidades e do território que, por sor-
teio, foram entregues aos descendentes de Arão, do clã de
Coate. 55Seu território abrangia Hebrom, em Judá, e as pasta-
gens ao redor, 56mas os campos e os povoados vizinhos foram
entregues a Calebe, filho de Jefoné. 57Assim, os descendentes
de Arão receberam as seguintes cidades, cada uma com as
pastagens ao redor: Hebrom (uma cidade de refúgio), Libna,
Jatir, Estemoa, 58Holom, Debir, 59Aim, Jutá e Bete-Semes. 60E,
do território de Benjamim, receberam: Gibeom, Geba, Alemete
e Anatote, cada uma com suas pastagens. Ao todo, os des-
cendentes de Arão receberam treze cidades, de acordo com
seus clãs. 61Os demais descendentes de Coate receberam, por
sorteio, dez cidades no território da meia tribo de Manassés.
62Os descendentes de Gérson receberam, por sorteio, de
acordo com seus clãs, treze cidades nos territórios de Issacar,
Aser, Naftali e da região de Basã, de Manassés, a leste do
Jordão.
63Os descendentes de Merari receberam, por sorteio, de
acordo com seus clãs, doze cidades nos territórios de Rúben,
Gade e Zebulom.
64Os israelitas entregaram todas essas cidades e pastagens
aos levitas. 65As cidades nos territórios de Judá, Simeão e
Benjamim, mencionadas anteriormente, foram entregues
por sorteio.
66Os descendentes de Coate receberam as seguintes cidades
no território de Efraim, cada uma com suas pastagens: 67Si-
quém, uma das cidades de refúgio na região montanhosa de
Efraim, e Gezer, 68Jocmeão, Bete-Horom, 69Aijalom e Gate-
-Rimom. 70Os demais descendentes de Coate receberam as
seguintes cidades no território da meia tribo de Manassés:
Aner e Bileã, cada uma com suas pastagens.
71Os descendentes de Gérson receberam as cidades de Golã,
em Basã, e Asterote, no território da meia tribo de Manassés,
cada uma com suas pastagens. 72No território de Issacar, re-
ceberam Quedes, Daberate, 73Ramote e Aném, cada uma com
suas pastagens. 74No território de Aser, receberam Masal,
Abdom, 75Hucoque e Reobe, cada uma com suas pastagens.
76No território de Naftali, receberam Quedes, na Galileia,
Hamom e Quiriataim, cada uma com suas pastagens.
77Os demais descendentes de Merari receberam as seguintes
cidades: Jocneã, Carta, Rimom e Tabor, no território de Ze-
bulom, cada uma com suas pastagens. 78No território de
Rúben, a leste do rio Jordão, defronte de Jericó, receberam
Bezer (uma cidade no deserto), Jaza, 79Quedemote e Mefaate,
cada uma com suas pastagens. 80E, no território de Gade, rece-
beram Ramote, em Gileade, Maanaim, 81Hesbom e Jazer, cada
uma com suas pastagens.

Descendentes de Issacar

7 Os quatro filhos de Issacar foram: Tolá, Puá, Jasube e
Sinrom.
2Os filhos de Tolá foram: Uzi, Refaías, Jeriel, Jamai, Ibsão e
Samuel. Cada um deles foi chefe de um clã. No tempo do rei
Davi, o total de homens aptos para a guerra listados no registro
desses clãs era de 22.600.
3O filho de Uzi foi Israías. Os filhos de Israías foram: Micael,
Obadias, Joel e Issias. Os cinco foram chefes de clãs. 4Todos
eles tiveram muitas esposas e muitos filhos, por isso o total de
homens disponíveis para o serviço militar entre seus descen-
dentes era de 36.000.
5O total de homens aptos para a guerra de todos os clãs da
tribo de Issacar era de 87.000. Todos eles foram listados nos
registros genealógicos.

Descendentes de Benjamim

6Os três filhos de Benjamim foram: Belá, Bequer e Jediael.
7Os cinco filhos de Belá foram: Esbom, Uzi, Uziel, Jerimote e
Iri. Cada um deles foi chefe de um clã. O total de homens aptos
para a guerra desses clãs era de 22.034, conforme listado nos
registros genealógicos.
8Os filhos de Bequer foram: Zemira, Joás, Eliézer, Elioenai,
Onri, Jeremote, Abias, Anatote e Alemete. 9Cada um deles foi
chefe de um clã. O total de homens aptos para a guerra e
chefes desses clãs era de 20.200, conforme listado nos re-
gistros genealógicos.
10O filho de Jediael foi Bilã. Os filhos de Bilã foram: Jeús, Ben-
jamim, Eúde, Quenaaná, Zetã, Társis e Aisaar. 11Cada um deles
foi chefe de um clã. O total de homens aptos para a guerra
desses clãs era de 17.200.
12Os filhos de Ir foram: Supim e Hupim. O filho de Aer foi Husim.

Descendentes de Naftali

13Os filhos de Naftali foram: Jazeel, Guni, Jezer e Silém. Todos
eles foram descendentes de Bila, concubina de Jacó.

Descendentes de Manassés

14Os descendentes de Manassés com sua concubina arameia
foram: Asriel e Maquir, pai de Gileade. 15Maquir se casou com
uma mulher do clã de Hupim e Supim. A irmã de Maquir se cha-
mava Maaca. Outro descendente de Manassés foi Zelofeade,
que só teve filhas.
16Maaca, esposa de Maquir, deu à luz um filho e lhe deu o nome
de Perez. Seu irmão se chamava Seres. Os filhos de Perez foram:
Ulão e Requém. 17O filho de Ulão foi Bedã. Todos esses foram
descendentes de Gileade, filho de Maquir, filho de Manassés.
18Hamolequete, irmã de Maquir, deu à luz Isode, Abiezer e
Maalá.
19Os filhos de Semida foram: Aiã, Siquém, Liqui e Anião.

Descendentes de Efraim

20Os descendentes de Efraim foram: Sutela, Berede, Taate,
Eleada, Taate, 21Zabade, Sutela, Ézer e Eleade. Estes dois

foram mortos quando tentavam roubar o gado de moradores dos arredores de Gate. 22Seu pai, Efraim, lamentou sua morte por muito tempo, e seus parentes vieram consolá-lo.

23Depois, Efraim teve relações com sua esposa, e ela engravidou e deu à luz um filho. Efraim lhe deu o nome de Berias, por causa da desgraça que sua família havia sofrido. 24Sua filha se chamava Seerá. Ela construiu as cidades de Bete-Horom Baixa, Bete-Horom Alta e Uzém-Seerá.

25Os descendentes de Efraim foram: Refa, Resefe, Telá, Taã, 26Ladã, Amiúde, Elisama, 27Num e Josué.

28Os descendentes de Efraim habitavam no território que incluía Betel e seus povoados ao sul, Naarã a leste, Gezer e seus povoados a oeste, e Siquém e seus povoados ao norte, até Aiá e seus povoados. 29Ao longo da divisa de Manassés, ficavam as cidades de Bete-Sã, Taanaque, Megido e Dor, com seus povoados. Os descendentes de José, filho de Israel, habitavam nessas cidades.

Descendentes de Aser

30Os filhos de Aser foram: Imna, Isvá, Isvi e Berias. A irmã deles se chamava Sera.

31Os filhos de Berias foram: Héber e Malquiel, pai de Birzavite.

32Os filhos de Héber foram: Jaflete, Somer e Hotão. A irmã deles se chamava Suá.

33Os filhos de Jaflete foram: Pasaque, Bimal e Asvate.

34Os filhos de Somer foram: Aí, Roga, Jeubá e Arã.

35Os filhos de Helém, irmão de Somer, foram: Zofa, Imna, Seles e Amal.

36Os filhos de Zofa foram: Suá, Harnefer, Sual, Beri, Inra, 37Bezer, Hode, Samá, Silsa, Itrã e Beera.

38Os filhos de Jéter foram: Jefoné, Pispa e Ara.

39Os filhos de Ula foram: Ará, Haniel e Rizia.

40Cada um desses descendentes de Aser foi chefe de um clã. Eram todos homens escolhidos, guerreiros valentes e líderes de destaque. O total de homens disponíveis para o serviço militar era de 26.000, conforme listado nos registros genealógicos.

Descendentes de Benjamim

8 O primeiro filho de Benjamim foi Belá, o segundo, Asbel, o terceiro, Aará, 2o quarto, Noá, e o quinto, Rafa.

3Os filhos de Belá foram: Adar, Gera, Abiúde, 4Abisua, Naamã, Aoá, 5Gera, Sefufá e Hurão.

6Os filhos de Eúde, chefes dos clãs que habitavam em Geba, foram deportados para Maanate. 7Os filhos de Eúde foram: Naamã, Aías e Gera. Gera, que os exilou, foi o pai de Uzá e Aiúde.

8Depois que Saarim se divorciou de suas esposas Husim e Baara, teve filhos na terra de Moabe. 9Hodes, sua esposa, deu à luz Jobabe, Zíbia, Messa, Malcã, 10Jeús, Saquias e Mirma. Todos esses filhos foram chefes de clãs.

11Husim, esposa de Saarim, deu à luz Abitube e Elpaal. 12Os filhos de Elpaal foram Héber, Misã, Semede (que construiu as cidades de Ono e Lode, com seus povoados), 13Berias e Sema. Todos eles foram chefes de clãs que habitavam em Aijalom; eles expulsaram os moradores de Gate.

14Aiô, Sasaque, Jeremote, 15Zebadias, Arade, Éder, 16Micael, Ispa e Joá foram os filhos de Berias.

17Zebadias, Mesulão, Hizqui, Héber, 18Ismerai, Izlias e Jobabe foram filhos de Elpaal.

19Jaquim, Zicri, Zabdi, 20Elienai, Ziletai, Eliel, 21Adaías, Beraías e Sinrate foram filhos de Simei.

22Ispã, Héber, Eliel, 23Abdom, Zicri, Hanã, 24Hananias, Elão, Antotias, 25Ifdeias e Penuel foram filhos de Sasaque.

26Sanserai, Searias, Atalias, 27Jaaresias, Elias e Zicri foram filhos de Jeroão.

28Esses foram os chefes dos clãs, conforme listados em seus registros genealógicos; todos moravam em Jerusalém.

A família de Saul

29Jeiel, pai de Gibeom, morava em Gibeom. Sua esposa se chamava Maaca, 30e seu filho mais velho, Abdom. Os outros filhos de Jeiel foram: Zur, Quis, Baal, Ner, Nadabe, 31Gedor, Aiô, Zacarias 32e Miclote, que gerou Simeão. Todos moravam com suas famílias, próximos uns dos outros, em Jerusalém.

33Ner gerou Quis. Quis gerou Saul. Os filhos de Saul foram: Jônatas, Malquisua, Abinadabe e Isbosete.

34O filho de Jônatas se chamava Mefibosete. Mefibosete gerou Mica.

35Os filhos de Mica foram: Pitom, Meleque, Tareia e Acaz.

36Acaz gerou Jadá. Os filhos de Jadá foram: Alemete, Azmavete e Zinri. Zinri gerou Moza.

37Moza gerou Bineá. Bineá gerou Refaías. Refaías gerou Eleasá. Eleasá gerou Azel.

38Azel teve seis filhos: Azricão, Bocru, Ismael, Searias, Obadias e Hanã. Todos esses foram filhos de Azel.

39Eseque, irmão de Azel, teve três filhos: o primeiro se chamava Ulão, o segundo, Jeús, e o terceiro, Elifelete. 40Todos os filhos de Ulão foram guerreiros valentes e arqueiros habilidosos. Tiveram muitos filhos e netos, 150 ao todo. Todos esses foram descendentes de Benjamim.

9 Todo o Israel foi listado nos registros genealógicos do *Livro dos Reis de Israel*.

Os exilados que voltaram

O povo de Judá foi exilado na Babilônia por causa de sua infidelidade. 2Os primeiros exilados a regressar a suas propriedades em suas respectivas cidades foram os sacerdotes, os levitas, os servidores do templo, além de outros israelitas. 3Alguns membros das tribos de Judá, Benjamim, Efraim e Manassés se estabeleceram em Jerusalém.

4Uma das famílias a voltar foi a de Utai, filho de Amiúde, filho de Onri, filho de Inri, filho de Bani, descendente de Perez, filho de Judá.

5Do clã dos silonitas, alguns dos que voltaram foram: Asaías, o mais velho, e seus filhos.

6Do clã dos zeraítas, alguns dos que voltaram foram: Jeuel e
seus parentes. Ao todo, voltaram 690 famílias da tribo de Judá.
7Da tribo de Benjamim, alguns dos que voltaram foram: Salu,
filho de Mesulão, filho de Hodavias, filho de Hassenua; 8Ib-
neias, filho de Jeroão; Elá, filho de Uzi, filho de Micri; e Me-
sulão, filho de Sefatias, filho de Reuel, filho de Ibnias.
9Todos esses homens foram chefes de clãs e estão listados
nos registros genealógicos. Ao todo, voltaram 956 famílias da
tribo de Benjamim.

Os sacerdotes que voltaram

10Dos sacerdotes, alguns dos que voltaram foram: Jedaías,
Jeoiaribe, Jaquim, 11Azarias, filho de Hilquias, filho de Me-
sulão, filho de Zadoque, filho de Meraiote, filho de Aitube.
Azarias era o principal encarregado da casa de Deus.
12Outros sacerdotes que voltaram foram: Adaías, filho de Je-
roão, filho de Pasur, filho de Malquias; e Masai, filho de Adiel,
filho de Jazera, filho de Mesulão, filho de Mesilemite, filho
de Imer.
13Ao todo, voltaram 1.760 sacerdotes. Foram chefes de clãs e
homens muito capazes. Eram responsáveis por servir na casa
de Deus.

Os levitas que voltaram

14Dos levitas, os que voltaram foram: Semaías, filho de Has-
sube, filho de Azricão, filho de Hasabias, descendente de Me-
rari; 15Baquebacar; Heres; Galal; Matanias, filho de Mica, filho
de Zicri, filho de Asafe; 16Obadias, filho de Semaías, filho de
Galal, filho de Jedutum; e Berequias, filho de Asa, filho de
Elcana, que morava na região de Netofate.
17Dos guardas das portas, os que voltaram foram: Salum,
Acube, Talmom, Aimã e seus parentes. Salum era o chefe dos
guardas. 18Antes dessa época, eram responsáveis pela Porta
do Rei, do lado leste. Eram guardas das portas dos acampa-
mentos dos levitas. 19Salum era filho de Coré, descendente de
Abiasafe, do clã de Corá. Ele e seus parentes, os coraítas, eram
responsáveis por guardar a entrada do santuário, como seus
antepassados haviam guardado a entrada do tabernáculo.
20Naquele tempo, Fineias, filho de Eleazar, era o encarregado
dos guardas das portas, e o SENHOR estava com ele. 21Mais
tarde, Zacarias, filho de Meselemias, foi o responsável por
guardar a entrada.
22Ao todo, havia 212 guardas das portas naquele tempo, e
foram listados nos registros genealógicos de seus povoados.
Os antepassados deles haviam sido nomeados por Davi e por
Samuel, o vidente, porque eram homens de confiança. 23Esses
guardas das portas e seus descendentes, conforme suas divi-
sões, eram responsáveis por guardar a entrada da casa do
SENHOR quando ela era uma tenda. 24Os guardas das portas
ficavam nos quatro lados: leste, oeste, norte e sul. 25Seus pa-
rentes nos povoados vinham de tempo em tempo dividir essa
responsabilidade com eles por períodos de sete dias.
26Os quatro principais guardas das portas, todos levitas, eram
oficiais de confiança, pois eram responsáveis pelas salas e
pelos tesouros da casa de Deus. 27Passavam a noite ao redor
da casa de Deus, pois era seu dever guardá-la e abrir suas
portas todas as manhãs.
28Alguns dos guardas das portas foram nomeados para cuidar
dos diversos objetos usados no culto. Conferiam tudo que era
retirado e devolvido, para que nada se perdesse. 29Outros
eram responsáveis pela mobília, pelos utensílios do santuário
e pelos suprimentos, como farinha da melhor qualidade, vinho,
azeite, incenso e especiarias. 30Eram os sacerdotes, porém,
que misturavam as especiarias. 31Matitias, levita e filho mais
velho de Salum, o coraíta, era encarregado de assar os pães
para as ofertas. 32E alguns membros do clã de Coate eram
encarregados de preparar os pães colocados sobre a mesa
todos os sábados.
33Os músicos, todos chefes de famílias levitas, moravam no
templo. Eram isentos de outras responsabilidades, pois reali-
zavam seu serviço dia e noite. 34Todos esses homens moravam
em Jerusalém. Eram chefes de famílias levitas, listados como
líderes nos registros genealógicos.

Genealogia do rei Saul

35Jeiel, pai de Gibeom, morava na cidade de Gibeom. Sua
esposa se chamava Maaca, 36e seu filho mais velho, Abdom.
Os outros filhos de Jeiel foram: Zur, Quis, Baal, Ner, Nadabe,
37Gedor, Aiô, Zacarias e Miclote. 38Miclote gerou Simeão.
Todos moravam com suas famílias, próximos uns dos outros,
em Jerusalém.
39Ner gerou Quis. Quis gerou Saul. Os filhos de Saul foram:
Jônatas, Malquisua, Abinadabe e Isbosete.
40Jônatas gerou Mefibosete. Mefibosete gerou Mica.
41Os filhos de Mica foram: Pitom, Meleque, Tareia e Acaz.
42Acaz gerou Jadá. Os filhos de Jadá foram: Alemete, Azmavete
e Zinri. Zinri gerou Moza.
43Moza gerou Bineá. O filho de Bineá foi Refaías. O filho de
Refaías foi Eleasá. O filho de Eleasá foi Azel.
44Estes foram os seis filhos de Azel: Azricão, Bocru, Ismael,
Searias, Obadias e Hanã. Todos esses foram filhos de Azel.

A morte de Saul

10 Os filisteus atacaram Israel, e os israelitas fugiram deles.
Muitos foram mortos nas encostas do monte Gilboa. 2Os
filisteus cercaram Saul e seus filhos e mataram três deles: Jô-
natas, Abinadabe e Malquisua. 3O combate se tornou cada
vez mais intenso em volta de Saul, e os arqueiros filisteus o
alcançaram e o feriram.
4Saul disse a seu escudeiro: "Pegue sua espada e mate-me
antes que esses filisteus incircuncisos venham e me torturem".
Mas o escudeiro teve medo e não quis matá-lo. Então Saul
pegou sua própria espada e se lançou sobre ela. 5Quando viu
que Saul estava morto, o escudeiro se lançou sobre sua es-
pada e morreu. 6Saul e seus três filhos morreram juntos, e sua
dinastia chegou ao fim.
7Quando os israelitas no vale de Jezreel viram que o exército
israelita havia fugido e que Saul e seus filhos estavam mortos,

abandonaram suas cidades e fugiram. Então os filisteus vieram
e ocuparam essas cidades.
8No dia seguinte, quando os filisteus foram saquear os mortos,
encontraram os corpos de Saul e seus três filhos no monte
Gilboa. 9Removeram a armadura de Saul e cortaram sua ca-
beça. Então anunciaram o ocorrido diante de seus ídolos e ao
povo de toda a terra da Filístia. 10Colocaram a armadura de
Saul no templo de seus deuses e penduraram sua cabeça no
templo de Dagom.
11Quando os habitantes de Jabes-Gileade souberam o que os
filisteus haviam feito a Saul, 12todos os seus guerreiros mais
valentes foram e trouxeram os corpos de Saul e seus filhos de
volta para Jabes. Enterraram os ossos debaixo de uma grande
árvore em Jabes e jejuaram durante sete dias.
13Saul morreu porque foi infiel ao SENHOR. Não obedeceu ao
mandamento do SENHOR e chegou a consultar uma médium,
14em vez de pedir orientação ao SENHOR. Por isso o SENHOR o
matou e entregou o reino a Davi, filho de Jessé.

Davi se torna rei de todo o Israel

11 Então todo o Israel se reuniu diante de Davi, em Hebrom.
"Somos do mesmo povo e raça", disseram. 2"No passado,
quando Saul era rei, era você que liderava o exército de Israel.
E o SENHOR, seu Deus, lhe disse: 'Você será o pastor do meu
povo, Israel. Será o líder do meu povo, Israel'."
3Então, ali em Hebrom, Davi fez um acordo diante do SENHOR
com todas as autoridades de Israel, e elas o ungiram rei de Is-
rael, conforme o SENHOR havia anunciado por meio de Samuel.

Davi conquista Jerusalém

4Então Davi e todo o Israel foram a Jerusalém (isto é, Jebus),
onde moravam os jebuseus, que viviam naquele lugar. 5Os je-
buseus zombaram de Davi: "Você jamais entrará aqui!", mas
Davi tomou a fortaleza de Sião, que hoje é chamada de Cidade
de Davi.
6Davi tinha dito a seus soldados: "O primeiro que atacar os je-
buseus se tornará o comandante de meus exércitos!". Joabe,
filho de Zeruia, foi o primeiro a atacar, e assim se tornou o
comandante dos exércitos de Davi.
7Davi foi morar na fortaleza, e ela passou a ser chamada de
Cidade de Davi. 8Ampliou a cidade, desde o aterro até a região
ao redor, enquanto Joabe reconstruiu o restante da cidade.
9Davi foi se tornando cada vez mais poderoso, pois o SENHOR
dos Exércitos estava com ele.

Os guerreiros mais valentes de Davi

10Estes foram os líderes dos guerreiros valentes de Davi. Junto
com todo o Israel, apoiaram firmemente o reinado de Davi,
conforme o SENHOR havia prometido a respeito de Israel.
11Este é o registro dos guerreiros mais valentes de Davi. O pri-
meiro era Jasobeão, o hacmonita, líder dos Três, isto é, dos
guerreiros mais valentes dentre os soldados de Davi. Certa
ocasião, usou sua lança para matar trezentos soldados ini-
migos numa só batalha.
12O segundo era Eleazar, filho de Dodai, descendente de Aoí.
13Estava com Davi quando os filisteus se reuniram para a ba-
talha em Pas-Damim e atacaram os israelitas numa plantação
de cevada. O exército israelita fugiu, 14mas Eleazar e Davi
mantiveram sua posição no meio do campo e derrotaram os
filisteus. O SENHOR os salvou e lhes deu grande vitória.
15Certa vez, Davi estava na rocha junto à caverna de Adulão,
e o exército filisteu estava acampado no vale de Refaim. Os
Três — que faziam parte dos Trinta, um grupo de elite entre
os valentes de Davi — desceram para encontrá-lo em Adulão.
16Nessa ocasião, Davi estava na fortaleza, e um destacamento
filisteu havia ocupado a cidade de Belém.
17Davi comentou: "Ah, como seria bom beber a água pura
do poço que fica junto ao portão de Belém!". 18Então os Três
atravessaram as fileiras dos filisteus, tiraram água do poço
junto ao portão de Belém e a trouxeram a Davi. Ele, porém, se
recusou a bebê-la. Em vez disso, derramou-a no chão como
oferta ao SENHOR. 19"Que Deus não permita que eu beba desta
água!", exclamou. "Ela é tão preciosa quanto o sangue destes
homens que arriscaram a vida para trazê-la." E Davi não a
bebeu. Esses são exemplos dos feitos desses três guerreiros.

Os trinta valentes de Davi

20Abisai, irmão de Joabe, era o líder dos Trinta. Certa ocasião,
usou sua lança para matar trezentos soldados inimigos numa
só batalha. Foi por causa de feitos como esse que ele se tornou
tão famoso quanto os Três. 21Abisai era o mais conhecido dos
Trinta e era seu comandante, embora não fosse um dos Três.
22Também havia Benaia, filho de Joiada, soldado valente de
Cabzeel. Realizou muitos feitos heroicos, como matar dois
grandes guerreiros de Moabe. Em outra ocasião, num dia de
neve, perseguiu um leão até uma cova e o matou. 23Uma vez,
com apenas um cajado, matou um guerreiro egípcio de 2,25
metros de altura armado com uma lança da grossura de um
eixo de tecelão. Benaia arrancou a lança da mão do egípcio
e com ela o matou. 24Feitos como esses tornaram Benaia tão
famoso quanto os três guerreiros mais valentes. 25Foi mais
honrado que qualquer outro membro dos Trinta, embora não
fosse um dos Três. Davi o nomeou comandante de sua guarda
pessoal.
26Outros guerreiros valentes de Davi foram: Asael, irmão de
Joabe; Elanã, filho de Dodô, de Belém; 27Samá, de Harode;
Helez, de Pelom; 28Ira, filho de Iques, de Tecoa; Abiezer, de
Anatote; 29Sibecai, de Husate; Zalmom, de Aoí; 30Maarai, de
Netofate; Helede, filho de Baaná, de Netofate; 31Itai, filho de
Ribai, de Gibeá, na terra de Benjamim; Benaia, de Piratom;
32Hurai, de Naal-Gaás; Abi-Albom, de Arbate; 33Azmavete, de
Baurim; Eliaba, de Saalbom; 34os filhos de Jasém, de Gizom;
Jônatas, filho de Sage, de Harar; 35Aião, filho de Sarar, de
Harar; Elifal, filho de Ur; 36Héfer, de Maquerate; Aías, de
Pelom; 37Hezro, do Carmelo; Paarai, filho de Ezbai; 38Joel,
irmão de Natã; Mibar, filho de Hagri; 39Zeleque, de Amom;
Naarai, de Beerote, escudeiro de Joabe, filho de Zeruia; 40Ira,
de Jatir; Garebe, de Jatir; 41Urias, o hitita; Zabade, filho de

Alai; 42Adina, filho de Siza, líder rubenita que tinha consigo
trinta homens; 43Hanã, filho de Maaca; Josafá, de Mitene;
44Uzia, de Asterote; Sama e Jeiel, filhos de Hotão, de Aroer;
45Jediael, filho de Sinri; Joá, de Tiz; 46Eliel, de Maave; Jeribai
e Josavias, filhos de Elnaão; Itma, de Moabe; 47Eliel e Obede;
Jaasiel, de Zobá.

Guerreiros se unem ao exército de Davi

12 Estes foram os homens que se juntaram a Davi em Zi-
clague, quando ele estava escondido de Saul, filho de
Quis. Estavam entre os guerreiros que lutaram ao lado de Davi
na batalha. 2Todos eles eram arqueiros habilidosos, capazes
de atirar flechas com o arco, ou pedras com a funda, tanto com
a mão esquerda como com a direita. Eram todos parentes de
Saul, da tribo de Benjamim. 3Seu chefe era Aiezer, filho de
Semaá, de Gibeá; seu irmão Joás era o segundo no comando.
Os outros guerreiros foram: Jeziel e Pelete, filhos de Azma-
vete; Beraca; Jeú, de Anatote; 4Ismaías, de Gibeom, guerreiro
valente e líder entre os Trinta; Jeremias, Jaaziel, Joanã e Jo-
zabade, de Gederá; 5Eluzai, Jerimote, Bealias, Semarias e Se-
fatias, de Harufe; 6Elcana, Issias, Azareel, Joezer e Jasobeão,
todos coraítas; 7Joela e Zebadias, filhos de Jeroão, de Gedor.
8Alguns guerreiros valentes e treinados para o combate da
tribo de Gade também se juntaram a Davi quando ele estava
na fortaleza no deserto. Eram hábeis com o escudo e a lança,
ferozes como leões e ágeis como gazelas nos montes.
9Ézer era o chefe; Obadias, o segundo; Eliabe, o terceiro;
10Mismana, o quarto; Jeremias, o quinto; 11Atai, o sexto; Eliel,
o sétimo; 12Joanã, o oitavo; Elzabade, o nono; 13Jeremias, o
décimo; e Macbanai, o décimo primeiro.
14Esses guerreiros de Gade eram comandantes do exército.
O mais fraco deles era capaz de enfrentar cem soldados, e o
mais forte, capaz de enfrentar mil. 15Esses foram os homens
que atravessaram o Jordão durante a época de cheia do rio,
no início do ano, e expulsaram todos que habitavam nos vales
nas margens leste e oeste.
16Outros de Benjamim e de Judá se juntaram a Davi na for-
taleza. 17Davi foi ao encontro deles e lhes disse: "Se vieram
em paz, para me ajudar, somos amigos. Mas, se vieram para
me entregar a meus inimigos, embora eu seja inocente, que
o Deus de seus antepassados veja isso e castigue vocês!".
18Então o Espírito veio sobre Amasai, chefe dos Trinta, e ele
disse: "Somos seus, Davi! Estamos do seu lado, filho de Jessé!
Paz e prosperidade sejam com você e com todos que o ajudam,
pois o seu Deus o ajuda!". Davi os recebeu e os nomeou oficiais
de suas tropas.
19Alguns homens de Manassés desertaram do exército israelita
e se juntaram a Davi quando ele saiu com os filisteus para
guerrear contra Saul. Os governantes filisteus, porém, não
permitiram que Davi e seus homens fossem com eles. Depois
de discutirem, mandaram-no embora, pois disseram: "Se Davi
passar para o lado de Saul e voltar-se contra nós, isso custará
nossa cabeça".
20Os homens de Manassés que se uniram a Davi quando ele vol-
tava para Ziclague foram: Adna, Jozabade, Jediael, Micael, Jo-
zabade, Eliú e Ziletai. Cada um deles comandava mil soldados
da tribo de Manassés. 21Ajudaram Davi a perseguir bandos de
saqueadores, pois eram guerreiros valentes que se tornaram
comandantes de seu exército. 22A cada dia, mais homens se
juntavam a Davi, até que ele passou a ter um grande exército,
como o exército de Deus.
23Estes são os números de guerreiros armados que se uniram
a Davi em Hebrom. Todos queriam que Davi se tornasse rei no
lugar de Saul, como o SENHOR havia prometido.
24Da tribo de Judá, 6.800 guerreiros armados com escudos
e com lanças.
25Da tribo de Simeão, 7.100 guerreiros valentes preparados
para a guerra.
26Da tribo de Levi, 4.600 guerreiros, 27incluindo Joiada, chefe
da família de Arão, com 3.700 homens sob seu comando, 28e
Zadoque, jovem guerreiro valente, com 22 oficiais, membros
de sua família.
29Da tribo de Benjamim, parente de Saul, 3.000 guerreiros.
Até então, a maioria dos homens de Benjamim tinha perma-
necido leal a Saul.
30Da tribo de Efraim, 20.800 guerreiros valentes, cada um
deles muito respeitado em seu próprio clã.
31Da meia tribo de Manassés a oeste do Jordão, 18.000 foram
indicados por nome para ajudarem Davi a se tornar rei.
32Da tribo de Issacar, 200 chefes com seus parentes. Todos
eles entendiam bem os acontecimentos daquele tempo e sa-
biam qual era o melhor caminho para Israel seguir.
33Da tribo de Zebulom, 50.000 guerreiros treinados. Estavam
bem armados e preparados para a batalha e eram inteira-
mente leais a Davi.
34Da tribo de Naftali, 1.000 oficiais e 37.000 guerreiros ar-
mados com escudos e lanças.
35Da tribo de Dã, 28.600 guerreiros, todos preparados para
a batalha.
36Da tribo de Aser, 40.000 guerreiros treinados, todos prepa-
rados para a batalha.
37Do lado leste do rio Jordão, onde habitavam as tribos de
Rúben e Gade e a meia tribo de Manassés, 120.000 soldados
equipados com todos os tipos de armas.
38Todos esses soldados vieram a Hebrom em ordem de ba-
talha, com o único propósito de fazer Davi rei sobre todo o
Israel. Na verdade, todo o Israel concordava que ele devia ser
seu rei. 39Durante três dias, comeram e beberam com Davi,
pois seus parentes haviam feito preparativos para recebê-los.
40Pessoas de lugares tão distantes como Issacar, Zebulom e
Naftali trouxeram provisões sobre jumentos, camelos, mulas
e bois. Trouxeram grandes quantidades de farinha, bolos de
figo, bolos de passas, vinho, azeite, bois e ovelhas para a ce-
lebração. Houve grande alegria em todo o Israel.

Davi tenta levar a arca para Jerusalém

13 Davi consultou todos os seus oficiais, incluindo os gene-
rais e capitães de seu exército. 2Em seguida, dirigiu-se a

toda a comunidade de Israel e disse: "Se vocês estiverem de
acordo, e se for da vontade do SENHOR, nosso Deus, enviemos
uma mensagem aos israelitas por toda a terra, incluindo os
sacerdotes e levitas em suas cidades, com suas pastagens,
para que se unam a nós. 3É hora de trazermos de volta a arca
de nosso Deus, pois descuidamos dela durante o reinado de
Saul".
4Toda a comunidade concordou, pois o povo entendeu que
era a coisa certa a fazer. 5Então Davi convocou todos os is-
raelitas, desde o ribeiro Sior, no Egito, ao sul, até Lebo-Ha-
mate, ao norte, para trazerem a arca de Deus, que estava
em Quiriate-Jearim. 6Davi e todo o Israel foram a Baalá de
Judá (também chamada de Quiriate-Jearim), a fim de buscar
a arca de Deus, junto à qual era invocado o nome do SENHOR,
que está entronizado entre os querubins. 7Puseram a arca de
Deus numa carroça nova e a levaram da casa de Abinadabe.
Uzá e Aiô guiavam a carroça. 8Davi e todo o Israel se alegravam
diante de Deus com todas as suas forças, entoando cânticos
e tocando todo tipo de instrumentos musicais: liras, harpas,
tamborins, címbalos e trombetas.
9Quando chegaram à eira de Nacom, os bois que puxavam a
carroça tropeçaram, e Uzá estendeu a mão para segurar a
arca. 10A ira do SENHOR se acendeu contra Uzá, e ele o matou
por haver tocado na arca. E Uzá morreu ali mesmo, na pre-
sença de Deus.
11Davi ficou indignado porque a ira do SENHOR irrompeu contra
Uzá e chamou aquele lugar de Perez-Uzá, como é conhecido
até hoje.
12Davi teve medo do SENHOR e perguntou: "Como poderei levar
a arca do SENHOR?". 13Assim, não transferiu a arca do SENHOR
para a Cidade de Davi. Em vez disso, levou-a para a casa de
Obede-Edom, na cidade de Gate. 14A arca do SENHOR ficou na
casa de Obede-Edom por três meses, e o SENHOR abençoou a
família de Obede-Edom e tudo que ele possuía.

O palácio e a família de Davi

14 Hirão, rei de Tiro, enviou a Davi mensageiros com ma-
deira de cedro, pedreiros e carpinteiros, para que lhe
construíssem um palácio. 2E Davi compreendeu que o SENHOR
o havia confirmado como rei sobre Israel e exaltado seu reino
por causa de seu povo, Israel.
3Em Jerusalém, Davi tomou para si outras mulheres, que lhe
deram mais filhos e filhas. 4Estes são os nomes dos filhos de
Davi que nasceram em Jerusalém: Samua, Sobabe, Natã, Sa-
lomão, 5Ibar, Elisua, Elpalete, 6Nogá, Nefegue, Jafia, 7Elisama,
Eliada e Elifelete.

Davi derrota os filisteus

8Quando os filisteus souberam que Davi tinha sido ungido
rei de Israel, mobilizaram suas tropas para capturá-lo. Davi,
porém, foi informado disso e saiu para enfrentá-los. 9Os fi-
listeus chegaram e invadiram o vale de Refaim. 10Então Davi
perguntou a Deus: "Devo sair e lutar contra os filisteus? Tu os
entregarás em minhas mãos?". O SENHOR respondeu a Davi:
"Sim, vá, pois eu certamente os entregarei em suas mãos".
11Então Davi e seus soldados foram a Baal-Perazim e ali derro-
taram os filisteus. Davi exclamou: "Por meu intermédio, Deus
irrompeu no meio de meus inimigos como uma violenta inun-
dação!". Por isso, chamou aquele lugar de Baal-Perazim. 12Os
filisteus haviam deixado seus ídolos ali, e Davi ordenou que
fossem queimados.
13Pouco tempo depois, os filisteus voltaram a invadir o vale.
14Mais uma vez, Davi consultou a Deus. "Não os ataque pela
frente", respondeu Deus. "Em vez disso, dê a volta por trás
deles e ataque-os perto dos álamos. 15Quando ouvir um som
como de pés marchando por cima dos álamos, saia e ataque!
É o sinal de que Deus vai à sua frente para derrotar o exército
filisteu." 16Davi fez como Deus ordenou e derrotou os filisteus
por todo o caminho, desde Gibeom até Gezer.
17Assim, a fama de Davi se espalhou por toda parte, e o SENHOR
fez que todas as nações o temessem.

Preparativos para transportar a arca

15 Davi construiu várias casas para si na Cidade de Davi.
Também preparou um lugar para a arca de Deus e armou
uma tenda especial para ela. 2Em seguida, ordenou: "Nin-
guém, a não ser os levitas, levará a arca de Deus. O SENHOR os
escolheu para carregarem a arca de Deus e o servirem para
sempre".
3Então Davi convocou todo o Israel para ir a Jerusalém a fim
de trazer a arca do SENHOR para o lugar que ele havia prepa-
rado. 4Este é o número de descendentes de Arão e de levitas
convocados:
5Do clã de Coate, 120, e seu chefe era Uriel.
6Do clã de Merari, 220, e seu chefe era Asaías.
7Do clã de Gérson, 130, e seu chefe era Joel.
8Dos descendentes de Elisafã, 200, e seu chefe era Semaías.
9Dos descendentes de Hebrom, 80, e seu chefe era Eliel.
10Dos descendentes de Uziel, 112, e seu chefe era Aminadabe.
11Em seguida, Davi convocou os sacerdotes Zadoque e Abiatar,
e os chefes dos levitas Uriel, Asaías, Joel, Semaías, Eliel e Ami-
nadabe. 12Disse-lhes: "Vocês são os chefes das famílias levitas.
Consagrem-se, vocês e todos os seus parentes levitas, para
trazerem a arca do SENHOR, o Deus de Israel, para o lugar que
preparei para ela. 13A ira do SENHOR irrompeu contra nós da
primeira vez, pois não foram vocês, os levitas, que levaram
a arca. Não consultamos a Deus sobre o modo apropriado de
transportá-la". 14Então os sacerdotes e os levitas se consa-
graram a fim de trazer para Jerusalém a arca do SENHOR, Deus
de Israel. 15Os levitas carregaram a arca de Deus sobre os om-
bros, usando as varas presas a ela, conforme o SENHOR havia
instruído por meio de Moisés.
16Davi também ordenou aos chefes dos levitas que nomeassem
cantores e músicos para entoarem cânticos alegres acompa-
nhados por harpas, liras e címbalos. 17Os levitas escolheram
Hemã, filho de Joel, e seus parentes levitas: Asafe, filho de
Berequias, e Etã, filho de Cuxaías, do clã de Merari. 18Foram

escolhidos como seus ajudantes os seguintes homens: Zacarias, Jaaziel, Semiramote, Jeiel, Uni, Eliabe, Benaia, Maaseias, Matitias, Elifeleu, Micneias e os guardas das portas: Obede-Edom e Jeiel.

19 Os músicos Hemã, Asafe e Etã foram escolhidos para tocar os címbalos de bronze. 20 Zacarias, Aziel, Semiramote, Jeiel, Uni, Eliabe, Maaseias e Benaia foram escolhidos para tocar as harpas, em tons agudos. 21 Matitias, Elifeleu, Micneias, Obede-Edom, Azazias e Jeiel foram escolhidos para tocar as liras, em tons de oitava. 22 Quenanias, chefe dos levitas, foi escolhido para dirigir o canto, pois tinha habilidade para isso.

23 Berequias e Elcana foram escolhidos para cuidar da arca. 24 Sebanias, Josafá, Natanael, Amasai, Zacarias, Benaia e Eliézer, todos sacerdotes, foram escolhidos para tocar as trombetas enquanto iam à frente da arca de Deus. Obede-Edom e Jeías também foram escolhidos para cuidar da arca.

A arca é levada para Jerusalém

25 Então Davi, as autoridades de Israel e os generais do exército foram à casa de Obede-Edom a fim de trazer a arca da aliança do SENHOR para Jerusalém com grande celebração. 26 E, como Deus estava claramente ajudando os levitas enquanto carregavam a arca da aliança do SENHOR, ofereceram como sacrifício sete novilhos e sete carneiros.

27 Davi vestia um manto de linho fino, assim como os levitas que carregavam a arca, os músicos e Quenanias, o dirigente do canto. Davi também vestia um colete sacerdotal. 28 Assim, todo o Israel trouxe a arca da aliança do SENHOR com gritos de alegria, ao som de trombetas, cornetas, címbalos, harpas e liras.

29 Enquanto a arca da aliança do SENHOR entrava na Cidade de Davi, Mical, filha de Saul, olhava pela janela. Quando viu o rei Davi saltando e rindo de alegria, encheu-se de desprezo por ele.

16 Trouxeram a arca de Deus e a colocaram dentro da tenda especial que Davi tinha preparado para ela. Em seguida, apresentaram a Deus holocaustos e ofertas de paz. 2 Quando Davi terminou de oferecer os holocaustos e ofertas de paz, abençoou o povo em nome do SENHOR. 3 Depois, para cada homem e mulher em todo o Israel, deu um pão, um bolo de tâmaras e um bolo de passas.

4 Davi nomeou os seguintes levitas para servirem diante da arca do SENHOR, invocarem as bênçãos dele e darem graças e louvarem o SENHOR, o Deus de Israel: 5 Asafe, o chefe do grupo, tocava os címbalos. Depois dele vinha Zacarias, seguido de Jeiel, Semiramote, Jeiel, Matitias, Eliabe, Benaia, Obede-Edom e Jeiel, que tocavam harpas e liras. 6 Os sacerdotes Benaia e Jaaziel tocavam trombetas continuamente diante da arca da aliança de Deus.

O cântico de louvor de Davi

7 Naquele dia, Davi encarregou Asafe e seus parentes levitas de louvarem com ação de graças ao SENHOR:

8 "Deem graças ao SENHOR e proclamem seu nome, anunciem entre os povos o que ele tem feito.
9 Cantem a ele, sim, cantem louvores a ele, falem a todos de suas maravilhas.
10 Exultem em seu santo nome, alegrem-se todos que buscam o SENHOR.
11 Busquem o SENHOR e sua força, busquem sua presença todo o tempo.
12 Lembrem-se das maravilhas que ele fez, dos milagres que realizou e dos juízos que pronunciou, 13 vocês que são filhos de seu servo Israel, descendentes de Jacó, seus escolhidos.
14 "Ele é o SENHOR, nosso Deus; vemos sua justiça em toda a terra.
15 Lembrem-se de sua aliança para sempre, do compromisso que ele firmou com mil gerações.
16 É a aliança que fez com Abraão, o juramento que fez a Isaque.
17 Ele a confirmou a Jacó por decreto, ao povo de Israel como aliança sem fim:
18 'Darei a vocês a terra de Canaã, como a porção de sua herança'.
19 "Assim declarou quando vocês ainda eram poucos, um punhado de estrangeiros em Canaã.
20 Vagaram de uma nação a outra, de um reino a outro.
21 E, no entanto, ele não permitiu que ninguém os oprimisse e, em seu favor, repreendeu reis:
22 'Não toquem em meu povo escolhido, não façam mal a meus profetas'.
23 "Toda a terra cante ao SENHOR! Proclamem todos os dias a sua salvação.
24 Anunciem a sua glória entre as nações, contem a todos as suas maravilhas.
25 Grande é o SENHOR! Digno de muito louvor! Ele é mais temível que todos os deuses.
26 Os deuses de outros povos não passam de ídolos, mas o SENHOR fez os céus!
27 Glória e majestade o cercam, força e alegria enchem sua habitação.
28 "Ó nações do mundo, reconheçam o SENHOR, reconheçam que o SENHOR é glorioso e forte.
29 Deem ao SENHOR a glória que seu nome merece, tragam ofertas e venham à sua presença. Adorem o SENHOR em todo o seu santo esplendor; 30 toda a terra trema diante dele. O mundo permanece firme e não pode ser abalado.
31 "Alegrem-se os céus e exulte a terra! Digam entre as nações: 'O SENHOR reina!'.
32 Deem louvor o mar e tudo que nele há! Os campos e suas colheitas gritem de alegria!
33 As árvores do bosque exultem diante do SENHOR, pois ele vem para julgar a terra.
34 "Deem graças ao SENHOR, porque ele é bom; seu amor dura para sempre!
35 Clamem: 'Salva-nos, ó Deus de nossa salvação! Reúne-nos e livra-nos das nações, para darmos graças ao teu santo nome, para nos alegrarmos no teu louvor'.
36 "Louvem o SENHOR, o Deus de Israel, que vive de eternidade a eternidade!". Todo o povo disse em alta voz: "Amém!" e louvou o SENHOR.

Culto em Jerusalém e em Gibeom

37Davi providenciou que Asafe e seus parentes levitas servissem
continuamente diante da arca da aliança do SENHOR e cum-
prissem seus deveres de cada dia. 38Faziam parte desse grupo:
Obede-Edom, filho de Jedutum, Hosa e 68 levitas que eram
guardas das portas.
39Enquanto isso, Davi deixou o sacerdote Zadoque e seus pa-
rentes no tabernáculo do SENHOR, no lugar de adoração em Gi-
beom, onde continuaram a servir diante do SENHOR. 40Todas as
manhãs e todas as tardes, ofereciam holocaustos ao SENHOR no
altar separado para essa finalidade, em obediência a tudo que
estava escrito na lei do SENHOR, conforme ele tinha ordenado a
Israel. 41Davi também designou Hemã, Jedutum e outros esco-
lhidos por nome para darem graças ao SENHOR, pois "seu amor
dura para sempre". 42Acompanhavam os cânticos de louvor a
Deus com trombetas, címbalos e outros instrumentos. Os filhos
de Jedutum foram nomeados guardas das portas.
43Então todos voltaram para casa, e Davi também voltou para
abençoar sua família.

A aliança do SENHOR com Davi

17 Quando Davi já havia se estabelecido em seu palácio,
mandou chamar o profeta Natã. Disse: "Veja, moro num
palácio, uma casa de cedro, enquanto a arca da aliança do
SENHOR está lá fora, numa simples tenda".
2Natã respondeu a Davi: "Faça o que tem em mente, pois Deus
está com o rei".
3Naquela mesma noite, porém, Deus disse a Natã:
4"Vá e diga a meu servo Davi que assim diz o SENHOR: 'Não será
você que construirá uma casa para eu habitar. 5Desde o dia
em que tirei os israelitas do Egito até hoje, nunca morei numa
casa. Sempre acompanhei o povo de um lugar para o outro
numa tenda, num tabernáculo. 6E, no entanto, onde quer que
tenha ido com os israelitas, nunca me queixei aos líderes de Is-
rael, aos pastores de meu povo. Nunca lhes perguntei: Por que
não construíram para mim um palácio, uma casa de cedro?'.
7"Agora vá e diga a meu servo Davi que assim diz o SENHOR
dos Exércitos: 'Eu o tirei das pastagens onde você cuidava das
ovelhas e o escolhi para ser o líder de meu povo, Israel. 8Estive
com você por onde andou e destruí todos os seus inimigos
diante de seus olhos. Agora, tornarei seu nome tão conhecido
quanto o dos homens mais importantes da terra! 9Providen-
ciarei uma terra para meu povo, Israel, e os plantarei num
lugar seguro, onde jamais serão perturbados. Nações per-
versas não os oprimirão como fizeram no passado, 10desde o
tempo em que nomeei juízes para governar meu povo, Israel.
Também derrotarei todos os seus inimigos. "'Além disso, eu
declaro que o SENHOR fará uma casa para você, uma dinastia
real! 11Pois, quando você morrer e se reunir a seus antepas-
sados, escolherei um de seus filhos, de sua própria descen-
dência, e estabelecerei seu reino. 12Ele é que construirá uma
casa para mim, e estabelecerei seu trono para sempre. 13Eu
serei seu pai, e ele será meu filho. Jamais retirarei dele meu
favor, como o retirei daquele que governou antes de você.
14Eu o confirmarei para sempre como rei sobre minha casa e
sobre meu reino, e seu trono será estabelecido para sempre'".
15Natã voltou até Davi e contou ao rei tudo que o SENHOR lhe
tinha revelado.

Oração de gratidão de Davi

16Então o rei Davi entrou no santuário, pôs-se diante do SE-
NHOR e orou: "Quem sou eu, ó SENHOR Deus, e o que é minha
família, para que me trouxesses até aqui? 17E agora, ó Deus,
como se isso não bastasse, dizes que dará a teu servo uma
dinastia duradoura! Como alguém pode ser tão privilegiado,
ó SENHOR Deus?
18"Que mais posso dizer sobre o modo como me honraste?
Tu sabes como teu servo é de fato. 19Por causa de teu servo,
ó SENHOR, e de acordo com tua vontade, fizeste todas estas
grandes coisas e as tornaste conhecidas.
20"Ó SENHOR, não há ninguém igual a ti! Jamais ouvimos falar
de outro Deus como tu! 21Que outra nação na terra é como
teu povo, Israel? Que outra nação, ó Deus, resgataste da
escravidão para ser teu povo? Engrandeceste teu nome ao
livrar teu povo do Egito. Realizaste milagres impressionantes
e removeste as nações do caminho de teu povo. 22Escolheste
Israel para ser teu próprio povo para sempre, e tu, ó SENHOR,
te tornaste seu Deus.
23"E agora, ó SENHOR, sou teu servo; faze o que prometeste a
meu respeito e de minha família. Confirma-o como uma pro-
messa que durará para sempre. 24Que o teu nome seja esta-
belecido e honrado para sempre, a fim de que todos digam: 'O
SENHOR dos Exércitos, o Deus de Israel, é Deus para Israel!'. E
que a dinastia de teu servo Davi permaneça diante de ti para
sempre.
25"Ó Deus meu, tive a coragem de fazer-te esta oração porque
revelaste a teu servo que farás uma casa para mim, uma di-
nastia real! 26Pois tu és Deus, ó SENHOR, e prometeste estas
coisas boas a teu servo. 27E agora, que seja do teu agrado
abençoar a casa de teu servo, para que ela permaneça para
sempre diante de ti. Pois, quando concedes uma bênção, ó
SENHOR, é uma bênção para sempre!".

Vitórias militares de Davi

18 Depois disso, Davi derrotou e sujeitou os filisteus, con-
quistando Gate e seus povoados. 2Também conquistou
a terra de Moabe, e os moabitas que foram poupados se tor-
naram súditos de Davi e lhe pagaram tributo.
3Davi também destruiu o exército de Hadadezer, rei de Zobá,
derrotando-o em Hamate, quando Hadadezer tentou forta-
lecer seu controle ao longo do rio Eufrates. 4Davi tomou mil
carros de guerra, sete mil cavaleiros e vinte mil soldados da
infantaria. Levou cavalos suficientes para cem carros de guerra
e aleijou o restante.
5Quando os sírios de Damasco chegaram para ajudar Hada-
dezer, rei de Zobá, Davi matou 22 mil deles. 6Então colocou
destacamentos de seu exército em Damasco, a capital dos
sírios. Assim Davi sujeitou os sírios, e eles lhe pagaram tributo.

O SENHOR concedia vitórias a Davi por onde quer que ele fosse.
7Davi levou para Jerusalém os escudos de ouro dos oficiais
de Hadadezer, 8bem como grande quantidade de bronze de
Tebá e de Cum, cidades que pertenciam a Hadadezer. Mais
tarde, Salomão derreteu o bronze e o usou para fazer o grande
tanque de bronze chamado Mar, as colunas e os diversos utensílios de bronze do templo.
9Quando Toí, rei de Hamate, soube que Davi tinha destruído
todo o exército de Hadadezer, rei de Zobá, 10enviou seu filho
Jorão para parabenizar Davi por sua campanha bem-sucedida.
Hadadezer e Toí eram inimigos e sempre estavam em guerra.
Jorão presenteou Davi com objetos de prata, ouro e bronze.
11O rei Davi dedicou todos esses presentes ao SENHOR, junto
com a prata e o ouro que ele havia tomado de outras nações:
de Edom, Moabe, Amom, da Filístia e de Amaleque.
12Abisai, filho de Zeruia, destruiu dezoito mil edomitas no
vale do Sal. 13Colocou destacamentos do exército em Edom
e, assim, todos os edomitas se tornaram súditos de Davi. O
SENHOR concedia vitórias a Davi por onde quer que ele fosse.
14Davi reinou sobre todo o Israel e fazia o que era justo e correto para seu povo. 15Joabe, filho de Zeruia, era comandante
de seu exército. Josafá, filho de Ailude, era o historiador do
reino. 16Zadoque, filho de Aitube, e Aimeleque, filho de Abiatar,
eram sacerdotes. Seraías era o secretário da corte. 17Benaia,
filho de Joiada, era comandante da guarda pessoal do rei. E
os filhos de Davi eram seus assistentes diretos.

Davi derrota os amonitas

19 Algum tempo depois, morreu Naás, rei dos amonitas,
e seu filho Hanum subiu ao trono. 2Davi disse: "Vou
demonstrar lealdade a Hanum assim como seu pai, Naás,
sempre foi leal a mim". Então Davi enviou representantes
para expressar seu pesar a Hanum pela morte do pai dele.
Mas, quando os representantes de Davi chegaram à terra de
Amom, 3os líderes amonitas disseram a Hanum: "O rei acredita
mesmo que esses homens estão aqui para honrar seu pai?
Não! Davi os enviou com o objetivo de espionar a terra para vir
e conquistá-la!". 4Então Hanum prendeu os representantes
de Davi, raspou a barba de cada um, cortou metade de suas
roupas até as nádegas e os mandou de volta a Davi.
5Quando Davi soube do que havia acontecido, enviou mensageiros ao encontro dos homens, para que lhes dissessem:
"Fiquem em Jericó até que sua barba tenha crescido e voltem
em seguida", pois estavam muito envergonhados.
6Quando Hanum e os amonitas perceberam quanto haviam
enfurecido Davi, enviaram 35 toneladas de prata para Arã-Naarim, Arã-Maaca e Zobá, a fim de contratarem seus carros
de guerra e cavaleiros. 7Também contrataram 32 mil carros de
guerra e obtiveram o apoio do rei de Maaca e de seu exército.
Esses soldados acamparam em Medeba, onde se juntaram
a eles tropas amonitas que Hanum havia recrutado em suas
próprias cidades. 8Davi foi informado disso e enviou Joabe e
todos os seus guerreiros para lutarem contra eles. 9As tropas
amonitas avançaram e formaram sua frente de batalha à entrada da cidade, enquanto os outros reis se posicionaram para
lutar nos campos abertos.
10Joabe viu que teria de lutar em duas frentes ao mesmo
tempo, por isso escolheu alguns dos melhores guerreiros de Israel e os pôs sob seu comando pessoal para enfrentar os sírios.
11Deixou o restante do exército sob o comando de seu irmão
Abisai, que atacou os amonitas. 12Joabe disse a seu irmão: "Se
os sírios forem fortes demais para mim, venha me ajudar. E, se
os amonitas forem fortes demais para você, eu irei ajudá-lo.
13Coragem! Lutemos bravamente por nosso povo e pelas cidades de nosso Deus. E que seja feita a vontade do SENHOR!".
14Joabe e suas tropas atacaram, e os sírios começaram a fugir.
15Quando os amonitas viram que os sírios batiam em retirada,
também fugiram de Abisai e recuaram para dentro da cidade.
Então Joabe voltou para Jerusalém.
16Os sírios viram que não tinham como enfrentar Israel. Assim,
enviaram mensageiros para convocar mais soldados do outro
lado do rio Eufrates. Essas tropas eram conduzidas por Sobaque, comandante do exército de Hadadezer.
17Quando Davi foi informado do que estava acontecendo,
reuniu todo o Israel, atravessou o Jordão e posicionou suas
tropas em formação de batalha. Entrou em combate com
os sírios, que lutaram contra ele. 18Mais uma vez, porém, os
sírios fugiram dos israelitas. O exército de Davi matou sete
mil homens em carros de guerra e quarenta mil soldados de
infantaria, incluindo Sobaque, comandante de seu exército.
19Quando os aliados de Hadadezer viram que ele havia sido
derrotado por Israel, renderam-se a Davi e se tornaram seus
súditos. Depois disso, os sírios não quiseram mais ajudar os
amonitas.

Davi conquista Rabá

20 No começo do ano, época em que os reis costumavam ir
à guerra, Joabe conduziu o exército israelita em ataques
bem-sucedidos contra a terra dos amonitas. Durante essas
operações, cercou a cidade de Rabá, a atacou e a destruiu.
Mas Davi ficou em Jerusalém. Joabe conquistou Rabá e a
destruiu.
2Então Davi chegou a Rabá, removeu a coroa da cabeça do
rei, e ela foi colocada sobre sua cabeça. A coroa era feita de
ouro, enfeitada com pedras preciosas, e pesava cerca de 35
quilos. Davi tomou grande quantidade de despojos da cidade.
3Também tornou os habitantes de Rabá seus escravos e os
obrigou a trabalhar com serras, picaretas e machados de ferro.
Foi assim que Davi tratou o povo de todas as cidades amonitas.
Então ele e todo o exército voltaram para Jerusalém.

Batalhas contra gigantes filisteus

4Depois disso, houve guerra contra os filisteus em Gezer. Enquanto lutavam, Sibecai, de Husate, matou Safe, um descendente de gigantes, e, desse modo, os filisteus foram subjugados.
5Durante outra batalha contra os filisteus, Elanã, filho de Jair,
matou Lami, irmão de Golias, de Gate. O cabo da lança de Lami
era da grossura de um eixo de tecelão.

6Em outra batalha com os filisteus em Gate, havia um homem
de grande estatura com seis dedos em cada mão e seis dedos
em cada pé, 24 dedos ao todo, que também era descendente
de gigantes. 7Mas, quando ele desafiou os israelitas e zombou
deles, foi morto por Jônatas, filho de Simeia, irmão de Davi.
8Esses filisteus eram descendentes dos gigantes de Gate, mas
Davi e seus guerreiros os mataram.

Davi realiza um censo

21 Satanás se levantou contra Israel e incitou Davi a fazer um
censo. 2Davi disse a Joabe e aos comandantes do exér-
cito: "Façam uma contagem de todo o Israel, desde Berseba,
ao sul, até Dã, ao norte, e tragam-me um relatório para que
eu saiba o número exato do povo".
3Joabe, porém, respondeu: "Que o SENHOR torne a população
cem vezes mais numerosa do que é hoje! Mas por que meu
senhor, o rei, deseja fazer essa contagem? Eles não são todos
seus servos? Por que levar Israel a pecar?".
4Apesar da objeção de Joabe, o rei insistiu que fizessem o
censo. Então Joabe saiu para contar o povo de Israel. De-
pois, voltou para Jerusalém 5e informou a Davi o número de
pessoas. Havia em Israel 1.100.000 homens aptos para irem
à guerra que sabiam manejar a espada e, em Judá, havia
470.000. 6Mas Joabe não incluiu no censo as tribos de Levi e
Benjamim, pois achou absurda a ordem do rei.

Julgamento por causa do pecado de Davi

7Deus se desagradou muito do censo e castigou Israel por isso.
8Então Davi disse a Deus: "Pequei grandemente ao fazer essa
contagem. Perdoe meu pecado, pois cometi uma insensatez".
9O SENHOR falou a Gade, o vidente de Davi. Esta foi a men-
sagem: 10"Vá e diga a Davi que assim diz o SENHOR: 'Darei a
você três opções. Escolha um destes castigos, e eu o aplicarei
a você'".
11Gade foi a Davi e disse: "Estas são as três opções que o SE-
NHOR lhe deu: 12três anos de fome, três meses de destruição
pela espada de seus inimigos, ou três dias de praga intensa,
durante os quais o anjo do SENHOR trará devastação sobre toda
a terra de Israel. Decida o que devo responder àquele que
me enviou".
13"Não tenho para onde correr nesta situação!", respondeu
Davi a Gade. "Mas é melhor cair nas mãos do SENHOR, pois sua
misericórdia é grande. Que eu não caia nas mãos de homens."
14Então o SENHOR enviou uma praga sobre Israel, e setenta
mil pessoas morreram. 15E Deus enviou um anjo para destruir
Jerusalém. Mas, quando o anjo estava prestes a fazê-lo, o
SENHOR teve compaixão e disse ao anjo da morte: "Pare! Já
basta!". Naquele momento, o anjo do SENHOR estava perto da
eira de Araúna, o jebuseu.
16Davi olhou para cima e viu o anjo do SENHOR entre o céu e a
terra, com a espada desembainhada na mão, estendida sobre
Jerusalém. Então Davi e as autoridades de Israel se vestiram
de pano de saco e se prostraram com o rosto no chão. 17Davi
disse a Deus: "Fui eu que ordenei o censo! Eu pequei e fiz o
que era mau! Mas o povo é inocente, como ovelhas. O que
fizeram? Ó SENHOR, meu Deus, que tua ira caia sobre mim e
minha família, mas não castigue teu povo!".

Davi constrói um altar

18Então o anjo do SENHOR disse a Gade que mandasse Davi
construir um altar ao SENHOR na eira de Araúna, o jebuseu.
19Davi subiu para lá a fim de cumprir a ordem que o SENHOR
deu por meio de Gade. 20Araúna debulhava o trigo quando
virou-se e viu o anjo. Seus quatro filhos, que estavam com
ele, fugiram e se esconderam. 21Quando Araúna viu que o rei
se aproximava, saiu da eira e curvou-se diante de Davi com o
rosto no chão.
22Davi disse a Araúna: "Quero comprar de você esta eira pelo
preço justo. Construirei nela um altar para o SENHOR, a fim de
que ele faça cessar a praga".
23"Pode ficar com a eira, meu senhor, o rei", disse Araúna.
"Use-a como lhe parecer melhor. Eu lhe darei os bois para os
holocaustos, as tábuas de trilhar como lenha para o fogo do
altar e o trigo como oferta de cereais. Eu lhe darei tudo, ó rei."
24O rei Davi, porém, respondeu a Araúna: "Não! Faço questão
de comprá-la pelo preço justo. Não tomarei o que é seu para
oferecer ao SENHOR. Não apresentarei holocaustos que nada
me custaram". 25Então Davi pagou a Araúna seiscentas peças
de ouro pela eira.
26Davi construiu ali um altar ao SENHOR e ofereceu holocaustos
e ofertas de paz. E, quando Davi orou, o SENHOR respondeu
com fogo do céu para queimar a oferta sobre o altar. 27Então
o SENHOR deu ordem para que o anjo pusesse a espada de
volta na bainha.
28Quando Davi percebeu que o SENHOR havia respondido à sua
oração, ofereceu sacrifícios ali na eira de Araúna, o jebuseu.
29Naquela época, o tabernáculo do SENHOR, que Moisés havia
feito no deserto, e o altar de holocaustos estavam no lugar
de adoração em Gibeom. 30Mas Davi não podia ir até lá para
consultar Deus, pois tinha pavor da espada do anjo do SENHOR.

22 Então Davi disse: "Este será o lugar do templo do SENHOR
Deus e o lugar do altar para os holocaustos de Israel!".

Preparativos para o templo

2Davi deu ordens para reunir os estrangeiros que viviam em
Israel e os encarregou de preparar as pedras cortadas para
a construção do templo de Deus. 3Davi providenciou grandes
quantidades de ferro para os pregos necessários para as
portas e suas dobradiças, e deu tanto bronze que não se podia
pesar. 4Também providenciou inúmeras toras de cedro, pois
os homens de Tiro e Sidom lhe haviam trazido grandes quan-
tidades dessa madeira.
5Davi disse: "Meu filho Salomão ainda é jovem e inexperiente.
Uma vez que o templo do SENHOR deve ser um edifício magní-
fico, famoso e glorioso por todo o mundo, começarei desde
já a fazer os preparativos". Assim, antes de sua morte, Davi
juntou grandes quantidades de materiais para a construção.

6Então mandou chamar seu filho Salomão e lhe ordenou que
construísse um templo para o SENHOR, o Deus de Israel. 7Dis-
se-lhe: "Meu filho, eu quis construir um templo em honra ao
nome do SENHOR, meu Deus, 8mas o SENHOR me disse: 'Você
matou muitos homens nas batalhas em que lutou. Derramou
muito sangue diante de mim, por isso não será você quem
construirá um templo em honra ao meu nome. 9Contudo, você
terá um filho que será um homem de paz. Darei a ele descanso
de seus inimigos de todas as terras vizinhas. Seu nome será
Salomão, e darei paz e tranquilidade a Israel durante seu rei-
nado. 10Ele construirá um templo em honra ao meu nome. Ele
será meu filho, e eu serei seu pai, e eu estabelecerei o trono
de seu reino sobre Israel para sempre'.
11"Agora, meu filho, que o SENHOR seja com você e lhe dê êxito
na construção do templo do SENHOR, seu Deus, exatamente
como ele prometeu a seu respeito. 12E que o SENHOR lhe dê
sabedoria e entendimento, para que você obedeça à lei do
SENHOR, seu Deus, ao governar Israel. 13Você terá êxito se for
cuidadoso em obedecer aos decretos e estatutos que o SENHOR
ordenou a Israel por meio de Moisés. Seja forte e corajoso; não
tenha medo nem desanime!
14"Trabalhei arduamente para providenciar os materiais para
a construção do templo do SENHOR: 3.500 toneladas de ouro,
35.000 toneladas de prata e tanto ferro e bronze que não se
pode pesar. Também juntei madeira e pedra, embora talvez
você precise providenciar mais. 15Você tem muitos trabalha-
dores habilidosos: cortadores de pedra, pedreiros, carpin-
teiros e artesãos de todo tipo, 16peritos nos trabalhos com
ouro, prata, bronze e ferro. Agora comece a obra, e que o
SENHOR esteja com você!".
17Então Davi ordenou a todos os líderes de Israel que aju-
dassem Salomão nesse projeto. 18"O SENHOR, seu Deus, está
com vocês", declarou. "Ele lhes deu descanso das nações ao
redor. Entregou-as em minhas mãos, e agora estão sujeitas ao
SENHOR e ao seu povo. 19Agora busquem o SENHOR, seu Deus,
de todo o coração e de toda a alma. Construam o santuário
do SENHOR Deus, a fim de trazer a arca da aliança do SENHOR
e os utensílios sagrados para o templo edificado em honra ao
nome do SENHOR."

Deveres dos levitas

23 Quando Davi já era bem idoso, nomeou seu filho Salomão
rei sobre Israel. 2Convocou todos os líderes de Israel, e
também os sacerdotes e os levitas. 3Foram contados os levitas
com 30 anos ou mais, e o total chegou a 38 mil. 4De todos os
levitas, 24 mil foram designados para supervisionar o trabalho
no templo do SENHOR, 6 mil para ser oficiais e juízes, 5 4 mil para
ser guardas das portas e 4 mil para louvar o SENHOR com os
instrumentos musicais que Davi fez para esse fim. 6Davi dividiu
os levitas em grupos com os nomes dos clãs descendentes dos
três filhos de Levi: Gérson, Coate e Merari.

Os gersonitas

7Os descendentes de Gérson foram: Libni e Simei, filhos de
Gérson. 8Os três filhos de Libni foram: Jeiel, o chefe da família,
Zetã e Joel. 9Esses foram os chefes da família de Libni. Três
descendentes de Simei foram: Selemote, Haziel e Harã. 10Ou-
tros quatro descendentes de Simei foram: Jaate, Ziza, Jeús e
Berias. 11Jaate era o chefe da família, e Ziza, o segundo. Jeús
e Berias foram contados como uma só família, pois nenhum
dos dois teve muitos filhos.

Os coatitas

12Quatro descendentes de Coate foram: Anrão, Isar, Hebrom
e Uziel.
13Os filhos de Anrão foram: Arão e Moisés. Arão e seus descen-
dentes foram separados para consagrar as coisas santíssimas,
queimar incenso na presença do SENHOR, servi-lo e pronunciar
bênçãos em seu nome para sempre.
14Quanto a Moisés, homem de Deus, seus filhos foram con-
tados com a tribo de Levi. 15Os filhos de Moisés foram: Gérson
e Eliézer. 16Um dos descendentes de Gérson foi Sebuel, chefe
da família. 17Eliézer teve apenas um filho, Reabias, o chefe da
família. Reabias teve muitos descendentes.
18Um dos descendentes de Isar foi Selomite, chefe da família.
19Os descendentes de Hebrom foram: Jerias, o chefe da fa-
mília, Amarias, o segundo, Jaaziel, o terceiro, e Jecameão,
o quarto.
20Os descendentes de Uziel foram: Mica, o chefe da família,
e Issias, o segundo.

Os meraritas

21Os descendentes de Merari foram: Mali e Musi. Os filhos de
Mali foram: Eleazar e Quis. 22Eleazar morreu sem ter filhos;
teve apenas filhas. Suas filhas se casaram com os primos
delas, os filhos de Quis.
23Três descendentes de Musi foram: Mali, Éder e Jeremote.
24Estes foram os descendentes de Levi conforme seus clãs, os
chefes de suas famílias, registrados por nome. Cada um preci-
sava ter 20 anos ou mais a fim de se qualificar para o serviço na
casa do SENHOR. 25Pois Davi disse: "O SENHOR, Deus de Israel,
nos deu paz e habitará sempre em Jerusalém. 26Os levitas não
precisam mais carregar o tabernáculo nem seus utensílios de
um lugar para outro". 27De acordo com as últimas instruções
de Davi, foram registrados para o serviço todos os levitas de
20 anos ou mais.
28O trabalho dos levitas era ajudar os sacerdotes, os descen-
dentes de Arão, no serviço da casa do SENHOR. Também cui-
davam dos pátios e das salas laterais, ajudavam a realizar as
cerimônias de purificação e serviam na casa de Deus de várias
outras maneiras. 29Eram encarregados dos pães da presença
colocados sobre a mesa, da farinha da melhor qualidade para
as ofertas de cereais, dos bolos sem fermento, dos pães as-
sados em azeite e da mistura das massas. Eram responsáveis,
ainda, por verificar todos os pesos e medidas. 30Todas as ma-
nhãs e todas as tardes, apresentavam-se diante do SENHOR
para entoar cânticos de ação de graças e louvor. 31Ajudavam
nos holocaustos oferecidos ao SENHOR nos sábados, nas festas
de lua nova e em todas as outras festas fixas. O número re-

querido de levitas estava sempre de serviço na presença do
SENHOR, e seguiam todos os procedimentos que lhes haviam
sido prescritos.
32E assim, sob a supervisão dos sacerdotes, os descendentes
de Arão, os levitas guardavam a tenda do encontro e o san-
tuário e cumpriam seus deveres no serviço da casa do SENHOR.

Deveres dos sacerdotes

24 Os descendentes de Arão, os sacerdotes, foram divididos
em turnos para o serviço. Os filhos de Arão foram: Na-
dabe, Abiú, Eleazar e Itamar. 2Mas Nadabe e Abiú morreram
antes de seu pai e não tinham filhos. Então Eleazar e Itamar
deram continuidade ao sacerdócio.
3Com a ajuda de Zadoque, descendente de Eleazar, e de Aime-
leque, descendente de Itamar, Davi dividiu os descendentes
de Arão em turnos, de acordo com suas responsabilidades. 4Os
descendentes de Eleazar foram divididos em dezesseis turnos,
e os de Itamar, em oito, pois havia mais chefes de família entre
os descendentes de Eleazar.
5As tarefas foram designadas aos grupos por sorteio, para
que não houvesse nenhuma preferência, pois havia entre os
descendentes de Eleazar e de Itamar muitos líderes qualifi-
cados para servir a Deus no santuário. 6Semaías, filho do le-
vita Natanael, foi o secretário e anotou os nomes e as tarefas
na presença do rei, dos líderes, do sacerdote Zadoque, de
Aimeleque, filho de Abiatar, e dos chefes das famílias dos sa-
cerdotes e dos levitas. Os descendentes de Eleazar e de Itamar
foram designados por sorteio alternadamente.
7A primeira sorte caiu para Jeoiaribe; a segunda, para Jedaías;
8a terceira, para Harim; a quarta, para Seorim; 9a quinta, para
Malquias; a sexta, para Miamim; 10a sétima, para Hacoz; a
oitava, para Abias; 11a nona, para Jesua; a décima, para Se-
canias; 12a décima primeira, para Eliasibe; a décima segunda,
para Jaquim; 13a décima terceira, para Hupá; a décima quarta,
para Jesebeabe; 14a décima quinta, para Bilga; a décima sexta,
para Imer; 15a décima sétima, para Hezir; a décima oitava,
para Hapises; 16a décima nona, para Petaías; a vigésima, para
Jeezquel; 17a vigésima primeira, para Jaquim; a vigésima
segunda, para Gamul; 18a vigésima terceira, para Delaías; a
vigésima quarta, para Maazias.
19Cada grupo realizava as tarefas que lhe haviam sido desig-
nadas na casa do SENHOR, de acordo com os procedimentos
definidos por seu antepassado Arão em obediência às ordens
do SENHOR, o Deus de Israel.

Chefes de famílias levitas

20Os outros chefes de famílias descendentes de Levi foram:
Dos descendentes de Anrão: Sebuel. Dos descendentes de
Sebuel: Jedias.
21Dos descendentes de Reabias: Issias.
22Dos descendentes de Isar: Selomite. Dos descendentes de
Selomite: Jaate.
23Dos descendentes de Hebrom: Jerias, o chefe, Amarias, o
segundo, Jaaziel, o terceiro, e Jecameão, o quarto.
24Dos descendentes de Uziel: Mica. Dos descendentes de Mica:
Samir 25e Issias, irmão de Mica. Dos descendentes de Issias:
Zacarias.
26Dos descendentes de Merari: Mali e Musi. Dos descendentes
de Jaazias: Beno.
27Dos descendentes de Merari, por Jaazias: Beno, Soão, Zacur
e Ibri.
28Dos descendentes de Mali: Eleazar, que não teve filhos.
29Dos descendentes de Quis: Jerameel.
30Dos descendentes de Musi: Mali, Éder e Jerimote. Esses
foram os descendentes de Levi, de acordo com suas famílias.
31Como os descendentes de Arão, suas tarefas foram desig-
nadas por sorteio, sem distinção de idade nem de posição
entre as famílias. As sortes foram lançadas na presença do rei
Davi, de Zadoque, de Aimeleque e dos chefes das famílias dos
sacerdotes e dos levitas.

Responsabilidades dos músicos

25 Depois, Davi e os comandantes do exército nomearam
homens das famílias de Asafe, Hemã e Jedutum para
profetizar, com o acompanhamento de liras, harpas e cím-
balos. Esta é a lista de seus nomes e de suas responsabili-
dades:
2Dos filhos de Asafe: Zacur, José, Netanias e Asarela. Traba-
lhavam sob a direção de seu pai, Asafe, que profetizava por
ordem do rei.
3Dos filhos de Jedutum: Gedalias, Zeri, Jesaías, Simei, Hasa-
bias e Matitias, seis ao todo. Trabalhavam sob a direção de seu
pai, Jedutum, que profetizava com o acompanhamento da lira,
dando graças e louvando o SENHOR.
4Dos filhos de Hemã: Buquias, Matanias, Uziel, Subael, Jeri-
mote, Hananias, Hanani, Eliata, Gidalti, Romanti-Ézer, Josbe-
casa, Maloti, Hotir e Maaziote. 5Todos eram filhos de Hemã,
vidente do rei, pois Deus lhe tinha dado o privilégio de ter
catorze filhos e filhas, de acordo com sua promessa.
6Todos esses homens estavam sob a direção de seus pais e
serviam como músicos na casa do SENHOR. Eram responsáveis
por tocar címbalos, harpas e liras na casa de Deus. Asafe, Je-
dutum e Hemã se reportavam diretamente ao rei. 7Eles e suas
famílias estavam preparados para cantar diante do SENHOR,
e todos, 288 no total, eram músicos talentosos. 8Os músicos
foram nomeados para seu serviço por sorteio, tanto jovens
como idosos, mestres ou aprendizes.
9A primeira sorte caiu para José, do clã de Asafe, e doze de
seus filhos e parentes; a segunda, para Gedalias e doze de
seus filhos e parentes; 10a terceira, para Zacur e doze de
seus filhos e parentes; 11a quarta, para Zeri e doze de seus
filhos e parentes; 12a quinta, para Netanias e doze de seus
filhos e parentes; 13a sexta, para Buquias e doze de seus fi-
lhos e parentes; 14a sétima, para Asarela e doze de seus fi-
lhos e parentes; 15a oitava, para Jesaías e doze de seus filhos
e parentes; 16a nona, para Matanias e doze de seus filhos e
parentes; 17a décima, para Simei e doze de seus filhos e pa-
rentes; 18a décima primeira, para Uziel e doze de seus filhos e

parentes; 19a décima segunda, para Hasabias e doze de seus
filhos e parentes; 20a décima terceira, para Subael e doze de
seus filhos e parentes; 21a décima quarta, para Matitias e doze
de seus filhos e parentes; 22a décima quinta, para Jerimote e
doze de seus filhos e parentes; 23a décima sexta, para Hana-
nias e doze de seus filhos e parentes; 24a décima sétima, para
Josbecasa e doze de seus filhos e parentes; 25a décima oitava,
para Hanani e doze de seus filhos e parentes; 26a décima nona,
para Maloti e doze de seus filhos e parentes; 27a vigésima,
para Eliata e doze de seus filhos e parentes; 28a vigésima pri-
meira, para Hotir e doze de seus filhos e parentes; 29a vigé-
sima segunda, para Gidalti e doze de seus filhos e parentes;
30a vigésima terceira, para Maaziote e doze de seus filhos e
parentes; 31a vigésima quarta, para Romanti-Ézer e doze de
seus filhos e parentes.

Deveres dos guardas das portas

26 Estas são as divisões dos guardas das portas: Dos co-
raítas: Meselemias, filho de Coré, da família de Abiasafe.
2O primeiro filho de Meselemias foi Zacarias, o segundo, Je-
diael, o terceiro, Zebadias, o quarto, Jatniel, 3o quinto, Elão,
o sexto, Joanã, e o sétimo, Elioenai.
4O primeiro filho de Obede-Edom foi Semaías, o segundo, Jeo-
zabade, o terceiro, Joá, o quarto, Sacar, o quinto, Natanael, 5o
sexto, Amiel, o sétimo, Issacar, e o oitavo, Peuletai. Deus havia
abençoado Obede-Edom.
6Semaías, filho de Obede-Edom, teve filhos muito capazes,
que ocuparam posições de grande autoridade no clã. 7Estes
eram os nomes deles: Otni, Rafael, Obede e Elzabade. Seus
parentes, Eliú e Semaquias, também foram homens muito
capazes.
8Todos esses descendentes de Obede-Edom, incluindo seus
filhos e parentes, 62 ao todo, foram homens muito capazes e
aptos para seu trabalho.
9Os dezoito filhos e parentes de Meselemias também foram
homens muito capazes.
10Os filhos de Hosa, do clã de Merari, foram: Sinri, nomeado
chefe por seu pai, embora não fosse o mais velho, 11Hilquias,
o segundo, Tebalias, o terceiro, e Zacarias, o quarto. Os filhos
e parentes de Hosa foram treze ao todo.
12Essas divisões de guardas das portas foram feitas conforme
os chefes de suas famílias. Os guardas, como os outros levitas,
serviam na casa do SENHOR. 13Foram encarregados de guardar
as portas por sorteio, de acordo com as famílias, sem levar em
conta idade ou treinamento.
14Meselemias e seu grupo ficaram responsáveis pela porta
leste. Seu filho Zacarias, conselheiro de grande sabedoria,
ficou responsável pela porta norte. 15Obede-Edom ficou res-
ponsável pela porta sul, e seus filhos, pelo depósito. 16Supim e
Hosa ficaram responsáveis pela porta oeste e pela passagem
que dava para o templo. O serviço dos guardas foi dividido de
forma igual. 17Todos os dias, seis levitas ficavam encarregados
da porta leste, quatro da porta norte, quatro da porta sul, e
duas duplas do depósito. 18Cada dia, seis ficavam encarre-
gados da porta oeste, quatro da passagem que dava para o
templo, e dois do pátio.
19Essas foram as divisões dos guardas das portas dos clãs de
Coré e de Merari.

Tesoureiros e outros oficiais

20Outros levitas, sob a liderança de Aías, eram encarregados
dos tesouros da casa de Deus e dos depósitos onde ficavam os
objetos consagrados. 21Da família de Libni, no clã de Gérson,
Jeiel era o chefe. 22Os filhos de Jeiel, Zetã e seu irmão Joel,
eram encarregados dos tesouros da casa do SENHOR.
23Os líderes descendentes de Anrão, de Isar, de Hebrom e de
Uziel foram:
24Do clã de Anrão, Sebuel foi descendente de Gérson, filho de
Moisés. Era o oficial encarregado dos tesouros. 25Suas gera-
ções de parentes por parte de Eliézer foram: Reabias, Jesaías,
Jorão, Zicri e Selemote.
26Selemote e seus parentes eram encarregados dos tesouros
que o rei Davi, os chefes das famílias, os generais e capitães e
outros oficiais do exército haviam dedicado ao SENHOR. 27Esses
homens dedicaram parte dos despojos que haviam obtido nas
batalhas para a manutenção da casa do SENHOR. 28Selomote
e seus parentes também cuidavam de todas as ofertas dedi-
cadas ao SENHOR pelo vidente Samuel, por Saul, filho de Quis,
por Abner, filho de Ner, e por Joabe, filho de Zeruia. Eram res-
ponsáveis, ainda, pelas demais ofertas dedicadas ao SENHOR.
29Do clã de Isar, Quenanias e seus filhos receberam as respon-
sabilidades administrativas de Israel como oficiais e juízes.
30Do clã de Hebrom, Hasabias e seus parentes, 1.700 homens
capazes, foram encarregados das terras israelitas a oeste do
rio Jordão. Eram responsáveis por todas as questões relacio-
nadas ao serviço do SENHOR e do rei nessa região.
31Também do clã de Hebrom, Jerias era o chefe dos hebro-
nitas, de acordo com os registros genealógicos. No quadragé-
simo ano do reinado de Davi, fez-se uma busca nos registros
e foram encontrados homens capazes do clã de Hebrom em
Jazer, na terra de Gileade. 32Havia 2.700 homens capazes e
chefes de família entre os parentes de Jerias. O rei Davi os en-
viou para o lado leste do Jordão e os encarregou das tribos de
Rúben e Gade e da meia tribo de Manassés. Eram responsáveis
por todas as questões relacionadas a Deus e ao rei.

Comandantes e divisões militares

27 Esta é a lista dos israelitas, chefes de família, generais e
capitães que serviam o rei na supervisão das divisões do
exército de serviço a cada mês do ano. Cada divisão tinha 24
mil homens e servia durante um mês.
2Jasobeão, filho de Zabdiel, era comandante da primeira di-
visão de 24 mil homens, de serviço durante o primeiro mês.
3Era descendente de Perez e chefe de todos os oficiais do
exército para o primeiro mês.
4Dodai, descendente de Aoí, era comandante da segunda di-
visão de 24 mil homens, de serviço durante o segundo mês.
Miclote era o chefe da divisão.

5Benaia, filho do sacerdote Joiada, era comandante da ter-
ceira divisão de 24 mil homens, de serviço durante o terceiro
mês. 6Esse Benaia comandou o grupo militar de elite de Davi,
conhecido como os Trinta. Seu filho Amizabade era o chefe
da divisão.
7Asael, irmão de Joabe, era comandante da quarta divisão
de 24 mil homens, de serviço durante o quarto mês. Asael foi
sucedido por seu filho Zebadias.
8Sama, o izraíta, era comandante da quinta divisão de 24 mil
homens, de serviço durante o quinto mês.
9Ira, filho de Iques, de Tecoa, era comandante da sexta divisão
de 24 mil homens, de serviço durante o sexto mês.
10Helez, de Pelom, descendente de Efraim, era comandante
da sétima divisão de 24 mil homens, de serviço durante o sé-
timo mês.
11Sibecai, de Husate, descendente de Zera, era comandante
da oitava divisão de 24 mil homens, de serviço durante o oi-
tavo mês.
12Abiezer, de Anatote, da tribo de Benjamim, era comandante
da nona divisão de 24 mil homens, de serviço durante o nono
mês.
13Maarai, de Netofate, descendente de Zera, era comandante
da décima divisão de 24 mil homens, de serviço durante o
décimo mês.
14Benaia, de Piratom, em Efraim, era comandante da décima
primeira divisão de 24 mil homens, de serviço durante o dé-
cimo primeiro mês.
15Helede, de Netofate, descendente de Otniel, era comandante
da décima segunda divisão de 24 mil homens, de serviço du-
rante o décimo segundo mês.

Líderes das tribos

16Estas foram as tribos de Israel e seus líderes: da tribo de
Rúben: Eliézer, filho de Zicri; da tribo de Simeão: Sefatias, filho
de Maaca; 17da tribo de Levi: Hasabias, filho de Quemuel; da
tribo de Arão: o sacerdote, Zadoque; 18da tribo de Judá: Eliú,
irmão de Davi; da tribo de Issacar: Onri, filho de Micael; 19da
tribo de Zebulom: Ismaías, filho de Obadias; da tribo de Naftali:
Jeremote, filho de Azriel; 20da tribo de Efraim: Oseias, filho de
Azazias; da tribo de Manassés, a oeste: Joel, filho de Pedaías;
21da tribo de Manassés, em Gileade, a leste: Ido, filho de Zaca-
rias; da tribo de Benjamim: Jaasiel, filho de Abner; 22da tribo
de Dã: Azareel, filho de Jeroão. Esses foram os líderes das
tribos de Israel.
23Quando Davi fez o censo, não contou os que tinham menos
de 20 anos, pois o SENHOR havia prometido que os israelitas
seriam numerosos como as estrelas no céu. 24Joabe, filho de
Zeruia, começou o censo, mas nunca o terminou, porque a ira
de Deus caiu sobre Israel. O número total nunca foi anotado
nos registros oficiais do rei Davi.

Oficiais do reino de Davi

25Azmavete, filho de Adiel, era encarregado dos depósitos do
palácio. Jônatas, filho de Uzias, era encarregado dos depó-
sitos nos campos, nas cidades, nos povoados e nas fortalezas.
26Ezri, filho de Quelube, era encarregado dos trabalhadores
nos campos, que cultivavam as terras.
27Simei, de Ramá, era encarregado dos vinhedos. Zabdi, de
Sifá, era encarregado das uvas e do fornecimento de vinho.
28Baal-Hanã, de Gederá, era encarregado das plantações de
oliveiras e figueiras-bravas do rei nas colinas de Judá. Joás era
encarregado dos depósitos de azeite.
29Sitrai, de Sarom, era encarregado do gado na planície de
Sarom. Safate, filho de Adlai, era encarregado do gado nos
vales.
30Obil, o ismaelita, era encarregado dos camelos. Jedias, de
Meronote, era encarregado dos jumentos.
31Jaziz, o hagareno, era encarregado das ovelhas. Todos esses
oficiais administravam as propriedades do rei Davi.
32Jônatas, tio de Davi, era conselheiro do rei, homem sábio
e também escriba. Jeiel, filho de Hacmoni, era responsável
por ensinar os filhos do rei. 33Aitofel era conselheiro do rei.
Husai, o arquita, era amigo do rei. 34Aitofel foi sucedido por
Joiada, filho de Benaia, e por Abiatar. Joabe era comandante
do exército do rei.

Instruções de Davi a Salomão

28 Davi convocou todos os oficiais de Israel para irem a
Jerusalém: os líderes das tribos, os comandantes das
divisões do exército, os generais e os capitães, os administra-
dores das propriedades e dos rebanhos do rei, os oficiais do
palácio, os guerreiros valentes, e todos os outros soldados do
reino. 2Davi se pôs em pé e disse: "Meus irmãos e meu povo!
Era meu desejo construir um templo onde a arca da aliança do
SENHOR, o lugar de descanso dos pés de nosso Deus, repou-
sasse para sempre. Fiz os preparativos necessários para cons-
truí-lo, 3mas Deus me disse: 'Você não construirá um templo
em honra ao meu nome, pois é homem de guerra e derramou
muito sangue'.
4"Contudo, o SENHOR, o Deus de Israel, me escolheu dentre
toda a família de meu pai para ser rei em Israel, para sempre.
Escolheu a tribo de Judá para governar e, dentre as famílias
de Judá, escolheu a de meu pai. Dentre os filhos de meu pai,
agradou-se de me fazer rei sobre todo o Israel. 5E, dentre os
muitos filhos que o SENHOR me deu, escolheu Salomão para
ser meu sucessor no trono de Israel e para governar o reino
do SENHOR. 6Ele me disse: 'Seu filho Salomão construirá meu
templo e meus pátios, pois eu o escolhi para ser meu filho,
e eu serei seu pai. 7E, se ele continuar a obedecer a meus
mandamentos e estatutos, como obedece hoje, farei seu reino
durar para sempre'.
8"Agora, portanto, com Deus como nossa testemunha, e diante
de todo o Israel, a comunidade do SENHOR, eu lhes digo: te-
nham o cuidado de obedecer a todos os mandamentos do SE-
NHOR, seu Deus, para que continuem a possuir esta boa terra e
a deixem para seus filhos como herança permanente.
9"E você, meu filho Salomão, aprenda a conhecer o Deus de
seus antepassados. Sirva-o de todo o coração e com a alma
alegre. Pois o SENHOR vê todos os corações e conhece todos os

planos e pensamentos. Se você o buscar, o encontrará. Mas, se
você o abandonar, ele o rejeitará para sempre. 10Portanto, leve
isto a sério. O SENHOR o escolheu para construir um templo que
sirva de santuário. Seja forte e faça o trabalho".
11Então Davi entregou a seu filho Salomão as plantas do templo
e de tudo que ficava ao redor, incluindo a sala de entrada, os
depósitos, as salas dos andares superiores, as salas internas
e o lugar de expiação. 12Davi também entregou a Salomão as
plantas de tudo que havia planejado para os pátios do templo
do SENHOR, das salas externas, dos tesouros e dos depósitos
para as ofertas dedicadas ao SENHOR. 13Deu, ainda, instruções
a respeito das divisões dos sacerdotes e dos levitas, além das
responsabilidades no templo do SENHOR e das especificações
para os objetos usados no serviço do templo.
14Davi deu instruções a respeito de quanto ouro e quanta
prata deviam ser usados para confeccionar esses objetos para
o serviço. 15Informou a quantidade de ouro necessária para
os candelabros e as lâmpadas de ouro, e a quantidade de
prata necessária para os candelabros e as lâmpadas de prata,
de acordo com o uso de cada um. 16Especificou a quantidade
de ouro para a mesa sobre a qual seriam colocados os pães
da presença, e a quantidade de prata para as outras mesas.
17Davi também especificou a quantidade de ouro puro para os
garfos, as bacias, os jarros e as tigelas, bem como a quanti-
dade de prata para as tigelas. 18Especificou, ainda, a quan-
tidade de ouro refinado para o altar de incenso. E, por fim,
entregou-lhe o projeto para o trono do SENHOR, os querubins
de ouro cujas asas se estendiam sobre a arca da aliança do
SENHOR. 19Davi disse a Salomão: "Todos os detalhes dessas
plantas me foram escritos sob a direção do SENHOR".
20E continuou: "Seja forte e corajoso e faça o trabalho. Não
tenha medo nem desanime, pois o SENHOR Deus, meu Deus,
está com você. Ele não o deixará nem o abandonará durante
toda a construção do templo do SENHOR. 21As divisões dos sa-
cerdotes e dos levitas servirão no templo do SENHOR. Outros,
com todo tipo de habilidade, se oferecerão para ajudar, e os
oficiais e todo o povo estarão às suas ordens".

Ofertas para a construção do templo

29 O rei Davi se voltou para toda a comunidade e disse:
"Meu filho Salomão, que Deus escolheu, ainda é jovem
e inexperiente. O trabalho que ele tem pela frente é enorme,
pois o templo que ele construirá não será para meros hu-
manos, mas para o SENHOR Deus. 2Usando todos os recursos
a meu dispor, juntei o que pude para a construção do templo
de meu Deus. Agora, há ouro, prata, bronze, ferro e madeira
suficientes, bem como grandes quantidades de ônix e outras
pedras preciosas, joias caras, todo tipo de pedra da melhor
qualidade e mármore.
3"E agora, por causa de minha alegria com a construção do
templo de meu Deus, entrego todos os meus tesouros pes-
soais, ouro e prata, para ajudar na construção, além de todos
os materiais que juntei para o santo templo. 4Ofereço 105 to-
neladas de ouro de Ofir e 245 toneladas de prata refinada
para revestir as paredes das construções, 5e para os outros
trabalhos em ouro e prata a serem feitos pelos artesãos. Quem
seguirá meu exemplo e entregará, hoje, ofertas ao SENHOR?".
6Então os chefes das famílias, os líderes das tribos, os generais
e os capitães, e os administradores do rei ofertaram volunta-
riamente. 7Para a construção do templo de Deus, entregaram
175 toneladas de ouro, 10.000 peças de ouro, 350 toneladas
de prata, 630 toneladas de bronze e 3.500 toneladas de ferro.
8Também contribuíram com pedras preciosas, que foram guar-
dadas no tesouro da casa do SENHOR, sob os cuidados de Jeiel,
descendente de Gérson. 9O povo se alegrou com as ofertas,
pois as entregou ao SENHOR voluntariamente e de todo o co-
ração, e o rei Davi também se encheu de alegria.

Oração de louvor de Davi

10Então Davi louvou o SENHOR na presença de toda a comunidade:
"Ó SENHOR, Deus de nosso antepassado Israel, louvado sejas
para sempre! 11Ó SENHOR, a ti pertencem a grandeza, o poder, a
glória, a vitória e a majestade. Tudo que há nos céus e na terra
é teu, ó SENHOR, e este é teu reino. Tu estás acima de tudo. 12Ri-
queza e honra vêm somente de ti, pois tu governas sobre tudo.
Poder e força estão em tuas mãos, e cabe a ti exaltar e dar força.
13"Ó nosso Deus, damos graças e louvamos teu nome glorioso!
14Mas quem sou eu, e quem é meu povo, para que pudéssemos
te dar alguma coisa? Tudo que temos vem de ti, e demos
apenas o que primeiro de ti recebemos! 15Somos estrangeiros
e peregrinos na terra, como nossos antepassados antes de
nós. Nossos dias na terra são como uma sombra, passam rá-
pido, sem deixar vestígio.
16"Ó SENHOR, nosso Deus, até mesmo estes materiais que
juntamos para construir um templo em honra ao teu nome
santo vêm de ti! Tudo pertence a ti! 17Eu sei, meu Deus, que
examinas nosso coração e te regozijas quando nele encontras
integridade. Tu sabes que fiz tudo isso com boas intenções e
vi teu povo entregar ofertas voluntariamente e com alegria.
18"Ó SENHOR, o Deus de nossos antepassados Abraão, Isaque
e Israel, leva teu povo a sempre desejar te obedecer. Mantém
o coração deles sempre leal a ti. 19Dá a meu filho Salomão o
desejo sincero de obedecer a todos os teus mandamentos,
preceitos e decretos, e de fazer todo o necessário a fim de
construir este templo, para o qual realizei estes preparativos".
20Então Davi disse a toda a comunidade: "Louvem o SENHOR,
seu Deus!". E toda a comunidade louvou o SENHOR, o Deus
de seus antepassados, e eles se prostraram e se ajoelharam
diante do SENHOR e do rei.

Salomão é proclamado rei

21No dia seguinte, trouxeram mil novilhos, mil carneiros e mil
cordeiros e os apresentaram ao SENHOR como sacrifícios e holo-
caustos. Também trouxeram ofertas derramadas e muitos ou-
tros sacrifícios em favor de todo o Israel. 22Naquele dia, feste-
jaram e comeram na presença do SENHOR com grande alegria.
Mais uma vez, proclamaram Salomão, filho de Davi, como rei.
Ungiram Salomão diante do SENHOR, como seu líder, e ungiram
Zadoque como sacerdote. 23Salomão se sentou no trono do
SENHOR em lugar de seu pai, Davi. Foi bem-sucedido em tudo,

e todo o Israel lhe obedecia. 24Todos os oficiais, os guerreiros
e os filhos de Davi prometeram ser leais ao rei Salomão. 25O
SENHOR exaltou Salomão diante de todo o Israel e lhe deu mais
esplendor que qualquer outro rei de Israel antes dele.

Resumo do reinado de Davi

26Davi, filho de Jessé, reinou sobre todo o Israel. 27Reinou em
Israel por quarenta anos, sete anos em Hebrom e 33 em Je-
rusalém. 28Morreu em boa velhice, depois de desfrutar uma
vida longa, cheia de riqueza e honra. Seu filho Salomão foi
seu sucessor.
29Todos os acontecimentos do reinado de Davi, do início ao
fim, estão escritos no *Registro do Vidente Samuel*, no *Registro
do Profeta Natã* e no *Registro do Vidente Gade*, 30incluindo os
grandes feitos de seu reinado e tudo que aconteceu com ele,
com Israel e com todos os reinos vizinhos.

2CRÔNICAS

Salomão pede sabedoria

1 Salomão, filho de Davi, estabeleceu firme controle sobre seu
reino, pois o SENHOR, seu Deus, estava com ele e o tornou
muito poderoso.
2Salomão convocou todas as autoridades de Israel: os generais
e capitães do exército, os juízes e todos os líderes e chefes dos
clãs. 3Então conduziu toda a comunidade ao lugar de culto em
Gibeom, pois ali ficava a tenda do encontro. Essa era a tenda
que Moisés, servo do SENHOR, havia feito no deserto.
4Davi tinha transportado a arca de Deus de Quiriate-Jearim
para a tenda que ele havia preparado para ela em Jerusalém.
5Mas o altar de bronze feito por Bezalel, filho de Uri e neto de
Hur, ainda estava ali em Gibeom, em frente ao tabernáculo
do SENHOR. Então Salomão e o povo se reuniram nesse local
para consultar o SENHOR. 6Na presença do SENHOR, Salomão
ofereceu mil holocaustos sobre o altar de bronze, que estava
na tenda do encontro.
7Naquela noite, Deus apareceu a Salomão e lhe disse: "Peça o
que quiser, e eu lhe darei".
8Salomão respondeu a Deus: "Tu mostraste grande amor leal a
meu pai, Davi, e agora me fizeste rei em seu lugar. 9Ó SENHOR
Deus, cumpre a promessa que fizeste a meu pai, Davi, pois me
fizeste rei sobre um povo tão numeroso como o pó da terra!
10Dá-me sabedoria e conhecimento para que eu os lidere bem,
pois quem é capaz de governar este teu grande povo?".
11Deus disse a Salomão: "Uma vez que esse é seu desejo, e
não pediu riqueza, nem bens, nem fama, nem a morte de seus
inimigos, nem vida longa, mas sabedoria e conhecimento para
governar bem meu povo, sobre o qual o fiz rei, 12certamente
lhe darei a sabedoria e o conhecimento que pediu. Também
lhe darei riqueza, bens e fama como nenhum rei teve nem
jamais terá".
13Então Salomão voltou da tenda do encontro, no lugar de culto
em Gibeom, para Jerusalém, e reinou sobre todo o Israel.
14Salomão ajuntou muitos carros de guerra e cavalos. Possuía
1.400 carros de guerra e 12.000 cavalos. Mantinha alguns
deles nas cidades designadas para guardar esses carros de
guerra e outros perto dele, em Jerusalém. 15O rei tornou a
prata e o ouro tão comuns em Jerusalém como as pedras. E
havia tanta madeira valiosa de cedro como as figueiras-bravas
que crescem nas colinas de Judá. 16Os cavalos de Salomão
eram importados do Egito e da Cilícia; os comerciantes do
rei os adquiriam da Cilícia pelo preço de mercado. 17Naquela
época, um carro de guerra do Egito custava 600 peças de
prata, e um cavalo, 150 peças de prata. Depois, eram expor-
tados aos reis dos hititas e aos reis da Síria.

Preparativos para a construção do templo

2 Salomão resolveu construir um templo em honra ao nome
do SENHOR, e um palácio para si próprio. 2Convocou 70.000
carregadores, 80.000 homens para cortarem pedras na região
montanhosa e 3.600 chefes para supervisionarem as obras.
3Salomão enviou a seguinte mensagem a Hirão, rei de Tiro:
"Peço que me forneça madeira de cedro, como fez com meu
pai, Davi, quando ele construiu seu palácio. 4Estou para cons-
truir um templo em honra ao nome do SENHOR, meu Deus. Será
um lugar consagrado para queimar incenso aromático diante
dele, para apresentar os pães da presença e para oferecer
holocaustos todas as manhãs e todas as tardes, nos sábados,
nas luas novas e nas festas fixas estabelecidas pelo SENHOR,
nosso Deus. Ele ordenou que Israel fizesse isso para sempre.
5"O templo que vou construir será imponente, pois nosso Deus
é maior que todos os outros deuses. 6Contudo, quem poderia
construir uma casa digna dele? Nem mesmo os mais altos
céus seriam capazes de contê-lo! E quem sou eu para pensar
em construir um templo para ele, a não ser como lugar para
queimar sacrifícios diante dele?
7"Portanto, envie-me um mestre artífice competente, que
saiba trabalhar com ouro, prata, bronze, ferro, com tecido
púrpura, vermelho e azul, que seja habilidoso para fazer enta-
lhes e que trabalhe com os artífices de Judá e Jerusalém que
meu pai, Davi, escolheu.

8"Mande-me, também, madeira de cedro, cipreste e sândalo
do Líbano, pois sei que ninguém no Líbano corta madeira como
seus servos. Enviarei meus servos para ajudá-los. 9Será ne-
cessária muita madeira, pois o templo que vou construir será
grande e imponente. 10Como pagamento a seus cortadores
de madeira, enviarei vinte mil cestos grandes de trigo batido,
vinte mil cestos grandes de cevada, vinte mil tonéis de vinho e
vinte mil tonéis de azeite".

11Hirão, rei de Tiro, enviou esta resposta a Salomão: "O SENHOR
ama seu povo, por isso o fez rei sobre ele! 12Louvado seja o
SENHOR, o Deus de Israel, que criou os céus e a terra! Ele deu ao
rei Davi um filho sábio, que tem inteligência e entendimento,
e que construirá um templo para o SENHOR e um palácio para
si próprio.

13"Envio-lhe Hurão-Abi, mestre artífice muito talentoso. 14Sua
mãe é da tribo de Dã, em Israel, e seu pai é de Tiro. Ele tem
habilidade para trabalhar com ouro, prata, bronze e ferro,
e também com pedra, madeira, tecido púrpura, vermelho e
azul e linho fino. É habilidoso para fazer entalhes e capaz de
executar qualquer projeto que você lhe der. Ele trabalhará
com seus artífices e com os homens indicados por meu senhor
Davi, seu pai.

15"Agora, envie o trigo, a cevada, o azeite e o vinho, conforme
meu senhor mencionou. 16Cortaremos toda a madeira neces-
sária das montanhas do Líbano, colocaremos as toras em
balsas e as faremos flutuar ao longo da costa do mar Medi-
terrâneo até Jope. Dali você as transportará até Jerusalém".

17Salomão fez um censo de todos os estrangeiros na terra de
Israel, como o censo que seu pai, Davi, havia feito, e descobriu
que eram 153.600. 18Designou 70.000 deles como carrega-
dores, 80.000 como cortadores de pedra na região monta-
nhosa e 3.600 como chefes para supervisionar a obra.

Salomão constrói o templo

3 Então Salomão começou a construir o templo do SENHOR em
Jerusalém, no monte Moriá, onde o SENHOR havia aparecido
a seu pai, Davi. O templo foi construído na eira de Araúna, o
jebuseu, o local escolhido por Davi. 2A construção começou
no segundo dia do segundo mês do quarto ano do reinado
de Salomão.

3O alicerce do templo de Deus construído por Salomão tinha
27 metros de comprimento e 9 metros de largura, conforme a
medida antiga. 4A sala de entrada na frente do templo media 9
metros de largura, a mesma largura do templo, e 9 metros de
altura. Salomão revestiu seu interior com ouro puro.

5Cobriu todas as paredes do salão principal do templo com
madeira de cipreste revestida com ouro puro e enfeitada com
entalhes de palmeiras e de correntes. 6Enfeitou as paredes
do templo com pedras preciosas e com ouro da terra de Par-
vaim. 7Revestiu com ouro as vigas, os batentes, as paredes
e as portas de todo o templo e entalhou nas paredes figuras
de querubins.

8Fez o lugar santíssimo com 9 metros de largura, a mesma
largura do templo, e 9 metros de comprimento. Revestiu seu
interior com 21 toneladas de ouro puro. 9Cada um dos pregos
de ouro pesava 600 gramas. Também revestiu com ouro as
paredes das salas superiores.

10Fez duas figuras em forma de querubins, as revestiu com
ouro e as colocou no lugar santíssimo. 11As asas abertas dos
querubins mediam, juntas, 9 metros. Uma das asas do primeiro
querubim media 2,25 metros e tocava a parede do templo. A
outra asa, que também media 2,25 metros, tocava a asa do
segundo querubim. 12De igual modo, uma das asas do segundo
querubim media 2,25 metros e tocava a parede oposta. A outra
asa, que também media 2,25 metros, tocava a asa do primeiro
querubim. 13Portanto, as asas abertas dos querubins mediam,
juntas, 9 metros. Os querubins ficavam em pé, de frente para
o salão principal do templo.

14Na entrada do lugar santíssimo, colocou uma cortina de linho
fino, enfeitada com fio azul, púrpura e vermelho, e bordada
com figuras de querubins.

15Para a frente do templo, fez duas colunas, cada uma com 8,1
metros de altura e com um capitel de 2,25 metros de altura.
16Fez conjuntos de correntes entrelaçadas e os colocou para
enfeitar o alto das colunas. Também fez cem romãs decora-
tivas e as prendeu às correntes. 17Depois, levantou as duas
colunas na frente do templo, uma ao sul da entrada e outra
ao norte. Chamou a coluna ao sul de Jaquim, e a coluna ao
norte, de Boaz.

A mobília do templo

4 Salomão também fez um altar de bronze com 9 metros de
comprimento, 9 metros de largura e 4,5 metros de altura.
2Depois, fundiu um grande tanque redondo, chamado Mar. O
tanque media 4,5 metros de uma borda à outra, 2,25 metros
de profundidade e 13,5 metros de circunferência. 3Logo abaixo
da borda, tinha ao seu redor duas fileiras de figuras seme-
lhantes a touros. Havia cerca de vinte figuras por metro em
toda a circunferência, formando uma única peça de fundição
com o tanque.

4O tanque ficava apoiado sobre doze touros, todos voltados
para fora: três voltados para o norte, três para o oeste, três
para o sul e três para o leste. 5As paredes do tanque tinham
oito centímetros de espessura, e sua borda se projetava para
fora como uma taça, semelhante a um lírio. Tinha capacidade
para cerca de sessenta mil litros de água.

6Fez também dez pias menores para lavar os utensílios para os
holocaustos. Colocou cinco do lado sul e cinco do lado norte.
Os sacerdotes, porém, se lavavam no tanque chamado Mar.

7Fez dez candelabros de ouro, de acordo com as especifica-
ções que havia recebido, e os colocou no templo, cinco do lado
sul e cinco do lado norte.

8Fez dez mesas e as colocou no templo, cinco do lado sul e
cinco do lado norte. Também fez cem bacias de ouro.

9Depois, construiu o pátio dos sacerdotes e o grande pátio
externo. Fez portas para as entradas dos pátios e as revestiu

com bronze. 10O grande tanque de bronze chamado Mar foi
colocado perto do canto sudeste do templo.
11Hurão-Abi também fez as bacias, pás e tigelas necessárias.
Assim, Hurão-Abi terminou tudo que o rei Salomão havia orde-
nado que ele fizesse para o templo de Deus:
12as duas colunas; os dois capitéis em forma de taça no alto
das colunas; os dois conjuntos de correntes entrelaçadas que
enfeitavam os capitéis; 13as quatrocentas romãs penduradas
nas correntes dos capitéis (duas fileiras de romãs para cada
conjunto de correntes que enfeitavam os capitéis no alto das
colunas); 14as bases móveis para levar água com as pias; 15o
Mar e os doze bois debaixo dele; 16os baldes das cinzas, as pás,
os garfos de carne e os demais utensílios. Hurão-Abi fez todos
esses utensílios de bronze polido para o templo do SENHOR,
conforme as instruções do rei Salomão. 17O rei ordenou que
fossem fundidos em moldes de barro no vale do Jordão, entre
Sucote e Zaretã. 18Salomão usou uma quantidade tão grande
de bronze que seu peso não pôde ser medido.
19Salomão também fez toda a mobília para o templo de Deus:
o altar de ouro; as mesas para os pães da presença; 20os can-
delabros e suas lâmpadas de ouro maciço, para serem acesas
diante do lugar santíssimo, conforme determinado; 21os en-
feites de flores, as lâmpadas e as tenazes, todos do ouro mais
puro; 22os cortadores de pavio, as tigelas, as colheres e os
incensários, todos de ouro maciço; as dobradiças das portas
de entrada do lugar santíssimo e do salão principal do templo,
revestidas com ouro.

5 Assim, o rei Salomão concluiu toda a sua obra no templo do
SENHOR. Então trouxe todos os presentes que seu pai, Davi,
havia consagrado — a prata, o ouro e os diversos objetos — e
os guardou na tesouraria do templo de Deus.

O transporte da arca para o templo

2Em seguida, Salomão mandou chamar a Jerusalém todas as
autoridades de Israel e todos os líderes das tribos, os chefes
das famílias israelitas. Eles levariam a arca da aliança do SE-
NHOR do lugar onde estava, na Cidade de Davi, também conhe-
cida como Sião, para o templo. 3Todos os homens de Israel se
reuniram diante do rei durante a Festa das Cabanas, celebrada
anualmente no sétimo mês.
4Quando todos os líderes de Israel chegaram, os levitas er-
gueram a arca. 5Os sacerdotes e os levitas levaram a arca do
SENHOR, junto com a tenda do encontro e todos os seus uten-
sílios sagrados. 6Ali, diante da arca, o rei Salomão e toda a
comunidade de Israel ofereceram tantos sacrifícios de ovelhas
e bois que não puderam ser contados.
7Então os sacerdotes levaram a arca da aliança do SENHOR para
o santuário interno do templo, o lugar santíssimo, e a colo-
caram sob as asas dos querubins. 8Os querubins tinham as asas
abertas sobre a arca, e elas cobriam a arca e as varas usadas
para transportá-la. 9Essas varas eram tão compridas que suas
pontas podiam ser vistas do lugar santo, diante do lugar san-
tíssimo, mas não de fora; e estão ali até hoje. 10Na arca havia
só as duas tábuas de pedra que Moisés tinha colocado dentro
dela no monte Sinai, onde o SENHOR fez uma aliança com os
israelitas depois que eles saíram da terra do Egito.
11Então os sacerdotes saíram do lugar santo. Todos eles haviam
se purificado, estivessem ou não de serviço naquele dia. 12E os
levitas que eram músicos — Asafe, Hemã, Jedutum, e todos
os seus filhos e parentes — vestiam roupas de linho fino e es-
tavam em pé do lado leste do altar, tocando címbalos, liras e
harpas. Cento e vinte sacerdotes tocando trombetas os acom-
panhavam. 13Os que tocavam trombetas e os cantores, em
uníssono, louvaram e agradeceram ao SENHOR. Acompanhados
de trombetas, címbalos e outros instrumentos, levantaram as
vozes e louvaram o SENHOR com estas palavras: "Ele é bom!
Seu amor dura para sempre!". Nesse momento, uma densa
nuvem encheu o templo do SENHOR. 14Com isso, os sacerdotes
não puderam dar continuidade a seus serviços, pois a presença
gloriosa do SENHOR encheu o templo de Deus.

Salomão louva o SENHOR

6 Então Salomão orou: "Ó SENHOR, tu disseste que habitarias
numa densa nuvem. 2Agora, construí para ti um templo ma-
jestoso, um lugar para habitares para sempre!".
3Então o rei se voltou para toda a comunidade de Israel que es-
tava em pé diante dele e abençoou o povo. 4Em seguida, orou:
"Louvado seja o SENHOR, o Deus de Israel, que cumpriu o que
prometeu a meu pai, Davi, pois lhe disse: 5'Desde o dia em que
tirei meu povo da terra do Egito, não escolhi nenhuma cidade
das tribos de Israel como lugar onde deveria ser construído
um templo em honra ao meu nome. Também não escolhi um
líder para meu povo, Israel. 6Agora, porém, escolhi Jerusalém
como lugar para que meu nome seja honrado, e escolhi Davi
para reinar sobre Israel, meu povo'".
7Salomão disse: "Meu pai, Davi, queria construir este templo
em honra ao nome do SENHOR, o Deus de Israel. 8Mas o SE-
NHOR lhe disse: 'Sua intenção de construir um templo em honra
ao meu nome é boa, 9mas essa tarefa não caberá a você. Um
de seus filhos construirá o templo em honra ao meu nome'.
10"O SENHOR cumpriu sua promessa, pois eu sou o sucessor de
meu pai, Davi, e agora ocupo o trono de Israel, como o SENHOR
havia prometido. Construí este templo em honra ao nome do
SENHOR, o Deus de Israel, 11e coloquei nele a arca que contém
a aliança que o SENHOR fez com os israelitas".

Oração de dedicação do templo

12Então Salomão se pôs diante do altar do SENHOR, na presença
de toda a comunidade de Israel, e levantou as mãos para orar.
13Ele havia feito uma plataforma de bronze com 2,25 metros de
comprimento, 2,25 metros de largura e 1,35 metro de altura, e
a havia colocado no centro do pátio externo do templo. Ficou
em pé na plataforma e depois ajoelhou-se diante de toda a
comunidade de Israel. Levantou as mãos para o céu 14e orou:
"Ó SENHOR, o Deus de Israel, não há Deus como tu em cima,

nos céus, nem embaixo, na terra. Tu guardas a tua aliança e
mostras amor leal àqueles que andam diante de ti de todo
o coração. 15Cumpriste tua promessa a teu servo Davi, meu
pai. Fizeste essa promessa com a tua própria boca e hoje a
cumpriste com as tuas próprias mãos.
16"Agora, ó SENHOR, o Deus de Israel, cumpre a outra promessa
que fizeste a teu servo Davi, meu pai, quando lhe disseste: 'Se
seus descendentes viverem como devem e seguirem fielmente
minha lei, como você fez, sempre haverá um deles no trono de
Israel'. 17Agora, ó SENHOR, o Deus de Israel, cumpre a promessa
que fizeste a teu servo Davi.
18"Contudo, será possível que Deus habite na terra com os
seres humanos? Nem mesmo os mais altos céus podem con-
tê-lo, muito menos este templo que construí! 19Ainda assim,
ouve minha oração e minha súplica, ó SENHOR, meu Deus. Ouve
o clamor e a oração que teu servo te faz hoje. 20Guarda noite
e dia este templo, o lugar no qual disseste que colocarias teu
nome. Ouve sempre as orações que teu servo fizer voltado
para este lugar. 21Ouve as súplicas de teu servo e de Israel, teu
povo, quando orarmos voltados para este lugar. Sim, ouve-nos
dos céus onde habitas e, quando ouvires, perdoa-nos.
22"Se alguém pecar contra outra pessoa, e se for exigido que
faça um juramento de inocência diante do teu altar neste
templo, 23ouve dos céus e julga entre teus servos, entre o
acusador e o acusado. Castiga o culpado e declara justo o
inocente, cada um conforme merece.
24"Se o teu povo, Israel, for derrotado por seus inimigos
porque pecou contra ti, e se voltar para ti, invocar teu nome e
orar a ti neste templo, 25ouve dos céus, perdoa o pecado de
teu povo, Israel, e traze-o de volta a esta terra que deste a ele
e a seus antepassados.
26"Se o céu fechar e não houver chuva porque o povo pecou
contra ti, e se eles orarem voltados para este templo, invo-
carem teu nome e se afastarem de seus pecados porque tu
os castigaste, 27ouve dos céus e perdoa os pecados de teus
servos, o teu povo, Israel. Ensina-os a seguir o caminho certo
e envia chuva à terra que deste por herança a teu povo.
28"Se houver fome na terra, ou peste, ou praga nas lavouras,
ou se elas forem atacadas por gafanhotos ou lagartas, ou se os
inimigos do teu povo invadirem a terra e sitiarem suas cidades,
seja qual for o desastre ou epidemia que ocorrer, 29e se al-
guém do teu povo, ou toda a nação de Israel, orar a respeito de
suas dificuldades e aflições com as mãos levantadas para este
templo, 30ouve dos céus onde habitas e perdoa. Trata o teu
povo como ele merece, pois somente tu conheces o coração de
cada um. 31Assim eles te temerão e andarão em teus caminhos
enquanto viverem na terra que deste a nossos antepassados.
32"No futuro, estrangeiros que não pertencem a teu povo,
Israel, ouvirão falar de ti. Virão de terras distantes quando
ouvirem falar do teu grande nome, da tua mão forte e do teu
braço poderoso. E, quando orarem voltados para este templo,
33ouve dos céus onde habitas e concede o que pedem. Assim,
todos os povos da terra conhecerão teu nome e te temerão,
como faz teu povo, Israel. Também saberão que neste templo
que construí teu nome é honrado.
34"Se o teu povo sair para onde o enviares a fim de lutar contra
seus inimigos, e se orarem a ti voltados para esta cidade que
escolheste e para este templo, que construí em honra ao teu
nome, 35ouve dos céus suas orações e defende sua causa.
36"Quando pecarem contra ti, pois não há quem não peque,
tua ira cairá sobre eles e tu permitirás que seus inimigos os
conquistem e os levem como escravos para terras estran-
geiras, próximas ou distantes. 37Se caírem em si nessa terra
de exílio e se arrependerem, suplicando-te: 'Pecamos, prati-
camos o mal e agimos perversamente', 38e se voltarem para ti
de todo o coração e de toda a alma na terra de seu cativeiro e
orarem voltados para a terra que deste a seus antepassados,
para esta cidade que escolheste e para este templo que cons-
truí em honra ao teu nome, 39ouve dos céus onde habitas suas
orações e súplicas e defende sua causa. Perdoa teu povo que
pecou contra ti.
40"Ó meu Deus, olha e ouve atentamente todas as orações
feitas a ti neste lugar.
41"E, agora, levanta-te, ó SENHOR Deus, e entra neste teu lugar
de descanso, junto à arca, o símbolo do teu poder. Estejam
teus sacerdotes, ó SENHOR Deus, vestidos de salvação; ale-
grem-se teus servos leais em tua bondade.
42Ó SENHOR Deus, não rejeites o rei que ungiste. Lembra-te do
teu amor leal por teu servo Davi".

A dedicação do templo

7 Quando Salomão terminou de orar, desceu fogo do céu
e queimou os holocaustos e os sacrifícios, e a presença
gloriosa do SENHOR encheu o templo. 2Os sacerdotes não po-
diam entrar no templo do SENHOR, pois a presença gloriosa do
SENHOR havia enchido o templo. 3Quando todos os israelitas
viram o fogo descer e a presença gloriosa do SENHOR encher
o templo, prostraram-se com o rosto no chão, adoraram e
louvaram o SENHOR, dizendo: "Ele é bom! Seu amor dura para
sempre!".
4Então o rei e todo o povo ofereceram sacrifícios ao SENHOR.
5O rei Salomão apresentou um sacrifício de 22 mil bois e 120
mil ovelhas. Assim, o rei e todo o povo fizeram a dedicação
do templo do SENHOR. 6Os sacerdotes tomaram seus lugares
designados, bem como os levitas, que cantavam: "Seu amor
dura para sempre!". Os levitas acompanhavam o cântico com
os instrumentos musicais que o rei Davi tinha feito para louvar
o SENHOR. Os sacerdotes, de frente para os levitas, tocavam as
trombetas, e todo o Israel estava em pé.
7Em seguida, Salomão consagrou a parte central do pátio em
frente ao templo do SENHOR. Ali apresentou holocaustos e a
gordura das ofertas de paz, pois o altar de bronze que ele
havia construído era pequeno demais para tantos holocaustos,
ofertas de cereal e gordura das ofertas de paz.
8Durante os sete dias seguintes, Salomão e todo o Israel ce-
lebraram a Festa das Cabanas. Uma grande multidão havia se

reunido, de lugares distantes como Lebo-Hamate, ao norte,
e o ribeiro do Egito, ao sul. 9No oitavo dia, foi realizada uma
cerimônia de encerramento, pois haviam comemorado a de-
dicação do altar por sete dias e a Festa das Cabanas por mais
sete dias. 10Terminada a festa, Salomão mandou o povo para
casa. Foram embora alegres e exultantes, pois o SENHOR tinha
mostrado toda a sua bondade a Davi, a Salomão e a seu povo,
Israel.

A resposta do SENHOR a Salomão

11Salomão terminou o templo do SENHOR e o palácio real. Con-
cluiu tudo que havia planejado fazer na construção do templo e
do palácio. 12Então, certa noite, o SENHOR lhe apareceu e disse:
"Ouvi sua oração e escolhi este templo como o lugar para se
fazer sacrifícios. 13Se, por vezes, eu fechar o céu para que não
chova, ou ordenar que gafanhotos devorem suas colheitas,
ou enviar pragas entre meu povo, 14então, se meu povo, que
se chama pelo meu nome, humilhar-se e orar, buscar minha
presença e afastar-se de seus maus caminhos, eu os ouvirei
dos céus, perdoarei seus pecados e restaurarei sua terra.
15Olharei e ouvirei atentamente cada oração feita neste lugar.
16Pois escolhi e consagrei este templo, onde meu nome será
honrado para sempre. Olharei continuamente para ele, com
todo o meu coração.
17"Quanto a você, se me seguir fielmente, como fez seu pai,
Davi, obedecendo a todos os meus mandamentos, decretos e
estatutos, 18estabelecerei o trono de sua dinastia. Pois fiz esta
aliança com seu pai, Davi: 'Um de seus descendentes sempre
governará Israel'.
19"Mas, se você ou seus descendentes me abandonarem e de-
sobedecerem a meus decretos e mandamentos, seguindo e
adorando outros deuses, 20arrancarei o povo desta terra que
lhe dei. Rejeitarei este templo que consagrei em honra ao meu
nome, e farei dele objeto de zombaria e desprezo entre as
nações. 21E, embora este templo seja agora imponente, todos
que passarem perto dele ficarão chocados. Perguntarão: 'Por
que o SENHOR fez coisas tão terríveis com esta terra e com
este templo?'.
22"E a resposta será: 'Porque os israelitas abandonaram o
SENHOR, o Deus de seus antepassados, que os tirou da terra
do Egito e, em lugar dele, adoraram outros deuses e se pros-
traram diante deles. Por isso ele trouxe sobre eles todas essas
calamidades'".

As muitas realizações de Salomão

8 Salomão levou vinte anos para construir o templo do SENHOR
e o palácio real. Depois desse tempo, 2voltou sua atenção
para a reconstrução das cidades que o rei Hirão lhe tinha dado
e nelas estabeleceu israelitas.
3Salomão também lutou contra a cidade de Hamate-Zobá e
a conquistou. 4Reconstruiu Tadmor, no deserto, e construiu
na região de Hamate cidades para servirem como centros de
armazenamento. 5Fortificou as cidades de Bete-Horom Alta
e Bete-Horom Baixa, reconstruindo seus muros e colocando
portões com trancas. 6Também reconstruiu Baalate e outros
centros de armazenamento e construiu cidades para seus
carros de guerra e cavalos. Construiu tudo que desejou em
Jerusalém, no Líbano e em todo o reino.
7Ainda havia na terra habitantes que não eram israelitas:
hititas, amorreus, ferezeus, heveus e jebuseus. 8Eram des-
cendentes das nações que os israelitas não haviam destruído
completamente. Salomão os recrutou para trabalhos forçados,
e é nessa condição que trabalham até hoje. 9Mas Salomão
não recrutou nenhum israelita para trabalhos forçados; eles o
serviram como soldados, oficiais de seu exército, comandantes
de carros de guerra e cavaleiros. 10Nomeou 250 oficiais para
supervisionarem os trabalhadores.
11Salomão transferiu a residência de sua esposa, a filha do
faraó, da Cidade de Davi para o novo palácio que ele havia
construído para ela. Disse: "Minha esposa não deve morar no
palácio de Davi, rei de Israel, pois a arca do SENHOR esteve ali,
e é lugar sagrado".
12Depois, Salomão ofereceu holocaustos ao SENHOR sobre o
altar que havia construído para ele diante da sala de entrada
do templo. 13Conforme Moisés havia ordenado, oferecia sa-
crifícios aos sábados, nas festas de lua nova e nas três festas
anuais: a Páscoa, a Festa da Colheita e a Festa das Cabanas.
14Segundo as instruções de seu pai, Davi, designou os turnos
dos sacerdotes. Também encarregou os levitas de dirigirem o
louvor e ajudarem os sacerdotes em suas responsabilidades
diárias. Designou, por divisões, os guardas das portas, de
acordo com as ordens de Davi, homem de Deus. 15Todas as
ordens de Davi com respeito aos sacerdotes, aos levitas e aos
tesouros foram cumpridas à risca.
16Salomão certificou-se de que fosse realizado todo o trabalho
relacionado à construção do templo do SENHOR, desde o dia
em que foram lançados os alicerces até a conclusão das obras.
17Por fim, Salomão foi a Eziom-Geber e a Elate, portos às mar-
gens do mar Vermelho, na terra de Edom. 18Hirão lhe enviou
embarcações comandadas por seus próprios oficiais, com uma
tripulação de marinheiros experientes. Essas embarcações na-
vegaram com os marinheiros de Salomão para Ofir e trouxeram
de volta para o rei Salomão 15.750 quilos de ouro.

A visita da rainha de Sabá

9 Quando a rainha de Sabá ouviu falar da fama de Salomão,
foi até Jerusalém para pô-lo à prova com perguntas difíceis.
Chegou à cidade com uma comitiva numerosa e uma imensa
caravana de camelos carregados de especiarias, grande quan-
tidade de ouro e pedras preciosas. Quando se encontrou com
Salomão, conversou com ele a respeito de tudo que tinha em
mente. 2Salomão respondeu a todas as suas perguntas; nada
era difícil demais para ele explicar. 3Quando a rainha de Sabá
percebeu quanto Salomão era sábio e viu o palácio que ele
havia construído, 4a comida que era servida às mesas do rei, os
alojamentos e a organização de seus oficiais e servos, os trajes

esplêndidos que vestiam, os copeiros da corte e suas roupas,
e os holocaustos que Salomão oferecia no templo do SENHOR,
ficou muito admirada.
5Disse ela ao rei: "É verdade tudo que ouvi em meu país a res-
peito de suas realizações e de sua sabedoria! 6Não acreditava
no que diziam até que cheguei aqui e vi com os próprios olhos.
Aliás, não tinham me contado nem a metade a respeito de sua
grande sabedoria! Vai muito além do que ouvi. 7Como deve ser
feliz o seu povo! Que privilégio para seus oficiais estarem em
sua presença todos os dias, ouvindo sua sabedoria! 8Louvado
seja o SENHOR, seu Deus, que se agradou de você e o fez rei
para governar para ele. Por causa do amor de Deus por Israel,
e porque ele deseja estabelecer para sempre este reino, ele o
fez rei para governar com justiça e retidão".
9Então ela presenteou o rei com 4.200 quilos de ouro, es-
peciarias em grande quantidade e pedras preciosas. Nunca
houve especiarias tão finas como as que a rainha de Sabá deu
ao rei Salomão.
10(Além disso, os marinheiros de Hirão e de Salomão trouxeram
ouro de Ofir, madeira de sândalo e pedras preciosas. 11O rei
usou a madeira de sândalo para fazer os degraus das escadas
do templo e do palácio real, e também liras e harpas para os
músicos. Nunca se tinham visto coisas tão belas em Judá.)
12O rei Salomão deu à rainha de Sabá tudo que ela pediu, muito
mais que os presentes que ela havia trazido. Então ela e sua
comitiva regressaram para sua terra.

A riqueza e o esplendor de Salomão

13A cada ano, Salomão recebia 23.300 quilos de ouro, 14sem
contar a renda adicional proveniente dos mercadores e co-
merciantes. Todos os reis da Arábia e os governadores das
províncias também lhe traziam ouro e prata.
15O rei Salomão fez duzentos escudos grandes de ouro batido,
cada um pesando 7,2 quilos. 16Também fez trezentos escudos
menores de ouro batido, cada um pesando 3,6 quilos. O rei
colocou esses escudos no Palácio da Floresta do Líbano.
17Então o rei fez um grande trono de marfim revestido de ouro
puro. 18O trono tinha seis degraus e um lugar de descanso para
os pés feito de ouro. De cada lado do assento havia um apoio
para o braço e, junto de cada apoio, a escultura de um leão.
19Também havia outros doze leões, um de cada lado dos seis
degraus. Nenhum outro trono em todo o mundo se comparava
ao de Salomão.
20Todas as taças do rei Salomão eram de ouro, e todos os
utensílios do Palácio da Floresta do Líbano eram de ouro puro.
Não eram de prata, pois nos dias de Salomão a prata era con-
siderada um metal sem valor.
21O rei tinha uma frota de navios mercantes que navegavam
com os marinheiros enviados por Hirão. Uma vez a cada três
anos, as embarcações voltavam trazendo ouro, prata, marfim,
macacos e pavões.
22Salomão se tornou o mais rico e sábio de todos os reis da
terra. 23Reis de todas as nações vinham consultá-lo e ouvir a
sabedoria que Deus lhe tinha dado. 24A cada ano, os visitantes
traziam presentes de prata e ouro, roupas, armas, especiarias,
cavalos e mulas.
25Salomão tinha quatro mil estábulos para seus cavalos e
carros de guerra, e doze mil cavalos. Mantinha alguns deles
nas cidades designadas para guardar esses carros de guerra e
outros perto dele, em Jerusalém. 26Governava sobre todos os
reis, desde o rio Eufrates, ao norte, até a terra dos filisteus e
a fronteira do Egito, ao sul. 27O rei tornou a prata tão comum
em Jerusalém como as pedras. E havia tanta madeira valiosa
de cedro como as figueiras-bravas que crescem nas colinas de
Judá. 28Os cavalos de Salomão eram importados do Egito e de
muitos outros países.

Resumo do reinado de Salomão

29Os demais acontecimentos do reinado de Salomão, do início
ao fim, estão anotados no *Registro do Profeta Natã*, na *Pro-
fecia de Aías, de Siló* e nas *Visões do Vidente Ido*, acerca de
Jeroboão, filho de Nebate. 30Salomão reinou por quarenta
anos sobre todo o Israel, em Jerusalém. 31Quando morreu e
se reuniu a seus antepassados, foi sepultado na Cidade de
Davi, seu pai. Seu filho Roboão foi seu sucessor.

As tribos do norte se rebelam

10Roboão foi a Siquém, onde todo o Israel havia se reu-
nido para proclamá-lo rei. 2Quando Jeroboão, filho de
Nebate, soube disso, voltou do Egito, para onde havia fugido
do rei Salomão. 3Os líderes de Israel convocaram Jeroboão, e
ele e todo o Israel foram falar com Roboão. 4"Seu pai foi muito
duro conosco", disseram. "Alivie a carga pesada de trabalho
e de impostos altos que seu pai nos obrigou a carregar. Então
seremos seus súditos leais."
5Roboão respondeu: "Voltem daqui três dias para saber minha
resposta". E o povo foi embora.
6O rei Roboão discutiu o assunto com os homens mais velhos
que haviam sido conselheiros de seu pai, Salomão. "O que
vocês aconselham?", perguntou ele. "Como devo responder
a este povo?"
7Eles disseram: "Se o senhor tratar este povo com bondade, se
agradá-los e lhes der uma resposta favorável, eles serão seus
súditos leais para sempre".
8Mas Roboão rejeitou o conselho dos homens mais velhos e
pediu a opinião dos jovens que haviam crescido com ele e
agora o acompanhavam. 9"O que vocês aconselham?", per-
guntou ele. "Como devemos responder a este povo que deseja
que eu alivie as cargas impostas por meu pai?"
10Os jovens responderam: "Você deve dizer o seguinte a essa
gente que diz que seu pai foi muito duro com eles e que pede
alívio: 'Meu dedo mínimo é mais grosso que a cintura de meu
pai! 11Sim, meu pai lhes impôs cargas pesadas, mas eu as
tornarei ainda mais pesadas! Meu pai os castigou com chi-
cotes comuns, mas eu os castigarei com chicotes de pontas
de metal!'".

12Três dias depois, Jeroboão e todo o povo voltaram para saber
a decisão do rei, como ele havia ordenado. 13Roboão lhes res-
pondeu com aspereza, pois rejeitou o conselho dos homens
mais velhos 14e seguiu o conselho dos mais jovens. Disse ao
povo: "Meu pai lhes impôs cargas pesadas, mas eu as tornarei
ainda mais pesadas! Meu pai os castigou com chicotes co-
muns, mas eu os castigarei com chicotes de pontas de metal!".
15Assim, o rei não atendeu o povo. Essa mudança nos aconte-
cimentos foi da vontade de Deus, pois cumpriu a mensagem
do SENHOR a Jeroboão, filho de Nebate, por meio do profeta
Aías, de Siló.
16Quando todo o Israel viu que o rei não iria atender a seu pe-
dido, respondeu: "Abaixo a dinastia de Davi! O filho de Jessé
nada tem a nos oferecer! Volte para casa, Israel! E você, Davi,
cuide de sua própria casa!". Então todo o povo de Israel voltou
para casa. 17Roboão, porém, continuou a governar sobre os
israelitas que moravam nas cidades de Judá.
18O rei Roboão enviou Adonirão, encarregado dos trabalhos
forçados, para restaurar a ordem, mas o povo de Israel o ape-
drejou até a morte. Quando essa notícia chegou ao rei Roboão,
subiu rapidamente em sua carruagem e fugiu para Jerusalém.
19E até hoje as tribos do norte de Israel se recusam a ser go-
vernadas por um descendente de Davi.

A profecia de Semaías

11 Quando Roboão chegou a Jerusalém, mobilizou os ho-
mens das tribos de Judá e Benjamim, 180 mil dos me-
lhores soldados, para guerrearem contra Israel e recuperarem
o reino.
2O SENHOR, porém, disse a Semaías, homem de Deus: 3"Diga a
Roboão, filho de Salomão, rei de Judá, e a todos os israelitas
em Judá e Benjamim: 4'Assim diz o SENHOR: Não lutem contra
seus compatriotas. Voltem para casa, pois eu mesmo fiz isto
acontecer!'". Eles obedeceram à palavra do SENHOR e não lu-
taram contra Jeroboão.

Roboão fortifica Judá

5Roboão permaneceu em Jerusalém e fortificou várias cidades
para defender Judá. 6Fortificou Belém, Etã, Tecoa, 7Bete-Zur,
Socó, Adulão, 8Gate, Maressa, Zife, 9Adoraim, Laquis, Azeca,
10Zorá, Aijalom e Hebrom. Essas cidades foram fortificadas em
Judá e em Benjamim. 11Roboão fortaleceu suas defesas, co-
locou nelas comandantes e armazenou provisões de alimento,
azeite e vinho. 12Também colocou nessas cidades escudos e
lanças, fortalecendo-as ainda mais. Assim, apenas Judá e Ben-
jamim permaneceram sob seu controle.
13Todos os sacerdotes e levitas que moravam nas tribos do
norte de Israel apoiaram Roboão. 14Os levitas abandonaram
suas pastagens e seus bens e se mudaram para Judá e Je-
rusalém, pois Jeroboão e seus filhos não permitiam que eles
servissem ao SENHOR como sacerdotes. 15Jeroboão nomeou
seus próprios sacerdotes para servirem nos santuários idó-
latras, onde prestavam culto aos ídolos em forma de bodes
e bezerros que ele havia feito. 16De todas as tribos de Israel,
aqueles que desejavam sinceramente adorar o SENHOR, o Deus
de Israel, acompanharam os levitas até Jerusalém, onde po-
diam oferecer sacrifícios ao SENHOR, o Deus de seus antepas-
sados. 17Fortaleceram o reino de Judá e, durante três anos,
apoiaram Roboão, filho de Salomão, pois durante esse tempo
seguiram fielmente os passos de Davi e de Salomão.

A família de Roboão

18Roboão se casou com sua prima Maalate, filha de Jerimote,
filho de Davi. A mãe dela era Abiail, filha de Eliabe, filho de
Jessé. 19Maalate deu à luz três filhos: Jeús, Semarias e Zaão.
20Depois Roboão se casou com Maaca, neta de Absalão. Maaca
deu à luz Abias, Atai, Ziza e Selomite. 21Roboão amava Maaca
mais que a qualquer outra de suas esposas e concubinas. Ao
todo, teve 18 esposas e 60 concubinas, que deram à luz 28
filhos e 60 filhas.
22Roboão nomeou Abias, filho de Maaca, como líder entre seus
irmãos e, desse modo, deixou claro que ele seria seu sucessor.
23Com inteligência, espalhou os outros filhos por toda a terra
de Judá e de Benjamim e por todas as cidades fortificadas.
Deu-lhes grande quantidade de suprimentos e arranjou muitas
esposas para eles.

O Egito invade Judá

12 Quando Roboão havia se fortalecido e se estabelecido
firmemente, ele e todo o Israel abandonaram a lei do SE-
NHOR. 2Por causa dessa infidelidade ao SENHOR, no quinto ano
do reinado de Roboão, Sisaque, rei do Egito, subiu e atacou
Jerusalém. 3Veio com 1.200 carros de guerra, 60.000 cava-
leiros e um exército incontável de soldados de infantaria líbios,
suquitas e etíopes. 4Sisaque conquistou as cidades fortificadas
de Judá e avançou para atacar Jerusalém.
5Então o profeta Semaías foi ao encontro de Roboão e dos
líderes de Judá, que haviam todos fugido para Jerusalém por
causa de Sisaque. Semaías lhes disse: "Assim diz o SENHOR:
'Vocês me abandonaram, por isso agora eu os abandonei, en-
tregando-os nas mãos de Sisaque'".
6Então os líderes de Israel e o rei se humilharam e disseram:
"O SENHOR é justo!".
7Quando o SENHOR viu que eles se humilharam, deu a Semaías
esta mensagem: "Visto que se humilharam, não os destruirei
completamente, mas logo lhes darei algum alívio. Não usarei
Sisaque para derramar minha ira sobre Jerusalém. 8Eles, con-
tudo, se tornarão servos dele, para que aprendam a diferença
entre servir a mim e servir aos governantes da terra".
9Então Sisaque, rei do Egito, subiu e atacou Jerusalém. Sa-
queou os tesouros do templo do SENHOR e do palácio real;
levou tudo, incluindo os escudos de ouro que Salomão havia
feito. 10Mais tarde, o rei Roboão fez escudos de bronze para
substituí-los e os confiou aos oficiais da guarda que protegiam
a entrada do palácio real. 11Sempre que o rei ia ao templo do

SENHOR, os guardas levavam os escudos e, em seguida, os
devolviam à sala da guarda. 12Porque Roboão se humilhou,
a ira do SENHOR se afastou dele, e ele não foi completamente
destruído. Ainda havia coisas boas na terra de Judá.

Resumo do reinado de Roboão

13O rei Roboão se estabeleceu firmemente em Jerusalém e
continuou a reinar. Tinha 41 anos quando começou a reinar,
e reinou por dezessete anos em Jerusalém, a cidade que o
SENHOR havia escolhido dentre todas as tribos de Israel como
lugar para o seu nome. A mãe de Roboão se chamava Naamá
e era de Amom. 14Ele foi um rei perverso, pois não buscou o
SENHOR de todo o coração.
15Os demais acontecimentos do reinado de Roboão, do início
ao fim, estão anotados no *Registro do Profeta Semaías* e no
Registro do Vidente Ido, que fazem parte do registro genea-
lógico. Houve guerra constante entre Roboão e Jeroboão.
16Quando Roboão morreu e se reuniu a seus antepassados, foi
sepultado na Cidade de Davi. Seu filho Abias foi seu sucessor.

A guerra entre Abias e Jeroboão

13 No décimo oitavo ano do reinado de Jeroboão em Israel,
Abias começou a reinar em Judá. 2Reinou por três anos
em Jerusalém. Sua mãe se chamava Maaca e era filha de Uriel,
de Gibeá. Houve guerra entre Abias e Jeroboão. 3Judá, sob o
comando do rei Abias, foi à batalha com quatrocentos mil de
seus melhores soldados, e Jeroboão reuniu oitocentos mil dos
melhores soldados de Israel.
4Quando o exército de Judá chegou à região montanhosa de
Efraim, Abias ficou em pé no alto do monte Zemaraim e gritou
para Jeroboão e todo o Israel: "Ouçam-me! 5Não sabem que
o SENHOR, o Deus de Israel, fez uma aliança permanente com
Davi e deu o trono de Israel a seus descendentes para sempre?
6Mesmo assim, Jeroboão, filho de Nebate, servo de Salomão,
filho de Davi, rebelou-se contra seu senhor. 7Homens deso-
cupados e perversos se juntaram a ele e conspiraram contra
Roboão, filho de Salomão, quando ele era jovem, inexperiente
e incapaz de enfrentá-los.
8"Vocês acreditam, de fato, que podem resistir ao reino do
SENHOR, que ele entregou aos descendentes de Davi? Seu
exército é enorme, e vocês têm os bezerros de ouro que Je-
roboão fez para serem seus deuses. 9No entanto, expulsaram
os sacerdotes do SENHOR, descendentes de Arão, e os levitas
e nomearam seus próprios sacerdotes, como fazem as outras
nações. Qualquer um que se apresente com um novilho ou
sete carneiros para ser consagrado pode se tornar sacerdote
de seus falsos deuses!
10"Quanto a nós, o SENHOR é nosso Deus, e não o abando-
namos. Somente os descendentes de Arão servem ao SE-
NHOR como sacerdotes, e somente os levitas os ajudam em
seu trabalho. 11Eles apresentam holocaustos e incenso aro-
mático ao SENHOR todas as manhãs e todas as tardes. Colocam
os pães da presença sobre a mesa sagrada e todas as tardes
acendem o candelabro de ouro. Nós seguimos as instruções
do SENHOR, nosso Deus, mas vocês o abandonaram. 12Podem
ver, portanto, que Deus está conosco. Ele é nosso líder. Os
sacerdotes dele tocam as trombetas e nos conduzem à batalha
contra vocês. Ó israelitas, não lutem contra o SENHOR, o Deus
de seus antepassados, pois não serão bem-sucedidos!".
13Enquanto isso, Jeroboão tinha mandado uma parte de seu
exército dar a volta por trás do exército de Judá, formando
uma emboscada. 14Quando os homens de Judá perceberam
que eram atacados pela frente e por trás, clamaram ao SE-
NHOR. Então os sacerdotes tocaram as trombetas, 15e os ho-
mens de Judá gritaram. Ao som desse brado de guerra, Deus
derrotou Jeroboão e dispersou todo o Israel diante de Abias e
do exército de Judá.
16Os israelitas fugiram dos soldados de Judá, e Deus os en-
tregou em suas mãos. 17Abias e seu exército lhes infligiram
grandes perdas; quinhentos mil dos melhores soldados de
Israel foram mortos naquele dia. 18Nessa ocasião, portanto, o
exército de Judá derrotou os israelitas, pois confiou no SENHOR,
o Deus de seus antepassados. 19Abias e seu exército perse-
guiram os soldados de Jeroboão e conquistaram as cidades
de Betel, Jesana e Efrom, e os povoados ao redor.
20Jeroboão, rei de Israel, não recuperou seu poder enquanto
Abias viveu; por fim, o SENHOR feriu Jeroboão, e ele morreu.
21Enquanto isso, Abias de Judá se tornou cada vez mais pode-
roso. Casou-se com 14 mulheres e teve 22 filhos e 16 filhas.
22Os demais acontecimentos do reinado de Abias, incluindo
suas palavras e seus atos, estão registrados no *Comentário
do Profeta Ido*.

Os primeiros anos do reinado de Asa

14 Quando Abias morreu e se reuniu a seus antepassados,
foi sepultado na Cidade de Davi. Seu filho Asa foi seu su-
cessor. Houve paz na terra durante dez anos. 2Asa fez o que
era bom e certo aos olhos do SENHOR, seu Deus. 3Removeu os
altares estrangeiros e os santuários idólatras, despedaçou as
colunas sagradas e derrubou os postes de Aserá. 4Ordenou ao
povo de Judá que buscasse o SENHOR, o Deus de seus ante-
passados, e obedecesse a suas leis e a seus mandamentos.
5Asa também removeu os santuários idólatras e os altares de
incenso de todas as cidades de Judá. Assim, o reino de Asa des-
frutou um tempo de paz. 6Nesse período, ele construiu cidades
fortificadas em toda a terra de Judá. Ninguém lutou contra ele
durante esses anos, pois o SENHOR lhe deu descanso.
7Asa disse ao povo de Judá: "Vamos construir essas cidades e
fortificá-las com muros, torres, portões e trancas. A terra ainda
é nossa porque buscamos o SENHOR, nosso Deus, e ele nos deu
descanso de todos os lados". Assim, eles prosseguiram com
os projetos e os concluíram com êxito.
8O rei Asa tinha um exército de 300 mil guerreiros da tribo
de Judá, armados com escudos grandes e lanças. Também
tinha um exército de 280 mil guerreiros da tribo de Benjamim,

armados com escudos pequenos e arcos. Os dois exércitos
eram formados por homens valentes.
9Certa vez, um etíope chamado Zerá atacou Judá com um
exército de um milhão de soldados e trezentos carros de
guerra. Avançaram até a cidade de Maressa, 10de modo que
Asa saiu com seu exército para a batalha no vale ao norte de
Maressa. 11Então Asa clamou ao SENHOR, seu Deus: "Ó SENHOR,
ninguém além de ti pode ajudar os fracos contra os poderosos!
Ajuda-nos, ó SENHOR, nosso Deus, pois em ti confiamos. Em
teu nome enfrentamos esse exército imenso. Ó SENHOR, tu és
nosso Deus; não permitas que simples homens prevaleçam
contra ti!".
12Então o SENHOR derrotou os etíopes diante de Asa e do
exército de Judá, e eles fugiram. 13Asa e seu exército os per-
seguiram até Gerar, e caíram tantos etíopes que não conse-
guiram se recuperar. Foram destruídos pelo SENHOR e por seu
exército, e os soldados de Judá levaram grande quantidade
de despojos.
14Enquanto estavam em Gerar, atacaram todas as cidades da
região, e o terror do SENHOR veio sobre o povo dali. Como re-
sultado, os soldados de Judá levaram muitos despojos também
dessas cidades. 15Atacaram, ainda, os acampamentos onde
havia rebanhos e levaram muitas ovelhas e camelos. Em se-
guida, voltaram para Jerusalém.

As reformas religiosas de Asa

15 Então o Espírito de Deus veio sobre Azarias, filho de
Odede, 2e ele foi ao encontro do rei Asa. "Ouça-me,
Asa!", disse ele. "Ouça-me todo o povo de Judá e de Ben-
jamim! O SENHOR estará com vocês enquanto estiverem com
ele! Sempre que o buscarem, o encontrarão. Mas, se o aban-
donarem, ele os abandonará. 3Durante muito tempo, Israel
esteve sem o verdadeiro Deus, sem sacerdote para ensiná-los
e sem lei para instruí-los. 4No entanto, sempre que se viram
em dificuldades e se voltaram para o SENHOR, o Deus de Israel,
e o buscaram, eles o encontraram.
5"Naquele tempo, não era seguro viajar. Problemas afligiam os
habitantes de todas as terras. 6Uma nação lutava contra outra,
e uma cidade contra outra, pois Deus os afligia com todo tipo
de angústia. 7Quanto a vocês, porém, sejam fortes e corajosos,
pois seu trabalho será recompensado."
8Quando Asa ouviu essa mensagem do profeta Azarias, en-
cheu-se de coragem e removeu todos os ídolos repulsivos da
terra de Judá e de Benjamim e das cidades que ele havia cap-
turado na região montanhosa de Efraim. Além disso, restaurou
o altar do SENHOR, que ficava na frente da sala de entrada do
templo do SENHOR.
9Depois, Asa reuniu todo o povo de Judá e de Benjamim, e
também o povo de Efraim, de Manassés e de Simeão que havia
se estabelecido entre eles. Muita gente de Israel tinha se mu-
dado para Judá no reinado de Asa, quando viu que o SENHOR,
seu Deus, estava com ele. 10Reuniram-se em Jerusalém no
terceiro mês do décimo quinto ano do reinado de Asa.
11Naquele dia, sacrificaram ao SENHOR setecentos bois e sete
mil ovelhas dos despojos que haviam tomado na batalha.
12Então fizeram um acordo de buscar o SENHOR, o Deus de seus
antepassados, de todo o coração e de toda a alma. 13Concor-
daram que qualquer um que não buscasse o SENHOR, o Deus
de Israel, deveria morrer, jovem ou idoso, homem ou mulher.
14Fizeram esse juramento de lealdade ao SENHOR em alta voz,
ao som de trombetas e clarins. 15Todo o Judá se alegrou com
esse acordo, pois o fizeram de todo o coração. Buscaram o
SENHOR com sinceridade e o encontraram. E o SENHOR lhes deu
descanso de todos os lados.
16O rei Asa chegou a depor sua avó Maaca da posição de ra-
inha-mãe, pois ela havia feito um poste obsceno para a deusa
Aserá. Derrubou esse poste obsceno, o quebrou e o queimou
no vale de Cedrom. 17Embora os santuários idólatras não ti-
vessem sido removidos de Israel, o coração de Asa perma-
neceu inteiramente fiel durante toda a sua vida. 18Ele trouxe
para o templo de Deus a prata, o ouro e os diversos utensílios
que ele e seu pai haviam consagrado.
19Não houve mais guerra até o trigésimo quinto ano do rei-
nado de Asa.

Os últimos anos do reinado de Asa

16 No trigésimo sexto ano do reinado de Asa, Baasa, rei de
Israel, invadiu Judá e fortificou Ramá, a fim de impedir
que qualquer um entrasse ou saísse do território de Asa, rei
de Judá.
2Em resposta, Asa removeu a prata e o ouro dos tesouros do
templo do SENHOR e do palácio real. Enviou a prata e o ouro a
Ben-Hadade, rei da Síria, que governava em Damasco, com a
seguinte mensagem:
3"Façamos um acordo, você e eu, como aquele que houve
entre seu pai e o meu. Envio-lhe prata e ouro. Rompa seu
acordo com Baasa, rei de Israel, para que ele me deixe em
paz".
4Ben-Hadade aceitou a proposta do rei Asa e enviou os coman-
dantes de seu exército para atacarem as cidades de Israel. Eles
conquistaram Ijom, Dã, Abel-Bete-Maaca e todas as cidades
de Naftali que serviam como centros de armazenamento.
5Quando Baasa, rei de Israel, soube o que havia acontecido,
abandonou seu projeto de fortificar Ramá e parou todas as
obras ali. 6Então o rei Asa ordenou aos homens de Judá que
levassem embora as pedras e a madeira usadas por Baasa para
fortificar Ramá. Asa empregou esses materiais para fortificar
as cidades de Geba e Mispá.
7Por esse tempo, o vidente Hanani foi a Asa, rei de Judá, e
lhe disse: "Uma vez que você confiou no rei da Síria, em vez
de confiar no SENHOR, seu Deus, perdeu a oportunidade de
destruir o exército do rei da Síria. 8Você não se lembra do que
aconteceu aos etíopes, aos líbios e a seu exército enorme,
com todos os seus carros de guerra e cavaleiros? Naquela
ocasião, você confiou no SENHOR, e ele os entregou em suas
mãos. 9Os olhos do SENHOR passam por toda a terra para

mostrar sua força àqueles cujo coração é inteiramente dedi-
cado a ele. Como você foi tolo! De agora em diante, haverá
guerras contra você".
10Asa se irou tanto com o vidente por lhe ter dito isso que
mandou prendê-lo e colocá-lo no tronco. Nessa época, Asa
também começou a oprimir duramente alguns do povo.

Resumo do reinado de Asa

11Os demais acontecimentos do reinado de Asa, do início ao
fim, estão registrados no *Livro dos Reis de Judá e de Israel*.
12No trigésimo nono ano de seu reinado, Asa foi atacado por
uma doença nos pés. Embora a doença fosse muito grave, ele
não buscou a ajuda do Senhor, mas só dos médicos. 13Então,
no quadragésimo primeiro ano de seu reinado, morreu e se
reuniu a seus antepassados. 14Foi sepultado no túmulo que
havia mandado abrir na Cidade de Davi. Foi colocado num
leito perfumado com especiarias e vários óleos aromáticos,
e o povo fez uma imensa fogueira em sua honra.

Josafá reina em Judá

17 Josafá, filho de Asa, foi seu sucessor. Ele fortaleceu Judá,
para que pudesse resistir a Israel. 2Colocou tropas em
todas as cidades fortificadas de Judá e designou guarnições
adicionais para a terra de Judá e para as cidades de Efraim que
seu pai, Asa, havia conquistado.
3O Senhor esteve com Josafá, pois ele seguiu o exemplo dos
primeiros anos de seu pai e não adorou as imagens de Baal.
4Buscou o Deus de seu pai e obedeceu a seus mandamentos,
em vez de seguir as práticas perversas do reino de Israel. 5Por
isso, o Senhor estabeleceu o controle de Josafá sobre o reino
de Judá. Todo o povo de Judá trazia tributos a Josafá, e ele se
tornou muito rico e respeitado. 6Comprometeu-se de coração
a seguir os caminhos do Senhor. Removeu de Judá os santuá-
rios idólatras e os postes de Aserá.
7No terceiro ano de seu reinado, enviou seus oficiais Ben-Hail,
Obadias, Zacarias, Natanael e Micaías para ensinarem em
todas as cidades de Judá. 8Com eles foram os levitas Semaías,
Netanias, Zebadias, Asael, Semiramote, Jônatas, Adonias, To-
bias e Tobe-Adonias e os sacerdotes Elisama e Jeorão. 9Eles
levaram consigo cópias do Livro da Lei do Senhor e foram por
todas as cidades de Judá, ensinando o povo.
10Então o temor do Senhor caiu sobre todos os reinos vizinhos,
de modo que nenhum deles declarou guerra a Josafá. 11Alguns
filisteus trouxeram presentes e prata como tributo, e os árabes
trouxeram 7.700 carneiros e 7.700 bodes.
12Josafá se tornou cada vez mais poderoso e construiu for-
talezas e cidades para servirem como centros de armazena-
mento em toda a terra de Judá. 13Guardou muitos suprimentos
nas cidades de Judá e colocou em Jerusalém um exército com
guerreiros experientes. 14Seu exército foi registrado de acordo
com os clãs. De Judá havia 300 mil soldados organizados em
grupos de mil, sob o comando de Adna. 15Em seguida, vinha
Joanã, que comandava 280 mil soldados. 16Depois dele vinha
Amazias, filho de Zicri, que se apresentou voluntariamente
para o serviço do Senhor e que comandava 200 mil soldados.
17De Benjamim havia 200 mil soldados equipados com arcos
e escudos. Seu comandante era Eliada, guerreiro experiente.
18Em seguida, vinha Jozabade, que comandava 180 mil homens
armados.
19Essas eram as tropas que estavam à disposição do rei, além
daquelas que ele havia colocado nas cidades fortificadas em
toda a terra de Judá.

Josafá e Acabe

18 Josafá, muito rico e respeitado, aliou-se a Acabe por meio
do casamento de seu filho com a filha de Acabe. 2Alguns
anos depois, foi a Samaria visitar Acabe, que ofereceu a ele
e a seus oficiais um enorme banquete, para o qual abateu
um grande número de ovelhas e bois. Então Acabe persuadiu
Josafá a unir forças com ele para recuperar Ramote-Gileade.
3Acabe, rei de Israel, perguntou a Josafá, rei de Judá: "Você
irá comigo a Ramote-Gileade?". Josafá respondeu: "Claro que
sim! Você e eu somos como um só. Meus soldados são seus
soldados. Certamente iremos com você à batalha!". 4E acres-
centou: "Antes, porém, consulte o Senhor".
5Então o rei de Israel convocou os profetas, cerca de qua-
trocentos no total, e perguntou: "Devemos ir à guerra contra
Ramote-Gileade ou não?". Todos eles responderam: "Sim,
devem! Deus entregará o inimigo nas mãos do rei".
6Josafá, porém perguntou: "Acaso não há aqui um profeta do
Senhor? Devemos consultá-lo também".
7O rei de Israel respondeu a Josafá: "Há mais um homem que
pode consultar o Senhor para nós, mas eu o odeio, pois nunca
profetiza nada de bom a meu respeito, só coisas ruins! Cha-
ma-se Micaías, filho de Inlá". "O rei não devia falar assim",
respondeu Josafá.
8Então o rei de Israel chamou um de seus oficiais e disse:
"Traga Micaías, filho de Inlá. Rápido!".

Micaías profetiza contra Acabe

9Vestidos com seus trajes reais, o rei de Israel e Josafá, rei de
Judá, estavam sentados cada um em seu trono na eira junto
à porta de Samaria. Todos os profetas estavam profetizando
diante deles. 10Um dos profetas, Zedequias, filho de Que-
naaná, fez chifres de ferro e declarou: "Assim diz o Senhor:
'Com estes chifres o rei ferirá os sírios até a morte!'".
11Todos os outros profetas concordaram, dizendo: "Sim, suba
a Ramote-Gileade e seja vitorioso, pois o Senhor a entregará
nas mãos do rei!".
12Enquanto isso, o mensageiro que foi buscar Micaías lhe disse:
"Veja, todos os profetas prometem vitória para o rei. Concorde
com eles e também prometa sucesso".
13Micaías, porém, respondeu: "Tão certo como vive o Senhor,
direi apenas o que meu Deus ordenar".
14Quando Micaías chegou, o rei lhe perguntou: "Micaías, de-
vemos ir à guerra contra Ramote-Gileade ou não?". Micaías

respondeu: "Sim, suba e será vitorioso, pois eles serão entre-
gues em suas mãos!".
15 Mas o rei disse: "Quantas vezes preciso exigir que diga so-
mente a verdade quando falar em nome do SENHOR?".
16 Então Micaías respondeu: "Vi todo o Israel espalhado pelos
montes, como ovelhas sem pastor. E o SENHOR disse: 'Seu líder
foi morto. Mande-os para casa em paz'".
17 O rei de Israel disse a Josafá: "Não falei? Ele nunca profetiza
nada de bom a meu respeito, mas apenas coisas ruins".
18 Micaías prosseguiu: "Ouça o que o SENHOR diz! Vi o SENHOR
sentado em seu trono, com todo o exército do céu ao redor, à
sua direita e à sua esquerda. 19 E o SENHOR perguntou: 'Quem
enganará Acabe, rei de Israel, para que vá à guerra contra
Ramote-Gileade e seja morto ali?'. "Houve muitas sugestões,
20 até que, por fim, um espírito se aproximou do SENHOR e disse:
'Eu o enganarei!'. "'De que maneira?', perguntou o SENHOR.
21 "E o espírito respondeu: 'Sairei e porei um espírito mentiroso
na boca de todos os seus profetas'. "O SENHOR disse: 'Você
conseguirá enganá-lo. Vá e faça isso!'.
22 "Como vê, o SENHOR pôs um espírito mentiroso na boca de
todos os seus profetas, pois o SENHOR decretou sua desgraça".
23 Então Zedequias, filho de Quenaaná, se aproximou de Mi-
caías e lhe deu uma bofetada. "Como foi que o Espírito do
SENHOR me deixou para falar com você?", perguntou ele.
24 Micaías respondeu: "Você descobrirá em breve, quando
tentar se esconder em algum quarto secreto!".
25 Então o rei de Israel ordenou: "Prendam Micaías e levem-no
de volta a Amom, governador da cidade, e a meu filho Joás,
26 com a seguinte ordem: 'Ponham este homem na prisão e
deem-lhe apenas pão e água até que eu volte da batalha em
segurança!'".
27 Micaías, porém, respondeu: "Se voltar em segurança,
significará que o SENHOR não falou por meu intermédio!". E
acrescentou aos que estavam ao redor: "Todos vocês, prestem
atenção às minhas palavras!".

A morte de Acabe

28 Então o rei de Israel e Josafá, rei de Judá, levaram seus
exércitos para atacar Ramote-Gileade. 29 O rei de Israel disse
a Josafá: "Quando entrarmos no combate, usarei um disfarce
para que ninguém me reconheça, mas você vestirá seus trajes
reais". O rei de Israel se disfarçou, e os dois foram à batalha.
30 Enquanto isso, o rei da Síria tinha dado as seguintes ordens
aos comandantes dos carros de guerra: "Ataquem somente o
rei de Israel. Não lutem contra ninguém mais!". 31 Quando os
comandantes dos carros de guerra sírios viram Josafá em seus
trajes reais, foram atrás dele. "É o rei de Israel!", disseram.
Contudo, Josafá clamou, e o SENHOR o salvou. Deus o ajudou e
afastou dele seus inimigos. 32 Assim que os comandantes dos
carros perceberam que ele não era o rei de Israel, pararam
de persegui-lo.
33 Então um soldado sírio disparou uma flecha a esmo e acertou
o rei de Israel entre as juntas de sua armadura. "Dê a volta e
tire-me daqui!", exclamou Acabe para o condutor de seu carro.
"Estou gravemente ferido!"
34 A batalha, cada vez mais violenta, prosseguiu durante todo
o dia, e o rei permaneceu em pé, apoiado em seu carro, de
frente para os sírios. Ao entardecer, quando o sol se punha,
ele morreu.

Josafá nomeia juízes

19 Quando Josafá, rei de Judá, voltou em segurança a seu
palácio, em Jerusalém, 2 o vidente Jeú, filho de Hanani,
saiu ao encontro dele. "Por que o rei ajuda os perversos e ama
os que odeiam o SENHOR?", perguntou-lhe Jeú. "Por causa
disso, o SENHOR está muito irado com você. 3 Mas ainda há algo
de bom em você, pois removeu os postes de Aserá de toda a
terra e buscou a Deus de todo o coração."
4 Josafá morava em Jerusalém, mas saía para visitar o povo por
todo o território, desde Berseba até a região montanhosa de
Efraim, a fim de animar todos a voltarem para o SENHOR, o Deus
de seus antepassados. 5 Nomeou juízes na terra, em todas as
cidades fortificadas, 6 e lhes disse: "Sejam cuidadosos! Lem-
brem-se de que não estão julgando para agradar as pessoas,
mas para agradar o SENHOR. Ele estará com vocês sempre que
derem um veredito. 7 Temam o SENHOR e julguem com integri-
dade, pois o SENHOR, nosso Deus, não tolera injustiça, nem
parcialidade, nem suborno".
8 Em Jerusalém, Josafá nomeou alguns levitas, sacerdotes e
chefes de famílias de Israel para julgarem os casos que en-
volvessem a lei do SENHOR e questões civis. 9 Estas foram suas
ordens para eles: "Ajam sempre no temor do SENHOR, com
fidelidade e coração íntegro. 10 Toda vez que chegar até vocês
uma causa de seus compatriotas israelitas de outras cidades,
seja de homicídio, seja de outra violação da lei, dos manda-
mentos, dos decretos ou dos estatutos de Deus, advirtam-nos
para que eles não pequem contra o SENHOR, a fim de que a
ira dele não venha sobre vocês e sobre eles. Se agirem desse
modo, estarão livres de culpa.
11 "Amarias, o sumo sacerdote, terá a última palavra nos casos
relacionados ao SENHOR. Zebadias, filho de Ismael, líder da
tribo de Judá, terá a última palavra em todas as questões re-
lativas ao reino. Os levitas os ajudarão nesses trabalhos. Sejam
corajosos no cumprimento de seus deveres, e que o SENHOR
esteja com aqueles que agirem corretamente!".

Guerra com as nações vizinhas

20 Depois disso, os exércitos dos moabitas e dos amonitas
e alguns meunitas declararam guerra a Josafá. 2 Mensa-
geiros informaram a Josafá: "Um exército enorme de Edom
vem de além do mar Morto contra o rei. Já está em Hazazom-
-Tamar (isto é, em En-Gedi)".
3 Josafá ficou amedrontado com essa notícia e pediu orien-
tação ao SENHOR. Ordenou um jejum em todo o Judá, 4 e habi-
tantes de todas as cidades de Judá vieram a Jerusalém para
buscar a ajuda do SENHOR.

5Josafá se pôs em pé diante da comunidade de Judá e de Jeru-
salém, em frente ao pátio novo do templo do SENHOR, 6e orou:
"Ó SENHOR, o Deus de nossos antepassados, somente tu és o
Deus que está nos céus. Tu governas todos os reinos da terra.
És forte e poderoso, e ninguém pode resistir a ti! 7Ó nosso
Deus, acaso não expulsaste os habitantes desta terra quando
Israel, teu povo, chegou? Não deste esta terra para sempre aos
descendentes de teu amigo Abraão? 8Teu povo se estabeleceu
aqui e construiu este templo em honra ao teu nome. 9Dis-
seram: 'Se enfrentarmos alguma calamidade, como guerra,
praga ou fome, nos colocaremos em tua presença diante deste
templo onde teu nome é honrado. Clamaremos a ti em nossa
angústia, e tu nos ouvirás e nos salvarás'.
10"Agora, vê o que fazem os exércitos de Amom, Moabe e do
monte Seir. Tu não permitiste que nossos antepassados inva-
dissem essas nações quando Israel saiu do Egito, por isso os
israelitas se desviaram deles e não os destruíram. 11Vê como
nos retribuem! Vieram nos expulsar de nossa terra, que nos
deste por herança. 12Ó nosso Deus, não os castigarás por isso?
Não temos forças para lutar com esse exército imenso que
está prestes a nos atacar. Não sabemos o que fazer, mas es-
peramos o socorro que vem de ti".
13Enquanto todos os homens de Judá estavam diante do SE-
NHOR com suas crianças de colo, suas esposas e seus filhos,
14o Espírito do SENHOR veio sobre um homem ali no meio. Seu
nome era Jaaziel, filho de Zacarias, filho de Benaia, filho de
Jeiel, filho de Matanias, levita descendente de Asafe.
15Ele disse: "Escutem-me, todos vocês, povo de Judá e de Je-
rusalém! Escute, rei Josafá! Assim diz o SENHOR: Não tenham
medo! Não fiquem desanimados por causa desse exército
imenso, pois a batalha não é sua, mas de Deus. 16Amanhã,
marchem contra eles. Vocês os encontrarão vindo pela su-
bida de Ziz, no fim do vale que abre para o deserto de Jeruel.
17Quando os encontrarem, porém, não terão de lutar. Tomem
suas posições; depois, fiquem parados e vejam o livramento
do SENHOR. Ele está com vocês, povo de Judá e de Jerusalém.
Não tenham medo nem desanimem. Saiam para enfrentá-los
amanhã, pois o SENHOR está com vocês!".
18Então o rei Josafá se prostrou com o rosto no chão, e todo o
povo de Judá e de Jerusalém fez o mesmo, em adoração ao
SENHOR. 19Em seguida, os levitas dos clãs de Coate e de Coré se
levantaram para louvar em alta voz o SENHOR, o Deus de Israel.
20Bem cedo, na manhã seguinte, o exército de Judá saiu para
o deserto de Tecoa. No caminho, Josafá parou e disse: "Es-
cutem-me, povo de Judá e de Jerusalém! Creiam no SENHOR,
seu Deus, e permanecerão firmes. Creiam em seus profetas
e terão êxito".
21Depois de consultar o povo, o rei nomeou cantores para irem
adiante do exército, cantando e louvando o SENHOR por sua
santa majestade. Cantavam assim: "Deem graças ao SENHOR;
seu amor dura para sempre!".
22No momento em que começaram a cantar e louvar, o SE-
NHOR trouxe confusão sobre os exércitos de Amom, Moabe e do
monte Seir, e eles começaram a lutar entre si. 23Os exércitos
de Moabe e Amom se voltaram contra seus aliados do monte
Seir e mataram todos eles. Depois que haviam destruído o
exército de Seir, começaram a atacar uns aos outros. 24Quando
os homens de Judá chegaram ao local de onde se avista o
deserto, viram apenas cadáveres no chão, até onde se podia
enxergar. Não escapou nem um só dos inimigos.
25O rei Josafá e seus homens saíram para recolher os des-
pojos. Encontraram grande quantidade de suprimentos,
roupas e outros objetos de valor, mais do que eram capazes
de carregar. Havia tantos despojos que levaram três dias para
recolher tudo. 26No quarto dia, reuniram-se no vale de Beracá,
que recebeu esse nome depois daquele dia, pois louvaram o
SENHOR ali. Por isso, até hoje é chamado de vale de Beracá.
27Então todos os soldados de Judá e de Jerusalém voltaram,
com Josafá à frente, muito alegres porque o SENHOR lhes tinha
dado vitória sobre seus inimigos. 28Entraram marchando em
Jerusalém, ao som de harpas, liras e trombetas, e foram ao
templo do SENHOR.
29Quando todos os reinos vizinhos souberam que o próprio
SENHOR havia lutado contra os inimigos de Israel, o temor de
Deus veio sobre eles. 30E o reino de Josafá teve paz, pois seu
Deus lhe deu descanso de todos os lados.

Resumo do reinado de Josafá

31Assim, Josafá reinou sobre a terra de Judá. Tinha 35 anos
quando começou a reinar, e reinou em Jerusalém por 25 anos.
Sua mãe se chamava Azuba e era filha de Sili.
32Josafá foi um bom rei, que seguiu o exemplo de seu pai,
Asa, e fez o que era certo aos olhos do SENHOR. 33Contudo,
não removeu todos os santuários idólatras, e o povo não se
comprometeu a seguir o Deus de seus antepassados.
34Os demais acontecimentos do reinado de Josafá, do início
ao fim, estão anotados nos *Registros de Jeú, filho de Hanani*,
e foram incluídos no *Livro dos Reis de Israel*.
35Algum tempo depois, Josafá, rei de Judá, fez um acordo
com Acazias, rei de Israel, que era um homem muito perverso.
36Juntos, construíram uma frota de navios mercantes no porto
em Eziom-Geber. 37Então Eliézer, filho de Dodava, de Maressa,
profetizou contra Josafá, dizendo: "Porque você se aliou ao
rei Acazias, o SENHOR destruirá o que você construiu". Assim,
as embarcações naufragaram e nunca chegaram a navegar.

Jeorão reina em Judá

21 Quando Josafá morreu, foi sepultado com seus ante-
passados na Cidade de Davi. Seu filho Jeorão foi seu
sucessor.
2Os irmãos de Jeorão, os outros filhos de Josafá, foram:
Azarias, Jeiel, Zacarias, Micael e Sefatias; todos foram filhos
de Josafá, rei de Judá. 3Seu pai tinha dado a cada um deles
presentes caros de prata, ouro e objetos de valor, e também
algumas das cidades fortificadas de Judá. Contudo, nomeou
Jeorão para ser seu sucessor, pois era o filho mais velho.

4Quando Jeorão havia se estabelecido firmemente no reino de
seu pai, matou todos os seus irmãos e outros líderes de Judá.
5Jeorão tinha 32 anos quando começou a reinar, e reinou em
Jerusalém por oito anos. 6Seguiu o exemplo dos reis de Israel
e foi tão perverso quanto a família do rei Acabe, pois se casou
com uma das filhas de Acabe. Jeorão fez o que era mau aos
olhos do SENHOR. 7Mas o SENHOR não quis destruir a dinastia de
Davi, pois havia feito uma aliança com Davi e prometido que
seus descendentes continuariam a brilhar como uma lâmpada
para sempre.

8Durante o reinado de Jeorão, os edomitas se rebelaram
contra Judá e proclamaram seu próprio rei. 9Então Jeorão
saiu com todo o seu exército e todos os seus carros de guerra.
Os edomitas cercaram o rei e os comandantes de seus carros,
mas ele saiu à noite e os atacou. 10Ainda assim, até hoje Edom
é independente de Judá. A cidade de Libna também se re-
belou nessa ocasião. Tudo isso aconteceu porque Jeorão
havia abandonado o SENHOR, o Deus de seus antepassados.
11Havia construído santuários idólatras na região montanhosa
de Judá e levado o povo de Judá e de Jerusalém a prostituir-se
e desviar-se.

12Então o profeta Elias escreveu esta carta para Jeorão: "Assim
diz o SENHOR, o Deus de seu antepassado Davi: Você não seguiu
o bom exemplo de seu pai, Josafá, nem de seu avô, Asa, rei
de Judá. 13Em vez disso, tem sido tão perverso quanto os reis
de Israel e tem levado o povo de Jerusalém e de Judá a prosti-
tuir-se, como fez o rei Acabe em Israel. E chegou a matar seus
próprios irmãos, homens melhores que você. 14Por isso, agora
o SENHOR está prestes a castigar você, seu povo, seus filhos,
suas esposas e tudo que lhe pertence, com uma terrível praga.
15Você sofrerá de uma séria doença intestinal que se agravará
a cada dia, até que seus intestinos saiam do corpo".

16Então o SENHOR instigou os filisteus e os árabes que moravam
perto dos etíopes a atacarem Jeorão. 17Eles marcharam contra
Judá, romperam suas defesas e levaram tudo que era de valor
do palácio real, e também os filhos e as esposas do rei. So-
mente Acazias, seu filho mais novo, foi poupado.

18Depois de tudo isso, o SENHOR feriu Jeorão com uma doença
intestinal incurável. 19Ela se tornou cada vez mais grave e, ao
fim de dois anos, seus intestinos saíram do corpo e ele morreu
em agonia. Seu povo não fez nenhuma fogueira em sua home-
nagem, como havia feito para seus antepassados.

20Jeorão tinha 32 anos quando começou a reinar, e reinou em
Jerusalém por oito anos. Ninguém lamentou sua morte. Ele foi
sepultado na Cidade de Davi, mas não no cemitério dos reis.

Acazias reina em Judá

22 Então o povo de Jerusalém proclamou Acazias, filho
mais novo de Jeorão, o novo rei, pois os bandos de sa-
queadores que vieram com os árabes tinham matado todos os
filhos mais velhos de Jeorão. Assim, Acazias, filho de Jeorão,
reinou em Judá.

2Acazias tinha 22 anos quando começou a reinar, e reinou em
Jerusalém por um ano. Sua mãe era Atalia, neta do rei Onri.
3Acazias também seguiu o exemplo da família do rei Acabe,
pois sua mãe o incentivou a praticar o mal. 4Fez o que era
mau aos olhos do SENHOR, como a família de Acabe. Depois
da morte de seu pai, eles se tornaram seus conselheiros e o
levaram à ruína.

5Seguindo o conselho deles, Acazias se uniu a Jorão, filho de
Acabe, rei de Israel, na guerra contra Hazael, rei da Síria, em
Ramote-Gileade. Quando os sírios feriram Jorão na batalha,
6ele voltou a Jezreel para se recuperar dos ferimentos sofridos
em Ramote. Visto que Jorão estava ferido, Acazias, rei de Judá,
foi visitá-lo em Jezreel.

7Deus havia decidido que essa visita seria a ruína de Acazias.
Enquanto Acazias estava em Jezreel, saiu com Jorão ao en-
contro de Jeú, neto de Ninsi, a quem o SENHOR havia escolhido
para destruir a dinastia de Acabe.

8Quando Jeú executava o juízo contra a família de Acabe, en-
controu alguns oficiais de Judá e parentes de Acazias que o
serviam, e os matou. 9Então os homens de Jeú partiram em
busca de Acazias e o encontraram escondido na cidade de Sa-
maria. Eles o trouxeram a Jeú e o mataram. Acazias recebeu
um sepultamento digno, pois o povo disse: "Ele era neto de
Josafá, homem que buscou o SENHOR de todo o coração". Con-
tudo, nenhum dos membros da família de Acazias que sobrevi-
veram conseguiu reinar em seu lugar.

A rainha Atalia reina em Judá

10Quando Atalia, mãe de Acazias, rei de Judá, soube que seu
filho estava morto, mandou exterminar o restante da família
real de Judá. 11Mas Jeoseba, filha do rei Jeorão, pegou Joás,
o filho ainda pequeno de Acazias, dentre os outros filhos do
rei que estavam para ser mortos, e o colocou num quarto com
sua ama. Assim, Jeoseba, esposa do sacerdote Joiada e irmã
de Acazias, escondeu o menino para que Atalia não o matasse.
12Joás ficou escondido com eles no templo de Deus durante
seis anos, enquanto Atalia governava o país.

Rebelião contra Atalia

23 No sétimo ano do reinado de Atalia, o sacerdote Joiada
decidiu agir. Criou coragem e fez um acordo com os co-
mandantes dos batalhões: Azarias, filho de Jeroão; Ismael,
filho de Joanã; Azarias, filho de Obede; Maaseias, filho de
Adaías; e Elisafate, filho de Zicri. 2Esses homens viajaram por
todo o reino de Judá e convocaram os levitas e os chefes das
famílias de todas as cidades para irem a Jerusalém. 3Todos se
reuniram no templo de Deus, onde firmaram um pacto solene
com o jovem rei Joás. Joiada lhes disse: "Aqui está o filho do
rei! Chegou a hora de ele governar! O SENHOR prometeu que
um descendente de Davi seria nosso rei. 4Vocês devem fazer
o seguinte: quando os sacerdotes e os levitas entrarem em
serviço no sábado, uma terça parte de vocês ficará de guarda
nas portas. 5Outra terça parte irá ao palácio real. E a última
terça parte ficará de guarda na Porta do Alicerce. Os demais

permanecerão nos pátios do templo do SENHOR. 6Lembrem-se:
apenas os sacerdotes e os levitas de serviço podem entrar
no templo do SENHOR, pois foram consagrados. O restante do
povo deve obedecer às instruções do SENHOR e ficar do lado de
fora. 7Vocês, levitas, posicionem-se em volta do rei, de armas
na mão. Matem qualquer pessoa que tentar entrar no templo.
Permaneçam com o rei aonde ele for".
8Então os levitas e o povo de Judá fizeram tudo que o sacer-
dote Joiada ordenou. Os comandantes se encarregaram dos
homens que iam entrar em serviço naquele sábado e dos que
iam sair. O sacerdote Joiada não deixou ninguém ir para casa
no fim do turno. 9Depois, Joiada forneceu aos comandantes
as lanças e os escudos grandes e pequenos que haviam per-
tencido ao rei Davi e que estavam guardados no templo de
Deus. 10Posicionou todos os homens em volta do rei, de armas
na mão. Formaram uma fileira desde o lado sul do templo até
o lado norte e ao redor do altar.
11Então Joiada e seus filhos trouxeram Joás, o filho do rei,
para fora, puseram a coroa em sua cabeça e lhe entregaram
uma cópia da lei. Depois, ungiram Joás e o proclamaram rei,
e todos gritaram: "Viva o rei!".

A morte de Atalia

12Quando Atalia ouviu o barulho do povo correndo e os gritos de
louvor ao rei, foi para o templo do SENHOR, onde o povo estava
reunido. 13Ao chegar, viu o rei em pé, no lugar de honra junto
à coluna na entrada do templo. Estava rodeado pelos coman-
dantes e tocadores de trombeta, e gente de toda a terra se
alegrava e tocava trombetas. Cantores com instrumentos mu-
sicais dirigiam o povo numa grande celebração. Quando Atalia
viu tudo isso, rasgou suas roupas e gritou: "Traição! Traição!".
14Então o sacerdote Joiada ordenou aos comandantes encar-
regados das tropas: "Levem-na aos soldados que estão na
frente do templo e matem qualquer pessoa que a seguir".
Pois o sacerdote tinha dito: "Ela não deve ser morta dentro do
templo do SENHOR". 15Eles a prenderam e a levaram à porta dos
Cavalos, no terreno do palácio, e a mataram ali.

As reformas religiosas de Joiada

16Joiada fez uma aliança entre ele, o povo e o rei, estabele-
cendo que eles seriam o povo do SENHOR. 17Todo o povo foi ao
templo de Baal e o derrubou. Demoliram os altares, despeda-
çaram os ídolos e executaram Matã, sacerdote de Baal, em
frente aos altares.
18Joiada encarregou os sacerdotes e os levitas de cuidarem
do templo do SENHOR, segundo as instruções de Davi. Ordenou
que apresentassem holocaustos ao SENHOR, como ordenava
a lei de Moisés, com cânticos e alegria, conforme Davi tinha
instruído. 19Também pôs guardas às portas do templo do SE-
NHOR, para que não entrasse ninguém que, por algum motivo,
estivesse cerimonialmente impuro.
20Então os comandantes dos batalhões, os nobres, os gover-
nantes e todo o povo da terra escoltaram o rei para fora do
templo do SENHOR. Passaram pela porta Superior e entraram
no palácio, onde o rei se sentou no trono real. 21Todo o povo
do reino se alegrou e a cidade ficou em paz, pois Atalia tinha
sido morta.

Joás faz reparos no templo

24 Joás tinha 7 anos quando começou a reinar, e reinou
em Jerusalém por quarenta anos. Sua mãe se chamava
Zíbia e era de Berseba. 2Joás fez o que era certo aos olhos
do SENHOR enquanto o sacerdote Joiada estava vivo. 3Joiada
escolheu duas esposas para Joás, e ele teve filhos e filhas.
4Algum tempo depois, Joás resolveu fazer reparos no templo
do SENHOR. 5Reuniu os sacerdotes e os levitas e lhes deu as
seguintes instruções: "Vão a todas as cidades de Judá e re-
colham o imposto anual para fazer os reparos no templo do
SENHOR. Façam isso logo!". Os levitas, porém, não se apres-
saram.
6Então o rei mandou chamar o sumo sacerdote Joiada e lhe
perguntou: "Por que você não exigiu que os levitas saíssem e
recolhessem os impostos que as cidades de Judá e a cidade
de Jerusalém devem pagar para o templo? Moisés, servo do
SENHOR, estabeleceu que a comunidade de Israel pagasse esse
imposto para a manutenção do tabernáculo da aliança".
7Ao longo dos anos, os seguidores da perversa Atalia haviam
arrombado o templo de Deus e usado os objetos sagrados do
templo do SENHOR para adorar as imagens de Baal.
8Por isso, o rei ordenou que fizessem uma caixa grande e a
colocassem do lado de fora da porta do templo do SENHOR.
9Então foi proclamado em Judá e em Jerusalém que o povo
devia trazer ao SENHOR o imposto que Moisés, servo de Deus,
havia requerido dos israelitas no deserto. 10Isso agradou todos
os líderes e o povo, e eles trouxeram de bom grado suas con-
tribuições e as colocaram na caixa até enchê-la.
11Sempre que a caixa ficava cheia, os levitas a levavam aos
oficiais do rei. O secretário da corte e um oficial do sumo sa-
cerdote a esvaziavam e a levavam de volta ao templo. Assim fa-
ziam diariamente e reuniram muitos recursos. 12O rei e Joiada
entregavam o valor aos supervisores da construção, que con-
tratavam pedreiros, carpinteiros e artífices que trabalhavam
com ferro e bronze para reformar o templo do SENHOR.
13Os homens encarregados da reforma trabalhavam com
dedicação, e a obra foi progredindo. Restauraram o templo
de Deus de acordo com o modelo original e o reforçaram.
14Quando todos os reparos foram concluídos, trouxeram ao
rei e a Joiada os recursos que sobraram. O valor foi usado
para fazer diversos objetos para o templo do SENHOR, uten-
sílios para o serviço e para os holocaustos, além de vasilhas
e outros objetos de ouro e de prata. Enquanto o sacerdote
Joiada viveu, os holocaustos eram oferecidos continuamente
no templo do SENHOR.
15Joiada viveu muitos anos e morreu em idade avançada, com
130 anos. 16Foi sepultado entre os reis na Cidade de Davi, pois
havia feito o bem em Israel para Deus e seu templo.

As reformas de Joiada são desfeitas

17 Depois da morte de Joiada, os líderes de Judá vieram ao rei
Joás e se curvaram diante dele, e ele ouviu seus conselhos.
18 Abandonaram o templo do SENHOR, o Deus de seus antepas-
sados, e adoraram postes de Aserá e ídolos. Por causa desse
pecado, a ira de Deus veio sobre Judá e Jerusalém. 19 Ainda
assim, o SENHOR enviou profetas para trazê-los de volta para
ele. Os profetas os advertiram, mas o povo não quis ouvir.
20 Então o Espírito de Deus veio sobre Zacarias, filho do sacer-
dote Joiada. Ele se pôs em pé diante do povo e disse: "Isto é o
que Deus diz: 'Por que vocês desobedecem aos mandamentos
do SENHOR e, com isso, deixam de prosperar? Visto que aban-
donaram o SENHOR, agora ele os abandonou!'".
21 Então os líderes conspiraram contra Zacarias, e o rei ordenou
que ele fosse morto por apedrejamento no pátio do templo do
SENHOR. 22 O rei Joás não levou em conta a lealdade que Joiada,
pai de Zacarias, lhe havia demonstrado, e matou seu filho. As
últimas palavras de Zacarias antes de morrer foram: "Que o
SENHOR veja o que estão fazendo e vingue a minha morte!".

O fim do reinado de Joás

23 Na virada do ano, o exército sírio marchou contra Joás. Inva-
diram Judá e Jerusalém e mataram todos os líderes do povo.
Enviaram para seu rei em Damasco tudo que haviam saqueado.
24 Embora os sírios tivessem atacado com apenas um exército
pequeno, o SENHOR entregou em suas mãos o exército muito
maior de Judá. O povo de Judá havia abandonado o SENHOR,
o Deus de seus antepassados, por isso o juízo foi executado
contra Joás.
25 Os sírios se retiraram e deixaram Joás gravemente ferido.
Seus próprios oficiais conspiraram contra ele porque havia
assassinado o filho do sacerdote Joiada e o mataram em sua
cama. Ele foi sepultado na Cidade de Davi, mas não no cemi-
tério dos reis. 26 Os assassinos foram Jozacar, filho de uma
amonita chamada Simeate, e Jeozabade, filho de uma moabita
chamada Somer.
27 O relato sobre os filhos de Joás, as muitas profecias a res-
peito dele e o registro da reforma do templo de Deus estão
registrados no *Comentário sobre o Livro dos Reis*. Seu filho
Amazias foi seu sucessor.

Amazias reina em Judá

25 Amazias tinha 25 anos quando começou a reinar, e
reinou em Jerusalém por 29 anos. Sua mãe se chamava
Jeoadã e era de Jerusalém. 2 Amazias fez o que era certo aos
olhos do SENHOR, mas não de todo o coração.
3 Quando Amazias se firmou no poder, executou os oficiais que
haviam assassinado seu pai. 4 Contudo, não matou os filhos
dos assassinos, em obediência ao mandamento do SENHOR re-
gistrado por Moisés no Livro da Lei: "Os pais não serão execu-
tados por causa do pecado dos filhos, nem os filhos por causa
do pecado dos pais. Aqueles que merecem morrer deverão ser
executados por causa de seus próprios crimes".
5 Amazias organizou o exército e nomeou generais e capitães
para todo o Judá e para Benjamim. Fez um censo e constatou
que tinha um exército de trezentos mil soldados de elite, com
mais de 20 anos, todos treinados no uso da espada e do es-
cudo. 6 Também pagou 3.500 quilos de prata para contratar
cem mil guerreiros experientes de Israel.
7 Então um homem de Deus foi até ele e lhe disse: "Ó rei, não
contrate soldados de Israel, pois o SENHOR não está com Israel.
Ele não ajudará o povo de Efraim! 8 Se deixar que acompanhem
seus soldados na batalha, mesmo que lutem com coragem,
serão derrotados pelo inimigo. Deus o derrubará, pois ele tem
poder para ajudá-lo ou fazê-lo tropeçar".
9 Amazias perguntou ao homem de Deus: "E quanto à prata que
paguei para contratar o exército de Israel?". O homem de Deus
respondeu: "O SENHOR pode lhe dar muito mais que isso!".
10 Então Amazias dispensou os soldados que havia contratado
e os mandou de volta para Efraim. Eles ficaram furiosos com
Judá e voltaram para casa indignados.
11 Amazias criou coragem e conduziu seu exército até o vale do
Sal, onde mataram dez mil soldados edomitas da região de
Seir. 12 Capturaram outros dez mil e os levaram para o alto de
um penhasco, de onde os atiraram, e eles se despedaçaram.
13 Enquanto isso, os soldados que Amazias havia contratado e
depois mandado de volta atacaram muitas cidades de Judá
entre Samaria e Bete-Horom. Mataram três mil pessoas e le-
varam grande quantidade de despojos.
14 Quando o rei Amazias voltou da matança dos edomitas,
trouxe os deuses que havia tomado do povo de Seir. Estabele-
ceu-os como seus próprios deuses, prostrou-se diante deles e
ofereceu-lhes sacrifícios. 15 O SENHOR se irou grandemente e lhe
enviou um profeta para perguntar: "Por que você se volta para
deuses que não foram capazes nem de salvar de suas mãos o
próprio povo deles?".
16 O rei, porém, o interrompeu e disse: "Desde quando você
é conselheiro do rei? Cale-se antes que eu mande matá-lo!".
O profeta parou, mas o advertiu: "Sei que Deus resolveu des-
truí-lo, porque você fez isso e porque não quis aceitar meu
conselho".
17 Depois de consultar seus conselheiros, Amazias, rei de Judá,
enviou este desafio a Jeoás, filho de Jeoacaz e neto de Jeú, rei
de Israel: "Venha enfrentar-me numa batalha!".
18 Mas Jeoás, rei de Israel, respondeu a Amazias, rei de Judá,
com a seguinte história: "Nos montes do Líbano, o espinheiro
enviou esta mensagem ao poderoso cedro: 'Dê sua filha em
casamento a meu filho'. No entanto, um animal selvagem do
Líbano veio, pisoteou o espinheiro e o esmagou.
19 "Você diz: 'Derrotei Edom', e está muito orgulhoso disso.
Mas meu conselho é que fique em casa. Por que causar pro-
blemas que só trarão desgraça sobre você e o povo de Judá?".
20 Amazias, porém, se recusou a ouvir, pois Deus havia resol-
vido destruí-lo por ter se voltado para os deuses de Edom.
21 Então Jeoás, rei de Israel, mobilizou seu exército contra
Amazias, rei de Judá. Os dois exércitos se enfrentaram em

Bete-Semes, em Judá. 22O exército de Judá foi derrotado pelo
exército de Israel, e os soldados fugiram para casa. 23Jeoás,
rei de Israel, capturou Amazias, filho de Joás e neto de Acazias,
em Bete-Semes. Trouxe-o para Jerusalém, onde destruiu 180
metros do muro da cidade, desde a porta de Efraim até a porta
da Esquina. 24Levou embora todo o ouro, toda a prata e todos
os utensílios do templo de Deus guardados por Obede-Edom.
Também levou os tesouros do palácio real e fez reféns; depois,
voltou para Samaria.
25Amazias, filho de Joás, rei de Judá, viveu ainda mais quinze
anos depois da morte de Jeoás, filho de Jeoacaz, rei de Israel.
26Os demais acontecimentos do reinado de Amazias, do início
ao fim, estão registrados no *Livro dos Reis de Judá e de Israel*.
27Depois que Amazias se afastou do SENHOR, houve uma cons-
piração contra ele em Jerusalém, e ele fugiu para Laquis.
Seus inimigos, porém, mandaram assassinos atrás dele e o
mataram ali. 28Seu corpo foi trazido de volta para Jerusalém
num cavalo, e ele foi sepultado com seus antepassados na
Cidade de Davi.

Uzias governa em Judá

26 Todo o povo de Judá proclamou Uzias, de 16 anos, rei,
como sucessor de seu pai, Amazias. 2Depois que seu pai
morreu e se reuniu a seus antepassados, Uzias reconstruiu a
cidade de Elate e a recuperou para Judá.
3Uzias tinha 16 anos quando começou a reinar, e reinou em
Jerusalém por 52 anos. Sua mãe se chamava Jecolias e era de
Jerusalém. 4Fez o que era certo aos olhos do SENHOR, como seu
pai, Amazias. 5Uzias buscou a Deus durante a vida de Zacarias,
que o ensinou a temer a Deus. Enquanto o rei buscou a direção
do SENHOR, Deus lhe deu êxito.
6Uzias declarou guerra contra os filisteus e derrubou os muros
de Gate, Jabne e Asdode. Ele construiu novas cidades na re-
gião de Asdode e em outras partes da Filístia. 7Deus o ajudou
nas guerras contra os filisteus, nas batalhas contra os árabes
de Gur e nas guerras contra os meunitas. 8Os meunitas lhe
pagavam tributo anual, e sua fama se espalhou até o Egito,
pois ele havia se tornado muito poderoso.
9Uzias construiu torres fortificadas em Jerusalém, junto à porta
da Esquina, à porta do Vale e no canto do muro. 10Também
construiu fortalezas no deserto e cavou muitas cisternas, pois
tinha grandes rebanhos nas colinas de Judá e na planície. Era
um homem que amava a terra. Tinha muitos trabalhadores
que cuidavam de seus campos e vinhedos, tanto nas colinas
como nos vales férteis.
11Uzias tinha um exército de guerreiros bem treinados, prontos
para irem à batalha, divididos em tropas. Esse exército havia
sido convocado e organizado pelo secretário Jeiel e pelo ofi-
cial Maaseias. Estavam sob o comando de Hananias, um dos
oficiais do rei. 12As tropas de guerreiros valentes eram coman-
dadas por 2.600 chefes de famílias. 13O exército era formado
por uma elite de 307.500 homens, preparados para ajudar o
rei contra qualquer inimigo.
14Uzias providenciou para todo o exército escudos, lanças, ca-
pacetes, couraças, arcos e fundas de atirar pedras. 15Construiu
sobre os muros de Jerusalém máquinas de guerra criadas por
peritos; elas atiravam flechas e lançavam grandes pedras das
torres e dos cantos dos muros. Sua fama se espalhou até lu-
gares distantes, pois o SENHOR o ajudou extraordinariamente
e ele se tornou muito poderoso.

O pecado e o castigo de Uzias

16Quando Uzias se tornou poderoso, também se encheu de or-
gulho, o que o levou à ruína. Pecou contra o SENHOR, seu Deus,
ao entrar no santuário do templo do SENHOR para queimar
incenso no altar de incenso. 17O sacerdote Azarias foi atrás
dele com outros oitenta sacerdotes do SENHOR, todos homens
corajosos. 18Confrontaram o rei Uzias e disseram: "Não cabe a
você, Uzias, queimar incenso ao SENHOR. Isso é tarefa somente
dos sacerdotes, os descendentes de Arão, consagrados para
esse trabalho. Saia do santuário, pois você pecou. O SENHOR
Deus não o honrará".
19Uzias, que segurava um incensário, ficou indignado. En-
quanto ele demonstrava sua raiva contra os sacerdotes diante
do altar de incenso no templo do SENHOR, apareceu lepra em
sua testa. 20Quando viram a lepra, o sumo sacerdote Azarias
e todos os outros sacerdotes o expulsaram imediatamente do
templo. O próprio rei se apressou em sair dali, pois o SENHOR o
havia ferido. 21O rei Uzias ficou leproso até o dia de sua morte.
Vivia isolado, numa casa separada, e havia sido excluído do
templo do SENHOR. Seu filho Jotão tomava conta do palácio
e governava o povo.
22Os demais acontecimentos do reinado de Uzias, do início
ao fim, foram registrados pelo profeta Isaías, filho de Amoz.
23Quando Uzias morreu, foi sepultado com seus antepassados.
Seu túmulo ficava num campo próximo que pertencia aos reis,
pois o povo disse: "Era leproso". Seu filho Jotão foi seu su-
cessor.

Jotão reina em Judá

27 Jotão tinha 25 anos quando começou a reinar, e reinou
em Jerusalém por dezesseis anos. Sua mãe se chamava
Jerusa e era filha de Zadoque.
2Jotão fez o que era certo aos olhos do SENHOR, como seu pai,
Uzias, mas não cometeu o pecado de entrar no templo do
SENHOR. Mesmo assim, o povo continuou com suas práticas
perversas.
3Jotão reconstruiu a porta superior do templo do SENHOR.
Também realizou trabalhos extensos de reparo no muro,
sobre o monte Ofel. 4Construiu cidades na região montanhosa
de Judá e edificou fortalezas e torres nos bosques. 5Guerreou
contra os amonitas e os derrotou. Durante os três anos se-
guintes, recebeu deles um tributo anual de 3.500 quilos de
prata, dez mil cestos grandes de trigo e dez mil cestos grandes
de cevada.

6O rei Jotão se tornou poderoso porque teve o cuidado de viver
em obediência ao SENHOR, seu Deus.
7Os demais acontecimentos do reinado de Jotão, incluindo
suas guerras e outras atividades, estão registrados no *Livro
dos Reis de Israel e de Judá*. 8Tinha 25 anos quando começou
a reinar, e reinou em Jerusalém por dezesseis anos. 9Quando
Jotão morreu e se reuniu a seus antepassados, foi sepultado
na Cidade de Davi. Seu filho Acaz foi seu sucessor.

Acaz reina em Judá

28 Acaz tinha 20 anos quando começou a reinar, e reinou
em Jerusalém por dezesseis anos. Ao contrário de seu
antepassado Davi, não fez o que era certo aos olhos do SE-
NHOR. 2Em vez disso, seguiu o exemplo dos reis de Israel. Fez
ídolos de metal para adorar Baal, 3queimou incenso no vale
de Ben-Hinom e chegou a sacrificar os próprios filhos no fogo.
Desse modo, seguiu as práticas detestáveis das nações que o
SENHOR havia expulsado da terra diante dos israelitas. 4Ofe-
receu sacrifícios e queimou incenso nos santuários idólatras,
nos montes e debaixo de toda árvore verdejante.
5Por isso, o SENHOR, seu Deus, entregou Acaz nas mãos do rei
da Síria, que o derrotou e levou muitos de seu povo para o
exílio em Damasco. Também o entregou nas mãos do rei de Is-
rael, que derrotou Acaz e matou muitos de seus soldados. 6Em
um só dia, Peca, filho de Remalias, matou 120 mil soldados
de Judá, todos guerreiros experientes, pois haviam abando-
nado o SENHOR, o Deus de seus antepassados. 7Então Zicri, um
guerreiro de Efraim, matou Maaseias, filho do rei, Azricão,
oficial encarregado do palácio do rei, e Elcana, o segundo no
comando depois do rei. 8Os soldados de Israel capturaram
duzentas mil mulheres e crianças de Judá e tomaram enormes
quantidades de despojos, que levaram para Samaria.
9Odede, profeta do SENHOR, estava em Samaria quando o
exército de Israel voltou. Saiu ao encontro deles e lhes disse:
"O SENHOR, o Deus de seus antepassados, estava irado com
Judá e o entregou em suas mãos, mas vocês foram longe de-
mais e os mataram com fúria que chegou até os céus. 10Agora,
pretendem escravizar esse povo de Judá e de Jerusalém. E
quanto a seus próprios pecados contra o SENHOR, seu Deus?
11Ouçam-me e mandem de volta esses prisioneiros que vocês
capturaram, pois são seus parentes. Tenham cuidado, pois a
ira ardente do SENHOR se voltou contra vocês!".
12Então alguns dos líderes de Israel — Azarias, filho de Joanã,
Berequias, filho de Mesilemote, Jeizquias, filho de Salum, e
Amasa, filho de Hadlai — confrontaram os homens que vol-
tavam da batalha. 13"Não tragam os prisioneiros para cá!",
disseram. "Se o fizerem, aumentaremos nossos pecados e
nossa culpa diante do SENHOR. Nossa culpa já é grande, e a ira
ardente do SENHOR se voltou contra Israel!"
14Então os guerreiros libertaram os prisioneiros e colocaram
os despojos diante dos líderes do povo. 15Os quatro homens já
mencionados por nome vieram à frente e deram roupas dos
despojos aos presos que estavam nus. Vestiram-nos, deram-
-lhes sandálias, providenciaram comida e bebida para eles
e aplicaram bálsamo sobre seus ferimentos. Puseram sobre
jumentos aqueles que estavam fracos e levaram todos os
prisioneiros de volta para seu povo em Jericó, a cidade das
palmeiras. Depois, voltaram para Samaria.

Acaz fecha o templo

16Nessa época, o rei Acaz pediu ajuda ao rei da Assíria. 17Os
exércitos de Edom tinham invadido Judá outra vez e levado
prisioneiros. 18Os filisteus haviam atacado cidades nas colinas
de Judá e no Neguebe. Conquistaram e ocuparam Bete-Semes,
Aijalom e Gederote, além de Socó, Timna e Ginzo, com seus
povoados. 19O SENHOR humilhou Judá por causa de Acaz, rei de
Judá, pois ele havia incentivado o povo a pecar e havia sido
inteiramente infiel ao SENHOR.
20Quando Tiglate-Pileser, rei da Assíria, chegou, atacou Acaz
em vez de ajudá-lo. 21Acaz tomou objetos de valor do templo
do SENHOR, do palácio real e das casas de seus oficiais e os
entregou ao rei da Assíria como tributo, mas de nada adiantou.
22Mesmo nesse tempo de grande dificuldade, o rei Acaz foi
ainda mais infiel ao SENHOR. 23Ofereceu sacrifícios aos deuses
de Damasco que o haviam derrotado, pois disse: "Visto que
esses deuses ajudaram o rei da Síria, também me ajudarão se
eu lhes oferecer sacrifícios". Em vez disso, porém, eles foram
a causa de sua ruína e da ruína de todo o Judá.
24Acaz pegou os utensílios do templo de Deus e os despedaçou.
Trancou as portas do templo do SENHOR para que ninguém pu-
desse adorar ali e fez altares idólatras em cada esquina de
Jerusalém. 25Colocou santuários idólatras em todas as cidades
de Judá para queimar incenso a outros deuses. Com isso, pro-
vocou a ira do SENHOR, o Deus de seus antepassados.
26Os demais acontecimentos do reinado de Acaz e tudo que
ele fez, do início ao fim, estão registrados no *Livro dos Reis de
Judá e de Israel*. 27Quando Acaz morreu e se reuniu a seus an-
tepassados, foi sepultado em Jerusalém, mas não no cemitério
dos reis de Judá. Seu filho Ezequias foi seu sucessor.

Ezequias reina em Judá

29 Ezequias tinha 25 anos quando começou a reinar, e
reinou em Jerusalém por 29 anos. Sua mãe se chamava
Abia e era filha de Zacarias. 2Fez o que era certo aos olhos do
SENHOR, como seu antepassado Davi.

Ezequias reabre o templo

3Logo no primeiro mês do primeiro ano de seu reinado,
Ezequias reabriu as portas do templo do SENHOR e as con-
sertou. 4Mandou chamar os sacerdotes e os levitas para se
encontrarem com ele na praça do lado leste do templo. 5"Ou-
çam-me, levitas!", disse ele. "Purifiquem-se e purifiquem o
templo do SENHOR, o Deus de seus antepassados. Removam
do santuário todos os objetos impuros. 6Nossos antepassados
foram infiéis e fizeram o que era mau aos olhos do SENHOR,
nosso Deus. Abandonaram o SENHOR e seu lugar de habitação;

deram as costas para ele. 7Também fecharam as portas da sala de entrada do templo e apagaram as lâmpadas. Deixaram de queimar incenso e de apresentar holocaustos no santuário do Deus de Israel.

8"Por isso a ira do SENHOR veio sobre Judá e sobre Jerusalém. Ele fez deles objeto de espanto, horror e zombaria, como vocês veem com os próprios olhos. 9Por causa disso, nossos pais foram mortos pela espada, e nossos filhos, filhas e esposas foram capturados. 10Agora, porém, farei uma aliança com o SENHOR, o Deus de Israel, para que sua ira ardente se afaste de nós. 11Meus filhos, não sejam mais negligentes quanto a seus deveres! O SENHOR os escolheu para estarem diante dele, para o servirem, para dirigirem o povo no culto e para lhe queimarem incenso."

12Os levitas que começaram a trabalhar de imediato foram: Do clã de Coate: Maate, filho de Amasai, e Joel, filho de Azarias. Do clã de Merari: Quis, filho de Abdi, e Azarias, filho de Jealelel. Do clã de Gérson: Joá, filho de Zima, e Éden, filho de Joá.

13Da família de Elisafã: Sinri e Jeuel. Da família de Asafe: Zacarias e Matanias.

14Da família de Hemã: Jeuel e Simei. Da família de Jedutum: Semaías e Uziel.

15Esses homens reuniram seus parentes levitas, e todos se purificaram. Em seguida, começaram a purificar o templo do SENHOR, obedecendo às ordens do rei, de acordo com as instruções do SENHOR. 16Os sacerdotes foram até o interior do templo do SENHOR para purificá-lo e trouxeram para fora, ao pátio do templo, todas as coisas impuras que encontraram. Os levitas as levaram dali para o vale de Cedrom.

17Começaram o trabalho no primeiro dia do primeiro mês e, em oito dias, haviam chegado à sala de entrada do templo do SENHOR. Depois, levaram oito dias para purificar o templo do SENHOR, de modo que todo o trabalho foi completado em dezesseis dias.

A rededicação do templo

18Então os levitas foram ao rei Ezequias e lhe relataram: "Purificamos todo o templo do SENHOR, o altar de holocaustos com todos os seus utensílios e a mesa dos pães da presença com todos os seus utensílios. 19Recuperamos todos os objetos que o rei Acaz jogou fora quando foi infiel e fechou o templo. Agora estão diante do altar do SENHOR, purificados e prontos para o uso".

20Logo cedo na manhã seguinte, o rei Ezequias reuniu os líderes da cidade e subiu ao templo do SENHOR. 21Trouxeram sete novilhos, sete carneiros e sete cordeiros como holocausto e sete bodes como oferta pelo pecado em favor do reino, do templo e de Judá. O rei ordenou que os sacerdotes, descendentes de Arão, sacrificassem os animais no altar do SENHOR.

22Os sacerdotes abateram os novilhos, pegaram o sangue e o aspergiram no altar. Em seguida, abateram os carneiros e aspergiram o sangue sobre o altar. Por fim, fizeram o mesmo com os cordeiros. 23Os bodes para a oferta pelo pecado foram levados para diante do rei e da comunidade, que impuseram as mãos sobre eles. 24Depois disso, os sacerdotes abateram os bodes como oferta pelo pecado e aspergiram o sangue sobre o altar para fazer expiação pelos pecados de todo o Israel. O rei havia ordenado que o holocausto e a oferta pelo pecado fossem apresentados em favor de todo o Israel.

25O rei Ezequias colocou os levitas no templo do SENHOR, com címbalos, harpas e liras. Ele obedeceu a todas as instruções que o SENHOR tinha dado ao rei Davi por meio de Gade, o vidente do rei, e por meio do profeta Natã. 26Os levitas tomaram seus lugares com os instrumentos musicais de Davi, e os sacerdotes tomaram seus lugares com as trombetas.

27Ezequias ordenou que o holocausto fosse oferecido sobre o altar. Enquanto o sacrifício era oferecido, tiveram início os cânticos de louvor ao SENHOR, acompanhados das trombetas e dos outros instrumentos musicais de Davi, rei de Israel. 28Toda a comunidade adorou ao som dos cânticos dos músicos e do toque das trombetas, até que terminaram todos os holocaustos. 29Em seguida, o rei e todos ali presentes se prostraram em adoração. 30O rei Ezequias e os oficiais ordenaram aos levitas que louvassem o SENHOR com os cânticos escritos por Davi e pelo vidente Asafe. Eles o louvaram com alegria e se prostraram em adoração.

31Então Ezequias declarou: "Agora que vocês se consagraram ao SENHOR, tragam seus sacrifícios e ofertas de gratidão ao templo do SENHOR". E a comunidade trouxe sacrifícios e ofertas de gratidão, e alguns, voluntariamente, também trouxeram holocaustos. 32No total, a comunidade ofereceu ao SENHOR setenta novilhos, cem carneiros e duzentos cordeiros como holocaustos. 33Também trouxeram seiscentos bois e três mil ovelhas como ofertas consagradas.

34Não havia, porém, sacerdotes em número suficiente para preparar todos os holocaustos. Então seus parentes, os levitas, os ajudaram até que o trabalho fosse concluído e mais sacerdotes fossem purificados, pois os levitas haviam respondido mais depressa que os sacerdotes à ordem para se purificarem. 35Houve grande quantidade de holocaustos, além das ofertas derramadas que os acompanhavam e da gordura das muitas ofertas de paz. Assim, o templo do SENHOR foi restaurado para o culto. 36Ezequias e todo o povo se alegraram com o que Deus havia feito pelo povo, pois tudo foi realizado sem demora.

Preparativos para a Páscoa

30 O rei Ezequias enviou uma mensagem a todo o Israel e Judá e escreveu cartas para o povo de Efraim e Manassés. Convidou todos a virem ao templo do SENHOR em Jerusalém para celebrar a Páscoa do SENHOR, o Deus de Israel. 2O rei, seus oficiais e toda a comunidade de Jerusalém decidiram celebrar a Páscoa um mês depois da data estabelecida. 3Não conseguiram celebrá-la na data prescrita, porque não havia como purificar sacerdotes em número suficiente até esse dia, e o povo ainda não tinha se reunido em Jerusalém.

4 Esse plano para celebrar a Páscoa pareceu bom ao rei e a toda a comunidade. 5 Assim, fizeram uma proclamação em todo o Israel, desde Berseba, ao sul, até Dã, ao norte, convidando todos a virem a Jerusalém para celebrar a Páscoa do SENHOR, o Deus de Israel. Fazia tempo que essa festa não era celebrada por um grande número de pessoas, como a lei exigia.

6 Por ordem do rei, mensageiros foram enviados a todo o Israel e Judá. Levavam cartas que diziam: "Ó israelitas, voltem para o SENHOR, o Deus de Abraão, Isaque e Israel, para que ele se volte para nós, os poucos que sobrevivemos à conquista pelos reis assírios. 7 Não sejam como seus antepassados e parentes que foram infiéis ao SENHOR, o Deus de seus antepassados, e se tornaram objeto de desprezo, como vocês mesmos podem ver. 8 Não sejam teimosos, como eles foram, mas submetam-se ao SENHOR. Venham a este templo que ele consagrou para sempre. Adorem o SENHOR, seu Deus, para que sua ira ardente se desvie de vocês.

9 "Pois, se voltarem para o SENHOR, seus parentes e seus filhos serão tratados com bondade por aqueles que os capturaram e voltarão a esta terra. Pois o SENHOR, seu Deus, é cheio de graça e compaixão. Não os rejeitará se voltarem para ele".

A celebração da Páscoa

10 Os mensageiros foram de cidade em cidade em Efraim e Manassés e até o território de Zebulom, mas a maioria do povo riu e zombou deles. 11 Contudo, alguns de Aser, Manassés e Zebulom se humilharam e vieram a Jerusalém.

12 Ao mesmo tempo, a mão de Deus estava sobre o povo da terra de Judá, dando-lhes um só coração para obedecer às ordens do rei e de seus oficiais, conforme a palavra do SENHOR.

13 Assim, uma grande multidão se reuniu em Jerusalém no segundo mês, para comemorar a Festa dos Pães sem Fermento. 14 Começaram a trabalhar e removeram os santuários idólatras de Jerusalém. Também removeram todos os altares de incenso e os jogaram no vale de Cedrom.

15 No décimo quarto dia do segundo mês, o povo abateu o cordeiro pascal. Isso deixou os sacerdotes e levitas envergonhados, por isso se purificaram e trouxeram holocaustos ao templo do SENHOR. 16 Tomaram seus lugares no templo, conforme a instrução da lei de Moisés, homem de Deus. Os levitas trouxeram sangue dos sacrifícios para os sacerdotes, que o aspergiram sobre o altar.

17 Visto que muitas pessoas não haviam se purificado, os levitas tiveram de abater para elas o cordeiro pascal, a fim de consagrá-las ao SENHOR. 18 A maioria dos que vieram de Efraim, Manassés, Issacar e Zebulom não havia se purificado. Mas o rei Ezequias orou por eles e foi permitido que comessem a refeição pascal, embora isso fosse contrário aos requisitos da lei. Pois Ezequias orou: "Que o SENHOR, que é bondoso, perdoe 19 aqueles que resolveram buscar o SENHOR, o Deus de seus antepassados, mesmo que não estejam devidamente purificados conforme os padrões do santuário". 20 E o SENHOR ouviu a oração de Ezequias e perdoou o povo.

21 Então os israelitas que estavam em Jerusalém comemoraram com grande alegria durante sete dias a Festa dos Pães sem Fermento. A cada dia, os levitas e os sacerdotes louvavam o SENHOR com instrumentos ressoantes. 22 Ezequias elogiou todos os levitas pela aptidão que demonstraram no serviço ao SENHOR. A celebração prosseguiu por sete dias. Apresentaram ofertas de paz, e o povo agradeceu ao SENHOR, o Deus de seus antepassados.

23 Toda a comunidade resolveu continuar com a festa por mais sete dias, de modo que celebraram com alegria por mais uma semana. 24 Ezequias, rei de Judá, deu à comunidade mil novilhos e sete mil ovelhas para as ofertas, e os oficiais deram mil novilhos e dez mil ovelhas e cabras. Nesse meio-tempo, muitos outros sacerdotes se purificaram.

25 Toda a comunidade de Judá se alegrou, incluindo os sacerdotes, os levitas, todos que vieram da terra de Israel, os estrangeiros residentes em Israel que vieram para a festa e todos que moravam em Judá. 26 Houve grande alegria em Jerusalém, pois a cidade não via uma celebração como essa desde os dias de Salomão, filho do rei Davi.

27 Então os sacerdotes e os levitas se levantaram e abençoaram o povo, e Deus, de sua santa habitação nos céus, ouviu sua oração.

As reformas religiosas de Ezequias

31 Quando a festa terminou, os israelitas que haviam participado saíram pelas cidades de Judá, Benjamim, Efraim e Manassés e despedaçaram todas as colunas sagradas, derrubaram os postes de Aserá e removeram os santuários e altares idólatras. Depois disso, voltaram para suas cidades e casas.

2 Ezequias organizou os sacerdotes e os levitas em divisões, para oferecerem os holocaustos e as ofertas de paz e para servirem, darem graças e louvarem ao SENHOR junto às portas da habitação do SENHOR. 3 O rei também contribuiu pessoalmente com animais para os holocaustos diários da manhã e da tarde e para os holocaustos dos sábados, das festas da lua nova e das festas anuais prescritas pela lei do SENHOR.

4 Além disso, ordenou ao povo de Jerusalém que trouxesse uma parte de seus bens para os sacerdotes e os levitas, a fim de que pudessem se dedicar inteiramente à lei do SENHOR.

5 Quando os israelitas souberam dessa exigência, responderam generosamente e trouxeram a primeira porção de seus cereais, do vinho novo, do azeite, do mel e de tudo que os campos produziam. Trouxeram uma grande quantidade, o dízimo de tudo que haviam produzido. 6 Os habitantes de Israel que tinham se mudado para Judá, e os próprios habitantes de Judá, trouxeram o dízimo do gado, das ovelhas, bem como das coisas que haviam sido consagradas ao SENHOR, seu Deus, e juntaram tudo em vários montões. 7 Começaram a amontoar as ofertas no terceiro mês e terminaram no sétimo. 8 Quando Ezequias e seus oficiais viram esses montões, agradeceram ao SENHOR e a seu povo, Israel.

9"De onde veio tudo isto?", perguntou Ezequias aos sacer-
dotes e aos levitas.
10Azarias, o sumo sacerdote, da família de Zadoque, respondeu:
"Desde que o povo começou a trazer ofertas para o templo do
SENHOR, temos alimento suficiente e ainda tem sobrado muito.
O SENHOR abençoou seu povo, e tudo isto é o que sobra".
11Ezequias mandou preparar depósitos no templo do SENHOR.
Quando estavam prontos, 12o povo trouxe fielmente as ofertas,
os dízimos e os objetos consagrados para serem usados no
templo. O levita Conanias foi encarregado desses depósitos,
e seu irmão Simei era seu auxiliar. 13Os supervisores subor-
dinados a eles eram Jeiel, Azazias, Naate, Asael, Jerimote,
Jozabade, Eliel, Ismaquias, Maate e Benaia. As nomeações
foram feitas pelo rei Ezequias e por Azarias, o principal encar-
regado do templo de Deus.
14Coré, filho do levita Imna, guarda da porta do Leste, foi
encarregado de distribuir as ofertas voluntárias feitas a Deus,
as contribuições e os objetos consagrados ao SENHOR. 15Seus
assistentes fiéis eram Éden, Miniamim, Jesua, Semaías, Ama-
rias e Secanias. Distribuíam as ofertas entre as famílias dos
sacerdotes em suas cidades, de acordo com suas divisões, e
as repartiam por igual entre idosos e jovens. 16Distribuíam as
ofertas a todos os homens e meninos, de 3 anos para cima,
que constavam dos registros genealógicos. A distribuição in-
cluía todos que vinham ao templo do SENHOR para realizar
suas tarefas diárias, de acordo com suas divisões. 17Repar-
tiam as ofertas entre os sacerdotes que estavam listados
nos registros genealógicos, de acordo com suas famílias, e
entre os levitas de 20 anos para cima, anotados de acordo
com suas tarefas e divisões. 18Também entregavam porções
de alimento às famílias de todos que estavam listados nos
registros genealógicos, incluindo as crianças pequenas, as
esposas, os filhos e as filhas, pois toda a comunidade havia
sido fiel ao se purificar.
19Quanto aos sacerdotes, os descendentes de Arão, que viviam
nos campos ao redor das cidades, foram nomeados homens
para distribuir em porções a todos os sacerdotes e a todos os
levitas listados nos registros genealógicos.
20Assim, o rei Ezequias organizou a distribuição em todo o
Judá, e fez o que era bom, certo e verdadeiro aos olhos do
SENHOR, seu Deus. 21Em tudo que fez no serviço do templo de
Deus e em seus esforços para obedecer à lei e aos manda-
mentos de Deus, Ezequias buscou seu Deus de todo o coração.
Como resultado, foi muito bem-sucedido.

A Assíria invade Judá

32 Depois de Ezequias ter sido tão fiel em todas essas situa-
ções, Senaqueribe, rei da Assíria, invadiu Judá. Cercou
as cidades fortificadas e deu ordem para que seu exército rom-
pesse os muros. 2Quando Ezequias percebeu que Senaqueribe
também pretendia atacar Jerusalém, 3consultou seus oficiais
e conselheiros militares, e eles resolveram fechar a passagem
das águas das fontes que havia do lado de fora da cidade.
4Organizaram uma enorme equipe de trabalho para fechar as
fontes de água e o riacho que atravessava os campos, pois
disseram: "Não devemos permitir que os reis da Assíria encon-
trem toda essa água quando chegarem aqui".
5Então Ezequias se dedicou a reparar todos os trechos onde
o muro estava quebrado, construiu torres e fez outro muro
do lado de fora do primeiro. Também reforçou o aterro da
Cidade de Davi e fabricou grande quantidade de armas e
escudos. 6Nomeou oficiais militares sobre o povo, os reuniu
diante dele na praça junto à porta da cidade e os encorajou,
dizendo: 7"Sejam fortes e corajosos! Não tenham medo nem
desanimem por causa do rei da Assíria e de seu exército pode-
roso, pois um poder muito maior está do nosso lado! 8Ele tem
um grande exército, mas são apenas homens. Nós, porém,
temos o SENHOR, nosso Deus, para nos ajudar e lutar nossas
batalhas!". As palavras de Ezequias deram grande ânimo a
seu povo.

Senaqueribe ameaça Jerusalém

9Enquanto Senaqueribe, rei da Assíria, cercava a cidade de
Laquis, enviou seus oficiais a Jerusalém com esta mensagem
para Ezequias, rei de Judá, e para todo o povo da cidade:
10"Assim diz Senaqueribe, rei da Assíria: Em que vocês confiam,
para imaginar que sobreviverão quando eu cercar Jerusalém?
11Ezequias disse: 'O SENHOR, nosso Deus, nos salvará do rei
da Assíria'. Não é verdade! Ele está enganando vocês e os
condenando a morrer de fome e sede! 12Não percebem que
o próprio Ezequias destruiu todos os santuários e altares do
SENHOR? Ordenou que Judá e Jerusalém adorassem somente
no altar do templo e queimassem incenso apenas ali.
13"Sem dúvida, vocês sabem o que eu e os reis da Assíria
antes de mim fizemos a todos os povos da terra! Acaso algum
dos deuses dessas nações livrou seu povo de minhas mãos?
14Qual de seus deuses foi capaz de salvar seu povo do poder
destruidor de meus antecessores? O que os faz pensar que
seu Deus poderá livrá-los de minhas mãos? 15Não permitam
que Ezequias os engane! Não se deixem iludir por ele! Volto
a dizer: nenhum deus de qualquer nação ou reino foi capaz
de livrar seu povo das minhas mãos ou das mãos de meus
antepassados. Muito menos o Deus de vocês os salvará de
meu poder!".
16Os oficiais de Senaqueribe zombaram ainda mais do SENHOR
Deus e de seu servo Ezequias. 17O rei Senaqueribe também
enviou cartas insultando o SENHOR, o Deus de Israel. Escreveu:
"Assim como os deuses de todas as outras nações não foram
capazes de salvar seu povo das minhas mãos, também o Deus
de Ezequias fracassará". 18Os oficiais assírios que trouxeram as
cartas gritaram isso em hebraico para o povo sobre os muros
da cidade, tentando amedrontá-lo para que fosse mais fácil
conquistar a cidade. 19Falaram do Deus de Jerusalém como se
fosse um dos deuses estrangeiros, feito por mãos humanas.

[20]Então o rei Ezequias e o profeta Isaías, filho de Amoz, oraram
e clamaram aos céus. [21]E o SENHOR enviou um anjo que destruiu
o exército assírio com todos os seus comandantes e oficiais.
O rei da Assíria voltou envergonhado para sua terra. Quando
entrou no templo de seu deus, alguns de seus próprios filhos
o mataram ali à espada.
[22]Foi assim que o SENHOR salvou Ezequias e o povo de Jerusalém
das mãos de Senaqueribe, rei da Assíria, e de todos os
outros que os ameaçavam. Então houve paz em toda a terra.
[23]Daquela ocasião em diante, o rei Ezequias se tornou muito
respeitado entre todas as nações, e muitos traziam a Jerusalém
ofertas para o SENHOR e presentes valiosos para o rei.

A doença e a recuperação de Ezequias

[24]Por esse tempo, Ezequias ficou doente e estava para morrer.
Orou ao SENHOR, que respondeu à sua oração e lhe deu um
sinal miraculoso. [25]Ezequias, porém, não correspondeu como
devia à bondade com que foi tratado e se tornou orgulhoso.
Por isso, a ira do SENHOR veio sobre ele e sobre Judá e Jerusalém.
[26]Então Ezequias se humilhou e se arrependeu de seu
orgulho, como também os habitantes de Jerusalém. Com isso,
a ira do SENHOR não caiu sobre eles durante a vida de Ezequias.
[27]Ezequias era muito rico e respeitado. Construiu depósitos
especiais para guardar prata, ouro, pedras preciosas, especiarias,
escudos e outros objetos de valor que lhe pertenciam.
[28]Também construiu armazéns para guardar cereais, vinho
novo e azeite e fez muitos estábulos para o gado e currais
para as ovelhas. [29]Construiu cidades e adquiriu muitos rebanhos
e gado, pois o SENHOR lhe deu grande riqueza. [30]Bloqueou
a fonte superior de Giom e trouxe a água por um túnel para o
lado oeste da Cidade de Davi. Ezequias foi bem-sucedido em
tudo que fez.
[31]No entanto, quando chegaram representantes da Babilônia
para perguntar sobre os acontecimentos extraordinários que
haviam ocorrido na terra, Deus se afastou de Ezequias para
testá-lo e ver o que havia, de fato, em seu coração.

Resumo do reinado de Ezequias

[32]Os demais acontecimentos do reinado de Ezequias e seus
atos de devoção estão registrados na *Visão do Profeta Isaías,
Filho de Amoz*, incluída no *Livro dos Reis de Judá e de Israel*.
[33]Quando Ezequias morreu e se reuniu a seus antepassados,
foi sepultado na parte superior do cemitério dos reis, e todo o
Judá e os habitantes de Jerusalém o honraram por ocasião de
sua morte. Seu filho Manassés foi seu sucessor.

Manassés reina em Judá

33 Manassés tinha 12 anos quando começou a reinar, e
reinou em Jerusalém por 55 anos. [2]Fez o que era mau
aos olhos do SENHOR e seguiu as práticas detestáveis das nações
que o SENHOR havia expulsado de diante dos israelitas.
[3]Reconstruiu os santuários idólatras que seu pai, Ezequias,
havia destruído. Construiu altares para Baal e ergueu postes
de Aserá. Também se curvou diante de todos os astros dos céus
e lhes prestou culto.
[4]Construiu altares idólatras no templo do SENHOR, sobre o qual
o SENHOR tinha dito: "Meu nome permanecerá em Jerusalém
para sempre". [5]Nos dois pátios do templo do SENHOR, construiu
altares para os astros do céu. [6]Manassés também sacrificou
seus filhos no fogo no vale de Ben-Hinom. Praticou feitiçaria,
adivinhação e magia e consultou médiuns e praticantes do
ocultismo. Fez muitas coisas perversas aos olhos do SENHOR e,
com isso, provocou sua ira.
[7]Manassés chegou a fazer uma imagem esculpida e colocá-la
no templo de Deus, sobre o qual Deus tinha dito a Davi e a seu
filho Salomão: "Meu nome será honrado para sempre neste
templo e em Jerusalém, a cidade que escolhi dentre todas as
tribos de Israel. [8]Se os israelitas tiverem o cuidado de obedecer
a meus mandamentos, todas as leis, estatutos e decretos
que meu servo Moisés lhes deu, não os expulsarei desta
terra que dei a seus antepassados". [9]Manassés, porém, levou
o povo de Judá e de Jerusalém a fazer coisas piores do que
as nações que o SENHOR tinha destruído diante dos israelitas.
[10]O SENHOR falou a Manassés e a seu povo, mas eles ignoraram
seus avisos. [11]Por isso, o SENHOR enviou os comandantes dos
exércitos assírios, e eles capturaram Manassés. Puseram um
gancho em seu nariz, o prenderam com correntes de bronze
e o levaram para a Babilônia. [12]Em sua angústia, Manassés
buscou o SENHOR, seu Deus, e se humilhou com sinceridade
diante do Deus de seus antepassados. [13]Quando ele orou, Deus
ouviu sua súplica, atendeu a seu pedido e o trouxe de volta a
Jerusalém e a seu reino. Então Manassés reconheceu que o
SENHOR é Deus.
[14]Depois disso, Manassés reconstruiu o muro externo da Cidade
de Davi, bem alto, desde o oeste da fonte de Giom, no
vale de Cedrom, até a porta do Peixe e ao redor da colina
de Ofel. Colocou comandantes militares em todas as cidades
fortificadas de Judá. [15]Manassés também removeu do templo
do SENHOR os deuses estrangeiros e o ídolo que havia colocado
ali. Derrubou todos os altares que havia construído na colina
do templo e todos os altares em Jerusalém e os jogou fora da
cidade. [16]Depois, restaurou o altar do SENHOR e apresentou
sobre ele sacrifícios de paz e ofertas de gratidão. Também
incentivou o povo de Judá a adorar o SENHOR, o Deus de Israel.
[17]O povo continuou a sacrificar naqueles lugares de adoração,
mas somente ao SENHOR, seu Deus.
[18]Os demais acontecimentos do reinado de Manassés, sua
oração a Deus e as palavras que os videntes lhe disseram em
nome do SENHOR, o Deus de Israel, estão registrados no *Livro
dos Reis de Israel*. [19]A oração de Manassés, o modo como Deus
lhe respondeu e um relato de todos os seus pecados e de sua
infidelidade se encontram no *Registro dos Videntes*. Inclui uma
lista dos locais onde ele construiu altares idólatras e levantou
postes de Aserá e ídolos antes de se humilhar e se arrepender.
[20]Quando Manassés morreu e se reuniu a seus antepassados,
foi sepultado em seu palácio. Seu filho Amom foi seu sucessor.

Amom reina em Judá

21Amom tinha 22 anos quando começou a reinar, e reinou em
Jerusalém por dois anos. 22Fez o que era mau aos olhos do SE-
NHOR, como seu pai, Manassés. Adorou todos os ídolos que seu
pai havia feito e lhes ofereceu sacrifícios. 23Mas, ao contrário
de seu pai, não se humilhou diante do SENHOR. Em vez disso,
Amom pecou ainda mais.
24Os próprios oficiais de Amom conspiraram contra ele e o as-
sassinaram em seu palácio. 25O povo de Judá, porém, matou
todos que haviam conspirado contra o rei Amom e proclamou
seu filho Josias como rei em seu lugar.

Josias reina em Judá

34 Josias tinha 8 anos quando começou a reinar, e reinou
em Jerusalém por 31 anos. 2Fez o que era certo aos olhos
do SENHOR e seguiu o exemplo de seu antepassado Davi, não se
desviando nem para um lado nem para o outro.
3No oitavo ano de seu reinado, enquanto ainda era jovem,
começou a buscar o Deus de seu antepassado Davi. Então, no
décimo segundo ano, começou a purificar Judá e Jerusalém,
destruindo os santuários idólatras, os postes de Aserá, os
ídolos esculpidos e as imagens de metal. 4Deu ordens para
que fossem destruídos os altares de Baal e despedaçados os
altares de incenso que ficavam acima deles. Também ordenou
que os postes de Aserá, os ídolos esculpidos e as imagens de
metal fossem despedaçados e espalhados sobre os túmulos
daqueles que lhes haviam oferecido sacrifícios. 5Queimou os
ossos dos sacerdotes idólatras sobre seus próprios altares e,
com isso, purificou Judá e Jerusalém.
6Fez a mesma coisa nas cidades de Manassés, Efraim e Si-
meão, e até na distante Naftali, bem como nas ruínas ao seu
redor. 7Destruiu os santuários idólatras e os postes de Aserá,
reduziu os ídolos a pó e despedaçou todos os altares de in-
censo em toda a terra de Israel. Por fim, voltou a Jerusalém.
8No décimo oitavo ano do reinado de Josias, depois de ele
purificar a terra e o templo, nomeou Safã, filho de Azalias,
Maaseias, governador de Jerusalém, e Joá, filho de Joacaz,
o historiador do reino, para restaurarem o templo do SENHOR,
seu Deus. 9Eles entregaram ao sumo sacerdote Hilquias a prata
recolhida pelos levitas que guardavam as portas do templo de
Deus. As ofertas foram trazidas pelo povo de Manassés, de
Efraim e de todo o remanescente de Israel, bem como de Judá
e de Benjamim, e pelos habitantes de Jerusalém.
10Hilquias e os outros líderes entregaram a prata aos homens
encarregados de supervisionar a reforma do templo do SE-
NHOR. Eles pagaram os trabalhadores que faziam os reparos e
a restauração do templo. 11Também contrataram carpinteiros e
construtores que compraram pedras cortadas para as paredes
e madeira para os suportes e as vigas. Restauraram aquilo que
reis anteriores de Judá haviam deixado ficar em ruínas.
12Os trabalhadores realizaram a obra com fidelidade, sob a
liderança de Jaate e Obadias, levitas do clã de Merari, e de
Zacarias e Mesulão, levitas do clã de Coate. Outros levitas,
todos músicos talentosos, 13ficaram responsáveis pelos carre-
gadores e pelos trabalhadores em várias funções. Ainda outros
auxiliavam como secretários, oficiais e guardas das portas.

Hilquias encontra a lei de Deus

14Enquanto estavam retirando a prata recolhida no templo do
SENHOR, o sacerdote Hilquias encontrou o Livro da Lei do SE-
NHOR, escrito por Moisés. 15Hilquias disse a Safã, secretário
da corte: "Encontrei o Livro da Lei no templo do SENHOR!". E
Hilquias entregou o livro a Safã.
16Safã levou o livro ao rei e relatou: "Seus oficiais estão fa-
zendo tudo que lhes foi ordenado. 17A prata recolhida no
templo do SENHOR foi entregue aos supervisores e trabalha-
dores". 18Safã também disse ao rei: "O sacerdote Hilquias me
entregou um livro". E Safã leu o livro para o rei.
19Quando o rei ouviu o que estava escrito na Lei, rasgou suas
roupas. 20Em seguida, deu estas ordens a Hilquias, a Aicam,
filho de Safã, a Acbor, filho de Micaías, a Safã, secretário da
corte, e a Asaías, conselheiro pessoal do rei: 21"Vão consultar
o SENHOR por mim e por todo o remanescente de Israel e de
Judá. Perguntem a respeito das palavras escritas no livro que
foi encontrado. A grande ira do SENHOR foi derramada sobre
nós, pois nossos antepassados não obedeceram à palavra do
SENHOR. Não temos feito o que este livro ordena".
22Então Hilquias e os outros homens foram ao Bairro Novo
de Jerusalém consultar a profetisa Hulda. Ela era esposa de
Salum, filho de Tocate, filho de Harás, responsável pelo guar-
da-roupa do templo.
23Ela lhes disse: "O SENHOR, o Deus de Israel, falou! Voltem
e digam ao homem que os enviou 24que assim diz o SENHOR:
'Trarei desgraça sobre esta cidade e sobre seus habitantes.
Todas as maldições escritas no livro que foi lido para o rei
de Judá se cumprirão. 25Pois o meu povo me abandonou e
queimou incenso a outros deuses, e estou grandemente irado
com eles por tudo que fizeram. Minha ira será derramada
sobre este lugar e não será apagada'.
26"Mas vão ao rei de Judá que os enviou para consultarem o
SENHOR e digam-lhe que assim diz o SENHOR, o Deus de Israel,
a respeito da mensagem que acabaram de ouvir: 27'Você se
arrependeu e se humilhou diante de Deus quando ouviu as pa-
lavras dele contra esta cidade e contra seus habitantes. Você
se humilhou, rasgou suas roupas e chorou diante de mim. E
eu certamente o ouvi, diz o SENHOR. 28Portanto, só enviarei a
calamidade anunciada depois que você tiver se reunido a seus
antepassados e tiver sido sepultado em paz. Você não verá
a desgraça que trarei sobre esta cidade e sobre seus habi-
tantes'". Então eles levaram a mensagem ao rei.

As reformas religiosas de Josias

29Josias mandou chamar todas as autoridades de Judá e de
Jerusalém. 30Subiu ao templo do SENHOR com os sacerdotes e
os levitas e com todo o povo de Judá e de Jerusalém, dos mais
importantes até os mais simples. Leu para eles todo o Livro

da Aliança encontrado no templo do SENHOR. 31O rei tomou
seu lugar de honra junto à coluna e renovou a aliança na pre-
sença do SENHOR. Comprometeu-se a obedecer ao SENHOR e
a cumprir seus mandamentos, preceitos e decretos de todo o
coração e de toda a alma. Prometeu cumprir todos os termos
da aliança escritos no livro. 32Exigiu o mesmo de todos em Je-
rusalém e do povo de Benjamim. Os habitantes de Jerusalém
fizeram essa promessa e renovaram sua aliança com Deus, o
Deus de seus antepassados.
33Josias removeu todos os ídolos repulsivos de toda a terra de
Israel e exigiu que todos adorassem o SENHOR, seu Deus. E,
pelo restante da vida do rei, eles não se afastaram do SENHOR,
o Deus de seus antepassados.

Josias celebra a Páscoa

35 Então Josias celebrou a Páscoa do SENHOR em Jeru-
salém, e assim o cordeiro pascal foi abatido no dé-
cimo quarto dia do primeiro mês. 2Josias também nomeou
os sacerdotes para suas atribuições e os encorajou a realizar
seu trabalho no templo do SENHOR. 3Deu a seguinte ordem
aos levitas encarregados de instruir todo o Israel e consa-
grados para servir ao SENHOR: "Coloquem a arca sagrada no
templo construído por Salomão, filho de Davi, rei de Israel.
Não precisam mais levá-la de um lado para outro sobre os
ombros. Agora, dediquem seu tempo a servir ao SENHOR, seu
Deus, e a seu povo, Israel. 4Apresentem-se para o serviço de
acordo com as divisões de seus antepassados por famílias,
conforme as instruções de Davi, rei de Israel, e de seu filho
Salomão.
5"Fiquem no santuário, no lugar indicado para cada divisão,
e ajudem as famílias das quais foram encarregados quando
elas trouxerem suas ofertas ao templo. 6Abatam os cordeiros
pascais, consagrem-se e preparem-se para ajudar os que
chegarem. Sigam todas as instruções que o SENHOR deu por
meio de Moisés".
7Então Josias deu ao povo 30.000 cordeiros e cabritos para as
ofertas de Páscoa, além de 3.000 bois, todos dos rebanhos e
do gado do rei. 8Os oficiais do rei também deram contribuições
voluntárias para o povo, para os sacerdotes e para os levitas.
Hilquias, Zacarias e Jeiel, os chefes do templo de Deus, deram
aos sacerdotes 2.600 cordeiros e cabritos e 300 bois como
ofertas de Páscoa. 9Os líderes dos levitas — Conanias e seus
irmãos Semaías e Natanael, bem como Hasabias, Jeiel e Jo-
zabade — deram 5.000 cordeiros e cabritos e 500 bois aos
levitas para suas ofertas de Páscoa.
10Quando tudo estava pronto para a comemoração da Páscoa,
os sacerdotes e os levitas tomaram seus lugares, organizados
de acordo com suas divisões, conforme o rei havia ordenado.
11Então os levitas abateram os cordeiros da Páscoa e apresen-
taram o sangue aos sacerdotes, que o aspergiram sobre o altar
enquanto os levitas preparavam os animais. 12Repartiram os
holocaustos entre o povo de acordo com suas divisões, para
que as famílias os oferecessem ao SENHOR conforme prescrito
no Livro de Moisés, e fizeram o mesmo com os bois. 13Assaram
os cordeiros da Páscoa, como prescrito, cozinharam as ofertas
sagradas em potes, caldeirões e panelas e os levaram de-
pressa ao povo.
14Em seguida, os levitas prepararam as ofertas de Páscoa para
si mesmos e para os sacerdotes, os descendentes de Arão, pois
os sacerdotes haviam ficado ocupados desde a manhã até a
noite, oferecendo os holocaustos e as porções de gordura. Os
levitas se encarregaram de todos os preparativos.
15Os músicos, descendentes de Asafe, estavam em seus lu-
gares, segundo as ordens de Davi, Asafe, Hemã e Jedutum,
vidente do rei. Os guardas das portas não precisaram deixar
seus postos, pois seus parentes, os levitas, também lhes pre-
pararam as ofertas de Páscoa.
16Toda a cerimônia para a Páscoa do SENHOR foi realizada
naquele dia. Os holocaustos foram sacrificados no altar do
SENHOR, como o rei Josias havia ordenado. 17Todos os israelitas
presentes em Jerusalém celebraram a Páscoa e a Festa dos
Pães sem Fermento por sete dias. 18A Páscoa não havia sido
celebrada dessa maneira desde o tempo do profeta Samuel.
Nenhum dos reis de Israel havia comemorado a Páscoa como o
rei Josias, com todos os sacerdotes e os levitas, os habitantes
de Jerusalém e o povo de todo o Judá e Israel que estavam
presentes na cidade. 19Essa comemoração de Páscoa ocorreu
no décimo oitavo ano do reinado de Josias.

Josias morre na batalha

20Depois que Josias terminou de restaurar o templo, Neco, rei
do Egito, levou seu exército para Carquemis, junto ao rio Eu-
frates, e Josias e seu exército saíram para lutar contra ele. 21O
rei Neco, porém, enviou mensageiros a Josias para lhe dizer:
"O que quer comigo, rei de Judá? Hoje não tenho nada contra
você! Estou a caminho da batalha contra outra nação, e Deus
ordenou que eu me apressasse! Não interfira com Deus, que
está comigo, ou ele o destruirá".
22Josias, porém, não deu ouvidos às palavras de Neco, que ele
havia falado a mando de Deus, e não quis voltar atrás. Em vez
disso, disfarçou-se e levou seu exército para a batalha na pla-
nície de Megido. 23Arqueiros do inimigo atingiram o rei Josias
com suas flechas, e ele gritou para seus homens: "Tirem-me
da batalha, pois estou gravemente ferido!".
24Então tiraram Josias de sua carruagem e o colocaram em
outra. Levaram-no de volta para Jerusalém, onde morreu e
foi sepultado no cemitério dos reis. Todo o Judá e Jerusalém
lamentaram por ele. 25O profeta Jeremias compôs cânticos
fúnebres em homenagem a Josias, e até hoje os cantores e
cantoras ainda entoam esses lamentos sobre sua morte. Eles
se tornaram uma tradição e estão registrados *no Livro das
Lamentações*.
26Os demais acontecimentos do reinado de Josias e seus atos
de devoção, realizados de acordo com a lei do SENHOR, 27do
início ao fim, estão registrados no *Livro dos Reis de Israel e
de Judá*.

Jeoacaz reina em Judá

36 O povo da terra proclamou Jeoacaz, filho de Josias, como seu sucessor em Jerusalém. 2Jeoacaz tinha 23 anos quando começou a reinar, e reinou em Jerusalém por três meses.

3Foi deposto pelo rei do Egito, que exigiu de Judá o pagamento de 3.500 quilos de prata e 35 quilos de ouro como tributo.

Jeoaquim reina em Judá

4O rei do Egito nomeou Eliaquim, irmão de Jeoacaz, rei sobre Judá e sobre Jerusalém, e mudou o nome dele para Jeoaquim. Depois, Neco levou Jeoacaz para o Egito como prisioneiro.

5Jeoaquim tinha 25 anos quando começou a reinar, e reinou em Jerusalém por onze anos. Fez o que era mau aos olhos do SENHOR, seu Deus.

6Então Nabucodonosor, rei da Babilônia, atacou Jerusalém e prendeu Jeoaquim com correntes de bronze. Depois, levou-o para a Babilônia. 7Nabucodonosor também levou alguns dos tesouros do templo do SENHOR e os colocou em seu palácio, na Babilônia.

8Os demais acontecimentos do reinado de Jeoaquim, incluindo todas as coisas detestáveis que fez e tudo que foi achado contra ele, estão registrados *no Livro dos Reis de Israel e de Judá*. Seu filho Joaquim foi seu sucessor.

Joaquim reina em Judá

9Joaquim tinha 18 anos quando começou a reinar, e reinou em Jerusalém por três meses e dez dias. Fez o que era mau aos olhos do SENHOR.

10Na virada do ano, o rei Nabucodonosor levou Joaquim para a Babilônia. Nessa ocasião, também levou os tesouros do templo do SENHOR. Nabucodonosor nomeou Zedequias, tio de Joaquim, rei sobre Judá e sobre Jerusalém.

Zedequias reina em Judá

11Zedequias tinha 21 anos quando começou a reinar, e reinou em Jerusalém por onze anos. 12Zedequias fez o que era mau aos olhos do SENHOR, seu Deus, e não se humilhou quando o profeta Jeremias lhe falou diretamente da parte do SENHOR. 13Também se rebelou contra o rei Nabucodonosor, embora lhe tivesse jurado lealdade em nome de Deus. Zedequias era um homem duro e teimoso e se recusou a voltar para o SENHOR, o Deus de Israel.

14Da mesma forma, todos os líderes dos sacerdotes e o povo se tornaram cada vez mais infiéis. Seguiram todas as práticas detestáveis das nações vizinhas e profanaram o templo do SENHOR que havia sido consagrado em Jerusalém.

15Repetidamente, o SENHOR, o Deus de seus antepassados, enviou profetas para adverti-los, pois tinha compaixão de seu povo e do lugar de sua habitação. 16No entanto, eles zombaram dos mensageiros de Deus e desprezaram suas palavras. Caçoaram dos profetas até que a ira do SENHOR não pôde mais ser contida e nada mais se pôde fazer.

A queda de Jerusalém

17Então o SENHOR trouxe o rei da Babilônia contra eles. Os babilônios mataram os jovens e foram atrás deles até dentro do santuário. Não tiveram piedade nem dos rapazes, nem das moças, nem dos idosos e doentes. Deus os entregou todos nas mãos do rei. 18Ele levou para a Babilônia todos os utensílios, grandes e pequenos, do templo de Deus e todos os tesouros do templo do SENHOR e do palácio do rei e de seus oficiais. 19Seu exército queimou o templo de Deus, derrubou os muros de Jerusalém, queimou todos os palácios e destruiu tudo que era de valor. 20Os poucos habitantes que sobreviveram foram levados para o exílio na Babilônia e se tornaram servos do rei e de seus filhos, até que o reino da Pérsia conquistou o poder.

21Cumpriu-se, desse modo, a mensagem do SENHOR transmitida por Jeremias. A terra finalmente desfrutou seu descanso sabático e permaneceu desolada até que se completaram os setenta anos, conforme o profeta havia anunciado.

Ciro permite que os exilados regressem

22No primeiro ano do reinado de Ciro, rei da Pérsia, o SENHOR cumpriu a profecia que havia anunciado por meio de Jeremias. O SENHOR despertou o coração de Ciro para registrar por escrito a seguinte proclamação e enviá-la a todo o seu reino:

23"Assim diz Ciro, rei da Pérsia: "O SENHOR, o Deus dos céus, me deu todos os reinos da terra. Ele me encarregou de construir para ele um templo em Jerusalém, na terra de Judá. Quem pertence ao povo dele, volte para realizar essa tarefa. E que o SENHOR, seu Deus, esteja com vocês!".

ESDRAS

Ciro permite que os exilados regressem

1 No primeiro ano de Ciro, rei da Pérsia, o SENHOR cumpriu a profecia que havia anunciado por meio de Jeremias. Despertou o coração de Ciro para registrar por escrito a seguinte proclamação e enviá-la a todo o seu reino:

2"Assim diz Ciro, rei da Pérsia: "O SENHOR, o Deus dos céus, me deu todos os reinos da terra. Ele me encarregou de lhe construir um templo em Jerusalém, em Judá. 3Quem pertence ao povo de Deus, volte a Jerusalém, em Judá, para reconstruir o templo do SENHOR, o Deus de Israel, que habita em Jerusalém. E que seu Deus esteja com vocês! 4Onde quer que se encontre esse remanescente judeu, que seus vizinhos ajudem com as despesas, dando-lhes prata e ouro, suprimentos e animais, além de ofertas voluntárias para o templo de Deus, em Jerusalém".

5Então o SENHOR despertou o coração dos sacerdotes, dos levitas e dos chefes das tribos de Judá e Benjamim, para que fossem a Jerusalém e reconstruíssem o templo do SENHOR. 6Todos os seus vizinhos ajudaram, dando-lhes utensílios de prata e ouro, suprimentos e animais. Também lhes deram muitos presentes valiosos, além de todas as ofertas voluntárias.

7O rei Ciro tirou os utensílios que o rei Nabucodonosor havia levado do templo do SENHOR, em Jerusalém, e colocado no templo de seus próprios deuses. 8Ciro, rei da Pérsia, deu instruções a Mitredate, seu tesoureiro, para que contasse esses utensílios e os entregasse a Sesbazar, líder dos exilados que voltavam para Judá. 9Esta é uma lista dos objetos que foram devolvidos: 30 bacias de ouro, 1.000 bacias de prata, 29 incensários de prata, 1030 tigelas de ouro, 410 tigelas de prata, 1.000 objetos diversos.

11Ao todo, havia 5.400 utensílios de ouro e prata. Sesbazar trouxe tudo isso consigo quando os exilados voltaram da Babilônia para Jerusalém.

Exilados que regressaram com Zorobabel

2 Esta é uma lista dos judeus da província que regressaram do cativeiro. O rei Nabucodonosor os havia deportado para a Babilônia, mas eles voltaram para Jerusalém e Judá, cada um para sua cidade de origem. 2Seus líderes eram Zorobabel, Jesua, Neemias, Seraías, Reelaías, Mardoqueu, Bilsã, Mispar, Bigvai, Reum e Baaná. Este é o número de homens de Israel que regressaram do exílio: 3da família de Parós, 2.172; 4da família de Sefatias, 372; 5da família de Ará, 775; 6da família de Paate-Moabe (descendentes de Jesua e Joabe), 2.812; 7da família de Elão, 1.254; 8da família de Zatu, 945; 9da família de Zacai, 760; 10da família de Bani, 642; 11da família de Bebai, 623; 12da família de Azgade, 1.222; 13da família de Adonicam, 666; 14da família de Bigvai, 2.056; 15da família de Adim, 454; 16da família de Ater (descendentes de Ezequias), 98; 17da família de Bezai, 323; 18da família de Jora, 112; 19da família de Hasum, 223; 20da família de Gibar, 95; 21do povo de Belém, 123; 22do povo de Netofa, 56; 23do povo de Anatote, 128; 24do povo de Bete-Azmavete, 42; 25do povo de Quiriate-Jearim, Quefira e Beerote, 743; 26do povo de Ramá e Geba, 621; 27do povo de Micmás, 122; 28do povo de Betel e Ai, 223; 29dos cidadãos de Nebo, 52; 30dos cidadãos de Magbis, 156; 31dos cidadãos de Elão Ocidental, 1.254; 32dos cidadãos de Harim, 320; 33dos cidadãos de Lode, Hadide e Ono, 725; 34dos cidadãos de Jericó, 345; 35dos cidadãos de Senaá, 3.630. 36Estes são os sacerdotes que regressaram do exílio: da família de Jedaías (da linhagem de Jesua), 973; 37da família de Imer, 1.052; 38da família de Pasur, 1.247; 39da família de Harim, 1.017.

40Estes são os levitas que regressaram do exílio: das famílias de Jesua e Cadmiel (descendentes de Hodavias), 74; 41os cantores da família de Asafe, 128; 42os guardas das portas das famílias de Salum, Ater, Talmom, Acube, Hatita e Sobai, 139.

43Os descendentes destes servidores do templo regressaram do exílio: Zia, Hasufa, Tabaote, 44Queros, Sia, Padom, 45Lebana, Hagaba, Acube, 46Hagabe, Salmai, Hanã, 47Gidel, Gaar, Reaías, 48Rezim, Necoda, Gazão, 49Uzá, Paseá, Besai, 50Asná, Meunim, Nefusim, 51Baquebuque, Hacufa, Harur, 52Baslute, Meída, Harsa, 53Barcos, Sísera, Tamá, 54Nesias, Hatifa.

55Os descendentes destes servidores do rei Salomão regressaram do exílio: Sotai, Soferete, Peruda, 56Jaala, Darcom, Gidel, 57Sefatias, Hatil, Poquerete-Hazebaim e Ami.

58Ao todo, os servidores do templo e os descendentes dos servos de Salomão eram 392.

59Nessa ocasião, outro grupo regressou das cidades de Tel-Melá, Tel-Harsa, Querube, Adã e Imer. Contudo, não puderam comprovar que eles ou suas famílias eram descendentes de Israel. 60Estavam nesse grupo as famílias de Delaías, Tobias e Necoda, 652 pessoas ao todo.

61Também regressaram as famílias de três sacerdotes: Habaías, Hacoz e Barzilai. (Esse Barzilai havia se casado com uma mulher descendente de Barzilai, de Gileade, e assumido o nome da família dela.) 62Procuraram seus nomes nos registros genealógicos, mas não os encontraram, por isso não se qualificaram para servir como sacerdotes. 63O governador ordenou que não comessem das porções dos sacrifícios separadas para os sacerdotes até que um sacerdote consultasse o SENHOR a esse respeito usando o Urim e o Tumim.

64Portanto, os que regressaram para Judá foram 42.360, 65além dos 7.337 servos e servas e dos 200 cantores e cantoras. 66Levaram consigo 736 cavalos, 245 mulas, 67435 camelos e 6.720 jumentos.

68Quando chegaram ao templo do SENHOR, em Jerusalém, alguns dos chefes das famílias entregaram ofertas voluntárias para a reconstrução do templo de Deus em seu local original. 69Cada chefe contribuiu com o que pôde. Suas ofertas totalizaram 525 quilos de ouro, 3.000 quilos de prata e 100 vestes para os sacerdotes.

70Assim, os sacerdotes, os levitas, os cantores, os guardas das portas, os servidores do templo e alguns do povo se estabeleceram em povoados perto de Jerusalém. O restante do povo regressou às suas cidades em todo o Israel.

A reconstrução do altar

3 No sétimo mês, quando os israelitas já haviam se estabelecido em suas cidades, todo o povo se reuniu em Jerusalém

com um só propósito. 2Então Jesua, filho de Jeozadaque,
juntou-se a seus colegas, os sacerdotes, e a Zorobabel, filho
de Sealtiel, e seus companheiros, para reconstruir o altar do
Deus de Israel. Queriam apresentar holocaustos ali, conforme
a instrução da lei de Moisés, homem de Deus. 3Embora o povo
tivesse medo dos habitantes daquela região, reconstruíram o
altar no mesmo lugar original. Assim, começaram a oferecer
holocaustos no altar do SENHOR todas as manhãs e todas as
tardes.
4Celebraram a Festa das Cabanas, conforme prescrito pela
lei, e ofereceram o número de holocaustos especificado para
cada dia da festa. 5Ofereceram ainda os holocaustos regulares
e as ofertas exigidas para as celebrações da lua nova e para
as festas anuais do SENHOR. O povo também trouxe ofertas
voluntárias para o SENHOR. 6Quinze dias antes do início da Festa
das Cabanas, os sacerdotes haviam começado a oferecer ao
SENHOR os holocaustos, antes mesmo de lançarem os alicerces
do templo do SENHOR.

O povo começa a reconstruir o templo

7Então contrataram pedreiros e carpinteiros e lhes pagaram
com moedas de prata. Também compraram toras de cedro
dos povos de Tiro e de Sidom e lhes pagaram com alimento,
vinho e azeite. As toras eram trazidas dos montes do Líbano e
vinham pela costa do mar Mediterrâneo até Jope, pois Ciro, rei
da Pérsia, havia permitido que assim se fizesse.
8A construção do templo de Deus começou no segundo mês
do segundo ano depois da chegada a Jerusalém. O grupo de
trabalhadores era constituído de todos que haviam regressado
do exílio, incluindo Zorobabel, filho de Sealtiel, Jesua, filho de
Jeozadaque, e seus colegas, os sacerdotes, bem como todos
os levitas. Os levitas de 20 anos para cima foram encarregados
de supervisionar a construção do templo do SENHOR. 9Jesua,
seus filhos e seus parentes, Cadmiel e seus filhos e os descen-
dentes de Hodavias supervisionavam aqueles que trabalhavam
no templo de Deus. Os levitas da família de Henadade os au-
xiliavam nessa tarefa.
10Quando os construtores terminaram os alicerces do templo
do SENHOR, os sacerdotes puseram suas vestes e tomaram seus
lugares para tocar as trombetas. Os levitas, descendentes de
Asafe, fizeram soar os címbalos para louvar o SENHOR, con-
forme o rei Davi havia prescrito. 11Com louvores e ação de
graças, entoaram este cântico ao SENHOR: "Ele é bom! Seu
amor por Israel dura para sempre!". Então todo o povo louvou
o SENHOR em alta voz, pois haviam sido lançados os alicerces
do templo do SENHOR.
12Muitos dos sacerdotes, dos levitas e dos outros chefes de
família mais velhos, que tinham visto o primeiro templo, cho-
raram alto quando viram os alicerces do novo templo. Outros
tantos, porém, gritavam de alegria. 13Os gritos alegres e o
choro se misturavam num barulho tão forte que se podia ouvir
de muito longe.

Inimigos se opõem à reconstrução

4 Os inimigos de Judá e Benjamim souberam que os exilados
estavam reconstruindo o templo do SENHOR, o Deus de Is-
rael. 2Eles foram a Zorobabel e aos outros chefes de família e
disseram: "Queremos participar da construção, pois também
adoramos seu Deus, como vocês. Temos oferecido sacrifícios
para ele desde que Esar-Hadom, rei da Assíria, nos trouxe
para cá".
3Mas Zorobabel, Jesua e os outros chefes de família de Israel
responderam: "De maneira nenhuma! Vocês não podem par-
ticipar desse trabalho. Somente nós construiremos o templo
para o SENHOR, o Deus de Israel, conforme Ciro, rei da Pérsia,
nos ordenou".
4Então os habitantes da região tentaram desanimar e ame-
drontar o povo de Judá, para que não continuassem a cons-
trução. 5Subornaram agentes para trabalhar contra eles e frus-
trar seus planos. Isso prosseguiu durante todo o reinado de
Ciro, rei da Pérsia, até que Dario, rei da Pérsia, subiu ao poder.

Oposição durante os reinados de Xerxes e Artaxerxes

6Anos depois, quando Xerxes começou a reinar, os inimigos
de Judá escreveram uma carta de acusação contra o povo de
Judá e de Jerusalém.
7Mais tarde, durante o reinado de Artaxerxes, rei da Pérsia,
os inimigos de Judá, liderados por Bislão, Mitredate e Tabeel,
enviaram a Artaxerxes uma carta em aramaico, que foi tradu-
zida para o rei.
8O comandante Reum e o secretário da corte Sinsai escreveram
a carta, na qual apresentaram ao rei Artaxerxes um relatório
negativo sobre Jerusalém. 9Saudaram o rei em nome de todos
os seus colegas: os juízes e as autoridades locais, o povo de
Tarpel, os persas, os babilônios e o povo de Ereque e de Susã
(isto é, Elão). 10Também enviaram saudações do restante do
povo que o grande e renomado Assurbanípal havia deportado
e estabelecido em Samaria e em todas as terras vizinhas da
província a oeste do rio Eufrates. 11Esta é uma cópia da carta:
"Ao rei Artaxerxes, de seus súditos leais na província a oeste
do rio Eufrates.
12"Informamos ao rei que os judeus que saíram da Babilônia
para Jerusalém estão reconstruindo esta cidade rebelde e má.
Já restauraram os alicerces e, em breve, terminarão os muros.
13É bom o rei saber que, se esta cidade for reconstruída e seus
muros forem concluídos, haverá grande prejuízo para o te-
souro real, pois os judeus se recusarão a lhe pagar tributos,
impostos e taxas.
14"Visto que somos seus súditos leais e não desejamos vê-lo
desonrado desse modo, enviamos ao rei estas informações.
15Sugerimos que se faça uma busca no registro de seus an-
tepassados, no qual o rei descobrirá como esta cidade foi
rebelde em outros tempos. Aliás, foi destruída por causa de
sua longa e problemática história de rebelião contra os reis e
as nações que a dominavam. 16Declaramos ao rei que, se esta

cidade for reconstruída e seus muros forem concluídos, o rei
perderá a província a oeste do rio Eufrates".
17 O rei Artaxerxes enviou a seguinte resposta: "Ao comandante
Reum, ao secretário da corte Sinsai, e a seus companheiros
em Samaria e em toda a província a oeste do rio Eufrates.
Saudações.
18 "A carta que vocês enviaram foi traduzida e lida para mim.
19 Ordenei que se fizesse uma busca nos registros e descobri
que, de fato, Jerusalém tem sido, ao longo dos anos, foco de
insurreição contra vários reis. Aliás, rebeliões e revoltas são
normais ali. 20 Reis poderosos governaram sobre Jerusalém
e sobre toda a província a oeste do rio Eufrates e receberam
tributos, impostos e taxas. 21 Portanto, deem ordens para que
esses homens parem seu trabalho. A cidade não deve ser re-
construída enquanto eu não mandar. 22 Sejam diligentes e não
descuidem desse assunto, pois não devemos permitir que a
situação prejudique os interesses do rei".
23 Quando a carta do rei Artaxerxes foi lida para Reum, Sinsai
e seus companheiros, eles foram depressa a Jerusalém e, fa-
zendo uso de força, obrigaram os judeus a parar a construção.

A reconstrução é retomada

24 Assim, a obra no templo de Deus em Jerusalém foi interrom-
pida e ficou parada até o segundo ano do reinado de Dario,
rei da Pérsia.

5 Nessa época, os profetas Ageu e Zacarias, filho de Ido,
profetizaram aos judeus de Judá e Jerusalém. Falavam
em nome do Deus de Israel, que estava sobre eles. 2 Em res-
posta, Zorobabel, filho de Sealtiel, e Jesua, filho de Jeoza-
daque, começaram outra vez a reconstruir o templo de Deus
em Jerusalém. E os profetas de Deus estavam com eles e os
auxiliavam.
3 Tatenai, governador da província a oeste do rio Eufrates,
Setar-Bozenai e seus companheiros foram a Jerusalém e per-
guntaram: "Quem lhes deu permissão para reconstruir este
templo e restaurar esta estrutura?". 4 Também perguntaram
os nomes de todos os homens que trabalhavam no templo.
5 Mas os olhos de Deus estavam sobre os líderes judeus, e
eles não foram impedidos de prosseguir com a construção
até que um relatório fosse enviado a Dario e ele comunicasse
sua decisão.

A carta de Tatenai ao rei Dario

6 Esta é uma cópia da carta que o governador Tatenai, Setar-
-Bozenai e os outros oficiais da província a oeste do rio Eu-
frates enviaram ao rei Dario:
7 "Ao rei Dario. Saudações.
8 "Informamos ao rei que fomos até o local da construção do
templo do grande Deus na província de Judá. O templo está
sendo reconstruído com pedras especialmente preparadas, e
as vigas já estão sendo colocadas nas paredes. A obra avança
com muita energia e êxito.
9 "Perguntamos aos líderes: 'Quem lhes deu permissão para
reconstruir este templo e restaurar esta estrutura?'. 10 E exi-
gimos os nomes deles, para que pudéssemos dizer ao rei quem
eram os líderes.
11 "Esta foi a resposta: 'Somos servos do Deus dos céus e da
terra e estamos reconstruindo o templo que foi construído aqui
muitos anos atrás, por um grande rei de Israel. 12 Nossos ante-
passados, porém, provocaram a ira do Deus dos céus, e ele os
entregou a Nabucodonosor, rei da Babilônia, que destruiu este
templo e deportou o povo para a Babilônia. 13 No entanto, Ciro,
rei da Babilônia, no primeiro ano de seu reinado, publicou um
decreto ordenando que o templo de Deus fosse reconstruído.
14 O rei Ciro também devolveu os utensílios de ouro e de prata
que Nabucodonosor havia tirado do templo de Deus, em Je-
rusalém, e colocado no templo da Babilônia. Esses utensílios
foram removidos dali e entregues a um homem chamado Ses-
bazar, a quem o rei Ciro nomeou governador de Judá. 15 O rei
instruiu Sesbazar a colocar os utensílios de volta em seu lugar,
em Jerusalém, e a reconstruir o templo de Deus em seu antigo
local. 16 Então Sesbazar veio e lançou os alicerces do templo de
Deus em Jerusalém. O povo tem trabalhado nele desde então,
embora ainda não esteja acabado'.
17 "Portanto, se parecer bem ao rei, pedimos que se faça uma
busca nos arquivos reais da Babilônia, para descobrir se o rei
Ciro de fato publicou esse decreto ordenando a reconstrução
do templo de Deus, em Jerusalém. E que o rei nos informe sua
decisão sobre esse assunto".

Dario aprova a reconstrução

6 Então o rei Dario ordenou que se fizesse uma busca nos
arquivos da Babilônia, que ficavam guardados junto aos
tesouros. 2 Mas foi na fortaleza em Ecbatana, na província da
Média, que se encontrou um documento que dizia: "Memo-
rando:
3 "No primeiro ano do reinado do rei Ciro, foi publicado um
decreto a respeito do templo de Deus, em Jerusalém. "Que o
templo seja reconstruído para ser um local onde se ofereçam
sacrifícios, usando os alicerces originais. Ele terá 27 metros
de altura e 27 metros de largura. 4 A cada três camadas de
grandes pedras, será colocada uma camada de madeira. Todas
as despesas serão pagas pela tesouraria real. 5 Além disso, os
utensílios de ouro e de prata que Nabucodonosor levou do
templo de Deus, em Jerusalém, para a Babilônia devem ser
devolvidos a Jerusalém e colocados em seus devidos lugares.
Que sejam levados de volta ao templo de Deus".
6 O rei Dario enviou esta mensagem: "Agora, portanto, Tatenai,
governador da província a oeste do rio Eufrates, Setar-Bozenai,
seus companheiros e outros oficiais a oeste do rio Eufrates,
permaneçam afastados de lá! 7 Não interfiram na construção do
templo de Deus. Deixem que seja reconstruído em seu antigo
local, e não impeçam o governador de Judá e os líderes dos
judeus de realizarem seu trabalho.
8 "Além disso, decreto que ajudem esses líderes dos judeus a

reconstruir o templo de Deus. Paguem, sem demora, todos
os custos da construção, usando os impostos recolhidos na
província a oeste do rio Eufrates, para que a obra não seja
interrompida.
9“Deem aos sacerdotes em Jerusalém tudo que eles preci-
sarem: novilhos, carneiros e cordeiros para os holocaustos
oferecidos ao Deus dos céus. Providenciem, sem falta, a quan-
tidade de trigo, sal, vinho e azeite que for necessária para cada
dia. 10Assim, eles poderão oferecer sacrifícios agradáveis ao
Deus dos céus e orar pelo bem-estar do rei e de seus filhos.
11“Se alguém desobedecer a este decreto de alguma maneira,
terá uma viga de sua casa arrancada. Ele será amarrado a
essa viga e pendurado nela, e sua casa será transformada
num monte de entulho. 12Que o Deus que escolheu a cidade
de Jerusalém como lugar para que seu nome seja honrado
destrua qualquer rei ou nação que desobedecer a esta ordem
e destruir este templo. “Eu, Dario, publiquei este decreto. Que
ele seja obedecido com toda a diligência”.

A dedicação do templo

13Tatenai, governador da província a oeste do rio Eufrates, Se-
tar-Bozenai e seus companheiros obedeceram de imediato à
ordem do rei Dario. 14Com isso, os líderes dos judeus puderam
continuar seu trabalho e foram encorajados pela pregação dos
profetas Ageu e Zacarias, filho de Ido. Finalmente, o templo
foi terminado, como havia sido ordenado pelo Deus de Israel
e decretado por Ciro, Dario e Artaxerxes, reis da Pérsia. 15O
templo foi concluído no dia 12 de março, no sexto ano do rei-
nado do rei Dario.
16Então o templo de Deus foi dedicado com grande alegria
pelos israelitas, pelos sacerdotes, pelos levitas e pelo restante
do povo que regressou do exílio. 17Durante a cerimônia de de-
dicação, foram sacrificados cem novilhos, duzentos carneiros e
quatrocentos cordeiros. Doze bodes foram apresentados como
oferta pelo pecado de todo o Israel, de acordo com o número
das tribos. 18Em seguida, os sacerdotes e os levitas foram divi-
didos em vários grupos para servirem no templo de Deus, em
Jerusalém, conforme prescrito no Livro de Moisés.

A celebração da Páscoa

19No dia 21 de abril, o povo que havia regressado do exílio
celebrou a Páscoa. 20Os sacerdotes e os levitas haviam se pu-
rificado e estavam cerimonialmente puros. Abateram o cor-
deiro da Páscoa por todos que regressaram, por seus colegas,
os sacerdotes, e por si mesmos. 21Todo o povo de Israel que
havia regressado do exílio participou da refeição de Páscoa,
junto com todos que haviam deixado os costumes impuros dos
povos que ali viviam a fim de adorar o SENHOR, o Deus de Israel.
22Em seguida, comemoraram durante sete dias a Festa dos
Pães sem Fermento. Houve grande alegria em toda a terra,
pois o SENHOR tornou o rei da Assíria favorável a eles e o levou
a ajudá-los a reconstruir o templo de Deus, o Deus de Israel.

Esdras chega a Jerusalém

7Muitos anos depois, durante o reinado de Artaxerxes, rei
da Pérsia, havia um homem chamado Esdras. Ele era filho
de Seraías, filho de Azarias, filho de Hilquias, 2filho de Salum,
filho de Zadoque, filho de Aitube, 3filho de Amarias, filho de
Azarias, filho de Meraiote, 4filho de Zeraías, filho de Uzi, filho
de Buqui, 5filho de Abisua, filho de Fineias, filho de Eleazar,
filho do sumo sacerdote Arão. 6Esdras era escriba, conhecedor
da lei de Moisés, dada ao povo pelo SENHOR, o Deus de Israel.
Esdras foi da Babilônia a Jerusalém, e o rei lhe deu tudo que
ele pediu, porque a mão do SENHOR, seu Deus, estava sobre
ele. 7Alguns dos israelitas, e também alguns sacerdotes, le-
vitas, cantores, guardas das portas e servidores do templo,
viajaram com ele para Jerusalém no sétimo ano do reinado
de Artaxerxes.
8Esdras chegou a Jerusalém em agosto desse mesmo ano.
9Partiu da Babilônia em 8 de abril, o primeiro dia do novo ano,
e chegou a Jerusalém em 4 de agosto, porque a bondosa mão
do SENHOR, seu Deus, estava sobre ele. 10Pois Esdras tinha de-
cidido estudar a lei do SENHOR, obedecer a ela e ensinar seus
decretos e estatutos ao povo de Israel.

A carta de Artaxerxes a Esdras

11O rei Artaxerxes tinha dado uma cópia da seguinte carta a
Esdras, o sacerdote e escriba que estudava os mandamentos
e decretos do SENHOR e os ensinava a Israel:
12“De Artaxerxes, rei dos reis, ao sacerdote Esdras, mestre da
lei do Deus dos céus. Saudações.
13“Eu decreto que qualquer israelita em meu reino, incluindo
os sacerdotes e os levitas, que desejar regressar com você
para Jerusalém, poderá ir. 14Eu e meus sete conselheiros o ins-
truímos a investigar a situação em Judá e em Jerusalém, com
base na lei de seu Deus, que está em suas mãos. 15Também o
encarregamos de levar consigo a prata e o ouro que lhe en-
tregamos voluntariamente como oferta para o Deus de Israel,
que habita em Jerusalém.
16“Além disso, você levará toda prata e todo ouro que obtiver
na província da Babilônia, bem como as ofertas voluntárias do
povo e dos sacerdotes para o templo de seu Deus, em Jeru-
salém. 17Use esses recursos para comprar novilhos, carneiros,
cordeiros e as respectivas ofertas de cereal e ofertas derra-
madas. Tudo isso será oferecido no altar do templo de seu
Deus, em Jerusalém. 18A prata e o ouro que restarem poderão
ser usados como parecer melhor a você e a seu povo, conforme
a vontade de Deus.
19“Quanto aos utensílios que lhe confiamos para o serviço no
templo de seu Deus, entregue-os todos diante do Deus de Je-
rusalém. 20Se precisar de mais alguma coisa para o templo
de seu Deus, ou para qualquer necessidade semelhante, use
recursos da tesouraria real.
21“Eu, o rei Artaxerxes, envio o seguinte decreto a todos os
tesoureiros da província a oeste do rio Eufrates: ‘Deem a Es-
dras, sacerdote e mestre da lei do Deus dos céus, tudo que

ele requisitar. 22Deem-lhe até 3.500 quilos de prata, 100
cestos grandes de trigo, 100 tonéis de vinho, 100 tonéis de
azeite e sal à vontade. 23Tenham o cuidado de providenciar
tudo que o Deus dos céus ordenar para seu templo; afinal,
por que provocar a ira de Deus contra este império do rei e de
seus filhos? 24Também decreto que nenhum sacerdote, levita,
cantor, guarda das portas, servidor do templo, nem qualquer
outro trabalhador no templo será obrigado a pagar tributos,
impostos e taxas de qualquer tipo'.

25"E você, Esdras, use a sabedoria que seu Deus lhe deu para
nomear magistrados e juízes que conheçam as leis de seu Deus
para governarem todo o povo na província a oeste do rio Eu-
frates. Ensine a lei a todos que não a conhecem. 26Qualquer
um que se recusar a obedecer à lei de seu Deus e do rei será
castigado de imediato com a morte, com o exílio, com o con-
fisco dos bens ou com a prisão".

Esdras louva o SENHOR

27Louvem o SENHOR, o Deus de nossos antepassados, que co-
locou no coração do rei o desejo de embelezar o templo do
SENHOR, em Jerusalém, 28e que me mostrou seu amor leal ao
honrar-me diante do rei, de seu conselho e de todos os seus
oficiais poderosos! Senti-me encorajado porque a mão do SE-
NHOR, meu Deus, estava sobre mim e reuni alguns dos líderes
de Israel para voltar comigo a Jerusalém.

Exilados que regressaram com Esdras

8 Esta é uma lista dos chefes de família, com suas genealo-
gias, aqueles que regressaram comigo da Babilônia durante
o reinado do rei Artaxerxes:
2da família de Fineias: Gérson; da família de Itamar: Daniel;
da família de Davi: Hatus, 3descendente de Secanias; da fa-
mília de Parós: Zacarias e 150 homens registrados com ele;
4da família de Paate-Moabe: Elioenai, filho de Zeraías, e 200
homens registrados com ele; 5da família de Zatu: Secanias,
filho de Jaaziel, e 300 homens registrados com ele; 6da família
de Adim: Ebede, filho de Jônatas, e 50 homens registrados
com ele; 7da família de Elão: Jesaías, filho de Atalias, e 70
homens registrados com ele; 8da família de Sefatias: Zebadias,
filho de Micael, e 80 homens registrados com ele; 9da família
de Joabe: Obadias, filho de Jeiel, e 218 homens registrados
com ele; 10da família de Bani: Selomite, filho de Josifias, e 160
homens registrados com ele; 11da família de Bebai: Zacarias,
filho de Bebai, e 28 homens registrados com ele; 12da família
de Azgade: Joanã, filho de Hacatã, e 110 homens registrados
com ele; 13da família de Adonicam, que chegaram depois: Eli-
felete, Jeiel e Semaías, e 60 homens registrados com eles;
14da família de Bigvai: Utai e Zacur, e 70 homens registrados
com eles.

A viagem de Esdras a Jerusalém

15Reuni os exilados perto do canal de Aava, e acampamos ali
por três dias enquanto eu revisava as listas do povo e dos sa-
cerdotes que haviam chegado. Descobri que nenhum levita
se havia oferecido para nos acompanhar. 16Por isso, mandei
chamar Eliézer, Ariel, Semaías, Elnatã, Jaribe, Elnatã, Natã,
Zacarias e Mesulão, líderes do povo. Também mandei chamar
Joiaribe e Elnatã, dois homens com discernimento. 17Enviei-os
a Ido, chefe dos levitas em Casifia, para que pedissem a ele, a
seus parentes e aos servidores do templo que nos enviassem
ministros para o templo de Deus, em Jerusalém.

18Visto que a bondosa mão de nosso Deus estava sobre nós,
eles nos enviaram Serebias, junto com 18 de seus filhos e
parentes. Era um homem inteligente, descendente de Mali,
descendente de Levi, filho de Israel. 19Também nos enviaram
Hasabias, junto com Jesaías, dos descendentes de Merari, 20
de seus filhos e parentes, 20e 220 servidores do templo. Os
servidores do templo eram assistentes dos levitas, um grupo
de trabalhadores do templo instituído pelo rei Davi e por seus
oficiais. Todos estavam registrados por nome.

21Ali, junto ao canal de Aava, ordenei que todos nós jejuás-
semos e nos humilhássemos diante de nosso Deus. Oramos
para que ele nos proporcionasse uma viagem segura e nos
protegesse, como também a nossos filhos e a nossos bens.
22Pois tive vergonha de pedir ao rei soldados e cavaleiros para
nos acompanhar e nos proteger de inimigos ao longo do ca-
minho. Afinal, tínhamos dito ao rei: "A bondosa mão de nosso
Deus está sobre todos que o adoram, mas seu poder e sua ira
estão contra todos que o abandonam". 23Assim, jejuamos e
pedimos com fervor que nosso Deus cuidasse de nós, e ele
atendeu à nossa oração.

24Nomeei doze chefes dos sacerdotes — Serebias, Hasabias
e outros dez sacerdotes — 25para ficarem encarregados do
transporte da prata, do ouro e dos outros objetos que o rei, seu
conselho, seus oficiais e todo o povo de Israel haviam doado
para o templo de Deus. 26Pesei o tesouro ao entregá-lo, e seu
total era: 22.750 quilos de prata, 3.500 quilos de utensílios de
prata, 3.500 quilos de ouro, 2720 tigelas de ouro, cada uma
pesando 8,6 quilos; 2 utensílios finos de bronze polido, tão
valiosos como ouro.

28Eu disse aos sacerdotes: "Vocês e esses tesouros foram con-
sagrados ao SENHOR. A prata e o ouro são ofertas voluntárias
ao SENHOR, o Deus de nossos antepassados. 29Guardem bem
esses tesouros até que os apresentem aos líderes dos sacer-
dotes, aos levitas e aos chefes de família de Israel, que os
pesarão nos depósitos do templo do SENHOR, em Jerusalém".
30Os sacerdotes e os levitas aceitaram a responsabilidade de
transportar esses tesouros de prata e de ouro até o templo de
nosso Deus, em Jerusalém.

31Levantamos acampamento junto ao canal de Aava, no dia 19
de abril, e partimos para Jerusalém. E a mão de nosso Deus
nos protegeu e nos guardou de inimigos e bandidos ao longo
do caminho. 32Assim, chegamos em segurança a Jerusalém,
onde descansamos por três dias.

33No quarto dia depois de nossa chegada, a prata, o ouro e os
utensílios valiosos foram pesados no templo de nosso Deus e

entregues a Meremote, filho do sacerdote Urias. Estavam com
ele Eleazar, filho de Fineias, e os levitas Jozabade, filho de
Jesua, e Noadias, filho de Binui. 34Pesaram e contaram tudo,
e o peso total foi registrado oficialmente.
35Os exilados que haviam regressado do cativeiro ofereceram
holocaustos ao Deus de Israel. Apresentaram 12 touros por
todo o povo de Israel, 96 carneiros e 77 cordeiros. Também
apresentaram 12 bodes como oferta pelo pecado. Tudo isso
foi oferecido como holocausto ao SENHOR. 36Os decretos do rei
foram entregues aos oficiais que ocupavam os cargos mais ele-
vados e aos governadores da província a oeste do rio Eufrates,
que passaram a apoiar o povo e o templo de Deus.

A oração de Esdras a respeito dos casamentos mistos

9 Depois que essas coisas foram feitas, os líderes judeus
vieram e me disseram: "Muitos israelitas, e até mesmo al-
guns sacerdotes e levitas, não se mantiveram separados dos
outros povos que habitam nesta terra. Adotaram as práticas
detestáveis dos cananeus, dos hititas, dos ferezeus, dos jebu-
seus, dos amonitas, dos moabitas, dos egípcios e dos amor-
reus. 2Os homens de Israel se casaram com mulheres desses
povos e as tomaram como esposas para seus filhos. A des-
cendência santa se contaminou por meio desses casamentos
mistos. E, pior ainda, os líderes e os oficiais foram os primeiros
a cometer essa infidelidade".
3Quando ouvi isso, rasguei minha túnica e meu manto, arran-
quei cabelos da cabeça e da barba e me sentei, absolutamente
pasmo. 4Então todos que tremiam diante das palavras do Deus
de Israel vieram e sentaram-se comigo por causa dessa infi-
delidade cometida pelos exilados que haviam regressado. E
fiquei sentado ali, atônito, até o sacrifício da tarde.
5Na hora do sacrifício, levantei-me de onde havia sentado em
lamentação, com as roupas rasgadas. Caí de joelhos, ergui
as mãos ao SENHOR, meu Deus, 6e orei: "Ó meu Deus, estou
profundamente humilhado e tenho vergonha de levantar meu
rosto para ti. Pois nossos pecados se elevam acima de nossa
cabeça, e nossa culpa chegou até os céus. 7Desde os dias de
nossos antepassados até agora, temos vivido cheios de pe-
cado. Por isso, nós, nossos reis e nossos sacerdotes fomos en-
tregues nas mãos dos reis da terra. Fomos mortos, capturados,
roubados e desprezados, como acontece hoje.
8"Agora, porém, a graça do SENHOR, nosso Deus, nos foi con-
cedida por um breve momento. Ele permitiu que alguns de nós
sobrevivêssemos como um remanescente e nos deu segurança
neste lugar santo. Nosso Deus iluminou nossos olhos e nos
concedeu um pouco de alívio de nossa escravidão. 9Éramos
escravos, mas, em seu amor leal, nosso Deus não nos aban-
donou na escravidão. Em vez disso, fez os reis da Pérsia nos
tratarem com bondade. Ele renovou nossas forças, para que
reconstruíssemos o templo de nosso Deus e restaurássemos
suas ruínas. Deu-nos um muro de proteção em Judá e em Je-
rusalém.
10"Agora, ó nosso Deus, o que podemos dizer depois de tudo
isso? Pois, mais uma vez, abandonamos teus mandamentos!
11Tu nos advertiste por meio de teus servos, os profetas,
quando eles disseram: 'A terra em que estão entrando está
inteiramente contaminada pelas práticas detestáveis dos
povos que nela habitam. Está cheia de corrupção, de uma ex-
tremidade à outra. 12Não permitam que suas filhas se casem
com os filhos deles, nem tomem as filhas deles como esposas
para seus filhos. Jamais promovam a paz e a prosperidade
dessas nações. Se seguirem essas instruções, serão fortes,
desfrutarão das coisas boas que a terra produz e deixarão essa
prosperidade como herança para seus filhos para sempre'.
13"Tudo que nos aconteceu é castigo de nossa maldade e de
nossa grande culpa. Ainda assim, recebemos um castigo muito
menor do que merecíamos, pois tu, nosso Deus, permitiste que
alguns de nós sobrevivêssemos como um remanescente. 14E,
no entanto, quebramos teus mandamentos outra vez e nos
casamos com pessoas que praticam essas coisas detestáveis.
Acaso tua ira não será suficiente para nos destruir, a ponto
de não sobreviver nem mesmo este pequeno remanescente?
15Ó SENHOR, Deus de Israel, tu és justo. Aqui estamos diante
de ti com nossa culpa, um mero remanescente que escapou,
embora, por sermos culpados, nenhum de nós tenha o direito
de estar em tua presença".

O povo confessa seu pecado

10 Enquanto Esdras orava e fazia essa confissão, chorando
e com o rosto no chão diante do templo de Deus, uma
grande multidão de israelitas — homens, mulheres e crianças
— se reuniu e chorou amargamente com ele. 2Então Secanias,
filho de Jeiel, descendente de Elão, disse a Esdras: "Fomos
infiéis a nosso Deus, pois nos casamos com mulheres estran-
geiras, dos povos desta terra. Apesar disso, há esperança para
Israel. 3Façamos agora uma aliança com nosso Deus, firmando
que nos divorciaremos de nossas esposas estrangeiras e as
mandaremos embora com seus filhos. Seguiremos seu con-
selho e o conselho dos outros que tremem diante dos manda-
mentos de nosso Deus. Que tudo seja feito de acordo com a lei
de Deus. 4Levante-se, pois é seu dever nos dizer como corrigir
esta situação. Nós o apoiaremos; portanto, seja forte e faça o
que tem de ser feito!".
5Então Esdras se levantou e exigiu que os líderes dos sacer-
dotes, os levitas e todo o povo de Israel jurassem que fariam o
que Secanias tinha dito. E todos fizeram um juramento solene.
6Em seguida, Esdras se retirou de diante do templo de Deus e
foi à sala de Joanã, filho de Eliasibe. Não bebeu nem comeu
nada enquanto esteve ali, pois ainda lamentava a infidelidade
dos exilados que haviam regressado.
7Depois disso, foi feita uma proclamação por todo o Judá e
Jerusalém, para que todos os que vieram do exílio se reu-
nissem em Jerusalém. 8Aqueles que não viessem em três dias
perderiam todas as suas propriedades e seriam expulsos da
comunidade dos exilados, conforme a decisão dos líderes e
das autoridades.

9Dentro de três dias, todo o povo de Judá e de Benjamim havia
se reunido em Jerusalém. A reunião aconteceu no dia 19 de
dezembro, e todo o povo estava sentado na praça diante do
templo de Deus. Tremiam por causa da seriedade do assunto e
porque chovia. 10Então o sacerdote Esdras se levantou e disse:
"Vocês agiram de modo infiel. Aumentaram a culpa de Israel
ao se casar com mulheres estrangeiras. 11Agora, confessem
seu pecado ao SENHOR, o Deus de seus antepassados, e façam
o que agrada a ele. Separem-se do povo da terra e dessas
mulheres estrangeiras".
12Toda a comunidade respondeu em alta voz: "Você tem razão!
Faremos o que disse! 13No entanto, não é algo que possa ser
feito em um dia ou dois, pois há muitos de nós envolvidos neste
grande pecado. E agora é a estação das chuvas, portanto não
podemos ficar aqui fora por muito mais tempo. 14Que nossos
líderes decidam por toda a comunidade. Todo aquele que tiver
uma esposa estrangeira virá num dia marcado, acompanhado
das autoridades e dos juízes de sua cidade, para que a ira
ardente de nosso Deus a esse respeito seja afastada de nós".
15Os únicos que se opuseram à proposta foram Jônatas, filho
de Asael, e Jazeías, filho de Ticvá, apoiados por Mesulão e
pelo levita Sabetai.
16Foi esse, portanto, o plano que seguiram. Esdras escolheu
líderes para representarem suas famílias e designou cada re-
presentante por nome. No dia 29 de dezembro, os líderes se
reuniram para tratar da questão. 17Assim, em 27 de março, o
primeiro dia do novo ano, haviam terminado de resolver todos
os casos de homens que tinham se casado com mulheres es-
trangeiras.

Os culpados de casamento misto

18Os sacerdotes que se casaram com mulheres estrangeiras
foram: Da família de Jesua, filho de Jeozadaque, e de seus
irmãos: Maaseias, Eliézer, Jaribe e Gedalias. 19Assumiram
o compromisso de divorciar-se de suas esposas, e cada um
ofereceu um carneiro como sacrifício por causa de sua culpa.
20Da família de Imer: Hanani e Zebadias.
21Da família de Harim: Maaseias, Elias, Semaías, Jeiel e Uzias.
22Da família de Pasur: Elioenai, Maaseias, Ismael, Natanael,
Jozabade e Elasa.
23Os levitas culpados desse pecado foram: Jozabade, Simei,
Quelaías (também chamado Quelita), Petaías, Judá e Eliézer.
24O cantor culpado desse pecado foi: Eliasibe. Os porteiros
culpados desse pecado foram: Salum, Telém e Uri.
25Os outros israelitas culpados desse pecado foram: Da fa-
mília de Parós: Ramias, Jezias, Malquias, Miamim, Eleazar,
Malquias e Benaia.
26Da família de Elão: Matanias, Zacarias, Jeiel, Abdi, Jeremote
e Elias.
27Da família de Zatu: Elioenai, Eliasibe, Matanias, Jeremote,
Zabade e Aziza.
28Da família de Bebai: Joanã, Hananias, Zabai e Atlai.
29Da família de Bani: Mesulão, Maluque, Adaías, Jasube, Seal
e Jeremote.
30Da família de Paate-Moabe: Adna, Quelal, Benaia, Maaseias,
Matanias, Bezaleel, Binui e Manassés.
31Da família de Harim: Eliézer, Issias, Malquias, Semaías, Si-
meão, 32Benjamim, Maluque e Semarias.
33Da família de Hasum: Matenai, Matatá, Zabade, Elifelete,
Jeremai, Manassés e Simei.
34Da família de Bani: Maadai, Anrão, Uel, 35Benaia, Bedias,
Queluí, 36Vanias, Meremote, Eliasibe, 37Matanias, Matenai e
Jaasai.
38Da família de Binui: Simei, 39Selemias, Natã, Adaías, 40Mac-
nadbai, Sasai, Sarai, 41Azareel, Selemias, Semarias, 42Salum,
Amarias e José.
43Da família de Nebo: Jeiel, Matitias, Zabade, Zebina, Jadai,
Joel e Benaia.
44Todos esses homens se casaram com mulheres estrangeiras,
e alguns tiveram filhos com essas esposas.

NEEMIAS

1 Estas são as memórias de Neemias, filho de Hacalias.

A preocupação de Neemias com Jerusalém

No mês de quisleu, no vigésimo ano do reinado do rei Arta-
xerxes, eu estava na fortaleza de Susã. 2Hanani, um de meus
irmãos, veio me visitar com alguns homens que haviam che-
gado de Judá. Perguntei-lhes a respeito dos judeus que haviam
regressado do cativeiro e da situação em Jerusalém.
3Eles responderam: "As coisas não vão bem para os que re-
gressaram à província de Judá. Eles estão passando por difi-
culdades e humilhações. O muro de Jerusalém foi derrubado,
e suas portas foram destruídas pelo fogo".
4Quando ouvi isso, sentei-me e chorei. Durante alguns dias,
lamentei, jejuei e orei ao Deus dos céus. 5Então disse: "Ó SE-
NHOR, Deus dos céus, Deus grande e temível, que guardas tua
aliança de amor leal para com os que te amam e obedecem a
teus mandamentos, 6ouve minha oração! Olha do alto e vê que
oro noite e dia por teu povo, Israel. Confesso que temos pe-

cado contra ti. Sim, minha própria família e eu temos pecado!
7Temos pecado terrivelmente contra ti. Não temos obedecido
a teus mandamentos, decretos e estatutos, que nos deste por
meio de teu servo Moisés.
8"Por favor, lembra-te do que disseste a teu servo Moisés: 'Se
forem infiéis a mim, eu os dispersarei entre as nações, 9mas,
se voltarem para mim e obedecerem a meus mandamentos
e viverem de acordo com eles, então, mesmo que estejam
exilados nos confins da terra, eu os reunirei e os trarei de volta
ao lugar que escolhi para estabelecer meu nome'.
10"O povo que tu resgataste com teu grande poder e com tua
forte mão é teu servo. 11Ó Senhor, por favor, ouve a oração
deste teu servo! Ouve as orações de teus servos que se
agradam em te honrar. Peço que me concedas êxito hoje e que
o rei me seja favorável". Nesse tempo, eu era copeiro do rei.

Neemias recebe permissão para ir a Jerusalém

2 No mês de nisã, no vigésimo ano do reinado do rei Arta-
xerxes, eu estava servindo vinho ao rei. Nunca eu tinha es-
tado triste em sua presença. 2O rei me perguntou: "Por que
está com o rosto tão triste? Você não parece doente. Deve
estar profundamente angustiado". Fiquei com muito medo,
3mas respondi: "Que o rei viva para sempre! Como meu rosto
não pareceria triste? A cidade onde estão sepultados meus
antepassados está em ruínas, e suas portas foram destruídas
pelo fogo".
4"O que você deseja que eu faça?", perguntou o rei. Depois
de orar ao Deus dos céus, 5respondi: "Se lhe parecer bem, e
se o rei for favorável a mim, seu servo, peço que me envie a
Judá para reconstruir a cidade onde meus antepassados estão
sepultados".
6O rei, com a rainha sentada ao seu lado, perguntou: "Quanto
tempo você ficará ausente? Quando voltará?". Respondi ao rei
quanto tempo ficaria ausente, e ele atendeu a meu pedido.
7Disse também: "Se lhe parecer bem, gostaria que o rei me
desse cartas para levar aos governadores da província a oeste
do rio Eufrates, com instruções para que eles permitam que
eu viaje em segurança por seus territórios até chegar a Judá.
8Peço ainda que o rei me dê uma carta para levar a Asafe,
administrador da floresta real, com instruções para que me
forneça madeira. Precisarei desse material para as vigas das
portas da fortaleza junto ao templo, para o muro da cidade e
para minha própria casa". O rei atendeu a esses pedidos, pois
a bondosa mão de Deus estava sobre mim.
9Fui aos governadores da província a oeste do rio Eufrates e
lhes entreguei as cartas do rei. Além disso, o rei enviou oficiais
do exército e cavaleiros para me protegerem. 10Mas, quando
Sambalate, o horonita, e Tobias, o oficial amonita, souberam
de minha chegada, ficaram muito irritados porque alguém veio
promover o bem dos israelitas.

Neemias inspeciona o muro de Jerusalém

11Assim, cheguei a Jerusalém. Três dias depois, 12saí discreta-
mente durante a noite, levando comigo uns poucos homens.
Não havia contado a ninguém os planos para Jerusalém que
Deus tinha colocado em meu coração. Não levamos nenhum
animal de carga além daquele que eu montava. 13Depois que
escureceu, saí pela porta do Vale, passei pelo poço do Chacal
e fui até a porta do Esterco para inspecionar o muro de Jeru-
salém, que tinha sido derrubado, e as portas, que haviam sido
destruídas pelo fogo. 14Em seguida, fui à porta da Fonte e ao
tanque do Rei, mas, por causa do entulho, não havia espaço
para meu animal passar. 15Por isso, embora ainda estivesse
escuro, subi pelo vale de Cedrom e inspecionei os muros ali,
antes de voltar e entrar de novo pela porta do Vale.
16Os oficiais da cidade não sabiam aonde eu tinha ido nem
o que estava fazendo, pois não havia contado meus planos
a ninguém. Ainda não tinha falado com os líderes judeus: os
sacerdotes, os nobres, os oficiais e outros que realizariam o
trabalho. 17Mas, então, eu lhes disse: "Vocês sabem muito
bem da terrível situação em que estamos. Jerusalém está em
ruínas, e suas portas foram destruídas pelo fogo. Venham,
vamos reconstruir o muro de Jerusalém e acabar com essa
vergonha!". 18Então lhes contei como a mão de Deus tinha
estado sobre mim e lhes relatei minha conversa com o rei. Eles
responderam: "Sim, vamos reconstruir o muro!", e ficaram
animados para realizar essa boa obra.
19Mas, quando Sambalate, o horonita, Tobias, o oficial amo-
nita, e Gesém, o árabe, souberam de nosso plano, zombaram
de nós com desprezo e perguntaram: "O que estão fazendo?
Estão se rebelando contra o rei?".
20Eu lhes respondi: "O Deus dos céus nos dará êxito. Nós, seus
servos, começaremos a reconstruir este muro. Vocês, porém,
não têm nenhuma parte, nenhum direito legal ou histórico
sobre Jerusalém".

A reconstrução do muro de Jerusalém

3 Então o sumo sacerdote Eliasibe e os outros sacerdotes
começaram a reconstruir a porta das Ovelhas. Eles a consa-
graram, colocaram as portas no lugar e reconstruíram o muro
até a torre dos Cem, que também consagraram, e até a torre
de Hananel. 2Os habitantes da cidade de Jericó trabalharam ao
lado deles, e mais adiante estava Zacur, filho de Inri.
3A porta do Peixe foi construída pelos filhos de Hassenaá. Co-
locaram as vigas, levantaram as portas e puseram os ferrolhos
e as trancas. 4Meremote, filho de Urias e neto de Hacoz, con-
sertou o trecho seguinte do muro. Ao seu lado estava Mesulão,
filho de Berequias e neto de Mesezabel, e mais adiante, Za-
doque, filho de Baaná. 5Os habitantes de Tecoa consertaram o
trecho seguinte, embora seus líderes se recusassem a traba-
lhar com os supervisores da construção.
6Os reparos da porta Antiga foram realizados por Joiada,
filho de Paseia, e por Mesulão, filho de Besodias. Colocaram
as vigas, levantaram as portas e puseram os ferrolhos e as
trancas. 7Ao lado deles estavam Melatias, de Gibeom, Jadom,
de Meronote, homens de Gibeom e homens de Mispá, cidades
sob a autoridade do governador da província a oeste do rio Eu-
frates. 8Uziel, filho de Haraías, ourives de profissão, consertou

o trecho seguinte, e mais adiante estava Hananias, fabricante
de perfumes. Reconstruíram Jerusalém até o muro Largo.
9Refaías, filho de Hur, governador de metade do distrito de
Jerusalém, trabalhou ao lado deles no muro. 10No trecho
seguinte, Jedaías, filho de Harumafe, consertou o muro em
frente de sua própria casa, e ao lado dele estava Hatus, filho
de Hasabneias. 11Em seguida vinham Malquias, filho de Harim,
e Hassube, filho de Paate-Moabe, que consertaram outra parte
do muro e a torre dos Fornos. 12Salum, filho de Haloes, e as
filhas dele, consertaram o trecho seguinte. Salum era gover-
nador da outra metade do distrito de Jerusalém.
13Os reparos da porta do Vale foram realizados pelos habi-
tantes de Zanoa, sob a liderança de Hanum. Levantaram as
portas e puseram os ferrolhos e as trancas. Também conser-
taram os 450 metros seguintes do muro até a porta do Esterco.
14Os reparos da porta do Esterco foram realizados por Mal-
quias, filho de Recabe, governador do distrito de Bete-Ha-
querém. Ele a reconstruiu, levantou as portas e pôs os fer-
rolhos e as trancas.
15Os reparos da porta da Fonte foram realizados por Salum,
filho de Col-Hozé, governador do distrito de Mispá. Ele a re-
construiu, colocou o telhado, levantou as portas e pôs os fer-
rolhos e as trancas. Além disso, consertou o muro do tanque
de Siloé, perto do jardim do rei, e reconstruiu o muro até os
degraus que descem da Cidade de Davi. 16Ao lado dele estava
Neemias, filho de Azbuque, governador de metade do distrito
de Bete-Zur. Ele reconstruiu o muro desde o lugar em frente
dos túmulos da família de Davi até o reservatório de água e até
a Casa dos Guerreiros.
17Os reparos do trecho seguinte foram realizados por um grupo
de levitas que trabalharam sob a supervisão de Reum, filho de
Bani. Depois deles vinha Hasabias, governador de metade do
distrito de Queila, representando seu distrito. 18No trecho se-
guinte trabalharam seus parentes, liderados por Binui, filho de
Henadade, governador da outra metade do distrito de Queila.
19Ézer, filho de Jesua, governador do distrito de Mispá, con-
sertou o trecho seguinte do muro, desde o lugar em frente da
subida para a casa das armas até a esquina do muro. 20Mais
adiante, Baruque, filho de Zabai, consertou com grande zelo
o trecho desde a esquina do muro até a entrada da casa do
sumo sacerdote Eliasibe. 21Meremote, filho de Urias e neto de
Hacoz, reconstruiu o trecho do muro desde a entrada da casa
de Eliasibe até o fim da casa.
22Os reparos do trecho seguinte foram realizados pelos sa-
cerdotes que moravam ao redor da cidade. 23Ao seu lado,
Benjamim e Hassube consertaram o trecho em frente de
suas casas, e Azarias, filho de Maaseias e neto de Ananias,
consertou o trecho ao lado de sua casa. 24Em seguida vinha
Binui, filho de Henadade, que consertou o trecho desde a
casa de Azarias até a esquina do muro. 25Palal, filho de Uzai,
consertou o trecho em frente da esquina do muro e da torre
do palácio real, ao lado do pátio da guarda. Ao lado dele es-
tavam Pedaías, filho de Parós, 26e os servidores do templo
que moravam na colina de Ofel, que consertaram o muro até
o lugar em frente da porta das Águas, a leste, e da torre do
palácio. 27Mais adiante, os habitantes de Tecoa consertaram
outro trecho, desde o lugar em frente da grande torre alta até
o muro de Ofel.
28Os reparos acima da porta dos Cavalos foram realizados
pelos sacerdotes; cada um consertou o trecho do muro em
frente de sua própria casa. 29Depois deles, Zadoque, filho de
Imer, também consertou o trecho do muro em frente de sua
casa. Ao seu lado estava Semaías, filho de Secanias, guarda
da porta Oriental. 30Hananias, filho de Selemias, e Hanum,
sexto filho de Zalafe, consertaram o trecho seguinte, enquanto
Mesulão, filho de Berequias, consertou o trecho em frente de
onde ele morava. 31Malquias, um dos ourives, consertou o
muro até as casas para os servidores do templo e para os ne-
gociantes, em frente da porta da Guarda; então continuou o
trabalho até a sala superior da esquina. 32Os outros ourives
e negociantes consertaram o muro desde a sala superior da
esquina até a porta das Ovelhas.

Inimigos se opõem à reconstrução

4 Sambalate ficou furioso quando soube que estávamos
reconstruindo o muro. Indignou-se e zombou dos judeus.
2Disse na presença de seus companheiros e dos oficiais do
exército samaritano: "O que esse punhado de judeus fracos
pensa que está fazendo? Imaginam que serão capazes de
construir o muro em um dia só porque ofereceram alguns sa-
crifícios? Pensam que podem fazer algo com as pedras quei-
madas que tiraram de um monte de entulho?".
3Tobias, o amonita, estava ao seu lado e comentou: "Basta
uma raposa subir lá, e esse muro de pedra desaba!".
4Então orei: "Ouve-nos, nosso Deus, pois estamos sendo ridi-
cularizados. Que essa zombaria caia sobre a cabeça deles, e
que eles próprios se tornem prisioneiros numa terra estran-
geira! 5Não ignores sua culpa. Não apagues seus pecados, pois
provocaram tua ira aqui, diante dos construtores".
6Por fim, o muro foi reconstruído até metade de sua altura ao
redor de toda a cidade, pois o povo trabalhou com entusiasmo.
7No entanto, quando Sambalate, Tobias, os árabes, os amo-
nitas e os asdoditas souberam que a obra avançava e que as
brechas no muro de Jerusalém estavam sendo fechadas, en-
cheram-se de ira. 8Eles planejaram vir, lutar contra Jerusalém
e causar confusão em nosso meio. 9Mas nós oramos a nosso
Deus e colocamos guardas na cidade de dia e de noite para
nos proteger.
10Então o povo de Judá começou a se queixar: "Os trabalha-
dores estão cansados, e ainda há muito entulho para remover.
Não seremos capazes de construir o muro sozinhos".
11Enquanto isso, nossos inimigos diziam: "Antes que eles se
deem conta do que está acontecendo, cairemos sobre eles e
os mataremos, acabando com seu trabalho".
12Os judeus que moravam perto dos inimigos nos disseram
diversas vezes: "Eles virão de todas as direções e nos ata-
carão!". 13Por isso, coloquei guardas armados atrás das partes
mais baixas do muro e nos lugares mais expostos. Dividi-os por

famílias, para que montassem guarda armados com espadas, lanças e arcos.

14Examinei a situação, reuni os nobres, os oficiais e o restante do povo e lhes disse: "Não tenham medo do inimigo! Lembrem-se do Senhor, que é grande e temível, e lutem por seus irmãos, seus filhos, suas filhas, suas esposas e seus lares!".

15Quando nossos inimigos descobriram que sabíamos de seus planos e que Deus os havia frustrado, todos nós voltamos ao trabalho no muro. 16Dali em diante, porém, apenas metade de meus homens trabalhava, pois a outra metade ficava de guarda com lanças, escudos, arcos e couraças. Os líderes ficavam na retaguarda de todo o povo de Judá, 17que construía o muro. Os trabalhadores prosseguiram com a obra; com uma das mãos levavam as cargas, enquanto, com a outra, seguravam uma arma. 18Todos os construtores tinham uma espada presa à cintura. O tocador de trombeta ficava comigo para dar o sinal de alerta.

19Então expliquei aos nobres, aos oficiais e ao restante do povo: "A obra é extensa, e estamos muito separados uns dos outros ao longo do muro. 20Quando ouvirem o toque da trombeta, corram para onde ele soar. Nosso Deus lutará por nós".

21Trabalhávamos o dia inteiro, do nascer ao pôr do sol, e metade dos homens estava sempre de guarda. 22Nessa ocasião, eu disse aos que moravam fora dos muros que passassem a noite em Jerusalém. Assim, eles e seus servos poderiam ajudar na guarda à noite e trabalhar durante o dia. 23Nenhum de nós — nem eu, nem meus parentes, nem meus servos, nem os guardas que estavam comigo — trocava de roupa. Carregávamos sempre nossas armas, até mesmo quando íamos beber água.

Neemias defende os oprimidos

5 Por esse tempo, alguns homens e suas esposas fizeram um grande protesto contra seus irmãos judeus. 2Alguns deles diziam: "Nossas famílias são grandes; precisamos de mais alimento para sobreviver".

3Outros diziam: "Hipotecamos nossos campos, nossas videiras e nossas casas para conseguir comida durante este período de escassez".

4Ainda outros diziam: "Tomamos dinheiro emprestado para pagar os impostos do rei sobre nossos campos e vinhedos. 5Somos da mesma família que os ricos, e nossos filhos são iguais aos filhos deles. Contudo, somos obrigados a vender nossos filhos como escravos só para termos dinheiro suficiente para viver. Já vendemos algumas de nossas filhas, e não há nada que possamos fazer, pois nossos campos e vinhedos agora pertencem a outros".

6Quando ouvi essas reclamações, fiquei muito indignado. 7Depois de pensar bem na questão, repreendi os nobres e os oficiais, dizendo: "Vocês estão prejudicando seus próprios irmãos ao cobrar juros quando lhes pedem dinheiro emprestado!". Em seguida, convoquei uma reunião pública para tratar do problema.

8Na reunião, eu lhes disse: "Temos feito todo o possível para resgatar nossos irmãos judeus que se venderam a estrangeiros, mas agora vocês os vendem de volta à escravidão. Quantas vezes precisaremos resgatá-los?". E eles não tinham nada a dizer em sua defesa.

9Então prossegui: "O que vocês estão fazendo não é certo! Acaso não deviam andar no temor de nosso Deus, para evitar a zombaria das nações inimigas? 10Eu, meus irmãos e os homens que trabalham para mim temos emprestado dinheiro e cereal para o povo. Agora, porém, deixemos de cobrar juros! 11Devolvam-lhes hoje mesmo seus campos, seus vinhedos, seus olivais e suas casas. Devolvam também a centésima parte, os juros que cobraram quando lhes emprestaram dinheiro, cereais, vinho novo e azeite".

12Eles responderam: "Devolveremos tudo e não exigiremos mais nada do povo. Faremos conforme você diz". Então chamei os sacerdotes e fiz os nobres e os oficiais jurarem que cumpririam sua promessa.

13Depois, sacudi as dobras de meu manto e disse: "Que Deus assim os sacuda de seus lares e de suas propriedades se vocês não cumprirem o que prometeram! Que fiquem sem absolutamente nada!". Toda a comunidade respondeu: "Amém", e louvaram o SENHOR. E o povo cumpriu o que havia prometido.

14Durante os doze anos em que fui governador de Judá, do vigésimo ano ao trigésimo segundo ano do reinado do rei Artaxerxes, nem eu nem meus oficiais cobramos o tributo de alimentação ao qual tínhamos direito. 15Os governadores anteriores, no entanto, haviam colocado cargas pesadas sobre o povo; exigiam uma porção de alimento e de vinho, além de quarenta peças de prata. Até mesmo os oficiais deles se aproveitavam do povo. Mas, por temor a Deus, não agi dessa maneira.

16Dediquei-me ao trabalho no muro e não adquiri terras. Exigi que todos os meus servos também trabalhassem no muro.

17Não pedi nada, embora 150 judeus e oficiais comessem com frequência à minha mesa, além de todos os visitantes de outras terras. 18Os suprimentos pelos quais eu pagava todos os dias eram um boi, seis das melhores ovelhas, e muitas aves. Além disso, a cada dez dias, precisávamos de uma grande quantidade de vinhos de todo tipo. E, no entanto, não cobrei o tributo de alimentação a que o governador tinha direito, pois o trabalho que o povo realizava já representava uma carga pesada.

19Lembra-te, ó meu Deus, de tudo que tenho feito por este povo, e abençoa-me por isso.

A oposição continua

6 Sambalate, Tobias, Gesém, o árabe, e o restante de nossos inimigos descobriram que eu havia terminado de reconstruir o muro e que não restavam brechas, embora as portas ainda não tivessem sido colocadas em seus lugares. 2Então Sambalate e Gesém enviaram uma mensagem pedindo que eu me encontrasse com eles num dos povoados da planície de Ono. Sabendo que eles planejavam me fazer mal, 3respondi

com a seguinte mensagem: "Estou envolvido com uma obra
muito importante e não posso ir. Por que eu deveria inter-
romper o trabalho para me encontrar com vocês?".
4Quatro vezes eles enviaram a mesma mensagem, e cada vez
lhes respondi da mesma forma. 5Na quinta vez, o servo de
Sambalate trouxe nas mãos uma carta aberta, 6que dizia: "Há
um boato entre as nações vizinhas, e Gesém o confirma, que
você e os judeus planejam se rebelar e, por isso, estão recons-
truindo o muro. De acordo com esses relatos, você planeja se
tornar o rei deles. 7Corre a notícia de que você nomeou pro-
fetas em Jerusalém para proclamarem a seu respeito: 'Olhem!
Há um rei em Judá!'. "Pode ter certeza de que essa informação
chegará ao conhecimento do rei. Sugiro, portanto, que venha
conversar comigo".
8Eu lhe respondi: "Nada do que você diz é verdade. É tudo
invenção sua".
9Estavam apenas tentando nos intimidar e imaginavam que
iríamos interromper a obra. Assim, continuei o trabalho com
determinação ainda maior.
10Algum tempo depois, fui visitar Semaías, filho de Delaías e
neto de Meetabel, que não podia sair de sua casa. Ele disse:
"Vamos nos encontrar no templo de Deus e trancar as portas.
Esta noite seus inimigos virão matá-lo".
11Eu, porém, respondi: "Alguém de minha posição deve fugir
do perigo? Alguém como eu deve entrar no templo para salvar
a vida? Não farei isso!". 12Percebi que Deus não tinha falado
com Semaías, mas que ele havia sido contratado por Samba-
late e Tobias para anunciar essa profecia contra mim. 13Eles
esperavam me intimidar e me fazer pecar. Assim, poderiam me
difamar e me desacreditar.
14Lembra-te, ó meu Deus, de todo mal feito por Tobias e Sam-
balate. E lembra-te da profetisa Noadia e de todos os outros
profetas que tentaram me intimidar.

Os construtores terminam o muro

15Por fim, no dia 2 de outubro, 52 dias depois de começarmos
o trabalho, o muro ficou pronto. 16Quando nossos inimigos
e as nações vizinhas souberam disso, ficaram assustados e
sentiram-se humilhados. Perceberam que a obra havia sido
realizada com a ajuda de nosso Deus.
17Durante esses 52 dias, Tobias e os nobres de Judá trocaram
várias cartas. 18Muitos em Judá haviam jurado lealdade a
Tobias, pois seu sogro era Secanias, filho de Ará, e seu filho
Joanã era casado com a filha de Mesulão, filho de Berequias.
19Eles sempre me falavam das boas ações de Tobias e lhe con-
tavam tudo que eu dizia. E Tobias continuava a mandar cartas
de ameaça para me intimidar.

7 Depois que o muro foi terminado e que eu havia colocado
as portas em seus lugares, foram nomeados os guardas das
portas, os cantores e os levitas. 2Entreguei a responsabilidade
de governar Jerusalém a meu irmão Hanani e a Hananias, co-
mandante da fortaleza, pois era um homem fiel que temia
a Deus mais do que a maioria dos homens. 3Eu lhes disse:
"Não deixem as portas abertas durante a parte mais quente
do dia. Mesmo quando os guardas das portas estiverem de
serviço, deverão fechá-las e trancá-las. Nomeiem moradores
de Jerusalém para montar guarda, todos em turnos regulares.
Alguns ficarão em postos de sentinela, e outros, em frente de
suas casas".

Neemias registra o povo

4Nesse tempo, a cidade era grande e espaçosa, mas a popu-
lação era pequena e nenhuma das casas havia sido recons-
truída. 5Então meu Deus me deu a ideia de convocar todos os
nobres e as autoridades da cidade e todos os cidadãos comuns
para registrá-los. Eu havia encontrado o registro genealógico
dos primeiros a regressar a Judá. Nele estava escrito:
6Esta é uma lista dos judeus da província que regressaram
do cativeiro. O rei Nabucodonosor os havia deportado para
a Babilônia, mas eles voltaram para Jerusalém e Judá, cada
um para sua cidade de origem. 7Seus líderes eram Zorobabel,
Jesua, Neemias, Seraías, Reelaías, Naamani, Mardoqueu,
Bilsã, Mispar, Bigvai, Reum e Baaná. Este é o número de
homens de Israel que regressaram do exílio: 8da família de
Parós, 2.172; 9da família de Sefatias, 372; 10da família de Ará,
652; 11da família de Paate-Moabe (descendentes de Jesua e
de Joabe), 2.818; 12da família de Elão, 1.254; 13da família de
Zatu, 845; 14da família de Zacai, 760; 15da família de Bani, 648;
16da família de Bebai, 628; 17da família de Azgade, 2.322; 18da
família de Adonicam, 667; 19da família de Bigvai, 2.067; 20da
família de Adim, 655; 21da família de Ater (descendentes de
Ezequias), 98; 22da família de Hassum, 328; 23da família de
Bezai, 324; 24da família de Jora, 112; 25da família de Gibar, 95;
26do povo de Belém e Netofa, 188; 27do povo de Anatote, 128;
28do povo de Bete-Azmavete, 42; 29do povo de Quiriate-Jearim,
Quefira e Beerote, 743; 30do povo de Ramá e Geba, 621; 31do
povo de Micmás, 122; 32do povo de Betel e Ai, 123; 33do povo de
Nebo Ocidental, 52; 34dos cidadãos de Elão Ocidental, 1.254;
35os cidadãos de Harim, 320; 36os cidadãos de Jericó, 345;
37os cidadãos de Lode, Hadide e Ono, 721; 38os cidadãos de
Senaá, 3.930.
39Estes são os sacerdotes que regressaram do exílio: da família
de Jedaías (da linhagem de Jesua), 973; 40da família de Imer,
1.052; 41da família de Pasur, 1.247; 42da família de Harim, 1.017.
43Estes são os levitas que regressaram do exílio: das famílias
de Jesua e Cadmiel (descendentes de Hodavias), 74; 44os can-
tores da família de Asafe, 148; 45os guardas das portas das
famílias de Salum, Ater, Talmom, Acube, Hatita e Sobai, 138.
46Os descendentes destes servidores do templo regressaram
do exílio: Zia, Hasufa, Tabaote, 47Queros, Sia, Padom, 48Le-
bana, Hagaba, Salmai, 49Hanã, Gidel, Gaar, 50Reaías, Rezim,
Necoda, 51Gazão, Uzá, Paseia, 52Besai, Meunim, Nefusim,
53Baquebuque, Hacufa, Harur, 54Baslute, Meída, Harsa,
55Barcos, Sísera, Tamá, 56Nesias e Hatifa.
57Os descendentes destes servos do rei Salomão regressaram
do exílio: Sotai, Soferete, Peruda, 58Jaala, Darcom, Gidel, 59Se-
fatias, Hatil, Poquerete-Hazebaim e Ami.

60Ao todo, os servidores do templo e os descendentes dos
servos de Salomão eram 392.
61Nessa ocasião, outro grupo regressou das cidades de Tel-
-Melá, Tel-Harsa, Querube, Adã e Imer. Contudo, não puderam
comprovar que eles ou suas famílias eram descendentes de
Israel. 62Estavam nesse grupo as famílias de Delaías, Tobias e
Necoda, 642 pessoas ao todo.
63Também regressaram as famílias de três sacerdotes: Ha-
baías, Hacoz e Barzilai. (Esse Barzilai havia se casado com
uma mulher descendente de Barzilai, de Gileade, e assumido
o nome da família dela.) 64Procuraram seus nomes nos re-
gistros genealógicos, mas não os encontraram, por isso não
se qualificaram para servir como sacerdotes. 65O governador
ordenou que não comessem das porções dos sacrifícios sepa-
radas para os sacerdotes até que um sacerdote consultasse o
SENHOR a esse respeito usando o Urim e o Tumim.
66Portanto, os que regressaram para Judá foram 42.360,
67além dos 7.337 servos e servas e dos 245 cantores e cantoras.
68Levaram consigo 736 cavalos, 245 mulas, 69435 camelos e
6.720 jumentos.
70Alguns dos chefes das famílias fizeram donativos para a obra.
O governador deu à tesouraria o total de 8,6 quilos de ouro,
50 bacias de ouro e 530 vestes para os sacerdotes. 71Os outros
líderes deram à tesouraria o total de 172 quilos de ouro e 1.320
quilos de prata. 72O restante do povo deu 172 quilos de ouro,
1.200 quilos de prata e 67 vestes para os sacerdotes.
73Assim, os sacerdotes, os levitas, os guardas das portas, os
cantores, os servidores do templo e alguns do povo se estabe-
leceram perto de Jerusalém. O restante do povo regressou às
suas cidades em todo o Israel.

Esdras faz a leitura da Lei

8 Em outubro, quando os israelitas já haviam se estabelecido
em suas cidades, todo o povo se reuniu com um só propó-
sito na praça em frente da porta das Águas. Pediram ao escriba
Esdras que trouxesse o Livro da Lei de Moisés, que o SENHOR
tinha dado a Israel.
2Assim, no dia 8 de outubro, o sacerdote Esdras trouxe o Livro
da Lei perante a comunidade constituída de homens e mu-
lheres e de todas as crianças com idade suficiente para en-
tender. 3Ficou de frente para a praça, junto à porta das Águas,
desde o amanhecer até o meio-dia, e leu em voz alta para
todos que podiam entender. Todo o povo ouviu com atenção
a leitura do Livro da Lei.
4O escriba Esdras estava em pé sobre uma plataforma de
madeira feita para a ocasião. À sua direita estavam Matitias,
Sema, Anaías, Urias, Hilquias e Maaseias; à sua esquerda,
Pedaías, Misael, Malquias, Hasum, Hasbadana, Zacarias e
Mesulão. 5Esdras estava sobre a plataforma, à vista de todo o
povo. Quando o viram abrir o Livro da Lei, todos se levantaram.
6Esdras louvou o SENHOR, o grande Deus, e todo o povo disse:
"Amém! Amém!", com as mãos erguidas. Depois, prostra-
ram-se com o rosto no chão e adoraram o SENHOR.
7Em seguida, os levitas Jesua, Bani, Serebias, Jamim, Acube,
Sabetai, Hodias, Maaseias, Quelita, Azarias, Jozabade, Hanã
e Pelaías instruíram o povo acerca da Lei, e todos permane-
ceram em seus lugares. 8Liam o Livro da Lei de Deus, expli-
cavam com clareza o significado do que era lido e ajudavam o
povo a entender cada passagem.
9Então o governador Neemias, o sacerdote e escriba Esdras e
os levitas que instruíam o povo disseram: "Não se lamentem
nem chorem num dia como este! Hoje é um dia consagrado ao
SENHOR, seu Deus!". Pois todo o povo chorava enquanto ouvia
as palavras da Lei.
10E Neemias prosseguiu: "Vão e comemorem com um ban-
quete de comidas saborosas e bebidas doces e repartam o
alimento com aqueles do povo que não prepararam nada. Este
é um dia consagrado ao nosso Senhor. Não fiquem tristes, pois
a alegria do SENHOR é sua força!".
11Os levitas também acalmaram o povo, dizendo: "Aquie-
tem-se! Não fiquem tristes! Hoje é um dia santo!". 12Então
o povo saiu para comer e beber numa refeição festiva, para
repartir o alimento e celebrar com grande alegria, pois tinham
ouvido e entendido as palavras de Deus.

A Festa das Cabanas

13No dia 9 de outubro, os chefes de todas as famílias do povo,
junto com os sacerdotes e os levitas, reuniram-se com o
escriba Esdras para examinar a Lei mais atentamente. 14En-
quanto estudavam a Lei, descobriram que o SENHOR havia
ordenado por meio de Moisés que os israelitas morassem
em cabanas durante a festa a ser comemorada naquele mês.
15Ele tinha dito que se devia fazer uma proclamação por todas
as suas cidades e em Jerusalém, para que o povo fosse até
os montes apanhar ramos de oliveiras cultivadas e oliveiras
silvestres, ramos de murtas, de palmeiras e de outras árvores
frondosas. Deviam usar esses ramos para construir as cabanas,
conforme prescrito pela Lei.
16O povo saiu, cortou ramos e os usou para construir cabanas
nos terraços das casas, nos seus pátios, nos pátios do templo
de Deus, na praça junto à porta das Águas e na praça junto
à porta de Efraim. 17Então todos que haviam regressado do
cativeiro moraram nessas cabanas durante a festa, e todos es-
tavam cheios de grande alegria. Os israelitas não celebravam
a festa dessa maneira desde os dias de Josué, filho de Num.
18Durante os sete dias da festa, Esdras leu o Livro da Lei de
Deus a cada dia. Então, no oitavo dia, realizaram uma reunião
solene, conforme prescrito.

O povo confessa seus pecados

9 No dia 31 de outubro, o povo de Israel se reuniu novamente;
dessa vez, jejuaram, vestiram pano de saco e jogaram terra
sobre a cabeça. 2Os que eram de descendência israelita se
separaram de todos os estrangeiros. Levantaram-se e con-
fessaram seus pecados e as maldades de seus antepassados.
3Durante três horas, permaneceram em pé no mesmo lugar
enquanto o Livro da Lei do SENHOR, seu Deus, era lido para eles

em voz alta. Depois, confessaram seus pecados e adoraram o
SENHOR, seu Deus, durante mais três horas. 4Os levitas Jesua,
Bani, Cadmiel, Sebanias, Buni, Serebias, Bani e Quenani es-
tavam em pé em sua plataforma e clamavam em alta voz ao
SENHOR, seu Deus.
5Então os levitas Jesua, Cadmiel, Bani, Hasabneias, Serebias,
Hodias, Sebanias e Petaías disseram ao povo: "Levantem-se
e louvem o SENHOR, seu Deus, que vive desde sempre e para
sempre!". Em seguida, oraram: "Louvado seja teu nome glo-
rioso! Exaltado seja acima de toda bênção e todo louvor!
6"Somente tu és o SENHOR. Fizeste o céu e os céus além do
céu, e todas as estrelas. Fizeste a terra, os mares, e tudo que
neles há. Preservas todos os seres com vida, e o exército dos
céus te presta adoração.
7"Tu és o SENHOR Deus, que escolheste Abrão, o trouxeste de
Ur dos caldeus e lhe deste o nome de Abraão. 8Viste a fideli-
dade de seu coração e fizeste com ele uma aliança, para dar
a ele e à sua descendência a terra dos cananeus, dos hititas,
dos amorreus, dos ferezeus, dos jebuseus e dos girgaseus. E
cumpriste tua promessa, pois és sempre fiel à tua palavra.
9"Viste a aflição de nossos antepassados no Egito e ouviste
os clamores deles junto ao mar Vermelho. 10Fizeste sinais e
maravilhas contra o faraó, seus oficiais e todo o seu povo, pois
sabias como tratavam arrogantemente nossos antepassados.
Tens uma fama tremenda, que não foi esquecida. 11Dividiste
o mar, para que teu povo atravessasse em terra seca, e de-
pois lançaste seus inimigos nas profundezas do mar, e eles
afundaram como pedras nas águas impetuosas. 12Conduziste
nossos antepassados com uma coluna de nuvem durante o dia
e uma coluna de fogo durante a noite, para que encontrassem
o caminho por onde deviam ir.
13"Desceste ao monte Sinai e falaste com eles do céu. Deste
estatutos justos, leis verdadeiras e decretos e mandamentos
bons. 14Tu os instruíste a respeito de teu sábado santo. Orde-
naste, por meio de teu servo Moisés, que obedecessem a teus
mandamentos, decretos e leis.
15"Providenciaste-lhes pão do céu quando tiveram fome e
água da rocha quando tiveram sede. Ordenaste que fossem
e tomassem posse da terra que juraste lhes dar.
16"Nossos antepassados, porém, eram orgulhosos e teimosos e
não deram atenção a teus mandamentos. 17Não quiseram obe-
decer e não se lembraram dos milagres que havias realizado em
favor deles. Em vez disso, rebelaram-se e nomearam um líder
para levá-los de volta à escravidão no Egito. Mas tu és Deus de
perdão, misericordioso e compassivo, lento para se irar e cheio
de amor. Não os abandonaste, 18mesmo quando fizeram um
ídolo em forma de bezerro e disseram: 'Este é seu deus que os
tirou do Egito!'. Sim, cometeram blasfêmias terríveis!
19"Mas, em tua grande misericórdia, não os abandonaste para
morrer no deserto. A coluna de nuvem continuava a conduzi-los
durante o dia, e a coluna de fogo lhes mostrava o caminho
durante a noite. 20Enviaste teu bom Espírito para instruí-los e
não deixaste de lhes dar maná do céu para se alimentarem,
nem água para matarem a sede. 21Tu os sustentaste no deserto
durante quarenta anos, e nada lhes faltou. Suas roupas não se
desgastaram, nem seus pés ficaram inchados.
22"Depois, entregaste reinos e nações a nossos antepassados
e distribuíste teu povo por todos os cantos da terra. Eles to-
maram posse da terra de Seom, rei de Hesbom, e da terra de
Ogue, rei de Basã. 23Tornaste seus descendentes tão nume-
rosos como as estrelas do céu e os trouxeste para a terra que
havias prometido a seus antepassados.
24"Eles entraram e tomaram posse da terra. Tu derrotaste na-
ções inteiras diante deles e entregaste nas mãos de teu povo
os cananeus que habitavam na terra. Teu povo fez o que quis
com essas nações e seus reis. 25Nossos antepassados con-
quistaram cidades fortificadas e terras férteis. Apossaram-se
de casas cheias de coisas boas, com cisternas já escavadas e
com vinhedos, olivais e muitas árvores frutíferas. Comeram até
se fartar, engordaram e desfrutaram de tuas muitas bênçãos.
26"Apesar de tudo isso, foram desobedientes e se rebelaram
contra ti. Deram as costas para tua Lei, mataram os profetas
que enviaste para adverti-los a voltarem para ti e cometeram
blasfêmias terríveis. 27Por isso, tu os entregaste nas mãos de
seus inimigos, que os fizeram sofrer. Nos momentos de an-
gústia, porém, clamaram a ti, e tu os ouviste do céu. Em tua
grande misericórdia, enviaste libertadores que os livraram de
seus inimigos.
28"Mas, assim que teu povo tinha descanso, voltava a praticar
o mal diante de ti. Portanto, permitiste que seus inimigos os
dominassem. E, no entanto, quando teu povo voltava para ti e
pedia socorro, tu os ouvias novamente. Em tua misericórdia,
tu os resgataste muitas vezes.
29"Tu os advertiste a voltarem para tua Lei, mas eles se tor-
naram orgulhosos e desobedeceram a teus mandamentos.
Não cumpriram teus estatutos, que dão vida a quem lhes obe-
dece. Em rebeldia, deram as costas para ti e, teimosamente,
não quiseram ouvir. 30Por muitos anos, foste paciente com
eles. Enviaste teu Espírito, que os advertiu por meio dos pro-
fetas. Ainda assim, eles se recusaram a ouvir. Por isso, mais
uma vez, permitiste que os povos da terra os dominassem.
31Em tua grande misericórdia, porém, não os destruíste com-
pletamente nem os abandonaste para sempre. Que Deus bon-
doso e compassivo tu és!
32"Agora, nosso Deus, o grande, poderoso e temível Deus, que
guardas tua aliança de amor leal, não permitas que te pareçam
insignificantes todas as dificuldades que enfrentamos. Grande
aflição veio sobre nós e sobre nossos reis, líderes, sacerdotes,
profetas e antepassados, sobre todo o teu povo, desde os
dias em que os reis da Assíria triunfaram sobre nós até hoje.
33Foste justo todas as vezes que nos castigaste. Agimos perver-
samente e nos deste apenas o que merecíamos. 34Nossos reis,
líderes, sacerdotes e antepassados não obedeceram à tua lei
nem deram ouvidos às advertências em teus mandamentos e
preceitos. 35Mesmo quando tinham seu próprio reino, não te
serviram, apesar de teres derramado tua bondade sobre eles.
Deste-lhes uma terra ampla e fértil, mas eles não quiseram
servir-te nem abandonar sua perversidade.

36"Por isso, hoje somos escravos na terra de fartura que deste
a nossos antepassados para que desfrutassem dela. Somos
escravos aqui nesta boa terra. 37A grande produção desta terra
se acumula nas mãos dos reis que puseste sobre nós por causa
de nossos pecados. Eles têm poder sobre nós e sobre nossos
rebanhos. Nós lhes servimos como eles querem e estamos em
grande angústia".

O povo concorda em obedecer

38O povo respondeu: "Em vista disso tudo, fazemos uma
aliança solene e a registramos por escrito. Neste documento
selado estão os nomes de nossos líderes, levitas e sacerdotes".

10 Os que assinaram e selaram o documento foram: O gover-
nador Neemias, filho de Hacalias, e Zedequias.
2Os sacerdotes Seraías, Azarias, Jeremias, 3Pasur, Amarias,
Malquias, 4Hatus, Sebanias, Maluque, 5Harim, Meremote,
Obadias, 6Daniel, Ginetom, Baruque, 7Mesulão, Abias,
Miamim, 8Maazias, Bilgai e Semaías.
9Os levitas Jesua, filho de Azanias, Binui, dos descendentes
de Henadade, Cadmiel, 10Sebanias, Hodias, Quelita, Pelaías,
Hanã, 11Mica, Reobe, Hasabias, 12Zacur, Serebias, Sebanias,
13Hodias, Bani e Beninu.
14Os líderes do povo Parós, Paate-Moabe, Elão, Zatu, Bani,
15Buni, Azgade, Bebai, 16Adonias, Bigvai, Adim, 17Ater, Ezequias,
Azur, 18Hodias, Hasum, Besai, 19Harife, Anatote, Nebai, 20Mag-
pias, Mesulão, Hezir, 21Mesezabel, Zadoque, Jadua, 22Pelatias,
Hanã, Anaías, 23Oseias, Hananias, Hassube, 24Haloes, Pílea,
Sobeque, 25Reum, Hasabná, Maaseias, 26Aías, Hanã, Anã,
27Maluque, Harim e Baaná.

O compromisso do povo

28Então o restante do povo — os sacerdotes, os levitas, os
guardas das portas, os cantores, os servidores do templo e
todos que haviam se separado dos povos estrangeiros da
terra a fim de obedecer à Lei de Deus, na companhia de suas
esposas, seus filhos, suas filhas e de todos que tinham idade
para entender — 29uniu-se a seus líderes e assumiu um com-
promisso solene. Juraram que seriam amaldiçoados se não
obedecessem à Lei de Deus, dada por seu servo Moisés, e
prometeram obedecer atentamente a todos os mandamentos,
estatutos e decretos do SENHOR, nosso Senhor:
30"Prometemos não permitir que nossas filhas se casem com
os habitantes desta terra, nem permitir que as filhas deles se
casem com nossos filhos.
31"Também prometemos que, se os habitantes desta terra
trouxerem mercadorias ou cereais para vender no sábado ou
em qualquer outro dia santo, não compraremos deles. A cada
sete anos, deixaremos a terra descansar e cancelaremos todas
as dívidas.
32"Além disso, prometemos obedecer ao mandamento de
pagar o imposto anual de quatro gramas de prata para o ser-
viço do templo de nosso Deus. 33Esse imposto também será
usado para providenciar os pães da presença, as ofertas regu-
lares de cereais e os holocaustos, as ofertas para os sábados,
para as celebrações da lua nova e para as festas anuais, as
ofertas sagradas e as ofertas pelo pecado para fazer expiação
por Israel. Será usado para tudo que for necessário para o
trabalho no templo de nosso Deus.
34"Fizemos um sorteio a fim de definir uma escala anual re-
gular para que as famílias dos sacerdotes, dos levitas e do
povo tragam ao templo de nosso Deus a lenha para ser quei-
mada no altar do SENHOR, nosso Deus, conforme prescrito na
Lei.
35"Prometemos trazer anualmente ao templo do SENHOR os
primeiros frutos de todas as colheitas, tanto dos produtos da
terra como das árvores frutíferas. 36Concordamos em entregar
a Deus nossos filhos mais velhos e as primeiras crias de todos
os nossos rebanhos, tanto de bois como de ovelhas, conforme
prescrito pela Lei. Nós os apresentaremos aos sacerdotes
que ministram no templo de nosso Deus. 37Armazenaremos
os produtos da terra nos depósitos do templo de nosso Deus.
Traremos o melhor de nossa farinha e outras ofertas de cereal,
o melhor de nossos frutos, de nosso vinho novo e de nosso
azeite. Prometemos ainda entregar aos levitas um décimo de
tudo que nossa terra produzir, pois são os levitas que recolhem
os dízimos em todas as cidades onde trabalhamos.
38"Um sacerdote descendente de Arão acompanhará os le-
vitas quando receberem esses dízimos. A décima parte de tudo
que for recolhido como dízimo será entregue pelos levitas ao
templo de nosso Deus e colocada nos depósitos. 39O povo e os
levitas deverão trazer essas ofertas de cereal, de vinho novo
e de azeite para os depósitos e colocá-las nos recipientes sa-
grados perto dos sacerdotes que ali estiverem ministrando,
dos guardas das portas e dos cantores. "Prometemos não
descuidar do templo de nosso Deus".

O repovoamento de Jerusalém

11 Os líderes do povo passaram a morar em Jerusalém, a
cidade santa. Um décimo do povo das outras cidades foi
escolhido por sorteio para morar lá também, enquanto o res-
tante permaneceu onde estava. 2O povo abençoou todos que
se ofereceram para morar em Jerusalém.
3Esta é uma lista dos nomes dos líderes das províncias que
foram morar em Jerusalém. A maioria do povo, dos sacer-
dotes, dos levitas, dos servidores do templo e dos descen-
dentes dos servos de Salomão continuou a viver em suas pró-
prias casas nas várias cidades de Judá, 4mas alguns do povo de
Judá e de Benjamim se mudaram para Jerusalém. Da tribo de
Judá: Ataías, filho de Uzias, filho de Zacarias, filho de Amarias,
filho de Sefatias, filho de Maalaleel, da descendência de Perez;
5também Maaseias, filho de Baruque, filho de Col-Hozé, filho
de Hazaías, filho de Adaías, filho de Joiaribe, filho de Zacarias,
da família de Selá. 6Dos descendentes de Perez, 468 foram
morar em Jerusalém. Eram todos homens valorosos.
7Da tribo de Benjamim: Salu, filho de Mesulão, filho de Joede,
filho de Pedaías, filho de Colaías, filho de Maaseias, filho de
Itiel, filho de Jesaías; 8depois dele, Gabai e Salai e 928 pa-

rentes ao todo. 9O chefe deles era Joel, filho de Zicri, auxiliado
por Judá, filho de Hassenua, o segundo no comando da cidade.
10Dos sacerdotes: Jedaías, filho de Joiaribe, Jaquim 11e Se-
raías, filho de Hilquias, filho de Mesulão, filho de Zadoque,
filho de Meraiote, filho de Aitube, principal encarregado
do templo de Deus; 12também 822 colegas que serviam no
templo; Adaías, filho de Jeroão, filho de Pelalias, filho de Anzi,
filho de Zacarias, filho de Pasur, filho de Malquias, 13junto com
242 colegas, chefes de suas famílias; e ainda Amassai, filho
de Azareel, filho de Azai, filho de Mesilemote, filho de Imer,
14e 128 de seus colegas, homens valorosos. O chefe deles era
Zabdiel, filho de Gedolim.
15Dos levitas: Semaías, filho de Hassube, filho de Azricam, filho
de Hasabias, filho de Buni; 16também Sabetai e Jozabade, lí-
deres dos levitas, encarregados do trabalho fora do templo de
Deus; 17e ainda Matanias, filho de Mica, filho de Zabdi, descen-
dente de Asafe, que dirigia as ações de graças e as orações;
também Baquebuquias, assistente de Matanias, e Abda, filho
de Samua, filho de Galal, filho de Jedutum. 18Havia ao todo 284
levitas na cidade santa.
19Dos guardas das portas: Acube e Talmom e 172 colegas que
guardavam as portas.
20Os outros sacerdotes e levitas e o restante dos israelitas mo-
ravam cada um na propriedade de sua família nas outras ci-
dades de Judá. 21Mas os servidores do templo, sob a liderança
de Zia e Gispa, moravam todos na colina de Ofel.
22O chefe dos levitas em Jerusalém era Uzi, filho de Bani, filho
de Hasabias, filho de Matanias, filho de Mica, descendente
de Asafe. Os membros da família de Asafe eram cantores no
templo de Deus. 23Exerciam suas responsabilidades diárias de
acordo com os termos de uma ordem do rei.
24Petaías, filho de Mesezabel, descendente de Zera, filho de
Judá, era o conselheiro do rei em todos os assuntos referentes
ao povo.
25Quanto aos povoados vizinhos, com seus campos, alguns
do povo de Judá foram morar em Quiriate-Arba e seus po-
voados, em Dibom e seus povoados e em Jecabzeel e seus
povoados. 26Também foram morar em Jesua, em Moladá, em
Bete-Palete, 27em Hazar-Sual, em Berseba e seus povoados,
28em Ziclague e em Meconá e seus povoados. 29E ainda, em
En-Rimom, em Zorá, em Jarmute, 30em Zanoa e em Adulão e
seus povoados, em Laquis, com seus campos, e em Azeca e
seus povoados. Assim, o povo de Judá se estabeleceu desde
Berseba, no sul, até o vale de Hinom.
31Alguns do povo de Benjamim foram morar em Geba, em Mi-
cmás, em Aia e em Betel e seus povoados. 32Também foram
morar em Anatote, em Nobe, em Ananias, 33em Hazor, em
Ramá, em Gitaim, 34em Hadide, em Zeboim, em Nebalate,
35em Lode, em Ono e em Ge-Harasim. 36Alguns dos levitas que
viviam em Judá foram morar com a tribo de Benjamim.

A lista dos sacerdotes e dos levitas

12 Os sacerdotes e levitas que regressaram com Zorobabel,
filho de Sealtiel, e com Jesua, o sumo sacerdote, foram:
Seraías, Jeremias, Esdras, 2Amarias, Maluque, Hatus, 3Se-
canias, Harim, Meremote, 4Ido, Ginetom, Abias, 5Miniamim,
Moadias, Bilga, 6Semaías, Joiaribe, Jedaías, 7Salu, Amoque,
Hilquias e Jedaías. Esses foram os líderes dos sacerdotes e
seus companheiros nos dias de Jesua.
8Os levitas que regressaram com eles foram: Jesua, Binui, Cad-
miel, Serebias, Judá e também Matanias, que, com seus com-
panheiros, era encarregado dos cânticos de ação de graças.
9Seus companheiros Baquebuquias e Uni ficavam em frente
deles durante o culto.
10O sumo sacerdote Jesua gerou Joiaquim; Joiaquim gerou
Eliasibe; Eliasibe gerou Joiada; 11Joiada gerou Joanã; Joanã
gerou Jadua.
12Quando Joiaquim era sumo sacerdote, os chefes das famílias
dos sacerdotes foram: Meraías, chefe da família de Seraías;
Hananias, chefe da família de Jeremias; 13Mesulão, chefe da
família de Esdras; Joanã, chefe da família de Amarias; 14Jô-
natas, chefe da família de Maluqui; José, chefe da família de
Secanias; 15Adna, chefe da família de Harim; Helcai, chefe
da família de Meremote; 16Zacarias, chefe da família de Ido;
Mesulão, chefe da família de Ginetom; 17Zicri, chefe da fa-
mília de Abias; um chefe da família de Miniamin; Piltai, chefe
da família de Moadias; 18Samua, chefe da família de Bilga;
Jônatas, chefe da família de Semaías; 19Matenai, chefe da
família de Joiaribe; Uzi, chefe da família de Jedaías; 20Calai,
chefe da família de Salu; Héber, chefe da família de Amoque;
21Hasabias, chefe da família de Hilquias; Netanel, chefe da
família de Jedaías.
22Nos dias de Eliasibe, Joiada, Joanã e Jadua, manteve-se um
registro dos chefes das famílias dos levitas. Durante o reinado
de Dario, o persa, manteve-se um registro dos sacerdotes.
23Até os dias de Joanã, neto de Eliasibe, manteve-se um re-
gistro dos chefes das famílias dos levitas no *Livro da História*.
24Estes foram os chefes das famílias dos levitas: Hasabias,
Serebias, Jesua, Binui, Cadmiel e outros companheiros que fi-
cavam em frente deles durante as cerimônias de louvor e ação
de graças; um lado respondia ao outro, conforme ordenado
por Davi, homem de Deus.
25Matanias, Baquebuquias, Obadias, Mesulão, Talmom e
Acube eram os guardas das portas encarregados dos depósitos
junto às portas. 26Todos eles serviam nos dias de Joiaquim,
filho de Jesua, filho de Jeozadaque, e nos dias do governador
Neemias e do sacerdote e escriba Esdras.

A dedicação do muro de Jerusalém

27Para a dedicação do novo muro de Jerusalém, pediu-se que
os levitas de toda a terra viessem a Jerusalém para auxiliar
nas cerimônias. Deviam participar dessa ocasião alegre com
cânticos de ação de graças e com música de címbalos, harpas
e liras. 28Os cantores foram reunidos da região ao redor de
Jerusalém e dos povoados dos netofatitas. 29Também vieram
de Bete-Gilgal e das regiões rurais próximas de Geba e de
Azmavete, pois os cantores haviam construído seus próprios
povoados ao redor de Jerusalém. 30Primeiro, os sacerdotes e

os levitas purificaram a si mesmos; depois, purificaram o povo,
as portas e o muro.
31Eu conduzi os líderes de Judá até o alto do muro e organizei
dois grandes coros. Um dos coros foi para o sul pelo alto do
muro, até a porta do Esterco. 32Hosaías e metade dos líderes
de Judá seguiram o coro, 33junto com Azarias, Esdras, Me-
sulão, 34Judá, Benjamim, Semaías e Jeremias. 35Depois deles
vinham alguns sacerdotes que tocavam trombetas: Zacarias,
filho de Jônatas, filho de Semaías, filho de Matanias, filho de
Micaías, filho de Zacur, descendente de Asafe. 36Os compa-
nheiros de Zacarias eram Semaías, Azarel, Milalai, Gilalai,
Maai, Natanel, Judá e Hanani. Eles tocavam os instrumentos
musicais prescritos por Davi, homem de Deus. O escriba Esdras
ia à frente deles. 37Quando chegaram à porta da Fonte, foram
em frente e subiram pelos degraus que levavam até a Cidade
de Davi. Passaram pela casa de Davi e, de lá, foram até a porta
das Águas, a leste.

38O segundo coro foi para o norte, no sentido oposto, para
encontrar-se com o primeiro coro. Fui com eles e com a outra
metade do povo pelo alto do muro, passando pela torre dos
Fornos, até o muro Largo, 39e depois desde a porta de Efraim
até a porta Antiga, passando pela porta do Peixe e pela torre
de Hananel e prosseguindo até a torre dos Cem. Dali, con-
tinuamos para a porta das Ovelhas e paramos junto à porta
da Guarda.

40Os dois corais seguiram, então, para o templo de Deus, onde
tomaram seus lugares. Eu fiz o mesmo, junto com os líderes
que estavam comigo. 41Acompanhamos os sacerdotes que
tocavam trombetas: Eliaquim, Maaseias, Miniamim, Micaías,
Elioenai, Zacarias e Hananias, 42e os cantores: Maaseias, Se-
maías, Eleazar, Uzi, Joanã, Malquias, Elão e Ézer. Eles tocavam
e cantavam bem alto, sob a direção de Jezraías.

43Naquele dia alegre, foram oferecidos muitos sacrifícios, pois
Deus tinha dado ao povo motivo para se alegrar. As mulheres
e as crianças também participaram da celebração, e podia-se
ouvir de longe a alegria do povo de Jerusalém.

Provisões para o culto no templo

44Naquele dia, foram nomeados os homens encarregados dos
depósitos para as ofertas e os primeiros frutos da colheita e
para os dízimos. Eram responsáveis por recolher dos campos
fora das cidades as porções exigidas pela lei para os sacer-
dotes e os levitas, pois todo o povo estava alegre com os sa-
cerdotes e os levitas e com seu trabalho. 45Tanto eles como os
cantores e os guardas das portas realizavam o serviço de seu
Deus e o serviço de purificação, conforme Davi e seu filho Sa-
lomão haviam ordenado. 46O costume de ter regentes do coro
para dirigir os hinos de louvor e de ação de graças a Deus havia
começado muito tempo antes, nos dias de Davi e Asafe. 47Por
isso, agora, nos dias de Zorobabel e de Neemias, todo o Israel
trazia uma provisão diária de alimentos para os cantores, os
guardas das portas e os levitas. Os levitas, por sua vez, entre-
gavam uma porção daquilo que recebiam aos sacerdotes, os
descendentes de Arão.

As diversas reformas realizadas por Neemias

13 Naquele mesmo dia, enquanto o Livro de Moisés era lido
para o povo, encontrou-se escrito nele que jamais se de-
veria permitir que amonitas ou moabitas fizessem parte da
comunidade de Deus, 2pois não tinham dado aos israelitas
alimento e água no deserto. Em vez disso, tinham contratado
Balaão para amaldiçoá-los. Nosso Deus, porém, transformou
a maldição em bênção. 3Quando o povo ouviu esse trecho da
Lei, mandou embora todos os descendentes de estrangeiros.
4Antes disso, o sacerdote Eliasibe havia sido nomeado para
supervisionar os depósitos no templo de nosso Deus. Ele era
parente de Tobias 5e tinha colocado à disposição dele uma
grande sala junto ao templo. Anteriormente, esse lugar era
usado para armazenar as ofertas de cereal, o incenso, diversos
utensílios do templo e os dízimos dos cereais, do vinho novo e
do azeite (prescritos para os levitas, os cantores e os guardas
das portas), e também as ofertas para os sacerdotes.
6Nesse tempo, eu não estava em Jerusalém, pois tinha vol-
tado a Artaxerxes, rei da Babilônia, no trigésimo segundo ano
de seu reinado. Mais tarde, porém, pedi sua permissão para
regressar. 7Quando cheguei a Jerusalém, soube da maldade
que Eliasibe havia feito ao providenciar para Tobias uma sala
nos pátios do templo de Deus. 8Fiquei extremamente indig-
nado e joguei todos os pertences de Tobias para fora da sala.
9Em seguida, ordenei que as salas fossem purificadas e trouxe
de volta os utensílios do templo de Deus, as ofertas de cereal
e o incenso.

10Descobri também que os levitas não haviam recebido as por-
ções de alimento que lhes eram devidas, de modo que eles
e os cantores responsáveis pelos cultos de adoração tinham
todos voltado a trabalhar em seus campos. 11De imediato, con-
frontei as autoridades e lhes perguntei: "Por que o templo de
Deus foi abandonado?". Então chamei de volta todos os levitas
e os coloquei de novo em seus postos. 12Assim, mais uma vez,
todo o povo de Judá começou a trazer para os depósitos do
templo os dízimos dos cereais, do vinho novo e do azeite.
13Nomeei supervisores para os depósitos: o sacerdote Sele-
mias, o escriba Zadoque e o levita Pedaías. Designei Hanã,
filho de Zacur e neto de Matanias, para ser seu ajudante. Eles
eram homens de confiança e ficaram encarregados de repartir
as provisões entre seus colegas levitas.
14Lembra-te desta boa obra, ó meu Deus, e não te esqueças de
tudo que tenho feito com fidelidade pelo templo de meu Deus
e pelo culto ali prestado.

15Naqueles dias, vi homens de Judá trabalhando nas prensas
de uvas no sábado. Também ajuntavam cereais, que colo-
cavam sobre jumentos, e traziam vinho, uvas, figos e produtos
de toda espécie a Jerusalém para vendê-los no sábado. Então
os repreendi por venderem seus produtos nesse dia. 16Alguns
homens de Tiro que moravam em Jerusalém traziam peixes e
mercadorias de todo tipo. No sábado, vendiam para o povo de
Judá, e isso em Jerusalém!
17Assim, confrontei os nobres de Judá e lhes perguntei: "Por

que fazem tamanho mal profanando o sábado? 18Acaso nossos
antepassados não cometeram o mesmo erro, fazendo nosso
Deus trazer toda esta desgraça sobre nós e sobre nossa ci-
dade? Agora vocês trazem ainda mais ira contra Israel ao per-
mitir que o sábado seja profanado desse modo!".
19Em seguida, ordenei que as portas de Jerusalém fossem fe-
chadas no dia antes do sábado, assim que começasse a escu-
recer, e só fossem abertas depois que o sábado tivesse termi-
nado. Enviei alguns de meus servos para guardar as portas, a
fim de que não entrasse nenhuma mercadoria no sábado. 20Os
comerciantes e vendedores de vários produtos acamparam
do lado de fora de Jerusalém uma ou duas vezes, 21mas falei
duramente com eles: "O que fazem aqui, acampados ao redor
do muro? Se fizerem isso de novo, mandarei prendê-los!". E
essa foi a última vez que vieram no sábado. 22Então ordenei
que os levitas se purificassem e guardassem as portas, para
manter o sábado como um dia sagrado. Lembra-te também
desta boa obra, ó meu Deus! Tem compaixão de mim de acordo
com teu grande amor leal!
23Nessa mesma época, vi que alguns homens de Judá haviam
se casado com mulheres de Asdode, de Amom e de Moabe.
24Além disso, a metade de seus filhos falava a língua de Asdode
ou de algum outro povo, mas não sabia falar a língua de Judá.
25Por isso, confrontei esses homens e invoquei maldições
sobre eles. Bati em alguns deles e arranquei seus cabelos.
Também os fiz jurar em nome de Deus que não permitiriam
que suas filhas se casassem com os filhos dos povos da terra,
nem que as filhas deles se casassem com seus filhos ou com
eles mesmos.
26"Não foi exatamente isso que levou Salomão, rei de Israel,
a pecar?", perguntei-lhes. "Não havia nenhum rei igual a ele
entre as nações, e Deus o amou e o fez rei sobre todo o Israel.
Até mesmo ele, porém, foi levado a pecar por suas esposas
estrangeiras. 27Como puderam ao menos pensar em cometer
essa grande maldade e ser infiéis a Deus casando com mu-
lheres estrangeiras?"
28Um dos filhos de Joiada, filho do sumo sacerdote Eliasibe,
havia se casado com uma filha de Sambalate, o horonita, por
isso o expulsei de minha presença.
29Lembra-te deles, ó meu Deus, pois profanaram o sacerdócio
e a aliança dos sacerdotes e dos levitas.
30Assim, eliminei tudo que era estrangeiro e designei tarefas
específicas para os sacerdotes e os levitas. 31Também me cer-
tifiquei de que a provisão de lenha para o altar e os primeiros
frutos da colheita fossem trazidos nas datas estabelecidas.
Lembra-te disso em meu favor, ó meu Deus.

ESTER

O banquete do rei

1 Estes acontecimentos ocorreram nos dias do rei Xerxes, que
reinou sobre 127 províncias, desde a Índia até a Etiópia. 2Do
trono real na fortaleza de Susã, Xerxes governava seu império.
3No terceiro ano de reinado, ofereceu um banquete a todos
os seus nobres e oficiais. Convidou todos os oficiais militares
da Pérsia e da Média e os príncipes e nobres das províncias.
4A festa durou 180 dias e foi uma demonstração formidável
da grande riqueza do império e da pompa e esplendor de sua
majestade.
5Terminada a celebração, o rei ofereceu um banquete para
todo o povo que estava na fortaleza de Susã, desde os mais im-
portantes até os mais humildes. O banquete durou sete dias e
foi realizado no pátio do jardim do palácio real. 6O pátio estava
enfeitado com cortinas brancas de algodão e com tapeçarias
azuis, presas com cordas de linho branco e fitas vermelhas a
argolas de prata fixadas a colunas de mármore. Havia sofás
com armação de ouro e de prata sobre um piso de mosaico
de pórfiro, mármore, madrepérola e outras pedras preciosas.
7As bebidas eram servidas em taças de ouro de diversos mo-
delos, e havia grande quantidade de vinho real, para mostrar
a generosidade do rei. 8Por ordem do rei, podia-se beber à
vontade, pois ele havia instruído os oficiais de seu palácio a
servirem quanto vinho cada convidado quisesse.
9Na mesma ocasião, a rainha Vasti ofereceu um banquete para
as mulheres no palácio do rei Xerxes.

A rainha Vasti é deposta

10No sétimo dia da festa, quando o rei Xerxes estava muito
alegre por causa do vinho, ordenou aos sete eunucos que o
serviam — Meumã, Bizta, Harbona, Bigtá, Abagta, Zetar e
Carcas — 11que lhe trouxessem a rainha Vasti, usando a coroa
real. Ele queria que os nobres e os demais convidados con-
templassem sua beleza, pois era uma mulher muito bonita.
12Mas, quando transmitiram a ordem do rei à rainha Vasti, ela
se recusou a ir. O rei ficou furioso e indignado.
13Então o rei consultou seus sábios, que entendiam das leis e
dos costumes dos persas, e aos quais ele sempre pedia con-
selhos. 14Seus nomes eram Carsena, Setar, Admata, Társis,
Meres, Marsena e Memucã, sete nobres da Pérsia e da Média.
Tinham acesso direto ao rei e ocupavam os cargos mais altos
do império.
15"O que se deve fazer com a rainha Vasti?", perguntou o rei.
"De acordo com a lei, qual é o castigo para uma rainha que

se recusa a obedecer às ordens do rei, transmitidas pelos eu-
nucos?"
16Memucã respondeu ao rei e aos nobres: "A rainha Vasti
ofendeu não somente o rei, mas todos os nobres e cidadãos
das províncias do império. 17Mulheres de toda parte começarão
a desprezar o marido quando souberem que a rainha Vasti se
recusou a comparecer diante do rei. 18Antes de terminar este
dia, as esposas dos nobres do rei em toda a Pérsia e a Média
saberão o que a rainha fez e começarão a tratar o marido da
mesma forma. Haverá grande desprezo e indignação sem fim.
19"Portanto, se parecer bem ao rei, sugerimos que publique
um decreto real, uma lei dos medos e dos persas que não pode
ser revogada. Determinará que a rainha Vasti seja expulsa para
sempre da presença do rei Xerxes e que o rei escolha outra ra-
inha mais digna que ela. 20Quando o decreto for publicado em
todo o vasto império do rei, maridos de toda parte, seja qual
for a posição social, serão respeitados pela esposa".
21O conselho pareceu razoável ao rei e a seus nobres, e ele
aceitou a proposta de Memucã. 22Enviou cartas a todas as
partes do império, a cada província, em sua própria escrita e
língua, proclamando que todo homem devia ser o chefe de sua
própria casa e ter sempre a última palavra.

Ester se torna rainha

2 Passada a indignação de Xerxes, ele começou a pensar em
Vasti, naquilo que ela havia feito e no decreto que ele havia
publicado. 2Então seus conselheiros sugeriram: "Permita que
procuremos em todo o império moças belas e virgens para o
rei. 3E que o rei nomeie agentes em cada província para que
tragam essas lindas moças ao harém na fortaleza em Susã.
Hegai, eunuco do rei e encarregado do harém, providenciará
que elas recebam tratamentos de beleza. 4Depois disso, a
moça que mais agradar o rei se tornará rainha em lugar de
Vasti". O rei gostou muito desse conselho e o pôs em prática.
5Nesse tempo, havia na fortaleza de Susã um judeu chamado
Mardoqueu, filho de Jair. Era da tribo de Benjamim e descen-
dente de Quis e Simei. 6Sua família estava entre aqueles que,
com Joaquim, rei de Judá, tinham sido deportados de Jeru-
salém para a Babilônia pelo rei Nabucodonosor. 7Mardoqueu
tinha uma prima jovem, muito bonita e atraente, chamada Ha-
dassa, também conhecida como Ester. Quando o pai e a mãe
de Ester morreram, Mardoqueu a criou como sua própria filha.
8Como resultado do decreto do rei, Ester e muitas outras
moças foram trazidas ao palácio real, na fortaleza de Susã, e
colocadas sob os cuidados de Hegai, o encarregado do harém.
9Hegai ficou muito impressionado com a beleza de Ester e a
tratou com bondade. Sem demora, providenciou que ela rece-
besse comida especial e tratamentos de beleza. Também lhe
designou sete moças escolhidas do palácio real e a transferiu,
com as jovens, para o melhor lugar do harém.
10Mardoqueu havia instruído Ester a não revelar a ninguém sua
nacionalidade nem a origem de sua família. 11Todos os dias,
Mardoqueu caminhava perto do pátio do harém para saber
notícias de Ester e descobrir o que estava acontecendo.
12Antes de ser levada aos aposentos reais, cada moça recebia
os doze meses prescritos de tratamentos de beleza: seis meses
com óleo de mirra e seis meses com perfumes e cosméticos.
13Quando chegava sua vez de ir aos aposentos reais, podia
escolher do harém as roupas e as joias que quisesse. 14À tarde,
era conduzida aos aposentos reais e, na manhã seguinte, ia
para outra parte do harém, onde moravam as mulheres do rei.
Ali, ficava sob os cuidados de Saasgaz, eunuco do rei encar-
regado das concubinas. Ela não voltaria a se encontrar com o
rei a menos que ele tivesse gostado muito dela e mandasse
chamá-la pelo nome.
15Ester era filha de Abiail, tio de Mardoqueu. (Mardoqueu havia
adotado Ester, sua prima mais nova, como filha.) Quando
chegou a vez de Ester se apresentar ao rei, ela aceitou o con-
selho de Hegai, eunuco encarregado do harém. Não pediu
nada além do que ele sugeriu e agradou a todos que a viram.
16Ester foi levada ao rei Xerxes no palácio real no mês de de-
zembro, no sétimo ano de seu reinado. 17O rei gostou mais de
Ester que de qualquer outra moça. Agradou-se tanto dela que
pôs a coroa real sobre sua cabeça e a declarou rainha em lugar
de Vasti. 18Para comemorar a ocasião, ofereceu a todos os seus
nobres e oficiais um grande banquete em homenagem a Ester.
Declarou aquele dia feriado em todas as províncias e distribuiu
presentes generosos para todos.
19Mesmo depois que todas as moças haviam sido transferidas
para a outra parte do harém e que Mardoqueu tinha se tor-
nado um dos oficiais do palácio, 20Ester continuou a manter
em segredo sua nacionalidade e a origem de sua família. Ainda
seguia as instruções de Mardoqueu como havia feito quando
vivia sob os seus cuidados.

A lealdade de Mardoqueu ao rei

21Certo dia, quando Mardoqueu estava de serviço junto à porta
do palácio real, dois eunucos do rei, Bigtana e Teres, guardas
da porta dos aposentos do rei, se indignaram com Xerxes e
conspiraram para matá-lo. 22Mardoqueu, porém, soube do
plano e transmitiu a informação à rainha Ester, que contou ao
rei em nome de Mardoqueu. 23Quando o caso foi investigado
e descobriu-se que o relato de Mardoqueu era verdadeiro, os
dois homens foram enforcados. Tudo isso está registrado no
Livro da História do Reinado do Rei Xerxes.

A conspiração de Hamã contra os judeus

3 Algum tempo depois, o rei Xerxes promoveu Hamã, filho
de Hamedata, o agagita, e lhe deu posição de autoridade
sobre todos os nobres do império. 2Quando Hamã passava,
todos os oficiais do palácio real se curvavam diante dele para
lhe demonstrar respeito, pois o rei assim havia ordenado.
Mardoqueu porém, não se curvava diante dele para lhe de-
monstrar respeito.
3Então os oficiais do palácio real perguntaram a Mardoqueu:
"Por que você desobedece à ordem do rei?". 4Todos os dias
lhe diziam isso, mas, ainda assim, ele não dava ouvidos. Então
contaram tudo a Hamã, para ver se ele iria tolerar a conduta

[3]Então Ester voltou a apresentar-se ao rei e, caindo a seus pés,
suplicou com lágrimas que ele cancelasse o plano perverso
de Hamã, o agagita, contra os judeus. [4]Mais uma vez, o rei
estendeu o cetro de ouro para Ester. Ela se levantou e ficou
em pé diante dele.
[5]Disse ela: "Se parecer bem ao rei, se conto com seu favor,
se o rei considerar correto e se o tenho agradado, que seja
publicado um decreto anulando as ordens de Hamã, filho
de Hamedata, o agagita, para aniquilar os judeus em todas
as províncias do rei. [6]Pois como eu suportaria ver meu povo
passar por tal calamidade? Acaso poderia assistir à destruição
de minha família?".
[7]O rei Xerxes disse à rainha Ester e ao judeu Mardoqueu: "En-
treguei a Ester os bens de Hamã, e ele foi enforcado porque
tentou destruir os judeus. [8]Agora, enviem aos judeus um de-
creto em nome do rei, dizendo o que vocês acharem melhor,
e selem-no com o anel do rei. Lembrem-se, porém, de que o
que já foi escrito em nome do rei e selado com seu anel não
pode ser revogado".
[9]Assim, no dia 25 de junho, os secretários do rei foram convo-
cados, e um decreto foi redigido exatamente da forma como
Mardoqueu ditou. O decreto foi enviado aos judeus, aos mais
altos oficiais do rei, aos governadores e aos nobres de todas
as 127 províncias, desde a Índia até a Etiópia. As ordens foram
redigidas na escrita e na língua de cada povo do império, in-
cluindo as dos judeus. [10]Mardoqueu escreveu o decreto em
nome do rei Xerxes e o selou com o anel do rei. Enviou as
cartas por mensageiros montados em cavalos velozes criados
nas estrebarias do rei.
[11]O decreto do rei concedia aos judeus de todas as cidades
autoridade para se reunirem e defenderem a própria vida.
Permitia que destruíssem, matassem e aniquilassem qual-
quer exército, de qualquer nacionalidade ou província, que
os atacasse ou a seus filhos e esposas. Também permitia que
tomassem os bens de seus inimigos. [12]A data marcada para
que isso acontecesse em todas as províncias do rei Xerxes era
7 de março do ano seguinte.
[13]Uma cópia do decreto devia ser publicada como lei em cada
província e proclamada a todos os povos, a fim de que os ju-
deus estivessem preparados para se vingar de seus inimigos
na data marcada. [14]Por ordem do rei, os mensageiros saíram
a toda pressa, montados em cavalos velozes criados nas estre-
barias do rei. O decreto também foi proclamado na fortaleza
de Susã.
[15]Mardoqueu saiu da presença do rei vestido com trajes reais
em azul e branco, uma grande coroa de ouro e um manto de
linho fino e tecido vermelho; e o povo de Susã comemorou
alegremente o novo decreto. [16]Os judeus se encheram de
felicidade e alegria e foram honrados em toda parte. [17]Em
cada província e cidade, em cada lugar aonde o decreto do rei
chegava, os judeus se alegravam muito e comemoravam com
grandes banquetes, festas e feriados. Muitos que pertenciam
a outros povos do império se tornaram judeus, porque temiam
o que os judeus pudessem fazer com eles.

A vitória dos judeus

9 Assim, no dia 7 de março, os dois decretos do rei entraram
em vigor. Nesse dia, os inimigos dos judeus esperavam do-
miná-los, mas aconteceu o contrário; os judeus dominaram
seus inimigos. [2]Reuniram-se em suas cidades em todas as
províncias do rei Xerxes para atacar qualquer um que procu-
rasse lhes fazer mal. Ninguém conseguiu resistir-lhes, pois
todos tinham muito medo deles. [3]E todos os nobres das pro-
víncias, os mais altos oficiais, os governadores e os oficiais do
rei ajudaram os judeus, pois temiam Mardoqueu. [4]Ele havia
sido promovido no palácio do rei e, à medida que se tornava
mais poderoso, sua fama se espalhava por todas as províncias.
[5]Portanto, na data marcada, os judeus feriram seus inimigos
à espada. Mataram e aniquilaram seus inimigos e fizeram o
que queriam com aqueles que os odiavam. [6]Só na fortaleza
de Susã, os judeus atacaram e mataram quinhentos homens.
[7]Também mataram Parsandata, Dalfom, Aspata, [8]Porata,
Adalia, Aridata, [9]Parmasta, Arisai, Aridai e Vaizata, [10]os dez
filhos de Hamã, filho de Hamedata, inimigo dos judeus. No
entanto, não tomaram nenhum despojo.
[11]Naquele mesmo dia, quando o rei foi informado do número
de pessoas mortas na fortaleza de Susã, [12]mandou chamar
a rainha Ester e disse: "Só na fortaleza de Susã, os judeus
mataram quinhentos homens, além dos filhos de Hamã. Se
fizeram isso aqui, o que terão feito nas províncias? E agora, o
que mais deseja? Seu pedido será atendido; diga-me e será
feito".
[13]Ester respondeu: "Se parecer bem ao rei, dê permissão aos
judeus de Susã para que façam novamente amanhã o mesmo
que fizeram hoje; e que os corpos dos dez filhos de Hamã
sejam pendurados na forca".
[14]O rei concordou e publicou o decreto em Susã, e os corpos
dos dez filhos de Hamã foram pendurados na forca. [15]Então,
no dia 8 de março, os judeus de Susã se reuniram e mataram
trezentos homens. Mais uma vez, porém, não tomaram ne-
nhum despojo.
[16]Enquanto isso, os outros judeus em todas as províncias do rei
haviam se reunido para defender a própria vida. Livraram-se
de seus inimigos ao matar 75 mil dos que odiavam os judeus.
No entanto, não tomaram nenhum despojo. [17]Isso foi feito em
todas as províncias no dia 7 de março, e no dia 8 descansaram
e comemoraram sua vitória com um dia de festa e alegria.
[18](Os judeus de Susã mataram seus inimigos nos dias 7 e 8 de
março e descansaram no dia 9, fazendo dele um dia de festa
e alegria.) [19]Por isso, os judeus que vivem em povoados nas
regiões rurais celebram a festa anual nesse dia determinado,
data em que se alegram, festejam e presenteiam uns aos ou-
tros com alimentos.

A Festa de Purim

[20]Mardoqueu registrou esses acontecimentos e enviou cartas
aos judeus em todas as províncias do rei Xerxes, tanto aos
de perto como aos de longe, [21]instruindo-os a celebrar uma
festa anual nesses dois dias. [22]Ordenou que celebrassem com

festas e alegria, presenteando uns aos outros com alimentos e distribuindo presentes aos pobres. Assim, recordariam a ocasião em que os judeus se livraram de seus inimigos e em que sua tristeza foi transformada em alegria, e seu lamento, em dia de festa.

23Os judeus aceitaram a orientação de Mardoqueu e adotaram esse costume anual. 24Hamã, filho de Hamedata, o agagita, inimigo dos judeus, havia tramado destruí-los numa data determinada pelo lançamento de sortes (chamadas purim). 25Mas, quando Ester foi à presença do rei, ele publicou um decreto que fez o plano perverso de Hamã se voltar contra ele, e Hamã e seus filhos foram pendurados numa forca. 26Por isso, essa comemoração se chama Purim, palavra que se usava antigamente para "lançar sortes". Assim, por causa da carta de Mardoqueu e daquilo que lhes havia acontecido, 27os judeus em todo o reino concordaram em dar início a essa tradição e transmiti-la a seus descendentes e a todos que se tornassem judeus. Declararam que não deixariam de celebrar anualmente esses dois dias na data determinada. 28Esses dias seriam lembrados e comemorados de geração em geração, por todas as famílias, em todas as províncias e cidades do império. A Festa de Purim jamais deixaria de ser celebrada pelos judeus, nem a lembrança do que havia acontecido se apagaria entre seus descendentes.

29Então a rainha Ester, filha de Abiail, e o judeu Mardoqueu escreveram outra carta com toda a autoridade para confirmar a carta de Mardoqueu e estabelecer a Festa de Purim. 30Enviaram cartas a todos os judeus das 127 províncias do império de Xerxes, desejando-lhes paz e segurança. 31Essas cartas estabeleciam a Festa de Purim, uma celebração anual desses dias na data determinada, conforme decretado tanto pelo judeu Mardoqueu como pela rainha Ester. O povo resolveu celebrar essa festa, assim como haviam estabelecido para si e seus descendentes os tempos de jejum e de lamentação. 32Assim, o decreto de Ester confirmou as orientações para a Festa de Purim, e tudo foi escrito nos registros.

A grandeza de Xerxes e de Mardoqueu

10 O rei Xerxes impôs tributos a todo o seu império, incluindo as distantes regiões do litoral. 2Suas grandes realizações e o relato completo da grandeza de Mardoqueu, a quem o rei havia promovido, estão registrados no *Livro da História dos Reis da Média e da Pérsia*. 3O judeu Mardoqueu ocupou o cargo mais alto do reino, abaixo apenas do próprio rei Xerxes. Era muito importante entre os judeus, que o tinham em alta consideração, pois ele continuou a trabalhar para o bem de seu povo e a buscar o bem-estar de todos os seus descendentes.

JÓ

Prólogo

1 Havia um homem chamado Jó que vivia na terra de Uz. Ele era íntegro e correto, temia a Deus e se mantinha afastado do mal. 2Tinha sete filhos e três filhas. 3Era dono de sete mil ovelhas, três mil camelos, quinhentas juntas de bois e quinhentas jumentas. Também tinha muitos servos. Na verdade, era o homem mais rico de toda aquela região.

4Os filhos de Jó se revezavam em preparar banquetes em suas casas e convidavam suas três irmãs para celebrar com eles. 5Quando terminavam esses dias de festas, Jó mandava chamar seus filhos, a fim de purificá-los. Levantava-se de manhã bem cedo e oferecia um holocausto em favor de cada um deles, pois pensava: "Pode ser que meus filhos tenham pecado e amaldiçoado a Deus em seu coração". Essa era a prática habitual de Jó.

A primeira provação de Jó

6Certo dia, os anjos vieram à presença do SENHOR, e Satanás, o acusador, veio com eles. 7"De onde você vem?", perguntou o SENHOR. Satanás respondeu: "Estive rodeando a terra, observando o que nela acontece".

8Então o SENHOR perguntou: "Você reparou em meu servo Jó? Não há ninguém na terra como ele. É homem íntegro e correto, teme a Deus e se mantém afastado do mal".

9Satanás respondeu: "É verdade, mas Jó tem bons motivos para temer a Deus. 10Tu puseste um muro de proteção ao redor dele, de sua família e de seus bens e o abençoaste em tudo que ele faz. Vê como ele é rico! 11Estende tua mão e toma tudo que ele tem, e certamente ele te amaldiçoará na tua face!".

12"Pois bem, você pode prová-lo", disse o SENHOR. "Faça o que quiser com tudo que ele possui, mas não lhe cause nenhum dano físico." Então Satanás saiu da presença do SENHOR.

13Certo dia, quando os filhos e as filhas de Jó estavam num banquete na casa do irmão mais velho, 14chegou à casa de Jó um mensageiro com esta notícia: "Seus bois estavam arando, e os jumentos, pastando perto deles, 15quando os sabeus nos atacaram. Roubaram todos os animais e mataram todos os empregados. Só eu escapei para lhe contar".

16Enquanto ele falava, outro mensageiro chegou com esta notícia: "O fogo de Deus caiu do céu e queimou suas ovelhas e todos os seus pastores. Só eu escapei para lhe contar".

17Enquanto ele falava, outro mensageiro chegou com esta no-

tícia: "Três bandos de saqueadores caldeus roubaram seus ca-
melos e mataram seus servos. Só eu escapei para lhe contar".
18Enquanto ele falava, ainda outro mensageiro chegou com
esta notícia: "Seus filhos e suas filhas estavam num banquete
na casa do irmão mais velho. 19De repente, veio do deserto
um vendaval terrível e atingiu a casa de todos os lados. A casa
desabou, e todos os seus filhos morreram. Só eu escapei para
lhe contar".
20Então Jó se levantou e rasgou seu manto. Depois, raspou
a cabeça, prostrou-se com o rosto no chão em adoração 21e
disse: "Saí nu do ventre de minha mãe, e estarei nu quando
partir. O SENHOR me deu o que eu tinha, e o SENHOR o tomou.
Louvado seja o nome do SENHOR!".
22Em tudo isso, Jó não pecou nem culpou a Deus.

A segunda provação de Jó

2 Certo dia, os anjos vieram outra vez à presença do SENHOR, e
Satanás, o acusador, veio com eles. 2"De onde você vem?",
perguntou o SENHOR. Satanás respondeu: "Estive rodeando a
terra, observando o que nela acontece".
3Então o SENHOR perguntou: "Você reparou em meu servo Jó?
Não há ninguém na terra como ele. É homem íntegro e correto,
teme a Deus e se mantém afastado do mal. E não perdeu sua
integridade, apesar de você me ter instigado a prejudicá-lo
sem motivo".
4Satanás respondeu: "Pele por pele! Um homem dará tudo que
tem para salvar a própria vida. 5Estende tua mão e tira a saúde
dele, e certamente ele te amaldiçoará na tua face!".
6"Pois bem", disse o SENHOR. "Faça o que quiser com ele,
mas poupe-lhe a vida." 7Então Satanás saiu da presença do
SENHOR e causou em Jó feridas terríveis, da sola dos pés ao
alto da cabeça.
8Jó, sentado em meio a cinzas, raspava a pele com um caco
de cerâmica. 9Sua esposa lhe disse: "Você ainda tenta manter
sua integridade? Amaldiçoe a Deus e morra!".
10Jó respondeu: "Você fala como uma mulher insensata. Acei-
taremos da mão de Deus apenas as coisas boas e nunca o
mal?". Em tudo isso, Jó não pecou com seus lábios.

Os três amigos de Jó compartilham de sua angústia

11Quando três amigos de Jó souberam das tragédias que o
haviam atingido, cada um saiu de onde vivia e os três foram
juntos consolá-lo e animá-lo. Seus nomes eram Elifaz, de
Temã, Bildade, de Suá, e Zofar, de Naamá. 12Quando viram
Jó de longe, mal o reconheceram. Choraram alto, rasgaram
seus mantos e jogaram terra ao ar, sobre a cabeça. 13Depois,
sentaram-se no chão com ele durante sete dias e sete noites.
Não disseram nada, pois viram que o sofrimento de Jó era
grande demais.

O primeiro discurso de Jó

3 Por fim, Jó falou e amaldiçoou o dia de seu nascimento.
2Disse ele:
3"Apagado seja o dia em que nasci e a noite em que fui con-
cebido.
4Transforme-se esse dia em escuridão; Deus, lá do alto, o ig-
nore, e luz nenhuma brilhe sobre ele.
5Domine esse dia a escuridão absoluta; uma nuvem negra o
cubra, e densa escuridão o encha de terror.
6Apodere-se dessa noite a escuridão; nunca mais seja contada
entre os dias do ano, nunca mais seja incluída entre os meses.
7Sim, estéril seja essa noite, desprovida de toda a alegria.
8Amaldiçoem esse dia os que vivem a amaldiçoar, aqueles que
podem despertar o Leviatã.
9Escureçam-se suas estrelas matutinas; espere o dia pela luz,
mas em vão, e jamais veja a luz do amanhecer.
10Amaldiçoado seja esse dia por não fechar o ventre de minha
mãe, por permitir que eu nascesse, para presenciar todo este
sofrimento.
11"Por que eu não nasci morto? Por que não morri ao sair do
ventre?
12Por que me deitaram no colo de minha mãe? Por que ela me
amamentou no seio?
13Se eu tivesse morrido ao nascer, agora estaria em paz; sim,
dormiria e repousaria.
14Descansaria com os reis da terra e seus conselheiros, cujos
edifícios agora estão em ruínas.
15Descansaria com os príncipes, ricos em ouro, cujos palácios
eram cheios de prata.
16Por que não me sepultaram como uma criança que nasceu
morta, como um bebê que nunca viu a luz?
17Pois na morte os perversos já não causam problemas, e os
cansados repousam.
18Até mesmo os cativos encontram sossego nela, onde não há
capatazes para ameaçá-los.
19Os ricos e os pobres estão ali, e o escravo se vê livre de seu
senhor.
20"Por que conceder luz aos miseráveis e vida aos amargu-
rados?
21Anseiam pela morte, e ela não vem; cavam à procura dela
mais que de tesouros ocultos.
22Enchem-se de alegria quando enfim morrem e exultam
quando chegam ao túmulo.
23Por que conceder luz aos que não têm futuro, aos que Deus
cercou de todos os lados?
24De tanto gemer, não consigo comer; meus gritos de dor se
derramam como água.
25O que sempre temi veio sobre mim, o que tanto receava
me aconteceu.
26Não tenho paz, nem sossego; não tenho descanso, só aflição".

A primeira resposta de Elifaz a Jó

4 Então Elifaz, de Temã, respondeu a Jó:
2"Você terá paciência e me permitirá dizer algo? Afinal,
quem poderia permanecer calado?
3Você já deu ânimo a muita gente e deu força aos fracos.

4Suas palavras sustentaram os que tropeçavam, e você deu
apoio aos vacilantes.
5Mas agora, quando vem a aflição, você desanima; quando é
atingido por ela, entra em pânico.
6Seu temor a Deus não lhe dá confiança? Sua vida íntegra não
lhe traz esperança?
7"Pense bem! Acaso os inocentes morrem? Quando os justos
foram destruídos?
8Pelo que tenho observado, os que cultivam a maldade e se-
meiam a opressão, isso também é o que colhem.
9Um sopro de Deus os destrói; desaparecem com uma rajada
de sua ira.
10O leão ruge e seu filhote rosna, mas os dentes dos leões
jovens são quebrados.
11O leão feroz morre de fome porque não há presa, e os filhotes
da leoa se dispersam.
12"Esta verdade me foi revelada em segredo, como que sus-
surrada em meu ouvido.
13Ela veio à noite, numa visão perturbadora, quando todos
estão em sono profundo.
14O medo e o terror se apoderaram de mim e fizeram estre-
mecer meus ossos.
15Um espírito passou diante de meu rosto, e os pelos de meu
corpo se arrepiaram.
16O espírito parou, mas não pude ver sua forma; um vulto es-
tava diante de meus olhos. No silêncio, ouvi uma voz dizer:
17'Pode algum mortal ser inocente perante Deus? Pode o
homem ser puro diante do Criador?'.
18"Se Deus não confia nos próprios anjos e acusa seus men-
sageiros de insensatez, 19quanto menos confiará em pessoas
feitas de barro! Vêm do pó e são facilmente destruídas, como
traças.
20Estão vivas pela manhã e mortas ao entardecer; desapa-
recem para sempre, sem deixar vestígio.
21As cordas de sua tenda são arrancadas e a tenda desaba, e
na ignorância morrem."

Continuação da resposta de Elifaz

5 "Grite por socorro, mas alguém responderá? Qual dos anjos
o ajudará?
2Por certo, o ressentimento destrói o insensato, e a inveja mata
o tolo.
3Observei que os insensatos têm sucesso por um tempo, mas
desgraça repentina vem sobre eles.
4Seus filhos perdem toda e qualquer segurança; são oprimidos
no tribunal, e não há quem os defenda.
5Os famintos devoram sua colheita, mesmo quando protegida
por espinheiros, e os sedentos anseiam por sua riqueza.
6Embora o mal não surja do solo, nem as dificuldades brotem
da terra, 7o ser humano nasce para enfrentar aflições, tão
certo como as faíscas do fogo voam para o alto.
8"Se eu fosse você, buscaria a Deus e lhe apresentaria minha
causa.
9Ele faz grandes coisas, maravilhosas demais para entender,
e realiza milagres incontáveis.
10Dá chuva à terra e água aos campos.
11Exalta os humildes e protege os que sofrem.
12Frustra os planos dos maliciosos, para que as obras de suas
mãos fracassem.
13Apanha os sábios em sua própria astúcia e frustra as intrigas
dos ardilosos.
14Ficam na escuridão em pleno dia e tateiam ao meio-dia como
se fosse noite.
15Ele salva os pobres das ofensas dos fortes e os livra das
garras dos poderosos.
16Por fim, os desamparados têm esperança, e a boca dos per-
versos é fechada.
17"Mas como são felizes os que Deus corrige! Não despreze,
portanto, a disciplina do Todo-poderoso.
18Pois ele fere, mas enfaixa a ferida; bate, mas suas mãos
curam.
19Ele o livrará de seis desgraças, e até mesmo na sétima o
guardará do mal.
20Ele o livrará da morte no tempo de fome e do poder da es-
pada no tempo de guerra.
21Você estará protegido das calúnias e não terá medo quando
vier a destruição.
22Rirá da destruição e da fome, e animais selvagens não o
assustarão.
23Fará um pacto com as pedras do campo, e os animais selva-
gens estarão em paz com você.
24Saberá que seu lar está seguro; ao contar seus bens, de nada
achará falta.
25Terá muitos filhos, tantos descendentes como o capim no
pasto.
26Em boa velhice irá para a sepultura, como um feixe de cereal
colhido no tempo certo.
27"Observamos a vida e vimos que tudo isso é verdade; ouça
meu conselho e aplique-o à sua vida".

O segundo discurso de Jó: resposta a Elifaz

6 Então Jó falou novamente:
2"Se fosse possível pesar minha aflição e pôr numa balança
meu sofrimento, 3pesariam mais que toda a areia do mar; por
isso falei de modo impulsivo.
4Pois o Todo-poderoso me derrubou com suas flechas, e minha
alma bebe o veneno delas; os terrores de Deus se alinham
contra mim.
5Os jumentos selvagens não zurram ao não encontrar capim?
Os bois não mugem quando não têm alimento?
6As pessoas não se queixam quando falta sal na comida? Al-
guém gosta da clara de ovo, que não tem sabor?
7Perco o apetite só de olhar para ela; tenho enjoo só de pensar
em comê-la!

8 “Quem dera meu pedido fosse atendido, e Deus concedesse
meu desejo.
9 Quem dera ele me esmagasse, estendesse a mão e acabasse
comigo.
10 Ao menos tenho este consolo e alegria: apesar da dor, não
neguei as palavras do Santo.
11 Contudo, faltam-me forças para prosseguir; não vejo motivo
para viver.
12 Acaso tenho a força de uma pedra? Meu corpo é feito de
bronze?
13 Não! Estou completamente desamparado, sem chance al-
guma de sucesso.
14 “É preciso ter compaixão de um amigo abatido, mas vocês
me acusam sem nenhum temor do Todo-poderoso.
15 Meus irmãos, vocês se mostraram indignos de confiança,
como um riacho intermitente que transborda sobre as mar-
gens, 16 quando fica turvo por causa do gelo, e a neve sobre
ele se amontoa.
17 Mas, chegado o tempo de seca, a água desaparece, e o
riacho some no calor.
18 As caravanas saem de suas rotas, mas não há o que beber,
e morrem ali.
19 As caravanas de Temá procuram essa água, e os viajantes de
Sabá esperam encontrá-la.
20 Contam com ela, mas se decepcionam; quando chegam,
suas esperanças são frustradas.
21 Da mesma forma, vocês não me ajudaram; viram minha des-
graça e ficaram com medo.
22 Mas, por quê? Alguma vez lhes pedi presentes? Supliquei que
me dessem algo seu?
23 Pedi que me livrassem de meus inimigos ou que me resga-
tassem de meus opressores?
24 Ensinem-me, e eu me calarei; mostrem-me onde errei.
25 Palavras honestas são dolorosas, mas de que servem suas
críticas?
26 Consideram suas palavras convincentes, enquanto ignoram
meu clamor de desespero?
27 Seriam capazes de apostar um órfão num jogo de azar; sim,
venderiam até mesmo um amigo.
28 Olhem para mim! Acaso eu mentiria para vocês?
29 Não pressuponham que sou culpado, pois nada fiz de errado.
30 Pensam que sou mentiroso? Acaso não sei mais distinguir
entre bem e mal?”

7 “Acaso a vida na terra não é uma luta? Nossos dias são como
os de um trabalhador braçal, 2 como o servo que anseia pela
sombra, como o empregado à espera do pagamento.
3 Recebi de herança meses de puro vazio, fui condenado a
passar noites longas em aflição.
4 Deitado na cama, penso: ‘Quando chegará a manhã?’, mas a
noite se arrasta e reviro-me até o amanhecer.
5 Meu corpo está coberto de vermes e crostas de feridas; minha
pele se racha e vaza pus.”

Jó clama a Deus

6 “Meus dias correm mais depressa que a lançadeira de um
tecelão e terminam sem esperança.
7 Lembra-te, ó Deus, de que minha vida é apenas um sopro;
nunca mais voltarei a ver a felicidade.
8 Tu me vês agora, mas em breve não me verás; procurarás por
mim, mas já não existirei.
9 Como uma nuvem que se dissipa e some, os que descem à
sepultura não voltam mais.
10 Deixam seu lar para sempre, e ninguém se lembrará deles
novamente.
11 “Não posso me calar, tenho de expressar minha angústia;
minha alma amargurada precisa se queixar.
12 Acaso sou eu o mar revolto ou algum monstro marinho, para
que me ponhas sob vigilância?
13 Penso: ‘Na cama encontrarei descanso, e o leito me aliviará
o sofrimento’, 14 mas tu me assustas com sonhos e me aterro-
rizas com visões.
15 Preferiria ser estrangulado; melhor morrer que sofrer assim.
16 Odeio minha vida e não quero continuar a viver; deixa-me em
paz, pois meus dias passam como um sopro.
17 “O que é o ser humano, para que lhe dês tanta importância e
penses nele com tanta atenção?
18 Pois o examinas todas as manhãs e o pões à prova a cada
instante.
19 Por que não me deixas em paz? Dá-me tempo pelo menos
para engolir a saliva!
20 Se eu pequei, o que te fiz, ó Vigia de toda a humanidade?
Por que fizeste de mim o teu alvo? Acaso sou um fardo para ti?
21 Por que não perdoas meu pecado e removes minha culpa?
Pois em breve me deitarei no pó e morrerei; quando procu-
rares por mim, já não existirei”.

A primeira resposta de Bildade a Jó

8 Então Bildade, de Suá, respondeu a Jó:
2 “Até quando continuará a falar assim? Suas palavras pa-
recem um vendaval!
3 Acaso Deus perverte o que é justo? O Todo-poderoso distorce
o que é certo?
4 Certamente seus filhos pecaram contra ele e, por isso, rece-
beram o castigo devido.
5 Mas, se você buscar a Deus e clamar ao Todo-poderoso, 6 e,
se for puro e íntegro, ele sem demora agirá em seu favor e
devolverá o que por direito lhe pertence.
7 E, embora tenha começado com pouco, no final você terá
muito.
8 “Pergunte às gerações anteriores, atente à experiência dos
antepassados.
9 Pois nós nascemos ontem e nada sabemos; nossos dias na
terra passam como uma sombra.
10 Mas os que vieram antes de nós o instruirão; eles lhe ensi-
narão a sabedoria de outrora.

[11]“Pode o papiro crescer fora do brejo? O junco se desenvolve
sem água?
[12]Quando ainda estão florescendo, antes de ser cortados, co-
meçam a secar mais depressa que a grama.
[13]O mesmo acontece com todos que se esquecem de Deus; as
esperanças do ímpio se evaporam.
[14]A confiança dele está por um fio; apoia-se numa teia de
aranha.
[15]Busca segurança no lar, mas ela não durará; tenta agarrá-la
com força, mas ela não permanecerá.
[16]O ímpio é como a planta verdejante que cresce ao sol; seus
ramos se espalham pelo jardim, [17]suas raízes se aprofundam
por entre um montão de pedras e num leito de rochas se
firmam.
[18]Mas, quando a planta é arrancada, é como se nunca hou-
vesse existido!
[19]Esse é o fim de sua vida, e do solo brotam outras plantas que
tomam seu lugar.
[20]“Mas uma coisa é certa: Deus não rejeitará o íntegro, nem
estenderá a mão ao perverso.
[21]Voltará a encher sua boca de riso, e seus lábios, de gritos
de alegria.
[22]Os que odeiam você serão cobertos de vergonha, e o lar dos
perversos será destruído”.

O terceiro discurso de Jó: resposta a Bildade

9 Então Jó falou novamente:
[2]“Sim, eu sei que tudo isso é verdade de modo geral, mas
como alguém pode ser inocente aos olhos de Deus?
[3]Se uma pessoa quisesse levar Deus ao tribunal, acaso poderia
lhe responder uma vez em mil?
[4]Pois Deus é muito sábio e poderoso: quem alguma vez o en-
frentou e saiu vencedor?
[5]“Ele move montanhas sem dar aviso, e, em sua ira, as põe
abaixo.
[6]Sacode a terra de seu lugar e faz tremer seus alicerces.
[7]Se ele ordena, o sol não nasce e as estrelas não brilham.
[8]Ele, sozinho, estendeu os céus e marcha sobre as ondas do
mar.
[9]Criou todas as estrelas: a Ursa e o Órion, as Plêiades e as
constelações do sul.
[10]Ele faz grandes coisas, maravilhosas demais para entender,
e realiza milagres incontáveis.
[11]“Quando se aproxima de mim, não posso vê-lo; quando
passa, não percebo sua presença.
[12]Se ele toma à força, quem o fará devolver? Quem ousa per-
guntar: ‘O que estás fazendo?’.
[13]E Deus não refreia sua ira; até os monstros marinhos são
esmagados sob os seus pés.
[14]“Quem sou eu, então, para tentar responder a Deus, ou
mesmo argumentar com ele?
[15]Ainda que fosse inocente, seria incapaz de me defender; po-
deria apenas implorar por misericórdia ao meu Juiz.
[16]E, mesmo que eu o chamasse e ele me respondesse, não
acredito que me daria atenção.
[17]Pois ele me ataca com uma tempestade e, sem motivo, me
fere repetidas vezes.
[18]Não permite que eu recupere o fôlego, mas enche minha
vida de amargura.
[19]Se é uma questão de força, ele é o forte; se é uma questão
de justiça, quem ousa levá-lo ao tribunal?
[20]Embora eu seja inocente, minha própria boca me declararia
culpado; embora eu seja íntegro, ela provaria que sou perverso.
[21]“Sou íntegro, mas isso não faz diferença para mim; desprezo
minha vida.
[22]Íntegro ou perverso, é tudo a mesma coisa; por isso digo:
‘Ele destrói tanto o íntegro como o perverso’.
[23]Quando uma praga vem repentinamente, ele ri da morte dos
inocentes.
[24]A terra está nas mãos dos perversos, e ele cega os olhos dos
juízes; se não é Deus quem faz isso, então quem é?
[25]“Minha vida corre mais depressa que um atleta, foge sem
jamais ver a alegria.
[26]Desaparece como um barco veloz de papiro, como a águia
que se lança sobre a presa.
[27]Se eu decidisse esquecer minhas queixas, deixar de lado a
tristeza e exibir um rosto alegre, [28]ainda assim temeria todos
os meus sofrimentos, pois sei, ó Deus, que não me conside-
rarás inocente.
[29]Não importa o que aconteça, serei considerado culpado;
então de que adianta continuar lutando?
[30]Mesmo que eu me lave com sabão e limpe as mãos com
soda, [31]tu me lançarás num poço de lodo, e até minhas roupas
terão nojo de mim.
[32]“Deus não é ser humano, como eu; não posso discutir com
ele nem levá-lo ao tribunal.
[33]Se ao menos houvesse um mediador entre nós, alguém que
nos aproximasse um do outro!
[34]Ele afastaria de mim o castigo de Deus, e eu já não viveria
aterrorizado.
[35]Então falaria com ele sem medo, mas, sozinho, não consigo
fazê-lo.”

Jó expressa seu pedido a Deus

10 “Estou cansado de minha vida, vou me queixar aberta-
mente; minha alma amargurada precisa se expressar.
[2]Direi a Deus: ‘Não apenas me condenes; dize-me que acusa-
ções tens contra mim.
[3]Que vantagem tens em me oprimir? Por que me rejeitas, se
sou obra de tuas mãos, enquanto sorris para as tramas dos
perversos?
[4]Acaso teus olhos são como os nossos? Vês as coisas como um
ser humano qualquer?
[5]Tua vida é tão breve como a nossa? Vives tão pouco, como o
homem, [6]que precisas, sem demora, investigar minha culpa e
procurar meu pecado?

7Embora saibas que não sou culpado, não há quem possa li-
vrar-me de tuas mãos.
8"'Tu me formaste com tuas mãos; tu me fizeste e, no entanto,
me destróis por completo.
9Lembra-te de que do barro me fizeste; acaso me farás voltar
tão depressa ao pó?
10Tu guiaste minha concepção e me moldaste no ventre ma-
terno.
11Com carne e pele me vestiste e me teceste os ossos com
meus tendões.
12Tu me deste vida e me mostraste teu amor, e com teu cui-
dado me preservaste.
13"'Teu verdadeiro motivo, porém, tua real intenção, 14era me
vigiar e, se eu pecasse, não perdoar minha culpa.
15Se sou culpado, pior para mim; e, mesmo que eu seja ino-
cente, não posso manter a cabeça erguida, pois estou cheio
de vergonha e sofrimento.
16Se mantenho a cabeça erguida, tu me caças como um leão e
manifestas contra mim teu imenso poder.
17Repetidas vezes depões contra mim; sobre mim derramas
tua ira crescente e me atacas com um exército após o outro.
18"'Por que, então, me tiraste do ventre de minha mãe? Por
que não me deixaste morrer antes de vir ao mundo?
19Seria como se eu nunca tivesse existido; iria direto do ventre
para o túmulo.
20Restam-me apenas alguns dias; por favor, deixa-me em paz,
para que eu tenha um instante de alívio
21antes de partir para a terra de escuridão e densas sombras,
para nunca mais voltar.
22É uma terra escura como a meia-noite, terra de profunda
escuridão e desordem, onde até mesmo a luz é escura como
a meia-noite'".

A primeira resposta de Zofar a Jó

11 Então Zofar, de Naamá, respondeu a Jó:
2"Não haverá resposta a essa torrente de palavras? Uma
pessoa é inocentada só por falar muito?
3Devem todos calar-se enquanto você continua a tagarelar?
Quando zomba de Deus, ninguém o repreenderá?
4Você afirma: 'Minhas crenças são puras' e 'Sou limpo aos
olhos de Deus'.
5Se ao menos Deus se pronunciasse e lhe dissesse o que pensa!
6Se ao menos lhe revelasse os segredos da sabedoria, pois a
verdadeira sabedoria não é coisa simples! Escute! Deus sem
dúvida o está castigando muito menos do que você merece.
7"Acaso você pode desvendar os mistérios de Deus e descobrir
tudo sobre o Todo-poderoso?
8Esse conhecimento é mais alto que os céus, e o que você pode
fazer? É mais profundo que o abismo, e o que você pode saber?
9É mais vasto que a terra e mais amplo que o mar.
10Se Deus passa e prende alguém ou convoca o tribunal, quem
pode detê-lo?
11Pois ele conhece os falsos e registra seus pecados.
12É tão impossível um tolo tornar-se sábio como um jumento
selvagem dar à luz uma criança.
13"Se ao menos você preparasse o coração e levantasse as
mãos a Deus em oração!
14Livre-se de seus pecados e deixe toda a maldade para trás.
15Então seu rosto se iluminará com a inocência; você será forte
e não terá medo.
16Você se esquecerá de seus sofrimentos; serão como águas
passadas.
17Sua vida será mais luminosa que o meio-dia; até a escuridão
será clara como a manhã.
18Você se sentirá seguro, pois terá esperança; estará protegido
e descansará tranquilo.
19Sem medo se deitará, e muitos buscarão sua ajuda.
20Os perversos, porém, ficarão cegos, sem ter para onde fugir;
sua única esperança será a morte".

O quarto discurso de Jó: resposta a Zofar

12 Então Jó falou novamente:
2"Vocês de fato sabem tudo, não é? Mas, quando mor-
rerem, a sabedoria morrerá com vocês!
3Pois bem, eu também sei algumas coisas, e vocês não são
melhores que eu; qualquer um sabe aquilo que me disseram.
4Meus amigos, contudo, riem de mim, pois clamo a Deus e
espero uma resposta. Sou justo e íntegro, e, no entanto, eles
riem de mim.
5Quem está tranquilo zomba de quem sofre; dá um empurrão
em quem tropeça.
6Os ladrões, porém, são deixados em paz, e os que provocam
a Deus vivem em segurança, embora Deus os mantenha sob
o seu poder.
7"Pergunte aos animais, e eles lhe ensinarão; pergunte às aves
do céu, e elas lhe dirão.
8Fale com a terra, e ela o instruirá; deixe que os peixes do
mar o informem.
9Pois todos eles sabem que meu sofrimento veio da mão do
Senhor.
10Em suas mãos está a vida de todas as criaturas e o fôlego de
toda a humanidade.
11O ouvido prova as palavras que ouve, assim como a língua
distingue os sabores.
12A sabedoria pertence aos idosos, e o entendimento, aos mais
velhos.
13"Em Deus, porém, estão a sabedoria e o poder; a ele per-
tencem o conselho e o entendimento.
14Ninguém pode reconstruir o que ele derruba, ninguém pode
libertar quem ele aprisiona.
15Se ele retém a chuva, a terra se transforma em deserto; se
ele libera as águas, há inundações em toda parte.
16Sim, a ele pertencem a força e a sabedoria; enganadores e
enganados estão sob seu poder.
17Ele destitui os conselheiros e os dispensa; faz de tolos juízes
sábios.

18 Tira o manto dos reis e lhes amarra uma corda na cintura.

19 Destitui os sacerdotes e os dispensa; derruba os que estão no poder há muitos anos.

20 Silencia o conselheiro de confiança e retira o entendimento dos anciãos.

21 Derrama desonra sobre os príncipes e deixa os fortes desarmados.

22 "Ele revela mistérios ocultos nas trevas e ilumina a escuridão mais profunda.

23 Exalta nações e as destrói, expande nações e as abandona.

24 Despoja os reis de entendimento e os deixa vagar por um deserto sem caminhos.

25 Andam tateando na escuridão, sem luz; ele os faz cambalear como bêbados."

Jó quer defender sua causa diante de Deus

13 "Vi tudo isso com os próprios olhos; ouvi com os próprios ouvidos, e agora entendo.

2 O que vocês sabem, eu também sei; não são melhores que eu.

3 Quero falar diretamente com o Todo-poderoso, quero defender minha causa diante de Deus.

4 Vocês me difamam com mentiras; são médicos incapazes de curar.

5 Se ao menos se calassem! É a atitude mais sábia que poderiam tomar.

6 Ouçam minha defesa, prestem atenção a meus argumentos.

7 "Vocês querem defender Deus com mentiras? Apresentam argumentos desonestos em nome dele?

8 Distorcem seu testemunho em favor dele? Acaso são advogados de Deus?

9 O que acontecerá quando ele decidir investigá-los? Conseguirão enganá-lo como enganam qualquer pessoa?

10 Não! Certamente ele os repreenderá se distorcerem às escondidas seu testemunho em favor dele.

11 Acaso a majestade dele não os aterrorizará? O terror dele não cairá sobre vocês?

12 Suas frases feitas valem tanto quanto cinzas; sua defesa é fraca como um pote de barro.

13 "Calem-se e deixem-me em paz! Permitam-me falar, e eu arcarei com as consequências.

14 Sim, porei minha vida em risco e direi o que penso de fato.

15 Ainda que Deus me mate, ele é minha única esperança; apresentarei a ele minha causa.

16 Isto, porém, é o que me salvará: não sou ímpio; se o fosse, não poderia me colocar diante dele.

17 "Escutem bem o que vou dizer, ouçam-me com atenção.

18 Preparei minha defesa; serei declarado inocente.

19 Quem pode discutir comigo a esse respeito? E, se provarem que estou errado, me calarei e morrerei."

Jó pergunta qual foi seu pecado

20 "Ó Deus, concede-me estas duas coisas, e não me esconderei de ti.

21 Remove tua mão de cima de mim e não me assustes com tua temível presença.

22 Chama-me, e eu responderei; ou permita que eu fale e responde-me.

23 Diga-me, o que fiz de errado? Mostra-me minha rebeldia e meu pecado.

24 Por que te afastas de mim? Por que me tratas como teu inimigo?

25 Atormentarias uma folha soprada pelo vento? Perseguirias a palha seca?

26 "Escreves acusações amargas contra mim e trazes à tona os pecados de minha juventude.

27 Prendes meus pés com correntes, vigias todos os meus caminhos e examinas todas as minhas pegadas.

28 Eu me consumo como madeira que apodrece, como roupa comida pela traça."

14 "Como é frágil o ser humano! Sua vida é breve e cheia de aflições.

2 Como uma flor, nasce e depois murcha; como uma sombra passageira, some depressa.

3 É preciso que vigies uma criatura tão frágil e exijas que te preste contas?

4 Quem pode extrair pureza de algo impuro? Ninguém!

5 Estabeleceste a extensão de nossa vida; sabes quantos meses viveremos, e não recebemos nem um dia a mais.

6 Portanto, dá-nos sossego, deixa-nos descansar! Somos como trabalhadores braçais; permite que terminemos nosso trabalho em paz.

7 "Até mesmo uma árvore tem mais esperança, pois, se for cortada, voltará a brotar e dar novos ramos.

8 Ainda que as raízes tenham envelhecido na terra e o tronco
esteja podre, 9 com o cheiro da água, voltará a brotar e dar
ramos, como uma planta nova.

10 "Mas, quando as pessoas morrem, perdem as forças; dão o último suspiro e, depois, onde estão?

11 Como a água evapora do lago e o rio desaparece na seca,

12 são colocadas no túmulo e não voltam a se levantar. Até que os céus deixem de existir, não acordarão; não serão despertadas de seu sono.

13 "Quem dera tu me escondesses na sepultura e me esquecesses ali até tua ira passar! Quem dera me desses um tempo de descanso, para que só então te lembrasses de mim!

14 Podem os mortos voltar a viver? Assim eu teria esperança durante todos os meus anos de luta e aguardaria a libertação que a morte traz.

15 Tu chamarias, e eu responderia; tu ansiarias por mim, a obra de tuas mãos.

16 Assim, tu protegerias meus passos, em vez de vigiares meus pecados.

17 Meus pecados seriam fechados num saco, e tu cobririas minha culpa.

[18]"Em vez disso, assim como os montes desmoronam e as rochas caem de onde estão, [19]como a água desgasta as pedras e as enchentes arrastam a terra, tu destróis a esperança do ser humano.
[20]Tu prevaleces sempre sobre ele, e ele se vai; tu o desfiguras na morte e o mandas embora.
[21]Não sabe se os filhos crescerão com honra ou afundarão no esquecimento.
[22]Ele sofre sua própria dor e lamenta apenas por si mesmo".

A segunda resposta de Elifaz a Jó

15 Então Elifaz, de Temã, respondeu:
[2]"Um homem sábio não responderia com esse falatório! Suas palavras não passam de vento.
[3]O sábio não se envolve em conversas sem propósito, nem usa palavras sem sentido.
[4]De fato, você não tem temor a Deus e não lhe mostra reverência.
[5]Seus pecados dizem à boca o que ela deve falar; suas palavras se baseiam em engano astuto.
[6]Sua própria boca o condena, não eu; seus próprios lábios depõem contra você.
[7]"Acaso você foi o primeiro ser humano a nascer? Veio ao mundo antes de serem criados os montes?
[8]Estava presente no conselho secreto de Deus? Só você é dono da sabedoria?
[9]O que você sabe que nós não sabemos? Que compreensão tem que nós não temos?
[10]Homens idosos, de cabelo grisalho, mais velhos que seu pai, pensam exatamente como nós!
[11]"A consolação de Deus não é suficiente para você? Palavras amáveis não lhe bastam?
[12]O que o fez perder a razão? Por que seus olhos chegam a faiscar
[13]quando você se volta contra Deus e diz tais absurdos?
[14]O que é o ser humano, para se considerar puro? Pode alguém nascido de mulher ser justo?
[15]Deus não confia nem nos anjos! Aos olhos dele, nem mesmo os céus são puros.
[16]Quanto menos um ser humano detestável e corrupto, que tem sede de perversidade!
[17]"Escute, e eu lhe mostrarei; falarei com base em minha experiência.
[18]Ela é confirmada pelo relato de homens sábios, que ouviram as mesmas verdades de seus antepassados, [19]daqueles aos quais foi dada a terra, muito antes de chegar qualquer estrangeiro.
[20]"Os perversos se contorcem de dor a vida toda; aos cruéis estão reservados tempos de sofrimento.
[21]Em seus ouvidos ressoam sons de terror, e mesmo em dias tranquilos temem o ataque do destruidor.
[22]Não se atrevem a sair no escuro, por medo de serem mortos pela espada.
[23]Ficam perambulando e dizendo: 'Onde posso encontrar pão?'; sabem que o dia de sua destruição se aproxima.
[24]Vivem angustiados e aflitos, cheios de terror, como um rei que se prepara para a batalha, [25]pois agitam os punhos contra Deus e desafiam arrogantemente o Todo-poderoso.
[26]Com seus fortes escudos levantados, avançam contra ele em rebeldia.
[27]"Em sua prosperidade, o rosto dos perversos inchou, e sua barriga acumulou gordura.
[28]Suas cidades, porém, serão arruinadas; habitarão em casas abandonadas, prestes a desabar.
[29]Suas riquezas não durarão, seus bens não permanecerão, e suas propriedades não se estenderão pela terra.
[30]"Não escaparão das trevas; o sol abrasador queimará seus ramos, e o sopro de Deus os destruirá.
[31]Que não se iludam mais ao confiar em riquezas vazias, pois o vazio será sua única recompensa.
[32]Serão cortados na flor da idade; seus ramos jamais voltarão a verdejar.
[33]Serão como a videira cujas uvas são colhidas cedo demais, como a oliveira que perde as flores antes que se formem os frutos.
[34]Pois os ímpios não têm futuro; o fogo destruirá suas casas enriquecidas com subornos.
[35]Concebem desgraça e dão à luz maldade; seu ventre só gera engano".

O quinto discurso de Jó: resposta a Elifaz

16 Então Jó falou novamente:
[2]"Já ouvi tudo isso antes; que péssimos consoladores são vocês!
[3]Será que nunca vão parar de tagarelar? Que perturbação os faz continuar falando?
[4]Eu poderia dizer as mesmas coisas se estivessem em meu lugar, poderia berrar críticas e balançar a cabeça contra vocês.
[5]Mas eu faria diferente: eu lhes daria ânimo e tentaria aliviar seu sofrimento.
[6]Em vez disso, sofro se me defendo, e sofro igualmente se me recuso a falar.
[7]"Ó Deus, tu me esgotaste e destruíste toda a minha família!
[8]Reduziste-me a pele e osso, como para provar que pequei; minha magreza depõe contra mim.
[9]Deus me odeia e, em sua ira, me despedaçou; range os dentes contra mim e me transpassa com seu olhar.
[10]As pessoas zombam e riem de mim e, com desprezo, me dão tapas no rosto; sim, uma multidão se junta contra mim.
[11]Deus me entregou aos pecadores, atirou-me nas mãos dos perversos.
[12]"Eu vivia tranquilo, até que ele me despedaçou; pelo pescoço me agarrou e me quebrou ao meio. Fez de mim seu alvo, [13]e agora seus arqueiros me cercam. Suas flechas me perfuram sem misericórdia, e meu sangue molha o chão.

14Repetidamente, ele se lança contra mim e me ataca como
um guerreiro.
15Em minha tristeza, visto pano de saco; meu orgulho se re-
volve no pó.
16Meu rosto está vermelho de tanto chorar, e sombras escuras
me circundam os olhos.
17No entanto, nada fiz de errado, e minha oração é pura.
18"Ó terra, não esconda meu sangue! Não permita que meu
clamor permaneça oculto.
19Agora mesmo, minha testemunha está nos céus, meu advo-
gado está nas alturas.
20Meus amigos me desprezam, mas derramo minhas lágrimas
diante de Deus.
21Preciso de um mediador entre mim e Deus, como alguém que
intercede por seu amigo.
22Pois em breve seguirei pelo caminho do qual jamais voltarei."

Jó continua a defender sua inocência

17 "Meu espírito está quebrado, e minha vida, quase apa-
gada; o túmulo está pronto para me receber.
2Estou cercado de zombadores; seus insultos estão sempre
diante de mim.
3"Dá-me garantia de que me defenderás, ó Deus, pois nin-
guém mais tomará meu partido.
4Fechaste a mente deles para o entendimento, mas não per-
mitas que triunfem.
5Traem os amigos em benefício próprio; deixa que os filhos
deles desfaleçam de fome.
6"Deus me transformou em motivo de zombaria; as pessoas
cospem em meu rosto.
7Meus olhos estão inchados de tanto chorar; sou apenas
sombra do que já fui.
8Os virtuosos ficam horrorizados quando me veem, e os ino-
centes se levantam contra os ímpios.
9Os justos prosseguem em seu caminho, e os de mãos limpas
se fortalecem cada vez mais.
10"Quanto a vocês, voltem com um argumento melhor; ainda
assim, não encontrarei sábio algum em seu meio.
11Meus dias chegaram ao fim e minhas esperanças se foram;
os desejos de meu coração não se realizaram.
12Esses homens dizem que a noite é dia, afirmam que a es-
curidão é luz.
13E se eu descer à sepultura e arrumar minha cama na escuridão?
14E se eu chamar o túmulo de pai e o verme, de mãe ou irmã?
15Onde está, então, minha esperança? Há alguém que possa
encontrá-la?
16Não, minha esperança descerá comigo à sepultura; descan-
saremos juntos no pó".

A segunda resposta de Bildade a Jó

18 Então Bildade, de Suá, respondeu:
2"Até onde você vai com suas palavras? Mostre sensatez,
se deseja que respondamos!
3Imagina que somos animais? Pensa que somos ignorantes?
4Ainda que arranque os cabelos de raiva, acaso isso destruirá
a terra? Fará as rochas mudarem de lugar?
5"Por certo, a luz do perverso se apagará; as faíscas de seu
fogo deixarão de brilhar.
6A luz de sua tenda se escurecerá; a lâmpada pendurada sobre
ele se extinguirá.
7Os passos confiantes do perverso serão encurtados; será ar-
ruinado pelas próprias tramas.
8O perverso caminha direto para a rede; cai num alçapão.
9Uma armadilha o pega pelo calcanhar, um laço o prende com
força.
10Há uma cilada escondida na terra, uma corda estendida em
seu caminho.
11"Terrores cercam o perverso e o perseguem a cada passo.
12A fome esgota suas forças, e a calamidade aguarda seu tro-
peço.
13A doença consumirá sua pele, e uma morte horrível devorará
seus membros.
14É arrancado da segurança de seu lar e levado ao rei dos ter-
rores.
15O lar do perverso será consumido pelo fogo, e enxofre se
espalhará sobre sua casa.
16Por baixo, suas raízes secarão; por cima, seus ramos mur-
charão.
17Toda lembrança de sua existência desaparecerá da terra;
ninguém recordará seu nome.
18Será lançado da luz para as trevas, expulso do mundo.
19Não terá filhos nem netos, nem haverá sobreviventes no lugar
onde morava.
20No oeste, ficarão espantados com seu destino; no leste,
serão tomados de horror.
21Dirão: 'Esta era a habitação do perverso, o lugar de alguém
que não conheceu a Deus'".

O sexto discurso de Jó: resposta a Bildade

19 Então Jó falou novamente:
2"Até quando vocês vão me atormentar? Até quando vão
me esmagar com suas palavras?
3Dez vezes já me insultaram; deveriam se envergonhar de me
tratar tão mal.
4Ainda que eu tivesse pecado, seria problema meu, e não de
vocês.
5Pensam que são melhores que eu; usam minha humilhação
como prova de meu pecado.
6Mas Deus é que foi injusto comigo e me prendeu em sua rede.
7"Clamo: 'Socorro!', mas ninguém responde; grito em pro-
testo, mas não há justiça.
8Deus fechou meu caminho para eu não passar e cobriu de
escuridão minha estrada.
9Despojou-me de minha honra e removeu a coroa de minha
cabeça.

10Destruiu-me por todos os lados, e estou acabado; como se eu
fosse uma árvore, arrancou minha esperança pela raiz.
11Sua ira arde contra mim; ele me considera seu inimigo.
12Suas tropas avançam e abrem caminhos para me atacar;
acampam ao redor de minha tenda.
13"Meus irmãos se mantêm afastados, meus conhecidos se
voltaram contra mim.
14Minha família se foi, meus amigos chegados me esqueceram.
15Meus hóspedes e criadas me consideram um estranho; para
eles, sou como um estrangeiro.
16Quando chamo meu servo, ele não vem; tenho de suplicar!
17Meu hálito enoja minha esposa; sou rejeitado pela própria
família.
18Até as crianças me desprezam; quando me levanto para falar,
me dão as costas.
19Meus amigos chegados me detestam; aqueles que eu amo
se voltaram contra mim.
20Fui reduzido a pele e osso; escapei da morte por um triz.
21"Tenham misericórdia de mim, meus amigos! Tenham mise-
ricórdia, pois a mão de Deus me feriu.
22Será que também precisam me perseguir, como Deus me
persegue? Já não me criticaram o suficiente?
23"Quem dera minhas palavras fossem registradas! Quem dera
fossem escritas num monumento, 24entalhadas com um cinzel
de ferro e preenchidas com chumbo, gravadas para sempre
na rocha!
25"Quanto a mim, sei que meu Redentor vive e que um dia, por
fim, ele se levantará sobre a terra.
26E, depois que meu corpo tiver se decomposto, ainda assim,
em meu corpo, verei a Deus!
27Eu o verei por mim mesmo, sim, o verei com meus próprios
olhos; meu coração muito anseia por esse dia!
28"Como vocês se atrevem a me perseguir e dizer: 'É culpa
dele'?
29Deveriam temer o castigo, pois sua atitude merece ser pu-
nida; então saberão que há juízo".

A segunda resposta de Zofar a Jó

20 Então Zofar, de Naamá, respondeu:
2"Preciso falar, pois é profundo meu incômodo.
3Tive de suportar seus insultos, mas agora meu espírito me
leva a responder.
4"Você não sabe que, desde a antiguidade, desde que o ser hu-
mano foi posto na terra, 5o triunfo dos perversos dura pouco, e
a alegria dos ímpios é apenas temporária?
6Embora seu orgulho chegue aos céus, e sua cabeça toque
as nuvens, 7eles desaparecerão para sempre, lançados fora
como seu próprio excremento. Seus conhecidos perguntarão:
'Onde estão eles?'.
8Passarão como um sonho e não serão encontrados; desapa-
recerão como uma visão na noite.
9Aqueles que os viram, não os verão mais; suas famílias não
os reconhecerão.
10Seus filhos pedirão esmolas aos pobres, pois terão de de-
volver as riquezas que roubaram.
11Embora sejam jovens e vigorosos, seus ossos serão deitados
no pó.
12"Desfrutaram o doce gosto da perversidade e a deixaram
derreter sob a língua.
13Ficaram com ela na boca, para melhor saboreá-la.
14De repente, a comida azeda em seu estômago; torna-se ve-
neno de serpente em seu interior.
15Vomitarão a riqueza que engoliram; Deus não permitirá que
a retenham.
16Sugarão veneno de cobra; a língua da víbora os matará.
17Nunca mais desfrutarão os ribeiros, os rios de onde emanam
leite e mel.
18Devolverão tudo pelo que trabalharam; sua riqueza não lhes
trará alegria.
19Pois oprimiram os pobres e os deixaram desamparados; to-
maram casas que não haviam construído.
20Sempre gananciosos, nunca satisfeitos; perderam tudo com
que sonharam.
21Comem até se fartar e, depois, não sobra coisa alguma; por
isso, sua prosperidade não durará.
22"Em meio à fartura, enfrentarão aflições, e o sofrimento os
dominará.
23Que Deus lhes encha o estômago de problemas; que Deus
faça chover sobre eles sua ira ardente!
24Quando tentarem escapar da arma de ferro, a flecha com
ponta de bronze os atravessará.
25Quando a flecha lhes for arrancada das costas, a ponta bri-
lhará com sangue. O terror da morte virá sobre eles; 26seus
tesouros serão lançados em profunda escuridão. Um fogo
descontrolado os devorará e consumirá tudo que lhes resta.
27Os céus revelarão a culpa dos perversos; a terra se levantará
contra eles.
28Uma inundação arrastará suas casas; a ira de Deus cairá
sobre eles como chuva torrencial.
29Essa é a recompensa que Deus dá aos perversos; é a herança
decretada por Deus".

O sétimo discurso de Jó: resposta a Zofar

21 Então Jó falou novamente:
2"Escutem com atenção o que eu digo; essa é a conso-
lação que podem me dar.
3Enquanto eu estiver falando, tenham paciência; depois que
tiver falado, podem continuar a zombar de mim.
4"Minha queixa não é contra seres humanos; tenho bons mo-
tivos para estar impaciente.
5Olhem para mim, e ficarão pasmos; assustados, colocarão a
mão sobre a boca.
6Quando penso no que estou dizendo, fico arrepiado; todo o
meu corpo estremece.
7"Por que os perversos continuam com vida, chegam à velhice
e se tornam poderosos?

8Veem seus filhos crescer e se estabelecer e desfrutam a com-
panhia de seus netos.
9Seus lares são seguros e livres de todo medo, e Deus não
os castiga.
10Seus touros nunca deixam de procriar, suas vacas dão crias
e não abortam.
11Deixam seus filhos brincar como cordeiros; seus pequeninos
saltam e dançam.
12Cantam com tamborins e harpas e celebram ao som da flauta.
13Passam os dias em prosperidade e descem à sepultura em
paz.
14E, no entanto, dizem a Deus: 'Deixa-nos em paz! Não que-
remos saber de ti nem de teus caminhos.
15Quem é o Todo-poderoso e por que deveríamos lhe obe-
decer? De que nos adiantará orar?'.
16Acreditam que a prosperidade depende de si mesmos, mas
eu quero distância desse modo de pensar.
17"Quantas vezes a luz dos perversos se apaga? Quantas vezes
sofrem desgraças? Acaso Deus, em sua ira, lhes reparte tris-
tezas?
18Quantas vezes são carregados pelo vento, como palha, ou
levados embora pela tempestade, como ciscos?
19"Vocês dizem: 'Ao menos Deus castiga os filhos deles!'. Mas
eu digo que ele deveria castigar os pais, para que entendam
seu juízo.
20Que seus próprios olhos vejam sua destruição; que eles
mesmos bebam da ira do Todo-poderoso!
21Afinal, depois de mortos, não se importarão com o que acon-
tece à sua família.
22"Mas quem pode dar lições a Deus, uma vez que ele julga
até os mais poderosos?
23Um morre em prosperidade, confortável e seguro, 24um
retrato perfeito de boa saúde, em excelente forma e cheio
de vigor.
25Outro morre em amarga pobreza, sem nunca ter experimen-
tado as coisas boas da vida.
26Ambos, porém, são enterrados no mesmo pó; ambos são
comidos pelos mesmos vermes.
27"Sei o que estão pensando, sei dos planos que tramam
contra mim.
28'Onde está a casa dos ricos?', vocês me dirão.
'Onde está a casa dos perversos?'
29Perguntem, porém, àqueles que viajam, e eles lhes dirão
a verdade.
30Os perversos são poupados no dia da calamidade e socor-
ridos no dia da fúria.
31Ninguém os critica abertamente, nem lhes dá o que merecem
por seus atos.
32Quando são levados à sepultura, uma guarda de honra vigia
seu túmulo.
33A terra lhes dá doce repouso, e uma grande multidão acom-
panha o funeral e presta homenagens enquanto o corpo é
sepultado.
34"Como podem suas palavras vazias me consolar? Suas expli-
cações não passam de mentiras!".

A terceira resposta de Elifaz a Jó

22 Então Elifaz, de Temã, respondeu:
2"Pode alguém fazer algo para ajudar a Deus? Pode al-
guém, ainda que sábio, lhe ser útil?
3Que vantagem há para o Todo-poderoso em você ser justo?
Ele ganharia alguma coisa se você fosse perfeito?
4É por causa de seu temor que ele o acusa e traz juízo contra
você?
5Não! É por causa de sua perversidade; seus pecados não têm
limites!
6"Por certo você emprestou dinheiro a seu amigo e exigiu
roupas dele como garantia; sim, você o deixou sem ter o que
vestir.
7Recusou-se a dar água ao sedento e comida ao faminto.
8Pensou que a terra pertencia aos poderosos e que somente
os privilegiados tinham direito a ela.
9Mandou a viúva embora de mãos vazias e acabou com as
esperanças dos órfãos.
10Por isso está cercado de armadilhas e estremece com te-
mores repentinos.
11Por isso está em trevas e não consegue ver, e ondas de águas
o cobrem.
12"Deus é grande, mais alto que os céus, mais alto que as
estrelas mais distantes.
13Você, porém, responde: 'Por isso Deus não vê o que faço!
Como pode julgar através da densa escuridão?
14Nuvens espessas se movem ao seu redor, e ele não pode
nos ver; está lá no alto, caminhando pela abóbada do céu!'.
15"Você continuará nos velhos caminhos, nos quais sempre
andaram os perversos?
16Eles foram levados em tenra idade; os alicerces de sua vida
foram arrastados pela correnteza.
17Pois disseram a Deus: 'Deixa-nos em paz! O que o Todo-po-
deroso pode fazer conosco?'.
18E, no entanto, foi ele que lhes encheu o lar de coisas boas;
por isso quero distância desse modo de pensar.
19"Os justos se alegrarão ao ver a destruição dos perversos, e,
com desprezo, os inocentes zombarão deles.
20Dirão: 'Vejam, nossos inimigos foram destruídos, e suas ri-
quezas, consumidas pelo fogo'.
21"Sujeite-se a Deus, e terá paz; então as coisas lhe irão bem.
22Ouça as instruções de Deus e guarde-as no coração.
23Se voltar para o Todo-poderoso, será restaurado; portanto,
coloque sua vida em ordem.
24Se abrir mão de sua cobiça por dinheiro e lançar no rio seu
ouro precioso, 25o Todo-poderoso será seu tesouro; ele será
sua prata de grande valor!
26"Então você se alegrará no Todo-poderoso e levantará os
olhos para ele.

27Orará a Deus, e ele o ouvirá, e você cumprirá seus votos.
28Será bem-sucedido em tudo que decidir fazer, e a luz brilhará
em seu caminho.
29Se outros estiverem em dificuldade e você disser: 'Ajuda-os',
Deus os salvará.
30Até mesmo pecadores serão resgatados; sim, serão resgatados porque você tem mãos puras".

O oitavo discurso de Jó: resposta a Elifaz

23 Então Jó falou novamente:
2"Minha queixa hoje ainda é amarga, e me esforço para
não gemer.
3Se ao menos eu soubesse onde encontrar a Deus, iria a seu
tribunal.
4Exporia minha causa e apresentaria meus argumentos.
5Ouviria sua resposta e entenderia o que ele me dissesse.
6Acaso ele usaria seu grande poder para discutir comigo? Não!
Ele me ouviria com imparcialidade.
7Os justos podem lhe apresentar sua causa; meu Juiz me absolveria de uma vez por todas.
8Se vou para o leste, lá ele não está; sigo para o oeste, mas
não consigo encontrá-lo.
9Não o vejo no norte, pois está escondido; quando olho para
o sul, ele está oculto.
10"E, no entanto, ele sabe aonde vou; quando ele me provar,
sairei puro como o ouro.
11Pois permaneci nos caminhos de Deus; segui seus passos e
nunca me desviei.
12Não me afastei de seus mandamentos; dei mais valor a suas
palavras que ao alimento diário.
13Mas, quando ele toma sua decisão, quem pode fazê-lo mudar
de ideia? Ele faz o que bem deseja.
14Portanto, fará comigo tudo que planejou; ele controla meu
destino.
15Não é de admirar que eu me apavore em sua presença;
quando penso nisso, entro em pânico.
16Deus fez meu coração desfalecer; o Todo-poderoso me encheu de medo.
17A escuridão me cerca; há trevas densas e impenetráveis por
toda parte."

Jó pergunta por que os perversos não são castigados

24 "Por que o Todo-poderoso não marca uma data para
seu juízo? Por que os que o conhecem esperam por ele
em vão?
2Os perversos mudam os marcos das divisas, roubam rebanhos
e os trazem para seus pastos.
3Levam o jumento que pertence ao órfão e exigem o boi da
viúva como penhor.
4Os pobres são empurrados para fora do caminho, e os necessitados se escondem para se proteger.
5Como jumentos selvagens nas regiões áridas, passam todo o
tempo em busca de comida; até no deserto procuram alimento
para os filhos.
6Fazem a colheita de um campo que não semearam e recolhem as uvas nas videiras dos perversos.
7Passam a noite nus e com frio, pois não têm roupas nem cobertas.
8Encharcados pelas chuvas das montanhas, encolhem-se junto
às rochas por falta de abrigo.
9"Os perversos arrancam o filho da viúva do seio dela; tomam
o bebê como garantia por um empréstimo.
10Os pobres andam nus por falta de roupas; colhem alimento
para outros, enquanto passam fome.
11Espremem azeitonas para obter azeite, mas não podem prová-lo; pisam uvas para fazer vinho, enquanto passam sede.
12Os gemidos dos que estão para morrer sobem da cidade,
e os feridos clamam por socorro, mas Deus não faz caso de
seus lamentos.
13"Os perversos se revoltam contra a luz; não reconhecem os
caminhos dela, nem permanecem em suas estradas.
14O assassino se levanta bem cedo, para matar os pobres e os
necessitados; à noite ele se torna ladrão.
15O adúltero espera o cair da noite, pois pensa: 'Ninguém me
verá'; esconde o rosto para ninguém o reconhecer.
16Os bandidos arrombam casas à noite e dormem durante o
dia; não estão acostumados com a luz.
17A noite escura é sua manhã; aliam-se aos terrores da escuridão.
18"Mas, como espuma num rio, desaparecem; tudo que possuem é amaldiçoado, e temem entrar nas próprias videiras.
19A sepultura consome os pecadores, como a seca e o calor
consomem a neve.
20Sua própria mãe se esquecerá deles; para os vermes, terão
sabor doce. Ninguém se lembrará deles; os perversos serão
derrubados como árvores.
21Enganam a mulher que não tem filhos para defendê-la; não
socorrem a viúva necessitada.
22"Deus, em seu poder, leva embora os ricos; ainda que prosperem, não têm garantia de que viverão.
23Talvez lhes seja permitido ficar em segurança, mas Deus os
vigia sem cessar.
24Ainda que sejam importantes agora, depressa desaparecerão, como todos os outros, cortados como espigas de cereal.
25Acaso alguém pode afirmar o contrário? Quem pode provar
que estou errado?".

A terceira resposta de Bildade a Jó

25 Então Bildade, de Suá, respondeu:
2"Deus é poderoso e temível; ele impõe a paz nos céus.
3Quem pode contar seu exército celestial? Acaso sua luz não
brilha sobre toda a terra?
4Pode algum mortal ser inocente perante Deus? Pode alguém
nascido de mulher ser puro?
5Deus é mais glorioso que a lua; brilha mais que as estrelas.

6Comparados a ele, somos larvas; nós, mortais, não passamos
de vermes".

O nono discurso de Jó: resposta a Bildade

26 Então Jó falou novamente:
2"Grande ajuda você deu aos indefesos! Belo socorro
prestou aos fracos!
3Como esclareceu minha ignorância! Sábio conselho ofereceu!
4De onde tirou todas essas palavras de sabedoria? De quem é
o espírito que fala por seu intermédio?
5"Tremem os mortos, aqueles que vivem debaixo das águas.
6O lugar dos mortos está nu diante de Deus; o lugar de des-
truição está descoberto.
7Deus estende o céu do norte sobre o vazio e suspende a terra
sobre o nada.
8Envolve a chuva com densas nuvens, e elas não se rompem
com o peso da água.
9Encobre a face da lua e a esconde com suas nuvens.
10Criou o horizonte ao separar as águas e definiu o limite entre
dia e noite.
11Tremem os alicerces do céu, estremecem diante de sua re-
preensão.
12Com seu poder, acalmou o mar; com sua habilidade, despe-
daçou o monstro marinho.
13Com seu sopro, trouxe beleza aos céus; com sua mão, feriu
a serpente veloz.
14Isso é apenas o começo de tudo que ele faz, um mero sus-
surro de sua força; quem pode compreender o trovão de seu
poder?".

O discurso final de Jó

27 Jó continuou a falar:
2"Juro pelo Deus vivo, que tirou de mim meus direitos,
pelo Todo-poderoso, que me encheu a alma de amargura:
3enquanto eu viver e tiver o fôlego de Deus nas narinas, 4meus
lábios não pronunciarão maldades, e minha língua não falará
mentiras.
5Jamais darei razão a vocês; defenderei até a morte minha
integridade.
6Afirmarei minha inocência sem hesitar; por toda a vida, terei
a consciência limpa.
7"Que meu inimigo seja castigado como os perversos, e meu
adversário, como os que praticam o mal.
8Pois que esperança têm os ímpios quando Deus os elimina,
quando ele lhes tira a vida?
9Acaso Deus lhes ouvirá o clamor quando vier sobre eles o
sofrimento?
10Acaso se alegram no Todo-poderoso? Podem clamar a Deus
a qualquer momento?
11Eu lhes ensinarei sobre o poder de Deus; não esconderei nada
a respeito do Todo-poderoso.
12Vocês, porém, já viram tudo isso e, no entanto, dizem essas
coisas inúteis.

13"Isto é o que os perversos receberão de Deus, esta é a he-
rança que o Todo-poderoso dará aos opressores.
14Pode ser que tenham grandes famílias, mas seus filhos mor-
rerão em guerras ou de fome.
15Uma praga eliminará os que sobreviverem, e nem mesmo
suas viúvas chorarão por eles.
16"Pode ser que os perversos tenham muita riqueza e acu-
mulem montes de roupas, 17mas os justos vestirão essas
roupas, e os inocentes repartirão essas riquezas.
18Os perversos constroem casas frágeis como teias de aranha,
precárias como o abrigo temporário do vigia.
19Os perversos são ricos quando vão dormir, mas, ao acordar,
veem que toda a sua riqueza se foi.
20O terror os encobre, como uma inundação, e são arrastados
pelas tempestades da noite.
21Um vento do leste os carrega, e desaparecem; arranca-os
de seu lugar.
22Sopra violentamente sobre eles, sem piedade; lutam para
escapar de seu poder.
23Então todos batem palmas e riem deles com desprezo."

Jó fala de sabedoria e entendimento

28 "As pessoas sabem de onde extrair a prata e onde re-
finar o ouro.
2Sabem de onde tirar o ferro da terra e como separar o cobre
da rocha.
3Sabem fazer brilhar luz na escuridão e procurar minério nas
regiões mais distantes, em meio às trevas profundas.
4Cavam entradas para minas, em lugares onde ninguém vive.
Descem por meio de cordas, balançando de um lado para o
outro.
5O alimento cresce na superfície, mas, abaixo dela, a terra é
derretida como que por fogo.
6Ali, as rochas contêm safiras, e, no pó, se encontra ouro.
7São tesouros que nenhuma ave de rapina consegue enxergar,
nem o olho do falcão pode ver.
8Nenhum animal selvagem pisou nessas riquezas, nenhum leão
pôs a pata sobre elas.
9As pessoas sabem como despedaçar as rochas mais duras e
como revirar até as raízes dos montes.
10Abrem túneis nas rochas e encontram pedras preciosas.
11Represam a água dos ribeiros e trazem à luz tesouros ocultos.
12"Mas onde se pode encontrar sabedoria? Onde se pode achar
entendimento?
13Ninguém sabe onde encontrá-la, pois ela não se acha entre
os vivos.
14'Não está aqui', diz o abismo, 'Nem aqui', diz o mar.
15Não se pode comprá-la com ouro, nem adquiri-la com prata.
16Vale mais que todo o ouro de Ofir, mais que o ônix precioso
e a safira.
17A sabedoria é mais valiosa que ouro e cristal; não se pode
comprá-la com joias de ouro fino.

18 Coral e jaspe não se comparam a ela; o preço da sabedoria
ultrapassa o dos rubis.
19 Não se pode trocá-la pelo precioso topázio da Etiópia; ela
vale mais que o ouro puríssimo.
20 "Onde, afinal, está a sabedoria? Onde está o entendimento?
21 Está escondida dos olhos de toda a humanidade; nem mesmo
as aves do céu conseguem descobri-la.
22 A Destruição e a Morte dizem: 'Ouvimos apenas rumores de
onde encontrá-la'.
23 "Somente Deus conhece o caminho para a sabedoria; ele
sabe onde encontrá-la.
24 Pois ele enxerga toda a terra; vê tudo que há debaixo do céu.
25 Determina a força dos ventos e o volume das águas.
26 Fez as leis para controlar a chuva e definiu o caminho dos
relâmpagos.
27 Então viu a sabedoria e a avaliou; em seu lugar a pôs e cui-
dadosamente a examinou.
28 É isto que ele diz a toda a humanidade: 'O temor do Senhor
é a verdadeira sabedoria; afastar-se do mal é o verdadeiro
entendimento'".

Jó fala das bênçãos do passado

29 Jó continuou a falar:
2 "Tenho saudade dos tempos que passaram, dos dias
em que Deus cuidava de mim.
3 Ele iluminava o caminho à minha frente, e eu andava em se-
gurança em meio à escuridão.
4 Na flor de minha idade, a amizade de Deus estava presente
em meu lar.
5 O Todo-poderoso ainda estava comigo, e eu tinha meus filhos
ao redor.
6 Meus pés eram lavados em leite, e ribeiros de azeite corriam
das rochas para mim.
7 "Naquele tempo, eu ia até a porta da cidade e tomava meu
lugar entre os líderes.
8 Os jovens abriam caminho ao me ver, e até os idosos se pu-
nham em pé.
9 As autoridades se calavam e colocavam a mão sobre a boca.
10 Os mais altos oficiais da cidade faziam silêncio e refreavam
a língua em sinal de respeito.
11 "Todos que me ouviam me elogiavam, todos que me viam
falavam bem de mim.
12 Pois eu auxiliava os pobres que pediam ajuda e os órfãos que
precisavam de socorro.
13 Os que estavam à beira da morte me abençoavam; eu trazia
alegria ao coração das viúvas.
14 Era honesto em tudo que fazia; a retidão me cobria como
manto, e a justiça eu usava como turbante.
15 Servia de olhos para os cegos e de pés para os aleijados.
16 Era um pai para os pobres e defendia a causa dos estran-
geiros.
17 Quebrava as mandíbulas dos ímpios e de seus dentes res-
gatava as vítimas.
18 'Por certo morrerei rodeado por minha família', pensava,
'depois de uma vida longa e boa.
19 Pois sou como a árvore cujas raízes chegam até a água, cujos
ramos são refrescados pelo orvalho.
20 Recebo sempre novas honras, e minha força vive renovada.'
21 "Todos escutavam meus conselhos; ficavam em silêncio e
esperavam que eu falasse.
22 E, depois que eu falava, nada tinham a acrescentar, pois o
que eu dizia os satisfazia.
23 Esperavam minhas palavras como quem espera a chuva;
bebiam-nas como chuva de primavera.
24 Quando estavam desanimados, eu sorria para eles; valori-
zavam meu olhar de aprovação.
25 Como um líder, eu lhes dizia o que fazer; vivia como rei entre
suas tropas e consolava os que choravam."

Jó fala de sua angústia

30 "Agora, porém, os mais jovens zombam de mim, ra-
pazes cujos pais não são dignos de correr com meus
cães pastores.
2 De que me serve a força deles? Seu vigor já desapareceu!
3 Enfraquecidos pela pobreza e pela fome, roem a terra seca,
em regiões sombrias e desoladas.
4 Colhem ervas silvestres entre os arbustos e comem as raízes
das giestas.
5 São expulsos, aos gritos, da companhia das pessoas, como
se fossem ladrões.
6 Agora, moram em desfiladeiros medonhos, em cavernas e
entre as rochas.
7 Uivam como animais no meio dos arbustos e ajuntam-se de-
baixo dos espinheiros.
8 São gente insensata, sem nome nem valor; foram expulsos
da terra.
9 "Agora, divertem-se às minhas custas! Sou alvo de piadas e
canções vulgares.
10 Desprezam-me e ficam longe de mim; só se aproximam para
cuspir em meu rosto.
11 Pois Deus cortou a corda de meu arco; já que ele me humi-
lhou, eles não se refreiam mais.
12 Essa gente desprezível se opõe a mim abertamente; lan-
çam-me de um lado para o outro e planejam minha desgraça.
13 Bloqueiam meu caminho e fazem de tudo para me destruir.
Sabem que não tenho quem me ajude; 14 atacam-me de todos
os lados. Quando estou caído, lançam-se sobre mim; 15 vivo
aterrorizado. O vento carregou minha honra; minha prosperi-
dade passou como uma nuvem.
16 "Agora, minha vida se esvai; a aflição me persegue durante
o dia.
17 À noite corrói meus ossos; a dor que me atormenta não des-
cansa.
18 Com mão forte, Deus agarra minha roupa; pega-me pela gola
de minha túnica.
19 Lança-me na lama; não passo de pó e cinza.

20“Clamo a ti, ó Deus, e não me respondes; fico em pé diante
de ti, mas não me dás atenção.
21Tu me tratas com crueldade e usas teu poder para me per-
seguir.
22Tu me lanças no redemoinho e me destróis na tempestade.
23E sei que me envias para a morte, para o destino de todos
os que vivem.
24“Por certo, ninguém se voltaria contra os necessitados,
quando clamam por socorro em suas dificuldades.
25Acaso eu não chorava pelos aflitos? Não me angustiava pelos
pobres?
26Esperava o bem, mas em seu lugar veio o mal; aguardava a
luz, mas em seu lugar veio a escuridão.
27Meu coração está agitado e não sossega; dias de aflição
me atormentam.
28Ando nas sombras, sem a luz do sol; levanto-me em praça
pública e clamo por socorro.
29Contudo, sou considerado irmão dos chacais e companheiro
das corujas.
30Minha pele escureceu, e meus ossos ardem de febre.
31Minha harpa toca canções fúnebres, e minha flauta acom-
panha os que choram.”

Jó defende sua inocência pela última vez

31 “Fiz uma aliança com meus olhos de não olhar com co-
biça para nenhuma jovem.
2Pois o que Deus, lá de cima, escolheu para nós? Qual é nossa
herança do Todo-poderoso, que está lá no alto?
3Não é calamidade para os perversos e desgraça para os que
praticam o mal?
4Afinal, ele não vê tudo que faço e cada passo que dou?
5“Se minha conduta foi falsa, e se procurei enganar alguém,
6que Deus me pese numa balança justa, pois conhecerá minha
integridade.
7Se me desviei de seu caminho, se meu coração cobiçou o que
os olhos viram, ou se sou culpado de algum outro pecado, 8que
outros comam o que semeei; que minhas plantações sejam
arrancadas pela raiz.
9“Se meu coração foi seduzido por uma mulher, ou se cobicei
a esposa de meu próximo, 10que minha esposa se torne serva
de outro homem; que outros durmam com ela.
11Pois a cobiça é um pecado vergonhoso, um crime que merece
castigo.
12É fogo que tudo consome, levando à destruição, capaz de
destruir tudo que tenho.
13“Se fui injusto com meus servos e servas quando me apresen-
taram suas queixas, 14que farei quando Deus me confrontar?
Que direi quando ele me chamar para prestar contas?
15Pois o mesmo Deus que me criou, também criou meus servos;
formou no ventre materno tanto eles como eu.
16“Acaso me recusei a ajudar os pobres ou acabei com a es-
perança da viúva?
17Fui mesquinho com meu alimento e me recusei a comparti-
lhá-lo com os órfãos?
18Não! Desde a juventude, tenho cuidado dos órfãos como um
pai e, por toda a vida, tenho ajudado as viúvas.
19Sempre que via alguém passar frio por falta de roupa, e o
pobre que não tinha o que vestir, 20acaso eles não me aben-
çoavam por lhes prover roupas de lã para aquecê-los?
21“Se levantei a mão contra o órfão, certo de que os juízes
tomariam meu partido, 22que meu ombro seja deslocado e
meu braço, arrancado da articulação!
23Seria melhor que enfrentar o castigo de Deus; pois, se a ma-
jestade de Deus é contra mim, que esperança resta?
24“Acaso confiei no dinheiro ou me senti seguro por causa de
meu ouro?
25Acaso me vangloriei de minha riqueza e de tudo que possuo?
26“Olhei para o sol, que brilha no céu, ou para a lua, que per-
corre seu resplendor, 27e, em segredo, meu coração foi sedu-
zido a lhes lançar beijos de adoração?
28Se o fiz, devo ser castigado pelos juízes, pois significa que
neguei o Deus que está lá no alto.
29“Alguma vez me alegrei com a desgraça de meus inimigos,
ou exultei porque lhes aconteceu algum mal?
30Não, jamais cometi o pecado de amaldiçoar alguém ou de
pedir sua morte como vingança.
31“Meus servos nunca disseram: ‘Ele deixa os outros passar
fome’.
32Nunca deixei o estrangeiro dormir na rua; minha porta
sempre esteve aberta para todos.
33“Acaso procurei encobrir meus pecados, como outros fazem,
e esconder a culpa em meu coração?
34Mantive-me calado e não saí de casa, por medo da multidão
ou do desprezo do povo?
35“Se ao menos alguém me ouvisse! Vejam, aqui está minha
defesa assinada. Que o Todo-poderoso me responda; que meu
adversário registre sua denúncia por escrito.
36Eu enfrentaria a acusação de peito aberto e a usaria como
coroa.
37Pois eu diria a Deus exatamente o que tenho feito; compare-
ceria diante dele como um príncipe.
38“Se a terra protestar contra mim, se todos os seus sulcos
clamarem, 39se roubei suas colheitas, ou se matei seus donos,
40que cresçam espinhos em lugar de trigo e ervas daninhas em
lugar de cevada”. Assim terminam as palavras de Jó.

Eliú responde aos amigos de Jó

32 Os três amigos de Jó pararam de lhe responder, pois ele
insistia em dizer que era inocente.
2Então Eliú, filho de Baraquel, o buzita, da família de Rão, ficou
irado. Indignou-se porque Jó se achava mais justo que Deus.
3Também indignou-se com os três amigos de Jó, pois não con-
seguiram responder a seus argumentos, a fim de demonstrar
que Jó estava errado. 4Eliú havia esperado os outros falarem,
pois eram mais velhos que ele. 5Mas, quando viu que não ti-

nham mais nada a dizer, expressou sua indignação. 6Assim,
Eliú, filho de Baraquel, o buzita, disse: "Eu sou jovem, e vocês
são idosos; por isso me contive e não dei minha opinião.
7Pensei: 'Os mais velhos devem falar, pois a sabedoria vem
com o tempo'.
8Contudo, há um espírito dentro de cada um, o sopro do Todo-
-poderoso, que lhe dá entendimento.
9Nem sempre os de mais idade são sábios; às vezes, os velhos
não entendem o que é justo.
10Portanto, ouçam-me, e eu lhes direi o que penso.
11"Esperei todo esse tempo, ouvindo seus argumentos atenta-
mente, observando enquanto procuravam palavras.
12Dei-lhes toda a atenção, mas nenhum de vocês provou que Jó
está errado, nem respondeu a seus argumentos.
13Não venham me dizer: 'Ele é sábio demais para nós; só Deus
pode convencê-lo'.
14Se Jó tivesse discutido comigo, eu não teria respondido como
vocês.
15Estão aí perplexos, sem resposta, sem terem mais o que
dizer.
16Devo continuar a esperar, agora que se calaram? Devo
também permanecer em silêncio?
17Não! Darei minha resposta; também expressarei minha opinião.
18Pois tenho muito a dizer, e o espírito em mim me impulsiona
a falar.
19Sou como um barril de vinho sem respiradouro, como uma
vasilha de couro prestes a romper.
20Preciso falar para ter alívio; sim, deixem-me responder!
21Não tomarei partido, nem tentarei bajular ninguém.
22Pois, se tentasse usar de bajulação, meu Criador logo me
destruiria."

Eliú apresenta seus argumentos contra Jó

33 "Jó, ouça minhas palavras, preste atenção ao que vou
dizer.
2Chegou minha vez de falar; as palavras estão na ponta da
língua.
3Falo com toda a sinceridade, digo a pura verdade.
4O Espírito de Deus me criou, o sopro do Todo-poderoso me
dá vida.
5Responda-me, se puder; apresente seus argumentos e defina
sua posição.
6Você e eu somos iguais diante de Deus; eu também fui for-
mado do barro.
7Portanto, não tenha medo de mim; não serei severo demais
com você.
8"Você falou em minha presença, e ouvi bem suas palavras.
9Você disse: 'Sou puro e não tenho pecado; sou inocente e
não tenho culpa.
10Deus procura motivos para se opor a mim e me considera
seu inimigo.
11Prende meus pés no tronco e vigia todos os meus movi-
mentos'.
12"Mas você está enganado, e eu lhe mostrarei o motivo, pois
Deus é maior que qualquer ser humano.
13Sendo assim, por que você o acusa? Por que diz que ele não
responde às queixas humanas?
14Pois Deus fala repetidamente, embora as pessoas não
prestem atenção.
15Fala em sonhos, em visões durante a noite, quando o sono
profundo cai sobre todos, enquanto dormem em suas camas.
16Sussurra em seus ouvidos e aterroriza-os com advertências.
17Faz que deixem de praticar o mal e livra-os do orgulho.
18Preserva-os do túmulo e de serem atravessados pela espada.
19"Deus os disciplina no leito de enfermidade, com dores cons-
tantes nos ossos.
20Eles perdem a vontade de comer; nem mesmo o alimento
mais delicioso lhes apetece.
21Sua carne definha a olhos nus, e seus ossos ficam à vista.
22Estão cada vez mais perto do túmulo; os mensageiros da
morte os esperam.
23"Mas, se um dos milhares de anjos do céu aparecer, para in-
terceder por alguém e declará-lo justo, 24Deus terá compaixão
e dirá: 'Livre-o do túmulo, pois encontrei resgate por sua vida'.
25Então seu corpo se tornará saudável como o de um menino;
será forte e jovem outra vez.
26Quando ele orar a Deus, será aceito. Deus o receberá com
alegria e o restituirá à condição de justo.
27Ele declarará a seus amigos: 'Pequei e perverti o que é cor-
reto, mas não valeu a pena.
28Deus me livrou do túmulo; agora minha vida contempla a
luz'.
29"Sim, Deus faz essas coisas acontecerem repetidas vezes
com as pessoas.
30Ele as livra da sepultura, para que desfrutem a luz da vida.
31Preste atenção, Jó; fique quieto e ouça-me, pois tenho mais
coisas para falar.
32Mas, se você tem algo a dizer, responda; fale, pois quero
que seja absolvido.
33Se não tem nada a dizer, fique quieto e ouça-me, e eu lhe
ensinarei a sabedoria".

Eliú acusa Jó de arrogância

34 Então Eliú disse:
2"Ouçam-me, vocês que são sábios; prestem atenção,
vocês que têm conhecimento.
3Jó disse: 'O ouvido prova as palavras que ouve, assim como a
língua distingue os sabores'.
4Portanto, vamos discernir para nós mesmos o que é certo;
vamos descobrir juntos o que é bom.
5Pois Jó também disse: 'Sou inocente, mas Deus tirou de mim
meus direitos.
6Sou inocente, mas eles me chamam de mentiroso; minha dor
é incurável, embora eu não tenha pecado'.
7"Digam-me, alguma vez houve um homem como Jó, com sua
sede por palavras irreverentes?

8Escolhe como companheiros os que praticam o mal e anda
com homens perversos.
9Chegou até a dizer: 'Por que desperdiçar meu tempo tentando
agradar a Deus?'.
10"Ouçam-me, vocês que têm entendimento: Deus não peca de
forma alguma! O Todo-poderoso não pratica o mal!
11Ele retribui a cada um de acordo com seus atos; trata as
pessoas como merecem.
12Na verdade, Deus não fará o mal; o Todo-poderoso não co-
meterá injustiça.
13Quem entregou a terra aos cuidados de Deus? Quem o fez
responsável por todo o mundo?
14Se Deus retirasse seu espírito e removesse seu sopro, 15toda
a vida cessaria, e a humanidade voltaria ao pó.
16"Portanto, se você é sábio, ouça-me; preste atenção ao que
digo.
17Acaso Deus poderia governar se odiasse a justiça? Você pre-
tende condenar o Juiz todo-poderoso?
18Ele diz aos reis: 'Vocês são perversos', e aos nobres: 'Vocês
são injustos'.
19Para Deus, não importa a posição da pessoa; ele não dá mais
atenção aos ricos que aos pobres, pois todos foram criados
por ele.
20Morrem de repente, falecem no meio da noite; os poderosos
são removidos sem a ajuda de mãos humanas.
21"Pois Deus observa como as pessoas vivem; ele vê tudo que
fazem.
22Não há escuridão densa o bastante onde os perversos
possam se esconder de seus olhos.
23Não são as pessoas que decidem o momento em que com-
parecerão diante de Deus para ser julgadas.
24Ele destrói os poderosos sem consultar ninguém e põe outros
em seu lugar.
25Ele sabe o que fazem e à noite os derruba e os destrói.
26Ele os fere porque são perversos e os castiga em público,
para que todos vejam.
27Pois deixaram de segui-lo e não têm respeito algum por seus
caminhos.
28Fazem os pobres clamar e chamar a atenção de Deus, e ele
ouve os gritos dos aflitos.
29Mas, se ele permanecer calado, quem o criticará? Quando
ele esconde seu rosto, ninguém pode encontrá-lo, nem indi-
víduo nem nação.
30Ele impede que os ímpios governem, para que não sejam
uma cilada para o povo.
31"Por que ninguém diz a Deus: 'Pequei, mas não voltarei a pecar'?
32Ou: 'Não sei qual foi meu erro; mostra-me se fiz o mal, e
deixarei de fazê-lo de imediato'?
33"Acaso Deus deve adaptar a justiça dele a suas exigências?
Você o rejeitou! A escolha é sua, não minha; compartilhe sua
sabedoria conosco.
34Afinal, pessoas inteligentes me dirão, e os sábios que me
ouvem falarão:
35'Jó fala por ignorância; suas palavras não fazem sentido'.
36Jó, você merece o castigo mais severo pelo modo perverso
como falou.
37Pois, ao seu pecado, acrescentou a rebeldia; não mostra
respeito e não para de falar contra Deus".

Eliú lembra Jó da justiça de Deus

35 Então Eliú disse:
2"Você acha certo afirmar: 'Sou justo diante de Deus'?
3Pois você também pergunta: 'O que eu ganho com isso? Que
vantagem há em não pecar?'.
4"Responderei a você e a todos os seus amigos.
5Olhe para o céu, e veja as nuvens lá no alto, muito acima
de você.
6Se você pecar, em que isso afetará Deus? Mesmo que peque
repetidamente, que efeito terá sobre ele?
7Se você for justo, isso será um grande presente para ele? O
que você tem para lhe dar?
8Seus pecados só afetam gente como você; suas boas ações
só afetam outros humanos.
9"As pessoas clamam por socorro quando oprimidas; gritam
pedindo ajuda sob a força dos poderosos.
10E, no entanto, não perguntam: 'Onde está Deus, meu
Criador, aquele que me dá canções durante a noite?
11Onde está aquele que nos torna mais inteligentes que os ani-
mais e mais sábios que as aves do céu?'.
12Quando clamam, Deus não responde, por causa do orgulho
dos maus.
13É errado, porém, dizer que Deus não ouve e afirmar que o
Todo-poderoso não se importa.
14Você diz que não vê Deus, mas espere, e ele lhe fará justiça.
15Você diz que Deus, em sua ira, não castiga os pecadores, e,
portanto, não faz muito caso da perversidade.
16Você não sabe o que diz, Jó; fala como um tolo".

36 Eliú continuou a falar:
2"Deixe-me prosseguir e lhe mostrarei a verdade, pois
ainda não terminei de defender a Deus!
3Apresentarei argumentos profundos em favor da justiça de
meu Criador.
4Digo somente a verdade, pois sou homem de pleno conhe-
cimento.
5"Deus é poderoso, mas não despreza ninguém; ele é grande
em força e entendimento.
6Não permite que os perversos vivam, mas faz justiça aos
aflitos.
7Observa atentamente os justos, coloca-os em tronos com reis
e exalta-os para sempre.
8Se estão acorrentados e amarrados com cordas de aflição,
9ele faz que vejam o motivo; mostra-lhes que pecaram, sendo
orgulhosos.
10Chama-lhes a atenção e ordena que se afastem do mal.
11"Se obedecerem e servirem a Deus, serão abençoados com

prosperidade a vida inteira; todos os seus dias serão agradáveis.

12 Se, porém, não o ouvirem, serão atravessados pela espada e perecerão por falta de entendimento.

13 Pois os ímpios são cheios de ressentimento; mesmo quando Deus os castiga, não clamam por socorro.

14 Morrem em plena juventude, depois de desperdiçar a vida em imoralidade.

15 Mas, por meio do sofrimento, ele livra os que sofrem e, por meio da adversidade, obtém sua atenção.

16 “Jó, Deus também quer afastá-lo do sofrimento e levá-lo a um lugar onde não há aflição; quer pôr em sua mesa as comidas mais saborosas.

17 Você, porém, insiste em saber se os perversos serão julgados; só consegue pensar no juízo e na justiça.

18 Tome cuidado, para que a riqueza não o seduza; não deixe que o suborno o leve a pecar.

19 Acaso toda a sua riqueza ou todos os seus grandes esforços poderiam guardá-lo da aflição?

20 Não deseje a proteção da noite, pois é quando as pessoas serão destruídas.

21 Fique atento! Afaste-se do mal, pois Deus enviou este sofrimento para guardá-lo de uma vida de maldade.”

Eliú lembra Jó do poder de Deus

22 “Deus é muito poderoso; quem é mestre como ele?

23 Ninguém pode lhe ordenar o que fazer, nem lhe dizer: ‘Agiste mal’.

24 Você deve, sim, dar glória a Deus por suas obras poderosas e entoar cânticos de louvor.

25 Todos viram suas obras, ainda que apenas de longe.

26 “Deus é tão grande que não podemos compreender; não há como calcular os anos de sua existência.

27 Ele faz a água subir como vapor e depois a destila em chuva.

28 As nuvens derramam a chuva, e a humanidade toda se beneficia.

29 Quem pode entender a extensão das nuvens e o trovão que ressoa do céu?

30 Deus espalha relâmpagos em volta de si e cobre as profundezas do mar.

31 Com esses atos poderosos, governa os povos e lhes dá comida com fartura.

32 Enche as mãos de relâmpagos e atira cada um em seu alvo.

33 O trovão anuncia sua presença, e a tempestade, sua ira indignada.”

37 “Quando penso nisso, meu coração bate mais depressa e estremece dentro de mim.

2 Ouça com atenção o estrondo da voz de Deus, que da boca dele troveja.

3 Ressoa pelo céu, e seus relâmpagos brilham em todas as direções.

4 Depois vem o rugido de trovões, a voz tremenda de sua majestade; quando ele fala, não a refreia.

5 A voz de Deus é gloriosa no trovão; é impossível imaginar a grandeza de seu poder!

6 “Ele diz à neve: ‘Venha sobre a terra!’, e ordena à chuva: ‘Caia em torrentes!’.

7 Todos param de trabalhar, a fim de observar seu poder.

8 Os animais selvagens buscam abrigo e ficam em suas tocas.

9 A tempestade sai de seus aposentos, e ventos fortes trazem o frio.

10 O sopro de Deus envia o gelo e congela grandes extensões de água.

11 Ele carrega de umidade as nuvens e espalha entre elas seus relâmpagos.

12 As nuvens se agitam sob sua direção e cumprem suas ordens sobre toda a terra.

13 Deus faz tudo isso para castigar as pessoas, ou para mostrar seu amor.

14 “Preste atenção, Jó! Pare e pense nos feitos maravilhosos de Deus!

15 Você sabe como Deus controla a tempestade e faz os relâmpagos brilharem nas nuvens?

16 Você entende como ele move as nuvens com perfeição e conhecimento maravilhosos?

17 Enquanto você fica sufocado de calor em sua roupa, e o vento
sul perde a força e tudo se acalma, 18 ele faz o céu refletir o
calor como um espelho de bronze; acaso você pode fazer o
mesmo?

19 “Ensina-nos, então, o que dizer a Deus; somos ignorantes demais para apresentar nossos argumentos.

20 Deus deve ser avisado de que desejo falar? É possível falar quando se está confuso?

21 Não podemos olhar para o sol, pois ele brilha intensamente no céu, quando o vento dispersa as nuvens.

22 Da mesma forma, dourado esplendor vem do monte de Deus; ele está vestido de tremenda majestade.

23 O Todo-poderoso está além de nossa compreensão; apesar de seu grande poder, a ninguém oprime em sua justiça e retidão.

24 Por isso em toda parte as pessoas o temem; todos os sábios lhe mostram devoção”.

O SENHOR desafia Jó

38 Então, do meio de um redemoinho, o SENHOR respondeu a Jó:

2 “Quem é esse que questiona minha sabedoria com palavras tão ignorantes?

3 Prepare-se como um guerreiro, pois lhe farei algumas perguntas, e você me responderá.

4 “Onde você estava quando eu lancei os alicerces do mundo? Diga-me, já que sabe tanto.

5 Quem definiu suas dimensões e estendeu a linha de medir? Vamos, você deve saber.

6 O que sustenta seus alicerces e quem lançou sua pedra an-
gular, 7 enquanto as estrelas da manhã cantavam juntas, e os
anjos davam gritos de alegria?

8"Quem estabeleceu os limites do mar quando do ventre ele
brotou, 9quando eu o vesti com nuvens e o envolvi em escu-
ridão profunda?
10Pois o contive atrás de portas com trancas, para delimitar
seus litorais.
11Disse: 'Daqui não pode passar; aqui suas ondas orgulhosas
devem parar!'.
12"Você alguma vez deu ordem para que a manhã aparecesse
e fez o amanhecer se levantar no leste?
13Fez a luz do dia se espalhar até os confins da terra, para
acabar com a perversidade da noite?
14À medida que a luz se aproxima, a terra toma forma, como o
barro sob um anel de selar; como uma veste, seus contornos
se mostram.
15A luz incomoda os perversos e detém o braço levantado para
cometer violência.
16"Você explorou as nascentes do mar? Percorreu suas pro-
fundezas?
17Sabe onde ficam as portas da morte? Viu as portas da escu-
ridão absoluta?
18Tem ideia da extensão da terra? Responda-me, se é que
você sabe!
19"De onde vem a luz, e para onde vai a escuridão?
20Você é capaz de levar cada uma a seu lugar? Sabe como
chegar lá?
21Claro que sabe de tudo isso! Afinal, já havia nascido antes de
tudo ser criado e tem muita experiência!
22"Você alguma vez visitou os depósitos de neve ou viu onde
fica guardado o granizo?
23Eu os reservo como armas para os tempos de angústia, para
o dia de batalha e guerra.
24Onde os relâmpagos se dividem? De onde se dispersa o vento
leste?
25"Quem abriu um canal para as chuvas torrenciais? Quem
definiu o percurso dos relâmpagos?
26Quem faz a chuva cair sobre a terra árida, no deserto, onde
ninguém habita?
27Quem envia a chuva para saciar a terra seca e fazer brotar
o capim novo?
28"Acaso a chuva tem pai? Quem gera o orvalho?
29Quem é a mãe do gelo? Quem dá à luz a geada que vem
do céu?
30Pois a água se transforma em gelo, duro como pedra, e a
superfície das águas profundas se congela.
31"Você é capaz de controlar as estrelas e amarrar o grupo das
Plêiades ou afrouxar as cordas do Órion?
32Pode fazer aparecer no tempo exato as constelações, ou
guiar a Ursa e seus filhotes pelo céu?
33Conhece as leis do universo? Pode usá-las para governar
a terra?
34"Pode gritar para as nuvens e fazer chover?
35Pode fazer os raios aparecerem e lhes dizer onde cair?
36Quem dá intuição ao coração e instinto à mente?
37Quem é sábio o suficiente para contar todas as nuvens? Quem
pode inclinar as vasilhas de água do céu, 38quando a terra está
seca e o solo se endureceu em torrões?
39"Acaso você pode caçar a presa para a leoa e saciar a fome
dos leõezinhos, 40enquanto eles se agacham na toca ou ficam
à espreita no mato?
41Quem providencia alimento para os corvos quando seus fi-
lhotes clamam a Deus e, famintos, andam de um lado para
o outro?"

O Senhor continua com seu desafio

39 "Você sabe quando as cabras monteses dão à luz? Viu
as corças nascerem?
2Sabe quantos meses dura sua gestação? Sabe qual é o mo-
mento do parto?
3Elas se agacham para dar à luz seus filhotes, e assim suas
crias nascem.
4Os filhotes crescem nos campos abertos e vão embora, para
nunca mais voltar.
5"Quem deu ao jumento sua liberdade? Quem desatou suas
cordas?
6Eu o coloquei no deserto; as terras estéreis são seu lar.
7Ele despreza o barulho da cidade e não faz caso dos gritos
do condutor.
8Os montes são seu pasto, onde ele procura o capim.
9"Acaso o boi selvagem aceitará ser domado? Passará a noite
no curral?
10Você consegue prendê-lo ao arado? Acaso ele lavrará um
campo para você?
11Sendo ele muito forte, pode-se confiar nele? Você pode ir
embora, certo de que ele fará seu trabalho?
12Pode depender dele para recolher o trigo e levá-lo ao lugar
de debulhar os grãos?
13"A avestruz bate as asas, alegre, mas não tem a plumagem
da cegonha.
14Ela põe seus ovos na terra, para que sejam aquecidos no pó.
15Não se preocupa que alguém possa pisá-los ou que um
animal selvagem os destrua.
16Trata seus filhotes com dureza, como se não fossem seus;
não se importa se eles morrem.
17Pois Deus não lhe deu sabedoria, nem lhe concedeu enten-
dimento.
18Quando, porém, ela se levanta para correr, zomba até
mesmo do cavalo mais veloz e seu cavaleiro.
19"Acaso você deu força ao cavalo ou lhe cobriu o pescoço
com a crina?
20Deu-lhe a habilidade de pular como um gafanhoto? Seu bufar
majestoso é assustador!
21Ele revolve o chão com as patas e alegra-se em sua força
quando corre para a batalha.
22Ri do medo e nada teme; não foge da espada.
23Flechas voam ao seu redor, lanças e dardos faíscam.

[24]Agitado e enfurecido, devora o caminho; lança-se à batalha
quando a trombeta ressoa.
[25]Relincha ao toque da trombeta e fareja de longe a batalha, à
espera das ordens do capitão e do ruído de luta.
[26]"Acaso é sua sabedoria que faz o falcão voar alto e abrir as
asas para o sul?
[27]É por ordem sua que a águia se eleva e faz o ninho lá no alto?
[28]Ela mora nos rochedos; constrói seu ninho nas pedras mais
altas.
[29]Dali, ela caça sua presa; de longe, seus olhos a avistam.
[30]Seus filhotes bebem sangue; onde há um animal morto, ali
ela está".

40 Então o SENHOR disse a Jó:
[2]"Ainda quer discutir com o Todo-poderoso? Você critica
Deus, mas será que tem as respostas?".

Jó responde ao SENHOR

[3]Então Jó respondeu ao SENHOR:
[4]"Eu não sou nada; como poderia encontrar as respostas? Co-
brirei minha boca com a mão.
[5]Já falei demais; não tenho mais nada a dizer".

O SENHOR desafia Jó outra vez

[6]Então, do meio do redemoinho, o SENHOR respondeu a Jó:
[7]"Prepare-se como um guerreiro, pois lhe farei algumas per-
guntas, e você responderá.
[8]"Porá em dúvida minha justiça e me condenará só para provar
que tem razão?
[9]Você é tão forte quanto Deus? Sua voz pode trovejar como
a dele?
[10]Então vista-se de glória e esplendor, de honra e majestade.
[11]Dê vazão à sua ira, deixe-a transbordar contra os orgulhosos.
[12]Humilhe-os com um olhar, pise os perversos onde estiverem.
[13]Enterre-os no pó, prenda-os no mundo dos mortos.
[14]Então eu mesmo reconheceria que você pode se salvar por
sua própria força.
[15]"Veja o Beemote, que eu criei, assim como criei você; ele
come capim, como o boi.
[16]Veja a força que ele tem nos lombos e o vigor nos músculos
da barriga.
[17]Sua cauda é forte como o cedro, e os tendões de suas coxas
são entrelaçados.
[18]Seus ossos são canos de bronze, e suas pernas, barras de
ferro.
[19]É ótimo exemplo das obras de Deus, e somente seu Criador
é capaz de ameaçá-lo.
[20]Os montes lhe oferecem seu melhor alimento, e ali brincam
os animais selvagens.
[21]Ele se deita sob arbustos espinhosos, onde os juncos do brejo
o escondem.
[22]Os arbustos lhe dão sombra entre os salgueiros junto ao
riacho.
[23]Ele não se perturba com as enchentes do rio, nem se preo-
cupa quando o Jordão transborda e se agita ao redor.
[24]Ninguém o pega de surpresa, nem lhe prende um anel no
nariz."

O SENHOR continua seu desafio

41 "Você é capaz de pegar o Leviatã com um anzol ou
prender sua língua com um laço?
[2]É capaz de amarrá-lo, passando uma corda por seu nariz, ou
atravessar seu queixo com um gancho?
[3]Acaso ele implorará por misericórdia ou suplicará por piedade?
[4]Aceitará trabalhar para você e ser seu escravo para o resto
da vida?
[5]Fará dele um animal de estimação, como um pássaro, ou
deixará que suas meninas brinquem com ele?
[6]Comerciantes o comprarão para vendê-lo no mercado?
[7]É possível furar sua pele com lanças ou ferir sua cabeça com
arpões?
[8]Se você encostar a mão nele, o resultado será uma batalha
que você não esquecerá, e nunca mais tentará fazê-lo!
[9]Não! É inútil procurar capturá-lo; o caçador que tentar será
derrubado.
[10]E, visto que ninguém ousa perturbá-lo, quem será capaz de
me enfrentar?
[11]Quem me deu alguma coisa, para que eu precise retribuir
depois? Tudo debaixo do céu me pertence.
[12]"Quero destacar as pernas do Leviatã, sua enorme força e
sua forma perfeita.
[13]Quem é capaz de arrancar seu couro? Quem pode atravessar
sua couraça dupla?
[14]Quem é capaz de fazê-lo abrir a boca? Seus dentes são ater-
rorizantes!
[15]As escamas de suas costas são como fileiras de escudos fir-
memente unidos uns aos outros.
[16]São tão próximas umas às outras que nem mesmo ar passa
entre elas.
[17]Cada escama é presa à vizinha; são entrelaçadas e nada pode
atravessá-las.
[18]"Seu forte sopro atira lampejos de luz, seus olhos são como
o sol do amanhecer.
[19]De sua boca saltam relâmpagos; saem chamas de fogo.
[20]Suas narinas soltam fumaça, como vapor de uma panela
aquecida numa fogueira de juncos.
[21]Seu hálito faria acender carvão, pois chamas saltam de sua
boca.
[22]"A força tremenda do pescoço do Leviatã espalha terror por
onde ele passa.
[23]Sua carne é dura e firme e não se pode atravessá-la.
[24]Seu coração é duro como rocha, como pedra de moinho.
[25]Quando ele se levanta, os valentes se enchem de medo e
são tomados de pavor.
[26]Nenhuma espada pode detê-lo, nem lança, nem dardo, nem
arpão.

27Para essa criatura, ferro é como palha, e bronze, como madeira podre.
28Flechas não o levam a fugir, pedras lançadas de uma funda
são como ciscos.
29Bastões são como folhas de capim, e ele ri do zunido das
lanças.
30Sua barriga é coberta de escamas afiadas como vidro;
quando ela se arrasta na lama, escava como um arado.
31"O Leviatã faz as profundezas se agitarem como uma panela
e o mar se revolver como um pote de óleo.
32Deixa na água um rastro luminoso, que faz o mar parecer
branco.
33Não há nada na terra semelhante a ele, nenhuma criatura
tão destemida.
34De todas as criaturas, ele é a mais imponente; é o rei de
todos os animais selvagens".

Jó responde ao SENHOR

42 Então Jó respondeu ao SENHOR:
2"Sei que podes fazer todas as coisas, e ninguém pode
frustrar teus planos.
3Perguntaste: 'Quem é esse que, com tanta ignorância, questiona minha sabedoria?'. Sou eu; falei de coisas de que eu não
entendia, coisas maravilhosas demais que eu não conhecia.
4Disseste: 'Ouça, e eu falarei! Eu lhe farei algumas perguntas,
e você responderá'.
5Antes, eu só te conhecia de ouvir falar; agora, eu te vi com
meus próprios olhos.
6Retiro tudo que disse e me sento arrependido no pó e nas
cinzas".

Conclusão: o SENHOR abençoa Jó

7Depois que o SENHOR terminou de falar com Jó, disse a Elifaz,
de Temã: "Estou muito irado com você e com seus dois amigos,
pois não falaram o que é certo a meu respeito, como fez meu
servo Jó. 8Por isso, peguem sete novilhos e sete carneiros,
levem os animais a meu servo Jó e ofereçam holocaustos em
favor de si mesmos. Meu servo Jó orará por vocês, e eu aceitarei a oração dele. Não tratarei vocês como merecem por sua
insensatez, pois não falaram o que é certo a meu respeito,
como fez meu servo Jó". 9Então Elifaz, de Temã, Bildade, de
Suá, e Zofar, de Naamá, fizeram o que o SENHOR havia ordenado, e o SENHOR aceitou a oração de Jó.
10Quando Jó orou por seus amigos, o SENHOR o tornou próspero
de novo. Na verdade, o SENHOR lhe deu o dobro do que tinha
antes. 11Todos os seus irmãos, suas irmãs e seus amigos de outros tempos vieram e festejaram com ele à mesa de sua casa.
Eles o consolaram e o confortaram por todas as provações que
o SENHOR tinha enviado contra ele, e cada um lhe trouxe um
presente de prata e um anel de ouro.
12O SENHOR abençoou Jó na segunda parte de sua vida ainda
mais que na primeira. Ele teve catorze mil ovelhas, seis mil
camelos, mil juntas de bois e mil jumentas. 13Deus também
deu a Jó sete filhos e três filhas. 14Jó chamou a primeira filha
de Jemima, a segunda, de Quézia, e a terceira, de Quéren-Hapuque. 15Em toda a terra, não havia mulheres tão lindas
como as filhas de Jó. E seu pai lhes deu herança junto com
os irmãos delas.
16Depois disso, Jó viveu 140 anos e viu quatro gerações de
filhos e netos. 17Então, morreu, depois de uma vida longa e
plena.

SALMOS

LIVRO 1 (SALMOS 1—41)

1 Feliz é aquele que não segue o conselho dos perversos, não
se detém no caminho dos pecadores, nem se junta à roda
dos zombadores.
2Pelo contrário, tem prazer na lei do SENHOR e nela medita
dia e noite.
3Ele é como a árvore plantada à margem do rio, que dá seu
fruto no tempo certo. Suas folhas nunca murcham, e ele prospera em tudo que faz.
4O mesmo não acontece com os perversos! São como palha
levada pelo vento.
5Serão condenados quando vier o juízo; os pecadores não
terão lugar entre os justos.
6Pois o SENHOR guarda o caminho dos justos, mas o caminho
dos perversos leva à destruição.

2 Por que as nações se enfurecem tanto? Por que perdem seu
tempo com planos inúteis?
2Os reis da terra se preparam para a batalha; os governantes
conspiram juntos, contra o SENHOR e contra seu ungido.
3"Vamos quebrar estas correntes!", eles dizem. "Vamos nos
libertar da escravidão!"
4Aquele que governa nos céus ri; o Senhor zomba deles.
5Então, em sua ira, ele os repreende e, com sua fúria, os aterroriza.
6Ele diz: "Estabeleci meu rei no trono em Sião, em meu santo
monte".

7O rei proclama o decreto do SENHOR: "O SENHOR me disse:
'Você é meu filho; hoje eu o gerei.
8Basta pedir e lhe darei as nações como herança, a terra inteira como sua propriedade.
9Você as quebrará com cetro de ferro e as despedaçará como vasos de barro'".
10Portanto, reis, sejam prudentes! Aceitem a advertência, governantes da terra!
11Sirvam ao SENHOR com temor, alegrem-se nele com tremor.
12Sujeitem-se ao filho, para que ele não se ire e vocês não sejam destruídos de repente, pois sua ira se acende num instante; felizes, porém, os que nele se refugiam!

3 ***Salmo de Davi, quando fugia de Absalão, seu filho.***
1Ó SENHOR, tenho tantos inimigos; tanta gente é contra mim!
2São muitos os que dizem: "Deus nunca o livrará!".

Interlúdio

3Mas tu, SENHOR, és um escudo ao meu redor; és minha glória e manténs minha cabeça erguida.
4Clamei ao SENHOR, e ele me respondeu de seu santo monte.

Interlúdio

5Deitei-me e dormi; acordei em segurança, pois o SENHOR me guardava.
6Não tenho medo de dez mil inimigos que me cercam de todos os lados.
7Levanta-te, SENHOR! Salva-me, Deus meu! Acerta meus inimigos no queixo e quebra os dentes dos perversos.
8De ti, SENHOR, vem o livramento; abençoa o teu povo!

Interlúdio

4 ***Ao regente do coral: salmo de Davi, para ser acompanhado com instrumentos de cordas.***
1Responde-me quando clamo a ti, ó Deus que me faz justiça. Livra-me de minha angústia; tem compaixão de mim e ouve minha oração.
2Até quando vocês jogarão minha reputação na lama? Até quando farão acusações infundadas e continuarão a mentir?

Interlúdio

3Estejam certos disto: o SENHOR separa o fiel para si; o SENHOR responderá quando eu clamar a ele.
4Não pequem ao permitir que a ira os controle; reflitam durante a noite e permaneçam em silêncio.

Interlúdio

5Ofereçam os sacrifícios exigidos e confiem no SENHOR.
6Muitos dizem: "Quem nos mostrará o bem?". Que a luz do teu rosto brilhe sobre nós, SENHOR!
7Tu me deste alegria maior que a daqueles que têm fartas colheitas de cereais e vinho novo.
8Em paz me deitarei e dormirei, pois somente tu, SENHOR, me guardas em segurança.

5 ***Ao regente do coral: salmo de Davi, para ser acompanhado com flauta.***
1Ó SENHOR, ouve minhas palavras e presta atenção a meus gemidos.
2Atende a meu clamor por socorro, meu Rei e meu Deus, pois é somente a ti que oro.
3Escuta minha voz logo cedo, SENHOR; toda manhã te apresento meus pedidos e fico à espera.
4Ó Deus, tu não tens prazer algum na maldade e não toleras o pecado dos perversos.
5Os orgulhosos não terão lugar em tua presença, pois odeias todos que praticam o mal.
6Tu destróis os mentirosos; o SENHOR detesta assassinos e enganadores.
7Por causa do teu grande amor entrarei em tua casa; adorarei em teu templo com profunda reverência.
8Conduz-me pela tua justiça, SENHOR, para que meus inimigos não me vençam. Remove os obstáculos do teu caminho, para que eu o siga.
9Meus inimigos são incapazes de falar a verdade; seu desejo mais intenso é destruir. Sua conversa é repulsiva, como o mau cheiro de um túmulo aberto; sua língua é cheia de bajulação.
10Ó Deus, declara-os culpados; que eles caiam nas próprias armadilhas. Expulsa-os por causa de seus muitos pecados, pois se rebelaram contra ti.
11Alegrem-se, porém, todos que em ti se refugiam; que cantem alegres louvores para sempre. Estende sobre eles tua proteção, para que exultem todos que amam teu nome.
12Pois tu, SENHOR, abençoas os justos; com teu favor os proteges como um escudo.

6 ***Ao regente do coral: salmo de Davi, para ser acompanhado com instrumento de oito cordas.***
1Ó SENHOR, não me repreendas em tua ira, nem me disciplines em tua fúria.
2Tem compaixão de mim, SENHOR, pois estou fraco; cura-me, SENHOR, pois meus ossos agonizam.
3Meu coração está muito angustiado; SENHOR, quando virás me restaurar?
4Volta-te, SENHOR, e livra-me! Salva-me por causa do teu amor.
5Pois os mortos não se lembram de ti; quem te louvará da sepultura?
6Estou exausto de tanto gemer; à noite inundo a cama de tanto chorar, e de lágrimas a encharco.
7A tristeza me embaça a vista; meus olhos estão cansados por causa de todos os meus inimigos.
8Afastem-se de mim, todos vocês que praticam o mal, pois o SENHOR ouviu meu pranto.
9O SENHOR ouviu minha súplica; o SENHOR responderá à minha oração.
10Sejam humilhados e aterrorizados todos os meus inimigos; recuem de repente, envergonhados.

7 ***Salmo que Davi cantou ao SENHOR sobre Cuxe, da tribo de Benjamim.***
1Em ti me refugio, SENHOR, meu Deus; salva-me dos que me perseguem e livra-me!

2 Do contrário, eles me atacarão como leões e me despeda-
çarão, sem que ninguém me resgate.
3 Ó SENHOR, meu Deus, se fiz o mal, se cometi alguma injustiça,
4 se traí um amigo ou saqueei meu adversário sem razão, 5 que
meus inimigos me persigam e capturem; que me pisoteiem no
chão e no pó arrastem minha honra.

Interlúdio

6 Levanta-te, SENHOR, em tua ira! Ergue-te contra a fúria de
meus inimigos! Desperta, meu Deus, e faz justiça!
7 Reúne as nações diante de ti e toma teu lugar de autoridade
sobre elas.
8 O SENHOR julga as nações; declara-me justo, ó SENHOR, pois
sou inocente, ó Altíssimo!
9 Faz cessar a maldade dos perversos e dá segurança ao justo.
Pois tu sondas a mente e o coração, ó Deus justo.
10 Deus é meu escudo; ele salva os que têm coração íntegro.
11 Deus é justo juiz; todos os dias ele mostra sua ira contra os
perversos.
12 Se eles não se arrependerem, Deus afiará sua espada; ar-
mará seu arco para disparar, 13 preparará suas armas mortais
e acenderá suas flechas com fogo.
14 Sim, o perverso gera o mal; concebe o sofrimento e dá à
luz a mentira.
15 Abre uma cova profunda, mas ele próprio cai em sua arma-
dilha.
16 Sua maldade se volta contra ele; sua violência lhe cai sobre
a cabeça.
17 Darei graças ao SENHOR porque ele é justo; cantarei louvores
ao nome do SENHOR Altíssimo.

8 *Ao regente do coral: salmo de Davi, para ser acompanhado com instrumento de cordas.*

1 Ó SENHOR, nosso Senhor, teu nome majestoso enche a terra;
tua glória é mais alta que os céus!
2 Tu ensinaste crianças e bebês a anunciarem tua força; assim
calaste teus inimigos e todos que a ti se opõem.
3 Quando olho para o céu e contemplo a obra de teus dedos, a
lua e as estrelas que ali puseste, pergunto:
4 Quem são os simples mortais, para que penses neles? Quem
são os seres humanos, para que com eles te importes?
5 E, no entanto, os fizeste apenas um pouco menores que Deus
e os coroaste de glória e honra.
6 Tu os encarregaste de tudo que criaste e puseste sob a auto-
ridade deles todas as coisas:
7 os rebanhos, o gado e todos os animais selvagens; 8 as aves
do céu, os peixes do mar e tudo que percorre as correntes
dos oceanos.
9 Ó SENHOR, nosso Senhor, teu nome majestoso enche a terra!

9 *Ao regente do coral: salmo de Davi, para ser cantado com a melodia "A morte do filho".*

1 Eu te louvarei, SENHOR, de todo o meu coração; anunciarei as
maravilhas que fizeste.
2 Por causa de ti, me alegrarei e celebrarei; cantarei louvores
ao teu nome, ó Altíssimo.
3 Meus inimigos recuaram; tropeçaram e morreram diante de
tua presença.
4 Pois julgaste meu direito e minha causa; de teu trono julgaste
com justiça.
5 Repreendeste as nações e destruíste os perversos; apagaste
o nome deles de uma vez por todas.
6 O inimigo está acabado, arruinado para sempre; arrasaste
suas cidades e elas caíram em esquecimento.
7 O SENHOR, porém, reina para sempre; de seu trono, executa
o julgamento.
8 Julgará o mundo com justiça e governará as nações com im-
parcialidade.
9 O SENHOR é abrigo para os oprimidos, refúgio em tempos de
aflição.
10 Quem conhece teu nome confia em ti, pois tu, SENHOR, não
abandonas quem te busca.
11 Cantem louvores ao SENHOR, que reina em Sião; anunciem
ao mundo seus feitos.
12 Pois aquele que vinga o sangue derramado não se esquece
dos aflitos; ele não ignora seu clamor.
13 SENHOR, tem misericórdia de mim! Vê como meus inimigos me
atormentam e livra-me das garras da morte.
14 Salva-me, para que eu te louve às portas de Jerusalém; para
que eu me alegre por teu resgate.
15 As nações caíram na cova que abriram; seus pés ficaram
presos no laço que esconderam.
16 O SENHOR é conhecido por sua justiça; os perversos são pegos
nas próprias armadilhas.

Interlúdio silencioso

17 Os perversos descerão à sepultura; esse é o destino de todas
as nações que se esquecem de Deus.
18 O necessitado, porém, não será esquecido para sempre; a
esperança dos pobres nunca mais será frustrada.
19 Levanta-te, SENHOR! Não permitas que simples mortais te
desafiem! Julga as nações!
20 Faze-as tremer de medo, SENHOR; que as nações saibam que
não passam de simples mortais.

Interlúdio

10

Ó SENHOR, por que permaneces distante? Por que te es-
condes em tempos de aflição?
2 O perverso, em sua arrogância, persegue o pobre; que seja
pego em suas próprias tramas.
3 Pois conta vantagem de seus desejos maus; elogia os ganan-
ciosos e amaldiçoa o SENHOR.
4 O perverso é orgulhoso demais para buscá-lo; seus planos não
levam em conta que Deus existe.
5 No entanto, é bem-sucedido em tudo que faz; não vê que teu
castigo o aguarda e despreza todos os seus inimigos.
6 Pensa: "Nenhum mal nos atingirá; nunca teremos problemas!".

7Sua boca é cheia de maldições, mentiras e ameaças; em sua
língua há violência e maldade.
8Fica de tocaia nos povoados, à espera para matar inocentes;
está sempre à procura de vítimas indefesas.
9Como o leão à espreita em seu esconderijo, aguarda para
atacar os desamparados. Como o caçador, ele os apanha e
os arrasta dali.
10As vítimas indefesas são esmagadas; caem sob a força do
perverso.
11O perverso diz consigo: "Deus não se importa! Fechou os
olhos e não vê o que faço!".
12Levanta-te, SENHOR! Castiga o perverso, ó Deus! Não te es-
queças dos indefesos!
13Por que o perverso continua a desprezar a Deus? Ele pensa:
"Deus jamais me pedirá contas".
14Tu, porém, vês o sofrimento e a angústia que ele causa;
observa-o e castiga-o. O indefeso confia em ti; tu amparas
o órfão.
15Quebra os braços dessa gente má e perversa; pede contas de
sua maldade até nada mais restar.
16O SENHOR é rei para todo o sempre! As nações desaparecerão
de sua terra.
17Tu, SENHOR, conheces o desejo dos humildes; ouvirás seu
clamor e os confortarás.
18Farás justiça ao órfão e ao oprimido, para que nenhum sim-
ples mortal volte a lhes causar terror.

11 *Ao regente do coral: salmo de Davi.*
1No SENHOR eu me refugio. Por que, então, vocês me
dizem: "Voe para os montes, como um pássaro!
2Os perversos preparam seus arcos e colocam as flechas nas
cordas. Das sombras eles atiram contra os que têm coração
íntegro.
3Os alicerces ruíram; o que pode fazer o justo?".
4O SENHOR, porém, está em seu santo templo; o SENHOR go-
verna dos céus. Observa a todos com atenção, examina cada
pessoa na terra.
5O SENHOR põe à prova tanto o justo como o perverso; ele odeia
quem ama a violência.
6Fará chover brasas vivas e enxofre sobre os perversos e com
ventos abrasadores os castigará.
7Pois o SENHOR é justo e ama a justiça; os íntegros verão sua
face.

12 *Ao regente do coral: salmo de Davi, para ser acom-
panhado com instrumento de oito cordas.*
1Socorro, SENHOR, pois os fiéis estão desaparecendo depressa!
Os que te temem sumiram da terra!
2Todos mentem uns aos outros; falam com lábios bajuladores
e coração fingido.
3Que o SENHOR corte os lábios bajuladores e cale a língua ar-
rogante.
4Eles dizem: "Mentiremos quanto quisermos. Os lábios são
nossos; quem nos impedirá?".
5O SENHOR responde: "Vi a violência cometida contra os inde-
fesos e ouvi o gemido dos pobres. Agora me levantarei para
salvá-los, como eles tanto desejam".
6As promessas do SENHOR são puras como prata refinada no
forno, purificada sete vezes.
7Portanto, SENHOR, sabemos que protegerás os oprimidos e
para sempre os guardarás desta geração mentirosa, 8ainda
que os perversos andem confiantes, e a maldade seja elogiada
em toda a terra.

13 *Ao diretor do coral: salmo de Davi.*
1Até quando, SENHOR, te esquecerás de mim? Será para
sempre? Até quando esconderás de mim o teu rosto?
2Até quando terei de lutar com a angústia em minha alma, com
a tristeza em meu coração a cada dia? Até quando meu inimigo
terá vantagem sobre mim?
3Volta-te e responde-me, SENHOR, meu Deus! Restaura o brilho
de meus olhos, ou morrerei.
4Não permitas que meus inimigos digam: "Nós o derrotamos!";
não deixes que se alegrem com meu tropeço.
5Eu, porém, confio em teu amor; por teu livramento me ale-
grarei.
6Cantarei ao SENHOR, porque ele é bom para mim.

14 *Ao regente do coral: salmo de Davi.*
1Os tolos dizem em seu coração: "Não há Deus". São cor-
ruptos e praticam o mal; nenhum deles faz o bem.
2O SENHOR olha dos céus para toda a humanidade, para ver se
alguém é sábio, se alguém busca a Deus.
3Todos, porém, se desviaram; todos se corromperam. Nin-
guém faz o bem, nem um sequer!
4Acaso os que praticam o mal jamais aprenderão? Devoram
meu povo como se fosse pão e nem pensam em orar ao SE-
NHOR.
5Grande terror se apoderará deles, pois Deus está com os que
lhe obedecem.
6Os perversos frustram os planos dos oprimidos, mas o SE-
NHOR protegerá seu povo.
7Quem virá do monte Sião para salvar Israel? Quando o SE-
NHOR restaurar seu povo, Jacó dará gritos de alegria, e Israel
exultará.

15 *Salmo de Davi.*
1SENHOR, quem pode ter acesso a teu santuário? Quem
pode permanecer em teu santo monte?
2Quem leva uma vida íntegra e pratica a justiça; quem, de
coração, fala a verdade.
3Quem não difama os outros, não prejudica o próximo, nem
fala mal dos amigos.
4Quem despreza os que têm conduta reprovável, e honra

os que temem o SENHOR, e cumpre suas promessas mesmo
quando é prejudicado.
5 Quem empresta dinheiro sem visar lucro e não aceita suborno
para mentir sobre o inocente. Quem age assim jamais será
abalado.

16 *Salmo de Davi.*
Guarda-me, ó Deus, pois em ti me refugio.
2 Eu disse ao SENHOR: "Tu és meu Senhor! Tudo que tenho de
bom vem de ti".
3 Os que são fiéis aqui na terra são os verdadeiros heróis; tenho
prazer na companhia deles.
4 Muitas são as aflições dos que correm atrás de outros deuses;
não participarei de seus sacrifícios de sangue, nem invocarei
o nome deles.
5 Somente tu, SENHOR, és minha herança, meu cálice de bên-
çãos; tu guardas tudo que possuo.
6 A terra que me deste é agradável; que herança maravilhosa!
7 Louvarei o SENHOR, que me guia; mesmo à noite meu coração
me ensina.
8 Sei que o SENHOR está sempre comigo; não serei abalado, pois
ele está à minha direita.
9 Não é de admirar que meu coração esteja alegre e eu exulte;
meu corpo repousa em segurança.
10 Pois tu não deixarás minha alma entre os mortos, nem per-
mitirás que teu santo apodreça no túmulo.
11 Tu me mostrarás o caminho da vida e me darás a alegria de
tua presença e o prazer de viver contigo para sempre.

17 *Oração de Davi.*
Ouve, SENHOR, minha súplica por justiça; atende a meu
clamor por socorro. Escuta minha oração, pois ela vem de
lábios sinceros.
2 Declara-me inocente, pois teus olhos veem com imparciali-
dade.
3 Tu puseste à prova meus pensamentos; durante a noite,
examinaste meu coração. Tu me sondaste e não encontraste
nenhum mal; estou decidido a não pecar com minhas palavras.
4 Quanto ao modo de agir, segui teus mandamentos, que me
guardam de imitar as ações de pessoas cruéis.
5 Meus passos permaneceram em teu caminho, meus pés não
se desviaram dele.
6 Clamo a ti, ó Deus, pois sei que responderás; inclina-te e
ouve minha oração.
7 Mostra-me as maravilhas do teu amor; com teu poder, tu li-
vras os que buscam em ti refúgio dos inimigos.
8 Protege-me, como a menina de teus olhos; esconde-me à
sombra de tuas asas.
9 Guarda-me dos perversos que me atacam, dos inimigos mor-
tais que me cercam.
10 Eles não têm compaixão; ouve como contam vantagem!
11 Seguem meus passos e me rodeiam, prontos para me der-
rubar.
12 São como leões famintos, ansiosos para me despedaçar,
como jovens leões escondidos, de tocaia.
13 Levanta-te, ó SENHOR! Enfrenta-os e faze-os cair de joelhos!
Com tua espada, livra-me dos perversos!
14 Pelo poder de tua mão, SENHOR, destrói os que buscam neste
mundo sua recompensa. Satisfaz, porém, a fome dos que te
são preciosos; que os filhos deles tenham fartura e deixem
herança para os netos.
15 Porque sou justo, verei a ti; quando acordar, te verei face a
face e me satisfarei.

18 ***Ao regente do coral: salmo de Davi, servo do SENHOR.***
Ele entoou este cântico ao SENHOR no dia em que o SE-
NHOR o livrou de todos os seus inimigos e de Saul. Cantou:
1 Eu te amo, SENHOR; tu és minha força.
2 O SENHOR é minha rocha, minha fortaleza e meu libertador;
meu Deus é meu rochedo, em quem encontro proteção. Ele é
meu escudo, o poder que me salva e meu lugar seguro.
3 Clamei ao SENHOR, que é digno de louvor, e ele me livrou de
meus inimigos.
4 Os laços da morte me cercaram, torrentes de destruição
caíram sobre mim.
5 A sepultura me envolveu em seus laços, a morte pôs uma
armadilha em meu caminho.
6 Em minha aflição, clamei ao SENHOR; sim, pedi socorro a meu
Deus. De seu santuário ele me ouviu; meu clamor chegou a
seus ouvidos.
7 A terra se abalou e estremeceu; tremeram os fundamentos
dos montes, agitaram-se por causa de sua ira.
8 De suas narinas saiu fumaça, de sua boca, fogo consumidor;
brasas vivas saíram dele.
9 Ele abriu os céus e desceu, com nuvens escuras de tempes-
tade sob os pés.
10 Montado num querubim, pairava sobre as asas do vento.
11 Envolveu-se num manto de escuridão, em densas nuvens de
chuva.
12 Nuvens espessas escondiam o brilho ao seu redor e faziam
chover granizo e brasas vivas.
13 O SENHOR trovejou dos céus; a voz do Altíssimo ressoou, em
meio ao granizo e às brasas vivas.
14 Atirou flechas e dispersou seus inimigos, lançou muitos raios
e os fez fugir em confusão.
15 Então, por tua ordem, SENHOR, com o forte sopro de tuas
narinas, o fundo do mar apareceu, e os alicerces da terra fi-
caram expostos.
16 Dos céus estendeu a mão e me resgatou; tirou-me de águas
profundas.
17 Livrou-me de inimigos poderosos, dos que me odiavam e
eram fortes demais para mim.
18 Quando eu estava angustiado, eles me atacaram, mas o
SENHOR me sustentou.
19 Ele me levou a um lugar seguro e me livrou porque se agrada
de mim.

20 O SENHOR me recompensou por minha justiça; por causa de
minha inocência, me restaurou.
21 Pois guardei os caminhos do SENHOR; não me afastei de meu
Deus para seguir o mal.
22 Cumpri todos os seus estatutos e nunca abandonei seus
decretos.
23 Sou inculpável diante de Deus; do pecado me guardei.
24 O SENHOR me recompensou por minha justiça; ele viu minha
inocência.
25 Aos fiéis te mostras fiel, e, aos íntegros, mostras integridade.
26 Aos puros te mostras puro, mas, aos perversos, te mostras
astuto.
27 Livras os humildes, mas humilhas os orgulhosos.
28 Manténs acesa minha lâmpada; o SENHOR, meu Deus, ilumina
minha escuridão.
29 Com tua força, posso atacar qualquer exército; com meu
Deus, posso saltar qualquer muralha.
30 O caminho de Deus é perfeito; as promessas do SENHOR
sempre se cumprem; ele é escudo para todos que nele se
refugiam.
31 Pois quem é Deus, senão o SENHOR? Quem é rocha firme,
senão o nosso Deus?
32 Deus me reveste de força e remove os obstáculos de meu
caminho.
33 Torna meus pés ágeis como os da corça e me sustenta
quando ando pelos montes.
34 Treina minhas mãos para a batalha e fortalece meus braços
para vergar o arco de bronze.
35 Tu me deste teu escudo de vitória; tua mão direita me sus-
tenta, teu socorro me engrandece.
36 Abriste um caminho largo para meus pés, de modo que não
vacilem.
37 Persegui meus inimigos e os alcancei; não retornei enquanto
não foram derrotados.
38 Eu os feri até que não pudessem se levantar; tombaram
diante de meus pés.
39 Tu me armaste fortemente para a batalha; ajoelhaste meus
inimigos diante de mim.
40 Puseste o pescoço deles sob meus pés; destruí todos que
me odiavam.
41 Pediram ajuda, mas ninguém os socorreu; clamaram ao SE-
NHOR, mas ele não respondeu.
42 Eu os moí tão fino como o pó da terra; eu os lancei fora como
a lama das ruas.
43 Tu me livraste de meus acusadores e me puseste como go-
vernante das nações; povos que eu não conhecia agora me
servem.
44 Rendem-se assim que ouvem sobre meus feitos; nações es-
trangeiras se encolhem diante de mim.
45 Todos eles perdem a coragem e, tremendo, saem de suas
fortalezas.
46 O SENHOR vive! Louvada seja minha Rocha! Exaltado seja o
Deus de minha salvação!
47 Ele é o Deus que se vinga dos que me fazem o mal; sujeita as
nações ao meu poder
48 e me livra de meus adversários. Tu me manténs em segu-
rança, fora do alcance de meus inimigos; de homens violentos
me livras.
49 Por isso, ó SENHOR, te louvarei entre as nações; sim, cantarei
louvores ao teu nome.
50 Concedes grandes vitórias ao teu rei e mostras amor por teu
ungido, por Davi e todos os seus descendentes, para sempre!

19

Ao regente do coral: salmo de Davi.

Os céus proclamam a glória de Deus; o firmamento de-
monstra a habilidade de suas mãos.
2 Dia após dia, eles continuam a falar; noite após noite, eles o
tornam conhecido.
3 Não há som nem palavras, nunca se ouve o que eles dizem.
4 Sua mensagem, porém, chegou a toda a terra, e suas pala-
vras, aos confins do mundo. Deus preparou no céu uma mo-
rada para o sol.
5 Dela o sol irrompe como o noivo depois do casamento; ale-
gra-se como o valente guerreiro em seu caminho.
6 O sol nasce numa extremidade do céu e realiza seu trajeto
até a outra extremidade; nada pode se esconder de seu calor.
7 A lei do SENHOR é perfeita e revigora a alma. Os decretos do
SENHOR são dignos de confiança e dão sabedoria aos ingênuos.
8 Os preceitos do SENHOR são justos e alegram o coração. Os
mandamentos do SENHOR são límpidos e iluminam a vida.
9 O temor do SENHOR é puro e dura para sempre. As instruções
do SENHOR são verdadeiras e todas elas são corretas.
10 São mais desejáveis que o ouro, mesmo o ouro puro. São
mais doces que o mel, mesmo o mel que goteja do favo.
11 São uma advertência para teu servo, grande recompensa
para quem os cumpre.
12 Quem é capaz de distinguir os próprios erros? Absolve-me das
faltas que me são ocultas.
13 Livra teu servo dos pecados intencionais! Não permitas que
me controlem. Então serei inculpável e inocente de grande
pecado.
14 Que as palavras da minha boca e a meditação do meu co-
ração sejam agradáveis a ti, SENHOR, minha rocha e meu re-
dentor!

20

Ao regente do coral: salmo de Davi.

Que o SENHOR responda ao seu clamor em tempos de
sofrimento; o nome do Deus de Jacó o guarde de todo mal.
2 Que, de seu santuário, ele lhe envie socorro e, de Sião, o
fortaleça.
3 Que ele se lembre de todas as suas ofertas e olhe com favor
para os seus holocaustos.
Interlúdio
4 Que ele conceda os desejos do seu coração e lhe dê sucesso
em todos os seus planos.
5 Daremos gritos de alegria pela sua vitória e hastearemos

bandeiras em nome de nosso Deus. Que o SENHOR responda
a todas as suas orações.
6Agora sei que o SENHOR salva seu ungido; ele responderá de
seu santo céu e o livrará com seu grande poder.
7Alguns povos confiam em carros de guerra, outros, em ca-
valos, mas nós confiamos no nome do SENHOR, nosso Deus.
8Tais nações perdem as forças e caem, mas nós nos levan-
tamos e permanecemos firmes.
9Dá vitória ao teu rei, ó SENHOR! Responde ao nosso clamor
por socorro.

21

Ao regente do coral: salmo de Davi.

Em tua força, SENHOR, o rei se alegra; grita de alegria
porque lhe dás vitória.
2Concedeste o desejo de seu coração e não negaste nada do
que ele pediu.
Interlúdio
3Tu o recebeste com riqueza de bênçãos; puseste em sua ca-
beça uma coroa de ouro puro.
4Ele pediu que lhe preservasses a vida, e tu atendeste a seu
pedido; seus dias se estendem para sempre.
5Tua vitória lhe dá grande honra, e tu o cobriste de esplendor
e majestade.
6A ele deste bênçãos eternas e a alegria de tua presença.
7Pois o rei confia no SENHOR; o amor do Altíssimo não permitirá
que ele se abale.
8Tu alcançarás todos os teus inimigos; tua forte mão direita
apanhará todos que te odeiam.
9Quando te manifestares, tu os lançarás numa fornalha ar-
dente. Em sua ira, o SENHOR os consumirá; sim, fogo os de-
vorará.
10Eliminarás da face da terra seus filhos; jamais terão des-
cendentes.
11Embora conspirem contra ti, suas tramas perversas não terão
sucesso.
12Pois darão meia-volta e fugirão quando virem tuas flechas
apontadas para eles.
13Levanta-te, ó SENHOR, em teu poder! Com música e cânticos
celebraremos tua força.

22

Ao regente do coral: salmo de Davi, para ser cantado com a melodia "Corça da manhã".

1Meu Deus, meu Deus, por que me abandonaste? Por que estás
tão distante de meus gemidos por socorro?
2Todos os dias clamo a ti, meu Deus, mas não respondes; todas
as noites levanto a voz, mas não encontro alívio.
3Tu, porém, és santo e estás entronizado sobre os louvores
de Israel.
4Nossos antepassados confiaram em ti, e tu os livraste.
5Clamaram a ti e foram libertos; em ti confiaram e jamais
foram envergonhados.
6Mas eu sou um verme, e não um homem; todos me insultam
e me desprezam.
7Os que me veem zombam de mim; riem com maldade e ba-
lançam a cabeça:
8"Esse é o que confia no SENHOR? Que ele o livre! Que o liberte,
se dele se agrada!".
9Tu, porém, me tiraste a salvo do ventre de minha mãe e me
deste segurança quando ela ainda me amamentava.
10Fui colocado em teus braços assim que nasci; desde o ventre
de minha mãe, tens sido meu Deus.
11Não permaneças distante de mim, pois o sofrimento está
próximo, e ninguém mais pode me ajudar.
12Meus inimigos me rodeiam como touros; sim, touros ferozes
de Basã me cercam.
13Abrem a boca contra mim como leões que rugem e despe-
daçam a presa.
14Minha vida é derramada como água; todos os meus ossos
estão desconjuntados. Meu coração é como cera que se der-
rete dentro de mim.
15Minha força secou, como um caco de barro, minha língua
está grudada ao céu da boca; tu me deitaste no pó, à beira
da morte.
16Meus inimigos me rodeiam como cães, um bando de per-
versos me cerca; perfuraram minhas mãos e meus pés.
17Posso contar todos os meus ossos; meus inimigos me en-
caram e desdenham de mim.
18Repartem minhas roupas entre si e lançam sortes por minha
veste.
19Ó SENHOR, não permaneças distante! És minha força; vem
depressa me ajudar.
20Livra-me da espada e não permitas que esses cães me tirem
a vida.
21Salva-me da boca do leão e dos chifres dos bois selvagens.
22Proclamarei teu nome a meus irmãos; no meio de teu povo
reunido te louvarei.
23Louvem o SENHOR, todos que o temem! Glorifiquem-no, todos
os descendentes de Jacó! Reverenciem-no, todos os descen-
dentes de Israel!
24Pois ele não desprezou nem desdenhou o sofrimento dos
aflitos; não lhes deu as costas, mas ouviu seus clamores por
socorro.
25Eu te louvarei na grande congregação; cumprirei meus votos
na presença dos que te adoram.
26Os pobres comerão e se saciarão; todos que buscam o SE-
NHOR o louvarão e terão o coração cheio de alegria sem fim.
27Toda a terra reconhecerá o SENHOR e voltará para ele; diante
dele se prostrarão todas as famílias das nações.
28Pois o SENHOR reina e governa sobre todos os povos.
29Que os ricos da terra celebrem e o adorem; todos os mortais
se prostrem diante dele, todos cuja vida terminará como pó.
30Nossos filhos também o servirão, as gerações futuras ouvirão
sobre o Senhor.
31Proclamarão sua justiça aos que ainda não nasceram e fa-
larão a respeito de tudo que ele fez.

23 *Salmo de Davi.*
O SENHOR é meu pastor, e nada me faltará.
2Ele me faz repousar em verdes pastos e me leva para junto
de riachos tranquilos.
3Renova minhas forças e me guia pelos caminhos da justiça;
assim, ele honra o seu nome.
4Mesmo quando eu andar pelo escuro vale da morte, não terei
medo, pois tu estás ao meu lado. Tua vara e teu cajado me
protegem.
5Preparas um banquete para mim na presença de meus ini-
migos. Unges minha cabeça com óleo; meu cálice transborda.
6Certamente a bondade e o amor me seguirão todos os dias de
minha vida, e viverei na casa do SENHOR para sempre.

24 *Salmo de Davi.*
A terra e tudo que nela há são do SENHOR; o mundo e
todos os seus habitantes lhe pertencem.
2Pois sobre os mares ele edificou os alicerces da terra e sobre
as profundezas do oceano a estabeleceu.
3Quem pode subir o monte do SENHOR? Quem pode permanecer
em seu santo lugar?
4Somente os que têm as mãos puras e o coração limpo, que
não se entregam aos ídolos e não juram em falso.
5Eles receberão a bênção do SENHOR e a justiça do Deus de
sua salvação.
6São esses os que te buscam e adoram em tua presença, ó
Deus de Jacó.
Interlúdio
7Abram-se, portões da cidade! Abram-se, antigos portais, para
que entre o Rei da glória.
8Quem é o Rei da glória? O SENHOR, forte e poderoso. O SENHOR,
invencível nas batalhas.
9Abram-se, portões da cidade! Abram-se, antigos portais, para
que entre o Rei da glória.
10Quem é o Rei da glória? O SENHOR dos Exércitos; ele é o Rei
da glória.

25 *Salmo de Davi.*
Ó SENHOR, a ti entrego minha vida; 2confio em ti, meu
Deus! Não permitas que eu seja envergonhado, nem que meus
inimigos se alegrem com minha derrota.
3Quem confia em ti jamais será envergonhado, mas os que
buscam enganar o próximo serão envergonhados.
4Mostra-me o caminho certo, SENHOR, ensina-me por onde
devo andar.
5Guia-me pela tua verdade e ensina-me, pois és o Deus que me
salva; em ti ponho minha esperança todo o dia.
6Lembra-te, SENHOR, de tua compaixão e de teu amor, que tens
mostrado desde tempos antigos.
7Não te lembres dos pecados e da rebeldia de minha juven-
tude; lembra-te de mim segundo o teu amor, pois és miseri-
cordioso, ó SENHOR.
8O SENHOR é bom e justo; mostra o caminho correto aos que
se desviam.
9Guia os humildes na justiça e ensina-lhes seu caminho.
10O SENHOR conduz com amor e fidelidade a todos que cum-
prem sua aliança e obedecem a seus preceitos.
11Por causa do teu nome, ó SENHOR, perdoa meus pecados,
que são muitos.
12Quem são os que temem o SENHOR? Ele lhes mostrará o ca-
minho que devem escolher.
13Viverão em prosperidade, e seus filhos herdarão a terra.
14O SENHOR é amigo dos que o temem; ele lhes ensina sua
aliança.
15Meus olhos estão sempre voltados para o SENHOR, pois ele
livra meus pés de armadilhas.
16Volta-te para mim e tem misericórdia, pois estou sozinho
e aflito.
17Meus problemas só aumentam; livra-me de toda a minha
angústia!
18Atenta para minha dor e para meu sofrimento; perdoa todos
os meus pecados.
19Vê quantos inimigos tenho e a crueldade com que me
odeiam.
20Protege minha vida e livra-me! Não permitas que eu seja
envergonhado, pois em ti me refugio.
21Que a integridade e a retidão me guardem, pois em ti ponho
minha esperança.
22Ó Deus, resgata Israel de todas as suas angústias.

26 *Salmo de Davi.*
Declara-me inocente, SENHOR, pois tenho vivido com in-
tegridade; tenho confiado no SENHOR sem vacilar.
2Põe-me à prova, SENHOR, e examina-me; investiga meu co-
ração e minha mente.
3Pois estou sempre consciente do teu amor e tenho vivido de
acordo com a tua verdade.
4Não passo tempo com mentirosos, nem ando com hipócritas.
5Detesto as reuniões dos que praticam o mal e não me associo
aos perversos.
6Lavo as mãos para declarar minha inocência. Venho ao teu
altar, ó SENHOR, 7para entoar um cântico de gratidão e anunciar
todas as tuas maravilhas.
8Amo o teu santuário, SENHOR, o lugar onde habita tua pre-
sença gloriosa.
9Não permitas que eu tenha o destino dos pecadores, não me
condenes junto com os assassinos.
10Eles têm as mãos sujas de tramas perversas e vivem a aceitar
subornos.
11Eu, porém, vivo com integridade; resgata-me e tem mise-
ricórdia de mim.
12Agora estou em solo firme e louvarei o SENHOR no meio do
povo.

27 *Salmo de Davi.*
O SENHOR é minha luz e minha salvação; então, por que
ter medo? O SENHOR é a fortaleza de minha vida; então, por
que estremecer?

2Quando os maus vierem para me destruir, quando meus inimigos e adversários me atacarem, eles tropeçarão e cairão.

3Ainda que um exército me cerque, meu coração não temerá. Ainda que invistam contra mim, permanecerei confiante.

4A única coisa que peço ao SENHOR, o meu maior desejo, é morar na casa do SENHOR todos os dias de minha vida, para contemplar a beleza do SENHOR e meditar em seu templo.

5Pois ali me abrigará em tempos de aflição e em seu santuário me esconderá; em segurança, numa rocha alta, me colocará.

6Então manterei a cabeça erguida, acima dos inimigos que me cercam. Em seu santuário, oferecerei sacrifícios com gritos de alegria; cantarei e louvarei o SENHOR com música.

7Ouve minha oração, ó SENHOR; tem compaixão e responde-me!

8Meu coração ouviu tua voz dizer: "Venha e entre na minha presença", e meu coração respondeu: "SENHOR, eu irei!".

9Não voltes as costas para mim; em tua ira, não rejeites teu servo. Sempre foste meu auxílio; não me deixes agora, não me abandones, ó Deus de minha salvação!

10Mesmo que meu pai e minha mãe me abandonem, o SENHOR me acolherá.

11Ensina-me a viver, SENHOR; guia-me pelo caminho certo, pois meus inimigos estão à minha espera.

12Não permitas que eu caia nas mãos deles, pois me acusam de coisas que nunca fiz e me ameaçam, respirando violência.

13Ainda assim, confio que verei a bondade do SENHOR enquanto estiver aqui, na terra dos vivos.

14Espere pelo SENHOR e seja valente e corajoso; sim, espere pelo SENHOR.

28 *Salmo de Davi.*

A ti eu clamo, ó SENHOR, minha rocha; não feches teus ouvidos para mim. Pois, se permaneceres calado, será melhor que eu desista e morra.

2Ouve minha súplica por misericórdia, quando eu clamar por socorro, quando levantar as mãos para o teu santuário.

3Não me arrastes com os perversos, com os que praticam o mal, que dirigem palavras amigáveis ao próximo, enquanto tramam maldades no coração.

4Dá o castigo pelo que fizeram, segundo a medida de sua perversidade. Retribui-lhes por seus atos e faz que recebam o que merecem.

5Eles não se importam com as obras do SENHOR, nem com o que suas mãos criaram. Por isso ele os derrubará, e nunca mais voltarão a se erguer.

6Louvado seja o SENHOR, pois ouviu meu clamor por misericórdia!

7O SENHOR é minha força e meu escudo; confio nele de todo o coração. Ele me ajuda, e meu coração se enche de alegria; por isso lhe dou graças com meus cânticos.

8O SENHOR é a força de seu povo, fortaleza segura para seu ungido.

9Salva o teu povo! Abençoa os que pertencem a ti! Conduze-os como pastor e leva-os em teus braços para sempre.

29 *Salmo de Davi.*

Honrem o SENHOR, seres celestiais, honrem o SENHOR por sua glória e força.

2Honrem o SENHOR pela glória de seu nome, adorem o SENHOR no esplendor de sua santidade.

3A voz do SENHOR ecoa sobre o mar, o Deus da glória troveja; sobre o imenso mar, o SENHOR fala.

4A voz do SENHOR é poderosa, a voz do SENHOR é majestosa.

5A voz do SENHOR quebra os grandes cedros, o SENHOR despedaça os cedros do Líbano.

6Faz os montes do Líbano saltarem como bezerros, faz o monte Hermom pular como novilhos selvagens.

7A voz do SENHOR risca o céu com relâmpagos.

8A voz do SENHOR sacode o deserto, o SENHOR faz tremer o deserto de Cades.

9A voz do SENHOR torce os fortes carvalhos e arranca as folhas dos bosques; em seu templo todos proclamam: "Glória!".

10O SENHOR comanda as águas da inundação, o SENHOR governa como Rei para sempre.

11O SENHOR dá força ao seu povo, o SENHOR os abençoa com paz.

30 *Salmo de Davi; cântico para a dedicação do templo.*

1Eu te exaltarei, SENHOR, pois me livraste; não permitiste que meus inimigos rissem de mim.

2SENHOR, meu Deus, clamei a ti por socorro, e restauraste minha saúde.

3SENHOR, da sepultura me tiraste e não me deixaste cair na cova da morte.

4Cantem ao SENHOR, todos que lhe são fiéis! Louvem seu santo
nome, 5pois sua ira dura apenas um instante, mas seu favor,
a vida inteira! O choro pode durar toda a noite, mas a alegria
vem com o amanhecer.

6Quando eu era próspero, dizia: "Agora, nada pode me derrubar!".

7Ó SENHOR, teu favor me mantinha firme como uma montanha; então o SENHOR me deu as costas, e entrei em pânico.

8Clamei a ti, SENHOR, supliquei ao Senhor por misericórdia:

9"Que vantagem terás se eu morrer, se eu descer à cova? Acaso o pó te louvará? Falará de tua fidelidade?

10Ouve-me, SENHOR, e tem misericórdia de mim; ajuda-me, SENHOR!".

11Transformaste meu pranto em dança; tiraste minhas roupas
de luto e me vestiste de alegria, 12para que eu cante louvores
a ti e não me cale. SENHOR, meu Deus, te darei graças para
sempre!

31 *Ao regente do coral: salmo de Davi.*

1Em ti, SENHOR, me refugio; não permitas que eu seja en-
vergonhado. Salva-me por causa da tua justiça; 2inclina o teu

ouvido para me escutar e livra-me depressa. Que tu sejas para
mim rocha de proteção, fortaleza onde estarei seguro.
3És minha rocha e minha fortaleza; por causa do teu nome,
guia-me e conduze-me.
4Tira-me da armadilha que me prepararam, pois só em ti encontro proteção.
5Em tuas mãos entrego meu espírito; resgata-me, SENHOR,
pois és Deus fiel.
6Detesto os que adoram ídolos inúteis; eu, porém, confio no
SENHOR.
7Exultarei e me alegrarei em teu amor, pois viste minha aflição
e te importas com minha angústia.
8Não me entregaste a meus inimigos, mas me puseste em
lugar seguro.
9Tem misericórdia de mim, SENHOR, pois estou angustiado;
lágrimas me embaçam os olhos, e meu corpo e minha alma
definham.
10A tristeza me consome, e meus dias se encurtam com gemidos. Minha força se esvai por causa do pecado, e meus
ossos se desgastam.
11Todos os meus inimigos zombam de mim, e meus vizinhos
me desprezam; até meus amigos têm medo de se aproximar.
Quando me veem na rua, correm para o outro lado.
12Não se lembram de mim, como se eu estivesse morto, como
se fosse um jarro quebrado.
13Ouço muitos boatos a meu respeito, e o terror me cerca.
Conspiram contra mim, tramam tirar minha vida.
14Eu, porém, confio em ti, SENHOR, e digo: "Tu és meu Deus!".
15Meu futuro está em tuas mãos; livra-me dos que me perseguem sem cessar.
16Que a luz do teu rosto brilhe sobre teu servo; salva-me por
causa do teu amor.
17Não permitas que eu seja envergonhado, SENHOR, pois clamo
a ti. Que os perversos sejam envergonhados, que fiquem calados na sepultura.
18Silencia seus lábios mentirosos, lábios orgulhosos e arrogantes que acusam os justos.
19Grande é a bondade que reservaste para os que te temem!
Tu a concedes aos que em ti se refugiam e os abençoas à
vista de todos.
20Tu os escondes em tua presença, a salvo de todos que contra
eles conspiram. Tu os proteges num abrigo, longe das línguas
acusadoras.
21Louvado seja o SENHOR, pois ele me mostrou as maravilhas
de seu amor; manteve-me a salvo numa cidade cercada de
inimigos.
22Apavorado, clamei: "Estou separado de tua presença!". Mas
ele ouviu a minha súplica por misericórdia e respondeu ao meu
clamor por socorro.
23Amem o SENHOR, todos vocês que lhe são fiéis, pois o SENHOR
protege quem nele confia, mas castiga severamente o arrogante.
24Portanto, sejam fortes e corajosos, todos vocês que põem
sua esperança no SENHOR!

32 *Salmo de Davi.*
Como é feliz aquele cuja desobediência é perdoada, cujo
pecado é coberto!
2Sim, como é feliz aquele cuja culpa o SENHOR não leva em
conta, cuja consciência é sempre sincera!
3Enquanto me recusei a confessar meu pecado, meu corpo
definhou, e eu gemia o dia inteiro.
4Dia e noite, tua mão pesava sobre mim; minha força evaporou
como água no calor do verão.

Interlúdio

5Finalmente, confessei a ti todos os meus pecados e não
escondi mais a minha culpa. Disse comigo: "Confessarei ao
SENHOR a minha rebeldia", e tu perdoaste toda a minha culpa.

Interlúdio

6Portanto, todos que forem fiéis orem a ti enquanto há tempo,
para que não se afoguem quando vier a inundação.
7Pois és meu esconderijo; tu me guardas da aflição e me cercas
de cânticos de vitória.

Interlúdio

8O SENHOR diz: "Eu o guiarei pelo melhor caminho para sua
vida, lhe darei conselhos e cuidarei de você.
9Não sejam como o cavalo ou a mula, que não têm entendimento e precisam de freios e rédeas para ser controlados".
10O perverso tem muitas tristezas, mas o que confia no SENHOR
é cercado de amor.
11Portanto, alegrem-se no SENHOR e exultem, todos vocês que
são justos! Gritem de alegria, todos vocês que têm coração
íntegro!

33 Cantem de alegria ao SENHOR, vocês que são justos; é
apropriado que os íntegros o louvem.
2Celebrem ao SENHOR com melodias da harpa, toquem música
para ele com instrumento de dez cordas.
3Entoem para ele um novo cântico, toquem com habilidade e
cantem com alegria.
4Pois a palavra do SENHOR é verdadeira e podemos confiar em
tudo que ele faz.
5Ele ama o que é justo e bom; o amor do SENHOR enche a terra.
6O SENHOR falou, e os céus foram criados; pelo sopro de sua
boca as estrelas nasceram.
7Determinou os limites do mar e juntou os oceanos em reservatórios.
8Que o mundo inteiro tema o SENHOR, e todos os habitantes da
terra tremam diante dele.
9Pois, quando ele falou, o mundo veio a existir; tudo surgiu
por sua ordem.
10O SENHOR desfaz os planos das nações e frustra os projetos
dos povos.
11Mas os planos do SENHOR permanecem para sempre; seus
propósitos jamais serão abalados.

12 Como é feliz a nação cujo Deus é o SENHOR, cujo povo ele escolheu para lhe pertencer!

13 O SENHOR olha dos céus e vê toda a humanidade.

14 De seu trono ele observa todos os habitantes da terra.

15 Formou o coração de cada um; por isso, entende tudo que fazem.

16 Nem mesmo um poderoso exército pode salvar um rei; grande força não é suficiente para livrar um guerreiro.

17 Não confie em seu cavalo de guerra para obter vitória; apesar de toda a sua força, ele não é capaz de salvá-lo.

18 O SENHOR, porém, está atento aos que o temem, aos que esperam por seu amor.

19 Ele os livra da morte e os conserva com vida em tempos de fome.

20 Nossa esperança está no SENHOR; ele é nosso auxílio e nosso escudo.

21 Nele nosso coração se alegra, pois confiamos em seu santo nome.

22 Que o teu amor nos cerque, SENHOR, pois só em ti temos esperança.

34 *Salmo de Davi sobre a ocasião em que se fingiu de louco diante de Abimeleque, que o expulsou de sua presença.*

1 Louvarei o SENHOR em todo o tempo; meus lábios sempre o louvarão.

2 Somente no SENHOR me gloriarei; que todos os humildes se alegrem.

3 Venham, proclamemos a grandeza do SENHOR; juntos, exaltemos o seu nome.

4 Busquei o SENHOR, e ele me respondeu; livrou-me de todos os meus temores.

5 Os que olham para ele ficarão radiantes; no rosto deles não haverá sombra de decepção.

6 Clamei ao SENHOR em meu desespero, e ele me ouviu; livrou-me de todas as minhas angústias.

7 O anjo do SENHOR é guardião; ele cerca e defende os que o temem.

8 Provem e vejam que o SENHOR é bom! Como é feliz o que nele se refugia!

9 Temam o SENHOR, vocês que lhe são fiéis, pois os que o temem terão tudo de que precisam.

10 Até mesmo os leões jovens e fortes passam fome, mas aos que buscam o SENHOR nada de bom faltará.

11 Venham, meus filhos, e ouçam-me; eu os ensinarei a temer o SENHOR.

12 Quem deseja ter uma vida longa e próspera?

13 Refreie a língua de falar maldades e os lábios de dizerem mentiras.

14 Afaste-se do mal e faça o bem; busque a paz e esforce-se para mantê-la.

15 Os olhos do SENHOR estão sobre os justos, e seus ouvidos, abertos para seus clamores.

16 O SENHOR, porém, volta o rosto contra os que praticam o mal; apagará da terra qualquer lembrança deles.

17 O SENHOR ouve os justos quando clamam por socorro; ele os livra de todas as suas angústias.

18 O SENHOR está perto dos que têm o coração quebrantado e resgata os de espírito oprimido.

19 O justo enfrenta muitas dificuldades, mas o SENHOR o livra de todas elas.

20 Pois o SENHOR protege os ossos do justo; nem um sequer será quebrado.

21 A calamidade certamente destruirá os perversos, e os que odeiam o justo serão castigados.

22 O SENHOR, porém, resgatará os que o servem; ninguém que nele se refugia será condenado.

35 *Salmo de Davi.*

1 Ó SENHOR, defende-me dos que me acusam; luta contra os que lutam contra mim.

2 Põe tua armadura e toma teu escudo, prepara-te para a batalha e vem me socorrer.

3 Levanta tua lança e teu dardo contra aqueles que me perseguem. Que eu te ouça dizer: "Eu lhe darei vitória!".

4 Sejam derrotados e humilhados os que procuram me matar, recuem envergonhados os que planejam me prejudicar.

5 Sopra-os para longe, como palha ao vento, e que o anjo do SENHOR os disperse.

6 Torna o caminho deles escuro e escorregadio, e que o anjo do SENHOR os persiga.

7 Não lhes fiz mal algum, mas eles me prepararam uma armadilha; sem motivo, abriram uma cova para me pegar.

8 Portanto, que venha sobre eles destruição repentina! Sejam pegos na armadilha que me prepararam, sejam destruídos na cova que abriram para mim.

9 Então me alegrarei no SENHOR, exultarei porque ele me salva.

10 Eu o louvarei com todos os ossos de meu corpo: "SENHOR, quem se compara a ti? Quem além de ti resgata o indefeso das mãos do forte? Quem protege o pobre e o humilde daqueles que os exploram?".

11 Testemunhas maldosas depõem contra mim e me acusam de crimes que não cometi.

12 Pagam-me o bem com o mal; estou desesperado!

13 Quando eles ficavam doentes, eu lamentava; humilhava-me com jejuns por eles, mas minhas orações não eram respondidas.

14 Como se fossem meus amigos ou familiares, eu me entristecia, como se lamentasse por minha própria mãe.

15 Mas agora, em minha aflição, eles se alegram; triunfantes, juntam-se contra mim. Pessoas que nem conheço me atacam, agridem-me sem cessar.

16 Zombam de mim e me insultam, rosnam e me mostram os dentes.

17 Até quando, Senhor, ficarás olhando? Salva-me de seus ataques ferozes, livra-me desses leões!

18 Então te darei graças diante da comunidade e te louvarei perante todo o povo.

19 Não permitas que meus inimigos traiçoeiros riam de mim, não deixes que me desprezem os que me odeiam sem razão.

20 Não falam de paz; tramam contra os que vivem tranquilos na terra.

21 Gritam: "Ah! Agora o pegamos! Nós o vimos com os próprios olhos!".

22 Viste tudo isso, SENHOR; não permaneças calado, Senhor, e não me abandones agora.

23 Desperta! Levanta-te para me fazeres justiça! Defende minha causa, meu Deus e meu Senhor.

24 Julga-me, SENHOR, meu Deus, conforme a tua justiça; não permitas que meus inimigos riam às minhas custas.

25 Não deixes que digam: "Conseguimos o que queríamos! Agora vamos acabar com ele!".

26 Sejam envergonhados e humilhados os que se alegram com a minha desgraça. Sejam cobertos de vergonha e desonra os que triunfam sobre mim.

27 Exultem e alegrem-se, porém, os que me defendem; que eles digam sempre: "Grande é o SENHOR, que se agrada de abençoar seu servo com paz!".

28 Então proclamarei tua justiça e te louvarei o dia todo.

36

Ao regente do coral: salmo de Davi, servo do SENHOR.

1 O pecado do ímpio sussurra ao seu coração; ele não tem o menor temor de Deus.

2 Em sua cega presunção, não percebe quão grande é sua perversidade.

3 Tudo que diz é distorcido e enganoso; não quer agir com prudência nem fazer o bem.

4 Mesmo à noite, trama maldades; suas ações nunca são boas, e não se esforça para fugir do mal.

5 Teu amor, SENHOR, é imenso como os céus; tua fidelidade vai além das nuvens.

6 Tua justiça é como os montes imponentes, teus decretos, como as profundezas do oceano; tu, SENHOR, cuidas tanto das pessoas como dos animais.

7 Como é precioso o teu amor, ó Deus! Toda a humanidade encontra abrigo à sombra de tuas asas.

8 Tu os alimentas com a fartura de tua casa e deixas que bebam de teu rio de delícias.

9 Pois és a fonte de vida, a luz pela qual vemos.

10 Derrama teu amor sobre os que te conhecem, concede justiça aos sinceros de coração.

11 Não permitas que os arrogantes me pisoteiem, nem que os perversos me empurrem.

12 Vejam! Caíram os que praticam o mal! Foram derrubados e nunca mais se levantarão.

37

Salmo de Davi.

1 Não se preocupe com os perversos, nem tenha inveja dos que praticam o mal.

2 Pois, como o capim, logo secarão e, como a grama verde, logo murcharão.

3 Confie no SENHOR e faça o bem, e você viverá seguro na terra e prosperará.

4 Busque no SENHOR a sua alegria, e ele lhe dará os desejos de seu coração.

5 Entregue seu caminho ao SENHOR; confie nele, e ele o ajudará.

6 Tornará sua inocência radiante como o amanhecer, e a justiça de sua causa, como o sol do meio-dia.

7 Aquiete-se na presença do SENHOR, espere nele com paciência. Não se preocupe com o perverso que prospera, nem se aborreça com seus planos maldosos.

8 Deixe a ira de lado! Não se enfureça! Não perca a calma; isso só lhe trará prejuízo.

9 Pois os perversos serão destruídos, mas os que confiam no SENHOR possuirão a terra.

10 Em breve, o perverso desaparecerá; ainda que o procure, não o encontrará.

11 Os humildes possuirão a terra e viverão em paz e prosperidade.

12 O perverso trama contra o justo; rosna e lhe mostra os dentes.

13 Mas o Senhor ri, pois vê que o dia do julgamento se aproxima.

14 Os perversos puxam suas espadas e preparam seus arcos, para matar o pobre e o oprimido, para massacrar os que são corretos.

15 Suas espadas, porém, lhes atravessarão o próprio coração, e seus arcos serão quebrados.

16 Melhor ser justo e ter pouco que ser perverso e rico.

17 Pois a força dos perversos será despedaçada, mas o SENHOR sustenta os justos.

18 A cada dia, o SENHOR cuida dos íntegros; eles receberão uma herança que dura para sempre.

19 Em tempos de calamidade, não serão envergonhados; mesmo em dias de fome, terão mais que o suficiente.

20 Os perversos, contudo, morrerão; os inimigos do SENHOR são como flores do campo e desaparecerão como fumaça.

21 O perverso toma emprestado e nunca paga, mas o justo dá com generosidade.

22 Aqueles a quem o SENHOR abençoa possuirão a terra, mas aqueles a quem amaldiçoa serão destruídos.

23 O SENHOR dirige os passos do justo; ele se agrada de quem anda em seu caminho.

24 Ainda que tropece, não cairá, pois o SENHOR o segura pela mão.

25 Fui jovem e agora sou velho, mas nunca vi o justo ser abandonado, nem seus filhos mendigarem pão.

26 O justo é generoso e empresta de boa vontade, e seus filhos são uma bênção.

27 Afaste-se do mal e faça o bem, e você viverá na terra para sempre.

28 Pois o SENHOR ama a justiça e jamais abandonará seu povo fiel. Ele sempre os protegerá, mas os filhos dos perversos serão destruídos.

29Os justos possuirão a terra e nela habitarão para sempre.
30O justo oferece conselhos sábios e ensina o que é certo.
31Guarda no coração a lei de Deus, por isso seus passos são
firmes.
32O perverso fica à espreita do justo e procura matá-lo.
33O SENHOR, porém, não deixará que o perverso tenha sucesso,
nem condenará o justo quando ele for julgado.
34Ponha sua esperança no SENHOR e ande com firmeza pelo
caminho dele. Ele o honrará e lhe dará a terra, e você verá os
perversos serem destruídos.
35Vi pessoas más e cruéis florescerem como árvores em solo
nativo.
36Mas, quando voltei a olhar, tinham desaparecido; procurei
por elas, mas não as encontrei.
37Observe os que são íntegros e justos; um futuro maravilhoso
espera os que amam a paz.
38Os rebeldes, porém, serão destruídos de uma só vez; não
têm futuro algum.
39O SENHOR salva os justos; ele é sua fortaleza em tempos de
aflição.
40O SENHOR os socorre e os livra dos perversos. Ele os salva,
porque nele se refugiam.

38 ***Salmo de Davi, em que pede a Deus que se lembre dele.***

1Ó SENHOR, não me repreendas em tua ira, nem me disciplines
em tua fúria!
2Tuas flechas se cravam fundo em mim, e o peso de tua mão
me esmaga.
3Por causa de tua ira, todo o meu corpo adoece; minha saúde
está arruinada, por causa de meu pecado.
4Minha culpa me sufoca; é um fardo pesado e insuportável.
5Minhas feridas infeccionaram e cheiram mal, por causa de
minha insensatez.
6Estou encurvado e atormentado; entristecido, ando o dia todo
de um lado para o outro.
7Meu corpo arde em febre, minha saúde está arruinada.
8Estou exausto e abatido; meus gemidos vêm de um coração
angustiado.
9Tu conheces meus desejos, Senhor, e ouves cada um de meus
suspiros.
10Meu coração bate depressa, minhas forças se esvaem, e a
luz de meus olhos se apaga.
11Amigos e conhecidos se afastam de mim, por causa de minha
doença, e até minha família se mantém distante.
12Meus inimigos preparam armadilhas para me matar; os que
desejam meu mal tramam para me arruinar e passam o dia
planejando sua traição.
13Eu, porém, me faço de surdo para suas ameaças; como
mudo, permaneço calado diante deles.
14Escolhi nada ouvir e nada responder.
15Pois espero por ti, ó SENHOR; responde por mim, Senhor,
meu Deus.
16Orei: "Não deixes que meus inimigos zombem de mim, nem
que se divirtam com minha queda".
17Estou à beira de um colapso; enfrento dor constante.
18Confesso, porém, minha culpa; sinto profundo lamento do
que fiz.
19Meus inimigos são muitos e fortes; eles me odeiam sem
razão.
20Pagam o bem com o mal e opõem-se a mim porque procuro
o bem.
21Não me abandones, SENHOR; não permaneças distante, meu
Deus.
22Vem depressa me ajudar, ó Senhor, meu salvador!

39 ***Para Jedutum, regente do coral: salmo de Davi.***
Disse comigo: "Tomarei cuidado com o que faço e não
pecarei no que digo. Ficarei calado enquanto o perverso es-
tiver por perto".
2Mas, enquanto eu estava em silêncio, sem falar sequer de
coisas boas, a angústia cresceu dentro de mim.
3Quanto mais eu pensava, mais ardia meu coração; então,
decidi falar:
4"Mostra-me, SENHOR, como é breve meu tempo na terra;
mostra-me que meus dias estão contados e que minha vida
é passageira.
5A vida que me deste não é mais longa que alguns palmos,
e diante de ti toda a minha existência não passa de um mo-
mento; na verdade, o ser humano não passa de um sopro".
Interlúdio
6Somos apenas sombras que se movem, e nossas inquietações
não dão em nada. Acumulamos riquezas sem saber quem as
gastará.
7Agora, Senhor, o que devo esperar? És minha única espe-
rança.
8Livra-me de minha rebeldia e não permitas que os tolos
zombem de mim.
9Estou calado; não direi uma só palavra, pois minha punição
vem de ti.
10Mas, por favor, para de me castigar; os golpes de tua mão
me reduzem a nada!
11Quando nos disciplinas por nossos pecados, consomes como
a traça o que nos é mais precioso; o ser humano não passa
de um sopro.
Interlúdio
12Ouve minha oração, SENHOR! Escuta meus clamores por so-
corro! Não ignores minhas lágrimas, pois sou como estrangeiro
diante de ti, um viajante que está só de passagem, como eram
meus antepassados.
13Desvia de mim o olhar, para que eu volte a sorrir, antes que
eu me vá e deixe de existir.

40 ***Ao regente do coral: salmo de Davi.***
Esperei com paciência pelo SENHOR; ele se voltou para
mim e ouviu meu clamor.

2Tirou-me de um poço de desespero, de um atoleiro de lama.
Pôs meus pés sobre uma rocha e firmou meus passos.
3Deu-me um novo cântico para entoar, um hino de louvor a
nosso Deus. Muitos verão o que ele fez, temerão e confiarão
no SENHOR.
4Como é feliz o que confia no SENHOR, que não depende dos
arrogantes, nem dos que se desviam para a mentira!
5SENHOR, meu Deus, tu nos fizeste muitas maravilhas, e teus
planos para nós são tantos que não se pode contá-los; não há
ninguém igual a ti. Se eu tentasse relatar todos os teus feitos,
jamais chegaria ao fim.
6Não tens prazer em ofertas nem em sacrifícios; agora que
me fizeste ouvir, compreendo: tu não exiges holocaustos nem
ofertas pelo pecado.
7Então eu disse: "Aqui estou, conforme está escrito a meu
respeito no livro.
8Tenho prazer em fazer tua vontade, meu Deus, pois a tua lei
está em meu coração".
9Anunciei a tua justiça a toda a comunidade; não tive medo de
falar, como bem sabes, ó SENHOR.
10Não escondi em meu coração a tua justiça; falei de tua fide-
lidade e de tua salvação. Proclamei a toda a comunidade o teu
amor e a tua verdade.
11SENHOR, não retenhas de mim a tua compaixão; que o teu
amor e a tua verdade sempre me protejam.
12Pois as dificuldades me cercam; são tantas que não se pode
contá-las. Meus pecados se acumularam de tal modo que não
consigo enxergar saída. São mais numerosos que os cabelos
de minha cabeça; por isso, perdi todo o ânimo.
13Por favor, SENHOR, livra-me! Vem depressa, SENHOR, e aju-
da-me!
14Sejam envergonhados e humilhados os que procuram me
matar. Voltem atrás em desonra os que se alegram com a
minha desgraça.
15Recuem horrorizados com a própria vergonha, pois disseram:
"Ah! Agora o pegamos!".
16Alegrem-se e exultem, porém, todos que te buscam. Todos
que amam tua salvação, digam sempre: "Grande é o SENHOR!".
17Quanto a mim, pobre e aflito, que o Senhor me mantenha em
seus pensamentos. Tu és meu auxílio e minha salvação; ó meu
Deus, não te demores!

41 *Ao regente do coral: salmo de Davi.*
1Como é feliz aquele que se importa com o pobre! Em
tempos de aflição, o SENHOR o livra.
2O SENHOR o protege e lhe conserva a vida. Ele o faz prosperar
na terra e o livra de seus inimigos.
3O SENHOR cuida dele quando fica doente e lhe restaura a
saúde.
4Orei: "Ó SENHOR, tem misericórdia de mim! Cura-me, pois
pequei contra ti!".
5Meus inimigos, porém, só falam mal de mim: "Quando ele
morrerá e será esquecido?".
6Visitam-me como se fossem meus amigos, mas todo o tempo
reúnem calúnias contra mim e depois as espalham por aí.
7Todos que me odeiam falam de mim em sussurros e ima-
ginam o pior.
8"Ele está com uma doença mortal", dizem, "nunca mais se
levantará da cama!".
9Até meu melhor amigo, em quem eu confiava e com quem
repartia meu pão, voltou-se contra mim.
10SENHOR, tem misericórdia de mim! Devolve-me a saúde, para
que eu lhes dê o que merecem.
11Sei que te agradas de mim, pois não deixaste que meus ini-
migos triunfassem.
12Preservaste minha vida porque sou inocente e trouxeste-me
à tua presença para sempre.
13Louvado seja o SENHOR, o Deus de Israel, de eternidade a
eternidade. Amém e amém!

LIVRO 2 (SALMOS 42—72)

42 *Ao regente do coral: salmo dos descendentes de Corá.*
1Como a corça anseia pelas correntes de água, assim minha
alma anseia por ti, ó Deus.
2Tenho sede de Deus, do Deus vivo; quando poderei estar na
presença dele?
3Dia e noite, as lágrimas têm sido meu alimento, enquanto
zombam de mim o tempo todo, dizendo: "Onde está o seu
Deus?".
4Meu coração se enche de tristeza, pois me lembro de como eu
andava com a multidão de adoradores, à frente do cortejo que
subia até a casa de Deus, cantando de alegria e dando graças,
em meio aos sons de uma grande festa.
5Por que você está tão abatida, ó minha alma? Por que está tão
triste? Espere em Deus! Ainda voltarei a louvá-lo, meu Salvador
e 6meu Deus! Agora estou profundamente abatido, mas me
lembro de ti, desde o distante monte Hermom, onde nasce o
Jordão, desde a terra do monte Mizar.
7Ouço o tumulto do mar revolto, enquanto suas ondas e cor-
rentezas passam sobre mim.
8Durante o dia, porém, o SENHOR me derrama seu amor, e
à noite entoo seus cânticos e faço orações ao Deus que me
dá vida.
9Clamo: "Ó Deus, minha rocha, por que te esqueceste de mim?
Por que tenho de andar entristecido, oprimido por meus ini-
migos?".
10Os insultos deles me quebram os ossos; zombam de mim o
tempo todo, dizendo: "Onde está o seu Deus?".
11Por que você está tão abatida, ó minha alma? Por que está
tão triste? Espere em Deus! Ainda voltarei a louvá-lo, meu Sal-
vador e meu Deus!

43 Declara-me inocente, ó Deus! Defende-me desse povo
mau, livra-me dos falsos e injustos.
2Pois tu és minha fortaleza, ó Deus; por que me rejeitaste? Por
que tenho de andar entristecido, oprimido por meus inimigos?
3Envia a tua luz e a tua verdade, para que me guiem. Que
elas me conduzam ao teu santo monte, ao lugar onde habitas.
4Ali, irei ao altar de Deus, a Deus, fonte de toda a minha ale-
gria. Eu te louvarei com minha harpa, ó Deus, meu Deus!
5Por que você está tão abatida, ó minha alma? Por que está tão
triste? Espere em Deus! Ainda voltarei a louvá-lo, meu Salvador
e meu Deus!

44 *Ao regente do coral: salmo dos descendentes de Corá.*

1Ó Deus, ouvimos com os próprios ouvidos; nossos antepas-
sados nos contaram tudo que fizeste em seus dias, muito
tempo atrás.
2Com teu poder, expulsaste as nações e estabeleceste teu
povo na terra. Esmagaste os povos inimigos e libertaste nossos
antepassados.
3Não foi por suas espadas que eles conquistaram a terra, não
foi pela força de seus braços que alcançaram vitória. Foi pela
tua mão direita e pelo teu braço forte, pela luz intensa do teu
rosto; foi por causa do teu amor por eles.
4Tu és meu Rei e meu Deus; decretas vitórias para Israel.
5Com teu poder, afastamos nossos inimigos; em teu nome,
pisoteamos nossos adversários.
6Não confio em meu arco, não conto com minha espada para
me salvar.
7Tu nos concedes vitória sobre nossos inimigos e envergonhas
os que nos odeiam.
8Ó Deus, o dia todo te damos glória e louvamos teu nome para
sempre.
Interlúdio
9Agora, porém, tu nos rejeitaste e nos envergonhaste; já não
conduzes nossos exércitos para as batalhas.
10Tu nos fazes bater em retirada diante de nossos inimigos e
permites que sejamos saqueados por aqueles que nos odeiam.
11Entregaste-nos como ovelhas para o matadouro e espalhas-
te-nos entre as nações.
12Vendeste teu povo precioso por uma ninharia e não tiveste
lucro com a venda.
13Permitiste que as nações vizinhas zombassem de nós; somos
objeto de desprezo e ridículo para os que nos rodeiam.
14Fizeste de nós motivo de riso entre as nações; com desdém,
balançam a cabeça para nós.
15Não há como escapar da humilhação constante; temos o
rosto coberto de vergonha.
16Não ouvimos outra coisa, senão os insultos dos que zombam
de nós. Não vemos outra coisa, senão os inimigos que desejam
vingança.
17Tudo isso aconteceu sem que nós esquecêssemos de ti, sem
que fôssemos infiéis à tua aliança.
18Nosso coração não te abandonou, não desviamos os pés de
teu caminho.
19Tu, porém, nos esmagaste no deserto, onde vivem os cha-
cais, e nos cobriste de escuridão e morte.
20Se tivéssemos nos esquecido do nome de nosso Deus, ou
estendido as mãos em oração a deuses estrangeiros, 21Deus
com certeza saberia, pois ele conhece os segredos de cada
coração.
22Mas, por causa de ti, enfrentamos a morte todos os dias;
somos como ovelhas levadas para o matadouro.
23Desperta, Senhor! Por que dormes? Levanta-te! Não nos re-
jeites para sempre!
24Por que escondes o rosto de nós? Por que te esqueces de
nosso sofrimento e opressão?
25Desfalecemos no pó, caídos com o corpo no chão.
26Levanta-te e ajuda-nos! Resgata-nos por causa do teu amor!

45 *Ao regente do coral: canção de amor para ser cantada com a melodia "Lírios". Salmo dos descendentes de Corá.*

1Lindas palavras comovem meu coração; recitarei um belo
poema a respeito do rei, pois minha língua é como a pena de
um habilidoso escritor.
2Tu és o mais belo de todos; palavras graciosas fluem de teus
lábios. Sim, Deus te abençoou para sempre.
3Põe tua espada à cintura, ó poderoso guerreiro; tu és glorioso
e majestoso!
4Em tua majestade, cavalga para a vitória e defende a verdade,
a humildade e a justiça; avança e realiza feitos notáveis.
5Tuas flechas são agudas e atravessam o coração de teus ini-
migos; as nações caem a teus pés.
6Teu trono, ó Deus, permanece para todo o sempre; tu go-
vernas com cetro de justiça.
7Amas a justiça e odeias o mal; por isso, Deus, o teu Deus, te
ungiu. Derramou sobre ti o óleo da alegria mais que sobre qual-
quer outro.
8Mirra, aloés e cássia perfumam tuas roupas; em palácios de
marfim, instrumentos de cordas te alegram.
9Entre as mulheres de tua corte há filhas de reis; à tua direita,
está a rainha, usando joias de ouro puro de Ofir.
10Ouça, ó filha de rei; leve a sério o que digo. Esqueça seu
povo e sua família, 11pois o rei, seu marido, se encanta com
sua beleza; honre-o, pois ele é seu senhor.
12A cidade de Tiro a cobrirá de presentes, os ricos suplicarão
por seu favor.
13A princesa é uma linda noiva, belíssima em seu vestido dou-
rado.
14Em suas roupas bordadas, é levada até o rei, acompanhada
de suas damas de honra.
15Formam um grupo alegre e festivo que entra no palácio real.
16Teus filhos serão reis, como o pai deles; tu os farás gover-
nantes de muitas terras.
17Eu darei honra ao teu nome por todas as gerações; por isso,
as nações te louvarão para todo o sempre.

46 *Ao regente do coral: cântico dos descendentes de Corá, para ser cantado com vozes de soprano.*

1Deus é nosso refúgio e nossa força, sempre pronto a nos so-
correr em tempos de aflição.
2Portanto, não temeremos quando vierem terremotos e
montes desabarem no mar.
3Que o oceano estrondeie e espumeje! Que os montes estre-
meçam enquanto as águas se elevam!

Interlúdio

4Um rio e seus canais alegram a cidade de nosso Deus, o santo
lugar do Altíssimo.
5Deus habita nessa cidade, e ela não será destruída; desde o
amanhecer, Deus a protegerá.
6As nações estão em confusão, e seus reinos desmoronam. A
voz de Deus troveja, e a terra se dissolve.
7O SENHOR dos Exércitos está entre nós; o Deus de Jacó é nossa
fortaleza.

Interlúdio

8Venham, contemplem as gloriosas obras do SENHOR! Vejam
como ele traz destruição sobre o mundo!
9Acaba com as guerras em toda a terra, quebra o arco e parte
ao meio a lança, e destrói os escudos com fogo.
10"Aquietem-se e saibam que eu sou Deus! Serei honrado entre
todas as nações; serei honrado no mundo inteiro."
11O SENHOR dos Exércitos está entre nós; o Deus de Jacó é nossa
fortaleza.

Interlúdio

47 *Ao regente do coral: salmo dos descendentes de Corá.*

1Batam palmas, todos os povos! Celebrem a Deus em alta voz!
2Pois o SENHOR Altíssimo é temível; é o grande Rei de toda
a terra.
3Ele derrota os povos diante de nós e põe as nações sob nossos
pés.
4Escolheu para nós uma terra como herança, o orgulho dos
descendentes de Jacó, a quem ele ama.

Interlúdio

5Deus subiu em meio a gritos de alegria; o SENHOR se elevou ao
forte som de trombetas.
6Cantem louvores a Deus, cantem louvores, cantem louvores
ao nosso Rei, cantem louvores!
7Pois Deus é o Rei de toda a terra; louvem-no com um salmo.
8Deus reina sobre as nações, sentado em seu santo trono.
9Os governantes do mundo se juntaram ao povo do Deus de
Abraão. Pois todos os reis da terra pertencem a Deus; ele é
grandemente exaltado em toda parte.

48 *Cântico; salmo dos descendentes de Corá.*

1Grande é o SENHOR e muito digno de louvor, na cidade de
nosso Deus, em seu santo monte.
2O monte Sião, o santo monte, é alto e magnífico; toda a terra
se alegra em vê-lo; é a cidade do grande Rei.
3O próprio Deus está em suas torres e se revela como seu
protetor.
4Os reis da terra uniram forças e avançaram contra a cidade.
5Mas, quando a viram, ficaram espantados e fugiram ater-
rorizados.
6Foram tomados de medo e se contorceram de dores, como
a mulher no parto.
7Tu os destruíste como os navios de Társis, despedaçados por
um forte vento do leste.
8Tínhamos ouvido falar da glória da cidade, mas agora a vimos
com os próprios olhos, a cidade do SENHOR dos Exércitos. É a
cidade de nosso Deus, que a manterá segura para sempre.

Interlúdio

9Ó Deus, em teu amor meditamos enquanto adoramos em teu
templo.
10Como teu nome merece, ó Deus, serás louvado até os confins
da terra; tua forte mão direita está cheia de vitória.
11Alegre-se o povo no monte Sião! Todas as cidades de Judá
exultem por causa de teus decretos!
12Percorram a cidade de Sião, vão e contem suas muitas torres.
13Observem os muros fortificados e caminhem por todas as
cidadelas, para que possam descrevê-las às gerações futuras.
14Pois assim é nosso Deus; ele é nosso Deus para todo o
sempre e nos guiará até o dia de nossa morte.

49 *Ao regente do coral: salmo dos descendentes de Corá.*

1Ouçam isto, todos os povos! Escutem, todos os habitantes
da terra!
2Toda a humanidade, sem exceção, tanto ricos como pobres,
prestem atenção!
3Pois minhas palavras são sábias, e meus pensamentos, cheios
de entendimento.
4Ouço muitos provérbios com atenção e, ao som da harpa,
explico enigmas.
5Por que terei medo quando vierem as dificuldades, quando
inimigos perversos me cercarem?
6Eles confiam em seus bens e contam vantagem de suas
grandes riquezas.
7Mas não são capazes de se redimir da morte e pagar um res-
gate a Deus.
8O preço para resgatar uma vida é altíssimo, e ninguém é
capaz de pagar o suficiente
9para viver para sempre e jamais ver a sepultura.
10Os sábios, no fim, morrerão, como os tolos e os ignorantes,
que deixam toda a sua riqueza para trás.
11A sepultura é seu lar eterno, onde ficarão para sempre. Dão
o próprio nome às suas terras, 12mas a sua fama não durará;
como os animais, eles também morrerão.
13Esse é o destino dos tolos, embora sejam admirados pelo
que dizem.

Interlúdio

14Como ovelhas, são levados à sepultura, onde a morte será
seu pastor. Pela manhã, os justos governarão sobre eles; seus
corpos apodrecerão na sepultura, longe de suas grandes pro-
priedades.
15Quanto a mim, Deus resgatará minha vida e me livrará do
poder da sepultura.

Interlúdio

16Portanto, não desanimem quando o perverso enriquecer e
sua casa se tornar ainda mais luxuosa.
17Pois, quando morrer, nada levará consigo; sua riqueza não o
acompanhará ao túmulo.
18Nesta vida, ele se considera afortunado e é elogiado por
seu sucesso.
19Contudo, morrerá como todos os seus antepassados e nunca
mais voltará a ver a luz do dia.
20Os que contam vantagem de suas riquezas nada entendem;
como os animais, também morrerão.

50 *Salmo de Asafe.*
O SENHOR, o Deus Poderoso, falou; convocou toda a hu-
manidade, desde onde o sol nasce até onde se põe.
2Do monte Sião, lugar de perfeita beleza, Deus resplandece.
3Nosso Deus se aproxima e não está em silêncio. Fogo de-
vora tudo em seu caminho, e ao seu redor há uma grande
tempestade.
4Ele convoca os céus em cima e a terra embaixo, para teste-
munharem o julgamento de seu povo.
5"Tragam aqui os que me são fiéis, os que fizeram comigo uma
aliança de oferta de sacrifícios."
6Então, que os céus proclamem sua justiça, pois o próprio Deus
será o juiz.

Interlúdio

7"Ó meu povo, ouça o que direi, estas são minhas acusações
contra você, ó Israel: Eu sou Deus, o seu Deus!
8Não o reprovo por seus sacrifícios, nem pelos holocaustos
que sempre oferecem.
9Não preciso, contudo, dos novilhos de seus estábulos, nem
dos bodes de seus currais.
10Pois são meus todos os animais dos bosques, e sou dono do
gado nos milhares de colinas.
11Conheço cada pássaro dos montes, e todos os animais dos
campos me pertencem.
12Se eu tivesse fome, não lhes diria, pois meu é o mundo inteiro
e tudo que nele há.
13Acaso como a carne de touros ou bebo o sangue de bodes?
14Ofereçam a Deus seu sacrifício de gratidão e cumpram os
votos que fizerem ao Altíssimo.
15Então clamem a mim em tempos de aflição; eu os livrarei, e
vocês me darão glória."
16Ao perverso, porém, Deus diz: "De que adianta recitar meus
decretos e falar a respeito de minha aliança?
17Pois você recusa minha disciplina e trata minhas palavras
como lixo.
18Quando vê ladrões, aprova o que fazem e passa seu tempo
com adúlteros.
19Sua boca está cheia de maldade, e sua língua, repleta de
mentiras.
20Vive a caluniar seu irmão, filho de sua própria mãe.
21Enquanto você assim agia, permaneci calado, e você pensou
que éramos iguais. Agora, porém, o repreenderei; contra você
apresentarei minhas acusações.
22Pensem bem e arrependam-se todos vocês que de mim se
esquecem; caso contrário, eu os despedaçarei e ninguém os
ajudará.
23A gratidão, porém, é um sacrifício que de fato me honra; se
permanecerem em meus caminhos, eu lhes revelarei a sal-
vação de Deus".

51 ***Ao regente do coral: salmo de Davi, sobre a ocasião
em que o profeta Natã veio falar com Davi após o
adultério com Bate-Seba.***
1Tem misericórdia de mim, ó Deus, por causa do teu amor.
Por causa da tua grande compaixão, apaga as manchas de
minha rebeldia.
2Lava-me de toda a minha culpa, purifica-me do meu pecado.
3Pois reconheço minha rebeldia; meu pecado me persegue
todo o tempo.
4Pequei contra ti, somente contra ti; fiz o que é mau aos teus
olhos. Por isso, tens razão no que dizes, e é justo teu julga-
mento contra mim.
5Pois sou pecador desde que nasci, sim, desde que minha mãe
me concebeu.
6Tu, porém, desejas a verdade no íntimo e no coração me mos-
tras a sabedoria.
7Purifica-me de minha impureza, e ficarei limpo; lava-me, e
ficarei mais branco que a neve.
8Devolve-me a alegria e a felicidade! Tu me quebraste; agora,
permite que eu exulte outra vez.
9Não continues a olhar para meus pecados; remove as man-
chas de minha culpa.
10Cria em mim, ó Deus, um coração puro; renova dentro de
mim um espírito firme.
11Não me expulses de tua presença e não retires de mim teu
Santo Espírito.
12Restaura em mim a alegria de tua salvação e torna-me dis-
posto a te obedecer.
13Então ensinarei teus caminhos aos rebeldes, e eles voltarão
a ti.
14Perdoa-me por ter derramado sangue, ó Deus de minha sal-
vação; então, com alegria, anunciarei tua justiça.
15Abre meus lábios, Senhor, para que minha boca te louve.
16Tu não desejas sacrifícios, do contrário eu os ofereceria;
também não queres holocaustos.
17O sacrifício que desejas é um espírito quebrantado; não re-
jeitarás um coração humilde e arrependido.

18Olha com favor para Sião e ajuda-a; reconstrói os muros de
Jerusalém.
19Então te agradarás dos sacrifícios de justiça, dos holocaustos
e das ofertas queimadas; e sobre teu altar novilhos voltarão
a ser sacrificados.

52 *Ao regente do coral: salmo de Davi sobre a ocasião em que Doegue, o edomita, disse a Saul: "Davi foi à casa de Aimeleque".*

1Por que conta vantagem de seus crimes, grande guerreiro?
Não sabe que o amor de Deus dura para sempre?
2O dia todo você trama destruição; sua língua mentirosa corta
como navalha afiada.
3Ama o mal mais que o bem e fala mais mentiras que verdades.
Interlúdio
4Você gosta de destruir os outros com suas palavras, seu men-
tiroso!
5Por isso, Deus o destruirá de uma vez por todas; ele o tirará
de sua casa e o arrancará da terra dos vivos.
Interlúdio
6Os justos verão isso e temerão; rirão de você e dirão:
7"Vejam o que acontece aos poderosos guerreiros que não
fazem de Deus sua fortaleza! Confiam em suas muitas riquezas
e se refugiam em sua maldade".
8Eu, porém, sou como a oliveira que floresce na casa de Deus;
sempre confiarei no amor de Deus.
9Eu te louvarei para sempre, ó Deus, por aquilo que fizeste.
Confiarei em teu bom nome, na presença de teu povo fiel.

53 *Ao regente do coral: meditação; salmo de Davi.*

1Os tolos dizem em seu coração: "Não há Deus". São cor-
ruptos e praticam o mal; nenhum deles faz o bem.
2Deus olha dos céus para toda a humanidade, para ver se al-
guém é sábio, se alguém busca a Deus.
3Todos, porém, se desviaram; todos se corromperam. Nin-
guém faz o bem, nem um sequer!
4Acaso os que praticam o mal jamais aprenderão? Devoram
meu povo como se fosse pão e nem pensam em orar a Deus.
5Grande terror se apoderará deles, terror como nunca experi-
mentaram. Deus espalhará os ossos dos que atacam seu povo;
serão humilhados, pois Deus os rejeitou.
6Quem virá do monte Sião para salvar Israel? Quando Deus res-
taurar seu povo, Jacó dará gritos de alegria, e Israel exultará.

54 *Ao regente do coral: salmo de Davi sobre a ocasião em que os zifeus vieram e disseram a Saul: "Davi está escondido entre nós". Para ser acompanhado com instrumentos de cordas.*

1Vem com a força do teu nome, ó Deus, e salva-me! Defen-
de-me com teu grande poder.
2Ouve minha oração, ó Deus; escuta minha súplica.
3Pois desconhecidos me atacam, pessoas violentas tentam me
matar; eles não se importam com Deus.
Interlúdio
4Deus, porém, é meu auxílio; o Senhor me mantém com vida.
5Que as tramas perversas de meus inimigos se voltem contra
eles; destrói-os, como prometeste.
6Oferecerei a ti um sacrifício voluntário; louvarei teu nome, ó
SENHOR, porque és bom.
7Pois me livraste de minhas aflições e me ajudaste a vencer
meus inimigos.

55 *Ao regente do coral: salmo de Davi, para ser acompanhado com instrumentos de cordas.*

1Ouve minha oração, ó Deus! Não ignores meu clamor por
socorro!
2Ouve-me e responde-me, pois estou sobrecarregado e con-
fuso.
3Meus inimigos gritam contra mim e fazem ameaças perversas.
Sobre mim trazem desgraças e me perseguem furiosamente.
4Dentro do peito, meu coração acelera; o terror da morte se
apodera de mim.
5Sou tomado de medo e pânico, e não consigo parar de tremer.
6Quem dera eu tivesse asas como a pomba; voaria para longe
e encontraria descanso.
7Sim, fugiria para bem longe, para o sossego do deserto.
Interlúdio
8Sim, eu me apressaria em escapar para um lugar distante do
vendaval e da tempestade.
9Confunde-os, Senhor, e frustra seus planos, pois vejo vio-
lência e conflito na cidade.
10Dia e noite os muros são guardados de invasores, mas a per-
versidade e a maldade estão do lado de dentro.
11Tudo está desmoronando; ameaça e engano correm soltos
pelas ruas.
12Não é meu inimigo que me insulta; se fosse, eu poderia su-
portar. Não são meus adversários que se levantam contra mim;
deles eu poderia me esconder.
13Antes, é você, meu igual, meu companheiro e amigo che-
gado.
14Como era agradável a comunhão que desfrutávamos quando
acompanhávamos a multidão à casa de Deus!
15Que a morte apanhe meus inimigos de surpresa; que desçam
vivos à sepultura, pois a maldade mora dentro deles.
16Eu, porém, invocarei a Deus, e o SENHOR me livrará.
17Pela manhã, ao meio-dia e à noite, clamo angustiado, e
ele ouve minha voz.
18Ele me resgata e me mantém a salvo na batalha, embora
muitos ainda estejam contra mim.
19Deus, que governa desde a eternidade, me ouvirá e lhes dará
o que merecem.
Interlúdio
Pois meus inimigos não querem mudar sua conduta; eles não
temem a Deus.
20Quanto a meu companheiro, ele traiu seus amigos e não
cumpriu suas promessas.

21Sua fala é macia como manteiga, mas em seu coração há
guerra. Suas palavras são suaves como azeite, mas na verdade
são punhais.
22Entregue suas aflições ao SENHOR, e ele cuidará de você;
jamais permitirá que o justo tropece e caia.
23Tu, porém, ó Deus, lançarás os perversos no abismo de des-
truição. Assassinos e mentirosos morrerão ainda jovens, mas
eu sempre confiarei em ti.

56 ***Ao regente do coral: salmo de Davi sobre a ocasião em que os filisteus o prenderam em Gate. Para ser cantado com a melodia "Pomba em carvalhos distantes".***

1Ó Deus, tem misericórdia de mim, pois sofro perseguição;
meus inimigos me atacam o dia todo.
2Vivo perseguido por aqueles que me caluniam, e muitos me
atacam abertamente.
3Quando eu tiver medo, porém, confiarei em ti.
4Louvo a Deus por suas promessas, confio em Deus e não te-
merei; o que me podem fazer os simples mortais?
5Sempre distorcem o que digo e passam dias tramando me
prejudicar.
6Reúnem-se para me espionar e vigiam meus passos, ansiosos
para me matar.
7Castiga-os por sua maldade; ó Deus, derruba-os em tua ira.
8Conheces bem todas as minhas angústias; recolheste minhas
lágrimas num jarro e em teu livro registraste cada uma delas.
9Meus inimigos baterão em retirada quando eu clamar a ti;
uma coisa sei: Deus está do meu lado!
10Louvo a Deus por suas promessas, sim, louvo o SENHOR por
suas promessas.
11Confio em Deus e não temerei; o que me podem fazer os
simples mortais?
12Cumprirei os votos que fiz a ti, ó Deus, e te oferecerei um
sacrifício de gratidão.
13Pois me livraste da morte; não deixaste que meus pés tro-
peçassem. Agora, posso andar em tua presença, ó Deus, em
tua luz que dá vida.

57 ***Ao regente do coral: salmo de Davi sobre a ocasião em que ele fugiu de Saul para a caverna. Para ser cantado com a melodia "Não destruas!".***

1Tem misericórdia de mim, ó Deus, tem misericórdia! Em ti
me refugio. À sombra de tuas asas me esconderei, até que
passe o perigo.
2Clamo ao Deus Altíssimo, ao Deus que cumpre seus propósitos
para mim.
3Dos céus ele enviará socorro para me salvar e envergonhará
os que me perseguem.

Interlúdio

Meu Deus enviará seu amor e sua fidelidade!
4Estou cercado de leões ferozes, ansiosos para devorar suas
presas humanas. Seus dentes são como lanças e flechas, e sua
língua corta como espada afiada.
5Sê exaltado, ó Deus, acima dos mais altos céus; que a tua
glória brilhe sobre toda a terra!
6Meus inimigos me prepararam uma armadilha; estou exausto
de tanta angústia. Abriram uma cova profunda em meu ca-
minho, mas eles próprios caíram nela.

Interlúdio

7Meu coração está firme em ti, ó Deus, meu coração está
firme; por isso canto louvores a ti!
8Desperte, minha alma! Despertem, lira e harpa! Quero
acordar o amanhecer com a minha canção.
9Eu te darei graças, Senhor, no meio dos povos; cantarei lou-
vores a ti entre as nações.
10Pois o teu amor se eleva até os céus; a tua fidelidade alcança
as nuvens.
11Sê exaltado, ó Deus, acima dos mais altos céus; que a tua
glória brilhe sobre toda a terra!

58 ***Ao regente do coral: salmo de Davi, para ser cantado com a melodia "Não destruas!".***

1Vocês, governantes, sabem o que significa justiça? Acaso
julgam o povo com imparcialidade?
2De modo algum! Tramam injustiça em seu coração e espalham
violência por toda a terra.
3Os perversos são pecadores desde o ventre materno; mentem
e se corrompem desde o nascimento.
4São venenosos como serpentes, como cobras que se fazem
de surdas, 5para não ouvir a música dos encantadores, ainda
que eles toquem com habilidade.
6Quebra os dentes dos perversos, ó Deus! Despedaça, SENHOR,
a mandíbula desses leões!
7Que desapareçam como água em terra sedenta, que se
tornem inúteis as armas em suas mãos.
8Que sejam como a lesma que se desmancha em lodo, como a
criança que nasce morta e nunca verá o sol.
9Deus os eliminará, tanto os jovens como os velhos, mais de-
pressa que um fogo de espinhos esquenta uma panela.
10O justo se alegrará quando vir a vingança contra a injustiça;
no sangue do perverso, lavará os pés.
11Então, por fim, alguém dirá: "De fato, há recompensa para
o justo; com certeza há um Deus que faz justiça na terra".

59 ***Ao regente do coral: salmo de Davi, sobre a ocasião em que Saul enviou soldados para vigiar a casa de Davi a fim de matá-lo. Para ser cantado com a melodia "Não destruas!".***

1Livra-me de meus inimigos, ó Deus, protege-me dos que
vieram me destruir.
2Livra-me dos criminosos, salva-me dos assassinos.
3Armaram uma emboscada para mim; inimigos ferozes estão
à minha espera, SENHOR, embora eu não tenha pecado nem
os tenha ofendido.
4Sou inocente, mas eles se apressam em me atacar. Desperta!
Vê o que está acontecendo e ajuda-me!

5 Ó SENHOR, Deus dos Exércitos, Deus de Israel, desperta e
castiga as nações; não tenhas misericórdia dos traidores
perversos.

Interlúdio

6 Eles saem à noite, rosnando como cães ferozes enquanto
rondam a cidade.
7 Ouve as coisas imundas que lhes saem da boca; suas palavras
cortam como espadas. "Afinal, quem nos ouvirá?", dizem com
desprezo.
8 Mas tu, SENHOR, ris deles; zombas das nações.
9 És minha força; em ti espero, pois tu, ó Deus, és minha for-
taleza.
10 Em seu amor, meu Deus estará comigo; permitirá que eu
triunfe sobre meus inimigos.
11 Não os mates, para que meu povo não se esqueça depressa;
dispersa-os com teu poder e derruba-os, ó Senhor, nosso escudo.
12 Pelas coisas pecaminosas que dizem, pelo mal que há em
seus lábios, que sejam apanhados em seu orgulho, em suas
maldições e mentiras.
13 Destrói-os em tua ira! Extermina-os por completo! Então o
mundo todo saberá que Deus reina em Israel.

Interlúdio

14 Eles saem à noite, rosnando como cães ferozes enquanto
rondam a cidade.
15 Andam à procura de alimento, mas vão dormir insatisfeitos.
16 Eu, porém, cantarei sobre o teu poder; cada manhã, cantarei
com alegria sobre o teu amor. Pois tu tens sido minha forta-
leza, lugar seguro em minha aflição.
17 Ó minha Força, a ti canto louvores, pois tu, ó Deus, és minha
fortaleza, o Deus que mostra amor por mim.

60

Ao regente do coral: salmo de Davi, útil para o ensino, sobre a ocasião em que Davi lutou contra Arã-Naaraim e Arã-Zobá, e Joabe regressou e matou doze mil edomitas no vale do Sal. Para ser cantado com a melodia "Lírio do testemunho".

1 Tu nos rejeitaste, ó Deus, e quebraste nossas defesas; sobre
nós derramaste tua ira; agora, restaura-nos.
2 Sacudiste nossa terra e nela abriste fendas; repara as bre-
chas, pois a terra estremece.
3 Foste muito severo conosco, teu povo, e nos fizeste beber
vinho que nos deixou atordoados.
4 Contudo, levantaste uma bandeira para os que te temem, um
ponto de abrigo em meio ao ataque.

Interlúdio

5 Agora, livra teu povo amado; responde-nos e salva-nos por
teu poder.
6 Deus, em seu santuário, prometeu: "Com alegria dividirei
Siquém e medirei o vale de Sucote.
7 Gileade é minha, e também Manassés; Efraim é meu capa-
cete, e Judá, meu cetro.
8 Moabe é minha bacia de lavar; sobre Edom limparei os pés e
darei um grito de triunfo sobre a Filístia".
9 Quem me levará à cidade fortificada? Quem me guiará até
Edom?
10 Acaso nos rejeitaste, ó Deus? Não marcharás mais com
nossos exércitos?
11 Ajuda-nos contra nossos inimigos, pois todo socorro humano
é inútil.
12 Com o auxílio de Deus, realizaremos grandes feitos, pois ele
pisará os nossos inimigos.

61

Ao regente do coral: salmo de Davi, para ser acompanhado com instrumentos de cordas.

1 Ó Deus, ouve meu clamor! Escuta minha oração!
2 Dos confins da terra clamo a ti, com meu coração sobrecar-
regado. Leva-me à rocha alta e segura, 3 pois és meu refúgio
e minha fortaleza, onde meus inimigos não me alcançarão.
4 Permite-me viver para sempre em teu santuário, seguro sob
o abrigo de tuas asas!

Interlúdio

5 Pois ouviste meus votos, ó Deus, e me deste a bênção reser-
vada para os que temem teu nome.
6 Acrescenta muitos anos à vida do rei! Que ele viva por muitas
gerações!
7 Que ele reine na presença de Deus para sempre, e que o teu
amor e a tua fidelidade o guardem.
8 Então cantarei para sempre louvores ao teu nome, enquanto
cumpro meus votos a cada dia.

62

Para Jedutum, regente do coral: salmo de Davi.

1 Em silêncio diante de Deus, minha alma espera, pois
dele vem minha vitória.
2 Somente ele é minha rocha e minha salvação, minha fortaleza
onde jamais serei abalado.
3 São tantos os inimigos contra um só homem; todos tentam
me matar. Para eles, não passo de um muro inclinado ou uma
cerca prestes a cair.
4 Planejam me derrubar de minha posição elevada; têm prazer
em contar mentiras. Diante de mim, me elogiam; em seu co-
ração, porém, me amaldiçoam.

Interlúdio

5 Que minha alma espere em silêncio diante de Deus, pois nele
está minha esperança.
6 Somente ele é minha rocha e minha salvação, minha fortaleza
onde não serei abalado.
7 Minha vitória e minha honra vêm somente de Deus; ele é meu
refúgio, uma rocha segura.
8 Ó meu povo, confie nele em todo tempo; derrame o coração
diante dele, pois Deus é nosso refúgio.

Interlúdio

9 As pessoas são vazias e enganosas, como uma rajada de
vento. Se fosse colocada numa balança, toda a humanidade
pesaria menos que um sopro.
10 Não ganhem a vida por meio da extorsão, nem ponham sua
esperança em coisas roubadas. Se suas riquezas aumentarem,
não façam delas o centro de sua vida.

11 Deus falou claramente, e eu ouvi várias vezes: O poder, ó
Deus, pertence a ti; 12 o amor, Senhor, é teu. Certamente retri-
buirás a cada um conforme suas ações.

63 ***Salmo de Davi, sobre a ocasião em que estava no
deserto de Judá.***

1 Ó Deus, tu és meu Deus; eu te busco de todo o coração. Minha
alma tem sede de ti; todo o meu corpo anseia por ti nesta terra
seca, exausta e sem água.
2 Eu te vi em teu santuário e contemplei teu poder e tua glória.
3 Teu amor é melhor que a própria vida; com meus lábios te
louvarei.
4 Sim, te louvarei enquanto viver; a ti em oração levantarei as
mãos.
5 Tu me satisfazes mais que um rico banquete; com cânticos
de alegria te louvarei.
6 Quando me deito, fico acordado pensando em ti, meditando
a teu respeito a noite toda.
7 Pois tu és meu auxílio; à sombra de tuas asas canto de alegria.
8 Minha alma se apega a ti; tua forte mão direita me sustenta.
9 Aqueles, porém, que tramam me destruir descerão às pro-
fundezas da terra.
10 Morrerão pela espada e servirão de comida para os chacais.
11 O rei, contudo, se alegrará em Deus; todos que juraram falar
a verdade o louvarão, mas os mentirosos serão calados.

64 ***Ao regente do coral: salmo de Davi.***
1 Ó Deus, ouve minha queixa; protege-me das ameaças
de meus inimigos.
2 Esconde-me das tramas dessa multidão perversa, do tumulto
dos que praticam o mal.
3 Eles afiam a língua como espada e apontam palavras amargas
como flechas.
4 De emboscadas, atiram nos inocentes; atacam de repente,
sem medo algum.
5 Animam uns aos outros a fazer o mal e planejam como pre-
parar armadilhas em segredo. "Quem nos verá?", perguntam.
6 Enquanto tramam seus crimes, dizem: "Criamos o plano per-
feito!". Sim, o coração e a mente do ser humano são astutos.
7 Deus, porém, os atingirá com suas flechas e repentinamente
os derrubará.
8 A própria língua os levará à ruína, e todos que os virem balan-
çarão a cabeça em desprezo.
9 Quando isso acontecer, todos temerão; proclamarão as obras
de Deus e entenderão o que ele faz.
10 Os justos se alegrarão no Senhor e nele encontrarão refúgio,
e os que têm coração íntegro o louvarão.

65 ***Ao regente do coral: cântico; salmo de Davi.***
1 Que grande louvor, ó Deus, te aguarda em Sião! Cum-
priremos os votos que te fizemos, 2 pois respondes às nossas
orações; todos virão a ti.
3 Embora sejam muitos os nossos pecados, tu perdoas nossa
rebeldia.
4 Como é feliz aquele que tu escolhes para se aproximar de
ti, aquele que vive em teus pátios. Quantas coisas boas nos
saciarão em tua casa, em teu santo templo.
5 Tu respondes às nossas orações com notáveis feitos de jus-
tiça, ó Deus de nossa salvação. És a esperança de todos na
terra, e até dos que navegam por mares distantes.
6 Formaste os montes com teu poder e de grande força te ar-
maste.
7 Acalmaste a fúria dos mares e as ondas impetuosas, e calaste
o tumulto das nações.
8 Os habitantes dos confins da terra se admiram com tuas ma-
ravilhas. Desde onde o sol nasce até onde se põe, despertas
gritos de alegria.
9 Cuidas da terra e a regas, tornando-a rica e fértil. O rio de
Deus tem muita água; proporciona fartura de cereais, porque
assim ordenaste.
10 Encharcas o solo arado, dissolves os torrões e nivelas os
sulcos. Amoleces a terra com chuvas e abençoas suas plan-
tações.
11 Coroas o ano com boas colheitas; tuas pegadas deixam um
rastro de fartura.
12 Os pastos no deserto ficam verdes, e as encostas dos montes
florescem de alegria.
13 Os campos estão cobertos de rebanhos, e os vales, forrados
de cereais; toda a terra grita e canta de alegria!

66 ***Ao regente do coral: cântico; salmo.***
1 Aclamem a Deus, todos os habitantes da terra!
2 Cantem a glória de seu nome, anunciem ao mundo quão glo-
rioso ele é.
3 Digam a Deus: "Como são notáveis os teus feitos! Teus ini-
migos rastejam diante do teu grande poder.
4 Tudo que há na terra te adorará; cantará louvores a ti e anun-
ciará teu nome em cânticos".

Interlúdio

5 Venham e vejam as obras de Deus! Que feitos notáveis ele
realiza em favor das pessoas!
6 Abriu um caminho seco pelo meio do mar, e seu povo atra-
vessou a pé; ali nos alegramos nele.
7 Com seu grande poder, ele governa para sempre e vigia cada
movimento das nações; que nenhum rebelde se levante contra
ele.

Interlúdio

8 Que o mundo inteiro celebre nosso Deus e cante louvores a
ele em alta voz!
9 Nossa vida está em suas mãos; ele não permite que nossos
pés tropecem.
10 Tu nos puseste à prova, ó Deus, e nos purificaste como prata.
11 Tu nos prendeste em tua armadilha e colocaste sobre nossas
costas o fardo da opressão.

12 Permitiste que inimigos nos pisoteassem; passamos pelo
fogo e pela água, mas tu nos trouxeste a um lugar de grande
fartura.
13 Agora venho ao teu templo com holocaustos para cumprir
os votos que fiz a ti, 14 sim, os votos sagrados que fiz quando
estava em grande aflição.
15 Por isso te apresentarei holocaustos: meus melhores car-
neiros, como aroma agradável, e um sacrifício de novilhos e
cabritos.
Interlúdio
16 Venham e ouçam, todos vocês que temem a Deus, e eu lhes
contarei o que ele fez por mim.
17 Pois a ele clamei por socorro e o louvei enquanto falava.
18 Se eu não tivesse confessado o pecado em meu coração, o
Senhor não teria ouvido.
19 Mas Deus ouviu! Ele atendeu à minha oração.
20 Louvado seja Deus, que não rejeitou minha oração, nem
afastou de mim o seu amor.

67 ***Ao regente do coral: cântico; salmo para ser acom-
panhado com instrumentos de cordas.***
1 Que Deus seja misericordioso e nos abençoe. Que a luz de seu
rosto brilhe sobre nós.
Interlúdio
2 Que teus caminhos sejam conhecidos em toda a terra, e tua
salvação, entre as nações de toda parte.
3 Que os povos te louvem, ó Deus, sim, que todos os povos
te louvem.
4 Que o mundo inteiro cante de alegria, pois governas os povos
com justiça e guias as nações de toda a terra.
Interlúdio
5 Que os povos te louvem, ó Deus, sim, que todos os povos
te louvem.
6 Então a terra dará suas colheitas, e Deus, o nosso Deus, nos
abençoará ricamente.
7 Sim, Deus nos abençoará, e todos os habitantes da terra o
temerão.

68 ***Ao regente do coral: cântico; salmo de Davi.***
Levanta-te, ó Deus, e dispersa teus inimigos; fujam de
ti todos que te odeiam.
2 Sopra-os para longe como fumaça e derrete-os como cera no
fogo. Que os perversos sejam destruídos na presença de Deus.
3 Que os justos, porém, se alegrem; exultem na presença de
Deus e sejam cheios de alegria.
4 Cantem louvores a Deus e a seu nome, exaltem aquele que
cavalga sobre as nuvens. Seu nome é SENHOR; alegrem-se em
sua presença!
5 Pai dos órfãos, defensor das viúvas, esse é Deus, cuja habi-
tação é santa.
6 Deus dá uma família aos que vivem sós; liberta os presos e
os faz prosperar. Os rebeldes, porém, ele faz morar em terra
árida.
7 Ó Deus, quando conduziste teu povo, quando marchaste
através do deserto,
Interlúdio
8 a terra tremeu, e o céu derramou chuva, diante de ti, o Deus
do Sinai, diante de ti, o Deus de Israel.
9 Enviaste muitas chuvas, ó Deus, para refrescar a terra
exausta.
10 Ali teu povo se estabeleceu, e com farta colheita, ó Deus,
proveste aos necessitados.
11 O Senhor dá a ordem, e um grande exército traz boas no-
tícias.
12 Reis inimigos e seus exércitos fogem, enquanto as mulheres
repartem em casa os despojos.
13 Mesmo os que viviam entre os currais de ovelhas encon-
traram pombas com asas de prata e penas de ouro.
14 O Todo-poderoso dispersou os reis, como uma tempestade
de neve sobre o monte Zalmom.
15 Os montes de Basã são majestosos, com cumes altos que
chegam até o céu.
16 Ó montes elevados, por que olham com inveja para o monte
Sião, onde Deus escolheu habitar, onde o SENHOR habitará para
sempre?
17 Cercado de milhares e milhares de carruagens, o Senhor veio
do monte Sinai para seu santuário.
18 Quando subiste às alturas, levaste muitos prisioneiros; re-
cebeste dádivas do povo, até mesmo dos que se rebelaram
contra ti. Agora o SENHOR Deus viverá ali, em nosso meio.
19 Louvado seja o Senhor; louvado seja Deus, nosso salvador! A
cada dia ele nos carrega em seus braços.
Interlúdio
20 O nosso Deus é Deus que salva! O SENHOR Soberano nos livra
da morte.
21 Deus esmagará a cabeça de seus inimigos, esmagará o
crânio dos que insistem em pecar.
22 O Senhor diz: "De Basã farei descer meus inimigos; das pro-
fundezas do mar os farei subir.
23 Você, meu povo, lavará os pés no sangue deles, e até seus
cães terão sua porção!".
24 Já se vê teu cortejo, ó Deus, o cortejo de meu Deus e Rei,
entrando no santuário.
25 À frente vão os cantores, atrás vêm os músicos, no meio vêm
as moças tocando tamborins.
26 Louvem a Deus, todos vocês, louvem o SENHOR, a fonte de
vida de Israel.
27 Vejam, à frente vai a pequena tribo de Benjamim; logo atrás
vem a grande multidão de governantes de Judá e todos os
governantes de Zebulom e Naftali.
28 Manifesta tua força, ó Deus, mostra teu poder divino por nós,
como fizeste no passado.
29 Os reis levam tributos ao teu templo, em Jerusalém.
30 Repreende-os, esses animais selvagens à espreita entre os
juncos, essa manada de touros no meio de bezerros fracos.

Faze-os trazer barras de prata como humilde tributo, dispersa
as nações que têm prazer em guerrear.
31Que o Egito venha com dádivas de metais preciosos, que a
Etiópia traga tributos a Deus.
32Cantem a Deus, reinos da terra, cantem louvores ao Senhor!
Interlúdio
33Cantem àquele que cavalga pelos céus antigos, cuja voz po-
derosa troveja dos céus.
34Anunciem a todos o poder de Deus; sua majestade está sobre
Israel, sua força é poderosa nos céus.
35Deus é temível em seu santuário; o Deus de Israel dá poder
e força a seu povo. Louvado seja Deus!

69 *Ao regente do coral: salmo de Davi, para ser cantado com a melodia "Lírios".*

1Salva-me, ó Deus, pois as águas subiram até meu pescoço.
2Afundo cada vez mais na lama e não tenho onde apoiar os
pés. Entrei em águas profundas, e as correntezas me cobrem.
3Estou exausto de tanto clamar; minha garganta está seca.
Meus olhos estão inchados de tanto chorar, à espera de meu
Deus.
4Os que me odeiam sem razão são mais numerosos que os
cabelos de minha cabeça. Muitos inimigos tentam me destruir
com mentiras; exigem que eu devolva o que não roubei.
5Ó Deus, tu sabes como sou tolo; é impossível esconder de ti
meus pecados.
6Não permitas que por minha causa sejam envergonhados
os que em ti confiam, ó Soberano SENHOR dos Exércitos. Não
deixes que por minha causa sejam humilhados, ó Deus de Is-
rael.
7Pois, por tua causa, suporto insultos; meu rosto está coberto
de vergonha.
8Até meus irmãos fingem não me conhecer; tratam-me como
um desconhecido.
9O zelo por tua casa me consome; os insultos dos que te in-
sultam caíram sobre mim.
10Quando choro e jejuo, eles zombam de mim.
11Quando visto pano de saco, eles riem de mim.
12Sou o assunto principal de suas conversas, e os bêbados
cantam a meu respeito.
13Eu, porém, continuo orando a ti, SENHOR, na esperança de
que, desta vez, mostrarás teu favor. Responde-me, ó Deus,
por teu grande amor; salva-me por tua fidelidade.
14Livra-me do atoleiro, não permitas que eu afunde ainda mais.
Salva-me dos que me odeiam, tira-me destas águas profundas.
15Não deixes que as correntezas me cubram, nem que as águas
profundas me engulam, nem que a cova da morte me devore.
16Responde às minhas orações, ó SENHOR, pois o teu amor é
bom. Cuida de mim, pois a tua misericórdia é imensa.
17Não te escondas de teu servo; responde-me sem demora,
pois estou aflito.
18Vem e resgata-me; livra-me de meus inimigos!
19Tu sabes que sofro zombaria, vergonha e humilhação; vês
tudo que meus inimigos fazem.
20Os insultos deles me partiram o coração; estou desespe-
rado! Se ao menos alguém tivesse piedade de mim; quem dera
viessem me consolar.
21Em vez disso, põem veneno em minha comida; oferecem
vinagre para matar minha sede.
22Que a mesa farta diante deles se transforme em laço, e que
sua prosperidade se torne armadilha.
23Que seus olhos se escureçam para que não vejam, e que seu
corpo trema sem parar.
24Derrama tua fúria sobre eles, consome-os com o ardor de
tua ira.
25Que as casas deles fiquem desoladas, e que não reste nin-
guém em suas tendas.
26Pois insultam aquele a quem castigaste, acrescentam dor
a quem feriste.
27Amontoa uns sobre os outros os pecados deles; não permitas
que sejam absolvidos.
28Apaga o nome deles do Livro da Vida; não deixes que sejam
incluídos entre os justos.
29Estou aflito e sofro; socorre-me, ó Deus, com tua salvação!
30Então louvarei o nome de Deus com cânticos e o exaltarei
com ações de graças.
31Pois isso agrada o SENHOR mais que sacrifícios de bois, mais
que ofertas de touros com chifres e cascos.
32Os humildes verão Deus agir e se alegrarão; animem-se
todos que buscam socorro em Deus.
33Pois o SENHOR ouve o clamor dos pobres; não despreza seu
povo aprisionado.
34Louvem-no, céus e terra, os mares e tudo que neles se move.
35Pois Deus salvará Sião e reconstruirá as cidades de Judá. Seu
povo viverá ali e em sua própria terra se estabelecerá.
36Os descendentes dos que o servem herdarão a terra, e os que
o amam ali viverão, em segurança.

70 *Ao regente do coral: salmo de Davi pedindo a Deus que se lembre dele.*

1Por favor, Deus, livra-me! Vem depressa, SENHOR, e ajuda-me!
2Sejam envergonhados e humilhados os que procuram me
matar. Voltem atrás em desonra os que se alegram com a
minha desgraça.
3Recuem horrorizados com a própria vergonha, pois disseram:
"Ah! Agora o pegamos!".
4Alegrem-se e exultem, porém, todos que te buscam. Todos
que amam tua salvação, digam sempre: "Deus é grande!".
5Quanto a mim, pobre e aflito, vem depressa me socorrer,
ó Deus. Tu és meu auxílio e minha salvação; ó SENHOR, não
te demores!

71 Em ti, SENHOR, me refugio; não permitas que eu seja en-
vergonhado.

²Salva-me e resgata-me, pois tu és justo. Inclina teu ouvido
para me escutar e livra-me.
³Sê minha rocha de refúgio, onde sempre posso me esconder.
Dá ordem para que eu seja liberto, pois és minha rocha e
minha fortaleza.
⁴Livra-me, meu Deus, do poder dos perversos, das garras dos
opressores cruéis.
⁵Só tu, Senhor, és minha esperança; confio em ti, SENHOR,
desde a infância.
⁶Sim, de ti dependo desde meu nascimento; cuidas de mim
desde o ventre de minha mãe. Sempre te louvarei!
⁷Minha vida é exemplo para muitos, pois tens sido minha força
e meu refúgio.
⁸Por isso, não deixo de te louvar; o dia todo declaro tua glória.
⁹Não me rejeites agora, em minha velhice; não me abandones
quando me faltam as forças.
¹⁰Pois meus inimigos falam contra mim; juntos, planejam me
matar.
¹¹Dizem: "Deus o abandonou! Vamos persegui-lo e prendê-lo,
pois agora ninguém o livrará".
¹²Ó Deus, não permaneças distante; vem depressa me so-
correr, meu Deus.
¹³Traz vergonha e destruição sobre meus acusadores, cobre de
vergonha e humilhação os que desejam me prejudicar.
¹⁴Eu, porém, continuarei a esperar em ti e te louvarei cada
vez mais.
¹⁵Falarei a todos de tua justiça; o dia todo, anunciarei tua sal-
vação, embora não seja habilidoso com as palavras.
¹⁶Louvarei teus feitos poderosos, SENHOR Soberano; contarei a
todos que somente tu és justo.
¹⁷Ó Deus, desde a infância me tens ensinado, e até hoje
anuncio tuas maravilhas.
¹⁸Não me abandones, ó Deus, agora que estou velho, de ca-
belos brancos. Deixe-me proclamar tua força a esta nova ge-
ração, teu poder a todos que vierem depois de mim.
¹⁹Tua justiça, ó Deus, chega até os mais altos céus; tens feito
coisas grandiosas. Quem se compara a ti, ó Deus?
²⁰Permitiste que eu passasse por muito sofrimento, mas ainda
restaurarás minha vida e me farás subir das profundezas da
terra.
²¹Tu me darás ainda mais honra e voltarás a me confortar.
²²Então te louvarei com instrumento de cordas, pois és fiel
às tuas promessas, ó meu Deus. Cantarei louvores a ti com a
harpa, ó Santo de Israel.
²³Darei gritos de alegria e cantarei louvores a ti, pois tu me
resgataste.
²⁴Anunciarei, o dia todo, teus feitos de justiça, pois foram en-
vergonhados e humilhados todos que tentaram me prejudicar.

72 *Salmo de Salomão.*
Dá ao rei tua justiça, ó Deus, e concede retidão ao filho
do rei.
²Ajuda-o a julgar teu povo corretamente; que os pobres sejam
tratados com imparcialidade.
³Que os montes produzam prosperidade para todos, e que as
colinas deem muitos frutos.
⁴Ajuda-o a defender os pobres dentre o povo, a salvar os filhos
dos necessitados e a esmagar seus opressores.
⁵Que eles te temam enquanto o sol brilhar, enquanto a lua
permanecer no céu; sim, para sempre!
⁶Que o governo do rei seja como a chuva sobre a grama recém-
-cortada, como os aguaceiros que regam a terra.
⁷Que todos os justos floresçam durante seu reinado, que haja
grande paz até que a lua deixe de existir.
⁸Que ele reine de mar a mar, e do rio Eufrates até os confins
da terra.
⁹Nômades do deserto se curvarão diante dele, seus inimigos
lamberão o pó a seus pés.
¹⁰Os reis de Társis e de outras terras distantes lhe pagarão
tributos. Os reis de Sabá e de Sebá lhe darão presentes.
¹¹Todos os reis se curvarão diante dele, e todas as nações o
servirão.
¹²Ele livrará o pobre que clamar por socorro e ajudará o opri-
mido indefeso.
¹³Ele tem compaixão do fraco e do necessitado e os salvará.
¹⁴Ele os resgatará da opressão e da violência, pois considera
preciosa a vida deles.
¹⁵Viva o rei! Que ele receba o ouro de Sabá. Que o povo sempre
ore por ele e o abençoe o dia todo.
¹⁶Que haja fartura de cereais em toda a terra, crescendo até o
alto dos montes. Que as árvores frutíferas sejam como as do
Líbano, e que o povo prospere como grama no campo.
¹⁷Que o nome do rei permaneça para sempre, que dure en-
quanto o sol brilhar. Que todas as nações sejam abençoadas
por meio dele e o louvem.
¹⁸Louvado seja o SENHOR Deus, o Deus de Israel, o único que
realiza tais maravilhas!
¹⁹Louvado seja seu nome glorioso para sempre! Que sua glória
encha toda a terra. Amém e amém!
²⁰Terminam aqui as orações de Davi, filho de Jessé.

LIVRO 3 (SALMOS 73—89)

73 *Salmo de Asafe.*
Certamente Deus é bom para Israel, para os que têm
coração puro.
²Quanto a mim, quase tropecei; meus pés escorregaram e
quase caí.
³Pois tive inveja dos orgulhosos quando os vi prosperar apesar
de sua perversidade.
⁴Levam uma vida sem sofrimento e têm o corpo saudável e
forte.
⁵Não enfrentam dificuldades, nem estão cheios de problemas,
como os demais.

6Ostentam o orgulho como um colar de pedras preciosas e vestem-se de crueldade.

7Seus olhos cobiçam sempre mais, e o coração vive cheio de más intenções.

8Zombam e falam somente maldades; em seu orgulho, ameaçam usar de violência.

9Falam como se fossem donos dos céus, e suas palavras arrogantes percorrem a terra.

10Por isso, o povo se volta para eles e bebe todas as suas palavras.

11"O que Deus sabe?", perguntam. "Acaso o Altíssimo tem conhecimento disso?"

12Vejam como os perversos desfrutam uma vida tranquila, enquanto suas riquezas se multiplicam.

13Foi à toa que mantive o coração puro? Foi em vão que agi de modo íntegro?

14O dia todo só enfrento problemas; cada manhã sou castigado.

15Se eu tivesse falado como eles, teria traído teu povo.

16Tentei compreender por que prosperam; que tarefa difícil!

17Então, entrei em teu santuário, ó Deus, e por fim entendi o destino deles.

18Tu os puseste num caminho escorregadio e os fizeste cair do precipício para a destruição.

19São destruídos de repente, completamente tomados de pavor.

20Quando te levantares, ó Senhor, rirás das ideias tolas deles, como quem ri de um sonho pela manhã.

21Percebi, então, que meu coração se amargurou e que eu estava despedaçado por dentro.

22Fui tolo e ignorante; a teus olhos devo ter parecido um animal irracional.

23E, no entanto, ainda pertenço a ti; tu seguras minha mão direita.

24Tu me guias com teu conselho e me conduzes a um destino glorioso.

25Quem mais eu tenho no céu senão a ti? Eu te desejo mais que a qualquer coisa na terra.

26Minha saúde pode acabar e meu espírito fraquejar, mas Deus continua sendo a força de meu coração; ele é minha possessão para sempre.

27Os que te abandonam perecerão, pois destróis os que de ti se afastam.

28Quanto a mim, como é bom estar perto de Deus! Fiz do SENHOR Soberano meu refúgio e anunciarei a todos tuas maravilhas.

74 *Salmo de Asafe.*

Ó Deus, por que nos rejeitaste por tanto tempo? Por que é tão intensa tua ira contra as ovelhas de teu pasto?

2Lembra-te de que somos o povo que adquiriste muito tempo atrás, a tribo que resgataste como tua propriedade; lembra-te ainda do monte Sião, a tua habitação.

3Caminha pelas ruínas assustadoras da cidade; vê como o inimigo destruiu teu santuário.

4Ali teus inimigos deram gritos de vitória; ali, hastearam suas bandeiras de guerra.

5Usaram seus machados como lenhadores no bosque.

6Com machados e picaretas, despedaçaram os painéis entalhados.

7Incendiaram todo o teu santuário, profanaram o lugar de habitação do teu nome.

8Pensaram: "Vamos destruir tudo!", e queimaram todos os lugares de adoração a Deus.

9Já não vemos teus sinais; não há mais profetas, e ninguém sabe quando isso acabará.

10Até quando, ó Deus, permitirás que nossos inimigos te insultem? Acaso deixarás que blasfemem teu nome para sempre?

11Por que reténs tua forte mão direita? Estende-a com poder e destrói-os!

12Tu, ó Deus, és meu rei desde a antiguidade e trazes salvação à terra.

13Com tua força, dividiste o mar e despedaçaste as cabeças dos monstros marinhos.

14Esmagaste as cabeças do Leviatã e o deste como alimento aos animais do deserto.

15Fizestes jorrar fontes e riachos e secaste rios de águas torrenciais.

16Tanto o dia como a noite pertencem a ti; criaste a luz das estrelas e o sol.

17Determinaste os limites da terra e fizeste o verão e o inverno.

18Vê como os inimigos te insultam, SENHOR; uma nação insensata blasfemou teu nome.

19Não permitas que esses animais selvagens destruam tua pomba; não te esqueças para sempre de teu povo aflito.

20Lembra-te das promessas da aliança, pois a terra está cheia de escuridão e violência.

21Não permitas que os oprimidos voltem a ser humilhados; em vez disso, que os pobres e os necessitados louvem teu nome.

22Levanta-te, ó Deus, e defende tua causa; lembra-te de como esses tolos te insultam o dia todo.

23Não ignores o que teus inimigos disseram, nem o tumulto que cresce sem parar.

75 ***Ao regente do coral: salmo de Asafe. Para ser cantado com a melodia "Não destruas!".***

1Graças te damos, ó Deus! Graças te damos porque estás próximo; em toda parte se fala de tuas maravilhas.

2Tu disseste: "No tempo que determinei, julgarei com justiça.

3Quando a terra e seus moradores estremecem, sou eu que mantenho firmes seus alicerces.

Interlúdio

4"Adverti aos orgulhosos: 'Parem de contar vantagem!'. Disse aos perversos: 'Não levantem os punhos!

5Não levantem os punhos aos céus em rebeldia, nem falem
com tamanha arrogância'".
6Pois ninguém na terra, de leste a oeste, nem mesmo no deserto, deve exaltar a si mesmo.
7Somente Deus é quem julga; ele decide quem se levantará
e quem cairá.
8Pois o SENHOR tem na mão um cálice cujo vinho espuma misturado com especiarias. Ele derrama o vinho, e todos os perversos o bebem até a última gota.
9Quanto a mim, sempre anunciarei o que Deus tem feito; cantarei louvores ao Deus de Jacó.
10Pois Deus disse: "Acabarei com a força dos perversos, mas
farei crescer o poder dos justos".

76 *Ao regente do coral: salmo de Asafe, para ser acompanhado com instrumentos de cordas.*

1Deus é honrado em Judá, grande é seu nome em Israel.
2Jerusalém é onde ele habita, o monte Sião é seu lar.
3Quebrou ali as flechas flamejantes do inimigo, os escudos, as
espadas e as armas de guerra.

Interlúdio

4Tu és glorioso e mais majestoso que os montes eternos.
5Os inimigos mais valentes foram saqueados e jazem no sono
da morte; nenhum guerreiro foi capaz de levantar as mãos.
6Quando os repreendeste, ó Deus de Jacó, cavalos e cavaleiros
ficaram imóveis.
7Não é de admirar que sejas tão temido! Quem pode permanecer diante de ti quando irrompe a tua ira?
8Dos céus pronunciaste tua sentença; a terra estremeceu e
se calou.
9Tu te levantaste para julgar, ó Deus, para salvar os oprimidos
da terra.

Interlúdio

10A rebeldia humana resultará em tua glória, pois tu a usas
como arma.
11Façam votos ao SENHOR, seu Deus, e cumpram-nos; todos
paguem tributos àquele que deve ser temido.
12Pois ele acaba com o orgulho dos príncipes, e os reis da terra
o temem.

77 *Para Jedutum, regente do coral: salmo de Asafe.*

Clamo a Deus; sim, grito bem alto. Quem dera Deus me
ouvisse!
2Quando eu estava angustiado, busquei o Senhor. Orei a noite
toda, de mãos estendidas para o céu, mas minha alma recusou
ser consolada.
3Lembro-me de Deus e começo a gemer; desfaleço, ansioso
por sua ajuda.

Interlúdio

4Tu não me deixas dormir; estou tão desesperado que nem
consigo falar!
5Penso nos dias que passaram, nos anos que há muito se
foram.
6À noite, relembro canções alegres; consulto minha alma e
procuro compreender minha situação.
7Acaso o Senhor me rejeitou em definitivo? Jamais voltará a
ser bondoso comigo?
8Seu amor se foi para nunca mais voltar? Deixou de cumprir
suas promessas para sempre?
9Deus se esqueceu de ser bondoso? Em sua ira, fechou a porta
para a compaixão?

Interlúdio

10Pensei: "É por esta razão que sofro; o Altíssimo voltou sua
mão direita contra mim".
11Depois, porém, lembro-me de tudo que fizeste, SENHOR; recordo-me de tuas maravilhas do passado.
12Estão sempre em meus pensamentos; não deixo de refletir
sobre teus poderosos feitos.
13Teus caminhos, ó Deus, são santos; que deus é poderoso
como o nosso Deus?
14És o Deus que realiza maravilhas; mostras o teu poder entre
as nações!
15Com teu braço forte resgataste teu povo, os descendentes
de Jacó e José.

Interlúdio

16As águas te viram, ó Deus, as águas te viram e estremeceram;
até as profundezas do mar se agitaram.
17As nuvens derramaram chuva, os trovões ressoaram nas alturas, os teus relâmpagos riscaram os céus.
18No redemoinho ouviu-se o estrondo de teu trovão; os relâmpagos iluminaram o mundo, e a terra tremeu e se abalou.
19Teu caminho passou pelo mar, teu trajeto, pelas águas poderosas, e ninguém percebeu teus passos.
20Conduziste teu povo como um rebanho de ovelhas, pelas
mãos de Moisés e Arão.

78 *Salmo de Asafe.*

Ó meu povo, ouça minhas instruções! Abra os ouvidos
para o que direi, 2pois lhe falarei por meio de parábola. Ensinarei enigmas de nosso passado, 3histórias que ouvimos e
conhecemos, que nossos antepassados nos transmitiram.
4Não esconderemos essas verdades de nossos filhos; contaremos à geração seguinte os feitos gloriosos do SENHOR, seu
poder e suas maravilhas.
5Pois ele estabeleceu seus preceitos a Jacó, deu sua lei a
Israel. Ordenou a nossos antepassados que a ensinassem a
seus filhos, 6para que a geração seguinte, os filhos ainda por
nascer, a conhecesse, e eles, por sua vez, a ensinarão a seus
filhos.
7Portanto, cada geração deve pôr sua esperança em Deus,
não esquecer seus poderosos feitos e obedecer a seus mandamentos.
8Assim, não serão como seus antepassados, teimosos, rebeldes e infiéis, que se recusaram a confiar em Deus de todo
o coração.

9 Os guerreiros de Efraim, embora armados de arcos, deram
meia-volta e fugiram no dia da batalha.
10 Não cumpriram a aliança de Deus, não quiseram viver de
acordo com sua lei.
11 Esqueceram o que ele havia feito, as maravilhas que lhes
tinha mostrado, 12 os milagres que realizara para seus ante-
passados na planície de Zoã, na terra do Egito.
13 Pois ele dividiu o mar e os conduziu na travessia; fez as águas
se erguerem como muralhas.
14 Durante o dia, os guiava com uma nuvem, durante a noite,
com a luz do fogo.
15 No deserto, partiu as rochas para lhes dar água, como a que
jorra de um manancial.
16 Da pedra, fez brotar riachos e correr água como um rio.
17 Ainda assim, continuaram a pecar contra ele e se rebelaram
contra o Altíssimo no deserto.
18 Puseram Deus à prova em seu coração e exigiram a comida
que tanto queriam.
19 Chegaram a falar contra o próprio Deus, dizendo: "Deus não
é capaz de nos dar comida no deserto.
20 Sim, ele pode bater numa rocha e dela fazer brotar água,
mas não é capaz de dar pão e carne a seu povo".
21 Quando o Senhor os ouviu, se enfureceu; o fogo de sua ira
ardeu contra Jacó. Sim, sua ira se levantou contra Israel, 22 pois
não creram em Deus nem confiaram em seu cuidado.
23 Apesar disso, ele deu ordem às nuvens; abriu as portas dos
céus.
24 Fez chover maná para alimentá-los; deu-lhes pão dos céus.
25 Eles comeram o pão dos anjos; receberam comida à vontade.
26 Ele enviou dos céus o vento do leste e, por seu poder, guiou
o vento do sul.
27 Fez chover carne como se fosse pó, muitas e muitas aves,
como a areia da praia.
28 Fez as aves caírem dentro do acampamento, ao redor de
suas tendas.
29 O povo comeu à vontade; ele atendeu ao desejo deles.
30 Mas, antes que estivessem satisfeitos, enquanto ainda
tinham comida na boca, 31 a ira de Deus se levantou contra
eles. Ele matou seus homens mais fortes; feriu mortalmente
os jovens de Israel.
32 Ainda assim, continuaram a pecar; não confiaram em Deus,
apesar de suas maravilhas.
33 Por isso, reduziu a vida deles a um sopro e fez seus dias
terminarem em terror.
34 Quando Deus começou a matá-los, finalmente o buscaram;
arrependeram-se e levaram Deus a sério.
35 Então lembraram que Deus era sua rocha, que o Deus Altís-
simo era seu redentor.
36 Contudo, foi só da boca para fora; mentiram para ele com
os lábios.
37 Pois o coração não era leal a Deus; não foram fiéis à sua
aliança.
38 E, no entanto, ele foi misericordioso; perdoou seus pecados
e não os destruiu. Muitas vezes conteve sua ira e não se en-
fureceu contra eles.
39 Pois se lembrou de que eram simples mortais; passam como
o vento, que não volta mais.
40 Quantas vezes se rebelaram contra ele no deserto e o entris-
teceram naquela terra desolada!
41 Repetidamente, puseram Deus à prova e provocaram o Santo
de Israel.
42 Não se recordaram do seu poder, nem do dia em que ele os
resgatou de seus inimigos.
43 Não se lembraram dos sinais que ele fizera no Egito, das
maravilhas realizadas na planície de Zoã.
44 Ele transformou os rios em sangue, para que ninguém be-
besse de suas águas.
45 Enviou enxames de moscas para devorá-los e rãs para des-
truí-los.
46 Entregou suas plantações às lagartas e suas colheitas, aos
gafanhotos.
47 Destruiu as videiras com granizo e as figueiras, com geadas.
48 Entregou seu gado à chuva de pedras e seus rebanhos, aos
raios.
49 Lançou sobre eles sua ira ardente, sua fúria, indignação e
hostilidade. Enviou contra eles muitos anjos destruidores.
50 Voltou sua ira contra eles; não lhes poupou a vida, mas os
devastou com a peste.
51 Matou todos os filhos mais velhos do Egito, a flor da juven-
tude na terra de Cam.
52 Mas conduziu seu povo como um rebanho de ovelhas e os
guiou em segurança pelo deserto.
53 Manteve-os a salvo, e não tiveram medo; o mar cobriu seus
inimigos.
54 Levou o povo até a fronteira de sua terra santa, à região
montanhosa que para eles conquistou.
55 Diante deles expulsou as nações e repartiu entre eles sua
herança; estabeleceu as tribos de Israel em seus lugares.
56 Ainda assim, continuaram a pôr à prova o Deus Altíssimo e
a se rebelar contra ele; não obedeceram a seus preceitos.
57 Voltaram atrás e foram infiéis, como seus antepassados;
mostraram-se indignos de confiança, como um arco defei-
tuoso.
58 Provocaram a ira de Deus ao construir altares para outros
deuses; com seus ídolos, despertaram nele ciúmes.
59 Quando Deus os ouviu, se enfureceu e rejeitou por completo
Israel.
60 Abandonou sua habitação em Siló, o tabernáculo onde vivia
no meio do povo.
61 Deixou que a arca de seu poder fosse capturada, entregou
sua glória nas mãos de inimigos.
62 Permitiu que seu povo fosse morto à espada, pois se enfu-
receu com eles, sua propriedade.
63 Os jovens foram consumidos pelo fogo, e as moças não pu-
deram entoar canções de núpcias.

64 Os sacerdotes foram mortos à espada, e as viúvas não puderam lamentar as mortes.
65 Então o Senhor se levantou, como de um sono, como o guerreiro que desperta da embriaguez.
66 Fez os inimigos recuarem e os entregou à vergonha para sempre.
67 Rejeitou, porém, os descendentes de José; não escolheu a tribo de Efraim.
68 Antes, escolheu a tribo de Judá, o monte Sião, que ele amou.
69 Ali construiu seu santuário, alto como os céus, firme e duradouro como a terra.
70 Escolheu Davi, seu servo, e dos currais o chamou.
71 Tirou-o do pastoreio de ovelhas e cordeiros e tornou-o pastor dos descendentes de Jacó, o povo que a Deus pertence, Israel.
72 Com coração sincero, Davi cuidou deles e os conduziu com sensatez.

79 ***Salmo de Asafe.***
Ó Deus, as nações invadiram a terra que te pertence; profanaram teu santo templo e transformaram Jerusalém num monte de ruínas.
2 Deixaram os corpos de teus servos para servirem de alimento às aves do céu. A carne de teus fiéis se tornou comida para os animais selvagens.
3 O sangue correu como água ao redor de Jerusalém, e não resta ninguém para sepultar os mortos.
4 Nossos vizinhos zombam de nós; somos objeto de riso e desprezo para os que nos rodeiam.
5 Até quando, SENHOR, ficarás irado conosco? Será para sempre? Até quando teu zelo arderá como fogo?
6 Derrama tua fúria sobre as nações que não te reconhecem, sobre os reinos que não invocam teu nome.
7 Pois devoraram teu povo, Israel, e transformaram suas casas em ruínas.
8 Não nos culpes pelos pecados de nossos antepassados! Que a tua compaixão venha depressa nos socorrer, pois é grande o nosso desespero!
9 Ajuda-nos, ó Deus de nossa salvação, pela glória do teu nome. Livra-nos e perdoa nossos pecados, pela honra do teu nome.
10 Por que permitir que as nações digam: "Onde está o seu Deus?" Mostra-nos tua vingança contra as nações, pois elas derramaram o sangue de teus servos.
11 Ouve os gemidos dos prisioneiros; por teu grande poder, salva os condenados à morte.
12 Ó Senhor, retribui sete vezes mais a nossos vizinhos pelos insultos que lançaram contra ti.
13 Então nós, teu povo, ovelhas do teu pasto, para sempre te daremos graças e louvaremos tua grandeza por todas as gerações.

80 ***Ao regente do coral: salmo de Asafe, para ser cantado com a melodia "Lírios da aliança".***
1 Ouve, ó Pastor de Israel, que conduz os descendentes de José como um rebanho. Tu que estás entronizado acima dos querubins, manifesta teu esplendor
2 a Efraim, a Benjamim e a Manassés. Mostra-nos teu poder e vem salvar-nos!
3 Restaura-nos, ó Deus! Que a luz do teu rosto brilhe sobre nós; só então seremos salvos.
4 Ó SENHOR, Deus dos Exércitos, até quando ficarás irado com as orações do teu povo?
5 Tu nos deste tristeza como alimento e nos fizeste beber copos cheios de lágrimas.
6 Tu nos tornaste motivo de desprezo das nações vizinhas; agora nossos inimigos zombam de nós.
7 Restaura-nos, ó Deus dos Exércitos! Que a luz do teu rosto brilhe sobre nós; só então seremos salvos.
8 Tu nos trouxeste do Egito, como uma videira; expulsaste as nações e nos plantaste no solo.
9 Limpaste o terreno para nós; fincamos raízes e enchemos a terra.
10 Nossa sombra se estendeu por cima dos montes, nossos ramos cobriram os altos cedros.
11 Estendemos nossos ramos até o Mediterrâneo, nossos brotos se espalharam até o Eufrates.
12 Mas, agora, por que derrubaste nossos muros? Todos que passam roubam nossos frutos.
13 Os javalis da floresta devoram a videira, animais selvagens se alimentam dela.
14 Ó Deus dos Exércitos, suplicamos que voltes! Olha dos céus
e vê a nossa aflição. Cuida desta videira
15 que tu mesmo plantaste, o filho que criaste para ti.
16 Somos cortados e queimados por nossos inimigos; que eles pereçam ao ver a repreensão em tua face!
17 Fortalece aquele a quem amas, o filho que criaste para ti.
18 Então jamais te abandonaremos; reanima-nos, para que invoquemos o teu nome.
19 Restaura-nos, ó SENHOR, o Deus dos Exércitos! Que a luz do teu rosto brilhe sobre nós; só então seremos salvos.

81 ***Ao regente do coral: salmo de Asafe, para ser acompanhado com instrumento de cordas.***
1 Cantem louvores a Deus, nossa força! Aclamem ao Deus de Jacó.
2 Cantem! Façam soar o tamborim, a doce lira e a harpa.
3 Toquem a trombeta na lua nova e na lua cheia, para convocar a nossa festa.
4 Pois assim exigem os estatutos de Israel; esse é o decreto do Deus de Jacó.
5 Ele o ordenou como lei para Israel, quando atacou o Egito para nos libertar. Ouvi uma voz desconhecida dizer:
6 "Agora removerei o peso de seus ombros e libertarei suas mãos das tarefas pesadas.
7 Vocês clamaram a mim em sua aflição, e eu os salvei; da nuvem de tempestade lhes respondi e pus vocês à prova quando não havia água em Meribá.

Interlúdio

8“Ó meu povo, ouça minhas advertências; quem dera você me
escutasse, ó Israel!
9Jamais tenha em seu meio outro deus; não se curve diante
de deus estrangeiro.
10Pois fui eu, o SENHOR, seu Deus, que o tirei da terra do Egito.
Abra bem a boca, e a encherei de coisas boas.
11“Meu povo, no entanto, não quis ouvir; Israel não me obe-
deceu.
12Por isso, deixei que seguissem seus desejos teimosos e vi-
vessem de acordo com suas próprias ideias.
13Ah, se meu povo me escutasse; quem dera Israel andasse
em meus caminhos!
14Então eu derrotaria seus inimigos sem demora; minhas mãos
cairiam sobre seus adversários.
15Os que odeiam o SENHOR se encolheriam diante dele, conde-
nados para sempre.
16Vocês, porém, eu alimentaria com trigo da melhor qualidade
e os saciaria com mel silvestre tirado da rocha”.

82 *Salmo de Asafe.*

Deus preside a assembleia dos céus; no meio dos seres
celestiais, anuncia seu julgamento:
2“Até quando tomarão decisões injustas que favorecem a
causa dos perversos?
Interlúdio
3“Façam justiça ao pobre e ao órfão, defendam os direitos do
oprimido e do desamparado.
4Livrem o pobre e o necessitado, libertem-nos das garras dos
perversos.
5Esses opressores nada entendem; são completos ignorantes!
Andam sem rumo na escuridão, enquanto os alicerces da terra
estremecem.
6Eu digo: ‘Vocês são deuses, são todos filhos do Altíssimo.
7Morrerão, porém, como simples mortais e cairão como qual-
quer governante’”.
8Levanta-te, ó Deus, e julga a terra, pois todas as nações te
pertencem.

83 *Cântico; salmo de Asafe.*

Ó Deus, não fiques em silêncio! Não feches os ouvidos e
não permaneças calado, ó Deus!
2Não ouves o tumulto de teus adversários? Não vês que teus
inimigos te desafiam?
3Tramam com astúcia contra o teu povo; conspiram contra os
teus protegidos.
4Dizem: “Venham, exterminemos a nação de Israel, para que
ninguém se lembre de sua existência”.
5Sim, em unanimidade decidiram; fizeram um tratado e alia-
ram-se contra ti
6os edomitas e os ismaelitas, os moabitas e os hagarenos, 7os
gebalitas, os amonitas e os amalequitas, os povos da Filístia
e de Tiro.
8A eles também se uniram os assírios e se aliaram aos des-
cendentes de Ló.
Interlúdio
9Trata-os como trataste os midianitas, como trataste Sísera e
Jabim no rio Quisom.
10Foram destruídos em En-Dor; tornaram-se adubo para a
terra.
11Que seus nobres morram como Orebe e Zeebe, e todos os
seus príncipes, como Zeba e Zalmuna, 12pois disseram: “Vamos
nos apossar das pastagens de Deus!”.
13Ó meu Deus, espalha-os como folhas num redemoinho, como
palha ao vento.
14Assim como o fogo consome o bosque, como a chama in-
cendeia os montes, 15persegue-os com a tua tempestade,
enche-os de medo com o teu vendaval.
16Faze-os cair na desgraça mais profunda, até que se sujeitem
ao teu nome, SENHOR.
17Sejam envergonhados e aterrorizados para sempre e morram
em desonra.
18Então aprenderão que somente tu és chamado SENHOR, so-
mente tu és o Altíssimo, supremo sobre toda a terra.

84 *Ao regente do coral: salmo dos descendentes de Corá, para ser acompanhado com instrumento de cordas.*

1Como é agradável o lugar de tua habitação, ó SENHOR dos
Exércitos!
2Sinto desejo profundo, sim, morro de vontade de entrar nos
pátios do SENHOR. Com todo o meu coração e todo o meu ser,
aclamarei ao Deus vivo.
3Até o pardal encontra um lar, e a andorinha faz um ninho e
cria seus filhotes perto do teu altar, ó SENHOR dos Exércitos,
meu Rei e meu Deus!
4Como são felizes os que habitam em tua casa, sempre can-
tando louvores a ti!
Interlúdio
5Como são felizes os que de ti recebem forças, os que decidem
percorrer os teus caminhos.
6Quando passarem pelo vale do Choro, ele se transformará
num lugar de fontes revigorantes; as primeiras chuvas o co-
brirão de bênçãos.
7Eles continuarão a se fortalecer, e cada um deles se apresen-
tará diante de Deus, em Sião.
8Ó SENHOR, Deus dos Exércitos, ouve minha oração; escuta,
ó Deus de Jacó!
Interlúdio
9Ó Deus, olha com favor para o rei, nosso escudo; mostra bon-
dade ao teu ungido!
10Um só dia em teus pátios é melhor que mil dias em qualquer
outro lugar. Prefiro ser porteiro da casa de meu Deus a viver
na morada dos perversos.
11Pois o SENHOR Deus é nosso sol e nosso escudo; ele nos dá
graça e honra. O SENHOR não negará bem algum àqueles que
andam no caminho certo.

12 Ó SENHOR dos Exércitos, como são felizes os que confiam
em ti!

85 *Ao regente do coral: salmo dos descendentes de Corá.*

1 SENHOR, abençoaste a tua terra; restauraste a condição de
Israel.
2 Perdoaste a culpa do teu povo; cobriste todos os seus pe-
cados.

Interlúdio

3 Reprimiste tua fúria, sim, refreaste tua ira ardente.
4 Agora, ó Deus de nossa salvação, restaura-nos; deixa de lado
tua ira contra nós.
5 Ficarás indignado conosco para sempre? Prolongarás tua ira
por todas as gerações?
6 Não nos reanimarás, para que o teu povo se alegre em ti?
7 Mostra-nos o teu amor, SENHOR, e concede-nos a tua sal-
vação.
8 Ouço com atenção o que Deus, o SENHOR, diz, pois ele fala de
paz a seu povo fiel; que não voltem, porém, a seus caminhos
insensatos.
9 Certamente sua salvação está perto dos que o temem; então
nossa terra se encherá de sua glória.
10 O amor e a verdade se encontraram, a justiça e a paz se
beijaram.
11 A verdade brota da terra, e a justiça sorri dos céus.
12 Sim, o SENHOR dará suas bênçãos; nossa terra produzirá uma
farta colheita.
13 A justiça vai adiante dele e prepara o caminho para os seus
passos.

86 *Oração de Davi.*

Inclina-te, SENHOR, e ouve minha oração; responde-me,
pois estou aflito e necessitado.
2 Protege-me, pois sou fiel a ti; salva-me, pois sou teu servo e
em ti confio. Tu és meu Deus!
3 Tem misericórdia de mim, ó Senhor, pois clamo a ti sem parar.
4 Alegra-me, Senhor, pois a ti me entrego.
5 Ó Senhor, tu és tão bom, tão pronto a perdoar, tão cheio de
amor por todos que te buscam.
6 Ouve minha oração, SENHOR, e atende a meu clamor.
7 Em tempos de aflição, clamarei a ti, e tu me responderás.
8 Nenhum dos deuses é semelhante a ti, Senhor, nenhum deles
pode fazer o que tu fazes.
9 Todas as nações que criaste virão e se prostrarão diante de ti,
Senhor, e glorificarão o teu nome.
10 Pois tu és grande e realizas maravilhas; só tu és Deus.
11 Ensina-me os teus caminhos, SENHOR, para que eu viva se-
gundo a tua verdade. Concede-me pureza de coração, para
que eu honre o teu nome.
12 Ó Senhor, meu Deus, de todo o meu coração te louvarei;
glorificarei o teu nome para sempre.
13 Pois grande é o teu amor por mim; tu me livraste das pro-
fundezas da morte.
14 Ó Deus, os arrogantes se levantam contra mim, pessoas vio-
lentas tentam me matar; não se importam contigo.
15 Mas tu, Senhor, és Deus de compaixão e misericórdia, lento
para se irar e cheio de amor e fidelidade.
16 Olha para cá e tem compaixão de mim! Dá tua força a teu
servo; sim, salva teu humilde servo.
17 Mostra-me um sinal do teu favor; então serão envergonhados
os que me odeiam, pois tu, SENHOR, me ajudas e me consolas.

87 *Cântico; salmo dos descendentes de Corá.*

No monte santo está a cidade fundada pelo SENHOR.
2 Ele ama a cidade de Jerusalém, mais que qualquer outro lugar
em Israel.
3 Ó cidade de Deus, que coisas gloriosas são ditas a seu res-
peito!

Interlúdio

4 Incluirei o Egito e a Babilônia entre os que me conhecem,
também a Filístia e Tiro, e até a distante Etiópia; ali todos se
tornaram seus cidadãos!
5 A respeito de Jerusalém se dirá: "Ali todos desfrutam os di-
reitos de cidadãos", e o próprio Altíssimo abençoará a cidade.
6 Quando o SENHOR registrar as nações, dirá: "Ali todos se tor-
naram seus cidadãos!".

Interlúdio

7 O povo tocará flautas e cantará: "A fonte de minha vida brota
de Jerusalém!".

88 *Ao regente do coral: salmo dos descendentes de Corá, para ser cantado com a melodia "O sofrimento da aflição". Salmo de Hemã, o ezraíta.*

1 Ó SENHOR, Deus de minha salvação, clamo a ti de dia, venho
a ti de noite.
2 Agora, ouve minha oração; escuta meu clamor.
3 Pois minha vida está cheia de problemas, e a morte se apro-
xima.
4 Fui considerado morto, alguém que já não tem forças.
5 Deixaram-me entre os mortos, estendido como um cadáver no
túmulo. Caí no esquecimento e estou separado do teu cuidado.
6 Tu me lançaste na cova mais funda, nas profundezas mais
escuras.
7 Tua ira pesa sobre mim; uma após a outra, tuas ondas me
encobrem.

Interlúdio

8 Afastaste de mim os meus amigos e para eles me tornaste re-
pulsivo; estou preso numa armadilha, e não há como escapar.
9 As lágrimas de aflição me cegaram os olhos; todos os dias,
clamo por ti, SENHOR, e a ti levanto as mãos.
10 Será que tuas maravilhas têm algum uso para os mortos?
Acaso os mortos se levantam e te louvam?

Interlúdio

11 Podem os que estão no túmulo anunciar teu amor? Podem
proclamar tua fidelidade no lugar de destruição?

12 Acaso as trevas falam de tuas maravilhas? Pode alguém na
terra do esquecimento contar de tua justiça?
13 A ti, SENHOR, eu clamo; dia após dia, continuarei a suplicar.
14 Ó SENHOR, por que me rejeitas? Por que escondes de mim
o rosto?
15 Desde a juventude estive doente e à beira da morte; teus
terrores me deixaram indefeso e desesperado.
16 Sim, tua ira intensa me esmagou, teus terrores acabaram
comigo.
17 O dia todo, agitam-se ao meu redor como uma inundação e
me encobrem por completo.
18 Tiraste de mim meus companheiros e pessoas queridas; a
escuridão é a minha amiga mais chegada.

89 *Salmo de Etã, o ezraíta.*
Cantarei para sempre o teu amor, ó SENHOR! Anunciarei
a tua fidelidade a todas as gerações.
2 Pois sei que o teu amor dura para sempre, e a tua fidelidade
permanece firme como os céus.
3 Tu disseste: "Fiz uma aliança com Davi, meu servo escolhido.
A ele fiz este juramento:
4 'Estabelecerei seus descendentes como reis para sempre;
eles se sentarão em seu trono de geração em geração'".
Interlúdio
5 Ó SENHOR, os céus louvam as tuas maravilhas; multidões de
anjos te exaltam por tua fidelidade.
6 Pois quem nos céus se compara ao SENHOR? Quem é seme-
lhante ao SENHOR entre os seres celestiais?
7 Os mais altos poderes angelicais reverenciam a Deus; ele é
mais temível que todos que rodeiam seu trono.
8 Ó SENHOR, Deus dos Exércitos, quem é poderoso como tu,
SENHOR? Tu és totalmente fiel!
9 Governas os mares revoltos e acalmas as ondas agitadas.
10 Esmagaste o grande monstro marinho; com o teu braço po-
deroso, dispersaste teus inimigos.
11 Os céus são teus, a terra é tua, tudo que há no mundo per-
tence a ti; tu fizeste todas as coisas.
12 Criaste o norte e o sul; o monte Tabor e o monte Hermom
louvam o teu nome.
13 Teu braço é poderoso! Tua mão é forte! Tua mão direita se
levanta com força gloriosa.
14 Justiça e retidão são os alicerces do teu trono, amor e ver-
dade vão à tua frente.
15 Feliz é o povo que ouve o alegre chamado para adorar, pois
andará na luz de tua presença, SENHOR.
16 O dia todo eles se alegram em teu nome e exultam em tua
justiça.
17 Tu és a força gloriosa deles; é do teu agrado nos fortalecer.
18 Sim, nossa proteção vem do SENHOR; ele, o Santo de Israel,
nos deu nosso rei.
19 Muito tempo atrás, numa visão, falaste a teus fiéis e disseste:
"Levantei um guerreiro; dentre o povo o escolhi para ser rei.
20 Encontrei meu servo Davi e o ungi com meu santo óleo.
21 Com minha mão o firmarei, com meu braço o fortalecerei.
22 Seus inimigos não o derrotarão, os perversos não o domi-
narão.
23 Esmagarei seus adversários diante dele, destruirei aqueles
que o odeiam.
24 Minha fidelidade e meu amor o acompanharão; em meu
nome, ele crescerá em poder.
25 Estenderei seu governo sobre o mar, seu domínio, sobre os
rios.
26 Ele me dirá: 'Tu és meu Pai, meu Deus e a Rocha de minha
salvação'.
27 Darei a ele os privilégios de filho mais velho, e ele será o rei
mais poderoso da terra.
28 Eu o amarei e lhe serei bondoso para sempre; minha aliança
com ele jamais será quebrada.
29 Farei que ele sempre tenha herdeiros; enquanto existirem os
céus, seu trono não terá fim.
30 Se, porém, seus descendentes abandonarem minha lei e não
seguirem meus estatutos, 31 se não obedecerem aos meus de-
cretos e não guardarem meus mandamentos, 32 castigarei seu
pecado com a vara e sua desobediência, com açoites.
33 Contudo, não desistirei de amá-lo, nem deixarei de lhe ser
fiel.
34 Não quebrarei minha aliança, não voltarei atrás em minhas
palavras.
35 Fiz um juramento a Davi e, em minha santidade, não minto.
36 Sua dinastia continuará para sempre, seu reino permanecerá
como o sol.
37 Será duradouro como a lua, minha fiel testemunha no céu".
Interlúdio
38 Agora, porém, tu o rejeitaste e o descartaste; estás irado
com o teu ungido.
39 Renunciaste tua aliança com ele e jogaste sua coroa no pó.
40 Derrubaste os muros que o protegiam e destruíste as forta-
lezas que o defendiam.
41 Todos que por ali passam o saqueiam, e ele se tornou motivo
de zombaria para seus vizinhos.
42 Tu fortaleceste seus inimigos e lhes deste razão para ce-
lebrar.
43 Tornaste inútil sua espada e não o ajudaste na batalha.
44 Acabaste com seu esplendor e derrubaste seu trono.
45 Fizeste-o envelhecer antes do tempo e o envergonhaste em
público.
Interlúdio
46 Até quando, SENHOR, esta situação continuará? Acaso te es-
conderás para sempre? Até quando tua ira arderá como fogo?
47 Lembra-te de como minha vida é curta, de como é vazia a
existência humana!
48 Ninguém vive para sempre, todos morrem; ninguém escapa
das garras da sepultura.
Interlúdio
49 Onde está, Senhor, o teu antigo amor? Tu o prometeste a
Davi com um juramento fiel.

50 Considera, Senhor, como teus servos passam vergonha; levo
no coração os insultos de muitos.
51 Teus inimigos, SENHOR, têm zombado de mim; zombam do
teu ungido por onde ele vai.
52 Louvado seja o SENHOR para sempre! Amém e amém!

LIVRO 4 (SALMOS 90–106)

90 ***Oração de Moisés, homem de Deus.***
Senhor, tu tens sido nosso refúgio ao longo das gerações.
2 Antes que os montes nascessem, antes que formasses a terra
e o mundo, de eternidade a eternidade, tu és Deus.
3 Fazes as pessoas voltarem ao pó quando dizes: "Retornem
ao pó, mortais".
4 Para ti, mil anos são como um dia que passa, breves como
algumas horas da noite.
5 Arrastas as pessoas como numa enchente; elas são como
sonhos que desaparecem. São como a grama que nasce pela
manhã; 6 pela manhã, brota e floresce, mas, à tarde, murcha
e seca.
7 Somos consumidos por tua ira, ficamos apavorados com tua
fúria.
8 Tu pões diante de ti os nossos pecados, nossos pecados se-
cretos, e vês todos eles.
9 Passamos a vida debaixo de tua ira e terminamos nossos dias
com um gemido.
10 Recebemos setenta anos, alguns chegam aos oitenta. Mas
até os melhores anos são cheios de dor e desgosto; logo de-
saparecem, e nós voamos.
11 Quem conhece o poder de tua ira? Grande é a tua fúria, como
o temor de que és digno.
12 Ajuda-nos a entender como a vida é breve, para que vivamos
com sabedoria.
13 Ó SENHOR, volta-te para nós! Até quando te demorarás? Tem
compaixão de teus servos.
14 Satisfaze-nos a cada manhã com o teu amor, para que can-
temos de alegria até o final da vida.
15 Dá-nos alegria proporcional aos dias de aflição; compensa-
-nos pelos anos em que sofremos.
16 Que nós, teus servos, vejamos teus feitos outra vez; que
nossos filhos vejam a tua glória.
17 Seja sobre nós a bondade do Senhor, nosso Deus; faze pros-
perar nossos esforços, sim, faze prosperar nossos esforços.

91 Aquele que habita no abrigo do Altíssimo encontrará des-
canso à sombra do Todo-poderoso.
2 Isto eu declaro a respeito do SENHOR: ele é meu refúgio, meu
lugar seguro, ele é meu Deus e nele confio.
3 Pois ele o livrará das armadilhas da vida e o protegerá de
doenças mortais.
4 Ele o cobrirá com as suas penas e o abrigará sob as suas asas;
a sua fidelidade é armadura e proteção.
5 Não tenha medo dos terrores da noite, nem da flecha que
voa durante o dia.
6 Não tema a praga que se aproxima na escuridão, nem a cala-
midade que devasta ao meio-dia.
7 Ainda que mil caiam ao seu lado e dez mil morram ao seu
redor, você não será atingido.
8 Basta abrir os olhos, e verá como são castigados os perversos.
9 Se você se refugiar no SENHOR, se fizer do Altíssimo seu abrigo,
10 nenhum mal o atingirá, nenhuma praga se aproximará de
sua casa.
11 Pois ele ordenará a seus anjos que o protejam aonde quer
que você vá.
12 Eles o sustentarão com as mãos, para que não machuque o
pé em alguma pedra.
13 Você pisará leões e cobras, esmagará leões ferozes e ser-
pentes debaixo dos pés.
14 O SENHOR diz: "Livrarei aquele que me ama, protegerei o que
confia em meu nome.
15 Quando clamar por mim, eu responderei e estarei com ele
em meio às dificuldades; eu o resgatarei e lhe darei honra.
16 Com vida longa o recompensarei e lhe darei minha salvação".

92 ***Salmo; cântico para ser entoado no sábado.***
É bom dar graças ao SENHOR e cantar louvores ao Altíssimo.
2 É bom proclamar de manhã o teu amor e, de noite, a tua fi-
delidade, 3 ao som de um instrumento de dez cordas, da harpa
e da melodia da lira.
4 Tu me alegras, SENHOR, com tudo que tens feito; canto de
alegria por causa de tuas obras.
5 Quão grandes, SENHOR, são os teus feitos e profundos os teus
pensamentos!
6 Só o ignorante não sabe, só o tolo não entende:
7 embora os perversos brotem como a grama e floresçam os
que praticam o mal, eles serão destruídos para sempre.
8 Mas tu, SENHOR, serás eternamente exaltado!
9 Teus inimigos, SENHOR, perecerão; todos que praticam o mal
serão dispersados.
10 Tu, porém, me tornaste forte como o boi selvagem e me
ungiste com óleo da melhor qualidade.
11 Meus olhos viram a queda de meus inimigos, meus ouvidos
ouviram a derrota de meus perversos adversários.
12 Os justos, porém, florescerão como palmeiras e crescerão
como os cedros do Líbano.
13 Pois estão plantados na casa do SENHOR; florescerão nos
pátios de nosso Deus.
14 Mesmo na velhice produzirão frutos; continuarão verdejantes
e cheios de vida.
15 Anunciarão: "O SENHOR é justo! Ele é minha rocha; nele não
há injustiça".

93 O SENHOR reina! Está vestido de majestade; sim, o SENHOR
está vestido de majestade e armado de força. O mundo
permanece firme e não será abalado.

2 Teu trono permanece desde os tempos antigos; tu existes desde a eternidade.

3 As águas subiram, ó SENHOR, as águas rugiram como trovão, as águas levantaram ondas impetuosas.

4 Mais poderoso que o estrondo dos mares, mais poderoso que as ondas que rebentam na praia, mais poderoso que tudo isso é o SENHOR nas alturas.

5 Teus preceitos soberanos não podem ser alterados; teu reino, SENHOR, é santo para todo o sempre!

94 Ó SENHOR, Deus da vingança, ó Deus da vingança, manifesta teu esplendor!

2 Levanta-te, ó Juiz da terra, dá aos orgulhosos o que merecem.

3 Até quando, SENHOR? Até quando os perversos se alegrarão de suas maldades?

4 Até quando falarão com arrogância? Até quando os que praticam o mal contarão vantagens?

5 Esmagam o teu povo, SENHOR, oprimem os que pertencem a ti.

6 Matam viúvas e estrangeiros e assassinam órfãos.

7 "O SENHOR não vê", eles dizem. "O Deus de Israel não se importa."

8 Pensem melhor, tolos! Quando vocês, insensatos, entenderão?

9 Acaso é surdo aquele que fez os ouvidos? É cego aquele que formou os olhos?

10 Aquele que castiga as nações não os castigará? Aquele que tudo sabe não sabe o que vocês fazem?

11 O SENHOR conhece os pensamentos de cada um; sabe que nada valem.

12 Feliz é aquele a quem disciplinas, SENHOR, aquele a quem ensinas tua lei.

13 Tu lhe dás alívio em tempos de aflição, até que se abra uma cova para os perversos.

14 Pois o SENHOR não rejeitará seu povo; não abandonará os que lhe pertencem.

15 Os julgamentos voltarão a se basear na justiça, e os de coração íntegro a buscarão.

16 Quem me protegerá dos perversos? Quem me defenderá dos que praticam o mal?

17 Se o SENHOR não tivesse me ajudado, eu já estaria no silêncio do túmulo.

18 Gritei: "Estou caindo!", mas o teu amor, SENHOR, me sustentou.

19 Quando minha mente estava cheia de dúvidas, teu consolo me deu esperança e ânimo.

20 Podem os líderes injustos, aqueles cujos decretos permitem a injustiça, afirmar que Deus está do lado deles?

21 Juntam-se contra os justos e condenam os inocentes à morte.

22 Mas o SENHOR é a minha fortaleza; meu Deus é a rocha onde me refugio.

23 Deus fará os pecados dos perversos caírem sobre eles; ele os destruirá por suas maldades. O SENHOR, nosso Deus, os destruirá.

95 Venham, vamos cantar ao SENHOR! Vamos aclamar a Rocha de nossa salvação.

2 Vamos chegar diante dele com ações de graças e cantar a ele salmos de louvor.

3 Pois o SENHOR é o grande Deus, o grande Rei acima de todos os deuses.

4 Em suas mãos estão as profundezas da terra, a ele pertencem os mais altos montes.

5 O mar é dele, pois ele o criou; suas mãos formaram a terra firme.

6 Venham, vamos adorar e nos prostrar, vamos nos ajoelhar
diante do SENHOR, nosso Criador,
7 pois ele é o nosso Deus.
Somos o povo que ele pastoreia, o rebanho sob o seu cuidado.
Quem dera hoje vocês ouvissem a voz do SENHOR!

8 Pois ele diz: "Não endureçam o coração, como fizeram seus antepassados em Meribá, como fizeram em Massá, no deserto.

9 Ali eles me tentaram e me puseram à prova, apesar de terem visto tudo que fiz.

10 Por quarenta anos estive irado com eles e disse: 'São um povo cujo coração sempre se afasta de mim; recusam-se a andar em meus caminhos'.

11 Assim, jurei em minha ira: 'Jamais entrarão em meu descanso'".

96 Cantem ao SENHOR um cântico novo! Toda a terra cante ao SENHOR!

2 Cantem ao SENHOR e louvem o seu nome; proclamem todos os dias a sua salvação.

3 Anunciem a sua glória entre as nações, contem a todos as suas maravilhas.

4 Grande é o SENHOR! Digno de muito louvor! Ele é mais temível que todos os deuses.

5 Os deuses de outros povos não passam de ídolos, mas o SENHOR fez os céus!

6 Glória e majestade o cercam, força e beleza enchem seu santuário.

7 Ó nações do mundo, reconheçam o SENHOR; reconheçam que o SENHOR é forte e glorioso.

8 Deem ao SENHOR a glória que seu nome merece, tragam ofertas e entrem em seus pátios.

9 Adorem o SENHOR em todo o seu santo esplendor; toda a terra trema diante dele.

10 Digam entre as nações: "O SENHOR reina!"; ele firmou o mundo para que não seja abalado e com imparcialidade julgará todos os povos.

11 Alegrem-se os céus e exulte a terra! Deem louvor o mar e tudo que nele há!

12Os campos e suas colheitas gritem de alegria! As árvores do
bosque exultem
13diante do SENHOR, pois ele vem; ele vem julgar a terra. Julgará o mundo com justiça e as nações, com sua verdade.

97 O SENHOR reina! Alegre-se a terra, exultem os litorais mais distantes.
2Nuvens escuras o cercam; justiça e retidão são a base de seu trono.
3Fogo se espalha adiante dele, queimando todos os seus inimigos.
4Seus relâmpagos iluminam o mundo; a terra os vê e estremece.
5Os montes se derretem como cera diante do SENHOR, diante do Senhor de toda a terra.
6Os céus proclamam sua justiça; todos os povos veem sua glória.
7Sejam envergonhados os que adoram ídolos, os que contam vantagem de seus deuses inúteis, pois todos os deuses se prostram diante dele.
8Sião ouviu e se alegrou, e todas as cidades de Judá exultam, por causa de tua justiça, ó SENHOR.
9Pois tu, SENHOR, és supremo sobre toda a terra; és exaltado muito acima de todos os deuses.
10Vocês que amam o SENHOR, odeiem o mal! Ele protege a vida de seus fiéis e os resgata da mão dos perversos.
11A luz brilha sobre os justos, e a alegria, sobre os que têm coração íntegro.
12Alegrem-se no SENHOR todos os justos e louvem seu santo nome!

98 *Salmo.*
Cantem ao SENHOR um cântico novo, pois ele fez maravilhas; sua mão direita e seu braço santo conquistaram a vitória!
2O SENHOR anunciou seu poder de salvar e revelou sua justiça às nações.
3Lembrou-se de seu amor e fidelidade a Israel; os confins da terra viram a vitória de nosso Deus.
4Aclamem ao SENHOR todos os habitantes da terra; louvem-no em alta voz com alegres cânticos!
5Cantem louvores ao SENHOR com a harpa, com a harpa e com
cânticos harmoniosos, 6com trombetas e ao som de cornetas;
exultem e cantem diante do SENHOR, o Rei!
7Deem gritos de louvor o mar e tudo que nele há, e também a terra e todos os seres vivos.
8Os rios batam palmas, e os montes cantem de alegria
9diante do SENHOR, pois ele vem julgar a terra. Julgará o mundo com justiça e as nações, com imparcialidade.

99 O SENHOR reina! Tremam os povos! Ele está sentado em seu trono acima dos querubins. Trema toda a terra!
2O SENHOR é soberano em Sião, exaltado acima de todos os povos.
3Seja louvado teu grande e temível nome, pois é santo!
4Rei poderoso, que ama a justiça, tu estabeleceste a imparcialidade. Agiste com justiça e retidão em Israel.
5Exaltem o SENHOR, nosso Deus; prostrem-se a seus pés, pois ele é santo!
6Moisés e Arão estavam entre seus sacerdotes, e Samuel também invocava seu nome. Clamavam ao SENHOR, e ele lhes respondia.
7Da coluna de nuvem lhes falava, e eles seguiam os preceitos e os decretos que ele lhes dava.
8Ó SENHOR, nosso Deus, tu lhes respondias; eras para eles Deus perdoador, mas os castigava quando se desviavam.
9Exaltem o SENHOR, nosso Deus, e prostrem-se em seu santo monte, pois o SENHOR, nosso Deus, é santo!

100 *Salmo de ações de graças.*
Aclamem ao SENHOR todos os habitantes da terra!
2Sirvam ao SENHOR com alegria, apresentem-se diante dele com cânticos.
3Reconheçam que o SENHOR é Deus! Ele nos criou e a ele pertencemos; somos seu povo, o rebanho que ele pastoreia.
4Entrem por suas portas com ações de graças e, em seus pátios, com cânticos de louvor; deem-lhe graças e louvem o seu nome.
5Pois o SENHOR é bom! Seu amor dura para sempre, e sua fidelidade, por todas as gerações.

101 *Salmo de Davi.*
Cantarei o teu amor e a tua justiça, SENHOR; com cânticos te louvarei.
2Buscarei viver de modo inculpável; quando virás me ajudar? Viverei com integridade em minha própria casa.
3Não olharei para coisa alguma que seja má e vulgar. Odeio todos que agem de forma desonesta; não terei nada a ver com eles.
4Rejeitarei ideias perversas e me manterei afastado de todo mal.
5Não tolerarei quem difama seu próximo, não suportarei presunção nem orgulho.
6Irei à procura dos fiéis para conviverem comigo. Só terão permissão de me servir os que andam no caminho certo.
7Não permitirei que enganadores habitem em minha casa, nem que mentirosos permaneçam em minha presença.
8Minha tarefa diária será acabar com os perversos e expulsar da cidade do SENHOR os que praticam o mal.

102 ***Oração de um aflito que derrama seus problemas diante do SENHOR.***
1SENHOR, ouve minha oração, escuta minha súplica!
2Não escondas de mim o rosto na hora de minha aflição. Inclina-te para ouvir e responde-me depressa quando clamo a ti.
3Pois meus dias somem como fumaça; como brasas ardentes, meus ossos queimam.

4Meu coração está esgotado, secou-se como capim; até perdi
o apetite.
5Por causa de minha ansiedade, não passo de pele e osso.
6Sou como a coruja no deserto, como a pequena coruja num
lugar desolado.
7Não consigo dormir; sou como o pássaro solitário no telhado.
8Todos os dias meus inimigos me insultam; zombam de mim
e me amaldiçoam.
9As cinzas são meu alimento, e as lágrimas se misturam com
minha bebida, 10por causa de tua ira e de tua fúria, pois me
levantaste e depois me lançaste fora.
11Minha vida passa rápido, como as sombras que se vão; vou
murchando, como o capim.
12Tu, porém, SENHOR, reinarás para sempre; teu nome será
lembrado por todas as gerações.
13Tu te levantarás e terás misericórdia de Sião; já é tempo de
lhe mostrar compaixão, este é o momento esperado.
14Pois teus servos amam cada pedra de seus muros e estimam
até mesmo o pó em suas ruas.
15As nações temerão o nome do SENHOR, os reis da terra estre-
mecerão diante de sua glória.
16Pois o SENHOR reconstruirá Sião; ele aparecerá em sua glória.
17Ouvirá as orações dos indefesos e não rejeitará suas súplicas.
18Fique isto registrado para as gerações futuras, para que um
povo ainda não criado louve o SENHOR.
19Contem-lhes que o SENHOR olhou para baixo, de seu santuário
celeste. Do alto olhou para a terra, 20para ouvir o gemido dos
prisioneiros, para libertar os condenados à morte.
21Assim, o nome do SENHOR será proclamado em Sião, seu
louvor, em Jerusalém, 22quando os povos se reunirem e os
reinos vierem para servir ao SENHOR.
23No meio de minha vida, ele me tirou as forças e me encurtou
os dias.
24Mas eu clamei a ele: "Ó meu Deus, que vive para sempre, não
tires minha vida enquanto ainda sou jovem!".
25Muito tempo atrás, lançaste os fundamentos da terra e com
as tuas mãos formaste os céus.
26Eles deixarão de existir, mas tu permanecerás para sempre;
eles se desgastarão, como roupa velha. Tu os trocarás, como
se fossem vestuário, e os jogarás fora.
27Tu, porém, és sempre o mesmo; teus dias jamais terão fim.
28Os filhos de teus servos viverão em segurança, e seus des-
cendentes prosperarão em tua presença.

103 *Salmo de Davi.*
Todo o meu ser louve o SENHOR; louvarei seu santo
nome de todo o coração.
2Todo o meu ser louve o SENHOR; que eu jamais me esqueça
de suas bênçãos.
3Ele perdoa todos os meus pecados e cura todas as minhas
doenças.
4Ele me resgata da morte e me coroa de amor e misericórdia.
5Ele enche minha vida de coisas boas; minha juventude é re-
novada como a águia!
6O SENHOR faz justiça e defende a causa dos oprimidos.
7Revelou seus planos a Moisés e seus feitos, aos israelitas.
8O SENHOR é compassivo e misericordioso, lento para se irar
e cheio de amor.
9Não nos acusará o tempo todo, nem permanecerá irado para
sempre.
10Não nos castiga por nossos pecados, nem nos trata como
merecemos.
11Pois seu amor por aqueles que o temem é imenso como a
distância entre os céus e a terra.
12De nós ele afastou nossos pecados, tanto como o Oriente
está longe do Ocidente.
13O SENHOR é como um pai para seus filhos, bondoso e compas-
sivo para os que o temem.
14Pois ele sabe como somos fracos; lembra que não passamos
de pó.
15Nossos dias na terra são como o capim; como as flores do
campo, desabrochamos.
16O vento sopra, porém, e desaparecemos, como se nunca
tivéssemos existido.
17Mas o amor do SENHOR por aqueles que o temem dura de
eternidade a eternidade. Sua justiça se estende até os filhos
dos filhos
18dos que guardam sua aliança, dos que obedecem a seus
mandamentos.
19O SENHOR fez dos céus o seu trono, de onde reina sobre todas
as coisas.
20Louvem o SENHOR todos os anjos, os poderosos que executam
seus planos, os que cumprem cada uma de suas ordens.
21Sim, louvem o SENHOR os exércitos de anjos, os que o servem
e fazem sua vontade.
22Louve o SENHOR tudo o que ele criou, todas as coisas em todo
o seu reino. Todo o meu ser louve o SENHOR.

104 Todo o meu ser louve o SENHOR. Ó SENHOR, meu Deus,
como és grandioso! Estás vestido de glória e majes-
tade, 2envolto num manto de luz. Estendes a cortina estrelada
dos céus, 3pões as vigas de tua casa nas nuvens de chuva.
Fazes das nuvens o teu carro de combate, cavalgas nas asas
do vento.
4Os ventos são teus mensageiros, e as chamas de fogo, teus
servos.
5Firmaste o mundo sobre seus alicerces, para que jamais seja
abalado.
6Vestiste a terra com torrentes de água, com água que cobriu
até os montes.
7Por tua ordem, as águas fugiram; ao som de teu trovão,
saíram correndo.
8Montes se ergueram e vales afundaram, ao nível que tu de-
cretaste.

9Estabeleceste um limite para as águas, para que nunca mais
cobrissem a terra.
10Fazes as fontes derramarem água nos vales, e os riachos
correm entre os montes.
11Todos os animais bebem dessa água, e os jumentos selva-
gens matam a sede.
12As aves fazem ninhos junto aos riachos e cantam entre os
ramos das árvores.
13De tua habitação celeste, envias chuva sobre os montes e
enches a terra com o fruto do teu trabalho.
14Fazes o pasto crescer para os animais, e as plantas, para
as pessoas cultivarem. Permites que, da terra, colham seu
alimento:
15vinho para alegrar o coração, azeite para fazer brilhar a pele,
pão para dar forças.
16As árvores do SENHOR são bem cuidadas, os cedros do Líbano
que ele plantou.
17Nelas as aves fazem seus ninhos, nos ciprestes as cegonhas
têm seu lar.
18No alto dos montes vivem as cabras selvagens, nas rochas se
escondem os coelhos silvestres.
19Fizeste a lua para marcar as estações, e o sol sabe a hora
de se pôr.
20Envias a escuridão e se faz noite, quando vagueiam os ani-
mais do bosque.
21Os leões jovens rugem por sua presa, saem à procura do
alimento que Deus lhes provê.
22Ao amanhecer eles se recolhem, voltam à toca para des-
cansar.
23Então as pessoas saem para o serviço, onde trabalham até
o entardecer.
24Ó SENHOR, que variedade de coisas criaste! Fizeste todas elas
com sabedoria; a terra está cheia de tuas criaturas.
25Ali está o oceano, vasto e imenso, cheio de seres de todo
tipo, grandes e pequenos.
26Por ele passam navios, e o Leviatã, que criaste para brincar
no mar.
27Todos dependem de ti para lhes proveres o alimento de que
necessitam.
28Quando tu lhes dás, eles o recolhem; abres a mão para ali-
mentá-los, e eles ficam satisfeitos.
29Se te afastas deles, porém, enchem-se de medo; quando
lhes retiras o fôlego, morrem e voltam ao pó.
30Quando sopras teu fôlego, novos seres são gerados, e re-
novas a face da terra.
31Que a glória do SENHOR permaneça para sempre; o SENHOR
tem prazer em tudo que criou!
32Basta um olhar, e a terra estremece; com um simples toque,
faz fumegar os montes.
33Cantarei ao SENHOR enquanto viver, louvarei meu Deus até
meu último suspiro.
34Todos os meus pensamentos lhe sejam agradáveis; no SE-
NHOR me alegrarei.
35Desapareçam da terra todos os pecadores, deixem de existir
para sempre os perversos. Todo o meu ser louve o SENHOR.
Louvado seja o SENHOR!

105 Deem graças ao SENHOR e proclamem seu nome; anun-
ciem entre os povos o que ele tem feito.
2Cantem a ele, sim, cantem louvores a ele; falem a todos de
suas maravilhas.
3Exultem em seu santo nome, alegrem-se todos que buscam
o SENHOR.
4Busquem o SENHOR e sua força, busquem sua presença con-
tinuamente.
5Lembrem-se das maravilhas que ele fez, dos milagres que
realizou e dos juízos que pronunciou, 6vocês que são filhos
de seu servo Abraão, descendentes de Jacó, seus escolhidos.
7Ele é o SENHOR, nosso Deus; vemos sua justiça em toda a terra.
8Ele é fiel à sua aliança para sempre, ao compromisso que
firmou com mil gerações.
9É a aliança que fez com Abraão, o juramento que fez a Isaque.
10Ele a confirmou a Jacó por decreto, ao povo de Israel como
aliança sem fim:
11"Darei a vocês a terra de Canaã, como a porção de sua he-
rança".
12Assim declarou quando eles ainda eram poucos, um punhado
de estrangeiros em Canaã.
13Vagaram de uma nação a outra, de um reino a outro.
14E, no entanto, não permitiu que ninguém os oprimisse e, em
seu favor, repreendeu reis:
15"Não toquem em meu povo escolhido, não façam mal a meus
profetas".
16Mandou vir fome sobre a terra de Canaã e cortou a provisão
de alimento.
17Então enviou um homem adiante deles, José, que foi vendido
como escravo.
18Feriram seus pés com correntes e com ferros prenderam seu
pescoço.
19O SENHOR pôs José à prova, até chegar a hora de cumprir
sua palavra.
20O faraó mandou chamar José e o libertou; o governante de
nações lhe abriu a porta da prisão.
21José foi encarregado do palácio real e se tornou adminis-
trador de todos os seus bens.
22Tinha toda a liberdade de instruir os assistentes do faraó e
de ensinar os conselheiros da corte.
23Então Israel chegou ao Egito; Jacó viveu como estrangeiro
na terra de Cam.
24O SENHOR multiplicou seu povo, até que se tornaram mais
numerosos que seus opressores.
25Voltou os egípcios contra seu povo, e eles tramaram contra
os servos do SENHOR.
26Mas o SENHOR enviou Moisés, seu servo, e Arão, a quem havia
escolhido.

27 Eles realizaram sinais entre os egípcios, maravilhas na terra de Cam.

28 O SENHOR cobriu o Egito com trevas, pois desobedeceram à ordem para deixar seu povo ir.

29 Transformou as águas em sangue e matou os peixes.

30 Rãs infestaram a terra e invadiram até os aposentos do rei.

31 Por sua ordem, moscas desceram sobre os egípcios, e piolhos encheram todo o seu território.

32 Enviou-lhes granizo em lugar de chuva, e relâmpagos faiscaram sobre a terra.

33 Destruiu as videiras e as figueiras e despedaçou todas as árvores.

34 Por sua ordem, vieram enxames de gafanhotos, incontáveis gafanhotos jovens.

35 Devoraram toda a vegetação da terra e destruíram toda a plantação nos campos.

36 Depois, matou o filho mais velho de todos os lares egípcios, a força e o orgulho de cada família.

37 Tirou seu povo do Egito cheio de prata e de ouro, e ninguém das tribos de Israel sequer tropeçou.

38 Os egípcios se alegraram quando eles partiram, pois muito os temiam.

39 O SENHOR estendeu sobre o povo uma cobertura de nuvem e lhe deu fogo para iluminar a escuridão.

40 Quando pediram carne, enviou codornas; saciou sua fome com o pão do céu.

41 Partiu uma rocha, e jorrou água, que correu como um rio pelo deserto.

42 Pois ele se lembrou da santa promessa que havia feito a seu servo Abraão.

43 Tirou seu povo do Egito com alegria, seus escolhidos, com celebração.

44 Deu a seu povo as terras das nações, e eles colheram o que outros haviam plantado.

45 Tudo isso aconteceu para que guardassem seus decretos e obedecessem a suas leis. Louvado seja o SENHOR!

106

1 Louvado seja o SENHOR! Deem graças ao SENHOR porque ele é bom; seu amor dura para sempre!

2 Quem poderá contar os feitos poderosos do SENHOR? Quem poderá louvá-lo como ele merece?

3 Como são felizes os que fazem o que é certo e praticam a justiça todo o tempo!

4 Lembra-te de mim, SENHOR, quando mostrares favor ao teu povo; aproxima-te e resgata-me.

5 Que eu compartilhe da prosperidade dos teus escolhidos; que eu me alegre na alegria do teu povo e exulte com aqueles que pertencem a ti.

6 Pecamos, como nossos antepassados; fomos desobedientes e rebeldes.

7 No Egito, nossos antepassados não deram valor às maravilhas do SENHOR. Não se lembraram de seus muitos atos de bondade; rebelaram-se contra ele junto ao mar Vermelho.

8 Assim mesmo ele os resgatou, para proteger a honra de seu nome, para mostrar seu grande poder.

9 Ordenou que o mar Vermelho secasse e os conduziu pelas águas como por um deserto.

10 Ele os resgatou das mãos de seus inimigos e os libertou das garras de seus adversários.

11 As águas se fecharam e cobriram seus opressores; nenhum deles sobreviveu.

12 Então creram em suas promessas e cantaram louvores a ele.

13 Depressa, porém, esqueceram-se do que ele havia feito; não quiseram esperar por seus conselhos.

14 No deserto, os desejos do povo se tornaram insaciáveis; puseram Deus à prova naquela terra desolada.

15 Ele atendeu a seus pedidos, mas também lhes enviou uma praga.

16 No acampamento, tiveram inveja de Moisés e de Arão, o sacerdote consagrado ao SENHOR.

17 Por isso, a terra se abriu; engoliu Datã e sepultou Abirão e os outros rebeldes.

18 Fogo desceu sobre aqueles que os seguiam; uma chama consumiu os perversos.

19 No monte Sinai, fizeram um bezerro; prostraram-se diante de uma imagem de metal.

20 Trocaram seu Deus glorioso pela estátua de um boi que come capim.

21 Esqueceram-se de Deus, seu salvador, que havia feito coisas
grandiosas no Egito, 22 atos maravilhosos na terra de Cam,
feitos notáveis no mar Vermelho.

23 Por isso, declarou que os destruiria, mas Moisés, seu escolhido, pôs-se entre ele e o povo e suplicou-lhe que afastasse sua ira e não os destruísse.

24 Eles, porém, se recusaram a entrar na terra agradável, pois não creram na promessa.

25 Em vez disso, resmungaram em suas tendas e não deram ouvidos ao SENHOR.

26 Assim, ele jurou solenemente que os mataria no deserto,

27 que dispersaria seus descendentes entre as nações e os enviaria para o exílio em terras distantes.

28 Depois, juntaram-se aos adoradores de Baal em Peor; chegaram a comer sacrifícios oferecidos a mortos.

29 Com todos esses atos, provocaram a ira do SENHOR, por isso uma praga se espalhou entre eles.

30 Fineias, porém, teve coragem de intervir, e a praga foi detida.

31 Assim, desde então, ele foi considerado justo.

32 Também em Meribá, provocaram a ira do SENHOR, e causaram sérios problemas a Moisés.

33 Fizeram Moisés se irar, e ele falou sem refletir.

34 Não destruíram as nações que habitavam na terra, como o SENHOR lhes havia ordenado.

35 Em vez disso, misturaram-se com elas e adotaram seus costumes.

36 Adoraram ídolos estrangeiros, o que causou sua ruína.

37Chegaram a sacrificar aos demônios seus filhos e filhas.
38Derramaram sangue inocente, o sangue de seus filhos e
filhas. Ao oferecer sacrifícios aos ídolos de Canaã, contami-
naram a terra com sangue.
39A si mesmos contaminaram com seus atos perversos; seu
amor aos ídolos foi adultério.
40Por isso, a ira do SENHOR se acendeu, e ele sentiu aversão por
seu povo, sua propriedade.
41Entregou-os às nações, e foram dominados por aqueles que
os odiavam.
42Seus inimigos os oprimiram e os sujeitaram ao seu poder
cruel.
43Muitas vezes os livrou, mas escolheram se rebelar contra ele;
por fim, seu pecado os destruiu.
44Ainda assim, ele viu a aflição do povo e ouviu seus clamores.
45Lembrou-se de sua aliança com eles e teve compaixão por
causa do seu grande amor.
46Fez que seus captores os tratassem com misericórdia.
47Salva-nos, SENHOR, nosso Deus! Reúne-nos dentre as nações,
para darmos graças ao teu santo nome, para nos alegrarmos
no teu louvor!
48Louvem o SENHOR, o Deus de Israel, que vive de eternidade
a eternidade. Todos digam "Amém"! Louvado seja o SENHOR!

LIVRO 5 (SALMOS 107—150)

107 Deem graças ao SENHOR, porque ele é bom; seu amor
dura para sempre!
2O SENHOR os resgatou? Proclamem em alta voz! Contem a
todos que ele os resgatou de seus inimigos.
3Pois ele reuniu os que estavam exilados em muitas terras, do
leste e do oeste, do norte e do sul.
4Eles vagavam pelo deserto, perdidos e sem lar.
5Famintos e sedentos, chegaram à beira da morte.
6Em sua aflição, clamaram ao SENHOR, e ele os livrou de seus
sofrimentos.
7Conduziu-os por um caminho seguro, a uma cidade onde pu-
dessem morar.
8Que louvem o SENHOR por seu grande amor e pelas maravilhas
que fez pela humanidade.
9Pois ele sacia o sedento e enche de coisas boas o faminto.
10Estavam sentados na escuridão e em trevas profundas,
presos com as algemas de ferro do sofrimento.
11Rebelaram-se contra as palavras de Deus e desprezaram o
conselho do Altíssimo.
12Por isso ele os sujeitou a trabalhos pesados; caíram, e não
houve quem os ajudasse.
13Em sua aflição, clamaram ao SENHOR, e ele os livrou de seus
sofrimentos.
14Tirou-os da escuridão e das trevas profundas e quebrou suas
algemas.
15Que louvem o SENHOR por seu grande amor e pelas maravilhas
que fez pela humanidade.
16Pois ele quebrou as portas de bronze da prisão e partiu as
trancas de ferro.
17Foram tolos; rebelaram-se e sofreram por causa de seus
pecados.
18Não conseguiam nem pensar em comer e estavam às portas
da morte.
19Em sua aflição, clamaram ao SENHOR, e ele os livrou de seus
sofrimentos.
20Enviou sua palavra e os curou, e os resgatou da morte.
21Que louvem o SENHOR por seu grande amor e pelas maravilhas
que fez pela humanidade.
22Que ofereçam sacrifícios de ações de graças e anunciem suas
obras com canções alegres.
23Viajaram pelo mundo em navios; percorreram as rotas co-
merciais dos mares.
24Também eles viram as obras do SENHOR e suas maravilhas nas
águas mais profundas.
25Por sua ordem, os ventos se levantaram e agitaram as ondas.
26Seus navios eram lançados aos céus, depois desciam às pro-
fundezas; foram tomados de pavor.
27Cambaleavam e tropeçavam, como bêbados, e não sabiam
mais o que fazer.
28Em sua aflição, clamaram ao SENHOR, e ele os livrou de seus
sofrimentos.
29Acalmou a tempestade e aquietou as ondas.
30A calmaria os alegrou, e ele os levou ao porto em segurança.
31Que louvem o SENHOR por sua bondade e pelas maravilhas
que fez pela humanidade.
32Que o exaltem em público, diante da comunidade e dos lí-
deres do povo.
33Ele transforma rios em desertos, e fontes de água em terra
seca.
34Torna a terra fértil em solo inútil, por causa da perversidade
de seus habitantes.
35Também transforma os desertos em açudes e a terra seca
em fontes de água.
36Leva os famintos para ali se estabelecerem e construírem
suas cidades.
37Eles semeiam campos, plantam videiras e têm grandes co-
lheitas.
38Sim, ele os abençoa! Ali, criam famílias numerosas, e seus
rebanhos não param de crescer.
39Mas, quando diminuem em número e empobrecem por causa
da opressão, da miséria e da tristeza, 40o SENHOR lança des-
prezo sobre seus príncipes e os faz vagar num deserto sem
caminhos.
41Contudo, livra do sofrimento os pobres e aumenta suas famí-
lias como rebanhos de ovelhas.
42Os justos verão essas coisas e se alegrarão, enquanto os
perversos serão calados.

43Quem é sábio levará tudo isso a sério; perceberá como tem
sido leal o amor do SENHOR.

108 *Cântico; salmo de Davi.*

Meu coração está firme em ti, ó Deus; por isso te can-
tarei louvores com todo o meu ser.
2Despertem, lira e harpa! Quero acordar o amanhecer com a
minha canção.
3Eu te darei graças, SENHOR, no meio dos povos; cantarei lou-
vores a ti entre as nações.
4Pois o teu amor é mais alto que os céus; a tua fidelidade
chega até as nuvens.
5Sê exaltado, ó Deus, acima dos mais altos céus; que a tua
glória brilhe sobre toda a terra!
6Agora, livra teu povo amado; responde-nos e salva-nos por
teu poder.
7Deus, em seu santuário, prometeu: "Com alegria dividirei
Siquém e medirei o vale de Sucote.
8Gileade é minha, e também Manassés; Efraim é meu capa-
cete, e Judá, meu cetro.
9Moabe é minha bacia de lavar; limparei os pés sobre Edom e
darei um grito de triunfo sobre a Filístia".
10Quem me levará à cidade fortificada? Quem me guiará até
Edom?
11Acaso nos rejeitaste, ó Deus? Não marcharás mais com
nossos exércitos?
12Ajuda-nos contra nossos inimigos, pois todo socorro humano
é inútil.
13Com o auxílio de Deus, realizaremos grandes feitos, pois ele
pisará os nossos inimigos.

109 *Ao regente do coral: salmo de Davi.*

Ó Deus, a quem eu louvo, não permaneças calado,
2enquanto os perversos me caluniam e falam mentiras a meu
respeito.
3Eles me cercam de palavras odiosas e me atacam sem motivo.
4Retribuem meu amor com acusações, mesmo enquanto oro
por eles.
5Pagam-me o bem com o mal, e o amor, com o ódio.
6Que um perverso testemunhe contra ele, e um acusador o
leve a julgamento.
7Quando julgarem sua causa, que o declarem culpado; consi-
derem pecado suas orações.
8Que sua vida seja curta, e outro ocupe seu lugar.
9Que seus filhos se tornem órfãos, e sua esposa, viúva.
10Que seus filhos andem sem rumo, como mendigos, e sejam
expulsos de suas casas em ruínas.
11Que os credores tomem todos os seus bens, e estranhos
levem o fruto de seu trabalho.
12Que ninguém o trate com bondade, nem tenha compaixão
de seus órfãos.
13Que todos os seus descendentes morram; que o nome de sua
família seja apagado na geração seguinte.
14Que o SENHOR nunca se esqueça dos pecados de seus ante-
passados; que os pecados de sua mãe jamais sejam apagados.
15Que o SENHOR se lembre sempre de sua culpa; que seu nome
seja de todo esquecido.
16Pois não quis ser bondoso com os outros; foi no encalço dos
pobres e necessitados e perseguiu até a morte os de coração
quebrantado.
17Gostava de amaldiçoar; agora, que ele próprio seja amal-
diçoado. Não tinha prazer em abençoar; agora, que ele não
seja abençoado.
18Para ele, amaldiçoar é como a roupa que ele veste, como
a água que bebe, como os alimentos saborosos que come.
19Agora, que suas maldições voltem para ele; apeguem-se a
seu corpo como roupas, amarrem-se em torno dele como um
cinto.
20Que essas maldições se tornem castigo do SENHOR para meus
acusadores, para os que falam mal de mim.
21Quanto a mim, ó SENHOR Soberano, trata-me bem, por causa
do teu nome; livra-me, porque és fiel e bom.
22Pois sou pobre e necessitado, e meu coração está ferido.
23Vou desaparecendo, como a sombra ao entardecer; sou lan-
çado para longe, como um gafanhoto.
24De tanto jejuar, meus joelhos estão fracos; não passo de
pele e osso.
25Sou motivo de zombaria em todo lugar; quando me veem,
balançam a cabeça em desprezo.
26Ajuda-me, SENHOR, meu Deus; salva-me por causa do teu
amor!
27Que eles reconheçam que isso veio de ti, que tu mesmo o
fizeste, SENHOR.
28Que importa se me amaldiçoarem? Tu me abençoarás!
Quando me atacarem, serão envergonhados; mas eu, teu
servo, continuarei a me alegrar!
29Que meus acusadores sejam vestidos de humilhação, que a
vergonha os cubra como um manto.
30Eu, porém, sempre darei graças ao SENHOR; louvarei seu
nome diante de todos.
31Pois ele está junto aos necessitados, pronto para salvá-los
dos que os condenam.

110 *Salmo de Davi.*

O SENHOR disse ao meu Senhor: "Sente-se no lugar de
honra à minha direita, até que eu humilhe seus inimigos e os
ponha debaixo de seus pés".
2O SENHOR estenderá seu reino poderoso desde Sião; você go-
vernará seus inimigos.
3Quando você for à guerra, seu povo o servirá de livre vontade.
Você está envolto em vestes santas, e sua força será renovada
a cada dia, como o orvalho da manhã.
4O SENHOR jurou e não voltará atrás: "Você é sacerdote para
sempre, segundo a ordem de Melquisedeque".
5O Senhor está à sua direita para protegê-lo; esmagará muitos
reis no dia de sua ira.

6 Castigarás as nações e encherá suas terras de cadáveres; esmagará cabeças por todo o mundo.

7 Ele próprio, contudo, se refrescará em riachos ao longo do caminho; ele será vitorioso.

111 Louvado seja o SENHOR! De todo o meu coração darei graças ao SENHOR quando me reunir com os justos.

2 Como são grandiosas as obras do SENHOR! Todos que têm prazer nele devem nelas meditar.

3 Tudo que ele faz revela sua glória e majestade; sua justiça permanece para sempre.

4 Ele nos faz recordar suas maravilhas; o SENHOR é compassivo e misericordioso.

5 Dá alimento aos que o temem, lembra-se sempre de sua aliança.

6 Mostrou seu poder ao seu povo ao lhe dar as terras de outras nações.

7 Tudo que ele faz é justo e bom; todos os seus mandamentos são confiáveis.

8 São verdadeiros para sempre; devem ser obedecidos com fidelidade e retidão.

9 Ele pagou o resgate por seu povo, garantiu para sempre sua aliança com eles; seu nome é santo e temível!

10 O temor do SENHOR é o princípio do conhecimento; todos que obedecem a seus mandamentos mostram bom senso. Louvem-no para sempre!

112 Louvado seja o SENHOR! Como é feliz aquele que teme o SENHOR e tem prazer em obedecer a seus mandamentos!

2 Seus filhos serão bem-sucedidos em toda a terra; uma geração inteira de justos será abençoada.

3 Em sua casa, haverá riqueza e prosperidade, e suas boas ações permanecerão para sempre.

4 A luz brilha na escuridão para o justo; ele é compassivo, misericordioso e íntegro.

5 Feliz é o que empresta com generosidade e conduz seus negócios honestamente.

6 Ele não será abalado; sua lembrança durará por muito tempo.

7 Não teme más notícias; confia plenamente no cuidado do SENHOR.

8 É confiante e destemido; olha com triunfo para seus inimigos.

9 Compartilha generosamente com os pobres, e seus atos de justiça serão lembrados para sempre; ele terá influência e honra.

10 O perverso verá isso e ficará furioso, rangerá os dentes de raiva e desaparecerá; seus desejos serão frustrados.

113 Louvado seja o SENHOR! Sim, louvem, ó servos do SENHOR, louvem o nome do SENHOR!

2 Bendito seja o nome do SENHOR, agora e para sempre.

3 Em todo lugar, do Oriente ao Ocidente, louvem o nome do SENHOR.

4 Pois o SENHOR é engrandecido acima das nações; sua glória está acima dos céus.

5 Quem se compara ao SENHOR, nosso Deus, entronizado nas alturas?

6 Ele se inclina para ver o que acontece nos céus e na terra.

7 Levanta do pó o necessitado e ergue do lixo o pobre.

8 Coloca-os entre príncipes, entre os príncipes de seu povo.

9 Dá uma família à mulher estéril e a torna uma mãe feliz. Louvado seja o SENHOR!

114 Quando o povo de Israel saiu do Egito, quando a família
de Jacó deixou aquela terra estrangeira, 2 a terra de
Judá se tornou o santuário de Deus, e Israel se tornou seu domínio.

3 O mar Vermelho os viu chegando e se abriu, e as águas do rio Jordão recuaram.

4 Os montes saltaram como carneiros, e as colinas, como cordeiros.

5 Que aconteceu, ó mar Vermelho, para que se abrisse? Que aconteceu, ó rio Jordão, para que recuasse?

6 Por que, ó montes, saltaram como carneiros? Por que, ó colinas, saltaram como cordeiros?

7 Estremeça, ó terra, na presença do Senhor, na presença do Deus de Jacó.

8 Ele transformou a rocha em açude; sim, do rochedo fez nascer uma fonte de água.

115 Não a nós, SENHOR, não a nós, mas ao teu nome seja toda a glória, por teu amor e por tua fidelidade.

2 Por que as nações dizem: "Onde está o deus deles?".

3 Nosso Deus está nos céus e faz tudo como deseja.

4 Seus ídolos não passam de objetos de prata e ouro, formados por mãos humanas.

5 Têm boca, mas não falam; olhos, mas não veem.

6 Têm ouvidos, mas não ouvem; nariz, mas não respiram.

7 Têm mãos, mas não apalpam; pés, mas não andam; garganta, mas não emitem som.

8 Aqueles que fazem ídolos e neles confiam são exatamente iguais a eles.

9 Ó Israel, confie no SENHOR; ele é seu auxílio e seu escudo!

10 Ó sacerdotes, descendentes de Arão, confiem no SENHOR; ele é seu auxílio e seu escudo!

11 Todos vocês que temem o SENHOR, confiem nele; ele é seu auxílio e seu escudo!

12 O SENHOR se lembra de nós e nos abençoará; sim, abençoará o povo de Israel e os sacerdotes, descendentes de Arão.

13 Abençoará os que temem o SENHOR, tanto os grandes como os pequenos.

14 Que o SENHOR multiplique bênçãos para vocês e seus filhos.

15 Sejam abençoados pelo SENHOR, que fez os céus e a terra.

16 Os céus pertencem ao SENHOR, mas ele deu a terra à humanidade.

17 Os mortos não cantam louvores ao SENHOR, pois desceram ao silêncio da sepultura.
18 Nós, porém, louvaremos o SENHOR agora e para sempre. Louvado seja o SENHOR!

116 Amo o SENHOR, porque ele ouve a minha voz e as minhas orações.
2 Porque ele se inclina para ouvir, orarei enquanto viver.
3 A morte me envolveu com suas cordas, e os terrores da sepultura me dominaram; não via outra coisa senão sofrimento e tristeza.
4 Então clamei pelo nome do SENHOR: "Livra-me, SENHOR!".
5 O SENHOR é compassivo e justo; o nosso Deus é misericordioso!
6 O SENHOR protege os ingênuos; eu estava diante da morte, e ele me salvou.
7 Volte, minha alma, a descansar, pois o SENHOR lhe tem sido bom.
8 Ele livrou minha alma da morte, meus olhos, das lágrimas, meus pés, da queda.
9 Por isso, andarei na presença do SENHOR enquanto viver aqui na terra.
10 Eu cri, por isso disse: "Estou profundamente aflito!".
11 Em meu desespero, declarei: "Todos são mentirosos!".
12 Que posso oferecer ao SENHOR por tudo que ele me tem feito?
13 Celebrarei meu livramento e louvarei o nome do SENHOR.
14 Cumprirei meus votos ao SENHOR na presença de todo o seu povo.
15 O SENHOR se importa profundamente com a morte de seus fiéis.
16 Ó SENHOR, sou teu servo, sim, teu servo, teu humilde servo; tu me livraste de minhas correntes.
17 Oferecerei a ti um sacrifício de ação de graças e louvarei o nome do SENHOR.
18 Cumprirei meus votos ao SENHOR na presença de todo o seu
povo, 19 na casa do SENHOR, no meio de Jerusalém. Louvado
seja o SENHOR!

117 Louvem o SENHOR todas as nações; louvem-no todos os povos.
2 Pois grande é o seu amor por nós; a fidelidade do SENHOR dura para sempre. Louvado seja o SENHOR!

118 Deem graças ao SENHOR, porque ele é bom; seu amor dura para sempre!
2 Todo o Israel diga: "Seu amor dura para sempre!".
3 Os sacerdotes, descendentes de Arão, digam: "Seu amor dura para sempre!".
4 Todos que temem o SENHOR digam: "Seu amor dura para sempre!".
5 Em minha angústia, orei ao SENHOR; o SENHOR me ouviu e me livrou.
6 O SENHOR está comigo, portanto não temerei; o que me podem fazer os simples mortais?
7 Sim, o SENHOR está comigo, e ele me ajudará; olharei com triunfo para os que me odeiam.
8 É melhor refugiar-se no SENHOR que confiar em pessoas.
9 É melhor refugiar-se no SENHOR que confiar em príncipes.
10 Todas as nações hostis me cercaram, mas eu as destruí em nome do SENHOR.
11 Sim, elas me cercaram de todos os lados, mas eu as destruí em nome do SENHOR.
12 Como um enxame de abelhas me rodearam e arderam contra mim como um fogo crepitante, mas eu as destruí em nome do SENHOR.
13 Meus inimigos fizeram todo o possível para me derrubar, mas o SENHOR me sustentou.
14 O SENHOR é minha força e meu cântico; ele é minha salvação.
15 No acampamento dos justos há cânticos de alegria e vitória; a mão direita do SENHOR realizou grandes feitos!
16 A mão direita do SENHOR se levanta em triunfo; a mão direita do SENHOR realizou grandes feitos!
17 Não morrerei; pelo contrário, viverei para contar o que o SENHOR fez.
18 O SENHOR me castigou severamente, mas não me deixou morrer.
19 Abram para mim as portas por onde entram os justos; entrarei e darei graças ao SENHOR.
20 Essas portas conduzem à presença do SENHOR, e os justos entram por elas.
21 Eu te dou graças porque respondeste à minha oração e me deste vitória!
22 A pedra que os construtores rejeitaram se tornou a pedra angular.
23 Isso é obra do SENHOR e é maravilhosa de ver.
24 Este é o dia que o SENHOR fez; nele nos alegraremos e exultaremos.
25 Ó SENHOR, por favor, salva-nos! Ó SENHOR, dá-nos sucesso!
26 Bendito é o que vem em nome do SENHOR; nós os abençoamos da casa do SENHOR.
27 O SENHOR é Deus e resplandece sobre nós; peguem o sacrifício e amarrem-no com cordas sobre o altar.
28 Tu és meu Deus, e eu te louvarei! Tu és meu Deus, e eu te exaltarei!
29 Deem graças ao SENHOR, porque ele é bom; seu amor dura para sempre!

119 *Álef*
Como são felizes os íntegros, os que seguem a lei do SENHOR!
2 Como são felizes os que obedecem a seus preceitos e o buscam de todo o coração.
3 Não praticam o mal e andam em seus caminhos.
4 Tu nos encarregaste de seguir fielmente tuas ordens.
5 Meu grande desejo é que minhas ações sempre reflitam teus decretos.
6 Então não ficarei envergonhado quando meditar em todos os teus mandamentos.

7Eu te darei graças por viver corretamente, à medida que
aprender teus justos estatutos.
8Obedecerei a teus decretos; por favor, não desistas de mim!

Bêt

9Como pode o jovem se manter puro? Obedecendo à tua pa-
lavra.
10De todo o meu coração te busquei; não permitas que eu me
desvie de teus mandamentos.
11Guardei tua palavra em meu coração, para não pecar contra
ti.
12Eu te louvo, ó SENHOR; ensina-me teus decretos.
13Recitei em voz alta todos os estatutos que nos deste.
14Alegrei-me com o caminho apontado por teus preceitos tanto
quanto com muitas riquezas.
15Meditarei em tuas ordens e refletirei sobre teus caminhos.
16Terei prazer em teus decretos e não me esquecerei de tua
palavra.

Guímel

17Trata teu servo com bondade, para que eu viva e obedeça
à tua palavra.
18Abre meus olhos, para que eu veja as maravilhas de tua lei.
19Sou estrangeiro na terra; não escondas de mim teus man-
damentos.
20Tenho sempre intenso desejo por teus estatutos.
21Tu repreendes os arrogantes; são malditos os que se desviam
de teus mandamentos.
22Não permitas que zombem de mim e me desprezem, pois
tenho obedecido a teus preceitos.
23Até os príncipes se reúnem e falam contra mim, mas eu me-
ditarei em teus decretos.
24Tenho prazer em teus preceitos; eles me dão conselhos sá-
bios.

Dálet

25Estou prostrado no pó; restaura minha vida com a tua pa-
lavra.
26Relatei meus planos a ti, e me respondeste; agora, ensi-
na-me teus decretos.
27Ajuda-me a entender tuas ordens e eu meditarei em tuas
maravilhas.
28Minha alma chora de tristeza; fortalece-me com tua palavra.
29Afasta de mim o caminho da mentira; dá-me o privilégio de
conhecer tua lei.
30Escolhi o caminho da verdade; decidi viver de acordo com
teus estatutos.
31Apego-me a teus preceitos; SENHOR, não permitas que eu
seja envergonhado!
32Buscarei teus mandamentos, pois tu aumentas meu enten-
dimento.

He

33Ensina-me teus decretos, ó SENHOR, e eu os guardarei até
o fim.
34Dá-me entendimento e obedecerei à tua lei; de todo o co-
ração a porei em prática.
35Faze-me andar em teus mandamentos, pois neles tenho
prazer.
36Dá-me entusiasmo por teus preceitos, e não pela ganância!
37Desvia meus olhos de coisas inúteis e restaura-me por meio
de tua palavra.
38Confirma a teu servo a tua promessa, que fizeste aos que
te temem.
39Afasta-me de meus caminhos vergonhosos, pois teus esta-
tutos são bons.
40Anseio por obedecer às tuas ordens; restaura minha vida
por tua justiça.

Vav

41SENHOR, dá-me o teu amor, a salvação que me prometeste.
42Então poderei responder aos que me insultam, pois confio
em tua palavra.
43Não retires de mim a palavra da verdade, pois teus estatutos
são minha esperança.
44Continuarei a obedecer à tua lei para todo o sempre.
45Andarei em liberdade, pois me dediquei às tuas ordens.
46Falarei de teus preceitos a reis, e não me envergonharei.
47Como tenho prazer em teus mandamentos! Como eu os amo!
48Celebro teus mandamentos, que amo, e em teus decretos
medito.

Zain

49Lembra-te da promessa que fizeste a este teu servo; ela é
minha esperança.
50Tua promessa renova minhas forças; ela me consola em
minha aflição.
51O tempo todo os orgulhosos me desprezam, mas eu não me
desvio de tua lei.
52Medito em teus estatutos tão antigos; ó SENHOR, eles me
consolam!
53Fico furioso com os perversos, pois eles rejeitam tua lei.
54Teus decretos são o tema de minhas canções, na casa onde
tenho vivido.
55À noite, penso em quem tu és, SENHOR; portanto, obedeço
à tua lei.
56Assim passo meus dias: obedecendo às tuas ordens.

Hêt

57SENHOR, tu és minha herança; prometo obedecer às tuas
palavras!
58Busco teu favor de todo o coração; tem misericórdia de mim,
como prometeste.
59Refleti sobre o rumo de minha vida e resolvi seguir teus pre-
ceitos.
60Eu me apressarei e, sem demora, obedecerei a teus man-
damentos.
61Os perversos tentam me arrastar, mas não me esquecerei
de tua lei.

62Levanto-me à meia-noite para te dar graças por teus justos
estatutos.
63Sou amigo de todos que te temem, dos que obedecem às
tuas ordens.
64Ó SENHOR, o teu amor enche a terra; ensina-me teus de-
cretos.

Tét

65Muitas coisas boas me tens feito, SENHOR, como prometeste.
66Ensina-me bom senso e dá-me conhecimento, pois creio em
teus mandamentos.
67Antes de me disciplinares, eu vivia desviado; agora, porém,
sigo tua palavra de perto.
68Tu és bom e fazes somente o bem; ensina-me teus decretos.
69Os arrogantes mentem a meu respeito, mas eu obedeço às
tuas ordens de todo o coração.
70O coração deles é tolo e insensível, mas eu tenho prazer
em tua lei.
71O sofrimento foi bom para mim, pois me ensinou a dar
atenção a teus decretos.
72Tua lei é mais valiosa para mim que milhares de peças de
ouro e de prata.

Iode

73Tu me fizeste, tu me formaste; dá-me entendimento para
aprender teus mandamentos.
74Que eu seja motivo de alegria para os que te temem, pois em
tua palavra depositei minha esperança.
75Eu sei, ó SENHOR, que teus estatutos são justos; tu me disci-
plinaste por tua fidelidade.
76Agora, que o teu amor me console, como prometeste a este
teu servo.
77Cerca-me de tua compaixão, para que eu viva, pois tenho
prazer em tua lei.
78Sejam envergonhados os arrogantes que mentiram a meu
respeito; eu, porém, meditarei em tuas ordens.
79Unam-se a mim todos que te temem, os que conhecem teus
preceitos.
80Que eu seja inculpável na obediência a teus decretos; então
jamais serei envergonhado.

Kaf

81Estou exausto de tanto esperar por teu livramento, mas de-
positei minha esperança em tua palavra.
82Meus olhos se esforçam para ver tua promessa se cumprir;
quando me consolarás?
83Mesmo enrugado, como uma vasilha de couro na fumaça,
não me esqueci de teus decretos.
84Até quando terei de esperar? Quando castigarás os que me
perseguem?
85Os arrogantes, que não seguem tua lei, abriram covas fundas
para me pegar.
86Todos os teus mandamentos são confiáveis; protege-me dos
que me perseguem sem motivo.
87Quase acabaram comigo, mas eu não abandonei tuas ordens.
88Por teu amor, preserva minha vida; então continuarei a obe-
decer a teus preceitos.

Lâmed

89Tua palavra eterna, ó SENHOR, está firme nos céus.
90Tua fidelidade se estende de uma geração a outra, dura-
doura como a terra que estabeleceste.
91Teus estatutos permanecem até hoje, pois tudo está a serviço
de teus planos.
92Se tua lei não fosse meu prazer, eu teria morrido em meu
sofrimento.
93Jamais me esquecerei de tuas ordens, pois é por meio delas
que me dás vida.
94Sou teu; salva-me, pois tenho buscado tuas ordens.
95Embora os perversos fiquem à espreita para me matar, me-
ditarei em teus preceitos.
96Percebi que até mesmo a perfeição tem limite, mas não há
limite para teu mandamento.

Mem

97Como eu amo a tua lei; penso nela o dia todo!
98Teus mandamentos me fazem mais sábio que meus inimigos,
pois sempre me guiam.
99Sim, tenho mais prudência que meus mestres, pois vivo a
meditar em teus preceitos.
100Tenho mais entendimento que os anciãos, pois obedeço às
tuas ordens.
101Recuso-me a andar em todo caminho mau, a fim de obe-
decer à tua palavra.
102Não me afastei de teus estatutos, pois tu me ensinaste bem.
103Como são doces as tuas palavras; são mais doces que o mel!
104Tuas ordens me dão discernimento; por isso odeio todo
caminho falso.

Nun

105Tua palavra é lâmpada para meus pés e luz para meu ca-
minho.
106Prometi uma vez e volto a prometer: obedecerei a teus
justos estatutos.
107Sofri muito, ó SENHOR; restaura minha vida, como prometeste.
108SENHOR, aceita minha oferta de louvor e ensina-me teus
estatutos.
109Minha vida está sempre por um fio, mas não me esquecerei
de tua lei.
110Os perversos me prepararam armadilhas, mas não me des-
viarei de tuas ordens.
111Teus preceitos são meu tesouro permanente; são o prazer
do meu coração.
112Estou decidido a cumprir teus estatutos para sempre, até
o fim.

Sâmeq

113Odeio pessoas inconstantes, mas amo a tua lei.
114Tu és meu refúgio e meu escudo; tua palavra é minha es-
perança.

115Afastem-se de mim, vocês que praticam o mal, pois obede-
cerei aos mandamentos de meu Deus.
116Sustenta-me como prometeste, SENHOR, para que eu viva;
não permitas que minha esperança seja frustrada.
117Sustenta-me e serei salvo; então meditarei continuamente
em teus decretos.
118Rejeitaste, porém, todos que se afastam de teus decretos,
os que só enganam a si mesmos.
119Removes os ímpios da terra como coisa desprezível; por isso,
amo teus preceitos.
120Estremeço de medo de ti; tenho temor reverente por teus
estatutos.

Áin

121Não me entregues a meus inimigos, pois tenho feito o que
é justo e certo.
122Garantas o bem deste teu servo; não permitas que os arro-
gantes me oprimam.
123Meus olhos se esforçam para ver teu livramento, o cumpri-
mento de tua promessa de justiça.
124Sou teu servo; trata-me conforme o teu amor e ensina-me
os teus decretos.
125Dá discernimento a este teu servo; então entenderei teus
preceitos.
126SENHOR, é tempo de agires, pois violaram a tua lei.
127Por isso amo teus mandamentos, mais que o ouro, mais
que o ouro puro.
128Cada um de teus mandamentos é reto; por isso, odeio todo
caminho falso.

Pê

129Teus preceitos são maravilhosos; por isso eu lhes obedeço!
130O ensinamento de tua palavra esclarece, e até os ingênuos
entendem.
131Abro a boca e suspiro, pois anseio por teus mandamentos.
132Vem e mostra-me tua misericórdia, como fazes por todos
que amam o teu nome.
133Firma meus passos conforme a tua palavra, para que o pe-
cado não me domine.
134Livra-me da opressão das pessoas; então poderei obedecer
às tuas ordens.
135Olha para mim com favor; ensina-me teus decretos.
136Rios de lágrimas brotam de meus olhos, porque as pessoas
não cumprem tua lei.

Tsade

137Tu, SENHOR, és justo, e imparciais são teus estatutos.
138Teus preceitos são perfeitos, de todo confiáveis.
139Sou tomado de indignação, pois meus inimigos desprezam
tuas palavras.
140Tua promessa foi plenamente comprovada; por isso este
teu servo tanto a ama.
141Sou insignificante e desprezado, mas não me esqueço de
tuas ordens.
142Tua justiça é eterna, e tua lei é verdadeira.
143Quando aflição e angústia pesam sobre mim, encontro
prazer em teus mandamentos.
144Teus preceitos são sempre justos; ajuda-me a entendê-los,
para que eu viva!

Qof

145Oro de todo o coração; responde-me, SENHOR! Obedecerei
a teus decretos.
146Clamo a ti; livra-me, para que eu obedeça a teus preceitos.
147Levanto-me cedo, antes de o sol nascer; clamo e ponho
minha esperança em tuas promessas.
148Desperto de madrugada, para refletir em tuas palavras.
149Por teu amor, ó SENHOR, ouve meu clamor; restaura minha
vida conforme teus estatutos.
150Pessoas más aproximam-se para me atacar; elas estão dis-
tantes de tua lei.
151Mas tu, SENHOR, estás perto, e todos os teus mandamentos
são verdadeiros.
152Sei, há muito tempo, que teus preceitos durarão para
sempre.

Rêsh

153Vê meu sofrimento e livra-me, pois não me esqueci de tua
lei.
154Defende minha causa e liberta-me; protege minha vida,
como prometeste.
155Os perversos estão longe da salvação, pois não dão impor-
tância a teus decretos.
156SENHOR, como é grande a tua misericórdia; restaura minha
vida conforme teus estatutos!
157São muitos os que me perseguem e me afligem, mas não me
desviei de teus preceitos.
158Ver esses traidores me dá desgosto, pois não obedecem
à tua palavra.
159Vê, SENHOR, como eu amo tuas ordens; restaura minha vida
por causa do teu amor.
160A própria essência de tuas palavras é verdade; todos os teus
justos estatutos permanecerão para sempre.

Shin

161Os poderosos me perseguem sem motivo, mas só diante de
tua palavra meu coração treme.
162Alegro-me em tua palavra, como quem descobre um grande
tesouro.
163Odeio e detesto a falsidade, mas amo a tua lei.
164Sete vezes por dia te louvarei, porque teus estatutos são
justos.
165Os que amam tua lei estão totalmente seguros e não tro-
peçam.
166Anseio por teu livramento, SENHOR; tenho cumprido teus
mandamentos.
167Tenho obedecido a teus preceitos, pois os amo muito.
168Sim, obedeço às tuas ordens e aos teus preceitos, pois vês
tudo que faço.

Tau

169 Ó SENHOR, ouve meu clamor; dá-me entendimento, como prometeste.

170 Ouve minha oração; livra-me, conforme tua palavra.

171 Que louvor transborde de meus lábios, pois tu me ensinas teus decretos.

172 Que minha língua cante sobre tua palavra, pois todos os teus mandamentos são justos.

173 Estende a tua mão para me ajudar, pois escolhi seguir tuas ordens.

174 Ó SENHOR, anseio por teu livramento; tua lei é meu prazer.

175 Que eu viva para poder te louvar, e que teus estatutos me ajudem.

176 Andei sem rumo, como ovelha perdida; vem buscar teu servo, pois não me esqueci de teus mandamentos.

120 *Cântico para os peregrinos a caminho de Jerusalém.*

1 Em minha angústia, clamei ao SENHOR, e ele respondeu à minha oração.

2 Livra-me, SENHOR, dos mentirosos e dos enganadores.

3 Ó língua mentirosa, o que Deus fará com você? Como aumentará seu castigo?

4 Ele a atravessará com flechas afiadas e a queimará com brasas vivas.

5 Como sofro na distante Meseque! É doloroso viver entre os moradores de Quedar!

6 Estou cansado de habitar entre os que odeiam a paz.

7 Procuro a paz, mas, quando falo de paz, eles querem guerra!

121 *Cântico para os peregrinos a caminho de Jerusalém.*

1 Olho para os montes e pergunto: "De onde me virá socorro?".

2 Meu socorro vem do SENHOR, que fez os céus e a terra!

3 Ele não deixará que você tropece; aquele que o protege não cochilará.

4 Aquele que guarda Israel não cochila nem dorme.

5 O SENHOR é seu protetor! O SENHOR está ao seu lado, como sombra que o abriga.

6 O sol não lhe fará mal de dia, nem a lua, de noite.

7 O SENHOR o guarda de todo mal e protege sua vida.

8 O SENHOR o guarda em tudo que você faz, agora e para sempre.

122 *Cântico para os peregrinos a caminho de Jerusalém; salmo de Davi.*

1 Alegrei-me quando me disseram: "Vamos à casa do SENHOR".

2 Agora estamos aqui, junto às suas portas, ó Jerusalém.

3 Jerusalém é cidade bem construída, com muros firmes e compactos.

4 Todas as tribos de Israel, o povo do SENHOR, sobem para cá. Vêm para dar graças ao nome do SENHOR, conforme a lei requer.

5 Aqui estão os tronos de onde se pronunciam julgamentos, os tronos da dinastia de Davi.

6 Orem pela paz de Jerusalém; sejam prósperos todos que amam esta cidade.

7 Que haja paz dentro de seus muros e prosperidade em seus palácios.

8 Em favor de minha família e amigos, direi: "Que você tenha paz, ó Jerusalém!".

9 Em favor da casa do SENHOR, nosso Deus, buscarei o seu bem.

123 *Cântico para os peregrinos a caminho de Jerusalém.*

1 Levanto meus olhos para ti, ó Deus que habitas nos céus!

2 Continuamos a olhar para o SENHOR, nosso Deus, esperando sua compaixão, como os servos que olham para as mãos de seus senhores, e a serva que olha para a mão de sua senhora.

3 Tem misericórdia de nós, SENHOR, tem misericórdia, pois estamos cansados de tanto desprezo.

4 Estamos exaustos de tanta zombaria dos orgulhosos e do desprezo dos arrogantes.

124 *Cântico para os peregrinos a caminho de Jerusalém; salmo de Davi.*

1 E se o SENHOR não estivesse ao nosso lado? Que todo o Israel diga:

2 E se o SENHOR não estivesse ao nosso lado quando os inimigos nos atacaram?

3 Eles nos teriam engolido vivos com sua ira ardente contra nós.

4 As águas nos teriam encoberto, a correnteza nos teria afogado.

5 Sim, as águas violentas de sua fúria nos teriam afogado.

6 Louvado seja o SENHOR, que não permitiu que nos despedaçassem com seus dentes!

7 Escapamos como um pássaro que foge da armadilha do caçador; a armadilha se quebrou, e estamos livres!

8 Nosso socorro vem do SENHOR, que fez os céus e a terra.

125 *Cântico para os peregrinos a caminho de Jerusalém.*

1 Os que confiam no SENHOR são como o monte Sião; não serão abalados, mas permanecerão para sempre.

2 Assim como os montes cercam Jerusalém, o SENHOR se põe ao redor de seu povo, agora e para sempre.

3 Os perversos não governarão a terra dos justos, para que os justos não sejam tentados a fazer o mal.

4 Ó SENHOR, faze o bem àqueles que são bons, aos que têm o coração sincero.

5 Expulsa, porém, os que andam por caminhos tortuosos, ó SENHOR; leva-os embora junto com os que praticam o mal. Que Israel tenha paz!

126 *Cântico para os peregrinos a caminho de Jerusalém.*

1 Quando o SENHOR trouxe os exilados de volta a Sião, foi como um sonho.

2 Nossa boca se encheu de riso, e cantamos de alegria. As outras nações disseram: "O SENHOR fez coisas grandiosas por eles".

137 Junto aos rios da Babilônia, sentamos e choramos, ao
nos lembrarmos de Sião.
2Pusemos de lado nossas harpas e as penduramos nos galhos
dos salgueiros.
3Os que nos levaram cativos queriam que cantássemos; nossos
opressores exigiam uma canção alegre: "Cantem para nós
uma das canções de Sião!".
4Mas como poderíamos cantar as canções do SENHOR estando
em terra estrangeira?
5Se eu me esquecer de ti, ó Jerusalém, que minha mão direita
perca sua habilidade.
6Que minha língua se prenda ao céu da boca se eu não me
lembrar de ti, se não fizer de Jerusalém minha maior alegria.
7Ó SENHOR, lembra-te do que os edomitas fizeram no dia em
que Jerusalém foi conquistada. Disseram: "Destruam-na! Ar-
rasem-na até o chão!".
8Ó Babilônia, você será destruída; feliz é aquele que lhe retri-
buir por tudo que fez contra nós.
9Feliz aquele que pegar suas crianças e as esmagar contra
a rocha.

138 *Salmo de Davi.*
Graças te dou, SENHOR, de todo o meu coração; can-
tarei louvores a ti diante dos deuses.
2Prostro-me diante do teu santo templo; louvo teu nome por
teu amor e tua fidelidade, pois engrandeceste acima de tudo
teu nome e tua palavra.
3Quando eu clamo, tu me respondes; coragem e força me dás.
4Os reis de toda a terra te darão graças, SENHOR, pois todos
eles ouvirão tuas palavras.
5Sim, cantarão a respeito dos caminhos do SENHOR, pois a
glória do SENHOR é grande.
6Mesmo nas alturas, o SENHOR cuida dos humildes, mas
mantém distância dos orgulhosos.
7Ainda que eu esteja cercado de aflições, tu me protegerás da
ira de meus inimigos. Estendes tua mão, e o poder de tua mão
direita me liberta.
8O SENHOR cumprirá seus planos para minha vida, pois teu
amor, ó SENHOR, dura para sempre; não me abandones, pois
tu me fizeste.

139 *Ao regente do coral: salmo de Davi.*
Ó SENHOR, tu examinas meu coração e conheces tudo
a meu respeito.
2Sabes quando me sento e quando me levanto; mesmo de
longe, conheces meus pensamentos.
3Tu me vês quando viajo e quando descanso; sabes tudo que
faço.
4Antes mesmo de eu falar, SENHOR, sabes o que vou dizer.
5Vais adiante de mim e me segues; pões sobre mim a tua mão.
6Esse conhecimento é maravilhoso demais para mim; é grande
demais para eu compreender!
7É impossível escapar do teu Espírito; não há como fugir da
tua presença.
8Se subo aos céus, lá estás; se desço ao mundo dos mortos,
lá estás também.
9Se eu tomar as asas do amanhecer, se habitar do outro lado
do oceano, 10mesmo ali tua mão me guiará, e tua força me
sustentará.
11Eu poderia pedir à escuridão que me escondesse, e à luz
ao meu redor que se tornasse noite, 12mas nem mesmo na
escuridão posso me esconder de ti. Para ti, a noite é tão clara
como o dia; escuridão e luz são a mesma coisa.
13Tu formaste o meu interior e me teceste no ventre de minha
mãe.
14Eu te agradeço por me teres feito de modo tão extraordi-
nário; tuas obras são maravilhosas, e disso eu sei muito bem.
15Tu me observavas quando eu estava sendo formado em se-
gredo, enquanto eu era tecido na escuridão.
16Tu me viste quando eu ainda estava no ventre; cada dia de
minha vida estava registrado em teu livro, cada momento foi
estabelecido quando ainda nenhum deles existia.
17Como são preciosos os teus pensamentos a meu respeito, ó
Deus; é impossível enumerá-los!
18Não sou capaz de contá-los; são mais numerosos que os
grãos de areia. E, quando acordo, tu ainda estás comigo.
19Ó Deus, quem dera destruísses os perversos; afastem-se de
mim, assassinos!
20Eles blasfemam contra ti; teus inimigos usam teu nome em
vão.
21Acaso, SENHOR, não devo odiar os que te odeiam? Não devo
desprezar os que se opõem a ti?
22Sim, eu os odeio com todas as minhas forças, pois teus ini-
migos são meus inimigos.
23Examina-me, ó Deus, e conhece meu coração; prova-me e
vê meus pensamentos.
24Mostra-me se há em mim algo que te ofende e conduze-me
pelo caminho eterno.

140 *Ao regente do coral: salmo de Davi.*
Ó SENHOR, livra-me dos perversos; protege-me dos
violentos, 2dos que tramam o mal em seu coração e provocam
tumultos o tempo todo.
3Sua língua fere como uma serpente; veneno de víbora goteja
de seus lábios.
Interlúdio
4Ó SENHOR, protege-me das mãos dos perversos; guarda-me
dos violentos, pois eles tramam contra mim.
5Os orgulhosos me prepararam uma armadilha; estenderam
uma rede e armaram ciladas ao longo do caminho.
Interlúdio
6Eu disse ao SENHOR: "Tu és meu Deus!"; ouve, SENHOR, as
minhas súplicas.
7Ó Soberano SENHOR, meu salvador poderoso, tu me protegeste
no dia da batalha.

8 SENHOR, não dês aos perversos o que desejam; não permitas
que seus planos maldosos tenham sucesso, para que não se
encham de orgulho.
Interlúdio
9 Sejam destruídos meus inimigos pelo mesmo mal que tra-
maram contra mim.
10 Caiam sobre eles brasas ardentes; sejam atirados no fogo, ou
em poços fundos de onde não poderão escapar.
11 Não permitas que os mentirosos prosperem em nossa terra;
derrama a calamidade sobre os violentos.
12 Sei, porém, que o SENHOR defenderá a causa dos aflitos; ele
fará justiça aos pobres.
13 Certamente os justos louvarão teu nome; os íntegros viverão
em tua presença.

141 *Salmo de Davi.*

Ó SENHOR, eu clamo a ti; vem depressa! Ouve quando
peço tua ajuda.
2 Aceita minha oração, como incenso oferecido a ti, e minhas
mãos levantadas, como oferta da tarde.
3 Assume o controle do que eu digo, SENHOR, e guarda meus
lábios.
4 Não permitas que eu me desvie para o mal, ou me envolva em
atos perversos. Não deixes que eu participe dos banquetes dos
que praticam o mal.
5 Firam-me os justos! Será um favor! Se eles me corrigirem,
será remédio que dá alívio; não permitas que eu o recuse.
Contudo, oro constantemente, contra os perversos e tudo que
eles fazem.
6 Quando seus líderes forem lançados num precipício, ouvirão
minhas palavras e saberão que são verdadeiras.
7 Como pedras que o arado traz à superfície, seus ossos ficarão
espalhados, sem que ninguém os enterre.
8 Espero por tua ajuda, SENHOR Soberano! És meu refúgio; não
permitas que me matem.
9 Guarda-me das armadilhas que me prepararam, dos laços
dos que praticam o mal.
10 Que os perversos caiam em suas próprias redes, mas que eu
consiga escapar.

142 *Salmo de Davi a respeito de sua experiência na caverna; uma oração.*

1 Clamo em alta voz ao SENHOR; suplico pela misericórdia do
SENHOR.
2 Derramo diante dele minhas queixas e lhe apresento minhas
angústias.
3 Quando estou abatido, somente tu sabes o caminho que devo
seguir. Aonde quer que eu vá, prepararam armadilhas contra
mim.
4 Procuro alguém que venha me ajudar, mas ninguém sequer
lembra que eu existo. Não tenho onde me abrigar, ninguém se
importa com o que acontece comigo.
5 Então clamo a ti, SENHOR, e digo: "Tu és meu refúgio, és tudo
que desejo na vida.
6 Ouve meu clamor, pois estou muito fraco. Livra-me dos que
me perseguem, pois são fortes demais para mim.
7 Tira-me da prisão, para que eu te dê graças. Os justos se
juntarão ao meu redor, pois tu és bom para mim".

143 *Salmo de Davi.*

Ouve minha oração, SENHOR; escuta minha súplica!
Responde-me, pois és fiel e justo.
2 Não leves teu servo a julgamento, pois diante de ti ninguém
é inocente.
3 Meu inimigo me perseguiu; derrubou-me no chão e obri-
gou-me a morar em trevas, como as do túmulo.
4 Vou perdendo todo o ânimo; estou tomado de medo.
5 Lembro-me de tempos passados; reflito em todas as tuas
obras e penso em tudo que fizeste.
6 Levanto minhas mãos a ti em oração; anseio por ti, como a
terra seca tem sede de chuva.
Interlúdio
7 Vem depressa, SENHOR, e responde-me, pois meu ânimo se
esvai. Não te afastes de mim, ou morrerei.
8 Faze-me ouvir do teu amor a cada manhã, pois confio em ti.
Mostra-me por onde devo andar, pois me entrego a ti.
9 Livra-me de meus inimigos, SENHOR, pois me refugio em ti.
10 Ensina-me a fazer tua vontade, pois tu és meu Deus. Que
o teu Espírito bondoso me conduza adiante por um caminho
reto e seguro.
11 Pela honra do teu nome, SENHOR, preserva minha vida. Por
tua justiça, tira-me deste sofrimento.
12 Por teu amor, acaba com meus inimigos e destrói meus ad-
versários, pois sou teu servo.

144 *Salmo de Davi.*

Louvado seja o SENHOR, minha rocha; ele treina mi-
nhas mãos para a guerra e dá a meus dedos habilidade para
a batalha.
2 Ele é meu aliado infalível e minha fortaleza, minha torre se-
gura e meu libertador. Ele é meu escudo, em quem me refugio;
faz as nações se sujeitarem a mim.
3 Ó SENHOR, quem são os seres humanos, para que prestes
atenção neles? Quem são os simples mortais, para que penses
neles?
4 São como uma brisa; seus dias são como uma sombra que
passa.
5 Abre os céus, SENHOR, e desce; toca os montes para que
soltem fumaça.
6 Lança teus relâmpagos e dispersa os inimigos; atira tuas fle-
chas e confunde-os.
7 Estende tua mão desde os céus e salva-me; tira-me das águas
profundas, livra-me do poder de meus inimigos.
8 Eles têm a boca cheia de mentiras; juram dizer a verdade,
mas mentem.

9Cantarei a ti, ó Deus, um cântico novo; cantarei louvores a ti
com instrumento de dez cordas.
10Pois tu concedes vitória aos reis; livraste teu servo Davi da
espada mortal.
11Salva-me! Livra-me do poder de meus inimigos. Eles têm a
boca cheia de mentiras; juram dizer a verdade, mas mentem.
12Que nossos filhos floresçam na juventude como plantas vi-
çosas. Que nossas filhas sejam como colunas graciosas, escul-
pidas para enfeitar um palácio.
13Que nossos celeiros fiquem cheios de colheitas de todo tipo.
Que os rebanhos em nossos campos se multipliquem aos mi-
lhares, e até às dezenas de milhares, 14e que nossos bois fi-
quem carregados de alimentos. Que nenhum inimigo consiga
romper nossos muros, que ninguém seja levado ao cativeiro,
nem haja gritos de angústia em nossas praças.
15Como são felizes os que vivem desse modo! Verdadeiramente
são felizes aqueles cujo Deus é o SENHOR!

145 *Salmo de louvor de Davi.*
Eu te exaltarei, meu Deus e Rei, louvarei teu nome
para todo o sempre.
2Todos os dias te louvarei, sim, louvarei teu nome para sempre.
3Grande é o SENHOR! Ele é digno de muito louvor! É impossível
medir sua grandeza.
4Que cada geração conte a seus filhos sobre tuas obras e pro-
clame teu poder.
5Meditarei em teu majestoso e glorioso esplendor e em tuas
maravilhas.
6Todos falarão de teus feitos notáveis, e eu anunciarei tua
grandeza.
7Todos contarão a história de tua imensa bondade e cantarão
de alegria sobre tua justiça.
8O SENHOR é misericordioso e compassivo, lento para se irar
e cheio de amor.
9O SENHOR é bom para todos; derrama misericórdia sobre toda
a sua criação.
10Todas as tuas obras te darão graças, ó SENHOR, e teus fiéis
te louvarão.
11Falarão da glória do teu reino e proclamarão o teu poder.
12Anunciarão teus feitos poderosos e a majestade e glória do
teu reino.
13Pois o teu reino é reino para sempre; tu governas por todas
as gerações. O SENHOR sempre cumpre suas promessas; é bon-
doso em tudo que faz.
14O SENHOR ajuda os que caíram e levanta os que estão encur-
vados sob o peso de suas cargas.
15Os olhos de todos estão voltados para ti com esperança; tu
lhes provês o alimento conforme necessitam.
16Quando abres tua mão, satisfazes o anseio de todos os seres
vivos.
17O SENHOR é justo em tudo que faz; é cheio de bondade.
18O SENHOR está perto de todos que o invocam, sim, de todos
que o invocam com sinceridade.
19Ele concede os desejos dos que o temem; ouve seus clamores
e os livra.
20O SENHOR protege todos que o amam, mas destrói os per-
versos.
21Louvarei o SENHOR, e que todos na terra louvem seu santo
nome, para todo o sempre!

146 Louvado seja o SENHOR! Que todo o meu ser louve o
SENHOR.
2Louvarei o SENHOR enquanto eu viver; cantarei a meu Deus
até o último suspiro.
3Não confiem nos poderosos; não é neles que encontrarão
salvação.
4Quando sua vida se vai, voltam ao pó, e todos os seus planos
morrem com eles.
5Como são felizes os que têm o Deus de Jacó como seu auxílio,
os que põem sua esperança no SENHOR, seu Deus.
6Ele fez os céus e a terra, o mar e tudo que neles há; ele
cumpre suas promessas para sempre.
7Faz justiça aos oprimidos e alimenta os famintos. O SENHOR li-
berta os prisioneiros.
8O SENHOR abre os olhos dos cegos. O SENHOR levanta os aba-
tidos. O SENHOR ama os justos.
9O SENHOR protege os estrangeiros e cuida dos órfãos e das
viúvas, mas frustra os planos dos perversos.
10O SENHOR reinará para sempre; ele será seu Deus, ó Sião, por
todas as gerações. Louvado seja o SENHOR!

147 Louvado seja o SENHOR! Como é bom cantar louvores a
nosso Deus! Como é agradável e apropriado!
2O SENHOR reconstrói Jerusalém e traz os exilados de volta
a Israel.
3Ele cura os de coração quebrantado e enfaixa suas feridas.
4Conta as estrelas e chama cada uma pelo nome.
5Nosso Senhor é grande! Seu poder é absoluto! É impossível
medir seu entendimento.
6O SENHOR protege os humildes, mas lança os perversos no pó.
7Cantem com ações de graças ao SENHOR, cantem ao nosso
Deus louvores com a harpa.
8Ele cobre os céus de nuvens, provê chuva para a terra e faz o
capim crescer nos montes.
9Alimenta os animais selvagens e dá de comer aos filhotes dos
corvos quando pedem.
10Seu prazer não está na força do cavalo, nem no poder hu-
mano.
11O SENHOR se agrada dos que o temem, dos que põem a es-
perança em seu amor.
12Exalte o SENHOR, ó Jerusalém! Louve seu Deus, ó Sião!
13Pois ele reforçou as trancas de suas portas e abençoou seus
filhos dentro de seus muros.
14Ele conserva a paz em suas fronteiras e satisfaz sua fome
com o melhor trigo.
15Ele envia suas ordens ao mundo, e sua palavra corre veloz.

16 Envia a neve como lã branca e espalha a geada sobre a terra
como cinzas.
17 Lança granizo como pedras; quem é capaz de suportar o frio
intenso?
18 Então, por sua ordem, tudo se dissolve; envia seus ventos,
e o gelo derrete.
19 Ele revelou sua palavra a Jacó, seus decretos e estatutos,
a Israel.
20 Não fez o mesmo com nenhuma outra nação; elas não co-
nhecem seus estatutos. Louvado seja o SENHOR!

148 Louvado seja o SENHOR! Louvem o SENHOR desde os
céus! Louvem-no desde as alturas!
2 Louvem-no, todos os seus anjos! Louvem-no, todos os exér-
citos celestiais!
3 Louvem-no, sol e lua! Louvem-no, todas as estrelas bri-
lhantes!
4 Louvem-no, altos céus! Louvem-no, vapores acima das nu-
vens!
5 Todas as coisas criadas louvem o nome do SENHOR, pois ele
ordenou, e elas vieram a existir.
6 Ele as pôs em seu lugar para todo o sempre; seu decreto
jamais será revogado.
7 Louvem o SENHOR desde a terra, vocês criaturas das profun-
dezas do oceano, 8 fogo e granizo, neve e nuvens, ventos tem-
pestuosos que lhe obedecem, 9 montanhas e colinas, árvores
frutíferas e cedros, 10 animais selvagens e domésticos, seres
que rastejam e os que voam, 11 reis da terra e todos os povos,
governantes e juízes da terra, 12 rapazes e moças, idosos e
crianças.
13 Louvem todos o nome do SENHOR, pois exaltado é seu nome;
sua glória está acima da terra e dos céus!
14 Ele deu força a seu povo e honra a seus fiéis, o povo de Israel,
que lhe é chegado. Louvado seja o SENHOR!

149 Louvado seja o SENHOR! Cantem ao SENHOR um cântico
novo, cantem louvores a ele na congregação dos fiéis.
2 Ó Israel, alegre-se em seu Criador! Ó povo de Sião, exulte
em seu Rei!
3 Louvem o nome dele com danças, acompanhadas de tam-
borins e harpas.
4 Pois o SENHOR tem prazer em seu povo; ele coroa os humildes
com vitória.
5 Alegrem-se os fiéis porque ele os honra; cantem de alegria
em suas camas.
6 Louvores a Deus estejam em seus lábios, e uma espada afiada
em suas mãos, 7 para se vingarem das nações e castigarem os
povos, 8 para prenderem seus reis com algemas e seus líderes,
com correntes de ferro, 9 para executarem a sentença escrita
contra eles; esse é o glorioso privilégio de seus fiéis. Louvado
seja o SENHOR!

150 Louvado seja o SENHOR! Louvem o SENHOR em seu san-
tuário, louvem-no em seu majestoso céu!
2 Louvem-no por seus feitos poderosos, louvem sua grandeza
sem igual!
3 Louvem-no com o toque da trombeta, louvem-no com a lira
e a harpa!
4 Louvem-no com tamborins e danças, louvem-no com instru-
mentos de cordas e flautas!
5 Louvem-no com o som dos címbalos, louvem-no com címbalos
ressonantes!
6 Tudo que respira louve ao SENHOR! Louvado seja o SENHOR!

PROVÉRBIOS

A finalidade dos provérbios

1 Estes são os provérbios de Salomão, filho de Davi, rei de Israel.
2 Sua finalidade é ensinar sabedoria e disciplina às pessoas e
ajudá-las a compreender as instruções dos sábios.
3 Sua finalidade é ensinar-lhes uma vida disciplinada e bem-
-sucedida e ajudá-las a fazer o que é certo, justo e imparcial.
4 Estes provérbios darão juízo aos ingênuos e conhecimento e
discernimento aos jovens.
5 O sábio que os ouvir se tornará ainda mais sábio. Quem tem
entendimento receberá orientação, 6 ao examinar o significado
destes provérbios e parábolas, das palavras dos sábios e seus
enigmas.
7 O temor do SENHOR é o princípio do conhecimento, mas os
tolos desprezam a sabedoria e a disciplina.

O conselho de um pai: adquira sabedoria

8 Meu filho, preste atenção à correção de seu pai e não deixe
de lado a instrução de sua mãe.
9 O que aprender com eles será coroa de graça em sua cabeça
e colar de honra em seu pescoço.
10 Meu filho, se pecadores quiserem seduzi-lo, não permita que
isso aconteça.
11 Talvez lhe digam: "Venha conosco! Vamos nos esconder e

matar alguém. Armaremos emboscada contra inocentes, só
para passar o tempo.
12Vamos engoli-los vivos, como a sepultura; vamos engoli-los
inteiros, como os que descem à cova.
13Encontraremos todo tipo de riquezas e encheremos nossas
casas com tudo que roubarmos.
14Venha, junte-se a nós! Dividiremos igualmente os despojos".
15Meu filho, não vá com eles! Afaste-se de seus caminhos.
16Eles correm para fazer o mal; apressam-se em derramar
sangue.
17Se um pássaro vê alguém montar a armadilha, sabe que não
deve se aproximar.
18Eles, porém, armam emboscadas para si mesmos; tentam
acabar com a própria vida.
19Esse é o destino de todos os gananciosos; sua própria cobiça
os destrói.

A Sabedoria grita nas ruas

20A Sabedoria grita nas ruas e levanta a voz na praça pública.
21Sim, proclama nas avenidas e anuncia em frente à porta da
cidade:
22"Até quando vocês, ingênuos, insistirão em sua ingenuidade?
Até quando vocês, zombadores, terão prazer na zombaria? Até
quando vocês, tolos, detestarão o conhecimento?
23Venham e ouçam minhas advertências; abrirei meu coração
para vocês e os tornarei sábios.
24"Muitas vezes eu os chamei, mas não quiseram vir; estendi-
-lhes a mão, mas não me deram atenção.
25Desprezaram meu conselho e rejeitaram minha repreensão.
26Por isso, rirei quando estiverem em dificuldades; zombarei
quando estiverem em apuros, 27quando a calamidade lhes so-
brevier como a tempestade, e a desgraça os envolver como o
furacão, e a angústia e a aflição os dominarem.
28"Quando clamarem por socorro, não responderei; ainda que
me procurem, não me encontrarão.
29Porque detestaram o conhecimento e escolheram não temer
o SENHOR.
30Rejeitaram meu conselho e ignoraram minha repreensão.
31Portanto, comerão os frutos amargos de seu estilo de vida e
engasgarão em suas próprias intrigas.
32Pois os ingênuos se afastam de mim e rumam para a morte;
os tolos são destruídos por sua própria acomodação.
33Os que me ouvem, porém, viverão em paz, tranquilos e sem
temer o mal".

Os benefícios da sabedoria

2 Meu filho, preste atenção às minhas palavras e guarde
meus mandamentos como um tesouro.
2Dê ouvidos à sabedoria e concentre o coração no entendimento.
3Clame por inteligência e peça entendimento.
4Busque-os como a prata, procure-os como a tesouros es-
condidos.
5Então entenderá o que é o temor do SENHOR e obterá o co-
nhecimento de Deus.
6Pois o SENHOR concede sabedoria; de sua boca vêm conheci-
mento e entendimento.
7Ele reserva bom senso aos honestos e é escudo para os ín-
tegros.
8Guarda os caminhos dos justos e protege seus fiéis por onde
andam.
9Então você entenderá o que é certo, justo e imparcial e saberá
o bom caminho a seguir.
10Pois a sabedoria entrará em seu coração, e o conhecimento
o encherá de alegria.
11As escolhas sábias o guardarão, e o entendimento o pro-
tegerá.
12A sabedoria o livrará das ações dos maus, daqueles cujas
palavras são perversas.
13Eles se afastam do rumo certo e andam por caminhos som-
brios.
14Têm prazer em praticar o mal e aplaudem a maldade dos
perversos.
15Suas ações são desonestas, e seus caminhos, tortuosos.
16A sabedoria o livrará da mulher imoral, das palavras sedu-
toras da promíscua.
17Ela abandona o marido, o companheiro de sua juventude, e
ignora a aliança que fez diante de Deus.
18Entrar na casa dela leva à morte; é a estrada para a sepultura.
19O homem que a visita está perdido; jamais alcançará os ca-
minhos da vida.
20Portanto, siga os passos dos bons e permaneça nos cami-
nhos dos justos.
21Pois os retos viverão na terra, e os íntegros nela permane-
cerão.
22Os perversos, porém, serão eliminados da terra, e os des-
leais, arrancados dela.

Confiança no SENHOR

3 Meu filho, não se esqueça de minhas instruções; guarde
meus mandamentos em seu coração.
2Se assim fizer, viverá muitos anos, e sua vida será cheia de
paz.
3Não permita que a bondade e a lealdade o abandonem; pren-
da-as ao redor do pescoço e escreva-as no fundo do coração.
4Então você conseguirá favor e boa reputação, diante de Deus
e das pessoas.
5Confie no SENHOR de todo o coração; não dependa de seu
próprio entendimento.
6Busque a vontade dele em tudo que fizer, e ele lhe mostrará
o caminho que deve seguir.
7Não se impressione com sua própria sabedoria; tema o SE-
NHOR e afaste-se do mal.
8Então você terá saúde para o corpo e força para os ossos.
9Honre o SENHOR com suas riquezas e com a melhor parte de
tudo que produzir.

10Então seus celeiros se encherão de cereais, e seus tonéis
transbordarão de vinho.
11Meu filho, não rejeite a disciplina do SENHOR; não desanime
quando ele o corrigir.
12Pois o SENHOR corrige quem ele ama, assim como o pai cor-
rige o filho a quem ele quer bem.
13Feliz é a pessoa que encontra sabedoria, aquela que adquire
entendimento.
14Pois a sabedoria dá mais lucro que a prata e rende mais
que o ouro.
15A sabedoria vale muito mais que rubis; nada do que você
deseja se compara a ela.
16Com a mão direita, ela oferece vida longa; com a esquerda,
riqueza e honra.
17Ela o guiará por estradas agradáveis; todos os seus caminhos
levam a uma vida de paz.
18A sabedoria é árvore de vida para quem dela toma posse;
felizes os que se apegam a ela com firmeza.
19Por meio da sabedoria, o SENHOR fundou a terra; por meio do
entendimento, estabeleceu os céus.
20Por seu conhecimento, brotam as fontes profundas e do céu
cai o orvalho durante a noite.
21Meu filho, não perca de vista o bom senso e o discernimento;
apegue-se a eles, 22pois darão vigor à sua alma e serão como
joias em seu pescoço.
23Eles o manterão seguro em seu caminho, e seus pés não
tropeçarão.
24Quando for dormir, não sentirá medo; quando se deitar, terá
sono tranquilo.
25Não precisará temer o desastre repentino, nem a destruição
que vem sobre os perversos.
26Pois o SENHOR será sua segurança; não permitirá que seu pé
fique preso numa armadilha.
27Não deixe de fazer o bem àqueles que precisarem, sempre
que isso estiver ao seu alcance.
28Se você pode ajudar seu próximo agora, não lhe diga: "Volte
amanhã, e lhe darei algo".
29Não planeje o mal contra seu próximo, pois quem mora por
perto confia em você.
30Não procure motivos para brigar, se ninguém lhe fez mal.
31Não tenha inveja dos violentos, nem imite sua conduta.
32Esses perversos são detestáveis para o SENHOR, mas aos
justos ele oferece sua amizade.
33O SENHOR amaldiçoa a casa dos perversos, mas abençoa o
lar dos justos.
34O SENHOR zomba dos zombadores, mas concede graça aos
humildes.
35Os sábios recebem honra como herança, mas os tolos são
envergonhados em público.

O conselho sábio de um pai

4 Meus filhos, ouçam quando seu pai lhes ensina; prestem
atenção e aprendam a ter discernimento.
2Pois a orientação que lhes dou é boa; não se afastem de mi-
nhas instruções.
3Quando eu era filho de meu pai, filho único, amado por minha
mãe, 4meu pai me ensinava: "Leve minhas palavras a sério!
Siga meus mandamentos, e viverá.
5Adquira sabedoria e aprenda a ter discernimento; não se es-
queça de minhas palavras nem se afaste delas.
6Não abandone a sabedoria, pois ela o protegerá; ame-a, e
ela o guardará.
7Adquirir sabedoria é a coisa mais sábia que você pode fazer;
em tudo o mais, aprenda a ter discernimento.
8Se você der valor à sabedoria, ela o engrandecerá; abrace-a,
e ela o honrará.
9Ela lhe colocará uma bela grinalda na cabeça e o presenteará
com uma linda coroa".
10Meu filho, ouça minhas palavras e ponha-as em prática, e
terá uma vida longa e boa.
11Eu lhe ensinarei o caminho da sabedoria e o conduzirei por
uma estrada reta.
12Quando andar por ele, nada o deterá; quando correr, não
tropeçará.
13Apegue-se às minhas instruções e não as solte; guarde-as
bem, pois são a chave da vida.
14Não imite a conduta dos perversos, nem siga pelos caminhos
dos maus.
15Nem pense nisso, não vá por esse caminho; desvie-se dele
e siga adiante.
16Pois os perversos não dormem enquanto não praticam o mal;
não descansam enquanto não fazem alguém tropeçar.
17Comem o pão da perversidade e bebem o vinho da violência.
18O caminho dos justos é como a primeira luz do amanhecer,
que brilha cada vez mais até o dia pleno clarear.
19O caminho dos perversos é como a mais absoluta escuridão;
nem sequer sabem o que os faz tropeçar.
20Meu filho, preste atenção ao que digo; ouça bem minhas
palavras.
21Não as perca de vista; mantenha-as no fundo do coração.
22Pois elas dão vida a quem as encontra e saúde a todo o
corpo.
23Acima de todas as coisas, guarde seu coração, pois ele dirige
o rumo de sua vida.
24Evite toda conversa maldosa; afaste-se das palavras per-
versas.
25Olhe sempre para frente; mantenha os olhos fixos no que
está diante de você.
26Estabeleça um caminho reto para seus pés; permaneça na
estrada segura.
27Não se desvie nem para a direita nem para a esquerda; não
permita que seus pés sigam o mal.

Evite mulheres imorais

5 Meu filho, preste atenção à minha sabedoria; ouça bem
meu conselho prudente.

2Assim você mostrará discernimento, e seus lábios expressarão
o que aprendeu.
3Pois os lábios da mulher imoral são doces como mel, e sua
boca é mais suave que azeite.
4No fim, porém, ela é amarga como veneno e afiada como uma
espada de dois gumes.
5Seus pés descem para a morte; seus passos conduzem direto
à sepultura.
6Pois ela não se interessa pelo caminho da vida; não se dá
conta de que anda sem rumo por uma trilha tortuosa.
7Portanto, meu filho, preste atenção; nunca se desvie do que
irei lhe dizer.
8Mantenha distância dessa mulher; não se aproxime da porta
de sua casa!
9Se o fizer, perderá sua honra e entregará a homens impie-
dosos tudo que conquistou.
10Estranhos consumirão sua riqueza, e outros desfrutarão o
fruto de seu trabalho.
11No final, você gemerá de angústia, quando a doença lhe
consumir o corpo.
12Dirá: "Como odiei a disciplina! Se ao menos não tivesse des-
prezado as advertências!
13Por que não ouvi meus mestres? Por que não dei atenção aos
que me instruíam?
14Cheguei à beira da ruína total, e agora todos saberão de
minha vergonha!".
15Beba a água de sua própria cisterna, compartilhe seu amor
somente com sua esposa.
16Por que derramar pelas ruas a água de suas fontes, ao ter
sexo com qualquer mulher?
17Reserve essa água apenas para vocês; não a reparta com
estranhos.
18Seja abençoada a sua fonte! Alegre-se com a mulher de sua
juventude!
19Ela é gazela amorosa, corça graciosa; que os seios de sua
esposa o satisfaçam sempre e você seja cativado por seu amor
todo o tempo!
20Por que, meu filho, se deixar cativar pela mulher imoral, ou
acariciar os seios da promíscua?
21Pois o SENHOR vê com clareza o que o homem faz e examina
todos os seus caminhos.
22O perverso é cativo dos próprios pecados; são cordas que o
apanham e o prendem.
23Ele morrerá por falta de disciplina e se perderá por sua
grande insensatez.

Lições para a vida diária

6 Meu filho, se você aceitou ser fiador de seu amigo ou se
concordou em garantir a dívida de um estranho, 2se caiu
numa armadilha por causa do acordo feito e se está preso por
suas palavras, 3siga meu conselho e livre-se dessa obrigação,
pois você se colocou nas mãos de seu amigo. Procure-o, hu-
milhe-se e insista com ele.
4Não deixe para amanhã; não descanse enquanto não resolver
essa situação.
5Livre-se como a gazela que escapa do caçador, como o pás-
saro que foge da rede.
6Aprenda com a formiga, preguiçoso! Observe como ela age
e seja sábio.
7Embora não tenha príncipe, nem autoridade, nem gover-
nante, 8ela trabalha duro durante todo o verão, juntando co-
mida para o inverno.
9Mas você, preguiçoso, até quando dormirá? Quando sairá
da cama?
10Um pouco mais de sono, mais um cochilo, mais um descanso
com os braços cruzados, 11e a pobreza o assaltará como um
bandido; a escassez o atacará como um ladrão armado.
12Como são os desprezíveis e os perversos? Eles vivem men-
tindo:
13demonstram sua falsidade com um piscar de olho, com um
movimento do pé ou por sinais com os dedos.
14Seu coração pervertido trama a maldade, e andam sempre
criando problemas.
15Por isso, serão destruídos de repente, despedaçados num
instante sem que possam se recuperar.
16Há seis coisas que o SENHOR odeia, ou melhor, sete coisas que
ele considera detestáveis:
17olhos arrogantes, língua mentirosa, mãos que matam o ino-
cente, 18coração que trama a maldade, pés que se apressam
em fazer o mal, 19testemunha falsa que diz mentiras, e aquele
que semeia desentendimento entre irmãos.
20Meu filho, obedeça aos mandamentos de seu pai e não deixe
de lado a instrução de sua mãe.
21Guarde as palavras deles em seu coração e amarre-as em
seu pescoço.
22Quando você andar, os conselhos de seus pais o guiarão;
quando dormir, eles o protegerão; quando acordar, eles o
orientarão.
23Pois o mandamento é lâmpada, e a instrução é luz; e as cor-
reções da disciplina são o caminho que conduz à vida.
24Eles o protegerão da mulher imoral, das palavras sedutoras
da promíscua.
25Não cobice sua beleza; não deixe que seus olhares o se-
duzam.
26Pois a prostituta o levará à pobreza, mas dormir com a es-
posa de outro homem lhe custará a vida.
27Pode um homem carregar fogo junto ao peito sem que a
roupa se queime?
28Pode alguém caminhar sobre brasas sem que os pés se
queimem?
29Assim acontece com quem dorme com a mulher de outro;
aquele que a toca não ficará sem castigo.
30Pode-se encontrar desculpa para o ladrão que rouba porque
está com fome.
31Ainda assim, se for apanhado, terá de pagar sete vezes o que
roubou, mesmo que precise vender tudo que há em sua casa.

32Mas o homem que comete adultério não tem juízo, pois des-
trói a si mesmo.
33Será ferido e desonrado, e sua vergonha jamais se apagará.
34Porque o marido ciumento ficará furioso e não terá miseri-
córdia quando se vingar.
35Não aceitará compensação alguma, nem se satisfará com os
presentes mais valiosos.

Outra advertência sobre mulheres imorais

7 Meu filho, siga meu conselho; guarde meus mandamentos
como um tesouro.
2Obedeça a meus mandamentos e viva; cuide de minhas ins-
truções como da menina de seus olhos.
3Amarre-as aos dedos como lembrança e escreva-as no fundo
do coração.
4Ame a sabedoria como se fosse sua irmã e faça do discerni-
mento um membro da família.
5Eles o guardarão da mulher imoral, das palavras sedutoras
da promíscua.
6Enquanto estava à janela de minha casa e olhava pela cortina,
7vi alguns rapazes ingênuos e percebi um entre eles que não
tinha juízo.
8Ele atravessava a rua, perto da esquina onde morava certa
mulher, e caminhava em direção à casa dela.
9Era o crepúsculo, o anoitecer, quando caía a escuridão pro-
funda.
10A mulher se aproximou dele, com roupas provocantes e co-
ração malicioso.
11Era ousada e inquieta, do tipo que nunca para em casa.
12Está sempre nas ruas e nos mercados, à espreita em cada
esquina.
13Abraçou o rapaz e o beijou e, sem a menor vergonha, lhe
disse:
14"Hoje apresentei uma oferta de paz e cumpri meus votos.
15Por isso, estava à sua procura; saí para encontrá-lo, e agora
o achei!
16Estendi lindas cobertas sobre minha cama e lençóis coloridos
de linho egípcio.
17Perfumei minha cama com mirra, aloés e canela.
18Venha, vamos nos embriagar de amor até o amanhecer!
Vamos desfrutar as carícias um do outro,
19pois meu marido
não está em casa. Ele partiu numa longa viagem;
20levou con-
sigo uma bolsa cheia de dinheiro e só voltará no fim do mês".
21Assim ela o seduziu com palavras agradáveis e com elogios
doces o atraiu.
22Ele a acompanhou de imediato, como boi que vai para o
matadouro, como cervo que caiu na armadilha
23à espera da flecha que lhe atravessará o coração, como o
pássaro que voa direto para o laço, sem saber que lhe custará
a vida.
24Portanto, meu filho, ouça-me; preste atenção às minhas
palavras.
25Não deixe que seu coração se desvie para ela, não se perca
em seus caminhos tortuosos.
26Pois ela causou a ruína de muitos; não são poucas as suas
vítimas.
27Sua casa é o caminho para a sepultura, seu quarto é a câ-
mara da morte.

A Sabedoria pede para ser ouvida

8 Escutem, pois a Sabedoria chama! Ouçam, porque o enten-
dimento levanta a voz!
2No alto dos montes, junto ao caminho, a Sabedoria se coloca
nas encruzilhadas.
3Ao lado das portas da cidade, na entrada, ela anuncia:
4"A vocês eu clamo, a todos vocês! Levanto minha voz para
todo o povo.
5Vocês, inexperientes, mostrem discernimento! Vocês, tolos,
mostrem entendimento!
6Ouçam, pois tenho coisas importantes a lhes dizer. Tudo que
digo é correto,
7pois falo a verdade, e toda espécie de engano
é detestável para mim.
8Meu conselho é justo; não há nada nele que distorça a ver-
dade ou dela se desvie.
9Minhas palavras são claras para os que têm entendimento e
corretas para os que têm conhecimento.
10Escolham minha instrução em vez da prata e o conhecimento
em vez do ouro puro.
11Pois a sabedoria vale muito mais que rubis; nada do que você
deseja se compara a ela.
12"Eu, a Sabedoria, moro com a prudência; sei onde encontrar
conhecimento e discernimento.
13Quem teme o SENHOR odeia o mal; portanto, odeio o orgulho
e a arrogância, a corrupção e as palavras perversas.
14O bom senso e o sucesso me pertencem, o discernimento e
o poder são meus.
15Graças a mim, os reis governam e as autoridades emitem
decretos justos.
16Com minha ajuda, as autoridades lideram e os nobres julgam
com justiça.
17"Amo os que me amam; os que me procuram por certo me
encontrarão.
18Tenho riquezas e honra, bens duradouros e justiça.
19Minha dádiva vale mais que ouro, mais que ouro puro; meu
rendimento é melhor que a fina prata.
20Ando em retidão, nos caminhos da justiça.
21Os que me amam recebem riquezas como herança; sim, en-
cherei seus tesouros!
22"O SENHOR me estabeleceu desde o princípio, antes de criar
qualquer outra coisa.
23Fui designada desde eras passadas, logo no início, antes
de a terra existir.
24Nasci antes que os oceanos fossem criados, antes que a água
brotasse de suas fontes.
25Nasci antes de serem formados os montes, antes de exis-

tirem as colinas, 26quando ele ainda não havia feito a terra e
os campos, nem o primeiro punhado de terra.
27Eu estava lá quando ele estabeleceu o céu, quando traçou o
horizonte sobre os oceanos.
28Estava lá quando ele pôs as nuvens no alto, quando estabe-
leceu fontes nas profundezas da terra.
29Estava lá quando ele determinou os limites do mar, para
que não avançasse além de suas divisas. E, quando ele de-
marcou os alicerces da terra, 30eu estava ao seu lado como
arquiteta. Eu era sua alegria constante, sempre exultando em
sua presença.
31Como me alegrei com o mundo que ele criou! Como exultei
com a humanidade!
32"Por isso, meus filhos, ouçam-me, pois todos que seguem
meus caminhos são felizes.
33Ouçam minha instrução e sejam sábios; não a desprezem.
34Felizes os que me ouvem, que ficam à minha porta todos os
dias, esperando por mim na entrada de minha casa!
35Pois quem me encontra, encontra vida e recebe o favor do
SENHOR.
36Quem não me encontra, prejudica a si mesmo; todos que me
odeiam amam a morte".

9 A Sabedoria construiu sua casa e ergueu suas sete colunas.
2Preparou um grande banquete; misturou os vinhos e ar-
rumou a mesa.
3Enviou suas servas para convidarem a todos; do ponto mais
alto da cidade, ela clama:
4"Venham à minha casa todos os ingênuos", e aos que não
têm juízo ela diz:
5"Venham, comam de meu banquete e bebam do vinho que
misturei.
6Deixem sua ingenuidade para trás e vivam; andem pelo ca-
minho do discernimento".
7Quem repreende o zombador recebe insulto como resposta;
quem corrige o perverso prejudica a si mesmo.
8Não se dê o trabalho de repreender o zombador, pois ele o
odiará; repreenda, porém, o sábio, e ele o amará.
9Instrua o sábio, e ele crescerá na sabedoria; ensine o justo, e
ele aprenderá ainda mais.
10O temor do SENHOR é o princípio da sabedoria; o conheci-
mento do Santo resulta em discernimento.
11A sabedoria multiplicará seus dias e tornará sua vida mais
longa.
12Se você se tornar sábio, o benefício será seu; se desprezar a
sabedoria, sofrerá as consequências.

A Insensatez pede para ser ouvida

13A mulher chamada Insensatez é atrevida; é ignorante e nem
se dá conta disso.
14Senta-se à porta de sua casa, no ponto mais alto da cidade.
15Clama aos que passam pelo caminho, ocupados com seus
próprios assuntos:
16"Venham à minha casa todos os ingênuos", e aos que não
têm juízo ela diz:
17"Água roubada é mais refrescante! Pão comido às escondidas
é mais saboroso!".
18Mal sabem, porém, que ali estão os mortos; seus convidados
estão nas profundezas da sepultura.

Provérbios de Salomão

10 Os provérbios de Salomão: O filho sábio alegra seu pai, o
filho tolo entristece sua mãe.
2As riquezas de origem desonesta não têm valor duradouro,
mas uma vida justa livra da morte.
3O SENHOR não deixa o justo passar fome, mas se recusa a
satisfazer o desejo dos perversos.
4O preguiçoso logo empobrece, mas os que trabalham com
dedicação enriquecem.
5O jovem sábio faz a colheita no verão, mas o que dorme du-
rante a colheita é uma vergonha.
6O justo é coberto de bênçãos, mas as palavras dos perversos
ocultam violência.
7O justo deixa boas lembranças, mas o nome dos perversos
apodrece.
8O sábio recebe os mandamentos de bom grado, mas as pala-
vras do insensato causam sua ruína.
9Quem anda em integridade anda em segurança; quem segue
caminhos tortuosos será exposto.
10Quem fecha os olhos para a maldade causa problemas, mas
a repreensão clara promove a paz.
11As palavras do justo são fonte de vida; as palavras dos per-
versos ocultam intenções violentas.
12O ódio provoca brigas, mas o amor cobre todas as ofensas.
13Palavras sábias vêm dos lábios de quem tem entendimento,
mas quem não tem juízo é castigado com a vara.
14Os sábios guardam o conhecimento como um tesouro, mas a
conversa do insensato só conduz à desgraça.
15A riqueza do rico é sua fortaleza; a pobreza dos pobres é
sua destruição.
16O salário do justo produz vida, mas o dinheiro do perverso o
conduz ao pecado.
17Quem aceita a disciplina está no caminho da vida, mas o que
despreza a repreensão se desvia dele.
18Quem esconde o ódio se torna mentiroso; quem espalha
calúnias é tolo.
19Quem fala demais acaba pecando; quem é prudente fica de
boca fechada.
20As palavras do justo são como a fina prata; o coração do
perverso não tem valor algum.
21As palavras do justo dão ânimo a muitos, mas os insensatos
são destruídos por falta de juízo.
22A bênção do SENHOR traz riqueza, e ele não permite que a
tristeza a acompanhe.
23O tolo se diverte em fazer o mal, mas o sensato tem prazer
em viver com sabedoria.

24Os temores do perverso se tornarão realidade; as esperanças
dos justos lhe serão concedidas.
25As tempestades da vida levam embora o perverso, mas o
justo tem alicerce duradouro.
26Como vinagre nos dentes ou fumaça nos olhos, assim o pre-
guiçoso irrita seus chefes.
27O temor do SENHOR prolonga a vida, mas os dias dos per-
versos são encurtados.
28As esperanças dos justos resultam em alegria; as expecta-
tivas dos perversos não dão em nada.
29O caminho do SENHOR é fortaleza para os íntegros, mas é
destruição para os que praticam o mal.
30O justo jamais será abalado, mas os perversos serão remo-
vidos da terra.
31A boca do justo oferece conselhos sábios, mas a língua que
engana será cortada.
32Dos lábios do justo vêm palavras proveitosas, mas da boca
dos perversos só vêm palavras más.

11 O uso de balanças desonestas é detestável para o SENHOR,
mas ele se alegra com pesos exatos.
2O orgulho leva à desgraça, mas com a humildade vem a sa-
bedoria.
3A honestidade guia os justos; a desonestidade destrói os
desleais.
4As riquezas de nada ajudarão no dia do juízo, mas uma vida
justa livra da morte.
5A integridade dirige os passos do justo, mas o peso do pecado
cai sobre os perversos.
6A justiça dos justos os livra; a ambição dos desleais os apanha
numa armadilha.
7Quando o perverso morre, sua esperança morre com ele, pois
confiou na própria força.
8O justo é salvo da angústia, mas o perverso a recebe em lugar
dele.
9O hipócrita, com suas palavras, destrói seus amigos, mas o
conhecimento livra os justos.
10A cidade inteira comemora o sucesso dos justos; todos gritam
de alegria quando morrem os perversos.
11A cidade prospera pelos benefícios que os justos trazem, mas
as palavras dos perversos a destroem.
12É falta de bom senso desprezar o próximo; a pessoa sensata
permanece calada.
13O fofoqueiro espalha segredos, mas a pessoa confiável sabe
guardar confidências.
14Sem uma liderança sábia, a nação cai; ter muitos conse-
lheiros lhe dá segurança.
15Quem aceita ser fiador terá problemas; quem evita esse com-
promisso está seguro.
16A mulher bondosa ganha respeito; tudo que os homens cruéis
obtêm é riqueza.
17Quem faz o bem beneficia a si mesmo; quem pratica o mal
só se prejudica.
18A riqueza do perverso dura apenas um momento, mas a re-
compensa do justo é duradoura.
19O justo encontra a vida; o perverso encontra a morte.
20Os perversos de coração são detestáveis para o SENHOR, mas
ele se alegra com os que andam em integridade.
21O perverso certamente será castigado, mas os justos serão
poupados.
22A mulher bonita, mas indiscreta, é como anel de ouro em
focinho de porco.
23Os justos têm a expectativa de uma recompensa, enquanto
os perversos só podem esperar o juízo.
24Quem dá com generosidade se torna mais rico, mas o mes-
quinho perde tudo.
25O generoso prospera; quem revigora outros será revigorado.
26O povo amaldiçoa quem esconde os cereais, mas abençoa
quem os vende no tempo de necessidade.
27Quem procura o bem encontra favor; quem procura o mal
será encontrado por ele.
28Quem confia em seu dinheiro cairá, mas o justo floresce
como a verde folhagem.
29Quem causa problemas à família herda o vento; o insensato
se torna servo do sábio.
30O fruto do justo é árvore de vida; o sábio conquista pessoas.
31Se o justo recebe o que merece aqui na terra, quanto mais
o pecador perverso.

12 Para aprender, é preciso amar a disciplina; é estupidez
odiar a repreensão.
2O SENHOR aprova a pessoa de bem, mas condena quem pla-
neja o mal.
3A perversidade nunca traz estabilidade, mas a raiz dos justos
permanecerá firme.
4A mulher virtuosa coroa de honra seu marido, mas a que age
vergonhosamente é como câncer em seus ossos.
5Os planos do justo são corretos, mas os conselhos do perverso
são traiçoeiros.
6As palavras do perverso são emboscada mortal, mas as pala-
vras dos justos salvam vidas.
7Os perversos morrem e desaparecem, mas a família dos justos
permanece firme.
8O sensato recebe elogios, mas o perverso de coração é des-
prezado.
9É melhor ser uma pessoa simples e ter quem a ajude que
aparentar ser quem não é e não ter o que comer.
10O justo cuida de seus animais, mas os perversos são sempre
cruéis.
11Quem trabalha com dedicação tem fartura de alimento; quem
corre atrás de fantasias não tem juízo.
12Os ladrões invejam o despojo uns dos outros, mas os justos
estão bem arraigados e florescem.
13O perverso é apanhado na armadilha das próprias palavras,
mas o justo escapa dessa aflição.

14 As palavras sábias produzem muitos benefícios, e o trabalho
árduo é recompensado.
15 O insensato pensa que sua conduta é correta, mas o sábio dá
ouvidos aos conselhos.
16 O insensato se ira com facilidade, mas o sábio ignora a
ofensa.
17 A testemunha honesta diz a verdade; a testemunha falsa
conta mentiras.
18 Os comentários de algumas pessoas ferem, mas as palavras
dos sábios trazem cura.
19 Palavras verdadeiras resistem à prova do tempo, mas as
mentiras logo ficam evidentes.
20 O engano enche o coração dos que tramam o mal; a alegria
enche o coração dos que promovem a paz.
21 Nenhum mal vem sobre o justo, mas os perversos enfrentam
todo tipo de dificuldade.
22 Os lábios mentirosos são detestáveis para o SENHOR, mas os
que dizem a verdade lhe trazem alegria.
23 O sábio não se gaba de seu conhecimento, mas os tolos mos-
tram a todos sua insensatez.
24 Quem trabalha com dedicação chega a ser líder, mas o pre-
guiçoso se torna escravo.
25 A preocupação deprime a pessoa, mas uma palavra de in-
centivo a anima.
26 O justo dá bons conselhos a seus amigos, mas os perversos
os desencaminham.
27 O preguiçoso nem mesmo cozinha o animal que caçou, mas o
que trabalha com dedicação valoriza tudo que possui.
28 O caminho dos justos conduz à vida; é uma estrada que não
leva à morte.

13 O filho sábio aceita a disciplina de seu pai; o zombador se
recusa a ouvir a repreensão.
2 Com palavras sábias consegue-se uma boa refeição, mas os
desleais têm fome de violência.
3 Quem controla a língua terá vida longa; quem fala demais
acaba se arruinando.
4 O preguiçoso muito quer e nada alcança, mas os que traba-
lham com dedicação prosperam.
5 O justo odeia mentiras; o perverso causa vergonha e desonra.
6 A justiça guarda o caminho do íntegro, mas a perversidade
desencaminha o pecador.
7 Alguns que são pobres fingem ser ricos; outros que são ricos
fingem ser pobres.
8 O rico tem como pagar resgate por sua vida; o pobre nem
sequer é ameaçado.
9 A vida dos justos brilha alegremente, mas a luz dos perversos
se apagará.
10 O orgulho só traz conflitos, mas os que aceitam conselhos
são sábios.
11 O dinheiro ganho por meios ilícitos logo acaba; a riqueza
conquistada com trabalho árduo cresce com o tempo.
12 A esperança adiada faz o coração ficar doente, mas o sonho
realizado é árvore de vida.
13 Quem despreza o bom conselho se envolve em dificuldades;
quem respeita o mandamento será bem-sucedido.
14 A instrução do sábio é fonte de vida; quem a aceita escapa
das armadilhas da morte.
15 O sensato é respeitado; o desleal caminha para a destruição.
16 O sábio pensa antes de agir; os tolos se gabam de sua in-
sensatez.
17 O mensageiro desleal depara com dificuldades, mas o men-
sageiro confiável traz cura.
18 Quem despreza a disciplina acabará em pobreza e vergonha;
quem aceita a repreensão será honrado.
19 É agradável ver sonhos se realizarem, mas os tolos se re-
cusam a se afastar do mal.
20 Quem anda com os sábios se torna sábio, mas quem anda
com os tolos sofrerá as consequências.
21 Desgraças perseguem os pecadores, enquanto bênçãos re-
compensam os justos.
22 A pessoa de bem deixa herança para os netos, mas a riqueza
do pecador vai para as mãos do justo.
23 As terras dos pobres produzem muito alimento, mas a injus-
tiça tudo consome.
24 Quem não corrige os filhos mostra que não os ama; quem
ama os filhos se preocupa em discipliná-los.
25 O justo come até se satisfazer, mas o estômago dos per-
versos fica vazio.

14 A mulher sábia edifica o lar, mas a insensata o destrói
com as próprias mãos.
2 Quem anda pelo caminho reto teme o SENHOR; quem escolhe
estradas tortuosas o despreza.
3 A conversa arrogante do insensato se torna uma vara que o
castiga, mas as palavras do sábio o protegem.
4 Um estábulo sem bois permanece limpo, mas é a força do boi
que provê a colheita farta.
5 A testemunha honesta não mente; a testemunha falsa respira
mentiras.
6 O zombador procura sabedoria e nunca a encontra, mas para
o que tem discernimento o conhecimento vem fácil.
7 Afaste-se do tolo, pois em seus lábios não achará conheci-
mento.
8 O prudente sabe para onde vai, mas os insensatos enganam
a si mesmos.
9 Os insensatos zombam da própria culpa, mas os justos a re-
conhecem e buscam reconciliação.
10 Cada coração conhece sua própria amargura, e ninguém
pode compartilhar de toda a sua alegria.
11 A casa dos perversos será destruída, mas a tenda dos justos
florescerá.
12 Há caminhos que a pessoa considera corretos, mas que
acabam levando à estrada da morte.

13 O riso pode esconder o coração aflito, mas, quando a alegria se extingue, a dor permanece.

14 O desleal recebe o que merece, mas a pessoa de bem é recompensada.

15 O ingênuo acredita em tudo que ouve; o prudente examina seus passos com cuidado.

16 O sábio é cauteloso e evita o perigo; o tolo confia demais em si mesmo e se precipita.

17 Quem se ira com facilidade faz coisas tolas; quem trama o mal é odiado.

18 Os ingênuos são revestidos de insensatez, enquanto os prudentes são coroados de conhecimento.

19 Os maus se prostrarão diante dos bons; os perversos se curvarão à porta dos justos.

20 Os pobres são desprezados pelos vizinhos, enquanto os ricos têm muitos amigos.

21 É pecado desprezar o próximo; feliz o que ajuda os pobres.

22 Os que tramam fazer o mal se perdem, mas os que planejam fazer o bem encontram amor e fidelidade.

23 O trabalho árduo produz lucro, mas a conversa fiada leva à pobreza.

24 A riqueza é coroa para os sábios, mas a insensatez dos tolos só resulta em mais insensatez.

25 A testemunha confiável salva vidas, mas a testemunha falsa é traidora.

26 Quem teme o SENHOR está seguro; ele é refúgio para seus filhos.

27 O temor do SENHOR é fonte de vida; ajuda a escapar das armadilhas da morte.

28 Uma população que cresce é a glória do rei, mas a falta de súditos é a ruína do príncipe.

29 Quem tem entendimento controla sua raiva; quem se ira facilmente demonstra grande insensatez.

30 O contentamento dá saúde ao corpo; a inveja é como câncer nos ossos.

31 Quem oprime o pobre insulta seu Criador, mas quem ajuda o necessitado honra a Deus.

32 O perverso é destruído por sua maldade, mas o justo encontra refúgio mesmo na hora da morte.

33 A sabedoria é preservada no coração sensato; não é possível encontrá-la entre os tolos.

34 A justiça engrandece a nação, mas o pecado é vergonha para qualquer povo.

35 O rei se alegra em seus servos prudentes, mas se enfurece contra os que o envergonham.

15

A resposta gentil desvia o furor, mas a palavra ríspida desperta a ira.

2 A língua dos sábios torna atraente o conhecimento, mas a boca dos tolos despeja a insensatez.

3 Os olhos do SENHOR estão em todo lugar; observam tanto os maus como os bons.

4 Palavras suaves são árvore de vida, mas a língua enganosa esmaga o espírito.

5 O insensato despreza a instrução de seu pai, mas quem aprende com a repreensão demonstra prudência.

6 Há tesouros na casa do justo, mas os rendimentos dos perversos causam problemas.

7 A boca dos sábios espalha conhecimento; o coração dos tolos nada tem a oferecer.

8 Os sacrifícios dos perversos são detestáveis para o SENHOR, mas ele tem prazer nas orações dos justos.

9 Os caminhos dos perversos são detestáveis para o SENHOR, mas ele ama aquele que busca a justiça.

10 Quem abandona o caminho correto sofrerá disciplina severa; quem odeia a repreensão morrerá.

11 A Morte e a Destruição nada escondem do SENHOR, quanto mais o coração humano!

12 O zombador odeia ser repreendido, por isso se afasta dos sábios.

13 O coração contente alegra o rosto, mas o coração triste abate o espírito.

14 O sábio tem fome de conhecimento, enquanto os tolos se alimentam de insensatez.

15 Para os aflitos, todos os dias são difíceis; para o coração alegre, a vida é um banquete contínuo.

16 É melhor ter pouco e temer o SENHOR que ter um grande tesouro e viver ansioso.

17 Um prato de verduras ao lado de quem você ama é melhor que carne saborosa junto de alguém que você odeia.

18 Quem se ira facilmente provoca brigas, mas quem tem paciência acalma a discussão.

19 O caminho do preguiçoso é bloqueado por espinhos, mas o caminho do justo é uma estrada aberta.

20 O filho sensato alegra seu pai; o filho tolo despreza sua mãe.

21 A insensatez alegra quem não tem juízo, mas quem tem bom senso permanece no caminho certo.

22 Planos fracassam onde não há conselho, mas têm êxito quando há muitos conselheiros.

23 Todos se alegram quando dão a resposta apropriada; como é bom dizer a coisa certa na hora certa!

24 O caminho da vida leva o prudente para cima; ele deixa a sepultura para trás.

25 O SENHOR derruba a casa dos orgulhosos, mas protege a propriedade da viúva.

26 Os planos perversos são detestáveis para o SENHOR, mas ele tem prazer nas palavras puras.

27 A cobiça traz aflição para toda a família, mas quem odeia subornos viverá.

28 O coração do justo pensa bem antes de falar; a boca dos perversos transborda de palavras maldosas.

29 O SENHOR está longe dos perversos, mas ouve as orações dos justos.

30 O olhar animador alegra o coração; boas notícias dão vigor ao corpo.

31 Quem dá ouvidos à crítica construtiva se sente à vontade entre os sábios.

32 Quem rejeita a disciplina prejudica a si mesmo, mas quem dá ouvidos à repreensão adquire entendimento.

33 O temor do SENHOR ensina sabedoria; a humildade precede a honra.

16 É da natureza humana fazer planos, mas a resposta certa vem do SENHOR.

2 Ainda que as pessoas se considerem puras, o SENHOR examina as intenções de cada um.

3 Confie ao SENHOR tudo que você faz, e seus planos serão bem-sucedidos.

4 O SENHOR fez tudo com propósito, até mesmo o perverso para o dia da calamidade.

5 Os orgulhosos são detestáveis para o SENHOR; certamente serão castigados.

6 Amor e fidelidade fazem expiação pelo pecado; o temor do SENHOR evita o mal.

7 Quando a vida de uma pessoa agrada o SENHOR, até seus inimigos vivem em paz com ela.

8 É melhor ter pouco com justiça que ser rico com desonestidade.

9 É da natureza humana fazer planos, mas é o SENHOR quem dirige nossos passos.

10 As decisões do rei têm grande autoridade; ele nunca deve julgar de modo injusto.

11 O SENHOR exige balanças e pesos exatos; ele determina os padrões da imparcialidade.

12 A maldade é detestável para o rei, pois seu governo é estabelecido sobre a justiça.

13 O rei se agrada de palavras que vêm de lábios justos e ama quem fala o que é certo.

14 A ira do rei é como uma sentença de morte, mas o sábio procura acalmá-lo.

15 Quando o rei sorri, há vida; seu favor refresca como chuva de primavera.

16 É melhor adquirir sabedoria que ouro, e é melhor obter discernimento que prata.

17 O caminho dos justos os afasta do mal; quem segue esse caminho está seguro.

18 O orgulho precede a destruição; a arrogância precede a queda.

19 É melhor viver humildemente com os pobres que repartir o despojo com os orgulhosos.

20 Quem ouve a instrução prospera; quem confia no SENHOR é feliz.

21 O sábio é conhecido por seu discernimento; palavras agradáveis são convincentes.

22 A sensatez é fonte de vida para quem a possui, mas é desperdício disciplinar os insensatos.

23 Da mente sábia vêm conselhos sábios; as palavras dos sábios são convincentes.

24 Palavras bondosas são como mel: doces para a alma e saudáveis para o corpo.

25 Há caminhos que a pessoa considera corretos, mas acabam levando à estrada da morte.

26 É bom que os trabalhadores tenham apetite; o estômago vazio os impulsiona.

27 A pessoa sem caráter cria problemas; suas palavras são fogo destruidor.

28 O perverso semeia discórdia; o difamador separa até os melhores amigos.

29 A pessoa violenta engana os companheiros e os leva para o mau caminho.

30 Com olhos semicerrados as pessoas tramam o mal; com sorriso malicioso o põem em prática.

31 Os cabelos brancos são coroa de glória, para quem andou nos caminhos da justiça.

32 É melhor ser paciente que poderoso; é melhor ter autocontrole que conquistar uma cidade.

33 As pessoas podem lançar as sortes, mas quem determina o resultado é o SENHOR.

17 É melhor um pedaço de pão seco e paz que uma casa cheia de banquetes e conflitos.

2 O servo prudente governará sobre o filho que envergonha o pai e terá parte na herança com os filhos de seu senhor.

3 O fogo prova a pureza da prata e do ouro, mas o SENHOR prova o coração.

4 A pessoa má gosta de ouvir maldades; o mentiroso dá atenção a palavras destrutivas.

5 Quem zomba do pobre insulta seu Criador; quem se alegra com a desgraça alheia será castigado.

6 Os netos são coroa de honra para os idosos; os pais são o orgulho de seus filhos.

7 Não convém ao tolo falar com eloquência, e muito menos ao governante mentir.

8 O suborno é como um amuleto da sorte; quem o oferece sempre alcança o que quer.

9 Quem perdoa a ofensa mostra amor, mas quem insiste nela separa amigos.

10 Uma repreensão é mais eficaz para o prudente que cem açoites para o tolo.

11 A pessoa má sempre procura razão para se rebelar, por isso será severamente castigada.

12 É melhor deparar com uma ursa da qual roubaram os filhotes que confrontar um tolo em sua insensatez.

13 Quem paga o bem com o mal sempre terá o mal em sua casa.

14 Começar uma briga é como abrir a comporta de uma represa; portanto, pare antes que irrompa a discussão.

15 Absolver o culpado e condenar o inocente são duas coisas detestáveis para o SENHOR.

16 De nada adianta pagar para instruir o tolo, pois ele não tem vontade de aprender.

17 O amigo é sempre leal, e um irmão nasce na hora da dificuldade.

18 É falta de juízo dar garantia pela dívida de alguém ou aceitar ser fiador de um amigo.

19 Quem gosta de brigar ama o pecado; quem confia em muralhas procura a própria ruína.

20 O coração perverso não prospera; a língua mentirosa se mete em dificuldades.

21 O filho tolo causa tristeza ao pai; não há alegria para o pai de um rebelde.

22 O coração alegre é um bom remédio, mas o espírito abatido consome as forças.

23 O perverso recebe suborno em segredo, para desviar o rumo da justiça.

24 O sensato mantém os olhos fixos na sabedoria, mas os olhos do tolo vagueiam até os confins da terra.

25 O filho tolo causa tristeza a seu pai e amargura àquela que o deu à luz.

26 É errado castigar os justos por serem bons e açoitar os líderes por serem honestos.

27 Quem é verdadeiramente sábio usa poucas palavras; quem tem entendimento controla suas emoções.

28 Até o insensato passa por sábio quando fica calado; de boca fechada, até parece inteligente.

18 Quem vive isolado se preocupa apenas consigo e rejeita todo bom senso.

2 O tolo não se interessa pelo entendimento; só quer saber de expressar suas opiniões.

3 A prática do mal resulta em desonra; o comportamento vergonhoso causa desprezo.

4 Palavras sábias são como águas profundas; a sabedoria flui do sábio como riacho transbordante.

5 Não é certo absolver o culpado nem negar justiça ao inocente.

6 As palavras do tolo o envolvem em brigas; ele pede para receber uma surra.

7 A boca do tolo é sua ruína; ele cai na armadilha dos próprios lábios.

8 Calúnias são petiscos saborosos que descem até o íntimo de quem ouve.

9 Quem é relaxado em seu trabalho causa tanto estrago quanto aquele que destrói.

10 O nome do SENHOR é fortaleza segura; o justo corre para ele e fica protegido.

11 O rico vê sua riqueza como uma cidade fortificada; imagina que é uma muralha alta e segura.

12 A arrogância precede a destruição; a humildade precede a honra.

13 Falar sem antes ouvir os fatos é vergonhoso e insensato.

14 O espírito da pessoa sustenta seu corpo enfermo, mas quem pode suportar o espírito abatido?

15 Quem tem discernimento está sempre pronto a aprender; seus ouvidos estão abertos para o conhecimento.

16 As portas se abrem para quem dá presentes; eles dão acesso a pessoas importantes.

17 Quem fala primeiro no tribunal parece ter razão, até que seu oponente comece a lhe fazer perguntas.

18 Lançar sortes acaba com discussões e resolve contendas entre adversários poderosos.

19 É mais difícil reconquistar um amigo ofendido que uma cidade fortificada; as discussões separam amigos como um portão trancado.

20 As palavras sábias saciam como uma boa refeição; as palavras certas dão satisfação.

21 A língua tem poder para trazer morte ou vida; quem gosta de falar arcará com as consequências.

22 O homem que encontra uma esposa encontra um bem precioso e recebe o favor do SENHOR.

23 O pobre suplica por misericórdia; o rico responde com insultos.

24 Alguns que se dizem amigos destroem uns aos outros, mas o verdadeiro amigo é mais próximo que um irmão.

19 É melhor ser pobre e honesto que ser desonesto e tolo.

2 De nada adianta o entusiasmo sem conhecimento; a pressa resulta em escolhas erradas.

3 O insensato arruína a própria vida e depois se ira contra o SENHOR.

4 A riqueza atrai muitos que se dizem amigos, mas a pobreza afasta todos eles.

5 A testemunha falsa não ficará sem castigo; o mentiroso também não escapará.

6 Muitos buscam o favor de quem governa; todos querem ser amigos daquele que dá presentes.

7 Se até os parentes do pobre o desprezam, quanto mais seus amigos o evitarão! Ainda que o pobre suplique, eles todos o abandonam.

8 Quem adquire bom senso ama a si mesmo; quem dá valor ao entendimento prospera.

9 A testemunha falsa não ficará sem castigo; o mentiroso será destruído.

10 Não é certo o tolo viver no luxo nem o escravo governar sobre príncipes.

11 O sensato não perde a calma, mas conquista respeito ao ignorar as ofensas.

12 A ira do rei é como o rugido do leão, mas seu favor é como o orvalho sobre a grama.

13 O filho tolo é uma desgraça para o pai; a esposa briguenta é irritante como uma goteira.

14 Os pais deixam casas e riquezas como herança para os filhos, mas apenas o SENHOR pode dar uma esposa prudente.

15 O preguiçoso dorme profundamente, mas sua apatia o leva a passar fome.

16 Quem guarda os mandamentos preserva a vida; quem os despreza morrerá.

17 Quem ajuda os pobres empresta ao SENHOR; ele o recom-
pensará.
18 Discipline seus filhos enquanto há esperança; do contrário,
você destruirá a vida deles.
19 A pessoa que se ira facilmente deve sofrer as consequências;
se você a livrar uma vez, terá de fazê-lo novamente.
20 Obtenha todo conselho e instrução que puder, e você será
sábio para o resto da vida.
21 É da natureza humana fazer planos, mas o propósito do SE-
NHOR prevalecerá.
22 A lealdade torna a pessoa cativante; é melhor ser pobre que
desonesto.
23 O temor do SENHOR conduz à vida; dá segurança e proteção
contra o mal.
24 O preguiçoso pega a comida na mão, mas não se dá o tra-
balho de levá-la à boca.
25 Se você castigar o zombador, o ingênuo aprenderá uma
lição; se corrigir o sábio, ele se tornará ainda mais sábio.
26 O filho que maltrata o pai ou manda embora a mãe causa
vergonha e desonra pública.
27 Meu filho, se você deixar de ouvir a instrução, dará as costas
para o conhecimento.
28 A testemunha corrupta zomba da justiça; a boca do perverso
devora o mal.
29 O castigo está preparado para os zombadores, assim como
o açoite para as costas dos tolos.

20 O vinho produz zombadores; o álcool leva a brigas; quem
é dominado pela bebida não é sábio.
2 O furor do rei é como o rugido do leão; quem provoca sua ira
põe a vida em risco.
3 Evitar contendas é sinal de honra; apenas o insensato insiste
em brigar.
4 Quem tem preguiça de arar a terra na época certa não terá
comida no tempo da colheita.
5 Os bons conselhos ficam no fundo do coração, mas a pessoa
sensata os traz à tona.
6 Muitos se dizem amigos leais, mas quem pode encontrar al-
guém realmente confiável?
7 O justo anda em integridade; felizes os filhos que seguem
seus passos.
8 Quando o rei se senta para julgar, analisa todas as provas e
distingue entre o mal e o bem.
9 Quem pode dizer: "Purifiquei o coração; estou limpo e sem
pecado"?
10 Dois pesos e duas medidas: toda espécie de desonestidade
é detestável para o SENHOR.
11 Até crianças mostram quem são, por sua conduta, se agem
de modo puro e correto.
12 Ouvidos para ouvir e olhos para ver: ambos são dádivas do
SENHOR.
13 Se você ama o sono, acabará pobre; mantenha os olhos
abertos e terá fartura de alimento!
14 O comprador pechincha e diz: "Não vale nada", mas depois
conta vantagem de seu bom negócio.
15 As palavras que transmitem conhecimento são mais valiosas
que grandes quantidades de ouro e rubis.
16 Quem aceita ser fiador de um desconhecido perderá a roupa
do corpo; ela ficará como pagamento de quem garante a dí-
vida do estranho.
17 Pão roubado tem sabor doce, mas depois será como areia
na boca.
18 Com bons conselhos os planos são bem-sucedidos; não saia
para a guerra sem boas orientações.
19 O fofoqueiro vive espalhando segredos; portanto, evite a
companhia de quem fala demais.
20 Quem insulta o pai ou a mãe terá sua luz apagada na mais
absoluta escuridão.
21 A herança obtida antes da hora acaba não sendo bênção
no final.
22 Não diga: "Vou me vingar deste mal"; espere o SENHOR re-
solver a questão.
23 A desonestidade é detestável para o SENHOR; ele não se
agrada de balanças adulteradas.
24 É o SENHOR que dirige nossos passos; então por que tentar
entender tudo ao longo do caminho?
25 É uma armadilha prometer algo a Deus apressadamente e só
depois calcular o custo.
26 O rei sábio espalha os perversos como trigo e passa sobre
eles a roda de debulhar.
27 A luz do SENHOR penetra o espírito humano e revela todas as
intenções ocultas.
28 Bondade e fidelidade protegem o rei; seu trono é firmado
pelo amor.
29 A glória dos jovens está em sua força, e o esplendor dos
idosos, em seus cabelos brancos.
30 O castigo físico elimina o mal; essa disciplina purifica o co-
ração.

21 O coração do rei é como canais de águas controlados pelo
SENHOR; ele os conduz para onde quer.
2 Ainda que as pessoas se considerem corretas, o SENHOR exa-
mina o coração de cada um.
3 O SENHOR se agrada mais ao fazermos o que é certo e justo do
que ao lhe oferecermos sacrifícios.
4 Olhos arrogantes, coração orgulhoso e atos perversos: tudo
isso é pecado.
5 Quem planeja bem e trabalha com dedicação prospera; quem
se apressa e toma atalhos fica pobre.
6 A riqueza obtida por meio de mentiras é neblina que se dissipa
e armadilha mortal.
7 A violência dos perversos os destruirá, pois se recusam a fazer
o que é justo.
8 O culpado anda por um caminho tortuoso; o inocente percorre
uma estrada reta.

9É melhor viver sozinho no canto de um sótão que morar com
uma esposa briguenta numa bela casa.
10O perverso deseja o mal e não tem compaixão do próximo.
11Quando o zombador é castigado, o ingênuo se torna sábio;
quando o sábio é instruído, adquire ainda mais conhecimento.
12Deus, o Justo, sabe o que se passa na casa dos perversos e
trará desgraça sobre eles.
13Quem fecha os ouvidos aos clamores dos pobres será igno-
rado quando passar necessidade.
14O presente entregue em segredo acalma a ira; o suborno
oferecido às escondidas abranda a fúria.
15A justiça é alegria para o justo, mas causa pavor nos que
praticam o mal.
16Quem se desvia do caminho da prudência acabará na com-
panhia dos mortos.
17Quem ama os prazeres ficará pobre; quem ama o vinho e o
luxo nunca enriquecerá.
18Os perversos são castigados em lugar dos justos, e os des-
leais, em lugar dos honestos.
19É melhor viver sozinho no deserto que morar com uma esposa
briguenta que só sabe reclamar.
20O sábio possui riqueza e luxo, mas o tolo gasta tudo que tem.
21Quem busca a justiça e o amor encontra vida, justiça e honra.
22O sábio conquista a cidade dos fortes e derruba a fortaleza
em que eles confiam.
23Cuide da língua e fique de boca fechada, e você não se me-
terá em apuros.
24O zombador é orgulhoso e convencido e age com extrema
arrogância.
25O preguiçoso deseja muitas coisas, mas acaba em ruína, pois
suas mãos se recusam a trabalhar.
26Algumas pessoas cobiçam o tempo todo, mas o justo gosta
de repartir o que tem.
27O sacrifício do perverso é detestável, especialmente quando
oferecido com más intenções.
28A testemunha falsa será morta; a testemunha confiável terá
permissão de falar.
29A teimosia do perverso transparece em seu rosto, mas o justo
pensa antes de agir.
30Não há sabedoria, entendimento, nem conselho humano
capaz de resistir ao SENHOR.
31O cavalo é preparado para o dia da batalha, mas quem dá a
vitória é o SENHOR.

22 A boa reputação vale mais que grandes riquezas; ser
estimado é melhor que prata e ouro.
2O rico e o pobre têm isto em comum: o SENHOR criou os dois.
3O prudente antevê o perigo e toma precauções; o ingênuo
avança às cegas e sofre as consequências.
4A humildade e o temor do SENHOR trazem riquezas, honra e
vida longa.
5O perverso anda por um caminho cheio de espinhos e perigos;
quem dá valor à vida se afasta dele.
6Ensine seus filhos no caminho certo, e, mesmo quando enve-
lhecerem, não se desviarão dele.
7Assim como o rico domina sobre o pobre, quem toma empres-
tado se torna servo de quem empresta.
8Quem semeia injustiça colhe desgraça, e seu reino de terror
chegará ao fim.
9A pessoa generosa será abençoada, pois alimenta o pobre.
10Mande embora o zombador e cessarão as brigas; não haverá
mais contendas nem insultos.
11Quem ama o coração puro e fala de modo agradável terá o
rei como amigo.
12O SENHOR preserva aquele que tem conhecimento, mas
frustra os planos dos desleais.
13O preguiçoso diz: "Há um leão lá fora! Se eu sair, ele me
matará!".
14A conversa da mulher imoral é cova profunda; quem provoca
a ira do SENHOR nela cairá.
15O coração da criança é inclinado à insensatez, mas a vara da
disciplina a afastará dela.
16Quem explora os pobres ou cobre os ricos de presentes para
progredir na vida acabará na pobreza.

Ditados dos sábios

17Ouça as palavras dos sábios; dedique o coração à minha
instrução.
18Porque é bom guardar no coração estes ditados e tê-los
sempre na ponta da língua.
19Hoje eu as ensino a você, para que confie no SENHOR.
20Escrevi para você estes trinta ditados cheios de conselhos
e conhecimento.
21Assim você saberá a verdade e transmitirá um relato preciso
àqueles que o enviaram.
22Não explore o pobre só porque tem oportunidade, nem se
aproveite do necessitado no tribunal.
23Pois o SENHOR defenderá a causa deles; pagará na mesma
medida a todos que os exploram.
24Não faça amizade com os briguentos, nem ande com quem
se ira facilmente, 25pois aprenderá a ser igual a eles e colocará
a si mesmo em perigo.
26Não se comprometa a garantir a dívida de outro, nem aceite
servir de fiador.
27Se você não tiver como pagar a dívida, até a cama em que
dorme será tomada.
28Não mude de lugar os antigos marcadores de divisa estabe-
lecidos pelas gerações anteriores.
29Você já viu alguém muito competente no que faz? Ele servirá
reis em vez de trabalhar para gente comum.

23 Quando se sentar para comer com uma autoridade,
preste atenção a quem está diante de você.
2Se você costuma comer demais, controle o apetite; 3não
deseje as iguarias que ele lhe oferece, pois talvez queira en-
ganá-lo.

4 Não se desgaste tentando ficar rico; tenha discernimento para
saber quando parar.
5 Num piscar de olhos a riqueza desaparecerá; criará asas e
voará para longe, como uma águia.
6 Não coma com pessoas mesquinhas, nem deseje suas igua-
rias.
7 Elas pensam sempre no custo daquilo que oferecem; insistem:
"Coma e beba", mas não falam com sinceridade.
8 Você vomitará o pouco que comeu e desperdiçará seus elo-
gios.
9 Não perca tempo falando com o tolo, pois ele despreza até os
conselhos mais sensatos.
10 Não mude de lugar os antigos marcadores de divisa; não
tome as terras dos órfãos.
11 Pois o Resgatador deles é forte; ele próprio apresentará as
acusações contra você.
12 Dedique-se à instrução; ouça atentamente as palavras de
conhecimento.
13 Não deixe de disciplinar seus filhos; a vara da disciplina não
os matará.
14 Sim, a vara da disciplina pode muito bem salvá-los da morte.
15 Meu filho, se seu coração for sábio, meu coração se alegrará!
16 Sentirei profunda alegria quando seus lábios expressarem
o que é certo.
17 Não tenha inveja dos pecadores, mas tema sempre o SENHOR.
18 Você será recompensado por isso; sua esperança não será
frustrada.
19 Ouça, meu filho, e seja sábio: mantenha seu coração no
rumo certo.
20 Não ande com os beberrões, nem se envolva com os comi-
lões, 21 pois eles caminham para a pobreza e, de tanto dor-
mirem, terão apenas trapos para vestir.
22 Ouça seu pai, que lhe deu vida, e não despreze sua mãe
quando ela envelhecer.
23 Adquira a verdade e não a venda; obtenha sabedoria, ins-
trução e discernimento.
24 O pai dos justos tem motivos para se alegrar; é uma grande
alegria ter filhos sábios.
25 Portanto, alegre seu pai e sua mãe; que seja feliz aquela
que o deu à luz.
26 Meu filho, dê-me seu coração; que seus olhos tenham prazer
em seguir meus caminhos.
27 A prostituta é uma cova profunda; a promíscua é perigosa
como um poço estreito.
28 Ela se esconde e espera, como ladrão, ansiosa para conduzir
mais homens à infidelidade.
29 Quem se sente angustiado e triste? Quem vive brigando e se
queixando? Quem sofre ferimentos desnecessários? Quem tem
os olhos sempre vermelhos?
30 Aquele que passa horas tomando vinho e experimentando
bebidas fortes.
31 Não olhe demoradamente para o vinho, observando quanto
ele é vermelho; como brilha no copo e desce suavemente.
32 Pois, no fim, ele morde como cobra venenosa; pica como víbora.
33 Você terá alucinações e dirá coisas sem sentido.
34 Ficará tonto como marinheiro em alto-mar, agarrado ao
mastro em meio à tempestade.
35 Dirá: "Bateram em mim, mas não senti; nem percebi quando
levei uma surra. Quando acordarei para beber de novo?".

24 Não tenha inveja dos maus, nem deseje a companhia
deles.
2 Pois tramam violência no coração, e suas palavras sempre
causam problemas.
3 Com sabedoria se constrói a casa, e com entendimento ela
se fortalece.
4 Pelo conhecimento seus cômodos se enchem de toda espécie
de bens preciosos e desejáveis.
5 O sábio é mais poderoso que o forte; quem tem conhecimento
se fortalece sempre mais.
6 Portanto, não saia para guerrear sem boa orientação; com
muitos conselheiros se obtém a vitória.
7 A sabedoria é elevada demais para o insensato; entre os lí-
deres à porta da cidade, nada tem a dizer.
8 Quem planeja o mal se torna conhecido como criador de
problemas.
9 Os planos do insensato são pecado; o zombador é detestável
para todos.
10 Se você vacilar no momento de dificuldade, sua força será
pequena.
11 Liberte os que foram injustamente condenados a morrer;
salve-os enquanto vão tropeçando para a morte.
12 Não se desculpe, dizendo: "Não sabia o que estava aconte-
cendo"; lembre-se de que Deus conhece cada coração. Aquele
que zela por sua vida sabe que você estava ciente; ele retri-
buirá a cada um conforme suas ações.
13 Meu filho, coma mel, pois é bom, e o favo é doce ao paladar.
14 Da mesma forma, a sabedoria é doce para a alma; se você
a encontrar, terá um futuro brilhante, e suas esperanças não
serão frustradas.
15 Não seja como o perverso, que fica de tocaia na frente da
casa do justo, nem ataque a moradia dele.
16 Ainda que o justo tropece sete vezes, voltará a se levantar,
mas uma só calamidade é suficiente para derrubar o perverso.
17 Não se alegre quando seu inimigo cair; não exulte quando
ele tropeçar.
18 Pois o SENHOR se desagradará disso e dele desviará sua ira.
19 Não se perturbe por causa dos maus; não tenha inveja dos
perversos.
20 Pois os maus não têm futuro; a luz dos perversos se apagará.
21 Meu filho, tema o SENHOR e o rei e não se associe com os
rebeldes, 22 pois serão destruídos repentinamente; quem sabe
que castigo virá do SENHOR e do rei?

Mais ditados dos sábios

23 Estes são mais alguns ditados dos sábios: É errado tomar
partido quando se julga um caso.

24 O juiz que diz ao perverso: "Você é inocente", será amaldi-
çoado pelo povo e odiado pelas nações.
25 Mas as coisas irão bem para os que condenam o culpado;
eles receberão grandes bênçãos.
26 Uma resposta honesta é como um beijo de amizade.
27 Antes de construir sua casa, planeje-se e prepare os campos.
28 Não testemunhe contra o próximo sem motivo; não minta
a respeito dele.
29 E não diga: "Agora vou me vingar do que ele me fez! Vou
acertar as contas com ele!".
30 Passei pelo campo do preguiçoso, pelo vinhedo daquele que
não tem juízo.
31 Tudo estava cheio de espinhos e coberto de ervas daninhas,
e seu muro de pedras, em ruínas.
32 Então, enquanto observava e pensava no que via, aprendi
esta lição:
33 Um pouco mais de sono, mais um cochilo, mais um descanso
com os braços cruzados, 34 e a pobreza o assaltará como um
bandido; a escassez o atacará como um ladrão armado.

Mais provérbios de Salomão

25 Estes são mais provérbios de Salomão, reunidos pelos
conselheiros de Ezequias, rei de Judá.
2 É direito de Deus ocultar certas coisas, e é direito do rei tentar
descobri-las.
3 Ninguém consegue compreender a altura do céu e a profun-
didade da terra; de igual modo, ninguém sabe o que se passa
na mente do rei.
4 Remova as impurezas da prata, e o ourives poderá com ela
criar um vaso.
5 Remova os perversos da corte do rei, e seu reinado se firmará
na justiça.
6 Não chame atenção para si diante do rei, nem exija um lugar
entre as pessoas importantes.
7 É melhor esperar até ser convidado perante os nobres que ser
mandado embora e humilhado em público. Só porque você viu
algo, 8 não se apresse em ir ao tribunal. Pois o que você fará no
final se seu oponente lhe provar que está errado?
9 Quando discutir com o próximo, não revele os segredos de
outra pessoa.
10 Do contrário, você ganhará má fama e nunca mais se livrará
dela.
11 O conselho oferecido na hora certa é agradável como maçãs
de ouro numa bandeja de prata.
12 Para quem se dispõe a ouvir, a crítica construtiva é como
brinco de ouro ou joia de ouro puro.
13 O mensageiro confiável é como a neve no verão; reanima o
espírito de seu senhor.
14 A pessoa que promete um presente, mas não o entrega, é
como nuvens e ventos que não trazem chuva.
15 A paciência pode convencer o príncipe, e palavras suaves
podem quebrar ossos.
16 Se você encontrar mel, não coma demais, para não enjoar
e vomitar.
17 Não visite seu vizinho com muita frequência, pois deixará
de ser bem-vindo.
18 Mentir a respeito de outra pessoa faz tanto mal quanto agre-
di-la com um pedaço de pau, feri-la com uma espada ou atin-
gi-la com uma flecha afiada.
19 Confiar numa pessoa desleal em tempos de dificuldade é
como mastigar com um dente quebrado ou caminhar com um
pé aleijado.
20 Entoar canções alegres para uma pessoa com o coração
aflito é como tirar o agasalho de alguém num dia de frio ou
derramar vinagre sobre uma ferida.
21 Se seus inimigos tiverem fome, dê-lhes de comer; se tiverem
sede, dê-lhes de beber.
22 Você amontoará brasas vivas sobre a cabeça deles, e o SE-
NHOR o recompensará.
23 Tão certo como o vento do norte traz chuva, a língua que
espalha boatos provoca a ira.
24 É melhor viver sozinho no canto de um sótão que morar com
uma esposa briguenta numa bela casa.
25 Boas notícias vindas de uma terra distante são como água
fresca para o sedento.
26 O justo que cede à pressão do perverso é como nascente
poluída ou fonte cheia de lama.
27 Não faz bem comer mel demais, nem é bom procurar honras
para si.
28 Quem não tem domínio próprio é como uma cidade sem
muros.

26 Como neve no verão e chuva na colheita, assim a honra
é imprópria para o tolo.
2 Como o pardal que alça voo e a andorinha que atravessa o
céu, a maldição imerecida não pousa sobre quem ela é di-
rigida.
3 Conduza o cavalo com o chicote, o jumento com o freio e o
tolo com a vara nas costas.
4 Não responda aos argumentos insensatos do tolo, para que
não se torne tolo como ele.
5 Responda aos argumentos insensatos do tolo, para que ele
não se considere sábio.
6 Confiar ao tolo a responsabilidade de transmitir uma men-
sagem é como cortar o próprio pé ou beber veneno.
7 Um provérbio na boca do tolo é tão inútil quanto uma perna
paralisada.
8 Honrar o tolo é tão insensato quanto amarrar a pedra à ati-
radeira.
9 Um provérbio na boca do tolo é como um ramo cheio de espi-
nhos na mão de um bêbado.
10 Quem contrata um tolo ou o primeiro que passa é como o
arqueiro que atira ao acaso.
11 Como o cão volta a seu vômito, assim o tolo repete sua in-
sensatez.

12 Há mais esperança para o tolo que para aquele que se considera sábio.

13 O preguiçoso diz: "Há um leão no caminho! Tenho certeza de que há um leão lá fora!".

14 Como a porta gira nas dobradiças, assim o preguiçoso se revira na cama.

15 O preguiçoso pega a comida na mão, mas não se dá o trabalho de levá-la à boca.

16 O preguiçoso se considera mais esperto que sete conselheiros sábios.

17 Meter-se em discussão alheia é como puxar um cachorro pelas orelhas.

18 O louco que atira com arma mortal causa tanto estrago

19 quanto quem mente para um amigo e depois diz: "Estava só brincando!".

20 Sem lenha, o fogo apaga; sem intrigas, as brigas cessam.

21 Como as brasas acendem o carvão e o fogo acende a lenha, assim o briguento provoca conflitos.

22 Calúnias são como petiscos saborosos que descem até o íntimo de quem ouve.

23 Palavras suaves podem esconder um coração perverso, como uma camada de esmalte cobre o vaso de barro.

24 As pessoas podem encobrir o ódio com palavras agradáveis, mas isso não passa de engano.

25 Ainda que pareçam amáveis, não acredite nelas; seu coração está cheio de maldade.

26 Mesmo que escondam o ódio dissimuladamente, sua maldade será exposta em público.

27 Quem prepara uma armadilha para outros nela cairá; quem rola uma pedra sobre outros por ela será esmagado.

28 A língua mentirosa odeia suas vítimas; palavras bajuladoras causam ruína.

27 Não conte vantagem a respeito do futuro, pois você não sabe o que o amanhã trará.

2 Deixe que outro o elogie, e não sua própria boca; alguém desconhecido, e não seus próprios lábios.

3 A pedra é pesada, e a areia também, mas pesa ainda mais o ressentimento causado pelo insensato.

4 A ira é cruel, e a fúria, como a inundação, mas a inveja é ainda mais perigosa.

5 A repreensão franca é melhor que o amor escondido.

6 As feridas feitas por um amigo sincero são melhores que os beijos de um inimigo.

7 Quem está satisfeito recusa o mel, mas para o faminto até o alimento amargo é doce.

8 Quem anda distante de casa é como pássaro longe do ninho.

9 O conselho sincero de um amigo é agradável como perfume e incenso.

10 Jamais abandone um amigo, nem o seu nem o de seu pai. Quando vier a calamidade, não peça ajuda a seu irmão; é melhor recorrer a um vizinho próximo que a um irmão distante.

11 Meu filho, seja sábio e alegre meu coração; então poderei responder aos que me criticam.

12 O prudente antevê o perigo e toma precauções; o ingênuo avança às cegas e sofre as consequências.

13 Quem aceita ser fiador de um desconhecido perderá a roupa do corpo; ela ficará como pagamento de quem garante a dívida do estranho.

14 A saudação ruidosa logo cedo será recebida como maldição.

15 A esposa briguenta é irritante como a goteira num dia de chuva.

16 Tentar contê-la é como deter o vento ou agarrar o óleo com a mão.

17 Como o ferro afia o ferro, assim um amigo afia o outro.

18 Quem cuida da figueira comerá de seus frutos; quem protege os interesses de seu senhor será recompensado.

19 Como a água reflete o rosto, assim o coração reflete quem a pessoa é.

20 Como a Morte e a Destruição nunca se satisfazem, assim os desejos do homem nunca são saciados.

21 O fogo prova a pureza da prata e do ouro, mas a pessoa é provada pelos elogios que recebe.

22 Ainda que se moa o insensato como cereal no pilão, é impossível separá-lo de sua insensatez.

23 Tome conhecimento do estado de suas ovelhas e dedique-se
a cuidar de seus rebanhos, 24 pois a riqueza não dura para
sempre, e pode ser que a coroa não passe para a geração
seguinte.

25 Depois de recolhido o feno, germinada a nova plantação
e reunido o capim dos montes, 26 os carneiros darão lã para
suas roupas e os bodes poderão ser vendidos pelo preço de
um campo.

27 Você terá leite de cabra suficiente para si, para sua família e para suas servas.

28 Os perversos fogem mesmo quando ninguém os persegue, mas o justo é valente como o leão.

2 A corrupção moral de uma nação faz cair seu governo, mas o líder sábio e prudente traz estabilidade.

3 O pobre que oprime os pobres é como a chuva torrencial que destrói a plantação.

4 Quem despreza a lei exalta os perversos; quem obedece à lei luta contra eles.

5 Os que praticam o mal não compreendem a justiça, mas os que buscam o SENHOR a entendem plenamente.

6 É melhor ser pobre e honesto que ser rico e desonesto.

7 O filho que obedece à lei demonstra prudência; aquele que anda com libertinos envergonha seu pai.

8 O lucro obtido da cobrança de juros altos terminará no bolso de alguém que trata os pobres com bondade.

9 As orações de quem se recusa a ouvir a lei são detestáveis para Deus.

10 Quem leva os justos para o mau caminho cairá na própria armadilha, mas os íntegros herdarão o bem.

11 O rico pode se considerar sábio, mas não engana o pobre que tem discernimento.

12 Quando os justos são bem-sucedidos, todos se alegram; quando os perversos assumem o poder, as pessoas se escondem.

13 Quem oculta seus pecados não prospera; quem os confessa e os abandona recebe misericórdia.

14 Quem teme fazer o mal é feliz, mas quem endurece o coração cai em desgraça.

15 O governante perverso é tão perigoso para os pobres quanto o leão que ruge ou o urso que ataca.

16 O governante que não tem entendimento oprime seu povo, mas o que odeia a corrupção tem vida longa.

17 A consciência atormentada do assassino o levará à sepultura; ninguém tente detê-lo.

18 O íntegro será salvo do perigo, mas o perverso será destruído repentinamente.

19 Quem trabalha com dedicação tem fartura de alimento, mas quem corre atrás de fantasias acaba na miséria.

20 A pessoa fiel obterá grande recompensa, mas o que deseja enriquecer depressa se meterá em apuros.

21 Nunca é bom agir com parcialidade, mas há quem faça o mal até por um pedaço de pão.

22 O ganancioso tenta enriquecer depressa, mas não percebe que caminha para a pobreza.

23 No fim, as pessoas apreciam a crítica honesta muito mais que a bajulação.

24 Quem rouba de seu pai e de sua mãe e diz: "Que mal há nisso?", não é melhor que o assassino.

25 A ganância provoca brigas; a confiança no SENHOR conduz à prosperidade.

26 Quem confia no próprio entendimento é tolo; quem anda com sabedoria está seguro.

27 Quem ajuda os pobres não passará necessidade, mas quem fecha os olhos para a pobreza será amaldiçoado.

28 Quando os perversos assumem o poder, as pessoas se escondem; quando eles são destruídos, os justos prosperam.

29 Quem sempre se recusa a aceitar a repreensão será destruído de repente, sem que possa se recuperar.

2 Quando os justos governam, o povo se alegra; quando os perversos estão no poder, o povo geme.

3 O homem que ama a sabedoria alegra seu pai, mas o que anda com prostitutas desperdiça sua riqueza.

4 O rei justo dá estabilidade à nação, mas o que exige subornos a destrói.

5 Quem bajula os amigos prepara uma armadilha para os pés deles.

6 A pessoa má é pega no laço do próprio pecado, mas o justo escapa e grita de alegria.

7 O justo se preocupa com os direitos dos pobres, mas o perverso não dá a mínima atenção para isso.

8 Os zombadores alvoroçam a cidade inteira, mas os sábios acalmam a ira.

9 Se o sábio levar o insensato ao tribunal, haverá tumulto e zombaria, mas nada se resolverá.

10 Os sanguinários odeiam o íntegro, mas os justos procuram ajudá-lo.

11 O tolo mostra toda a sua ira, mas o sábio a controla em silêncio.

12 Se um governante der atenção aos mentirosos, todos os seus conselheiros serão perversos.

13 O pobre e o opressor têm isto em comum: o SENHOR permite que ambos enxerguem.

14 Se o rei julgar os pobres com justiça, seu trono durará para sempre.

15 A criança que é corrigida se torna sábia, mas o filho indisciplinado envergonha sua mãe.

16 Quando os perversos estão no poder, o pecado se multiplica, mas os justos verão sua queda.

17 Discipline seus filhos, e eles darão paz a seu espírito e alegria a seu coração.

18 O povo que não aceita a orientação divina se corrompe, mas quem obedece à lei é feliz.

19 Para corrigir o servo é preciso mais que palavras; ainda que ele as entenda, não obedecerá.

20 Há mais esperança para o tolo que para alguém que fala sem pensar.

21 O servo mimado desde a infância se tornará rebelde.

22 A pessoa irada provoca conflitos; quem perde a calma facilmente comete muitos pecados.

23 O orgulho termina em humilhação, mas a humildade alcança a honra.

24 Quem ajuda o ladrão prejudica a si mesmo; sob juramento, não ousa testemunhar.

25 Temer as pessoas é uma armadilha perigosa, mas quem confia no SENHOR está seguro.

26 Muitos buscam o favor do governante, mas a justiça vem do SENHOR.

27 O justo despreza o injusto; o perverso despreza o íntegro.

Ditados de Agur

30 Os ditados de Agur, filho de Jaque, contêm esta mensagem: Estou cansado, ó Deus; estou cansado e exausto, ó Deus.

2 Sou o mais tolo dos homens; não tenho discernimento.

3 Não aprendi a sabedoria humana, nem tenho conhecimento do Santo.

4 Quem é capaz de subir aos céus e descer? Quem segura o vento nas mãos? Quem envolve os oceanos em sua capa? Quem criou o mundo inteiro? Qual é seu nome? E qual é o nome de seu filho? Diga-me, se é que sabe!

5 Toda palavra de Deus se prova verdadeira; ele é escudo para quem busca sua proteção.

6 Não acrescente nada às palavras dele; se o fizer, ele o repreenderá e mostrará que você é mentiroso.

entanto, terão controle sobre tudo que consegui debaixo do
sol, com minha habilidade e meu esforço. Isso não faz o menor
sentido! 20Assim, cheguei a me desesperar e questionei o valor
de todo o meu árduo trabalho debaixo do sol.
21Algumas pessoas trabalham com sabedoria, conhecimento
e habilidade, mas terão de deixar o resultado de seu trabalho
para alguém que não se esforçou. Isso também não faz sen-
tido; é uma grande tragédia. 22O que as pessoas ganham com
tanto esforço e ansiedade debaixo do sol? 23Seus dias de tra-
balho são cheios de dor e tristeza, e nem mesmo à noite sua
mente descansa. Nada faz sentido.
24Por isso, concluí que a melhor coisa a fazer é desfrutar a
comida e a bebida e encontrar satisfação no trabalho. Per-
cebi, então, que esses prazeres vêm da mão de Deus. 25Pois
quem pode comer ou desfrutar algo sem ele? 26Deus concede
sabedoria, conhecimento e alegria àqueles que lhe agradam.
Se, porém, um pecador enriquece, Deus lhe toma a riqueza
e a entrega àqueles que lhe agradam. Isso também não faz
sentido; é como correr atrás do vento.

Tudo tem seu tempo

3 Há um momento certo para tudo, um tempo para cada ati-
vidade debaixo do céu.
2Há tempo de nascer, e tempo de morrer; tempo de plantar,
e tempo de colher.
3Tempo de matar, e tempo de curar; tempo de derrubar, e
tempo de construir.
4Tempo de chorar, e tempo de rir; tempo de se entristecer, e
tempo de dançar.
5Tempo de espalhar pedras, e tempo de ajuntá-las; tempo de
abraçar, e tempo de se afastar.
6Tempo de procurar, e tempo de deixar de buscar; tempo de
guardar, e tempo de jogar fora.
7Tempo de rasgar, e tempo de remendar; tempo de calar, e
tempo de falar.
8Tempo de amar, e tempo de odiar; tempo de guerra, e tempo
de paz.
9O que as pessoas ganham com tanto trabalho árduo? 10Vi o
fardo que Deus pôs sobre toda a humanidade. 11E, no entanto,
Deus fez tudo apropriado para seu devido tempo. Ele colocou
um senso de eternidade no coração humano, mas mesmo
assim ninguém é capaz de entender toda a obra de Deus, do
começo ao fim. 12Concluí, portanto, que a melhor coisa a fazer
é ser feliz e desfrutar a vida enquanto é possível. 13Cada um
deve comer e beber e desfrutar os frutos de seu trabalho, pois
são presentes de Deus.
14E sei que tudo que Deus faz é definitivo; não se pode acres-
centar ou tirar nada. O propósito de Deus é que as pessoas o
temam. 15O que acontece agora já aconteceu antes, e o que
acontecerá no futuro também já aconteceu, pois Deus faz as
mesmas coisas acontecerem repetidamente.

As injustiças da vida

16Observei também que debaixo do sol há maldade onde de-
veria haver justiça. Sim, até os tribunais são corruptos. 17Disse
a mim mesmo: "No devido tempo, Deus julgará tanto os justos
como os perversos, por tudo que fizeram".
18Também refleti sobre a condição humana, como Deus mostra
às pessoas que elas não são melhores que os animais. 19Pois
tanto pessoas como animais têm o mesmo destino: ambos res-
piram e ambos morrem. As pessoas não têm vantagem alguma
sobre os animais. Isso não faz o menor sentido! 20Todos vão
para o mesmo lugar: vieram do pó e a ele retornam. 21Afinal,
quem pode afirmar que o espírito dos seres humanos vai para
cima e o espírito dos animais desce para a terra? 22Vi, por-
tanto, que a melhor coisa a fazer é alegrar-se com seu tra-
balho. É isso que nos cabe na vida. Ninguém nos trará de volta
para ver o que acontece depois que morremos.

4 Observei, ainda, toda a opressão que ocorre debaixo do
sol. Vi as lágrimas dos oprimidos, e ninguém para consolá-
-los. Os opressores são poderosos, e suas vítimas, indefesas.
2Concluí, portanto, que os mortos são mais felizes que os vivos.
3Mais felizes que todos, porém, são os que ainda não nas-
ceram, pois não viram o mal que se faz debaixo do sol.
4Então observei que todo esforço e trabalho é motivado pela
inveja que as pessoas sentem umas das outras. Isso também
não faz sentido; é como correr atrás do vento.
5"Os tolos cruzam os braços e se arruínam."
6E, no entanto, "É melhor ter um punhado com tranquili-
dade que dois punhados com trabalho árduo e correr atrás
do vento".

As vantagens do companheirismo

7Observei outra coisa que não faz sentido debaixo do sol. 8É
o caso do homem que vive completamente sozinho, sem filho
nem irmão, mas que ainda assim se esforça para obter toda ri-
queza que puder. A certa altura, porém, ele se pergunta: "Para
quem trabalho? Por que deixo de aproveitar tantos prazeres?".
Nada faz sentido, e é tudo angustiante.
9É melhor serem dois que um, pois um ajuda o outro a alcançar
o sucesso. 10Se um cair, o outro o ajuda a levantar-se. Mas
quem cai sem ter quem o ajude está em sérios apuros. 11Da
mesma forma, duas pessoas que se deitam juntas aquecem
uma à outra. Mas como fazer para se aquecer sozinho? 12So-
zinha, a pessoa corre o risco de ser atacada e vencida, mas
duas pessoas juntas podem se defender melhor. Se houver
três, melhor ainda, pois uma corda trançada com três fios não
arrebenta facilmente.

A inutilidade do poder político

13É melhor ser um jovem pobre e sábio que um rei velho e tolo,
que não aceita conselhos. 14Pode acontecer de o jovem sair
da pobreza e ser bem-sucedido, e até tornar-se rei, mesmo
que tenha estado na prisão. 15Em pouco tempo, porém, todos
correm para o lado de outro jovem, que o sucede. 16Multidões
incontáveis o cercam, mas depois surge uma nova geração
que o rejeita. Isso também não faz sentido; é como correr
atrás do vento.

Instruções para se aproximar de Deus

5 Quando você entrar na casa de Deus, tome cuidado com
o que faz e ouça com atenção. Age mal quem apresenta
ofertas a Deus sem pensar. 2Não se precipite em fazer pro-
messas nem em apresentar suas questões a Deus. Afinal, Deus
está nos céus, e você, na terra; portanto, fale pouco.
3Do excesso de trabalho vem o sonho agitado; do excesso de
palavras vêm as promessas do tolo.
4Quando fizer uma promessa a Deus, não demore a cumpri-la,
pois ele não se agrada dos tolos. Cumpra todas as promessas
que fizer. 5É melhor não dizer nada que fazer uma promessa e
não cumprir. 6Não permita que sua boca o leve a pecar. E não
se defenda dizendo ao mensageiro do templo que a promessa
foi um engano. Isso deixaria Deus irado, e ele poderia destruir
tudo que você conquistou.
7Sonhar demais é inútil, assim como falar muito. Em vez disso,
tema a Deus.

A inutilidade das riquezas

8Não se surpreenda se, em toda a terra, você vir os pobres so-
frendo opressão pelos poderosos, e a justiça e o direito sendo
pervertidos. Cada oficial é subordinado a uma autoridade su-
perior, e a justiça se perde em meio à burocracia. 9Até mesmo
o rei tira para si o máximo proveito da terra.
10Quem ama o dinheiro nunca terá o suficiente. Quem ama a
riqueza nunca se satisfará com o que ganha. Não faz sentido
viver desse modo! 11Quanto mais você tem, mais pessoas apa-
recem para ajudá-lo a gastar. Portanto, de que serve a riqueza,
senão para vê-la escapar por entre os dedos?
12Quem trabalha com dedicação dorme bem, quer coma
pouco, quer muito. As muitas riquezas, porém, não deixam
o rico dormir.
13Observei ainda outro grave problema debaixo do sol: o acú-
mulo de riquezas prejudica seu dono. 14Se o dinheiro é colo-
cado em investimentos arriscados e eles dão errado, perde-se
tudo. No final, não sobra nada para deixar aos filhos. 15Todos
nós chegamos ao fim da vida nus e de mãos vazias, como no
dia em que nascemos. Não levamos conosco o fruto de nosso
trabalho.
16Isto também é um grande mal: as pessoas vão embora deste
mundo como vieram. Todo o seu esforço é inútil, como traba-
lhar para o vento. 17Passam a vida sob uma nuvem escura de
frustração, doença e indignação.
18Ainda assim, observei pelo menos uma coisa positiva: é bom
que as pessoas comam, bebam e desfrutem os resultados de
seu trabalho debaixo do sol durante a vida curta que Deus lhes
dá e aceitem a parte que lhes cabe. 19Também é bom receber
de Deus riqueza e boa saúde para aproveitá-la. Alegrar-se com
seu trabalho e aceitar a parte que lhe cabe na vida são, sem
dúvida, presentes de Deus. 20Deus mantém as pessoas tão
ocupadas com as alegrias da vida que não lhes sobra tempo
para refletir sobre o passado.

6 Vi debaixo do sol outra grande tragédia que pesa sobre a
humanidade. 2Deus concede a alguns muita riqueza, honra
e tudo que desejam, mas não lhes dá a oportunidade de usu-
fruir disso. Eles morrem e outro acaba usufruindo de todas
essas coisas! Isso também não faz sentido; é uma verdadeira
desgraça.
3Um homem pode ter cem filhos e viver muitos anos. Se,
porém, não encontrar satisfação alguma na vida e não tiver
nem mesmo um enterro digno, teria sido melhor que houvesse
nascido morto. 4Pois assim seu nascimento teria sido inútil, e
ele teria desaparecido na escuridão. Não teria recebido se-
quer um nome, 5e jamais teria visto o sol, nem saberia de sua
existência. E, no entanto, teria desfrutado mais paz que se
houvesse crescido e se tornado um homem infeliz. 6Mesmo
que vivesse dois mil anos, não acharia contentamento. E, visto
que deve morrer como todos os outros, de que adiantaria?
7Todos passam a vida se esforçando para ter o que comer, mas
nunca parece suficiente. 8Será, então, que o sábio tem alguma
vantagem sobre o tolo? O pobre ganha algo por saber como
agir diante dos outros?
9Aproveite o que você tem em vez de desejar o que não tem.
Querer cada vez mais não faz sentido; é como correr atrás
do vento.

O futuro: definido e desconhecido

10Tudo já foi decidido; sabia-se há muito tempo o que cada
pessoa seria. Portanto, não adianta discutir com Deus sobre
nosso destino.
11Quanto mais palavras são ditas, mais vazias elas são. Então,
que diferença fazem?
12Nesta vida breve e sem sentido, quem sabe como é melhor
passar os dias? A vida é como a sombra. Quem sabe o que
acontecerá debaixo do sol depois que tivermos partido?

Sabedoria para a vida

7 Uma boa reputação vale mais que perfume caro, e o dia da
morte é melhor que o do nascimento.
2É melhor ir a funerais que ir a festas; afinal, todos morrem, e
é bom que os vivos se lembrem disso.
3A tristeza é melhor que o riso, pois aperfeiçoa o coração.
4O sábio pensa na morte com frequência, enquanto o tolo só
pensa em se divertir.
5É melhor ouvir a repreensão do sábio que o elogio do tolo.
6O riso do tolo some depressa, como espinhos que estalam no
fogo; isso também não faz sentido.
7A extorsão transforma o sábio em tolo, e os subornos cor-
rompem o coração.
8Terminar algo é melhor que começar; a paciência é melhor
que o orgulho.
9Não se ire facilmente, pois a raiva é a marca dos tolos.
10Não viva saudoso dos "bons e velhos tempos"; isso não é
sábio.
11A sabedoria é ainda melhor quando acompanhada do di-
nheiro; ambos são proveitosos debaixo do sol.

12Tanto sabedoria como dinheiro dão proteção, mas somente
a sabedoria preserva a vida.
13Aceite o modo como Deus faz as coisas; afinal, quem é capaz
de endireitar o que ele fez torto?
14Desfrute a prosperidade enquanto pode, mas, quando che-
garem os tempos difíceis, reconheça que ambos vêm de Deus;
lembre-se de que nada é garantido nesta vida.

Os limites da sabedoria humana

15Vi de tudo nesta vida sem sentido, incluindo justos que
morrem cedo e perversos que têm vida longa. 16Portanto, não
seja justo nem sábio demais! Por que destruir a si mesmo?
17Tampouco seja perverso demais. Não seja tolo; por que
morrer antes da hora? 18Preste atenção a estas instruções,
pois quem teme a Deus evita os dois extremos.
19A sabedoria torna o sábio mais poderoso que dez líderes de
uma cidade.
20Não há uma única pessoa na terra que sempre faça o bem
e nunca peque.
21Não escute a conversa alheia às escondidas; pode ser que
ouça seu servo falar mal a seu respeito. 22Pois você sabe que
muitas vezes você mesmo falou mal de outros.
23Sempre me esforcei para que a sabedoria guiasse meus pen-
samentos e ações. Disse a mim mesmo: "Serei sábio", mas
não adiantou. 24A sabedoria está sempre distante e é difícil
de encontrar. 25Procurei por toda parte, decidido a encontrar
sabedoria e entender a razão dos acontecimentos. Resolvi
provar a mim mesmo que a perversidade é tolice, e a insen-
satez, loucura.
26Descobri que a mulher sedutora é mais amarga que a morte.
Sua paixão é um laço, e suas mãos são correntes. Quem agrada
a Deus escapará dela, mas o pecador será pego em sua ar-
madilha.
27"Esta é a minha conclusão", diz o Mestre. "Descobri isso
depois de analisar a questão por todos os ângulos. 28Embora
tenha procurado repetidamente, ainda não encontrei o que
busco. Entre mil homens, somente um é sábio; mas entre as
mulheres não achei uma sequer! 29Foi isto, porém, que des-
cobri: Deus criou os seres humanos para serem justos, mas
eles buscaram todo tipo de maldade."

8 Como é maravilhoso ser sábio, analisar e interpretar as
coisas! A sabedoria ilumina o rosto e abranda a dureza das
feições.

Obediência ao rei

2Obedeça ao rei, como jurou a Deus que faria. 3Não procure
evitar seu dever, nem se junte aos que tramam o mal, pois o
rei faz o que bem entende. 4Suas ordens têm respaldo em seu
grande poder. Ninguém pode resistir a elas nem as questionar.
5Quem obedece às suas ordens não será castigado. Quem é
sábio encontrará o tempo e o modo apropriado de fazer o que
é certo, 6pois há um tempo e um modo para tudo, mesmo em
meio às dificuldades.
7Aliás, como é possível evitar o que não se sabe que acon-
tecerá? 8Ninguém pode impedir o próprio espírito de partir.
Ninguém é capaz de evitar o dia de sua morte; não há como
fugir dessa batalha. E, diante da morte, a maldade certamente
não livrará o perverso.

Os perversos e os justos

9Pensei muito sobre tudo que acontece debaixo do sol, onde
as pessoas têm poder para prejudicar umas às outras. 10Vi per-
versos serem sepultados com honra; frequentavam o templo e
hoje são elogiados na mesma cidade em que cometeram seus
crimes. Isso também não faz sentido. 11Quando um crime não
é castigado de imediato, as pessoas se veem incentivadas a
fazer o mal. 12Mas, ainda que alguém peque cem vezes e con-
tinue a viver por muito tempo, sei que aqueles que temem a
Deus terminarão em situação melhor. 13Os perversos não pros-
perarão, pois não temem a Deus. Seus dias, como as sombras
do anoitecer, não se prolongarão.
14Há mais uma coisa que não faz sentido em nosso mundo.
Nesta vida, justos muitas vezes são tratados como se fossem
perversos, e perversos, como se fossem justos. Isso não faz
sentido algum!
15Recomendo, portanto, que as pessoas aproveitem a vida,
pois a melhor coisa a fazer neste mundo é comer, beber e
alegrar-se. Assim, terão algo que os acompanhe em todo o
árduo trabalho que Deus lhes dá debaixo do sol.
16Enquanto procurava sabedoria e observava os fardos pe-
sados que as pessoas carregam aqui na terra, vi que, dia e
noite, sua atividade não cessa. 17Percebi que ninguém é capaz
de descobrir tudo que Deus faz debaixo do sol. Nem mesmo os
mais sábios conseguem compreender tudo, embora afirmem
o contrário.

A morte chega para todos

9 Dediquei-me também a investigar isto: embora os justos
e os sábios, e também suas ações, estejam nas mãos de
Deus, ninguém sabe o que os aguarda, se amor ou ódio. 2No
fim, todos têm o mesmo destino, seja a pessoa justa ou per-
versa, boa ou má, cerimonialmente pura ou impura, religiosa
ou não. Ocorre o mesmo à pessoa de bem e ao pecador;
aquele que faz promessas a Deus é tratado como o que teme
fazê-lo.
3É uma grande tragédia que todos debaixo do sol tenham o
mesmo destino. Além disso, o coração das pessoas está cheio
de maldade. Elas seguem seu próprio caminho de loucura,
pois não há nada adiante, senão a morte. 4Só para os vivos
há esperança. Como dizem: "Melhor ser um cão vivo que um
leão morto".
5Os vivos pelo menos sabem que vão morrer, mas os mortos
nada sabem. Já não têm recompensas para receber e caem
no esquecimento. 6Amar, odiar, invejar, tudo que já fizeram
ao longo da vida passou há muito tempo. Já não participam
de coisa alguma que acontece debaixo do sol. 7Portanto, coma
sua comida com prazer e beba seu vinho com alegria, pois

Deus se agrada disso. 8Vista roupas elegantes e use perfume.
9Viva alegremente com a mulher que você ama todos os dias
desta vida sem sentido que Deus lhe deu debaixo do sol, pois
essa é a recompensa por todos os seus esforços neste mundo.
10Tudo que fizer, faça bem feito, pois quando descer à sepultura não haverá trabalho, nem planos, nem conhecimento,
nem sabedoria.
11Observei outra coisa debaixo do sol. Aquele que corre mais
rápido nem sempre ganha a corrida, e o guerreiro mais forte
nem sempre vence a batalha. Às vezes os sábios passam fome,
os sensatos não enriquecem, e os instruídos não alcançam sucesso. Tudo depende de se estar no lugar certo na hora certa.
12Ninguém é capaz de prever quando virão os tempos difíceis.
Como peixe na rede ou pássaro na armadilha, as pessoas caem
em desgraça de modo repentino.

Considerações sobre a sabedoria e a insensatez

13Outro exemplo de sabedoria me impressionou enquanto eu
observava como as coisas funcionam debaixo do sol. 14Havia
uma cidade pequena, com poucos habitantes, e um grande
rei veio com seu exército e a cercou. 15Um homem sábio,
mas muito pobre, usou sua sabedoria para salvar a cidade.
Depois, porém, ninguém se lembrou de lhe agradecer. 16Por
isso, pensei: embora a sabedoria seja melhor que a força, o
sábio é desprezado quando é pobre. Suas palavras logo são
esquecidas.
17É melhor ouvir as palavras calmas da pessoa sábia que os
gritos do rei tolo.
18É melhor ter sabedoria que armas de guerra, mas um só
pecador destrói muitas coisas boas.

10 Como moscas mortas produzem mau cheiro até num
frasco de perfume, assim um pouco de insensatez estraga muita sabedoria e honra.
2O sábio escolhe o caminho certo, mas o tolo toma o rumo
errado.
3Os tolos podem ser identificados apenas por seu modo de
andar.
4Se uma autoridade se irar contra você, não abandone seu
posto; o espírito calmo pode superar até mesmo grandes
erros.

As ironias da vida

5Observei outro mal debaixo do sol. Governantes cometem um
erro grave 6quando dão grande autoridade aos tolos e colocam
pessoas valorosas em cargos inferiores. 7Cheguei a ver servos
andando a cavalo, como príncipes, e príncipes andando a pé,
como servos!
8Quem cava um poço corre o risco de cair nele. Quem derruba
um muro corre o risco de ser mordido por uma cobra.
9Quem trabalha numa pedreira corre o risco de ser ferido
pelas pedras. Quem corta lenha corre perigo a cada golpe
do machado.
10Trabalhar com um machado sem corte exige muito mais esforço; portanto, afie a lâmina. Esse é o valor da sabedoria: ela
o ajuda a ser bem-sucedido.
11Se a cobra morde antes de ser encantada, de que adianta ser
encantador de serpentes?
12As palavras do sábio trazem aprovação, mas o tolo é destruído por aquilo que ele mesmo diz.
13O tolo baseia seus argumentos em ideias insensatas, por isso
suas conclusões são perversa loucura; 14mesmo assim, fala
sem parar. Ninguém sabe de fato o que acontecerá; ninguém
é capaz de prever o futuro.
15O tolo fica tão exausto com seu trabalho que nem consegue
encontrar o caminho de casa.
16Como é triste a terra governada por uma pessoa imatura,
cujas autoridades fazem banquetes logo de manhã.
17Como é feliz a terra que tem como rei um líder nobre, cujas
autoridades fazem banquetes no momento apropriado, para
recuperarem as forças, e não para se embebedarem.
18Por causa da preguiça, o telhado enverga; por causa do ócio,
surgem goteiras na casa.
19A festa proporciona riso, o vinho proporciona alegria, e o
dinheiro proporciona isso tudo!
20Nunca faça pouco do rei, nem mesmo em pensamento. Não
zombe dos poderosos, nem mesmo em seu quarto. Pois um
passarinho poderia contar a eles tudo que você disse.

As incertezas da vida

11 Envie os grãos de sua colheita mar afora, e com o tempo
isso lhe trará retorno.
2Invista seus recursos em vários lugares, pois desconhece os
riscos adiante.
3Quando as nuvens estão carregadas, vêm as chuvas; quando a
árvore cai, para o norte ou para o sul, ali permanece.
4O agricultor que espera condições de tempo perfeitas nunca
semeia; se ele fica observando cada nuvem, não colhe.
5Assim como é impossível entender o caminho do vento ou o
mistério do crescimento do bebê no ventre da mãe, também é
impossível entender as obras de Deus, que faz todas as coisas.
6Semeie pela manhã e continue a trabalhar à tarde, pois você
não sabe se o lucro virá de uma atividade ou de outra, ou
talvez de ambas.

Conselhos para jovens e idosos

7A luz é doce; como é bom ver o nascer de um novo dia.
8Se você chegar à velhice, desfrute cada dia de sua vida. Lembre-se, porém, que haverá muitos dias sombrios. Nada do que
ainda está por vir faz sentido.
9Jovem, alegre-se em sua juventude! Aproveite cada momento. Faça tudo que desejar; não perca nada! Lembre-se,
porém, que Deus lhe pedirá contas de tudo que fizer. 10Não
se preocupe com coisa alguma e mantenha o corpo saudável.
Lembre-se, porém, que a juventude, e a vida inteira diante de
você, não fazem sentido.

12 Não se esqueça de seu Criador nos dias de sua juventude.
Honre-o enquanto você é jovem, antes que venham os
tempos difíceis e cheguem os anos em que você dirá: "Não
tenho mais prazer em viver". 2Lembre-se dele antes que o sol,
a lua e as estrelas percam o brilho aos seus olhos, e as nuvens
voltem a cobrir o céu depois da chuva. 3Lembre-se dele antes
que suas pernas comecem a tremer, e antes que seus ombros
se encurvem. Lembre-se dele antes que os poucos dentes que
lhe restam já não possam mastigar, e antes que seus olhos
deixem de ver com clareza.
4Lembre-se dele antes que seus ouvidos fiquem fracos e você
já não ouça o som das pessoas trabalhando nas ruas. Hoje
você levanta com o primeiro canto dos pássaros, mas um dia
não os ouvirá mais.
5Lembre-se dele antes que você tenha medo de cair e se preo-
cupe com os perigos nas ruas; antes que seus cabelos fiquem
brancos como a amendoeira em flor, e você se arraste como um
gafanhoto prestes a morrer; e antes que você perca o desejo.
Lembre-se dele antes que falte pouco para descer ao túmulo,
seu lar eterno, quando os pranteadores chorarão em seu funeral.
6Sim, lembre-se de seu Criador agora, enquanto você é jovem,
antes que o fio de prata da vida se rompa e antes que a taça de
ouro se quebre. Não espere até que o cântaro se despedace
junto à fonte e a roldana se parta junto ao poço. 7Pois, então,
o pó voltará à terra e o espírito voltará a Deus, que o deu.

Reflexões finais a respeito do Mestre

8"Nada faz sentido", diz o Mestre. "Nada faz o menor sentido."
9O Mestre era considerado sábio e ensinou ao povo tudo
que sabia. Com muita atenção, ouviu, examinou e organizou
muitos provérbios. 10O Mestre se esforçou para usar as pala-
vras certas a fim de expressar verdades com clareza.
11As palavras do sábio são como hastes de ferro, e a coleção
de seus ditados, como pregos bem fixados, que o pastor usa
para conduzir as ovelhas.
12Meu filho, deixe-me dar-lhe mais um conselho: tenha cui-
dado, pois escrever livros não tem fim, e estudar demais é
cansativo.
13Aqui termina meu relato. Esta é minha conclusão: tema a
Deus e obedeça a seus mandamentos, pois esse é o dever de
todos. 14Deus nos julgará por todos os nossos atos, incluindo o
que fazemos em segredo, seja o bem, seja o mal.

CÂNTICO DOS CÂNTICOS

1 Este é o cântico dos cânticos de Salomão.

A Amada

2Beije-me, beije-me mais uma vez, pois seu amor é mais doce
que o vinho.
3Como é agradável seu perfume; seu nome é como a fra-
grância que se espalha. Não é de admirar que todas as moças
o amem!
4Leve-me com você; venha, vamos depressa! O rei me trouxe
ao quarto dele.

As mulheres de Jerusalém

Ó rei, estamos alegres e felizes por sua causa! Celebraremos
seu amor mais que o vinho.

A Amada

Com razão elas o amam.
5Sou morena e bela, ó mulheres de Jerusalém; morena como
as tendas de Quedar, bela como as cortinas de Salomão.
6Não me olhem assim porque sou morena; o sol me escureceu
a pele. Meus irmãos se zangaram comigo e me obrigaram a
cuidar de seus vinhedos; de mim mesma, de minha videira,
não pude cuidar.
7Diga-me, meu amor, aonde levará seu rebanho hoje? Onde
fará suas ovelhas descansarem ao meio-dia? Por que eu an-
daria sem rumo, como uma prostituta, entre seus amigos e os
rebanhos deles?

O Amado

8Se você não sabe, mais bela de todas as mulheres, siga a
trilha de meu rebanho e leve seus cabritos para pastar junto
às tendas dos pastores.
9Você é cativante, minha querida, como uma égua entre os
cavalos do faraó.
10Como são belas suas faces; seus brincos realçam sua beleza!
Como é lindo seu pescoço, enfeitado com um colar de joias!
11Faremos para você brincos de ouro com enfeites de prata.

A Amada

12O rei está deitado em seu sofá, encantado com a fragrância
de meu perfume.
13Meu amado é como uma delicada bolsa de mirra que repousa
entre meus seios.
14É como um ramo de flores de hena dos vinhedos de En-Gedi.

O Amado

15Como você é linda, minha querida, como você é linda! Seus
olhos são como pombas.

A Amada

16 Como você é belo, meu amor, como você é encantador! A grama macia é nosso leito; 17 os ramos perfumados do cedro são as vigas de nossa casa, e os pinheiros aromáticos, os caibros do telhado.

A Amada

2 Eu sou a flor que nasce na planície de Sarom, o lírio que cresce no vale.

O Amado

2 Como um lírio entre os espinhos, assim é minha querida entre as moças.

A Amada

3 Como uma macieira entre as árvores do bosque, assim é meu amado entre os rapazes. À sua sombra agradável eu me sento e saboreio seus deliciosos frutos.

4 Ele me trouxe ao salão de banquetes; seu grande amor por mim é evidente.

5 Fortaleçam-me com bolos de passas, revigorem-me com maçãs, pois desfaleço de amor.

6 Seu braço esquerdo está sob a minha cabeça, e o direito me abraça.

7 Prometam, ó mulheres de Jerusalém, pelas gazelas e corças selvagens, que não despertarão o amor antes do tempo.

8 Ah, ouço meu amado chegando! Ele salta sobre os montes, pula sobre as colinas.

9 Meu amado é como a gazela, como o jovem cervo. Vejam, lá está ele atrás do muro, observando pelas janelas, espiando por entre as grades.

10 Meu amado me disse: "Levante-se, minha querida! Venha comigo, minha bela!

11 Veja, o inverno acabou, e as chuvas passaram.

12 As flores estão brotando; chegou a época das canções, e o arrulhar das pombas enche o ar.

13 As figueiras começam a dar frutos, e as videiras perfumadas florescem. Levante-se, minha querida! Venha comigo, minha bela!".

O Amado

14 Minha pomba está escondida entre as pedras, oculta nas fendas das rochas. Mostre-me seu rosto e deixe-me ouvir sua voz. Pois sua voz é doce, e seu rosto é lindo.

As mulheres de Jerusalém

15 Peguem todas as raposas, as raposinhas, antes que destruam o vinhedo do amor, pois as videiras estão em flor!

A Amada

16 Meu amado é meu, e eu sou dele; ele pastoreia entre os lírios.

17 Antes que soprem as brisas do amanhecer, e fujam as sombras da noite, volte para mim, meu amor, como a gazela, como o jovem cervo nos montes íngremes.

A Amada

3 Certa noite, na cama, ansiei por meu amado; ansiei por ele, mas ele não veio.

2 Pensei: "Vou me levantar e andar pela cidade, vou procurá-lo em todas as ruas e praças; sim, vou em busca de meu amado". Procurei por toda parte, mas não o encontrei.

3 Os guardas me pararam enquanto faziam a ronda, e eu lhes perguntei: "Vocês viram meu amado?".

4 Pouco depois de me afastar deles, encontrei meu amado! Segurei-o e abracei-o com força; levei-o à casa de minha mãe, à cama onde fui concebida.

5 Prometam, ó mulheres de Jerusalém, pelas gazelas e corças selvagens, que não despertarão o amor antes do tempo.

As mulheres de Jerusalém

6 O que é isso que vem subindo do deserto, como nuvem de fumaça? De onde vem esse perfume de mirra e incenso, o aroma de todo tipo de especiaria?

7 Vejam, é a liteira de Salomão, cercada por sessenta homens valentes, os melhores soldados de Israel!

8 São todos habilidosos com a espada, guerreiros experientes. Cada um traz sua espada, pronto para defender o rei dos perigos da noite.

9 A liteira do rei Salomão é feita de madeira importada do Líbano.

10 As colunas são de prata, a cobertura é de ouro, as almofadas são de tecido púrpura. Foi enfeitada com carinho pelas mulheres de Jerusalém.

A Amada

11 Mulheres de Sião, venham ver o rei Salomão! Ele usa a coroa que sua mãe lhe deu no dia em que ele se casou, no dia mais feliz de sua vida.

O Amado

4 Você é linda, minha querida, como você é linda! Seus olhos por trás do véu são como pombas. Seu cabelo é como um rebanho de cabras que desce pelas encostas de Gileade.

2 Seus dentes são brancos como ovelhas recém-tosquiadas e lavadas. Seu sorriso é perfeito; cada dente tem seu par ideal.

3 Seus lábios são como uma fita vermelha; sua boca é linda. Suas faces por trás do véu são rosadas como romãs.

4 Seu pescoço é belo, como a torre de Davi, enfeitada com escudos de mil guerreiros valentes.

5 Seus dois seios são como duas crias de gazela, filhotes gêmeos que se alimentam entre os lírios.

6 Antes que soprem as brisas do amanhecer, e fujam as sombras da noite, irei ao monte de mirra e à colina de incenso.

7 Você é inteiramente linda, minha querida; não há em você defeito algum!

8Venha comigo do Líbano, minha noiva, venha comigo do
Líbano. Desça do monte Amana, dos cumes do Senir e do
Hermom, onde os leões têm suas tocas e os leopardos vivem
nas montanhas.
9Você conquistou meu coração, minha amiga, minha noiva.
Você o cativou com um só olhar de relance, com um só enfeite
de seu colar.
10Seu amor é delicioso, minha amiga, minha noiva. Seu amor é
melhor que vinho; seu perfume é mais agradável que especiarias.
11Seus lábios são doces como néctar, minha noiva; debaixo de
sua língua há mel e leite. Seus vestidos são perfumados como
os cedros do Líbano.
12Você é meu jardim particular, minha amiga, minha noiva,
nascente fechada, fonte escondida.
13Seus renovos guardam um paraíso de romãs com especiarias
raras: hena e nardo, 14nardo e açafrão, cálamo perfumado e
canela, com todas as árvores de incenso, com mirra, aloés e
todas as outras especiarias finas.
15Você é uma fonte de jardim, um poço de água fresca que
desce dos montes do Líbano.

A Amada

16Desperte, vento norte! Levante-se, vento sul! Soprem em
meu jardim e espalhem sua fragrância por toda parte. Entre
em seu jardim, meu amor, e saboreie seus melhores frutos.

O Amado

5 Entrei em meu jardim, minha amiga, minha noiva! Recolhi
mirra com minhas especiarias, comi meu favo com mel,
bebi meu vinho com leite.

As mulheres de Jerusalém

Comam e bebam, amado e amada! Sim, bebam de seu amor
quanto puderem!

A Amada

2Eu dormia, mas meu coração estava desperto, quando ouvi
meu amado bater à porta e chamar: “Abra a porta para mim,
minha amiga, minha querida, minha pomba, minha perfeita.
Minha cabeça está molhada de orvalho, e meu cabelo, úmido
do sereno da noite”.
3Eu respondi: “Já tirei a túnica; vou ter de me vestir de novo?
Já lavei os pés; vou ter de sujá-los?”.
4Meu amado tentou destrancar a porta, e meu coração se
agitou.
5Levantei-me de um salto para abrir a porta ao meu amor.
Minhas mãos destilavam perfume e de meus dedos pingava
mirra, quando puxei o ferrolho.
6Abri para meu amado, mas ele já havia partido! Meu coração
quase parou de tristeza. Procurei por ele, mas não o encontrei.
Chamei por ele, mas ele não respondeu.
7Os guardas me encontraram enquanto faziam a ronda. Ba-
teram-me e feriram-me, arrancaram-me o manto, aqueles
guardas dos muros.
8Prometam, ó mulheres de Jerusalém: Se encontrarem meu
amado, digam-lhe que desfaleço de amor.

As mulheres de Jerusalém

9Diga-nos, mulher de beleza incomparável: Por que seu amado
é melhor que todos os outros? O que ele tem de tão especial
para fazermos a você essa promessa?

A Amada

10Meu amado é moreno e fascinante; ele se destaca no meio
da multidão!
11Sua cabeça é como o ouro puro, seu cabelo ondulado, preto
como o corvo.
12Seus olhos são como pombas junto aos riachos, incrustados
como joias lavadas em leite.
13Suas faces são como jardins de especiarias que espalham sua
fragrância. Seus lábios são como lírios perfumados com mirra.
14Seus braços são como barras redondas de ouro, enfeitadas
com berilo. Seu ventre é como marfim polido, que resplandece
com safiras.
15Suas pernas são como colunas de mármore apoiadas em
bases de ouro puro. Seu porte é majestoso, como o dos ce-
dros do Líbano.
16Sua voz é a própria doçura; ele é desejável em todos os
sentidos. Esse, ó mulheres de Jerusalém, é meu amado, meu
amigo.

As mulheres de Jerusalém

6 Para onde foi seu amado, ó mulher de beleza incompa-
rável? Diga-nos que caminho ele tomou, e a ajudaremos
a encontrá-lo.

A Amada

2Meu amado desceu a seu jardim, aos canteiros de especia-
rias, para pastorear nos jardins e para colher lírios.
3Eu sou de meu amado, e meu amado é meu; ele pastoreia
entre os lírios.

O Amado

4Você é linda, minha querida, como a bela cidade de Tirza.
Sim, é linda como Jerusalém, majestosa como um exército
com bandeiras ao vento.
5Desvie de mim seus olhos, pois eles me dominam. Seu cabelo
é como um rebanho de cabras que desce pelas encostas de
Gileade.
6Seus dentes são brancos como ovelhas recém-lavadas. Seu
sorriso é perfeito; cada dente tem seu par ideal.
7Suas faces por trás do véu são rosadas como romãs.
8Mesmo entre sessenta rainhas, oitenta concubinas e incon-
táveis moças, 9eu ainda escolheria minha pomba, minha per-
feita, a predileta de sua mãe, muito amada por aquela que a
deu à luz. As moças a veem e dizem que ela é feliz; até mesmo
as rainhas e as concubinas do rei a elogiam:
10“Quem é essa que se levanta como o amanhecer, bela como

a lua, brilhante como o sol, majestosa como um exército com bandeiras ao vento?".

A Amada

11Desci ao bosque das nogueiras e fui ao vale ver as novas plantas, ver se as videiras tinham brotado e se as romãs tinham florescido.
12Antes que eu me desse conta, meu desejo me levou à carruagem de um nobre.

As mulheres de Jerusalém

13Volte, volte para junto de nós, sulamita! Volte, volte para que a vejamos outra vez!

O Amado

Por que vocês olham para a sulamita enquanto ela se move com tanta graça entre duas fileiras de dançarinas?

7Como são lindos seus pés calçados com sandálias, moça
com porte de princesa! As curvas de seus quadris são como
joias, trabalho de artífice habilidoso.
2Seu umbigo tem forma perfeita, como taça cheia de vinho de
boa mistura. Sua cintura é como um monte de trigo cercado
de lírios.
3Seus dois seios são como duas crias, como filhotes gêmeos
da gazela.
4Seu pescoço é gracioso como uma torre de marfim. Seus olhos
são como os açudes cristalinos de Hesbom, junto à porta de
Bete-Rabim. Seu nariz é belo como a torre do Líbano, de onde
se avista Damasco.
5Sua cabeça é majestosa como o monte Carmelo, e o brilho de
seu cabelo irradia nobreza; o rei é prisioneiro de suas tranças.
6Como você é linda! Como você é agradável, meu amor, e
cheia de delícias!
7É esbelta como uma palmeira, e seus seios são como os ca-
chos de frutos.
8Eu disse: "Subirei a palmeira e me apossarei de seus frutos".
Que seus seios sejam como cachos de uva, e que o aroma de
sua respiração tenha o perfume das maçãs.
9Que seus beijos sejam como o melhor vinho.

A Amada

Sim, vinho que escorre para meu amado, que flui suave por lábios e dentes.
10Eu sou de meu amado, e ele me deseja.
11Venha, meu amor, vamos aos campos, passar a noite entre
as flores silvestres.
12Vamos levantar cedo para ir aos vinhedos ver se as videiras
brotaram, se as flores abriram e se as romãs já estão em flor;
ali eu lhe darei meu amor.
13Ali as mandrágoras espalham sua fragrância, e os melhores
frutos estão à nossa porta, delícias novas e antigas, que
guardei para você, meu amado.

A Amada

8Quem dera você fosse meu irmão, amamentado nos seios
de minha mãe. Então eu poderia beijá-lo publicamente, e
ninguém me criticaria.
2Eu o levaria ao lar de minha infância, e ali você me ensinaria.
Eu lhe daria de beber vinho com especiarias, o néctar de mi-
nhas romãs.
3Seu braço esquerdo estaria sob a minha cabeça, e o direito
me abraçaria.
4Prometam, ó mulheres de Jerusalém, que não despertarão o
amor antes do tempo.

As mulheres de Jerusalém

5Quem é essa que vem subindo do deserto, apoiada em seu amado?

A Amada

Despertei você debaixo da macieira, onde sua mãe o deu à luz, onde, com muitas dores, ela o trouxe ao mundo.
6Coloque-me como selo sobre seu coração, como selo sobre
seu braço. Pois o amor é forte como a morte, e o ciúme, exi-
gente como a sepultura. O amor arde como fogo, como as
labaredas mais intensas.
7As muitas águas não podem apagar o amor, nem os rios
podem afogá-lo. Se algum homem tentasse usar todas as suas
riquezas para comprar o amor, sua oferta seria por completo
desprezada.

Os irmãos da Amada

8Temos uma irmãzinha, que ainda é jovem demais para ter
seios. O que faremos por nossa irmã, se alguém a pedir em
casamento?
9Se ela for um muro, nós a protegeremos com uma torre de
prata. Se ela for uma porta, nós a fecharemos com uma tranca
de cedro.

A Amada

10Eu sou um muro, e meus seios são suas torres. Quando meu
amado olha para mim, ele se agrada do que vê.
11Salomão tem um vinhedo em Baal-Hamom, que ele arrenda
para lavradores. Cada um lhe paga mil peças de prata para
colher os frutos.
12Quanto a meu vinhedo, faço dele o que quero, e Salomão não
precisa pagar mil peças de prata. Darei, contudo, duzentas
peças aos que cuidam de seus frutos.

O Amado

13Minha querida, que mora nos jardins, seus companheiros
ouvem atentamente sua voz; deixe-me ouvi-la também!

A Amada

14Venha correndo, meu amado! Seja como a gazela, como o
jovem cervo sobre os montes de especiarias.

ISAÍAS

1 Estas são as visões de Isaías, filho de Amoz, acerca de Judá
e Jerusalém. Ele teve estas visões durante os anos em que
Uzias, Jotão, Acaz e Ezequias eram reis de Judá.

Mensagem para o povo rebelde de Judá

2 Ouçam, ó céus! Preste atenção, ó terra! Assim diz o SENHOR:
"Os filhos que criei e dos quais cuidei se rebelaram contra mim.
3 Até mesmo o boi conhece seu dono, e o jumento reconhece
o cuidado de seu senhor, mas Israel não conhece seu Senhor;
meu povo não reconhece meu cuidado por ele".
4 Ah, como é pecadora esta nação, sobrecarregada pelo peso
da culpa! São um povo perverso, filhos corruptos que rejei-
taram o SENHOR. Desprezaram o Santo de Israel e deram as
costas para ele.
5 Por que continuam a atrair castigo sobre si? Vão se rebelar para
sempre? Sua cabeça está ferida, seu coração está enfermo.
6 Estão machucados da cabeça aos pés, cheios de contusões,
vergões e feridas abertas, e não há ataduras nem óleo para
dar alívio.
7 Sua terra está em ruínas, suas cidades foram queimadas. Es-
trangeiros saqueiam seus campos diante de vocês e destroem
tudo que veem pela frente.
8 A bela Sião está abandonada, como o abrigo do vigia no vi-
nhedo, como a cabana numa plantação de pepinos, como a
cidade que foi sitiada.
9 Se o SENHOR dos Exércitos não houvesse poupado alguns de
nós, teríamos sido exterminados como Sodoma e destruídos
como Gomorra.
10 Ouçam a palavra do SENHOR, líderes de "Sodoma"! Prestem
atenção à lei de nosso Deus, povo de "Gomorra"!
11 "O que os faz pensar que desejo seus muitos sacrifícios?",
diz o SENHOR. "Estou farto de holocaustos de carneiros e da
gordura de novilhos gordos. Não tenho prazer no sangue de
touros, de cordeiros e de bodes.
12 Quem lhes pediu que fizessem esse alvoroço por meus pátios
quando vêm me adorar?
13 Parem de trazer ofertas inúteis; o incenso que oferecem me
dá náusea! Suas festas de lua nova, seus sábados e seus dias
especiais de jejum são pecaminosos e falsos; não aguento
mais suas reuniões solenes!
14 Odeio suas festas de lua nova e celebrações anuais; são um
peso para mim, não as suporto!
15 Não olharei para vocês quando levantarem as mãos para
orar; ainda que ofereçam muitas orações, não os ouvirei, pois
suas mãos estão cobertas de sangue.
16 Lavem-se e limpem-se! Removam seus pecados de minha
vista e parem de fazer o mal.
17 Aprendam a fazer o bem e busquem a justiça. Ajudem os
oprimidos, defendam a causa dos órfãos, lutem pelos direitos
das viúvas.
18 "Venham, vamos resolver este assunto", diz o SENHOR. "Em-
bora seus pecados sejam como o escarlate, eu os tornarei
brancos como a neve; embora sejam vermelhos como o car-
mesim, eu os tornarei brancos como a lã.
19 Se estiverem dispostos a me obedecer, terão comida com
fartura.
20 Se, porém, se desviarem e se recusarem a ouvir, serão de-
vorados pela espada. Eu, o SENHOR, falei!"

Jerusalém, cidade infiel

21 Vejam como a cidade antes tão fiel tornou-se uma prostituta.
Antes era o centro da justiça e da retidão, agora está cheia de
assassinos.
22 Antes era como prata, agora se tornou coisa desprezível.
Antes era pura, agora é como vinho misturado com água.
23 Seus líderes são rebeldes, companheiros de ladrões. Todos
eles amam subornos e exigem propinas, mas não defendem
a causa dos órfãos nem se preocupam com os direitos das
viúvas.
24 Por isso o Soberano SENHOR dos Exércitos, o Poderoso de
Israel, diz: "Eu me vingarei de meus inimigos; darei a meus
adversários o que eles merecem!
25 Levantarei o punho contra você; o derreterei e separarei o
que é descartável e removerei todas as suas impurezas.
26 Eu lhe darei bons juízes e conselheiros sábios, como tinha
no passado. Então você voltará a ser chamada de Centro da
Justiça e Cidade Fiel".
27 Sião será redimida pela justiça, e os que se arrependerem
serão restaurados pela retidão.
28 Mas os rebeldes e os pecadores serão destruídos, e serão
consumidos os que abandonarem o SENHOR.
29 Vocês se envergonharão de sua idolatria em bosques de car-
valhos. Ficarão desconcertados de terem adorado em jardins
dedicados a ídolos.
30 Serão como uma grande árvore com folhas murchas, como
um jardim sem água.
31 Os mais fortes em seu meio desaparecerão como palha; seus
atos perversos serão a faísca que a incendeia. Queimarão junto
com suas obras, e ninguém conseguirá apagar o fogo.

O reinado futuro do SENHOR

2 Esta é uma visão que Isaías, filho de Amoz, teve acerca de
Judá e Jerusalém:

2 Nos últimos dias, o monte da casa do SENHOR será o mais alto de todos. Será elevado acima de todos os outros montes, e povos de todo o mundo irão até lá para adorar.

3 Gente de muitas nações virá e dirá: "Venham, vamos subir ao monte do SENHOR, à casa do Deus de Jacó. Ali ele nos ensinará seus caminhos, e neles andaremos". Pois a lei do SENHOR sairá de Sião; sua palavra virá de Jerusalém.

4 O SENHOR será mediador entre os povos e resolverá os conflitos das nações. Os povos transformarão suas espadas em arados e suas lanças em podadeiras. As nações deixarão de lutar entre si e já não treinarão para a guerra.

Advertência sobre o julgamento

5 Venham, descendentes de Jacó, vamos andar na luz do SENHOR!

6 Pois tu, SENHOR, rejeitaste teu povo, os descendentes de Jacó, porque encheram a terra com práticas do oriente e feiticeiros, como é costume dos filisteus; sim, fizeram acordos com nações estrangeiras.

7 Israel está cheia de prata e ouro; seus tesouros são incontáveis. Sua terra está cheia de cavalos de guerra; seus carros de combate não têm fim.

8 Sua terra está cheia de ídolos; o povo adora objetos que fez com as próprias mãos.

9 Por isso, agora serão humilhados, e todos serão rebaixados; não os perdoes!

10 Escondam-se em cavernas no meio das rochas, escondam-se no pó, para escaparem do terror do SENHOR e da glória de sua majestade.

11 O orgulho humano será rebaixado, a arrogância humana será humilhada. Somente o SENHOR será exaltado naquele dia de julgamento.

12 Pois o SENHOR dos Exércitos tem um dia de acerto de contas. Ele castigará os orgulhosos e os poderosos e derrubará tudo que se exalta.

13 Cortará os cedros imponentes do Líbano e os grandes carvalhos de Basã.

14 Arrasará os montes altos e as colinas elevadas.

15 Derrubará as torres altas e os muros fortificados.

16 Afundará os grandes navios mercantes e todas as magníficas embarcações.

17 O orgulho humano será humilhado, a arrogância humana será rebaixada. Somente o SENHOR será exaltado naquele dia de julgamento.

18 Os ídolos desaparecerão por completo.

19 Quando o SENHOR se levantar para sacudir a terra, seus inimigos rastejarão para dentro de buracos no chão. Em cavernas no meio das rochas, se esconderão do terror do SENHOR e da glória de sua majestade.

20 Naquele dia, abandonarão os ídolos de ouro e prata que eles próprios fizeram para adorar. Deixarão seus deuses para roedores e morcegos, 21 enquanto rastejam para dentro de cavernas e se escondem entre as rochas dos desfiladeiros. Tentarão escapar do terror do SENHOR e da glória de sua majestade quando ele se levantar para sacudir a terra.

22 Não ponham sua confiança em simples mortais; são frágeis como um sopro. Que valor eles têm?

Julgamento contra Judá

3 O Soberano SENHOR dos Exércitos, tirará de Jerusalém e de Judá tudo aquilo de que dependem: cada pedaço de pão, cada gota de água, 2 todos os seus heróis e soldados, juízes e profetas, adivinhos e autoridades, 3 oficiais do exército e altos funcionários, conselheiros, magos e astrólogos.

4 Nomearei meninos como seus líderes, crianças pequenas para governá-los.

5 As pessoas oprimirão umas às outras: homem contra homem, vizinho contra vizinho. Os jovens insultarão os idosos, e os canalhas desprezarão os honrados.

6 Naquele dia, um homem dirá a seu irmão: "Você tem roupas; seja nosso líder! Assuma o governo deste monte de ruínas".

7 Mas ele responderá: "Não posso ajudar! Não tenho roupa nem comida sobrando; não me escolham como líder".

8 Jerusalém tropeçará, e Judá cairá, pois falam contra o SENHOR e não querem lhe obedecer; rebelam-se abertamente contra sua glória.

9 A expressão do rosto os denuncia; exibem seu pecado como o povo de Sodoma, nem sequer procuram escondê-lo. Estão perdidos! Trouxeram desgraça sobre si mesmos.

10 Digam aos justos que tudo lhes irá bem; desfrutarão a recompensa de seus esforços.

11 Os perversos, porém, estão perdidos, pois receberão exatamente o que merecem.

12 Líderes imaturos oprimem meu povo, mulheres o governam. Ó meu povo, seus líderes o enganam e o conduzem pelo caminho errado.

13 O SENHOR toma seu lugar no tribunal e apresenta sua causa contra seu povo.

14 O SENHOR se apresenta para pronunciar julgamento sobre as autoridades do povo e seus governantes: "Vocês acabaram com Israel, meu vinhedo; o que roubaram dos pobres agora enche suas casas.

15 Como ousam esmagar meu povo e esfregar o rosto dos pobres no pó?". Quem exige uma resposta é o Soberano SENHOR dos Exércitos.

Advertência a Jerusalém

16 O SENHOR diz: "A bela Sião é arrogante; estica seu pescoço elegante e lança olhares atrevidos, caminhando com passos curtos, fazendo tinir os enfeites de seus tornozelos.

17 Por isso, o Senhor fará surgir crostas em sua cabeça; o SENHOR deixará calva a bela Sião".

18 Naquele dia, o Senhor removerá tudo que a embeleza: os
enfeites, as tiaras, os colares em forma de meia-lua, 19 os
brincos, as pulseiras e os véus; 20 os lenços, os enfeites para
o tornozelo, os cintos, os perfumes e os amuletos; 21 os anéis,
as joias do nariz, 22 as roupas de festa, os vestidos, os mantos
e as bolsas; 23 os espelhos, as roupas de linho fino, os adornos
para a cabeça e os xales.
24 Em vez de exalar perfume agradável, ela terá mau cheiro;
usará cordas como cinto e perderá todo o seu lindo cabelo.
Vestirá pano de saco em vez de roupas finas, e a vergonha
tomará o lugar de sua beleza.
25 Os homens da cidade serão mortos à espada, e seus guerreiros morrerão na batalha.
26 Os portões de Sião chorarão e se lamentarão; a cidade será
como uma mulher devastada, encolhida no chão.

4 Naquele dia, restarão tão poucos homens que sete mulheres brigarão por um só e dirão: "Deixe que todas nós nos casemos com você! Providenciaremos nossa comida e nossas roupas. Só queremos seu sobrenome, para que não zombem de nós!".

Promessa de restauração

2 Naquele dia, porém, o renovo do SENHOR será belo e glorioso; o fruto da terra será o orgulho e o esplendor de todos que sobreviverem em Israel.
3 Todos que restarem em Sião serão um povo santo, aqueles que permanecerem em Jerusalém, que estiverem registrados entre os vivos.
4 O Senhor lavará a imundície da bela Sião; removerá de Jerusalém as manchas de sangue com o quente sopro de julgamento abrasador.
5 Então o SENHOR proverá sombra para o monte Sião, e todos se reunirão ali. Durante o dia, proverá uma camada de nuvem e, à noite, de fumaça e fogo ardente, que cobrirá a terra gloriosa.
6 Será abrigo contra o calor do dia e esconderijo contra tempestades e chuvas.

Cântico sobre o vinhedo do SENHOR

5 Agora, cantarei a meu amado uma canção sobre seu vinhedo: Meu amado tinha um vinhedo numa colina muito fértil.
2 Ele arou a terra, tirou as pedras e plantou as melhores videiras. No meio do vinhedo, construiu uma torre de vigia e, junto às rochas, fez um tanque de prensar. Então esperou pela colheita de uvas doces, mas o vinhedo só produziu uvas amargas.
3 Agora, habitantes de Jerusalém e Judá, julguem entre mim e meu vinhedo.
4 O que mais poderia ter feito por meu vinhedo que já não fiz? Por que, quando esperava uvas doces, ele produziu uvas amargas?
5 Agora lhes digo o que farei com meu vinhedo: Removerei suas cercas e deixarei que seja destruído. Derrubarei seus muros e deixarei que seja pisoteado.
6 Farei dele um lugar desolado, onde as videiras não são podadas e a terra não é capinada, um lugar cheio de espinhos e mato. Darei ordem às nuvens para que não derramem chuva sobre ele.
7 A nação de Israel é o vinhedo do SENHOR dos Exércitos, o povo de Judá é seu jardim agradável. Ele esperava colher justiça, mas encontrou opressão. Esperava colher retidão, mas ouviu gritos de angústia.

A culpa e o julgamento de Judá

8 Que aflição espera vocês que compram casas e mais casas, campos e mais campos, até não haver lugar para outros e vocês se tornarem os únicos donos da terra!
9 Mas eu ouvi o SENHOR dos Exércitos fazer um juramento solene: "Muitas casas ficarão desertas; até as belas mansões ficarão vazias.
10 Um vinhedo de dez jeiras não produzirá vinte litros de vinho; dez cestos grandes de sementes só produzirão um cesto de cereais".
11 Que aflição espera os que se levantam cedo pela manhã, para começar a beber, e passam a noite tomando vinho, para ficar embriagados.
12 Em suas festas sempre há vinho e belas músicas, de lira e harpa, tamborim e flauta, mas nunca pensam no SENHOR, não se dão conta do que ele faz.
13 Por isso meu povo irá para o exílio num lugar distante, pois não me conhece. Os nobres morrerão de fome, e a multidão morrerá de sede.
14 A sepultura saliva de ansiedade, com a boca bem aberta. Os mais importantes e os mais simples e toda a multidão embriagada serão devorados.
15 A humanidade será abatida, o povo será rebaixado; até os arrogantes baixarão o olhar em humilhação.
16 O SENHOR dos Exércitos, porém, será exaltado em sua justiça; a santidade de Deus será demonstrada em sua retidão.
17 Naquele dia, os cordeiros encontrarão bons pastos; as ovelhas gordas e os cabritos comerão entre as ruínas.
18 Que aflição espera os que arrastam sua perversidade com cordas feitas de mentiras, que arrastam atrás de si o pecado como quem puxa uma carroça!
19 Zombam de Deus e dizem: "Anda logo! Toma uma providência! Queremos ver o que és capaz de fazer. Que o Santo de Israel realize seu plano, pois queremos saber o que é".
20 Que aflição espera os que chamam o mal de bem e o bem de mal, a escuridão de luz e a luz de escuridão, o amargo de doce e o doce de amargo!
21 Que aflição espera os que são sábios aos próprios olhos e pensam ter entendimento!

22Que aflição espera os que são heróis em tomar vinho e se
gabam de quanta bebida conseguem ingerir!
23Aceitam subornos para deixar o perverso em liberdade e
negam justiça ao inocente.
24Portanto, assim como o fogo consome a palha e o capim seco
se desfaz com a chama, suas raízes apodrecerão e suas flores
murcharão. Pois rejeitaram a lei do SENHOR dos Exércitos, des-
prezaram a palavra do Santo de Israel.
25Por isso a ira do SENHOR se acende contra seu povo, por
isso ele levantou sua mão para esmagá-los. Os montes estre-
mecem, e os cadáveres do povo estão espalhados pelas ruas
como lixo. Mesmo assim, a ira do SENHOR não se satisfará; sua
mão ainda está levantada para castigar.
26Ele enviará um sinal a nações distantes, assobiará para os
que estão nos confins da terra; eles virão correndo.
27Não se cansarão nem tropeçarão; ninguém descansará nem
dormirá. Nenhum cinto estará solto, nenhuma correia de san-
dália se arrebentará.
28Suas flechas estarão afiadas, seus arcos, prontos para a ba-
talha. Os cascos de seus cavalos soltarão faíscas, as rodas de
seus carros girarão como um turbilhão.
29Rugirão como leões, como os leões mais fortes. Rosnarão e
se lançarão sobre suas vítimas, e as levarão embora; ninguém
poderá livrá-las.
30Naquele dia, rugirão sobre suas vítimas como ruge o mar. Se
alguém olhar por toda a terra, só verá trevas e aflição; até a
luz será obscurecida pelas nuvens.

A purificação e o chamado de Isaías

6 No ano em que o rei Uzias morreu, eu vi o Senhor. Ele estava
sentado em um trono alto, e a borda de seu manto enchia
o templo. 2Acima dele havia serafins, cada um com seis asas:
com duas asas cobriam o rosto, com duas cobriam os pés e
com duas voavam. 3Diziam em alta voz uns aos outros: "Santo,
santo, santo é o SENHOR dos Exércitos; toda a terra está cheia
de sua glória!"
4Suas vozes sacudiam o templo até os alicerces, e todo o edi-
fício estava cheio de fumaça.
5Então eu disse: "Estou perdido! É o meu fim, pois sou um
homem de lábios impuros e vivo no meio de pessoas de lá-
bios impuros. Meus olhos, porém, viram o Rei, o SENHOR dos
Exércitos!".
6Então um dos serafins voou em minha direção, trazendo uma
brasa ardente que ele havia tirado do altar com uma tenaz.
7Tocou meus lábios com a brasa e disse: "Veja, esta brasa
tocou seus lábios. Sua culpa foi removida, e seus pecados
foram perdoados".
8Então ouvi o Senhor perguntar: "Quem enviarei como men-
sageiro a este povo? Quem irá por nós?". E eu respondi: "Aqui
estou; envia-me".
9Ele disse: "Vá e diga a este povo: 'Ouçam com atenção, mas
não entendam; observem bem, mas não aprendam'.
10Endureça o coração deste povo; tape os ouvidos e feche os
olhos deles. Assim, não verão com os olhos, nem ouvirão com
os ouvidos, não entenderão com o coração, nem se voltarão
para mim a fim de serem curados".
11Então eu disse: "Senhor, até quando isso vai durar?", e ele
respondeu: "Até que as cidades fiquem vazias, e as casas,
abandonadas, e toda a terra seja devastada; 12até que o SE-
NHOR tenha mandado todos embora, e toda a terra de Israel
esteja deserta.
13Se ainda sobreviver uma décima parte, um remanescente,
ela será invadida outra vez e queimada. Mas, assim como o
terebinto e o carvalho deixam um toco quando cortados, o
toco de Israel será uma semente santa".

Mensagem para Acaz

7 Quando Acaz, filho de Jotão e neto de Uzias, era rei de Judá,
Rezim, rei da Síria, e Peca, filho de Remalias, rei de Israel,
saíram para atacar Jerusalém. Contudo, não conseguiram
executar seu plano.
2Havia chegado à corte de Judá a seguinte notícia: "A Síria
se aliou com Israel contra nós!". O coração do rei e de seu
povo estremeceu de medo, como árvores se agitam numa
tempestade.
3Então o SENHOR disse a Isaías: "Pegue seu filho, Sear-Jasube,
e vá encontrar-se com o rei Acaz. Ele estará no final do aque-
duto que abastece o tanque superior, perto do caminho para
o campo onde se lava roupa. 4Diga a Acaz que pare de se preo-
cupar e que não precisa ter medo da ira ardente daquelas duas
brasas apagadas, Rezim, rei da Síria, e Peca, filho de Rema-
lias. 5É verdade que os reis da Síria e de Israel tramam contra
ele e dizem: 6'Atacaremos Judá e a conquistaremos; então
colocaremos o filho de Tabeal para reinar sobre Judá'. 7Mas
assim diz o SENHOR Soberano: "Essa invasão não acontecerá;
jamais ocorrerá, 8pois a Síria não é mais forte que sua capital,
Damasco, e Damasco não é mais forte que seu rei, Rezim.
Quanto a Israel, em sessenta e cinco anos, será esmagada e
completamente destruída.
9Israel não é mais forte que sua capital, Samaria, e Samaria
não é mais forte que seu rei, Peca, filho de Remalias. Se vocês
não crerem com firmeza, não permanecerão firmes".

O sinal de Emanuel

10Depois, o SENHOR enviou esta mensagem ao rei Acaz: 11"Peça
ao SENHOR, seu Deus, um sinal de confirmação. Pode ser
algo difícil, alto como os céus ou profundo como o lugar dos
mortos".
12O rei Acaz, porém, respondeu: "Não porei o SENHOR à prova
desse modo".
13Então o profeta disse: "Ouçam bem, descendentes de Davi!
Não basta esgotarem a paciência das pessoas? Agora também
querem esgotar a paciência de meu Deus? 14Por isso, o Senhor
mesmo lhes dará um sinal. Vejam! A virgem ficará grávida! Ela

dará à luz um filho e o chamará de Emanuel. 15Quando essa
criança tiver idade suficiente para escolher o bem e rejeitar o
mal, comerá coalhada e mel. 16Pois, antes de a criança chegar
a essa idade, as terras dos dois reis que vocês tanto temem
ficarão desertas.
17"Então o SENHOR trará sobre vocês, sua nação e sua família,
coisas como nunca houve desde que Israel se separou de Judá;
trará contra vocês o rei da Assíria!".
18Naquele dia, o SENHOR assobiará para chamar o exército do
sul do Egito e o exército da Assíria, e eles os cercarão como
enxames de moscas e abelhas. 19Virão em grandes multidões
e ocuparão as regiões férteis e também os vales desolados, as
cavernas e os lugares tomados de espinhos. 20Naquele dia, o
Senhor alugará uma "navalha" que virá de além do rio Eufrates
— o rei da Assíria — e a usará para raspar tudo: sua terra, suas
plantações e seu povo.
21Naquele dia, o camponês terá sorte se lhe sobrarem uma
vaca e duas ovelhas. 22Ainda assim, haverá leite suficiente para
todos, pois restarão poucas pessoas na terra. Comerão coa-
lhada e mel até ficarem satisfeitos. 23Naquele dia, os vinhedos
prósperos, que hoje valem mil peças de prata, se tornarão
terrenos cheios de espinhos e mato. 24Toda a terra ficará co-
berta de espinhos e mato, e será uma região de caça cheia
de animais selvagens. 25Ninguém irá às encostas férteis das
colinas, onde antes cresciam jardins, pois estarão tomadas de
espinhos e mato. Ali bois e ovelhas pastarão.

A futura invasão assíria

8 Então o SENHOR me disse: "Faça uma grande placa e escreva
de modo bem claro o seguinte nome: Maher-Shalal-Hash-
-Baz". 2Pedi ao sacerdote Urias e a Zacarias, filho de Jebe-
requias, dois homens conhecidos por sua honestidade, que
fossem testemunhas do que fiz.
3Então deitei-me com minha esposa, e ela ficou grávida e deu
à luz um filho. E o SENHOR disse: "Dê-lhe o nome Maher-Sha-
lal-Hash-Baz. 4Pois, antes que esse menino tenha idade sufi-
ciente para dizer 'papai' ou 'mamãe', o rei da Assíria levará
embora os bens de Damasco e as riquezas de Samaria".
5Mais uma vez, o SENHOR falou comigo e disse: 6"Meu cuidado
pelo povo de Judá é como as águas de Siloé, que fluem suave-
mente. Contudo, eles me rejeitaram e agora se alegram com
o que acontecerá aos reis Rezim e Peca. 7Portanto, o Senhor
fará vir sobre eles uma grande inundação do rio Eufrates: o rei
da Assíria com toda a sua glória. A inundação fará transbordar
todos os seus canais 8e cobrirá Judá até o pescoço. Abrirá
as asas e submergirá sua terra de um extremo ao outro, ó
Emanuel.
9"Reúnam-se, nações, e fiquem aterrorizadas; prestem
atenção, todas as terras distantes. Preparem-se para a ba-
talha, mas serão destruídas; sim, preparem-se para a batalha,
mas serão destruídas.
10Convoquem conselhos de guerra, mas de nada adiantará;
desenvolvam estratégias, mas não terão sucesso. Pois Deus
está conosco!"

Chamado para confiar no SENHOR

11O SENHOR me advertiu firmemente de que não pensasse como
todos os outros. Disse ele:
12"Não chame tudo de conspiração, como eles fazem; não viva
com medo do que eles temem.
13Considere o SENHOR dos Exércitos santo em sua vida; é a ele
que você deve temer. Ele é quem deve fazê-lo estremecer;
14ele o manterá seguro. Mas, para Israel e Judá, ele será pedra
de tropeço, rocha que os faz cair. Para o povo de Jerusalém,
será armadilha e laço.
15Muitos tropeçarão e cairão e nunca mais se levantarão; serão
presos no laço e capturados".
16Preserve os ensinamentos de Deus; confie a lei àqueles que
me seguem.
17Esperarei pelo SENHOR, que se afastou dos descendentes de
Jacó; porei nele minha esperança.
18Eu e os filhos que o SENHOR me deu serviremos de sinal e
advertência para Israel da parte do SENHOR dos Exércitos, que
habita no monte Sião.
19Talvez alguém lhes diga: "Vamos perguntar aos médiuns e
aos que consultam os espíritos dos mortos. Com sussurros e
murmúrios eles nos dirão o que fazer". Mas será que o povo
não deve pedir orientação a Deus? Será que os vivos devem
buscar a orientação de mortos?
20Consultem a lei e os ensinamentos de Deus! Aqueles que con-
tradizem sua palavra jamais verão a luz. 21Andam sem rumo,
cansados e famintos. E, por causa da fome, amaldiçoam seu
rei e seu Deus. Olharão para o céu, 22depois olharão para a
terra, mas para onde voltarem os olhos só haverá problemas,
angústia e sombrio desespero. Serão lançados nas trevas.

Esperança no Messias

9 Esse tempo de escuridão e desespero, no entanto, não
durará para sempre. A terra de Zebulom e de Naftali será
humilhada, mas no futuro a Galileia dos gentios, localizada
junto à estrada entre o Jordão e o mar, se encherá de glória.
2O povo que anda na escuridão verá grande luz. Para os que
vivem na terra de trevas profundas, uma luz brilhará.
3Tu multiplicarás a nação de Israel, e seu povo se alegrará. Eles
se alegrarão diante de ti como os camponeses se alegram na
colheita, como os guerreiros ao repartir os despojos.
4Pois tu quebrarás o jugo de escravidão que os oprimia e levan-
tarás o fardo que lhes pesava sobre os ombros. Quebrarás a
vara do opressor, como fizeste ao destruir o exército de Midiã.
5As botas dos guerreiros e os uniformes manchados de sangue
das batalhas serão queimados; servirão de lenha para o fogo.
6Pois um menino nos nasceu, um filho nos foi dado. O governo
estará sobre seus ombros, e ele será chamado de Maravilhoso
Conselheiro, Deus Poderoso, Pai Eterno e Príncipe da Paz.

7Seu governo e sua paz jamais terão fim. Reinará com impar-
cialidade e justiça no trono de Davi, para todo o sempre. O zelo
do SENHOR dos Exércitos fará que isso aconteça!

A ira do SENHOR contra Israel

8O Senhor se pronunciou contra Jacó, seu julgamento caiu
sobre Israel.
9Os habitantes de Israel e de Samaria, que falaram com tanto
orgulho e arrogância, logo ficarão sabendo.
10Disseram: "No lugar dos tijolos quebrados de nossas ruínas,
colocaremos pedras trabalhadas, e no lugar das figueiras-
-bravas derrubadas, plantaremos cedros".
11O SENHOR, porém, trará os inimigos de Rezim contra Israel e
instigará seus adversários.
12Os sírios do leste e os filisteus do oeste mostrarão suas
presas e devorarão Israel. Mesmo assim, a ira do SENHOR não
se satisfará; sua mão ainda está levantada para castigar.
13Pois mesmo depois do castigo, o povo não se arrependerá;
não buscará o SENHOR dos Exércitos.
14Portanto, em um só dia, o SENHOR destruirá a cabeça e a
cauda, o ramo da palmeira e o junco.
15Os líderes de Israel são a cabeça, os profetas mentirosos
são a cauda.
16Pois esses líderes enganaram o povo e o conduziram pelo
caminho da destruição.
17Por isso o Senhor não se agrada dos jovens, nem mostra
compaixão pelas viúvas e pelos órfãos. Pois todos são hipó-
critas perversos; todos falam tolices. Mesmo assim, a ira do
SENHOR não se satisfará; sua mão ainda está levantada para
castigar.
18Essa maldade é como incêndio num matagal; consome não
apenas os espinhos e o mato, mas também queima os bosques
e faz subir nuvens de fumaça.
19A terra ficará ressecada, por causa da fúria do SENHOR dos
Exércitos. O povo servirá de lenha para o fogo, e ninguém pou-
pará sequer seu irmão.
20Atacarão o vizinho à direita, mas continuarão com fome. De-
vorarão o vizinho à esquerda, mas não se saciarão; por fim,
comerão os próprios filhos.
21Manassés se alimentará de Efraim, Efraim se alimentará
de Manassés, ambos devorarão Judá. Mesmo assim, a ira do
SENHOR não se satisfará; sua mão ainda está levantada para
castigar.

10 Que aflição espera os juízes injustos e os que decretam
leis opressoras!
2Não fazem justiça aos pobres e negam os direitos dos ne-
cessitados de meu povo. Exploram as viúvas e tiram proveito
dos órfãos.
3O que farão quando eu os castigar, quando trouxer de uma
terra distante calamidade sobre vocês? A quem pedirão ajuda?
Onde seus tesouros estarão seguros?
4Serão levados como prisioneiros ou ficarão caídos entre os
mortos. Mesmo assim, a ira do SENHOR não se satisfará; sua
mão ainda está levantada para castigar.

Julgamento contra a Assíria

5"Que aflição espera a Assíria, a vara de minha ira; uso-a como
bastão para expressar minha fúria!
6Envio a Assíria contra uma nação ímpia, contra o povo com
o qual estou irado. A Assíria os saqueará e os pisará como pó
sob os seus pés.
7O rei da Assíria, porém, não entenderá que é meu instru-
mento; esse não é seu modo de pensar. Seu plano é somente
destruir, derrubar uma nação após a outra.
8Ele dirá: 'Em breve cada um de meus príncipes será rei.
9'Destruímos Calno, como fizemos com Carquemis, Hamate
caiu diante de nós, como aconteceu com Arpade, e derrotamos
Samaria, como fizemos com Damasco.
10Sim, acabamos com muitos reinos, cujos deuses eram mais
poderosos que os de Jerusalém e Samaria.
11Portanto, derrotaremos Jerusalém e seus deuses, como des-
truímos Samaria e seus deuses'".
12Depois que o Senhor tiver usado o rei da Assíria para realizar
seus propósitos no monte Sião e em Jerusalém, ele se voltará
contra o rei da Assíria e o castigará, pois o rei é orgulhoso e
arrogante. 13Ele diz: "Fiz isto com meu braço poderoso, com
minha astuta sabedoria o planejei. Destruí as defesas das na-
ções e levei seus tesouros; como um touro, derrubei seus reis.
14Roubei as riquezas de seus ninhos e ajuntei reinos como o
camponês ajunta ovos. Ninguém pode bater as asas contra
mim, nem dar um pio de protesto".
15Mas será que o machado pode se orgulhar de ser mais po-
deroso que aquele que o usa? É a serra mais importante que a
pessoa que com ela corta? Pode a vara golpear se não houver
quem a mova? Acaso o cajado de madeira anda sozinho?
16Por isso, o Soberano SENHOR dos Exércitos enviará uma praga
sobre as tropas orgulhosas da Assíria, e fogo ardente consu-
mirá sua glória.
17O SENHOR, a Luz de Israel, será o fogo; o Santo será a chama.
Devorará como fogo os espinhos e o mato e queimará o ini-
migo em um só dia.
18O SENHOR consumirá a glória da Assíria, como o fogo consome
um bosque em terra fértil; ela definhará como os enfermos
durante uma praga.
19De todo esse bosque glorioso, restarão apenas algumas ár-
vores, tão poucas que uma criança poderá contá-las.

Esperança para o povo do SENHOR

20Naquele dia, o remanescente de Israel, os sobreviventes da
família de Jacó, não dependerão mais de aliados que pro-
curam destruí-los. Confiarão fielmente no SENHOR, o Santo de
Israel.

21 Um remanescente voltará, sim, o remanescente de Jacó vol-
tará para o Deus Poderoso.
22 Embora o povo de Israel seja numeroso como a areia do mar,
apenas um remanescente voltará. O SENHOR, em sua justiça,
decidiu destruir seu povo; 23 sim, o Soberano SENHOR dos Exér-
citos, já decidiu destruir toda a terra.
24 Portanto, assim diz o Soberano SENHOR dos Exércitos: "Ó
meu povo em Sião, não tema os assírios quando oprimirem
vocês com vara e bastão, como fizeram os egípcios muito
tempo atrás. 25 Em breve, minha fúria contra vocês passará,
e minha ira se levantará para destruir os assírios". 26 O SENHOR
dos Exércitos os castigará com seu chicote, como fez quando
Gideão venceu os midianitas na rocha de Orebe, ou quando o
SENHOR ergueu sua vara para afogar o exército egípcio no mar.
27 Naquele dia, o SENHOR acabará com a servidão de seu povo;
quebrará o jugo de escravidão e o levantará de seus ombros.
28 Vejam, agora os assírios estão em Aiate; passam por Migrom,
e guardam seus pertences em Micmás.
29 Atravessam o desfiladeiro e acampam em Geba. A cidade de
Ramá está tomada de medo; o povo de Gibeá, cidade natal de
Saul, foge para se salvar.
30 Gritem de terror, habitantes de Galim! Alertem Laís! Ah,
pobre Anatote!
31 O povo de Madmena foge, e os habitantes de Gebim tentam
se esconder.
32 O inimigo para em Nobe pelo resto do dia; sacode o punho
contra o belo monte Sião, o monte de Jerusalém.
33 Mas, vejam, o Soberano SENHOR dos Exércitos cortará com
grande força a poderosa árvore da Assíria! Ele derrubará os
orgulhosos; a árvore imponente será lançada por terra.
34 Cortará as árvores do bosque com um machado; o Líbano
cairá pelas mãos do Poderoso.

O ramo da linhagem de Jessé

11 Do tronco da linhagem de Jessé brotará um renovo; sim,
um novo Ramo que de suas raízes dará frutos.
2 E o Espírito do SENHOR estará sobre ele, o Espírito de sabe-
doria e discernimento, o Espírito de conselho e poder, o Espí-
rito de conhecimento e temor do SENHOR.
3 Ele terá prazer em obedecer ao SENHOR; não julgará pela apa-
rência, nem acusará com base em rumores.
4 Fará justiça aos pobres e tomará decisões imparciais em favor
dos oprimidos. A terra estremecerá com a força de sua palavra,
e o sopro de sua boca destruirá os perversos.
5 Vestirá a justiça como um cinto e a verdade como uma cinta
nos quadris.
6 Naquele dia, o lobo viverá com o cordeiro, e o leopardo se dei-
tará junto ao cabrito. O bezerro estará seguro perto do leão, e
uma criança os guiará.
7 A vaca pastará perto do urso, e seus filhotes descansarão
juntos; o leão comerá capim, como a vaca.
8 O bebê brincará em segurança perto da toca da cobra; sim, a
criancinha colocará a mão num ninho de víboras.
9 Em todo o meu santo monte, não se fará mal nem haverá
destruição, pois, como as águas enchem o mar, a terra estará
cheia de gente que conhece o SENHOR.
10 Naquele dia, o descendente de Jessé será uma bandeira de
salvação para todo o mundo. As nações se reunirão junto a ele,
e a terra onde ele habita será um lugar glorioso.
11 Naquele dia, o Senhor estenderá a mão pela segunda vez,
para trazer de volta o remanescente de seu povo, aqueles que
restarem na Assíria e no norte do Egito, no sul do Egito, na
Etiópia e em Elão, na Babilônia, em Hamate e nas distantes
terras costeiras.
12 Levantará uma bandeira entre as nações e reunirá os exi-
lados de Israel. Ajuntará o povo disperso de Judá, desde os
confins da terra.
13 Então, por fim, acabará o ciúme entre Israel e Judá, e dei-
xarão de ser rivais.
14 Unirão forças para vir sobre a Filístia no oeste; juntos, ata-
carão e saquearão as nações do leste. Ocuparão as terras de
Edom e Moabe, e Amom lhes obedecerá.
15 O SENHOR abrirá um caminho seco no golfo do mar Vermelho,
moverá a mão sobre o rio Eufrates e enviará um vento forte
que o dividirá em sete riachos, para que possa ser atraves-
sado a pé.
16 Fará uma estrada para o remanescente de seu povo, o rema-
nescente que virá da Assíria, como fez por Israel muito tempo
atrás, quando o povo voltou do Egito.

Cânticos de louvor pela salvação

12 Naquele dia, vocês cantarão: "Eu te louvarei, ó SENHOR!
Estavas irado comigo, mas tua ira passou; agora tu me
consolas.
2 Vejam, Deus veio me salvar; confiarei nele e não terei medo. O
SENHOR Deus é minha força e meu cântico; ele me deu vitória!".
3 Com alegria vocês beberão das fontes da salvação.
4 Naquele dia, cantarão: "Deem graças ao SENHOR! Louvem seu
nome! Contem aos povos o que ele fez, anunciem que seu
nome é magnífico.
5 Cantem ao SENHOR, pois ele tem feito maravilhas; tornem seu
louvor conhecido em todo o mundo.
6 Todos os habitantes de Sião celebrem em alta voz, pois
grande é o Santo de Israel que vive em seu meio".

Mensagem a respeito da Babilônia

13 Isaías, filho de Amoz, recebeu esta mensagem acerca
da Babilônia:
2 "Levantem uma bandeira no topo descoberto de uma colina;
convoquem um exército contra a Babilônia. Quando eles en-
trarem nos palácios dos grandes e poderosos, acenem com a
mão para encorajá-los.
3 Eu, o SENHOR, consagrei esses soldados; sim, chamei guer-
reiros valentes para executar minha ira, e eles se alegrarão
quando eu for exaltado".

4Ouçam o barulho nos montes! Escutem os grandes exércitos
marchando! São ruídos e gritos de muitas nações; o SENHOR
dos Exércitos reuniu essas tropas.
5Vêm de países distantes, dos mais longínquos horizontes. São
as armas do SENHOR para executar sua ira; com elas destruirá
toda a terra.
6Gritem de terror, pois o dia do SENHOR chegou, o dia em que
o Todo-poderoso virá para destruir.
7Todo braço está paralisado de medo, todo coração se derrete,
8todos estão apavorados. São tomados de dores agudas de
aflição, como as dores da mulher no parto. Apavorados, olham
uns para os outros, com o rosto ardendo de medo.
9Vejam, o dia do SENHOR está chegando, o dia terrível de sua
fúria e ira ardente! A terra ficará desolada, e os pecadores
serão destruídos.
10Os céus acima deles escurecerão, e as estrelas deixarão de
brilhar. O sol estará escuro ao nascer, e a lua não iluminará.
11"Eu, o SENHOR, castigarei o mundo por sua maldade, os per-
versos por seu pecado. Esmagarei a pretensão dos arrogantes,
humilharei o orgulho dos poderosos.
12Tornarei as pessoas mais escassas que o ouro, mais raras
que o ouro puro de Ofir.
13Pois sacudirei os céus; a terra se moverá de seu lugar,
quando o SENHOR dos Exércitos mostrar sua fúria, no dia de
sua ira ardente."
14Todos na Babilônia correrão como uma gazela perseguida,
como ovelhas sem pastor. Tentarão encontrar seu povo e fugir
para sua terra.
15Quem for capturado será morto, atravessado com a espada.
16Suas crianças serão massacradas diante de seus olhos; suas
casas serão saqueadas, e suas esposas, violentadas.
17"Vejam, instigarei o reino da Média contra a Babilônia; não
se poderá comprá-lo com prata, nem suborná-lo com ouro.
18Matarão os jovens com flechas, não terão misericórdia dos
bebês indefesos, nem compaixão das crianças."
19A Babilônia, o mais glorioso dos reinos, o esplendor e o or-
gulho dos caldeus, será devastada como Sodoma e Gomorra,
quando Deus as destruiu.
20A Babilônia jamais voltará a ser habitada; permanecerá vazia
geração após geração. Nômades não acamparão ali, pastores
não levarão suas ovelhas para passar a noite.
21Animais do deserto habitarão na cidade arruinada, criaturas
uivantes rondarão as casas. Corujas viverão entre as ruínas,
bodes selvagens ali saltarão.
22Hienas uivarão nas fortalezas, chacais farão tocas nos pa-
lácios luxuosos. Os dias da Babilônia estão contados; logo
chegará a hora de sua destruição.

Consolo para Israel

14 O SENHOR, porém, terá misericórdia dos descendentes de
Jacó. Mais uma vez, escolherá Israel para ser seu povo.
Ele os trará de volta e os estabelecerá em sua própria terra.
Gente de muitas nações virá, se juntará a eles ali e se unirá ao
povo de Israel. 2As nações do mundo ajudarão o povo de Israel
a retornar, e aqueles que vierem morar na terra do SENHOR os
servirão. Os que conquistaram Israel serão conquistados, e
Israel dominará seus opressores.

Zombaria do rei da Babilônia

3Naquele dia, quando o SENHOR der a seu povo descanso da
tristeza, do medo e da terrível escravidão a que foram subme-
tidos, 4vocês zombarão do rei da Babilônia e dirão: "O homem
poderoso foi destruído; acabou sua insolência.
5O SENHOR esmagou seu poder perverso e derrubou seu reino
de maldade.
6Você feriu o povo com incontáveis golpes de fúria; cheio de
ira, dominou as nações com tirania implacável.
7Mas, por fim, a terra descansa tranquila; agora pode voltar
a cantar!
8Até as árvores do bosque, os ciprestes e os cedros do Líbano,
entoam esta alegre canção: 'Agora que você foi derrubado,
ninguém virá nos derrubar!'.
9"O lugar dos mortos se empolga com a sua chegada. Líderes e
reis mortos há muito tempo se levantam para vê-lo.
10A uma só voz eles clamam: 'Agora você é tão fraco quanto
nós!
11Seu orgulho foi enterrado com você; o som da harpa em seu
palácio cessou. Agora larvas são seu lençol, e vermes, sua
coberta'.
12"Como você caiu dos céus, ó estrela brilhante, filho da alvo-
rada! Foi lançado à terra, você que destruía as nações.
13Pois dizia consigo: 'Subirei aos céus e colocarei meu trono
acima das estrelas de Deus. Dominarei no monte dos deuses,
nos lugares distantes do norte.
14Subirei aos mais altos céus e serei como o Altíssimo'.
15Em vez disso, será lançado ao lugar dos mortos, ao mais
profundo abismo.
16Todos olharão para você e perguntarão: 'É esse o homem
que fazia a terra tremer e abalava os reinos do mundo?
17É esse o rei que destruiu a terra e a transformou em deserto?
É ele que arrasava as grandes cidades e não tinha misericórdia
de seus prisioneiros?'.
18"Os reis das nações foram sepultados em glória majestosa,
cada um em seu túmulo, 19mas você será lançado fora de sua
sepultura, como um galho inútil. Como um cadáver pisoteado,
será jogado numa vala comum, com os que foram mortos na
batalha. Descerá ao abismo
20e não terá um sepultamento digno, pois destruiu sua nação e
massacrou seu povo. Os descendentes de alguém tão perverso
nunca mais receberão honras.
21Matem os filhos desse homem! Que morram por causa dos
pecados do pai, para que não se levantem a fim de conquistar
a terra e encher o mundo com suas cidades".

22 Assim diz o SENHOR dos Exércitos: “Eu mesmo me levantei
contra a Babilônia! Destruirei seus filhos e os filhos de seus
filhos”, diz o SENHOR.
23 “Transformarei a Babilônia em lugar para corujas, cheio de
pântanos e brejos; varrerei a terra com a vassoura da des-
truição. Eu, o SENHOR dos Exércitos, falei!”

Mensagem a respeito da Assíria

24 O SENHOR dos Exércitos jurou: “Tudo acontecerá como pla-
nejei; será conforme decidi.
25 Derrubarei os assírios quando estiverem em Israel e os piso-
tearei em meus montes. Meu povo não será mais seu escravo,
nem se curvará sob o peso de suas cargas.
26 Tenho um plano para toda a terra; minha mão está sobre
todas as nações.
27 O SENHOR dos Exércitos falou; quem pode mudar seus planos?
Quando levanta sua mão, quem pode detê-la?”.

Mensagem a respeito da Filístia

28 Recebi esta mensagem no ano em que o rei Acaz morreu:
29 Não se alegrem, filisteus, por estar morto o rei que os feriu.
Pois dessa cobra nascerá outra mais venenosa, uma serpente
terrível e abrasadora!
30 Alimentarei os pobres em meus pastos, e os necessitados
se deitarão em paz. Quanto a vocês, eu os matarei de fome e
destruirei os poucos que restarem.
31 Lamentem junto aos portões! Chorem alto nas cidades! Der-
retam-se de medo, filisteus! Um exército poderoso vem do
norte, como fumaça; cada soldado avança depressa, ansioso
para lutar.
32 Que diremos aos mensageiros filisteus? Digam-lhes: “O SE-
NHOR reconstruiu Sião; dentro de seus muros seu povo opri-
mido encontrará refúgio”.

Mensagem a respeito de Moabe

15 Recebi esta mensagem acerca de Moabe: Em uma só
noite, a cidade de Ar será arrasada, e a cidade de Quir,
destruída.
2 Seu povo irá ao templo em Dibom para lamentar, aos lugares
de culto nos montes para chorar. Chorarão pelo destino de
Nebo e Medeba, rasparão a cabeça e cortarão a barba.
3 Vestirão pano de saco e vagarão pelas ruas; de todas as casas
e praças públicas virão gemidos de lamento.
4 Os habitantes de Hesbom e Eleale clamarão; suas vozes serão
ouvidas até em Jaaz. Os guerreiros mais valentes de Moabe
gritarão de terror; indefesos, tremerão de medo.
5 Meu coração chora por Moabe; seus habitantes fogem para
Zoar e para Eglate-Selisia. Sobem chorando pelo caminho de
Luíte; seus clamores de angústia são ouvidos por toda a es-
trada de Horonaim.
6 Até as águas de Ninrim secaram; a vegetação às suas margens
murchou. As plantas morreram; todo verde desapareceu.
7 O povo reúne seus bens e os carrega para o outro lado do
riacho dos Salgueiros.
8 Um clamor de angústia ecoa pela terra de Moabe, de uma
extremidade à outra, de Eglaim até Beer-Elim.
9 O riacho perto de Dibom está vermelho de sangue, mas ainda
não terminei de castigar Dibom! Leões caçarão os sobrevi-
ventes, tanto os que tentarem fugir como os que ficarem para
trás.

16 Enviem cordeiros desde Selá, como tributo ao governante
da terra. Enviem-nos pelo deserto, para o monte da bela
Sião.
2 As mulheres de Moabe foram abandonadas, como aves sem
ninho, nas partes rasas do rio Arnom.
3 “Ajudem-nos!”, elas clamam. “Defendam-nos como uma
sombra ao meio-dia! Protejam os fugitivos; não nos traiam
agora que escapamos.
4 Deixem que o povo de Moabe more com vocês; escondam
nossos refugiados do inimigo, até que passe o terror.” Quando
a opressão e a destruição tiverem terminado, quando os inva-
sores inimigos tiverem partido, 5 Deus estabelecerá como rei
um dos descendentes de Davi. Ele reinará com misericórdia e
verdade, julgará sempre com imparcialidade e buscará fazer
o que é justo.
6 Ouvimos falar da arrogante Moabe, de seu orgulho, sua al-
tivez e sua fúria, mas toda essa soberba desapareceu.
7 Toda a terra de Moabe chora, sim, todos em Moabe lamentam
ao lembrar dos bolos de passas de Quir-Haresete; não resta
um sequer.
8 As plantações de Hesbom estão abandonadas, os vinhedos
de Sibma, desertos. Os governantes das nações derrubaram
Moabe, essa bela videira. Seus ramos se estendiam para o
norte, até a cidade de Jazar, e se espalhavam para o leste, até
o deserto. Seus brotos se estendiam tão longe para o oeste
que atravessavam o mar Morto.
9 Por isso, agora choro por Jazar e pelos vinhedos de Sibma;
minhas lágrimas correrão por Hesbom e por Eleale. Não há
mais gritos de alegria por seus frutos de verão e suas colheitas.
10 Encerrou-se a alegria, acabou-se a celebração pela colheita.
Já não haverá cânticos nos vinhedos, nem gritos de exultação,
ninguém pisará as uvas nos tanques de prensar; acabei com
toda a alegria de suas colheitas.
11 O clamor de meu coração por Moabe é como o lamento de
uma harpa; estou cheio de angústia por Quir-Haresete.
12 O povo de Moabe adorará em seus santuários idólatras, mas
de nada lhe adiantará. Clamarão aos deuses em seus templos,
mas ninguém poderá salvá-los.
13 O SENHOR já havia anunciado essas coisas sobre Moabe no
passado. 14 Agora, porém, o SENHOR diz: “Dentro de três anos,
contando cada dia, a glória de Moabe chegará ao fim. De sua
grande população, restarão uns poucos sobreviventes”.

Mensagem a respeito de Damasco e de Israel

17 Recebi esta mensagem acerca de Damasco: "Vejam,
a cidade de Damasco desaparecerá; ela se tornará um
monte de ruínas!
2 As cidades de Aroer ficarão desertas; rebanhos pastarão nas
ruas e ali se deitarão, sem que ninguém os espante.
3 As cidades fortificadas de Israel também serão destruídas, e
acabará o poder do reino de Damasco. Tudo que restar da Síria
terá o mesmo destino da glória de Israel", declara o SENHOR
dos Exércitos.
4 "Naquele dia, a glória de Israel perderá seu brilho; seu corpo
robusto definhará.
5 A terra toda parecerá um campo de cereais depois que os cei-
feiros colheram as espigas. Ficará desolada, como os campos
no vale de Refaim depois da colheita.
6 Restarão apenas uns poucos de seu povo, como as azeitonas
que sobram quando a árvore é sacudida. Apenas duas ou três
restam nos galhos mais altos, quatro ou cinco aqui e ali em
seus ramos", declara o SENHOR, o Deus de Israel.
7 Naquele dia, enfim, as pessoas olharão para seu Criador e
voltarão os olhos para o Santo de Israel.
8 Não buscarão mais a ajuda de seus ídolos, nem adorarão
aquilo que suas próprias mãos fizeram. Já não se curvarão
para seus postes de Aserá, nem adorarão nos santuários idó-
latras que construíram.
9 Suas maiores cidades ficarão como um bosque desabitado,
como a terra que os heveus e os amorreus abandonaram
quando os israelitas vieram para cá tanto tempo atrás; tudo
ficará desolado.
10 Pois você se afastou do Deus que o salva, se esqueceu da
Rocha que o protege. Por isso, pode até plantar as melhores
videiras e importar as mudas mais caras.
11 Pode ser que elas brotem no dia em que as puser na terra,
pode ser que floresçam na manhã em que as plantar, mas você
jamais colherá delas uma uva sequer; sua colheita será apenas
tristeza e dor contínua.
12 Ouça! As tropas de muitas nações rugem como ruge o mar.
Escute o estrondo dos exércitos, que avançam como ondas
estrondosas.
13 Embora rujam como a rebentação na praia, Deus os calará e
eles fugirão, como palha dispersada pelo vento, como folhas
num redemoinho antes da tempestade.
14 Ao cair da tarde, Israel espera, cheio de pavor, mas, ao ama-
nhecer, seus inimigos estão mortos. Esse é o castigo mere-
cido dos que nos saqueiam, o fim apropriado para os que nos
destroem.

Mensagem a respeito da Etiópia

18 Que aflição espera você, Etiópia, terra de velas tremu-
lantes junto à nascente do Nilo, 2 que envia embaixadores
pelo rio em rápidas embarcações! Vão, velozes mensageiros!
Levem a mensagem a um povo alto, de pele lisa, temido em
toda parte por suas conquistas e destruição, cuja terra é di-
vidida por rios.
3 Todos vocês, povos do mundo, todos os habitantes da terra,
olhem quando eu erguer sobre o monte minha bandeira de
guerra; ouçam quando eu soar a trombeta!
4 Pois o SENHOR me disse: "Do lugar onde habito observarei
quieto, como sobe o calor num dia de verão, como se forma o
orvalho da manhã durante a colheita".
5 Antes de começarem a atacar, enquanto seus planos amadu-
recem como uvas, o SENHOR cortará seus brotos com a poda-
deira; removerá os ramos que se espalharam e os lançará fora.
6 Seu exército poderoso será deixado morto nos campos, para
os abutres dos montes e para os animais selvagens. Abutres
despedaçarão os cadáveres no verão, e animais selvagens
roerão os ossos no inverno.
7 Naquele tempo, o SENHOR dos Exércitos receberá presentes
dessa terra dividida por rios, desse povo alto, de pele lisa, te-
mido em toda parte por suas conquistas e destruição. Levarão
presentes ao monte Sião, onde habita o SENHOR dos Exércitos.

Mensagem a respeito do Egito

19 Recebi esta mensagem acerca do Egito: Vejam, o SENHOR
avança contra o Egito, montado em uma nuvem veloz! Os
ídolos do Egito estremecem diante dele; o coração dos egíp-
cios se derrete de medo.
2 "Farei egípcio lutar contra egípcio, irmão contra irmão, vi-
zinho contra vizinho, cidade contra cidade, província contra
província.
3 Os egípcios se desesperarão, e eu confundirei seus planos.
Pedirão sabedoria a seus ídolos e invocarão espíritos; consul-
tarão médiuns e praticantes do ocultismo.
4 Entregarei o Egito a um senhor cruel; um rei feroz os gover-
nará", declara o Soberano SENHOR dos Exércitos.
5 As águas do Nilo deixarão de inundar os campos; o leito do
rio ficará seco e árido.
6 Os canais do Nilo secarão; os ribeiros do Egito terão mau
cheiro, e juncos e canas apodrecerão.
7 Toda a vegetação às margens do rio, todas as plantações
junto a ele, secarão e serão levadas pelo vento.
8 Os pescadores lamentarão, os que lançam anzóis no Nilo ge-
merão, e os que usam redes perderão o ânimo.
9 Não haverá linho para os ceifeiros, nem fio para os tecelões.
10 Ficarão todos desesperados; os trabalhadores se encherão
de tristeza.
11 Como são tolos os oficiais de Zoã; seus conselhos ao rei do
Egito são absurdos! Ainda assim, contarão vantagem ao faraó?
Ousarão se gabar da sabedoria de seus antepassados?
12 Onde estão seus grandes conselheiros, faraó? Que lhe in-
formem os planos de Deus, o que o SENHOR dos Exércitos fará
ao Egito.

13Os oficiais de Zoã são tolos, os oficiais de Mênfis foram en-
ganados. As autoridades do povo fizeram o Egito se desviar.
14O SENHOR enviou sobre eles um espírito de confusão; estão
equivocados em tudo que dizem. Fazem o Egito cambalear,
como um bêbado em seu vômito.
15Não há nada que o Egito possa fazer; todos estão indefesos:
a cabeça e a cauda, o ramo da palmeira e o junco.
16Naquele dia, os egípcios serão frágeis como mulheres. Eles
se encolherão de medo debaixo da mão levantada do SENHOR
dos Exércitos. 17A simples menção à terra de Judá os encherá
de terror, pois o SENHOR dos Exércitos traçou seus planos
contra eles.
18Naquele dia, cinco cidades egípcias seguirão o SENHOR dos
Exércitos e até começarão a falar a língua de Canaã. Uma
dessas cidades será Heliópolis, a Cidade do Sol.
19Naquele dia, haverá um altar ao SENHOR no centro do Egito
e um monumento ao SENHOR em sua fronteira. 20Serão sinal
e testemunho de que o SENHOR dos Exércitos é adorado na
terra do Egito. Quando o povo clamar ao SENHOR por causa de
seus opressores, ele enviará um salvador que lutará por eles
e os livrará. 21Naquele dia, o SENHOR se revelará aos egípcios.
Sim, eles conhecerão o SENHOR e lhe apresentarão sacrifícios
e ofertas. Farão um voto ao SENHOR e o cumprirão. 22O SE-
NHOR ferirá o Egito, mas depois trará cura. Pois os egípcios
se voltarão para o SENHOR, e ele ouvirá suas súplicas e lhes
dará cura.
23Naquele dia, o Egito e a Assíria serão ligados por uma es-
trada. Os egípcios e os assírios viajarão livremente entre seus
países e adorarão juntos. 24Naquele dia, Israel será o terceiro,
junto com o Egito e a Assíria, uma bênção no meio da terra.
25Porque o SENHOR dos Exércitos dirá: "Bendito seja o Egito,
meu povo. Bendita seja a Assíria, a terra que criei. Bendito seja
Israel, minha propriedade especial".

Mensagem a respeito do Egito e da Etiópia

20No ano em que Sargom, rei da Assíria, enviou seu coman-
dante em chefe para conquistar a cidade de Asdode, na
Filístia, 2o SENHOR disse a Isaías, filho de Amoz: "Tire o pano de
saco que você está vestindo e as sandálias que está calçando".
Isaías obedeceu e passou a andar nu e descalço.
3Então o SENHOR disse: "Meu servo Isaías andou nu e descalço
durante três anos como sinal e advertência das dificuldades
terríveis que trarei sobre o Egito e a Etiópia. 4O rei da Assíria
levará como prisioneiros os egípcios e os etíopes, tanto jovens
como velhos. Ele os fará andar nus e descalços, com as ná-
degas descobertas, para vergonha do Egito. 5Então os filisteus
entrarão em pânico, pois contavam com o poder da Etiópia e se
gabavam de seus aliados no Egito. 6Dirão: 'Se isso aconteceu
com aqueles que eram nossa esperança de socorro, o que
será de nós? Confiávamos que eles nos protegeriam do rei
da Assíria!'".

Mensagem a respeito da Babilônia

21Recebi esta mensagem acerca da Babilônia, o deserto
junto ao mar: O desastre se aproxima, vindo do deserto,
como um vendaval impetuoso que chega do Neguebe.
2Tenho uma visão assustadora: vejo o traidor trair, o destruidor
destruir. Prossigam, elamitas e medos, ataquem e cerquem as
cidades. Porei fim a todos os gemidos que ela causou.
3Sinto pontadas intensas no estômago; sou tomado de dores
agudas, como as dores da mulher em trabalho de parto. Des-
faleço quando ouço o que Deus planeja fazer; não consigo
olhar de tanto medo.
4Minha mente está confusa e meu coração dispara; desejava
que a noite chegasse, mas agora a escuridão me aterroriza.
5Eles preparam um grande banquete, estendem tapetes para
que os convidados se sentem; todos comem e bebem. Rápido, le-
vantem-se! Peguem seus escudos e preparem-se para a batalha!
6Enquanto isso, o Senhor me disse: "Coloque um vigia no muro
da cidade; ele deve anunciar em alta voz o que vê.
7Deve ficar atento a carros de guerra puxados por pares de
cavalos, e a cavaleiros montados em jumentos e em camelos.
Que o vigia permaneça bem alerta!".
8Então o vigia gritou: "Meu senhor, todos os dias fico na torre
de vigia, todas as noites permaneço em meu posto.
9Agora, veja! Finalmente! Aí vem um homem num carro de
guerra, com um par de cavalos!". Então o vigia disse: "Ela
caiu! A Babilônia caiu! Todos os ídolos da Babilônia estão des-
pedaçados no chão".
10Ó meu povo, moído e peneirado, eu lhes anunciei tudo que o
SENHOR dos Exércitos disse, tudo que o Deus de Israel me falou.

Mensagem a respeito de Edom

11Recebi esta mensagem acerca de Edom: Alguém em Edom
grita para mim: "Guarda, quanto falta para amanhecer?
Quando terminará a noite?".
12O guarda responde: "O amanhecer está próximo, mas logo a
noite voltará; se quiser perguntar de novo, volte e pergunte".

Mensagem a respeito da Arábia

13Recebi esta mensagem acerca da Arábia: Ó caravanas de
Dedã, escondam-se nos bosques da Arábia.
14Ó habitantes de Temã, tragam água para essa gente sedenta,
alimento para esses refugiados exaustos.
15Fugiram da espada, da espada desembainhada, do arco pre-
parado e dos terrores da batalha.
16O Senhor me disse: "Dentro de um ano, contando cada dia,
toda a glória de Quedar chegará ao fim. 17Somente alguns de
seus arqueiros valentes sobreviverão. Eu, o SENHOR, o Deus
de Israel, falei!".

Mensagem a respeito de Jerusalém

22Recebi esta mensagem acerca de Jerusalém, o vale da
Visão: O que está acontecendo? Por que todos correm
para os terraços?

2A cidade inteira está em grande agitação. O que vejo nesta
cidade festiva? Há cadáveres por toda parte; não morreram
pela espada, nem na batalha.
3Todos os seus líderes fugiram; renderam-se sem resistir. O
povo tentou escapar, mas também foi capturado.
4Por isso eu disse: "Deixem-me chorar em paz; não tentem
me consolar. Deixem-me chorar por meu povo, enquanto vejo
sua destruição".
5Que dia de grande aflição! Que dia de confusão e terror en-
viado pelo Soberano SENHOR dos Exércitos sobre o vale da
Visão! Os muros de Jerusalém foram derrubados; lamentos
ressoam das encostas dos montes.
6Os elamitas são arqueiros, com seus carros e cavaleiros; os
homens de Quir levantam os escudos.
7Carros de guerra enchem seus lindos vales, cavaleiros atacam
seus portões.
8As defesas de Judá foram removidas; vocês correm ao arsenal
para pegar suas armas.
9Inspecionam as brechas nos muros de Jerusalém; guardam
água no tanque inferior.
10Examinam as casas e derrubam algumas; usam suas pedras
para reforçar os muros.
11Entre os muros da cidade constroem um reservatório, para
guardar a água do tanque velho. Em nenhum momento, pedem
ajuda àquele que fez tudo isso; não levam em conta aquele que
há muito planejou essas coisas.
12Naquele dia, o Soberano SENHOR dos Exércitos, os chamou
para que chorassem e lamentassem. Disse-lhes que raspassem
a cabeça e vestissem pano de saco.
13Em vez disso, vocês dançam e brincam; abatem gado e
matam ovelhas, comem carne e bebem vinho. Dizem: "Co-
mamos e bebamos, porque amanhã morreremos!".
14O SENHOR dos Exércitos me revelou o seguinte: "Até o dia em
que vocês morrerem, esse terrível pecado não será perdoado.
Eu, o Soberano SENHOR dos Exércitos, falei!".

Mensagem para Sebna

15O Soberano SENHOR dos Exércitos me disse: "Confronte
Sebna, administrador do palácio, e transmita-lhe esta men-
sagem:
16"Quem você pensa que é, e o que está fazendo aqui, cons-
truindo uma bela sepultura para si, um monumento no alto
da rocha?
17Pois o SENHOR está prestes a lançá-lo para longe, ó homem
poderoso! Ele o pegará com firmeza, 18o embrulhará como
uma bola e o atirará para uma terra distante. Você morrerá
naquele lugar, e seus gloriosos carros de guerra lá ficarão.
Você é uma vergonha para seu senhor!
19"Sim, eu o expulsarei de seu cargo", diz o SENHOR. "Eu o re-
moverei de sua posição. 20Então chamarei meu servo Eliaquim,
filho de Hilquias, para ocupar seu lugar. 21Vestirei Eliaquim
com as roupas oficiais que você usava e lhe darei seu título e
autoridade. Ele será como um pai para o povo de Jerusalém
e de Judá. 22Darei a ele a chave da casa de Davi, o cargo mais
elevado da corte. Quando ele abrir portas, ninguém poderá
fechá-las; quando fechar portas, ninguém poderá abri-las.
23Trará honra ao nome de seus familiares, pois o colocarei
firmemente no lugar, como um prego na parede. 24A família
toda dependerá dele, e ele honrará até o membro mais hu-
milde de sua casa."
25Contudo, o SENHOR dos Exércitos também disse: "Chegará o
dia em que arrancarei o prego que parecia tão firme. Ele será
derrubado e cairá no chão. Tudo que nele se apoia cairá com
ele. Eu, o SENHOR, falei!".

Mensagem a respeito de Tiro

23 Recebi esta mensagem acerca de Tiro: Lamentem, navios
de Társis, pois o porto e as casas de Tiro foram destruídos!
Os boatos que vocês ouviram em Chipre são verdadeiros.
2Chorem em silêncio, moradores do litoral e comerciantes de
Sidom! Seus negociantes atravessavam o mar
3e navegavam em águas profundas. Traziam-lhe os cereais do
Egito e as colheitas do Nilo. Você era o mercado das nações.
4Agora, porém, será envergonhada, cidade de Sidom, pois Tiro,
a fortaleza do mar, diz: "Nunca tive dores de parto nem dei à
luz; não tenho filhos nem filhas".
5Quando o Egito receber a notícia sobre Tiro, haverá grande
tristeza.
6Avisem Társis! Lamentem, moradores do litoral!
7Essas ruínas são tudo que resta de sua cidade antes tão
alegre? Como foi longa sua história! Quantos colonizadores
enviaram para lugares distantes!
8Quem trouxe essa calamidade sobre Tiro, a grande fundadora
de reinos? Seus comerciantes eram todos príncipes, seus ne-
gociantes eram os nobres da terra.
9O SENHOR dos Exércitos fez isso para acabar com seu orgulho,
para rebaixar os nobres da terra.
10Venham, habitantes de Társis, percorram a terra como faz o
Nilo, pois Tiro está indefesa.
11O SENHOR estendeu a mão sobre o mar e sacudiu os reinos
da terra. Pronunciou-se contra a Fenícia e ordenou que suas
fortalezas fossem destruídas.
12Disse: "Você nunca mais se alegrará, ó filha de Sidom, pois
foi esmagada. Mesmo que fuja para Chipre, não encontrará
descanso".
13Olhem para a terra da Babilônia; seu povo não existe mais!
Os assírios entregaram a Babilônia aos animais selvagens do
deserto. Construíram rampas de ataque junto a seus muros,
demoliram seus palácios e transformaram a cidade num monte
de ruínas.
14Lamentem, navios de Társis, pois seu porto está destruído!
15Durante setenta anos, o tempo de vida de um rei, Tiro ficará
esquecida. Depois disso, porém, a cidade voltará à vida, como
na canção sobre a prostituta:

16 Pegue a harpa e ande pelas ruas, ó prostituta esquecida.
Cante uma doce melodia e entoe suas canções, para que
voltem a lembrar-se de você.
17 Depois de setenta anos, o SENHOR fará Tiro renascer. Con-
tudo, não será diferente do que era antes. Voltará a ser pros-
tituta de todos os reinos do mundo. 18 No final, porém, seu
lucro será entregue ao SENHOR. Suas riquezas não serão acu-
muladas, mas proverão comida farta e roupas finas para os
servos do SENHOR.

A destruição da terra

24 Vejam, o SENHOR está prestes a destruir a terra e trans-
formá-la num enorme deserto! Ele devasta sua superfície
e dispersa seus habitantes.
2 Sacerdotes e povo, servos e senhores, servas e senhoras,
os que compram e os que vendem, os que emprestam e os
que tomam emprestado, credores e devedores, ninguém será
poupado.
3 A terra será completamente esvaziada e saqueada. O SENHOR
falou!
4 A terra lamenta e seca, sim, o mundo definha e murcha; até
mesmo os mais nobres da terra definham.
5 A terra sofre por causa do pecado de seus habitantes, pois
transgrediram as leis de Deus, violaram seus decretos e que-
braram sua aliança eterna.
6 Por isso, a maldição consome a terra; seus habitantes pagam
por seus pecados. São destruídos pelo fogo, e apenas alguns
sobrevivem.
7 O vinho novo seca, e as videiras murcham; os que festejavam
agora gemem.
8 O som animado dos tamborins cessou, e já não se ouvem
os gritos alegres de celebração; os acordes melodiosos da
harpa se calaram.
9 Acabaram-se as alegrias do vinho e das canções; a bebida
forte tem gosto amargo.
10 A cidade se contorce em meio ao caos; todas as casas estão
trancadas, para que ninguém entre.
11 Nas ruas, multidões clamam por vinho; a alegria se trans-
formou em tristeza, a celebração foi expulsa da terra.
12 A cidade foi deixada em ruínas; seus portões foram despe-
daçados.
13 Assim é em toda a terra: sobrou apenas um remanescente,
como as azeitonas que sobram quando a árvore é sacudida,
como as uvas que restam na videira depois da colheita.
14 Mas todos que restaram gritam e cantam de alegria; os que
moram no oeste louvam a majestade do SENHOR.
15 Nas terras do leste, deem glória ao SENHOR; nas terras além
do mar, louvem o nome do SENHOR, o Deus de Israel!
16 Ouvimos cânticos de louvor desde os confins da terra, cân-
ticos que glorificam o Justo! Meu coração, porém, está pesado
de angústia; chorem por mim, pois desfaleço. O engano ainda
prevalece; há traição por toda parte.
17 Terror, armadilhas e laços esperam por vocês, habitantes
da terra.
18 Os que fogem apavorados cairão numa armadilha; os que
escaparem da armadilha serão pegos num laço. Destruição
cai dos céus como chuva; os alicerces da terra estremecem.
19 A terra se despedaçou; está totalmente destruída e é sacu-
dida com violência.
20 A terra cambaleia como um bêbado, estremece como uma
tenda na tempestade. Cai e não voltará a se levantar, pois a
culpa de sua rebelião é pesada demais.
21 Naquele dia, o SENHOR castigará os poderes celestiais nos
céus e os governantes das nações na terra.
22 Serão reunidos e presos, trancados na prisão e, por fim,
castigados.
23 Então o esplendor da lua minguará, e o brilho do sol se
apagará, pois o SENHOR dos Exércitos reinará no monte Sião;
reinará com grande glória em Jerusalém, diante das autori-
dades do povo.

Louvor pelo julgamento e pela salvação

25 Ó SENHOR, honrarei e louvarei teu nome, pois és meu
Deus. Fazes coisas maravilhosas! Tu as planejaste há
muito tempo e agora as realizaste.
2 Transformas cidades poderosas em montes de ruínas; cidades
com muros fortes se tornam escombros. Belos palácios em
terras distantes são destruídos e jamais serão reconstruídos.
3 Por isso, nações fortes declararão tua glória; povos cruéis
te temerão.
4 Mas tu, SENHOR, és fortaleza para os pobres, torre de refúgio
para os necessitados em sua angústia. És abrigo contra a tem-
pestade e sombra contra o calor. Pois os atos opressores dos
cruéis são como tempestade que açoita um muro, 5 como o
calor implacável do deserto. Tu, porém, calas o rugido das
nações estrangeiras; como a sombra de uma nuvem diminui
o calor implacável, assim os cânticos de soberba dos cruéis
são silenciados.
6 Em Jerusalém, o SENHOR dos Exércitos oferecerá um grande
banquete para todos os povos do mundo. Será um banquete
delicioso, com vinho puro e envelhecido e carne da melhor
qualidade.
7 Ali removerá a nuvem de tristeza, a sombra escura que cobre
toda a terra.
8 Ele engolirá a morte para sempre; o SENHOR Soberano enxu-
gará todas as lágrimas! Removerá para sempre todo insulto,
contra sua terra e seu povo. O SENHOR falou!
9 Naquele dia, o povo dirá: "Este é nosso Deus! Confiamos nele,
e ele nos salvou! Este é o SENHOR, em quem confiamos; alegre-
mo-nos em seu livramento!".
10 Pois a mão do SENHOR descansará sobre Jerusalém. Moabe,
porém, será esmagada; será como palha pisada e deixada
para apodrecer.
11 Deus empurrará para baixo o povo de Moabe, como um na-

dador empurra a água para baixo com as mãos. Acabará com
seu orgulho e com todas as suas obras perversas.
12 Os muros altos de Moabe serão demolidos; serão derrubados
por terra, até o pó.

Cântico de louvor ao SENHOR

26 Naquele dia, todos na terra de Judá entoarão este
cântico: Nossa cidade é forte; estamos cercados pelos
muros da salvação de Deus!
2 Abram os portões para os justos, deixem entrar os fiéis.
3 Tu guardarás em perfeita paz todos que em ti confiam,
aqueles cujos propósitos estão firmes em ti.
4 Confiem sempre no SENHOR, pois o SENHOR Deus é a Rocha
eterna.
5 Ele humilha os orgulhosos; rebaixa a cidade arrogante e a
lança ao pó.
6 Os pobres a pisoteiam, e os necessitados caminham sobre
ela.
7 Para os justos, porém, o caminho é reto. Tu, que ages com
retidão, tornas plano o caminho adiante deles.
8 SENHOR, ao seguir tuas justas decisões, depositamos em ti
nossa esperança; o desejo de nosso coração é glorificar teu
nome.
9 À noite eu te procuro, ó Deus; pela manhã te busco de todo
o coração. Pois só quando vens julgar a terra as pessoas
aprendem a justiça.
10 Tua bondade com os perversos não os leva a fazer o bem.
Embora outros pratiquem a justiça, eles continuam a fazer o
mal; não levam em conta a majestade do SENHOR.
11 Ó SENHOR, eles não prestam atenção à tua mão levantada;
mostra-lhes teu zelo em defender teu povo. Então serão en-
vergonhados; que o fogo de tua ira consuma teus inimigos!
12 SENHOR, tu nos concederás paz; sim, tudo que realizamos
vem de ti.
13 Ó SENHOR, nosso Deus, outros senhores nos governaram, mas
só a ti adoramos.
14 Aqueles a quem servimos estão mortos; seus espíritos jamais
voltarão a viver. Tu os atacaste e os destruíste; há muito caíram
no esquecimento.
15 Ó SENHOR, engrandeceste nosso povo; sim, tu nos tornaste
grandes. Expandiste nossas fronteiras e foste glorificado.
16 SENHOR, em angústia te buscamos; oramos sob o peso de
tua disciplina.
17 Como a mulher grávida que se contorce e grita de dor quando
dá à luz, assim estávamos em tua presença, SENHOR.
18 Nós também nos contorcemos de dor intensa, mas nosso
sofrimento em nada resultou. Não trouxemos salvação à terra,
nem vida ao mundo.
19 Teus mortos, porém, viverão; seus corpos ressuscitarão.
Aqueles que dormem na terra se levantarão e cantarão de ale-
gria. Pois tua luz que dá vida descerá como o orvalho sobre teu
povo no lugar dos mortos.

Restauração para Israel

20 Vá para casa, meu povo, e tranque as portas! Esconda-se
por um breve tempo, até que tenha passado a ira do SENHOR.
21 Vejam, o SENHOR vem dos céus para castigar os habitantes da
terra por seus pecados! A terra já não esconderá os que foram
mortos; ela os mostrará para que todos os vejam.

27 Naquele dia, o SENHOR tomará sua veloz e terrível es-
pada e castigará o Leviatã, a serpente que se move com
rapidez, a serpente que se enrola e se contorce. Ele matará
o dragão do mar.
2 "Naquele dia, cantem sobre o vinhedo frutífero.
3 Eu, o SENHOR, o vigiarei e o regarei com cuidado. Dia e noite
o vigiarei, para que ninguém lhe cause dano.
4 Minha ira terá passado; se houver espinhos e mato crescendo
ali, eu os atacarei e os queimarei, 5 a menos que se voltem para
mim e me peçam ajuda. Que façam as pazes comigo, sim, que
façam as pazes comigo."
6 Está chegando o tempo em que os descendentes de Jacó
criarão raízes; Israel brotará e florescerá e encherá de frutos
toda a terra!
7 Acaso o SENHOR feriu Israel como feriu seus inimigos? Destruiu
o povo como destruiu seus adversários?
8 Não, mas os exilou para que lhe prestassem contas; foram
exilados de sua terra, como se um vento oriental os tivesse
soprado para longe.
9 O SENHOR fez isso para purificar Israel de sua perversidade,
para remover todo o seu pecado. Por isso, todos os santuários
idólatras serão reduzidos a pó; nenhum poste de Aserá ou altar
de incenso continuará em pé.
10 As cidades fortificadas ficarão silenciosas e vazias, as casas,
abandonadas, as ruas, cobertas de ervas daninhas. Bezerros
pastarão ali e mastigarão brotos e ramos.
11 Israel é como os ramos secos de uma árvore, quebrados e
usados para acender o fogo sob as panelas; é nação tola e
insensata. Por isso, aquele que os criou não terá compaixão
nem misericórdia.
12 Chegará o dia, porém, em que o SENHOR os ajuntará como
grãos colhidos à mão. Um por um, ele os reunirá, desde o rio
Eufrates, no leste, até o ribeiro do Egito, no oeste. 13 Naquele
dia, soará a grande trombeta. Muitos que estavam perecendo
no exílio na Assíria e no Egito voltarão a Jerusalém para adorar
o SENHOR em seu santo monte.

Mensagem a respeito de Samaria

28 Que aflição espera a orgulhosa cidade de Samaria, a
coroa gloriosa dos bêbados de Israel! Fica na parte alta
de um vale fértil, mas sua beleza gloriosa murchará como uma
flor. Ela é o orgulho de um povo que o vinho derrubou.
2 O Senhor enviará um exército poderoso contra ela; como forte
tempestade de granizo, chuva torrencial, ou violenta inun-
dação, eles irromperão contra ela e a derrubarão por terra.

3 A orgulhosa cidade de Samaria, a coroa gloriosa dos bêbados
de Israel, será pisoteada pelos inimigos.
4 Fica na parte alta de um vale fértil, mas sua beleza gloriosa
murchará como uma flor. Quem a vir a apanhará, como o figo
temporão que alguém apanha e come.
5 Naquele dia, o próprio SENHOR dos Exércitos será a coroa glo-
riosa de Israel. Será o orgulho e a alegria do remanescente
de seu povo.
6 Dará a seus juízes anseio pela justiça e coragem aos guer-
reiros que defendem seus portões.
7 Agora, porém, Israel é conduzida por bêbados, que vacilam
por causa do vinho e cambaleiam por causa do álcool. Os sa-
cerdotes e os profetas cambaleiam por causa da bebida forte
e ficam tontos por causa do vinho. Vacilam quando têm visões
e cambaleiam quando pronunciam suas decisões.
8 Suas mesas estão cobertas de vômito; há sujeira por toda
parte.
9 Perguntam: "Quem o SENHOR pensa que somos? Por que fala
conosco dessa maneira? Acaso somos crianças pequenas, re-
cém-desmamadas?
10 Ele nos diz as mesmas coisas repetidamente, uma linha de
cada vez, uma linha mais uma vez, um pouco aqui, um pouco
ali!".
11 Agora o SENHOR terá de falar a seu povo por meio de opres-
sores estrangeiros de língua estranha.
12 Ele disse a seu povo: "Este é o lugar de descanso; que os
exaustos repousem aqui. Este é o lugar de conforto", mas eles
não quiseram ouvir.
13 Por isso, mais uma vez, o SENHOR lhes explicará sua men-
sagem, uma linha de cada vez, uma linha mais uma vez, um
pouco aqui, um pouco ali, para que tropecem e caiam; serão
feridos, pegos em armadilhas e capturados.
14 Portanto, ouçam esta mensagem do SENHOR, vocês, gover-
nantes zombadores em Jerusalém.
15 Dizem: "Fizemos um acordo para enganar a morte, uma ne-
gociação para evitar a sepultura. A destruição que se aproxima
jamais nos tocará, pois construímos um forte refúgio feito de
mentiras e engano".
16 Por isso, assim diz o SENHOR Soberano: "Vejam, ponho em
Sião uma pedra angular, uma pedra firme e testada! É uma
pedra angular preciosa, sobre a qual se pode construir com
segurança; quem crer jamais será abalado.
17 Provarei vocês com a corda de medir da justiça e com o
prumo da retidão. Porque seu refúgio é feito de mentiras, uma
tempestade de granizo o derrubará. Porque é feito de engano,
uma inundação o arrastará.
18 Cancelarei o acordo que fizeram para enganar a morte, aca-
barei com sua negociação para evitar a sepultura. Quando o
terrível inimigo chegar, vocês serão pisoteados.
19 A inundação virá repetidamente, a cada manhã, dia e noite,
até que sejam levados embora". Essa mensagem deixará seu
povo aterrorizado.
20 A cama que vocês fizeram é curta demais para se deitarem,
os cobertores são muito estreitos para se cobrirem.
21 O SENHOR virá, como fez contra os filisteus no monte Perazim
e contra os amorreus em Gibeão. Virá para fazer algo estranho,
para realizar um ato incomum.
22 Pois o Soberano SENHOR dos Exércitos disse claramente que
está decidido a destruir toda a terra. Portanto, deixem de
zombar, ou seu castigo será ainda maior.
23 Ouçam o que vou dizer; escutem e prestem muita atenção.
24 Acaso o agricultor vive arando a terra, mas nunca semeia?
Vive preparando o solo, mas nunca planta?
25 Por fim, não lança as sementes de endro, cominho, trigo,
cevada e trigo candeal, cada uma de maneira apropriada, cada
uma em seu devido lugar?
26 O agricultor sabe exatamente o que fazer, pois Deus lhe deu
entendimento.
27 Não se debulha o endro com uma marreta; ele é malhado
com uma vara. Não se passa uma roda de trilhar sobre o co-
minho; ele é batido de leve com uma ripa.
28 É fácil moer o cereal para o pão, portanto ele não o soca
demais. Ele o debulha sob as rodas de uma carroça, mas não
o tritura até virar pó.
29 O SENHOR dos Exércitos é excelente mestre e dá grande sa-
bedoria ao agricultor.

Mensagem a respeito de Jerusalém

29 "Que aflição espera Ariel, a cidade de Davi! Ano após ano
celebram suas festas.
2 Contudo, trarei calamidade sobre vocês; haverá muito choro e
tristeza. Ariel se tornará exatamente o que significa seu nome:
um altar coberto de sangue.
3 Serei seu inimigo, cercarei Jerusalém e atacarei seus muros.
Levantarei torres de cerco e a destruirei.
4 Então, das profundezas da terra, você falará; suas palavras
virão do pó. Sua voz sussurrará do chão, como um fantasma
chamado da sepultura.
5 "De repente, porém, seus inimigos cruéis serão esmagados
como o mais fino pó. Seus muitos agressores serão expulsos
como palha ao vento. De repente, num instante, 6 eu, o SE-
NHOR dos Exércitos, entrarei em ação com trovão, terremoto
e grande estrondo, com vendaval, tempestade e fogo con-
sumidor.
7 Todas as nações que lutam contra Ariel desaparecerão como
um sonho. Os que atacam seus muros sumirão como uma visão
noturna.
8 O faminto sonha que está comendo, mas ao acordar ainda
sente fome. O sedento sonha que está bebendo, mas ao ama-
nhecer ainda sente sede. Assim será com seus muitos inimigos,
aqueles que atacam o monte Sião".
9 Estão espantados? Não acreditam? Continuem cegos, se
quiserem. Estão entorpecidos, mas não é pelo vinho; camba-
leiam, mas não é por bebida forte.

10 É porque o SENHOR derramou sobre vocês um espírito de sono
profundo; fechou os olhos de seus profetas e videntes.
11 Para eles, todos os acontecimentos futuros desta visão são
um livro selado. Quando você o entregar aos que sabem ler,
dirão: "Não podemos ler, pois está selado". 12 Quando o en-
tregar aos que não sabem ler, dirão: "Não sabemos ler".
13 Portanto, o Senhor diz: "Este povo fala que me pertence;
honra-me com os lábios, mas o coração está longe de mim.
A adoração que me prestam não passa de regras ensinadas
por homens.
14 Por isso, mais uma vez deixarei este povo maravilhado com
obras maravilhosas. A sabedoria dos sábios passará, e a inte-
ligência dos inteligentes desaparecerá".
15 Que aflição espera os que procuram esconder seus planos do
SENHOR, que realizam seus atos perversos na escuridão! Dizem:
"O SENHOR não nos vê; não sabe o que se passa".
16 Como são tolos! Ele é o oleiro e certamente é maior que
vocês, o barro. Pode o objeto criado dizer sobre aquele que
o criou: "Ele não me fez"? Pode o vaso dizer: "O oleiro não
sabe o que faz"?
17 Logo, em pouco tempo, os bosques do Líbano se tornarão
campo fértil, e o campo fértil produzirá colheitas fartas.
18 Naquele dia, os surdos ouvirão as palavras lidas de um livro,
e os cegos verão no meio da escuridão e das trevas.
19 Os humildes ficarão cheios de alegria do SENHOR, e os pobres
exultarão no Santo de Israel.
20 O opressor já não existirá, o arrogante desaparecerá, e os
que tramam o mal serão destruídos.
21 Os que condenam os inocentes com testemunhos falsos
desaparecerão. O mesmo acontecerá aos que trapaceiam
para perverter a justiça e contam mentiras para destruir os
inocentes.
22 Por isso o SENHOR, que resgatou Abraão, diz ao povo de
Israel: "Meu povo não será mais envergonhado, nem ficará
pálido de medo.
23 Quando virem seus muitos filhos e todas as bênçãos que lhes
dei, reconhecerão a santidade do Santo de Jacó e temerão o
Deus de Israel.
24 Os que se desviam terão discernimento, e os que se queixam
aceitarão instrução."

A inútil aliança entre Judá e o Egito

30 "Que aflição espera meus filhos rebeldes!", diz o
SENHOR. "Vocês fazem planos contrários aos meus,
acordos não dirigidos por mim; com isso, amontoam pecado
sobre pecado.
2 Pois, sem me consultar, desceram ao Egito em busca de
ajuda. Puseram sua confiança na proteção do faraó; tentaram
esconder-se na sombra dele.
3 Mas, ao confiar no faraó, serão envergonhados; ao escon-
der-se nele, serão humilhados.
4 Pois, embora o poder dele se estenda até Zoã, e seus embai-
xadores tenham chegado a Hanes, 5 todos que confiam nele
serão envergonhados; ele de nada os ajudará, mas sim lhes
trará humilhação e desonra."
6 Recebi esta mensagem acerca dos animais do Neguebe: As
caravanas se movem lentamente pelo terrível deserto, lugar
de leoas e leões, de serpentes e cobras venenosas. Seguem
em direção ao Egito, com jumentos carregados de riquezas,
camelos levando muitos tesouros, pagamentos em troca de
proteção. O Egito nada dará como retribuição; 7 as promessas
do Egito não têm valor algum! Por isso eu o chamo de Raabe,
o Dragão Inofensivo.

Advertência para o povo rebelde de Judá

8 Agora vá e escreva estas palavras; registre-as num livro. Elas
permanecerão até o fim dos tempos como testemunha
9 de que esse povo é rebelde e teimoso e se recusa a ouvir a
lei do SENHOR.
10 Dizem aos videntes: "Não tenham mais visões!", e aos pro-
fetas: "Não nos digam o que é certo. Falem de coisas agradá-
veis, contem-nos mentiras.
11 Esqueçam a verdade, saiam do caminho estreito. Parem de
nos falar do Santo de Israel".
12 Esta é a resposta do Santo de Israel: "Porque desprezam
o que lhes digo e preferem confiar em opressão e mentiras,
13 a calamidade virá sobre vocês de repente, como um muro
inclinado que se rompe e desmorona. Num instante desabará
e cairá por terra.
14 Serão despedaçados como vasilha de barro, esmigalhados
tão completamente que não sobrará um caco grande o sufi-
ciente para tirar brasas da lareira ou um pouco de água do
poço".
15 Assim diz o SENHOR Soberano, o Santo de Israel: "Vocês só
serão salvos se voltarem para mim e em mim descansarem.
Na tranquilidade e na confiança está sua força, mas vocês não
quiseram saber.
16 Disseram: 'Nada disso! Entraremos na batalha, montados em
cavalos velozes'. A única velocidade que verão, porém, será a
de seus inimigos os perseguindo!
17 Cada um deles perseguirá mil de vocês; cinco deles farão
todos vocês fugirem. Serão deixados como mastro solitário
numa colina, como bandeira no alto de um monte distante".

Bênçãos para o povo do SENHOR

18 Portanto, o SENHOR esperará até que voltem para ele, para
lhes mostrar seu amor e compaixão. Pois o SENHOR é Deus fiel;
felizes os que nele esperam.
19 Ó povo de Sião, que mora em Jerusalém, você não chorará
mais! Ele será bondoso quando lhe pedirem ajuda; certamente
atenderá a seus clamores.
20 Embora o Senhor lhes tenha dado angústia como alimento
e aflição como bebida, ele permanecerá com vocês para lhes
ensinar. Vocês verão seu mestre com os próprios olhos, 21 e

seus ouvidos o ouvirão. Uma voz atrás de vocês dirá: "Este
é o caminho pelo qual devem andar", quer se voltem para a
direita, quer para a esquerda.
22Então vocês destruirão todos os seus ídolos de prata e suas
valiosas imagens de ouro. Jogarão tudo fora como se fossem
trapos imundos e dirão: "Já vai tarde!".
23Então o SENHOR os abençoará com chuva na época de
plantar. Terão colheitas fartas e muita pastagem para seus
animais. 24Os bois e os jumentos que lavram a terra comerão
cereais de boa qualidade, e o vento levará a palha. 25No dia
em que seus inimigos forem massacrados e as torres caírem,
haverá riachos correndo em todos os montes e colinas. 26A lua
será tão brilhante quanto o sol, e o sol será sete vezes mais
claro, como a luz de sete dias em um só! Assim será quando
o SENHOR começar a sarar seu povo e a curar as feridas que
lhe causou.
27Vejam, o SENHOR vem de longe, ardendo de ira, cercado de
densas nuvens de fumaça! Seus lábios estão cheios de fúria,
suas palavras consomem como fogo.
28Seu sopro é como inundação que sobe até o pescoço de
seus inimigos. Com sua peneira, separará as nações para a
destruição; colocará nelas um freio e as levará à ruína.
29Mas vocês entoarão um cântico de alegria, como os cânticos
das festas sagradas. Vocês se alegrarão, como quando o flau-
tista conduz um grupo de peregrinos a Jerusalém, o monte do
SENHOR, a Rocha de Israel.
30O SENHOR fará ouvir sua voz majestosa e mostrará a força de
seu braço poderoso. Em sua ira, descerá com chamas devora-
doras, chuvas torrenciais, tempestades e pedras de granizo.
31Por ordem do SENHOR, os assírios serão despedaçados; ele
os ferirá mortalmente com seu cetro.
32Quando o SENHOR os ferir com sua vara de castigo, seu povo
celebrará com tamborins e harpas. Ele levantará seu braço
poderoso e lutará contra seus inimigos.
33Tofete, o lugar de fogo, há muito está pronto para o rei as-
sírio; um monte de lenha aguarda sobre a fogueira. O sopro do
SENHOR, como fogo de um vulcão, a acenderá.

É inútil confiar no Egito

31 Que aflição espera os que buscam a ajuda do Egito, que
confiam em seus cavalos, carros e cavaleiros e dependem
da força de exércitos humanos em vez de olhar para o SENHOR,
o Santo de Israel!
2Em sua sabedoria, o SENHOR enviará grande calamidade; não
mudará de ideia. Ele se levantará contra os perversos e contra
aqueles que os ajudam.
3Pois os egípcios são simples mortais, e não Deus! Seus cavalos
são apenas carne, e não espírito! Quando o SENHOR levantar
a mão contra eles, tropeçarão aqueles que ajudam e aqueles
que são ajudados; todos cairão e morrerão juntos.
4Pois o SENHOR me disse: "Quando um leão jovem e forte ruge
sobre a ovelha que ele matou, não se assusta com os gritos
nem com os ruídos de um bando de pastores. De igual modo,
o SENHOR dos Exércitos descerá e lutará sobre o monte Sião.
5O SENHOR dos Exércitos sobrevoará Jerusalém e a protegerá
como uma ave protege o ninho. Defenderá e livrará a cidade,
passará sobre ela e a salvará".
6Ó israelitas, embora sejam rebeldes e perversos, voltem para
o SENHOR. 7Chegará o dia em que cada um de vocês jogará
fora os ídolos de ouro e as imagens de prata que suas mãos
pecaminosas fizeram.
8"Os assírios serão destruídos, mas não por espadas de ho-
mens. A espada de Deus os ferirá; entrarão em pânico e fu-
girão. Os jovens assírios serão levados como escravos.
9Até os mais fortes tremerão de pavor, e os príncipes fugirão
ao ver suas bandeiras de guerra." Assim diz o SENHOR, cujo
fogo queima em Sião, cujas chamas ardem em Jerusalém.

O livramento final de Israel

32 Vejam, aí vem um rei justo! Seus príncipes governarão
com retidão.
2Cada um será como abrigo contra o vento e refúgio contra a
tempestade, como riacho no deserto e sombra de uma grande
pedra em terra seca.
3Então todos que têm olhos verão a verdade, e todos que têm
ouvidos a ouvirão.
4Até os que se iram depressa terão bom senso e entendimento,
e os que gaguejam falarão com clareza.
5Naquele dia, os tolos não serão considerados heróis, e as
pessoas sem caráter não serão respeitadas.
6Pois os tolos dizem tolices e planejam o mal. Praticam a
perversidade e espalham falsos ensinamentos a respeito do
SENHOR. Negam comida aos famintos e não dão água aos se-
dentos.
7As artimanhas dessa gente sem caráter são perversas;
tramam planos maldosos e mentem para condenar os pobres,
mesmo quando a causa dos pobres é justa.
8Os generosos, porém, planejam fazer o que é generoso e
permanecem firmes em sua generosidade.
9Ouçam, mulheres negligentes; prestem atenção, vocês que
são tão arrogantes.
10Em breve, pouco mais de um ano, vocês, presunçosas, fi-
carão apavoradas. Suas plantações de frutas nada produzirão,
e não haverá colheitas.
11Tremam, mulheres negligentes, deixem de lado sua arro-
gância. Arranquem suas lindas roupas e vistam-se de pano
de saco.
12Batam no peito em lamento por suas belas propriedades e
videiras frutíferas.
13Pois suas terras ficarão cobertas de espinhos e mato; seus
lares alegres e suas cidades felizes desaparecerão.
14O palácio será abandonado, e a cidade, sempre agitada, fi-
cará vazia. Jumentos selvagens andarão soltos, e rebanhos
pastarão nas fortalezas e nas torres de vigia, 15até que, por

fim, o Espírito seja derramado do céu sobre nós. Então o
deserto se tornará campo fértil, e o campo fértil produzirá
colheitas fartas.
16A retidão governará no deserto, e a justiça, no campo fértil.
17E essa justiça trará paz; haverá sossego e confiança para
sempre.
18Meu povo viverá em paz, tranquilo em seu lar; terá descanso
e segurança.
19Ainda que os bosques sejam destruídos e a cidade seja ar-
rasada, 20o povo será abençoado. Onde quer que semeiem,
terão colheitas fartas; seu gado e seus jumentos pastarão
livremente.

Mensagem a respeito da Assíria

33 Que aflição espera vocês, assírios, que destroem os ou-
tros, mas nunca foram destruídos! Traem outros, mas
nunca foram traídos. Quando terminarem de destruir, serão
destruídos. Quando terminarem de trair, serão traídos.
2Mas tem misericórdia de nós, SENHOR, pois esperamos em ti.
Sê nosso braço forte a cada dia, nossa salvação em tempos
de angústia.
3O inimigo corre quando ouve tua voz; quando te levantas, as
nações fogem.
4Como os campos são despojados por lagartas e gafanhotos,
assim o exército da Assíria será despojado!
5Embora o SENHOR seja grandioso e viva nos céus, fará de Sião
a habitação de sua justiça e retidão.
6Ele será seu firme alicerce e lhe proverá farto suprimento
de salvação, sabedoria e conhecimento; o temor do SENHOR
será seu tesouro.
7Agora, porém, seus guerreiros valentes choram em público;
seus embaixadores da paz derramam lágrimas de amargura.
8Suas estradas estão desertas; ninguém mais viaja por elas.
Quebraram o tratado de paz e não se importam com as pro-
messas que fizeram perante testemunhas; não têm respeito
por ninguém.
9A terra de Israel murcha de tanto chorar; o Líbano seca de
vergonha. A planície de Sarom agora é um deserto; Basã e
Carmelo foram saqueados.
10O SENHOR, no entanto, diz: "Agora me levantarei; agora mos-
trarei meu poder e minha força.
11Vocês só produzem capim seco e palha; seu sopro se trans-
formará em fogo e os consumirá.
12Seu povo será completamente queimado, como espinheiros
cortados e lançados no fogo.
13Prestem atenção ao que fiz, nações distantes! Vocês que
estão próximas, reconheçam meu poder!".
14Os pecadores em Sião tremem de medo; o terror se apodera
dos ímpios. "Quem pode conviver com esse fogo consumidor?
Quem pode sobreviver a essas chamas devoradoras?"
15Os que são justos e íntegros, que não lucram por meios de-
sonestos, que se mantêm afastados de subornos, que não
dão ouvidos aos que tramam assassinatos, que fecham os
olhos para toda tentação de fazer o mal, 16esses habitarão
nas alturas; as rochas dos montes serão sua fortaleza. Terão
provisão de alimento e não lhes faltará água.
17Seus olhos verão o rei em todo o seu esplendor, verão uma
terra que se estende para longe.
18Vocês se lembrarão deste tempo de terror e perguntarão:
"Onde estão os oficiais que contaram nossas torres? Onde
estão os que registraram o despojo tirado de nossa cidade
derrotada?".
19Não verão mais esse povo arrogante, que fala uma língua
estranha e desconhecida.
20Em vez disso, verão Sião como lugar de festas sagradas;
verão Jerusalém, cidade tranquila e segura. Será como uma
tenda com as cordas bem esticadas e estacas firmemente cra-
vadas no chão.
21O SENHOR será nosso Poderoso; será como um largo rio de
proteção que nenhum adversário consegue atravessar, em que
nenhuma embarcação inimiga consegue navegar.
22Pois o SENHOR é nosso juiz, nosso comandante e nosso rei;
ele nos livrará.
23As velas dos inimigos pendem soltas de mastros quebrados,
presas com cordas inúteis. Seu tesouro será repartido entre
o povo de Israel; até mesmo os deficientes físicos receberão
sua parte.
24O povo já não dirá: "Estamos doentes e indefesos", pois o
SENHOR perdoará seus pecados.

Mensagem para as nações

34 Venham e escutem, nações da terra; o mundo e tudo que
nele há, ouçam minhas palavras!
2Pois é grande a ira do SENHOR com as nações; está furioso com
todos os seus exércitos. Ele as destruirá por completo, ele as
condenará à matança.
3Seus mortos não serão sepultados; o fedor de seus cadáveres
encherá a terra, e o sangue escorrerá pelos montes.
4Os céus lá no alto se dissolverão e desaparecerão como per-
gaminho enrolado. As estrelas cairão do céu, como folhas
secas da videira, como figos murchos da figueira.
5E, quando minha espada tiver terminado seu trabalho nos
céus, cairá sobre Edom, a nação que condenei à destruição.
6A espada do SENHOR está banhada em sangue e coberta de
gordura, de sangue de cordeiros e bodes, de gordura de car-
neiros. Sim, o SENHOR oferecerá um sacrifício na cidade de
Bozra, fará grande matança em Edom.
7Até homens fortes como bois morrerão, tanto os mais jovens
como os mais velhos. A terra ficará ensopada de sangue, e o
solo, cheio de gordura.
8Pois é o dia da vingança do SENHOR, o ano em que retribuirá a
Edom por tudo que fez a Israel.
9Os riachos de Edom se encherão de piche ardente, e a terra
ficará coberta de fogo e enxofre.

10Esse julgamento sobre Edom jamais terá fim; sua fumaça
subirá para sempre. A terra ficará deserta de geração em ge-
ração; ninguém voltará a habitar nela.
11Ali viverão a coruja do deserto e o mocho, o corujão e o corvo.
Pois Deus medirá aquela terra com cuidado; ele a medirá para
o caos e para a destruição.
12Ela se chamará Terra do Nada, e logo seus nobres desapa-
recerão.
13Espinhos invadirão seus palácios, urtigas e cardos crescerão
em suas fortalezas. As ruínas serão morada de chacais e ha-
bitação de corujas.
14Animais do deserto se misturarão ali com hienas, bodes sel-
vagens berrarão uns para os outros entre as ruínas, criaturas
da noite irão até lá para descansar.
15Ali a coruja fará seu ninho e porá seus ovos; chocará os fi-
lhotinhos e os cobrirá com suas asas. Os abutres também irão
para lá, cada um com seu par.
16Procurem no livro do Senhor e vejam o que ele fará. Não
faltará nenhum desses animais, nenhum deles ficará sem
par, pois o Senhor assim prometeu; seu Espírito fará tudo se
realizar.
17Ele lançou sortes e dividiu a terra e a entregou a essas cria-
turas como propriedade. Elas a possuirão para sempre, de
geração em geração.

Esperança de restauração

35 As regiões desabitadas e o deserto exultarão; a terra
desolada se alegrará e florescerá como o açafrão.
2Haverá muitas flores, cânticos e alegria! Os desertos se tor-
narão verdes como os montes do Líbano, belos como o monte
Carmelo e a planície de Sarom. Ali o Senhor mostrará sua
glória, o esplendor de nosso Deus.
3Fortaleçam os de mãos cansadas, apoiem os de joelhos
fracos.
4Digam aos de coração temeroso: "Sejam fortes e não temam,
pois seu Deus vem para vingar-se de seus inimigos; ele vem
para salvá-los".
5Quando ele vier, abrirá os olhos dos cegos e os ouvidos dos
surdos.
6Os aleijados pularão como o cervo, e os mudos cantarão de
alegria. Fontes brotarão no deserto, e rios correrão na região
desolada.
7O solo ressecado se tornará um açude, e a terra sedenta,
mananciais de água. O capim, a cana e o junco florescerão
onde antes viviam os chacais do deserto.
8Um caminho largo atravessará a terra antes desabitada e será
chamado Caminho de Santidade; os impuros jamais passarão
por ele. Será somente para os que andam nos caminhos de
Deus; os tolos jamais andarão por ele.
9Ao longo desse trajeto, leões não ficarão à espreita, nem
qualquer outro animal feroz. Não haverá nenhum perigo; so-
mente os redimidos andarão por ele.
10Os que foram resgatados pelo Senhor voltarão; entrarão
cantando em Sião, coroados com alegria sem fim. A tristeza
e o lamento desaparecerão, e eles ficarão cheios de alegria
e felicidade.

A Assíria invade Judá

36 No décimo quarto ano do reinado de Ezequias, Sena-
queribe, rei da Assíria, atacou as cidades fortificadas de
Judá e as conquistou. 2Então o rei da Assíria enviou, de Laquis,
seu comandante em chefe, junto com um grande exército,
para confrontarem o rei Ezequias em Jerusalém. Os assírios
se posicionaram ao lado do aqueduto que abastece o tanque
superior, perto do caminho para o campo onde se lava roupa.
3Estes são os oficiais que saíram ao encontro deles: Eliaquim,
filho de Hilquias, o administrador do palácio; Sebna, o secre-
tário da corte; e Joá, filho de Asafe, o historiador do reino.

Senaqueribe ameaça Jerusalém

4O porta-voz do rei assírio mandou que transmitissem esta
mensagem a Ezequias: "Assim diz o grande rei da Assíria:
Em que você confia, que lhe dá tanta segurança? 5Pensa que
meras palavras podem substituir experiência e força militar?
Com quem você conta para se rebelar contra mim? 6Com o
Egito? Se você se apoiar no Egito, ele será como um junco
que se quebra sob seu peso e perfura sua mão. O faraó, rei do
Egito, não é digno de nenhuma confiança!
7"Talvez vocês digam: 'Confiamos no Senhor, nosso Deus!'.
Mas não foi a ele que Ezequias insultou? Ezequias não destruiu
os santuários e altares dele e obrigou todos em Judá e Jeru-
salém a adorarem somente no altar em Jerusalém?
8"Vou lhes dizer uma coisa: Façam um acordo com meu se-
nhor, o rei da Assíria. Eu lhes darei dois mil cavalos se forem
capazes de encontrar homens em número suficiente para mon-
tá-los! 9Com seu exército minúsculo, como podem pensar em
desafiar até o contingente mais fraco do exército de meu se-
nhor, mesmo com a ajuda dos carros e dos cavaleiros do Egito?
10Além disso, imaginam que invadimos sua terra sem a direção
do Senhor? Foi o próprio Senhor que nos disse: 'Ataquem essa
terra e destruam-na!'".
11Então Eliaquim, Sebna e Joá disseram ao porta-voz: "Por
favor, fale conosco em aramaico, pois entendemos bem essa
língua. Não fale em hebraico, pois o povo sobre o muro o
ouvirá".
12O porta-voz, no entanto, respondeu: "Vocês pensam que meu
senhor enviou essa mensagem apenas para vocês e para seu
senhor? Ele quer que todo o povo a ouça, pois, quando cer-
carmos esta cidade, eles sofrerão junto com vocês. Ficarão tão
famintos e sedentos que comerão as próprias fezes e beberão
a própria urina!".
13Então o porta-voz se levantou e gritou em hebraico: "Ouçam
esta mensagem do grande rei da Assíria! 14Assim diz o rei: Não
deixem que Ezequias os engane. Ele jamais será capaz de

livrá-los. 15Não deixem que ele os convença a confiar no SE-
NHOR, dizendo: 'Certamente o SENHOR nos livrará; esta cidade
jamais cairá nas mãos do rei da Assíria'.
16"Não deem ouvidos a Ezequias! Estas são as condições que
o rei da Assíria oferece: Façam as pazes comigo, abram as
portas e saiam. Então, cada um de vocês continuará a comer
de sua própria videira e de sua própria figueira e a beber de
seu próprio poço. 17Depois, providenciarei que sejam levados
a outra terra como esta, uma terra com cereais e vinho novo,
com pão e vinhedos.
18"Não deixem Ezequias enganá-los, dizendo: 'O SENHOR nos
livrará!'. Acaso os deuses de alguma outra nação livraram seu
povo do rei da Assíria? 19O que aconteceu aos deuses de Ha-
mate e de Arpade? E quanto aos deuses de Sefarvaim? Acaso
algum deus livrou Samaria de meu poder? 20Qual dos deuses
de qualquer nação foi capaz de livrar seu povo de meu poder?
O que os faz pensar que o SENHOR pode livrar Jerusalém de
minhas mãos?".
21Mas o povo permaneceu em silêncio e não disse uma palavra
sequer, pois Ezequias havia ordenado: "Não lhe respondam".
22Então Eliaquim, filho de Hilquias, administrador do palácio,
Sebna, secretário da corte, e Joá, filho de Asafe, historiador
do reino, voltaram a Ezequias. Rasgaram suas roupas e foram
contar ao rei o que o porta-voz tinha dito.

Ezequias busca a ajuda do SENHOR

37 Quando o rei Ezequias ouviu esse relato, rasgou as
roupas, vestiu-se com panos de saco e entrou no templo
do SENHOR. 2Enviou Eliaquim, o administrador do palácio,
Sebna, o secretário da corte, e os principais sacerdotes, todos
vestidos com panos de saco, ao profeta Isaías, filho de Amoz.
3Eles lhe disseram: "Assim diz o rei Ezequias: 'Hoje é um dia
de angústia, insulto e humilhação. É como quando a criança
está prestes a nascer, mas a mãe não tem forças para dar
à luz. 4Contudo, talvez o SENHOR, seu Deus, tenha ouvido o
porta-voz que o rei da Assíria enviou para desafiar o Deus vivo
e o castigue por suas palavras. Por favor, ore por nós que res-
tamos!'".
5Depois que os oficiais do rei Ezequias transmitiram a men-
sagem ao profeta Isaías, 6ele respondeu: "Digam ao rei que
assim diz o SENHOR: 'Não se assuste com os insultos que os
mensageiros do rei da Assíria lançaram contra mim. 7Ouça! Eu
mesmo agirei contra o rei da Assíria, e ele receberá notícias
que o farão voltar para sua terra. Ali eu providenciarei que ele
seja morto à espada'".
8Enquanto isso, o porta-voz partiu de Jerusalém e foi consultar
o rei da Assíria, pois tinha sido informado de que o rei havia
deixado Laquis e estava atacando Libna.
9Logo depois, o rei Senaqueribe recebeu a notícia de que Ti-
raca, rei da Etiópia, havia saído com seu exército para lutar
contra ele. Então enviou seus homens de volta a Ezequias em
Jerusalém com a seguinte mensagem:
10"Esta é uma mensagem para Ezequias, rei de Judá. Não
deixe que seu Deus, em quem você confia, o engane com
promessas de que Jerusalém não será conquistada pelo rei
da Assíria. 11Você sabe muito bem o que os reis da Assíria fi-
zeram por onde passaram. Destruíram completamente todos
que atravessaram seu caminho! Quem é você para escapar?
12Acaso os deuses de outras nações, como Gozã, Harã, Rezefe,
e o povo de Éden, que estava em Telassar, as livraram? Meus
antecessores destruíram todos eles! 13O que aconteceu ao rei
de Hamate e ao rei de Arpade? O que aconteceu aos reis de
Sefarvaim, de Hena e de Iva?".
14Depois que Ezequias recebeu a carta dos mensageiros e a
leu, subiu ao templo do SENHOR e a estendeu diante do SENHOR.
15Então Ezequias fez esta oração na presença do SENHOR: 16"Ó
SENHOR dos Exércitos, o Deus de Israel, que estás entronizado
entre os querubins! Só tu és Deus de todos os reinos da terra.
Sim, tu criaste os céus e a terra. 17Inclina teus ouvidos, ó SE-
NHOR, e ouve! Abre teus olhos, ó SENHOR, e vê! Ouve as palavras
com as quais Senaqueribe desafia o Deus vivo!
18"É verdade, SENHOR, que os reis da Assíria destruíram todas
essas nações. 19Lançaram os deuses dessas nações no fogo e
os queimaram. É claro que os assírios conseguiram destruí-los!
Não eram deuses de verdade, mas apenas ídolos de madeira
e pedra moldados por mãos humanas. 20Agora, SENHOR, nosso
Deus, salva-nos do poder desse rei; então todos os reinos da
terra saberão que somente tu, SENHOR, és Deus".

Isaías prediz o livramento de Judá

21Então Isaías, filho de Amoz, enviou esta mensagem a Eze-
quias: "Assim diz o SENHOR, o Deus de Israel: Visto que você
orou a mim a respeito de Senaqueribe, rei da Assíria, 22o SE-
NHOR proferiu esta palavra contra ele: "A filha virgem de Sião
o despreza e ri de você. A filha de Jerusalém balança a cabeça
com desdém enquanto você foge.
23"A quem você desafiou e de quem zombou? Contra quem
levantou a voz? Para quem olhou com arrogância? Para o Santo
de Israel!
24Por meio de seus mensageiros, desafiou o Senhor. Disse:
'Com meus numerosos carros de guerra, conquistei os montes
mais elevados, sim, os picos mais remotos do Líbano. Cortei
seus cedros mais altos e seus melhores ciprestes. Cheguei a
suas maiores alturas e explorei suas florestas mais densas.
25Cavei poços em muitas terras estrangeiras e me refresquei
com sua água. Com a sola de meu pé, sequei todos os rios
do Egito!'.
26"Mas você não sabe? Eu decidi tudo isso há muito tempo.
Planejei essas coisas no passado distante, e agora as rea-
lizo. Planejei que você transformaria cidades fortificadas em
montes de escombros.
27Por isso, seus habitantes perdem as forças e ficam assus-
tados e envergonhados. São frágeis como a relva, indefesos

como brotos verdes e tenros. São como capim que surge no
telhado, queimado antes de crescer.
28“Mas eu o conheço bem; sei onde está e sei de suas idas e
vindas; sei como se enfureceu contra mim.
29E, por causa de sua raiva contra mim e de sua arrogância,
que eu mesmo ouvi, porei minha argola em seu nariz e meu
freio em sua boca. Eu o farei voltar pelo mesmo caminho por
onde veio”.
30Então Isaías disse a Ezequias: “Esta é a prova de que minhas
palavras são verdadeiras: ‘Neste ano vocês comerão somente
o que crescer por si, e no ano seguinte, o que brotar disso.
Mas, no terceiro ano, semeiem e colham, cuidem de suas vi-
deiras e comam de seus frutos.
31Vocês que restarem em Judá, os que escaparem da des-
truição, lançarão raízes em seu próprio solo, crescerão e
darão frutos.
32Pois um remanescente de meu povo sairá de Jerusalém, um
grupo de sobreviventes partirá do monte Sião. O zelo do SE-
NHOR dos Exércitos fará que isso aconteça!
33“E assim diz o SENHOR a respeito do rei da Assíria: ‘Seus
exércitos não entrarão em Jerusalém, nem dispararão contra
ela uma só flecha. Não marcharão com escudos fora de seus
portões, nem construirão rampas de terra contra seus muros.
34O rei voltará à terra dele pelo mesmo caminho por onde veio.
Não entrará na cidade, diz o SENHOR.
35Por minha própria honra e por causa de meu servo Davi,
defenderei esta cidade e a libertarei’”.
36Naquela noite, o anjo do SENHOR foi ao acampamento assírio
e matou 185 mil soldados assírios. Quando os sobreviventes
acordaram na manhã seguinte, encontraram cadáveres por
toda parte. 37Então Senaqueribe, rei da Assíria, levantou acam-
pamento e partiu para sua terra. Voltou para Nínive e ali ficou.
38Certo dia, enquanto ele adorava no templo de seu deus Nis-
roque, seus filhos Adrameleque e Sarezer o mataram à espada.
Fugiram para a terra de Arate, e outro filho, Esar-Hadom, se
tornou seu sucessor na Assíria.

A doença e a recuperação de Ezequias

38 Por esse tempo, Ezequias ficou doente e estava para
morrer. O profeta Isaías, filho de Amoz, foi visitá-lo e
transmitiu-lhe a seguinte mensagem: “Assim diz o SENHOR:
‘Ponha suas coisas em ordem, pois você vai morrer. Não se
recuperará dessa doença’”.
2Quando Ezequias ouviu isso, virou o rosto para a parede e
orou ao SENHOR: 3“Ó SENHOR, lembra-te de como sempre te
servi com fidelidade e devoção, e de como sempre fiz o que
é certo aos teus olhos”. Depois, o rei chorou amargamente.
4Então Isaías recebeu esta mensagem do SENHOR: 5“Volte a
Ezequias e diga-lhe: Assim diz o SENHOR, o Deus de seu ante-
passado Davi: ‘Ouvi sua oração e vi suas lágrimas. Acrescen-
tarei quinze anos à sua vida 6e livrarei você e esta cidade do
rei da Assíria. Sim, defenderei esta cidade.
7“‘Este é o sinal do SENHOR de que cumprirá o que prometeu.
8Farei a sombra do sol recuar dez graus no relógio de sol de
Acaz’”. Então a sombra no relógio de sol de Acaz recuou dez
graus.

Poema de louvor de Ezequias

9Quando o rei Ezequias se recuperou, escreveu este poema:
10Eu disse: “No pleno vigor de minha vida, devo entrar no lugar
dos mortos? Serei roubado do restante de meus anos?”.
11Eu disse: “Nunca mais verei o SENHOR Deus na terra dos
vivos. Nunca mais verei pessoa alguma, nem estarei com os
que vivem neste mundo.
12Minha vida foi levada embora, como uma tenda de pastor na
tempestade. Foi cortada como o tecelão corta o tecido do tear;
de repente, minha vida se acabou.
13Esperei a noite inteira com paciência, mas era como se leões
me despedaçassem; de repente, minha vida se acabou.
14Delirante, chilreava como a andorinha ou como o grou, de-
pois gemia como a pomba. Meus olhos se cansaram de olhar
para o céu à espera de socorro. Estou aflito, Senhor; respon-
de-me!”.
15Mas o que posso dizer? Ele mesmo enviou esta doença.
Agora, andarei humildemente toda a vida, por causa da an-
gústia que senti.
16Senhor, tua disciplina é boa, pois conduz à vida e à saúde. Tu
restauras minha saúde e permites que eu viva!
17Sim, a angústia me fez bem, pois tu me livraste da morte e
perdoaste todos os meus pecados.
18Pois os mortos não podem exaltar-te; não podem entoar
louvores. Aqueles que descem à cova já não podem esperar
em tua fidelidade.
19Somente os vivos te louvam como faço hoje; cada geração
fala de tua fidelidade à geração seguinte.
20Sim, o SENHOR está disposto a me curar! Com instrumentos
de cordas, entoarei louvores todos os dias de minha vida, no
templo do SENHOR.
21Isaías tinha dito aos servos de Ezequias: “Preparem uma
pasta de figos e coloquem-na sobre a ferida, e Ezequias se
recuperará”.
22Ezequias tinha perguntado: “Que sinal o SENHOR dará como
prova de que irei ao templo do SENHOR?”.

Mensageiros da Babilônia

39 Pouco tempo depois, Merodaque-Baladã, filho de Ba-
ladã, rei da Babilônia, enviou cartas e um presente para
Ezequias, pois soube que o rei tinha estado muito doente e
havia se recuperado. 2Ezequias recebeu com alegria os men-
sageiros babilônios e lhes mostrou tudo que havia na casa do
tesouro: a prata, o ouro, as especiarias e os óleos aromáticos.
Também os levou para conhecer seu arsenal e lhes mostrou
tudo que havia nos tesouros do rei. Não houve nada em seu
palácio nem em seu reino que Ezequias não lhes mostrasse.

3 Então o profeta Isaías foi ver o rei Ezequias e lhe perguntou:
"O que esses homens queriam? De onde vieram?". Ezequias
respondeu: "Vieram da Babilônia, uma terra distante".
4 "O que viram em seu palácio?", perguntou Isaías. "Viram
tudo", Ezequias respondeu. "Eu lhes mostrei tudo que possuo,
todos os meus tesouros."
5 Então Isaías disse a Ezequias: "Ouça esta mensagem do SE-
NHOR dos Exércitos: 6 'Está chegando o dia em que tudo em
seu palácio, todos os tesouros que seus antepassados acumu-
laram até agora, será levado para a Babilônia. Não ficará coisa
alguma', diz o SENHOR. 7 'Até mesmo alguns de seus descen-
dentes serão levados para o exílio. Eles se tornarão eunucos e
servirão no palácio do rei da Babilônia'".
8 Ezequias disse a Isaías: "A mensagem do SENHOR que você
transmitiu é boa". Pois o rei pensava: "Pelo menos haverá paz
e segurança durante minha vida".

Consolo para o povo de Deus

40 "Consolem, consolem meu povo", diz o seu Deus.
2 "Falem com carinho a Jerusalém; digam-lhe que seus
dias de luta acabaram e que seus pecados foram perdoados.
Sim, o SENHOR a castigou em dobro por todos os seus pe-
cados."
3 Ouçam! Uma voz clama: "Abram caminho no deserto para o
SENHOR! Preparem para nosso Deus uma estrada reta na terra
desolada!
4 Aterrem os vales, nivelem os montes e as colinas. Endireitem
as curvas, tornem planos os trechos acidentados.
5 Então a glória do SENHOR será revelada, e todos a verão. O
SENHOR falou!".
6 Uma voz disse: "Clame!". Eu perguntei: "O que devo clamar?".
"Anuncie que os seres humanos são como capim; sua beleza
passa depressa, como as flores do campo.
7 O capim seca e as flores murcham quando o SENHOR sopra
sobre elas; o mesmo acontece aos seres humanos.
8 O capim seca e as flores murcham, mas a palavra de nosso
Deus permanece para sempre."
9 Ó Sião, mensageiro de boas notícias, grite do alto dos montes!
Grite mais forte, ó Jerusalém, grite sem medo! Diga às cidades
de Judá: "Seu Deus está chegando!".
10 Sim, o SENHOR Soberano vem com poder; com braço forte
governará. Vejam, ele traz consigo sua recompensa!
11 Como pastor, ele alimentará seu rebanho; levará os cordei-
rinhos nos braços e os carregará junto ao coração; conduzirá
ternamente as ovelhas com suas crias.

Não há outro como o SENHOR

12 Quem mais segurou os oceanos nas mãos? Quem mediu os
céus com os dedos? Quem mais sabe o peso da terra ou pesou
na balança os montes e as colinas?
13 Quem pode orientar o Espírito do SENHOR? Quem sabe o sufi-
ciente para aconselhá-lo ou instruí-lo?
14 Acaso o SENHOR já precisou do conselho de alguém? Necessita
que o instruam a respeito do que é bom? Alguém lhe ensinou o
que é certo ou lhe mostrou o caminho da sabedoria?
15 Não, pois todas as nações do mundo não passam de uma
gota num balde. Não são nada mais que pó sobre a balança.
Ele levanta toda a terra como se fosse um grão de areia.
16 Nem toda a madeira nos bosques do Líbano nem todos os
seus animais seriam suficientes para um holocausto digno de
nosso Deus.
17 As nações do mundo não têm valor para ele; aos seus olhos,
valem menos que nada, são apenas vazio.
18 A quem vocês podem comparar Deus? Que imagem usarão
para representá-lo?
19 Acaso pode ser comparado a um ídolo feito num molde, co-
berto de ouro e enfeitado com correntes de prata?
20 Quem é pobre demais para ter um ídolo desses pode esco-
lher madeira que não apodrece e um artesão habilidoso para
entalhar uma imagem que não tombe!
21 Acaso não ouviram? Não entendem? Estão surdos para as
palavras de Deus, palavras que ele falou antes que o mundo
existisse? Será que são tão ignorantes?
22 Deus se senta acima do círculo da terra; para ele, as pessoas
lá embaixo parecem gafanhotos. Estende os céus como uma
cortina e faz com eles sua tenda.
23 Julga os poderosos do mundo e reduz todos eles a nada.
24 Mal são plantados, mal chegam a criar raízes, logo murcham,
quando sopra sobre eles; o vento os leva embora como palha.
25 "A quem vocês me compararão? Quem é igual a mim?", per-
gunta o Santo.
26 Olhem para os céus; quem criou as estrelas? Ele as faz sair
como um exército, uma após a outra, e chama cada uma pelo
nome. Por causa de seu grande poder e sua força incompa-
rável, nenhuma delas ousa se ausentar.
27 Ó Jacó, como pode dizer que o SENHOR não vê o que se passa?
Ó Israel, como pode dizer que Deus não se importa com seus
direitos?
28 Você não ouviu? Não entendeu? O SENHOR é o Deus eterno,
o Criador de toda a terra. Ele nunca perde as forças nem se
cansa, e ninguém pode medir a profundidade de sua sabe-
doria.
29 Dá forças aos cansados e vigor aos fracos.
30 Até os jovens perdem as forças e se cansam, e os rapazes
tropeçam de tão exaustos.
31 Mas os que confiam no SENHOR renovam suas forças; voam
alto, como águias. Correm e não se cansam, caminham e não
desfalecem.

O auxílio de Deus para Israel

41 "Ouçam em silêncio diante de mim, povos do outro lado
do mar; preparem seus argumentos mais convincentes.
Venham agora e falem; o tribunal está pronto para ouvir seu
caso.

2“Quem instigou esse rei que vem do leste e o chamou para
o justo serviço de Deus? Quem lhe dá vitória sobre muitas na-
ções e permite que ele pisoteie seus reis? Com sua espada,
reduz exércitos a pó; com seu arco, dispersa-os como palha
ao vento.
3Ele os persegue e segue adiante em segurança, mesmo que
caminhe em território desconhecido.
4Quem realizou feitos tão poderosos e chamou cada nova ge-
ração, desde o princípio dos tempos? Eu, o SENHOR, o Primeiro
e o Último, somente eu.”
5Os povos do outro lado do mar observam com temor; terras
distantes estremecem e se aprontam para a guerra.
6Cada um encoraja seu amigo, dizendo: “Seja forte!”.
7O escultor anima o ourives, e o que faz moldes ajuda na bi-
gorna. “Muito bem”, dizem, “está ficando bom.” Com todo o
cuidado, juntam as partes e fixam o ídolo com pregos, para
que não tombe.
8“Quanto a você, meu servo Israel, Jacó, meu escolhido, des-
cendente de meu amigo Abraão, 9eu o chamei de volta dos
confins da terra e disse: ‘Você é meu servo’. Pois eu o escolhi
e não o lançarei fora.
10Não tenha medo, pois estou com você; não desanime, pois
sou o seu Deus. Eu o fortalecerei e o ajudarei; com minha
vitoriosa mão direita o sustentarei.
11“Sim, todos os seus furiosos inimigos ficarão confusos e hu-
milhados. Quem se opuser a você morrerá e não dará em nada.
12Você procurará e não encontrará aqueles que tentaram con-
quistá-lo. Quem o atacar será reduzido a nada.
13Pois eu o seguro pela mão direita, eu, o SENHOR, seu Deus, e
lhe digo: ‘Não tenha medo, estou aqui para ajudá-lo.
14Embora você não passe de um verme, ó Jacó, não tenha
medo, pequenino Israel, pois eu o ajudarei. Eu sou o SENHOR,
seu Redentor, eu sou o Santo de Israel’.
15Você será um novo instrumento de debulhar, com muitos
dentes afiados. Despedaçará seus inimigos e transformará os
montes em palha.
16Você os lançará para o alto, e o vento os levará embora; um
redemoinho os espalhará. Então você se alegrará no SENHOR e
se gloriará no Santo de Israel.
17“Quando os pobres e necessitados procurarem água e não a
encontrarem, e tiverem a língua ressequida de sede, eu, o SE-
NHOR, os ouvirei; eu, o Deus de Israel, jamais os abandonarei.
18Abrirei rios para eles nos planaltos e lhes darei fontes de
água nos vales. Encherei o deserto de açudes e a terra seca,
de mananciais.
19Plantarei árvores no deserto: cedro, acácia, murta, oliveira,
cipreste, abeto e pinheiro.
20Assim, todos que virem esse milagre entenderão o que ele
significa: o SENHOR fez isso, o Santo de Israel o criou.
21“Apresentem a causa de seus ídolos”, diz o SENHOR. “Que
eles mostrem o que são capazes de fazer”, diz o Rei de Israel.
22“Que nos digam o que aconteceu há muito tempo, para que
analisemos as provas, ou digam o que o futuro reserva, para
que saibamos o que acontecerá.
23Sim, anunciem o que acontecerá nos dias por vir; então sa-
beremos que são deuses de fato. Façam alguma coisa, boa
ou má! Façam algo que cause espanto e nos encha de medo.
24Mas não! Vocês são menos que nada e nada podem fazer; os
que escolhem vocês contaminam a si mesmos.
25“Eu, porém, levantei um líder que virá do norte; desde o leste
ele invocará meu nome. Eu lhe darei vitória sobre os líderes
dos povos; ele os pisará como o oleiro pisa o barro.
26“Quem lhes falou desde o começo que isto aconteceria?
Quem previu estas coisas e os fez admitir que tinha razão?
Ninguém disse coisa alguma, nem uma só palavra!
27Eu fui o primeiro a dizer a Sião: ‘Veja! O socorro está a ca-
minho!’. Enviarei a Jerusalém um mensageiro com boas no-
tícias.
28Nenhum de seus ídolos lhes disse isso, nenhum deles res-
pondeu quando perguntei.
29São objetos tolos e sem valor; todos os seus ídolos são vazios
como o vento.”

O servo escolhido do SENHOR

42 “Vejam meu servo, que eu fortaleço; ele é meu esco-
lhido, que me dá alegria. Pus sobre ele meu Espírito; ele
trará justiça às nações.
2Não gritará, nem levantará a voz em público.
3Não esmagará a cana quebrada, nem apagará a chama que
já está fraca; fará justiça a todos os injustiçados.
4Não vacilará nem desanimará, enquanto não fizer a justiça
prevalecer em toda a terra. Até mesmo terras distantes, do
outro lado do mar, aguardarão suas instruções.”
5Deus, o SENHOR, criou os céus e os estendeu; criou a terra
e tudo que nela há. Dá fôlego a cada um e vida a todos que
caminham sobre a terra. É ele quem diz:
6“Eu, o SENHOR, o chamei para mostrar minha justiça; eu o
tomarei pela mão e o protegerei. Eu o darei a meu povo, Israel,
como símbolo de minha aliança com eles, e você será luz para
guiar as nações:
7abrirá os olhos dos cegos, libertará da prisão os cativos, li-
vrará os que estão em calabouços escuros.
8“Eu sou o SENHOR; este é meu nome! Não darei minha glória
a ninguém, não repartirei meu louvor com ídolos esculpidos.
9Tudo que profetizei se cumpriu, e agora profetizarei nova-
mente; eu lhes falarei do futuro antes que aconteça”.

Cântico de louvor ao SENHOR

10Cantem um novo cântico ao SENHOR, cantem seu louvor desde
os confins da terra! Cantem, vocês que navegam pelos mares,
todos vocês que moram em litorais distantes!
11Levantem a voz, cidades do deserto, alegrem-se as vilas de
Quedar! Exultem, habitantes de Sela, aclamem do alto dos
montes!

12 Que o mundo inteiro glorifique o SENHOR e cante seu louvor!

13 O SENHOR marchará como herói poderoso; sairá como guerreiro, cheio de fúria. Dará seu grito de guerra e esmagará todos os seus inimigos.

14 "Durante muito tempo, fiquei em silêncio; sim, me contive. Agora, porém, como a mulher no parto, gritarei, gemerei e ficarei ofegante.

15 Arrasarei os montes e as colinas e acabarei com sua vegetação. Tornarei os rios em terra seca e secarei os açudes.

16 Conduzirei este povo cego por um novo caminho e o guiarei por um rumo desconhecido. Transformarei em luz a escuridão diante dele e tornarei planos os trechos acidentados. Sim, farei estas coisas; não o abandonarei.

17 Mas os que confiam em ídolos e dizem: 'Vocês são nossos deuses', sofrerão vergonhosa derrota."

Israel não ouve nem vê

18 "Ouçam, surdos! Olhem e vejam, cegos!

19 Quem é cego como meu povo, meu servo? Quem é surdo como meu mensageiro? Quem é cego como meu povo escolhido, o servo do SENHOR?

20 Vocês veem e reconhecem o que é certo, mas se recusam a fazê-lo. Ouvem com os ouvidos, mas não prestam atenção."

21 Porque o SENHOR é justo, ele exaltou sua lei gloriosa.

22 Seu povo, porém, foi roubado e saqueado, escravizado, aprisionado e apanhado numa armadilha. São presa fácil para qualquer um e não têm quem os proteja, ninguém que os leve de volta para casa.

23 Quem ouvirá essas lições do passado e verá a ruína que os espera no futuro?

24 Quem permitiu que Israel fosse roubado e ferido? Foi o SENHOR, contra quem pecamos, pois seu povo não andou em seu caminho, nem obedeceu à sua lei.

25 Por isso ele derramou sobre eles sua ira ardente e os destruiu na batalha. Ficaram envoltos em chamas, mas se recusaram a entender. Foram consumidos pelo fogo, mas não aprenderam a lição.

O Salvador de Israel

43 Mas agora, ó Jacó, ouça o SENHOR que o criou; ó Israel, assim diz aquele que o formou: "Não tema, pois eu o resgatei; eu o chamei pelo nome, você é meu.

2 Quando passar por águas profundas, estarei a seu lado. Quando atravessar rios, não se afogará. Quando passar pelo fogo, não se queimará; as chamas não lhe farão mal.

3 Pois eu sou o SENHOR, seu Deus, o Santo de Israel, seu Salvador. Dei o Egito como resgate por sua liberdade; em troca de você, dei a Etiópia e Sebá.

4 Outros foram entregues em seu lugar, troquei a vida deles pela sua. Pois você é precioso para mim, é honrado e eu o amo.

5 "Não tema, pois estou com você; reunirei você e seus descendentes desde o leste e o oeste.

6 Direi ao norte e ao sul: 'Tragam de volta meus filhos e filhas, desde os confins da terra.

7 Tragam todos que me reconhecem como seu Deus, pois eu os criei para minha glória; fui eu quem os formou'".

8 Tragam o povo que tem olhos, mas é cego, que tem ouvidos, mas é surdo.

9 Reúnam as nações! Juntem os povos do mundo! Qual de seus ídolos predisse coisas semelhantes a estas? Qual deles pode prever o que acontecerá amanhã? Onde estão as testemunhas dessas previsões? Quem pode comprovar que disseram a verdade?

10 "Você é minha testemunha, ó Israel!", diz o SENHOR. "Você é meu servo. Foi escolhido para me conhecer, para crer em mim, para entender que somente eu sou Deus. Não há outro Deus, nunca houve e nunca haverá.

11 Eu, somente eu, sou o SENHOR, e não há outro Salvador.

12 Primeiro, previ sua salvação, então o salvei e proclamei isso ao mundo. Nenhum deus estrangeiro jamais fez algo assim; você, Israel, é testemunha de que sou o único Deus", diz o SENHOR.

13 "Desde a eternidade, eu sou Deus; não há quem possa livrar alguém de minha mão, não há quem possa desfazer o que eu fiz."

O SENHOR promete vitória

14 Assim diz o SENHOR, seu Redentor, o Santo de Israel: "Por sua causa, enviarei um exército contra a Babilônia; obrigarei os babilônios a fugir nos navios de que tanto se orgulham.

15 Eu sou o SENHOR, seu Santo, Criador e Rei de Israel.

16 Eu sou o SENHOR, que abriu uma passagem no meio das águas, um caminho seco pelo mar.

17 Chamei o exército poderoso do Egito, com seus carros e cavalos. Eu os submergi nas ondas, e eles se afogaram; sua vida se apagou como um pavio fumegante.

18 "Esqueçam tudo isso, não é nada comparado ao que vou fazer.

19 Pois estou prestes a realizar algo novo. Vejam, já comecei! Não percebem? Abrirei um caminho no meio do deserto, farei rios na terra seca.

20 Os animais selvagens nos campos me glorificarão, e também os chacais e as corujas, por lhes dar água no deserto. Sim, farei rios na terra seca, para que meu povo escolhido se refresque.

21 Formei este povo para mim mesmo; um dia, ele me honrará perante o mundo.

22 "Mas você, ó Jacó, não clama por mim; você se cansou de mim, ó Israel!

23 Não me trouxe ovelhas nem bodes para holocaustos, não me honrou com sacrifícios, embora eu não o tenha sobrecarregado nem cansado com exigências de ofertas de cereal e incenso.

24Você não me trouxe cálamo perfumado, nem me agradou
com a gordura de sacrifícios. Em vez disso, me sobrecarregou
com seus pecados e me cansou com suas maldades.
25"Eu, somente eu, por minha própria causa, apagarei seus
pecados e nunca mais voltarei a pensar neles.
26Relembremos juntos a situação, apresente sua defesa para
provar inocência.
27Desde o princípio, seu primeiro antepassado pecou, e seus
líderes se rebelaram contra mim.
28Por isso, humilhei seus sacerdotes; decretei destruição total
para Jacó, vergonha para Israel."

44 "Agora ouça-me, meu servo Jacó, Israel, meu escolhido.
2O SENHOR, que o criou e que o ajuda, diz: Não tema, ó
Jacó, meu servo, ó querido Israel, meu escolhido.
3Pois eu derramarei água para matar sua sede e regar seus
campos secos. Derramarei meu Espírito sobre seus descen-
dentes e minha bênção sobre suas futuras gerações.
4Eles crescerão como capim regado, como salgueiros à beira
do rio.
5Alguns afirmarão: 'Pertenço ao SENHOR', outros dirão: 'Sou
descendente de Jacó'. Alguns escreverão nas mãos o nome
do SENHOR e tomarão para si o nome Israel."

A insensatez da idolatria

6Assim diz o SENHOR, Rei e Redentor de Israel, o SENHOR dos
Exércitos: "Eu sou o Primeiro e o Último; não há outro Deus.
7Quem é semelhante a mim? Que se apresente à minha frente!
Que faça o que eu fiz desde os tempos antigos, quando esta-
beleci um povo e anunciei seu futuro.
8Não tremam, não tenham medo; acaso não lhes anunciei
meus propósitos há muito tempo? Vocês são minhas testemu-
nhas: há outro Deus além de mim? Não! Não há nenhuma outra
Rocha, nenhuma sequer!".
9Como são tolos os que fabricam ídolos! Esses objetos que
tanto estimam não têm valor algum. Os que adoram ídolos não
sabem disso, por isso serão envergonhados.
10Quem senão um tolo faria seu próprio deus, um ídolo que em
nada pode ajudá-lo?
11Todos que adoram ídolos serão envergonhados, bem como
todos esses artesãos, simples mortais que se dizem capazes
de fazer um deus. Ainda que unam forças, estarão unidos em
terror e vergonha.
12O ferreiro trabalha na forja para criar uma ferramenta afiada;
martela e modela com toda a força. De tanto trabalhar, sente
fome e fraqueza, fica sedento e desfalece.
13O escultor, por sua vez, mede um bloco de madeira e nele
desenha um esboço. Trabalha com cinzel e plaina e entalha
a imagem de uma pessoa. Dá à imagem beleza humana e a
coloca num pequeno santuário.
14Corta cedros, escolhe cipreste e carvalho, planta um pinheiro
no bosque, para que a chuva o faça crescer.
15Então, usa parte da madeira para fazer fogo e com ele se
aquece e assa o pão. Depois, pega o que resta e faz para si um
deus para adorar. Faz um ídolo e se curva diante dele.
16Queima parte da árvore para assar carne, come e se mantém
aquecido. "Que fogo bom!", diz. "Já não sinto frio!"
17Então, pega o que resta e faz seu deus: um ídolo esculpido.
Curva-se diante dele e o adora, ora a ele e diz: "Livra-me, pois
tu és meu deus!".
18Quanta estupidez e ignorância! Seus olhos estão fechados, e
ele não consegue ver, sua mente está fechada, e não consegue
compreender.
19Aquele que fez o ídolo não para e pensa: "Queimei metade da
madeira para me aquecer e para assar o pão e a carne; como
é possível o restante ser um deus? Vou me curvar para adorar
um pedaço de madeira?".
20Tal pessoa se alimenta de cinzas e engana a si mesma, confia
em algo que em nada pode ajudá-la. E, no entanto, não é
capaz de perguntar: "Será que este ídolo que tenho em mãos
não é uma mentira?".

Restauração para Jerusalém

21"Preste atenção, ó Jacó, pois você é meu servo, ó Israel. Eu,
o SENHOR, o formei e não me esquecerei de você.
22Afastei seus pecados para longe, como uma nuvem; dispersei
suas maldades, como a névoa da manhã. Volte para mim, pois
paguei o preço do seu resgate."
23Cantem, ó céus, pois o SENHOR fez esta maravilha! Gritem
de alegria, ó profundezas da terra! Irrompam em cânticos, ó
montes, bosques e todas as árvores! Pois o SENHOR resgatou
Jacó e é glorificado em Israel.
24Assim diz o SENHOR, seu Redentor e Criador: "Eu sou o SE-
NHOR, que fiz todas as coisas; sozinho estendi os céus. Quem
estava comigo quando criei a terra?
25Mostro que os falsos profetas são mentirosos e faço os adivi-
nhos parecerem tolos. Faço os sábios errarem suas previsões
e assim provo que são insensatos.
26Mas cumpro as previsões de meus profetas! Por meio deles,
digo a Jerusalém: 'Este lugar voltará a ser habitado', e às ci-
dades de Judá: 'Vocês serão reconstruídas; restaurarei todas
as suas ruínas'.
27Quando eu falar aos rios: 'Sequem', eles secarão.
28Quando disser a respeito de Ciro: 'Ele é meu pastor', ele
certamente fará tudo que eu quiser. Ele dirá: 'Reconstruam
Jerusalém!' e ordenará: 'Restaurem o templo!'".

Ciro, o escolhido do SENHOR

45 É isto que diz o SENHOR a Ciro, seu ungido, cuja mão di-
reita ele fortalecerá. Diante dele, reis poderosos ficarão
paralisados de medo; os portões de suas fortalezas se abrirão
e nunca mais se fecharão.
2Assim diz ele: "Irei à sua frente, Ciro, e tornarei planos os
montes; quebrarei os portões de bronze e destruirei as trancas
de ferro.

3Eu lhe darei tesouros escondidos na escuridão, sim, riquezas
secretas. Farei isso para que saiba que eu sou o SENHOR, o Deus
de Israel, que chama você pelo nome.
4"Foi por causa de Jacó, meu servo, Israel, meu escolhido,
que o chamei para realizar essa tarefa. Por isso o chamei pelo
nome, quando você não me conhecia.
5Eu sou o SENHOR; não há outro Deus. Eu o preparei para a ba-
talha, embora você não me conheça, 6para que todo o mundo,
de leste a oeste, saiba que não há outro Deus; eu sou o SENHOR,
e não há outro.
7Formo a luz e crio as trevas, trago a paz e crio a calamidade;
eu, o SENHOR, faço essas coisas.
8"Abram-se, ó céus, e derramem justiça. Abra-se a terra, para
que brote a salvação e, com ela, a justiça; eu, o SENHOR, as
criei.
9"Que aflição espera quem contesta seu Criador! Acaso o pote
de barro discute com o oleiro? O barro argumenta com aquele
que lhe dá forma e diz: 'Você não está fazendo direito!', ou
exclama: 'Você não sabe trabalhar!'?
10Que terrível seria se uma criança dissesse ao pai: 'Por que
você me gerou?', e à mãe: 'Por que me trouxe ao mundo?'".
11Assim diz o SENHOR, o Santo de Israel e seu Criador: "Querem
questionar o que farei por meus filhos? Querem dar ordens a
respeito do que minhas mãos fizeram?
12Eu fiz a terra e criei os seres humanos para nela habitarem.
Com minhas mãos, estendi os céus, e todas as estrelas estão
às minhas ordens.
13Levantarei esse homem para que cumpra meu justo propó-
sito e guiarei suas ações. Ele restaurará minha cidade e liber-
tará meu povo cativo, sem exigir recompensa nem tributo. Eu,
o SENHOR dos Exércitos, falei!".

Conversão futura dos gentios

14Assim diz o SENHOR: "Você governará os egípcios, os etíopes
e os sabeus. Eles lhe trarão toda a sua mercadoria, e ela será
sua. Caminharão atrás de você, como prisioneiros acorren-
tados; cairão de joelhos à sua frente e dirão: 'Deus está com
você, e ele é o único Deus; não há outro além dele'".
15De fato, ó Deus de Israel, nosso Salvador, tu ages de formas
misteriosas.
16Todos os artesãos que fazem ídolos serão humilhados;
juntos, serão envergonhados.
17Mas o SENHOR salvará o povo de Israel com salvação perma-
nente; nunca mais serão humilhados e envergonhados.
18Pois o SENHOR é Deus; criou os céus e a terra e pôs todas as
coisas no devido lugar. Fez o mundo para ser habitado, e não
para ser um lugar de vazio e caos. Ele diz: "Eu sou o SENHOR,
e não há outro.
19Não sussurro coisas obscuras em algum canto escondido,
nem teria dito ao povo de Israel que me buscasse se não fosse
possível me encontrar. Eu, o SENHOR falo apenas a verdade e
declaro somente o que é certo.
20"Reúnam-se e venham, fugitivos de nações vizinhas! Como
são tolos os que levam consigo seus ídolos de madeira e oram
a deuses que não podem salvar!
21Consultem uns aos outros e defendam sua causa, juntem-se
e decidam o que dizer. Quem anunciou essas coisas tanto
tempo atrás? Quem lhes disse o que aconteceria? Não fui eu,
o SENHOR? Pois não há outro Deus além de mim, Deus justo e
Salvador; não há outro além de mim.
22Que todo o mundo se volte para mim para ser salvo! Pois eu
sou Deus, e não há nenhum outro.
23Jurei por meu próprio nome, disse o que é justo e não vol-
tarei atrás em minha palavra: Diante de mim todo joelho se
dobrará, e toda língua me declarará lealdade".
24O povo dirá: "O SENHOR é a única fonte de minha justiça e
força". E todos que contra ele se iraram virão até ele e serão
envergonhados.
25No SENHOR, todas as gerações de Israel serão justificadas e
nele se gloriarão.

Os falsos deuses da Babilônia

46 Bel e Nebo, os deuses da Babilônia, se curvam enquanto
são postos no chão. São transportados em carros de
boi, e os pobres animais tropeçam por causa do peso; 2tanto
os ídolos como seus donos se curvam. Os deuses não podem
proteger o povo, e o povo não pode proteger os deuses; vão
juntos para o cativeiro.
3"Ouçam-me, descendentes de Jacó, todos vocês que restam
em Israel. Eu os carreguei desde que nasceram, cuidei de
vocês desde que estavam no ventre.
4Serei o seu Deus por toda a sua vida, até que seus cabelos
fiquem brancos. Eu os criei e cuidarei de vocês, eu os carre-
garei e os salvarei.
5"A quem vocês me compararão? Que imagem usarão para
me representar?
6Alguns gastam seu ouro e sua prata e contratam um artesão
para lhes fazer um deus; então se curvam diante dele e o
adoram!
7Levam-no consigo sobre os ombros e, quando o põem no
lugar, ali ele fica; não pode nem mesmo se mexer! Quando
alguém lhe faz uma oração, ele não responde; não pode livrar
as pessoas de suas aflições.
8"Não se esqueçam disto; tenham-no em mente! Lembrem-se
bem, ó rebeldes!
9Lembrem-se do que fiz no passado, pois somente eu sou
Deus; eu sou Deus, e não há outro semelhante a mim.
10Só eu posso lhes anunciar, desde já, o que acontecerá no
futuro. Todos os meus planos se cumprirão, pois faço tudo
que desejo.
11Chamarei do leste uma ave de rapina veloz, um líder de uma
terra distante, para que cumpra minhas ordens. O que eu
disse, isso farei.
12"Ouça-me, povo teimoso que está longe da justiça.

13 Pois estou pronto para endireitar as coisas, não no futuro dis-
tante, mas agora! Estou pronto para salvar Sião e para mostrar
minha glória a Israel."

Queda da Babilônia

47 "Desça, ó Babilônia, e sente-se no pó, pois chegaram ao
fim seus dias no trono. A bela Babilônia nunca voltará a
ser princesa encantadora e delicada.
2 Pegue as pedras de moer e faça farinha, remova seu véu e tire
seu manto; exponha-se à vista de todos.
3 Você ficará nua e envergonhada; eu me vingarei e não terei
compaixão."
4 Nosso Redentor, cujo nome é SENHOR dos Exércitos, é o Santo
de Israel.
5 "Ó bela Babilônia, sente-se na escuridão e no silêncio; nunca
mais será conhecida como rainha de reinos.
6 Pois eu estava irado com meu povo escolhido e, para castigá-
-los, os entreguei em suas mãos. Mas você não teve compaixão
deles e oprimiu até os idosos.
7 Disse: 'Serei rainha para sempre!'. Não refletiu sobre suas
ações, nem pensou nas consequências.
8 "Ouça isto, você que ama o prazer, que vive despreocupada,
sentindo-se segura. Você diz: 'Sou a única, e não há outra;
nunca serei viúva nem perderei meus filhos'.
9 Estas duas coisas lhe acontecerão no mesmo instante: ficará
viúva e perderá seus filhos. Sim, essas calamidades virão sobre
você, apesar de toda a sua feitiçaria e magia.
10 "Sentia-se segura em sua maldade e dizia: 'Ninguém me vê'.
Sua sabedoria e seu conhecimento a enganavam, e pensava:
'Sou a única, não há outra'.
11 Por isso a desgraça a alcançará, e você não poderá evitá-la
com encantamentos. A calamidade cairá sobre você, e não
terá como comprar seu livramento. Uma catástrofe a atingirá
de repente, e não estará preparada para ela.
12 "Use sua magia! Use os encantamentos a que se dedicou
todos esses anos! Talvez eles tenham algum proveito, talvez
assustem alguém.
13 Você está cansada de tantos conselhos; onde estão seus as-
trólogos, que observam as estrelas e fazem previsões todos
os meses? Que se levantem e a salvem do que o futuro lhe
reserva!
14 Mas eles são como palha que queima no fogo; não podem
salvar a si mesmos das chamas. Você não receberá deles ajuda
alguma; a fogueira deles não aquece ninguém.
15 Seus amigos, com quem você negociou desde a juventude,
seguirão cada um o próprio caminho, e não haverá ninguém
que a salve."

O teimoso povo de Deus

48 "Ouça-me, ó família de Jacó, vocês que são chamados
pelo nome de Israel e vieram da linhagem de Judá. Es-
cutem, vocês que juram em nome do SENHOR e invocam o Deus
de Israel, mas não em verdade e em justiça.
2 Vocês se chamam de habitantes da cidade santa e dizem que
confiam no Deus de Israel, cujo nome é SENHOR dos Exércitos.
3 Muito tempo atrás, eu lhes disse o que aconteceria; então agi
de modo repentino, e todas as minhas previsões se cumpriram.
4 Pois sei como vocês são teimosos; seu pescoço é rígido como
ferro, e sua cabeça, dura como bronze.
5 Por isso lhes falei o que aconteceria, anunciei de antemão o
que faria, para que vocês não dissessem: 'Meus ídolos fizeram
isso; minha imagem de madeira e meu deus de metal orde-
naram que acontecesse!'.
6 Vocês ouviram minhas previsões e as viram se cumprir, mas
não querem admitir. Agora lhes anuncio coisas novas, se-
gredos que vocês ainda não conheciam.
7 São coisas novíssimas, não do passado, para que não digam:
'Já sabíamos disso!'.
8 "Sim, eu lhes falarei de coisas totalmente novas, sobre as
quais nunca ouviram. Pois sei muito bem que são traidores,
rebeldes desde que nasceram.
9 Contudo, por causa do meu nome e minha honra, refrearei
minha ira e não os exterminarei.
10 Eu os purifiquei, não como a prata é purificada, mas na for-
nalha do sofrimento.
11 Faço isso por minha própria causa, sim, por minha própria
causa. Não permitirei que meu nome seja manchado e não
repartirei minha glória com outros."

Libertos da Babilônia

12 "Ouça-me, ó família de Jacó, Israel, meu escolhido! Somente
eu sou Deus, o Primeiro e o Último.
13 Minha mão lançou os alicerces da terra, minha mão direita
estendeu os céus lá no alto. Quando chamo as estrelas, elas
aparecem todas em ordem."
14 Acaso algum de seus ídolos lhes disse isso? Venham todos
vocês e ouçam: O SENHOR escolheu seu aliado e o usará para
acabar com o império da Babilônia e destruir os exércitos ba-
bilônios.
15 "Eu disse: Eu o chamei! Sim, eu o enviarei nesta missão e o
ajudarei a ter êxito.
16 Cheguem mais perto e ouçam; desde o princípio, eu lhes
disse claramente o que aconteceria." Agora, o SENHOR Sobe-
rano e seu Espírito me enviaram com esta mensagem:
17 Assim diz o SENHOR, seu Redentor, o Santo de Israel: "Eu sou
o SENHOR, seu Deus, que lhe ensina o que é bom e o conduz
pelo caminho que deve seguir.
18 Quem dera tivesse prestado atenção às minhas ordens! Teria
experimentado paz que flui como um rio, justiça que o cobriria
como as ondas do mar.
19 Seus descendentes seriam incontáveis, como a areia da
praia! Não teria sido necessário destruí-lo, nem eliminar o
nome de sua família".

20Saiam do cativeiro! Deixem a Babilônia e os babilônios! Proclamem esta mensagem! Anunciem-na em alta voz para os confins da terra! O SENHOR resgatou seus servos, o povo de Israel.

21Não passaram sede quando ele os guiou pelo deserto. Ele partiu a rocha, e água jorrou para que bebessem.

22"Mas para os perversos não há paz", diz o SENHOR.

A comissão do servo do SENHOR

49 Ouçam-me, vocês em terras distantes! Prestem atenção, vocês que estão longe! O SENHOR me chamou antes de meu nascimento; desde o ventre ele me chamou pelo nome.

2Tornou minhas palavras de juízo afiadas como espada, escondeu-me na sombra de sua mão; sou como flecha afiada em sua aljava.

3Ele me disse: "Você é meu servo, Israel, e me trará glória".

4Respondi: "Mas meu trabalho parece tão inútil! Esforcei-me em vão, sem propósito algum. No entanto, deixo tudo nas mãos do SENHOR; confio que Deus me recompensará".

5Agora, fala o SENHOR, aquele que no ventre me formou para ser seu servo, que me encarregou de trazer Israel de volta para ele. O SENHOR me honrou, meu Deus me fortaleceu.

6Ele diz: "Você fará mais que restaurar o povo de Israel para mim; eu o farei luz para os gentios, e você levará minha salvação aos confins da terra".

7O SENHOR, o Redentor e o Santo de Israel, diz àquele que é desprezado e rejeitado pelas nações, àquele que é servo dos governantes: "Reis se levantarão quando você passar, príncipes se curvarão até o chão, por causa do SENHOR, que é fiel, por causa do Santo de Israel, que o escolheu".

Promessas da restauração de Israel

8Assim diz o SENHOR: "No tempo certo, eu lhe responderei; no dia da salvação, o ajudarei. Eu o protegerei e o darei ao povo, para que seja símbolo da minha aliança com eles. Por seu intermédio, restabelecerei a terra de Israel e a devolverei a seu povo.

9Direi aos prisioneiros: 'Saiam em liberdade!', e aos que estão na escuridão: 'Venham para a luz!'. Serão minhas ovelhas e se alimentarão em pastos verdes e nas colinas que antes eram estéreis.

10Não terão fome nem sede, e o sol ardente não os atingirá. Pois o SENHOR, em sua misericórdia, os guiará; ele os conduzirá a águas frescas.

11Transformará os montes em caminhos planos, e as estradas serão erguidas acima dos vales.

12Vejam, meu povo retornará de longe, de terras ao norte e a oeste, e de lugares distantes ao sul, como o Egito".

13Cantem, ó céus! Alegre-se, ó terra! Irrompam em cânticos, ó montes! Pois o SENHOR consolou seu povo e terá compaixão dele em meio ao sofrimento.

14Sião, porém, diz: "O SENHOR nos abandonou, o Senhor se esqueceu de nós".

15"Pode a mãe se esquecer do filho que ainda mama? Pode deixar de sentir amor pelo filho que ela deu à luz? Mesmo que isso fosse possível, eu não me esqueceria de vocês!

16Vejam, escrevi seu nome na palma de minhas mãos; seus muros em ruínas estão sempre em minha mente.

17Em breve, seus descendentes voltarão, e todos que procuram destruí-la irão embora.

18Olhe ao redor e veja, pois todos os seus filhos voltarão para você. Tão certo como eu vivo", diz o SENHOR, "eles serão como joias, e você se enfeitará com eles, como uma noiva se enfeita.

19"Seu povo logo encherá até as regiões mais desoladas de sua terra abandonada. Seus inimigos, que a escravizaram, estarão bem longe.

20As gerações nascidas no exílio voltarão e dirão: 'Precisamos de mais espaço! Esta terra é pequena demais!'.

21Então você pensará: 'Quem me deu todos esses descendentes? Quase todos os meus filhos foram mortos, e os que restaram foram levados para o exílio; fiquei aqui sozinha. De onde veio tanta gente? Quem os criou para mim?'"

22Assim diz o SENHOR Soberano: "Vejam, darei um sinal às nações; elas trarão os filhos pequenos de Israel de volta nos braços e carregarão as filhas nos ombros.

23Reis e rainhas os servirão e atenderão a todas as suas necessidades. Eles se curvarão diante de você com o rosto no chão e lamberão o pó de seus pés. Então você saberá que eu sou o SENHOR; quem confia em mim jamais será envergonhado".

24Quem pode tirar o despojo das mãos de um guerreiro? Quem pode exigir que um tirano liberte seus prisioneiros?

25Mas o SENHOR diz: "Os cativos dos guerreiros serão libertos, e o despojo dos tiranos será retomado. Pois lutarei contra os que lutam contra você e salvarei seus filhos.

26Alimentarei seus inimigos com a própria carne deles, ficarão bêbados com rios do próprio sangue. Todo o mundo saberá que eu, o SENHOR, sou seu Salvador e seu Redentor, o Poderoso de Israel".

50 Assim diz o SENHOR: "Acaso sua mãe foi mandada embora porque me divorciei dela? Vendi vocês como escravos para meus credores? Não, foram vendidos por causa de seus pecados, e sua mãe se foi por causa da rebeldia de vocês.

2Por que ninguém apareceu quando eu vim? Por que ninguém respondeu quando chamei? É porque não tenho poder para libertar? Pois eu, com uma simples palavra, seco o mar e transformo rios em desertos cheios de peixes mortos.

3Visto os céus com escuridão e cubro-os com roupas de luto".

O obediente servo do SENHOR

4O SENHOR Soberano me deu suas palavras de sabedoria, para que eu saiba consolar os cansados. Todas as manhãs ele me acorda e abre meu entendimento para ouvi-lo.

[12]Farei suas torres de rubis cintilantes, seus portões, de joias
brilhantes, seus muros, de pedras preciosas.
[13]Ensinarei seus filhos, e eles terão grande paz.
[14]Você estará segura sob um governo justo e imparcial, e seus
inimigos se manterão afastados. Viverá em paz, e nenhum
terror se aproximará.
[15]Se alguma nação vier lutar contra você, não será porque eu a
enviei; todos que a atacarem serão derrotados.
[16]"Eu criei o ferreiro que abana as brasas do fogo e produz
armas de destruição, e criei os exércitos que destroem.
[17]Naquele dia, porém, nenhuma arma voltada contra você pre-
valecerá. Você calará toda voz que se levantar para acusá-la. É
assim que o SENHOR agirá em favor de seus servos; eu lhes farei
justiça. Eu, o SENHOR, falei!"

Convite à salvação

55 "Alguém tem sede? Venha e beba, mesmo que não tenha
dinheiro! Venha, beba vinho ou leite; é tudo de graça!
[2]Por que gastar seu dinheiro com comida que não fortalece?
Por que pagar por aquilo que não satisfaz? Ouçam-me, e vocês
comerão o que é bom e se deliciarão com os alimentos mais
saborosos.
[3]"Venham a mim com os ouvidos bem abertos; escutem, e
encontrarão vida. Farei com vocês uma aliança permanente,
o amor que fielmente prometi a Davi.
[4]Vejam como eu o usei para mostrar meu poder aos povos; eu
o fiz governante das nações.
[5]Vocês também darão ordens a nações que não conhecem, e
povos desconhecidos virão correndo lhes obedecer. Pois eu,
o SENHOR, seu Deus, o Santo de Israel, os tornei gloriosos."
[6]Busquem o SENHOR enquanto podem achá-lo; invoquem-no
agora, enquanto ele está perto.
[7]Que os perversos mudem de conduta e deixem de lado até
mesmo a ideia de fazer o mal. Que se voltem para o SENHOR,
para que ele tenha misericórdia deles; sim, voltem-se para
nosso Deus, pois ele os perdoará generosamente.
[8]"Meus pensamentos são muito diferentes dos seus", diz o
SENHOR, "e meus caminhos vão muito além de seus caminhos.
[9]Pois, assim como os céus são mais altos que a terra, meus
caminhos são mais altos que seus caminhos, e meus pensa-
mentos, mais altos que seus pensamentos.
[10]"A chuva e a neve descem dos céus e na terra permanecem
até regá-la. Fazem brotar os cereais e produzem sementes
para o agricultor e pão para os famintos.
[11]O mesmo acontece à minha palavra: eu a envio, e ela sempre
produz frutos. Ela fará o que desejo e prosperará aonde quer
que eu a enviar.
[12]Vocês viverão com alegria e paz; os montes e as colinas can-
tarão, e as árvores do campo baterão palmas.
[13]Onde antes havia espinhos, crescerá o cipreste; onde antes
havia urtigas, brotará a murta. Isso resultará em glória para
o nome do SENHOR; será sinal permanente, que nunca será
destruído."

Bênçãos para todas as nações

56 Assim diz o SENHOR: "Sejam justos e façam o que é certo,
pois logo virei para livrá-los e para mostrar minha justiça
entre vocês.
[2]Feliz é aquele que tiver o cuidado de agir desse modo. Feliz é
aquele que honrar meus sábados e evitar fazer o mal.
[3]"Não permitam que o estrangeiro comprometido com o SE-
NHOR diga: 'O SENHOR jamais me deixará fazer parte de seu
povo'. E não permitam que o eunuco diga: 'Sou uma árvore
seca, sem filhos e sem futuro'.
[4]Pois assim diz o SENHOR: Eu abençoarei os eunucos que guar-
darem meus sábados e fizerem o que me agrada e se ape-
garem à minha aliança.
[5]Eu lhes darei, dentro dos muros de minha casa, um memorial
e um nome muito maior que filhos e filhas. Pois o nome que
lhes darei é permanente; nunca desaparecerá!
[6]"Abençoarei também os estrangeiros comprometidos com o
SENHOR, que o servem e amam seu nome, que o adoram e
não profanam o sábado e que se apegam firmemente à minha
aliança.
[7]Eu os levarei ao meu santo monte e os encherei de alegria
em minha casa de oração. Aceitarei seus holocaustos e sa-
crifícios, pois meu templo será chamado casa de oração para
todas as nações.
[8]Pois o SENHOR Soberano, que traz de volta os exilados, diz:
Também trarei outros de volta, além do meu povo, Israel".

Condenação dos líderes pecadores

[9]Venham, animais do campo! Venham, animais do bosque!
Venham e devorem!
[10]Pois os vigias do meu povo são cegos e ignorantes. São como
cães de guarda mudos, que não avisam quando o perigo se
aproxima. Gostam de ficar deitados, dormindo e sonhando;
[11]como cães gulosos, nunca estão satisfeitos. São pastores
ignorantes; cada um segue seu caminho e procura seus in-
teresses.
[12]Dizem: "Venham, vamos arranjar vinho e dar uma festa;
vamos nos embebedar. Amanhã faremos a mesma coisa, e
daremos uma festa ainda maior!".

57 O justo perece, e o fiel muitas vezes morre cedo, mas
ninguém parece se importar nem se perguntar por quê.
Ninguém parece entender que Deus os poupa do mal que virá.
[2]Pois quem anda por caminhos íntegros descansará em paz
quando morrer.

Condenação da idolatria

[3]"Mas vocês, filhos de feiticeiras, venham cá! Aproximem-se,
filhos de adúlteros e de prostitutas!
[4]De quem vocês zombam, fazendo caretas e mostrando a
língua? Vocês são filhos de pecadores e de mentirosos!
[5]Adoram seus ídolos com ardente paixão, debaixo dos carvalhos

e de toda árvore verdejante. Sacrificam os filhos nos vales,
entre as rochas dos desfiladeiros.
6Seus deuses são as pedras lisas nos vales; vocês os adoram
com ofertas derramadas e ofertas de cereais. Eles, e não eu,
são sua herança; pensam que tudo isso me agrada?
7Cometeram adultério em todos os montes altos; ali adoraram
seus ídolos e foram infiéis a mim.
8Puseram símbolos pagãos nos batentes e atrás das portas.
Abandonaram-me e foram para a cama com esses deuses
detestáveis. Comprometeram-se com eles e gostam de olhar
seus corpos nus.
9Foram até Moloque, com óleo de azeite e muitos perfumes, e
enviaram para longe seus mensageiros, até mesmo ao mundo
dos mortos.
10Cansaram-se de tanto procurar, mas nunca desistiram. O de-
sejo renovou suas forças, de modo que não ficaram exaustos.
11"Vocês temem esses ídolos? Eles os apavoram? Foi por isso
que mentiram para mim e se esqueceram de mim e de minhas
palavras? Foi por causa do meu longo silêncio que deixaram
de me temer?
12Agora mostrarei a todos essas suas boas obras; nenhuma
delas os ajudará.
13Vejamos se seus ídolos os salvarão quando clamarem por
socorro. Até um sopro de vento é capaz de derrubá-los; basta
alguém respirar sobre eles para que tombem! Mas quem confia
em mim herdará a terra e possuirá meu santo monte."

Deus perdoa os arrependidos

14Deus diz: "Preparem o caminho! Tirem do meio da estrada as
rochas e as pedras, para que meu povo passe!".
15O Alto e Sublime, que vive na eternidade, o Santo diz: "Ha-
bito nos lugares altos e santos, e também com os de espírito
oprimido e humilde. Dou novo ânimo aos abatidos e coragem
aos de coração arrependido.
16Porque não lutarei contra vocês para sempre, nem ficarei
eternamente irado. Se o fizesse, todos morreriam, sim, todos
os seres que eu criei.
17Por causa da cobiça do meu povo, fiquei furioso e os casti-
guei. Afastei-me deles, mas continuaram a seguir seu caminho
obstinado.
18Tenho visto o que fazem, mas ainda assim irei curá-los. Eu os
guiarei, consolarei os que choram, 19porei em seus lábios pala-
vras de louvor. Que eles tenham muita paz, tanto os que estão
perto como os que estão longe", diz o SENHOR, que os cura.
20"Os perversos, porém, são como o mar agitado que nunca se
aquieta e revolve lama e sujeira sem parar.
21Para os perversos não há paz", diz o meu Deus.

Verdadeira e falsa adoração

58 "Grite alto, com todas as suas forças! Grite alto, como
o som da trombeta! Fale ao meu povo, Israel, sobre sua
rebeldia e seus pecados!
2Apesar disso, agem como se fossem piedosos! Vêm ao templo
todos os dias e parecem ter prazer em aprender a meu res-
peito. Agem como nação justa que jamais abandonaria as leis
de seu Deus. Pedem que eu atue em favor deles e fingem
querer estar perto de mim.
3Dizem: 'Jejuamos diante de ti! Por que não prestas atenção?
Nós nos humilhamos com severidade, e tu nem reparas!'. "Vou
lhes dizer por quê", eu respondo. "É porque jejuam para satis-
fazer a si mesmos. Enquanto isso, oprimem seus empregados.
4De que adianta jejuar, se continuam a brigar e discutir? Com
esse tipo de jejum, não ouvirei suas orações.
5Vocês se humilham ao cumprir os rituais: curvam a cabeça,
como junco ao vento, vestem-se de pano de saco e cobrem-se
de cinzas. É isso que chamam de jejum? Acreditam mesmo que
agradará o SENHOR?
6"Este é o tipo de jejum que desejo: Soltem os que foram
presos injustamente, aliviem as cargas de seus empregados.
Libertem os oprimidos, removam as correntes que prendem
as pessoas.
7Repartam seu alimento com os famintos, ofereçam abrigo
aos que não têm casa. Deem roupas aos que precisam, não se
escondam dos que carecem de ajuda.
8"Então sua luz virá como o amanhecer, e suas feridas sararão
num instante. Sua justiça os conduzirá adiante, e a glória do
SENHOR os protegerá na retaguarda.
9Então vocês clamarão, e o SENHOR responderá.
'Aqui estou', ele dirá. "Removam o jugo pesado de opressão,
parem de fazer acusações e espalhar boatos maldosos.
10Deem alimento aos famintos e ajudem os aflitos. Então sua
luz brilhará na escuridão, e a escuridão ao redor se tornará
clara como o meio-dia.
11O SENHOR os guiará continuamente, lhes dará água quando
tiverem sede e restaurará suas forças. Vocês serão como um
jardim bem regado, como a fonte que não para de jorrar.
12Reconstruirão as ruínas desertas de suas cidades e serão
conhecidos como reparadores de muros e restauradores de
ruas e casas.
13"Guardem o sábado como dia santo; não usem esse dia para
cuidar de seus interesses. Desfrutem o sábado e falem dele
com prazer, como dia santo do SENHOR. Honrem o sábado com
tudo que fizerem nesse dia; não sigam seus desejos, nem
falem coisas inúteis.
14Então o SENHOR será sua alegria; grande honra lhes darei e os
sustentarei com a propriedade que prometi a seu antepassado
Jacó. Eu, o SENHOR, falei!"

Advertências contra o pecado

59 Ouçam! O braço do SENHOR não é fraco demais para sal-
vá-los, nem seu ouvido é surdo para ouvi-los.
2Foram suas maldades que os separaram de Deus; por causa
de seus pecados, ele se afastou e já não os ouvirá.
3Suas mãos estão manchadas de sangue, e seus dedos,

imundos de pecado. Seus lábios estão cheios de mentiras, e
sua boca transborda de corrupção.
4 Ninguém se preocupa em ser justo e íntegro; os processos
judiciais se baseiam em mentiras. As pessoas concebem mal-
dades e dão à luz o pecado.
5 Chocam serpentes venenosas e tecem teias de aranha. Quem
comer seus ovos morrerá, quem neles pisar fará sair uma ví-
bora.
6 Suas teias não servem de roupa, e ninguém pode se cobrir
com elas. Tudo que fazem é cheio de pecado, e a violência
é sua marca.
7 Seus pés correm para fazer o mal e se apressam em cometer
homicídio. Pensam somente em pecar; por onde passam,
deixam sofrimento e destruição.
8 Não sabem onde encontrar paz, não entendem o que significa
ser justo. Traçaram caminhos tortuosos, e quem os segue não
sabe o que é paz.
9 Não há retidão em nosso meio, não sabemos viver de modo
justo. Procuramos luz, mas só encontramos trevas; procu-
ramos claridade, mas andamos na escuridão.
10 Apalpamos as paredes, como cegos; andamos tateando,
como quem não tem olhos. Mesmo no mais claro meio-dia,
tropeçamos como se fosse noite. Entre os vivos, somos como
os mortos.
11 Rugimos como ursos, gememos como pombas. Procuramos
justiça, mas ela nunca chega; procuramos salvação, mas ela
está distante de nós.
12 Nossos pecados estão amontoados diante de Deus e tes-
temunham contra nós; sim, sabemos que somos pecadores.
13 Sabemos que nos rebelamos e negamos o SENHOR; demos as
costas para nosso Deus. Sabemos que fomos injustos e opres-
sores; planejamos cada uma de nossas mentiras.
14 Nossos tribunais se opõem ao que é certo; não há justiça
em parte alguma. A verdade anda tropeçando pelas ruas, e a
honestidade foi banida.
15 Sim, a verdade sumiu, e quem rejeita o mal é perseguido. O
SENHOR viu tudo isso e se desagradou de não encontrar justiça
alguma.
16 Admirou-se porque ninguém se apresentou para ajudar os
oprimidos. Então ele mesmo interveio para salvá-los com seu
braço forte, e sua justiça o susteve.
17 Vestiu a justiça como armadura e pôs na cabeça o capacete
da salvação. Cobriu-se com a túnica da vingança e envolveu-se
com o manto do zelo.
18 Ele retribuirá a seus inimigos pelo mal que fizeram; sua fúria
cairá sobre seus adversários, e até os confins da terra lhes dará
o castigo merecido.
19 No oeste, temerão o nome do SENHOR; no leste, o glorifi-
carão. Pois ele virá como uma forte correnteza, impelida pelo
sopro do SENHOR.
20 "O Redentor virá a Jerusalém para resgatar em Israel
aqueles que se afastaram de seus pecados", diz o SENHOR.
21 "E esta é minha aliança com eles", diz o SENHOR. "Meu Espí-
rito não os deixará, nem estas palavras que lhes dei. Estarão
em seus lábios, nos lábios de seus filhos e nos lábios de seus
descendentes, para sempre. Eu, o SENHOR, falei!"

A glória futura de Jerusalém

60 "Levante-se, Jerusalém! Que sua luz brilhe para que
todos a vejam, pois sobre você se levanta e reluz a
glória do SENHOR.
2 Trevas escuras como a noite cobrem as nações da terra, mas
sobre você se levanta e se manifesta a glória do SENHOR.
3 As nações virão à sua luz, os reis verão o seu esplendor.
4 "Levante os olhos e veja, pois todos se reúnem e voltam para
casa! Seus filhos vêm de terras distantes, e suas filhas pe-
quenas são carregadas nos braços.
5 Você os verá, e seu coração vibrará de alegria, pois comer-
ciantes do mundo todo virão até você e lhe trarão as riquezas
de muitas nações.
6 Grandes caravanas de camelos cobrirão sua terra, camelos
vindos de Midiã e de Efá. O povo de Sabá trará ouro e incenso
e adorará o SENHOR.
7 Entregarão a você os rebanhos de Quedar e trarão para meus
altares os carneiros de Nebaiote. Aceitarei suas ofertas e tor-
narei meu templo ainda mais glorioso.
8 "O que vejo voando como nuvens para Israel, como pombas
para seus ninhos?
9 São navios dos confins da terra, de nações que confiam em
mim. À frente vêm as grandes embarcações de Társis, trazendo
de volta o povo de Israel, que vem de lugares distantes com
sua prata e seu ouro. Eles honrarão o SENHOR, seu Deus, o
Santo de Israel, pois ele a encheu de esplendor.
10 "Estrangeiros virão para reconstruir suas cidades, e seus reis
a servirão. Pois, ainda que eu a tenha destruído em minha ira,
por causa de minha graça terei misericórdia de você.
11 Seus portões ficarão abertos dia e noite para receber as ri-
quezas de muitas nações. Os reis do mundo serão conduzidos
como prisioneiros num desfile de vitória.
12 Pois as nações que não a servirem serão destruídas.
13 "A glória do Líbano será sua: os bosques de ciprestes, abetos
e pinheiros. Ela adornará meu santuário; meu templo será glo-
rioso!
14 Os descendentes de seus opressores virão e se curvarão
diante de você. Aqueles que a desprezavam beijarão seus pés.
Eles a chamarão de Cidade do SENHOR, a Sião do Santo de
Israel.
15 "Antes você era desprezada e odiada, e ninguém sequer
passava por você, mas agora eu a tornarei majestosa para
sempre, uma alegria para todas as gerações.
16 Reis poderosos e grandes nações atenderão a todas as suas
necessidades, como se você fosse uma criança amamentada
por uma rainha. Você saberá, enfim, que eu, o SENHOR, sou seu
Salvador e seu Redentor, o Poderoso de Israel.

17Trocarei seu bronze por ouro, seu ferro por prata, sua madeira por bronze, e suas pedras por ferro. A paz será seu líder, e a justiça, seu governante.

18A violência desaparecerá de sua terra; a desolação e a destruição da guerra chegarão ao fim. A salvação a rodeará como os muros de uma cidade, e o louvor estará nos lábios de todos que ali entrarem.

19"Você não precisará do brilho do sol durante o dia, nem da claridade da lua durante a noite, pois o SENHOR será sua luz eterna; seu Deus será sua glória.

20Seu sol nunca se porá, sua lua nunca deixará de brilhar. Pois o SENHOR será sua luz eterna; seus dias de lamento chegarão ao fim.

21Todo o seu povo será justo; possuirão a terra para sempre. Pois eu os plantarei ali com as próprias mãos, para manifestar minha glória.

22A menor família se tornará mil pessoas, e o grupo mais minúsculo, uma nação poderosa. No tempo certo, eu, o SENHOR, farei isso acontecer."

Boas-novas para os oprimidos

61 O Espírito do SENHOR Soberano está sobre mim, pois o SENHOR me ungiu para levar boas-novas aos pobres. Ele me enviou para consolar os de coração quebrantado e para proclamar que os cativos serão soltos e os prisioneiros, libertos.

2Ele me enviou para dizer aos que choram que é chegado o tempo do favor do SENHOR e o dia da ira de Deus contra seus inimigos.

3A todos que choram em Sião ele dará uma bela coroa em vez de cinzas, uma alegre bênção em vez de lamento, louvores festivos em vez de desespero. Em sua justiça, serão como grandes carvalhos que o SENHOR plantou para sua glória.

4Reconstruirão as antigas ruínas, restaurarão os lugares desde muito destruídos e renovarão as cidades devastadas há gerações e gerações.

5Estrangeiros serão seus servos; alimentarão seus rebanhos, lavrarão seus campos e cuidarão de suas videiras.

6Vocês serão chamados de sacerdotes do SENHOR, ministros de nosso Deus. Das riquezas das nações se alimentarão e se orgulharão de possuírem os tesouros delas.

7Em lugar de vergonha e desonra, desfrutarão uma porção dupla de honra. Terão prosperidade em dobro em sua terra e alegria sem fim.

8"Pois eu, o SENHOR, amo a justiça e odeio o roubo e a maldade. Recompensarei meu povo fielmente e farei com ele aliança permanente.

9Seus descendentes serão reconhecidos e honrados entre as nações. Todos saberão que eles são um povo abençoado pelo SENHOR."

10É imensa a minha alegria no SENHOR, meu Deus! Pois ele me vestiu com roupas de salvação e pôs sobre mim um manto de justiça. Sou como o noivo com suas vestes de casamento, como a noiva com suas joias.

11O SENHOR Soberano mostrará sua justiça às nações do mundo; todos o louvarão! Será como um jardim no começo da primavera, quando as plantas brotam por toda parte.

Oração de Isaías por Jerusalém

62 Por causa de Sião, não permanecerei quieto. Por causa de Jerusalém, não ficarei calado, até sua justiça brilhar como o amanhecer e sua salvação resplandecer como uma tocha acesa.

2As nações verão sua justiça, reis de todo o mundo contemplarão sua glória. E você receberá um novo nome, da boca do SENHOR.

3Será uma esplêndida coroa na mão do SENHOR, erguida na mão de Deus para que todos a vejam.

4Nunca mais será chamada de "Cidade Abandonada" nem de "Terra Desolada". Seu novo nome será "Cidade do Prazer de Deus" e "Esposa de Deus", pois o SENHOR tem prazer em você e a tomará como esposa.

5Seus filhos se comprometerão com você, como o jovem se compromete com sua noiva. Então Deus se alegrará por você, como o noivo se alegra por sua noiva.

6Ó Jerusalém, coloquei vigias sobre seus muros; eles vigiarão continuamente, dia e noite. Não descansem, vocês que oram ao SENHOR!

7Não deem descanso ao SENHOR até que ele complete sua obra, até que ele torne Jerusalém motivo de orgulho de toda a terra.

8O SENHOR jurou a Jerusalém por sua própria força: "Nunca mais a entregarei a seus inimigos; nunca mais virão guerreiros de outras nações para levar seu cereal e seu vinho novo.

9Vocês que colherem o cereal o comerão e louvarão o SENHOR. Nos pátios do templo beberão o vinho que prensaram".

10Saiam pelos portões! Saiam pelos portões! Preparem o caminho para meu povo retornar! Aplanem, aplanem a estrada e removam as pedras, levantem uma bandeira para que todas as nações a vejam!

11O SENHOR enviou esta mensagem até os confins da terra: "Digam ao povo de Sião: Vejam, seu Salvador se aproxima! Olhem, ele traz consigo sua recompensa!".

12Eles serão chamados de "Povo Santo" e "Povo que o SENHOR Resgatou". E Jerusalém será conhecida como "Lugar Desejável" e "Cidade Não Abandonada".

Julgamento dos inimigos do SENHOR

63 Quem é este que vem de Edom, da cidade de Bozra, com as roupas manchadas de vermelho? Quem é este vestido de trajes reais, que marcha em sua grande força?

"Sou eu, o SENHOR, anunciando sua justiça! Sou eu, o SENHOR, poderoso para salvar!"

2Por que suas roupas estão vermelhas, como se você tivesse pisado uvas?

3 “Pisei uvas sozinho no tanque de prensar; não havia ninguém
para me ajudar. Em minha ira, esmaguei meus inimigos como
se fossem uvas. Em minha fúria, pisoteei meus adversários;
seu sangue manchou minhas roupas.
4 Chegou a hora de vingar meu povo, de resgatá-los de seus
opressores.
5 Admirei-me porque ninguém se apresentou para ajudar os
oprimidos. Então eu mesmo intervim para salvá-los com meu
braço forte, e minha fúria me susteve.
6 Em minha ira, esmaguei as nações; eu as fiz cambalear e cair
e derramei seu sangue na terra.”

Louvor pelo livramento

7 Falarei do amor do SENHOR, louvarei o SENHOR por tudo que
tem feito. Eu me alegrarei em sua grande bondade por Israel,
que ele concedeu conforme sua misericórdia e seu imenso
amor.
8 Ele disse: “São meu próprio povo; certamente não me trairão
outra vez”; por isso ele se tornou seu Salvador.
9 Em todo o sofrimento deles, ele também sofreu e ele mesmo
os salvou. Em seu amor e misericórdia, ele os resgatou; levan-
tou-os e nos braços os carregou ao longo dos anos.
10 Mas eles se rebelaram e entristeceram seu Espírito Santo.
Por isso ele se tornou seu inimigo e lutou contra eles.
11 Então eles se lembraram dos dias passados, quando Moisés
tirou o povo do Egito. Clamaram: “Onde está aquele que con-
duziu Israel através do mar, com Moisés como pastor? Onde
está aquele que enviou seu Espírito Santo para estar no meio
de seu povo?
12 Onde está aquele que manifestou seu poder quando Moisés
levantou a mão, que dividiu o mar diante deles e assim tornou
seu nome conhecido para sempre?
13 Onde está aquele que os conduziu pelo fundo do mar? Eram
como magníficos cavalos selvagens, correndo pelo deserto
sem tropeçar.
14 Como o gado que desce para um vale tranquilo, o Espírito
do SENHOR lhes deu descanso. Sim, tu conduziste teu povo e
tornaste teu nome glorioso”.

Súplica por misericórdia e perdão

15 Ó SENHOR, olha dos céus! Olha para nós de tua santa e glo-
riosa habitação! Onde estão o zelo e o poder que costumavas
mostrar em nosso favor? Onde estão tua misericórdia e com-
paixão?
16 Certamente ainda és nosso Pai! Ainda que Abraão e Jacó nos
deserdassem, continuarias, SENHOR, a ser nosso Pai; és nosso
Redentor desde as eras passadas.
17 Por que permitiste, SENHOR, que nos desviássemos de teus
caminhos? Por que nos endureceste o coração, para que dei-
xássemos de te temer? Volta, pois somos teus servos, as tribos
que são tua propriedade.
18 Por pouco tempo teu povo santo possuiu teu lugar santo;
agora nossos inimigos o destruíram.
19 Parece que nunca pertencemos a ti; é como se nunca tivés-
semos sido teu povo.

64 Quem dera abrisses os céus e descesses! Os montes tre-
meriam em tua presença!
2 Assim como o fogo faz a lenha queimar e a água ferver, tua
vinda faria as nações estremecerem; então seus inimigos en-
tenderiam a razão de tua fama!
3 Quando desceste muito tempo atrás, realizaste coisas mara-
vilhosas que não esperávamos; ah, como os montes tremeram
diante de ti!
4 Porque desde o começo do mundo, nenhum ouvido ouviu e
nenhum olho viu um Deus semelhante a ti, que trabalha em
favor dos que nele esperam.
5 Recebes de braços abertos os que praticam a justiça com
alegria, os que seguem teus caminhos. Mas ficaste muito
irado conosco, pois pecamos constantemente; como seremos
salvos?
6 Estamos todos impuros por causa de nosso pecado; quando
mostramos nossos atos de justiça, não passam de trapos
imundos. Como as folhas das árvores, murchamos e caímos, e
nossos pecados nos levam embora como o vento.
7 Ainda assim, ninguém invoca teu nome nem suplica por tua
misericórdia. Por isso te afastaste de nós e nos entregaste a
nossos pecados.
8 Apesar de tudo, ó SENHOR, és nosso Pai. Nós somos o barro, e
tu és o oleiro; somos todos formados por tua mão.
9 Não te ires tanto conosco, SENHOR, não te lembres para
sempre de nossos pecados. Pedimos que olhes para nós e
vejas que somos teu povo.
10 Tuas cidades santas estão destruídas; Sião é um deserto,
sim, Jerusalém é uma ruína desolada.
11 O santo e belo templo, onde nossos antepassados te lou-
vavam, foi queimado; tudo que era precioso foi destruído.
12 Depois disso tudo, SENHOR, ainda te recusarás a nos ajudar?
Permanecerás calado e continuarás a nos castigar?

Julgamento e salvação finais

65 O SENHOR diz: “Estava pronto para atender, mas ninguém
pediu ajuda; estava pronto para ser encontrado, mas
ninguém me procurou. A uma nação que não invocava meu
nome, eu disse: ‘Aqui estou! Aqui estou!’.
2 O dia todo abri os braços para um povo rebelde, mas eles
seguiram seus caminhos perversos e suas ideias distorcidas.
3 O dia todo me insultam abertamente, ao adorarem ídolos em
seus jardins e queimarem incenso em seus altares.
4 À noite, andam no meio das sepulturas e consultam os mortos.
Comem carne de porco e fazem ensopados com outros ali-
mentos proibidos.

5Apesar disso, dizem uns aos outros: 'Não se aproxime, pois
vai me contaminar! Sou mais santo que você!'. Essa gente é
fedor em minhas narinas, fumaça irritante que nunca passa.
6"Vejam, meu decreto está escrito diante de mim: Não perma-
necerei calado; retribuirei conforme merecem! Sim, eu lhes
darei o que merecem, 7tanto por seus pecados como pelos
pecados de seus antepassados", diz o SENHOR. "Pois eles
também queimaram incenso nos montes e me insultaram nas
colinas; eu lhes darei o que merecem!
8"Contudo, não destruirei todos eles", diz o SENHOR. "É pos-
sível encontrar uvas boas num cacho de uvas podres; pois al-
guém dirá: 'Não jogue todas fora, algumas ainda estão boas!'.
Assim também não destruirei todo o Israel, pois ainda tenho
ali servos fiéis.
9Preservarei um remanescente do povo de Israel e de Judá
para possuir minha terra. Aqueles que eu escolhi a herdarão,
e meus servos ali habitarão.
10A planície de Sarom voltará a ficar cheia de rebanhos para
meu povo que me buscou, e o vale de Acor servirá de pasto
para o gado.
11"Mas, porque vocês abandonaram o SENHOR e se esqueceram
de seu santo monte, e porque prepararam banquetes para
honrar a deusa Sorte e oferecer vinho misturado ao deus Des-
tino, 12hoje eu os destinarei à espada; todos vocês se curvarão
diante do carrasco. Pois, quando chamei, não responderam;
quando falei, não ouviram. Praticaram o mal, bem diante dos
meus olhos, e escolheram fazer o que desprezo."
13Portanto, assim diz o SENHOR Soberano: "Meus servos co-
merão, mas vocês passarão fome. Meus servos beberão, mas
vocês terão sede. Meus servos se alegrarão, mas vocês serão
humilhados.
14Meus servos cantarão de alegria, mas vocês gritarão de tris-
teza e desespero.
15Seu nome será maldição entre meu povo escolhido, pois
o SENHOR Soberano os destruirá e chamará seus servos por
outro nome.
16Todos que pedem uma bênção ou fazem um juramento o
farão pelo Deus da verdade. Pois deixarei de lado minha ira e
me esquecerei das maldades cometidas no passado.
17"Vejam! Crio novos céus e nova terra, e ninguém mais pen-
sará nas coisas passadas.
18Alegrem-se e exultem para sempre em minha criação! Vejam!
Criarei Jerusalém para ser um lugar de celebração; seu povo
será fonte de alegria.
19Eu me alegrarei por Jerusalém e terei prazer em meu povo.
Nela não se ouvirá mais o som de pranto e clamor.
20"Nunca mais morrerão bebês de poucos dias, nunca mais
morrerão adultos antes de terem uma vida plena. Ninguém
mais será considerado velho aos cem anos; somente os amal-
diçoados morrerão jovens.
21Naqueles dias, habitarão nas casas que construíram e co-
merão dos frutos de suas próprias videiras.
22Invasores não habitarão em suas casas, nem lhes tomarão
suas videiras. Pois meu povo terá vida longa como as árvores;
meus escolhidos terão tempo para desfrutar tudo que conse-
guiram com grande esforço.
23Não trabalharão inutilmente, e seus filhos não serão conde-
nados à desgraça. Pois são um povo abençoado pelo SENHOR,
e seus filhos também serão abençoados.
24Eu os atenderei antes mesmo de clamarem a mim; enquanto
ainda estiverem falando de suas necessidades, responderei a
suas orações!
25O lobo e o cordeiro comerão juntos, o leão se alimentará
de palha como o boi, mas as serpentes comerão pó. Em meu
santo monte, ninguém será ferido nem destruído; eu, o SE-
NHOR falei!".

66 Assim diz o SENHOR: "O céu é meu trono, e a terra é o
suporte de meus pés. Acaso construiriam para mim um
templo assim tão bom? Que lugar de descanso me poderiam
fazer?
2Minhas mãos criaram os céus e a terra; eles e tudo que neles
há são meus. Eu, o SENHOR, falei!
"Abençoarei os de coração humilde e oprimido, os que tremem
diante de minha palavra.
3Quanto aos que escolhem seguir os próprios caminhos, que
têm prazer em seus pecados detestáveis, não aceitarei suas
ofertas. Quando oferecem um boi, é tão inaceitável quanto um
sacrifício humano. Quando sacrificam um cordeiro, é como se
tivessem oferecido um cão. Quando trazem uma oferta de ce-
real, é como uma oferta de sangue de porco. Quando queimam
incenso, é como se tivessem abençoado um ídolo.
4Enviarei sobre eles grande aflição, tudo que mais temem.
Pois, quando chamei, não responderam; quando falei, não
ouviram. Praticaram o mal, bem diante dos meus olhos, e es-
colheram fazer o que desprezo".
5Ouçam esta mensagem do SENHOR, todos vocês que tremem
diante de suas palavras: "Seu próprio povo os odeia e os ex-
pulsa porque são leais ao meu nome. Zombam: 'Que o SENHOR
seja glorificado! Alegrem-se nele!', mas eles serão envergo-
nhados.
6Que tumulto é esse na cidade? Que barulho é esse que vem
do templo? É a voz do SENHOR, vingando-se de seus inimigos.
7"Antes mesmo que comecem as dores de parto, Jerusalém
dá à luz um filho.
8Quem ouviu falar de algo tão estranho? Quem viu uma coisa
dessas? Acaso algum país nasceu em um só dia? Alguma nação
veio a existir num instante? Mas, quando começarem as dores
de parto de Sião, seus filhos já terão nascido.
9Acaso eu levaria esta nação à hora do parto e não a faria
nascer?", diz o SENHOR. "Não! Jamais a impediria de nascer",
diz o seu Deus.
10"Alegrem-se com Jerusalém! Exultem por ela, todos que a
amam e todos que por ela choraram!

11 Bebam de sua glória até se fartarem, como a criancinha
mama e é confortada no seio da mãe."
12 Assim diz o SENHOR: "Darei a Jerusalém um rio de paz e prosperidade;
as riquezas das nações fluirão para ela. Seus filhos
serão amamentados em seus seios, levados em seus braços e
acalentados em seus joelhos.
13 Eu os consolarei em Jerusalém, como a mãe consola seu
filho".
14 Quando virem essas coisas, seu coração se alegrará; vocês
florescerão como uma planta viçosa! Todos verão a mão do
SENHOR abençoar seus servos e sua ira pesar contra seus inimigos.
15 Vejam, o SENHOR vem com fogo, e seus carros de guerra são
velozes como um vendaval. Trará castigo com a fúria de sua
ira e com o fogo ardente de sua repreensão.
16 O SENHOR julgará o mundo com fogo e sua espada, e muitos
serão mortos por ele.
17 "Os que se consagram e se purificam num jardim sagrado
com um ídolo no centro, que comem carne de porco e de rato e
outras carnes detestáveis, terão um fim terrível", diz o SENHOR.
18 "Eu vejo o que fazem e sei o que pensam. Por isso, reunirei
todas as nações e todos os povos, e eles verão minha glória.
19 Realizarei um sinal no meio deles. Enviarei os sobreviventes
como mensageiros às nações: a Társis, aos líbios, aos lídios
(flecheiros famosos), a Tubal e à Grécia e a todas as terras
além do mar que não ouviram falar de minha fama nem viram
minha glória. Ali, anunciarão minha glória às nações. 20 Trarão
de volta das nações os remanescentes do povo e os levarão
ao meu santo monte em Jerusalém, como se fossem ofertas
de cereais levadas ao templo do SENHOR. Virão em cavalos,
em carruagens e em carroças, em mulas e em camelos", diz
o SENHOR. 21 "E eu nomearei alguns deles para serem meus
sacerdotes e levitas. Eu, o SENHOR, falei!
22 "Tão certo como meus novos céus e minha nova terra permanecerão,
vocês sempre serão meu povo, com um nome que
jamais desaparecerá", diz o SENHOR.
23 "Toda a humanidade virá me adorar uma semana após a
outra, um mês após o outro.
24 Quando saírem, verão os cadáveres dos que se rebelaram
contra mim. Pois os vermes que os devoram nunca morrerão,
e o fogo que os queima nunca se apagará. Todos que passarem
por ali os verão com o mais absoluto horror."

JEREMIAS

1 Estas são as palavras de Jeremias, filho de Hilquias, um dos
sacerdotes da cidade de Anatote, na terra de Benjamim. 2 O
SENHOR lhe deu esta mensagem no décimo terceiro ano do reinado
de Josias, filho de Amom, rei de Judá. 3 Também lhe deu
outras mensagens durante todo o reinado de Jeoaquim, filho
de Josias, rei de Judá, até o décimo primeiro ano do reinado
de Zedequias, outro filho de Josias. Em agosto daquele ano, o
povo de Jerusalém foi levado para o exílio.

O chamado de Jeremias e suas primeiras visões

4 O SENHOR me deu esta mensagem:
5 "Eu o conheci antes de formá-lo no ventre de sua mãe; antes
de você nascer, eu o separei e o nomeei para ser meu profeta
às nações".
6 Então eu disse: "Ó Soberano SENHOR, não sou capaz de falar
em teu nome! Sou jovem demais para isso!".
7 O SENHOR respondeu: "Não diga: 'Sou jovem demais', pois
você irá aonde eu o enviar e dirá o que eu lhe ordenar. 8 E não
tenha medo do povo, pois estarei com você e o protegerei.
Eu, o SENHOR, falei!". 9 Então o SENHOR estendeu a mão, tocou
minha boca e disse: "Veja, coloquei minhas palavras em sua
boca!
10 Hoje lhe dou autoridade para enfrentar nações e reinos, para
arrancar e derrubar, para destruir e arrasar, para edificar e
plantar".
11 Então o SENHOR me disse: "O que você vê, Jeremias?". Eu
respondi: "Vejo o ramo de uma amendoeira".
12 "Você viu bem", disse o SENHOR. "Isso significa que estou
vigiando e certamente realizarei todos os meus planos."
13 Então o SENHOR falou comigo outra vez e perguntou: "O que
vê agora?". Respondi: "Vejo uma panela fervendo, derramando-se
do norte para cá".
14 O SENHOR disse: "Terror vindo do norte ferverá e se derramará
sobre o povo desta terra. 15 Ouça! Estou convocando todos os
exércitos dos reinos do norte. Eu, o SENHOR, falei!
"Eles colocarão seus tronos junto aos portões de Jerusalém.
Atacarão seus muros e todas as outras cidades de Judá.
16 Pronunciarei julgamento contra meu povo por toda a sua
maldade, por terem me abandonado e queimado incenso para
outros deuses; adoram ídolos que fizeram com as próprias
mãos!
17 "Levante-se e prepare-se para agir; diga-lhes tudo que eu
ordenar. Não tenha medo deles, senão o farei parecer medroso
diante deles.
18 Pois hoje eu o fortaleci como uma cidade fortificada, como
uma coluna de ferro ou um muro de bronze. Você enfrentará

toda esta terra: os reis, os oficiais, os sacerdotes e o povo de Judá.

19 Eles lutarão contra você, mas não vencerão, pois estou com você e o protegerei. Eu, o SENHOR, falei!".

O SENHOR acusa seu povo

2 O SENHOR me deu outra mensagem: 2 "Vá e proclame esta
mensagem para Jerusalém. Assim diz o SENHOR: "Lem-
bro-me de como você desejava me agradar, quando era uma
jovem noiva, muito tempo atrás. Você me amava e me seguia
até mesmo no deserto.

3 Naqueles dias, Israel era santo para o SENHOR, era como os primeiros frutos de sua colheita. Todos que faziam mal a seu povo eram declarados culpados, e sobre eles vinha calamidade. Eu, o SENHOR, falei!".

4 Ouçam a palavra do SENHOR, descendentes de Jacó e todas
as famílias de Israel! 5 Assim diz o SENHOR: "Que defeito seus
antepassados encontraram em mim, para que se afastassem
tanto? Foram atrás de ídolos inúteis, e eles próprios se tor-
naram inúteis.

6 Não perguntaram: 'Onde está o SENHOR, que nos tirou do Egito em segurança e nos conduziu pelo deserto, uma terra árida e cheia de covas, terra de seca e densa escuridão, onde ninguém vive e pela qual ninguém passa?'.

7 "E, quando eu os trouxe para uma terra fértil, para desfrutar sua fartura e as coisas boas que ela produzia, vocês contaminaram minha terra e corromperam a herança que eu lhes tinha dado.

8 Os sacerdotes não perguntaram: 'Onde está o SENHOR?'. Os que ensinavam minha lei não me deram atenção, os governantes se voltaram contra mim, os profetas falaram em nome de Baal e foram atrás de ídolos inúteis.

9 Portanto, apresentarei minha acusação contra vocês", diz o SENHOR. "Também apresentarei acusações contra seus descendentes.

10 "Vão para a terra de Chipre, no oeste, e vejam; vão para a terra de Quedar, no leste, e prestem atenção. Alguém já ouviu falar de algo parecido?

11 Alguma vez uma nação trocou seus deuses por outros, mesmo que não sejam deuses de verdade? Meu povo, no entanto, trocou seu Deus glorioso por ídolos inúteis!

12 Os céus se espantam diante disso, ficam horrorizados e abalados", diz o SENHOR.

13 "Pois meu povo cometeu duas maldades: Abandonaram a mim, a fonte de água viva, e cavaram para si cisternas rachadas, que não podem reter água."

Os resultados do pecado de Israel

14 "Por que Israel se tornou escravo? Por que foi levado como despojo?

15 Leões rugiram contra ele, e a terra foi destruída. As cidades estão arruinadas, e ninguém mais vive nelas.

16 Egípcios vindos de Mênfis e de Tafnes destruíram o orgulho de Israel.

17 E você mesmo é responsável por isso, pois abandonou o SENHOR, seu Deus, embora ele o guiasse pelo caminho!

18 "Que lucro você teve com seus tratados com o Egito e seus acordos com a Assíria? De que lhe adiantam as águas do Nilo ou as águas do Eufrates?

19 Sua maldade trará seu próprio castigo; será envergonhado por ter se afastado de mim e verá como é mau e amargo abandonar o SENHOR, seu Deus, e não o temer. Eu, o Soberano SENHOR dos Exércitos, falei!

20 "Há muito tempo, quebrei o jugo que o oprimia e despedacei as correntes de sua escravidão. Ainda assim, você disse: 'Jamais o servirei'. No alto dos montes e debaixo de toda árvore verdejante, você se prostituiu ao se curvar para ídolos.

21 Contudo, eu o plantei, como videira de origem pura, da melhor qualidade; como você se transformou em videira silvestre e degenerada?

22 Por mais sabão ou soda que use, não consegue se limpar; ainda vejo a mancha de sua culpa. Eu, o SENHOR Soberano, falei!"

Israel, esposa infiel

23 "Você diz: 'Não tenho mancha nenhuma! Não adorei as imagens de Baal!'. Mas como pode dizer isso? Vá a qualquer vale da terra e veja como agiu! Reconheça o que fez! Você é como a fêmea do camelo, inquieta e desesperada para encontrar um macho.

24 É como a jumenta selvagem, que fareja o vento na época do acasalamento. Quem é capaz de conter seu desejo? Os que a desejam não precisam procurá-la, pois você vai correndo até eles!

25 Quando parará de correr? Quando deixará de ofegar por outros deuses? Mas você diz: 'Não adianta falar comigo; estou apaixonada pelos deuses estrangeiros e irei atrás deles'.

26 "A nação de Israel é como ladrão que só fica envergonhado quando é pego em flagrante. O povo, seus reis, oficiais, sacerdotes e profetas são todos iguais.

27 Dizem a um pedaço de madeira: 'Você é meu pai', e a um bloco de pedra: 'Você é minha mãe'. Dão as costas para mim, mas, em tempos de aflição, clamam: 'Vem nos salvar!'.

28 Por que não clamam aos deuses que vocês mesmos fizeram? Que eles os salvem quando vier a aflição! Pois seus deuses são tão numerosos quanto as cidades de Judá.

29 Por que me acusam de fazer o mal? Foram vocês que se rebelaram", diz o SENHOR.

30 "Eu castiguei seus filhos, mas eles não aceitaram minha disciplina. Vocês mesmos mataram seus profetas, como um leão mata sua presa.

31 "Ó meu povo, ouça as palavras do SENHOR! Acaso tenho sido como um deserto para Israel? Tenho sido como uma terra de profunda escuridão? Por que, então, meu povo diz: 'Finalmente nos livramos de Deus! Não precisamos mais dele!'?

32 Acaso uma jovem se esquece de suas joias ou a noiva es-
conde seu vestido? Contudo, por anos a fio, meu povo se es-
queceu de mim.
33 "Você trama a melhor forma de conquistar seus amantes; até
uma prostituta poderia aprender com você!
34 Suas roupas estão manchadas com o sangue dos inocentes
e dos pobres, embora você não os tenha pego arrombando
sua casa.
35 Ainda assim, você diz: 'Não fiz nada de errado; certamente
Deus não está irado comigo'. Agora, porém, eu a julgarei se-
veramente, pois você afirma que não pecou.
36 Primeiro aqui, depois ali, vai de um aliado a outro pedindo
ajuda. Mas seus novos amigos no Egito a decepcionarão, como
fez a Assíria.
37 Em desespero, será levada para o exílio com as mãos sobre a
cabeça, pois o SENHOR rejeitou as nações em que você confia;
elas em nada a ajudarão."

3 "Se um homem se divorciar da esposa e ela se casar com
outro homem, ele não a receberá de volta, pois isso con-
taminaria a terra. Você, porém, se prostituiu com muitos
amantes e, no entanto, quer voltar para mim?", diz o SENHOR.
2 "Olhe para o alto dos montes: existe um só lugar em que você
não tenha se contaminado pelo adultério com outros deuses?
Senta-se à beira do caminho, como uma prostituta à espera de
um cliente, sozinha, como um nômade no deserto. Contaminou
a terra com sua prostituição e sua perversidade.
3 Por isso não vieram as chuvas de primavera, pois você é uma
prostituta descarada, que não tem vergonha alguma.
4 Ainda assim, você me diz: 'Pai, tens me conduzido desde
minha juventude.
5 Certamente não ficarás irado para sempre! Certamente te
esquecerás do que aconteceu!'. Você fala desse modo, mas
continua a praticar todo o mal possível."

Judá segue o exemplo de Israel

6 Durante o reinado de Josias, o SENHOR me disse: "Viu o que fez
a infiel nação de Israel? Como esposa que comete adultério,
Israel adorou outros deuses no alto dos montes e debaixo de
toda árvore verdejante. 7 Pensei: 'Depois de fazer tudo isso,
ela voltará para mim', mas não voltou, e Judá, sua irmã trai-
çoeira, viu isso. 8 Ela viu que me divorciei da infiel Israel por
causa de seu adultério. Mas Judá, irmã traiçoeira, não teve
temor algum; também me deixou e se entregou à prostituição.
9 Israel não se preocupou nem um pouco em cometer adultério
ao adorar ídolos feitos de madeira e pedra. Agora, a terra está
contaminada. 10 Apesar de tudo isso, Judá, sua irmã traiçoeira,
não voltou para mim com sinceridade. Apenas fingiu estar ar-
rependida. Eu, o SENHOR, falei!".

Esperança para a rebelde Israel

11 Então o SENHOR me disse: "Até mesmo a infiel Israel é menos
culpada que a traiçoeira Judá! 12 Portanto, vá e proclame esta
mensagem a Israel. Assim diz o SENHOR: "Ó Israel, meu povo in-
fiel, volte para mim, pois sou misericordioso; não ficarei irado
com você para sempre.
13 Reconheça sua culpa; admita que se rebelou contra o SE-
NHOR, seu Deus, e cometeu adultério contra ele ao adorar
ídolos debaixo de toda árvore verdejante. Confesse que não
quis ouvir minha voz. Eu, o SENHOR falei!".
14 O SENHOR diz: "Voltem para casa, filhos rebeldes, pois eu sou
seu mestre. Eu os trarei de volta a Sião — um desta cidade,
dois daquela família — de onde quer que estejam dispersos.
15 Eu lhes darei líderes segundo meu coração, que os guiarão
com conhecimento e entendimento.
16 "E, quando sua terra voltar a ficar cheia de gente", diz o
SENHOR, "vocês não terão mais saudades da época em que
tinham a arca da aliança do SENHOR. Não sentirão falta da arca
nem se lembrarão dela, e não será necessário reconstruí-la.
17 Então Jerusalém será conhecida como 'O Trono do SENHOR'.
Todas as nações irão até lá para honrar o SENHOR. Não seguirão
mais os desejos teimosos de seu coração perverso. 18 Naqueles
dias, o povo de Judá e o povo de Israel voltarão juntos do exílio
no norte, para a terra que dei a seus antepassados como he-
rança para sempre.
19 "Disse comigo: Como eu gostaria de tratá-los como filhos!
Meu maior desejo era lhes dar esta linda terra, a herança mais
excelente do mundo. Queria que me chamassem de 'Pai' e que
jamais se afastassem de mim.
20 Mas você me traiu, povo de Israel! Foi como esposa infiel que
abandona o marido. Eu, o SENHOR, falei."
21 Ouvem-se vozes no alto dos montes, choro e súplicas dos
israelitas, porque escolheram caminhos tortuosos e se esque-
ceram do SENHOR, seu Deus.
22 "Meus filhos rebeldes", diz o SENHOR, "voltem para mim, e
eu curarei a rebeldia de seu coração."
"Sim, nós voltaremos", o povo responde, "pois tu és o SENHOR,
nosso Deus.
23 Nossa idolatria nas colinas e as orgias religiosas nos montes
não passam de ilusão. Somente no SENHOR, nosso Deus, Israel
encontrará salvação.
24 Desde a juventude observamos nossos antepassados desper-
diçarem com algo vergonhoso tudo que trabalharam para ter:
rebanhos e gado, filhos e filhas.
25 Que a vergonha nos sirva de cama, e a desonra, de cobertor,
pois nós e nossos antepassados pecamos contra o SENHOR, nosso
Deus. Desde a juventude até hoje, nunca lhe obedecemos."

4 "Ó Israel", diz o SENHOR, "se quisesse, poderia voltar para
mim. Poderia jogar fora seus ídolos detestáveis e nunca
mais se desviar.
2 Quando jurasse por meu nome e dissesse: 'Tão certo como
vive o SENHOR', poderia fazê-lo em verdade, justiça e retidão.
Então você seria uma bênção para as nações do mundo, e
todos os povos viriam e louvariam meu nome."

Julgamento futuro contra Judá

3Assim diz o SENHOR ao povo de Judá e de Jerusalém: "Passem o arado na terra endurecida! Não desperdicem sementes entre os espinhos!

4Ó povo de Judá e habitantes de Jerusalém, removam os obstáculos de seu coração e mudem sua atitude perante o SENHOR. Do contrário, por causa de seus pecados, minha ira arderá como fogo que ninguém pode apagar.

5"Anunciem em Judá e proclamem em Jerusalém! Mandem tocar a trombeta em toda a terra e avisem: 'Reúnam-se! Corram para as cidades fortificadas!'.

6Levantem a bandeira para advertir Sião: 'Fujam agora mesmo! Não demorem!'. Pois, do norte, trago sobre vocês terrível destruição!".

7Um leão saiu de seu abrigo, um destruidor de nações. Saiu de sua toca e se encaminha até vocês; ele devastará sua terra. Suas cidades serão arruinadas, e ninguém viverá nelas.

8Portanto, vistam roupas de luto, chorem e lamentem, pois a ira ardente do SENHOR ainda está sobre nós.

9"Naquele dia", diz o SENHOR, "os reis e os oficiais estremecerão de medo. Os sacerdotes ficarão horrorizados, e os profetas, espantados."

10Então eu disse: "Ó Soberano SENHOR, o povo foi enganado por aquilo que disseste, pois prometeste paz a Jerusalém, mas a espada está em nossa garganta!".

11Naquele dia, o SENHOR dirá ao povo de Jerusalém: "Meu povo querido, do deserto sopra um vento abrasador, e não uma brisa suave para separar a palha dos cereais.

12É uma rajada violenta, que eu enviei; agora pronunciarei sua sentença".

13Os inimigos avançam sobre nós como nuvens de tempestade; seus carros de guerra são como vendavais, seus cavalos, mais velozes que águias. Que terrível será! Estamos perdidos!

14Ó Jerusalém, purifique seu coração, para que seja salva. Até quando abrigará pensamentos malignos?

15Sua destruição foi anunciada desde Dã até a região montanhosa de Efraim.

16"Avisem as nações ao redor e anunciem a Jerusalém: Os inimigos vêm de uma terra distante e dão gritos de guerra contra as cidades de Judá.

17Cercam Jerusalém como guardas ao redor de um campo, pois meu povo se rebelou contra mim", diz o SENHOR.

18"Suas próprias ações trouxeram isso sobre vocês; é um castigo amargo, que atinge o seu coração!"

Jeremias chora por seu povo

19Meu coração, meu coração! Estou me contorcendo de dor! Meu coração bate forte dentro de mim; não consigo me aquietar! Pois ouvi o som das trombetas dos inimigos e o rugido de seus gritos de guerra.

20Ondas de destruição cobrem a terra, até deixá-la inteiramente desolada. De repente, minhas tendas foram destruídas; meus abrigos foram derrubados num instante.

21Até quando terei de ver as bandeiras e ouvir o som das trombetas?

22"Meu povo é tolo e não me conhece", diz o SENHOR. "São crianças sem juízo, que não entendem coisa alguma. São astutos para fazer o mal, mas não têm ideia de como fazer o bem."

Jeremias vê a calamidade que se aproxima

23Olhei para a terra, e ela estava sem forma e vazia; olhei para os céus, e não havia luz alguma.

24Olhei para os montes e para as colinas, e eles estremeciam e balançavam.

25Olhei, e todo o povo tinha desaparecido; as aves do céu voaram para longe.

26Olhei, e os campos férteis haviam se transformado em deserto; as cidades estavam em ruínas, por causa da ira ardente do SENHOR.

27Assim diz o SENHOR: "Toda a terra será devastada, mas não a destruirei por completo.

28A terra lamentará e os céus escurecerão, por causa de meu decreto contra meu povo; estou decidido e não voltarei atrás".

29Ao som de cavaleiros e arqueiros, os habitantes da cidade fogem. Escondem-se entre os arbustos e correm para os montes. Todas as cidades foram abandonadas; não resta uma pessoa sequer!

30O que você está fazendo, cidade devastada? Por que se veste com belas roupas e põe joias de ouro? Por que pinta os olhos? De nada adiantará enfeitar-se toda! Seus aliados, que eram seus amantes, a desprezam e tentam matá-la.

31Ouço gritos, como os da mulher em trabalho de parto, gemidos de quem dá à luz o primeiro filho. É a bela Sião, que grita ofegante: "Socorro, estão me matando!".

Os pecados de Judá

5 "Corram por todas as ruas de Jerusalém", diz o SENHOR. "Procurem por toda parte, busquem em cada lugar! Se encontrarem ao menos uma pessoa justa e honesta, não destruirei a cidade.

2Contudo, mesmo quando estão sob juramento e declaram: 'Tão certo como vive o SENHOR', continuam a mentir!"

3SENHOR, tu procuras honestidade; feriste teu povo, mas eles não se importaram. Tu os esmagaste, mas eles se recusaram a ser corrigidos. São teimosos, duros como pedra; não querem se arrepender.

4Então eu pensei: "O que se pode esperar dos pobres? Eles nada sabem. Não conhecem os caminhos do SENHOR, não entendem o que a justiça de Deus exige.

5Portanto, irei a seus líderes e falarei com eles; por certo conhecem os caminhos do SENHOR e entendem o que a justiça de Deus exige. Mas os líderes também, de comum acordo, livraram-se do jugo de Deus e quebraram suas correntes.

6Agora, um leão do bosque os atacará; um lobo do deserto os destruirá. Um leopardo ficará à espreita nos arredores de suas

cidades e despedaçará qualquer um que se arriscar a sair. Pois
sua rebeldia é grande, e muitos são seus pecados.
7"Como posso perdoá-los? Até mesmo seus filhos se afastaram
de mim; juram por deuses que, na verdade, não são deuses!
Eu os alimentei até que estivessem satisfeitos, e, no entanto,
cometeram adultério e se reuniram para ir a prostíbulos!
8São garanhões bem alimentados e cheios de desejo, cada um
relinchando para a esposa de seu próximo.
9Acaso não devo castigá-los por isso?", diz o SENHOR. "Não
devo me vingar de uma nação como esta?
10"Vão por entre as fileiras dos vinhedos e destruam as videiras, mas deixem algumas vivas. Cortem os ramos das videiras, pois essa gente não pertence ao SENHOR.
11O povo de Israel e o povo de Judá têm me traído", diz o
SENHOR.
12"Mentiram a respeito do SENHOR e disseram: 'Ele não vai nos
incomodar! Nenhuma calamidade virá sobre nós; não haverá
guerra nem fome.
13Os profetas que ele envia são uns tagarelas que não falam
em nome dele. Que suas previsões de calamidade caiam sobre
eles mesmos!'."
14Portanto, assim me diz o SENHOR, o Deus dos Exércitos:
"Porque meu povo fala desse modo, minhas mensagens
sairão de sua boca como chamas de fogo e queimarão o povo
como lenha.
15Ó Israel, trarei uma nação distante para atacá-lo", diz o SENHOR. "É uma nação poderosa, nação antiga, cuja língua você
não conhece, cuja fala você não entende.
16Suas armas são mortais, seus guerreiros são valentes.
17Devorarão suas colheitas e seu alimento, seus filhos e suas
filhas. Devorarão seus rebanhos e seu gado, suas uvas e seus
figos. Destruirão suas cidades fortificadas, que vocês consideram tão seguras.
18"Mesmo naqueles dias, porém, eu não os destruirei completamente", diz o SENHOR.
19"E, quando o povo lhe perguntar:
'Por que o SENHOR, nosso Deus, fez tudo isso conosco?', responda: 'Vocês o rejeitaram e se entregaram a deuses estrangeiros em sua própria terra. Agora, servirão estrangeiros numa
terra que não é de vocês'."

Advertência para o povo de Deus

20"Anuncie a Israel, diga a Judá:
21Ouça, povo tolo e insensato, que tem olhos, mas não vê, que
tem ouvidos, mas não ouve.
22Acaso não me temem? Por que não tremem diante de mim?
Eu, o SENHOR, pus a areia como limite do mar, limite permanente
que as águas não podem atravessar. Ainda que as ondas se levantem e se agitem, não ultrapassam os limites que estabeleci.
23Mas este povo tem coração teimoso e rebelde; afastaram-se
de mim e me abandonaram.
24Não dizem com sinceridade: 'Vivamos com temor do SENHOR,
nosso Deus, pois ele nos dá as chuvas de outono e de primavera e nos garante a colheita no tempo certo'.
25Sua perversidade afastou de vocês essas bênçãos maravilhosas; seu pecado lhes tomou todas essas coisas boas.
26"No meio do meu povo existem homens perversos que espreitam suas vítimas como o caçador de tocaia. Estão sempre
colocando armadilhas para apanhar as pessoas.
27Como uma gaiola cheia de pássaros, a casa deles é cheia de
tramas perversas. Por isso, são poderosos e ricos,
28gordos e
de aparência saudável. Suas maldades não têm limites; não
querem fazer justiça aos órfãos e negam os direitos dos pobres.
29Acaso não devo castigá-los por isso?", diz o SENHOR. "Não
devo me vingar de uma nação como esta?
30Algo horrível e espantoso ocorre nesta terra:
31os profetas fazem profecias falsas, os sacerdotes governam
com mão de ferro, e, pior ainda, meu povo fica feliz com isso!
O que farão, porém, quando o fim chegar?"

Última advertência para Jerusalém

6 "Fujam, habitantes de Benjamim! Saiam de Jerusalém!
Toquem a trombeta em Tecoa! Enviem um sinal para Bete-Haquerém! Um exército poderoso vem do norte, trazendo
calamidade e destruição.
2Ó Sião, você é minha bela e delicada filha, mas eu a destruirei!
3Inimigos a cercarão, como pastores acampados ao redor da
cidade; cada um escolherá um lugar para suas tropas devorarem.
4Gritam: 'Preparem-se para a batalha! Ataquem ao meio-dia!'.
'Não! É tarde demais; o dia está quase no fim, e as sombras
da noite já vêm.'
5'Então, vamos atacar à noite e destruir seus palácios!'"
6Assim diz o SENHOR dos Exércitos: "Cortem árvores e construam rampas de ataque contra os muros de Jerusalém. Essa
cidade deve ser castigada, pois dentro dela só há opressão.
7Dela brota maldade, como água de uma fonte; pelas ruas se
ouve o som de violência e destruição, e vejo somente doenças
e feridas.
8Ouça esta advertência, Jerusalém, ou me afastarei de você.
Ouça, para que eu não a transforme num monte de ruínas,
numa terra onde ninguém vive".
9Assim diz o SENHOR dos Exércitos: "Até os poucos que restarem
em Israel serão colhidos, como faz o lavrador que examina
cada videira novamente para apanhar as uvas que deixou escapar".

A rebelião constante de Judá

10A quem darei esta advertência? Quem ouvirá quando eu
falar? Seus ouvidos estão tapados e não conseguem escutar.
Desprezam a palavra do SENHOR e detestam ouvi-la.
11Por isso, estou cheio da ira do SENHOR; estou cansado de
contê-la dentro de mim!
"Derramarei minha ira sobre as crianças nas ruas e sobre os
jovens reunidos em grupo; sobre maridos e esposas e sobre
pessoas de idade.

12 Suas casas serão entregues a seus inimigos, e também seus
campos e esposas. Pois levantarei minha mão poderosa.
contra o povo desta terra", diz o SENHOR.
13 "Desde o mais humilde até o mais importante, sua vida é
dominada pela ganância. Desde os profetas até os sacerdotes,
são todos impostores.
14 Oferecem curativos superficiais para a ferida mortal do meu
povo. Dão garantias de paz, quando não há paz alguma.
15 Acaso se envergonham de sua conduta detestável? De ma-
neira alguma! Nem sabem o que é vergonha! Portanto, estarão
entre os que caírem no massacre; ficarão arruinados quando
eu os castigar", diz o SENHOR.

Judá rejeita o caminho do SENHOR

16 Assim diz o SENHOR: "Parem nas encruzilhadas e olhem ao
redor, perguntem qual é o caminho antigo, o bom caminho;
andem por ele e encontrarão descanso para a alma. Vocês,
porém, respondem: 'Não é esse o caminho que queremos
seguir'.
17 Coloquei sobre vocês vigias que disseram: 'Fiquem atentos
ao som da trombeta'. Vocês, porém, respondem: 'Não vamos
prestar atenção'.
18 "Portanto, ouçam isto, todas as nações, considerem a si-
tuação do meu povo.
19 Ouça, toda a terra: Trarei calamidade sobre meu povo. Será
fruto de suas próprias intrigas, pois não querem me ouvir; re-
jeitaram a minha lei.
20 De nada adianta me oferecerem incenso doce de Sabá; fi-
quem com seu cálamo perfumado, importado de terras dis-
tantes! Não aceitarei seus holocaustos; seus sacrifícios não
têm aroma agradável para mim".
21 Portanto, assim diz o SENHOR: "Colocarei obstáculos no ca-
minho deste povo; pais e filhos tropeçarão neles, vizinhos e
amigos morrerão".

Uma invasão vinda do norte

22 Assim diz o SENHOR: "Vejam, um exército vem do norte! De
terras distantes se levanta uma grande nação.
23 Estão armados com arcos e lanças; são cruéis e não têm mi-
sericórdia. Quando avançam montados em cavalos, o barulho
é como o rugido do mar. Vêm em formação de batalha com o
intuito de destruí-la, bela Sião".
24 Ouvimos relatos sobre o inimigo, e nossas mãos tremem
de medo. Somos tomados de pontadas de angústia, como as
dores da mulher em trabalho de parto.
25 Não saiam para os campos! Não viagem pelas estradas! A
espada do inimigo está por toda parte e nos aterroriza a cada
passo.
26 Ó meu povo, vista-se de pano de saco e sente-se sobre as
cinzas. Lamente e chore amargamente, como quem perdeu
o único filho, pois, de repente, o destruidor virá sobre você.
27 "Jeremias, fiz de você um examinador de metais, para que
determine a qualidade do meu povo.
28 São rebeldes da pior espécie e vivem espalhando calúnias.
São duros como o bronze e o ferro e corrompem as pessoas.
29 O fole assopra o fogo com força para separar as impurezas,
mas não os purifica, pois sua maldade permanece.
30 São chamados de 'Prata Rejeitada', pois eu, o SENHOR, os
rejeito."

Jeremias fala no templo

7 O SENHOR deu outra mensagem a Jeremias: 2 "Vá à entrada
do templo do SENHOR e proclame esta mensagem ao povo:
'Ó Judá, ouça esta mensagem do SENHOR! Escutem, todos
vocês que adoram neste lugar! 3 Assim diz o SENHOR dos Exér-
citos, o Deus de Israel: "'Se vocês abandonarem seus maus
caminhos, deixarei que fiquem em sua própria terra. 4 Não se
deixem enganar por aqueles que lhes fazem falsas promessas
e repetem: 'O templo do SENHOR está aqui! O templo do SE-
NHOR está aqui!'. 5 Contudo, só serei misericordioso se vocês
abandonarem seus pensamentos e atos perversos e come-
çarem a tratar uns aos outros com justiça, 6 se pararem de
explorar os estrangeiros, os órfãos e as viúvas, se pararem de
cometer homicídio e se deixarem de prejudicar a si mesmos ao
adorar outros deuses. 7 Então permitirei que fiquem nesta terra
que há muito tempo dei a seus antepassados para sempre.
8 "'Não se deixem enganar por falsas promessas e conversas
inúteis. 9 Acreditam mesmo que podem roubar, matar, cometer
adultério, mentir e queimar incenso para Baal e para todos os
seus outros novos deuses 10 e depois vir aqui, se apresentar
diante de mim em meu templo e dizer: 'Estamos seguros!',
para depois voltar a praticar todas essas coisas detestáveis?
11 Vocês mesmos não reconhecem que este templo, que leva
meu nome, se transformou em esconderijo de ladrões? Certa-
mente vejo todo o mal que acontece nele. Eu, o SENHOR, falei!
12 "'Agora, vão a Siló, o primeiro lugar onde coloquei a tenda
que levava meu nome. Vejam o que fiz ali por causa da per-
versidade do meu povo, os israelitas. 13 Enquanto vocês
praticavam essas maldades, diz o SENHOR, eu lhes falei re-
petidamente, mas vocês não quiseram ouvir. Eu os chamei,
mas vocês se recusaram a responder. 14 Portanto, assim como
destruí Siló, agora destruirei este templo que leva meu nome,
este templo no qual vocês confiam, este lugar que dei a vocês
e a seus antepassados. 15 Expulsarei vocês de minha presença
e os enviarei para longe, como fiz com seus parentes, o povo
de Israel'."

A idolatria persistente de Judá

16 "Jeremias, não interceda mais por este povo. Não chore
nem faça orações por eles, e não suplique para que eu os
ajude, pois não o ouvirei. 17 Não vê o que fazem nas cidades de
Judá e nas ruas de Jerusalém? 18 Veja como as crianças juntam
lenha e os pais acendem fogo para os sacrifícios. Veja como
as mulheres preparam a massa e fazem bolos para a Rainha
dos Céus. Além disso, apresentam ofertas derramadas para
outros deuses. Tenho razão para estar tão irado! 19 Acaso é a

mim que eles prejudicam?", pergunta o SENHOR. "Na verdade,
prejudicam a si mesmos, para sua própria vergonha."
20 Portanto, assim diz o SENHOR Soberano: "Derramarei minha
ira ardente sobre este lugar. Seus habitantes, seus animais,
suas árvores e suas colheitas serão consumidos pelo fogo de
minha ira, que ninguém pode apagar".
21 Assim diz o SENHOR dos Exércitos, o Deus de Israel: "Peguem
seus holocaustos e demais sacrifícios e comam a carne vocês
mesmos! 22 Quando tirei seus antepassados do Egito, não eram
ofertas e holocaustos que eu queria deles. 23 Esta foi minha
ordem: 'Obedeçam ao que digo, e eu serei o seu Deus, e vocês
serão o meu povo. Façam o que ordeno, e tudo lhes irá bem'.
24 "Meu povo, porém, não me deu ouvidos. Continuaram a fazer
o que bem queriam e a seguir os desejos teimosos de seu co-
ração perverso. Andaram para trás em vez de avançar. 25 Desde
o dia em que seus antepassados saíram do Egito até agora,
continuo a enviar meus servos, os profetas, dia após dia. 26 Meu
povo, porém, não me deu ouvidos. Foram ainda mais teimosos
e desobedientes que seus antepassados.
27 "Diga-lhes tudo isso, mas eles não escutarão. Anuncie estas
advertências, mas eles não responderão. 28 Diga-lhes: 'Esta é
a nação que não obedece ao SENHOR, seu Deus, e não quer ser
ensinada. A verdade já não existe no meio deles; desapareceu
de seus lábios. 29 Raspem a cabeça em sinal de luto e chorem
nos montes. Pois o SENHOR rejeitou e abandonou esta geração
que provocou sua ira'."

O vale da matança

30 "O povo de Judá pecou diante dos meus olhos", diz o SENHOR.
"Colocaram ídolos detestáveis no templo que leva meu nome e
o contaminaram. 31 Construíram santuários idólatras em Tofete,
no vale de Ben-Hinom, e ali sacrificaram seus filhos e filhas
no fogo. Jamais ordenei tamanha maldade; nunca me passou
pela mente! 32 Portanto, tenham cuidado", diz o SENHOR, "pois
está chegando o dia em que não se chamará mais Tofete, nem
vale de Ben-Hinom, mas vale da Matança. Sepultarão corpos
em Tofete até não haver mais lugar. 33 Os cadáveres deste povo
servirão de alimento para os abutres e os animais selvagens,
e não restará ninguém para espantá-los. 34 Acabarei com os
cânticos alegres e com o riso nas ruas de Jerusalém, e já não
se ouvirão as vozes felizes de noivos e de noivas nas cidades
de Judá. A terra ficará inteiramente desolada."

8 "Naquele tempo", diz o SENHOR, "os inimigos abrirão as
sepulturas dos reis e dos oficiais de Judá, e os túmulos
dos sacerdotes, dos profetas e dos habitantes de Jerusalém.
2 Espalharão os ossos no chão, diante do sol, da lua e das es-
trelas, os deuses que meu povo amou, serviu, seguiu, buscou
e adorou. Seus ossos não serão recolhidos nem sepultados
outra vez, mas ficarão espalhados no chão como esterco. 3 E
o povo que sobreviver dessa nação perversa preferirá a morte
a viver nos lugares para onde os enviarei. Eu, o SENHOR dos
Exércitos, falei!"

O engano dos falsos profetas

4 "Jeremias, diga ao povo: 'Assim diz o SENHOR: "'Quando uma
pessoa cai, não volta a se levantar? Quando descobre que está
no caminho errado, não dá meia-volta?
5 Então por que este povo de Jerusalém continua em seu ca-
minho e se recusa a voltar? Apegam-se firmemente a suas
mentiras e não querem retornar.
6 Escuto suas conversas e não ouço uma só palavra verdadeira.
Acaso alguém está arrependido de sua maldade? Alguém diz:
'Que coisa terrível eu fiz'? Não! Todos correm pelo caminho
do pecado, velozes como cavalos galopando para a batalha.
7 Até a cegonha que voa pelos céus sabe a época de migrar,
assim como a rolinha, a andorinha e o grou; todos voltam no
tempo certo a cada ano. Meu povo, contudo, não conhece os
decretos do SENHOR.
8 "'Como podem dizer: 'Somos sábios, pois temos a lei do
SENHOR', se seus mestres a distorcem escrevendo mentiras?
9 Esses mestres sábios serão envergonhados e cairão na arma-
dilha de sua insensatez, pois rejeitaram a palavra do SENHOR;
afinal, será que são mesmo tão sábios?
10 Entregarei suas esposas a outros e darei seus campos a es-
tranhos. Desde o mais humilde até o mais importante, sua vida
é dominada pela ganância. Até meus profetas e sacerdotes
agem desse modo; são todos impostores.
11 Oferecem curativos superficiais para a ferida mortal do meu
povo. Dão garantias de paz, quando não há paz alguma.
12 Acaso se envergonham de sua conduta detestável? De ma-
neira nenhuma! Nem sabem o que é vergonha! Portanto, es-
tarão entre os que caírem no massacre; ficarão arruinados
quando eu os castigar, diz o SENHOR.
13 Certamente os consumirei; não haverá mais colheita de figos
nem de uvas. Suas árvores frutíferas morrerão, tudo que lhes
dei em breve acabará. Eu, o SENHOR, falei!'.
14 "Então o povo dirá: ' Por que devemos ficar parados es-
perando? Venham, vamos para as cidades fortificadas e
morramos ali! Pois o SENHOR, nosso Deus, decretou nossa
destruição e nos deu um cálice de veneno para beber, pois
pecamos contra o SENHOR.
15 Esperávamos paz, mas ela não veio; esperávamos tempo de
cura, mas só encontramos terror'.
16 "Desde a terra de Dã, ao norte, pode-se ouvir o bufar dos
cavalos de guerra dos inimigos. O relinchar de seus garanhões
faz a terra tremer; vêm para devorar a terra e tudo que nela
há, tanto as cidades como seus habitantes.
17 Enviarei essas tropas inimigas entre vocês, serpentes vene-
nosas que ninguém consegue encantar; elas os morderão, e
vocês morrerão. Eu, o SENHOR, falei!"

Jeremias chora por Judá

18 Minha tristeza não tem cura; meu coração está enfermo.
19 Escutem o choro do meu povo, pode-se ouvi-lo por toda a
terra: "Acaso o SENHOR abandonou Sião? Seu rei não está mais

ali?". "Por que provocaram minha ira com ídolos esculpidos e
seus inúteis deuses estrangeiros?", diz o SENHOR.
20 O povo se lamenta: "A colheita chegou ao fim, o verão
acabou, e, no entanto, não estamos salvos!".
21 Sofro com a dor do meu povo, lamento e sou tomado de
tristeza.
22 Não há remédio em Gileade? Não há médico ali? Por que não
há cura para as feridas do meu povo?

9 Quem dera minha cabeça fosse uma represa, e meus olhos,
uma fonte de lágrimas! Choraria dia e noite por meu povo
que foi massacrado.
2 Quem dera pudesse ir para bem longe, morar numa cabana no
deserto e me esquecer do meu povo! Pois todos são adúlteros,
um bando de traidores.

Julgamento pela desobediência

3 "Meu povo curva a língua como um arco para disparar men-
tiras. Não querem defender a verdade; vão de mal a pior e não
me conhecem", diz o SENHOR.
4 "Cuidado com seu amigo! Não confie nem mesmo em seu
irmão! Pois irmão engana irmão, e amigo calunia amigo.
5 Todos trapaceiam e mentem, ninguém diz a verdade. Com
língua experiente, contam mentiras; cansam-se de tanto
pecar.
6 Amontoam falsidade sobre falsidade e se recusam a me co-
nhecer", diz o SENHOR.
7 Portanto, assim diz o SENHOR dos Exércitos: "Vejam, eu os
purificarei e os provarei, como se faz com o metal; que mais
posso fazer com meu povo?
8 Pois sua língua dispara mentiras como flechas envenenadas;
falam palavras amigáveis a seus vizinhos enquanto, no co-
ração, tramam matá-los.
9 Acaso não devo castigá-los por isso?", diz o SENHOR. "Não
devo me vingar de uma nação como esta?"
10 Chorarei pelos montes e lamentarei pelas pastagens no de-
serto. Pois estão desolados e sem vida; não se ouve mais o
mugido do gado, e as aves e os animais selvagens fugiram.
11 "Farei de Jerusalém um monte de ruínas; será morada de
chacais. As cidades de Judá serão abandonadas, e ninguém
viverá nelas", diz o SENHOR.
12 Quem é sábio o bastante para entender todas essas coisas?
Quem foi instruído pelo SENHOR para explicá-las? Por que a
terra foi arruinada de tal modo que ninguém tem coragem
de passar por ela?
13 O SENHOR responde: "Isso aconteceu porque meu povo aban-
donou a minha lei; não quiseram obedecer às minhas instru-
ções. 14 Em vez disso, seguiram os desejos teimosos de seu co-
ração e adoraram imagens de Baal, como seus antepassados
lhes ensinaram. 15 Agora, assim diz o SENHOR dos Exércitos, o
Deus de Israel: Ouçam! Eu os alimentarei com amargura e lhes
darei veneno para beber. 16 Eu os espalharei por todo o mundo,
até lugares de que nem eles nem seus antepassados ouviram
falar. Mesmo lá, eu os perseguirei com a espada até que os
tenha destruído por completo".

Pranto em Jerusalém

17 Assim diz o SENHOR dos Exércitos: "Considerem tudo isso e
chamem as mulheres que pranteiam; mandem trazer aquelas
que choram em funerais.
18 Venham depressa! Comecem a lamentar! Que seus olhos se
encham de lágrimas.
19 Ouçam o pranto desesperado do povo de Sião: 'Estamos
arruinados! Que humilhação! Temos de deixar nossa terra, pois
nossas casas foram destruídas!'".
20 Ouçam, mulheres, as palavras do SENHOR, abram os ouvidos
para o que ele tem a dizer. Ensinem as filhas a prantear, en-
sinem umas às outras a lamentar.
21 Pois a morte subiu por nossas janelas e entrou em nossas
mansões. Exterminou as crianças que brincavam nas ruas e os
jovens que se reuniam nas praças.
22 Assim diz o SENHOR: "Corpos ficarão espalhados pelos
campos como montes de esterco, como feixes de cereal depois
da colheita; não restará ninguém para enterrá-los".
23 Assim diz o SENHOR: "Que o sábio não se orgulhe de sua sa-
bedoria, nem o poderoso de seu poder, nem o rico de suas
riquezas.
24 Aquele que deseja se orgulhar, que se orgulhe somente
disto: de me conhecer e entender que eu sou o SENHOR, que
demonstra amor leal e traz justiça e retidão à terra; isso é o
que me agrada. Eu, o SENHOR, falei!
25 "Está chegando o dia", diz o SENHOR, "em que castigarei
todos, tanto circuncidados como incircuncisos: 26 os egípcios,
os edomitas, os amonitas, os moabitas, os povos que vivem no
deserto, em lugares distantes, e até mesmo o povo de Judá.
Pois, como todas essas nações, o povo de Israel também tem
o coração incircunciso."

A idolatria traz destruição

10 Ó Israel, ouça esta palavra do SENHOR para você! 2 Assim
diz o SENHOR: "Não se comportem como as outras na-
ções, que tentam ler seu futuro nas estrelas. Não tenham
medo de suas previsões, ainda que elas encham outras na-
ções de terror.
3 Os costumes dessas nações são inúteis: cortam uma árvore,
e dela o artesão esculpe um ídolo.
4 Enfeitam-no com ouro e prata e fixam-no com martelo e
pregos, para que não tombe.
5 Seus deuses são como espantalhos numa plantação de pe-
pinos. Não são capazes de falar e precisam ser carregados,
pois não conseguem andar. Não tenham medo desses deuses,
pois não podem lhes fazer nem mal, nem bem".
6 SENHOR, não há ninguém semelhante a ti! Tu és grande, e teu
nome é poderoso.
7 Quem não te temeria, ó Rei das nações? Esse título pertence a

ti somente! Entre todos os sábios da terra e em todos os reinos
do mundo, não há ninguém semelhante a ti.
8 Os que adoram ídolos são tolos e insensatos; adoram objetos
feitos de madeira.
9 Trazem placas de prata batida de Társis e ouro de Ufaz e en-
tregam a artesãos habilidosos, que fazem seus ídolos. Ves-
tem-nos com mantos azuis e roxos, feitos por hábeis alfaiates.
10 Mas o SENHOR é o único Deus verdadeiro; ele é o Deus vivo e
o Rei eterno! A terra treme com sua ira; as nações não podem
suportar sua fúria.
11 Diga isto àqueles que adoram outros deuses: "Esses deuses,
que não fizeram os céus nem a terra, desaparecerão da terra
e de debaixo dos céus".
12 O SENHOR, porém, fez a terra com seu poder e a estabeleceu
com sua sabedoria. Com seu entendimento, estendeu os céus.
13 Quando fala no meio do trovão, as chuvas rugem nos céus.
Eleva as nuvens acima da terra, envia relâmpagos com a chuva
e ordena que o vento saia de seus depósitos.
14 Todo ser humano é tolo e não tem conhecimento! Os artesãos
são envergonhados pelos ídolos que fazem, pois as imagens
que esculpiram são uma fraude; não têm fôlego nem poder.
15 Os ídolos são inúteis, são mentiras ridículas; no dia do acerto
de contas, serão todos destruídos.
16 Mas o Deus de Israel não é como esses ídolos; ele é o Criador
de todas as coisas, incluindo Israel, a nação que lhe pertence.
Seu nome é SENHOR dos Exércitos!

A destruição que se aproxima

17 Reúnam seus pertences e preparem-se para partir; o cerco
está para começar.
18 Pois assim diz o SENHOR: "Lançarei fora repentinamente
todos vocês que vivem nesta terra. Derramarei sobre vocês
grandes aflições; finalmente sentirão minha ira".
19 Minha ferida é grave, e minha dor é grande. Minha doença
não tem cura, mas devo suportá-la.
20 Destruíram minha casa, e não resta ninguém que me ajude a
reconstruí-la. Levaram meus filhos; nunca mais os verei.
21 Os pastores do meu povo perderam a razão; não buscam
mais o SENHOR. Por isso fracassaram, e seus rebanhos estão
espalhados.
22 Ouçam o ruído assustador dos grandes exércitos que
avançam do norte! As cidades de Judá serão destruídas e se
tornarão morada de chacais.

A oração de Jeremias

23 Eu sei, ó SENHOR, que nossa vida não nos pertence; não
somos capazes de planejar o próprio caminho.
24 Por isso, SENHOR, corrige-me, mas não sejas severo demais;
não uses tua ira, pois se o fizesses eu morreria.
25 Derrama tua fúria sobre as nações que não te conhecem,
sobre os povos que não invocam teu nome. Pois devoraram teu
povo, Israel; sim, o devoraram e o consumiram, transformando
a terra num lugar desolado.

Judá quebra a aliança

11 O SENHOR deu outra mensagem a Jeremias: 2 "Lembre os
habitantes de Judá e de Jerusalém dos termos de minha
aliança com eles. 3 Diga-lhes: 'Assim diz o SENHOR, o Deus de
Israel: Maldito será aquele que não obedecer aos termos de
minha aliança! 4 Pois eu disse a seus antepassados quando
os tirei do Egito, uma fornalha de fundir ferro: 'Se vocês me
obedecerem e fizerem tudo que ordeno, serão o meu povo, e
eu serei o seu Deus'. 5 Disse isso para cumprir a promessa que
fiz a seus antepassados de lhes dar uma terra que produzisse
leite e mel com fartura, a terra em que hoje vocês habitam'".
Então eu respondi: "Que assim seja, SENHOR!".
6 E o SENHOR disse: "Proclame esta mensagem nas cidades de
Judá e nas ruas de Jerusalém. Diga: 'Lembrem-se da antiga
aliança e de todas as suas exigências. 7 Pois adverti solene-
mente seus antepassados quando os tirei do Egito: 'Obe-
deçam-me!'. Repeti essa advertência inúmeras vezes até
hoje, 8 mas seus antepassados não me deram ouvidos nem
prestaram atenção. Pelo contrário, seguiram os desejos tei-
mosos de seu coração perverso. E, porque se recusaram a
obedecer, eu trouxe sobre eles todas as maldições descritas
nesta aliança'".
9 O SENHOR falou comigo novamente e disse: "Descobri uma
conspiração contra mim entre os habitantes de Judá e de Je-
rusalém. 10 Voltaram aos pecados de seus antepassados. Não
quiseram me ouvir e adoraram outros deuses. Israel e Judá
quebraram a aliança que fiz com seus antepassados. 11 Por isso,
assim diz o SENHOR: Trarei calamidade sobre eles, e não esca-
parão. Ainda que me supliquem, não ouvirei seu clamor. 12 Os
habitantes de Judá e de Jerusalém clamarão a seus ídolos e
queimarão incenso para eles, mas os ídolos não os salvarão
quando vier a calamidade. 13 Vejam, habitantes de Judá, seus
deuses são tão numerosos quanto suas cidades! Seus altares
vergonhosos, altares para queimar incenso a Baal, são tão
numerosos quanto as ruas de Jerusalém!
14 "Portanto, Jeremias, não ore mais por este povo. Não chore
por eles, pois não os ouvirei quando clamarem a mim em sua
aflição.
15 "Que direito tem meu povo amado de vir ao meu templo
depois de ter cometido tanta imoralidade? Acaso seus votos e
sacrifícios poderão evitar sua destruição? A verdade é que se
alegram em praticar o mal.
16 Eu, o SENHOR, os chamava de oliveira verdejante, bonita de
ver e cheia de bons frutos. Agora, porém, enviei a fúria de seus
inimigos para incendiar e destruir seus ramos.
17 "Eu, o SENHOR dos Exércitos, que plantei essa oliveira, or-
denei que fosse destruída. Pois o povo de Israel e o povo de
Judá fizeram o mal e provocaram minha ira ao queimar incenso
a Baal".

Conspiração contra Jeremias

18 Então o SENHOR me falou das conspirações que meus ini-
migos tramavam contra mim. 19 Eu era como cordeiro levado

para o matadouro. Não fazia ideia de que planejavam me
matar. "Vamos destruir esse homem e suas palavras!", di-
ziam. "Vamos derrubá-lo para que seu nome seja esquecido
para sempre!"
20 Ó Senhor dos Exércitos, tu julgas com justiça e examinas
pensamentos e emoções. Permite que eu veja tua vingança
contra eles, pois coloquei minha causa em tuas mãos.
21 Assim diz o Senhor a respeito dos homens de Anatote que
queriam me ver morto. Eles tinham dito: "Nós o mataremos
se não parar de profetizar em nome do Senhor". 22 Portanto,
assim diz o Senhor dos Exércitos a respeito deles: "Eu os cas-
tigarei! Seus jovens morrerão na batalha, e seus filhos e filhas
morrerão de fome. 23 Nenhum dos conspiradores de Anatote
sobreviverá, pois eu trarei calamidade sobre eles quando
chegar a hora de seu castigo".

Jeremias questiona a justiça do Senhor

12 Senhor, tu sempre me fazes justiça quando apresento
uma causa diante de ti. Portanto, desejo te fazer esta
queixa: Por que os perversos são tão prósperos? Por que os
desonestos vivem em paz?
2 Tu os plantaste, e eles criaram raízes e deram frutos. Teu
nome está em seus lábios, mas tu estás longe de seu coração.
3 Quanto a mim, Senhor, tu me conheces; tu me vês e provas
meus pensamentos. Arrasta essa gente como ovelhas para o
matadouro; separa-os para a matança!
4 Até quando esta terra ficará de luto? Até o capim nos campos
secou. Os animais selvagens e as aves desapareceram por
causa da maldade dos que nela habitam. Pois o povo disse:
"O Senhor não vê o que o futuro nos reserva!".

A resposta do Senhor a Jeremias

5 "Se correr com homens o deixa cansado, como poderá com-
petir com cavalos? Se tropeça e cai em campo aberto, o que
fará nas matas junto ao Jordão?
6 Até seus irmãos, membros de sua família, se voltaram contra
você; conspiram e se queixam a seu respeito. Não confie neles,
por mais agradáveis que sejam suas palavras.
7 "Abandonei meu povo, a nação que me pertence; entreguei
aqueles que eu mais amo a seus inimigos.
8 Meu povo escolhido rugiu contra mim como leão no bosque,
por isso os tratei com desprezo.
9 Meu povo escolhido age como ave de rapina, mas ele próprio
será cercado por abutres; tragam os animais selvagens para
devorar os cadáveres!
10 "Muitos governantes destruíram meu vinhedo; pisotearam
minha propriedade e transformaram sua beleza em deserto.
11 Fizeram dela uma terra devastada; ouço seu triste lamento.
Toda a terra está desolada, e ninguém se importa.
12 Pode-se ver exércitos destruidores no alto dos montes. A es-
pada do Senhor devora o povo de uma extremidade à outra da
terra; ninguém escapará!
13 Meu povo semeou trigo, mas colhe espinhos. Esforçou-se
muito, mas de nada adiantou. Terá uma colheita de vergonha
por causa da ira ardente do Senhor."

Uma mensagem para os vizinhos de Israel

14 Assim diz o Senhor: "Arrancarei de suas terras todas as na-
ções perversas que se apossam da herança que dei ao meu
povo, Israel. E arrancarei Judá do meio delas. 15 Depois disso,
porém, voltarei e terei compaixão de todos eles. Eu os trarei
de volta às suas terras, cada nação à sua herança. 16 E se, ver-
dadeiramente, essas nações aprenderem os caminhos do meu
povo e jurarem por meu nome: 'Tão certo como vive o Senhor'
— como ensinaram meu povo a jurar pelo nome de Baal —,
elas receberão um lugar no meio do meu povo. 17 Mas qualquer
nação que não quiser me obedecer será arrancada e destruída.
Eu, o Senhor, falei!".

O cinto de linho de Jeremias

13 O Senhor me disse: "Vá, compre um cinto de linho e vis-
ta-o, mas não o lave". 2 Comprei o cinto de linho, como o
Senhor me havia instruído, e o vesti.
3 Então recebi outra mensagem do Senhor: 4 "Pegue o cinto de
linho que está vestindo e vá ao rio Eufrates. Esconda-o ali, num
buraco entre as pedras". 5 Fui e o escondi junto ao Eufrates,
como o Senhor me havia ordenado.
6 Depois de muito tempo, o Senhor me disse: "Volte ao rio
Eufrates e pegue o cinto que eu lhe disse que escondesse ali".
7 Fui ao Eufrates, cavei onde havia escondido o cinto e o tirei
dali. Mas o cinto tinha apodrecido e não servia para nada.
8 Então recebi esta mensagem do Senhor: 9 "Assim diz o Se-
nhor: Do mesmo modo farei apodrecer o orgulho de Judá e de
Jerusalém. 10 Este povo perverso não quer me ouvir. Seguem os
desejos teimosos de seu coração e adoram outros deuses. Por-
tanto, eles se tornarão semelhantes a esse cinto: não servirão
para nada! 11 Assim como o cinto se apega à cintura do homem,
eu criei Judá e Israel para se apegarem a mim, diz o Senhor.
Deveriam ser meu povo, meu louvor e minha glória, uma honra
para meu nome. Mas não quiseram me ouvir.
12 "Portanto, diga-lhes: 'Assim diz o Senhor, o Deus de Israel:
Que todas as suas vasilhas fiquem cheias de vinho'. E eles
responderão: 'Claro! As vasilhas são feitas para ficar cheias
de vinho'.
13 "Então diga-lhes: 'Assim diz o Senhor: Deixarei todos nesta
terra completamente embriagados, desde o rei sentado no
trono de Davi até os sacerdotes e os profetas, e todos os ha-
bitantes de Jerusalém. 14 Eu os despedaçarei, colocando uns
contra os outros, até mesmo pais contra filhos, diz o Senhor.
Não deixarei que minha piedade, nem minha misericórdia,
nem minha compaixão me impeçam de destruí-los'".

Advertência a respeito do orgulho

15 Ouçam e prestem atenção; não sejam arrogantes, pois o
Senhor falou.

16Deem glória ao SENHOR, seu Deus, antes que as trevas ve-
nham sobre vocês, antes que ele os faça tropeçar e cair nos
montes sombrios. Então, quando procurarem luz, só encon-
trarão escuridão densa e terrível.
17E, se ainda assim não quiserem ouvir, chorarei sozinho por
causa de seu orgulho. Lágrimas amargas se derramarão de
meus olhos, pois o rebanho do SENHOR será levado para o
exílio.
18Diga ao rei e à mãe dele: "Desçam de seus tronos e sen-
tem-se no pó, pois sua coroa gloriosa será arrancada de sua
cabeça".
19As cidades do Neguebe fecharão os portões, e ninguém con-
seguirá abri-los. Os habitantes de Judá serão levados como
prisioneiros; todos irão para o exílio.
20Abra os olhos e veja os exércitos que vêm do norte! Onde
está seu rebanho, o lindo rebanho de que ele a encarregou
de cuidar?
21O que dirá quando o SENHOR colocar seus antigos aliados para
a dominarem? Pontadas de angústia tomarão conta de você,
como as dores da mulher em trabalho de parto.
22Você se perguntará: "Por que isso me aconteceu?". Foi por
causa de seus muitos pecados! Por isso os exércitos invasores
arrancaram suas roupas e a violentaram.
23Acaso o etíope pode mudar a cor de sua pele? Pode o leo-
pardo tirar suas manchas? De igual modo, você é incapaz de
fazer o bem, pois se acostumou a fazer o mal.
24"Eu a dispersarei como palha levada pelos ventos do deserto.
25Esta é sua parte, a porção que lhe reservei", diz o SENHOR,
"pois você se esqueceu de mim e confiou em falsos deuses.
26Eu mesmo arrancarei suas roupas, para que apareça sua
vergonha.
27Vi seu adultério e sua lascívia, sua idolatria detestável nos
campos e sobre as colinas. Que aflição a espera, Jerusalém!
Quando você se purificará?"

Seca terrível em Judá

14 Jeremias recebeu esta mensagem do SENHOR acerca da
grande seca:
2"Judá anda chorando; o comércio às portas da cidade parou.
O povo senta-se no chão, pois está de luto; de Jerusalém sobe
um grande clamor.
3Os nobres mandam os servos buscarem água, mas todos os
poços secaram. Confusos e desesperados, voltam com jarros
vazios e cobrem a cabeça, entristecidos.
4A terra está seca e rachada por falta de chuva. Preocupados,
os lavradores também cobrem a cabeça.
5Até a corça abandona sua cria, pois não há capim no campo.
6Os jumentos selvagens ficam no alto dos montes e ofegam
como chacais sedentos. Forçam a vista para achar pastagem,
mas nada encontram".
7"Nossa maldade nos alcançou, SENHOR", diz o povo, "ainda
assim, ajuda-nos por causa do teu nome. De ti nos afastamos
e contra ti pecamos repetidamente.
8Ó Esperança de Israel, nosso Salvador em tempos de an-
gústia, por que és como estrangeiro entre nós? Por que és
como viajante de passagem pela terra, que fica só uma noite?
9Acaso também estás surpreso? Nosso guerreiro valente não
tem poder para nos salvar? Tu estás em nosso meio, SENHOR,
somos conhecidos como teu povo; por favor, não nos aban-
dones!"
10Assim diz o SENHOR a seu povo: "Vocês gostam de andar longe
de mim e não controlam os pés. Por isso, não me agradarei
mais de vocês; agora me lembrarei de toda a sua perversidade
e os castigarei por seus pecados".

O SENHOR proíbe Jeremias de interceder

11Então o SENHOR me disse: "Não ore mais pelo bem deste
povo. 12Quando jejuarem, não darei atenção a seu clamor.
Quando apresentarem seus holocaustos e ofertas de cereal,
não me agradarei. Em vez disso, os devorarei com guerra,
fome e doença".
13Então eu disse: "Ó Soberano SENHOR, os profetas dizem ao
povo: 'Tudo está bem. Não haverá guerra nem fome. O SE-
NHOR certamente lhes dará paz'".
14O SENHOR me disse: "Esses profetas contam mentiras em meu
nome. Não os enviei nem ordenei que falassem. Não lhes dei
mensagem alguma. Profetizam a respeito de visões e revela-
ções que nunca viram nem ouviram. Dizem tolices que inven-
taram em seu próprio coração mentiroso. 15Por isso, assim diz
o SENHOR: Castigarei esses profetas mentirosos, pois falam
em meu nome, embora eu não os tenha enviado. Dizem que
não haverá guerra nem fome, mas eles próprios morrerão por
guerra e fome. 16Quanto ao povo para o qual profetizam, terão
o corpo jogado nas ruas de Jerusalém, vítimas da fome e da
guerra. Não restará ninguém para enterrá-los. Maridos, es-
posas, filhos e filhas, todos morrerão. Pois derramarei sobre
eles sua própria maldade. 17Portanto, diga-lhes o seguinte:
"Noite e dia, meus olhos se enchem de lágrimas; não consigo
parar de chorar, pois minha filha virgem, meu povo precioso,
foi derrubada e está mortalmente ferida.
18Se saio aos campos, vejo os corpos daqueles que o inimigo
matou. Se ando pelas ruas, vejo aqueles que morreram de
fome. Os profetas e sacerdotes prosseguem com seu trabalho,
mas não sabem o que fazem".

Oração por cura

19SENHOR, tu rejeitaste Judá completamente? Acaso odeias
Sião? Por que nos feriste a ponto de não podermos ser
curados? Esperávamos paz, mas ela não veio; esperávamos
tempo de cura, mas só encontramos terror.
20SENHOR, confessamos a nossa maldade e a maldade de
nossos antepassados; todos pecamos contra ti.
21Por causa do teu nome, SENHOR, não nos abandones; não
desonres teu trono glorioso. Lembra-te de nós e não quebres
tua aliança conosco.

22 Acaso algum desses deuses estrangeiros pode enviar a
chuva? Ela cai por si mesma do céu? Somente tu, ó SENHOR,
nosso Deus, podes fazer essas coisas; por isso esperamos teu
socorro.

A inevitável condenação de Judá

15 Então o SENHOR me disse: "Mesmo que Moisés e Samuel
intercedessem diante de mim em favor deste povo, eu
não ajudaria. Fora com eles! Expulse-os de minha presença!
2 E se lhe perguntarem: 'Para onde iremos?', diga-lhes: 'Assim
diz o SENHOR: "'Os destinados à morte, para a morte; os des-
tinados à guerra, para a guerra; os destinados à fome, para a
fome; os destinados ao cativeiro, para o cativeiro'.
3 "Enviarei contra eles quatro tipos de destruidores", diz o SE-
NHOR. "Enviarei espada para matá-los, cães para arrastá-los,
abutres para devorá-los e animais selvagens para acabar com
o que tiver sobrado. 4 Por causa das maldades que Manassés,
filho de Ezequias, rei de Judá, fez em Jerusalém, farei de meu
povo objeto de horror para todos os reinos da terra.
5 "Quem terá compaixão de você, Jerusalém? Quem chorará
por você? Quem se dará o trabalho de perguntar se está bem?
6 Você me abandonou e me deu as costas", diz o SENHOR.
"Portanto, levantarei a mão para destruí-la; estou cansado
de mostrar compaixão.
7 Às portas das cidades, eu os espalharei ao vento, como palha
separada do cereal, e levarei seus filhos queridos. Destruirei
meu próprio povo, pois não querem abandonar seus maus
caminhos.
8 Haverá mais viúvas que grãos de areia do mar. Ao meio-dia,
trarei um destruidor contra as mães dos jovens. Farei cair
sobre elas angústia e terror repentinos.
9 A mãe de sete filhos desmaia e respira com dificuldade; para
ela, o sol se pôs enquanto ainda era dia. Agora está sem filhos,
envergonhada e humilhada. Entregarei os que restarem para
serem mortos pelo inimigo. Eu, o SENHOR falei!"

A queixa de Jeremias

10 Então eu disse: "Como estou aflito, minha mãe! Quem dera
eu tivesse morrido ao nascer! Sou odiado em todo lugar. Não
sou um credor que ameaça cobrar a dívida, nem um devedor
que se recusa a pagá-la; ainda assim, todos me amaldiçoam".
11 O SENHOR respondeu: "Eu cuidarei de você; em tempos de
calamidade e aflição, seus inimigos lhe pedirão que interceda
por eles.
12 Alguém é capaz de quebrar uma barra de ferro do norte ou
uma barra de bronze?
13 Entregarei de graça sua riqueza e seus tesouros como des-
pojo a seus inimigos, pois o pecado corre solto pela terra.
14 Farei que seus inimigos os levem como prisioneiros para uma
terra estrangeira. Pois minha ira se acendeu como fogo e ar-
derá contra vocês".
15 Então eu disse: "SENHOR, tu sabes o que me tem acontecido;
intervém, ajuda-me e castiga meus perseguidores! Dá-me
tempo, não permitas que eu morra ainda jovem; é por teu
nome que tenho sofrido humilhações.
16 Quando descobri tuas palavras, devorei-as; são minha alegria
e dão prazer a meu coração, pois pertenço a ti, ó SENHOR, Deus
dos Exércitos.
17 Nunca participei dos banquetes alegres do povo; sentei-me
sozinho, porque tua mão pesava sobre mim, e enchi-me de
indignação com os pecados deles.
18 Por que, então, continuo a sofrer? Por que minha ferida não
tem cura? Teu socorro parece incerto como um riacho incons-
tante; é como uma fonte que secou".
19 Assim diz o SENHOR: "Se voltar para mim, eu o restaurarei,
para que possa continuar a me servir. Se disser palavras de
valor, em vez de palavras inúteis, será meu porta-voz. Você os
influenciará, mas não deixará que o influenciem.
20 Lutarão contra você como um exército, mas o tornarei in-
vencível como uma muralha de bronze. Não o vencerão, pois
estou com você para protegê-lo e livrá-lo. Eu, o SENHOR, falei!
21 Certamente o livrarei desses homens perversos e o resgatarei
de suas mãos cruéis".

Jeremias é proibido de casar-se

16 Recebi outra mensagem do SENHOR. Ele disse: 2 "Não se
case nem tenha filhos neste lugar. 3 Pois assim diz o SE-
NHOR a respeito dos filhos e das filhas que nascerem nesta
terra e a respeito de suas mães e seus pais: 4 Eles morrerão de
doenças terríveis. Ninguém chorará por eles, nem os enter-
rará; ficarão espalhados pela terra como esterco. Morrerão
por guerra e fome, e seus cadáveres servirão de alimento para
os abutres e os animais selvagens".

Castigo que virá sobre Judá

5 Assim diz o SENHOR: "Não vá a funerais para prantear, nem
demonstre compaixão por este povo, pois tirei dele minha pro-
teção; removi minha bondade e minha misericórdia. 6 Tanto os
mais importantes como os mais simples morrerão nesta terra.
Ninguém os sepultará nem chorará por eles. Seus amigos não
se cortarão nem rasparão a cabeça em sinal de tristeza. 7 Nin-
guém oferecerá uma refeição para consolar os que estiverem
de luto, nem mesmo pela morte da mãe ou do pai. Ninguém
lhe dará um cálice de vinho para consolá-los.
8 "Não vá a seus banquetes e a suas festas. Não coma nem
beba com eles. 9 Pois assim diz o SENHOR dos Exércitos, o Deus
de Israel: Durante sua vida, diante de seus olhos, acabarei com
os cânticos alegres e com o riso nesta terra, e não se ouvirão
mais as vozes felizes de noivos e de noivas.
10 "Quando você anunciar tudo isso ao povo, eles perguntarão:
'Por que o SENHOR decretou coisas tão terríveis contra nós?
O que fizemos para ser tratados desse modo? Qual foi nosso
pecado contra o SENHOR, nosso Deus?'.
11 "Então você lhes responderá que assim diz o SENHOR: 'Seus
antepassados me deixaram. Adoraram e serviram outros
deuses, me abandonaram e não obedeceram à minha lei.

12E vocês são ainda piores que seus antepassados! Seguem os desejos teimosos de seu coração perverso e não querem me ouvir. 13Por isso os expulsarei desta terra e os enviarei a uma terra estrangeira, onde vocês e seus antepassados nunca estiveram. Ali poderão adorar deuses dia e noite, e não lhes concederei nenhum favor'."

Esperança apesar da calamidade

14"Mas está chegando o dia", diz o SENHOR, "em que, ao fazer um juramento, ninguém mais dirá: 'Tão certo como vive o SENHOR, que tirou o povo de Israel da terra do Egito'. 15Em vez disso, dirá: 'Tão certo como vive o SENHOR, que trouxe o povo de Israel de volta da terra do norte e de todas as nações onde os havia exilado'. Pois eu os trarei de volta à terra que dei a seus antepassados.

16"Agora, porém, envio muitos pescadores que os pescarão", diz o SENHOR, "e envio caçadores que os caçarão nos montes, nas colinas e nas cavernas. 17Eu os observo de perto e vejo cada pecado. É impossível se esconderem de mim. 18Eu os castigarei em dobro por todos os seus pecados, pois contaminaram minha terra com as imagens sem vida de seus ídolos repulsivos e encheram minha terra com suas práticas detestáveis."

Jeremias expressa confiança

19SENHOR, és minha força e fortaleza, meu refúgio no dia da angústia. Nações de todo o mundo virão a ti e dirão: "Nossos antepassados nos deixaram uma herança enganosa, pois adoraram ídolos inúteis.

20Acaso alguém pode fazer seus próprios deuses? De maneira nenhuma são deuses verdadeiros!".

21O SENHOR diz: "Agora lhes mostrarei meu poder, agora lhes mostrarei minha força. Finalmente entenderão e saberão que eu sou o SENHOR."

O pecado e o castigo de Judá

17 "O pecado de Judá está escrito com cinzel de ferro, gravado com ponta de diamante em seu coração de pedra e nas pontas de seus altares.

2Até seus filhos adoram nos altares e nos postes dedicados a Aserá, debaixo de toda árvore verdejante e no alto das colinas, 3nos montes e nos campos. Entregarei todas as suas riquezas, seus tesouros e seus santuários idólatras como despojo para seus inimigos, porque o pecado corre solto na terra.

4A herança que reservei para vocês lhes escapará por entre os dedos. Farei que seus inimigos os levem como prisioneiros para uma terra estrangeira. Pois minha ira se acendeu como fogo e arderá para sempre".

Sabedoria do SENHOR

5Assim diz o SENHOR: "Maldito é quem confia nas pessoas, que se apoia na força humana e afasta seu coração do SENHOR.

6É como arbusto solitário no deserto; não tem esperança alguma. Habitará em lugares desolados e estéreis, numa terra salgada, onde ninguém vive.

7"Feliz é quem confia no SENHOR, cuja esperança é o SENHOR.

8É como árvore plantada junto ao rio, com raízes que se estendem até as correntes de água. Não se incomoda com o calor, e suas folhas continuam verdes. Não teme os longos meses de seca, e nunca deixa de produzir frutos.

9"O coração humano é mais enganoso que qualquer coisa e é extremamente perverso; quem sabe, de fato, o quanto é mau?

10Eu, o SENHOR, examino o coração e provo os pensamentos. Dou a cada pessoa a devida recompensa, de acordo com suas ações".

A confiança de Jeremias no SENHOR

11Como a perdiz que choca ovos de outro pássaro, assim são os que obtêm riquezas por meios injustos. Na metade da vida, perderão suas riquezas; no final, não passarão de velhos tolos.

12Nós, porém, adoramos diante do teu trono eterno, exaltado e glorioso.

13Ó SENHOR, esperança de Israel, todos que se afastarem de ti serão envergonhados. Serão enterrados no pó da terra, pois abandonaram o SENHOR, a fonte de água viva.

14Ó SENHOR, se me curares, serei verdadeiramente curado; se me salvares, serei verdadeiramente salvo. Louvo somente a ti!

15As pessoas zombam de mim e dizem: "Onde está a mensagem do SENHOR? Por que suas profecias não se cumprem?".

16SENHOR, não abandonei meu trabalho como pastor do teu povo. Não pedi que enviasses calamidades; ouviste tudo que eu disse.

17SENHOR, não me aterrorizes; somente tu és meu refúgio no dia da calamidade.

18Traze vergonha e desespero sobre os que me perseguem, mas não permitas que eu fique envergonhado e desesperado. Traze sobre eles um dia de calamidade, sim, traze sobre eles destruição em dobro!

Guardar o sábado

19Assim me disse o SENHOR: "Vá e fique junto aos portões de Jerusalém, primeiro junto ao portão por onde o rei entra e sai, depois junto a cada um dos outros portões. 20Diga ao povo: 'Ouçam esta mensagem do SENHOR, reis de Judá, todo o povo de Judá e todos os habitantes de Jerusalém, vocês todos que passam por estes portões. 21Assim diz o SENHOR: Ouçam minha advertência! Parem de negociar junto aos portões de Jerusalém no dia de sábado. 22Não trabalhem no sábado, mas façam dele um dia santo. Foi o que ordenei a seus antepassados, 23mas eles não deram ouvidos nem obedeceram. Recusaram-se teimosamente a prestar atenção e não aceitaram minha disciplina.

24"'Se, contudo, vocês me obedecerem, diz o SENHOR, e não negociarem junto aos portões da cidade nem trabalharem

no sábado, se o guardarem como dia santo, [25]então o rei e
seus oficiais entrarão e sairão por estes portões para sempre.
Sempre haverá um descendente de Davi sentado no trono em
Jerusalém. Os reis e seus oficiais entrarão e sairão em car-
ruagens e a cavalo no meio do povo de Judá, e esta cidade
permanecerá para sempre. [26]De todas as partes ao redor de
Jerusalém, das cidades de Judá e Benjamim, das colinas do
oeste, da região montanhosa e do Neguebe, virá gente para
apresentar holocaustos e sacrifícios. Trarão ofertas de cereal,
incenso e ofertas de gratidão ao templo do SENHOR.
[27]"'Mas, se vocês não me ouvirem e não guardarem o sábado
como dia santo e se, nesse dia, trouxerem cargas de mer-
cadorias pelos portões de Jerusalém como nos outros dias,
porei fogo nestes portões. O fogo se espalhará até os palácios
e os consumirá, e ninguém será capaz de apagar as chamas'".

O oleiro e o barro

18 O SENHOR deu outra mensagem a Jeremias: [2]"Desça até a
casa do oleiro, e eu lhe falarei ali". [3]Fui à casa do oleiro e
o encontrei trabalhando na roda. [4]Mas o vaso de barro que ele
estava fazendo não saiu como desejava, por isso ele amassou
o barro e começou novamente.
[5]Então o SENHOR me deu esta mensagem: [6]"Ó Israel, acaso não
posso fazer com vocês o mesmo que o oleiro fez com o barro?
Como o barro está nas mãos do oleiro, vocês estão em minhas
mãos. [7]Se eu anunciar que uma nação ou reino será arrancado,
derrubado e destruído, [8]mas essa nação abandonar seus maus
caminhos, não a destruirei como havia planejado. [9]E, se eu
anunciar que plantarei e edificarei uma nação ou reino, [10]mas
essa nação praticar o mal e não quiser me obedecer, não a
abençoarei como havia declarado.
[11]"Portanto, Jeremias, vá e proclame a todo o povo de Judá
e aos habitantes de Jerusalém: 'Assim diz o SENHOR: Planejo
calamidade para vocês, e não o bem. Por isso, cada um aban-
done seus maus caminhos e faça o que é certo'".
[12]"Não perca seu tempo", o povo respondeu. "Continuaremos
a viver como quisermos e a seguir os desejos teimosos de
nosso coração perverso."
[13]Portanto, assim diz o SENHOR: "Quem ouviu coisa igual a essa,
mesmo entre as outras nações? Israel, minha filha virgem, fez
algo terrível!
[14]Pode a neve desaparecer do alto dos montes do Líbano?
Podem secar-se os riachos que correm desses montes dis-
tantes?
[15]Meu povo, contudo, me abandonou e queima incenso para
ídolos inúteis. Tropeçaram e saíram dos caminhos antigos e
andam por trilhas lamacentas.
[16]Portanto, sua terra ficará desolada; será um monumento à
sua tolice. Todos que passarem por lá ficarão pasmos e balan-
çarão a cabeça em espanto.
[17]Espalharei meu povo diante de seus inimigos, como o vento
leste espalha o pó. Darei as costas para eles e não os ajudarei
em sua calamidade".

Conspiração contra Jeremias

[18]Então o povo disse: "Venham, vamos planejar um jeito de nos
livrarmos de Jeremias. Temos vários sacerdotes, e também
homens sábios e profetas. Não precisamos que ele nos ensine
a lei, e não precisamos de seus conselhos e profecias. Vamos
espalhar boatos a seu respeito e ignorar o que ele diz".
[19]SENHOR, olha para mim! Ouve o que dizem meus inimigos!
[20]Acaso se paga o bem com o mal? Cavaram um buraco para
me matar, mesmo eu tendo intercedido por eles e tentado
protegê-los de tua ira.
[21]Portanto, que os filhos deles morram de fome! Que morram
pela espada! Que suas esposas se tornem viúvas e fiquem sem
filhos! Que os mais velhos sejam mortos por uma praga, e os
jovens, na batalha!
[22]Que se ouçam gritos vindos de suas casas quando guerreiros
atacarem repentinamente, pois cavaram um buraco para mim
e esconderam armadilhas ao longo do meu caminho.
[23]SENHOR, tu conheces os planos que fizeram para me matar;
não os perdoes por seus crimes nem apagues seus pecados.
Que eles morram diante de ti; trata-os de acordo com a tua ira.

O vaso despedaçado

19 Assim me disse o SENHOR: "Vá e compre um vaso de barro.
Depois, peça a alguns líderes do povo e dos sacerdotes
que o acompanhem. [2]Vá ao depósito de lixo no vale de Ben-
-Hinom, que fica junto ao portão dos Cacos, e proclame esta
mensagem: [3]'Ouçam esta mensagem do SENHOR, reis de Judá
e habitantes de Jerusalém! Assim diz o SENHOR dos Exércitos, o
Deus de Israel: Trarei calamidade sobre este lugar, calamidade
tão terrível que fará tinir os ouvidos de quem ouvir a respeito!
[4]"'Pois o povo me abandonou e transformou este vale num
lugar de perversidade. Queimam incenso a deuses estran-
geiros, ídolos até então desconhecidos desta geração, de
seus antepassados e dos reis de Judá. Encheram este lugar
com o sangue de crianças inocentes. [5]Construíram lugares de
adoração a Baal e lhe queimaram os filhos como sacrifício. Ja-
mais ordenei tamanha maldade; nunca me passou pela mente!
[6]Portanto, tomem cuidado, diz o SENHOR, pois está chegando
o dia em que este lugar não se chamará mais Tofete, nem vale
de Ben-Hinom, mas vale da Matança.
[7]"'Pois eu transtornarei os planos minuciosos de Judá e Jeru-
salém. Permitirei que seu povo seja massacrado por exércitos
invasores e deixarei seus cadáveres para servirem de alimento
para os abutres e os animais selvagens. [8]Transformarei Jeru-
salém em um monte de escombros; será um monumento à sua
tolice. Todos que passarem por lá ficarão pasmos e abrirão a
boca de espanto quando virem suas ruínas. [9]Farei os inimigos
cercarem a cidade, até que acabe toda a comida. Então, os
que estiverem presos dentro dela comerão os próprios filhos,
filhas e amigos. Serão levados ao mais absoluto desespero'.
[10]"Então, Jeremias, você quebrará o vaso à vista desses ho-
mens [11]e lhes dirá: 'Assim diz o SENHOR dos Exércitos: Como
este vaso está despedaçado, assim despedaçarei o povo de

Judá e o povo de Jerusalém, e não haverá quem possa res-
taurá-los. Enterrarão os corpos aqui em Tofete, até que não
haja mais espaço. 12Assim farei a este lugar e a seu povo, diz o
SENHOR. Farei a cidade ficar contaminada como Tofete. 13Sim,
todas as casas de Jerusalém, incluindo o palácio dos reis de
Judá, se tornarão como Tofete, todas as casas em que vocês
queimaram incenso nos terraços para adorar as estrelas e
apresentaram ofertas derramadas para seus ídolos'".
14Então Jeremias voltou de Tofete, onde havia anunciado essa
mensagem, e parou diante do templo do SENHOR. Ali, disse ao
povo: 15"Assim diz o SENHOR dos Exércitos, o Deus de Israel:
Trarei calamidade sobre esta cidade e sobre os povoados ao
redor conforme prometi, pois vocês se recusaram teimosa-
mente a me ouvir".

Jeremias e Pasur

20 Pasur, filho de Imer, sacerdote encarregado do templo
do SENHOR, ouviu o que Jeremias profetizava. 2Mandou
prender o profeta Jeremias e ordenou que o açoitassem e o
pusessem no tronco junto à porta de Benjamim, no templo
do SENHOR.
3No dia seguinte, Pasur o soltou, e Jeremias disse: "Pasur,
o SENHOR mudou seu nome. De agora em diante, você será
chamado de 'Homem que Vive em Terror'. 4Pois assim diz
o SENHOR: 'Enviarei terror sobre você e sobre todos os seus
amigos, e você verá quando forem mortos pelas espadas do
inimigo. Entregarei o povo de Judá ao rei da Babilônia, e ele
os levará presos para a Babilônia ou os atravessará com a es-
pada. 5Entregarei Jerusalém nas mãos de seus inimigos, e eles
saquearão todos os tesouros da cidade — as pedras preciosas,
o ouro e a prata de seus reis — e levarão para a Babilônia.
6Você, Pasur, e todos em sua casa serão levados para o exílio
na Babilônia. Ali morrerão e serão sepultados, você e todos os
seus amigos a quem você profetizou mentiras'".

A queixa de Jeremias

7Ó SENHOR, tu me constrangeste, e eu me deixei constranger.
És mais forte que eu e prevaleceste. Agora, sou motivo de
zombaria todos os dias; todos riem de mim.
8Pois, sempre que abro a boca, é para gritar: "Violência e des-
truição!". Essas mensagens do SENHOR me transformaram em
alvo constante de piadas.
9Mas, se digo que nunca mais mencionarei o SENHOR, nem
falarei em seu nome, sua palavra arde como fogo em meu
coração; é como fogo em meus ossos. Estou cansado de tentar
contê-la; é impossível!
10Ouvi muitos boatos a meu respeito; me chamam de "Homem
que Vive em Terror" e me ameaçam: "Se disser alguma coisa,
o denunciaremos". Até os que se dizem amigos íntimos me
vigiam e esperam que eu cometa algum erro fatal. Dizem: "Ele
cairá em sua própria armadilha; então nos vingaremos dele".
11O SENHOR, porém, está ao meu lado como poderoso guer-
reiro. Diante dele meus perseguidores tropeçarão; não con-
seguirão me derrotar. Fracassarão e serão totalmente humi-
lhados; sua desonra jamais será esquecida.
12Ó SENHOR dos Exércitos, tu provas o justo e examinas pensa-
mentos e emoções. Permite que eu veja tua vingança contra
eles, pois coloquei minha causa em tuas mãos.
13Cantem ao SENHOR! Louvem o SENHOR! Pois ele salva o pobre
e necessitado da mão de seus opressores.
14E, no entanto, amaldiçoo o dia em que nasci; ninguém ce-
lebre o dia em que minha mãe me deu à luz.
15Maldito o mensageiro que disse a meu pai: "Tenho boas no-
tícias! Alegre-se, seu filho nasceu!".
16Que ele seja destruído como as cidades antigas que o SENHOR
arrasou sem compaixão. Que seja aterrorizado todo o dia com
gritos de guerra, 17pois não me matou quando nasci. Quem
dera eu tivesse morrido no ventre de minha mãe e seu corpo
tivesse sido minha sepultura!
18Por que eu nasci? Toda a minha vida é apenas sofrimento,
tristeza e vergonha.

Judá não escapará da Babilônia

21 O SENHOR deu esta mensagem a Jeremias quando o rei
Zedequias enviou Pasur, filho de Malquias, e o sacerdote
Sofonias, filho de Maaseias, para falarem com o profeta. Supli-
caram a Jeremias: 2"Consulte o SENHOR por nós e peça que nos
ajude. Nabucodonosor, rei da Babilônia, está atacando Judá.
Quem sabe o SENHOR não fará um de seus milagres poderosos,
como no passado, e obrigará Nabucodonosor a retirar seus
exércitos".
3Jeremias respondeu: "Voltem ao rei Zedequias e digam-lhe:
4'Assim diz o SENHOR, o Deus de Israel: Tornarei inúteis suas
armas contra o rei da Babilônia e os babilônios que os atacam
do lado de fora de seus muros. Trarei seus inimigos para dentro
desta cidade. 5Eu mesmo lutarei contra vocês com mão forte e
braço poderoso, pois é grande a minha ira. Sim, vocês me dei-
xaram furioso! 6Enviarei sobre esta cidade uma peste terrível,
e tanto as pessoas como os animais morrerão. 7Depois de tudo
isso, diz o SENHOR, entregarei o rei Zedequias, seus servos, e
todos os habitantes desta cidade que sobreviverem à doença,
à guerra e à fome a Nabucodonosor, rei da Babilônia, e a seus
outros inimigos. Nabucodonosor os matará sem misericórdia,
nem piedade, nem compaixão'.
8"Digam a todo o povo: 'Assim diz o SENHOR: Escolham entre a
vida e a morte! 9Quem ficar em Jerusalém morrerá por guerra,
fome ou doença, mas os que saírem e se renderem aos babilô-
nios viverão. Sua recompensa será a vida. 10Pois decidi trazer
calamidade, e não o bem, sobre esta cidade, diz o SENHOR.
Será entregue ao rei da Babilônia, e ele a queimará de alto
a baixo'."

Julgamento dos reis de Judá

11"Digam à família real de Judá: 'Ouçam esta mensagem do SE-
NHOR! 12Assim diz o SENHOR à dinastia de Davi: "'A cada manhã,
façam justiça ao povo que vocês julgam; ajudem os que são

explorados e livrem-nos de seus opressores. Do contrário,
minha ira arderá como fogo que ninguém é capaz de apagar,
por causa de todos os seus pecados.
13 Eu mesmo lutarei contra os habitantes de Jerusalém, essa
fortaleza poderosa, contra o povo que diz: 'Estamos seguros
aqui; ninguém conseguirá entrar'.
14 Eu mesmo os castigarei por tudo que fizeram, diz o SENHOR.
Acenderei um fogo em seus bosques, e ele queimará tudo ao
redor'".

Mensagem para os reis de Judá

22 O SENHOR me disse: "Vá e fale diretamente com o rei
de Judá. Diga-lhe: 2 'Ouça esta mensagem do SENHOR,
ó rei de Judá, sentado no trono de Davi. Que seus servos e
todo o seu povo também escutem. 3 Assim diz o SENHOR:
Sejam imparciais e justos. Ajudem os que são explorados e
livrem-nos de seus opressores. Abandonem suas maldades:
não maltratem os estrangeiros, nem os órfãos, nem as viúvas
e parem de matar inocentes! 4 Se me obedecerem, sempre
haverá um descendente de Davi sentado no trono em Jeru-
salém. O rei passará pelas portas do palácio em carruagens
e cavalos, acompanhado de seus servos e súditos. 5 Mas, se
vocês não derem ouvidos a esta advertência, juro por meu
próprio nome, diz o SENHOR, que este palácio se tornará um
monte de escombros'".

Mensagem a respeito do palácio

6 Assim diz o SENHOR acerca do palácio de Judá: "Eu o amo
tanto quanto a fértil floresta de Gileade e os bosques verdes
do Líbano. Contudo, o transformarei num deserto, e ninguém
habitará dentro de seus muros.
7 Chamarei demolidores, que trarão consigo suas ferramentas.
Arrancarão suas belas vigas de cedro e as lançarão no fogo.
8 "Pessoas de muitas nações passarão pelas ruínas desta ci-
dade e dirão umas às outras: 'Por que o SENHOR destruiu esta
grande cidade?'. 9 E a resposta será: 'Porque eles quebraram
sua aliança com o SENHOR, seu Deus, ao adorar e servir outros
deuses'".

Mensagem a respeito de Jeoacaz

10 Não chorem pelo rei morto nem lamentem sua perda;
chorem, porém, pelo rei que foi levado como prisioneiro, pois
nunca mais voltará nem verá sua terra natal.
11 Pois assim diz o SENHOR acerca de Jeoacaz, que sucedeu seu
pai, o rei Josias, e foi levado para o exílio: "Ele jamais voltará.
12 Morrerá exilado numa terra distante e nunca mais verá sua
terra natal".

Mensagem a respeito de Jeoaquim

13 "Que aflição espera Jeoaquim, que edifica seu palácio de
forma desonesta! Constrói suas paredes com injustiça, pois
obriga gente do seu povo a trabalhar sem pagar salário.
14 Diz: 'Construirei para mim um palácio magnífico, com salas
espaçosas e muitas janelas. Revestirei tudo com painéis de
cedro e pintarei de vermelho vívido'.
15 Mas um belo palácio de cedro não faz um grande rei! Josias,
seu pai, também tinha muita comida e bebida, mas em tudo
que fazia era justo e íntegro; por isso tudo deu certo para ele.
16 Fez justiça ao pobre e ao necessitado e os ajudou, e tudo
lhe correu bem. Não é isso que significa me conhecer?", diz
o SENHOR.
17 "Você, porém, só tem olhos para a cobiça e a desonestidade;
derrama sangue inocente e reina com crueldade e opressão."
18 Portanto, assim diz o SENHOR acerca de Jeoaquim, filho de Jo-
sias, rei de Judá: "O povo não lamentará por ele, nem clamará:
' Que tristeza, meu irmão! Que tristeza, minha irmã!'. Seus
súditos não lamentarão por ele, nem clamarão: ' Que tristeza,
nosso senhor morreu! Que tristeza, sua majestade se foi!'.
19 Será enterrado como se enterra um jumento: arrastado e
jogado fora dos portões de Jerusalém.
20 Chore por seus aliados no Líbano, grite por eles em Basã.
Procure-os nas regiões a oeste do rio; veja, foram todos des-
truídos!
21 Eu o adverti quando você era próspero, mas você respondeu:
'Recuso-me a ouvir'. Sempre foi assim, desde a juventude;
nunca me obedece!
22 Agora o vento levará para longe seus aliados; todos os seus
amigos serão levados para o exílio. Então certamente verá sua
perversidade e ficará envergonhado.
23 Você que mora num lindo palácio, todo revestido de madeira
de cedro do Líbano, logo gemerá com pontadas de angústia,
como as dores da mulher em trabalho de parto."

Mensagem para Joaquim

24 "Tão certo como eu vivo", diz o SENHOR, "eu o abandonarei,
Joaquim, filho de Jeoaquim, rei de Judá. Mesmo que você
fosse o anel de selar em minha mão direita, eu o arrancaria.
25 Eu o entregarei àqueles que procuram matá-lo, àqueles que
você tanto teme: o rei Nabucodonosor da Babilônia e o exército
babilônio. 26 Expulsarei você e sua mãe desta terra e vocês
morrerão em nação estrangeira, e não em sua terra natal.
27 Jamais voltarão à terra pela qual anseiam.
28 "Por que esse homem, Joaquim, é como um vaso quebrado,
jogado fora? Por que ele e seus filhos serão exilados em terra
estrangeira?
29 Ó terra, terra, terra de Judá! Ouça esta mensagem do SE-
NHOR!
30 Assim diz o SENHOR: ' Registrem Joaquim como homem sem
filhos. Ele não terá êxito, pois não terá filhos que o sucedam
no trono de Davi para reinar em Judá'."

O descendente justo

23 "Que aflição espera os pastores de minhas ovelhas,
pois destruíram e dispersaram aqueles de quem deviam
cuidar", diz o SENHOR.

2Portanto, assim diz o SENHOR, o Deus de Israel, a esses líderes
do povo: "Em vez de cuidarem do meu rebanho e o conduzirem
em segurança, vocês o abandonaram e o levaram à destruição.
Agora, eu os castigarei pelo mal que fizeram. 3Contudo, reu-
nirei o remanescente do meu rebanho das terras para onde os
expulsei. Eu os trarei de volta para seu curral, e eles serão fér-
teis e se multiplicarão. 4Em seguida, nomearei bons pastores
que cuidarão dessas ovelhas. Elas nunca mais terão medo, e
nenhuma delas se perderá. Eu, o SENHOR, falei!
5"Pois está chegando o dia", diz o SENHOR, "em que levantarei
um Renovo, um descendente justo, da linhagem do rei Davi.
Ele reinará com sabedoria e fará o que é justo e certo em
toda a terra.
6E este será seu nome: 'O SENHOR é nossa justiça'. Nesse dia,
Judá será salvo, e Israel viverá em segurança.
7"Está chegando o dia", diz o SENHOR, "em que as pessoas
que fizerem um juramento não dirão: 'Tão certo como vive o
SENHOR, que tirou o povo de Israel da terra do Egito'. 8Em vez
disso, dirão: 'Tão certo como vive o SENHOR, que trouxe o povo
de Israel de volta da terra do norte e de todas as nações onde
os havia exilado'. Então viverão em sua própria terra."

Julgamento dos falsos profetas

9Meu coração está quebrantado por causa dos falsos profetas,
e todos os meus ossos tremem. Cambaleio como um bêbado,
como alguém vencido pelo vinho, por causa das santas pala-
vras que o SENHOR pronunciou contra eles.
10Pois a terra está cheia de adultério e debaixo de maldição.
A terra está de luto; os pastos do deserto secaram. Pois todos
praticam o mal e abusam do poder.
11"Até os sacerdotes e profetas são homens corrompidos. Vi
seus atos desprezíveis aqui mesmo, em meu templo", diz o
SENHOR.
12"Portanto, os caminhos deles se tornarão escorregadios.
Serão perseguidos na escuridão, e ali cairão. Pois trarei ca-
lamidade sobre eles no tempo determinado para seu castigo.
Eu, o SENHOR, falei!
13"Vi que os profetas de Samaria eram terríveis, pois profe-
tizavam em nome de Baal e faziam Israel, meu povo, pecar.
14Agora, porém, vejo que os profetas de Jerusalém são ainda
piores; cometem adultério, gostam da desonestidade e in-
centivam quem pratica o mal, para que ninguém se arrependa
de sua maldade. Esses profetas são tão perversos quanto os
habitantes de Sodoma e Gomorra."
15Portanto, assim diz o SENHOR dos Exércitos acerca dos pro-
fetas: "Eu os alimentarei com amargura e lhes darei veneno
para beber, pois foi por causa dos profetas de Jerusalém que
a perversidade encheu esta terra".
16Assim diz o SENHOR dos Exércitos a seu povo: "Não deem
ouvidos a esses profetas quando profetizam para vocês e os
enchem de falsas esperanças. Eles inventam tudo que dizem;
não falam da parte do SENHOR.
17Vivem repetindo aos que desprezam minha palavra: 'O SE-
NHOR diz que terão paz!'. E aos que seguem os desejos tei-
mosos de seu coração, dizem: 'Nada de mal lhes acontecerá!'.
18"Acaso algum desses profetas esteve na presença do SE-
NHOR para ouvir suas palavras? Algum deles prestou atenção
e obedeceu?
19Vejam, a ira do SENHOR irrompe como uma tempestade, um
vendaval sobre a cabeça dos perversos!
20A ira do SENHOR não passará até que ele cumpra tudo que
planejou. Em dias futuros, vocês entenderão tudo isso cla-
ramente.
21"Não enviei esses profetas, mas eles correm de um lado para
o outro. Não lhes dei mensagem alguma, e ainda assim con-
tinuam a profetizar.
22Se houvessem estado diante de mim e me ouvido, teriam
anunciado minhas palavras e levado meu povo a se arrepender
de seus maus caminhos e suas más ações.
23Acaso sou Deus apenas de perto?", diz o SENHOR. "Não sou
Deus também de longe?
24Pode alguém se esconder de mim onde eu não veja? Não
estou em toda parte, nos céus e na terra?", diz o SENHOR.
25"Ouvi esses profetas dizerem: 'Tive um sonho! Tive um
sonho!' e depois contarem mentiras em meu nome. 26Até
quando isso continuará? Se são profetas, são profetas do en-
gano e inventam tudo que dizem. 27Relatando esses sonhos
falsos, procuram fazer meu povo se esquecer de mim, como
seus antepassados se esqueceram de mim ao adorar os ídolos
de Baal.
28"Que esses falsos profetas relatem seus sonhos, mas que
meus verdadeiros mensageiros proclamem fielmente todas as
minhas palavras; há diferença entre palha e trigo!
29Acaso minha palavra não arde como fogo?", diz o SENHOR.
"Não é como martelo que despedaça a rocha?
30"Portanto", diz o SENHOR, "sou contra esses profetas que
roubam palavras uns dos outros e afirmam que as receberam
de mim. 31Sou contra esses profetas cheios de lábia que dizem:
'Esta profecia é do SENHOR!'. 32Sou contra esses falsos pro-
fetas. Seus sonhos imaginários são mentiras descaradas que
fazem meu povo pecar. Não os enviei nem os nomeei, e eles
não têm nada a dizer a este povo. Eu, o SENHOR, falei!"

Falsas profecias e falsos profetas

33"Se alguém do povo, ou algum dos profetas ou dos sacer-
dotes lhe perguntar: 'Que palavras pesadas o SENHOR lhe deu
para anunciar hoje?', responda: 'Vocês são o peso! O SE-
NHOR diz que os abandonará!'.
34"Se algum profeta, sacerdote ou qualquer outra pessoa
disser: 'Tenho uma profecia do SENHOR', castigarei essa pessoa
e toda a sua família. 35Perguntem uns aos outros: 'Qual é a res-
posta do SENHOR?', ou 'O que o SENHOR diz?'. 36Mas parem de
usar a expressão 'profecia do SENHOR'. Pois alguns a usam para
conferir autoridade às próprias ideias e distorcem as palavras
de nosso Deus, o Deus vivo, o SENHOR dos Exércitos.

37"Isto é o que você dirá aos profetas: 'Qual é a resposta do
SENHOR?', ou 'O que o SENHOR diz?'. 38Mas, se responderem:
'Esta é uma profecia do SENHOR!', você deve dizer: 'Assim diz
o SENHOR: Porque usaram a expressão 'profecia do SENHOR',
embora eu os tenha advertido de que não a usassem, 39eu me
esquecerei completamente de vocês. Sim, os expulsarei de
minha presença, junto com esta cidade que dei a vocês e a
seus antepassados. 40Farei de vocês objeto de ridículo, e seu
nome será infame para sempre'."

Figos bons e figos ruins

24 Depois que Nabucodonosor, rei da Babilônia, levou para
o exílio o rei Joaquim, filho de Jeoaquim, junto com os
oficiais de Judá e seus artífices e artesãos, o SENHOR me deu
esta visão. Vi dois cestos de figos postos diante do templo do
SENHOR, em Jerusalém. 2Um cesto estava cheio de figos frescos
e maduros, e o outro, cheio de figos ruins e tão estragados que
não serviam para comer.
3Então o SENHOR me disse: "O que você vê, Jeremias?".
"Figos", respondi. "Alguns muito bons e outros muito ruins,
tão estragados que não servem para comer."
4Então o SENHOR me deu esta mensagem: 5"Assim diz o SENHOR,
o Deus de Israel: Os figos bons representam os exilados que
enviei de Judá para a terra dos babilônios. 6Eu os guardarei e
cuidarei deles e os trarei de volta para cá. Eu os edificarei, e
não os derrubarei. Eu os plantarei, e não os arrancarei. 7Darei
a eles coração capaz de reconhecer que eu sou o SENHOR. Eles
serão o meu povo, e eu serei o seu Deus, pois eles se voltarão
para mim de todo o coração.
8"Os figos ruins", diz o SENHOR, "representam Zedequias,
rei de Judá, seus oficiais, o povo que restou em Jerusalém e
aqueles que moram no Egito. Eu os tratarei como figos ruins,
tão estragados que não servem para comer. 9Farei deles ob-
jeto de horror e símbolo de calamidade para todas as nações
na terra. Em todos os lugares por onde eu os espalhar, serão
alvo de vergonha e zombaria, insulto e maldição. 10E eu en-
viarei guerra, fome e doença até que tenham desaparecido da
terra de Israel, que dei a eles e a seus antepassados."

Setenta anos de cativeiro

25 Jeremias recebeu do SENHOR esta mensagem para todo
o povo de Judá no quarto ano do reinado de Jeoaquim,
filho de Josias, rei de Judá. Nesse mesmo ano, Nabucodo-
nosor, rei da Babilônia, começou a reinar.
2O profeta Jeremias disse a todo o povo de Judá e a todos os
habitantes de Jerusalém: 3"Durante 23 anos, desde o décimo
terceiro ano do reinado de Josias, filho de Amom, rei de Judá,
até hoje, o SENHOR me tem dado suas mensagens. Eu as anun-
ciei fielmente, mas vocês não ouviram.
4"Repetidamente, o SENHOR tem enviado seus servos, os pro-
fetas, mas vocês não ouviram nem prestaram atenção. 5Todas
as vezes a mensagem foi a mesma: 'Abandonem seus maus
caminhos e suas más ações. Só então habitarão nesta terra
que o SENHOR deu a vocês e a seus antepassados para sempre.
6Não provoquem minha ira ao adorar deuses que vocês fizeram
com suas próprias mãos. Então, não lhes farei mal algum'.
7"Mas vocês não me deram ouvidos", diz o SENHOR. "Provo-
caram minha ira ao adorar ídolos que vocês fizeram com as
próprias mãos e trouxeram calamidades sobre si mesmos.
8Agora, o SENHOR dos Exércitos diz: Porque não me escutaram,
9reunirei todos os exércitos do norte sob o comando de meu
servo Nabucodonosor, rei da Babilônia. Eu os trarei contra esta
terra e seus habitantes e contra as nações vizinhas. Destruirei
vocês completamente e os transformarei para sempre em
ruínas e em objeto de horror e desprezo. 10Acabarei com seus
cânticos alegres e seu riso, e não se ouvirão mais as vozes fe-
lizes de noivos e de noivas. As pedras de moinho se calarão, e
as luzes das casas se apagarão. 11Esta terra inteira se transfor-
mará em desolação e ruína. Israel e as nações vizinhas servirão
ao rei da Babilônia durante setenta anos.
12"Então, quando terminarem os setenta anos de exílio, cas-
tigarei o rei e o povo da Babilônia por seus pecados", diz o
SENHOR. "Transformarei a terra dos babilônios em ruínas para
sempre. 13Trarei sobre eles todos os terrores que prometi
neste livro, todos os castigos anunciados por Jeremias contra
as nações. 14Muitas nações e muitos grandes reis escravizarão
os babilônios, assim como eles escravizaram meu povo. Eu os
castigarei na mesma proporção do sofrimento que causaram
com suas ações."

O cálice da ira do SENHOR

15Assim me disse o SENHOR, o Deus de Israel: "Pegue da minha
mão este cálice cheio do vinho de minha ira e faça que bebam
dele todas as nações às quais eu o enviar. 16Quando beberem,
ficarão cambaleando, enlouquecidas por causa das guerras
que enviarei contra elas".
17Então peguei o cálice da ira do SENHOR e fiz todas as nações
beberem dele, cada uma das nações às quais o SENHOR me
enviou. 18Fui a Jerusalém e às outras cidades de Judá, e seus
reis e oficiais beberam do cálice. Hoje, não passam de ruína
desolada, objeto de horror, desprezo e maldição. 19Dei o cálice
ao faraó, rei do Egito, a seus servos e oficiais e a todo o seu
povo, 20bem como aos estrangeiros que vivem naquela terra.
Também o dei a todos os reis da terra de Uz e aos reis das
cidades filisteias de Ascalom, Gaza, Ecrom, e ao que resta de
Asdode. 21Dei o cálice às nações de Edom, Moabe e Amom,
22aos reis de Tiro e Sidom e aos reis das regiões além do mar.
23Dei-o também a Dedã, Temá, Buz e àqueles que vivem em
lugares distantes. 24Dei-o aos reis da Arábia, aos reis das tribos
nômades do deserto 25e aos reis de Zinri, de Elão e da Média.
26Dei-o ainda aos reis das terras do norte, próximas e dis-
tantes, uma após a outra, a todos os reinos do mundo. E, por
fim, o próprio rei da Babilônia bebeu do cálice.
27Então o SENHOR me disse: "Agora diga-lhes: 'Assim diz
o SENHOR dos Exércitos, o Deus de Israel: Bebam do cálice,
fiquem embriagados e vomitem; caiam para nunca mais le-

vantar, pois envio contra vocês guerras terríveis'. 28E, se não
quiserem aceitar o cálice, diga-lhes: 'Assim diz o SENHOR dos
Exércitos: Vocês serão obrigados a beber. 29Comecei a castigar
Jerusalém, a cidade que leva meu nome. Acaso deixarei que
escapem do castigo? Não, vocês não escaparão. Trarei guerra
contra todas as nações da terra. Eu, o SENHOR dos Exércitos,
falei!'.

30"Agora, profetize todas essas coisas e diga-lhes: "'De sua
santa habitação nos céus o SENHOR rugirá contra sua terra.
Gritará como aqueles que pisam uvas, gritará contra todos os
habitantes da terra.

31O estrondo de sua voz chegará aos confins da terra, pois
o SENHOR apresentará sua causa contra as nações. Julgará
toda a humanidade e matará os perversos à espada. Eu, o
SENHOR, falei!'".

32Assim diz o SENHOR dos Exércitos: "Vejam, a calamidade virá
sobre uma nação após a outra! Um grande vendaval está se
formando nos confins da terra!".

33Nesse dia, aqueles que o SENHOR tiver massacrado encherão
a terra de uma extremidade à outra. Ninguém chorará por eles
nem ajuntará seus corpos para enterrá-los. Ficarão espalhados
pela terra como esterco.

34Chorem e gemam, pastores perversos! Rolem no pó, líderes
do rebanho! O dia de sua matança chegou; vocês cairão e se
despedaçarão como um vaso frágil.

35Não encontrarão lugar para se esconder, não terão como
escapar.

36Ouçam os gritos desesperados dos pastores, o lamento dos
líderes do rebanho, pois o SENHOR está destruindo o pasto
deles.

37Campos tranquilos serão devastados pela ira ardente do
SENHOR.

38Como um leão forte à procura de alimento, ele saiu da toca;
a terra dos pastores ficará em ruínas por causa da espada do
inimigo e da ira ardente do SENHOR.

Jeremias escapa da morte

26 Jeremias recebeu esta mensagem do SENHOR no início
do reinado de Jeoaquim, filho de Josias, rei de Judá:
2"Assim diz o SENHOR: Vá ao pátio do templo do SENHOR e fale
aos habitantes das cidades de Judá que vieram adorar no
templo. Transmita-lhes minha mensagem completa, sem que
falte uma só palavra. 3Talvez eles escutem e abandonem seus
maus caminhos. Então voltarei atrás e não enviarei a calami-
dade que estou prestes a derramar sobre eles por causa de
seus pecados.

4"Diga-lhes: 'Assim diz o SENHOR: Se vocês não me derem ou-
vidos e não obedecerem à minha lei, que lhes dei, 5e se não
derem ouvidos a meus servos, os profetas — pois eu os enviei
repetidamente para adverti-los, mas vocês não quiseram ouvir
—, 6então destruirei o templo, como destruí Siló, o lugar onde
ficava o tabernáculo. Farei de Jerusalém objeto de maldição
entre todas as nações da terra'".

7Os sacerdotes, os profetas e todo o povo ouviram Jeremias
falar na frente do templo do SENHOR. 8Quando Jeremias ter-
minou sua mensagem e disse tudo que o SENHOR lhe havia or-
denado, os sacerdotes, os profetas e todo o povo o atacaram e
gritaram: "Vamos matá-lo! 9Que direito você tem de profetizar,
em nome do SENHOR, que este templo será destruído como
Siló? Que história é essa de que Jerusalém será destruída e
ficará desabitada?". E todo o povo o ameaçava em frente ao
templo do SENHOR.

10Quando os oficiais de Judá ouviram o que estava aconte-
cendo, correram do palácio até o templo e sentaram-se para
julgar à entrada da porta Nova do templo do SENHOR. 11Os sa-
cerdotes e os profetas apresentaram suas acusações aos ofi-
ciais e ao povo. "Este homem deve ser condenado à morte",
disseram. "Vocês ouviram com os próprios ouvidos que ele
profetizou contra esta cidade!"

12Então Jeremias disse aos oficiais e ao povo: "O SENHOR me
enviou para profetizar contra este templo e esta cidade. O
SENHOR me deu cada palavra que lhes falei. 13Se, contudo,
vocês deixarem de pecar e começarem a obedecer ao SENHOR,
seu Deus, ele voltará atrás e não enviará a calamidade que
anunciou contra vocês. 14Quanto a mim, estou em suas mãos.
Façam comigo o que lhes parecer melhor. 15Se me matarem,
porém, saibam que derramarão sangue inocente. Vocês, esta
cidade e cada um de seus habitantes serão responsabilizados
por isso. Pois é verdade que o SENHOR me enviou para dizer
cada palavra que ouviram".

16Então os oficiais e o povo disseram aos sacerdotes e aos
profetas: "Este homem não merece a sentença de morte, pois
nos falou em nome do SENHOR, nosso Deus". 17Então alguns dos
anciãos do povo se levantaram e falaram a todos que estavam
reunidos ali. 18Disseram: "Lembrem-se de quando Miqueias,
de Moresete, profetizou durante o reinado de Ezequias, rei
de Judá. Ele disse ao povo de Judá: 'Assim diz o SENHOR dos
Exércitos: O monte Sião será lavrado como um campo aberto;
Jerusalém será transformada em ruínas. Mato cobrirá o monte
onde hoje está o templo'.

19Acaso o rei Ezequias e o povo o mataram porque ele disse
isso? Não, mas temeram o SENHOR e lhe suplicaram por miseri-
córdia. Então o SENHOR voltou atrás e não enviou a calamidade
que havia pronunciado contra eles. Estamos prestes a fazer
grande mal a nós mesmos".

20Urias, filho de Semaías, de Quiriate-Jearim, também pro-
fetizava nessa época em nome do SENHOR. E, como Jere-
mias, previu a mesma calamidade sobre a cidade e a nação.
21Quando o rei Jeoaquim, os comandantes do exército e os
oficiais ouviram o que Urias disse, o rei planejou matá-lo.
Urias, porém, soube do plano e, com medo, fugiu para o Egito.
22Então o rei Jeoaquim enviou Elnatã, filho de Acbor, e outros
homens ao Egito para capturar Urias. 23Eles o prenderam e o
levaram de volta ao rei Jeoaquim. O rei matou Urias com uma
espada e mandou sepultá-lo numa vala comum.

24Apesar disso, Aicam, filho de Safã, protegeu Jeremias e con-
venceu o tribunal a não o entregar à multidão para ser morto.

Jeremias usa um jugo de boi

27 Jeremias recebeu esta mensagem do SENHOR no início
do reinado de Zedequias, filho de Josias, rei de Judá.
2Assim me disse o SENHOR: "Faça um jugo, ponha-o sobre
o pescoço e prenda-o com cordas de couro. 3Depois, envie
mensagens aos reis de Edom, Moabe, Amom, Tiro e Sidom por
meio dos embaixadores que vieram ver o rei Zedequias em
Jerusalém. 4Diga-lhes que transmitam esta mensagem a seus
senhores: 'Assim diz o SENHOR dos Exércitos, o Deus de Israel:
5Com minha grande força e meu braço poderoso, fiz a terra,
todas as pessoas e todos os animais. Isso tudo é meu, e posso
entregá-lo a quem eu quiser. 6Agora, entregarei suas nações
a meu servo, Nabucodonosor, rei da Babilônia. Coloquei tudo
debaixo de seu controle, até os animais selvagens. 7Todas as
nações servirão a ele, seu filho e seu neto, até terminar o
tempo deles. Então, muitas nações e grandes reis conquis-
tarão e dominarão a Babilônia. 8Submetam-se, portanto, ao
rei da Babilônia e sirvam-no. Coloquem o pescoço debaixo do
jugo da Babilônia. Eu castigarei qualquer nação que se recusar
a servi-lo. Enviarei guerra, fome e doença sobre essa nação até
que a Babilônia a conquiste.
9"'Não deem ouvidos a seus falsos profetas, adivinhos, intér-
pretes de sonhos, médiuns e feiticeiros, que dizem: 'O rei da
Babilônia não os dominará'. 10São todos mentirosos, e suas
mentiras os levarão a ser expulsos da terra. Eu os expulsarei e
os enviarei para longe, e vocês morrerão. 11Mas a nação que
se sujeitar ao rei da Babilônia poderá continuar em sua terra e
cultivá-la. Eu, o SENHOR, falei!'".
12Depois, repeti a mesma mensagem a Zedequias, rei de Judá:
"Submeta-se ao jugo do rei da Babilônia e de seu povo, e vocês
viverão. 13Por que você e seu povo morreriam? Por que esco-
lher guerra, fome e doença que o SENHOR trará contra toda
nação que não se submeter ao rei da Babilônia? 14Não deem
ouvidos aos falsos profetas que lhes dizem: 'O rei da Babilônia
não os dominará'. São mentirosos. 15Assim diz o SENHOR: 'Não
enviei esses profetas. Eles contam mentiras em meu nome. Por
isso expulsarei vocês desta terra. Todos vocês morrerão, junto
com todos esses profetas'".
16Então falei aos sacerdotes e ao povo e disse: "Assim diz o
SENHOR: 'Não deem ouvidos aos profetas que afirmam que, em
breve, serão devolvidos os objetos preciosos que foram tirados
do meu templo e levados para a Babilônia. É tudo mentira.
17Não lhes deem ouvidos. Submetam-se ao rei da Babilônia, e
viverão. Por que provocar a destruição desta cidade inteira?
18Se, de fato, eles são profetas e transmitem mensagens do
SENHOR, que orem ao SENHOR dos Exércitos e supliquem que os
objetos que restam no templo do SENHOR, no palácio do rei e
em Jerusalém não sejam levados para a Babilônia'.
19"Pois assim diz o SENHOR dos Exércitos acerca das colunas à
entrada do templo, do tanque de bronze chamado Mar, das
bases móveis e de todos os outros objetos cerimoniais. 20Na-
bucodonosor, rei da Babilônia, os deixou aqui quando levou
Joaquim, filho de Jeoaquim, rei de Judá, para o exílio na Babi-
lônia com todos os nobres de Judá e Jerusalém. 21Assim diz o
SENHOR dos Exércitos, o Deus de Israel, a respeito dos objetos
preciosos que restaram no templo e no palácio do rei de Judá:
22'Todos eles serão levados para a Babilônia e ali ficarão até
que eu mande buscá-los', diz o SENHOR. 'Então os trarei de
volta a Jerusalém'".

Jeremias condena Hananias

28 Naquele mesmo ano, o quarto ano do reinado de Zede-
quias, rei de Judá, no mês de agosto, Hananias, filho de
Azur, um profeta de Gibeom, se dirigiu a mim publicamente
no templo, diante de todos os sacerdotes e do povo, e disse:
2"Assim diz o SENHOR dos Exércitos, o Deus de Israel: 'Remo-
verei do seu pescoço o jugo do rei da Babilônia. 3Dentro de dois
anos, trarei de volta todos os objetos preciosos do templo que
o rei Nabucodonosor levou para a Babilônia. 4Também trarei
de volta Joaquim, filho de Jeoaquim, rei de Judá, e todos os
outros exilados de Judá levados para a Babilônia. Certamente
quebrarei o jugo que o rei da Babilônia colocou sobre seu pes-
coço. Eu, o SENHOR, falei!'".
5Jeremias respondeu a Hananias diante de todos os sacer-
dotes e do povo que estava no templo do SENHOR: 6"Amém!
Que sua profecia se cumpra! Espero que o SENHOR faça tudo
que você anunciou. Espero que ele traga de volta da Babilônia
os objetos preciosos do templo e todos os exilados. 7Agora,
porém, ouça as palavras que lhe digo na presença de todo
o povo. 8Os antigos profetas, que vieram antes de você e de
mim, falaram contra muitas nações e grandes reinos, e sempre
advertiram a respeito de guerra, calamidade e doença. 9Por-
tanto, um profeta que anuncia paz precisa esperar que suas
previsões se cumpram antes de ser considerado, de fato, en-
viado pelo SENHOR".
10Então o profeta Hananias tirou do pescoço de Jeremias o
jugo e o quebrou em pedaços. 11E disse novamente a todo
o povo: "Assim diz o SENHOR: 'Assim como este jugo foi que-
brado, dentro de dois anos quebrarei o jugo de opressão de
todas as nações que agora estão sujeitas a Nabucodonosor, rei
da Babilônia'". Depois disso, Jeremias saiu dali.
12Logo após o confronto com Hananias, o SENHOR deu esta
mensagem a Jeremias: 13"Vá e diga a Hananias: 'Assim diz o
SENHOR: Você quebrou o jugo de madeira, mas em seu lugar
colocou um jugo de ferro. 14O SENHOR dos Exércitos, o Deus
de Israel, diz: Coloquei um jugo de ferro sobre o pescoço de
todas essas nações para serem escravas de Nabucodonosor,
rei da Babilônia. Coloquei tudo debaixo de seu controle, até
os animais selvagens'".
15Então Jeremias disse a Hananias: "Ouça, Hananias! O SE-
NHOR não enviou você, mas o povo acredita em suas mentiras.
16Por isso, assim diz o SENHOR: 'Você morrerá. Sua vida chegará
ao fim ainda este ano, pois você se rebelou contra o SENHOR'".

17Naquele mesmo ano, dois meses depois, o profeta Hananias
morreu.

Uma carta para os exilados

29 O profeta Jeremias escreveu uma carta e a enviou de
Jerusalém aos líderes, sacerdotes, profetas e a todo o
povo que o rei Nabucodonosor havia levado para a Babilônia.
2Isso aconteceu depois que o rei Joaquim, a rainha-mãe, os
oficiais do palácio e os outros oficiais de Judá, bem como
todos os artífices e artesãos, foram deportados de Jerusalém.
3Ele enviou a carta por meio de Elasa, filho de Safã, e de Ge-
marias, filho de Hilquias, quando eles foram à Babilônia como
embaixadores de Zedequias a Nabucodonosor. A carta de Je-
remias dizia:
4Assim diz o SENHOR dos Exércitos, o Deus de Israel, a todos
os exilados que ele deportou de Jerusalém para a Babilônia:
5"Construam casas e estabeleçam-se nelas. Plantem po-
mares e comam os frutos que eles produzirem. 6Casem-se e
tenham filhos. Encontrem esposas para seus filhos e maridos
para suas filhas, a fim de que vocês tenham muitos netos.
Multipliquem-se! Não diminuam! 7Trabalhem pela paz e pela
prosperidade da cidade para a qual os deportei. Orem por ela
ao SENHOR, pois a prosperidade de vocês depende da pros-
peridade dela".
8Assim diz o SENHOR dos Exércitos, o Deus de Israel: "Não se
deixem enganar pelos profetas e adivinhos que há no meio
de vocês na terra da Babilônia. Não deem ouvidos aos sonhos
deles, porque sonham o que vocês querem ouvir. 9Eles contam
mentiras em meu nome. Eu não os enviei", diz o SENHOR.
10Assim diz o SENHOR: "Vocês ficarão na Babilônia durante se-
tenta anos. Depois disso, eu virei e cumprirei todas as boas
promessas que lhes fiz e os trarei de volta para casa. 11Porque
eu sei os planos que tenho para vocês", diz o SENHOR. "São
planos de bem, e não de mal, para lhes dar o futuro pelo qual
anseiam. 12Naqueles dias, quando vocês clamarem por mim
em oração, eu os ouvirei. 13Se me buscarem de todo o coração,
me encontrarão. 14Serei encontrado por vocês", diz o SENHOR.
"Acabarei com seu exílio e os restaurarei. Eu os reunirei de
todas as nações para as quais os enviei e os trarei de volta
para casa, para sua terra."
15Vocês dizem que o SENHOR levantou profetas para vocês na
Babilônia. 16Mas assim diz o SENHOR acerca do rei sentado no
trono de Davi e de todos que ainda moram aqui em Jerusalém,
seus compatriotas que não foram enviados para o exílio na
Babilônia. 17Assim diz o SENHOR dos Exércitos: "Enviarei guerra,
fome e doença sobre eles e farei que sejam como figos ruins,
tão estragados que não servem para comer. 18Sim, eu os
perseguirei com guerra, fome e doença e os espalharei pelo
mundo. Em todas as nações para onde eu os enviar, farei deles
objeto de condenação, horror, desprezo e zombaria. 19Pois não
querem me ouvir, embora eu lhes tenha falado repetidamente
por meio dos profetas que enviei. E vocês que estão no exílio
também não deram ouvidos", diz o SENHOR.
20Portanto, ouçam esta mensagem do SENHOR, todos vocês exi-
lados na Babilônia. 21Assim diz o SENHOR dos Exércitos, o Deus
de Israel, acerca de seus profetas — Acabe, filho de Colaías, e
Zedequias, filho de Maaseias — que contam mentiras em meu
nome: "Eu os entregarei a Nabucodonosor, rei da Babilônia,
para que sejam mortos diante de vocês. 22O terrível destino
deles se tornará notório; por isso, quando os exilados judeus
quiserem amaldiçoar alguém, dirão: 'Que o SENHOR faça com
você o que fez com Zedequias e Acabe, que foram queimados
vivos pelo rei da Babilônia!'. 23Pois esses homens fizeram
coisas horríveis entre meu povo: cometeram adultério com
a esposa de seu próximo e mentiram em meu nome, dizendo
coisas que eu não havia ordenado. E eu sou testemunha disso.
Eu, o SENHOR, falei".

Mensagem para Semaías

24O SENHOR enviou esta mensagem a Semaías, o neelamita:
25"Assim diz o SENHOR dos Exércitos, o Deus de Israel: Você
escreveu uma carta em seu próprio nome para o sacerdote
Sofonias, filho de Maaseias, e enviou cópias para outros sacer-
dotes e para o povo em Jerusalém. Você escreveu:
26"O SENHOR o nomeou para substituir Joiada, o sacerdote
encarregado do templo do SENHOR. É responsabilidade sua
prender no tronco e colocar uma corrente de ferro no pescoço
de qualquer louco que afirmar ser profeta. 27Por que, então,
não fez nada para deter Jeremias, de Anatote, que finge ser
profeta entre vocês? 28Jeremias enviou uma carta à Babilônia
e previu que nosso exílio seria longo. Disse: 'Construam casas
e estabeleçam-se nelas. Plantem pomares e comam os frutos
que eles produzirem'".
29Quando o sacerdote Sofonias recebeu essa carta, leu-a para
Jeremias. 30Então o SENHOR deu esta mensagem a Jeremias:
31"Envie uma carta aberta a todos os exilados na Babilônia.
Diga-lhes: 'Assim diz o SENHOR acerca de Semaías, o neelamita:
Porque ele profetizou a vocês sem que eu o tivesse enviado e
os fez acreditar em suas mentiras, 32castigarei a ele e a sua
família. Nenhum de seus descendentes verá as coisas boas que
farei por meu povo, pois ele os incitou a se rebelarem contra
mim. Eu, o SENHOR, falei!'".

Promessas de livramento

30 O SENHOR deu outra mensagem a Jeremias: 2"Assim diz o
SENHOR, o Deus de Israel: Jeremias, registre por escrito
tudo que eu lhe disse. 3Porque está chegando o dia em que
restaurarei meu povo de Israel e de Judá. Eu os trarei para
casa, para esta terra que dei a seus antepassados, e eles vol-
tarão a possuí-la. Eu, o SENHOR, falei!".
4Esta é a mensagem do SENHOR acerca de Israel e de Judá.
5Assim diz o SENHOR: "Ouço gritos de medo; há terror, e não paz.
6Parem e pensem: Acaso homens dão à luz? Então por que
estão aí, com o rosto pálido e as mãos na barriga, como a
mulher em trabalho de parto?
7Em toda a história, nunca houve uma ocasião de tanto terror;

será um tempo de angústia para Israel. No final, porém, ele será resgatado!

8Pois naquele dia”, diz o SENHOR dos Exércitos, “quebrarei o jugo que está sobre seu pescoço e arrebentarei suas correntes; não serão mais escravizados por estrangeiros.

9Pois meu povo servirá ao SENHOR, seu Deus, e ao descendente de Davi, o rei que estabelecerei para eles.

10“Portanto, não tenha medo, meu servo Jacó; não desanime, ó Israel”, diz o SENHOR. “Pois o trarei de volta de terras distantes, e seus descendentes retornarão do exílio. Israel voltará a ter uma vida de paz e sossego, e ninguém o assustará.

11Porque estou com você e o resgatarei”, diz o SENHOR. “Destruirei completamente todas as nações entre as quais o espalhei, mas você não será completamente destruído. Eu o disciplinarei, mas com justiça; não posso permitir que fique impune.”

12Assim diz o SENHOR: “Seu ferimento é incurável; é uma ferida grave.

13Não há ninguém para socorrê-la, não há remédio que cure sua ferida.

14Todos os seus amantes a abandonaram; não se importam com você. Eu a feri cruelmente, como se fosse meu inimigo. Pois seus pecados são muitos, e sua culpa é grande.

15Por que se queixa de seu castigo, dessa ferida que não tem cura? Tive de castigá-la, pois seus pecados são muitos, e sua culpa é grande.

16“Mas todos que a devorarem serão devorados, todos os seus inimigos serão enviados para o exílio. Todos que a saquearem serão saqueados, todos que a despojarem serão despojados.

17Restaurarei sua saúde e curarei suas feridas”, diz o SENHOR. “Pois a chamam de rejeitada, ‘Sião, cidade com que ninguém se importa’.”

18Assim diz o SENHOR: “Quando eu trouxer Israel de volta do exílio e restaurar sua situação, Jerusalém será reconstruída sobre suas ruínas, e o palácio voltará a ser habitado.

19Haverá alegria e cânticos de gratidão, e eu farei meu povo se multiplicar, e não diminuir; eu os honrarei, e não os humilharei.

20Seus filhos prosperarão, como no passado; eu os estabelecerei como nação diante de mim e castigarei quem lhes fizer mal.

21Voltarão a ter o próprio governante, e ele virá do meio deles. Eu o aproximarei de mim”, diz o SENHOR, “pois quem ousaria se aproximar por conta própria?

22Vocês serão o meu povo, e eu serei o seu Deus.”

23Vejam, a ira do SENHOR irrompe como uma tempestade, um vendaval sobre a cabeça dos perversos!

24A ira ardente do SENHOR não passará até que ele cumpra tudo que planejou. Em dias futuros, vocês entenderão tudo isso.

Esperança de restauração

31 “Naquele tempo”, diz o SENHOR, “eu serei o Deus de todas as famílias de Israel, e eles serão o meu povo.

2Assim diz o SENHOR: “Os que sobreviverem à destruição que está por vir encontrarão favor até no deserto, pois darei descanso ao povo de Israel.”

3Há muito tempo, o SENHOR disse a Israel: “Eu amei você com amor eterno, com amor leal a atraí para mim.

4Eu a reconstruirei, Israel, minha filha virgem; você voltará a ser feliz e a dançar alegremente com seus tamborins.

5Voltará a plantar suas videiras nos montes de Samaria e ali comerá de seus frutos.

6Virá o dia em que os vigias gritarão da região montanhosa de Efraim: ‘Venham, vamos subir a Sião para adorar o SENHOR, nosso Deus!’”.

7Assim diz o SENHOR: “Cantem de alegria por causa de Israel, pois ela é a maior das nações! Cantem alegres louvores, dizendo: ‘Ó SENHOR, salva teu povo, o remanescente de Israel!’.

8Pois eu os trarei de volta do norte e dos confins da terra. Não me esquecerei dos cegos nem dos aleijados, nem das grávidas nem das mulheres em trabalho de parto; uma grande multidão voltará!

9Virão com lágrimas de alegria, e eu os conduzirei para casa com grande cuidado. Andarão junto a riachos tranquilos e em caminhos planos, onde não tropeçarão. Pois eu sou o pai de Israel, e Efraim é meu filho mais velho.

10“Ouçam esta mensagem do SENHOR, ó nações, anunciem estas palavras nos litorais distantes: Aquele que espalhou seu povo o reunirá e o guardará, como um pastor cuida de seu rebanho.

11Pois o SENHOR resgatou Israel daqueles que eram mais fortes que ele.

12Eles virão e cantarão de alegria no alto do monte Sião; estarão radiantes pelas boas dádivas do SENHOR: cereais, vinho novo, azeite, rebanhos e gado. Sua vida será como um jardim regado, e não haverá mais tristeza.

13As moças dançarão de alegria, e os homens — jovens e idosos — tomarão parte na celebração. Transformarei seu pranto em alegria; eu os consolarei e lhes darei exultação em lugar de tristeza.

14Seus sacerdotes terão fartura de alimento, e meu povo se saciará com minhas boas dádivas. Eu, o SENHOR, falei!”

A tristeza de Raquel se transforma em alegria

15Assim diz o SENHOR: “Ouve-se um clamor em Ramá, angústia profunda e pranto amargo. Raquel chora por seus filhos e se recusa a ser consolada, pois eles já não existem”.

16Agora, porém, assim diz o SENHOR: “Não chore mais, pois eu a recompensarei por seu choro”, diz o SENHOR. “Seus filhos voltarão da terra do inimigo.

17Há esperança para seu futuro”, diz o SENHOR. “Seus filhos voltarão para sua terra.

18Ouvi Israel dizer: ‘Tu me disciplinaste severamente, como bezerro que precisa ser domesticado. Faze-me voltar para ti e restaura-me, pois somente tu és o SENHOR, meu Deus.

19Afastei-me de Deus, mas depois me arrependi. Indignei-me
comigo mesmo por causa de minha estupidez. Senti profunda
vergonha de tudo que fiz quando era jovem'.
20"Acaso Israel não continua a ser meu filho querido?", diz o
SENHOR. "Tenho de castigá-lo com frequência, mas ainda assim
o amo. Por isso meu coração anseia por ele e dele certamente
terei misericórdia.
21Ponha sinais na estrada, coloque postes indicadores. Preste
atenção no caminho pelo qual você veio. Volte, ó minha filha
virgem, Israel, volte para suas cidades.
22Até quando andará sem rumo, minha filha rebelde? Porque
o SENHOR fará algo novo acontecer: Israel abraçará seu Deus."
23Assim diz o SENHOR dos Exércitos, o Deus de Israel: "Quando
eu restaurar o povo, os habitantes de Judá e de suas cidades
dirão novamente: 'O SENHOR a abençoe, ó morada justa, ó
monte santo!'. 24O povo das cidades, os lavradores e os
pastores habitarão juntos em Judá. 25Pois dei descanso aos
exaustos e alegria aos aflitos".
26Então acordei e olhei ao redor. Meu sono havia sido muito
agradável.
27"Está chegando o dia", diz o SENHOR, "em que farei aumentar
o número de pessoas e de animais em Israel e em Judá. 28No
passado, tive o cuidado de arrancar e derrubar esta nação. Eu
a arrasei e a destruí e trouxe calamidade sobre ela. No futuro,
porém, terei o mesmo cuidado de edificá-la e plantá-la. Eu,
o SENHOR, falei!
29"O povo não citará mais este provérbio: 'Os pais comeram
uvas azedas, mas os dentes dos filhos é que estragaram'.
30Cada um morrerá por seus próprios pecados; quem comer
uvas azedas é que ficará com os dentes estragados.
31"Está chegando o dia", diz o SENHOR, "em que farei uma
nova aliança com o povo de Israel e de Judá. 32Não será como
a aliança que fiz com seus antepassados, quando os tomei
pela mão e os tirei da terra do Egito. Embora eu os amasse
como o marido ama a esposa, eles quebraram a aliança", diz
o SENHOR.
33"E esta é a nova aliança que farei com o povo de Israel depois
daqueles dias", diz o SENHOR. "Porei minhas leis em sua mente
e as escreverei em seu coração. Serei o seu Deus, e eles serão
o meu povo. 34E não será necessário ensinarem a seus vizinhos
e parentes, dizendo: 'Você precisa conhecer o SENHOR'. Pois
todos, desde o mais humilde até o mais importante, me co-
nhecerão", diz o SENHOR. "E eu perdoarei sua maldade e nunca
mais me lembrarei de seus pecados."
35O SENHOR dá o sol para iluminar o dia e a lua e as estrelas
para iluminarem a noite; agita o mar e faz rugir as ondas. Seu
nome é SENHOR dos Exércitos, e é isto o que ele diz:
36"Assim como não anulo as leis da natureza, não descartarei
meu povo, Israel".
37Assim diz o SENHOR: "Assim como não se pode medir os céus
nem explorar os alicerces da terra, não rejeitarei o povo de
Israel pelo mal que fizeram. Eu, o SENHOR, falei!".
38"Está chegando o dia", diz o SENHOR, "em que Jerusalém
será reconstruída para mim, desde a torre de Hananeel até o
portão da Esquina. 39Uma linha de medir será estendida sobre
a colina de Garebe até Goa. 40Toda a região, incluindo o cemi-
tério e o lugar onde se jogavam as cinzas, e todos os campos a
leste, até o vale de Cedrom e até o portão dos Cavalos, serão
santos para o SENHOR. Jerusalém nunca mais será conquistada
nem destruída."

Jeremias compra um campo

32 Jeremias recebeu esta mensagem do SENHOR no décimo
ano do reinado de Zedequias, rei de Judá. Esse também
foi o décimo oitavo ano do reinado de Nabucodonosor. 2Nessa
ocasião, o exército babilônio cercava Jerusalém, e Jeremias
estava preso no pátio da guarda, no palácio real. 3Zedequias,
rei de Judá, o havia colocado ali e perguntado por que ele con-
tinuava a anunciar esta profecia: "Assim diz o SENHOR: 'Estou
prestes a entregar esta cidade ao rei da Babilônia, e ele a
conquistará. 4O rei Zedequias será capturado pelos babilônios
e levado para falar face a face com o rei da Babilônia. 5O rei
levará Zedequias para a Babilônia, onde lidarei com ele', diz
o SENHOR. 'Vocês não serão bem-sucedidos se lutarem contra
os babilônios'".
6Nesse tempo, o SENHOR me enviou uma mensagem: 7"Seu
primo Hanameel, filho de Salum, virá e lhe dirá: 'Compre meu
campo em Anatote. Pela lei, você tem direito de comprá-lo
antes que eu o ofereça a outro'".
8Exatamente como o SENHOR tinha dito, meu primo Hanameel
veio me visitar na prisão e disse: "Compre meu campo em
Anatote, na terra de Benjamim. Pela lei, você tem direito de
comprá-lo antes que eu o ofereça a outro. Portanto, compre-o
para si". Então entendi que a mensagem que eu tinha ouvido
era do SENHOR.
9Assim, comprei o campo em Anatote e paguei a Hanameel
dezessete peças de prata. 10Assinei e selei a escritura diante
de testemunhas, pesei a prata e lhe paguei. 11Em seguida, pe-
guei a escritura selada e uma cópia não selada com os termos
e as condições da compra 12e as entreguei a Baruque, filho de
Nerias, neto de Maaseias. Fiz tudo isso na presença de meu
primo Hanameel, das testemunhas que assinaram a escritura e
dos homens de Judá que estavam no pátio da guarda.
13Então, na presença deles, disse a Baruque: 14"Assim diz o SE-
NHOR dos Exércitos, o Deus de Israel: 'Pegue a escritura selada
e a cópia não selada e coloque-as num vaso de barro, a fim de
conservá-las por muito tempo'. 15Pois assim diz o SENHOR dos
Exércitos, o Deus de Israel: 'Algum dia, as pessoas voltarão a
ter propriedades nesta terra e comprarão e venderão casas,
vinhedos e campos'".

A oração de Jeremias

16Depois que entreguei os documentos a Baruque, filho de
Nerias, orei ao SENHOR:
17"Ó Soberano SENHOR! Tu fizeste os céus e a terra com tua
mão forte e teu braço poderoso. Nada é difícil demais para ti!

18Mostras tua bondade a milhares de pessoas, mas também
permites que as consequências do pecado de uma geração
recaiam sobre a geração seguinte. Tu és Deus grande e po-
deroso, o SENHOR dos Exércitos. 19Tens toda sabedoria e fazes
grandes milagres. Vês a conduta de todos e lhes dás o que
merecem. 20Realizaste sinais e maravilhas na terra do Egito,
feitos lembrados ainda hoje. E continuas a fazer grandes mi-
lagres em Israel e em todo o mundo. Por isso o teu nome é
famoso até hoje.
21"Tiraste Israel do Egito com sinais e maravilhas, com mão
forte e braço poderoso e com grande terror. 22Deste ao povo
de Israel esta terra que havias prometido a seus antepassados
muito tempo atrás, terra que produz leite e mel com fartura.
23Nossos antepassados vieram e tomaram posse da terra, mas
não quiseram te obedecer nem seguir tuas instruções. Não
fizeram nada do que lhes ordenaste. Por isso enviaste sobre
eles esta terrível calamidade.
24"Vê como foram construídas rampas junto aos muros da
cidade! Por meio de guerra, fome e doença, a cidade será
entregue aos babilônios, que a conquistarão. Tudo aconteceu
exatamente como anunciaste. 25E, no entanto, ó Soberano
SENHOR, ordenaste que eu comprasse o campo e pagasse um
bom preço por ele diante destas testemunhas, embora a ci-
dade esteja prestes a ser entregue aos babilônios".

Profecia da queda de Jerusalém

26Então Jeremias recebeu esta mensagem do SENHOR: 27"Eu
sou o SENHOR, o Deus de toda a humanidade. Acaso alguma
coisa é difícil demais para mim? 28Portanto, assim diz o SE-
NHOR: Entregarei esta cidade aos babilônios e a Nabucodo-
nosor, rei da Babilônia, e ele a conquistará. 29Os babilônios
que estão cercando os muros entrarão na cidade e a incen-
diarão. Queimarão todas as casas em que o povo provocou
minha ira queimando incenso a Baal em seus terraços e apre-
sentando ofertas derramadas a outros deuses. 30Desde o prin-
cípio, Israel e Judá fizeram somente o mal. Provocaram minha
ira com suas maldades", diz o SENHOR. 31"Desde o dia em que
esta cidade foi construída até hoje, não fez outra coisa senão
despertar minha fúria, por isso estou decidido a me livrar dela.
32"Os pecados de Israel e de Judá — os pecados do povo de
Jerusalém, dos reis, dos oficiais, dos sacerdotes e dos pro-
fetas — provocaram minha ira. 33Meu povo deu as costas para
mim e se recusou a voltar. Embora eu os tenha ensinado re-
petidamente, não quiseram receber instrução nem obedecer.
34Colocaram seus ídolos detestáveis em meu templo e o pro-
fanaram. 35Construíram lugares de adoração a Baal no vale de
Ben-Hinom e ali sacrificaram seus filhos e filhas a Moloque.
Jamais ordenei tamanha maldade; nunca me passou pela
mente! Esse terrível mal fez Israel pecar."

Promessa de restauração

36"Agora, quero dizer algo mais a respeito desta cidade. Vocês
afirmam: 'Ela será entregue ao rei da Babilônia por meio de
guerra, fome e doença'. Mas assim diz o SENHOR, o Deus de Is-
rael: 37Certamente trarei meu povo de volta de todas as nações
entre as quais o espalhei em minha fúria. Eu os trarei de volta
para este lugar e farei que vivam em segurança. 38Eles serão o
meu povo, e eu serei o seu Deus. 39Eu lhes darei um só coração
e um só propósito: adorar-me para sempre, para o seu próprio
bem e para o bem de seus descendentes. 40Estabelecerei com
eles uma aliança permanente: jamais deixarei de lhes fazer
o bem. Porei em seu coração o desejo de me adorar, e eles
nunca se afastarão de mim. 41Terei alegria em lhes fazer o
bem e os plantarei nesta terra firmemente, de todo o coração.
42"Assim diz o SENHOR: Assim como trouxe todas essas calami-
dades sobre eles, também lhes farei todo o bem que prometi.
43Campos voltarão a ser comprados e vendidos nesta terra
sobre a qual hoje vocês dizem: 'Foi arrasada pelos babilô-
nios, é uma terra desolada, em que não há mais pessoas nem
animais'. 44Sim, campos voltarão a ser comprados e vendidos
e escrituras serão assinadas na terra de Benjamim, aqui em
Jerusalém, nas cidades de Judá, na região montanhosa, nas
colinas de Judá e no Neguebe. Pois, um dia, eu os restaurarei
à sua terra. Eu, o SENHOR, falei!"

Promessas de paz e prosperidade

33 Enquanto Jeremias estava preso no pátio da guarda, o
SENHOR lhe deu outra mensagem: 2"Assim diz o SENHOR,
o SENHOR que fez a terra, que a formou e a estabeleceu; o
SENHOR é seu nome: 3Pergunte-me e eu lhe contarei coisas
maravilhosas, segredos que você não sabe, a respeito do que
está por vir. 4Pois assim diz o SENHOR, o Deus de Israel: Vocês
derrubaram as casas desta cidade e até o palácio do rei a fim
de obter material para fortalecer os muros contra as rampas
de cerco e as espadas dos inimigos. 5Esperam lutar contra os
babilônios, mas os homens desta cidade já estão praticamente
mortos, pois, em minha ira ardente, decidi destruí-los. Aban-
donei-os por causa de toda a sua maldade.
6"Virá o dia, porém, em que curarei as feridas de Jerusalém e
lhe darei prosperidade e paz verdadeira. 7Restaurarei o povo de
Judá e de Israel à sua terra e reconstruirei suas cidades. 8Eu as
purificarei de suas maldades contra mim e perdoarei todos os
seus pecados de rebeldia. 9Então esta cidade me trará louvor,
glória e honra diante de todas as nações da terra! Os povos do
mundo verão todo o bem que faço por meu povo e tremerão de
espanto diante da paz e da prosperidade que lhes dou.
10"Assim diz o SENHOR: Vocês disseram: 'Esta é uma terra deso-
lada, onde não há mais pessoas nem animais'. Contudo, nas
ruas vazias de Jerusalém e das outras cidades de Judá serão
ouvidos novamente 11os sons de alegria e de riso. As vozes
felizes de noivos e de noivas voltarão a ser ouvidas, e também
os cânticos alegres dos que trazem ofertas de gratidão ao
SENHOR. Cantarão: 'Deem graças ao SENHOR dos Exércitos,
porque o SENHOR é bom; seu amor dura para sempre!'. Pois
eu restaurarei a situação desta terra ao que era no passado,
diz o SENHOR.

12“Assim diz o SENHOR dos Exércitos: Embora hoje esta terra es-
teja desolada e não tenha pessoas nem animais, um dia voltará
a ter pastos para os quais os pastores levarão seus rebanhos.
13Os pastores voltarão a contar seus rebanhos nas cidades da
região montanhosa, nas colinas de Judá, no Neguebe, na terra
de Benjamim, nos arredores de Jerusalém e em todas as ci-
dades de Judá. Eu, o SENHOR, falei!
14“Virá o dia, diz o SENHOR, em que farei por Israel e por Judá
todo o bem que lhes prometi.
15“Naquele dia e naquele tempo, levantarei um Renovo, um
descendente justo da linhagem do rei Davi. Ele fará o que é
justo e certo em toda a terra.
16Nesse dia, Judá será salvo, e Jerusalém viverá em segurança.
E este será seu nome: ‘O SENHOR é nossa justiça’.
17Porque assim diz o SENHOR: Sempre haverá um descendente
de Davi no trono de Israel. 18E sempre haverá sacerdotes le-
vitas para me oferecer holocaustos, ofertas de cereais e sa-
crifícios”.
19Então Jeremias recebeu esta mensagem do SENHOR: 20“Assim
diz o SENHOR: Se alguém conseguisse anular minha aliança com
o dia e com a noite, de modo que um não viesse depois do
outro, 21então se anularia minha aliança com meu servo Davi.
Só então deixaria de haver um descendente para reinar em seu
trono. O mesmo se aplica à minha aliança com os sacerdotes
levitas que me servem. 22Como não se pode contar as estrelas
no céu nem medir a areia na beira do mar, assim também
tornarei incontáveis os descendentes de meu servo Davi e os
levitas que me servem”.
23O SENHOR deu outra mensagem a Jeremias: 24“Você observou
o que o povo anda dizendo? ‘O SENHOR escolheu Judá e Israel e
depois os abandonou!’ Desprezam meu povo e dizem que não
deve ser considerada nação. 25Mas assim diz o SENHOR: Como
não anularei minhas leis que governam o dia e a noite, o céu
e a terra, assim também não rejeitarei meu povo. 26Jamais
abandonarei os descendentes de Jacó e de meu servo Davi,
nem mudarei o plano de que os descendentes de Davi go-
vernem os descendentes de Abraão, Isaque e Jacó. Pelo con-
trário, eu os restaurarei à sua terra e terei compaixão deles”.

Advertência para Zedequias

34 Nabucodonosor, rei da Babilônia, veio com todos os
exércitos dos reinos que ele governava e lutou contra
Jerusalém e contra as cidades de Judá. Naquela ocasião, Je-
remias recebeu esta mensagem do SENHOR: 2“Vá a Zedequias,
rei de Judá, e diga-lhe: ‘Assim diz o SENHOR, o Deus de Israel:
Estou prestes a entregar esta cidade ao rei da Babilônia, e ele
a queimará de alto a baixo. 3Você não escapará das mãos dele,
mas será capturado e levado para falar face a face com o rei
da Babilônia. Então será enviado para o exílio na Babilônia.
4“‘Ouça, porém, esta promessa do SENHOR, ó Zedequias, rei
de Judá. Assim diz o SENHOR: Você não morrerá na guerra,
5mas em paz. O povo queimará incenso em sua honra, como
fizeram em honra de seus antepassados, os reis que o prece-
deram. Chorarão por você e lamentarão: ‘Que tristeza! Nosso
rei morreu!’. Eu decretei isso, diz o SENHOR’”.
6O profeta Jeremias transmitiu essa mensagem a Zedequias,
rei de Judá. 7Nessa época, o exército babilônio cercava Jeru-
salém, Laquis e Azeca, as únicas cidades fortificadas de Judá
que ainda não tinham sido conquistadas.

Libertação dos escravos hebreus

8Jeremias recebeu esta mensagem do SENHOR depois que o
rei Zedequias fez uma aliança com o povo para libertar os es-
cravos. 9Ele havia ordenado que todo o povo libertasse suas
escravas e seus escravos hebreus. Ninguém devia manter em
escravidão alguém de seu próprio povo. 10Os oficiais e todo o
povo tinham obedecido à ordem do rei e libertado cada um
de seus escravos, 11mas depois mudaram de ideia. Tomaram
de volta os homens e as mulheres que haviam libertado e os
obrigaram a ser escravos novamente.
12Então o SENHOR lhes deu esta mensagem por meio de Jere-
mias: 13“Assim diz o SENHOR, o Deus de Israel: Fiz uma aliança
com seus antepassados muito tempo atrás, quando os livrei
da escravidão no Egito. 14Disse-lhes que todo escravo hebreu
deveria ser liberto depois de servir durante seis anos. Contudo,
seus antepassados não me deram ouvidos nem me obede-
ceram. 15Há pouco tempo, vocês se arrependeram e fizeram
o que era certo aos meus olhos. Libertaram os escravos e fi-
zeram comigo uma aliança solene no templo que leva meu
nome. 16Agora, porém, voltaram atrás em seu juramento e pro-
fanaram meu nome ao pegar de volta os homens e as mulheres
que haviam libertado e os obrigar a ser escravos novamente.
17“Portanto, assim diz o SENHOR: Vocês não me obedeceram
e não libertaram seu povo. Por isso lhes darei liberdade para
serem destruídos por guerra, doença e fome. Vocês serão ob-
jeto de horror para todas as nações da terra. 18Porque não
cumpriram os termos de minha aliança, eu os cortarei ao meio,
como vocês cortaram o bezerro e caminharam entre as duas
partes para confirmar seus votos. 19Sim, cortarei ao meio todos
que se comprometeram com a aliança, quer sejam oficiais de
Judá e de Jerusalém, oficiais do palácio, sacerdotes ou gente
comum. 20Eu os entregarei a seus inimigos, e eles os matarão.
Seus corpos servirão de alimento para os abutres e os animais
selvagens.
21“Entregarei Zedequias, rei de Judá, e seus oficiais ao exér-
cito do rei da Babilônia. E, embora tenham se retirado de
Jerusalém por um tempo, 22chamarei de volta os exércitos
babilônios. Eles lutarão contra a cidade, a conquistarão e a
queimarão de alto a baixo. Farei que todas as cidades de Judá
sejam destruídas e que ninguém more nelas”.

A fidelidade dos recabitas

35 O SENHOR deu esta mensagem a Jeremias quando Jeoa-
quim, filho de Josias, era rei de Judá: 2“Vá ao local onde
moram os recabitas e convide-os para vir ao templo do SENHOR.
Leve-os para uma das salas internas e ofereça-lhes vinho”.

3Então fui buscar Jazanias, filho de Jeremias e neto de Ha-
bazinias, e todos os seus irmãos e filhos, que representavam
todas as famílias dos recabitas. 4Levei-os ao templo do SENHOR
e fomos à sala dos filhos de Hanã, filho de Jigdalias, homem
de Deus. Ficava ao lado da sala usada pelos oficiais do templo,
logo acima da sala de Maaseias, filho de Salum, porteiro do
templo.
5Coloquei diante deles taças e jarras cheias de vinho e os con-
videi a beber, 6mas eles recusaram, dizendo: "Não bebemos
vinho, pois nosso antepassado, Jonadabe, filho de Recabe,
nos deu esta ordem: 'Nunca bebam vinho, nem vocês nem seus
descendentes. 7Não construam casas, não plantem lavouras
nem possuam vinhedos; vivam sempre em tendas. Com isso,
terão vida longa e feliz nesta terra'. 8Assim, temos obede-
cido a tudo que ele nos ordenou. Nunca bebemos vinho, nem
nós, nem nossas esposas, nem nossos filhos e filhas. 9Não
construímos casas, nem possuímos vinhedos e campos, nem
plantamos lavouras. 10Temos vivido em tendas e obedecido
fielmente a todas as ordens de nosso antepassado Jonadabe.
11Mas, quando Nabucodonosor, rei da Babilônia, atacou esta
terra, tivemos medo dos exércitos babilônios e sírios e resol-
vemos nos mudar para Jerusalém. Por isso estamos aqui".
12Então o SENHOR deu esta mensagem a Jeremias: 13"Assim diz
o SENHOR dos Exércitos, o Deus de Israel: Vá e diga aos habi-
tantes de Judá e de Jerusalém: 'Venham e aprendam uma lição
sobre como obedecer às minhas palavras, diz o SENHOR. 14Os
recabitas não bebem vinho até hoje em obediência à ordem de
seu antepassado Jonadabe, filho de Recabe. Mas eu tenho fa-
lado a vocês repetidamente e se recusam a obedecer. 15Tenho
enviado meus profetas vez após vez para lhes dizer: 'Aban-
donem seus maus caminhos e façam o que é certo. Deixem de
adorar outros deuses. Assim, viverão em paz nesta terra que
dei a vocês e a seus antepassados'. Mas vocês não quiseram
ouvir nem obedecer. 16Os descendentes de Jonadabe, filho
de Recabe, têm obedecido fielmente a seu antepassado, mas
este povo se recusa a me ouvir'.
17"Portanto, assim diz o SENHOR Deus dos Exércitos, o Deus de
Israel: 'Porque não querem me ouvir nem responder quando
os chamo, enviarei sobre Judá e sobre Jerusalém todas as
calamidades que prometi'".
18Então Jeremias se voltou para os recabitas e disse: "Assim diz
o SENHOR dos Exércitos, o Deus de Israel: 'Vocês obedeceram
a todas as ordens de seu antepassado Jonadabe e seguiram
todas as suas instruções'. 19Por isso, assim diz o SENHOR dos
Exércitos, o Deus de Israel: 'Sempre haverá descendentes de
Jonadabe, filho de Recabe, para me servir'".

Baruque lê as mensagens do SENHOR

36 No quarto ano do reinado de Jeoaquim, filho de Josias,
rei de Judá, o SENHOR deu esta mensagem a Jeremias:
2"Pegue um rolo e escreva nele todas as minhas mensagens
contra Israel, Judá e as outras nações. Comece com a primeira
mensagem, do tempo de Josias, e escreva todas, até hoje.
3Talvez o povo de Judá se arrependa ao ouvir novamente todas
as coisas terríveis que planejei para eles. Então perdoarei sua
maldade e seus pecados".
4Jeremias mandou chamar Baruque, filho de Nerias, e en-
quanto Jeremias ditava para ele todas as profecias que o
SENHOR lhe tinha dado, Baruque as escrevia no rolo. 5Depois,
Jeremias disse a Baruque: "Estou preso aqui e não posso ir
ao templo. 6Portanto, vá você ao templo no próximo dia de
jejum e leia as mensagens do SENHOR que ditei para que as
escrevesse no rolo. Leia as mensagens para o povo de todas
as cidades de Judá que estiver no templo. 7Quem sabe eles
abandonem seus maus caminhos e peçam perdão ao SENHOR
antes que seja tarde demais, pois o SENHOR os ameaçou com
sua ira ardente".
8Baruque, filho de Nerias, fez tudo conforme Jeremias lhe or-
denou e leu as mensagens do SENHOR para o povo que estava
no templo. 9Fez isso num dia de jejum sagrado, no final do
outono, no quinto ano do reinado de Jeoaquim, filho de Josias.
Gente de todas as cidades de Judá tinha ido a Jerusalém para
participar da adoração no templo naquele dia. 10Baruque leu
para todo o povo as palavras de Jeremias escritas no rolo.
Estava diante da sala de Gemarias, filho do secretário Safã. A
sala ficava no pátio superior do templo, perto do portão Novo.
11Quando Micaías, filho de Gemarias e neto de Safã, ouviu as
mensagens do SENHOR escritas no rolo, 12desceu à sala do se-
cretário no palácio onde estavam reunidos os oficiais admi-
nistrativos. Lá estavam o secretário Elisama, Delaías, filho de
Semaías, Elnatã, filho de Acbor, Gemarias, filho de Safã, Zede-
quias, filho de Hananias, e todos os outros oficiais. 13Quando
Micaías lhes falou das mensagens que Baruque estava lendo
para o povo, 14os oficiais enviaram Jeudi, filho de Netanias,
neto de Selemias e bisneto de Cusi, para dizer a Baruque:
"Venha e leia as mensagens para nós também". Então Ba-
ruque, filho de Nerias, pegou o rolo e foi até eles. 15"Sente-se
e leia o rolo para nós", disseram os oficiais, e Baruque fez o
que pediram.
16Quando ouviram as mensagens, olharam uns para os ou-
tros assustados. "Precisamos relatar ao rei o que ouvimos",
disseram a Baruque. 17"Mas, primeiro, diga-nos como você
recebeu essas mensagens. Vieram diretamente de Jeremias?"
18Baruque explicou: "Jeremias as ditou e eu as escrevi com
tinta neste rolo, palavra por palavra".
19"Você e Jeremias devem se esconder!", os oficiais disseram
a Baruque. "Não digam a ninguém onde estão." 20Então os
oficiais deixaram o rolo guardado na sala do secretário Elisama
e foram contar ao rei o que tinham ouvido.

O rei Jeoaquim queima o rolo

21O rei mandou Jeudi buscar o rolo. Jeudi o levou da sala do
secretário Elisama e o leu para o rei e para todos os oficiais
presentes. 22Era final do outono, e o rei estava numa parte
do palácio usada durante o inverno, sentado diante de um
braseiro para se aquecer. 23Cada vez que Jeudi terminava de

ler três ou quatro colunas, o rei pegava uma faca, cortava
aquela parte do rolo e a jogava no fogo. Assim, pedaço por
pedaço, o rolo inteiro foi queimado. 24 Nem o rei nem seus
servos mostraram qualquer sinal de medo ou remorso diante
do que tinham ouvido. 25 Mesmo quando Elnatã, Delaías e Ge-
marias imploraram ao rei que não queimasse o rolo, ele não
lhes deu atenção.
26 Em seguida, o rei ordenou a seu filho Jerameel, a Seraías,
filho de Azriel, e a Selemias, filho de Abdeel, que prendessem o
profeta Jeremias e seu secretário, Baruque. O SENHOR, porém,
os tinha escondido.

Jeremias reescreve o rolo

27 Depois que o rei havia queimado o rolo no qual Baruque tinha
escrito as palavras de Jeremias, o SENHOR deu esta mensagem
a Jeremias: 28 "Pegue outro rolo e escreva novamente tudo
que estava no primeiro rolo, que o rei Jeoaquim queimou.
29 Depois, diga ao rei: 'Assim diz o SENHOR: Você queimou o
rolo porque ele dizia que o rei da Babilônia destruiria esta
terra e acabaria com as pessoas e os animais. 30 Agora, assim
diz o SENHOR a respeito de Jeoaquim, rei de Judá: Ele não terá
herdeiros para se sentarem no trono de Davi. Seu corpo será
lançado fora e não será enterrado; ficará exposto ao calor do
dia e à geada da noite. 31 Castigarei o rei, sua família e seus
servos por seus pecados. Derramarei sobre eles e sobre todos
os habitantes de Jerusalém e de Judá todas as calamidades
que prometi, pois não quiseram dar ouvidos às minhas ad-
vertências'".
32 Então Jeremias pegou outro rolo e ditou novamente a seu
secretário, Baruque, filho de Nerias. Escreveu tudo que estava
no rolo que o rei Jeoaquim havia queimado. Dessa vez, porém,
acrescentou muitas outras coisas.

Zedequias manda chamar Jeremias

37 Zedequias, filho de Josias, foi sucessor de Joaquim, filho
de Jeoaquim, no trono de Judá. Foi nomeado por Nabu-
codonosor, rei da Babilônia. 2 Mas nem Zedequias, nem seus
servos, nem o povo que restou na terra de Judá deram ouvidos
ao que o SENHOR tinha dito por intermédio do profeta Jeremias.
3 Ainda assim, o rei Zedequias enviou Jucal, filho de Selemias,
e o sacerdote Sofonias, filho de Maaseias, para pedirem a
Jeremias: "Ore por nós ao SENHOR, nosso Deus". 4 Jeremias
ainda não havia sido preso, de modo que podia circular livre-
mente entre o povo.
5 Nessa época, o exército do faraó do Egito partiu de sua terra,
preparado para guerrear. Quando o exército babilônio soube
disso, suspendeu o cerco de Jerusalém.
6 Então o SENHOR deu esta mensagem a Jeremias: 7 "Assim diz
o SENHOR, o Deus de Israel: O rei de Judá os enviou para me
consultar a respeito do que acontecerá. Digam-lhe: 'Embora
o exército do faraó tenha vindo para ajudá-los, logo voltará ao
Egito. 8 Os babilônios retornarão, conquistarão esta cidade e a
queimarão de alto a baixo'.
9 "Assim diz o SENHOR: Não se iludam, imaginando que os babi-
lônios foram embora para sempre. Eles voltarão! 10 Ainda que
vocês destruíssem todo o exército babilônio e restasse apenas
um punhado de sobreviventes feridos, eles sairiam de suas
tendas e queimariam esta cidade de alto a baixo".

Jeremias é preso

11 Quando o exército babilônio se retirou de Jerusalém por
causa do exército do faraó, que se aproximava, 12 Jeremias re-
solveu sair da cidade para ir ao território de Benjamim e tomar
posse de sua propriedade ali, entre seus parentes. 13 Quando
passava pelo portão de Benjamim, um guarda o prendeu e
disse: "Você está desertando para o lado dos babilônios!".
O guarda que o prendeu foi Jerias, filho de Selemias e neto
de Hananias.
14 "Não é verdade!", disse Jeremias. "Não estou desertando
para o lado dos babilônios." Jerias, porém, não deu ouvidos e
levou Jeremias aos oficiais. 15 Eles ficaram furiosos com Jere-
mias e mandaram açoitá-lo e prendê-lo na casa do secretário
Jônatas, que havia sido transformada em prisão. 16 Jeremias foi
colocado numa cela do calabouço e ali ficou por muitos dias.
17 Mais tarde, em segredo, o rei Zedequias mandou buscar Je-
remias e levá-lo ao palácio, onde lhe perguntou: "Você tem al-
guma mensagem do SENHOR?". "Sim, tenho", disse Jeremias.
"Você será entregue ao rei da Babilônia."
18 Então Jeremias perguntou ao rei: "Que crime cometi? O que
fiz contra o rei, contra seus servos ou contra o povo para ser
preso? 19 Onde estão seus profetas, que lhe disseram que o rei
da Babilônia não atacaria nem o rei nem esta terra? 20 Suplico
que me ouça, ó meu senhor, o rei. Não me mande de volta
para o calabouço na casa do secretário Jônatas, pois morrerei
naquele lugar".
21 Então o rei Zedequias ordenou que Jeremias fosse levado ao
pátio da guarda do palácio e ficasse preso ali. O rei também
ordenou que Jeremias recebesse um pão fresco diariamente
enquanto houvesse pão na cidade. Assim, Jeremias foi colo-
cado na prisão do palácio.

Jeremias no poço

38 Sefatias, filho de Matã, Gedalias, filho de Pasur, Jucal,
filho de Semelias, e Pasur, filho de Maquias, ouviram
o que Jeremias dizia a todo o povo: 2 "Assim diz o SENHOR:
'Todos que ficarem em Jerusalém morrerão por guerra, fome
ou doença, mas os que se renderem aos babilônios viverão.
A recompensa deles será a vida; eles viverão!'. 3 Assim diz o
SENHOR: 'A cidade de Jerusalém certamente será entregue ao
exército do rei da Babilônia, que a conquistará'".
4 Então esses oficiais foram ver o rei e disseram: "Esse homem
deve morrer! Suas palavras vão desanimar os poucos soldados
que restam, bem como todo o povo. Ele não busca o bem, mas
a desgraça da nação".
5 O rei Zedequias concordou e disse: "Façam o que quiserem
com ele. Não posso impedi-los".

6Então os oficiais tiraram Jeremias de sua cela e o baixaram
por meio de cordas para dentro de um poço vazio no pátio da
prisão. O poço pertencia a Malquias, membro da família real.
Não tinha água, mas havia uma camada de lama no fundo, e
Jeremias ficou atolado nela.
7O etíope Ebede-Meleque, oficial importante da corte, soube
que Jeremias estava no poço. Naquele momento, o rei julgava
um caso junto ao portão de Benjamim; 8então Ebede-Meleque
saiu apressadamente do palácio para falar com ele. 9"Ó meu
senhor, o rei", disse, "estes homens fizeram muito mal em
colocar o profeta Jeremias no poço. Logo ele morrerá de fome,
pois não há mais pão na cidade."
10Então o rei disse a Ebede-Meleque: "Leve trinta homens sob
suas ordens e tire Jeremias do poço antes que ele morra".
11Ebede-Meleque levou os homens e foi à sala do palácio de-
baixo da tesouraria, onde encontrou alguns pedaços de pano
e roupas velhas. Levou-os até o poço e, por meio de cordas,
os desceu para Jeremias. 12Ebede-Meleque disse a Jeremias:
"Coloque os pedaços de pano debaixo dos braços, para que as
cordas não o machuquem". Quando Jeremias estava pronto,
13puxaram-no para cima. Jeremias foi levado de volta para o
pátio da guarda e permaneceu preso ali.

Zedequias interroga Jeremias

14Certo dia, o rei Zedequias mandou buscar Jeremias para se
encontrar com ele na terceira entrada do templo do SENHOR.
"Quero lhe fazer uma pergunta", disse o rei. "Não tente es-
conder a verdade."
15Jeremias disse: "Se eu lhe disser a verdade, você me matará.
E, se eu lhe der conselhos, você não me ouvirá".
16Então o rei Zedequias lhe prometeu em segredo: "Tão certo
como vive o SENHOR, que nos criou, não o matarei nem o entre-
garei aos homens que desejam tirar sua vida".
17Então Jeremias disse a Zedequias: "Assim diz o SENHOR, o
Deus dos Exércitos, o Deus de Israel: 'Se você se render aos
oficiais babilônios, você e sua família viverão, e a cidade não
será queimada. 18Mas, se não se render, não escapará! A ci-
dade será entregue aos babilônios, e eles a queimarão de
alto a baixo'".
19"Tenho medo de me render", disse o rei, "pois pode acon-
tecer de os babilônios me entregarem aos judeus que pas-
saram para o lado deles. Quem sabe que crueldades farão
comigo!"
20Jeremias respondeu: "Você não será entregue a eles se
obedecer ao SENHOR. Sua vida será poupada, e tudo lhe irá
bem. 21Mas, se não quiser se render, foi isto que o SENHOR me
revelou: 22Todas as mulheres que restaram em seu palácio
serão trazidas para fora e entregues aos oficiais do exército
babilônio. Então as mulheres lhe dirão: 'Que belos amigos
você tem! Traíram você e o enganaram. Quando seus pés ato-
laram na lama, abandonaram-no à própria sorte'.
23Todas as suas esposas e todos os seus filhos serão levados
pelos babilônios, e você não escapará. Será capturado pelo rei
da Babilônia, e esta cidade será queimada de alto a baixo".
24Então Zedequias disse a Jeremias: "Se alguém souber dessa
conversa, você morrerá! 25Pode ser que meus oficiais fiquem
sabendo que falei com você e digam: 'Conte-nos sobre o que
você e o rei conversaram. Se não nos contar, o mataremos'.
26Se isso acontecer, diga-lhes apenas que suplicou para não
ser levado de volta ao calabouço de Jônatas, pois tem medo
de morrer ali".
27De fato, pouco depois, os oficiais do rei foram ver Jeremias
e lhe perguntaram por que o rei tinha mandado chamá-lo. Je-
remias, porém, seguiu as instruções do rei, e os oficiais foram
embora sem descobrir a verdade. Ninguém tinha ouvido a con-
versa entre Jeremias e o rei. 28Jeremias continuou preso no
pátio da guarda até o dia em que Jerusalém foi conquistada.

A queda de Jerusalém

39 Em janeiro do nono ano do reinado de Zedequias, rei
de Judá, Nabucodonosor, rei da Babilônia, chegou com
todo o seu exército para cercar Jerusalém. 2Dois anos e meio
depois, em 18 de julho, no décimo primeiro ano do reinado de
Zedequias, foi aberta uma brecha no muro da cidade. 3Todos
os oficiais do exército babilônio entraram e se sentaram junto
ao portão do Meio: Nergal-Sarezer, de Sangar, Nebo-Sarse-
quim, um dos chefes dos oficiais, Nergal-Sarezer, conselheiro
real, e todos os outros oficiais do rei da Babilônia.
4Zedequias, o rei de Judá, e todos os soldados fugiram quando
viram que os babilônios tinham invadido a cidade. Esperaram
até o anoitecer, passaram pelo portão entre os dois muros
atrás do jardim do rei e fugiram em direção ao vale do Jordão.
5Contudo, os soldados babilônios os perseguiram e alcan-
çaram o rei Zedequias nas planícies de Jericó. Eles o captu-
raram e o levaram a Nabucodonosor em Ribla, na terra de
Hamate. Ali o rei da Babilônia sentenciou Zedequias. 6Obrigou
Zedequias a testemunhar a matança de seus filhos e de todos
os nobres de Judá. 7Depois, arrancou seus olhos, o prendeu
com correntes de bronze e o levou para a Babilônia.
8Os babilônios queimaram Jerusalém, incluindo o palácio
real e as casas do povo, e derrubaram os muros da cidade.
9Nebuzaradã, capitão da guarda, deportou para a Babilônia o
restante do povo que havia ficado na cidade, os desertores que
tinham passado para seu lado e todos os outros sobreviventes.
10Permitiu, no entanto, que alguns dos mais pobres ficassem
na terra de Judá para cuidar dos vinhedos e dos campos.

Jeremias permanece em Judá

11O rei Nabucodonosor tinha ordenado a Nebuzaradã, capitão
da guarda, que encontrasse Jeremias. 12"Cuide que ele não
seja ferido", disse. "Tome conta dele e providencie tudo que
ele pedir." 13Então Nebuzaradã, capitão da guarda, Nebu-
sazbã, um dos chefes dos oficiais, Nergal-Sarezer, conselheiro
real, e os outros oficiais do rei da Babilônia 14mandaram tirar
Jeremias da prisão. Entregaram-no aos cuidados de Gedalias,

filho de Aicam e neto de Safã, que o levou para sua casa. Jere-
mias permaneceu em Judá, no meio de seu povo.
15Enquanto Jeremias ainda estava na prisão, o SENHOR lhe
tinha dado a seguinte mensagem: 16"Diga ao etíope Ebede-
-Meleque: 'Assim diz o SENHOR dos Exércitos, o Deus de Israel:
Farei a esta cidade tudo que prometi. Enviarei calamidade, e
não o bem. Você a verá ser destruída, 17mas eu o livrarei da-
queles que você tanto teme. 18Porque confiou em mim, darei
a você sua vida como recompensa. Eu o resgatarei e o prote-
gerei. Eu, o SENHOR, falei!'".

40 O SENHOR deu uma mensagem a Jeremias depois que
Nebuzaradã, capitão da guarda, o pôs em liberdade
em Ramá. Ele havia encontrado Jeremias acorrentado entre
todos os prisioneiros de Jerusalém e Judá que estavam sendo
levados para o exílio na Babilônia.
2O capitão da guarda mandou chamar Jeremias e disse: "O
SENHOR, seu Deus, trouxe esta calamidade sobre esta terra. 3O
SENHOR cumpriu o que tinha dito, pois esse povo pecou contra
o SENHOR e lhe desobedeceu. Por isso aconteceram todas essas
coisas. 4Mas eu vou tirar suas correntes e libertá-lo. Se quiser ir
comigo para a Babilônia, está bem. Providenciarei que cuidem
de você. Se não quiser ir, fique aqui. Toda a terra está diante
de você; vá para onde quiser. 5Se resolver ficar, volte para
Gedalias, filho de Aicam e neto de Safã. O rei da Babilônia
o nomeou governador de Judá. Fique com o povo que ele
governa. E, se quiser ir para algum outro lugar, faça o que lhe
parecer melhor". Então Nebuzaradã, capitão da guarda, deu
a Jeremias um pouco de alimento e dinheiro e o deixou partir.
6Jeremias voltou para Gedalias, filho de Aicam, em Mispá, e
habitou em Judá com os poucos que haviam ficado na terra.

Gedalias governa em Judá

7Os comandantes dos grupos de soldados que estavam no
interior de Judá souberam que o rei da Babilônia havia no-
meado Gedalias, filho de Aicam, para governar o povo pobre
que tinha ficado em Judá, isto é, os homens, as mulheres e as
crianças que não haviam sido enviados para o exílio na Babi-
lônia. 8Então foram ver Gedalias em Mispá. Entre eles estavam
Ismael, filho de Netanias, Joanã e Jônatas, filhos de Careá,
Seraías, filho de Tanumete, os filhos de Efai, o netofatita, Ja-
zanias, filho do maacatita, e todos os seus homens.
9Gedalias jurou a eles que os babilônios não tinham intenção
de lhes fazer mal. "Não tenham medo de servi-los. Vivam na
terra e sirvam ao rei da Babilônia, e tudo lhes irá bem", ele
prometeu. 10"Quanto a mim, ficarei em Mispá e os represen-
tarei diante dos babilônios que vierem se encontrar conosco.
Estabeleçam-se nas cidades que tomaram e vivam dos frutos
da terra. Colham uvas, frutas de verão e azeitonas e arma-
zenem tudo."
11Quando os judeus em Moabe, Amom, Edom e outras terras
vizinhas souberam que o rei da Babilônia tinha deixado um
remanescente do povo em Judá e que Gedalias era o gover-
nador, 12começaram a voltar para Judá dos lugares para os
quais haviam fugido. Pararam em Mispá, onde se encontraram
com Gedalias. Depois, seguiram para os campos em Judá e
tiveram uma farta colheita de uvas e frutas de verão.

Conspiração contra Gedalias

13Algum tempo depois, Joanã, filho de Careá, e os outros co-
mandantes dos soldados que estavam no interior foram até
Gedalias, em Mispá, 14e lhe disseram: "Você sabia que Baalis,
rei de Amom, enviou Ismael, filho de Netanias, para assassi-
ná-lo?". Gedalias, porém, não acreditou neles.
15Mais tarde, Joanã falou com Gedalias em particular e se ofe-
receu para matar Ismael em segredo. "Por que deixar que ele
venha e mate você?", Joanã perguntou. "O que será, então,
dos judeus que voltaram? Se isso acontecer, os poucos que
restaram ficarão espalhados e perdidos."
16Gedalias, porém, disse a Joanã: "Eu o proíbo de fazer isso,
pois você está mentindo a respeito de Ismael".

O assassinato de Gedalias

41 Em outubro daquele ano, Ismael, filho de Netanias e
neto de Elisama, que era da família real e que havia sido
um alto oficial do rei, foi a Mispá com dez homens para se
encontrar com Gedalias, filho de Aicam e neto de Safã. En-
quanto faziam uma refeição juntos, 2Ismael e os dez homens
se levantaram de um salto, puxaram suas espadas e mataram
Gedalias, que o rei da Babilônia havia nomeado governador.
3Ismael também matou todos os soldados judeus e babilônios
que estavam com Gedalias em Mispá.
4No dia seguinte, antes que alguém soubesse do assassinato
de Gedalias, 5oitenta homens chegaram de Siquém, Siló e Sa-
maria para adorar no templo do SENHOR. Tinham raspado a
cabeça, rasgado as roupas e se cortado e traziam ofertas de
cereal e incenso. 6Ismael, filho de Netanias, saiu de Mispá e
foi ao encontro deles, chorando ao longo do caminho. Quando
os encontrou, disse: "Venham e vejam o que aconteceu a Ge-
dalias, filho de Aicam".
7Assim que todos entraram na cidade, Ismael e os homens que
o acompanhavam mataram setenta deles e jogaram os corpos
numa cisterna. 8Os outros dez sobreviveram, pois haviam con-
vencido Ismael a soltá-los ao prometer lhes trazer os supri-
mentos de trigo, cevada, azeite e mel que haviam escondido.
9A cisterna em que Ismael jogou os corpos dos homens que ele
assassinou era a grande cisterna cavada pelo rei Asa, quando
ele fortificou a cidade para se defender de Baasa, rei de Israel.
Ismael, filho de Netanias, a encheu de cadáveres.
10Então Ismael prendeu as filhas do rei e outras pessoas que
Nebuzaradã, capitão da guarda, havia deixado em Mispá aos
cuidados de Gedalias. Ismael partiu para a terra de Amom le-
vando os prisioneiros.
11Quando Joanã, filho de Careá, e os outros comandantes que
o acompanhavam souberam dos crimes de Ismael, 12reuniram
todos os seus soldados e partiram para lutar contra ele. Eles o

alcançaram no grande açude perto de Gibeom. 13O povo que
Ismael tinha capturado gritou de alegria quando viu Joanã e
os outros comandantes. 14Todos os prisioneiros de Mispá esca-
param e começaram a ajudar Joanã. 15Enquanto isso, Ismael e
oito dos homens que estavam com ele escaparam de Joanã e
foram para a terra de Amom.
16Então Joanã, filho de Careá, e os outros comandantes le-
varam todo o povo que tinham resgatado em Gibeom: os sol-
dados, as mulheres, as crianças e os oficiais do palácio que
Ismael havia capturado em Mispá depois de matar Gedalias.
17Foram todos para o povoado de Gerute-Quimã, perto de
Belém, de onde planejavam fugir para o Egito. 18Tinham medo
daquilo que os babilônios fariam quando soubessem que Is-
mael havia assassinado Gedalias, o governador nomeado pelo
rei da Babilônia.

Advertência para permanecer em Judá

42 Então todos os comandantes dos grupos de soldados,
incluindo Joanã, filho de Careá, e Jezanias, filho de Ho-
saías, e todo o povo, desde o mais humilde até o mais impor-
tante, procuraram 2o profeta Jeremias e disseram: "Ore por
nós ao SENHOR, seu Deus. Como pode ver, somos apenas um
pequeno e humilde remanescente comparado ao que éramos
antes. 3Ore para que o SENHOR, seu Deus, nos mostre o que
devemos fazer e para onde devemos ir".
4"Está bem", disse Jeremias. "Orarei ao SENHOR, seu Deus,
como vocês pediram, e lhes direi tudo que ele responder. Não
esconderei nada de vocês."
5Então disseram a Jeremias: "Que o SENHOR, seu Deus, seja
testemunha verdadeira e fiel contra nós se não obedecermos
a tudo que ele nos ordenar! 6Quer suas ordens nos agradem
quer não, obedeceremos ao SENHOR, nosso Deus, a quem o
enviamos com nossa súplica. Pois, se obedecermos ao SENHOR,
nosso Deus, tudo irá bem para nós".
7Dez dias depois, o SENHOR enviou sua resposta a Jeremias.
8Então o profeta chamou Joanã, filho de Careá, os outros co-
mandantes e todo o povo, desde o mais humilde até o mais
importante, 9e disse-lhes: "Vocês me enviaram ao SENHOR, o
Deus de Israel, com seu pedido, e esta é a resposta: 10'Se
ficarem nesta terra, eu os edificarei, e não os derrubarei; eu
os plantarei, e não os arrancarei. Pois lamento pela calami-
dade que trouxe sobre vocês. 11Não precisam mais ter medo
do rei da Babilônia', diz o SENHOR. 'Pois eu estou com vocês;
eu os salvarei e os livrarei das mãos dele. 12Terei compaixão
de vocês e farei que ele também tenha e permita que fiquem
nesta terra.'
13"Mas, se vocês se recusarem a obedecer ao SENHOR, seu
Deus, e se disserem: 'Não ficaremos nesta terra; 14iremos
para o Egito onde não há guerra, nem convocação para lutar,
nem fome, e ali viveremos', 15então ouçam a mensagem do
SENHOR para o remanescente de Judá. Assim diz o SENHOR dos
Exércitos, o Deus de Israel: 'Se vocês estão decididos a ir para
o Egito e morar lá, 16a guerra e a fome que tanto temem os
alcançarão e ali vocês morrerão. 17Isso é o que espera todos
que insistirem em partir e morar no Egito. Sim, morrerão por
guerra, fome e doença. Ninguém escapará da calamidade que
trarei sobre vocês'.
18"Assim diz o SENHOR dos Exércitos, o Deus de Israel: 'Assim
como derramei minha ira e minha fúria sobre os habitantes
de Jerusalém, também as derramarei sobre vocês quando
entrarem no Egito. Serão objeto de condenação, horror, mal-
dição e zombaria. Nunca mais verão sua terra natal'.
19"Ouça, ó remanescente de Judá. O SENHOR lhes disse: 'Não
vão para o Egito!'. Não se esqueçam dessa advertência que
hoje lhes dei. 20Pois vocês não foram honestos quando me
enviaram para orar ao SENHOR, seu Deus, por vocês. Disseram:
'Diga-nos tudo que o SENHOR, nosso Deus, falar, e nós o fa-
remos'. 21Hoje lhes disse exatamente o que ele falou, mas
vocês não obedecerão ao SENHOR, seu Deus, como não lhe
obedeceram no passado. 22Estejam certos, portanto, de que
morrerão por guerra, fome e doença no Egito, para onde in-
sistem em ir".

Jeremias é levado para o Egito

43 Quando Jeremias acabou de transmitir a todo o povo a
mensagem do SENHOR, seu Deus, 2Azarias, filho de Ho-
saías, e Joanã, filho de Careá, e todos os outros homens arro-
gantes disseram a Jeremias: "Você está mentindo! O SENHOR,
nosso Deus, não nos proibiu de ir morar no Egito! 3Baruque,
filho de Nerias, o convenceu a dizer isso, pois ele deseja que
fiquemos aqui e sejamos mortos pelos babilônios ou levados
para o exílio".
4Joanã, os outros comandantes e todo o povo não obedeceram
à ordem do SENHOR para que ficassem em Judá. 5Joanã e os
outros comandantes levaram consigo todo o povo que tinha
regressado das nações vizinhas para morar em Judá. 6Havia
na multidão homens, mulheres e crianças, as filhas do rei e
todos que Nebuzaradã, o capitão da guarda, havia deixado
com Gedalias, filho de Aicam e neto de Safã. Também levaram
o profeta Jeremias e Baruque, filho de Nerias. 7O povo não
obedeceu ao SENHOR e foi para o Egito, até a cidade de Tafnes.
8Quando chegaram a Tafnes, o SENHOR deu outra mensagem
a Jeremias: 9"Pegue algumas pedras grandes e, diante do
povo de Judá, enterre-as debaixo das pedras do pavimento
na entrada do palácio do faraó, aqui em Tafnes. 10Então, diga
ao povo: 'Assim diz o SENHOR dos Exércitos, o Deus de Israel:
Certamente trarei meu servo Nabucodonosor, rei da Babilônia,
aqui para o Egito. Colocarei seu trono sobre estas pedras que
escondi. Ele estenderá sobre elas sua tenda real. 11E, quando
ele vier, destruirá a terra do Egito. Trará morte aos destinados
à morte, exílio aos destinados ao exílio e guerra aos desti-
nados à guerra. 12Incendiará os templos dos deuses egípcios;
queimará os templos e levará os ídolos como despojo. Lim-
pará a terra do Egito, como um pastor que tira os piolhos de
seu manto, e sairá dali sem sofrer dano algum. 13Quebrará as

colunas no templo do sol, no Egito, e queimará os templos dos
deuses egípcios'".

Julgamento por causa da idolatria

44 Jeremias recebeu esta mensagem acerca dos judeus que
viviam no norte do Egito, nas cidades de Migdol, Tafnes
e Mênfis, e também no sul do Egito: 2"Assim diz o SENHOR dos
Exércitos, o Deus de Israel: Vocês viram a calamidade que eu
trouxe sobre Jerusalém e sobre todas as cidades de Judá. Hoje
elas estão desertas e em ruínas, 3porque provocaram minha
ira com sua perversidade. Queimaram incenso e adoraram ou-
tros deuses que nem eles, nem vocês, nem seus antepassados
jamais conheceram.
4"Repetidamente, enviei meus servos, os profetas, para lhes
dizer: 'Não façam essas coisas terríveis que eu tanto detesto!'.
5Mas eles não deram ouvidos nem abandonaram sua perver-
sidade, e continuaram a queimar incenso para esses deuses.
6Por isso minha fúria transbordou e caiu como fogo sobre as
cidades de Judá e as ruas de Jerusalém, que até hoje são
ruínas desoladas.
7"Agora, o SENHOR dos Exércitos, o Deus de Israel, lhes per-
gunta: Por que destroem a si mesmos? Nenhum de vocês
sobreviverá: nenhum homem, mulher, criança ou recém-
-nascido que veio de Judá. 8Por que provocar minha ira quei-
mando incenso para os ídolos que vocês fizeram aqui no Egito?
Destruirão a si mesmos e se tornarão objeto de maldição e
zombaria para todas as nações. 9Acaso se esqueceram dos
pecados de seus antepassados, dos pecados dos reis e das
rainhas de Judá, e dos pecados que vocês e suas esposas co-
meteram em Judá e em Jerusalém? 10Até hoje, não mostraram
remorso nem temor. Ninguém escolheu obedecer à minha lei e
aos decretos que dei a vocês e a seus antepassados.
11"Portanto, assim diz o SENHOR dos Exércitos, o Deus de Is-
rael: Estou decidido a destruir cada um de vocês! 12Tomarei o
remanescente de Judá, aqueles que teimaram em vir para o
Egito e morar aqui, e os consumirei. Cairão no Egito, mortos
por guerra e fome. Todos morrerão, desde o mais humilde até
o mais importante. Serão objeto de condenação, horror, mal-
dição e zombaria. 13Eu os castigarei no Egito como os castiguei
em Jerusalém, com guerra, fome e doença. 14Desse remanes-
cente que fugiu para o Egito, na esperança de um dia voltar
para Judá, ninguém sobreviverá. Embora anseiem voltar para
sua terra, apenas uns poucos retornarão".
15Então todas as mulheres que estavam presentes e todos os
homens que sabiam que suas esposas haviam queimado in-
censo para ídolos, uma grande multidão de todos os judeus
que viviam no norte e no sul do Egito, responderam a Jeremias:
16"Não ouviremos as mensagens que você transmite em nome
do SENHOR! 17Faremos o que bem entendermos. Queimaremos
incenso e apresentaremos ofertas derramadas para a Rainha
do Céu, como nós, nossos antepassados e nossos reis e oficiais
sempre fizemos nas cidades de Judá e nas ruas de Jerusalém.
Naqueles dias, havia alimento com fartura, éramos prósperos
e não tínhamos problemas! 18Mas desde que paramos de
queimar incenso para a Rainha do Céu e deixamos de adorá-la
com ofertas derramadas, temos enfrentado grandes aflições
e morrido por guerra e fome".
19"Além disso", acrescentaram as mulheres, "você imagina
que queimávamos incenso, apresentávamos ofertas derra-
madas à Rainha do Céu e fazíamos bolos que retratavam sua
imagem sem o conhecimento e a ajuda de nossos maridos?"
20Então Jeremias disse a todos, tanto homens como mulheres,
que lhe tinham dado essa resposta: 21"Vocês pensam que o
SENHOR não sabia que vocês, seus antepassados, seus reis e
oficiais e todo o povo queimavam incenso a ídolos nas cidades
de Judá e nas ruas de Jerusalém? 22O SENHOR fez de sua terra
objeto de maldição, ruína desolada e sem habitantes, como
está hoje, porque não suportava mais suas práticas detes-
táveis. 23Todas essas coisas terríveis aconteceram a vocês
porque queimaram incenso a ídolos e pecaram contra o SE-
NHOR. Não obedeceram à sua voz nem seguiram sua lei, seus
decretos e seus preceitos!".
24Então Jeremias disse a todos, inclusive às mulheres: "Ouçam
esta mensagem do SENHOR, todos vocês judeus que agora
vivem no Egito. 25Assim diz o SENHOR dos Exércitos, o Deus
de Israel: 'Vocês e suas esposas disseram: 'Cumpriremos
nossa promessa de queimar incenso e apresentar ofertas der-
ramadas à Rainha do Céu', e provaram com suas ações que
estavam falando sério. Portanto, cumpram as promessas e
votos que fizeram para ela'.
26"Ouçam, porém, esta mensagem do SENHOR, todos vocês ju-
deus que agora vivem no Egito: 'Jurei por meu grande nome',
diz o SENHOR, 'que nenhum judeu na terra do Egito pronunciará
meu nome. Nenhum de vocês invocará meu nome nem o usará
para jurar: 'Tão certo como vive o SENHOR Soberano'. 27Pois eu
os vigiarei para trazer sobre vocês calamidade, e não bem.
Os judeus que hoje vivem no Egito sofrerão guerra e fome até
que estejam todos mortos. 28Apenas uns poucos escaparão da
morte e voltarão do Egito para Judá. Então todos que vieram
para o Egito saberão quais palavras são verdadeiras: as minhas
ou as deles!
29"'E esta é a prova que lhes dou', diz o SENHOR, 'de que todas
as minhas palavras se cumprirão e de que eu os castigarei
aqui.' 30Assim diz o SENHOR: 'Entregarei o faraó Hofra, rei do
Egito, nas mãos de seus inimigos que desejam matá-lo, assim
como entreguei Zedequias, rei de Judá, a Nabucodonosor, rei
da Babilônia'".

Mensagem para Baruque

45 O profeta Jeremias transmitiu esta mensagem a Ba-
ruque, filho de Nerias, no quarto ano do reinado de Jeoa-
quim, filho de Josias, depois que Baruque escreveu tudo que
Jeremias havia ditado: 2"Assim diz o SENHOR, o Deus de Israel,
a você, Baruque: 3Você disse: 'Estou cercado de aflições! Será
que já não sofri o suficiente? E agora o SENHOR acrescentou

ainda mais dor! Estou exausto de tanto gemer e não encontro
descanso'.
4"Baruque, assim diz o SENHOR: 'Destruirei esta nação que edi-
fiquei; arrancarei o que plantei. 5Você procura grandes coisas
para si mesmo? Não faça isso! Trarei calamidade sobre todo
este povo; a você, porém, darei sua vida como recompensa
aonde quer que vá. Eu, o SENHOR, falei!'".

Mensagens para as nações

46 O profeta Jeremias recebeu do SENHOR estas mensagens
acerca das nações.

Mensagens a respeito do Egito

2Esta mensagem acerca do Egito foi anunciada no quarto ano
do reinado de Jeoaquim, filho de Josias, rei de Judá, quando
o faraó Neco, rei do Egito, e seu exército foram derrotados
junto ao rio Eufrates por Nabucodonosor, rei da Babilônia, na
batalha de Carquemis.
3"Preparem seus escudos e avancem para a batalha!
4Selem os cavalos e montem neles, cavaleiros! Tomem suas
posições e coloquem os capacetes. Afiem as lanças e vistam
as armaduras.
5Mas o que vejo? O exército egípcio foge, apavorado. Seus
guerreiros mais valentes correm sem olhar para trás. Estão
cercados de terror", diz o SENHOR.
6"Os mais velozes não conseguem fugir, os mais fortes não
podem escapar. No norte, junto ao rio Eufrates, tropeçam e
caem.
7"Quem é este que sobe como o Nilo no tempo das cheias e
inunda toda a terra?
8É o exército egípcio que inunda toda a terra. Conta vantagem
de que a cobrirá como uma enchente e destruirá as cidades
e seus habitantes.
9Avancem, cavalos e carros de guerra, ataquem, guerreiros
valentes do Egito! Venham todos vocês, aliados da Etiópia, da
Líbia e da Lídia, hábeis com o escudo e o arco.
10Porque este é o dia do Soberano SENHOR dos Exércitos, dia
de vingar-se de seus inimigos. A espada devorará até se fartar,
sim, até se embriagar com seu sangue. O Soberano SENHOR dos
Exércitos receberá hoje um sacrifício na terra do norte, junto
ao rio Eufrates.
11"Suba a Gileade para buscar remédio, ó filha virgem do Egito!
Mas de nada adiantarão seus muitos medicamentos, pois não
há cura para você.
12As nações ouviram falar de sua humilhação, a terra está cheia
de seus gritos de desespero. Seus guerreiros mais valentes
tropeçarão uns nos outros e juntos cairão."
13Então o SENHOR deu ao profeta Jeremias esta mensagem
acerca dos planos de Nabucodonosor, rei da Babilônia, para
atacar o Egito.
14"Anunciem esta mensagem no Egito, proclamem-na em
Migdol, Mênfis e Tafnes! Preparem-se para a batalha, pois a
espada devorará todos ao seu redor.
15Por que seus guerreiros caíram? Não conseguem ficar em pé,
pois o SENHOR os derrubou.
16Tropeçam e caem uns sobre os outros e dizem entre si: 'Ve-
nham, vamos voltar ao nosso povo, à nossa terra natal; vamos
fugir da espada do inimigo!'.
17Ali eles dirão: 'O faraó, o rei do Egito, só faz barulho; perdeu
sua oportunidade!'.
18"Tão certo como eu vivo", diz o Rei, cujo nome é SENHOR
dos Exércitos, "vem contra o Egito alguém alto como o monte
Tabor, como o monte Carmelo junto ao mar.
19Arrume a bagagem! Prepare-se para ir ao exílio, povo do
Egito! A cidade de Mênfis será destruída, e não restará um
só habitante.
20O Egito é formoso como uma bela novilha, mas uma grande
mosca do norte está a caminho.
21Os mercenários do Egito são fortes como bezerros gordos,
mas eles também darão meia-volta e fugirão, pois este é um
dia de grande calamidade para o Egito, o tempo de seu cas-
tigo.
22O Egito foge como uma serpente que desliza para longe; os
exércitos invasores avançam e vêm contra ele com machados,
como se fossem lenhadores.
23Cortarão seu povo como árvores", diz o SENHOR, "pois são
mais numerosos que gafanhotos.
24O Egito será humilhado; será entregue ao povo do norte."
25Assim diz o SENHOR dos Exércitos, o Deus de Israel: "Casti-
garei Amom, o deus de Tebas, e todos os outros deuses do
Egito. Castigarei seus governantes, o faraó e todos que nele
confiam. 26Eu os entregarei àqueles que desejam matá-los,
a Nabucodonosor, rei da Babilônia, e a seu exército. Depois
disso, porém, a terra voltará a ser habitada, como no passado.
Eu, o SENHOR, falei!
27"Mas não tenha medo, meu servo Jacó; não desanime, ó
Israel. Pois eu o trarei de volta de terras distantes, e seus des-
cendentes retornarão do exílio. Israel voltará a ter uma vida
de paz e sossego, e ninguém o assustará.
28Não tenha medo, meu servo Jacó, pois estou com você", diz
o SENHOR. "Destruirei completamente todas as nações entre
as quais o espalhei, mas você não será completamente des-
truído. Eu o disciplinarei, mas com justiça; não posso permitir
que fique impune."

Mensagem a respeito da Filístia

47 O SENHOR deu esta mensagem ao profeta Jeremias acerca
dos filisteus de Gaza, antes de ela ser derrotada pelo
exército egípcio. 2Assim diz o SENHOR: "Do norte se aproxima
uma enchente para inundar a terra. Destruirá a terra e tudo
que nela há, tanto as cidades como seus habitantes. O povo
gritará de terror, e todos na terra se lamentarão.
3Ouçam o ruído dos cascos de cavalos, o barulho dos carros de
guerra e o estrondo de suas rodas. Os pais fogem apavorados,
sem olhar para trás, para seus filhos indefesos.

4“Chegou o dia de destruir os filisteus e seus aliados de Tiro e
de Sidom. Sim, o SENHOR destruirá os filisteus, o remanescente
da ilha de Creta.
5Gaza será humilhada, e sua cabeça será raspada; Ascalom
ficará em silêncio. E você, remanescente da planície costeira,
até quando cortará a si mesmo em sinal de lamento?
6“Ó espada do SENHOR, quando descansará? Volte para sua
bainha; repouse e aquiete-se.
7“Mas como pode se aquietar se o SENHOR a enviou numa
missão? Deve destruir a cidade de Ascalom e o povo que vive
no litoral”.

Mensagem a respeito de Moabe

48 Esta é a mensagem acerca de Moabe. Assim diz o SENHOR
dos Exércitos, o Deus de Israel: “Que aflição espera a
cidade de Nebo; logo ela estará em ruínas! A cidade de Quiria-
taim será humilhada e conquistada; a fortaleza será envergo-
nhada e derrubada.
2Ninguém mais se orgulhará de Moabe, pois em Hesbom
tramam destruí-la. Dizem: ‘Venham, vamos acabar com aquela
nação!’. A cidade de Madmém também será silenciada; a es-
pada a perseguirá.
3Ouçam os gritos de Horonaim, gritos de devastação e de
grande destruição.
4Toda a terra de Moabe está destruída; suas crianças gritarão
aos prantos.
5Seus refugiados não param de chorar enquanto sobem a la-
deira para Luíte. Gritam de terror no caminho que desce para
Horonaim.
6Fujam para salvar a vida! Escondam-se no deserto!
7Porque confiaram em sua riqueza e habilidade, serão cap-
turados. Seu deus, Camos, será levado para terras distantes,
junto com seus sacerdotes e oficiais.
8“Todas as cidades serão destruídas, e ninguém escapará,
nem nos planaltos nem nos vales, pois o SENHOR falou.
9Quem dera Moabe tivesse asas para que pudesse voar para
longe, pois suas cidades ficarão desertas, sem nenhum ha-
bitante.
10Maldito aquele que não cumprir diligentemente o trabalho do
SENHOR, que impedir sua espada de derramar sangue!
11“Desde o início de sua história, Moabe viveu em paz; nunca
foi para o exílio. É como o vinho deixado em repouso; não foi
passado de uma vasilha para a outra e agora está aromático
e suave.
12Mas está chegando o dia”, diz o SENHOR, “em que enviarei
homens para tirar o vinho da vasilha. Eles o despejarão e des-
pedaçarão a vasilha.
13Enfim Moabe terá vergonha de seu deus, Camos, como o
povo de Israel se envergonhou do bezerro de ouro em Betel.
14“Você costumava dizer: ‘Somos fortes, guerreiros valentes’.
15Agora, porém, Moabe e suas cidades serão destruídas; seus
jovens mais promissores morrerão”, diz o Rei, cujo nome é
SENHOR dos Exércitos.
16“A destruição de Moabe vem depressa, a calamidade se
aproxima.
17Vocês, amigos de Moabe, lamentem por ela e chorem! Vejam
como o cajado forte está quebrado, como o cetro glorioso está
em pedaços!
18“Desçam de sua glória e sentem-se no pó, habitantes de
Dibom, pois os destruidores de Moabe também os arrasarão;
derrubarão todas as suas torres.
19Fiquem à beira do caminho e vigiem, habitantes de Aroer.
Perguntem àqueles que fogem de Moabe: ‘O que aconteceu?’.
20“A resposta será: ‘Moabe está em ruínas, humilhada;
chorem e lamentem! Anunciem nas margens do rio Arnom:
Moabe foi destruída!’.
21O julgamento chegou às cidades do planalto: a Holom, Jaza
e Mefaate, 22a Dibom, Nebo e Bete-Diblataim, 23a Quiriataim,
Bete-Gamul e Bete-Meom, 24a Queriote e Bozra e a todas as
cidades de Moabe, distantes e próximas.
25“A força de Moabe acabou; seu braço foi quebrado”, diz
o SENHOR.
26“Que ela cambaleie e caia como um bêbado, pois se re-
belou contra o SENHOR. Moabe se revolverá no próprio vômito,
e todos zombarão dela.
27Você não zombou dos israelitas? Acaso foram encontrados na
companhia de ladrões para que os desprezassem dessa forma?
28“Fujam de suas cidades e morem em cavernas habitantes
de Moabe. Escondam-se como pombas que fazem seus ninhos
nas fendas dos rochedos.
29Todos nós ouvimos falar do orgulho de Moabe, pois seu or-
gulho é muito grande. Sabemos de sua soberba, sua arro-
gância e seu coração altivo.
30Conheço sua insolência”, diz o SENHOR, “mas sua arrogância
é vazia, tão vazia quanto seus atos.
31Agora, chorarei por Moabe, sim, gritarei de tristeza por
Moabe; lamentarei pelos homens de Quir-Haresete.
32“Habitantes de Sibma, cheia de videiras, chorarei por vocês
mais do que chorei por Jazer. Seus ramos se estendiam até o
mar Morto, mas o destruidor acabou com tudo; colheu suas
uvas e seus frutos de verão.
33Alegria e exultação desapareceram da fértil Moabe; os tan-
ques de prensar deixaram de produzir vinho. Ninguém mais
pisa as uvas com gritos alegres; há gritos, mas não de alegria.
34“Seus gritos de terror são ouvidos desde Hesbom até Eleale
e Jaaz; desde Zoar até Horonaim e Eglate-Selisia. Agora, até
as águas de Ninrim secaram.
35“Darei fim a Moabe”, diz o SENHOR, “pois o povo oferece
sacrifícios nos santuários idólatras e queima incenso a seus
falsos deuses. 36Meu coração geme como uma flauta por
Moabe e por Quir-Haresete, pois toda a sua riqueza se foi.
37Seus habitantes raspam a cabeça e a barba, fazem cortes
nas mãos e vestem panos de saco. 38Há choro e tristeza em
todas as casas e ruas de Moabe, pois eu a despedacei como
um jarro velho que ninguém quer”, diz o SENHOR. 39“Como se
estilhaçou! Ouçam o choro! Vejam a humilhação de Moabe!

Tornou-se objeto de zombaria, exemplo de ruína para todos
os seus vizinhos."
40 Assim diz o SENHOR: "Veja, o inimigo desce veloz, como águia,
e abre suas asas sobre Moabe!
41 Suas cidades cairão, e suas fortalezas serão conquistadas.
Até os guerreiros mais valentes ficarão em agonia, como a
mulher em trabalho de parto.
42 Moabe deixará de ser nação, pois se exaltou diante do SENHOR.
43 "Terror, armadilhas e laços a esperam, ó Moabe!", diz o
SENHOR.
44 "Quem fugir do terror cairá na armadilha, quem escapar da
armadilha será apanhado no laço. Não deixarei que ninguém
escape, pois a hora de seu castigo chegou", diz o SENHOR.
45 "O povo foge até Hesbom, mas não consegue seguir adiante,
pois de Hesbom, antiga cidade do rei Seom, vem fogo para
devorar toda a terra e seus rebeldes habitantes.
46 "Que aflição a espera, ó Moabe! O povo do deus Camos será
destruído! Seus filhos e suas filhas foram levados para o exílio.
47 No futuro, porém, restaurarei a situação de Moabe. Eu, o
SENHOR, falei!" Aqui termina a profecia de Jeremias contra
Moabe.

Mensagem a respeito de Amom

49 Esta é a mensagem acerca dos amonitas. Assim diz o SE-
NHOR: "Acaso não há descendentes de Israel para herdar
a terra de Gade? Por que vocês, que adoram Moloque, habitam
nas cidades de Gade?
2 Está chegando o dia", diz o SENHOR, "em que farei soar o
grito de guerra contra a cidade de Rabá. Ela se tornará um
monte de ruínas, e os povoados vizinhos serão queimados.
Então Israel tomará de volta as terras que vocês tiraram dele",
diz o SENHOR.
3 "Grite, ó Hesbom, pois a cidade de Ai está destruída. Chorem,
ó habitantes de Rabá, e vistam roupas de luto. Lamentem e
escondam-se entre os muros, pois seu deus, Moloque, será le-
vado para terras distantes, junto com seus sacerdotes e oficiais.
4 Você se orgulha de seus vales férteis, ó filha rebelde. Confiou
em suas riquezas e pensou que ninguém jamais lhe faria mal.
5 Mas eu trarei terror sobre você", diz o Soberano, o SENHOR dos
Exércitos. "Seus vizinhos a expulsarão de sua terra, e ninguém
ajudará seus habitantes quando fugirem.
6 No futuro, porém, restaurarei a situação dos amonitas. Eu,
o SENHOR, falei."

Mensagem a respeito de Edom

7 Esta é a mensagem acerca de Edom. Assim diz o SENHOR dos
Exércitos: "Não há sabedoria em Temã? Não resta ninguém
para dar bons conselhos? Sua sabedoria desapareceu?
8 Deem meia-volta e fujam! Escondam-se em cavernas pro-
fundas, ó habitantes de Dedã! Pois, quando eu trouxer cala-
midade sobre Edom, castigarei vocês também.
9 Aqueles que colhem uvas sempre deixam algumas para os
pobres. Se ladrões viessem à noite, não levariam tudo.
10 Mas eu despojarei completamente a terra de Edom, e não
restará lugar algum para se esconder. Seus filhos, irmãos e
vizinhos serão todos destruídos, e Edom deixará de existir.
11 Protegerei, contudo, os órfãos que restarem em seu meio, e
as viúvas também podem esperar minha ajuda".
12 Assim diz o SENHOR: "Se os inocentes têm de sofrer, quanto
mais vocês! Não ficarão impunes; também beberão deste cá-
lice. 13 Pois jurei por meu próprio nome", diz o SENHOR, "que
Bozra se tornará objeto de horror e um monte de ruínas; será
motivo de zombaria e maldição. Todas as suas cidades ficarão
desoladas para sempre."
14 Ouvi uma mensagem do SENHOR, que um embaixador foi
enviado às nações para dizer: "Formem uma coalizão contra
Edom e preparem-se para a batalha!".
15 Assim diz o SENHOR a Edom: "Eu a tornarei pequena entre as
nações; será desprezada por todos.
16 Você foi iludida pelo medo que provoca e por seu orgulho.
Vive numa fortaleza de pedra e controla os altos dos montes.
Mas ainda que faça seu ninho nas alturas com as águias, eu a
derrubarei", diz o SENHOR.
17 "Edom será objeto de horror; todos que passarem por ela
ficarão pasmos e abrirão a boca de espanto quando virem
suas ruínas.
18 Será como a destruição de Sodoma e Gomorra e de suas
cidades vizinhas", diz o SENHOR. "Ninguém viverá ali, ninguém
habitará nela.
19 Virei como um leão da mata do Jordão que ataca as ovelhas
no pasto. Expulsarei Edom de sua terra e ali colocarei o líder
que eu escolher. Pois quem é semelhante a mim e quem pode
me desafiar? Que governante pode se opor à minha vontade?"
20 Ouçam o que o SENHOR planejou contra Edom e contra os
habitantes de Temã. Até as crianças serão arrastadas como
ovelhas, e suas casas, destruídas.
21 A terra tremerá com o estrondo da queda de Edom, e até do
mar Vermelho se ouvirá seu clamor.
22 Veja, o inimigo desce veloz, como águia, e abre suas asas
sobre Bozra! Até os guerreiros mais valentes ficarão em
agonia, como a mulher em trabalho de parto.

Mensagem a respeito de Damasco

23 Esta é a mensagem acerca de Damasco: "O medo tomou
conta das cidades de Hamate e Arpade, pois ouviram a no-
tícia de sua destruição. Seu coração está agitado, como o mar
numa tempestade.
24 Damasco se enfraqueceu, e todos os seus habitantes se pre-
param para fugir. Medo, angústia e dor se apoderam dela,
como da mulher em trabalho de parto.
25 A cidade famosa, antes tão alegre, será abandonada.
26 Seus jovens cairão nas ruas, todos os seus soldados serão
mortos", diz o SENHOR dos Exércitos.
27 "Acenderei fogo nos muros de Damasco, e ele queimará os
palácios de Ben-Hadade."

Mensagem a respeito de Quedar e de Hazor

28Esta é a mensagem acerca de Quedar e dos reinos de Hazor,
que Nabucodonosor, rei da Babilônia, atacou. Assim diz o SE-
NHOR: "Avancem contra Quedar! Destruam o povo do Oriente!
29Tomarão seus rebanhos e tendas e levarão seus bens e ca-
melos. Por toda parte se ouvirão gritos de pânico: 'Estamos
cercados de terror!'.
30Corram para salvar a vida", diz o SENHOR. "Escondam-se
em cavernas profundas, habitantes de Hazor, pois Nabucodo-
nosor, rei da Babilônia, está se preparando para destruí-los.
31"Subam e ataquem essa nação confiante", diz o SENHOR.
"Seu povo vive sozinho no deserto; não tem muros nem por-
tões.
32Vocês tomarão como despojo os camelos e todos os outros
animais deles. Espalharei ao vento essa gente que vive em
lugares distantes. Trarei calamidade sobre eles de todos os
lados", diz o SENHOR.
33"Hazor se tornará morada de chacais e ficará desolada para
sempre. Ninguém viverá ali, ninguém habitará nela."

Mensagem a respeito de Elão

34O profeta Jeremias recebeu esta mensagem do SE-
NHOR acerca de Elão no início do reinado de Zedequias, rei
de Judá. 35Assim diz o SENHOR dos Exércitos: "Destruirei os
arqueiros de Elão, os melhores soldados de seus exércitos.
36Trarei inimigos de todos os lados e espalharei os habitantes
de Elão aos quatro ventos; serão exilados em nações do mundo
inteiro.
37Irei com os inimigos de Elão para despedaçá-la; em minha
ira ardente, trarei calamidade sobre os elamitas", diz o SE-
NHOR. "Seus inimigos os perseguirão com a espada até que os
tenham destruído completamente.
38Colocarei meu trono em Elão", diz o SENHOR, "e destruirei
seu rei e seus oficiais.
39No futuro, porém, restaurarei a situação de Elão. Eu, o SE-
NHOR, falei!"

Mensagem a respeito da Babilônia

50 O SENHOR deu ao profeta Jeremias esta mensagem
acerca da Babilônia e da terra dos babilônios:
2"Anunciem a todo o mundo, não escondam nada. Levantem
uma bandeira para proclamar a todos que a Babilônia cairá.
Suas imagens e seus ídolos serão despedaçados; seus deuses,
Bel e Merodaque, sofrerão completa humilhação.
3Porque do norte uma nação virá e trará tamanha destruição
que ninguém voltará a habitar ali. Tudo desaparecerá; tanto
pessoas como animais fugirão."

Esperança para Israel e Judá

4"Naqueles dias e naquele tempo", diz o SENHOR, "o povo de
Israel voltará com o povo de Judá. Virão chorando e buscando
o SENHOR, seu Deus.
5Perguntarão pelo caminho para Sião e voltarão para casa.
Eles se apegarão ao SENHOR numa aliança permanente que
jamais será esquecida.
6"Meu povo tem sido como ovelhas perdidas; seus pastores
as fizeram desviar do caminho e as soltaram nos montes. Elas
perderam o rumo e não lembram como voltar para o curral.
7Todos que as encontraram as devoraram. Seus inimigos dis-
seram: 'Não fizemos nada de errado ao atacá-las, pois pe-
caram contra o SENHOR, seu verdadeiro lugar de descanso, a
esperança de seus antepassados'.
8"Agora, porém, fujam da Babilônia! Saiam da terra dos babi-
lônios! Como bodes que vão adiante do rebanho, guiem meu
povo de volta para casa.
9Pois estou levantando um exército de grandes nações do
norte. Unirão forças para atacar a Babilônia e a conquistarão.
As flechas do inimigo serão certeiras; irão direto para o alvo!
10A Babilônia será saqueada até que os saqueadores estejam
cheios de despojos. Eu, o SENHOR, falei!"

A Babilônia cairá

11"Vocês se alegram e exultam, vocês que saquearam a nação
que me pertence. Saltam como bezerros na campina e relin-
cham como garanhões.
12Mas sua terra natal será coberta de vergonha e desonra.
Vocês se tornarão a menor das nações, um deserto, uma terra
seca e desolada.
13Por causa da fúria do SENHOR, a Babilônia ficará vazia; nin-
guém viverá nela. Todos que passarem por lá ficarão pasmos e
abrirão a boca de espanto quando virem suas ruínas.
14"Todas vocês, nações vizinhas, preparem-se para atacar a
Babilônia. Que seus arqueiros atirem contra ela e não poupem
flechas, pois ela pecou contra o SENHOR.
15De todos os lados, deem gritos de guerra contra ela. Vejam,
está se rendendo! Seus muros caíram! É a vingança do SENHOR,
portanto vinguem-se dela; façam a ela o mesmo que ela fez
a outros!
16Eliminem da Babilônia todos que plantam lavouras e mandem
embora todos que colhem. Por causa da espada do inimigo,
todos fugirão para sua própria terra."

Esperança para o povo de Deus

17"Os israelitas são como ovelhas dispersadas por leões. Pri-
meiro o rei da Assíria os devorou, depois Nabucodonosor, rei
da Babilônia, quebrou seus ossos."
18Portanto, assim diz o SENHOR dos Exércitos, o Deus de Israel:
"Castigarei o rei da Babilônia e sua terra, assim como castiguei
o rei da Assíria.
19Trarei Israel de volta para sua própria terra, para pastar nos
campos no Carmelo e em Basã e para saciar-se novamente na
região montanhosa de Efraim e em Gileade.
20Naqueles dias", diz o SENHOR, "não se encontrará pecado
algum em Israel nem em Judá, pois perdoarei o remanescente
que eu preservar."

Julgamento divino sobre a Babilônia

21“Subam, guerreiros, contra a terra de Merataim e contra os habitantes de Pecode! Persigam-nos, matem-nos e destruam-nos completamente, como lhes ordenei”, diz o SENHOR.

22“Façam ouvir na terra o grito de guerra, o estrondo de grande destruição.

23A Babilônia, o martelo de toda a terra, está quebrada e despedaçada; está desolada entre as nações.

24Preparei uma armadilha para você, Babilônia; foi surpreendida e apanhada, pois lutou contra o SENHOR.

25O SENHOR abriu seu arsenal e trouxe para fora as armas de sua fúria. Sim, o Soberano SENHOR dos Exércitos, agirá na terra dos babilônios.

26Venham contra ela de terras distantes, arrombem seus celeiros, transformem seus muros e casas em montes de escombros. Destruam-na completamente, não deixem sobrar coisa alguma.

27Ataquem todos os seus jovens guerreiros e acabem com eles. Que aflição os espera, pois chegou o dia do castigo da Babilônia!

28Escutem o povo que escapou da Babilônia contar em Sião como o SENHOR, nosso Deus, se vingou dos que destruíram seu templo.

29“Convoquem os arqueiros para virem à Babilônia, cerquem a cidade para que ninguém escape. Façam a ela o mesmo que ela fez a outros, pois desafiou o SENHOR, o Santo de Israel.

30Seus jovens cairão nas ruas, todos os seus soldados serão mortos”, diz o SENHOR.

31“Veja, sou seu inimigo, povo arrogante”, diz o Soberano SENHOR dos Exércitos. “O dia do acerto de contas chegou, o dia em que eu o castigarei.

32Ó povo insolente, você tropeçará e cairá, e ninguém o levantará. Pois acendi um fogo nas cidades da Babilônia que queimará tudo ao seu redor.”

33Assim diz o SENHOR dos Exércitos: “O povo de Israel e o povo de Judá foram oprimidos; seus captores os prenderam e não querem soltá-los.

34Mas seu Redentor é forte; seu nome é SENHOR dos Exércitos. Ele os defenderá e voltará a lhes dar descanso em Israel. Mas para o povo da Babilônia não haverá descanso!

35“A espada de guerra virá sobre os babilônios”, diz o SENHOR. “Virá sobre o povo da Babilônia, sobre seus oficiais e seus sábios.

36A espada virá sobre seus falsos profetas, e eles se tornarão tolos. Virá sobre seus guerreiros valentes, e eles se apavorarão.

37A espada virá sobre cavalos e carros de guerra e sobre os estrangeiros que ali habitam, e eles se tornarão como mulheres. Virá sobre seus tesouros, e todos eles serão saqueados.

38A seca virá até mesmo sobre suas fontes de água, e elas secarão. Por que tudo isso acontecerá? Porque toda a terra se encheu de ídolos, e o povo está enlouquecido por eles.

39“Em breve a Babilônia servirá de morada para animais do deserto e hienas; corujas farão ali seus ninhos. Jamais voltará a ser habitada, ficará desolada para sempre.

40Eu a destruirei como destruí Sodoma e Gomorra e as cidades vizinhas”, diz o SENHOR. “Ninguém viverá ali, ninguém habitará nela.

41“Vejam, um grande exército vem do norte! Uma grande nação e muitos reis se levantam, de terras distantes, contra vocês.

42Estão armados com arcos e lanças, são cruéis e não têm compaixão. Quando avançam montados em cavalos, o barulho é como o rugido do mar. Vêm em formação de batalha com o intuito de destruí-la, Babilônia.

43O rei da Babilônia ouviu relatos sobre o inimigo, e suas mãos tremem de medo. Pontadas de angústia tomam conta dele, como as dores da mulher em trabalho de parto.

44“Virei como um leão da mata do Jordão que ataca as ovelhas no pasto. Expulsarei a Babilônia de sua terra e ali colocarei o líder que eu escolher. Pois quem é semelhante a mim e quem pode me desafiar? Que governante pode se opor à minha vontade?”

45Ouçam o que o SENHOR planejou contra a Babilônia e contra a terra dos babilônios. Até as crianças serão arrastadas como ovelhas, e suas casas, destruídas.

46A terra tremerá com a queda da Babilônia, e por todo o mundo se ouvirá seu grito de desespero.

51 Assim diz o SENHOR: “Levantarei um vento destruidor contra a Babilônia e os habitantes daquela terra.

2Estrangeiros virão para peneirá-la e soprá-la para longe, como palha. Virão de todos os lados para atacá-la no dia da calamidade.

3Não deem tempo para os arqueiros vestirem suas couraças, nem armarem seus arcos. Não poupem nem mesmo seus melhores soldados; destruam seu exército completamente.

4Cairão mortos na terra dos babilônios, feridos em suas ruas.

5Pois o SENHOR dos Exércitos não abandonou Israel nem Judá. Ele ainda é seu Deus, embora a terra em que vivem esteja cheia de pecado contra o Santo de Israel”.

6Fujam da Babilônia! Salvem-se! Não sejam castigados com ela! Chegou o tempo da vingança do SENHOR; ele dará à Babilônia o castigo merecido.

7A Babilônia foi como uma taça de ouro nas mãos do SENHOR, uma taça que embriagou o mundo inteiro. As nações beberam do vinho da Babilônia e enlouqueceram.

8Mas, de repente, a Babilônia também caiu; chorem por ela, deem-lhe remédio, talvez ela ainda possa ser curada.

9Tentamos ajudar a Babilônia, mas já era tarde demais. Deixem-na, voltem para sua própria terra. Pois o castigo dela chega até os céus; é tão grande que não pode ser medido.

10O SENHOR nos fez justiça; venham, vamos anunciar em Sião tudo que o SENHOR, nosso Deus, tem feito.

11Afiem as flechas! Levantem os escudos! Pois o SENHOR incitou os reis da Média a marcharem contra a Babilônia e a des-

truírem. Essa é sua vingança contra aqueles que profanaram
seu templo.
12 Levantem a bandeira de guerra contra a Babilônia, reforcem
a guarda e coloquem vigias. Preparem uma emboscada, pois
o SENHOR realizará tudo que planejou contra seus moradores.
13 Você fica junto a um grande rio e está repleta de tesouros.
Mas seu fim chegou; o fio de sua vida foi cortado.
14 O SENHOR dos Exércitos jurou por seu próprio nome: "Suas
cidades se encherão de inimigos, como campos cobertos de
gafanhotos, e eles darão gritos de vitória".

Cântico de louvor ao SENHOR

15 O SENHOR fez a terra com seu poder e a estabeleceu com sua
sabedoria. Com seu entendimento, estendeu os céus.
16 Quando fala no meio do trovão, as chuvas rugem nos céus.
Eleva as nuvens acima da terra, envia relâmpagos com a chuva
e ordena que o vento saia de seus depósitos.
17 Todo ser humano é tolo e não tem conhecimento! Os artesãos
são envergonhados pelos ídolos que fazem, pois as imagens
que esculpiram são uma fraude; não têm fôlego nem poder.
18 Os ídolos são inúteis, são mentiras ridículas; no dia do acerto
de contas, serão todos destruídos.
19 Mas o Deus de Israel não é como esses ídolos; ele é o Criador
de todas as coisas, incluindo Israel, a nação que lhe pertence.
Seu nome é SENHOR dos Exércitos!

O grande castigo da Babilônia

20 "Você é meu martelo e minha espada", diz o SENHOR. "Com
você despedaçarei nações e destruirei muitos reinos.
21 Com você destruirei o cavalo, o cavaleiro, o carro de guerra
e o condutor.
22 Com você despedaçarei homens e mulheres, velhos e
crianças, rapazes e moças.
23 Com você despedaçarei pastores e rebanhos, lavradores e
bois, capitães e oficiais.
24 "Retribuirei à Babilônia e aos habitantes daquela terra por
todo o mal que fizeram ao meu povo em Sião", diz o SENHOR.
25 "Veja, ó montanha poderosa, destruidora da terra! Sou seu
inimigo", diz o SENHOR. "Levantarei minha mão contra você, e
a derrubarei das alturas. Quando eu terminar, você não pas-
sará de um monte de escombros queimados.
26 Nem mesmo suas pedras serão reaproveitadas para outras
construções. Ficará completamente arruinada", diz o SENHOR.
27 Levantem uma bandeira para as nações! Façam soar o toque
de guerra! Mobilizem-nas contra a Babilônia, convoquem os
exércitos de Ararate, Mini e Asquenaz. Nomeiem um comandante
e tragam muitos cavalos, como um enxame de gafanhotos.
28 Reúnam contra ela os exércitos das nações comandados
pelos reis da Média e todos os seus capitães e oficiais.
29 A terra estremece e se contorce de dor, pois todos os planos
do SENHOR contra a Babilônia permanecem inalterados; a Ba-
bilônia ficará desolada, sem um só habitante.
30 Seus guerreiros valentes pararam de lutar e permanecem
em seus quartéis, sem coragem alguma; tornaram-se como
mulheres. Os invasores queimaram as casas e quebraram os
portões da cidade.
31 Mensageiros correm apressados para contar ao rei que sua
cidade foi conquistada.
32 Todas as rotas de fuga estão fechadas; os juncos dos pân-
tanos foram incendiados, e o exército está em pânico.
33 Assim diz o SENHOR dos Exércitos, o Deus de Israel: "A Babi-
lônia é como o trigo na eira, prestes a ser pisado. Em breve,
começará sua colheita".
34 "Nabucodonosor, rei da Babilônia, nos devorou, nos es-
magou e nos deixou sem forças. Ele nos engoliu como um
monstro; encheu o estômago com nossas riquezas e nos vo-
mitou de nossa terra.
35 Que a Babilônia sofra da mesma forma que nos fez sofrer",
diz o povo de Sião. "Que seus habitantes paguem por terem
derramado nosso sangue", diz Jerusalém.

A vingança do SENHOR contra a Babilônia

36 Assim diz o SENHOR a Jerusalém: "Defenderei sua causa e os
vingarei. Secarei o rio da Babilônia, e também suas fontes, 37 e
ela se tornará um monte de ruínas, morada de chacais. Será
objeto de horror e desprezo, um lugar onde ninguém vive.
38 Seus habitantes rugirão juntos, como leões fortes; rosnarão
como leõezinhos.
39 E, enquanto estiverem inflamados de tanto beber, prepararei
para eles outro tipo de banquete. Eu os farei beber até que
caiam no sono, e nunca mais acordarão", diz o SENHOR.
40 "Eu os levarei como cordeiros para o matadouro, como car-
neiros e bodes.
41 "Como caiu a Babilônia, a grande Babilônia, admirada em
toda a terra! Tornou-se objeto de horror entre as nações.
42 O mar se levantou sobre a Babilônia; está coberta de ondas
violentas.
43 Suas cidades estão em ruínas; é uma terra seca e deserta,
onde ninguém vive e por onde ninguém passa.
44 Castigarei Bel, o deus dos babilônios, e o farei vomitar tudo
que engoliu. As nações não virão mais para adorá-lo; o muro
da Babilônia caiu!"

Uma mensagem para os exilados

45 "Saia da Babilônia, meu povo! Salvem-se da ira ardente do
SENHOR!
46 Mas não entrem em pânico; não tenham medo quando
ouvirem os primeiros rumores, pois continuarão a chegar ru-
mores ano após ano. Haverá violência na terra, e governantes
lutarão uns contra os outros.
47 Pois certamente está chegando o dia em que castigarei a
Babilônia e todos os seus ídolos. Toda a sua terra será enver-
gonhada, e seus mortos ficarão espalhados pelas ruas.

48Então os céus e a terra se alegrarão, porque do norte virão
exércitos destruidores contra a Babilônia", diz o SENHOR.
49"Assim como a Babilônia matou o povo de Israel e outros
povos de todo o mundo, também seu povo será morto.
50Saiam, todos vocês que escaparam da espada! Não fiquem
parados, fujam enquanto podem! Embora estejam numa terra
distante, lembrem-se do SENHOR e pensem em seu lar em Je-
rusalém."
51"Estamos envergonhados", diz o povo. "Fomos insultados
e humilhados, pois estrangeiros profanaram o templo do SE-
NHOR."
52"Sim", diz o SENHOR, "mas está chegando o dia em que eu
destruirei os ídolos da Babilônia. Por toda a terra se ouvirão os
gemidos de seu povo ferido.
53Ainda que a Babilônia chegue até os céus e construa for-
talezas poderosas, enviarei inimigos para destruí-la. Eu, o
SENHOR, falei!"

A destruição total da Babilônia

54"Ouçam os gritos que vêm da Babilônia, o som de grande
destruição daquela terra!
55Pois o SENHOR está destruindo a Babilônia; ele calará sua voz
estrondosa. Ondas de inimigos a atingem com violência; pela
cidade ressoam ruídos da batalha.
56Exércitos destruidores vêm contra a Babilônia; seus homens
valentes são capturados, seus arcos se quebram em suas
mãos. Pois o SENHOR é Deus que dá o justo castigo; sempre
retribui em plena medida.
57Deixarei embriagados seus líderes e seus sábios, bem como
seus capitães, oficiais e guerreiros. Eles cairão no sono e
nunca mais acordarão!", diz o Rei, cujo nome é SENHOR dos
Exércitos.
58Assim diz o SENHOR dos Exércitos: "Os largos muros da Ba-
bilônia serão arrasados, e seus grandes portões, queimados.
Construtores de muitas nações trabalharam em vão, pois sua
obra será destruída pelo fogo".

A mensagem de Jeremias é enviada para a Babilônia

59O profeta Jeremias transmitiu esta mensagem a Seraías,
filho de Nerias e neto de Maaseias, chefe dos assessores do
rei, quando Seraías foi à Babilônia com Zedequias, rei de Judá.
Isso aconteceu no quarto ano do reinado de Zedequias. 60Je-
remias havia registrado num rolo todas as calamidades que
viriam em breve sobre a Babilônia, todas as palavras escritas
aqui. 61Jeremias disse a Seraías: "Quando chegar à Babilônia,
leia em voz alta tudo que está neste rolo. 62Depois, diga: 'SE-
NHOR, tu disseste que destruirás a Babilônia, de modo que não
restarão aqui nem pessoas nem animais. Ela ficará desolada
para sempre'. 63Quando tiver terminado de ler o rolo, amar-
re-o a uma pedra e jogue-o no rio Eufrates. 64Em seguida, diga:
'Da mesma forma, a Babilônia e seu povo afundarão e nunca
mais se levantarão por causa das calamidades que trarei sobre
ela'". Aqui terminam as mensagens de Jeremias.

A queda de Jerusalém

52 Zedequias tinha 21 anos quando começou a reinar, e
reinou em Jerusalém por onze anos. Sua mãe se cha-
mava Hamutal e era filha de Jeremias, de Libna. 2Fez o que era
mau aos olhos do SENHOR, como Jeoaquim antes dele. 3Estas
coisas aconteceram por causa da ira do SENHOR contra o povo
de Jerusalém e de Judá. Por fim, ele os expulsou de sua pre-
sença. Zedequias se rebelou contra o rei da Babilônia. 4Assim,
em 15 de janeiro, durante o nono ano de reinado de Zedequias,
Nabucodonosor, rei de Babilônia, e todo o seu exército cer-
caram Jerusalém e construíram rampas de ataque contra os
muros. 5Jerusalém permaneceu cercada até o décimo primeiro
ano do reinado de Zedequias.
6Em 18 de julho, no décimo primeiro ano do reinado de Zede-
quias, a fome na cidade tinha se tornado tão severa que não
havia mais nenhum alimento. 7Assim, abriram uma brecha no
muro da cidade, e todos os soldados fugiram. Como a cidade
estava cercada pelos babilônios, os soldados esperaram até
o anoitecer. Então, passaram pelo portão entre os dois muros
atrás do jardim do rei e fugiram em direção ao vale do Jordão.
8Contudo, o exército babilônio perseguiu o rei Zedequias e o
alcançou nas planícies de Jericó, pois todos os seus soldados o
haviam abandonado e se dispersado. 9Capturaram Zedequias
e o levaram ao rei da Babilônia, em Ribla, na terra de Hamate.
Ali o rei da Babilônia sentenciou Zedequias. 10Obrigou Zede-
quias a vê-lo matar seus filhos e todos os oficiais de Judá. 11De-
pois, arrancou seus olhos, o prendeu com correntes de bronze
e o levou para a Babilônia. Zedequias permaneceu preso até
o dia de sua morte.

O templo é destruído

12Em 17 de agosto daquele ano, o décimo nono ano do reinado
de Nabucodonosor, Nebuzaradã, capitão da guarda e oficial
do rei babilônio, chegou a Jerusalém. 13Queimou o templo do
SENHOR, o palácio real e todas as casas de Jerusalém. Queimou
também todos os edifícios importantes da cidade. 14Depois,
supervisionou o exército babilônio na demolição de todos os
muros de Jerusalém. 15Em seguida, Nebuzaradã, capitão da
guarda, deportou alguns dos mais pobres, o povo que havia
ficado na cidade, os desertores de Judá que se entregaram
ao rei da Babilônia e o restante dos artesãos. 16Permitiu, no
entanto, que alguns dos mais pobres ficassem para cuidar dos
vinhedos e dos campos.
17Os babilônios despedaçaram as colunas de bronze na frente
do templo do SENHOR, as bases móveis de bronze e o grande
tanque de bronze chamado Mar, e levaram todo o bronze para
a Babilônia. 18Também levaram os baldes para cinzas, as pás,
os cortadores de pavios, as bacias, as vasilhas e todos os ou-
tros utensílios de bronze usados para o serviço no templo. 19O
capitão da guarda também levou os baldes pequenos, os in-
censários, as bacias, as panelas, os candeeiros, as colheres, as
vasilhas usadas para as ofertas derramadas e todos os outros
utensílios de ouro puro ou de prata.

20 Era impossível calcular o peso do bronze das duas colunas,
do Mar com os doze touros de bronze debaixo dele e das bases
móveis. Esses objetos tinham sido feitos para o templo do SE-
NHOR por ordem do rei Salomão. 21 Cada coluna media 8,3 me-
tros de altura e tinha 5,5 metros de circunferência. Era oca,
e suas paredes tinham cerca de 8 centímetros de espessura.
22 O capitel de bronze no alto de cada coluna media cerca de
2,25 metros de altura e era enfeitado ao redor com correntes
entrelaçadas de romãs feitas de bronze. 23 Havia 96 romãs nos
lados, e nas correntes entrelaçadas ao redor do topo havia,
ao todo, cem romãs.
24 Nebuzaradã, capitão da guarda, levou como prisioneiros o
sumo sacerdote Seraías, o sacerdote auxiliar Sofonias e três
dos principais guardas das portas. 25 Dentre o povo que ainda
estava escondido na cidade, levou um oficial responsável pelo
exército, sete dos conselheiros pessoais do rei, o secretário do
comandante do exército, que era encarregado do alistamento,
e outros sessenta homens do povo. 26 Nebuzaradã, capitão da
guarda, levou-os ao rei da Babilônia, em Ribla. 27 E ali em Ribla,
na terra de Hamate, o rei da Babilônia mandou executá-los.
Assim, o povo de Judá foi enviado para o exílio, para longe
de sua terra.
28 No sétimo ano do reinado de Nabucodonosor, 3.023 judeus
foram levados para o exílio na Babilônia. 29 No décimo oitavo
ano de Nabucodonosor, mais 832 pessoas foram exiladas de
Jerusalém. 30 No vigésimo terceiro ano de Nabucodonosor, ele
enviou Nebuzaradã, capitão da guarda, que levou mais 745
judeus. Ao todo, 4.600 pessoas foram exiladas.

Esperança para a dinastia de Israel

31 No trigésimo sétimo ano do exílio de Joaquim, rei de Judá,
Evil-Merodaque começou a reinar na Babilônia. Foi bondoso
com Joaquim e o libertou da prisão em 31 de março daquele
ano. 32 Falou com ele gentilmente e o colocou num lugar mais
elevado que o de outros reis exilados na Babilônia. 33 Providen-
ciou-lhe roupas novas, em lugar das roupas de prisioneiro, e
permitiu que ele comesse na presença do rei enquanto vivesse.
34 Joaquim recebeu do rei da Babilônia uma provisão diária de
alimento enquanto viveu, até o dia de sua morte.

LAMENTAÇÕES

Grande tristeza em Jerusalém

1 A cidade que antes era cheia de gente agora está deserta.
Antes era grande entre as nações, agora está sozinha, como
uma viúva. Antes era rainha de toda a terra, agora é escrava.
2 Ela passa a noite aos prantos; lágrimas correm por seu rosto.
De todos os seus amantes, não resta um sequer para con-
solá-la. Todos os seus amigos a traíram e se tornaram seus
inimigos.
3 Judá foi levada para o exílio e oprimida com cruel escravidão.
Vive entre as nações e não tem lugar para descansar. Seus
inimigos a perseguiram, e ela não tem a quem recorrer.
4 As estradas para Sião estão de luto, pois as multidões já não
vêm celebrar as festas. Os portões da cidade estão em silêncio,
os sacerdotes gemem, as moças choram. Como é amargo seu
destino!
5 Seus adversários se tornaram seus senhores, e seus inimigos
prosperam, pois o SENHOR castigou Jerusalém por seus muitos
pecados. Seus filhos foram capturados e levados para o exílio.
6 A bela Sião foi despojada de toda a sua majestade. Seus
príncipes são como cervos famintos em busca de pasto. Estão
fracos demais para fugir do inimigo que os persegue.
7 Em meio à sua tristeza e às suas andanças, Jerusalém se
lembra de seu antigo esplendor. Agora, porém, caiu nas mãos
de seu inimigo, e não há quem a ajude. Seu inimigo a derrubou
e zombou de sua queda.
8 Jerusalém pecou terrivelmente, por isso foi jogada fora
como trapo imundo. Todos que antes a honravam agora a des-
prezam, pois a viram nua e humilhada. Só resta a ela gemer
e esconder o rosto.
9 Com sua impureza, contaminou as vestes e não pensou nas
consequências. Agora está caída no chão, e não há quem
a levante. "SENHOR, vê minha aflição", ela diz. "O inimigo
triunfou."
10 O inimigo a saqueou e levou todos os seus valiosos bens. Ela
viu estrangeiros profanarem seu templo sagrado, o lugar em
que o SENHOR os proibira de entrar.
11 Seu povo geme, à procura de pão; trocaram seus tesouros
por alimento para sobreviver. "Olha, SENHOR", ela se lamenta,
"e vê como sou desprezada!
12 "Isso tudo nada significa para vocês que passam por mim?
Olhem ao redor e vejam se há dor igual à minha, que o SENHOR
trouxe sobre mim quando se acendeu sua ira.
13 "Do céu enviou fogo que me queima os ossos; pôs uma ar-
madilha em meu caminho e me fez voltar atrás. Deixou-me
devastada, atormentada o dia todo por uma doença.
14 "Trançou meus pecados como uma corda para me prender
ao jugo do exílio. O Senhor me tirou a força e me entregou a
meus inimigos; estou indefesa nas mãos deles.
15 "O Senhor tratou meus homens valentes com desprezo. Por
ordem sua, um grande exército veio para esmagar meus jovens

guerreiros. O Senhor pisou a amada cidade de Jerusalém como se pisam uvas no tanque de prensar.

16 “Choro por todas essas coisas, lágrimas correm por meu rosto. Não resta ninguém para me consolar, estão longe os que poderiam me animar. Meus filhos não têm futuro, pois o inimigo nos conquistou.”

17 Sião estende as mãos, mas ninguém a consola. O SENHOR disse a respeito de seu povo, Israel: “Que seus vizinhos sejam seus inimigos! Que Jerusalém seja jogada fora como trapo imundo!”.

18 “O SENHOR é justo”, diz Jerusalém, “pois me rebelei contra ele. Ouçam todos os povos e vejam minha angústia, pois meus filhos e filhas foram levados para o exílio.

19 “Pedi ajuda a meus aliados, mas eles me traíram. Meus sacerdotes e meus líderes morreram de fome na cidade, enquanto procuravam alimento para sobreviver.

20 “SENHOR, vê minha angústia! Meu coração está aflito, e minha alma, desesperada, pois me rebelei terrivelmente contra ti. Nas ruas, a espada mata, e, em casa, só há morte.

21 “Outros ouviram meus gemidos, mas ninguém veio me consolar. Quando meus inimigos souberam de minha desgraça, se alegraram de ver o que tu havias feito. Ah, traze o dia que prometeste, em que eles sofrerão como eu sofri!

22 “Vê todas as maldades deles, SENHOR, e castiga-os como me castigaste, por todos os meus pecados. Meus gemidos são muitos, e meu coração está enfermo.”

A ira de Deus pelo pecado

2 Em sua ira, o Senhor cobriu com uma sombra a bela Sião. A mais gloriosa das cidades de Israel foi lançada por terra das alturas dos céus. No dia de sua grande ira, o Senhor não teve compaixão nem mesmo de seu templo.

2 Sem piedade, o SENHOR destruiu todas as casas de Israel. Em sua ira, derrubou os muros fortificados da bela Jerusalém. Jogou-os por terra e humilhou o reino e seus governantes.

3 Toda a força de Israel desapareceu sob a sua ira ardente. Retirou sua proteção durante os ataques do inimigo. Como labaredas de fogo, consome tudo ao redor.

4 Prepara o arco para atacar seu povo, como se fosse seu inimigo. Usa contra eles sua força para matar os melhores jovens. Derrama como fogo sua fúria sobre a tenda da bela Sião.

5 Sim, o Senhor derrotou Israel como se fosse seu inimigo. Destruiu seus palácios e demoliu suas fortalezas. Trouxe tristeza e choro sem fim sobre a bela Jerusalém.

6 Derrubou com violência seu templo, como uma cabana num jardim. O SENHOR fez cair no esquecimento as festas sagradas e os sábados. Reis e sacerdotes caíram juntos diante de sua ira ardente.

7 O Senhor rejeitou seu altar e desprezou seu santuário. Entregou os palácios de Jerusalém a seus inimigos. No templo do SENHOR, gritam como se fosse um dia de celebração.

8 O SENHOR se decidiu a derrubar os muros da bela Sião. Traçou planos detalhados para sua destruição e fez o que planejou. Por isso as fortificações e os muros caíram diante dele.

9 Os portões de Jerusalém afundaram na terra; ele despedaçou suas trancas. Seu rei e seus príncipes foram exilados entre as nações; sua lei deixou de existir. Seus profetas não recebem mais visões do SENHOR.

10 Os líderes da bela Jerusalém sentam-se no chão em silêncio. Vestem-se de pano de saco e jogam pó sobre a cabeça. As moças de Jerusalém abaixam a cabeça, envergonhadas.

11 Chorei até que não tivesse mais lágrimas; meu coração está aflito. Meu espírito se derrama de angústia, quando vejo a calamidade de meu povo. Crianças pequenas e bebês desfalecem e morrem nas ruas.

12 Clamam às mães: “Estamos com fome e sede!”. Desfalecem nas ruas, como o guerreiro ferido na batalha. Lutam para respirar e morrem lentamente nos braços maternos.

13 Que posso dizer a seu respeito? Quem alguma vez viu tamanha tristeza? Ó filha de Jerusalém, a que posso compará-la em sua angústia? Ó filha virgem de Sião, como posso consolá-la? Sua ferida é mais profunda que o mar; quem pode curá-la?

14 Seus profetas anunciaram visões inúteis e mentiras. Não lhe mostraram seus pecados para salvá-la do exílio. Em vez disso, anunciaram mensagens enganosas e a encheram de falsa esperança.

15 Todos que passam caçoam de você; zombam da bela Jerusalém e a insultam: “Esta é a cidade chamada de ‘A Mais Bela do Mundo’ e ‘Alegria de Toda a Terra’?”.

16 Todos os seus inimigos falam mal de você; zombam, rosnam e dizem: “Finalmente a destruímos! Esperamos tanto por este dia, e enfim ele chegou!”.

17 Mas foi o SENHOR que fez tudo que planejou; cumpriu as promessas de trazer calamidade feitas muito tempo atrás. Destruiu Jerusalém sem compaixão; fez seus inimigos se alegrarem com sua derrota e lhes deu poder sobre ela.

18 Chorem em alta voz diante do Senhor, ó muros da bela Sião! Que suas lágrimas corram dia e noite como um rio. Não se permitam descanso algum, nem deem alívio a seus olhos.

19 Levantem-se no meio da noite e clamem, derramem como água o coração diante do Senhor. Levantem as mãos em oração e supliquem por seus filhos, pois desfalecem de fome pelas ruas.

20 “Ó SENHOR, pensa nisso! Acaso deves tratar teu povo dessa maneira? Devem as mães comer os próprios filhos, que elas criaram com tanto carinho? Devem os sacerdotes e os profetas ser mortos dentro do templo do Senhor?

21 “Estão jogados nas ruas, jovens e velhos, rapazes e moças, mortos pelas espadas do inimigo. Tu os mataste em tua ira e os massacraste sem piedade.

22 “Convocaste terrores de todos os lados, como se os chamasses para uma ocasião solene. No dia da ira do SENHOR, ninguém escapou nem sobreviveu. Os filhos que levei em meus braços e criei o inimigo destruiu.”

Esperança na fidelidade do SENHOR

3 Eu sou aquele que viu as aflições trazidas pela vara da ira do SENHOR.

2Ele me conduziu para a escuridão e removeu toda a luz.
3Voltou sua mão contra mim repetidamente, o dia todo.
4Fez minha pele e minha carne envelhecerem e me quebrou
os ossos.
5Sitiou-me e cercou-me de angústia e aflição.
6Enterrou-me num lugar escuro, como os que há muito mor-
reram.
7Cercou-me de muros, e não consigo escapar; prendeu-me
com pesadas correntes.
8E, ainda que eu clame e grite, ele fechou os ouvidos para
minha oração.
9Com um muro de pedra, impediu meu caminho; tornou minha
estrada tortuosa.
10Escondeu-se como um urso ou um leão que espera para
atacar.
11Arrastou-me para fora do caminho e despedaçou-me; dei-
xou-me devastado.
12Preparou seu arco e me fez alvo de suas flechas.
13As flechas que ele atirou entraram fundo em meu coração.
14Meu povo ri de mim; o dia inteiro entoam canções de zom-
baria.
15De amargura ele me encheu e me fez beber um amargo cá-
lice de dor.
16Fez-me comer pedrinhas até quebrar os dentes e cobriu-me
de pó.
17Tirou-me a paz, e já não sei o que é prosperar.
18Grito: "Meu esplendor se foi! Tudo que eu esperava do SE-
NHOR se perdeu!".
19Como é amargo recordar meu sofrimento e meu desamparo!
20Lembro-me sempre destes dias terríveis enquanto lamento
minha perda.
21Ainda ouso, porém, ter esperança quando me recordo disto:
22O amor do SENHOR não tem fim! Suas misericórdias são ines-
gotáveis.
23Grande é sua fidelidade; suas misericórdias se renovam cada
manhã.
24Digo a mim mesmo: "O SENHOR é minha porção; por isso,
esperarei nele!".
25O SENHOR é bom para os que dependem dele, para os que
o buscam.
26Portanto, é bom esperar em silêncio pela salvação do SENHOR.
27É bom as pessoas se sujeitarem, ainda jovens, ao jugo de
sua disciplina.
28Que permaneçam sozinhas e em silêncio sob o jugo do SENHOR.
29Que se deitem com o rosto no pó, pois talvez ainda haja
esperança.
30Que deem a outra face para os que os ferem e aceitem os
insultos de seus inimigos.
31Pois o Senhor não abandona ninguém para sempre.
32Embora traga tristeza, também mostra compaixão, por causa
da grandeza de seu amor.
33Pois não tem prazer em afligir as pessoas, nem em lhes
causar tristeza.
34Quando alguém esmaga sob os pés todos os prisioneiros da
terra, 35quando nega a outros seus direitos em oposição ao
Altíssimo, 36quando distorce a justiça nos tribunais, será que o
Senhor não vê tudo isso?
37Quem pode ordenar que algo aconteça sem a permissão do
Senhor?
38Acaso o Altíssimo não envia tanto a calamidade como o bem?
39Então por que nós, humanos, nos queixamos quando somos
castigados por nossos pecados?
40Em vez disso, examinemos nossos caminhos e voltemos para
o SENHOR.
41Levantemos o coração e as mãos para Deus nos céus e di-
gamos:
42"Pecamos e nos rebelamos, e tu não nos perdoaste.
43"Com tua ira nos envolveste, nos perseguiste e nos massa-
craste sem piedade.
44Tu te escondeste numa nuvem, para que nossas orações não
chegassem a ti.
45Como refugo e lixo, nos lançaste fora, no meio das nações.
46"Todos os nossos inimigos falam contra nós.
47Vivemos cheios de medo, pois estamos presos numa arma-
dilha, devastados e arruinados".
48Rios de lágrimas correm de meus olhos pela destruição de
meu povo.
49Minhas lágrimas correm sem parar; não cessarão
50até que o SENHOR se incline dos céus e veja.
51Meu coração está aflito pelo destino das mulheres de Je-
rusalém.
52Meus inimigos, a quem nunca fiz mal, caçaram-me como se
eu fosse um pássaro.
53Num poço me jogaram e atiraram pedras sobre mim.
54A água subiu acima de minha cabeça e clamei: "É o fim!".
55Mas, lá do fundo do poço, invoquei teu nome, SENHOR.
56Tu me ouviste quando clamei: "Ouve minha súplica! Escuta
meu clamor por socorro!".
57Sim, tu vieste quando clamei e disseste: "Não tenha medo".
58Senhor, defende minha causa, pois redimiste minha vida.
59Viste a injustiça que me fizeram, SENHOR; demonstra tua
justiça.
60Viste os planos vingativos que meus inimigos tramaram
contra mim.
61SENHOR, ouviste os insultos deles; sabes muito bem dos
planos que tramaram.
62Meus inimigos me acusam e conspiram contra mim o dia
todo.
63Olha para eles! Sentados ou em pé, zombam de mim com
suas canções.
64SENHOR, dá-lhes o que merecem por todo o mal que fizeram.
65Dá-lhes coração duro e teimoso, e que tuas maldições caiam
sobre eles.
66Persegue-os em tua ira e destrói-os sob os céus do SENHOR.

A ira do SENHOR é satisfeita

4 Como o ouro perdeu seu brilho! Até o ouro mais puro ficou
embaçado. As pedras sagradas estão espalhadas pelas ruas.

2Vejam como os filhos preciosos de Sião, que valem seu peso
em ouro puro, são tratados como vasos de barro feitos por um
oleiro qualquer.
3Até os chacais amamentam seus filhotes, mas meu povo não
age assim. Como as avestruzes no deserto, ignora cruelmente
o clamor de seus filhos.
4A língua seca dos bebês gruda no céu da boca, por causa
da sede. As crianças imploram por um pedaço de pão, mas
ninguém as atende.
5Os que antes comiam as comidas mais finas agora morrem
de fome nas ruas. Os que antes vestiam roupas da melhor
qualidade agora reviram os montes de lixo.
6A culpa de meu povo é maior que a de Sodoma, que foi des-
truída de repente, e ninguém ofereceu ajuda.
7Nossos príncipes eram radiantes de saúde, mais brilhantes
que a neve e mais brancos que o leite. Seu rosto era rosado
como rubis, e sua aparência, como safiras.
8Agora, porém, seu rosto está mais escuro que fuligem; nin-
guém os reconhece nas ruas. Sua pele está pegada aos ossos,
seca como madeira.
9Os que morreram pela espada foram mais felizes que os que
morrem de inanição. Famintos, definham por falta de alimento
dos campos.
10Mulheres de bom coração cozinharam os próprios filhos. Elas
os comeram para sobreviver ao cerco.
11Agora, porém, a ira do SENHOR está satisfeita; sua ira ardente
foi derramada. Em Sião ele acendeu um fogo que queimou a
cidade até seus alicerces.
12Nenhum rei em toda a terra, ninguém no mundo inteiro,
poderia imaginar que o inimigo entraria pelas portas de Je-
rusalém.
13Mas foi o que aconteceu por causa do pecado de seus pro-
fetas e da maldade de seus sacerdotes, que profanaram a
cidade ao derramar sangue inocente.
14Andavam sem destino pelas ruas, como cegos, tão contami-
nados de sangue que ninguém se atrevia a tocar neles.
15"Afastem-se!", gritavam para eles. "Estão contaminados!
Não toquem em nós!" Fugiram para terras distantes e an-
daram sem rumo entre as nações, mas nenhuma permitiu que
ficassem.
16O SENHOR, em sua ira, os espalhou e deixou de ajudá-los.
Ninguém mais respeita os sacerdotes nem honra os líderes.
17Esperamos em vão que nossos aliados viessem nos socorrer.
Buscamos a ajuda de nações incapazes de nos livrar.
18Não podíamos sair às ruas, pois nossos passos eram vigiados.
Nosso fim se aproximava, nossos dias estavam contados; es-
távamos condenados!
19Nossos inimigos eram mais rápidos que as águias no céu;
fugimos para as montanhas, mas eles nos perseguiram. No
deserto nos escondemos, mas eles estavam ali, esperando
por nós.
20Nosso rei, o ungido do SENHOR, a vida de nossa nação, foi
capturado nos laços deles. E nós pensávamos que sua sombra
nos protegeria de qualquer nação da terra!
21Ó povo de Edom, você se alegra e exulta na terra de Uz?
Mas você também beberá do cálice da ira do SENHOR; também
ficará embriagado e será despido.
22Ó bela Sião, o castigo de sua maldade chegará ao fim; logo
voltará do exílio. Mas para você, Edom, o castigo está só come-
çando; logo seus muitos pecados serão expostos.

Súplica por restauração

5 Lembra-te, SENHOR, do que aconteceu conosco e vê como
fomos humilhados!
2Nossa herança foi entregue a estranhos, e nossas casas, a
estrangeiros.
3Somos órfãos e já não temos pai, e nossa mãe ficou viúva.
4Temos de pagar pela água que bebemos, e até a lenha nos
custa caro.
5Os que nos perseguem estão bem perto; estamos exaustos,
mas não nos deixam descansar.
6Ao Egito e à Assíria nos sujeitamos, para conseguir alimento
e sobreviver.
7Nossos antepassados pecaram e já morreram, e nós rece-
bemos o castigo que eles mereciam.
8Escravos se tornaram nossos senhores; não restou ninguém
para nos resgatar.
9Arriscamos a vida à procura de alimento, pois a violência
tomou conta do deserto.
10A fome nos escureceu a pele, como se tivesse sido queimada
no forno.
11As mulheres de Sião e as moças das cidades de Judá são
violentadas por nossos inimigos.
12Os príncipes são pendurados pelas mãos, os idosos são tra-
tados com desprezo.
13Os rapazes são levados para trabalhar nos moinhos, os me-
ninos cambaleiam sob os pesados fardos de lenha.
14As autoridades não se sentam mais à porta das cidades, os
rapazes não tocam mais música.
15A alegria desapareceu de nosso coração, nossas danças se
transformaram em pranto.
16A coroa caiu de nossa cabeça; que aflição por causa de nosso
pecado!
17Nosso coração desfalece, nossos olhos se embaçaram de
lágrimas, 18pois o monte Sião está desolado; tornou-se mo-
rada de chacais.
19Mas tu, SENHOR, reinas eternamente! Teu trono permanece
de geração em geração.
20Por que continuas a te esquecer de nós? Por que nos aban-
donaste por tanto tempo?
21Restaura-nos, SENHOR, e faze-nos voltar para ti! Devolve-nos
a alegria que tínhamos antes!
22Ou será que nos rejeitaste completamente? Ainda estás irado
conosco?

EZEQUIEL

Visão dos seres vivos

1 Em 31 de julho de meu trigésimo ano, enquanto eu estava com os exilados judeus junto ao rio Quebar, na Babilônia, os céus se abriram e tive visões de Deus. 2Isso aconteceu no quinto ano do exílio do rei Joaquim. 3(O SENHOR deu essa mensagem ao sacerdote Ezequiel, filho de Buzi, junto ao rio Quebar, na terra dos babilônios, e a mão do SENHOR estava sobre ele.)

4Quando olhei, vi uma grande tempestade que vinha do norte. Uma nuvem faiscava com relâmpagos e brilhava com luz intensa. Dentro da nuvem havia fogo e, no meio do fogo, resplandecia algo semelhante a âmbar reluzente. 5Do centro da nuvem surgiram quatro seres vivos de aparência humana, 6porém cada um tinha quatro rostos e quatro asas. 7Suas pernas eram retas, e seus pés tinham cascos como os de bezerro e brilhavam como bronze polido. 8Debaixo de cada uma das quatro asas, vi mãos humanas. Assim, cada um dos quatro seres tinha quatro rostos e quatro asas. 9As asas de cada um dos seres tocavam as asas dos seres ao seu lado. Cada um se movia para a frente, sem se virar.

10Cada um dos quatro seres tinha rosto humano na frente, rosto de leão à direita, rosto de boi à esquerda e rosto de águia atrás. 11Cada um tinha dois pares de asas estendidas: com um par tocava as asas dos seres de cada lado e com o outro par cobria o corpo. 12Deslocavam-se em qualquer direção que o espírito indicava e moviam-se para a frente, sem se virar.

13Os seres vivos eram semelhantes a brasas acesas ou tochas reluzentes, e relâmpagos pareciam faiscar entre eles. 14Os seres vivos se deslocavam de um lado para o outro rapidamente, como relâmpagos.

15Enquanto eu olhava para esses seres, vi quatro rodas que tocavam o chão junto a eles, uma roda para cada um. 16As rodas brilhavam, como se fossem feitas de berilo. As quatro rodas eram semelhantes e feitas da mesma forma; cada uma tinha dentro dela outra roda que girava na transversal. 17Os seres podiam se deslocar em qualquer uma das quatro direções, sem se virar enquanto se moviam. 18Os aros das rodas eram altos e assustadores, cobertos de olhos em todo o redor.

19Quando os seres vivos se moviam, as rodas se moviam com eles. Quando eles voavam para cima, as rodas também subiam. 20O espírito dos seres vivos estava nas rodas; aonde quer que o espírito fosse, as rodas e os seres vivos o acompanhavam. 21Quando os seres se moviam, as rodas também se moviam. Quando os seres paravam, as rodas também paravam. Quando os seres voavam para cima, as rodas também subiam, pois o espírito dos seres vivos estava nas rodas.

22Acima deles estendia-se uma superfície como o céu, brilhante como cristal. 23Abaixo dessa superfície as asas de cada ser vivo se estendiam de modo a tocar as asas dos outros, e as outras duas asas cobriam seu corpo. 24Quando voavam, o estrondo de suas asas soava para mim como ondas do mar quebrando na praia, como a voz do Todo-poderoso, ou como os gritos de um grande exército. Quando os seres pararam, abaixaram as asas. 25Enquanto estavam com as asas abaixadas, uma voz falou de além da superfície acima deles.

26Acima dessa superfície havia algo parecido com um trono de safira. No trono, bem no alto, havia uma figura semelhante a um homem. 27Da cintura para cima, tinha a aparência de âmbar reluzente que cintilava como o fogo, e, da cintura para baixo, parecia uma chama ardente que brilhava com esplendor. 28Estava rodeado por um aro luminoso, como arco-íris que resplandece entre as nuvens num dia de chuva. Essa era a aparência da glória do SENHOR para mim. Quando a vi, prostrei-me com o rosto no chão e ouvi a voz de alguém que falava comigo.

O chamado e a comissão de Ezequiel

2 "Levante-se, filho do homem", disse a voz. "Quero falar com você." 2Enquanto ele falava, o Espírito entrou em mim e me pôs em pé, e eu ouvi suas palavras com atenção. 3"Filho do homem", disse ele, "eu o envio à nação de Israel, uma nação rebelde, que se revoltou contra mim. Até hoje, eles e seus antepassados têm se revoltado contra mim. 4São um povo teimoso, de coração duro. Mas eu o envio para lhes dizer: 'Assim diz o SENHOR Soberano!'. 5E, quer eles ouçam quer não — lembre-se de que são rebeldes —, pelo menos saberão que tiveram um profeta no meio deles.

6"Filho do homem, não tenha medo deles nem de suas palavras. Não tema, ainda que suas ameaças o cerquem como urtigas, espinhos e escorpiões. Não desanime com seus olhares raivosos, pois são um povo rebelde. 7Anuncie-lhes minha mensagem, quer eles ouçam quer não, pois são completamente rebeldes. 8Filho do homem, preste atenção ao que lhe digo. Não seja rebelde como eles. Abra sua boca e coma o que lhe dou."

9Então olhei e vi a mão de alguém estendida para mim. Segurava um rolo, 10que ela abriu. Vi que de ambos os lados estavam escritos cânticos fúnebres, lamentações e palavras de condenação.

3 A voz me disse: "Filho do homem, coma o que lhe dou. Coma este rolo! Depois, vá e fale ao povo de Israel". 2Então abri a boca, e ele me deu o rolo para eu comer. 3"Filho do homem, encha seu estômago com ele", disse a voz. Quando comi, o sabor era doce como mel em minha boca.

4Em seguida, ele disse: "Filho do homem, vá ao povo de Israel e transmita-lhe minhas mensagens. 5Não o envio a um povo

estrangeiro, cuja língua você não entende, mas ao povo de
Israel. 6Não, eu não o envio a um povo de língua estrangeira e
difícil. Se o fizesse, eles lhe dariam ouvidos! 7O povo de Israel,
porém, não lhe dará ouvidos, assim como não deu ouvidos
a mim. Pois todos eles têm o coração duro e são teimosos.
8Mas eu tornei você tão obstinado e inflexível quanto eles.
9Endureci sua testa como a pedra mais dura. Portanto, não
tenha medo deles nem tema seus olhares raivosos, pois são
um povo rebelde”.

10Então ele acrescentou: “Filho do homem, primeiro deixe que
minhas palavras entrem até o fundo de seu coração. Ouça-as
com atenção. 11Depois, vá a seu povo no exílio e diga-lhes:
‘Assim diz o Senhor Soberano!’. Faça isso quer eles ouçam
quer não”.

12Em seguida, o Espírito me pôs em pé, e eu ouvi uma estron-
dosa proclamação atrás de mim. (Que a glória do Senhor seja
louvada em sua habitação!) 13Era o som das asas dos seres
vivos que tocavam umas nas outras e o barulho das rodas de-
baixo deles.

14O Espírito me levantou e me tirou de lá. Saí amargurado e agi-
tado, mas a mão do Senhor era forte sobre mim. 15Cheguei à
colônia dos exilados judeus em Tel-Abibe, junto ao rio Quebar.
Estava atônito e permaneci no meio deles durante sete dias.

Um vigia para Israel

16Depois de sete dias, o Senhor me deu uma mensagem:
17“Filho do homem, eu o nomeei vigia de Israel. Sempre que
receber uma mensagem minha, advirta o povo. 18Se eu avisar
os perversos: ‘Vocês estão condenados à morte’, mas você não
lhes transmitir a advertência, para que mudem sua conduta
perversa e salvem a vida, eles morrerão em seus pecados. E
eu o considerarei responsável pela morte deles. 19Se você os
advertir, mas eles não quiserem se arrepender e continuarem
a pecar, eles morrerão em seus pecados. Você, porém, salvará
sua vida.

20“Se os justos se desviarem de sua conduta justa e não pres-
tarem atenção aos obstáculos que eu puser em seu caminho,
eles morrerão. E, se você não os advertir, eles morrerão em
seus pecados. Nenhum dos atos de justiça deles será lem-
brado, e eu o considerarei responsável pela morte deles.
21Mas, se você advertir os justos a não pecarem e eles lhe
derem ouvidos e não pecarem, eles viverão. E você também
salvará sua vida”.

22A mão do Senhor veio sobre mim, e ele disse: “Levante-se e
vá até o vale, e eu lhe falarei ali”. 23Levantei-me, fui até o vale
e ali vi a glória do Senhor, como na primeira visão junto ao rio
Quebar, e prostrei-me com o rosto no chão.

24Então o Espírito entrou em mim e me pôs em pé. “Vá para
sua casa e tranque-se dentro dela”, disse ele. 25“Ali, filho do
homem, você será amarrado com cordas e não poderá sair
para o meio do povo. 26Farei sua língua se prender ao céu da
boca, para que fique mudo e não possa repreendê-los, pois
são rebeldes. 27Mas, quando eu lhe der uma mensagem, des-
prenderei sua língua e deixarei que fale. Então você lhes dirá:
‘Assim diz o Senhor Soberano!’. Quem escolher ouvir, ouvirá,
mas quem se recusar, não ouvirá, pois são um povo rebelde.”

Sinal do cerco que está para vir

4 “Agora, filho do homem, pegue um tijolo de barro, colo-
que-o à sua frente e desenhe nele a cidade de Jerusalém.
2Retrate a cidade cercada. Construa um muro ao redor dela,
arme o acampamento inimigo e cerque a cidade com rampas
e troncos de ataque. 3Pegue uma panela de ferro e coloque-a
entre você e a cidade. Volte-se para a cidade e mostre como
será o cerco de Jerusalém. Isso será um sinal de advertência
para o povo de Israel.

4“Agora, deite-se sobre o lado esquerdo e ponha sobre si os
pecados de Israel. Você terá de carregar os pecados de Israel
pelo número de dias que ficar deitado sobre o lado esquerdo.
5Determinei que carregará os pecados de Israel por 390 dias,
um dia para cada ano de pecado do povo. 6Depois, deite-se
sobre o lado direito durante quarenta dias, um dia para cada
ano de pecado de Judá.

7“Enquanto isso, continue a olhar para o cerco de Jerusalém.
Deite-se com o braço descoberto e profetize contra a cidade.
8Eu o amarrarei com cordas para que você não possa virar-se
de um lado para o outro, até que tenha completado os dias
do cerco.

9“Pegue um pouco de trigo, cevada, feijão, lentilha, milho-
-miúdo e trigo candeal e misture-os numa vasilha. Use-os para
preparar seu pão durante os 390 dias em que ficará deitado
sobre o lado esquerdo. 10Racione suas porções, 240 gramas
por dia, e coma-as em horas determinadas. 11Depois, meça
pouco mais de meio litro de água para cada dia e beba-a em
horas determinadas. 12Prepare e coma esse alimento como
faria com bolos de cevada. Asse-o diante de todo o povo,
usando fezes humanas secas como combustível.” 13E o Senhor
disse: “Assim os israelitas comerão pão impuro na terra dos
gentios, para onde eu os expulsarei”.

14Então eu disse: “Ó Senhor Soberano, jamais me contaminei!
Desde a infância, nunca comi animais mortos por doença ou
despedaçados por outros animais. Nunca comi carne alguma
proibida pela lei”.

15Então ele me disse: “Em lugar de fezes humanas, você pode
usar esterco de vaca para assar o pão”. 16E acrescentou: “Filho
do homem, tornarei a comida extremamente escassa em Je-
rusalém. Será pesada com grande cuidado e consumida com
medo. A água será racionada, e o povo beberá com desespero.
17Diante da falta de comida e água, olharão uns para os outros
aterrorizados e definharão debaixo de seu castigo.”

Sinal do julgamento que está para vir

5 “Filho do homem, pegue uma espada afiada e use-a como
navalha para raspar sua cabeça e sua barba. Use uma ba-

lança para pesar o cabelo e dividi-lo em três partes. 2Coloque
uma terça parte no meio do desenho de Jerusalém e, depois
de encenar o cerco à cidade, queime o cabelo ali. Espalhe
outra terça parte ao redor do desenho e corte-a com a es-
pada. Espalhe a terceira parte ao vento, pois eu espalharei
meu povo com a espada. 3Guarde apenas um pouco de cabelo
e amarre-o em seu manto. 4Então, pegue alguns desses fios
de cabelo e jogue-os no fogo, para que se queimem. Dali um
fogo se espalhará e destruirá todo o Israel.

5"Assim diz o SENHOR Soberano: Esta é uma ilustração do que
acontecerá a Jerusalém. Coloquei-a no centro das nações,
6mas ela se revoltou contra meus estatutos e decretos e foi
mais perversa que as nações ao seu redor. Não quis obedecer
a meus estatutos e decretos.

7"Portanto, assim diz o SENHOR Soberano: Vocês são mais
rebeldes que as nações vizinhas e não quiseram obedecer a
meus decretos e estatutos. Nem sequer viveram de acordo
com os padrões de justiça das nações ao seu redor. 8Portanto,
eu mesmo, o SENHOR Soberano, estou contra vocês. Eu os cas-
tigarei publicamente diante de todas as nações. 9Por causa de
seus ídolos detestáveis, punirei vocês como nunca fiz antes
e nunca voltarei a fazer. 10Pais devorarão os filhos, e filhos
devorarão os pais. Eu os castigarei e espalharei aos quatro
ventos os poucos que sobreviverem.

11"Tão certo como eu vivo, diz o SENHOR Soberano, eu os des-
truirei completamente. Não terei compaixão alguma de vocês,
pois profanaram meu templo com imagens repugnantes e pe-
cados detestáveis. 12Uma terça parte de seu povo morrerá na
cidade por doença e fome, uma terça parte será morta pelo
inimigo fora dos muros da cidade, e eu espalharei uma terça
parte aos quatro ventos e os perseguirei com minha espada.
13Por fim, minha ira se completará, e ficarei satisfeito. E,
quando minha fúria contra eles tiver passado, todo o Israel
saberá que eu, o SENHOR, lhes falei segundo o meu zelo.

14"Portanto, eu o transformarei em uma ruína, em objeto de in-
sulto aos olhos das nações ao redor e para todos que passarem
por ali. 15Você se tornará alvo de insultos, zombarias e horror,
e servirá de advertência para todas as nações ao redor. Elas
verão o que acontece quando o SENHOR, em sua ira, castiga
uma nação e a repreende, diz o SENHOR.

16"Farei chover sobre você as flechas mortais da fome, para
destruí-la. A fome se tornará cada vez mais severa, até que
desapareça todo suprimento. 17Além da fome, enviarei animais
selvagens para atacá-la e devorar seus filhos. Doença e guerra
a alcançarão, e trarei contra você a espada do inimigo. Eu, o
SENHOR, falei!".

Julgamento contra os montes de Israel

6 Recebi outra mensagem do SENHOR: 2"Filho do homem,
volte o rosto para os montes de Israel e profetize contra
eles. 3Proclame esta mensagem do SENHOR Soberano contra
os montes de Israel. Assim diz o SENHOR Soberano aos montes,
às colinas, aos desfiladeiros e aos vales: Estou prestes a trazer
guerra sobre vocês e destruir seus santuários idólatras. 4Todos
os seus altares serão demolidos, e seus lugares de adoração
serão destruídos. Matarei o povo diante de seus ídolos. 5Porei
os cadáveres dos israelitas diante de seus ídolos e espalharei
os ossos ao redor de seus altares. 6Onde quer que vocês vivam,
haverá desolação, e destruirei os santuários idólatras. Seus
altares serão demolidos, seus ídolos serão despedaçados,
seus lugares de adoração serão derrubados e todos os ob-
jetos religiosos que vocês fizeram serão destruídos. 7O lugar
ficará cheio de cadáveres, e vocês saberão que somente eu
sou o SENHOR.

8"Deixarei, porém, que alguns do meu povo escapem da des-
truição, e eles serão espalhados entre as nações do mundo.
9Então, quando estiverem exilados entre as nações, se lem-
brarão de mim. Reconhecerão quanto me entristece seu
coração infiel e seus olhos lascivos por seus ídolos. Por fim,
terão nojo de si mesmos por causa de todos os seus pecados
detestáveis. 10Saberão que somente eu sou o SENHOR e que fa-
lava sério quando disse que traria sobre eles essa calamidade.

11"Assim diz o SENHOR Soberano: Batam palmas de horror e
batam os pés. Gritem por causa de todos os pecados detestá-
veis que o povo de Israel cometeu. Agora, morrerão de guerra,
fome e doença. 12A doença matará os que estiverem exilados
em lugares distantes, a guerra destruirá os que estiverem por
perto, e os que sobrarem morrerão de fome. Enfim derramarei
toda a minha fúria sobre eles. 13Eles saberão que sou o SENHOR
quando seus mortos estiverem espalhados entre os ídolos e os
altares em todas as colinas e montes, debaixo de toda árvore
verdejante e de todo carvalho que dá sombra, os lugares onde
ofereciam sacrifícios a seus ídolos. 14Eu os arrasarei e deixarei
suas cidades desoladas, desde o deserto, no sul, até Ribla, no
norte. Então saberão que eu sou o SENHOR".

O fim se aproxima

7 Então recebi esta mensagem do SENHOR: 2"Filho do homem,
assim diz o SENHOR Soberano a Israel: "Chegou o fim! Para
onde quer que vocês olhem, norte, sul, leste ou oeste, sua
terra está acabada.

3Não resta esperança, pois lançarei minha ira contra vocês.
Eu os chamarei para prestar contas de todos os seus pecados
detestáveis.

4Não os pouparei nem terei piedade; darei a vocês o que me-
recem por todos os seus pecados detestáveis. Então saberão
que eu sou o SENHOR.

5"Assim diz o SENHOR Soberano: Desgraça após desgraça se
aproximam!

6Chegou o fim, finalmente chegou; sua condenação os espera!
7Ó povo de Israel, já amanhece o dia de sua destruição; chegou
a hora, o tempo da aflição está próximo. Nos montes se ouvem
gritos de angústia, e não de alegria.
8Em breve derramarei sobre vocês minha fúria e contra vocês

lançarei minha ira. Eu os chamarei para prestar contas de
todos os seus pecados detestáveis.
9Não os pouparei nem terei piedade; darei a vocês o que me-
recem por todos os seus pecados detestáveis. Então saberão
que eu, o SENHOR, os feri.
10"O dia do juízo chegou; sua destruição os espera! A vara da
perversidade brotou, sim, o orgulho do povo floresceu.
11Sua violência se transformou numa vara que os castigará por
sua maldade. Nenhum dos orgulhosos sobreviverá; toda a sua
riqueza e prestígio desaparecerão.
12Sim, chegou a hora; este é o dia! Que os compradores não se
alegrem, nem os vendedores se entristeçam, pois todos eles
cairão sob a minha ira ardente.
13Ainda que os comerciantes sobrevivam, jamais voltarão a
seus negócios. Pois a profecia contra o povo não mudará.
Ninguém cuja vida é corrompida pelo pecado se recuperará."

A desolação de Israel

14"A trombeta convoca o exército, mas ninguém sai para guer-
rear, pois minha fúria está contra todos eles.
15Fora da cidade há guerra, dentro dela, doença e fome. Quem
estiver fora dos muros será morto pela espada do inimigo.
Quem estiver dentro da cidade morrerá de fome e doença.
16Os sobreviventes que fugirem para os montes gemerão como
pombas, por causa de seus pecados.
17Suas mãos ficarão fracas, e seus joelhos, frouxos como água.
18De pano de saco se vestirão e ficarão cobertos de horror.
Rasparão a cabeça, em sinal de tristeza e remorso.
19"Jogarão seu dinheiro na rua, o lançarão fora como se fosse
lixo. Seu ouro e sua prata não os salvarão no dia da ira do SE-
NHOR. Não os saciarão nem os alimentarão, pois sua ganância
só os faz tropeçar.
20Tinham orgulho de suas lindas joias e com elas fizeram ídolos
detestáveis e imagens repugnantes. Por isso farei que todas as
suas riquezas se tornem repulsivas para eles
21e as entregarei como despojo a estrangeiros, às nações per-
versas, e elas as profanarão.
22Desviarei deles meu olhar quando ladrões invadirem e pro-
fanarem minha terra preciosa.
23"Preparem correntes para meu povo, pois o sangue de
crimes terríveis cobre a terra; Jerusalém está cheia de vio-
lência.
24Trarei as nações mais cruéis para ocuparem suas casas.
Acabarei com o orgulho dos poderosos e profanarei seus san-
tuários.
25O terror tomará conta do povo; buscarão a paz, mas não a
encontrarão.
26Virá uma calamidade após a outra, um rumor após o outro.
Buscarão sem sucesso uma visão dos profetas. Não receberão
ensinamentos dos sacerdotes nem conselhos das autoridades.
27O rei e o príncipe ficarão desamparados e chorarão de de-
sespero; as mãos do povo tremerão de medo. Trarei sobre eles
o mal que fizeram a outros, e receberão o castigo que tanto
merecem. Então saberão que eu sou o SENHOR".

Idolatria no templo

8 Em 17 de setembro, no sexto ano do exílio do rei Joaquim,
enquanto as autoridades de Judá estavam em minha casa,
a mão do SENHOR Soberano veio sobre mim. 2Vi uma figura
semelhante a um homem: da cintura para baixo, parecia uma
chama ardente, e, da cintura para cima, tinha a aparência de
âmbar reluzente. 3Ele estendeu algo que parecia uma mão e
me pegou pelos cabelos. Então o Espírito me elevou entre a
terra e o céu e me transportou para Jerusalém, numa visão
dada por Deus. Fui levado à porta norte do pátio interno do
templo, onde havia um ídolo que provocou o ciúme do SENHOR.
4De repente, estava ali a glória do Deus de Israel, como eu
tinha visto antes no vale.
5Então o SENHOR me disse: "Filho do homem, olhe para o
norte". Olhei para o norte e ali, perto da entrada da porta
junto ao altar, estava o ídolo que havia provocado o ciúme
do SENHOR.
6"Filho do homem", disse ele, "você vê o que estão fazendo?
Vê os pecados detestáveis que o povo de Israel comete para
me afastar de meu templo? Venha, e eu lhe mostrarei pecados
ainda mais detestáveis que estes!" 7Então ele me levou à porta
do pátio do templo, onde vi um buraco no muro. 8Disse-me:
"Agora, filho do homem, cave no muro". Cavei no muro e en-
contrei uma passagem escondida.
9"Entre", disse ele, "e veja os pecados perversos e detestáveis
que cometem ali!" 10Entrei e vi as paredes cobertas de dese-
nhos de toda espécie de animal que rasteja e de criaturas de-
testáveis. Também vi diversos ídolos adorados pelos israelitas.
11Estavam ali setenta autoridades de Israel, e no meio estava
Jazanias, filho de Safã. Cada um deles segurava um incensário
do qual subia uma nuvem de incenso.
12Então o SENHOR me disse: "Filho do homem, você vê o que
as autoridades de Israel fazem com seus ídolos em salas es-
curas? Dizem: 'O SENHOR não nos vê; o SENHOR abandonou
nossa terra!'". 13E acrescentou: "Venha, e eu lhe mostrarei
pecados ainda mais detestáveis que estes!".
14Em seguida, levou-me até a porta norte do templo do SENHOR,
onde algumas mulheres estavam sentadas chorando pelo deus
Tamuz. 15"Filho do homem, você vê isso?", ele perguntou.
"Venha, e eu lhe mostrarei pecados ainda mais detestáveis
que estes!"
16Em seguida, levou-me para o pátio interno do templo do
SENHOR. Na entrada do templo, entre o pórtico e o altar, havia
cerca de 25 homens com as costas para o templo do SENHOR.
Estavam voltados para o leste, prostrados no chão, e ado-
ravam o sol.
17"Filho do homem, você vê isso?", perguntou ele. "Será que
não significa nada para o povo de Judá cometer esses pecados
detestáveis que levam a nação inteira à violência, que a fazem

zombar de mim e provocar minha ira? 18Por isso responderei
com fúria. Não os pouparei nem terei piedade. Mesmo que
clamem bem alto, não os ouvirei."

A matança dos idólatras

9 Então o SENHOR disse em alta voz: "Tragam os homens es-
colhidos para castigar a cidade! Digam-lhes que venham
com suas armas de destruição!". 2Logo surgiram seis homens,
vindos da porta superior, voltada para o norte, e cada um tinha
na mão uma arma mortal. Estava com eles um homem vestido
de linho, que levava na cintura um estojo com material de
escrever. Todos entraram no pátio do templo e ficaram junto
ao altar de bronze.
3Então a glória do Deus de Israel se levantou do meio dos
querubins, onde havia estado, e se moveu para a entrada do
templo. O SENHOR chamou o homem vestido de linho que car-
regava o estojo com material de escrever 4e lhe disse: "Ande
pelas ruas de Jerusalém e ponha um sinal na testa de todos
que choram e gemem por causa dos pecados detestáveis co-
metidos em sua cidade".
5Em seguida, ouvi o SENHOR dizer aos outros homens: "Si-
gam-no pela cidade e matem todos cuja testa não estiver
marcada. Não mostrem compaixão nem tenham piedade!
6Matem todos: idosos e jovens, meninas, mulheres e crianças
pequenas. Mas não toquem naqueles que tiverem o sinal. Co-
mecem aqui mesmo, no templo!". E eles começaram pelos
setenta líderes, na entrada do templo.
7"Profanem o templo!", o SENHOR ordenou. "Encham seus pá-
tios de cadáveres. Vão!" Então eles saíram e começaram a
matança em toda a cidade.
8Enquanto isso, fiquei sozinho. Prostrei-me com o rosto no
chão e clamei: "Ó SENHOR Soberano! Acaso tua fúria contra
Jerusalém exterminará todos que restam em Israel?".
9Então ele me disse: "Os pecados do povo de Israel e de Judá
são muito, muito grandes. Toda a terra se encheu de homi-
cídio; a cidade está repleta de injustiça. Eles dizem: 'O SE-
NHOR não nos vê; o SENHOR abandonou nossa terra!'. 10Por isso
não os pouparei nem terei piedade deles. Eu lhes darei o que
merecem por tudo que fizeram".
11Então o homem vestido de linho, que carregava o estojo
com material de escrever, voltou para relatar: "Fiz o que or-
denaste".

A glória do SENHOR deixa o templo

10 Olhei e vi algo que se parecia com um trono de safira
sobre uma superfície de cristal acima da cabeça dos que-
rubins. 2Então o SENHOR disse ao homem vestido de linho: "Vá
entre as rodas que estão debaixo dos querubins, pegue um
punhado de brasas ardentes e espalhe-as sobre a cidade".
Ele assim fez enquanto eu observava.
3Os querubins estavam na extremidade sul do templo quando
o homem entrou, e a nuvem de glória encheu o pátio interno.
4Então a glória do SENHOR se elevou acima dos querubins e foi
para a porta do templo. Essa nuvem encheu o templo, e o pátio
resplandeceu com a glória do SENHOR. 5O movimento das asas
dos querubins fazia um som como a voz do Deus Todo-pode-
roso, e podia-se ouvi-lo até no pátio externo.
6O SENHOR ordenou ao homem vestido de linho: "Vá entre os
querubins e pegue algumas brasas ardentes que estão entre
as rodas". O homem foi e colocou-se ao lado das rodas. 7Em
seguida, um dos querubins estendeu a mão e pegou algumas
brasas ardentes do fogo que estava entre os querubins. Co-
locou as brasas nas mãos do homem vestido de linho, e o
homem as recebeu e saiu. 8(Todos os querubins tinham de-
baixo das asas o que se parecia com mãos humanas.)
9Olhei e vi que cada um dos quatro querubins tinha ao seu lado
uma roda, e as rodas brilhavam como berilo. 10As quatro rodas
eram semelhantes e feitas da mesma forma; cada uma tinha
dentro dela outra roda que girava na transversal. 11Os queru-
bins podiam se deslocar em qualquer uma das quatro dire-
ções, sem se virar enquanto se moviam. Deslocavam-se para a
frente, sem se virar. 12Tanto os querubins como as rodas eram
cobertos de olhos. Os querubins tinham olhos por todo o corpo,
inclusive nas mãos, nas costas e nas asas. 13Ouvi alguém se
referir às rodas como "rodas giratórias". 14Cada um dos quatro
querubins tinha quatro rostos: o primeiro era rosto de boi, o
segundo, de homem, o terceiro, de leão, e o quarto, de águia.
15Então os querubins se elevaram. Eram os mesmos seres vivos
que eu tinha visto junto ao rio Quebar. 16Quando os querubins
se moviam, as rodas se moviam com eles. Quando levantavam
as asas para voar, as rodas os acompanhavam. 17Quando os
querubins paravam, as rodas paravam. Quando voavam para
cima, as rodas subiam, pois o espírito dos seres vivos estava
nas rodas.
18Então a glória do SENHOR se afastou da porta do templo e
parou sobre os querubins. 19E, enquanto eu observava, os
querubins voaram, acompanhados de suas rodas, até a porta
leste do templo do SENHOR. E a glória do Deus de Israel pairava
sobre eles.
20Esses seres vivos eram os mesmos que eu tinha visto de-
baixo do Deus de Israel quando estava junto ao rio Quebar. Eu
sabia que eram querubins, 21pois cada um tinha quatro rostos,
quatro asas e o que se parecia com mãos humanas debaixo
das asas. 22E seus rostos eram iguais aos dos seres que eu
tinha visto no Quebar, e se deslocavam para a frente, como
os outros.

Julgamento contra os líderes de Israel

11 Então o Espírito me pôs em pé e me levou à porta leste do
templo do SENHOR, onde vi 25 homens. Entre eles estavam
Jazanias, filho de Azur, e Pelatias, filho de Benaia, líderes do
povo.
2O Espírito me disse: "Filho do homem, estes são os homens
que planejam o mal e dão conselhos perversos nesta cidade.

3Dizem ao povo: 'Não acham que é uma boa hora para construir casas? Esta cidade é como uma panela de ferro; estamos seguros dentro dela, como a carne na panela'. 4Portanto, filho do homem, profetize contra eles em alta voz".

5Então o Espírito do SENHOR veio sobre mim e ordenou que eu dissesse: "Assim diz o SENHOR ao povo de Israel: Eu sei o que vocês dizem, pois conheço cada pensamento que lhes vem à mente. 6Assassinaram muitos nesta cidade e encheram suas ruas de cadáveres.

7"Portanto, assim diz o SENHOR Soberano: De fato, esta cidade é a panela de ferro, mas os pedaços de carne são aqueles que vocês mataram. Quanto a vocês, em breve os arrancarei da panela. 8Trarei sobre vocês a espada de guerra que tanto temem, diz o SENHOR Soberano. 9Eu os expulsarei de Jerusalém e os entregarei a estrangeiros, que executarão meus julgamentos contra vocês. 10Vocês serão massacrados até as fronteiras de Israel. Eu os julgarei, e vocês saberão que eu sou o SENHOR. 11Esta cidade não será para vocês como uma panela de ferro, e vocês não serão como a carne, segura dentro dela. Eu os julgarei até as fronteiras de Israel, 12e vocês saberão que eu sou o SENHOR. Pois não quiseram seguir meus decretos e estatutos; em vez disso, imitaram as práticas das nações ao seu redor".

13Enquanto eu ainda profetizava, Pelatias, filho de Benaia, morreu. Então prostrei-me com o rosto no chão e clamei: "Ó SENHOR Soberano, matarás todos que restarem em Israel?".

Esperança para Israel no exílio

14Então recebi esta mensagem do SENHOR: 15"Filho do homem, aqueles que ainda restam em Jerusalém falam de você, de seus parentes e de todo o povo de Israel que está no exílio. Dizem: 'Estão longe do SENHOR, por isso agora ele nos deu a terra deles!'.

16"Portanto, diga aos exilados: 'Assim diz o SENHOR Soberano: Embora eu os tenha espalhado entre as nações do mundo, serei um santuário para vocês durante seu tempo no exílio. 17Eu, o SENHOR Soberano, digo que os reunirei das nações onde foram espalhados e lhes devolverei a terra de Israel'.

18"Quando eles regressarem para sua terra natal, removerão todos os resquícios de suas imagens repugnantes e de seus ídolos detestáveis. 19Eu lhes darei um só coração e colocarei dentro deles um novo espírito. Removerei seu coração de pedra e lhes darei coração de carne, 20para que obedeçam a meus decretos e estatutos. Então eles serão o meu povo, e eu serei o seu Deus. 21Quanto àqueles que anseiam por suas imagens repugnantes e seus ídolos detestáveis, darei a eles o castigo merecido por seus pecados. Eu, o SENHOR Soberano, falei!".

A glória do SENHOR deixa Jerusalém

22Então os querubins levantaram as asas, acompanhados de suas rodas, e a glória do Deus de Israel pairava sobre eles. 23Então a glória do SENHOR subiu da cidade e parou acima do monte a leste.

24Depois disso, o Espírito de Deus me levou de volta à Babilônia, para o povo no exílio. Assim terminou a minha visão. 25E eu relatei aos exilados tudo que o SENHOR me tinha mostrado.

Sinais do exílio que está para acontecer

12 Recebi mais uma mensagem do SENHOR: 2"Filho do homem, você vive entre rebeldes que têm olhos, mas não querem ver, que têm ouvidos, mas não querem ouvir, pois são um povo rebelde.

3"Portanto, filho do homem, prepare sua bagagem com os poucos pertences que um exilado conseguiria carregar, saia de sua casa e vá para outro lugar, como se tivesse sido enviado para o exílio. Faça isso diante de todos, para que o vejam. Talvez prestem atenção, embora sejam rebeldes. 4Leve sua bagagem para fora durante o dia, à vista de todos. E, ao anoitecer, enquanto o observam, saia de sua casa, como fazem os exilados. 5Faça um buraco no muro e saia por ele diante de todos. 6Enquanto o observam, coloque sua bagagem nos ombros e caminhe na escuridão da noite. Cubra o rosto para não ver a terra que está deixando para trás, pois fiz de você um sinal para o povo de Israel".

7Assim, fiz o que me foi ordenado. À luz do dia, carreguei para fora minha bagagem, com as coisas que levaria para o exílio. Ao anoitecer, enquanto o povo observava, fiz um buraco no muro com as mãos e caminhei na escuridão da noite, com a bagagem sobre os ombros.

8Na manhã seguinte, recebi esta mensagem do SENHOR: 9"Filho do homem, esses rebeldes, o povo de Israel, lhe perguntaram o que significa tudo isso que você fez. 10Diga-lhes: 'Assim diz o SENHOR Soberano: Essas ações contêm uma advertência para o rei Zedequias, em Jerusalém, e para todo o povo de Israel'. 11Diga a todos que suas ações são um sinal para mostrar o que lhes acontecerá em breve, pois serão levados como prisioneiros para o exílio.

12"Até mesmo Zedequias sairá de Jerusalém durante a noite, por um buraco no muro, levando somente o que conseguir carregar. Cobrirá o rosto, e seus olhos não verão a terra que ele está deixando para trás. 13Então lançarei minha rede sobre ele e o prenderei em meu laço. Eu o levarei à Babilônia, à terra dos babilônios, mas ele não a verá, e nela morrerá. 14Espalharei seus servos e seus guerreiros aos quatro ventos e enviarei a espada para persegui-los. 15E, quando eu os espalhar entre as nações, eles saberão que eu sou o SENHOR. 16Contudo, livrarei uns poucos da morte por fome, guerra ou doença, para que confessem às nações para onde forem levados todos os seus pecados detestáveis. Então saberão que eu sou o SENHOR".

17Depois, recebi esta mensagem do SENHOR: 18"Filho do homem, trema ao comer sua comida e estremeça de medo ao beber sua água. 19Diga ao povo: 'Assim diz o SENHOR Soberano acerca dos habitantes de Israel e de Jerusalém: Com ansiedade comerão sua comida e com desespero beberão sua água, pois sua terra será completamente despojada por causa da violência dos que nela habitam. 20As cidades serão destruídas, e os campos ficarão devastados. Então vocês saberão que eu sou o SENHOR'".

Um novo provérbio para Israel

21Recebi outra mensagem do SENHOR: 22"Filho do homem, você ouviu o provérbio que citam em Israel: 'O tempo passa e as profecias dão em nada'. 23Por isso, diga ao povo: 'Assim diz o SENHOR Soberano: Acabarei com esse provérbio, e logo vocês deixarão de citá-lo'. Agora, anuncie-lhes: 'Chegou o dia de todas as profecias se cumprirem!'.

24"Não haverá mais visões falsas nem previsões lisonjeiras em Israel. 25Pois eu sou o SENHOR; o que eu disser, acontecerá. Não haverá mais demora, ó rebeldes de Israel. Cumprirei minhas palavras durante sua vida. Eu, o SENHOR, falei!".

26Então recebi esta mensagem do SENHOR: 27"Filho do homem, o povo de Israel diz: 'Ele fala do futuro distante. Levará muito tempo para que suas visões se cumpram'. 28Portanto, diga-lhes: 'Assim diz o SENHOR Soberano: Não haverá mais demora. Agora cumprirei todas as minhas palavras. Eu, o SENHOR Soberano, falei!'".

Julgamento contra os falsos profetas

13 Então recebi esta mensagem do SENHOR: 2"Filho do homem, profetize contra os falsos profetas de Israel, que falam o que lhes vem à mente. Diga-lhes: 'Ouçam a palavra do SENHOR. 3Assim diz o SENHOR Soberano: Que aflição espera esses profetas insensatos, que seguem a própria imaginação e que não viram coisa alguma!'.

4"O povo de Israel, seus profetas são como chacais no meio de ruínas. 5Não tomaram nenhuma providência para consertar as brechas nos muros que rodeiam a nação, para que permanecesse firme na batalha no dia do SENHOR. 6Em vez disso, anunciaram visões falsas e fizeram previsões mentirosas. Dizem: 'Esta mensagem é do SENHOR', embora o SENHOR jamais os tenha enviado. E, no entanto, esperam que as palavras que profetizam se cumpram! 7Acaso não são falsas suas visões e mentirosas suas previsões, se vocês afirmam: 'Esta mensagem é do SENHOR', quando nem sequer falei com vocês?

8"Portanto, assim diz o SENHOR Soberano: Porque suas palavras são falsas e suas visões, mentirosas, eu me colocarei contra vocês, diz o SENHOR Soberano. 9Levantarei minha mão contra todos os profetas que têm visões falsas e fazem previsões mentirosas, e eles serão expulsos da comunidade de Israel. Apagarei seus nomes dos registros de Israel, e eles nunca voltarão a pisar em sua própria terra. Então vocês saberão que eu sou o SENHOR Soberano.

10"Isso acontecerá porque esses profetas enganam meu povo, dizendo: 'Tudo está em paz', quando não há paz alguma. É como se o povo tivesse construído um muro precário e esses profetas o cobrissem com cal! 11Diga aos que passam cal que o muro logo cairá. Uma forte tempestade virá, e grandes pedras de granizo e ventos impetuosos o derrubarão. 12E, quando o muro cair, o povo dirá: 'O que aconteceu com a cal que vocês passaram?'.

13"Portanto, assim diz o SENHOR Soberano: Destruirei esse muro com ventos impetuosos de indignação, com forte tempestade de ira e com pedras de granizo de fúria. 14Despedaçarei seu muro coberto de cal até os alicerces e, quando ele cair, esmagará vocês. Então vocês saberão que eu sou o SENHOR. 15Enfim satisfarei minha fúria contra o muro e contra aqueles que o cobriram com cal. Em seguida, direi a vocês: 'O muro e aqueles que o cobriram com cal não existem mais. 16Eram os profetas de Israel, que anunciavam visões de paz para Jerusalém, quando não há paz alguma. Eu, o SENHOR Soberano, falei!'."

Julgamento contra as falsas profetisas

17"Agora, filho do homem, pronuncie-se contra as mulheres que profetizam o que lhes vem à mente. 18Assim diz o SENHOR Soberano: Que aflição espera vocês, mulheres que enlaçam a alma de meu povo, tanto dos jovens como dos idosos! Amarram amuletos no pulso deles e lhes fazem véus para a cabeça. Pensam que podem enlaçar outros sem provocar a própria destruição? 19Vocês me desonram no meio de meu povo em troca de uns punhados de cevada ou um pedaço de pão. Quando mentem ao meu povo, que gosta de ouvir mentiras, vocês matam aqueles que não deviam morrer e prometem vida àqueles que não deviam viver.

20"Assim diz o SENHOR Soberano: Estou contra todos os seus amuletos, que vocês usam para enlaçar meu povo. Eu os arrancarei de seus braços e libertarei meu povo, como pássaros que alguém solta de uma gaiola. 21Arrancarei os véus e livrarei meu povo de suas mãos, e eles não serão mais suas vítimas. Então vocês saberão que eu sou o SENHOR. 22Com suas mentiras, vocês desanimaram os justos, mas eu não queria que eles se entristecessem. Também encorajaram os perversos ao lhes prometer vida, embora eles continuem a pecar. 23Por causa de tudo isso, vocês não falarão mais de visões que nunca tiveram, nem farão previsões enganosas. Pois eu livrarei meu povo de suas mãos. Então vocês saberão que eu sou o SENHOR".

A idolatria dos líderes de Israel

14 Então alguns dos líderes de Israel me visitaram e, enquanto estavam sentados comigo, 2recebi esta mensagem do SENHOR: 3"Filho do homem, esses homens levantaram ídolos em seu coração e seguem coisas que os farão cair em pecado. Por que eu ouviria os pedidos deles? 4Por isso, diga-lhes: 'Assim diz o SENHOR Soberano: O povo de Israel levanta ídolos em seu coração e cai em pecado, e depois vai consultar um profeta. Portanto, eu, o SENHOR, lhes darei o tipo de resposta que sua grande idolatria merece. 5Farei isso para conquistar o coração de todo o meu povo, que se afastou de mim para seguir ídolos'.

6“Portanto, diga ao povo de Israel: ‘Assim diz o SENHOR Soberano: Arrependam-se e afastem-se de seus ídolos; parem de cometer pecados detestáveis! 7Pois eu, o SENHOR, responderei a todos, tanto israelitas como estrangeiros, que se afastam de mim, levantam ídolos em seu coração e, desse modo, caem em pecado, e depois procuram um profeta para me consultar. 8Eu me voltarei contra essas pessoas e farei delas um exemplo ao eliminá-las do meio de meu povo. Então vocês saberão que eu sou o SENHOR.

9“‘E, se um profeta é enganado e levado a transmitir uma mensagem, é porque eu, o SENHOR, o enganei. Levantarei minha mão contra esses profetas e os eliminarei do meio de Israel. 10Tanto os falsos profetas como os que buscam a orientação deles serão castigados por seus pecados. 11Assim, o povo de Israel aprenderá a não se desviar mais de mim nem se contaminar com todos os seus pecados. Eles serão o meu povo, e eu serei o seu Deus. Eu, o SENHOR Soberano, falei!’”.

A certeza do julgamento divino

12Então recebi esta mensagem do SENHOR: 13“Filho do homem, suponhamos que o povo de uma terra tivesse pecado contra mim, e eu levantasse minha mão para esmagá-lo, cortasse seu suprimento de comida e enviasse fome para destruir tanto pessoas como animais. 14Mesmo que Noé, Daniel e Jó estivessem ali, sua justiça não salvaria ninguém a não ser eles mesmos, diz o SENHOR Soberano.

15“Ou suponhamos que eu enviasse animais selvagens para invadir a nação e tornar a terra tão desolada e perigosa que ninguém poderia passar por ela. 16Tão certo como eu vivo, diz o SENHOR Soberano, mesmo que esses três homens estivessem ali, não seriam capazes de salvar seus filhos nem suas filhas. Apenas eles seriam salvos, mas a terra seria arrasada.

17“Ou suponhamos que eu trouxesse guerra contra a terra e enviasse exércitos inimigos para destruir tanto pessoas como animais. 18Tão certo como eu vivo, diz o SENHOR Soberano, mesmo que esses três homens estivessem ali, não seriam capazes de salvar seus filhos nem suas filhas. Apenas eles seriam salvos.

19“Ou suponhamos que eu derramasse minha fúria ao enviar uma epidemia sobre a terra e essa doença matasse tanto pessoas como animais. 20Tão certo como eu vivo, diz o SENHOR Soberano, ainda que Noé, Daniel e Jó estivessem ali, não seriam capazes de salvar seus filhos nem suas filhas. Somente eles seriam salvos por sua justiça.

21“Agora, assim diz o SENHOR Soberano: Como será terrível quando esses quatro castigos terríveis — guerra, fome, animais selvagens e doença — caírem sobre Jerusalém e destruírem todo o seu povo e seus animais! 22Contudo, haverá sobreviventes, que se juntarão a vocês no exílio na Babilônia. Vocês verão com os próprios olhos como eles são perversos e se sentirão consolados diante da calamidade que eu trouxe sobre Jerusalém. 23Quando se encontrarem com eles, entenderão que não foi sem motivo que fiz essas coisas a Israel. Eu, o SENHOR Soberano, falei!”.

Jerusalém, uma videira inútil

15 Recebi esta mensagem do SENHOR: 2“Filho do homem, como comparar uma videira com uma árvore? Acaso a madeira da videira é útil como a da árvore? 3Pode ser usada para fazer objetos, como ganchos para pendurar vasilhas e panelas? 4Não, ela serve apenas como lenha e, mesmo assim, queima depressa demais. 5As videiras são inúteis tanto antes como depois de serem lançadas no fogo.

6“Assim diz o SENHOR Soberano: Os habitantes de Jerusalém são como videiras que crescem no meio das árvores do bosque. Porque são inúteis, eu os lancei no fogo para serem queimados. 7E, se escaparem de um fogo, providenciarei outro para os consumir. Quando eu me voltar contra eles, vocês saberão que eu sou o SENHOR. 8Deixarei a terra desolada, pois meu povo foi infiel a mim. Eu, o SENHOR Soberano falei!”.

Jerusalém, esposa infiel

16 Então recebi outra mensagem do SENHOR: 2“Filho do homem, faça Jerusalém ver como são detestáveis seus pecados. 3Transmita-lhe esta mensagem do SENHOR Soberano: Você não passa de uma cananeia! Seu pai era amorreu, e sua mãe era hitita. 4No dia em que você nasceu, ninguém cortou seu cordão umbilical, nem a lavou, nem a esfregou com sal, nem a enrolou em panos. 5Ninguém teve compaixão nem cuidou de você. No dia em que nasceu, você foi rejeitada e abandonada num campo.

6“Mas eu passei por lá e a vi, indefesa, esperneando em seu sangue, e lhe disse: ‘Viva!’. 7Eu a fiz desenvolver-se, como uma planta no campo. Você cresceu e se tornou uma linda joia. Seus seios se formaram e seu cabelo cresceu, mas você continuava nua. 8Quando passei por você outra vez, vi que já tinha idade suficiente para amar. Eu a envolvi com meu manto para cobrir sua nudez e pronunciei meus votos de casamento. Fiz uma aliança com você, diz o SENHOR Soberano, e você se tornou minha.

9“Então lavei você, limpei o sangue e passei óleo perfumado em sua pele. 10Eu lhe dei roupas caras de linho fino e de seda com lindos bordados e sandálias feitas do mais excelente couro de cabra. 11Também lhe dei belas joias, pulseiras e lindos colares, 12uma argola para o nariz, brincos para as orelhas e uma bela coroa para a cabeça. 13Assim, você foi enfeitada com ouro e prata. Suas roupas eram feitas de linho fino e seda e tinham lindos bordados. Você comia os alimentos mais seletos — farinha da melhor qualidade, mel e azeite — e se tornou mais linda que nunca. Parecia uma rainha, e de fato era! 14Sua fama logo se espalhou por todo o mundo, por causa de sua beleza. Eu a vesti com meu esplendor e aperfeiçoei sua beleza, diz o SENHOR Soberano.

15“No entanto, você pensou que era dona de sua fama e de sua beleza. Então, entregou-se como prostituta a todo homem que passava. Sua beleza estava à disposição de quem a pedisse. 16Usou os presentes lindos que lhe dei para fazer altares para seus ídolos e ali se prostituiu. Nunca se viu uma coisa dessas!

17Pegou as joias e os enfeites de ouro e prata que lhe dei,
fez estátuas de homens e as adorou. Desse modo, cometeu
adultério contra mim. 18Com as lindas roupas bordadas que
lhe dei, vestiu seus ídolos e usou meu óleo perfumado e meu
incenso para adorá-los. 19Colocou diante deles como sacrifício
a farinha da melhor qualidade, o azeite e o mel com que cuidei
de você, diz o SENHOR Soberano.
20"Depois, pegou seus filhos e suas filhas, que havia gerado
para mim, e os sacrificou a seus deuses. Acaso não bastou
você se prostituir? 21Também teve de matar meus filhos como
sacrifício a ídolos? 22Em todo o seu pecado detestável e em seu
adultério, você não se lembrou daqueles dias, muito tempo
atrás, em que estava nua e abandonada, esperneando em
seu sangue.
23"Que aflição a espera!, diz o SENHOR Soberano. Além de todas
as suas maldades, 24você construiu um lugar de adoração e
ergueu altares a ídolos em todas as praças da cidade. 25Em
cada esquina, contaminou sua beleza e ofereceu seu corpo a
todos que passavam, aumentando sua prostituição. 26Então
acrescentou a seus amantes o lascivo Egito e provocou minha
ira com promiscuidade cada vez maior. 27Por isso eu a feri com
minha mão e reduzi seu território. Entreguei-a a seus inimigos,
os filisteus, e até eles ficaram espantados com sua conduta de-
pravada. 28Você também se prostituiu com os assírios. Parece
que nunca se cansa de procurar amantes! E, mesmo depois
de se prostituir com eles, não ficou satisfeita. 29Acrescentou a
seus amantes a Babilônia, terra de comerciantes, mas ainda
assim não se contentou.
30"Como seu coração é fraco, diz o SENHOR Soberano, para
fazer essas coisas e se comportar como uma prostituta desa-
vergonhada! 31Constrói lugares de adoração em todas as es-
quinas e altares a seus ídolos em todas as praças. Na verdade,
você foi pior que uma prostituta, pois nem exigiu pagamento.
32Sim, você é uma esposa adúltera que acolhe estranhos em
vez do marido. 33As prostitutas cobram por seus serviços, mas
você não! Oferece presentes a seus amantes e os suborna para
adulterarem com você. 34Faz, portanto, o contrário de outras
prostitutas. Paga seus amantes em vez de eles pagarem você!"

Julgamento contra Jerusalém por sua prostituição

35"Portanto, prostituta, ouça esta mensagem do SENHOR.
36Assim diz o SENHOR Soberano: Visto que você derramou sua
lascívia e se expôs em prostituição a todos os seus amantes,
adorou ídolos detestáveis e matou seus filhos como sacri-
fícios a seus deuses, 37ouça o que farei. Reunirei todos os seus
aliados — seus amantes com os quais você teve prazer, os
que você amou e também os que odiou — e a deixarei nua
diante deles, para que todos a vejam. 38Eu a castigarei por
homicídio e adultério e, na fúria de meu ciúme, a cobrirei de
sangue. 39Então a entregarei a esses muitos povos que são
seus amantes, e eles a destruirão. Derrubarão seus lugares de
adoração e os altares de seus ídolos. Arrancarão suas roupas,
levarão suas lindas joias e a deixarão completamente nua.
40Eles se juntarão e formarão uma multidão violenta que a
apedrejará e a cortará com espadas. 41Queimarão suas casas
e a castigarão diante de muitas mulheres. Eu porei fim à sua
prostituição, e você não pagará mais seus muitos amantes.
42"Por fim, satisfarei minha fúria contra você, e meu ciúme
se acalmará. Ficarei tranquilo e já não ficarei irado com você.
43Primeiro, porém, uma vez que você não se lembrou de sua
juventude, mas provocou minha ira com todas as suas mal-
dades, eu lhe darei o castigo merecido por sua conduta, diz
o SENHOR Soberano. Pois a todos os seus pecados detestáveis
você acrescentou a depravação. 44Todos que inventam provér-
bios dirão a seu respeito: 'Tal mãe, tal filha'. 45Pois sua mãe
detestava o marido e os filhos, e você faz o mesmo. É exata-
mente como suas irmãs, que também desprezaram marido e
filhos. De fato, sua mãe era hitita, e seu pai, amorreu.
46"Sua irmã mais velha era Samaria, que vivia com as filhas ao
norte. Sua irmã mais nova era Sodoma, que vivia com as filhas
ao sul. 47Mas você não apenas imitou sua conduta e seus pe-
cados detestáveis; em pouco tempo, você as superou em sua
depravação. 48Tão certo como eu vivo, diz o SENHOR Soberano,
Sodoma e suas filhas nunca foram tão perversas quanto você
e suas filhas. 49Sodoma cometia os pecados de orgulho, gluto-
naria e preguiça, enquanto os pobres e necessitados sofriam.
50Era arrogante e cometia pecados detestáveis, por isso eu a
exterminei, como você viu.
51"Nem mesmo Samaria cometeu metade dos pecados que
você cometeu. Você fez coisas muito mais detestáveis que
suas irmãs. Comparadas a você, elas parecem justas. 52Você
deveria se envergonhar. Seus pecados são tão terríveis que
fazem suas irmãs parecerem justas, e até mesmo puras. Que
coisa vergonhosa!
53"Um dia, porém, restaurarei Sodoma e Samaria, e você
também. 54Então você ficará verdadeiramente envergo-
nhada de tudo que fez, pois seus pecados fazem suas irmãs
se sentirem bem em comparação com você. 55Quando suas
irmãs, Sodoma e Samaria, e todos os seus habitantes forem
restaurados, você também será restaurada. 56Você, em seus
dias de arrogância, desprezava Sodoma. 57Agora, porém, sua
perversidade se tornou evidente para todo o mundo, e você
é desprezada por Edom, por todos os vizinhos dele e pela Fi-
lístia. 58Esse é o castigo por sua depravação e seus pecados
detestáveis, diz o SENHOR.
59"Assim diz o SENHOR Soberano: Eu lhe darei o que você me-
rece, pois não levou a sério seus votos solenes e quebrou sua
aliança. 60Contudo, me lembrarei da aliança que fiz com você
em sua juventude e estabelecerei com você uma aliança per-
manente. 61Então você se lembrará com vergonha de tudo que
fez. Farei que suas irmãs, Samaria e Sodoma, se tornem suas
filhas, embora elas não façam parte de nossa aliança. 62Rea-
firmarei minha aliança com você, e você saberá que eu sou o
SENHOR. 63Você se lembrará de seus pecados e ficará calada

de tanta vergonha quando eu perdoar tudo que fez. Eu, o SENHOR Soberano, falei!".

A parábola das duas águias

17 Recebi esta mensagem do SENHOR: 2"Filho do homem, apresente esta parábola e conte esta história ao povo de Israel. 3Transmita-lhes a seguinte mensagem do SENHOR Soberano: "Uma grande águia, com asas grandes e penas longas, coberta com plumagem de várias cores, veio ao Líbano. Agarrou a ponta de um cedro

4e arrancou seu galho mais alto. Levou-o para uma terra de comerciantes e plantou-o numa cidade de mercadores.

5Também levou da terra uma semente e a plantou em solo fértil. Colocou-a junto a um rio largo, onde pudesse crescer como um salgueiro.

6A planta criou raízes, cresceu e se tornou uma videira baixa, mas espalhada. Os ramos se voltaram para a águia, e as raízes se aprofundaram no solo. Produziu ramos fortes e deu brotos.

7Então, surgiu outra águia, com asas grandes e muita plumagem. A videira lançou raízes e ramos na direção dela, em busca de água, 8embora já estivesse plantada em boa terra e tivesse água com fartura, para que crescesse e se transformasse numa bela videira e produzisse ramos e frutos.

9"Agora, portanto, assim diz o SENHOR Soberano: Acaso essa videira prosperará? Não! Eu a arrancarei pela raiz! Cortarei seus frutos e deixarei que suas folhas murchem. Eu a arrancarei facilmente; não será necessário um braço forte nem um grande exército.

10Mas, quando a videira for replantada, acaso florescerá? Pelo contrário, murchará quando o vento do leste soprar contra ela. Morrerá na mesma terra onde havia crescido".

Explicação da parábola

11Então recebi esta mensagem do SENHOR: 12"Diga a este povo rebelde: Vocês não entendem o que significa essa parábola? O rei da Babilônia veio a Jerusalém e levou seu rei e seus príncipes para a Babilônia. 13Firmou um tratado com um membro da família real e o obrigou a jurar lealdade. Também exilou os líderes mais influentes de Israel, 14para que o reino não voltasse a se fortalecer nem se rebelasse. Ele só sobreviveria se cumprisse seu tratado com a Babilônia.

15"Contudo, esse homem da família real de Israel se rebelou contra a Babilônia e enviou embaixadores ao Egito, para pedir um grande exército e muitos cavalos. Acaso Israel pode deixar de cumprir os tratados que fez sob juramento e ficar impune? 16Tão certo como eu vivo, diz o SENHOR Soberano, o rei de Israel morrerá na Babilônia, a terra do rei que o colocou no poder e cujo tratado ele desprezou e quebrou. 17O faraó e todo o seu exército poderoso não serão capazes de ajudar Israel quando o rei da Babilônia cercar Jerusalém novamente e destruir muitas vidas. 18Pois o rei de Israel desprezou seu tratado e o quebrou depois de jurar obediência; portanto, ele não escapará.

19"Por isso, assim diz o SENHOR Soberano: Tão certo como eu vivo, eu o castigarei por quebrar minha aliança e desprezar o voto solene que fez em meu nome. 20Lançarei minha rede sobre ele e o pegarei em meu laço. Eu o levarei à Babilônia e o julgarei por sua traição contra mim. 21Todos os seus melhores guerreiros serão mortos na batalha, e os que sobreviverem serão espalhados aos quatro ventos. Então você saberá que eu, o SENHOR, falei.

22"Assim diz o SENHOR Soberano: Pegarei um ramo da ponta de um cedro alto e o plantarei no topo do monte mais elevado de Israel. 23Ele se tornará um cedro majestoso que estenderá seus ramos e produzirá sementes. Aves de toda espécie farão ninhos ali e encontrarão abrigo à sombra de seus ramos. 24E todas as árvores saberão que eu, o SENHOR, derrubo a árvore alta e faço crescer a árvore baixa. Faço a árvore verde murchar e dou vida à árvore seca. Eu, o SENHOR, falei e cumprirei o que prometi!".

A justiça de Deus

18 Recebi outra mensagem do SENHOR: 2"Por que vocês citam este provérbio a respeito da terra de Israel: 'Os pais comeram uvas azedas, mas os dentes dos filhos é que estragaram'? 3Tão certo como eu vivo, diz o SENHOR Soberano, vocês não citarão mais esse provérbio em Israel. 4Pois todos me pertencem, tanto pais como filhos. Aquele que pecar é que morrerá.

5"Suponhamos que um homem seja justo e faça o que é certo e direito. 6Não participa de banquetes nos lugares de adoração diante dos ídolos de Israel nem os adora. Não comete adultério e não tem relações com a mulher quando ela está menstruada. 7É um credor misericordioso, que não fica com os objetos entregues como garantia pelos devedores pobres. Não rouba dos pobres; antes, dá alimento aos famintos e providencia roupas aos necessitados. 8Empresta dinheiro sem visar lucros, mantém-se afastado da injustiça, é honesto e imparcial quando julga 9e obedece fielmente a meus decretos e estatutos. Quem age desse modo é justo e certamente viverá, diz o SENHOR Soberano.

10"Suponhamos, porém, que esse homem tenha um filho ladrão ou assassino, que se recusa a fazer o que é certo. 11Suponhamos que esse filho faça todas as maldades que seu pai jamais faria: participe de banquetes oferecidos a ídolos nos lugares de adoração, cometa adultério, 12oprima os pobres e os desamparados, roube de seus devedores ao não lhes devolver sua garantia, adore ídolos, pratique pecados detestáveis 13e empreste dinheiro visando lucros. Acaso esse pecador deve viver? Não, ele será responsabilizado e morrerá.

14"Suponhamos, porém, que esse filho pecador tenha, por sua vez, um filho que vê a perversidade do pai e decide não viver desse modo. 15Esse filho não participa de banquetes nos lugares de adoração, não adora ídolos e não comete adultério. 16Não explora os pobres; antes, trata os devedores com imparcialidade e não rouba deles. Dá alimentos aos famintos e providencia roupas aos necessitados. 17Ajuda os pobres, não

empresta dinheiro visando lucros e obedece a todos os meus
decretos e estatutos. Ele não morrerá por causa dos pecados
de seu pai; certamente viverá. 18O pai, no entanto, morrerá por
causa de seus muitos pecados, por ser cruel, roubar das pes-
soas e fazer o que era claramente errado no meio de seu povo.
19"Vocês, porém, perguntam: 'Como assim? O filho não paga
pelos pecados do pai?'. Não! Pois se o filho faz o que é justo e
certo e guarda meus decretos, ele certamente viverá. 20Aquele
que pecar é que morrerá. O filho não será castigado pelos
pecados do pai, e o pai não será castigado pelos pecados do
filho. Os justos serão recompensados por sua justiça, e os per-
versos serão castigados por sua perversidade. 21Mas, se os
perversos abandonarem seus pecados e obedecerem a meus
decretos e fizerem o que é justo e certo, com certeza viverão,
e não morrerão. 22Todos os pecados que cometeram no pas-
sado serão esquecidos, e eles viverão por causa de seus atos
de justiça.
23"Vocês acham que eu gosto de ver os perversos morrerem?,
diz o SENHOR Soberano. Claro que não! Meu desejo é que eles
se afastem de seus maus caminhos e vivam. 24Contudo, se
os justos se afastarem de sua justiça, cometerem pecados e
agirem como outros pecadores, deve-se permitir que vivam?
Claro que não! Todos os seus atos de justiça serão esquecidos,
e eles morrerão por causa de seus pecados.
25"Vocês, porém, dizem: 'O Senhor não é justo!'. Ouça, ó
povo de Israel: quem é injusto, eu ou vocês? 26Se os justos
se afastarem de sua justiça e cometerem pecados, morrerão
por causa disso. Sim, eles morrerão por causa de seus pe-
cados. 27E, se os perversos se afastarem de sua perversidade
e fizerem o que é justo e certo, preservarão a vida. 28Eles vi-
verão, pois pensaram melhor e decidiram se afastar de seus
pecados. 29E, no entanto, o povo de Israel continua a dizer:
'O Senhor não é justo!'. Ó povo de Israel, vocês é que são
injustos, e não eu!
30"Portanto, julgarei cada um de vocês, ó povo de Israel, con-
forme suas ações, diz o SENHOR Soberano. Arrependam-se e
afastem-se de seus pecados, e não permitam que eles os der-
rubem. 31Deixem toda a sua rebeldia para trás e busquem um
coração novo e um espírito novo. Por que morrer, ó povo de
Israel? 32Não é meu desejo que morram, diz o SENHOR Sobe-
rano. Arrependam-se e vivam!"

Cântico fúnebre pelos reis de Israel

19 "Entoe este cântico fúnebre pelos príncipes de Israel:
2"Que é sua mãe? Uma leoa entre os leões! Ela se deitava
entre os leõezinhos e criava seus filhotes.
3Criou um deles para se tornar um leão forte. Ele aprendeu a
caçar e a despedaçar a presa e se tornou devorador de gente.
4As nações ouviram falar dele e o apanharam na cova que lhe
prepararam. Com ganchos o levaram para a terra do Egito.
5"Quando a leoa viu que sua esperança por ele estava perdida,
pegou outro filhote e o ensinou a ser um leão forte.
6Ele andava entre os leões e se destacava por sua força.
Aprendeu a caçar e a despedaçar a presa e também se tornou
devorador de gente.
7Derrubou fortalezas e destruiu cidades. A terra e seus habi-
tantes tremiam de medo quando ouviam seu rugido.
8Então os exércitos das nações o atacaram e o cercaram por
todos os lados. Lançaram uma rede sobre ele e o apanharam
na cova que lhe prepararam.
9Com ganchos o arrastaram para dentro de uma jaula e o le-
varam ao rei da Babilônia. Eles o mantiveram preso, para que
nunca mais se ouvisse sua voz nos montes de Israel.
10"Sua mãe era como uma videira plantada junto à água. Tinha
folhagem viçosa e dava frutos, porque havia muita água.
11Seus ramos se tornaram fortes o suficiente para serem cetros
de reis. Ela cresceu, ficou muito alta e se elevou acima de
todas as outras.
12Mas a videira foi arrancada pela raiz com fúria e atirada ao
chão. O vento do deserto secou seus frutos e quebrou seus
fortes ramos, por isso ela murchou e foi consumida pelo fogo.
13Agora a videira está plantada no deserto, onde o solo é duro
e seco.
14De seus ramos saiu fogo e consumiu seus frutos. Os ramos
que sobraram não são fortes o suficiente para serem cetros de
reis. "Este é um cântico fúnebre e será entoado num funeral".

A rebelião de Israel

20 Em 14 de agosto, durante o sétimo ano do exílio do rei
Joaquim, alguns dos líderes de Israel vieram consultar
o SENHOR e, enquanto estavam sentados comigo, 2recebi esta
mensagem do SENHOR: 3"Filho do homem, diga aos líderes
de Israel: 'Assim diz o SENHOR Soberano: Como ousam vir me
consultar? Tão certo como eu vivo, diz o SENHOR Soberano, não
lhes direi coisa alguma!'.
4"Filho do homem, apresente acusações contra eles e con-
dene-os. Faça-os ver como eram detestáveis os pecados de
seus antepassados. 5Transmita-lhes esta mensagem do SE-
NHOR Soberano: Quando escolhi Israel, quando me revelei aos
descendentes de Jacó, no Egito, jurei solenemente que eu, o
SENHOR, seria o seu Deus. 6Naquele dia, jurei que os tiraria do
Egito e os levaria para uma terra que havia encontrado para
eles, uma terra boa, que produz leite e mel com fartura, a
mais linda de todas as terras. 7Então lhes disse: 'Cada um de
vocês livre-se de suas imagens repugnantes pelas quais está
obcecado. Não se contamine com os ídolos do Egito, pois eu
sou o SENHOR, seu Deus'.
8"Eles, porém, se rebelaram contra mim e não quiseram
ouvir. Não se livraram das imagens repugnantes pelas quais
estavam obcecados, nem abandonaram os ídolos do Egito.
Então ameacei derramar minha fúria sobre eles para satis-
fazer minha ira enquanto ainda estavam no Egito. 9Mas, por
causa do meu nome, não o fiz. Não permiti que meu nome
fosse desonrado entre as nações vizinhas diante das quais me
revelei quando tirei os israelitas do Egito. 10Portanto, eu os
tirei do Egito e os levei para o deserto. 11Ali lhes dei meus

decretos e estatutos, para que encontrassem vida ao prati-
cá-los. 12Também lhes dei os sábados como sinal entre mim e
eles, para lembrá-los de que eu sou o SENHOR, que os separou
para serem santos.
13"O povo de Israel, no entanto, se rebelou contra mim e não
quis obedecer a meus decretos no deserto. A obediência lhes
teria dado vida, mas não seguiram meus estatutos. Além disso,
profanaram meus sábados. Portanto, ameacei derramar minha
fúria sobre eles e consumi-los inteiramente no deserto. 14Mais
uma vez, porém, me contive por causa do meu nome, para que
não fosse desonrado diante das nações que tinham visto meu
poder quando tirei Israel do Egito. 15Contudo, fiz um juramento
solene contra eles no deserto. Jurei que não os faria entrar
na terra que lhes tinha dado, uma terra que produz leite e
mel com fartura, a mais linda de todas as terras. 16Pois rejei-
taram meus estatutos, recusaram-se a seguir meus decretos
e profanaram meus sábados, porque entregaram o coração
a seus ídolos. 17Apesar disso, tive compaixão deles e não os
destruí no deserto.
18"Então adverti seus filhos no deserto a não seguirem
os passos e o estilo de vida de seus pais, que se contami-
naram com seus ídolos. 19Disse-lhes: 'Eu sou o SENHOR, seu
Deus. Sigam meus decretos, obedeçam a meus estatutos 20e
guardem meus sábados como dias santos, pois são um sinal
entre mim e vocês para lembrá-los de que eu sou o SENHOR,
seu Deus'.
21"Seus filhos, porém, também se rebelaram contra mim. A
obediência lhes teria dado vida, mas não guardaram meus
decretos nem seguiram meus estatutos. Além disso, profa-
naram meus sábados. Portanto, mais uma vez, ameacei der-
ramar minha fúria sobre eles no deserto para satisfazer minha
ira. 22No entanto, contive meu julgamento por causa do meu
nome, para que não fosse desonrado diante das nações que
tinham visto meu poder quando tirei Israel do Egito. 23Contudo,
fiz um juramento solene contra eles no deserto. Jurei que os
espalharia entre todas as nações, 24pois não obedeceram a
meus estatutos. Desprezaram meus decretos, profanaram
meus sábados e cobiçaram os ídolos de seus antepassados.
25Eu os entreguei a decretos e estatutos inúteis, que não con-
duziriam à vida. 26Deixei que se contaminassem com suas
ofertas idólatras e permiti que oferecessem seus primeiros fi-
lhos como sacrifícios a seus deuses, para que eu os devastasse
e lhes mostrasse que somente eu sou o SENHOR."

Julgamento e restauração

27"Portanto, filho do homem, transmita ao povo de Israel esta
mensagem do SENHOR Soberano: Seus antepassados conti-
nuaram a blasfemar contra mim e a me trair, 28pois, quando
os trouxe à terra que lhes havia prometido, eles ofereceram
sacrifícios onde quer que vissem montes altos e árvores verde-
jantes. Provocaram minha fúria ao oferecer sacrifícios a seus
deuses. Levaram perfumes e incenso e apresentaram ofertas
derramadas. 29Disse-lhes: 'Que lugar alto é este para onde
vão?'. (Desde então, esse tipo de lugar é chamado de Bamá,
'lugar alto'.)
30"Portanto, transmita ao povo de Israel esta mensagem do
SENHOR Soberano: Vocês continuarão a se contaminar, como fi-
zeram seus antepassados? Vão se prostituir adorando imagens
repugnantes? 31Pois, quando apresentam ofertas para elas e
sacrificam seus filhos no fogo, continuam a se contaminar com
ídolos até hoje. Acaso devo permitir que me consultem, ó povo
de Israel? Tão certo como eu vivo, diz o SENHOR Soberano, não
lhes direi coisa alguma.
32"Vocês dizem: 'Queremos ser como as nações ao redor, que
servem a ídolos de madeira e de pedra'. Mas o que vocês
planejam nunca acontecerá. 33Tão certo como eu vivo, diz o
SENHOR Soberano, eu os governarei com mão de ferro, com
grande ira e poder tremendo. 34E com grande ira estenderei
minha mão forte e meu braço poderoso e os trarei de volta das
terras onde foram espalhados. 35Eu os levarei ao deserto das
nações e ali os julgarei face a face. 36Ali os julgarei como jul-
guei seus antepassados no deserto depois de tirá-los do Egito,
diz o SENHOR Soberano. 37Eu os examinarei cuidadosamente e
os farei obedecer aos termos de minha aliança. 38Tirarei de
seu meio todos que se rebelam e se revoltam contra mim.
Eu os farei sair das terras em que estão exilados, mas eles
nunca entrarão na terra de Israel. Então vocês saberão que
eu sou o SENHOR.
39"Quanto a vocês, povo de Israel, assim diz o SENHOR So-
berano: Continuem a adorar seus ídolos. Mais cedo ou mais
tarde, porém, vocês me obedecerão e deixarão de desonrar
meu santo nome com sua idolatria. 40Pois em meu santo
monte, o alto monte de Israel, diz o SENHOR Soberano, todo
o povo de Israel me adorará, e eu os aceitarei. Ali exigirei
que tragam todas as suas ofertas, suas melhores dádivas e
tudo que me consagrarem. 41Quando eu os trouxer de volta do
exílio, vocês serão para mim como uma oferta agradável. E,
por meio de vocês, demonstrarei minha santidade diante de
todas as nações. 42Então, quando eu os tiver trazido de volta
à terra que, com juramento solene, prometi a seus antepas-
sados, saberão que eu sou o SENHOR. 43Vocês se lembrarão de
todas as formas pelas quais se contaminaram e terão nojo de
si mesmos por todo o mal que fizeram. 44Saberão que eu sou o
SENHOR, ó povo de Israel, quando, por causa do meu nome, eu
os tratar com compaixão, apesar de toda a sua perversidade.
Eu, o SENHOR Soberano, falei!".

Julgamento contra o Neguebe

45Então recebi esta mensagem do SENHOR: 46"Filho do homem,
volte o rosto para o sul e pronuncie-se contra ele; profetize
contra os matagais do Neguebe. 47Diga ao bosque do sul:
'Assim diz o SENHOR Soberano: Ouça a palavra do SENHOR! Eu o
incendiarei, e todas as árvores, tanto as verdes como as secas,
serão consumidas. As chamas ardentes não serão apagadas
e queimarão tudo, desde o sul até o norte. 48Todos verão que
eu, o SENHOR, acendi esse fogo, e ele não será apagado'".

49Então eu disse: "Ó SENHOR Soberano, eles dizem a meu respeito: 'Ele só fala por meio de parábolas!'".

A espada de julgamento do SENHOR

21 Recebi esta mensagem do SENHOR: 2"Filho do homem, volte o rosto para Jerusalém e profetize contra Israel e seus santuários. 3Diga-lhe: 'Assim diz o SENHOR: Sou seu inimigo, ó Israel, e estou prestes a tirar a espada da bainha para destruir seu povo, tanto os justos como os perversos. 4Sim, eliminarei tanto os justos como os perversos! Empunharei minha espada contra todos na terra, desde o sul até o norte. 5O mundo inteiro saberá que eu sou o SENHOR. A espada está em minha mão, e ela não voltará à bainha'.

6"Filho do homem, comece a gemer! Comece a gemer diante do povo com amargura e coração quebrantado. 7Quando lhe perguntarem por que você está gemendo, diga-lhes: 'Estou gemendo por causa da notícia que recebi. Quando ela se realizar, até mesmo o coração mais valente se derreterá de medo; toda a força desaparecerá. Todo espírito se angustiará; joelhos fortes se tornarão frouxos como água. E o SENHOR Soberano diz: Ela está vindo! Está a caminho!'"

8Em seguida, o SENHOR me disse: 9"Filho do homem, transmita ao povo esta mensagem do Senhor: "Uma espada, uma espada está sendo afiada e polida.

10Está sendo afiada para a matança e polida para faiscar como relâmpago. Agora nos alegraremos com o cetro de meu filho, o governante de Judá? A espada despreza qualquer pedaço de madeira!

11Sim, a espada está sendo afiada e polida, preparada para as mãos do carrasco.

12"Filho do homem, grite e lamente-se, bata nas coxas em sinal de angústia, pois a espada matará meu povo e seus líderes; todos morrerão!

13Ela porá todos eles à prova; e o que acontecerá quando o cetro, que a espada despreza, não mais existir?, diz o SENHOR Soberano.

14"Filho do homem, profetize para eles e bata palmas. Depois, pegue a espada e golpeie duas vezes, ou mesmo três vezes, para simbolizar a matança, a grande matança que os ameaça de todos os lados.

15Que o coração deles se derreta de terror, pois a espada reluz em todas as portas. Faísca como relâmpago e está polida para a matança.

16Ó espada, golpeie à direita, golpeie à esquerda, para onde se virar e onde quiser.

17Eu também baterei palmas e satisfarei minha fúria. Eu, o SENHOR, falei!".

Presságios para o rei da Babilônia

18Recebi esta mensagem do SENHOR: 19"Filho do homem, desenhe um mapa e sobre ele trace dois caminhos para que a espada do rei da Babilônia os siga. Coloque um marco na estrada que sai da Babilônia, onde ela se divide em dois caminhos, 20um para Amom e sua capital, Rabá, e outro para Judá e Jerusalém, a cidade fortificada. 21O rei da Babilônia está na encruzilhada, sem saber se deve atacar Jerusalém ou Rabá. Ele chama seus adivinhos para que façam previsões, e eles lançam sortes com flechas sacudidas da aljava, consultam seus ídolos e examinam o fígado de animais sacrificados. 22O presságio em sua mão direita indica 'Jerusalém!'. Seus soldados atacarão as portas da cidade com troncos e darão gritos de guerra. Levantarão torres de cerco e construirão rampas contra os muros. 23Os habitantes de Jerusalém pensarão que se trata de um presságio falso, por causa de seu acordo com os babilônios. Mas o rei da Babilônia os lembrará de sua rebeldia. Ele os atacará e os levará prisioneiros.

24"Portanto, assim diz o SENHOR Soberano: Repetidamente, vocês me lembram de seus pecados e sua rebeldia. Nem sequer tentam escondê-los! Em tudo que fazem, seus pecados ficam evidentes. Por isso, chegou a hora de seu castigo.

25"Ó príncipe de Israel, corrupto e perverso, o dia do acerto de contas chegou! 26Assim diz o SENHOR Soberano: "Tire sua coroa coberta de joias, pois o antigo sistema está para mudar. Os humildes serão exaltados, e os orgulhosos, humilhados.

27Destruição! Destruição! Certamente destruirei o reino, e não será restaurado até que venha aquele que tem o direito de julgá-lo; então o entregarei a ele."

Mensagem para os amonitas

28"Agora, filho do homem, profetize acerca dos amonitas e sua zombaria. Transmita-lhes esta mensagem do SENHOR Soberano: "Uma espada, uma espada está pronta para a matança. Está polida para destruir e faísca como relâmpago.

29Seus profetas lhes deram visões falsas, seus adivinhos lhes contaram mentiras. A espada cairá sobre o pescoço dos perversos, para quem chegou o dia do juízo.

30"Agora, ponham a espada de volta na bainha, pois em sua própria terra, no lugar onde nasceram, eu os julgarei.

31Derramarei minha fúria sobre vocês e soprarei em vocês o fogo de minha ira. Eu os entregarei a homens cruéis, hábeis em destruir.

32Vocês serão combustível para o fogo, e seu sangue será derramado em sua própria terra. Não haverá mais lembrança de vocês na história, pois eu, o SENHOR, falei!".

Os pecados de Jerusalém

22 Recebi esta mensagem do SENHOR: 2"Filho do homem, você está preparado para pronunciar julgamento sobre Jerusalém, esta cidade de assassinos? Faça que ela veja como são detestáveis seus pecados 3e transmita-lhe esta mensagem do SENHOR Soberano: Ó cidade de assassinos, condenada e maldita, cidade de ídolos imundos e repugnantes, 4você é culpada pelo sangue que derramou e está contaminada pelos ídolos que fez. Seu dia de castigo se aproxima! Você chegou ao fim de seus anos, e farei de você objeto de zombaria no mundo

inteiro. 5Ó cidade infame, cheia de confusão, povos distantes e
próximos zombarão de você!
6"Todo líder de Israel que vive dentro de seus muros está
decidido a derramar sangue. 7Pais e mães são tratados com
desprezo, estrangeiros são obrigados a pagar por proteção,
órfãos e viúvas são oprimidos em seu meio. 8Você despreza mi-
nhas coisas santas e profana meus sábados. 9Pessoas acusam
outras falsamente e as condenam à morte. Em seu meio há
idólatras e gente que faz coisas obscenas. 10Homens têm rela-
ções sexuais com a esposa do próprio pai e se impõem sobre
mulheres menstruadas. 11Há quem cometa adultério com a
esposa do vizinho, quem contamine sua nora e quem violente
a própria irmã. 12Por toda parte há assassinos de aluguel,
agiotas que cobram juros abusivos e sujeitos que praticam
extorsão. Não se lembram de mim, diz o SENHOR Soberano.
13"Agora, porém, bato as mãos com indignação por causa do
ganho desonesto e do derramamento de sangue em seu meio.
14Quão forte e corajosa você será no dia do acerto de contas?
Eu, o SENHOR, falei e cumprirei o que prometi. 15Espalharei
você entre as nações e acabarei com sua perversidade. 16E,
quando você tiver sido desonrada entre as nações, saberá que
eu sou o SENHOR".

A fornalha de refinar do SENHOR

17Então recebi esta mensagem do SENHOR: 18"Filho do homem,
o povo de Israel é a coisa desprezível, sem valor, que resta de-
pois de fundir a prata. São refugo, uma mistura inútil de cobre,
estanho, ferro e chumbo. 19Portanto, diga-lhes: 'Assim diz o
SENHOR Soberano: Porque vocês são coisa desprezível, sem
valor, eu os reunirei em Jerusalém. 20Como a prata, o cobre, o
ferro, o chumbo e o estanho são derretidos na fornalha, assim
eu os derreterei com o calor de minha ira ardente. 21Eu os re-
unirei e soprarei sobre vocês o fogo de minha fúria, 22e vocês
derreterão como a prata derrete no calor intenso. Então sa-
berão que eu, o SENHOR, derramei sobre vocês a minha fúria'".

Os pecados dos líderes de Israel

23Recebi outra mensagem do SENHOR: 24"Filho do homem,
transmita esta mensagem a Israel: No dia de minha indig-
nação, vocês serão como uma terra contaminada, uma terra
sem chuva. 25Seus príncipes tramam conspirações, como leões
à espreita da presa. Devoram inocentes, apropriam-se de te-
souros, obtêm riquezas por extorsão e fazem muitas viúvas
na terra. 26Seus sacerdotes não guardaram minha lei e pro-
fanaram minhas coisas santas. Não fazem distinção entre sa-
grado e profano e não ensinam meu povo a distinguir entre
cerimonialmente puro e impuro. Desrespeitam meus sábados,
de modo que sou desonrado no meio deles. 27Seus líderes
são como lobos que despedaçam as vítimas. Destroem a vida
das pessoas por dinheiro! 28E seus profetas encobrem tudo
isso com visões falsas e previsões mentirosas. Dizem: 'Recebi
esta mensagem do SENHOR Soberano', quando, na verdade,
o SENHOR não lhes disse coisa alguma. 29Até mesmo o povo
oprime os pobres, rouba dos necessitados e nega justiça aos
estrangeiros.
30"Procurei alguém que reconstruísse o muro que guarda a
terra, que se pusesse na brecha para que eu não a destruísse,
mas não encontrei ninguém. 31Agora, portanto, derramarei
minha fúria sobre eles e os consumirei com o fogo de minha
ira. Farei cair sobre sua cabeça o castigo merecido por tudo
que fizeram. Eu, o SENHOR Soberano, falei!".

O adultério das duas irmãs

23 Recebi esta mensagem do SENHOR: 2"Filho do homem,
havia duas irmãs, filhas da mesma mãe. 3Elas se tor-
naram prostitutas no Egito. Quando ainda eram meninas, dei-
xavam que homens acariciassem seus seios. 4A irmã mais velha
se chamava Oolá, e a mais nova, Oolibá. Casei-me com elas,
e me deram filhos e filhas. Refiro-me a Samaria e Jerusalém,
pois Oolá é Samaria, e Oolibá, Jerusalém.
5"Então, embora fosse minha, Oolá desejou ardentemente
outros amantes e se entregou aos assírios. 6Todos eles eram
jovens atraentes, capitães e comandantes, com belas roupas
azuis, montados a cavalo. 7Assim, ela se prostituiu com os ho-
mens mais desejáveis da Assíria, adorou seus ídolos e se con-
taminou. 8Pois, quando ela saiu do Egito, não deixou para trás
a prostituição. Continuou depravada como em sua juventude,
quando os egípcios dormiram com ela, acariciaram seus seios
e a usaram como prostituta.
9"Por isso eu a entreguei a seus amantes assírios, que ela
tanto desejou. 10Eles arrancaram suas roupas, levaram seus
filhos e filhas e então a mataram. Depois que ela recebeu esse
castigo, sua reputação tornou-se conhecida entre todas as
mulheres da terra.
11"Contudo, embora Oolibá tenha visto o que aconteceu à sua
irmã Oolá, seguiu pelo mesmo caminho. Na verdade, foi ainda
mais depravada e se entregou ao desejo e à prostituição.
12Cobiçou os assírios — os capitães e comandantes em belos
uniformes, montados a cavalo —, todos eles jovens atraentes.
13Vi que estava se contaminando, como sua irmã mais velha.
14"Então levou sua prostituição ainda mais longe e se apai-
xonou por figuras pintadas numa parede, figuras de oficiais
babilônios, com uniformes vermelhos chamativos 15e com
belos cintos e turbantes de tecido fino. Estavam vestidos como
oficiais da terra da Babilônia. 16Quando ela viu essas pinturas,
desejou ardentemente entregar-se a eles, por isso enviou
mensageiros à Babilônia para convidá-los para a visitarem.
17Eles vieram, cometeram adultério com ela e a contaminaram
na cama do amor. Depois de ser contaminada, porém, teve
nojo deles e os rejeitou.
18"Da mesma forma, eu tive nojo de Oolibá e a rejeitei, como
havia rejeitado sua irmã, porque ela se exibiu diante deles e a
eles se entregou para satisfazer seus desejos. 19Entregou-se,
porém, a prostituição ainda maior ao lembrar-se de sua ju-

ventude, quando era prostituta no Egito. 20Desejou amantes
com genitais grandes como de jumentos e ejaculação como de
cavalos. 21E assim, Oolibá, você reviveu a depravação de sua
juventude no Egito, quando permitiu que seus seios fossem
acariciados."

O SENHOR julga Oolibá

22"Portanto, Oolibá, assim diz o SENHOR Soberano: De todas as
partes, enviarei seus amantes contra você, as mesmas nações
das quais você se afastou com nojo. 23Os babilônios virão com
todos os caldeus de Pecode, Soa e Coa. E todos os assírios
virão com eles, jovens atraentes, capitães, comandantes, ofi-
ciais dos carros de guerra e outros oficiais de alto escalão,
todos a cavalo. 24Virão do norte contra você com carros de
guerra, carroças e muitas armas, preparados para o ataque.
Assumirão posições de batalha e a cercarão com soldados ar-
mados com escudos e capacetes. E eu a entregarei a eles para
ser castigada, para que façam com você o que quiserem. 25Vol-
tarei contra você a ira do meu ciúme, e eles a tratarão com
crueldade. Cortarão fora seu nariz e suas orelhas e matarão
à espada os sobreviventes. Seus filhos serão levados como
prisioneiros, e tudo que restar será queimado. 26Arrancarão
suas roupas e lindas joias. 27Desse modo, acabarei com a de-
pravação e a prostituição que você trouxe do Egito. Nunca mais
você olhará com desejo para essas coisas, nem se lembrará
mais com saudade de seu tempo no Egito.
28"Pois assim diz o SENHOR Soberano: Certamente eu a en-
tregarei a seus inimigos, àqueles que você detesta, àqueles
que você rejeitou. 29Eles a tratarão com ódio, tomarão tudo
que você possui e a deixarão completamente nua. A vergonha
de sua prostituição ficará exposta para todo o mundo. 30Você
trouxe tudo isso sobre si mesma ao se prostituir com outras na-
ções, ao se contaminar com seus ídolos. 31Porque você seguiu
pelo mesmo caminho que sua irmã, eu a obrigarei a beber do
mesmo cálice de terror do qual ela bebeu.
32"Assim diz o SENHOR Soberano: "Você beberá do cálice de
terror de sua irmã, um copo grande e fundo. Ele está cheio até
a borda de desprezo e zombaria.
33Embriaguez e angústia se apossarão de você, pois seu cálice
está cheio até a borda de desgraça e desolação, o mesmo
copo do qual sua irmã, Samaria, bebeu.
34Você beberá desse cálice de terror até a última gota. Então
o fará em pedaços e com os cacos mutilará seus seios. Eu, o
SENHOR Soberano, falei!
35"E, porque você se esqueceu de mim e me deu as costas,
assim diz o SENHOR Soberano: Você sofrerá as consequências
de sua depravação e prostituição".

O SENHOR julga as duas irmãs

36O SENHOR me disse: "Filho do homem, pronuncie julgamento
sobre Oolá e Oolibá por todos os seus pecados detestáveis.
37Elas cometeram adultério e assassinato: adultério ao ado-
rarem ídolos e assassinato ao queimarem como sacrifício os
filhos que geraram para mim. 38Além disso, contaminaram
meu templo e profanaram meu sábado. 39No mesmo dia em
que sacrificaram seus filhos aos ídolos, tiveram a ousadia de
vir ao meu templo para adorar; entraram em minha casa e a
profanaram.
40"Vocês, irmãs, enviaram mensageiros a terras distantes para
conseguir homens. Quando eles chegaram, vocês tomaram
banho, pintaram os olhos e colocaram suas joias mais finas
para recebê-los. 41Sentaram-se com eles num sofá com lindos
bordados e colocaram meu incenso e meu óleo especial na
mesa arrumada diante de vocês. 42De seu quarto vinham sons
de muitos homens bebendo e se divertindo. Eram homens do
deserto, lascivos e beberrões, que colocaram pulseiras em
seus braços e lindas coroas em sua cabeça. 43Então eu disse:
'Se eles querem mesmo ter relações com prostitutas velhas
e acabadas como essas, que tenham!'. 44E foi o que fizeram.
Tiveram relações com Oolá e Oolibá, prostitutas desaver-
gonhadas. 45Mas os justos julgarão essas cidades irmãs de
acordo com o que de fato são: adúlteras e assassinas.
46"Agora, assim diz o SENHOR Soberano: Tragam um exército
contra elas e entreguem-nas para serem aterrorizadas e sa-
queadas. 47Seus inimigos as apedrejarão e as golpearão com
espadas. Matarão seus filhos e filhas e queimarão suas casas.
48Desse modo, acabarei com a depravação na terra, e meu
julgamento servirá de advertência para que outras não sigam
seu mau exemplo. 49Vocês receberão o castigo merecido por
sua prostituição e idolatria. Então saberão que eu sou o SENHOR
Soberano".

O sinal da panela de cozinhar

24 Em 15 de janeiro, durante o nono ano do exílio do rei
Joaquim, recebi esta mensagem do SENHOR: 2"Filho do
homem, registre esta data, pois hoje o rei da Babilônia começou
a atacar Jerusalém. 3Depois, use uma ilustração para transmitir
a esses rebeldes a seguinte mensagem do SENHOR Soberano:
"Coloque uma panela no fogo e ponha água dentro dela.
4Encha-a com os pedaços mais seletos de carne: a coxa, o
quarto dianteiro e os cortes mais macios.
5Use somente as melhores ovelhas do rebanho e amontoe
lenha no fogo sob a panela. Faça a água ferver e cozinhe os
ossos com a carne.
6"Agora, assim diz o SENHOR Soberano: Que aflição espera Je-
rusalém, cidade de assassinos! Ela é a panela enferrujada, cuja
sujeira não se pode limpar. Pegue a carne sem escolhê-la, pois
nenhum pedaço é melhor que o outro.
7Porque o sangue que ela derramou está espalhado sobre
as pedras; nem sequer foi derramado no chão, onde o pó o
cobriria.
8Portanto, espalharei seu sangue numa pedra, para que todos
vejam, uma expressão de minha ira e de minha vingança contra
ela.

9"Assim diz o SENHOR Soberano: Que aflição espera Jerusalém, ci-
dade de assassinos; eu mesmo amontoarei a lenha debaixo dela!
10Sim, amontoe a lenha; que ardam as chamas para fazer a
panela ferver. Cozinhe a carne com diversos temperos, depois
queime os ossos.
11Agora, coloque a panela vazia sobre as brasas, esquente-a
até ficar incandescente e queime a ferrugem e a sujeira.
12Mas de nada adianta; não se pode limpar a ferrugem, nem
mesmo com fogo.
13Sua impureza é sua depravação; tentei limpá-la, mas você
não quis. Portanto, agora ficará em sua impureza, até que eu
tenha satisfeito minha fúria contra você.
14"Eu, o SENHOR, falei! Chegou a hora, e não me conterei. Não
mudarei de ideia nem terei compaixão. Você será julgada de
acordo com suas ações, diz o SENHOR Soberano".

A morte da esposa de Ezequiel

15Recebi esta mensagem do SENHOR: 16"Filho do homem, com
um só golpe tirarei de você seu tesouro mais precioso. Con-
tudo, você não deve mostrar tristeza alguma com a morte dela.
Não chore, não derrame lágrimas. 17Sofra em silêncio, mas não
lamente junto ao túmulo. Não descubra a cabeça nem tire as
sandálias. Não siga os rituais de luto nem aceite comida de
amigos que vierem consolá-lo".
18Pela manhã, anunciei essa mensagem ao povo e, à tarde,
minha esposa morreu. No dia seguinte, fiz tudo que me havia
sido ordenado. 19Então o povo perguntou: "O que significa tudo
isso? O que você quer nos dizer?".
20Eu respondi: "Recebi uma mensagem do SENHOR 21e fui
instruído a transmiti-la ao povo de Israel. Assim diz o SENHOR
Soberano: 'Profanarei meu templo, a fonte de sua segurança
e seu orgulho, o lugar que lhes dá prazer ao coração. Seus
filhos e filhas, que vocês deixaram para trás, serão mortos à
espada. 22Então vocês farão como Ezequiel. Não seguirão os
rituais de luto nem se consolarão com comida trazida pelos
amigos. 23Sua cabeça permanecerá coberta, e não tirarão as
sandálias. Não prantearão nem chorarão, mas definharão por
causa de seus pecados. Lamentarão uns com os outros por
todo o mal que fizeram. 24Ezequiel lhes serve de exemplo;
farão exatamente o que ele fez. E, quando esse dia chegar,
saberão que eu sou o SENHOR Soberano'".
25Então o SENHOR me disse: "Filho do homem, no dia em que
eu tirar deles sua fortaleza — sua alegria e sua glória, o de-
sejo de seu coração e seu tesouro mais precioso —, também
tirarei deles seus filhos e filhas. 26Nesse dia, um sobrevivente
de Jerusalém virá ao seu encontro na Babilônia e lhe contará o
que aconteceu. 27Quando ele chegar, você recuperará sua voz
para que possa falar com ele, e isso será um sinal para o povo.
Então eles saberão que eu sou o SENHOR".

Mensagem para Amom

25 Então recebi esta mensagem do SENHOR: 2"Filho do
homem, volte o rosto para a terra de Amom e profe-
tize contra seus habitantes. 3Transmita aos amonitas esta
mensagem do SENHOR Soberano: Ouçam a palavra do SENHOR
Soberano! Porque vocês se alegraram quando meu templo foi
profanado, zombaram de Israel em sua desolação e riram de
Judá quando ele foi enviado para o exílio, 4eu os entregarei
aos nômades dos desertos do leste. Eles montarão acampa-
mentos em seu meio e armarão tendas em sua terra. Colherão
seus frutos e beberão o leite de seu gado. 5Transformarei a
cidade de Rabá em pasto para camelos e todo o território dos
amonitas em lugar de descanso para ovelhas. Então vocês sa-
berão que eu sou o SENHOR.
6"Assim diz o SENHOR Soberano: Porque bateram palmas,
dançaram e pularam exultantes com a destruição do povo de
Israel, 7levantarei minha mão contra vocês. Eu os entregarei
como despojo a muitas nações. Eliminarei vocês dentre os
povos e os destruirei completamente. Então vocês saberão
que eu sou o SENHOR."

Mensagem para Moabe

8"Assim diz o SENHOR Soberano: Porque o povo de Moabe disse
que Judá é como todas as outras nações, 9abrirei seu lado
leste e acabarei com as imponentes cidades de sua fronteira:
Bete-Jesimote, Baal-Meom e Quiriataim. 10Entregarei Moabe
aos nômades dos desertos do leste, como entreguei Amom.
Os amonitas não serão mais contados entre as nações. 11Da
mesma forma, trarei meu julgamento sobre os moabitas.
Então eles saberão que eu sou o SENHOR."

Mensagem para Edom

12"Assim diz o SENHOR Soberano: O povo de Edom pecou gran-
demente quando se vingou do povo de Judá. 13Portanto, assim
diz o SENHOR Soberano: Levantarei minha mão contra Edom.
Exterminarei seus habitantes e seus animais com a espada.
Transformarei a terra em deserto, desde Temã até Dedã.
14Farei isso por meio de meu povo, Israel. Eles executarão
minha vingança com terrível ira, e Edom saberá que essa vin-
gança veio de mim. Eu, o SENHOR Soberano, falei!"

Mensagem para a Filístia

15"Assim diz o SENHOR Soberano: Os habitantes da Filístia ata-
caram Judá por vingança amarga e ódio profundo. 16Portanto,
assim diz o SENHOR Soberano: Levantarei minha mão contra
os filisteus. Exterminarei os queretitas e destruirei completa-
mente os habitantes do litoral. 17Executarei vingança terrível
contra eles para castigá-los por aquilo que fizeram. E, quando
eu tiver me vingado, eles saberão que eu sou o SENHOR".

Mensagem para Tiro

26 Em 3 de fevereiro, no décimo segundo ano do exílio do
rei Joaquim, recebi esta mensagem do SENHOR: 2"Filho
do homem, Tiro se alegrou com a queda de Jerusalém e disse:
'Ah! Aquela que era a porta para as mais prósperas rotas co-

merciais do leste foi quebrada, e agora é minha vez! Porque
ela está desolada, eu ficarei rico!’.
3“Portanto, assim diz o SENHOR Soberano: Ó cidade de Tiro, sou
seu inimigo e trarei muitas nações contra você, como ondas do
mar que quebram em suas praias. 4Elas destruirão os muros de
Tiro e derrubarão suas torres. Eu rasparei seu solo até torná-lo
rocha bruta! 5Será apenas uma rocha no mar, um lugar para os
pescadores estenderem suas redes, pois eu falei, diz o SENHOR
Soberano. Tiro se tornará presa de muitas nações, 6e seus
povoados no continente serão destruídos pela espada. Então
eles saberão que eu sou o SENHOR.
7“Assim diz o SENHOR Soberano: Do norte trarei contra Tiro o
rei da Babilônia, Nabucodonosor. Ele é rei de reis e virá com
seus cavalos, seus carros de guerra e condutores, e com um
grande exército. 8Primeiro ele destruirá os povoados no con-
tinente, e depois, para atacá-la, construirá um muro de cerco
e uma rampa e levantará uma barreira de escudos contra
você. 9Usará troncos para atacar seus muros e demolirá suas
torres com marretas. 10Os cascos dos cavalos dele encherão
a cidade de poeira, e o barulho dos condutores e dos carros
de guerra fará estremecer os muros quando passarem por
suas portas quebradas. 11Os cavaleiros pisotearão todas as
ruas da cidade. Matarão seu povo à espada, e suas fortes
colunas cairão.
12“Saquearão todas as suas riquezas e mercadorias e derru-
barão seus muros. Destruirão suas lindas casas e lançarão ao
mar suas pedras, suas vigas de madeira e até mesmo seu pó.
13Acabarei com a música de seus cânticos, e não se ouvirá mais
o som da harpa no meio de seu povo. 14Transformarei sua ilha
em rocha bruta, um lugar para os pescadores estenderem suas
redes. Você jamais será reconstruída, pois eu, o SENHOR, falei.
Sim, o SENHOR Soberano falou!”

Os efeitos da destruição de Tiro

15“Assim diz o SENHOR Soberano à cidade de Tiro: Todo o litoral
estremecerá com o estrondo de sua queda, enquanto os fe-
ridos gemem durante a matança. 16Os governantes das cidades
portuárias descerão de seus tronos e removerão seus mantos e
suas belas roupas. Sentarão no chão, tremendo de pavor por
causa de sua destruição. 17Lamentarão por você e entoarão
este cântico fúnebre: “Ó famosa cidade da ilha, que governava
o mar, como você foi destruída! Seus habitantes, com poder
naval, espalhavam medo por todo o mundo.
18Agora, as regiões litorâneas estremecem com sua queda; as
ilhas se apavoram diante de sua ruína.
19“Assim diz o SENHOR Soberano: Transformarei Tiro em ruínas
desabitadas, como muitas outras. Eu a sepultarei debaixo das
ondas terríveis, e grandes mares a engolirão. 20Eu a enviarei
à cova, para juntar-se àqueles que desceram até lá há muito
tempo. Sua cidade permanecerá em ruínas, sepultada debaixo
da terra, como aqueles que estão na cova, que entraram no
mundo dos mortos. Você já não terá lugar na terra dos vivos.
21Eu lhe darei um fim terrível, e você deixará de existir. Procu-
rarão por você, mas nunca mais a encontrarão. Eu, o SENHOR
Soberano, falei!”.

O fim da glória de Tiro

27 Recebi esta mensagem do SENHOR: 2“Filho do homem,
entoe um cântico fúnebre para Tiro, 3essa cidade que é
entrada para o mar, que estabelece relações comerciais com
muitas nações. Transmita-lhe a seguinte mensagem do SE-
NHOR Soberano: “Ó cidade de Tiro, você se gloriava: ‘ Minha
beleza é perfeita!’.
4Estendeu seus limites para o mar; seus construtores aperfei-
çoaram sua beleza.
5Você era como uma grande embarcação, construída com os
melhores ciprestes de Senir. Com um cedro do Líbano fabri-
caram seu mastro.
6Fizeram seus remos com carvalhos de Basã. Seu convés de
pinho dos litorais de Chipre era decorado com marfim.
7Suas velas eram de linho egípcio da melhor qualidade e es-
voaçavam sobre você como uma bandeira. Seus toldos eram
azuis e vermelhos, coloridos com tinturas dos litorais de Elisá.
8Seus remadores eram de Sidom e Arvade, seus timoneiros,
homens habilidosos de Tiro.
9Antigos e sábios artesãos de Gebal calafetaram a embar-
cação. Navios de todas as nações vinham com mercadorias
para negociar com você.
10“Homens das terras distantes da Pérsia, de Lídia e da Líbia
serviam em seu grande exército. Penduravam os escudos e
os capacetes em seus muros e assim lhe davam muita honra.
11Homens de Arvade e de Heleque montavam guarda no alto
de seus muros, e em suas torres ficavam homens de Gamade.
Os escudos deles, pendurados em seus muros, completavam
sua beleza.
12“Társis enviava negociantes para comprar sua grande va-
riedade de mercadorias em troca de prata, ferro, estanho e
chumbo, 13e comerciantes da Grécia, de Tubal e de Meseque
traziam escravos e artigos de bronze para negociar com você.
14“De Bete-Togarma vinham cavalos de montaria, cavalos para
carros de guerra e mulas para serem negociados por suas
mercadorias, 15e comerciantes vinham de Dedã. Você tinha o
monopólio do mercado de várias regiões litorâneas, que lhe
pagavam com presas de marfim e madeira de ébano.
16“A Síria enviava negociantes para comprar sua grande varie-
dade de mercadorias, e em troca lhe dava turquesa, tinturas
vermelhas, bordados, linho fino e joias de coral e de rubis.
17Judá e Israel faziam comércio com você e pagavam com trigo
de Minite, figos, mel, azeite e bálsamo.
18“Damasco enviava negociantes para comprar sua grande va-
riedade de mercadorias, e em troca lhe dava vinho de Helbom
e lã de Zaar. 19Gregos de Uzal vinham negociar suas merca-
dorias, e em troca traziam ferro trabalhado, cássia e cálamo
perfumado.
20“Dedã enviava negociantes para comercializar com você
seus valiosos mantos para selas. 21Os árabes e os príncipes

de Quedar enviavam comerciantes para negociar com você e
pagavam com cordeiros, carneiros e bodes. 22Negociantes de
Sabá e de Ramá lhe davam especiarias de todo tipo, joias e
ouro em troca de suas mercadorias.
23"Harã, Cane, Éden, Sabá, Assur e Quilmade também vinham
com seus negociantes. 24Traziam tecidos da melhor qualidade
para comercializar: tecido azul, bordados e tapetes multico-
loridos enrolados e amarrados com cordões. 25Os navios de
Társis eram suas caravanas marítimas. Os depósitos em sua
ilha viviam abarrotados!"

A destruição de Tiro

26"Mas veja! Seus remadores a levaram para águas tempes-
tuosas! Um poderoso vento do leste a despedaçou no coração
do mar.
27Tudo se perdeu: riquezas e mercadorias, marinheiros e pi-
lotos, construtores de navios, negociantes e guerreiros. No
dia de sua ruína, todos a bordo afundam até as profundezas
do mar.
28Suas cidades no litoral tremem, seus pilotos gritam de pavor.
29Todos os remadores abandonam os navios, os marinheiros e
os pilotos ficam na praia.
30Gritam por você e choram amargamente. Jogam pó sobre a
cabeça e rolam em cinzas.
31Por sua causa raspam a cabeça e se vestem de pano de saco.
Choram com amarga angústia e profunda lamentação.
32Enquanto lamentam e choram por você, entoam este triste
cântico fúnebre: 'Acaso houve alguma cidade como Tiro, que
agora está em silêncio no fundo do mar?
33As mercadorias que você negociava pelos mares satisfaziam
os desejos de muitas nações. Reis nos confins da terra se en-
riqueceram com seu comércio.
34Agora você é um navio naufragado e quebrado no fundo do
mar. Suas mercadorias e seus tripulantes afundaram com você.
35Todos que moram no litoral estão espantados com seu
terrível destino. Os reis estão horrorizados e olham com ex-
pressão perturbada.
36Os comerciantes entre as nações balançam a cabeça quando
a veem, pois você chegou a um terrível fim e não mais existirá'".

Mensagem para o rei de Tiro

28 Recebi esta mensagem do SENHOR: 2"Filho do homem,
transmita ao príncipe de Tiro esta mensagem do SENHOR
Soberano: "Em seu grande orgulho, você diz: 'Sou um deus!
Sento-me num trono divino, no coração do mar'. Mas você é
apenas homem, e não deus, embora se considere sábio como
um.
3Pensa que é mais sábio que Daniel e imagina que nenhum
segredo lhe está oculto.
4Com sua sabedoria e entendimento, acumulou grande ri-
queza: ouro e prata para seus tesouros.
5Sim, sua sabedoria o enriqueceu grandemente, e suas ri-
quezas o tornaram muito orgulhoso.
6"Portanto, assim diz o SENHOR Soberano: Uma vez que se con-
sidera sábio como um deus, 7trarei contra você um exército
estrangeiro, o terror das nações. Empunharão espadas contra
sua sabedoria maravilhosa e profanarão seu esplendor.
8Eles o farão descer à cova, e você morrerá no fundo do mar,
ferido violentamente.
9Acaso dirá àqueles que o matarem: 'Sou um deus'? Para eles
você não será deus algum, mas apenas homem!
10Morrerá de forma vergonhosa nas mãos de estrangeiros. Eu,
o SENHOR Soberano, falei!".
11Também recebi esta mensagem do SENHOR: 12"Filho do
homem, entoe este cântico fúnebre para o rei de Tiro. Trans-
mita-lhe a seguinte mensagem do SENHOR Soberano: "Você era
o modelo de perfeição, cheio de sabedoria e beleza.
13Estava no Éden, o jardim de Deus. Suas roupas eram en-
feitadas com todas as pedras preciosas: rubi, topázio, esme-
ralda, crisólito, ônix e jaspe, safira, berilo e turquesa, todas
trabalhadas com cuidado para você sobre o ouro mais puro.
Foram-lhe entregues no dia em que você foi criado.
14Eu o escolhi e o ungi, como querubim guardião. Você tinha
acesso ao monte santo de Deus e andava entre as pedras cin-
tilantes.
15"Era irrepreensível em tudo que fazia desde o dia em que foi
criado, até que se achou maldade em você.
16Seu rico comércio o levou à violência, e você pecou. Por isso o
bani em desonra do monte de Deus. Eu o expulsei, ó querubim
guardião, de seu lugar entre as pedras cintilantes.
17Seu coração se encheu de orgulho por causa de sua beleza.
Sua sabedoria se corrompeu por causa de seu esplendor. Por
isso o atirei à terra e o expus ao olhar dos reis.
18Você profanou seus santuários com seus muitos pecados e
seu comércio desonesto. Por isso fiz sair de dentro de você um
fogo que o consumiu. Reduzi-o a cinzas no chão, à vista de
todos que observavam.
19Todos que o conheciam estão horrorizados com seu destino;
você chegou a um terrível fim, e não mais existirá".

Mensagem para Sidom

20Então recebi outra mensagem do SENHOR: 21"Filho do
homem, volte o rosto para a cidade de Sidom e profetize contra
ela. 22Transmita aos habitantes de Sidom esta mensagem do
SENHOR Soberano: "Ó Sidom, sou seu inimigo e revelarei minha
glória naquilo que lhe fizer. Quando eu trouxer julgamento
sobre você e revelar minha santidade em seu meio, todos que
observam saberão que eu sou o SENHOR.
23Enviarei uma peste contra você, e sangue correrá em suas
ruas. O ataque virá de todos os lados: seus habitantes mor-
rerão pela espada e ficarão estendidos no meio da cidade;
então todos saberão que eu sou o SENHOR.
24Os vizinhos zombadores de Israel deixarão de feri-lo e ras-
gá-lo como roseiras silvestres e espinhos. Pois eles saberão
que eu sou o SENHOR Soberano."

Restauração para Israel

25“Assim diz o SENHOR Soberano: O povo de Israel voltará a viver
em sua própria terra, a terra que dei a meu servo Jacó. Pois
eu os reunirei das terras distantes onde os espalhei e, diante
das nações do mundo, revelarei minha santidade no meio de
meu povo. 26Eles viverão em segurança em Israel, construirão
casas e plantarão vinhedos. E, quando eu castigar as nações
vizinhas que os trataram com desprezo, eles saberão que eu
sou o SENHOR, seu Deus”.

Mensagem para o Egito

29 Em 7 de janeiro, no décimo ano do exílio do rei Joaquim,
recebi esta mensagem do SENHOR: 2“Filho do homem,
volte o rosto para o Egito e profetize contra o faraó, rei do
Egito, e todo o seu povo. 3Transmita-lhes esta mensagem
do SENHOR Soberano: “Sou seu inimigo, ó faraó, rei do Egito,
grande monstro à espreita nos ribeiros do Nilo! Pois você disse:
‘O rio Nilo é meu; eu o fiz para mim’.
4Porei anzóis em seu queixo e o arrastarei para a terra firme,
com peixes presos a suas escamas.
5Abandonarei no deserto, para morrerem, você e todos os
peixes de seu rio. Ficará em campo aberto, sem ser enterrado, pois o entreguei como alimento aos animais selvagens
e às aves.
6Todo o povo do Egito saberá que eu sou o SENHOR, pois, para
Israel, você foi apenas um bordão de juncos.
7Quando Israel o usou como apoio, você rachou e lhe feriu o
ombro. Quando ele colocou sobre você o peso, você desmoronou e o fez machucar as costas.
8“Portanto, assim diz o SENHOR Soberano: Trarei a espada
contra você, ó Egito, e destruirei tanto pessoas como animais. 9A terra do Egito ficará seca e desolada, e os egípcios
saberão que eu sou o SENHOR. “Porque você disse: ‘O rio Nilo é
meu; eu o fiz’, 10agora sou seu inimigo e de seu rio. Tornarei a
terra do Egito completamente seca e desolada, desde Migdol
até Assuã, e até o sul, na fronteira com a Etiópia. 11Durante
quarenta anos, ninguém habitará nem passará por ali, nem
pessoas nem animais. 12Farei do Egito uma nação desolada,
cercada por outras nações desoladas. Suas cidades ficarão
vazias e devastadas durante quarenta anos, cercadas por outras cidades devastadas. Eu espalharei os egípcios entre as
nações do mundo.
13“Mas assim diz o SENHOR Soberano: Depois de quarenta anos,
trarei os egípcios de volta das nações entre as quais foram
espalhados. 14Restaurarei o Egito e trarei seu povo de volta
à terra de Patros, no sul, de onde eles vieram. No entanto,
continuará a ser um reino sem importância. 15Será a mais humilde das nações e nunca voltará a se elevar acima de seus
vizinhos. Eu a tornarei tão pequena que não dominará mais
nação alguma.
16“Então Israel não confiará mais na ajuda do Egito. O Egito
ficará tão devastado que lembrará Israel do pecado que
cometeu ao confiar nele no passado. Então saberão que eu
sou o SENHOR Soberano”.

Nabucodonosor conquistará o Egito

17Em 26 de abril, o primeiro dia do ano novo, durante o vigésimo sétimo ano do exílio do rei Joaquim, recebi esta mensagem do SENHOR: 18“Filho do homem, o exército de Nabucodonosor, rei da Babilônia, lutou contra Tiro com tanto afinco
que a cabeça de seus guerreiros foi esfregada até perder o
cabelo e seus ombros ficarem esfolados. E, no entanto, Nabucodonosor e seu exército não conquistaram nenhum despojo
para compensar todo o esforço. 19Portanto, assim diz o SENHOR
Soberano: Darei a terra do Egito a Nabucodonosor, rei da Babilônia. Ele levará sua riqueza e saqueará tudo que houver ali
para pagar seu exército. 20Sim, eu lhe dei a terra do Egito como
recompensa por seu esforço, diz o SENHOR Soberano, pois ele
estava trabalhando para mim quando destruiu Tiro.
21“E virá o dia em que farei reviver a antiga glória de Israel,
e suas palavras, Ezequiel, serão ouvidas abertamente. Então
eles saberão que eu sou o SENHOR”.

Um dia triste para o Egito

30 Recebi outra mensagem do SENHOR: 2“Filho do homem,
profetize e transmita esta mensagem do SENHOR Soberano: “Chorem e lamentem por esse dia, 3pois o dia terrível se
aproxima, o dia do SENHOR! É um dia de nuvens densas, um dia
de desespero para as nações.
4Uma espada virá contra o Egito, e o chão se cobrirá de mortos.
Sua riqueza será levada, e seus alicerces serão destruídos. A
terra da Etiópia será saqueada; 5Etiópia, Líbia, Lídia, toda a
Arábia e seus outros aliados serão destruídos nessa guerra.
6“Pois assim diz o SENHOR: Todos os aliados do Egito cairão,
e acabará o orgulho de seu poder. Desde Migdol até Assuã,
serão mortos pela espada, diz o SENHOR Soberano.
7O Egito ficará desolado, cercado por outras nações desoladas,
e suas cidades ficarão devastadas, cercadas por outras cidades
devastadas.
8Os egípcios saberão que eu sou o SENHOR quando tiver incendiado o Egito e destruído todos os seus aliados.
9Naquele dia, enviarei mensageiros velozes em navios para
aterrorizar os confiantes etíopes. Grande angústia se apossará
deles no dia da inevitável destruição do Egito!
10“Pois assim diz o SENHOR Soberano: Pelo poder de Nabucodonosor, rei da Babilônia, acabarei com as multidões do Egito.
11Ele e seus exércitos, os mais cruéis de todos, serão enviados
para destruir a terra. Guerrearão contra o Egito até que o chão
fique coberto de mortos.
12Secarei o rio Nilo e venderei a terra a homens maus. Pelas
mãos de estrangeiros, devastarei a terra do Egito e tudo que
nela há. Eu, o SENHOR, falei!
13“Assim diz o SENHOR Soberano: Despedaçarei os ídolos do
Egito e as imagens em Mênfis. Não restarão governantes no
Egito; o terror se espalhará por toda a terra.

14 Destruirei o sul do Egito, incendiarei Zoã e trarei julgamento contra Tebas.

15 Derramarei minha fúria sobre Pelúsio, a fortaleza mais poderosa do Egito, e exterminarei as multidões de Tebas.

16 Sim, incendiarei todo o Egito: Pelúsio se contorcerá de dor, Tebas será despedaçada, e Mênfis viverá em constante terror.

17 Os jovens de Heliópolis e de Bubastis morrerão na batalha, e as mulheres serão levadas como escravas.

18 Quando eu quebrar a força arrogante do Egito, também será um dia de trevas para Tafnes. Uma nuvem escura a encobrirá, e suas filhas serão levadas como prisioneiras.

19 Assim, trarei grande castigo sobre o Egito, e eles saberão que eu sou o SENHOR".

Os braços quebrados do faraó

20 Em 29 de abril, no décimo primeiro ano do exílio do rei Joaquim, recebi esta mensagem do SENHOR: 21 "Filho do homem, quebrei o braço do faraó, rei do Egito. Seu braço não foi enfaixado para sarar, e também não foram postas talas para fortalecê-lo de modo que pudesse segurar uma espada. 22 Portanto, assim diz o SENHOR Soberano: Eu sou inimigo do faraó, rei do Egito! Quebrarei seus dois braços, o bom e o que já foi quebrado, e farei a espada cair de sua mão. 23 Espalharei os egípcios entre nações do mundo inteiro. 24 Fortalecerei os braços do rei da Babilônia e porei minha espada em sua mão, mas quebrarei os braços do faraó; ele ficará caído, mortalmente ferido, gemendo de dor. 25 Fortalecerei os braços do rei da Babilônia, enquanto os braços do faraó pendem inúteis. E, quando eu puser minha espada na mão do rei da Babilônia e ele a levantar contra o Egito, os egípcios saberão que eu sou o SENHOR. 26 Espalharei os egípcios entre nações do mundo inteiro. Então eles saberão que eu sou o SENHOR".

O Egito é comparado à Assíria derrotada

31 Em 21 de junho, no décimo primeiro ano do exílio do rei Joaquim, recebi esta mensagem do SENHOR. 2 "Filho do homem, transmita esta mensagem ao faraó, rei do Egito, e a todas as suas multidões: "Quem é comparável a você em grandeza?

3 Veja a poderosa Assíria, que antes era como um cedro do Líbano, com lindos ramos que davam muita sombra e cujo topo alcançava as nuvens.

4 Fontes profundas o regavam e o faziam crescer e ficar viçoso. A água corria à sua volta como um rio e fluía para todas as árvores do campo.

5 Elevou-se acima de todas as árvores que havia ao seu redor. Cresceu e deu ramos longos e espessos, pela fartura de água em suas raízes.

6 As aves se aninhavam em seus ramos, e os animais selvagens davam crias à sua sombra. Todas as grandes nações do mundo viviam sob seus galhos.

7 Era forte e belo, com ramos amplos, que se espalhavam, pois suas raízes eram profundas e chegavam às fontes de água.

8 Nenhum outro cedro no jardim de Deus se comparava a ele. Nenhum cipreste tinha ramos como os dele, nenhum plátano tinha galhos semelhantes. Nenhuma árvore no jardim de Deus era tão bela quanto ele.

9 Fiz esse cedro tão lindo e lhe dei folhagem tão magnífica que ele era motivo de inveja de todas as árvores do Éden, o jardim de Deus.

10 "Portanto, assim diz o SENHOR Soberano: Porque o Egito se tornou orgulhoso e arrogante e se elevou tanto acima dos outros, e seu topo chegou até as nuvens, 11 eu o entregarei a uma nação poderosa que lhe dará o que merece por sua maldade. Sim, eu já o rejeitei. 12 Um exército estrangeiro, o terror das nações, o derrubou e o deixou caído no chão. Seus ramos estão espalhados entre os montes e os vales da terra, e todos que viviam à sua sombra foram embora e o deixaram ali jogado.

13 "As aves pousam em seu tronco caído, e os animais selvagens descansam entre seus ramos.

14 Que nenhuma árvore de outra nação exulte com orgulho de sua prosperidade, ainda que seja mais alta que as nuvens e muito bem regada. Pois todas estão condenadas a morrer, a descer às profundezas da terra. Cairão na cova com todo o resto do mundo.

15 "Assim diz o SENHOR Soberano: Quando a Assíria desceu à sepultura, fiz as fontes profundas ficarem de luto. Detive o curso de seus rios e sequei suas muitas águas. Vesti o Líbano de preto e fiz as árvores do campo murcharem. 16 Fiz as nações tremerem de medo ao som de sua queda, pois a enviei para a sepultura junto com todos que descem à cova. E todas as outras árvores do Éden, as mais belas e excelentes do Líbano, aquelas cujas raízes descem até as águas profundas, se consolaram nas profundezas da terra. 17 Seus aliados também foram todos destruídos e morreram. Todas as nações que tinham vivido à sua sombra desceram à sepultura.

18 "Ó Egito, a qual dessas árvores do Éden você comparará sua força e sua glória? Você também será lançado nas profundezas, junto com todas essas nações. Ficará caído no meio dos rejeitados que morreram à espada. Esse será o destino do faraó e de todas as suas multidões. Eu, o SENHOR Soberano, falei!"".

Advertência ao faraó

32 Em 3 de março, no décimo segundo ano do exílio do rei Joaquim, recebi esta mensagem do SENHOR: 2 "Filho do homem, lamente pelo faraó, rei do Egito, e transmita-lhe esta mensagem: "Você se considera um leão forte entre as nações, mas na verdade é um monstro marinho que se contorce em seus rios e revolve a lama com os pés.

3 Portanto, assim diz o SENHOR Soberano: Enviarei muitos povos para apanhá-lo em minha rede e arrastá-lo para fora da água.

4 Eu o deixarei jogado no chão; todas as aves do céu pousarão sobre você, e os animais selvagens de toda a terra o devorarão até se fartar.

5 Espalharei sua carne pelos montes e encherei os vales com
seus ossos.
6 Encharcarei a terra com seu sangue; ele correrá até os
montes e encherá os desfiladeiros até a borda.
7 Quando eu exterminá-lo, cobrirei os céus e escurecerei as es-
trelas. Taparei o sol com uma nuvem, e a lua não dará sua luz.
8 Escurecerei as estrelas brilhantes lá no alto e cobrirei sua
terra com trevas. Eu, o SENHOR Soberano, falei!
9 "Perturbarei o coração de muitos quando levar a notícia de
sua destruição a nações distantes, que você não conheceu.
10 Sim, causarei espanto em muitas terras, e os reis ficarão
aterrorizados ao saber de seu destino. Tremerão de medo
quando eu agitar minha espada diante deles no dia de sua
queda. 11 Pois assim diz o SENHOR Soberano: "A espada do rei
da Babilônia virá contra você.
12 Exterminarei suas multidões com espadas de poderosos
guerreiros, o terror das nações. Eles destruirão o orgulho do
Egito, e todas as suas multidões serão vencidas.
13 Acabarei com todos os seus rebanhos que pastam junto aos
riachos. Nunca mais nem pessoas nem animais levantarão
lama naquelas águas com seus pés.
14 Então farei que as águas do Egito se acalmem, e elas fluirão
suavemente, como azeite, diz o SENHOR Soberano.
15 Quando eu destruir o Egito, despojá-lo de todos os seus bens
e abater todo o seu povo, vocês saberão que eu sou o SENHOR.
16 Sim, este é o cântico fúnebre que entoarão para o Egito. Que
as nações lamentem pelo Egito e por suas multidões. Eu, o
SENHOR Soberano, falei!".

O Egito desce à cova

17 Em 17 de março, no décimo segundo ano, recebi outra men-
sagem do SENHOR: 18 "Filho do homem, lamente pelas multi-
dões do Egito e pelas outras nações poderosas, pois eu as en-
viarei às profundezas da terra, junto com aqueles que descem
à cova. 19 Diga-lhes: 'Ó Egito, acaso você é mais belo que as
outras nações? Desça à cova e fique ali, entre os rejeitados!'.
20 Os egípcios cairão, junto com os muitos que morreram à
espada, pois a espada está empunhada contra eles. O Egito
e suas multidões serão arrastados para seu julgamento. 21 Lá
embaixo, no lugar dos mortos, líderes poderosos receberão
o Egito e seus aliados com zombaria, dizendo: 'Eles des-
ceram; estão entre os rejeitados, entre as multidões mortas
à espada'.
22 "A Assíria está ali, cercada pelas sepulturas de seu exército,
aqueles que foram mortos à espada. 23 Suas sepulturas ficam
no fundo da cova e estão cercadas por seus aliados. Causavam
terror em toda parte, mas agora foram mortos à espada.
24 "Elão está ali, cercado pelas sepulturas de todas as suas
multidões, aqueles que foram mortos à espada. Causavam
terror em toda parte, mas agora estão nas profundezas da
terra, como rejeitados. Sim, estão na cova, envergonhados,
junto com aqueles que foram antes deles. 25 Têm um lugar para
deitar entre os mortos, cercados pelas sepulturas de todas as
suas multidões. Em vida eles aterrorizavam nações, mas agora
estão envergonhados, junto com outros na cova, todos eles
rejeitados, mortos à espada.
26 "Meseque e Tubal estão ali, cercados pelas sepulturas de
todas as suas multidões. Causavam terror em toda parte, mas
agora são rejeitados, todos mortos à espada. 27 Não foram se-
pultados com honras, como seus heróis caídos, que desceram
ao lugar dos mortos com suas armas, com seus escudos co-
brindo o corpo e suas espadas debaixo da cabeça. Sua culpa
está sobre eles, pois, em vida, aterrorizaram a todos.
28 "Também você, Egito, ficará ali, esmagado entre os rejei-
tados, todos mortos à espada.
29 "Edom está ali com seus reis e príncipes. Embora fossem po-
derosos, também estão entre os que foram mortos à espada,
entre os rejeitados que desceram à cova.
30 "Todos os príncipes do norte e os sidônios estão ali, com os
outros que morreram. Causavam terror com sua força, mas
foram envergonhados. Estão ali como rejeitados, com outros
que foram mortos à espada. Estão envergonhados, junto com
aqueles que desceram à cova.
31 "Quando o faraó e todo o seu exército chegarem, ficarão
consolados porque não foram os únicos que perderam suas
multidões na batalha, diz o SENHOR Soberano. 32 Embora eu
tenha feito esse terror vir sobre todos os vivos, o faraó e suas
multidões ficarão ali entre os rejeitados que foram mortos à
espada. Eu, o SENHOR Soberano, falei!".

Ezequiel como vigia de Israel

33 Mais uma vez, recebi uma mensagem do SENHOR: 2 "Filho
do homem, transmita esta mensagem a seu povo:
'Quando eu trago um exército contra um país, os habitantes
dessa terra escolhem alguém para ser vigia. 3 Quando o vigia
vê o inimigo, ele dá o sinal de alarme para avisar o povo. 4 Se
aqueles que ouvirem o sinal de alarme não tomarem provi-
dências, serão culpados da própria morte. 5 Ouviram o sinal de
alarme, mas não deram atenção, de modo que a responsabili-
dade é deles. Se tivessem dado atenção à advertência, teriam
salvado a vida. 6 Se, contudo, o vigia vê o inimigo, mas não dá
o sinal de alarme para advertir o povo, ele é responsável. Eles
morrerão em seus pecados, mas considerarei o vigia respon-
sável pela morte deles'.
7 "Agora, filho do homem, eu o coloquei como vigia do povo
de Israel. Portanto, ouça o que eu digo e advirta-os em meu
nome. 8 Se eu anunciar que alguns perversos certamente mor-
rerão e você não lhes disser que mudem sua conduta, eles
morrerão em seus pecados, mas considerarei você respon-
sável pela morte deles. 9 Se, contudo, você os advertir para
que mudem sua conduta e eles não o fizerem, morrerão em
seus pecados, mas você salvará a vida."

A mensagem do vigia

10 "Filho do homem, transmita esta mensagem ao povo de Is-
rael: Vocês dizem: 'Nossos pecados pesam sobre nós; estamos

definhando! Como sobreviveremos?'. 11Tão certo como eu vivo, diz o SENHOR Soberano, não tenho prazer algum na morte dos perversos. Antes, meu desejo é que se afastem de seus maus caminhos, para que vivam. Arrependam-se! Afastem-se de sua maldade! Por que morrer, ó povo de Israel?

12"Filho do homem, transmita esta mensagem a seu povo: A conduta justa dos justos não os salvará se eles se voltarem para o pecado, nem a conduta perversa dos perversos os destruirá se eles se afastarem de seus pecados. 13Se eu disser aos justos que eles viverão, mas depois eles pecarem, confiando que sua justiça no passado os salvará, nenhum de seus atos de justiça será lembrado, e eles morrerão por causa de seus pecados. 14Suponhamos que eu diga aos perversos que eles certamente morrerão, mas depois eles se afastem de seus pecados e façam o que é justo e certo. 15Pode ser, por exemplo, que devolvam a garantia de um devedor, restituam o que roubaram, obedeçam a meus decretos que dão vida e não pratiquem mais o mal. Nesse caso, certamente viverão, e não morrerão. 16Nenhum de seus pecados do passado será lembrado, pois fizeram o que é justo e certo, e certamente viverão.

17"Seu povo diz: 'O Senhor não é justo', mas são eles os injustos. 18Pois, se os justos se afastarem de sua conduta justa e praticarem o mal, morrerão. 19Mas, se os perversos se afastarem de sua conduta perversa e fizerem o que é justo e certo, viverão. 20Ó povo de Israel, vocês dizem: 'O Senhor não é justo'. Mas eu julgarei cada um de vocês de acordo com suas ações".

A queda de Jerusalém é explicada

21Em 8 de janeiro, no décimo segundo ano de nosso exílio, um sobrevivente de Jerusalém veio a mim e disse: "A cidade caiu!". 22Na noite anterior, a mão do SENHOR tinha vindo sobre mim e me restaurado a voz. Por isso, consegui falar quando o homem chegou na manhã seguinte.

23Então recebi esta mensagem do SENHOR: 24"Filho do homem, o remanescente de Israel, que vive espalhado entre as cidades arruinadas, anda dizendo: 'Abraão era um só e, no entanto, veio a possuir toda a terra. Nós somos muitos; certamente a terra nos foi dada como propriedade'. 25Portanto, diga-lhes: 'Assim diz o SENHOR Soberano: Vocês comem carne com sangue, adoram ídolos e assassinam inocentes. Acreditam mesmo que a terra deve ser sua? 26Assassinos! Idólatras! Adúlteros! Acaso deveriam possuir a terra?'.

27"Diga-lhes: 'Assim diz o SENHOR Soberano: Tão certo como eu vivo, os que vivem nas ruínas morrerão à espada, os que vivem nos campos abertos serão devorados por animais selvagens que eu enviarei, e os que estão escondidos em fortalezas e em cavernas morrerão de doença. 28Destruirei completamente a terra e arrasarei o orgulho de seu poder. Os montes de Israel ficarão desolados, e ninguém passará por eles. 29Quando eu tiver destruído a terra completamente por causa de seus pecados detestáveis, eles saberão que eu sou o SENHOR'.

30"Filho do homem, seu povo fala de você em suas casas e junto às portas. Dizem uns aos outros: 'Venham, vamos ouvir o que o profeta tem a nos dizer da parte do SENHOR'. 31Eles vêm, fingindo ser sinceros, e sentam-se diante de você. Ouvem suas palavras, mas não têm intenção alguma de pô-las em prática. Têm a boca cheia de palavras sensuais, e seu coração só quer dinheiro. 32Eles o consideram um divertimento, como alguém que entoa canções de amor com uma linda voz ou toca belas músicas num instrumento. Ouvem suas palavras, mas não as põem em prática. 33Quando, porém, todas essas terríveis coisas acontecerem, e elas certamente acontecerão, saberão que um profeta esteve no meio deles".

Os pastores de Israel

34 Então recebi esta mensagem do SENHOR: 2"Filho do homem, profetize contra os pastores, os líderes de Israel. Transmita-lhes esta mensagem do SENHOR Soberano: Que aflição os espera, pastores que alimentam a si mesmos! Acaso os pastores não deveriam alimentar seu rebanho? 3Vocês bebem o leite, vestem-se com a lã e abatem os melhores animais, mas deixam seu rebanho passar fome. 4Não cuidaram das ovelhas fracas, não curaram as doentes nem enfaixaram as que estavam feridas. Não foram procurar as que se desgarraram e se perderam. Em vez disso, conduziram-nas com dureza e crueldade. 5Por não terem pastor, minhas ovelhas se espalharam e se tornaram presa fácil para qualquer animal selvagem. 6Andam sem rumo pelos montes e pelas colinas, por toda a face da terra, mas ninguém saiu para procurá-las.

7"Por isso, pastores, ouçam a palavra do SENHOR: 8Tão certo como eu vivo, diz o SENHOR Soberano, vocês abandonaram meu rebanho e o deixaram ser atacado por animais selvagens. E, embora fossem meus pastores, não procuraram minhas ovelhas quando elas se perderam. Cuidaram de si mesmos e deixaram o rebanho passar fome. 9Portanto, pastores, ouçam a palavra do SENHOR. 10Assim diz o SENHOR Soberano: Agora considero esses pastores meus inimigos e os responsabilizarei pelo que aconteceu a meu rebanho. Não permitirei que continuem pastoreando meu rebanho e que continuem alimentando a si mesmos. Livrarei meu rebanho de sua boca; minhas ovelhas não serão mais sua presa."

O Bom Pastor

11"Pois assim diz o SENHOR Soberano: Eu mesmo procurarei minhas ovelhas e as encontrarei. 12Serei como o pastor que busca o rebanho espalhado. Encontrarei minhas ovelhas e as livrarei de todos os lugares para onde foram espalhadas naquele dia de nuvens e escuridão. 13Eu as tirarei do meio dos povos e das nações e as trarei de volta para sua terra. Eu as alimentarei nos montes de Israel, junto aos rios e em todos os lugares habitados. 14Sim, eu lhes darei bons pastos nas altas colinas de Israel. Elas se deitarão em lugares agradáveis e se alimentarão nos pastos verdes das colinas. 15Eu mesmo cuidarei delas e lhes darei lugar para descansar, diz o SENHOR

Soberano. 16Procurarei as perdidas que se desgarraram e as
trarei de volta. Enfaixarei as ovelhas feridas e fortalecerei as
fracas. Destruirei, porém, as gordas e poderosas. Sim, eu as
alimentarei, mas com juízo!

17"Quanto a você, meu rebanho, assim diz o SENHOR Soberano:
Julgarei entre um animal e outro do rebanho e separarei as
ovelhas dos bodes. 18Não lhes basta ficarem com os melhores
pastos? Também precisam pisotear o resto? Não lhes basta be-
berem água pura? Também precisam enlamear o resto? 19Por
que meu rebanho deve se alimentar dos pastos que vocês pi-
sotearam e beber da água que vocês sujaram?

20"Portanto, assim diz o SENHOR Soberano: Certamente julgarei
entre as ovelhas gordas e as magras. 21Pois vocês, ovelhas
gordas, empurraram, chifraram e não deram espaço para
meu rebanho doente e faminto, até que o espalharam para
terras distantes. 22Portanto, salvarei meu rebanho, e ele não
será mais maltratado. Julgarei entre um animal e outro do
rebanho. 23Porei sobre as ovelhas um pastor, meu servo Davi;
ele as alimentará e será seu pastor. 24E eu, o SENHOR, serei o
seu Deus, e meu servo Davi será príncipe no meio de meu povo.
Eu, o SENHOR, falei!"

A aliança de paz do SENHOR

25"Farei uma aliança de paz com meu povo e expulsarei da
terra os animais ferozes. Ele poderá acampar em segurança
no deserto e dormir sem medo nos bosques. 26Abençoarei meu
povo e suas casas ao redor de meu santo monte. E, no devido
tempo, enviarei as chuvas de que precisam; haverá chuvas de
bênçãos. 27Os pomares e os campos de meu povo darão co-
lheitas fartas, e todos viverão em segurança. Quando eu tiver
quebrado suas correntes de servidão e os resgatado daqueles
que os escravizavam, eles saberão que eu sou o SENHOR. 28Não
serão mais presa para outras nações, nem serão devorados
por animais selvagens. Viverão em segurança, e ninguém lhes
causará medo.

29"Tornarei sua terra conhecida por suas colheitas, e eles
nunca mais passarão fome nem sofrerão os insultos de nações
estrangeiras. 30Desse modo, saberão que eu, o SENHOR, seu
Deus, estou com eles. E saberão que eles, o povo de Israel, são
meu povo, diz o SENHOR Soberano. 31Vocês são o meu rebanho,
ovelhas do meu pasto. Vocês são o meu povo, e eu sou o seu
Deus. Eu, o SENHOR Soberano, falei!".

Mensagem para Edom

35 Recebi outra mensagem do SENHOR: 2"Filho do homem,
volte o rosto para o monte Seir e profetize contra seu
povo. 3Transmita-lhe esta mensagem do SENHOR Soberano:
"Sou seu inimigo, ó monte Seir; levantarei minha mão contra
você para destruí-lo completamente.

4Transformarei suas cidades em ruínas e as deixarei desoladas.
Então você saberá que eu sou o SENHOR.

5"Seu ódio profundo dos israelitas o levou a matá-los quando
estavam indefesos, quando eu já os havia castigado por todos
os seus pecados. 6Tão certo como eu vivo, diz o SENHOR So-
berano, visto que vocês não mostraram aversão alguma ao
sangue derramado, eu derramarei o seu sangue. Sua vez
chegou! 7Deixarei o monte Seir completamente desolado e
matarei todos que tentarem escapar e qualquer um que voltar.
8Encherei seus montes de cadáveres; suas colinas, seus vales e
seus desfiladeiros ficarão cobertos de gente morta à espada.
9Eu o deixarei desolado para sempre; suas cidades jamais
serão reconstruídas. Então você saberá que eu sou o SENHOR.

10"Pois você disse: 'As terras de Israel e Judá serão minhas.
Sim, tomarei posse delas. Que me importa se o SENHOR está
ali?'. 11Portanto, tão certo como eu vivo, diz o SENHOR Sobe-
rano, eu lhe darei o castigo merecido por sua ira, sua inveja e
seu ódio. Eu me revelarei a Israel por meio daquilo que fizer
a você. 12Então você saberá que eu, o SENHOR, ouvi todas as
palavras de desprezo que você pronunciou contra os montes
de Israel. Pois você disse: 'Estão desolados; foram entregues
a mim como alimento!'. 13Com essas palavras, você se exaltou
diante de mim, e eu ouvi tudo!

14"Assim diz o SENHOR Soberano: O mundo todo se alegrará
quando eu o deixar desolado. 15Você se alegrou com a deso-
lação do território de Israel, e agora me alegrarei com sua de-
solação. Você, povo no monte Seir, e todos que vivem em Edom
serão exterminados! Então saberão que eu sou o SENHOR."

Restauração de Israel

36 "Filho do homem, profetize aos montes de Israel e
transmita-lhes esta mensagem: Ó montes de Israel,
ouçam a palavra do SENHOR! 2Assim diz o SENHOR Soberano:
Seus inimigos zombaram de vocês, dizendo: 'Bem feito! Agora
as antigas montanhas são nossas!'. 3Por isso, transmita aos
montes de Israel esta mensagem do SENHOR Soberano: Seus
inimigos o atacaram de todos os lados e o tornaram proprie-
dade de muitas nações e objeto de muita zombaria e calúnia.
4Portanto, ó montes de Israel, ouçam a palavra do SENHOR So-
berano. Ele fala às colinas e aos montes, aos desfiladeiros
e aos vales, às ruínas arrasadas e às cidades desertas, des-
truídas e ridicularizadas pelas nações vizinhas. 5Assim diz o
SENHOR Soberano: A ira de meu zelo arde contra essas nações,
especialmente contra Edom, porque me desprezaram com-
pletamente, se apossaram de minha terra com satisfação e a
tomaram como despojo.

6"Portanto, profetize às colinas e aos montes, aos desfila-
deiros e aos vales de Israel. Assim diz o SENHOR Soberano:
Estou furioso em meu zelo porque vocês passaram vergonha
diante das nações vizinhas. 7Portanto, assim diz o SENHOR So-
berano: Jurei solenemente que essas nações logo passarão
vergonha também.

8"Os montes de Israel, no entanto, produzirão colheitas fartas
de frutos para meu povo, pois em breve ele voltará para
casa! 9Pois estou com vocês e lhes darei atenção. Seu solo
será arado, e suas lavouras serão plantadas. 10Multiplicarei
a população de Israel, e as cidades arruinadas serão recons-

truídas e ficarão cheias de gente. 11Multiplicarei tanto as pes-
soas como os animais. Ó montes de Israel, trarei gente para
habitá-los outra vez! Eu os tornarei ainda mais prósperos que
antes. Então vocês saberão que eu sou o SENHOR. 12Farei meu
povo andar sobre vocês novamente, e serão território dele.
Vocês nunca mais o deixarão sem filhos.
13"Assim diz o SENHOR Soberano: As outras nações zombam de
você e dizem: 'É uma terra que devora seu povo e os deixa sem
filhos!'. 14Mas você nunca mais devorará seu povo nem o dei-
xará sem filhos, diz o SENHOR Soberano. 15Não o deixarei ouvir
os insultos de outras nações, nem sua zombaria. Você não será
uma terra que faz sua nação cair, diz o SENHOR Soberano".
16Então recebi esta mensagem do SENHOR: 17"Filho do homem,
quando os israelitas viviam em sua própria terra, eles a profa-
naram com seu estilo de vida. Para mim, sua conduta foi tão
impura como o fluxo menstrual de uma mulher. 18Eles conta-
minaram a terra com assassinato e adoração a ídolos, por
isso derramei sobre eles minha fúria. 19Eu os espalhei entre as
nações para castigá-los por sua conduta. 20Quando, porém,
foram espalhados entre as nações, desonraram meu santo
nome. Pois as nações diziam: 'Este é o povo do SENHOR, mas
ele não foi capaz de mantê-lo a salvo em sua própria terra!'.
21Tive consideração por meu santo nome, que meu povo de-
sonrou entre as nações.
22"Portanto, transmita ao povo de Israel esta mensagem do SE-
NHOR Soberano: Eu os trarei de volta, ó povo de Israel, mas não
porque merecem. Farei isso por causa do meu santo nome,
que vocês desonraram entre as nações. 23Eu lhes mostrarei
a santidade de meu grande nome, o nome que vocês deson-
raram entre as nações. E, quando eu mostrar minha santidade
por meio de vocês diante das nações, diz o SENHOR, elas sa-
berão que eu sou o SENHOR. 24Pois eu os reunirei dentre as
nações e os trarei de volta para sua terra.
25"Então aspergirei sobre vocês água pura, e ficarão limpos.
Eu os purificarei de sua impureza e sua adoração a ídolos.
26Eu lhes darei um novo coração e colocarei em vocês um
novo espírito. Removerei seu coração de pedra e lhes darei
coração de carne. 27Porei dentro de vocês meu Espírito, para
que sigam meus decretos e tenham o cuidado de obedecer a
meus estatutos.
28"Vocês habitarão em Israel, a terra que dei a seus antepas-
sados. Vocês serão o meu povo, e eu serei o seu Deus. 29Eu
os livrarei de sua impureza. Aumentarei a produção de cereais
e não enviarei mais fome à terra. 30Darei colheitas fartas de
suas árvores frutíferas e seus campos, e nunca mais as nações
vizinhas zombarão de sua terra por causa da fome. 31Então se
lembrarão dos pecados que cometeram no passado e terão
aversão de si mesmos por todas as coisas detestáveis que fi-
zeram. 32Mas assim diz o SENHOR Soberano: Lembrem-se de
que não farei tudo isso porque vocês merecem. Ó meu povo
de Israel, vocês deveriam se envergonhar profundamente de
tudo que fizeram!
33"Assim diz o SENHOR Soberano: Quando eu os purificar de
seus pecados, farei que suas cidades voltem a ser habitadas
e as ruínas sejam reconstruídas. 34Os campos que estavam
vazios e desolados à vista de todos voltarão a ser cultivados.
35E, quando eu trouxer vocês de volta, as pessoas dirão: 'Essa
terra que antes era deserta agora é como o jardim do Éden!
As cidades abandonadas e em ruínas agora têm muros fortes
e estão cheias de gente!'. 36Com isso, as nações vizinhas que
restarem saberão que eu, o SENHOR, reconstruí as ruínas e
replantei onde estava deserto. Pois eu, o SENHOR, falei e cum-
prirei o que prometi.
37"Assim diz o SENHOR Soberano: Estou disposto a ouvir as
orações de Israel e a multiplicar seu povo como um rebanho.
38Serão numerosos como os rebanhos consagrados que en-
chem as ruas de Jerusalém na época de suas festas. As ci-
dades que estavam em ruínas voltarão a ficar cheias de gente,
e todos saberão que eu sou o SENHOR".

O vale dos ossos secos

37 A mão do SENHOR veio sobre mim, e o Espírito do SENHOR
me levou a um vale cheio de ossos. 2Ele me conduziu por
entre os ossos que cobriam o fundo do vale, espalhados por
toda parte e completamente secos. 3Então ele me perguntou:
"Filho do homem, acaso estes ossos podem voltar a viver?".
Respondi: "Ó SENHOR Soberano, só tu o sabes".
4Então ele me disse: "Profetize a estes ossos e diga: 'Ossos
secos, ouçam a palavra do SENHOR! 5Assim diz o SENHOR Sobe-
rano: Soprarei meu espírito e os trarei de volta à vida! 6Porei
carne e músculo em vocês e os cobrirei com pele. Darei fô-
lego a vocês, e voltarão à vida. Então saberão que eu sou o
SENHOR'".
7Assim, anunciei essa mensagem, como ele me havia orde-
nado. De repente, enquanto eu profetizava, ouviu-se em todo
o vale o barulho de ossos batendo uns contra os outros, e os
ossos de cada corpo estavam se juntando. 8Então, enquanto
eu observava, músculos e carne se formaram sobre os ossos.
Em seguida, pele se formou para cobrir os corpos, mas ainda
não respiravam.
9Então ele me disse: "Filho do homem, profetize aos ventos.
Anuncie-lhes uma mensagem e diga: 'Assim diz o SENHOR Sobe-
rano: Ó fôlego, venha dos quatro ventos! Sopre nesses corpos
mortos para que voltem a viver!'".
10Anunciei a mensagem, como ele me havia ordenado, e o
espírito entrou nos corpos. Todos eles voltaram à vida e se
levantaram, e formavam um grande exército.
11Então ele me disse: "Filho do homem, esses ossos repre-
sentam todo o povo de Israel. Eles dizem: 'Tornamo-nos ossos
velhos e secos; não há mais esperança. Nossa nação acabou'.
12Portanto, profetize para eles e diga: 'Assim diz o SENHOR
Soberano: Ó meu povo, eu abrirei as sepulturas do exílio e
os farei sair delas. Então os trarei de volta à terra de Israel.
13Quando isso acontecer, meu povo, vocês saberão que eu
sou o SENHOR. 14Soprarei meu espírito em vocês, e voltarão

a viver, e eu os trarei de volta para sua terra. Então saberão
que eu, o SENHOR, falei e cumpri o que prometi. Sim, eu, o
SENHOR, falei!'".

Israel e Judá são reunidos

15Recebi outra mensagem do SENHOR: 16"Filho do homem,
pegue um pedaço de madeira e grave nele estas palavras:
'Isto representa Judá e suas tribos aliadas'. Depois, pegue
outro pedaço de madeira e grave nele estas palavras: 'Isto
representa Efraim e as tribos do norte de Israel'. 17Agora, se-
gure-os juntos em sua mão, como se fossem um só pedaço
de madeira. 18Quando seus compatriotas lhe perguntarem o
que isso significa, 19diga-lhes: 'Assim diz o SENHOR Soberano:
Pegarei Efraim e as tribos do norte, suas irmãs, e as juntarei a
Judá. Farei delas um só pedaço de madeira em minha mão'.
20"Em seguida, segure diante do povo os pedaços de madeira
que você gravou, para que todos os vejam, 21e transmita esta
mensagem do SENHOR Soberano: Reunirei meu povo de Israel
dentre as nações onde foram espalhados e os trarei de volta
para sua terra. 22Eu os reunirei em uma só nação nos montes
de Israel. Um único rei os governará, e não serão mais di-
vididos em duas nações nem em dois reinos. 23Nunca mais
se contaminarão com ídolos, nem com imagens detestáveis,
nem com qualquer de suas rebeliões, pois eu os salvarei de
sua apostasia pecaminosa. Sim, eu os purificarei; então eles
serão o meu povo, e eu serei o seu Deus.
24"Meu servo Davi será seu rei, e eles terão um só pastor.
Seguirão meus estatutos e terão o cuidado de guardar meus
decretos. 25Viverão na terra que dei a meu servo Jacó, a terra
onde seus antepassados viveram. Eles, seus filhos e seus netos
viverão ali para sempre, de geração em geração, e meu servo
Davi será seu príncipe para sempre. 26Farei com eles uma
aliança de paz, uma aliança permanente. Eu lhes darei sua
terra e os multiplicarei e estabelecerei meu templo no meio
deles para sempre. 27Sim, eu habitarei no meio deles. Serei o
seu Deus, e eles serão o meu povo. 28E, quando meu templo
estiver entre eles para sempre, as nações saberão que eu sou
o SENHOR, que santifico Israel".

Mensagem para Gogue

38 Recebi esta mensagem do SENHOR: 2"Filho do homem,
volte o rosto para Gogue, da terra de Magogue, prín-
cipe que governa as nações de Meseque e Tubal, e profetize
contra ele. 3Transmita-lhe esta mensagem do SENHOR Sobe-
rano: Gogue, príncipe de Meseque e Tubal, sou seu inimigo.
4Eu o farei voltar e colocarei argolas em seu queixo para levá-lo
junto com todo o seu exército: seus cavalos e condutores de
carros de guerra vestidos com sua armadura completa e uma
grande multidão armada com escudos e espadas. 5A Pérsia, a
Etiópia e a Líbia, com todas as suas armas, o acompanharão.
6Gômer e todos os seus exércitos também se unirão a você,
bem como os exércitos de Bete-Togarma, do extremo norte,
e muitos outros.
7"Prepare-se; esteja pronto! Mantenha todos os exércitos ao
seu redor de prontidão e assuma o comando deles. 8Daqui a
muito tempo, você será convocado para entrar em ação. No
futuro distante, você virá de repente sobre a terra de Israel,
que viverá confiante depois de ter se recuperado da guerra e
depois que seu povo tiver regressado de muitas terras para os
montes de Israel. 9Você e todos os seus aliados, um exército
imenso e assustador, virão sobre Israel como uma tempestade
e cobrirão a terra como uma nuvem.
10"Assim diz o SENHOR Soberano: Naquele dia, maus pensa-
mentos lhe virão à mente e você tramará um plano perverso.
11Dirá: 'Israel é uma terra desprotegida, cheia de povoados
sem muros, sem portões e sem trancas. Marcharei contra ela
e acabarei com esse povo que vive tão confiante. 12Irei às ci-
dades antes desoladas, mas que agora estão cheias de gente
que voltou do exílio em muitas nações. Tomarei grande quan-
tidade de despojo, pois agora seus habitantes têm muito gado
e outros bens. Pensam que o mundo gira em torno deles!'.
13Contudo, Sabá, Dedã e os comerciantes de Társis, com todos
os seus jovens guerreiros, perguntarão: 'Você pensa mesmo
que os grandes exércitos que reuniu podem tomar a prata e
o ouro deles? Acham que podem levar seus rebanhos, apode-
rar-se de seus bens e tomar despojos?'.
14"Portanto, filho do homem, profetize contra Gogue. Trans-
mita-lhe esta mensagem do SENHOR Soberano: Quando meu
povo estiver vivendo confiante na terra dele, então você des-
pertará. 15Virá de sua terra no extremo norte com sua grande
cavalaria e seu exército poderoso, 16atacará meu povo, Israel,
e cobrirá a terra como uma nuvem. Naquele dia, trarei você,
Gogue, contra minha terra à vista de todos e mostrarei minha
santidade por meio de tudo que lhe acontecer. Então todas as
nações me conhecerão.
17"Assim diz o SENHOR Soberano: Acaso você é aquele de quem
falei muito tempo atrás, quando anunciei por meio de meus
servos, os profetas de Israel, que, no futuro, o traria contra
meu povo? 18Mas assim diz o SENHOR Soberano: Quando Gogue
invadir a terra de Israel, minha fúria transbordará! 19Pois, em
meu zelo e em minha ira ardente, sacudirei a terra de Israel
violentamente naquele dia. 20Todos os seres vivos, os peixes
do mar, as aves do céu, os animais do campo, os animais que
rastejam pelo chão, e todas as pessoas da terra, tremerão em
minha presença. Montes serão derrubados, despenhadeiros
cairão e muros desabarão. 21Convocarei a espada contra você
em todas as colinas de Israel, diz o SENHOR Soberano, e seus
homens voltarão as espadas uns contra os outros. 22Castigarei
você e seus exércitos com doença e derramamento de sangue;
enviarei chuvas torrenciais, granizo, fogo e enxofre! 23Com isso
mostrarei minha grandeza e santidade e me farei conhecido
às nações do mundo. Então saberão que eu sou o SENHOR."

O massacre das multidões de Gogue

39 "Filho do homem, profetize contra Gogue. Transmita-lhe
esta mensagem do SENHOR Soberano: Sou seu inimigo,

ó Gogue, príncipe que governa as nações de Meseque e Tubal. 2Eu o farei dar a volta e o trarei do extremo norte, e o conduzirei em direção aos montes de Israel. 3Derrubarei o arco de sua mão esquerda e as flechas de sua mão direita. 4Você, seu exército e seus aliados morrerão nos montes. Eu os darei como alimento aos abutres e aos animais selvagens. 5Você cairá em campos abertos, pois eu falei, diz o SENHOR Soberano. 6Enviarei fogo sobre Magogue e sobre todos os seus aliados que vivem em segurança no litoral. Então eles saberão que eu sou o SENHOR.

7"Assim, farei conhecido meu santo nome no meio de meu povo, Israel. Não deixarei que ninguém desonre meu nome. E as nações também saberão que eu sou o SENHOR, o Santo de Israel. 8Esse dia de julgamento virá, diz o SENHOR Soberano. Tudo acontecerá como eu declarei.

9"Então os habitantes das cidades de Israel sairão e recolherão seus escudos pequenos e os grandes, seus arcos e flechas, seus dardos e lanças e os usarão como lenha. Haverá o suficiente para sete anos! 10Não precisarão cortar lenha dos campos nem dos bosques, pois essas armas fornecerão todo o combustível necessário. Eles saquearão aqueles que os saquearam e despojarão aqueles que os despojaram, diz o SENHOR Soberano.

11"Nesse dia, prepararei um enorme cemitério para Gogue e suas multidões no vale dos Viajantes, a leste do mar Morto. Ele impedirá a passagem dos que viajam por ali, e eles mudarão o nome do lugar para vale das Multidões de Gogue. 12O povo de Israel levará sete meses para sepultar os corpos e purificar a terra. 13Todos em Israel ajudarão a sepultar, pois esse dia em que eu mostrar minha glória será uma data memorável para Israel, diz o SENHOR Soberano.

14"Depois de sete meses, grupos de homens serão nomeados para percorrer a terra em busca de esqueletos para sepultar, a fim de que a terra seja purificada. 15Onde forem encontrados ossos, será colocado um sinal para que os coveiros os levem e os enterrem no vale das Multidões de Gogue. 16(Haverá ali uma cidade chamada Hamoná.) E com isso, enfim, a terra será purificada.

17"Agora, filho do homem, assim diz o SENHOR Soberano: Chame todas as aves e todos os animais selvagens e diga-lhes: Reúnam-se para meu grande banquete sacrificial. Venham, de longe e de perto, para os montes de Israel e ali comam carne e bebam sangue! 18Comam a carne de homens poderosos e bebam o sangue dos príncipes das nações como se fossem carneiros, cordeiros, bodes e touros, todos animais engordados de Basã. 19Devorem carne até se empanturrar e bebam sangue até se embriagar. Este é o banquete sacrificial que lhes preparei. 20Comam com fartura à minha mesa; comam cavalos, condutores de carros de guerra, homens valentes e guerreiros de toda espécie, diz o SENHOR Soberano.

21"Desse modo, mostrarei minha glória às nações. Todos verão o castigo que trouxe sobre eles e o poder de minha mão quando eu castigo. 22E, daquele dia em diante, o povo de Israel saberá que sou o SENHOR, seu Deus. 23As nações saberão por que Israel foi enviado para o exílio: foi como castigo por causa do pecado, pois foram infiéis a seu Deus. Por isso me afastei deles e os entreguei a seus inimigos, para que os destruíssem. 24Escondi deles o rosto e os castiguei por causa de sua impureza e de seus pecados."

Restauração do povo de Deus

25"Portanto, assim diz o SENHOR Soberano: Acabarei com o exílio de meu povo; terei compaixão de todo o Israel, pois tenho zelo por meu santo nome. 26Quando voltarem para sua terra e viverem em segurança, sem que ninguém lhes cause medo, assumirão a responsabilidade por sua vergonha e infidelidade no passado. 27Quando eu os trouxer de volta das terras de seus inimigos, mostrarei minha santidade no meio deles, para que todas as nações a vejam. 28Então meu povo saberá que eu sou o SENHOR, seu Deus, pois os enviei para o exílio entre as nações e os trouxe de volta para sua terra. Não deixarei nenhum deles para trás 29e nunca mais me afastarei deles, pois derramarei meu Espírito sobre o povo de Israel. Eu, o SENHOR Soberano, falei!".

A nova área do templo

40 Em 28 de abril, no vigésimo quinto ano de nosso exílio, catorze anos depois da queda de Jerusalém, a mão do SENHOR veio sobre mim, e ele me levou para lá. 2Numa visão, Deus me levou para a terra de Israel e me colocou num monte muito alto. Dali, vi em direção ao sul algo parecido com uma cidade. 3Quando ele me levou mais perto, vi um homem cuja face brilhava como bronze. Ele estava em pé junto a uma porta e tinha na mão uma corda de medir feita de linho e uma vara de medir.

4Disse-me: "Filho do homem, observe e ouça. Preste muita atenção a tudo que lhe mostrarei. Você foi trazido aqui para que eu lhe mostre várias coisas. Depois você voltará ao povo de Israel e contará tudo que vir".

A porta leste

5Vi um muro que cercava completamente a área do templo. O homem pegou a vara de medir de 3 metros de comprimento e com ela mediu o muro, que tinha 3 metros de espessura e 3 metros de altura.

6Em seguida, foi à porta leste. Subiu os degraus e mediu a soleira da porta, que tinha 3 metros de profundidade. 7Na passagem de entrada, havia salas para guardas de cada lado. Cada uma das salas era quadrada e media 3 metros de cada lado, e a distância entre as salas era de 2,5 metros ao longo da parede da passagem. A soleira interna da porta, que dava para o pórtico na extremidade interna da passagem de entrada, tinha 3 metros de profundidade. 8Ele também mediu o pórtico. 9Tinha 4 metros de extensão e suas colunas tinham 1

metro de espessura. Esse pórtico era a extremidade interna da
passagem de entrada e era voltado para o templo.
[10]Havia três salas de cada lado da passagem de entrada.
Cada uma tinha as mesmas medidas, e as paredes entre elas
também eram idênticas. [11]Então o homem mediu a porta de
entrada, que tinha 5 metros de largura e 6,5 metros de com-
primento na passagem. [12]Em frente de cada sala havia uma
mureta com 0,5 metro de altura. As salas propriamente ditas
tinham 3 metros de cada lado.
[13]Então ele mediu toda a largura da porta, a distância desde
a parede dos fundos de uma sala para guardas até a parede
dos fundos de outra sala; essa distância era de 12,5 metros.
[14]Mediu as paredes divisórias ao longo de todo o interior da
passagem até o pórtico; a distância era de 30 metros. [15]O com-
primento total da passagem, de uma extremidade à outra,
era de 25 metros. [16]Nas paredes das salas e em suas paredes
divisórias havia janelas embutidas que se estreitavam em di-
reção à parte interna. Também havia janelas no pórtico. As
superfícies das paredes divisórias eram enfeitadas com en-
talhes de palmeiras.

O pátio externo

[17]Então o homem me levou pela entrada até o pátio externo
do templo. Ao longo das paredes do pátio havia uma calçada
e, junto às paredes, havia trinta salas que abriam para a cal-
çada. [18]A calçada ladeava as portas, e seu comprimento desde
os muros até o pátio era o mesmo da passagem de entrada.
Essa era a calçada inferior. [19]Em seguida, o homem mediu a
largura do pátio externo do templo, entre a entrada externa e
a interna, e a distância era de 50 metros.

A porta norte

[20]O homem mediu a porta norte da mesma forma que a leste.
[21]Também ali havia três salas e um pórtico. Todas as medidas
eram iguais às da porta leste. A passagem da entrada tinha
25 metros de comprimento e 12,5 metros de largura entre as
paredes dos fundos de uma sala para guardas e a parede dos
fundos de outra sala. [22]As janelas, o pórtico e os enfeites de
palmeiras eram idênticos aos da porta leste. Havia sete de-
graus que davam para a passagem da entrada, e o pórtico
ficava na extremidade interna da passagem de entrada. [23]Do
lado norte, como do lado leste, havia outra porta que dava
para o pátio interno do templo, oposta à entrada externa. A
distância entre as duas entradas era de 50 metros.

A porta sul

[24]Então o homem me levou à porta sul e mediu suas partes, e
eram exatamente iguais às medidas das outras portas. [25]Tinha
janelas ao longo das paredes, como as outras, e um pórtico
no qual a passagem de entrada abria para o pátio externo. E,
como nas outras portas, a passagem de entrada tinha 25 me-
tros de comprimento e 12,5 metros de largura. [26]Essa entrada
também tinha uma escada com sete degraus que davam para
ela, um pórtico na extremidade interna e enfeites de palmeiras
nas paredes divisórias. [27]E aqui também havia outra entrada
que dava para o pátio interno, oposta à entrada externa. A
distância entre as duas entradas era de 50 metros.

Portas para o pátio interno

[28]Então o homem me levou à porta sul, que dava para o pátio
interno. Ele a mediu, e tinha as mesmas medidas das outras
portas. [29]Suas salas para guardas, suas paredes divisórias e
seu pórtico eram do mesmo tamanho das outras portas, e
havia janelas ao longo das paredes e no pórtico. E, como nas
outras portas, a passagem da entrada tinha 25 metros de com-
primento e 12,5 metros de largura. [30](Os pórticos que davam
para o pátio interno tinham 4 metros de comprimento e 12,5
metros de largura.) [31]O pórtico da porta sul ficava voltado para
o pátio externo. Suas colunas eram enfeitadas com palmeiras,
e oito degraus subiam até sua entrada.
[32]Então ele me levou à porta leste, que dava para o pátio in-
terno. Ele a mediu, e tinha as mesmas medidas das outras
portas. [33]Suas salas para guardas, suas paredes divisórias
e seu pórtico eram do mesmo tamanho das outras portas, e
havia janelas ao longo das paredes e no pórtico. A passagem
da entrada tinha 25 metros de comprimento e 12,5 metros
de largura. [34]Seu pórtico ficava voltado para o pátio externo.
Suas colunas eram enfeitadas com palmeiras, e oito degraus
subiam até sua entrada.
[35]Então ele me levou à porta norte, que dava para o pátio
interno. Ele a mediu, e tinha as mesmas medidas das outras
portas. [36]Suas salas para guardas, suas paredes divisórias e
seu pórtico tinham as mesmas medidas das outras portas e
janelas dispostas da mesma forma. A entrada da passagem
tinha 25 metros de comprimento e 12,5 metros de largura.
[37]Seu pórtico ficava voltado para o pátio externo. Suas colunas
eram enfeitadas com palmeiras, e oito degraus subiam até
sua entrada.

Salas para o preparo dos sacrifícios

[38]No pórtico de uma das entradas internas havia uma porta
que dava para uma sala lateral onde era lavada a carne para
os holocaustos. [39]De cada lado desse pórtico havia duas mesas
onde os animais para os sacrifícios eram abatidos para os ho-
locaustos, as ofertas pelo pecado e as ofertas pela culpa. [40]Do
lado de fora do pórtico, de cada lado das escadas que subiam
para a entrada norte, havia mais duas mesas. [41]Havia, por-
tanto, oito mesas no total, quatro do lado de dentro e quatro
do lado de fora, onde se abatiam os sacrifícios. [42]Também
havia quatro mesas de pedra cortada para o preparo dos
holocaustos, cada uma com 75 centímetros de comprimento
e de largura e 50 centímetros de altura. Sobre essas mesas
eram colocados os instrumentos para abater os animais para
os sacrifícios. [43]Havia ganchos, cada um com 8 centímetros de
comprimento, presos ao redor das paredes do pórtico. A carne
dos sacrifícios era colocada sobre as mesas.

Salas para os sacerdotes

44Dentro do pátio interno havia duas salas, uma ao lado da
porta norte, voltada para o sul, e outra ao lado da porta sul,
voltada para o norte. 45E o homem me disse: "A sala ao lado
da porta norte é para os sacerdotes que supervisionam a ma-
nutenção do templo. 46A sala ao lado da porta sul é para os
sacerdotes encarregados do altar, os descendentes de Za-
doque, pois somente eles, dentre todos os levitas, podem se
aproximar do SENHOR, para servir diante dele".

O pátio interno e o templo

47Então o homem mediu o pátio interno, e era um quadrado
com 50 metros de largura e 50 metros de comprimento. O altar
ficava no pátio em frente ao templo. 48Então ele me levou ao
pórtico do templo. Mediu as paredes de ambos os lados da
passagem para o pórtico, e tinham 2,5 metros de espessura.
A entrada propriamente dita tinha 7 metros de largura, e as
paredes de cada lado da entrada tinham mais 1,5 metros de
comprimento. 49O pórtico tinha 10 metros de largura e 6 me-
tros de profundidade. Dez degraus subiam para ele, com uma
coluna de cada lado.

41 Depois disso, o homem me levou ao santuário do templo.
Mediu as paredes de cada lado de sua porta, e tinham 3
metros de espessura. 2A entrada tinha 5 metros de largura, e
as paredes de cada lado tinham 2,5 metros de comprimento. O
santuário propriamente dito tinha 20 metros de comprimento
e 10 metros de largura.
3Então ele passou do santuário para a sala interna. Mediu as
paredes de cada lado de sua entrada, e tinham 1 metro de es-
pessura. A entrada tinha 3 metros de largura, e as paredes de
cada lado da entrada tinham 3,5 metros de comprimento. 4A
sala interna do santuário tinha 10 metros de comprimento e 10
metros de largura. Ele me disse: "Este é o lugar santíssimo".
5Então ele mediu a parede do templo, e tinha 3 metros de
espessura. Junto à parte externa da parede havia uma fileira
de salas; cada sala tinha 2 metros de largura. 6Essas salas
laterais ficavam em três andares, uma acima da outra, e havia
trinta salas em cada andar. Os pontos de sustentação das salas
laterais ficavam apoiados em saliências externas na parede do
templo; não se estendiam para dentro da parede. 7Cada andar
era mais largo que o andar abaixo, acompanhando a inclinação
da parede do templo. Uma escada subia do andar inferior para
os andares do meio e de cima.
8Vi que o templo era construído sobre uma plataforma que
servia de base para as salas laterais. Essa plataforma tinha
3 metros de altura. 9A parede externa das salas laterais do
templo tinha 2,5 metros espessura. Havia, portanto, uma área
aberta entre essas salas laterais 10e a fileira de salas junto à
parede externa do pátio interno. Essa área aberta tinha 10
metros de largura e se estendia ao redor de todo o templo.
11Duas portas nas salas laterais davam para a área aberta da
plataforma, que tinha 2,5 metros de largura. Uma porta ficava
voltada para o norte, e a outra, para o sul.
12Havia um edifício grande a oeste, voltado para o pátio do
templo. Tinha 35 metros de largura e 45 metros de compri-
mento, e suas paredes tinham 2,5 metros de espessura.
13Então o homem mediu o templo, e tinha 50 metros de com-
primento. O pátio ao redor do edifício, incluindo suas paredes,
tinha mais 50 metros de comprimento. 14O pátio interno do
lado leste do templo tinha 50 metros de largura. 15O edifício a
oeste, incluindo suas duas paredes, também tinha 50 metros
de largura. O santuário, a sala interna e o pórtico do templo
16eram todos revestidos de madeira, assim como as armações
das janelas embutidas. As paredes internas eram revestidas
de madeira acima e abaixo das janelas. 17O espaço acima da
porta que dava para a sala interna e suas paredes internas
e externas também eram revestidos de madeira. 18Todas as
paredes eram enfeitadas com entalhes de querubins, cada um
com dois rostos, alternados com entalhes de palmeiras. 19Um
dos rostos do querubim, o rosto de homem, ficava voltado
para a palmeira de um lado. O outro rosto, o de leão forte,
ficava voltado para a palmeira do outro lado. Havia figuras
entalhadas ao redor de todo o templo, 20desde o chão até o
alto das paredes, inclusive na parede externa do santuário.
21Na entrada do santuário havia colunas quadradas, e as
colunas na entrada do lugar santíssimo eram semelhantes.
22Havia um altar de madeira com 1,5 metros de altura e 1 metro
de cada lado. Seus cantos, sua base e seus lados eram de
madeira. O homem me disse: "Esta é a mesa que fica na pre-
sença do SENHOR".
23Tanto o santuário como o lugar santíssimo tinham portas
duplas, 24cada uma com duas folhas que se abriam para os dois
lados. 25As portas que davam para o santuário eram enfeitadas
com entalhes de querubins e de palmeiras, assim como as pa-
redes. E havia uma cobertura de madeira na frente do pórtico
do templo. 26Dos dois lados do pórtico havia janelas embutidas
enfeitadas com entalhes de palmeiras. As salas laterais junto à
parede externa também tinham coberturas.

Salas para os sacerdotes

42 Então o homem me levou ao pátio do templo, passando
pela porta norte. Entramos no pátio externo e chegamos
a um edifício com salas junto à parede do pátio interno. 2Esse
edifício, cuja entrada dava para o norte, tinha 50 metros de
comprimento e 25 metros de largura. 3Um conjunto de salas
dava para o espaço do pátio interno, que tinha 10 metros de
largura. Outro conjunto de salas dava para a calçada do pátio
externo. Os dois conjuntos tinham três andares e ficavam um
de frente para o outro. 4Entre os dois conjuntos de salas havia
uma passagem com 5 metros de largura. Estendia-se ao longo
dos 50 metros do edifício, e todas as portas davam para o
norte. 5Cada um dos dois andares superiores com salas era
mais estreito que o andar abaixo, pois nos andares superiores
precisava haver espaço para passagens na frente de cada um.

6Uma vez que havia três andares e eles não tinham colunas de
sustentação como os pátios, cada andar superior era recuado
em relação ao andar abaixo. 7Havia uma parede externa que
servia de divisória entre as salas e o pátio externo e que tinha
25 metros de comprimento. 8Essa parede acrescentava com-
primento ao conjunto externo de salas, que se estendia por
apenas 25 metros, enquanto o conjunto interno, cujas salas
eram voltadas para o templo, tinha 50 metros de compri-
mento. 9Havia uma entrada pelo lado leste do pátio externo
para essas salas.

10Do lado sul do templo havia dois conjuntos de salas ao sul do
pátio interno, entre o templo e o pátio externo. A disposição
dessas salas era semelhante à das salas do lado norte. 11Havia
uma passagem entre os dois conjuntos de salas, como do lado
norte do templo. Esse conjunto de salas tinha o mesmo com-
primento do outro, e também as mesmas entradas e portas.
As dimensões deles eram idênticas. 12Havia, portanto, uma
entrada na parede voltada para o conjunto interno de salas e
outra na extremidade leste da passagem interior.

13Então o homem me disse: "Estas salas ao norte e ao sul que
dão para o pátio do templo são santas. Aqui os sacerdotes
que oferecem sacrifícios ao SENHOR comerão as ofertas san-
tíssimas. E, porque as salas são santas, serão usadas para
guardar as ofertas sagradas: as ofertas de cereal, as ofertas
pelo pecado e as ofertas pela culpa. 14Quando os sacerdotes
saírem do santuário, não irão diretamente para o pátio ex-
terno. Primeiro, removerão as roupas que usaram enquanto
serviam no templo, pois elas são santas. Vestirão outras roupas
antes de entrar nas dependências abertas para o povo".

15Quando o homem terminou de medir a área interna do
templo, ele me levou para fora pela porta leste a fim de medir
toda a área ao redor. 16Mediu o lado leste com a vara de medir,
e tinha 250 metros de comprimento. 17Mediu o lado norte, e
também tinha 250 metros. 18O lado sul tinha 250 metros, 19e o
lado oeste também tinha 250 metros. 20Portanto, a área tinha
250 metros de cada lado e um muro ao redor para separar o
santo do comum.

A glória do SENHOR volta ao templo

43 Depois disso, o homem me levou à porta leste. 2De re-
pente, a glória do Deus de Israel surgiu, vindo do leste.
O som de sua vinda era como o rugido de águas revoltas, e
toda a paisagem se iluminou com sua glória. 3A visão era como
as outras que eu havia tido, primeiro junto ao rio Quebar e
depois quando ele veio destruir Jerusalém. Prostrei-me com
o rosto no chão, 4e a glória do SENHOR entrou no templo pela
porta leste.

5Então o Espírito me pôs em pé e me levou ao pátio interno, e a
glória do SENHOR encheu o templo. 6Ouvi alguém falar comigo
de dentro do templo, enquanto o homem que havia tomado
as medidas estava ao meu lado. 7O SENHOR me disse: "Filho do
homem, este é o lugar de meu trono e o lugar onde descanso
meus pés. Habitarei aqui para sempre no meio do povo de
Israel. Eles e seus reis nunca mais profanarão meu santo nome
ao cometer adultério adorando outros deuses ou ao honrar
relíquias de seus reis que morreram. 8Puseram os altares de
seus ídolos ao lado de meu altar, com apenas uma parede
entre mim e eles. Profanaram meu santo nome com esse pe-
cado detestável, por isso os consumi em minha ira. 9Agora, que
deixem de adorar outros deuses e honrar as relíquias de seus
reis, e eu habitarei no meio deles para sempre.

10"Filho do homem, descreva para o povo de Israel o templo
que lhe mostrei, para que eles se envergonhem de todos os
seus pecados. Que eles estudem a planta do templo 11e fiquem
envergonhados de tudo que fizeram. Descreva-lhes todas as
especificações do templo, incluindo as entradas e saídas, e
todos os outros detalhes. Fale de seus decretos e suas leis. Es-
creva todas essas especificações e todos esses decretos diante
do povo, para que se lembrem deles e lhes obedeçam. 12E esta
é a lei do templo: todo o alto do monte onde está o templo é
santo. Sim, esta é a lei do templo."

O altar

13"Estas são as medidas do altar: há uma calha ao redor de
todo o altar com 0,5 metro de profundidade e 0,5 metro de
largura, com uma borda de 23 centímetros à sua volta. E esta é
a altura do altar: 14da calha o altar se eleva por 1 metro até uma
borda inferior ao seu redor com 0,5 metro de largura. Da borda
inferior o altar se eleva por 2 metros até a borda superior, que
também tem 0,5 metro de largura. 15A parte de cima do altar,
onde fica o fogo, se eleva mais 2 metros, com um chifre em
cada um dos quatro cantos. 16A parte de cima do altar é qua-
drada, com 6 metros de cada lado. 17A borda superior também
forma um quadrado, com 7 metros de cada lado, uma calha
de 0,5 metro e uma saliência de 25 centímetros ao redor da
borda. Há degraus do lado leste do altar".

18Então ele me disse: "Filho do homem, assim diz o SENHOR
Soberano: Estas serão as regras para a queima de ofertas e a
aspersão de sangue depois que o altar for construído. 19Nessa
ocasião, os sacerdotes levitas da família de Zadoque, aqueles
que servem diante de mim, devem receber um novilho para
uma oferta pelo pecado, diz o SENHOR Soberano. 20Você pegará
um pouco do sangue do novilho e o aplicará aos quatro chifres
do altar, aos quatro cantos da borda superior e à saliência em
volta da borda. Com isso, purificará o altar e fará expiação por
ele. 21Em seguida, pegará o novilho para a oferta pelo pecado
e o queimará no lugar indicado, fora da área do templo.

22"No segundo dia, apresentará como oferta pelo pecado um
bode sem defeito. Em seguida, purificará o altar e fará ex-
piação por ele novamente, como fez com o novilho. 23Quando
tiver terminado a cerimônia de purificação, apresentará outro
novilho sem defeito e um carneiro perfeito do rebanho. 24Você
os oferecerá ao SENHOR, e os sacerdotes espalharão sal sobre
eles e os apresentarão como holocausto ao SENHOR.

25"Todos os dias, por sete dias, você apresentará um bode, um
novilho e um carneiro do rebanho como oferta pelo pecado.

Nenhum desses animais deve ter qualquer defeito. 26Fará isso
todos os dias, por sete dias, para purificar o altar e fazer ex-
piação por ele e, desse modo, separá-lo para o uso sagrado.
27No oitavo dia, e a cada dia depois disso, os sacerdotes ofe-
recerão no altar os holocaustos e as ofertas de paz do povo.
Então eu aceitarei vocês. Eu, o SENHOR Soberano, falei!".

O príncipe, os levitas e os sacerdotes

44 Depois disso, o homem me levou de volta à porta leste no
muro externo do templo, mas ela estava fechada. 2Então
o SENHOR me disse: "Esta porta deve permanecer fechada;
nunca mais será aberta. Ninguém jamais a abrirá nem pas-
sará por ela, pois o SENHOR, o Deus de Israel, entrou por ela.
Portanto, permanecerá sempre fechada. 3Somente o príncipe
pode sentar-se junto a essa entrada para comer na presença
do SENHOR. Mas só pode entrar e sair pelo pórtico da entrada".
4Então o homem me levou para a frente do templo, passando
pela porta norte. Olhei e vi a glória do SENHOR encher o templo
do SENHOR, e prostrei-me com o rosto no chão.
5Então o SENHOR me disse: "Filho do homem, preste atenção.
Use seus olhos e seus ouvidos e escute atentamente tudo que
lhe digo acerca das regras no templo do SENHOR. Observe com
atenção os procedimentos para o uso das entradas e saídas
do templo. 6E transmita a esses rebeldes, o povo de Israel,
esta mensagem do SENHOR Soberano: Ó povo de Israel, basta
de seus pecados detestáveis! 7Vocês trouxeram estrangeiros
incircuncisos para dentro de meu santuário, gente incircun-
cisa de corpo e coração. Com isso, profanaram meu templo
enquanto me ofereciam comida, a gordura e o sangue dos
sacrifícios. Além de todos os seus outros pecados detestáveis,
vocês quebraram minha aliança. 8Em vez de guardar minhas
ordens sobre as coisas sagradas, contrataram estrangeiros
para realizar o serviço de meu santuário.
9"Portanto, assim diz o SENHOR Soberano: Nenhum estran-
geiro, nem mesmo aqueles que vivem no meio do povo de Is-
rael, entrará em meu santuário se não tiver sido circuncidado,
de corpo e coração. 10E os homens da tribo de Levi que me
abandonaram quando Israel se afastou de mim para adorar
ídolos sofrerão as consequências de seus pecados. 11Ainda
poderão ser guardas do templo e das portas, poderão abater
os animais trazidos para os holocaustos e estar presentes para
servir o povo. 12Contudo, incentivaram o povo a adorar ídolos e
fizeram Israel cair em pecado profundo. Por isso, jurei solene-
mente que eles sofrerão as consequências de seus pecados,
diz o SENHOR Soberano. 13Não se aproximarão de mim para me
servir como sacerdotes. Não tocarão em nenhuma das minhas
coisas sagradas nem nas ofertas sagradas, pois carregarão a
vergonha de todos os pecados detestáveis que cometeram.
14Cuidarão do templo e serão encarregados do trabalho de
manutenção e dos serviços gerais.
15"Contudo, os sacerdotes levitas da família de Zadoque
continuaram a servir fielmente no templo quando Israel me
abandonou. Eles me servirão; estarão em minha presença e
oferecerão a gordura e o sangue dos sacrifícios, diz o SENHOR
Soberano. 16Somente eles entrarão em meu santuário e se
aproximarão de minha mesa para me servir. Eles cumprirão
todas as minhas ordens.
17"Quando entrarem pela porta para o pátio interno, vestirão
somente roupas de linho. Não usarão veste alguma de lã en-
quanto estiverem de serviço no pátio interno ou no templo
propriamente dito. 18Usarão turbantes de linho e as roupas de
baixo de linho. Nunca vestirão roupas que os façam transpirar.
19Quando voltarem ao pátio externo, onde o povo está, remo-
verão as vestes que usam enquanto me servem. Deixarão essas
vestes nas salas sagradas e vestirão outras roupas, a fim de
não colocar ninguém em perigo ao consagrá-lo indevidamente
por meio das vestes.
20"Não rasparão a cabeça nem deixarão o cabelo comprido
demais; antes, o manterão aparado. 21Os sacerdotes não be-
berão vinho antes de entrar no pátio interno. 22Poderão es-
colher a esposa somente entre as virgens de Israel ou entre
as viúvas dos sacerdotes. Não se casarão com outras viúvas
nem com mulheres divorciadas. 23Ensinarão meu povo a di-
ferença entre sagrado e profano, entre cerimonialmente puro
e impuro.
24"Servirão como juízes para resolver desentendimentos
entre membros de meu povo. Suas decisões serão baseadas
em meus estatutos. E eles mesmos obedecerão às minhas
instruções e aos meus decretos em todas as festas sagradas
e se certificarão de que meus sábados sejam separados como
dias santos.
25"O sacerdote não deverá se contaminar por se aproximar
de uma pessoa morta, a menos que seja seu pai, sua mãe,
seu filho, sua filha, seu irmão ou sua irmã não casada. Nesses
casos, será permitido que se torne impuro. 26Mesmo assim, só
poderá retomar seus deveres no templo depois de se purificar
cerimonialmente e esperar sete dias. 27No primeiro dia em
que voltar ao trabalho e entrar no pátio interno e no santuário,
apresentará uma oferta pelo pecado por si mesmo, diz o SE-
NHOR Soberano.
28"Os sacerdotes não terão propriedades nem porção alguma
de terra, pois eu sou sua herança. 29Seu alimento virá das
ofertas e dos sacrifícios que os israelitas trouxerem para o
templo: as ofertas de cereal, as ofertas pelo pecado e as
ofertas pela culpa. Tudo que for consagrado para o SENHOR
pertencerá aos sacerdotes. 30Os primeiros frutos maduros e
todas as ofertas trazidas irão para os sacerdotes. As primeiras
porções serão entregues aos sacerdotes, para que os lares de
vocês sejam abençoados. 31Os sacerdotes não comerão carne
de qualquer ave ou animal que morrer de causas naturais ou
que for morto por outro animal."

Divisão da terra

45 "Quando vocês repartirem a terra entre as tribos de Is-
rael, separem uma parte para o SENHOR como sua porção
santa. Ela terá 12,5 quilômetros de comprimento e 10 quilôme-

tros de largura. Toda essa área será santa. 2Uma parte dessa
terra, com 250 metros de cada lado, será separada para o
templo. Ao redor dela haverá um espaço aberto com 25 metros
de largura. 3Dentro da área santa maior, separem uma porção
de terra com 12,5 quilômetros de comprimento e 5 quilôme-
tros de largura. Dentro dela ficará o santuário, o lugar santís-
simo. 4Essa área será santa, separada para os sacerdotes que
servem ao SENHOR no santuário. Ali ficarão suas casas e meu
templo. 5A faixa de terra sagrada ao lado dela, também com
12,5 quilômetros de comprimento e 5 quilômetros de largura,
será destinada às casas dos levitas que trabalham no templo.
Será propriedade deles e um lugar para seus povoados.
6“Junto à área santa maior haverá um faixa de terra com 12,5
quilômetros de comprimento e 2,5 quilômetros de largura. Ela
será separada para uma cidade onde qualquer um em Israel
poderá morar.
7“Duas faixas de terra serão separadas para o príncipe. Uma
delas fará divisa com o lado leste das terras sagradas e com
a cidade, e a outra fará divisa com o lado oeste. As divisas no
extremo leste e no extremo oeste das terras do príncipe ficarão
junto às divisas leste e oeste dos territórios das tribos. 8Essas
porções de terra serão separadas para o príncipe. Então meus
príncipes não oprimirão mais meu povo; distribuirão o restante
da terra entre o povo e separarão uma parte para cada tribo.”

Regras para os príncipes

9“Assim diz o SENHOR Soberano: Basta, príncipes de Israel!
Parem com a violência e a opressão e façam o que é justo
e certo. Parem de expulsar meu povo de suas casas, diz o
SENHOR Soberano. 10Usem somente pesos, medidas e balanças
honestos para secos e líquidos. 11O ômer será a unidade padrão
para medir volume, e o efa e o bato medirão, cada um, um
décimo de ômer. 12A medida padrão para pesos será o siclo
de prata. Um siclo consistirá em vinte geras, e sessenta siclos
corresponderão a uma mina.”

Ofertas especiais e comemorações

13“Esta é a oferta que vocês entregarão ao príncipe: um cesto
de trigo ou de cevada para cada sessenta cestos que colherem,
14um centésimo de seu azeite, 15e uma ovelha ou um bode para
cada duzentos de seus rebanhos em Israel. Serão ofertas de
cereal, holocaustos e ofertas de paz que farão expiação por
aqueles que os apresentarem, diz o SENHOR Soberano. 16Todo
o povo de Israel levará essas ofertas ao príncipe. 17Caberá
ao príncipe fornecer as ofertas apresentadas nas festas re-
ligiosas, nas comemorações da lua nova, aos sábados e em
outras ocasiões semelhantes. Ele providenciará as ofertas
pelo pecado, os holocaustos, as ofertas de cereal, as ofertas
derramadas e as ofertas de paz para fazer expiação pelo povo
de Israel.
18“Assim diz o SENHOR Soberano: No primeiro dia do primeiro
mês de cada ano, vocês sacrificarão um novilho sem defeito
para purificar o templo. 19O sacerdote pegará sangue dessa
oferta pelo pecado e o aplicará aos batentes da porta do
templo, aos quatro cantos da borda superior do altar e aos
batentes da entrada do pátio interno. 20Vocês farão o mesmo
no sétimo dia do ano novo em favor de qualquer um que houver
pecado sem intenção ou por ignorância. Assim, purificarão o
templo.
21“No décimo quarto dia do primeiro mês, vocês celebrarão a
Páscoa. Essa festa durará sete dias. O pão que comerem du-
rante esses dias será feito sem fermento. 22No dia da Páscoa,
o príncipe fornecerá um novilho como oferta pelo pecado em
favor de si mesmo e do povo de Israel. 23A cada dia, durante
os sete dias da festa, ele preparará um holocausto para o SE-
NHOR com sete novilhos e sete carneiros sem defeito. Também
apresentará, a cada dia, um bode como oferta pelo pecado.
24O príncipe fornecerá um cesto de farinha como oferta de
cereal e um jarro de azeite com cada novilho e cada carneiro.
25“Durante os sete dias da Festa das Cabanas, que ocorre a
cada ano no décimo quinto dia do sétimo mês, o príncipe for-
necerá esses mesmos sacrifícios como oferta pelo pecado,
holocausto e oferta de cereal, bem como a quantidade re-
querida de azeite.”

46 “Assim diz o SENHOR Soberano: A porta leste do pátio
interno ficará fechada durante os seis dias de trabalho
da semana, mas será aberta aos sábados e nas comemorações
da lua nova. 2O príncipe entrará pelo pórtico da entrada, vindo
de fora. Ficará em pé junto ao batente da porta enquanto o
sacerdote apresenta os holocaustos e as ofertas de paz. Ele se
curvará em adoração na passagem de entrada e depois sairá
por onde entrou. A porta não será fechada até a tarde. 3O povo
se curvará e adorará o SENHOR junto a essa porta aos sábados
e nas comemorações da lua nova.
4“A cada sábado o príncipe apresentará ao SENHOR um holo-
causto de seis cordeiros e um carneiro, todos sem defeito.
5Apresentará uma oferta de cereal de um cesto de farinha com
o carneiro e a quantidade de farinha que puder com cada cor-
deiro; também oferecerá um jarro de azeite para cada cesto
de farinha. 6Nas comemorações da lua nova, trará um novilho,
seis cordeiros e um carneiro, todos sem defeito. 7Junto com o
novilho, apresentará um cesto de farinha da melhor qualidade
como oferta de cereal. Junto com o carneiro, apresentará
outro cesto de farinha. E, junto com cada cordeiro, apresen-
tará a quantidade de farinha que desejar. Para cada cesto de
farinha, oferecerá um jarro de azeite.
8“Quando o príncipe entrar, virá pelo pórtico e sairá por onde
entrou. 9Mas, quando o povo entrar pela porta norte para
adorar o SENHOR durante as festas religiosas, sairá pela porta
sul. E quem entrar pela porta sul sairá pela porta norte. Nin-
guém sairá pela mesma porta por onde entrou, mas sempre
pela porta oposta. 10O príncipe entrará e sairá com o povo
nessas ocasiões.
11“Portanto, nas festas especiais e nas festas sagradas, a
oferta de cereal será um cesto de farinha da melhor quali-

dade para cada novilho, mais outro cesto de farinha para cada
carneiro e a quantidade de farinha que o adorador desejar
oferecer com cada cordeiro. Para cada cesto de farinha será
apresentado um jarro de azeite. 12Quando o príncipe oferecer
voluntariamente ao SENHOR um holocausto ou uma oferta de
paz, a porta leste do pátio interno será aberta para ele, e ele
oferecerá os sacrifícios como faz aos sábados. Então ele sairá
e a porta será fechada.

13"A cada manhã, vocês oferecerão um cordeiro de um ano
sem defeito como holocausto ao SENHOR. 14Junto com ele,
apresentarão ao SENHOR uma oferta de cereal com a sexta
parte de um cesto de farinha e um terço do jarro de azeite para
umedecer a farinha da melhor qualidade. Este será um decreto
permanente para vocês. 15O cordeiro, a oferta de cereal e o
azeite devem ser apresentados como sacrifício diário a cada
manhã, sem falta.

16"Assim diz o SENHOR Soberano: Se o príncipe der um pedaço
de terra para um de seus filhos como herança, pertencerá a ele
e a seus descendentes para sempre. 17Mas, se o príncipe der
um pedaço de terra de sua herança para um de seus servos, o
servo a manterá apenas até o Ano do Jubileu. Nessa ocasião,
a terra voltará para o príncipe. Contudo, aquilo que o príncipe
der a seus filhos será permanente. 18Além disso, o príncipe
não poderá tomar a propriedade de ninguém à força. Se ele
der propriedades a seus filhos, terão de ser de suas próprias
terras, pois não quero que meu povo seja despejado de suas
propriedades".

As cozinhas do templo

19Depois disso, o homem me levou pela entrada ao lado da
porta e me conduziu às salas sagradas reservadas para os sa-
cerdotes e que ficavam voltadas para o norte. Mostrou-me um
lugar na extremidade oeste dessas salas 20e explicou: "Aqui
os sacerdotes cozinharão a carne das ofertas pela culpa e das
ofertas pelo pecado e assarão o pão feito com a farinha das
ofertas de cereal. Farão isso aqui para não ter de carregar os
sacrifícios pelo pátio externo e correr o risco de consagrar o
povo indevidamente".

21Então ele me levou de volta ao pátio externo e me conduziu
a cada um de seus quatro cantos. Em cada canto vi uma área
cercada. 22Cada uma dessas áreas cercadas tinha 20 metros
de comprimento e 15 metros de largura e era rodeada por um
muro. 23Ao longo da parte interna desses muros havia uma
saliência de pedra, com lugares para acender fogo debaixo
da saliência, em todo o redor. 24O homem me disse: "Estas
são as cozinhas onde os assistentes do templo cozinharão os
sacrifícios oferecidos pelo povo".

O rio de cura

47 Depois disso, o homem me levou de volta à entrada do
templo. Ali, notei que jorrava água para o leste por de-
baixo da porta do templo e passava à direita do altar, do lado
sul. 2Ele me levou para fora do muro pela porta norte e me
conduziu até a entrada leste. Ali, vi que a água corria pelo lado
sul da porta leste.

3O homem me conduziu pela água e, enquanto caminhávamos,
ele ia medindo. Quando percorremos quinhentos metros, ele
me levou para o outro lado do rio. Ali a água chegava a meus
tornozelos. 4Ele mediu mais quinhentos metros e atravessamos
o rio novamente. Dessa vez, a água chegava a meus joelhos.
Depois de mais quinhentos metros, chegava à minha cintura.
5Então ele mediu mais quinhentos metros e ali a água era um
rio fundo o suficiente para atravessar a nado, mas fundo de-
mais para atravessar a pé.

6Ele me perguntou: "Filho do homem, você está vendo?", e me
levou de volta à margem do rio. 7Ao voltar, fiquei surpreso de
ver muitas árvores que cresciam dos dois lados do rio. 8Então
ele me disse: "Este rio corre para o leste, pelo deserto, até o
vale do mar Morto. Sua água tornará pura a água salgada do
mar Morto. 9Por onde a água deste rio passar, haverá muitos
seres vivos. O mar Morto ficará cheio de peixes, porque sua
água se tornará pura. Surgirá vida por onde esta água fluir.
10Pescadores ficarão às margens do mar Morto. Desde En-Gedi
até En-Eglaim, as praias ficarão cobertas de redes secando ao
sol. O mar Morto se encherá de peixes de toda espécie, como
os peixes do mar Mediterrâneo. 11Mas os brejos e os pântanos
não serão purificados; continuarão salgados. 12Em ambas as
margens do rio crescerão árvores frutíferas de toda espécie.
As folhas dessas árvores nunca secarão nem cairão, e sempre
haverá frutos em seus ramos. Produzirão uma nova colheita
a cada mês, pois são regadas pela água do rio que nasce no
templo. Seus frutos servirão de alimento, e suas folhas, de
remédio".

As fronteiras da terra

13Assim diz o SENHOR Soberano: "Dividam a terra desta forma
entre as doze tribos de Israel: Os descendentes de José rece-
berão duas porções de terra. 14As outras tribos receberão por-
ções iguais. Jurei solenemente que daria esta terra a seus an-
tepassados, e agora ela passará para vocês como sua herança.

15"Estas são as fronteiras da terra: A fronteira norte se esten-
derá do Mediterrâneo, passando por Hetlom, depois por Le-
bo-Hamate, até Zedade; 16dali seguirá para Berota e Sibraim,
que ficam na divisa entre Damasco e Hamate e, por fim, para
Hazer-Haticom, na divisa com Haurã. 17Portanto, a fronteira
norte se estenderá do Mediterrâneo até Hazar-Enã, na divisa
entre Hamate, ao norte, e Damasco, ao sul.

18"A fronteira leste começará num ponto entre Haurã e Da-
masco e se estenderá para o sul ao longo do rio Jordão, entre
Israel e Gileade, passando o mar Morto e prosseguindo para o
sul até Tamar. Essa será a fronteira leste.

19"A fronteira sul se estenderá de Tamar até as águas de Me-
ribá, em Cades, e de lá seguirá o curso do ribeiro do Egito até
o Mediterrâneo. Essa será a fronteira sul.

20“Do lado oeste, o próprio Mediterrâneo será sua divisa desde
a fronteira sul até o ponto em que começa a fronteira norte, de
frente para Lebo-Hamate.
21“Dividam a terra dentro dessas fronteiras entre as tribos de
Israel. 22Distribuam a terra como herança para si mesmos e
para todos os estrangeiros que vivem entre vocês e criam os
filhos em seu meio. Eles serão para vocês como israelitas de
nascimento e receberão herança entre as tribos. 23Esses es-
trangeiros receberão terras dentro do território da tribo com a
qual eles vivem. Eu, o SENHOR Soberano, falei!”

A distribuição da terra

48 “Aqui está a lista das tribos de Israel e dos territórios
que cada uma delas receberá. O território de Dã fica no
extremo norte. Sua divisa segue a estrada de Hetlom até Lebo-
-Hamate e, de lá, para Hazar-Enã, na fronteira de Damasco, e
com Hamate ao norte. O território de Dã se estende pela terra
de Israel de leste a oeste.
2“O território de Aser fica ao sul do território de Dã e também
se estende de leste a oeste. 3A terra de Naftali fica ao sul da
terra de Aser e também se estende de leste a oeste. 4Em se-
guida vem Manassés, ao sul de Naftali, e seu território também
se estende de leste a oeste. 5Ao sul de Manassés fica Efraim,
6depois vem Rúben 7e, em seguida, Judá, todos com divisas
que se estendem de leste a oeste.
8“Ao sul de Judá fica a terra separada para um propósito es-
pecial. Ela terá 12,5 quilômetros de largura e terá as mesmas
fronteiras a leste e a oeste que os territórios das tribos. No
centro dela estará o templo.
9“A área separada para o SENHOR terá 12,5 quilômetros de
comprimento e 10 quilômetros de largura. 10Haverá uma faixa
de terra para os sacerdotes, com 12,5 quilômetros de com-
primento e 5 quilômetros de largura. No centro dela estará
o templo do SENHOR. 11Essa área será separada para os sa-
cerdotes consagrados, os descendentes de Zadoque que me
serviram fielmente e que não se desviaram junto com o povo
de Israel e com os outros levitas. 12Essa será sua porção es-
pecial quando a terra for distribuída, o território santíssimo.
Junto ao território dos sacerdotes ficará a terra onde os outros
levitas viverão.
13“A terra separada para os levitas terá o mesmo tamanho
e a mesma forma da terra dos sacerdotes: 12,5 quilômetros
de comprimento e 5 quilômetros de largura. Juntas, essas
porções de terra terão 12,5 quilômetros de comprimento e
10 quilômetros de largura. 14Nenhuma porção dessa terra es-
pecial poderá ser vendida, trocada ou usada por outros, pois
pertence ao SENHOR; é consagrada.
15“Outra faixa de terra com 12,5 quilômetros de comprimento e
2,5 quilômetros de largura, ao sul da área sagrada do templo,
será para uso público: para casas, pastos e terras comuns.
No centro dela estará a cidade. 16A cidade terá 2.250 metros
de cada lado: norte, sul, leste e oeste. 17Em volta da cidade
haverá uma área aberta com 125 metros em todas as dire-
ções. 18Fora da cidade haverá uma área para plantações que
se estenderá por 5 quilômetros para leste e 5 quilômetros para
oeste junto à divisa com a área sagrada. Essa terra de cultivo
produzirá alimento para os trabalhadores da cidade. 19Os que
vierem das diversas tribos para trabalharem na cidade poderão
cultivar essa terra. 20A área toda, incluindo as terras sagradas
e a cidade, formará um quadrado com 12,5 quilômetros de
cada lado.
21“As áreas que restarem para o leste e para o oeste das terras
sagradas e da cidade serão do príncipe. Cada uma dessas
áreas terá 12,5 quilômetros de comprimento e se estenderá,
em direções opostas, para as fronteiras leste e oeste de Israel.
No centro estarão as terras sagradas e o santuário do templo.
22Portanto, as terras do príncipe incluirão toda a área entre
os territórios separados para Judá e para Benjamim, exceto
a parte separada para as terras sagradas e para a cidade.
23“Estes são os territórios separados para as tribos restantes.
O território de Benjamim se estende pela terra de Israel de
leste a oeste. 24Ao sul de Benjamim fica o território de Simeão,
que também se estende de leste a oeste. 25Em seguida vem o
território de Issacar, com as mesmas divisas a leste e a oeste.
26“Depois vem o território de Zebulom, que também se es-
tende de leste a oeste. 27O território de Gade fica ao sul de Ze-
bulom, com as mesmas divisas a leste e a oeste. 28A fronteira
sul de Gade vai de Tamar até as águas de Meribá, em Cades,
depois segue o ribeiro do Egito até o Mediterrâneo.
29“Esses são os territórios que serão distribuídos como he-
rança a cada tribo. Eu, o SENHOR Soberano, falei!”

As portas da cidade

30“Estas serão as saídas da cidade: no muro norte, que tem
2.250 metros de comprimento, 31haverá três saídas, cada uma
com o nome de uma das tribos de Israel. A primeira será cha-
mada Rúben, a segunda, Judá, e a terceira, Levi. 32No muro
leste, que também tem 2.250 metros de comprimento, estarão
as portas chamadas José, Benjamim e Dã. 33No muro sul, que
também tem 2.250 metros, estarão as portas chamadas Si-
meão, Issacar e Zebulom. 34E no muro oeste, que também tem
2.250 metros de comprimento, estarão as portas chamadas
Gade, Aser e Naftali.
35“A distância ao redor de toda a cidade será de 9 quilômetros.
E, daquele dia em diante, o nome da cidade será ‘O SENHOR
Está Ali’”.

DANIEL

Daniel na corte de Nabucodonosor

1 No terceiro ano do reinado de Jeoaquim, em Judá, Nabucodonosor, rei da Babilônia, veio a Jerusalém e cercou a cidade. 2O Senhor lhe deu vitória sobre Jeoaquim, rei de Judá, e permitiu que levasse para a terra da Babilônia alguns dos utensílios sagrados do templo de Deus. Nabucodonosor os colocou na casa do tesouro de seu deus.

3O rei ordenou que Aspenaz, o chefe de seus oficiais, trouxesse ao palácio alguns dos jovens israelitas da família real e de outras famílias da nobreza. 4Disse o rei: "Escolha somente rapazes saudáveis e de boa aparência, que sejam instruídos em diversas áreas do conhecimento, que tenham entendimento e bom senso e sejam capacitados para servir no palácio real. Ensine a esses jovens a língua e a literatura da Babilônia". 5O rei determinou que recebessem, de suas próprias cozinhas, uma porção diária de alimento e vinho. Os rapazes seriam treinados durante três anos e depois passariam a servir ao rei. 6Daniel, Hananias, Misael e Azarias, todos da tribo de Judá, estavam entre os escolhidos. 7O chefe dos oficiais lhes deu novos nomes babilônios: Daniel passou a ser chamado de Beltessazar; Hananias, de Sadraque; Misael, de Mesaque; Azarias, de Abede-Nego.

8Daniel, porém, decidiu não se contaminar com a comida e o vinho que o rei lhes tinha dado. Pediu permissão ao chefe dos oficiais para não comer esses alimentos, a fim de não se contaminar. 9Deus havia feito que o chefe dos oficiais mostrasse compaixão e simpatia a Daniel. 10Apesar disso, Aspenaz disse: "Tenho medo de meu senhor, o rei. Ele determinou o alimento que vocês devem comer e o vinho que devem beber. Se ficarem com a aparência abatida em comparação com os outros rapazes de sua idade, temo que o rei mande cortar minha cabeça".

11Daniel falou com o assistente designado pelo chefe dos oficiais para cuidar dele, de Hananias, Misael e Azarias. 12"Faça uma experiência conosco durante dez dias", disse. "Dê-nos apenas legumes para comer e água para beber. 13Terminados os dez dias, compare nossa aparência com a dos outros rapazes que comem a comida do rei. Depois, decida de acordo com o que você vir." 14O assistente concordou com a sugestão e fez a experiência com eles durante dez dias.

15Passados os dez dias, Daniel e seus três amigos pareciam mais saudáveis e bem nutridos que os outros rapazes que se alimentavam da comida do rei. 16Depois disso, o assistente só lhes dava legumes em vez da comida e do vinho servidos aos outros.

17Deus concedeu aos quatro rapazes aptidão incomum para entender todos os aspectos da literatura e da sabedoria, e a Daniel concedeu a capacidade especial de interpretar sonhos e visões.

18Ao término do período de treinamento ordenado pelo rei, o chefe dos oficiais levou todos os rapazes a Nabucodonosor. 19O rei conversou com eles, e nenhum o impressionou tanto quanto Daniel, Hananias, Misael e Azarias. E, assim, passaram a servir ao rei. 20Sempre que o rei os consultava sobre alguma questão que exigia sabedoria e discernimento, observava que eles eram dez vezes mais capazes que todos os magos e encantadores de seu reino.

21Daniel continuou no palácio até o primeiro ano do reinado de Ciro.

O sonho de Nabucodonosor

2 Certa noite, no segundo ano de seu reinado, Nabucodonosor teve sonhos tão perturbadores que não conseguiu mais dormir. 2Chamou seus magos, encantadores, feiticeiros e astrólogos e exigiu que lhe dissessem o que ele havia sonhado. Quando se apresentaram ao rei, 3ele disse: "Tive um sonho que muito me perturbou e preciso saber o que significa".

4Então os astrólogos responderam ao rei em aramaico: "Que o rei viva para sempre! Conte-nos o sonho e nós lhe diremos o que ele significa".

5O rei, porém, disse aos astrólogos: "Estou falando sério! Se não me disserem qual foi o sonho e o que ele significa, vocês serão despedaçados, e suas casas, transformadas em montes de escombros! 6Mas, se me disserem qual foi o sonho e o que ele significa, lhes darei muitos presentes, muitas recompensas e honras. Portanto, digam-me qual foi o sonho e o que ele significa!".

7Eles disseram novamente: "Ó rei, conte-nos o sonho e então lhe diremos o que ele significa".

8O rei respondeu: "Sei o que estão fazendo! Estão tentando ganhar tempo, pois sabem que falo sério quando digo: 9'Se não me contarem qual foi o sonho, estão condenados!'. Por isso, conspiraram para me dizer mentiras, na esperança de que mudarei de ideia. Digam-me, porém, qual foi o sonho e então saberei que podem explicar o que ele significa".

10Os astrólogos responderam ao rei: "Não há ninguém, em toda terra, capaz de dizer ao rei qual foi seu sonho! E nenhum rei, por maior e mais poderoso que fosse, pediu algo assim a um mago, encantador ou astrólogo! 11É impossível cumprir a exigência do rei. Ninguém, exceto os deuses, pode dizer qual foi seu sonho, e os deuses não vivem entre os mortais".

12O rei ficou furioso e ordenou que todos os sábios da Babilônia fossem executados. 13E, por causa do decreto do rei, foram enviados homens para encontrar Daniel e seus amigos e matá-los.

14Quando Arioque, comandante da guarda do rei, veio matá-los, Daniel se dirigiu a ele com sabedoria e prudência. 15Perguntou-lhe: "Por que o rei publicou um decreto tão severo?",

e Arioque lhe contou o que havia acontecido. 16Daniel foi ver
o rei de imediato e pediu mais tempo para comunicar o sig-
nificado do sonho.
17Em seguida, Daniel voltou para casa e contou a seus amigos
Hananias, Misael e Azarias o que havia acontecido. 18Pediu
que suplicassem ao Deus dos céus que tivesse misericórdia
deles e lhes revelasse o segredo, para que não fossem mortos
com os outros sábios da Babilônia. 19Naquela noite, o segredo
foi revelado a Daniel numa visão. Então Daniel louvou o Deus
dos céus 20e disse: "Louvado seja o nome de Deus para todo o
sempre, pois a ele pertencem a sabedoria e o poder.
21Ele muda o curso dos acontecimentos; remove reis de seus
tronos e põe outros no lugar. Dá sabedoria aos sábios e co-
nhecimento aos eruditos.
22Revela coisas profundas e misteriosas e sabe o que está es-
condido nas trevas, embora ele seja cercado de luz.
23Eu te agradeço e te louvo, ó Deus de meus antepassados,
pois me deste sabedoria e força. Tu me mostraste o que te
pedimos; revelaste o que o rei exigiu".

Daniel interpreta o sonho

24Então Daniel foi falar com Arioque, a quem o rei havia orde-
nado que executasse os sábios da Babilônia. "Não mate os sá-
bios", disse. "Leve-me ao rei e eu interpretarei o sonho dele."
25Sem demora, Arioque levou Daniel ao rei e disse: "Encon-
trei um dos exilados de Judá que dirá ao rei o significado do
sonho!".
26O rei disse a Daniel (também chamado Beltessazar): "Você
pode mesmo me dizer qual foi meu sonho e o que ele signi-
fica?".
27Daniel respondeu: "Não existem sábios, encantadores,
magos nem adivinhos capazes de revelar o segredo do rei.
28Mas há um Deus nos céus que revela segredos, e ele mostrou
ao rei Nabucodonosor o que acontecerá no futuro. Agora lhe
direi qual foi o sonho e as visões que o rei teve enquanto estava
deitado em sua cama.
29"Enquanto o rei dormia, sonhou com acontecimentos fu-
turos. Aquele que revela segredos lhe mostrou o que aconte-
cerá. 30E eu sei o segredo de seu sonho não porque sou mais
sábio que os outros, mas porque Deus deseja que o rei entenda
o que se passava em seu coração.
31"Em sua visão, ó rei, havia à sua frente uma enorme estátua
brilhante, e a aparência dela era assustadora. 32A cabeça da
estátua era feita de ouro puro. O peito e os braços eram de
prata, a barriga e os quadris eram de bronze, 33as pernas
eram de ferro, e os pés, uma mistura de ferro e barro cozido.
34Enquanto o rei observava, uma pedra foi cortada de uma
montanha, mas não por mãos humanas. Ela atingiu os pés de
ferro e barro e os despedaçou. 35Toda a estátua se desintegrou
em minúsculos pedaços de ferro, barro, bronze, prata e ouro.
Então o vento levou tudo, como se fosse palha na eira. Mas a
pedra que derrubou a estátua se tornou uma grande montanha
que cobriu toda a terra.
36"Esse foi o sonho. Agora, direi ao rei o que ele significa. 37Ó
rei, o senhor é o maior de todos os reis. O Deus dos céus lhe
deu soberania, poder, força e honra. 38Ele o fez governante
de todo o mundo habitado e pôs até os animais selvagens e
as aves debaixo de seu controle. O senhor é a cabeça de ouro.
39"Quando, porém, seu reino chegar ao fim, outro reino,
inferior ao seu, se levantará em seu lugar. Depois que esse
reino tiver caído, o terceiro reino, representado pelo bronze,
se levantará para governar o mundo. 40Depois dele haverá o
quarto reino, forte como o ferro. Esse reino esmagará e des-
pedaçará todos os impérios anteriores, como o ferro esmaga
e despedaça tudo que ele atinge. 41Os pés e os dedos que o rei
viu, uma mistura de ferro e barro cozido, mostram que esse
reino será dividido. Como ferro misturado com barro, ele terá
um tanto da força do ferro. 42Algumas partes serão fortes como
o ferro, mas outras serão fracas como o barro. 43A mistura de
ferro e barro também mostra que esses reinos tentarão se
fortalecer ao formar alianças entre si por meio de casamentos.
Contudo, não permanecerão unidos, da mesma forma que o
ferro não se une ao barro.
44"Enquanto esses reis estiverem no poder, o Deus dos céus
estabelecerá um reino que jamais será destruído ou conquis-
tado. Reduzirá os outros reinos a nada e permanecerá para
sempre. 45Esse é o significado da pedra cortada da montanha,
mas não por mãos humanas, que despedaçou a estátua de
ferro, bronze, barro, prata e ouro. O grande Deus está mos-
trando ao rei o que acontecerá no futuro. O sonho é verda-
deiro, e seu significado é certo".

Nabucodonosor recompensa Daniel

46Então o rei Nabucodonosor se curvou à frente dele e ordenou
que o povo oferecesse sacrifícios e queimasse incenso diante
de Daniel. 47O rei lhe disse: "Verdadeiramente, seu Deus é o
maior de todos os deuses, Senhor dos reis e revelador de mis-
térios, pois você conseguiu revelar esse segredo".
48O rei colocou Daniel em um cargo elevado e lhe deu muitos
presentes valiosos. Nomeou-o governador de toda a província
da Babilônia e chefe de todos os sábios. 49A pedido de Daniel,
nomeou Sadraque, Mesaque e Abede-Nego para cuidarem de
todos os negócios da província da Babilônia, enquanto Daniel
permaneceu na corte do rei.

A estátua de ouro de Nabucodonosor

3 O rei Nabucodonosor fez uma estátua de ouro de 27 me-
tros de altura e 2,7 metros de largura e a colocou na pla-
nície de Dura, na província da Babilônia. 2Em seguida, enviou
mensageiros a todos os altos funcionários, oficiais, governa-
dores, conselheiros, tesoureiros, juízes, magistrados e todas
as autoridades das províncias para que viessem à dedicação
da estátua que ele havia levantado. 3Todas essas autoridades
vieram e ficaram diante da estátua que o rei Nabucodonosor
havia levantado.
4Então o arauto gritou: "Povos de todas as raças, nações e
línguas, ouçam a ordem do rei! 5Quando ouvirem o som da
trombeta, da flauta, da cítara, da lira, da harpa, do pífaro e

de outros instrumentos musicais, prostrem-se no chão para
adorar a estátua de ouro levantada pelo rei Nabucodonosor.
6Quem não obedecer será lançado de imediato na fornalha
ardente!".
7Portanto, ao som dos instrumentos musicais, todos, não im-
portando sua raça, nação ou língua, se prostraram no chão e
adoraram a estátua de ouro que o rei Nabucodonosor havia
levantado.
8Alguns dos astrólogos, porém, foram ao rei e denunciaram os
judeus. 9Disseram ao rei Nabucodonosor: "Que o rei viva para
sempre! 10O rei publicou um decreto exigindo que todos se
prostrassem e adorassem a imagem de ouro quando ouvissem
o som da trombeta, da flauta, da cítara, da lira, da harpa, do
pífaro e dos outros instrumentos musicais. 11De acordo com
esse decreto, quem não obedecer será lançado na fornalha
ardente. 12Alguns judeus — Sadraque, Mesaque e Abede-Nego
—, que o rei encarregou da província da Babilônia, não lhe dão
atenção, ó rei. Recusam-se a servir seus deuses e não adoram
a estátua de ouro que o rei levantou".
13Então Nabucodonosor se enfureceu e ordenou que lhe trou-
xessem Sadraque, Mesaque e Abede-Nego. Quando eles foram
conduzidos à presença do rei, 14ele lhes disse: "Sadraque,
Mesaque e Abede-Nego, é verdade que vocês se recusam a
servir meus deuses e a adorar a estátua que levantei? 15Eu lhes
darei mais uma chance de se prostrarem e adorarem a estátua
que fiz quando ouvirem o som dos instrumentos musicais. Se,
contudo, vocês se recusarem, serão lançados de imediato na
fornalha ardente. E então, que deus será capaz de livrá-los de
minhas mãos?".
16Sadraque, Mesaque e Abede-Nego responderam: "Ó Nabu-
codonosor, não precisamos nos defender diante do rei. 17Se
formos lançados na fornalha ardente, o Deus a quem servimos
pode nos salvar. Sim, ele nos livrará de suas mãos, ó rei. 18Mas,
ainda que ele não nos livre, queremos deixar claro, ó rei, que
jamais serviremos seus deuses ou adoraremos a estátua de
ouro que o rei levantou".

A fornalha ardente

19Nabucodonosor se enfureceu tanto com Sadraque, Mesaque
e Abede-Nego que seu rosto ficou desfigurado de raiva. Então
ordenou que a fornalha fosse aquecida sete vezes mais que de
costume. 20Deu ordens também para que alguns dos homens
mais fortes de seu exército amarrassem Sadraque, Mesaque
e Abede-Nego e os lançassem na fornalha ardente. 21Eles os
amarraram e os lançaram na fornalha inteiramente vestidos,
com túnicas, turbantes, mantos e outras roupas. 22E, uma vez
que o rei, em sua ira, havia exigido um fogo tão quente na
fornalha, as chamas mataram os soldados que jogaram os
três lá dentro. 23Assim, Sadraque, Mesaque e Abede-Nego,
amarrados, caíram nas chamas intensas.
24De repente, porém, o rei Nabucodonosor se levantou espan-
tado e disse a seus conselheiros: "Não foram três os homens
que amarramos e lançamos na fornalha?". "Sim, ó rei", eles
responderam.
25"Olhem!", disse Nabucodonosor. "Vejo quatro homens de-
samarrados andando no meio do fogo sem se queimar! E o
quarto homem se parece com um filho de deuses!"
26Então Nabucodonosor se aproximou o máximo que pôde da
porta da fornalha ardente e gritou: "Sadraque, Mesaque e
Abede-Nego, servos do Deus Altíssimo, saiam! Venham aqui!".
E Sadraque, Mesaque e Abede-Nego saíram do meio do fogo.
27Os altos funcionários, os oficiais, os governadores e os con-
selheiros se juntaram ao redor deles e viram que o fogo não
os havia tocado. Nem um fio de cabelo na cabeça deles estava
chamuscado, e suas roupas não estavam queimadas. Nem se-
quer tinham cheiro de fumaça.
28Então Nabucodonosor disse: "Louvado seja o Deus de Sa-
draque, Mesaque e Abede-Nego! Ele enviou seu anjo para livrar
seus servos que nele confiaram. Eles desafiaram a ordem do
rei e estavam dispostos a morrer em vez de servir ou adorar
qualquer outro deus que não fosse seu próprio Deus. 29Por-
tanto, faço este decreto: Se qualquer pessoa, não importando
sua raça, nação ou língua, disser uma palavra contra o Deus
de Sadraque, Mesaque e Abede-Nego, ela será despedaçada,
e sua casa, transformada num monte de escombros. Não há
outro deus capaz de livrar dessa maneira!".
30Então o rei promoveu Sadraque, Mesaque e Abede-Nego a
cargos ainda mais elevados na província da Babilônia.

Nabucodonosor sonha com uma árvore

4 O rei Nabucodonosor enviou esta mensagem a povos de
todas as raças, nações e línguas em todo o mundo: "Paz
e prosperidade!
2Quero que todos saibam dos sinais e das maravilhas que o
Deus Altíssimo realizou em meu favor.
3Como são grandes seus sinais, como são poderosas suas ma-
ravilhas! Seu reino durará para sempre, e seu domínio, por
todas as gerações.
4"Eu, Nabucodonosor, vivia em meu palácio, com todo con-
forto e prosperidade. 5Certa noite, porém, tive um sonho que
me assustou; enquanto estava deitado em minha cama, tive
visões que me aterrorizaram. 6Por isso mandei chamar todos
os sábios da Babilônia, para que me dissessem o que meu
sonho significava. 7Quando todos os magos, encantadores,
astrólogos e adivinhos vieram, eu lhes contei meu sonho, mas
eles não foram capazes de me dizer o que ele significava. 8Fi-
nalmente, Daniel se apresentou diante de mim, e eu lhe contei
o sonho. (Ele se chama Beltessazar, em homenagem a meu
deus, e o espírito dos santos deuses está nele.)
9"Disse-lhe: 'Beltessazar, chefe dos magos, sei que o espírito
dos santos deuses está em você e que não há mistério que não
possa resolver. Agora, diga-me o que meu sonho significa.
10"'Enquanto estava deitado em minha cama, tive este sonho.
Vi uma grande árvore no meio da terra. 11A árvore cresceu e
ficou muito alta e forte; chegava até o céu e podia ser vista por
todo o mundo. 12Suas folhas eram verdes e novas, e ela era
cheia de frutos para todos comerem. Animais selvagens viviam

à sua sombra, e aves faziam ninhos em seus ramos. O mundo
todo se alimentava dessa árvore.
13“‘Então, enquanto eu sonhava, vi um mensageiro, um ser
santo, que descia do céu. 14O mensageiro gritou: ‘Derrubem
a árvore e cortem seus ramos! Arranquem suas folhas e es-
palhem seus frutos! Espantem os animais selvagens de sua
sombra e as aves, de seus ramos.
15Mas deixem na terra o toco, com suas raízes, preso com um
anel de ferro e bronze e cercado da relva verde. Que seja mo-
lhado pelo orvalho do céu e viva com os animais selvagens, em
meio às plantas do campo.
16Durante sete períodos, terá a mente de um animal selvagem
em vez de mente humana.
17Pois isso foi decretado pelos mensageiros; foi ordenado
pelos seres santos, para que todos saibam que o Altíssimo
domina sobre os reinos do mundo. Ele os dá a quem quer, até
mesmo à pessoa mais humilde”.
18“‘Beltessazar, esse foi o sonho que eu, o rei Nabucodonosor,
tive. Agora, diga-me o que ele significa, pois nenhum dos sá-
bios de meu reino foi capaz de interpretá-lo. Mas você pode
fazê-lo, pois o espírito dos santos deuses está em você’.”

Daniel interpreta o sonho

19“Ao ouvir isso, Daniel (também chamado Beltessazar), ficou
atônito por algum tempo, atemorizado com o significado do
sonho. Então o rei lhe disse: ‘Beltessazar, não se assuste com
o sonho, nem com o seu significado’. “Beltessazar respondeu:
‘Meu senhor, gostaria que os acontecimentos prenunciados
nesse sonho ocorressem a seus inimigos, e não ao rei! 20A
árvore que o rei viu crescia e ficava alta e forte; chegava até o
céu e podia ser vista por todo o mundo. 21Tinha folhas verdes
e novas e era cheia de frutos para todos comerem. Animais
selvagens viviam à sua sombra, e aves faziam ninhos em seus
ramos. 22Essa árvore é o próprio rei. Pois o rei cresceu e se
tornou forte e grande; sua grandeza chega até o céu, e seu
domínio, até os confins da terra.
23“‘Então o rei viu um mensageiro, um ser santo que descia do
céu e que disse: ‘Derrubem a árvore e destruam-na! Mas deixem
na terra o toco, com suas raízes, preso com um anel de ferro e
bronze e cercado da relva verde. Que seja molhado pelo orvalho
do céu e viva com os animais do campo por sete períodos’.
24“‘Este é o significado do sonho, ó rei, o que o Altíssimo de-
clarou que acontecerá a meu senhor, o rei. 25O rei será expulso
do convívio humano e viverá nos campos, com os animais sel-
vagens. Comerá capim, como os bois, e será molhado pelo
orvalho do céu. Viverá desse modo por sete períodos, até
entender que o Altíssimo domina sobre os reinos do mundo
e os dá a quem ele quer. 26As raízes e o toco, porém, foram
deixados na terra. Isso significa que o senhor receberá seu
reino de volta quando tiver aprendido que o céu domina.
27“‘Ó rei Nabucodonosor, aceite meu conselho. Pare de pecar
e faça o que é certo. Deixe seus pecados para trás e tenha
compaixão dos pobres. Quem sabe, então, o rei continuará
a prosperar’.”

O sonho se cumpre

28“Tudo isso, porém, aconteceu ao rei Nabucodonosor. 29Doze
meses depois, ele caminhava sobre o terraço de seu palácio na
Babilônia 30e disse: ‘Vejam a grande cidade da Babilônia! Com
meu próprio poder, construí esta cidade para ser o centro de
meu reino e para mostrar o esplendor de minha majestade’.
31“Enquanto essas palavras ainda estavam em sua boca, veio
do céu uma voz e disse: ‘Esta mensagem é para você, rei Nabu-
codonosor! Você não governa mais sobre este reino. 32Será ex-
pulso do convívio humano. Viverá nos campos com os animais
selvagens e comerá capim, como os bois. Viverá desse modo
por sete períodos, até que entenda que o Altíssimo domina
sobre os reinos do mundo e os dá a quem ele quer’.
33“Naquela mesma hora, a sentença se cumpriu e Nabucodo-
nosor foi expulso do convívio humano. Passou a comer capim,
como os bois, e foi molhado pelo orvalho do céu. Viveu desse
modo até seu cabelo crescer como as penas das águias e suas
unhas se parecerem com garras de pássaros.”

Nabucodonosor louva a Deus

34“Passado esse tempo, eu, Nabucodonosor, olhei para o céu.
Minha sanidade voltou, louvei e adorei o Altíssimo e honrei
aquele que vive para sempre. “Seu domínio é para sempre,
seu reino, por todas as gerações.
35Comparados a ele, os habitantes da terra são como nada.
Ele faz o que quer entre os anjos do céu e entre os habitantes
da terra. Ninguém pode detê-lo nem lhe dizer: ‘Por que fazes
essas coisas?’.
36“Quando minha sanidade voltou, também recuperei minha
honra e a majestade de meu reino. Meus conselheiros e nobres
me procuraram e fui restaurado ao meu reino, com muito mais
honra que antes.
37“Agora eu, Nabucodonosor, louvo, glorifico e honro o Rei dos
céus. Todos os seus atos são justos e verdadeiros, e ele tem
poder para humilhar os orgulhosos”.

A inscrição na parede

5 Muitos anos depois, o rei Belsazar deu um grande banquete
para mil de seus nobres e bebeu vinho com eles. 2Enquanto
Belsazar tomava vinho, ordenou que trouxessem as taças de
ouro e prata que seu antecessor, Nabucodonosor, havia tirado
do templo em Jerusalém. Queria beber nessas taças com seus
nobres, suas esposas e suas concubinas. 3Então trouxeram as
taças de ouro do templo, a casa de Deus em Jerusalém, e o
rei e seus nobres, suas esposas e concubinas beberam nelas.
4Enquanto tomavam o vinho, louvavam seus ídolos feitos de
ouro, prata, bronze, ferro, madeira e pedra.
5De repente, viram dedos de mão humana escreverem no re-
boco da parede do palácio real, perto do candelabro. O próprio
rei viu a mão enquanto ela escrevia, 6e seu rosto ficou pálido
de medo. Seus joelhos batiam um contra o outro, e suas pernas
vacilavam.
7Aos gritos, o rei mandou chamar os encantadores, os astró-
logos e os adivinhos. Disse aos sábios da Babilônia: “Quem

conseguir ler esta inscrição e me disser o que ela significa
será vestido com um manto vermelho, e em seu pescoço será
colocada uma corrente de ouro. Ele se tornará o terceiro em
importância em meu reino!".
8Quando todos os sábios do rei chegaram, nenhum deles foi
capaz de ler a inscrição nem de dizer o que ela significava. 9O
rei ficou muito assustado, e seu rosto, ainda mais pálido. Seus
nobres também ficaram abalados.
10A rainha-mãe soube do que estava acontecendo ao rei e seus
nobres e foi depressa à sala de banquetes. Disse ela a Bel-
sazar: "Que o rei viva para sempre! Não fique tão pálido e as-
sustado. 11Há em seu reino um homem que tem nele o espírito
dos santos deuses. Durante o reinado de Nabucodonosor, esse
homem demonstrou percepção, entendimento e sabedoria
como a dos deuses. Seu antecessor, o rei Nabucodonosor, o
nomeou chefe de todos os magos, encantadores, astrólogos
e adivinhos da Babilônia. 12Esse homem, Daniel, a quem o rei
deu o nome de Beltessazar, tem inteligência extraordinária e é
cheio de conhecimento e entendimento. É capaz de interpretar
sonhos, explicar enigmas e resolver problemas difíceis. Mande
chamar Daniel, e ele lhe dirá o que significa a inscrição".

Daniel interpreta a inscrição

13Daniel foi levado à presença do rei, que lhe perguntou:
"Você é Daniel, um dos exilados trazidos de Judá por meu
antecessor, o rei Nabucodonosor? 14Soube que o espírito dos
deuses está em você, e que é cheio de percepção, entendi-
mento e sabedoria. 15Meus sábios e encantadores tentaram
ler as palavras na parede e me dizer o que significam, mas
não conseguiram. 16Soube que você é capaz de interpretar
e resolver problemas difíceis. Se conseguir ler as palavras e
disser o que significam, será vestido com um manto vermelho,
e em seu pescoço será colocada uma corrente de ouro. Você se
tornará o terceiro em importância em meu reino".
17Daniel respondeu ao rei: "Guarde seus presentes ou en-
tregue-os a outra pessoa; mas eu lhe direi o que significa a
inscrição. 18Ó rei, o Deus Altíssimo deu soberania, majestade,
glória e honra a seu antecessor, Nabucodonosor. 19Ele o en-
grandeceu de tal modo que povos de todas as raças, nações
e línguas estremeciam de medo diante dele. Matava quem
ele queria matar e poupava quem ele queria poupar; honrava
quem ele queria honrar e humilhava quem ele queria humilhar.
20Quando, porém, seu coração e sua mente se encheram de
arrogância, ele foi tirado de seu trono e despojado de sua
glória. 21Foi expulso do convívio humano. Sua mente se tornou
como a de um animal, e ele viveu entre os jumentos selva-
gens. Passou a comer capim, como os bois, e foi molhado
pelo orvalho do céu, até entender que o Deus Altíssimo domina
sobre todos os reinos do mundo e nomeia quem ele quer para
governar sobre eles.
22"Ó Belsazar, o senhor é sucessor dele e sabia de tudo isso,
mas mesmo assim não se humilhou. 23Desafiou o Senhor dos
céus e mandou trazer essas taças do templo. O rei, seus no-
bres, suas esposas e suas concubinas beberam vinho dessas
taças enquanto louvavam deuses de prata, ouro, bronze,
ferro, madeira e pedra, deuses que não veem, não ouvem,
nem sabem coisa alguma. Mas o rei não honrou ao Deus que
lhe dá fôlego de vida e controla seu destino. 24Por isso Deus
enviou a mão que escreveu a mensagem.
25"Esta é a mensagem que foi escrita: MENE, MENE, TEQUEL
e PARSIM. 26E este é o significado das palavras: *Mene*: Deus
contou os dias de seu reinado e determinou seu fim.
27*Tequel*: Você foi pesado na balança e não atingiu o peso
necessário.
28*Parsim*: Seu reino será dividido e entregue aos medos e aos
persas".
29Então, por ordem de Belsazar, vestiram Daniel com um
manto vermelho, colocaram em seu pescoço uma corrente
de ouro e o declararam o terceiro em importância no reino.
30Naquela mesma noite, Belsazar, rei da Babilônia, foi morto.
31E Dario, o medo, tinha 62 anos quando se apoderou do reino.

Daniel na cova dos leões

6 O rei Dario resolveu dividir o reino em 120 províncias e no-
meou um alto funcionário para governar cada uma delas.
2O rei também escolheu como administradores Daniel e outros
dois homens, para que supervisionassem os altos funcionários
e protegessem os interesses do rei. 3Em pouco tempo, Daniel
se mostrou mais capaz que todos os outros administradores e
altos funcionários. Por causa da grande capacidade de Daniel,
o rei planejava colocá-lo à frente de todo o reino.
4Os outros administradores e altos funcionários começaram a
procurar falhas no modo como Daniel conduzia as questões de
governo, mas nada encontraram para criticar ou condenar. Ele
era leal, sempre responsável e digno de confiança. 5Por isso,
concluíram: "Nossa única chance de encontrar algum motivo
para acusar Daniel será em relação às leis de seu Deus".
6Então os administradores e os altos funcionários foram até
o rei e lhe disseram: "Que o rei Dario viva para sempre! 7Nós
administradores, oficiais, altos funcionários, conselheiros e
governadores estamos todos de acordo que o rei deve decretar
uma lei a ser cumprida rigorosamente. Dê ordens para que,
nos próximos trinta dias, qualquer pessoa que orar a alguém,
divino ou humano, exceto ao rei, seja lançada na cova dos
leões. 8Agora, ó rei, decrete e assine essa lei para que não
possa ser mudada, como lei oficial dos medos e dos persas,
que não pode ser revogada". 9E o rei Dario assinou a lei.
10Quando Daniel soube que a lei tinha sido assinada, foi para
casa e, como de costume, ajoelhou-se no quarto no andar de
cima, com as janelas abertas na direção de Jerusalém. Orava
três vezes por dia e dava graças a seu Deus. 11Os oficiais foram
juntos à casa de Daniel e o encontraram orando e pedindo
ajuda a Deus. 12Então foram diretamente ao rei e o lembraram
da lei: "O rei não assinou um decreto ordenando que qualquer
um que orasse a alguém, divino ou humano, exceto ao rei,
fosse lançado na cova dos leões?". "Sim", respondeu o rei.
"Essa decisão está em vigor; é uma lei oficial dos medos e dos
persas, que não pode ser revogada."

13 Então disseram ao rei: "Aquele homem, Daniel, um dos exi-
lados de Judá, não dá importância ao rei nem à sua lei. Con-
tinua a orar ao Deus dele três vezes por dia".
14 Quando o rei ouviu isso, ficou muito angustiado e procurou
uma forma de salvar Daniel. Passou o resto do dia pensando
num modo de livrá-lo dessa situação.
15 À noite, os homens foram juntos ao rei e disseram: "Ó rei,
o senhor sabe que, conforme a lei dos medos e dos persas,
nenhum decreto que o rei assina pode ser revogado".
16 Por fim, o rei deu ordens para que Daniel fosse preso e lan-
çado na cova dos leões. O rei lhe disse: "Que seu Deus, a quem
você serve fielmente, o livre".
17 Então trouxeram uma pedra e a colocaram sobre a abertura
da cova. O rei selou a pedra com seu anel e com os anéis de
seus nobres, para que ninguém pudesse resgatar Daniel. 18 O
rei voltou a seu palácio e passou a noite em jejum. Não quis
nenhum dos divertimentos habituais e não conseguiu dormir
a noite inteira.
19 De manhã bem cedo, levantou-se e foi apressadamente à
cova dos leões. 20 Quando chegou lá, gritou angustiado: "Da-
niel, servo do Deus vivo! O Deus a quem você serve tão fiel-
mente pôde livrá-lo dos leões?".
21 Daniel respondeu: "Que o rei viva para sempre! 22 Meu Deus
enviou seu anjo para fechar a boca dos leões de modo que não
me fizessem mal, pois fui considerado inocente aos olhos de
Deus. Também não fiz coisa alguma contra o senhor, ó rei".
23 O rei ficou muito alegre e ordenou que tirassem Daniel da
cova. Não havia sequer um arranhão nele, pois havia confiado
em seu Deus.
24 Em seguida, o rei ordenou que prendessem os homens que
haviam acusado Daniel. Ordenou que fossem lançados na cova
dos leões junto com suas esposas e seus filhos. Os leões os
atacaram e os despedaçaram antes que chegassem ao fundo
da cova.
25 Então o rei Dario enviou esta mensagem a povos de todas
as raças, nações e línguas em todo o mundo: "Paz e pros-
peridade!
26 "Decreto que todos em meu reino devem tremer de medo
diante do Deus de Daniel. Pois ele é o Deus vivo e permanecerá
para sempre. Seu reino jamais será destruído, e seu domínio
não terá fim.
27 Ele livra e salva seu povo; realiza sinais e maravilhas nos
céus e na terra. Foi ele que livrou Daniel do poder dos leões".
28 Assim, Daniel prosperou durante o reinado de Dario e du-
rante o reinado de Ciro, o persa.

Visão das quatro bestas

7 Anteriormente, durante o primeiro ano do reinado de Bel-
sazar, rei da Babilônia, Daniel teve um sonho e visões en-
quanto estava deitado em sua cama. Escreveu o que havia
sonhado e foi isto que viu.
2 Naquela noite em minha visão, eu, Daniel, vi uma tempestade
que agitava o grande mar, com ventos fortes que sopravam
de todas as direções. 3 Então, saíram da água quatro bestas
enormes, cada uma diferente das demais.
4 A primeira besta era como um leão com asas de águia. En-
quanto eu observava, suas asas foram arrancadas e ela ficou
em pé no chão, sobre as duas patas traseiras, como um ser
humano. E lhe foi dada mente humana.
5 Vi, então, a segunda besta, e ela se parecia com um urso.
Levantou-se sobre um dos lados e tinha na boca, entre os
dentes, três costelas. E lhe foi dito: "Levante-se! Devore a
carne de muitos!".
6 Em seguida, surgiu a terceira dessas bestas, que se parecia
com um leopardo. Tinha quatro asas de ave nas costas e quatro
cabeças. E lhe foi dada grande autoridade.
7 Então, em minha visão naquela noite, vi uma quarta besta,
terrível, assustadora e muito forte. Devorava e despedaçava
suas vítimas com grandes dentes de ferro e esmagava os
restos debaixo de seus pés. Era diferente das outras três e
tinha dez chifres.
8 Enquanto eu olhava para os chifres, de repente apareceu
no meio deles outro chifre pequeno. Três dos chifres maiores
foram arrancados pela raiz para dar lugar a ele. Esse chifre
pequeno tinha olhos, como de homem, e uma boca que falava
com arrogância.
9 Enquanto eu observava, foram colocados alguns tronos, e o
Ancião se sentou para julgar. Suas roupas eram brancas como
a neve, e seu cabelo, como a mais pura lã. Sentava-se num
trono de fogo, com rodas de chamas ardentes, 10 e um rio de
fogo brotava de sua presença. Milhões de anjos o serviam,
muitos milhões estavam diante dele. O tribunal iniciou o julga-
mento, e os livros foram abertos.
11 Continuei a observar, pois podia ouvir as palavras arrogantes
do pequeno chifre. Fiquei olhando até que a quarta besta foi
morta e seu corpo, destruído e lançado ao fogo. 12 Então foi
tirada a autoridade das outras três bestas, mas elas tiveram
permissão de viver por mais algum tempo.
13 Depois, em minha visão naquela noite, vi alguém semelhante
a um filho de homem vindo com as nuvens do céu. Ele se apro-
ximou do Ancião e foi conduzido à sua presença. 14 Recebeu au-
toridade, honra e soberania, para que povos de todas as raças,
nações e línguas lhe obedecessem. Seu domínio é eterno; não
terá fim. Seu reino jamais será destruído.

A visão é explicada

15 Eu, Daniel, fiquei perturbado com tudo que tinha visto, e
minhas visões me aterrorizaram. 16 Por isso aproximei-me de
um dos que estavam em pé junto ao trono e perguntei o que
tudo aquilo significava. Ele explicou: 17 "Essas quatro grandes
bestas representam quatro reinos que surgirão da terra. 18 No
final, porém, o reino será entregue ao povo santo do Altíssimo,
e eles dominarão para todo o sempre".
19 Então eu quis saber o verdadeiro significado da quarta besta,
tão diferente das demais e tão aterrorizante. Ela havia devo-
rado e despedaçado suas vítimas com dentes de ferro e garras
de bronze e esmagado os restos com os pés. 20 Também quis

saber sobre os dez chifres em sua cabeça e o pequeno chifre
que surgiu depois e derrubou três dos outros chifres. Esse
chifre parecia mais forte que os demais e tinha olhos humanos
e uma boca que falava com arrogância. 21Enquanto eu obser-
vava, esse chifre guerreava contra o povo santo de Deus e o
derrotava, 22até que o Ancião, o Altíssimo, veio e pronunciou a
sentença em favor de seu povo santo. Então chegou o tempo
de o povo santo tomar posse do reino.
23Depois ele me disse: "A quarta besta é o quarto reino que
dominará a terra, e será diferente de todos os outros. Devorará
o mundo inteiro, pisoteará e esmagará tudo que estiver em
seu caminho. 24Seus dez chifres são dez reis que governarão
esse império. Então surgirá outro rei, diferente dos dez, que
subjugará três reis. 25Ele desafiará o Altíssimo e oprimirá o
povo santo do Altíssimo. Tentará mudar suas festas sagradas
e suas leis, e eles serão colocados sob o controle dele por um
tempo, tempos, e meio tempo.
26"Contudo, o tribunal o julgará, e todo o seu poder será tirado
e completamente destruído. 27Então serão dados ao povo santo
do Altíssimo a soberania, o poder e a grandeza de todos os
reinos debaixo dos céus. O reino do Altíssimo permanecerá para
sempre, e todos os governantes o servirão e lhe obedecerão".
28Assim terminou a visão. Eu, Daniel, fiquei aterrorizado por
causa de meus pensamentos e meu rosto ficou pálido de
medo, mas não contei essas coisas a ninguém.

Visão de um carneiro e de um bode

8 Durante o terceiro ano do reinado de Belsazar, eu, Daniel,
tive outra visão, depois da primeira. 2Nessa visão eu estava
na fortaleza de Susã, na província de Elão, em pé junto ao
rio Ulai.
3Quando levantei os olhos, vi um carneiro com dois chifres
compridos, em pé junto ao rio. Um dos chifres era mais com-
prido que o outro, embora tivesse crescido depois do outro.
4O carneiro dava chifradas em tudo em seu caminho para o
oeste, para o norte e para o sul, e ninguém conseguia detê-lo
nem ajudar suas vítimas. Ele fazia o que queria e se tornou
muito poderoso.
5Enquanto eu observava, de repente um bode surgiu do oeste
e atravessou a terra com tanta rapidez que nem sequer tocou
o chão. Esse bode, que tinha um chifre enorme entre os olhos,
6foi na direção do carneiro de dois chifres que eu tinha visto
em pé junto ao rio, e avançou sobre ele cheio de fúria. 7O bode
atacou o carneiro furiosamente e o atingiu com um golpe que
quebrou seus dois chifres. O carneiro ficou sem forças para
resistir, e o bode o derrubou e o pisoteou. Ninguém foi capaz
de livrar o carneiro do poder do bode.
8O bode se tornou muito poderoso, mas, no auge de seu poder,
seu grande chifre foi quebrado. No lugar dele nasceram quatro
chifres proeminentes, que apontavam para as quatro direções
da terra. 9Então, de um dos chifres proeminentes surgiu um
pequeno chifre, cujo poder se tornou muito grande. Esten-
deu-se para o sul e para o leste e em direção à terra gloriosa.
10Seu poder chegou aos céus, onde atacou o exército celestial,
lançou à terra alguns do exército e algumas das estrelas e os
pisoteou. 11Chegou a desafiar o Comandante do exército celes-
tial ao suspender os sacrifícios diários oferecidos a ele e des-
truir seu templo. 12Ao exército celestial não foi permitido reagir
a essa rebelião. Portanto, o sacrifício diário foi interrompido,
e a verdade, derrotada. O chifre teve êxito em tudo que fez.
13Então ouvi dois seres santos conversando entre si. Um deles
perguntou: "Quanto tempo durarão os acontecimentos dessa
visão? Até quando a rebelião que causa profanação impedirá
os sacrifícios diários? Até quando o templo e o exército celes-
tial serão pisoteados?".
14O outro respondeu: "Levará 2.300 tardes e manhãs; então o
templo será restaurado".

Gabriel explica a visão

15Enquanto eu, Daniel, tentava entender o significado dessa
visão, alguém que parecia um homem parou diante de mim.
16E ouvi uma voz humana vinda do rio Ulai gritar: "Gabriel,
explique a este homem o significado da visão!".
17Quando Gabriel se aproximou de onde eu estava, fiquei tão
aterrorizado que me prostrei com o rosto no chão. Ele disse:
"Filho de homem, você precisa entender que os aconteci-
mentos da visão se referem ao tempo do fim".
18Enquanto ele falava, desmaiei e caí com o rosto no chão.
Gabriel me despertou com um toque e me ajudou a ficar em pé.
19Então ele disse: "Estou aqui para lhe contar o que acontecerá
depois, no tempo da ira, pois aquilo que você viu se refere ao
fim dos tempos. 20O carneiro com dois chifres representa os
reis da Média e da Pérsia. 21O bode peludo representa o rei da
Grécia, e o grande chifre entre os olhos dele representa o pri-
meiro rei do império grego. 22Os quatro chifres proeminentes
que apareceram no lugar do chifre grande mostram que o im-
pério grego se dividirá em quatro reinos, mas nenhum deles
será tão grande quanto o primeiro.
23"No final de seu reinado, quando o pecado estiver no auge,
subirá ao poder um rei feroz, mestre de intrigas. 24Ele se tor-
nará muito forte, mas não por seu próprio poder. Causará
terrível destruição e terá êxito em tudo que fizer. Destruirá
líderes poderosos e devastará o povo santo. 25Será um mestre
do engano e se tornará arrogante; destruirá muitos sem aviso.
Chegará a enfrentar na batalha o Príncipe dos príncipes, mas
será quebrado, embora não por força humana.
26"Essa visão das 2.300 tardes e manhãs é verdadeira. Guarde,
porém, a visão em segredo, pois esses acontecimentos só
ocorrerão depois de muito tempo".
27Então eu, Daniel, fiquei abatido e doente por vários dias.
Depois, levantei-me e voltei a tratar dos negócios do rei, mas a
visão me deixou muito perturbado e não consegui entendê-la.

A oração de Daniel por seu povo

9 Era o primeiro ano do reinado de Dario, o medo, filho de
Assuero, que se tornou rei dos babilônios. 2Nesse primeiro
ano, eu, Daniel, ao estudar a palavra do SENHOR revelada ao
profeta Jeremias, compreendi que Jerusalém devia perma-

necer desolada por setenta anos. 3Então me voltei para o Senhor Deus e supliquei a ele com oração e jejum. Também vesti pano de saco e coloquei cinzas sobre a cabeça.

4Orei ao SENHOR, meu Deus, e confessei: "Ó Senhor, és Deus grande e temível! Tu guardas tua aliança de amor leal para com os que te amam e obedecem a teus mandamentos. 5Contudo, nós pecamos e fizemos o mal. Fomos rebeldes contra ti e desprezamos teus mandamentos e estatutos. 6Não demos ouvidos a teus servos, os profetas, que falaram em teu nome a nossos reis, príncipes, antepassados e a todo o povo da terra.

7"Senhor, tu és justo; mas, como vês, nosso rosto está coberto de vergonha. Todos estamos envergonhados, incluindo os habitantes de Judá e de Jerusalém e todo o Israel, espalhados em lugares próximos e distantes, para onde tu nos enviaste por causa de nossa deslealdade contigo. 8Ó SENHOR, nós, nossos reis, príncipes e antepassados estamos cobertos de vergonha porque pecamos contra ti. 9Mas o Senhor, nosso Deus, é misericordioso e perdoador, embora tenhamos nos rebelado contra ele. 10Não obedecemos ao SENHOR, nosso Deus, pois não seguimos as leis que ele nos deu por meio de seus servos, os profetas. 11Todo o Israel desobedeceu às tuas leis, desviou-se e não quis ouvir tua voz. "Por isso, agora as maldições solenes e os juízos escritos na lei de Moisés, servo de Deus, foram derramados sobre nós por causa de nosso pecado. 12Tu cumpriste tua palavra e fizeste conosco e com nossos governantes exatamente como havias advertido. Nunca houve calamidade tão terrível quanto a que aconteceu em Jerusalém. 13Todas as maldições escritas contra nós na lei de Moisés se cumpriram. E, no entanto, não quisemos buscar a misericórdia do SENHOR, nosso Deus, não nos afastamos de nossos pecados nem reconhecemos sua verdade. 14Portanto, o SENHOR trouxe sobre nós a calamidade que havia preparado. O SENHOR, nosso Deus, foi justo em fazer todas essas coisas, pois não lhe obedecemos.

15"Ó Senhor, nosso Deus, tu trouxeste honra duradoura para teu nome ao resgatar teu povo do Egito com grande demonstração de poder. Mas nós pecamos e estamos cheios de maldade. 16De acordo com toda a tua justiça, Senhor, desvia tua ira furiosa de Jerusalém, tua cidade e teu santo monte. Como resultado de nossos pecados e dos pecados de nossos antepassados, todas as nações vizinhas zombam de Jerusalém e de teu povo.

17"Ó nosso Deus, ouve a oração de teu servo; ouve minha súplica. Por causa de ti mesmo, Senhor, volta a olhar com bondade para teu santuário desolado.

18"Ó meu Deus, inclina-te e ouve-me; abre teus olhos e vê nossa desolação. Vê como nossa cidade, a cidade que leva teu nome, está em ruínas. Fazemos esta súplica não porque merecemos, mas por causa de tua misericórdia.

19"Ó Senhor, ouve; ó Senhor, perdoa; ó Senhor, atende-nos e age! Por causa de ti mesmo, não te demores, ó meu Deus, pois teu povo e tua cidade carregam teu nome".

A mensagem de Gabriel a respeito do Ungido

20Continuei a orar e a confessar meu pecado e o pecado de meu povo, Israel, suplicando ao SENHOR, meu Deus, por Jerusalém, seu santo monte. 21Enquanto eu orava, Gabriel, que eu tinha visto na visão anterior, veio a mim depressa, na hora do sacrifício da tarde. 22Ele explicou: "Daniel, vim lhe dar percepção e entendimento. 23Assim que você começou a orar, foi dada uma ordem, e agora estou aqui para lhe dizer qual foi essa ordem, pois você é muito precioso para Deus. Ouça com atenção para entender o significado de sua visão.

24"Um período de setenta semanas de sete foi decretado ao seu povo e à sua cidade santa para dar fim à rebelião, acabar com o pecado, fazer expiação por sua culpa, trazer justiça eterna, confirmar a visão profética e ungir o lugar santíssimo.

25Agora ouça e entenda! Passarão sete semanas, mais 62 semanas desde que for dada a ordem para reconstruir Jerusalém até a chegada do governante, o Ungido. Apesar dos tempos difíceis, Jerusalém será reconstruída com ruas e fortes defesas.

26"Depois desse período de 62 semanas de sete, o Ungido será morto, e nada dele restará. Surgirá um governante cujos exércitos destruirão a cidade e o templo. O fim chegará com uma inundação, e a guerra e seus sofrimentos estão decretados desde esse tempo até o fim. 27O governante fará um tratado com muitos por um período de uma semana, mas depois de metade desse tempo ele acabará com os sacrifícios e com as ofertas. E, numa parte do templo, ele colocará uma terrível profanação, até que o destino declarado para esse profanador seja finalmente derramado sobre ele".

Visão do mensageiro

10 No terceiro ano do reinado de Ciro, rei da Pérsia, Daniel (também chamado Beltessazar) teve outra visão. Ele entendeu que essa visão era verdadeira e se referia a certos acontecimentos que ocorreriam no futuro, tempos de guerra e de grande dificuldade.

2Eu, Daniel, recebi essa visão depois de passar três semanas de luto. 3Durante todo esse tempo, não havia comido nada saboroso. Não tinha provado nenhuma carne e nenhum vinho e não tinha usado nenhuma loção perfumada até passarem as três semanas.

4Em 23 de abril daquele ano, estava em pé próximo ao grande rio Tigre. 5Levantei os olhos e vi um homem vestido com roupas de linho e um cinto de ouro puro. 6Seu corpo era semelhante a uma pedra preciosa. Seu rosto faiscava como relâmpago, e seus olhos eram como tochas acesas. Seus braços e seus pés brilhavam como bronze polido, e sua voz era como o som de uma grande multidão.

7Somente eu, Daniel, tive essa visão. Os homens que estavam comigo não viram coisa alguma. De repente, porém, eles se encheram de terror e correram para se esconder. 8Assim, fiquei ali sozinho e tive essa visão extraordinária. Perdi as forças, fiquei muito pálido e quase desfaleci. 9Então ouvi o homem falar e, ao som de sua voz, perdi os sentidos e fiquei ali estendido, com o rosto no chão.

10Nesse instante, a mão de alguém me tocou e me pôs, ainda trêmulo, sobre minhas mãos e meus joelhos. 11E o homem me

disse: "Daniel, você é muito precioso para Deus; por isso,
ouça com atenção o que tenho a lhe dizer. Levante-se, pois
fui enviado a você". Quando ele me disse isso, me levantei,
ainda tremendo.
12Em seguida, ele disse: "Não tenha medo, Daniel. Pois, desde
o primeiro dia em que você começou a orar por entendimento
e a se humilhar diante de seu Deus, seu pedido foi ouvido. Eu
vim em resposta à sua oração. 13Por 21 dias, porém, o príncipe
do reino da Pérsia me impediu. Então Miguel, um dos príncipes
mais importantes, veio me ajudar, e eu o deixei ali com os reis
da Pérsia. 14Agora estou aqui para explicar o que acontecerá
com seu povo no futuro, pois essa visão se refere a um tempo
que ainda está por vir".
15Enquanto ele falava comigo, eu olhava para o chão, sem con-
seguir dizer uma única palavra. 16Então aquele que se parecia
com um homem tocou meus lábios, e eu abri a boca e comecei
a falar. Disse àquele que estava diante de mim: "Meu senhor,
estou angustiado por causa da visão que tive, e me sinto muito
fraco. 17Como é possível alguém como eu, seu servo, falar com
meu senhor? Minhas forças se foram, e mal consigo respirar".
18Então aquele que se parecia com um homem tocou em mim
novamente, e senti minhas forças voltarem. 19"Não tenha
medo", ele disse, "pois você é muito precioso para Deus. Que
a paz esteja com você! Tenha ânimo! Seja forte!" Enquanto ele
falava, logo me senti mais forte e disse: "Fale, meu senhor,
pois me fortaleceu".
20Então ele disse: "Você sabe por que eu vim? Em breve terei
de voltar para lutar com o príncipe do reino da Pérsia e, depois
disso, virá o príncipe do reino da Grécia. 21Mas agora lhe direi
o que está escrito no Livro da Verdade. (Ninguém me ajuda na
luta contra esses príncipes, exceto Miguel, o príncipe de vocês.

11 Tenho acompanhado Miguel para apoiá-lo e fortalecê-lo
desde o primeiro ano do reinado de Dario, o medo.)

Reis do sul e do norte

2"Agora, portanto, eu lhe revelarei a verdade. Outros três reis
persas reinarão e serão sucedidos pelo quarto rei, muito mais
rico que os outros. Ele usará sua riqueza para instigar todos a
lutarem contra o reino da Grécia.
3"Então surgirá um rei poderoso, que governará com grande
autoridade e realizará tudo que desejar fazer. 4Mas, no auge
de seu poder, seu reino será quebrado e dividido em quatro
partes. Não será governado pelos descendentes do rei e o
reino não terá a mesma autoridade de antes, pois seu império
será arrancado fora e entregue a outros.
5"O rei do sul se tornará poderoso, mas um de seus oficiais
se tornará ainda mais poderoso e governará seu reino com
grande força.
6"Alguns anos depois, será formada uma aliança entre o rei
do norte e o rei do sul. A filha do rei do sul se casará com o rei
do norte para garantir a aliança, mas tanto ela como seu pai
perderão a influência sobre ele. Ela será abandonada, junto
com aqueles que a apoiam. 7Mas, quando um de seus parentes
se tornar o rei do sul, ele reunirá um exército, entrará na forta-
leza do rei do norte e o derrotará. 8Quando ele voltar ao Egito,
levará os ídolos deles, e também objetos valiosos de ouro e
prata. Por alguns anos, deixará o rei do norte em paz.
9"Mais tarde, o rei do norte invadirá o reino do sul, mas logo
voltará para sua terra. 10Os filhos do rei do norte, porém, re-
unirão um exército poderoso que avançará como uma inun-
dação e levará a batalha até a fortaleza do inimigo.
11"Enfurecido, o rei do sul sairá para lutar contra o grande
exército reunido pelo rei do norte e o derrotará. 12Depois que
o exército inimigo for vencido, o rei do sul se tornará orgulhoso
e executará muitos milhares de inimigos; sua vitória, porém,
não durará muito tempo.
13"Alguns anos depois, o rei do norte voltará com um exército
bem equipado, muito maior que antes. 14Nessa ocasião, ha-
verá uma rebelião geral contra o rei do sul. Homens violentos
de seu povo, Daniel, se juntarão a eles em cumprimento desta
visão, mas serão derrotados. 15Então o rei do norte virá e cer-
cará uma cidade fortificada e a conquistará. Nem as melhores
tropas do sul conseguirão resistir a esse ataque.
16"O rei do norte continuará a avançar sem oposição; ninguém
será capaz de resistir-lhe. Ele se deterá na terra gloriosa, deci-
dido a destruí-la. 17Fará planos de vir com a força de todo o seu
reino e formará uma aliança com o rei do sul. Dará sua filha em
casamento a fim de derrubar o reino, mas seu plano falhará.
18"Depois disso, voltará sua atenção para o litoral e conquis-
tará muitas cidades. No entanto, um comandante de outra
terra acabará com sua insolência e o fará retirar-se, envergo-
nhado. 19Ele se refugiará em sua própria fortaleza, mas trope-
çará e nunca mais será visto.
20"Seu sucessor enviará um cobrador de impostos para manter
o esplendor real. Depois de um breve reinado, porém, ele mor-
rerá, mas não como resultado de ira nem na batalha.
21"O próximo a subir ao poder será um homem desprezível, que
não faz parte da linhagem real. Ele se infiltrará quando menos
se espera e assumirá o controle do reino por meio de intrigas.
22Diante dele, grandes exércitos serão arrasados, incluindo um
príncipe da aliança. 23Com promessas enganosas, fará várias
alianças. Apesar de ter apenas um punhado de seguidores,
ele se tornará forte. 24Sem aviso, entrará nas regiões mais
ricas da terra e distribuirá entre seus seguidores o despojo e
os bens dos ricos, coisa que seus antecessores nunca fizeram.
Fará planos para conquistar fortalezas, mas isso durará pouco
tempo.
25"Então juntará coragem e reunirá um grande exército contra
o rei do sul. Este sairá para a batalha, mas de nada adiantará,
pois haverá conspirações contra ele. 26Sua derrota será cau-
sada por gente de sua própria confiança. Seu exército será
arrasado, e muitos serão mortos. 27Decididos a fazer o mal,
esses reis tentarão enganar um ao outro enquanto estiverem
à mesa de negociações; mas isso não fará diferença alguma,
pois o fim chegará no tempo determinado.

28“O rei do norte voltará para casa com muitas riquezas. No
caminho, ele se colocará contra o povo da santa aliança e fará
grandes estragos antes de seguir viagem.
29“Então, no tempo determinado, ele voltará a invadir o sul,
mas dessa vez o resultado será diferente. 30Ele se assustará
com os navios de guerra do litoral oeste e voltará para casa.
Então descarregará sua ira sobre o povo da santa aliança e
recompensará os que abandonarem a aliança.
31“Seu exército tomará a fortaleza do templo, contaminará o
santuário, acabará com os sacrifícios diários e colocará ali uma
terrível profanação. 32Ele usará de adulação e conquistará os
que violaram a aliança; mas aqueles que conhecem seu Deus
serão fortes e resistirão.
33“Líderes sábios instruirão a muitos, mas esses mestres
morrerão pela espada e pelo fogo, ou serão capturados e
saqueados. 34Durante essas perseguições, receberão pouca
ajuda, e muitos que se juntarem a eles não serão sinceros. 35Al-
guns dos sábios serão vítimas de perseguição e, desse modo,
serão refinados, purificados e limpos até o tempo do fim, pois
o tempo determinado ainda está por vir.
36“O rei fará o que bem entender, se exaltará, afirmará ser
maior que todos os deuses e chegará a blasfemar contra o
Deus dos deuses. Terá êxito, mas apenas até que se complete
o tempo da ira; pois aquilo que foi determinado certamente
acontecerá. 37Ele não respeitará os deuses de seus antepas-
sados, nem o deus preferido das mulheres, nem deus algum,
pois dirá que é maior que todos eles. 38Em lugar deles, ado-
rará o deus da fortaleza, um deus que seus antepassados
não conheceram, e lhe dará honras com ouro, prata, pedras
preciosas e presentes caros. 39Dizendo contar com a ajuda
desse deus estrangeiro, atacará as fortalezas mais poderosas.
Honrará os que se sujeitarem a ele, os nomeará para cargos
de autoridade e dividirá a terra entre eles como recompensa.
40“Então, no tempo do fim, o rei do sul lutará contra o rei do
norte. O rei do norte atacará com carros de guerra e seus con-
dutores e com muitos navios. Invadirá várias terras e as arra-
sará como uma inundação. 41Entrará na terra gloriosa e muitas
nações cairão, mas Moabe, Edom e a maior parte de Amom
escaparão. 42Ele conquistará muitos países, e nem mesmo o
Egito escapará. 43Tomará para si o ouro, a prata e os tesouros
do Egito, e os líbios e os etíopes serão seus servos.
44“Mas, então, chegarão notícias do leste e do norte que o
deixarão alarmado, e ele partirá enfurecido para destruir e
aniquilar muitos. 45Armará suas tendas entre o monte santo e
glorioso e o mar. Enquanto estiver lá, porém, chegará a seu
fim, e ninguém o ajudará.”

O tempo do fim

12“Nessa época, Miguel, o grande príncipe que guarda
seu povo, se levantará. Haverá um tempo de angústia
como nunca houve desde que as nações vieram a existir. Nesse
tempo, porém, todos de seu povo que tiverem o nome escrito
no livro serão salvos. 2Muitos dos que estão mortos e enter-
rados ressuscitarão, alguns para a vida eterna e outros para
a vergonha e a desonra eterna. 3Os sábios brilharão intensa-
mente como o esplendor do céu, e os que conduzem muitos
à justiça resplandecerão como estrelas, para sempre. 4Mas
você, Daniel, mantenha esta profecia em segredo; sele o livro
até o tempo do fim, quando muitos correrão de um lado para
o outro e o conhecimento aumentará”.
5Então eu, Daniel, olhei e vi dois outros em pé em margens
opostas do rio. 6Um deles perguntou ao homem vestido de
linho, que agora estava sobre o rio: “Quanto tempo passará
até que terminem esses acontecimentos espantosos?”.
7O homem vestido de linho, que estava sobre o rio, levantou as
duas mãos em direção ao céu, pronunciou um juramento so-
lene àquele que vive para sempre e disse: “Passará um tempo,
tempos e meio tempo. Quando o povo santo finalmente for
quebrado, todas essas coisas se cumprirão”.
8Ouvi o que ele disse, mas não entendi o significado. Por isso,
perguntei: “Meu senhor, como estas coisas terminarão?”.
9Ele respondeu: “Agora vá, Daniel, pois aquilo que eu disse
será mantido em segredo e selado até o tempo do fim.
10Muitos serão purificados, limpos e refinados por essas prova-
ções. Os perversos, porém, continuarão em sua perversidade,
e nenhum deles entenderá. Somente os sábios compreenderão
seu significado.
11“A partir do momento em que o sacrifício diário for suspenso
e a terrível profanação for colocada ali, haverá 1.290 dias.
12Feliz aquele que esperar e permanecer até o fim dos 1.335
dias!
13“Quanto a você, siga seu caminho até o fim. Você descansará
e, no final dos dias, se levantará para receber sua herança”.

OSEIAS

1O Senhor revelou esta mensagem a Oseias, filho de Beeri,
durante os anos em que Uzias, Jotão, Acaz e Ezequias eram
reis de Judá, e Jeroboão, filho de Jeoás, era rei de Israel.

A esposa e os filhos de Oseias

2Quando o Senhor começou a falar a Israel por meio de Oseias,
disse-lhe: “Vá e case-se com uma prostituta, para que os filhos

dela sejam concebidos em prostituição. Isso mostrará como
Israel agiu como prostituta ao afastar-se do SENHOR".
3Então Oseias se casou com Gômer, filha de Diblaim. Ela ficou
grávida e deu um filho a Oseias. 4E o SENHOR disse: "Dê à
criança o nome de Jezreel, 'Deus semeia', pois estou prestes
a castigar a dinastia do rei Jeú para vingar os homicídios que
ele cometeu em Jezreel. Sim, acabarei com o reino de Israel.
5Nesse dia, destruirei seu poder militar no vale de Jezreel".
6Pouco tempo depois, Gômer engravidou novamente e deu à
luz uma filha. O SENHOR disse a Oseias: "Dê à sua filha o nome
de Lo-Ruama, 'Não Amada', pois não mostrarei mais amor ao
povo de Israel, nem lhe perdoarei. 7Contudo, mostrarei amor
ao povo de Judá. Eu, o SENHOR, seu Deus, os livrarei de seus ini-
migos, não com armas e exércitos, nem com cavalos e carros
de guerra, mas por meu poder".
8Depois de Gômer ter desmamado Lo-Ruama, ficou grávida
mais uma vez e deu à luz outro filho. 9E o SENHOR disse: "Dê-
-lhe o nome de Lo-Ami, 'Não Meu Povo', pois Israel não é meu
povo, e eu não sou seu Deus.
10"Virá o tempo, porém, em que o povo de Israel se tornará
como a areia à beira do mar, que não se pode contar. Então,
no lugar onde lhes foi dito: 'Vocês não são meu povo', se dirá:
'Vocês são filhos do Deus vivo'. 11Nesse tempo, o povo de Judá
e o povo de Israel se unirão. Escolherão para si um só líder e
voltarão juntos do exílio. Que grande dia será o dia em que
Deus semear seu povo novamente em sua terra!

2"Nesse dia, vocês chamarão seus irmãos de Ami, 'Meu
Povo', e chamarão suas irmãs de Ruama, 'Minhas Amadas'."

Acusações contra a esposa infiel

2"Apresentem acusações contra sua mãe, pois ela já não é
minha esposa, e eu já não sou seu marido. Digam-lhe que re-
mova do rosto a maquiagem de prostituta e que tire as roupas
que deixam os seios à mostra.
3Do contrário, eu a deixarei nua, como no dia em que nasceu.
Permitirei que morra de sede, como numa terra seca e desolada.
4E não amarei seus filhos, pois foram concebidos em pros-
tituição.
5Sua mãe é uma prostituta indecente que engravidou de forma
vergonhosa. Disse: 'Irei atrás de outros amantes e me venderei
a eles em troca de comida e água, em troca de roupas de lã e
de linho, em troca de azeite e bebidas'.
6"Por isso a cercarei com espinheiros; levantarei um muro à
frente dela para fazê-la se perder em seu caminho.
7Quando correr atrás de seus amantes, não os alcançará. Pro-
curará por eles, mas não os encontrará. Então pensará: 'Vol-
tarei para meu marido, pois com ele estava melhor que agora'.
8Ela não entende que tudo que tem foi dado por mim: o trigo,
o vinho novo, o azeite. Dei-lhe até mesmo prata e ouro, mas
ela ofereceu meus presentes a Baal.
9"Agora, porém, tomarei de volta o trigo e o vinho que lhe
providenciei a cada colheita. Tomarei as roupas de lã e de linho
que lhe dei para cobrir sua nudez.
10Eu a deixarei nua em público, à vista de todos os seus
amantes. Ninguém será capaz de livrá-la de minhas mãos.
11Acabarei com suas celebrações, com suas festas de lua nova
e seus sábados, com todos os seus feriados.
12Destruirei suas videiras e figueiras, que ela diz ter recebido
de seus amantes. Farei que se tornem densos matagais, onde
animais selvagens comerão os frutos.
13Eu a castigarei por todas as vezes que queimou incenso a
suas imagens de Baal, que colocou brincos e joias e saiu atrás
de seus amantes, mas se esqueceu de mim", diz o SENHOR.

O amor do SENHOR pela nação infiel de Israel

14"Contudo, eu a conquistarei de volta; ao deserto a levarei e
lhe falarei com carinho.
15Devolverei suas videiras e transformarei o vale de Acor numa
porta de esperança. Ela se entregará a mim, como fez há muito
tempo, quando era jovem, quando eu a libertei da escravidão
no Egito.
16Nesse dia", diz o SENHOR, "você me chamará de 'meu ma-
rido', e não de 'meu senhor'.
17Limparei de seus lábios os nomes de Baal, e você nunca mais
os pronunciará.
18Nesse dia, farei uma aliança com todos os animais selvagens,
com as aves do céu e com todos os animais que rastejam pelo
chão, para que não lhe façam mal. Removerei da terra todas
as armas de guerra, as espadas e os arcos, para que você viva
em paz e segurança.
19Eu me casarei com você para sempre, e lhe mostrarei retidão
e justiça, amor e compaixão.
20Serei fiel a você e a tornarei minha, e você conhecerá a mim,
o SENHOR.
21"Naquele dia, eu responderei", diz o SENHOR. "Responderei
aos céus, e os céus responderão à terra.
22A terra responderá aos clamores do trigo, das videiras e das
oliveiras. E eles, por sua vez, responderão: 'Deus semeia!'.
23Então semearei uma safra de israelitas e os farei crescer
para mim mesmo. Mostrarei amor por aquela que chamei
'Não Amada'. E àqueles que chamei 'Não Meu Povo', direi:
'Agora vocês são meu povo'. E eles responderão: 'Tu és nosso
Deus!'".

A esposa de Oseias é redimida

3Então o SENHOR me disse: "Vá e ame sua esposa outra vez,
embora ela cometa adultério com um amante. Isso mos-
trará que o SENHOR ainda ama Israel, ainda que o povo tenha
se voltado para outros deuses e sinta prazer em lhes trazer
ofertas".
2Assim, eu a comprei de volta por quinze peças de prata, um
barril grande de cevada e um odre de vinho. 3Então eu lhe
disse: "Você viverá em minha casa por muitos dias e deixará
de se prostituir. Durante esse tempo, não terá relações sexuais
com ninguém, e eu também esperarei por você".
4Isso mostra que Israel ficará um longo tempo sem rei nem
príncipe, sem sacrifícios nem colunas sagradas, sem sacer-

dotes nem ídolos. 5Depois disso, porém, o povo retornará e
buscará o SENHOR, seu Deus, e o descendente de Davi, seu
rei. Naquele tempo, tremerão em reverência ao SENHOR e à
sua bondade.

Acusações do SENHOR contra Israel

4 Ó israelitas, ouçam a palavra do SENHOR! O SENHOR apre-
sentou acusações contra vocês: "Não há fidelidade, nem
bondade, nem conhecimento de Deus em sua terra.
2Vocês fazem votos e não os cumprem; matam, roubam e co-
metem adultério. Há violência em toda parte, um homicídio
atrás do outro.
3Por isso sua terra está de luto, e todos desfalecem. Até os
animais selvagens, as aves do céu e os peixes do mar estão
desaparecendo.
4"Não apontem o dedo para outra pessoa, não tentem escapar
da culpa! Minha queixa é contra vocês, sacerdotes!
5Vocês tropeçarão em plena luz do dia, e seus profetas cairão
com vocês durante a noite; e eu destruirei Israel, sua mãe.
6Meu povo está sendo destruído porque não me conhece.
Porque vocês, sacerdotes, não querem me conhecer, eu não os
reconhecerei como meus sacerdotes. Porque se esqueceram
da lei de seu Deus, eu me esquecerei de seus filhos.
7Quanto maior o número de sacerdotes, mais eles pecam
contra mim. Trocaram a glória de Deus pela vergonha de ídolos.
8"Quando o povo traz suas ofertas pelo pecado, os sacerdotes
se alimentam. Por isso, eles se alegram quando o povo peca!
9E, assim como são os sacerdotes, assim é o povo. Por isso, a
ambos castigarei por seus atos perversos.
10Eles comerão, mas ainda sentirão fome; eles se prostituirão,
mas nada receberão, pois abandonaram o SENHOR
11para cometer adultério com outros deuses. "O vinho tirou o
entendimento de meu povo.
12Pedem conselho a pedaços de madeira, pensam que uma
vara lhes dirá o futuro. Seu desejo de ir atrás de ídolos os
tornou insensatos. Prostituíram-se cometendo adultério com
outros deuses e abandonando seu Deus.
13Oferecem sacrifícios a ídolos no alto dos montes; sobem as
colinas para queimar incenso à sombra agradável de carva-
lhos, álamos e terebintos. "Por isso suas filhas se voltam para
a prostituição, e suas noras cometem adultério.
14Mas por que eu as castigaria por sua prostituição e adultério?
Pois seus homens fazem a mesma coisa, pecando com prosti-
tutas de rua e dos santuários. Ó povo sem entendimento, você
segue rumo à destruição!
15"Embora você, Israel, se prostitua, que Judá não seja culpado
dessas coisas. Não participe da falsa adoração em Gilgal nem
em Bete-Áven, não faça juramentos ali em nome do SENHOR.
16A nação de Israel é rebelde como uma bezerra teimosa.
Acaso o SENHOR deve alimentá-la como um cordeiro em pastos
verdes?
17Deixe Israel de lado, pois se apegou à idolatria.
18Quando os governantes de Israel terminam de beber, saem
à procura de prostitutas; amam a vergonha mais que a honra.
19Por isso, um forte vento os levará para longe; seus sacrifícios
idólatras os envergonharão."

O fracasso dos líderes de Israel

5 "Ouçam isto, sacerdotes! Prestem atenção, líderes de Is-
rael! Escutem, membros da família real; foi pronunciada
a sentença contra vocês, pois conduziram meu povo a uma
armadilha, em Mispá e em Tabor.
2Os rebeldes promoveram grande matança, mas eu os casti-
garei pelo que fizeram.
3Conheço você, Efraim; não pode se esconder de mim, Israel.
Você me abandonou e se prostituiu; está inteiramente con-
taminado.
4Suas ações não lhe permitem voltar para seu Deus; a pros-
tituição domina seu coração, e você não conhece o SENHOR.
5"A arrogância de Israel dá testemunho contra ele; Israel e
Efraim tropeçarão sob o peso da culpa, e Judá também cairá
com eles.
6Quando vierem com seus rebanhos e gado para oferecer sa-
crifícios ao SENHOR, não o encontrarão, pois ele se afastou
deles.
7Traíram a honra do SENHOR ao gerar filhos que não lhe per-
tencem. Agora, por ocasião da lua nova, serão devorados,
juntamente com sua riqueza.
8"Soem o alarme em Gibeá! Toquem a trombeta em Ramá!
Deem o grito de guerra em Bete-Áven! Entrem na batalha,
guerreiros de Benjamim!
9Uma coisa é certa, Israel: no dia de seu castigo, você se tor-
nará um monte de ruínas.
10"Os líderes de Judá são trapaceiros e ladrões, por isso der-
ramarei minha ira sobre eles como água.
11O povo de Israel será esmagado e quebrado por meu juízo,
pois está decidido a adorar ídolos.
12Destruirei Israel como a traça acaba com a lã, tornarei Judá
tão fraca quanto madeira podre.
13"Quando Israel e Judá viram como estavam doentes, Israel
se voltou para a Assíria, para seu grande rei, mas ele não foi
capaz de curá-lo.
14Pois serei como um leão para Israel, como um leão novo e
forte para Judá, e os despedaçarei. Eu os levarei embora, e
não sobrará ninguém para resgatá-los.
15Então retornarei a meu lugar, até que reconheçam sua culpa
e voltem para mim. Pois, assim que vier o sofrimento, eles me
buscarão ansiosamente."

Chamado ao arrependimento

6 "Venham, voltemos para o SENHOR! Ele nos despedaçou,
agora irá nos sarar. Ele nos feriu, agora nos fará curativos.
2Em pouco tempo nos restaurará, e logo viveremos em sua
presença.
3Ah, como precisamos conhecer o SENHOR; busquemos conhe-
cê-lo! Ele nos responderá, tão certo como chega o amanhecer
ou vêm as chuvas da primavera."
4"Ó Israel e Judá, que farei com vocês? Seu amor se dissipa

como a neblina da manhã e desaparece como o orvalho à luz do sol.

5 Enviei meus profetas para despedaçar vocês, para matá-los com minhas palavras, com julgamentos inescapáveis como a luz.

6 Quero que demonstrem amor, e não que ofereçam sacrifícios. Quero que me conheçam, mais do que desejo holocaustos.

7 Como Adão, porém, vocês quebraram minha aliança e traíram minha confiança.

8 “Gileade é uma cidade de pecadores, cheia de marcas de sangue.

9 Sacerdotes são como bandos de assaltantes, de tocaia à espera de suas vítimas. Assassinam viajantes ao longo da estrada para Siquém e praticam todo tipo de perversidade.

10 Sim, vi algo horrível em Efraim e em Israel: meu povo se contaminou prostituindo-se com outros deuses!

11 “Ó Judá, uma colheita de castigo também espera por você, embora eu quisesse restaurar a situação de meu povo.”

Israel ama a maldade

7 “Desejo curar Israel, mas seus pecados são grandes demais; Samaria está cheia de mentirosos. Há ladrões do lado de dentro e bandidos do lado de fora.

2 Seu povo não percebe que eu o observo. Está cercado por seus atos pecaminosos, e eu vejo todos eles.

3 “Com suas maldades, divertem o rei, e os príncipes riem de suas mentiras.

4 São todos adúlteros, sempre ardendo de paixão. São como o forno mantido quente, enquanto o padeiro bate a massa.

5 No dia da festa do rei, os príncipes se embebedam com vinho e dão as mãos aos zombadores.

6 Seu coração é como um forno que arde com intriga. Sua trama queima a noite toda e, pela manhã, irrompe em chamas abrasadoras.

7 Como um forno ardente, consomem seus líderes. Matam seus reis, um após o outro, e ninguém clama a mim por socorro.

8 “O povo de Israel se mistura com outros povos e se torna imprestável como um bolo mal assado.

9 Estrangeiros consomem suas forças, mas eles não sabem disso. Seus cabelos ficam brancos, mas eles não se dão conta.

10 Sua arrogância testemunha contra eles, e, no entanto, não se voltam para o Senhor, seu Deus, nem buscam encontrá-lo.

11 “O povo de Israel se tornou como pombas tolas e sem juízo, que primeiro chamam o Egito e depois voam até a Assíria para pedir socorro.

12 Enquanto voam de um lado para o outro, lançarei sobre eles minha rede e os derrubarei como uma ave do céu; eu os castigarei por todo o mal que fizeram.

13 “Que aflição espera os que me abandonaram! Que morram, pois se rebelaram contra mim. Eu desejava resgatá-los, mas contaram mentiras a meu respeito.

14 Não clamam a mim de coração sincero; em vez disso, gemem angustiados em suas camas. Cortam-se ritualmente e suplicam por trigo e vinho novo, mas de mim se afastam.

15 Eu os instruí e os fortaleci, mas agora tramam o mal contra mim.

16 Olham para toda parte, menos para o Altíssimo; são inúteis, como um arco defeituoso. Seus líderes serão mortos por seus inimigos, por causa de sua insolência contra mim. Então o povo do Egito rirá deles.”

Israel colhe vendaval

8 “Soem o alarme! O inimigo desce como águia sobre o templo do Senhor. Pois o povo quebrou minha aliança e se rebelou contra minha lei.

2 Agora, Israel clama a mim: ‘Socorre-nos, pois és nosso Deus!’.

3 Mas os israelitas rejeitaram o bem, e agora o inimigo os persegue.

4 Nomearam reis sem que eu consentisse e escolheram príncipes sem minha aprovação. Fizeram para si ídolos de prata e ouro e assim provocaram a própria destruição.

5 “Ó Samaria, rejeito o bezerro que você fez! Minha ira arde contra você; até quando será incapaz de se manter inocente?

6 Esse bezerro que você adora, ó Israel, foi feito por suas próprias mãos; ele não é Deus! Portanto, deve ser despedaçado.

7 “Semearam ventos e colherão vendaval. Os talos de trigo murcharão e não produzirão alimento. E, mesmo que haja trigo, os estrangeiros o comerão.

8 O povo de Israel foi engolido; está abandonado entre as nações, como utensílio que ninguém quer.

9 Como jumento selvagem no cio, subiram até a Assíria. O povo de Israel se vendeu a muitos amantes.

10 Embora tenham se vendido às nações, agora eu os reunirei para o julgamento. Começarão a definhar sob a opressão do grande rei.

11 “O povo de Israel construiu muitos altares para remover o pecado, mas esses mesmos altares se tornaram lugares para pecar.

12 Embora eu lhes tenha dado minhas leis, agem como se elas não se aplicassem a eles.

13 Gostam de oferecer sacrifícios e comer de sua carne, mas eu não aceito esses sacrifícios. Pedirei conta de seus pecados e os castigarei; eles voltarão para o Egito.

14 Israel se esqueceu de seu Criador e construiu grandes palácios, e Judá fortificou suas cidades. Por isso, enviarei fogo sobre suas cidades e queimarei suas fortalezas.”

Oseias anuncia o castigo de Israel

9 Ó povo de Israel, não se alegre como as outras nações. Pois vocês foram infiéis a seu Deus e se venderam como prostituta ao adorar outros deuses em toda eira de cereal.

2 Agora, suas colheitas não bastarão para alimentá-los; não haverá uvas para fazer vinho novo.

3 Vocês não permanecerão na terra do Senhor; em vez disso, voltarão para o Egito e, na Assíria, comerão alimentos impuros.

4 Ali não apresentarão ofertas de vinho ao Senhor; seus sacrifícios não o agradarão. Serão impuros, como o alimento

tocado por uma pessoa de luto; todos que apresentarem esses
sacrifícios se contaminarão. Eles próprios comerão o alimento,
mas não poderão oferecê-lo ao SENHOR.
5O que oferecerão nos feriados sagrados? Como celebrarão
as festas do SENHOR?
6Mesmo que escapem da destruição nas mãos da Assíria, o
Egito os conquistará, e Mênfis os sepultará. A urtiga cobrirá
seus tesouros de prata, e espinhos invadirão as ruínas de suas
casas.
7Chegou o tempo do castigo de Israel, o dia do acerto de
contas; sim, Israel se dará conta disso. Por causa de seu grande
pecado e sua hostilidade, vocês dizem: "Os profetas enlouque-
ceram, e os homens inspirados não passam de tolos!".
8O profeta é um vigia sobre Israel para meu Deus, mas, por
onde vai, encontra armadilhas; até no templo de Deus enfrenta
hostilidade.
9Meu povo faz coisas depravadas como em Gibeá, muito tempo
atrás. Deus não esquecerá; certamente os castigará por seus
pecados.
10"Quando encontrei você, Israel, foi como encontrar uvas no
deserto. Quando vi seus antepassados, foi como ver os pri-
meiros figos maduros. Mas eles me abandonaram por causa
de Baal-Peor e se entregaram à vergonhosa idolatria. Logo
se tornaram tão repugnantes quanto o ídolo que adoravam.
11A glória de Israel fugirá como uma ave, pois não lhes nascerão
filhos; não crescerão no ventre, nem sequer serão concebidos.
12Ainda que alguns de seus filhos cheguem a crescer, eu os
tomarei de vocês. Será um dia terrível quando eu me afastar
e os deixar sozinhos.
13Vi Israel se tornar bela como Tiro; agora, porém, entregará
seus filhos para o massacre."
14Ó SENHOR, o que devo pedir para teu povo? Pedirei ventres
que não deem à luz e seios que não deem leite.
15"Toda a perversidade deles começou em Gilgal; ali comecei
a odiá-los. Eu os expulsarei de minha terra por causa de suas
maldades. Não os amarei mais, porque todos os seus líderes
são rebeldes.
16O povo de Israel está ferido; suas raízes secaram, e eles não
darão mais frutos. E, se derem à luz, eu matarei seus filhos
queridos."
17Meu Deus rejeitará os israelitas, pois não lhe obedecem. An-
darão sem rumo, errantes entre as nações.

O julgamento do SENHOR contra Israel

10 Como Israel é próspero! É uma videira viçosa cheia de
frutos. Mas, quanto mais seu povo enriquece, mais al-
tares idólatras constrói. Quanto mais fartas suas colheitas,
mais belas suas colunas sagradas.
2O coração dos israelitas é inconstante; são culpados e devem
ser castigados. O SENHOR derrubará seus altares e despedaçará
suas colunas.
3Então eles dirão: "Não temos rei, pois não tememos o SE-
NHOR. Mas, ainda que tivéssemos rei, o que ele poderia fazer
por nós?".
4Proferem palavras vazias e fazem alianças que não pretendem
cumprir. Por isso disputas legais brotam em seu meio, como
ervas daninhas num campo arado.
5Os habitantes de Samaria tremem de medo por causa do
bezerro em Bete-Áven, e por ele lamentam. Embora seus sa-
cerdotes idólatras se alegrem com o bezerro, será removida
a glória de seu ídolo.
6Será levado para a Assíria, como presente para o grande rei
de lá. Efraim será humilhado, e Israel, envergonhado, porque
seu povo confiou nesse ídolo.
7Samaria e seu rei serão cortados fora e ficarão à deriva, como
um pedaço de madeira lançado no mar.
8Os santuários idólatras em Áven, onde Israel pecou, serão
destruídos; espinhos e mato crescerão ao redor de seus al-
tares. O povo suplicará aos montes: "Soterrem-nos!" e pedirá
às colinas: "Caiam sobre nós!".
9"Ó Israel, desde o tempo de Gibeá, só houve pecado e mais
pecado! Não foi com razão que os perversos de Gibeá foram
atacados?
10Agora, quando me parecer melhor, eu também os atacarei.
Convocarei os exércitos das nações para castigá-los por seus
muitos pecados.
11"Israel é como bezerra treinada que pisa o trigo, um tra-
balho fácil, que ela gosta de fazer. Mas eu colocarei um jugo
opressor sobre seu pescoço delicado; obrigarei Judá a arar e
farei Israel lavrar o solo endurecido.
12Eu disse: 'Plantem boas sementes de justiça e terão uma
colheita de amor. Arem o solo endurecido de seu coração, pois
é hora de buscar o SENHOR, para que ele venha e faça chover
justiça sobre vocês'.
13"Mas vocês cultivaram a maldade e juntaram uma farta co-
lheita de pecados. Comeram o fruto das mentiras ao confiar
em carros de guerra. e em seus grandes exércitos.
14Agora os horrores da guerra surgirão no meio de seu povo.
Todas as suas fortalezas cairão, como quando Salmã destruiu
Bete-Arbel. Até mães e crianças foram despedaçadas ali.
15O mesmo lhe acontecerá, Betel, por causa de sua grande
maldade. Quando amanhecer o dia do juízo, o rei de Israel
será totalmente destruído."

O amor do SENHOR por Israel

11 "Quando Israel era menino, eu o amei, e do Egito chamei
meu filho.
2Mas, quanto mais o chamava, mais ele se afastava de mim;
oferecia sacrifícios às imagens de Baal e queimava incenso
aos ídolos.
3Ensinei Israel a andar, conduzindo-o pela mão. Mas ele não
se deu conta de que era eu quem dele cuidava.
4Guiei Israel com meus laços de amor. Tirei o jugo de seu pes-
coço e eu mesmo me inclinei para alimentá-lo.
5"Mas, porque meu povo não quer voltar para mim, voltará
para o Egito e será obrigado a viver na Assíria.
6A guerra devastará suas cidades, e os inimigos derrubarão
suas portas. Destruirão os israelitas, por causa de suas tramas.

7Pois meu povo está decidido a me abandonar; eles me
chamam Altíssimo, mas não me honram de verdade.
8"Como eu poderia desistir de você, Israel? Como poderia dei-
xá-lo? Como poderia destruí-lo como Admá ou arrasá-lo como
Zeboim? Meu coração está dilacerado, e minha compaixão
transborda.
9Não enviarei minha ira furiosa, não destruirei Israel, pois sou
Deus, e não um simples mortal. Sou o Santo que vive entre
vocês, e não virei com minha ira.
10Pois, um dia, meu povo me seguirá; eu, o SENHOR, rugirei
como leão, e, quando eu rugir, meu povo retornará, tremendo,
desde o oeste.
11Como um bando de aves, virão do Egito; tremendo como
pombas, voltarão da Assíria. Eu os trarei de volta para casa",
diz o SENHOR.

Acusações contra Israel e Judá

12Israel me cerca de mentiras e traições, mas Judá ainda obe-
dece a Deus e é fiel ao Santo.

12O povo de Israel se alimenta de vento; corre atrás do
vento leste o dia todo. Acumula mentiras e violência, faz
acordos com a Assíria e, ao mesmo tempo, envia azeite para
comprar o apoio do Egito.
2Agora o SENHOR apresenta acusações contra Judá; está
prestes a castigar Jacó por sua conduta enganosa, e lhe retri-
buir por tudo que fez.
3Ainda no ventre, Jacó agarrou o calcanhar de seu irmão;
quando se tornou homem, lutou com Deus.
4Sim, lutou com o anjo e venceu; chorou e suplicou-lhe que o
abençoasse. Ali em Betel, encontrou Deus, e Deus falou com
ele.
5O SENHOR Deus dos Exércitos, o SENHOR é seu nome!
6Portanto, voltem para seu Deus; pratiquem o amor e a justiça
e confiem sempre nele.
7O povo, no entanto, se comporta como comerciantes astutos,
que usam balanças desonestas e gostam de explorar.
8Israel diz: "Fiquei rico! Fiz fortuna com meu próprio esforço!
Ninguém descobriu que enganei outros; meu histórico é im-
pecável!".
9"Mas eu sou o SENHOR, seu Deus, que os tirou do Egito. Eu
os farei morar em tendas outra vez, como fazem em feriados
sagrados.
10Enviei meus profetas para adverti-los com muitas visões e
parábolas."
11Mas os habitantes de Gileade não valem nada, por causa de
seu pecado. Em Gilgal também sacrificam bois; seus altares
são enfileirados como montes de pedras à beira de um campo
arado.
12Jacó fugiu para a terra de Arã e ali cuidou de ovelhas para
obter uma esposa.
13Então, por meio de um profeta, o SENHOR tirou do Egito os
descendentes de Jacó; e, por meio de um profeta, eles foram
protegidos.
14Mas o povo de Israel provocou o Senhor amargamente. Agora
ele os sentenciará à morte como pagamento por seus pecados.

A ira do SENHOR contra Israel

13Quando a tribo de Efraim falava, o povo tremia de medo,
pois essa tribo era importante em Israel. Mas pecaram ao
adorar Baal e, com isso, selaram sua destruição.
2Agora, continuam a pecar ao fazer ídolos de prata, imagens
modeladas por mãos humanas. "Ofereçam-lhes sacrifícios!",
eles dizem. "Beijem os ídolos em forma de bezerro!"
3Por isso, desaparecerão como a neblina da manhã, como o
orvalho à luz do sol, como a palha soprada pelo vento, como a
fumaça que sai pela chaminé.
4"Eu sou o SENHOR, seu Deus, que os tirou do Egito. Vocês
não reconhecerão outro Deus além de mim, pois não existe
outro salvador.
5Cuidei de vocês no deserto, naquela terra seca e sedenta.
6Mas depois que comeram e se saciaram, ficaram orgulhosos
e se esqueceram de mim.
7Agora, eu os atacarei como um leão, como um leopardo à
espreita no caminho.
8Como uma ursa da qual roubaram os filhotes, arrancarei seu
coração. Como uma leoa faminta os devorarei, e como um
animal selvagem os despedaçarei.
9"Ó Israel, você está prestes a ser destruído por mim, seu único
ajudador.
10Agora, onde está seu rei? Que ele salve suas cidades! Onde
estão os líderes da terra, os reis e os príncipes que vocês exi-
giram de mim?
11Em minha ira, eu lhes dei reis e, em minha fúria, os tirei.
12"A culpa de Efraim foi acumulada, e seu pecado, armazenado
para o castigo.
13O povo sentiu dores, como as dores do parto, mas é insensato
como uma criança que não quer nascer. A hora do nascimento
chegou, mas ele fica no ventre.
14"Devo resgatá-los da sepultura? Devo redimi-los da morte?
Ó morte, traga seus horrores! Ó sepultura, traga suas pragas!
Pois não terei compaixão deles.
15Efraim é o mais próspero de seus irmãos, mas um vento leste,
uma rajada do SENHOR, se levantará no deserto. Suas fontes se
esgotarão, e seus poços secarão. Todas as suas riquezas serão
saqueadas e levadas embora.
16O povo de Samaria sofrerá as consequências de sua culpa,
pois se rebelou contra seu Deus. Serão mortos pela espada
inimiga; suas crianças serão despedaçadas, e suas mulheres
grávidas, abertas ao meio."

Cura para os arrependidos

14Volte, ó Israel, para o SENHOR, seu Deus, pois seus pe-
cados causaram sua queda.
2Tragam suas confissões e voltem para o SENHOR. Digam-lhe:
"Perdoa nossos pecados e recebe-nos com bondade, para que
possamos oferecer-te nossos louvores.
3A Assíria não pode nos salvar, nossos cavalos de guerra

também não. Nunca mais diremos aos ídolos que fizemos: ‘
Vocês são nossos deuses’. Somente em ti os órfãos encontram
misericórdia”.
4“Então eu os curarei de sua infidelidade e os amarei com todo
o meu ser, pois minha ira desaparecerá para sempre.
5Serei para Israel como o orvalho refrescante. Israel florescerá
como o lírio; lançará raízes profundas no solo, como os cedros
do Líbano.
6Seus ramos se estenderão como belas oliveiras, perfumados
como os cedros do Líbano.
7Meu povo viverá novamente à minha sombra; crescerá como
o trigo e florescerá como a videira. Seu aroma será agradável,
como o dos vinhos do Líbano.
8“Ó Israel, fique longe dos ídolos! Sou eu que respondo às suas
orações e cuido de vocês. Sou como a árvore sempre verde;
todos os seus frutos vêm de mim.”
9Quem for sábio, entenda estas coisas; quem tiver discerni-
mento, ouça com atenção. Os caminhos do SENHOR são retos,
e neles andam os justos. Mas, nesses mesmos caminhos, os
pecadores tropeçam e caem.

JOEL

1 O SENHOR deu esta mensagem a Joel, filho de Petuel.

Lamentação pela praga de gafanhotos

2Ouçam isto, líderes do povo! Ouçam todos que habitam na
terra! Em toda a sua história, já ocorreu algo semelhante?
3Contem a seus filhos o que aconteceu, e que seus filhos
contem aos filhos deles; transmitam esta história de geração
em geração.
4Depois que os gafanhotos cortadores devoraram as co-
lheitas, os gafanhotos migradores comeram o que restava;
então vieram os gafanhotos saltadores e, depois deles, os
gafanhotos destruidores!
5Despertem e chorem, bêbados! Lamentem, vocês que tomam
vinho! Todas as uvas estão arruinadas, todo o seu vinho doce
acabou.
6Uma nação imensa invadiu minha terra, um exército terrível,
tão numeroso que não se pode contar. Seus dentes são como
os de leões, suas presas, como as da leoa.
7Destruiu minhas videiras e arruinou minhas figueiras. Arrancou
sua casca e as destruiu; seus galhos ficaram desfolhados.
8Chorem como a moça vestida de luto, que lamenta a morte
do noivo.
9Pois não há cereal nem vinho para oferecer no templo do SE-
NHOR. Por isso os sacerdotes estão de luto; aqueles que servem
na casa do SENHOR choram.
10Os campos estão arruinados, a terra está desolada. O trigo
está destruído, as uvas secaram e o azeite acabou.
11Desesperem-se, agricultores! Lamentem, vocês que cuidam
das videiras! Chorem, pois o trigo e a cevada, todas as co-
lheitas nos campos, estão arruinados.
12As videiras secaram, e as figueiras murcharam. As romã-
zeiras, as palmeiras e as macieiras, todas as árvores frutíferas
secaram, e com elas murchou a alegria do povo.
13Vistam-se de pano de saco e chorem, sacerdotes! Lamentem,
vocês que servem diante do altar! Venham, passem a noite
vestidos de pano de saco, vocês que servem ao meu Deus. Pois
não há cereal nem vinho para oferecer no templo de seu Deus.
14Convoquem um tempo de jejum, juntem o povo para uma
reunião solene. Tragam os líderes e todos que habitam na terra
para o templo do SENHOR, seu Deus, e ali clamem a ele.
15O dia do SENHOR está próximo, o dia em que virá destruição
da parte do Todo-poderoso; que dia terrível será!
16Nosso alimento desaparece diante dos olhos; já não há ale-
gria e exultação na casa de nosso Deus.
17As sementes morrem na terra seca, as colheitas de cereal se
perdem. Os celeiros estão vazios, os armazéns, abandonados.
18Como os animais gemem de fome! As manadas de gado
vagam confusas, pois não encontram pasto; os rebanhos de
ovelhas sofrem.
19Socorro, SENHOR! O fogo devorou os pastos do deserto, e as
chamas queimaram as árvores do campo.
20Até os animais selvagens clamam a ti, pois os riachos se-
caram, e o fogo devorou os pastos do deserto.

Os gafanhotos invadem como um exército

2 Toquem a trombeta em Sião! Soem o alarme em meu santo
monte! Que todos tremam de medo, pois está chegando o
dia do SENHOR.
2É um dia de escuridão e trevas, um dia de densas nuvens
e sombras profundas. Como o amanhecer se estende pelos
montes, assim surge um grande e poderoso exército. Nunca
se viu algo parecido, e nunca mais se verá.
3À frente deles o fogo arde, atrás deles vêm chamas. Diante
deles a terra se estende, bela como o jardim do Éden. Atrás
deles só há desolação; nada escapa.
4Parecem cavalos, atacam como cavalos de guerra.
5Olhem para eles, saltando sobre o topo dos montes; ouçam
o barulho que fazem, como o estrondo de carros de guerra,
como o fogo crepitante que devora um campo cheio de palha,
como um exército poderoso que avança para a batalha.

6 O medo toma conta do povo; todo rosto fica pálido de terror.
7 Os agressores marcham como guerreiros e, como soldados,
escalam os muros da cidade. Marcham sempre em frente, sem
deixar suas fileiras.
8 Não empurram uns aos outros; cada um se move na posição
correta. Rompem as linhas de defesa, sem desfazer a formação.
9 Atacam a cidade e correm ao longo de seus muros. Entram em
todas as casas e sobem pelas janelas, como ladrões.
10 A terra treme com seu avanço, e os céus estremecem. O sol e
a lua escurecem, e as estrelas deixam de brilhar.
11 O SENHOR está à frente de seu exército; com um grito, ele o
comanda. É seu exército poderoso e segue suas ordens. O dia
do SENHOR é espantoso e terrível; quem poderá sobreviver?

Chamado ao arrependimento

12 Por isso, o SENHOR diz: "Voltem para mim de todo o coração,
venham a mim com jejum, choro e lamento!
13 Não rasguem as roupas em sinal de tristeza; rasguem o co-
ração!". Voltem para o SENHOR, seu Deus, pois ele é misericor-
dioso e compassivo, lento para se irar e cheio de amor; está
sempre pronto a voltar atrás e não castigar.
14 Quem sabe ele mude de ideia e lhes envie bênção em lugar
desse castigo. Talvez possam apresentar ofertas de cereal e
vinho ao SENHOR, seu Deus, como faziam antes.
15 Toquem a trombeta em Sião! Convoquem um tempo de
jejum, juntem o povo para uma reunião solene.
16 Reúnam e consagrem todo o povo, os anciãos, as crianças
e até os bebês. Chamem o noivo de seu aposento e a noiva,
de seu quarto.
17 Que os sacerdotes, que servem na presença do SENHOR, chorem
entre o pórtico do templo e o altar. Que façam esta oração:
"Poupa teu povo, SENHOR! Não permitas que a nação que per-
tence a ti se torne objeto de zombaria. Não deixes que seja motivo
de piada para as nações que dizem: 'Onde está o seu Deus?'".

O SENHOR promete restauração

18 Então o SENHOR teve compaixão de seu povo e com zelo
guardou sua terra.
19 O SENHOR respondeu: "Vejam! Eu lhes envio cereal, vinho
novo e azeite, suficientes para saciá-los. Vocês não serão mais
objeto de zombaria entre as nações vizinhas.
20 Expulsarei esses exércitos que vêm do norte e os enviarei
para uma terra seca e desolada. Os que estão na vanguarda
serão empurrados para o mar Morto, e os da retaguarda, para
o Mediterrâneo. O mau cheiro dos corpos em decomposição
se espalhará sobre a terra". Certamente o SENHOR tem feito
grandes coisas!
21 Não tema, ó terra; alegre-se e exulte, pois o SENHOR tem
feito grandes coisas.
22 Não tenham medo, animais do campo, pois os pastos do
deserto ficarão verdes. As árvores voltarão a dar frutos, as
figueiras e as videiras ficarão carregadas.
23 Alegrem-se, vocês que habitam em Sião! Exultem no SENHOR,
seu Deus! Pois ele envia as chuvas na medida certa; as chuvas
de outono voltarão a cair, e também as chuvas de primavera.
24 As eiras voltarão a se encher de trigo, e os tanques de
prensar transbordarão de vinho novo e azeite.
25 "Eu lhes devolverei o que perderam por causa dos gafa-
nhotos migradores, dos saltadores, dos destruidores e dos cor-
tadores; enviei esse grande exército devastador contra vocês.
26 Vocês voltarão a ter alimento até se saciar e louvarão o
SENHOR, seu Deus, que realiza esses milagres em seu favor;
nunca mais meu povo será envergonhado.
27 Então vocês saberão que estou no meio de Israel, que sou
o SENHOR, seu Deus, e não há nenhum outro; nunca mais meu
povo será envergonhado."

O SENHOR promete seu Espírito

28 "Então, depois que eu tiver feito essas coisas, derramarei
meu Espírito sobre todo tipo de pessoa. Seus filhos e suas filhas
profetizarão; os velhos terão sonhos, e os jovens terão visões.
29 Naqueles dias, derramarei meu Espírito até mesmo sobre
servos e servas.
30 Farei maravilhas nos céus e na terra: sangue e fogo, e co-
lunas de fumaça.
31 O sol se escurecerá, a lua se tornará vermelha como sangue
antes que chegue o grande e terrível dia do SENHOR.
32 Mas todo aquele que invocar o nome do SENHOR será salvo,
pois alguns no monte Sião, em Jerusalém, escaparão, como
o SENHOR prometeu. Estarão entre os sobreviventes que o SE-
NHOR chamou."

Julgamento contra as nações inimigas

3 "No tempo em que essas coisas acontecerem, quando eu
restaurar Judá e Jerusalém, 2 reunirei todas as nações no
vale de Josafá. Ali eu as julgarei por terem maltratado Israel,
minha propriedade, por terem espalhado meu povo entre as
nações e repartido minha terra.
3 Fizeram um sorteio para decidir quem de meu povo seria seu
escravo. Deram meninos em troca de prostitutas e venderam
meninas por vinho para se embriagar.
4 "O que vocês têm contra mim, Tiro, Sidom e cidades da
Filístia? Estão tentando se vingar de mim? Se essa é sua in-
tenção, tomem cuidado! Eu as atacarei sem demora e lhes
darei o que merecem por suas ações. 5 Roubaram minha prata,
meu ouro e meus tesouros preciosos e os levaram para seus
templos. 6 Venderam aos gregos os habitantes de Judá e Je-
rusalém, para que os levassem para longe de sua terra natal.
7 "Mas eu os trarei de volta de todos os lugares para onde os
venderam, e darei a vocês o que merecem. 8 Venderei seus
filhos e filhas aos habitantes de Judá, e eles os venderão ao
povo da Arábia, uma nação distante. Eu, o SENHOR, falei!"
9 Anunciem às nações de toda parte: "Preparem-se para a
guerra! Convoquem seus melhores guerreiros; que todos os
seus soldados avancem para a batalha.
10 Forjem seus arados para fazer espadas e transformem suas
podadeiras em lanças; treinem até os mais fracos para serem
guerreiros.

¹¹Venham depressa, nações de toda parte; reúnam-se no
vale!". E agora, ó SENHOR, convoca teus guerreiros!
¹²"Que as nações se mobilizem para a guerra e marchem para
o vale de Josafá! Ali eu, o SENHOR, me sentarei para julgar
todas elas.
¹³Lancem a foice, pois a colheita está madura. Venham e pisem
as uvas, pois o tanque de prensar está cheio. Os tonéis trans-
bordam com a perversidade das nações."
¹⁴Multidões e multidões esperam no vale da decisão, onde o
dia do SENHOR chegará em breve.
¹⁵O sol e a lua escurecerão, e as estrelas deixarão de brilhar.
¹⁶A voz do SENHOR rugirá desde Sião e trovejará desde Jeru-
salém; os céus e a terra tremerão. Mas o SENHOR será refúgio
para seu povo, uma fortaleza para o povo de Israel.

Bênçãos para o povo de Deus

¹⁷"Então vocês saberão que eu, o SENHOR, seu Deus, habito
em Sião, meu santo monte. Jerusalém será santa, e exércitos
estrangeiros não voltarão a conquistá-la.
¹⁸Naquele dia, vinho doce gotejará dos montes, e leite fluirá
das colinas. Água encherá o leito dos riachos de Judá; uma
fonte brotará do templo do SENHOR e regará o vale das Acácias.
¹⁹O Egito, porém, se transformará numa terra desolada, e
Edom se tornará um deserto, pois atacaram o povo de Judá e
mataram inocentes em sua terra.
²⁰"Judá, porém, ficará cheia de gente para sempre, e Jeru-
salém permanecerá por todas as gerações.
²¹Perdoarei os crimes de meu povo, que ainda não perdoei; e
eu, o SENHOR, habitarei em Sião."

AMÓS

1 Esta mensagem acerca de Israel foi dada a Amós, pastor
de ovelhas da cidade de Tecoa, em Judá. Ele a recebeu em
visões dois anos antes do terremoto, quando Uzias era rei de
Judá, e Jeroboão, filho de Jeoás, era rei de Israel.
²Foi isto que ele viu e ouviu: "A voz do SENHOR rugirá desde Sião
e trovejará desde Jerusalém! Os pastos verdes dos pastores
secarão, e o capim no monte Carmelo murchará e morrerá".

Julgamento sobre as nações vizinhas

³Assim diz o SENHOR: "Os habitantes de Damasco pecaram re-
petidamente; não deixarei que fiquem impunes! Feriram meu
povo em Gileade, como o cereal é debulhado com trilhos de
ferro.
⁴Por isso enviarei fogo sobre o palácio do rei Hazael, e as for-
talezas do rei Ben-Hadade serão destruídas.
⁵Derrubarei os portões de Damasco e matarei todos que ha-
bitam no vale de Áven. Destruirei o governante em Bete-Éden,
e o povo da Síria será levado como escravo para Quir", diz o
SENHOR.
⁶Assim diz o SENHOR: "Os habitantes de Gaza pecaram repeti-
damente; não deixarei que fiquem impunes! Enviaram todo o
povo para o exílio e o entregaram como escravos para Edom.
⁷Por isso enviarei fogo sobre os muros de Gaza, e suas forta-
lezas serão destruídas.
⁸Matarei os que habitam em Asdode e destruirei o governante
de Ascalom. Então me voltarei para atacar Ecrom, e os filisteus
que restarem serão mortos", diz o SENHOR Soberano.
⁹Assim diz o SENHOR: "Os habitantes de Tiro pecaram repe-
tidamente; não deixarei que fiquem impunes! Quebraram o
pacto de irmãos com Israel e entregaram todo o povo como
escravo para Edom.
¹⁰Por isso enviarei fogo sobre os muros de Tiro, e suas forta-
lezas serão destruídas".
¹¹Assim diz o SENHOR: "Os habitantes de Edom pecaram repe-
tidamente; não deixarei que fiquem impunes! Com espadas
perseguiram seus parentes, os israelitas, e não tiveram com-
paixão deles. Em sua fúria, os despedaçaram sem parar e
foram implacáveis em sua ira.
¹²Por isso enviarei fogo sobre Temã, e as fortalezas de Bozra
serão destruídas".
¹³Assim diz o SENHOR: "Os habitantes de Amom pecaram repeti-
damente; não deixarei que fiquem impunes! Quando atacaram
Gileade para ampliar suas fronteiras, abriram as mulheres grá-
vidas ao meio com espadas.
¹⁴Por isso enviarei fogo sobre os muros de Rabá, e suas forta-
lezas serão destruídas. A batalha virá sobre eles com gritos,
como um redemoinho numa forte tempestade.
¹⁵Seu rei e seus príncipes irão juntos para o exílio", diz o SENHOR.

2 Assim diz o SENHOR: "Os habitantes de Moabe pecaram
repetidamente; não deixarei que fiquem impunes! Quei-
maram os ossos do rei de Edom até reduzi-los a cinzas.
²Por isso enviarei fogo sobre a terra de Moabe, e as fortalezas
de Queriote serão destruídas. Os que habitam nela cairão em
meio ao ruído da batalha, aos gritos dos guerreiros e ao som
da trombeta.
³Destruirei seu rei e matarei seus príncipes", diz o SENHOR.

Julgamento de Deus sobre Judá e Israel

⁴Assim diz o SENHOR: "Os habitantes de Judá pecaram repetida-
mente; não deixarei que fiquem impunes! Rejeitaram a lei do

SENHOR e não obedeceram a seus decretos. Foram desviados
pelas mesmas mentiras que enganaram seus antepassados.
5Por isso enviarei fogo sobre Judá, e as fortalezas de Jeru-
salém serão destruídas".
6Assim diz o SENHOR: "Os habitantes de Israel pecaram repeti-
damente; não deixarei que fiquem impunes! Vendem por prata
o justo e, por um par de sandálias, o pobre.
7Pisoteiam a cabeça dos indefesos no pó e empurram os opri-
midos para fora do caminho. Pai e filho dormem com a mesma
mulher e assim profanam meu santo nome.
8Aos pés dos altares reclinam-se com roupas que seus deve-
dores lhes deram como garantia. Na casa de seus deuses,
bebem vinho comprado com multas injustas.
9"Diante dos olhos de meu povo, destruí os amorreus, embora
fossem altos como cedros e fortes como carvalhos. Destruí os
frutos de seus galhos e arranquei suas raízes.
10Trouxe vocês do Egito e os guiei quarenta anos pelo deserto,
para que possuíssem a terra dos amorreus.
11Escolhi alguns de seus filhos para serem profetas e outros,
para serem nazireus. Acaso podem negar isso, israelitas?",
diz o SENHOR.
12"Mas vocês deram vinho para os nazireus beberem e orde-
naram a seus profetas: 'Chega de profecias!'.
13"Por isso eu os esmagarei, como uma carroça sobrecarre-
gada de trigo amassa a terra.
14O que corre mais rápido não escapará, o mais forte em seu
meio se enfraquecerá, nem o guerreiro valente se salvará.
15O arqueiro não manterá sua posição, o corredor mais veloz
não conseguirá escapar, nem o que estiver a cavalo se salvará.
16Naquele dia, seus guerreiros mais corajosos largarão as
armas e fugirão", diz o SENHOR.

3 Povo de Israel, ouça esta mensagem que o SENHOR pro-
nunciou contra você, contra toda a família que ele trouxe
do Egito:
2"De todas as famílias da terra, só escolhi vocês. Por isso devo
castigá-los por todos os seus pecados".

Testemunhas contra Israel

3Acaso duas pessoas podem andar juntas se não estiverem
de acordo?
4Acaso o leão ruge na floresta sem antes encontrar sua presa?
O leão forte rosna em sua toca se nada tiver caçado?
5A ave é pega na armadilha se não houver isca? A armadilha se
fecha se nada for apanhado?
6Quando a trombeta soa o alarme, o povo não fica assustado?
Acaso a calamidade sobrevém a uma cidade sem que o SENHOR
a tenha planejado?
7Certamente o SENHOR Soberano não fará coisa alguma sem
antes revelar seu plano a seus servos, os profetas.
8O leão rugiu, quem não temerá? O SENHOR Soberano falou,
quem não profetizará?
9Anunciem aos líderes da Filístia e aos poderosos do Egito:
"Reúnam-se nas colinas ao redor de Samaria e sejam teste-
munhas do caos e da opressão em Israel".
10"Meu povo esqueceu como fazer o que é certo", diz o SE-
NHOR. "Suas fortalezas estão cheias de bens obtidos por meio
de roubo e violência.
11Por isso", diz o SENHOR Soberano, "um inimigo se aproxima.
Ele os cercará e acabará com suas defesas, e depois saqueará
suas fortalezas."
12Assim diz o SENHOR: "Como o pastor que tenta arrancar uma
ovelha da boca do leão e só consegue recuperar duas pernas
ou um pedaço da orelha, assim será o destino dos israelitas em
Samaria, deitados em camas luxuosas e recostados em sofás
com lençóis de Damasco.
13"Agora ouçam estas palavras e anunciem-nas em todo o Is-
rael", diz o SENHOR Soberano, o Deus dos Exércitos.
14"No mesmo dia em que eu castigar Israel por seus pecados,
destruirei os altares idólatras em Betel. As pontas do altar
serão cortadas e cairão no chão.
15Destruirei as belas casas dos ricos, suas mansões de inverno
e suas residências de verão, todos os seus palácios cheios de
marfim", diz o SENHOR.

Israel não aprende

4 Ouçam, vacas gordas que vivem em Samaria, mulheres que
oprimem os pobres, esmagam os necessitados e pedem aos
maridos: "Tragam-nos mais bebida!".
2O SENHOR Soberano jurou por sua santidade: "Chegará o dia
em que serão levadas com ganchos no nariz. Até a última de
vocês será arrastada como peixe no anzol!
3Serão levadas para fora pelas ruínas do muro e expulsas de
suas fortalezas", diz o SENHOR.
4"Andem, vão a Betel cometer pecados! Continuem a deso-
bedecer em Gilgal! Ofereçam sacrifícios todas as manhãs e
tragam seus dízimos a cada três dias.
5Apresentem seu pão com fermento como oferta de gratidão.
Entreguem suas ofertas voluntárias para saírem se gabando
delas! É o tipo de coisa que vocês, israelitas, gostam de fazer",
diz o SENHOR Soberano.
6"Eu trouxe fome sobre toda cidade, escassez de alimento
sobre todo lugar. Nem assim vocês voltaram para mim", diz
o SENHOR.
7"Segurei as chuvas quando suas plantações mais precisavam
delas. Enviei chuva para uma cidade, mas a retive em outra.
Chovia sobre um campo, enquanto outro secava.
8Andavam de cidade em cidade em busca de água, mas nunca
havia suficiente. Nem assim vocês voltaram para mim", diz
o SENHOR.
9"Castiguei suas plantações e videiras com pragas e ferrugem;
gafanhotos devoraram suas figueiras e oliveiras. Nem assim
vocês voltaram para mim", diz o SENHOR.
10"Enviei pragas contra vocês, como as pragas que enviei
contra o Egito. Matei seus jovens na guerra e levei todos os
seus cavalos; o mau cheiro dos mortos encheu o ar. Nem assim
vocês voltaram para mim", diz o SENHOR.

11 “Destruí algumas de suas cidades, como destruí Sodoma e
Gomorra. Os que sobreviveram pareciam gravetos chamus-
cados, tirados do fogo. Nem assim vocês voltaram para mim”,
diz o SENHOR.
12 “Portanto, farei tudo isso com você, ó Israel! Prepare-se para
encontrar seu Deus!”
13 Pois aquele que formou os montes agita os ventos e revela
seus pensamentos à humanidade. Ele transforma a luz do ama-
nhecer em escuridão e pisa sobre os lugares altos da terra; seu
nome é SENHOR, o Deus dos Exércitos!

Chamado ao arrependimento

5 Ouça, povo de Israel! Ouça este meu cântico fúnebre:
2 “A virgem Israel caiu, para nunca mais se levantar! Está
estendida no chão, e não há quem a ajude a ficar em pé”.
3 O SENHOR Soberano diz: “Quando uma cidade mandar mil ho-
mens para a batalha, apenas cem retornarão. Quando dela
saírem cem, apenas dez voltarão com vida”.
4 Assim diz o SENHOR ao povo de Israel: “Busquem-me e vivam!
5 Não adorem nos altares em Betel, não vão aos santuários em
Gilgal ou Berseba. Pois os habitantes de Gilgal serão levados
para o exílio, e os de Betel serão reduzidos a nada”.
6 Busquem o SENHOR e vivam! Do contrário, ele passará por
Israel como um fogo e a destruirá por completo. Não haverá
em Betel ninguém que possa apagar as chamas.
7 Vocês transformam a retidão em amargura e tratam a justiça
como lixo.
8 Pois ele criou as estrelas, as Plêiades e o Órion. Transforma a
escuridão em manhã e o dia em noite. Tira água dos oceanos
e a derrama sobre a terra; seu nome é SENHOR!
9 Com rapidez tremenda, destrói os fortes e esmaga suas de-
fesas.
10 Como vocês odeiam juízes honestos! Como detestam os que
dizem a verdade!
11 Oprimem os pobres e roubam seu trigo com impostos in-
justos. Por isso, ainda que construam belas casas de pedra,
jamais morarão nelas. Ainda que plantem videiras verdejantes,
jamais beberão o vinho delas.
12 Pois eu sei que seus atos de rebeldia são muitos, e seus
pecados são grandes. Afligem o justo aceitando subornos e
não fazem justiça ao pobre nos tribunais.
13 Quem for prudente ficará de boca fechada, pois este é um
tempo de desgraça.
14 Façam o bem e fujam do mal, para que tenham vida! Então o
SENHOR, o Deus dos Exércitos, os ajudará, como vocês afirmam.
15 Odeiem o mal e amem o bem, estabeleçam a justiça em seus
tribunais. Talvez o SENHOR, o Deus dos Exércitos, ainda tenha
compaixão do remanescente de seu povo.
16 Portanto, assim diz o SENHOR Soberano, o Deus dos Exér-
citos: “Haverá choro nas praças públicas e angústia nas ruas.
Chamem os lavradores para chorar com vocês, convoquem
pranteadores para lamentar.
17 Haverá lamento em cada videira, pois destruirei todas elas”,
diz o SENHOR.

Advertência sobre o julgamento que está por vir

18 Que aflição espera vocês que dizem: “Se ao menos o dia do
SENHOR chegasse!”. Não fazem ideia do que desejam; aquele
dia trará escuridão, e não luz.
19 Vocês serão como o homem que foge de um leão e acaba
encontrando um urso, que apoia a mão na parede de sua casa
e é picado por uma cobra.
20 Sim, o dia do SENHOR será de escuridão, e não de luz; não
haverá um só raio de claridade no meio das trevas.
21 “Sinto imenso desprezo de suas festas religiosas, não su-
porto suas reuniões solenes.
22 Não aceitarei seus holocaustos nem suas ofertas de cereal.
Não darei a mínima atenção para suas melhores ofertas de
paz.
23 Chega de seus ruidosos cânticos de louvor! Não ouvirei a
música de suas harpas.
24 Em vez disso, quero ver uma grande inundação de justiça, um
rio inesgotável de retidão.
25 “Foi a mim que vocês trouxeram sacrifícios e ofertas durante
os quarenta anos no deserto, povo de Israel? 26 Não, vocês ser-
viram Sicute, seu deus rei, e Quium, seu deus estrela, imagens
que fizeram para si mesmos! 27 Por isso eu os enviarei para o
exílio, para uma terra a leste de Damasco”, diz o SENHOR, cujo
nome é Deus dos Exércitos.

6 Que aflição espera vocês que vivem sossegados em Je-
rusalém e vocês que se sentem seguros em Samaria! São
líderes famosos em Israel, e as pessoas recorrem a vocês.
2 Vão, porém, a Calné e vejam o que aconteceu ali. Depois,
vão à grande cidade de Hamate e desçam à cidade filisteia de
Gate. Vocês não são melhores que elas, e vejam como foram
destruídas.
3 Vocês afastam qualquer pensamento de calamidade vin-
doura, mas suas ações só apressam o dia do castigo.
4 Que aflição espera vocês que se deitam em camas de marfim
e se espreguiçam em seus sofás, comendo a carne de cor-
deiros do rebanho e dos novilhos engordados no estábulo.
5 Entoam canções ao som da harpa e pensam ser grandes mú-
sicos, como Davi.
6 Bebem vinho em taças enormes e se perfumam com os me-
lhores óleos aromáticos; não se importam com a ruína da
nação.
7 Por isso, serão os primeiros levados para o exílio; as festas
dos que viviam sossegados cessarão.
8 O SENHOR Soberano jurou por seu próprio nome, e é isto que
ele, o SENHOR, o Deus dos Exércitos, diz: “Não suporto a arro-
gância de Israel e odeio suas fortalezas. Entregarei esta cidade
e tudo que nela há a seus inimigos”.
9 (Se restarem dez homens numa casa, todos morrerão. 10 E,
quando um parente responsável por sepultar os mortos entrar
na casa para tirá-los de lá, perguntará ao que restou: “Há
mais alguém com você?”. E, quando o sobrevivente começar
a responder: “Não, eu juro pelo...”, o parente o interromperá
e dirá: “Pare! Nem sequer mencione o nome do SENHOR”.)

11Quando o SENHOR der a ordem, as casas, grandes e pequenas, serão despedaçadas.

12Acaso os cavalos podem galopar sobre as rochas? Alguém pode ará-las com bois? Vocês transformam a retidão em veneno e o fruto da justiça, em amargura.

13Contam vantagem pela conquista de Lo-Debar: "Acaso não conquistamos Carnaim com nossa própria força?".

14"Ó povo de Israel, estou prestes a trazer contra vocês uma nação", diz o SENHOR, o Deus dos Exércitos. "Ela os oprimirá em toda a sua terra, desde Lebo-Hamate, ao norte, até o vale de Arabá, ao sul."

Visão dos gafanhotos

7 Foi isto que o SENHOR Soberano me mostrou numa visão: ele se preparava para enviar sobre a terra um exército de gafanhotos. Isso foi depois que a porção do rei havia sido colhida dos campos, quando brotava a colheita principal. 2Em minha visão, os gafanhotos comeram todas as plantas da terra. Então eu disse: "Ó SENHOR Soberano, perdoa-nos! Do contrário, não sobreviveremos, pois Israel é muito pequeno".

3Então o SENHOR voltou atrás e disse: "O que você viu não acontecerá".

Visão do fogo

4Foi isto que o SENHOR Soberano me mostrou em outra visão: ele se preparava para castigar seu povo com um grande fogo. O fogo havia consumido as profundezas do mar e devorava toda a terra. 5Então eu disse: "Ó SENHOR Soberano, imploro-te que pares. Do contrário, não sobreviveremos, pois Israel é muito pequeno".

6Então o SENHOR Soberano voltou atrás e disse: "Isso também não acontecerá".

Visão do prumo

7Foi isto que ele me mostrou em outra visão: o Senhor estava em pé, junto a um muro que havia sido construído usando-se um prumo, e segurava o prumo em sua mão. 8O SENHOR me perguntou: "Amós, o que você vê?". Respondi: "Um prumo". Então o Senhor disse: "Provarei meu povo com este prumo. Não fecharei mais os olhos para o que fazem. 9Os santuários idólatras de seus antepassados ficarão em ruínas, e os lugares de adoração de Israel serão destruídos; trarei a espada contra a dinastia de Jeroboão".

Amós e Amazias

10Então Amazias, sacerdote de Betel, enviou uma mensagem a Jeroboão, rei de Israel: "Amós conspira contra o rei aqui mesmo, no meio do povo, falando coisas intoleráveis! 11Assim diz ele: 'Em breve Jeroboão será morto pela espada, e o povo de Israel será enviado para o exílio'".

12Então Amazias ordenou a Amós: "Vá embora daqui, profeta! Volte para a terra de Judá e ganhe a vida profetizando ali! 13Não nos incomode com suas profecias aqui em Betel. Este é o santuário do rei e o lugar de adoração de todo o reino!".

14Amós respondeu: "Não sou profeta e nunca fui treinado para ser profeta. Sou apenas um boiadeiro e colhedor de figos. 15Mas o SENHOR me tirou de junto de meu rebanho e disse: 'Vá e profetize a meu povo, Israel'. 16Agora, portanto, ouça esta mensagem do SENHOR: "Você diz: 'Não profetize contra Israel; pare de pregar contra meu povo'.

17Mas assim diz o SENHOR: 'Sua esposa se tornará prostituta nesta cidade, e seus filhos e filhas serão mortos pela espada. Sua terra será dividida, e você morrerá em terra estrangeira. E o povo de Israel certamente será levado para o exílio, para longe de sua terra natal'".

Visão das frutas maduras

8 Em outra visão, o SENHOR Soberano me mostrou um cesto cheio de frutas maduras 2e perguntou: "Amós, o que você vê?". Respondi: "Um cesto cheio de frutas maduras". Então o SENHOR disse: "Assim como essas frutas, o povo de Israel já está maduro; não voltarei a adiar seu castigo. 3Naquele dia, os cânticos no templo se transformarão em lamentos. Haverá cadáveres espalhados por toda parte, e serão levados em silêncio para fora da cidade. Eu, o SENHOR Soberano, falei!".

4Ouçam isto, vocês que roubam dos pobres e oprimem os necessitados!

5Não veem a hora de o sábado acabar e as festas religiosas terminarem para que voltem a fazer negócios. Usam medidas falsas para medir o trigo e enganam o comprador com balanças desonestas.

6Misturam o trigo que vendem com palha varrida do chão. Escravizam os pobres por uma moeda de prata ou um par de sandálias.

7O SENHOR, a Glória de Israel, jurou por seu próprio nome: "Jamais esquecerei tudo que vocês fizeram!

8A terra tremerá por causa de suas maldades, e todos que nela habitam lamentarão. A terra se levantará como o Nilo, o rio do Egito, na época das enchentes; ela se erguerá e depois afundará.

9"Naquele dia", diz o SENHOR Soberano, "farei o sol se pôr ao meio-dia e em plena luz do dia escurecerei a terra.

10Transformarei suas festas em tempos de lamento e seus cânticos, em canções fúnebres. Vocês se vestirão de luto e rasparão a cabeça, como se seu único filho tivesse morrido; será um dia de muita amargura!

11"Está chegando o tempo", diz o SENHOR Soberano, "em que enviarei fome sobre a terra, não fome de pão nem sede de água, mas de ouvir as palavras do SENHOR.

12As pessoas andarão sem rumo, de mar em mar e de um extremo ao outro, em busca da palavra do SENHOR, mas não a encontrarão.

13Naquele dia, moças belas e rapazes fortes desmaiarão de sede.

14E aqueles que juram pelos ídolos de Samaria, que fazem juramentos em nome do deus de Dã e votos em nome do deus de Berseba, todos eles cairão e nunca mais se levantarão."

Visão de Deus junto ao altar

9 Então vi o Senhor em pé junto ao altar. Ele disse: "Golpeie o
alto das colunas do templo, para que os alicerces tremam.
Derrube o telhado sobre a cabeça do povo que estiver embaixo. Matarei à espada os que sobreviverem; ninguém escapará!
2 "Ainda que cavem até o lugar dos mortos, estenderei a mão
e os arrancarei de lá. Ainda que subam até os céus, os farei
descer.
3 Ainda que se escondam no topo do monte Carmelo, os buscarei e de lá os tirarei. Ainda que se escondam no fundo do
mar, enviarei a serpente marinha para que os morda.
4 Ainda que seus inimigos os levem para o exílio, ordenarei que
a espada os mate ali. Estou decidido a trazer calamidade sobre
eles, e não o bem".
5 O Soberano SENHOR dos Exércitos toca a terra e ela se derrete,
e todos que nela habitam lamentam. A terra se levanta como o
Nilo, o rio do Egito, na época das enchentes e depois afunda.
6 O SENHOR constrói sua casa até os céus e estabelece seus
alicerces sobre a terra. Ele tira água dos oceanos e a derrama
sobre a terra; SENHOR é o seu nome!
7 "Acaso vocês, israelitas, são mais importantes para mim que
os etíopes?", diz o SENHOR. "Tirei Israel do Egito, mas também
tirei os filisteus de Creta e os sírios de Quir.
8 "Eu, o SENHOR Soberano, vigio a nação pecaminosa de Israel.
Eu a varrerei da face da terra, mas jamais destruirei por completo o povo de Israel", diz o SENHOR.
9 "Pois darei ordens e sacudirei Israel com as outras nações,
como o trigo é sacudido na peneira; mas nenhum grão se perderá.
10 Todos os pecadores, porém, morrerão pela espada, todos
que dizem: 'Nenhuma calamidade virá sobre nós.'"

Promessa de restauração

11 "Naquele dia, restaurarei a tenda caída de Davi e consertarei
seus muros quebrados. Das ruínas a reconstruirei e restaurarei
sua antiga glória.
12 Israel possuirá o que restar de Edom e de todas as nações
que chamei para serem minhas". O SENHOR falou e fará essas
coisas.
13 "Virá o tempo", diz o SENHOR, "em que o trigo e as uvas
crescerão tão rápido que o povo não dará conta de colhê-los.
Vinho doce gotejará das videiras no alto das colinas de Israel.
14 Trarei meu povo exilado de Israel de volta de terras distantes,
e eles reconstruirão as cidades destruídas e voltarão a morar
nelas. Plantarão vinhedos e jardins, comerão de suas colheitas
e beberão de seu vinho.
15 Eu os plantarei firmemente ali, em sua própria terra. Nunca
mais serão arrancados da terra que lhes dei", diz o SENHOR,
seu Deus.

OBADIAS

1 Esta é a visão que o SENHOR Soberano revelou a Obadias
acerca da terra de Edom.

O julgamento de Edom é anunciado

Ouvimos uma mensagem do SENHOR, que um embaixador foi
enviado às nações para dizer: "Preparem-se, todos! Vamos
reunir nossos exércitos e atacar Edom!".
2 O SENHOR diz a Edom: "Eu o tornarei pequeno entre as nações;
você será grandemente desprezado.
3 Foi enganado por seu orgulho, pois vive numa fortaleza de
pedra e mora no alto dos montes.
'Quem me derrubará daqui de cima?', pensa consigo.
4 Mesmo que suba tão alto como as águias e faça seu ninho
entre as estrelas, de lá eu o derrubarei", diz o SENHOR.
5 "Se ladrões viessem durante a noite e o assaltassem
(que calamidade o espera!), não levariam tudo, e aqueles que
colhem uvas sempre deixam algumas para os pobres.
6 No entanto, todos os cantos de Edom serão vasculhados e
saqueados; todos os tesouros serão encontrados e levados
embora.
7 "Todos os seus aliados o expulsarão de sua terra; eles lhe
prometerão paz enquanto tramam enganá-lo e conquistá-lo.
Seus amigos de confiança lhe prepararão armadilhas, e você
nem se dará conta.
8 Naquele dia, não restará um sábio sequer em toda a terra de
Edom", diz o SENHOR. "Pois, nos montes de Edom, destruirei
todos que têm entendimento.
9 Os guerreiros mais poderosos de Temã ficarão aterrorizados,
e todos nos montes de Edom serão exterminados na matança."

Motivos para o castigo de Edom

10 "Por causa da violência que cometeu contra seus parentes,
os israelitas, você será coberto de vergonha e destruído para
sempre.
11 Quando eles foram invadidos, você se manteve afastado e
não quis ajudá-los. Estrangeiros levaram a riqueza da nação
e tiraram sortes para dividir Jerusalém, e você agiu como se
fosse um deles.
12 "Não deveria ter ficado satisfeito quando exilaram seus parentes em terras distantes. Não deveria ter se alegrado quando

o povo de Judá sofreu tamanha desgraça. Não deveria ter fa-
lado com arrogância naquele tempo de aflição.
13Não deveria ter saqueado a terra de Israel naquele dia de ca-
lamidade. Não deveria ter ficado satisfeito com sua destruição
naquele dia de calamidade. Não deveria ter roubado a riqueza
deles naquele dia de calamidade.
14Não deveria ter ficado nas encruzilhadas para matar os que
tentavam escapar. Não deveria ter capturado e entregado os
sobreviventes naquele tempo de aflição."

Edom é destruído, e Israel, restaurado

15"Está próximo o dia em que eu, o SENHOR, julgarei todas as
nações! Como você fez a Israel, assim lhe será feito. Toda a
sua maldade cairá sobre sua cabeça.
16Assim como você engoliu meu povo em meu monte santo,
você e as nações vizinhas engolirão o castigo contínuo que eu
derramar sobre vocês. Sim, todas as nações beberão, camba-
learão e, por fim, desaparecerão.
17"Mas o monte Sião se tornará refúgio para os que esca-
parem; será um lugar santo. O povo de Israel voltará para
tomar posse de sua herança.
18O povo de Israel será um fogo intenso, e Edom será um
campo de palha seca. Os descendentes de José serão uma
chama que passará pelo campo e consumirá tudo. Não haverá
sobreviventes em Edom; eu, o SENHOR, falei.
19"Então meu povo que vive no Neguebe ocupará os montes de
Edom. Os que vivem nas colinas de Judá possuirão as planícies
dos filisteus e tomarão os campos de Efraim e de Samaria. O
povo de Benjamim ocupará a terra de Gileade.
20Os exilados de Israel retornarão para sua terra e ocuparão o
litoral fenício até Sarepta. Os cativos de Jerusalém, exilados no
norte, voltarão para casa e ocuparão as cidades do Neguebe.
21Os que foram resgatados subirão ao monte Sião, em Jeru-
salém, para governar sobre os montes de Edom; e o reino
será do SENHOR."

JONAS

Jonas foge de Deus

1 O SENHOR deu esta mensagem a Jonas, filho de Amitai:
2"Apronte-se e vá à grande cidade de Nínive. Anuncie meu
julgamento contra ela, pois vi como seu povo é perverso".
3Jonas se aprontou, mas foi na direção contrária, a fim de
fugir do SENHOR. Desceu ao porto de Jope, onde encontrou um
navio que estava de partida para Társis. Comprou a passagem
e embarcou para Társis, a fim de fugir do SENHOR.
4O SENHOR, porém, enviou sobre o mar um vento forte, e caiu
uma tempestade tão violenta que o navio estava prestes a
se despedaçar. 5Com muito medo, os marinheiros clamavam
a seus deuses para que os socorressem e lançavam a carga
ao mar para deixar o navio mais leve. Enquanto isso, Jonas
dormia profundamente no porão. 6Então o capitão desceu para
falar com ele. "Como pode dormir numa situação dessas?",
disse. "Levante-se e ore a seu deus! Quem sabe ele prestará
atenção em nós e poupará nossa vida!"
7Então a tripulação tirou sortes para ver qual deles havia ofen-
dido os deuses e causado a terrível tempestade. Quando ti-
raram as sortes, elas indicaram que Jonas era o culpado. 8"Por
que essa terrível tempestade veio sobre nós?", perguntaram.
"Quem é você? Qual é sua profissão? De onde vem? Qual é sua
nacionalidade?"
9Jonas respondeu: "Sou hebreu e adoro o SENHOR, o Deus dos
céus, que fez o mar e a terra".
10Os marinheiros ficaram apavorados quando ouviram isso,
pois Jonas já havia lhes contado que estava fugindo do SE-
NHOR. "Por que fez uma coisa dessas?", disseram. 11E, visto que
a tempestade piorava cada vez mais, perguntaram-lhe: "O que
devemos fazer com você para que a tempestade se acalme?".
12Jonas respondeu: "Joguem-me ao mar, e ele voltará a ficar
calmo. Eu sei que esta terrível tempestade é culpa minha".
13Em vez disso, os marinheiros remaram com ainda mais força
para levar a embarcação à terra, mas não conseguiram, pois
o mar tempestuoso havia se tornado muito violento. 14Então
clamaram ao SENHOR e disseram: "Ó SENHOR, não nos deixes
morrer por causa deste homem, e não nos responsabilizes pela
morte dele! Ó SENHOR, tu sabes os motivos por que enviaste
esta tempestade sobre ele!".
15Depois, os marinheiros pegaram Jonas e o lançaram ao mar
e, no mesmo instante, a furiosa tempestade se aquietou.
16Espantados com o grande poder do SENHOR, os marinheiros
lhe ofereceram um sacrifício e firmaram o compromisso de
servi-lo.
17O SENHOR fez que um grande peixe engolisse Jonas. E Jonas
ficou dentro do peixe por três dias e três noites.

A oração de Jonas

2 Então, de dentro do peixe, Jonas orou ao SENHOR, seu Deus,
2e disse: "Em minha angústia, clamei ao SENHOR, e ele me
respondeu. Gritei da terra dos mortos, e tu me ouviste.
3Nas profundezas do oceano me lançaste, e afundei até o co-
ração do mar. As águas me envolveram; fui encoberto por tuas
tempestuosas ondas.

4Então eu disse: 'Tu me expulsaste de tua presença e, no entanto, olharei de novo para teu santo templo'.
5"Afundei debaixo das ondas, e as águas se fecharam sobre mim; algas marinhas se enrolaram em minha cabeça.
6Afundei até os alicerces dos montes; fiquei preso na terra, cujas portas se fecharam para sempre. Mas tu, ó SENHOR, meu Deus, me resgataste da morte!
7Quando minha vida se esvaía, me lembrei do SENHOR, e minha oração subiu a ti em teu santo templo.
8Os que adoram falsos deuses dão as costas para as misericórdias de Deus.
9Eu, porém, oferecerei sacrifícios a ti com cânticos de gratidão e cumprirei todos os meus votos, pois somente do SENHOR vem o livramento".
10Então o SENHOR ordenou que o peixe vomitasse Jonas na praia.

Jonas vai a Nínive

3 Depois disso, o SENHOR falou com Jonas pela segunda vez:
2"Apronte-se, vá à grande cidade de Nínive e transmita a mensagem que eu lhe dei".
3Dessa vez, Jonas obedeceu à ordem do SENHOR e foi a Nínive, uma cidade tão grande que eram necessários três dias para percorrê-la inteira. 4No dia em que Jonas entrou na cidade, proclamou às multidões: "Daqui a quarenta dias Nínive será destruída!". 5Os habitantes de Nínive creram em Deus e, desde o mais importante até o mais humilde, declararam um jejum e se vestiram de pano de saco.
6Quando o rei de Nínive ouviu o que Jonas dizia, desceu do trono, tirou as vestes reais, vestiu-se de pano de saco e sentou-se sobre um monte de cinzas. 7Então o rei e seus nobres enviaram este decreto a toda a cidade: "Ninguém, nem mesmo os animais de seu gado e de seus rebanhos, poderá comer ou beber coisa alguma. 8Tanto as pessoas como os animais devem se cobrir de pano de saco, e todos devem orar fervorosamente ao SENHOR. Devem deixar seus maus caminhos e toda a sua violência. 9Quem sabe Deus voltará atrás, conterá sua ira ardente e não nos destruirá".
10Quando Deus viu o que fizeram e como deixaram seus maus caminhos, voltou atrás e não os destruiu como havia ameaçado.

A ira de Jonas por causa da misericórdia do SENHOR

4 Isso tudo deixou Jonas aborrecido e muito irado. 2Então, orou ao SENHOR: "Antes de eu sair de casa, não foi isso que eu disse que tu farias, ó SENHOR? Por esse motivo fugi para Társis! Sabia que és Deus misericordioso e compassivo, lento para se irar e cheio de amor. Estás pronto a voltar atrás e não trazer calamidade. 3Agora tira minha vida, SENHOR! Para mim é melhor morrer que viver desse modo".
4O SENHOR respondeu: "Você acha certo ficar tão irado assim?".
5Então Jonas foi até um lugar a leste de Nínive e construiu um abrigo para sentar-se à sua sombra enquanto esperava para ver o que aconteceria à cidade. 6O SENHOR Deus fez crescer ali uma planta, que logo espalhou suas folhas grandes sobre a cabeça de Jonas e o protegeu do sol. Isso aliviou o desconforto de Jonas, e ele ficou muito grato pela planta.
7No dia seguinte, porém, ao amanhecer, Deus também mandou uma lagarta. Ela comeu o talo da planta, que secou.
8Quando o calor do sol se intensificou, Deus mandou um vento leste quente soprar sobre Jonas. O sol bateu em sua cabeça até ele sentir-se tão fraco que desejou morrer. "Para mim é melhor morrer que viver desse modo", disse ele.
9Deus perguntou a Jonas: "Você acha certo ficar tão irado por causa da planta?". Jonas respondeu: "Sim, acho certo ficar tão irado a ponto de querer morrer!".
10Então o SENHOR disse: "Você tem compaixão de uma planta, embora não tenha feito coisa alguma para que ela crescesse. Ela depressa apareceu e depressa murchou. 11Nínive, porém, tem mais de 120 mil pessoas que não sabem decidir entre o certo e o errado, sem falar de muitos animais. Acaso não devo ter compaixão dessa grande cidade?".

MIQUEIAS

1 O SENHOR deu esta mensagem a Miqueias, de Moresete, durante os anos em que Jotão, Acaz e Ezequias foram reis de Judá. As visões diziam respeito a Samaria e a Jerusalém.

Grande tristeza por Samaria e Jerusalém

2Prestem atenção, todos os povos! Que a terra e tudo que nela há ouçam! O SENHOR Soberano faz acusações contra vocês; de seu santo templo o Senhor fala.
3Vejam, o SENHOR se aproxima! Ele deixa seu trono nos céus e pisa sobre os lugares altos da terra.
4Os montes se derretem sob seus pés e escorrem para os vales, como cera no fogo, como água que desce pela encosta.
5E por que isso acontece? Por causa da rebeldia de Israel, dos pecados dos descendentes de Jacó. Quem é responsável pela rebeldia de Israel? Samaria, sua capital! Onde fica o centro de idolatria de Judá? Em Jerusalém, sua capital!
6"Por isso, transformarei a cidade de Samaria num monte de

ruínas. Farei de suas ruas um campo para plantar videiras. Atirarei no vale as pedras de seus muros, até que os alicerces fiquem descobertos.

7 Todas as suas imagens esculpidas serão despedaçadas, todos os seus tesouros sagrados serão queimados. Isso tudo foi comprado com o pagamento de sua prostituição e será levado embora para pagar prostitutas em outro lugar."

8 Por isso, chorarei e lamentarei; andarei descalço e nu. Uivarei como o chacal e gemerei como a coruja.

9 Pois a ferida de meu povo não tem cura. Chegou a Judá, até as portas de Jerusalém.

10 Não contem isso a nossos inimigos em Gate; não chorem. Vocês, habitantes de Bete-Leafra, rolem no pó.

11 Vocês, habitantes de Safir, vão para o exílio, nus e envergonhados. Os habitantes de Zaanã não se atrevem a sair da cidade. Os habitantes de Bete-Ezel estão em prantos, pois não têm proteção.

12 Os habitantes de Marote anseiam por alívio, mas a calamidade do SENHOR chega até os portões de Jerusalém.

13 Atrelem os cavalos a suas carruagens e fujam, habitantes de Laquis. Você foi a primeira cidade em Judá a seguir Israel em sua rebeldia, e levou a bela Sião a pecar.

14 Deem presentes de despedida a Moresete-Gate; a cidade de Aczibe enganou os reis de Israel.

15 Ó habitantes de Maressa, trarei um conquistador para tomar sua cidade. E a liderança de Israel irá a Adulão.

16 Ó habitantes de Judá, raspem a cabeça, pois seus filhos queridos serão levados para longe. Fiquem calvos como a águia, pois seus pequenos serão exilados em terras distantes.

Julgamento contra os opressores ricos

2 Que aflição espera vocês que ficam acordados à noite fazendo planos perversos! Levantam-se ao amanhecer para realizá-los, só porque têm poder para isso.

2 Quando desejam um terreno, encontram um modo de se apropriar dele. Quando querem a casa de alguém, tomam-na por meio de violência. Oprimem um homem para que lhes entregue sua propriedade e deixam a família dele sem herança.

3 Portanto, assim diz o SENHOR: "Eu retribuirei sua maldade com maldade; não conseguirão livrar o pescoço do laço. Não andarão mais com arrogância, pois será um tempo de calamidade".

4 Naquele dia, seus inimigos zombarão de vocês e entoarão canções de lamento a seu respeito: "Estamos acabados, totalmente arruinados! Deus confiscou nossa terra, ele a tomou de nós. Entregou nossos campos àqueles que nos levaram cativos".

5 Então outros estabelecerão suas divisas, e o povo do SENHOR será ignorado na hora de repartir a terra.

Verdadeiros e falsos profetas

6 "Não diga uma coisa dessas", o povo responde. "Não profetize dessa maneira; essa desgraça jamais nos acontecerá!"

7 Acaso deve falar desse modo, ó povo de Israel? O Espírito do SENHOR terá paciência com essa conduta? Se fizesse o que é certo, minhas palavras lhe trariam consolo.

8 Até agora, porém, meu povo se rebela contra mim, como se fosse um inimigo. Roubam a túnica daqueles que confiaram em vocês e os deixam aos farrapos, como quem volta da batalha.

9 Expulsaram mulheres de seus lares confortáveis e tomaram para sempre de seus filhos tudo que Deus lhes deu.

10 Levantem-se! Vão embora! Esta não é mais sua terra nem seu lar, pois vocês a encheram de pecado e a arruinaram por completo.

11 Se um profeta que vive a mentir lhes dissesse: "Proclamarei para vocês as alegrias do vinho e da bebida forte", de um profeta assim vocês se alegrariam!

Esperança de restauração

12 "Algum dia, ó Israel, reunirei os que restaram. Juntarei vocês novamente, como ovelhas no curral, como rebanho em seu pasto. Sim, sua terra voltará a se encher do ruído das multidões.

13 Seu líder abrirá o caminho e os conduzirá para fora do exílio, pelas portas das cidades inimigas, de volta para sua terra. Seu rei os conduzirá; o próprio SENHOR os guiará."

Julgamento contra os líderes de Israel

3 Eu disse: "Ouçam, líderes de Israel! Vocês deveriam saber
o que é certo, 2 mas odeiam o bem e amam o mal. Esfolam
meu povo e arrancam a carne de seus ossos.

3 Sim, comem a carne de meu povo; arrancam sua pele e quebram seus ossos. Cortam-no em pedaços, como carne para a panela.

4 Então, na hora da aflição, clamam ao SENHOR; esperam mesmo que ele responda? Depois de todo o mal que fizeram, ele nem olhará para vocês!".

5 Assim diz o SENHOR: "Vocês, falsos profetas, fazem meu povo se desviar! Prometem paz aos que lhes dão comida, mas anunciam guerra aos que não os alimentam.

6 Agora, a noite se fechará ao seu redor e acabará com suas visões. A escuridão os cobrirá e dará fim a suas predições. O sol se porá para os profetas, e seu dia chegará ao fim.

7 Então vocês, videntes, serão envergonhados, e vocês, adivinhos, serão humilhados. Cobrirão a boca, porque não há resposta de Deus".

8 Quanto a mim, estou cheio de poder, cheio do Espírito do SENHOR. Estou cheio de justiça e força para anunciar o pecado e a rebeldia de Israel.

9 Escutem, líderes de Israel! Vocês odeiam a justiça e distorcem o que é certo.

10 Constroem Jerusalém sobre um alicerce de homicídio e corrupção.

11 Os governantes julgam conforme os subornos que recebem, os sacerdotes cobram para ensinar a lei, os profetas só profetizam quando são pagos, e, no entanto, todos afirmam depender do SENHOR. Dizem: "Nenhum mal nos acontecerá, pois o SENHOR está em nosso meio".

12Por causa de vocês, o monte Sião será arado como um
campo; Jerusalém será transformada num monte de ruínas.
Crescerá mato na colina, onde hoje fica o templo.

O reino futuro do SENHOR

4 Nos últimos dias, o monte da casa do SENHOR será o mais
alto de todos. Será elevado acima das colinas, e povos de
todo o mundo irão até lá.
2Gente de muitas nações virá e dirá: "Venham, subamos ao
monte do SENHOR, à casa do Deus de Jacó. Ali ele nos ensinará
como devemos viver e andaremos em seus caminhos". Pois a
lei do SENHOR sairá de Sião; sua palavra sairá de Jerusalém.
3O SENHOR será mediador entre povos e resolverá conflitos
entre nações poderosas e distantes. Elas forjarão suas espadas
para fazer arados e transformarão suas lanças em podadeiras.
As nações já não lutarão entre si, nem treinarão mais para a
guerra.
4Todos viverão em paz, sentados sob suas videiras e figueiras,
pois não haverá nada a temer. Assim prometeu o SENHOR dos
Exércitos!
5Embora as nações ao redor sigam seus deuses, nós segui-
remos o SENHOR, nosso Deus, para sempre.

Israel volta do exílio

6"Naquele dia", diz o SENHOR, "reunirei os fracos, os que foram
exilados, aqueles a quem feri.
7Os fracos sobreviverão como um remanescente, os exilados se
tornarão uma nação forte. Então eu, o SENHOR, reinarei sobre
eles no monte Sião, para sempre."
8Quanto a você, bela Sião, fortaleza do povo de Deus, voltará
a ter força e poder soberano. O reino de minha preciosa Jeru-
salém será restaurado.
9Agora, por que grita de terror? Acaso não tem rei para gover-
ná-la? Morreram todos os seus sábios? Sim, você foi tomada
de dor como a mulher que dá à luz.
10Ó habitantes da bela Sião, contorçam-se e gemam, como a
mulher em trabalho de parto, pois terão de deixar a cidade
para morar nos campos. Vocês serão enviados ao exílio na
distante Babilônia. Ali, porém, o SENHOR os libertará; ele os
livrará das garras de seus inimigos.
11Agora muitas nações se reuniram contra você, dizendo: "Que
ela seja profanada! Vejamos a destruição de Sião!".
12Mas elas não conhecem os pensamentos do SENHOR, nem
entendem seu plano. Essas nações não sabem que ele as reúne
para serem batidas e pisadas, como feixes de cereal na eira.
13"Levante-se e esmague as nações, ó bela Sião! Pois eu lhe
darei chifres de ferro e cascos de bronze, para que pisoteie
muitas nações até despedaçá-las. Você dedicará ao SENHOR
as riquezas que elas roubaram; dedicará seus tesouros ao So-
berano de toda a terra."

5 Mobilizem-se! Reúnam suas tropas! O inimigo cerca Jeru-
salém. Com uma vara ferirá o rosto do líder de Israel.

Um governante de Belém

2Mas você, ó Belém Efrata, é apenas uma pequena vila entre
todo o povo de Judá. E, no entanto, um governante de Israel,
cujas origens são do passado distante, sairá de você em meu
favor.
3O povo de Israel será entregue a seus inimigos, até que a mu-
lher em trabalho de parto dê à luz. Por fim, seus compatriotas
voltarão do exílio para sua própria terra.
4Ele se levantará para conduzir seu rebanho com a força do
SENHOR e a majestade do nome do SENHOR, seu Deus. Então seu
povo viverá tranquilo, pois ele será exaltado em todo o mundo
5e será a fonte de paz. Quando os assírios invadirem nossa
terra e romperem nossas defesas, nomearemos sete pastores
para nos proteger, oito príncipes para nos conduzir.
6Eles conquistarão a Assíria com a espada e entrarão pelas
portas da terra de Ninrode. Ele nos livrará dos assírios, quando
eles passarem pelas fronteiras para invadir nossa terra.

A purificação do remanescente

7Então o remanescente de Israel ocupará seu lugar entre as
nações. Será como o orvalho enviado pelo SENHOR, como a
chuva que cai sobre a grama, que ninguém é capaz de conter
e ninguém consegue deter.
8Sim, o remanescente de Israel ocupará seu lugar entre as
nações. Será como o leão entre os animais no bosque, como o
leão forte no meio de rebanhos de ovelhas, que as ataca e as
despedaça quando passam, sem que ninguém as livre.
9O povo de Israel enfrentará seus adversários, e todos os seus
inimigos serão exterminados.
10"Naquele dia", diz o SENHOR, "matarei seus cavalos e des-
truirei seus carros de guerra.
11Derrubarei seus muros e demolirei suas fortalezas.
12Acabarei com a prática da feitiçaria, e não haverá mais adi-
vinhos.
13Destruirei seus ídolos e suas colunas sagradas, para que
vocês nunca mais adorem as obras de suas mãos.
14Acabarei com seus santuários e postes de Aserá e destruirei
suas cidades.
15Com terrível ira, derramarei minha vingança sobre todas as
nações que não me obedeceram."

As acusações do SENHOR contra Israel

6 Ouçam o que o SENHOR diz: "Levantem-se e apresentem
sua causa! Que os montes e as colinas sejam testemunhas
de suas queixas.
2E agora, ó montes e firmes alicerces da terra, ouçam a queixa
do SENHOR. Ele julgará seu povo, fará acusações contra Israel.
3"Ó meu povo, o que fiz para se cansarem de mim? Respon-
dam-me!
4Eu os tirei do Egito e os resgatei da escravidão; enviei Moisés,
Arão e Miriã para guiá-los.
5Ó meu povo, não se lembra de como Balaque, rei de Moabe,
planejou que você fosse amaldiçoado, e como, em vez disso,
Balaão, filho de Beor, o abençoou? Não recorda sua viagem

do vale das Acácias a Gilgal, quando eu, o SENHOR, lhe revelei minha fidelidade?"

6Que podemos apresentar ao SENHOR? Devemos trazer holocaustos ao Deus Altíssimo? Devemos nos prostrar diante dele com ofertas de bezerros de um ano?

7Devemos oferecer ao SENHOR milhares de carneiros e dez mil rios de azeite? Devemos sacrificar nossos filhos mais velhos para pagar por nossos pecados?

8Ó povo, o SENHOR já lhe declarou o que é bom e o que ele requer de você: que pratique a justiça, ame a misericórdia e ande humildemente com seu Deus.

A culpa e o castigo de Israel

9Se forem sábios, temam o SENHOR! Sua voz clama a todos em Jerusalém: "Ouçam os exércitos de destruição; o SENHOR os envia.

10Que direi sobre as casas dos perversos, cheias de tesouros obtidos pelo engano? E quanto à prática repulsiva de calcular cereais com medidas falsas?

11Como posso aceitar seus comerciantes que usam balanças e pesos desonestos?

12Os ricos entre vocês enriqueceram por meio de extorsão e violência. Seus habitantes estão acostumados a mentir; sua língua não consegue mais dizer a verdade.

13"Por isso eu a farei sofrer! Em ruínas a deixarei por causa de seus pecados.

14Você comerá, mas nunca se saciará; continuará a sentir as dores de fome. E, embora tente economizar alguma coisa, no fim nada lhe sobrará. O pouco que você ajuntar darei àqueles que a conquistarem.

15Você semeará plantações, mas não as colherá. Espremerá azeitonas, mas não terá óleo suficiente para se ungir. Pisará uvas, mas não obterá suco para fazer vinho.

16Você obedece apenas às leis do rei Onri e segue apenas as práticas do rei Acabe. Por isso farei de você um exemplo e a levarei à ruína. Será tratada com desprezo e insultada por todos que a virem".

Sofrimento transformado em esperança

7 Pobre de mim! Sinto-me como quem apanha frutas depois da colheita e nada encontra para comer. Não há um cacho de uvas sequer, nem um único figo novo para saciar minha fome.

2Os fiéis desapareceram; não resta uma só pessoa honesta
na terra. São todos assassinos, que preparam armadilhas até
para os próprios irmãos; 3suas mãos são hábeis para fazer o
mal. Governantes e juízes exigem subornos; os mais influentes
conseguem o que querem e tramam juntos para perverter a
justiça.

4Até o melhor deles é como um espinheiro, e o mais honesto é perigoso como uma cerca de espinhos. Mas o dia anunciado se aproxima; está chegando a hora de seu castigo, um tempo de confusão.

5Não confie em ninguém, nem mesmo em seu melhor amigo, nem sequer em sua esposa.

6Pois o filho despreza o pai, a filha se rebela contra a mãe, a nora se rebela contra a sogra; seus inimigos estão em sua própria casa!

7Quanto a mim, busco o SENHOR e espero confiante que Deus me salve; certamente meu Deus me ouvirá!

8Não se alegrem, meus inimigos; pois, mesmo que eu caia, voltarei a me levantar. Ainda que eu esteja em trevas, o SENHOR será minha luz.

9Serei paciente enquanto o SENHOR me castiga, pois pequei contra ele. Depois disso, ele defenderá minha causa e fará o que é direito. O SENHOR me levará para a luz, e verei sua justiça.

10Então meus inimigos verão que o SENHOR está do meu lado e se envergonharão de ter dito: "Onde está o SENHOR, seu Deus?". Com os próprios olhos eu os verei cair; serão pisados como lama nas ruas.

11Naquele dia, Israel, seus muros serão reconstruídos, e suas fronteiras, ampliadas.

12Gente de muitas terras virá até você: desde a Assíria até as cidades do Egito, desde o Egito até o rio Eufrates, e de mares e montes distantes.

13A terra, porém, ficará vazia e desolada, por causa da maldade dos que nela habitam.

A compaixão do SENHOR por Israel

14Ó SENHOR, protege teu povo com teu cajado de pastor; conduz este rebanho que pertence a ti! Embora vivam sozinhos num bosque no alto do monte Carmelo, leva-os para pastar nos campos verdes de Basã e Gileade, como faziam muito tempo atrás.

15"Sim, realizarei grandes milagres em seu favor, como fiz quando os resgatei da terra do Egito."

16Todas as nações ficarão admiradas do que o SENHOR fará por vocês. Elas terão vergonha de seu pequeno poder; cobrirão a boca com as mãos e taparão os ouvidos.

17Como serpentes que rastejam para fora de seus esconderijos, sairão ao encontro do SENHOR, nosso Deus. Terão muito temor dele e tremerão em sua presença.

18Que outro Deus há semelhante a ti, que perdoas a culpa do remanescente e esqueces os pecados dos que te pertencem? Não permanecerás irado com teu povo para sempre, pois tens prazer em mostrar teu amor.

19Voltarás a ter compaixão de nós; pisarás nossas maldades sob teus pés e lançarás nossos pecados nas profundezas do mar.

20Tu nos mostrarás tua fidelidade e teu amor como prometeste há muito tempo a Abraão e a Jacó, nossos antepassados.

NAUM

1Naum, que vivia em Elcós, recebeu numa visão esta men-
sagem acerca de Nínive.

A ira do SENHOR contra Nínive

2O SENHOR é Deus zeloso, cheio de vingança e ira. Vinga-se
de todos que a ele se opõem e reserva sua fúria para seus
inimigos.
3O SENHOR é lento para se irar, mas tem grande poder e nunca
deixa de castigar o culpado. Demonstra seu poder no vendaval
e na tempestade; as nuvens são poeira debaixo de seus pés.
4À sua ordem, os oceanos secam e os rios desaparecem. Os
pastos verdejantes de Basã e do Carmelo se esvaem, e os bos-
ques do Líbano murcham.
5Em sua presença, os montes tremem e as colinas se derretem;
a terra estremece e seus habitantes são destruídos.
6Quem pode resistir à sua indignação? Quem pode sobreviver
à sua ira ardente? Sua fúria queima como fogo, e os montes
desabam em sua presença.
7O SENHOR é bom; é forte refúgio quando vem a aflição. Está
perto dos que nele confiam, 8mas arrasará seus inimigos com
uma tremenda inundação. Perseguirá seus adversários escu-
ridão adentro.
9Por que vocês tramam contra o SENHOR? Ele os destruirá com
um só golpe; não precisará vir outra vez.
10Seus inimigos, emaranhados como espinheiros e camba-
leantes como bêbados, serão queimados como palha seca.
11Ó Nínive, quem é esse seu conselheiro perverso, que trama
o mal contra o SENHOR?
12Assim diz o SENHOR: "Embora os assírios tenham muitos
aliados, serão destruídos e desaparecerão. Ó meu povo, eu o
castiguei antes, mas não o castigarei outra vez.
13Agora quebrarei o jugo sobre seu pescoço e arrancarei as
correntes de sua opressão".
14E assim diz o SENHOR acerca dos assírios: "Vocês não terão
mais filhos para dar continuidade ao seu nome; destruirei
todos os ídolos nos templos de seus deuses. Estou preparando
uma sepultura para vocês, pois são desprezíveis!".
15Vejam, um mensageiro vem pelas montanhas com boas notí-
cias! Ele traz uma mensagem de paz. Celebrem suas festas, ó
habitantes de Judá, e cumpram seus votos, pois seus inimigos
perversos nunca mais invadirão sua terra; serão completa-
mente destruídos.

A queda de Nínive

2Ó Nínive, seu inimigo vem destruí-la. Guarde as muralhas!
Vigie as estradas! Prepare suas defesas! Reúna suas forças!
2Embora os saqueadores tenham despojado Israel, o SE-
NHOR restaurará sua honra. Os ramos da videira foram arran-
cados, mas ele restaurará seu esplendor.
3Os escudos de seus guerreiros são vermelhos; vejam os uni-
formes escarlates dos soldados valentes! Observem seus relu-
zentes carros de guerra se alinharem, enquanto as lanças se
agitam acima deles.
4Os implacáveis carros de guerra percorrem as ruas e atra-
vessam velozes as praças. Brilham como tochas de fogo e se
movem com a rapidez de relâmpagos.
5Os oficiais são convocados e, de tanta pressa, saem trope-
çando, correndo para os muros a fim de organizar as defesas.
6As comportas do rio foram abertas! O palácio está prestes
a desabar!
7O exílio de Nínive foi decretado, e todas as servas lamentam
sua derrota. Gemem como pombas e batem no peito em sinal
de tristeza.
8Nínive é como um açude rompido, que deixa vazar seu povo.
"Parem! Parem!", alguém grita, mas ninguém olha para trás.
9Saqueiem a prata! Levem o ouro! Os tesouros de Nínive não
têm fim; sua riqueza é incalculável.
10A cidade é saqueada e fica vazia e arruinada; corações se
derretem e joelhos vacilam. O povo fica angustiado, de rosto
pálido, tremendo de medo.
11Onde está agora a grande Nínive, toca cheia de leões? Ali o
povo, como leões e seus filhotes, andava livremente e sem
temor.
12O leão despedaçava a carne para seus filhotes e estrangulava
a presa para a leoa. Enchia sua toca de presas e suas cavernas,
de despojos.
13"Sou seu inimigo!", diz o SENHOR dos Exércitos. "Em breve
seus carros serão queimados, e seus jovens morrerão na ba-
talha. Você nunca mais saqueará nações conquistadas; jamais
se ouvirá novamente a voz de seus mensageiros."

Julgamento do SENHOR contra Nínive

3Que aflição espera Nínive, cidade de homicídio e mentiras!
É cheia de riquezas tomadas à força, e nunca lhe faltam
vítimas.
2Ouçam o estalo de chicotes, o estrondo de rodas! Os cavalos
vêm galopando, e os carros de guerra sacodem sem parar.
3Vejam as espadas faiscantes e as lanças reluzentes quando
passa a cavalaria! Há incontáveis mortos, montes de cadá-
veres. Os corpos são tantos que os vivos neles tropeçam.
4Tudo isso porque Nínive, prostituta bela, dona de encanta-
mentos mortais, seduziu as nações com sua beleza. Ensinou a
elas sua magia e enfeitiçou gente de toda parte.
5"Sou seu inimigo!", diz o SENHOR dos Exércitos. "Agora levan-
tarei suas vestes e mostrarei às nações sua nudez e vergonha.
6Cobrirei você de sujeira e mostrarei ao mundo como é des-
prezível.
7Todos que a virem se afastarão e dirão: 'Nínive está arruinada!

Onde estão os que choram por ela?'. Alguém lamentará sua
destruição?"
8 Acaso você é melhor que a cidade de Tebas, situada junto ao
rio Nilo e cercada de água? Por todos os lados era protegida
pelo rio, e as águas eram seus muros.
9 A Etiópia e a terra do Egito lhe davam apoio ilimitado. A nação
de Pute e a Líbia estavam entre seus aliados.
10 E, no entanto, Tebas foi conquistada, e seus habitantes,
levados como escravos. Seus bebês foram lançados com vio-
lência contra as pedras nas ruas. Soldados tiraram sortes para
decidir quem levaria oficiais egípcios como servos; todos os
seus líderes foram acorrentados.
11 E você, Nínive, também tropeçará como um bêbado e se es-
conderá de medo do inimigo que ataca.
12 Todas as suas fortalezas cairão; serão devoradas como figos
maduros que caem na boca de quem sacode a árvore.
13 Seus soldados ficarão fracos e indefesos como mulheres. Os
portões de sua terra serão escancarados para o inimigo, e fogo
consumirá as trancas.
14 Prepare-se para o cerco! Estoque água! Reforce suas de-
fesas! Entre nos buracos para pisar o barro, coloque-o nas
formas e faça tijolos para reparar os muros!
15 Mesmo assim, o fogo a devorará; a espada a exterminará. O
inimigo a consumirá como gafanhotos que devoram tudo pela
frente. Mesmo que você se multiplique como gafanhotos, não
haverá como escapar.
16 Seus comerciantes se tornaram mais numerosos que as es-
trelas do céu. Mas, como nuvem de gafanhotos, devastam a
terra e voam para longe.
17 Seus guardas e oficiais também são como gafanhotos, que se
ajuntam sobre os muros nos dias frios. Mas, como gafanhotos
que voam embora quando o sol aparece, todos vão para longe
e desaparecem.
18 Seus líderes dormem, ó rei assírio; seus nobres estão mortos,
estendidos no pó. Seu povo está espalhado pelos montes, e
não há quem os reúna.
19 Não há cura para sua ferida; ela é mortal. Todos que ou-
virem sobre sua destruição baterão palmas de alegria. Onde
se poderá encontrar alguém que não sofreu com sua constante
crueldade?

HABACUQUE

1 Esta é a mensagem que o profeta Habacuque recebeu numa
visão.

A queixa de Habacuque

2 Até quando, SENHOR, terei de pedir socorro? Tu, porém, não
ouves. Clamo: "Há violência por toda parte!", mas tu não vens
salvar.
3 Terei de ver estas maldades para sempre? Por que preciso
assistir a tanta opressão? Para qualquer lugar que olho, vejo
destruição e violência. Estou cercado de pessoas que discutem
e brigam o tempo todo.
4 A lei está amortecida, e não se faz justiça nos tribunais. Os
perversos são mais numerosos que os justos e, com isso, a
justiça é corrompida.

A resposta do SENHOR

5 "Observem as nações ao redor; olhem e admirem-se! Pois
faço algo em seus dias, algo em que vocês não acreditariam
mesmo que alguém lhes contasse.
6 Estou levantando os babilônios, um povo cruel e violento. Eles
marcharão por todo o mundo e conquistarão outras terras.
7 São conhecidos por sua crueldade e decidem por si mesmos
o que é certo.
8 Seus cavalos são mais velozes que leopardos e mais ferozes
que lobos ao anoitecer. Seus cavaleiros atacam, vindos de
longe; como águias, lançam-se sobre a presa para devorá-la.
9 "Todos eles vêm prontos para agir com violência; seus exér-
citos avançam como o vento do deserto, ajuntando prisioneiros
como se fossem areia.
10 Zombam de reis e príncipes e desprezam todas as suas for-
talezas. Constroem rampas de terra contra seus muros e as
conquistam.
11 Passam com rapidez, como o vento, e desaparecem. Sua
culpa, porém, é grande, pois têm como deus sua própria força."

A segunda queixa de Habacuque

12 Ó SENHOR, meu Deus, meu Santo, tu que és eterno certa-
mente não planejas nos exterminar! Ó SENHOR, nossa Rocha,
enviaste os babilônios para nos disciplinar, como castigo por
nossos pecados.
13 Mas tu és puro e não suportas ver o mal e a opressão; perma-
necerás indiferente diante desses traiçoeiros? Ficarás calado
enquanto os perversos engolem os que são mais justos que
eles?
14 Somos apenas peixes para ser apanhados e mortos? Somos
apenas seres do mar, que não têm quem os guie?
15 Seremos fisgados por seus anzóis e pegos em suas redes
enquanto eles se alegram e festejam?
16 Então eles oferecerão sacrifícios a suas redes e queimarão in-
censo diante delas, dizendo: "Essas redes nos enriqueceram!".
17 Deixarás que permaneçam impunes? Continuarão a destruir
cruelmente as nações?

2 Subirei até minha torre de vigia e ficarei de guarda. Ali es-
perarei para ver o que ele diz, que resposta dará à minha
queixa.

A segunda resposta do Senhor

2Então o Senhor me disse: "Escreva minha resposta em tá-
buas, para que se possa ler depressa e com clareza.
3Esta é uma visão do futuro; descreve o fim, e tudo se cum-
prirá. Se parecer que demora a vir, espere com paciência, pois
certamente acontecerá; não se atrasará.
4"Olhe para os arrogantes, os perversos que em si mesmos
confiam; o justo, porém, viverá por sua fidelidade a Deus.
5A riqueza é traiçoeira, e os arrogantes nunca descansam. Es-
cancaram a boca como a sepultura e, como a morte, nunca se
saciam. Em sua cobiça, ajuntaram muitas nações e engoliram
muitos povos.
6"Em breve, porém, seus cativos os insultarão; zombarão
deles, dizendo: 'Que aflição espera vocês, ladrões! Ficaram
ricos pela extorsão; até quando continuarão desse modo?'.
7De repente, seus credores tomarão providências; eles se vol-
tarão contra vocês e levarão tudo que têm, enquanto vocês
olham, trêmulos e indefesos.
8Porque saquearam muitas nações, agora todos os sobrevi-
ventes os saquearão. Cometeram homicídio nos campos e
encheram as cidades de violência.
9"Que aflição espera vocês que constroem casas enormes com
dinheiro obtido por meio de opressão! Acreditam que a riqueza
comprará segurança e manterá sua família afastada do perigo.
10Mas, com os homicídios que cometeram, envergonharam seu
nome e condenaram a própria vida.
11As pedras das paredes clamam contra vocês, e as vigas dos
telhados também se queixam.
12"Que aflição espera vocês que constroem cidades com di-
nheiro obtido por meio de homicídio e corrupção!
13Acaso o Senhor dos Exércitos não transformará em cinzas
as riquezas das nações? Elas trabalham com afinco, mas de
nada adianta!
14Pois, assim como as águas enchem o mar, a terra se encherá
do conhecimento da glória do Senhor.
15"Que aflição espera vocês que dão bebidas a seus compa-
nheiros! Vocês os obrigam a se embriagar e depois se alegram,
maldosos, quando eles ficam nus e envergonhados.
16Em breve, porém, será sua vez de serem humilhados; ve-
nham, bebam e fiquem despidos e expostos! Bebam do cálice
do Senhor, e toda a sua glória será transformada em desonra.
17Derrubaram as florestas do Líbano, agora vocês serão der-
rubados. Destruíram os animais selvagens, agora o terror
deles virá sobre vocês. Cometeram homicídio nos campos e
encheram as cidades de violência.
18"De que vale o ídolo esculpido por mãos humanas, ou a
imagem de metal que só os engana? Como é tolo confiar em
sua própria criação, num deus que nem sequer é capaz de falar!
19Que aflição espera vocês que dizem a ídolos de madeira: '
Despertem!', e que dizem a imagens mudas de pedra: 'Levan-
tem-se!'. Acaso um ídolo pode lhes dizer o que fazer? Apesar
de serem revestidos de ouro e prata, não há vida dentro deles.
20O Senhor, porém, está em seu santo templo; toda a terra
cale-se diante dele."

A oração de Habacuque

3 O profeta Habacuque entoou esta oração:
2Ouvi a teu respeito, Senhor; estou maravilhado com tuas
obras. Neste momento de tanta necessidade, ajuda-nos outra
vez, como fizeste no passado. E, em tua ira, lembra-te de tua
misericórdia.
3Vejo Deus atravessar os desertos, vindo de Edom; o Santo
vem do monte Parã.

Interlúdio

Seu esplendor envolve os céus, e a terra se enche de seu louvor.
4Sua vinda é radiante como o nascer do sol; raios de luz saem
de suas mãos, onde está escondido seu poder.
5A peste marcha adiante dele, e a praga vem logo atrás.
6Quando ele para, a terra estremece; quando ele olha, as na-
ções tremem. Ele derruba os montes perpétuos e arrasa as
colinas antigas; dele são os caminhos eternos.
7Vejo o povo de Cusã em aflição, e a nação de Midiã treme
de terror.
8Foi com ira, Senhor, que feriste os rios e dividiste o mar?
Estavas furioso com eles? Não! Vinhas em tuas carruagens
vitoriosas!
9Pegaste teu arco e tua aljava cheia de flechas e dividiste a
terra com rios.

Interlúdio

10Os montes viram e tremeram, e as águas avançaram com vio-
lência. O grande abismo clamou e levantou bem alto as mãos.
11O sol e a lua pararam no céu enquanto tuas flechas brilhantes
voavam e tua lança reluzente faiscava.
12Marchaste pela terra com ira e, furioso, pisaste as nações.
13Saíste para resgatar teu povo, para libertar teus ungidos. Es-
magaste a cabeça dos perversos e os descobriste até os ossos.

Interlúdio

14Com tuas armas destruíste o líder dos que avançaram como
um vendaval, pensando que o povo fosse presa fácil.
15Marchaste sobre o mar com teus cavalos, e as águas pode-
rosas se agitaram.
16Estremeci por dentro quando ouvi isso; meus lábios tre-
meram de medo. Minhas pernas vacilaram, e tremi de terror.
Esperarei em silêncio pelo dia em que a calamidade virá sobre
nossos invasores.
17Ainda que a figueira não floresça e não haja frutos nas vi-
deiras, ainda que a colheita de azeitonas não dê em nada e os
campos fiquem vazios e improdutivos, ainda que os rebanhos
morram nos campos e os currais fiquem vazios, 18mesmo assim
me alegrarei no Senhor; exultarei no Deus de minha salvação!
19O Senhor Soberano é minha força! Ele torna meus pés firmes
como os da corça, para que eu possa andar em lugares altos.
(Ao regente do coral: Essa oração deve ser acompanhada por
instrumentos de corda.)

SOFONIAS

1 O SENHOR deu esta mensagem a Sofonias quando Josias,
filho de Amom, era rei de Judá. Sofonias era filho de Cuchi,
filho de Gedalias, filho de Amarias, filho de Ezequias.

Julgamento futuro contra Judá

2 "Destruirei todas as coisas sobre a face da terra", diz o SE-
NHOR.
3 "Destruirei tanto pessoas como animais, destruirei as aves
do céu e os peixes do mar. Reduzirei os perversos a montes
de escombros e exterminarei a humanidade da face da terra",
diz o SENHOR.
4 "Esmagarei Judá e Jerusalém com meu punho e eliminarei
até o último vestígio de seu culto a Baal. Acabarei com os sa-
cerdotes idólatras, de modo que todos se esquecerão deles.
5 Pois eles sobem a seus terraços e se curvam para as estrelas
e os astros. Juram pelo nome do SENHOR, mas também adoram
Moloque.
6 Destruirei os que antes seguiam o SENHOR, mas agora já não o
fazem. Não pedem a direção do SENHOR, nem o buscam mais."
7 Fiquem em silêncio na presença do SENHOR Soberano, pois se
aproxima o dia do SENHOR. O SENHOR preparou seu povo para
uma grande matança e escolheu seus carrascos.
8 "Naquele dia de julgamento", diz o SENHOR, "castigarei os
líderes e os príncipes de Judá e todos que seguem costumes
estrangeiros.
9 Sim, castigarei os que participam de cultos idólatras e en-
chem a casa de seus senhores de violência e engano."
10 "Naquele dia", diz o SENHOR, "um grito de alarme virá do
portão dos Peixes e ressoará em todo o bairro novo da cidade;
um grande estrondo virá das colinas.
11 Lamentem, vocês que moram na região do mercado, pois
todos os comerciantes e negociantes serão destruídos.
12 "Vasculharei com lamparinas os cantos mais escuros de
Jerusalém, para castigar os que vivem acomodados em seus
pecados. Pensam que o SENHOR não lhes fará coisa alguma,
nem boa nem má.
13 Por isso, seus bens serão saqueados, e suas casas, des-
truídas. Construirão casas novas, mas não habitarão nelas.
Plantarão videiras, mas não beberão de seu vinho.
14 "Esse dia terrível do SENHOR se aproxima; ele virá depressa.
Será um dia de amargura em que até os homens fortes gri-
tarão.
15 Será um dia em que o SENHOR derramará sua ira, dia de sofri-
mento e angústia, dia de ruína e desolação, dia de escuridão
e trevas, dia de nuvens sombrias e densas, 16 dia de toque de
trombetas e gritos de batalha. Caem as cidades cercadas por
muros e as fortalezas mais poderosas!
17 "Porque pecaram contra o SENHOR, eu os farei tatear no es-
curo como cegos. Seu sangue será derramado no pó, e seus
corpos apodrecerão sobre a terra."
18 Seu ouro e sua prata não os salvarão no dia da ira do SENHOR.
Pois toda a terra será consumida pelo fogo de seu zelo. Ele
dará um fim assustador a todos que habitam a terra.

Chamado ao arrependimento

2 Reúna-se, ajunte-se, ó nação desavergonhada!
2 Reúna-se antes que comece o julgamento, antes que o
tempo passe como palha levada pelo vento. Tome uma pro-
vidência agora, antes que caia a terrível fúria do SENHOR e
comece o dia da ira do SENHOR.
3 Todos vocês, humildes, busquem o SENHOR e sigam suas
ordens. Busquem a justiça e vivam com humildade; talvez o
SENHOR os proteja no dia de sua ira.

Julgamento contra a Filístia

4 Gaza e Ascalom serão abandonadas, Asdode e Ecrom, de-
molidas.
5 Que aflição espera vocês, filisteus, que vivem no litoral e na
terra de Canaã, pois este julgamento também é contra vocês!
O SENHOR os destruirá, até que não reste ninguém em seu meio.
6 O litoral filisteu se transformará em pasto, lugar de acampa-
mento de pastores e de currais para os rebanhos.
7 O remanescente da tribo de Judá ali se alimentará e, à noite,
descansará nas casas abandonadas de Ascalom. Pois o SENHOR,
seu Deus, visitará seu povo e, em sua bondade, os restaurará.

Julgamento contra Moabe e Amom

8 "Ouvi a zombaria dos moabitas e os insultos dos amonitas,
que riem de meu povo e invadem suas fronteiras.
9 Agora, tão certo como eu vivo", diz o SENHOR dos Exércitos, o
Deus de Israel, "Moabe e Amom serão destruídas, como So-
doma e Gomorra. Sua terra será um lugar de urtigas, de poços
de sal e desolação sem fim. O remanescente de meu povo os
saqueará e tomará sua terra."
10 Eles receberão o castigo merecido por seu orgulho, pois zom-
baram do povo do SENHOR dos Exércitos.
11 O SENHOR os encherá de terror quando destruir todos os
deuses da terra. Então nações de todo o mundo adorarão o
SENHOR, cada uma em sua terra.

Julgamento contra a Etiópia e a Assíria

12 "Vocês, etíopes, também serão mortos por minha espada",
diz o SENHOR.
13 E, com sua mão, ele ferirá as terras do norte e destruirá a
terra da Assíria. Fará de Nínive uma terra vazia e desolada,
seca como um deserto.
14 A cidade orgulhosa se tornará pasto para rebanhos e gado,
e toda espécie de animal selvagem ali descansará. A coruja
do deserto e o mocho se alojarão no alto de suas colunas ar-
ruinadas, e pelas janelas se ouvirá o som das aves. O entulho

fechará as entradas, e os painéis de cedro ficarão expostos.
15 Essa é a cidade barulhenta, que antes vivia em segurança.
Dizia com orgulho: "Sou a mais poderosa das cidades! Não
há outra igual a mim!". Agora, porém, vejam como ficou em
ruínas, morada de animais selvagens. Todos que passarem
por ela rirão de desprezo e sacudirão o punho em provocação.

A rebeldia e a redenção de Jerusalém

3 Que aflição espera Jerusalém, cidade rebelde e impura,
cheia de violência e opressão!
2 Ninguém pode lhe dizer coisa alguma; ela recusa toda cor-
reção. Não confia no SENHOR, nem se aproxima de seu Deus.
3 Seus líderes são como leões que rugem, caçando suas ví-
timas. Seus juízes são como lobos ao cair da noite, que não
deixam vestígio de suas presas ao amanhecer.
4 Seus profetas são mentirosos arrogantes que buscam os
próprios interesses. Seus sacerdotes profanam o templo ao
transgredir a lei de Deus.
5 Mas o SENHOR ainda está na cidade e não pratica o mal. A
cada dia, ele faz justiça e nunca falha; os perversos, porém,
não se envergonham.
6 "Exterminei as nações, destruí suas torres. Suas ruas ficaram
desertas, suas cidades são ruínas caladas. Não há sobrevi-
ventes, nem um sequer.
7 Pensei: 'Agora eles me temerão! Certamente ouvirão minhas
advertências! Então não precisarei feri-los outra vez, nem des-
truir suas casas'. Mas eles continuam a se levantar cedo para
praticar todo tipo de maldade.
8 Portanto, sejam pacientes", diz o SENHOR, "pois em breve me
levantarei para acusar essas nações. Resolvi juntar os reinos
da terra e derramar sobre eles minha ira ardente. Toda a terra
será consumida pelo fogo de meu zelo.
9 "Então purificarei os lábios dos povos, para que possam se
reunir e adorar o SENHOR.
10 Meu povo dispersado, que vive além dos rios da Etiópia, virá
para apresentar suas ofertas.
11 Naquele dia, vocês não precisarão se envergonhar, pois já
não serão rebeldes contra mim. Removerei de seu meio os
orgulhosos; não haverá mais arrogância em meu santo monte.
12 Só restarão os pobres e os humildes, pois eles confiam no
nome do SENHOR.
13 O remanescente de Israel não cometerá injustiça; não men-
tirão nem enganarão uns aos outros. Comerão e dormirão em
segurança, e não haverá quem os atemorize."
14 Cante, ó filha de Sião! Grite bem alto, ó Israel! Alegre-se e
exulte de todo o coração, ó preciosa Jerusalém!
15 Pois o SENHOR removerá as acusações contra você e disper-
sará os exércitos de seu inimigo. O SENHOR, o rei de Israel,
estará em seu meio, e você nunca mais temerá a calamidade.
16 Naquele dia, se anunciará em Jerusalém: "Anime-se, ó Sião!
Não tenha medo!
17 Pois o SENHOR, seu Deus, está em seu meio; ele é um Salvador
poderoso. Ele se agradará de vocês com exultação e acalmará
todos os seus medos com amor; ele se alegrará em vocês com
gritos de alegria!".
18 "Juntarei os que choram por não participarem das festas
sagradas; nunca mais serão envergonhados.
19 Tratarei severamente todos que os oprimiram; salvarei os
fracos e indefesos. Aos que antes foram exilados, darei reco-
nhecimento e honra nas terras em que sofreram humilhação.
20 Naquele dia, reunirei vocês e os trarei para casa. Eu lhes
darei honra e reconhecimento entre todas as nações da terra,
e os restaurarei diante dos olhos delas. Eu, o SENHOR, falei!".

AGEU

Chamado para reconstruir o templo

1 Em 29 de agosto do segundo ano do reinado de Dario, o
SENHOR transmitiu esta mensagem por meio do profeta Ageu
ao governador de Judá, Zorobabel, filho de Sealtiel, e ao sumo
sacerdote Josué, filho de Jeozadaque.
2 "Assim diz o SENHOR dos Exércitos: Este povo diz: 'Ainda não
chegou a hora de reconstruir a casa do SENHOR'".
3 Então o SENHOR enviou esta mensagem por meio do profeta
Ageu: 4 "Por que vocês vivem em casas luxuosas enquanto
minha casa continua em ruínas? 5 Assim diz o SENHOR dos Exér-
citos: Vejam o que tem acontecido com vocês! 6 Plantam muito,
mas colhem pouco. Comem, mas não se saciam. Bebem, mas
ainda têm sede. Vestem-se, mas não se aquecem. Seus salá-
rios desaparecem como se vocês os colocassem em bolsos
furados.
7 "Assim diz o SENHOR dos Exércitos: Vejam o que tem aconte-
cido com vocês! 8 Agora, subam as colinas, tragam madeira
e reconstruam minha casa. Então me alegrarei nela e serei
honrado, diz o SENHOR. 9 Vocês esperavam colheitas fartas, mas
elas foram escassas. E, quando trouxeram esse pouco para
casa, eu o fiz desaparecer com um sopro. Por quê? Porque
minha casa continua em ruínas, diz o SENHOR dos Exércitos,
enquanto vocês estão ocupados construindo suas casas. 10 É
por causa de vocês que os céus retêm o orvalho e a terra não
produz colheitas. 11 Enviei uma seca sobre seus campos e sobre
as colinas, uma seca que fará murchar o trigo, as uvas, as azei-

tonas e todas as suas plantações, que fará vocês e seus ani-
mais passarem fome e destruirá tudo que vocês trabalharam
para conseguir".

Obediência ao chamado de Deus

12Então Zorobabel, filho de Sealtiel, e o sumo sacerdote Josué,
filho de Jeozadaque, e todo o remanescente do povo obe-
deceram à mensagem do SENHOR, seu Deus. Quando o povo
ouviu as palavras do profeta Ageu, que o SENHOR, seu Deus,
tinha enviado, temeu o SENHOR. 13Então Ageu, o mensageiro do
SENHOR, transmitiu ao povo esta mensagem do SENHOR: "Estou
com vocês, diz o SENHOR!".
14E o SENHOR deu ânimo ao governador de Judá, Zorobabel,
filho de Sealtiel, ao sumo sacerdote Josué, filho de Jeoza-
daque, e a todo o remanescente do povo. Começaram a tra-
balhar na casa de seu Deus, o SENHOR dos Exércitos, 15em 21 de
setembro do segundo ano do reinado de Dario.

O esplendor menor do novo templo

2 Então, em 17 de outubro desse mesmo ano, o SENHOR trans-
mitiu outra mensagem por meio do profeta Ageu: 2"Diga ao
governador de Judá, Zorobabel, filho de Sealtiel, e ao sumo
sacerdote Josué, filho de Jeozadaque, e ao remanescente do
povo: 3'Algum de vocês se lembra deste templo em sua antiga
glória? Como ele lhes parece agora, em comparação com o
anterior? Deve parecer insignificante! 4Mas assim diz o SENHOR:
Seja forte, Zorobabel! Seja forte, sumo sacerdote Josué, filho
de Jeozadaque! Sejam fortes, todos vocês que restam na terra!
Mãos à obra, pois eu estou com vocês, diz o SENHOR dos Exér-
citos. 5Meu Espírito habita em seu meio, como prometi quando
vocês saíram do Egito. Portanto, não tenham medo'.
6"Pois assim diz o SENHOR dos Exércitos: Em pouco tempo sacu-
direi novamente os céus e a terra, os mares e a terra seca. 7Sa-
cudirei todas as nações, e os tesouros das nações virão para
este templo. Encherei este lugar de glória, diz o SENHOR dos
Exércitos. 8A prata e o ouro me pertencem, diz o SENHOR dos
Exércitos. 9A glória deste novo templo será maior que a glória
do antigo, diz o SENHOR dos Exércitos, e neste lugar estabele-
cerei a paz. Eu, o SENHOR dos Exércitos, falei!".

Bênçãos prometidas aos obedientes

10Em 18 de dezembro do segundo ano do reinado de Dario,
o SENHOR enviou esta mensagem ao profeta Ageu: 11"Assim
diz o SENHOR dos Exércitos. Pergunte aos sacerdotes sobre a
lei: 12'Se alguém levar em sua roupa a carne consagrada de
um sacrifício, e se, por acaso, a roupa tocar num pão, num
ensopado, em vinho, em azeite ou em qualquer outro tipo de
alimento, esse alimento também se tornará consagrado?'".
"Não", responderam os sacerdotes.
13Em seguida, Ageu perguntou: "Se alguém se tornar cerimo-
nialmente impuro ao tocar num cadáver e depois tocar num
desses alimentos, o alimento ficará contaminado?". "Sim",
responderam os sacerdotes.
14Então Ageu disse: "É o que acontece com este povo e com
esta nação, diz o SENHOR. Tudo que fazem e oferecem é
contaminado por seu pecado. 15Vejam o que estava aconte-
cendo com vocês antes de começarem a lançar os alicerces
do templo do SENHOR. 16Quando esperavam uma colheita de
vinte medidas, colhiam apenas dez. Quando esperavam tirar
cinquenta medidas da prensa de uvas, tiravam apenas vinte.
17Enviei ferrugem, mofo e granizo para destruir tudo que vocês
trabalharam para produzir. E, no entanto, vocês não voltaram
para mim, diz o SENHOR.
18"Pensem neste 18 de dezembro, o dia em que foram lançados
os alicerces do templo do SENHOR. Sim, pensem bem. 19Eu lhes
faço uma promessa agora, enquanto a semente ainda está no
celeiro e suas videiras, figueiras, romãzeiras e oliveiras ainda
não deram frutos. Mas, de hoje em diante, eu os abençoarei".

Promessas para Zorobabel

20Naquele mesmo dia, 18 de dezembro, o SENHOR enviou mais
uma mensagem a Ageu: 21"Diga ao governador de Judá, Zo-
robabel, que estou prestes a sacudir os céus e a terra. 22Der-
rubarei tronos e destruirei o poder de reinos estrangeiros.
Derrubarei os carros de guerra e seus condutores; os cavalos
cairão, e seus cavaleiros matarão uns aos outros.
23"Naquele dia, diz o SENHOR dos Exércitos, honrarei você, meu
servo Zorobabel, filho de Sealtiel. Farei que você seja como um
anel de selar em meu dedo, diz o SENHOR, pois eu o escolhi. Eu,
o SENHOR dos Exércitos, falei!".

ZACARIAS

Chamado para voltar ao SENHOR

1 Em novembro do segundo ano do reinado de Dario, o SE-
NHOR deu esta mensagem ao profeta Zacarias, filho de Be-
requias, neto de Ido:
2"Eu, o SENHOR, fiquei extremamente irado com seus ante-
passados. 3Portanto, diga ao povo: 'Assim diz o SENHOR dos
Exércitos: Voltem-se para mim, e eu me voltarei para vocês,
diz o SENHOR dos Exércitos'. 4Não sejam como seus antepas-
sados, que não quiseram ouvir nem deram atenção quando
os antigos profetas lhes disseram: 'Assim diz o SENHOR dos

Exércitos: Deixem seus caminhos maus e abandonem suas
práticas perversas'.
5“Onde estão agora seus antepassados? Morreram há muito
tempo, assim como os profetas. 6Mas tudo que eu disse e or-
denei por meio de meus servos, os profetas, aconteceu a seus
antepassados. Por isso, eles se arrependeram e disseram:
'Recebemos do SENHOR dos Exércitos o que merecíamos. Ele
fez o que havia prometido'”.

Um homem entre as murtas

7Três meses depois, no dia 15 de fevereiro, o SENHOR deu outra
mensagem ao profeta Zacarias, filho de Berequias, neto de
Ido.
8Numa visão durante a noite, vi um homem montado num ca-
valo vermelho, parado entre algumas murtas num desfiladeiro.
Atrás dele, havia cavaleiros montados em cavalos vermelhos,
marrons e brancos. 9Perguntei ao anjo que falava comigo:
“Meu senhor, o que significam estes cavalos?”. “Eu lhe mos-
trarei”, o anjo respondeu.
10O cavaleiro que estava entre as murtas explicou: “Eles são
aqueles que o SENHOR enviou para percorrer a terra”.
11Então os outros cavaleiros disseram ao anjo do SENHOR, que
estava entre as murtas: “Percorremos toda a terra, e ela está
em paz”.
12Quando o anjo do SENHOR ouviu isso, disse: “Ó SENHOR dos
Exércitos, durante estes setenta anos tens estado irado com
Jerusalém e as cidades de Judá. Quanto tempo levará para
voltares a ter compaixão delas?”. 13E, ao anjo que falava co-
migo, o SENHOR respondeu com palavras boas e consoladoras.
14Então o anjo me disse: “Proclame esta mensagem: 'Assim
diz o SENHOR dos Exércitos: Tenho grande zelo por Jerusalém
e pelo monte Sião, 15mas estou extremamente irado com as
outras nações que agora vivem tranquilas. Eu estava apenas
um pouco irado com meu povo, mas as nações fizeram que
ele sofresse muito.
16“'Portanto, assim diz o SENHOR: Voltei a mostrar compaixão
por Jerusalém. Meu templo será reconstruído, diz o SENHOR
dos Exércitos, e serão tiradas medidas para a reconstrução
de Jerusalém'.
17“Diga também: 'Assim diz o SENHOR dos Exércitos: As ci-
dades de Israel voltarão a transbordar de prosperidade, e o
SENHOR voltará a consolar Sião e escolherá Jerusalém para si'”.

Quatro chifres e quatro ferreiros

18Então levantei os olhos e vi quatro chifres de animais. 19“O
que significam estes chifres?”, perguntei ao anjo que falava
comigo. Ele respondeu: “Estes chifres representam as nações
que dispersaram Judá, Israel e Jerusalém”.
20Então o SENHOR me mostrou quatro ferreiros. 21“O que estes
homens vieram fazer?”, perguntei. O anjo respondeu: “Os
quatro chifres são as nações que dispersaram e humilharam
Judá. Agora, os ferreiros vieram para aterrorizar, derrubar e
destruir essas nações”.

A futura prosperidade de Jerusalém

2 Quando levantei os olhos outra vez, vi um homem segu-
rando uma corda de medir. 2“Aonde você vai?”, perguntei.
Ele respondeu: “Vou medir Jerusalém para saber sua largura
e seu comprimento”.
3Então o anjo que estava comigo foi se encontrar com outro
anjo que vinha em sua direção. 4O outro anjo disse: “Corra
e diga àquele jovem: 'Um dia Jerusalém ficará tão cheia de
pessoas e animais que não haverá muros na cidade, pois não
caberão todos dentro dela. 5Então eu mesmo serei um muro
de fogo ao redor de Jerusalém para protegê-la, diz o SENHOR.
E eu serei a glória no meio da cidade'”.

Os exilados são chamados de volta

6O SENHOR diz: “Saiam! Fujam da Babilônia, na terra do norte,
pois eu os espalhei aos quatro ventos. 7Saia, povo de Sião
exilado na Babilônia!”.
8Depois de um período de glória, o SENHOR dos Exércitos me
enviou contra as nações que saquearam vocês e disse: “Quem
lhes faz mal, faz mal à menina dos meus olhos. 9Levantarei
minha mão para esmagar essas nações, e seus próprios es-
cravos as saquearão”. Então vocês saberão que o SENHOR dos
Exércitos me enviou.
10O SENHOR diz: “Cante e alegre-se, ó bela Sião, pois venho
habitar em seu meio. 11Naquele dia, muitas nações se juntarão
ao SENHOR, e elas também serão meu povo. Habitarei em seu
meio, e vocês saberão que o SENHOR dos Exércitos me enviou.
12A terra de Judá será a propriedade do SENHOR na terra santa,
e mais uma vez ele escolherá Jerusalém para ser sua cidade.
13Cale-se diante do SENHOR toda a humanidade, pois ele se
levanta de sua santa habitação”.

A purificação do sumo sacerdote

3 Então o anjo me mostrou o sumo sacerdote Josué em pé
diante do anjo do SENHOR. Satanás, o acusador, também
estava ali, ao lado direito do anjo, e fazia acusações contra
Josué. 2O SENHOR disse a Satanás: “Eu, o SENHOR, rejeito suas
acusações, Satanás. Sim, o SENHOR, que escolheu Jerusalém,
o repreende. Este homem é como uma brasa tirada do fogo”.
3Josué continuava em pé diante do anjo, e suas roupas es-
tavam imundas. 4Então o anjo disse aos que ali estavam:
“Tirem as roupas imundas dele”. E, voltando-se para Josué,
disse: “Veja, removi seus pecados e agora lhe dou roupas de
festa”.
5Eu disse: “Também precisam colocar um turbante limpo em
sua cabeça”. E eles colocaram um turbante limpo na cabeça
dele e o vestiram com as roupas novas, enquanto o anjo do
SENHOR permanecia ali.
6Então o anjo do SENHOR falou solenemente a Josué e disse:
7“Assim diz o SENHOR dos Exércitos: Se você andar em meus
caminhos e seguir meus preceitos, receberá autoridade sobre
meu templo e seus pátios. Deixarei que ande junto com os
outros que aqui estão.
8“Ouçam, ó sumo sacerdote Josué e todos os outros sacerdotes.

Vocês são símbolo de coisas futuras. Em breve trarei meu servo, o Renovo. [9]Agora, olhem para a pedra que coloquei diante de Josué, uma única pedra com sete faces. Gravarei nela uma inscrição, diz o SENHOR dos Exércitos, e em um só dia removerei os pecados desta terra.

[10]"E, naquele dia, diz o SENHOR dos Exércitos, cada um de vocês convidará seu próximo para sentar-se debaixo de sua videira e de sua figueira".

Um candelabro e duas oliveiras

4 Então o anjo que falava comigo voltou e me despertou, como se eu tivesse estado dormindo. [2]"O que você vê agora?", ele perguntou. Respondi: "Vejo um candelabro de ouro maciço, com uma vasilha de azeite em cima. Ao redor da vasilha há sete lâmpadas, e cada lâmpada tem sete tubos com pavios. [3]Vejo também duas oliveiras, uma de cada lado da vasilha". [4]Então perguntei ao anjo: "O que é isto, meu senhor?".

[5]"Você não sabe?", perguntou o anjo. "Não, meu senhor", respondi.

[6]Então ele me disse: "Assim diz o SENHOR a Zorobabel: Não por força, nem por poder, mas pelo meu Espírito, diz o SENHOR dos Exércitos. [7]Nada será obstáculo para Zorobabel, nem mesmo uma grande montanha; diante dele ela se tornará uma planície! E, quando Zorobabel colocar no lugar a última pedra do templo, o povo gritará: 'É pela graça! É pela graça!'".

[8]Depois, recebi outra mensagem do SENHOR: [9]"Zorobabel lançou os alicerces deste templo, e ele o completará. Então vocês saberão que o SENHOR dos Exércitos me enviou. [10]Não desprezem os começos humildes, pois o SENHOR se alegra ao ver a obra começar, ao ver o prumo na mão de Zorobabel".

(As sete lâmpadas representam os olhos do SENHOR, que percorrem toda a terra.)

[11]Então perguntei ao anjo: "O que são as duas oliveiras, uma de cada lado do candelabro? [12]E o que são os dois ramos de oliveira que derramam azeite dourado por dois tubos de ouro?".

[13]"Você não sabe?", ele perguntou. "Não, meu senhor", respondi.

[14]Então ele me disse: "Eles representam os dois ungidos que ficam na presença do Senhor de toda a terra".

Um rolo que voava

5 Levantei os olhos novamente e vi um rolo que voava. [2]"O que você vê?", perguntou o anjo. "Vejo um rolo voando", respondi. "Parece ter uns nove metros de comprimento e a metade disso de largura."

[3]Em seguida, ele me disse: "Nesse rolo está a maldição que sai para toda a terra. Uma maldição do rolo diz que os ladrões serão expulsos da terra; a outra maldição diz que os que juram falsamente serão expulsos da terra. [4]E assim diz o SENHOR dos Exércitos: Envio esta maldição à casa de todo ladrão e à casa de todo que jura falsamente pelo meu nome. E minha maldição permanecerá na casa e a destruirá completamente, até sua madeira e suas pedras".

Uma mulher num cesto

[5]Então o anjo que falava comigo se adiantou e disse: "Levante os olhos e veja o que está vindo".

[6]"O que é?", perguntei. Ele respondeu: "É um cesto para medir cereais e está cheio do pecado de todos que habitam a terra". [7]Então a tampa de chumbo do cesto foi levantada, e dentro dele havia uma mulher sentada. [8]O anjo disse: "A mulher se chama Perversidade", e a empurrou de volta para dentro do cesto e fechou a tampa.

[9]Em seguida, levantei os olhos e vi duas mulheres voando em nossa direção, planando no vento. Suas asas pareciam asas de cegonha, e elas pegaram o cesto e o carregaram pelos ares.

[10]"Para onde estão levando o cesto?", perguntei ao anjo.

[11]Ele respondeu: "Para a terra da Babilônia, onde construirão um templo para ele. E, quando o templo estiver pronto, colocarão o cesto ali, em seu pedestal".

Quatro carros de guerra

6 Então levantei os olhos novamente e vi quatro carros de guerra que saíam de entre dois montes de bronze. [2]Cavalos vermelhos puxavam o primeiro carro, cavalos pretos puxavam o segundo, [3]cavalos brancos puxavam o terceiro, e cavalos malhados e fortes puxavam o quarto.

[4]"O que significam estes cavalos, meu senhor?", perguntei ao anjo que falava comigo.

[5]O anjo respondeu: "Eles são os quatro espíritos do céu que estão diante do Senhor de toda a terra. Saem para fazer o trabalho dele. [6]O carro de guerra com cavalos pretos vai para o norte, o carro de guerra com cavalos brancos vai para o oeste e o carro de guerra com cavalos malhados vai para o sul".

[7]Os cavalos fortes estavam impacientes para sair e percorrer a terra. Então o SENHOR disse: "Vão e percorram a terra!", e eles partiram de imediato.

[8]Em seguida, o SENHOR me chamou e disse: "Veja, os que foram para o norte deram descanso ao meu Espírito ali na terra do norte".

A coroação de Josué

[9]Então recebi outra mensagem do SENHOR: [10]"Heldai, Tobias e Jedaías trarão presentes de prata e de ouro dos judeus exilados na Babilônia. Assim que chegarem, vá ao encontro deles na casa de Josias, filho de Sofonias. [11]Aceite os presentes e faça uma coroa usando o ouro e a prata. Depois, coloque-a na cabeça do sumo sacerdote Josué, filho de Jeozadaque. [12]Diga-lhe: 'Assim diz o SENHOR dos Exércitos: Aqui está o homem chamado Renovo. Ele brotará de seu lugar e construirá o templo do SENHOR. [13]Sim, ele construirá o templo do SENHOR. Então receberá a honra devida e, de seu trono, governará como rei. De seu trono, também servirá como sacerdote, e haverá harmonia perfeita entre as duas funções'.

[14]"A coroa será um memorial no templo do SENHOR para honrar aqueles que a ofereceram: Heldai, Tobias, Jedaías e Josias, filho de Sofonias".

15Pessoas virão de terras distantes para reconstruir o templo
do SENHOR. Quando isso acontecer, vocês saberão que o SE-
NHOR dos Exércitos me enviou. Tudo isso acontecerá se vocês
obedecerem fielmente às ordens do SENHOR, seu Deus.

Chamado à justiça e à misericórdia

7 Em 7 de dezembro do quarto ano do reinado de Dario, o
SENHOR deu outra mensagem a Zacarias. 2O povo de Betel
tinha enviado Sarezer, Regem-Meleque e seus homens para
buscar o favor do SENHOR 3e para perguntar aos profetas e
aos sacerdotes no templo do SENHOR dos Exércitos: "Devemos
continuar a lamentar e jejuar no quinto mês, como temos feito
por tantos anos?".
4Em resposta, o SENHOR dos Exércitos me deu esta mensagem:
5"Diga a todo o seu povo e a seus sacerdotes: 'Durante estes
setenta anos de exílio, vocês jejuaram e lamentaram no quinto
e no sétimo mês, mas foi, de fato, para mim que jejuaram? 6E,
mesmo agora, não comem e bebem apenas para agradar a si
mesmos? 7Não é esta a mesma mensagem que o SENHOR pro-
clamou por meio dos profetas no passado, quando Jerusalém
e as cidades de Judá estavam cheias de gente, e quando havia
muitos habitantes no Neguebe e nas colinas de Judá?'".
8Então Zacarias recebeu esta mensagem do SENHOR: 9"Assim
diz o SENHOR dos Exércitos: Julguem com justiça e mostrem
compaixão e bondade uns pelos outros. 10Não oprimam as
viúvas, nem os órfãos, nem os estrangeiros, nem os pobres. E
não tramem o mal uns contra os outros.
11"Seus antepassados não quiseram ouvir esta mensagem.
Em rebeldia, deram-me as costas e taparam os ouvidos para
não escutar. 12Tornaram o coração duro como pedra, para não
ouvir as instruções nem as mensagens que o SENHOR dos Exér-
citos lhes enviou por seu Espírito, por meio dos antigos pro-
fetas. Por isso o SENHOR dos Exércitos ficou tão irado com eles.
13"Porque não quiseram ouvir quando eu os chamei, não os
ouvi quando eles me chamaram, diz o SENHOR dos Exércitos.
14Como um vendaval, eu os espalhei entre as nações distantes,
que eles não conheciam. Sua terra ficou tão desolada que nin-
guém sequer passava por ela. Transformaram sua terra agra-
dável num deserto".

Bênçãos prometidas para Jerusalém

8 Então recebi outra mensagem do SENHOR dos Exércitos:
2"Assim diz o SENHOR dos Exércitos: Tenho muito ciúme do
monte Sião e sou consumido de zelo por ele!
3"Assim diz o SENHOR: Voltarei para o monte Sião e habitarei
em Jerusalém. Então Jerusalém será chamada Cidade Fiel, e
o monte do SENHOR dos Exércitos será chamado Monte Santo.
4"Assim diz o SENHOR dos Exércitos: Homens e mulheres idosos
voltarão a caminhar apoiados em suas bengalas nas ruas de
Jerusalém e se sentarão juntos nas praças, 5e as ruas da ci-
dade ficarão cheias de meninos e meninas brincando.
6"Assim diz o SENHOR dos Exércitos: No momento, isso pode
lhes parecer impossível, ó remanescente do povo. Mas acaso
é impossível para mim?, diz o SENHOR dos Exércitos.
7"Assim diz o SENHOR dos Exércitos: Podem ter certeza de que
resgatarei meu povo dos lugares para onde foram levados no
leste e no oeste. 8Eu os trarei de volta para que habitem em
Jerusalém. Eles serão o meu povo, e eu serei o seu Deus fiel
e justo.
9"Assim diz o SENHOR dos Exércitos: Sejam fortes e completem
a tarefa! Desde que lançaram os alicerces do templo do SENHOR
dos Exércitos, vocês têm ouvido o que os profetas dizem a
respeito de terminar a obra. 10Antes de iniciarem os trabalhos
do templo, não havia dinheiro para contratar pessoas ou pagar
por animais. Nenhum viajante estava seguro, pois havia ini-
migos por toda parte. Eu os havia incitado uns contra os outros.
11"Agora, porém, não tratarei mais o remanescente de meu
povo como o tratei no passado, diz o SENHOR dos Exércitos.
12Pois, agora, plantarão as sementes em paz. As videiras fi-
carão carregadas de uvas, a terra produzirá suas colheitas, e
os céus derramarão o orvalho. Darei essas bênçãos como he-
rança ao remanescente deste povo. 13Entre as outras nações,
Judá e Israel se tornaram símbolo de nação amaldiçoada, mas
não será mais assim! Agora eu os resgatarei e os transformarei
em bênção. Portanto, não tenham medo. Sejam fortes e conti-
nuem a reconstruir o templo!
14"Pois assim diz o SENHOR dos Exércitos: Eu estava decidido a
castigá-los quando seus antepassados provocaram minha ira,
e não voltei atrás, diz o SENHOR dos Exércitos. 15Agora, porém,
estou decidido a abençoar Jerusalém e o povo de Judá. Por-
tanto, não tenham medo. 16Isto é o que vocês devem fazer:
Digam a verdade uns aos outros. Em seus tribunais, pronun-
ciem sentenças justas, que conduzam à paz. 17Não tramem o
mal uns contra os outros. Não se agradem de fazer juramentos
falsos. Odeio todas essas coisas, diz o SENHOR".
18Esta é outra mensagem que recebi do SENHOR dos Exércitos.
19"Assim diz o SENHOR dos Exércitos: Os jejuns habituais que
vocês têm observado no quarto mês, bem como no quinto, no
sétimo e no décimo mês, chegaram ao fim. Eles se tornarão
festas de alegria e celebração para o povo de Judá. Portanto,
amem a verdade e a paz.
20"Assim diz o SENHOR dos Exércitos: Pessoas de nações e ci-
dades de todo lugar virão a Jerusalém. 21Os habitantes de uma
cidade dirão aos habitantes de outra: 'Venham conosco a Je-
rusalém para pedir ao SENHOR que nos abençoe. Vamos adorar
o SENHOR dos Exércitos. Estou decidido a ir'. 22Muitos povos e
nações poderosas virão a Jerusalém para buscar o SENHOR dos
Exércitos e pedir que ele os abençoe.
23"Assim diz o SENHOR dos Exércitos: Naquele dia, dez homens
de nações e línguas diferentes agarrarão a barra das vestes de
um judeu e dirão: 'Deixe que o acompanhemos, pois ouvimos
dizer que Deus está com vocês'".

Julgamento contra os inimigos de Israel

9 Esta é a sentença do SENHOR contra a terra de Hadraque e a
cidade de Damasco, pois os olhos da humanidade, incluindo
os de todas as tribos de Israel, estão voltados para o SENHOR.

2A destruição é garantida para Hamate, perto de Damasco, e
para as cidades de Tiro e Sidom, embora sejam tão astutas.
3Tiro construiu fortalezas e tornou a prata e o ouro tão comuns
quanto o pó e a lama nas ruas.
4Mas o Senhor despojará Tiro de seus bens e lançará suas for-
talezas no mar; a cidade será consumida pelo fogo.
5Ascalom verá a queda de Tiro e se encherá de medo. Gaza
tremerá de pavor, e o mesmo acontecerá a Ecrom, pois sua
esperança será frustrada. O rei de Gaza será morto, e Ascalom
ficará deserta; 6estrangeiros ocuparão Asdode. Sim, acabarei
com o orgulho dos filisteus; 7arrancarei de sua boca a carne com
sangue e de seus dentes tirarei os detestáveis sacrifícios. Então
os filisteus que sobreviverem adorarão o nosso Deus e se tor-
narão uma nova família em Judá. Os filisteus de Ecrom se unirão
ao meu povo, como fizeram em outros tempos os jebuseus.
8Guardarei meu templo e o protegerei de exércitos invasores.
Nunca mais estrangeiros opressores invadirão a terra de meu
povo, pois agora eu a vigio de perto.

A vinda do rei de Sião

9Alegre-se, ó povo de Sião! Exulte, ó preciosa Jerusalém!
Vejam, seu rei está chegando; ele é justo e vitorioso, mas
também é humilde e vem montado num jumento, num jumen-
tinho, cria de jumenta.
10Removerei de Israel os carros de guerra e, de Jerusalém, os
cavalos. Destruirei as armas usadas na batalha, e seu rei trará
paz às nações. Seu reino se estenderá de um mar a outro e do
rio Eufrates até os confins da terra.
11Por causa da aliança que fiz com vocês, aliança selada com
sangue, livrarei seus prisioneiros da morte em um poço sem água.
12Voltem para a fortaleza, todos vocês prisioneiros que ainda
têm esperança! Hoje mesmo proclamo que lhes darei o dobro
do que perderam.
13Judá é meu arco, e Israel, minha flecha. Os filhos de Sião
são minha espada, e, como um guerreiro, eu a empunharei
contra os gregos.
14O SENHOR aparecerá sobre seu povo; suas flechas sairão como
relâmpagos! O SENHOR Soberano tocará a trombeta e atacará
como um redemoinho vindo do sul.
15O SENHOR dos Exércitos os protegerá, e eles lançarão pedras
contra seus inimigos e os derrotarão. Gritarão na batalha,
como se estivessem embriagados de vinho; ficarão cheios de
sangue, como uma bacia, cobertos de sangue, como os cantos
do altar.
16Naquele dia, o SENHOR, seu Deus, salvará seu povo, como o
pastor salva suas ovelhas. Eles brilharão em sua terra como
joias numa coroa.
17Ah, como serão belos e maravilhosos! A fartura de trigo dará
vigor aos rapazes, e o vinho novo fará florescer as moças.

O SENHOR restaurará seu povo

10 Peçam ao SENHOR chuva na primavera, pois ele forma as
nuvens de tempestade. E ele enviará aguaceiros, para
que todos os campos se tornem pastos verdes.
2Os ídolos do lar dão conselhos inúteis, os adivinhadores só
predizem mentiras, e os que interpretam sonhos proclamam
falsidades que não trazem nenhuma consolação. Por isso meu
povo anda sem rumo, como ovelhas perdidas que não têm
pastor.
3"Minha ira arde contra seus pastores, e eu castigarei esses
líderes. Pois o SENHOR dos Exércitos chegou para cuidar de
Judá, seu rebanho. Ele o tornará forte e glorioso, como um
majestoso cavalo na batalha.
4De Judá virão a pedra angular, a estaca da tenda, o arco para
a batalha, e todos os governantes.
5Serão como guerreiros poderosos na batalha, que pisam os
inimigos na lama sob seus pés. Pois o SENHOR está com eles na
luta, e derrubarão até os cavaleiros do inimigo.
6"Fortalecerei Judá e livrarei Israel; eu os restaurarei, porque
tenho compaixão deles. Será como se eu nunca os houvesse
rejeitado, pois eu sou o SENHOR, seu Deus, e ouvirei seus cla-
mores.
7Os habitantes de Israel serão como guerreiros poderosos, e
seu coração se alegrará como se fosse pelo vinho. Seus filhos
também verão isso e exultarão; sim, seu coração se alegrará
no SENHOR.
8Quando eu assobiar para eles, virão até mim, pois os resgatei.
Eles crescerão e se tornarão numerosos como antes.
9Embora eu os tenha espalhado entre as nações, ainda se lem-
brarão de mim nas terras distantes. Eles e seus filhos sobrevi-
verão e voltarão para Israel.
10Eu os trarei de volta do Egito e os juntarei da Assíria. Eu os
estabelecerei outra vez em Gileade e no Líbano, até que não
haja mais espaço para todos.
11Passarão pelo mar da aflição, pois as ondas do mar serão
contidas, e as águas do Nilo secarão. O orgulho da Assíria será
abatido, e o domínio do Egito chegará ao fim.
12Por meu poder fortalecerei meu povo, e, pela autoridade de
meu nome, viverão. Eu, o SENHOR, falei!"

11 Abra suas portas, ó Líbano, para que o fogo devore seus
bosques de cedro.
2Chorem, ciprestes, por todos os cedros caídos; até os mais
majestosos tombaram. Chorem, carvalhos de Basã, pois os
densos bosques foram derrubados.
3Ouçam o gemido dos pastores, pois os pastos verdes foram
destruídos. Ouçam os leões fortes rugirem, pois as matas no
vale do Jordão foram devastadas.

Os bons e os maus pastores

4Assim diz o SENHOR, meu Deus: "Vá e cuide do rebanho desti-
nado para a matança. 5Os compradores abatem suas ovelhas
sem remorso, e os vendedores dizem: 'Louvado seja o SENHOR,
pois fiquei rico!'. Nem mesmo os pastores têm compaixão das
ovelhas. 6Da mesma forma, não terei compaixão dos habi-
tantes desta terra", diz o SENHOR. "Eu os entregarei nas mãos
uns dos outros e nas mãos de seu rei. Eles devastarão a terra,
e eu não os livrarei."

7Portanto, cuidei do rebanho destinado para a matança, o re-
banho oprimido. Então peguei duas varas de pastor e chamei
uma delas de Favor e a outra de União. 8Num só mês, acabei
com seus três pastores. Contudo, perdi a paciência com as
ovelhas, e elas também me odiaram. 9Então eu lhes disse:
"Não serei mais seu pastor. Não me importarei se morrerem
ou se forem devoradas. E, aquelas que restarem, comam a
carne umas das outras!".
10Em seguida, peguei a vara chamada Favor e a quebrei ao
meio, para mostrar que havia cancelado a aliança que tinha
feito com todas as nações. 11Assim acabou minha aliança com
elas. O rebanho aflito me observava e entendeu que o SENHOR
falava por meio de minhas ações.
12Então eu lhes disse: "Se quiserem, paguem meu salário;
mas, se não quiserem, não me paguem". E eles me pagaram
trinta moedas de prata.
13Então o SENHOR me disse: "Lance isso ao oleiro", esse preço
fabuloso pelo qual me avaliaram! Peguei as trinta moedas de
prata e as lancei ao oleiro no templo do SENHOR.
14Depois, peguei minha outra vara, União, e a quebrei ao meio,
para mostrar que a união entre Judá e Israel havia se rompido.
15Então o SENHOR me disse: "Volte e faça agora o papel de
pastor inútil, 16para mostrar como entregarei esta nação a um
pastor que não cuidará das ovelhas que estiverem morrendo,
nem protegerá as pequenas; não curará as feridas, nem ali-
mentará as saudáveis. Em vez disso, comerá a carne das ove-
lhas mais gordas e arrancará seus cascos.
17"Que aflição espera esse pastor inútil, que abandona o re-
banho! A espada cortará seu braço e atravessará seu olho direito.
O braço ficará imprestável, e o olho direito, totalmente cego".

O livramento futuro de Jerusalém

12 Esta é a mensagem que o SENHOR anunciou acerca do des-
tino de Israel: "Mensagem do SENHOR, que estendeu os
céus, lançou os alicerces da terra e formou o espírito humano.
2Farei que Jerusalém seja como uma bebida que deixará as
nações vizinhas cambaleando quando enviarem seus exércitos
para cercar Jerusalém e Judá. 3Naquele dia, transformarei
Jerusalém numa pedra pesada. Todas as nações se reunirão
contra ela para tentar movê-la, mas só ferirão a si mesmas.
4"Naquele dia", diz o SENHOR, "farei que todos os cavalos en-
trem em pânico e todos os cavaleiros enlouqueçam. Cuidarei
do povo de Judá, mas cegarei todos os cavalos de seus ini-
migos. 5E as famílias de Judá pensarão: 'Os habitantes de Je-
rusalém encontraram força no SENHOR dos Exércitos, seu Deus'.
6"Naquele dia, farei que as famílias de Judá sejam como uma
chama que põe fogo num monte de lenha, ou como uma tocha
acesa no meio de feixes de cereal. Elas incendiarão todas as
nações vizinhas, à direita e à esquerda, enquanto os habi-
tantes de Jerusalém permanecerão em segurança.
7"O SENHOR dará vitória primeiro ao restante de Judá, antes de
Jerusalém, para que a honra dos habitantes de Jerusalém e
da linhagem real de Davi não seja superior à honra do restante
de Judá. 8Naquele dia, o SENHOR defenderá os habitantes de
Jerusalém; o mais fraco entre eles será como o rei Davi, e os
descendentes do rei serão como Deus, como o anjo do SE-
NHOR que vai diante deles. 9Pois, naquele dia, começarei a
destruir todas as nações que atacarem Jerusalém.
10"Então derramarei um espírito de graça e oração sobre a
linhagem de Davi e os habitantes de Jerusalém. Olharão para
aquele a quem transpassaram e chorarão por ele como quem
chora a morte do filho único; lamentarão amargamente por
ele, como quem lamenta a perda do filho mais velho. 11Naquele
dia, o pranto em Jerusalém será como o grande pranto por
Hadade-Rimom no vale de Megido.
12"Todo o Israel chorará, cada família separadamente, os
maridos longe das esposas. A família de Davi chorará sepa-
radamente, bem como a família de Natã, 13a família de Levi e
a família de Simei. 14Cada uma das famílias sobreviventes de
Judá chorará separadamente, os maridos longe das esposas."

Uma fonte de purificação

13 "Naquele dia, uma fonte será aberta para a linhagem de
Davi e para os habitantes de Jerusalém, uma fonte para
purificá-los de todos os seus pecados e impurezas.
2"Naquele dia", diz o SENHOR dos Exércitos, "eliminarei da
terra a idolatria, de modo que até o nome dos ídolos será
esquecido. Removerei da terra os falsos profetas e o espírito
de impureza. 3Se alguém continuar a profetizar, seu próprio
pai e sua própria mãe lhe dirão: 'Você deve morrer, pois pro-
fetizou mentiras em nome do SENHOR'. E, enquanto ele estiver
profetizando, seu pai e sua mãe o matarão.
4"Naquele dia, as pessoas terão vergonha de dizer que têm
o dom de profetizar. Ninguém vestirá roupas de profeta para
enganar outros. 5Dirá: 'Não sou profeta; sou lavrador. Comecei
a trabalhar no campo quando era menino'. 6E se alguém per-
guntar: 'Que feridas são essas em seu peito?', ele responderá:
'Fui ferido na casa de meus amigos'."

As ovelhas são dispersadas

7"Desperte, ó espada, contra meu pastor, o homem que é meu
companheiro", diz o SENHOR dos Exércitos. "Fira o pastor, e as
ovelhas serão dispersas, e eu me voltarei contra os cordeiros.
8Dois terços dos habitantes da terra serão feridos e morrerão",
diz o SENHOR, "mas restará um terço na terra.
9Farei essa terça parte passar pelo fogo e a purificarei. Eu a
refinarei como se refina a prata e a purificarei como se purifica
o ouro. Ela invocará meu nome, e eu lhe responderei. Direi:
'Este é meu povo', e ela dirá: 'O SENHOR é nosso Deus'."

O SENHOR governará a terra

14 Fiquem atentos, pois se aproxima o dia do SENHOR, em
que seus bens serão saqueados diante de vocês! 2Reu-
nirei todas as nações para lutarem contra Jerusalém. A cidade
será conquistada, as casas serão saqueadas, e as mulheres,
violentadas. Metade da população será levada para o exílio, e
o restante será deixado na cidade.

3Então o SENHOR sairá para lutar contra essas nações, como fez
no passado. 4Naquele dia, seus pés estarão sobre o monte das
Oliveiras, a leste de Jerusalém. O monte se dividirá ao meio,
formando um vale muito amplo, de leste a oeste. Metade do
monte se deslocará para o norte e metade para o sul. 5Vocês
fugirão pelo vale, pois ele se estenderá até Azal. Sim, vocês
fugirão, como fugiram do terremoto nos dias de Uzias, rei de
Judá. Então o SENHOR, meu Deus, virá com todos os seus santos.
6Naquele dia, as fontes de luz deixarão de brilhar; 7ainda
assim, sempre será dia! Só o SENHOR sabe como isso acon-
tecerá. Não haverá dia nem noite como sempre houve, pois
mesmo à noite haverá claridade.

8Naquele dia, fluirão de Jerusalém águas que dão vida; me-
tade das águas correrá para o mar Morto e metade para o
Mediterrâneo. Fluirão continuamente, tanto no verão como
no inverno.

9E o SENHOR será rei sobre toda a terra. Naquele dia, haverá um
só SENHOR, e somente seu nome será adorado.

10Toda a terra, desde Geba, ao norte de Judá, até Rimom, ao
sul de Jerusalém, se tornará uma grande planície. Jerusalém,
contudo, ficará em seu lugar elevado e será habitada desde o
portão de Benjamim até o local do portão antigo, e dali até o
portão da Esquina, e desde a torre de Hananel até as prensas
de uvas do rei. 11Jerusalém, por fim em segurança, ficará cheia
de gente e nunca mais será amaldiçoada nem destruída.

12O SENHOR enviará uma praga contra todos os povos que guer-
rearam contra Jerusalém. Eles se transformarão em cadáveres
ambulantes, com a carne em decomposição. Seus olhos apo-
drecerão nas órbitas, e a língua apodrecerá na boca. 13Naquele
dia, o SENHOR os encherá de grande pânico, e eles lutarão uns
contra os outros com as próprias mãos. 14Judá também lutará
em Jerusalém. A riqueza de todas as nações vizinhas será reco-
lhida, grandes quantidades de ouro e prata e de roupas. 15Essa
mesma praga cairá sobre cavalos, mulas, camelos, jumentos e
todos os outros animais dos acampamentos do inimigo.

16No final, os inimigos que sobreviverem à praga subirão a Je-
rusalém a cada ano para adorar o Rei, o SENHOR dos Exércitos,
e para celebrar a Festa das Cabanas. 17Se alguma nação não
quiser ir a Jerusalém para adorar o Rei, o SENHOR dos Exércitos,
não receberá chuva. 18Se o povo do Egito não quiser ir à festa, o
SENHOR o castigará com as mesmas pragas que enviará sobre as
outras nações que se recusarem a ir. 19O Egito e as outras nações
serão castigados se não forem celebrar a Festa das Cabanas.

20Naquele dia, até mesmo os sinos dos cavalos terão gravadas
estas palavras: SANTO PARA O SENHOR. E as panelas no templo
do SENHOR serão tão sagradas quanto as bacias usadas junto
ao altar. 21Na verdade, todas as panelas em Jerusalém e em
Judá serão santas ao SENHOR dos Exércitos. Todos que vierem
oferecer sacrifícios poderão usar qualquer uma delas para co-
zinhá-los. E, naquele dia, não haverá mais comerciantes no
templo do SENHOR dos Exércitos.

MALAQUIAS

1Esta é a mensagem que o SENHOR anunciou a Israel por meio
do profeta Malaquias.

O amor de Deus por Israel

2"Eu sempre amei vocês", diz o SENHOR. Mas vocês perguntam:
"De que maneira nos amou?". E o SENHOR responde: "Foi desta
maneira: amei seu antepassado Jacó, 3mas rejeitei o irmão
dele, Esaú, e devastei sua região montanhosa. Transformei a
propriedade de Esaú num deserto para chacais".

4O povo de Edom talvez diga: "Fomos arrasados, mas recons-
truiremos as ruínas". O SENHOR dos Exércitos, porém, declara:
"Podem reconstruir, mas eu demolirei tudo outra vez. Seu país
ficará conhecido como 'Terra da Maldade', e seu povo será cha-
mado de 'Povo Contra o Qual o SENHOR Está Irado Para Sempre'.
5Quando vocês virem a destruição com os próprios olhos, dirão:
'A grandeza do SENHOR vai muito além das fronteiras de Israel!'".

Sacrifícios indignos

6O SENHOR dos Exércitos diz aos sacerdotes: "O filho honra
seu pai, e o servo respeita seu senhor. Se eu sou seu pai e seu
senhor, onde estão a honra e o respeito que mereço? Vocês
desprezam meu nome!

"Mas vocês perguntam: 'De que maneira desprezamos teu
nome?'.

7"Vocês o desprezam oferecendo sacrifícios contaminados
sobre meu altar. "E vocês perguntam: 'De que maneira conta-
minamos os sacrifícios?'. "Vocês os contaminam dizendo que
a mesa do SENHOR não merece respeito. 8Acaso não é errado
sacrificarem animais cegos? Não é errado oferecerem animais
aleijados e doentes? Apresentem ofertas como essas a seu
governador e vejam se ele ficará satisfeito e se agradará de
vocês!", diz o SENHOR dos Exércitos.

9"Vão em frente, supliquem a Deus para que tenha compaixão
de vocês. Mas por que ele atenderia, uma vez que apresentam
esse tipo de oferta?", diz o SENHOR dos Exércitos.

10"Quem dera um de vocês fechasse as portas do templo para
que não se acendesse em vão o fogo do meu altar! Não me
agrado de vocês", diz o SENHOR dos Exércitos, "e não aceitarei
suas ofertas. 11Contudo, meu nome é honrado de manhã até
a noite por pessoas de outras nações. Em todo o mundo ofe-

recem incenso e sacrifícios puros em minha honra, pois meu
nome é grande entre as nações", diz o SENHOR dos Exércitos.
12"Mas vocês, com suas ações, desonram meu nome. Ao
trazer alimentos desprezíveis, declaram que não há nada de
errado em contaminar a mesa do Senhor. 13Dizem: 'É difícil
demais servir ao SENHOR!' e desprezam minhas ordens", diz
o SENHOR dos Exércitos. "Vocês trazem como ofertas animais
roubados, aleijados e doentes! Acaso devo aceitar de suas
mãos esse tipo de oferta?", diz o SENHOR.
14"Maldito seja o trapaceiro que promete um carneiro forte de
seu rebanho, mas depois sacrifica ao Senhor um animal defei-
tuoso. Pois eu sou o grande Rei", diz o SENHOR dos Exércitos,
"e meu nome é temido entre as nações!"

Advertência aos sacerdotes

2 "Ouçam, sacerdotes! Este mandamento é para vocês. 2Es-
cutem-me e decidam honrar meu nome", diz o SENHOR dos
Exércitos, "pois, do contrário, enviarei maldição sobre vocês.
Amaldiçoarei até mesmo as bênçãos que receberem. Na ver-
dade, já as amaldiçoei, pois vocês não levaram a sério minha
advertência. 3Castigarei seus descendentes, esfregarei em seu
rosto o esterco dos sacrifícios que vocês ofereceram em suas
festas sagradas e os lançarei no monte de esterco. 4Assim,
vocês saberão que enviei este mandamento para que minha
aliança com os levitas continue", diz o SENHOR dos Exércitos.
5"O propósito de minha aliança com os levitas era dar vida
e paz, e foi o que lhes dei. Para isso, era necessário que me
temessem, e eles demonstraram grande temor por mim e re-
verência por meu nome. 6Transmitiram ao povo a verdade das
leis que receberam de mim. Não mentiram nem enganaram;
andaram comigo, vivendo de modo pacífico e justo, e des-
viaram muitos do pecado.
7"As palavras do sacerdote devem guardar o conhecimento de
Deus, e o povo deve buscar o sacerdote para receber instrução,
pois ele é mensageiro do SENHOR dos Exércitos. 8Mas vocês, sa-
cerdotes, se desviaram dos caminhos de Deus. Suas instruções
fizeram muitos caírem em pecado. Vocês quebraram a aliança
que fiz com os levitas", diz o SENHOR dos Exércitos. 9"Por isso
fiz que vocês fossem desprezados e humilhados diante de todo
o povo, pois não me obedeceram, mas mostraram parcialidade
na aplicação de minha lei."

Chamado à fidelidade

10Não somos filhos do mesmo Pai? Não fomos todos criados
pelo mesmo Deus? Então por que traímos uns aos outros e
quebramos a aliança de nossos antepassados?
11Judá foi infiel, e uma coisa detestável foi feita em Israel e
em Jerusalém. Os homens de Judá contaminaram o santuário
que o SENHOR ama ao se casarem com mulheres que adoram
deuses estrangeiros. 12Que o SENHOR elimine das casas de
Israel até o último homem que fez isso e que, ainda assim,
apresenta uma oferta ao SENHOR dos Exércitos.
13Há outra coisa que vocês fazem. Cobrem de lágrimas o altar
do SENHOR, choram e gemem porque ele não dá atenção às
suas ofertas nem as aceita com prazer. 14E ainda perguntam:
"Por quê?". Porque o SENHOR foi testemunha dos votos que
você e sua esposa fizeram quando jovens. Mas você foi infiel,
embora ela tenha continuado a ser sua companheira, a esposa
à qual você fez seus votos de casamento.
15Acaso o SENHOR não o fez um só com sua esposa? Em corpo
e em espírito vocês pertencem a ele. E o que ele quer? Dessa
união, quer filhos dedicados a ele. Portanto, guardem seu co-
ração; permaneçam fiéis à esposa de sua mocidade. 16"Pois eu
odeio o divórcio", diz o SENHOR, o Deus de Israel. "Divorciar-se
de sua esposa é cobri-la de crueldade", diz o SENHOR dos Exér-
citos. "Portanto, guardem seu coração; não sejam infiéis."
17Vocês cansaram o SENHOR com suas palavras. "De que ma-
neira o cansamos?", vocês perguntam. Vocês o cansaram di-
zendo que todos que praticam o mal são bons aos olhos do
SENHOR e que ele se agrada deles, e também ao perguntar:
"Onde está o Deus da justiça?".

O dia futuro de julgamento

3 "Vejam! Envio meu mensageiro, que preparará o caminho
diante de mim. Então, de repente, o Senhor a quem vocês
buscam virá a seu templo. O mensageiro da aliança, por quem
vocês anseiam, certamente virá", diz o SENHOR dos Exércitos.
2"Mas quem poderá suportar quando ele vier? Quem perma-
necerá em pé em sua presença quando ele aparecer? Pois ele
será como fogo ardente que refina o metal, como sabão forte
que branqueia as roupas. 3Ele se sentará como refinador de
prata e queimará toda impureza. Purificará os levitas e os refi-
nará como ouro e prata, para que voltem a oferecer sacrifícios
aceitáveis ao SENHOR. 4Então o SENHOR se agradará novamente
das ofertas do povo de Judá e do povo de Jerusalém, como
no passado.
5"Naquele dia, eu julgarei vocês. Não demorarei para teste-
munhar contra todos os feiticeiros, adúlteros e mentirosos.
Falarei contra aqueles que roubam o salário de seus empre-
gados, que oprimem as viúvas e os órfãos, ou que privam os
estrangeiros de seus direitos, pois essas pessoas não me
temem", diz o SENHOR dos Exércitos.

Chamado ao arrependimento

6"Eu sou o SENHOR e não mudo. Por isso vocês, descendentes
de Jacó, ainda não foram destruídos. 7Desde os dias de seus
antepassados vocês se afastaram de meus decretos e não os
seguiram. Agora, voltem-se para mim, e eu me voltarei para
vocês", diz o SENHOR dos Exércitos. "Mas vocês perguntam: 'De
que maneira voltaremos?'.
8"Acaso alguém pode roubar a Deus? Mas vocês têm me rou-
bado!
"Perguntam: 'Em que te roubamos?'. "Vocês me roubaram
nos dízimos e nas ofertas. 9Estão sob maldição, pois a nação
inteira tem me roubado. 10Tragam todos os seus dízimos aos
depósitos do templo, para que haja provisão em minha casa.
Se o fizerem", diz o SENHOR dos Exércitos, "abrirei as janelas
do céu para vocês. Derramarei tantas bênçãos que não ha-

verá espaço para guardá-las! Sim, ponham-me à prova! 11Suas
colheitas serão fartas, pois as protegerei das pragas. Suas
uvas não cairão das videiras antes de amadurecerem", diz o
SENHOR dos Exércitos. 12"Então todas as nações os chamarão
de abençoados, pois sua terra será cheia de alegria", diz o
SENHOR dos Exércitos.
13"Vocês falaram coisas terríveis contra mim", diz o SENHOR.
"Mas vocês perguntam: 'O que falamos contra ti?'.
14"Vocês disseram: 'De que adianta servir a Deus? Que van-
tagem temos em obedecer a suas ordens ou chorar por
nossos pecados diante do SENHOR dos Exércitos? 15De agora
em diante, chamaremos de abençoados os arrogantes. Pois
os que praticam maldades enriquecem, e os que provocam a
ira de Deus nenhum mal sofrem'."

O SENHOR promete misericórdia

16Então aqueles que temiam o SENHOR falaram uns com os ou-
tros, e o SENHOR ouviu o que disseram. Na presença dele, foi
escrito um livro memorial para registrar os nomes dos que o
temiam e que sempre honravam seu nome.
17"Eles serão meu povo", diz o SENHOR dos Exércitos. "No
dia em que eu agir, eles serão meu tesouro especial. Terei
compaixão deles como o pai tem compaixão de seu filho obe-
diente. 18Então vocês verão outra vez a diferença entre o justo
e o mau, entre o que serve a Deus e o que não serve."

O dia do julgamento se aproxima

4 Assim diz o SENHOR dos Exércitos: "O dia do julgamento se
aproxima e arde como uma fornalha. Naquele dia, serão
queimados como palha os arrogantes e os perversos. Serão
consumidos, desde as raízes até os ramos.
2"Mas, para vocês que temem meu nome, o sol da justiça se le-
vantará, trazendo cura em suas asas. E vocês sairão e saltarão
de alegria, como bezerros soltos no pasto. 3No dia em que eu
agir, vocês pisarão sobre os perversos como se eles fossem pó
sob os seus pés", diz o SENHOR dos Exércitos.
4"Lembrem-se de obedecer à lei de Moisés, meu servo, a todos
os decretos e estatutos que dei a todo o Israel no monte Sinai.
5"Vejam, eu lhes envio o profeta Elias antes da vinda do grande
e terrível dia do SENHOR. 6Ele fará que o coração dos pais volte
para seus filhos e o coração dos filhos volte para seus pais. Do
contrário, eu virei e castigarei a terra com maldição."

Novo Testamento

MATEUS

Os antepassados de Jesus Cristo

1 Este é o registro dos antepassados de Jesus Cristo, descen-
dente de Davi e de Abraão:
2 Abraão gerou Isaque. Isaque gerou Jacó. Jacó gerou Judá
e seus irmãos.
3 Judá gerou Perez e Zerá, cuja mãe foi Tamar. Perez gerou
Esrom. Esrom gerou Rão.
4 Rão gerou Aminadabe. Aminadabe gerou Naassom. Naassom
gerou Salmom.
5 Salmom gerou Boaz, cuja mãe foi Raabe. Boaz gerou Obede,
cuja mãe foi Rute. Obede gerou Jessé.
6 Jessé gerou o rei Davi. Davi gerou Salomão, cuja mãe foi Ba-
te-Seba, viúva de Urias.
7 Salomão gerou Roboão. Roboão gerou Abias. Abias gerou Asa.
8 Asa gerou Josafá. Josafá gerou Jeorão. Jeorão gerou Uzias.
9 Uzias gerou Jotão. Jotão gerou Acaz. Acaz gerou Ezequias.
10 Ezequias gerou Manassés. Manassés gerou Amom. Amom
gerou Josias.
11 Josias gerou Joaquim e seus irmãos, nascidos no tempo do
exílio na Babilônia.
12 Depois do exílio na Babilônia: Joaquim gerou Salatiel. Salatiel
gerou Zorobabel.
13 Zorobabel gerou Abiúde. Abiúde gerou Eliaquim. Eliaquim
gerou Azor.
14 Azor gerou Sadoque. Sadoque gerou Aquim. Aquim gerou
Eliúde.
15 Eliúde gerou Eleazar. Eleazar gerou Matã. Matã gerou Jacó.
16 Jacó gerou José, marido de Maria. Maria deu à luz Jesus,
que é chamado Cristo.
17 Portanto, são catorze gerações de Abraão até Davi, catorze
de Davi até o exílio na Babilônia e catorze do exílio na Babilônia
até Cristo.

O nascimento de Jesus Cristo

18 Foi assim que nasceu Jesus Cristo. Maria, sua mãe, estava
prometida para se casar com José. Antes do casamento,
porém, ela engravidou pelo poder do Espírito Santo. 19 José,
seu noivo, era um homem justo e resolveu romper a união em
segredo, pois não queria envergonhá-la com uma separação
pública.
20 Enquanto ele pensava nisso, um anjo do Senhor lhe apareceu
em sonho e disse: "José, filho de Davi, não tenha medo de
receber Maria como esposa, pois a criança dentro dela foi con-
cebida pelo Espírito Santo. 21 Ela terá um filho, e você lhe dará o
nome de Jesus, pois ele salvará seu povo dos seus pecados".
22 Tudo isso aconteceu para cumprir o que o Senhor tinha dito
por meio do profeta:
23 "Vejam! A virgem ficará grávida! Ela dará à luz um filho, e o
chamarão Emanuel, que significa 'Deus conosco'".
24 Quando José acordou, fez o que o anjo do Senhor lhe havia
ordenado e recebeu Maria como esposa. 25 No entanto, não
teve relações com ela até o menino nascer; e ele lhe deu o
nome de Jesus.

Visitantes do Oriente

2 Jesus nasceu em Belém, na Judeia, durante o reinado
de Herodes. Por esse tempo, alguns sábios das terras do
Oriente chegaram a Jerusalém 2 e perguntaram: "Onde está o
recém-nascido rei dos judeus? Vimos sua estrela no Oriente e
viemos adorá-lo".
3 Ao ouvir isso, o rei Herodes ficou perturbado, e com ele todo
o povo de Jerusalém. 4 Reuniu os principais sacerdotes e os
mestres da lei e lhes perguntou: "Onde nascerá o Cristo?".
5 Eles responderam: "Em Belém da Judeia, pois assim escreveu
o profeta:
6 'E você, Belém, na terra de Judá, não é a menor entre as
principais cidades de Judá, pois de você virá um governante
que será o pastor do meu povo, Israel'".
7 Então Herodes convocou os sábios em segredo e soube por
eles o momento em que a estrela tinha aparecido. 8 "Vão a
Belém e procurem o menino com atenção", disse ele. "Quando
o encontrarem, voltem e digam-me, para que eu vá e também
o adore."
9 Após a conversa com o rei, os sábios seguiram seu caminho,
guiados pela estrela que tinham visto no Oriente. Ela ia adiante
deles, até que parou acima do lugar onde o menino estava.
10 Quando viram a estrela, ficaram muito alegres. 11 Ao entrar
na casa, viram o menino com Maria, sua mãe, e se prostraram
e o adoraram. Então abriram seus tesouros e o presentearam
com ouro, incenso e mirra.
12 Quando chegou a hora de partir, retornaram para sua terra
por outro caminho, pois haviam sido avisados em sonho para
não voltar a Herodes.

A fuga para o Egito

13 Depois que os sábios partiram, um anjo do Senhor apareceu
a José em sonho. "Levante-se", disse o anjo. "Fuja para o
Egito com o menino e sua mãe. Fique lá até eu lhe dizer que
volte, pois Herodes vai procurar o menino a fim de matá-lo."
14 Naquela mesma noite, José se levantou e partiu com o
menino e Maria, sua mãe, para o Egito, 15 onde ficaram até a
morte de Herodes. Cumpriu-se, assim, o que o Senhor tinha
dito por meio do profeta: "Do Egito chamei meu filho".
16 Quando Herodes se deu conta de que os sábios o haviam
enganado, ficou furioso. Enviou soldados para matar todos os
meninos de dois anos para baixo em Belém e seus arredores,
tomando por base o relato dos sábios acerca da primeira apa-

rição da estrela. 17Com isso, cumpriu-se o que foi dito por meio
do profeta Jeremias:
18"Ouviu-se um clamor em Ramá, choro e grande lamentação.
Raquel chora por seus filhos e se recusa a ser consolada, pois
eles já não existem".

A volta para Israel

19Quando Herodes morreu, um anjo do Senhor apareceu em
sonho a José, no Egito. 20"Levante-se", disse o anjo. "Leve
o menino e a mãe de volta para a terra de Israel, pois já mor-
reram os que tentavam matar o menino."
21Então José se levantou e se preparou para voltar à terra de
Israel com o menino e sua mãe. 22Soube, porém, que o novo
governador da Judeia era Arquelau, filho de Herodes, e teve
medo de ir para lá. Depois de ser avisado em sonho, partiu
para a região da Galileia. 23A família foi morar numa cidade
chamada Nazaré, cumprindo-se, desse modo, o que os pro-
fetas haviam dito, que Jesus seria chamado nazareno.

João Batista prepara o caminho

3 Naqueles dias, João Batista apareceu no deserto da Judeia
e começou a anunciar a seguinte mensagem: 2"Arrepen-
dam-se, pois o reino dos céus está próximo". 3O profeta Isaías
se referia a João quando disse: "Ele é uma voz que clama no
deserto: 'Preparem o caminho para a vinda do Senhor! Abram
a estrada para ele!'".
4As roupas de João eram tecidas com pelos de camelo, e ele
usava um cinto de couro e alimentava-se de gafanhotos e mel
ilvestre. 5Gente de Jerusalém, de toda a Judeia e de todo o
o Jordão ia até ele. 6Quando confessavam seus pecados,
os batizava no rio Jordão.
as, quando João viu que muitos fariseus e saduceus vinham
o lugar de batismo, ele os repreendeu abertamente. "Raça
de víboras!", exclamou. "Quem os convenceu a fugir da ira que
está por vir? 8Provem por suas ações que vocês se arrepen-
deram. 9Não pensem que podem dizer uns aos outros: 'Estamos
a salvo, pois somos filhos de Abraão'. Isso não significa nada,
pois eu lhes digo que até destas pedras Deus pode fazer surgir
filhos de Abraão. 10Agora mesmo o machado do julgamento está
pronto para cortar as raízes das árvores. Toda árvore que não
produz bons frutos será cortada e lançada ao fogo.
11"Eu batizo com água aqueles que se arrependem. Depois
de mim, porém, virá alguém mais poderoso que eu, alguém
muito superior, cujas sandálias não sou digno de carregar. Ele
os batizará com o Espírito Santo e com fogo. 12Ele já tem na
mão a pá, e com ela separará a palha do trigo e limpará a área
onde os cereais são debulhados. Juntará o trigo no celeiro,
mas queimará a palha no fogo que nunca se apaga."

O batismo de Jesus

13Jesus foi da Galileia ao rio Jordão para que João o batizasse.
14João, porém, tentou impedi-lo. "Eu é que preciso ser bati-
zado pelo senhor", disse ele. "Então por que vem a mim?"
15Jesus respondeu: "É necessário que seja assim, pois devemos
fazer tudo que Deus requer". E João concordou em batizá-lo.
16Depois do batismo, enquanto Jesus saía da água, o céu se
abriu, e ele viu o Espírito de Deus descer como uma pomba e
pousar sobre ele. 17E uma voz do céu disse: "Este é meu Filho
amado, que me dá grande alegria".

A tentação de Jesus

4 Em seguida, Jesus foi conduzido pelo Espírito ao deserto
para ser tentado pelo diabo. 2Depois de passar quarenta
dias e quarenta noites sem comer, teve fome.
3O tentador veio e lhe disse: "Se você é o Filho de Deus, ordene
que estas pedras se transformem em pães".
4Jesus, porém, respondeu: "As Escrituras dizem: 'Uma pessoa
não vive só de pão, mas de toda palavra que vem da boca de
Deus'".
5Então o diabo o levou à cidade santa, até o ponto mais alto
do templo, 6e disse: "Se você é o Filho de Deus, salte daqui.
Pois as Escrituras dizem: 'Ele ordenará a seus anjos que o
protejam. Eles o sustentarão com as mãos, para que não ma-
chuque o pé em alguma pedra'".
7Jesus respondeu: "As Escrituras também dizem: 'Não ponha
à prova o Senhor, seu Deus'".
8Em seguida, o diabo o levou até um monte muito alto e lhe
mostrou todos os reinos do mundo e sua glória. 9"Eu lhe darei
tudo isto", declarou. "Basta ajoelhar-se e adorar-me."
10"Saia daqui, Satanás!", disse Jesus. "Pois as Escrituras dizem:
'Adore o Senhor, seu Deus, e sirva somente a ele'."
11Então o diabo foi embora, e anjos vieram e serviram Jesus.

O início do ministério de Jesus

12Quando Jesus soube que João havia sido preso, voltou à Ga-
lileia. 13Saindo de Nazaré, mudou-se para Cafarnaum, junto ao
mar da Galileia, na região de Zebulom e Naftali. 14Cumpriu-se,
desse modo, o que foi dito por meio do profeta Isaías:
15"Na terra de Zebulom e Naftali, junto ao mar, além do rio
Jordão, na Galileia, onde vivem tantos gentios, 16o povo que
vivia na escuridão viu uma grande luz, e sobre os que viviam
na terra onde a morte lança sua sombra, uma luz brilhou".
17A partir de então, Jesus começou a anunciar sua mensagem:
"Arrependam-se, pois o reino dos céus está próximo".

Os primeiros discípulos

18Enquanto andava à beira do mar da Galileia, Jesus viu dois
irmãos, Simão, também chamado Pedro, e André. Jogavam
redes ao mar, pois viviam da pesca. 19Jesus lhes disse: "Si-
gam-me, e eu farei de vocês pescadores de gente". 20No
mesmo instante, deixaram suas redes e o seguiram.
21Pouco adiante, Jesus viu outros dois irmãos, Tiago e João,
consertando redes num barco com o pai, Zebedeu. Jesus os
chamou, 22e eles também o seguiram de imediato, deixando
para trás o barco e o pai.

Multidões seguem Jesus

23Jesus viajou por toda a região da Galileia, ensinando nas
sinagogas, anunciando as boas-novas do reino e curando as

34“Portanto, não se preocupem com o amanhã, pois o amanhã
trará suas próprias inquietações. Bastam para hoje os pro-
blemas deste dia.”

Não julguem os outros

7 “Não julguem para não serem julgados, 2pois vocês serão
julgados pelo modo como julgam os outros. O padrão de
medida que adotarem será usado para medi-los.
3“Por que você se preocupa com o cisco no olho de seu amigo
enquanto há um tronco em seu próprio olho? 4Como pode dizer
a seu amigo: ‘Deixe-me ajudá-lo a tirar o cisco de seu olho’,
se não consegue ver o tronco em seu próprio olho? 5Hipócrita!
Primeiro, livre-se do tronco em seu olho; então você verá o
suficiente para tirar o cisco do olho de seu amigo.
6“Não deem o que é santo aos cães, nem joguem pérolas aos
porcos; pois os porcos pisotearão as pérolas, e os cães se
voltarão contra vocês e os atacarão.”

Oração eficaz

7“Peçam, e receberão. Procurem, e encontrarão. Batam, e
a porta lhes será aberta. 8Pois todos que pedem, recebem.
Todos que procuram, encontram. E, para todos que batem,
a porta é aberta.
9“Respondam: Se seu filho lhe pedir pão, você lhe dará uma
pedra? 10Ou, se pedir um peixe, você lhe dará uma cobra?
11Portanto, se vocês, que são maus, sabem dar bons presentes
a seus filhos, quanto mais seu Pai, que está no céu, dará bons
presentes aos que lhe pedirem!”

A regra de ouro

12“Em todas as coisas façam aos outros o que vocês desejam
que eles lhes façam. Essa é a essência de tudo que ensinam
a lei e os profetas.”

A porta estreita

13“Entrem pela porta estreita. A estrada que conduz à des-
truição é ampla, e larga é sua porta, e muitos escolhem esse
caminho. 14Mas a porta para a vida é estreita, e o caminho é
difícil, e são poucos os que o encontram.”

A árvore e seus frutos

15“Tomem cuidado com falsos profetas que vêm disfarçados de
ovelhas, mas que, na verdade, são lobos esfomeados. 16Vocês
os identificarão por seus frutos. É possível colher uvas de es-
pinheiros ou figos de ervas daninhas? 17Da mesma forma, a
árvore boa produz frutos bons, e a árvore ruim produz frutos
ruins. 18A árvore boa não pode produzir frutos ruins, e a árvore
ruim não pode produzir frutos bons. 19Toda árvore que não
produz bons frutos é cortada e lançada ao fogo. 20Portanto, é
possível identificar a pessoa por seus frutos.

Verdadeiros discípulos

21“Nem todos que me chamam: ‘Senhor! Senhor!’ entrarão no
reino dos céus, mas apenas aqueles que, de fato, fazem a von-
tade de meu Pai, que está no céu. 22No dia do juízo, muitos me
dirão: ‘Senhor! Senhor! Não profetizamos em teu nome, não
expulsamos demônios em teu nome e não realizamos muitos
milagres em teu nome?’. 23Eu, porém, responderei: ‘Nunca os
conheci. Afastem-se de mim, vocês que desobedecem à lei!’.”

Construir sobre um alicerce firme

24“Quem ouve minhas palavras e as pratica é tão sábio como a
pessoa que constrói sua casa sobre uma rocha firme. 25Quando
vierem as chuvas e as inundações, e os ventos castigarem a
casa, ela não cairá, pois foi construída sobre rocha firme.
26Mas quem ouve meu ensino e não o pratica é tão tolo como
a pessoa que constrói sua casa sobre a areia. 27Quando vierem
as chuvas e as inundações e os ventos castigarem a casa, ela
cairá com grande estrondo.”

Reação ao sermão

28Quando Jesus acabou de dizer essas coisas, a multidão ficou
maravilhada com seu ensino, 29pois ele ensinava com verda-
deira autoridade, diferentemente dos mestres da lei.

Jesus cura um leproso

8 Quando Jesus desceu a encosta do monte, grandes mul-
tidões o seguiram. 2Um leproso aproximou-se de Jesus,
ajoelhou-se diante dele e disse: “Senhor, se quiser, pode me
curar e me deixar limpo”.
3Jesus estendeu a mão e tocou nele. “Eu quero”, respondeu.
“Seja curado e fique limpo!” No mesmo instante, o homem foi
curado da lepra. 4Então Jesus disse ao homem: “Não conte
isso a ninguém. Vá e apresente-se ao sacerdote para que ele
o examine. Leve a oferta que a lei de Moisés exige. Isso servirá
como testemunho”.

Um oficial romano demonstra fé

5Quando Jesus chegou a Cafarnaum, um oficial romano se
aproximou dele e suplicou: 6“Senhor, meu jovem servo está
de cama, paralisado e com dores terríveis”.
7Jesus disse: “Vou até lá para curá-lo”.
8O oficial, porém, respondeu: “Senhor, não mereço que entre
em minha casa. Basta uma ordem sua, e meu servo será
curado. 9Sei disso porque estou sob a autoridade de meus su-
periores e tenho autoridade sobre meus soldados. Só preciso
dizer ‘Vão’, e eles vão, ou ‘Venham’, e eles vêm. E, se digo a
meus escravos: ‘Façam isto’, eles o fazem”.
10Quando Jesus ouviu isso, ficou admirado e disse aos que o
seguiam: “Eu lhes digo a verdade: jamais vi fé como esta em
Israel! 11E também lhes digo: muitos virão de toda parte, do
leste e do oeste, e se sentarão com Abraão, Isaque e Jacó no
banquete do reino dos céus. 12Mas muitos para os quais o reino
foi preparado serão lançados fora, na escuridão, onde haverá
choro e ranger de dentes”.
13Então Jesus disse ao oficial romano: “Volte para casa. Tal
como você creu, assim acontecerá”. E o jovem servo foi curado
na mesma hora.

Jesus cura muitas pessoas

14Quando Jesus chegou à casa de Pedro, viu que a sogra dele
estava de cama, com febre. 15Jesus tocou em sua mão e a
febre a deixou. Então ela se levantou e passou a servi-lo.
16Ao entardecer, trouxeram a Jesus muita gente possuída por
demônios. Ele expulsou esses espíritos impuros com uma sim-
ples ordem e curou todos os enfermos. 17Cumpriu-se, desse
modo, o que foi dito pelo profeta Isaías: "Levou sobre si nossas
enfermidades e removeu nossas doenças".

O preço de seguir Jesus

18Quando Jesus viu a grande multidão ao seu redor, ordenou
que atravessassem para o outro lado do mar.
19Então um dos mestres da lei lhe disse: "Mestre, eu o seguirei
aonde quer que vá".
20Jesus respondeu: "As raposas têm tocas onde morar e as
aves têm ninhos, mas o Filho do Homem não tem sequer um
lugar para recostar a cabeça".
21Outro discípulo disse: "Senhor, deixe-me primeiro sepultar
meu pai".
22Jesus respondeu: "Siga-me agora. Deixe que os mortos se-
pultem seus próprios mortos".

Jesus acalma a tempestade

23Em seguida, Jesus entrou no barco, e seus discípulos o acom-
panharam. 24De repente, veio sobre o mar uma tempestade
violenta, com ondas que cobriam o barco. Jesus, no entanto,
dormia. 25Os discípulos foram acordá-lo, clamando: "Senhor,
salve-nos! Vamos morrer!".
26"Por que vocês estão com medo?", perguntou ele. "Como é
pequena a sua fé!" Então levantou-se, repreendeu o vento e o
mar, e houve grande calmaria.
27Os discípulos ficaram admirados. "Quem é este homem?",
diziam eles. "Até os ventos e o mar lhe obedecem!"

Jesus exerce autoridade sobre demônios

28Quando Jesus chegou ao outro lado do mar, à região dos
gadarenos, dois homens possuídos por demônios saíram do
cemitério e foram ao seu encontro. Eram tão violentos que
ninguém podia passar por ali.
29Eles começaram a gritar: "Por que vem nos importunar, Filho
de Deus? Veio aqui para nos atormentar antes do tempo de-
terminado?".
30A certa distância deles, havia uma grande manada de porcos
pastando. 31Então os demônios suplicaram: "Se vai nos ex-
pulsar, mande-nos entrar naquela manada de porcos".
32"Vão!", ordenou Jesus. Os demônios saíram dos homens e
entraram nos porcos, e toda a manada se atirou pela encosta
íngreme do monte para dentro do mar e se afogou.
33Os que cuidavam dos porcos fugiram para uma cidade pró-
xima e contaram a todos o que havia ocorrido com os homens
possuídos por demônios. 34Os habitantes da cidade saíram
ao encontro de Jesus e suplicaram que ele fosse embora da
região.

Jesus cura um paralítico

9Jesus entrou num barco e atravessou o mar até a cidade
onde morava. 2Algumas pessoas lhe trouxeram um para-
lítico deitado numa maca. Ao ver a fé que eles tinham, Jesus
disse ao paralítico: "Anime-se, filho! Seus pecados estão per-
doados".
3Alguns mestres da lei disseram a si mesmos: "Isso é blas-
fêmia!".
4Jesus, percebendo o que pensavam, perguntou: "Por que
vocês reagem com tanta maldade em seu coração? 5O que é
mais fácil dizer: 'Seus pecados estão perdoados' ou 'Levan-
te-se e ande'? 6Mas eu lhes mostrarei que o Filho do Homem
tem autoridade na terra para perdoar pecados". Então disse
ao paralítico: "Levante-se, pegue sua maca e vá para casa".
7O homem se levantou e foi para casa. 8Ao ver isso, a multidão
se encheu de temor e louvou a Deus por ele ter dado tal auto-
ridade aos seres humanos.

Jesus chama Mateus

9Enquanto Jesus caminhava, viu um homem chamado Mateus
sentado onde se coletavam impostos. "Siga-me", disse-lhe
Jesus, e Mateus se levantou e o seguiu.
10Mais tarde, na casa de Mateus, Jesus e seus discípulos es-
tavam à mesa, acompanhados de um grande número de co-
bradores de impostos e pecadores. 11Quando os fariseus viram
isso, perguntaram aos discípulos: "Por que o seu mestre come
com cobradores de impostos e pecadores?".
12Jesus ouviu o que disseram e respondeu: "As pessoas saudá-
veis não precisam de médico, mas sim os doentes". 13E acres-
centou: "Agora vão e aprendam o significado desta passagem
das Escrituras: 'Quero que demonstrem misericórdia, e não
que ofereçam sacrifícios'. Pois não vim para chamar os justos,
mas sim os pecadores".

Discussão sobre o jejum

14Os discípulos de João Batista foram a Jesus e lhe pergun-
taram: "Por que seus discípulos não têm o hábito de jejuar,
como nós e os fariseus?".
15Jesus respondeu: "Por acaso os convidados de um casa-
mento ficam de luto enquanto festejam com o noivo? Um dia,
porém, o noivo lhes será tirado, e então jejuarão.
16"Além disso, ninguém remendaria uma roupa velha usando
pano novo. O pano rasgaria a roupa, deixando um buraco ainda
maior.
17"E ninguém colocaria vinho novo em velhos recipientes de
couro. O couro se arrebentaria, deixando vazar o vinho, e os
recipientes velhos se estragariam. Vinho novo é guardado em
recipientes novos, para que ambos se conservem".

Jesus cura em resposta à fé

18Enquanto Jesus ainda falava, o líder da sinagoga local veio e
se ajoelhou diante dele. "Minha filha acaba de morrer", disse.
"Mas, se o senhor vier e puser as mãos sobre ela, ela viverá."
19Então Jesus e seus discípulos se levantaram e foram com

ele. 20Nesse instante, uma mulher que havia doze anos sofria
de hemorragia se aproximou por trás dele e tocou na borda
de seu manto, 21pois pensava: "Se eu apenas tocar em seu
manto, serei curada".
22Jesus se voltou e, quando a viu, disse: "Filha, anime-se! Sua
fé a curou". A partir daquele momento, a mulher ficou curada.
23Quando Jesus chegou à casa do líder da sinagoga, viu a
multidão agitada e ouviu a música fúnebre. 24"Saiam daqui!",
disse ele. "A menina não está morta; está apenas dormindo."
Os que estavam ali riram dele. 25Depois que a multidão foi
colocada para fora, Jesus entrou e tomou a menina pela mão,
e ela se levantou. 26A notícia desse milagre se espalhou por
toda a região.

Jesus cura dois cegos e um mudo

27Depois que Jesus saiu dali, dois cegos foram atrás dele, gri-
tando: "Filho de Davi, tenha misericórdia de nós!".
28Quando Jesus entrou em casa, os cegos se aproximaram, e
ele lhes perguntou: "Vocês creem que eu posso fazê-los ver?".
"Sim, Senhor", responderam eles.
29Ele tocou nos olhos dos dois e disse: "Seja feito conforme
a sua fé".
30Então os olhos deles se abriram e puderam ver. Jesus os ad-
vertiu severamente: "Não contem a ninguém". 31Eles, porém,
saíram e espalharam sua fama por toda a região.
32Quando partiram, foi levado a Jesus um homem que não
conseguia falar porque estava possuído por um demônio. 33O
demônio foi expulso e, em seguida, o homem começou a falar.
As multidões ficaram admiradas. "Jamais aconteceu algo pa-
recido em Israel!", exclamavam.
34Os fariseus, contudo, disseram: "Ele expulsa demônios
porque o príncipe dos demônios lhe dá poder".

A necessidade de trabalhadores

35Jesus andava por todas as cidades e todos os povoados da
região, ensinando nas sinagogas, anunciando as boas-novas
do reino e curando todo tipo de enfermidade e doença.
36Quando viu as multidões, teve compaixão delas, pois es-
tavam confusas e desamparadas, como ovelhas sem pastor.
37Disse aos discípulos: "A colheita é grande, mas os trabalha-
dores são poucos. 38Orem ao Senhor da colheita; peçam que
ele envie mais trabalhadores para seus campos".

Jesus envia os doze apóstolos

10 Jesus reuniu seus doze discípulos e lhes deu autoridade
para expulsar espíritos impuros e curar todo tipo de en-
fermidade e doença. 2Estes são os nomes dos doze apóstolos:
primeiro, Simão, também chamado Pedro, depois André, irmão
de Pedro, Tiago, filho de Zebedeu, João, irmão de Tiago, 3Fi-
lipe, Bartolomeu, Tomé, Mateus, o cobrador de impostos,
Tiago, filho de Alfeu, Tadeu, 4Simão, o cananeu, Judas Isca-
riotes, que depois traiu Jesus.
5Jesus enviou os Doze com as seguintes instruções: "Não vão
aos gentios nem aos samaritanos; 6vão, antes, às ovelhas per-
didas do povo de Israel. 7Vão e anunciem que o reino dos céus
está próximo. 8Curem os doentes, ressuscitem os mortos, pu-
rifiquem os leprosos e expulsem os demônios. Deem de graça,
pois também de graça vocês receberam.
9"Não levem no cinto moedas de ouro, prata ou mesmo de
cobre. 10Não levem bolsa de viagem, nem outra muda de
roupa, nem sandálias, nem cajado. Quem trabalha merece
seu sustento.
11"Sempre que entrarem em uma cidade ou povoado, pro-
curem uma pessoa digna e fiquem em sua casa até partirem.
12Quando entrarem na casa, saúdem-na com a paz. 13Se o lar
se revelar digno, que sua paz permaneça nela; se não, retirem
a bênção. 14Se alguma casa ou cidade se recusar a recebê-los
ou a ouvir sua mensagem, sacudam a poeira dos pés ao sair.
15Eu lhes digo a verdade: no dia do juízo, as cidades perversas
de Sodoma e Gomorra serão tratadas com menos rigor que
essa cidade.
16"Ouçam, eu os envio como ovelhas no meio de lobos.
Portanto, sejam espertos como serpentes e simples como
pombas. 17Tenham cuidado, pois vocês serão entregues aos
tribunais e chicoteados nas sinagogas. 18Por minha causa
serão julgados diante de governantes e reis, mas essa será
a oportunidade de falar a meu respeito a eles e aos gentios.
19Quando forem presos, não se preocupem com o modo como
responderão nem com o que dirão. Naquele momento, as pa-
lavras certas lhes serão concedidas, 20pois não serão vocês
que falarão, mas o Espírito de seu Pai falará por meio de vocês.
21"O irmão trairá seu irmão e o entregará à morte, e assim
também o pai a seu próprio filho. Os filhos se rebelarão contra
os pais e os matarão. 22Todos os odiarão por minha causa, mas
quem perseverar até o fim será salvo. 23Quando forem perse-
guidos numa cidade, fujam para outra. Eu lhes digo a verdade:
o Filho do Homem voltará antes que tenham percorrido todas
as cidades de Israel.
24"O discípulo não está acima de seu mestre, nem o escravo
acima de seu senhor. 25Para o discípulo é suficiente ser como
seu mestre, e o escravo, como seu senhor. Uma vez que o dono
da casa foi chamado de Belzebu, os membros da família serão
chamados de nomes ainda piores!
26"Não tenham medo daqueles que os ameaçam, pois virá o
dia em que tudo que está encoberto será revelado, e tudo que
é secreto será divulgado. 27O que agora lhes digo no escuro,
anunciem às claras, e o que sussurro em seus ouvidos, pro-
clamem dos telhados.
28"Não tenham medo dos que querem matar o corpo; eles não
podem tocar na alma. Temam somente a Deus, que pode des-
truir no inferno tanto a alma como o corpo. 29Quanto custam
dois pardais? Uma moeda de cobre? No entanto, nenhum deles
cai no chão sem o conhecimento de seu Pai. 30Quanto a vocês,
até os cabelos de sua cabeça estão contados. 31Portanto, não
tenham medo; vocês são muito mais valiosos que um bando
inteiro de pardais.
32"Quem me reconhecer em público aqui na terra, eu o re-
conhecerei diante de meu Pai no céu. 33Mas quem me negar

aqui na terra, eu também o negarei diante de meu Pai no céu.
34“Não imaginem que vim trazer paz à terra! Não vim trazer
paz, mas a espada.
35‘Vim para pôr o homem contra seu pai, a filha contra sua
mãe, e a nora contra sua sogra.
36Seus inimigos estarão em sua própria casa’.
37“Quem ama seu pai ou sua mãe mais que a mim não é digno
de mim; e quem ama seu filho ou sua filha mais que a mim
não é digno de mim. 38Quem se recusa a tomar sua cruz e me
seguir não é digno de mim. 39Quem se apegar à própria vida
a perderá; mas quem abrir mão de sua vida por minha causa
a encontrará.
40“Quem recebe vocês recebe a mim, e quem me recebe
também recebe aquele que me enviou. 41Quem acolhe um
profeta como alguém que fala da parte de Deus recebe a
mesma recompensa que um profeta. E quem acolhe um justo
por causa de sua justiça recebe uma recompensa igual à dele.
42Se alguém der um copo de água fria que seja ao menor de
meus seguidores, certamente não perderá sua recompensa”.

Jesus e João Batista

11 Quando Jesus terminou de dar essas instruções a seus
doze discípulos, saiu para ensinar e anunciar sua men-
sagem nas cidades da região.
2João Batista, que estava na prisão, soube de todas as coisas
que o Cristo estava fazendo. Por isso, enviou seus discípulos
para perguntarem a Jesus: 3“O senhor é aquele que haveria
de vir, ou devemos esperar algum outro?”.
4Jesus respondeu: “Voltem a João e contem a ele o que vocês
veem e ouvem: 5os cegos veem, os aleijados andam, os le-
prosos são purificados, os surdos ouvem, os mortos são res-
suscitados e as boas-novas são anunciadas aos pobres”. 6E
disse ainda: “Felizes são aqueles que não se sentem ofendidos
por minha causa”.
7Enquanto os discípulos de João saíam, Jesus começou a falar
a respeito dele para as multidões: “Que tipo de homem vocês
foram ver no deserto? Um caniço que qualquer brisa agita?
8Afinal, o que esperavam ver? Um homem vestido com roupas
caras? Não, quem veste roupas caras mora em palácios.
9Acaso procuravam um profeta? Sim, ele é mais que profeta.
10João é o homem ao qual as Escrituras se referem quando
dizem: ‘Envio meu mensageiro adiante de ti, e ele preparará
teu caminho à tua frente!’.
11“Eu lhes digo a verdade: de todos os que nasceram de mu-
lher, nenhum é maior que João Batista. E, no entanto, até o
menor no reino dos céus é maior que ele. 12Desde os dias em
que João pregava, o reino dos céus sofre violência, e pessoas
violentas o atacam. 13Pois, antes de João vir, todos os pro-
fetas e a lei de Moisés falavam dos dias de João com grande
expectativa, 14e, se vocês estiverem dispostos a aceitar o que
eu digo, ele é Elias, aquele que os profetas disseram que viria.
15Quem é capaz de ouvir, ouça com atenção!
16“A que posso comparar esta geração? Ela se parece com
crianças que brincam na praça. Queixam-se a seus amigos:
17‘Tocamos flauta, e vocês não dançaram; entoamos lamentos,
e vocês não se entristeceram’.
18Quando João apareceu, não costumava comer nem beber
em público, e vocês disseram: ‘Está possuído por demônio’.
19O Filho do Homem, por sua vez, come e bebe, e vocês dizem:
‘É comilão e beberrão, amigo de cobradores de impostos e
pecadores’. Mas a sabedoria é comprovada pelos resultados
que produz”.

Julgamento para os que não creem

20Então Jesus começou a denunciar as cidades onde ele havia
feito muitos milagres, pois não tinham se arrependido. 21“Que
aflição as espera, Corazim e Betsaida! Porque, se nas cidades
de Tiro e Sidom tivessem sido realizados os milagres que rea-
lizei em vocês, há muito tempo seus habitantes teriam se arre-
pendido e demonstrado isso vestindo panos de saco e jogando
cinzas sobre a cabeça. 22Eu lhes digo que, no dia do juízo, Tiro
e Sidom serão tratadas com menos rigor que vocês.
23“E você, Cafarnaum, será elevada até o céu? Não, descerá
até o lugar dos mortos. Porque, se na cidade de Sodoma ti-
vessem sido realizados os milagres que realizei em você, ela
estaria de pé ainda hoje. 24Eu lhe digo que, no dia do juízo,
Sodoma será tratada com menos rigor que você”.

Jesus agradece ao Pai

25Naquela ocasião, Jesus orou da seguinte maneira: “Pai, Se-
nhor dos céus e da terra, eu te agradeço porque escondeste
estas coisas dos que se consideram sábios e instruídos e as
revelaste aos que são como crianças. 26Sim, Pai, foi do teu
agrado fazê-lo assim.
27“Meu Pai me confiou todas as coisas. Ninguém conhece verda-
deiramente o Filho, a não ser o Pai, e ninguém conhece verdadei-
ramente o Pai, a não ser o Filho e aqueles a quem o Filho escolhe
revelá-lo.
28“Venham a mim todos vocês que estão cansados e sobre-
carregados, e eu lhes darei descanso. 29Tomem sobre vocês
o meu jugo. Deixem que eu lhes ensine, pois sou manso e
humilde de coração, e encontrarão descanso para a alma.
30Meu jugo é fácil de carregar, e o fardo que lhes dou é leve”.

Discussão sobre o sábado

12 Por aquele tempo, Jesus estava caminhando pelos campos
de cereal, num sábado. Seus discípulos, sentindo fome,
começaram a colher espigas e comê-las. 2Alguns fariseus os
viram e protestaram: “Veja, seus discípulos desobedecem à lei
colhendo cereal no sábado!”.
3Jesus respondeu: “Vocês não leram nas Escrituras o que fez
Davi quando ele e seus companheiros tiveram fome? 4Ele en-
trou na casa de Deus e, com seus companheiros, comeram
os pães sagrados que só os sacerdotes tinham permissão de
comer. 5E vocês não leram na lei de Moisés que os sacerdotes
de serviço no templo podem trabalhar no sábado? 6Eu lhes
digo: há alguém aqui maior que o templo! 7Vocês não teriam
condenado meus discípulos inocentes se soubessem o signi-

ficado das Escrituras: 'Quero que demonstrem misericórdia,
e não que ofereçam sacrifícios'. 8Pois o Filho do Homem é
senhor até mesmo do sábado".

Jesus cura no sábado

9Então Jesus foi à sinagoga local, 10onde viu um homem que
tinha uma das mãos deformada. Os fariseus perguntaram a
Jesus: "A lei permite curar no sábado?". Esperavam que ele
dissesse "sim", para que pudessem acusá-lo.
11Jesus respondeu: "Se um de vocês tivesse uma ovelha e ela
caísse num poço no sábado, não trabalharia para tirá-la de
lá? 12Quanto mais vale uma pessoa que uma ovelha! Sim, a lei
permite que se faça o bem no sábado".
13Em seguida, disse ao homem: "Estenda a mão". Ele a es-
tendeu, e ela foi restaurada e ficou igual à outra. 14Então os
fariseus convocaram uma reunião para tramar um modo de
matá-lo.

Jesus, o Servo escolhido de Deus

15Jesus, sabendo o que planejavam, retirou-se daquela re-
gião. Muitos o seguiram, e ele curou todos os enfermos que
havia entre eles. 16Contudo, advertiu-lhes que não revelassem
quem ele era. 17Cumpriu-se, assim, a profecia de Isaías a seu
respeito:
18"Vejam meu Servo, aquele que escolhi. Ele é meu Amado;
nele tenho grande alegria. Porei sobre ele meu Espírito, e ele
proclamará justiça às nações.
19Não lutará nem gritará, nem levantará a voz em público.
20Não esmagará a cana quebrada, nem apagará a chama que
já está fraca. Por fim, ele fará que a justiça seja vitoriosa.
21E seu nome será a esperança de todo o mundo".

A fonte do poder de Jesus

22Então levaram até Jesus um homem cego e mudo que estava
possuído por um demônio. Jesus o curou, e ele passou a falar e
ver. 23Admirada, a multidão perguntou: "Será que este homem
é o Filho de Davi?".
24No entanto, quando os fariseus souberam do milagre, dis-
seram: "Ele só expulsa demônios porque seu poder vem de
Belzebu, o príncipe dos demônios".
25Jesus conhecia os pensamentos deles e respondeu: "Todo
reino dividido internamente está condenado à ruína. Uma
cidade ou família dividida contra si mesma se desintegrará.
26Se Satanás expulsa Satanás, está dividido e luta contra si
mesmo. Seu reino não sobreviverá. 27Se eu expulso demônios
pelo poder de Belzebu, o que dizer de seus discípulos? Eles
também expulsam demônios, de modo que condenarão vocês
pelo que acabaram de dizer. 28Mas, se expulso demônios pelo
Espírito de Deus, então o reino de Deus já chegou até vocês.
29Afinal, quem tem poder para entrar na casa de um homem
forte e saquear seus bens? Somente alguém ainda mais forte,
alguém capaz de amarrá-lo e saquear sua casa.
30"Quem não está comigo opõe-se a mim, e quem não trabalha
comigo na verdade trabalha contra mim.
31"Por isso eu lhes digo: todo pecado e toda blasfêmia serão
perdoados, mas a blasfêmia contra o Espírito não será per-
doada. 32Quem falar contra o Filho do Homem será perdoado,
mas quem falar contra o Espírito Santo não será perdoado,
nem neste mundo nem no mundo por vir.
33"Uma árvore é identificada por seus frutos. Se a árvore é boa,
os frutos serão bons. Se a árvore é ruim, os frutos serão ruins.
34Raça de víboras! Como poderiam homens maus como vocês
dizer o que é bom e correto? Pois a boca fala do que o coração
está cheio. 35A pessoa boa tira coisas boas do tesouro de um
coração bom, e a pessoa má tira coisas más do tesouro de um
coração mau. 36Eu lhes digo: no dia do juízo, vocês prestarão
contas de toda palavra inútil que falarem. 37Por suas palavras
vocês serão absolvidos, e por elas serão condenados".

O sinal de Jonas

38Alguns dos mestres da lei e fariseus vieram a Jesus e dis-
seram: "Mestre, queremos que nos mostre um sinal de sua
autoridade".
39Jesus, porém, respondeu: "Vocês pedem um sinal porque
são uma geração perversa e adúltera, mas o único sinal que
lhes darei será o do profeta Jonas. 40Pois, assim como Jonas
passou três dias e três noites no ventre do grande peixe, o
Filho do Homem ficará três dias e três noites no coração da
terra.
41"No dia do juízo, os habitantes de Nínive se levantarão contra
esta geração e a condenarão, pois eles se arrependeram de
seus pecados quando ouviram a mensagem anunciada por
Jonas; e vocês têm à sua frente alguém maior que Jonas! 42A
rainha de Sabá também se levantará contra esta geração no
dia do juízo e a condenará, pois veio de uma terra distante para
ouvir a sabedoria de Salomão; e vocês têm à sua frente alguém
maior que Salomão!
43"Quando um espírito impuro deixa uma pessoa, anda por
lugares secos à procura de descanso, mas não o encontra.
44Então, diz: 'Voltarei à casa da qual saí'. Ele volta para sua
antiga casa e a encontra vazia, varrida e arrumada. 45Então
o espírito busca outros sete espíritos, piores que ele, e todos
entram na pessoa e passam a morar nela, e a pessoa fica
pior que antes. Assim acontecerá com esta geração perversa".

A verdadeira família de Jesus

46Enquanto Jesus falava à multidão, sua mãe e seus irmãos
estavam do lado de fora, pedindo para falar com ele. 47Alguém
disse a Jesus: "Sua mãe e seus irmãos estão lá fora e querem
falar com o senhor".
48Jesus respondeu: "Quem é minha mãe? Quem são meus ir-
mãos?". 49Então apontou para seus discípulos e disse: "Vejam,
estes são minha mãe e meus irmãos. 50Quem faz a vontade
de meu Pai no céu é meu irmão, minha irmã e minha mãe".

A parábola do semeador

13 Mais tarde, naquele mesmo dia, Jesus saiu de casa e
sentou-se à beira-mar. 2Logo, uma grande multidão se

juntou ao seu redor. Então ele entrou num barco, sentou-se e
ensinou o povo que permanecia na praia. 3Jesus contou várias
parábolas, como esta: "Um lavrador saiu para semear. 4En-
quanto espalhava as sementes pelo campo, algumas caíram
à beira do caminho, e as aves vieram e as comeram. 5Outras
sementes caíram em solo rochoso e, não havendo muita terra,
germinaram rapidamente, 6mas as plantas logo murcharam
sob o calor do sol e secaram, pois não tinham raízes profundas.
7Outras sementes caíram entre espinhos, que cresceram e su-
focaram os brotos. 8Ainda outras caíram em solo fértil e pro-
duziram uma colheita trinta, sessenta e até cem vezes maior
que a quantidade semeada. 9Quem é capaz de ouvir, ouça
com atenção!".
10Os discípulos vieram e lhe perguntaram: "Por que o senhor
usa parábolas quando fala ao povo?".
11Ele respondeu: "A vocês é permitido entender os segredos do
reino dos céus, mas a outros não. 12Pois ao que tem, mais lhe
será dado, e terá em grande quantia; mas do que nada tem,
até o que tem lhe será tirado. 13É por isso que uso parábolas:
eles olham, mas não veem; escutam, mas não ouvem nem
entendem.
14"Cumpre-se, desse modo, a profecia de Isaías que diz: '
Quando ouvirem o que digo, não entenderão. Quando virem o
que faço, não compreenderão.
15Pois o coração deste povo está endurecido; ouvem com difi-
culdade e têm os olhos fechados, de modo que seus olhos não
veem, e seus ouvidos não ouvem, e seu coração não entende,
e não se voltam para mim, nem permitem que eu os cure'.
16"Felizes, porém, são seus olhos, pois eles veem; e seus
ouvidos, pois eles ouvem. 17Eu lhes digo a verdade: muitos
profetas e justos desejaram ver o que vocês têm visto e ouvir o
que vocês têm ouvido, mas não puderam.
18"Agora, ouçam a explicação da parábola sobre o lavrador
que saiu para semear. 19As sementes que caíram à beira do ca-
minho representam os que ouvem a mensagem sobre o reino
e não a entendem. Então o maligno vem e arranca a semente
que foi lançada em seu coração. 20As que caíram no solo ro-
choso representam aqueles que ouvem a mensagem e, sem
demora, a recebem com alegria. 21Contudo, uma vez que não
têm raízes profundas, não duram muito. Assim que enfrentam
problemas ou são perseguidos por causa da mensagem, cedo
desanimam. 22As que caíram entre os espinhos representam
outros que ouvem a mensagem, mas logo ela é sufocada pelas
preocupações desta vida e pela sedução da riqueza, de modo
que não produzem fruto. 23E as que caíram em solo fértil repre-
sentam os que ouvem e entendem a mensagem e produzem
uma colheita trinta, sessenta e até cem vezes maior que a
quantidade semeada".

A parábola do trigo e do joio

24Esta foi outra parábola que Jesus contou: "O reino dos céus
é como um agricultor que semeou boas sementes em seu
campo. 25Enquanto os servos dormiam, seu inimigo veio, se-
meou joio no meio do trigo e foi embora. 26Quando a plantação
começou a crescer, o joio também cresceu.
27"Os servos do agricultor vieram e disseram: 'O campo em
que o senhor semeou as boas sementes está cheio de joio.
De onde ele veio?'.
28"'Um inimigo fez isso', respondeu o agricultor. "'Devemos
arrancar o joio?', perguntaram os servos.
29"'Não', respondeu ele. 'Se tirarem o joio, pode acontecer
de arrancarem também o trigo. 30Deixem os dois crescerem
juntos até a colheita. Então, direi aos ceifeiros que separem o
joio, amarrem-no em feixes e queimem-no e, depois, guardem
o trigo no celeiro'".

A parábola da semente de mostarda

31Então Jesus contou outra parábola: "O reino dos céus é como
a semente de mostarda que alguém semeia num campo. 32É
a menor de todas as sementes, mas se torna a maior das hor-
taliças; cresce até se transformar em árvore, e vêm as aves e
fazem ninho em seus galhos".

A parábola do fermento

33Jesus também contou a seguinte parábola: "O reino dos
céus é como o fermento usado por uma mulher para fazer
pão. Embora ela coloque apenas uma pequena quantidade
de fermento em três medidas de farinha, toda a massa fica
fermentada".

As parábolas cumprem uma profecia

34Jesus sempre usava histórias e comparações como essas
quando falava às multidões. Na verdade, nunca lhes falava
sem usar parábolas. 35Cumpriu-se, desse modo, o que foi dito
por meio do profeta: "Eu lhes falarei por meio de parábolas;
explicarei coisas escondidas desde a criação do mundo".

Explicação da parábola do trigo e do joio

36Em seguida, deixando as multidões do lado de fora, Jesus
entrou em casa. Seus discípulos lhe pediram: "Por favor, ex-
plique-nos a história do joio no campo".
37Jesus respondeu: "O Filho do Homem é o agricultor que
planta as boas sementes. 38O campo é o mundo, e as boas
sementes são o povo do reino. O joio são as pessoas que per-
tencem ao maligno, 39e o inimigo que plantou o joio no meio
do trigo é o diabo. A colheita é o fim dos tempos, e os que
fazem a colheita são os anjos.
40"Da mesma forma que o joio é separado e queimado no fogo,
assim será no fim dos tempos. 41O Filho do Homem enviará
seus anjos, e eles removerão do reino tudo que produz pecado
e todos que praticam o mal 42e os lançarão numa fornalha
ardente, onde haverá choro e ranger de dentes. 43Então os
justos brilharão como o sol no reino de seu Pai. Quem é capaz
de ouvir, ouça com atenção!"

A parábola do tesouro escondido

44"O reino dos céus é como um tesouro escondido que um
homem descobriu num campo. Em seu entusiasmo, ele o es-
condeu novamente, vendeu tudo que tinha e, com o dinheiro
da venda, comprou aquele campo."

A parábola da pérola

45"O reino dos céus também é como um negociante que pro-
curava pérolas da melhor qualidade. 46Quando descobriu uma
pérola de grande valor, vendeu tudo que tinha e, com o di-
nheiro da venda, comprou a tal pérola."

A parábola da rede de pesca

47"O reino dos céus é, ainda, como uma rede de pesca que
foi lançada ao mar e pegou peixes de todo tipo. 48Quando a
rede estava cheia, os pescadores a arrastaram até a praia,
sentaram-se e juntaram os peixes bons em cestos, jogando
fora os ruins. 49Assim será no fim dos tempos. Os anjos virão,
separarão os perversos dos justos 50e os lançarão na fornalha
ardente, onde haverá choro e ranger de dentes. 51Vocês en-
tendem todas essas coisas?"
"Sim", responderam eles.

Mestres da lei no reino

52Então ele acrescentou: "Todo mestre da lei que se torna
discípulo no reino dos céus é como o dono de uma casa que tira
do seu tesouro verdades preciosas, tanto novas como velhas".

Jesus é rejeitado em Nazaré

53Quando Jesus terminou de contar essas parábolas, deixou
aquela região 54e voltou para Nazaré, cidade onde tinha mo-
rado. Enquanto ensinava na sinagoga, todos se admiravam
e perguntavam: "De onde lhe vêm a sabedoria e o poder
para realizar milagres? 55Não é esse o filho do carpinteiro?
Conhecemos Maria, sua mãe, e também seus irmãos, Tiago,
José, Simão e Judas. 56Todas as suas irmãs moram aqui, entre
nós. Onde ele aprendeu todas essas coisas?". 57E sentiam-se
muito ofendidos. Então Jesus lhes disse: "Um profeta recebe
honra em toda parte, menos em sua cidade e entre sua própria
família". 58E, por causa da incredulidade deles, realizou ali
apenas uns poucos milagres.

Herodes e a morte de João Batista

14 Quando Herodes Antipas ouviu falar de Jesus, 2disse a
seus conselheiros: "Deve ser João Batista que ressuscitou
dos mortos! Por isso ele tem poder para fazer esses milagres".
3Herodes havia mandado prender e encarcerar João para
agradar Herodias, que era esposa de Filipe, seu irmão. 4João
tinha dito repetidamente a Herodes: "É contra a lei que o se-
nhor viva com ela". 5Herodes queria matá-lo, mas tinha medo
de provocar uma revolta, pois o povo acreditava que João era
profeta.
6Contudo, numa festa de aniversário de Herodes, a filha de
Herodias dançou diante dos convidados e agradou muito o rei,
7e ele prometeu, sob juramento, que lhe daria qualquer coisa
que ela pedisse. 8Instigada pela mãe, a moça disse: "Quero a
cabeça de João Batista num prato!". 9O rei se arrependeu do
que tinha dito, mas, por causa do juramento feito diante dos
convidados, deu as ordens para que atendessem ao pedido.
10João foi decapitado na prisão, 11e sua cabeça foi trazida num
prato e entregue à moça, que a levou à sua mãe. 12Os discí-
pulos de João vieram, levaram seu corpo e o sepultaram. Em
seguida, foram a Jesus e lhe contaram o que havia acontecido.

A primeira multiplicação dos pães

13Logo que Jesus ouviu a notícia, partiu de barco para um lugar
isolado, a fim de ficar só. As multidões, porém, descobriram
para onde ele ia e o seguiram a pé, vindas de muitas cidades.
14Quando Jesus saiu do barco, viu a grande multidão, teve
compaixão dela e curou os enfermos.
15Ao entardecer, os discípulos foram até ele e disseram: "Este
lugar é isolado, e já está ficando tarde. Mande as multidões
embora, para que possam ir aos povoados e comprar comida".
16"Não há necessidade", disse Jesus. "Providenciem vocês
mesmos alimento para elas."
17Eles responderam: "Temos apenas cinco pães e dois peixes!".
18"Tragam para cá", disse ele. 19Em seguida, mandou o povo
sentar-se na grama. Tomou os cinco pães e os dois peixes,
olhou para o céu e os abençoou. Então, partiu os pães em
pedaços e os entregou a seus discípulos, que distribuíram às
multidões. 20Todos comeram à vontade, e os discípulos reco-
lheram doze cestos com as sobras. 21Os que comeram foram
cerca de cinco mil homens, sem contar mulheres e crianças.

Jesus anda sobre as águas

22Logo em seguida, Jesus insistiu com seus discípulos que
voltassem ao barco e atravessassem até o outro lado do mar,
enquanto ele despedia as multidões. 23Depois de mandá-las
para casa, Jesus subiu sozinho ao monte a fim de orar. Quando
anoiteceu, ele ainda estava ali, sozinho.
24Enquanto isso, os discípulos, distantes da terra firme, lu-
tavam contra as ondas, pois um vento forte havia se levan-
tado. 25Por volta das três da madrugada, Jesus foi até eles,
caminhando sobre as águas. 26Quando os discípulos o viram
caminhando sobre as águas, ficaram aterrorizados. "É um fan-
tasma!", gritaram, cheios de medo.
27Imediatamente, porém, Jesus lhes disse: "Não tenham
medo! Coragem, sou eu!".
28Então Pedro gritou: "Se é realmente o senhor, ordene que eu
vá caminhando sobre as águas até onde está!".
29"Venha!", respondeu Jesus. Então Pedro desceu do barco e
caminhou sobre as águas em direção a Jesus. 30Mas, quando
reparou no vento forte e nas ondas, ficou aterrorizado, co-
meçou a afundar e gritou: "Senhor, salva-me!".
31No mesmo instante, Jesus estendeu a mão e o segurou.
"Como é pequena a sua fé!", disse ele. "Por que você duvidou?"
32Quando entraram no barco, o vento parou. 33Então os outros
discípulos o adoraram e exclamaram: "De fato, o senhor é o
Filho de Deus!".

Jesus cura os enfermos

34Depois de atravessarem o mar, chegaram a Genesaré.
35Quando o povo reconheceu Jesus, a notícia de sua chegada
se espalhou rapidamente por toda a região, e trouxeram os

enfermos para que fossem curados. 36 Suplicavam que ele dei-
xasse os enfermos apenas tocar na borda de seu manto, e
todos que o tocavam eram curados.

Ensino sobre a pureza interior

15 Então alguns fariseus e mestres da lei chegaram de Jeru-
salém para ver Jesus e lhe perguntaram: 2 "Por que seus
discípulos desobedecem à tradição dos líderes religiosos? Eles
não respeitam a cerimônia de lavar as mãos antes de comer!".
3 Jesus respondeu: "E por que vocês, com suas tradições, de-
sobedecem ao mandamento de Deus? 4 Pois Deus ordenou:
'Honre seu pai e sua mãe' e 'Quem insultar seu pai ou sua
mãe será executado'. 5 Em vez disso, vocês ensinam que, se
alguém disser a seus pais: 'Sinto muito, mas não posso aju-
dá-los; jurei entregar como oferta a Deus aquilo que eu teria
dado a vocês', 6 não precisará mais honrar seus pais. Com isso,
vocês anulam a palavra de Deus em favor de sua própria tra-
dição. 7 Hipócritas! Isaías tinha razão quando assim profetizou
a seu respeito:

8 'Este povo me honra com os lábios, mas o coração está longe
de mim.
9 Sua adoração é uma farsa, pois ensinam ideias humanas
como se fossem mandamentos divinos'".

10 Jesus chamou a multidão para perto de si e disse: "Ouçam
e procurem entender. 11 Não é o que entra pela boca que os
contamina; vocês se contaminam com as palavras que saem
dela".
12 Então os discípulos vieram e perguntaram: "O senhor sabe
que ofendeu os fariseus com isso que acabou de dizer?".
13 Jesus respondeu: "Toda planta que meu Pai celestial não
plantou será arrancada pela raiz. 14 Portanto, não façam caso
deles. São guias cegos conduzindo cegos e, se um cego con-
duzir outro, ambos cairão numa vala".
15 Então Pedro disse: "Explique-nos a parábola de que as pes-
soas não são contaminadas pelo que comem".
16 "Ainda não entendem?", perguntou Jesus. 17 "Tudo que
comem passa pelo estômago e vai para o esgoto, 18 mas as
palavras vêm do coração, e é isso que os contamina. 19 Pois
do coração vêm maus pensamentos, homicídio, adultério,
imoralidade sexual, roubo, mentiras e calúnias. 20 São essas
coisas que os contaminam. Comer sem lavar as mãos não os
contaminará."

A mulher cananeia

21 Então Jesus deixou a Galileia, rumo ao norte, para a região
de Tiro e Sidom. 22 Uma mulher cananeia que ali morava veio a
ele, suplicando: "Senhor, Filho de Davi, tenha misericórdia de
mim! Minha filha está possuída por um demônio que a ator-
menta terrivelmente".
23 Jesus não disse uma só palavra em resposta. Então os discí-
pulos insistiram com ele: "Mande-a embora; ela não para de
gritar atrás de nós".
24 Jesus disse à mulher: "Fui enviado para ajudar apenas as
ovelhas perdidas do povo de Israel".
25 A mulher, porém, aproximou-se, ajoelhou-se diante dele e
implorou mais uma vez: "Senhor, ajude-me!".
26 Jesus respondeu: "Não é certo tirar comida das crianças e
jogá-la aos cachorros".
27 "Senhor, é verdade", disse a mulher. "No entanto, até os ca-
chorros comem as migalhas que caem da mesa de seus donos."
28 "Mulher, sua fé é grande", disse-lhe Jesus. "Seu pedido será
atendido." E, no mesmo instante, a filha dela foi curada.

Jesus cura muitas pessoas

29 Deixando aquele lugar, Jesus voltou ao mar da Galileia e
subiu a um monte, onde se sentou. 30 Uma grande multidão
veio e colocou diante dele aleijados, cegos, paralíticos, mudos
e muitos outros, e ele curou a todos. 31 As pessoas ficavam ad-
miradas e louvavam o Deus de Israel, pois os que eram mudos
agora falavam, os paralíticos estavam curados, os aleijados
andavam e os cegos podiam ver.

A segunda multiplicação dos pães

32 Então Jesus chamou seus discípulos e disse: "Tenho com-
paixão dessa gente. Estão aqui comigo há três dias e não têm
mais nada para comer. Se eu os mandar embora com fome,
podem desmaiar no caminho".
33 Os discípulos disseram: "Onde conseguiríamos comida sufi-
ciente para tamanha multidão neste lugar deserto?".
34 Jesus perguntou: "Quantos pães vocês têm?". "Sete, e al-
guns peixinhos", responderam eles.
35 Então Jesus mandou todo o povo sentar-se no chão. 36 Tomou
os sete pães e os peixes, agradeceu a Deus e os partiu em
pedaços. Em seguida, entregou-os aos discípulos, que os dis-
tribuíram à multidão.
37 Todos comeram à vontade, e os discípulos recolheram,
ainda, sete cestos grandes com as sobras. 38 Os que comeram
foram quatro mil homens, sem contar mulheres e crianças.
39 Então Jesus os mandou para casa, entrou num barco e atra-
vessou para a região de Magadã.

Os líderes exigem um sinal

16 Os fariseus e saduceus vieram pôr Jesus à prova, exigindo
que lhes mostrasse um sinal do céu.
2 Ele respondeu: "Vocês conhecem o ditado: 'Céu vermelho
ao entardecer, bom tempo amanhã; 3 céu vermelho e sombrio
logo cedo, mau tempo o dia todo'. Vocês sabem identificar as
condições do tempo no céu, mas não sabem interpretar os
sinais dos tempos! 4 Pedem um sinal porque são uma geração
perversa e adúltera, mas o único sinal que lhes darei será o
sinal do profeta Jonas". Então Jesus os deixou e se retirou.

O fermento dos fariseus e saduceus

5 Mais tarde, depois de atravessar o mar, os discípulos des-
cobriram que tinham se esquecido de levar pães. 6 Jesus os
advertiu: "Fiquem atentos! Tenham cuidado com o fermento
dos fariseus e saduceus".
7 Os discípulos começaram a discutir entre si por que não ti-

nham trazido pão. 8Ao tomar conhecimento do que falavam,
Jesus disse: "Como é pequena a sua fé! Por que vocês discutem
entre si sobre a falta de pão? 9Ainda não entenderam? Não se
lembram dos cinco pães para os cinco mil e dos cestos de so-
bras que recolheram? 10Nem dos sete pães para os quatro mil
e dos cestos grandes de sobras que recolheram? 11Como não
conseguem entender que não estou falando de pão? Repito:
tenham cuidado com o fermento dos fariseus e saduceus".
12Finalmente entenderam que ele não se referia ao fermento
do pão, mas ao ensino dos fariseus e saduceus.

Pedro declara sua fé

13Quando Jesus chegou à região de Cesareia de Filipe, per-
guntou a seus discípulos: "Quem as pessoas dizem que o Filho
do Homem é?".
14Eles responderam: "Alguns dizem que o senhor é João Ba-
tista; outros, que é Elias; e outros, ainda, que é Jeremias ou
um dos profetas".
15"E vocês?", perguntou ele. "Quem vocês dizem que eu sou?"
16Simão Pedro respondeu: "O senhor é o Cristo, o Filho do
Deus vivo!".
17Jesus disse: "Que grande privilégio você teve, Simão, filho
de João! Foi meu Pai no céu quem lhe revelou isso. Nenhum
ser humano saberia por si só. 18Agora eu lhe digo que você é
Pedro, e sobre esta pedra edificarei minha igreja, e as forças
da morte não a conquistarão. 19Eu lhe darei as chaves do reino
dos céus. O que você ligar na terra terá sido ligado no céu, e o
que você desligar na terra terá sido desligado no céu".
20Então ele advertiu a seus discípulos que não dissessem a
ninguém que ele era o Cristo.

Jesus prediz sua morte

21Daquele momento em diante, Jesus começou a falar cla-
ramente a seus discípulos que era necessário que ele fosse
a Jerusalém e sofresse muitas coisas terríveis nas mãos dos
líderes do povo, dos principais sacerdotes e dos mestres da lei.
Seria morto, mas no terceiro dia ressuscitaria.
22Pedro o chamou de lado e começou a repreendê-lo por
dizer tais coisas. "Jamais, Senhor!", disse ele. "Isso nunca
lhe acontecerá!"
23Jesus se voltou para Pedro e disse: "Afaste-se de mim, Sa-
tanás! Você é uma pedra de tropeço para mim. Considera as
coisas apenas do ponto de vista humano, e não da perspectiva
de Deus".

Ensino sobre o discipulado

24Então Jesus disse a seus discípulos: "Se alguém quer ser
meu seguidor, negue a si mesmo, tome sua cruz e siga-me.
25Se tentar se apegar à sua vida, a perderá. Mas, se abrir mão
de sua vida por minha causa, a encontrará. 26Que vantagem há
em ganhar o mundo inteiro, mas perder a vida? E o que daria
o homem em troca de sua vida? 27Pois o Filho do Homem virá
com seus anjos na glória de seu Pai e julgará cada pessoa de
acordo com suas ações. 28Eu lhes digo a verdade: alguns que
estão aqui neste momento não morrerão antes de ver o Filho
do Homem vindo em seu reino!".

A transfiguração

17 Seis dias depois, Jesus levou consigo Pedro e os dois ir-
mãos, Tiago e João, até um monte alto. 2Enquanto os
três observavam, a aparência de Jesus foi transformada de
tal modo que seu rosto brilhava como o sol e suas roupas se
tornaram brancas como a luz. 3De repente, Moisés e Elias apa-
receram e começaram a falar com Jesus.
4Pedro exclamou: "Senhor, é maravilhoso estarmos aqui! Se
quiser, farei três tendas: uma será sua, uma de Moisés e outra
de Elias".
5Enquanto ele ainda falava, uma nuvem brilhante os cobriu, e
uma voz que vinha da nuvem disse: "Este é meu Filho amado,
que me dá grande alegria. Ouçam-no!". 6Os discípulos ficaram
aterrorizados e caíram com o rosto em terra.
7Então Jesus veio e os tocou. "Levantem-se", disse ele. "Não
tenham medo." 8E, quando levantaram os olhos, viram apenas
Jesus.
9Enquanto desciam do monte, Jesus lhes ordenou: "Não
contem a ninguém o que viram, até que o Filho do Homem
ressuscite dos mortos".
10Os discípulos lhe perguntaram: "Por que os mestres da lei
afirmam que é necessário que Elias volte antes que o Cristo
venha?".
11Jesus respondeu: "De fato, Elias vem e restaurará tudo. 12Eu,
porém, lhes digo: Elias já veio, mas não o reconheceram e pre-
feriram maltratá-lo. Da mesma forma, também farão o Filho
do Homem sofrer". 13Então os discípulos entenderam que ele
estava falando de João Batista.

Jesus cura um menino possuído por demônio

14Ao pé do monte, uma grande multidão os esperava. Um
homem veio, ajoelhou-se diante de Jesus e disse: 15"Senhor,
tenha misericórdia de meu filho. Ele tem convulsões e sofre
terrivelmente. Muitas vezes, cai no fogo ou na água. 16Eu o
trouxe a seus discípulos, mas eles não puderam curá-lo".
17Jesus disse: "Geração incrédula e corrompida! Até quando
estarei com vocês? Até quando terei de suportá-los? Tragam o
menino para cá". 18Então Jesus repreendeu o demônio, e ele
saiu do menino, que ficou curado a partir daquele momento.
19Mais tarde, os discípulos perguntaram a Jesus em particular:
"Por que não conseguimos expulsar aquele demônio?".
20"Porque a sua fé é muito pequena", respondeu Jesus. "Eu
lhes digo a verdade: se tivessem fé, ainda que do tamanho
de uma semente de mostarda, poderiam dizer a este monte:
'Mova-se daqui para lá', e ele se moveria. Nada seria impos-
sível para vocês, 21mas essa espécie não sai senão com oração
e jejum."

Jesus prediz sua morte pela segunda vez

22Quando voltaram a se reunir na Galileia, Jesus lhes disse: "O
Filho do Homem será traído e entregue em mãos humanas.

23Será morto, mas no terceiro dia ressuscitará". E os discípulos
se encheram de tristeza.

O pagamento do imposto do templo

24Quando Jesus e seus discípulos chegaram a Cafarnaum,
os cobradores do imposto do templo abordaram Pedro e lhe
perguntaram: "Seu mestre não paga o imposto do templo?".
25"Sim, paga", respondeu Pedro. Em seguida, entrou em casa.
Antes que ele tivesse oportunidade de falar, Jesus lhe per-
guntou: "O que você acha, Simão? O que os reis costumam
fazer: cobram impostos de seu povo ou dos povos conquis-
tados?".
26"Cobram dos povos conquistados", respondeu Pedro. "Pois
bem", disse Jesus. "Os cidadãos estão isentos. 27Mas, como
não queremos que se ofendam, desça até o mar e jogue o
anzol. Abra a boca do primeiro peixe que pegar e ali encontrará
uma moeda de prata. Pegue-a e use-a para pagar os impostos
por nós dois."

O maior no reino

18 Nessa ocasião, os discípulos vieram a Jesus e pergun-
taram: "Afinal, quem é o maior no reino dos céus?".
2Então Jesus chamou uma criança pequena e a colocou no
meio deles. 3Em seguida, disse: "Eu lhes digo a verdade: a
menos que vocês se convertam e se tornem como crianças,
jamais entrarão no reino dos céus. 4Quem se torna humilde
como esta criança é o maior no reino dos céus, 5e quem recebe
uma criança como esta em meu nome recebe a mim."

Advertência para não causar pecado

6"Mas, se alguém fizer cair em pecado um destes pequeninos
que em mim confiam, teria sido melhor ter amarrado uma
grande pedra de moinho ao pescoço e se afogado nas pro-
fundezas do mar.
7"Quanto sofrimento haverá no mundo por causa das tenta-
ções para o pecado! Ainda que elas sejam inevitáveis, aquele
que as provoca terá sofrimento ainda maior. 8Portanto, se sua
mão ou seu pé o faz pecar, corte-o e jogue-o fora. É melhor
entrar na vida eterna com apenas uma das mãos ou apenas
um dos pés que ser lançado no fogo eterno com as duas mãos
e os dois pés. 9E, se seu olho o faz pecar, arranque-o e jogue-o
fora. É melhor entrar na vida eterna com apenas um dos olhos
que ser lançado no inferno de fogo com os dois olhos.
10"Tomem cuidado para não desprezar nenhum destes pe-
queninos. Pois eu lhes digo que, no céu, os anjos deles estão
sempre na presença de meu Pai celestial. 11E o Filho do Homem
veio para salvar os que estão perdidos."

A parábola da ovelha perdida

12"Se um homem tiver cem ovelhas e uma delas se perder, o
que vocês acham que ele fará? Não deixará as outras noventa
e nove nos montes e sairá à procura da perdida? 13E, se a
encontrar, eu lhes digo a verdade: ele se alegrará por causa
dela mais que pelas noventa e nove que não se perderam.
14Da mesma forma, não é da vontade de meu Pai, no céu, que
nenhum destes pequeninos se perca."

Como corrigir um irmão

15"Se um irmão pecar contra você, fale com ele em particular
e chame-lhe a atenção para o erro. Se ele o ouvir, você terá
recuperado seu irmão. 16Mas, se ele não o ouvir, leve consigo
um ou dois outros e fale com ele novamente, para que tudo
que você disser seja confirmado por duas ou três testemunhas.
17Se ainda assim ele se recusar a ouvir, apresente o caso à
igreja. Então, se ele não aceitar nem mesmo a decisão da
igreja, trate-o como gentio ou como cobrador de impostos.
18"Eu lhes digo a verdade: o que vocês ligarem na terra terá
sido ligado no céu, e o que desligarem na terra terá sido des-
ligado no céu.
19"Também lhes digo que, se dois de vocês concordarem aqui
na terra a respeito de qualquer coisa que pedirem, meu Pai,
no céu, os atenderá. 20Pois, onde dois ou três se reúnem em
meu nome, eu estou no meio deles".

A parábola sobre a importância do perdão

21Então Pedro se aproximou de Jesus e perguntou: "Senhor,
quantas vezes devo perdoar alguém que peca contra mim?
Sete vezes?".
22Jesus respondeu: "Não sete vezes, mas setenta vezes sete.
23"Portanto, o reino dos céus pode ser comparado a um se-
nhor que decidiu pôr em dia as contas com os servos que lhe
deviam. 24No decorrer do processo, trouxeram diante dele um
servo que lhe devia sessenta milhões de moedas. 25Uma vez
que o homem não tinha como pagar, o senhor ordenou que
ele, sua esposa, seus filhos e todos os seus bens fossem ven-
didos para quitar a dívida.
26"O homem se curvou diante do senhor e suplicou: 'Por favor,
tenha paciência comigo, e eu pagarei tudo'. 27O senhor teve
compaixão dele, soltou-o e perdoou-lhe a dívida.
28"No entanto, quando o servo saiu da presença do senhor, foi
procurar outro servo que trabalhava com ele e que lhe devia
cem moedas de prata. Agarrou-o pelo pescoço e exigiu que ele
pagasse de imediato.
29"O servo se curvou diante dele e suplicou: 'Tenha paciência
comigo, e eu pagarei tudo'. 30O credor, porém, não estava
disposto a esperar. Mandou que o homem fosse lançado na
prisão até que tivesse pago toda a dívida.
31"Quando outros servos, companheiros dele, viram isso, fi-
caram muito tristes. Foram ao senhor e lhe contaram tudo
que havia acontecido. 32Então o senhor chamou o homem cuja
dívida ele havia perdoado e disse: 'Servo mau! Eu perdoei sua
imensa dívida porque você me implorou. 33Acaso não devia ter
misericórdia de seu companheiro, como tive misericórdia de
você?'. 34E, irado, o senhor mandou o homem à prisão para
ser torturado até que lhe pagasse toda a dívida.
35"Assim também meu Pai celestial fará com vocês caso se
recusem a perdoar de coração a seus irmãos".

Discussão sobre divórcio e casamento

19 Quando Jesus terminou de dizer essas coisas, deixou
a Galileia e foi para a região da Judeia, a leste do rio
Jordão. 2Grandes multidões o seguiram, e ele curou os en-
fermos.
3Alguns fariseus apareceram e tentaram apanhar Jesus numa
armadilha, perguntando: "Deve-se permitir que um homem se
divorcie de sua mulher por qualquer motivo?".
4"Vocês não leram as Escrituras?", respondeu Jesus. "Elas
registram que, desde o princípio, o Criador 'os fez homem e
mulher' 5e disse: 'Por isso o homem deixa pai e mãe e se une
à sua mulher, e os dois se tornam um só'. 6Uma vez que já não
são dois, mas um só, que ninguém separe o que Deus uniu."
7Eles perguntaram: "Então por que Moisés disse na lei que
o homem poderia dar à esposa um certificado de divórcio e
mandá-la embora?".
8Jesus respondeu: "Moisés permitiu o divórcio apenas como
concessão, pois o coração de vocês é duro, mas não era esse
o propósito original. 9E eu lhes digo o seguinte: quem se divor-
ciar de sua esposa, o que só poderá fazer em caso de imorali-
dade, e se casar com outra, cometerá adultério".
10Os discípulos de Jesus disseram: "Se essa é a condição do
homem em relação à sua mulher, é melhor não casar!".
11"Nem todos têm como aceitar esse ensino", disse Jesus.
"Só aqueles que recebem a ajuda de Deus. 12Alguns nascem
eunucos, alguns foram feitos eunucos por outros e alguns a si
mesmos se fazem eunucos por causa do reino dos céus. Quem
puder, que aceite isso."

Jesus abençoa as crianças

13Certo dia, trouxeram crianças para que Jesus pusesse as
mãos sobre elas e orasse em seu favor, mas os discípulos re-
preendiam aqueles que as traziam.
14Jesus, porém, disse: "Deixem que as crianças venham a mim.
Não as impeçam, pois o reino dos céus pertence aos que são
como elas". 15Então, antes de ir embora, pôs as mãos sobre a
cabeça delas e as abençoou.

O homem rico

16Um homem veio a Jesus com a seguinte pergunta: "Mestre,
que boas ações devo fazer para obter a vida eterna?".
17"Por que você me pergunta sobre o que é bom?", perguntou
Jesus. "Há somente um que é bom. Se você deseja entrar na
vida eterna, guarde os mandamentos."
18"Quais?", perguntou o homem. Jesus respondeu: "Não
mate. Não cometa adultério. Não roube. Não dê falso teste-
munho. 19Honre seu pai e sua mãe. Ame o seu próximo como
a si mesmo".
20"Tenho obedecido a todos esses mandamentos", disse o
homem. "O que mais devo fazer?"
21Jesus respondeu: "Se você quer ser perfeito, vá, venda todos
os seus bens e dê o dinheiro aos pobres. Então você terá um
tesouro no céu. Depois, venha e siga-me".
22Quando o rapaz ouviu isso, foi embora triste, porque tinha
muitos bens.

As recompensas do discipulado

23Então Jesus disse a seus discípulos: "Eu lhes digo a verdade:
é muito difícil um rico entrar no reino dos céus. 24Digo também:
é mais fácil um camelo passar pelo buraco de uma agulha que
um rico entrar no reino de Deus".
25Ao ouvir isso, os discípulos ficaram perplexos e perguntaram:
"Então quem pode ser salvo?".
26Jesus olhou atentamente para eles e respondeu: "Para as
pessoas isso é impossível, mas tudo é possível para Deus".
27Então Pedro disse: "Deixamos tudo para segui-lo. Qual será
nossa recompensa?".
28Jesus respondeu: "Eu lhes garanto que, quando o mundo for
renovado e o Filho do Homem se sentar em seu trono glorioso,
vocês, que foram meus seguidores, também se sentarão em
doze tronos para julgar as doze tribos de Israel. 29E todos que
tiverem deixado casa, irmãos, irmãs, pai, mãe, filhos ou pro-
priedades por minha causa receberão em troca cem vezes mais
e herdarão a vida eterna. 30Contudo, muitos primeiros serão os
últimos, e muitos últimos serão os primeiros."

A parábola dos trabalhadores do vinhedo

20 "Pois o reino dos céus é como o dono de uma proprie-
dade que saiu de manhã cedo a fim de contratar traba-
lhadores para seu vinhedo. 2Combinou de pagar uma moeda
de prata por um dia de serviço e os mandou trabalhar.
3"Às nove da manhã, estava passando pela praça e viu por ali
alguns desocupados. 4Contratou-os e disse-lhes que, no final
do dia, pagaria o que fosse justo. 5E eles foram trabalhar no
vinhedo. Ao meio-dia e às três da tarde, fez a mesma coisa.
6"Às cinco da tarde, estava outra vez na cidade e viu por ali
mais algumas pessoas. 'Por que vocês não trabalharam hoje?',
perguntou ele.
7"'Porque ninguém nos contratou', responderam. "Então o
proprietário disse: 'Vão e trabalhem com os outros no meu
vinhedo'.
8"Ao entardecer, mandou o capataz chamar os trabalhadores
e pagá-los, começando pelos que haviam sido contratados por
último. 9Os que foram contratados às cinco da tarde vieram
e receberam uma moeda de prata. 10Quando chegaram os
que foram contratados primeiro, imaginaram que receberiam
mais. Contudo, também receberam uma moeda de prata.
11Ao receber o pagamento, queixaram-se ao proprietário:
12'Aqueles trabalharam apenas uma hora e, no entanto, o se-
nhor lhes pagou a mesma quantia que a nós, que trabalhamos
o dia todo no calor intenso'.
13"O proprietário respondeu a um deles: 'Amigo, não fui in-
justo. Você não concordou em trabalhar o dia inteiro por uma
moeda de prata? 14Pegue seu dinheiro e vá. Eu quis pagar ao
último trabalhador o mesmo que paguei a você. 15É contra a
lei eu fazer o que quero com o meu dinheiro? Ou você está com
inveja porque fui bondoso com os outros?'.

16“Assim, os últimos serão os primeiros, e os primeiros serão
os últimos”.

Jesus prediz sua morte e ressurreição

17Enquanto subia para Jerusalém, Jesus chamou os doze dis-
cípulos e lhes disse, em particular, o que aconteceria com ele:
18“Ouçam, estamos subindo para Jerusalém, onde o Filho do
Homem será traído e entregue aos principais sacerdotes e aos
mestres da lei. Eles o condenarão à morte 19e o entregarão aos
gentios, para que zombem dele, o açoitem e o crucifiquem. No
terceiro dia, porém, ele ressuscitará”.

Jesus ensina sobre servir a outros

20Então a mãe dos filhos de Zebedeu veio a Jesus com seus
filhos. Ela se ajoelhou diante dele a fim de lhe pedir um favor.
21“O que você quer?”, perguntou ele. Ela respondeu: “Por
favor, permita que, no seu reino, meus dois filhos se sentem
em lugares de honra ao seu lado, um à sua direita e outro à
sua esquerda”.
22Jesus respondeu: “Vocês não sabem o que estão pedindo!
São capazes de beber do cálice que estou prestes a beber?”.
“Somos!”, disseram eles.
23Então Jesus disse: “De fato, vocês beberão do meu cálice.
Não cabe a mim, no entanto, dizer quem se sentará à minha
direita ou à minha esquerda. Meu Pai preparou esses lugares
para aqueles que ele escolheu”.
24Quando os outros dez discípulos souberam o que os dois
irmãos haviam pedido, ficaram indignados. 25Então Jesus os
reuniu e disse: “Vocês sabem que os governantes deste mundo
têm poder sobre o povo, e que os oficiais exercem sua autori-
dade sobre os súditos. 26Entre vocês, porém, será diferente.
Quem quiser ser o líder entre vocês, que seja servo, 27e quem
quiser ser o primeiro entre vocês, que se torne escravo. 28Pois
nem mesmo o Filho do Homem veio para ser servido, mas para
servir e dar sua vida em resgate por muitos”.

Jesus cura dois cegos

29Quando Jesus e seus discípulos saíam de Jericó, uma grande
multidão os seguiu. 30Dois cegos estavam sentados à beira
do caminho e, quando souberam que Jesus vinha naquela
direção, começaram a gritar: “Senhor, Filho de Davi, tenha
misericórdia de nós!”.
31“Calem-se!”, diziam aos brados os que estavam na multidão.
Eles, porém, gritavam ainda mais alto: “Senhor, Filho de Davi,
tenha misericórdia de nós!”.
32Ao ouvi-los, Jesus parou e perguntou: “O que vocês querem
que eu lhes faça?”.
33Eles responderam: “Senhor, nós queremos enxergar!”.
34Jesus teve compaixão deles e tocou-lhes nos olhos. No
mesmo instante, passaram a enxergar e o seguiram.

A entrada de Jesus em Jerusalém

21 Quando já se aproximavam de Jerusalém, Jesus e seus
discípulos chegaram a Betfagé, no monte das Oliveiras.
Jesus enviou na frente dois discípulos. 2“Vão àquele povoado
adiante”, disse ele. “Assim que entrarem, verão uma jumenta
amarrada, com seu jumentinho ao lado. Desamarrem os ani-
mais e tragam-nos para mim. 3Se alguém lhes perguntar o que
estão fazendo, digam apenas: ‘O Senhor precisa deles’, e de
imediato a pessoa deixará que vocês os levem.”
4Isso aconteceu para cumprir o que foi dito por meio do pro-
feta:
5“Digam ao povo de Sião: ‘Vejam, seu Rei se aproxima. Ele é
humilde e vem montado num jumento, num jumentinho, cria
de jumenta’”.
6Os dois discípulos fizeram como Jesus havia ordenado. 7Trou-
xeram a jumenta e o jumentinho e puseram seus mantos sobre
o jumentinho, e Jesus montou nele.
8Grande parte da multidão estendeu seus mantos ao longo do
caminho diante de Jesus, e outros cortaram ramos das árvores
e os espalharam pelo chão. 9E as pessoas, tanto as que iam
à frente como as que o seguiam, gritavam: “Hosana, Filho de
Davi! Bendito é o que vem em nome do Senhor! Hosana no
mais alto céu!”.
10Quando Jesus entrou em Jerusalém, toda a cidade estava em
grande alvoroço. “Quem é este?”, perguntavam.
11A multidão respondia: “É Jesus, o profeta de Nazaré, da Ga-
lileia”.

Jesus purifica o templo

12Então Jesus entrou no templo e começou a expulsar todos
que ali estavam comprando e vendendo animais para os sacri-
fícios. Derrubou as mesas dos cambistas e as cadeiras dos que
vendiam pombas, 13dizendo: “As Escrituras declaram: ‘Meu
templo será chamado casa de oração’, mas vocês o transfor-
maram num esconderijo de ladrões!”.
14Os cegos e os coxos vieram a Jesus no templo, e ele os curou.
15Quando os principais sacerdotes e mestres da lei viram esses
milagres maravilhosos e ouviram até as crianças no templo
gritar “Hosana, Filho de Davi”, ficaram indignados. 16“Está ou-
vindo o que as crianças estão dizendo?”, perguntaram a Jesus.
“Sim”, respondeu ele. “Vocês nunca leram as Escrituras? Elas
dizem: ‘Ensinaste crianças e bebês a te dar louvor’.” 17Então
ele voltou a Betânia, onde passou a noite.

Jesus amaldiçoa a figueira

18De manhã, enquanto voltava para Jerusalém, Jesus teve
fome. 19Encontrando uma figueira à beira do caminho, foi
ver se havia figos, mas só encontrou folhas. Então, disse à
figueira: “Nunca mais dê frutos!”. E, no mesmo instante, a
figueira secou.
20Quando os discípulos viram isso, ficaram admirados e per-
guntaram: “Como a figueira secou tão depressa?”.
21Jesus respondeu: “Eu lhes digo a verdade: se vocês tiverem
fé e não duvidarem, poderão fazer o mesmo que fiz com esta
figueira, e muito mais. Poderão até dizer a este monte: ‘Le-
vante-se e atire-se no mar’, e isso acontecerá. 22Se crerem,
receberão qualquer coisa que pedirem em oração”.

A autoridade de Jesus é questionada

23Quando Jesus voltou ao templo e começou a ensinar, os
principais sacerdotes e líderes do povo vieram até ele e per-
guntaram: "Com que autoridade você faz essas coisas? Quem
lhe deu esse direito?".
24Jesus respondeu: "Eu lhes direi com que autoridade faço
essas coisas se vocês responderem a uma pergunta: 25A au-
toridade de João para batizar vinha do céu ou era apenas hu-
mana?". Eles discutiram a questão entre si: "Se dissermos
que vinha do céu, ele perguntará por que não cremos em
João. 26Mas, se dissermos que era apenas humana, seremos
atacados pela multidão, pois todos pensam que João era
profeta". 27Por fim, responderam a Jesus: "Não sabemos".
E Jesus replicou: "Então eu também não direi com que autori-
dade faço essas coisas."

A parábola dos dois filhos

28"O que acham disto? Um homem que tinha dois filhos disse
ao mais velho: 'Filho, vá trabalhar no vinhedo hoje'. 29O filho
respondeu: 'Não vou', mas depois mudou de ideia e foi.
30Então o pai disse ao outro filho: 'Vá você', e ele respondeu:
'Sim senhor, eu vou', mas não foi.
31"Qual dos dois obedeceu ao pai?" Eles responderam: "O
primeiro". Então Jesus explicou: "Eu lhes digo a verdade:
cobradores de impostos e prostitutas entrarão no reino de
Deus antes de vocês. 32Pois João veio e mostrou o caminho da
justiça, mas vocês não creram nele, enquanto cobradores de
impostos e prostitutas creram. E, mesmo depois de verem isso,
vocês se recusaram a mudar de ideia e crer nele."

A parábola dos lavradores maus

33"Agora, ouçam outra parábola. O dono de uma propriedade
plantou um vinhedo. Construiu uma cerca ao redor, um tanque
de prensar e uma torre para o guarda. Depois, arrendou o
vinhedo a alguns lavradores e partiu para um lugar distante.
34No tempo da colheita da uva, enviou seus servos a fim de
receber sua parte da colheita. 35Os lavradores agarraram os
servos, espancaram um deles, mataram outro e apedrejaram
o terceiro. 36Então o dono da propriedade enviou um grupo
maior de servos para receber a parte dele, mas o resultado
foi o mesmo.
37"Por fim, o dono enviou seu filho, pois pensou: 'Certamente
respeitarão meu filho'.
38"No entanto, quando os lavradores viram o filho, disseram
uns aos outros: 'Aí vem o herdeiro da propriedade. Vamos
matá-lo e tomar posse desta terra!'. 39Então o agarraram, o
arrastaram para fora do vinhedo e o mataram.
40"Quando o dono da terra voltar, o que vocês acham que ele
fará com aqueles lavradores?", perguntou Jesus.
41Os líderes religiosos responderam: "Ele os matará cruel-
mente e arrendará o vinhedo para outros, que lhe darão sua
parte depois de cada colheita".
42Então Jesus disse: "Vocês nunca leram nas Escrituras: 'A
pedra que os construtores rejeitaram se tornou a pedra an-
gular. Isso é obra do Senhor e é maravilhosa de ver'?
43Eu lhes digo que o reino de Deus lhes será tirado e entregue
a um povo que produzirá os devidos frutos. 44Quem tropeçar
nesta pedra será despedaçado, e aquele sobre quem ela cair
será reduzido a pó".
45Quando os principais sacerdotes e fariseus ouviram essa pa-
rábola, perceberam que eles eram os lavradores maus a que
Jesus se referia. 46Queriam prendê-lo, mas tinham medo das
multidões, pois elas o consideravam um profeta.

A parábola do banquete de casamento

22 Jesus lhes contou outras parábolas. Disse ele: 2"O reino
dos céus pode ser ilustrado com a história de um rei que
preparou um grande banquete de casamento para seu filho.
3Quando o banquete estava pronto, o rei enviou seus servos
para avisar os convidados, mas todos se recusaram a vir.
4"Então ele enviou outros servos para lhes dizer: 'Já preparei
o banquete; os bois e novilhos gordos foram abatidos, e tudo
está pronto. Venham para a festa!'. 5Mas os convidados não
lhes deram atenção e foram embora: um para sua fazenda,
outro para seus negócios. 6Outros, ainda, agarraram os men-
sageiros, os insultaram e os mataram.
7"O rei ficou furioso e enviou seu exército para destruir os
assassinos e queimar a cidade deles. 8Disse a seus servos:
'O banquete de casamento está pronto, e meus convidados
não são dignos dessa honra. 9Agora, saiam pelas esquinas
e convidem todos que vocês encontrarem'. 10Então os servos
trouxeram todos que encontraram, tanto bons como maus, e
o salão do banquete se encheu de convidados.
11"Quando o rei entrou para recebê-los, notou um homem que
não estava vestido de forma apropriada para um casamento
12e perguntou-lhe: 'Amigo, como é que você se apresenta
sem a roupa de casamento?'. O homem não teve o que res-
ponder. 13Então o rei disse: 'Amarrem-lhe as mãos e os pés
e lancem-no para fora, na escuridão, onde haverá choro e
ranger de dentes'.
14"Pois muitos são chamados, mas poucos são escolhidos".

Impostos para César

15Então os fariseus se reuniram para tramar um modo de levar
Jesus a dizer algo que desse motivo para o prenderem. 16En-
viaram alguns de seus discípulos, junto com os partidários de
Herodes, para se encontrarem com ele. Disseram: "Mestre,
sabemos como o senhor é honesto e ensina o caminho de Deus
de acordo com a verdade. É imparcial e não demonstra favori-
tismo. 17Agora, diga-nos o que o senhor pensa a respeito disto:
É certo pagar impostos a César ou não?".
18Jesus, porém, sabia de sua má intenção e disse: "Hipó-
critas! Por que vocês tentam me apanhar numa armadilha?
19Mostrem-me a moeda usada para pagar o imposto". Quando
lhe deram uma moeda de prata, 20ele disse: "De quem são a
imagem e o título nela gravados?".

21“De César”, responderam. “Então deem a César o que per-
tence a César, e deem a Deus o que pertence a Deus”, disse
ele.
22Sua resposta os deixou admirados, e eles foram embora.

Discussão sobre a ressurreição dos mortos

23No mesmo dia, vieram a Jesus alguns saduceus, líderes re-
ligiosos que afirmam não haver ressurreição dos mortos, 24e
perguntaram: “Mestre, Moisés disse: ‘Se um homem morrer
sem deixar filhos, o irmão dele deve se casar com a viúva e ter
um filho, que dará continuidade ao nome do irmão’. 25Numa
família havia sete irmãos. O mais velho se casou e morreu sem
deixar filhos, de modo que seu irmão se casou com a viúva. 26O
segundo irmão também morreu, e o terceiro irmão se casou
com ela. E assim por diante, até o sétimo irmão. 27Por fim, a
mulher também morreu. 28Diga-nos, de quem ela será esposa
na ressurreição? Afinal, os sete se casaram com ela”.
29Jesus respondeu: “O erro de vocês está em não conhecerem
as Escrituras nem o poder de Deus, 30pois, quando os mortos
ressuscitarem, não se casarão nem se darão em casamento.
Nesse sentido, serão como os anjos do céu.
31“Agora, quanto a haver ressurreição dos mortos, vocês não
leram a esse respeito nas Escrituras? Deus disse: 32‘Eu sou o
Deus de Abraão, o Deus de Isaque e o Deus de Jacó’. Portanto,
ele é o Deus dos vivos, e não dos mortos”.
33Quando as multidões o ouviram, ficaram admiradas com seu
ensino.

O mandamento mais importante

34Sabendo os fariseus que Jesus tinha calado os saduceus com
essa resposta, reuniram-se novamente para interrogá-lo. 35Um
deles, especialista na lei, tentou apanhá-lo numa armadilha
com a seguinte pergunta: 36“Mestre, qual é o mandamento
mais importante da lei de Moisés?”.
37Jesus respondeu: “‘Ame o Senhor, seu Deus, de todo o seu
coração, de toda a sua alma e de toda a sua mente’. 38Este é
o primeiro e o maior mandamento. 39O segundo é igualmente
importante: ‘Ame o seu próximo como a si mesmo’. 40Toda a
lei e todas as exigências dos profetas se baseiam nesses dois
mandamentos”.

De quem o Cristo é filho?

41Então, rodeado pelos fariseus, Jesus lhes fez a seguinte
pergunta: 42“O que vocês pensam do Cristo? De quem ele é
filho?”. Eles responderam: “É filho de Davi”.
43Jesus perguntou: “Então por que Davi, falando por meio do
Espírito, chama o Cristo de ‘meu Senhor’? Pois Davi disse:
44‘O Senhor disse ao meu Senhor: Sente-se no lugar de honra
à minha direita até que eu humilhe seus inimigos debaixo de
seus pés’.
45Portanto, se Davi chamou o Cristo de ‘meu Senhor’, como ele
pode ser filho de Davi?”.
46Ninguém conseguiu responder e, depois disso, não se atre-
veram a lhe fazer mais perguntas.

Jesus critica os líderes religiosos

23 Então Jesus disse às multidões e a seus discípulos: 2“Os
mestres da lei e os fariseus ocuparam o lugar de intér-
pretes oficiais da lei de Moisés. 3Portanto, pratiquem tudo que
eles dizem e obedeçam-lhes, mas não sigam seu exemplo,
pois eles não fazem o que ensinam. 4Oprimem as pessoas com
exigências insuportáveis e não movem um dedo sequer para
aliviar seus fardos.
5“Tudo que fazem é para se exibir. Usam nos braços filacté-
rios mais largos que de costume e vestem mantos com franjas
mais longas. 6Gostam de sentar-se à cabeceira da mesa nos
banquetes e de ocupar os lugares de honra nas sinagogas.
7Gostam de receber saudações respeitosas enquanto andam
pelas praças e de ser chamados de ‘Rabi’.
8“Não deixem que pessoa alguma os chame de ‘Rabi’, pois
vocês têm somente um mestre, e todos vocês são irmãos. 9Não
se dirijam a pessoa alguma aqui na terra como ‘Pai’, pois so-
mente Deus no céu é seu Pai. 10Não deixem que pessoa alguma
os chame de ‘Mestre’, pois vocês têm somente um mestre,
o Cristo. 11O mais importante entre vocês deve ser servo dos
outros, 12pois os que se exaltam serão humilhados, e os que
se humilham serão exaltados.
13“Que aflição os espera, mestres da lei e fariseus! Hipócritas!
Fecham a porta do reino dos céus na cara das pessoas. Vocês
mesmos não entram e não permitem que os outros entrem.
14“Que aflição os espera, mestres da lei e fariseus! Hipócritas!
Tomam posse dos bens das viúvas de maneira desonesta e, de-
pois, para dar a impressão de piedade, fazem longas orações
em público. Por causa disso, serão duramente castigados.
15“Que aflição os espera, mestres da lei e fariseus! Hipócritas!
Atravessam terra e mar para converter alguém e depois o
tornam um filho do inferno, duas vezes pior que vocês.
16“Que aflição os espera, guias cegos! Vocês dizem não haver
importância se alguém jura ‘pelo templo de Deus’, mas se jurar
‘pelo ouro do templo’ será obrigado a cumprir o juramento.
17Tolos cegos! O que é mais importante: o ouro ou o templo,
que torna o ouro sagrado? 18Dizem também não haver impor-
tância se alguém jura ‘pelo altar’, mas se jurar ‘pelas ofertas
sobre o altar’ será obrigado a cumprir o juramento. 19Cegos!
O que é mais importante: a oferta sobre o altar ou o altar, que
torna a oferta sagrada? 20Quando juram ‘pelo altar’, juram
por ele e por tudo que está sobre ele. 21Quando juram ‘pelo
templo’, juram por ele e por Deus, que nele habita. 22Quando
juram ‘pelo céu’, juram pelo trono de Deus e por Deus, que se
senta no trono.
23“Que aflição os espera, mestres da lei e fariseus! Hipócritas!
Têm o cuidado de dar o dízimo da hortelã, do endro e do co-
minho, mas negligenciam os aspectos mais importantes da
lei: justiça, misericórdia e fé. Sim, vocês deviam fazer essas
coisas, mas sem descuidar das mais importantes. 24Guias
cegos! Coam a água para não engolir um mosquito, mas en-
golem um camelo!
25“Que aflição os espera, mestres da lei e fariseus! Hipócritas!
Têm o cuidado de limpar a parte exterior do copo e do prato,

enquanto o interior está imundo, cheio de ganância e falta de
domínio próprio. 26Fariseus cegos! Lavem primeiro o interior
do copo e do prato, e o exterior também ficará limpo.
27"Que aflição os espera, mestres da lei e fariseus! Hipócritas!
São como túmulos pintados de branco: bonitos por fora, mas
cheios de ossos e de toda espécie de impureza por dentro.
28Por fora parecem justos, mas por dentro seu coração está
cheio de hipocrisia e maldade.
29"Que aflição os espera, mestres da lei e fariseus! Hipócritas!
Constroem túmulos para os profetas, enfeitam os monumentos
dos justos 30e depois dizem: 'Se tivéssemos vivido no tempo de
nossos antepassados, não teríamos participado com eles do
derramamento de sangue dos profetas'.
31"Ao dizer isso, porém, testemunham contra si mesmos que
são, de fato, descendentes dos que assassinaram os profetas.
32Vão e terminem o que seus antepassados começaram. 33Ser-
pentes! Raça de víboras! Como escaparão do julgamento do
inferno?
34"Por isso eu lhes envio profetas, homens sábios e mestres da
lei. Vocês crucificarão alguns e açoitarão outros nas sinagogas,
perseguindo-os de cidade em cidade. 35Como resultado, serão
responsabilizados pelo assassinato de todos os justos de todos
os tempos, desde o assassinato do justo Abel até o de Zacarias,
filho de Baraquias, que vocês mataram no templo, entre o
santuário e o altar. 36Eu lhes digo a verdade: esse julgamento
cairá sobre a presente geração."

O lamento de Jesus sobre Jerusalém

37"Jerusalém, Jerusalém, cidade que mata profetas e apedreja
os mensageiros de Deus! Quantas vezes eu quis juntar seus
filhos como a galinha protege os pintinhos sob as asas, mas
você não deixou. 38E, agora, sua casa foi abandonada e está
deserta. 39Pois eu lhe digo: você nunca mais me verá, até que
diga: 'Bendito é o que vem em nome do Senhor!'".

Jesus fala de acontecimentos futuros

24 Quando Jesus saía da área do templo, seus discípulos
lhe chamaram a atenção para as diversas construções
do edifício. 2Ele, porém, disse: "Estão vendo todas estas cons-
truções? Eu lhes digo a verdade: elas serão completamente
demolidas. Não restará pedra sobre pedra!".
3Mais tarde, Jesus sentou-se no monte das Oliveiras. Seus dis-
cípulos vieram até ele em particular e perguntaram: "Diga-nos,
quando isso tudo vai acontecer? Que sinal indicará sua volta e
o fim dos tempos?".
4Jesus respondeu: "Não deixem que ninguém os engane, 5pois
muitos virão em meu nome, dizendo: 'Eu sou o Cristo', e enga-
narão muitos. 6Vocês ouvirão falar de guerras e ameaças de
guerras, mas não entrem em pânico. Sim, é necessário que
essas coisas ocorram, mas ainda não será o fim. 7Uma nação
guerreará contra a outra, e um reino contra o outro. Haverá
fome e terremotos em várias partes do mundo. 8Tudo isso,
porém, será apenas o começo das dores de parto.
9"Então vocês serão presos, perseguidos e mortos. Por minha
causa, serão odiados em todo o mundo. 10Muitos se afastarão
de mim, e trairão e odiarão uns aos outros. 11Falsos profetas
surgirão em grande número e enganarão muitos. 12O pecado
aumentará e o amor de muitos esfriará, 13mas quem se man-
tiver firme até o fim será salvo. 14As boas-novas a respeito do
reino serão anunciadas em todo o mundo, para que todas as
nações as ouçam; então, virá o fim.
15"Chegará o dia em que vocês verão aquilo de que o profeta
Daniel falou, a 'terrível profanação' que será colocada no lugar
santo. (Leitor, preste atenção!) 16Quem estiver na Judeia, fuja
para os montes. 17Quem estiver no terraço no alto da casa, não
desça para pegar suas coisas. 18Quem estiver no campo, não
volte nem para pegar o manto. 19Que terríveis serão aqueles
dias para as grávidas e para as mães que estiverem amamen-
tando! 20Orem para que a fuga de vocês não seja no inverno
nem no sábado, 21pois haverá mais angústia que em qualquer
outra ocasião desde o começo do mundo, e nunca mais haverá
angústia tão grande. 22De fato, se o tempo de calamidade não
tivesse sido limitado, ninguém sobreviveria, mas esse tempo
foi limitado por causa dos escolhidos.
23"Portanto, se alguém lhes disser: 'Vejam, aqui está o Cristo!'
ou 'Ali está ele!', não acreditem, 24pois falsos cristos e falsos
profetas surgirão e realizarão grandes sinais e maravilhas a fim
de enganar, se possível, até os escolhidos. 25Vejam que eu os
avisei disso de antemão.
26"Portanto, se alguém lhes disser: 'Ele está no deserto!', nem
se deem ao trabalho de sair para procurá-lo. E se disserem:
'Está escondido aqui!', não acreditem. 27Porque, assim como
o relâmpago lampeja no leste e brilha no oeste, assim será
a vinda do Filho do Homem. 28Onde estiver o cadáver, ali se
ajuntarão os abutres.
29"Imediatamente depois da angústia daqueles dias, 'o sol
escurecerá, a lua não dará luz, as estrelas cairão do céu e os
poderes dos céus serão abalados'.
30Então, por fim, aparecerá no céu o sinal da vinda do Filho
do Homem, e haverá grande lamentação entre todos os povos
da terra. Eles verão o Filho do Homem vindo nas nuvens do
céu com poder e grande glória. 31Ele enviará seus anjos com
um forte sopro de trombeta, e eles reunirão os escolhidos de
todas as partes do mundo, de uma extremidade à outra do céu.
32"Agora, aprendam a lição da figueira. Quando os ramos
surgem e as folhas começam a brotar, vocês sabem que o
verão está próximo. 33Da mesma forma, quando virem todas
essas coisas, saberão que o tempo está muito próximo, à
porta. 34Eu lhes digo a verdade: esta geração certamente não
passará até que todas essas coisas tenham acontecido. 35O
céu e a terra desaparecerão, mas as minhas palavras jamais
desaparecerão.
36"Contudo, ninguém sabe o dia nem a hora em que essas
coisas acontecerão, nem mesmo os anjos no céu, nem o Filho.
Somente o Pai sabe.
37"Quando o Filho do Homem voltar, será como no tempo de
Noé. 38Nos dias antes do dilúvio, o povo seguia sua rotina de
banquetes, festas e casamentos, até o dia em que Noé entrou
na arca. 39Não perceberam o que estava para acontecer até

que veio o dilúvio e levou todos. Assim será na vinda do Filho
do Homem.
40"Dois homens estarão trabalhando juntos no campo; um será
levado, e o outro, deixado. 41Duas mulheres estarão moendo
cereal no moinho; uma será levada, e a outra, deixada.
42"Portanto, vigiem, pois não sabem em que ocasião o seu Se-
nhor virá. 43Entendam isto: se o dono da casa soubesse exata-
mente a que horas viria o ladrão, ficaria atento e não permitiria
que a casa fosse arrombada. 44Estejam também sempre pre-
parados, pois o Filho do Homem virá quando menos esperam.
45"O servo fiel e sensato é aquele a quem seu senhor encar-
rega de gerir os outros servos da casa e alimentá-los. 46Se o
senhor voltar e constatar que o servo fez um bom trabalho, ha-
verá recompensa. 47Eu lhes digo a verdade: ele colocará todos
os seus bens sob os cuidados desse servo. 48O que acontecerá,
porém, se o servo for mau e pensar: 'Meu senhor não voltará
tão cedo', 49e começar a espancar os outros servos, a comer e
a beber e se embriagar? 50O senhor desse servo voltará em dia
que não se espera e em hora que não se conhece, 51cortará o
servo ao meio e lhe dará o mesmo destino dos hipócritas. Ali
haverá choro e ranger de dentes."

A parábola das dez virgens

25 "Então o reino dos céus será como as dez virgens que pe-
garam suas lamparinas e saíram para encontrar-se com
o noivo. 2Cinco delas eram insensatas, e cinco, prudentes. 3As
cinco insensatas não levaram óleo suficiente para as lampa-
rinas, 4mas as outras cinco tiveram o bom senso de levar óleo
de reserva. 5Como o noivo demorou a chegar, todas ficaram
sonolentas e adormeceram.
6"À meia-noite, foram acordadas pelo grito: 'Vejam, o noivo
está chegando! Saiam para recebê-lo!'.
7"Todas as virgens se levantaram e prepararam suas lampa-
rinas. 8Então as cinco insensatas pediram às outras: 'Por favor,
deem-nos um pouco de óleo, pois nossas lamparinas estão
se apagando'.
9"As outras, porém, responderam: 'Não temos o suficiente
para todas. Vão e comprem óleo para vocês'.
10"Quando estavam fora comprando óleo, o noivo chegou.
Então as cinco que estavam preparadas entraram com ele no
banquete de casamento, e a porta foi trancada. 11Mais tarde,
quando as outras cinco voltaram, ficaram do lado de fora, cha-
mando: 'Senhor! Senhor! Abra-nos a porta!'.
12"Mas ele respondeu: 'A verdade é que não as conheço'.
13"Portanto, vigiem, pois não sabem o dia nem a hora da
volta."

A parábola dos três servos

14"O reino dos céus também pode ser ilustrado com a história
de um homem que estava para fazer uma longa viagem. Ele
reuniu seus servos e lhes confiou seu dinheiro, 15dividindo-o de
forma proporcional à capacidade deles: ao primeiro entregou
cinco talentos; ao segundo, dois talentos; e ao último, um
talento. Então foi viajar.
16"O servo que recebeu cinco talentos começou a investir o
dinheiro e ganhou outros cinco. 17O servo que recebeu dois ta-
lentos também se pôs a trabalhar e ganhou outros dois. 18Mas
o servo que recebeu um talento cavou um buraco no chão e ali
escondeu o dinheiro de seu senhor.
19"Depois de muito tempo, o senhor voltou de viagem e os
chamou para prestarem contas de como haviam usado o di-
nheiro. 20O servo ao qual ele havia confiado cinco talentos se
apresentou com mais cinco: 'O senhor me deu cinco talentos
para investir, e eu ganhei mais cinco'.
21"O senhor disse: 'Muito bem, meu servo bom e fiel. Você foi
fiel na administração dessa quantia pequena, e agora lhe darei
muitas outras responsabilidades. Venha celebrar comigo'.
22"O servo que havia recebido dois talentos se apresentou e
disse: 'O senhor me deu dois talentos para investir, e eu ganhei
mais dois'.
23"O senhor disse: 'Muito bem, meu servo bom e fiel. Você foi
fiel na administração dessa quantia pequena, e agora lhe darei
muitas outras responsabilidades. Venha celebrar comigo'.
24"Por último, o servo que havia recebido um talento veio e
disse: 'Eu sabia que o senhor é homem severo, que colhe onde
não plantou e ajunta onde não semeou. 25Tive medo de perder
seu dinheiro, por isso o escondi na terra. Aqui está ele'.
26"O senhor, porém, respondeu: 'Servo mau e preguiçoso! Se
você sabia que eu colho onde não plantei e ajunto onde não
semeei, 27por que não depositou meu dinheiro? Pelo menos
eu teria recebido os juros.
28"Em seguida, ordenou: 'Tirem o dinheiro deste servo e deem
ao que tem os dez talentos. 29Pois ao que tem, mais lhe será
dado, e terá em grande quantia; mas do que nada tem, mesmo
o que não tem lhe será tomado. 30Agora lancem este servo
inútil para fora, na escuridão, onde haverá choro e ranger de
dentes'."

O juízo final

31"Quando o Filho do Homem vier em sua glória, acompa-
nhado de todos os anjos, ele se sentará em seu trono glorioso.
32Todas as nações serão reunidas em sua presença, e ele sepa-
rará as pessoas como um pastor separa as ovelhas dos bodes.
33Colocará as ovelhas à sua direita e os bodes à sua esquerda.
34"Então o Rei dirá aos que estiverem à sua direita: 'Venham,
vocês que são abençoados por meu Pai. Recebam como he-
rança o reino que ele lhes preparou desde a criação do mundo.
35Pois tive fome e vocês me deram de comer. Tive sede e me
deram de beber. Era estrangeiro e me convidaram para a sua
casa. 36Estava nu e me vestiram. Estava doente e cuidaram de
mim. Estava na prisão e me visitaram'.
37"Então os justos responderão: 'Senhor, quando foi que o
vimos faminto e lhe demos de comer? Ou sedento e lhe demos
de beber? 38Ou como estrangeiro e o convidamos para a nossa
casa? Ou nu e o vestimos? 39Quando foi que o vimos doente ou
na prisão e o visitamos?'.
40"E o Rei dirá: 'Eu lhes digo a verdade: quando fizeram isso ao
menor destes meus irmãos, foi a mim que o fizeram'.

41“Em seguida, o Rei se voltará para os que estiverem à sua
esquerda e dirá: ‘Fora daqui, malditos, para o fogo eterno
preparado para o diabo e seus anjos. 42Pois tive fome, e vocês
não me deram de comer. Tive sede, e não me deram de beber.
43Era estrangeiro, e não me convidaram para a sua casa. Es-
tava nu, e não me vestiram. Estava doente e na prisão, e não
me visitaram’.
44“Então eles dirão: ‘Senhor, quando o vimos faminto, se-
dento, como estrangeiro, nu, doente ou na prisão, e não o
ajudamos?’.
45“Ele responderá: ‘Eu lhes digo a verdade: quando se recu-
saram a ajudar o menor destes meus irmãos e irmãs, foi a mim
que se recusaram a ajudar’.
46“E estes irão para o castigo eterno, mas os justos irão para
a vida eterna”.

A conspiração para matar Jesus

26 Quando Jesus terminou de falar todas essas coisas,
disse a seus discípulos: 2“Como vocês sabem, a Páscoa
começa daqui a dois dias, e o Filho do Homem será entregue
para ser crucificado”.
3Naquela mesma hora, os principais sacerdotes e líderes do
povo estavam reunidos na residência de Caifás, o sumo sacer-
dote, 4tramando uma forma de prender Jesus em segredo e
matá-lo. 5“Mas não durante a festa da Páscoa, para não haver
tumulto entre o povo”, concordaram entre eles.

Jesus é ungido em Betânia

6Enquanto isso, Jesus estava em Betânia, na casa de Simão, o
leproso. 7Quando ele estava à mesa, uma mulher entrou com
um frasco de alabastro contendo um perfume caro e derramou
o perfume sobre a cabeça dele.
8Ao ver isso, os discípulos ficaram indignados. “Que desper-
dício!”, disseram. 9“O perfume poderia ter sido vendido por
um alto preço, e o dinheiro, dado aos pobres!”
10Jesus, sabendo do que falavam, disse: “Por que criticam esta
mulher por ter feito algo tão bom para mim? 11Vocês sempre
terão os pobres em seu meio, mas nem sempre terão a mim.
12Ela derramou este perfume em mim a fim de preparar meu
corpo para o sepultamento. 13Eu lhes garanto: onde quer que
as boas-novas sejam anunciadas pelo mundo, o que esta mu-
lher fez será contado, e dela se lembrarão”.

Judas concorda em trair Jesus

14Então Judas Iscariotes, um dos Doze, foi aos principais sa-
cerdotes 15e perguntou: “Quanto vocês me pagarão se eu lhes
entregar Jesus?”. E eles lhe deram trinta moedas de prata.
16Daquele momento em diante, Judas começou a procurar uma
oportunidade para trair Jesus.

A última Páscoa

17No primeiro dia da Festa dos Pães sem Fermento, os discí-
pulos vieram a Jesus e perguntaram: “Onde quer que prepa-
remos a refeição da Páscoa?”.
18Ele respondeu: “Assim que entrarem na cidade, verão deter-
minado homem. Digam-lhe: ‘O Mestre diz: Meu tempo chegou
e comerei em sua casa a refeição da Páscoa, com meus dis-
cípulos’”. 19Então os discípulos fizeram como Jesus os havia
instruído e ali prepararam a refeição da Páscoa.
20Ao anoitecer, Jesus estava à mesa com os Doze. 21Enquanto co-
miam, disse: “Eu lhes digo a verdade: um de vocês vai me trair”.
22Muito aflitos, eles protestaram, um após o outro: “Certa-
mente não serei eu, Senhor!”.
23Jesus respondeu: “Um de vocês que acabou de comer da
mesma tigela comigo vai me trair. 24O Filho do Homem deve
morrer, como as Escrituras declararam há muito tempo. Mas
que terrível será para aquele que o trair! Para esse homem
seria melhor não ter nascido”.
25Judas, aquele que o trairia, também disse: “Certamente não
serei eu, Rabi!”. E Jesus respondeu: “É como você diz”.
26Enquanto comiam, Jesus tomou o pão e o abençoou. Em
seguida, partiu-o em pedaços e deu aos discípulos, dizendo:
“Tomem e comam, porque este é o meu corpo”.
27Então tomou o cálice de vinho e agradeceu a Deus. Depois,
entregou-o aos discípulos e disse: “Cada um beba dele,
28porque este é o meu sangue, que confirma a aliança. Ele é
derramado como sacrifício para perdoar os pecados de muitos.
29Prestem atenção ao que eu lhes digo: não voltarei a beber
vinho até aquele dia em que, com vocês, beberei vinho novo
no reino de meu Pai”.
30Então cantaram um hino e saíram para o monte das Oliveiras.

Jesus prediz a negação de Pedro

31No caminho, Jesus disse: “Esta noite todos vocês me aban-
donarão, pois as Escrituras dizem: ‘Deus ferirá o pastor, e as
ovelhas do rebanho serão dispersas’.
32Mas, depois de ressuscitar, irei adiante de vocês à Galileia”.
33Pedro declarou: “Pode ser que todos os outros o aban-
donem, mas eu jamais o abandonarei”.
34Jesus respondeu: “Eu lhe digo a verdade: esta mesma noite,
antes que o galo cante, você me negará três vezes”.
35Pedro, no entanto, insistiu: “Mesmo que eu tenha de morrer
ao seu lado, jamais o negarei!”. E todos os outros discípulos
disseram o mesmo.

Jesus ora no Getsêmani

36Então Jesus foi com eles a um lugar chamado Getsêmani e
disse: “Sentem-se aqui enquanto vou ali orar”. 37Levou con-
sigo Pedro e os dois filhos de Zebedeu e começou a ficar triste
e angustiado. 38“Minha alma está profundamente triste, a
ponto de morrer”, disse ele. “Fiquem aqui e vigiem comigo.”
39Ele avançou um pouco, curvou-se com o rosto no chão e
orou: “Meu Pai! Se for possível, afasta de mim este cálice.
Contudo, que seja feita a tua vontade, e não a minha”.
40Depois, voltou aos discípulos e os encontrou dormindo.
“Vocês não puderam vigiar comigo nem por uma hora?”, disse
ele a Pedro. 41“Vigiem e orem para que não cedam à tentação,
pois o espírito está disposto, mas a carne é fraca.”

42Então os deixou pela segunda vez e orou: "Meu Pai! Se não
for possível afastar de mim este cálice sem que eu o beba,
faça-se a tua vontade". 43Quando voltou pela segunda vez,
encontrou-os dormindo de novo, pois não conseguiam manter
os olhos abertos.
44Foi orar pela terceira vez, dizendo novamente as mesmas
coisas. 45Em seguida, voltou aos discípulos e lhes disse: "Como
é que vocês ainda dormem e descansam? Vejam, chegou a
hora. O Filho do Homem está para ser entregue nas mãos de
pecadores. 46Levantem-se e vamos. Meu traidor chegou".

Jesus é traído e preso

47Enquanto Jesus ainda falava, Judas, um dos Doze, chegou
com uma grande multidão armada de espadas e pedaços
de pau. Tinham sido enviados pelos principais sacerdotes e
líderes do povo. 48O traidor havia combinado com eles um
sinal: "Vocês saberão a quem devem prender quando eu o
cumprimentar com um beijo". 49Então Judas veio diretamente
a Jesus. "Saudações, Rabi!", exclamou ele, e o beijou.
50Jesus disse: "Amigo, faça de uma vez o que veio fazer".
Então os outros agarraram Jesus e o prenderam. 51Um dos
que estavam com Jesus puxou a espada e feriu o servo do
sumo sacerdote, cortando-lhe a orelha.
52"Guarde sua espada", disse Jesus. "Os que usam a espada
morrerão pela espada. 53Você não percebe que eu poderia
pedir a meu Pai milhares de anjos para me proteger, e ele os
enviaria no mesmo instante? 54Se eu o fizesse, porém, como
se cumpririam as Escrituras, que descrevem o que é necessário
que agora aconteça?"
55Em seguida, Jesus disse à multidão: "Por acaso sou um revo-
lucionário perigoso para que venham me prender com espadas
e pedaços de pau? Por que não me prenderam no templo? Ali
estive todos os dias, ensinando. 56Mas tudo isto está aconte-
cendo para que se cumpram as palavras dos profetas regis-
tradas nas Escrituras". Nesse momento, todos os discípulos o
abandonaram e fugiram.

O julgamento de Jesus diante do conselho

57Então os que haviam prendido Jesus o levaram para a casa
de Caifás, o sumo sacerdote, onde estavam reunidos os mes-
tres da lei e os líderes do povo. 58Enquanto isso, Pedro seguia
Jesus de longe, até chegar ao pátio do sumo sacerdote. En-
trou ali, sentou-se com os guardas e esperou para ver o que
aconteceria.
59Lá dentro, os principais sacerdotes e todo o conselho dos
líderes do povo tentavam encontrar testemunhas que men-
tissem a respeito de Jesus, para que pudessem condená-lo
à morte. 60Embora muitos estivessem dispostos a dar falso
testemunho, não puderam usar o depoimento de ninguém.
Por fim, apresentaram-se dois homens, 61que declararam:
"Este homem disse: 'Sou capaz de destruir o templo de Deus
e reconstruí-lo em três dias'".
62Então o sumo sacerdote se levantou e disse a Jesus: "Você
não vai responder a essas acusações? O que tem a dizer em
sua defesa?". 63Jesus, porém, permaneceu calado. O sumo
sacerdote lhe disse: "Exijo em nome do Deus vivo que nos diga
se é o Cristo, o Filho de Deus".
64Jesus respondeu: "É como você diz. Eu lhes digo que, no
futuro, verão o Filho do Homem sentado à direita do Deus
Poderoso e vindo sobre as nuvens do céu".
65Então o sumo sacerdote rasgou as vestes e disse: "Blas-
fêmia! Que necessidade temos de outras testemunhas? Todos
ouviram a blasfêmia. 66Qual é o veredicto?". "Culpado!", res-
ponderam. "Ele merece morrer!"
67Então começaram a cuspir no rosto de Jesus e a dar-lhe
socos. Alguns lhe davam tapas 68e zombavam: "Profetize para
nós, Cristo! Quem foi que lhe bateu desta vez?".

Pedro nega Jesus

69Enquanto isso, Pedro estava sentado do lado de fora, no
pátio. Uma criada foi até ele e disse: "Você é um dos que
estavam com Jesus, o galileu".
70Mas Pedro o negou diante de todos. "Não sei do que você
está falando", disse.
71Mais tarde, junto ao portão, outra criada o viu e disse aos
que estavam ali: "Este homem estava com Jesus de Nazaré".
72Novamente, Pedro o negou, dessa vez com juramento. "Nem
mesmo conheço esse homem!", disse ele.
73Pouco depois, alguns dos outros ali presentes vieram a Pedro
e disseram: "Você deve ser um deles; percebemos pelo seu
sotaque galileu".
74Pedro jurou: "Que eu seja amaldiçoado se estiver mentindo.
Não conheço esse homem!". Imediatamente, o galo cantou.
75Então Pedro se lembrou das palavras de Jesus: "Antes que o
galo cante, você me negará três vezes". E saiu dali, chorando
amargamente.

Judas se enforca

27 De manhã cedo, os principais sacerdotes e líderes do
povo se reuniram outra vez para planejar uma maneira
de levar Jesus à morte. 2Então o amarraram, o levaram e o
entregaram a Pilatos, o governador romano.
3Quando Judas, que o havia traído, viu que Jesus tinha sido
condenado à morte, encheu-se de remorso e devolveu as trinta
moedas de prata aos principais sacerdotes e líderes do povo,
4dizendo: "Pequei, pois traí um homem inocente". "Que nos
importa?", retrucaram eles. "Isso é problema seu."
5Então Judas jogou as moedas de prata no templo, saiu e se
enforcou.
6Os principais sacerdotes juntaram as moedas e disseram:
"Não seria certo colocar este dinheiro no tesouro do templo,
pois é dinheiro manchado de sangue". 7Então resolveram com-
prar o campo do oleiro e transformá-lo num cemitério para es-
trangeiros. 8Por isso, até hoje ele se chama Campo de Sangue.
9Cumpriu-se, assim, a profecia de Jeremias que diz: "Tomaram
as trinta peças de prata, preço pelo qual ele foi avaliado pelo
povo de Israel, 10e compraram o campo do oleiro, conforme
o Senhor ordenou".

O julgamento de Jesus diante de Pilatos

11 Agora Jesus estava diante de Pilatos, o governador romano, que lhe perguntou: "Você é o rei dos judeus?". Jesus respondeu: "É como você diz".

12 No entanto, quando os principais sacerdotes e os líderes do povo fizeram acusações contra ele, Jesus permaneceu calado. 13 Então Pilatos perguntou: "Você não ouve essas acusações que fazem contra você?". 14 Mas, para surpresa do governador, Jesus nada disse.

15 A cada ano, durante a festa da Páscoa, era costume do governador libertar um prisioneiro, qualquer um que a multidão escolhesse. 16 Nesse ano, havia um prisioneiro, famoso por sua maldade, chamado Barrabás. 17 Quando a multidão se reuniu diante de Pilatos naquela manhã, ele perguntou: "Quem vocês querem que eu solte: Barrabás ou Jesus, chamado Cristo?". 18 Pois ele sabia muito bem que os líderes religiosos judeus tinham prendido Jesus por inveja.

19 Nesse momento, enquanto Pilatos estava sentado no tribunal, sua esposa lhe mandou o seguinte recado: "Deixe esse homem inocente em paz. Na noite passada, tive um sonho a respeito dele e fiquei muito perturbada".

20 Enquanto isso, os principais sacerdotes e os líderes do povo convenceram a multidão a pedir que Barrabás fosse solto e Jesus executado. 21 Então o governador perguntou outra vez: "Qual dos dois vocês querem que eu lhes solte?". A multidão gritou em resposta: "Barrabás!".

22 Pilatos perguntou: "E o que farei com Jesus, chamado Cristo?". "Crucifique-o!", gritou a multidão.

23 "Por quê?", quis saber Pilatos. "Que crime ele cometeu?" Mas a multidão gritou ainda mais alto: "Crucifique-o!".

24 Pilatos viu que de nada adiantava insistir e que um tumulto se iniciava. Assim, mandou buscar uma bacia com água, lavou as mãos diante da multidão e disse: "Estou inocente do sangue deste homem. A responsabilidade é de vocês".

25 Todo o povo gritou em resposta: "Que nós e nossos descendentes sejamos responsabilizados pela morte dele!".

26 Então Pilatos lhes soltou Barrabás. E, depois de mandar açoitar Jesus, entregou-o para ser crucificado.

Os soldados zombam de Jesus

27 Alguns dos soldados do governador levaram Jesus ao quartel e chamaram todo o regimento. 28 Tiraram as roupas de Jesus e puseram nele um manto vermelho. 29 Teceram uma coroa de espinhos e a colocaram em sua cabeça. Em sua mão direita, puseram um caniço, como se fosse um cetro. Ajoelhavam-se diante dele e zombavam: "Salve, rei dos judeus!". 30 Cuspiam nele, tomavam-lhe o caniço da mão e com ele batiam em sua cabeça. 31 Quando se cansaram de zombar dele, tiraram o manto e o vestiram novamente com suas roupas. Então o levaram para ser crucificado.

A crucificação

32 No caminho, encontraram um homem chamado Simão, de Cirene, e os soldados o obrigaram a carregar a cruz. 33 Então saíram para um lugar chamado Gólgota (que quer dizer "Lugar da Caveira"). 34 Os soldados lhe deram para beber vinho misturado com fel, mas, quando Jesus o provou, recusou-se a beber.

35 Depois de pregá-lo na cruz, os soldados tiraram sortes para dividir suas roupas. 36 Então, sentaram-se em redor e montaram guarda. 37 Acima de sua cabeça estava presa uma tabuleta com a acusação feita contra ele: "ESTE É JESUS, O REI DOS JUDEUS". 38 Dois criminosos foram crucificados com ele, um à sua direita e outro à sua esquerda.

39 O povo que passava por ali gritava insultos e sacudia a cabeça, em zombaria: 40 "Você disse que destruiria o templo e o reconstruiria em três dias. Pois bem, se é o Filho de Deus, salve a si mesmo e desça da cruz!".

41 Os principais sacerdotes, os mestres da lei e os líderes do povo também zombavam de Jesus. 42 "Salvou os outros, mas não pode salvar a si mesmo!", diziam. "Quer dizer que ele é o rei de Israel? Que desça da cruz agora mesmo e creremos nele! 43 Ele confiou em Deus, então que Deus o salve agora, se quiser. Pois ele disse: 'Eu sou o Filho de Deus'." 44 Até os criminosos que tinham sido crucificados com ele o insultavam da mesma forma.

A morte de Jesus

45 Ao meio-dia, desceu sobre toda a terra uma escuridão que durou três horas. 46 Por volta das três da tarde, Jesus clamou em alta voz: "*Eli, Eli, lamá sabactâni?*", que quer dizer: "Meu Deus, meu Deus, por que me abandonaste?".

47 Alguns dos que estavam ali pensaram que ele chamava o profeta Elias. 48 Um deles correu, ensopou uma esponja com vinagre e a ergueu num caniço para que ele bebesse. 49 Os outros, porém, disseram: "Esperem! Vamos ver se Elias vem salvá-lo".

50 Então Jesus clamou em alta voz novamente e entregou seu espírito. 51 Naquele momento, a cortina do santuário do templo se rasgou em duas partes, de cima até embaixo. A terra estremeceu, rochas se partiram 52 e sepulturas se abriram. Muitos do povo santo que haviam morrido ressuscitaram. 53 Saíram do cemitério depois da ressurreição de Jesus, entraram na cidade santa de Jerusalém e apareceram a muita gente.

54 O oficial romano e os outros soldados que vigiavam Jesus ficaram aterrorizados com o terremoto e com tudo que havia acontecido, e disseram: "Este homem era verdadeiramente o Filho de Deus!".

55 Muitas mulheres que tinham vindo da Galileia com Jesus para servi-lo olhavam de longe. 56 Entre elas estavam Maria Madalena, Maria, mãe de Tiago e José, e a mãe dos filhos de Zebedeu.

O sepultamento de Jesus

57 Ao entardecer, José, um homem rico de Arimateia que tinha se tornado seguidor de Jesus, 58 foi a Pilatos e pediu o corpo de Jesus. Pilatos ordenou que lhe entregassem o corpo. 59 José tomou o corpo e o envolveu num lençol limpo, feito de linho,

60e o colocou num túmulo novo, de sua propriedade, escavado
na rocha. Então rolou uma grande pedra na entrada do túmulo
e foi embora. 61Maria Madalena e a outra Maria estavam ali,
sentadas em frente ao túmulo.

Os guardas no túmulo

62No dia seguinte, no sábado, os principais sacerdotes e os
fariseus foram a Pilatos 63e disseram: "Senhor, lembramos
que, quando ainda vivia, aquele mentiroso disse: 'Depois de
três dias ressuscitarei'. 64Por isso, pedimos que lacre o túmulo
até o terceiro dia. Isso impedirá que seus discípulos roubem
o corpo e depois digam a todos que ele ressuscitou. Se isso
acontecer, estaremos em pior situação que antes".
65Pilatos respondeu: "Levem soldados e guardem o túmulo
como acharem melhor". 66Então eles lacraram o túmulo e pu-
seram guardas para protegê-lo.

A ressurreição

28 Depois do sábado, no primeiro dia da semana, bem
cedo, Maria Madalena e a outra Maria foram visitar o
túmulo.
2De repente, houve um grande terremoto, pois um anjo do
Senhor desceu do céu, rolou a pedra da entrada e sentou-se
sobre ela. 3Seu rosto brilhava como um relâmpago, e suas
roupas eram brancas como a neve. 4Quando os guardas viram o
anjo, tremeram de medo e caíram desmaiados, como mortos.
5Então o anjo falou com as mulheres. "Não tenham medo",
disse ele. "Sei que vocês procuram Jesus, que foi crucificado.
6Ele não está aqui! Ressuscitou, como tinha dito que acon-
teceria. Venham, vejam onde seu corpo estava. 7Agora vão
depressa e contem aos discípulos que ele ressuscitou e que vai
adiante de vocês para a Galileia. Lá vocês o verão. Lembrem-se
do que eu lhes disse!"
8As mulheres saíram apressadas do túmulo e, assustadas mas
cheias de alegria, correram para transmitir aos discípulos a
mensagem do anjo. 9No caminho, Jesus as encontrou e as
cumprimentou. Elas correram para ele, abraçaram seus pés
e o adoraram. 10Então Jesus lhes disse: "Não tenham medo!
Vão e digam a meus irmãos que se dirijam à Galileia. Lá eles
me verão".

O relato dos guardas

11Enquanto as mulheres estavam a caminho, alguns dos
guardas entraram na cidade e contaram aos principais sacer-
dotes o que havia acontecido. 12Eles convocaram uma reu-
nião com os líderes do povo e decidiram subornar os guardas
com uma grande soma de dinheiro. 13Instruíram os soldados:
"Vocês devem dizer o seguinte: 'Os discípulos de Jesus vieram
durante a noite, enquanto dormíamos, e roubaram o corpo'.
14Se o governador ficar sabendo disso, nós os defenderemos,
para que não se compliquem". 15Os guardas aceitaram o su-
borno e falaram conforme tinham sido instruídos. Essa versão
se espalhou entre os judeus, que continuam a contá-la até
hoje.

A Grande Comissão

16Então os onze discípulos partiram para a Galileia e foram
ao monte que Jesus havia indicado. 17Quando o viram, o ado-
raram; alguns deles, porém, duvidaram.
18Jesus se aproximou deles e disse: "Toda a autoridade no céu
e na terra me foi dada. 19Portanto, vão e façam discípulos de
todas as nações, batizando-os em nome do Pai, do Filho e do
Espírito Santo. 20Ensinem esses novos discípulos a obedecerem
a todas as ordens que eu lhes dei. E lembrem-se disto: estou
sempre com vocês, até o fim dos tempos".

MARCOS

João Batista prepara o caminho

1 Este é o princípio das boas-novas a respeito de Jesus Cristo, o
Filho de Deus. 2Iniciou-se como o profeta Isaías escreveu: "Envio
meu mensageiro adiante de ti, e ele preparará teu caminho.
3Ele é uma voz que clama no deserto: 'Preparem o caminho
para a vinda do Senhor! Abram a estrada para ele!'".
4Esse mensageiro era João Batista. Ele apareceu no deserto,
pregando o batismo como sinal de arrependimento para o
perdão dos pecados. 5Gente de toda a Judeia, incluindo os
moradores de Jerusalém, saía para ver e ouvir João. Quando
confessavam seus pecados, ele os batizava no rio Jordão.
6João vestia roupas tecidas com pelos de camelo, usava um
cinto de couro e alimentava-se de gafanhotos e mel silvestre.
7João anunciava: "Depois de mim virá alguém mais poderoso
que eu, alguém tão superior que não sou digno de me abaixar
e desamarrar as correias de suas sandálias. 8Eu os batizo com
água, mas ele os batizará com o Espírito Santo!".

O batismo e a tentação de Jesus

9Certo dia, Jesus veio de Nazaré da Galileia, e João o batizou
no rio Jordão. 10Enquanto saía da água, viu o céu se abrir e o
Espírito Santo descer sobre ele como uma pomba. 11E uma voz
do céu disse: "Você é meu Filho amado, que me dá grande
alegria".

12Em seguida, o Espírito conduziu Jesus ao deserto, 13onde ele
foi tentado por Satanás durante quarenta dias. Estava entre
animais selvagens, e anjos o serviam.
14Depois que João foi preso, Jesus foi para a Galileia, onde
anunciou as boas-novas de Deus. 15"Enfim chegou o tempo
prometido!", proclamava. "O reino de Deus está próximo! Ar-
rependam-se e creiam nas boas-novas!"

Os primeiros discípulos

16Enquanto andava à beira do mar da Galileia, Jesus viu Simão
e seu irmão André. Jogavam redes ao mar, pois viviam da
pesca. 17Jesus lhes disse: "Venham! Sigam-me, e eu farei de
vocês pescadores de gente". 18No mesmo instante, deixaram
suas redes e o seguiram.
19Pouco mais adiante, Jesus viu Tiago e João, filhos de Ze-
bedeu, consertando redes num barco. 20Chamou-os de ime-
diato e eles também o seguiram, deixando seu pai, Zebedeu,
no barco com os empregados.

Jesus expulsa um espírito impuro

21Jesus e seus seguidores foram à cidade de Cafarnaum.
Quando chegou o sábado, entrou na sinagoga e começou a en-
sinar. 22O povo ficou admirado com seu ensino, pois ele falava
com verdadeira autoridade, diferentemente dos mestres da lei.
23De repente, um homem ali na sinagoga, possuído por um
espírito impuro, gritou: 24"Por que vem nos importunar, Jesus
de Nazaré? Veio para nos destruir? Sei quem é você: o Santo
de Deus!".
25"Cale-se!", repreendeu-o Jesus. "Saia deste homem!"
26Então o espírito impuro soltou um grito, sacudiu o homem
violentamente e saiu dele.
27Todos os presentes ficaram admirados e começaram a dis-
cutir o que tinha acontecido. "Que ensinamento novo é esse?",
perguntavam. "Como tem autoridade! Até os espíritos impuros
obedecem às ordens dele!" 28As notícias a respeito de Jesus se
espalharam rapidamente por toda a região da Galileia.

Jesus cura muitas pessoas

29Depois que Jesus saiu da sinagoga com Tiago e João, foram
à casa de Simão e André. 30A sogra de Simão estava de cama,
com febre. Imediatamente, falaram a seu respeito para Jesus.
31Ele foi até ela, tomou-a pela mão e ajudou-a a levantar-se. A
febre a deixou, e ela passou a servi-los.
32Ao entardecer, depois que o sol se pôs, trouxeram a Jesus
muitos enfermos e possuídos por demônios. 33Toda a cidade
se reuniu à porta da casa para observar. 34Então Jesus curou
muitas pessoas que sofriam de diversas enfermidades e ex-
pulsou muitos demônios. Não permitia, porém, que os demô-
nios falassem, pois sabiam quem ele era.

Jesus anuncia sua mensagem na Galileia

35No dia seguinte, antes do amanhecer, Jesus se levantou e foi
a um lugar isolado para orar. 36Mais tarde, Simão e os outros
saíram para procurá-lo. 37Quando o encontraram, disseram:
"Todos estão à sua procura!".
38Jesus respondeu: "Devemos prosseguir para outras cidades
e lá também anunciar minha mensagem. Foi para isso que
vim". 39Então ele viajou por toda a região da Galileia, pregando
nas sinagogas e expulsando demônios.

Jesus cura um leproso

40Um leproso veio e ajoelhou-se diante de Jesus, implorando
para ser curado: "Se o senhor quiser, pode me curar e me
deixar limpo".
41Cheio de compaixão, Jesus estendeu a mão e tocou nele. "Eu
quero", respondeu. "Seja curado e fique limpo!" 42No mesmo
instante, a lepra desapareceu e o homem foi curado. 43Então
Jesus se despediu dele com uma forte advertência: 44"Não
conte isso a ninguém. Vá e apresente-se ao sacerdote para que
ele o examine. Leve a oferta que a lei de Moisés exige pela sua
purificação. Isso servirá como testemunho".
45O homem, porém, saiu e começou a contar a todos o que
havia acontecido. Por isso, em pouco tempo, grandes multi-
dões cercaram Jesus, e ele já não conseguia entrar publica-
mente em cidade alguma. E, embora se mantivesse em lugares
isolados, gente de toda parte vinha até ele.

Jesus cura um paralítico

2 Dias depois, quando Jesus retornou a Cafarnaum, a notícia
de que ele tinha voltado se espalhou rapidamente. 2Em
pouco tempo, a casa onde estava hospedado ficou tão cheia
que não havia lugar nem do lado de fora da porta. Enquanto
ele anunciava a palavra de Deus, 3quatro homens vieram car-
regando um paralítico numa maca. 4Por causa da multidão,
não tinham como levá-lo até Jesus. Então abriram um buraco
no teto, acima de onde Jesus estava. Em seguida, baixaram
o homem na maca, bem na frente dele. 5Ao ver a fé que eles
tinham, Jesus disse ao paralítico: "Filho, seus pecados estão
perdoados".
6Alguns dos mestres da lei que estavam ali sentados pensaram:
7"O que ele está dizendo? Isso é blasfêmia! Somente Deus
pode perdoar pecados!".
8Jesus logo percebeu o que eles estavam pensando e per-
guntou: "Por que vocês questionam essas coisas em seu co-
ração? 9O que é mais fácil dizer ao paralítico: 'Seus pecados
estão perdoados' ou 'Levante-se, pegue sua maca e ande'?
10Mas eu lhes mostrarei que o Filho do Homem tem autoridade
na terra para perdoar pecados". Então disse ao paralítico:
11"Levante-se, pegue sua maca e vá para casa".
12O homem se levantou de um salto, pegou sua maca e saiu
andando diante de todos. A multidão ficou admirada e louvava
a Deus, exclamando: "Nunca vimos nada igual!".

Jesus chama Levi

13Em seguida, Jesus saiu outra vez para a beira do mar e en-
sinou as multidões que vinham até ele. 14Enquanto caminhava

por ali, viu Levi, filho de Alfeu, sentado no lugar onde se co-
letavam os impostos. "Siga-me", disse-lhe Jesus, e Levi se
levantou e o seguiu.
15Mais tarde, na casa de Levi, Jesus e seus discípulos estavam
à mesa, acompanhados de um grande número de cobradores
de impostos e outros pecadores, pois eram muitos os que o
seguiam. 16Quando alguns fariseus, mestres da lei, viram Jesus
comer com cobradores de impostos e outros pecadores, per-
guntaram a seus discípulos: "Por que ele come com cobra-
dores de impostos e pecadores?".
17Ao ouvir isso, Jesus lhes disse: "As pessoas saudáveis não
precisam de médico, mas sim os doentes. Não vim para
chamar os justos, mas sim os pecadores".

Discussão sobre o jejum

18Certa vez, quando os discípulos de João e os fariseus estavam
jejuando, algumas pessoas vieram a Jesus e perguntaram:
"Por que seus discípulos não têm o hábito de jejuar como os
discípulos de João e os discípulos dos fariseus?".
19Jesus respondeu: "Por acaso os convidados de um casa-
mento jejuam enquanto festejam com o noivo? Não podem
jejuar enquanto o noivo está com eles. 20Um dia, porém, o
noivo lhes será tirado, e então jejuarão.
21"Além disso, ninguém remendaria uma roupa velha usando
pano novo. O pano novo encolheria a roupa velha e a rasgaria,
deixando um buraco ainda maior.
22"E ninguém colocaria vinho novo em velhos recipientes de
couro. O vinho os arrebentaria, e tanto o vinho como os re-
cipientes se estragariam. Vinho novo precisa de recipientes
novos".

Discussão sobre o sábado

23Num sábado, enquanto Jesus caminhava pelos campos de
cereal, seus discípulos começaram a colher espigas. 24Os fari-
seus lhe perguntaram: "Por que seus discípulos desobedecem
à lei colhendo cereal no sábado?".
25Jesus respondeu: "Vocês não leram nas Escrituras o que
fez Davi quando ele e seus companheiros tiveram fome? 26Ele
entrou na casa de Deus, nos dias em que Abiatar era sumo sa-
cerdote, comeu os pães sagrados que só os sacerdotes tinham
permissão de comer e os deu também a seus companheiros".
27Então Jesus disse: "O sábado foi feito por causa do homem,
e não o homem por causa do sábado. 28Portanto, o Filho do
Homem é senhor até mesmo do sábado".

Jesus cura no sábado

3 Em outra ocasião, Jesus entrou na sinagoga e notou que
havia ali um homem com uma das mãos deformada. 2Os
inimigos de Jesus o observavam atentamente. Se ele curasse
a mão do homem, planejavam acusá-lo, pois era sábado.
3Jesus disse ao homem com a mão deformada: "Venha e fique
diante de todos". 4Em seguida, voltou-se para seus críticos e
perguntou: "O que a lei permite fazer no sábado? O bem ou o
mal? Salvar uma vida ou destruí-la?". Eles ficaram em silêncio.
5Jesus olhou para os que estavam ao seu redor, irado e muito
triste pelo coração endurecido deles. Então disse ao homem:
"Estenda a mão". O homem estendeu a mão, e ela foi restau-
rada. 6No mesmo instante, os fariseus saíram e se reuniram
com os membros do partido de Herodes para tramar um modo
de matá-lo.

Multidões seguem Jesus

7Jesus saiu para o mar com seus discípulos, e uma grande
multidão os seguiu. Vinham de todas as partes da Galileia, da
Judeia, 8de Jerusalém, da Idumeia, do leste do rio Jordão e
até de lugares distantes ao norte, como Tiro e Sidom. A notícia
de seus milagres havia se espalhado para longe, e um grande
número de pessoas vinha vê-lo.
9Jesus instruiu seus discípulos a prepararem um barco para
evitar que a multidão o esmagasse. 10Havia curado muitos
naquele dia, e os enfermos se empurravam para chegar até
ele e tocá-lo. 11E, sempre que o viam, os espíritos impuros se
atiravam no chão na frente dele e gritavam: "Você é o Filho
de Deus!". 12Jesus, porém, lhes dava ordens severas para que
não revelassem quem ele era.

Jesus escolhe os doze apóstolos

13Depois, Jesus subiu a um monte e chamou aqueles que ele
desejava que o acompanhassem, e eles foram. 14Escolheu doze
e os chamou seus apóstolos, para que o seguissem e fossem
enviados para anunciar sua mensagem, 15e lhes deu autori-
dade para expulsar demônios. 16Estes foram os doze que ele
escolheu: Simão, a quem ele chamou Pedro, 17Tiago e João,
filhos de Zebedeu, aos quais deu o nome de Boanerges, que
significa "filhos do trovão", 18André, Filipe, Bartolomeu, Ma-
teus, Tomé, Tiago, filho de Alfeu, Tadeu, Simão, o cananeu,
19Judas Iscariotes, que depois o traiu.

A fonte do poder de Jesus

20Certo dia, Jesus entrou numa casa, e as multidões come-
çaram a se juntar outra vez. Logo, ele e seus discípulos não ti-
nham tempo nem para comer. 21Quando os familiares de Jesus
souberam o que estava acontecendo, tentaram impedi-lo de
continuar. "Está fora de si", diziam.
22Então os mestres da lei, que tinham vindo de Jerusalém,
disseram: "Está possuído por Belzebu, príncipe dos demônios.
É dele que recebe poder para expulsar demônios".
23Jesus os chamou e respondeu com uma comparação: "Como
é possível Satanás expulsar Satanás?", perguntou. 24"Um reino
dividido internamente será destruído. 25Da mesma forma, uma
família dividida contra si mesma se desintegrará. 26E, se Sa-
tanás está dividido e luta contra si mesmo, não pode se manter
de pé; está acabado. 27Quem tem poder para entrar na casa de
um homem forte e saquear seus bens? Somente alguém ainda
mais forte, alguém capaz de amarrá-lo e saquear sua casa.
28"Eu lhes digo a verdade: todo pecado e toda blasfêmia

podem ser perdoados, 29mas quem blasfemar contra o Espí-
rito Santo jamais será perdoado. Esse é um pecado com con-
sequências eternas." 30Ele disse isso porque afirmavam: "Está
possuído por um espírito impuro".

A verdadeira família de Jesus

31Então a mãe e os irmãos de Jesus foram vê-lo. Ficaram do
lado de fora e mandaram alguém avisá-lo para sair e falar com
eles. 32Havia muitas pessoas sentadas ao seu redor, e alguém
disse: "Sua mãe e seus irmãos estão lá fora e o procuram".
33Jesus respondeu: "Quem é minha mãe? Quem são meus ir-
mãos?". 34Então olhou para aqueles que estavam ao seu redor
e disse: "Vejam, estes são minha mãe e meus irmãos. 35Quem
faz a vontade de Deus é meu irmão, minha irmã e minha mãe".

A parábola do semeador

4 Mais uma vez, Jesus começou a ensinar à beira-mar. Em
pouco tempo, uma grande multidão se juntou ao seu redor.
Então ele entrou num barco e sentou-se, enquanto o povo ficou
na praia. 2Ele os ensinou contando várias histórias na forma de
parábolas, como esta:
3"Ouçam! Um lavrador saiu para semear. 4Enquanto espalhava
as sementes pelo campo, algumas caíram à beira do caminho,
e as aves vieram e as comeram. 5Outras sementes caíram em
solo rochoso e, não havendo muita terra, germinaram rapida-
mente, 6mas as plantas logo murcharam sob o calor do sol e
secaram, pois não tinham raízes profundas. 7Outras sementes
caíram entre espinhos, que cresceram e sufocaram os brotos,
sem nada produzirem. 8Ainda outras caíram em solo fértil e
germinaram, cresceram e produziram uma colheita trinta,
sessenta e até cem vezes maior que a quantidade semeada".
9Então ele disse: "Quem tem ouvidos para ouvir, ouça com
atenção!".
10Mais tarde, quando Jesus estava sozinho com os Doze e os
outros que estavam reunidos ao seu redor, perguntaram-lhe
qual era o significado das parábolas.
11Ele respondeu: "A vocês é permitido entender o segredo do
reino de Deus, mas uso parábolas para falar aos de fora, 12de
modo que: 'Mesmo que vejam o que faço, não perceberão,
e ainda que ouçam o que digo, não compreenderão. Do con-
trário, poderiam voltar-se para mim, e ser perdoados'".
13Então Jesus disse: "Se vocês não entendem o significado
desta parábola, como entenderão as demais? 14O lavrador
lança sementes ao anunciar a mensagem. 15As sementes
que caíram à beira do caminho representam os que ouvem a
mensagem, mas Satanás logo vem e a toma deles. 16As que
caíram no solo rochoso representam aqueles que ouvem a
mensagem e, sem demora, a recebem com alegria. 17Con-
tudo, uma vez que não têm raízes profundas, não duram
muito. Assim que enfrentam problemas ou são perseguidos
por causa da mensagem, cedo desanimam. 18As que caíram
entre os espinhos representam outros que ouvem a men-
sagem, 19mas logo ela é sufocada pelas preocupações desta
vida, pela sedução da riqueza e pelo desejo por outras coisas,
não produzindo fruto. 20E as que caíram em solo fértil repre-
sentam os que ouvem e aceitam a mensagem e produzem
uma colheita trinta, sessenta ou até cem vezes maior que a
quantidade semeada".

A parábola da lâmpada

21Em seguida, Jesus lhes perguntou: "Alguém acenderia uma
lâmpada e a colocaria sob um cesto ou uma cama? Claro que
não! A lâmpada é colocada num pedestal, de onde sua luz
brilhará. 22Da mesma forma, tudo que está escondido será
revelado, e tudo que está oculto virá à luz. 23Quem tem ouvidos
para ouvir, ouça com atenção!".
24Então acrescentou: "Prestem muita atenção ao que vão
ouvir. Com o mesmo padrão de medida que adotarem, vocês
serão medidos, e mais ainda lhes será acrescentado. 25Pois ao
que tem, mais lhe será dado; mas do que não tem, até o que
tem lhe será tirado".

A parábola da semente que cresce

26Jesus também disse: "O reino de Deus é como um lavrador
que lança sementes sobre a terra. 27Noite e dia, esteja ele dor-
mindo ou acordado, as sementes germinam e crescem, mas
ele não sabe como isso acontece. 28A terra produz as colheitas
por si própria. Primeiro aparece uma folha, depois se formam
as espigas de trigo e, por fim, o cereal amadurece. 29E, assim
que o cereal está maduro, o lavrador vem e o corta com a
foice, pois chegou o tempo da colheita".

A parábola da semente de mostarda

30Jesus disse ainda: "Como posso descrever o reino de Deus?
Que comparação devo usar para ilustrá-lo? 31É como uma
semente de mostarda plantada na terra. É a menor das se-
mentes, 32mas se torna a maior de todas as hortaliças, com
ramos tão grandes que as aves fazem ninhos à sua sombra".
33Jesus usou muitas histórias e ilustrações semelhantes para
ensinar o povo, conforme tinham condições de entender. 34Na
verdade, só usava parábolas para ensinar em público. Depois,
quando estava sozinho com seus discípulos, explicava tudo
para eles.

Jesus acalma a tempestade

35Ao anoitecer, Jesus disse a seus discípulos: "Vamos atra-
vessar para o outro lado do mar". 36Com ele a bordo, par-
tiram e deixaram a multidão para trás, embora outros barcos
os seguissem. 37Logo uma forte tempestade se levantou. As
ondas arrebentavam sobre o barco, que começou a encher-se
de água.
38Jesus dormia na parte de trás do barco, com a cabeça numa
almofada. Os discípulos o acordaram, clamando: "Mestre,
vamos morrer! O senhor não se importa?".
39Jesus despertou, repreendeu o vento e disse ao mar: "Si-
lêncio! Aquiete-se!". De repente, o vento parou, e houve

grande calmaria. 40Então Jesus lhes perguntou: "Por que estão
com medo? Ainda não têm fé?".
41Apavorados, os discípulos diziam uns aos outros: "Quem é
este homem? Até o vento e o mar lhe obedecem!".

Jesus exerce autoridade sobre demônios

5 Assim, chegaram ao outro lado do mar, à região dos gera-
senos. 2Quando Jesus desembarcou, imediatamente um
homem possuído por um espírito impuro saiu do cemitério
e veio ao seu encontro. 3Esse homem morava entre as ca-
vernas usadas como túmulos e ninguém conseguia detê-lo,
nem mesmo com correntes. 4Sempre que era acorrentado e
algemado, quebrava as algemas dos pulsos e despedaçava as
correntes dos pés. Ninguém era forte o suficiente para domi-
ná-lo. 5Dia e noite, vagava entre os túmulos e pelos montes,
gritando e cortando-se com pedras.
6Quando o homem viu Jesus, ainda a certa distância, correu
ao seu encontro e se curvou diante dele. 7Então soltou um
forte grito: "Por que vem me importunar, Jesus, Filho do Deus
Altíssimo? Em nome de Deus, suplico que não me torture!".
8Pois Jesus já havia falado ao espírito: "Saia deste homem,
espírito impuro!".
9Jesus lhe perguntou: "Qual é o seu nome?". Ele respondeu:
"Meu nome é Legião, porque há muitos de nós dentro deste
homem". 10E os espíritos impuros suplicaram repetidamente
que ele não os enviasse a algum lugar distante.
11Havia uma grande manada de porcos pastando num monte
ali perto. 12"Mande-nos para aqueles porcos", imploraram os
espíritos. "Deixe que entremos neles."
13Jesus lhes deu permissão. Os espíritos impuros saíram do
homem e entraram nos porcos, e toda a manada, cerca de
dois mil porcos, se atirou pela encosta íngreme do monte para
dentro do mar e se afogou.
14Os que cuidavam dos porcos fugiram para uma cidade pró-
xima e para seus arredores, espalhando a notícia. O povo
correu para ver o que havia ocorrido. 15Chegaram até onde
Jesus estava e viram o homem que tinha sido possuído pela
legião de demônios. Estava sentado ali, vestido e em perfeito
juízo, e todos tiveram medo. 16Então os que presenciaram os
acontecimentos contaram aos outros o que havia ocorrido com
o homem possuído por demônios e com os porcos. 17A multidão
começou a suplicar que Jesus fosse embora da região.
18Quando Jesus entrava no barco, o homem que tinha sido pos-
suído por demônios implorou para ir com ele. 19Jesus, porém,
não permitiu e disse: "Volte para sua casa e para sua família e
conte-lhes tudo que o Senhor fez por você e como ele foi mi-
sericordioso". 20Então o homem partiu e começou a anunciar
pela região das Dez Cidades quanto Jesus havia feito por ele,
e todos se admiravam do que ele dizia.

Jesus cura em resposta à fé

21Jesus entrou novamente no barco e voltou para o outro lado
do mar, onde uma grande multidão se juntou ao seu redor
na praia. 22Então chegou um dos líderes da sinagoga local,
chamado Jairo. Quando viu Jesus, prostrou-se a seus pés e
23suplicou repetidas vezes: "Minha filhinha está morrendo.
Por favor, venha e ponha as mãos sobre ela; cure-a para que
ela viva!".
24Jesus foi com ele, e todo o povo o seguiu, apertando-se
ao seu redor. 25No meio da multidão estava uma mulher que
havia doze anos sofria de hemorragia. 26Tinha passado por
muitas dificuldades nas mãos de vários médicos e, ao longo
dos anos, gastou tudo que possuía, sem melhorar. Na verdade,
havia piorado. 27Tendo ouvido falar de Jesus, aproximou-se por
trás dele no meio da multidão e tocou em seu manto, 28pois
pensava: "Se eu apenas tocar em seu manto, serei curada".
29No mesmo instante, a hemorragia parou, e ela sentiu em seu
corpo que tinha sido curada da enfermidade.
30Jesus imediatamente percebeu que dele havia saído poder;
por isso, virou-se para a multidão e perguntou: "Quem tocou
em meu manto?".
31Seus discípulos disseram: "Veja a multidão que o aperta de
todos os lados. Como o senhor ainda pergunta: 'Quem tocou
em mim?'".
32Jesus, porém, continuou a olhar ao redor para ver quem
havia feito aquilo. 33Então a mulher, assustada e tremendo
pelo que lhe tinha acontecido, veio e, ajoelhando-se diante
dele, contou o que havia feito. 34Jesus lhe disse: "Filha, sua fé
a curou. Vá em paz. Seu sofrimento acabou".
35Enquanto Jesus ainda falava com a mulher, chegaram
mensageiros da casa de Jairo, o líder da sinagoga, e lhe dis-
seram: "Sua filha morreu. Para que continuar incomodando
o mestre?".
36Jesus, porém, ouviu essas palavras e disse a Jairo: "Não
tenha medo. Apenas creia".
37Então Jesus deteve a multidão e não deixou que ninguém o
acompanhasse, exceto Pedro, Tiago e João, irmão de Tiago.
38Quando chegaram à casa do líder da sinagoga, Jesus viu
um grande tumulto, com muito choro e lamentação. 39Então
entrou e perguntou: "Por que todo esse tumulto e choro? A
criança não morreu; está apenas dormindo".
40A multidão riu de Jesus. Ele, porém, fez todos saírem e levou
o pai e a mãe da menina e os três discípulos para o quarto onde
ela estava deitada. 41Segurando-a pela mão, disse-lhe: "*Talita
cumi!*", que quer dizer "Menina, levante-se!". 42A menina, que
tinha doze anos, levantou-se de imediato e começou a andar.
Todos ficaram muito admirados. 43Jesus deu ordens claras
para que não contassem a ninguém o que havia acontecido
e depois mandou que dessem alguma coisa para a menina
comer.

Jesus é rejeitado em Nazaré

6 Jesus deixou essa região e voltou com seus discípulos para
Nazaré, cidade onde tinha morado. 2No sábado seguinte,
começou a ensinar na sinagoga, e muitos dos que o ouviam se
admiraram e perguntavam: "De onde vem tanta sabedoria e

poder para realizar esses milagres? 3Não é esse o carpinteiro,
filho de Maria e irmão de Tiago, José, Judas e Simão? Suas
irmãs moram aqui, entre nós". E sentiam-se muito ofendidos.
4Então Jesus lhes disse: "Um profeta recebe honra em toda
parte, menos em sua cidade e entre seus parentes e sua pró-
pria família". 5Por isso, não pôde realizar milagres ali, exceto
pôr as mãos sobre alguns enfermos e curá-los. 6E ficou admi-
rado com a incredulidade daquele povo.

Jesus envia os doze apóstolos

Então Jesus percorreu diversos povoados, ensinando a seus
moradores. 7Reuniu os Doze e começou a enviá-los de dois em
dois, dando-lhes autoridade para expulsar espíritos impuros.
8Instruiu-os a não levar coisa alguma na viagem, exceto um
cajado. Não poderiam levar alimento, nem bolsa de viagem,
nem dinheiro. 9Poderiam calçar sandálias, mas não levar uma
muda de roupa extra.
10Disse ele: "Onde quer que forem, fiquem na mesma casa
até partirem da cidade. 11Mas, se algum povoado se recusar a
recebê-los ou a ouvi-los, ao saírem, sacudam a poeira dos pés
como sinal de reprovação".
12Então eles partiram, dizendo a todos que encontravam que
se arrependessem. 13Expulsaram muitos demônios e curaram
muitos enfermos, ungindo-os com óleo.

A morte de João Batista

14Logo o rei Herodes ouviu falar de Jesus, pois todos comen-
tavam a seu respeito. Alguns diziam: "João Batista ressuscitou
dos mortos. Por isso tem poder para fazer esses milagres".
15Outros diziam: "É Elias". Ainda outros diziam: "É um profeta,
como os profetas de antigamente".
16Quando Herodes ouviu falar de Jesus, disse: "João, o homem
a quem decapitei, voltou dos mortos!".
17O rei havia mandado prender e encarcerar João para agradar
Herodias. Ela era esposa de seu irmão, Filipe, mas Herodes
tinha se casado com ela. 18João dizia a Herodes: "É contra
a lei que o senhor viva com a esposa de seu irmão". 19Por
isso Herodias guardava rancor de João e queria matá-lo, mas
não podia fazê-lo, 20pois Herodes o respeitava e o protegia,
sabendo que ele era um homem justo e santo. Herodes ficava
muito perturbado sempre que falava com João, mas mesmo
assim gostava de ouvi-lo.
21Finalmente, no aniversário de Herodes, Herodias teve a
oportunidade que procurava. Ele deu uma festa para os mem-
bros do alto escalão do governo, para seus oficiais militares
e para os cidadãos mais importantes da Galileia. 22Sua filha,
também chamada Herodias, entrou e apresentou uma dança
que agradou muito Herodes e seus convidados. "Peça-me
qualquer coisa que deseje, e eu lhe darei", disse o rei à moça.
23E prometeu, sob juramento: "Eu lhe darei o que pedir, até
metade do meu reino!".
24Ela saiu e perguntou à mãe: "O que devo pedir?". A mãe lhe
disse: "Peça a cabeça de João Batista!".
25A moça voltou depressa ao rei e disse: "Quero a cabeça de
João Batista agora mesmo num prato!".
26O rei muito se entristeceu com isso, mas, por causa do ju-
ramento que havia feito na frente dos convidados, não pôde
negar o pedido. 27Assim, enviou no mesmo instante um car-
rasco com ordens de cortar a cabeça de João e trazê-la. Ele
decapitou João na prisão, 28trouxe a cabeça num prato e a
entregou à moça, que a levou à sua mãe. 29Quando os discí-
pulos de João souberam o que havia acontecido, foram buscar
o corpo e o colocaram numa sepultura.

A primeira multiplicação dos pães

30Os apóstolos voltaram de sua missão e contaram a Jesus
tudo que tinham feito e ensinado. 31Jesus lhes disse: "Vamos
sozinhos até um lugar tranquilo para descansar um pouco",
pois tanta gente ia e vinha que eles não tinham tempo nem
para comer.
32Então saíram de barco para um lugar isolado, a fim de fi-
carem a sós. 33Contudo, muitos os reconheceram e os viram
partir, e pessoas de várias cidades correram e chegaram antes
deles. 34Quando Jesus saiu do barco, viu a grande multidão e
teve compaixão dela, pois eram como ovelhas sem pastor.
Então começou a lhes ensinar muitas coisas.
35Ao entardecer, os discípulos foram até ele e disseram: "Este
lugar é isolado, e já está tarde. 36Mande as multidões embora,
para que possam ir aos campos e povoados vizinhos e comprar
algo para comer".
37Jesus, porém, disse: "Providenciem vocês mesmos alimento
para eles". "Precisaríamos de muito dinheiro para comprar
comida para todo esse povo!", responderam.
38"Quantos pães vocês têm?", perguntou ele. "Vão verificar."
Eles voltaram e informaram: "Cinco pães e dois peixes".
39Então Jesus ordenou que fizessem a multidão sentar-se em
grupos na grama verde. 40Assim, eles se sentaram em grupos
de cinquenta e de cem.
41Jesus tomou os cinco pães e os dois peixes, olhou para o
céu e os abençoou. Então, à medida que ia partindo os pães,
entregava-os aos discípulos para que os distribuíssem ao povo.
Também dividiu os peixes para que todos recebessem uma
porção. 42Todos comeram à vontade, 43e os discípulos reco-
lheram doze cestos com os pães e peixes que sobraram. 44Os
que comeram foram cinco mil homens.

Jesus anda sobre o mar

45Logo em seguida, Jesus insistiu com seus discípulos que
voltassem ao barco e atravessassem o mar até Betsaida, en-
quanto ele mandava o povo para casa. 46Depois de se despedir
de todos, subiu sozinho ao monte para orar.
47Durante a noite, os discípulos estavam no barco, no meio
do mar, e Jesus, sozinho em terra. 48Ele viu que estavam em
apuros, remando com força e lutando contra o vento e as
ondas. Por volta das três da madrugada, Jesus foi até eles
caminhando sobre o mar. Sua intenção era passar por eles,

49mas, quando o avistaram caminhando sobre as águas, gri-
taram de pavor, pensando que fosse um fantasma. 50Ficaram
todos aterrorizados ao vê-lo. Imediatamente, porém, Jesus
lhes disse: "Não tenham medo! Coragem, sou eu!". 51Em se-
guida, subiu no barco e o vento parou. Os discípulos ficaram
admirados, 52pois ainda não tinham entendido o milagre dos
pães. O coração deles estava endurecido.

Jesus cura os enfermos

53Depois de atravessarem o mar, chegaram a Genesaré.
Levaram o barco até a margem 54e desceram. As pessoas
reconheceram Jesus assim que o viram. 55Quando ouviam
que Jesus estava em algum lugar, corriam por toda a região,
levando os enfermos em macas para onde sabiam que ele
estava. 56Aonde quer que ele fosse — aos povoados, às ci-
dades ou aos campos ao redor —, levavam os enfermos para
as praças. Suplicavam que ele os deixasse pelo menos tocar
na borda de seu manto, e todos que o tocavam eram curados.

Ensino sobre a pureza interior

7 Certo dia, alguns fariseus e mestres da lei chegaram de
Jerusalém para ver Jesus. 2Observaram que alguns de
seus discípulos comiam sua refeição com as mãos impuras,
ou seja, sem lavá-las. 3(Pois todos os judeus, sobretudo os
fariseus, não comem sem antes lavar cuidadosamente as
mãos, como exige a tradição dos líderes religiosos. 4Quando
chegam do mercado, não comem coisa alguma sem antes
mergulhar as mãos em água. Essa é apenas uma das muitas
tradições às quais se apegam, como a lavagem de copos,
jarras e panelas.)
5Então os fariseus e mestres da lei lhe perguntaram: "Por que
seus discípulos não seguem a tradição dos líderes religiosos?
Eles comem sem antes realizar a cerimônia de lavar as mãos!".
6Jesus respondeu: "Hipócritas! Isaías tinha razão quando pro-
fetizou a seu respeito, pois escreveu: 'Este povo me honra com
os lábios, mas o coração está longe de mim.
7Sua adoração é uma farsa, pois ensinam doutrinas humanas
como se fossem mandamentos de Deus'.
8Vocês desprezam a lei de Deus e a substituem por sua própria
tradição".
9Disse ainda: "Vocês se esquivam com habilidade da lei de
Deus para se apegar à sua própria tradição. 10Por exemplo,
Moisés deu esta lei: 'Honre seu pai e sua mãe' e 'Quem insultar
seu pai ou sua mãe será executado'. 11Vocês, porém, ensinam
que alguém pode dizer a seus pais: 'Não posso ajudá-los. Jurei
entregar como oferta a Deus aquilo que eu teria dado a vocês'.
12Com isso, desobrigam as pessoas de cuidarem dos pais,
13anulando a palavra de Deus a fim de transmitir sua própria
tradição. E esse é apenas um exemplo entre muitos outros".
14Jesus chamou a multidão para perto de si e disse: "Ouçam,
todos vocês, e procurem entender. 15Não é o que entra no corpo
que os contamina; vocês se contaminam com o que sai do co-
ração. 16Quem tem ouvidos para ouvir, ouça com atenção!".
17Então Jesus entrou numa casa para se afastar da multidão, e
seus discípulos lhe perguntaram o que ele queria dizer com a
parábola que havia acabado de contar. 18"Vocês também ainda
não entendem?", perguntou. "Não percebem que a comida
que entra no corpo não pode contaminá-los? 19O alimento não
vai para o coração, mas apenas passa pelo estômago e vai
parar no esgoto." (Ao dizer isso, declarou que todo tipo de
comida é aceitável.)
20Em seguida, acrescentou: "Aquilo que vem de dentro é que
os contamina. 21Pois, de dentro, do coração da pessoa, vêm
maus pensamentos, imoralidade sexual, roubo, homicídio,
22adultério, cobiça, perversidade, engano, paixões carnais,
inveja, calúnias, orgulho e insensatez. 23Todas essas coisas
desprezíveis vêm de dentro; são elas que os contaminam".

A mulher siro-fenícia demonstra fé

24Então Jesus deixou a Galileia e se dirigiu para o norte, para
a região de Tiro. Não queria que ninguém soubesse onde ele
estava hospedado, mas não foi possível manter segredo. 25De
imediato, uma mulher que tinha ouvido falar dele veio e caiu a
seus pés. A filha dela estava possuída por um espírito impuro,
26e ela implorou que ele expulsasse o demônio que estava
na menina. Sendo ela grega, nascida na região da Fenícia,
na Síria, 27Jesus lhe disse: "Primeiro devem-se alimentar os
filhos. Não é certo tirar comida das crianças e jogá-la aos ca-
chorros".
28"Senhor, é verdade", disse a mulher. "No entanto, até os
cachorros, debaixo da mesa, comem as migalhas dos pratos
dos filhos."
29"Boa resposta!", disse Jesus. "Vá para casa, pois o demônio
já deixou sua filha." 30E, quando ela chegou à sua casa, sua
filha estava deitada na cama, e o demônio a havia deixado.

Jesus cura um surdo

31Jesus saiu de Tiro e subiu para Sidom antes de voltar ao mar
da Galileia e à região das Dez Cidades. 32Algumas pessoas lhe
trouxeram um homem surdo e com dificuldade de fala, e lhe
pediram que pusesse as mãos sobre ele e o curasse.
33Jesus o afastou da multidão para ficar a sós com ele. Pôs
os dedos nos ouvidos do homem e, em seguida, cuspiu nos
dedos e tocou a língua dele. 34Olhando para o céu, suspirou e
disse: "*Efatá!*", que significa "Abra-se!". 35No mesmo instante,
o homem passou a ouvir perfeitamente; sua língua ficou livre,
e ele começou a falar com clareza.
36Jesus ordenou à multidão que não contasse a ninguém, mas,
quanto mais ele os proibia, mais divulgavam o que havia acon-
tecido. 37Estavam muito admirados e diziam repetidamente:
"Tudo que ele faz é maravilhoso! Ele até faz o surdo ouvir e o
mudo falar!".

A segunda multiplicação dos pães

8 Naqueles dias, outra grande multidão se reuniu e, mais uma
vez, o povo ficou sem comida. Jesus chamou os discípulos e

disse: 2“Tenho compaixão dessa gente. Estão aqui comigo há três dias e não têm mais nada para comer. 3Se eu os mandar embora com fome, desmaiarão no caminho. Alguns vieram de longe”.

4Os discípulos disseram: “Como conseguiremos comida suficiente neste lugar deserto para alimentá-los?”.

5Jesus perguntou: “Quantos pães vocês têm?”. “Sete”, responderam eles.

6Então Jesus mandou todo o povo sentar-se no chão. Tomou os sete pães, agradeceu a Deus e os partiu em pedaços. Em seguida, entregou-os aos discípulos, que os distribuíram à multidão. 7Eles encontraram, ainda, alguns peixinhos; Jesus também os abençoou e mandou que os discípulos os distribuíssem.

8Todos comeram à vontade. Depois, os discípulos recolheram sete cestos grandes com as sobras. 9Naquele dia, havia cerca de quatro mil homens na multidão. Após comerem, Jesus os mandou para casa. 10Em seguida, entrou com seus discípulos num barco e atravessou para a região de Dalmanuta.

Os fariseus exigem um sinal

11Alguns fariseus vieram ao encontro de Jesus e começaram a discutir com ele. Para pô-lo à prova, exigiram que lhes mostrasse um sinal do céu.

12Ao ouvir isso, Jesus suspirou profundamente e disse: “Por que este povo insiste em pedir um sinal? Eu lhes digo a verdade: não darei sinal algum aos homens desta geração”. 13Então ele os deixou, entrou de volta no barco e atravessou para o outro lado do mar.

O fermento dos fariseus e de Herodes

14Os discípulos, porém, se esqueceram de levar comida. Tinham no barco apenas um pão. 15Enquanto atravessavam o mar, Jesus os advertiu: “Fiquem atentos! Tenham cuidado com o fermento dos fariseus e de Herodes”.

16Os discípulos começaram a discutir entre si porque não tinham trazido pão. 17Ao saber do que estavam falando, Jesus disse: “Por que discutem sobre a falta de pão? Ainda não sabem ou não entenderam? Seu coração está tão endurecido que não compreendem? 18Vocês têm olhos, mas não veem? Têm ouvidos, mas não ouvem? Não se lembram de nada? 19Quando reparti os cinco pães entre os cinco mil, quantos cestos cheios de sobras vocês recolheram?”. “Doze”, responderam eles.

20“E quando reparti os sete pães entre os quatro mil, quantos cestos grandes cheios de sobras vocês recolheram?”

“Sete”, responderam.

21“E vocês ainda não entendem?”, perguntou.

Jesus cura um cego

22Quando chegaram a Betsaida, algumas pessoas trouxeram um cego a Jesus e lhe pediram que o tocasse. 23Ele tomou o cego pela mão e o levou para fora do povoado. Em seguida, cuspiu nos olhos do homem, pôs as mãos sobre ele e perguntou: “Vê alguma coisa?”.

24Recuperando aos poucos a vista, o homem respondeu: “Vejo pessoas, mas não as enxergo claramente. Parecem árvores andando”.

25Jesus pôs as mãos sobre os olhos do homem mais uma vez, e sua visão foi completamente restaurada; ele passou a ver tudo com nitidez. 26Então Jesus se despediu dele e disse: “Ao voltar para casa, não entre no povoado”.

Pedro declara sua fé

27Jesus e seus discípulos deixaram a Galileia e foram para os povoados perto de Cesareia de Filipe. Enquanto caminhavam, Jesus lhes perguntou: “Quem as pessoas dizem que eu sou?”.

28Eles responderam: “Alguns dizem que o senhor é João Batista; outros, que é Elias ou um dos profetas”.

29“E vocês?”, perguntou ele. “Quem vocês dizem que eu sou?”

Pedro respondeu: “O senhor é o Cristo!”.

30Mas Jesus os advertiu de que não falassem a ninguém a seu respeito.

Jesus prediz sua morte

31Então Jesus começou a lhes ensinar que era necessário que o Filho do Homem sofresse muitas coisas e fosse rejeitado pelos líderes do povo, pelos principais sacerdotes e pelos mestres da lei. Seria morto, mas três dias depois ressuscitaria. 32Enquanto falava abertamente sobre isso com os discípulos, Pedro o chamou de lado e o repreendeu por dizer tais coisas.

33Jesus se virou, olhou para seus discípulos e repreendeu Pedro. “Afaste-se de mim, Satanás!”, disse ele. “Você considera as coisas apenas do ponto de vista humano, e não da perspectiva de Deus.”

34Depois, chamou a multidão e os discípulos e disse: “Se alguém quer ser meu seguidor, negue a si mesmo, tome sua cruz e siga-me. 35Se tentar se apegar à sua vida, a perderá. Mas, se abrir mão de sua vida por minha causa e por causa das boas-novas, a salvará. 36Que vantagem há em ganhar o mundo inteiro, mas perder a vida? 37E o que daria o homem em troca de sua vida? 38Se alguém se envergonhar de mim e de minha mensagem nesta época de adultério e pecado, o Filho do Homem se envergonhará dele quando vier na glória de seu Pai com os santos anjos”.

9 Jesus prosseguiu: “Eu lhes digo a verdade: alguns que estão aqui neste momento não morrerão antes de ver o reino de Deus vindo com grande poder!”.

A transfiguração

2Seis dias depois, Jesus levou consigo Pedro, Tiago e João até um monte alto, para estarem a sós. Ali, diante de seus olhos, a aparência de Jesus foi transformada. 3Suas roupas ficaram brancas e resplandecentes, muito mais claras do que qualquer

lavandeiro seria capaz de deixá-las. 4Então Elias e Moisés apa-
receram e começaram a falar com Jesus.
5Pedro exclamou: "Rabi, é maravilhoso estarmos aqui! Vamos
fazer três tendas: uma será sua, uma de Moisés e outra de
Elias". 6Disse isso porque não sabia o que mais falar, pois
estavam todos apavorados.
7Então uma nuvem os cobriu, e uma voz que vinha da nuvem
disse: "Este é meu Filho amado. Ouçam-no!". 8De repente,
quando olharam em volta, só Jesus estava com eles.
9Enquanto desciam o monte, Jesus ordenou que não con-
tassem a ninguém o que tinham visto, até que o Filho do
Homem tivesse ressuscitado dos mortos. 10Eles guardaram
segredo, mas conversavam entre si com frequência sobre o
que ele queria dizer com "ressuscitar dos mortos".
11Então eles perguntaram a Jesus: "Por que os mestres da lei
afirmam que é necessário que Elias volte antes que o Cristo
venha?".
12Jesus respondeu: "De fato, Elias vem primeiro para restaurar
tudo. Então por que as Escrituras dizem que é necessário o
Filho do Homem sofrer muito e ser tratado com desprezo? 13Eu,
porém, lhes digo: Elias já veio e eles preferiram maltratá-lo,
conforme as Escrituras haviam previsto".

Jesus cura um menino possuído por demônio

14Ao voltarem para junto dos outros discípulos, viram que es-
tavam cercados por uma grande multidão e que alguns mes-
tres da lei discutiam com eles. 15Quando a multidão viu Jesus,
ficou muito admirada e correu para cumprimentá-lo.
16"Sobre o que discutem?", perguntou Jesus.
17Um dos homens na multidão respondeu: "Mestre, eu lhe
trouxe meu filho, que está possuído por um espírito impuro
que não o deixa falar. 18Sempre que o espírito se apodera dele,
joga-o no chão, e ele espuma pela boca, range os dentes e
fica rígido. Pedi a seus discípulos que expulsassem o espírito
impuro, mas eles não conseguiram".
19Jesus lhes disse: "Geração incrédula! Até quando estarei
com vocês? Até quando terei de suportá-los? Tragam o me-
nino para cá".
20Então o trouxeram. Quando o espírito impuro viu Jesus,
causou uma convulsão intensa no menino e ele caiu no chão,
contorcendo-se e espumando pela boca.
21Jesus perguntou ao pai do menino: "Há quanto tempo isso
acontece com ele?". "Desde que ele era pequeno", respondeu
o pai. 22"Muitas vezes o espírito o lança no fogo ou na água
e tenta matá-lo. Tenha misericórdia de nós e ajude-nos, se
puder."
23"Se puder?", perguntou Jesus. "Tudo é possível para aquele
que crê."
24No mesmo instante, o pai respondeu: "Eu creio, mas aju-
de-me a superar minha incredulidade".
25Quando Jesus viu que a multidão aumentava, repreendeu o
espírito impuro, dizendo: "Espírito que impede este menino
de ouvir e falar, ordeno que saia e nunca mais entre nele!".
26O espírito gritou, causou outra convulsão intensa no menino
e saiu dele. O menino parecia morto. Um murmúrio correu
pela multidão: "Ele morreu". 27Mas Jesus o tomou pela mão e
o ajudou a se levantar, e ele ficou em pé.
28Depois, quando Jesus estava em casa com seus discípulos,
eles perguntaram: "Por que não conseguimos expulsar aquele
espírito impuro?".
29Jesus respondeu: "Essa espécie só sai com oração".

Jesus prediz sua morte pela segunda vez

30Ao deixarem aquela região, viajaram pela Galileia. Jesus não
queria que ninguém soubesse que ele estava lá, 31pois queria
ensinar a seus discípulos. Ele lhes dizia: "O Filho do Homem
será traído e entregue em mãos humanas. Será morto, mas
três dias depois ressuscitará". 32Eles, porém, não entendiam
essas coisas e tinham medo de lhe perguntar.

O maior no reino

33Depois que chegaram a Cafarnaum e se acomodaram numa
casa, Jesus perguntou a seus discípulos: "Sobre o que vocês
discutiam no caminho?". 34Eles não responderam, pois tinham
discutido sobre qual deles era o maior. 35Jesus se sentou,
chamou os Doze e disse: "Quem quiser ser o primeiro, que se
torne o último e seja servo de todos".
36Então colocou uma criança no meio deles, tomou-a nos
braços e disse: 37"Quem recebe uma criança pequena como
esta em meu nome recebe a mim, e quem me recebe não
recebe apenas a mim, mas também ao Pai, que me enviou".

Diversos ensinamentos de Jesus

38João disse a Jesus: "Mestre, vimos alguém usar seu nome
para expulsar demônios; nós o proibimos, pois ele não era do
nosso grupo".
39"Não o proíbam!", disse Jesus. "Ninguém que faça milagres
em meu nome falará mal de mim a seguir. 40Quem não é contra
nós é a favor de nós. 41Eu lhes digo a verdade: se alguém lhes
der um simples copo de água porque vocês são seguidores do
Cristo, essa pessoa certamente será recompensada.
42"Mas, se alguém fizer um destes pequeninos que confiam
em mim cair em pecado, seria melhor que lhe amarrassem
ao pescoço uma grande pedra de moinho e fosse jogado ao
mar. 43Se sua mão o leva a pecar, corte-a fora. É melhor entrar
na vida eterna com apenas uma das mãos que ser lançado
no fogo inextinguível do inferno com as duas mãos. 44Lá os
vermes nunca morrem e o fogo nunca se apaga. 45Se seu pé o
leva a pecar, corte-o fora. É melhor entrar na vida eterna com
apenas um pé que ser lançado no inferno com os dois pés.
46Lá os vermes nunca morrem e o fogo nunca se apaga. 47E, se
seu olho o leva a pecar, lance-o fora. É melhor entrar no reino
de Deus com apenas um dos olhos que ter os dois olhos e ser
lançado no inferno. 48Lá os vermes nunca morrem e o fogo
nunca se apaga.
49"Pois cada um será provado com fogo. 50O sal é bom para

temperar, mas, se perder o sabor, como torná-lo salgado outra
vez? Tenham entre vocês as qualidades do bom sal e vivam em
paz uns com os outros."

Discussão sobre divórcio e casamento

10 Então Jesus deixou Cafarnaum e foi para a região da Ju-
deia, a leste do rio Jordão. Mais uma vez, multidões se
juntaram ao seu redor e, como de costume, ele as ensinava.
2Alguns fariseus vieram e tentaram apanhar Jesus numa ar-
madilha com a seguinte pergunta: "Deve-se permitir que um
homem se divorcie de sua mulher?".
3Jesus respondeu: "O que Moisés disse na lei a respeito do
divórcio?".
4"Ele o permitiu", responderam os fariseus. "Disse que um
homem poderia dar à esposa um certificado de divórcio e
mandá-la embora."
5Jesus, porém, disse: "Moisés escreveu esse mandamento
porque vocês têm o coração duro, 6mas 'Deus os fez homem e
mulher' desde o princípio da criação. 7'Por isso o homem deixa
pai e mãe e se une à sua mulher, 8e os dois se tornam um só'.
Uma vez que já não são dois, mas um só, 9que ninguém separe
o que Deus uniu".
10Mais tarde, quando Jesus estava em casa com seus discí-
pulos, eles tocaram no assunto outra vez. 11Jesus respondeu:
"Quem se divorcia de sua esposa e se casa com outra mulher
comete adultério contra ela. 12E, se a mulher se divorcia do
marido e se casa com outro homem, comete adultério".

Jesus abençoa as crianças

13Certo dia, trouxeram crianças para que Jesus pusesse as
mãos sobre elas, mas os discípulos repreendiam aqueles que
as traziam.
14Ao ver isso, Jesus ficou indignado com os discípulos e disse:
"Deixem que as crianças venham a mim. Não as impeçam,
pois o reino de Deus pertence aos que são como elas. 15Eu
lhes digo a verdade: quem não receber o reino de Deus como
uma criança de modo algum entrará nele". 16Então tomou as
crianças nos braços, pôs as mãos sobre a cabeça delas e as
abençoou.

O homem rico

17Quando Jesus saía para Jerusalém, um homem veio correndo
em sua direção, ajoelhou-se diante dele e perguntou: "Bom
mestre, que devo fazer para herdar a vida eterna?".
18"Por que você me chama de bom?", perguntou Jesus.
"Apenas Deus é verdadeiramente bom. 19Você conhece os
mandamentos: 'Não mate. Não cometa adultério. Não roube.
Não dê falso testemunho. Não engane ninguém. Honre seu
pai e sua mãe'."
20O homem respondeu: "Mestre, tenho obedecido a todos
esses mandamentos desde a juventude".
21Com amor, Jesus olhou para o homem e disse: "Ainda há
uma coisa que você não fez. Vá, venda todos os seus bens e
dê o dinheiro aos pobres. Então você terá um tesouro no céu.
Depois, venha e siga-me".
22Ao ouvir isso, o homem ficou desapontado e foi embora
triste, pois tinha muitos bens.

As recompensas do discipulado

23Jesus olhou ao redor e disse a seus discípulos: "Como é di-
fícil os ricos entrarem no reino de Deus!". 24Os discípulos se
admiraram de suas palavras. Mas Jesus disse outra vez: "Fi-
lhos, entrar no reino de Deus é muito difícil. 25É mais fácil um
camelo passar pelo buraco de uma agulha que um rico entrar
no reino de Deus".
26Perplexos, os discípulos perguntaram: "Então quem pode
ser salvo?".
27Jesus olhou atentamente para eles e respondeu: "Para as
pessoas isso é impossível, mas não para Deus. Para Deus, tudo
é possível".
28Então Pedro começou a falar: "Deixamos tudo para se-
gui-lo".
29Jesus respondeu: "Eu lhes garanto que todos que deixaram
casa, irmãos, irmãs, mãe, pai, filhos ou propriedades por
minha causa e por causa das boas-novas 30receberão em
troca, neste mundo, cem vezes mais casas, irmãos, irmãs,
mães, filhos e propriedades, com perseguição, e, no mundo
futuro, terão a vida eterna. 31Contudo, muitos primeiros serão
os últimos, e muitos últimos serão os primeiros".

Jesus prediz sua morte e ressurreição

32Por esse tempo, subiam para Jerusalém, e Jesus ia à frente.
Os discípulos estavam muito admirados, e o povo que os se-
guia tinha grande temor. Jesus chamou os Doze à parte e,
mais uma vez, começou a descrever tudo que estava prestes
a lhe acontecer.
33"Ouçam", disse ele. "Estamos subindo para Jerusalém, onde
o Filho do Homem será traído e entregue aos principais sacer-
dotes e aos mestres da lei. Eles o condenarão à morte e o en-
tregarão aos gentios. 34Zombarão dele, cuspirão nele, o açoi-
tarão e o matarão, mas depois de três dias ele ressuscitará."

Jesus ensina sobre servir a outros

35Então Tiago e João, filhos de Zebedeu, vieram e falaram com
ele: "Mestre, queremos que nos faça um favor".
36"Que favor é esse?", perguntou ele.
37Eles responderam: "Quando o senhor se sentar em seu trono
glorioso, queremos nos sentar em lugares de honra ao seu
lado, um à sua direita e outro à sua esquerda".
38Jesus lhes disse: "Vocês não sabem o que estão pedindo! São
capazes de beber do cálice que beberei? São capazes de ser
batizados com o batismo com que serei batizado?".
39"Somos!", responderam eles. Então Jesus disse: "De fato,
vocês beberão do meu cálice e serão batizados com o meu
batismo. 40Não cabe a mim, no entanto, dizer quem se sen-

tará à minha direita ou à minha esquerda. Esses lugares serão
daqueles para quem eles foram preparados".
41Quando os outros dez discípulos ouviram o que Tiago e
João haviam pedido, ficaram indignados. 42Então Jesus os
reuniu e disse: "Vocês sabem que os que são considerados
líderes neste mundo têm poder sobre o povo, e que os ofi-
ciais exercem sua autoridade sobre os súditos. 43Entre vocês,
porém, será diferente. Quem quiser ser o líder entre vocês,
que seja servo, 44e quem quiser ser o primeiro entre vocês,
que se torne escravo de todos. 45Pois nem mesmo o Filho do
Homem veio para ser servido, mas para servir e dar sua vida
em resgate por muitos".

Jesus cura o cego Bartimeu

46Então chegaram a Jericó. Quando Jesus e seus discípulos
saíam da cidade, uma grande multidão os seguiu. Um men-
digo cego chamado Bartimeu, filho de Timeu, estava sentado
à beira do caminho. 47Quando Bartimeu soube que Jesus de
Nazaré estava perto, começou a gritar: "Jesus, Filho de Davi,
tenha misericórdia de mim!".
48Muitos lhe diziam aos brados: "Cale-se!". Ele, porém, gritava
ainda mais alto: "Filho de Davi, tenha misericórdia de mim!".
49Quando Jesus o ouviu, parou e disse: "Falem para ele vir
aqui". Então chamaram o cego. "Anime-se!", disseram.
"Venha, ele o está chamando!" 50Bartimeu jogou sua capa
para o lado, levantou-se de um salto e foi até Jesus.
51"O que você quer que eu lhe faça?", perguntou Jesus. O cego
respondeu: "Rabi, quero enxergar".
52Jesus lhe disse: "Vá, pois sua fé o curou". No mesmo ins-
tante, o homem passou a ver e seguiu Jesus pelo caminho.

A entrada de Jesus em Jerusalém

11 Quando já se aproximavam de Jerusalém, Jesus e seus
discípulos chegaram às cidades de Betfagé e Betânia, no
monte das Oliveiras. Jesus enviou na frente dois discípulos.
2"Vão àquele povoado adiante", disse ele. "Assim que en-
trarem, verão amarrado ali um jumentinho, no qual ninguém
jamais montou. Desamarrem-no e tragam-no para cá. 3Se al-
guém lhes perguntar: 'O que estão fazendo?', digam apenas:
'O Senhor precisa dele e o devolverá em breve'."
4Os dois discípulos foram e encontraram o jumentinho na rua,
amarrado junto a uma porta. 5Enquanto o desamarravam, al-
gumas pessoas que estavam ali perguntaram: "O que vocês
estão fazendo, desamarrando esse jumentinho?". 6Respon-
deram conforme Jesus havia instruído, e os deixaram levar o
animal. 7Os discípulos trouxeram o jumentinho, puseram seus
mantos sobre o animal, e Jesus montou nele.
8Muitos da multidão espalharam seus mantos ao longo do ca-
minho diante de Jesus, e outros espalharam ramos que haviam
cortado nos campos. 9E as pessoas, tanto as que iam à frente
como as que o seguiam, gritavam: "Hosana! Bendito é o que
vem em nome do Senhor!
10Bendito é o reino que vem, o reino de nosso antepassado
Davi! Hosana no mais alto céu!".
11Jesus entrou em Jerusalém e foi ao templo. Depois de olhar
tudo ao redor atentamente, voltou a Betânia com os Doze,
porque já era tarde.

Jesus amaldiçoa a figueira

12Na manhã seguinte, quando saíam de Betânia, Jesus teve
fome. 13Viu que, a certa distância, havia uma figueira cheia
de folhas e foi ver se encontraria figos. No entanto, só havia
folhas, pois ainda não era tempo de dar frutos. 14Então Jesus
disse à árvore: "Nunca mais comam de seu fruto!". E os discí-
pulos ouviram o que ele disse.

Jesus purifica o templo

15Quando voltaram a Jerusalém, Jesus entrou no templo e
começou a expulsar os que compravam e vendiam animais
para os sacrifícios. Derrubou as mesas dos cambistas e as ca-
deiras dos que vendiam pombas, 16impediu todos de usarem o
templo como mercado 17e os ensinava, dizendo: "As Escrituras
declaram: 'Meu templo será chamado casa de oração para
todas as nações', mas vocês o transformaram num esconderijo
de ladrões!".
18Quando os principais sacerdotes e mestres da lei souberam
o que Jesus tinha feito, começaram a tramar um modo de
matá-lo. Contudo, tinham medo dele, pois o povo estava muito
admirado com seu ensino.
19Ao entardecer, Jesus e seus discípulos saíram da cidade.

Ensino sobre a figueira

20Na manhã seguinte, quando os discípulos passaram pela
figueira que Jesus tinha amaldiçoado, notaram que ela es-
tava seca desde a raiz. 21Pedro se lembrou do que Jesus tinha
dito à árvore e exclamou: "Veja, Rabi! A figueira que o senhor
amaldiçoou secou!".
22Então Jesus disse aos discípulos: "Tenham fé em Deus. 23Eu
lhes digo a verdade: vocês poderão dizer a este monte: 'Le-
vante-se e atire-se no mar', e isso acontecerá. É preciso, no
entanto, crer que acontecerá, e não ter nenhuma dúvida em
seu coração. 24Digo-lhes que, se crerem que já receberam,
qualquer coisa que pedirem em oração lhes será concedido.
25Quando estiverem orando, se tiverem alguma coisa contra
alguém, perdoem-no, para que seu Pai no céu também perdoe
seus pecados. 26Mas, se vocês se recusarem a perdoar, seu Pai
no céu não perdoará seus pecados".

A autoridade de Jesus é questionada

27Mais uma vez, voltaram a Jerusalém. Enquanto Jesus pas-
sava pelo templo, os principais sacerdotes, os mestres da lei e
os líderes do povo vieram até ele 28e perguntaram: "Com que
autoridade você faz essas coisas? Quem lhe deu esse direito?".
29Jesus respondeu: "Eu lhes direi com que autoridade faço

essas coisas se vocês responderem a uma pergunta: 30A au-
toridade de João para batizar vinha do céu ou era apenas hu-
mana? Respondam-me!".
31Eles discutiram a questão entre si: "Se dissermos que vinha
do céu, ele perguntará por que não cremos em João. 32Mas
será que ousamos dizer que era apenas humana?". Tinham
medo do que o povo faria, pois todos acreditavam que João
era profeta. 33Por fim, responderam: "Não sabemos". E Jesus
replicou: "Então eu também não direi com que autoridade faço
essas coisas".

A parábola dos lavradores maus

12 Então Jesus começou a lhes ensinar por meio de pará-
bolas: "Um homem plantou um vinhedo. Construiu uma
cerca ao seu redor, um tanque de prensar e uma torre para
o guarda. Depois, arrendou o vinhedo a alguns lavradores e
partiu para um lugar distante. 2No tempo da colheita da uva,
enviou um de seus servos para receber sua parte da produção.
3Os lavradores agarraram o servo, o espancaram e o man-
daram de volta de mãos vazias. 4Então o dono da terra enviou
outro servo, mas eles o insultaram e bateram na cabeça dele.
5O próximo servo que ele mandou foi morto. Outros servos que
ele enviou foram espancados ou mortos, 6até que só restou
um: seu filho muito amado. Por fim, o dono o enviou, pois
pensou: 'Certamente respeitarão meu filho'.
7"Os lavradores, porém, disseram uns aos outros: 'Aí vem o
herdeiro da propriedade. Vamos matá-lo e tomar posse desta
terra!'. 8Então o agarraram, o mataram e jogaram seu corpo
para fora do vinhedo.
9"O que vocês acham que o dono do vinhedo fará?", perguntou
Jesus. "Ele virá, matará os lavradores e arrendará o vinhedo
a outros. 10Vocês nunca leram nas Escrituras: 'A pedra que os
construtores rejeitaram se tornou a pedra angular.
11Isso é obra do Senhor e é maravilhosa de ver'?"
12Os líderes religiosos queriam prender Jesus, pois perceberam
que eram eles os lavradores maus a que Jesus se referia. No
entanto, por medo da multidão, deixaram-no e foram embora.

Impostos para César

13Mais tarde, os líderes enviaram alguns fariseus e membros do
partido de Herodes com o objetivo de levar Jesus a dizer algo
que desse motivo para o prenderem. 14Disseram: "Mestre, sa-
bemos como o senhor é honesto. É imparcial e não demonstra
favoritismo. Ensina o caminho de Deus de acordo com a ver-
dade. Agora, diga-nos: É certo pagar impostos a César ou não?
15Devemos pagar ou não?". Jesus percebeu a hipocrisia deles
e disse: "Por que vocês tentam me apanhar numa armadilha?
Mostrem-me uma moeda de prata, e eu lhes direi". 16Quando
lhe deram a moeda, ele disse: "De quem são a imagem e o
título nela gravados?". "De César", responderam.
17"Então deem a César o que pertence a César, e deem a Deus
o que pertence a Deus", disse ele. Sua resposta os deixou
muito admirados.

Discussão sobre a ressurreição dos mortos

18Depois vieram a Jesus alguns saduceus, líderes religiosos
que afirmam não haver ressurreição dos mortos, e pergun-
taram: 19"Mestre, Moisés nos deu uma lei segundo a qual se
um homem morrer sem deixar filhos, o irmão dele deve se
casar com a viúva e ter um filho que dará continuidade ao
nome do irmão. 20Numa família havia sete irmãos. O mais
velho se casou e morreu sem deixar filhos. 21O segundo irmão
se casou com a viúva, mas também morreu sem deixar filhos.
Então o terceiro irmão se casou com ela. 22O mesmo aconteceu
até o sétimo irmão, e nenhum deixou filhos. Por fim, a mulher
também morreu. 23Diga-nos, de quem ela será esposa na res-
surreição? Afinal, os sete se casaram com ela".
24Jesus respondeu: "O erro de vocês está em não conhecerem
as Escrituras nem o poder de Deus. 25Pois, quando os mortos
ressuscitarem, não se casarão nem se darão em casamento.
Nesse sentido, serão como os anjos do céu.
26"Agora, quanto a haver ressurreição dos mortos, vocês não
leram a esse respeito nos escritos de Moisés, no relato sobre
o arbusto em chamas? Deus disse a Moisés: 'Eu sou o Deus de
Abraão, o Deus de Isaque e o Deus de Jacó'. 27Portanto, ele é o
Deus dos vivos, e não dos mortos. Vocês estão completamente
enganados!".

O mandamento mais importante

28Um dos mestres da lei estava ali ouvindo a discussão. Ao
perceber que Jesus tinha respondido bem, perguntou: "De
todos os mandamentos, qual é o mais importante?".
29Jesus respondeu: "O mandamento mais importante é este:
'Ouça, ó Israel! O Senhor, nosso Deus, é o único Senhor. 30Ame
o Senhor, seu Deus, de todo o seu coração, de toda a sua alma,
de toda a sua mente e de todas as suas forças'. 31O segundo é
igualmente importante: 'Ame o seu próximo como a si mesmo'.
Nenhum outro mandamento é maior que esses".
32O mestre da lei respondeu: "Muito bem, mestre. O senhor
falou a verdade ao dizer que há só um Deus, e nenhum outro.
33E sei que é importante amá-lo de todo o meu coração, de
todo o meu entendimento e de todas as minhas forças, e amar
o meu próximo como a mim mesmo. É mais importante que
oferecer todos os holocaustos e sacrifícios exigidos pela lei".
34Ao perceber quanto o homem compreendia, Jesus disse:
"Você não está longe do reino de Deus". Depois disso, nin-
guém se atreveu a lhe fazer mais perguntas.

De quem o Cristo é filho?

35Mais tarde, enquanto ensinava o povo no templo, Jesus fez
a seguinte pergunta: "Por que os mestres da lei afirmam que
o Cristo é filho de Davi? 36O próprio Davi, falando por meio do
Espírito Santo, disse: 'O Senhor disse ao meu Senhor: Sente-se
no lugar de honra à minha direita até que eu humilhe seus
inimigos debaixo de seus pés'.
37Uma vez que Davi chamou o Cristo de 'meu Senhor', como ele
pode ser filho de Davi?". E a grande multidão o ouvia com prazer.

Jesus critica os mestres da lei

38 Jesus também ensinou: "Cuidado com os mestres da lei! Eles gostam de se exibir com vestes longas e de receber saudações respeitosas quando andam pelas praças. 39 E como gostam de sentar-se nos lugares de honra nas sinagogas e à cabeceira da mesa nos banquetes! 40 No entanto, tomam posse dos bens das viúvas de maneira desonesta e, depois, para dar a impressão de piedade, fazem longas orações em público. Por causa disso, serão duramente castigados".

A oferta da viúva

41 Jesus sentou-se perto da caixa de ofertas do templo e ficou observando o povo colocar o dinheiro. Muitos ricos contribuíam com grandes quantias. 42 Então veio uma viúva pobre e colocou duas moedas pequenas.

43 Jesus chamou seus discípulos e disse: "Eu lhes digo a verdade: essa viúva depositou na caixa de ofertas mais que todos os outros. 44 Eles deram uma parte do que lhes sobrava, mas ela, em sua pobreza, deu tudo que tinha".

Jesus fala de acontecimentos futuros

13 Quando Jesus saía do templo, um de seus discípulos disse: "Mestre, olhe que construções magníficas! Que pedras impressionantes!".

2 Jesus respondeu: "Está vendo estas grandes construções? Serão completamente destruídas. Não restará pedra sobre pedra!".

3 Mais tarde, Jesus sentou-se no monte das Oliveiras, do outro lado do vale, de frente para o templo. Pedro, Tiago, João e André vieram e lhe perguntaram em particular: 4 "Diga-nos, quando isso tudo vai acontecer? Que sinais indicarão que essas coisas estão prestes a se cumprir?".

5 Jesus respondeu: "Não deixem que ninguém os engane, 6 pois muitos virão em meu nome, dizendo: 'Eu sou o Cristo', e enganarão muitos. 7 Vocês ouvirão falar de guerras e ameaças de guerras, mas não entrem em pânico. Sim, é necessário que essas coisas ocorram, mas ainda não será o fim. 8 Uma nação guerreará contra a outra, e um reino contra o outro. Haverá terremotos em vários lugares, e também fome. Tudo isso, porém, será apenas o começo das dores de parto.

9 "Tenham cuidado! Vocês serão entregues aos tribunais e açoitados nas sinagogas. Por minha causa, serão julgados diante de governadores e reis. Essa será sua oportunidade de lhes falar a meu respeito. 10 É necessário, primeiro, que as boas-novas sejam anunciadas a todas as nações. 11 Quando forem presos e julgados, não se preocupem com o que dirão. Falem apenas o que lhes for concedido naquele momento, pois não serão vocês que falarão, mas o Espírito Santo.

12 "O irmão trairá seu irmão e o entregará à morte, e assim também o pai a seu próprio filho. Os filhos se rebelarão contra os pais e os matarão. 13 Todos os odiarão por minha causa, mas quem se mantiver firme até o fim será salvo.

14 "Chegará o dia em que vocês verão a 'terrível profanação' no lugar onde não deveria estar. (Leitor, preste atenção!) Então, quem estiver na Judeia, fuja para os montes. 15 Quem estiver na parte de cima da casa, não desça nem entre para pegar coisa alguma. 16 Quem estiver no campo, não volte nem para pegar o manto. 17 Que terríveis serão aqueles dias para as grávidas e para as mães que estiverem amamentando! 18 Orem para que a fuga de vocês não aconteça no inverno, 19 pois haverá mais angústia naqueles dias que em qualquer outra ocasião desde que Deus criou o mundo, e nunca mais haverá angústia tão grande. 20 De fato, se o Senhor não tivesse limitado esse tempo, ninguém sobreviveria, mas, por causa de seus escolhidos, ele limitou aqueles dias.

21 "Portanto, se alguém lhes disser: 'Vejam, aqui está o Cristo!' ou 'Vejam, ali está ele!', não acreditem, 22 pois falsos cristos e falsos profetas surgirão e realizarão sinais e maravilhas a fim de enganar, se possível, até os escolhidos. 23 Fiquem atentos! Eu os avisei a esse respeito de antemão.

24 "Naquele tempo, depois da angústia daqueles dias, 'o sol escurecerá, a lua não dará luz, 25 as estrelas cairão do céu, e os poderes dos céus serão abalados'.

26 Então todos verão o Filho do Homem vindo nas nuvens com grande poder e glória. 27 Ele enviará seus anjos para reunir seus escolhidos de todas as partes do mundo, das extremidades da terra às extremidades do céu.

28 "Agora, aprendam a lição da figueira. Quando surgem seus ramos e suas folhas começam a brotar, vocês sabem que o verão está próximo. 29 Da mesma forma, quando virem todas essas coisas, saberão que o tempo está muito próximo, à porta. 30 Eu lhes digo a verdade: esta geração certamente não passará até que todas essas coisas tenham acontecido. 31 O céu e a terra desaparecerão, mas as minhas palavras jamais desaparecerão.

32 "Contudo, ninguém sabe o dia nem a hora em que essas coisas acontecerão, nem mesmo os anjos no céu, nem o Filho. Somente o Pai sabe. 33 E, uma vez que vocês não sabem quando virá esse tempo, vigiem! Fiquem atentos!

34 "A vinda do Filho do Homem pode ser ilustrada pela história de um homem que partiu numa longa viagem. Quando saiu de casa, deu instruções a cada um de seus servos sobre o que fazer e disse ao porteiro que vigiasse, à espera de sua volta. 35 Vocês também devem vigiar! Pois não sabem quando o dono da casa voltará: à tarde, à meia-noite, de madrugada ou ao amanhecer. 36 Que ele não os encontre dormindo quando chegar sem aviso. 37 Eu lhes digo o que digo a todos: vigiem!".

A conspiração para matar Jesus

14 Faltavam dois dias para a Páscoa e para a Festa dos Pães sem Fermento. Os principais sacerdotes e mestres da lei ainda procuravam uma oportunidade de prender Jesus em segredo e matá-lo. 2 "Mas não durante a festa da Páscoa, para não haver tumulto entre o povo", concordaram entre eles.

Jesus é ungido em Betânia

3 Enquanto isso, Jesus estava em Betânia, na casa de Simão, o
leproso. Quando ele estava à mesa, uma mulher entrou com
um frasco de alabastro contendo um perfume caro, feito de
essência de nardo. Ela quebrou o frasco e derramou o perfume
sobre a cabeça dele.
4 Alguns dos que estavam à mesa ficaram indignados. "Por que
desperdiçar um perfume tão caro?", perguntaram. 5 "Poderia
ter sido vendido por trezentas moedas de prata, e o dinheiro,
dado aos pobres!" E repreenderam a mulher severamente.
6 Jesus, porém, disse: "Deixem-na em paz. Por que a criticam
por ter feito algo tão bom para mim? 7 Vocês sempre terão os
pobres em seu meio e poderão ajudá-los sempre que dese-
jarem, mas nem sempre terão a mim. 8 Ela fez o que podia e
ungiu meu corpo de antemão para o sepultamento. 9 Eu lhes
digo a verdade: onde quer que as boas-novas sejam anun-
ciadas pelo mundo, o que esta mulher fez será contado, e
dela se lembrarão".

Judas concorda em trair Jesus

10 Então Judas Iscariotes, um dos Doze, foi aos principais
sacerdotes para combinar de lhes entregar Jesus. 11 Quando
souberam por que ele tinha vindo, ficaram muito satisfeitos e
lhe prometeram dinheiro. Então ele começou a procurar uma
oportunidade para trair Jesus.

A última ceia

12 No primeiro dia da Festa dos Pães sem Fermento, quando
o cordeiro pascal era sacrificado, os discípulos de Jesus lhe
perguntaram: "Onde quer que lhe preparemos a refeição da
Páscoa?".
13 Então Jesus enviou dois deles a Jerusalém, com as seguintes
instruções: "Ao entrarem na cidade, um homem carregando
uma vasilha de água virá ao seu encontro. Sigam-no. 14 Digam
ao dono da casa em que ele entrar: 'O Mestre pergunta: Onde
fica o aposento no qual comerei a refeição da Páscoa com
meus discípulos?'. 15 Ele os levará a uma sala grande no andar
superior, que já estará arrumada. Preparem ali a refeição".
16 Então os dois discípulos foram à cidade e encontraram tudo
como Jesus tinha dito, e ali prepararam a refeição da Páscoa.
17 Ao anoitecer, Jesus chegou com os Doze. 18 Quando estavam
à mesa, comendo, Jesus disse: "Eu lhes digo a verdade: um de
vocês que está aqui comendo comigo vai me trair".
19 Aflitos, eles protestaram: "Certamente não serei eu!".
20 Jesus respondeu: "É um dos Doze. É alguém que come co-
migo da mesma tigela. 21 Pois o Filho do Homem deve morrer,
como as Escrituras declararam há muito tempo. Mas que ter-
rível será para aquele que o trair! Para esse homem seria me-
lhor não ter nascido".
22 Enquanto comiam, Jesus tomou o pão e o abençoou. Em
seguida, partiu-o em pedaços e deu aos discípulos, dizendo:
"Tomem, porque este é o meu corpo".
23 Então tomou o cálice de vinho e agradeceu a Deus. Depois,
entregou-o aos discípulos, e todos beberam. 24 Então Jesus
disse: "Este é o meu sangue, que confirma a aliança. Ele é der-
ramado como sacrifício por muitos. 25 Eu lhes digo a verdade:
não voltarei a beber vinho até aquele dia em que beberei um
vinho novo no reino de Deus".
26 Então cantaram um hino e saíram para o monte das Oliveiras.

Jesus prediz a negação de Pedro

27 No caminho, Jesus disse: "Todos vocês me abandonarão,
pois as Escrituras dizem: 'Deus ferirá o pastor, e as ovelhas
serão dispersas'.
28 Mas, depois de ressuscitar, irei adiante de vocês à Galileia".
29 Pedro declarou: "Mesmo que todos os outros o abandonem,
eu jamais farei isso".
30 Jesus respondeu: "Eu lhe digo a verdade: esta mesma
noite, antes que o galo cante duas vezes, você me negará
três vezes".
31 Pedro, no entanto, insistiu enfaticamente: "Mesmo que eu
tenha de morrer ao seu lado, jamais o negarei!". E todos os
outros discípulos disseram o mesmo.

Jesus ora no Getsêmani

32 Então foram a um lugar chamado Getsêmani, e Jesus disse a
seus discípulos: "Sentem-se aqui enquanto vou orar". 33 Levou
consigo Pedro, Tiago e João e começou a sentir grande pavor
e angústia. 34 "Minha alma está profundamente triste, a ponto
de morrer", disse ele. "Fiquem aqui e vigiem."
35 Ele avançou um pouco e curvou-se até o chão. Então orou
para que, se possível, a hora que o esperava fosse afastada
dele. 36 E clamou: "Aba, Pai, tudo é possível para ti. Peço que
afastes de mim este cálice. Contudo, que seja feita a tua von-
tade, e não a minha".
37 Depois, voltou aos discípulos e os encontrou dormindo.
"Simão, você está dormindo?", disse ele a Pedro. "Não pode
vigiar comigo nem por uma hora? 38 Vigiem e orem para que
não cedam à tentação, pois o espírito está disposto, mas a
carne é fraca."
39 Então os deixou novamente e fez a mesma oração de antes.
40 Quando voltou pela segunda vez, mais uma vez encontrou
os discípulos dormindo, pois não conseguiam manter os olhos
abertos. Eles não sabiam o que dizer.
41 Ao voltar pela terceira vez, disse: "Vocês ainda dormem e
descansam? Basta; chegou a hora. O Filho do Homem está
para ser entregue nas mãos de pecadores. 42 Levantem-se e
vamos. Meu traidor chegou".

Jesus é traído e preso

43 No mesmo instante, enquanto Jesus ainda falava, Judas,
um dos Doze, chegou com uma multidão armada de espadas
e pedaços de pau. Tinham sido enviados pelos principais sa-
cerdotes, mestres da lei e líderes do povo. 44 O traidor havia
combinado com eles um sinal: "Vocês saberão a quem devem
prender quando eu o cumprimentar com um beijo. Então po-

derão levá-lo em segurança". 45Assim que chegaram, Judas
se aproximou de Jesus. "Rabi!", exclamou ele, e o beijou.
46Os outros agarraram Jesus e o prenderam. 47Mas um dos que
estavam com Jesus puxou a espada e feriu o servo do sumo
sacerdote, cortando-lhe a orelha.
48Jesus perguntou: "Por acaso sou um revolucionário perigoso,
para que venham me prender com espadas e pedaços de pau?
49Por que não me prenderam no templo? Todos os dias es-
tive ali, no meio de vocês, ensinando. Mas estas coisas estão
acontecendo para que se cumpra o que dizem as Escrituras".
50Então todos o abandonaram e fugiram. 51Um jovem que os
seguia vestia apenas um lençol de linho. Quando a multidão
tentou agarrá-lo, 52ele deixou para trás o lençol e escapou nu.

O julgamento de Jesus diante do conselho

53Levaram Jesus para a casa do sumo sacerdote, onde es-
tavam reunidos os principais sacerdotes, os líderes do povo e
os mestres da lei. 54Pedro seguia Jesus de longe e entrou no
pátio do sumo sacerdote. Ali, sentou-se com os guardas para
se aquecer junto ao fogo.
55Lá dentro, os principais sacerdotes e todo o conselho dos lí-
deres do povo tentavam, sem sucesso, encontrar provas contra
Jesus, para que pudessem condená-lo à morte. 56Muitas teste-
munhas falsas deram depoimentos, mas elas se contradiziam.
57Por fim, alguns homens se levantaram e apresentaram o se-
guinte testemunho falso: 58"Nós o ouvimos dizer: 'Destruirei
este templo feito por mãos humanas e em três dias construirei
outro, não feito por mãos humanas'". 59Mas nem assim seus
depoimentos eram coerentes.
60Então o sumo sacerdote se levantou diante dos demais e per-
guntou a Jesus: "Você não vai responder a essas acusações? O
que tem a dizer em sua defesa?". 61Jesus, no entanto, perma-
neceu calado e não deu resposta alguma. Então o sumo sacer-
dote perguntou: "Você é o Cristo, o Filho do Deus Bendito?".
62"Eu sou", disse Jesus. "E vocês verão o Filho do Homem
sentado à direita do Deus Poderoso e vindo sobre as nuvens
do céu."
63Então o sumo sacerdote rasgou as vestes e disse: "Que ne-
cessidade temos de outras testemunhas? 64Todos ouviram a
blasfêmia. Qual é o veredicto?". E todos o julgaram culpado e
o condenaram à morte.
65Então alguns deles começaram a cuspir em Jesus. Vendaram
seus olhos e lhe deram socos. "Profetize para nós!", zom-
bavam. E os guardas lhe davam tapas enquanto o levavam.

Pedro nega Jesus

66Enquanto isso, Pedro estava lá embaixo, no pátio. Uma das
criadas que trabalhava para o sumo sacerdote passou por ali
67e viu Pedro se aquecendo junto ao fogo. Olhou bem para ele
e disse: "Você é um dos que estavam com Jesus de Nazaré".
68Ele, porém, negou. "Não faço a menor ideia do que você
está falando!", disse, e caminhou em direção à saída. Naquele
instante, o galo cantou.
69Quando a criada o viu ali, começou a dizer aos outros: "Este
homem com certeza é um deles!". 70Mas Pedro negou nova-
mente. Um pouco mais tarde, alguns dos que estavam por lá
confrontaram Pedro, dizendo: "Você deve ser um deles, pois
é galileu".
71Ele, porém, começou a praguejar e jurou: "Não conheço esse
homem de quem vocês estão falando!". 72E, no mesmo ins-
tante, o galo cantou pela segunda vez. Então Pedro se lembrou
das palavras de Jesus: "Antes que o galo cante duas vezes,
você me negará três vezes". E começou a chorar.

O julgamento de Jesus diante de Pilatos

15 De manhã bem cedo, os principais sacerdotes, os líderes
do povo e os mestres da lei — todo o alto conselho — se
reuniram para discutir o que fariam em seguida. Então amar-
raram Jesus, o levaram e o entregaram a Pilatos.
2Pilatos lhe perguntou: "Você é o rei dos judeus?". Jesus res-
pondeu: "É como você diz".
3Os principais sacerdotes o acusaram de vários crimes, 4e Pi-
latos perguntou: "Você não vai responder? O que diz de todas
essas acusações?". 5Mas, para surpresa de Pilatos, Jesus não
disse coisa alguma.
6A cada ano, durante a festa da Páscoa, era costume libertar
um prisioneiro, qualquer um que a multidão escolhesse. 7Um
dos prisioneiros era Barrabás, um revolucionário que havia
cometido assassinato durante uma revolta. 8A multidão foi
a Pilatos e pediu que ele libertasse um prisioneiro, como de
costume.
9Pilatos perguntou: "Querem que eu solte o 'rei dos judeus'?".
10(Pois havia percebido que os principais sacerdotes tinham
prendido Jesus por inveja.) 11Nesse momento, os principais
sacerdotes instigaram a multidão a pedir a libertação de
Barrabás em vez de Jesus. 12Pilatos lhes perguntou: "Então
o que farei com este homem que vocês chamam de 'rei dos
judeus'?".
13"Crucifique-o!", gritou a multidão.
14"Por quê?", quis saber Pilatos. "Que crime ele cometeu?"
Mas a multidão gritou ainda mais alto: "Crucifique-o!".
15Para acalmar a multidão, Pilatos lhes soltou Barrabás. Então,
depois de mandar açoitar Jesus, entregou-o aos soldados ro-
manos para que fosse crucificado.

Os soldados zombam de Jesus

16Os soldados levaram Jesus para o palácio do governador
(lugar conhecido como Pretório) e chamaram todo o regi-
mento. 17Vestiram Jesus com um manto vermelho, teceram
uma coroa de espinhos e a colocaram em sua cabeça. 18Então
o saudavam, zombando: "Salve, rei dos judeus!". 19Batiam
em sua cabeça com uma vara, cuspiam nele e ajoelhavam-se,
fingindo adorá-lo. 20Quando se cansaram de zombar dele, ti-
raram o manto vermelho e o vestiram com suas roupas. Então
o levaram para ser crucificado.

A crucificação

21Um homem chamado Simão, de Cirene, passava ali naquele momento, vindo do campo. Os soldados o obrigaram a carregar a cruz. (Simão era pai de Alexandre e Rufo.) 22Levaram Jesus a um lugar chamado Gólgota (que quer dizer "Lugar da Caveira"). 23Ofereceram-lhe vinho misturado com mirra, mas ele recusou.

24Então os soldados o pregaram na cruz. Depois, dividiram as roupas dele e tiraram sortes para decidir quem ficava com cada peça. 25Eram nove horas da manhã quando o crucificaram. 26Uma tabuleta anunciava a acusação feita contra ele: "O Rei dos Judeus". 27Dois criminosos foram crucificados com ele, um à sua direita e outro à sua esquerda. 28Assim, cumpriram-se as Escrituras que diziam: "Ele foi contado entre os rebeldes".

29O povo que passava por ali gritava insultos e sacudia a cabeça em zombaria. "Olhe só!", gritavam. "Você disse que destruiria o templo e o reconstruiria em três dias. 30Pois bem, salve a si mesmo e desça da cruz!"

31Os principais sacerdotes e os mestres da lei também zombavam de Jesus. "Salvou os outros, mas não pode salvar a si mesmo!", diziam. 32"Que esse Cristo, o rei de Israel, desça da cruz agora mesmo para que vejamos e creiamos nele!" Até os homens crucificados com Jesus o insultavam.

A morte de Jesus

33Ao meio-dia, desceu sobre toda a terra uma escuridão que durou três horas. 34Por volta das três da tarde, Jesus clamou em alta voz: "*Eloí, Eloí, lamá sabactâni?*", que quer dizer: "Meu Deus, meu Deus, por que me abandonaste?".

35Alguns dos que estavam ali, ouvindo isso, disseram: "Ele está chamando Elias". 36Um deles correu, ensopou uma esponja com vinagre e a ergueu num caniço para que ele bebesse. "Esperem!", disse ele. "Vamos ver se Elias vem tirá-lo daí."

37Então Jesus clamou em alta voz e deu o último suspiro. 38A cortina do santuário do templo se rasgou em duas partes, de cima até embaixo.

39Quando o oficial romano que estava diante dele viu como ele havia morrido, exclamou: "Este homem era verdadeiramente o Filho de Deus!".

40Algumas mulheres observavam de longe. Entre elas estavam Maria Madalena, Maria, mãe de Tiago, o mais jovem, e de José, e Salomé. 41Eram seguidoras de Jesus e o haviam servido na Galileia. Também estavam ali muitas mulheres que foram com ele a Jerusalém.

O sepultamento de Jesus

42Tudo isso aconteceu na sexta-feira, o dia da preparação, antes do sábado. Ao entardecer, 43José de Arimateia foi corajosamente a Pilatos e pediu o corpo de Jesus. (José era um membro respeitado do conselho dos líderes do povo e esperava a chegada do reino de Deus.) 44Surpreso com o fato de Jesus já estar morto, Pilatos chamou o oficial romano e perguntou se fazia muito tempo que ele havia morrido. 45O oficial confirmou que Jesus estava morto, e Pilatos disse a José que podia levar o corpo. 46José comprou um lençol de linho, desceu o corpo de Jesus da cruz, envolveu-o no lençol e colocou-o num túmulo escavado na rocha. Então rolou uma grande pedra na entrada do túmulo. 47Maria Madalena e Maria, mãe de José, viram onde o corpo de Jesus tinha sido sepultado.

A ressurreição

16 Ao entardecer do dia seguinte, terminado o sábado, Maria Madalena, Maria, mãe de Tiago, e Salomé foram comprar especiarias para ungir o corpo de Jesus. 2No domingo de manhã, bem cedo, ao nascer do sol, elas foram ao túmulo.
3No caminho, perguntavam umas às outras: "Quem removerá para nós a pedra da entrada do túmulo?". 4Mas, quando chegaram, foram verificar e viram que a pedra, que era muito grande, já havia sido removida.

5Ao entrarem no túmulo, viram um jovem vestido de branco sentado do lado direito. Ficaram assustadas, 6mas ele disse: "Não tenham medo. Vocês procuram Jesus de Nazaré, que foi crucificado. Ele não está aqui. Ressuscitou! Vejam, este é o lugar onde haviam colocado seu corpo. 7Agora vão e digam aos discípulos, incluindo Pedro, que Jesus vai adiante deles à Galileia. Vocês o verão lá, como ele lhes disse".

8Trêmulas e desnorteadas, as mulheres fugiram do túmulo e não disseram coisa alguma a ninguém, pois estavam assustadas demais.

9Quando Jesus ressuscitou dos mortos, no domingo de manhã, bem cedo, a primeira pessoa que o viu foi Maria Madalena, a mulher de quem ele havia expulsado sete demônios. 10Ela foi aos discípulos, que lamentavam e choravam, e contou o que havia acontecido. 11Quando ela disse que Jesus estava vivo e que o tinha visto, eles não acreditaram.

12Depois, Jesus apareceu em outra forma a dois de seus seguidores, enquanto iam de Jerusalém para o campo. 13Voltaram correndo para contar aos outros, mas eles não acreditaram.

14Mais tarde, enquanto os onze discípulos comiam, Jesus lhes apareceu. Ele os repreendeu por sua incredulidade obstinada, pois se recusaram a crer naqueles que o tinham visto depois de sua ressurreição.

15Jesus lhes disse: "Vão ao mundo inteiro e anunciem as boas-novas a todos. 16Quem crer e for batizado será salvo, mas quem se recusar a crer será condenado. 17Os seguintes sinais acompanharão aqueles que crerem: em meu nome expulsarão demônios, falarão em novas línguas, 18pegarão em serpentes sem correr perigo, se beberem algo venenoso, não lhes fará mal, e colocarão as mãos sobre os enfermos e eles serão curados".

19Quando o Senhor Jesus acabou de falar com eles, foi levado para o céu e sentou-se à direita de Deus. 20Os discípulos foram a toda parte e anunciavam a mensagem, e o Senhor cooperava com eles, confirmando-a com muitos sinais.

LUCAS

Introdução

1 Muitos se propuseram a escrever uma narração dos aconte-
cimentos que se cumpriram entre nós. 2Usaram os relatos
que nos foram transmitidos por aqueles que, desde o princípio,
foram testemunhas oculares e servos da palavra. 3Depois de
investigar tudo detalhadamente desde o início, também decidi
escrever-lhe um relato preciso, excelentíssimo Teófilo, 4para
que tenha plena certeza de tudo que lhe foi ensinado.

O anúncio do nascimento de João Batista

5Quando Herodes era rei da Judeia, havia um sacerdote cha-
mado Zacarias, que fazia parte do grupo sacerdotal de Abias.
Sua esposa, Isabel, também pertencia à linhagem sacerdotal
de Arão. 6Zacarias e Isabel eram justos aos olhos de Deus e
obedeciam cuidadosamente a todos os mandamentos e esta-
tutos do Senhor. 7Não tinham filhos, pois Isabel era estéril, e
ambos já estavam bem velhos.

8Certo dia, Zacarias estava servindo diante de Deus no templo,
pois seu grupo realizava o trabalho sacerdotal, conforme a es-
cala. 9Foi escolhido por sorteio, como era costume dos sacer-
dotes, para entrar no santuário do Senhor e queimar incenso.
10Enquanto o incenso era queimado, uma grande multidão
orava do lado de fora.

11Então um anjo do Senhor lhe apareceu, à direita do altar de
incenso. 12Ao vê-lo, Zacarias ficou muito abalado e assustado.
13O anjo, porém, lhe disse: "Não tenha medo, Zacarias! Sua
oração foi ouvida. Isabel, sua esposa, lhe dará um filho, e
você o chamará João. 14Você terá grande satisfação e alegria,
e muitos se alegrarão com o nascimento do menino, 15pois ele
será grande aos olhos do Senhor. Nunca tomará vinho nem
outra bebida forte. Será cheio do Espírito Santo, antes mesmo
de nascer. 16Fará muitos israelitas voltarem ao Senhor, seu
Deus. 17Será um homem com o espírito e o poder de Elias, e
preparará o povo para a vinda do Senhor. Fará o coração dos
pais voltar para seus filhos e levará os rebeldes a aceitarem a
sabedoria dos justos".

18Zacarias disse ao anjo: "Como posso ter certeza de que isso
acontecerá? Já sou velho, e minha mulher também é de idade
avançada".

19O anjo respondeu: "Sou Gabriel, e estou sempre na presença
de Deus. Foi ele quem me enviou para lhe trazer estas boas-
-novas. 20Agora, porém, você ficará mudo até os dias em que
essas coisas acontecerão, pois não acreditou em minhas pa-
lavras, que se cumprirão no devido tempo".

21Enquanto isso, o povo esperava Zacarias sair do santuário
e se perguntava por que ele demorava tanto. 22Quando final-
mente saiu, não conseguia falar com eles, e perceberam por
seus gestos e seu silêncio que ele havia tido uma visão no
santuário.
23Ao fim de seus dias de serviço no templo, Zacarias voltou para
casa. 24Pouco tempo depois, sua esposa, Isabel, engravidou e
não saiu de casa por cinco meses. 25"Como o Senhor foi bom
para mim em minha velhice!", exclamou ela. "Tirou de mim a
humilhação pública de não ter filhos!"

O anúncio do nascimento de Jesus

26No sexto mês da gestação de Isabel, Deus enviou o anjo
Gabriel a Nazaré, uma cidade da Galileia, 27a uma virgem de
nome Maria. Ela estava prometida em casamento a um homem
chamado José, descendente do rei Davi. 28Gabriel apareceu a
ela e lhe disse: "Alegre-se, mulher favorecida! O Senhor está
com você!".

29Confusa, Maria tentou imaginar o que o anjo quis dizer.
30"Não tenha medo, Maria", disse o anjo, "pois você encon-
trou favor diante de Deus. 31Ficará grávida e dará à luz um
filho, e o chamará Jesus. 32Ele será grande, e será chamado
Filho do Altíssimo. O Senhor Deus lhe dará o trono de seu an-
tepassado Davi, 33e ele reinará sobre Israel para sempre; seu
reino jamais terá fim!".

34Maria perguntou ao anjo: "Como isso acontecerá? Eu sou
virgem!".

35O anjo respondeu: "O Espírito Santo virá sobre você, e
o poder do Altíssimo a cobrirá com sua sombra. Portanto,
o bebê que vai nascer será santo, e será chamado Filho de
Deus. 36Além disso, sua parenta, Isabel, ficou grávida em idade
avançada. As pessoas diziam que ela era estéril, mas ela con-
cebeu um filho e está no sexto mês de gestação. 37Pois nada é
impossível para Deus".

38Maria disse: "Sou serva do Senhor. Que aconteça comigo
tudo que foi dito a meu respeito". E o anjo a deixou.

Maria visita Isabel

39Alguns dias depois, Maria dirigiu-se apressadamente à re-
gião montanhosa da Judeia, à cidade 40onde Zacarias morava.
Ela entrou na casa e saudou Isabel. 41Ao ouvir a saudação de
Maria, o bebê de Isabel se agitou dentro dela, e Isabel ficou
cheia do Espírito Santo.

42Em alta voz, Isabel exclamou: "Você é abençoada entre as
mulheres, e abençoada é a criança em seu ventre! 43Por que
tenho a grande honra de receber a visita da mãe do meu Se-
nhor? 44Quando ouvi sua saudação, o bebê em meu ventre
se agitou de alegria. 45Você é abençoada, pois creu no que o
Senhor disse que faria!".

Magnificat: o cântico de louvor de Maria

46Maria respondeu: "Minha alma exalta ao Senhor!
47Como meu espírito se alegra em Deus, meu Salvador!
48Pois ele observou sua humilde serva, e, de agora em diante,
todas as gerações me chamarão abençoada.

49Pois o Poderoso é santo, e fez grandes coisas por mim.
50Demonstra misericórdia a todos que o temem, geração após
geração.
51Seu braço poderoso fez coisas tremendas! Dispersou os or-
gulhosos e os arrogantes.
52Derrubou príncipes de seus tronos e exaltou os humildes.
53Encheu de coisas boas os famintos e despediu de mãos va-
zias os ricos.
54Ajudou seu servo Israel e lembrou-se de ser misericordioso.
55Pois assim prometeu a nossos antepassados, a Abraão e a
seus descendentes para sempre".
56Maria ficou com Isabel cerca de três meses, e então voltou
para casa.

O nascimento de João Batista

57Chegado o tempo de seu bebê nascer, Isabel deu à luz um
filho. 58Vizinhos e parentes se alegraram ao tomar conheci-
mento de que o Senhor havia sido tão misericordioso com ela.
59Quando o bebê estava com oito dias, eles vieram para a ceri-
mônia de circuncisão. Queriam chamar o menino de Zacarias,
como o pai, 60mas Isabel disse: "Não! Seu nome é João!".
61Então eles lhe disseram: "Não há ninguém em sua família
com esse nome", 62e com gestos perguntaram ao pai como
queria chamar o bebê. 63Ele pediu que lhe dessem uma ta-
buinha e, para surpresa de todos, escreveu: "Seu nome é
João". 64No mesmo instante, Zacarias voltou a falar e começou
a louvar a Deus.
65Toda a vizinhança se encheu de temor, e a notícia do que
havia acontecido se espalhou por toda a região montanhosa da
Judeia. 66Todos que ficavam sabendo meditavam sobre esses
acontecimentos e perguntavam: "O que vai ser esse menino?".
Pois a mão do Senhor estava sobre ele.

Benedictus: a profecia de Zacarias

67Então seu pai, Zacarias, ficou cheio do Espírito Santo e pro-
fetizou:
68"Seja bendito o Senhor, o Deus de Israel, pois visitou e res-
gatou seu povo.
69Ele nos enviou poderosa salvação da linhagem real de seu
servo Davi, 70como havia prometido muito tempo atrás por
meio de seus santos profetas.
71Agora seremos salvos de nossos inimigos e de todos que nos
odeiam.
72Ele foi misericordioso com nossos antepassados ao lem-
brar-se de sua santa aliança, 73o juramento solene que fez
com nosso antepassado Abraão.
74Prometeu livrar-nos de nossos inimigos para o servirmos sem
medo, 75em santidade e justiça, enquanto vivermos.
76"E você, meu filhinho, será chamado profeta do Altíssimo,
pois preparará o caminho para o Senhor.
77Dirá a seu povo como encontrar salvação por meio do perdão
de seus pecados.
78Graças à terna misericórdia de nosso Deus, a luz da manhã,
vinda do céu, está prestes a raiar sobre nós, 79para iluminar
aqueles que estão na escuridão e na sombra da morte e nos
guiar ao caminho da paz".
80João cresceu e se fortaleceu em espírito. E viveu no deserto
até chegar o tempo de se apresentar ao povo de Israel.

O nascimento de Jesus

2 Naqueles dias, o imperador Augusto decretou um recen-
seamento em todo o império romano. 2(Esse foi o primeiro
recenseamento realizado quando Quirino era governador da
Síria.) 3Todos voltaram à cidade de origem para se registrar.
4Por ser descendente do rei Davi, José viajou da cidade de
Nazaré da Galileia para Belém, na Judeia, terra natal de Davi,
5levando consigo Maria, sua noiva, que estava grávida.
6E, estando eles ali, chegou a hora de nascer o bebê. 7Ela deu
à luz seu primeiro filho, um menino. Envolveu-o em faixas de
pano e deitou-o numa manjedoura, porque não havia lugar
para eles na hospedaria.

Os pastores e os anjos

8Naquela noite, havia alguns pastores nos campos próximos,
vigiando rebanhos de ovelhas. 9De repente, um anjo do Senhor
apareceu entre eles, e o brilho da glória do Senhor os cercou.
Ficaram aterrorizados, 10mas o anjo lhes disse: "Não tenham
medo! Trago boas notícias, que darão grande alegria a todo o
povo. 11Hoje em Belém, a cidade de Davi, nasceu o Salvador,
que é Cristo, o Senhor! 12Vocês o reconhecerão por este sinal:
encontrarão o bebê enrolado em faixas de pano, deitado numa
manjedoura".
13De repente, juntou-se ao anjo uma grande multidão do exér-
cito celestial, louvando a Deus e dizendo:
14"Glória a Deus nos mais altos céus, e paz na terra àqueles de
que Deus se agrada!".
15Quando os anjos voltaram para o céu, os pastores disseram
uns aos outros: "Vamos a Belém para ver esse acontecimento
que o Senhor nos anunciou".
16Indo depressa ao povoado, encontraram Maria e José, e lá
estava o bebê, deitado na manjedoura. 17Depois de o verem, os
pastores contaram a todos o que o anjo tinha dito a respeito da
criança, 18e todos que ouviam a história dos pastores ficavam
admirados. 19Maria, porém, guardava todas essas coisas no
coração e refletia sobre elas. 20Os pastores voltaram, glorifi-
cando e louvando a Deus por tudo que tinham visto e ouvido.
Tudo aconteceu como o anjo lhes havia anunciado.

Jesus é apresentado no templo

21Oito dias depois, quando o bebê foi circuncidado, chama-
ram-no Jesus, o nome que o anjo lhe tinha dado antes mesmo
de ele ser concebido.
22Então chegou o tempo da oferta de purificação, como era a
exigência da lei de Moisés. Seus pais o levaram a Jerusalém
para apresentá-lo ao Senhor, 23pois a lei do Senhor dizia: "Se
o primeiro filho for menino, será consagrado ao Senhor".
24Assim, ofereceram o sacrifício exigido pela lei do Senhor:
"duas rolinhas ou dois pombinhos".

A profecia de Simeão

25Naquela época, vivia em Jerusalém um homem chamado Simeão. Ele era justo e devoto, e esperava ansiosamente pela restauração de Israel. O Espírito Santo estava sobre ele 26e lhe havia revelado que ele não morreria enquanto não visse o Cristo enviado pelo Senhor. 27Nesse dia, o Espírito o conduziu ao templo. Assim, quando Maria e José chegaram para apresentar o menino Jesus ao Senhor, como a lei exigia, 28Simeão tomou a criança nos braços e louvou a Deus, dizendo:

29"Soberano Deus, agora podes levar em paz o teu servo, como prometeste.
30Vi a tua salvação, 31que preparaste para todos os povos.
32Ele é uma luz de revelação às nações e é a glória do teu povo, Israel!".

33Os pais de Jesus ficaram admirados com o que se dizia a respeito dele. 34Então Simeão os abençoou e disse a Maria, a mãe do bebê: "Este menino está destinado a provocar a queda de muitos em Israel, mas também a ascensão de tantos outros. Foi enviado como sinal de Deus, mas muitos resistirão a ele. 35Como resultado, serão revelados os pensamentos mais profundos de muitos corações, e você sentirá como se uma espada lhe atravessasse a alma".

A profecia de Ana

36A profetisa Ana, filha de Fanuel, da tribo de Aser, também estava no templo. Era muito idosa e havia perdido o marido depois de sete anos de casados 37e vivido como viúva até os 84 anos. Nunca deixava o templo, adorando a Deus dia e noite, em jejum e oração. 38Chegou ali naquele momento e começou a louvar a Deus. Falava a respeito da criança a todos que esperavam a redenção de Jerusalém.

A infância de Jesus em Nazaré

39Após cumprirem todas as exigências da lei do Senhor, os pais de Jesus voltaram para casa em Nazaré, na Galileia. 40Ali o menino foi crescendo, saudável e forte. Era cheio de sabedoria, e o favor de Deus estava sobre ele.

Jesus conversa com os mestres da lei

41Todos os anos, os pais de Jesus iam a Jerusalém para a festa da Páscoa. 42Quando Jesus completou doze anos, foram à festa, como de costume. 43Terminada a celebração, partiram de volta para Nazaré, mas Jesus ficou para trás, em Jerusalém, sem que seus pais notassem sua falta. 44Pensaram que ele estivesse entre os demais viajantes, mas depois de caminharem um dia inteiro começaram a procurá-lo entre os parentes e amigos.

45Como não o encontravam, voltaram a Jerusalém para procurá-lo. 46Por fim, depois de três dias, acharam Jesus no templo, sentado entre os mestres da lei, ouvindo-os e fazendo perguntas. 47Todos que o ouviam se admiravam de seu entendimento e de suas respostas.

48Quando o viram, seus pais ficaram perplexos. Sua mãe lhe disse: "Filho, por que você fez isso conosco? Seu pai e eu estávamos aflitos, procurando você por toda parte".

49"Mas por que me procuravam?", perguntou ele. "Não sabiam que eu devia estar na casa de meu Pai?" 50Não entenderam, porém, o que ele quis dizer.

51Então voltou com os pais para Nazaré, e lhes era obediente. Sua mãe guardava todas essas coisas no coração.

52Jesus crescia em sabedoria, em estatura e no favor de Deus e das pessoas.

João Batista prepara o caminho

3 Era o décimo quinto ano do reinado do imperador Tibério César. Pôncio Pilatos era governador da Judeia; Herodes Antipas governava a Galileia; seu irmão Filipe governava a Itureia e Traconites; e Lisânias governava Abilene. 2Anás e Caifás eram os sumos sacerdotes. Nesse ano, veio uma mensagem de Deus a João, filho de Zacarias, que vivia no deserto. 3João percorreu os arredores do rio Jordão, pregando o batismo como sinal de arrependimento para o perdão dos pecados. 4O profeta Isaías se referia a João quando escreveu em seu livro:

"Ele é uma voz que clama no deserto: 'Preparem o caminho para a vinda do Senhor! Abram uma estrada para ele!
5Os vales serão aterrados, e os montes e as colinas, nivelados. As curvas serão endireitadas, e os lugares acidentados, aplanados.
6Então todos verão a salvação enviada por Deus'".

7João dizia às multidões que vinham até ele para ser batizadas: "Raça de víboras! Quem os convenceu a fugir da ira que está por vir? 8Provem por suas ações que vocês se arrependeram. Não digam uns aos outros: 'Estamos a salvo, pois somos filhos de Abraão'. Isso não significa nada, pois eu lhes digo que até destas pedras Deus pode fazer surgir filhos de Abraão. 9Agora mesmo o machado do julgamento está pronto para cortar as raízes das árvores. Toda árvore que não produz bons frutos será cortada e lançada ao fogo".

10As multidões perguntavam: "O que devemos fazer?".

11João respondeu: "Se tiverem duas vestimentas, deem uma a quem não tem. Se tiverem comida, dividam com quem passa fome".

12Cobradores de impostos também vinham para ser batizados e perguntavam: "Mestre, o que devemos fazer?".

13Ele respondeu: "Não cobrem impostos além daquilo que é exigido".

14"E nós?", perguntaram alguns soldados. "O que devemos fazer?" João respondeu: "Não pratiquem extorsão nem façam acusações falsas. Contentem-se com seu salário".

15Todos esperavam que o Cristo viesse em breve, e estavam ansiosos para saber se João era ele. 16João respondeu às perguntas deles, dizendo: "Eu os batizo com água, mas em breve virá alguém mais poderoso que eu, alguém tão superior que não sou digno de desatar as correias de suas sandálias. Ele os batizará com o Espírito Santo e com fogo. 17Ele já tem na mão a pá, e com ela separará a palha do trigo, a fim de limpar a área onde os cereais são debulhados. Juntará o trigo no celeiro, mas queimará a palha num fogo que nunca se apaga".

18João usou muitas advertências semelhantes ao anunciar as
boas-novas ao povo.
19João também criticou publicamente Herodes Antipas, o go-
vernador da Galileia, por ter se casado com Herodias, esposa
de seu irmão, e por muitas outras maldades que havia come-
tido. 20A essas maldades Herodes acrescentou outra, man-
dando prender João.

O batismo de Jesus

21Certo dia, quando as multidões estavam sendo batizadas,
Jesus também foi batizado. Enquanto ele orava, o céu se abriu,
22e o Espírito Santo desceu sobre ele em forma corpórea como
uma pomba. E uma voz do céu disse: "Você é meu filho amado,
que me dá grande alegria".

Os antepassados de Jesus

23Jesus estava com cerca de trinta anos quando começou seu
ministério. Jesus era conhecido como filho de José. José era
filho de Eli.
24Eli era filho de Matate. Matate era filho de Levi. Levi era filho
de Melqui. Melqui era filho de Janai. Janai era filho de José.
25José era filho de Matatias. Matatias era filho de Amós. Amós
era filho de Naum. Naum era filho de Esli. Esli era filho de
Nagai.
26Nagai era filho de Maate. Maate era filho de Matatias. Ma-
tatias era filho de Semei. Semei era filho de Joseque. Joseque
era filho de Jodá.
27Jodá era filho de Joanã. Joanã era filho de Ressa. Ressa era
filho de Zorobabel. Zorobabel era filho de Salatiel. Salatiel era
filho de Neri.
28Neri era filho de Melqui. Melqui era filho de Adi. Adi era filho
de Cosã. Cosã era filho de Elmadã. Elmadã era filho de Er.
29Er era filho de Josué. Josué era filho de Eliézer. Eliézer era
filho de Jorim. Jorim era filho de Matate. Matate era filho de
Levi.
30Levi era filho de Simeão. Simeão era filho de Judá. Judá
era filho de José. José era filho de Jonã. Jonã era filho de
Eliaquim.
31Eliaquim era filho de Meleá. Meleá era filho de Mená. Mená
era filho de Matatá. Matatá era filho de Natã. Natã era filho
de Davi.
32Davi era filho de Jessé. Jessé era filho de Obede. Obede era
filho de Boaz. Boaz era filho de Salmom. Salmom era filho de
Naassom.
33Naassom era filho de Aminadabe. Aminadabe era filho de
Admim. Admim era filho de Arni. Arni era filho de Esrom. Esrom
era filho de Perez. Perez era filho de Judá.
34Judá era filho de Jacó. Jacó era filho de Isaque. Isaque era
filho de Abraão. Abraão era filho de Terá. Terá era filho de
Naor.
35Naor era filho de Serugue. Serugue era filho de Ragaú. Ragaú
era filho de Faleque. Faleque era filho de Éber. Éber era filho
de Salá.
36Salá era filho de Cainã. Cainã era filho de Arfaxade. Arfa-
xade era filho de Sem. Sem era filho de Noé. Noé era filho
de Lameque.
37Lameque era filho de Matusalém. Matusalém era filho de
Enoque. Enoque era filho de Jarede. Jarede era filho de Maala-
leel. Maalaleel era filho de Cainã.
38Cainã era filho de Enos. Enos era filho de Sete. Sete era filho
de Adão. Adão era filho de Deus.

A tentação de Jesus

4 Jesus, cheio do Espírito Santo, voltou do rio Jordão e foi
conduzido pelo Espírito no deserto, 2onde foi tentado pelo
diabo durante quarenta dias. Não comeu nada durante todo
esse tempo, e teve fome.
3Então o diabo lhe disse: "Se você é o Filho de Deus, ordene
que esta pedra se transforme em pão".
4Jesus, porém, respondeu: "As Escrituras dizem: 'Uma pessoa
não vive só de pão'".
5Então o diabo o levou a um lugar alto e, num momento, lhe
mostrou todos os reinos do mundo. 6"Eu lhe darei a glória
destes reinos e autoridade sobre eles, pois são meus e posso
dá-los a quem eu quiser", disse o diabo. 7"Eu lhe darei tudo
se me adorar."
8Jesus respondeu: "As Escrituras dizem: 'Adore o Senhor, seu
Deus, e sirva somente a ele'".
9Então o diabo o levou a Jerusalém, até o ponto mais alto
do templo, e disse: "Se você é o Filho de Deus, salte daqui.
10Pois as Escrituras dizem: 'Ele ordenará a seus anjos que o
protejam.
11Eles o sustentarão com as mãos, para que não machuque o
pé em alguma pedra'".
12Jesus respondeu: "As Escrituras dizem: 'Não ponha à prova
o Senhor, seu Deus'".
13Quando o diabo terminou de tentar Jesus, deixou-o até que
surgisse outra oportunidade.

A volta à Galileia

14Então Jesus, cheio do poder do Espírito, voltou para a Gali-
leia. Relatos a seu respeito se espalharam rapidamente por
toda a região. 15Ele ensinava nas sinagogas, e todos o elo-
giavam.

Jesus é rejeitado em Nazaré

16Quando Jesus chegou a Nazaré, cidade de sua infância, foi à
sinagoga no sábado, como de costume, e se levantou para ler
as Escrituras. 17Entregaram-lhe o livro do profeta Isaías, e ele
o abriu e encontrou o lugar onde estava escrito:
18"O Espírito do Senhor está sobre mim, pois ele me ungiu para
trazer as boas-novas aos pobres. Ele me enviou para anunciar
que os cativos serão soltos, os cegos verão, os oprimidos serão
libertos, 19e que é chegado o tempo do favor do Senhor".
20Jesus fechou o livro, devolveu-o ao assistente e sentou-se.
Todos na sinagoga o olhavam atentamente. 21Então ele co-
meçou a dizer: "Hoje se cumpriram as Escrituras que vocês
acabaram de ouvir".

22 Todos falavam bem dele e estavam admirados com as pa-
lavras de graça que saíam de seus lábios. Contudo, pergun-
tavam: "Não é esse o filho de José?".
23 Então ele disse: "Sem dúvida, vocês citarão para mim o
ditado: 'Médico, cure a si mesmo', ou seja, 'Faça aqui, em
sua cidade, o mesmo que fez em Cafarnaum'. 24 Eu, porém,
lhes digo a verdade: nenhum profeta é aceito em sua própria
cidade.
25 "Por certo havia muitas viúvas necessitadas em Israel no
tempo de Elias, quando o céu se fechou por três anos e meio
e uma fome terrível devastou a terra. 26 E, no entanto, Elias
não foi enviado a nenhuma delas, mas sim a uma estrangeira,
uma viúva de Sarepta, na região de Sidom. 27 E havia muitos
leprosos em Israel no tempo do profeta Eliseu, mas o único que
ele curou foi Naamã, o sírio".
28 Quando ouviram isso, aqueles que estavam na sinagoga fi-
caram furiosos. 29 Levantaram-se, expulsaram Jesus da cidade
e o arrastaram até a beira do monte sobre o qual a cidade tinha
sido construída. Pretendiam empurrá-lo precipício abaixo,
30 mas ele passou por entre a multidão e seguiu seu caminho.

Jesus expulsa um espírito impuro

31 Então Jesus foi a Cafarnaum, uma cidade na Galileia, onde
ensinava na sinagoga aos sábados. 32 Ali também o povo ficou
admirado com seu ensino, pois ele falava com autoridade.
33 Certa ocasião, estando ele na sinagoga, um homem possuído
por um demônio, um espírito impuro, gritou: 34 "Por que vem
nos importunar, Jesus de Nazaré? Veio para nos destruir? Sei
quem é você: o Santo de Deus!".
35 Jesus o repreendeu, dizendo: "Cale-se! Saia deste homem!".
Então o espírito jogou o homem no chão à vista da multidão e
saiu dele, sem machucá-lo.
36 Admirado, o povo exclamava: "Que autoridade e poder ele
tem! Até os espíritos impuros lhe obedecem e saem quando
ele ordena!". 37 E as notícias a respeito de Jesus se espalharam
pelos povoados de toda a região.

Jesus cura muitas pessoas

38 Depois de sair da sinagoga naquele dia, Jesus foi à casa de
Simão, onde encontrou a sogra dele muito doente, com febre
alta. Quando os presentes suplicaram por ela, 39 Jesus se pôs
ao lado da cama e repreendeu a febre, que a deixou. Ela se
levantou de imediato e passou a servi-los.
40 Quando o sol se pôs, as pessoas trouxeram seus familiares
enfermos até ele. Qualquer que fosse a doença, ao pôr as
mãos sobre eles, Jesus curava a todos. 41 Muitos estavam pos-
suídos por demônios, que saíam gritando: "Você é o Filho de
Deus!". Jesus, no entanto, os repreendia e não permitia que
falassem, pois sabiam que ele era o Cristo.

Jesus continua a pregar na Galileia

42 Logo cedo na manhã seguinte, Jesus retirou-se para um
lugar isolado. As multidões o procuravam por toda parte e,
quando finalmente o encontraram, suplicaram que não as dei-
xasse. 43 Ele, porém, disse: "Preciso anunciar as boas-novas do
reino de Deus também em outras cidades, pois para isso fui
enviado". 44 E continuou a anunciar sua mensagem nas sina-
gogas da Judeia.

Os primeiros discípulos

5 Estando Jesus à beira do lago de Genesaré, grandes mul-
tidões se apertavam em volta dele para ouvir a palavra de
Deus. 2 Ele notou que, junto à praia, havia dois barcos vazios,
deixados por pescadores que lavavam suas redes. 3 Entrou num
dos barcos e pediu a Simão, seu dono, que o afastasse um
pouco da praia. Então sentou-se no barco e dali ensinou as
multidões.
4 Quando terminou de falar, disse a Simão: "Agora vá para onde
é mais fundo e lancem as redes para pescar".
5 Simão respondeu: "Mestre, trabalhamos duro a noite toda e
não pegamos nada. Mas, por ser o senhor quem nos pede, vou
lançar as redes novamente". 6 Dessa vez, as redes ficaram tão
cheias de peixes que começaram a se rasgar. 7 Então pediram
ajuda aos companheiros do outro barco, e logo os dois barcos
estavam tão cheios de peixes que quase afundaram.
8 Quando Simão Pedro se deu conta do que havia acontecido,
caiu de joelhos diante de Jesus e disse: "Por favor, Senhor,
afaste-se de mim, porque sou homem pecador". 9 Pois ele e
seus companheiros ficaram espantados com a quantidade de
peixes que haviam pescado, 10 assim como seus sócios, Tiago e
João, filhos de Zebedeu. Jesus respondeu a Simão: "Não tenha
medo! De agora em diante, você será pescador de gente". 11 E,
assim que chegaram à praia, deixaram tudo e seguiram Jesus.

Jesus cura um leproso

12 Num povoado, Jesus encontrou um homem coberto de lepra.
Quando o homem viu Jesus, prostrou-se com o rosto em terra e
suplicou para ser curado, dizendo: "Se o senhor quiser, pode
me curar e me deixar limpo".
13 Jesus estendeu a mão e o tocou. "Eu quero", respondeu.
"Seja curado e fique limpo!" No mesmo instante, a lepra desa-
pareceu. 14 Então Jesus o instruiu a não contar a ninguém o que
havia acontecido. "Vá e apresente-se ao sacerdote para que
ele o examine", ordenou. "Leve a oferta que a lei de Moisés
exige pela sua purificação. Isso servirá como testemunho."
15 Mas as notícias a seu respeito se espalhavam ainda mais,
e grandes multidões vinham para ouvi-lo e para ser curadas
de suas enfermidades. 16 Ele, porém, se retirava para lugares
isolados, a fim de orar.

Jesus cura um paralítico

17 Certo dia, enquanto Jesus ensinava, alguns fariseus e mes-
tres da lei estavam sentados por perto. Eles vinham de todos
os povoados da Galileia, da Judeia e de Jerusalém. E o poder
do Senhor para curar estava sobre Jesus.
18 Alguns homens vieram carregando um paralítico numa maca.
Tentaram levá-lo para dentro da casa, até Jesus, 19 mas não
conseguiram, por causa da multidão. Então subiram ao topo da

casa e removeram uma parte do teto. Em seguida, baixaram
o paralítico na maca até o meio da multidão, bem na frente
dele. 20 Ao ver a fé que eles tinham, Jesus disse ao paralítico:
"Homem, seus pecados estão perdoados".
21 Mas os fariseus e mestres da lei pensavam: "Quem ele
pensa que é? Isso é blasfêmia! Somente Deus pode perdoar
pecados!".
22 Jesus, sabendo o que pensavam, perguntou: "Por que vocês
questionam essas coisas em seu coração? 23 O que é mais
fácil dizer: 'Seus pecados estão perdoados?' ou 'Levante-se
e ande'? 24 Mas eu lhes mostrarei que o Filho do Homem tem
autoridade na terra para perdoar pecados". Então disse ao
paralítico: "Levante-se, pegue sua maca e vá para casa".
25 De imediato, à vista de todos, o homem se levantou, pegou
sua maca e foi para casa louvando a Deus. 26 Todos ficaram
muitos admirados e, cheios de temor, louvaram a Deus, exclamando: "Hoje vimos coisas maravilhosas!".

Jesus chama Levi

27 Depois disso, Jesus saiu da cidade e viu um cobrador de
impostos chamado Levi sentado no local onde se coletavam
impostos. "Siga-me", disse-lhe Jesus, 28 e Levi se levantou,
deixou tudo e o seguiu.
29 Mais tarde, Levi ofereceu um banquete em sua casa, em
honra de Jesus. Muitos cobradores de impostos e outros convidados comeram com eles, 30 mas os fariseus e mestres da lei
se queixaram aos discípulos: "Por que vocês comem e bebem
com cobradores de impostos e pecadores?".
31 Jesus lhes respondeu: "As pessoas saudáveis não precisam
de médico, mas sim os doentes. 32 Não vim para chamar os
justos, mas sim os pecadores, para que se arrependam".

Discussão sobre o jejum

33 Algumas pessoas disseram a Jesus: "Os discípulos de João
Batista jejuam e oram com frequência, e os discípulos dos fariseus também. Por que os seus vivem comendo e bebendo?".
34 Jesus respondeu: "Por acaso os convidados de um casamento jejuam enquanto festejam com o noivo? 35 Um dia,
porém, o noivo lhes será tirado, e então jejuarão".
36 Jesus também lhes apresentou a seguinte ilustração: "Ninguém rasgaria um pedaço de tecido de uma roupa nova para
remendar uma roupa velha. Se o fizesse, estragaria a roupa
nova, e o remendo não se ajustaria à roupa velha.
37 "E ninguém colocaria vinho novo em velhos recipientes
de couro. Os recipientes velhos se arrebentariam, deixando
vazar o vinho e estragando o recipiente. 38 Vinho novo deve
ser guardado em recipientes novos. 39 E ninguém que bebe
o vinho velho escolhe beber o vinho novo, pois diz: 'O vinho
velho é melhor'".

Discussão sobre o sábado

6 Num sábado, enquanto Jesus caminhava pelos campos
de cereal, seus discípulos colheram espigas, removeram
a casca com as mãos e comeram os grãos. 2 Alguns fariseus
lhes disseram: "Por que vocês desobedecem à lei colhendo
cereal no sábado?".
3 Jesus respondeu: "Vocês não leram nas Escrituras o que fez
Davi quando ele e seus companheiros tiveram fome? 4 Ele entrou na casa de Deus, comeu os pães sagrados que só os sacerdotes tinham permissão de comer e os deu também a seus
companheiros". 5 E acrescentou: "O Filho do Homem é senhor
até mesmo do sábado".

Jesus cura no sábado

6 Em outro sábado, enquanto Jesus ensinava na sinagoga,
estava ali um homem cuja mão direita era deformada. 7 Os
mestres da lei e os fariseus observavam Jesus atentamente. Se
ele curasse aquele homem, eles o acusariam, pois era sábado.
8 Jesus, porém, sabia o que planejavam e disse ao homem com
a mão deformada: "Venha e fique aqui, diante de todos", e
o homem foi à frente. 9 Então Jesus lhes disse: "Tenho uma
pergunta para vocês: O que a lei permite fazer no sábado? O
bem ou o mal? Salvar uma vida ou destruí-la?".
10 Depois, olhando para cada um ao redor, disse ao homem:
"Estenda a mão". O homem estendeu a mão, e ela foi restaurada. 11 Com isso, os inimigos de Jesus ficaram furiosos e
começaram a discutir o que fazer contra ele.

Jesus escolhe os doze apóstolos

12 Certo dia, pouco depois, Jesus subiu a um monte para orar
e passou a noite orando a Deus. 13 Quando amanheceu, reuniu
seus discípulos e escolheu doze para serem apóstolos. Estes
são seus nomes:
14 Simão, a quem ele chamou Pedro, André, irmão de Pedro,
Tiago, João, Filipe, Bartolomeu, 15 Mateus, Tomé, Tiago, filho
de Alfeu, Simão, apelidado de zelote, 16 Judas, filho de Tiago,
Judas Iscariotes, que se tornou o traidor.

Multidões seguem Jesus

17 Quando Jesus e os discípulos desceram do monte, pararam
numa região plana e ampla. Havia ali muitos de seus seguidores e uma grande multidão vinda de todas as partes da Judeia, de Jerusalém e de lugares distantes ao norte, como o
litoral de Tiro e Sidom. 18 Tinham vindo para ouvi-lo e para ser
curados de suas enfermidades, e os que eram atormentados
por espíritos impuros eram curados. 19 Todos procuravam tocar
em Jesus, pois dele saía poder, e ele curava a todos.

Bênçãos e condenações

20 Então Jesus se voltou para seus discípulos e disse: "Felizes
são vocês, pobres, pois o reino de Deus lhes pertence.
21 Felizes são vocês que agora estão famintos, pois serão saciados. Felizes são vocês que agora choram, pois no devido
tempo rirão.
22 Felizes são vocês quando os odiarem e os excluírem, quando
zombarem de vocês e os caluniarem como se fossem maus
porque seguem o Filho do Homem. 23 Quando isso acontecer,
alegrem-se e exultem, porque uma grande recompensa os

espera no céu. E lembrem-se de que os antepassados deles
trataram os profetas da mesma forma.
24“Que aflição espera vocês, ricos, pois já receberam sua
consolação!
25Que aflição espera vocês que agora têm fartura, pois um
terrível tempo de fome os espera! Que aflição espera vocês
que agora riem, pois em breve seu riso se transformará em
lamento e tristeza!
26Que aflição espera vocês que são elogiados por todos, pois
os antepassados deles também elogiaram falsos profetas!”

Amor pelos inimigos

27“Mas a vocês que me ouvem, eu digo: amem os seus inimigos,
façam o bem a quem os odeia, 28abençoem quem os amal-
diçoa, orem por quem os maltrata. 29Se alguém lhe der um tapa
numa face, ofereça também a outra. Se alguém exigir de você
a roupa do corpo, deixe que leve também a capa. 30Dê a quem
pedir e, quando tomarem suas coisas, não tente recuperá-las.
31Façam aos outros o que vocês desejam que eles lhes façam.
32“Se vocês amam apenas aqueles que os amam, que mérito
têm? Até os pecadores amam quem os ama. 33E, se fazem o
bem apenas aos que fazem o bem a vocês, que mérito têm?
Até os pecadores agem desse modo. 34E, se emprestam di-
nheiro apenas aos que podem devolver, que mérito têm? Até
os pecadores emprestam a outros pecadores, na expectativa
de receber tudo de volta.
35“Portanto, amem os seus inimigos, façam-lhes o bem e em-
prestem a eles sem esperar nada de volta. Então a recompensa
que receberão do céu será grande e estarão agindo, de fato,
como filhos do Altíssimo, pois ele é bondoso até mesmo com
os ingratos e perversos. 36Sejam misericordiosos, assim como
seu Pai é misericordioso.”

Não julguem os outros

37“Não julguem e não serão julgados. Não condenem e não
serão condenados. Perdoem e serão perdoados. 38Deem e re-
ceberão. Sua dádiva lhes retornará em boa medida, compac-
tada, sacudida para caber mais, transbordante e derramada
sobre vocês. O padrão de medida que adotarem será usado
para medi-los”.
39Jesus deu ainda a seguinte ilustração: “É possível um cego
guiar outro cego? Não cairão os dois num buraco? 40Os dis-
cípulos não são maiores que seu mestre. Mas o aluno bem
instruído será como o mestre.
41“Por que você se preocupa com o cisco no olho de seu amigo
enquanto há um tronco em seu próprio olho? 42Como pode
dizer: ‘Amigo, deixe-me ajudá-lo a tirar o cisco de seu olho’,
se não consegue ver o tronco em seu próprio olho? Hipócrita!
Primeiro, livre-se do tronco em seu olho; então você verá o
suficiente para tirar o cisco do olho de seu amigo.”

A árvore e seus frutos

43“Uma árvore boa não produz frutos ruins, e uma árvore ruim
não produz frutos bons. 44Uma árvore é identificada por seus
frutos. Ninguém colhe figos de espinheiros, nem uvas de ar-
bustos espinhosos. 45A pessoa boa tira coisas boas do tesouro
de um coração bom, e a pessoa má tira coisas más do tesouro
de um coração mau. Pois a boca fala do que o coração está
cheio.”

Construir sobre um alicerce firme

46“Por que vocês me chamam ‘Senhor! Senhor!’, se não fazem
o que eu digo? 47Eu lhes mostrarei como é aquele que vem a
mim, ouve as minhas palavras e as pratica. 48Ele é como a
pessoa que está construindo uma casa e que cava fundo e
coloca os alicerces em rocha firme. Quando a água das en-
chentes sobe e bate contra essa casa, ela permanece firme,
pois foi bem construída. 49Mas quem ouve e não obedece é
como a pessoa que constrói uma casa sobre o chão, sem ali-
cerces. Quando a água bater nessa casa, ela cairá, deixando
uma pilha de ruínas”.

Um oficial romano demonstra fé

7 Quando Jesus terminou de dizer tudo isso à multidão, entrou
em Cafarnaum. 2Naquela ocasião, um escravo muito esti-
mado de um oficial romano estava enfermo, à beira da morte.
3Quando o oficial ouviu falar de Jesus, mandou alguns líderes
judeus lhe pedirem que fosse curar seu escravo. 4Os líderes
suplicaram insistentemente que Jesus socorresse o homem,
dizendo: “Ele merece sua ajuda, 5pois ama o povo judeu e até
nos construiu uma sinagoga”.
6Jesus foi com eles, mas, antes de chegarem à casa, o ofi-
cial mandou alguns amigos para dizer: “Senhor, não se in-
comode em vir à minha casa, pois não sou digno de tamanha
honra. 7Não sou digno sequer de ir ao seu encontro. Basta
uma ordem sua, e meu servo será curado. 8Sei disso porque
estou sob a autoridade de meus superiores e tenho autoridade
sobre meus soldados. Só preciso dizer ‘Vão’, e eles vão, ou
‘Venham’, e eles vêm. E, se digo a meus escravos: ‘Façam
isto’, eles fazem”.
9Quando Jesus ouviu isso, ficou admirado. Voltou-se para a
multidão que o seguia e disse: “Eu lhes digo a verdade: ja-
mais vi fé como esta em Israel!”. 10E, quando os amigos do
oficial voltaram para a casa dele, encontraram o escravo em
perfeita saúde.

Jesus ressuscita o filho de uma viúva

11Logo depois, Jesus foi com seus discípulos à cidade de Naim,
e uma grande multidão o seguiu. 12Quando ele se aproximou
da porta da cidade, estava saindo o enterro do único filho de
uma viúva, e uma grande multidão da cidade a acompanhava.
13Quando o Senhor a viu, sentiu profunda compaixão por ela.
“Não chore!”, disse ele. 14Então foi até o caixão, tocou nele e
os carregadores pararam. E disse: “Jovem, eu lhe digo: levan-
te-se!”. 15O jovem que estava morto se levantou e começou a
conversar, e Jesus o devolveu à sua mãe.
16Grande temor tomou conta da multidão, que louvava a Deus,
dizendo: “Um profeta poderoso se levantou entre nós!” e

"Hoje Deus visitou seu povo!". 17Essa notícia sobre Jesus se
espalhou por toda a Judeia e seus arredores.

Jesus e João Batista

18Os discípulos de João Batista lhe contaram tudo que Jesus
estava fazendo. Então João chamou dois de seus discípulos 19e
os enviou ao Senhor, para lhe perguntar: "O senhor é aquele
que haveria de vir, ou devemos esperar algum outro?".
20Os dois discípulos de João encontraram Jesus e lhe disseram:
"João Batista nos enviou para lhe perguntar: 'O senhor é
aquele que haveria de vir, ou devemos esperar algum outro?'".
21Naquela mesma hora, Jesus curou muitas pessoas de suas
doenças, enfermidades e espíritos impuros, e restaurou a
visão a muitos cegos. 22Em seguida, disse aos discípulos de
João: "Voltem a João e contem a ele o que vocês viram e
ouviram: os cegos veem, os aleijados andam, os leprosos são
purificados, os surdos ouvem, os mortos são ressuscitados e
as boas-novas são anunciadas aos pobres". 23E disse ainda:
"Felizes são aqueles que não se sentem ofendidos por minha
causa".
24Depois que os discípulos de João saíram, Jesus começou a
falar a respeito dele para as multidões: "Que tipo de homem
vocês foram ver no deserto? Um caniço que qualquer brisa
agita? 25Afinal, o que esperavam ver? Um homem vestido com
roupas caras? Não, quem veste roupas caras e vive no luxo
mora em palácios. 26Acaso procuravam um profeta? Sim, ele
é mais que profeta. 27João é o homem ao qual as Escrituras se
referem quando dizem: 'Envio meu mensageiro adiante de ti,
e ele preparará teu caminho à tua frente'.
28Eu lhes digo: de todos que nasceram de mulher, nenhum é
maior que João Batista. E, no entanto, até o menor no reino
de Deus é maior que ele".
29Todos que ouviram as palavras de Jesus, até mesmo os co-
bradores de impostos, concordaram que o caminho de Deus
era justo, pois tinham sido batizados por João. 30Os fariseus
e mestres da lei, no entanto, rejeitaram o propósito de Deus
para eles, pois recusaram o batismo de João.
31"Assim, a que posso comparar o povo desta geração?", per-
guntou Jesus. 32"Como posso descrevê-los? São como crianças
que brincam na praça. Queixam-se a seus amigos: 'Tocamos
flauta, e vocês não dançaram, entoamos lamentos, e vocês
não choraram'.
33Quando João Batista apareceu, não costumava comer e
beber em público, e vocês disseram: 'Está possuído por de-
mônio'. 34O Filho do Homem, por sua vez, come e bebe, e
vocês dizem: 'É comilão e beberrão, amigo de cobradores de
impostos e pecadores'. 35Mas a sabedoria é comprovada pela
vida daqueles que a seguem."

Jesus é ungido por uma pecadora

36Um dos fariseus convidou Jesus para jantar. Jesus foi à casa
dele e tomou lugar à mesa. 37Quando uma mulher daquela ci-
dade, uma pecadora, soube que ele estava jantando ali, trouxe
um frasco de alabastro contendo um perfume caro. 38Em se-
guida, ajoelhou-se aos pés de Jesus, chorando. As lágrimas
caíram sobre os pés dele, e ela os secou com seu cabelo; e
continuou a beijá-los e a derramar perfume sobre eles.
39Quando o fariseu que havia convidado Jesus viu isso, disse
consigo: "Se este homem fosse profeta, saberia que tipo de
mulher está tocando nele. Ela é uma pecadora!".
40Jesus disse ao fariseu: "Simão, tenho algo a lhe dizer". "Diga,
mestre", respondeu Simão.
41Então Jesus lhe contou a seguinte história: "Um homem
emprestou dinheiro a duas pessoas: quinhentas moedas de
prata a uma delas e cinquenta à outra. 42Como nenhum dos
devedores conseguiu lhe pagar, ele generosamente perdoou
ambos e cancelou suas dívidas. Qual deles o amou mais de-
pois disso?".
43Simão respondeu: "Suponho que aquele de quem ele per-
doou a dívida maior". "Você está certo", disse Jesus. 44Então
voltou-se para a mulher e disse a Simão: "Veja esta mulher
ajoelhada aqui. Quando entrei em sua casa, você não ofe-
receu água para eu lavar os pés, mas ela os lavou com suas
lágrimas e os secou com seus cabelos. 45Você não me cum-
primentou com um beijo, mas, desde a hora em que entrei,
ela não parou de beijar meus pés. 46Você não me ofereceu
óleo para ungir minha cabeça, mas ela ungiu meus pés com
um perfume raro.
47"Eu lhe digo: os pecados dela, que são muitos, foram per-
doados e, por isso, ela demonstrou muito amor por mim.
Mas a pessoa a quem pouco foi perdoado demonstra pouco
amor". 48Então Jesus disse à mulher: "Seus pecados estão
perdoados".
49Os homens que estavam à mesa diziam entre si: "Quem é
esse que anda por aí perdoando pecados?".
50E Jesus disse à mulher: "Sua fé a salvou. Vá em paz".

Mulheres que seguiam Jesus

8 Pouco tempo depois, Jesus começou a percorrer as ci-
dades e os povoados vizinhos, anunciando as boas-novas
a respeito do reino de Deus. Iam com ele os Doze 2e também
algumas mulheres que tinham sido curadas de espíritos im-
puros e enfermidades. Entre elas estavam Maria Madalena,
de quem ele havia expulsado sete demônios; 3Joana, esposa
de Cuza, administrador de Herodes; Susana, e muitas outras
que contribuíam com seus próprios recursos para o sustento
de Jesus e seus discípulos.

A parábola do semeador

4Certo dia, uma grande multidão, vinda de várias cidades, jun-
tou-se para ouvir Jesus, e ele lhes contou uma parábola: 5"Um
lavrador saiu para semear. Enquanto espalhava as sementes
pelo campo, algumas caíram à beira do caminho, onde foram
pisadas, e as aves vieram e as comeram. 6Outras caíram entre
as pedras e começaram a crescer, mas as plantas logo mur-
charam por falta de umidade. 7Outras sementes caíram entre
os espinhos, que cresceram com elas e sufocaram os brotos.

8 Ainda outras caíram em solo fértil e produziram uma colheita
cem vezes maior que a quantidade semeada". Quando ele
terminou de dizer isso, declarou: "Quem é capaz de ouvir,
ouça com atenção!".
9 Seus discípulos lhe perguntaram o que a parábola significava.
10 Ele respondeu: "A vocês é permitido entender os segredos
do reino de Deus, mas uso parábolas para ensinar os outros, a
fim de que, 'Quando olharem, não vejam; quando escutarem,
não entendam'.
11 "Este é o significado da parábola: As sementes são a palavra
de Deus. 12 As sementes que caíram à beira do caminho re-
presentam os que ouvem a mensagem, mas o diabo vem e a
arranca do coração deles e os impede de crer e ser salvos. 13 As
sementes no solo rochoso representam os que ouvem a men-
sagem e a recebem com alegria. Uma vez, porém, que não têm
raízes profundas, creem apenas por um tempo e depois de-
sanimam quando enfrentam provações. 14 As que caíram entre
os espinhos representam outros que ouvem a mensagem,
mas logo ela é sufocada pelas preocupações, riquezas e pra-
zeres desta vida, de modo que nunca amadurecem. 15 E as que
caíram em solo fértil representam os que, com coração bom
e receptivo, ouvem a mensagem, a aceitam e, com paciência,
produzem uma grande colheita."

A parábola da lâmpada

16 "Não faz sentido acender uma lâmpada e depois cobri-la com
uma vasilha ou escondê-la debaixo da cama. Pelo contrário,
ela é colocada num pedestal, de onde sua luz pode ser vista
pelos que entram na casa. 17 Da mesma forma, tudo que está
escondido será revelado, e tudo que está oculto virá à luz e
será conhecido por todos.
18 "Portanto, ouçam com atenção! Pois ao que tem, mais lhe
será dado, mas do que não tem, até o que pensa ter lhe será
tomado".

A verdadeira família de Jesus

19 Então a mãe e os irmãos de Jesus foram vê-lo, mas não con-
seguiram chegar até ele por causa da multidão. 20 Alguém disse
a Jesus: "Sua mãe e seus irmãos estão lá fora e querem vê-lo".
21 Jesus respondeu: "Minha mãe e meus irmãos são aqueles
que ouvem a palavra de Deus e a praticam".

Jesus acalma a tempestade

22 Certo dia, Jesus disse a seus discípulos: "Vamos para o outro
lado do mar". Assim, entraram num barco e partiram. 23 Du-
rante a travessia, Jesus caiu no sono. Logo, porém, veio sobre
o mar uma forte tempestade. O barco começou a se encher de
água, colocando-os em grande perigo.
24 Os discípulos foram acordá-lo, clamando: "Mestre, Mestre,
vamos morrer!". Quando Jesus despertou, repreendeu o vento
e as ondas violentas. A tempestade parou, e tudo se acalmou.
25 Então ele lhes perguntou: "Onde está a sua fé?". Admirados e
temerosos, os discípulos diziam entre si: "Quem é este homem?
Quando ele ordena, até os ventos e o mar lhe obedecem!".

Jesus exerce autoridade sobre demônios

26 Então chegaram à região dos gadarenos, do outro lado do
mar da Galileia. 27 Quando Jesus desembarcou, um homem pos-
suído por demônios veio ao seu encontro. Fazia muito tempo
que ele não tinha casa nem roupas e vivia num cemitério fora
da cidade.
28 Assim que viu Jesus, gritou e caiu diante dele. Então disse em
alta voz: "Por que vem me importunar, Jesus, Filho do Deus
Altíssimo? Suplico que não me atormente!". 29 Pois Jesus já
havia ordenado que o espírito impuro saísse dele. Esse espírito
tinha dominado o homem em várias ocasiões. Mesmo quando
era colocado sob guarda, com os pés e as mãos acorrentados,
ele quebrava as correntes e, sob controle do demônio, corria
para o deserto.
30 Jesus lhe perguntou: "Qual é o seu nome?". "Legião", res-
pondeu ele, pois havia muitos demônios dentro do homem.
31 E imploravam que Jesus não os mandasse para o abismo.
32 Ali perto, uma grande manada de porcos pastava na encosta
de uma colina, e os demônios suplicaram que ele os deixasse
entrar nos porcos. Jesus lhes deu permissão. 33 Os demônios
saíram do homem e entraram nos porcos, e toda a manada se
atirou pela encosta íngreme para dentro do mar e se afogou.
34 Quando os que cuidavam dos porcos viram isso, fugiram
para uma cidade próxima e para seus arredores, espalhando
a notícia. 35 O povo correu para ver o que havia ocorrido. Uma
multidão se juntou ao redor de Jesus, e eles viram o homem
que havia sido liberto dos demônios. Estava sentado aos pés
de Jesus, vestido e em perfeito juízo, e todos tiveram medo.
36 Os que presenciaram os acontecimentos contaram aos de-
mais como o homem possuído por demônios tinha sido curado.
37 Todo o povo da região dos gadarenos suplicou que Jesus
fosse embora, pois ficaram muito assustados. Então ele voltou
ao barco e partiu. 38 O homem que tinha sido liberto dos demô-
nios suplicou para ir com ele, mas Jesus o mandou para casa,
dizendo: 39 "Volte para sua família e conte a eles tudo que Deus
fez por você". E o homem foi pela cidade inteira, anunciando
tudo que Jesus tinha feito por ele.

Jesus cura em resposta à fé

40 Do outro lado do mar, as multidões receberam Jesus com
alegria, pois o estavam esperando. 41 Então um homem cha-
mado Jairo, um dos líderes da sinagoga local, veio e se pros-
trou aos pés de Jesus, suplicando que ele fosse à sua casa.
42 Sua única filha, de cerca de doze anos, estava à beira da
morte. Jesus o acompanhou, cercado pela multidão. 43 Uma
mulher no meio do povo sofria havia doze anos de uma he-
morragia, sem encontrar cura. 44 Ela se aproximou por trás de
Jesus e tocou na borda de seu manto. No mesmo instante, a
hemorragia parou.
45 "Quem tocou em mim?", perguntou Jesus. Todos negaram,
e Pedro disse: "Mestre, a multidão toda se aperta em volta do
senhor".
46 Jesus, no entanto, disse: "Alguém certamente tocou em
mim, pois senti que de mim saiu poder". 47 Quando a mulher

percebeu que não poderia permanecer despercebida, co-
meçou a tremer e caiu de joelhos diante dele. Todos a ouviram
explicar por que havia tocado nele e como havia sido curada de
imediato. 48Então ele disse: "Filha, sua fé a curou. Vá em paz".
49Enquanto Jesus ainda falava com a mulher, chegou um men-
sageiro da casa de Jairo, o líder da sinagoga, a quem disse:
"Sua filha morreu. Não incomode mais o mestre".
50Ao ouvir isso, Jesus disse a Jairo: "Não tenha medo. Apenas
creia, e ela será curada".
51Quando chegaram à casa de Jairo, Jesus não deixou que
ninguém o acompanhasse, exceto Pedro, João, Tiago e o pai e
a mãe da menina. 52A casa estava cheia de gente chorando e
se lamentando, mas ele disse: "Parem de chorar! Ela não está
morta; está apenas dormindo".
53A multidão riu dele, pois todos sabiam que ela havia morrido.
54Então Jesus a tomou pela mão e disse em voz alta: "Menina,
levante-se!". 55Naquele momento, ela voltou à vida e levan-
tou-se de imediato. Então Jesus ordenou que dessem alguma
coisa para ela comer. 56Os pais dela ficaram maravilhados,
mas Jesus insistiu que não contassem a ninguém o que havia
acontecido.

Jesus envia os doze apóstolos

9 Jesus reuniu os Doze e lhes deu poder e autoridade para
expulsar todos os demônios e curar enfermidades. 2Depois,
enviou-os para anunciar o reino de Deus e curar os enfermos.
3Ele os instruiu, dizendo: "Não levem coisa alguma em sua jor-
nada. Não levem cajado, nem bolsa de viagem, nem comida,
nem dinheiro, nem mesmo uma muda de roupa extra. 4Aonde
quer que forem, hospedem-se na mesma casa até partirem da
cidade. 5E, se uma cidade se recusar a recebê-los, sacudam a
poeira dos pés ao saírem, em sinal de reprovação".
6Então começaram a percorrer os povoados, anunciando as
boas-novas e curando os enfermos.

A perplexidade de Herodes

7Quando Herodes Antipas ouviu falar de tudo que Jesus fazia,
ficou perplexo, pois alguns diziam que João Batista havia res-
suscitado dos mortos. 8Outros acreditavam que Jesus era Elias,
ou um dos antigos profetas que tinha voltado à vida.
9"Eu decapitei João", dizia Herodes. "Então quem é o homem
sobre quem ouço essas histórias?" E procurava ver Jesus.

A primeira multiplicação dos pães

10Quando os apóstolos voltaram, contaram a Jesus tudo que
tinham feito. Em seguida, Jesus se retirou para a cidade de
Betsaida, a fim de estar a sós com eles. 11As multidões des-
cobriram seu paradeiro e o seguiram. Ele as recebeu, ensi-
nou-lhes a respeito do reino de Deus e curou os que estavam
enfermos.
12No fim da tarde, os Doze se aproximaram e lhe disseram:
"Mande as multidões aos povoados e campos vizinhos, para
que encontrem comida e abrigo para passar a noite, pois es-
tamos num lugar isolado".
13Jesus, porém, disse: "Providenciem vocês mesmos ali-
mento para eles". "Temos apenas cinco pães e dois peixes",
responderam. "Ou o senhor espera que compremos comida
para todo esse povo?" 14Havia ali cerca de cinco mil homens.
Jesus respondeu: "Digam a eles que se sentem em grupos de
cinquenta". 15Os discípulos seguiram sua instrução, e todos
se sentaram. 16Jesus tomou os cinco pães e os dois peixes,
olhou para o céu e os abençoou. Então, partiu-os em pedaços
e os entregou aos discípulos para que distribuíssem ao povo.
17Todos comeram à vontade, e os discípulos encheram ainda
doze cestos com as sobras.

Pedro declara sua fé

18Certo dia, Jesus orava em particular, acompanhado apenas
dos discípulos. Ele lhes perguntou: "Quem as multidões dizem
que eu sou?".
19Os discípulos responderam: "Alguns dizem que o senhor é
João Batista; outros, que é Elias; e outros ainda, que é um dos
profetas antigos que ressuscitou".
20"E vocês?", perguntou ele. "Quem vocês dizem que eu sou?"
Pedro respondeu: "O senhor é o Cristo enviado por Deus!".

Jesus prediz sua morte

21Jesus advertiu severamente seus discípulos de que não dis-
sessem a ninguém quem ele era. 22"É necessário que o Filho
do Homem sofra muitas coisas", disse. "Ele será rejeitado
pelos líderes do povo, pelos principais sacerdotes e pelos
mestres da lei. Será morto, mas no terceiro dia ressuscitará."

Ensino sobre discipulado

23Disse ele à multidão: "Se alguém quer ser meu seguidor,
negue a si mesmo, tome diariamente sua cruz e siga-me. 24Se
tentar se apegar à sua vida, a perderá. Mas, se abrir mão de
sua vida por minha causa, a salvará. 25Que vantagem há em
ganhar o mundo inteiro, mas perder ou destruir a própria vida?
26Se alguém se envergonhar de mim e de minha mensagem,
o Filho do Homem se envergonhará dele quando vier em sua
glória e na glória do Pai e dos santos anjos. 27Eu lhes digo a
verdade: alguns que aqui estão não morrerão antes de ver o
reino de Deus!".

A transfiguração

28Cerca de oito dias depois, Jesus levou consigo Pedro, João
e Tiago a um monte para orar. 29Enquanto ele orava, a apa-
rência de seu rosto foi transformada, e suas roupas se tor-
naram brancas e resplandecentes. 30De repente, Moisés e
Elias apareceram e começaram a falar com Jesus. 31Tinham
um aspecto glorioso e falavam sobre a partida de Jesus, que
estava para se cumprir em Jerusalém.
32Pedro e os outros lutavam contra o sono, mas acabaram
despertando e viram a glória de Jesus e os dois homens que
estavam com ele. 33Quando Moisés e Elias iam se retirando,
Pedro, sem saber o que dizia, falou: "Mestre, é maravilhoso
estarmos aqui! Vamos fazer três tendas: uma será sua, uma

de Moisés e outra de Elias". 34Enquanto ele ainda falava, uma
nuvem surgiu e os envolveu, enchendo-os de medo.
35Então uma voz que vinha da nuvem disse: "Este é meu Filho,
meu Escolhido. Ouçam-no!". 36Quando a voz silenciou, só
Jesus estava ali. Naquela ocasião, os discípulos não contaram
a ninguém o que tinham visto.

Jesus cura um menino possuído por demônio

37No dia seguinte, quando desceram do monte, uma grande
multidão veio ao encontro de Jesus. 38Um homem na multidão
gritou: "Mestre, suplico-lhe que veja meu filho, o único que
tenho! 39Um espírito impuro se apodera dele e o faz gritar.
Lança-o em convulsões e o faz espumar pela boca. Sacode-o
violentamente e quase nunca o deixa em paz. 40Supliquei a
seus discípulos que o expulsassem, mas eles não conse-
guiram".
41Jesus disse: "Geração incrédula e corrompida! Até quando
estarei com vocês e terei de suportá-los?". Então disse ao
homem: "Traga-me seu filho".
42Quando o menino se aproximou, o demônio o derrubou no
chão, numa convulsão violenta. Jesus, porém, repreendeu o
espírito impuro, curou o menino e o devolveu ao pai. 43Todos
se espantaram com a grandiosidade do poder de Deus.

Jesus prediz sua morte pela segunda vez

Enquanto todos se maravilhavam com seus feitos, Jesus disse
aos discípulos: 44"Ouçam-me e lembrem-se do que lhes digo:
o Filho do Homem será traído e entregue em mãos humanas".
45Eles, porém, não entendiam essas coisas. O significado
estava escondido deles, de modo que não eram capazes de
compreender e tinham medo de perguntar.

O maior no reino

46Os discípulos começaram a discutir sobre qual deles seria o
maior. 47Jesus, conhecendo seus pensamentos, trouxe para
junto de si uma criança pequena 48e disse: "Quem recebe uma
criança como esta em meu nome recebe a mim, e quem me
recebe também recebe aquele que me enviou. Portanto, o
menor entre vocês será o maior".

O uso do nome de Jesus

49João disse a Jesus: "Mestre, vimos alguém usar seu nome
para expulsar demônios; nós o proibimos, pois ele não era do
nosso grupo".
50"Não o proíbam!", disse Jesus. "Quem não é contra vocês
é a favor de vocês."

A oposição dos samaritanos

51Como se aproximava o tempo de ser elevado ao céu, Jesus
partiu com determinação para Jerusalém. 52Enviou mensa-
geiros adiante até um povoado samaritano, a fim de fazerem
os preparativos para sua chegada. 53Contudo, os habitantes
do povoado não receberam Jesus, porque parecia evidente
que ele estava a caminho de Jerusalém. 54Percebendo isso,
Tiago e João disseram a Jesus: "Senhor, quer que mandemos
cair fogo do céu para consumi-los?". 55Jesus, porém, se voltou
para eles e os repreendeu. 56E seguiram para outro povoado.

O preço de seguir Jesus

57Quando andavam pelo caminho, alguém disse a Jesus: "Eu o
seguirei aonde quer que vá".
58Jesus respondeu: "As raposas têm tocas onde morar e as
aves têm ninhos, mas o Filho do Homem não tem sequer um
lugar para recostar a cabeça".
59E a outra pessoa ele disse: "Siga-me". O homem, porém,
respondeu: "Senhor, deixe-me primeiro sepultar meu pai".
60Jesus respondeu: "Deixe que os mortos sepultem seus pró-
prios mortos. Você, porém, deve ir e anunciar o reino de Deus".
61Outro, ainda, disse: "Senhor, eu o seguirei, mas deixe que
antes me despeça de minha família".
62Mas Jesus lhe disse: "Quem põe a mão no arado e olha para
trás não está apto para o reino de Deus".

Jesus envia seus discípulos

10 Depois disso, o Senhor escolheu outros setenta e dois dis-
cípulos e os enviou adiante, dois a dois, às cidades e aos
lugares que ele planejava visitar. 2Estas foram suas instruções:
"A colheita é grande, mas os trabalhadores são poucos. Orem
ao Senhor da colheita; peçam que ele envie mais trabalha-
dores para seus campos. 3Agora vão e lembrem-se de que eu
os envio como cordeiros no meio de lobos. 4Não levem dinheiro
algum, nem bolsa de viagem, nem um par de sandálias extras.
E não se detenham para cumprimentar ninguém pelo caminho.
5"Quando entrarem numa casa, digam primeiro: 'Que a paz
de Deus esteja nesta casa'. 6Se os que vivem ali forem gente
de paz, a bênção permanecerá; se não forem, a bênção vol-
tará a vocês. 7Permaneçam naquela casa e comam e bebam o
que lhes derem, pois quem trabalha merece seu salário. Não
fiquem mudando de casa em casa.
8"Quando entrarem numa cidade e ela os receber bem, comam
o que lhes oferecerem. 9Curem os enfermos e digam-lhes:
'Agora o reino de Deus chegou até vocês'. 10Mas, se uma
cidade se recusar a recebê-los, saiam pelas ruas e digam:
11'Limpamos de nossos pés até o pó desta cidade em sinal
de reprovação. E saibam disto: o reino de Deus chegou!'. 12Eu
lhes garanto que, no dia do juízo, até Sodoma será tratada com
menos rigor que aquela cidade.
13"Que aflição as espera, Corazim e Betsaida! Porque, se nas
cidades de Tiro e Sidom tivessem sido realizados os milagres
que realizei em vocês, há muito tempo seus habitantes teriam
se arrependido e demonstrado isso vestindo panos de saco e
jogando cinzas sobre a cabeça. 14Eu lhes digo que, no dia do
juízo, Tiro e Sidom serão tratadas com menos rigor que vocês.
15E você, Cafarnaum, será elevada até o céu? Não, descerá até
o lugar dos mortos".
16Então ele disse aos discípulos: "Quem aceita sua mensagem
também me aceita, e quem os rejeita também me rejeita. E
quem me rejeita também rejeita aquele que me enviou".

17Quando os setenta e dois discípulos voltaram, relataram com alegria: "Senhor, até os demônios nos obedecem pela sua autoridade!".

18Então ele lhes disse: "Vi Satanás caindo do céu como um relâmpago! 19Eu lhes dei autoridade para pisarem sobre cobras e escorpiões, e sobre todo o poder do inimigo. Nada lhes causará dano. 20Mas não se alegrem porque os espíritos impuros lhes obedecem; alegrem-se porque seus nomes estão registrados no céu".

Jesus agradece ao Pai

21Naquele momento, Jesus foi tomado da alegria do Espírito Santo e disse: "Pai, Senhor dos céus e da terra, eu te agradeço porque escondeste estas coisas dos que se consideram sábios e inteligentes e as revelaste aos que são como crianças. Sim, Pai, foi do teu agrado fazê-lo assim.

22"Meu Pai me confiou todas as coisas. Ninguém conhece verdadeiramente o Filho, a não ser o Pai, e ninguém conhece verdadeiramente o Pai, a não ser o Filho e aqueles a quem o Filho escolhe revelá-lo".

23Então, em particular, ele se voltou para os discípulos e disse: "Felizes os olhos que veem o que vocês viram. 24Eu lhes digo: muitos profetas e reis desejaram ver o que vocês têm visto e ouvir o que vocês têm ouvido, mas não puderam".

O mandamento mais importante

25Certo dia, um especialista da lei se levantou para pôr Jesus à prova com esta pergunta: "Mestre, o que preciso fazer para herdar a vida eterna?".

26Jesus respondeu: "O que diz a lei de Moisés? Como você a entende?".

27O homem respondeu: "'Ame o Senhor, seu Deus, de todo o seu coração, de toda a sua alma, de toda a sua força e de toda a sua mente' e 'Ame o seu próximo como a si mesmo'".

28"Está correto!", disse Jesus. "Faça isso, e você viverá."

A parábola do bom samaritano

29O homem, porém, querendo justificar suas ações, perguntou a Jesus: "E quem é o meu próximo?".

30Jesus respondeu com uma história: "Certo homem descia de Jerusalém a Jericó, quando foi atacado por bandidos. Eles lhe tiraram as roupas, o espancaram e o deixaram quase morto à beira da estrada.

31"Por acaso, descia por ali um sacerdote. Quando viu o homem caído, atravessou para o outro lado da estrada. 32Um levita fazia o mesmo caminho e viu o homem caído, mas também atravessou e passou longe.

33"Então veio um samaritano e, ao ver o homem, teve compaixão dele. 34Foi até ele, tratou de seus ferimentos com óleo e vinho e os enfaixou. Depois, colocou o homem em seu jumento e o levou a uma hospedaria, onde cuidou dele. 35No dia seguinte, deu duas moedas de prata ao dono da hospedaria e disse: 'Cuide deste homem. Se você precisar gastar a mais com ele, eu lhe pagarei a diferença quando voltar'.

36"Qual desses três você diria que foi o próximo do homem atacado pelos bandidos?", perguntou Jesus.

37O especialista da lei respondeu: "Aquele que teve misericórdia dele". Então Jesus disse: "Vá e faça o mesmo".

Jesus visita Marta e Maria

38Jesus e seus discípulos seguiram viagem e chegaram a um povoado onde uma mulher chamada Marta os recebeu em sua casa. 39Sua irmã, Maria, sentou-se aos pés de Jesus e ouvia o que ele ensinava. 40Marta, porém, estava ocupada com seus muitos afazeres. Foi a Jesus e disse: "Senhor, não o incomoda que minha irmã fique aí sentada enquanto eu faço todo o trabalho? Diga-lhe que venha me ajudar!".

41Mas o Senhor respondeu: "Marta, Marta, você se preocupa e se inquieta com todos esses detalhes. 42Apenas uma coisa é necessária. Quanto a Maria, ela fez a escolha certa, e ninguém tomará isso dela".

Ensino sobre a oração

11 Certo dia, Jesus estava orando em determinado lugar. Quando terminou, um de seus discípulos lhe disse: "Senhor, ensine-nos a orar, como João ensinou aos discípulos dele".

2Jesus disse: "Orem da seguinte forma: "Pai, santificado seja o teu nome. Venha o teu reino.

3Dá-nos hoje o pão para este dia, 4e perdoa nossos pecados, assim como perdoamos aqueles que pecam contra nós. E não nos deixes cair em tentação".

5E ele prosseguiu: "Suponha que você fosse à casa de um amigo à meia-noite para pedir três pães, dizendo: 6'Um amigo meu acaba de chegar para me visitar e não tenho nada para lhe oferecer', 7e ele respondesse lá de dentro: 'Não me perturbe. A porta já está trancada, e minha família e eu já estamos deitados. Não posso ajudá-lo'. 8Eu lhes digo que, embora ele não o faça por amizade, se você continuar a bater à porta, ele se levantará e lhe dará o que precisa por causa da sua insistência.

9"Portanto eu lhes digo: peçam, e receberão. Procurem, e encontrarão. Batam, e a porta lhes será aberta. 10Pois todos que pedem, recebem. Todos que procuram, encontram. E, para todos que batem, a porta é aberta.

11"Vocês que são pais, respondam: Se seu filho lhe pedir um peixe, você lhe dará uma cobra? 12Ou, se lhe pedir um ovo, você lhe dará um escorpião? 13Portanto, se vocês que são pecadores sabem como dar bons presentes a seus filhos, quanto mais seu Pai no céu dará o Espírito Santo aos que lhe pedirem!".

A fonte do poder de Jesus

14Certo dia, Jesus expulsou um demônio que deixava um homem mudo e, quando o demônio saiu, o homem começou a falar. A multidão ficou admirada, 15mas alguns disseram: "É pelo poder de Belzebu, o príncipe dos demônios, que ele expulsa os demônios". 16Outros exigiram que Jesus lhes desse um sinal do céu para provar sua autoridade.

17Jesus, conhecendo seus pensamentos, disse: "Todo reino dividido internamente está condenado à ruína. Uma família

dividida contra si mesma se desintegrará. 18Vocês dizem que
eu expulso demônios pelo poder de Belzebu. Mas, se Satanás
está dividido e luta contra si mesmo, como o seu reino sobre-
viverá? 19E, se meu poder vem de Belzebu, o que dizer de seus
discípulos? Eles também expulsam demônios, de modo que
condenarão vocês pelo que acabaram de dizer. 20Se, contudo,
expulso demônios pelo poder de Deus, então o reino de Deus
já chegou a vocês. 21Pois, quando um homem forte está bem
armado e guarda seu palácio, seus bens estão seguros, 22até
que alguém ainda mais forte o ataque e o vença, tire dele suas
armas e leve embora seus pertences.

23"Quem não está comigo opõe-se a mim, e quem não trabalha
comigo trabalha contra mim.

24"Quando um espírito impuro sai de uma pessoa, anda por
lugares secos à procura de descanso. Mas, não o encontrando,
diz: 'Voltarei à casa da qual saí'. 25Ele volta para sua antiga
casa e a encontra vazia, varrida e arrumada. 26Então o espírito
busca outros sete espíritos, piores que ele, e todos entram na
pessoa e passam a morar nela, e a pessoa fica pior que antes".

27Enquanto ele falava, uma mulher na multidão gritou: "Feliz
é sua mãe, que o deu à luz e o amamentou!".

28Jesus, porém, respondeu: "Ainda mais felizes são os que
ouvem a palavra de Deus e a praticam".

O sinal de Jonas

29Enquanto a multidão se apertava contra Jesus, ele disse:
"Esta geração perversa insiste que eu lhe mostre um sinal, mas
o único sinal que lhes darei será o de Jonas. 30O que aconteceu
com ele foi um sinal para o povo de Nínive. O que acontecer
com o Filho do Homem será um sinal para esta geração.

31"A rainha de Sabá se levantará contra esta geração no dia
do juízo e a condenará, pois veio de uma terra distante para
ouvir a sabedoria de Salomão; e vocês têm à sua frente alguém
maior que Salomão! 32Os habitantes de Nínive também se le-
vantarão contra esta geração no dia do juízo e a condenarão,
pois eles se arrependeram de seus pecados quando ouviram
a mensagem anunciada por Jonas; e vocês têm à sua frente
alguém maior que Jonas!"

Receber a luz

33"Não faz sentido acender uma lâmpada e depois escondê-la
ou colocá-la sob um cesto. Pelo contrário, ela é colocada num
pedestal, de onde sua luz é vista por todos que entram na casa.

34"Seus olhos são como uma lâmpada que ilumina todo o
corpo. Quando os olhos são bons, todo o corpo se enche de luz.
Mas, quando são maus, o corpo se enche de escuridão. 35Por-
tanto, tomem cuidado para que sua luz não seja, na verdade,
escuridão. 36Se estiverem cheios de luz, sem nenhum canto
escuro, sua vida inteira será radiante, como se uma lamparina
os estivesse iluminando".

Jesus critica os líderes religiosos

37Quando Jesus terminou de falar, um dos fariseus o convidou
para comer em sua casa. Ele foi e tomou lugar à mesa. 38Seu
anfitrião ficou surpreso por ele não realizar primeiro a ceri-
mônia de lavar as mãos, como era costume entre os judeus.
39Então o Senhor lhe disse: "Vocês, fariseus, têm o cuidado
de limpar o exterior do copo e do prato, mas estão sujos por
dentro, cheios de ganância e perversidade. 40Tolos! Acaso
Deus não fez tanto o interior como o exterior? 41Portanto,
limpem o interior dando ofertas aos necessitados e ficarão
limpos por completo.

42"Que aflição os espera, fariseus! Vocês têm o cuidado de
dar o dízimo da hortelã, da arruda e de todas as ervas, mas
negligenciam a justiça e o amor de Deus. Sim, vocês deviam
fazer essas coisas, mas sem descuidar das mais importantes.

43"Que aflição os espera, fariseus! Pois gostam de sentar-se
nos lugares de honra nas sinagogas e de receber saudações
respeitosas enquanto andam pelas praças. 44Sim, que aflição
os espera! Pois são como túmulos escondidos: as pessoas
passam por cima deles sem saber onde estão pisando".

45Então um especialista da lei disse: "Mestre, o senhor insultou
também a nós com o que acabou de dizer".

46Jesus respondeu: "Sim, que aflição também os espera, es-
pecialistas da lei! Pois oprimem as pessoas com exigências
insuportáveis e não movem um dedo sequer para aliviar seus
fardos. 47Que aflição os espera! Pois constroem monumentos
para os profetas que seus próprios antepassados assassi-
naram. 48Com isso, porém, testemunham que concordam com
o que seus antepassados fizeram. Eles mataram os profetas, e
vocês cooperam com eles construindo os monumentos! 49Foi a
isto que Deus, em sua sabedoria, se referiu: 'Eu lhes enviarei
profetas e apóstolos, mas eles matarão alguns e perseguirão
outros'.

50"Portanto, esta geração será responsabilizada pelo assassi-
nato de todos os profetas de Deus desde a criação do mundo,
51desde o assassinato do justo Abel até o de Zacarias, morto
entre o altar e o santuário. Sim, certamente esta geração será
considerada responsável.

52"Que aflição os espera, especialistas da lei! Vocês se apos-
saram da chave do conhecimento e, além de não entrarem no
reino, impedem que outros entrem".

53Quando Jesus se retirou dali, os mestres da lei e os fariseus
ficaram extremamente irados e tentaram provocá-lo com
muitas perguntas. 54Queriam apanhá-lo numa armadilha, le-
vando-o a dizer algo que pudessem usar contra ele.

Advertência acerca da hipocrisia

12 Quando as multidões cresceram a ponto de haver mi-
lhares de pessoas atropelando-se e pisando umas nas
outras, Jesus concentrou seu ensino nos discípulos, dizendo:
"Tenham cuidado com o fermento dos fariseus, que é a hipo-
crisia. 2Virá o dia em que tudo que está encoberto será re-
velado, e tudo que é secreto será divulgado. 3O que vocês
disseram no escuro será ouvido às claras, e o que conversaram
a portas fechadas será proclamado dos telhados.

4"Meus amigos, não tenham medo daqueles que matam o
corpo; depois disso, nada mais podem lhes fazer. 5Mas eu lhes

direi a quem devem temer. Temam a Deus, que tem o poder de matar e lançar no inferno. Sim, a esse vocês devem temer. 6“Qual é o preço de cinco pardais? Duas moedas de cobre? E, no entanto, Deus não se esquece de nenhum deles. 7Até os cabelos de sua cabeça estão todos contados. Portanto, não tenham medo; vocês são muito mais valiosos que um bando inteiro de pardais.

8“Eu lhes digo a verdade: quem me reconhecer aqui, diante das pessoas, o Filho do Homem o reconhecerá na presença dos anjos de Deus. 9Mas quem me negar aqui será negado diante dos anjos de Deus. 10Quem falar contra o Filho do Homem será perdoado, mas quem blasfemar contra o Espírito Santo não será perdoado.

11“Quando vocês forem julgados nas sinagogas e diante dos governantes e das autoridades, não se preocupem com o modo como se defenderão nem com o que dirão, 12pois o Espírito Santo, naquele momento, lhes dará as palavras certas”.

A parábola do rico insensato

13Então alguém da multidão gritou: “Mestre, por favor, diga a meu irmão que divida comigo a herança de meu pai!”.

14Jesus respondeu: “Amigo, quem me pôs como juiz sobre vocês para decidir essas coisas?”. 15Em seguida, disse: “Cuidado! Guardem-se de todo tipo de ganância. A vida de uma pessoa não é definida pela quantidade de seus bens”.

16Então lhes contou uma parábola: “Um homem rico tinha uma propriedade fértil que produziu boas colheitas. 17Pensou consigo: ‘O que devo fazer? Não tenho espaço para toda a minha colheita’. 18Por fim, disse: ‘Já sei! Vou derrubar os celeiros e construir outros maiores. Assim terei espaço suficiente para todo o meu trigo e meus outros bens. 19Então direi a mim mesmo: Amigo, você guardou o suficiente para muitos anos. Agora descanse! Coma, beba e alegre-se!’.

20“Mas Deus lhe disse: ‘Louco! Você morrerá esta noite. E, então, quem ficará com o fruto do seu trabalho?’.

21“Sim, é loucura acumular riquezas terrenas e não ser rico para com Deus”.

Ensino sobre dinheiro e bens

22Então, voltando-se para seus discípulos, Jesus disse: “Por isso eu lhes digo que não se preocupem com a vida diária, se terão o suficiente para comer, ou com o corpo, se terão o suficiente para vestir. 23Pois a vida é mais que comida, e o corpo é mais que roupa. 24Observem os corvos. Eles não plantam nem colhem, nem guardam comida em celeiros, pois Deus os alimenta. E vocês valem muito mais que qualquer pássaro. 25Qual de vocês, por mais preocupado que esteja, pode acrescentar ao menos uma hora à sua vida? 26E, se não podem fazer uma coisa tão pequena, de que adianta se preocupar com as maiores?

27“Observem como crescem os lírios. Não trabalham nem fazem suas roupas e, no entanto, nem Salomão em toda a sua glória se vestiu como eles. 28E, se Deus veste com tamanha beleza as flores que hoje estão aqui e amanhã são lançadas ao fogo, não será muito mais generoso com vocês, gente de pequena fé?

29“Não se inquietem com o que comer e o que beber. Não se preocupem com essas coisas. 30Elas ocupam os pensamentos dos pagãos de todo o mundo, mas seu Pai já sabe do que vocês precisam. 31Busquem, acima de tudo, o reino de Deus, e todas essas coisas lhes serão dadas.

32“Não tenham medo, pequeno rebanho, pois seu Pai tem grande alegria em lhes dar o reino.

33“Vendam seus bens e deem aos necessitados. Com isso, ajuntarão tesouros no céu, e as bolsas no céu não se desgastam nem se desfazem. Seu tesouro estará seguro; nenhum ladrão o roubará e nenhuma traça o destruirá. 34Onde seu tesouro estiver, ali também estará seu coração.”

Estejam preparados para a vinda do Senhor

35“Estejam vestidos, prontos para servir, e mantenham suas lâmpadas acesas, 36como se esperassem o seu senhor voltar do banquete de casamento. Então poderão abrir-lhe a porta e deixá-lo entrar no momento em que ele chegar e bater. 37Os servos que estiverem prontos, aguardando seu retorno, serão recompensados. Eu lhes digo a verdade: ele mesmo se vestirá como servo, indicará onde vocês se sentarão e os servirá enquanto estão à mesa! 38Quer ele venha no meio da noite, quer de madrugada, ele recompensará os servos que estiverem prontos.

39“Entendam isto: se o dono da casa soubesse exatamente a que horas o ladrão viria, não permitiria que a casa fosse arrombada. 40Estejam também sempre preparados, pois o Filho do Homem virá quando menos esperam”.

41Então Pedro perguntou: “Senhor, essa ilustração se aplica apenas a nós, ou a todos?”.

42O Senhor respondeu: “O servo fiel e sensato é aquele a quem o senhor encarrega de chefiar os demais servos da casa e alimentá-los. 43Se o senhor voltar e constatar que seu servo fez um bom trabalho, 44eu lhes digo a verdade: ele colocará todos os seus bens sob os cuidados desse servo. 45O que acontecerá, porém, se o servo pensar: ‘Meu senhor não voltará tão cedo’, e começar a espancar os outros servos, a comer e a beber e se embriagar? 46O senhor desse servo voltará em dia em que não se espera e em hora que não se conhece, cortará o servo ao meio e lhe dará o mesmo destino dos incrédulos.

47“O servo que conhece a vontade do seu senhor e não se prepara nem segue as instruções dele será duramente castigado. 48Mas aquele que não a conhece e faz algo errado será castigado com menos severidade. A quem muito foi dado, muito será pedido; e a quem muito foi confiado, ainda mais será exigido.”

Jesus causa divisão

49“Eu vim para incendiar a terra, e gostaria que já estivesse em chamas! 50No entanto, tenho de passar por um batismo e estou angustiado até que ele se realize. 51Vocês pensam que vim trazer paz à terra? Não! Eu vim causar divisão! 52De agora

em diante, numa mesma casa cinco pessoas estarão divididas:
três contra duas e duas contra três.
53"O pai ficará contra o filho e o filho contra o pai; a mãe contra
a filha e a filha contra a mãe; a sogra contra a nora e a nora
contra a sogra".
54Então Jesus se voltou para a multidão e disse: "Quando vocês
veem nuvens se formando no oeste, dizem: 'Vai chover'. E
têm razão. 55Quando sopra o vento sul, dizem: 'Hoje vai fazer
calor'. E assim ocorre. 56Hipócritas! Sabem interpretar as con-
dições do tempo na terra e no céu, mas não sabem interpretar
o tempo presente.
57"Por que não decidem por si mesmos o que é certo?
58Quando você e seu adversário estiverem a caminho do tri-
bunal, procurem acertar as diferenças antes de chegar lá. Do
contrário, pode ser que o acusador o entregue ao juiz, e o
juiz, a um oficial que o lançará na prisão. 59Eu lhe digo: você
não será solto enquanto não tiver pago até o último centavo".

Chamado ao arrependimento

13 Por essa época, Jesus foi informado de que Pilatos havia
assassinado algumas pessoas da Galileia enquanto ofere-
ciam sacrifícios. 2"Vocês pensam que esses galileus eram mais
pecadores que todos os outros da Galileia?", perguntou Jesus.
"Foi por isso que sofreram? 3De maneira alguma! Mas, se não
se arrependerem, vocês também morrerão. 4E quanto aos de-
zoito que morreram quando a torre de Siloé caiu sobre eles?
Eram mais pecadores que os demais de Jerusalém? 5Não! E eu
volto a lhes dizer: a menos que se arrependam, todos vocês
também morrerão."

A parábola da figueira que não produz frutos

6Então Jesus contou a seguinte parábola: "Um homem tinha
uma figueira em seu vinhedo e foi várias vezes procurar frutos
nela, sem sucesso. 7Por fim, disse ao jardineiro: 'Esperei três
anos e não encontrei um figo sequer. Corte a figueira, pois só
está ocupando espaço no pomar'.
8"O jardineiro respondeu: 'Senhor, deixe-a mais um ano, e
eu cuidarei dela e a adubarei. 9Se der figos no próximo ano,
ótimo; se não, mande cortá-la'".

Jesus cura no sábado

10Certo sábado, quando Jesus ensinava numa sinagoga, 11apa-
receu uma mulher enferma por causa de um espírito impuro.
Andava encurvada havia dezoito anos e não conseguia se en-
direitar. 12Ao vê-la, Jesus a chamou para perto e disse: "Mu-
lher, você está curada de sua doença!". 13Então ele a tocou e,
no mesmo instante, ela conseguiu se endireitar e começou a
louvar a Deus.
14O chefe da sinagoga ficou indignado porque Jesus a tinha
curado no sábado. "Há seis dias na semana para traba-
lhar", disse ele à multidão. "Venham nesses dias para serem
curados, e não no sábado."
15O Senhor, porém, respondeu: "Hipócritas! Todos vocês tra-
balham no sábado! Acaso não desamarram no sábado o boi ou
o jumento do estábulo e o levam dali para lhe dar água? 16Esta
mulher, uma filha de Abraão, foi mantida presa por Satanás
durante dezoito anos. Não deveria ela ser liberta, mesmo que
seja no sábado?".
17As palavras de Jesus envergonharam seus adversários, mas
todo o povo se alegrava com as coisas maravilhosas que ele
fazia.

A parábola da semente de mostarda

18Então Jesus disse: "Com que se parece o reino de Deus? Com
o que posso compará-lo? 19É como a semente de mostarda que
alguém plantou na horta. Ela cresce e se torna uma árvore, e
os pássaros fazem ninhos em seus galhos".

A parábola do fermento

20Disse também: "Com que mais se parece o reino de Deus? 21É
como o fermento que uma mulher usa para fazer pão. Embora
ela coloque apenas uma pequena quantidade de fermento em
três medidas de farinha, toda a massa fica fermentada".

A porta estreita

22Jesus foi pelas cidades e povoados ensinando ao longo do
caminho, em direção a Jerusalém. 23Alguém lhe perguntou:
"Senhor, só alguns poucos serão salvos?". Ele respondeu:
24"Esforcem-se para entrar pela porta estreita, pois muitos
tentarão entrar, mas não conseguirão. 25Quando o dono da
casa tiver trancado a porta, será tarde demais. Vocês ficarão
do lado de fora, batendo e pedindo: 'Senhor, abra a porta para
nós!'. Mas ele responderá: 'Não os conheço, nem sei de onde
são'. 26Então vocês dirão: 'Nós comemos e bebemos com o se-
nhor, e o senhor ensinou em nossas ruas'. 27E ele responderá:
'Não os conheço nem sei de onde são. Afastem-se de mim,
todos vocês que praticam o mal!'.
28"Haverá choro e ranger de dentes, pois verão Abraão,
Isaque, Jacó e todos os profetas no reino de Deus, mas vocês
serão lançados fora. 29E virão pessoas de toda parte, do leste
e do oeste, do norte e do sul, para ocupar seus lugares à mesa
no reino de Deus. 30E prestem atenção: alguns últimos serão
os primeiros, e alguns primeiros serão os últimos".

A lamentação de Jesus sobre Jerusalém

31Naquele momento, alguns fariseus lhe disseram: "Vá embora
daqui, pois Herodes Antipas quer matá-lo!".
32Jesus respondeu: "Vão dizer àquela raposa que continuarei
a expulsar demônios e a curar hoje e amanhã; e, no terceiro
dia, realizarei meu propósito. 33Sim, hoje, amanhã e depois de
amanhã, devo seguir meu caminho. Pois nenhum profeta de
Deus deve ser morto fora de Jerusalém!
34"Jerusalém, Jerusalém, cidade que mata profetas e ape-
dreja os mensageiros de Deus! Quantas vezes eu quis juntar
seus filhos como a galinha protege os pintinhos sob as asas,
mas você não deixou. 35E, agora, sua casa foi abandonada, e
você nunca mais me verá, até que diga: 'Bendito é o que vem
em nome do Senhor!'".

Jesus cura no sábado

14 Certo sábado, Jesus foi comer na casa de um líder fariseu,
onde o observavam atentamente. 2 Estava ali um homem
com o corpo muito inchado. 3 Jesus perguntou aos fariseus
e aos especialistas da lei: "A lei permite ou não curar no sá-
bado?". 4 Eles nada responderam, e Jesus tocou no homem
enfermo, o curou e o mandou embora. 5 Depois, perguntou a
eles: "Qual de vocês, se seu filho ou seu boi cair num buraco,
não se apressará em tirá-lo de lá, mesmo que seja sábado?".
6 Mais uma vez, não puderam responder.

Jesus ensina sobre a humildade

7 Quando Jesus observou que os convidados para o jantar pro-
curavam ocupar os lugares de honra à mesa, deu-lhes este
conselho: 8 "Quando você for convidado para um banquete de
casamento, não ocupe o lugar de honra. E se chegar algum
convidado mais importante que você? 9 O anfitrião virá e dirá:
'Dê o seu lugar a esta pessoa', e você, envergonhado, terá de
sentar-se no último lugar da mesa.
10 "Em vez disso, ocupe o lugar menos importante à mesa.
Assim, quando o anfitrião o vir, dirá: 'Amigo, temos um lugar
melhor para você!'. Então você será honrado diante de todos
os convidados. 11 Pois os que se exaltam serão humilhados, e
os que se humilham serão exaltados".
12 Então Jesus se voltou para o anfitrião e disse: "Quando ofe-
recer um banquete ou jantar, não convide amigos, irmãos,
parentes e vizinhos ricos. Eles poderão retribuir o convite, e
essa será sua única recompensa. 13 Em vez disso, convide os
pobres, os aleijados, os mancos e os cegos. 14 Assim, na ressur-
reição dos justos, você será recompensado por ter convidado
aqueles que não podiam lhe retribuir".

A parábola do grande banquete

15 Ao ouvir isso, um homem que estava à mesa com Jesus ex-
clamou: "Feliz será aquele que participar do banquete no reino
de Deus!".
16 Jesus respondeu com a seguinte parábola: "Certo homem
preparou um grande banquete e enviou muitos convites.
17 Quando estava tudo pronto, mandou seu servo dizer aos con-
vidados: 'Venham, o banquete está pronto'. 18 Mas todos eles
deram desculpas. Um disse: 'Acabei de comprar um campo e
preciso inspecioná-lo. Peço que me desculpe'. 19 Outro disse:
'Acabei de comprar cinco juntas de bois e quero experimen-
tá-las. Sinto muito'. 20 Ainda outro disse: 'Acabei de me casar
e não posso ir'.
21 "O servo voltou e informou a seu senhor o que tinham dito.
Ele ficou furioso e ordenou: 'Vá depressa pelas ruas e becos
da cidade e convide os pobres, os aleijados, os cegos e os
mancos'. 22 Depois de cumprir essa ordem, o servo informou:
'Ainda há lugar para mais gente'. 23 Então o senhor disse: 'Vá
pelas estradas do campo e junto às cercas entre as videiras e
insista com todos que encontrar para que venham, de modo
que minha casa fique cheia. 24 Pois nenhum dos que antes
foram convidados provará do meu banquete'".

O custo do discipulado

25 Uma grande multidão seguia Jesus, que se voltou para ela e
disse: 26 "Se alguém que me segue amar pai e mãe, esposa e
filhos, irmãos e irmãs, e até mesmo a própria vida, mais que a
mim, não pode ser meu discípulo. 27 E, se não tomar sua cruz e
me seguir, não pode ser meu discípulo.
28 "Quem começa a construir uma torre sem antes calcular
o custo e ver se possui dinheiro suficiente para terminá-la?
29 Pois, se completar apenas os alicerces e ficar sem dinheiro,
todos rirão dele, 30 dizendo: 'Esse aí começou a construir, mas
não conseguiu terminar!'.
31 "Ou que rei iria à guerra sem antes avaliar se seu exército de
dez mil poderia derrotar os vinte mil que vêm contra ele? 32 E,
se concluir que não, o rei enviará uma delegação para negociar
um acordo de paz enquanto o inimigo está longe. 33 Da mesma
forma, ninguém pode se tornar meu discípulo sem abrir mão
de tudo que possui.
34 "O sal é bom para temperar, mas, se perder o sabor, como
torná-lo salgado outra vez? 35 O sal sem sabor não serve nem
para o solo nem para adubo; é jogado fora. Quem é capaz de
ouvir, ouça com atenção!".

A parábola da ovelha perdida

15 Cobradores de impostos e outros pecadores vinham ouvir
Jesus ensinar. 2 Os fariseus e mestres da lei o criticavam,
dizendo: "Ele se reúne com pecadores e até come com eles!".
3 Então Jesus lhes contou esta parábola: 4 "Se um homem tiver
cem ovelhas e uma delas se perder, o que acham que ele fará?
Não deixará as outras noventa e nove no pasto e buscará a
perdida até encontrá-la? 5 E, quando a encontrar, ele a carre-
gará alegremente nos ombros e a levará para casa. 6 Quando
chegar, reunirá os amigos e vizinhos e dirá: 'Alegrem-se
comigo, pois encontrei minha ovelha perdida!'. 7 Da mesma
forma, há mais alegria no céu por causa do pecador perdido
que se arrepende do que por noventa e nove justos que não
precisam se arrepender."

A parábola da moeda perdida

8 "Ou suponhamos que uma mulher tenha dez moedas de prata
e perca uma. Acaso não acenderá uma lâmpada, varrerá a casa
inteira e procurará com cuidado até encontrá-la? 9 E, quando
a encontrar, reunirá as amigas e vizinhas e dirá: 'Alegrem-se
comigo, pois encontrei a minha moeda perdida!'. 10 Da mesma
forma, há alegria na presença dos anjos de Deus quando um
único pecador se arrepende".

A parábola do filho perdido

11 Jesus continuou: "Um homem tinha dois filhos. 12 O filho mais
jovem disse ao pai: 'Quero a minha parte da herança', e o pai
dividiu seus bens entre os filhos.
13 "Alguns dias depois, o filho mais jovem arrumou suas coisas
e se mudou para uma terra distante, onde desperdiçou tudo
que tinha por viver de forma desregrada. 14 Quando seu di-
nheiro acabou, uma grande fome se espalhou pela terra, e ele

começou a passar necessidade. 15Convenceu um fazendeiro da
região a empregá-lo, e esse homem o mandou a seus campos
para cuidar dos porcos. 16Embora quisesse saciar a fome com
as vagens dadas aos porcos, ninguém lhe dava coisa alguma.
17"Quando finalmente caiu em si, disse: 'Até os empregados
de meu pai têm comida de sobra, e eu estou aqui, morrendo
de fome. 18Vou retornar à casa de meu pai e dizer: Pai, pequei
contra o céu e contra o senhor, 19e não sou mais digno de ser
chamado seu filho. Por favor, trate-me como seu empregado'.
20"Então voltou para a casa de seu pai. Quando ele ainda es-
tava longe, seu pai o viu. Cheio de compaixão, correu para o
filho, o abraçou e o beijou. 21O filho disse: 'Pai, pequei contra
o céu e contra o senhor, e não sou mais digno de ser chamado
seu filho'.
22"O pai, no entanto, disse aos servos: 'Depressa! Tragam a
melhor roupa da casa e vistam nele. Coloquem-lhe um anel no
dedo e sandálias nos pés. 23Matem o novilho gordo. Faremos
um banquete e celebraremos, 24pois este meu filho estava
morto e voltou à vida. Estava perdido e foi achado!'. E come-
çaram a festejar.
25"Enquanto isso, o filho mais velho trabalhava no campo. Na
volta para casa, ouviu música e dança, 26e perguntou a um
dos servos o que estava acontecendo. 27O servo respondeu:
'Seu irmão voltou, e seu pai matou o novilho gordo, pois ele
voltou são e salvo!'.
28"O irmão mais velho se irou e não quis entrar. O pai saiu e
insistiu com o filho, 29mas ele respondeu: 'Todos esses anos,
tenho trabalhado como um escravo para o senhor e nunca me
recusei a obedecer às suas ordens. E o senhor nunca me deu
nem mesmo um cabrito para eu festejar com meus amigos.
30Mas, quando esse seu filho volta, depois de desperdiçar o
seu dinheiro com prostitutas, o senhor comemora matando
o novilho!'.
31"O pai lhe respondeu: 'Meu filho, você está sempre comigo,
e tudo que eu tenho é seu. 32Mas tínhamos de comemorar este
dia feliz, pois seu irmão estava morto e voltou à vida. Estava
perdido e foi achado!'".

A parábola do administrador astuto

16 Jesus contou a seguinte história a seus discípulos: "Um
homem rico tinha um administrador que cuidava de seus
negócios. Certo dia, foram-lhe contar que esse administrador
estava desperdiçando seu dinheiro. 2Então mandou chamá-lo
e disse: 'O que é isso que ouço a seu respeito? Preste contas
de sua administração, pois não pode mais permanecer nesse
cargo'.
3"O administrador pensou consigo: 'E agora? Meu patrão vai
me demitir. Não tenho força para trabalhar no campo, e sou
orgulhoso demais para mendigar. 4Já sei como garantir que
as pessoas me recebam em suas casas quando eu for des-
pedido!'.
5"Então ele convocou todos que deviam dinheiro a seu patrão.
Perguntou ao primeiro: 'Quanto você deve a meu patrão?'.
6O homem respondeu: 'Devo cem tonéis de azeite'. Então o
administrador lhe disse: 'Pegue depressa sua conta e mude-a
para cinquenta tonéis'.
7"'E quanto você deve a meu patrão?', perguntou ao segundo.
'Devo cem cestos grandes de trigo', respondeu ele. E o ad-
ministrador disse: 'Tome sua conta e mude-a para oitenta
cestos'.
8"O patrão elogiou o administrador desonesto por sua astúcia.
E é verdade que os filhos deste mundo são mais astutos ao
lidar com o mundo ao redor que os filhos da luz. 9Esta é a
lição: usem a riqueza deste mundo para fazer amigos. Assim,
quando suas posses se extinguirem, eles os receberão num
lar eterno.
10"Se forem fiéis nas pequenas coisas, também o serão nas
grandes. Mas, se forem desonestos nas pequenas coisas,
também o serão nas maiores. 11E, se vocês não são confiáveis
ao lidar com a riqueza injusta deste mundo, quem lhes con-
fiará a verdadeira riqueza? 12E, se não são fiéis com os bens
dos outros, por que alguém lhes confiaria o que é de vocês?
13"Ninguém pode servir a dois senhores, pois odiará um e
amará o outro; será dedicado a um e desprezará o outro. Vocês
não podem servir a Deus e ao dinheiro".

Os fariseus e a lei

14Os fariseus, que tinham grande amor ao dinheiro, ouviam
isso tudo e zombavam de Jesus. 15Então ele disse: "Vocês
gostam de parecer justos em público, mas Deus conhece o
seu coração. Aquilo que este mundo valoriza é detestável aos
olhos de Deus.
16"Até a chegada de João, a lei de Moisés e a mensagem dos
profetas eram seus guias. Agora, porém, as boas-novas do
reino de Deus estão sendo anunciadas, e todos estão ansiosos
para entrar. 17É mais fácil o céu e a terra desaparecerem que
ser anulado até o menor traço da lei de Deus.
18"Assim, o homem que se divorcia de sua esposa e se casa
com outra mulher comete adultério. E o homem que se casa
com uma mulher divorciada também comete adultério".

A história do rico e do mendigo

19Jesus disse: "Havia um homem rico que se vestia de púrpura
e linho fino e vivia sempre cercado de luxos. 20À sua porta
ficava um mendigo coberto de feridas chamado Lázaro. 21Ele
ansiava comer o que caía da mesa do homem rico, e os ca-
chorros vinham lamber suas feridas abertas.
22"Por fim, o mendigo morreu, e os anjos o levaram para junto
de Abraão. O rico também morreu e foi sepultado, 23e foi para
o lugar dos mortos. Ali, em tormento, ele viu Abraão de longe,
com Lázaro ao seu lado.
24"O rico gritou: 'Pai Abraão, tenha compaixão de mim! Mande
Lázaro aqui para que molhe a ponta do dedo em água e re-
fresque minha língua. Estou em agonia nestas chamas!'.
25"Abraão, porém, respondeu: 'Filho, lembre-se de que du-
rante a vida você teve tudo que queria e Lázaro não teve coisa
alguma. Agora, ele está aqui sendo consolado, e você está
em agonia. 26Além do mais, há entre nós um grande abismo.

Ninguém daqui pode atravessar para o seu lado, e ninguém daí
pode atravessar para o nosso’.
27“Então o rico disse: ‘Por favor, Pai Abraão, pelo menos mande
Lázaro à casa de meu pai, 28pois tenho cinco irmãos e quero
avisá-los para que não terminem neste lugar de tormento’.
29“‘Moisés e os profetas já os avisaram’, respondeu Abraão.
‘Seus irmãos podem ouvir o que eles disseram.’
30“Então o rico disse: ‘Não, Pai Abraão! Mas, se alguém dentre
os mortos lhes fosse enviado, eles se arrependeriam!’.
31“Abraão, porém, disse: ‘Se eles não ouvem Moisés e os pro-
fetas, não se convencerão, mesmo que alguém ressuscite dos
mortos’”.

Ensino sobre perdão e fé

17 Jesus disse a seus discípulos: “Sempre haverá o que leve
as pessoas a cair em pecado, mas que aflição espera
quem causa a tentação! 2Seria melhor ser lançado no mar
com uma pedra de moinho amarrada ao pescoço que fazer
um destes pequeninos pecar. 3Portanto, tenham cuidado!
“Se um irmão pecar, repreenda-o e, se ele se arrepender,
perdoe-o. 4Mesmo que ele peque contra você sete vezes por
dia e, a cada vez, se arrependa e peça perdão, perdoe-o”.
5Os apóstolos disseram ao Senhor: “Faça nossa fé crescer!”.
6O Senhor respondeu: “Se tivessem fé, ainda que tão pequena
quanto um grão de mostarda, poderiam dizer a esta amoreira:
‘Arranque-se e plante-se no mar’, e ela lhes obedeceria.
7“Quando um servo chega do campo depois de arar ou cuidar
das ovelhas, o senhor lhe diz: ‘Venha logo para a mesa comer
conosco’? 8Não, ele diz: ‘Prepare minha refeição, apronte-se
e sirva-me enquanto como e bebo. Você pode comer depois’.
9E acaso o senhor agradece ao servo por fazer o que lhe foi or-
denado? 10Da mesma forma, quando vocês obedecem, devem
dizer: ‘Somos servos inúteis; apenas cumprimos nosso dever’”.

A cura de dez leprosos

11Dirigindo-se a Jerusalém, Jesus chegou à fronteira entre a
Galileia e Samaria. 12Ao entrar num povoado dali, dez leprosos,
mantendo certa distância, 13clamaram: “Jesus, Mestre, tenha
misericórdia de nós!”.
14Ele olhou para eles e disse: “Vão e apresentem-se aos sacer-
dotes”. E, enquanto eles iam, foram curados da lepra.
15Um deles, ao ver-se curado, voltou a Jesus, louvando a Deus
em alta voz. 16Lançou-se a seus pés, agradecendo-lhe pelo que
havia feito. Esse homem era samaritano.
17Jesus perguntou: “Não curei dez homens? Onde estão os
outros nove? 18Ninguém voltou para dar glórias a Deus, exceto
este estrangeiro?”. 19E disse ao homem: “Levante-se e vá.
Sua fé o curou”.

A vinda do reino

20Certo dia, os fariseus perguntaram a Jesus: “Quando virá
o reino de Deus?”. Jesus respondeu: “O reino de Deus não
é detectado por sinais visíveis. 21Não se poderá dizer: ‘Está
aqui!’ ou ‘Está ali!’, pois o reino de Deus já está entre vocês”.
22Então ele disse a seus discípulos: “Aproximam-se os dias
em que desejarão ver o tempo do Filho do Homem, mas não
o verão. 23Dirão a vocês: ‘Vejam, lá está!’ ou ‘Aqui está ele!’,
mas não os sigam. 24Porque, assim como o relâmpago lampeja
e ilumina o céu de uma extremidade a outra, assim será no dia
em que vier o Filho do Homem. 25Mas primeiro é necessário
que ele sofra terrivelmente e seja rejeitado por esta geração.
26“Quando o Filho do Homem voltar, será como no tempo de
Noé. 27Naqueles dias, o povo seguia sua rotina de banquetes,
festas e casamentos, até o dia em que Noé entrou na arca e
veio o dilúvio, que destruiu a todos.
28“E o mundo será como no tempo de Ló. O povo se ocupava
de seus afazeres diários, comendo e bebendo, comprando e
vendendo, cultivando e construindo, 29até o dia em que Ló
deixou Sodoma. Então fogo e enxofre ardente caíram do céu
e destruíram a todos. 30Sim, tudo será como sempre foi até
o dia em que o Filho do Homem for revelado. 31Nesse dia,
quem estiver na parte de cima da casa, não desça para pegar
suas coisas. Quem estiver no campo, não volte para casa.
32Lembrem-se do que aconteceu à esposa de Ló! 33Quem se
apegar à própria vida a perderá; quem abrir mão de sua vida
a salvará. 34Naquela noite, duas pessoas estarão dormindo
na mesma cama; uma será levada, e a outra, deixada. 35Duas
mulheres estarão moendo cereal no moinho; uma será levada,
e a outra, deixada. 36Dois homens estarão trabalhando juntos
num campo; um será levado, e o outro, deixado”.
37“Senhor, onde isso acontecerá?”, perguntaram os discí-
pulos. Jesus respondeu: “Onde estiver o cadáver, ali se ajun-
tarão os abutres”.

A parábola da viúva persistente

18 Jesus contou a seus discípulos uma parábola para mos-
trar-lhes que deviam orar sempre e nunca desanimar.
2Disse ele: “Havia numa cidade um juiz que não temia a Deus
nem se importava com as pessoas. 3Uma viúva daquela cidade
vinha a ele com frequência e dizia: ‘Faça-me justiça contra meu
adversário’. 4Por algum tempo, o juiz não lhe deu atenção,
mas, por fim, disse a si mesmo: ‘Não temo a Deus e não me
importo com as pessoas, 5mas essa viúva está me irritando.
Vou lhe fazer justiça, pois assim deixará de me importunar’”.
6Então o Senhor disse: “Aprendam uma lição com o juiz injusto.
7Acaso Deus não fará justiça a seus escolhidos que clamam a
ele dia e noite? Continuará a adiar sua resposta? 8Eu afirmo
que ele lhes fará justiça, e rápido! Mas, quando o Filho do
Homem voltar, quantas pessoas com fé ele encontrará na
terra?”.

A parábola do fariseu e do cobrador de impostos

9Em seguida, Jesus contou a seguinte parábola àqueles que
confiavam em sua própria justiça e desprezavam os demais:
10“Dois homens foram ao templo orar. Um deles era fariseu,
e o outro, cobrador de impostos. 11O fariseu, em pé, fazia
esta oração: ‘Eu te agradeço, Deus, porque não sou como as
demais pessoas: desonestas, pecadoras, adúlteras. E, com

certeza, não sou como aquele cobrador de impostos. 12Jejuo
duas vezes por semana e dou o dízimo de tudo que ganho'.
13"Mas o cobrador de impostos ficou a distância e não tinha
coragem nem de levantar os olhos para o céu enquanto orava.
Em vez disso, batia no peito e dizia: 'Deus, tem misericórdia
de mim, pois sou pecador'. 14Eu lhes digo que foi o cobrador
de impostos, e não o fariseu, quem voltou para casa justifi-
cado diante de Deus. Pois aqueles que se exaltam serão humi-
lhados, e aqueles que se humilham serão exaltados".

Jesus abençoa as crianças

15Certo dia, trouxeram crianças para que Jesus pusesse as
mãos sobre elas. Ao ver isso, os discípulos repreenderam
aqueles que as traziam.
16Jesus, porém, chamou as crianças para junto de si e disse
aos discípulos: "Deixem que as crianças venham a mim. Não
as impeçam, pois o reino de Deus pertence aos que são como
elas. 17Eu lhes digo a verdade: quem não receber o reino de
Deus como uma criança de modo algum entrará nele".

O homem rico

18Certa vez, um homem de alta posição perguntou a Jesus:
"Bom mestre, que devo fazer para herdar a vida eterna?".
19"Por que você me chama de bom?", perguntou Jesus.
"Apenas Deus é verdadeiramente bom. 20Você conhece os
mandamentos: 'Não cometa adultério. Não mate. Não roube.
Não dê falso testemunho. Honre seu pai e sua mãe'."
21O homem respondeu: "Tenho obedecido a todos esses man-
damentos desde a juventude".
22Quando Jesus ouviu sua resposta, disse: "Ainda há uma coisa
que você não fez. Venda todos os seus bens e dê o dinheiro
aos pobres. Então você terá um tesouro no céu. Depois, venha
e siga-me".
23Ao ouvir essas palavras, o homem se entristeceu, pois era
muito rico.

As recompensas do discipulado

24Ao ver a tristeza daquele homem, Jesus disse: "Como é difícil
os ricos entrarem no reino de Deus! 25Na verdade, é mais fácil
um camelo passar pelo buraco de uma agulha que um rico
entrar no reino de Deus".
26Aqueles que o ouviram disseram: "Então quem pode ser
salvo?".
27Jesus respondeu: "O que é impossível para as pessoas é
possível para Deus".
28Pedro disse: "Deixamos nossos lares para segui-lo".
29Jesus respondeu: "Eu lhes garanto que todos que deixaram
casa, esposa, irmãos, pais ou filhos por causa do reino de
Deus 30receberão neste mundo uma recompensa muitas vezes
maior e, no mundo futuro, terão a vida eterna".

Jesus prediz sua morte e ressurreição

31Jesus chamou os Doze à parte e disse: "Estamos subindo
para Jerusalém, onde tudo que foi escrito pelos profetas a res-
peito do Filho do Homem se cumprirá. 32Ele será entregue aos
gentios, e zombarão dele, o insultarão e cuspirão nele. 33Eles
o açoitarão e o matarão, mas no terceiro dia ele ressuscitará".
34Os discípulos, porém, não entenderam. O significado dessas
palavras lhes estava oculto, e não sabiam do que ele falava.

Jesus cura um mendigo cego

35Quando Jesus se aproximava de Jericó, havia um mendigo
cego sentado à beira do caminho. 36Ao ouvir o barulho da
multidão que passava, perguntou o que estava acontecendo.
37Disseram-lhe que Jesus de Nazaré estava passando por ali.
38Então começou a gritar: "Jesus, Filho de Davi, tenha mise-
ricórdia de mim!".
39Os que estavam mais à frente o repreendiam e ordenavam
que se calasse. Mas ele gritava ainda mais alto: "Filho de Davi,
tenha misericórdia de mim!".
40Então Jesus parou e ordenou que lhe trouxessem o homem.
Quando ele se aproximou, Jesus lhe perguntou: 41"O que você
quer que eu lhe faça?". "Senhor, eu quero ver!", respondeu
o homem.
42E Jesus disse: "Receba a visão! Sua fé o curou". 43No mesmo
instante, o homem passou a enxergar, e seguia Jesus, lou-
vando a Deus. E todos que presenciaram isso também lou-
vavam a Deus.

Jesus e Zaqueu

19 Jesus entrou em Jericó e atravessava a cidade. 2Havia
ali um homem rico chamado Zaqueu, chefe dos cobra-
dores de impostos. 3Tentava ver Jesus, mas era baixo demais
e não conseguia olhar por cima da multidão. 4Por isso, correu
adiante e subiu numa figueira-brava, no caminho por onde
Jesus passaria.
5Quando Jesus chegou ali, olhou para cima e disse: "Zaqueu,
desça depressa! Hoje devo hospedar-me em sua casa".
6Sem demora, Zaqueu desceu e, com alegria, recebeu Jesus
em sua casa. 7Ao ver isso, o povo começou a se queixar: "Ele
foi se hospedar na casa de um pecador!".
8Enquanto isso, Zaqueu se levantou e disse: "Senhor, darei
metade das minhas riquezas aos pobres. E, se explorei alguém
na cobrança de impostos, devolverei quatro vezes mais!".
9Jesus respondeu: "Hoje chegou a salvação a esta casa, pois
este homem também é filho de Abraão. 10Porque o Filho do
Homem veio buscar e salvar os perdidos".

A parábola dos dez servos

11A multidão estava atenta ao que Jesus dizia. Então, como ele
se aproximava de Jerusalém, contou-lhes uma parábola, pois
o povo achava que o reino de Deus começaria de imediato.
12Disse ele: "Um nobre foi chamado a um país distante para
ser coroado rei e depois voltar. 13Antes de partir, reuniu dez
de seus servos e deu a cada um deles dez moedas de prata,
dizendo: 'Invistam esse dinheiro enquanto eu estiver fora'.
14Seu povo, porém, o odiava, e enviou uma delegação atrás
dele para dizer: 'Não queremos que ele seja nosso rei'.

15“Depois de ser coroado, ele voltou e chamou os servos aos
quais tinha confiado o dinheiro, pois queria saber quanto ha-
viam lucrado. 16O primeiro servo informou: ‘Senhor, investi seu
dinheiro, e ele rendeu dez vezes a quantia recebida.
17“‘Muito bem!’, disse o rei. ‘Você é um bom servo. Foi fiel no
pouco que lhe confiei e, como recompensa, governará dez
cidades.’
18“O servo seguinte informou: ‘Senhor, investi seu dinheiro, e
ele rendeu cinco vezes a quantia recebida’.
19“‘Muito bem!’, disse o rei. ‘Você governará cinco cidades.’
20“O terceiro servo, porém, trouxe de volta apenas a quantia
recebida e disse: ‘Senhor, escondi seu dinheiro para mantê-lo
seguro. 21Tive medo, pois o senhor é um homem severo. Toma
o que não lhe pertence e colhe o que não plantou’.
22“‘Servo mau!’, exclamou o senhor. ‘Suas próprias palavras o
condenam. Se você sabia que sou homem severo, que tomo o
que não me pertence e colho o que não plantei, 23por que não
depositou meu dinheiro? Pelo menos eu teria recebido os juros.’
24“Então, voltando-se para os outros que estavam ali perto,
o rei ordenou: ‘Tomem o dinheiro deste servo e deem ao que
tem dez moedas’.
25“‘Mas senhor!’, disseram eles. ‘Ele já tem dez!’
26“Então o rei respondeu: ‘Sim, ao que tem, mais lhe será dado;
mas do que nada tem, até o que tem lhe será tomado. 27E,
quanto a esses meus inimigos que não queriam que eu fosse
seu rei, tragam-nos aqui e executem-nos na minha presença’”.

A entrada de Jesus em Jerusalém

28Depois de contar essa história, Jesus prosseguiu rumo a Je-
rusalém. 29Quando chegou a Betfagé e Betânia, próximo ao
monte das Oliveiras, enviou dois de seus discípulos. 30“Vão
àquele povoado adiante”, disse ele. “Assim que entrarem,
verão amarrado ali um jumentinho no qual ninguém jamais
montou. Desamarrem-no e tragam-no para cá. 31Se alguém
perguntar: ‘Por que estão soltando o jumentinho?’, respondam
apenas: ‘O Senhor precisa dele’.”
32Eles foram e encontraram o jumentinho, exatamente como
Jesus tinha dito. 33E, enquanto o desamarravam, seus donos
perguntaram: “Por que estão soltando o jumentinho?”.
34Os discípulos responderam: “O Senhor precisa dele”. 35Então
trouxeram o jumentinho e lançaram seus mantos sobre o
animal, para que Jesus montasse nele.
36À medida que Jesus ia passando, as multidões espalhavam
seus mantos ao longo do caminho diante dele. 37Quando ele
chegou próximo à descida do monte das Oliveiras, seus se-
guidores começaram a gritar e a cantar enquanto o acompa-
nhavam, louvando a Deus por todos os milagres maravilhosos
que tinham visto.
38“Bendito é o Rei que vem em nome do Senhor! Paz no céu e
glória nas maiores alturas!”.
39Alguns dos fariseus que estavam entre a multidão disseram:
“Mestre, repreenda seus seguidores por dizerem estas coisas!”.
40Ele, porém, respondeu: “Se eles se calarem, as próprias
pedras clamarão!”.

Jesus chora por Jerusalém

41Quando Jesus se aproximou de Jerusalém e viu a cidade,
começou a chorar. 42“Como eu gostaria que hoje você com-
preendesse o caminho para a paz!”, disse ele. “Agora, porém,
isso está oculto a seus olhos. 43Chegará o tempo em que seus
inimigos construirão rampas para atacar seus muros e a ro-
dearão e apertarão o cerco por todos os lados. 44Esmagarão
você e seus filhos e não deixarão pedra sobre pedra, pois você
não reconheceu que Deus a visitou.”

Jesus purifica o templo

45Então Jesus entrou no templo e começou a expulsar os que
ali vendiam, 46dizendo: “As Escrituras declaram: ‘Meu templo
será casa de oração’, mas vocês o transformaram num escon-
derijo de ladrões!”.
47Jesus ensinava todos os dias no templo, mas os principais
sacerdotes, os mestres da lei e outros líderes do povo plane-
javam matá-lo. 48Contudo, não conseguiam pensar num modo
de fazê-lo, pois o povo ouvia atentamente tudo que ele dizia.

A autoridade de Jesus é questionada

20 Certo dia, quando Jesus ensinava o povo e anunciava
as boas-novas no templo, os principais sacerdotes, os
mestres da lei e os líderes do povo se aproximaram dele 2e
perguntaram: “Com que autoridade você faz essas coisas?
Quem lhe deu esse direito?”.
3“Primeiro, deixe-me fazer uma pergunta”, respondeu ele. 4“A
autoridade de João para batizar vinha do céu ou era apenas
humana?”
5Eles discutiram a questão entre si: “Se dissermos que vinha
do céu, ele perguntará por que não cremos em João. 6Mas,
se dissermos que era apenas humana, seremos apedrejados
pela multidão, pois todos estão convencidos de que João era
profeta”. 7Por fim, responderam a Jesus que não sabiam.
8E Jesus replicou: “Então eu também não direi com que auto-
ridade faço essas coisas”.

A parábola dos lavradores maus

9Em seguida, Jesus se voltou para o povo e contou a seguinte
parábola: “Um homem plantou um vinhedo e o arrendou a
alguns lavradores. Depois, partiu para um lugar distante, onde
passou um longo tempo. 10Na época da colheita da uva, enviou
um de seus servos para receber sua parte da produção. Os
lavradores atacaram o servo, o espancaram e o mandaram de
volta, de mãos vazias. 11Então o dono da propriedade enviou
outro servo, mas eles também o insultaram, o espancaram
e o mandaram de volta, de mãos vazias. 12Enviou ainda um
terceiro, e eles o feriram e o expulsaram do vinhedo.
13“‘Que farei?’, disse o dono do vinhedo. ‘Já sei; enviarei meu
filho amado. Certamente eles o respeitarão.’
14“No entanto, quando os lavradores viram o filho, disseram
uns aos outros: ‘Aí vem o herdeiro da propriedade. Vamos ma-
tá-lo e tomar posse desta terra!’. 15Então o arrastaram para
fora do vinhedo e o mataram. “O que vocês acham que o dono

do vinhedo fará com eles?”, perguntou Jesus. 16“Ele virá, ma-
tará os lavradores, e arrendará o vinhedo a outros.”
“Que isso jamais aconteça!”, disseram os que o ouviam.
17Jesus olhou para eles e perguntou: “Então o que significa
esta passagem das Escrituras: ‘A pedra que os construtores
rejeitaram se tornou a pedra angular’?
18Quem tropeçar nessa pedra será despedaçado, e aquele
sobre quem ela cair será reduzido a pó”.
19Os mestres da lei e os principais sacerdotes queriam prender
Jesus ali mesmo, pois perceberam que eles eram os lavradores
maus a que Jesus se referia. No entanto, tinham medo da
reação do povo.

O imposto para César

20Esperando uma oportunidade, os líderes enviaram espiões
que fingiam ser pessoas sinceras. Tentaram fazer Jesus dizer
algo que pudesse ser relatado ao governador romano, de modo
que ele fosse preso. 21Disseram: “Mestre, sabemos que o se-
nhor fala e ensina o que é certo, não se deixa influenciar por
outros e ensina o caminho de Deus de acordo com a verdade.
22Então, diga-nos: É certo pagar impostos a César ou não?”.
23Jesus percebeu a hipocrisia deles e disse: 24“Mostrem-me
uma moeda de prata. De quem são a imagem e o título nela
gravados?”. “De César”, responderam.
25“Então deem a César o que pertence a César, e deem a Deus
o que pertence a Deus”, disse ele.
26Eles não conseguiam apanhá-lo em nada que ele dizia diante
do povo. Em vez disso, admiraram-se de sua resposta e se
calaram.

Discussão sobre a ressurreição dos mortos

27Então vieram a Jesus alguns saduceus, líderes religiosos que
afirmam não haver ressurreição dos mortos, 28e perguntaram:
“Mestre, Moisés nos deu uma lei segundo a qual se um homem
morrer e deixar a esposa sem filhos, o irmão dele deve se casar
com a viúva e ter um filho que dará continuidade ao nome do
irmão. 29Numa família havia sete irmãos. O mais velho se casou
e morreu sem deixar filhos. 30O segundo irmão se casou com a
viúva, mas também morreu. 31Então o terceiro irmão se casou
com ela. O mesmo aconteceu aos sete irmãos, que morreram
sem deixar filhos. 32Por fim, a mulher também morreu. 33Di-
ga-nos, de quem ela será esposa na ressurreição? Afinal, os
sete se casaram com ela”.
34Jesus respondeu: “O casamento é para pessoas deste
mundo. 35Mas, na era futura, aqueles que forem conside-
rados dignos de ser ressuscitados dos mortos não se casarão
nem se darão em casamento, 36e nunca mais morrerão. Nesse
sentido, serão como os anjos. São filhos de Deus e filhos da
ressurreição.
37“Agora, quanto a haver ressurreição dos mortos, o próprio
Moisés provou isso quando escreveu a respeito do arbusto em
chamas. Ele se referiu ao Senhor como ‘o Deus de Abraão, o
Deus de Isaque e o Deus de Jacó’. 38Portanto, ele é o Deus dos
vivos, e não dos mortos, pois para ele todos vivem”.
39“Mestre, o senhor disse bem!”, comentaram alguns mestres
da lei. 40E ninguém mais teve coragem de lhe fazer perguntas.

De quem o Cristo é filho?

41Então Jesus lhes perguntou: “Por que se diz que o Cristo
é filho de Davi? 42Afinal, o próprio Davi escreveu no Livro de
Salmos: ‘O Senhor disse ao meu Senhor, Sente-se no lugar de
honra à minha direita
43até que eu humilhe seus inimigos, e os ponha debaixo de
seus pés’.
44Uma vez que Davi chamou o Cristo de ‘meu Senhor’, como
ele pode ser filho de Davi?”.

Jesus critica os mestres da lei

45Então, enquanto as multidões o ouviam, Jesus se voltou para
seus discípulos e disse: 46“Cuidado com os mestres da lei! Eles
gostam de se exibir com vestes longas e de receber saudações
respeitosas quando andam pelas praças. E como gostam de
sentar-se nos lugares de honra nas sinagogas e à cabeceira da
mesa nos banquetes! 47No entanto, tomam posse dos bens das
viúvas de maneira desonesta e, depois, para dar a impressão
de piedade, fazem longas orações em público. Por causa disso,
serão duramente castigados”.

A oferta da viúva

21 Estando Jesus no templo, observava os ricos depositarem
suas contribuições na caixa de ofertas. 2Então uma viúva
pobre veio e colocou duas moedas pequenas.
3Jesus disse: “Eu lhes digo a verdade: esta viúva pobre deu
mais que todos os outros. 4Eles deram uma parte do que lhes
sobrava, mas ela, em sua pobreza, deu tudo que tinha”.

Jesus fala de acontecimentos futuros

5Alguns de seus discípulos começaram a falar das pedras mag-
níficas e das dádivas que adornavam o templo. Jesus, porém,
disse: 6“Virá o dia em que estas coisas serão completamente
demolidas. Não restará pedra sobre pedra!”.
7Então eles perguntaram: “Mestre, quando isso tudo acon-
tecerá? Que sinal indicará que essas coisas estão prestes a
se cumprir?”.
8Ele respondeu: “Não deixem que ninguém os engane, pois
muitos virão em meu nome, dizendo: ‘Eu sou o Cristo’ e
afirmando: ‘Chegou a hora!’, mas não acreditem neles. 9E,
quando ouvirem falar de guerras e rebeliões, não entrem em
pânico. Sim, é necessário que essas coisas aconteçam pri-
meiro, mas ainda não será o fim”. 10E continuou: “Uma nação
guerreará contra a outra, e um reino contra o outro. 11Haverá
grandes terremotos, fome e peste em vários lugares, e acon-
tecimentos terríveis e grandes sinais no céu.
12“Antes de tudo isso, porém, haverá um tempo de perse-
guição. Vocês serão arrastados para sinagogas e prisões e, por
minha causa, serão julgados diante de reis e governadores.
13Essa, contudo, será sua oportunidade de lhes falar sobre
mim. 14Mais uma vez lhes digo que não se preocupem com o

modo como responderão às acusações contra vocês, 15pois
eu lhes darei as palavras certas e tanta sabedoria que seus
adversários não serão capazes de responder nem contradizer.
16Até mesmo seus pais, irmãos, parentes e amigos os trairão,
e até matarão alguns de vocês. 17Todos os odiarão por minha
causa. 18Mas nem um fio de cabelo de sua cabeça se perderá!
19É pela perseverança que obterão a vida.
20"E, quando virem Jerusalém cercada de exércitos, saberão
que chegou a hora de sua destruição. 21Então, quem estiver
na Judeia, fuja para os montes. Quem estiver na cidade, saia.
E quem estiver no campo, não volte para a cidade. 22Pois
aqueles serão os dias da vingança, e as palavras proféticas
das Escrituras se cumprirão. 23Que dias terríveis serão aqueles
para as grávidas e para as mães que estiverem amamentando!
Pois haverá calamidade na terra e grande ira contra este povo.
24Serão mortos pela espada ou levados como prisioneiros para
todas as nações do mundo. E Jerusalém será pisoteada pelos
gentios até que o tempo deles chegue ao fim.
25"Haverá sinais no sol, na lua e nas estrelas. E, na terra, as
nações ficarão angustiadas, perplexas com o rugir dos mares
e a agitação das ondas. 26As pessoas ficarão aterrorizadas
diante do que estará prestes a acontecer na terra, pois os po-
deres dos céus serão abalados. 27Então todos verão o Filho do
Homem vindo numa nuvem com poder e grande glória. 28Por-
tanto, quando todas essas coisas começarem a acontecer,
levantem-se e ergam a cabeça, pois a sua salvação estará
próxima".
29Em seguida, deu-lhes esta ilustração: "Observem a figueira,
e todas as outras árvores. 30Quando as folhas aparecem, vocês
sabem reconhecer, por conta própria, que o verão está pró-
ximo. 31Da mesma forma, quando virem todas essas coisas
acontecerem, saberão que o reino de Deus está próximo. 32Eu
lhes digo a verdade: esta geração não passará até que todas
essas coisas tenham acontecido. 33O céu e a terra desapare-
cerão, mas as minhas palavras jamais desaparecerão.
34"Tenham cuidado! Não deixem seu coração se entorpecer
com farras e bebedeiras, nem com as preocupações desta
vida. Não deixem que esse dia os pegue desprevenidos,
35como uma armadilha. Pois esse dia virá sobre todos que
vivem na terra. 36Estejam sempre atentos e orem para serem
considerados dignos de escapar dos horrores que sucederão e
de estar em pé na presença do Filho do Homem".

Jesus ensina diariamente

37Todos os dias, Jesus ia ao templo ensinar e, à tarde, voltava
para passar a noite no monte das Oliveiras. 38Pela manhã, o
povo se reunia bem cedo no templo para ouvi-lo falar.

Judas concorda em trair Jesus

22 A Festa dos Pães sem Fermento, também chamada de
Páscoa, se aproximava. 2Os principais sacerdotes e mes-
tres da lei tramavam uma forma de matar Jesus, mas tinham
medo da reação do povo.
3Então Satanás entrou em Judas Iscariotes, um dos Doze, 4e
ele foi aos principais sacerdotes e aos capitães da guarda do
templo para combinar a melhor maneira de lhes entregar
Jesus. 5Eles ficaram muito satisfeitos e lhe prometeram di-
nheiro. 6Judas concordou e começou a procurar uma opor-
tunidade de trair Jesus, para que o prendessem quando as
multidões não estivessem por perto.

A última Páscoa

7Chegou o dia da Festa dos Pães sem Fermento, quando o
cordeiro pascal era sacrificado. 8Jesus mandou Pedro e João
na frente e disse: "Vão e preparem a refeição da Páscoa, para
que a comamos juntos".
9"Onde o senhor quer que a preparemos?", perguntaram.
10Ele respondeu: "Logo que vocês entrarem em Jerusalém,
um homem carregando uma vasilha de água virá ao seu en-
contro. Sigam-no. Na casa onde ele entrar, 11digam ao dono:
'O Mestre pergunta: Onde fica o aposento no qual comerei
a refeição da Páscoa com meus discípulos?'. 12Ele os levará
a uma sala grande no andar superior, que já estará arru-
mada. Preparem ali a refeição". 13Eles foram e encontraram
tudo como Jesus tinha dito, e ali prepararam a refeição da
Páscoa.
14Quando chegou a hora, Jesus e seus apóstolos tomaram
lugar à mesa. 15Jesus disse: "Estava ansioso para comer a
refeição da Páscoa com vocês antes do meu sofrimento. 16Pois
eu lhes digo agora que não voltarei a comê-la até que ela se
cumpra no reino de Deus".
17Então tomou um cálice de vinho e agradeceu a Deus. Depois,
disse: "Tomem isto e partilhem entre vocês. 18Pois não beberei
vinho outra vez até que venha o reino de Deus".
19Tomou o pão e agradeceu a Deus. Depois, partiu-o e o deu
aos discípulos, dizendo: "Este é o meu corpo, entregue por
vocês. Façam isto em memória de mim".
20Depois da ceia, Jesus tomou o cálice de vinho e disse: "Este
é o cálice da nova aliança, confirmada com o meu sangue, que
é derramado como sacrifício por vocês.
21"Mas aqui, partilhando da mesa conosco, está o homem que
vai me trair. 22Pois foi determinado que o Filho do Homem
deve morrer. Mas que aflição espera aquele que o trair!" 23Os
discípulos perguntavam uns aos outros qual deles faria uma
coisa dessas.
24Depois, começaram a discutir entre si qual deles era o mais
importante. 25Jesus lhes disse: "Neste mundo, os reis e os
grandes homens exercem poder sobre o povo e, no entanto,
são chamados de seus benfeitores. 26Entre vocês, porém, será
diferente. Que o maior entre vocês ocupe a posição inferior,
e o líder seja o servo. 27Quem é mais importante, o que está à
mesa ou o que serve? Não é aquele que está à mesa? Mas não
aqui! Pois eu estou entre vocês como quem serve.
28"Vocês permaneceram comigo durante meu tempo de
provação. 29E, assim como meu Pai me concedeu um reino,
eu agora lhes concedo o direito de 30comer e beber à minha
mesa, em meu reino. Vocês se sentarão em tronos e julgarão
as doze tribos de Israel".

Jesus prediz a negação de Pedro

31 Então o Senhor disse: "Simão, Simão, Satanás pediu para pe-
neirar cada um de vocês como trigo. 32 Contudo, supliquei em
oração por você, Simão, para que sua fé não vacile. Portanto,
quando tiver se arrependido e voltado para mim, fortaleça
seus irmãos".
33 Pedro disse: "Senhor, estou pronto a ir para a prisão, e até
a morrer ao seu lado".
34 Jesus, porém, respondeu: "Pedro, vou lhe dizer uma coisa:
hoje, antes que o galo cante, você negará três vezes que me
conhece".
35 Em seguida, Jesus lhes perguntou: "Quando eu os enviei
para anunciar as boas-novas sem dinheiro, sem bolsa de
viagem e sem sandálias extras, alguma coisa lhes faltou?".
"Não", responderam eles.
36 Então ele disse: "Agora, porém, peguem dinheiro e uma
bolsa de viagem. E, se não tiverem uma espada, vendam sua
capa e comprem uma. 37 Pois é necessário que se cumpra esta
profecia a meu respeito: 'Ele foi contado entre os rebeldes'.
Sim, tudo que os profetas escreveram a meu respeito se cum-
prirá".
38 Eles responderam: "Senhor, temos aqui duas espadas". "É
suficiente", disse ele.

Jesus ora no monte das Oliveiras

39 Então, acompanhado de seus discípulos, Jesus foi, como de
costume, ao monte das Oliveiras. 40 Ao chegar, disse: "Orem
para que vocês não cedam à tentação".
41 Afastou-se a uma distância como de um arremesso de pedra,
ajoelhou-se e orou: 42 "Pai, se queres, afasta de mim este cá-
lice. Contudo, que seja feita a tua vontade, e não a minha".
43 Então apareceu um anjo do céu, que o fortalecia. 44 Ele orou
com ainda mais fervor, e sua angústia era tanta que seu suor
caía na terra como gotas de sangue.
45 Por fim, ele se levantou, voltou aos discípulos e os encontrou
dormindo, exaustos de tristeza. 46 "Por que vocês dormem?",
perguntou ele. "Levantem-se e orem para que não cedam à
tentação."

Jesus é traído e preso

47 Enquanto Jesus ainda falava, chegou uma multidão con-
duzida por Judas, um dos Doze. Ele se aproximou de Jesus
e o cumprimentou com um beijo. 48 Jesus, porém, lhe disse:
"Judas, com um beijo você trai o Filho do Homem?".
49 Quando aqueles que estavam com Jesus viram o que ia
acontecer, disseram: "Senhor, devemos lutar? Trouxemos as
espadas!". 50 E um deles feriu o servo do sumo sacerdote, cor-
tando-lhe a orelha direita.
51 Mas Jesus disse: "Basta!". E, tocando a orelha do homem,
curou-o.
52 Então Jesus se dirigiu aos principais sacerdotes, aos capitães
da guarda do templo e aos líderes do povo que tinham vindo
buscá-lo: "Por acaso sou um revolucionário perigoso para que
venham me prender com espadas e pedaços de pau? 53 Por
que não me prenderam no templo? Todos os dias eu estava
ali, ensinando. Mas esta é a hora de vocês, o tempo em que
reina o poder das trevas".

Pedro nega Jesus

54 Então eles o prenderam e o levaram à casa do sumo sacer-
dote. Pedro o seguiu de longe. 55 Os guardas acenderam uma
fogueira no meio do pátio e sentaram-se em volta, e Pedro
sentou-se com eles. 56 Uma criada o notou à luz da fogueira
e começou a olhar fixamente para ele. Por fim, disse: "Este
homem era um dos seguidores de Jesus!".
57 Mas Pedro negou, dizendo: "Mulher, eu nem o conheço!".
58 Pouco depois, um homem olhou para ele e disse: "Você
também é um deles!". "Não sou!", retrucou Pedro.
59 Cerca de uma hora mais tarde, outro homem afirmou: "Com
certeza esse aí também estava com ele, pois também é ga-
lileu!".
60 Pedro, porém, respondeu: "Homem, eu não sei do que você
está falando". E, no mesmo instante, o galo cantou.
61 Então o Senhor se voltou e olhou para Pedro. E Pedro se
lembrou das palavras dele: "Hoje, antes que o galo cante,
você me negará três vezes". 62 E Pedro saiu dali, chorando
amargamente.
63 Os guardas encarregados de Jesus começaram a zombar
dele e a bater nele. 64 Vendaram seus olhos e diziam: "Profetize
para nós! Quem foi que lhe bateu desta vez?". 65 E o insultavam
de muitas outras maneiras.

O julgamento de Jesus diante do conselho

66 Ao amanhecer, todos os líderes do povo se reuniram, in-
cluindo os principais sacerdotes e os mestres da lei. Jesus foi
conduzido à presença desse conselho, 67 e eles perguntaram:
"Diga-nos, você é o Cristo?". Jesus respondeu: "Se eu lhes
disser, de modo algum acreditarão em mim. 68 E, se eu lhes
fizer uma pergunta, não responderão. 69 Mas, de agora em
diante, o Filho do Homem se sentará à direita do Deus Po-
deroso".
70 Todos gritaram: "Então você afirma que é o Filho de Deus?".
E ele respondeu: "Vocês dizem que eu sou".
71 "Que necessidade temos de outras testemunhas?", disseram
eles. "Nós mesmos o ouvimos de sua boca!"

O julgamento de Jesus diante de Pilatos

23 Então todo o conselho levou Jesus a Pilatos. 2 Come-
çaram a apresentar o caso: "Este homem corrompe
o nosso povo, dizendo que não se deve pagar impostos ao
governo romano e afirmando ser ele próprio o Cristo, o rei".
3 Então Pilatos lhe perguntou: "Você é o rei dos judeus?". Jesus
respondeu: "É como você diz".
4 Pilatos se voltou para os principais sacerdotes e para a mul-
tidão e disse: "Não vejo crime algum neste homem!".
5 Mas eles insistiam: "Ele provoca revoltas em toda a Judeia
com seus ensinamentos, começando pela Galileia e agora
aqui, em Jerusalém!".

6“Então ele é galileu?”, perguntou Pilatos. 7Quando responderam que sim, Pilatos o enviou a Herodes Antipas, pois a Galileia ficava sob sua jurisdição, e naqueles dias ele estava em Jerusalém.

8Herodes se animou com a oportunidade de ver Jesus, pois tinha ouvido falar a seu respeito e esperava, havia tempo, vê-lo realizar algum milagre. 9Fez uma série de perguntas a Jesus, mas ele não lhe respondeu. 10Enquanto isso, os principais sacerdotes e mestres da lei permaneciam ali, gritando acusações. 11Então Herodes e seus soldados começaram a zombar de Jesus e ridicularizá-lo. Por fim, vestiram nele um manto real e o mandaram de volta a Pilatos. 12Naquele dia, Herodes e Pilatos, que eram inimigos, tornaram-se amigos.

13Então Pilatos reuniu os principais sacerdotes e outros líderes religiosos, juntamente com o povo, 14e anunciou seu veredicto: “Vocês me trouxeram este homem acusando-o de liderar uma revolta. Eu o interroguei minuciosamente a esse respeito na presença de vocês e vejo que não há nada que o condene. 15Herodes chegou à mesma conclusão e o enviou de volta a nós. Nada do que ele fez merece a pena de morte. 16Portanto, ordenarei que seja açoitado e o soltarei”. 17(Era necessário libertar-lhes um prisioneiro durante a festa da Páscoa.)

18Um grande clamor se levantou da multidão, e a uma só voz gritavam: “Mate-o! Solte-nos Barrabás!”. 19Esse Barrabás estava preso por ter participado de uma revolta em Jerusalém contra o governo e ter cometido assassinato. 20Pilatos discutiu com eles, pois desejava soltar Jesus. 21Eles, porém, continuaram gritando: “Crucifique-o! Crucifique-o!”.

22Pela terceira vez, ele perguntou: “Por quê? Que crime ele cometeu? Não encontrei motivo para condená-lo à morte. Portanto, ordenarei que seja açoitado e o soltarei”.

23A multidão gritava cada vez mais alto, exigindo que Jesus fosse crucificado, e seu clamor prevaleceu. 24Então Pilatos condenou Jesus à morte, conforme exigiam. 25A pedido deles, libertou Barrabás, o homem preso por revolta e assassinato. Depois, entregou-lhes Jesus para fazerem com ele o que quisessem.

A crucificação

26Enquanto levavam Jesus, um homem chamado Simão, de Cirene, vinha do campo. Os soldados o agarraram, puseram a cruz sobre ele e o obrigaram a carregá-la atrás de Jesus. 27Uma grande multidão os seguia, incluindo muitas mulheres aflitas que choravam por ele. 28Mas Jesus, dirigindo-se a elas, disse: “Filhas de Jerusalém, não chorem por mim; chorem por si mesmas e por seus filhos. 29Pois estão chegando os dias em que dirão: ‘Felizes as mulheres que nunca tiveram filhos e os seios que nunca amamentaram!’. 30Suplicarão aos montes: ‘Caiam sobre nós!’ e pedirão às colinas: ‘Soterrem-nos!’. 31Pois, se fazem estas coisas com a árvore verde, o que acontecerá com a árvore seca?”.

32Dois outros homens, ambos criminosos, foram levados com ele a fim de também serem executados. 33Quando chegaram ao lugar chamado Caveira, o pregaram na cruz. Os criminosos também foram crucificados, um à sua direita e outro à sua esquerda.

34Jesus disse: “Pai, perdoa-lhes, pois não sabem o que fazem”. E os soldados tiraram sortes para dividir entre si as roupas de Jesus.

35A multidão observava, e os líderes zombavam. “Salvou os outros, salve a si mesmo, se é o Cristo, o escolhido de Deus”, diziam. 36Os soldados também zombavam dele, oferecendo-lhe vinagre para beber. 37Diziam: “Se você é o Rei dos judeus, salve a si mesmo!”. 38Uma tabuleta presa acima dele dizia: “ESTE É O REI DOS JUDEUS”.

39Um dos criminosos, dependurado ao lado dele, zombava: “Então você é o Cristo? Salve a si mesmo e a nós também!”.

40Mas o outro criminoso o repreendeu: “Você não teme a Deus, nem mesmo ao ser condenado à morte? 41Nós merecemos morrer por nossos crimes, mas este homem não cometeu mal algum”. 42Então ele disse: “Jesus, lembre-se de mim quando vier no seu reino”.

43E Jesus lhe respondeu: “Eu lhe asseguro que hoje você estará comigo no paraíso”.

A morte de Jesus

44Já era cerca de meio-dia, e a escuridão cobriu toda a terra até as três horas da tarde. 45A luz do sol desapareceu, e a cortina do santuário do templo rasgou-se ao meio. 46Então Jesus clamou em alta voz: “Pai, em tuas mãos entrego meu espírito!”. E, com essas palavras, deu o último suspiro.

47Quando o oficial romano que supervisionava a execução viu o que havia acontecido, adorou a Deus e disse: “Sem dúvida este homem era inocente”. 48E, quando toda a multidão que tinha ido assistir à crucificação viu isso, voltou para casa entristecida e batendo no peito. 49Mas os amigos de Jesus, incluindo as mulheres que o seguiram desde a Galileia, olhavam de longe.

O sepultamento de Jesus

50Havia um homem bom e justo chamado José, membro do conselho dos líderes do povo, 51mas que não tinha concordado com a decisão e os atos dos outros líderes religiosos. Era da cidade de Arimateia, na Judeia, e esperava a vinda do reino de Deus. 52José foi a Pilatos e pediu o corpo de Jesus. 53Desceu o corpo da cruz, enrolou-o num lençol de linho e o colocou num túmulo novo, escavado na rocha. 54Isso aconteceu na sexta-feira à tarde, no dia da preparação, quando o sábado estava para começar.

55As mulheres da Galileia seguiram José e viram o túmulo onde o corpo de Jesus foi colocado. 56Depois, foram para casa e prepararam especiarias e perfumes para ungir o corpo. No sábado, descansaram, conforme a lei exigia.

A ressurreição

24 No primeiro dia da semana, bem cedo, as mulheres foram ao túmulo, levando as especiarias que haviam preparado, 2e viram que a pedra tinha sido afastada da entrada.

3Quando entraram no túmulo, não encontraram o corpo do
Senhor Jesus. 4Enquanto estavam ali, perplexas, dois homens
apareceram, vestidos com mantos resplandecentes.
5As mulheres ficaram amedrontadas e se curvaram com o rosto
em terra. Então os homens perguntaram: "Por que vocês pro-
curam entre os mortos aquele que vive? 6Ele não está aqui.
Ressuscitou! Lembrem-se do que ele lhes disse na Galileia:
7'É necessário que o Filho do Homem seja traído e entregue
nas mãos de pecadores, seja crucificado e ressuscite no ter-
ceiro dia'".
8Então lembraram-se dessas palavras de Jesus 9e, voltando
do túmulo, foram contar aos onze discípulos e a todos os ou-
tros o que havia acontecido. 10Maria Madalena, Joana, Maria,
mãe de Tiago, e as outras mulheres que as acompanhavam
relataram tudo aos apóstolos. 11Para eles, porém, a história
pareceu absurda, e não acreditaram nelas. 12Mas Pedro se
levantou e correu até o túmulo. Abaixando-se, olhou atenta-
mente para dentro e viu os panos de linho vazios; então voltou
para casa, admirado com o que havia acontecido.

O caminho de Emaús

13Naquele mesmo dia, dois dos seguidores de Jesus cami-
nhavam para o povoado de Emaús, a onze quilômetros de Je-
rusalém. 14No caminho, falavam a respeito de tudo que havia
acontecido. 15Enquanto conversavam e discutiam, o próprio
Jesus se aproximou e começou a andar com eles. 16Os olhos
deles, porém, estavam como que impedidos de reconhecê-lo.
17Jesus lhes perguntou: "Sobre o que vocês tanto debatem en-
quanto caminham?". Eles pararam, com o rosto entristecido.
18Então um deles, chamado Cleopas, respondeu: "Você deve
ser a única pessoa em Jerusalém que não sabe das coisas que
aconteceram lá nos últimos dias".
19"Que coisas?", perguntou Jesus. "As coisas que aconteceram
com Jesus de Nazaré", responderam eles. "Ele era um profeta
de palavras e ações poderosas aos olhos de Deus e de todo o
povo. 20Mas os principais sacerdotes e outros líderes religiosos
o entregaram para que fosse condenado à morte e o cruci-
ficaram. 21Tínhamos esperança de que ele fosse aquele que
resgataria Israel. Isso tudo aconteceu há três dias.
22"Algumas mulheres de nosso grupo foram até seu túmulo
hoje bem cedo e voltaram contando uma história surpreen-
dente. 23Disseram que o corpo havia sumido e que viram anjos
que lhes disseram que Jesus está vivo. 24Alguns homens de
nosso grupo correram até lá para ver e, de fato, tudo estava
como as mulheres disseram, mas não o viram."
25Então Jesus lhes disse: "Como vocês são tolos! Como custam
a entender o que os profetas registraram nas Escrituras! 26Não
percebem que era necessário que o Cristo sofresse essas
coisas antes de entrar em sua glória?". 27Então Jesus os con-
duziu por todos os escritos de Moisés e dos profetas, expli-
cando o que as Escrituras diziam a respeito dele.
28Aproximando-se de Emaús, o destino deles, Jesus fez como
quem seguiria viagem, 29mas eles insistiram: "Fique conosco
esta noite, pois já é tarde". E Jesus foi para casa com eles.
30Quando estavam à mesa, ele tomou o pão e o abençoou. De-
pois, partiu-o e lhes deu. 31Então os olhos deles foram abertos
e o reconheceram. Nesse momento, ele desapareceu.
32Disseram um ao outro: "Não ardia o nosso coração quando
ele falava conosco no caminho e nos explicava as Escrituras?".
33E, na mesma hora, levantaram-se e voltaram para Jeru-
salém. Ali, encontraram os onze discípulos e os outros que
estavam reunidos com eles, 34que lhes disseram: "É verdade
que o Senhor ressuscitou! Ele apareceu a Pedro!".

Jesus aparece a seus discípulos

35Então os dois contaram como Jesus tinha aparecido en-
quanto andavam pelo caminho, e como o haviam reconhecido
quando ele partiu o pão. 36Enquanto contavam isso, o próprio
Jesus apareceu entre eles e lhes disse: "Paz seja com vocês!".
37Eles se assustaram e ficaram amedrontados, pensando que
viam um fantasma.
38"Por que estão perturbados?", perguntou ele. "Por que seu
coração está cheio de dúvida? 39Vejam minhas mãos e meus
pés. Sou eu mesmo! Toquem-me e vejam que não sou um fan-
tasma, pois fantasmas não têm carne nem ossos e, como veem,
eu tenho." 40Enquanto falava, mostrou-lhes as mãos e os pés.
41Eles continuaram sem acreditar, cheios de alegria e espanto.
Então Jesus perguntou: "Vocês têm aqui alguma coisa para
comer?". 42Eles lhe deram um pedaço de peixe assado, 43e
ele comeu diante de todos.
44Em seguida, disse: "Enquanto ainda estava com vocês, eu
lhes falei que devia se cumprir tudo que a lei de Moisés, os
profetas e os salmos diziam a meu respeito". 45Então ele lhes
abriu a mente para que entendessem as Escrituras, 46e disse:
"Sim, está escrito que o Cristo haveria de sofrer, morrer e
ressuscitar no terceiro dia, 47e que a mensagem de arrepen-
dimento para o perdão dos pecados seria proclamada com a
autoridade de seu nome a todas as nações, começando por
Jerusalém. 48Vocês são testemunhas dessas coisas.
49"Agora, envio a vocês a promessa de meu Pai. Mas fiquem na
cidade até que sejam revestidos do poder do céu".

A ascensão

50Depois Jesus os levou a Betânia e, levantando as mãos para
o céu, os abençoou. 51Enquanto ainda os abençoava, deixou-os
e foi elevado ao céu. 52Então eles o adoraram e voltaram para
Jerusalém cheios de grande alegria. 53E estavam sempre no
templo, louvando a Deus.

JOÃO

Prólogo: Cristo, a Palavra eterna

1 No princípio, aquele que é a Palavra já existia. A Palavra
estava com Deus, e a Palavra era Deus.
2Ele existia no princípio com Deus.
3Por meio dele Deus criou todas as coisas, e sem ele nada
foi criado.
4Aquele que é a Palavra possuía a vida, e sua vida trouxe luz
a todos.
5A luz brilha na escuridão, e a escuridão nunca conseguiu
apagá-la.
6Deus enviou um homem chamado João 7para falar a respeito
da luz, a fim de que, por meio de seu testemunho, todos
cressem. 8Ele não era a luz, mas veio para falar da luz. 9Aquele
que é a verdadeira luz, que ilumina a todos, estava chegando
ao mundo.
10Veio ao mundo que ele criou, mas o mundo não o reco-
nheceu. 11Veio a seu próprio povo, e eles o rejeitaram. 12Mas,
a todos que creram nele e o aceitaram, ele deu o direito de
se tornarem filhos de Deus. 13Estes não nasceram segundo a
ordem natural, nem como resultado da paixão ou da vontade
humana, mas nasceram de Deus.
14Assim, a Palavra se tornou ser humano, carne e osso, e ha-
bitou entre nós. Ele era cheio de graça e verdade. E vimos sua
glória, a glória do Filho único do Pai.
15João deu testemunho dele quando disse em alta voz: "Este
é aquele a quem eu me referia quando disse: 'Alguém virá
depois de mim, muito mais poderoso que eu, pois existia muito
antes de mim'".
16De sua plenitude todos nós recebemos graça sobre graça.
17Pois a lei foi dada por meio de Moisés, mas a graça e a ver-
dade vieram por meio de Jesus Cristo. 18Ninguém jamais viu a
Deus, mas o Filho único, que mantém comunhão íntima com
o Pai, o revelou.

O testemunho de João Batista

19Este foi o testemunho de João quando os líderes judeus en-
viaram de Jerusalém sacerdotes e levitas para lhe perguntar:
"Quem é você?". 20Ele respondeu com toda franqueza: "Eu
não sou o Cristo".
21"Então quem é você?", perguntaram eles. "É Elias?"
"Não", respondeu ele. "É o Profeta por quem temos esperado?"
"Não."
22"Afinal, quem é você? Precisamos de uma resposta para
aqueles que nos enviaram. O que você tem a dizer de si
mesmo?"
23João respondeu com as palavras do profeta Isaías: "Eu sou
uma voz que clama no deserto: 'Preparem o caminho para a
vinda do Senhor!'".
24Então os fariseus que tinham sido enviados 25lhe pergun-
taram: "Se você não é o Cristo, nem Elias, nem o Profeta, que
direito tem de batizar?".
26João lhes disse: "Eu batizo com água, mas em seu meio
há alguém que vocês não reconhecem. 27Embora ele venha
depois de mim, não sou digno de desamarrar as correias de
sua sandália".
28Esse encontro aconteceu em Betânia, um povoado a leste do
rio Jordão, onde João estava batizando.

Jesus, o Cordeiro de Deus

29No dia seguinte, João viu Jesus caminhando em sua direção
e disse: "Vejam! É o Cordeiro de Deus, que tira o pecado do
mundo! 30Era a ele que eu me referia quando disse: 'Um
homem virá depois de mim, muito mais poderoso que eu, pois
existia muito antes de mim'. 31Eu não o conhecia, mas vim
batizando com água para que ele fosse revelado a Israel".
32Então João deu o seguinte testemunho: "Vi o Espírito Santo
descer do céu na forma de uma pomba e permanecer sobre
ele. 33Eu não sabia quem ele era, mas, quando Deus me enviou
para batizar com água, disse-me: 'Aquele sobre o qual você
vir o Espírito descer e permanecer, esse é o que batizará com
o Espírito Santo'. 34Eu vi isso acontecer e, portanto, dou teste-
munho de que ele é o Filho de Deus".

Os primeiros discípulos

35No dia seguinte, João estava novamente com dois de seus
discípulos. 36Quando viu Jesus passar, olhou para ele e de-
clarou: "Vejam! É o Cordeiro de Deus!". 37Ao ouvirem isso, os
dois discípulos de João seguiram Jesus.
38Jesus olhou em volta e viu que o seguiam. "O que vocês
querem?", perguntou. Eles responderam: "Rabi (que significa
'Mestre'), onde o senhor está hospedado?".
39"Venham e vejam", disse ele. Eram cerca de quatro horas da
tarde quando o acompanharam até o lugar onde Jesus estava
hospedado, e passaram o resto do dia com ele.
40André, irmão de Simão Pedro, era um dos dois que ouviram
o que João tinha dito e seguiram Jesus. 41André foi procurar
seu irmão, Simão, e lhe disse: "Encontramos o Messias (isto
é, o Cristo)".
42Então André levou Simão para conhecer Jesus. Olhando para
ele, Jesus disse: "Você é Simão, filho de João, mas será cha-
mado Cefas (isto é, Pedro)".
43No dia seguinte, Jesus decidiu ir à Galileia. Encontrou Filipe
e lhe disse: "Siga-me". 44Filipe era de Betsaida, cidade natal
de André e Pedro.
45Filipe foi procurar Natanael e lhe disse: "Encontramos aquele
sobre quem Moisés, na lei, e os profetas escreveram! Seu
nome é Jesus de Nazaré, filho de José".

46“Nazaré!”, exclamou Natanael. “Pode vir alguma coisa boa
de Nazaré?”
“Venha e veja você mesmo”, respondeu Filipe.
47Jesus viu Natanael se aproximar e disse: “Aí está um verda-
deiro filho de Israel, um homem totalmente íntegro”.
48“Como o senhor sabe a meu respeito?”, perguntou Natanael.
Jesus respondeu: “Vi você sob a figueira antes que Filipe o
chamasse”.
49Então Natanael exclamou: “Rabi, o senhor é o Filho de Deus,
o Rei de Israel!”.
50Jesus lhe perguntou: “Você crê nisso porque eu disse que o vi
sob a figueira? Você verá coisas maiores que essa”. 51E acres-
centou: “Eu lhes digo a verdade: vocês verão o céu aberto e os
anjos de Deus subindo e descendo sobre o Filho do Homem”.

O casamento em Caná

2 Três dias depois, houve uma festa de casamento no po-
voado de Caná da Galileia. A mãe de Jesus estava ali, 2e
Jesus e seus discípulos também foram convidados para a ce-
lebração. 3Durante a festa, o vinho acabou, e a mãe de Jesus
lhe disse: “Eles não têm mais vinho”.
4“Mulher, isso não me diz respeito”, respondeu Jesus. “Minha
hora ainda não chegou.”
5Sua mãe, porém, disse aos empregados: “Façam tudo que
ele mandar”.
6Havia ali perto seis potes de pedra usados na purificação ce-
rimonial judaica. Cada um tinha capacidade entre 80 e 120
litros. 7Jesus disse aos empregados: “Encham os potes com
água”. Quando os potes estavam cheios, 8disse: “Agora tirem
um pouco e levem ao mestre de cerimônias”. Os empregados
seguiram suas instruções.
9O mestre de cerimônias provou a água transformada em
vinho, sem conhecer sua procedência (embora os empregados
obviamente soubessem). Então chamou o noivo. 10“O anfitrião
sempre serve o melhor vinho primeiro”, disse ele. “Depois,
quando todos já beberam bastante, serve o vinho de menor
qualidade. Mas você guardou o melhor vinho até agora!”
11Esse sinal em Caná da Galileia foi o primeiro milagre que
Jesus fez. Com isso ele manifestou sua glória, e seus discípulos
creram nele.
12Depois do casamento, foi a Cafarnaum, onde passou alguns
dias com sua mãe, seus irmãos e seus discípulos.

Jesus purifica o templo

13Era quase época da festa da Páscoa judaica, de modo que
Jesus subiu a Jerusalém. 14No pátio do templo, viu comer-
ciantes que vendiam bois, ovelhas e pombas para os sacrifí-
cios; também viu negociantes, em mesas, trocando dinheiro
estrangeiro. 15Jesus fez um chicote de cordas e os expulsou
a todos do templo. Pôs para fora as ovelhas e os bois, espa-
lhou as moedas dos negociantes no chão e virou as mesas.
16Depois, foi até aqueles que vendiam pombas e lhes disse:
“Tirem essas coisas daqui! Parem de fazer da casa de meu
Pai um mercado!”.
17Então os discípulos se lembraram desta profecia das Escri-
turas: “O zelo pela casa de Deus me consumirá”.
18“O que você está fazendo?”, questionaram os líderes judeus.
“Que sinal você nos mostra para comprovar que tem autori-
dade para isso?”
19“Pois bem”, respondeu Jesus. “Destruam este templo, e em
três dias eu o levantarei.”
20Eles disseram: “Foram necessários 46 anos para construir
este templo, e você o reconstruirá em três dias?”. 21Mas
quando Jesus disse “este templo”, estava se referindo a seu
próprio corpo. 22Depois que ele ressuscitou dos mortos, seus
discípulos se lembraram do que ele tinha dito e creram nas
Escrituras e em suas palavras.
23Por causa dos sinais que Jesus realizou em Jerusalém du-
rante a festa da Páscoa, muitos creram nele. 24Jesus, porém,
não confiava neles, pois conhecia a todos. 25Ninguém preci-
sava lhe dizer como o ser humano é de fato, pois ele conhecia
a natureza humana.

Nicodemos visita Jesus

3 Havia um fariseu chamado Nicodemos, líder religioso entre
os judeus. 2Certa noite, veio falar com Jesus e disse: “Rabi,
todos nós sabemos que Deus enviou o senhor para nos ensinar.
Seus sinais são prova de que Deus está com o senhor”.
3Jesus respondeu: “Eu lhe digo a verdade: quem não nascer
de novo, não verá o reino de Deus”.
4“Como pode um homem velho nascer de novo?”, perguntou
Nicodemos. “Acaso ele pode voltar ao ventre da mãe e nascer
uma segunda vez?”
5Jesus respondeu: “Eu lhe digo a verdade: ninguém pode
entrar no reino de Deus sem nascer da água e do Espírito.
6Os seres humanos podem gerar apenas vida humana, mas o
Espírito dá à luz vida espiritual. 7Portanto, não se surpreenda
quando eu digo: ‘É necessário nascer de novo’. 8O vento sopra
onde quer. Assim como você ouve o vento, mas não é capaz de
dizer de onde ele vem nem para onde vai, também é incapaz
de explicar como as pessoas nascem do Espírito”.
9“Como pode ser isso?”, perguntou Nicodemos.
10Jesus respondeu: “Você é um mestre respeitado em Israel
e não entende essas coisas? 11Eu lhe digo a verdade: falamos
daquilo que sabemos e vimos e, no entanto, vocês não creem
em nosso testemunho. 12Se vocês não creem em mim quando
falo de coisas terrenas, como crerão se eu falar de coisas ce-
lestiais? 13Ninguém jamais subiu ao céu, exceto aquele que de
lá desceu, o Filho do Homem. 14E, como Moisés, no deserto,
levantou a serpente de bronze numa estaca, também é neces-
sário que o Filho do Homem seja levantado, 15para que todo o
que nele crer tenha a vida eterna.
16“Porque Deus amou tanto o mundo que deu seu Filho único,
para que todo o que nele crer não pereça, mas tenha a vida
eterna. 17Deus enviou seu Filho ao mundo não para condenar
o mundo, mas para salvá-lo por meio dele.
18“Não há condenação alguma para quem crê nele. Mas quem
não crê nele já está condenado por não crer no Filho único de

Deus. 19E a condenação se baseia nisto: a *luz* de Deus veio ao
mundo, mas as pessoas amaram mais a escuridão que a luz,
porque seus atos eram maus. 20Quem pratica o mal odeia a
luz e não se aproxima dela, pois teme que seus pecados sejam
expostos. 21Mas quem pratica a verdade se aproxima da luz,
para que outros vejam que ele faz a vontade de Deus".

João Batista exalta Jesus

22Então Jesus e seus discípulos saíram de Jerusalém e foram
à região da Judeia. Jesus passou um tempo ali com eles, ba-
tizando.
23Nessa época, João também batizava em Enom, perto de
Salim, pois havia ali bastante água, e o povo ia até ele para ser
batizado. 24Isso aconteceu antes de João ser preso. 25Surgiu
uma discussão entre os discípulos de João e certo judeu a res-
peito da purificação cerimonial. 26Os discípulos de João foram
falar com ele e lhe disseram: "Rabi, o homem que o senhor en-
controu no outro lado do rio Jordão, aquele de quem o senhor
deu testemunho, também está batizando. Todos vão até ele".
27João respondeu: "Ninguém pode receber coisa alguma, a
menos que lhe seja concedida do céu. 28Vocês sabem que eu
lhes disse claramente: 'Eu não sou o Cristo. Estou aqui apenas
para preparar o caminho para ele'. 29É o noivo que se casa com
a noiva; o amigo do noivo simplesmente se alegra de estar ao
lado dele e ouvir seus votos. Portanto, muito me alegro com
o destaque dele. 30Ele deve se tornar cada vez maior, e eu,
cada vez menor".

A superioridade do Filho

31Aquele que veio do alto é superior a todos. Nós somos da
terra e falamos de coisas terrenas, mas ele veio do céu e é
superior a todos. 32Ele dá testemunho daquilo que viu e ouviu,
mas como são poucos os que creem no que ele diz! 33Todo
aquele que aceita seu testemunho confirma que Deus é ver-
dadeiro. 34Pois ele foi enviado por Deus e fala as palavras de
Deus, porque Deus lhe dá, sem limites, o Espírito. 35O Pai ama
o Filho e pôs tudo em suas mãos. 36E quem crê no Filho de Deus
tem a vida eterna. Quem não obedece ao Filho não tem a vida
eterna, mas a ira de Deus permanece sobre ele.

A mulher samaritana junto ao poço

4 Jesus sabia que os fariseus tinham ouvido dizer que ele
batizava e fazia mais discípulos que João, 2embora Jesus
mesmo não os batizasse, e sim seus discípulos. 3Assim, deixou
a Judeia e voltou para a Galileia.
4No caminho, teve de passar por Samaria. 5Chegou ao povoado
samaritano de Sicar, perto do campo que Jacó tinha dado a
seu filho José. 6O poço de Jacó ficava ali, e Jesus, cansado
da longa caminhada, sentou-se junto ao poço, por volta do
meio-dia. 7Pouco depois, uma mulher samaritana veio tirar
água, e Jesus lhe disse: "Por favor, dê-me um pouco de água
para beber". 8Naquele momento, seus discípulos tinham ido
ao povoado comprar comida.
9A mulher ficou surpresa, pois os judeus se recusam a ter qual-
quer contato com os samaritanos. "Você é judeu, e eu sou uma
mulher samaritana", disse ela a Jesus. "Como é que me pede
água para beber?"
10Jesus respondeu: "Se ao menos você soubesse que presente
Deus tem para você e com quem está falando, você me pediria
e eu lhe daria água viva".
11"Mas você não tem corda nem balde, e o poço é muito
fundo", disse ela. "De onde tiraria essa água viva? 12Além do
mais, você se considera mais importante que nosso antepas-
sado Jacó, que nos deu este poço? Como pode oferecer água
melhor que esta que Jacó, seus filhos e seus animais bebiam?"
13Jesus respondeu: "Quem bebe desta água logo terá sede
outra vez, 14mas quem bebe da água que eu dou nunca mais
terá sede. Ela se torna uma fonte que brota dentro dele e lhe
dá a vida eterna".
15"Por favor, senhor, dê-me dessa água!", disse a mulhe[r].
"Assim eu nunca mais terei sede nem precisarei vir aqui pa[ra]
tirar água."
16"Vá buscar seu marido", disse Jesus.
17"Não tenho marido", respondeu a mulher. Jesus disse: "
verdade. Você não tem marido, 18pois teve cinco maridos
não é casada com o homem com quem vive agora. Certamen[te]
você disse a verdade".
19"O senhor deve ser profeta", disse a mulher. 20"Então di-
ga-me: por que os judeus insistem que Jerusalém é o único
lugar de adoração, enquanto nós, os samaritanos, afirmamos
que é aqui, no monte Gerizim, onde nossos antepassados
adoraram?"
21Jesus respondeu: "Creia em mim, mulher, está chegando
a hora em que já não importará se você adora o Pai neste
monte ou em Jerusalém. 22Vocês, samaritanos, sabem muito
pouco a respeito daquele a quem adoram. Nós adoramos com
conhecimento, pois a salvação vem por meio dos judeus. 23Mas
está chegando a hora, e de fato já chegou, em que os verda-
deiros adoradores adorarão o Pai em espírito e em verdade.
O Pai procura pessoas que o adorem desse modo. 24Pois Deus
é Espírito, e é necessário que seus adoradores o adorem em
espírito e em verdade".
25A mulher disse: "Eu sei que o Messias (aquele que é chamado
Cristo) virá. Quando vier, ele nos explicará tudo".
26Então Jesus lhe disse: "Sou eu, o que fala com você!".
27Naquele momento, seus discípulos voltaram. Ficaram sur-
presos de encontrá-lo falando com uma mulher, mas nenhum
deles se atreveu a perguntar: "O que o senhor quer?" ou "Por
que conversa com ela?". 28A mulher deixou sua vasilha de água
junto ao poço e correu de volta para o povoado, dizendo a
todos: 29"Venham ver um homem que me disse tudo que eu já
fiz na vida! Será que não é ele o Cristo?". 30Então as pessoas
saíram do povoado para vê-lo.
31Enquanto isso, os discípulos insistiam com Jesus: "Rabi,
coma alguma coisa".
32Ele, porém, respondeu: "Eu tenho um tipo de alimento que
vocês não conhecem".

33Os discípulos perguntaram uns aos outros: "Será que alguém
lhe trouxe comida?".
34Então Jesus explicou: "Meu alimento consiste em fazer a
vontade daquele que me enviou e em terminar a sua obra.
35Vocês não costumam dizer: 'Ainda faltam quatro meses para
a colheita'? Mas eu lhes digo: despertem e olhem em volta.
Os campos estão maduros para a colheita. 36Os que colhem
já recebem salário, e os frutos que ajuntam são as pessoas
que passam a ter a vida eterna. Que alegria espera tanto o
que semeia como o que colhe! 37Vocês conhecem o ditado:
'Um semeia e outro colhe'. E é verdade. 38Eu envio vocês para
colher onde não semearam; outros realizaram o trabalho, e
agora vocês ajuntarão a colheita".

Muitos samaritanos creem

39Muitos samaritanos do povoado creram em Jesus por causa
daquilo que a mulher relatou: "Ele me disse tudo que eu já
fiz". 40Quando saíram para vê-lo, insistiram que ficasse no
povoado. Jesus permaneceu ali dois dias, 41e muitos outros ou-
viram sua palavra e creram. 42Então disseram à mulher: "Agora
sabemos, não apenas por causa do que você nos contou, mas
porque nós mesmos o ouvimos. Agora sabemos que ele é, de
fato, o Salvador do mundo".

Jesus cura o filho de um oficial

43Depois daqueles dois dias, Jesus partiu para a Galileia. 44Ele
mesmo tinha dito que um profeta não é honrado em sua pró-
pria terra. 45Mas, uma vez que os galileus haviam estado em
Jerusalém para a festa da Páscoa e visto tudo que Jesus fizera,
eles o receberam.
46Enquanto Jesus viajava pela Galileia, chegou a Caná, onde
tinha transformado água em vinho. Perto dali, em Cafarnaum,
havia um oficial do governo cujo filho estava muito doente.
47Quando soube que Jesus viera da Judeia para a Galileia, foi
até ele e suplicou que fosse a Cafarnaum para curar seu filho,
que estava à beira da morte.
48Jesus exclamou: "Jamais crerão, a menos que vejam sinais
e maravilhas!".
49O oficial implorou: "Senhor, por favor, venha antes que meu
filho morra".
50"Volte!", disse Jesus. "Seu filho viverá." O homem creu nas
palavras de Jesus e partiu para casa.
51Enquanto estava a caminho, alguns de seus servos vieram a seu
encontro com a notícia de que seu filho estava vivo e bem. 52Ele
perguntou quando o menino havia começado a melhorar, e eles
responderam: "Ontem à tarde, à uma hora, a febre subitamente
desapareceu!". 53Então o pai percebeu que havia sido naquele
exato momento que Jesus tinha dito: "Seu filho viverá". E o ofi-
cial e todos de sua casa creram em Jesus. 54Esse foi o segundo
sinal que Jesus realizou na Galileia, depois que veio da Judeia.

Jesus cura um homem no sábado

5 Depois disso, Jesus voltou a Jerusalém para uma das festas
religiosas dos judeus. 2Dentro da cidade, junto à porta das
Ovelhas, ficava o tanque de Betesda, com cinco pátios co-
bertos. 3Ficavam ali cegos, mancos e paralíticos, uma mul-
tidão de enfermos, esperando um movimento da água, 4pois
um anjo do Senhor descia de vez em quando e agitava a água.
O primeiro que entrava no tanque após a água ser agitada era
curado de qualquer enfermidade que tivesse. 5Um dos homens
ali estava doente havia 38 anos. 6Quando Jesus o viu e soube
que estava enfermo por tanto tempo, perguntou-lhe: "Você
gostaria de ser curado?".
7O homem respondeu: "Não consigo, senhor, pois não tenho
quem me coloque no tanque quando a água se agita. Alguém
sempre chega antes de mim".
8Jesus lhe disse: "Levante-se, pegue sua maca e ande!".
9No mesmo instante, o homem ficou curado. Ele pegou sua
maca e começou a andar. Uma vez que esse milagre acon-
teceu no sábado, 10os líderes judeus disseram ao homem que
havia sido curado: "Hoje é sábado! A lei não permite que você
carregue essa maca!".
11Mas ele respondeu: "O homem que me curou disse: 'Pegue
sua maca e ande'".
12"Quem foi que lhe disse uma coisa dessas?", perguntaram
eles.
13O homem não sabia, pois Jesus havia desaparecido no meio
da multidão. 14Mais tarde, Jesus o encontrou no templo e lhe
disse: "Agora você está curado; deixe de pecar, para que nada
pior lhe aconteça". 15O homem foi até os líderes judeus e lhes
disse que tinha sido Jesus quem o havia curado.

Jesus afirma ser o Filho de Deus

16Então os líderes judeus começaram a perseguir Jesus por não
respeitar as regras do sábado. 17Jesus, porém, disse: "Meu Pai
sempre trabalha, e eu também". 18Assim, os líderes judeus se
empenharam ainda mais em encontrar um modo de matá-lo,
pois ele não apenas violava o sábado, mas afirmava que Deus
era seu Pai e, portanto, se igualava a Deus.
19Jesus respondeu: "Eu lhes digo a verdade: o Filho não pode
fazer coisa alguma por sua própria conta. Ele faz apenas o que
vê o Pai fazer. Aquilo que o Pai faz, o Filho também faz. 20Pois
o Pai ama o Filho e lhe mostra tudo que faz. Na verdade, o Pai
lhe mostrará obras ainda maiores que estas, para que vocês
fiquem admirados. 21Pois assim como o Pai dá vida àqueles que
ele ressuscita dos mortos, também o Filho dá vida a quem ele
quer. 22Além disso, o Pai não julga ninguém, mas deu ao Filho
autoridade absoluta para julgar, 23para que todos honrem o
Filho como honram o Pai. Quem não honra o Filho certamente
não honra o Pai, que o enviou.
24"Eu lhes digo a verdade: quem ouve minha mensagem e crê
naquele que me enviou tem a vida eterna. Jamais será conde-
nado, mas já passou da morte para a vida.
25"E eu lhes asseguro que está chegando a hora, e de fato já
chegou, em que os mortos ouvirão minha voz, a voz do Filho
de Deus. E aqueles que a ouvirem viverão. 26O Pai tem a vida
em si mesmo, e concedeu a seu Filho igual poder de dar vida,
27e lhe deu autoridade para julgar a todos, porque ele é o Filho

do Homem. 28Não fiquem tão surpresos! Na verdade, vem o tempo em que todos os mortos ouvirão, em seus túmulos, a voz do Filho de Deus 29e ressuscitarão. Aqueles que fizeram o bem ressuscitarão para terem vida eterna, e aqueles que continuaram a fazer o mal ressuscitarão para serem julgados. 30Não posso fazer coisa alguma por minha própria conta. Julgo conforme aquilo que Deus me diz. Logo, meu julgamento é justo, pois não faço minha própria vontade, mas a vontade do Pai, que me enviou."

Testemunhas de Jesus

31"Se eu testemunhasse a respeito de mim mesmo, meu testemunho não seria válido. 32Mas há outro que também testemunha sobre mim, e eu lhes asseguro que tudo que ele diz a meu respeito é verdadeiro. 33Vocês enviaram investigadores para ouvir João, e o testemunho dele sobre mim é verdadeiro. 34Claro que não tenho necessidade alguma de testemunhas humanas, mas digo estas coisas para que vocês sejam salvos. 35João era como uma lâmpada que queimava e brilhava e, por algum tempo, vocês se empolgaram com a mensagem dele. 36Mas eu tenho um testemunho maior que o de João: as obras que realizo. O Pai me deu essas obras para concluir, e elas provam que ele me enviou. 37E o Pai, que me enviou, testemunhou, ele próprio, a meu respeito. Vocês nunca ouviram sua voz, nem o viram pessoalmente, 38e não têm sua mensagem no coração, pois não creem em mim, aquele que foi enviado por ele.

39"Vocês estudam minuciosamente as Escrituras porque creem que elas lhes dão vida eterna. Mas as Escrituras apontam para mim! 40E, no entanto, vocês se recusam a vir a mim para receber essa vida.

41"Sua aprovação não vale nada para mim, 42pois eu sei que o amor a Deus não está em vocês. 43Eu vim em nome de meu Pai, e vocês me rejeitaram. Se outro vier em seu próprio nome, vocês o receberão. 44Não é de admirar que não possam crer, pois vocês honram uns aos outros, mas não se importam com a honra que vem do único Deus!

45"Mas não sou eu quem os acusará diante do Pai. Moisés os acusará! Sim, Moisés, em quem vocês põem sua esperança. 46Se cressem, de fato, em Moisés, creriam em mim, pois ele escreveu a meu respeito. 47Contudo, uma vez que não creem naquilo que ele escreveu, como crerão no que eu digo?".

A primeira multiplicação dos pães

6 Depois disso, Jesus atravessou o mar da Galileia, conhecido também como mar de Tiberíades. 2Uma grande multidão o seguia por toda parte, pois tinham visto os sinais que ele havia realizado ao curar os enfermos. 3Então Jesus subiu a um monte e sentou-se com seus discípulos. 4Era quase tempo da festa judaica da Páscoa. 5Jesus logo viu uma grande multidão que vinha a seu encontro. Voltando-se para Filipe, perguntou: "Onde podemos comprar pão para alimentar toda essa gente?". 6Disse isso para pôr Filipe à prova, pois já sabia o que ia fazer.

7Filipe respondeu: "Mesmo que trabalhássemos vários meses, não teríamos dinheiro suficiente para dar alimento a todos!".

8Então um de seus discípulos, André, irmão de Simão Pedro, falou: 9"Aqui está um rapaz com cinco pães de cevada e dois peixes. Mas que adianta isso para tanta gente?".

10Jesus respondeu: "Digam ao povo que se sente". Todos se sentaram na grama que cobria o monte. Só os homens eram cerca de cinco mil. 11Então Jesus tomou os pães, agradeceu a Deus e os repartiu entre o povo. Em seguida, fez o mesmo com os peixes. E todos comeram à vontade. 12Depois que todos estavam satisfeitos, Jesus disse a seus discípulos: "Agora juntem os pedaços que sobraram, para que nada se desperdice". 13Eles juntaram o que restou e encheram doze cestos com as sobras.

14Quando o povo viu Jesus fazer esse sinal, exclamou: "Sem dúvida ele é o profeta que haveria de vir ao mundo!". 15Jesus sabia que pretendiam obrigá-lo a ser rei deles, de modo que se retirou, sozinho, para o monte.

Jesus anda sobre o mar

16Ao entardecer, os discípulos de Jesus desceram à praia, 17entraram no barco e atravessaram o mar em direção a Cafarnaum. Quando escureceu, porém, Jesus ainda não tinha vindo se encontrar com eles. 18Logo, um vento forte veio sobre eles, e o mar ficou muito agitado. 19Depois de remarem cinco ou seis quilômetros, de repente viram Jesus caminhando sobre o mar, em direção ao barco. Ficaram aterrorizados, 20mas ele lhes disse: "Sou eu! Não tenham medo". 21Eles o receberam no barco e, logo em seguida, chegaram a seu destino.

Jesus, o pão da vida

22No dia seguinte, a multidão que tinha ficado do outro lado do mar viu que os discípulos haviam pegado o único barco dali e que Jesus não fora com eles. 23Alguns barcos de Tiberíades se aproximaram do lugar onde o povo tinha comido os pães depois que o Senhor os abençoou. 24Quando a multidão viu que nem Jesus nem os discípulos estavam ali, todos entraram nos barcos e atravessaram para Cafarnaum, a fim de procurá-lo. 25Encontraram-no do outro lado do mar e lhe perguntaram: "Rabi, quando o senhor chegou aqui?"

26Jesus respondeu: "Eu lhes digo a verdade: vocês querem estar comigo não porque entenderam os sinais, mas porque lhes dei alimento. 27Não se preocupem tanto com coisas que se estragam, como a comida, mas usem suas energias buscando o alimento que permanece para a vida eterna, o qual o Filho do Homem pode lhes dar. Pois Deus, o Pai, colocou em mim seu selo de aprovação".

28"Nós também queremos realizar as obras de Deus", disseram eles. "O que devemos fazer?"

29Jesus lhes disse: "Esta é a única obra que Deus quer de vocês: creiam naquele que ele enviou".

30Eles responderam: "Se deseja que creiamos no senhor, mostre-nos um sinal. O que o senhor pode fazer? 31Afinal, nossos

antepassados comeram maná no deserto! As Escrituras dizem:
'Moisés lhes deu de comer pão do céu'".
32Jesus disse: "Eu lhes digo a verdade: não foi Moisés quem
lhes deu pão do céu. É meu Pai quem dá o verdadeiro pão do
céu a vocês. 33O verdadeiro pão de Deus é aquele que desce
do céu e dá vida ao mundo".
34"Senhor, dê-nos desse pão todos os dias", disseram eles.
35Jesus respondeu: "Eu sou o pão da vida. Quem vem a mim
nunca mais terá fome. Quem crê em mim nunca mais terá sede.
36Mas vocês não creram em mim, embora me tenham visto.
37Contudo, aqueles que o Pai me dá virão a mim, e eu jamais os
rejeitarei. 38Pois desci do céu para fazer a vontade daquele que
me enviou, e não minha própria vontade. 39E esta é a vontade
de Deus: que eu não perca um sequer de todos que ele me deu,
mas que ressuscite todos no último dia. 40Pois é a vontade de
meu Pai que todo aquele que olhar para o Filho e nele crer
tenha a vida eterna. E eu o ressuscitarei no último dia".
41Então os judeus começaram a criticá-lo, pois ele havia afir-
mado: "Eu sou o pão que desceu do céu". 42Diziam: "Este não
é Jesus, filho de José? Conhecemos seu pai e sua mãe. Como
ele pode dizer: 'Desci do céu?'".
43Jesus, porém, respondeu: "Parem de me criticar. 44Pois nin-
guém pode vir a mim se o Pai, que me enviou, não o trouxer
a mim; e no último dia eu o ressuscitarei. 45Como dizem as
Escrituras: 'Todos eles serão ensinados por Deus'. Todo aquele
que ouve o Pai e aprende dele vem a mim. 46Não que alguém
tenha visto o Pai; somente eu, que fui enviado por Deus, o vi.
47"Eu lhes digo a verdade: quem crê tem a vida eterna. 48Sim,
eu sou o pão da vida! 49Seus antepassados comeram maná
no deserto, mas morreram; 50quem comer o pão do céu, no
entanto, jamais morrerá. 51Eu sou o pão vivo que desceu do
céu. Quem comer deste pão viverá para sempre; e este pão,
que eu oferecerei para que o mundo viva, é a minha carne".
52Então os judeus começaram a discutir entre si a respeito do
que ele queria dizer. "Como pode esse homem nos dar sua
carne para comer?", perguntavam.
53Então Jesus disse novamente: "Eu lhes digo a verdade: se
vocês não comerem a carne do Filho do Homem e não beberem
o seu sangue, não terão a vida em si mesmos. 54Mas quem
come minha carne e bebe meu sangue terá a vida eterna, e
eu o ressuscitarei no último dia. 55Pois minha carne é a verda-
deira comida, e meu sangue é a verdadeira bebida. 56Quem
come minha carne e bebe meu sangue permanece em mim,
e eu nele. 57Eu vivo por causa do Pai, que vive e me enviou;
da mesma forma, quem se alimenta de mim viverá por minha
causa. 58Eu sou o verdadeiro pão que desceu do céu. Seus
antepassados comeram maná e morreram; quem comer este
pão não morrerá, mas viverá para sempre".
59Ele disse essas coisas quando ensinava na sinagoga de Ca-
farnaum.

Muitos discípulos abandonam Jesus

60Muitos de seus discípulos disseram: "Sua mensagem é dura.
Quem é capaz de aceitá-la?".
61Jesus, sabendo que seus discípulos reclamavam, disse: "Isso
os ofende? 62Então o que pensarão se virem o Filho do Homem
subir ao céu, onde estava antes? 63Somente o Espírito dá vida.
A natureza humana não realiza coisa alguma. E as palavras que
eu lhes disse são espírito e vida. 64Mas alguns de vocês não
creem em mim". Pois Jesus sabia, desde o princípio, quem
não acreditava nele e quem iria traí-lo. 65E acrescentou: "Por
isso eu disse que ninguém pode vir a mim a menos que o Pai
o dê a mim".
66Nesse momento, muitos de seus discípulos se afastaram dele
e o abandonaram. 67Então Jesus se voltou para os Doze e per-
guntou: "Vocês também vão embora?".
68Simão Pedro respondeu: "Senhor, para quem iremos? O se-
nhor tem as palavras da vida eterna. 69Nós cremos e sabemos
que o senhor é o Santo de Deus".
70Então Jesus disse: "Eu escolhi vocês doze, mas um de vocês
é um diabo". 71Ele se referia a Judas, filho de Simão Iscariotes,
um dos Doze, que mais tarde o trairia.

Jesus e seus irmãos

7 Depois disso, Jesus viajou pela Galileia. Queria ficar longe
da Judeia, onde os líderes judeus planejavam sua morte.
2Logo, porém, chegou o tempo da celebração judaica cha-
mada Festa das Cabanas, 3e os irmãos de Jesus lhe disseram:
"Saia daqui e vá à Judeia, onde seus seguidores poderão ver
os milagres que realiza. 4Você não se tornará famoso escon-
dendo-se dessa forma. Se você pode fazer coisas tão maravi-
lhosas, mostre-se ao mundo!". 5Pois nem mesmo seus irmãos
criam nele.
6Jesus respondeu: "Agora não é o momento certo de eu ir, mas
vocês podem ir a qualquer hora. 7O mundo não pode odiá-los,
mas a mim ele odeia, pois eu o acuso de fazer o mal. 8Vão
vocês. Eu ainda não irei a essa festa, pois meu tempo ainda
não chegou". 9Tendo dito isso, permaneceu na Galileia.

Jesus ensina abertamente no templo

10Contudo, depois que seus irmãos partiram para a festa, ele
também foi, mas em segredo, permanecendo distante dos
olhos do público. 11Os líderes judeus tentavam encontrá-lo na
festa e perguntavam se alguém o tinha visto. 12Havia muita
discussão a seu respeito entre as multidões. Alguns afirmavam:
"Ele é um homem bom", enquanto outros diziam: "Ele não
passa de um impostor, que engana o povo". 13Mas ninguém
tinha coragem de falar sobre ele em público, por medo dos
líderes judeus.
14Então, na metade da festa, Jesus subiu ao templo e começou
a ensinar. 15Os judeus que estavam ali ficaram admirados ao
ouvi-lo. "Como ele sabe tanto sem ter estudado?", pergun-
tavam.
16Jesus lhes respondeu: "Minha mensagem não vem de mim
mesmo; vem daquele que me enviou. 17Quem quiser fazer a
vontade de Deus saberá se meu ensino vem dele ou se falo por
mim mesmo. 18Aquele que fala por si mesmo busca sua própria
glória, mas quem procura honrar aquele que o enviou diz a

verdade, e não mentiras. 19Moisés lhes deu a lei, mas nenhum
de vocês obedece a ela. Então por que procuram me matar?".
20A multidão respondeu: "Você está possuído por demônio!
Quem procura matá-lo?".
21Jesus respondeu: "Eu fiz um milagre no sábado, e vocês fi-
caram admirados. 22No entanto, vocês também trabalham no
sábado quando obedecem à lei da circuncisão que Moisés lhes
deu, embora, na verdade, a circuncisão tenha começado com
os patriarcas, muito antes da lei de Moisés. 23Pois, se o tempo
certo de circuncidar seu filho cai no sábado, vocês realizam
a cerimônia, a fim de não quebrar a lei de Moisés. Então por
que ficam indignados comigo pelo fato de eu curar um homem
no sábado? 24Não julguem de acordo com as aparências, mas
julguem de maneira justa".

Jesus é o Messias?

25Alguns do povo, que moravam em Jerusalém, começaram
a perguntar uns aos outros: "Não é este o homem a quem
procuram matar? 26Aqui está ele, porém, falando em público,
e não lhe dizem coisa alguma. Será que nossos líderes acre-
ditam que ele é o Cristo? 27Mas como pode ser este homem?
Sabemos de onde ele vem. Quando o Cristo vier, ninguém sa-
berá de onde ele é".
28Enquanto ensinava no templo, Jesus disse em alta voz: "Sim,
vocês me conhecem e sabem de onde eu venho. Mas não estou
aqui por minha própria conta. Aquele que me enviou é verda-
deiro, e vocês não o conhecem. 29Mas eu o conheço, porque
venho dele, e ele me enviou a vocês". 30Então tentaram pren-
dê-lo, mas ninguém pôs as mãos nele, porque ainda não havia
chegado sua hora.
31Muitos entre as multidões no templo creram nele e diziam:
"Afinal, alguém espera que o Cristo faça mais sinais do que
este homem tem feito?".
32Quando os fariseus ouviram que as multidões sussurravam
essas coisas, eles e os principais sacerdotes enviaram guardas
do templo para prendê-lo. 33Jesus, porém, lhes disse: "Estarei
com vocês só um pouco mais. Então voltarei para aquele que
me enviou. 34Vocês procurarão por mim, mas não me encon-
trarão. E não poderão ir para onde eu vou".
35Os judeus se perguntavam: "Para onde ele pretende ir? Será
que planeja partir e ir aos judeus em outras terras? Talvez até
ensine aos gregos! 36O que ele quer dizer quando fala: 'Vocês
procurarão por mim, mas não me encontrarão' e 'Não poderão
ir para onde eu vou'?".

Jesus promete água viva

37No último dia, o mais importante da festa, Jesus se levantou
e disse em alta voz: "Quem tem sede, venha a mim e beba!
38Pois as Escrituras declaram: 'Rios de água viva brotarão do
interior de quem crer em mim'". 39Quando ele falou de "água
viva", estava se referindo ao Espírito que seria dado mais tarde
a todos que nele cressem. Naquela ocasião o Espírito ainda não
tinha sido dado, pois Jesus ainda não havia sido glorificado.

Divisão e descrença

40Quando as multidões o ouviram dizer isso, alguns decla-
raram: "Certamente este homem é o profeta por quem es-
perávamos". 41Outros afirmaram: "Ele é o Cristo". E ainda
outros disseram: "Não é possível! O Cristo virá da Galileia?
42As Escrituras afirmam claramente que o Cristo nascerá da
linhagem real de Davi, em Belém, o povoado onde o rei Davi
nasceu". 43Assim, a multidão estava dividida a respeito de
Jesus. 44Alguns queriam que ele fosse preso, mas ninguém
pôs as mãos nele.
45Quando os guardas do templo voltaram sem ter prendido
Jesus, os principais sacerdotes e fariseus perguntaram: "Por
que vocês não o trouxeram?".
46"Nunca ouvimos alguém falar como ele!", responderam.
47"Vocês também foram enganados?", zombaram os fariseus.
48"Por acaso um de nós que seja, entre os líderes ou fariseus,
crê nele? 49As multidões ignorantes o seguem, mas elas não
têm conhecimento da lei. São amaldiçoadas!"
50Então Nicodemos, o líder que antes havia se encontrado com
Jesus, perguntou: 51"A lei permite condenar um homem antes
mesmo de haver uma audiência?".
52"Você também é da Galileia?", responderam eles. "Procure e
veja por si mesmo: nenhum profeta vem da Galileia!"
53Então todos foram para casa.

Uma mulher é pega em adultério

8 Jesus voltou ao monte das Oliveiras, 2mas na manhã se-
guinte, bem cedo, estava outra vez no templo. Logo se
reuniu uma multidão, e ele se sentou e a ensinou. 3Então os
mestres da lei e os fariseus lhe trouxeram uma mulher pega
em adultério e a colocaram diante da multidão.
4"Mestre, esta mulher foi pega no ato de adultério", disseram
eles a Jesus. 5"A lei de Moisés ordena que ela seja apedrejada.
O que o senhor diz?"
6Procuravam apanhá-lo numa armadilha, ao fazê-lo dizer
algo que pudessem usar contra ele. Jesus, porém, apenas se
inclinou e começou a escrever com o dedo na terra. 7Eles con-
tinuaram a exigir uma resposta, de modo que ele se levantou
e disse: "Aquele de vocês que nunca pecou atire a primeira
pedra". 8Então inclinou-se novamente e voltou a escrever na
terra.
9Quando ouviram isso, foram saindo, um de cada vez, come-
çando pelos mais velhos, até que só restaram Jesus e a mu-
lher no meio da multidão. 10Então Jesus se levantou de novo e
disse à mulher: "Onde estão seus acusadores? Nenhum deles
a condenou?".
11"Não, Senhor", respondeu ela. E Jesus disse: "Eu também
não a condeno. Vá e não peque mais".

Jesus, a luz do mundo

12Jesus voltou a falar ao povo e disse: "Eu sou a luz do mundo.
Se vocês me seguirem, não andarão no escuro, pois terão a
luz da vida".

13Os fariseus disseram: "Você faz essas declarações a respeito
de si mesmo! Seu testemunho não é válido".
14Jesus respondeu: "Meu testemunho é válido, embora eu
mesmo o dê, pois eu sei de onde vim e para onde vou, mas
vocês não sabem de onde vim nem para onde vou. 15Vocês
julgam por padrões humanos, mas eu não julgo ninguém. 16E,
mesmo que o fizesse, meu julgamento seria correto, pois não
estou sozinho. O Pai, que me enviou, está comigo. 17A lei de
vocês diz que, se duas pessoas concordarem sobre alguma
coisa, seu testemunho é aceito como fato. 18Eu sou uma teste-
munha, e meu Pai, que me enviou, é a outra".
19"Onde está seu Pai?", perguntaram eles. Jesus respondeu:
"Uma vez que vocês não sabem quem sou eu, não sabem quem
é meu Pai. Se vocês me conhecessem, também conheceriam
meu Pai". 20Jesus fez essas declarações enquanto ensinava na
parte do templo onde eram colocadas as ofertas. No entanto,
não foi preso, pois ainda não havia chegado sua hora.

O povo incrédulo é advertido

21Mais tarde, Jesus lhes disse outra vez: "Eu vou embora.
Vocês procurarão por mim, mas morrerão em seus pecados.
Não podem ir para onde eu vou".
22Os judeus perguntaram: "Será que ele está planejando co-
meter suicídio? A que ele se refere quando diz: 'Não podem ir
para onde eu vou'?".
23Jesus prosseguiu: "Vocês são daqui de baixo; eu sou lá de
cima. Vocês pertencem a este mundo; eu não. 24Foi por isso que
eu disse que vocês morrerão em seus pecados, pois a menos
que creiam que eu sou lá de cima, morrerão em seus pecados".
25"Quem é você?", perguntaram eles. Jesus respondeu: "Sou
aquele que sempre afirmei ser. 26Tenho muito que dizer e
julgar a respeito de vocês, mas não o farei. Digo ao mundo
apenas o que ouvi daquele que me enviou, e ele é inteiramente
verdadeiro". 27Ainda assim, não entenderam que ele lhes fa-
lava a respeito do Pai.
28Então Jesus disse: "Quando vocês me levantarem, enten-
derão que eu sou o Filho do Homem. Não faço coisa alguma
por minha própria conta; digo apenas o que o Pai me ensinou.
29E aquele que me enviou está comigo; ele não me abandonou,
pois sempre faço o que lhe agrada". 30Muitos que o ouviram
dizer essas coisas creram nele.

Jesus e Abraão

31Jesus disse aos judeus que creram nele: "Vocês são verda-
deiramente meus discípulos se permanecerem fiéis a meus
ensinamentos. 32Então conhecerão a verdade, e a verdade
os libertará".
33"Mas somos descendentes de Abraão", disseram eles.
"Nunca fomos escravos de ninguém. O que quer dizer com
'Vocês serão libertos'?"
34Jesus respondeu: "Eu lhes digo a verdade: todo o que peca
é escravo do pecado. 35O escravo não é membro permanente
da família, mas o filho faz parte da família, para sempre. 36Por-
tanto, se o Filho os libertar, vocês serão livres de fato. 37Sim,
eu sei que vocês são descendentes de Abraão. E, no entanto,
procuram me matar, pois não há lugar em seu coração para
a minha mensagem. 38Eu lhes digo o que vi quando estava
com meu Pai, mas vocês seguem o conselho do pai de vocês".
39"Nosso pai é Abraão!", declararam eles. Jesus respondeu:
"Se vocês fossem, de fato, filhos de Abraão, seguiriam o
exemplo dele. 40Em vez disso, procuram me matar porque
eu lhes disse a verdade que ouvi de Deus. Abraão nunca fez
isso. 41Vocês estão imitando seu verdadeiro pai". "Não somos
filhos ilegítimos!", retrucaram. "O próprio Deus é nosso ver-
dadeiro Pai!"
42Jesus lhes disse: "Se Deus fosse seu Pai, vocês me amariam,
porque eu venho até vocês da parte de Deus. Não estou aqui
por minha própria conta, mas ele me enviou. 43Por que vocês
não entendem o que eu digo? É porque nem sequer conse-
guem me ouvir! 44Pois são filhos de seu pai, o diabo, e gostam
de fazer as coisas perversas que ele deseja. Ele foi assassino
desde o princípio. Sempre odiou a verdade, pois não há ver-
dade alguma nele. Quando ele mente, age de acordo com seu
caráter, pois é mentiroso e pai da mentira. 45Portanto, quando
eu digo a verdade, é natural que não creiam em mim! 46Qual
de vocês pode me acusar de pecado? E, uma vez que lhes digo
a verdade, por que não creem em mim? 47Quem pertence a
Deus ouve as palavras de Deus. Mas vocês não ouvem, pois
não pertencem a Deus".
48"Samaritano endemoninhado!", responderam os líderes
judeus. "Não temos dito desde o início que está possuído por
demônio?"
49"Não tenho em mim demônio algum", disse Jesus. "Pelo
contrário, honro meu Pai, e vocês me desonram. 50Eu não
procuro minha própria glória; há quem a procure para mim,
e ele é o Juiz. 51Eu lhes digo a verdade: quem obedecer a meu
ensino jamais morrerá!"
52Os líderes judeus disseram: "Agora sabemos que você está
possuído por demônio. Até Abraão e os profetas morreram,
mas você diz: 'Quem obedecer a meu ensino jamais morrerá!'.
53Por acaso você é maior que nosso pai Abraão? Ele morreu,
assim como os profetas. Quem você pensa que é?".
54Jesus respondeu: "Se eu quisesse glória para mim mesmo,
essa glória não contaria. Mas é meu Pai quem me glorifica.
Vocês dizem: 'Ele é nosso Deus', 55mas nem o conhecem. Eu
o conheço. Se eu dissesse que não o conheço, seria tão men-
tiroso quanto vocês! Mas eu o conheço e lhe obedeço. 56Seu
pai Abraão exultou com a expectativa da minha vinda. Ele a
viu e se alegrou".
57Os líderes judeus disseram: "Você não tem nem cinquenta
anos. Como pode dizer que viu Abraão?".
58Jesus respondeu: "Eu lhes digo a verdade: antes mesmo
de Abraão nascer, Eu Sou!". 59Então apanharam pedras para
atirar em Jesus, mas ele se ocultou deles e saiu do templo.

Jesus traz luz aos cegos

9 Enquanto caminhava, Jesus viu um homem cego de nas-
cença. 2Seus discípulos perguntaram: "Rabi, por que este

homem nasceu cego? Foi por causa de seus próprios pecados
ou dos pecados de seus pais?".
3Jesus respondeu: "Nem uma coisa nem outra. Isso aconteceu
para que o poder de Deus se manifestasse nele. 4Devemos
cumprir logo as tarefas que nos foram dadas por aquele que
me enviou. A noite se aproxima, quando ninguém pode tra-
balhar. 5Mas, enquanto estou aqui no mundo, eu sou a luz
do mundo".
6Depois de dizer isso, Jesus cuspiu no chão, misturou a terra
com saliva e aplicou-a nos olhos do cego. 7Em seguida, disse:
"Vá lavar-se no tanque de Siloé" (que significa "enviado"). O
homem foi, lavou-se e voltou enxergando.
8Seus vizinhos e outros que o conheciam como mendigo come-
çaram a perguntar: "Não é este o homem que costumava ficar
sentado pedindo esmolas?". 9Alguns diziam que sim, e outros
diziam: "Não, apenas se parece com ele". O mendigo, porém,
insistia: "Sim, sou eu mesmo!".
10"Quem curou você?", perguntaram eles. "O que aconteceu?"
11Ele respondeu: "O homem chamado Jesus misturou terra
com saliva, colocou-a em meus olhos e disse: 'Vá lavar-se no
tanque de Siloé'. Eu fui e me lavei, e agora posso ver!".
12"Onde está esse homem?", perguntaram. "Não sei", res-
pondeu ele.
13Então levaram aos fariseus o homem que havia sido cego,
14pois foi no sábado que Jesus misturou terra com saliva e o
curou. 15Os fariseus encheram o homem de perguntas sobre
o que havia acontecido, e ele respondeu: "Ele colocou terra
com saliva em meus olhos e, depois que eu me lavei, passei
a enxergar!".
16Alguns dos fariseus disseram: "Esse homem não é de Deus,
pois trabalha no sábado". Outros disseram: "Mas como um
pecador poderia fazer sinais como esse?". E havia entre eles
uma divergência de opiniões.
17Os fariseus voltaram a perguntar ao homem que havia sido
cego: "O que você diz desse homem que o curou?". "Ele deve
ser profeta", respondeu o homem.
18Os líderes judeus se recusavam a crer que ele havia sido cego
e estava curado, por isso mandaram chamar os pais dele 19e
perguntaram: "Ele é seu filho? Ele nasceu cego? Se foi, como
pode ver agora?".
20Os pais responderam: "Sabemos que ele é nosso filho e
que nasceu cego, 21mas não sabemos como pode ver agora
nem quem o curou. Ele tem idade suficiente para falar por si
mesmo. Perguntem a ele".
22Seus pais disseram isso por medo dos líderes judeus, pois
estes haviam anunciado que, se alguém dissesse que Jesus era
o Cristo, seria expulso da sinagoga. 23Por isso disseram: "Ele
tem idade suficiente. Perguntem a ele". 24Então, pela segunda
vez, chamaram o homem que havia sido cego e lhe disseram:
"Deus é quem deve receber glória por aquilo que aconteceu,
pois sabemos que esse Jesus é pecador".
25"Não sei se ele é pecador", respondeu o homem. "Mas uma
coisa sei: eu era cego e agora vejo!"
26"Mas o que ele fez?", perguntaram. "Como ele o curou?"
27"Eu já lhes disse!", exclamou o homem. "Vocês não ouviram?
Por que querem ouvir outra vez? Por acaso também querem se
tornar discípulos dele?"
28Então eles o insultaram e disseram: "Você é discípulo dele,
mas nós somos discípulos de Moisés! 29Sabemos que Deus
falou a Moisés, mas nem sabemos de onde vem esse homem".
30"Que coisa mais estranha!", respondeu o homem. "Ele
curou meus olhos e vocês não sabem de onde ele vem? 31Sa-
bemos que Deus não atende pecadores, mas está pronto a
ouvir aqueles que o adoram e fazem a sua vontade. 32Desde
o princípio do mundo, ninguém foi capaz de abrir os olhos de
um cego de nascença. 33Se esse homem não fosse de Deus,
não teria conseguido fazê-lo."
34"Você nasceu inteiramente pecador!", disseram eles. "E
quer ensinar a nós?" Então o expulsaram da sinagoga.

Cegueira espiritual

35Quando Jesus soube do que havia acontecido, procurou o
homem e lhe disse: "Você crê no Filho do Homem?".
36"Quem é ele, senhor?", perguntou o homem. "Eu quero crer
nele."
37Jesus respondeu: "Você o viu, e ele está falando com você!".
38"Sim, Senhor, eu creio!", declarou o homem. E adorou a
Jesus.
39Então Jesus disse: "Eu vim a este mundo para julgar, para
dar visão aos cegos e para fazer que os que veem se tornem
cegos".
40Alguns fariseus que estavam por perto o ouviram e pergun-
taram: "Você está dizendo que nós somos cegos?".
41"Se vocês fossem cegos, não seriam culpados", respondeu
Jesus. "Mas a culpa de vocês permanece, pois afirmam que
podem ver."

O Bom Pastor e suas ovelhas

10 "Eu lhes digo a verdade: quem entra no curral das ovelhas
às escondidas, por sobre a cerca, em vez de passar pela
porta, é certamente ladrão e assaltante! 2Mas quem entra pela
porta é o pastor das ovelhas. 3O porteiro lhe abre a porta, e as
ovelhas reconhecem sua voz e se aproximam. Ele chama suas
ovelhas pelo nome e as conduz para fora. 4Depois de reuni-las,
vai adiante delas, e elas o seguem porque conhecem sua voz.
5Nunca seguirão um desconhecido; antes, fugirão dele, pois
não reconhecem sua voz."
6Os que ouviram Jesus usar essa ilustração não entenderam
o que ele quis dizer, 7por isso ele a explicou: "Eu lhes digo a
verdade: eu sou a porta das ovelhas. 8Todos que vieram antes
de mim eram ladrões e assaltantes, mas as ovelhas não os
ouviram. 9Sim, eu sou a porta. Quem entrar por mim será salvo.
Entrará e sairá e encontrará pasto. 10O ladrão vem para roubar,
matar e destruir. Eu vim para lhes dar vida, uma vida plena,
que satisfaz.
11"Eu sou o bom pastor. O bom pastor sacrifica sua vida pelas
ovelhas. 12O empregado foge quando vê um lobo se aproximar.
Abandona as ovelhas porque elas não lhe pertencem e ele não

é seu pastor. Então o lobo as ataca e dispersa o rebanho. 13O
empregado foge porque trabalha apenas por dinheiro e não
se importa de fato com as ovelhas.
14“Eu sou o bom pastor. Conheço minhas ovelhas, e elas me
conhecem, 15assim como meu Pai me conhece e eu o conheço;
e eu sacrifico minha vida pelas ovelhas. 16Tenho outras ove-
lhas, que não estão neste curral. Devo trazê-las também. Elas
ouvirão minha voz, e haverá um só rebanho e um só pastor.
17“O Pai me ama, pois sacrifico minha vida para tomá-la de
volta. 18Ninguém a tira de mim, mas eu mesmo a dou. Tenho
autoridade para entregá-la e também para tomá-la de volta,
pois foi isso que meu Pai ordenou”.
19Quando Jesus disse essas coisas, as opiniões dos judeus a
respeito dele se dividiram outra vez. 20Alguns diziam: “Ele está
possuído por demônio e está louco. Por que ouvi-lo?”. 21Outros
diziam: “Ele não fala como alguém que está possuído por de-
mônio. Pode um demônio abrir os olhos dos cegos?”.

Jesus afirma ser o Filho de Deus

22Era inverno, e Jesus estava em Jerusalém na celebração da
Festa da Dedicação. 23Ele caminhava pelo templo, na parte co-
nhecida como Pórtico de Salomão, 24quando os líderes judeus
o rodearam e perguntaram: “Quanto tempo vai nos deixar em
suspense? Se você é o Cristo, diga-nos claramente”.
25Jesus respondeu: “Eu já lhes disse, e vocês não creram em
mim. A prova são as obras que realizo em nome de meu Pai.
26Mas vocês não creem em mim porque não são minhas ove-
lhas. 27Minhas ovelhas ouvem a minha voz; eu as conheço, e
elas me seguem. 28Eu lhes dou a vida eterna, e elas nunca mor-
rerão. Ninguém pode arrancá-las de minha mão, 29pois meu
Pai as deu a mim, e ele é mais poderoso que todos. Ninguém
pode arrancá-las da mão de meu Pai. 30O Pai e eu somos um”.
31Mais uma vez, os líderes judeus pegaram pedras para atirar
nele. 32Jesus disse: “Por orientação de meu Pai, eu fiz muitas
boas obras. Por qual delas vocês querem me apedrejar?”.
33Eles responderam: “Não vamos apedrejá-lo por nenhuma
boa obra, mas por blasfêmia. Você, um simples homem, afirma
que é Deus!”.
34Jesus respondeu: “As próprias Escrituras de vocês afirmam
que Deus disse a certos líderes do povo: ‘Eu digo: vocês são
deuses!’. 35E vocês sabem que as Escrituras não podem ser
alteradas. Portanto, se aqueles que receberam a mensagem
de Deus foram chamados de ‘deuses’, 36por que vocês consi-
deram blasfêmia quando eu digo: ‘Eu sou o Filho de Deus’?
Afinal, o Pai me consagrou e me enviou ao mundo. 37Não
creiam em mim se não realizo as obras de meu Pai. 38Mas, se
as realizo, creiam na prova, que são as obras, mesmo que não
creiam em mim. Então vocês saberão e entenderão que o Pai
está em mim, e que eu estou no Pai”.
39Novamente, tentaram prendê-lo, mas ele escapou e os
deixou. 40Foi para o outro lado do rio Jordão, perto do lugar
onde João batizava no início, e ficou ali por algum tempo.
41Muitos o seguiram, comentando entre si: “João não realizou
sinais, mas tudo que ele disse a respeito deste homem se cum-
priu”. 42E muitos ali creram em Jesus.

A ressurreição de Lázaro

11 Um homem chamado Lázaro estava doente. Ele morava
em Betânia com suas irmãs, Maria e Marta. 2Foi Maria, a
irmã de Lázaro, que mais tarde derramou perfume caro nos
pés do Senhor e os enxugou com os cabelos. 3As duas irmãs
enviaram um recado a Jesus, dizendo: “Senhor, seu amigo
querido está muito doente”.
4Quando Jesus ouviu isso, disse: “A doença de Lázaro não aca-
bará em morte. Ela aconteceu para a glória de Deus, para que
o Filho de Deus receba glória por meio dela”. 5Jesus amava
Marta, Maria e Lázaro. 6Ouvindo, portanto, que Lázaro estava
doente, ficou mais dois dias onde estava. 7Depois, disse a seus
discípulos: “Vamos voltar para a Judeia”.
8Os discípulos se opuseram, dizendo: “Rabi, apenas alguns
dias atrás o povo da Judeia tentou apedrejá-lo. Ainda assim, o
senhor vai voltar para lá?”.
9Jesus respondeu: “Há doze horas de claridade todos os
dias. Durante o dia, as pessoas podem andar com segurança.
Conseguem enxergar, pois têm a luz deste mundo. 10À noite,
porém, correm o risco de tropeçar, pois não há luz”. 11E acres-
centou: “Nosso amigo Lázaro adormeceu, mas agora vou
despertá-lo”.
12Os discípulos disseram: “Senhor, se ele dorme é porque logo
vai melhorar!”. 13Pensavam que Jesus falava apenas do re-
pouso do sono, mas ele se referia à morte de Lázaro.
14Então ele disse claramente: “Lázaro está morto. 15E, por
causa de vocês, eu me alegro por não ter estado lá, pois agora
vocês vão crer de fato. Venham, vamos até ele”.
16Tomé, apelidado de Gêmeo, disse aos outros discípulos:
“Vamos até lá também para morrer com Jesus”.
17Quando Jesus chegou a Betânia, disseram-lhe que Lázaro
estava no túmulo havia quatro dias. 18Betânia ficava a cerca
de três quilômetros de Jerusalém, 19e muitos moradores da re-
gião tinham vindo consolar Marta e Maria pela perda do irmão.
20Quando Marta soube que Jesus estava chegando, foi ao seu
encontro. Maria, porém, ficou em casa. 21Marta disse a Jesus:
“Se o Senhor estivesse aqui, meu irmão não teria morrido.
22Mas sei que, mesmo agora, Deus lhe dará tudo que pedir”.
23Jesus lhe disse: “Seu irmão vai ressuscitar”.
24“Sim”, respondeu Marta. “Ele vai ressuscitar quando todos
ressuscitarem, no último dia.”
25Então Jesus disse: “Eu sou a ressurreição e a vida. Quem crê
em mim viverá, mesmo depois de morrer. 26Quem vive e crê
em mim jamais morrerá. Você crê nisso, Marta?”.
27“Sim, Senhor”, respondeu ela. “Eu creio que o senhor é o
Cristo, o Filho de Deus, aquele que veio ao mundo da parte
de Deus.” 28Em seguida, voltou para casa. Chamou Maria à
parte e disse: “O Mestre está aqui e quer ver você”. 29Maria se
levantou de imediato e foi até ele.
30Jesus tinha ficado fora do povoado, no lugar onde Marta
havia se encontrado com ele. 31Quando as pessoas que es-

tavam na casa viram Maria sair apressadamente, imaginaram
que ela ia ao túmulo de Lázaro chorar e a seguiram. 32Assim
que chegou ao lugar onde Jesus estava e o viu, caiu a seus
pés e disse: "Se o Senhor estivesse aqui, meu irmão não teria
morrido".
33Quando Jesus viu Maria chorar, e o povo também, sentiu
profunda indignação e grande angústia. 34"Onde vocês o co-
locaram?", perguntou. Eles responderam: "Senhor, venha e
veja". 35Jesus chorou. 36As pessoas que estavam por perto
disseram: "Vejam como ele o amava!". 37Outros, porém, dis-
seram: "Este homem curou um cego. Não poderia ter impedido
que Lázaro morresse?".
38Jesus, sentindo-se novamente indignado, chegou ao túmulo,
uma gruta com uma pedra fechando a entrada. 39"Rolem a
pedra para o lado", ordenou. "Senhor, ele está morto há
quatro dias", disse Marta, a irmã do falecido. "O mau cheiro
será terrível."
40Jesus respondeu: "Eu não lhe disse que, se você cresse, veria
a glória de Deus?". 41Então rolaram a pedra para o lado. Jesus
olhou para o céu e disse: "Pai, eu te agradeço porque me
ouviste. 42Tu sempre me ouves, mas eu disse isso por causa
de todas as pessoas que estão aqui, para que elas creiam que
tu me enviaste". 43Então Jesus gritou: "Lázaro, venha para
fora!". 44E o morto saiu, com as mãos e os pés presos com
faixas e o rosto envolto num pano. Jesus disse: "Desamarrem
as faixas e deixem-no ir!".

A conspiração para matar Jesus

45Muitos dos judeus que estavam com Maria creram em Jesus
quando viram isso. 46Alguns, no entanto, foram aos fariseus e
contaram o que Jesus tinha feito. 47Então os principais sacer-
dotes e fariseus reuniram o conselho dos líderes do povo. "Que
vamos fazer?", perguntavam uns aos outros. "Sem dúvida,
este homem realiza muitos sinais. 48Se permitirmos que con-
tinue assim, logo todos crerão nele. Então o exército romano
virá e destruirá nosso templo e nossa nação."
49Caifás, o sumo sacerdote naquele ano, disse: "Vocês não
sabem o que estão dizendo! 50Não percebem que é melhor
para vocês que um homem morra pelo povo em vez de a nação
inteira ser destruída?".
51Não disse isso por si mesmo, mas, sendo o sumo sacerdote
naquele ano, profetizou que Jesus morreria pela nação inteira.
52E não apenas por aquela nação, mas para reunir em um só
corpo todos os filhos de Deus espalhados ao redor do mundo.
53Daquele dia em diante, começaram a tramar a morte de
Jesus. 54Por essa razão, Jesus parou de andar no meio do
povo. Foi para um lugar próximo do deserto, para o povoado
de Efraim, onde permaneceu com seus discípulos.
55Faltava pouco tempo para a festa judaica da Páscoa, e muita
gente de toda a região chegou a Jerusalém para participar
da cerimônia de purificação, antes que a Páscoa começasse.
56Continuavam procurando Jesus e, estando eles no templo,
perguntavam uns aos outros: "O que vocês acham? Será que
ele virá para a Páscoa?". 57Enquanto isso, os principais sacer-
dotes e fariseus deram ordem para que, se alguém soubesse
onde Jesus estava, o denunciasse de imediato, a fim de que
o prendessem.

Jesus é ungido em Betânia

12 Seis dias antes de começar a Páscoa, Jesus chegou a
Betânia, onde morava Lázaro, o homem que ele havia
ressuscitado dos mortos. 2Prepararam um jantar em home-
nagem a Jesus; Marta servia, e Lázaro estava à mesa com
ele. 3Então Maria pegou um frasco de perfume caro feito de
essência de óleo aromático, ungiu com ele os pés de Jesus e
os enxugou com os cabelos. A casa se encheu com a fragrância
do perfume.
4Mas Judas Iscariotes, o discípulo que em breve trairia Jesus,
disse: 5"Este perfume valia trezentas moedas de prata. Deveria
ter sido vendido, e o dinheiro, dado aos pobres". 6Não que ele
se importasse com os pobres; na verdade, era ladrão e, como
responsável pelo dinheiro dos discípulos, muitas vezes roubava
uma parte para si.
7Jesus respondeu: "Deixe-a em paz. Ela fez isto como prepa-
ração para meu sepultamento. 8Vocês sempre terão os pobres
em seu meio, mas nem sempre terão a mim".
9Quando o povo soube da chegada de Jesus, correu para vê-
lo, e também a Lázaro, a quem Jesus havia ressuscitado dos
mortos. 10Então os principais sacerdotes decidiram matar
também Lázaro, 11pois, por causa dele, muitos do povo os ha-
viam abandonado e criam em Jesus.

A entrada de Jesus em Jerusalém

12No dia seguinte, correu pela cidade a notícia de que Jesus
estava a caminho de Jerusalém. Uma grande multidão de vi-
sitantes que tinham vindo para a Páscoa 13tomou ramos de
palmeiras e saiu ao seu encontro, gritando: "Hosana! Bendito
é o que vem em nome do Senhor! Bendito é o Rei de Israel!".
14Jesus conseguiu um jumentinho e montou nele, cumprindo
a profecia que dizia:
15"Não tenha medo, povo de Sião. Vejam, seu Rei se aproxima,
montado num jumentinho".
16Seus discípulos não entenderam, naquele momento, que se
tratava do cumprimento de uma profecia. Depois que Jesus foi
glorificado, porém, eles se lembraram do que havia acontecido
e perceberam que era a respeito dele que essas coisas tinham
sido escritas.
17Muitos tinham visto quando Jesus mandou Lázaro sair do
túmulo e o ressuscitou dos mortos, e contavam esse fato a
outros. 18Destes, muitos saíram ao encontro de Jesus, porque
tinham ouvido falar desse sinal. 19Então os fariseus disseram
uns aos outros: "Não podemos fazer nada. Vejam, todo mundo
o segue!".

Jesus prediz sua morte

20Alguns gregos que tinham vindo a Jerusalém para adorar
durante a festa da Páscoa 21procuraram Filipe, que era de Bet-
saida, da Galileia, e lhe disseram: "Por favor, gostaríamos de

ver Jesus". 22 Filipe falou a esse respeito com André, e os dois
foram juntos falar com Jesus.
23 Jesus respondeu: "Chegou a hora de o Filho do Homem
ser glorificado. 24 Eu lhes digo a verdade: se o grão de trigo
não for plantado na terra e não morrer, ficará só. Sua morte,
porém, produzirá muitos novos grãos. 25 Quem ama sua vida
neste mundo a perderá. Quem odeia sua vida neste mundo a
conservará por toda a eternidade. 26 Se alguém quer ser meu
discípulo, siga-me, pois meus servos devem estar onde eu
estou. E o Pai honrará quem me servir.
27 "Agora minha alma está angustiada. Acaso devo orar 'Pai,
salva-me desta hora'? Mas foi exatamente por esse motivo
que eu vim! 28 Pai, glorifica teu nome!". Então uma voz falou
do céu: "Eu já glorifiquei meu nome, e o farei novamente em
breve". 29 Quando a multidão ouviu a voz, alguns pensaram
que era um trovão, enquanto outros afirmavam que um anjo
havia falado com ele.
30 Então Jesus lhes disse: "A voz foi por causa de vocês, e não
por minha causa. 31 Chegou a hora de julgar o mundo; agora,
o governante deste mundo será expulso. 32 E, quando eu for
levantado da terra, atrairei todos a mim". 33 Ele disse isso para
indicar como morreria.
34 A multidão disse: "Entendemos pelas Escrituras que o Cristo
viveria para sempre. Como pode dizer que o Filho do Homem
morrerá? Afinal, quem é esse Filho do Homem?".
35 Jesus respondeu: "Minha luz brilhará para vocês só mais
um pouco. Andem na luz enquanto podem, para que a escu-
ridão não os pegue de surpresa. Quem anda na escuridão não
consegue ver aonde vai. 36 Creiam na luz enquanto ainda há
tempo; desse modo vocês se tornarão filhos da luz". Depois
de dizer essas coisas, Jesus foi embora e se ocultou deles.

A incredulidade do povo

37 Apesar de todos os sinais que Jesus havia realizado, não
creram nele. 38 Aconteceu conforme o profeta Isaías tinha dito:
"Senhor, quem creu em nossa mensagem? A quem o Senhor
revelou seu braço forte?".
39 Mas o povo não podia crer, pois como Isaías também disse:
40 "O Senhor cegou seus olhos e endureceu seu coração para
que seus olhos não vejam, e seu coração não entenda, e não se
voltem para mim, nem permitam que eu os cure".
41 As palavras de Isaías referiam-se a Jesus, pois viu sua glória
e falou sobre ele. 42 Ainda assim, muitos creram em Jesus, in-
cluindo alguns dos líderes judeus. Eles, porém, não declararam
sua fé abertamente, por medo de que os fariseus os expul-
sassem da sinagoga. 43 Amaram a aprovação das pessoas mais
que a aprovação de Deus.
44 Jesus disse em alta voz às multidões: "Se vocês creem em
mim, não creem apenas em mim, mas também naquele que
me enviou. 45 Pois, quando veem a mim, veem aquele que me
enviou. 46 Eu vim como luz para brilhar neste mundo, a fim
de que todo aquele que crê em mim não permaneça na es-
curidão. 47 Não julgarei aqueles que me ouvem mas não me
obedecem, pois vim para salvar o mundo, e não para julgá-lo.
48 Mas todos que me rejeitam e desprezam minha mensagem
serão julgados no dia do julgamento pela verdade que tenho
falado. 49 Não falo com minha própria autoridade. O Pai, que
me enviou, me ordenou o que dizer. 50 E eu sei que o manda-
mento dele conduz à vida eterna; por isso digo tudo que o Pai
me mandou dizer".

Jesus lava os pés de seus discípulos

13 Antes da festa da Páscoa, Jesus sabia que havia chegado
sua hora de deixar este mundo e voltar para o Pai. Ele
tinha amado seus discípulos durante seu ministério na terra, e
os amou até o fim. 2 Estava na hora do jantar, e o diabo já havia
instigado Judas, filho de Simão Iscariotes, a trair Jesus. 3 Jesus
sabia que o Pai lhe dera autoridade sobre todas as coisas e
que viera de Deus e voltaria para Deus. 4 Assim, levantou-se
da mesa, tirou a capa e enrolou uma toalha na cintura. 5 De-
pois, derramou água numa bacia e começou a lavar os pés
de seus discípulos, enxugando-os com a toalha que estava
em sua cintura.
6 Quando Jesus chegou a Simão Pedro, este lhe disse: "O Se-
nhor vai lavar os meus pés?".
7 Jesus respondeu: "Você não entende agora o que estou fa-
zendo, mas algum dia entenderá".
8 "Lavar os meus pés? De jeito nenhum!", protestou Pedro.
Jesus respondeu: "Se eu não os lavar, você não terá comu-
nhão comigo".
9 Simão Pedro exclamou: "Senhor, então lave também minhas
mãos e minha cabeça, e não somente os pés!".
10 Jesus respondeu: "A pessoa que tomou banho completo só
precisa lavar os pés para ficar totalmente limpa. E vocês estão
limpos, mas nem todos". 11 Pois Jesus sabia quem o trairia. Foi
a isso que se referiu quando disse: "Nem todos vocês estão
limpos".
12 Depois de lavar os pés deles, Jesus vestiu a capa novamente,
retornou a seu lugar e perguntou: "Vocês entendem o que fiz?
13 Vocês me chamam 'Mestre' e 'Senhor', e têm razão, porque
eu sou. 14 E uma vez que eu, seu Senhor e Mestre, lavei seus
pés, vocês devem lavar os pés uns dos outros. 15 Eu lhes dei um
exemplo a ser seguido. Façam como eu fiz a vocês. 16 Eu lhes
digo a verdade: o escravo não é maior que o seu senhor, nem o
mensageiro é mais importante que aquele que o envia. 17 Agora
que vocês sabem estas coisas, serão felizes se as praticarem."

Jesus prediz a traição de Judas

18 "Não digo estas coisas a todos vocês; conheço os que es-
colhi. Mas isto cumpre as Escrituras que dizem: 'Aquele que
come do meu alimento voltou-se contra mim'. 19 Eu lhes digo
isso de antemão, para que, quando acontecer, vocês creiam
que eu sou aquele de quem falam as Escrituras. 20 Eu lhes digo
a verdade: quem recebe aquele que envio recebe a mim, e
quem recebe a mim recebe o Pai, que me enviou".
21 Então Jesus sentiu profunda angústia e exclamou: "Eu lhes
digo a verdade: um de vocês vai me trair!".

22Os discípulos olharam uns para os outros, sem saber a quem ele se referia. 23O discípulo a quem Jesus amava ocupava o lugar ao lado dele à mesa. 24Simão Pedro lhe fez um sinal para que perguntasse a quem Jesus se referia. 25Então o discípulo se inclinou para Jesus e perguntou: "Senhor, quem é?".

26Jesus respondeu: "É aquele a quem eu der o pedaço de pão que molhei na tigela". E, depois de molhar o pedaço de pão, deu-o a Judas, filho de Simão Iscariotes. 27Quando Judas comeu o pão, Satanás entrou nele. Então Jesus lhe disse: "O que você vai fazer, faça logo". 28Nenhum dos outros à mesa entendeu o que Jesus quis dizer. 29Como Judas era o tesoureiro, alguns imaginaram que Jesus tinha mandado que ele comprasse o necessário para a festa ou desse algum dinheiro aos pobres. 30Judas saiu depressa, e era noite.

Jesus prediz a negação de Pedro

31Assim que Judas saiu, Jesus disse: "Chegou a hora de o Filho do Homem ser glorificado e, por causa dele, Deus será glorificado. 32Uma vez que Deus recebe glória por causa do Filho, ele dará ao Filho sua glória, de uma vez por todas. 33Meus filhos, estarei com vocês apenas mais um pouco. E, como eu disse aos líderes judeus, vocês me procurarão, mas não poderão ir para onde eu vou. 34Por isso, agora eu lhes dou um novo mandamento: Amem uns aos outros. Assim como eu os amei, vocês devem amar uns aos outros. 35Seu amor uns pelos outros provará ao mundo que são meus discípulos".

36Simão Pedro perguntou: "Para onde o Senhor vai?". Jesus respondeu: "Para onde vou vocês não podem ir agora, mas me seguirão mais tarde".

37"Senhor, por que não posso ir agora?", perguntou ele. "Estou disposto a morrer pelo senhor."

38"Morrer por mim?", disse Jesus. "Eu lhe digo a verdade, Pedro: antes que o galo cante, você me negará três vezes."

Jesus, o caminho para o Pai

14 "Não deixem que seu coração fique aflito. Creiam em Deus; creiam também em mim. 2Na casa de meu Pai há muitas moradas. Se não fosse assim, eu lhes teria dito. Vou preparar lugar para vocês 3e, quando tudo estiver pronto, virei buscá-los, para que estejam sempre comigo, onde eu estiver. 4Vocês conhecem o caminho para onde vou."

5"Não sabemos para onde o Senhor vai", disse Tomé. "Como podemos conhecer o caminho?"

6Jesus disse: "Eu sou o caminho, a verdade e a vida. Ninguém pode vir ao Pai senão por mim. 7Se vocês realmente me conhecessem, saberiam quem é meu Pai. Mas, de agora em diante, vão conhecer e ver o Pai".

8Filipe disse: "Senhor, mostre-nos o Pai, e ficaremos satisfeitos".

9Jesus respondeu: "Filipe, estive com vocês todo esse tempo e você ainda não sabe quem eu sou? Quem me vê, vê o Pai! Então por que me pede para mostrar o Pai? 10Você não crê que eu estou no Pai e o Pai está em mim? As palavras que eu digo não são minhas, mas de meu Pai, que permanece em mim e realiza suas obras por meu intermédio. 11Apenas creiam que eu estou no Pai e que o Pai está em mim. Ou creiam pelo menos por causa das obras que vocês me viram realizar.

12"Eu lhes digo a verdade: quem crê em mim fará as mesmas obras que tenho realizado, e até maiores, pois eu vou para o Pai. 13Vocês podem pedir qualquer coisa em meu nome, e eu o farei, para que o Filho glorifique o Pai. 14Sim, peçam qualquer coisa em meu nome, e eu o farei!"

Jesus promete o Espírito Santo

15"Se vocês me amam, obedeçam a meus mandamentos. 16E eu pedirei ao Pai, e ele lhes dará outro Encorajador, que nunca os deixará. 17É o Espírito da verdade. O mundo não o pode receber, pois não o vê e não o conhece. Mas vocês o conhecem, pois ele habita com vocês agora e depois estará em vocês. 18Não os deixarei órfãos; voltarei para vocês. 19Em breve o mundo não me verá mais, mas vocês me verão. Porque eu vivo, vocês também viverão. 20No dia em que eu for ressuscitado, vocês saberão que eu estou em meu Pai, vocês em mim, e eu em vocês. 21Aqueles que aceitam meus mandamentos e lhes obedecem são os que me amam. E, porque me amam, serão amados por meu Pai. E eu também os amarei e me revelarei a cada um deles."

22Judas (não o Iscariotes) disse: "Por que o Senhor vai se revelar somente a nós, e não ao mundo em geral?".

23Jesus respondeu: "Quem me ama faz o que eu ordeno. Meu Pai o amará, e nós viremos para morar nele. 24Quem não me ama não me obedece. E lembrem-se, estas palavras não são minhas; elas vêm do Pai, que me enviou. 25Eu digo estas coisas enquanto ainda estou com vocês. 26Mas quando o Pai enviar o Encorajador, o Espírito Santo, como meu representante, ele lhes ensinará todas as coisas e os fará lembrar tudo que eu lhes disse.

27"Eu lhes deixo um presente, a minha plena paz. E essa paz que eu lhes dou é um presente que o mundo não pode dar. Portanto, não se aflijam nem tenham medo. 28Lembrem-se do que eu lhes disse: 'Vou embora, mas voltarei para vocês'. Se o seu amor por mim é real, vocês deveriam estar felizes porque eu vou para o Pai, que é maior que eu. 29Eu lhes disse estas coisas antes que aconteçam para que, quando acontecerem, vocês creiam.

30"Não tenho muito tempo mais para falar com vocês, pois o governante deste mundo se aproxima. Ele não tem poder algum sobre mim, 31mas farei o que o Pai requer de mim, para que o mundo saiba que eu amo o Pai. Levantem-se e vamos embora!"

Jesus, a videira verdadeira

15 "Eu sou a videira verdadeira, e meu Pai é o lavrador. 2Todo ramo que, estando em mim, não dá fruto, ele corta. Todo ramo que dá fruto, ele poda, para que produza ainda mais. 3Vocês já foram limpos pela mensagem que eu lhes dei. 4Permaneçam em mim, e eu permanecerei em vocês. Pois, assim como um ramo não pode produzir fruto se não estiver na

videira, vocês também não poderão produzir frutos a menos que permaneçam em mim.

5"Sim, eu sou a videira; vocês são os ramos. Quem permanece em mim, e eu nele, produz muito fruto. Pois, sem mim, vocês não podem fazer coisa alguma. 6Quem não permanece em mim é jogado fora, como um ramo imprestável, e seca. Esses ramos são ajuntados num monte para serem queimados. 7Mas, se vocês permanecerem em mim e minhas palavras permanecerem em vocês, pedirão o que quiserem, e isso lhes será concedido! 8Quando vocês produzem muitos frutos, trazem grande glória a meu Pai e demonstram que são meus discípulos de verdade.

9"Eu os amei como o Pai me amou. Permaneçam no meu amor. 10Quando vocês obedecem a meus mandamentos, permanecem no meu amor, assim como eu obedeço aos mandamentos de meu Pai e permaneço no amor dele. 11Eu lhes disse estas coisas para que fiquem repletos da minha alegria. Sim, sua alegria transbordará! 12Este é meu mandamento: Amem uns aos outros como eu amo vocês. 13Não existe amor maior do que dar a vida por seus amigos. 14Vocês serão meus amigos se fizerem o que eu ordeno. 15Já não os chamo de escravos, pois o senhor não faz confidências a seus escravos. Agora vocês são meus amigos, pois eu lhes disse tudo que o Pai me disse. 16Vocês não me escolheram; eu os escolhi. Eu os chamei para irem e produzirem frutos duradouros, para que o Pai lhes dê tudo que pedirem em meu nome. 17Este é meu mandamento: Amem uns aos outros."

Os discípulos de Jesus e o mundo

18"Se o mundo os odeia, lembrem-se de que primeiro odiou a mim. 19O mundo os amaria se pertencessem a ele, mas vocês já não fazem parte do mundo. Eu os escolhi para que não mais pertençam ao mundo, e por isso o mundo os odeia. 20Vocês se lembram do que eu lhes disse: 'O escravo não é maior que o seu senhor'? Uma vez que eles me perseguiram, também os perseguirão. E, se obedeceram à minha palavra, também obedecerão à sua. 21Farão tudo isso a vocês por minha causa, pois rejeitaram aquele que me enviou. 22Eles não seriam culpados se eu não tivesse vindo nem lhes falado. Agora, porém, não têm desculpa por seu pecado. 23Quem me odeia também odeia meu Pai. 24Se eu não tivesse realizado no meio deles sinais que ninguém mais pode realizar, eles não seriam culpados. Agora, porém, viram tudo que fiz e, no entanto, ainda odeiam a mim e a meu Pai. 25Isso cumpre o que está registrado nas Escrituras deles: 'Odiaram-me sem motivo'.

26"Mas eu enviarei a vocês o Encorajador, o Espírito da verdade. Ele virá do Pai e testemunhará a meu respeito. 27E vocês também devem testemunhar a meu respeito, porque estão comigo desde o início."

16 "Eu lhes digo estas coisas para que não desanimem da fé. 2Pois vocês serão expulsos das sinagogas, e virá o tempo em que aqueles que os matarem pensarão que estão prestando um serviço sagrado a Deus. 3Farão isso porque nunca conheceram nem o Pai nem a mim. 4Sim, eu lhes digo estas coisas agora para que, quando elas acontecerem, vocês se lembrem de que os avisei. Eu não lhes disse antes porque ainda estaria com vocês mais um pouco."

A obra do Espírito Santo

5"Agora, porém, vou para aquele que me enviou, e nenhum de vocês me pergunta para onde vou. 6Em vez disso, entristecem-se por causa do que eu lhes disse. 7Mas, na verdade, é melhor para vocês que eu vá, pois, se eu não for, o Encorajador não virá. Se eu for, eu o enviarei a vocês. 8Quando ele vier, convencerá o mundo do pecado, da justiça e do juízo. 9Do pecado, porque o mundo se recusou a crer em mim; 10da justiça, porque eu voltarei para o Pai e não me verão mais; 11do juízo, porque o governante deste mundo já foi condenado.

12"Há tanta coisa que ainda quero lhes dizer, mas vocês não podem suportar agora. 13Quando vier o Espírito da verdade, ele os conduzirá a toda a verdade. Não falará por si mesmo, mas lhes dirá o que ouviu e lhes anunciará o que ainda está para acontecer. 14Ele me glorificará porque lhes contará tudo que receber de mim. 15Tudo que pertence ao Pai é meu; por isso eu disse: 'O Espírito lhes contará tudo que receber de mim'."

A tristeza será transformada em alegria

16"Mais um pouco e vocês não me verão mais; algum tempo depois, me verão novamente."

17Alguns dos discípulos perguntaram entre si: "O que ele quer dizer com 'Mais um pouco e vocês não me verão' e 'algum tempo depois, me verão novamente' e 'vou para o Pai'? 18E o que ele quer dizer com 'mais um pouco'? Não entendemos".

19Jesus, percebendo que desejavam lhe perguntar sobre essas coisas, disse: "Vocês perguntam entre si o que eu quis dizer quando falei: 'Mais um pouco e vocês não me verão; algum tempo depois, me verão novamente'? 20Eu lhes digo a verdade: vocês chorarão e se lamentarão pelo que acontecerá comigo, mas o mundo se alegrará. Ficarão tristes, mas sua tristeza se transformará em alegria. 21No trabalho de parto, a mulher sente dores, mas, quando o bebê nasce, sua angústia dá lugar à alegria, pois ela trouxe ao mundo uma criança. 22Da mesma forma, agora vocês estão tristes, mas eu os verei novamente; então se alegrarão e ninguém lhes poderá tirar essa alegria. 23Naquele dia, não terão necessidade de me perguntar coisa alguma. Eu lhes digo a verdade: vocês pedirão diretamente ao Pai e ele atenderá, porque pediram em meu nome. 24Vocês nunca pediram desse modo. Peçam em meu nome e receberão, e terão alegria completa.

25"Eu lhes falei destas coisas de maneira figurativa, mas em breve deixarei de usar esse tipo de linguagem e lhes falarei claramente a respeito do Pai. 26Então vocês pedirão em meu nome. Não digo que pedirei ao Pai em seu favor, 27pois o próprio Pai os ama, porque vocês me amam e creem que eu vim de Deus. 28Sim, eu vim do Pai e entrei no mundo, e agora deixo o mundo e volto para o Pai".

29Então os discípulos disseram: "Enfim o senhor fala claramente, e não de maneira figurativa. 30Agora entendemos que o senhor sabe todas as coisas e não há necessidade de lhe fazer perguntas. Por isso cremos que o senhor veio de Deus".
31Jesus disse: "Enfim vocês creem? 32Mas se aproxima o tempo, e de fato já chegou, em que vocês serão espalhados; cada um seguirá seu caminho e me deixará sozinho. Mas não ficarei sozinho, porque o Pai está comigo. 33Eu lhes falei tudo isso para que tenham paz em mim. Aqui no mundo vocês terão aflições, mas animem-se, pois eu venci o mundo".

A oração de Jesus

17 Depois de dizer todas essas coisas, Jesus olhou para o céu e orou: "Pai, chegou a hora. Glorifica teu Filho, para que ele te glorifique, 2pois tu lhe deste autoridade sobre toda a humanidade. Ele concede vida eterna a cada um daqueles que lhe deste. 3E a vida eterna é isto: conhecer a ti, o único Deus verdadeiro, e a Jesus Cristo, a quem enviaste ao mundo. 4Eu te glorifiquei aqui na terra, completando a obra que me deste para realizar. 5Agora, Pai, glorifica-me e leva-me para junto de ti, para a glória que tive a teu lado antes do princípio do mundo.
6"Eu revelei teu nome àqueles que me deste do mundo. Eles sempre foram teus. Tu os deste a mim, e eles obedeceram à tua palavra. 7Agora eles sabem que tudo que eu tenho vem de ti, 8pois lhes transmiti a mensagem que me deste. Eles a aceitaram e sabem que eu vim de ti, e creem que tu me enviaste.
9"Minha oração não é por este mundo, mas por aqueles que me deste, pois eles pertencem a ti. 10Tudo que é meu pertence a ti, e tudo que é teu pertence a mim, e eu sou glorificado por meio deles. 11Agora deixo este mundo; eles ficam aqui, mas eu vou para tua presença. Pai santo, tu me deste teu nome; agora protege-os com o poder do teu nome para que eles estejam unidos, assim como nós estamos. 12Durante meu tempo aqui com eles, eu os protegi com o poder do nome que me deste. Eu os guardei de modo que nenhum deles se perdeu, exceto aquele que estava a caminho da destruição, como as Escrituras haviam predito.
13"Agora vou para tua presença. Enquanto ainda estou no mundo, digo estas coisas para que eles tenham minha plena alegria em si mesmos. 14Eu lhes dei tua palavra. E o mundo os odeia, porque eles não são do mundo, como eu também não sou. 15Não peço que os tires do mundo, mas que os protejas do maligno. 16Eles não são deste mundo, como eu também não sou. 17Consagra-os na verdade, que é a tua palavra. 18Assim como tu me enviaste ao mundo, eu os envio ao mundo. 19E eu me entrego como sacrifício santo por eles, para que sejam consagrados na verdade.
20"Não te peço apenas por estes discípulos, mas também por todos que crerão em mim por meio da mensagem deles. 21Minha oração é que todos eles sejam um, como nós somos um, como tu estás em mim, Pai, e eu estou em ti. Que eles estejam em nós, para que o mundo creia que tu me enviaste.
22"Eu dei a eles a glória que tu me deste, para que sejam um, como nós somos um. 23Eu estou neles e tu estás em mim. Que eles experimentem unidade perfeita, para que todo o mundo saiba que tu me enviaste e que os amas tanto quanto me amas. 24Pai, quero que os que me deste estejam comigo onde estou. Então eles verão toda a glória que me deste, porque me amaste antes mesmo do princípio do mundo.
25"Pai justo, o mundo não te conhece, mas eu te conheço; e estes discípulos sabem que tu me enviaste. 26Eu revelei teu nome a eles, e continuarei a fazê-lo. Então teu amor por mim estará neles, e eu estarei neles".

Jesus é traído e preso

18 Depois de dizer essas coisas, Jesus atravessou com seus discípulos o vale de Cedrom e entrou num bosque de oliveiras. 2Judas, o traidor, conhecia aquele lugar, pois Jesus tinha ido muitas vezes ali com seus discípulos. 3Os principais sacerdotes e fariseus tinham dado a Judas um destacamento de soldados e alguns guardas do templo para acompanhá-lo. Eles chegaram ao bosque de oliveiras com tochas, lanternas e armas.
4Jesus, sabendo tudo que ia lhe acontecer, foi ao encontro deles. "A quem vocês procuram?", perguntou.
5"A Jesus, o nazareno", responderam. "Sou eu", disse ele. (Judas, o traidor, estava com eles.) 6Quando Jesus disse: "Sou eu", todos recuaram e caíram para trás, no chão. 7Mais uma vez, ele perguntou: "A quem vocês procuram?". E, novamente, eles responderam: "A Jesus, o nazareno".
8"Já lhes disse que sou eu", respondeu ele. "E, uma vez que é a mim que vocês procuram, deixem estes outros irem embora." 9Ele fez isso para cumprir sua própria declaração: "Não perdi um só de todos que me deste".
10Então Simão Pedro puxou uma espada e cortou a orelha direita de Malco, o servo do sumo sacerdote. 11Jesus, porém, disse a Pedro: "Guarde sua espada de volta na bainha. Acaso não beberei o cálice que o Pai me deu?".
12Assim, os soldados, seu comandante e os guardas do templo prenderam Jesus e o amarraram.

Pedro nega Jesus pela primeira vez

13Primeiro, levaram Jesus a Anás, pois era sogro de Caifás, o sumo sacerdote naquele ano. 14Caifás foi quem tinha dito aos outros líderes judeus: "É melhor que um homem morra pelo povo".
15Simão Pedro e outro discípulo seguiram Jesus. Esse outro discípulo era conhecido do sumo sacerdote, de modo que lhe permitiram entrar com Jesus no pátio do sumo sacerdote. 16Pedro teve de ficar do lado de fora do portão. Então o discípulo conhecido do sumo sacerdote falou com a moça que tomava conta do portão, e ela deixou Pedro entrar. 17A moça perguntou a Pedro: "Você não é um dos discípulos daquele homem?". "Não", respondeu ele. "Não sou."
18Como fazia frio, os servos da casa e os guardas tinham feito uma fogueira com carvão e se esquentavam ao redor dela. Pedro estava ali com eles, esquentando-se também.

O sumo sacerdote interroga Jesus

19Lá dentro, o sumo sacerdote começou a interrogar Jesus a
respeito de seus discípulos e de seus ensinamentos. 20Jesus
respondeu: "Falei abertamente a todos. Ensinei regularmente
nas sinagogas e no templo, onde o povo se reúne. 21Por que
você me interroga? Pergunte aos que me ouviram. Eles sabem
o que eu disse".
22Um dos guardas do templo que estava perto bateu no rosto
de Jesus, dizendo: "Isso é maneira de responder ao sumo sacerdote?".
23Jesus respondeu: "Se eu disse algo errado, prove. Mas, se
digo a verdade, por que você me bate?".
24Então Anás amarrou Jesus e o enviou a Caifás, o sumo sacerdote.

Pedro nega Jesus pela segunda e terceira vez

25Nesse meio-tempo, enquanto Simão Pedro estava perto
da fogueira, esquentando-se, perguntaram-lhe novamente:
"Você não é um dos discípulos dele?". Ele negou, dizendo:
"Não sou".
26Mas um dos servos da casa do sumo sacerdote, parente do
homem de quem Pedro havia cortado a orelha, perguntou:
"Eu não vi você no bosque de oliveiras com Jesus?". 27Mais
uma vez, Pedro negou. E, no mesmo instante, o galo cantou.

O julgamento de Jesus diante de Pilatos

28O julgamento de Jesus diante de Caifás terminou nas primeiras horas da manhã. Em seguida, foi levado ao palácio
do governador romano. Seus acusadores não entraram, pois
se contaminariam e não poderiam celebrar a Páscoa. 29Então
o governador Pilatos foi até eles e perguntou: "Qual é a acusação contra este homem?".
30Eles responderam: "Não o teríamos entregue ao senhor se
ele não fosse um criminoso".
31"Então levem-no embora e julguem-no de acordo com a lei
de vocês", disse Pilatos. "Só os romanos têm direito de executar alguém", responderam os líderes judeus. 32Assim cum-
priu-se a previsão de Jesus sobre como ele morreria.
33Então Pilatos entrou novamente no palácio e ordenou que
trouxessem Jesus. "Você é o rei dos judeus?", perguntou ele.
34Jesus respondeu: "Essa pergunta é sua ou outros lhe falaram
a meu respeito?".
35"Acaso sou judeu?", disse Pilatos. "Seu próprio povo e os
principais sacerdotes o trouxeram a mim para ser julgado. Por
quê? O que você fez?"
36Jesus respondeu: "Meu reino não é deste mundo. Se fosse,
meus seguidores lutariam para impedir que eu fosse entregue
aos líderes judeus. Mas meu reino não procede deste mundo".
37Pilatos disse: "Então você é rei?". "Você diz que sou rei",
respondeu Jesus. "De fato, nasci e vim ao mundo para testemunhar a verdade. Todos que amam a verdade ouvem minha
voz."
38Pilatos perguntou: "Que é a verdade?".

Jesus é condenado à morte

Depois que disse isso, Pilatos saiu outra vez para onde estava
o povo e declarou: "Ele não é culpado de crime algum. 39Mas
vocês têm o costume de pedir que eu solte um prisioneiro cada
ano, na Páscoa. Vocês querem que eu solte o 'rei dos judeus'?".
40Eles, porém, gritaram: "Não! Esse homem, não! Queremos
Barrabás!". Esse Barrabás era um criminoso.

19 Então Pilatos mandou açoitar Jesus. 2Os soldados fizeram
uma coroa de espinhos e a colocaram em sua cabeça, e
depois puseram nele um manto vermelho. 3Zombavam dele,
dizendo: "Salve, rei dos judeus!", e batiam em seu rosto.
4Pilatos saiu outra vez e disse ao povo: "Agora vou trazê-lo
aqui para vocês, mas que fique bem claro: eu o considero inocente". 5Então Jesus saiu com a coroa de espinhos e o manto
vermelho. "Vejam, aqui está o homem!", disse Pilatos.
6Quando os principais sacerdotes e os guardas do templo o
viram, começaram a gritar: "Crucifique-o! Crucifique-o!". "Levem-no vocês e crucifiquem-no", disse Pilatos. "Eu o considero
inocente."
7Os líderes judeus responderam: "Pela nossa lei ele deve
morrer, pois chamou a si mesmo de Filho de Deus".
8Quando Pilatos ouviu isso, ficou ainda mais amedrontado.
9Levou Jesus de volta para dentro do palácio e lhe perguntou:
"De onde você vem?". Jesus, porém, não respondeu. 10"Por
que você se nega a falar comigo?", perguntou Pilatos. "Não
sabe que tenho autoridade para soltá-lo ou crucificá-lo?"
11Jesus disse: "Você não teria autoridade alguma sobre mim
se esta não lhe fosse dada de cima. Portanto, aquele que me
entregou a você tem um pecado maior".
12Então Pilatos tentou libertá-lo, mas os líderes judeus gritavam: "Se o senhor soltar este homem, não é amigo de César!
Quem se declara rei se rebela contra César".
13Ao ouvir isso, Pilatos trouxe Jesus para fora novamente e se
sentou no tribunal, na plataforma chamada "Pavimento de
Pedras" (em aramaico, *Gábata*). 14Era por volta de meio-dia,
no dia da preparação para a Páscoa. E Pilatos disse ao povo:
"Vejam, aqui está o seu rei!".
15"Fora com ele!", gritaram. "Fora com ele! Crucifique-o!"
"O quê? Crucificar o seu rei?", perguntou Pilatos. Em resposta,
os principais sacerdotes gritaram: "Não temos outro rei além
de César!".
16Então Pilatos lhes entregou Jesus para ser crucificado. E eles
levaram Jesus.

A crucificação

17Carregando a própria cruz, Jesus foi ao local chamado Lugar
da Caveira (em aramaico, *Gólgota*). 18Ali eles o pregaram na
cruz. Outros dois foram crucificados com Jesus, um de cada
lado e ele no meio. 19Pilatos colocou no alto da cruz uma placa
que dizia: "JESUS, O NAZARENO, REI DOS JUDEUS". 20O lugar onde
Jesus foi crucificado ficava perto da cidade, e a placa estava
escrita em aramaico, latim e grego, de modo que muitos judeus podiam ler a inscrição.

21Os principais sacerdotes disseram a Pilatos: "Mude a inscrição
de 'Rei dos judeus' para 'Ele disse: Eu sou o rei dos judeus'".
22Pilatos respondeu: "O que escrevi, escrevi".
23Depois que os soldados crucificaram Jesus, repartiram suas
roupas em quatro partes, uma para cada um deles. Também
pegaram sua túnica, mas ela era sem costura, tecida numa
única peça, de alto a baixo. 24Por isso disseram: "Em vez de
rasgá-la, vamos tirar sortes para ver quem ficará com ela". Isso
cumpriu as Escrituras que dizem: "Repartiram minhas roupas
entre si e lançaram sortes por minha veste". E foi o que fizeram.
25Perto da cruz estavam a mãe de Jesus, a irmã dela, Maria,
esposa de Clopas, e Maria Madalena. 26Quando Jesus viu sua
mãe ali, ao lado do discípulo a quem ele amava, disse-lhe:
"Mulher, este é seu filho". 27E, ao discípulo, disse: "Esta é sua
mãe". Daquele momento em diante, o discípulo a recebeu
em sua casa.

A morte de Jesus

28Jesus sabia que sua missão havia terminado e, para cum-
prir as Escrituras, disse: "Estou com sede". 29Havia ali uma
vasilha com vinagre, de modo que ensoparam uma esponja
no vinagre, a colocaram na ponta de um caniço de hissopo
e a ergueram até os lábios de Jesus. 30Depois de prová-la,
Jesus disse: "Está consumado". Então, inclinou a cabeça e
entregou o espírito.
31Era o Dia da Preparação, e os líderes judeus não queriam
que os corpos ficassem pendurados ali até o dia seguinte, que
seria um sábado muito especial. Por isso pediram a Pilatos que
mandasse quebrar as pernas dos crucificados e removê-los.
32Assim, os soldados vieram e quebraram as pernas dos dois
homens crucificados com Jesus. 33Mas, quando chegaram a
Jesus, viram que ele já estava morto e, portanto, não que-
braram suas pernas. 34Um dos soldados, porém, furou seu
lado com uma lança e, no mesmo instante, correu sangue com
água. 35Essa informação provém de uma testemunha ocular.
Ela diz a verdade para que vocês também creiam. 36Essas
coisas aconteceram para que se cumprissem as Escrituras que
dizem: "Nenhum dos seus ossos será quebrado", 37e "Olharão
para aquele a quem transpassaram".

O sepultamento de Jesus

38Depois disso, José de Arimateia, que tinha sido discípulo
secreto de Jesus porque temia os líderes judeus, pediu auto-
rização a Pilatos para tirar da cruz o corpo de Jesus. Quando
Pilatos lhe deu permissão, José veio e levou o corpo. 39Estava
com ele Nicodemos, o homem que tinha ido conversar com
Jesus à noite. Nicodemos trouxe cerca de 35 litros de óleo
perfumado feito com mirra e aloés. 40Seguindo os costumes
judaicos de sepultamento, envolveram o corpo de Jesus em
lençóis compridos de linho, junto com essas especiarias. 41O
local da crucificação ficava próximo a um jardim, onde havia
um túmulo novo que nunca tinha sido usado. 42Como era o Dia
da Preparação para a Páscoa judaica, e uma vez que o túmulo
ficava perto, colocaram Jesus ali.

A ressurreição

20 No primeiro dia da semana, bem cedo, enquanto ainda
estava escuro, Maria Madalena foi ao túmulo e viu que
a pedra da entrada tinha sido removida. 2Correu e encontrou
Simão Pedro e o outro discípulo, aquele a quem Jesus amava,
e disse: "Tiraram do túmulo o corpo do Senhor, e não sabemos
onde o colocaram!".
3Pedro e o outro discípulo foram ao túmulo. 4Os dois corriam,
mas o outro discípulo foi mais rápido que Pedro e chegou pri-
meiro ao túmulo. 5Abaixou-se, olhou para dentro e viu ali as
faixas de linho, mas não entrou. 6Então Simão Pedro chegou
e entrou. Também viu ali as faixas de linho 7e notou que o
pano que cobria a cabeça de Jesus estava dobrado e colo-
cado à parte. 8O discípulo que havia chegado primeiro ao tú-
mulo também entrou, viu e creu. 9Pois até então não haviam
compreendido as Escrituras segundo as quais era necessário
que Jesus ressuscitasse dos mortos. 10Os discípulos voltaram
para casa.

Jesus aparece a Maria Madalena

11Maria estava do lado de fora do túmulo. Chorando, abai-
xou-se, olhou para dentro 12e viu dois anjos vestidos de branco,
sentados à cabeceira e aos pés do lugar onde tinha estado o
corpo de Jesus. 13Os anjos lhe perguntaram: "Mulher, por que
você está chorando?". Ela respondeu: "Porque levaram o meu
Senhor, e não sei onde o colocaram".
14Então, ao virar-se para sair, viu alguém em pé. Era Jesus,
mas ela não o reconheceu. 15"Mulher, por que está cho-
rando?", perguntou ele. "A quem você procura?" Pensando
que fosse o jardineiro, ela disse: "Se o senhor o levou embora,
diga-me onde o colocou, e eu irei buscá-lo".
16"Maria!", disse Jesus. Ela se voltou para ele e exclamou:
"Rabôni!" (que, em aramaico, quer dizer "Mestre!").
17Jesus lhe disse: "Não se agarre a mim, pois ainda não subi
ao Pai. Mas vá procurar meus irmãos e diga-lhes: 'Eu vou subir
para meu Pai e Pai de vocês, para meu Deus e Deus de vocês'".
18Maria Madalena encontrou os discípulos e lhes disse: "Vi o
Senhor!". Então contou o que Jesus havia falado.

Jesus aparece a seus discípulos

19Ao entardecer daquele primeiro dia da semana, os discí-
pulos estavam reunidos com as portas trancadas, por medo
dos líderes judeus. De repente, Jesus surgiu no meio deles e
disse: "Paz seja com vocês!". 20Enquanto falava, mostrou-lhes
as feridas nas mãos e no lado. Eles se encheram de alegria
quando viram o Senhor. 21Mais uma vez, ele disse: "Paz seja
com vocês! Assim como o Pai me enviou, eu os envio". 22Então
soprou sobre eles e disse: "Recebam o Espírito Santo. 23Se
vocês perdoarem os pecados de alguém, eles estarão per-
doados. Se não perdoarem, eles não estarão perdoados".

Jesus aparece a Tomé

24Um dos Doze, Tomé, apelidado de Gêmeo, não estava com os
outros quando Jesus surgiu no meio deles. 25Eles lhe disseram:

"Vimos o Senhor!". Ele, porém, respondeu: "Não acreditarei se
não vir as marcas dos pregos em suas mãos e não puser meus
dedos nelas e minha mão na marca em seu lado".
26Oito dias depois, os discípulos estavam juntos novamente
e, dessa vez, Tomé estava com eles. As portas estavam tran-
cadas, mas, de repente, como antes, Jesus surgiu no meio
deles. "Paz seja com vocês!", disse ele. 27Então, disse a Tomé:
"Ponha seu dedo aqui, e veja minhas mãos. Ponha sua mão na
marca em meu lado. Não seja incrédulo. Creia!".
28"Meu Senhor e meu Deus!", disse Tomé.
29Então Jesus lhe disse: "Você crê porque me viu. Felizes são
aqueles que creem sem ver".

Propósito do livro

30Os discípulos viram Jesus fazer muitos outros sinais além
dos que se encontram registrados neste livro. 31Estes, porém,
estão registrados para que vocês creiam que Jesus é o Cristo,
o Filho de Deus, e para que, crendo nele, tenham vida pelo
poder do seu nome.

Epílogo: Jesus aparece a sete discípulos

21 Depois disso, Jesus apareceu novamente a seus discí-
pulos junto ao mar de Tiberíades. Foi assim que acon-
teceu: 2estavam ali Simão Pedro, Tomé, apelidado de Gêmeo,
Natanael, de Caná da Galileia, os filhos de Zebedeu e outros
dois discípulos.
3Simão Pedro disse: "Vou pescar". "Nós também vamos", dis-
seram os outros. Assim, entraram no barco e foram, mas não
pegaram coisa alguma a noite toda.
4Ao amanhecer, Jesus estava na praia, mas os discípulos não o
reconheceram. 5Ele perguntou: "Filhos, por acaso vocês têm
peixe para comer?". "Não", responderam eles.
6Então ele disse: "Lancem a rede para o lado direito do barco
e pegarão". Fizeram assim e não conseguiam recolher a rede,
de tão cheia de peixes que estava.
7O discípulo a quem Jesus amava disse a Pedro: "É o Senhor!".
Quando Simão Pedro ouviu que era o Senhor, vestiu a capa, pois
a havia removido para trabalhar, e saltou na água. 8Os outros
ficaram no barco e puxaram até a praia a rede carregada, pois
estavam a apenas uns noventa metros de distância. 9Quando che-
garam, encontraram um braseiro, no qual havia um peixe, e pão.
10Jesus disse: "Tragam alguns dos peixes que vocês acabaram
de pegar". 11Simão Pedro entrou no barco e arrastou a rede
para a praia. Havia 153 peixes grandes e, no entanto, a rede
não arrebentou.
12"Venham comer!", disse Jesus. Nenhum dos discípulos tinha
coragem de perguntar: "Quem é você?", pois sabiam muito
bem que era o Senhor. 13Então Jesus lhes serviu o pão e o
peixe. 14Foi a terceira vez que Jesus apareceu a seus discípulos
depois de ressuscitar dos mortos.
15Depois da refeição, Jesus perguntou a Simão Pedro: "Simão,
filho de João, você me ama mais do que estes?". "Sim, Se-
nhor", respondeu Pedro. "O senhor sabe que eu o amo".
"Então alimente meus cordeiros", disse Jesus.
16Jesus repetiu a pergunta: "Simão, filho de João, você me
ama?". "Sim, Senhor", disse Pedro. "O senhor sabe que eu o
amo". "Então cuide de minhas ovelhas", disse Jesus.
17Pela terceira vez, ele perguntou: "Simão, filho de João, você
me ama?". Pedro ficou triste porque Jesus fez a pergunta pela
terceira vez e disse: "O Senhor sabe todas as coisas. Sabe
que eu o amo". Jesus disse: "Então alimente minhas ovelhas.
18"Eu lhe digo a verdade: quando você era jovem, podia agir
como bem entendia; vestia-se e ia aonde queria. Mas, quando
for velho, estenderá as mãos e outros o vestirão e o levarão
aonde você não quer ir". 19Jesus disse isso para informá-lo com
que tipo de morte ele iria glorificar a Deus. Então Jesus lhe
disse: "Siga-me".
20Pedro se virou e viu atrás deles o discípulo a quem Jesus
amava, aquele que havia se reclinado perto de Jesus durante
a ceia e perguntado: "Senhor, quem o trairá?". 21Pedro per-
guntou a Jesus: "Senhor, e quanto a ele?".
22Jesus respondeu: "Se eu quiser que ele permaneça vivo até
eu voltar, o que lhe importa? Quanto a você, siga-me". 23Por
isso espalhou-se entre a comunidade dos irmãos o rumor de
que esse discípulo não morreria. Não foi isso, porém, o que
Jesus disse. Ele apenas disse: "Se eu quiser que ele perma-
neça vivo até eu voltar, o que lhe importa?".

Observações finais

24Este é o discípulo que dá testemunho destes acontecimentos
e que os registrou aqui. E sabemos que seu relato é fiel.
25Jesus também fez muitas outras coisas. Se todas fossem
registradas, suponho que nem o mundo inteiro poderia conter
todos os livros que seriam escritos.

ATOS

A promessa do Espírito Santo

1 Em meu primeiro livro, relatei a você, Teófilo, tudo que Jesus
começou a fazer e a ensinar 2até o dia em que foi levado
para o céu, depois de dar a seus apóstolos escolhidos mais
instruções por meio do Espírito Santo. 3Durante os quarenta
dias após seu sofrimento e morte, Jesus apareceu aos após-

tolos diversas vezes. Ele lhes apresentou muitas provas claras
de que estava vivo e lhes falou do reino de Deus.
4Certa ocasião, enquanto comia com eles, deu-lhes a seguinte
ordem: "Não saiam de Jerusalém até o Pai enviar a promessa,
conforme eu lhes disse antes. 5João batizou com água, mas
dentro de poucos dias vocês serão batizados com o Espírito
Santo".

A ascensão de Jesus

6Então os que estavam com Jesus lhe perguntaram: "Senhor,
será esse o momento em que restaurará o reino a Israel?".
7Ele respondeu: "O Pai já determinou o tempo e a ocasião para
que isso aconteça, e não cabe a vocês saber. 8Vocês receberão
poder quando o Espírito Santo descer sobre vocês, e serão
minhas testemunhas em toda parte: em Jerusalém, em toda
a Judeia, em Samaria e nos lugares mais distantes da terra".
9Depois de ter dito isso, foi elevado numa nuvem, e os dis-
cípulos não conseguiram mais vê-lo. 10Continuaram a olhar
atentamente para o céu, até que dois homens vestidos de
branco apareceram de repente no meio deles 11e disseram:
"Homens da Galileia, por que estão aí parados, olhando para
o céu? Esse Jesus, que foi elevado do meio de vocês ao céu,
voltará do mesmo modo como o viram subir!".

Matias substitui Judas

12Então voltaram do monte das Oliveiras para Jerusalém, cerca
de um quilômetro de distância. 13Quando chegaram, subiram
à sala no andar superior da casa onde estavam hospedados.
Estavam ali Pedro, João, Tiago, André, Filipe, Tomé, Barto-
lomeu, Mateus, Tiago, filho de Alfeu, Simão, o zelote, e Judas,
filho de Tiago. 14Todos eles se reuniam em oração com um só
propósito, acompanhados de algumas mulheres e também de
Maria, mãe de Jesus, e os irmãos dele.
15Por esse tempo, quando cerca de 120 discípulos estavam
reunidos num só lugar, Pedro se levantou e disse: 16"Irmãos,
era necessário que se cumprissem as Escrituras a respeito
de Judas, que serviu de guia aos que prenderam Jesus. Esse
acontecimento havia sido predito pelo Espírito Santo, por meio
do rei Davi. 17Judas era um de nós e participava do ministério
conosco".
18(Ele comprou um campo com o dinheiro que recebeu por
sua perversidade. Ao cair ali de cabeça, seu corpo se partiu
ao meio, e seus intestinos se derramaram. 19A notícia se es-
palhou entre todos os habitantes de Jerusalém, e eles deram
ao lugar o nome aramaico *Aceldama*, que significa "Campo
de Sangue".)
20Pedro continuou: "Estava escrito no livro de Salmos: 'Que sua
casa fique desolada, sem ninguém morando nela'. Também
diz: 'Que outro ocupe seu lugar'.
21"Agora, portanto, devemos escolher um dentre os homens
que estiveram conosco durante todo o tempo em que o Senhor
Jesus andou entre nós, 22desde que ele foi batizado por João
até o dia em que foi tirado de nosso meio e elevado ao céu. O
escolhido se juntará a nós como testemunha da ressurreição".
23Então indicaram dois homens: José, chamado Barsabás e co-
nhecido também como Justo, e Matias. 24Em seguida, oraram:
"Senhor, tu conheces cada coração. Mostra-nos qual destes
homens escolheste 25como apóstolo para substituir Judas
neste ministério, pois ele se desviou e foi para seu devido
lugar". 26Então lançaram sortes e Matias foi escolhido como
apóstolo, juntando-se aos outros onze.

A vinda do Espírito Santo

2 No dia de Pentecostes, todos estavam reunidos num só
lugar. 2De repente, veio do céu um som como o de um
poderoso vendaval e encheu a casa onde estavam sentados.
3Então surgiu algo semelhante a chamas ou línguas de fogo
que pousaram sobre cada um deles. 4Todos ficaram cheios do
Espírito Santo e começaram a falar em outras línguas, con-
forme o Espírito os habilitava.
5Naquela época, judeus devotos de todas as nações viviam
em Jerusalém. 6Quando ouviram o som das vozes, vieram cor-
rendo e ficaram espantados, pois cada um deles ouvia em seu
próprio idioma.
7Muito admirados, exclamavam: "Como isto é possível? Estes
homens são todos galileus 8e, no entanto, cada um de nós
os ouve falar em nosso próprio idioma! 9Estão aqui partos,
medos, elamitas, habitantes da Mesopotâmia, da Judeia,
da Capadócia, do Ponto, da província da Ásia, 10da Frígia, da
Panfília, do Egito e de regiões da Líbia próximas a Cirene, visi-
tantes de Roma 11(tanto judeus como convertidos ao judaísmo),
cretenses e árabes, e todos nós ouvimos estas pessoas falarem
em nossa própria língua sobre as coisas maravilhosas que Deus
fez!". 12Admirados e perplexos, perguntavam uns aos outros:
"Que significa isto?".
13Outros, porém, zombavam e diziam: "Eles estão bêbados!".

Pedro se dirige à multidão

14Então Pedro deu um passo à frente com os onze apóstolos
e dirigiu-se em alta voz à multidão: "Ouçam com atenção,
todos vocês, povo da Judeia e habitantes de Jerusalém! Es-
cutem o que lhes digo! 15Estas pessoas não estão bêbadas,
como alguns de vocês pensam, pois são apenas nove horas da
manhã. 16Pelo contrário! O que vocês estão vendo foi predito
há tempos pelo profeta Joel:
17'Nos últimos dias', disse Deus, 'derramarei meu Espírito
sobre todo tipo de pessoa. Seus filhos e suas filhas profeti-
zarão; os jovens terão visões, e os velhos terão sonhos.
18Naqueles dias, derramarei meu Espírito até mesmo sobre
servos e servas, e eles profetizarão.
19Farei maravilhas em cima, no céu, e sinais embaixo, na terra:
sangue e fogo, e nuvens de fumaça.
20O sol se escurecerá, e a lua se tornará vermelha como
sangue, antes que chegue o grande e glorioso dia do Senhor.
21Mas todo aquele que invocar o nome do Senhor será salvo'.
22"Povo de Israel, escute! Deus aprovou publicamente Jesus,
o nazareno, ao realizar milagres, maravilhas e sinais por meio
dele, como vocês bem sabem. 23Ele foi entregue conforme o

plano preestabelecido por Deus e seu conhecimento prévio
daquilo que aconteceria. Com a ajuda de gentios que desco-
nheciam a lei, vocês o pregaram na cruz e o mataram. 24Mas
Deus o ressuscitou, libertando-o dos horrores da morte, pois
ela não pôde mantê-lo sob seu domínio. 25A respeito dele disse
o rei Davi: 'Vejo que o Senhor está sempre comigo; não serei
abalado, pois ele está à minha direita.
26Não é de admirar que meu coração esteja alegre e que minha
língua o louve; meu corpo repousa em esperança.
27Pois tu não deixarás minha alma entre os mortos, nem per-
mitirás que o teu Santo apodreça no túmulo.
28Tu me mostraste o caminho da vida, e me encherás com a
alegria de tua presença'.
29"Irmãos, permitam-me dizer com toda convicção que o
patriarca Davi não estava se referindo a si mesmo, pois ele
morreu e foi sepultado, e seu túmulo ainda está aqui, entre
nós. 30Mas ele era profeta e sabia que Deus havia prometido
sob juramento que um de seus descendentes se sentaria em
seu trono. 31Davi estava olhando para o futuro e falando da
ressurreição do Cristo, que não foi deixado entre os mortos
nem seu corpo apodreceu no túmulo.
32"Foi esse Jesus que Deus ressuscitou, e todos nós somos tes-
temunhas disso. 33Ele foi exaltado ao lugar de honra, à direita
de Deus. E, conforme havia prometido, o Pai lhe deu o Espírito
Santo, que ele derramou sobre nós, como vocês estão vendo e
ouvindo hoje. 34Pois Davi não subiu ao céu e, no entanto, disse:
'O Senhor disse ao meu Senhor: Sente-se no lugar de honra à
minha direita, 35até que eu humilhe seus inimigos e os ponha
debaixo de seus pés'.
36"Portanto, saibam com certeza todos em Israel que a esse
Jesus, que vocês crucificaram, Deus fez Senhor e Cristo!".
37As palavras partiram o coração dos que ouviam, e eles per-
guntaram a Pedro e aos outros apóstolos: "Irmãos, o que de-
vemos fazer?".
38Pedro respondeu: "Vocês devem se arrepender, para o
perdão de seus pecados, e cada um deve ser batizado em
nome de Jesus Cristo. Então receberão a dádiva do Espírito
Santo. 39Essa promessa é para vocês, para seus filhos e para os
que estão longe, isto é, para todos que forem chamados pelo
Senhor, nosso Deus". 40Pedro continuou a pregar, advertindo
com insistência a seus ouvintes: "Salvem-se desta geração
corrompida!".
41Os que acreditaram nas palavras de Pedro foram batizados, e
naquele dia houve um acréscimo de cerca de três mil pessoas.

A comunidade dos novos convertidos

42Todos se dedicavam de coração ao ensino dos apóstolos, à
comunhão, ao partir do pão e à oração.
43Havia em todos eles um profundo temor, e os apóstolos rea-
lizavam muitos sinais e maravilhas. 44Os que criam se reuniam
num só lugar e compartilhavam tudo que possuíam. 45Vendiam
propriedades e bens e repartiam o dinheiro com os necessi-
tados, 46adoravam juntos no templo diariamente, reuniam-se
nos lares para comer e partiam o pão com grande alegria e
generosidade, 47sempre louvando a Deus e desfrutando a sim-
patia de todo o povo. E, a cada dia, o Senhor lhes acrescentava
aqueles que iam sendo salvos.

Pedro cura um mendigo aleijado

3 Certo dia, por volta das três da tarde, Pedro e João foram
ao templo orar. 2Um homem, aleijado de nascença, estava
sendo carregado. Todos os dias, ele era colocado ao lado da
porta chamada Formosa, para pedir esmolas a quem entrasse
no templo. 3Quando ele viu que Pedro e João iam entrar, pe-
diu-lhes dinheiro.
4Pedro e João se voltaram para ele. "Olhe para nós!", disse
Pedro. 5O homem fixou o olhar neles, esperando receber al-
guma esmola. 6Pedro, no entanto, disse: "Não tenho prata
nem ouro, mas lhe dou o que tenho. Em nome de Jesus Cristo,
o nazareno, levante-se e ande!".
7Então Pedro segurou o aleijado pela mão e o ajudou a levan-
tar-se. No mesmo instante, os pés e os tornozelos do homem
foram curados e fortalecidos. 8De um salto, ele se levantou e
começou a andar. Em seguida, caminhando, saltando e lou-
vando a Deus, entrou no templo com eles.
9Quando o viram caminhar e o ouviram louvar a Deus, 10todos
perceberam que era o mesmo mendigo que tantas vezes ti-
nham visto na porta Formosa, e ficaram perplexos. 11Admi-
rados, correram todos para o Pórtico de Salomão, onde o
homem permanecia com Pedro e João e não se afastava deles.

Pedro anuncia as boas-novas no templo

12Pedro, percebendo o que ocorria, dirigiu-se à multidão.
"Povo de Israel, por que ficam surpresos com isso?", disse
ele. "Por que olham para nós como se tivéssemos feito este
homem andar por nosso próprio poder ou devoção? 13Pois foi
o Deus de Abraão, de Isaque e de Jacó, o Deus de nossos
antepassados, quem glorificou seu Servo Jesus, a quem vocês
traíram e rejeitaram diante de Pilatos, apesar de ele ter de-
cidido soltá-lo. 14Vocês rejeitaram o Santo e Justo e, em seu
lugar, exigiram que um assassino fosse liberto. 15Mataram o
autor da vida, mas Deus o ressuscitou dos mortos. E nós somos
testemunhas desse fato!
16"Pela fé no nome de Jesus, este homem que vocês veem e
conhecem foi curado. A fé no nome de Jesus o curou diante
de seus olhos.
17"Irmãos, sei que vocês e seus líderes agiram por ignorância.
18Mas Deus assim cumpriu o que todos os profetas haviam
predito acerca do Cristo, que era necessário ele sofrer essas
coisas. 19Agora, arrependam-se e voltem-se para Deus, para
que seus pecados sejam apagados. 20Então, da presença do
Senhor virão tempos de renovação, e ele enviará novamente
Jesus, o Cristo que lhes foi designado. 21Pois ele deve perma-
necer no céu até o tempo da restauração final de todas as
coisas, conforme Deus prometeu há muito tempo por meio de
seus santos profetas. 22Moisés disse: 'O Senhor, seu Deus, le-
vantará para vocês um profeta como eu, do meio de seu povo.
Ouçam com atenção tudo que ele lhes disser. 23Quem não der

ouvidos a esse profeta será eliminado do meio do povo'.
24"A começar por Samuel, todos os profetas falaram sobre o
que está acontecendo hoje. 25Vocês são descendentes desses
profetas e estão incluídos na aliança que Deus fez com seus an-
tepassados ao dizer a Abraão: 'Por meio de sua descendência,
todas as famílias da terra serão abençoadas'. 26Quando Deus
ressuscitou seu Servo, ele o enviou primeiro a vocês, o povo de
Israel, para abençoá-los, fazendo cada um de vocês se afastar
de seus caminhos pecaminosos."

Pedro e João diante do conselho de líderes

4 Enquanto falavam ao povo, Pedro e João foram confron-
tados pelos sacerdotes, pelo capitão da guarda do templo
e por alguns saduceus. 2Os líderes estavam muito perturbados
porque Pedro e João ensinavam ao povo que em Jesus há
ressurreição dos mortos. 3Eles os prenderam e, como já anoi-
tecia, os colocaram na prisão até a manhã seguinte. 4Muitos
que tinham ouvido a mensagem creram, totalizando, agora,
cerca de cinco mil homens.
5No dia seguinte, o conselho das autoridades, dos líderes do
povo e dos mestres da lei se reuniu em Jerusalém. 6Estavam
ali Anás, o sumo sacerdote, e também Caifás, João, Alexandre
e outros parentes do sumo sacerdote. 7Mandaram trazer Pedro
e João e os interrogaram: "Com que poder, ou em nome de
quem, vocês fizeram isso?".
8Cheio do Espírito Santo, Pedro lhes respondeu: "Autoridades e
líderes do povo, 9estamos sendo interrogados hoje porque rea-
lizamos uma boa ação em favor de um aleijado, e os senhores
querem saber como ele foi curado. 10Saibam os senhores e
todo o povo de Israel que ele foi curado pelo nome de Jesus
Cristo, o nazareno, a quem os senhores crucificaram, mas a
quem Deus ressuscitou dos mortos. 11Pois é a respeito desse
Jesus que se diz: 'A pedra que vocês, os construtores, rejei-
taram se tornou a pedra angular'.
12Não há salvação em nenhum outro! Não há nenhum outro
nome debaixo do céu, em toda a humanidade, por meio do
qual devamos ser salvos".
13Quando os membros do conselho viram a coragem de Pedro
e João, ficaram admirados, pois perceberam que eram ho-
mens comuns, sem instrução religiosa formal. Reconheceram
também que eles haviam estado com Jesus. 14Mas não havia
nada que pudessem fazer, pois o homem que tinha sido curado
estava ali diante deles. 15Assim, ordenaram que Pedro e João
fossem retirados da sala do conselho e começaram a discutir
entre si.
16"Que faremos com esses homens?", perguntavam uns aos
outros. "Não podemos negar que realizaram um sinal, como
todos em Jerusalém sabem. 17Mas, para evitar que espalhem
sua mensagem, devemos adverti-los de que não falem nesse
nome a mais ninguém." 18Então os chamaram de volta e or-
denaram que nunca mais falassem nem ensinassem em nome
de Jesus.
19Pedro e João, porém, responderam: "Os senhores acreditam
que Deus quer que obedeçamos a vocês, e não a ele? 20Não
podemos deixar de falar do que vimos e ouvimos!".
21Os membros do conselho fizeram novas ameaças, mas, por
fim, os soltaram. Não sabiam como castigá-los sem provocar
um tumulto, visto que todos louvavam a Deus pelo ocorrido,
22pois o aleijado que havia sido curado milagrosamente tinha
mais de quarenta anos de idade.

Os discípulos oram pedindo coragem

23Assim que foram libertos, Pedro e João voltaram ao lugar
onde estavam os outros irmãos e lhes contaram o que os prin-
cipais sacerdotes e líderes tinham dito. 24Ao ouvir o relato,
todos os presentes levantaram juntos a voz e oraram a Deus:
"Ó Soberano Senhor, Criador dos céus e da terra, do mar e de
tudo que neles há, 25falaste muito tempo atrás pelo Espírito
Santo, nas palavras de nosso antepassado Davi, teu servo: '
Por que as nações se enfureceram tanto? Por que perderam
tempo com planos inúteis?
26Os reis da terra se prepararam para guerrear; os governantes
se uniram contra o Senhor e contra seu Cristo'.
27"De fato, isso aconteceu aqui, nesta cidade, pois Herodes
Antipas, o governador Pôncio Pilatos, os gentios e o povo de
Israel se uniram contra Jesus, teu santo Servo, a quem ungiste.
28Tudo que fizeram, porém, havia sido decidido de antemão
pela tua vontade. 29E agora, Senhor, ouve as ameaças deles
e concede a teus servos coragem para anunciar tua palavra.
30Estende tua mão com poder para curar, e que sinais e mara-
vilhas sejam realizados por meio do nome de teu santo Servo
Jesus".
31Depois dessa oração, o lugar onde estavam reunidos tremeu,
e todos ficaram cheios do Espírito Santo e pregavam corajosa-
mente a palavra de Deus.

Os discípulos compartilham seus bens

32Todos os que creram estavam unidos em coração e mente.
Não se consideravam donos de seus bens, de modo que com-
partilhavam tudo que tinham. 33Com grande poder, os após-
tolos davam testemunho da ressurreição do Senhor Jesus, e
sobre todos eles havia grande graça. 34Entre eles não havia
necessitados, pois quem possuía terras ou casas vendia o que
era seu 35e levava o dinheiro aos apóstolos, para que dessem
aos que precisavam de ajuda.
36José, a quem os apóstolos deram o nome Barnabé, que sig-
nifica "Filho do encorajamento", era da tribo de Levi e tinha
nascido na ilha de Chipre. 37Ele vendeu um campo que possuía
e entregou o dinheiro aos apóstolos.

Ananias e Safira

5 Havia, porém, um homem chamado Ananias que, com sua
esposa, Safira, vendeu uma propriedade. 2Levou apenas
parte do dinheiro aos apóstolos, mas, com aprovação da es-
posa, afirmou que aquele era o valor total e ficou com o resto.
3Então Pedro disse: "Ananias, por que você deixou Satanás
encher seu coração? Você mentiu para o Espírito Santo quando
guardou parte do dinheiro para si. 4A propriedade era sua para

vender ou não, como quisesse. E, depois de vendê-la, o di-
nheiro também era seu, para entregar ou não. Como pôde
fazer uma coisa dessas? Você não mentiu para nós, mas para
Deus!".
5 Assim que Ananias ouviu essas palavras, caiu no chão e
morreu. Um grande temor se apoderou de todos que souberam
o que havia acontecido. 6 Então alguns jovens se levantaram,
envolveram o corpo num lençol e o levaram para fora, e depois
o sepultaram.
7 Cerca de três horas depois, sua esposa entrou, sem saber
o que havia acontecido. 8 Pedro lhe perguntou: "Foi esse o
valor que você e seu marido receberam pelo terreno?". Ela
respondeu: "Sim, foi esse o valor".
9 Então Pedro disse: "Como vocês puderam conspirar para pôr
à prova o Espírito do Senhor? Veja, os jovens que sepultaram
seu marido estão logo ali, perto da porta, e também levarão
você".
10 No mesmo instante, ela caiu no chão e morreu. Quando os
jovens entraram e viram que ela estava morta, levaram seu
corpo para fora e a sepultaram ao lado do marido. 11 Um grande
temor se apoderou de toda a igreja e de todos que souberam
desse acontecimento.

Os apóstolos realizam muitas curas

12 Os apóstolos realizavam muitos sinais e maravilhas entre o
povo. Todos se reuniam regularmente no templo, na parte co-
nhecida como Pórtico de Salomão. 13 Quando se reuniam ali,
ninguém mais tinha coragem de juntar-se a eles, embora o
povo os tivesse em alta consideração. 14 Cada vez mais pes-
soas, multidões de homens e mulheres, criam no Senhor.
15 Como resultado, o povo levava os doentes às ruas em camas
e macas para que a sombra de Pedro cobrisse alguns deles en-
quanto ele passava. 16 Muita gente vinha das cidades ao redor
de Jerusalém, trazendo doentes e atormentados por espíritos
impuros, e todos eram curados.

Os apóstolos enfrentam oposição

17 Tomados de inveja, o sumo sacerdote e seus oficiais, que
eram saduceus, 18 prenderam os apóstolos e os colocaram
numa prisão pública. 19 Um anjo do Senhor, porém, veio du-
rante a noite, abriu as portas do cárcere e os levou para fora.
20 "Vão ao templo e transmitam ao povo esta mensagem de
vida!", disse ele.
21 Desse modo, ao amanhecer, os apóstolos entraram no
templo, conforme haviam sido instruídos, e, sem demora,
começaram a ensinar. Mais tarde, o sumo sacerdote e seus
oficiais chegaram, reuniram o conselho, isto é, toda a assem-
bleia dos líderes de Israel, e mandaram buscar os apóstolos
na prisão. 22 Mas, quando os guardas do templo chegaram à
prisão, os homens não estavam lá. Então voltaram e contaram:
23 "A prisão estava bem trancada, com os guardas vigiando
do lado de fora, mas, quando abrimos as portas, não havia
ninguém!".
24 Ao ouvir isso, o capitão da guarda do templo e os principais
sacerdotes ficaram perplexos e se perguntavam o que acon-
teceria em seguida. 25 Então alguém chegou com a seguinte
notícia: "Os homens que os senhores puseram na cadeia estão
no templo, ensinando o povo!".
26 O capitão e seus guardas foram e prenderam os apóstolos,
mas sem violência, pois temiam que o povo os apedrejasse.
27 Em seguida, levaram os apóstolos e os apresentaram ao
conselho de líderes do povo, onde o sumo sacerdote os con-
frontou. 28 "Nós lhes ordenamos firmemente que nunca mais
ensinassem em nome desse homem", disse ele. "E, mesmo
assim, vocês encheram Jerusalém com esse seu ensino e
querem nos responsabilizar pela morte dele!"
29 Pedro e os apóstolos responderam: "Devemos obedecer
a Deus antes de qualquer autoridade humana. 30 O Deus de
nossos antepassados ressuscitou Jesus dos mortos depois que
os senhores o mataram, pendurando-o numa cruz. 31 Deus o
colocou no lugar de honra, à sua direita, como Príncipe e Sal-
vador, para que o povo de Israel se arrependesse de seus pe-
cados e fosse perdoado. 32 Somos testemunhas dessas coisas,
e assim é também o Espírito Santo, que Deus dá àqueles que
lhe obedecem".
33 Quando ouviram isso, os membros do conselho se enfure-
ceram e decidiram matá-los. 34 Um deles, porém, um fariseu
chamado Gamaliel, especialista na lei e respeitado por todo
o povo, levantou-se e ordenou que eles fossem retirados da
sala do conselho por um momento. 35 Em seguida, disse aos
demais: "Israelitas, cuidado com o que planejam fazer a esses
homens! 36 Algum tempo atrás, surgiu um certo Teudas, que
afirmava ser alguém importante. Umas quatrocentas pes-
soas se juntaram a ele, mas foi morto e seus seguidores se
dispersaram, e o movimento deu em nada. 37 Depois dele, na
época do censo, apareceu Judas, da Galileia, que fez muitos
seguidores. Ele também foi morto, e seu grupo se dispersou.
38 "Portanto, meu conselho é que deixem esses homens em paz
e os soltem. Se o que planejam e fazem é meramente humano,
logo serão frustrados. 39 Mas, se é de Deus, vocês não serão
capazes de impedi-los. Pode até acontecer de vocês acabarem
lutando contra Deus".
40 Os demais membros aceitaram o conselho de Gamaliel.
Chamaram os apóstolos e mandaram açoitá-los. Depois, or-
denaram que nunca mais falassem em nome de Jesus e, por
fim, os soltaram.
41 Quando os apóstolos saíram da reunião do conselho, es-
tavam alegres porque Deus os havia considerado dignos de
sofrer humilhação pelo nome de Jesus. 42 E todos os dias, no
templo e de casa em casa, continuavam a ensinar e anunciar
que Jesus é o Cristo.

Sete homens são escolhidos para servir

6 À medida que o número de discípulos crescia, surgiam mur-
múrios de descontentamento. Os judeus de fala grega se
queixavam dos de fala hebraica, dizendo que suas viúvas es-
tavam sendo negligenciadas na distribuição diária de alimento.

2Por isso, os Doze convocaram uma reunião com todos os dis-
cípulos e disseram: "Nós, apóstolos, devemos nos dedicar ao
ensino da palavra de Deus, e não à distribuição de alimentos.
3Sendo assim, irmãos, escolham sete homens respeitados,
cheios do Espírito e de sabedoria, e nós os encarregaremos
desse serviço. 4Então nós nos dedicaremos à oração e ao en-
sino da palavra".
5A ideia agradou a todos, e escolheram Estêvão, homem cheio
de fé e do Espírito Santo, e também Filipe, Prócoro, Nicanor,
Timom, Pármenas e Nicolau de Antioquia, que antes havia se
convertido ao judaísmo. 6Esses sete foram apresentados aos
apóstolos, que oraram por eles e lhes impuseram as mãos.
7Assim, a mensagem de Deus continuou a se espalhar. O nú-
mero de discípulos se multiplicava em Jerusalém, e muitos
sacerdotes também se converteram.

Estêvão é preso

8Estêvão, homem cheio de graça e poder, realizava milagres
e sinais entre o povo. 9Um dia, porém, alguns homens da cha-
mada Sinagoga dos Escravos Libertos começaram a discutir
com ele. Eram judeus de Cirene, de Alexandria, da Cilícia e
da província da Ásia. 10Nenhum deles era capaz de resistir à
sabedoria e ao Espírito pelo qual Estêvão falava.
11Então convenceram alguns homens a mentir a respeito dele,
dizendo: "Ouvimos Estêvão blasfemar contra Moisés, e até
contra Deus". 12Com isso, agitaram o povo, os líderes reli-
giosos e os mestres da lei, e Estêvão foi preso e levado ao
conselho dos líderes do povo.
13As falsas testemunhas declararam: "Este homem vive falando
contra o santo templo e a lei de Moisés. 14Nós o ouvimos dizer
que esse Jesus de Nazaré destruirá o templo e mudará os cos-
tumes que Moisés nos deixou".
15Nesse momento, todos os membros do conselho olharam
para Estêvão e viram que seu rosto parecia o rosto de um anjo.

O testemunho de Estêvão diante do conselho

7 Então o sumo sacerdote lhe perguntou: "Estas acusações
são verdadeiras?".
2Estêvão respondeu: "Irmãos e pais, ouçam-me! O Deus glo-
rioso apareceu a nosso antepassado Abraão na Mesopotâmia,
antes de ele se estabelecer em Harã, 3e lhe disse: 'Deixe sua
terra natal e seus parentes e vá para a terra que eu lhe mos-
trarei'. 4Então Abraão saiu da terra dos caldeus e morou em
Harã até seu pai morrer. Depois, Deus o trouxe aqui para a
terra onde vocês agora vivem.
5"Mas Deus não lhe deu herança alguma aqui, nem mesmo o
espaço de um pé. Contudo, prometeu que a terra toda per-
tenceria a Abraão e a seus descendentes, embora ele ainda
não tivesse filhos. 6Disse-lhe também que seus descendentes
viveriam numa terra estrangeira, onde seriam escravizados e
oprimidos por quatrocentos anos. 7Mas Deus disse: 'Eu casti-
garei a nação que os escravizar, e, por fim, sairão dali e me
adorarão neste lugar'.
8"Naquele tempo, Deus deu a Abraão a aliança da circuncisão.
Assim, quando seu filho Isaque nasceu, ele o circuncidou no
oitavo dia. Essa prática continuou quando nasceu Jacó, filho
de Isaque, e quando nasceram os doze filhos de Jacó, os pa-
triarcas de Israel.
9"Os patriarcas tiveram inveja de seu irmão José e o venderam
como escravo para o Egito. Mas Deus estava com ele 10e o li-
vrou de todas as suas dificuldades. Deus concedeu a José favor
e sabedoria diante do faraó, rei do Egito, e o faraó o nomeou
governador de todo o Egito e administrador de seu palácio.
11"Então veio uma fome sobre o Egito e sobre Canaã. Houve
grande aflição, e nossos antepassados ficaram sem comida.
12Jacó soube que ainda havia cereal no Egito e enviou seus
filhos, nossos antepassados, para comprarem alimento. 13Da
segunda vez que foram, José revelou sua identidade a seus
irmãos e os apresentou ao faraó. 14Depois, José mandou trazer
para o Egito seu pai, Jacó, e todos os seus parentes, 75 pes-
soas ao todo. 15Assim, Jacó foi para o Egito e ali morreu, bem
como nossos antepassados. 16Seus corpos foram levados para
Siquém e sepultados no túmulo que Abraão havia comprado
por um certo preço dos filhos de Hamor.
17"Aproximando-se o tempo em que Deus cumpriria sua pro-
messa a Abraão, nosso povo se multiplicou grandemente no
Egito. 18Então subiu ao trono do Egito um novo rei, que nada
sabia a respeito de José. 19Esse rei explorou e oprimiu nosso
povo, forçando os pais a abandonarem seus filhos recém-nas-
cidos, para que morressem.
20"Por essa época, nasceu Moisés, um bebê especial aos olhos
de Deus. Seus pais cuidaram dele em casa por três meses.
21Quando tiveram de abandoná-lo, a filha do faraó o adotou e
o criou como seu próprio filho. 22Moisés foi educado em toda
a sabedoria dos egípcios e era poderoso em palavras e ações.
23"Certo dia, estando Moisés com quarenta anos, resolveu vi-
sitar seus parentes, o povo de Israel. 24Ao ver um egípcio mal-
tratando um israelita, defendeu o israelita e o vingou, matando
o egípcio. 25Imaginou que seus irmãos israelitas entenderiam
que ele havia sido enviado por Deus para resgatá-los, mas
isso não aconteceu.
26"No dia seguinte, visitou-os novamente e viu dois homens de
Israel brigando. Tentando agir como pacificador, disse a eles:
'Homens, vocês são irmãos; por que brigam um com o outro?'.
27"Mas o homem que era culpado empurrou Moisés e disse:
'Quem o nomeou líder e juiz sobre nós? 28Vai me matar como
matou o egípcio ontem?'. 29Quando Moisés ouviu isso, fugiu
e foi viver como estrangeiro na terra de Midiã. Ali nasceram
seus dois filhos.
30"Quarenta anos depois, no deserto próximo ao monte Sinai,
um anjo apareceu a Moisés nas chamas de um arbusto que
queimava. 31Quando Moisés viu aquilo, ficou admirado. Apro-
ximando-se para observar melhor, ouviu a voz do Senhor,
que disse: 32'Eu sou o Deus de seus antepassados, o Deus de
Abraão, de Isaque e de Jacó'. Moisés tremia de medo e não
tinha coragem de olhar.

33“Então o Senhor lhe disse: ‘Tire as sandálias, pois você está
pisando em terra santa. 34Por certo, tenho visto a aflição do
meu povo no Egito. Tenho ouvido seus gemidos e desci para
libertá-los. Agora vá, pois eu o envio de volta ao Egito’.
35“Era esse o mesmo Moisés que o povo havia rejeitado
quando lhe perguntaram: ‘Quem o nomeou líder e juiz?’. Por
meio do anjo que apareceu a Moisés no arbusto em chamas,
Deus o enviou para ser líder e libertador. 36Assim, com muitas
maravilhas e sinais, ele os conduziu para fora do Egito, pelo
mar Vermelho e pelo deserto, durante quarenta anos.
37“Esse mesmo Moisés disse ao povo de Israel: ‘Deus levantará
para vocês um profeta como eu do meio de seu povo’. 38Moisés
estava com nossos antepassados, a congregação do povo de
Deus no deserto, quando o anjo lhe falou no monte Sinai, e
ali Moisés recebeu palavras que dão vida, para transmiti-las
a nós.
39“Mas nossos antepassados se recusaram a obedecer a
Moisés. Eles o rejeitaram e, em seu íntimo, voltaram ao Egito.
40Disseram a Arão: ‘Faça para nós deuses que nos guiem, pois
não sabemos o que aconteceu com esse Moisés que nos tirou
do Egito’. 41Logo, fizeram um ídolo em forma de bezerro, ofe-
receram-lhe sacrifícios e começaram a celebrar o objeto que
haviam criado. 42Então Deus se afastou deles e os entregou
para servirem as estrelas do céu como deuses, conforme está
escrito no livro dos profetas: ‘ Foi a mim que vocês trouxeram
sacrifícios e ofertas durante aqueles quarenta anos no deserto,
povo de Israel?
43Não, vocês carregaram o santuário de Moloque, a estrela
de seu deus Renfã, e as imagens que fizeram para adorá-los.
Por isso eu os enviarei para o exílio, para além da Babilônia’.
44“Nossos antepassados levaram com eles pelo deserto o ta-
bernáculo, construído de acordo com o modelo que Deus havia
mostrado a Moisés. 45Anos depois, quando Josué comandou
nossos antepassados nas batalhas contra as nações que Deus
expulsou desta terra, foi levado com eles para seu novo terri-
tório e ali ficou até o tempo do rei Davi.
46“Davi encontrou favor diante de Deus e pediu para cons-
truir um templo permanente para o Deus de Jacó, 47mas foi
Salomão quem o construiu. 48O Altíssimo, porém, não habita
em templos feitos por mãos humanas. Como diz o profeta:
49‘O céu é meu trono, e a terra é o suporte de meus pés. Acaso
construiriam para mim um templo assim tão bom?’, diz o Senhor.
‘Que lugar de descanso me poderiam fazer?
50Acaso não foram minhas mãos que criaram o céu e a terra?’.
51“Povo teimoso! Vocês têm o coração incircuncidado e são
surdos para a verdade. Resistirão para sempre ao Espírito
Santo? Foi o que seus antepassados fizeram, e vocês também
o fazem! 52Que profeta seus antepassados não perseguiram?
Mataram até aqueles que predisseram a vinda do Justo, a
quem vocês traíram e assassinaram! 53Vocês desobedeceram
à lei de Deus, embora a tenham recebido das mãos de anjos”.
54Os líderes judeus se enfureceram com a acusação de Es-
têvão e rangiam os dentes contra ele. 55Mas Estêvão, cheio
do Espírito Santo, olhou firmemente para o céu e viu a glória
de Deus, e viu Jesus em pé no lugar de honra, à direita de
Deus. 56“Olhem!”, disse ele. “Vejo os céus abertos e o Filho do
Homem em pé no lugar de honra, à direita de Deus!”
57Eles taparam os ouvidos e, aos gritos, lançaram-se contra
ele. 58Arrastaram-no para fora da cidade e começaram a ape-
drejá-lo. Seus acusadores tiraram os mantos e os deixaram aos
pés de um jovem chamado Saulo.
59Enquanto atiravam as pedras, Estêvão orou: “Senhor Jesus,
recebe o meu espírito”. 60Então caiu de joelhos e gritou:
“Senhor, não os culpes por este pecado!”. E, com isso, ador-
meceu.

8 E Saulo concordou inteiramente com a morte de Estêvão.

A perseguição faz os discípulos dispersarem

Uma grande onda de perseguição começou naquele dia e
varreu a igreja de Jerusalém. Todos eles, com exceção dos
apóstolos, foram dispersos pelas regiões da Judeia e de Sa-
maria. 2(Alguns homens devotos vieram e, com grande tris-
teza, sepultaram Estêvão.) 3Saulo, porém, procurava destruir
a igreja. Ia de casa em casa, arrastava para fora homens e
mulheres e os lançava na prisão.

Filipe anuncia as boas-novas em Samaria

4Os que haviam sido dispersos, porém, anunciavam as boas-
-novas a respeito de Jesus por onde quer que fossem. 5Fi-
lipe foi para a cidade de Samaria e ali falou ao povo sobre o
Cristo. 6Quando as multidões ouviram sua mensagem e viram
os sinais que ele realizava, deram total atenção às suas pala-
vras. 7Muitos espíritos impuros eram expulsos e, aos gritos,
deixavam suas vítimas, e muitos paralíticos e aleijados eram
curados. 8Por isso, houve grande alegria naquela cidade.
9Um homem chamado Simão praticava feitiçaria ali havia
anos. Ele deixava o povo de Samaria admirado, e afirmava ser
alguém importante. 10Todos, dos mais simples aos mais im-
portantes, se referiam a ele como “o Grande Poder de Deus”.
11Ouviam-no com atenção, pois, durante muito tempo, ele os
tinha deixado admirados com sua magia.
12No entanto, quando Filipe lhes levou a mensagem sobre as
boas-novas do reino de Deus e sobre o nome de Jesus Cristo,
eles creram e, como resultado, muitos homens e mulheres
foram batizados. 13O próprio Simão creu e foi batizado. Co-
meçou a seguir Filipe por toda parte, admirando-se dos sinais
e milagres que ele realizava.
14Quando os apóstolos em Jerusalém souberam que o povo de
Samaria havia aceitado a mensagem de Deus, enviaram para
lá Pedro e João. 15Assim que os dois chegaram, oraram para
que aqueles convertidos recebessem o Espírito Santo, 16pois,
apesar de terem sido batizados em nome do Senhor Jesus, o
Espírito Santo ainda não havia descido sobre nenhum deles.
17Então Pedro e João impuseram as mãos sobre eles, e rece-
beram o Espírito Santo.
18Simão viu que as pessoas recebiam o Espírito quando os
apóstolos impunham as mãos sobre elas. Então ofereceu-lhes

dinheiro, 19dizendo: "Deem-me este poder também, para que, quando eu impuser as mãos sobre as pessoas, elas recebam o Espírito Santo!".

20Pedro, porém, respondeu: "Que seu dinheiro seja destruído com você, por imaginar que o dom de Deus pode ser comprado! 21Você não tem parte nem direito neste ministério, pois seu coração não é justo diante de Deus. 22Arrependa-se de sua maldade e ore ao Senhor. Talvez ele perdoe esses seus maus pensamentos, 23pois vejo que você está cheio de amarga inveja e é prisioneiro do pecado".

24Simão exclamou: "Orem ao Senhor por mim, para que essas coisas terríveis não me aconteçam!".

25Depois de terem testemunhado e proclamado a palavra do Senhor em Samaria, Pedro e João voltaram a Jerusalém. Ao longo do caminho, pararam em muitas vilas samaritanas para anunciar as boas-novas.

Filipe e o eunuco etíope

26Um anjo do Senhor disse a Filipe: "Vá para o sul, para a estrada no deserto que liga Jerusalém a Gaza". 27Filipe partiu e encontrou no caminho um alto oficial etíope, o eunuco responsável pelos tesouros de Candace, rainha da Etiópia. Ele tinha ido a Jerusalém para participar da adoração 28e estava no caminho de volta. Sentado em sua carruagem, lia em voz alta o livro do profeta Isaías.

29Então o Espírito disse a Filipe: "Aproxime-se e acompanhe a carruagem".

30Filipe correu até a carruagem e, ouvindo que o homem lia o profeta Isaías, perguntou-lhe: "O senhor compreende o que lê?".

31O homem respondeu: "Como posso entender sem que alguém me explique?". E convidou Filipe a subir na carruagem e sentar-se ao seu lado.

32Era esta a passagem das Escrituras que ele estava lendo:

"Ele foi levado como ovelha para o matadouro; como cordeiro mudo diante dos tosquiadores, não abriu a boca.

33Foi humilhado e a justiça lhe foi negada. Quem pode falar de seus descendentes? Pois sua vida foi tirada da terra".

34O eunuco perguntou a Filipe: "Diga-me, o profeta estava falando de si mesmo ou de outro?". 35Então Filipe, começando com essa mesma passagem das Escrituras, anunciou-lhe as boas-novas a respeito de Jesus.

36Prosseguindo, chegaram a um lugar onde havia água. Então o eunuco disse: "Veja, aqui tem água! O que me impede de ser batizado?". 37Filipe disse: "Nada o impede, se você crê de todo o coração". O eunuco respondeu: "Creio que Jesus Cristo é o Filho de Deus". 38Então mandou parar a carruagem, os dois desceram até a água e Filipe o batizou.

39Quando saíram da água, o Espírito do Senhor tomou Filipe e o levou. O eunuco não tornou a vê-lo, mas seguiu viagem cheio de alegria. 40Então Filipe apareceu mais ao norte, na cidade de Azoto. Anunciou as boas-novas ali e em todas as cidades ao longo do caminho, até chegar a Cesareia.

A conversão de Saulo

9 Enquanto isso, Saulo, motivado pela ânsia de matar os discípulos do Senhor, procurou o sumo sacerdote. 2Pediu cartas para as sinagogas em Damasco, solicitando que cooperassem com a prisão de todos os seguidores do Caminho, homens e mulheres, que ali encontrasse, para levá-los como prisioneiros a Jerusalém.

3Quando se aproximava de Damasco, de repente uma luz do céu brilhou ao seu redor. 4Ele caiu no chão e ouviu uma voz lhe dizer: "Saulo, Saulo, por que você me persegue?".

5"Quem és tu, Senhor?", perguntou Saulo. E a voz respondeu: "Sou Jesus, a quem você persegue! 6Agora levante-se e entre na cidade, onde lhe dirão o que fazer".

7Os homens que estavam com Saulo ficaram calados de espanto, pois ouviam uma voz, mas não viam ninguém. 8Saulo levantou-se do chão, mas, ao abrir os olhos, estava cego. Então o conduziram pela mão até Damasco. 9Lá ele permaneceu, cego, por três dias, e não comeu nem bebeu coisa alguma.

10Havia em Damasco um discípulo chamado Ananias. O Senhor o chamou numa visão: "Ananias!". "Sim, Senhor!", respondeu ele.

11O Senhor disse: "Vá à rua Direita, à casa de Judas. Ao chegar, pergunte por um homem de Tarso chamado Saulo. Ele está orando neste momento. 12Mostrei-lhe numa visão um homem chamado Ananias chegando e impondo as mãos sobre ele para que voltasse a enxergar".

13Ananias, porém, respondeu: "Senhor, ouvi muita gente falar das coisas horríveis que esse homem vem fazendo ao teu povo santo em Jerusalém. 14E ele tem autorização dos principais sacerdotes para prender todos que invocam o teu nome!".

15O Senhor, no entanto, disse: "Vá, pois Saulo é o instrumento que escolhi para levar minha mensagem aos gentios e aos reis, bem como ao povo de Israel. 16E eu mostrarei a ele quanto deve sofrer por meu nome".

17Ananias foi e encontrou Saulo. Ao impor as mãos sobre ele, disse: "Irmão Saulo, o Senhor Jesus, que lhe apareceu no caminho para cá, me enviou para que você volte a enxergar e fique cheio do Espírito Santo". 18No mesmo instante, algo semelhante a escamas caiu dos olhos de Saulo, e sua visão foi restaurada. Então ele se levantou, foi batizado 19e, depois de comer, recuperou as forças.

Saulo em Damasco e em Jerusalém

Saulo permaneceu alguns dias em Damasco, com os discípulos. 20Logo, começou a falar de Jesus nas sinagogas, dizendo: "Ele é o Filho de Deus!".

21Todos que o ouviam ficavam admirados. "Não é esse o homem que causou tanta destruição entre os que invocavam o nome de Jesus em Jerusalém?", perguntavam. "E não veio aqui para levá-los como prisioneiros aos principais sacerdotes?"

22A pregação de Saulo tornou-se cada vez mais poderosa, pois ele deixava os judeus de Damasco perplexos, provando que Jesus é o Cristo. 23Depois de certo tempo, alguns judeus

conspiraram para matá-lo. 24Dia e noite, vigiavam a porta da
cidade com a intenção de assassiná-lo, mas ele foi informado
desse plano. 25Então, durante a noite, alguns de seus discí-
pulos o baixaram pela muralha da cidade num grande cesto.
26Quando Saulo chegou a Jerusalém, tentou se encontrar
com os discípulos, mas todos estavam com medo dele, pois
não acreditavam que ele tivesse de fato se tornado discípulo.
27Então Barnabé o levou aos apóstolos e lhes contou como
Saulo tinha visto o Senhor no caminho para Damasco e como
ele lhe havia falado. Contou também que, em Damasco, Saulo
havia pregado corajosamente em nome de Jesus.
28Saulo permaneceu com os apóstolos e andava com eles por
Jerusalém, pregando corajosamente em nome do Senhor.
29Também conversava e discutia com alguns judeus de fala
grega, mas estes procuravam matá-lo. 30Quando os irmãos
souberam disso, levaram Saulo a Cesareia e de lá o enviaram
a Tarso.
31A igreja tinha paz em toda a Judeia, Galileia e Samaria e ia
se fortalecendo à medida que andava no temor do Senhor. E,
encorajada pelo Espírito Santo, crescia em número.

Pedro cura Eneias e ressuscita Dorcas

32Pedro viajava por toda parte, e foi visitar o povo santo que
vivia na cidade de Lida. 33Ali encontrou um paralítico chamado
Eneias, que permanecia de cama havia oito anos. 34Pedro lhe
disse: "Eneias, Jesus Cristo cura você! Levante-se e arrume
sua maca!". E, no mesmo instante, ele se levantou. 35Todos
os moradores de Lida e de Sarona viram Eneias e se conver-
teram ao Senhor.
36Havia em Jope uma discípula chamada Tabita (que em grego
é Dorcas). Sempre fazia o bem às pessoas e ajudava os po-
bres. 37Por esse tempo, ficou doente e morreu. Seu corpo foi
lavado para o sepultamento e colocado numa sala no andar
superior. 38Quando os discípulos souberam que Pedro estava
perto de Lida, enviaram dois homens para lhe suplicar: "Por
favor, venha o mais rápido possível!".
39Então Pedro voltou com eles e, assim que chegou, foi levado
para a sala do andar superior. O cômodo estava cheio de viúvas
que choravam e lhe mostravam os vestidos e outras roupas que
Dorcas havia feito para elas. 40Pedro pediu que todos saíssem
do quarto. Então, ajoelhou-se e orou. Voltando-se para o
corpo da mulher, disse: "Tabita, levante-se", e ela abriu os
olhos. Quando ela viu Pedro, sentou-se. 41Ele lhe deu a mão e
a ajudou a levantar-se. Em seguida, chamou os discípulos e as
viúvas e a apresentou viva.
42A notícia se espalhou por toda a cidade, e muitos creram no
Senhor. 43Pedro ficou em Jope algum tempo, hospedado na
casa de Simão, um homem que trabalhava com couro.

Cornélio manda chamar Pedro

10 Morava em Cesareia um oficial do exército romano cha-
mado Cornélio, capitão do Regimento Italiano. 2Era um
homem devoto e temente a Deus, como era também toda a sua
família. Dava aos pobres esmolas generosas e sempre orava ao
Senhor. 3Certa tarde, por volta das três horas, teve uma visão na
qual viu um anjo de Deus vir em sua direção e dizer: "Cornélio!".
4Temeroso, Cornélio olhou fixamente para o anjo e perguntou:
"Que é, senhor?". E o anjo respondeu: "Suas orações e es-
molas subiram até Deus, e ele as guarda na memória. 5Agora,
envie alguns homens a Jope e mande buscar Simão, também
chamado Pedro. 6Ele está hospedado com Simão, um homem
que trabalha com couro e mora à beira do mar".
7Assim que o anjo foi embora, Cornélio chamou dois servos de
sua casa e um soldado devoto de seu grupo de auxiliares. 8Ele
lhes contou o que havia acontecido e os enviou a Jope.

Pedro visita Cornélio

9No dia seguinte, quando os mensageiros de Cornélio se
aproximavam da cidade, Pedro subiu ao terraço para orar.
Era cerca de meio-dia, 10e ele estava com fome. Enquanto a
refeição era preparada, entrou num êxtase. 11Viu o céu aberto
e algo semelhante a um grande lençol ser baixado por suas
quatro pontas. 12No lençol havia toda espécie de animais, rép-
teis e aves. 13Então uma voz lhe disse: "Levante-se, Pedro;
mate e coma".
14"De modo nenhum, Senhor!", respondeu Pedro. "Jamais
comi coisa alguma que fosse considerada impura e imprópria."
15Mas a voz falou novamente: "Não chame de impuro o que
Deus purificou". 16A mesma visão se repetiu três vezes. Então,
subitamente, o lençol foi recolhido ao céu.
17Pedro ficou perplexo, pensando em qual seria o significado
da visão. Nesse momento, os homens que Cornélio tinha en-
viado encontraram a casa de Simão. Eles se aproximaram
do portão 18e perguntaram se estava hospedado ali Simão,
também chamado Pedro.
19Enquanto Pedro ainda refletia sobre a visão, o Espírito lhe
disse: "Três homens vieram procurá-lo. 20Levante-se, desça
e vá encontrar-se com eles. Não hesite em acompanhá-los,
pois eu os enviei".
21Pedro desceu e disse aos homens: "Eu sou quem vocês pro-
curam. Por que vieram?".
22Eles responderam: "Cornélio, um oficial romano, nos enviou.
Ele é um homem devoto e temente a Deus, respeitado por
todos os judeus. Um santo anjo o instruiu a chamar o senhor à
casa dele para que ele ouça sua mensagem". 23Então Pedro
convidou os homens para se hospedarem ali aquela noite. No
dia seguinte, foi com eles, acompanhado de alguns irmãos
de Jope.
24Chegaram a Cesareia no dia seguinte. Cornélio os esperava
e havia reunido seus parentes e amigos íntimos. 25Quando
Pedro chegou à casa, Cornélio veio ao seu encontro e pros-
trou-se diante dele, adorando-o. 26Mas Pedro o levantou e
disse: "Fique de pé! Eu sou apenas um homem como você".
27Os dois conversaram e depois entraram na casa, onde muitos
outros estavam reunidos.
28Pedro lhes disse: "Vocês sabem que nossas leis proíbem que
um judeu entre num lar gentio como este ou se associe com
os gentios. No entanto, Deus me mostrou que não devo mais

considerar ninguém impuro ou impróprio. 29Por isso, vim assim que fui chamado, sem levantar objeções. Agora digam por que vocês mandaram me buscar".

30Cornélio respondeu: "Quatro dias atrás, eu estava orando em casa por volta deste mesmo horário, às três da tarde. De repente, um homem vestido com roupas resplandecentes apareceu diante de mim. 31Ele me disse: 'Cornélio, Deus ouviu sua oração e se lembrou de suas esmolas. 32Agora, envie mensageiros a Jope e mande buscar Simão, também chamado Pedro. Ele está hospedado na casa de Simão, um homem que trabalha com couro e mora à beira do mar'. 33Assim, mandei buscá-lo de imediato, e foi bom que tenha vindo. Agora estamos todos aqui, esperando diante de Deus para ouvir a mensagem que o Senhor mandou que você nos trouxesse".

Os gentios ouvem as boas-novas

34Então Pedro respondeu: "Vejo claramente que Deus não mostra nenhum favoritismo. 35Em todas as nações ele aceita aqueles que o temem e fazem o que é certo. 36Esta é a mensagem de boas-novas para o povo de Israel: Há paz com Deus por meio de Jesus Cristo, que é Senhor de todos. 37Vocês sabem o que aconteceu em toda a Judeia, começando na Galileia, depois do batismo que João proclamou. 38Sabem também que Deus ungiu Jesus de Nazaré com o Espírito Santo e com poder. Então Jesus foi por toda parte fazendo o bem e curando todos os oprimidos pelo diabo, porque Deus estava com ele.

39"E nós somos testemunhas de tudo que ele fez em toda a Judeia e em Jerusalém, onde o mataram. Penduraram-no numa cruz, 40mas Deus o ressuscitou no terceiro dia e permitiu que ele fosse visto, 41não por todo o povo, mas por nós que fomos escolhidos por Deus de antemão para sermos suas testemunhas. Nós fomos os que comemos e bebemos com ele depois que ele ressuscitou dos mortos. 42E ele nos mandou anunciar sua mensagem em toda parte e testemunhar que Deus o designou juiz dos vivos e dos mortos. 43É a respeito dele que todos os profetas dão testemunho, dizendo que todo o que nele crer receberá o perdão de seus pecados por meio de seu nome".

Os gentios recebem o Espírito Santo

44Enquanto Pedro ainda falava, o Espírito Santo desceu sobre todos que ouviam a mensagem. 45Os discípulos judeus que acompanhavam Pedro ficaram admirados de que o dom do Espírito Santo também fosse derramado sobre os gentios, 46pois os ouviram falar em outras línguas e louvar a Deus. Pedro perguntou: 47"Pode alguém se opor a que eles sejam batizados agora que, como nós, também receberam o Espírito Santo?". 48Então ordenou que fossem batizados em nome de Jesus Cristo. Depois, pediram que Pedro ficasse com eles alguns dias.

A explicação de Pedro

11 Logo chegou aos apóstolos e a outros irmãos da Judeia a notícia de que os gentios haviam recebido a palavra de Deus. 2Mas, quando Pedro voltou a Jerusalém, os discípulos judeus o criticaram, 3dizendo: "Você entrou na casa de gentios e até comeu com eles!".

4Então Pedro lhes contou exatamente o que havia acontecido. 5Disse: "Eu estava na cidade de Jope e, enquanto orava, num êxtase, tive uma visão. Algo semelhante a um lençol grande foi baixado do céu, preso pelas quatro pontas, vindo até onde eu estava. 6Quando olhei dentro do lençol, vi toda espécie de animais domésticos e selvagens, répteis e aves. 7E ouvi uma voz dizer: 'Levante-se, Pedro; mate e coma'.

8"Eu respondi: 'De modo nenhum, Senhor! Jamais comi coisa alguma que fosse considerada impura ou imprópria'.

9"Mas a voz do céu falou novamente: 'Não chame de impuro o que Deus purificou'. 10Isso aconteceu três vezes, antes que o lençol, com tudo que ele continha, fosse recolhido ao céu.

11"Nesse momento, três homens que haviam sido enviados de Cesareia chegaram à casa onde eu estava hospedado. 12O Espírito me disse que eu fosse com eles, sem nada questionar. Esses seis irmãos me acompanharam, e logo entramos na casa do homem que havia mandado nos buscar. 13Ele nos contou como um anjo havia aparecido em sua casa e dito: 'Envie mensageiros a Jope e mande buscar Simão, também chamado Pedro. 14Ele lhe dirá como você e toda a sua casa podem ser salvos'.

15"Quando comecei a falar, o Espírito Santo desceu sobre eles, como ocorreu conosco, no princípio. 16Então me lembrei das palavras do Senhor, quando ele disse: 'João batizou com água, mas vocês serão batizados com o Espírito Santo'. 17E, uma vez que Deus deu a esses gentios a mesma dádiva que concedeu a nós quando cremos no Senhor Jesus Cristo, quem era eu para me opor a Deus?".

18Ao ouvirem isso, pararam de levantar objeções e começaram a louvar a Deus, dizendo: "Vemos que Deus deu aos gentios o mesmo privilégio de se arrepender e receber a vida eterna!".

A igreja em Antioquia da Síria

19Enquanto isso, os discípulos que haviam sido dispersos na perseguição depois da morte de Estêvão chegaram até a Fenícia, Chipre e Antioquia da Síria. Pregaram a palavra, mas somente aos judeus. 20Contudo, alguns dos discípulos que foram de Chipre e Cirene até Antioquia começaram a anunciar aos gentios as boas-novas a respeito do Senhor Jesus. 21A mão do Senhor estava com eles, e muitos desses gentios creram e se converteram ao Senhor.

22Quando a igreja de Jerusalém soube do que havia acontecido, enviou Barnabé a Antioquia. 23Ao chegar ali e ver essa demonstração da graça de Deus, alegrou-se muito e incentivou os irmãos a permanecerem fiéis ao Senhor. 24Barnabé era um homem bom, cheio do Espírito Santo e de fé. E uma grande multidão se converteu ao Senhor.

25Então Barnabé foi a Tarso procurar Saulo. 26Quando o encontrou, levou-o para Antioquia. Ali permaneceram com a igreja um ano inteiro, ensinando a muitas pessoas. Foi em

Antioquia que os discípulos foram chamados de cristãos pela
primeira vez.
27Durante esse tempo, alguns profetas viajaram de Jerusalém
a Antioquia. 28Um deles, chamado Ágabo, pôs-se em pé numa
das reuniões e predisse, pelo Espírito, que uma grande fome
viria sobre todo o mundo romano. (Isso se cumpriu durante o
reinado de Cláudio.) 29Então os discípulos de Antioquia deci-
diram enviar uma ajuda aos irmãos na Judeia, cada um de
acordo com suas possibilidades. 30Foi o que fizeram, enviando
as doações aos presbíteros por meio de Barnabé e Saulo.

O martírio de Tiago e a prisão de Pedro

12 Por essa época, o rei Herodes Agripa começou a perse-
guir violentamente algumas pessoas da igreja. 2Mandou
matar à espada Tiago, irmão de João. 3Quando Herodes viu
quanto isso agradava os judeus, também prendeu Pedro du-
rante a celebração da Festa dos Pães sem Fermento. 4Depois,
lançou-o na cadeia, sob a guarda de quatro escoltas, cada uma
com quatro soldados. A intenção de Herodes era apresentar
Pedro aos judeus para julgamento público depois da Páscoa.
5Enquanto Pedro estava no cárcere, a igreja orava fervorosa-
mente a Deus por ele.

A milagrosa fuga de Pedro

6Na noite antes de Pedro ser levado a julgamento, ele dormia,
preso com duas correntes entre dois soldados, e outros mon-
tavam guarda na porta da prisão. 7De repente, uma luz intensa
brilhou na cela, e um anjo do Senhor apareceu. Tocou no lado
de Pedro para acordá-lo e disse: "Depressa! Levante-se!", e as
correntes caíram dos pulsos de Pedro. 8Então o anjo lhe disse:
"Vista-se e calce as sandálias", e Pedro obedeceu. "Agora vista
a capa e siga-me", ordenou o anjo.
9Pedro deixou a cela, seguindo o anjo. O tempo todo, porém,
pensava que era uma visão, sem entender que era real o que
ocorria. 10Passaram o primeiro e o segundo postos de guarda
e, quando chegaram ao portão de ferro que dava para a ci-
dade, o portão se abriu sozinho para eles. Os dois passaram
e foram caminhando ao longo da rua até que, subitamente,
o anjo o deixou.
11Por fim, Pedro caiu em si. "É verdade mesmo!", disse ele. "O
Senhor enviou seu anjo para me salvar daquilo que Herodes e
os judeus planejavam me fazer!"
12Quando Pedro se deu conta disso, foi à casa de Maria, mãe
de João Marcos, onde muitos estavam reunidos para orar.
13Ele bateu à porta da frente, e uma serva chamada Rode foi
atender. 14Ao reconhecer a voz de Pedro, ficou tão contente
que, em vez de abrir a porta, correu de volta para dentro di-
zendo a todos: "Pedro está à porta!".
15Eles, porém, disseram: "Você está fora de si!". Diante da
insistência dela, concluíram: "Deve ser o anjo dele".
16Enquanto isso, Pedro continuava a bater. Quando, por fim,
abriram a porta e o viram, ficaram admirados. 17Ele fez um
sinal para se acalmarem e lhes contou como o Senhor o havia
tirado da prisão. "Contem a Tiago e aos outros irmãos o que
aconteceu", disse ele. Então foi para outro lugar.
18Ao amanhecer, houve grande alvoroço entre os soldados a
respeito do que tinha acontecido a Pedro. 19Herodes ordenou
que fosse feita uma busca completa por ele. Não conseguindo
encontrá-lo, interrogou os guardas e mandou executá-los. De-
pois disso, Herodes partiu da Judeia e foi passar algum tempo
em Cesareia.

A morte de Herodes Agripa

20O rei Herodes estava muito irado com o povo de Tiro e Sidom.
Assim, as duas cidades se uniram na tentativa de se reconciliar
com o rei, pois dependiam de suas terras para obter alimento.
Então, tendo conquistado o apoio de Blasto, assistente pes-
soal do rei, 21conseguiram uma audiência. No dia marcado,
Herodes, vestindo seus trajes reais, sentou-se em seu trono e
fez um discurso para eles. 22O povo o ovacionava, gritando: "É
a voz de um deus, e não de um homem!".
23No mesmo instante, um anjo do Senhor feriu Herodes com
uma enfermidade, pois ele não ofereceu a glória a Deus. Foi
comido por vermes e morreu.
24Enquanto isso, a palavra de Deus continuava a se espalhar,
e havia muitos novos convertidos.
25Quando Barnabé e Saulo terminaram sua missão em Jeru-
salém, voltaram levando consigo João Marcos.

Barnabé e Saulo são enviados pela igreja

13 Entre os profetas e mestres da igreja de Antioquia da
Síria estavam Barnabé e Simeão, chamado Negro, Lúcio
de Cirene, Manaém, que tinha sido criado com o rei Herodes
Antipas, e Saulo. 2Certo dia, enquanto adoravam o Senhor e
jejuavam, o Espírito Santo disse: "Separem Barnabé e Saulo
para realizarem o trabalho para o qual os chamei". 3Então,
depois de mais jejuns e orações, impuseram as mãos sobre
eles e os enviaram em sua missão.

A primeira viagem missionária de Paulo

4Enviados pelo Espírito Santo, eles desceram ao porto de
Selêucia, de onde navegaram para a ilha de Chipre. 5Ali, na
cidade de Salamina, foram às sinagogas judaicas e pregaram
a palavra de Deus. João Marcos os acompanhava como as-
sistente.
6Viajaram por toda a ilha até que, por fim, chegaram a Pafos,
onde encontraram um feiticeiro judeu, um falso profeta cha-
mado Barjesus. 7Ele acompanhava o governador Sérgio Paulo,
um homem inteligente que convidou Barnabé e Saulo para
visitá-lo, pois desejava ouvir a palavra de Deus. 8Mas Elimas, o
feiticeiro (esse é o significado de seu nome), opôs-se a eles, na
tentativa de impedir que o governador viesse a crer.
9Cheio do Espírito Santo, Saulo, também conhecido como
Paulo, encarou Elimas nos olhos 10e disse: "Filho do diabo,
cheio de toda espécie de engano e maldade e inimigo de tudo
que é certo! Quando deixará de distorcer os caminhos retos do
Senhor? 11Preste atenção, pois o Senhor colocou a mão sobre

você para castigá-lo, e você ficará cego, sem conseguir ver a
luz do sol por algum tempo". No mesmo instante, neblina e
escuridão cobriram-lhe os olhos e ele começou a tatear, supli-
cando que alguém o tomasse pela mão e o guiasse.
12Quando o governador viu o que havia acontecido, creu, muito
admirado com o ensino a respeito do Senhor.

Paulo e Barnabé em Antioquia da Pisídia

13Paulo e seus companheiros saíram de Pafos num navio e
foram à Panfília, onde aportaram em Perge. Ali, João Marcos
os deixou e voltou para Jerusalém. 14Paulo e Barnabé prosse-
guiram para o interior, até Antioquia da Pisídia. No sábado,
foram à sinagoga. 15Depois da leitura dos livros da lei e dos
profetas, os chefes da sinagoga lhes mandaram um recado:
"Irmãos, se vocês têm uma palavra de encorajamento para o
povo, podem falar".
16Então Paulo ficou em pé, levantou a mão para pedir silêncio
e começou a falar: "Homens de Israel e gentios tementes a
Deus, ouçam-me!
17"O Deus desta nação de Israel escolheu nossos antepas-
sados e fez que se multiplicassem e se fortalecessem durante
o tempo em que ficaram no Egito. Então, com braço poderoso,
ele os tirou da escravidão. 18Ele suportou seu comportamento
durante os quarenta anos em que andaram sem rumo pelo
deserto. 19Destruiu sete nações em Canaã e deu seu território
a Israel como herança. 20Tudo isso levou cerca de quatrocentos
e cinquenta anos. "Depois, Deus lhes deu juízes para gover-
ná-los até o tempo do profeta Samuel. 21Então o povo pediu
um rei, e ele lhes deu Saul, filho de Quis, homem da tribo de
Benjamim, e ele reinou por quarenta anos. 22Mas Deus re-
moveu Saul e colocou em seu lugar Davi, a respeito de quem
Deus disse: 'Davi, filho de Jessé, é um homem segundo o meu
coração; fará tudo que for da minha vontade'.
23"E Jesus, um dos descendentes de Davi, é o salvador que
Deus concedeu a Israel, conforme sua promessa! 24Antes da
vinda de Jesus, João Batista anunciou que todo o povo de Is-
rael precisava se arrepender e ser batizado. 25Quando João es-
tava concluindo seu trabalho, perguntou: 'Vocês pensam que
eu sou o Cristo? Não sou! Mas ele vem em breve, e não sou
digno sequer de desamarrar as correias de suas sandálias'.
26"Irmãos, vocês que são filhos de Abraão e também vocês
gentios tementes a Deus, esta mensagem de salvação foi en-
viada a nós. 27O povo de Jerusalém e seus líderes não reconhe-
ceram que Jesus era aquele a respeito de quem os profetas
haviam falado. Em vez disso, eles o condenaram e, ao fazê-lo,
cumpriram as palavras dos profetas, que são lidas todos os sá-
bados. 28Não encontraram motivo legal para executá-lo, mas,
ainda assim, pediram a Pilatos que o matasse.
29"Depois de cumprirem tudo que as profecias diziam a res-
peito dele, eles o tiraram da cruz e o colocaram num túmulo,
30mas Deus o ressuscitou dos mortos. 31E, por muitos dias, ele
apareceu àqueles que o tinham acompanhado da Galileia para
Jerusalém. Agora eles são suas testemunhas diante do povo.
32"Estamos aqui para trazer a vocês esta boa-nova. A promessa
foi feita a nossos antepassados, 33e agora Deus a cumpriu
para nós, os descendentes deles, ao ressuscitar Jesus. É isto
que o segundo salmo diz a respeito dele: 'Você é meu Filho;
hoje eu o gerei'.
34Pois Deus havia prometido ressuscitá-lo dos mortos, para
que jamais apodrecesse no túmulo. Ele disse: 'Eu lhes darei
as bênçãos sagradas que prometi a Davi'. 35Em outro salmo,
ele explicou de modo mais direto: 'Não permitirás que o teu
Santo apodreça no túmulo'. 36Não se trata de uma referência
a Davi, porque, depois que Davi fez a vontade de Deus em sua
geração, morreu e foi sepultado com seus antepassados, e
seu corpo apodreceu. 37É uma referência a outra pessoa, a
alguém a quem Deus ressuscitou e cujo corpo não apodreceu.
38"Ouçam, irmãos! Estamos aqui para proclamar que, por meio
de Jesus, há perdão para os pecados. 39Todo o que nele crê
é declarado justo diante de Deus, algo que a lei de Moisés
jamais pôde fazer. 40Por isso, tomem cuidado para que não se
apliquem a vocês as palavras dos profetas:
41'Olhem, zombadores; fiquem admirados e morram! Pois faço
algo em seus dias, algo em que vocês não acreditariam mesmo
que lhes contassem'".
42Quando Paulo e Barnabé estavam saindo da sinagoga, o povo
pediu que voltassem a falar dessas coisas na semana seguinte.
43Muitos judeus e gentios devotos convertidos ao judaísmo
seguiram Paulo e Barnabé, que insistiam com eles para que
continuassem a confiar na graça de Deus.

Paulo e Barnabé se dirigem aos gentios

44No sábado seguinte, quase toda a cidade compareceu para
ouvir a palavra do Senhor. 45Quando alguns dos judeus viram as
multidões, ficaram com inveja, de modo que difamaram Paulo
e contestavam tudo que ele dizia.
46Então Paulo e Barnabé se pronunciaram corajosamente, di-
zendo: "Era necessário que pregássemos a palavra de Deus
primeiro a vocês, judeus. Mas, uma vez que vocês a rejeitaram
e não se consideraram dignos da vida eterna, agora vamos
oferecê-la aos gentios. 47Pois foi isso que o Senhor nos or-
denou quando disse: 'Fiz de você uma luz para os gentios,
para levar a salvação até os lugares mais distantes da terra'".
48Quando ouviram isso, os gentios se alegraram e agrade-
ceram ao Senhor por essa mensagem, e todos que haviam
sido escolhidos para a vida eterna creram. 49Assim, a palavra
do Senhor se espalhou por toda aquela região.
50Então os judeus, instigando as mulheres religiosas influentes
e as autoridades da cidade, provocaram uma multidão contra
Paulo e Barnabé e os expulsaram dali. 51Eles, porém, sacu-
diram o pó dos pés em sinal de reprovação e foram à cidade
de Icônio. 52E os discípulos estavam cheios de alegria e do
Espírito Santo.

Paulo e Barnabé em Icônio

14 Em Icônio, Paulo e Barnabé também foram à sinagoga
judaica e falaram de tal modo que muitos creram, tanto
judeus como gentios. 2Alguns dos judeus que não creram,

porém, incitaram os gentios e envenenaram a mente deles
contra Paulo e Barnabé. 3Ainda assim, os apóstolos passaram
bastante tempo ali, falando corajosamente da graça do Se-
nhor, que confirmava a mensagem deles concedendo-lhes
poder para realizar sinais e maravilhas. 4Com isso, o povo da
cidade ficou dividido: alguns tomaram partido dos judeus, e
outros, dos apóstolos.
5Então um grupo de gentios, judeus e seus líderes resolveu
atacá-los e apedrejá-los. 6Quando os apóstolos souberam
disso, fugiram para a região da Licaônia, para as cidades de
Listra e Derbe e seus arredores. 7E ali anunciaram as boas-
-novas.

Paulo e Barnabé em Listra e Derbe

8Enquanto estavam em Listra, Paulo e Barnabé encontraram
um homem com os pés aleijados. Sofria desse problema desde
o nascimento e, portanto, nunca tinha andado. Estava sentado
9e ouvia Paulo pregar. Paulo olhou diretamente para ele e,
vendo que ele tinha fé para ser curado, 10disse em alta voz:
"Levante-se!". O homem se levantou de um salto e começou
a andar.
11A multidão, vendo o que Paulo havia feito, gritou no dialeto
local: "Os deuses vieram até nós em forma de homens!".
12Concluíram que Barnabé era o deus grego Zeus, e Paulo, o
deus Hermes, pois era ele quem proclamava a mensagem. 13O
sacerdote do templo de Zeus, que ficava na entrada da cidade,
trouxe touros e coroas de flores até as portas da cidade, pois
ele e a multidão queriam oferecer sacrifícios aos apóstolos.
14Quando Barnabé e Paulo ouviram o que estava acontecendo,
rasgaram as roupas e correram para o meio do povo, gritando:
15"Amigos, por que vocês estão fazendo isso? Somos homens
como vocês! Viemos lhes anunciar as boas-novas, para que
abandonem estas coisas sem valor e se voltem para o Deus
vivo, que fez os céus e a terra, o mar e tudo que neles há.
16No passado, ele permitiu que as nações seguissem seus pró-
prios caminhos, 17mas nunca as deixou sem evidências de sua
existência e de sua bondade. Ele lhes concede chuvas e boas
colheitas, e também alimento e um coração alegre". 18Apesar
dessas palavras, Paulo e Barnabé tiveram dificuldade para im-
pedir que o povo lhes oferecesse sacrifícios.
19Então alguns judeus chegaram de Antioquia e Icônio e insti-
garam a multidão. Apedrejaram Paulo e o arrastaram para fora
da cidade, pensando que ele estivesse morto. 20No entanto,
quando os discípulos o rodearam, ele se levantou e entrou
novamente na cidade. No dia seguinte, partiu com Barnabé
para Derbe.

Paulo e Barnabé voltam para Antioquia da Síria

21Depois de terem anunciado as boas-novas em Derbe e feito
muitos discípulos, Paulo e Barnabé voltaram a Listra, Icônio e
Antioquia da Pisídia, 22onde fortaleceram os discípulos. Eles
os encorajaram a permanecer na fé, lembrando-os de que é
necessário passar por muitos sofrimentos até entrar no reino
de Deus. 23Paulo e Barnabé também escolheram presbíteros
em cada igreja e, com orações e jejuns, os entregaram aos
cuidados do Senhor, em quem haviam crido. 24Então viajaram
de volta pela Pisídia até a Panfília. 25Pregaram a palavra em
Perge e desceram para Atália.
26Por fim, voltaram de navio para Antioquia, onde sua viagem
tinha começado e onde haviam sido entregues à graça de Deus
para realizar o trabalho que agora completavam. 27Quando
chegaram a Antioquia, reuniram a igreja e relataram tudo que
Deus tinha feito por meio deles e como tinha aberto a porta
da fé também para os gentios. 28E permaneceram ali com os
discípulos por muito tempo.

O concílio de Jerusalém

15 Chegaram a Antioquia alguns homens da Judeia e co-
meçaram a ensinar aos irmãos: "A menos que sejam
circuncidados, conforme exige a lei de Moisés, vocês não po-
derão ser salvos". 2Paulo e Barnabé discordaram deles e dis-
cutiram energicamente. Por fim, a igreja decidiu enviar Paulo
e Barnabé a Jerusalém, acompanhados de alguns irmãos de
Antioquia, para tratar dessa questão com os apóstolos e pres-
bíteros. 3A igreja, portanto, enviou seus representantes a Je-
rusalém. No caminho, eles pararam na Fenícia e em Samaria
para visitar os irmãos e contaram que os gentios também es-
tavam sendo convertidos, o que muito alegrou a todos.
4Quando chegaram a Jerusalém, foram bem recebidos pela
igreja, pelos apóstolos e presbíteros, e relataram tudo que
Deus havia feito por meio deles. 5Contudo, alguns dos irmãos
que pertenciam à seita dos fariseus se levantaram e disseram:
"É necessário que os convertidos gentios sejam circuncidados
e guardem a lei de Moisés".
6Os apóstolos e presbíteros se reuniram para decidir a
questão. 7Depois de uma longa discussão, Pedro se levantou
e se dirigiu a eles, dizendo: "Irmãos, vocês sabem que, há
muito tempo, Deus me escolheu dentre vocês para falar aos
gentios a fim de que eles pudessem ouvir as boas-novas e crer.
8Deus conhece o coração humano e confirmou que aceita os
gentios ao lhes dar o Espírito Santo, como o deu a nós. 9Não
fez distinção alguma entre nós e eles, pois purificou o coração
deles por meio da fé. 10Então por que agora vocês provocam a
Deus, sobrecarregando os discípulos gentios com um jugo que
nem nós nem nossos antepassados conseguimos suportar?
11Cremos que todos, nós e eles, somos salvos da mesma forma,
pela graça do Senhor Jesus".
12Todos ouviram em silêncio enquanto Barnabé e Paulo lhes
relatavam os sinais e maravilhas que Deus havia realizado por
meio deles entre os gentios.
13Quando terminaram de falar, Tiago se levantou e disse: "Ir-
mãos, ouçam-me! 14Pedro lhes falou sobre como Deus visitou
primeiramente os gentios para separar dentre eles um povo
para si. 15E isso está em pleno acordo com o que disseram os
profetas. Como está escrito:
16'Depois disso voltarei e restaurarei a tenda caída de Davi.
Reconstruirei suas ruínas e a restaurarei, 17para que o restante
da humanidade busque o Senhor, incluindo os gentios, todos

os que chamei para serem meus. O Senhor falou, 18aquele que
tornou essas coisas conhecidas desde a eternidade'.
19"Portanto, considero que não devemos criar dificuldades
para os gentios que se convertem a Deus. 20Ao contrário,
devemos escrever a eles dizendo-lhes que se abstenham de
alimentos oferecidos a ídolos, da imoralidade sexual, da carne
de animais estrangulados e do sangue. 21Pois essas leis de
Moisés são pregadas todos os sábados nas sinagogas judaicas
em todas as cidades há muitas gerações".

A decisão do conselho

22Então os apóstolos e presbíteros e toda a igreja em Jerusalém escolheram representantes e os enviaram a Antioquia da Síria, com Paulo e Barnabé, para informar sobre essa decisão. Os homens escolhidos eram dois líderes entre os irmãos:
Judas, também chamado Barsabás, e Silas. 23Esta foi a carta
que levaram: "Nós, os apóstolos e presbíteros, e seus irmãos em Jerusalém, escrevemos esta carta aos irmãos gentios em Antioquia, Síria e Cilícia. Saudações.
24"Soubemos que alguns homens, que daqui saíram sem nossa autorização, têm perturbado e inquietado vocês com seu ensino. 25Portanto, depois de chegarmos a um consenso, resolvemos enviar-lhes alguns representantes com nossos amados
irmãos Barnabé e Paulo, 26que têm arriscado a vida pelo nome
de nosso Senhor Jesus Cristo. 27Estamos enviando Judas e Silas
para confirmarem pessoalmente o que aqui escrevemos.
28"Pois pareceu bem ao Espírito Santo e a nós não impor a
vocês nenhum peso maior que estes poucos requisitos: 29abstenham-se de comer alimentos oferecidos a ídolos, de consumir o sangue ou a carne de animais estrangulados, e de praticar a imoralidade sexual. Farão muito bem se evitarem essas coisas. "Que tudo lhes vá bem".
30Os mensageiros partiram de imediato para Antioquia, onde
reuniram os irmãos e entregaram a carta. 31Houve grande alegria em toda a igreja no dia em que leram essa mensagem animadora.
32Então Judas e Silas, ambos profetas, encorajaram e fortaleceram os irmãos com muitas palavras. 33Permaneceram ali
algum tempo, e depois os irmãos os enviaram em paz de volta
à igreja de Jerusalém. 34Silas, porém, resolveu permanecer ali.
35Paulo e Barnabé ficaram em Antioquia. Eles e muitos outros
ensinavam e pregavam a palavra do Senhor naquela cidade.

Paulo e Barnabé se separam

36Algum tempo depois, Paulo disse a Barnabé: "Voltemos para
visitar cada uma das cidades onde pregamos a palavra do Senhor, para ver como os irmãos estão indo". 37Barnabé queria
levar João Marcos, 38mas Paulo se opôs, pois João Marcos
tinha se separado deles na Panfília, não prosseguindo com eles
no trabalho. 39O desentendimento entre eles foi tão grave que
os dois se separaram. Barnabé levou João Marcos e navegou
para Chipre. 40Paulo escolheu Silas e partiu, e os irmãos o
entregaram ao cuidado gracioso do Senhor. 41Então ele viajou
por toda a Síria e Cilícia, fortalecendo as igrejas de lá.

A segunda viagem missionária de Paulo

16 Paulo foi primeiro a Derbe e depois a Listra, onde havia
um jovem discípulo chamado Timóteo. A mãe dele era
uma judia convertida, e o pai era grego. 2Os irmãos em Listra
e em Icônio o tinham em alta consideração, 3de modo que
Paulo pediu que ele os acompanhasse em sua viagem. Em
respeito aos judeus da região, providenciou que Timóteo fosse
circuncidado antes de partirem, pois todos sabiam que o pai
dele era grego. 4Em toda cidade por onde passavam, instruíam
os irmãos a seguirem as decisões tomadas pelos apóstolos e
presbíteros em Jerusalém. 5Assim, as igrejas eram fortalecidas
na fé e cresciam em número a cada dia.

Uma súplica da Macedônia

6Em seguida, Paulo e Silas viajaram pela região da Frígia e da
Galácia, pois o Espírito Santo os impediu de pregar a palavra
na província da Ásia. 7Então, chegando à fronteira da Mísia,
tentaram ir para o norte, em direção à Bitínia, mas o Espírito
de Jesus não permitiu. 8Assim, seguiram viagem pela Mísia
até o porto de Trôade.
9Naquela noite, Paulo teve uma visão, na qual um homem da
Macedônia em pé lhe suplicava: "Venha para a Macedônia
e ajude-nos!". 10Então decidimos partir de imediato para a
Macedônia, concluindo que Deus nos havia chamado para
anunciar ali as boas-novas.

Lídia de Filipos crê em Jesus

11Embarcamos em Trôade e navegamos diretamente para a
ilha de Samotrácia e, no dia seguinte, chegamos a Neápolis.
12Dali, alcançamos Filipos, cidade importante dessa região da
Macedônia e colônia romana, e ali permanecemos vários dias.
13No sábado, saímos da cidade e fomos à margem do rio, onde
esperávamos encontrar um lugar de oração. Sentamo-nos e
começamos a conversar com algumas mulheres ali reunidas.
14Uma delas era uma mulher temente a Deus chamada Lídia,
da cidade de Tiatira, comerciante de tecido de púrpura. Enquanto ela nos ouvia, o Senhor lhe abriu o coração, e ela
aceitou aquilo que Paulo estava dizendo. 15Foi batizada, junto
com sua família, e pediu que nos hospedássemos em sua casa.
"Se concordam que creio de fato no Senhor, venham ficar em
minha casa", disse ela, e insistiu até que aceitamos.

Paulo e Silas na prisão

16Certo dia, enquanto íamos ao lugar de oração, veio ao nosso
encontro uma escrava possuída por um espírito pelo qual ela
predizia o futuro. Com suas adivinhações, ganhava muito dinheiro para seus senhores. 17Ela seguia Paulo e a nós, gritando: "Estes homens são servos do Deus Altíssimo e vieram
anunciar como vocês podem ser salvos!".
18Isso continuou por vários dias, até que Paulo, indignado, se
voltou e disse ao espírito dentro da jovem: "Eu ordeno em
nome de Jesus Cristo que saia dela". E, no mesmo instante,
o espírito a deixou.

19 Quando os senhores da escrava viram que suas expectativas
de lucro haviam sido frustradas, agarraram Paulo e Silas e os
arrastaram à presença das autoridades, na praça do mercado.
20 "Estes judeus estão tumultuando a cidade!", gritaram para
os magistrados. 21 "Eles ensinam costumes que nós, romanos,
não podemos seguir, pois contrariam nossas leis!"
22 Logo, uma multidão revoltada se juntou contra Paulo e Silas,
e os magistrados ordenaram que os dois fossem despidos e
açoitados com varas. 23 Depois de serem severamente açoi-
tados, foram lançados na prisão. O carcereiro recebeu ordens
para não os deixar escapar, 24 por isso os colocou no cárcere
interno, prendendo-lhes os pés no tronco.
25 Por volta da meia-noite, Paulo e Silas oravam e cantavam
hinos a Deus, e os outros presos ouviam. 26 De repente, houve
um forte terremoto, e até os alicerces da prisão foram sacu-
didos. No mesmo instante, todas as portas se abriram e as cor-
rentes de todos os presos se soltaram. 27 Quando o carcereiro
acordou, viu as portas da prisão escancaradas. Imaginando
que os prisioneiros haviam escapado, puxou a espada para se
matar. 28 Paulo, porém, gritou: "Não se mate! Estamos todos
aqui!".
29 O carcereiro mandou que trouxessem luz e correu até o cár-
cere, onde se prostrou, tremendo de medo, diante de Paulo e
Silas. 30 Então ele os levou para fora e perguntou: "Senhores,
que devo fazer para ser salvo?".
31 Eles responderam: "Creia no Senhor Jesus, e você e sua fa-
mília serão salvos". 32 Então pregaram a palavra do Senhor a
ele e a toda a sua família. 33 Mesmo sendo tarde da noite, o
carcereiro cuidou deles e lavou suas feridas. Em seguida, ele
e todos os seus foram batizados. 34 Depois, levou-os para sua
casa e lhes serviu uma refeição, e ele e toda a sua família se
alegraram porque creram em Deus.
35 Na manhã seguinte, os magistrados mandaram os guardas
ordenarem ao carcereiro: "Solte estes homens!". 36 Então o
carcereiro mandou dizer a Paulo: "Os magistrados disseram
que você e Silas estão livres. Vão em paz".
37 Paulo, no entanto, respondeu: "Eles nos açoitaram publi-
camente sem julgamento e nos colocaram na prisão, e nós
somos cidadãos romanos. Agora querem que vamos embora às
escondidas? De maneira nenhuma! Que venham eles mesmos
e nos soltem".
38 Os guardas relataram isso aos magistrados, que ficaram
assustados por saber que Paulo e Silas eram cidadãos ro-
manos. 39 Foram até a prisão e lhes pediram desculpas. Então
os trouxeram para fora e suplicaram que deixassem a cidade.
40 Quando Paulo e Silas saíram da prisão, voltaram à casa de
Lídia. Ali se encontraram com os irmãos e os encorajaram mais
uma vez. Depois, partiram.

Paulo anuncia as boas-novas em Tessalônica

17 Então Paulo e Silas passaram pelas cidades de Anfípolis
e Apolônia e chegaram a Tessalônica, onde havia uma
sinagoga judaica. 2 Como era seu costume, Paulo foi à sina-
goga e, durante três sábados seguidos, discutiu as Escrituras
com o povo. 3 Explicou as profecias e provou que era neces-
sário o Cristo sofrer e ressuscitar dos mortos. "Esse Jesus de
que lhes falo é o Cristo", disse ele. 4 Alguns dos judeus que o
ouviam foram convencidos e se uniram a Paulo e Silas, bem
como muitos gregos tementes a Deus e várias mulheres de
alta posição.
5 Alguns judeus, porém, ficaram com inveja, reuniram alguns
desordeiros e desocupados e, com a multidão, começaram
um tumulto. Invadiram a casa de Jasom em busca de Paulo e
Silas para entregá-los ao conselho da cidade, 6 mas, como não
os encontraram, arrastaram para fora Jasom e alguns outros
irmãos e os levaram diante do conselho. Gritavam: "Aqueles
que têm causado transtornos no mundo todo agora estão aqui,
perturbando nossa cidade, 7 e Jasom os recebeu em sua casa!
São todos culpados de traição contra César, pois afirmam que
existe um outro rei, um tal de Jesus".
8 Ao ouvir isso, o povo da cidade e o conselho se agitaram.
9 Então os oficiais obrigaram Jasom e os outros irmãos a pa-
garem fiança, e depois os soltaram.

Paulo e Silas em Bereia

10 Ao anoitecer, os irmãos enviaram Paulo e Silas a Bereia.
Quando lá chegaram, foram à sinagoga judaica. 11 Os judeus
que moravam em Bereia tinham a mente mais aberta que os
de Tessalônica e ouviram a mensagem de Paulo com grande
interesse. Todos os dias, examinavam as Escrituras para ver se
Paulo e Silas ensinavam a verdade. 12 Como resultado, muitos
judeus creram, assim como vários gregos de alta posição,
tanto homens como mulheres.
13 Mas, quando os judeus de Tessalônica souberam que Paulo
estava pregando a palavra de Deus em Bereia, foram até lá e
criaram um alvoroço. 14 Os irmãos agiram de imediato e en-
viaram Paulo para o litoral, enquanto Silas e Timóteo permane-
ceram na cidade. 15 Os que acompanharam Paulo o levaram até
Atenas e, depois, voltaram a Bereia com instruções para Silas
e Timóteo irem ao encontro dele o mais depressa possível.

Paulo anuncia as boas-novas em Atenas

16 Enquanto Paulo esperava por eles em Atenas, ficou muito
indignado ao ver ídolos por toda a cidade. 17 Por isso, ia à sina-
goga debater com os judeus e com os gentios tementes a Deus
e falava diariamente na praça pública a todos que ali estavam.
18 Paulo também debateu com alguns dos filósofos epicureus
e estoicos. Quando lhes falou de Jesus e da ressurreição, eles
perguntaram: "O que esse tagarela está querendo dizer?". Ou-
tros disseram: "Parece estar falando de deuses estrangeiros".
19 Então levaram Paulo ao conselho da cidade e disseram:
"Pode nos dizer que novo ensino é esse? 20 Você diz coisas
um tanto estranhas, e queremos saber o que significam".
21 (Convém explicar que os atenienses, bem como os estran-
geiros que viviam em Atenas, pareciam não fazer outra coisa
senão discutir as últimas novidades.)
22 Então Paulo se levantou diante do conselho e assim se di-
rigiu a seus membros: "Homens de Atenas, vejo que em todos

os aspectos vocês são muito religiosos, 23pois, enquanto an-
dava pela cidade, reparei em seus diversos altares. Um deles
trazia a seguinte inscrição: 'Ao Deus Desconhecido'. Esse Deus
que vocês adoram sem conhecer é exatamente aquele de que
lhes falo.
24"Ele é o Deus que fez o mundo e tudo que nele há. Uma
vez que é Senhor dos céus e da terra, não habita em templos
feitos por homens 25e não é servido por mãos humanas, pois
não necessita de coisa alguma. Ele mesmo dá vida e fôlego a
tudo, e supre cada necessidade. 26De um só homem ele criou
todas as nações da terra, tendo decidido de antemão onde se
estabeleceriam e por quanto tempo.
27"Seu propósito era que as nações buscassem a Deus e, ta-
teando, talvez viessem a encontrá-lo, embora ele não esteja
longe de nenhum de nós. 28Pois nele vivemos, nos movemos
e existimos. Como disseram alguns de seus próprios poetas:
'Somos descendência dele'. 29E, por ser isso verdade, não de-
vemos imaginar Deus como um ídolo de ouro, prata ou pedra,
projetado por artesãos.
30"No passado, Deus não levou em conta a ignorância das pes-
soas acerca dessas coisas, mas agora ele ordena que todos,
em todo lugar, se arrependam. 31Pois ele estabeleceu um dia
para julgar o mundo com justiça, por meio do homem que ele
designou, e mostrou a todos quem é esse homem ao ressus-
citá-lo dos mortos".
32Quando ouviram Paulo falar da ressurreição dos mortos,
alguns riram com desprezo. Outros, porém, disseram: "Que-
remos ouvir mais sobre isso em outra ocasião". 33Então Paulo
se retirou do conselho, 34mas alguns se juntaram a ele e
creram. Entre eles estavam Dionísio, membro do conselho,
uma mulher chamada Dâmaris, e alguns outros.

Paulo encontra Priscila e Áquila em Corinto

18 Algum tempo depois, Paulo deixou Atenas e foi para Co-
rinto. 2Ali encontrou um judeu chamado Áquila, natural
do Ponto, que havia chegado recentemente da Itália com sua
esposa, Priscila, depois que Cláudio César expulsou todos os
judeus de Roma. 3Paulo foi morar e trabalhar com eles, pois
eram fabricantes de tendas, como ele.
4Todos os sábados, Paulo ia à sinagoga e buscava convencer
tanto judeus como gregos. 5Depois que Silas e Timóteo che-
garam da Macedônia, Paulo se dedicou totalmente à pregação
da palavra e testemunhava aos judeus que Jesus era o Cristo.
6Mas, quando eles se opuseram a Paulo e o insultaram, ele
sacudiu o pó da roupa e disse: "Vocês são responsáveis por
sua própria destruição! Eu sou inocente. De agora em diante,
pregarei aos gentios".
7Então saiu dali e foi à casa de Tício Justo, um gentio temente
a Deus que morava ao lado da sinagoga. 8Crispo, o líder da
sinagoga, e toda a sua família creram no Senhor. Muitos outros
em Corinto também ouviram Paulo, creram e foram batizados.
9Certa noite, o Senhor falou a Paulo numa visão: "Não tenha
medo! Continue a falar e não se cale, 10pois estou com você, e
ninguém o atacará nem lhe fará mal, porque muita gente nesta
cidade me pertence". 11Então Paulo permaneceu ali um ano e
meio, ensinando a palavra de Deus.
12Quando Gálio se tornou governador da Acaia, alguns judeus
se levantaram contra Paulo e o levaram diante do governador
para ser julgado. 13Eles o acusaram de convencer as pessoas a
adorar a Deus de maneira contrária à lei judaica.
14Mas, assim que Paulo começou a apresentar sua defesa,
Gálio se voltou para os acusadores e disse: "Ouçam, judeus!
Se sua queixa envolvesse algum delito ou crime grave, eu teria
motivo para aceitar o caso. 15Mas, como se trata apenas de
uma questão de palavras e nomes e da sua lei, resolvam isso
vocês mesmos. Recuso-me a julgar essas coisas". 16E os ex-
pulsou do tribunal.
17A multidão agarrou Sóstenes, o novo líder da sinagoga, e o
espancou ali mesmo, no tribunal. Gálio, no entanto, não se
importou com isso.

Paulo volta a Antioquia da Síria

18Paulo ainda permaneceu em Corinto por algum tempo. Então
se despediu dos irmãos e foi a Cencreia, onde raspou a cabeça,
de acordo com o costume judaico para marcar o fim de um
voto. Em seguida, partiu de navio para a Síria, levando consigo
Priscila e Áquila.
19Chegaram ao porto de Éfeso, onde Paulo os deixou. Enquanto
estava ali, foi à sinagoga para debater com os judeus. 20Eles
pediram que ficasse mais tempo, mas ele recusou. 21Ao des-
pedir-se, Paulo disse: "Voltarei depois, se Deus quiser". Então
zarpou de Éfeso. 22A parada seguinte foi no porto de Cesa-
reia, de onde subiu a Jerusalém e visitou a igreja. Em seguida,
voltou para Antioquia.
23Depois de passar algum tempo ali, voltou pela Galácia e pela
Frígia, visitando e fortalecendo todos os discípulos.

Apolo em Éfeso

24Enquanto isso, chegou a Éfeso vindo de Alexandria, no Egito,
um judeu chamado Apolo. Era um orador eloquente que co-
nhecia bem as Escrituras. 25Tinha sido instruído no caminho
do Senhor e ensinava a respeito de Jesus com profundo entu-
siasmo e exatidão, embora só conhecesse o batismo de João.
26Quando o ouviram falar corajosamente na sinagoga, Priscila
e Áquila o chamaram de lado e lhe explicaram com mais exa-
tidão o caminho de Deus.
27Apolo queria percorrer a Acaia, e os irmãos de Éfeso o in-
centivaram. Escreveram uma carta aos discípulos de lá, pe-
dindo que o recebessem bem. Ao chegar, foi de grande ajuda
àqueles que, pela graça, haviam crido, 28pois, em debates
públicos, refutava os judeus com fortes argumentos. Usando
as Escrituras, demonstrava-lhes que Jesus é o Cristo.

A terceira viagem missionária de Paulo

19 Enquanto Apolo estava em Corinto, Paulo viajou pelas
regiões do interior até chegar a Éfeso, no litoral, onde
encontrou alguns discípulos. 2Ele lhes perguntou: "Vocês rece-

beram o Espírito Santo quando creram?". "Não", responderam eles. "Nem sequer ouvimos que existe o Espírito Santo."

3"Então que batismo vocês receberam?", perguntou ele. "O batismo de João", responderam.

4Paulo disse: "João batizava com o batismo de arrependimento, dizendo ao povo que cresse naquele que viria depois, isto é, em Jesus".

5Assim que ouviram isso, foram batizados em nome do Senhor Jesus. 6Paulo lhes impôs as mãos e o Espírito Santo veio sobre eles, e falaram em línguas e profetizaram. 7Eram ao todo uns doze homens.

O ministério de Paulo em Éfeso

8Em seguida, Paulo foi à sinagoga e ali pregou corajosamente durante três meses, argumentando de modo convincente sobre o reino de Deus. 9Mas alguns deles se mostraram endurecidos, rejeitaram a mensagem e falaram publicamente contra o Caminho. Paulo, então, deixou a sinagoga e levou consigo os discípulos, passando a realizar discussões diárias na escola de Tirano. 10Isso continuou durante os dois anos seguintes, e gente de toda a província da Ásia, tanto judeus como gregos, ouviu a palavra do Senhor.

11Deus concedeu a Paulo o poder de realizar milagres extraordinários. 12Quando lenços ou aventais usados por ele eram colocados sobre enfermos, estes eram curados de suas doenças e deles saíam espíritos malignos.

13Alguns judeus viajavam pelas cidades expulsando espíritos malignos. Tentavam usar o nome do Senhor Jesus, dizendo: "Ordeno que saia em nome de Jesus, a quem Paulo anuncia!". 14Os homens que faziam isso eram os sete filhos de Ceva, um dos principais sacerdotes. 15Certa ocasião, o espírito maligno respondeu: "Eu conheço Jesus e conheço Paulo, mas quem são vocês?". 16O homem possuído pelo espírito maligno saltou em cima deles e os atacou com tanta violência que fugiram da casa, despidos e feridos.

17A notícia do ocorrido se espalhou rapidamente por toda a cidade de Éfeso, tanto entre judeus como entre gregos, e sobre eles veio um temor reverente, e o nome do Senhor Jesus era engrandecido. 18Muitos dos que creram confessaram suas obras pecaminosas. 19Vários deles, que haviam praticado feitiçaria, trouxeram seus livros de encantamentos e os queimaram publicamente. O valor dos livros totalizou cinquenta mil moedas de prata. 20Assim, a mensagem a respeito do Senhor se espalhou amplamente e teve efeito poderoso.

21Depois disso, Paulo se sentiu impelido pelo Espírito a passar pela Macedônia e a Acaia antes de ir a Jerusalém. "E, de lá, devo prosseguir para Roma!", disse ele. 22Então, enviou adiante dele à Macedônia dois assistentes, Timóteo e Erasto, e permaneceu um pouco mais na província da Ásia.

O tumulto em Éfeso

23Por essa época, houve enorme tumulto em Éfeso por causa do Caminho. 24Começou com Demétrio, ourives que fabricava modelos de prata do templo da deusa grega Ártemis e que empregava muitos artífices. 25Ele os reuniu a outros que trabalhavam em ofícios semelhantes e disse: "Senhores, vocês sabem que nossa prosperidade vem deste empreendimento. 26Mas, como vocês viram e ouviram, esse sujeito, Paulo, convenceu muita gente de que deuses feitos por mãos humanas não são deuses de verdade. Fez isso não apenas aqui em Éfeso, mas em toda a província. 27Claro que não me refiro apenas à perda do respeito público por nossa atividade. Também me preocupa que o templo da grande deusa Ártemis perca sua influência e que esta deusa magnífica, adorada em toda a província da Ásia e ao redor do mundo, seja destituída de seu grande prestígio!".

28Ao ouvir isso, ficaram furiosos e começaram a gritar: "Grande é Ártemis dos efésios!". 29Em pouco tempo, a cidade toda estava uma confusão. O povo correu para o anfiteatro, arrastando os macedônios Gaio e Aristarco, companheiros de viagem de Paulo. 30Ele também quis entrar, mas os discípulos não permitiram. 31Alguns amigos de Paulo, oficiais da província, também lhe enviaram um recado no qual suplicaram que não arriscasse a vida entrando no anfiteatro.

32Lá dentro, em polvorosa, o povo todo gritava, e cada um dizia uma coisa. Na verdade, a maioria nem sabia por que estava ali. 33Entre a multidão, os judeus empurraram Alexandre para a frente e ordenaram que explicasse a situação. Ele fez sinal pedindo silêncio e tentou falar. 34No entanto, quando a multidão percebeu que ele era judeu, começou a gritar novamente e continuou por cerca de duas horas: "Grande é Ártemis dos efésios!".

35Por fim, o escrivão da cidade conseguiu acalmar a multidão e disse: "Cidadãos de Éfeso, todos sabem que Éfeso é a guardiã do templo da grande Ártemis, cuja imagem caiu do céu para nós. 36Portanto, sendo este um fato inegável, acalmem-se e não façam nada precipitadamente. 37Vocês trouxeram estes homens aqui, mas eles não roubaram nada do templo nem disseram coisa alguma contra nossa deusa.

38"Se Demétrio e seus artífices têm alguma queixa contra eles, os tribunais estão abertos e há oficiais disponíveis para ouvir o caso. Que façam acusações formais. 39E, se há outras queixas que desejam apresentar, elas podem ser resolvidas em assembleia, conforme a lei. 40Corremos o perigo de ser acusados de provocar desordem, pois não há motivo para este tumulto. E, se exigirem de nós uma explicação, não teremos o que dizer". 41Então os despediu, e a multidão se dispersou.

Paulo vai à Macedônia e à Grécia

20 Passado o tumulto, Paulo mandou chamar os discípulos e os encorajou. Então se despediu e partiu para a Macedônia. 2Enquanto estava lá, encorajou os discípulos em todas as cidades por onde passou. Em seguida, desceu à Grécia, 3onde ficou por três meses. Quando se preparava para navegar de volta à Síria, descobriu que alguns judeus conspiravam contra sua vida e decidiu voltar pela Macedônia.

4Alguns homens viajavam com ele: Sópatro, filho de Pirro, de Bereia; Aristarco e Secundo, de Tessalônica; Gaio, de Derbe;

Timóteo; e Tíquico e Trófimo, da província da Ásia. 5Eles foram
adiante e esperaram por nós em Trôade. 6Terminada a Festa
dos Pães sem Fermento, embarcamos num navio em Filipos
e, cinco dias depois, nos reencontramos em Trôade, onde fi-
camos uma semana.

A última visita de Paulo a Trôade

7No primeiro dia da semana, nos reunimos com os irmãos de
lá para o partir do pão. Paulo começou a falar ao povo e, como
pretendia embarcar no dia seguinte, continuou até a meia-
-noite. 8A sala no andar superior onde estávamos reunidos
era iluminada por muitas lamparinas. 9O discurso de Paulo se
estendeu por horas, e um jovem chamado Êutico, que estava
sentado no parapeito da janela, ficou muito sonolento. Por
fim, adormeceu profundamente, caiu de uma altura de três
andares e morreu. 10Paulo desceu, inclinou-se sobre o jovem
e o abraçou. "Não se desesperem", disse ele. "O rapaz está
vivo!" 11Então todos subiram novamente, partiram o pão e co-
meram juntos. Paulo continuou a lhes falar até o amanhecer
e depois partiu. 12Enquanto isso, o jovem foi levado para casa
vivo, e todos sentiram grande alívio.

Paulo se encontra com os líderes efésios

13Paulo foi por terra até Assôs, onde havia definido que de-
víamos esperar por ele, enquanto nós fomos de navio. 14En-
controu-se conosco em Assôs e navegamos juntos até Mitilene.
15No dia seguinte, passamos em frente à ilha de Quios. No
outro dia, atravessamos para a ilha de Samos e, um dia depois,
chegamos a Mileto.
16Paulo havia decidido não aportar em Éfeso, pois não queria
passar mais tempo na província da Ásia. Tinha pressa de
chegar a Jerusalém, se possível, para a Festa de Pentecostes.
17Por isso, em Mileto, mandou chamar os presbíteros da igreja
de Éfeso.
18Quando chegaram, ele lhes disse: "Vocês sabem que, desde
o dia em que pisei na província da Ásia até agora, 19fiz o tra-
balho do Senhor humildemente e com muitas lágrimas. Su-
portei as provações decorrentes das intrigas dos judeus 20e
jamais deixei de dizer a vocês o que precisavam ouvir, seja
publicamente, seja em seus lares. 21Anunciei uma única men-
sagem tanto para judeus como para gregos: é necessário que
se arrependam, se voltem para Deus e tenham fé em nosso
Senhor Jesus.
22"Agora, impelido pelo Espírito, vou a Jerusalém. Não sei o
que me espera ali, 23senão que o Espírito Santo me diz, em
todas as cidades, que tenho pela frente prisão e sofrimento.
24Mas minha vida não vale coisa alguma para mim, a menos
que eu a use para completar minha carreira e a missão que
me foi confiada pelo Senhor Jesus: dar testemunho das boas-
-novas da graça de Deus.
25"Agora sei que nenhum de vocês, a quem anunciei o reino,
me verá outra vez. 26Por isso, declaro hoje que, se alguém se
perder, não será por minha culpa, 27pois não deixei de anun-
ciar tudo que Deus quer que vocês saibam.
28"Portanto, cuidem de si mesmos e do rebanho sobre o qual
o Espírito Santo os colocou como bispos, a fim de pastorearem
sua igreja, comprada com seu próprio sangue. 29Sei que depois
de minha partida surgirão em seu meio falsos mestres, lobos
ferozes que não pouparão o rebanho. 30Até mesmo entre vocês
se levantarão homens que distorcerão a verdade a fim de con-
quistar seguidores. 31Portanto, vigiem! Lembrem-se dos três
anos que estive com vocês, de como dia e noite nunca deixei
de aconselhar com lágrimas cada um de vocês.
32"E, agora, eu os entrego a Deus e à mensagem de sua graça
que pode edificá-los e dar-lhes uma herança junto com todos
que ele separou para si.
33"Jamais cobicei a prata, o ouro ou as roupas de alguém.
34Vocês sabem que estas minhas mãos trabalharam para
prover as minhas necessidades e as dos que estavam comigo.
35Fui exemplo constante de como podemos, com trabalho
árduo, ajudar os necessitados, lembrando as palavras do
Senhor Jesus: 'Há bênção maior em dar que em receber'".
36Quando Paulo terminou de falar, ajoelhou-se e orou com
eles. 37Todos choraram muito enquanto se despediam dele
com abraços e beijos. 38O que mais os entristeceu foi ele ter
dito que nunca mais o veriam. Então eles o acompanharam
até o navio.

Paulo viaja para Jerusalém

21 Depois de nos despedirmos, navegamos em direção à
ilha de Cós. No dia seguinte, chegamos a Rodes e, então,
a Pátara. 2Ali, embarcamos num navio que partia para a Fe-
nícia. 3Avistamos a ilha de Chipre, passamos por ela à nossa
esquerda e aportamos em Tiro, na Síria, onde o navio deixaria
sua carga.
4No desembarque, encontramos os discípulos que ali viviam
e ficamos com eles por uma semana. Pelo Espírito, eles ad-
vertiam Paulo de que não fosse a Jerusalém. 5Ao fim de nosso
tempo ali, voltamos ao navio, e toda a congregação, incluindo
mulheres e crianças, saiu da cidade e nos acompanhou até a
praia. Ali nos ajoelhamos, oramos 6e nos despedimos. Então
subimos a bordo, e eles voltaram para casa.
7Depois que partimos de Tiro, chegamos a Ptolemaida, onde
saudamos os irmãos e passamos um dia. 8No dia seguinte,
prosseguimos para Cesareia e nos hospedamos na casa de
Filipe, o evangelista, um dos sete que tinham servido na igreja
em Jerusalém. 9Ele tinha quatro filhas solteiras que profeti-
zavam.
10Muitos dias depois, chegou da Judeia um profeta chamado
Ágabo. 11Ele veio ao nosso encontro, tomou o cinto de Paulo
e com ele amarrou os próprios pés e as mãos. Em seguida,
disse: "O Espírito Santo declara: 'Assim o dono deste cinto
será amarrado pelos judeus, em Jerusalém, e entregue aos
gentios'". 12Ao ouvir isso, nós e os irmãos dali suplicamos a
Paulo que não fosse a Jerusalém.
13Ele, porém, disse: "Por que todo esse choro? Assim vocês
me partem o coração! Estou pronto não apenas para ser preso
em Jerusalém, mas para morrer pelo Senhor Jesus". 14Quando

ficou evidente que não conseguiríamos fazê-lo mudar de ideia,
desistimos e dissemos: "Que seja feita a vontade do Senhor".

Paulo chega a Jerusalém

15 Depois disso, arrumamos nossas coisas e partimos para Je-
rusalém. 16 Alguns discípulos de Cesareia nos acompanharam
e nos levaram à casa de Mnasom, nascido em Chipre e um
dos primeiros discípulos. 17 Quando chegamos a Jerusalém, os
irmãos nos deram calorosas boas-vindas.
18 No dia seguinte, Paulo foi conosco a um encontro com Tiago,
e todos os presbíteros da igreja de Jerusalém estavam pre-
sentes. 19 Depois que Paulo os cumprimentou, relatou em de-
talhes o que Deus havia realizado entre os gentios por meio
de seu ministério.
20 Quando ouviram isso, louvaram a Deus e disseram: "Você
sabe, irmão, quantos milhares de judeus também creram, e
todos eles seguem à risca a lei de Moisés. 21 Mas eles foram
informados de que você ensina todos os judeus que vivem
entre os gentios a abandonarem a lei de Moisés. Ouviram que
você os instrui a não circuncidarem os filhos nem seguirem os
costumes judaicos. 22 Que faremos? Certamente eles saberão
que você chegou.
23 "Queremos que você faça o seguinte. Temos aqui quatro
homens que cumpriram um voto. 24 Vá com eles ao templo e
participe da cerimônia de purificação. Pague as despesas para
realizarem o ritual de raspar a cabeça. Então todos saberão
que os rumores são falsos e que você mesmo cumpre as leis
judaicas.
25 "Quanto aos convertidos gentios, devem fazer aquilo que
pedimos por carta: abster-se de comer alimentos oferecidos
a ídolos, de consumir o sangue ou a carne de animais estran-
gulados e de praticar a imoralidade sexual".

Paulo é preso

26 No dia seguinte, Paulo se purificou junto com aqueles ho-
mens e entrou no templo. Declarou quando terminariam os
dias da purificação e quando seria oferecido o sacrifício em
favor deles.
27 Estando os sete dias quase no fim, alguns judeus da província
da Ásia viram Paulo no templo e incitaram a multidão contra
ele. Agarraram-no, 28 gritando: "Homens de Israel, ajudem-
-nos! Este é o homem que fala contra nosso povo em toda
parte e ensina todos a desobedecerem às leis judaicas. Fala
contra o templo e até profana este santo lugar, trazendo gen-
tios para dentro dele". 29 Antes tinham visto Paulo na cidade
com Trófimo, um gentio de Éfeso, e concluíram que Paulo o
havia levado para dentro do templo.
30 Toda a cidade se agitou com essas acusações, e houve
grande tumulto. A multidão agarrou Paulo e o arrastou para
fora do templo, e imediatamente foram fechadas as portas.
31 Quando procuravam matar Paulo, chegou ao comandante do
regimento romano a notícia de que toda a Jerusalém estava
em rebuliço. 32 No mesmo instante, ele chamou seus soldados
e oficiais e correu para o meio da multidão. Quando viram o
comandante e os soldados se aproximarem, pararam de es-
pancar Paulo.
33 Então o comandante o prendeu e mandou que o amarrassem
com duas correntes. Em seguida, perguntou à multidão quem
era ele e o que havia feito. 34 Uns gritavam uma coisa, outros
gritavam outra. Não conseguindo descobrir a verdade no meio
de todo o tumulto, ordenou que Paulo fosse levado à fortaleza.
35 Quando Paulo chegou às escadas, o povo se tornou tão vio-
lento que os soldados tiveram de levantá-lo nos ombros para
protegê-lo. 36 E a multidão foi atrás, gritando: "Matem-no!
Matem-no!".

Paulo se dirige à multidão

37 Quando Paulo estava para ser levado à fortaleza, disse ao co-
mandante: "Posso ter uma palavra com o senhor?". Surpreso,
o comandante perguntou: "Você fala grego? 38 Não é você o
egípcio que liderou uma rebelião algum tempo atrás e levou
consigo ao deserto quatro mil assassinos?".
39 "Não", respondeu Paulo. "Sou judeu e cidadão de Tarso,
cidade importante da Cilícia. Por favor, permita-me falar a
esta gente." 40 O comandante concordou, de modo que Paulo
ficou em pé na escadaria e fez sinal para o povo se calar. Logo,
um silêncio profundo envolveu a multidão, e ele lhes falou em
aramaico, o idioma deles.

22 "Irmãos e pais", disse Paulo. "Ouçam-me enquanto apre-
sento minha defesa." 2 Quando o ouviram falar em ara-
maico, o silêncio foi ainda maior.
3 Então Paulo disse: "Sou judeu, nascido em Tarso, cidade da
Cilícia. Fui criado aqui em Jerusalém e educado por Gamaliel.
Como aluno dele, fui instruído rigorosamente em nossas leis
e nos costumes judaicos. Tornei-me muito zeloso de honrar a
Deus em tudo que fazia, como vocês são hoje. 4 E fui ao encalço
dos seguidores do Caminho, perseguindo alguns até a morte,
prendendo homens e mulheres e lançando-os na prisão. 5 O
sumo sacerdote e todo o conselho dos líderes do povo podem
confirmar isso. Recebi deles cartas para nossos irmãos judeus
em Damasco que me autorizavam a trazer os seguidores do
Caminho de lá para Jerusalém, em cadeias, para serem cas-
tigados.
6 "Quando me aproximava de Damasco, por volta do meio-dia,
de repente uma luz muito intensa brilhou ao meu redor. 7 Caí
no chão e ouvi uma voz que me disse: 'Saulo, Saulo, por que
você me persegue?'.
8 "'Quem és tu, Senhor?', perguntei. "E a voz respondeu: 'Sou
Jesus, o nazareno, a quem você persegue'. 9 Os que me acom-
panhavam viram a luz, mas não entenderam a voz daquele
que falava comigo.
10 "Então perguntei: 'Que devo fazer, Senhor?'. "E o Senhor me
disse: 'Levante-se e entre em Damasco, onde lhe dirão tudo
que você deve fazer'.
11 "A luz intensa havia me deixado cego, e meus companheiros
tiveram de levar-me pela mão a Damasco. 12 Vivia ali Ananias,
um homem devoto, dedicado à lei e muito respeitado por

todos os judeus da cidade. 13Ele veio, colocou-se ao meu lado
e disse: 'Irmão Saulo, volte a enxergar'. E, naquele mesmo
instante, pude vê-lo.
14"Então ele disse: 'O Deus de nossos antepassados escolheu
você para conhecer a vontade dele e para ver o Justo e ouvi-lo
falar. 15Você será testemunha dele, dizendo a todos o que viu
e ouviu. 16O que está esperando? Levante-se e seja batizado!
Fique limpo de seus pecados invocando o nome do Senhor'.
17"Depois que voltei a Jerusalém, estava orando no templo e
tive uma visão, 18na qual o Senhor me dizia: 'Depressa! Saia
de Jerusalém, pois o povo daqui não aceitará seu testemunho
a meu respeito'.
19"E eu respondi: 'Senhor, sem dúvida eles sabem que em cada
sinagoga eu prendia e açoitava aqueles que criam em ti. 20E
quando Estêvão, tua testemunha, foi morto, eu estava intei-
ramente de acordo. Fiquei ali e guardei os mantos que eles
tiraram quando foram apedrejá-lo'.
21"Mas o Senhor me disse: 'Vá, pois eu o enviarei para longe,
para os gentios'".
22A multidão ouviu Paulo até ele dizer essa palavra. Então co-
meçaram a gritar: "Fora com esse sujeito! Ele não merece
viver!". 23Gritavam, arrancavam seus mantos e jogavam poeira
para o alto.

Paulo revela sua cidadania romana

24O comandante trouxe Paulo para dentro e ordenou que
ele fosse açoitado e interrogado a fim de descobrir por que
a multidão tinha ficado tão furiosa. 25Quando amarravam
Paulo para açoitá-lo, ele disse ao oficial que estava ali: "A lei
permite açoitar um cidadão romano sem que ele tenha sido
julgado?".
26Ao ouvir isso, o oficial foi ao comandante e perguntou: "O
que o senhor está fazendo? Este homem é cidadão romano!".
27O comandante perguntou a Paulo: "Diga-me, você é cidadão
romano?". Ele respondeu: "Sim, eu sou".
28"Eu também", disse o comandante. "E paguei caro por
minha cidadania!" Paulo respondeu: "Mas eu sou cidadão de
nascimento".
29Quando os soldados que estavam prestes a interrogar Paulo
ouviram que ele era cidadão romano, retiraram-se de ime-
diato. Até mesmo o comandante ficou com medo ao saber
que Paulo era cidadão romano, pois tinha mandado amarrá-lo.

Paulo diante do conselho dos líderes

30No dia seguinte, o comandante ordenou que os principais
sacerdotes se reunissem com o conselho dos líderes do povo.
Queria descobrir exatamente qual era o problema, por isso
soltou Paulo e mandou que o trouxessem diante deles.

23 Paulo olhou fixamente para o conselho dos líderes do
povo e disse: "Irmãos, tenho vivido diante de Deus com
a consciência limpa".
2No mesmo instante, o sumo sacerdote Ananias ordenou aos
que estavam perto de Paulo que lhe dessem um tapa na boca.
3Então Paulo lhe disse: "Deus o ferirá, seu grande hipócrita!
Que espécie de juiz é o senhor, desrespeitando a lei ao mandar
me agredir dessa forma?".
4Os que estavam perto de Paulo lhe disseram: "Você ousa in-
sultar o sumo sacerdote de Deus?".
5"Irmãos, não sabia que ele era o sumo sacerdote", respondeu
Paulo. "Pois as Escrituras dizem: 'Não fale mal de suas auto-
ridades'."
6Sabendo Paulo que alguns membros do conselho dos líderes
do povo eram saduceus e outros fariseus, gritou: "Irmãos, sou
fariseu, como eram meus antepassados! E estou sendo julgado
por causa de minha esperança na ressurreição dos mortos!".
7Quando Paulo disse isso, o conselho se dividiu, fariseus contra
saduceus, 8pois os saduceus afirmam não haver ressurreição,
nem anjos, nem espíritos, mas os fariseus creem em todas
essas coisas. 9Houve grande alvoroço. Alguns dos mestres
da lei que eram fariseus se levantaram e começaram a dis-
cutir energicamente. "Não vemos nada de errado com este
homem!", gritavam. "Talvez um espírito ou um anjo tenha
falado a ele!" 10A discussão ficou cada vez mais violenta, e o
comandante teve medo de que Paulo fosse feito em pedaços.
Assim, ordenou que os soldados o retirassem à força e o le-
vassem de volta à fortaleza.
11Naquela noite, o Senhor apareceu a Paulo e disse: "Tenha
ânimo, Paulo! Assim como você testemunhou a meu respeito
aqui em Jerusalém, deve fazê-lo também em Roma".

O plano para matar Paulo

12Na manhã seguinte, alguns judeus se juntaram para cons-
pirar, jurando solenemente que não comeriam nem beberiam
antes de matar Paulo. 13A conspiração envolveu mais de qua-
renta homens. 14Foram aos principais sacerdotes e aos líderes
do povo e lhes disseram: "Juramos solenemente, sob pena de
castigo divino, que não comeremos nem beberemos antes de
matar Paulo. 15Agora peçam, vocês e o conselho dos líderes
do povo, que o comandante traga Paulo de volta ao conselho.
Finjam que os senhores desejam examinar o caso com mais
detalhes. Nós o mataremos no caminho".
16Contudo, o sobrinho de Paulo, filho de sua irmã, soube do
plano deles e foi à fortaleza contar a seu tio. 17Então Paulo
mandou chamar um dos oficiais romanos e disse: "Leve este
rapaz ao comandante. Ele tem algo importante para lhe
contar".
18O oficial o levou ao comandante e explicou: "O preso Paulo
me chamou e pediu que eu trouxesse ao senhor este rapaz,
pois ele tem algo a lhe contar".
19O comandante tomou o rapaz pela mão e o levou à parte. "O
que você quer me dizer?", perguntou.
20O sobrinho de Paulo respondeu: "Alguns judeus pedirão
que o senhor apresente Paulo diante da reunião do conselho
amanhã, fingindo que desejam obter mais informações. 21Não
acredite neles. Há mais de quarenta homens emboscados
para matar Paulo. Juraram solenemente, sob pena de castigo
divino, que não comeriam nem beberiam antes de matá-lo.
Estão de prontidão, apenas esperando sua permissão".

[22]O comandante despediu o rapaz e o advertiu: "Não deixe
ninguém saber que você me contou isso".

Paulo é enviado a Cesareia

[23]Então o comandante chamou dois de seus oficiais e ordenou:
"Preparem duzentos soldados para partir a Cesareia hoje às
nove da noite. Levem também duzentos lanceiros e setenta
soldados a cavalo. [24]Providenciem um cavalo para Paulo e le-
vem-no em segurança ao governador Félix". [25]Em seguida,
escreveu a seguinte carta ao governador:
[26]"De Cláudio Lísias ao excelentíssimo governador Félix. Sau-
dações.
[27]"Este homem foi capturado por alguns judeus que estavam
prestes a matá-lo quando cheguei com meus soldados. Ao ser
informado de que ele era cidadão romano, transferi-o para
um lugar seguro. [28]Então levei-o diante do conselho supremo
dos judeus para investigar o motivo das acusações. [29]Não de-
morei a descobrir que ele era acusado de algo relacionado
à lei religiosa, sem dúvida nada que justificasse a pena de
morte ou mesmo a prisão. [30]Fui informado, porém, de uma
conspiração para matá-lo e enviei-o de imediato ao senhor.
Também informei aos acusadores que devem apresentar suas
denúncias diante do senhor".
[31]Naquela noite, os soldados cumpriram as ordens que ha-
viam recebido e levaram Paulo até Antipátride. [32]Voltaram à
fortaleza na manhã seguinte, enquanto a cavalaria prosseguiu
com ele. [33]Quando chegaram a Cesareia, apresentaram Paulo
e a carta ao governador Félix. [34]O governador leu a carta e
perguntou a Paulo de que província ele era. "Da Cilícia", res-
pondeu Paulo.
[35]"Ouvirei seu caso pessoalmente quando seus acusadores
chegarem", disse o governador. Em seguida, ordenou que
Paulo fosse mantido na prisão do palácio que Herodes havia
construído.

Paulo diante de Félix

24 Cinco dias depois, o sumo sacerdote Ananias chegou
com alguns dos líderes do povo e um advogado cha-
mado Tértulo para exporem ao governador sua causa contra
Paulo. [2]Quando Paulo foi chamado, Tértulo apresentou as acu-
sações: "Excelentíssimo Félix, o senhor tem proporcionado a
nós, judeus, um longo período de paz e, com perspicácia, tem
realizado reformas que muito nos beneficiam. [3]Por todas essas
coisas nós lhe somos extremamente gratos. [4]Contudo, não
desejo tomar seu tempo, por isso peço sua atenção apenas
por um momento. [5]Constatamos que este homem é um per-
turbador, que vive causando tumultos entre os judeus de todo
o mundo. É o principal líder da seita conhecida como os Na-
zarenos. [6]Quando o prendemos, estava tentando profanar o
templo. Nós queríamos julgá-lo de acordo com nossa lei, [7]mas
Lísias, o comandante do regimento, usou de força e o tirou de
nossas mãos, [8]e ordenou a nós, os acusadores, que nos apre-
sentássemos perante o senhor. Nossas acusações poderão ser
confirmadas quando o senhor interrogar Paulo pessoalmente".
[9]Os outros judeus concordaram e declararam ser verdadeiro o
que Tértulo tinha dito.
[10]Quando Paulo recebeu um sinal do governador para falar,
disse: "Sei que o senhor tem julgado questões dos judeus há
muitos anos e, portanto, apresento-lhe minha defesa de bom
grado. [11]O senhor poderá verificar com facilidade que cheguei
a Jerusalém não mais que doze dias atrás para adorar no
templo. [12]Meus acusadores não me encontraram discutindo
com ninguém no templo, nem causando tumulto em nenhuma
sinagoga, nem nas ruas da cidade. [13]Eles não podem provar
as acusações que fazem contra mim.
[14]"Reconheço, porém, que sou seguidor do Caminho, que eles
chamam de seita. Adoro o Deus de nossos antepassados e
creio firmemente na lei judaica e em tudo que está escrito
nos profetas. [15]Tenho em Deus a mesma esperança destes ho-
mens, de que ele ressuscitará tanto os justos como os injustos.
[16]Por isso, procuro sempre manter a consciência limpa diante
de Deus e dos homens.
[17]"Depois de estar ausente por vários anos, voltei a Jerusalém
com dinheiro para ajudar meu povo e apresentar ofertas.
[18]Meus acusadores me viram no templo depois que completei
minha cerimônia de purificação. Não havia multidão nenhuma
ao meu redor e nenhum tumulto. [19]Só estavam ali alguns ju-
deus da Ásia, e são eles que deveriam estar aqui diante do
senhor para me acusar, se têm algo contra mim. [20]Pergunte
a estes homens que aqui estão de que crimes o conselho dos
líderes do povo me considerou culpado, [21]exceto pela oca-
sião em que gritei: 'Estou sendo julgado diante dos senhores
porque creio na ressurreição dos mortos!'".
[22]Nesse momento, Félix, que tinha bastante conhecimento
sobre o Caminho, interrompeu a audiência e disse: "Esperem
até Lísias, o comandante do regimento, chegar. Então deci-
direi o caso de vocês". [23]Ordenou que um oficial mantivesse
Paulo sob custódia, mas lhe deu certa liberdade e permitiu
que seus amigos o visitassem e providenciassem aquilo de
que ele precisava.
[24]Alguns dias depois, Félix voltou com sua esposa, Drusila, que
era judia. Mandou chamar Paulo, e os dois ouviram enquanto
ele lhes falava a respeito da fé em Cristo Jesus. [25]Quando
Paulo passou a falar da justiça divina, do domínio próprio e
do dia do juízo que estava por vir, Félix teve medo e disse:
"Pode ir, por enquanto. Quando for mais conveniente, man-
darei chamá-lo outra vez". [26]Félix também esperava que Paulo
lhe oferecesse dinheiro, de modo que mandava buscá-lo com
frequência e conversava com ele.
[27]Assim se passaram dois anos, e Félix foi sucedido por Pórcio
Festo. E, uma vez que Félix desejava obter a simpatia dos ju-
deus, manteve Paulo na prisão.

Paulo diante de Festo

25 Três dias depois que Festo chegou a Cesareia para as-
sumir suas novas responsabilidades no governo da pro-
víncia, partiu para Jerusalém, [2]onde os principais sacerdotes e
outros líderes judeus se reuniram com ele e lhe apresentaram

as acusações contra Paulo. 3Pediram a Festo, como favor, que
transferisse Paulo para Jerusalém, pois planejavam armar uma
emboscada para matá-lo no caminho. 4Festo respondeu que
Paulo estava em Cesareia e que ele próprio voltaria para lá em
breve. 5"Alguns de vocês que têm autoridade voltem comigo",
disse ele. "Se Paulo tiver feito algo de errado, vocês poderão
apresentar suas acusações."
6Oito ou dez dias depois, Festo voltou a Cesareia e, no dia se-
guinte, convocou o tribunal e mandou que trouxessem Paulo.
7Quando Paulo chegou, os líderes judeus vindos de Jerusalém
se juntaram ao seu redor e fizeram várias acusações graves
que não podiam provar.
8Paulo se defendeu: "Não sou culpado de nenhum crime contra
as leis judaicas, nem contra o templo, nem contra o governo
romano".
9Então Festo, querendo agradar aos judeus, perguntou: "Você
está disposto a ir a Jerusalém e ali ser julgado diante de mim?".
10Paulo respondeu: "Este é um tribunal oficial romano, por-
tanto devo ser julgado aqui mesmo. O senhor sabe muito bem
que não fiz nenhum mal aos judeus. 11Se fiz algo para merecer
a pena de morte, não me recuso a morrer. Mas, se sou ino-
cente, ninguém tem o direito de me entregar a estes homens.
Eu apelo para César".
12Festo consultou seus conselheiros e, por fim, respondeu:
"Muito bem, você apelou para César, então irá para César".
13Alguns dias depois, o rei Agripa chegou com sua irmã, Bere-
nice, para visitar Festo. 14Durante a estada deles, que durou
vários dias, Festo discutiu o caso de Paulo com o rei. "Tenho
aqui um prisioneiro que Félix deixou para mim", disse ele.
15"Quando estive em Jerusalém, os principais sacerdotes e
líderes judeus apresentaram acusações contra ele e pediram
que eu o condenasse. 16Eu lhes disse que a lei romana não
condena ninguém sem julgamento. O acusado deve ter a opor-
tunidade de confrontar seus acusadores e se defender.
17"Quando eles vieram aqui para o julgamento, não me de-
morei. Convoquei o tribunal logo no dia seguinte e mandei
chamar Paulo. 18Os judeus, porém, não o acusaram de ne-
nhum dos crimes que eu esperava. 19Ao contrário, era algo
relacionado à sua religião e a um morto chamado Jesus, que
Paulo insiste que está vivo. 20Sem saber como investigar essas
questões, perguntei a Paulo se estava disposto a ir a Jerusalém
e ali ser julgado por essas acusações, 21mas ele apelou ao im-
perador para que julgue seu caso. Por isso, ordenei que fosse
mantido sob custódia até eu tomar as providências necessárias
para enviá-lo a César."
22Então Agripa disse a Festo: "Gostaria de ouvir esse homem
pessoalmente". E Festo respondeu: "Amanhã poderá ou-
vi-lo!".

Paulo se dirige a Agripa

23No dia seguinte, Agripa e Berenice chegaram à sala de au-
diência com grande pompa, acompanhados de oficiais mili-
tares e homens importantes da cidade. Festo mandou trazer
Paulo e, 24em seguida, disse: "Rei Agripa e demais presentes,
este é o homem cuja morte é exigida pelos judeus tanto daqui
como de Jerusalém. 25Em minha opinião, ele não fez coisa al-
guma para merecer a morte. Contudo, uma vez que apelou ao
imperador para que julgue seu caso, decidi enviá-lo a Roma.
26"Não sei, porém, o que escrever ao imperador, pois não
há nenhuma acusação clara contra ele. Por isso eu o trouxe
hoje diante dos senhores, especialmente do rei Agripa, para
que, depois de o interrogarmos, eu tenha algo para escrever.
27Pois não faz sentido enviar um prisioneiro ao imperador sem
especificar as acusações contra ele".

26 Então Agripa disse a Paulo: "Você pode falar em sua
defesa". Paulo fez um sinal com a mão e começou sua
defesa: 2"Rei Agripa, considero-me feliz de ter hoje a oportu-
nidade de lhe apresentar minha defesa contra todas as acu-
sações feitas pelos líderes judeus, 3pois sei que conhece bem
todos os costumes e controvérsias dos judeus. Portanto, peço
que me ouça com paciência.
4"Como os líderes judeus sabem muito bem, recebi educação
judaica completa desde a infância entre meu povo e depois
em Jerusalém. 5Também sabem, e talvez estejam dispostos a
confirmar, que vivi como fariseu, a seita mais rígida de nossa
religião. 6Agora estou sendo julgado por causa de minha es-
perança no cumprimento da promessa feita por Deus a nossos
antepassados. 7De fato, é por isso que as doze tribos de Israel
adoram a Deus fervorosamente, dia e noite, e compartilham
da mesma esperança que eu. E, no entanto, ó rei, acusam-me
por causa dessa esperança! 8Por que lhes parece tão incrível
que Deus ressuscite os mortos?
9"Eu costumava pensar que era minha obrigação empe-
nhar-me em me opor ao nome de Jesus, o nazareno. 10Foi
exatamente o que fiz em Jerusalém. Com autorização dos
principais sacerdotes, fui responsável pela prisão de muitos
dentre o povo santo. E eu votava contra eles quando eram
condenados à morte. 11Muitas vezes providenciei que fossem
castigados nas sinagogas, a fim de obrigá-los a blasfemar. Eu
me opunha a eles com tanta violência que os perseguia até em
cidades estrangeiras.
12"Certo dia, numa dessas missões, dirigia-me a Damasco, au-
torizado e incumbido pelos principais sacerdotes. 13Por volta
do meio-dia, ó rei, ainda a caminho, uma luz do céu, mais
intensa que o sol, brilhou sobre mim e meus companheiros.
14Todos nós caímos no chão, e eu ouvi uma voz que me dizia
em aramaico: 'Saulo, Saulo, por que você me persegue? Não
adianta lutar contra minha vontade'.
15"'Quem és tu, Senhor?', perguntei. "E o Senhor respondeu:
'Sou Jesus, a quem você persegue. 16Agora levante-se, pois
eu apareci para nomeá-lo meu servo e minha testemunha.
Conte o que viu e o que eu lhe mostrarei no futuro. 17E eu o
livrarei tanto de seu povo como dos gentios. Sim, eu o envio
aos gentios 18para abrir os olhos deles a fim de que se voltem
das trevas para a luz, e do poder de Satanás para Deus. Então
receberão o perdão dos pecados e a herança entre o povo de
Deus, separado pela fé em mim'.

19“Portanto, rei Agripa, obedeci à visão celestial. 20Anunciei
a mensagem primeiro em Damasco, depois em Jerusalém e
em toda a Judeia, e também aos gentios, dizendo que todos
devem arrepender-se, voltar-se para Deus e mostrar, por meio
de suas boas obras, que mudaram de rumo. 21Alguns judeus me
prenderam no templo por anunciar essa mensagem e tentaram
me matar. 22Mas Deus tem me protegido até este momento,
para que eu dê testemunho a todos, dos mais simples até os
mais importantes. Não ensino nada além daquilo que os pro-
fetas e Moisés disseram que haveria de acontecer, 23que o
Cristo sofreria e seria o primeiro a ressuscitar dos mortos e,
desse modo, anunciaria a luz de Deus tanto aos judeus como
aos gentios”.
24De repente, Festo gritou: “Paulo, você está louco! O excesso
de estudo o fez perder o juízo!”.
25Mas Paulo respondeu: “Não estou louco, excelentíssimo
Festo. Digo a mais sensata verdade, 26e o rei Agripa sabe
dessas coisas. Expresso-me com ousadia porque tenho cer-
teza de que esses acontecimentos são todos de conhecimento
dele, pois não se passaram em algum canto escondido. 27Rei
Agripa, o senhor crê nos profetas? Eu sei que sim”.
28Então Agripa o interrompeu: “Você acredita que pode me
convencer a tornar-me cristão em tão pouco tempo?”.
29Paulo respondeu: “Em pouco ou em muito tempo, peço a
Deus que tanto o senhor como os demais aqui presentes se
tornem como eu, exceto por estas correntes”.
30Então o rei, o governador, Berenice e todos os outros se
levantaram e se retiraram. 31Enquanto saíam, conversavam
entre si e concordaram: “Esse homem não fez nada que me-
reça morte ou prisão”.
32E Agripa disse a Festo: “Ele poderia ser posto em liberdade
se não tivesse apelado a César”.

Paulo vai a Roma

27 Quando chegou a hora, zarpamos para a Itália. Paulo e
muitos outros prisioneiros foram colocados sob a guarda
de um oficial romano chamado Júlio, capitão do Regimento
Imperial. 2Aristarco, um macedônio de Tessalônica, nos
acompanhou. Partimos num navio que tinha vindo do porto
de Adramítio, no litoral noroeste da província da Ásia. Estavam
previstas diversas paradas em portos ao longo da costa.
3No dia seguinte, quando ancoramos em Sidom, Júlio demons-
trou bondade a Paulo permitindo-lhe que desembarcasse para
visitar amigos e receber ajuda material deles. 4Quando par-
timos de lá, fomos costeando a ilha de Chipre, devido aos
ventos contrários que tornavam difícil manter o rumo. 5Pros-
seguindo por mar aberto, passamos pelo litoral da Cilícia e da
Panfília, chegando a Mirra, na província de Lícia. 6Ali, o oficial
no comando encontrou um navio egípcio de Alexandria que
estava de partida para a Itália e nos fez embarcar.
7Navegamos vagarosamente por vários dias e, depois de muita
dificuldade, nos aproximamos de Cnido. Por causa dos ventos
contrários, atravessamos para Creta, acompanhando o litoral
menos exposto da ilha, defronte ao cabo de Salmona. 8Cos-
teamos a ilha com grande esforço, até que chegamos a Bons
Portos, perto da cidade de Laseia. 9Havíamos perdido muito
tempo. As condições climáticas estavam se tornando perigosas
para a navegação, pois se aproximava o fim do outono, e Paulo
tratou dessa questão com os oficiais do navio.
10Disse ele: “Senhores, se prosseguirmos, vejo que teremos
problemas adiante. Haverá grande prejuízo para o navio e para
a carga, e perigo para nossa vida”. 11Mas o oficial encarregado
dos prisioneiros deu mais ouvidos ao capitão e ao proprietário
do navio que a Paulo. 12E, uma vez que Bons Portos era uma
enseada aberta, um péssimo lugar para passar o inverno, a
maioria da tripulação desejava ir a Fenice, que ficava mais
adiante na costa de Creta, e passar o inverno ali. Fenice era um
bom porto, com abertura apenas para o sudoeste e o noroeste.

A tempestade no mar

13Quando um vento leve começou a soprar do sul, os mari-
nheiros pensaram que conseguiriam chegar lá a salvo. Por
isso, levantaram âncora e foram costeando Creta. 14Mas o
tempo mudou de repente, e um vento com força de furacão,
chamado Nordeste, soprou sobre a ilha e nos empurrou para o
mar aberto. 15Como os marinheiros não conseguiam manobrar
o navio para ficar de frente para o vento, desistiram e deixaram
que fosse levado pela tempestade.
16Navegamos pelo lado menos exposto de uma pequena ilha
chamada Cauda, onde, com muito custo, conseguimos içar
para bordo o barco salva-vidas que viajava rebocado. 17Então
os marinheiros amarraram cordas em volta do casco do navio
para reforçá-lo. Temiam ser arrastados para os bancos de
areia de Sirte, diante do litoral africano, por isso baixaram
a âncora flutuante para desacelerar o navio e deixaram que
fosse levado pelo vento.
18No dia seguinte, como ventos com força de vendaval conti-
nuavam a castigar o navio, a tripulação começou a lançar a
carga ao mar. 19No terceiro dia, removeram até mesmo parte
do equipamento do navio e o jogaram fora. 20A tempestade
terrível prosseguiu por muitos dias, escondendo o sol e as es-
trelas, até que perdemos todas as esperanças.
21Fazia tempo que ninguém comia. Por fim, Paulo reuniu a
tripulação e disse: “Os senhores deveriam ter me dado ouvidos
no princípio e não ter deixado Bons Portos. Teriam evitado todo
este prejuízo e esta perda. 22Mas tenham bom ânimo! O navio
afundará, mas nenhum de vocês perderá a vida. 23Pois, ontem
à noite, um anjo do Deus a quem pertenço e sirvo se pôs ao
meu lado 24e disse: ‘Não tenha medo, Paulo! É preciso que
você compareça diante de César. E Deus, em sua bondade,
concedeu proteção a todos que navegam com você’. 25Por-
tanto, tenham bom ânimo! Creio em Deus; tudo ocorrerá exa-
tamente como ele disse. 26É necessário, porém, que sejamos
impulsionados para uma ilha”.

O naufrágio em Malta

27Por volta da meia-noite, na décima quarta noite de tempes-
tade, enquanto éramos levados de um lado para o outro no

mar Adriático, os marinheiros perceberam que estávamos
perto de terra firme. 28Lançaram a sonda e verificaram que a
água tinha 37 metros de profundidade. Um pouco depois, lan-
çaram a sonda novamente e encontraram apenas 27 metros.
29Temiam que, se continuássemos assim, seríamos atirados
contra as rochas na praia. Por isso, lançaram quatro âncoras
da parte de trás do navio e ansiavam para que o dia chegasse
logo.
30Dando a entender que iriam lançar as âncoras da parte da
frente, os marinheiros baixaram o barco salva-vidas, na tenta-
tiva de abandonar o navio. 31Paulo, então, disse ao oficial no
comando e aos soldados: “Se os marinheiros não permane-
cerem a bordo, vocês não conseguirão se salvar”. 32Então os
soldados cortaram as cordas do barco salva-vidas e o deixaram
à deriva.
33Enquanto amanhecia, Paulo insistiu que todos comessem.
“De tão preocupados, vocês não se alimentam há duas se-
manas”, disse ele. 34“Por favor, comam alguma coisa agora,
para seu próprio bem. Pois nem um fio de cabelo de sua ca-
beça se perderá.” 35Em seguida, tomou um pão, deu graças
a Deus na presença de todos, partiu-o em pedaços e comeu.
36Todos se animaram e começaram a comer. 37Havia um total
de 276 pessoas a bordo. 38Depois de se alimentar, a tripulação
aliviou o peso do navio mais um pouco, atirando ao mar toda
a carga de trigo.
39Ao amanhecer, não reconheceram a terra, mas viram uma
enseada com uma praia e cogitaram se seria possível chegar
ali e atracar o navio. 40Então cortaram as âncoras e as dei-
xaram no mar. Depois, afrouxaram as cordas que controlavam
os lemes, levantaram a vela da frente e foram rumo à praia,
41mas o navio foi apanhado entre duas correntezas contrárias
e encalhou antes do esperado. A parte da frente se encravou e
ficou imóvel, enquanto a parte de trás, atingida pela força das
ondas, começou a se partir.
42Os soldados queriam matar os prisioneiros para que não na-
dassem até a praia e depois fugissem. 43O oficial no comando,
porém, desejava poupar a vida de Paulo e não permitiu que
executassem seu plano. Ordenou aos que sabiam nadar que
saltassem ao mar primeiro e fossem em direção a terra. 44Os
outros se agarraram a tábuas ou pedaços do navio destruído.
Assim, todos chegaram à praia em segurança.

Paulo na ilha de Malta

28 Uma vez a salvo em terra, descobrimos que estávamos
na ilha de Malta. 2O povo de lá nos tratou com muita
bondade. Por ser um dia frio e chuvoso, fizeram uma fogueira
na praia para nos receber.
3Enquanto Paulo juntava um monte de gravetos e os colocava
no fogo, uma cobra venenosa que fugia do calor mordeu sua
mão. 4Quando os habitantes da ilha viram a cobra pendurada
na mão de Paulo, disseram uns aos outros: “Sem dúvida ele é
um assassino! Embora tenha escapado do mar, a justiça não
lhe permitiu viver”. 5Mas Paulo sacudiu a cobra no fogo e não
sofreu nenhum mal. 6O povo esperava que ele inchasse ou
caísse morto de repente. No entanto, depois de esperarem
muito tempo e verem que nada havia acontecido, mudaram
de ideia e começaram a dizer que ele era um deus.
7Perto da praia, havia uma propriedade pertencente a Públio,
a principal autoridade da ilha. Por três dias, ele nos hospedou
e nos tratou com bondade. 8Aconteceu que o pai de Públio
estava doente, com febre e disenteria. Paulo entrou, orou por
ele e, impondo as mãos sobre sua cabeça, o curou. 9Então
os demais enfermos da ilha vieram e foram curados. 10Como
resultado, fomos cobertos de presentes e honras e, chegada
a hora de partirmos, o povo nos forneceu todos os suprimentos
necessários à viagem.

Paulo chega a Roma

11Três meses depois do naufrágio, embarcamos em outro
navio, que havia passado o inverno na ilha. Era um navio ale-
xandrino, que tinha na parte da frente a figura dos deuses gê-
meos. 12Aportamos em Siracusa, onde ficamos três dias. 13Dali
navegamos até Régio. Um dia depois, um vento sul começou a
soprar, de modo que no dia seguinte prosseguimos até Potéoli.
14Ali encontramos alguns irmãos que nos convidaram a passar
uma semana com eles. Depois fomos para Roma.
15Os irmãos em Roma souberam que estávamos chegando e
vieram ao nosso encontro no Fórum da Via Ápia. Outros se
juntaram a nós nas Três Vendas. Ao vê-los, Paulo se animou
e agradeceu a Deus.
16Quando chegamos a Roma, Paulo recebeu permissão de ter
sua própria moradia, sob a guarda de um soldado.

Paulo prega e ensina em Roma

17Três dias depois de chegar, Paulo convocou os líderes judeus
locais e lhes disse: “Irmãos, embora eu não tenha feito nada
contra nosso povo nem contra os costumes de nossos antepas-
sados, fui preso em Jerusalém e entregue ao governo romano.
18Os romanos me interrogaram e queriam me soltar, pois não
encontraram motivo para me condenar à morte. 19Mas, quando
os líderes judeus protestaram contra a decisão, considerei ne-
cessário apelar a César, embora não tivesse acusação alguma
contra meu próprio povo. 20Por isso pedi a vocês que viessem
aqui hoje para que nos conhecêssemos, e também para que eu
pudesse explicar que estou preso com estas correntes porque
creio na esperança de Israel”.
21Eles responderam: “Não recebemos nenhuma carta da Ju-
deia, e ninguém que veio de lá nos informou alguma coisa
contra você. 22Contudo, queremos ouvir o que você pensa,
pois o que sabemos a respeito desse movimento é que ele é
contestado em toda parte”.
23Então marcaram uma data e, nesse dia, muita gente foi à
casa de Paulo. Ele explicou e testemunhou sobre o reino de
Deus e, desde cedo até a noite, procurou convencê-los acerca
de Jesus com base na lei de Moisés e nos livros dos profetas.
24Alguns foram convencidos pelas coisas que ele disse, mas
outros não creram. 25E, depois de discutirem entre si, foram
embora com estas palavras finais de Paulo: “O Espírito Santo

estava certo quando disse a nossos antepassados por meio
do profeta Isaías:
26'Vá e diga a este povo: Quando ouvirem o que digo, não
entenderão. Quando virem o que faço, não compreenderão.
27Pois o coração deste povo está endurecido; ouvem com difi-
culdade e têm os olhos fechados, de modo que seus olhos não
veem, e seus ouvidos não ouvem, e seu coração não entende,
e não se voltam para mim, nem permitem que eu os cure'.
28Portanto, quero que saibam que esta salvação vinda de Deus
também foi oferecida aos gentios, e eles a aceitarão". 29De-
pois de ele ter dito essas palavras, os judeus partiram, em
grande desacordo uns com os outros.
30Durante os dois anos seguintes, Paulo morou em Roma, às
próprias custas. A todos que o visitavam ele recebia, 31procla-
mando corajosamente o reino de Deus e ensinando a respeito
do Senhor Jesus Cristo sem restrição alguma.

ROMANOS

Saudações de Paulo

1 Eu, Paulo, escravo de Cristo Jesus, chamado para ser após-
tolo e enviado para anunciar as boas-novas de Deus, escrevo
esta carta. 2Deus prometeu as boas-novas muito tempo atrás
nas Escrituras Sagradas, por meio de seus profetas. 3Elas se
referem a seu Filho, que, como homem, nasceu da linhagem
do rei Davi, 4e, quando o poder do Espírito Santo o ressuscitou
dos mortos, foi demonstrado que ele era o Filho de Deus. Ele é
Jesus Cristo, nosso Senhor. 5Por meio dele recebemos a graça
e a autoridade, como apóstolos, de chamar os gentios em
toda parte a crer nele e lhe obedecer, em honra de seu nome.
6E vocês estão entre esses gentios chamados para pertencer
a Jesus Cristo. 7Escrevo a todos vocês que estão em Roma,
amados por Deus e chamados para ser seu povo santo. Que
Deus, nosso Pai, e o Senhor Jesus Cristo lhes deem graça e paz.

As boas-novas de Deus

8Antes de tudo, quero dizer que, por meio de Jesus Cristo,
agradeço a meu Deus por todos vocês, pois sua fé nele é co-
mentada em todo o mundo. 9O Deus a quem sirvo em meu
espírito, anunciando as boas-novas a respeito de seu Filho,
sabe como nunca deixo de me lembrar de vocês 10em minhas
orações, sempre pedindo, se for da vontade de Deus, uma
oportunidade de ir vê-los. 11Desejo muito visitá-los, a fim de
compartilhar com vocês alguma dádiva espiritual que os ajude
a se fortalecerem. 12Quando nos encontrarmos, quero enco-
rajá-los na fé, e também quero ser encorajado por sua fé.
13Quero que saibam, irmãos, que muitas vezes planejei visi-
tá-los, mas até agora fui impedido. Meu desejo é trabalhar
entre vocês e ver frutos espirituais como tenho visto entre ou-
tros gentios, 14pois sinto grande obrigação tanto para com os
gregos como os bárbaros, tanto para com os instruídos como
os não instruídos. 15Por isso, aguardo com expectativa para
visitá-los, a fim de anunciar as boas-novas também a vocês,
em Roma.
16Pois não me envergonho das boas-novas a respeito de Cristo,
que são o poder de Deus em ação para salvar todos os que
creem, primeiro os judeus, e também os gentios. 17As boas-
-novas revelam como Deus nos declara justos diante dele, o
que, do começo ao fim, é algo que se dá pela fé. Como dizem
as Escrituras: "O justo viverá pela fé".

A ira de Deus contra o pecado

18Assim, Deus mostra do céu sua ira contra todos que são pe-
cadores e perversos, que por sua maldade impedem que a ver-
dade seja conhecida. 19Sabem a verdade a respeito de Deus,
pois ele a tornou evidente. 20Por meio de tudo que ele fez
desde a criação do mundo, podem perceber claramente seus
atributos invisíveis: seu poder eterno e sua natureza divina.
Portanto, não têm desculpa alguma.
21Sim, eles conheciam algo sobre Deus, mas não o adoraram
nem lhe agradeceram. Em vez disso, começaram a inventar
ideias tolas e, com isso, sua mente ficou obscurecida e con-
fusa. 22Dizendo-se sábios, tornaram-se tolos. 23Trocaram
a grandeza do Deus imortal por imagens de seres humanos
mortais, bem como de aves, animais e répteis.
24Por isso, Deus os entregou aos desejos pecaminosos de seu
coração. Como resultado, praticaram entre si coisas desprezí-
veis e degradantes com o próprio corpo. 25Trocaram a verdade
sobre Deus pela mentira. Desse modo, adoraram e serviram
coisas que Deus criou, em lugar do Criador, que é digno de
louvor eterno! Amém. 26Por isso, Deus os entregou a desejos
vergonhosos. Até as mulheres trocaram sua forma natural de
ter relações sexuais por práticas não naturais. 27E os homens,
em vez de ter relações sexuais normais com mulheres, ar-
deram de desejo uns pelos outros. Homens praticaram atos
indecentes com outros homens e, em decorrência desse pe-
cado, sofreram em si mesmos o castigo que mereciam.
28Uma vez que consideraram que conhecer a Deus era algo
inútil, o próprio Deus os entregou a um inútil modo de pensar,
deixando que fizessem coisas que jamais deveriam ser feitas.
29A vida deles se encheu de toda espécie de perversidade,
pecado, ganância, ódio, inveja, homicídio, discórdia, engano,
malícia e fofocas. 30Espalham calúnias, odeiam a Deus, são

insolentes, orgulhosos e arrogantes. Inventam novas ma-
neiras de pecar e desobedecem a seus pais. 31Não têm enten-
dimento, quebram suas promessas, não mostram afeição nem
misericórdia. 32Sabem que, de acordo com a justiça de Deus,
quem pratica essas coisas merece morrer, mas ainda assim
continuam a praticá-las. E, o que é pior, incentivam outros a
também fazê-lo.

O julgamento de Deus

2 Talvez você pense que pode condenar esses indivíduos, mas
é igual a eles e não tem desculpa! Quando diz que eles
deveriam ser castigados, condena a si mesmo, porque você,
que julga os outros, pratica as mesmas coisas. 2E sabemos que
Deus, em sua justiça, castigará todos que praticam tais coisas.
3Uma vez que você julga outros por fazerem essas coisas, o
que o leva a pensar que evitará o julgamento de Deus ao agir
da mesma forma? 4Não percebe quanto ele é bondoso, tole-
rante e paciente com você? Não vê que essas manifestações da
bondade de Deus visam levá-lo ao arrependimento?
5Mas, por causa de seu coração rebelde, você se recusa a
abandonar o pecado, acumulando ira sobre si mesmo. Pois
o dia da ira se aproxima, quando o justo juízo de Deus se re-
velará. 6Ele julgará cada um de acordo com seus atos. 7Dará
vida eterna àqueles que, persistindo em fazer o bem, buscam
glória, honra e imortalidade. 8Mas derramará ira e indignação
sobre os que vivem para si mesmos, que se recusam a obe-
decer à verdade e preferem entregar-se a uma vida de perver-
sidade. 9A todos que praticam o mal, ele trará aflição e cala-
midade: primeiro para os judeus, e também para os gentios.
10Mas, a todos que fazem o bem, ele dará glória, honra e paz:
primeiro para os judeus, e também para os gentios. 11Pois Deus
não age com favoritismo.
12Assim, todos os que pecarem, mesmo não tendo a lei escrita
de Deus, serão destruídos. E todos os que pecarem estando
sob a lei de Deus, de acordo com essa lei serão julgados.
13Pois o simples ato de ouvir a lei não nos torna justos diante
de Deus, mas sim a obediência à lei é que nos torna justos
aos olhos dele. 14Até mesmo os gentios, que não têm a lei
escrita, quando obedecem a ela instintivamente, mostram
que conhecem a lei, mesmo não a tendo. 15Demonstram que
a lei está gravada em seu coração, pois sua consciência e seus
pensamentos os acusam ou lhes dizem que estão agindo cor-
retamente. 16Isso se confirmará no dia em que Deus julgar os
segredos de cada um por meio de Cristo Jesus, de acordo com
as boas-novas que anuncio.

Os judeus e a lei

17Você, que se diz judeu, se apoia na lei de Deus e se orgulha de
seu relacionamento especial com ele. 18Conhece a vontade de
Deus: sabe o que é certo, porque foi instruído em sua lei. 19Está
convencido de que é guia para os cegos e luz para os que estão
perdidos na escuridão. 20Considera-se capaz de instruir os ig-
norantes e ensinar os caminhos de Deus às crianças. Está certo
de que a lei de Deus lhe dá pleno conhecimento e verdade.
21Pois bem, se você ensina a outros, por que não ensina a
si mesmo? Diz a outros que não roubem, mas você mesmo
rouba? 22Afirma que é errado cometer adultério, mas você
mesmo adultera? Condena a idolatria, mas rouba objetos dos
templos? 23Você, que tanto se orgulha de conhecer a lei, de-
sonra a Deus, desobedecendo à lei? 24Não é de admirar que
as Escrituras digam: "Os gentios blasfemam o nome de Deus
por causa de vocês".
25A prática judaica da circuncisão só tem valor se você obedece
à lei de Deus. Mas se você, que é circuncidado, não obedece à
lei de Deus, não é diferente de um gentio incircuncidado. 26E,
se os incircuncidados obedecerem à lei de Deus, acaso não
serão também considerados circuncidados? 27De fato, os gen-
tios incircuncidados que cumprem a lei de Deus condenarão
você, judeu, que é circuncidado e tem a lei de Deus, mas não
obedece a ela.
28Pois ser judeu exteriormente ou ser circuncidado não torna
ninguém judeu de fato. 29Judeu verdadeiro é quem o é no
íntimo, e circuncisão verdadeira é a do coração, feita pelo
Espírito, e não pela letra da lei, recebendo assim a aprovação
de Deus, e não das pessoas.

A fidelidade de Deus

3 Então qual é a vantagem de ser judeu? A circuncisão tem
algum valor? 2Sim, há muitos benefícios. Em primeiro lugar,
aos judeus foi confiada toda a revelação de Deus.
3É verdade que alguns deles foram infiéis, mas isso significa
que Deus será infiel? 4De maneira nenhuma! Ainda que todos
sejam mentirosos, Deus é verdadeiro. E as Escrituras dizem a
seu respeito: "Será provado que tens razão no que dizes, e
ganharás tua causa no juízo".
5Alguém poderia dizer: "Mas nosso pecado não cumpre um
bom propósito, ajudando os outros a verem como Deus é
justo? Não é uma injustiça, portanto, Deus nos castigar?".
(Estou seguindo o ponto de vista humano.) 6Claro que não!
Se fosse assim, como Deus poderia julgar o mundo? 7Alguém
poderia argumentar, ainda: "Mas por que Deus me condena
como pecador se minha mentira ressalta sua verdade e lhe
traz mais glória?". 8E alguns até nos difamam, afirmando que
dizemos: "Quanto mais pecarmos, melhor!". Quem diz essas
coisas merece condenação.

Todos são pecadores

9Pois bem, devemos concluir que nós, judeus, somos melhores
que os outros? Não, de maneira nenhuma, pois já mostramos que
todos, judeus ou gentios, estão sob o poder do pecado. 10Como
afirmam as Escrituras: "Ninguém é justo, nem um sequer.
11Ninguém é sábio, ninguém busca a Deus.
12Todos se desviaram, todos se tornaram inúteis. Ninguém faz
o bem, nem um sequer."
13"Sua conversa é repulsiva, como o odor de um túmulo aberto;
sua língua é cheia de mentiras."
"Veneno de serpentes goteja de seus lábios."
14"Sua boca é cheia de maldição e amargura."

15 “Apressam-se em cometer homicídio; 16 por onde passam,
deixam destruição e sofrimento.
17 Não sabem onde encontrar paz.”
18 “Não têm o menor temor de Deus.”
19 É evidente que a lei se aplica àqueles a quem ela foi en-
tregue, pois seu propósito é evitar desculpas e mostrar que
todo o mundo é culpado diante de Deus. 20 Pois ninguém será
declarado justo diante de Deus por fazer o que a lei ordena. A
lei simplesmente mostra quanto somos pecadores.

Cristo tomou sobre si nosso castigo

21 Agora, porém, conforme prometido na lei de Moisés e nos
profetas, Deus nos mostrou como somos declarados justos
diante dele sem as exigências da lei: 22 somos declarados
justos diante de Deus por meio da fé em Jesus Cristo, e isso se
aplica a todos que creem, sem nenhuma distinção.
23 Pois todos pecaram e não alcançam o padrão da glória de
Deus, 24 mas ele, em sua graça, nos declara justos por meio de
Cristo Jesus, que nos resgatou do castigo por nossos pecados.
25 Deus apresentou Jesus como sacrifício pelo pecado, com o
sangue que ele derramou, mostrando assim sua justiça em
favor dos que creem. No passado ele se conteve e não cas-
tigou os pecados antes cometidos, 26 pois planejava revelar
sua justiça no tempo presente. Com isso, Deus se mostrou
justo, condenando o pecado, e justificador, declarando justo
o pecador que crê em Jesus.
27 Podemos então nos vangloriar de ter feito algo para sermos
aceitos por Deus? Não, pois nossa absolvição não vem pela
obediência à lei, mas pela fé. 28 Portanto, somos declarados
justos por meio da fé, e não pela obediência à lei.
29 Afinal, Deus é Deus apenas dos judeus? Não é também Deus
dos gentios? Claro que sim! 30 Existe um só Deus, e ele declara
justos tanto judeus como gentios somente pela fé. 31 Então, se
enfatizamos a fé, quer dizer que podemos abolir a lei? Claro
que não! Na realidade, é só quando temos fé que cumprimos
verdadeiramente a lei.

Abraão como exemplo de fé

4 Do ponto de vista humano, Abraão foi o fundador de nossa
nação. O que descobriu ele? 2 Se suas boas obras o tivessem
tornado justo, ele teria motivo para se vangloriar, mas não pe-
rante Deus. 3 Pois as Escrituras dizem: “Abraão creu em Deus, e
assim foi considerado justo”.
4 O salário daquele que trabalha não é um presente, mas um
direito. 5 Contudo, ninguém é considerado justo com base em
seu trabalho, mas sim por meio de sua fé em Deus, que de-
clara justos os pecadores. 6 Davi também falou a esse respeito
quando descreveu a felicidade daqueles que são considerados
justos sem terem trabalhado para isso:
7 “Como são felizes aqueles cuja desobediência é perdoada,
cujos pecados são cobertos!
8 Sim, como são felizes aqueles cujo pecado o Senhor não leva
mais em conta!”.
9 Por acaso essa bênção é apenas para os judeus, ou se es-
tende também aos gentios incircuncidados? Já dissemos que
Deus considerou Abraão justo por meio de sua fé. 10 Mas como
isso aconteceu? Ele foi considerado justo somente depois de
ter sido circuncidado, ou antes disso? Está claro que foi antes
de ele ser circuncidado.
11 A circuncisão era um sinal de que Abraão já possuía fé e de
que Deus já o havia declarado justo, mesmo antes de ele ser
circuncidado. Portanto, Abraão é o pai daqueles que têm fé
mas não foram circuncidados. Eles são considerados justos
por causa de sua fé. 12 E Abraão também é o pai daqueles que
foram circuncidados, mas somente se tiverem o mesmo tipo
de fé que Abraão tinha antes de ser circuncidado.
13 A promessa de que Abraão e seus descendentes herdariam
toda a terra não se baseou em sua obediência à lei de Deus,
mas sim no fato de ele ter sido considerado justo quando teve
fé. 14 Portanto, se a herança prometida é apenas para aqueles
que obedecem à lei, a fé é desnecessária, e a promessa, anu-
lada. 15 Pois a lei traz ira sobre aqueles que tentam obedecer a
ela. A única forma de não quebrar a lei é não ter lei nenhuma
para quebrar!
16 É por isso que a promessa vem pela fé, para que ela seja
segundo a graça e, assim, alcance toda a descendência de
Abraão, não somente os que vivem sob a lei, mas todos que
têm fé como a que teve Abraão. Pois ele é o pai de todos que
creem. 17 Conforme aparece nas Escrituras: “Eu o fiz pai de
muitas nações”. Isso aconteceu porque Abraão creu no Deus
que traz os mortos de volta à vida e cria coisas novas do nada.
18 Mesmo quando não havia motivo para ter esperança, Abraão
a manteve, crendo que se tornaria o pai de muitas nações.
Pois Deus lhe tinha dito: “Esse é o número de descendentes
que você terá!”. 19 E sua fé não se enfraqueceu, embora ele
soubesse que, aos cem anos, seu corpo, bem como o ventre
de Sara, já não tinham vigor.
20 Em nenhum momento a fé de Abraão na promessa de Deus
vacilou. Na verdade, ela se fortaleceu e, com isso, ele deu
glória a Deus. 21 Abraão estava plenamente convicto de que
Deus é poderoso para cumprir tudo que promete. 22 Por isso,
por sua fé, ele foi considerado justo. 23 E, quando Deus consi-
derou Abraão justo, não o fez apenas para benefício dele. As
Escrituras dizem 24 que foi também para nosso benefício, pois
elas garantem que também seremos considerados justos por
crermos naquele que ressuscitou dos mortos a Jesus, nosso
Senhor. 25 Ele foi entregue à morte por causa de nossos pe-
cados e foi ressuscitado para que fôssemos declarados justos
diante de Deus.

A fé produz alegria

5 Portanto, uma vez que pela fé fomos declarados justos,
temos paz com Deus por causa daquilo que Jesus Cristo,
nosso Senhor, fez por nós. 2 Foi por meio da fé que Cristo nos
concedeu esta graça que agora desfrutamos com segurança e
alegria, pois temos a esperança de participar da glória de Deus.
3 Também nos alegramos ao enfrentar dificuldades e prova-

ções, pois sabemos que contribuem para desenvolvermos
perseverança, 4e a perseverança produz caráter aprovado, e
o caráter aprovado fortalece nossa esperança, 5e essa espe-
rança não nos decepcionará, pois sabemos quanto Deus nos
ama, uma vez que ele nos deu o Espírito Santo para nos encher
o coração com seu amor.
6Quando estávamos completamente desamparados, Cristo
veio na hora certa e morreu por nós, pecadores. 7É pouco pro-
vável que alguém morresse por um justo, embora talvez al-
guém se dispusesse a morrer por uma pessoa boa. 8Mas Deus
nos prova seu grande amor ao enviar Cristo para morrer por
nós quando ainda éramos pecadores. 9E, uma vez que fomos
declarados justos por seu sangue, certamente seremos salvos
da ira de Deus por meio dele. 10Pois, se quando ainda éramos
inimigos de Deus nosso relacionamento com ele foi restaurado
pela morte de seu Filho, agora que já estamos reconciliados
certamente seremos salvos por sua vida. 11Agora, portanto,
podemos nos alegrar em Deus, com quem fomos reconciliados
por meio de nosso Senhor Jesus Cristo.

A diferença entre Adão e Cristo

12Quando Adão pecou, o pecado entrou no mundo, e com ele
a morte, que se estendeu a todos, porque todos pecaram. 13É
fato que as pessoas pecaram antes que a lei fosse concedida,
mas, porque ela não existia, seus pecados não foram levados
em conta. 14Mesmo assim, do tempo de Adão até o de Moisés,
todos morreram, incluindo os que não desobedeceram a uma
ordem explícita de Deus, como Adão desobedeceu. Na ver-
dade, Adão é um símbolo, uma representação daquele que
ainda haveria de vir. 15Mas há uma grande diferença entre
o pecado de Adão e a dádiva de Deus. Pois o pecado de um
único homem trouxe morte para muitos. Ainda maior, porém,
é a graça de Deus e sua dádiva que veio sobre muitos por meio
de um único homem, Jesus Cristo. 16E o resultado da dádiva
de Deus é bem diferente do resultado do pecado de um único
homem, pois enquanto o pecado de Adão levou à condenação,
a dádiva de Deus nos possibilita ser declarados justos diante
dele, apesar de nossos muitos pecados. 17A morte reinou sobre
muitos por meio do pecado de um único homem. Ainda maior,
porém, é a graça de Deus e sua dádiva de justiça, e todos que
a recebem reinarão em vida por meio de um único homem,
Jesus Cristo.
18É verdade que um só pecado de Adão trouxe condenação
a todos, mas um só ato de justiça de Cristo removeu a culpa
e trouxe vida a todos. 19Por causa da desobediência a Deus
de uma só pessoa, muitos se tornaram pecadores. Mas, por
causa da obediência de uma só pessoa a Deus, muitos serão
declarados justos.
20A lei foi concedida para que todos percebessem a gravidade
do pecado. Mas, à medida que o pecado aumentou, a graça se
tornou ainda maior. 21Portanto, assim como o pecado reinou
sobre todos e os levou à morte, agora reina a graça, que nos
declara justos diante de Deus e resulta na vida eterna por meio
de Jesus Cristo, nosso Senhor.

Libertos do poder do pecado

6 Pois bem, devemos continuar pecando para que Deus mostre
cada vez mais sua graça? 2Claro que não! Uma vez que mor-
remos para o pecado, como podemos continuar vivendo nele?
3Ou acaso se esqueceram de que, quando fomos unidos a Cristo
Jesus no batismo, nos unimos a ele em sua morte? 4Pois, pelo
batismo, morremos e fomos sepultados com Cristo. E, assim
como ele foi ressuscitado dos mortos pelo poder glorioso do
Pai, agora nós também podemos viver uma nova vida.
5Uma vez que nossa união com ele se assemelhou à sua morte,
assim também nossa ressurreição será semelhante à dele. 6Sa-
bemos que nossa velha natureza humana foi crucificada com
Cristo, para que o pecado não tivesse mais poder sobre nossa
vida e dele deixássemos de ser escravos. 7Pois, quando mor-
remos com Cristo, fomos libertos do poder do pecado. 8Então,
uma vez que morremos com Cristo, cremos que também com
ele viveremos. 9Temos certeza disso, pois Cristo foi ressus-
citado dos mortos e não mais morrerá. A morte já não tem
nenhum poder sobre ele. 10Quando ele morreu, foi de uma
vez por todas, para quebrar o poder do pecado. Mas agora
que ele vive, é para a glória de Deus. 11Da mesma forma, con-
siderem-se mortos para o poder do pecado e vivos para Deus
em Cristo Jesus.
12Não deixem que o pecado reine sobre seu corpo, que está
sujeito à morte, cedendo aos desejos pecaminosos. 13Não
deixem que nenhuma parte de seu corpo se torne instrumento
do mal para servir ao pecado, mas em vez disso entreguem-se
inteiramente a Deus, pois vocês estavam mortos e agora têm
nova vida. Portanto, ofereçam seu corpo como instrumento
para fazer o que é certo para a glória de Deus. 14O pecado não
é mais seu senhor, pois vocês já não vivem sob a lei, mas sob
a graça de Deus.
15Pois bem, uma vez que a graça nos libertou da lei, quer dizer
que podemos continuar pecando? Claro que não! 16Vocês não
sabem que se tornam escravos daquilo a que escolhem obe-
decer? Podem ser escravos do pecado, que conduz à morte,
ou podem escolher obedecer a Deus, que conduz à vida de
justiça. 17Graças a Deus, porque antes vocês eram escravos do
pecado, mas agora obedecem de todo o coração a este ensino
que lhes transmitimos. 18Estão livres da escravidão do pecado
e se tornaram escravos da justiça.
19Uso o exemplo da escravidão para ajudá-los a entender isso
tudo, pois sua natureza humana é fraca. No passado, vocês se
deixaram escravizar pela impureza e pela maldade, o que os
fez afundar ainda mais no pecado. Agora, devem se entregar
como escravos à vida de justiça, para que se tornem santos.
20Quando eram escravos do pecado, estavam livres da obri-
gação de fazer o que é certo. 21E qual foi o resultado? Hoje
vocês se envergonham das coisas que costumavam fazer,
coisas que acabam em morte. 22Agora, porém, estão livres
do poder do pecado e se tornaram escravos de Deus. Fazem
aquilo que conduz à santidade e resulta na vida eterna. 23Pois
o salário do pecado é a morte, mas a dádiva de Deus é a vida
eterna em Cristo Jesus, nosso Senhor.

Libertos da lei

7 Agora, irmãos, vocês que conhecem a lei, não sabem que ela se aplica apenas enquanto a pessoa vive? 2Por exemplo, quando uma mulher se casa, a lei a une a seu marido enquanto ele estiver vivo. No entanto, se ele morrer, as leis do casamento já não se aplicarão à mulher. 3Portanto, enquanto o marido estiver vivo, se ela se casar com outro homem, cometerá adultério. Mas, se o marido morrer, ela ficará livre dessa lei e não cometerá adultério ao se casar novamente.

4Assim, meus irmãos, vocês morreram para o poder da lei quando morreram com Cristo, e agora estão unidos com aquele que foi ressuscitado dos mortos. Como resultado, podemos produzir uma colheita de boas obras para Deus. 5Quando éramos controlados pela natureza humana, desejos pecaminosos atuavam dentro de nós, e a lei despertava esses desejos maus, que produziam uma colheita de obras pecaminosas cujo resultado era a morte. 6Agora, porém, fomos libertos da lei, pois morremos para ela e já não estamos presos a seu poder. Podemos servir a Deus não da maneira antiga, obedecendo à letra da lei, mas da maneira nova, vivendo no Espírito.

A lei de Deus expõe nosso pecado

7Por acaso estou dizendo que a lei de Deus é pecaminosa? Claro que não! Na verdade, foi a lei que me mostrou meu pecado. Eu jamais saberia que cobiçar é errado se a lei não dissesse: "Não cobice". 8Mas o pecado usou esse mandamento para despertar dentro de mim todo tipo de desejo cobiçoso. Se não houvesse lei, o pecado não teria esse poder. 9Houve um tempo em que eu vivia sem a lei. No entanto, quando tomei conhecimento do mandamento, o pecado ganhou vida, 10e eu morri. Assim, descobri que os mandamentos da lei, que deveriam trazer vida, trouxeram, em vez disso, morte. 11O pecado se aproveitou desses mandamentos e me enganou, e fez uso deles para me matar. 12Isso, porém, só demonstra que a lei em si é santa, e santos, justos e bons são seus mandamentos.

13Mas, então, a lei, que é boa, foi responsável por minha morte? Claro que não! O pecado usou o que era bom para me condenar à morte. Vemos, com isso, como o pecado é terrível, usando os bons mandamentos de Deus para seus próprios fins perversos.

A luta contra o pecado

14O problema não está na lei, pois ela é espiritual e boa. O problema está em mim, pois sou humano, escravo do pecado. 15Não entendo a mim mesmo, pois quero fazer o que é certo, mas não o faço. Em vez disso, faço aquilo que odeio. 16Mas, se eu sei que o que faço é errado, isso mostra que concordo que a lei é boa. 17Portanto, não sou eu quem faz o que é errado, mas o pecado que habita em mim.

18E eu sei que em mim, isto é, em minha natureza humana, não há nada de bom, pois quero fazer o que é certo, mas não consigo. 19Quero fazer o bem, mas não o faço. Não quero fazer o que é errado, mas, ainda assim, o faço. 20Então, se faço o que não quero, na verdade não sou eu quem o faz, mas o pecado que habita em mim.

21Assim, descobri esta lei em minha vida: quando quero fazer o que é certo, percebo que o mal está presente em mim. 22Amo a lei de Deus de todo o coração. 23Contudo, há outra lei dentro de mim que está em guerra com minha mente e me torna escravo do pecado que permanece dentro de mim. 24Como sou miserável! Quem me libertará deste corpo mortal dominado pelo pecado? 25Graças a Deus, a resposta está em Jesus Cristo, nosso Senhor. Na mente, quero, de fato, obedecer à lei de Deus, mas, por causa de minha natureza humana, sou escravo do pecado.

A vida no Espírito

8 Agora, portanto, já não há nenhuma condenação para os que estão em Cristo Jesus. 2Pois em Cristo Jesus a lei do Espírito que dá vida os libertou da lei do pecado, que leva à morte. 3A lei não era capaz de nos salvar por causa da fraqueza de nossa natureza humana, por isso Deus fez o que a lei era incapaz de fazer ao enviar seu Filho na semelhança de nossa natureza humana pecaminosa e apresentá-lo como sacrifício por nosso pecado. Com isso, declarou o fim do domínio do pecado sobre nós, 4de modo que nós, que agora não seguimos mais nossa natureza humana, mas sim o Espírito, possamos cumprir as justas exigências da lei.

5Aqueles que são dominados pela natureza humana pensam em coisas da natureza humana, mas os que são controlados pelo Espírito pensam em coisas que agradam o Espírito. 6Portanto, permitir que a natureza humana controle a mente resulta em morte, mas permitir que o Espírito controle a mente resulta em vida e paz. 7Pois a mentalidade da natureza humana é sempre inimiga de Deus. Nunca obedeceu às leis de Deus, e nunca obedecerá. 8Por isso aqueles que ainda estão sob o domínio de sua natureza humana não podem agradar a Deus.

9Vocês, porém, não são controlados pela natureza humana, mas pelo Espírito, se de fato o Espírito de Deus habita em vocês. E, se alguém não tem o Espírito de Cristo, a ele não pertence. 10Uma vez que Cristo habita em vocês, embora o corpo morra por causa do pecado, o Espírito lhes dá vida porque vocês foram declarados justos diante de Deus. 11E, se o Espírito de Deus que ressuscitou Jesus dos mortos habita em vocês, o Deus que ressuscitou Cristo Jesus dos mortos dará vida a seu corpo mortal, por meio desse mesmo Espírito que habita em vocês.

12Portanto, irmãos, vocês não têm de fazer o que sua natureza humana lhes pede, 13porque, se viverem de acordo com as exigências dela, morrerão. Se, contudo, pelo poder do Espírito, fizerem morrer as obras do corpo, viverão, 14porque todos que são guiados pelo Espírito de Deus são filhos de Deus.

15Pois vocês não receberam um espírito que os torne, de novo, escravos medrosos, mas sim o Espírito de Deus, que os adotou como seus próprios filhos. Agora nós o chamamos "*Aba*, Pai", 16pois o seu Espírito confirma a nosso espírito que somos filhos de Deus. 17Se somos seus filhos, então somos seus herdeiros e,

portanto, co-herdeiros com Cristo. Se de fato participamos de
seu sofrimento, participaremos também de sua glória.

A glória futura

18Considero que nosso sofrimento de agora não é nada com-
parado com a glória que ele nos revelará mais tarde. 19Pois
toda a criação aguarda com grande expectativa o dia em que
os filhos de Deus serão revelados. 20Toda a criação, não por
vontade própria, foi submetida por Deus a uma existência fútil,
21na esperança de que, com os filhos de Deus, a criação seja
gloriosamente liberta da decadência que a escraviza. 22Pois
sabemos que, até agora, toda a criação geme, como em dores
de parto. 23E nós, os que cremos, também gememos, embora
tenhamos o Espírito em nós como antecipação da glória futura,
pois aguardamos ansiosos pelo dia em que desfrutaremos
nossos direitos de adoção, incluindo a redenção de nosso
corpo. 24Recebemos essa esperança quando fomos salvos.
(Se já temos alguma coisa, não há necessidade de esperar
por ela, 25mas, se esperamos por algo que ainda não temos,
devemos fazê-lo com paciência e confiança.)
26E o Espírito nos ajuda em nossa fraqueza, pois não sabemos
orar segundo a vontade de Deus, mas o próprio Espírito inter-
cede por nós com gemidos que não podem ser expressos em
palavras. 27E o Pai, que conhece cada coração, sabe quais
são as intenções do Espírito, pois o Espírito intercede por nós,
o povo santo, segundo a vontade de Deus. 28E sabemos que
Deus faz todas as coisas cooperarem para o bem daqueles que
o amam e que são chamados de acordo com seu propósito.
29Pois Deus conheceu de antemão os seus e os predestinou
para se tornarem semelhantes à imagem de seu Filho, a fim de
que ele fosse o primeiro entre muitos irmãos. 30Depois de pre-
destiná-los ele os chamou, e depois de chamá-los, os declarou
justos, e depois de declará-los justos, lhes deu sua glória.

Nada pode nos separar do amor de Deus

31Que podemos dizer diante de coisas tão maravilhosas? Se
Deus é por nós, quem será contra nós? 32Se ele não poupou
nem mesmo seu próprio Filho, mas o entregou por todos nós,
acaso não nos dará todas as outras coisas? 33Quem se atreve
a acusar os escolhidos de Deus? Ninguém, pois o próprio Deus
nos declara justos diante dele. 34Quem nos condenará, então?
Ninguém, pois Cristo Jesus morreu e ressuscitou e está sen-
tado no lugar de honra, à direita de Deus, intercedendo por
nós.
35O que nos separará do amor de Cristo? Serão aflições ou ca-
lamidades, perseguições ou fome, miséria, perigo ou ameaças
de morte? 36Como dizem as Escrituras: "Por causa de ti, en-
frentamos a morte todos os dias; somos como ovelhas levadas
para o matadouro". 37Mas, apesar de tudo isso, somos mais
que vencedores por meio daquele que nos amou.
38E estou convencido de que nem morte nem vida, nem anjos
nem demônios, nem o que existe hoje nem o que virá no fu-
turo, nem poderes, 39nem altura nem profundidade, nada, em
toda a criação, jamais poderá nos separar do amor de Deus
revelado em Cristo Jesus, nosso Senhor.

Deus escolhe Israel

9 Digo-lhes a verdade, tendo Cristo como testemunha, e
minha consciência e o Espírito Santo a confirmam. 2Meu
coração está cheio de amarga tristeza e angústia sem fim
3por meu povo, meus irmãos judeus. Eu estaria disposto a ser
amaldiçoado para sempre, separado de Cristo, se isso pudesse
salvá-los. 4Eles são o povo de Israel, escolhidos para serem
filhos adotivos de Deus. Ele lhes revelou sua glória, fez uma
aliança com eles e lhes deu sua lei e o privilégio de adorá-lo e
receber suas promessas. 5Do povo de Israel vêm os patriarcas,
e o próprio Cristo, quanto à sua natureza humana, era israelita.
E ele é Deus, aquele que governa sobre todas as coisas e é
digno de louvor eterno! Amém.
6Acaso Deus deixou de cumprir sua promessa a Israel? Não,
pois nem todos os descendentes de Israel pertencem, de fato,
ao povo de Deus. 7Só porque são descendentes de Abraão não
significa que são, verdadeiramente, filhos de Abraão. Pois as
Escrituras dizem: "Isaque é o filho de quem depende a sua
descendência". 8Isso significa que os descendentes físicos de
Abraão não são, necessariamente, filhos de Deus. Apenas os
filhos da promessa são considerados filhos de Abraão. 9Pois
Deus havia prometido: "Voltarei por esta época, e Sara terá
um filho".
10Esse fato não é único. Também Rebeca ficou grávida de
nosso antepassado Isaque e deu à luz gêmeos. 11Antes de
eles nascerem, porém, antes mesmo de terem feito qualquer
coisa boa ou má, ela recebeu uma mensagem de Deus. (Essa
mensagem mostra que Deus escolhe as pessoas conforme os
propósitos dele 12e as chama sem levar em conta as obras que
praticam.) Foi dito a Rebeca: "Seu filho mais velho servirá a seu
filho mais novo". 13Nas palavras das Escrituras: "Amei Jacó,
mas rejeitei Esaú".
14Estamos dizendo, então, que Deus foi injusto? Claro que não!
15Pois Deus disse a Moisés: "Terei misericórdia de quem eu
quiser, e mostrarei compaixão a quem eu quiser".
16Portanto, a misericórdia depende apenas de Deus, e não de
nosso desejo nem de nossos esforços.
17Pois as Escrituras afirmam que Deus disse ao faraó: "Eu o
coloquei em posição de autoridade com o propósito de mostrar
em você meu poder e propagar meu nome por toda a terra".
18Como podem ver, ele escolhe ter misericórdia de alguns e
endurecer o coração de outros.
19Mas algum de vocês dirá: "Então por que Deus os culpa? Não
estão apenas cumprindo a vontade dele?".
20Ora, quem é você, mero ser humano, para discutir com Deus?
Acaso o objeto criado pode dizer àquele que o criou: "Por que
você me fez assim?" 21O oleiro não tem o direito de usar o
mesmo barro para fazer um vaso para uso especial e outro
para uso comum? 22Da mesma forma, Deus tem o direito de
mostrar sua ira e seu poder, suportando com muita paciência
aqueles que são objeto de sua ira, preparados para a des-

truição. 23Ele age desse modo para que as riquezas de sua
glória brilhem com esplendor ainda maior sobre aqueles dos
quais ele tem misericórdia, aqueles que ele preparou previa-
mente para a glória. 24E nós estamos entre os que ele chamou,
tanto dentre os judeus como dentre os gentios.
25A esse respeito, Deus diz na profecia de Oseias: "Chamarei
'meu povo' aqueles que não eram meu povo, e amarei aqueles
que antes eu não amava".
26E também: "No lugar onde lhes foi dito: 'Vocês não são meu
povo', eles serão chamados 'filhos do Deus vivo'".
27E, a respeito de Israel, o profeta Isaías clamou: "Embora o
povo de Israel seja numeroso como a areia do mar, apenas um
remanescente será salvo.
28Pois o Senhor executará sua sentença sobre a terra de modo
rápido e decisivo".
29E, como Isaías tinha dito em outra passagem: "Se o Senhor
dos Exércitos não houvesse poupado alguns de nossos filhos,
teríamos sido exterminados como Sodoma e destruídos como
Gomorra".

A incredulidade de Israel

30Que significa tudo isso? Embora os gentios não buscassem
seguir as normas de Deus, foram declarados justos, e isso
aconteceu pela fé. 31Já o povo de Israel, que se esforçou tanto
para cumprir a lei a fim de se tornar justo, nunca teve sucesso.
32Por que não? Porque tentaram se tornar justos por meio de
suas obras, e não pela fé. Tropeçaram na grande pedra em seu
caminho, 33e a esse respeito as Escrituras afirmam: "Ponho em
Sião uma pedra que os faz tropeçar, uma rocha que os faz cair.
Mas quem confiar nele jamais será envergonhado".

10 Irmãos, o desejo de meu coração e minha oração a Deus
é que o povo de Israel seja salvo. 2Sei da dedicação deles
por Deus, mas é entusiasmo sem entendimento. 3Pois, não
entendendo a maneira como Deus declara as pessoas justas
diante dele, apegam-se a seu próprio modo de se tornar justos
tentando seguir a lei, e recusam a maneira de Deus. 4Pois
Cristo é o propósito para o qual a lei foi dada. Como resultado,
todo o que nele crê é declarado justo.

A salvação é para todos

5Moisés escreve que o modo pelo qual a lei torna alguém justo
exige obediência a todos os seus mandamentos. 6Mas o modo
pelo qual a fé torna alguém justo diz: "Não diga em seu co-
ração: 'Quem subirá ao céu?' (para trazer Cristo para a terra).
7E não diga: 'Quem descerá ao lugar dos mortos?' (para trazer
Cristo de volta à vida)". 8Na verdade, diz: "A mensagem está
bem perto; está em seus lábios e em seu coração". E essa
mensagem é a mesma que anunciamos a respeito da fé: 9se
você declarar com sua boca que Jesus é Senhor e crer em
seu coração que Deus o ressuscitou dos mortos, será salvo.
10Pois é crendo de coração que você é declarado justo, e é
declarando com a boca que você é salvo. 11Como dizem as
Escrituras: "Quem confiar nele jamais será envergonhado".
12Nesse sentido, não há diferença entre judeus e gentios, uma
vez que ambos têm o mesmo Senhor, que abençoa generosa-
mente todos que o invocam. 13Pois "todo aquele que invocar o
nome do Senhor será salvo".
14Mas como poderão invocá-lo se não crerem nele? E como
crerão nele se jamais tiverem ouvido a seu respeito? E como
ouvirão a seu respeito se ninguém lhes falar? 15E como alguém
falará se não for enviado? Por isso as Escrituras dizem: "Como
são belos os pés dos mensageiros que trazem boas-novas!".
16Nem todos, porém, aceitam as boas-novas, pois o profeta
Isaías disse: "Senhor, quem creu em nossa mensagem?".
17Portanto, a fé vem por ouvir, isto é, por ouvir as boas-novas a
respeito de Cristo. 18Mas eu pergunto: o povo de Israel ouviu,
de fato, a mensagem? Sim, eles ouviram: "Sua mensagem
chegou a toda a terra, e suas palavras alcançaram os confins
do mundo".
19Volto a perguntar: será que o povo de Israel entendeu? Sim,
eles entenderam, pois, já no tempo de Moisés, Deus disse:
"Provocarei seu ciúme por meio de um povo que nem sequer
é nação. Provocarei sua ira por meio de gentios insensatos".
20E, mais tarde, Isaías se pronunciou com ousadia: "Fui en-
contrado por aqueles que não me procuravam. Revelei-me
àqueles que não perguntavam por mim".
21A respeito de Israel, porém, diz: "O dia todo abri meus braços
para eles, mas foram desobedientes e rebeldes".

A misericórdia de Deus para com Israel

11 Então pergunto: Deus rejeitou seu povo, a nação de Israel?
Claro que não! Eu mesmo sou israelita, descendente de
Abraão e membro da tribo de Benjamim.
2Não, Deus não rejeitou seu povo, que conheceu de antemão.
Vocês sabem o que as Escrituras dizem a esse respeito? O pro-
feta Elias se queixou a Deus sobre o povo de Israel, dizendo:
3"Senhor, eles mataram teus profetas e derrubaram teus al-
tares. Sou o único que restou, e agora também procuram me
matar".
4E vocês se lembram da resposta de Deus? Ele disse: "Ainda
tenho outros sete mil que jamais se prostraram diante de
Baal".
5O mesmo acontece hoje, pois uns poucos do povo de Israel
permaneceram fiéis, escolhidos pela graça de Deus. 6E, se a
escolha se dá pela graça de Deus, então não se baseia nas
obras deles, pois nesse caso a graça deixaria de ser o que
verdadeiramente é, ou seja, gratuita e imerecida.
7Portanto, a situação é esta: a maioria do povo de Israel não
encontrou o que tanto buscava, mas uns poucos, aqueles que
Deus havia escolhido, o encontraram, enquanto o coração dos
demais foi endurecido. 8Como dizem as Escrituras: "Deus os
fez cair em sono profundo. Até hoje, fechou-lhes os olhos para
que não vejam, e tapou-lhes os ouvidos para que não ouçam".
9Da mesma forma, Davi disse: "Que sua mesa farta se trans-
forme em laço, em armadilha que os faça pensar que tudo vai
bem. Que seus privilégios os façam tropeçar, e que recebam
o que merecem.

10Que seus olhos se escureçam para que não vejam, e que suas
costas fiquem encurvadas para sempre".
11Acaso o povo de Deus tropeçou e caiu sem possibilidade de
se levantar? Claro que não! Foram desobedientes e, por isso,
Deus tornou a salvação acessível aos gentios, para que seu
próprio povo sentisse ciúme. 12Se os gentios foram enrique-
cidos porque os israelitas fracassaram ao rejeitar a salvação
que Deus lhes oferece, imaginem como será maior a bênção
para o mundo quando Israel for plenamente restaurado!
13Dirijo-me especialmente a vocês, gentios. E, uma vez que fui
designado apóstolo aos gentios, enfatizo isso 14porque desejo
que, de algum modo, o povo de Israel sinta ciúme e assim eu
possa levar alguns deles à salvação. 15Pois, se a rejeição deles
possibilitou que o resto do mundo se reconciliasse com Deus,
a aceitação será ainda mais maravilhosa. Será vida para os
que estavam mortos!
16Se a parte da massa entregue como oferta é santa, então
toda ela é santa. E, se as raízes da árvore são santas, os ramos
também o serão. 17Mas alguns desses ramos, alguns do povo
de Israel, foram cortados. E vocês, gentios, que eram ramos
de uma oliveira brava, foram enxertados na árvore. Agora,
portanto, participam do alimento nutritivo que vem da raiz da
oliveira especial de Deus. 18No entanto, não devem se orgu-
lhar de terem sido enxertados no lugar dos ramos que foram
cortados, pois é a raiz que sustenta o ramo, e não o contrário.
19Talvez digam: "Esses ramos foram cortados para abrir es-
paço para nós". 20É verdade, mas lembrem-se de que esses
ramos foram cortados porque não creram e que vocês estão
ali porque creem. Portanto, não se orgulhem, mas temam o
que poderia acontecer. 21Pois, se Deus não poupou os ramos
naturais, também não poupará vocês.
22Observem como Deus é, ao mesmo tempo, bondoso e se-
vero. É severo com os que lhe desobedecem, mas é bondoso
com vocês, desde que continuem a confiar em sua bondade.
Mas, se deixarem de confiar, também serão cortados. 23E, se
o povo de Israel abandonar sua incredulidade, será enxertado
novamente, pois Deus tem poder para enxertá-los de volta na
árvore. 24Vocês eram, por natureza, o ramo cortado de uma
oliveira brava. Portanto, se Deus se mostrou disposto a fazer
algo contrário à natureza ao enxertá-los em sua árvore culti-
vada, estará ainda mais disposto a enxertar os ramos naturais
de volta na árvore da qual eles fazem parte.

A misericórdia de Deus é para todos

25Irmãos, quero que vocês entendam este mistério para que
não se orgulhem de si mesmos. Alguns do povo de Israel têm o
coração endurecido, mas isso durará apenas até que o tempo
dos gentios se complete. 26E assim todo o Israel será salvo.
Como dizem as Escrituras: "O libertador virá de Sião e afastará
Israel da impiedade.
27E esta é minha aliança com eles: eu removerei seus pecados".
28Muitos do povo de Israel agora são inimigos das boas-novas,
e isso beneficia vocês, gentios. No entanto, porque ele esco-
lheu seus patriarcas, eles ainda são o povo que Deus ama.
29Pois as bênçãos de Deus e o seu chamado jamais podem ser
anulados. 30Em outros tempos, vocês, gentios, foram rebeldes
contra Deus, mas agora, por causa da desobediência deles,
vocês receberam misericórdia. 31Agora eles são os rebeldes,
e Deus foi misericordioso com vocês, para que eles também
participem da misericórdia dele. 32Pois Deus colocou a todos
debaixo da desobediência para que de todos tivesse mise-
ricórdia.
33Como são grandes as riquezas, a sabedoria e o conheci-
mento de Deus! É impossível entendermos suas decisões e
seus caminhos!
34"Pois quem conhece os pensamentos do Senhor? Quem sabe
o suficiente para aconselhá-lo?"
35"Quem lhe deu primeiro alguma coisa, para que ele precise
depois retribuir?"
36Pois todas as coisas vêm dele, existem por meio dele e são
para ele. A ele seja toda a glória para sempre! Amém.

Sacrifício vivo para Deus

12 Portanto, irmãos, suplico-lhes que entreguem seu corpo
a Deus, por causa de tudo que ele fez por vocês. Que seja
um sacrifício vivo e santo, do tipo que Deus considera agra-
dável. Essa é a verdadeira forma de adorá-lo. 2Não imitem o
comportamento e os costumes deste mundo, mas deixem que
Deus os transforme por meio de uma mudança em seu modo
de pensar, a fim de que experimentem a boa, agradável e
perfeita vontade de Deus para vocês.
3Com base na graça que recebi, dou a cada um de vocês a
seguinte advertência: não se considerem melhores do que
realmente são. Antes, sejam honestos em sua autoavaliação,
medindo-se de acordo com a fé que Deus nos deu. 4Da mesma
forma que nosso corpo tem vários membros e cada membro,
uma função específica, 5assim é também com o corpo de
Cristo. Somos membros diferentes do mesmo corpo, e todos
pertencemos uns aos outros.
6Deus, em sua graça, nos concedeu diferentes dons. Portanto,
se você tiver a capacidade de profetizar, faça-o de acordo
com a proporção de fé que recebeu. 7Se tiver o dom de servir,
sirva com dedicação. Se for mestre, ensine bem. 8Se seu dom
consistir em encorajar pessoas, encoraje-as. Se for o dom de
contribuir, dê com generosidade. Se for o de exercer liderança,
lidere de forma responsável. E, se for o de demonstrar miseri-
córdia, pratique-o com alegria.
9Amem as pessoas sem fingimento. Odeiem tudo que é mau.
Apeguem-se firmemente ao que é bom. 10Amem-se com amor
fraternal e tenham prazer em honrar uns aos outros. 11Jamais
sejam preguiçosos, mas trabalhem com dedicação e sirvam
ao Senhor com entusiasmo. 12Alegrem-se em nossa espe-
rança. Sejam pacientes nas dificuldades e não parem de orar.
13Quando membros do povo santo passarem por necessidade,
ajudem com prontidão. Estejam sempre dispostos a praticar
a hospitalidade.
14Abençoem aqueles que os perseguem. Não os amaldiçoem,
mas orem para que Deus os abençoe. 15Alegrem-se com os

que se alegram e chorem com os que choram. 16Vivam em harmonia uns com os outros. Não sejam orgulhosos, mas tenham amizade com gente de condição humilde. E não pensem que sabem tudo.

17Nunca paguem o mal com o mal. Pensem sempre em fazer o que é melhor aos olhos de todos. 18No que depender de vocês, vivam em paz com todos.

19Amados, nunca se vinguem; deixem que a ira de Deus se encarregue disso, pois assim dizem as Escrituras: "A vingança cabe a mim, eu lhes darei o troco, diz o Senhor".

20Pelo contrário: "Se seu inimigo estiver com fome, dê-lhe de comer; se estiver com sede, dê-lhe de beber. Ao fazer isso, amontoará brasas vivas sobre a cabeça dele".

21Não deixem que o mal os vença, mas vençam o mal praticando o bem.

Respeito pelas autoridades

13 Todos devem sujeitar-se às autoridades, pois toda autoridade vem de Deus, e aqueles que ocupam cargos de autoridade foram ali colocados por ele. 2Portanto, quem se rebela contra a autoridade se rebela contra o Deus que a instituiu e será punido. 3Pois as autoridades não causam temor naqueles que fazem o que é certo, mas sim nos que fazem o que é errado. Você deseja viver livre do medo das autoridades? Faça o que é certo, e elas o honrarão. 4As autoridades estão a serviço de Deus, para o seu bem. Mas, se você estiver fazendo algo errado, é evidente que deve temer, pois elas têm o poder de puni-lo, pois estão a serviço de Deus para castigar os que praticam o mal. 5Portanto, sujeitem-se a elas, não apenas para evitar a punição, mas também para manter a consciência limpa.

6É por esse motivo também que vocês pagam impostos, pois as autoridades estão a serviço de Deus no trabalho que realizam. 7Deem a cada um o que lhe é devido: paguem os impostos e tributos àqueles que os recolhem e honrem e respeitem as autoridades.

O amor cumpre as exigências da lei de Deus

8Não devam nada a ninguém, a não ser o amor de uns pelos outros. Quem ama seu próximo cumpre os requisitos da lei de Deus. 9Pois os mandamentos dizem: "Não cometa adultério. Não mate. Não roube. Não cobice". Esses e outros mandamentos semelhantes se resumem num só: "Ame o seu próximo como a si mesmo". 10O amor não faz o mal ao próximo, portanto o amor cumpre todas as exigências da lei de Deus.

11Tudo isso é ainda mais urgente porque vocês sabem como é tarde; o tempo está se esgotando. Despertem, pois nossa salvação está mais próxima agora do que quando cremos no início. 12A noite está quase acabando, e logo vem o dia. Portanto, deixem de lado as obras das trevas como se fossem roupas sujas e vistam a armadura da luz. 13Uma vez que pertencemos ao dia, vivamos com decência, à vista de todos. Não participem de festanças desregradas, de bebedeiras, de promiscuidade sexual e de práticas imorais, e não se envolvam em brigas nem em invejas. 14Em vez disso, revistam-se do Senhor Jesus Cristo e não fiquem imaginando formas de satisfazer seus desejos pecaminosos.

Não julguem uns aos outros

14 Aceitem os que são fracos na fé e não discutam sobre as opiniões deles acerca do que é certo ou errado. 2Por exemplo, um irmão crê que não é errado comer qualquer coisa. Outro, porém, que é mais fraco, come somente legumes e verduras. 3Quem se sente à vontade para comer de tudo não deve desprezar quem não o faz. E quem não come certos alimentos não deve condenar quem o faz, pois Deus os aceitou. 4Quem são vocês para condenar os servos de outra pessoa? O senhor deles julgará se estão em pé ou se caíram. E, com a ajuda de Deus, ficarão em pé e receberão a aprovação dele.

5Da mesma forma, há quem considere um dia mais sagrado que outro, enquanto outros acreditam que todos os dias são iguais. Cada um deve estar plenamente convicto do que faz. 6Quem adora a Deus num dia especial o faz para honrá-lo. Quem come qualquer tipo de alimento também o faz para honrar o Senhor, uma vez que dá graças a Deus antes de comer. E quem se recusa a comer certos alimentos deseja, igualmente, agradar ao Senhor e por isso dá graças a Deus. 7Pois não vivemos nem morremos para nós mesmos. 8Se vivemos, é para honrar o Senhor. E, se morremos, é para honrar o Senhor. Portanto, quer vivamos, quer morramos, pertencemos ao Senhor. 9Por isso Cristo morreu e ressuscitou, para ser Senhor tanto dos vivos como dos mortos.

10Então por que você julga outro irmão? Por que o despreza? Lembre-se de que todos nós compareceremos diante do tribunal de Deus, 11pois as Escrituras dizem: "'Tão certo como eu vivo', diz o Senhor, 'todo joelho se dobrará para mim, e toda língua declarará lealdade a Deus'".

12Assim, cada um de nós será responsável por sua vida diante de Deus. 13Portanto, deixemos de julgar uns aos outros. Em vez disso, resolvam viver de modo a nunca fazer um irmão tropeçar e cair.

14Eu sei, e estou convencido com base na autoridade do Senhor Jesus, que nenhum alimento é por si mesmo impuro. Mas, se alguém considera errado ingerir determinado alimento, para essa pessoa ele é impuro. 15E, se outro irmão se aflige em razão do que você come, ao ingerir esse alimento você não age com amor. Não deixe que sua comida seja a causa da perdição de alguém por quem Cristo morreu. 16Desse modo, você não será criticado por fazer algo que, a seu ver, é bom. 17Pois o reino de Deus não diz respeito ao que comemos ou bebemos, mas a uma vida de justiça, paz e alegria no Espírito Santo. 18Se servirem a Cristo com essa atitude, agradarão a Deus e também receberão a aprovação das pessoas. 19Portanto, tenhamos como alvo a harmonia e procuremos edificar uns aos outros.

20Não destruam a obra de Deus por causa da comida. Embora todos os alimentos sejam aceitáveis, é errado comer algo que leve alguém a tropeçar. 21É melhor deixar de comer carne, ou

de beber vinho, ou de fazer qualquer outra coisa que leve um
irmão a tropeçar. 22Você tem direito a suas convicções, mas
guarde isso entre você e Deus. Felizes são aqueles que não
se sentem culpados por fazer algo que consideram correto.
23Mas, se você tem dúvidas quanto ao que deve ou não comer,
será culpado se comer, pois vai contra suas convicções. Se faz
qualquer coisa sem convicção, está pecando.

Vivam para ajudar e edificar os outros

15 Nós que somos fortes devemos ter consideração pelos
fracos, e não agradar a nós mesmos. 2Devemos agradar
ao próximo visando ao que é certo, com a edificação deles
como alvo. 3Pois Cristo não viveu para agradar a si mesmo.
Como dizem as Escrituras: "Os insultos dos que te insultam
caem sobre mim". 4Essas coisas foram registradas há muito
tempo para nos ensinar, e as Escrituras nos dão paciência e
ânimo para mantermos a esperança.
5Que Deus, aquele que concede paciência e ânimo, os ajude a
viver em completa harmonia uns com os outros, como convém
aos seguidores de Cristo Jesus. 6Então todos vocês poderão
se unir em uma só voz para louvar e glorificar a Deus, o Pai de
nosso Senhor Jesus Cristo.
7Portanto, aceitem-se uns aos outros como Cristo os aceitou,
para que Deus seja glorificado. 8Lembrem-se de que Cristo
veio para servir aos judeus, a fim de mostrar que Deus é fiel
às promessas feitas a seus patriarcas, 9e também para que
os gentios glorifiquem a Deus por suas misericórdias, como
dizem as Escrituras: "Por isso eu te louvarei entre os gentios;
sim, cantarei louvores ao teu nome".
10E dizem também: "Alegrem-se com o povo dele, ó gentios".
11E ainda: "Louvem o Senhor, todos vocês, gentios; louvem-no,
todos os povos".
12E, em outra parte, o profeta Isaías disse: "Virá o herdeiro
do trono de Davi e reinará sobre os gentios. Nele depositarão
sua esperança".
13Que Deus, a fonte de esperança, os encha inteiramente de
alegria e paz, em vista da fé que vocês depositam nele, de
modo que vocês transbordem de esperança, pelo poder do
Espírito Santo.

Propósito da carta

14Meus irmãos, estou plenamente convencido de que vocês
estão cheios de bondade. Conhecem essas coisas tão bem que
podem ensiná-las uns aos outros. 15Ainda assim, atrevi-me a
escrever a vocês sobre alguns desses assuntos, certo de que
só precisam de um lembrete. Pois, pela graça de Deus, 16sou
um mensageiro da parte de Cristo Jesus a vocês, os gentios.
Anuncio-lhes as boas-novas para que se tornem oferta acei-
tável a Deus, separados pelo Espírito Santo. 17Tenho motivo,
portanto, para me entusiasmar com o que Cristo Jesus tem
feito por meio de meu serviço a Deus. 18E, no entanto, não
ouso me vangloriar de nada, exceto do que Cristo fez por meu
intermédio a fim de conduzir os gentios a Deus, por minha
mensagem e pelo meu trabalho, 19convencendo-os pelo poder
de sinais e maravilhas e pelo poder do Espírito de Deus. Assim,
apresentei plenamente as boas-novas de Cristo desde Jeru-
salém até o Ilírico.
20Sempre me propus a anunciar as boas-novas onde o nome
de Cristo nunca foi ouvido, para não construir sobre alicerce
alheio. 21Pois, conforme dizem as Escrituras: "Aqueles aos
quais ele nunca foi anunciado verão, e os que nunca ouviram
falar dele entenderão".
22É por isso, aliás, que há tanto tempo tenho adiado minha
visita a vocês, porque estava pregando nesses lugares.

Os planos de viagem de Paulo

23Mas, agora que terminei meu trabalho nessas regiões, e de-
pois de tantos anos de espera, estou ansioso para visitá-los.
24Planejo ir à Espanha e, quando for, espero passar por Roma.
E, depois de ter desfrutado um pouco de sua companhia, vocês
poderão me ajudar com a viagem.
25Antes de visitá-los, porém, devo ir a Jerusalém, para servir
ao povo santo de lá. 26Pois os irmãos da Macedônia e da
Acaia juntaram, de boa vontade, uma oferta para os pobres
dentre o povo santo em Jerusalém. 27Ficaram contentes em
fazê-lo, pois se sentem devedores deles. Porque os gentios
receberam as bênçãos espirituais das boas-novas dos irmãos
em Jerusalém, consideram que no mínimo podem retribuir
ajudando-os financeiramente. 28Assim que eu tiver entregado
o dinheiro e completado essa boa ação dos gentios, irei à Es-
panha, visitando vocês de passagem. 29E estou certo de que,
quando for, Cristo abençoará ricamente nosso tempo juntos.
30Irmãos, peço-lhes em nome de nosso Senhor Jesus Cristo e
pelo amor que lhes foi dado pelo Espírito Santo que se unam a
mim em minha luta, orando a Deus em meu favor. 31Orem para
que eu me livre dos que estão na Judeia e que se recusam a
crer. Orem também para que o povo santo em Jerusalém se
disponha a aceitar a oferta que estou levando. 32Então, pela
vontade de Deus, poderei visitar vocês com o coração alegre e
teremos um tempo de descanso juntos.
33Que o Deus que nos dá sua paz esteja com todos vocês.
Amém.

Saudações de Paulo a seus amigos

16 Recomendo-lhes nossa irmã Febe, que serve à igreja em
Cencreia. 2Recebam-na no Senhor, como uma pessoa
digna de honra no meio do povo santo. Ajudem-na no que ela
precisar, pois tem sido de grande ajuda para muitos, espe-
cialmente para mim.
3Deem minhas saudações a Priscila e Áquila, meus colabora-
dores no serviço de Cristo Jesus. 4Certa vez, eles arriscaram
a vida por mim. Sou grato a eles, e também o são todas as
igrejas dos gentios. 5Saúdem a igreja que se reúne na casa
deles. Saúdem também meu querido amigo Epêneto, que foi
o primeiro seguidor de Cristo na província da Ásia. 6Saúdem
Maria, que trabalhou tanto por vocês. 7Saúdem Andrônico e
Júnias, meus compatriotas judeus que estiveram comigo na
prisão. São muito respeitados entre os apóstolos e se tornaram

seguidores de Cristo antes de mim. 8Saúdem Amplíato, meu
querido amigo no Senhor. 9Saúdem Urbano, nosso colaborador
em Cristo, e meu querido amigo Estáquis.
10Saúdem Apeles, um bom homem, aprovado por Cristo.
Saúdem os que são da casa de Aristóbulo. 11Saúdem Herodião,
meu compatriota judeu. Saúdem os da casa de Narciso que são
do Senhor. 12Saúdem Trifena e Trifosa, obreiras do Senhor, e a
estimada Pérside, que tem trabalhado com dedicação para o
Senhor. 13Saúdem Rufo, a quem o Senhor escolheu, e também
sua mãe, que tem sido mãe para mim.
14Saúdem Asíncrito, Flegonte, Hermes, Pátrobas, Hermas e
os irmãos que se reúnem com eles. 15Saúdem Filólogo, Júlia,
Nereu e sua irmã, e também Olimpas e todo o povo santo que
se reúne com eles. 16Saúdem uns aos outros com beijo santo.
Todas as igrejas de Cristo lhes enviam saudações.

Instruções finais de Paulo

17E agora, irmãos, peço-lhes que tomem cuidado com aqueles
que causam divisões e perturbam a fé, ensinando coisas con-
trárias ao que vocês aprenderam. Fiquem longe deles. 18Esses
indivíduos não servem a Cristo, nosso Senhor, mas apenas a
seus próprios interesses, e enganam os inocentes com pala-
vras suaves e bajulação. 19Mas todos sabem que vocês são
obedientes ao Senhor, o que muito me alegra. Quero que
sejam sábios quanto a fazer o bem e permaneçam inocentes
de todo mal. 20Em breve o Deus da paz esmagará Satanás
sob os pés de vocês. Que a graça de nosso Senhor Jesus seja
com vocês.
21Timóteo, meu colaborador, lhes envia saudações, bem como
Lúcio, Jasom e Sosípatro, meus compatriotas judeus.
22Eu, Tércio, que escrevo esta carta para Paulo, também envio
minhas saudações no Senhor.
23Gaio os saúda. Estou hospedado em sua casa, onde ele
também tem recebido toda a igreja. Erasto, tesoureiro da ci-
dade, bem como nosso irmão Quarto, lhes enviam saudações.
24Que a graça de nosso Senhor Jesus Cristo seja com todos
vocês. Amém.
25Toda a glória seja a Deus, que pode fortalecê-los, como
afirmam as boas-novas. Essa mensagem a respeito de Jesus
Cristo revelou seu plano, mantido em segredo desde o prin-
cípio dos tempos, 26mas que agora, como os escritos dos pro-
fetas predisseram e o Deus eterno ordenou, é anunciada aos
gentios de toda parte, a fim de que eles também possam crer
nele e lhe obedecer. 27Toda a glória para sempre ao Deus único
e sábio, por meio de Jesus Cristo. Amém.

1CORÍNTIOS

Saudações de Paulo

1 Eu, Paulo, chamado para ser apóstolo de Cristo Jesus pela
vontade de Deus, escrevo esta carta, com nosso irmão Sós-
tenes, 2à igreja de Deus em Corinto, àqueles que ele santificou
por meio de Cristo Jesus. Vocês foram chamados por Deus
para ser seu povo santo junto com todos que, em toda parte,
invocam o nome de nosso Senhor Jesus Cristo, Senhor deles
e nosso.
3Que Deus, nosso Pai, e o Senhor Jesus Cristo lhes deem graça
e paz.

Paulo agradece a Deus

4Sempre agradeço a meu Deus por vocês e pela graça que
ele lhes tem dado em Cristo Jesus. 5Por meio dele Deus os
enriqueceu em tudo, em toda capacidade de expressão e em
todo entendimento. 6A mensagem a respeito de Cristo de fato
se firmou em vocês, 7uma vez que nenhum dom espiritual lhes
falta enquanto esperam ansiosamente pela volta de nosso Se-
nhor Jesus Cristo. 8Ele os manterá firmes até o fim, para que
estejam livres de toda a culpa no dia de nosso Senhor Jesus
Cristo. 9Deus é fiel, e ele os convidou a ter comunhão com seu
Filho Jesus Cristo, nosso Senhor.

Divisões na igreja

10Irmãos, suplico-lhes em nome de nosso Senhor Jesus Cristo
que vivam em harmonia uns com os outros e ponham fim às
divisões entre vocês. Antes, tenham o mesmo parecer, unidos
em pensamento e propósito. 11Pois alguns membros da família
de Cloe me informaram dos desentendimentos entre vocês,
meus irmãos. 12Refiro-me ao fato de alguns dizerem: "Eu sigo
Paulo", enquanto outros afirmam: "Eu sigo Apolo", ou "Eu sigo
Pedro", ou ainda, "Eu sigo Cristo".
13Acaso Cristo foi dividido? Será que eu, Paulo, fui crucificado
em favor de vocês? Alguém foi batizado em nome de Paulo?
14Graças a Deus, não batizei nenhum de vocês, exceto Crispo e
Gaio, 15de modo que ninguém pode dizer que foi batizado em
meu nome. 16Sim, também batizei a família de Estéfanas, mas
não me lembro de ter batizado mais ninguém. 17Pois Cristo não
me enviou para batizar, mas para anunciar as boas-novas, e
não com palavras de sabedoria humana, para que a cruz de
Cristo não perca seu poder.

A sabedoria de Deus

18A mensagem da cruz é loucura para os que se encaminham
para a destruição, mas para nós que estamos sendo salvos ela

é o poder de Deus. 19Como dizem as Escrituras: "Destruirei
a sabedoria dos sábios e rejeitarei a inteligência dos inteli-
gentes".
20Diante disso, onde ficam os sábios, os eruditos e os argu-
mentadores desta era? Deus fez a sabedoria deste mundo
parecer loucura. 21Visto que Deus, em sua sabedoria, provi-
denciou que o mundo não o conhecesse por meio de sabedoria
humana, usou a loucura de nossa pregação para salvar os que
creem. 22Pois os judeus pedem sinais, e os gentios buscam
sabedoria. 23Assim, quando pregamos que o Cristo foi crucifi-
cado, os judeus se ofendem, e os gentios dizem que é tolice.
24Mas, para os que foram chamados para a salvação, tanto
judeus como gentios, Cristo é o poder de Deus e a sabedoria
de Deus. 25Pois a "loucura" de Deus é mais sábia que a sa-
bedoria humana, e a "fraqueza" de Deus é mais forte que a
força humana.
26Lembrem-se, irmãos, de que poucos de vocês eram sábios
aos olhos do mundo ou poderosos ou ricos quando foram cha-
mados. 27Pelo contrário, Deus escolheu as coisas que o mundo
considera loucura para envergonhar os sábios, assim como
escolheu as coisas fracas para envergonhar os poderosos.
28Deus escolheu coisas desprezadas pelo mundo, tidas como
insignificantes, e as usou para reduzir a nada aquilo que o
mundo considera importante. 29Portanto, ninguém jamais se
orgulhe na presença de Deus.
30Foi por iniciativa de Deus que vocês estão em Cristo Jesus,
que se tornou a sabedoria de Deus em nosso favor, nos de-
clarou justos diante de Deus, nos santificou e nos libertou do
pecado. 31Portanto, como dizem as Escrituras: "Quem quiser
orgulhar-se, orgulhe-se somente no Senhor".

A mensagem de sabedoria de Paulo

2 Irmãos, na primeira vez que estive com vocês, não usei pa-
lavras eloquentes nem sabedoria humana para lhes apre-
sentar o plano secreto de Deus. 2Pois decidi que, enquanto
estivesse com vocês, me esqueceria de tudo exceto de Jesus
Cristo, aquele que foi crucificado. 3Fui até vocês em fraqueza,
atemorizado e trêmulo. 4Minha mensagem e minha pregação
foram muito simples. Em vez de usar argumentos persuasivos
e astutos, me firmei no poder do Espírito. 5Agi desse modo
para que vocês não se apoiassem em sabedoria humana, mas
no poder de Deus.
6No entanto, quando estamos entre pessoas maduras, falamos
com palavras de sabedoria, mas não com o tipo de sabedoria
desta era ou de seus governantes, que logo caem no esque-
cimento. 7Pelo contrário, a sabedoria a que nos referimos é o
mistério de Deus, seu plano antes secreto e oculto, embora
ele o tenha elaborado para nossa glória antes do começo do
mundo. 8Os governantes desta era, por sua vez, não a en-
tenderam, pois se a houvessem entendido não teriam crucifi-
cado o Senhor da glória. 9É a isso que as Escrituras se referem
quando dizem: "Olho nenhum viu, ouvido nenhum ouviu, e
mente nenhuma imaginou o que Deus preparou para aqueles
que o amam".
10Mas foi a nós que Deus revelou estas coisas por seu Espírito.
Pois o Espírito sonda todas as coisas, até os segredos mais
profundos de Deus. 11Pois quem conhece os pensamentos de
uma pessoa, senão o próprio espírito dela? Da mesma forma,
ninguém conhece os pensamentos de Deus, senão o Espírito
de Deus. 12E nós recebemos o Espírito de Deus, e não o espírito
deste mundo, para que conheçamos as coisas maravilhosas
que Deus nos tem dado gratuitamente.
13Quando lhes dizemos isso, não empregamos palavras vindas
da sabedoria humana, mas palavras que nos foram ensinadas
pelo Espírito, explicando verdades espirituais a pessoas es-
pirituais. 14Mas o homem natural não aceita as verdades do
Espírito de Deus. Elas lhe parecem loucura, e ele não consegue
entendê-las, pois apenas quem é espiritual consegue avaliar
corretamente o que diz o Espírito. 15Quem é espiritual pode
avaliar todas as coisas, mas ele próprio não pode ser avaliado
por outros. 16Pois, "Quem conhece os pensamentos do Senhor?
Quem sabe o suficiente para instruí-lo?". Mas nós temos a
mente de Cristo.

Paulo e Apolo, servos de Cristo

3 Irmãos, quando estive com vocês, não pude lhes falar como
a pessoas espirituais, mas como se pertencessem a este
mundo ou fossem criancinhas em Cristo. 2Tive de alimentá-los
com leite, e não com alimento sólido, pois não estavam aptos
para recebê-lo. E ainda não estão, 3porque ainda são contro-
lados por sua natureza humana. Têm ciúme uns dos outros,
discutem e brigam entre si. Acaso isso não mostra que são
controlados por sua natureza humana e que vivem como pes-
soas do mundo? 4Quando um de vocês diz: "Eu sigo Paulo",
e o outro diz: "Eu sigo Apolo", não estão agindo exatamente
como as pessoas do mundo?
5Afinal, quem é Paulo? Quem é Apolo? Somos apenas servos
de Deus por meio dos quais vocês vieram a crer. Cada um
de nós fez o trabalho do qual o Senhor nos encarregou. 6Eu
plantei e Apolo regou, mas quem fez crescer foi Deus. 7Não
importa quem planta ou quem rega, mas sim Deus, que faz
crescer. 8Quem planta e quem rega trabalham para o mesmo
fim, e ambos serão recompensados por seu árduo trabalho.
9Pois nós somos colaboradores de Deus, e vocês são lavoura
de Deus e edifício de Deus.
10Pela graça que me foi dada, lancei o alicerce como um cons-
trutor competente, e agora outros estão construindo sobre ele.
Mas quem constrói sobre o alicerce precisa ter muito cuidado,
11pois ninguém pode lançar outro alicerce além daquele que
já foi posto, isto é, Jesus Cristo.
12Aqueles que constroem sobre esse alicerce podem usar vá-
rios materiais: ouro, prata, pedras preciosas, madeira, feno
ou palha. 13No dia do juízo, porém, o fogo revelará que tipo de
obra cada construtor realizou, e o fogo mostrará se a obra tem
algum valor. 14Se ela sobreviver, o construtor receberá recom-
pensa. 15Se ela queimar, o construtor sofrerá grande prejuízo,
mas será salvo como alguém que é resgatado do meio do fogo.

16Vocês não entendem que são o templo de Deus e que o Espírito de Deus habita em vocês? 17Deus destruirá quem destruir seu templo. Pois o templo de Deus é santo, e vocês são esse templo.

18Que ninguém se engane. Se algum de vocês pensa que é sábio conforme os padrões desta era, deve tornar-se louco a fim de ser verdadeiramente sábio. 19Pois a sabedoria deste mundo é loucura para Deus. Como dizem as Escrituras: "Ele apanha os sábios na armadilha da própria astúcia deles".

20E também: "O Senhor conhece os pensamentos dos sábios; sabe que nada valem".

21Portanto, não se orgulhem de seguir líderes humanos, pois tudo lhes pertence: 22Paulo, Apolo ou Pedro, o mundo, a vida e a morte, o presente e o futuro. Tudo é de vocês, 23e vocês são de Cristo, e Cristo é de Deus.

O relacionamento de Paulo com os coríntios

4 Portanto, devemos ser considerados simples servos de Cristo, encarregados de explicar os mistérios de Deus. 2De um encarregado espera-se que seja fiel. 3Quanto a mim, pouco importa como sou avaliado por vocês ou por qualquer autoridade humana. Na verdade, nem minha própria avaliação é importante. 4Minha consciência está limpa, mas isso não prova que estou certo. O Senhor é quem me avaliará e decidirá. 5Portanto, não julguem ninguém antes do tempo, antes que o Senhor volte. Pois ele trará à luz nossos segredos mais obscuros e revelará nossas intenções mais íntimas. Então Deus dará a cada um a devida aprovação.

6Irmãos, usei a mim mesmo e a Apolo para ilustrar o que lhes tenho dito. Se aprenderem a não ir além daquilo que está escrito, não se orgulharão de um à custa de outro. 7Pois que direito vocês têm de julgar desse modo? O que vocês têm que Deus não lhes tenha dado? E, se tudo que temos vem de Deus, por que nos orgulharmos como se não fosse uma dádiva?

8Vocês consideram que já têm tudo de que precisam. Pensam que já são ricos e até já começaram a reinar sem nós! Gostaria que, de fato, já estivessem reinando, pois então eu reinaria com vocês. 9Por vezes me parece que Deus colocou a nós, os apóstolos, em último lugar, como condenados à morte, espetáculo para o mundo inteiro, tanto para as pessoas como para os anjos.

10Nossa dedicação a Cristo nos faz parecer loucos, mas vocês afirmam ser sábios em Cristo. Nós somos fracos, mas vocês são fortes. Vocês são respeitados, mas nós somos ridicularizados. 11Até agora passamos fome e sede, e não temos roupa necessária para nos manter aquecidos. Somos espancados e não temos casa. 12Trabalhamos arduamente com as próprias mãos para obter sustento. Abençoamos quem nos amaldiçoa. Somos pacientes com quem nos maltrata. 13Respondemos com bondade quando falam mal de nós. E, no entanto, até o momento, temos sido tratados como a escória do mundo, como o lixo de todos.

14Não escrevo estas coisas para envergonhá-los, mas para adverti-los como meus filhos amados. 15Pois, ainda que tivessem dez mil mestres em Cristo, vocês não têm muitos pais, pois eu me tornei seu pai espiritual em Cristo Jesus por meio das boas-novas que lhes anunciei. 16Portanto, suplico-lhes que sejam meus imitadores.

17Por isso enviei Timóteo, meu filho amado e fiel no Senhor. Ele os lembrará de como sigo Cristo Jesus, de acordo com o que ensino em todas as igrejas, em qualquer lugar aonde vou.

18Alguns de vocês se tornaram arrogantes, pensando que não irei mais visitá-los. 19Mas eu irei, e logo, se o Senhor permitir, e então verei se esses arrogantes apenas fazem discursos pretensiosos ou se têm, de fato, o poder de Deus. 20Pois o reino de Deus não consiste apenas em palavras, mas em poder. 21O que vocês escolhem? Devo ir com vara para castigá-los ou com amor e espírito de mansidão?

Paulo confronta a imoralidade e o orgulho

5 Comenta-se por toda parte que há imoralidade sexual em seu meio, imoralidade que nem mesmo os pagãos praticam. Soube de um homem entre vocês que mantém relações sexuais com a própria madrasta. 2Como podem se orgulhar disso? Deveriam lamentar-se e excluir de sua comunhão o homem que cometeu tamanha ofensa.

3Embora eu não esteja com vocês em pessoa, estou presente em espírito. E, como se estivesse aí, já condenei esse homem 4em nome do Senhor Jesus. Convoquem uma reunião. Estarei com vocês em meu espírito, e o poder de nosso Senhor Jesus também estará presente. 5Entreguem esse homem a Satanás, para que o corpo seja punido e o espírito seja salvo no dia do Senhor.

6Não é nada bom se orgulharem disso. Não percebem que esse pecado é como um pouco de fermento que leveda toda a massa? 7Livrem-se do fermento velho, para que sejam massa nova, sem fermento, o que de fato são. Cristo, nosso Cordeiro pascal, foi sacrificado. 8Por isso, celebremos a festa não com o velho pão, fermentado com maldade e perversidade, mas com o novo pão da sinceridade e da verdade, sem nenhum fermento.

9Quando lhes escrevi antes, disse que não deviam se associar com pessoas que se entregam à imoralidade sexual. 10Com isso, porém, não me referia a descrentes que vivem em imoralidade sexual, ou são avarentos, ou exploram os outros, ou adoram ídolos. Vocês teriam de sair deste mundo para evitar pessoas desse tipo. 11O que eu queria dizer era que vocês não devem se associar a alguém que afirma ser irmão mas vive em imoralidade sexual, ou é avarento, ou adora ídolos, ou insulta as pessoas, ou é bêbado ou explora os outros. Nem ao menos comam com gente assim.

12Não cabe a mim julgar os de fora, mas certamente cabe a vocês julgar os que estão dentro. 13Deus julgará os de fora. Portanto, eliminem o mal do meio de vocês.

Ações judiciais contra irmãos

6 Quando algum de vocês tem um desentendimento com outro irmão, como se atreve a recorrer a um tribunal e

pedir que injustos decidam a questão em vez de levá-la ao
povo santo? 2Vocês não sabem que um dia nós, os santos,
julgaremos o mundo? E, uma vez que vocês julgarão o mundo,
acaso não são capazes de decidir entre vocês nem mesmo
essas pequenas causas? 3Não sabem que julgaremos os anjos?
Que dizer, então, dos desentendimentos corriqueiros desta
vida? 4Se vocês têm conflitos legais, por que levá-los para fora
da igreja, a juízes que não fazem parte dela? 5Digo isso para
envergonhá-los. Ninguém entre vocês tem sabedoria sufi-
ciente para resolver essas questões? 6Em vez disso, um irmão
processa outro irmão diante dos descrentes!

7O simples fato de terem essas ações judiciais entre si já é
uma derrota para vocês. Por que não aceitar a injustiça so-
frida? Por que não arcar com o prejuízo? 8Em vez disso, vocês
mesmos cometem injustiças e causam prejuízos até contra os
próprios irmãos.

9Vocês não sabem que os injustos não herdarão o reino de
Deus? Não se enganem: aqueles que se envolvem em imorali-
dade sexual, adoram ídolos, cometem adultério, se entregam
a práticas homossexuais, 10são ladrões, avarentos, bêbados,
insultam as pessoas ou exploram os outros não herdarão o
reino de Deus. 11Alguns de vocês eram assim, mas foram pu-
rificados e santificados, declarados justos diante de Deus no
nome do Senhor Jesus Cristo e pelo Espírito de nosso Deus.

Pecado sexual

12"Tudo me é permitido", mas nem tudo convém. "Tudo me é
permitido", mas não devo me tornar escravo de nada. 13"Os
alimentos foram feitos para o estômago, e o estômago para
os alimentos." É verdade, mas um dia Deus acabará com os
dois. Vocês, contudo, não podem dizer que nosso corpo foi
feito para a imoralidade sexual. Ele foi feito para o Senhor, e o
relacionamento que o Senhor tem conosco inclui nosso corpo.
14Portanto, Deus nos ressuscitará dos mortos por seu poder,
assim como ressuscitou o Senhor.

15Vocês não sabem que seu corpo é, na realidade, membro de
Cristo? Acaso um homem deve tomar seu corpo, que faz parte
de Cristo, e uni-lo a uma prostituta? De maneira nenhuma! 16E
vocês não sabem que se um homem se une a uma prostituta
ele se torna um corpo com ela? Pois as Escrituras dizem: "Os
dois se tornam um só". 17Mas a pessoa que se une ao Senhor
tem com ele uma união de espírito.

18Fujam da imoralidade sexual! Nenhum outro pecado afeta
o corpo como esse, pois a imoralidade sexual é um pecado
contra o próprio corpo. 19Vocês não sabem que seu corpo é o
templo do Espírito Santo, que habita em vocês e lhes foi dado
por Deus? Vocês não pertencem a si mesmos, 20pois foram
comprados por alto preço. Portanto, honrem a Deus com seu
corpo.

Instruções sobre o casamento

7 Agora, quanto às perguntas que vocês me fizeram em sua
carta, digo que é bom que o homem não toque em mulher.
2Mas, uma vez que há tanta imoralidade sexual, cada homem
deve ter sua própria esposa, e cada mulher, seu próprio marido.
3O marido deve satisfazer as necessidades conjugais de sua
esposa, e a esposa deve fazer o mesmo por seu marido. 4A es-
posa não tem autoridade sobre seu corpo, mas sim o marido.
Da mesma forma, não é o marido que tem autoridade sobre
seu corpo, mas sim a esposa.

5Não privem um ao outro de terem relações, a menos que
ambos concordem em abster-se da intimidade sexual por certo
tempo, a fim de se dedicarem de modo mais pleno à oração.
Depois disso, unam-se novamente, para que Satanás não os
tente por causa de sua falta de domínio próprio. 6Digo isso
como concessão, e não como mandamento. 7Gostaria que
todos fossem como eu, mas cada um tem seu próprio dom,
concedido por Deus: um tem este tipo de dom, o outro, aquele.
8Portanto, digo aos solteiros e às viúvas: é melhor que per-
maneçam como eu. 9Mas, se não conseguirem se controlar,
devem se casar. É melhor se casar que arder em desejo.

10Para os casados, porém, tenho uma ordem que não vem de
mim, mas do Senhor: a esposa não deve se separar do marido.
11Mas, se o fizer, que permaneça solteira ou se reconcilie com
ele. E o marido não deve se separar da esposa.

12Agora me dirijo aos demais, embora o Senhor não tenha dado
instrução específica a respeito. Se um irmão for casado com
uma mulher descrente e ela estiver disposta a continuar vi-
vendo com ele, não se separe dela. 13E, se uma irmã for casada
com um homem descrente e ele estiver disposto a continuar
vivendo com ela, não se separe dele. 14Pois o marido descrente
é santificado pela esposa, e a esposa descrente é santificada
pelo marido. Do contrário, os filhos seriam impuros, mas eles
são santos. 15Se, porém, o cônjuge descrente insistir em se
separar, deixe-o ir. Nesses casos, o irmão ou a irmã não está
mais preso à outra pessoa, pois Deus os chamou para viver
em paz. 16Você, esposa, como sabe que seu marido poderia
ser salvo por sua causa? E você, marido, como sabe que sua
esposa poderia ser salva por sua causa?

17Cada um continue a viver na situação em que o Senhor o
colocou, e cada um permaneça como estava quando Deus o
chamou. Essa é minha regra para todas as igrejas. 18Se um
homem foi circuncidado antes de crer, não deve tentar mudar
sua condição. E, se um homem não foi circuncidado antes de
crer, não o deve ser agora. 19Pois não faz diferença se ele foi
circuncidado ou não. O importante é que obedeça aos man-
damentos de Deus.

20Sim, cada um deve permanecer como estava quando Deus
o chamou. 21Você foi chamado sendo escravo? Não deixe
que isso o preocupe, mas, se tiver a oportunidade de ficar
livre, aproveite-a. 22E, se você era escravo quando o Senhor o
chamou, agora é livre no Senhor. E, se você era livre quando
o Senhor o chamou, agora é escravo de Cristo. 23Vocês foram
comprados por alto preço, portanto não se deixem escravizar
pelo mundo. 24Cada um de vocês, irmãos, deve permanecer
como estava quando Deus os chamou.

25Quanto à pergunta sobre as moças que ainda não se ca-
saram, não tenho para elas um mandamento do Senhor. Em
sua misericórdia, porém, o Senhor me deu sabedoria confiável,

e eu a compartilharei com vocês. 26Tendo em vista as dificuldades de nosso tempo, creio que é melhor que permaneçam como estão. 27Se você já tem esposa, não procure se separar. Se não tem esposa, não procure se casar. 28Se, contudo, vier a se casar, não é pecado. E, se uma moça se casar, também não é pecado. No entanto, aqueles que se casarem em tempos como os atuais terão de enfrentar dificuldades, e minha intenção é poupá-los disso.

29Irmãos, isto é o que quero dizer: o tempo que resta é muito curto. Portanto, de agora em diante, aqueles que têm esposa devem agir como se não fossem casados. 30Aqueles que choram, que se alegram ou que compram coisas não devem se entregar totalmente à tristeza, à alegria ou aos bens. 31Aqueles que usam as coisas deste mundo não devem se apegar a elas, pois este mundo, como o conhecemos, logo passará.

32Quero que estejam livres das preocupações desta vida. O homem que não é casado tem mais tempo para se dedicar à obra do Senhor e pensar em como agradá-lo. 33Mas o homem casado precisa pensar em suas responsabilidades neste mundo e em como agradar sua esposa. 34Seus interesses estão divididos. Da mesma forma, a mulher que não é casada ou que nunca se casou pode se dedicar ao Senhor e ser santa de corpo e espírito. Mas a mulher casada precisa pensar em suas responsabilidades aqui na terra e em como agradar seu marido. 35Digo isso para seu bem, e não para lhes impor restrições. Quero que façam aquilo que os ajudará a servir melhor ao Senhor, com o mínimo possível de distrações.

36Se, contudo, um homem acredita que está tratando sua noiva de forma inapropriada e que seus impulsos vão além de suas forças, que se case com ela, como é desejo dele. Não é pecado. 37Mas, se tiver assumido um compromisso firme, e não houver urgência, e ele for capaz de controlar sua paixão, faz bem em não se casar. 38Portanto, quem se casa com sua noiva faz bem, e quem não se casa faz melhor ainda.

39A esposa está ligada ao marido enquanto ele viver. Se o marido morrer, ela está livre para se casar com quem quiser, desde que seja um irmão no Senhor. 40Em minha opinião, porém, seria melhor que ela não se casasse novamente, e creio que, ao dizer isso, lhes dou o conselho do Espírito de Deus.

Comida sacrificada a ídolos

8 Quanto à pergunta sobre a comida sacrificada a ídolos, sabemos que todos temos conhecimento a esse respeito. Contudo, o conhecimento traz orgulho, enquanto o amor fortalece. 2Se alguém pensa que sabe tudo sobre algo, ainda não aprendeu como deveria. 3Mas quem ama a Deus é conhecido por ele.

4Então, o que dizer quanto ao alimento oferecido a ídolos? Bem, todos nós sabemos que, na verdade, o ídolo nada vale neste mundo, e que há somente um Deus. 5Sim, é fato que existem os que são chamados de deuses, por assim dizer, nos céus e na terra, e há pessoas que adoram muitos deuses e muitos senhores. 6Para nós, porém, Há somente um Deus, o Pai, de quem vieram todas as coisas criadas e para quem vivemos. E há somente um Senhor, Jesus Cristo, por meio de quem todas as coisas foram criadas e por meio de quem recebemos vida.

7No entanto, nem todos sabem disso. Alguns estão acostumados a pensar que os ídolos são de verdade, de modo que, ao comer alimentos oferecidos a eles, imaginam que estão adorando deuses de verdade, e sua consciência fraca é contaminada. 8Não obtemos a aprovação de Deus pelo que comemos. Não perdemos nada se não comemos, e se comemos, nada ganhamos.

9Contudo, tenham cuidado para que sua liberdade não leve outros de consciência mais fraca a tropeçar. 10Pois, se alguém vir você, que diz ter um conhecimento superior, comer no templo de um ídolo, acaso não será induzido a contaminar a própria consciência ao ingerir alimentos oferecidos a ídolos? 11Assim, por causa do seu conhecimento superior, um irmão fraco pelo qual Cristo morreu acaba se perdendo. 12E quando vocês pecam contra outros irmãos, incentivando-os a fazer algo que eles consideram errado, pecam contra Cristo. 13Portanto, se aquilo que eu como faz um irmão pecar, nunca mais comerei carne, pois não quero fazer meu irmão tropeçar.

Paulo abre mão de seus direitos

9 Acaso não sou livre como qualquer outro? Não sou apóstolo? Não vi Jesus, nosso Senhor, com meus próprios olhos? Não são vocês resultado de meu trabalho no Senhor? 2Mesmo que outros pensem que não sou apóstolo, certamente o sou para vocês. Vocês mesmos são prova de que sou apóstolo do Senhor. 3Esta é minha resposta aos que questionam minha autoridade. 4Acaso não temos o direito de receber comida e bebida por nosso trabalho? 5Não temos o direito de levar conosco uma esposa crente, como fazem os outros apóstolos, e como fazem os irmãos do Senhor e Pedro? 6Ou será que só Barnabé e eu precisamos trabalhar para nos sustentarmos?

7Que soldado precisa pagar pelas próprias despesas? Que agricultor planta uma videira e não tem direito de comer de seus frutos? Que pastor cuida de um rebanho e não tem permissão de tomar de seu leite? 8Será que expresso apenas uma opinião humana ou a lei diz o mesmo? 9Pois está escrito na lei de Moisés: "Não amordacem o boi para impedir que ele coma enquanto trilha os cereais". Deus estava pensando apenas nos bois quando disse isso? 10Será que, na verdade, não estava se referindo a nós? Sim, essas palavras foram escritas a nosso respeito e, portanto, quem ara e quem trilha o cereal deve ter a esperança de receber uma parte da colheita.

11Se plantamos sementes espirituais entre vocês, não temos direito a uma colheita material? 12Se vocês sustentam outros que pregam a vocês, não temos ainda mais direito de receber o mesmo sustento? Mas nunca fizemos uso desse direito. Preferimos suportar qualquer coisa a fim de não sermos obstáculo para as boas-novas a respeito de Cristo.

13Vocês não sabem que os que trabalham no templo se alimentam das ofertas levadas ao templo, e os que servem diante do altar recebem uma parte dos sacrifícios oferecidos no altar? 14Da mesma forma, o Senhor ordenou que os que anunciam as boas-novas vivam pelas boas-novas. [15]Contudo, nunca usei de nenhum desses direitos. Não escrevo isso para sugerir que desejo agora começar a fazê-lo. De fato, prefiro morrer a perder o privilégio de me orgulhar de pregar sem cobrar nada. [16]E, no entanto, não posso me orgulhar de anunciar as boas-novas, pois sou impelido por Deus a fazê-lo. Ai de mim se não anunciar as boas-novas!

[17]Se o fizesse por minha própria iniciativa, mereceria pagamento. Mas não tenho escolha, pois Deus me confiou essa responsabilidade. [18]Qual é, então, minha recompensa? É a oportunidade de anunciar as boas-novas sem cobrar nada de ninguém, de modo a não desfrutar os direitos que tenho por anunciar as boas-novas.

[19]Embora eu seja um homem livre, fiz-me escravo de todos para levar muitos a Cristo. [20]Quando estive com os judeus, vivi como os judeus para levá-los a Cristo. Quando estive com os que seguem a lei judaica, vivi debaixo dessa lei. Embora não esteja sujeito à lei, agi desse modo para levar a Cristo aqueles que estão debaixo da lei. [21]Quando estou com os que não seguem a lei judaica, também vivo de modo independente da lei para levá-los a Cristo. Não ignoro, porém, a lei de Deus, pois obedeço à lei de Cristo.

[22]Quando estou com os fracos, também me torno fraco, pois quero levar os fracos a Cristo. Sim, tento encontrar algum ponto em comum com todos, fazendo todo o possível para salvar alguns. [23]Faço tudo isso para espalhar as boas-novas e participar de suas bênçãos.

[24]Vocês não sabem que, numa corrida, todos competem, mas apenas um ganha o prêmio? Portanto, corram para vencer. [25]O atleta precisa ser disciplinado sob todos os aspectos. Ele se esforça para ganhar um prêmio perecível. Nós, porém, o fazemos para ganhar um prêmio eterno. [26]Por isso não corro sem objetivo nem luto como quem dá golpes no ar. [27]Disciplino meu corpo como um atleta, treinando-o para fazer o que deve, de modo que, depois de ter pregado a outros, eu mesmo não seja desqualificado.

Lições da idolatria de Israel

10 Irmãos, não quero que vocês se esqueçam do que aconteceu muito tempo atrás, quando nossos antepassados foram guiados por uma nuvem que ia adiante deles e atravessaram o mar. [2]Na nuvem e no mar, todos foram batizados como seguidores de Moisés. [3]Todos comeram do mesmo alimento espiritual [4]e todos beberam da mesma água espiritual, pois beberam da rocha espiritual que os acompanhava, e essa rocha era Cristo. [5]No entanto, Deus não se agradou da maioria deles, e seus corpos ficaram espalhados pelo deserto.

[6]Tais coisas aconteceram como advertência para nós, a fim de que não cobicemos o que é mau, como eles cobiçaram, [7]nem adoremos ídolos, como alguns deles adoraram. Segundo as Escrituras, "todos comeram e beberam e se entregaram à farra". [8]E não devemos praticar a imoralidade sexual, como alguns deles praticaram, e morreram 23 mil pessoas num só dia. [9]Também não devemos pôr Cristo à prova, como alguns deles puseram, e foram mortos por serpentes. [10]E não se queixem como alguns deles se queixaram, e foram destruídos pelo anjo da morte. [11]Essas coisas que aconteceram a eles nos servem como exemplo. Foram escritas como advertência para nós, que vivemos no fim dos tempos.

[12]Portanto, se vocês pensam que estão de pé, cuidem para que não caiam. [13]As tentações em sua vida não são diferentes daquelas que outros enfrentaram. Deus é fiel, e ele não permitirá tentações maiores do que vocês podem suportar. Quando forem tentados, ele mostrará uma saída para que consigam resistir.

[14]Portanto, meus amados, fujam do culto aos ídolos. [15]Vocês são pessoas sensatas. Julguem por si mesmos se o que digo é verdade. [16]Quando abençoamos o cálice à mesa, não participamos do sangue de Cristo? E, quando partimos o pão, não participamos do corpo de Cristo? [17]E, embora sejamos muitos, todos comemos do mesmo pão, mostrando que somos um só corpo. [18]Pensem no povo de Israel. Acaso os que comiam dos sacrifícios não partilhavam do mesmo altar?

[19]Então, o que estou tentando dizer? Que a comida oferecida a ídolos tem alguma importância, ou que os ídolos são deuses de verdade? [20]De maneira nenhuma! Estou dizendo que esses sacrifícios são oferecidos a demônios, e não a Deus. E não quero que vocês tenham parte com demônios. [21]Vocês não podem beber do cálice do Senhor e também do cálice de demônios. Não podem participar da mesa do Senhor e também da mesa de demônios. [22]Acaso nos atreveremos a despertar o ciúme do Senhor? Somos mais fortes que ele?

[23]"Tudo é permitido", mas nem tudo convém. "Tudo é permitido", mas nem tudo traz benefícios. [24]Não se preocupem com seu próprio bem, mas com o bem dos outros.

[25]Portanto, vocês podem comer qualquer carne que é vendida no mercado sem questionar nada por motivo de consciência. [26]Pois "do Senhor é a terra e tudo que nela há".

[27]Se um descrente os convidar para uma refeição, aceitem o convite se desejarem. Comam o que lhes oferecerem, sem questionar nada por motivo de consciência. [28](Mas, se alguém lhes disser: "Esta carne foi oferecida a um ídolo", não a comam por respeito à consciência da pessoa que os avisou. [29]Talvez não seja uma questão de consciência para vocês, mas o é para a outra pessoa.) Afinal, por que minha liberdade deve ser limitada por aquilo que outros pensam? [30]Por que serei eu condenado se comer algo pelo qual dei graças a Deus?

[31]Portanto, quer vocês comam, quer bebam, quer façam qualquer outra coisa, façam para a glória de Deus. [32]Não ofendam nem os judeus, nem os gentios, nem a igreja de Deus, [33]assim como também eu procuro agradar a todos em tudo que faço. Não faço apenas o que é melhor para mim; faço o que é melhor para os outros, a fim de que muitos sejam salvos.

11 Sejam meus imitadores, como eu sou imitador de Cristo.

Instruções para o culto público

[2]Eu os elogio porque vocês sempre têm se lembrado de mim e têm seguido os ensinamentos que lhes transmiti. [3]Mas quero

que saibam de uma coisa: o cabeça de todo homem é Cristo, o cabeça da mulher é o homem, e o cabeça de Cristo é Deus. 4O homem desonra sua cabeça se a cobre para orar ou profetizar. 5Mas a mulher desonra sua cabeça se ora ou profetiza sem cobri-la, pois é como se tivesse raspado a cabeça. 6Se ela se recusa a cobrir a cabeça, deve também cortar todo o cabelo! Mas, uma vez que é vergonhoso a mulher cortar o cabelo ou raspar a cabeça, deve cobri-la.

7O homem não deve cobrir a cabeça, pois ele foi criado à imagem de Deus e reflete a glória de Deus. A mulher, porém, reflete a glória do homem. 8Pois o homem não veio da mulher, mas a mulher veio do homem. 9E o homem não foi criado para a mulher, mas a mulher foi criada para o homem. 10Por esse motivo, e também por causa dos anjos, a mulher deve cobrir a cabeça, para mostrar que está debaixo de autoridade.

11Entre o povo do Senhor, porém, as mulheres não são independentes dos homens, e os homens não são independentes das mulheres. 12Pois, embora a mulher tenha vindo do homem, o homem nasce da mulher, e tudo vem de Deus.

13Julguem por si mesmos: é correto uma mulher orar a Deus em público sem cobrir a cabeça? 14A natureza não deixa claro que é vergonhoso o homem ter cabelo comprido? 15E as mulheres não se orgulham de seu cabelo comprido? Pois ele lhes foi dado como manto. 16Mas, se alguém quiser discutir a esse respeito, digo simplesmente que não temos outro costume. E as outras igrejas de Deus pensam da mesma forma.

Ordem na ceia do Senhor

17Nas instruções a seguir, porém, não posso elogiá-los, pois, quando vocês se reúnem, fazem mais mal que bem. 18Primeiro, ouço que há divisões quando vocês se reúnem como igreja e, até certo ponto, eu o creio. 19Suponho que seja necessário haver divisões entre vocês para que se reconheçam os que são aprovados!

20Quando vocês se reúnem, não estão interessados de fato na ceia do Senhor. 21Alguns de vocês se apressam em comer a própria refeição; como resultado, alguns passam fome, enquanto outros ficam embriagados. 22Será que vocês não têm casa onde comer e beber? Ou querem mesmo envergonhar a igreja de Deus e humilhar os pobres? Que devo dizer? Querem que eu os elogie? Certamente não os elogiarei por isso!

23Pois eu lhes transmiti aquilo que recebi do Senhor. Na noite em que o Senhor Jesus foi traído, ele tomou o pão, 24agradeceu a Deus, partiu-o e disse: "Este é meu corpo, que é entregue por vocês. Façam isto em memória de mim". 25Da mesma forma, depois da ceia, tomou o cálice e disse: "Este cálice é a nova aliança, confirmada com meu sangue. Façam isto em memória de mim, sempre que o beberem". 26Porque cada vez que vocês comem desse pão e bebem desse cálice, anunciam a morte do Senhor até que ele venha.

27Assim, quem come do pão ou bebe do cálice do Senhor indignamente é culpado de pecar contra o corpo e o sangue do Senhor. 28Portanto, examinem-se antes de comer do pão e beber do cálice, 29pois, se comem do pão ou bebem do cálice sem honrar o corpo de Cristo, comem e bebem julgamento contra si mesmos. 30Por isso muitos de vocês estão fracos e doentes e alguns até adormeceram.

31Se examinássemos a nós mesmos, não seríamos julgados dessa maneira. 32Mas, quando somos julgados pelo Senhor, estamos sendo disciplinados para que não sejamos condenados com o mundo.

33Portanto, meus irmãos, quando se reunirem para comer, esperem uns pelos outros. 34Se estiverem com fome, comam em casa, a fim de não trazer julgamento sobre si mesmos ao se reunirem. Eu lhes darei instruções a respeito de outros assuntos depois que chegar aí.

Dons espirituais

12 Agora, irmãos, quanto à sua pergunta sobre os dons espirituais, não quero que continuem confusos. 2Vocês sabem que, quando ainda eram pagãos, foram conduzidos pelo caminho errado e levados a adorar ídolos mudos. 3Por isso, quero que compreendam que ninguém que fala pelo Espírito de Deus amaldiçoa Jesus, e ninguém pode dizer que Jesus é Senhor a não ser pelo Espírito Santo.

4Existem tipos diferentes de dons espirituais, mas o mesmo Espírito é a fonte de todos eles. 5Existem tipos diferentes de serviço, mas o Senhor a quem servimos é o mesmo. 6Deus trabalha de maneiras diferentes, mas é o mesmo Deus que opera em todos nós.

7A cada um de nós é concedida a manifestação do Espírito para o benefício de todos. 8A um o Espírito dá a capacidade de oferecer conselhos sábios, a outro o mesmo Espírito dá uma mensagem de conhecimento especial. 9A um o mesmo Espírito dá grande fé, a outro o único Espírito concede o dom de cura. 10A um ele dá o poder de realizar milagres, a outro, a capacidade de profetizar. A outro ele dá a capacidade de discernir se uma mensagem é do Espírito de Deus ou de outro espírito. A outro, ainda, dá a capacidade de falar em diferentes línguas, enquanto a um outro dá a capacidade de interpretar o que está sendo dito. 11Tudo isso é distribuído pelo mesmo e único Espírito, que concede o que deseja a cada um.

Um só corpo com muitas partes

12O corpo humano tem muitas partes, mas elas formam um só corpo. O mesmo acontece com relação a Cristo. 13Alguns de nós são judeus, alguns são gentios, alguns são escravos e alguns são livres, mas todos nós fomos batizados em um só corpo pelo único Espírito, e todos recebemos o privilégio de beber do mesmo Espírito.

14De fato, o corpo não é feito de uma só parte, mas de muitas partes diferentes. 15Se o pé diz: "Não sou parte do corpo porque não sou mão", acaso, por isso, deixa de ser parte do corpo? 16E se a orelha diz: "Não sou parte do corpo porque não sou olho", será que, por isso, deixa de ser parte do corpo? 17Se o corpo todo fosse olho, como vocês ouviriam? E, se o corpo todo fosse orelha, como sentiriam o cheiro de algo?

18Mas nosso corpo tem muitas partes, e Deus colocou cada
uma delas onde ele quis. 19O corpo deixaria de ser corpo se ti-
vesse apenas uma parte. 20Assim, há muitas partes, mas um só
corpo. 21O olho não pode dizer à mão: "Não preciso de você".
E a cabeça não pode dizer aos pés: "Não preciso de vocês".
22Ao contrário, algumas partes do corpo que parecem mais
fracas são as mais necessárias. 23E as partes que conside-
ramos menos honrosas são as que tratamos com mais atenção.
Assim, protegemos cuidadosamente as partes que não devem
ser vistas, 24enquanto as mais honrosas não precisam dessa
atenção especial. Deus estruturou o corpo de maneira a con-
ceder mais honra e cuidado às partes que recebem menos
atenção. 25Isso faz que haja harmonia entre os membros, de
modo que todos cuidem uns dos outros. 26Se uma parte sofre,
todas as outras sofrem com ela, e se uma parte é honrada,
todas as outras com ela se alegram.
27Juntos, todos vocês são o corpo de Cristo, e cada um é uma
parte dele. 28Deus estabeleceu para a igreja: em primeiro
lugar, os apóstolos; em segundo, os profetas; em terceiro, os
mestres; depois, os que fazem milagres, os que têm o dom de
cura, os que ajudam outros, os que têm o dom de liderança,
os que falam em diferentes línguas.
29Somos todos apóstolos? Somos todos profetas? Somos todos
mestres? Todos nós temos o poder de fazer milagres? 30Todos
temos o dom de cura? Todos temos a capacidade de falar em
diferentes línguas? Todos temos a capacidade de interpretar
o que é dito? 31Portanto, desejem intensamente os dons mais
úteis. Agora, porém, vou lhes mostrar um estilo de vida que
supera os demais.

O mais importante é o amor

13 Se eu falasse as línguas dos homens e dos anjos, mas
não tivesse amor, seria como um sino que ressoa ou
um címbalo que retine. 2Se eu tivesse o dom de profecias,
se entendesse todos os mistérios de Deus e tivesse todo o
conhecimento, e se tivesse uma fé que me permitisse mover
montanhas, mas não tivesse amor, eu nada seria. 3Se desse
tudo que tenho aos pobres e até entregasse meu corpo para
ser queimado, e não tivesse amor, de nada me adiantaria.
4O amor é paciente e bondoso. O amor não é ciumento, nem
presunçoso. Não é orgulhoso, 5nem grosseiro. Não exige que
as coisas sejam à sua maneira. Não é irritável, nem rancoroso.
6Não se alegra com a injustiça, mas sim com a verdade. 7O
amor nunca desiste, nunca perde a fé, sempre tem esperança
e sempre se mantém firme.
8Um dia, profecia, línguas e conhecimento desaparecerão
e cessarão, mas o amor durará para sempre. 9Agora nosso
conhecimento é parcial e incompleto, e até mesmo o dom
da profecia revela apenas uma parte do todo. 10Mas, quando
vier o que é perfeito, essas coisas imperfeitas desaparecerão.
11Quando eu era criança, falava, pensava e raciocinava como
criança. Mas, quando me tornei homem, deixei para trás as
coisas de criança. 12Agora vemos de modo imperfeito, como um
reflexo no espelho, mas então veremos tudo face a face. Tudo
que sei agora é parcial e incompleto, mas conhecerei tudo
plenamente, assim como Deus já me conhece plenamente.
13Três coisas, na verdade, permanecerão: a fé, a esperança e
o amor, e a maior delas é o amor.

Os dons de línguas e de profecia

14 Que o amor seja seu maior objetivo! Contudo, desejem
também os dons espirituais, especialmente a capaci-
dade de profetizar. 2Pois quem fala em línguas fala apenas
com Deus, pois ninguém mais o entende, e em espírito fala
verdades ocultas. 3Mas aquele que profetiza fortalece, anima
e conforta os outros. 4Quem fala em línguas fortalece a si
mesmo, mas quem profetiza fortalece toda a igreja.
5Gostaria que todos vocês falassem em línguas, mas gostaria
ainda mais que todos profetizassem. Pois a profecia é superior
a falar em línguas, a menos que alguém interprete o que vocês
dizem para que toda a igreja seja fortalecida.
6Irmãos, se eu for visitá-los e falar em línguas, em que isso os
ajudará? Mas, se eu lhes trouxer uma revelação, um conheci-
mento especial, uma profecia ou um ensinamento, isso lhes
será proveitoso. 7Até mesmo instrumentos inanimados como
a flauta ou a harpa precisam soar as notas com clareza; do
contrário, ninguém reconhecerá a melodia. 8E, se a trombeta
não emitir um toque nítido, como os soldados saberão que
estão sendo convocados para a batalha?
9O mesmo acontece com vocês. Se usarem palavras incom-
preensíveis, como alguém saberá o que estão dizendo? Será o
mesmo que falar ao vento.
10Há muitos idiomas no mundo, e todos têm sentido. 11Mas, se
eu não entendo um idioma, sou estrangeiro para quem o fala,
e ele é estrangeiro para mim. 12O mesmo se aplica a vocês.
Uma vez que estão ansiosos para ter os dons espirituais, bus-
quem os dons que fortalecerão a igreja toda.
13Portanto, quem fala em línguas deve orar pedindo também
a capacidade de interpretar o que é dito. 14Pois, se oro em
línguas, meu espírito ora, mas eu não entendo o que estou
dizendo.
15Então, o que devo fazer? Orarei no espírito e também orarei
em palavras que entendo. Cantarei no espírito e também can-
tarei em palavras que entendo. 16Pois, se louvarem apenas no
espírito, como poderão louvar com vocês aqueles que não os
entendem? Como poderão agradecer com vocês se não en-
tendem o que estão dizendo? 17Vocês darão graças muito bem,
mas não fortalecerão aqueles que os ouvem.
18Dou graças a Deus porque falo em línguas mais que qualquer
um de vocês. 19Contudo, numa reunião da igreja, prefiro dizer
cinco palavras compreensíveis que ajudem os outros a falar
dez mil palavras em outra língua.
20Irmãos, não sejam infantis no entendimento dessas coisas.
Sejam inocentes como bebês com relação ao mal, mas sejam
maduros no entendimento. 21Pois as Escrituras dizem: "Falarei
a este povo em línguas estranhas e por meio de lábios estran-
geiros. Mesmo assim, este povo não me ouvirá, diz o Senhor".
22Portanto, falar em línguas é um sinal não para os que creem,

mas para os descrentes. A profecia, contudo, é para os que
creem, e não para os descrentes. 23Ainda assim, se descrentes
ou pessoas que não entendem essas coisas entrarem na reu-
nião de sua igreja e ouvirem todos falarem em línguas, pen-
sarão que vocês são loucos. 24Mas, se todos vocês estiverem
profetizando e descrentes ou pessoas que não entendem essas
coisas entrarem na reunião, serão convencidos do pecado e
julgados por aquilo que vocês disserem. 25Ao ouvirem, os
pensamentos secretos deles serão revelados, e eles cairão
de joelhos e adorarão a Deus, declarando: "De fato, Deus está
aqui no meio de vocês".

Os dons espirituais no culto

26Pois bem, irmãos, o que fazer, então? Quando vocês se re-
unirem, um cantará, o outro ensinará, o outro revelará, um
falará em línguas e outro interpretará o que for dito. Tudo que
for feito, porém, deverá fortalecer a todos.
27Não mais que dois ou três devem falar em línguas. Devem se
pronunciar um de cada vez, e alguém deve interpretar o que
disserem. 28Mas, se não houver alguém que possa interpretar,
devem permanecer calados na reunião da igreja, falando com
Deus em particular.
29Que dois ou três profetizem e os outros avaliem o que for
dito. 30Se alguém estiver profetizando e outra pessoa receber
uma revelação, quem está falando deve se calar. 31Desse
modo, todos que profetizam terão sua vez de falar, um de-
pois do outro, para que todos sejam instruídos e encorajados.
32Aqueles que profetizam têm controle de seu espírito e podem
falar um por vez. 33Pois Deus não é Deus de desordem, mas de
paz, como em todas as reuniões do povo santo.
34As mulheres devem permanecer em silêncio durante as reu-
niões da igreja. Não é apropriado que falem. Devem ser sub-
missas, como diz a lei. 35Se tiverem alguma pergunta, devem
fazê-la ao marido, em casa, pois não é apropriado que as mu-
lheres falem nas reuniões da igreja.
36Ou vocês pensam que a palavra de Deus se originou entre
vocês? Acaso são os únicos aos quais ela foi entregue? 37Se
alguém afirma ser profeta ou se considera espiritual, será o
primeiro a reconhecer que o que lhes digo é uma ordem do Se-
nhor. 38Se alguém ignorar esse fato, ele mesmo será ignorado.
39Portanto, meus irmãos, anseiem profetizar e não proíbam o
falar em línguas, 40mas cuidem para que tudo seja feito com
decência e ordem.

A ressurreição de Cristo

15 Agora, irmãos, quero lembrá-los das boas-novas que lhes
anunciei anteriormente. Vocês as receberam e nelas per-
manecem firmes. 2São essas boas-novas que os salvam, se
continuarem a crer na mensagem como lhes anunciei; do con-
trário, sua fé é inútil.
3Eu lhes transmiti o que era mais importante e o que também
me foi transmitido: Cristo morreu por nossos pecados, como
dizem as Escrituras. 4Ele foi sepultado e ressuscitou no terceiro
dia, como dizem as Escrituras. 5Apareceu a Pedro e, mais tarde,
aos Doze. 6Depois disso, apareceu a mais de quinhentos irmãos
de uma só vez, a maioria dos quais ainda está viva, embora
alguns já tenham adormecido. 7Mais tarde, apareceu a Tiago
e, posteriormente, a todos os apóstolos. 8Por último, apareceu
também a mim, como se eu tivesse nascido fora de tempo.
9Pois sou o mais insignificante dos apóstolos. Aliás, nem sou
digno de ser chamado apóstolo, pois persegui a igreja de Deus.
10O que agora sou, porém, deve-se inteiramente à graça que
Deus derramou sobre mim, e que não foi inútil. Trabalhei com
mais dedicação que qualquer outro apóstolo e, no entanto,
não fui eu, mas Deus que, em sua graça, operou por meu in-
termédio. 11Logo, não faz diferença se eu prego ou se eles
pregam, pois todos nós anunciamos a mesma mensagem na
qual vocês já creram.

A ressurreição dos mortos

12Pois bem, se proclamamos que Cristo ressuscitou dos
mortos, por que alguns de vocês afirmam não haver ressur-
reição dos mortos? 13Pois, se não existe ressurreição dos
mortos, Cristo não ressuscitou. 14E, se Cristo não ressuscitou,
nossa pregação é inútil, e a fé que vocês têm também é inútil.
15Então estamos todos mentindo a respeito de Deus, pois
afirmamos que ele ressuscitou a Cristo. Mas, se não existe
ressurreição dos mortos, isso não pode ser verdade. 16E, se
não existe ressurreição dos mortos, então Cristo também não
ressuscitou. 17E, se Cristo não ressuscitou, a fé que vocês têm
é inútil, e vocês ainda estão em seus pecados. 18Nesse caso,
todos que adormeceram crendo em Cristo estão perdidos! 19Se
nossa esperança em Cristo vale apenas para esta vida, somos
os mais dignos de pena em todo o mundo.
20Mas Cristo de fato ressuscitou dos mortos. Ele é o primeiro
fruto da colheita de todos que adormeceram.
21Uma vez que a morte entrou no mundo por meio de um único
homem, agora a ressurreição dos mortos começou por meio de
um só homem. 22Assim como todos morremos em Adão, todos
que são de Cristo receberão nova vida. 23Mas essa ressurreição
tem uma sequência: Cristo ressuscitou como o primeiro fruto
da colheita, e depois todos que são de Cristo ressuscitarão
quando ele voltar.
24Então virá o fim, quando ele entregará o reino a Deus, o Pai,
depois de ter destruído todos os governantes e autoridades e
todo poder. 25Pois é necessário que Cristo reine até que tenha
colocado todos os seus inimigos debaixo de seus pés. 26E o úl-
timo inimigo a ser destruído é a morte. 27Pois as Escrituras dizem:
"Deus pôs todas as coisas sob a autoridade dele". Claro que,
quando se diz que "todas as coisas estão sob a autoridade dele",
isso não inclui aquele que conferiu essa autoridade a Cristo.
28Então, quando todas as coisas estiverem sob a autoridade
do Filho, ele se colocará sob a autoridade de Deus, para que
Deus, que deu a seu Filho autoridade sobre todas as coisas, seja
absolutamente supremo sobre todas as coisas em toda parte.
29E o que dizer dos que se batizam em favor dos mortos? Se os
mortos não ressuscitam, como dizem eles, por que se batizam
em favor dos que já morreram?

30E nós, por que arriscamos a vida o tempo todo? 31Pois eu
afirmo, irmãos, que enfrento a morte diariamente, assim como
afirmo meu orgulho daquilo que Cristo Jesus, nosso Senhor,
fez em vocês. 32E, se não haverá ressurreição dos mortos, de
que me adiantou ter lutado contra feras, isto é, aquela gente
de Éfeso? Se não há ressurreição, "comamos e bebamos,
porque amanhã morreremos!". 33Não se deixem enganar pelos
que dizem essas coisas, pois "as más companhias corrompem
o bom caráter". 34Pensem bem sobre o que é certo e parem
de pecar. Pois, para sua vergonha, eu lhes digo que alguns de
vocês não têm o menor conhecimento de Deus.

O corpo ressurreto

35Alguém pode perguntar: "Como os mortos ressuscitarão?
Que tipo de corpo terão?". 36Que perguntas tolas! A semente só
cresce e se transforma em planta depois que morre. 37E aquilo
que se coloca no solo não é a planta que crescerá, mas apenas
uma semente de trigo ou de alguma outra planta. 38Então Deus
lhe dá o novo corpo como ele quer. Um tipo diferente de planta
cresce de cada tipo de semente. 39Da mesma forma, há tipos
diferentes de carne: um tipo para os seres humanos, outro
para os animais, outro para as aves e outro para os peixes.
40Também há corpos celestes e corpos terrestres. A glória dos
corpos celestes é diferente da glória dos corpos terrestres.
41O sol tem um tipo de glória, enquanto a lua e as estrelas
têm outro. E até mesmo as estrelas diferem em glória umas
das outras.
42O mesmo acontece com a ressurreição dos mortos. Quando
morremos, o corpo terreno é plantado no solo, mas ressusci-
tará para viver para sempre. 43Nosso corpo é enterrado em
desonra, mas ressuscitará em glória. É enterrado em fraqueza,
mas ressuscitará em força. 44É enterrado como corpo humano
natural, mas ressuscitará como corpo espiritual. Pois, assim
como há corpos naturais, também há corpos espirituais.
45As Escrituras nos dizem: "O primeiro homem, Adão, se tornou
ser vivo". Mas o último Adão é espírito que dá vida. 46Primeiro
vem o corpo natural, depois o corpo espiritual. 47O primeiro
homem foi feito do pó da terra, enquanto o segundo homem
veio do céu. 48Os que são da terra são como o homem terreno,
e os que são do céu são como o homem celestial. 49Da mesma
forma que agora somos como o homem terreno, algum dia
seremos como o homem celestial.
50Estou dizendo, irmãos, que nosso corpo físico não pode
herdar o reino de Deus. Este corpo mortal não pode herdar
aquilo que durará para sempre.
51Mas eu lhes revelarei um segredo maravilhoso: nem todos
dormiremos, mas todos seremos transformados! 52Acontecerá
num instante, num piscar de olhos, ao som da última trombeta.
Pois, quando a última trombeta soar, aqueles que morreram
ressuscitarão a fim de viver para sempre. E nós que estivermos
vivos também seremos transformados. 53Pois nosso corpo
mortal precisa ser transformado em corpo imortal.
54Então, quando nosso corpo mortal tiver sido transformado
em corpo imortal, se cumprirá a passagem das Escrituras que
diz: "A morte foi engolida na vitória.
55Ó morte, onde está sua vitória? Ó morte, onde está seu agui-
lhão?".
56O pecado é o aguilhão da morte que nos fere, e a lei é o
que torna o pecado mais forte. 57Mas graças a Deus, que nos
dá vitória sobre o pecado e sobre a morte por meio de nosso
Senhor Jesus Cristo!
58Portanto, meus amados irmãos, sejam fortes e firmes. Traba-
lhem sempre para o Senhor com entusiasmo, pois vocês sabem
que nada do que fazem para o Senhor é inútil.

A oferta para Jerusalém

16 Quanto à pergunta sobre o dinheiro que vocês estão co-
letando para o povo santo, sigam as mesmas instruções
que dei às igrejas na Galácia. 2No primeiro dia de cada se-
mana, separem uma parte de sua renda. Não esperem até que
eu chegue para então coletar tudo de uma vez. 3Quando eu
chegar, entregarei cartas de recomendação aos mensageiros
que vocês escolherem para levar sua oferta a Jerusalém. 4E,
se for conveniente que eu também vá, eles viajarão comigo.

Instruções finais de Paulo

5Eu os visitarei depois de ir à Macedônia, pois devo passar por
lá. 6Talvez permaneça um tempo com vocês, quem sabe todo
o inverno. Depois vocês poderão me encaminhar para meu
próximo destino. 7Desta vez, não quero visitá-los apenas de
passagem; quero ficar algum tempo, se o Senhor o permitir.
8Por enquanto, permanecerei em Éfeso até a festa de Pente-
costes. 9Há uma porta inteiramente aberta para realizar um
grande trabalho aqui, ainda que muitos se oponham a mim.
10Quando Timóteo chegar, não deve se sentir intimidado por
vocês. Ele está realizando a obra do Senhor, assim como eu.
11Não deixem que ninguém o trate com desprezo. Enviem-no
de volta para mim com sua bênção. Espero que ele venha junto
com os demais irmãos.
12Quanto a nosso irmão Apolo, insisti que ele os visitasse com
os outros irmãos, mas ele não estava disposto a ir agora. Ele o
fará mais tarde, quando tiver oportunidade.
13Estejam vigilantes. Permaneçam firmes na fé. Sejam cora-
josos. Sejam fortes. 14Façam tudo com amor.
15Vocês sabem que Estéfanas e sua família foram os primeiros
convertidos na Acaia e têm dedicado a vida ao serviço do povo
de Deus. Peço, irmãos, 16que se sujeitem a eles e a outros que,
como eles, servem com tanta devoção. 17Estou muito contente
com a vinda de Estéfanas, Fortunato e Acaico. Eles proveram a
ajuda que vocês, por não estarem aqui, não puderam me dar.
18Eles têm sido um grande estímulo para mim, como foram
para vocês. Valorizem todos que servem tão bem.

Saudações finais e bênção de Paulo

19As igrejas aqui na província da Ásia enviam saudações no Se-
nhor. Também os saúdam Áquila e Priscila e todos da igreja que
se reúne na casa deles. 20Todos os irmãos daqui lhes enviam
saudações. Saúdem uns aos outros com beijo santo.
21Esta é minha saudação de próprio punho: Paulo.

22Se alguém não ama o Senhor, essa pessoa é maldita. Vem,
nosso Senhor!
23Que a graça do Senhor Jesus esteja com vocês.
24Envio meu amor a todos vocês em Cristo Jesus.

2CORÍNTIOS

Saudações de Paulo

1Eu, Paulo, chamado pela vontade de Deus para ser apóstolo
de Cristo Jesus, escrevo esta carta, com nosso irmão Timóteo, à igreja de Deus em Corinto e a todo o seu povo santo
em toda a Acaia.
2Que Deus, nosso Pai, e o Senhor Jesus Cristo lhes deem graça
e paz.

Deus encoraja a todos

3Louvado seja Deus, Pai de nosso Senhor Jesus Cristo, Pai
misericordioso e Deus de todo encorajamento. 4Ele nos en-
coraja em todas as nossas aflições, para que, com o enco-
rajamento que recebemos de Deus, possamos encorajar ou-
tros quando eles passarem por aflições. 5Pois, quanto mais
sofrimento por Cristo suportarmos, mais encorajamento será
derramado sobre nós por meio de Cristo. 6Mesmo quando es-
tamos sobrecarregados de aflições, é para o encorajamento e
a salvação de vocês. Pois, quando somos encorajados, certa-
mente encorajaremos vocês, e então vocês poderão suportar
pacientemente os mesmos sofrimentos que nós. 7Temos firme
esperança de que, assim como vocês participam de nossos
sofrimentos, também participarão de nosso encorajamento.
8Irmãos, queremos que saibam das aflições pelas quais pas-
samos na província da Ásia. Fomos esmagados e oprimidos
além da nossa capacidade de suportar, e pensamos que não
sobreviveríamos. 9De fato, esperávamos morrer. Mas, como
resultado, deixamos de confiar em nós mesmos e aprendemos
a confiar somente em Deus, que ressuscita os mortos. 10Ele nos
livrou do perigo mortal, e nos livrará outra vez. Nele deposi-
tamos nossa esperança, e ele continuará a nos livrar. 11E vocês
nos têm ajudado ao orar por nós. Então muitos darão graças
porque Deus, em sua bondade, respondeu a tantas orações
feitas em nosso favor.

A mudança de planos de Paulo

12Podemos dizer com certeza e com a consciência limpa que
temos vivido em santidade e sinceridade dadas por Deus.
Dependemos da graça divina, e não da sabedoria humana.
É dessa forma que nos temos conduzido diante do mundo e,
especialmente, em relação a vocês. 13Nossas cartas foram
claras e objetivas, não havendo nada escrito nas entrelinhas
ou que não conseguissem compreender. Espero que um dia
vocês nos entendam plenamente, 14mesmo que não o façam
agora. Então, no dia do Senhor Jesus, poderão se orgulhar de
nós como nos orgulhamos de vocês.
15Porque eu estava tão certo de sua compreensão e confiança,
queria abençoá-los duplamente visitando-os duas vezes, 16pri-
meiro a caminho da Macedônia e depois ao voltar de lá. Então
vocês poderiam me ajudar com minha viagem para a Judeia.
17Talvez vocês estejam se perguntando por que mudei de ideia.
Será que faço meus planos de modo irresponsável? Será que
sou como as pessoas do mundo, que dizem "sim" quando na
verdade querem dizer "não"? 18Tão certo como Deus é fiel,
nossa palavra a vocês não oscila entre "sim" e "não". 19Pois
Jesus Cristo, o Filho de Deus, não oscila entre "sim" e "não".
Foi a respeito dele que Silas, Timóteo e eu lhes falamos e,
sendo ele o "sim" definitivo, ele sempre faz o que diz. 20Pois
todas as promessas de Deus se cumpriram em Cristo com um
alto e claro "Sim!". E, por meio de Cristo, confirmamos isso,
de modo que nosso "Amém" se eleva a Deus para sua glória.
21É Deus quem nos capacita e a vocês a permanecermos firmes
em Cristo. Ele nos ungiu 22e nos identificou como sua pro-
priedade ao colocar em nosso coração o selo do Espírito, a
garantia de tudo que ele nos prometeu.
23Agora, invoco a Deus como testemunha de que foi para pou-
pá-los que ainda não voltei a Corinto. 24Isso não significa que
queremos controlar vocês, dizendo-lhes como exercer sua fé.
Nosso desejo é trabalhar com vocês para que tenham alegria,
pois é pela fé que permanecem firmes.

2Por isso resolvi não entristecê-los com outra visita dolorosa.
2Pois, se eu lhes causar tristeza, quem me alegrará? Certa-
mente não serão aqueles a quem entristeci. 3Esse foi o motivo
de eu ter escrito como o fiz, para que, quando eu for, não
seja entristecido por aqueles que deveriam me alegrar. Sem
dúvida, vocês sabem que minha alegria vem do fato de vocês
estarem alegres. 4Escrevi aquela carta com grande angústia,
com o coração aflito e muitas lágrimas. Minha intenção não era
entristecê-los, mas mostrar-lhes quanto amo vocês.

Perdão para o pecador

5Não exagero quando digo que o homem que causou tantos
problemas magoou não somente a mim, mas, até certo ponto,
a todos vocês. 6A maioria de vocês se opôs a ele, e isso já
foi castigo suficiente. 7Agora, porém, é hora de perdoá-lo e
confortá-lo; do contrário, pode acontecer de ele ser vencido

pela tristeza excessiva. 8Peço, portanto, que reafirmem seu
amor por ele.
9Eu lhes escrevi daquela forma para testá-los e ver se segui-
riam todas as minhas instruções. 10Se vocês perdoam esse
homem, eu também o perdoo. E, quando eu perdoo o que
precisa ser perdoado, faço-o na presença de Cristo, em favor
de vocês, 11para que Satanás não tenha vantagem sobre nós,
pois conhecemos seus planos malignos.
12Quando cheguei à cidade de Trôade para anunciar as boas-
-novas de Cristo, o Senhor me abriu uma porta de oportu-
nidade. 13Contudo, não tive paz em meu espírito, pois meu
querido irmão Tito ainda não havia chegado com notícias de
vocês. Assim, despedi-me dos irmãos dali e fui à Macedônia
para procurá-lo.

Ministros da nova aliança

14Mas graças a Deus, que, em Cristo, sempre nos conduz triun-
fantemente. Agora, por nosso intermédio, ele espalha o co-
nhecimento de Cristo por toda parte, como um doce perfume.
15Somos o aroma de Cristo que se eleva até Deus. Mas esse
aroma é percebido de forma diferente por aqueles que estão
sendo salvos e por aqueles que estão perecendo. 16Para os
que estão perecendo, somos cheiro terrível de morte e conde-
nação. Mas, para os que estão sendo salvos, somos perfume
que dá vida. E quem está à altura de uma tarefa como essa?
17Não somos como muitos que fazem da palavra de Deus um ar-
tigo de comércio. Pregamos a palavra de Deus com sinceridade
e com a autoridade de Cristo, sabendo que Deus nos observa.

3 Será que estamos começando a nos recomendar outra vez?
Somos como aqueles que precisam entregar-lhes ou pe-
dir-lhes cartas de recomendação? 2Vocês mesmos são nossa
carta, escrita em nosso coração, para ser conhecida e lida por
todos! 3Sem dúvida, vocês são uma carta de Cristo, que mostra
os resultados de nosso trabalho em seu meio, escrita não com
pena e tinta, mas com o Espírito do Deus vivo, e gravada não
em tábuas de pedra, mas em corações humanos.
4Estamos certos disso tudo por causa da grande confiança que
temos em Deus por meio de Cristo. 5Não que nos consideremos
capazes de fazer qualquer coisa por conta própria; nossa capa-
citação vem de Deus. 6Ele nos capacitou para sermos ministros
da nova aliança, não da lei escrita, mas do Espírito. A lei escrita
termina em morte, mas o Espírito dá vida.

A glória da nova aliança

7O antigo sistema, com suas leis gravadas em pedra, terminava
em morte, embora tivesse começado com tamanha glória que
os israelitas não conseguiam olhar para o rosto de Moisés,
por causa da glória que brilhava em seu rosto, ainda que esse
brilho já estivesse se desvanecendo. 8Acaso não deveríamos
esperar uma glória muito maior no novo sistema, que se baseia
na obra do Espírito? 9Se o antigo sistema, que traz conde-
nação, era glorioso, muito mais glorioso é o novo sistema,
que nos torna justos diante de Deus! 10De fato, a glória do
passado não era nada gloriosa em comparação com a glória
magnífica de agora. 11Portanto, se o antigo sistema, que foi
substituído, era cheio de glória, muito mais glorioso é o novo,
que permanece para sempre!
12Uma vez que o novo sistema nos dá tal esperança, podemos
falar com grande coragem. 13Não somos como Moisés, que
cobria o rosto com um véu para que os israelitas não vissem
a glória, embora ela já estivesse se desvanecendo. 14Mas a
mente do povo estava endurecida e, até hoje, toda vez que
a antiga aliança é lida, o mesmo véu lhes cobre a mente, e
esse véu só pode ser removido em Cristo. 15Até hoje, quando
eles leem os escritos de Moisés, seu coração está coberto por
esse véu.
16Contudo, sempre que alguém se volta para o Senhor, o véu
é removido. 17Pois o Senhor é o Espírito, e onde está o Espírito
do Senhor, ali há liberdade. 18Portanto, todos nós, dos quais o
véu foi removido, podemos ver e refletir a glória do Senhor, e
o Senhor, que é o Espírito, nos transforma gradativamente à
sua imagem gloriosa, deixando-nos cada vez mais parecidos
com ele.

Tesouros em vasos de barro

4 Portanto, visto que Deus, em sua misericórdia, nos deu a
tarefa de ministrar nesse novo sistema, nunca desistimos.
2Rejeitamos todos os atos vergonhosos e métodos dissimu-
lados. Não procuramos enganar ninguém nem distorcemos a
palavra de Deus. Em vez disso, dizemos a verdade diante de
Deus, e todos que são honestos sabem disso.
3Se as boas-novas que anunciamos estão encobertas atrás de
um véu, é apenas para aqueles que estão perecendo. 4O deus
deste mundo cegou a mente dos que não creem, para que não
consigam ver a luz das boas-novas, não entendendo esta men-
sagem a respeito da glória de Cristo, que é a imagem de Deus.
5Não andamos por aí falando de nós mesmos, mas procla-
mamos que Jesus Cristo é Senhor e que nós mesmos somos
servos de vocês por causa de Jesus. 6Pois Deus, que disse:
"Haja luz na escuridão", é quem brilhou em nosso coração,
para que conhecêssemos a glória de Deus na face de Jesus
Cristo.
7Agora nós mesmos somos como vasos frágeis de barro que
contêm esse grande tesouro. Assim, fica evidente que esse
grande poder vem de Deus, e não de nós.
8De todos os lados somos pressionados por aflições, mas
não esmagados. Ficamos perplexos, mas não desesperados.
9Somos perseguidos, mas não abandonados. Somos derru-
bados, mas não destruídos. 10Pelo sofrimento, nosso corpo
continua a participar da morte de Jesus, para que a vida de
Jesus também se manifeste em nosso corpo.
11Sim, vivemos sob constante perigo de morte, porque ser-
vimos a Jesus, para que a vida de Jesus se manifeste em nosso
corpo mortal. 12Assim, enfrentamos a morte, mas isso resulta
em vida para vocês.
13Continuamos a pregar porque temos o mesmo tipo de fé
mencionada nas Escrituras: "Cri em Deus, por isso falei". 14Sa-

bemos que Deus, que ressuscitou o Senhor Jesus, também
nos ressuscitará com Jesus e nos apresentará a ele junto com
vocês. 15Tudo isso é para o bem de vocês. E, à medida que a
graça alcançar mais pessoas, haverá muitas ações de graças,
e Deus receberá cada vez mais glória.
16Por isso, nunca desistimos. Ainda que nosso exterior esteja
morrendo, nosso interior está sendo renovado a cada dia.
17Pois estas aflições pequenas e momentâneas que agora
enfrentamos produzem para nós uma glória que pesa mais
que todas as angústias e durará para sempre. 18Portanto, não
olhamos para aquilo que agora podemos ver; em vez disso,
fixamos o olhar naquilo que não se pode ver. Pois as coisas
que agora vemos logo passarão, mas as que não podemos ver
durarão para sempre.

Um novo corpo

5 Sabemos que, quando nosso corpo terreno, esta tenda em
que vivemos, se desfizer, teremos um corpo eterno, uma
casa no céu feita para nós pelo próprio Deus, e não por mãos
humanas. 2Na tenda terrena, gememos e desejamos ansiosa-
mente nos vestir com nosso lar celestial, como se fosse uma
roupa nova. 3Porque de fato nos vestiremos com um corpo
celestial, e não ficaremos despidos. 4Enquanto vivemos nesta
tenda que é o corpo terreno, gememos e suspiramos, mas
isso não significa que queremos ser despidos. Na verdade,
queremos vestir nosso corpo novo, para que este corpo mortal
seja engolido pela vida. 5Deus nos preparou para isso e, como
garantia, nos deu o Espírito.
6Portanto, temos sempre confiança, apesar de sabermos que,
enquanto vivemos neste corpo, não estamos em nosso lar com
o Senhor. 7Porque vivemos por fé, e não pelo que vemos. 8Sim,
temos confiança absoluta e preferíamos deixar este corpo
terreno, pois então estaríamos em nosso lar com o Senhor.
9Assim, quer estejamos neste corpo, quer o deixemos, nosso
objetivo é agradar ao Senhor. 10Pois todos nós teremos de
comparecer diante do tribunal de Cristo, para que cada um
receba o que merecer pelo bem ou pelo mal que tiver feito
neste corpo terreno.

Embaixadores de Cristo

11Assim, conhecendo o temor ao Senhor, procuramos per-
suadir outros. Deus sabe que somos sinceros, e espero que
vocês também o saibam. 12Estamos mais uma vez nos reco-
mendando a vocês? Nada disso, estamos apenas lhes dando
motivos para que se orgulhem de nós, a fim de que possam
responder àqueles que se orgulham nas aparências, e não no
coração. 13Se parecemos loucos, é para dar glória a Deus, e
se mantemos o juízo, é para o bem de vocês. 14De qualquer
forma, o amor de Cristo nos impulsiona. Porque cremos que
ele morreu por todos, também cremos que todos morreram.
15Ele morreu por todos, para que os que recebem sua nova vida
não vivam mais para si mesmos, mas para Cristo, que morreu
e ressuscitou por eles.
16Portanto, não avaliamos mais ninguém do ponto de vista
humano. Em outros tempos, pensávamos em Cristo apenas
do ponto de vista humano, mas agora o conhecemos de modo
bem diferente. 17Logo, todo aquele que está em Cristo se
tornou nova criação. A velha vida acabou, e uma nova vida
teve início!
18E tudo isso vem de Deus, aquele que nos trouxe de volta
para si por meio de Cristo e nos encarregou de reconciliar
outros com ele. 19Pois, em Cristo, Deus estava reconciliando
consigo o mundo, não levando mais em conta os pecados das
pessoas. E ele nos deu esta mensagem maravilhosa de recon-
ciliação. 20Agora, portanto, somos embaixadores de Cristo;
Deus faz seu apelo por nosso intermédio. Falamos em nome
de Cristo quando dizemos: "Reconciliem-se com Deus!". 21Pois
Deus fez de Cristo, aquele que nunca pecou, a oferta por nosso
pecado, para que por meio dele fôssemos declarados justos
diante de Deus.

6 Como cooperadores de Deus, suplicamos a vocês que
não recebam em vão a graça de Deus. 2Pois Deus diz: "No
tempo certo, eu o ouvi; no dia da salvação, eu lhe dei socorro".
De fato, agora é o "tempo certo". Hoje é o dia da salvação!

O ministério fiel de Paulo

3Vivemos de forma que ninguém tropece por nossa causa,
nem tenha motivo para criticar nosso ministério. 4Em tudo
que fazemos, mostramos que somos verdadeiros servos de
Deus. Suportamos pacientemente aflições, privações e cala-
midades de todo tipo. 5Fomos espancados e encarcerados,
enfrentamos multidões furiosas, trabalhamos até a exaustão,
suportamos noites sem dormir e passamos fome. 6Mostramos
quem somos por nossa pureza, nosso entendimento, nossa
paciência e nossa bondade, pelo Espírito Santo que vive em
nós e por nosso amor sincero. 7Proclamamos a verdade fiel-
mente, e o poder de Deus opera em nós. Usamos as armas
da justiça, com a mão direita para atacar e com a mão es-
querda para defender. 8Servimos quer as pessoas nos honrem,
quer nos desprezem, quer nos difamem, quer nos elogiem.
Somos chamados de impostores, apesar de sermos honestos.
9Somos tratados como desconhecidos, embora sejamos bem
conhecidos. Vivemos à beira da morte, mas ainda estamos
vivos. Fomos espancados, mas não mortos. 10Nosso coração
se entristece, mas sempre temos alegria. Somos pobres, mas
enriquecemos a muitos outros. Não possuímos nada e, no en-
tanto, temos tudo.
11Queridos coríntios, falamos a vocês com toda honestidade
e lhes abrimos o coração. 12Não falta amor da nossa parte,
mas vocês nos negaram seu afeto. 13Peço que retribuam esse
amor como se fossem meus próprios filhos. Abram o coração
para nós!

O templo do Deus vivo

14Não se ponham em jugo desigual com os descrentes. Como
pode a justiça ser parceira da maldade? Como pode a luz con-
viver com as trevas? 15Que harmonia pode haver entre Cristo e

o diabo? Como alguém que crê pode se ligar a quem não crê?
16E que união pode haver entre o templo de Deus e os ídolos?
Pois somos o templo do Deus vivo. Como ele próprio disse:
"Habitarei e andarei no meio deles. Serei o seu Deus, e eles
serão o meu povo.
17Portanto, afastem-se e separem-se deles, diz o Senhor. Não
toquem em coisas impuras, e eu os receberei.
18Eu serei seu Pai, e vocês serão meus filhos e minhas filhas,
diz o Senhor Todo-poderoso".

7 Amados, visto que temos essas promessas, purifiquemo-nos
de tudo que contamina o corpo ou o espírito, tornando-nos
cada vez mais santos porque tememos a Deus.
2Peço-lhes que abram o coração para nós. Não prejudicamos
ninguém, nem desencaminhamos ninguém, nem nos aprovei-
tamos de ninguém. 3Não digo isso para condená-los. Já lhes
disse que vocês estão em nosso coração. Estamos juntos, seja
para morrer, seja para viver. 4Tenho muita confiança em vocês,
e de vocês tenho muito orgulho. Vocês têm me encorajado
grandemente e me proporcionado alegria, apesar de todas
as nossas aflições.

A alegria de Paulo com o arrependimento da igreja

5Quando chegamos à Macedônia, não tivemos nenhum des-
canso. Enfrentamos conflitos de todos os lados, com bata-
lhas externas e temores internos. 6Mas Deus, que conforta
os desanimados, nos encorajou com a chegada de Tito. 7Sua
presença foi uma alegria, como também o foi a notícia que ele
nos trouxe do encorajamento que recebeu de vocês. Quando
ele nos contou quanto desejam me ver, quanto lamentam o
que aconteceu e quão dedicados são a mim, fiquei muito feliz!
8Não me arrependo de ter enviado aquela carta severa, em-
bora a princípio tenha lamentado a dor que ela lhes causou,
ainda que por algum tempo. 9Agora, porém, alegro-me por
tê-la enviado, não pela tristeza que causou, mas porque a dor
os levou ao arrependimento. Foi o tipo de tristeza que Deus
espera de seu povo, portanto não lhes causamos mal algum.
10Porque a tristeza que é da vontade de Deus conduz ao arre-
pendimento e resulta em salvação. Não é uma tristeza que
causa remorso. Mas a tristeza do mundo resulta em morte.
11Vejam o que a tristeza que vem de Deus produziu em vocês!
Trouxe dedicação, defesa de suas ações, indignação, temor,
desejo de me ver, zelo e prontidão em punir a injustiça. Vocês
mostraram que fizeram todo o necessário para corrigir a si-
tuação. 12Portanto, não lhes escrevi para falar de quem havia
errado e de quem havia sido prejudicado, mas para que, diante
de Deus, pudessem ver por si mesmos como são dedicados a
nós. 13Fomos grandemente encorajados por isso. Além de nos
sentirmos encorajados, ficamos particularmente contentes
de ver Tito alegre porque todos vocês o receberam bem e o
tranquilizaram. 14Eu tinha dito a ele quanto me orgulhava de
vocês, e vocês não me decepcionaram. Sempre lhes disse a
verdade, e ficou provado que eu tinha razão ao elogiá-los! 15Ele
os estima ainda mais quando se lembra de como todos vocês
lhe obedeceram e o receberam bem, com temor e profundo
respeito. 16Fico muito feliz por poder ter plena confiança em
vocês.

Incentivo para contribuir com generosidade

8 Agora, irmãos, queremos que saibam o que Deus, em sua
graça, tem feito por meio das igrejas da Macedônia. 2Elas
têm sido provadas com muitas aflições, mas sua grande ale-
gria e extrema pobreza transbordaram em rica generosidade.
3Posso testemunhar que deram não apenas o que podiam, mas
muito além disso, e o fizeram por iniciativa própria. 4Eles nos
suplicaram repetidamente o privilégio de participar da oferta
ao povo santo. 5Fizeram até mais do que esperávamos, pois
seu primeiro passo foi entregar-se ao Senhor e a nós, como
era desejo de Deus.
6Por isso pedimos a Tito, que inicialmente encorajou vocês a
contribuírem, que os visitasse outra vez e os animasse a com-
pletar esse serviço de generosidade. 7Visto que vocês se des-
tacam em tantos aspectos — na fé, nos discursos eloquentes,
no conhecimento, no entusiasmo e no amor que receberam de
nós —, queríamos que também se destacassem no generoso
ato de contribuir.
8Não estou ordenando que o façam, mas sim testando a since-
ridade de seu amor ao compará-lo com a dedicação de outros.
9Vocês conhecem a graça de nosso Senhor Jesus Cristo. Em-
bora fosse rico, por amor a vocês ele se fez pobre, para que por
meio da pobreza dele vocês se tornassem ricos.
10Este é meu conselho: seria bom que terminassem o que
começaram há um ano, quando foram os primeiros a querer
contribuir e a efetivamente fazê-lo. 11Assim, completem o que
começaram. Que a boa vontade demonstrada no princípio seja
igualada, agora, por sua contribuição. Doem proporcional-
mente àquilo que possuem. 12Tudo que derem será aceitável,
desde que o façam de boa vontade, de acordo com o que
têm, e não com o que não têm. 13Não que sua contribuição
deva facilitar a vida dos outros e dificultar a de vocês. Quero
dizer apenas que deve haver igualdade. 14No momento, vocês
têm fartura e podem ajudar os que passam por necessidades.
Em outra ocasião, eles terão fartura e poderão compartilhar
com vocês quando for necessário. Assim, haverá igualdade.
15Como dizem as Escrituras: "Para aqueles que muito reco-
lheram nada sobrou, e para aqueles que pouco recolheram
nada faltou".

Ajuda na coleta para os pobres

16Agradeço a Deus porque ele concedeu a Tito a mesma de-
dicação que eu tenho por vocês. 17Tito recebeu com prazer
nosso pedido para que os visitasse outra vez. Na verdade, ele
mesmo estava ansioso para ir vê-los. 18Com ele estamos en-
viando outro irmão, que é elogiado por todas as igrejas como
pregador das boas-novas. 19Ele foi nomeado pelas igrejas para
nos acompanhar quando levarmos a oferta, um serviço que
visa glorificar o Senhor e mostrar nossa disposição de ajudar.

20 Com isso, queremos evitar qualquer crítica à nossa maneira
de administrar essa oferta generosa. 21 Tomamos o cuidado de
agir honradamente não só aos olhos do Senhor, mas também
diante das pessoas.
22 Além disso, estamos enviando com eles outro irmão que
muitas vezes deu provas de seu bom caráter e que, em várias
ocasiões e de diversas maneiras, demonstrou enorme dedi-
cação. E, por causa da grande confiança que ele tem em vocês,
agora está ainda mais empolgado. 23 Se alguém lhes perguntar
a respeito de Tito, digam que ele é meu colaborador, que tra-
balha comigo para ajudar vocês. Quanto aos irmãos que o
acompanham, foram enviados pelas igrejas e trazem honra a
Cristo. 24 Portanto, mostrem diante deles seu amor e provem
para todas as igrejas que temos razão ao elogiar vocês.

A oferta para os irmãos em Jerusalém

9 Na verdade, quanto a esse serviço ao povo santo, não pre-
ciso lhes escrever. 2 Sei quanto estão ansiosos para ajudar e
expressei às igrejas da Macedônia meu orgulho de que vocês,
na Acaia, estão prontos para enviar uma oferta desde o ano
passado. De fato, foi sua dedicação que incentivou muitos a
também contribuir.
3 Ainda assim, envio esses irmãos para me certificar de que
vocês estão preparados, como tenho dito a eles. Não quero
elogiar vocês sem razão. 4 Que vexame seria para nós, e ainda
mais para vocês, se alguns macedônios chegassem comigo e
descobrissem que vocês não estão preparados, depois de tudo
que eu disse a eles! 5 Portanto, considerei apropriado enviar
esses irmãos antes de mim. Eles cuidarão para que a oferta
que vocês prometeram esteja pronta. Que seja, porém, uma
oferta voluntária, e não entregue de má vontade.
6 Lembrem-se: quem lança apenas algumas sementes obtém
uma colheita pequena, mas quem semeia com fartura obtém
uma colheita farta. 7 Cada um deve decidir em seu coração
quanto dar. Não contribuam com relutância ou por obrigação.
"Pois Deus ama quem dá com alegria." 8 Deus é capaz de lhes
conceder todo tipo de bênçãos, para que, em todo tempo,
vocês tenham tudo de que precisam, e muito mais ainda, para
repartir com outros. 9 Como dizem as Escrituras: "Compartilha
generosamente com os necessitados; seus atos de justiça
serão lembrados para sempre".
10 Pois é Deus quem supre a semente para o que semeia e de-
pois o pão para seu alimento. Da mesma forma, ele proverá e
multiplicará sua semente e produzirá por meio de vocês muitos
frutos de justiça.
11 Em tudo vocês serão enriquecidos a fim de que possam
ser sempre generosos. E, quando levarmos sua oferta para
aqueles que precisam dela, eles darão graças a Deus. 12 Logo,
duas coisas boas resultarão desse ministério de auxílio: as
necessidades do povo santo serão supridas, e eles expressarão
com alegria sua gratidão a Deus.
13 Como resultado do serviço de vocês, eles darão glória a Deus.
Pois sua generosidade com eles e com todos os que creem
mostrará que vocês são obedientes às boas-novas de Cristo.
14 E eles orarão por vocês com profundo afeto, por causa da
graça transbordante que Deus concedeu a vocês. 15 Graças a
Deus por essa dádiva tão maravilhosa que nem as palavras
conseguem expressar!

Paulo defende sua autoridade

10 Agora eu, Paulo, apelo a vocês com a mansidão e a bon-
dade de Cristo, mesmo ciente de que vocês me consi-
deram fraco pessoalmente e duro apenas a distância, quando
lhes escrevo. 2 Pois bem, suplico-lhes que, quando eu for vi-
sitá-los, não precise ser duro com aqueles que pensam que
agimos segundo motivações humanas.
3 Embora sejamos humanos, não lutamos conforme os padrões
humanos. 4 Usamos as armas poderosas de Deus, e não as
armas do mundo, para derrubar as fortalezas do raciocínio hu-
mano e acabar com os falsos argumentos. 5 Destruímos todas
as opiniões arrogantes que impedem as pessoas de conhecer
a Deus. Levamos cativo todo pensamento rebelde e o ensi-
namos a obedecer a Cristo. 6 E, depois que vocês se tornarem
inteiramente obedientes, estaremos prontos para punir todos
que insistirem em desobedecer.
7 Vocês se preocupam apenas com o que é aparente. Aqueles
que afirmam pertencer a Cristo devem reconhecer que perten-
cemos a Cristo tanto quanto eles. 8 Pode parecer que estou me
orgulhando além do que deveria da autoridade que o Senhor
nos deu, mas nossa autoridade visa edificar vocês, e não des-
truí-los. Portanto, não me envergonharei de usá-la.
9 Não é minha intenção assustar vocês com minhas cartas.
10 Pois alguns dizem: "As cartas de Paulo são exigentes e
enérgicas, mas em pessoa ele é fraco e seus discursos de
nada valem". 11 Essa gente deveria perceber que, quando es-
tivermos presentes em pessoa, nossas ações serão tão enér-
gicas quanto aquilo que dizemos a distância, em nossas cartas.
12 Não nos atreveríamos a nos classificar como esses indiví-
duos nem a nos comparar com eles, que se julgam tão impor-
tantes. Ao se compararem apenas uns com os outros, usando
a si mesmos como medida, só mostram como são ignorantes.
13 Não nos orgulharemos do que se fez fora de nosso campo de
autoridade. Antes, nos orgulharemos apenas do que aconteceu
dentro dos limites da obra que Deus nos confiou, que inclui
nosso trabalho com vocês. 14 Quando afirmamos ter autoridade
sobre vocês, não ultrapassamos esses limites, pois fomos os
primeiros a chegar até vocês com as boas-novas de Cristo.
15 Também não nos orgulhamos do trabalho realizado por ou-
tros nem assumimos o crédito por ele. Pelo contrário, espe-
ramos que sua fé cresça de tal modo que se ampliem os limites
de nosso trabalho entre vocês. 16 Então poderemos anunciar
as boas-novas em outros lugares, para além de sua região,
onde ninguém esteja trabalhando. Assim, ninguém pensará
que estamos nos orgulhando do trabalho feito em território de
outros. 17 Como dizem as Escrituras: "Quem quiser orgulhar-se,
orgulhe-se somente no Senhor".
18 Quando alguém elogia a si mesmo, esse elogio não tem valor
algum. O importante mesmo é ser aprovado pelo Senhor.

Paulo e os falsos apóstolos

11 Espero que vocês suportem um pouco mais de minha insensatez. Por favor, continuem a ser pacientes comigo, 2pois o cuidado que tenho com vocês vem do próprio Deus. Eu os prometi como noiva pura a um único marido, Cristo. 3No entanto, temo que sua devoção pura e completa a Cristo seja corrompida de algum modo, como Eva foi enganada pela astúcia da serpente. 4Vocês aceitam de boa vontade o que qualquer um lhes diz, mesmo que anuncie um Jesus diferente daquele que lhes anunciamos, ou um espírito diferente daquele que vocês receberam, ou boas-novas diferentes daquelas em que vocês creram.

5Contudo, não me considero em nada inferior aos tais "superapóstolos" que ensinam essas coisas. 6Posso não ter a técnica de um grande orador, mas não me falta conhecimento. Deixamos isso bem claro a vocês de todas as formas possíveis.

7Será que fiz mal quando me humilhei e os honrei anunciando-lhes as boas-novas de Deus sem esperar nada em troca? 8Para servir vocês sem lhes ser pesado, tomei contribuições de outras igrejas que eram mais pobres que vocês. 9E, quando estive com vocês e não tinha o suficiente para me sustentar, não fui um peso para ninguém, pois os irmãos que vieram da Macedônia trouxeram tudo de que eu precisava. Nunca fui um peso para vocês, e nunca serei. 10Tão certo como a verdade de Cristo está em mim, ninguém em toda a Acaia jamais me impedirá de me orgulhar disso. 11Por quê? Por que não os amo? Deus sabe quanto os amo!

12Assim, continuarei a fazer o que sempre tenho feito. Com isso, frustrarei aqueles que procuram uma oportunidade de se orgulhar de realizar um trabalho como o nosso. 13Esses indivíduos são falsos apóstolos, obreiros enganosos disfarçados de apóstolos de Cristo. 14Mas não me surpreendo. Até mesmo Satanás se disfarça de anjo de luz. 15Portanto, não é de admirar que seus servos também finjam ser servos da justiça. No fim, receberão o castigo que suas obras merecem.

As muitas provações de Paulo

16Volto a dizer: não pensem que sou insensato, mas, se o fizerem, aceitem-me como insensato, para que eu também me orgulhe um pouco. 17Não expresso esse meu orgulho como algo que vem do Senhor, mas como um insensato o faria. 18Uma vez que outros se orgulham de suas realizações humanas, farei o mesmo. 19Afinal, vocês se consideram sábios, mas suportam de boa vontade os insensatos. 20Aceitam que outros os escravizem, devorem seus bens, se aproveitem de vocês, os menosprezem e lhes batam no rosto. 21Envergonho-me de dizer que fomos "fracos" demais para agir desse modo! Em qualquer coisa que eles se atrevem a se orgulhar (mais uma vez falo como insensato), eu também me atrevo. 22Eles são hebreus? Eu também sou. São israelitas? Eu também sou. São descendentes de Abraão? Eu também sou. 23São servos de Cristo? Sei que dou a impressão de estar louco, mas digo que tenho servido muito mais. Trabalhei com mais dedicação, fui encarcerado com mais frequência, perdi a conta de quantas vezes fui açoitado e, em várias ocasiões, enfrentei a morte. 24Cinco vezes recebi dos líderes judeus os trinta e nove açoites. 25Três vezes fui golpeado com varas. Fui apedrejado uma vez. Três vezes sofri naufrágio. Certa ocasião, passei uma noite e um dia no mar, à deriva. 26Realizei várias jornadas longas. Enfrentei perigos em rios e com assaltantes. Enfrentei perigos de meu próprio povo, bem como dos gentios. Enfrentei perigos em cidades, em desertos e no mar. E enfrentei perigos por causa de homens que se diziam irmãos, mas não eram. 27Tenho trabalhado arduamente, horas a fio, e passei muitas noites sem dormir. Passei fome e senti sede, e muitas vezes fiquei em jejum. Tremi de frio por não ter roupa suficiente para me agasalhar.

28Além disso tudo, sobre mim pesa diariamente a preocupação com todas as igrejas. 29Quem está fraco, que eu também não sinta fraqueza? Quem se deixa levar pelo caminho errado, que a indignação não me consuma?

30Portanto, se devo me orgulhar, prefiro que seja das coisas que mostram como sou fraco. 31Deus, o Pai de nosso Senhor Jesus, que é digno de louvor eterno, sabe que não estou mentindo. 32Quando estava em Damasco, o governador sob o rei Aretas pôs guardas às portas da cidade para me capturar. 33Para escapar dele, tive de ser baixado num cesto grande, de uma janela no muro da cidade.

A visão de Paulo e o espinho na carne

12 É necessário prosseguir com meus motivos de orgulho. Mesmo que isso não me sirva de nada, vou lhes falar agora das visões e revelações que recebi do Senhor.

2Conheço um homem em Cristo que, há catorze anos, foi arrebatado ao terceiro céu. Se foi no corpo ou fora do corpo, não sei; só Deus o sabe. 3Sim, somente Deus sabe se foi no corpo ou fora do corpo. Mas eu sei 4que tal homem foi arrebatado ao paraíso e ouviu coisas tão maravilhosas que não podem ser expressas em palavras, coisas que a nenhum homem é permitido relatar.

5Da experiência desse homem eu teria razão de me orgulhar, mas não o farei; na verdade, minhas fraquezas são minha única razão de orgulho. 6Se quisesse me orgulhar, não seria insensato de fazê-lo, pois estaria dizendo a verdade. Mas não o farei, pois não quero que ninguém me dê crédito além do que pode ver em minha vida ou ouvir em minha mensagem, 7ainda que eu tenha recebido revelações tão maravilhosas. Portanto, para evitar que eu me tornasse arrogante, foi-me dado um espinho na carne, um mensageiro de Satanás para me atormentar e impedir qualquer arrogância.

8Em três ocasiões, supliquei ao Senhor que o removesse, 9mas ele disse: "Minha graça é tudo de que você precisa. Meu poder opera melhor na fraqueza". Portanto, agora fico feliz de me orgulhar de minhas fraquezas, para que o poder de Deus opere por meu intermédio. 10Por isso aceito com prazer fraquezas e insultos, privações, perseguições e aflições que sofro por Cristo. Pois, quando sou fraco, então é que sou forte.

A preocupação de Paulo com os coríntios

11Vocês me obrigaram a agir como insensato. Vocês é que deveriam me elogiar, pois, embora eu nada seja, não sou inferior a esses "superapóstolos". 12Quando estive com vocês, certamente dei provas de que sou apóstolo, pois com grande paciência realizei sinais, maravilhas e milagres entre vocês. 13A única coisa que não fiz, e que faço nas outras igrejas, foi me tornar um peso para vocês. Perdoem-me por essa injustiça!

14Agora irei visitá-los pela terceira vez e não serei um peso para vocês. Não quero seus bens; quero vocês. Afinal, os filhos não ajuntam riquezas para os pais. Ao contrário, são os pais que ajuntam riquezas para os filhos. 15Por vocês, de boa vontade me desgastarei e gastarei tudo que tenho, embora pareça que, quanto mais eu os ame, menos vocês me amam.

16Talvez reconheçam que não fui um peso para vocês, mas pensem que, mesmo assim, fui astuto e usei de artimanhas para tirar proveito de vocês. 17Mas como? Algum dos homens que lhes enviei se aproveitou de vocês? 18Quando insisti com Tito para que fosse visitá-los e enviei com ele outro irmão, por acaso Tito os explorou? Não temos nós o mesmo espírito e andamos nos passos um do outro, agindo do mesmo modo?

19Talvez vocês pensem que estamos apresentando desculpas. Não é verdade. Dizemos tais coisas como servos de Cristo, tendo Deus como testemunha. Tudo que fazemos, amados, é para fortalecê-los. 20Pois temo que, ao visitá-los, não goste daquilo que encontrarei e vocês não gostem de minha reação. Temo que encontre brigas, inveja, ira, egoísmo, calúnia, intrigas, arrogância e desordem. 21Sim, temo que, ao visitá-los outra vez, Deus me humilhe diante de vocês e eu venha a me entristecer porque muitos de vocês não abandonaram os pecados que cometiam no passado e não se arrependeram de sua impureza, sua imoralidade sexual e seu anseio por prazeres sensuais.

Conselhos finais de Paulo

13 Esta é a terceira vez que irei visitá-los. "Os fatos a respeito de cada caso devem ser confirmados pelo depoimento de duas ou três testemunhas." 2Em minha segunda visita, já adverti aqueles que estavam em pecado. Agora, como naquela ocasião, volto a adverti-los e também os demais de que, da próxima vez, não os pouparei.

3Eu lhes darei todas as provas que desejarem de que Cristo fala por meu intermédio. Ele não é fraco ao tratar com vocês. Ao contrário, é poderoso entre vocês. 4Embora ele tenha sido crucificado em fraqueza, agora vive pelo poder de Deus. Nós também somos fracos, como Cristo foi, mas, quando tratarmos com vocês, estaremos vivos com ele e teremos o poder de Deus.

5Examinem a si mesmos. Verifiquem se estão praticando o que afirmam crer. Assim, poderão ser aprovados. Certamente sabem que Jesus Cristo está entre vocês; do contrário, já foram reprovados. 6Minha expectativa é que, uma vez que se examinarem, reconheçam que não fomos reprovados.

7Oramos a Deus para que vocês não façam o que é mau, não para que pareça que fomos aprovados em nosso serviço, mas para que façam o que é certo, mesmo que pareça que fomos reprovados ao repreendê-los. 8Pois não podemos resistir à verdade, mas devemos sempre defendê-la. 9Ficamos alegres quando estamos fracos, se isso ajudar a mostrar que, na realidade, vocês estão fortes. Oramos para que sejam restaurados.

10Escrevo-lhes essas coisas antes de visitá-los, na esperança de que, ao chegar, não precise tratá-los severamente. Meu desejo é usar a autoridade que o Senhor me deu para fortalecê-los, e não para destruí-los.

Saudações finais de Paulo

11Irmãos, encerro minha carta com estas últimas palavras: Alegrem-se. Cresçam até alcançar a maturidade. Encorajem-se mutuamente. Vivam em harmonia e paz. Então o Deus de amor e paz estará com vocês.

12Saúdem uns aos outros com beijo santo. 13Todo o povo santo lhes envia saudações.

14Que a graça do Senhor Jesus Cristo, o amor de Deus e a comunhão do Espírito Santo sejam com todos vocês.

GÁLATAS

Saudações de Paulo

1 Eu, Paulo, apóstolo, nomeado não por um grupo de pessoas, nem por alguma autoridade humana, mas pelo próprio Jesus Cristo e por Deus, o Pai, que ressuscitou Jesus dos mortos, 2escrevo esta carta, com todos os irmãos que estão comigo, às igrejas da Galácia.

3Que Deus, o Pai, e nosso Senhor Jesus Cristo lhes deem graça e paz. 4Jesus entregou sua vida por nossos pecados, a fim de nos resgatar deste mundo mau, conforme Deus, nosso Pai, havia planejado. 5Toda a glória a Deus para todo o sempre! Amém.

Uma só mensagem de boas-novas

6Admiro-me que vocês estejam se afastando tão depressa daquele que os chamou para si por meio da graça de Cristo. Vocês estão seguindo um caminho diferente que se faz passar

pelas boas-novas, 7mas que não são boas-novas de maneira
nenhuma. Estão sendo perturbados por aqueles que distorcem
deliberadamente as boas-novas de Cristo.
8Que seja amaldiçoado qualquer um, incluindo nós, ou mesmo
um anjo do céu, que anunciar boas-novas diferentes das que
nós lhes anunciamos. 9Repito o que disse antes: se alguém
anunciar boas-novas diferentes das que vocês receberam, que
seja amaldiçoado.
10Acaso estou tentando conquistar a aprovação das pessoas?
Ou será que procuro a aprovação de Deus? Se meu objetivo
fosse agradar as pessoas, não seria servo de Cristo.

A mensagem de Paulo vem de Cristo

11Irmãos, quero que vocês entendam que a mensagem das
boas-novas por mim anunciada não provém do raciocínio hu-
mano. 12Não a recebi de fonte humana, e ninguém a ensinou
a mim. Ao contrário, eu a recebi por revelação de Jesus Cristo.
13Vocês sabem como eu era quando seguia a religião judaica,
como perseguia com violência a igreja de Deus. Não media
esforços para destruí-la. 14Superava a muitos dos judeus de
minha geração, sendo extremamente zeloso pelas tradições
de meus antepassados.
15Contudo, ainda antes de eu nascer, Deus me escolheu e me
chamou por sua graça. Foi do agrado dele 16revelar seu Filho
a mim, para que eu o anunciasse aos gentios. Quando isso
aconteceu, não consultei ser humano algum. 17Tampouco subi
a Jerusalém para pedir o conselho daqueles que eram após-
tolos antes de mim. Em vez disso, fui à Arábia e depois voltei
à cidade de Damasco.
18Então, passados três anos, fui a Jerusalém para conhecer
Pedro, com quem permaneci quinze dias. 19O único outro
apóstolo que vi naquela ocasião foi Tiago, irmão do Senhor.
20Afirmo diante de Deus que o que lhes escrevo não é mentira.
21Depois disso, fui às províncias da Síria e da Cilícia. 22As igrejas
em Cristo que estão na Judeia ainda não me conheciam pes-
soalmente. 23Sabiam apenas o que as pessoas diziam: "Aquele
que nos perseguia agora anuncia a mesma fé que antes ten-
tava destruir". 24E louvavam a Deus por minha causa.

Os apóstolos aceitam Paulo

2 Catorze anos depois, voltei a Jerusalém, dessa vez com
Barnabé, e Tito também nos acompanhou. 2Fui para lá por
causa de uma revelação. Reuni-me em particular com os lí-
deres e compartilhei com eles as boas-novas que tenho anun-
ciado aos gentios. Queria me certificar de que estávamos de
acordo, pois temia que meus esforços, anteriores e presentes,
fossem considerados inúteis. 3Mas eles me apoiaram e nem
sequer exigiram que Tito, que me acompanhava, fosse circun-
cidado, embora fosse gentio.
4Essa questão foi levantada apenas por causa de alguns falsos
irmãos que se infiltraram em nosso meio para nos espionar
e nos tirar a liberdade que temos em Cristo Jesus. Sua in-
tenção era nos escravizar, 5mas não cedemos a eles nem por
um momento, a fim de preservar a verdade das boas-novas
para vocês.
6Quanto aos líderes — cuja reputação, a propósito, não fez
diferença alguma para mim, pois Deus não age com favori-
tismo —, nada tiveram a acrescentar àquilo que eu pregava.
7Ao contrário, viram que me havia sido confiada a responsabi-
lidade de anunciar as boas-novas aos gentios, assim como a
Pedro tinha sido confiada a responsabilidade de anunciar as
boas-novas aos judeus. 8Pois o mesmo Deus que atuou por
meio de Pedro como apóstolo aos judeus também atuou por
meu intermédio como apóstolo aos gentios.
9De fato, Tiago, Pedro e João, tidos como colunas, reco-
nheceram a graça que me foi dada e aceitaram Barnabé e
a mim como seus colaboradores. Eles nos incentivaram a dar
continuidade à pregação aos gentios, enquanto eles prosse-
guiriam no trabalho com os judeus. 10Sua única sugestão foi
que continuássemos a ajudar os pobres, o que sempre fiz com
dedicação.

Paulo confronta Pedro

11Mas, quando Pedro veio a Antioquia, tive de opor-me a ele
abertamente, pois o que ele fez foi muito errado. 12No começo,
quando chegou, ele comia com os gentios. Mais tarde, porém,
quando vieram alguns amigos de Tiago, começou a se afastar,
com medo daqueles que insistiam na necessidade de circun-
cisão. 13Como resultado, outros judeus imitaram a hipocrisia
de Pedro, e até mesmo Barnabé se deixou levar por ela.
14Quando vi que não estavam seguindo a verdade das boas-
-novas, disse a Pedro diante de todos: "Se você, que é judeu
de nascimento, vive como gentio, e não como judeu, por que
agora obriga esses gentios a viverem como judeus? 15Você
e eu somos judeus de nascimento, e não pecadores, como
os judeus consideram os gentios. 16E, no entanto, sabemos
que uma pessoa é declarada justa diante de Deus pela fé em
Jesus Cristo, e não pela obediência à lei. E cremos em Cristo
Jesus, para que fôssemos declarados justos pela fé em Cristo,
e não porque obedecemos à lei. Pois ninguém é declarado
justo diante de Deus pela obediência à lei".
17Mas, se a busca da justiça por meio de Cristo nos torna cul-
pados de abandonar a lei, isso torna Cristo responsável por
nosso pecado? De maneira nenhuma! 18Se, pois, reconstruo o
antigo sistema da lei que já destruí, então faço de mim mesmo
transgressor da lei. 19Pois, quando procurei viver por meio da
lei, ela me condenou. Portanto, morri para a lei a fim de viver
para Deus. 20Fui crucificado com Cristo; assim, já não sou eu
quem vive, mas Cristo vive em mim. Portanto, vivo neste corpo
terreno pela fé no Filho de Deus, que me amou e se entregou
por mim. 21Não considero a graça de Deus algo sem sentido.
Pois, se a obediência à lei nos tornasse justos diante de Deus,
não haveria necessidade alguma de Cristo morrer.

A lei e a fé em Cristo

3 Ó gálatas insensatos! Quem os enfeitiçou? Jesus Cristo não
lhes foi explicado tão claramente como se tivessem visto

com os próprios olhos a morte dele na cruz? 2Deixem-me per-
guntar apenas uma coisa: vocês receberam o Espírito porque
obedeceram à lei ou porque creram na mensagem que ou-
viram? 3Será que perderam o juízo? Tendo começado no Es-
pírito, por que agora procuram tornar-se perfeitos por seus
próprios esforços? 4Será que foi à toa que passaram por tantos
sofrimentos? É claro que não foi à toa!
5Volto a perguntar: acaso aquele que lhes deu o Espírito e
realizou milagres entre vocês agiu assim porque vocês obe-
deceram à lei ou porque creram na mensagem que ouviram?
6Da mesma forma, "Abraão creu em Deus, e assim foi con-
siderado justo". 7Logo, os verdadeiros filhos de Abraão são
aqueles que creem.
8As Escrituras previram esse tempo em que Deus declararia os
gentios justos por meio da fé. Ele anunciou essas boas-novas
a Abraão há muito tempo, quando disse: "Todas as nações
da terra serão abençoadas por seu intermédio". 9Portanto,
todos os que creem participam da mesma bênção que Abraão
recebeu por crer.
10Contudo, os que confiam na lei para serem declarados justos
estão sob maldição, pois as Escrituras dizem: "Maldito quem
não se mantiver obediente a tudo que está escrito no Livro da
Lei". 11É evidente, portanto, que ninguém pode ser declarado
justo diante de Deus pela lei. Pois as Escrituras dizem: "O justo
viverá pela fé". 12A lei, porém, não é baseada na fé, pois diz:
"Quem obedece à lei viverá por ela".
13Mas Cristo nos resgatou da maldição pronunciada pela lei
tomando sobre si a maldição por nossas ofensas. Pois as Es-
crituras dizem: "Maldito todo aquele que é pendurado num
madeiro". 14Por meio de Cristo Jesus, os gentios foram aben-
çoados com a mesma bênção de Abraão, para que recebês-
semos, pela fé, o Espírito prometido.

A lei e a promessa de Deus

15Irmãos, apresento-lhes um exemplo da vida diária. Ninguém
pode anular ou fazer acréscimos a uma aliança irrevogável.
16Pois bem, Deus fez a promessa a Abraão e a seu descen-
dente. Observem que as Escrituras não dizem "a seus descen-
dentes", como se fosse uma referência a muitos, mas sim "a
seu descendente", isto é, Cristo. 17É isto que quero dizer: a lei,
que veio 430 anos depois, não pode anular a aliança que Deus
estabeleceu com Abraão, pois nesse caso a promessa seria
quebrada. 18Portanto, se a herança pudesse ser recebida pela
obediência à lei, ela não viria pela aceitação da promessa. No
entanto, Deus, em sua bondade, a concedeu a Abraão como
promessa.
19Qual era, então, o propósito da lei? Ela foi acrescentada à
promessa para mostrar às pessoas seus pecados. Mas a lei
deveria durar apenas até a vinda do descendente prometido.
Por meio de anjos, a lei foi entregue a um mediador. 20O me-
diador, porém, só é necessário quando dois ou mais precisam
chegar a um acordo, e Deus é um só.
21Existe, portanto, algum conflito entre a lei e as promessas de
Deus? De maneira nenhuma! Se a lei fosse capaz de nos con-
ceder nova vida, seríamos declarados justos pela obediência a
ela. 22Mas as Escrituras afirmam que somos todos prisioneiros
do pecado, de modo que nós, os que cremos, recebemos a
promessa de libertação apenas pela fé em Jesus Cristo.

Filhos de Deus pela fé

23Antes que o caminho da fé se tornasse disponível, fomos
colocados sob a custódia da lei e mantidos sob a sua guarda,
até que essa fé fosse revelada.
24Em outras palavras, a lei foi nosso guardião até a vinda de
Cristo; ela nos protegeu até que, por meio da fé, pudéssemos
ser declarados justos. 25Agora que veio o caminho da fé, não
precisamos mais da lei como guardião.
26Pois todos vocês são filhos de Deus por meio da fé em Cristo
Jesus. 27Todos que foram unidos com Cristo no batismo se
revestiram de Cristo. 28Não há mais judeu nem gentio, escravo
nem livre, homem nem mulher, pois todos vocês são um em
Cristo Jesus. 29E agora que pertencem a Cristo, são verda-
deiros filhos de Abraão, herdeiros dele segundo a promessa
de Deus.

4 Portanto, pensem da seguinte forma: enquanto não atingir
a idade adequada, o herdeiro não está numa posição muito
melhor que a de um escravo, apesar de ser dono de todos os
bens. 2Deve obedecer a seus tutores e administradores até a
idade determinada por seu pai. 3O mesmo acontecia conosco.
Éramos como crianças; éramos escravos dos princípios básicos
deste mundo.
4Mas, quando chegou o tempo certo, Deus enviou seu Filho,
nascido de uma mulher e sob a lei. 5Assim o fez para resgatar
a nós que estávamos sob a lei, a fim de nos adotar como seus
filhos. 6E, porque nós somos seus filhos, Deus enviou ao nosso
coração o Espírito de seu Filho, e por meio dele clamamos:
"*Aba*, Pai". 7Agora você já não é escravo, mas filho de Deus. E,
uma vez que é filho, Deus o tornou herdeiro dele.

A preocupação de Paulo com os gálatas

8Antes de conhecerem a Deus, vocês eram escravos de su-
postos deuses que, na verdade, nem existem. 9Agora que
conhecem a Deus, ou melhor, agora que Deus os conhece,
por que desejam voltar atrás e tornar-se novamente escravos
dos frágeis e inúteis princípios básicos deste mundo? 10Vocês
insistem em guardar certos dias, meses, estações ou anos.
11Temo por vocês. Talvez meu árduo trabalho em seu favor
tenha sido inútil.
12Irmãos, peço-lhes que sejam como eu, pois eu também sou
como vocês. E vocês não me trataram mal 13e certamente se
lembram de que eu estava doente quando lhes anunciei as
boas-novas pela primeira vez. 14Embora minha saúde pre-
cária fosse uma tentação para me rejeitarem, vocês não me
desprezaram nem me mandaram embora. Ao contrário, aco-
lheram-me e cuidaram de mim como se eu fosse um anjo de
Deus, ou mesmo o próprio Cristo Jesus. 15Que aconteceu com a
alegria que vocês demonstraram naquela ocasião? Estou certo

de que, se fosse possível, teriam arrancado os próprios olhos
e os teriam dado a mim. 16Acaso me tornei inimigo de vocês
porque lhes digo a verdade?
17Esses falsos mestres estão extremamente ansiosos para
agradá-los, mas suas intenções não são boas. Querem afas-
tá-los de mim para que dependam deles. 18Se alguém deseja
agradá-los, muito bem; mas que o faça sempre, e não só
quando estou com vocês.
19Ó meus filhos queridos, sinto como se estivesse passando
outra vez pelas dores de parto por sua causa, e elas conti-
nuarão até que Cristo seja plenamente desenvolvido em vocês.
20Gostaria de poder estar aí com vocês para lhes falar em outro
tom. Mas, distante como estou, não sei o que mais fazer para
ajudá-los.

Os dois filhos de Abraão

21Digam-me, vocês que desejam viver debaixo da lei: acaso
sabem o que a lei diz de fato? 22De acordo com as Escrituras,
Abraão teve dois filhos, um nascido de uma escrava e outro de
sua esposa, que era livre. 23O filho da escrava nasceu segundo
a vontade humana; o filho da mulher livre nasceu segundo a
promessa.
24Essas duas mulheres ilustram duas alianças. A primeira,
Hagar, representa o monte Sinai, onde o povo recebeu a lei
que o escravizou. 25E Hagar, que é o monte Sinai, na Arábia,
representa a Jerusalém de agora, pois ela e seus filhos vivem
sob a escravidão da lei. 26A segunda, Sara, representa a Je-
rusalém celestial. Ela é a mulher livre, e é nossa mãe. 27Como
dizem as Escrituras: "Alegre-se, mulher sem filhos, você que
nunca deu à luz! Grite de alegria, você que nunca esteve em
trabalho de parto! Pois a abandonada agora tem mais filhos
que a mulher que vive com o marido".
28E vocês, irmãos, são filhos da promessa, como Isaque. 29Is-
mael, o filho nascido da vontade humana, perseguiu Isaque,
o filho nascido do poder do Espírito, e o mesmo ocorre agora.
30Mas o que dizem as Escrituras sobre isso? "Livre-se da es-
crava e do filho dela, pois o filho da escrava não será herdeiro
junto com o filho da mulher livre." 31Portanto, irmãos, não
somos filhos da escrava; somos filhos da mulher livre.

Liberdade em Cristo

5 Portanto, permaneçam firmes nessa liberdade, pois Cristo
verdadeiramente nos libertou. Não se submetam nova-
mente à escravidão da lei.
2Prestem atenção! Eu, Paulo, lhes digo: se vocês se deixarem
ser circuncidados, Cristo de nada lhes servirá. 3Volto a dizer:
todo aquele que se deixa ser circuncidado deve obedecer a
toda a lei. 4Pois, se vocês procuram tornar-se justos diante de
Deus pelo cumprimento da lei, foram separados de Cristo e
caíram para longe da graça.
5Mas nós que vivemos pelo Espírito esperamos ansiosamente
receber pela fé a justiça que Deus nos prometeu. 6Pois, em
Cristo Jesus, não há benefício algum em ser ou não circunci-
dado. O que importa é a fé que se expressa pelo amor.
7Vocês estavam indo bem na corrida; quem os impediu de
seguir a verdade? 8Certamente não foi Deus quem os levou
a pensar assim, pois ele os chamou para serem livres. 9Um
pouco de fermento se espalha por toda a massa. 10Confio que
o Senhor os guardará de crer em falsos ensinamentos. Aquele
que os perturbar, seja ele quem for, será julgado.
11Irmãos, se eu ainda prego que vocês devem ser circunci-
dados, como dizem alguns, por que continuo a ser perseguido?
Se eu não pregasse a salvação exclusivamente por meio da
cruz, ninguém se ofenderia. 12Esses sujeitos que os perturbam
deveriam castrar a si mesmos!
13Porque vocês, irmãos, foram chamados para viver em li-
berdade. Não a usem, porém, para satisfazer sua natureza
humana. Ao contrário, usem-na para servir uns aos outros em
amor. 14Pois toda a lei pode ser resumida neste único man-
damento: "Ame o seu próximo como a si mesmo". 15Mas, se
vocês estão sempre mordendo e devorando uns aos outros,
tenham cuidado, pois correm o risco de se destruírem.

A vida pelo Espírito

16Por isso digo: deixem que o Espírito guie sua vida. Assim, não
satisfarão os anseios de sua natureza humana. 17A natureza
humana deseja fazer exatamente o oposto do que o Espírito
quer, e o Espírito nos impele na direção contrária àquela dese-
jada pela natureza humana. Essas duas forças se confrontam o
tempo todo, de modo que vocês não têm liberdade de pôr em
prática o que intentam fazer. 18Quando, porém, são guiados
pelo Espírito, não estão debaixo da lei.
19Quando seguem os desejos da natureza humana, os resul-
tados são extremamente claros: imoralidade sexual, impureza,
sensualidade, 20idolatria, feitiçaria, hostilidade, discórdias,
ciúmes, acessos de raiva, ambições egoístas, dissensões, di-
visões, 21inveja, bebedeiras, festanças desregradas e outros
pecados semelhantes. Repito o que disse antes: quem pratica
essas coisas não herdará o reino de Deus.
22Mas o Espírito produz este fruto: amor, alegria, paz, pa-
ciência, amabilidade, bondade, fidelidade, 23mansidão e
domínio próprio. Não há lei contra essas coisas!
24Aqueles que pertencem a Cristo Jesus crucificaram as pai-
xões e os desejos de sua natureza humana. 25Uma vez que
vivemos pelo Espírito, sigamos a direção do Espírito em todas
as áreas de nossa vida. 26Não nos tornemos orgulhosos, pro-
vocando e invejando uns aos outros.

Colhemos aquilo que semeamos

6 Irmãos, se alguém for vencido por algum pecado, vocês que
são guiados pelo Espírito devem, com mansidão, ajudá-lo a
voltar ao caminho certo. E cada um cuide para não ser tentado.
2Ajudem a levar os fardos uns dos outros e obedeçam, desse
modo, à lei de Cristo. 3Se vocês se consideram importantes
demais para ajudar os outros, estão apenas enganando a si
mesmos.
4Cada um preste muita atenção em seu trabalho, pois então
terá a satisfação de havê-lo feito bem e não precisará se com-

parar com os outros. 5Porque cada um de nós é responsável
pela própria conduta.
6Aqueles que recebem o ensino da palavra devem repartir com
seus mestres todas as coisas boas.
7Não se deixem enganar: ninguém pode zombar de Deus. A
pessoa sempre colherá aquilo que semear. 8Quem vive apenas
para satisfazer sua natureza humana colherá dessa natureza
ruína e morte. Mas quem vive para agradar o Espírito colherá
do Espírito a vida eterna. 9Portanto, não nos cansemos de
fazer o bem. No momento certo, teremos uma colheita de
bênçãos, se não desistirmos. 10Por isso, sempre que tivermos
oportunidade, façamos o bem a todos, especialmente aos da
família da fé.

Conselhos finais de Paulo

11Vejam com que letras grandes lhes escrevo, de próprio
punho, estas palavras finais!
12Aqueles que procuram obrigá-los a se circuncidarem desejam
causar boa impressão para outros, a fim de não serem perse-
guidos por ensinar que somente a cruz de Cristo pode salvar.
13E nem mesmo aqueles que defendem a circuncisão cumprem
toda a lei. Querem que vocês sejam circuncidados só para que
eles se gloriem disso.
14Quanto a mim, que eu jamais me glorie em qualquer coisa,
a não ser na cruz de nosso Senhor Jesus Cristo. Por causa
dessa cruz meu interesse neste mundo foi crucificado, e o in-
teresse do mundo em mim também morreu. 15Não importa
se fomos circuncidados ou não. O que importa é que fomos
transformados em nova criação. 16Que a paz e a misericórdia
de Deus estejam sobre todos os que vivem de acordo com esse
princípio e sobre o Israel de Deus.
17De agora em diante, que ninguém me perturbe com essas
coisas, pois levo em meu corpo cicatrizes que mostram que
pertenço a Jesus.
18Irmãos, que a graça de nosso Senhor Jesus Cristo esteja com
o espírito de vocês. Amém.

EFÉSIOS

Saudações de Paulo

1Eu, Paulo, apóstolo de Cristo Jesus pela vontade de Deus,
escrevo esta carta ao povo santo em Éfeso, seguidores fiéis
de Cristo Jesus.
2Que Deus, nosso Pai, e o Senhor Jesus Cristo lhes deem graça
e paz.

Bênçãos espirituais

3Todo louvor seja a Deus, o Pai de nosso Senhor Jesus Cristo,
que nos abençoou em Cristo com todas as bênçãos espirituais
nos domínios celestiais. 4Mesmo antes de criar o mundo, Deus
nos amou e nos escolheu em Cristo para sermos santos e
sem culpa diante dele. 5Ele nos predestinou para si, para nos
adotar como filhos por meio de Jesus Cristo, conforme o bom
propósito de sua vontade. 6Deus assim o fez para o louvor de
sua graça gloriosa, que ele derramou sobre nós em seu Filho
amado. 7Ele é tão rico em graça que comprou nossa liberdade
com o sangue de seu Filho e perdoou nossos pecados. 8Gene-
rosamente, derramou sua graça sobre nós e, com ela, toda
sabedoria e todo entendimento.
9Agora Deus nos revelou sua vontade secreta a respeito de
Cristo, isto é, o cumprimento de seu bom propósito. 10E o plano
é este: no devido tempo, ele reunirá sob a autoridade de Cristo
tudo que existe nos céus e na terra. 11Além disso, em Cristo
nós nos tornamos herdeiros de Deus, pois ele nos predestinou
conforme seu plano e faz que tudo ocorra de acordo com sua
vontade.
12O propósito de Deus era que nós, os primeiros a confiar em
Cristo, louvássemos a Deus e lhe déssemos glória. 13Agora
vocês também ouviram a verdade, as boas-novas da salvação.
E, quando creram em Cristo, ele colocou sobre vocês o selo do
Espírito Santo que havia prometido. 14O Espírito é a garantia
de nossa herança, até o dia em que Deus nos resgatará como
sua propriedade, para o louvor de sua glória.

Paulo pede sabedoria espiritual

15Desde que eu soube de sua fé no Senhor Jesus e de seu amor
pelo povo santo em toda parte, 16não deixo de agradecer a
Deus por vocês. Em minhas orações, 17peço que Deus, o Pai
glorioso de nosso Senhor Jesus Cristo, lhes dê sabedoria es-
piritual e entendimento para que cresçam no conhecimento
dele. 18Oro para que seu coração seja iluminado, a fim de que
compreendam a esperança concedida àqueles que ele chamou
e a rica e gloriosa herança que ele deu a seu povo santo.
19Também oro para que entendam a grandeza insuperável do
poder de Deus para conosco, os que cremos. É o mesmo poder
grandioso 20que ressuscitou Cristo dos mortos e o fez sentar-se
no lugar de honra, à direita de Deus, nos domínios celestiais.
21Agora ele está muito acima de qualquer governante, autori-
dade, poder, líder ou qualquer outro nome não apenas neste
mundo, mas também no futuro. 22Deus submeteu todas as coisas
à autoridade de Cristo e o fez cabeça de tudo, para o bem da
igreja. 23E a igreja é seu corpo; ela é preenchida e completada por
Cristo, que enche consigo mesmo todas as coisas em toda parte.

Nova vida com Cristo

2 Vocês estavam mortos por causa de sua desobediência e de
seus muitos pecados, 2 nos quais costumavam viver, como
o resto do mundo, obedecendo ao comandante dos poderes
do mundo invisível. Ele é o espírito que opera no coração dos
que se recusam a obedecer. 3 Todos nós vivíamos desse modo,
seguindo os desejos ardentes e as inclinações de nossa na-
tureza humana. Éramos, por natureza, merecedores da ira,
como os demais.
4 Mas Deus é tão rico em misericórdia e nos amou tanto 5 que,
embora estivéssemos mortos por causa de nossos pecados,
ele nos deu vida juntamente com Cristo. É pela graça que vocês
são salvos! 6 Pois ele nos ressuscitou com Cristo e nos fez sentar
com ele nos domínios celestiais, porque agora estamos em
Cristo Jesus. 7 Portanto, nas eras futuras, Deus poderá apon-
tar-nos como exemplos da riqueza insuperável de sua graça,
revelada na bondade que ele demonstrou por nós em Cristo
Jesus.
8 Vocês são salvos pela graça, por meio da fé. Isso não vem de
vocês; é uma dádiva de Deus. 9 Não é uma recompensa pela
prática de boas obras, para que ninguém venha a se orgulhar.
10 Pois somos obra-prima de Deus, criados em Cristo Jesus a
fim de realizar as boas obras que ele de antemão planejou
para nós.

União e paz em Cristo

11 Não esqueçam que vocês, gentios, eram chamados de "incir-
cuncidados" pelos judeus que se orgulhavam da circuncisão,
embora ela fosse apenas um ritual exterior e humano. 12 Na-
quele tempo, vocês viviam afastados de Cristo. Não tinham os
privilégios do povo de Israel e não conheciam as promessas da
aliança. Viviam no mundo sem Deus e sem esperança. 13 Agora,
porém, estão em Cristo Jesus. Antigamente, estavam distantes
de Deus, mas agora foram trazidos para perto dele por meio
do sangue de Cristo.
14 Porque Cristo é nossa paz. Ele uniu judeus e gentios em um só
povo ao derrubar o muro de inimizade que nos separava. 15 Ele
acabou com o sistema da lei, com seus mandamentos e orde-
nanças, promovendo a paz ao criar para si, desses dois grupos,
uma nova humanidade. 16 Assim, ele os reconciliou com Deus
em um só corpo por meio de sua morte na cruz, eliminando a
inimizade que havia entre eles.
17 Ele trouxe essas boas-novas de paz tanto a vocês que es-
tavam distantes dele como aos que estavam perto. 18 Agora,
por causa do que Cristo fez, todos temos acesso ao Pai pelo
mesmo Espírito.

Um templo para o Senhor

19 Portanto, vocês já não são estranhos e forasteiros, mas
concidadãos do povo santo e membros da família de Deus.
20 Juntos, somos sua casa, edificados sobre os alicerces dos
apóstolos e dos profetas. E a pedra angular é o próprio Cristo
Jesus. 21 Nele somos firmemente unidos, constituindo um
templo santo para o Senhor. 22 Por meio dele, vocês também
estão sendo edificados como parte dessa habitação, onde
Deus vive por seu Espírito.

O plano de Deus é revelado

3 Quando penso em tudo isso, eu, Paulo, prisioneiro de Cristo
Jesus para o bem de vocês, gentios... 2 Tomando por certo,
a propósito, que vocês sabem que Deus me deu essa respon-
sabilidade especial de estender sua graça a vocês. 3 Como lhes
escrevi anteriormente em poucas palavras, o próprio Deus re-
velou esse segredo a mim. 4 Ao lerem o que escrevi, entenderão
minha compreensão desse segredo a respeito de Cristo, 5 que
não foi revelado às gerações anteriores, mas agora foi reve-
lado, pelo Espírito, aos santos apóstolos e profetas.
6 E este é o segredo revelado: tanto os gentios como os judeus
que creem nas boas-novas participam igualmente das riquezas
herdadas pelos filhos de Deus. Ambos são membros do mesmo
corpo e desfrutam a promessa em Cristo Jesus. 7 Pela graça e
pelo grande poder de Deus, recebi o privilégio de servir anun-
ciando essas boas-novas.
8 Ainda que eu seja o menos digno de todo o povo santo, recebi,
pela graça, o privilégio de falar aos gentios sobre os tesouros
infindáveis que estão disponíveis a eles em Cristo 9 e de explicar
a todos esse segredo que Deus, o Criador de todas as coisas,
manteve oculto desde o princípio.
10 O plano de Deus era mostrar a todos os governantes e auto-
ridades nos domínios celestiais, por meio da igreja, as muitas
formas da sabedoria divina. 11 Esse era seu propósito eterno,
que ele realizou por meio de Cristo Jesus, nosso Senhor.
12 Por meio da fé em Cristo, agora nós, com ousadia e con-
fiança, temos acesso à presença de Deus. 13 Portanto, peço-
-lhes que não desanimem por causa de minhas provações. É
por vocês que sofro; a honra é de vocês.

Paulo pede crescimento espiritual

14 Quando penso em tudo isso, caio de joelhos e oro ao Pai, 15 o
Criador de todas as coisas nos céus e na terra. 16 Peço que, da
riqueza de sua glória, ele os fortaleça com poder interior por
meio de seu Espírito. 17 Então Cristo habitará em seu coração à
medida que vocês confiarem nele. Suas raízes se aprofundarão
em amor e os manterão fortes. 18 Também peço que, como
convém a todo o povo santo, vocês possam compreender a
largura, o comprimento, a altura e a profundidade do amor de
Cristo. 19 Que vocês experimentem esse amor, ainda que seja
grande demais para ser inteiramente compreendido. Então
vocês serão preenchidos com toda a plenitude de vida e poder
que vêm de Deus.
20 Toda a glória seja a Deus que, por seu grandioso poder que
atua em nós, é capaz de realizar infinitamente mais do que
poderíamos pedir ou imaginar. 21 A ele seja a glória na igreja
e em Cristo Jesus por todas as gerações, para todo o sempre!
Amém.

Unidade no corpo

4 Portanto, como prisioneiro no Senhor, suplico-lhes que
vivam de modo digno do chamado que receberam. 2Sejam
sempre humildes e amáveis, tolerando pacientemente uns aos
outros em amor. 3Façam todo o possível para se manterem
unidos no Espírito, ligados pelo vínculo da paz. 4Pois há um
só corpo e um só Espírito, assim como vocês foram chamados
para uma só esperança.

5Há um só Senhor, uma só fé, um só batismo, 6um só Deus e
Pai de tudo, o qual está sobre todos, em todos, e vive por meio
de todos.

7A cada um de nós, porém, ele concedeu uma dádiva, por
meio da generosidade de Cristo. 8Por isso as Escrituras dizem:
"Quando ele subiu às alturas, levou muitos prisioneiros e con-
cedeu dádivas ao povo".

9Notem que diz que "ele subiu". Por certo, isso significa que
Cristo também desceu ao mundo inferior. 10E aquele que
desceu é o mesmo que subiu acima de todos os céus, a fim de
encher consigo mesmo todas as coisas.

11Ele designou alguns para apóstolos, outros para profetas, ou-
tros para evangelistas, outros para pastores e mestres. 12Eles
são responsáveis por preparar o povo santo para realizar sua
obra e edificar o corpo de Cristo, 13até que todos alcancemos a
unidade que a fé e o conhecimento do Filho de Deus produzem
e amadureçamos, chegando à completa medida da estatura
de Cristo.

14Então não seremos mais imaturos como crianças, nem le-
vados de um lado para outro, empurrados por qualquer vento
de novos ensinamentos, e também não seremos influenciados
quando nos tentarem enganar com mentiras astutas. 15Em vez
disso, falaremos a verdade em amor, tornando-nos, em todos
os aspectos, cada vez mais parecidos com Cristo, que é a ca-
beça. 16Ele faz que todo o corpo se encaixe perfeitamente. E
cada parte, ao cumprir sua função específica, ajuda as demais
a crescer, para que todo o corpo se desenvolva e seja saudável
em amor.

Viver como filhos da luz

17Assim, eu lhes digo com a autoridade do Senhor: não vivam
mais como os gentios, levados por pensamentos vazios e inú-
teis. 18A mente deles está mergulhada na escuridão. Andam
sem rumo, alienados da vida que Deus dá, pois são ignorantes
e endureceram o coração para ele. 19Tornaram-se insensíveis,
vivem em função dos prazeres sensuais e praticam avidamente
toda espécie de impureza.

20Mas não foi isso que vocês aprenderam de Cristo. 21Uma vez
que ouviram falar de Jesus e foram ensinados sobre a verdade
que vem dele, 22livrem-se de sua antiga natureza e de seu
velho modo de viver, corrompido pelos desejos impuros e pelo
engano. 23Deixem que o Espírito renove seus pensamentos e
atitudes 24e revistam-se de sua nova natureza, criada para ser
verdadeiramente justa e santa como Deus.

25Portanto, abandonem a mentira e digam a verdade a seu
próximo, pois somos todos parte do mesmo corpo. 26E "não
pequem ao permitir que a ira os controle". Acalmem a ira antes
que o sol se ponha, 27pois ela cria oportunidades para o diabo.
28Quem é ladrão, pare de roubar. Em vez disso, use as mãos
para trabalhar com empenho e honestidade e, assim, ajudar
generosamente os necessitados. 29Evitem o linguajar sujo e
insultante. Que todas as suas palavras sejam boas e úteis, a
fim de dar ânimo àqueles que as ouvirem.

30Não entristeçam o Espírito Santo de Deus, o selo que ele
colocou sobre vocês para o dia em que nos resgatará como
sua propriedade.

31Livrem-se de toda amargura, raiva, ira, das palavras ásperas
e da calúnia, e de todo tipo de maldade. 32Em vez disso, sejam
bondosos e tenham compaixão uns dos outros, perdoando-se
como Deus os perdoou em Cristo.

Viver na luz

5 Portanto, como filhos amados de Deus, imitem-no em
tudo que fizerem. 2Vivam em amor, seguindo o exemplo
de Cristo, que nos amou e se entregou por nós como oferta e
sacrifício de aroma agradável a Deus.

3Que não haja entre vocês imoralidade sexual, impureza ou
ganância. Esses pecados não têm lugar no meio do povo santo.
4As histórias obscenas, as conversas tolas e as piadas vulgares
não são para vocês. Em vez disso, sejam agradecidos a Deus.
5Podem estar certos de que nenhum imoral, impuro ou ga-
nancioso, que é idólatra, herdará o reino de Cristo e de Deus.
6Não se deixem enganar por palavras vazias, pois a ira de Deus
virá sobre os que lhe desobedecerem. 7Não participem do que
essas pessoas fazem. 8Pois antigamente vocês estavam mer-
gulhados na escuridão, mas agora têm a luz no Senhor. Vivam,
portanto, como filhos da luz! 9Pois o fruto da luz produz apenas
o que é bom, justo e verdadeiro.

10Procurem descobrir o que agrada ao Senhor. 11Não parti-
cipem dos feitos inúteis do mal e da escuridão; antes, mostrem
sua reprovação expondo-os à luz. 12É vergonhoso até mesmo
falar daquilo que os maus fazem em segredo. 13Suas más in-
tenções, porém, ficarão evidentes quando a luz brilhar sobre
elas, 14pois a luz torna visíveis todas as coisas. Por isso se diz:
"Desperte, você que dorme, levante-se dentre os mortos, e
Cristo o iluminará".

Viver pelo poder do Espírito

15Portanto, sejam cuidadosos em seu modo de vida. Não
vivam como insensatos, mas como sábios. 16Aproveitem ao
máximo todas as oportunidades nestes dias maus. 17Não ajam
de forma impensada, mas procurem entender a vontade do
Senhor. 18Não se embriaguem com vinho, pois ele os levará
ao descontrole. Em vez disso, sejam cheios do Espírito, 19can-
tando salmos, hinos e cânticos espirituais entre si e louvando
o Senhor de coração com música. 20Por tudo deem graças a
Deus, o Pai, em nome de nosso Senhor Jesus Cristo.

Maridos e esposas

21Sujeitem-se uns aos outros por temor a Cristo.

22Esposas, sujeite-se cada uma a seu marido, como ao Senhor. 23Pois o marido é o cabeça da esposa, como Cristo é o cabeça da igreja. Ele é o Salvador de seu corpo, a igreja. 24Assim como a igreja se sujeita a Cristo, também vocês, esposas, devem se sujeitar em tudo a seu marido.

25Maridos, ame cada um a sua esposa, como Cristo amou a igreja. Ele entregou a vida por ela, 26a fim de torná-la santa, purificando-a ao lavá-la com água por meio da palavra. 27Assim o fez para apresentá-la a si mesmo como igreja gloriosa, sem mancha, ruga ou qualquer outro defeito, mas santa e sem culpa. 28Da mesma forma, os maridos devem amar cada um a sua esposa, como amam o próprio corpo, pois o homem que ama sua esposa na verdade ama a si mesmo. 29Ninguém odeia o próprio corpo, mas o alimenta e cuida dele, como Cristo cuida da igreja. 30E nós somos membros de seu corpo. 31"Por isso o homem deixa pai e mãe e se une à sua mulher, e os dois se tornam um só." 32Esse é um grande mistério, mas ilustra a união entre Cristo e a igreja. 33Portanto, volto a dizer: cada homem deve amar a esposa como ama a si mesmo, e a esposa deve respeitar o marido.

Filhos e pais

6 Filhos, obedeçam a seus pais no Senhor, porque isso é o certo a fazer. 2"Honre seu pai e sua mãe." Esse é o primeiro mandamento com promessa. 3Se honrar pai e mãe, "tudo lhe irá bem e terá vida longa na terra".

4Pais, não tratem seus filhos de modo a irritá-los; antes, eduquem-nos com a disciplina e a instrução que vêm do Senhor.

Escravos e senhores

5Escravos, obedeçam a seus senhores terrenos com respeito e temor. Sirvam com sinceridade, como serviriam a Cristo. 6Procurem agradá-los sempre, e não apenas quando eles estiverem observando. Como escravos de Cristo, façam a vontade de Deus de todo o coração. 7Trabalhem com entusiasmo, como se servissem ao Senhor, e não a homens. 8Lembrem-se de que o Senhor recompensará cada um de nós pelo bem que fizermos, quer sejamos escravos, quer livres.

9Senhores, assim também tratem seus escravos. Não os ameacem; lembrem-se de que vocês e eles têm o mesmo Senhor no céu, e ele não age com favoritismo.

A armadura completa de Deus

10Uma palavra final: Sejam fortes no Senhor e em seu grande poder. 11Vistam toda a armadura de Deus, para que possam permanecer firmes contra as estratégias do diabo. 12Pois nós não lutamos contra inimigos de carne e sangue, mas contra governantes e autoridades do mundo invisível, contra grandes poderes neste mundo de trevas e contra espíritos malignos nas esferas celestiais.

13Portanto, vistam toda a armadura de Deus, para que possam resistir ao inimigo no tempo do mal. Então, depois da batalha, vocês continuarão de pé e firmes. 14Assim, mantenham sua posição, colocando o cinto da verdade e a couraça da justiça. 15Como calçados, usem a paz das boas-novas, para que estejam inteiramente preparados. 16Em todas as situações, levantem o escudo da fé, para deter as flechas de fogo do maligno. 17Usem a salvação como capacete e empunhem a espada do Espírito, que é a palavra de Deus.

18Orem no Espírito em todos os momentos e ocasiões. Permaneçam atentos e sejam persistentes em suas orações por todo o povo santo.

19E orem também por mim. Peçam que Deus me conceda as palavras certas, para que eu possa explicar corajosamente o segredo revelado pelas boas-novas. 20Agora estou preso em correntes, mas continuo a anunciar essa mensagem como embaixador de Deus. Portanto, orem para que eu siga falando corajosamente em nome dele, como é meu dever.

Saudações finais

21Tíquico lhes dará um relatório completo do que tenho feito e de como tenho passado. Ele é um irmão amado e um colaborador fiel na obra do Senhor. 22Eu o enviei a vocês com esse propósito, para que saibam como estamos e para animá-los.

23A paz seja com vocês, irmãos, e que Deus, o Pai, e o Senhor Jesus Cristo lhes deem amor e fidelidade. 24Que a graça de Deus esteja eternamente sobre todos que amam nosso Senhor Jesus Cristo.

FILIPENSES

Saudações de Paulo

1 Paulo e Timóteo, escravos de Cristo Jesus, escrevemos a todo o povo santo em Cristo Jesus que está em Filipos, incluindo os bispos e diáconos.

2Que Deus, nosso Pai, e o Senhor Jesus Cristo lhes deem graça e paz.

Ação de graças e oração de Paulo

3Todas as vezes que penso em vocês, dou graças a meu Deus. 4Sempre que oro, peço por todos vocês com alegria, 5pois são meus cooperadores na propagação das boas-novas, desde o primeiro dia até agora. 6Tenho certeza de que aquele que

começou a boa obra em vocês irá completá-la até o dia em
que Cristo Jesus voltar.
7É apropriado que eu me sinta assim a respeito de vocês, pois os
tenho em meu coração. Vocês têm participado comigo da graça,
tanto em minha prisão como na defesa e confirmação das boas-
-novas. 8Deus sabe do meu amor por vocês e da saudade que
tenho de todos, com a mesma compaixão de Cristo Jesus.
9Oro para que o amor de vocês transborde cada vez mais e
que continuem a crescer em conhecimento e discernimento.
10Quero que compreendam o que é verdadeiramente impor-
tante, para que vivam de modo puro e sem culpa até o dia em
que Cristo voltar. 11Que vocês sejam sempre cheios do fruto
da justiça, que vem por meio de Jesus Cristo, para a glória e
o louvor de Deus.

A alegria de Paulo por Cristo ser anunciado

12Quero que saibam, irmãos, que tudo que me aconteceu tem
ajudado a propagar as boas-novas. 13Pois todos aqui, incluindo
toda a guarda do palácio, sabem que estou preso por causa de
Cristo. 14E, por causa de minha prisão, a maioria dos irmãos
daqui se tornou mais confiante no Senhor e anuncia a men-
sagem de Deus com determinação e sem temor.
15É verdade que alguns anunciam a Cristo por inveja e riva-
lidade, mas outros o fazem de boa vontade. 16Estes pregam
por amor, pois sabem que fui designado para defender as
boas-novas. 17Aqueles, no entanto, anunciam a Cristo por am-
bição egoísta, não com sinceridade, mas com o objetivo de
aumentar meu sofrimento enquanto estou preso. 18Mas nada
disso importa. Sejam as motivações deles falsas, sejam ver-
dadeiras, a mensagem a respeito de Cristo está sendo anun-
ciada, e isso me alegra. E continuarei a me alegrar, 19pois sei
que, com suas orações e o auxílio do Espírito de Jesus Cristo,
isso resultará em minha libertação.

A vida de Paulo é dedicada a Cristo

20Minha grande expectativa e esperança é que eu jamais seja
envergonhado, mas que continue a trabalhar corajosamente,
como sempre fiz, de modo que Cristo seja honrado por meu
intermédio, quer eu viva, quer eu morra. 21Pois, para mim, o
viver é Cristo, e o morrer é lucro. 22Mas, se continuar vivo,
posso trabalhar e produzir fruto para Cristo. Na verdade, não
sei o que escolher. 23Estou dividido entre os dois desejos:
quero partir e estar com Cristo, o que me seria muitíssimo
melhor. 24Contudo, por causa de vocês, é mais importante
que eu continue a viver.
25Ciente disso, estou certo de que continuarei vivo para ajudar
todos vocês a crescer na fé e experimentar a alegria que ela
traz. 26E, quando eu voltar, terão ainda mais motivos para se
orgulhar em Cristo Jesus pelo que ele tem feito por meu in-
termédio.

Uma vida digna das boas-novas

27O mais importante é que vocês vivam em sua comunidade
de maneira digna das boas-novas de Cristo. Então, quando eu
for vê-los novamente, ou mesmo quando ouvir a seu respeito,
saberei que estão firmes e unidos em um só espírito e em um
só propósito, lutando juntos pela fé que é proclamada nas
boas-novas. 28Não se deixem intimidar por aqueles que se
opõem a vocês. Isso é um sinal de Deus de que eles serão
destruídos, e vocês serão salvos. 29Pois vocês receberam
o privilégio não apenas de crer em Cristo, mas também de
sofrer por ele. 30Estamos juntos nesta luta. Vocês viram as
dificuldades que enfrentei no passado e sabem que elas ainda
não terminaram.

Tenham a atitude de Cristo

2 Há alguma motivação por estar em Cristo? Há alguma
consolação que vem do amor? Há alguma comunhão no
Espírito? Há alguma compaixão e afeição? 2Então completem
minha alegria concordando sinceramente uns com os outros,
amando-se mutuamente e trabalhando juntos com a mesma
forma de pensar e um só propósito.
3Não sejam egoístas, nem tentem impressionar ninguém.
Sejam humildes e considerem os outros mais importantes
que vocês. 4Não procurem apenas os próprios interesses, mas
preocupem-se também com os interesses alheios.
5Tenham a mesma atitude demonstrada por Cristo Jesus.
6Embora sendo Deus, não considerou que ser igual a Deus
fosse algo a que devesse se apegar.
7Em vez disso, esvaziou a si mesmo; assumiu a posição de
escravo e nasceu como ser humano. Quando veio em forma
humana, 8humilhou-se e foi obediente até a morte, e morte
de cruz.
9Por isso Deus o elevou ao lugar de mais alta honra e lhe deu o
nome que está acima de todos os nomes, 10para que, ao nome
de Jesus, todo joelho se dobre, nos céus, na terra e debaixo da
terra, 11e toda língua declare que Jesus Cristo é Senhor, para
a glória de Deus, o Pai.

Brilhem intensamente por Cristo

12Quando eu estava aí, meus amados, vocês sempre seguiam
minhas instruções. Agora que estou longe, é ainda mais im-
portante que o façam. Trabalhem com afinco a sua salvação,
obedecendo a Deus com reverência e temor. 13Pois Deus está
agindo em vocês, dando-lhes o desejo e o poder de realizarem
aquilo que é do agrado dele.
14Façam tudo sem queixas nem discussões, 15de modo que
ninguém possa acusá-los. Levem uma vida pura e inculpável
como filhos de Deus, brilhando como luzes resplandecentes
num mundo cheio de gente corrompida e perversa. 16Ape-
guem-se firmemente à mensagem da vida. Então, no dia em
que Cristo voltar, me orgulharei de saber que não participei
da corrida em vão e que não trabalhei inutilmente. 17Contudo,
me alegrarei mesmo se perder a vida, entregando-a a Deus
como oferta derramada, da mesma forma que o serviço fiel
de vocês é uma oferta a Deus. E quero que todos vocês par-
ticipem dessa alegria. 18Sim, alegrem-se, e eu me alegrarei
com vocês.

Paulo elogia Timóteo

19Se for da vontade do Senhor Jesus, espero enviar-lhes Ti-
móteo em breve para visitá-los. Assim ele poderá me animar,
contando-me notícias de vocês. 20Não tenho ninguém que
se preocupe sinceramente com o bem-estar de vocês como
Timóteo. 21Todos os outros se preocupam apenas consigo
mesmos, e não com o que é importante para Jesus Cristo.
22Mas vocês sabem que Timóteo provou seu valor. Como um
filho junto ao pai, ele tem servido ao meu lado na proclamação
das boas-novas. 23Espero enviá-lo assim que souber o que me
acontecerá aqui. 24E tenho confiança no Senhor de que, em
breve, eu mesmo irei vê-los.

Paulo elogia Epafrodito

25Enquanto isso, penso que devo enviar-lhes de volta Epafro-
dito. Ele é um verdadeiro irmão, colaborador e companheiro
de lutas, que também foi mensageiro de vocês para me ajudar
em minha necessidade. 26Ele deseja muito vê-los e está angus-
tiado porque vocês souberam que ele esteve doente. 27De fato,
ficou enfermo e quase morreu. Mas Deus teve misericórdia
dele, e também de mim, para que eu não tivesse uma tristeza
atrás da outra.
28Por isso, estou ainda mais ansioso para enviá-lo de volta,
pois sei que vocês se alegrarão em vê-lo, e eu não ficarei tão
preocupado com vocês. 29Recebam-no com grande alegria no
Senhor e deem-lhe a honra que ele merece, 30pois arriscou a
vida pela obra de Cristo e esteve a ponto de morrer enquanto
fazia por mim o que vocês mesmos não podiam fazer.

O valor inestimável de conhecer a Cristo

3 Por fim, meus irmãos, alegrem-se no Senhor. Nunca me
canso de dizer-lhes estas coisas, e o faço para protegê-los.
2Cuidado com os cães, aqueles que praticam o mal, os mutila-
dores que exigem a circuncisão. 3Pois nós, que adoramos por
meio do Espírito de Deus, somos os verdadeiros circuncidados.
Alegramo-nos no que Cristo Jesus fez por nós. Não colocamos
nenhuma confiança nos esforços humanos, 4ainda que, se ou-
tros pensam ter motivos para confiar nos próprios esforços,
eu teria ainda mais!
5Fui circuncidado com oito dias de vida. Sou israelita de nas-
cimento, da tribo de Benjamim, um verdadeiro hebreu. Era
membro dos fariseus, extremamente obediente à lei judaica.
6Era tão zeloso que persegui a igreja. E, quanto à justiça, cum-
pria a lei com todo rigor.
7Pensava que essas coisas eram valiosas, mas agora as consi-
dero insignificantes por causa de Cristo. 8Sim, todas as outras
coisas são insignificantes comparadas ao ganho inestimável de
conhecer a Cristo Jesus, meu Senhor. Por causa dele, deixei de
lado todas as coisas e as considero menos que lixo, a fim de
poder ganhar a Cristo 9e nele ser encontrado. Não conto mais
com minha própria justiça, que vem da obediência à lei, mas
sim com a justiça que vem pela fé em Cristo, pois é com base
na fé que Deus nos declara justos. 10Quero conhecer a Cristo e
experimentar o grande poder que o ressuscitou. Quero sofrer
com ele, participando de sua morte, 11para, de alguma forma,
alcançar a ressurreição dos mortos!

Prosseguindo para o alvo

12Não estou dizendo que já obtive tudo isso, que já alcancei
a perfeição. Mas prossigo a fim de conquistar essa perfeição
para a qual Cristo Jesus me conquistou. 13Não, irmãos, não
a alcancei, mas concentro todos os meus esforços nisto: es-
quecendo-me do passado e olhando para o que está adiante,
14prossigo para o final da corrida, a fim de receber o prêmio
celestial para o qual Deus nos chama em Cristo Jesus.
15Todos nós que alcançamos a maturidade devemos concordar
quanto a essas coisas. Se discordam em algum ponto, confio
que Deus o esclarecerá para vocês. 16Contudo, devemos pros-
seguir de maneira coerente com o que já alcançamos.
17Irmãos, sejam meus imitadores e aprendam com aqueles
que seguem nosso exemplo. 18Pois, como lhes disse muitas
vezes, e o digo novamente com lágrimas nos olhos, há muitos
cuja conduta mostra que são, na verdade, inimigos da cruz
de Cristo. 19Estão rumando para a destruição. O deus deles
é seu próprio apetite. Vangloriam-se de coisas vergonhosas
e pensam apenas na vida terrena. 20Nossa cidadania, no en-
tanto, vem do céu, e de lá aguardamos ansiosamente a volta
do Salvador, o Senhor Jesus Cristo. 21Ele tomará nosso frágil
corpo mortal e o transformará num corpo glorioso como o
dele, usando o mesmo poder com o qual submeterá todas as
coisas a seu domínio.

4 Portanto, meus amados irmãos, permaneçam firmes no
Senhor. Amo vocês e anseio vê-los, pois são minha alegria
e minha coroa de recompensa.

Palavras de incentivo

2Agora, suplico a Evódia e a Síntique: tendo em vista que estão
no Senhor, resolvam seu desentendimento. 3E peço a você,
meu fiel colaborador, que ajude essas duas mulheres, pois
elas trabalharam arduamente comigo na propagação das
boas-novas, e também com Clemente e com meus outros
colaboradores, cujos nomes estão escritos no livro da vida.
4Alegrem-se sempre no Senhor. Repito: alegrem-se! 5Que
todos vejam que vocês são amáveis em tudo que fazem. Lem-
brem-se de que o Senhor virá em breve.
6Não vivam preocupados com coisa alguma; em vez disso,
orem a Deus pedindo aquilo de que precisam e agradecen-
do-lhe por tudo que ele já fez. 7Então vocês experimentarão a
paz de Deus, que excede todo entendimento e que guardará
seu coração e sua mente em Cristo Jesus.
8Por fim, irmãos, quero lhes dizer só mais uma coisa. Concen-
trem-se em tudo que é verdadeiro, tudo que é nobre, tudo
que é correto, tudo que é puro, tudo que é amável e tudo que
é admirável. Pensem no que é excelente e digno de louvor.
9Continuem a praticar tudo que aprenderam e receberam de

mim, tudo que ouviram de mim e me viram fazer. Então o Deus da paz estará com vocês.

Paulo agradece as ofertas

10Como eu me alegro no Senhor por vocês terem voltado a se preocupar comigo! Sei que sempre se preocuparam comigo, mas não tinham oportunidade de me ajudar. 11Não digo isso por estar necessitado, pois aprendi a ficar satisfeito com o que tenho. 12Sei viver na necessidade e também na fartura. Aprendi o segredo de viver em qualquer situação, de estômago cheio ou vazio, com pouco ou muito. 13Posso todas as coisas por meio de Cristo, que me dá forças. 14Mesmo assim, vocês fizeram bem em me ajudar na dificuldade pela qual estou passando.

15Como sabem, filipenses, vocês foram os únicos que me ajudaram financeiramente quando lhes anunciei as boas-novas pela primeira vez e depois segui viagem saindo da Macedônia. Nenhuma outra igreja o fez. 16Até quando eu estava em Tessalônica, vocês enviaram ajuda em mais de uma ocasião. 17Não digo isso porque quero receber uma oferta de vocês. Pelo contrário, desejo que sejam recompensados por sua bondade.

18No momento, tenho tudo de que preciso, e mais. Minhas necessidades foram plenamente supridas pelas contribuições que vocês enviaram por Epafrodito. Elas são um sacrifício de aroma suave, uma oferta aceitável e agradável a Deus. 19E esse mesmo Deus que cuida de mim lhes suprirá todas as necessidades por meio das riquezas gloriosas que nos foram dadas em Cristo Jesus.

20Agora, toda a glória seja a Deus, nosso Pai, para todo o sempre! Amém.

Saudações finais

21Transmitam minhas saudações a cada um do povo santo em Cristo Jesus. Os irmãos que estão comigo também mandam lembranças. 22Todo o povo santo daqui lhes envia saudações, especialmente os que pertencem à casa de César.

23Que a graça do Senhor Jesus Cristo seja com o espírito de vocês.

COLOSSENSES

Saudações de Paulo

1Eu, Paulo, apóstolo de Jesus Cristo pela vontade de Deus, escrevo esta carta, junto com nosso irmão Timóteo, 2aos irmãos fiéis em Cristo, o povo santo na cidade de Colossos. Que Deus, nosso Pai, lhes dê graça e paz.

Ação de graças e oração de Paulo

3Sempre oramos por vocês e damos graças a Deus, o Pai de nosso Senhor Jesus Cristo, 4pois temos ouvido falar de sua fé em Cristo Jesus e de seu amor por todo o povo santo, 5que vêm da esperança confiante naquilo que lhes está reservado no céu. Vocês têm essa expectativa desde que ouviram pela primeira vez a verdade das boas-novas.

6Agora, as mesmas boas-novas que chegaram até vocês estão se propagando pelo mundo todo. Elas têm crescido e dado frutos em toda parte, como ocorre entre vocês desde o dia em que ouviram e compreenderam a verdade sobre a graça de Deus.

7Vocês aprenderam as boas-novas por meio de Epafras, nosso amado colaborador. Ele é servo fiel de Cristo e nos tem ajudado em favor de vocês. 8Ele nos contou do amor que o Espírito lhes tem dado.

9Por isso, desde que ouvimos falar a seu respeito, não deixamos de orar por vocês. Pedimos a Deus que lhes conceda pleno conhecimento de sua vontade e também sabedoria e entendimento espiritual. 10Então vocês viverão de modo a sempre honrar e agradar ao Senhor, dando todo tipo de bom fruto e aprendendo a conhecer a Deus cada vez mais.

11Oramos também para que sejam fortalecidos com o poder glorioso de Deus, a fim de que tenham toda a perseverança e paciência de que necessitam. Que sejam cheios de alegria 12e sempre deem graças ao Pai. Ele os capacitou para participarem da herança que pertence ao seu povo santo, aqueles que vivem na luz. 13Ele nos resgatou do poder das trevas e nos trouxe para o reino de seu Filho amado, 14que comprou nossa liberdade e perdoou nossos pecados.

Cristo é supremo

15O Filho é a imagem do Deus invisível e é supremo sobre toda a criação.

16Pois, por meio dele, todas as coisas foram criadas, tanto nos céus como na terra, todas as coisas que podemos ver e as que não podemos, como os tronos, reinos, governantes e as autoridades do mundo invisível. Tudo foi criado por meio dele e para ele.

17Ele existia antes de todas as coisas e mantém tudo em harmonia.

18Ele é a cabeça do corpo, que é a igreja. Ele é o princípio, supremo sobre os que ressuscitam dos mortos; portanto, ele é primeiro em tudo.

19Pois foi do agrado do Pai que toda a plenitude habitasse no Filho, 20e, por meio dele, o Pai reconciliou consigo todas as

coisas. Por meio do sangue do Filho na cruz, o Pai fez as pazes
com todas as coisas, tanto nos céus como na terra.
21Isso inclui vocês, que antes estavam longe de Deus. Eram
seus inimigos, dele separados por seus maus pensamentos e
ações. 22Agora, porém, ele os reconciliou consigo por meio da
morte do Filho no corpo físico. Como resultado, vocês podem
se apresentar diante dele santos, sem culpa e livres de qualquer acusação.
23É preciso, porém, que continuem a crer nessa verdade e
nela permaneçam firmes. Não se afastem da esperança que
receberam quando ouviram as boas-novas, que foram anunciadas em todo o mundo e que eu, Paulo, fui designado servo
para proclamar.

O trabalho de Paulo em favor da igreja

24Alegre-me quando sofro por vocês em meu corpo, pois participo dos sofrimentos de Cristo, que continuam em favor de
seu corpo, a igreja. 25Deus me deu a responsabilidade de servir
seu povo, anunciando-lhes sua mensagem completa. 26Essa
mensagem foi mantida em segredo por séculos e gerações,
mas agora foi revelada ao seu povo santo, 27pois Deus queria
que eles soubessem que as riquezas gloriosas desse segredo
também são para vocês, os gentios. E o segredo é este: Cristo
está em vocês, o que lhes dá a confiante esperança de participar de sua glória!
28Portanto, proclamamos a Cristo, advertindo a todos e ensinando a cada um com toda a sabedoria, para apresentá-los
maduros em Cristo. 29Por isso trabalho e luto com tanto esforço, na dependência de seu poder que atua em mim.

2 Quero que saibam quantas lutas tenho enfrentado por
causa de vocês e dos que estão em Laodiceia, e por muitos
que não me conhecem pessoalmente. 2Que eles sejam encorajados e unidos por fortes laços de amor e tenham plena
certeza de que entendem o segredo de Deus, que é o próprio
Cristo. 3Nele estão escondidos todos os tesouros de sabedoria
e conhecimento.
4Eu lhes digo isso para que ninguém os engane com argumentos bem elaborados. 5Pois, embora eu esteja longe, meu
coração está com vocês. E eu me alegro de que estejam vivendo como devem e de que sua fé em Cristo seja forte.

Liberdade e nova vida em Cristo

6E agora, assim como aceitaram Cristo Jesus como Senhor,
continuem a segui-lo. 7Aprofundem nele suas raízes e sobre ele
edifiquem sua vida. Então sua fé se fortalecerá na verdade que
lhes foi ensinada, e vocês transbordarão de gratidão.
8Não permitam que outros os escravizem com filosofias
vazias e invenções enganosas provenientes do raciocínio
humano, com base nos princípios espirituais deste mundo,
e não em Cristo. 9Pois nele habita em corpo humano toda
a plenitude de Deus. 10Portanto, porque estão nele, o cabeça de todo governante e autoridade, vocês também estão
completos.
11Em Cristo vocês foram circuncidados, mas não por uma operação física, e sim espiritual, na qual foi removido o domínio de
sua natureza humana. 12No batismo, vocês foram sepultados
com Cristo e, com ele, foram ressuscitados para a nova vida
por meio da fé no grande poder de Deus, que ressuscitou Cristo
dos mortos.
13Vocês estavam mortos por causa de seus pecados e da incircuncisão de sua natureza humana. Então Deus lhes deu
vida com Cristo, pois perdoou todos os nossos pecados. 14Ele
cancelou o registro de acusações contra nós, removendo-o e
pregando-o na cruz. 15Desse modo, desarmou os governantes
e as autoridades espirituais e os envergonhou publicamente
ao vencê-los na cruz.
16Portanto, não deixem que ninguém os condene pelo que
comem ou bebem, ou por não celebrarem certos dias santos,
as cerimônias da lua nova ou os sábados. 17Pois essas coisas
são apenas sombras da realidade futura, e o próprio Cristo
é essa realidade. 18Não aceitem a condenação daqueles que
insistem numa humildade fingida e na adoração de anjos e
que alegam ter visões a respeito dessas coisas. A mente pecaminosa deles os tornou orgulhosos, 19e eles não estão ligados
a Cristo, que é a cabeça do corpo. Unido a ele por meio de
suas juntas e seus ligamentos, o corpo cresce à medida que
é nutrido por Deus.
20Vocês morreram com Cristo, e ele os libertou dos princípios
espirituais deste mundo. Então por que continuar a seguir as
regras deste mundo, que dizem: 21"Não mexa! Não prove!
Não toque!"? 22Essas regras não passam de ensinamentos
humanos sobre coisas que se deterioram com o uso. 23Podem
até parecer sábias, pois exigem devoção, abnegação e rigorosa disciplina física, mas em nada contribuem para vencer os
desejos da natureza pecaminosa.

Instruções para a nova vida

3 Uma vez que vocês ressuscitaram para uma nova vida com
Cristo, mantenham os olhos fixos nas realidades do alto,
onde Cristo está sentado no lugar de honra, à direita de Deus.
2Pensem nas coisas do alto, e não nas coisas da terra. 3Pois
vocês morreram para esta vida, e agora sua verdadeira vida
está escondida com Cristo em Deus. 4E quando Cristo, que é
sua vida, for revelado ao mundo inteiro, vocês participarão
de sua glória.
5Portanto, façam morrer as coisas pecaminosas e terrenas que
estão dentro de vocês. Fiquem longe da imoralidade sexual,
da impureza, da paixão sensual, dos desejos maus e da ganância, que é idolatria. 6É por causa desses pecados que vem
a ira de Deus. 7Vocês costumavam praticá-los quando sua vida
ainda fazia parte deste mundo, 8mas agora é o momento de
se livrarem da ira, da raiva, da maldade, da maledicência e da
linguagem obscena. 9Não mintam uns aos outros, pois vocês
se despiram de sua antiga natureza e de todas as suas práticas

perversas. 10Revistam-se da nova natureza e sejam renovados à medida que aprendem a conhecer seu Criador e se tornam semelhantes a ele. 11Nessa nova vida, não importa se você é judeu ou gentio, se é circuncidado ou incircuncidado, se é inculto ou incivilizado, se é escravo ou livre. Cristo é tudo que importa, e ele vive em todos.

12Visto que Deus os escolheu para ser seu povo santo e amado, revistam-se de compaixão, bondade, humildade, mansidão e paciência. 13Sejam compreensivos uns com os outros e perdoem quem os ofender. Lembrem-se de que o Senhor os perdoou, de modo que vocês também devem perdoar. 14Acima de tudo, revistam-se do amor que une todos nós em perfeita harmonia. 15Permitam que a paz de Cristo governe o seu coração, pois, como membros do mesmo corpo, vocês são chamados a viver em paz. E sejam sempre agradecidos.

16Que a mensagem a respeito de Cristo, em toda a sua riqueza, preencha a vida de vocês. Ensinem e aconselhem uns aos outros com toda a sabedoria. Cantem a Deus salmos, hinos e cânticos espirituais com o coração agradecido. 17E tudo que fizerem ou disserem, façam em nome do Senhor Jesus, dando graças a Deus, o Pai, por meio dele.

Instruções para as famílias cristãs

18Esposas, sujeite-se cada uma a seu marido, como é próprio a quem está no Senhor.

19Maridos, ame cada um a sua esposa e nunca a trate com aspereza.

20Filhos, obedeçam sempre a seus pais, pois isso agrada ao Senhor. 21Pais, não irritem seus filhos, para que eles não desanimem.

22Escravos, em tudo obedeçam a seus senhores terrenos. Procurem agradá-los sempre, e não apenas quando eles estiverem observando. Sirvam-nos com sinceridade, por causa de seu temor ao Senhor. 23Em tudo que fizerem, trabalhem de bom ânimo, como se fosse para o Senhor, e não para os homens. 24Lembrem-se de que o Senhor lhes dará uma herança como recompensa e de que o Senhor a quem servem é Cristo. 25Mas, se fizerem o mal, receberão de volta o mal, pois Deus não age com favoritismo.

4 Senhores, sejam justos e imparciais com seus escravos. Lembrem-se de que vocês também têm um Senhor no céu.

Incentivo à oração

2Dediquem-se à oração com a mente alerta e o coração agradecido. 3Orem também por nós, para que Deus nos dê muitas oportunidades de falar do segredo a respeito de Cristo. É por esse motivo que sou prisioneiro. 4Orem para que eu proclame essa mensagem com a devida clareza.

5Vivam com sabedoria entre os que são de fora e aproveitem bem todas as oportunidades. 6Que suas conversas sejam amistosas e agradáveis, a fim de que tenham a resposta certa para cada pessoa.

Instruções finais e saudações

7Tíquico, irmão amado e colaborador fiel que trabalha comigo na obra do Senhor, lhes dará um relatório completo de como tenho passado. 8Eu o envio a vocês exatamente com o propósito de informá-los do que se passa conosco e de animá-los. 9Envio também Onésimo, irmão fiel e amado, que é um de vocês. Ele e Tíquico lhes contarão tudo que tem acontecido aqui.

10Aristarco, que é prisioneiro comigo, lhes envia saudações, e assim também Marcos, primo de Barnabé. Conforme vocês foram instruídos, se Marcos passar por aí, recebam-no bem. 11Jesus, chamado Justo, também manda lembranças. Esses são os únicos irmãos judeus entre meus colaboradores. Eles trabalham comigo para o reino de Deus e têm sido um grande conforto para mim.

12Epafras, que é um de vocês e servo de Cristo Jesus, lhes envia saudações. Ele sempre ora por vocês com fervor, pedindo que sejam maduros e plenamente confiantes de que praticam toda a vontade de Deus. 13Posso lhes assegurar que ele tem se esforçado grandemente por vocês e pelos que estão em Laodiceia e em Hierápolis.

14Lucas, o médico amado, lhes envia saudações, assim como Demas. 15Mandem minhas saudações a nossos irmãos em Laodiceia, e também a Ninfa e à igreja que se reúne em sua casa. 16Depois que tiverem lido esta carta, enviem-na à igreja em Laodiceia, a fim de que eles também possam lê-la. E vocês, leiam a carta que eu escrevi para eles.

17E digam a Arquipo: "Cuide em realizar o ministério que o Senhor lhe deu".

18Esta é minha saudação de próprio punho: Paulo. Lembrem-se de que estou na prisão. Que a graça de Deus esteja com vocês.

1TESSALONICENSES

Saudações de Paulo

1 Nós, Paulo, Silas e Timóteo, escrevemos esta carta à igreja em Tessalônica, a vocês que estão em Deus, o Pai, e no Senhor Jesus Cristo. Que Deus lhes dê graça e paz.

Ação de graças pelos tessalonicenses

2Sempre damos graças a Deus por todos vocês e os mencionamos constantemente em nossas orações. 3Quando oramos por vocês diante de nosso Deus e Pai, relembramos seu tra-

balho fiel, seus atos em amor e sua firme esperança em nosso
Senhor Jesus Cristo.
4 Sabemos, irmãos, que Deus os ama e os escolheu. 5 Pois,
quando lhes apresentamos as boas-novas, não o fizemos
apenas com palavras, mas também com poder, visto que o
Espírito Santo lhes deu plena certeza de que era verdade o que
lhes dizíamos. E vocês sabem como nos comportamos entre
vocês e em seu favor. 6 Assim, apesar do sofrimento que isso
lhes trouxe, vocês receberam a mensagem com a alegria que
vem do Espírito Santo e se tornaram imitadores nossos e do
Senhor. 7 Com isso, tornaram-se exemplo para todos os irmãos
na Grécia, tanto na Macedônia como na Acaia.
8 Agora, partindo de vocês, a palavra do Senhor tem se espa-
lhado por toda parte, até mesmo além da Macedônia e da
Acaia, pois sua fé em Deus se tornou conhecida em todo lugar.
Não precisamos sequer mencioná-la, 9 pois as pessoas têm
comentado sobre como vocês nos acolheram e como deixaram
os ídolos a fim de servir ao Deus vivo e verdadeiro. 10 Também
comentam como vocês esperam do céu a vinda de Jesus, o
Filho de Deus, a quem ele ressuscitou dos mortos e que nos
livrará da ira que está para vir.

Paulo recorda sua visita

2 Vocês mesmos sabem, irmãos, que a visita que lhes fizemos
não foi inútil. 2 Sabem como fomos maltratados e quanto
sofremos em Filipos, antes de chegarmos aí. E, no entanto,
com confiança em nosso Deus, anunciamos a vocês as boas-
-novas de Deus, apesar de grande oposição. 3 Portanto, como
veem, não pregamos com a intenção de enganá-los, nem com
motivos impuros, nem com artimanhas.
4 Em vez disso, falamos como mensageiros aprovados por
Deus, aos quais foram confiadas as boas-novas. Nosso pro-
pósito não é agradar as pessoas, mas a Deus, que examina
as intenções de nosso coração. 5 Como bem sabem, nunca
tentamos conquistá-los com bajulação, e Deus é nossa teste-
munha de que não agimos motivados pela ganância. 6 Quanto
ao reconhecimento humano, nunca o buscamos de vocês, nem
de nenhum outro.
7 Ainda que, como apóstolos de Cristo, tivéssemos o direito de
fazer certas exigências, agimos como crianças entre vocês.
Ou melhor, fomos como a mãe que alimenta os filhos e deles
cuida. 8 Nós os amamos tanto que compartilhamos com vocês
não apenas as boas-novas de Deus, mas também nossa pró-
pria vida.
9 Não se lembram, irmãos, de como trabalhamos arduamente
entre vocês? Noite e dia nos esforçamos para obter sustento,
a fim de não sermos um peso para ninguém enquanto lhes
anunciávamos as boas-novas de Deus. 10 Vocês mesmos são
nossas testemunhas, e Deus também é, de que fomos dedi-
cados, honestos e irrepreensíveis com todos vocês, os que
creem. 11 E sabem que tratamos a cada um como um pai trata
seus filhos. 12 Aconselhamos, incentivamos e insistimos para
que vivam de modo que Deus considere digno, pois ele os
chamou para terem parte em seu reino e em sua glória.
13 Portanto, nunca deixamos de agradecer a Deus, pois, quando
vocês receberam de nós a mensagem dele, não consideraram
nossas palavras meras ideias humanas, mas as aceitaram
como palavra de Deus, o que sem dúvida são. E essa men-
sagem continua a atuar em vocês, os que creem.
14 E então, irmãos, vocês foram perseguidos por seus próprios
compatriotas, tornando-se assim imitadores das igrejas de
Deus em Cristo Jesus na Judeia, que também sofreram nas
mãos de seu próprio povo, os judeus. 15 Eles mataram o Se-
nhor Jesus e os profetas, e agora também nos perseguem.
Não agradam a Deus e trabalham contra toda a humanidade,
16 procurando impedir-nos de anunciar a salvação aos gentios.
Com isso, continuam a acumular pecados, mas a ira de Deus
finalmente os alcançou.

O relato animador de Timóteo a respeito da igreja

17 Irmãos, depois de um breve tempo separados de vocês,
embora nosso coração nunca os tenha deixado, esforçamo-
-nos por voltar a vê-los, pela grande saudade que sentimos.
18 Queríamos muito visitá-los, e eu, Paulo, tentei não apenas
uma vez, mas duas; Satanás, porém, nos impediu. 19 Afinal, o
que nos dá esperança e alegria? E qual será nossa magnífica
recompensa e coroa diante do Senhor Jesus quando ele voltar?
Serão vocês! 20 Sim, vocês são nosso orgulho e nossa alegria.

3 Por isso, quando não pudemos mais suportar, resolvemos
ficar sozinhos em Atenas 2 e enviamos Timóteo para visitá-
-los. Ele é nosso irmão e colaborador de Deus na proclamação
das boas-novas de Cristo. Nós o enviamos para fortalecê-los
e animá-los na fé, 3 para que as dificuldades não os abalem.
Mas vocês sabem que estamos destinados a passar por elas.
4 Quando ainda estávamos com vocês, nós os advertimos de
que as aflições em breve viriam, e foi o que aconteceu, como
bem sabem. 5 Assim, quando não pude mais suportar, enviei
Timóteo para saber se continuavam firmes na fé. Tinha receio
de que o tentador os tivesse vencido e todo o nosso trabalho
houvesse sido inútil.
6 Agora, porém, Timóteo voltou trazendo boas notícias a
respeito de sua fé e seu amor. Ele nos contou que vocês se
lembram sempre com alegria de nossa visita e que desejam
nos ver tanto quanto nós queremos vê-los. 7 Por isso, irmãos,
apesar de nossos sofrimentos e dificuldades, ficamos ani-
mados porque vocês permaneceram firmes na fé. 8 Agora,
revivemos por saber que estão firmes no Senhor.
9 Sim, agradecemos a Deus por vocês! Por sua causa, temos
grande alegria na presença de Deus. 10 Noite e dia oramos por
vocês com fervor, pedindo que possamos vê-los novamente a
fim de ajudá-los a aperfeiçoar a fé.
11 Que Deus, nosso Pai, e nosso Senhor Jesus nos encaminhem
a vocês em breve. 12 E que o Senhor faça crescer e transbordar
o amor que vocês têm uns pelos outros e por todos, da mesma
forma que nosso amor transborda por vocês. 13 E, como re-
sultado, que Deus, nosso Pai, torne seu coração forte, irre-

preensível e santo diante dele para quando nosso Senhor Jesus
voltar com todo o seu povo santo. Amém.

Uma vida dedicada a agradar a Deus

4 Finalmente, irmãos, pedimos e incentivamos em nome do
Senhor Jesus que vivam para agradar a Deus, conforme lhes
instruímos. Vocês já vivem desse modo, e os incentivamos a
fazê-lo ainda mais, 2pois se lembram das instruções que lhes
demos pela autoridade do Senhor Jesus.
3A vontade de Deus é que vocês vivam em santidade; por isso,
mantenham-se afastados de todo pecado sexual. 4Cada um
deve aprender a controlar o próprio corpo e assim viver em
santidade e honra, 5não em paixões sensuais, como os gentios
que não conhecem a Deus. 6Nesse assunto, não prejudiquem
nem enganem um irmão, pois o Senhor punirá todas essas
práticas, como já os advertimos solenemente. 7Pois Deus nos
chamou para uma vida santa, e não impura. 8Portanto, quem
se recusa a viver de acordo com essas regras não desobedece
a ensinamentos humanos, mas rejeita a Deus, que lhes dá seu
Espírito Santo.
9Não precisamos lhes escrever sobre a importância do amor
fraternal, pois o próprio Deus os ensinou a amarem uns aos
outros. 10De fato, vocês já demonstram amor por todos os ir-
mãos em toda a Macedônia. Ainda assim, irmãos, pedimos que
os amem ainda mais.
11Tenham como objetivo uma vida tranquila, ocupando-se com
seus próprios assuntos e trabalhando com suas próprias mãos,
conforme os instruímos anteriormente. 12Assim, os que são
de fora respeitarão seu modo de viver, e vocês não terão de
depender de outros.

A esperança da ressurreição

13Agora, irmãos, não queremos que ignorem o que aconte-
cerá aos que já morreram, para que não se entristeçam como
aqueles que não têm esperança. 14Porque cremos que Jesus
morreu e foi ressuscitado, também cremos que Deus trará de
volta à vida, com Jesus, todos os que morreram.
15Dizemos a vocês, pela palavra do Senhor: nós, os que ainda
estivermos vivos quando o Senhor voltar, não iremos ao en-
contro dele antes daqueles que já morreram. 16Pois o Senhor
mesmo descerá do céu com um brado de comando, com a voz
do arcanjo e com o toque da trombeta de Deus. Primeiro, os
mortos em Cristo ressuscitarão. 17Depois, com eles, nós, os
que ainda estivermos vivos, seremos arrebatados nas nuvens
ao encontro do Senhor, nos ares. Então, estaremos com o Se-
nhor para sempre. 18Portanto, animem uns aos outros com
essas palavras.

5 Não é necessário, irmãos, que eu lhes escreva sobre quando
e como tudo isso acontecerá, 2pois vocês sabem muito
bem que o dia do Senhor virá inesperadamente, como ladrão
à noite. 3Quando as pessoas disserem: "Tudo está em paz e
seguro", então o desastre lhes sobrevirá tão repentinamente
como iniciam as dores de parto de uma mulher grávida, e não
haverá como escapar.
4Mas vocês, irmãos, não estão na escuridão a respeito dessas
coisas e não devem se surpreender quando o dia do Senhor
vier como ladrão. 5Porque todos vocês são filhos da luz e do
dia. Não pertencemos à escuridão e à noite. 6Portanto, fiquem
atentos; não durmam como os outros. Permaneçam atentos
e sejam sóbrios. 7À noite, as pessoas dormem e os bêbados
se embriagam. 8Mas nós, que vivemos na luz, devemos ser
sóbrios, protegidos pela armadura da fé e do amor, usando o
capacete da esperança da salvação.
9Porque Deus decidiu nos salvar por meio de nosso Senhor
Jesus Cristo, em vez de derramar sua ira sobre nós. 10Cristo
morreu por nós para que, quer estejamos despertos, quer dor-
mindo, vivamos com ele para sempre. 11Portanto, animem e
edifiquem uns aos outros, como têm feito.

Conselhos finais

12Irmãos, honrem seus líderes na obra do Senhor. Eles traba-
lham arduamente entre vocês e lhes dão orientações. 13Te-
nham grande respeito e amor sincero por eles, por causa do
trabalho que realizam. E vivam em paz uns com os outros.
14Irmãos, pedimos que advirtam os indisciplinados. Enco-
rajem os desanimados. Ajudem os fracos. Sejam pacientes
com todos.
15Cuidem que ninguém retribua o mal com o mal, mas pro-
curem sempre fazer o bem uns aos outros e a todos.
16Estejam sempre alegres. 17Nunca deixem de orar. 18Sejam
gratos em todas as circunstâncias, pois essa é a vontade de
Deus para vocês em Cristo Jesus.
19Não apaguem o Espírito. 20Não desprezem as profecias,
21mas ponham à prova tudo que é dito e fiquem com o que é
bom. 22Mantenham-se afastados de toda forma de mal.

Saudações finais

23E, agora, que o Deus da paz os torne santos em todos os as-
pectos, e que o espírito, a alma e o corpo de vocês sejam man-
tidos irrepreensíveis até a volta de nosso Senhor Jesus Cristo.
24Aquele que os chama fará isso acontecer, pois ele é fiel.
25Irmãos, orem por nós.
26Cumprimentem todos os irmãos com beijo santo.
27Encarrego-os em nome do Senhor de lerem esta carta a todos
os irmãos.
28Que a graça de nosso Senhor Jesus Cristo esteja com vocês.

2TESSALONICENSES

Saudações de Paulo

1 Nós, Paulo, Silas e Timóteo, escrevemos esta carta à igreja
em Tessalônica, a vocês que estão em Deus, nosso Pai, e no
Senhor Jesus Cristo.
2Que Deus, nosso Pai, e o Senhor Jesus Cristo lhes deem graça
e paz.

Ânimo durante a perseguição

3Irmãos, não podemos deixar de dar graças a Deus por vocês,
pois sua fé tem se desenvolvido cada vez mais, e seu amor uns
pelos outros tem crescido. 4Por isso nos orgulhamos de falar às
outras igrejas de Deus sobre sua perseverança e fidelidade em
todas as perseguições e aflições que vocês têm sofrido. 5Deus
usará essa perseguição para mostrar que seu julgamento é
justo e para torná-los dignos de seu reino, pelo qual estão
sofrendo. 6Em sua justiça, Deus pagará com aflição aqueles
que afligem vocês.
7Deus concederá descanso a vocês, que são afligidos, e
também a nós, na revelação do Senhor Jesus, quando ele vier
do céu. Virá com seus anjos poderosos, 8em chamas de fogo,
trazendo juízo sobre os que não conhecem a Deus e sobre os
que se recusam a obedecer às boas-novas de nosso Senhor
Jesus. 9Eles serão punidos com destruição eterna, separados
para sempre da presença do Senhor e de seu glorioso poder.
10No dia em que ele vier, receberá glória de seu povo santo
e louvores de todos os que creem. E isso inclui vocês, pois
creram naquilo que lhes dissemos a respeito dele.
11Assim, continuamos a orar por vocês, pedindo a nosso Deus
que os capacite a ter uma vida digna de seu chamado e lhes
dê poder para realizar as coisas boas que a fé os motivar a
fazer. 12Então o nome de nosso Senhor Jesus será honrado em
vocês, e vocês serão honrados com ele. Tudo isso é possível
pela graça de nosso Deus e Senhor, Jesus Cristo.

Acontecimentos que precederão a segunda vinda

2 Agora, irmãos, vamos esclarecer algumas coisas a respeito
da vinda de nosso Senhor Jesus Cristo e de nosso encontro
com ele. 2Não se deixem abalar nem assustar tão facilmente
por aqueles que dizem que o dia do Senhor já começou. Não
acreditem neles, mesmo que afirmem ter recebido uma visão
espiritual, uma revelação ou uma carta supostamente enviada
por nós. 3Não se deixem enganar pelo que dizem, pois esse dia
não virá até que surja a rebelião e venha o homem da perver-
sidade, aquele que traz destruição. 4Ele se exaltará e se oporá
a tudo que o povo chama de "deus" e a todo objeto de culto,
e até se sentará no templo de Deus e se fará passar por Deus.
5Não se lembram de que eu lhes falei disso tudo quando estive
aí? 6E vocês sabem o que o está detendo, pois ele só pode ser
revelado quando sua hora chegar. 7Pois essa perversidade já
opera secretamente e permanecerá em segredo até que se
afaste aquele que a detém. 8Então o homem da perversidade
será revelado, mas o Senhor Jesus o matará com o sopro de
sua boca e o destruirá com o esplendor de sua vinda.
9Esse homem virá para realizar o trabalho de Satanás, com
poder, sinais e falsas maravilhas, 10e com todo tipo de men-
tira perversa para enganar os que estão caminhando para a
destruição, pois se recusam a amar e a aceitar a verdade que
os salvaria. 11Portanto, Deus fará que sejam enganados, e eles
crerão nessas mentiras. 12Então serão condenados por ter
prazer no mal em vez de crer na verdade.

Os fiéis devem permanecer firmes

13Quanto a nós, não podemos deixar de dar graças a Deus
por vocês, irmãos amados pelo Senhor. Somos sempre gratos
porque Deus os escolheu para estarem entre os primeiros a
receber a salvação por meio do Espírito que os torna santos e
pela fé na verdade. 14Ele os chamou para a salvação quando
lhes anunciamos as boas-novas; agora vocês podem participar
da glória de nosso Senhor Jesus Cristo.
15Portanto, irmãos, tendo em mente todas essas coisas, per-
maneçam firmes e apeguem-se às tradições que lhes transmi-
timos, seja pessoalmente, seja por carta.
16Que o próprio Jesus Cristo, nosso Senhor, e Deus, nosso Pai,
que nos amou e pela graça nos deu eterno conforto e maravi-
lhosa esperança, 17os animem e os fortaleçam em tudo de bom
que vocês fizerem e disserem.

Pedido de oração

3 Finalmente, irmãos, pedimos que orem por nós. Orem
para que a mensagem do Senhor se espalhe rapidamente
e seja honrada por onde quer que vá, como aconteceu quando
chegou a vocês. 2Orem também para que sejamos libertos dos
perversos e maus, pois nem todos têm fé. 3Mas o Senhor é fiel;
ele os fortalecerá e os guardará do maligno. 4E confiamos no
Senhor que vocês estão fazendo e continuarão a fazer aquilo
que lhes ordenamos. 5Que o Senhor conduza o coração de
vocês ao amor de Deus e à perseverança que vem de Cristo.

Apelo a uma vida adequada

6E agora, irmãos, nós lhes damos a seguinte ordem em nome
de nosso Senhor Jesus Cristo: mantenham-se afastados de
todos os irmãos que vivem ociosamente e não seguem a tra-
dição que receberam de nós. 7Pois vocês sabem que devem
seguir nosso exemplo. Não ficamos ociosos quando estivemos
com vocês, 8nem nos alimentamos às custas dos outros. Tra-
balhamos arduamente dia e noite, a fim de não sermos um
peso para nenhum de vocês. 9Embora tivéssemos o direito de
pedir que nos alimentassem, queríamos lhes dar o exemplo.

10Quando ainda estávamos com vocês, lhes ordenamos:
"Quem não quiser trabalhar não deve comer".
11Contudo, soubemos que alguns de vocês estão vivendo
ociosamente, recusando-se a trabalhar e intrometendo-se
em assuntos alheios. 12Ordenamos e insistimos em nome do
Senhor Jesus Cristo que sosseguem e trabalhem para obter o
próprio sustento. 13Quanto a vocês, irmãos, nunca se cansem
de fazer o bem.
14Observem quem se recusa a obedecer àquilo que lhes digo
nesta carta. Afastem-se dele, para que se sinta envergonhado.
15Não o considerem como inimigo, mas advirtam-no como a
um irmão.

Saudações finais

16Que o próprio Senhor da paz lhes dê paz em todos os mo-
mentos e situações. Que o Senhor esteja com todos vocês.
17Aqui está minha saudação de próprio punho: Paulo. Assim faço
em todas as minhas cartas para provar que eu mesmo as escrevi.
18Que a graça de nosso Senhor Jesus Cristo esteja com todos
vocês.

1TIMÓTEO

Saudações de Paulo

1 Eu, Paulo, apóstolo de Cristo Jesus, por ordem de Deus,
nosso Salvador, e de Cristo Jesus, nossa esperança, 2es-
crevo esta carta a Timóteo, meu verdadeiro filho na fé. Que
Deus, o Pai, e Cristo Jesus, nosso Senhor, lhe deem graça,
misericórdia e paz.

Advertência contra falsos ensinos

3Quando parti para a Macedônia, pedi a você que ficasse em
Éfeso e advertisse certas pessoas de que não ensinassem
coisas contrárias à verdade, 4nem desperdiçassem tempo
com discussões intermináveis sobre mitos e genealogias, que
só levam a especulações sem sentido em vez de promover o
propósito de Deus, que é realizado pela fé.
5O alvo de minha instrução é o amor que vem de um coração
puro, de uma consciência limpa e de uma fé sincera. 6Alguns,
porém, se desviaram dessas coisas e passam o tempo em dis-
cussões inúteis. 7Querem ser conhecidos como mestres da lei,
mas não sabem do que estão falando, embora o façam com
tanta confiança.
8Sabemos que a lei é boa quando usada corretamente. 9Pois a
lei não foi criada para os que fazem o que é certo, mas para os
transgressores e rebeldes, para os irreverentes e pecadores,
para os ímpios e profanos. Ela é para os que matam pai ou mãe
ou cometem outros homicídios, 10para os que vivem na imo-
ralidade sexual, para os que praticam a homossexualidade, e
também para os sequestradores, os mentirosos, os que juram
falsamente ou que fazem qualquer outra coisa que contradiga
o ensino verdadeiro, 11que vem das boas-novas gloriosas con-
fiadas a mim por nosso Deus bendito.

A gratidão de Paulo pela misericórdia de Deus

12Agradeço àquele que me deu forças, Cristo Jesus, nosso Se-
nhor, que me considerou digno de confiança e me designou
para servi-lo, 13embora eu fosse blasfemo, perseguidor e
violento. Contudo, recebi misericórdia, porque agia por igno-
rância e incredulidade. 14O Senhor fez sua graça transbordar e
me encheu da fé e do amor que vêm de Cristo Jesus.
15Esta é uma afirmação digna de confiança, e todos devem
aceitá-la: "Cristo Jesus veio ao mundo para salvar os peca-
dores", e eu sou o pior de todos. 16Mas foi por isso que eu,
o pior dos pecadores, recebi misericórdia, para que assim
Cristo Jesus mostrasse quanto é paciente. Desse modo, sirvo
de exemplo a todos que vierem a crer nele para a vida eterna.
17Honra e glória a Deus para todo o sempre! Ele é o Rei eterno,
invisível e imortal; ele é o único Deus. Amém.

A responsabilidade de Timóteo

18Timóteo, meu filho, estas são minhas instruções para você,
com base nas palavras proféticas ditas tempos atrás a seu res-
peito. Que elas o ajudem a lutar o bom combate. 19Apegue-se à
fé e mantenha a consciência limpa, pois alguns rejeitaram deli-
beradamente a consciência e, como resultado, a fé que tinham
naufragou. 20Himeneu e Alexandre são dois exemplos. Eu os
entreguei a Satanás, para que aprendam a não blasfemar.

Instruções a respeito do culto

2 Em primeiro lugar, recomendo que sejam feitas petições,
orações, intercessões e ações de graça em favor de todos,
2em favor dos reis e de todos que exercem autoridade, para
que tenhamos uma vida pacífica e tranquila, caracterizada
por devoção e dignidade. 3Isso é bom e agrada a Deus, nosso
Salvador, 4cujo desejo é que todos sejam salvos e conheçam a
verdade. 5Pois: Há um só Deus e um só Mediador entre Deus e
a humanidade: o homem Cristo Jesus.
6Ele deu sua vida para comprar a liberdade de todos. Essa é a
mensagem que foi entregue ao mundo no momento oportuno.
7E eu fui escolhido como pregador e apóstolo para ensinar aos
gentios essa mensagem a respeito da fé e da verdade. Não
estou mentindo; digo a verdade.

8Quero, portanto, que em todo lugar de culto os homens orem com mãos santas levantadas, livres de ira e de controvérsias. 9Da mesma forma, quero que as mulheres tenham discrição em sua aparência. Que usem roupas decentes e apropriadas, sem chamar a atenção pela maneira como arrumam o cabelo ou por usarem ouro, pérolas ou roupas caras. 10Pois as mulheres que afirmam ser devotas a Deus devem se embelezar com as boas obras que praticam.

11As mulheres devem aprender em silêncio e com toda submissão. 12Não permito que as mulheres ensinem aos homens, nem que tenham autoridade sobre eles. Antes, devem ouvir em silêncio. 13Porque primeiro Deus fez Adão e, depois, Eva. 14E não foi Adão o enganado. A mulher é que foi enganada, e o resultado foi o pecado. 15Mas as mulheres serão salvas dando à luz filhos, desde que continuem a viver na fé, no amor e na santidade, com discrição.

Os líderes da igreja

3 Esta é uma afirmação digna de confiança: "Se alguém deseja ser bispo, deseja uma tarefa honrosa". 2Portanto, o bispo deve ter uma vida irrepreensível. Deve ser marido de uma só mulher, ter autocontrole, viver sabiamente e ter boa reputação. Deve ser hospitaleiro e apto a ensinar. 3Não deve beber vinho em excesso, nem ser violento. Antes, deve ser amável, pacífico e desapegado do dinheiro. 4Deve liderar bem a própria família e ter filhos que o respeitem e lhe obedeçam. 5Pois, se um homem não é capaz de liderar a própria família, como poderá cuidar da igreja de Deus?

6Não deve ser recém-convertido, pois poderia se tornar orgulhoso, e o diabo o faria cair. 7Além disso, os que são de fora devem falar bem dele, para que não seja desacreditado e caia na armadilha do diabo.

8Da mesma forma, os diáconos devem ser respeitáveis e ter integridade. Não devem beber vinho em excesso, nem se deixar conduzir pela ganância. 9Devem ser comprometidos com o segredo da fé e viver com a consciência limpa. 10Antes de serem nomeados diáconos, é necessário que se faça uma avaliação cuidadosa. Se forem aprovados, então que exerçam a função de diáconos.

11De igual modo, as mulheres devem ser respeitáveis e não caluniar ninguém. Devem ter autocontrole e ser fiéis em tudo que fazem.

12O diácono deve ser marido de uma só mulher e liderar bem seus filhos e sua casa. 13Aqueles que exercerem bem a função de diáconos serão recompensados com o respeito de outros e terão cada vez mais convicção de sua fé em Cristo Jesus.

As verdades de nossa fé

14Embora espere vê-lo em breve, escrevo-lhe estas coisas agora, 15para que, se eu demorar, você saiba como as pessoas devem se comportar na casa de Deus. Ela é a igreja do Deus vivo, coluna e alicerce da verdade.

16Sem dúvida, este é o grande segredo de nossa fé: Cristo foi revelado em corpo humano, justificado pelo Espírito, visto por anjos, anunciado às nações, crido em todo o mundo e levado para o céu em glória.

Advertências acerca dos falsos mestres

4 O Espírito afirma claramente que nos últimos tempos alguns se desviarão da fé, dando ouvidos a espíritos enganadores e a ensinamentos de demônios, 2que vêm de indivíduos hipócritas e mentirosos, cuja consciência está morta.

3Tais pessoas afirmam que é errado se casar e proíbem que se comam certos alimentos, que Deus criou para serem recebidos com ação de graças pelos que são fiéis e conhecedores da verdade. 4Porque tudo que Deus fez é bom, não devemos rejeitar nada, mas a tudo receber com ação de graças, 5pois sabemos que se torna aceitável pela palavra de Deus e pela oração.

Um bom servo de Cristo Jesus

6Se você explicar estas coisas aos irmãos, será um bom servo de Cristo Jesus, nutrido pela mensagem da fé e pelo bom ensino que tem seguido. 7Não perca tempo discutindo mitos profanos e crendices absurdas. Em vez disso, exercite-se na devoção. 8"O exercício físico tem algum valor, mas exercitar-se na devoção é muito melhor, pois promete benefícios não apenas nesta vida, mas também na vida futura." 9Essa é uma afirmação digna de confiança, e todos devem aceitá-la. 10Trabalhamos arduamente e continuamos a lutar porque nossa esperança está no Deus vivo, o Salvador de todos, especialmente dos que creem.

11Ensine estas coisas e insista nelas. 12Não deixe que ninguém o menospreze porque você é jovem. Seja exemplo para todos os fiéis nas palavras, na conduta, no amor, na fé e na pureza. 13Até minha chegada, dedique-se à leitura pública das Escrituras, ao encorajamento e ao ensino.

14Não descuide do dom que recebeu por meio de profecia quando os presbíteros impuseram as mãos sobre você. 15Dedique total atenção a essas questões. Entregue-se inteiramente a suas tarefas, para que todos vejam seu progresso. 16Fique atento a seu modo de viver e a seus ensinamentos. Permaneça fiel ao que é certo, e assim salvará a si mesmo e àqueles que o ouvem.

Conselhos a respeito de viúvas, líderes e escravos

5 Nunca fale com dureza a um homem mais velho, mas aconselhe-o como faria com seu próprio pai. Quanto aos mais jovens, aconselhe-os como a irmãos. 2Trate as mulheres mais velhas como trataria sua mãe, e as mais jovens, com toda pureza, como se fossem suas irmãs.

3Cuide das viúvas que não têm ninguém para ajudá-las. 4Mas, se elas tiverem filhos ou netos, a primeira responsabilidade deles é mostrar devoção no lar e retribuir aos pais o cuidado recebido. Isso é algo que agrada a Deus.

5A verdadeira viúva, uma mulher sozinha no mundo, põe sua esperança em Deus. Dia e noite, faz súplicas e orações. 6Mas a viúva que vive apenas para o prazer está morta, ainda que esteja viva. 7Dê essas instruções, para que ninguém fique sujeito a críticas.

8Aqueles que não cuidam dos seus, especialmente dos de sua própria família, negaram a fé e são piores que os descrentes.

9A viúva incluída na lista para receber sustento deve ter pelo menos sessenta anos e ter sido esposa de um só marido. 10Deve ser respeitada pelo bem que praticou, como alguém que soube criar os filhos, foi hospitaleira, serviu o povo santo com humildade, ajudou os que estavam em dificuldade e sempre se dedicou a fazer o bem.

11As viúvas mais jovens não devem fazer parte dessa lista, pois, quando seus desejos físicos forem mais fortes que sua devoção a Cristo, desejarão se casar novamente. 12Assim se tornarão culpadas de quebrar o compromisso que fizeram. 13Além disso, aprenderão a se tornar ociosas e a andar de casa em casa, fazendo fofoca, intrometendo-se em assuntos alheios e falando do que não devem. 14Portanto, aconselho que essas viúvas mais jovens se casem de novo, tenham filhos e tomem conta do próprio lar. Então o inimigo não poderá dizer coisa alguma contra elas. 15Pois, de fato, algumas já se desviaram e agora seguem Satanás.

16Se alguma irmã na fé tem viúvas na família, deve tomar conta delas e não sobrecarregar a igreja, que assim poderá cuidar das viúvas que estiverem verdadeiramente sozinhas.

17Os presbíteros que fazem bem seu trabalho devem receber honra redobrada, especialmente os que se dedicam arduamente à pregação e ao ensino. 18Pois as Escrituras dizem: "Não amordacem o boi para impedir que ele coma enquanto debulha os cereais", e também: "Aqueles que trabalham merecem seu salário".

19Não aceite acusação contra um presbítero sem que seja confirmada por duas ou três testemunhas. 20Aqueles que pecarem devem ser repreendidos diante de todos, o que servirá de forte advertência para os demais.

21Ordeno solenemente, na presença de Deus, de Cristo Jesus e dos anjos eleitos que você obedeça a estas instruções sem tomar partido nem demonstrar favoritismo.

22Não se apresse em nomear um líder. Não participe dos pecados alheios. Mantenha-se puro.

23Não beba apenas água. Uma vez que você fica doente com frequência, tome um pouco de vinho por causa de seu estômago.

24Lembre-se de que os pecados de alguns são evidentes, e seu julgamento é inevitável. Há outros, porém, cujos pecados só serão revelados mais tarde. 25Da mesma forma, as boas obras de alguns são evidentes, e outras, feitas em segredo, um dia serão conhecidas.

6 Os escravos devem ter todo o respeito por seus senhores, para não envergonharem o nome de Deus e seus ensinamentos. 2O fato de o senhor ser irmão na fé não é desculpa para deixarem de respeitá-lo. Pelo contrário, devem trabalhar ainda mais arduamente, pois seus esforços beneficiam outros irmãos amados.

Falsos ensinos e riquezas verdadeiras

Ensine estas coisas e incentive todos a obedecer-lhes. 3Talvez alguns nos contradigam, mas estes são os verdadeiros ensinamentos do Senhor Jesus Cristo, que conduzem a uma vida de devoção. Quem ensina algo diferente 4é arrogante e sem entendimento. Vive com o desejo doentio de discutir o significado das palavras e provoca contendas que resultam em inveja, divisão, difamação e suspeitas malignas. 5Pessoas assim sempre causam problemas. Têm a mente corrompida e deram as costas à verdade. Para elas, a vida de devoção é apenas uma forma de enriquecer.

6No entanto, a devoção acompanhada de contentamento é, em si mesma, grande riqueza. 7Afinal, não trouxemos nada conosco quando viemos ao mundo, e nada levaremos quando o deixarmos. 8Portanto, se temos alimento e roupa, estejamos contentes.

9Mas aqueles que desejam enriquecer caem em tentações e armadilhas e em muitos desejos tolos e nocivos, que os levam à ruína e destruição. 10Pois o amor ao dinheiro é a raiz de todo mal. E alguns, por tanto desejarem dinheiro, desviaram-se da fé e afligiram a si mesmos com muitos sofrimentos.

Instruções finais de Paulo

11Você, porém, que é um homem de Deus, fuja de todas essas coisas más. Busque a justiça, a devoção e também a fé, o amor, a perseverança e a mansidão. 12Lute o bom combate da fé. Apegue-se firmemente à vida eterna para a qual foi chamado e que tão bem você declarou na presença de muitas testemunhas. 13Diante de Deus, que a todos dá vida, e de Cristo Jesus, que deu bom testemunho perante Pôncio Pilatos, encarrego-o 14de obedecer a esta ordem sem vacilar. Assim, ninguém poderá acusá-lo de coisa alguma, desde agora até a volta de nosso Senhor Jesus Cristo. 15Pois: No devido tempo ele será revelado do céu pelo bendito e único Deus todo-poderoso, o Rei dos reis e Senhor dos senhores. 16Somente a ele pertence a imortalidade, e ele habita em luz tão resplandecente que nenhum ser humano pode se aproximar dele. Ninguém jamais o viu, nem pode ver. A ele sejam honra e poder para sempre! Amém.

17Ensine aos ricos deste mundo que não se orgulhem nem confiem em seu dinheiro, que é incerto. Sua confiança deve estar em Deus, que provê ricamente tudo de que necessitamos para nossa satisfação. 18Diga-lhes que usem seu dinheiro para fazer o bem. Devem ser ricos em boas obras e generosos com os necessitados, sempre prontos a repartir. 19Desse modo, acumularão tesouros para si como um alicerce firme para o futuro, a fim de experimentarem a verdadeira vida.

20Timóteo, guarde aquilo que Deus lhe confiou. Evite discussões profanas e tolas com aqueles que se opõem a você com suposto conhecimento. 21Alguns se desviaram da fé por seguirem essas tolices. Que a graça de Deus esteja com vocês.

2TIMÓTEO

Saudações de Paulo

1 Eu, Paulo, apóstolo de Cristo Jesus pela vontade de Deus,
enviado para anunciar a vida que ele prometeu por meio da
fé em Cristo Jesus, 2 escrevo esta carta a Timóteo, meu filho
amado. Que Deus, o Pai, e Cristo Jesus, nosso Senhor, lhe
deem graça, misericórdia e paz.

Ânimo para ser fiel

3 Dou graças por você ao Deus que sirvo com a consciência
limpa, como o serviram meus antepassados. Sempre me
lembro de você em minhas orações, noite e dia. 4 Quero muito
revê-lo, pois me lembro de suas lágrimas. Nosso reencontro
me encherá de alegria.
5 Lembro-me de sua fé sincera, como era a de sua avó, Loide, e
de sua mãe, Eunice, e sei que em você essa mesma fé continua
firme. 6 Por isso quero lembrá-lo de avivar a chama do dom que
Deus lhe deu quando impus minhas mãos sobre você. 7 Pois
Deus não nos deu um Espírito que produz temor e covardia,
mas sim que nos dá poder, amor e autocontrole.
8 Portanto, jamais se envergonhe de falar a outros sobre nosso
Senhor. E também não se envergonhe de mim, que estou preso
por causa dele. Com a força que Deus lhe dá, esteja pronto para
sofrer comigo por causa das boas-novas. 9 Pois Deus nos salvou
e nos chamou para uma vida santa, não porque merecêssemos,
mas porque este era seu plano desde os tempos eternos: mos-
trar sua graça por meio de Cristo Jesus. 10 E agora ele tornou
tudo isso claro para nós com a vinda de Cristo Jesus, nosso
Salvador, que destruiu o poder da morte e iluminou o caminho
para a vida e a imortalidade por meio das boas-novas, 11 das
quais Deus me escolheu para ser pregador, apóstolo e mestre.
12 Por isso estou sofrendo assim. Mas não me envergonho, pois
conheço aquele em quem creio e tenho certeza de que ele é
capaz de guardar o que me foi confiado até o dia de sua volta.
13 Apegue-se, com fé e amor em Cristo Jesus, ao modelo do
ensino verdadeiro que aprendeu de mim. 14 Pelo poder do Es-
pírito Santo que habita em nós, guarde a verdade preciosa
que lhe foi confiada.
15 Como você sabe, todos os da província da Ásia me abando-
naram, incluindo Fígelo e Hermógenes.
16 Que o Senhor demonstre misericórdia a Onesíforo e sua fa-
mília, pois muitas vezes me animou em suas visitas e nunca se
envergonhou por eu estar na prisão. 17 Pelo contrário, quando
veio a Roma, procurou-me diligentemente até me encontrar.
18 Que o Senhor lhe mostre misericórdia no dia da volta de
Cristo. E você sabe muito bem quanto ele me ajudou em Éfeso.

O bom soldado de Cristo

2 Meu filho, seja forte por meio da graça que há em Cristo
Jesus. 2 Você me ouviu ensinar verdades confirmadas por
muitas testemunhas confiáveis. Agora, ensine-as a pessoas
de confiança que possam transmiti-las a outros.
3 Suporte comigo o sofrimento, como bom soldado de Cristo
Jesus. 4 Nenhum soldado se deixa envolver em assuntos da
vida civil, pois se o fizesse não poderia agradar o oficial que
o alistou. 5 O atleta não conquista o prêmio se não seguir as
regras. 6 E o lavrador que trabalha arduamente deve ser o pri-
meiro a colher o fruto de seu esforço. 7 Pense no que estou lhe
dizendo. O Senhor o ajudará a entender todas essas coisas.
8 Lembre-se de que Jesus Cristo, descendente do rei Davi, res-
suscitou dos mortos. Essas são as boas-novas que eu anuncio.
9 E, por causa disso, sofro e estou preso como um criminoso.
Mas a palavra de Deus não está presa. 10 Portanto, estou dis-
posto a suportar qualquer coisa se isso trouxer salvação e
glória eterna em Cristo Jesus para os que foram escolhidos.
11 Esta é uma afirmação digna de confiança: "Se morrermos
com ele, também com ele viveremos.
12 Se perseverarmos, com ele reinaremos. Se o negarmos, ele
nos negará.
13 Se formos infiéis, ele permanecerá fiel, pois não pode negar
a si mesmo".
14 Lembre essas coisas a todos e ordene-lhes na presença de
Deus que deixem de brigar por causa de palavras. Essas dis-
cussões são inúteis e podem causar grave prejuízo a quem
as ouve.

O trabalhador aprovado

15 Esforce-se sempre para receber a aprovação do Deus a
quem você serve. Seja um bom trabalhador, que não tem de
que se envergonhar e que ensina corretamente a palavra da
verdade. 16 Evite conversas tolas e profanas, que só levam a
mais comportamentos mundanos. 17 Esse tipo de conversa se
espalha como câncer, a exemplo do ocorrido com Himeneu e
Fileto. 18 Eles deixaram o caminho da verdade, afirmando que
a ressurreição dos mortos já aconteceu, e com isso desviaram
alguns da fé.
19 Mas o alicerce sólido de Deus permanece firme, com esta
inscrição: "O Senhor conhece quem pertence a ele" e "Todos
que pertencem ao Senhor devem se afastar do mal".
20 Numa casa grande, alguns utensílios são de ouro e de prata,
e outros, de madeira e de barro. Os utensílios de mais valor
são reservados para ocasiões especiais, e os de menos valor,
para uso diário. 21 Se você se mantiver puro, será um utensílio
para fins honrosos. Sua vida será limpa, e você estará pronto
para que o Senhor da casa o empregue para toda boa obra.
22 Fuja de tudo que estimule as paixões da juventude. Em vez
disso, busque justiça, fidelidade, amor e paz, na companhia
daqueles que invocam o Senhor com coração puro.
23 Digo mais uma vez: não se envolva em discussões tolas e

ignorantes que só servem para gerar brigas. 24O servo do Senhor não deve viver brigando, mas ser amável com todos, apto a ensinar e paciente. 25Instrua com mansidão aqueles que se opõem, na esperança de que Deus os leve ao arrependimento e, assim, conheçam a verdade. 26Então voltarão ao perfeito juízo e escaparão da armadilha do diabo, que os prendeu para fazerem o que ele quer.

Os perigos dos últimos dias

3 Saiba que nos últimos dias haverá tempos muito difíceis. 2Porque as pessoas só amarão a si mesmas e ao dinheiro. Serão arrogantes e orgulhosas, zombarão de Deus, desobedecerão a seus pais e serão ingratas e profanas. 3Não terão afeição nem perdoarão; caluniarão outros e não terão autocontrole. Serão cruéis e odiarão o que é bom, 4trairão os amigos, serão imprudentes e cheias de si e amarão os prazeres em vez de amar a Deus. 5Serão religiosas apenas na aparência, mas rejeitarão o poder capaz de lhes dar a verdadeira devoção. Fique longe de gente assim!

6Entre tais pessoas há aqueles que se infiltram na casa alheia e conquistam a confiança de mulheres vulneráveis, carregadas de pecados e controladas por todo tipo de desejo, 7mulheres que estão sempre em busca de novos ensinos, mas jamais conseguem entender a verdade. 8Esses mestres se opõem à verdade, como Janes e Jambres se opuseram a Moisés. Têm a mente depravada, e sua fé não é autêntica. 9Contudo, não irão muito longe. Um dia, alguém verá como são insensatos, como aconteceu com Janes e Jambres.

O apelo de Paulo a Timóteo

10Mas você sabe muito bem o que eu ensino, como vivo e qual é meu propósito de vida. Conhece minha fé, minha paciência, meu amor e minha perseverança. 11Sabe quanta perseguição e quanto sofrimento suportei e o que me aconteceu em Antioquia, Icônio e Listra; o Senhor, porém, me livrou de tudo isso. 12Sim, e todos que desejam ter uma vida de devoção em Cristo Jesus sofrerão perseguições. 13Mas os perversos e os impostores irão de mal a pior. Enganarão outros e eles próprios serão enganados.

14Você, porém, deve permanecer fiel àquilo que lhe foi ensinado. Sabe que é a verdade, pois conhece aqueles de quem aprendeu. 15Desde a infância lhe foram ensinadas as Sagradas Escrituras, que lhe deram sabedoria para receber a salvação que vem pela fé em Cristo Jesus. 16Toda a Escritura é inspirada por Deus e útil para nos ensinar o que é verdadeiro e para nos fazer perceber o que não está em ordem em nossa vida. Ela nos corrige quando erramos e nos ensina a fazer o que é certo. 17Deus a usa para preparar e capacitar seu povo para toda boa obra.

4 Eu lhe digo solenemente, na presença de Deus e de Cristo Jesus, que um dia julgará os vivos e os mortos quando vier para estabelecer seu reino: 2pregue a palavra. Esteja preparado, quer a ocasião seja favorável, quer não. Corrija, repreenda e encoraje com paciência e bom ensino.

3Pois virá o tempo em que as pessoas já não escutarão o ensino verdadeiro. Seguirão os próprios desejos e buscarão mestres que lhes digam apenas aquilo que agrada seus ouvidos. 4Rejeitarão a verdade e correrão atrás de mitos.

5Você, porém, deve manter a sobriedade em todas as situações. Não tenha medo de sofrer. Trabalhe para anunciar as boas-novas e realize todo o ministério que lhe foi confiado.

6Quanto a mim, minha vida já foi derramada como oferta para Deus. O tempo de minha morte se aproxima. 7Lutei o bom combate, terminei a corrida e permaneci fiel. 8Agora o prêmio me espera, a coroa de justiça que o Senhor, o justo Juiz, me dará no dia de sua volta. E o prêmio não será só para mim, mas para todos que, com grande expectativa, aguardam a sua vinda.

Palavras finais de Paulo

9Por favor, venha assim que puder. 10Demas me abandonou, pois ama as coisas desta vida e foi para Tessalônica. Crescente foi embora para a Galácia, e Tito, para a Dalmácia. 11Apenas Lucas está comigo. Traga Marcos com você, pois ele me será útil no ministério. 12Enviei Tíquico a Éfeso. 13Quando vier, não se esqueça de trazer a capa que deixei com Carpo, em Trôade. Traga também meus livros e especialmente meus pergaminhos.

14Alexandre, o artífice que trabalha com cobre, me prejudicou muito, mas o Senhor o julgará pelo que ele fez. 15Tome cuidado com ele, porque se opôs fortemente a tudo que dissemos.

16Na primeira vez que fui levado perante o juiz, ninguém me acompanhou. Todos me abandonaram. Que isso não seja cobrado deles. 17Mas o Senhor permaneceu ao meu lado e me deu forças para que eu pudesse anunciar as boas-novas plenamente, a fim de que todos os gentios as ouvissem. E ele me livrou da boca do leão. 18Sim, o Senhor me livrará de todo ataque maligno e me levará em segurança para seu reino celestial. A Deus seja a glória para todo o sempre! Amém.

Saudações finais

19Envie minhas saudações a Priscila e a Áquila e à família de Onesíforo. 20Erasto ficou em Corinto, e deixei Trófimo doente em Mileto.

21Faça todo o possível para estar aqui antes do inverno. Êubulo lhe manda lembranças, e também Prudente, Lino, Cláudia e todos os irmãos.

22Que o Senhor esteja com seu espírito. E que a graça esteja com todos vocês.

TITO

Saudações de Paulo

1 Eu, Paulo, escravo de Deus e apóstolo de Jesus Cristo, escrevo esta carta. Fui enviado para fortalecer a fé daqueles que Deus escolheu e para ensinar-lhes a verdade que mostra como viver uma vida de devoção. 2 Essa verdade lhes dá a esperança da vida eterna que Deus, aquele que não mente, prometeu antes dos tempos eternos. 3 E agora, no devido tempo, ele revelou essa mensagem, que anunciamos a todos. Por ordem de Deus, nosso Salvador, fui encarregado de realizar esse trabalho em favor dele.

4 Escrevo a Tito, meu verdadeiro filho na fé que compartilhamos. Que Deus, o Pai, e Cristo Jesus, nosso Salvador, lhe deem graça e paz.

O trabalho de Tito em Creta

5 Deixei-o na ilha de Creta para que você completasse o trabalho e nomeasse presbíteros em cada cidade, conforme o instruí. 6 O presbítero deve ter uma vida irrepreensível. Deve ser marido de uma só mulher, e seus filhos devem partilhar de sua fé e não ter fama de devassos nem rebeldes. 7 O bispo administra a casa de Deus e, portanto, deve ter uma vida irrepreensível. Não deve ser arrogante nem briguento, não deve beber vinho em excesso, nem ser violento, nem buscar lucro desonesto.

8 Em vez disso, deve ser hospitaleiro e amar o bem. Deve viver sabiamente, ser justo e ter uma vida de devoção e disciplina.

9 Deve estar plenamente convicto da mensagem fiel que lhe foi ensinada, de modo que possa encorajar outros com o verdadeiro ensino e mostrar aos que se opõem onde estão errados.

10 Pois há muitos rebeldes que promovem conversas inúteis e enganam as pessoas. Refiro-me especialmente àqueles que insistem na necessidade da circuncisão. 11 É preciso fazê-los calar, pois, com seus ensinamentos falsos, têm desviado famílias inteiras da verdade. Sua motivação é obter lucro desonesto. 12 Até mesmo um deles, um profeta nascido em Creta, disse: "Os cretenses são mentirosos, animais cruéis e comilões preguiçosos". 13 Isso é verdade. Portanto, repreenda-os severamente, a fim de fortalecê-los na fé. 14 É preciso que deixem de dar ouvidos a mitos judaicos e às ordens daqueles que se desviaram da verdade.

15 Para os que são puros, tudo é puro. Mas, para os corruptos e descrentes, nada é puro, pois têm a mente e a consciência corrompidas. 16 Afirmam que conhecem a Deus, mas o negam por seu modo de viver. São detestáveis e desobedientes, e não servem para fazer nada de bom.

O ensino correto na vida da igreja

2 Mas, quanto a você, que suas palavras reflitam o ensino verdadeiro. 2 Os homens mais velhos devem exercitar o autocontrole, a fim de que sejam dignos de respeito e vivam com sabedoria. Devem ter uma fé sólida e ser cheios de amor e paciência.

3 Semelhantemente, as mulheres mais velhas devem viver de modo digno. Não devem ser caluniadoras, nem beber vinho em excesso; antes, devem ensinar o que é bom. 4 Devem instruir as mulheres mais jovens a amar o marido e os filhos, 5 a viver com sabedoria e pureza, a trabalhar no lar, a fazer o bem e a ser submissas ao marido. Assim, não envergonharão a palavra de Deus.

6 Da mesma forma, incentive os homens mais jovens a viver com sabedoria. 7 Você mesmo deve ser exemplo da prática de boas obras. Tudo que fizer deve refletir a integridade e a seriedade de seu ensino. 8 Sua mensagem deve ser tão correta a ponto de ninguém a criticar. Então os que se opõem a nós ficarão envergonhados e nada terão de ruim para dizer a nosso respeito.

9 Quanto aos escravos, devem sempre obedecer a seu senhor e fazer todo o possível para agradá-lo. Não devem ser respondões, 10 nem roubar, mas devem mostrar-se bons e inteiramente dignos de confiança. Assim, tornarão atraente em todos os sentidos o ensino a respeito de Deus, nosso Salvador.

11 Pois a graça de Deus foi revelada e a todos traz salvação.

12 Somos instruídos a abandonar o estilo de vida ímpio e os prazeres pecaminosos. Neste mundo perverso, devemos viver com sabedoria, justiça e devoção, 13 enquanto aguardamos esperançosamente o dia em que será revelada a glória de nosso grande Deus e Salvador, Jesus Cristo. 14 Ele entregou sua vida para nos libertar de todo pecado, para nos purificar e fazer de nós seu povo, inteiramente dedicado às boas obras.

15 Ensine essas coisas e encoraje os irmãos a praticá-las. Corrija-os com autoridade. Não deixe que ignorem o que você diz.

Faça o que é bom

3 Lembre a todos que se sujeitem ao governo e às autoridades. Devem ser obedientes e sempre prontos a fazer o que é bom. 2 Não devem caluniar ninguém, mas evitar brigas. Que sejam amáveis e mostrem a todos verdadeira humildade.

3 Em outros tempos, também éramos insensatos e desobedientes. Vivíamos no engano e nos tornamos escravos de muitas paixões e prazeres. Éramos cheios de maldade e inveja e odiávamos uns aos outros.

4 Mas, Quando Deus, nosso Salvador, revelou sua bondade e seu amor, 5 ele nos salvou não porque tivéssemos feito algo justo, mas por causa de sua misericórdia. Ele nos lavou para remover nossos pecados, nos fez nascer de novo e nos deu nova vida por meio do Espírito Santo. 6 Generosamente, derramou o Espírito sobre nós por meio de Jesus Cristo, nosso

Salvador. 7Por causa de sua graça, nos declarou justos e nos
deu a esperança de que herdaremos a vida eterna.
8Essa é uma afirmação digna de confiança, e quero que você
insista nesses ensinamentos, para que todos os que creem
em Deus se dediquem a fazer o bem. São ensinamentos bons
e benéficos para todos.
9Não se envolva em discussões tolas sobre genealogias in-
termináveis, nem em disputas e brigas sobre a obediência às
leis judaicas. Essas coisas são inúteis, e perda de tempo. 10Se
alguém tem causado divisões entre vocês, advirta-o uma pri-
meira e uma segunda vez. Depois disso, não se relacione mais
com ele. 11Tais indivíduos se desviaram da verdade e conde-
naram a si mesmos com seus pecados.

Instruções finais

12Planejo enviar-lhe Ártemas ou Tíquico. Assim que um deles
chegar, procure ir ao meu encontro em Nicópolis, pois decidi
passar o inverno ali. 13Faça todo o possível para ajudar Zenas,
o advogado, e Apolo na viagem deles. Providencie que tenham
tudo de que precisam. 14Nosso povo deve aprender a fazer
o bem ao suprir as necessidades urgentes de outros; assim,
ninguém será improdutivo.

Saudações e bênção

15Todos aqui mandam lembranças. Por favor, envie minhas
saudações a todos que nos amam na fé. Que a graça de Deus
esteja com todos vocês.

FILEMOM

Saudações de Paulo

1 Eu, Paulo, prisioneiro de Cristo Jesus, escrevo esta carta,
junto com nosso irmão Timóteo, a Filemom, nosso amado
colaborador, 2à irmã Áfia, a Arquipo, nosso companheiro na
luta, e à igreja que se reúne em sua casa.
3Que Deus, nosso Pai, e o Senhor Jesus Cristo lhes deem graça
e paz.

Ação de graças e oração

4Sempre dou graças a meu Deus por você em minhas orações,
5pois ouço com frequência de sua fé no Senhor Jesus e de seu
amor por todo o povo santo. 6Oro para que você ponha em
prática a comunhão que vem da fé, à medida que entender e
experimentar todas as coisas boas que temos em Cristo. 7Seu
amor, meu irmão, tem me dado muita alegria e conforto, pois
sua bondade tem revigorado o coração do povo santo.

Pedido em favor de Onésimo

8Por isso, ainda que pudesse exigir em Cristo que você faça o
que é certo, 9prefiro pedir com base no amor — eu, Paulo, já
velho e agora prisioneiro de Cristo Jesus.
10Suplico que demonstre bondade a meu filho Onésimo. Tor-
nei-me pai dele na fé quando estava aqui na prisão. 11Onésimo
não lhe foi de muita utilidade no passado, mas agora é muito
útil para nós dois. 12Eu o envio de volta a você, e com ele vai
meu próprio coração.
13Gostaria de mantê-lo aqui comigo enquanto estou preso por
anunciar as boas-novas; assim ele me ajudaria em seu lugar.
14Mas eu nada quis fazer sem seu consentimento. Meu desejo
era que você ajudasse de boa vontade, e não por obrigação.
15Ao que parece, você perdeu Onésimo por algum tempo para
ganhá-lo de volta para sempre. 16Ele já não é um escravo para
você. É mais que um escravo: é um irmão amado, especial-
mente para mim. Agora ele será muito mais importante para
você, como pessoa e como irmão no Senhor.
17Portanto, se me considera seu companheiro na fé, receba-o
como receberia a mim. 18Se ele o prejudicou de alguma forma
ou se lhe deve algo, cobre de mim. 19Eu, Paulo, escrevo de
próprio punho: Eu pagarei. E não mencionarei que você me
deve sua própria vida.
20Sim, meu irmão, faça-me essa gentileza no Senhor. Reanime
meu coração em Cristo!
21Escrevo esta carta certo de que você fará o que lhe peço,
e até mais. 22Por favor, prepare um quarto para mim, pois
espero que as orações de vocês sejam respondidas e eu possa
voltar a visitá-los em breve.

Saudações finais

23Epafras, meu companheiro de prisão em Cristo Jesus, manda
lembranças. 24Marcos, Aristarco, Demas e Lucas, meus colabo-
radores, também enviam saudações.
25Que a graça de nosso Senhor Jesus Cristo esteja com o es-
pírito de vocês.

HEBREUS

Jesus Cristo é o Filho de Deus

1 Por muito tempo Deus falou várias vezes e de diversas ma-
neiras a nossos antepassados por meio dos profetas. 2E
agora, nestes últimos dias, ele nos falou por meio do Filho,
o qual ele designou como herdeiro de todas as coisas e por
meio de quem criou o universo. 3O Filho irradia a glória de
Deus, expressa de forma exata o que Deus é e, com sua palavra
poderosa, sustenta todas as coisas. Depois de nos purificar de
nossos pecados, sentou-se no lugar de honra à direita do Deus
majestoso no céu, 4o que revela que o Filho é muito superior
aos anjos, e o nome que ele herdou, superior ao nome deles.

O Filho é maior que os anjos

5Pois Deus nunca disse a nenhum anjo: "Você é meu Filho; hoje
eu o gerei". Ou ainda: "Eu serei seu Pai, e ele será meu Filho".
6E, quando ele trouxe seu Filho supremo ao mundo, disse:
"Que todos os anjos de Deus o adorem".
7A respeito dos anjos, ele diz: "Ele envia seus anjos como os
ventos, e seus servos, como chamas de fogo".
8Mas ao Filho ele diz: "Teu trono, ó Deus, permanece para todo
o sempre; tu governas com cetro de justiça.
9Amas a justiça e odeias o mal; por isso, Deus, o teu Deus, te
ungiu. Derramou sobre ti o óleo da alegria, mais que sobre
qualquer outro".
10E diz também: "No princípio, Senhor, lançaste os funda-
mentos da terra, e com tuas mãos formaste os céus.
11Eles deixarão de existir, mas tu permanecerás para sempre;
eles se desgastarão, como roupa velha.
12Tu os desdobrarás como um manto e te desfarás deles como
roupa velha. Tu, porém, és sempre o mesmo; teus dias jamais
terão fim".
13E ele nunca disse a nenhum de seus anjos: "Sente-se no lugar
de honra à minha direita, até que eu humilhe seus inimigos e
os ponha debaixo de seus pés".
14Portanto, os anjos são apenas servos, espíritos enviados para
cuidar daqueles que herdarão a salvação.

Advertência contra a negligência espiritual

2 Portanto, precisamos prestar muita atenção às verdades
que temos ouvido, para não nos desviarmos delas. 2Pois
a mensagem que foi transmitida por meio de anjos perma-
neceu firme, e toda transgressão e desobediência recebeu o
castigo merecido. 3O que nos faz pensar que escaparemos se
negligenciarmos essa grande salvação, anunciada primeira-
mente pelo Senhor e depois transmitida a nós por aqueles que
o ouviram falar? 4E Deus confirmou a mensagem por meio de
sinais, maravilhas e diversos milagres, e também por dons do
Espírito Santo, conforme sua vontade.

Jesus, o homem

5Além disso, não são anjos que governarão o mundo futuro
a que nos referimos. 6Porque em certo lugar alguém disse:
"Quem é o simples mortal, para que penses nele? Quem é o
filho do homem, para que com ele te importes?
7E, no entanto, por pouco tempo o fizeste um pouco menor que
os anjos e o coroaste de glória e honra.
8Tu lhe deste autoridade sobre todas as coisas". Quando se
diz "todas as coisas", significa que nada foi deixado de fora.
É verdade que ainda não vimos tudo ser submetido à sua au-
toridade. 9Contudo, vemos Jesus, que por pouco tempo foi
feito "um pouco menor que os anjos" e que, por ter sofrido
a morte, agora está coroado "de glória e honra". Sim, pela
graça de Deus, Jesus experimentou a morte por todos. 10Deus,
para quem e por meio de quem todas as coisas foram criadas,
escolheu levar muitos filhos à glória. E era apropriado que, por
meio do sofrimento de Jesus, ele o tornasse o líder perfeito
para conduzi-los à salvação.
11Assim, tanto o que santifica como os que são santificados
procedem de um só. Por isso Jesus não se envergonha de cha-
má-los irmãos, 12quando diz: "Proclamarei teu nome a meus
irmãos; no meio de teu povo reunido te louvarei".
13E também afirmou: "Porei minha confiança nele", isto é, "eu
e os filhos que Deus me deu".
14Visto, portanto, que os filhos são seres humanos, feitos de
carne e sangue, o Filho também se tornou carne e sangue,
pois somente assim ele poderia morrer e, somente ao morrer,
destruiria o diabo, que tinha o poder da morte. 15Só dessa ma-
neira ele libertaria aqueles que durante toda a vida estiveram
escravizados pelo medo da morte.
16Também sabemos que o Filho não veio para ajudar os anjos,
mas sim os descendentes de Abraão. 17Portanto, era neces-
sário que ele se tornasse semelhante a seus irmãos em todos
os aspectos, de modo que pudesse ser nosso misericordioso
e fiel Sumo Sacerdote diante de Deus e realizar o sacrifício
que remove os pecados do povo. 18Uma vez que ele próprio
passou por sofrimento e tentação, é capaz de ajudar aqueles
que são tentados.

Jesus é maior que Moisés

3 Portanto, irmãos santos que participam do chamado ce-
lestial, considerem atentamente a Jesus, que declaramos
ser Apóstolo e Sumo Sacerdote. 2Pois ele foi fiel àquele que o
designou, assim como Moisés serviu fielmente quando lhe foi
confiada toda a casa de Deus.
3Jesus, no entanto, é digno de muito mais honra que Moisés,
assim como a pessoa que constrói uma casa merece mais elo-
gios que a casa em si. 4Pois toda casa tem um construtor, mas
Deus é o construtor de todas as coisas.

5Por certo, Moisés foi fiel como servo na casa de Deus, e seu
trabalho ilustrou verdades que seriam mais tarde reveladas.
6Mas Cristo, como Filho, é responsável por toda a casa de
Deus; e nós somos a casa de Deus, se nos mantivermos cora-
josos e firmes em nossa esperança gloriosa.
7Por isso o Espírito Santo diz: "Hoje, se ouvirem sua voz, 8não
endureçam o coração como eles fizeram na rebelião, quando
me puseram à prova no deserto.
9Ali seus antepassados me tentaram e me puseram à prova,
apesar de terem visto meus feitos durante quarenta anos.
10Por isso fiquei irado com aquela geração e disse: 'Seu co-
ração sempre se desvia de mim; vocês se recusam a andar em
meus caminhos'.
11Assim, jurei em minha ira: 'Jamais entrarão em meu des-
canso'".
12Portanto, irmãos, cuidem para que nenhum de vocês tenha
coração perverso e incrédulo que os desvie do Deus vivo. 13Ad-
virtam uns aos outros todos os dias, enquanto ainda é "hoje",
para que nenhum de vocês seja enganado pelo pecado e fique
endurecido. 14Porque nos tornaremos participantes de Cristo,
se de fato mantivermos firme até o fim a confiança que nele
depositamos no início. 15Lembrem-se do que foi dito: "Hoje, se
ouvirem sua voz, não endureçam o coração como eles fizeram
na rebelião".
16E quem foram os que se rebelaram mesmo depois de terem
ouvido? Não foram aqueles que saíram do Egito conduzidos por
Moisés? 17E quem deixou Deus irado durante quarenta anos?
Não foi o povo que pecou e cujos corpos ficaram no deserto?
18E a quem Deus se dirigiu quando jurou que jamais entra-
riam em seu descanso? Não foi ao povo que lhe desobedeceu?
19Vemos, portanto, que não puderam entrar no descanso por
causa de sua incredulidade.

Descanso prometido ao povo de Deus

4 Assim, uma vez que permanece a promessa de que entra-
remos no descanso de Deus, devemos ter cuidado para
que nenhum de vocês pense que falhou. 2Porque essas boas-
-novas também nos foram anunciadas, como a eles, mas a
mensagem de nada lhes valeu, pois não a receberam com
fé e não se uniram àqueles que ouviram. 3Pois nós, os que
cremos, entramos em seu descanso. Quanto aos demais,
Deus disse: "Assim, jurei em minha ira: 'Jamais entrarão em
meu descanso'", embora suas obras estejam prontas desde a
criação do mundo. 4Sabemos que estão prontas por causa da
passagem que menciona o sétimo dia: "No sétimo dia, Deus
descansou de todo o seu trabalho". 5Mas, em outra passagem,
Deus diz: "Jamais entrarão em meu descanso".
6Portanto, o descanso está disponível para que alguns en-
trem nele, mas os primeiros que ouviram essas boas-novas
não entraram por causa de sua desobediência. 7Por isso Deus
estabeleceu outra ocasião para que entrem em seu descanso,
e essa ocasião é "hoje". Ele anunciou isso por meio de Davi
muito tempo depois, nas palavras já citadas: "Hoje, se ouvirem
sua voz, não endureçam o coração".
8Se Josué lhes tivesse dado descanso, Deus não teria falado de
outro dia de descanso por vir. 9Logo, ainda há um descanso de-
finitivo à espera do povo de Deus. 10Porque todos que entraram
no descanso de Deus descansam de seu trabalho, como Deus o
fez após a criação do mundo. 11Portanto, esforcemo-nos para
entrar nesse descanso. Mas, se desobedecermos, como no
exemplo citado, cairemos.
12Pois a palavra de Deus é viva e poderosa. É mais cortante
que qualquer espada de dois gumes, penetrando entre a alma
e o espírito, entre a junta e a medula, e trazendo à luz até
os pensamentos e desejos mais íntimos. 13Nada, em toda a
criação, está escondido de Deus. Tudo está descoberto e ex-
posto diante de seus olhos, e é a ele que prestamos contas.

Cristo é nosso Sumo Sacerdote

14Visto, portanto, que temos um grande Sumo Sacerdote que
entrou no céu, Jesus, o Filho de Deus, apeguemo-nos firme-
mente àquilo em que cremos. 15Nosso Sumo Sacerdote en-
tende nossas fraquezas, pois enfrentou as mesmas tentações
que nós, mas nunca pecou. 16Assim, aproximemo-nos com toda
confiança do trono da graça, onde receberemos misericórdia
e encontraremos graça para nos ajudar quando for preciso.

5 Todo sumo sacerdote é um homem escolhido para repre-
sentar outras pessoas nas coisas referentes a Deus. Ele
apresenta ofertas e sacrifícios pelos pecados 2e é capaz de
tratar com bondade os ignorantes e os que se desviam, pois
está sujeito às mesmas fraquezas. 3É por isso que precisa
oferecer sacrifícios pelos próprios pecados, bem como pelos
pecados do povo.
4Ninguém assume essa posição de honra por si só. Ele deve
ser chamado por Deus, como aconteceu com Arão. 5Por isso
Cristo não tomou para si a honra de ser Sumo Sacerdote, mas
foi Deus que lhe concedeu essa honra, dizendo: "Você é meu
Filho; hoje eu o gerei".
6E, em outra passagem, diz: "Você é sacerdote para sempre,
segundo a ordem de Melquisedeque".
7Enquanto Jesus esteve na terra, ofereceu orações e súplicas,
em alta voz e com lágrimas, àquele que podia salvá-lo da
morte, e suas orações foram ouvidas por causa de sua pro-
funda devoção. 8Embora fosse Filho, aprendeu a obediência
por meio de seu sofrimento. 9Com isso, foi capacitado para
ser o Sumo Sacerdote perfeito e tornou-se a fonte de salvação
eterna para todos que lhe obedecem. 10E Deus o designou
Sumo Sacerdote segundo a ordem de Melquisedeque.

Apelo ao crescimento espiritual

11Há muito mais que gostaríamos de dizer a esse respeito, mas
são coisas difíceis de explicar, sobretudo porque vocês se tor-
naram displicentes acerca do que ouvem. 12A esta altura, já
deveriam ensinar outras pessoas, e no entanto precisam que
alguém lhes ensine novamente os conceitos mais básicos da
palavra de Deus. Ainda precisam de leite, e não podem ingerir
alimento sólido. 13Quem se alimenta de leite ainda é criança e

não sabe o que é justo. 14O alimento sólido é para os adultos que, pela prática constante, são capazes de distinguir entre certo e errado.

6 Portanto, deixemos de lado os ensinamentos básicos a respeito de Cristo e sigamos em frente, alcançando a maturidade em nosso entendimento. Certamente não precisamos lançar novamente os alicerces, ou seja, o arrependimento das obras mortas, a fé em Deus, 2o batismo, a imposição de mãos, a ressurreição dos mortos e o julgamento eterno. 3Se Deus permitir, avançaremos para um maior entendimento.

4Pois é impossível trazer de volta ao arrependimento aqueles que já foram iluminados, que já experimentaram as dádivas celestiais e se tornaram participantes do Espírito Santo, 5que provaram a bondade da palavra de Deus e os poderes do mundo por vir, 6e que depois se desviaram. Sim, é impossível trazê-los de volta ao arrependimento, pois, ao rejeitar o Filho de Deus, eles voltaram a pregá-lo na cruz, expondo-o à vergonha pública.

7Quando a terra absorve a chuva que cai e produz uma boa colheita para o lavrador, recebe a bênção de Deus. 8Mas, se a terra produz espinhos e ervas daninhas, para nada serve, sendo logo amaldiçoada e, por fim, queimada.

9Amados, embora estejamos falando dessa forma, na realidade não cremos que se aplique a vocês. Temos certeza de que estão destinados às coisas melhores que pertencem à salvação. 10Pois Deus não é injusto; não se esquecerá de como trabalharam arduamente para ele e lhe demonstraram seu amor ao cuidar do povo santo, como ainda fazem. 11Nosso desejo é que vocês continuem a mostrar essa mesma dedicação até o fim, para que tenham plena certeza de sua esperança. 12Assim, não se tornarão displicentes, mas seguirão o exemplo daqueles que, por causa de sua fé e perseverança, herdarão as promessas.

As promessas de Deus dão esperança

13Considerem a promessa de Deus a Abraão. Uma vez que não havia ninguém superior por quem jurar, Deus jurou por si mesmo. Disse ele:

14"Certamente o abençoarei e multiplicarei grandemente seus descendentes".

15Então Abraão esperou com paciência, e recebeu o que lhe fora prometido.

16Quando a pessoa faz um juramento, invoca alguém maior que ela. E, sem dúvida, o juramento implica uma obrigação. 17Deus também se comprometeu por meio de um juramento, para que os herdeiros da promessa tivessem plena convicção de que ele jamais mudaria de ideia. 18A promessa e o juramento não podem ser mudados, pois é impossível que Deus minta. Portanto, nós que nele nos refugiamos estamos firmemente seguros ao nos apegarmos à esperança posta diante de nós. 19Essa esperança é uma âncora firme e confiável para nossa alma. Ela nos conduz até o outro lado da cortina, para o santuário interior. 20Jesus já entrou ali por nós. Ele se tornou nosso eterno Sumo Sacerdote, segundo a ordem de Melquisedeque.

Melquisedeque é maior que Abraão

7 Esse Melquisedeque era rei de Salém e também sacerdote do Deus Altíssimo. Quando Abraão regressava para casa, depois de derrotar os reis, Melquisedeque foi ao seu encontro e o abençoou. 2Então Abraão separou a décima parte de tudo e a entregou a Melquisedeque, cujo nome significa "rei da justiça", enquanto rei de Salém quer dizer "rei da paz". 3Não há registro de seu pai nem de sua mãe, nem de nenhum de seus antepassados, nem do começo nem do fim de sua vida. Semelhantemente ao Filho de Deus, ele permanece sacerdote para sempre.

4Considerem, portanto, a importância de Melquisedeque. Até mesmo Abraão, o patriarca, a reconheceu ao entregar a ele um décimo do que havia conquistado na batalha. 5A lei de Moisés exigia que os sacerdotes, os descendentes de Levi, recebessem o dízimo de seus irmãos israelitas, que também são descendentes de Abraão. 6Melquisedeque, porém, que não era descendente de Levi, recebeu o dízimo e, em seguida, abençoou Abraão, que já havia recebido as promessas. 7Sem dúvida, quem tem poder para abençoar é superior a quem é abençoado.

8Os sacerdotes que recebem os dízimos são homens mortais. A respeito de Melquisedeque, no entanto, é dito que ele continua vivo. 9Além disso, pode-se dizer que os levitas, que recebem o dízimo, também o entregaram por meio de Abraão. 10Embora Levi ainda não tivesse nascido, a semente da qual ele veio já estava no corpo de Abraão, seu antepassado, quando Melquisedeque se encontrou com ele.

11Portanto, se o sacerdócio de Levi, sob o qual o povo recebeu a lei, pudesse ter alcançado a perfeição, por que seria necessário estabelecer outro sacerdócio, com um sacerdote segundo a ordem de Melquisedeque, em vez da ordem de Arão?

12E, se o sacerdócio muda, também é preciso que a lei mude. 13Pois o sacerdote ao qual estamos nos referindo pertence a outra tribo, cujos membros nunca serviram no altar como sacerdotes. 14De fato, como todos sabem, nosso Senhor veio da tribo de Judá, e Moisés nunca mencionou que dessa tribo viriam sacerdotes.

Jesus é como Melquisedeque

15Essa mudança se torna ainda mais clara com o surgimento de outro sacerdote, semelhante a Melquisedeque, 16o qual se tornou sacerdote não por cumprir leis e exigências humanas, mas pelo poder de uma vida indestrutível. 17Pois a respeito dele foi dito: "Você é sacerdote para sempre, segundo a ordem de Melquisedeque".

18Desse modo, o antigo requisito, por ser fraco e inútil, foi cancelado. 19Pois a lei nunca tornou perfeita coisa alguma. Agora, porém, temos certeza de uma esperança superior, pela qual nos aproximamos de Deus.

20Esse novo sistema foi instituído com um juramento solene. Os outros se tornaram sacerdotes sem esse juramento, 21mas a respeito dele houve um juramento, pois Deus lhe disse: "O Senhor jurou e não voltará atrás: 'Você é sacerdote para sempre'".

22Por causa desse juramento, Jesus é aquele que garante uma aliança superior.

23Além disso, havia muitos sacerdotes, pois a morte os impedia de continuar a desempenhar suas funções. 24Mas, visto que ele vive para sempre, seu sacerdócio é permanente. 25Portanto, ele é capaz de salvar de uma vez por todas aqueles que se aproximam de Deus por meio dele. Ele vive sempre para interceder em favor deles.

26É de um Sumo Sacerdote como ele que necessitamos, pois é santo, irrepreensível, sem nenhuma mancha de pecado, separado dos pecadores e colocado no lugar de mais alta honra no céu. 27Ele não precisa oferecer sacrifícios diariamente, ao contrário dos outros sumos sacerdotes, que os ofereciam primeiro por seus próprios pecados e depois pelos pecados do povo. Ele, porém, o fez de uma vez por todas quando ofereceu a si mesmo como sacrifício. 28A lei nomeava sacerdotes limitados pela fraqueza humana. Mas, depois da lei, Deus nomeou com juramento seu Filho, que se tornou o Sumo Sacerdote perfeito para sempre.

O ministério superior de nosso Sumo Sacerdote

8 O mais importante é que temos um Sumo Sacerdote sentado no lugar de honra à direita do trono do Deus Majestoso no céu. 2Ele ministra ali no verdadeiro tabernáculo, o santuário construído pelo Senhor, e não por mãos humanas.

3E, visto que todo sumo sacerdote deve apresentar ofertas e sacrifícios, era necessário que esse Sumo Sacerdote também apresentasse uma oferta. 4Se ele estivesse aqui na terra, nem seria sacerdote, pois já existem sacerdotes que apresentam as ofertas exigidas pela lei. 5O serviço sacerdotal que eles realizam é apenas uma representação, uma sombra das coisas celestiais. Pois, quando Moisés se preparava para construir o tabernáculo, Deus o advertiu: "Cuide para que tudo seja feito de acordo com o modelo que eu lhe mostrei aqui no monte".

6Agora, porém, Jesus, nosso Sumo Sacerdote, recebeu um ministério superior, pois ele é o mediador de uma aliança superior, baseada em promessas superiores. 7Se a primeira aliança fosse perfeita, não teria havido necessidade de outra para substituí-la. 8Mas, quando Deus viu que seu povo era culpado, disse: "Está chegando o dia, diz o Senhor, em que farei uma nova aliança com o povo de Israel e de Judá.

9Não será como a aliança que fiz com seus antepassados, quando os tomei pela mão e os conduzi para fora da terra do Egito. Não permaneceram fiéis à minha aliança, por isso lhes dei as costas, diz o Senhor.

10E esta é a nova aliança que farei com o povo de Israel depois daqueles dias, diz o Senhor: Porei minhas leis em sua mente e as escreverei em seu coração. Serei o seu Deus, e eles serão o meu povo.

11E não será necessário ensinarem a seus vizinhos e a seus parentes, dizendo: 'Você precisa conhecer o Senhor'. Pois todos, desde o mais humilde até o mais importante, me conhecerão.

12E eu perdoarei sua maldade e nunca mais me lembrarei de seus pecados".

13Quando Deus fala de uma "nova aliança", significa que tornou obsoleta a aliança anterior. E aquilo que se torna obsoleto e antiquado logo desaparece.

A adoração na antiga aliança

9 A primeira aliança tinha regras para a adoração, bem como um santuário terreno. 2Esse tabernáculo era dividido em duas partes. Na primeira, ficava o candelabro e a mesa com os pães da presença. Essa parte era chamada lugar santo. 3Depois, havia uma cortina e, atrás dela, a segunda parte, chamada lugar santíssimo. 4Nessa parte ficava o altar de ouro para o incenso e a arca da aliança, inteiramente coberta de ouro. Dentro da arca havia um vaso de ouro contendo maná, a vara de Arão que floresceu e as tábuas de pedra da aliança. 5Sobre a arca ficavam os querubins da glória divina, cuja sombra se estendia por cima do lugar de expiação. Mas agora não é o momento de explicar essas coisas em detalhes.

6Quando tudo estava preparado, os sacerdotes entravam regularmente no lugar santo para cumprir seus deveres sagrados. 7Mas apenas o sumo sacerdote, e só uma vez por ano, entrava no lugar santíssimo. Ele sempre apresentava o sangue do sacrifício pelos próprios pecados e pelos pecados que o povo havia cometido por ignorância. 8Com essas regras, o Espírito Santo mostra que o caminho para o lugar santíssimo não havia sido aberto enquanto o primeiro tabernáculo continuava em uso.

9Essa é uma ilustração que aponta para o tempo presente, pois as ofertas e os sacrifícios que os sacerdotes apresentam não podem criar no adorador uma consciência totalmente limpa. 10Tratava-se apenas de alimentos e bebidas e várias cerimônias de purificação; eram regras externas, válidas apenas até que se estabelecesse um sistema melhor.

Cristo é o sacrifício perfeito

11Cristo se tornou o Sumo Sacerdote de todos os benefícios agora presentes. Ele entrou naquele tabernáculo maior e mais perfeito no céu, que não foi feito por mãos humanas nem faz parte deste mundo criado. 12Com seu próprio sangue, e não com o sangue de bodes e bezerros, entrou no lugar santíssimo de uma vez por todas e garantiu redenção eterna.

13Se, portanto, o sangue de bodes e bezerros e as cinzas de uma novilha purificavam o corpo de quem estava cerimonialmente impuro, 14imaginem como o sangue de Cristo purificará nossa consciência das obras mortas, para que adoremos o Deus vivo. Pois, pelo poder do Espírito eterno, Cristo ofereceu a si mesmo a Deus como sacrifício perfeito. 15Por isso ele é o mediador da nova aliança, para que todos que são chamados recebam a herança eterna que foi prometida. Porque Cristo

morreu para libertá-los do castigo dos pecados que haviam
cometido sob a primeira aliança.
16Quando alguém deixa um testamento, é necessário com-
provar a morte daquele que o fez. 17O testamento só se torna
válido após a morte da pessoa. Enquanto ela ainda estiver viva,
o testamento não entra em vigor.
18É por isso que até mesmo a primeira aliança foi sancionada
com o sangue. 19Depois de ler todos os mandamentos da lei a
todo o povo, Moisés pegou o sangue de novilhos e de bodes,
e também água, e os aspergiu com ramos de hissopo e lã
vermelha sobre o Livro da Lei e sobre todo o povo. 20Em se-
guida, disse: "Este sangue confirma a aliança que Deus fez
com vocês". 21Da mesma forma, aspergiu com sangue o taber-
náculo e todos os utensílios usados nos serviços sagrados. 22De
fato, segundo a lei, quase tudo era purificado com sangue,
pois sem derramamento de sangue não há perdão.
23Assim, as representações das coisas no céu tiveram de ser
purificadas com o sangue de animais. As verdadeiras coisas
celestiais, porém, tiveram de ser purificadas com sacrifícios
muitos superiores.
24Pois Cristo não entrou num santuário feito por mãos hu-
manas, mera representação do santuário verdadeiro no céu.
Ele entrou no próprio céu, a fim de agora se apresentar diante
de Deus em nosso favor. 25E ele não entrou no céu para ofe-
recer a si mesmo repetidamente, como o sumo sacerdote aqui
na terra, que todos os anos entra no lugar santíssimo com o
sangue de um animal. 26Se fosse assim, ele precisaria ter mor-
rido muitas vezes, desde o princípio do mundo. Mas agora, no
fim dos tempos, ele apareceu uma vez por todas para remover
o pecado mediante sua própria morte em sacrifício.
27E, assim como cada pessoa está destinada a morrer uma
só vez, e depois disso vem o julgamento, 28também Cristo foi
oferecido como sacrifício uma só vez para tirar os pecados
de muitos. Ele voltará, não para tratar de nossos pecados,
mas para trazer salvação a todos que o aguardam com grande
expectativa.

O sacrifício definitivo de Cristo

10 A lei constitui apenas uma sombra, um vislumbre
das coisas boas por vir, mas não as coisas boas em si
mesmas. Os sacrifícios são repetidos todos os anos, mas nunca
puderam purificar inteiramente aqueles que vêm adorar. 2Se
tivessem esse poder, já não precisariam existir, pois os adora-
dores teriam sido purificados de uma vez por todas, e a cons-
ciência de seus pecados teria desaparecido.
3Em vez disso, esses sacrifícios os lembravam de seus pecados
todos os anos. 4Pois é impossível que o sangue de touros e
bodes remova pecados. 5Por isso, quando Cristo veio ao
mundo, disse: "Não quiseste sacrifícios nem ofertas, contudo
me deste um corpo para oferecer.
6Não te agradaste de holocaustos, nem de outras ofertas pelo
pecado.
7Então eu disse: 'Aqui estou para fazer tua vontade, ó Deus,
como está escrito a meu respeito no livro'".
8Primeiro Cristo disse: "Não quiseste sacrifícios nem ofertas,
nem holocaustos, nem outras ofertas, nem te agradaste delas"
(embora sejam exigidas pela lei). 9Então acrescentou: "Aqui
estou para fazer tua vontade". Ele cancela a primeira aliança
a fim de estabelecer a segunda. 10Pois a vontade de Deus
era que fôssemos santificados pela oferta do corpo de Jesus
Cristo, de uma vez por todas.
11O sacerdote se apresenta todos os dias para realizar os ser-
viços sagrados e oferece repetidamente os mesmos sacrifícios
que nunca podem remover os pecados. 12Nosso Sumo Sacer-
dote, porém, ofereceu a si mesmo como único sacrifício pelos
pecados, válido para sempre. Então, sentou-se no lugar de
honra à direita de Deus 13e ali aguarda até que todos os seus
inimigos sejam humilhados e postos debaixo de seus pés.
14Porque, mediante essa única oferta, ele tornou perfeitos
para sempre os que estão sendo santificados.
15E o Espírito Santo também testemunha que isso é verdade,
pois diz:
16"Esta é a nova aliança que farei com meu povo depois da-
queles dias, diz o Senhor: Porei minhas leis em seu coração e
as escreverei em sua mente".
17E acrescenta: "E nunca mais me lembrarei de seus pecados
e seus atos de desobediência".
18Onde os pecados foram perdoados, já não há necessidade de
oferecer mais sacrifícios.

Apelo à perseverança

19Portanto, irmãos, por causa do sangue de Jesus, podemos
entrar com toda confiança no lugar santíssimo. 20Por sua
morte, Jesus abriu um caminho novo e vivo através da cortina
que leva ao lugar santíssimo. 21E, uma vez que temos um Sumo
Sacerdote que governa sobre a casa de Deus, 22entremos com
coração sincero e plena confiança, pois nossa consciência
culpada foi purificada, e nosso corpo, lavado com água pura.
23Apeguemo-nos firmemente, sem vacilar, à esperança que
professamos, porque Deus é fiel para cumprir sua promessa.
24Pensemos em como motivar uns aos outros na prática do
amor e das boas obras. 25E não deixemos de nos reunir, como
fazem alguns, mas encorajemo-nos mutuamente, sobretudo
agora que o dia está próximo.
26Se continuamos a pecar deliberadamente depois de ter re-
cebido o conhecimento da verdade, já não há sacrifício que
cubra esses pecados. 27Há somente a assustadora expectativa
do julgamento e do fogo intenso que consumirá os inimigos.
28Pois quem se recusava a obedecer à lei de Moisés era morto
sem misericórdia, com base no depoimento de duas ou três
testemunhas. 29Imaginem quão maior será o castigo para
quem insultou o Filho de Deus, tratou como comum e profano
o sangue da aliança que o santificou e menosprezou o Espí-
rito Santo que concede graça. 30Pois conhecemos aquele que
disse: "A vingança cabe a mim; eu lhes darei o que merecem".
E também: "O Senhor julgará o seu povo".
31Que coisa terrível é cair nas mãos do Deus vivo.
32Lembrem-se dos primeiros dias, quando foram iluminados,

e de como permaneceram firmes apesar de muita luta e sofri-
mento. 33Houve ocasiões em que foram expostos a insultos e
espancamentos; em outras, ajudaram os que passavam pelas
mesmas coisas. 34Sofreram com os que foram presos e acei-
taram com alegria quando lhes foi tirado tudo que possuíam.
Sabiam que lhes esperavam coisas melhores, que durarão para
sempre.
35Portanto, não abram mão de sua firme confiança. Lem-
brem-se da grande recompensa que ela lhes traz. 36Vocês
precisam perseverar, a fim de que, depois de terem feito a
vontade de Deus, recebam tudo que ele lhes prometeu.
37"Pois em breve virá aquele que está para vir; não se atrasará.
38Meu justo viverá pela fé; se ele se afastar, porém, não me
agradarei dele."
39Mas não somos como aqueles que se afastam para sua pró-
pria destruição. Somos pessoas de fé cuja alma é preservada.

Grandes exemplos de fé

11 A fé mostra a realidade daquilo que esperamos; ela nos
dá convicção de coisas que não vemos. 2Pela fé, pessoas
em tempos passados obtiveram aprovação.
3Pela fé, entendemos que todo o universo foi formado pela
palavra de Deus; assim, o que se vê originou-se daquilo que
não se vê.
4Pela fé, Abel apresentou a Deus um sacrifício superior ao de
Caim. Com isso, mostrou que era um homem justo, e Deus
aprovou suas ofertas. Embora há muito esteja morto, ainda
fala por meio de seu exemplo.
5Pela fé, Enoque foi levado para o céu sem ver a morte; "ele
desapareceu porque Deus o levou para junto de si". Porque,
antes de ser levado, ele era conhecido por agradar a Deus.
6Sem fé é impossível agradar a Deus. Quem deseja se apro-
ximar de Deus deve crer que ele existe e que recompensa
aqueles que o buscam.
7Pela fé, Noé construiu uma grande embarcação para salvar
sua família do dilúvio. Ele obedeceu a Deus, que o advertiu
a respeito de coisas que nunca haviam acontecido. Pela fé,
condenou o resto do mundo e recebeu a justiça que vem por
meio da fé.
8Pela fé, Abraão obedeceu quando foi chamado para ir à outra
terra que ele receberia como herança. Ele partiu sem saber
para onde ia. 9E, mesmo quando chegou à terra que lhe havia
sido prometida, viveu ali pela fé, pois era como estrangeiro,
morando em tendas. Assim também fizeram Isaque e Jacó,
que herdaram a mesma promessa. 10Abraão esperava con-
fiantemente pela cidade de alicerces eternos, planejada e
construída por Deus.
11Pela fé, até mesmo Sara, embora estéril e idosa, pôde ter um
filho. Ela creu que Deus era fiel para cumprir sua promessa.
12E, assim, uma nação inteira veio desse homem velho e sem
vigor, uma nação numerosa como as estrelas do céu e incon-
tável como a areia da praia.
13Todos eles morreram na fé e, embora não tenham recebido
todas as coisas que lhes foram prometidas, as avistaram de
longe e de bom grado as aceitaram. Reconheceram que eram
estrangeiros e peregrinos neste mundo. 14Evidentemente,
quem fala desse modo espera ter sua própria pátria. 15Se qui-
sessem, poderiam ter voltado à terra de onde saíram, 16mas
buscavam uma pátria superior, um lar celestial. Por isso Deus
não se envergonha de ser chamado o Deus deles, pois lhes
preparou uma cidade.
17Pela fé, Abraão, ao ser posto à prova, ofereceu Isaque como
sacrifício. Abraão, que havia recebido as promessas, estava
disposto a sacrificar seu único filho, 18embora Deus lhe tivesse
dito: "Isaque é o filho de quem depende sua descendência".
19Concluiu que, se Isaque morresse, Deus tinha poder para
trazê-lo de volta à vida. E, em certo sentido, recebeu seu filho
de volta dos mortos.
20Pela fé, Isaque prometeu bênçãos para o futuro de seus fi-
lhos, Jacó e Esaú.
21Pela fé, Jacó, prestes a morrer, abençoou cada um dos filhos
de José e se curvou para adorar, apoiado em seu cajado.
22Pela fé, José, no fim da vida, declarou com toda a confiança
que os israelitas deixariam o Egito e deu ordens para que cui-
dassem de seus ossos.
23Pela fé, os pais de Moisés o esconderam por três meses tão
logo ele nasceu, pois viram que a criança era linda e não ti-
veram medo de desobedecer ao decreto do rei.
24Pela fé, Moisés, já adulto, recusou ser chamado filho da filha
do faraó, 25preferindo ser maltratado junto com o povo de
Deus a aproveitar os prazeres transitórios do pecado. 26Con-
siderou melhor sofrer por causa do Cristo do que possuir os
tesouros do Egito, pois tinha em vista sua grande recompensa.
27Pela fé, saiu do Egito sem medo da ira do rei e prosseguiu
sem vacilar, como quem vê aquele que é invisível. 28Pela fé,
ordenou que o povo de Israel celebrasse a Páscoa e aspergisse
com sangue os batentes das portas, para que o anjo da morte
não matasse seus filhos mais velhos.
29Pela fé, o povo de Israel atravessou o mar Vermelho, como
se estivesse em terra seca. Quando os egípcios tentaram se-
gui-los, morreram todos afogados.
30Pela fé, o povo marchou ao redor de Jericó durante sete dias,
e suas muralhas caíram.
31Pela fé, a prostituta Raabe não foi morta com os habitantes
de sua cidade que se recusaram a obedecer, pois ela acolheu
em paz os espiões.
32Quanto mais preciso dizer? Levaria muito tempo para falar
sobre a fé que Gideão, Baraque, Sansão, Jefté, Davi, Samuel
e os profetas tiveram. 33Pela fé, eles conquistaram reinos, go-
vernaram com justiça e receberam promessas. Fecharam a
boca de leões, 34apagaram chamas de fogo e escaparam de
morrer pela espada. Sua fraqueza foi transformada em força.
Tornaram-se poderosos na batalha e fizeram fugir exércitos
inteiros. 35Mulheres receberam de volta seus queridos que ha-
viam morrido. Outros, porém, foram torturados, recusando-se
a ser libertos, e depositaram sua esperança na ressurreição
para uma vida melhor. 36Alguns foram alvo de zombaria e
açoites, e outros, acorrentados em prisões. 37Alguns morreram

apedrejados, outros foram serrados ao meio, e outros ainda,
mortos à espada. Alguns andavam vestidos com peles de ovelhas e cabras, necessitados, afligidos e maltratados.
38Este mundo não era digno deles. Vagaram por desertos e montes, escondendo-se em cavernas e buracos na terra.
39Todos eles obtiveram aprovação por causa de sua fé; no entanto, nenhum deles recebeu tudo que havia sido prometido.
40Pois Deus tinha algo melhor preparado para nós, de modo que, sem nós, eles não chegassem à perfeição.

A disciplina de Deus comprova seu amor

12 Portanto, uma vez que estamos rodeados de tão grande multidão de testemunhas, livremo-nos de todo peso que nos torna vagarosos e do pecado que nos atrapalha, e corramos com perseverança a corrida que foi posta diante de nós.
2Mantenhamos o olhar firme em Jesus, o líder e aperfeiçoador de nossa fé. Por causa da alegria que o esperava, ele suportou a cruz sem se importar com a vergonha. Agora ele está sentado no lugar de honra à direita do trono de Deus.
3Pensem em toda a hostilidade que ele suportou dos pecadores; desse modo, vocês não ficarão cansados nem desanimados.
4Afinal, ainda não chegaram a arriscar a vida na luta contra o pecado.
5Acaso vocês se esqueceram das palavras de ânimo que Deus lhes dirigiu como filhos dele? Ele disse: "Meu filho, não despreze a disciplina do Senhor; não desanime quando ele o corrigir.
6Pois o Senhor disciplina quem ele ama e castiga todo aquele que aceita como filho".
7Enquanto suportam essa disciplina de Deus, lembrem-se de que ele os trata como filhos. Quem já ouviu falar de um filho que nunca foi disciplinado pelo pai?
8Se Deus não os disciplina como faz com todos os seus filhos, significa que vocês não são filhos de verdade, mas ilegítimos.
9Uma vez que respeitávamos nossos pais terrenos que nos disciplinavam, não devemos nos submeter ainda mais à disciplina do Pai de nosso espírito e, assim, obter vida?
10Pois nossos pais nos disciplinaram por alguns anos como julgaram melhor, mas a disciplina de Deus é sempre para o nosso bem, a fim de que participemos de sua santidade.
11Nenhuma disciplina é agradável no momento em que é aplicada; ao contrário, é dolorosa. Mais tarde, porém, produz uma colheita de vida justa e de paz para os que assim são corrigidos.
12Portanto, revigorem suas mãos cansadas e seus joelhos enfraquecidos.
13Façam caminhos retos para seus pés a fim de que os mancos não caiam, mas sejam fortalecidos.

Apelo para ouvir a Deus

14Esforcem-se para viver em paz com todos e procurem ter uma vida santa, sem a qual ninguém verá o Senhor.
15Cuidem uns dos outros para que nenhum de vocês deixe de experimentar a graça de Deus. Fiquem atentos para que não brote nenhuma raiz venenosa de amargura que cause perturbação, contaminando muitos.
16Vigiem para que ninguém seja imoral ou profano, como Esaú, que trocou seus direitos como filho mais velho por uma simples refeição.
17Como vocês sabem, mais tarde, quando ele quis a bênção do pai, foi rejeitado. Era tarde para que houvesse arrependimento, embora ele tivesse implorado com lágrimas.
18Vocês não chegaram a um monte que se pode tocar, a um lugar de fogo ardente, escuridão, trevas e vendaval,
19ao toque da trombeta e à voz tão terrível que aqueles que a ouviram suplicaram que nada mais lhes fosse dito,
20pois não podiam suportar a ordem que recebiam: "Se até mesmo um animal tocar no monte, deve ser apedrejado".
21O próprio Moisés ficou tão assustado com o que viu a ponto de dizer: "Fiquei apavorado e tremendo de medo".
22Vocês, porém, chegaram ao monte Sião, à cidade do Deus vivo, à Jerusalém celestial, aos incontáveis milhares de anjos em alegre reunião,
23à congregação dos filhos mais velhos, cujos nomes estão escritos no céu, e a Deus, que é juiz de todos, aos espíritos dos justos no céu, agora aperfeiçoados,
24a Jesus, o mediador da nova aliança, e ao sangue aspergido, que fala de coisas melhores do que falava o sangue de Abel.
25Tenham cuidado para não se recusarem a ouvir aquele que fala. Porque, se aqueles que se recusaram a ouvir o mensageiro terreno não escaparam, certamente não escaparemos se rejeitarmos aquele que nos fala do céu.
26Quando Deus falou naquela ocasião, sua voz fez a terra tremer, mas agora ele promete: "Mais uma vez, farei tremer não só a terra, mas também os céus".
27Isso significa que toda a criação será abalada e removida, de modo que permaneçam apenas as coisas inabaláveis.
28Uma vez que recebemos um reino inabalável, sejamos gratos e agrademos a Deus adorando-o com reverência e santo temor.
29Porque nosso Deus é um fogo consumidor.

Instruções práticas

13 Continuem a amar uns aos outros como irmãos.
2Não se esqueçam de demonstrar hospitalidade, porque alguns, sem o saber, hospedaram anjos.
3Lembrem-se dos que estão na prisão, como se vocês mesmos estivessem presos. Lembrem-se dos que são maltratados, como se sofressem os maus-tratos em seu próprio corpo.
4Honrem o casamento e mantenham pura a união conjugal, pois Deus certamente julgará os impuros e os adúlteros.
5Não amem o dinheiro; estejam satisfeitos com o que têm. Porque Deus disse: "Não o deixarei; jamais o abandonarei".
6Por isso, podemos dizer com toda a confiança: "O Senhor é meu ajudador, portanto não temerei; o que me podem fazer os simples mortais?".
7Lembrem-se de seus líderes que lhes ensinaram a palavra de Deus. Pensem em todo o bem que resultou da vida deles e sigam seu exemplo de fé.
8Jesus Cristo é o mesmo ontem, hoje e para sempre.
9Portanto, não se deixem atrair por ensinos novos e estranhos. A força de vocês vem da graça de Deus, e não de regras sobre alimentos, que em nada ajudam aqueles que as seguem.
10Temos um altar do qual os sacerdotes no tabernáculo não

têm direito de comer. 11O sumo sacerdote traz o sangue dos
animais para o lugar santo como sacrifício pelo pecado, en-
quanto o corpo dos animais é queimado fora do acampamento.
12Da mesma forma, Jesus sofreu fora das portas da cidade,
para santificar seu povo mediante seu próprio sangue. 13Por-
tanto, vamos até ele, para fora do acampamento, e soframos a
mesma desonra que ele sofreu. 14Pois não temos neste mundo
uma cidade permanente; aguardamos a cidade por vir.
15Assim, por meio de Jesus, ofereçamos um sacrifício cons-
tante de louvor a Deus, o fruto dos lábios que proclamam seu
nome. 16E não se esqueçam de fazer o bem e de repartir o que
têm com os necessitados, pois esses são os sacrifícios que
agradam a Deus.
17Obedeçam a seus líderes e façam o que disserem. O trabalho
deles é cuidar de sua alma, e disso prestarão contas. Deem-
-lhes motivo para trabalhar com alegria, e não com tristeza,
pois isso certamente não beneficiaria vocês.
18Orem por nós, pois nossa consciência está limpa e desejamos
viver de forma honrada em tudo que fazemos. 19Orem especial-
mente para que eu volte e possa vê-los em breve.
20E, agora, que o Deus da paz, que trouxe de volta dos mortos
nosso Senhor Jesus, o grande Pastor das ovelhas, e confirmou
uma aliança eterna com seu sangue, 21os capacite em tudo que
precisam para fazer a vontade dele. Que ele produza em vocês,
mediante o poder de Jesus Cristo, tudo que é agradável a ele,
a quem seja a glória para todo o sempre! Amém.
22Suplico a vocês, irmãos, que prestem atenção naquilo que
lhes escrevi nesta breve exortação.
23Quero que saibam que nosso irmão Timóteo já saiu da prisão.
Se ele vier em breve, eu o levarei comigo quando for vê-los.
24Transmitam minhas saudações a todos os seus líderes e a
todo o povo santo. Os irmãos da Itália também mandam lem-
branças.
25Que a graça de Deus seja com todos vocês.

TIAGO

Saudações de Tiago

1 Eu, Tiago, escravo de Deus e do Senhor Jesus Cristo, envio
esta carta às doze tribos espalhadas pelo mundo. Saudações.

Fé e perseverança

2Meus irmãos, considerem motivo de grande alegria sempre
que passarem por qualquer tipo de provação, 3pois sabem
que, quando sua fé é provada, a perseverança tem a oportuni-
dade de crescer. 4E é necessário que ela cresça, pois quando
estiver plenamente desenvolvida vocês serão maduros e com-
pletos, sem que nada lhes falte.
5Se algum de vocês precisar de sabedoria, peça a nosso Deus
generoso, e receberá. Ele não os repreenderá por pedirem.
6Mas, quando pedirem, façam-no com fé, sem vacilar, pois
aquele que duvida é como a onda do mar, empurrada e agi-
tada pelo vento. 7Ele não deve esperar receber coisa alguma
do Senhor, 8pois tem a mente dividida e é instável em tudo
que faz.
9O irmão que é pobre tem motivo para se orgulhar, porque é
digno de honra. 10E o que é rico deve se orgulhar porque é in-
significante. Ele murchará como uma pequena flor do campo.
11O sol quente se levanta e a grama seca; a flor perde o viço
e cai, e sua beleza desaparece. Da mesma forma murchará o
rico com todas as suas realizações.
12Feliz é aquele que suporta com paciência as provações e
tentações, porque depois receberá a coroa da vida que Deus
prometeu àqueles que o amam. 13E, quando vocês forem ten-
tados, não digam: "Esta tentação vem de Deus", pois Deus
nunca é tentado a fazer o mal, e ele mesmo nunca tenta al-
guém. 14A tentação vem de nossos próprios desejos, que nos
seduzem e nos arrastam. 15Esses desejos dão à luz o pecado,
e quando o pecado se desenvolve plenamente, gera a morte.
16Não se deixem enganar, meus amados irmãos. 17Toda dádiva
que é boa e perfeita vem do alto, do Pai que criou as luzes
no céu. Nele não há variação nem sombra de mudança. 18Por
sua própria vontade, ele nos gerou por meio de sua palavra
verdadeira. E nós, dentre toda a criação, nos tornamos seus
primeiros frutos.

Ouvir e praticar

19Entendam isto, meus amados irmãos: estejam todos prontos
para ouvir, mas não se apressem em falar nem em se irar. 20A
ira humana não produz a justiça divina. 21Portanto, removam
toda impureza e maldade e aceitem humildemente a palavra
que lhes foi implantada no coração, pois ela tem poder para
salvá-los.
22Não se limitem, porém, a ouvir a palavra; ponham-na em
prática. Do contrário, só enganarão a si mesmos. 23Pois, se
ouvirem a palavra e não a praticarem, serão como alguém que
olha no espelho, 24vê a si mesmo, mas, assim que se afasta,
esquece como era sua aparência. 25Se, contudo, observarem
atentamente a lei perfeita que os liberta, perseverarem nela
e a puserem em prática sem esquecer o que ouviram, serão
felizes no que fizerem.
26Se algum de vocês afirma ser religioso, mas não controla a
língua, engana a si mesmo e sua religião não tem valor. 27A

religião pura e verdadeira aos olhos de Deus, o Pai, é esta:
cuidar dos órfãos e das viúvas em suas dificuldades e não se
deixar corromper pelo mundo.

Advertência contra o preconceito

2 Meus irmãos, como podem afirmar que têm fé em nosso
glorioso Senhor Jesus Cristo se mostram favorecimento a
algumas pessoas?
2Se, por exemplo, alguém chegar a uma de suas reuniões ves-
tido com roupas elegantes e usando joias caras, e também
entrar um pobre com roupas sujas, 3e vocês derem atenção
ao que está bem vestido, dizendo-lhe: "Sente-se aqui neste
lugar especial", mas disserem ao pobre: "Fique em pé ali ou
sente-se aqui no chão", 4essa discriminação não mostrará que
agem como juízes guiados por motivos perversos?
5Ouçam, meus amados irmãos: não foi Deus que escolheu os
pobres deste mundo para serem ricos na fé? Não são eles
os herdeiros do reino prometido àqueles que o amam? 6Mas
vocês desprezam os pobres! Não são os ricos que oprimem
vocês e os arrastam aos tribunais? 7Não são eles que difamam
aquele cujo nome honroso vocês carregam?
8Sem dúvida vocês fazem bem quando obedecem à lei do reino
conforme dizem as Escrituras: "Ame seu próximo como a si
mesmo". 9Mas, se mostram favorecimento a algumas pessoas,
cometem pecado e são culpados de transgredir a lei.
10Pois quem obedece a todas as leis, exceto uma, torna-se
culpado de desobedecer a todas as outras. 11Pois aquele que
disse: "Não cometa adultério", também disse: "Não mate".
Logo, mesmo que não cometam adultério, se matarem al-
guém, transgredirão a lei.
12Portanto, em tudo que disserem e fizerem, lembrem-se de
que serão julgados pela lei que os liberta. 13Não haverá mise-
ricórdia para quem não tiver demonstrado misericórdia. Mas,
se forem misericordiosos, haverá misericórdia quando forem
julgados.

A fé sem obras é morta

14De que adianta, meus irmãos, dizerem que têm fé se não a
demonstram por meio de suas ações? Acaso esse tipo de fé
pode salvar alguém? 15Se um irmão ou uma irmã necessitar de
alimento ou de roupa, 16e vocês disserem: "Até logo e tenha
um bom dia; aqueça-se e coma bem", mas não lhe derem
alimento nem roupa, em que isso ajuda?
17Como veem, a fé por si mesma, a menos que produza boas
obras, está morta.
18Mas alguém pode argumentar: "Uns têm fé; outros têm
obras". Mostre-me sua fé sem obras e eu, pelas minhas obras,
lhe mostrarei minha fé!
19Você diz crer que há um único Deus. Muito bem! Até os de-
mônios creem nisso e tremem de medo. 20Quanta insensatez!
Vocês não entendem que a fé sem as obras é inútil?
21Não lembram que nosso antepassado Abraão foi declarado
justo por suas ações quando ofereceu seu filho Isaque sobre
o altar? 22Como veem, sua fé e suas ações atuaram juntas e,
assim, as ações tornaram a fé completa. 23E aconteceu exa-
tamente como as Escrituras dizem: "Abraão creu em Deus, e
assim foi considerado justo". Ele até foi chamado amigo de
Deus! 24Vejam que somos declarados justos pelo que fazemos,
e não apenas pela fé.
25Raabe, a prostituta, é outro exemplo. Ela foi declarada justa
por causa de suas ações quando escondeu os mensageiros e
os fez sair em segurança por um caminho diferente. 26Assim
como o corpo sem fôlego está morto, também a fé sem obras
está morta.

A importância de controlar a língua

3 Meus irmãos, não sejam muitos de vocês mestres, pois nós,
os que ensinamos, seremos julgados com mais rigor. 2É
verdade que todos nós cometemos muitos erros. Se pudés-
semos controlar a língua, seríamos perfeitos, capazes de nos
controlar em todos os outros sentidos.
3Por exemplo, se colocamos um freio na boca do cavalo, po-
demos conduzi-lo para onde quisermos. 4Observem também
que um pequeno leme faz um grande navio se voltar para onde
o piloto deseja, mesmo com ventos fortes. 5Assim também,
a língua é algo pequeno que profere discursos grandiosos.
Vejam como uma simples fagulha é capaz de incendiar uma
grande floresta. 6E, entre todas as partes do corpo, a língua é
uma chama de fogo. É um mundo de maldade que corrompe
todo o corpo. Ateia fogo a uma vida inteira, pois o próprio
inferno a acende.
7O ser humano consegue domar toda espécie de animal, ave,
réptil e peixe, 8mas ninguém consegue domar a língua. Ela é
incontrolável e perversa, cheia de veneno mortífero. 9Às vezes
louva nosso Senhor e Pai e, às vezes, amaldiçoa aqueles que
Deus criou à sua imagem. 10E, assim, bênção e maldição saem
da mesma boca. Meus irmãos, isso não está certo! 11Acaso de
uma mesma fonte pode jorrar água doce e amarga? 12Pode
a figueira produzir azeitonas ou a videira produzir figos? Da
mesma forma, não se pode tirar água doce de uma fonte sal-
gada.

A verdadeira sabedoria vem de Deus

13Se vocês são sábios e inteligentes, demonstrem isso vivendo
honradamente, realizando boas obras com a humildade que
vem da sabedoria. 14Mas, se em seu coração há inveja amarga
e ambição egoísta, não encubram a verdade com vanglórias
e mentiras. 15Porque essas coisas não são a espécie de sa-
bedoria que vem do alto; antes, são terrenas, mundanas e
demoníacas. 16Pois onde há inveja e ambição egoísta, também
há confusão e males de todo tipo.
17Mas a sabedoria que vem do alto é, antes de tudo, pura.
Também é pacífica, sempre amável e disposta a ceder a ou-
tros. É cheia de misericórdia e é o fruto de boas obras. Não
mostra favoritismo e é sempre sincera. 18E aqueles que são
pacificadores plantarão sementes de paz e ajuntarão uma
colheita de justiça.

Aproximem-se de Deus

4 De onde vêm as discussões e brigas em seu meio? Acaso não
procedem dos prazeres que guerreiam dentro de vocês?
2Querem o que não têm, e até matam para consegui-lo.
Invejam o que outros possuem, lutam e fazem guerra para
tomar deles. E, no entanto, não têm o que desejam porque não
pedem. 3E, quando pedem, não recebem, pois seus motivos
são errados; pedem apenas o que lhes dará prazer.
4Adúlteros! Não percebem que a amizade com o mundo os
torna inimigos de Deus? Repito: se desejam ser amigos do
mundo, tornam-se inimigos de Deus. 5O que vocês acham
que as Escrituras querem dizer quando afirmam que o es-
pírito colocado por Deus em nós tem ciúmes? 6Contudo, ele
generosamente nos concede graça. Como dizem as Escri-
turas: "Deus se opõe aos orgulhosos, mas concede graça
aos humildes".

Resistam ao diabo

7Portanto, submetam-se a Deus. Resistam ao diabo, e ele fu-
girá de vocês. 8Aproximem-se de Deus, e ele se aproximará
de vocês. Lavem as mãos, pecadores; purifiquem o coração,
vocês que têm a mente dividida. 9Que haja lágrimas, lamen-
tação e profundo pesar. Que haja choro em vez de riso, e tris-
teza em vez de alegria. 10Humilhem-se diante do Senhor, e
ele os exaltará.

Não julguem os outros

11Irmãos, não falem mal uns dos outros. Se criticam e julgam
uns aos outros, criticam e julgam a lei. Cabe-lhes, porém, pra-
ticar a lei, e não julgá-la. 12Somente aquele que deu a lei é
Juiz, e somente ele tem poder de salvar ou destruir. Portanto,
que direito vocês têm de julgar o próximo?

Não confiem em si mesmos

13Prestem atenção, vocês que dizem: "Hoje ou amanhã iremos
a determinada cidade e ficaremos lá um ano. Negociaremos
ali e teremos lucro". 14Como sabem o que será de sua vida
amanhã? A vida é como a névoa ao amanhecer: aparece por
um pouco e logo se dissipa. 15O que devem dizer é: "Se o Se-
nhor quiser, viveremos e faremos isso ou aquilo". 16Caso con-
trário, estarão se orgulhando de seus planos pretensiosos, e
toda presunção como essa é maligna.
17Lembrem-se de que é pecado saber o que devem fazer e
não fazê-lo.

Advertência aos ricos

5 Prestem atenção, vocês que são ricos. Chorem e gemam
de angústia por causa das desgraças que os esperam. 2Sua
riqueza apodreceu, e suas roupas finas são trapos comidos por
traças. 3Seu ouro e sua prata estão corroídos. A mesma riqueza
com a qual vocês contavam devorará sua carne como fogo.
Esse tesouro corroído que vocês acumularam testemunhará
contra vocês nos últimos dias. 4Por isso, ouçam os clamores
dos que trabalharam em seus campos, cujo salário vocês reti-
veram de modo fraudulento! Sim, os clamores dos que fizeram
a colheita em seus campos chegaram aos ouvidos do Senhor
dos Exércitos.
5Vocês levam uma vida de luxo na terra, satisfazendo seus
desejos e engordando a si mesmos para o dia do abate. 6Con-
denam e matam inocentes, sem que eles resistam.

Paciência e perseverança

7Por isso, irmãos, sejam pacientes enquanto esperam a volta
do Senhor. Vejam como os lavradores esperam pacientemente
as chuvas do outono e da primavera. Com grande expecta-
tiva, aguardam o amadurecimento de sua preciosa colheita.
8Sejam também pacientes. Fortaleçam-se em seu coração,
pois a vinda do Senhor está próxima.
9Irmãos, não se queixem uns dos outros, para que não sejam
julgados. Pois, vejam, o Juiz está à porta!
10Irmãos, tomem como exemplo de paciência no sofrimento
os profetas que falaram em nome do Senhor. 11Consideramos
felizes aqueles que permanecem firmes em meio à aflição.
Vocês ouviram falar de Jó, um homem de muita perseverança.
Sabem como, no final, o Senhor foi bondoso com ele, pois o
Senhor é cheio de compaixão e misericórdia.
12Acima de tudo, meus irmãos, não jurem pelo céu, nem pela terra,
nem por qualquer outra coisa. Que seu "sim" seja de fato sim,
e seu "não", não, para que não pequem e sejam condenados.

O poder da oração

13Algum de vocês está passando por dificuldades? Então ore.
Alguém está feliz? Cante louvores. 14Alguém está doente?
Chame os presbíteros da igreja para que venham e orem sobre
ele e o unjam com óleo, em nome do Senhor. 15Essa oração de
fé curará o enfermo, e o Senhor o restabelecerá. E, se cometeu
algum pecado, será perdoado.
16Portanto, confessem seus pecados uns aos outros e orem
uns pelos outros para serem curados. A oração de um justo
tem grande poder e produz grandes resultados. 17Elias era hu-
mano como nós e, no entanto, quando orou insistentemente
para que não caísse chuva, não choveu durante três anos e
meio. 18Então ele orou outra vez e o céu enviou chuva, e a terra
começou a produzir suas colheitas.

Restaurem irmãos que se desviaram

19Meus irmãos, se algum de vocês se desviar da verdade e
for trazido de volta, 20saibam que quem trouxer o pecador
de volta de seu desvio o salvará da morte e trará perdão para
muitos pecados.

1PEDRO

Saudações de Pedro

1 Eu, Pedro, apóstolo de Jesus Cristo, escrevo esta carta aos
escolhidos que vivem como estrangeiros nas províncias de
Ponto, Galácia, Capadócia, Ásia e Bitínia. 2Deus, o Pai, os co-
nhecia de antemão e os escolheu, e o Espírito os santificou
para a obediência e a purificação pelo sangue de Jesus Cristo.
Que vocês tenham cada vez mais graça e paz.

Esperança da vida eterna

3Todo louvor seja a Deus, o Pai de nosso Senhor Jesus Cristo.
Por sua grande misericórdia, ele nos fez nascer de novo, por
meio da ressurreição de Jesus Cristo dentre os mortos. Agora
temos uma viva esperança 4e uma herança imperecível, pura
e imaculada, que não muda nem se deteriora, guardada para
vocês no céu. 5Por meio da fé que vocês têm, Deus os protege
com seu poder até que recebam essa salvação, pronta para
ser revelada nos últimos tempos.
6Portanto, alegrem-se com isso, ainda que agora, por algum
tempo, vocês precisem suportar muitas provações. 7Elas mos-
trarão que sua fé é autêntica. Como o fogo prova e purifica o
ouro, assim sua fé está sendo experimentada, e ela é muito
mais preciosa que o simples ouro. Isso resultará em louvor,
glória e honra no dia em que Jesus Cristo for revelado.
8Embora nunca o tenham visto, vocês o amam. E, ainda que
não o vejam agora, creem nele e se regozijam com alegria
inexprimível e gloriosa, 9pois estão alcançando o alvo de sua
fé, a sua salvação.
10Até mesmo os profetas queriam saber mais sobre essa sal-
vação e investigaram a respeito, quando profetizaram acerca
da graça preparada para vocês. 11Buscavam descobrir a que
tempo ou ocasião se referia o Espírito de Cristo, que neles
estava, ao predizer o sofrimento de Cristo e sua grande glória
posterior.
12Foi-lhes dito que suas mensagens não eram para eles, mas
para vocês. E, agora, essas boas-novas lhes foram anunciadas
por aqueles que pregaram pelo poder do Espírito Santo en-
viado do céu. É algo tão maravilhoso que até os anjos anseiam
observar.

Chamados para uma vida de santidade

13Portanto, preparem sua mente para a ação e exercitem
o autocontrole. Depositem toda a sua esperança na graça
que receberão quando Jesus Cristo for revelado. 14Sejam
filhos obedientes. Não voltem ao seu antigo modo de viver,
quando satisfaziam os próprios desejos e viviam na ignorância.
15Agora, porém, sejam santos em tudo que fizerem, como é
santo aquele que os chamou. 16Pois as Escrituras dizem:
"Sejam santos, porque eu sou santo".
17Lembrem-se de que o Pai celestial, a quem vocês oram,
não mostra favorecimento. Ele os julgará de acordo com suas
ações. Por isso, vivam com temor durante seu tempo como
residentes na terra. 18Pois vocês sabem que o resgate para
salvá-los do estilo de vida vazio que herdaram de seus ante-
passados não foi pago com simples ouro ou prata, que perdem
seu valor, 19mas com o sangue precioso de Cristo, o Cordeiro
de Deus, sem pecado nem mancha. 20Ele foi escolhido antes
da criação do mundo, mas agora, nestes últimos tempos, foi
revelado por causa de vocês.
21Por meio de Cristo, vocês vieram a crer em Deus. Depositam
sua fé e esperança em Deus porque ele ressuscitou Cristo dos
mortos e lhe deu grande glória.
22Uma vez que vocês foram purificados de seus pecados
quando obedeceram à verdade, tenham como alvo agora o
amor fraternal sem fingimento. Amem uns aos outros sincera-
mente, de todo o coração.
23Pois vocês nasceram de novo, não para uma vida que pode
ser destruída, mas para uma vida que durará para sempre,
porque vem da eterna e viva palavra de Deus. 24Pois, "Os seres
humanos são como o capim; sua beleza é como as flores do
campo. O capim seca e as flores murcham, 25mas a palavra
do Senhor permanece para sempre". E essa palavra é a men-
sagem das boas-novas que lhes foi anunciada.

2 Portanto, livrem-se de toda maldade, todo engano, toda hi-
pocrisia, toda inveja e todo tipo de difamação. 2Como bebês
recém-nascidos, desejem intensamente o puro leite espiritual,
para que, por meio dele, cresçam e experimentem plenamente
a salvação, 3agora que provaram da bondade do Senhor.

Pedras vivas para a casa de Deus

4Vocês têm se aproximado de Cristo, a pedra viva. As pessoas
o rejeitaram, mas Deus o escolheu para lhe conceder grande
honra.
5E vocês também são pedras vivas, com as quais um templo
espiritual é edificado. Além disso, são sacerdotes santos. Por
meio de Jesus Cristo, oferecem sacrifícios espirituais que
agradam a Deus. 6Como dizem as Escrituras: "Ponho em Sião
uma pedra angular, escolhida para grande honra; quem con-
fiar nela jamais será envergonhado".
7Sim, vocês, os que creem, reconhecem a honra que lhe é
devida. Mas, para os que não creem, "A pedra que os constru-
tores rejeitaram se tornou a pedra angular".
8E também, "Ele é a pedra de tropeço, rocha que faz as pes-
soas caírem". Tropeçam porque não obedecem à palavra e,
portanto, deparam com o destino planejado para elas.
9Vocês, porém, são povo escolhido, reino de sacerdotes, nação
santa, propriedade exclusiva de Deus. Assim, vocês podem

mostrar às pessoas como é admirável aquele que os chamou
das trevas para sua maravilhosa luz.
10“Antes vocês não tinham identidade como povo, agora são
povo de Deus. Antes não haviam recebido misericórdia, agora
receberam misericórdia de Deus.”
11Amados, eu os advirto, como peregrinos e estrangeiros que
são, a manter distância dos desejos carnais que lutam contra
a alma. 12Procurem viver de maneira exemplar entre os que
não creem. Assim, mesmo que eles os acusem de praticar o
mal, verão seu comportamento correto e darão glória a Deus
quando ele julgar o mundo.

Respeito pelas autoridades

13Por causa do Senhor, submetam-se a todas as autoridades
humanas, seja o rei como autoridade máxima, 14sejam os oficiais nomeados e enviados por ele para castigar os que fazem
o mal e honrar os que fazem o bem.
15É da vontade de Deus que, pela prática do bem, vocês calem
os ignorantes que os acusam falsamente. 16Pois vocês são
livres e, no entanto, são escravos de Deus; não usem sua liberdade como desculpa para fazer o mal. 17Tratem todos com
respeito e amem seus irmãos em Cristo. Temam a Deus e respeitem o rei.

Instruções para os escravos

18Vocês, escravos, submetam-se a seu senhor com todo o respeito. Façam o que ele mandar, não apenas se for bondoso e
amável, mas até mesmo se for cruel. 19Porque Deus se agrada
de vocês quando, conscientes da vontade dele, suportam com
paciência o tratamento injusto. 20Claro que não há mérito
algum em ser paciente quando são açoitados por terem feito
o mal. Mas, se sofrem por terem feito o bem e suportam com
paciência, Deus se agrada de vocês.
21Porque Deus os chamou para fazerem o bem, mesmo que
isso resulte em sofrimento, pois Cristo sofreu por vocês. Ele é
seu exemplo; sigam seus passos.
22Ele nunca pecou, nem enganou ninguém.
23Não revidou quando foi insultado, nem ameaçou se vingar
quando sofreu, mas deixou seu caso nas mãos de Deus, que
sempre julga com justiça.
24Ele mesmo carregou nossos pecados em seu corpo na cruz,
a fim de que morrêssemos para o pecado e vivêssemos para a
justiça; por suas feridas somos curados.
25Vocês eram como ovelhas desgarradas, mas agora voltaram
para o Pastor, o Guardião de sua alma.

Instruções para as esposas

3 Da mesma forma, vocês, esposas, sujeitem-se à autoridade
de seu marido. Assim, mesmo que ele se recuse a obedecer
à palavra, será conquistado por sua conduta, sem palavra alguma, 2mas por observar seu modo de viver puro e reverente.
3Não se preocupem com a beleza exterior obtida com penteados extravagantes, joias caras e roupas bonitas. 4Em vez
disso, vistam-se com a beleza que vem de dentro e que não
desaparece, a beleza de um espírito amável e sereno, tão precioso para Deus. 5Era assim que se adornavam as mulheres
santas do passado. Elas depositavam sua confiança em Deus
e se sujeitavam à autoridade do marido. 6Sara, por exemplo,
obedecia a Abraão e o chamava de senhor. Vocês são filhas
dela quando praticam o bem, sem medo algum.

Instruções para os maridos

7Da mesma forma, vocês, maridos, honrem sua esposa. Sejam
compreensivos no convívio com ela, pois, ainda que seja mais
frágil que vocês, ela é igualmente participante da dádiva de
nova vida concedida por Deus. Tratem-na de maneira correta,
para que nada atrapalhe suas orações.

Instruções para todos os irmãos em Cristo

8Por fim, tenham todos o mesmo modo de pensar. Sejam
cheios de compaixão uns pelos outros. Amem uns aos outros
como irmãos. Mostrem misericórdia e humildade. 9Não retribuam mal por mal, nem insulto com insulto. Ao contrário,
retribuam com uma bênção. Foi para isso que vocês foram
chamados, e a bênção lhes será concedida. 10Pois, “Se quiser
desfrutar a vida e ver muitos dias felizes, refreie a língua de
falar maldades e os lábios de dizerem mentiras.
11Afaste-se do mal e faça o bem; busque a paz e esforce-se
para mantê-la.
12Os olhos do Senhor estão sobre os justos, e seus ouvidos,
abertos para suas orações. O Senhor, porém, volta o rosto
contra os que praticam o mal”.

Sofrimento resultante de fazer o bem

13Quem é que desejará lhes fazer mal se vocês se dedicarem a
fazer o bem? 14Mas, ainda que sofram por fazer o que é certo,
vocês serão abençoados. Portanto, não se preocupem e não
tenham medo de ameaças. 15Em vez disso, consagrem a Cristo
como o Senhor de sua vida. E, se alguém lhes perguntar a
respeito de sua esperança, estejam sempre preparados para
explicá-la. 16Façam-no, porém, de modo amável e respeitoso.
Mantenham sempre a consciência limpa. Então, se as pessoas
falarem mal de vocês, ficarão envergonhadas ao ver como
vocês vivem corretamente em Cristo. 17Lembrem-se de que é
melhor sofrer por fazer o bem, se for da vontade de Deus, do
que por fazer o mal.
18Pois Cristo também sofreu por nossos pecados, de uma
vez por todas. Embora nunca tenha pecado, morreu pelos
pecadores a fim de conduzi-los a Deus. Sofreu morte física,
mas foi ressuscitado pelo Espírito, 19por meio do qual pregou
aos espíritos em prisão, 20àqueles que, muito tempo atrás,
desobedeceram a Deus quando ele esperou pacientemente
enquanto Noé construía sua embarcação. Apenas oito pessoas
foram salvas por meio da água do dilúvio, 21e aquela água
simboliza o batismo que agora os salva, não pela remoção
da sujeira do corpo, mas porque no batismo vocês declaram
ter boa consciência diante de Deus. Ela é eficaz por meio da
ressurreição de Jesus Cristo.

22Agora, Cristo foi para o céu e está sentado no lugar de honra
à direita de Deus, e todos os anjos, autoridades e poderes se
sujeitam a ele.

A vida dedicada a Deus

4 Portanto, uma vez que Cristo sofreu fisicamente, armem-se
com a mesma atitude que ele teve e estejam prontos para
também sofrer. Porque, se vocês sofreram fisicamente por
Cristo, deixaram o pecado para trás. 2Não passarão o resto
da vida buscando os próprios desejos, mas fazendo a vontade
de Deus. 3No passado, vocês desperdiçaram muito tempo
praticando o que gostam de fazer aqueles que não creem:
imoralidade e desejos carnais, farras, bebedeiras e festanças
desregradas, além da detestável adoração de ídolos.
4Agora, essas pessoas ficam surpresas quando vocês deixam
de participar de suas práticas desregradas e destrutivas e, por
isso, os difamam. 5Lembrem-se, porém, de que eles terão de
prestar contas àquele que está pronto para julgar a todos,
vivos e mortos. 6Por isso as boas-novas foram anunciadas até
mesmo aos mortos, pois, embora estivessem destinados a
morrer como todo ser humano, agora vivem para sempre com
Deus pelo Espírito.
7O fim de todas as coisas está próximo. Portanto, sejam sen-
satos e disciplinados em suas orações. 8Acima de tudo, amem
uns aos outros sinceramente, pois o amor cobre muitos pe-
cados. 9Abram sua casa de bom grado para os que necessitam
de um lugar para se hospedar.
10Deus concedeu um dom a cada um, e vocês devem usá-lo
para servir uns aos outros, fazendo bom uso da múltipla e
variada graça divina. 11Você tem o dom de falar? Então faça-o
de acordo com as palavras de Deus. Tem o dom de ajudar?
Faça-o com a força que Deus lhe dá. Assim, tudo que você rea-
lizar trará glória a Deus por meio de Jesus Cristo. A ele sejam
a glória e o poder para todo o sempre! Amém.

Sofrimentos resultantes de seguir a Cristo

12Amados, não se surpreendam com as provações de fogo ar-
dente pelas quais estão passando, como se algo estranho lhes
estivesse acontecendo. 13Pelo contrário, alegrem-se muito,
pois essas provações os tornam participantes dos sofrimentos
de Cristo, a fim de que tenham a maravilhosa alegria de ver
sua glória quando ela for revelada.
14Se vocês forem insultados por causa do nome de Cristo,
abençoados serão, pois o glorioso Espírito de Deus repousa
sobre vocês. 15Se sofrerem, porém, que não seja por matar,
roubar, causar confusão ou intrometer-se em assuntos alheios.
16Mas, se sofrerem por ser cristãos, não se envergonhem;
louvem a Deus por serem chamados por esse nome! 17Pois
chegou a hora do julgamento, que deve começar pela casa
de Deus. E, se o julgamento começa conosco, que destino ter-
rível aguarda aqueles que nunca obedeceram às boas-novas
de Deus! 18E, "Se o justo é salvo por um triz, o que será do
pecador perverso?".
19Portanto, se vocês sofrem porque cumprem a vontade de
Deus, continuem a fazer o que é certo e confiem sua vida
àquele que os criou, pois ele é fiel.

Conselhos para os líderes e para os jovens

5 E agora, uma palavra aos presbíteros em seu meio. Eu,
que também sou presbítero, testemunhei os sofrimentos
de Cristo e também participarei de sua glória quando ela for
revelada. Assim, peço-lhes 2que cuidem do rebanho que Deus
lhes confiou com disposição, e não de má vontade; não pelo
que lucrarão com isso, mas pelo desejo de servir a Deus. 3Não
abusem de sua autoridade com aqueles que foram colocados
sob seus cuidados, mas guiem-nos com seu bom exemplo. 4E,
quando vier o Grande Pastor, vocês receberão uma coroa de
glória sem fim.
5Da mesma forma, vocês, que são mais jovens, aceitem a auto-
ridade dos presbíteros. E todos vocês vistam-se de humildade
no relacionamento uns com os outros. Pois, "Deus se opõe aos
orgulhosos, mas concede graça aos humildes".
6Portanto, humilhem-se sob o grande poder de Deus e, no
tempo certo, ele os exaltará. 7Entreguem-lhe todas as suas
ansiedades, pois ele cuida de vocês.
8Estejam atentos! Tomem cuidado com seu grande inimigo, o
diabo, que anda como um leão rugindo à sua volta, à procura
de alguém para devorar. 9Permaneçam firmes contra ele e
sejam fortes na fé. Lembrem-se de que seus irmãos em Cristo
em todo o mundo estão passando pelos mesmos sofrimentos.
10Deus, em toda a sua graça, os chamou para participarem de
sua glória eterna por meio de Cristo Jesus. Assim, depois que
tiverem sofrido por um pouco de tempo, ele os restaurará,
os sustentará e os fortalecerá, e os colocará sobre um firme
alicerce. 11A ele seja o poder para sempre! Amém.

Saudações finais

12Escrevi e enviei esta breve carta com a ajuda de Silas, a quem
lhes recomendo como irmão fiel. Meu objetivo ao escrever é
encorajá-los e garantir-lhes que as experiências pelas quais
vocês têm passado são, verdadeiramente, parte da graça de
Deus. Permaneçam firmes nessa graça.
13Aquela que está na Babilônia, escolhida assim como vocês,
lhes envia saudações, e também meu filho Marcos. 14Cumpri-
mentem uns aos outros com um beijo de amor. Paz seja com
todos vocês que estão em Cristo.

2PEDRO

Saudações de Pedro

1 Eu, Simão Pedro, escravo e apóstolo de Jesus Cristo, escrevo
esta carta a vocês que compartilham de nossa preciosa fé,
concedida por meio da justiça de Jesus Cristo, nosso Deus e
Salvador.
2Que vocês tenham cada vez mais graça e paz à medida que
crescem no conhecimento de Deus e de Jesus, nosso Senhor.

Crescimento na fé

3Deus, com seu poder divino, nos concede tudo de que neces-
sitamos para uma vida de devoção, pelo conhecimento com-
pleto daquele que nos chamou para si por meio de sua glória
e excelência. 4E, por causa de sua glória e excelência, ele nos
deu grandes e preciosas promessas. São elas que permitem a
vocês participar da natureza divina e escapar da corrupção do
mundo causada pelos desejos humanos.
5Diante de tudo isso, esforcem-se ao máximo para corres-
ponder a essas promessas. Acrescentem à fé a excelência
moral; à excelência moral o conhecimento; 6ao conhecimento
o domínio próprio; ao domínio próprio a perseverança; à per-
severança a devoção a Deus; 7à devoção a Deus a fraternidade;
e à fraternidade o amor.
8Quanto mais crescerem nessas coisas, mais produtivos e
úteis serão no conhecimento completo de nosso Senhor Jesus
Cristo. 9Mas aqueles que não se desenvolvem desse modo são
praticamente cegos, vendo apenas o que está perto, e se es-
quecem de que foram purificados de seus antigos pecados.
10Por isso, irmãos, trabalhem ainda mais arduamente para
mostrar que, de fato, estão entre os que foram chamados e
escolhidos. Façam essas coisas e jamais tropeçarão. 11Assim,
sua entrada no reino eterno de nosso Senhor e Salvador Jesus
Cristo será acompanhada de grande honra.

Prestem atenção às Escrituras

12Portanto, sempre lhes lembrarei estas coisas, embora já as
saibam e estejam firmes na verdade que lhes foi ensinada. 13E
é apropriado que, enquanto eu viver, continue a lembrá-los.
14Pois nosso Senhor Jesus Cristo me mostrou que, em breve,
partirei desta vida, 15por isso me esforçarei para garantir que
vocês sempre se lembrem destas coisas depois de minha par-
tida.
16Porque não inventamos histórias engenhosas quando lhes fa-
lamos da poderosa vinda de nosso Senhor Jesus Cristo. Vimos
com os próprios olhos seu esplendor majestoso, 17quando ele
recebeu honra e glória da parte de Deus, o Pai. A voz da glória
suprema de Deus lhe disse: "Este é meu Filho amado, que me
dá grande alegria". 18Nós mesmos ouvimos essa voz do céu
quando estávamos com ele no monte santo.
19Além disso, temos a mensagem que os profetas procla-
maram, que é digna de toda confiança. Prestem muita atenção
ao que eles escreveram, pois suas palavras são como lâmpada
que ilumina um lugar escuro, até que o dia clareie e a estrela
da manhã brilhe no coração de vocês. 20Acima de tudo, saibam
que nenhuma profecia nas Escrituras surgiu do entendimento
do próprio profeta, 21nem de iniciativa humana. Esses homens
foram impulsionados pelo Espírito Santo e falaram da parte
de Deus.

O perigo dos falsos mestres

2 Contudo, assim como surgiram falsos profetas entre o povo
de Israel, também surgirão falsos mestres entre vocês. Eles
ensinarão astutamente heresias destrutivas e até negarão o
Mestre que os resgatou, trazendo sobre si mesmos destruição
repentina. 2Muitos seguirão a imoralidade vergonhosa desses
mestres, e por causa deles o caminho da verdade será difa-
mado. 3Em sua ganância, inventarão mentiras astutas para
explorar vocês, mas eles já foram condenados há muito tempo,
e sua destruição não tardará.
4Pois Deus não poupou nem os anjos que pecaram. Ele os
lançou no inferno, em abismos tenebrosos, onde ficarão
presos até o dia do julgamento. 5Não poupou o mundo antigo,
mas protegeu Noé, que proclamava a justiça, e sete pessoas
de sua família, quando destruiu com um dilúvio o mundo dos
perversos. 6Mais tarde, condenou as cidades de Sodoma e Go-
morra e as transformou em montes de cinzas, como exemplo
do que acontecerá aos perversos. 7Em contrapartida, resgatou
Ló, tirando-o de Sodoma, por ser ele um homem justo, afligido
com a vergonhosa imoralidade dos perversos ao seu redor.
8Sim, Ló era um homem justo, cuja alma justa era atormen-
tada pela maldade que via e ouvia todos os dias. 9Vemos, por-
tanto, que o Senhor sabe resgatar das provações os que lhe
são devotos e, ao mesmo tempo, manter os perversos sob
castigo até o dia do julgamento. 10Ele é particularmente se-
vero com aqueles que seguem desejos e instintos distorcidos
e desprezam a autoridade. Tais indivíduos são orgulhosos e
arrogantes, e atrevem-se até a zombar de seres sobrenatu-
rais. 11Já os anjos, muito maiores em poder e em força, não
ousam apresentar diante do Senhor uma acusação de blas-
fêmia contra esses seres.
12Os falsos mestres são como criaturas irracionais movidas
pelo instinto, que nascem para apanhar e morrer. Nada
sabem sobre aqueles a quem insultam e, como animais, serão
destruídos por sua própria corrupção. 13Praticam o mal e re-
ceberão o mal como recompensa. Gostam de se entregar à
imoralidade em plena luz do dia. São uma vergonha e uma
mancha no meio de vocês, sentindo prazer em enganá-los
enquanto participam de suas refeições. 14Cometem adultério
com os olhos e abrigam um desejo insaciável de pecar. Se-

duzem os instáveis e são bem treinados na ganância. Vivem
sob maldição, 15desviaram-se do caminho reto e seguem os
passos de Balaão, filho de Beor, que amou a recompensa que
receberia por fazer o mal. 16Balaão, porém, foi refreado em
sua loucura quando uma jumenta, que não fala, o repreendeu
com voz humana.
17Eles são como fontes secas ou a neblina levada pelo vento,
e estão condenados às mais escuras trevas. 18Com palavras
vazias, proclamam sua grandeza imaginária e apelam para
desejos carnais distorcidos a fim de atrair de volta ao pecado
aqueles que mal escaparam de uma vida enganosa. 19Pro-
metem liberdade, mas eles próprios são escravos da cor-
rupção. Pois cada um é escravo daquilo que o controla. 20E,
quando alguém escapa da maldade do mundo ao conhecer
nosso Senhor e Salvador Jesus Cristo, mas depois se deixa
emaranhar e se escravizar novamente pelo pecado, está
pior que antes. 21Teria sido melhor nunca haver conhecido o
caminho da justiça do que, conhecendo-o, rejeitar a ordem
recebida para viver de modo santo. 22Neles se confirmam os
provérbios: "O cão volta a seu próprio vômito" e "A porca la-
vada volta a revolver-se na lama".

O dia do Senhor se aproxima

3 Amados, esta é minha segunda carta a vocês, e em ambas
procurei refrescar sua memória e incentivá-los a pensar
com clareza. 2Quero que se lembrem do que disseram os
santos profetas muito tempo atrás e do que ordenou nosso
Senhor e Salvador por meio dos apóstolos que lhes enviou.
3Acima de tudo, quero alertá-los de que nos últimos dias sur-
girão escarnecedores que zombarão da verdade e seguirão os
próprios desejos, 4dizendo: "O que houve com a promessa de
que ele voltaria? Desde antes do tempo de nossos antepas-
sados, tudo permanece igual, como desde a criação do mundo".
5Eles esquecem deliberadamente que Deus, por sua palavra,
há muito tempo criou os céus e a terra seca, que fez surgir
em meio às águas. 6Depois, com água destruiu todo o mundo
antigo, no dilúvio. 7Pela mesma palavra, os céus e a terra que
agora existem foram reservados para o fogo e estão guar-
dados para o dia do julgamento, quando todos os perversos
serão destruídos.
8Logo, amados, não se esqueçam disto: para o Senhor, um dia é
como mil anos, e mil anos como um dia. 9Na verdade, o Senhor
não demora em cumprir sua promessa, como pensam alguns.
Pelo contrário, ele é paciente por causa de vocês. Não deseja
que ninguém seja destruído, mas que todos se arrependam.
10Contudo, o dia do Senhor virá como um ladrão. Os céus desa-
parecerão com terrível estrondo, e até os elementos serão con-
sumidos pelo fogo, e a terra e tudo que nela há serão expostos.
11Visto, portanto, que tudo ao redor será destruído, a vida de
vocês deve ser caracterizada por santidade e devoção, 12espe-
rando o dia de Deus e já antecipando sua vinda. Nesse dia, ele
incendiará os céus, e os elementos se derreterão nas chamas.
13Nós, porém, aguardamos com grande expectativa os novos
céus e a nova terra que ele prometeu, um mundo pleno de
justiça.
14Portanto, amados, enquanto esperam que essas coisas acon-
teçam, esforcem-se para levar uma vida pacífica, pura e sem
culpa aos olhos de Deus.
15E lembrem-se de que a paciência de nosso Senhor permite
que as pessoas sejam salvas. Foi isso que nosso amado irmão
Paulo lhes escreveu, com a sabedoria que lhe foi concedida.
16Ele trata dessas questões em todas as suas cartas. Alguns
de seus comentários são difíceis de entender, e os ignorantes
e instáveis distorceram suas cartas, como fazem com outras
partes das Escrituras. Como resultado, eles próprios serão
destruídos.

Palavras finais de Pedro

17Amados, vocês já sabem dessas coisas. Portanto, estejam
atentos, a fim de que não sejam levados pelos erros desses
perversos e percam sua firmeza. 18Antes, cresçam na graça e
no conhecimento de nosso Senhor e Salvador Jesus Cristo. A
ele seja a glória, agora e para sempre! Amém.

1JOÃO

Introdução

1 Proclamamos a vocês aquele que existia desde o princípio,
aquele que ouvimos e vimos com nossos próprios olhos e
tocamos com nossas próprias mãos. Ele é a Palavra da vida.
2Aquele que é a vida nos foi revelado, e nós o vimos. Agora, tes-
temunhamos e lhes proclamamos que ele é a vida eterna. Ele
estava com o Pai e nos foi revelado. 3Anunciamos-lhes aquilo
que nós mesmos vimos e ouvimos, para que tenham comunhão
conosco. E nossa comunhão é com o Pai e com seu Filho, Jesus
Cristo. 4Escrevemos estas coisas para que vocês participem
plenamente de nossa alegria.

Viver na luz

5Esta é a mensagem que ouvimos dele e que agora lhes
transmitimos: Deus é luz, e nele não há escuridão alguma.
6Portanto, se afirmamos que temos comunhão com ele mas

vivemos na escuridão, mentimos e não praticamos a verdade.
7 Mas, se vivemos na luz, como Deus está na luz, temos comu-
nhão uns com os outros, e o sangue de Jesus, seu Filho, nos
purifica de todo pecado.
8 Se afirmamos que não temos pecados, enganamos a nós
mesmos e não vivemos na verdade. 9 Mas, se confessamos
nossos pecados, ele é fiel e justo para perdoar nossos pe-
cados e nos purificar de toda injustiça. 10 Se afirmamos que não
pecamos, chamamos Deus de mentiroso e mostramos que não
há em nós lugar para sua palavra.

2 Meus filhinhos, escrevo-lhes estas coisas para que vocês
não pequem. Se, contudo, alguém pecar, temos um ad-
vogado que defende nossa causa diante do Pai: Jesus Cristo,
aquele que é justo. 2 Ele mesmo é o sacrifício para o perdão
de nossos pecados, e não apenas de nossos pecados, mas dos
pecados de todo o mundo.
3 E sabemos que o conhecemos se obedecemos a seus man-
damentos. 4 Se alguém diz: "Eu o conheço", mas não obedece
a seus mandamentos, é mentiroso e a verdade não está nele.
5 Mas quem obedece à palavra de Deus mostra que o amor que
vem dele está se aperfeiçoando em sua vida. Desse modo, sa-
bemos que estamos nele. 6 Quem afirma que permanece nele
deve viver como ele viveu.

Um novo mandamento

7 Amados, não lhes escrevo um novo mandamento, mas um
antigo, que vocês têm desde o princípio. É a mesma men-
sagem que ouviram antes. 8 E, no entanto, também é um novo
mandamento, cuja verdade ele demonstrou, e vocês também
a demonstram. Pois a escuridão está se dissipando, e a ver-
dadeira luz já brilha.
9 Se alguém afirma: "Estou na luz", mas odeia seu irmão, ainda
está na escuridão. 10 Quem ama seu irmão permanece na luz e
não leva outros a tropeçar. 11 Mas quem odeia seu irmão ainda
está na escuridão e anda na escuridão. Não sabe para onde
vai, pois a escuridão o cegou.
12 Escrevo a vocês, filhinhos, porque seus pecados foram per-
doados pelo nome de Jesus.
13 Escrevo a vocês, pais, porque conhecem aquele que existia
desde o princípio. Escrevo a vocês, jovens, porque venceram a
batalha contra o maligno.
14 Escrevi a vocês, filhinhos, porque conhecem o Pai. Escrevi a
vocês, pais, porque conhecem aquele que existia desde o prin-
cípio. Escrevi a vocês, jovens, porque são fortes. A palavra de
Deus permanece em seu coração, e vocês venceram o maligno.

Não se deve amar este mundo

15 Não amem este mundo, nem as coisas que ele oferece, pois,
quando amam o mundo, o amor do Pai não está em vocês.
16 Porque o mundo oferece apenas o desejo intenso por prazer
físico, o desejo intenso por tudo que vemos e o orgulho de
nossas realizações e bens. Isso não provém do Pai, mas do
mundo. 17 E este mundo passa, e com ele tudo que as pessoas
tanto desejam. Mas quem faz o que agrada a Deus vive para
sempre.

Advertências sobre os anticristos

18 Filhinhos, chegou a hora final. Vocês ouviram que o anticristo
está por vir, e muitos anticristos já apareceram. Por isso sa-
bemos que chegou a hora final. 19 Eles saíram de nosso meio,
mas, na verdade, nunca foram dos nossos; do contrário, teriam
permanecido conosco. Quando saíram, mostraram que não
eram dos nossos.
20 Mas vocês não são assim, pois o Santo lhes deu sua unção, e
todos vocês conhecem a verdade. 21 Não lhes escrevo porque
não conhecem a verdade, mas porque a conhecem e sabem
que a verdade não produz mentira alguma. 22 E quem é men-
tiroso? Aquele que afirma que Jesus não é o Cristo. Quem
nega o Pai e o Filho é o anticristo. 23 Aquele que nega o Filho
também não tem o Pai. Quem reconhece o Filho tem também
o Pai.
24 Portanto, cuidem para que permaneça em vocês o que lhes
foi ensinado desde o começo. Se o fizerem, permanecerão
em comunhão com o Filho e com o Pai. 25 E, nessa comunhão,
desfrutamos a vida eterna que ele nos prometeu.
26 Escrevo estas coisas para adverti-los sobre os que desejam
enganá-los. 27 Vocês, porém, receberam dele a unção, e ela
permanece em vocês, de modo que não precisam que alguém
lhes ensine a verdade. Pois o que a unção lhes ensina é ver-
dade, e não mentira, e é tudo que precisam saber. Portanto,
como lhes ensinou a unção, permaneçam nele.

Viver como filhos de Deus

28 Agora, filhinhos, permaneçam nele para que, quando ele
voltar, estejamos confiantes e não nos afastemos dele, en-
vergonhados.
29 Porque sabemos que ele é justo, também sabemos que todo
o que pratica a justiça é nascido de Deus.

3 Vejam como é grande o amor do Pai por nós, pois ele nos
chama de filhos, o que de fato somos! Mas quem pertence
a este mundo não reconhece que somos filhos de Deus, porque
não o conhece. 2 Amados, já somos filhos de Deus, mas ele
ainda não nos mostrou o que seremos quando Cristo vier.
Sabemos, porém, que seremos semelhantes a ele, pois o ve-
remos como ele realmente é. 3 E todos que têm essa esperança
se manterão puros, como ele é puro.
4 Quem vive no pecado transgride a lei, pois todo pecado é
contrário à lei. 5 E vocês sabem que ele veio para tirar nossos
pecados, e nele não há pecado. 6 Quem permanece nele não
continua a pecar. Mas quem continua a pecar não o conhece e
não entende quem ele é.
7 Filhinhos, não deixem que ninguém os engane a este respeito:
quando uma pessoa faz o que é justo, mostra que é justa,
como ele é justo. 8 Mas, quando continua a pecar, mostra que
pertence ao diabo, pois o diabo peca desde o início. Por isso

o Filho de Deus veio, para destruir as obras do diabo. 9Aquele
que é nascido de Deus não vive no pecado, pois a vida de Deus
está nele. Logo, não pode continuar a pecar, pois é nascido
de Deus. 10Assim, podemos identificar quem é filho de Deus e
quem é filho do diabo. Quem não pratica a justiça e não ama
seus irmãos não pertence a Deus.

Amem uns aos outros

11Esta é a mensagem que vocês ouviram desde o princípio:
que amemos uns aos outros. 12Não sejamos como Caim, que
pertencia ao maligno e assassinou seu irmão. E por que o as-
sassinou? Porque Caim praticava o mal, e seu irmão praticava
a justiça. 13Portanto, meus irmãos, não se surpreendam se o
mundo os odiar.
14Se amamos nossos irmãos, significa que passamos da morte
para a vida. Mas quem não ama continua morto. 15Quem odeia
seu irmão já é assassino. E vocês sabem que nenhum assassino
tem dentro de si a vida eterna.
16Sabemos o que é o amor porque Jesus deu sua vida por nós.
Portanto, também devemos dar nossa vida por nossos irmãos.
17Se alguém tem recursos suficientes para viver bem e vê um
irmão em necessidade, mas não mostra compaixão, como
pode estar nele o amor de Deus?
18Filhinhos, não nos limitemos a dizer que amamos uns aos
outros; demonstremos a verdade por meio de nossas ações.
19Com isso saberemos que pertencemos à verdade, e nos tran-
quilizaremos quando estivermos diante de Deus. 20E, ainda
que a consciência nos condene, Deus é maior que nossa cons-
ciência e sabe todas as coisas.
21Amados, se a consciência não nos condena, podemos ir a
Deus com total confiança 22e dele receberemos tudo que pe-
dirmos, pois lhe obedecemos e fazemos o que lhe agrada.
23E este é seu mandamento: que creiamos no nome de seu
Filho, Jesus Cristo, e amemos uns aos outros, conforme ele
nos ordenou. 24Aqueles que obedecem a seus mandamentos
permanecem nele, e ele permanece neles. E sabemos que ele
permanece em nós porque o Espírito que ele nos deu perma-
nece em nós.

Como identificar falsos profetas

4 Amados, não acreditem em todo espírito, mas ponham-no à
prova para ter a certeza de que o espírito vem de Deus, pois
há muitos falsos profetas no mundo. 2Assim sabemos se eles
têm o Espírito de Deus: todo espírito que reconhece que Jesus
Cristo veio em corpo humano é de Deus, 3mas todo espírito que
não reconhece a verdade a respeito de Jesus não é de Deus.
Esse é o espírito do anticristo, sobre o qual vocês ouviram que
viria ao mundo e, de fato, já está aqui.
4Filhinhos, vocês pertencem a Deus e já venceram os falsos
profetas, pois o Espírito que está em vocês é maior que o
espírito que está no mundo. 5Eles pertencem a este mundo,
portanto falam do ponto de vista do mundo, e o mundo os
ouve. 6Nós, porém, pertencemos a Deus. Quem conhece a
Deus nos ouve, mas quem não conhece a Deus não nos ouve.
Desse modo sabemos se alguém tem o Espírito da verdade ou
o espírito do erro.

Deus é amor

7Amados, continuemos a amar uns aos outros, pois o amor
vem de Deus. Quem ama é nascido de Deus e conhece a Deus.
8Quem não ama não conhece a Deus, porque Deus é amor.
9Deus mostrou quanto nos amou ao enviar seu único Filho ao
mundo para que, por meio dele, tenhamos vida. 10É nisto que
consiste o amor: não em que tenhamos amado a Deus, mas
em que ele nos amou e enviou seu Filho como sacrifício para o
perdão de nossos pecados.
11Amados, visto que Deus tanto nos amou, certamente de-
vemos amar uns aos outros. 12Ninguém jamais viu a Deus.
Mas, se amamos uns aos outros, Deus permanece em nós, e
seu amor chega, em nós, à expressão plena.
13Deus nos deu seu Espírito como prova de que permanecemos
nele, e ele em nós. 14Além disso, vimos com os próprios olhos
e agora testemunhamos que o Pai enviou seu Filho para ser o
Salvador do mundo. 15Aquele que declara que Jesus é o Filho
de Deus, Deus permanece nele, e ele em Deus. 16Sabemos
quanto Deus nos ama e confiamos em seu amor. Deus é amor,
e quem permanece no amor permanece em Deus, e Deus nele.
17À medida que permanecemos em Deus, nosso amor se torna
mais perfeito. Assim, teremos confiança no dia do julgamento,
pois vivemos como Jesus viveu neste mundo.
18Esse amor não tem medo, pois o perfeito amor afasta todo
medo. Se temos medo, é porque tememos o castigo, e isso
mostra que ainda não experimentamos plenamente o amor.
19Nós amamos porque ele nos amou primeiro.
20Se alguém afirma: "Amo a Deus", mas odeia seu irmão, é
mentiroso, pois se não amamos nosso irmão, a quem vemos,
como amaremos a Deus, a quem não vemos? 21Ele nos deu este
mandamento: quem ama a Deus, ame também seus irmãos.

Crer no Filho de Deus

5 Todo aquele que crê que Jesus é o Cristo é nascido de Deus.
E todo aquele que ama o Pai também ama os filhos dele. 2Sa-
bemos que amamos os filhos de Deus se amamos a Deus e obe-
decemos a seus mandamentos. 3Amar a Deus significa obedecer
a seus mandamentos. E seus mandamentos não são difíceis.
4Pois todo aquele que é nascido de Deus vence este mundo, e
obtemos essa vitória pela fé. 5Quem vence a batalha contra o
mundo? Somente quem crê que Jesus é o Filho de Deus.
6Jesus Cristo foi revelado por meio de seu batismo na água e
pelo derramamento de seu sangue; não só por meio da água,
mas pela água e pelo sangue. E o Espírito, que é a verdade, o
confirma com seu testemunho. 7Temos, portanto, três teste-
munhas, 8o Espírito, a água e o sangue, e as três concordam
entre si. 9Porque cremos em testemunho humano, certamente
podemos crer no testemunho de Deus, que tem ainda mais
valor. E Deus dá testemunho acerca de seu Filho. 10Quem crê
no Filho de Deus sabe, em seu coração, que esse testemunho
é verdadeiro. Quem não crê nisso, na realidade, chama Deus

de mentiroso, porque não crê no testemunho de Deus acerca
de seu Filho.
11E este é o testemunho: Deus nos deu vida eterna, e essa vida
está em seu Filho. 12Quem tem o Filho tem a vida; quem não
tem o Filho de Deus não tem a vida.

Conclusão

13Escrevi estas coisas a vocês que creem no nome do Filho de
Deus para que saibam que têm a vida eterna. 14Estamos certos
de que ele nos ouve sempre que lhe pedimos algo conforme
sua vontade. 15E, uma vez que sabemos que ele ouve nossos
pedidos, também sabemos que ele nos dará o que pedimos.
16Se alguém vir um irmão cometer pecado que não leva à
morte, ore por ele, e Deus dará vida a esse irmão que pecou
de maneira que não leva à morte. Mas há pecado que leva
à morte, e não digo que se deva orar por aqueles que o co-
metem. 17Toda injustiça é pecado, mas nem todo pecado leva
à morte.
18Sabemos que os nascidos de Deus não vivem no pecado, pois
o Filho de Deus os protege e o maligno não os toca. 19Sabemos
que somos filhos de Deus e que o mundo inteiro está sob o
controle do maligno.
20E sabemos que o Filho de Deus veio e nos deu entendimento
para que conheçamos ao Deus verdadeiro. Agora, vivemos em
comunhão com o Deus verdadeiro, porque vivemos em comu-
nhão com seu Filho, Jesus Cristo. Ele é o Deus verdadeiro e é
a vida eterna.
21Filhinhos, afastem-se dos ídolos.

2JOÃO

Saudações

1Eu, o presbítero, escrevo à senhora escolhida e a seus filhos,
a quem amo na verdade, como fazem todos os que conhecem
a verdade, 2porque a verdade permanece em nós e estará
conosco para sempre.
3Graça, misericórdia e paz que vêm de Deus, o Pai, e de Jesus
Cristo, o Filho do Pai, estarão conosco, os que vivemos na
verdade e no amor.

Permaneçam na verdade

4Fiquei muito feliz por encontrar alguns de seus filhos e ver
que estão vivendo de acordo com a verdade, conforme o Pai
ordenou.
5Agora, senhora, peço-lhe que amemos uns aos outros. Não
se trata de um novo mandamento; nós o temos desde o prin-
cípio. 6O amor consiste em fazer o que Deus nos ordenou, e
ele ordenou que amemos uns aos outros, como vocês ouviram
desde o princípio.
7Digo isso porque muitos enganadores têm ido pelo mundo
afora, negando que Jesus Cristo veio em corpo humano. Quem
age assim é o enganador e o anticristo. 8Tenham cuidado para
não perder aquilo que nos esforçamos tanto para conseguir.
Sejam diligentes a fim de receber a recompensa completa.
9Quem se desvia deste ensino não tem ligação alguma com
Deus, mas quem permanece no ensino de Cristo tem ligação
com o Pai e também com o Filho.
10Se alguém for a suas reuniões e não ensinar a verdade de
Cristo, não o convidem a entrar em sua casa, nem lhe deem
nenhum tipo de apoio. 11Quem apoia esse tipo de pessoa tor-
na-se cúmplice de suas obras malignas.

Conclusão

12Tenho muito mais a lhes dizer, mas não quero fazê-lo com
papel e tinta, pois espero visitá-los em breve e conversar com
vocês pessoalmente. Então nossa alegria será completa.
13Saudações dos filhos de sua irmã escolhida.

3JOÃO

Saudações

1Eu, o presbítero, escrevo a Gaio, meu amigo querido, a quem
amo na verdade.
2Amado, espero que você esteja bem e fisicamente tão sadio
quanto é forte em espírito. 3Alguns dos irmãos regressaram e
me deixaram muito alegre quando falaram de sua fidelidade e
de como você vive de acordo com a verdade. 4Eu não poderia ter
maior alegria que saber que meus filhos têm seguido a verdade.

Incentivo a Gaio

[5]Amado, você é fiel quando cuida dos irmãos que passam por aí,
embora não os conheça. [6]Eles falaram à igreja daqui a respeito
de sua amizade afetuosa. Peço que continue a suprir as neces-
sidades deles de modo agradável a Deus. [7]Pois eles viajam a ser-
viço do Senhor e não aceitam coisa alguma dos que são de fora.
[8]Assim, nós mesmos devemos sustentá-los, a fim de nos tor-
narmos seus cooperadores quando eles ensinarem a verdade.
[9]Escrevi à igreja sobre isso, mas Diótrefes, que gosta de ser
o mais importante, se recusa a receber-nos. [10]Quando eu for,
relatarei algumas das coisas que ele tem feito, bem como suas
acusações maldosas contra nós. Ele não apenas se recusa a
acolher os irmãos, mas também impede outros de ajudá-los.
E, quando o fazem, ele os expulsa da igreja.
[11]Amado, não deixe que esse mau exemplo o influencie, mas
siga apenas o que é bom. Quem faz o bem prova que é filho de
Deus; quem faz o mal prova que não conhece a Deus.
[12]Todos, incluindo a própria verdade, falam bem de Demé-
trio. Nós dizemos o mesmo a respeito dele, e você sabe que
falamos a verdade.

Conclusão

[13]Tenho muito mais a lhe dizer, mas não quero fazê-lo com
pena e tinta, [14]pois espero vê-lo em breve, e então conversa-
remos pessoalmente.
[15]A paz seja com você. Seus amigos daqui mandam lembranças.
Por favor, envie minhas saudações pessoais a cada um dos
amigos daí.

JUDAS

Saudações de Judas

[1]Eu, Judas, escravo de Jesus Cristo e irmão de Tiago, escrevo
esta carta aos que foram chamados por Deus, o Pai, que os
ama e os guarda sob o cuidado de Jesus Cristo.
[2]Que vocês tenham cada vez mais misericórdia, paz e amor.

O perigo dos falsos mestres

[3]Amados, embora planejasse escrever-lhes com todo em-
penho sobre a salvação que compartilhamos, entendo agora
que devo escrever a respeito de outro assunto e insistir que
defendam a fé que, de uma vez por todas, foi confiada ao povo
santo. [4]Pois alguns indivíduos perversos se infiltraram em seu
meio sem serem notados, dizendo que a graça de Deus per-
mite levar uma vida imoral. A condenação de tais pessoas foi
registrada há muito tempo, pois negaram Jesus Cristo, nosso
único Soberano e Senhor.
[5]Ainda que já saibam dessas coisas, desejo lembrar a vocês
que o Senhor libertou o povo de Israel do Egito, mas depois
destruiu aqueles que não permaneceram fiéis. [6]Também lhes
lembro os anjos que não se limitaram à autoridade recebida,
mas deixaram o lugar a que pertenciam. Deus os mantém acor-
rentados em prisões eternas, na escuridão, aguardando o dia
do julgamento. [7]E não se esqueçam de Sodoma e Gomorra e
das cidades vizinhas, cheias de imoralidade e de perversão
sexual de todo tipo, que foram destruídas pelo fogo e servem
de advertência do fogo eterno do julgamento.
[8]Da mesma forma, essas pessoas, afirmando ter autoridade
com base em sonhos, vivem de modo imoral, desprezam a au-
toridade e zombam dos seres sobrenaturais. [9]Mas nem mesmo
o arcanjo Miguel se atreveu a acusar o diabo de blasfêmia. Ele
disse apenas: "O Senhor o repreenda!". (Isso aconteceu quando
Miguel discutia com o diabo a respeito do corpo de Moisés.)
[10]Tais indivíduos, porém, zombam de coisas que não entendem.
Como criaturas irracionais, agem segundo seus instintos e,
desse modo, provocam a própria destruição. [11]Que aflição os es-
pera! Pois eles seguem os passos de Caim, enganam outros por
dinheiro, como Balaão, e perecem em sua rebelião, como Corá.
[12]Quando esses indivíduos, sem o menor constrangimento,
participam de suas refeições de celebração ao amor do Se-
nhor, são como perigosos recifes que podem fazê-los nau-
fragar. Sim, são como pastores que só se preocupam consigo
mesmos, como nuvens que passam sobre a terra sem dar
chuva, como árvores no outono, duplamente mortas porque
não dão frutos e foram arrancadas pelas raízes. [13]São como
ondas violentas no mar, espalhando a espuma de seus atos
vergonhosos, como estrelas sem rumo, condenadas para
sempre à mais profunda escuridão.
[14]Enoque, que viveu na sétima geração depois de Adão, profe-
tizou a respeito desses homens, dizendo: "Ouçam! O Senhor
vem com incontáveis milhares de santos [15]para julgar a todos.
Convencerá os pecadores de seus atos perversos e dos insultos
que pronunciaram contra ele".
[16]São murmuradores e descontentes, que vivem apenas para
satisfazer os próprios desejos. Contam vantagem em alta voz
e bajulam outros para conseguir o que querem.

Apelo à fidelidade

[17]Amados, lembrem-se do que previram os apóstolos de nosso
Senhor Jesus Cristo. [18]Eles lhes disseram que nos últimos
tempos haveria zombadores cujo propósito na vida é satisfazer
seus desejos perversos. [19]Eles provocam divisões entre vocês e
seguem seus instintos naturais, pois não têm neles o Espírito.
[20]Mas vocês, amados, edifiquem uns aos outros em sua san-

tíssima fé, orem no poder do Espírito Santo 21e mantenham-se
firmes no amor de Deus, enquanto aguardam a vida eterna
que nosso Senhor Jesus Cristo lhes dará em sua misericórdia.
22Tenham compaixão daqueles que vacilam na fé. 23Resgatem
outros, tirando-os das chamas do julgamento. De outros ainda,
tenham misericórdia, mas façam isso com grande cautela,
odiando os pecados que contaminam a vida deles.

Oração de louvor

24Toda a glória seja àquele que é poderoso para guardá-los de
cair e para levá-los, com grande alegria e sem defeito, à sua
presença gloriosa. 25Toda a glória seja àquele que é o único
Deus, nosso Salvador por meio de Jesus Cristo, nosso Senhor.
Glória, majestade, poder e autoridade lhe pertencem desde
antes de todos os tempos, agora e para sempre! Amém.

APOCALIPSE

Prólogo

1 Revelação de Jesus Cristo, que Deus lhe deu para mostrar
a seus servos os acontecimentos que ocorrerão em breve.
Ele enviou um anjo para apresentá-la a seu servo João, 2que
relatou fielmente tudo que viu. Este é seu relato da palavra de
Deus e do testemunho de Jesus Cristo.
3Feliz é aquele que lê as palavras desta profecia, e felizes são
aqueles que ouvem sua mensagem e obedecem ao que ela diz,
pois o tempo está próximo.

Saudação de João às sete igrejas

4Eu, João, escrevo às sete igrejas na província da Ásia. Graça
e paz a vocês da parte daquele que é, que era e que ainda
virá, dos sete espíritos que estão diante de seu trono, 5e de
Jesus Cristo. Ele é a testemunha fiel destas coisas, o primeiro
a ressuscitar dos mortos e o governante de todos os reis da
terra. Toda a glória seja àquele que nos ama e nos libertou de
nossos pecados por meio de seu sangue. 6Ele fez de nós um
reino de sacerdotes para Deus, seu Pai. A ele sejam a glória e
o poder para todo o sempre! Amém.
7Vejam! Ele vem com as nuvens do céu, e todos o verão, até
mesmo aqueles que o transpassaram. E todas as nações da
terra se lamentarão por causa dele. Sim! Amém!
8"Eu sou o Alfa e o Ômega", diz o Senhor Deus. "Eu sou aquele
que é, que era e que ainda virá, o Todo-poderoso."

A visão do Filho do Homem

9Eu, João, irmão e companheiro de vocês no sofrimento, no
reino e na perseverança para a qual Jesus nos chama, estava
exilado na ilha de Patmos por pregar a palavra de Deus e teste-
munhar a respeito de Jesus. 10Era o dia do Senhor, e me vi to-
mado pelo Espírito. De repente, ouvi atrás de mim uma forte voz,
como um toque de trombeta, 11e a voz dizia: "Escreva num livro
tudo que você vê e envie-o às sete igrejas nas cidades de Éfeso,
Esmirna, Pérgamo, Tiatira, Sardes, Filadélfia e Laodiceia".
12Quando me voltei para ver quem falava comigo, vi sete
candelabros de ouro 13e, em pé entre eles, havia alguém se-
melhante ao Filho do Homem. Vestia um manto comprido,
com uma faixa de ouro sobre o peito. 14A cabeça e os cabelos
eram brancos como a lã e a neve, e os olhos, como chamas
de fogo. 15Os pés eram como bronze polido, refinado numa
fornalha, e a voz ressoava como fortes ondas do mar. 16Na
mão direita tinha sete estrelas, e de sua boca saía uma espada
afiada dos dois lados. A face brilhava como o sol em todo o
seu esplendor.
17Quando o vi, caí a seus pés, como morto. Ele, porém, colocou
a mão direita sobre mim e disse: "Não tenha medo! Eu sou o
Primeiro e o Último. 18Sou aquele que vive. Estive morto, mas
agora vivo para todo o sempre! E tenho as chaves da morte e
do mundo dos mortos.
19"Portanto, escreva o que viu, tanto as coisas que estão
acontecendo agora como as que acontecerão depois. 20Este
é o significado do mistério das sete estrelas que você viu em
minha mão direita e dos sete candelabros de ouro: as sete
estrelas são os anjos das sete igrejas, e os sete candelabros
são as sete igrejas."

Mensagem à igreja em Éfeso

2 "Escreva esta carta ao anjo da igreja em Éfeso. Esta é a
mensagem daquele que segura na mão direita as sete es-
trelas, daquele que anda entre os sete candelabros de ouro:
2"Sei de tudo que você faz. Vi seu trabalho árduo e sua perse-
verança, e sei que não tolera os perversos. Examinou as pre-
tensões dos que se dizem apóstolos, mas não são, e descobriu
que são mentirosos. 3Sofreu por meu nome com paciência,
sem desistir.
4"Contudo, tenho contra você uma queixa: você abandonou
o amor que tinha no princípio. 5Veja até onde você caiu! Arre-
penda-se e volte a praticar as obras que no início praticava. Do
contrário, virei até você e tirarei seu candelabro de seu lugar
entre as igrejas. 6Mas há isto a seu favor: você odeia as obras
dos nicolaítas, como eu também odeio.
7"Quem tem ouvidos para ouvir, ouça o que o Espírito diz às
igrejas. Ao vitorioso, darei o fruto da árvore da vida que está
no paraíso de Deus."

Mensagem à igreja em Esmirna

8“Escreva esta carta ao anjo da igreja em Esmirna. Esta é a mensagem daquele que é o Primeiro e o Último, que esteve morto mas agora vive:

9“Conheço suas aflições e sua pobreza, mas você é rico. Sei da blasfêmia dos que se opõem a você. Eles se dizem judeus, mas não são, pois a sinagoga deles pertence a Satanás. 10Não tenha medo do que está prestes a sofrer. O diabo lançará alguns de vocês na prisão a fim de prová-los, e terão aflições por dez dias. Mas, se você permanecer fiel mesmo diante da morte, eu lhe darei a coroa da vida.

11“Quem tem ouvidos para ouvir, ouça o que o Espírito diz às igrejas. Quem for vitorioso não sofrerá o dano da segunda morte.”

Mensagem à igreja em Pérgamo

12“Escreva esta carta ao anjo da igreja em Pérgamo. Esta é a mensagem daquele que tem a espada afiada dos dois lados:

13“Conheço o lugar onde você vive, a cidade onde está o trono de Satanás. Ainda assim, você permanece leal a meu nome. Recusou-se a negar sua fé em mim até mesmo quando Antipas, minha testemunha fiel, foi morto onde vocês vivem, o lugar de habitação de Satanás.

14“Contudo, tenho contra você algumas queixas. Você tolera em seu meio pessoas cujo ensino é semelhante ao de Balaão, que mostrou a Balaque como fazer o povo de Israel tropeçar. Ele os instigou a comer alimentos oferecidos a ídolos e a praticar imoralidade sexual. 15De igual modo, há entre vocês alguns que seguem o ensino dos nicolaítas. 16Portanto, arrependa-se ou virei subitamente até você e lutarei contra eles com a espada de minha boca.

17“Quem tem ouvidos para ouvir, ouça o que o Espírito diz às igrejas. Ao vitorioso, darei do maná escondido. Também lhe darei uma pedra branca, e nela estará gravado um nome novo, que ninguém conhece, a não ser aquele que o recebe.”

Mensagem à igreja em Tiatira

18“Escreva esta carta ao anjo da igreja em Tiatira. Esta é a mensagem do Filho de Deus, cujos olhos são como chamas de fogo e cujos pés são como bronze polido:

19“Sei de tudo que você faz. Vi seu amor, sua fé, seu serviço e sua perseverança, e observei como você tem crescido em todas essas coisas.

20“Contudo, tenho contra você uma queixa. Você tem permitido que essa mulher, Jezabel, que se diz profetisa, faça meus servos se desviarem. Ela os ensina a cometer imoralidade sexual e a comer alimentos oferecidos a ídolos. 21Dei a ela tempo para que se arrependesse, mas não quer se arrepender de sua imoralidade.

22“Portanto, eu a lançarei doente numa cama, e aqueles que cometerem adultério com ela sofrerão terrivelmente, a menos que se arrependam e abandonem a prática de tais atos. 23Matarei seus filhos, e então todas as igrejas saberão que eu sou aquele que sonda mente e coração. Darei a cada um de vocês aquilo que seus atos merecem.

24“Tenho também uma mensagem para o restante de vocês em Tiatira que não seguiram esse falso ensino (‘as verdades mais profundas’, como eles dizem, e que na realidade vêm de Satanás). Não lhes pedirei coisa alguma, 25senão que se apeguem firmemente ao que já têm até que eu venha. 26Ao vitorioso que me obedecer até o fim, Eu darei autoridade sobre as nações.

27Ele as governará com cetro de ferro e as despedaçará como vasos de barro.

28Ele terá a mesma autoridade que recebi de meu Pai, e também lhe darei a estrela da manhã.

29“Quem tem ouvidos para ouvir, ouça o que o Espírito diz às igrejas.”

Mensagem à igreja em Sardes

3 “Escreva esta carta ao anjo da igreja em Sardes. Esta é a mensagem daquele que tem os sete espíritos de Deus e as sete estrelas: “Sei de tudo que você faz. Você tem fama de estar vivo, mas está morto. 2Desperte! Fortaleça o pouco que resta, pois até mesmo isso está quase morto. Vejo que suas ações não atendem aos requisitos de meu Deus. 3Lembre-se do que ouviu e no que acreditou no princípio; agarre-se a isso com firmeza. Arrependa-se. Se não despertar, virei subitamente até você, como um ladrão.

4“Há alguns em Sardes, no entanto, que não mancharam suas roupas com o mal. Eles andarão comigo vestidos de branco, pois são dignos. 5O vitorioso será vestido de branco. Jamais apagarei seu nome do Livro da Vida e confirmarei, diante de meu Pai e de seus anjos, que ele me pertence.

6“Quem tem ouvidos para ouvir, ouça o que o Espírito diz às igrejas.”

Mensagem à igreja em Filadélfia

7“Escreva esta carta ao anjo da igreja em Filadélfia. Esta é a mensagem daquele que é santo e verdadeiro, que tem a chave de Davi. O que ele abre ninguém pode fechar, e o que ele fecha ninguém pode abrir:

8“Sei de tudo que você faz. Abri para você uma porta que ninguém pode fechar. Você tem pouca força, mas ainda assim obedeceu à minha palavra e não negou meu nome. 9Veja, obrigarei aqueles que pertencem à sinagoga de Satanás — os mentirosos que se dizem judeus, mas não são — a virem, prostrarem-se a seus pés e reconhecerem que amo você.

10“Porque obedeceu à minha ordem para perseverar, eu o protegerei do grande tempo de provação que virá sobre todo o mundo para pôr à prova os habitantes da terra. 11Venho em breve. Apegue-se ao que você tem, para que ninguém tome sua coroa. 12O vitorioso se tornará coluna do templo de meu Deus, de onde jamais sairá. Escreverei nele o nome de meu Deus, e ele será cidadão da cidade de meu Deus, a nova Jerusalém que desce do céu, da parte de meu Deus. E também escreverei nele o meu novo nome.

13“Quem tem ouvidos para ouvir, ouça o que o Espírito diz às igrejas.”

Mensagem à igreja em Laodiceia

14“Escreva esta carta ao anjo da igreja em Laodiceia. Esta é a
mensagem daquele que é o Amém, a testemunha fiel e verda-
deira, a origem da criação de Deus:
15“Sei de tudo que você faz. Você não é frio nem quente. De-
sejaria que fosse um ou o outro! 16Mas, porque é como água
morna, nem quente nem fria, eu o vomitarei de minha boca.
17Você diz: ‘Sou rico e próspero, não preciso de coisa alguma’.
E não percebe que é infeliz, miserável, pobre, cego e está nu.
18Eu o aconselho a comprar de mim ouro purificado pelo fogo,
e então será rico. Compre também roupas brancas, para que
não se envergonhe de sua nudez, e colírio para aplicar nos
olhos, a fim de enxergar. 19Eu corrijo e disciplino aqueles que
amo. Por isso, seja zeloso e arrependa-se.
20“Preste atenção! Estou à porta e bato. Se você ouvir minha
voz e abrir a porta, entrarei e, juntos, faremos uma refeição,
como amigos. 21O vitorioso se sentará comigo em meu trono,
assim como eu fui vitorioso e me sentei com meu Pai em seu
trono.
22“Quem tem ouvidos para ouvir, ouça o que o Espírito diz
às igrejas”.

Adoração no céu

4 Então, quando olhei, vi uma porta aberta no céu, e a mesma
voz que eu tinha ouvido antes falou comigo como um toque
de trombeta. A voz disse: “Suba para cá, e eu lhe mostrarei o
que acontecerá depois destas coisas”. 2E, no mesmo instante,
fui tomado pelo Espírito e vi um trono no céu e alguém sen-
tado nele. 3Aquele que estava sentado no trono brilhava como
pedras preciosas, como jaspe e sardônio. Um arco-íris, com
brilho semelhante ao da esmeralda, circundava seu trono. 4Ao
redor do trono havia 24 tronos, nos quais estavam sentados 24
anciãos. Estavam todos vestidos de branco e usando coroas de
ouro na cabeça. 5Do trono saíam relâmpagos, estrondos e tro-
vões, e na frente dele havia sete tochas com chamas ardentes,
que são os sete espíritos de Deus. 6Diante do trono havia algo
como um mar de vidro, cintilante como cristal. No centro e ao
redor do trono havia quatro seres vivos, cada um coberto de
olhos na frente e atrás. 7O primeiro deles era semelhante a um
leão; o segundo, semelhante a um boi; o terceiro tinha rosto
de homem; e o quarto era como uma águia em voo. 8Cada um
dos seres vivos tinha seis asas, inteiramente cobertas de olhos,
por dentro e por fora. Dia e noite, repetem sem parar: “Santo,
santo, santo é o Senhor Deus, o Todo-poderoso, que era, que
é e que ainda virá”.
9Cada vez que os seres vivos dão glória, honra e graças ao que
está sentado no trono, àquele que vive para todo o sempre,
10os 24 anciãos se prostram e adoram o que está sentado no
trono, aquele que vive para todo o sempre. Colocam suas co-
roas diante do trono e dizem:
11“Tu és digno, ó Senhor e nosso Deus, de receber glória, honra
e poder. Pois criaste todas as coisas, e elas existem porque as
criaste segundo a tua vontade”.

O Cordeiro abre o livro

5 Então, na mão direita daquele que estava sentado no
trono, vi um livro, escrito por dentro e por fora e lacrado
com sete selos. 2Vi um anjo poderoso que perguntava em alta
voz: “Quem é digno de romper os selos deste livro e abri-lo?”.
3Mas não havia ninguém no céu, nem na terra, nem debaixo
da terra, que pudesse abrir o livro e lê-lo.
4Comecei a chorar muito, pois não se encontrou ninguém
digno de abrir o livro e lê-lo. 5Então um dos 24 anciãos me
disse: “Não chore! Veja, o Leão da tribo de Judá, o herdeiro
do trono de Davi, conquistou a vitória. Ele é digno de abrir o
livro e os sete selos”.
6Então vi um Cordeiro que parecia ter sido sacrificado, mas
que agora estava em pé entre o trono e os quatro seres vivos
e no meio dos 24 anciãos. Tinha sete chifres e sete olhos, que
representam os sete espíritos de Deus enviados a todas as
partes da terra. 7Ele deu um passo à frente e recebeu o livro
da mão direita daquele que está sentado no trono. 8Quando o
Cordeiro recebeu o livro, os quatro seres vivos e os 24 anciãos
se prostraram diante dele. Cada um tinha uma harpa e taças
de ouro cheias de incenso, que são as orações do povo santo,
9e entoavam um cântico novo com estas palavras: “Tu és digno
de receber o livro, abrir os selos e lê-lo. Pois foste sacrificado
e com teu sangue compraste para Deus pessoas de toda tribo,
língua, povo e nação.
10Tu fizeste delas um reino de sacerdotes para nosso Deus, e
elas reinarão sobre a terra”.
11Então olhei novamente e ouvi as vozes de milhares e milhões
de anjos ao redor do trono, e também dos seres vivos e dos
anciãos. 12Cantavam com forte voz: “Digno é o Cordeiro que
foi sacrificado de receber poder e riqueza, sabedoria e força,
honra, glória e louvor!”.
13Depois, ouvi todas as criaturas no céu, na terra, debaixo da
terra e no mar, cantarem: “Louvor e honra, glória e poder
pertencem àquele que está sentado no trono e ao Cordeiro
para todo o sempre!”.
14E os quatro seres vivos disseram: “Amém!”. E os 24 anciãos
se prostraram e adoraram.

O Cordeiro abre os seis primeiros selos

6 Enquanto eu observava, o Cordeiro abriu o primeiro dos
sete selos do livro. Então ouvi um dos quatro seres vivos
dizer com voz de trovão: “Venha!”. 2Quando olhei, vi um cavalo
branco. Seu cavaleiro carregava um arco, e sobre sua cabeça
foi colocada uma coroa. Ele saiu batalhando para conquistar
vitórias.
3Quando o Cordeiro abriu o segundo selo, ouvi o segundo ser
vivo dizer: “Venha!”. 4Então surgiu um cavalo vermelho. Seu
cavaleiro recebeu uma grande espada e autoridade para tirar a
paz da terra. E houve guerra e matança em toda parte.
5Quando o Cordeiro abriu o terceiro selo, ouvi o terceiro ser
vivo dizer: “Venha!”. Quando olhei, vi um cavalo preto. Seu
cavaleiro tinha na mão uma balança. 6E ouvi uma voz dentre
os quatro seres vivos dizer: “Uma medida de trigo ou três me-

didas de cevada custarão o salário de um dia, mas não desper-
dice o azeite nem o vinho".
7Quando o Cordeiro abriu o quarto selo, ouvi o quarto ser vivo
dizer: "Venha!". 8Quando olhei, vi um cavalo amarelo. Seu
cavaleiro se chamava Morte, e o mundo dos mortos o seguia.
Eles receberam autoridade sobre um quarto da terra para
matar pela espada, pela fome e pela doença e por meio de
animais selvagens.
9Quando o Cordeiro abriu o quinto selo, vi sob o altar as almas
de todos que haviam sido mortos por causa da palavra de
Deus e por seu testemunho fiel. 10Clamavam ao Senhor em
alta voz e diziam: "Ó Soberano Senhor, santo e verdadeiro,
quanto tempo passará até que julgues os habitantes da terra
e vingues nosso sangue?". 11Então a cada um deles foi dada
uma veste branca, e lhes foi dito que descansassem mais um
pouco até que se completasse o número de seus irmãos, seus
companheiros no serviço, que se juntariam a eles depois de
serem mortos.
12Enquanto eu observava, o Cordeiro abriu o sexto selo, e
houve um grande terremoto. O sol ficou escuro como pano
negro, e a lua inteira se tornou vermelha como sangue. 13Então
as estrelas caíram do céu como figos verdes de uma figueira
sacudida por um forte vento. 14O céu foi enrolado como per-
gaminho, e todas as montanhas e ilhas foram movidas de seu
lugar.
15Então os reis da terra, os governantes, os generais, os ricos,
os poderosos, os escravos e os livres, todos se esconderam
em cavernas e entre as rochas das montanhas. 16E gritavam
às montanhas e às rochas: "Caiam sobre nós e escondam-nos
da face daquele que está sentado no trono e da ira do Cor-
deiro! 17Pois chegou o grande dia de sua ira, e quem poderá
sobreviver?".

Os servos de Deus são selados

7Então vi quatro anjos em pé nos quatro cantos da terra,
impedindo os quatro ventos de soprarem na terra, no mar e
em qualquer árvore. 2E vi outro anjo que subia do leste e trazia
o selo do Deus vivo. Ele gritou aos quatro anjos que haviam
recebido poder para danificar a terra e o mar: 3"Esperem!
Não façam mal à terra, nem ao mar, nem às árvores, até que
tenhamos colocado o selo de Deus na testa de seus servos".
4E ouvi o número dos que foram marcados com o selo de Deus.
Eram 144 mil, de todas as tribos de Israel:
5da tribo de Judá, foram selados doze mil, da tribo de Rúben,
doze mil, da tribo de Gade, doze mil, 6da tribo de Aser, doze
mil, da tribo de Naftali, doze mil, da tribo de Manassés, doze
mil, 7da tribo de Simeão, doze mil, da tribo de Levi, doze mil,
da tribo de Issacar, doze mil, 8da tribo de Zebulom, doze mil,
da tribo de José, doze mil, da tribo de Benjamim, foram se-
lados doze mil.

Louvor da grande multidão

9Depois disso, vi uma imensa multidão, grande demais para
ser contada, de todas as nações, tribos, povos e línguas, em pé
diante do trono e diante do Cordeiro. Usavam vestes brancas
e seguravam ramos de palmeiras. 10E gritavam com grande
estrondo: "A salvação vem de nosso Deus, que está sentado
no trono, e do Cordeiro!".
11E todos os anjos estavam em pé ao redor do trono, dos an-
ciãos e dos quatro seres vivos. Prostraram-se com o rosto em
terra diante do trono e adoraram a Deus, 12cantando: "Amém!
Louvor e glória e sabedoria, gratidão e honra, força e poder
pertencem a nosso Deus, para todo o sempre. Amém!".
13Então um dos anciãos me perguntou: "Quem são estes ves-
tidos de branco? De onde vieram?".
14Eu lhe respondi: "Senhor, tu sabes". E ele disse: "São aqueles
que vieram da grande tribulação. Lavaram e branquearam suas
vestes no sangue do Cordeiro.
15"Por isso estão diante do trono de Deus e dia e noite o
servem em seu templo. E aquele que se senta no trono lhes
dará abrigo.
16Nunca mais terão fome, nem sede, e o calor do sol nunca
mais os queimará.
17Pois o Cordeiro que está no centro do trono será seu Pastor.
Ele os guiará às fontes de água viva, e Deus enxugará de seus
olhos toda lágrima".

O Cordeiro abre o sétimo selo

8Quando o Cordeiro abriu o sétimo selo, houve silêncio no
céu por cerca de meia hora. 2Vi os sete anjos que estão
em pé diante de Deus, e a eles foram dadas sete trombetas.
3Então veio outro anjo com um incensário de ouro e ficou em
pé junto ao altar. Recebeu muito incenso para misturar às ora-
ções do povo santo como oferta sobre o altar de ouro diante
do trono. 4A fumaça do incenso, misturada às orações do povo
santo, subiu do altar onde o anjo havia derramado o incenso
até a presença de Deus. 5Então o anjo encheu o incensário
com fogo do altar e o lançou sobre a terra, e houve trovões,
estrondos, relâmpagos e um grande terremoto.

As quatro primeiras trombetas

6Em seguida, os sete anjos com as sete trombetas se prepa-
raram para tocá-las.
7O primeiro anjo tocou sua trombeta, e foram lançados sobre
a terra granizo e fogo misturados com sangue. Um terço da
terra pegou fogo, e foi queimado um terço das árvores, além
de toda relva verde.
8O segundo anjo tocou sua trombeta, e foi lançado sobre o
mar algo parecido com uma grande montanha em chamas.
Um terço da água do mar se transformou em sangue, 9morreu
um terço de todos os seres vivos do mar, e foi destruído um
terço de todos os navios.
10O terceiro anjo tocou sua trombeta, e caiu do céu uma grande
estrela, queimando como uma tocha, sobre um terço dos rios e
sobre as fontes de água. 11O nome da estrela era Amargor, pois
tornou amargo um terço das águas, e muita gente morreu ao
beber dessas águas amargas.
12O quarto anjo tocou sua trombeta, e foi ferido um terço do

sol, da lua e das estrelas, que escureceram. Um terço do dia
ficou sem luz, e também um terço da noite.
13 Então vi e ouvi uma águia que voava no ponto mais alto do
céu e gritava em alta voz: "Terror, terror, terror sobre todos
os habitantes da terra, pelo que acontecerá quando os três
últimos anjos tocarem suas trombetas!".

A quinta trombeta traz o primeiro terror

9 O quinto anjo tocou sua trombeta, e vi uma estrela que
havia caído do céu sobre a terra, e lhe foi dada a chave
para o poço do abismo. 2 Quando o poço foi aberto, dele saiu
fumaça como de uma imensa fornalha, e a luz do sol e o ar
escureceram com a fumaça.
3 Então da fumaça saíram gafanhotos que desceram sobre a
terra, e lhes foi dado poder para ferroarem como escorpiões.
4 Receberam ordens para não danificar a vegetação, nem as
plantas, nem as árvores, mas apenas as pessoas que não ti-
vessem o selo de Deus na testa. 5 Também lhes foi ordenado
que não as matassem, mas que as atormentassem por cinco
meses, com dor como a da ferroada do escorpião. 6 Naqueles
dias, as pessoas procurarão a morte, mas não a encontrarão.
Desejarão morrer, mas a morte fugirá delas.
7 Os gafanhotos pareciam cavalos preparados para a batalha.
Tinham na cabeça algo semelhante a coroas de ouro, e o rosto
parecia humano. 8 Os cabelos eram como os de mulher, e os
dentes, como os de leão. 9 Vestiam uma couraça semelhante
ao ferro, e suas asas rugiam como um exército de carruagens
correndo para a batalha. 10 Tinham caudas que ferroavam como
escorpiões, e por cinco meses tiveram poder para atormentar
as pessoas. 11 Seu rei é o anjo do abismo; seu nome em he-
braico é *Abadom*, e em grego, *Apoliom*.
12 O primeiro terror passou, mas ainda vêm outros dois.

A sexta trombeta traz o segundo terror

13 O sexto anjo tocou sua trombeta, e ouvi uma voz que vinha
das quatro pontas do altar de ouro que está na presença de
Deus. 14 A voz disse ao sexto anjo que tinha a trombeta: "Solte
os quatro anjos que estão amarrados junto ao grande rio Eu-
frates". 15 Então os quatro anjos que haviam sido preparados
para aquela hora, dia, mês e ano foram soltos para matar um
terço da humanidade. 16 Ouvi que seu exército era constituído
de duzentos milhões de soldados a cavalo.
17 Em minha visão, vi os cavalos e os cavaleiros montados neles.
Os cavaleiros usavam couraças vermelhas, azul-escuras e ama-
relas. Os cavalos tinham cabeças como as de leão, e da boca
lhes saíam fogo, fumaça e enxofre. 18 Um terço da humanidade
foi morto por estas três pragas que saíam da boca dos cavalos:
fogo, fumaça e enxofre. 19 O poder dos cavalos estava na boca e
na cauda, pois a cauda tinha cabeças como de serpente, com
as quais feriam as pessoas.
20 Aqueles que não morreram dessas pragas ainda se recu-
saram a arrepender-se de seus atos perversos. Continuaram a
adorar demônios e ídolos feitos de ouro, prata, bronze, pedra
e madeira, ídolos que não podem ver, nem ouvir, nem andar.
21 E não se arrependeram de seus assassinatos, sua feitiçaria,
sua imoralidade sexual e seus roubos.

O anjo e o livrinho

10 Então vi outro anjo poderoso descendo do céu, envolto
numa nuvem, com um arco-íris sobre a cabeça. Seu rosto
brilhava como o sol, e seus pés eram como colunas de fogo.
2 Tinha na mão um livrinho aberto. O anjo pôs o pé direito no
mar e o pé esquerdo na terra. 3 Deu um forte grito, como o
rugido de um leão, e os sete trovões responderam.
4 No momento em que os sete trovões falaram, eu estava
prestes a escrever, mas ouvi uma voz do céu que disse: "Guarde
em segredo as coisas que os sete trovões disseram, e não as
escreva".
5 Então o anjo que vi em pé sobre o mar e sobre a terra levantou
a mão direita para o céu. 6 Jurou em nome daquele que vive
para todo o sempre, que criou os céus, a terra, o mar e tudo
que neles há. "Não haverá mais demora", disse ele. 7 "Quando
o sétimo anjo tocar sua trombeta, o plano que Deus manteve
em segredo se cumprirá, conforme ele anunciou a seus servos,
os profetas."
8 A voz do céu falou novamente comigo: "Vá e pegue o livro
aberto da mão do anjo que está em pé sobre o mar e sobre
a terra".
9 Então me aproximei do anjo e lhe pedi o livrinho. "Pegue-o
e coma-o!", disse ele. "Ele será amargo em seu estômago,
embora tenha um sabor doce como mel em sua boca." 10 Pe-
guei o livrinho da mão do anjo e o comi. Em minha boca, era
doce como mel, mas, quando o engoli, tornou-se amargo em
meu estômago.
11 Então me foi dito: "É necessário que você profetize outra vez
a respeito de muitos povos, nações, línguas e reis".

As duas testemunhas

11 Depois disso, recebi uma vara de medir e me foi dito: "Vá
e tire as medidas do templo de Deus e do altar, e conte
o número de adoradores. 2 Mas não meça o pátio exterior,
porque ele foi entregue às nações. Elas pisotearão a cidade
santa durante 42 meses. 3 Darei autoridade a minhas duas tes-
temunhas, e elas se vestirão de pano de saco e profetizarão
durante 1.260 dias".
4 Essas duas testemunhas são as duas oliveiras e os dois cande-
labros que estão diante do Senhor de toda a terra. 5 Se alguém
tentar lhes fazer mal, da boca lhes sairá fogo e consumirá seus
inimigos. Assim deve morrer quem tentar lhes fazer mal. 6 Elas
têm poder para fechar o céu, a fim de que não chova durante
o tempo que profetizarem, e têm poder para transformar as
águas em sangue e para ferir a terra com pragas de toda es-
pécie, quantas vezes desejarem.
7 Quando tiverem concluído seu testemunho, a besta que vem
do abismo lutará contra elas, e ela as vencerá e as matará. 8 Os
corpos ficarão estendidos na rua principal da grande cidade,
chamada figuradamente "Sodoma" e "Egito", onde seu Se-
nhor foi crucificado. 9 Durante três dias e meio, todos os povos,

tribos, línguas e nações olharão para esses corpos, e ninguém
terá permissão de sepultá-los. 10Os habitantes da terra feste-
jarão e trocarão presentes entre si para comemorar a morte
dos dois profetas que os haviam atormentado.
11Depois de três dias e meio, porém, Deus soprou vida nos dois
profetas, e eles se levantaram, enchendo de terror os que os
viram. 12Então uma forte voz do céu disse aos dois: "Subam
aqui!". E eles subiram ao céu numa nuvem, sob o olhar de seus
inimigos.
13Nesse momento, houve um grande terremoto que destruiu
um décimo da cidade. Sete mil pessoas morreram, e as que
restaram ficaram aterrorizadas e deram glória ao Deus do céu.
14O segundo terror passou, mas logo vem o terceiro.

A sétima trombeta traz o terceiro terror

15O sétimo anjo tocou sua trombeta, e fortes vozes gritaram
no céu: "O reino do mundo se tornou de nosso Senhor e de seu
Cristo, e ele reinará para todo o sempre".
16Os 24 anciãos que estavam sentados em seus tronos diante
de Deus se prostraram com o rosto em terra e o adoraram, 17di-
zendo: "Nós te agradecemos, Senhor Deus, o Todo-poderoso,
que és e que eras, pois agora assumiste teu grande poder e
começaste a reinar.
18As nações se enfureceram, mas agora chegou o tempo de tua
ira. É tempo de julgar os mortos e de recompensar teus servos,
os profetas, assim como teu povo santo e todos que temem
o teu nome, desde os pequenos até os grandes. É tempo de
destruir todos que causaram destruição na terra".
19Então se abriu no céu o templo de Deus, e dentro do templo
foi vista a arca de sua aliança. Houve relâmpagos, estrondos e
trovões, um terremoto e uma grande tempestade de granizo.

A mulher e o dragão

12 Então foi visto no céu um grande sinal: uma mulher ves-
tida do sol, com a lua sob os pés e uma coroa de doze
estrelas na cabeça. 2Estava grávida e gritava por causa das
dores de parto e da agonia de dar à luz.
3Outro sinal foi visto no céu: um enorme dragão vermelho com
sete cabeças e dez chifres, e sete coroas nas cabeças. 4Com
a cauda, arrastou um terço das estrelas do céu e as lançou
na terra. E, quando a mulher estava para dar à luz, o dragão
parou diante dela, pronto para devorar a criança tão logo ela
nascesse.
5A mulher deu à luz um filho, que governará todas as nações
com cetro de ferro, e ele foi arrebatado para junto de Deus e
de seu trono. 6A mulher fugiu para o deserto, onde Deus havia
preparado um lugar para cuidar dela durante 1.260 dias.
7Houve guerra no céu. Miguel e seus anjos lutaram contra o
dragão e seus anjos. 8O dragão perdeu a batalha, e ele e seus
anjos foram expulsos do céu. 9Esse enorme dragão, a antiga
serpente chamada diabo ou Satanás, que engana o mundo
todo, foi lançado na terra com seus anjos.
10Então ouvi uma forte voz que bradava pelos céus: "Final-
mente chegaram a salvação, o poder, o reino de nosso Deus
e a autoridade de seu Cristo. Porque foi lançado para a terra
o acusador de nossos irmãos, aquele que dia e noite os acusa
diante de nosso Deus.
11Eles o derrotaram pelo sangue do Cordeiro e pelo teste-
munho deles. Não amaram a própria vida nem mesmo diante
da morte.
12Portanto, alegrem-se, ó céus, e vocês que habitam nos
céus! Sobre a terra e o mar, porém, virá terror, pois o diabo
desceu até vocês com grande fúria, sabendo que lhe resta
pouco tempo".
13Quando o dragão percebeu que havia sido lançado na terra,
perseguiu a mulher que tinha dado à luz o menino. 14Ela,
porém, recebeu duas asas como as de uma grande águia,
para que voasse ao lugar preparado para ela no deserto. Ali,
será sustentada e protegida da serpente durante um tempo,
tempos e metade de um tempo.
15Então a serpente, com uma torrente de água que fez sair
de sua boca, tentou afogar a mulher. 16Mas a terra ajudou a
mulher, abrindo a boca e engolindo o rio que havia jorrado
da boca do dragão. 17O dragão se enfureceu com a mulher e
passou a lutar contra o restante de seus filhos, todos os que
obedecem aos mandamentos de Deus e se mantêm fiéis no
testemunho de Jesus.
18Então o dragão se colocou em pé na praia, junto ao mar.

A besta que saiu do mar

13 Então vi sair do mar uma besta. Tinha dez chifres e sete
cabeças, e uma coroa em cada chifre. Em cada cabeça
estavam escritos nomes de blasfêmias. 2A besta parecia um
leopardo, mas tinha pés como de urso e boca como de leão. E o
dragão deu à besta seu poder, seu trono e grande autoridade.
3Vi que uma das cabeças da besta parecia mortalmente ferida,
mas o ferimento mortal foi curado. O mundo inteiro se maravi-
lhou e seguiu a besta. 4Adoraram o dragão por ter dado à besta
tamanho poder, e também a adoraram. "Quem é tão grande
como a besta?", diziam. "Quem é capaz de lutar contra ela?"
5Então foi permitido à besta falar grandes blasfêmias, e lhe foi
dada autoridade para fazer o que quisesse durante 42 meses.
6Ela blasfemou terrivelmente contra Deus, difamando seu
nome, seu tabernáculo e os que habitam no céu. 7Foi permi-
tido à besta guerrear contra o povo santo e vencê-lo, e ela re-
cebeu autoridade para governar sobre toda tribo, povo, língua
e nação. 8E todos os habitantes da terra adoraram a besta. São
eles os que não têm os nomes escritos no Livro da Vida que per-
tence ao Cordeiro, que foi morto antes da criação do mundo.
9Quem é capaz de ouvir, ouça com atenção!
10Quem estiver destinado à prisão será preso. Quem estiver
destinado a morrer pela espada morrerá pela espada. Isso
significa que o povo santo deve ser perseverante e perma-
necer fiel.

A besta que saiu da terra

11Então vi outra besta que saiu da terra. Tinha dois chifres,
como de cordeiro, mas falava com voz de dragão. 12Exercia

toda a autoridade da primeira besta e exigia que a terra e seus
habitantes adorassem a primeira besta, cujo ferimento mortal
havia sido curado. 13Realizava sinais espantosos, chegando a
fazer fogo descer do céu sobre a terra, à vista de todos. 14En-
ganou os habitantes da terra com os sinais que lhe foi permitido
realizar em nome da primeira besta. Ordenou que fizessem
uma grande estátua da primeira besta, que havia sido mortal-
mente ferida e sobrevivido. 15Então lhe foi permitido dar vida
a essa estátua, para que ela falasse, e a estátua da besta or-
denou que fossem mortos todos que se recusassem a adorá-la.
16Exigiu que grandes e pequenos, ricos e pobres, escravos
e livres, todos recebessem uma marca na mão direita ou na
testa. 17E ninguém podia comprar nem vender coisa alguma
sem essa marca, que era o nome da besta ou o número que
representa seu nome. 18Aqui é preciso sabedoria. Quem tem
discernimento, trate de entender o significado do número da
besta, pois é número de homem. Seu número é 666.

O Cordeiro e os 144 mil

14 Então vi o Cordeiro em pé no monte Sião, e com ele es-
tavam os 144 mil que tinham o nome dele e o nome de seu
Pai escritos na testa. 2E ouvi um som que vinha do céu, como
o som de fortes ondas do mar, como o som de um poderoso
trovão. Era como o som de muitos harpistas tocando juntos.
3Esse grande coral cantava um cântico novo diante do trono de
Deus e diante dos quatro seres vivos e dos 24 anciãos. Ninguém
podia aprender o cântico, a não ser os 144 mil que haviam sido
comprados da terra. 4Eles se conservaram puros, sem manter
relações com mulheres, e seguem o Cordeiro por onde quer
que ele vá. Foram comprados dentre os habitantes da terra
como oferta especial a Deus e ao Cordeiro. 5Não mentem;
são irrepreensíveis.

Os três anjos

6Vi outro anjo que voava no ponto mais alto do céu, levando as
boas-novas eternas para anunciá-las aos habitantes da terra,
a toda nação, tribo, língua e povo. 7"Temam a Deus!", dizia
em alta voz. "Deem glória a ele, pois chegou o tempo em que
ele julgará a humanidade. Adorem aquele que fez os céus, a
terra, o mar e todas as fontes de água."
8Então outro anjo o seguiu, dizendo em alta voz: "Caiu a Babi-
lônia! Caiu a grande cidade que fez todas as nações beberem
do vinho da fúria de sua imoralidade!".
9Um terceiro anjo os seguiu, dizendo em alta voz: "Aqueles que
adorarem a besta e sua estátua, ou aceitarem sua marca na
testa ou na mão, 10beberão do vinho da fúria de Deus, que foi
derramado, sem mistura, na taça da ira de Deus. E serão ator-
mentados com fogo e enxofre na presença dos santos anjos
e do Cordeiro. 11A fumaça de seu tormento subirá para todo o
sempre, e não terão alívio de dia nem de noite, pois adoraram
a besta e sua estátua e aceitaram a marca de seu nome".
12Isso significa que o povo santo deve ser perseverante, obe-
decendo aos mandamentos de Deus e permanecendo fiel a
Jesus.
13E ouvi uma voz que vinha do céu, dizendo: "Escreva isto: Fe-
lizes os que, de agora em diante, morrem no Senhor. Sim, diz o
Espírito, eles são verdadeiramente felizes, pois descansarão de
seu trabalho árduo; porque suas boas obras os acompanharão".

A colheita da terra

14Em seguida, vi uma nuvem branca e, sentado na nuvem, al-
guém semelhante ao Filho do Homem. Tinha uma coroa de
ouro na cabeça e uma foice afiada na mão.
15Então outro anjo veio do templo e gritou bem forte para
aquele que estava sentado na nuvem: "Use a foice e comece a
ceifar, pois chegou a hora da colheita; a safra da terra está ma-
dura!". 16Assim, aquele que estava sentado na nuvem passou a
foice sobre a terra, e toda a terra foi ceifada.
17Depois disso, outro anjo saiu do templo no céu, e ele também
tinha uma foice afiada. 18Então ainda outro anjo, que tinha
poder para destruir com fogo, veio do altar e gritou bem forte
para o anjo que segurava a foice afiada: "Agora use sua foice
para ajuntar os cachos de uvas da videira da terra, pois estão
maduras!". 19O anjo passou a foice sobre a terra e encheu de
uvas o grande tanque de prensar da fúria de Deus. 20As uvas
foram pisadas no tanque, fora da cidade, e dele correu sangue
como um rio de quase trezentos quilômetros de comprimento,
com altura que chegava aos freios de um cavalo.

O cântico de Moisés e do Cordeiro

15 Vi no céu outro sinal grande e maravilhoso. Sete anjos
seguravam as últimas sete pragas que completariam a
fúria de Deus. 2Vi diante de mim algo semelhante a um mar
de vidro misturado com fogo. Nele estavam em pé todos os
que haviam vencido a besta, sua estátua e o número que re-
presenta seu nome. Todos seguravam harpas que Deus lhes
tinha dado 3e entoavam o cântico de Moisés, servo de Deus,
e o cântico do Cordeiro: "Grandes e maravilhosas são as tuas
obras, ó Senhor Deus, o Todo-poderoso. Justos e verdadeiros
são os teus caminhos, ó Rei das nações.
4Quem não te temerá, Senhor? Quem não glorificará teu nome?
Pois só tu és santo. Todas as nações virão e adorarão diante de
ti, pois teus feitos de justiça foram revelados".

As sete taças com as sete pragas

5Então olhei e vi que se abriu o templo no céu, o tabernáculo da
aliança. 6Os sete anjos que seguravam as sete pragas saíram
do templo. Vestiam linho branco, sem mancha alguma, com
uma faixa de ouro sobre o peito. 7Um dos quatro seres vivos
entregou a cada um dos sete anjos uma taça de ouro cheia da
fúria de Deus, que vive para todo o sempre. 8O templo se en-
cheu da fumaça da glória e do poder de Deus, e ninguém podia
entrar no templo enquanto os anjos não tivessem terminado de
derramar as sete pragas.

16 Então ouvi uma poderosa voz que vinha do templo dizer
aos sete anjos: "Vão e derramem sobre a terra as sete
taças da fúria de Deus".

2 O primeiro anjo saiu do templo e derramou sua taça sobre a
terra, e se abriram feridas horríveis e malignas naqueles que
tinham a marca da besta e adoravam sua estátua.
3 O segundo anjo derramou sua taça sobre o mar, que se trans-
formou em sangue como de um cadáver, e morreram todas as
criaturas do mar.
4 O terceiro anjo derramou sua taça sobre os rios e as fontes,
que se transformaram em sangue. 5 E ouvi o anjo que tinha
autoridade sobre a água dizer: "Tu és justo, ó Santo, que és e
que eras, pois enviaste estes julgamentos.
6 Porque eles derramaram o sangue de teu povo santo e de
teus profetas, tu lhes deste sangue para beber; é sua justa
retribuição".
7 E ouvi uma voz que vinha do altar dizer: "Sim, Senhor Deus, o
Todo-poderoso, teus julgamentos são verdadeiros e justos".
8 O quarto anjo derramou sua taça sobre o sol, que com seu
fogo fez queimar as pessoas. 9 Todos foram queimados pelo
intenso calor e blasfemaram contra o nome de Deus, que
tinha controle sobre essas pragas. E não se arrependeram
nem deram glória a Deus.
10 O quinto anjo derramou sua taça sobre o trono da besta, e
seu reino foi lançado na escuridão. Angustiados, seus súditos
rangiam os dentes 11 e, por causa de suas dores e feridas, blas-
femavam contra o Deus do céu. E não se arrependeram de
seus atos perversos.
12 O sexto anjo derramou sua taça sobre o grande rio Eufrates,
e ele secou, abrindo caminho para os reis que vêm do Oriente.
13 Então vi saltarem da boca do dragão, da boca da besta e da
boca do falso profeta três espíritos impuros semelhantes a
sapos. 14 São espíritos demoníacos que realizam sinais e vão
aos governantes da terra a fim de reuni-los para a batalha
contra o Senhor, no grande dia de Deus, o Todo-poderoso.
15 "Eu virei inesperadamente, como ladrão! Feliz é aquele que
me espera alerta e mantém puras suas vestes, para que não
precise andar nu e envergonhado."
16 E os espíritos reuniram todos os governantes e seus exércitos
no lugar que, em hebraico, se chama *Armagedom*.
17 O sétimo anjo derramou sua taça no ar, e do trono do templo
veio um forte grito: "Está terminado!". 18 Então houve relâm-
pagos, estrondos e trovões, e um forte terremoto, o mais
violento desde a criação da humanidade. 19 A grande cidade,
Babilônia, se dividiu em três partes, e as cidades de muitas
nações tombaram. Deus se lembrou de todos os pecados da
Babilônia e a fez beber do cálice cheio do vinho de sua fu-
riosa ira. 20 Todas as ilhas desapareceram, e todos os montes
foram arrasados. 21 Houve uma forte tempestade de granizo,
com pedras que pesavam até 35 quilos caindo do céu sobre as
pessoas. E elas blasfemaram contra Deus por causa da terrível
praga de granizo.

A grande prostituta

17 Um dos sete anjos que derramaram as sete taças se apro-
ximou e disse: "Venha comigo, e eu lhe mostrarei o julga-
mento da grande prostituta que governa sobre muitas águas.
2 Os reis da terra cometeram adultério com ela, e os habitantes
da terra se embriagaram com o vinho de sua imoralidade".
3 Então o anjo me levou no Espírito para o deserto, onde vi uma
mulher montada numa besta vermelha, coberta de blasfêmias
e com sete cabeças e dez chifres. 4 A mulher estava vestida de
púrpura e vermelho e enfeitada com joias de ouro, pedras
preciosas e pérolas. Tinha na mão um cálice de ouro cheio
de abominações e das impurezas de sua imoralidade. 5 Em
sua testa estava escrito um nome misterioso: "Babilônia, a
Grande, a Mãe das Prostitutas e das Abominações da Terra".
6 Vi que ela estava embriagada com o sangue do povo santo, o
sangue das testemunhas de Jesus. Tomado de espanto, olhei
fixamente para ela.
7 "Por que você está tão espantado?", o anjo perguntou. "Eu
lhe explicarei o mistério desta mulher e da besta com sete
cabeças e dez chifres na qual ela está montada. 8 A besta que
você viu esteve viva, mas agora não está mais. E, no entanto,
em breve subirá do abismo e irá para a destruição. Os ha-
bitantes da terra, cujos nomes não foram escritos no Livro
da Vida desde a criação do mundo, ficarão admirados com o
reaparecimento da besta que havia morrido.
9 "Aqui é preciso pensar com sabedoria. As sete cabeças da
besta representam os sete montes onde a mulher governa,
e também representam sete reis. 10 Cinco deles já caíram, o
sexto está governando e o sétimo ainda não veio, mas seu
reinado será breve.
11 "A besta que esteve viva, mas agora não está mais, é o oi-
tavo rei. É como os outros sete, e também caminha para a
destruição. 12 Os dez chifres da besta são dez reis que ainda
não subiram ao poder. Serão nomeados para seus reinos por
um breve período, para reinarem com a besta, 13 e concordarão
em entregar a ela seu poder e sua autoridade. 14 Juntos, guer-
rearão contra o Cordeiro, mas o Cordeiro os derrotará, pois
é Senhor dos senhores e Rei dos reis. E com ele estarão seus
chamados, escolhidos e fiéis."
15 Em seguida, o anjo me disse: "As águas que você viu, onde a
prostituta governa, representam multidões de todas as nações
e línguas. 16 A besta e os dez chifres que você viu odiarão a pros-
tituta. Eles a deixarão nua, comerão sua carne e destruirão o
restante com fogo. 17 Porque Deus colocou no coração deles
um plano que executará sua vontade. Eles concordarão em
entregar a autoridade à besta, cumprindo-se assim as palavras
de Deus. 18 E a mulher que você viu representa a grande cidade
que governa sobre os reis da terra".

A queda da Babilônia

18 Depois disso, vi outro anjo descer do céu com grande
autoridade, e a terra se iluminou com seu esplendor.
2 Ele deu um forte grito: "Caiu a Babilônia! A grande cidade
caiu! Tornou-se habitação de demônios, esconderijo de todo
espírito impuro, covil de toda ave impura e de todo animal
impuro e detestável.
3 Porque todas as nações caíram por causa do vinho da fúria
de sua imoralidade. Os reis da terra cometeram adultério com

ela. Por ela tanto desejar luxo extravagante, os comerciantes
da terra enriqueceram".
4Então ouvi outra voz do céu, que disse: "Saiam dela, meu
povo! Não participem de seus pecados, ou serão castigados
com ela.
5Pois os pecados dela se amontoaram até o céu, e Deus se
lembrou de seus atos perversos.
6Façam com ela o que ela tem feito; deem-lhe em dobro o
castigo por seus atos. Ela preparou um cálice de terror para os
outros, por isso preparem-lhe uma porção dobrada.
7Glorificou a si mesma e viveu em luxo, agora retribuam com
igual quantidade de tormento e tristeza. Ela se vangloriou em
seu coração: ' Sou rainha em meu trono. Não sou uma viúva
desamparada, e não tenho motivo para me lamentar'.
8Por isso, estas pragas a alcançarão num só dia: morte, pranto
e fome. O fogo a consumirá por completo, pois o Senhor Deus,
que a julga, é poderoso".
9Os reis da terra que cometeram adultério com ela e des-
frutaram seu luxo lamentarão por ela quando virem subir a
fumaça de seus restos carbonizados. 10Ficarão de longe,
aterrorizados com seu tormento, e clamarão: "Que terrível,
que terrível, ó Babilônia, grande cidade! Num só instante, o
julgamento caiu sobre você!".
11Os comerciantes da terra chorarão e lamentarão por ela,
pois não restou ninguém para comprar suas mercadorias. 12Ela
comprava grandes quantidades de ouro, prata, joias e pérolas;
linho fino, púrpura, seda e tecido vermelho; produtos feitos de
perfumada madeira de cedro, de marfim e de madeira pre-
ciosa; bronze, ferro e mármore. 13Também comprava canela,
especiarias, incenso, mirra, bálsamo, vinho, azeite de oliva,
farinha fina, trigo, gado, ovelhas, cavalos, carroças, escravos
e vidas humanas.
14"Acabaram as coisas extravagantes de que você tanto gos-
tava", dizem eles. "Todo o seu luxo e esplendor se foram para
sempre, e nunca mais serão seus."
15Os comerciantes que enriqueceram vendendo-lhe essas
coisas ficarão de longe, aterrorizados com seu tormento.
Chorarão e clamarão:
16"Que terrível, que terrível para essa grande cidade! Ela se
vestia da mais fina púrpura e de linho vermelho, adornada com
ouro, pedras preciosas e pérolas!
17Num só instante, toda a sua riqueza se foi!". E todos os capi-
tães dos navios mercantes, e também seus passageiros, ma-
rinheiros e tripulantes, ficarão de longe. 18Quando virem subir
a fumaça, gritarão e dirão: "Onde há outra cidade tão grande
como essa?". 19Chorarão, jogarão pó sobre a cabeça e cla-
marão: "Que terrível, que terrível para essa grande cidade! Os
donos dos navios se enriqueceram, transportando pelos mares
sua imensa riqueza. Num só instante, tudo se foi!".
20Alegrem-se com o destino dela, ó céus, ó povo santo, após-
tolos e profetas! Porque finalmente Deus a julgou, por causa
de vocês.
21Então um anjo poderoso levantou uma pedra enorme, do
tamanho de uma grande pedra de moinho, a lançou no mar
e gritou: "Assim, Babilônia, a grande cidade, será derrubada
com violência e nunca mais será encontrada!
22Nunca mais se ouvirá em seu meio o som de harpas, can-
tores, flautas e trombetas. Nunca mais se achará em seu meio
qualquer artífice em algum ofício. Nunca mais se ouvirá em seu
meio o som do moinho.
23Nunca mais brilhará em seu meio a luz da lâmpada. Nunca
mais se ouvirão em seu meio as vozes alegres de noivas e
noivos. Pois seus comerciantes eram os poderosos do mundo,
e suas feitiçarias enganavam nações.
24Em suas ruas corria o sangue de profetas e do povo santo, e
o sangue dos que no mundo inteiro foram mortos".

Cântico de vitória no céu

19 Depois disso, ouvi algo semelhante ao som de uma
grande multidão clamando: "Aleluia! Salvação, glória e
poder pertencem a nosso Deus.
2Seus julgamentos são verdadeiros e justos. Ele castigou a
grande prostituta, que corrompia a terra com sua imoralidade,
e vingou o assassinato de seus servos".
3E, mais uma vez, as vozes ressoaram: "Aleluia! A fumaça
dessa cidade sobe para todo o sempre!".
4Então os 24 anciãos e os quatro seres vivos se prostraram
e adoraram a Deus, que estava sentado no trono. Disseram:
"Amém! Aleluia!".
5E do trono veio uma voz que dizia: "Louvem nosso Deus, todos
os seus servos, todos os que o temem, pequenos e grandes".
6Em seguida, ouvi outra vez algo semelhante ao som do clamor
de uma grande multidão, como o som de fortes ondas do mar,
como o som de violentos trovões: "Aleluia! Porque o Senhor,
nosso Deus, o Todo-poderoso, reina.
7Alegremo-nos, exultemos e a ele demos glória, pois chegou
a hora do casamento do Cordeiro, e sua noiva já se preparou.
8Ela recebeu um vestido do linho mais fino, puro e branco".
Porque o linho fino representa os atos justos do povo santo.
9E o anjo me disse: "Escreva isto: Felizes os que são convi-
dados para o banquete de casamento do Cordeiro". E acres-
centou: "Essas são as palavras verdadeiras de Deus".
10Então caí aos pés do anjo para adorá-lo, mas ele me disse:
"Não faça isso! Sou um servo, como você e seus irmãos que
dão testemunho de sua fé em Jesus. Adore somente a Deus,
pois o testemunho a respeito de Jesus é a essência da men-
sagem revelada aos profetas".

O cavaleiro no cavalo branco

11Vi o céu aberto, e surgiu um cavalo branco. Seu cavaleiro
se chama Fiel e Verdadeiro, pois julga e guerreia com jus-
tiça. 12Seus olhos eram como chamas de fogo, e em sua ca-
beça havia muitas coroas. Nele estava escrito um nome que
ninguém conhece, a não ser ele mesmo. 13Vestia um manto
encharcado de sangue, e seu nome era a Palavra de Deus.
14Os exércitos do céu, vestidos do linho mais fino, puro e
branco, seguiam-no em cavalos brancos. 15De sua boca saía
uma espada afiada para ferir as nações. Ele as governará

com cetro de ferro e esmagará as uvas no tanque de prensar
da furiosa ira de Deus, o Todo-poderoso. 16 Em seu manto, na
altura da coxa, estava escrito o nome: Rei dos reis e Senhor
dos senhores.
17 Então vi um anjo em pé no sol. Gritava para as aves que
voavam no ponto mais alto do céu: "Venham! Reúnam-se para
o grande banquete que Deus preparou! 18 Venham e comam
a carne dos reis, dos generais e dos fortes guerreiros; dos
cavalos e de seus cavaleiros; de toda a humanidade, escravos
e livres, pequenos e grandes".
19 Depois vi a besta e os reis da terra e seus exércitos reunidos
para lutarem contra aquele que montava no cavalo e contra
seu exército. 20 Mas a besta foi presa e, com ela, o falso profeta
que fazia sinais em seu nome, sinais que enganaram todos que
haviam recebido a marca da besta e adoravam sua estátua.
Tanto a besta como seu falso profeta foram lançados vivos
no lago de fogo que arde com enxofre. 21 Todo o seu exército
foi morto com a espada afiada que saía da boca daquele que
montava no cavalo branco. E todas as aves se fartaram com a
carne dos cadáveres.

Os mil anos

20 Então vi um anjo descer do céu trazendo na mão a
chave do abismo e uma grande corrente. 2 Ele prendeu
o dragão, a antiga serpente que é o diabo, Satanás, e o acor-
rentou por mil anos. 3 O anjo o lançou no abismo, o fechou e
pôs um lacre na porta, de modo que ele não pudesse mais
enganar as nações até que terminassem os mil anos. De-
pois disso, é necessário que ele seja solto por um pouco
de tempo.
4 Vi tronos, e os que estavam sentados neles haviam recebido
autoridade para julgar. Vi também as almas daqueles que ha-
viam sido decapitados por testemunharem a respeito de Jesus
e por proclamarem a palavra de Deus. Não tinham adorado
a besta nem sua estátua, nem aceitado sua marca na testa
ou nas mãos. Eles ressuscitaram e reinaram com Cristo por
mil anos.
5 Esta é a primeira ressurreição. (O restante dos mortos só
voltou à vida depois que terminaram os mil anos.) 6 Felizes e
santos são aqueles que participam da primeira ressurreição.
A segunda morte não tem poder algum sobre eles, pois serão
sacerdotes de Deus e de Cristo e reinarão com ele por mil anos.

A derrota de Satanás

7 Quando terminarem os mil anos, Satanás será solto da prisão
8 e sairá para enganar as nações, Gogue e Magogue, em todas
as extremidades da terra. Ele as reunirá para a batalha, um
exército poderoso, incontável como a areia da praia. 9 Subiram
pela vasta planície da terra e cercaram o acampamento do
povo santo e a cidade amada. Mas fogo desceu do céu e os
consumiu.
10 O diabo, que os havia enganado, foi lançado no lago de fogo
que arde com enxofre, onde já estavam a besta e o falso pro-
feta. Ali serão atormentados dia e noite, para todo o sempre.

O julgamento final

11 Vi um grande trono e aquele que estava sentado nele. A terra
e o céu fugiram de sua presença, mas não encontraram lugar
para se esconder. 12 Vi os mortos, pequenos e grandes, em pé
diante do trono de Deus. E foram abertos os livros, incluindo
o Livro da Vida. Os mortos foram julgados segundo o que ha-
viam feito, conforme o que estava registrado nos livros. 13 O
mar entregou seus mortos, e a morte e o mundo dos mortos
também entregaram seus mortos. E todos foram julgados de
acordo com seus atos. 14 Então a morte e o mundo dos mortos
foram lançados no lago de fogo. Esse lago de fogo é a segunda
morte. 15 E quem não tinha o nome registrado no Livro da Vida
foi lançado no lago de fogo.

A nova Jerusalém

21 Então vi um novo céu e uma nova terra, pois o primeiro
céu e a primeira terra já não existiam, e o mar também
não mais existia. 2 E vi a cidade santa, a nova Jerusalém, que
descia do céu, da parte de Deus, como uma noiva belamente
vestida para seu marido.
3 Ouvi uma forte voz que vinha do trono e dizia: "Vejam, o taber-
náculo de Deus está no meio de seu povo! Deus habitará com
eles, e eles serão seu povo. O próprio Deus estará com eles.
4 Ele lhes enxugará dos olhos toda lágrima, e não haverá mais
morte, nem tristeza, nem choro, nem dor. Todas essas coisas
passaram para sempre".
5 E aquele que estava sentado no trono disse: "Vejam, faço
novas todas as coisas!". Em seguida, disse: "Escreva isto, pois
o que lhe digo é digno de confiança e verdadeiro". 6 E disse
ainda: "Está terminado! Eu sou o Alfa e o Ômega, o Princípio
e o Fim. A quem tiver sede, darei de beber gratuitamente das
fontes da água da vida. 7 O vitorioso herdará todas essas bên-
çãos, e eu serei seu Deus, e ele será meu filho.
8 "Mas os covardes, os incrédulos, os corruptos, os assassinos,
os sexualmente impuros, os que praticam feitiçaria, os ado-
radores de ídolos e todos os mentirosos estão destinados ao
lago de fogo que arde com enxofre. Esta é a segunda morte".
9 Então um dos sete anjos que seguravam as sete taças com as
últimas sete pragas se aproximou e me disse: "Venha comigo,
e eu lhe mostrarei a noiva, a esposa do Cordeiro".
10 Ele me levou no Espírito até um grande e alto monte e me
mostrou a cidade santa, Jerusalém, que descia do céu da parte
de Deus. 11 Brilhava com a glória de Deus e cintilava como uma
pedra preciosa, como jaspe, transparente como cristal. 12 O muro
da cidade era grande e alto, com doze portas guardadas por
doze anjos, e nelas estavam escritos os nomes das doze tribos
de Israel. 13 Havia três portas de cada lado: leste, norte, sul e
oeste. 14 O muro da cidade tinha doze pedras de alicerce, e nelas
estavam escritos os nomes dos doze apóstolos do Cordeiro.
15 O anjo que falava comigo tinha na mão uma vara de ouro
para medir a cidade, suas portas e seu muro. 16 A cidade tinha
o formato de um quadrado, de comprimento e largura iguais.
De fato, tinha 2.200 quilômetros de comprimento, de largura

e de altura. 17Então ele mediu o muro e descobriu que tinha
quase 65 metros de espessura (de acordo com a medida hu-
mana usada pelo anjo).
18O muro era feito de jaspe, e a cidade era de ouro puro, trans-
parente como vidro. 19O muro da cidade era construído sobre
alicerces ornamentados com doze pedras preciosas: a pri-
meira com jaspe, a segunda com safira, a terceira com ágata,
a quarta com esmeralda, 20a quinta com ônix, a sexta com
cornalina, a sétima com crisólito, a oitava com berilo, a nona
com topázio, a décima com crisópraso, a décima primeira com
jacinto, e a décima segunda com ametista.
21As doze portas eram feitas de pérolas, cada porta de uma
única pérola. E a rua principal era de ouro puro, transparente
como vidro.
22Não vi templo algum na cidade, pois o Senhor Deus, o Todo-
-poderoso, e o Cordeiro são seu templo. 23A cidade não precisa
de sol nem de lua, pois a glória de Deus a ilumina, e o Cordeiro
é sua lâmpada. 24As nações andarão em sua luz, e os reis, em
toda a sua glória, entrarão na cidade. 25Suas portas nunca se
fecharão, pois ali não haverá noite. 26E todas as nações trarão
sua glória e honra à cidade. 27Nenhum mal terá permissão de
entrar, nem pessoa alguma que pratique o que é vergonhoso
ou enganoso, mas somente aqueles cujos nomes estão es-
critos no Livro da Vida do Cordeiro.

22 Então o anjo me mostrou o rio da água da vida, trans-
parente como cristal, que fluía do trono de Deus e do
Cordeiro 2e passava no meio da rua principal. De cada lado
do rio estava a árvore da vida, que produz doze colheitas de
frutos por ano, uma em cada mês, e cujas folhas servem como
remédio para curar as nações.
3Não haverá mais maldição sobre coisa alguma, porque o trono
de Deus e do Cordeiro estará ali, e seus servos o adorarão.
4Verão seu rosto, e seu nome estará escrito na testa de cada
um. 5E não haverá noite; não será necessária a luz da lâmpada
nem a luz do sol, pois o Senhor Deus brilhará sobre eles. E
reinarão para todo o sempre.
6Então o anjo me disse: "Tudo que você ouviu e viu é digno de
confiança e verdadeiro. O Senhor, o Deus dos espíritos dos
profetas, enviou seu anjo para dizer a seus servos o que acon-
tecerá em breve".

Jesus vem

7"Vejam, eu venho em breve! Felizes aqueles que obedecem
às palavras da profecia registrada neste livro."
8Eu, João, sou aquele que ouviu e viu todas essas coisas. E,
quando as ouvi e vi, caí aos pés do anjo que as mostrou a mim,
a fim de adorá-lo. 9Mas ele disse: "Não faça isso! Sou um servo,
como você e seus irmãos, os profetas, e como todos os que obe-
decem ao que está escrito neste livro. Adore somente a Deus!".
10Em seguida, disse: "Não lacre com um selo as palavras pro-
féticas deste livro, porque o tempo está próximo. 11Que o mau
continue a praticar a maldade; que o impuro continue a ser
impuro; que o justo continue a viver de forma justa; que o santo
continue a ser santo".
12"Vejam, eu venho em breve e trago comigo a recompensa
para retribuir a cada um de acordo com seus atos. 13Eu sou
o Alfa e o Ômega, o Primeiro e o Último, o Princípio e o Fim."
14Felizes aqueles que lavam suas vestes. A eles será permitido
entrar pelas portas da cidade e comer do fruto da árvore da
vida. 15Do lado de fora da cidade ficam os cães: os feiticeiros,
os sexualmente impuros, os assassinos, os adoradores de
ídolos e todos que gostam de praticar a mentira.
16"Eu, Jesus, enviei meu anjo a fim de lhes dar esta mensagem
para as igrejas. Eu sou a origem de Davi e o herdeiro de seu
trono. Sou a brilhante estrela da manhã."
17O Espírito e a noiva dizem: "Vem!". Que todo aquele que ouve
diga: "Vem!". Quem tiver sede, venha. Quem quiser, beba de
graça da água da vida. 18Declaro solenemente a todos que
ouvem as palavras da profecia registrada neste livro: Se al-
guém acrescentar algo ao que está escrito aqui, Deus acres-
centará a essa pessoa as pragas descritas neste livro. 19E, se
alguém retirar qualquer uma das palavras deste livro de pro-
fecia, Deus lhe retirará a participação na árvore da vida e na
cidade santa descritas neste livro.
20Aquele que é testemunha fiel de todas essas coisas diz: "Sim,
venho em breve!". Amém! Vem, Senhor Jesus!
21Que a graça do Senhor Jesus esteja com todos.